JN451671

玄同 鄭萬喜 教授 停年紀念

韓國憲法學의 動向과 課題

玄同 정만희 교수
정년기념논문집 간행위원회

玄同 鄭萬喜 교수

韓國憲法學의 動向과 課題

玄同 鄭萬喜 교수 연보 및 주요 저작

Ⅰ. 정만희 교수 연보

[출생 및 가족관계]

1954년 6월 13일 서울특별시 종로구 관훈동에서 부 鄭樹鳳과 모 李仁子의 5남 중 차남으로 출생

1981년 6월 1일 부 申鉉銖와 모 宋炳烈의 1남 4녀 중 3녀 申京南과 혼인

장남 太欽·자부 沈樹眞

장녀 允和·사위 朴晙鎬 외손 宰玄, 宰佑

본적 부산광역시 서구 서대신동 3가 345번지

주소 부산광역시 수영구 남천동로 41번지 코오롱하늘채 110동 1302호

[학 력]

1967. 2. 서울 삼선국민학교 졸업

1970. 2. 경복중학교 졸업

1973. 2. 경복고등학교 졸업

1977. 2. 동아대학교 법경대학 법학과 졸업

1979. 2. 고려대학교 대학원 법학석사

1984. 2. 고려대학교 대학원 법학박사

[경 력]

1979. 3.~1979. 8. 동아대학교 법정대학 시간강사

1979. 9.~1980. 8. 동아대학교 법정대학 전임강사 대우

1980. 9.~1982. 9. 동아대학교 법정대학 전임강사

1982. 3.~1983. 2. 미국 캘리포니아 버클리대학교(U.C. Berkeley) 객원연구원

1982. 10.~1986. 9. 동아대학교 법과대학 조교수

1985. 3.~1987. 8. 동아대학교 법학연구소 소장

1986. 10.~1991. 9. 동아대학교 법과대학 부교수

1986. 3.~1986. 9. 일본 츠쿠바대학교 법학부 방문교수
1986. 9.~1987. 2. 일본 동경대학 법학부 방문교수
1990. 3.~1990. 8. 일본 교토대학 법학부 외국인초빙학자
1991. 10.~현재 동아대학교 법과대학 교수
1991. 9.~1994. 2. 동아대학교 법학연구소 소장
1995. 3.~1997. 2. 동아대학교 법과대학 학장
1995. 3.~1999. 2. 동아대학교 교원인사위원회 위원
1996. 8.~2004. 8. 부산광역시 소청심사위원회 위원
1998. 9.~2012. 10. 재단법인 동아법대장학회 이사장
2000. 4.~2001. 8. 학교법인 동아학숙 사무국장
2001. 4.~2003. 8. 동아발전기획단 부단장
2001. 6. 사법시험·군법무관 임용시험 문제출제 위원
2001. 12.~2003. 12. 한국지방자치법학회 부회장
2002. 7.~2003. 6. 한국공법학회 부회장
2003. 3.~2005. 2. 동아대학교 대학원 원장
2003. 11.~2004. 10. 한국헌법학회 부회장
2003. 7.~2005. 6. 민주평화통일자문회의 자문위원
2004. 2.~2006. 2. 대한변호사회 변호사등록심사위원회 위원
2004. 6.~2005. 6. 한국비교공법학회 회장
2004. 10.~2009. 2. 동아대학교 법학전문대학원 설립추진위원회 위원장
2005. 3.~2007. 1. 동아대학교 부총장
2005. 5.~2007. 8. 한국교직원공제회 운영위원
2005. 8. 사법시험 제1차시험 출제위원
2005. 10.~2006. 5. 국회 법제사법위원회 자문위원
2006. 1.~ 2010. 12. 한국법학교수회 부회장
2006. 1.~2006. 6. 교육인적자원부 사립학교법시행령개정위원회 위원
2006. 6.~현재 한국비교공법학회 고문
2006. 11.~2007. 11. 한국헌법학회 회장
2007. 3.~2009. 2. 중앙선거관리위원회 선거자문위원
2007. 11.~현재 한국헌법학회 고문
2008. 9.~2009. 9. 국회 헌법연구자문위원회 위원

2009. 3.~현재 동아대학교 법학전문대학원 교수
2010. 5.~2011. 4. 부산지방국세청 중부산세무서 납세자보호위원회 위원장
2010. 9.~2014. 9. 변호사시험관리위원회 위원
2011. 3.~2019. 2. 동아대학교 법학전문대학원 졸업심사위원회 위원장
2012. 4. 부산문화대상 심사위원장
2012. 7.~2014. 6. 국회입법조사처 조사분석지원위원
2012. 10.~현재 재단법인 동아법학장학회 이사장
2012. 11.~2014. 11. 사법시험관리위원회 위원
2012. 12.~2016. 12. 부산문화방송 시청자위원회 부위원장
2016. 7.~현재 부산광역시 체육회 스포츠공정위원회 위원장
2016. 11~2018. 11. 부산고등검찰청 행정심판위원회 위원

[상 훈]

1998. 11. 동아대학교 동아학술상
2013. 5. 부산광역시 교원단체총연합회 교육공로상
2015. 4. 대한민국 홍조근정훈장
2015. 12. 한국헌법학회 학술상
2017. 6. 한국비교공법학회 학술상

Ⅱ. 정만희 교수 주요 저작

1. 저 서

[단독저서]

정당법론, 동아대학교 출판부, 1985.
헌법과 의회정치, 법문사, 1991.
현대헌법과 의회주의, 법문사, 1995.
헌법의 기본문제(1), 세종출판사, 1998.
헌법의 기본문제(개정증보판), 세종출판사, 2001.
헌법과 통치구조, 법문사, 2003.
정치개혁을 위한 제언, 세종출판사, 2004.

헌법개정연구, 세종출판사, 2010.

헌법강의Ⅰ, 동아대학교 출판부, 2011.

헌법강의Ⅰ(제2판), 동아대학교 출판부, 2011.

헌법강의Ⅱ, 세종출판사, 2013.

헌법강의Ⅰ(제3판). 동아대학교 출판부, 2014.

헌법강의, 동아대학교 출판부, 2016.

헌법강의(제2판). 동아대학교 출판부, 2017.

헌법개정과 정치제도개혁, 피엔씨미디어, 2017.

헌법강의(제3판), 동아대학교 출판부, 2019.

[편저·공저·번역서]

미국의 헌법과 권력구조(편저), 법문사, 1988.

탄핵심판제도에 관한 연구(공저), 헌법재판소, 2001.

객관식 헌법학(공저), 법률다이제스트, 2001.

비교헌법강의(편저), 세종출판사, 2007.

비교헌법(공역), 동아대학교 출판부, 1984.

2. 논 문

미국의 정치자금규제에 관한 연방입법 －Buckley v. Valeo사건과 관련하여－, 尤堂尹世昌 博士停年紀念論文集『현대공법학의 제문제』, 1983. 12.

정당법제에 관한 연구, 고려대학교 대학원 박사학위논문, 1984. 2.

미국의 대통령예선제도, 동아대학교 법학연구소『東亞法學』창간호, 1985. 11.

미국헌법상 정당의 지위,『고시연구』1985. 12월호. 1985. 12.

선거운동의 자유와 호별방문금지,『동아법학』제3호, 1986. 11.

선거운동의 자유,『고시연구』1987. 3월호, 1987. 3.

지방공공단체의 법적지위론(번역),『동아법학』제4호, 1987 .5.

일본공법학회의 최근 동향, 한국공법학회「공법연구」제15집, 1987. 7.

선거구인구불균형과 평등선거,『동아법학』제5호, 1987. 12.

미국대통령의 헌법상 지위와 권한, 漢林鄭樹鳳總長華甲紀念論叢, 1988. 4.

선거에 관한 헌법상의 원칙,『동아법학』제6호, 1988. 6.

공무원의 노동기본권제한,『고시연구』1988. 12월호, 1988. 12.

국회의 국정조사권, 『동아법학』 제8호, 1989. 5.

의회주의의 원리, 『考試界』 1989. 10월호, 1989. 10.

미국헌법상의 의회제도, 玄石金秉圭先生古稀紀念論文集 『現代法의 問題』, 1989. 12.

국회의원의 면책특권, 『동아법학』 제10호, 1990. 5.

의원내각제의 검토, 『고시연구』1990. 7월호, 1990. 7.

의원정수불균형위헌판결－일본최고재 1985.7.17.판결의 분석－, 『동아법학』 제11호, 1990. 12.

정치자금규제의 헌법문제, 房山丘秉朔博士停年紀念論文集 『公法理論의 現代的 課題』, 1991. 8.

권력분립원리의 현대헌법적 상황, 『고시연구』 1991. 11월호, 1991.11.

영국의 의원내각제, 『동아법학』 제13호, 1992 .3.

위헌법률심사제도, 『고시연구』1993. 3월호, 1993. 3.

미국헌법상 권력분립의 원리, 미국헌법학회 『미국헌법연구』 제4호, 1993. 6.

정치문제의 법리에 관한 미국대법원 판례동향, 『동아법학』 제15호, 1993. 7.

정당국가와 헌법원리의 변질, 『고시연구』 1993. 8월호, 1993. 8.

정당국가와 무기속위임의 원칙, 『동아법학』 제16호, 1993. 12.

정치자금제도개혁의 헌법적 문제, 고려대학교 안암법학회 『安岩法學』 제2집, 1994, 8.

정당의 내부질서, 『세계헌법연구』 창간호, 1994. 10.

생존권적 기본권의 법적 성격, 『고시연구』, 1995. 10.

정당의 자유와 법적 규제, 心泉桂禧悅博士華甲紀念論文 『政黨과 憲法秩序』, 1995. 11.

미국헌법상 정치제도의 개혁논의, 『동아법학』 제20호, 1996. 2.

기본권의 사인간의 효력, 『고시연구』1996. 8월호, 1996. 8.

미국헌법상 정치문제의 법리, 『동아법학』 제21호, 1996.1 2.

미국헌법 2백년과 통치기구의 분석, 미국헌법학회 『미국헌법연구』 제8호, 1997. 6.

한국헌법상 정부형태의 변천, 한국헌법학회 『헌법학연구』 제3집, 1997. 10.

대통령선거의 구조와 문제점, 『법정고시』 1997. 10월호, 1997. 10.

한국정당정치의 헌법적 문제점, 유곡박원영교수추모논문집『현대법학의 제문제』, 1997. 11.

현행헌법상 대통령선거제도의 문제점과 개선방안, 『동아법학』 제23호, 1997. 12.

선거에 관한 여론조사결과공표금지규정의 재검토, 『법정고시』, 1998. 2.

韓國憲法における政府形態の變遷, 早稻田大學 比較法硏究所 『比較法學』 제32권 제1호,

1998. 7.

국회의 국무총리임명동의권, 琴浪金哲洙敎授停年紀念論文集『韓國憲法學의 現況과 課題』, 1998. 10.

일본의 정치개혁입법에 대한 평가, 영남공법학회『공법학연구』창간호, 1999. 3.

일본국헌법의 평화주의에 대한 평가, 한국공법학회『공법연구』제28집 제1호, 1999. 10.

정치개혁입법의 과제와 전망,『동아법학』제25호, 1999. 11.

의원내각제개헌론에 대한 비판적 분석,『헌법학연구』제6권 제1호, 2000. 5.

선거비용제한과 선거공영제,『공법연구』제28집 제4호 제1권, 2000. 6.

보도의 자유와 프라이버시 보호, 韓日法學會『韓日法學』제19집, 2000. 12.

의원내각제원리의 현대적 특질과 과제－일본헌법상의 의원내각제를 중심으로－, 한국비교공법학회『공법학연구』제3권 제1호, 2001. 4.

탄핵심판제도에 관한 연구(3인공동연구), 헌법재판소『헌법재판연구』제12권, 2001. 12.

미국헌법상의 탄핵제도,『공법연구』제30집 제1호, 2001. 12.

韓國における議院内閣制改憲論議, 同志社大學『同志社法學』제53권 제7호, 2002. 3.

현행 선거법제의 문제점과 개선방안, 한국법학원『저스티스』제66호, 2002. 4.

헌법적 관점에서 본 지방자치법제의 발전방향, 한국지방자치법학회『지방자치법연구』제2권 제1호, 2002. 6.

미국의 예비선거제도에 관한 연방대법원판례,『동아법학』제31호, 2002. 11.

정당의 민주적 공천제의 법리－국민경선제의 법적 문제를 중심으로－,『공법학연구』제 4권 제1호, 2002. 11.

탄핵제도에 관한 비교헌법적 연구,『동아법학』제32호, 2003.6.

日本國憲法と周邊事態法, 全國憲法研究會編『アジア立憲主義の展望』, 2003. 9.

선거공영제, 한양대학교 지방자치연구소『지방자치정보』제146호, 2003. 12.

지방선거와 정당참여에 관한 헌법적 고찰,『공법연구』제33집 제1호, 한국공법학회, 2004. 11.

일본의 법조양성제도개혁,『공법학연구』제6권 제2호, 한국비교공법학회, 2005. 6.

선거제도에 관한 헌법재판소 판례의 평가,『공법학연구』제7권 제1호, 한국비교공법학회, 2006. 2.

미국의 배심제도 -한국의 국민사법참여제도 도입방안에의 시사점－,『공법연구』제35집 제1호, 한국공법학회, 2006. 10.

정치관계법의 근본문제와 개정방향,『헌법학연구』제13권 제2호, 한국헌법학회, 2007. 6.

한국의 사법제도개혁의 동향과 과제, 『동아법학』 제40호, 동아대학교 법학연구소, 2007. 8.

대통령제에 있어서 분열정부(divided government)의 헌법문제, 『헌법학연구』 제14권 제2호, 한국헌법학회, 2008. 6.

정부형태에 관한 헌법개정의 방향, 『헌법학연구』 제14권 제4호, 한국헌법학회, 2008. 12.

국정감사제도의 재검토, 『공법학연구』 제10권 제1호, 한국비교공법학회, 2009. 2.

현행헌법상 정부형태의 의원내각제적 요소에 대한 검토, 『동아법학』 제44호, 동아대학교 법학연구소, 2009. 8.

헌법개정 논의 -헌법개정의 필요성과 개헌절차·방법에 관한 검토-, 『동아법학』 제47호, 동아대학교 법학연구소, 2009. 8.

헌법개정조항의 개정필요성에 관한 검토, 『공법연구』 제39집 제2호, 한국공법학회, 2010. 12.

이원정부제 정부형태의 검토 -이원정부제 개헌론에 대한 비판적 관점에서-, 『동아법학』 제52호, 동아대학교 법학연구소, 2011. 8.

정당법상 정당의 자유제한의 문제점, 『동아법학』 제54호, 동아대학교 법학연구소, 2012. 2.

선거구획정의 기본문제, 『공법학연구』 제13권 제3호, 한국비교공법학회, 2012. 8.

韓國憲法と政黨, 『日韓憲法學の對話 I』(國分典子 外 編), 向學社, 2012. 9.

입법권의 한계와 권력분립원리, 『헌법판례 100선』, 한국헌법학회 편, 법문사, 2012. 11.

차기정부의 헌법적 과제, 『헌법학연구』 제19권 제1호, 한국헌법학회, 2013. 3.

헌법 제8조, 『헌법주석[1]』, 한국헌법학회, 2013. 12.

정당해산심판의 헌법적 쟁점 -정당해산심판의 요건과 효력을 중심으로-, 『공법연구』 제42집 제3호, 한국공법학회, 2014. 2.

국회의 국정통제기능에 대한 검토, 『헌법학연구』 제20권 제3호, 한국헌법학회, 2014. 9.

통일헌법을 위한 단계적 헌법개정, 『동아법학』 제66호, 동아대학교 법학연구소, 2015. 2

국회의원의 정당기속과 자유위임, 『헌법재판연구』 제2권 제1호, 헌법재판소 헌법재판연구원, 2015. 6.

대안적 정부형태로서의 이원정부제 -이원정부제 개헌론에 대한 관견-, 『헌법학연구』 제21권 제3호, 한국헌법학회, 2015. 9.

오픈 프라이머리(완전국민경선제) 도입론의 헌법적 검토, 『동아법학』 제69호, 동아대학교 법학연구소, 2015. 11.

헌법규범과 헌법현실, 『안암법학』 제50호, 안암법학회, 2016. 5.

국회 입법과정의 개선방안에 관한 소고 −국회선진화법의 개정논의를 중심으로−, 『공법학연구』 제17권 제4호, 한국비교공법학회, 2016. 11.

헌법개정논의에 대한 재검토, 『공법학연구』 제19권 제1호, 한국비교공법학회, 2018. 2.

3. 학술대회 및 심포지엄의 주제발표·토론참여

[학회 및 심포지엄 주제발표]

"선거운동의 자유와 그 제한", 한국공법학회 제22회 학술발표회, 대한상공회의소 제1회의실, 1991. 11. 30.

"미국정치제도의 개혁에 관한 논의", 한국헌법학회 제4회 학술발표회, 프레지던트호텔 신세계홀, 1996. 5. 11

"현행 대통령선거제도의 문제점과 개선방안", 동아대학교 법학연구소/부산일보사 공법학술심포지엄, 부산 롯데호텔 사파이어홀, 1997. 10. 25.

"정당정치의 문제점", 공법연구회 학술발표회, 동의대학교 행정대학원 세미나실, 1997. 6. 20.

"대통령선거와 유권자의 선택", 부산광역시 여성단체협의회, 부산YMCA강당, 1997. 11. 25.

"한국헌법상의 정부형태의 변천", 일본 와세다대학 비교법연구소 초청강연회, 와세다대학 법학부 제1회의실, 1997. 10. 15.

"정당법·정치자금법의 개정방향", 한국공법학회 제78회 학술발표회, 헌법재판소대강당, 1998. 11. 21.

"日本國憲法과 周邊事態法", 일본 全國憲法硏究會 국제심포지엄, 와세다대학 국제회의장, 1999. 9. 23.

"선거비용제한과 선거공영제", 한국공법학회 한·독국제학술대회, 국회의원회관 소강당, 2000. 3. 18.

"매스 메디어의 보도의 자유와 프라이버시보호", 일한법학회 공동심포지엄, 일본 와세다대학 국제회의장, 2000. 9. 9.

"헌법에 비추어 본 지방자치법제의 발전방향", 한국지방자치법학회 제3회 학술발표대회, 부산 롯데호텔 에메랄드룸, 2001. 4. 12.

"현행 선거법제의 문제점과 개선방안", 한국법학원 법학심포지엄, 한국프레스센터 기자회견장, 2002. 3. 15.

"여성의 정치참여와 선거개혁", 부산일보 부일여성대학 강연, 부산일보사 강당, 2002. 4. 25.

"선거와 여성유권자의 의식개혁", 동아대학교 사회교육원 정책개발최고위과정 특강, 서라벌호텔, 2002. 5. 1.

"여성의 정치참여와 선거혁명", 부산MBC 여성시대테마특강 강연, 부산MBC, 2002. 11. 26.

"정당법제의 개혁", 안암법학회 제36회 학술발표회, 고려대학교 법과대학 신관, 2003. 4. 26.

"지방선거와 정당참여의 헌법적 고찰", 한국공법학회 2004년도 정기총회 및 학술대회『지방분권의 공법적 과제』, 동아대학교 법과대학, 2004. 7. 1.

"정치관계법의 근본문제와 개정방향", 한국헌법학회 제45회 정기학술대회『한국의 정치과정과 정치관계법』, 동아대학교 법과대학 금관음행홀, 2007. 6. 15.

"제18대 대통령선거와 유권자의 선택" 여성유권자연맹 주최 토론회『우리가 원하는 대통령은?』, 부산광역시의회 대회의실, 2012. 10. 8.

"정치영역에서 차기정부의 헌법적 과제", 한국헌법학회 제76회 정기학술대회『정부교체기의 헌법적 과제』, 고려대학교 신법학관, 2012. 12. 7.

"통일헌법을 위한 단계적 헌법개정", 동아대학교 법학연구소공법연구센터 세미나『통일과 헌법』, 동아대학교 법학전문대학원 국제상회의실, 2014. 12. 19.

"정부형태의 대안으로서 이원정부제 -이원정부제 개헌론에 대한 관견-", 한국헌법학회 제86회 정기학술대회『대안적 정부형태로서의 이원정부제』, 동아대학교 법학전문대학원 모의법정, 2015. 6. 26.

"헌법규범과 헌법현실", 안암법학회 제61회 추계학술발표회『국제적 변화와 법적 대응』, 고려대학교 법학전문대학원 CJ법학관 리베르타스홀, 2015. 12. 5.

"대한민국 헌법가치와 원리, 개헌의 방향", (사)새한국의 비전 제1기 민주시민강좌, 전 국회의장 정의화기념관, 2018. 9. 14.

[학술발표회 사회 및 지정토론]

한국헌법학회 학술발표회『지방자치제도의 헌법적 조명』지정토론, 프레지던트호텔 신세계홀, 1995. 5. 27.

한국공법학회 학술발표회『21세기 민주주의실현을 위한 정치관계법의 개혁방안』지정토론, 헌법재판소 대강당, 1997. 8. 30.

공법연구회 학술발표회『한국헌법에 있어서 입법절차상의 적법절차』사회, 경남대학교, 1998. 6. 20.

한국법학교수회 제1회 한국법학자대회 제1분과『법과 정치』사회, 교육문화회관, 1988.

10. 22.

한국법학교수회 제3회 한국법률가대회 제2분과『선거와 선거제도』지정토론, 고려대학교 법과대학, 2002.10. 26.

일본헌법이론연구회·한국지방자치법학회 공동주최 일한법학자 심포지엄『헌법과 지방자치』사회, 일본 동경 사학회관, 2002. 12. 1.

한국입법학회 학술대회『한국입법 60년의 회고와 전망』사회, 국회입법조사처 대회의실, 2008. 12. 23.

동아대학교 법학연구소 2011년 하계학술대회,『현대 공법학의 주요 문제』사회, 동아대학교 법학전문대학원 국제화상회의실, 2011. 8. 26.

한국비교공법학회 제69회 학술대회『국민권익보호를 위한 법적 현안 및 방안모색』, 종합토론 좌장, 부산 코모도호텔, 2013. 11. 8.

동아대학교 법학연구소 2013년도 동계학술대회『국제화시대 현대법학의 연구동향과 과제』사회, 동아대학교 법학전문대학원, 2013. 12. 27.

한국헌법학회 헌법연구포럼·동아대학교 법학연구소 공법연구센터 공동학술대회『정당·지방자치』사회, 부산 코모도호텔, 2014. 6. 18.

국회 법제실·한국헌법학회 제헌68주년 기념 학술대회,『헌정사를 통해 본 민주주의 발전과 새로운 헌법질서』사회, 국회 의원회관 제1소회의실, 2016. 7. 13.

유럽헌법학회·법제처 공동학술대회,『유럽국가의 권리구제제도와 입법에 관한 고찰』사회, 건국대학교 법학전문대학원 모의법정, 2017. 12. 19.

4. 컬럼·시론·서평

공정하고 자유로운 선량선택의 조건, 부산일보「논단」, 1988. 4. 1.

내각제 개헌논의, 동아법대보, 1990. 9. 28.

대학의 위기, 동아대학보, 1994. 11. 21.

경찰과 법치주의, 부산경찰「초청논단」, 1995. 5. 13.

정치관계법의 개정, 동아대학보, 1996. 1. 15.

제헌절에 생각한다, 부산매일신문「특별기고」, 1996. 7. 17.

금권정치의 청산, 부산매일신문「특별기고」, 1997. 9. 12.

대통령선거제도의 문제점과 개선방안, 주간 법정신문, 1997. 11. 3.

한국헌법에 있어서 정부형태의 변천, 동아대학교 동문회보, 1997. 11. 10.

국민의 정부와 여소야대, 불교신문 「논단」, 1998. 4. 1.

정계개편은 필요한가, 부산매일신문, 1998. 4. 6.

4·19 민주이념의 계승, 부산매일신문, 1998. 4. 18.

선거법개정과 지방선거, 부산매일신문, 1998. 5. 2.

「돈선거」와 정치개혁, 부산매일신문, 1998. 5. 16.

국민의 법의식과 정치인의 도덕성, 불교신문 「논단」, 1998. 6. 20.

수하르토 철권통치의 종말, 부산매일신문, 1998. 5. 28.

정치적 신뢰 회복부터, 부산매일신문, 1998. 6. 10.

전국정당화의 조건, 부산매일신문, 1998. 6. 22.

일본은 평화헌법을 포기할 것인가, 부산일보 「특별기고」, 1999. 9. 18.

민주경선제 성공하려면, 부산일보 「부일시론」, 2002. 4. 10.

선거법과 현실의 괴리(乖離), 부산일보 「부일시론」, 2002. 4. 29.

대통령제와 임기, 부산일보 「부일시론」, 2002. 5. 15.

6.13 지방선거와 유권자, 부산일보 「부일시론」, 2002. 6. 4.

지도자론, 부산일보 「부일시론」, 2002. 6. 20.

대통령선거와 여론조사, 동아대학보, 2003. 12. 2.

국민의 선택과 민의(民意), 국제신문 「시론」, 2003. 1. 9.

권력구조 개편론, 국제신문 「시론」, 2003. 2. 13.

새 정부의 '개혁과 통합, 국제신문 「시론」, 2003. 3. 11.

낙선운동 유감, (미발표원고), 2003. 4.

4.24 재보선과 2004 총선, 국제신문 「시론」, 2003. 4. 24.

'지방분권'에의 기대, 국제신문 「시론」, 2003. 5. 21.

여당과 야당에 대한 고언(苦言), 국제신문 「기고」, 203. 7. 28.

로스쿨 도입의 조건, 부산일보 「포럼」, 2005. 1. 25.

로스쿨의 성공적인 도입을 위한 제언, 법률신문, 2005. 1. 27.

누구를 위한 로스쿨 법안인가, 부산일보 「기고」, 2005. 12. 23.

바람직한 법학전문대학원, 한국대학신문 「제언」, 2006. 4. 3.

로스쿨 법안 무산되나, 부산일보 「기고」, 2007. 5. 8.

대통령의 최우선 책무는 헌법수호, 동아일보 「시론」, 2007. 7. 16.

로스쿨 제도, 위기인가, DALS 저널 제3권 제1호, 2013. 6.

[서 평]

Archibald Cox, Freedom of Expression(Harvard University Press, 1981), 동아법학 제2호, 1986. 4.

Arend Lijphart/서주실 역, 「선거제도와 정당제」(삼지원, 1997), 헌법학연구 제4권 제3호, 1998. 10.

엄상섭 저/허일태·신동운 편저, 『권력과 자유』(동아대 출판부, 2003), 동아법학 제33호, 2003. 12.

축하 서문

조 무 제(동아대학교 석좌교수, 전 대법관)

세월의 크기와 의미는 그의 길이에 있지 않고 그의 밀도에 있다고 해도 좋을 것이다.

현동 정 만희 교수가 이해에 정년이라는 소식을 듣자, 내심 놀라움을 감추지 못 했다. 세월의 빠름을 실감한데다가 아직 젊은이 같은 모습 그대로 인 시기에 벌써 정년이라는 것이다.

지나고 난, 남의 삶에서는 짧아 보이는 게 세월의 속성이라던가.

40년 6개월간 대학 강단을 지켜왔다는 걸 알게 되면 놀라움의 크기는 대개 일치될 것이다. 약년 25세에 대학 강단에 올랐고, 교육법 상 65세 정년에 이를 때까지 흔들림 없이 그동안 강단을 지켜 온 사연이라면 듣는 이가 놀라워해도 무리는 아니다. 그렇지만 그것은 정 만희 교수의 일부 이력일 뿐이다.

1979년 3월 동아대학교 법과대학에 부임한 이래 강사 전임강사 조교수 부교수 교수 학장 법학연구소장 대학원장 부총장을 순차로 역임하고, 법학전문대학원 설립을 주도하여 교수직을 이어 온 결과다.

다양한 학내 활동의 틈틈이 미국 버클리 대학, 일본 츠쿠바대학, 교토대학, 토쿄대학에서 헌법 연구 경력을 다졌다.

그간 쉬지 않고 강의와 연구를 계속하는 일방, 한국헌법학회장, 한국비교공법학회 회장, 한국공법학회 부회장, 한국법학 교수회 부회장 등 많은 학회활동에도 진력했다. 또 국회 헌법자문위원회, 국회 입법조사위원회, 한국 교직원공제회, 민주 평화 통일 자문회의 등과, 대한변호사협회 등록 심사위원회, 중앙 선거관리 위원회, 부산 직할시 소청심사위원회 등의 위원으로도 활동했다.

전공인 헌법학에서 관심을 기울인 과제는 국민의 기본권을 비롯하여 국회 행정부 사법부등 권력구조 지방자치 정당정치 선거제도 등 전 분야에 걸쳤다.

고려대학교 법학박사 학위를 수위한 이후, 4분야의 법학학술상, 홍조근정훈장 등의 서훈도 받았다.

근면한 활동 중 필자의 기억에 남은 부분은 정권의 교체시기마다 대두된 헌법 개정의 열망에 따라 국회중심의 헌법 개정 자문 작업에 참여한 일이다.

'헌법개정연구'는 2010년에 발간한 헌법 개정에 관한 연구서로서 그때까지의 자신의 연구의 집약으로서 헌법논의에 관한 개인적 발상을 처음 제시한 저술이었다.

당시의 정치적 상황이 국민의 합의를 바탕으로 여야 협의를 통한 개헌이 기대된다는 여론을 제대로 반영한 내용이었다.

충분한 시간을 두고 전진적 온건한 방법을 통한 필요성과 당위성의 검토까지 개정작업에 기대했다.

부족함이 없는 온화한 가정에서 자라나 서울에서 중, 고등 교육을 마치자 스스로 부산 소재 동아대학교에 진학하여 학업과 연구를 이어온 학력은 구김살 없었던 성장 가족사를 알려준다.

그 바탕에서 감정을 쉽게 드러내지 않는 침착함을 연마했는지도 모른다.

평소 교수나 학자로서의 품위를 지키려는 치밀함도 배어 있어 보인다.

지금도 정년의 연륜을 짐작할 수 없을 만치 건강과 젊음도 누구에게나 자랑할 만하다.

정년에 이르렀으되 학내외의 필요로 발전과 활동의 정년은 끝을 가늠할 수 없이 한참 남아있으리라 확신한다.

오히려 다가 올 그의 세대로서는 삶의 황금기를 남겨두고 있는 셈이다.

그의 변함없는 연구와 사회 활동 인생이 전망된다.

그의 건강, 열정과 노력은 그와 같은 내일의 행복을 당연한 것으로 만들어 내리라 믿는다.

지도 받은 제자들이 문집을 꾸미는 자리를 빌려 축하의 말을 보태는 기쁨을 얻는다.

축 사

헌법적 가치를 함께 해 온 동지

김 종 대(전 헌법재판소 재판관)

정만희 교수님은 부산지역사회에선 널리 알려진 교육자이고 헌법학자이다.

우리는 오래전부터 법학교육방법을 놓고 의견교환을 해왔고 특히 2006년 내가 헌법재판관으로 가면서부터는 헌법에 관해 학문적 혹은 실무적 토론을 여러 차례 해 왔다. 그때까지 나는 정교수님이 통치구조론에만 밝은 분인 줄 알았는데(그의 논문이나 저술이 통치구조에 관한 것이 많았기에 그리 생각한 것이다) 그러나 대화를 계속해가면서부터 나는 그가 헌법의 기초와 기본권 분야에도 남다른 확고한 의지와 경륜을 지니고 있음을 읽을 수 있었다.

이는 정교수님을 알게 된 나의 복이라 생각한다.

정교수님은 동아대학교에 법학전문대학원을 유치하는데 주동적 역할을 해왔지만 지금 전국의 법학전문대학원의 교육이 파행적으로 가고 있다고 걱정이 대단하다. 헌법교육만 놓고 보더라도 아무런 학문적 기초를 배우지도 못한 채 변호사시험에서의 합격만을 목표로, 교과서는 도외시하고 학원강습지처럼 요지만 적힌 책만 읽는다고 탄식한다. 이 지적은 오늘날 배출되는 새내기 변호사들과 대화하면 바로 알 수 있는 일이다. 헌법뿐 아니라 모든 법에서 그 법의 원리와 근본을 먼저 알지 못한 채 판례의 요지만 외운다면 변호사 시험 합격에는 효율적일지 모르나 창의적이고 효율적인 법실무의 발전은 기대할 수 없다. 우리의 법학전문대학원의 성공적 정착을 위해선 퇴임하는 원로교수의 지적을 겸허히 받아들여 새 길을 모색해 나가야 된다고 생각한다.

정교수님은 나와 헌법적 가치를 공유하는 헌법적 동지였다. 나는 헌법재판을 하면서 많은 사건에서 소수의견을 개진해 왔다. 소수의견을 내는 재판관은 동지가 없는 외로움을 자주 느낀다. 그런데 정교수님을 만나 나의 소수의견을 개진하면 교수님은 나의 견해를 경청할뿐더러 대부분 나의 소수의견을 지지해주었다. 그는 강의 때마다 학생들에게 나의 소수의견을 잘 설명해주었고 그 소수의견이 더 타당하다는 말을 했다 한다. 나는 이 말을 한 두번 들은 것이 아니니 아마 나를 불쌍히 생각해서 위로로서 한 말은 아닌 것 같다. 그는 그의 명저『헌법강의』서문에서『헌법재판소 판례에 있어서도 다수의견과 소수의견이 나뉘는 경우에 저자가 동의하거나 지지하는 소수의견이 있는 때에는 그 소수의견을 적시하였다』고 하니 그의 말은 틀림없다고 생각한다.

이점에서 나는 정교수를 같은 헌법적 가치를 공유해 온 동지라 부르는 것이다.

나는 정교수님이 나와 헌법적 가치를 같이할 뿐 아니라 아직도 젊고 건강하므로 10년 이상은 교육계에 남아 더 헌신해 주길 바라나 올해 정년을 맞이하여 대학을 떠나야 한다고 한다. 대단히 아쉽지만, 다행히 그는 대학을 떠나서도 두 가지 일을 해 보고싶다고 한다. 하나는 국민들이 쉽게 이해할 수 있는 헌법교양서를 내겠다는 것이고 둘은 우리 헌법제정사를 집필해 보겠다는 것이다. 이 말을 듣고 나는 깜짝 놀랐다. 나는 헌법재판소를 떠나 지금까지 이순신정신의 연구와 교육에 힘을 쏟아왔지만 마음 한 구석엔 정교수가 하려는 이 두 가지 일을, 그 중에서도 특히 첫 번째 일을 꼭 해보고 싶다는 생각을 해온 까닭이다. 우리 국민들이 사회인으로서, 국민으로서 가장 기초적 교양이 헌법의 기본과 그 정신을 아는데서 시작된다고 믿기 때문이고 이것은 이순신정신 교육과도 궤를 같이 하는 것이기 때문이다.

그래서 은근히 "교수님 그 일 할 때 나랑 같이하면 안되요?" 하고 부탁성 질문을 던졌더니 체면을 봐주어서 그런지 아니면 정말 그런 뜻이 있어서 인지는 모르나 "그렇게만 되면야 너무 좋지요."라 답해 주었다. 부디 교수님이 헌법교양서 만들 때 한 다리 끼일 수 있길 바란다.

교수님이 마지막으로 심혈을 기울이시려고 하는 이 작업을 원만성취 하시려면 계속해서 지금처럼 건강을 유지하셔야 할 것이니 퇴임하시는 교수님의 건강을 축원하는 것으로 퇴임축하인사에 갈음하고자 한다.

축 사

손 교 명(변호사)

기억이 아련합니다.

우리 역사에 유난히 사건과 기록이 많았던 '80년의 봄, 구덕캠퍼스에 부산앞바다 초봄의 태양이 서쪽 구덕산 기슭을 붉은 주홍색으로 감싸고, 산 그림자 슬며시 지나가면, 동아대학교 야간대학 법학과의 달빛 젖은 강의가 시작됩니다. 그 무렵 정만희 교수님은 막 교수님으로 부임하셨고, 법학과의 지도교수도 맡으셨습니다. 저는 재수를 하고 성대 법대에 원서를 접수했는데 동아대로부터 지독료 장학생을 제의받고 입학한 신입생이었습니다. 나이 든 직장인들도 꽤 많았던 야간대학의 이색적인 분위기에, 해맑은 표정과 귀공자 스타일의 형님처럼 젊은 지도교수님은 저의 눈에 매우 인상적이었습니다. 그 시간이 엊그제 같고, 모습도 그대로인데 교수님의 정년기념논문집이 간행되니 지난 세월은 참 빠르기도 합니다.

교수님은 30세 전후의 젊은 나이에 동아법대를 중흥하고자 법학연구소를 만들어 초대 소장으로 부임하시고, '동아법학'을 창간했을 뿐만 아니라 학술대회를 개최하여 학내 연구 열기를 드높이며, 지방대학의 문화를 새롭게 진작시켰습니다. 저로서는 동경해마지 않던 HARVARD LAW REVIEW를 비롯한 외국의 저명한 법학연구지와 각종 원서를 법학연구소에서 바로 받아보는 일은 정말 새로웠습니다. 그 법학연구소에서 조교로 교수님을 보조할 수 있었던 것도 교수님의 따뜻한 배려이자 제 인생의 커다란 영광이었습니다.

이처럼 교수님은 교수 부임 초부터 열정을 다하여 호학군주 정조처럼 오로지 학문에 정진하시면서도 틈틈이 시간을 내어 법대생들과 함께 광복동이나 중앙동의 시내로 가서 함께 피자를 먹으며 학생들의 학교나 사회문제에 대한 생각을 듣고, 의견을 주고받던 소탈한 성품을 보여주셨습니다. 교수님은 법대생들에게 친구처럼, 형님처럼, 오빠처럼 늘 가까이 있으려 했기 때문에 법대생들로부터 매우 큰 호감을 받았습니다.

교수님은 논문을 쓸 때면, 조교인 저에게 교정도 맡기지 않고 한 자 한 자 직접 오탈자를 수정하고 문맥을 고쳤습니다. 지금까지 발표하신 논문들과 저서를 보면, 문득, 구한말의 문장가 김윤식 선생이 연암의 열하일기를 두고 "천마가 하늘을 나는 것 같아 굴레를

씌우지 않았건만 자연스럽게 다 법도에 들어맞는다"고 한 말이 생각납니다. 얼마 후 학교를 떠나 서울로 온 저에게 교수님은 새로운 저서를 발간하실 때마다 증정해주시며 첫 지도학생에 대한 애정을 계속 베푸셨습니다.

교수님이 학문과 법학에 대한 순수한 열정으로 정진하시니 성낙인 전 서울대총장님과 권영설 전 중앙대 법대학장님을 비롯한 헌법학계의 기라성 같은 분들과 호형호제 하며 교우를 나누는 사이가 되신 것 같습니다. 또한, 지방대 교수님으로서 한국비교공법학회장, 한국헌법학회장 나아가 한국법학교수회 부회장까지 역임하신 점에서 학문적 역량과 인간적 교우의 성취도를 함께 확인할 수 있습니다.

뿐만 아니라 교수님은 동아대 법대에 동년배의 젊은 신예 교수님들을 많이 초빙하여 학풍을 진작하였고, 학생들은 그분들로부터 새로운 강의기법과 최신 성과들을 마주할 수 있는 기회를 가졌습니다. 당시 초빙된 교수님들 중 남아계신 분들은 학교의 발전에 기여하셨고, 떠나신 분들은 서울대, 연·고대를 비롯한 주요 대학 법대학장 등 요로에 진출하신 것만 보더라도 그 때 훌륭한 분들을 많이 스카우트했음을 잘 알 수 있습니다.

교수님의 가장 큰 업적은 아마도 동아대 법학전문대학원 유치를 꼽을 수 있겠습니다. 처음 로스쿨이 논의될 당시, 법과대학이 동아대학교의 발전을 이끌어 온 주체였기 때문에 로스쿨을 유치하지 못하면 대학과 부산지역의 발전에 치명적인 타격을 입는다는 절체절명의 상황에서 "법학전문대학원 설립추진위원회 위원장"을 맡으신 교수님의 책무는 그 무엇보다 무거웠을 것입니다. 치열한 경쟁 속에 얻어낸 동아대 법학전문대학원은 동아학숙의 상징이고 자랑이며, 교수님의 커다란 성과입니다.

교수님은 그 외에도 중앙선관위 선거자문위원, 국회 헌법연구자문위원 등 헌법제도의 운용에 직접 참여하시고, 그런 모든 기여를 인정받아 지난 2015년 "홍조근정훈장"을 받으셨습니다. 저도 그 자리에 함께 해서 기뻤습니다.

돌아보건대, 교수님은 한마디로 동아대법대의 르네상스를 이끌었다고 평가할 수 있습니다. 또한, 진리를 익히고, 문제를 해결하고, 문장을 짓는 우주 사이의 3대사를 고루 다 해내신 것 같습니다.

이제 교수님은 정년을 맞이합니다. 앞으로 교수님의 평소 생각, 바램과 행동으로 일으키신 우리 동아대학교와 학계의 신선한 한줄기 바람이 계속 이어지길 간절히 빕니다. 그래서 우리 동아대학교의 발전과 역사와 함께 헤어지지 않는 평행선으로 기억되길 바랍니다.

교수님! 먼 길 고생하셨습니다. 큰 축하드립니다!

간행사

玄同 정만희 교수님은 40년이란 긴 세월 동안 동아대학교 법과대학과 법학전문대학원에서 한국『헌법학』연구와 강의에 열정을 쏟아주셨습니다. 교수님의 정년을 맞아 동료 교수님들과 제자들이 정성을 모아 정년기념 논문집을 발간하게 되었습니다.

교수님은 학자로서 학문에 대한 엄정한 자세를 유지하셨고, 학문 발전을 위해 노력하셨으며, 엄격한 교육자로서 본분을 다하셨습니다. 언제나 온화한 미소로 제자들에게 가르침을 주셨습니다. 학자들이 학문을 시작할 수 있도록 길을 열어 주셨습니다. 이제 교수님께서 정든 연구실과 동아대학교 교정을 떠나신다니, 아쉬움이 가득합니다. 그동안 교수님께서 베풀어 주신 功德과 師恩에 비하면 미미한 보답이지만, 동료 학자들과 제자들이 뜻을 모아 정년기념 논문집을 봉정합니다.

이 정년기념 논문집은 다른 정년기념 논문집과 성격이 조금 다릅니다. 동료 학자들의 헌정 논문·제자 학자들의 헌정 논문·玄同 정만희 교수님의 집필논문으로 구성되었습니다. 떠나는 사람과 보내는 사람 서로에게 感謝·感謝·感謝가 하나가 된『感謝記念 論文集』입니다. 玄同 선생님의 호와 어울리는 정년기념 논문집입니다.

평소 학문교류가 깊었던 동료 교수님들의 주옥같은 논문과 제자 학자들의 보석 같은 논문 그리고 교수님께서 그동안 전문학술지에 발표하신 86여 편의 논문 가운데 가장 의미가 있다고 생각하시는 20편의 논문을 담았습니다. 이 정년기념 논문집은 전체 2부로 이루어져 있습니다. 제1부는『韓國憲法學의 動向과 課題』을 일견할 수 있는 30편의 논문을 수록하였습니다. 한국 헌법학을 대표하는 교수님들이 주신 논문이라 더욱 뜻이 깊습니다. 목차를 보면 방대하고 깊어서 무게를 측량할 수가 없습니다. 제2부는 40년 동안『헌법학』학문 발전에 헌신하신 교수님의 기념논문들이 실려 있습니다. 이처럼 정년기념 논문집은 한국『헌법학의 과거·현재·미래』를 진단하고, 전망하는 방대한 정년기념 학술연구총서로 평가됩니다.

우리는 정년기념 논문집을 간행하면서 교수님께서 40년 동안 얼마나 넓고 깊게 연구하고, 소통하고, 교류하셨는지 알 수 있었고, 한국『헌법학』발전에 얼마나 애정을 가지고 노력하셨는지 느낄 수 있었습니다. 학내 생활을 회상해 보면, 교수님은 엄정한 학자·열정적인 강의로 학생들에게 인상을 주었습니다. 법학전문대학원 출범 이후 학생들과 깊이 교감하며 정을 나누었습니다. 수강생 모두에게 한 번씩 식사자리를 마련하였고, 어려움을 경청하고 격려를 하였습니다. 법과대학 시절 볼 수 없었던 변화였습니다. 짧은 시간에 빛나는 논문들과 도움을 주신 법과대학·법학전문대학원 제자 변호사들의 참여를 보면서, 선생님이 걸어오신 발자취를 깊이 회고합니다. 한국『헌법학』발전과 제자 양성에 전 인생을 바친 분으로 기억하고 싶습니다.

玄同 정만희 교수님은 동아대학교와 운명적으로 연결되어 있습니다. 40년 동안 수많은 보직을 수행하셨습니다. 대표적으로 법과대학 학장·부총장·법학전문대학원 설립추진위원장을 역임하시면서 동아대학교 법학전문대학원 탄생에 소중한 역할을 하셨습니다. 놀라운 것은 이러한 행정업무 속에서도 학문 열정을 놓지 않으셨고, 40년 동안 21권의 저서와 86편의 주옥같은 학술논문을 발표하셨습니다. 또한 여러 언론에 많은 기고문과 논단을 발표하셨고, 헌법 강연을 통해 헌법 이해와 헌법 정신 확대에 큰 역할을 하셨습니다. 연보를 보니,『높은 산을 바라보며, 넓은 길을 걸어온 학자 생활 40년』으로 요약이 됩니다.

정년을 10년 앞두면서 모든 것을 잊고, 마지막 저서인『헌법학』을 집필하셨습니다. 매일매일 연구실을 지키면서 저서와 논문들을 읽고 작업을 하셨습니다. 오로지 혼자 모든 과정을 수행한 연구서입니다. 저희 간행위원회에서 여러분들에게 드리는 작은 선물도 이 마지막『교과서』(헌법강의, 제3판)입니다. 교수님의 근면·성실·열정이 만든 정년 전 마지막 연구서이기에 의미가 깊습니다. 학문에 대한 진정성과 고요한 사색이 없었다면, 이루어 내기 어려운 길이었습니다.『침묵의 뱃길』이 탄생시킨 퇴임 직전 학문 여정은 동료 학자와 제자들에게 커다란 귀감이 됩니다.

玄同 정만희 교수님은 그동안 많은 사회봉사를 하셨습니다. 학회활동·교육행정·국회헌법연구자문위원회 위원·법무부 사법시험과 변호사시험 관리위원으로 활동하셨습니다. 부산광역시 소청심사위원회 위원·부산문화대상 위원장·부산광역시 체육회 스포츠공정위원회 위원장 등을 역임하셨습니다. 한국 헌법학회 회장, 한국 비교공법학회 회장의 임무를 맡으시어 학회발전에 큰 힘을 보태셨습니다.

玄同 정만희 교수님은 학술부분에서 의미 있는 수상을 하셨습니다. 동아대학교 동아학술상·홍조근정훈장·한국헌법학회 학술상·한국비교공법학회학술상을 수상하셨습니다.

또한 교수님은 제자 양성에 특별한 애정을 쏟으시어 전공은 다르지만, 수많은 제자 교수들을 배출하였습니다. 현재 많은 제자들이 학계·법조계·정치계에서 활동하고 있습니다.

이처럼 교수님은 학문의 길에서 묵묵히 정진하셨고, 학문 열정을 제자들에게 새겨 주셨으며, 학문 입지를 세우는데 크게 영향을 주셨습니다. 특히 사람을 귀중하게 생각하시어, 훌륭한 인재들에게 학문의 길을 걸을 수 있도록 배려를 해 주셨고, 학문의 길을 나아감에 있어 방향을 잃지 않도록 큰 이정표가 되어 주셨습니다. 간행위원회가 이번 행사를 추진하면서 큰 어려움 없이 일사천리로 여기까지 온 것도, 또 짧은 시간에 많은 분들이 자발적으로 동참해 주신 것도, 모두 교수님이 평소 쌓은 인품과 덕망의 은덕이라고 생각합니다.

또 다른 삶의 노정 앞에 서 계신 교수님과 교수님의 오늘이 있기까지 헌신하여 주신 사모님과 가족 여러분께 심심한 감사와 축하를 드립니다. 교수님의 오늘이 있기까지 헌신하여 주신 분입니다. 아름다운 학자를 낳아주시고 키워주신 故 정수봉 총장님(父親)과 사모님(母親)께 깊이 감사드립니다. 늘 건강과 평안이 함께 하시길 기원합니다.

2019. 6. 20.

玄同 정만희 교수 정년기념논문집 간행위원회 일동

차 례

제1편 기고 논문

제 2 편 현동 정만희 교수 주요 논문 20선

제 1 편

기고 논문

[1] 대변환 : 국가성-주권-거버넌스*

권 영 설**

I. 개 관

세기와 천년기를 달리한 지도 벌써 20년을 내다보고 있다. 우리가 지나온 가까운 과거의 변화가 흔히 회자되듯이 현기증 나는 수준이었다면 다가올 앞날의 것은 아예 까무러칠 정도일 것이 틀림없다. 1970-80년대 이래 봇물처럼 터진 미래예측 그리고 미래연구 등이야말로 바로 이 앞으로 펼쳐질 불확실성을 헤쳐 나가려는 노력이라 하겠다. 그런데 적어도 밖에서 보는 우리 한국은 지금까지 변화관리(change management)에 역동적으로 잘 대응하고 적절히 준비하는 국가로 꼽혀왔다.

즉 과학기술의 변화, 그리고 글로벌화 과정에서 요청되는 지식기반 경제구조로의 전환[1] 등에 맞추어 발 빠르게 준비하고 관리해왔기 때문이라고 본다. 그런데 여기서 우리가 주목할 점은 세계화/정보화/민주화의 큰 물결 속에 가려져있는 법변화의 소용돌이(the vortex of legal change)인 것이다. 사실 다른 무엇보다 UN(1945), OECD(1961), EU(1994), WTO(1995)로 대표되는 IGO들이 전통적인 '개별국가 단위의 법과 법계(法系)'로 대표되던 법체계에 몰고 온 변화상은 놀라운 바 있었다. 이들 국제기구 내지 초국가공동체가 세계를 그 관할대상으로 함에 따라 국가주권이 압도된 까닭이다. 당연히 우리의 법 또한 이 전환기를 거치고 있음은 물론이다.

그런데 법 내용의 변개(變改)와 그에 맞추어 이루어진 운영방식(modus operandi)에도 불구하고, 유독 낡고 고착화 되어있는 것으로 보이는 법이 하나 있다. 오늘날 각국의 '헌법'이 바로 그것이며, 우리 헌법전(憲法典) 또한 그에 다름 아니다. 바로 여기서 최근 활발한 논의의 대상이 되는 주제의 하나가 '헌법의 지속성(endurance/sustainability)'임을 보게 된다.[2]

---

* 이 글은 연세대학교에서의 강의와 게재원고 "변화하는 헌법과 거버넌스"(연세 공공거버넌스와 법, 제3권 제1호, 2012. 3. 111-160면)를 바탕으로 개고한 것이다.

** 중앙대학교 법학전문대학원 명예교수.

1 Wolfgang Michalski, Governance in the 21st Century : Power in the Global Knowledge Economy and Society, in OECD, Governance in the 21st Century, OECD/CFC, 2001, p.8; Elias Sanidas, The Long Term Fate of Korea and Other "Small" Economies in East Asia: Economic Development, Integration Issues, and Political Power, 2006, Research Online PDF

2 Zachary Elkins et al., The Endurance of National Constitutions, Cambridge University Press, 2009.

오늘날 대부분의 헌법이 18세기 후반 대서양 양안(兩岸)에 등장한 근대적 입헌주의 헌법 내지 최초의 제정헌법(statutory constitution)이라는 기본 패러다임을 230년이나 고스란히 유지하고 있음은 놀랍기도 하다. 두 세기를 훌쩍 넘은 시간적 경과도 그러하거니와 시대정신과 이념이 몇 차례나 바뀜에 따라, 단순한 변화를 뛰어넘어 근원적이고 구조적인 사회변혁을 거쳐 왔기 때문이다. 특히 30여년전 부터주요국들이 21세기에 타당할 새로운 헌정의 틀을 연구하기 위한 기구들을 만들고 유럽과 미국 등에서 그 시안을 내놓은 바 있음은 기억에도 새롭다. 그럼에도 불구하고 그럴싸한 그 새 패러다임들의 구현을 헌법 개정으로 옮긴 경우는 의외로 단 한 나라도 없었다. 아이디어와 수사(修辭)만 무성하였기 때문이다. 결국 제도측면의 헌법은 크게 달라짐 없이 최고법으로 자리매김하고 있는 것이 어김없는 사실이다.

미국헌법이 27차례의 증보(增補)식 개정을 거치긴 했어도 분명 18세기 후반의 국가와 사회상을 그대로 반영하는 낡은 문언(文言)과 체제로 유지되고 있음을 부인할 길은 없지 않은가? 그런데 이로부터 130년의 시간 경과 뒤에 유럽에서 등장한 바이마르헌법도 이념적 지향성에서는 당연히 새로운 지평을 열었다 하겠으나 적어도 형식적 체계에서는 몇 가지 점을 제외하고는 그보다 선행한 헌법, 즉 미국헌법의 의 틀로 부터 큰 변화를 이루어 냈다고 할 수는 결코 없었다. 뒤이어 제정/개정을 한 20세기의 대부분 헌법들 — 우리 헌법을 포함하여 — 의 경우 그 법전 패러다임에 관한 한 초기의 제정헌법들로 부터 크게 달라진 것이 아니었음에 주목하게 된다.

바로 이점에서 2004년의 세계헌법학회 총회의 모토가 “입헌주의 – 오래된 개념, 그리고 새로운 세계(Constitutionalism – Old Concepts, New Worlds)”이었음은 결국 이 또한 그 같은 인식의 반영이 아닐 수 없다.[3] 그런데 이보다 조금 앞서, 세기와 천년기의 교체기를 전후하여 대부분의 주요국들이 헌정의 적실성을 찾고 다가올 시대에 타당할 새 헌법의 모색을 위한 시도와 연구를 앞 다투어 기울였음은 이미 앞에서도 지적한 바 있거니와 이들 모두 현실 정치의 덫에 걸려 유산되고 말았다. 기본적으로 아무런 변개없이 오늘에 이르고 있다. 다만 이 낡은 틀의 개별국 헌법 내지 헌법전이 앞에서 지적한데로 언제까지 유지될 수 있을까? 하는 그 지속성의 문제에 오늘날 학문적 적실성의 추구가 점차 활발해지고 있음은 그나마 주목할 만하다.

그런데 각국의 헌법을 연구대상으로 삼으면서 비교방법을 통한 상사점(相似點)과 상이점(相異點)의 분석에 주안점을 두는 분과인 비교헌법의 경우 오늘날 새로운 ‘전성기

---

3 여기서 발표된 독일 대표단 교수들의 21세기적 헌법과제에 관련 논문들을 묶어 출판한 것으로서는, Eibe Eiedel (ed.) Constitutionalism – Old Concepts, New Worlds, BWV, Berliner Wissenschafts-Verlag, 2005 참조.

(heydays)'를 구가하는 나머지 '르네상스'를 맞이하고 있다는 평가까지 나오고 있음을 필자는 지난 해 지적한 바 있다.[4] 다만 여기서 주목할 점은 이 비교헌법의 효용과 그 의의가 과거와는 그 연관을 달리한다는 점이 아닐 수 없다. 사실 헌법 선진국에서 들어 내놓고 수평비교 내지 횡적비교(horizontal comparison)[5]를 하는 경우는 별로 없었기 때문이다. 즉 영미나 유럽의 독일과 프랑스 등의 법문헌에서 상호 타국헌법비교에 할애하는 부분은 무시할만한 수준에 불과하였기 때문이다. 더구나 최고법원들의 판결문에서 논거로 외국 헌법례를 명시하는 경우는 더욱 찾기 힘들었다.

특히 미국, 독일 및 프랑스의 최고법원들이 동시대의 외국 헌법판례 내지 해석이 갖는 적실성과 영향을 직접 다루거나 언급하는 사례는 지난날 같으면 상상할 수 없는 것이었다. 콧대 높은 미국대법관들이 판결문[6]에서 외국례와 그 법리를 원용하는 경우는 실로 이례적이라 할 것이기 때문이다. 아예 한걸음 더 나아가서 스칼리아(Antonin Scalia)대법관과 브라이어(Stephen Breyer)대법관은 외국헌법판결이 미국 연방대법원의 헌법사건에 갖는 적실성을 놓고 대립적 입장에서 공개토론을 가진 바 있어,[7] 이제 수평적 비교헌법이 세계의 주변국학자들의 주된 관심사만이 아님은 물론이다.

물론 미국에 비하면 유럽의 경우는 이 같은 수평비교가 폭 넓게 그리고 공식적으로 활용되고 있어 그 역동성은 날로 돋보인다 할 것인 바, 이는 EU의 법적구조 자체만으로써 당연히 해답이되는 것이다. 위에서 언급한 2004년 칠레총회에서의 독일 발표문의 하나가 자국 헌법에 있어서의 '외국영향'이었듯이 이제 단순히 방법론의 차원을 넘어서서 헌법의 성격변화를 가리킨다고 본다.

헌법에서는 으레 각국의 헌법들이 반영하고 있기 마련인 '특수성'과 '개별성'이 중요한 요소인 까닭에 이에 대한 탐구가 오랫동안 학문적 특성으로 자리매김 해왔었다. 바로 여기에 전환기적 변화가 초래되고 있음을 보게 된다. 다시 말해서 헌법 상호간의 이념적 지향성과 그 내용이 '일반성'과 '보편성'으로 변화하거나 대체되고 있는 큰 물결 속을 지금 우리는 지나고 있다고 본다. 결국 각국의 헌법의 원칙과 그 제도화가 세계적 수준으로 수렴(convergence)되고 보편화되는 현상이 두드러지게 나타나고 있는 것이다. 결국 비교의

---

4 권영설, 법제도 선진화를 위한 헌법적 과제, 공법연구 제39집 제1호, 한국공법학회, 2010, 3면 : Ran Hirschl, On the Blurred Methodological Matrix of Comparative Constitutional Law, in Sujit Choudhry (ed), The Migration of Constitutional Ideas, Cambridge Univ. Press, 2006, p.39

5 이는 통시적 비교를 주된 방법으로 하는 수직비교 또는 종적비교(vertical comparison)와 달리 동시대의 타 대상과의 비교를 가리킨다.

6 Printz v. United States, 521 U. S. 898 (1997) : Foster v. Florida, 537 U. S. 990 (2002)

7 도슨(Norman Dorsen)교수가 진행한 이 2005년의 토론자료 http://domino.american.edu/AU media/mediarel.nsf/0/1F2F7DC4757FD01E85256P890068E6E0?Open Document 참조

목적과 그 내용에 변화가 초래되고 있기 때문인 것이다.

이 같은 수렴을 가능케 한 요인은 여러 차원과 측면에서 파악될 수 있겠으나 '세계화', '정보화', 그리고 '민주화'를 빠뜨릴 수는 없을 것이다. 특히 '민주화' 내지 '민주주의화'는 오랫동안 일부 선진국들의 전유물이었으나 오늘날 그 물결이 지구촌 전체로 확산되고 있을 뿐 아니라, 이점에 관한 한 가장 낙후된 지역이었던 중동에서마저도 최근 나타난 재스민혁명은 이제 민주주의의 보편화에 있어 그 대미를 장식하고 있다 한다면 다소 성급한 진단이 되겠으나 그 지향성만은 엿볼 수 있다고 할 것이다.[8]

아울러서 UN으로부터 시작하여 유럽연합(EU)에 이르는 초국가공동체의 진화, NAFTA 등 지역 공동체의 발달, WTO로부터 불거진 오늘날의 눈부신 FTA의 세계적 확산, 그리고 유로(EURO)로 대표되는 통화통합을 비롯한 세계 금융경제의 맞물림현상이라는 새로운 조건 등은 이제 근대적 입헌주의 헌법 이래 헌법패러다임의 대전환을 맞이하고 있음을 웅변하고 있다고 본다.

20세기를 마감하는 시점 이래 본격화 한 이 도도한 물결로 인해 지난 350여 년간 세계를 지배해 온 주권 개념, 국경으로 대표되는 영토 개념, 그리고 국적(國籍)을 바탕으로 한 국민 개념에 발 빠른 변화가 이미 진행 중에 있다. 국경 없는 세계, 또는 낮은 국경의 세계는 여러 영역에서 더 이상 낯선 현상이 아니다. 내정과 외정 구분의 흐트러짐도 예사스러운 일이 아니다. 심지어 영토에 바탕을 두지 않은 국가가 출현하는가 하면 다수 국가의 국민들을 포용하는 '초국가공동체'가 출현하고 있음은 물론이다.

절대적 주권에 따른 수직적 지배의 국가와 정부의 개념은 협치(governance)로 바뀜에 따라 역동적 변화가 일어나고 있고 그에 따라 초국가공동체, 국가, 지방자치단체, 시민 사회, 개별 기업 등에 의한 다중적 권력공유가 빠른 속도로 진행하고 있다. 요컨대 국가의 고권적 강제력, 군사력, 경제력 등으로 대표되는 경성권력(hard power) 중심의 시대로부터 세계는 지향하는 가치, 창의력, 문화의 힘, 정보화 수준, 삶의 질로 대표되는 연성권력(soft power)의 시대로 바뀌고 있다.

헌법의 국제법화 — 헌법의 국제법화는 그 연장선상에서 나타날 당연한 귀결이 아닐 수 없다. 법체계 전체에 지각변동이 일어나고 있는 셈이다. 전통적인 영토개념과 쌍각을 이루는 것으로 국적을 들 수 있다. 그런데 오늘날 이 때 뜨거운 감자에 해당되는 것이 다름 아닌 다문화주의(multiculturalism)인 것이다. 노동력의 이동은 어제 오늘의 현상만도 아니며 옛날부터 계속 이뤄져 온 바 있다.

그러나 제국주의, 식민주의를 넘어서 출생과 인종 그리고 문화를 뛰어넘어 본격적 국

8 권영설, 주권론의 프리즘과 그 재논의, 공법학회보, 한국공법학회, 2011.6, 13~19면

민편입을 이른바 인종 용광로(melting pot)로 성공시킨 최초의 사례를 미국에서 발견할 수 있었다. 그러나 산업화의 요청에 기인하던 또는 인력 부족에 기인하던 또는 낮은 국경과 넓은 문화전파에 기인하던 오늘날의 다문화주의는 이제 막을 길이 없다고 본다. 이 과정에서 제기되는 또 다른 요청이 이른바 인간안보(human security)의 인식과 그 제도화라 할 것이다. 이는 원래 법률개념과 용어가 아니었으나 이제 그 법상의 자리매김은 어김없는 추세라 할 것이다.

바로 이 시점에 우리에게 주어진 최대의 국가의제로서 복지논쟁과 저출산 고령화를 들지 않을 수는 없겠다. 이는 또 잠재적인 국가재정 위기로 곧바로 연결되기도 한다. 지금의 우리 상황이 당장 위험국가로 분류되지는 않는다 하더라도 현재와 같은 복지정책의 추이에 따라서는 우리 또한 심각한 위험성의 함정을 안고 있다. 바로 이 같은 연관에서 제기되는 헌법문제로서 '세대 간 갈등'(intergenerational conflicts) 내지 '세대 간 형평'(intergenerational equity)을 들 수 있겠다. 또 인구감소를 대체할 여러 정책, 해외 두뇌 유입, 과감한 복수국적의 허용, 합리적인 다문화주의 정책의 개발과 운용, 저비용 고효율 교육기회의 확대 등과 관련된 여러 법적 함의에 비추어 진지한 논의가 요청된다.

요컨대 위에서도 지적한 바 있거니와, 혁명적 수준의 '대전환' 내지 '대변혁'이외에 달리 표현할 길이 없는 오늘날의 헌법상황, 특히 이미 들어선 21세기에 타당한 헌법담론의 지평은 너무도 넓은 바, 지난날 또는 현재의 발상으로서는 쉽게 한계에 부딪히게 마련이다.

그리고 여기서 거버넌스의 문제는 당연히 그 논의의 장이 법이나 헌법을 훌쩍 넘어서기 마련이다. 오히려 그 자체가 전통적 헌법의 틀을 깨고 나온 개념이 아닌가. 따라서 주권을 중심으로 한 작은 단편만 엿보기로 한다. 바로 이 같은 인식의 바탕위에서 그 지향성과 과제를 아래에서 간추려보고 한 두 갈래에서 나마 그 실마리를 잡아보고자 한다.

Ⅱ. 헌법원리와 제도 : 그 세계적 수렴현상

1. 계수와 차용으로 부터 이동과 보편화로

일반적으로 법은 여러 가지 요인에 따라 그 규범발생지로 부터 장소적 이동을 지속적으로 하게 된다. 이를 계수(reception ; Rezeption)라 함은 물론이다. 법계수의 계기와 동기는 다양하나 지난날의 역사에서 제국주의와 식민주의는 다른 무엇 보다 법의 계수를 확산시킴에 있어 결정적인 요인이 되었다고 평가된다. 특히 제2차 세계대전 이후 탈식민주의 과정을 거침에 따라 각국의 법 발전에 있어 두드러진 지향성이 나타나게 된다.

1960년대 초부터 1960년대 중 후반까지는 이 같은 탈식민과정의 전성기라 할 것인바 보통 1년에 10내지 20개의 신생공화국의 등장하게 되었음은 물론이다. 이를 가리켜 이 시기를 이른바 '법계수의 시대'로 명명하게 되는 것이다. 이들 대부분의 신생국은 대체로 그 식민국으로부터 법제를 그대로 이어받는 방식의 법계수가 대세를 이루었음은 물론이다. 아울러서 미국, 프랑스, 영국 등의 법학교수 등 법률가들에게 용역을 주어 기본법제를 짧은 시일 안에 구축하는 경우 또한 적지 아니하였다.

물론 이 같은 대상에는 당연히 헌법도 없을 수 없게 된다. 다만 국가 기본법인 동시에 최고법을 의미하는 헌법의 경우에만은 그 강력한 정치성의 결과 그리고 국가 자존심과 권위에 비추어 어느 국가도 명분상 '헌법계수' 내지 '계수헌법'이란 표현을 씀이 거북한 까닭에 이 같은 용어는 관용화되지는 않았다고 본다. 굳이 따진다면 다소 부정적인 함의의 '헌법차용'(constitutional borrowing)이란 용례는 없지 아니하다.[9] 즉 오늘날의 글로벌 트렌드는 '헌법차용'으로부터 '헌법이동'(constitutional migration)[10]으로 바뀌고 있다고 본다. 이는 특정국가의 헌법차용을 넘어서서 다수국가간에 헌법적 가치와 제도가 끊임없이, 그리고 양적으로 많은 교호적 변화가 초래되고 있다는 뜻이다.

'차용'은 당초 공여국의 헌법이념과 제도에 대한 상당한 수준의 동의와 통제의 메커니즘을 통해서 가능한 경우를 일컫는 개념이다. 이에 비하여 '이동'에는 그 같은 통제의 제약으로부터 자유로운 까닭에 내용적 수정과 변용이 얼마든지 허용된다는 점에서 차이가 난다고 하겠다.[11] 물론 초드리교수도 이 같은 개념구별이 반드시 엄격한 것이 아님은 시인하고 있다. 어차피 '이동'이라는 개념과 용어 그 자체가 하나의 메타포(metaphor) 성격의 은유어이기 때문이다.

그러면 이 같은 현상이 초래된 배경이 무엇인가에 생각이 미치지 않을 수 없다. 두말할 필요도 없이 과학기술의 눈부신 발달, 특히 정보기술의 발달은 이른바 글로벌화를 촉진시켜왔고, 앞으로도 그 빠른 속도에 비추어 더욱더 심화될 것이 분명하다. 이에 따라 오늘날 법계(family of law ; Rechtsfamilie)를 뛰어 넘어서 이루어지는 자유분방한 이동과 확산은 비단 헌법에 국한되는 것은 아니다. 다만 전통적으로 보편성이 높은 상법 등과 대비되어 대단히 낮은 영역으로 보아온 헌법에서도 괄목할만한 변화가 나타나고 있기 때문이다. 여기에서 제기되는 것이 바로 헌법의 세계적 수렴현상인 것이다. 이 때 그 핵심을 이루는 것은 두 개의 축이라 할 것이다. 자유민주주의의 세계적 확산과 공고화라는 점, 그리고 인

9 Kim Lane Schepple, The Migration of Anti-Constitutional Ideas, in Sujit Choudhry, op. cit. p.347.
10 Sujit Choudhry, Ibid., p.13.
11 Ibid. p.21.

권과 기타 권리보장의 고양(高揚)이 그것이다.

아무튼 이 같이 눈부시게 달라진 트렌드를 가리키는 메타포를 초드리(Sujit Choudhry) 교수 등은 헌법의 '이동'에서 찾았던 바, 이제 이 용어는 폭넓게 사용되고 있다. 법을 그 인식 대상 내지 연구대상으로 삼는 법학에서 유독 헌법분야의 '비교헌법'이라는 분과는 오랫동안 가장 활발하고 두드러진 영역의 하나로 자리매김 해 왔다. 다시 말해서 비교상법이나 비교계약법 등과는 달리 비교헌법만은 구미(歐美)의 경우나 우리의 경우나 모두 오래전부터 독립된 교과목이며 상당한 정도의 분과성을 인정받아왔던 것이다.

즉, 뒤늦게 서양법이 이입된 우리의 경우에만도 벌써 1917년부터 해공 신익희선생에 의해 보성전문학교의 전신인 보성법률상업학교에 '비교헌법'과목이 설강되었으니 벌써 100년을 훌쩍 넘어서는 역사가 되는 셈이다. 그 이래 오늘날 대학의 법학과 표준 교과과목으로 응용되고 있다. 물론 이처럼 오랜 연륜의 법학분과였다 하더라도 법학의 학습차원을 벗어나서는 큰 의미를 갖지 않던 터에 오늘날 세계차원에서 새로운 전성기를 맞이하고 있음이 분명하다. 그 배경에는 비교헌법학의 새로운 지향성이 각국 헌법이 상이(相異)성 대신 상사(相似)성의 추구로 그 주안점이 달라졌기 때문이다. 그만큼 빈번한 '이동'의 결과가 초래되고 있다는 뜻이다. 그렇다고 해서 당장 각국 헌법전(憲法典)의 내용이 같아지고 있다는 것은 결코 아니다.

2. 기본권의 새로운 양상과 과제[12]

보기에 따라서는 우리 헌법상의 기본권 침해는 미래의 국가과제를 상대적으로 더 많이 설정하고 있는 셈이라 하여도 크게 틀림이 없다. 다시 말해서 미국이나 독일 등 외국 헌법의 경우 헌법제정자들이 국가권력을 직접 구속할 수 있는 개인의 주관적 권리 중심적이었다고 한다면 우리의 경우는 이 같은 개인의 주관적 권리는 물론 한 걸음 더 나아가서 미래지향성이 기본권 체계에 어느 정도 포함되어 있는 측면도 볼 수 있기 때문이다. 이 같은 현상의 결과, 이를 가리켜 '기본권의 과부하 현상'이라 부르기도 한다.[13] 이는 곧 우리 헌법상의 기본권 가운데는 지나치게 앞질러 규정된 결과 현실적인 보호의 영역을 넘어서는 것들 또한 적지 않기 때문이다. 요컨대 사회권을 대부분 구미 국가의 헌법과는 달리 헌법상 명문으로 규정함에 따라 수반되는 여러 법리와 해석상의 문제점을 던지게 되는 것이다.

---

12 새로운 기본권의 등장보다 오히려 기본권충돌의 문제가 21세기 전반부에서는 주안점을 이룰 것이라는 판단에서 아래에서는 필자의 최근 글을 정리, 개고하기로 한다. 권영설, 각주4), 앞의 글, 12–16면.

13 김일환, 헌법개정을 위한 기본권 관련 쟁점에 관한 고찰, 세계헌법연구 제 16권 2호, 2010.

그런데 이미 앞에서도 지적한 바와 같이 인권규범에 관한 세계적 수렴과 그 보편화는 물론이고 한 걸음 더 나아가서 이에 관련된 '국제법의 헌법화' 현상은 바로 이 글의 이어질 Ⅲ장에서 더 자세히 다루기로 한다. 다만 여기서 먼저 지적할 점은 이 같은 고양된 인권은 국가와 지역 그리고 민족 등 문화적 다양성을 넘어서는 보편적 권리로 이미 자리매김하고 있음은 분명하다. 이 같은 인권의 보편성은 현대사회의 인권적 위험상황 및 그 대응이 국제 공동의 것이라는 인식과도 맞물려 더욱 강조되고 있는 까닭이다.14

이들의 거의 대부분은 이른바 국제입법(international legislation)화된 결과, 국내의 기본권에 준하는 효력을 갖게 되는 것이다. 다시 말해서 이들 국제 인권은 대부분 헌법상 보장되고 있는 까닭에 별도의 효력 부여의 절차가 필요 없다고 보게 되는 것이다. 바로 점증하는 이 같은 현상을 가리켜 국제법의 헌법화라 함은 물론이다.

위에서 다룬 바와 같이 헌법의 이념과 제도는 오늘날 크게 수렴(收斂)현상을 나타내고 있다. 이 가운데서 특히 민주주의 제도와 더불어 그 쌍각(雙脚)관계를 이루면서 괄목할 만한 진전을 보이고 있는 것이 바로 인권과 기타 권리의 영역이다. 즉 독일과 우리가 이해하는 기본권 영역을 말한다. 따라서 1960년대 초부터 최근까지의 반세기(半世紀)를 일컬어 이른바 '권리의 시대(the age of rights)'라 함은 세계적으로 이 기간에 고르게 기본권신장이 이루어졌음에 대한 평가가 아닐 수 없다.

여기에 물론 부분적인 걸림돌과 역풍이 없었던 것은 아니다. 기억에도 새롭게2001년의 9.11테러가 초래한 보기에 따라서 반동적 국면의 전개가 바로 그것이라 하겠다. 즉 미국의 패트리어트법(Patriot Act)으로 대표되듯이 테러리즘과의 전쟁이라는 새로운 환경, 즉 기본권적인 위험상황이 세계의 기타 지역으로 확산되어 왔기 때문이며, 그에 따라 일련의 기본권제한이 이루어지고 있기 때문이다.15

특히 기존의 법리를 뛰어 넘기 위해 고안된 여러 새로운 법리들이 등장하게 되었는바, 선제적 보호 내지 사전적 보호의 법리가 바로 그것임은 물론이다.16 이처럼 부분적인 후퇴 내지 퇴조의 측면도 분명 있지만 전체적으로 보아 국제적인 인권규범의 눈부신 발전과 개별국 국내기본권의 지속적인 고양이라는 놀라운 성과를 기록함에 따라 세계사적 차원에서 인류에게 새로운 지평을 열었다고 보아 크게 틀림이 없을 것이다.17

그런데 여기서 주목할 점은 현대적 기본권과제를 파악하기 위해서 과학기술의 혁신

---

14 김선택, 기본권보장의 발전과 기본권학의 과제, 공법연구 제 37집 2호, 2008, 72-73면.

15 Lorenzo Zucca, Constitutional Dilemmas – Conflicts of Fundamental Legal Rights in Europe and the USA, Oxford, 2007, p.xii.

16 권영설, "반테러의 '사전적 보호'법리와 기본권제한", 미국헌법연구 제17권 2호, 미국헌법학회, 2006, 33-65면

17 권영설, 각주4), 앞의 글, 12면

과 변화를 고려하지 않을 수 없다는 것이다. 과학기술의 발달은 새로운 사회로의 이행을 가능케 하고, 발전된 사회는 그 이전에는 없었던 새로운 기본권을 요구하기 때문이다. 과학기술의 급격한 발달은 이를 규제 내지 보호의 대상으로 하는 개별적인 법률내용의 세부사항에만 영향을 주는 것이 아니라, 크게 보아서 헌법이 규율하는 법과 사회 사이의 관계, 즉 상부구조(meta－structure)에 영향을 주게 된다고 할 것이다.[18]

그런데 여기서 이러한 과학기술의 발달이 법에 어떠한 영향을 얼마만큼 줄지를 정확히 예측할 수는 없으나, 입법자나 정책결정자들이 지식경제 및 지식사회에서 정보에 대한 기술을 고려하지 않고 정보관련 법률을 제정하거나 해석할 수는 없게 된 것이다. 결론적으로 과학기술의 패러다임 변화는 곧 헌법을 비롯한 법 패러다임의 변화를 이끌어내게 된다는 것이다. 결국 여기서 주목할 점은 과학기술의 발달에 따라서 새로운 기본권 들이 속속 등장하고 있는 점이 아닐 수 없다.

물론 이러한 현상이 현대에만 국한되어 이루어지고 있는 것은 아니며, 인류역사상 과학기술의 혁신 속에서 사회변동 및 그에 대응된 법의 변동은 늘 일어났던 것 이다. 특히 현대사회에서의 법률영역에 가장 큰 영향을 주는 혁신은 바로 '정보화사회의 도래'라 하지 않을 수 없을 것이다. 이처럼 정보화사회의 등장에 따라서 언론의 자유는 다양한 미디어를 통해서 신장되고 있다. 이에 상대적으로 개인의 사생활영역은 제한 내지 침해될 가능성이 자연히 증가하게 되는 것이다.[19] 그 어느 때보다도 언론의 자유와 사생활의 자유 등에 관한 기본권 충돌현상이 두드러지게 나타나고 있는 것도 이에 다름 아니다.

이처럼 과학기술의 발달은 기존 및 새로운 기본권간의 긴장을 낳게 한다. 즉, 종래 헌법에서 논해지던 '과학기술'과 '기본권'의 관계는 과학기술을 연구하는 연구자에 대한 학문의 자유와 과 정보통신기술 등의 첨단과학을 연구하는 '학문의 자유'의 문제는 이에 대응한 인간존엄성과 충돌하고 있다. 즉, 인간복제 문제와 관련해서 미출생 생명의 헌법상 지위 및 인공생식 및 생명의 조작기술, 유전자 클로닝 등의 문제가 인간존엄성과 연관하여 헌법상 자리매김이 그 중심과제가 되어 오고 있음은 주지하는 바이다. 결국 생명공학의 발달에 대한 규범적 통제가 인간존엄성을 중심으로 논의되고 있는 것이다.

또한 환경개발과 관련해서도 국가의 개발정책과 환경정책이 환경권이라는 현재 및 미래세대의 기본권과도 충돌이 없을 수 없게 된다. 이 밖에도 유전자 조작기술과 인간실험, 뇌사, 안락사, 존엄사 등에서의 환자의 자기생명결정권과 생명권과의 충돌문제 등은 이제 가상이 아닌 오늘의 현실 문제가 아닐 수 없다. 즉, 과학기술의 발달에 따라서 필연

18 Noel Cox, Technology and Legal Systems, Ashgate, 2006, p.ix.
19 Josef Ruthig, Free Speech and the Internet, in Eibe Riedel (ed.), op. cit. pp.55－71

적으로 학문의 자유가 갖고 올 예견되는 혜택과 기존의 기본권과 사이 충돌의 관계를 피할 수 없는 바, 이는 현대사회에서 주요한 사회적 갈등으로 떠오르고 있다 할 것이다.

예컨대 인간복제, 정보지적재산권 등에 관한 과학기술자의 권리 보호 등이 중심적인 주제가 되었다. 그러나 최근 생명공학기술, 통신발달, 환경개발, 의학기술 등에 있어서 과학기술이 가져올 혜택에 대한 공리주의적 접근과 이에 반대하여 인간존엄성, 사생활의 자유, 환경권 등의 기본권을 근거로 한 규범적 통제현상은 마치 과거 중세시대의 종교와 과학의 대립과 유사한 현대사회의 법규범과 과학의 대립현상처럼 보이기도 하기 때문이다.

여기서 등장하는 것이 바로 '기본권충돌(conflicts between fundamental rights)'이라고 할 것이다. 물론 과거에도 또 바로 지금에도 상충하거나 경합하는 기본권들이 제기하는 문제영역이 없었든 것은 아니다. 다만 바야흐로 전개되고 있는 오늘날의 가장 두드러진 과제의 하나가 바로 이 기본권의 경합과 충돌이 아닐 수 없기 때문이다. 그런데 이 현상을 단순히 '위기'와 '위험'의 시각으로 볼 필요는 없다고 본다. 다원화된 사회에서 이것은 사회적 갈등상황을 만들기도 하지만 역설적으로 민주주의의 건강성을 담보해 주기도 할 것이기 때문이다.

요컨대 오늘날 입법자들과 법관들은 기본권의 충돌을 해결해야 하는 문제상황에 훨씬 더 자주 직면하게 된다. 표현의 자유와 인격권(명예 또는 프라이버시)의 충돌, 아이를 갖지 않을 여성의 자기결정권(pro-choice)과 태아의 생명권(pro-life)의 충돌, 정보공개에 있어서 알권리와 사생활비밀의 충돌, 연구활동에 있어서의 학문의 자유와 인간존엄의 충돌 등은 흔히 접할 수 있는 전형적인 충돌이다.[20]

그밖에도 예컨대 인종차별적인 증오언론(racist hate speech)을 처벌하는 경우에는 인종차별을 받지 않을 권리로서의 평등권과 표현의 자유가 충돌하게 된다. 그러면 이 같은 기본권 충돌 현상이 점차 증가하는 추세는 그 원인이 어디에 있는 것인가? 우선 크게 보아 두 가지 원인을 들 수 있을 것으로 보인다.

첫째, 국제규범이나 헌법에서 보장되는 기본권의 목록이 지속적으로 증대하고 있다는 점이다. 이는 세계적인 현상[21]일 것인 바, 이미 앞에서도 몇 차례 지적된바 있다. 그런데 기본권목록의 증대는 실정법규의 제정을 통해서뿐만 아니라 해석에 의해서도 이루어진다. 대법원, 헌법재판소, 혹은 유럽인권재판소(European Court of Human Rights)와 같이 기

20 이와 관련하여 최근 즉 2019. 4. 11 헌법재판소가 형법상 자기낙태죄 및 의사낙태죄 조항에 대해 2020년 말을 시한으로 한 한정위헌 결정을 내렸다. 찬·반의 대칭적 입장이 예각화 되어왔기에 결정된 절충점이랄 수 있다. 다만 입법기가 교차되는 내년까지 우리 국회가 합리적 입법을 이루어 낼 능력에는 우려와 의심이 앞선다고 할 것이다.

21 Eva Brems(ed), Conflicts Between Fundamental Rights, Intersentia, 2008, p.2.

본권을 해석하는 권한을 가진 사법기관들에 의해서 기본권이 실제적으로 집행됨에 따라 애초 규범제정자들이 예상하지 못했던 권리들이 판례법에 의해서 창설된다.[22]

두 번째 원인으로는 기본권의 수평적 효력(horizontal effect of fundamental rights)[23]을 인정하는 경향이 점차 늘어나고 있다는 점을 들 수 있다. 인권이 헌법상의 권리로 규범화되던 초기에 인권이란 정부와 시민 사이의 관계에서 보장되는 것이었다. 그런데 오늘날에는 그 효력이 정부가 아닌 단체나 집단 혹은 개인과 관련해서도 주장되어지는 경우가 늘어나고 있는 것이다.

아무튼 대체로 위 두 가지의 원인으로 인해 오늘날 기본권 주장은 급증하는 추세를 보이고 있고, 그 결과 기본권간의 충돌 현상도 점차 증가하고 있다. 이처럼 기본권 충돌현상은 앞으로 상당한 기간 대표적인 헌법상의 과제로 대두할 것이며 이 점에 관한 한 외국헌법과 우리헌법상의 지향성과 문제점 인식은 공유되고 있다고 본다. 이와 관련해서 우리에게 주어진 당면한 과업이란 이처럼 점증하는 수준을 넘어서 폭증할 것으로 예견되는 기본권 충돌을 해결하기 위해서 예측가능하며 합리적인 수준의 심사기준의 마련이 요청된다. 특히 최근까지 우리의 경우 이 문제에 관한 한 독일의 판례와 이론에 지나치게 의존해 왔으나, 앞으로는 보다 실천적 차원에서 우리에게 적실성 있는 법리의 틀 개발이 시급하다고 할 것이다.[24]

Ⅲ. 국제법의 헌법화

사실 오늘날 시대적 담론으로 떠오르고 있는 '국제법의 헌법화(constitutionalization of international law: Konstitutionalisierung des Völkerrechts)'라는 문제는 최근에 일어나고 있는 국제법의 구조변화를 가리키는 것인 동시에 보는 시각에 따라서는 영리적 헌법주의의 국제법 영역으로의 확장으로 풀이하기도 한다.[25] 아무튼 이는 「세계화」 라는 거스를 수 없는 물결을 타고 상륙한 법현상인 것이다. 이 세계화는 물론 지구촌 전역에 걸친 거버넌스로

22 EU의 기본권 현황을 다룬 최근의 문헌으로는, Christoph-David Munding, Das Grundrecht auf effecktiven Rechtsschuts im Rechtssystem der Europaeischen Union, Duncker&Humblot, 2010.

23 Ibid.

24 2006년 12월 15일~16일 양일간 벨기에의 Ghent 대학교에서는 「기본권의 충돌에 관한 국제학술대회(International Conference on Conflicts between Fundamental Rights)가 개최된 바 있으며, 이를 바탕으로 한 우리의 법리개발 노력도 활발해질 것으로 보인다.

25 박진완, 세계화, 국민주권 그리고 헌법—국제법의 헌법화—, 헌법학연구 제14권 제3호, 한국헌법학회, 2008. 9, 18면.

의 지향성과 인간의 존엄과 자유와 권리에 대한 보호의 안전망 구축을 딛고 떠오르게 되었다. 이에 덧붙여 세계화의 또 다른 촉매(觸媒)를 들라면 어김없이 공산주의/사회주의의 퇴조와 몰락을 지적하지 않을 수 없다.[26] 그런데 이는 나타난 현상일 뿐이며, 이를 가능케 하는 근원적인 힘은 정보혁명 그리고 통신혁명에서 찾을 수 있다. 즉 이들 혁명이 몰고 온 전파(傳播)와 소통 확산의 위력은 인간적 권리의식의 고양과 그 안전망의 구축에 따른 실효적 보장을 위한 메커니즘이 아닐 수 없다. 이제 인권과 자유 그리고 민주적 가치 등에 관한 한 그 인식과 기준은 지구촌 전체가 공유하게 되어감은 금년 들어 나타난 재스민 혁명 또는 아랍의 봄이 이를 웅변하고 있지 아니한가?

세계화의 진화는 이를 가능케 한 여러 국제적 합의의 양적 증대에 따른 지극히 자연스런 귀결이라 볼 수 있겠다. 즉, 국제적 강행규범(jus cogens)과 경제영역에서 국가간 합의의 경이적인 양적 증대 등은 국제법의 개별국 영역에의 침투를 촉발시키고 심화시킴에 따라 국내적 영역에의 일정한 자리매김을 초래하지 않을 수 없게 된다. 그 결과 전통적 국가성(statehood)의 가장 중요한 요소로서 전통적으로 꼽아왔던 주권의 개념에 변질과 퇴화가 초래되기 시작하였다. 이를 가리켜 베스트팔렌 체제의 퇴조로 흔히 설명하기도 하는 것이다.

이 같은 베스트팔렌 체제의 변화는 다른 무엇보다도 전후 태동한 UN체제의 등장이 이를 웅변하였음은 두말할 필요도 없다. 사실 1648년의 베스트팔렌 체제는 주권국가의 등장을 마련한 것인 동시에 국가 중심의 국제질서를 형성했다는데에서 그 의의를 찾을 수 있다. 다만 여기서 왜 국가가 국제질서의 유일한 행위자인가에 대한 설득력 있는 논리는 전개되지 않았기 때문에, 보기에 따라서는 국제질서라기보다 국가중심주의 체제의 출발을 베스트팔렌의 진정한 의의라 볼 수도 있는 것이다. 왜냐하면 국제정치학 또는 국제법학에서 그 출발점을 베스트팔렌으로부터 연유되는 것으로 이론화하여왔기 때문이다.

물론 뒤이은 나폴레옹 전쟁과 빈 체제의 등장, 그리고 20세기의 문을 열자마자 불거진 제 1차 대전과 그 마무리의 초국가적제도로서 등장한 국제연맹(the League of Nations) 등을 거치면서 본격적이고 역동적인 세계질서의 막이 오른 것이다. 그런데 제 2차 대전과 뒤 이은 이념적 대치 및 그 퇴조에 대한 마무리를 의미하는 20세기 말에 본격화되기 시작한 현상이 다름 아닌 세계화인바, 이 같은 흐름 가운데에서 대단히 구조적이고 특이한 변화가 바야흐로 이제 펼쳐지고 있다.

여기서의 변화는 두 가지 차원에서 그 양상을 과거와 달리하고 있다. 즉, 정치·경제·사회의 모든 영역에서 국가내(內)적 못지않게 국가외(外)적 교류 및 상관관계의 양적 증대가

26 Bruce Ackerman 'The Rise of World Constitutionalism' 83 Virginia Law Review 771－797 (1997)

두드러졌다는 점이고, 두 번째는 국가내적으로도 전통적 국가중심주의(statism)가 허물어지고 국가와 사회 간의 교호작용에 변화가 수반될 뿐 더러, 국제적으로 연계화된 시민사회의 영향력 강화가 이루어지고 있다는 점이다. 그 결과 오늘날 헌법적 차원에서는 순수히 국내사항(municipal matters)과 외국사항(foreign matters)을 구별하기가 쉽지 않거나 거의 불가능함을 볼 수 있게 된다.

미국의 Heart of Atlanta Motel 판례[27]가 연방헌법상의 통상조항(Commerce Clause)을 근거로 민권법의 우선적용을 가능케 하기 위한 논리이었음에 주목하지 않을 수 없다. 오늘날 우리의 의식주(衣食住) 어느 영역을 보더라도 주권/통치권이 독자적이고 독립적이며 더구나 배타적으로 행사될 관할은 현실적으로 찾기 힘들다고 본다. 생활의 모든 요소를 자급자족(自給自足)으로 영위할 국가 내지 공동체가 어디 있기나 할까? WTO법체계를 벗어난 일상사의 삶을 하루라도 영위할 수 있겠는가? 이제 헌법사항에서 국제법의 클러스터를 분리함이 사실상 불가능함을 뜻하며 또 이를 달리 볼 때 국제 규범의 대규모적 헌법편입(incorporation)을 통한 헌법의 적용영역 확대를 뜻하기도 한다는 점에 주목하지 않을 수 없다.

여기서 또 하나 눈여겨 볼 대목은 국가 간 합의의 결정체를 의미하는 조약 등 국제법의 눈부신 양적 증대이다. 오늘날 전통적 의미의 조약체결과 그 비준은 상상할 수 없는 수준의 양적 증대의 결과[28] 헌법자체에서 마저 그 절차적 통제, 즉 국회비준동의와 국가대표자에 의한 비준이라는 전통 메커니즘에 혁명적 수준의 변화가 이미 초래되었다고 본다. 건국 초기 우리의 조약체결 건수는 도표에서 보듯 지극히 미미한 수준에 그쳤던 것이나 이제 오늘날 대부분의 국가가 그러하듯 폭발적인 국가간 합의의 양은 새로운 메커니즘을 요청하고 있다. 다시 말해서 조약체결에 대한 의회의 통제는 극히 제한적인 경우로 한정시키게 되는 바, 이는 필연적으로 헌법과 국제법 그리고 국제법과 헌법 사이의 경계를 무너뜨리는 결과를 초래하고 있음에 주목해야겠다.

세계화는 이렇듯 정보혁명, 통신혁명을 통해서 지구촌 전체에 인권보장의 실효적 증대와 자유민주주의 체제의 공고화라는 두 개의 큰 복음을 전해주었음은 어김없는 사실이

---

27 Heart of Atlanta Motel v. United States, 379 U. S. 241(1964) 미국 민권법의 발달과정에서 기념비적인 이 판결 그 자체가 이 연관에서 의미 있다는 것이 아니다. 연방법(Civil Rights Act Title II)의 적용을 가능케 하기위한 논리개발에서 그 방법론은 여러모로 유용한 시사점을 던지고 있다고 본다.

28 참고로 우리 정부 출범 초기의 조약 제정건수와 국회의 비준동의의 통계는 다음과 같은 바, 이는 오늘날과는 크게 대비된다.

1948년	1949년	1950년
5개	8개	12개

국가법령정보센터 DB: http://www.law.go.kr/trtySc.do?menuId=4&query=

다. 세계화 다국화의 혜택을 사실 어느 나라 보다 향유한 것이 바로 한국이 아닌가? 돌이켜 볼 때 과거 세계적 긴장요인의 가장 큰 요소로 지적되었던 것이 선·후진국사이의 빈부격차였고 이를 가장 극명히 담은 것이 바로 프레비시 리포트(Prebisch Report)29이었다. 그 뒤 유엔 등의 숱한 노력에도 불구하고 이 격차는 오히려 더 확대되는 아이러니를 초래하였음은 물론이다.

즉 다른 가시적 성과가 없지 않았음에도 기술격차와 정보사회가 으레 수반할 국가사회 차원의 디지털 디바이드(digital divide)는 오히려 더 빠르게 진행되고 있다. 정보통신기술의 발달 속도가 너무도 눈부신 나머지 정보통신의 기술격차가 더 확대되고 있으며, 이에 따라 개발도상국들의 선진국 예속화는 더욱 심화되고 있다. 여기서 제기되는 문제가 바로 경제'주권'이 아닐 수 없는 것이다. 다시 말해서 세계화와 신자유주의의 심화가 이 같은 연관에서 개별국가의 주권에 미치는 효과를 다시금 분석하고 평가해 볼 필요가 있게 된다.

Ⅳ. 국가성(statehood) : 변화의 소용돌이

1. 주권 : 국민국가로부터 신(新)중세국가로

'주권'개념의 진화는 오늘날 사회과학 전반에서의 가장 두드러진 거대 담론의 하나임이 분명함에도 우리 헌법학은 수험법학에 매몰된 나머지 이를 철저히 외면해온 셈이다. 최근 소장 내지 중견교수들이 쓴 한두 편의 글이 고작 있을 뿐이다.30

먼저 주권의 원형(prototype)을 의미하는 베스트팔렌조약 체제로부터 살펴보지 않을 수 없다. 신성로마제국의 해체를 의미함과 동시에 절대 권력과 영토조합 위에 사회구성원들을 포용하는 이 체제는 우선 그 배경부터가 농후히 유럽적 조건임에 주목해야 할 것이다. 즉 1648년 10월 24일 이전의 주민들은 그들이 속해있던 당해 영토의 국민으로서 국민국가체제에 통합되게 된다. 따라서 강력한 국민국가의 등장을 결과하긴 하였으나 이때부터 오늘에까지 잉태된 인종정치와 소수 민족 문제는 유럽 정치를 특징짓고 있다. 물론 여기에 덧붙여진 유럽제국의 대외 식민지 지배는 다인종, 다민족을 둘러싼 분열과 갈등의 진원지가 되고 있음을 보게 된다. 유럽 전역이 이로부터 자유롭다 할 수 없는 것은 물론

29 아르헨티나의 구조주의 경제학자인 라울 프레비시박사는 제5차 UN무역개발회의(UNCTAD)의 사무총장으로서 1960년대 중반 GATT와 IMF체제를 거부하고 구 식민지배에 대한 보상을 통한 선후진국 사이에 날로 커지는 개발격차를 줄이는 방안을 제시한 유명한 보고서이다.

30 홍석한, 세계화에 따른 주권의 변화에 관한 헌법적 고찰, 공법학연구 제10권 제2호, 한국비교공법학회, 2009; 박진완, 앞의 글, 17~43면.

이며, 구 유고슬라비아의 분해는 이를 웅변하고 있는 것이다.

근대적 입헌주의 헌법의 등장이 바로 이 베스트팔렌적 주권 개념에 바탕을 둔 것임은 두말할 필요도 없다. 신성로마제국의 종말이 지리적 구분으로서 영토국가를 등장시킨 까닭에 언어와 역사, 민족과 문화의 일정한 공통분모를 가진 대내적, 대외적 독립의 국가를 탄생시켰음은 물론이다.[31] 물론 위에서 이미 다룬 바 있듯이 20세기 후반에서부터 불거진 세계화의 거대 물결이 탈 국가주의와 탈 민족주의를 부추김에 따라 전통주권의 퇴조를 예고하기에 이른다.

사실 1945년 51개국으로 UN이 출범할 때만 하더라도 오늘날과 같은 초국가공동체의 세계적 확산과 그 위력이 초래될 것으로 예견하였다고는 볼 수 없다. 이 51개국이 193개국으로 확대됨도 그러하거니와 조약체계인 UN의 헌장이 개별 국가의 주권에 대해 초래한 자기제약(自己制約)은 전통적 주권의 발 빠른 퇴조를 부채질 한 셈이다. 그 외에도 IMF, WTO, EU, EMU, FTA 등은 각각 성격은 다르나 국가주권론이 이들에 맞붙어 어떤 운명을 초래하고 있는가는 실로 주목하지 않을 수 없다.

사실 헌법은 주권국가의 대내외적 권능과 그 정당화를 위한 메커니즘의 하나라 할 것이다. 그러나 오늘날 국경 없는 지구사회화의 발 빠른 속도와 거대한 정보 혁명의 물결, 특히 기능적 영역이 정치 영역을 압도하는 새로운 현상 등은 국가 주권을 왜소하게 만들고 그 자율성과 독립성의 수준을 엄청나게 축소시키고 있음을 보게 된다. 다시 말해서 인권 문제, 경제 관련 문제, 국제 환경의 문제, 통신 문제, 그리고 기후변화 문제 등과 관련하여 국제적 규범 즉 국제적 입법의 양과 질이 확대되고 강화됨에 따라 국내 입법의 종속성이라는 과제까지 제기되고 있는 것이다. 여기서 전통적 '주권'어젠다를 강변함은 에오라지 헛된 메아리일 뿐이다.

물론 여기서 이처럼 헌법을 압도하거나 기능적 위축을 초래하고 있는 요인의 하나로서는 초국가공동체와 대형 국제조직을 들지 않을 수 없다. 또 여기에 덧붙여 지역적 초국가공동체와 그보다는 기능적 결합이 느슨한 국가 간의 조직 내지는 연대도 있음에 주목해야 할 것이다. 따라서 주권적 권능을 상당한 수준 또는 낮은 수준으로 행사하고 있는 이들의 예후는 단순한 호기심적 관심을 넘어 주목의 대상이 된다고 본다. 이를테면 WTO와 EU는 10년 안에 붕괴한다거나 또는 중국의 몰락과 미국의 부활을 예상하는 등 전문가마다 경쟁적인 예측이 나오고 있는 바 이 모두 우리를 포함하는 개별국의 주권에 미치는 영향에 비추어 관심의 대상으로서 외면 할 수 없기 때문이다.[32]

---

31 권영설, 각주4) 앞의 글, 5면.

32 Daniel Altman, 『Outrageous Fortunes–The 12 Surprising Trends That Will Reshape The Global Economy』,

세계화와 정보혁명으로 국가체계에 엄청난 변화가 초래되고 있다. 영토에 기반을 둔 국민국가를 국가공동체의 기본조직으로 삼아왔던 질서가 흐트러지고 있다. 여기서 주목할 점은 이 같은 세계화가 초래하는 현상에는 이중성이 있는 바, 초국가적 통합운동이 일어나는가 하면 지방적 분리운동 또한 동시에 일어나고 있음에 따라,[33] 국민국가의 배타적 관할영역이 좁아지고 있기 때문이다. 다시 말해서 국가는 위로부터는 초국가적 국가공동체, 그리고 지역정부에 의해서도 영역에 대한 할양요구라는 도전을 받고, 한걸음 더 나아가 시민사회에 의한 통제에도 직면하고 있다. 아무튼 세계화라는 도도한 흐름을 이제 거역하기도 어렵거니와 이 흐름에 가장 큰 희생물의 하나가 바로 국가주권의 문제인 것이다.

그런데 현재 진행되고 있는 이 같은 연관에서의 세계화는 보기에 따라서는 또 다른 의미의 중세시대에 진입하고 있다는 뜻에서 '신(新)중세시대(new medievalism)'로 규정짓기도 한다.[34] 즉, 국민국가가 기본단위로 군림했던 시대가 지나가고 복합적, 중층(重層)적, 국제체제가 출현함에 따라 신성로마제국, 교황 같은 세계정부와 다른 한편으로는 자율권과 자치권을 갖고 있는 자치도시, 그리고 자치영주로부터 협공을 받았던 중세국가와 이처럼 묘하게도 비슷한 구성체계라는 점에서, 신 중세시대라 명명(命名)한 것으로 보인다.

물론 이 같은 흐름이 도도한 흐름임을 부인할 수는 없어도 결코 전체를 간추릴 조감도라 하기는 미흡하다. 2016년의 이른바 브렉시트(Brexit)는 3년이 지난 지금도 한 치 앞을 내다볼 수 없고, 어느 때라도 불거질 유럽 각국 각지에 도사린 분리주의는 전체 국가체계에 드리운 먹구름이 아닐 수 없다.

2. 국적의 변화 : 단일적·배타적으로 부터 복수적 다중적으로

국가 성격의 변화, 특히 주권의 현대적 변용이 초래하고 있는 두드러진 변화의 하나를 국민/국적 제도에서 볼 수 있는 것이다. 세계적 차원에서 국적에 관한 역동적 변화도 그러하지만 특히 분단국 대한민국의 국적법이야 말로 모든 특이성과 문제성을 함께 잉태한 법적 수렁(legal quagmire)[35]이 아닐 수 없다. 무릇 법 분야 가운데 국적법만큼 주어진 국가와 민족의 역사를 고스란히 그리고 어김없이 반영하는 법은 달리 찾기 힘들다고 할 것이다. 그래도 그나마 우리에게 있어 그 적실성 찾기의 길잡이가 될 수도 있는 경우로는

Time Books, 2011 : 거의 동시에 출간된 한국어 번역본은, 고영태, 10년 후 미래, 청림출판, 2011.

33 이미 독자적 사법권을 포함하여 교육, 보건 등에서 자치내정을 위임받고 있는 강력한 독립주의의 스코트랜드 민족당(SNP)이 최근 연정파트너 없이 총선에서 압승함에 따라 독립을 위한 투표가 예정된 2017년의 경우 대결이 예상되었으나. 미봉책 대안으로 다시 연기된 상태이다.

34 임혁백, 21세기 한국정치의 비전과 과제, 04－05, 정보통신정책연구원, 2004, 19면.

35 권영설, 分斷과 統一 속의 독일 國籍法과 그 憲法問題, 중앙법학 제8집 제4호, 중앙법학회, 2006, 94면.

독일 국적법을 들지 않을 수 없다고 본다. 독일은 오래전부터 으레 "Deutschland ist kein Einwanderungsland(독일은 이민국가가 아니다)"라 천명해왔다. 다시 말해서 이민국가나 다문화국가임을 표방하지 않는다는 뜻이다. 아울러서 미국 같은 이민국가는 더 더욱 아님을 강조한 것으로 보인다.

그런데 바로 이 독일에도 커다란 변화가 초래되었는 바 메르켈 총리(Angela Merkel) 대연정의 당면한 과제 중 하나가 국적제도의 개편이었던 것이다. 이를테면 슈트트가르트(Stuttgart)의 경우 60만 인구 가운데 1/3 이상이 제 1세대 또는 제 2세대 이민으로 구성되었다 함에서 나타나듯이 오늘날의 독일이 다문화공동체로부터 자유롭다고 주장할 수는 결코 없다. 우리나라의 경우 또한 최근 외국인의 국내 귀화가 빈번해지고 정주(定住)외국인의 수가 240만에 이르게 됨에 따라 이 달라진 현실에 덧붙여 만일 미래의 통일까지 내다본다면 그 헌법적 함의는 실로 우리의 주목을 끌지 않을 수 없는 시점에 이르렀다고 본다.[36]

국민은 그 자체가 대단히 다의적인 용어로서 인민, 개인 등의 개념과 마구 뒤섞어 쓰기도 한다. 국민주권주의와 연관 지을 때는, 정치적 전체(全體)를 추구하는 의사능력을 가진 「인민」의 총체로 파악되는 것이 오랫동안 그 헌법적 설명방식이었다. 그러나 최근 국적 개념에 변화가 초래되고 있다. 국적(nationality ; Staatsangehörigkeit), 시민권(citizenship ; Staatsbürgerschaft), 공민권 등의 용어가 혼용됨에 따라 혼동의 소지가 있음이 사실이다. 그런데 「국민」이라는 용어 자체가 개인의 국가 귀속관계에 따른 개념으로서, 현실적으로 국적과 더불어 시민권[37] 등의 법적 장치로 발현되기 마련이다. 그런데 위에서 지적한 바와 같이 국가 패러다임의 변화 가운데에서 국민의 문제 또한 새로운 국가상의 등장을 어떻게 예상하느냐에 따라 달라질 수 있다고 본다.

즉 전통적 국민/국적의 개념, 특히 인종민족주의(ethnonationalism)적 국민관에 혁명적 변화가 예고된다는 관점도 있을 수 있다. 「영토 없는 국가」, 「다층적 국민의 개념」, 「공유된 주권」으로 대표되는 새로운 국가상의 등장이 대두하였기 때문이다. 바로 EU헌법이 이의 본보기라 하는 시각도 있다.[38] 예컨대 제러미 리프킨(Jeremy Rifkin)은 "우선 국적에 대한 개념부터 재정립해야 할 것이다. 전통적으로 사람들이 누린 권리들은 주권 국가의 국민으로서 갖는 법적 지위에서 나왔다. 그러나 근년 들어 국적을 부여하고 시민각자의 권

---

36 현재 체류외국인의 수는 2018년 말 현재 2,367,607명이다. 통계월보, 출입국·외국인정책본부, 법무부, 2019 1.

37 '시민권'은 연방주의 내지 식민지주의 시대의 국가공동체라는 연관에서 개발된 개념으로서, 대표적으로 미국에서 널리 활용되는 용어일 뿐이다. 이와는 연관과 차원을 달리하는 경우로서 호적을 들 수 있는바, 이는 가족제도의 틀에서 개발된 사법(私法)상의 개념인바, 당연히 이 또한 국적 그 자체와는 다르나 국적관계를 판단함에 있어서는 중요한 한 요소가 된다.

38 권영설, 각주33), 앞의 글, 96면.

리에 대한 최고 중재자로서 갖는 국가의 권위가 점차 손상되고 있다. 특히 다중(多重) 국적자의 증가로 국적에 대한 국가의 지배권이 상당히 약화되었다." 한걸음 더 나아가서 그는 "초국가적 시민권"개념의 도래를 설명하고 있는 바, 이는 결국 「다층적 국민」의 출발점을 가리키는 것이다.[39]

이 같은 공동체주의 및 다원적 협력주의의 시대를 내다봄에 따라 헌법의 법리에도 일정한 수준의 혁명적 변화가 점쳐지기도 한다. 그러나 이에 대한 반론과 비판도 만만치는 않는 바, 유럽이야말로 '상호 보장된 쇠락'의 길을 가고 있다고 혹평하면서 이때 특히 국민/국적 패러다임의 변화를 부정하고 있는 경우도 있다.[40]

아무튼 이 같은 국적법의 변화는 각국의 대인적 지배권 약화를 뜻하기도 하는 바, 과거에 비해 현격히 확대된 이중국적제도는 상당한 정도로 보편화 되어 가고 있다. 우리나라의 경우도 그동안 이에 대한 빗발치는 논의 끝에 최근 비록 상당히 제한적이고 여전히 폐쇄적인 수준의 기조를 유지하는 가운데 이중국적을 부분적으로 허용하는 국적법 개정이 있었다.[41] 다문화주의(multiculturalism)라는 용어는 문화인류학 내지는 역사학 전문가들에 의해 개발된 개념으로서 그 쓰이는 연관에 따라 의미는 대단히 다양하다. 어의(語義)상으로는 문화적 다양성의 존재를 인정한다는 뜻이 되나, 역사적으로 서구 선진국의 입장에서 주로 다른 문화를 인식하는데 대한 대항적 개념으로서 그 함의를 갖는 경우가 많다. 즉 '모든 문화는 그 나름대로의 고유한 가치를 인정하고 존중해야 한다', 또는 '주류 서구사회에 현실적으로 존재하는 소수 민족, 이민자들에 대한 차별과 편견 등을 넘어 그들 또한 포용하며 사회적 평등을 인정해야 한다'는 등 진보적 의미로 자리 잡을 것이다.

그런데 여기서 눈여겨보아야 할 대목이 있다. 오늘날의 다문화주의에 대한 요청이 모두 다 유럽으로부터 연유된 것은 아님이 분명하나 그 전체적 흐름은 이로부터 크게 벗어나지 않기 때문이다. 즉, 베스트팔렌 조약이 체결된 17세기 중반에 기존의 사회구성원들은 그 시점에 존재하였던 각국의 영토에 잔류하게 됨에 따라 당시의 새로운 국민국가는 필연적으로 지극히 여러 다양한 소수민족들을 포용하게 되었다. 이 같은 문제와 그 유산은 그로부터 3세기 동안 제국주의/식민주의의 전개로 인하여 아시아, 아프리카의 다양한 인종과 민족으로 확대됨에 따라 전 세계가 갈등과 소요에 휩쓸리게 된다.

여기에서 제기되는 문제가 사회통합에 대한 요청이며 이의 해결책으로 자리 잡게 된 것이 다문화정책이고 그 지향성이 아닐 수 없다. 물론 뒤이어진 산업화 과정에서는 더욱

---

39 Jeremy Rifkin, The European Dream, Tarcher/Penguin, 2005, pp.272－280.

40 존 나이스비트 (안진환/박슬라 옮김), 마인드세트, 비즈니스북스, 2006, 318－343면.

41 국적법 개정 법률 제10275호, (2010. 5. 4), 이번 개정의 주된 내용은 ① 국적 자동상실조항의 완화와 국적선택 명령 절차 추가, ② 선천적 복수국적자에 대한 우리 국적 선택권의 부여.

더 이주근로자에 대한 요청이 산업 선진국에서 절실해짐에 따라 범세계적인 노동이동(labor migration)이 심화되게 된다. 오늘의 우리사회 또한 이에 다름 아니다.

다만 여기서 분명한 것은 미국과는 달리 '이민국가성'–'다문화주의'에 대한 부정으로 일관해 오던 독일에도 대전환이 초래되었듯이[42] 우리 또한 이에 무작정 눈감을 수는 없는 상황으로 가고 있다는 사실이다. 오랫동안의 이출(移出)중심으로부터 이입(移入)초과로 됨에 따른 현실을 직시하지 않을 수 없기 때문이다. 결국 헌법상의 '국민'개념이 흔들리거나 변화한다는 뜻이며, 국민국가와 민족국가의 등식관계에 있어 퇴조 내지 붕괴를 가리키는 것이 된다.

20년 전인 1990년에 약 5만 명에 불과했던 체류 외국인이 이제 240만 명을 헤아리게 됨에 따라 이들을 위한 여러 입법이 제정되었는바, 2007년 '재한외국인처우기본법', 2008년 '다문화가족지원법'의 제정이 대표적이다. 뿐만 아니라 차별받는 이주노동자 등에 대한 보호와 온정주의는 이들 법률 뿐 아니라 수많은 보호/지원법률안 들이 현재 국회에 계류중이다. 대화문화아카데미는 헌법상의 권리 주체를「국민」에서 아예 불법 체류자까지 포함한「사람」으로 바꿔야 한다는 취지의 헌법개정안을 발표한 바 있다. 또 헌법연구자문위원회 등에서는 헌법전문에 '문화적 다양성'의 지향을 명시하자는 주장도 제시하였으며 기타 '이주노동자 변호인단'은 외국인 노동자의 이직을 제안한 '외국인근로자고용 등에 관한 법률'이 외국인 노동자의 직업선택의 자유를 침해한다는 이유로 헌법소원을 제기한 바도 있다.

요컨대 오늘날의 정치·사회적 지향성에 비추어 이 같은 논의 자체는 당연한 것이나 우리 헌법체계 전체에 비추어 판단되어야 할 대단히 근원적인 문제인 까닭에 섣부른 단편적 주장 또한 경계되어야 할 것임은 물론이다. 더구나 다문화주의를 수용하는 헌법원리를 제9조에서 도출할 수 있다는 등의 논의는 그것을 대신해 당해 헌법 조항을 독일류의 '문화국가'원리로 풀이하는 오류와 더불어 이해하기 힘들다. 아무튼 유럽 대부분의 국가, 특히 이민자 유입의 속도가 빠르고 차지하는 비율이 지나치게 높은 북유럽의 다문화주의 실패사례로부터 시사점을 찾아야 되리라 본다.[43]

---

42 Daniel Thym, Migrationsverwaltungsrecht Mohr Siebeck, 2010

43 노르웨이의 브레이빅이라는 한 극우주의자에 의한 2011년 7월 22일 76명의 사망자를 낸 테러가 갖는 정치·사회적 의미와 그 배경에 주목해야 할 것인 바, 이민정책의 실패, 특히 이민자 사회통합정책의 실패와 극우정당의 준동 등이 복합적으로 빚어낸 결과라는 점에서 우리도 타산지석으로 삼아야 할 것이다.

V. 변화하는 인구구조와 세대갈등

드디어 '호모 헌드레드(Homo Hundred)'의 시대가 다가오고 있다.[44] 이를 받아들이는 시각에서도 행복과 재앙이 교차하고 있음을 보게 된다. 오늘날 유럽과 미국 등에서 불거지고 있는 국가 재정 위기와 복지 갈등의 출발점은 물론 그동안의 방만한 운용에도 그 탓을 돌릴 수 있겠으나, 더 근원적인 문제는 그 또한 저출산·고령화 문제에 귀착된다고 볼 것이다. 다시 말해서, 우리에게 주어진 이 시점 최대의 국가 의제로서 저출산, 고령화는 그 속도가 이례적으로 빠름에 따른 충격이지 유럽과 일본 같은 이들 선진국은 우리보다 선행하여 이 같은 문제에 봉착한바 있음은 물론이다. 잘 알려진 데로 전형적인 이민국가인 미국의 경우만 이와 어느 정도 창이가 있을 뿐이다. 우리의 경우 불과 30년 남짓의 운용경험밖에 없는 국민연금의 고갈 문제가 국가적 공포로 대두하고 있을뿐더러 국가 부채 문제 또한 심심치 않게 적신호가 나타나고 있는 것이다. 이들을 보완하기 위한 개인연금, 기업연금 등의 여러 상품들이 봇물처럼 쏟아지고 있는 현실이다.

결국 여기에서 제기되는 당장의 문제는 국민연금수급권의 변경문제 그리고 더 나아가서 점차 첨예화되기 시작하는 세대 간의 갈등, 즉 현재 세대와 미래 세대 사이의 정의, 그리고 책임의 문제가 아닐 수 없다. 여기서 30년 전 헤벌레[45]를 다시 생각하지 않을 수 없다. 그는 '세대간 계약으로서의 헌법'이라는 관점에서 당시로서는 다가오는 문제의 본질에 대한 이해를 촉구한 바 있다. 즉, 그는 열려져 있는 프로세스로서의 헌법이라는 자신의 기본 입장에서 공간적 축과 시간적 축을 바탕으로 하는 사회 계약적 모형을 제시한 것이다.

요컨대 고전적 사회계약의 논의 대상을 오늘날의 '시간'이라는 평면에 확장할 때 헌법의 성격은 '세대간 계약'으로서 파악될 수 있다는 주장이었다. 시간요소를 헌법이론의 본질적인 기본 문제로 파악하는 그의 주장이 당시로서 큰 설득력이 있어보이지는 않았기 때문이다.[46] 이 같은 헤벌레적인 세대간 계약론은 결국 통독 과정의 개정 기본법 제20a조에 담겨지게 되었다. 아무튼 저출산에 따른 노동력의 저하와 의료기술의 획기적인 발달과 건강의식의 고양 등에 따른 고령인구의 괄목할 만한 증대는, 의도했던 안했던 현 세대가

44 인류의 조상을 '호모 사피엔스'로 부르는 것에 대응해 100세 장수의 보편화를 지칭하는 학술용어 이다. 유엔은 2009년 World Population Report에서 평균수명이 80세 이상 국가가 2000년 6개국에서 2020년이면 31개국이 될 것으로 예측했다. 매일경제, 2011. 8. 17. A5

45 Peter Haeberle, Verfassungsgerichtsbarkeit als politische Kraft, in J. Berker (Hrsg.), Dreissig Jahre Bundesrepublik −Tradition und Wandel, 1979, S. 53−76 ; −, Altern und Alter des Menschen als Verfassungsproblem, in Das Grundgesets zwischen Verfassungsrecht und Verfassungspolitik, Baden−Baden 1996, S. 751−780.

46 권영설, 각주4), 앞의 글, 16면.

미래 세대에 가공할 수준으로 의존하게 되는 결과를 초래하게 된다. 뿐만 아니라 나아가서 이 같은 감당할 수 없는 수준의 부담은 단순한 불평등을 넘어서서 심각한 갈등양상을 불러오게 되는 바, 이러한 현상은 환경 정책 그리고 문화재 보호 등에서 이미 예고된 바 있음은 물론이다.[47]

'세대간 정의', 또는 '세대간 형평'에 관한 법철학적 담론의 소개는 여기에서 다루지 않기로 한다.[48] 다만 공법적 연관에서 이에 관한 연구는 우리의 경우 더욱 희소하다. 이에 반해 구미 선진국 및 일본 등에서는 관련 헌법담론이 상당한 수준으로 활발히 전개되고 있음을 보게 된다. 물론 우리의 경우도 최근 국민연금의 수급권을 둘러싼 법적 논의가 전개됨을 통하여 자연스럽게 그 같은 담론 또한 피할 길이 없게 되고 있음은 물론이다.

이처럼 저출산·인구고령화로 인한 국가 재정 능력의 악화가 초래될 경우 현재 수준의 사회보장을 현격히 축소하는 것과 그렇지 아니하고 또 다른 대안이 있을 수 있는가 하는 문제는 이미 당면한 과제가 아닐 수 없다. 한걸음 더 나아가서 이 같은 사회보험의 축소 입법이 합헌인가 또는 위헌인가 하는 지극히 예민한 문제가 국민생활의 가가호호에 미치지 않을 수 없게 됨에 주목해야 하겠다. 즉, 이때 국민연금수급권에 대한 법리 판단부터 시작되어야 한다. 아직 확정되지 않은 권리라는 점에서 재산권 보호의 대상 여부로 파악하는 논점이 앞서게 된다. 사실 바로 이 문제는 우리 보다 앞서간 독일에서 충분히 다루어져 온 바 있다.

이 수급권을 사회법상의 지위로 파악하던 판례경향에서 부터 오늘날에는 공법상의 지위로 규정함에 따라 재산권성의 강화가 이루어지게 된 것이다. 물론 이 때 '배타적 귀속', '상당한 자기기여', '생존보장의 기여'라는 요건이 충족되는 경우에만 공법상의 권리가 인정된다는 것으로서 이것이 우리 헌법재판소 결정의 논거이기도 하다. 요컨대 재산권보호의 대상이 된다는 뜻이 '어느 경우에도 국민연금의 기존 가입자에게 불리하게 변경하지 못한다'는 뜻은 아니라고 본다. 결국 이를 둘러싼 관련 법리의 논쟁성과 사회적 휘발성에 비추어, 우리 나름 헌법법리의 정교한 개발이 요청된다.

---

47 권영설, 새로운 미래비전과 세대갈등의 조짐, 법연 Vol.07, 한국법제연구원, 2010, 36면.

48 오병선, "세대간 정의의 자유공동체적 접근", 법철학연구 제6권 제2호, 한국법철학회, 2003, 295–324면; 홍일선, 세대간 정의와 평등, 헌법학연구 제16권 제2호, 한국헌법학회, 2010, 458–461면.

Ⅵ. '정부에서 거버넌스'—'정부보다는 거버넌스'[49]

1. 거버넌스의 개념

최근 일상의 용어로서 또는 사회과학의 주요 용어내지 개념들 가운데 거버넌스(governance)를 쓰는 경우가 부쩍 늘어나고 있다. 우리의 경우 협치(協治), 공치(共治), 국정관리(國政管理), 국가경영(國家經營)으로 풀어쓰는 경우가 없지 않으나, 이들 용어의 함의는 그 진정한 내용을 전달하기에 적절치 않음에 따라 대부분 '거버넌스'라는 외국어를 차용하여 쓰는 경우가 많다. 특히 2000년 이후 국가 또는 정부의 미래상에 대한 은유(metaphor)로서 거버넌스가 부쩍 그 사용빈도가 높아진 까닭에 이 개념에 대한 논의가 다각도로 진행되어 오고 있다. '정부', '행정' 등 전통적인 개념이 갖는 부정적 이미지를 불식하기 위하여서도 이 용어가 의도적으로 널리 활용된다는 점 또한 지적하고자 한다. 그 결과 거버넌스란 용어는 '무엇인가 새로운 것' 또는 '개혁적인 것'[50]이라는 더 긍정적인 용례로 활용되고 있는 바, 이를테면 환경거버넌스, 로컬거버넌스 같이 '개혁을 의미하는 접미사'로 까지 활용되고 있음을 보게 된다.

또 이와 관련하여 지적하고자 하는 폐단은 거버넌스라는 용어가 거의 무차별적 내지 남용의 수준으로 쓰이고 있어 전문용어로서보다 수사(修辭)적 용도로 쓰이는 경우가 더 많다고 볼 수도 있겠다. 오늘 이 배경에는 지난 40여 년 동안 집중적으로 조명 받은 담론의 주제가 다름 아닌 '사회에서 국가의 역할'이라고 본다. 물론 이 때 그 지배적인 연관은 '국가'가 곧 '사회문제의 해결책'이 아니라 그 자체가 '사회문제의 원천'이라고 인식됨에 따라 신자유주의 지배양식이 급속도로 확산되어 왔기 때문이다.[51]

아무튼 거버넌스라는 용어에서 그 개념적 구성요소를 본다면 다음과 같은 몇 가지 요소는 빠트릴 수 없겠다. 케인즈적 복지국가로부터의 탈국민화와 탈국가화, 국제화와 정보화의 심화, 국가개입의 감소와 분권성 등이 바로 그것이다. 이는 이미 10~20년 이전부터 출발되어 이 글을 쓰는 이 시점에는 서방세계 각국의 경우 거의 폭발적인 재정위기의

---

49 "from government to governance"는 기술적(記述的) 표현으로 상당히 일반화되어 왔다. 즉 VI장의 제목도 필자의 번역이라기보다 행정학 등에서 흔히 쓰는 표현이다. 이와 달리 "less government, more governance"와 같은 용어 또는 표현은 시라큐스대 학장, 하와이대 총장 클리블랜드가 처음 썼다. 결국 여기서 그는 정부개입의 축소와 국민의 다양한 수요충족을 강조하고자 했다. Harlan Cleveland, The Future Executive: Harper & Row, 1972.

50 이명석, 거버넌스의 개념화, 한국행정학보 제36권 제4호, 2002, 321면.

51 최성욱, 거버넌스 개념에 대한 비판적 고찰, 정부학연구 제10권 제1호, 2004, 239면.

극복책으로서 공공서비스 생산과 전달 전략의 필요성, 세계화와 정보화 그리고 신자유주의 등장, 전통적인 공공관리 패러다임의 변화 등으로 이어지고 있다.

아무튼 여기서 기존의 우리말 용어 또는 신조어 대신 굳이 '거버넌스'라는 외래어를 쓰는 까닭은 이미 앞에서도 지적한 바와 같이 이들 번역어에 해당되는 우리 용어가 적절하지 않기 때문이다. 요컨대 '통치'라는 개념의 함의에는 '고권적(高權的) 지배'라는 뜻이 베어있으며, 바로 이때 지배내지 다스림의 대상이 다름 아닌 사람이며 국민이다. 따라서 이 거버넌스는 지배 내지 관리의 대상을 '공통의 문제'로 잡는다. 다시 말해서 결국 공통의 문제를 해결하기 위한 사회적 조정의 메커니즘이라는 의미를 갖게 된다.

다른 한편 거버넌스 개념은 그 용어가 쓰이기 시작한 지난 40년간 일련의 변용과정을 거쳤다는 점에 주목하여야 된다. 즉, 1970년대에는 국민국가 차원에서의 거버넌스는 곧 정부와 동의어로서 혼용되었다. 다시 말해서 이때는 국가수준의 관리 능력이라는 연관에서 주로 쓰였다. 그리고 1980년대부터는 세계화가 자못 괄목할만한 발전을 보임에 따라 이른바 무한경쟁(mega competition)의 단계로 접어들게 된다. 그 결과 정부중심에서 국제무대로 그 연관성이 바뀌고 중심축이 옮아가게 된다. 이에 발맞추어 민·관 파트너쉽이 새로운 패러다임으로 등장하게 된다. 정부기능은 이에 따라 축소되고, 시장과 시민사회는 더 확대되는 현상이 나타나게 된다.[52]

그리고 1990년대 이후 오늘에 이르기 까지 시민사회의 성장은 괄목할 만한 수준으로 확대되고 오히려 과잉참여의 폐단으로 까지 이어지고 있다. 요컨대 안으로는 NGO의 역할 확대, 밖으로는 IGO의 관할확대가 이루어짐에 따라 정부의 배타적 정책관리방식은 더 이상 설 땅이 없게 된다. 요컨대 참여가 그 방식이며 사회중심성이 앞도하게 되는 것이다. 이에 덧붙일 것은 우리의 경우 역대 정부가 별칭(別稱)을 쓰는 바람직하지 못한 현상이 김영삼정부, 김대중정부를 거쳐 노무현정부가 참여정부라 스스로 명명한 것을 마지막으로 시대착오적인 자기 명명의 시대가 끝나게 되었다는 점이다.[53]

2. 거버넌스의 진화

이미 앞에서 지적한바와 같이 10여 년 전 OECD는 몇 가지 점에서 21세기에 펼쳐질 거버넌스의 진화양상을 내다본 바 있다. 즉 공공영역뿐만 아니라 사적 영역에서도 기존의 거버넌스가 걷고 있는 비효율화의 길에 비추어 더 적극적인 행위자들의 등장과 그 영역의

52 Salvatore Schiavo–Campo, Running the Government : public administration and governance in global context, Abingdon, Routledge, 2019.

53 정부별칭에 관하여서는, 권영설, '참여정부'성공하려면, 서울신문, 2003. 2. 12.

확대를 점치고 있다.[54]

아울러서 여기서 특별히 주목할 점은 국가의 경우는 헌법으로 대표되는 위계적 규범체계와 의사결정체계가 권력분배의 방식 그리고 의사결정의 체계가 고정화되어 있다. 한편 사적 영역의 경우에는 내부적 조직도 내지 운영방식에 담겨져 있는 대단히 경직되고 고정적인 권력행사와 의사결정이 위계적으로 고위직에만 부여되어 왔다. 아무튼 이들 모두 기존의 핵심적 거버넌스 시스템은 모두 톱다운 방식인 바, 이제 근본적 변화를 피할 길이 없게 된다. 이처럼 보다시피 기존의 경직된 권위구조에 바탕을 둔 조직상 권력의 문제나 의사결정의 방식이라는 점에서 기본적으로 공공영역이나 사영역에서 큰 차이가 없어왔음이 분명하다. 바로 여기서 권력의 조직화와 의사결정의 방식이라는 운영방식에서 ‘재분배’는 필연적이 되지 않을 수 없다.

아무튼 바로 그러한 까닭에 지난날 오랫동안 익숙해 왔던 ‘헌법상의 통치구조’ 또는 ‘헌법상의 권력구조’와는 달리 이를테면 ‘헌법상의 거버넌스’는 그 자체가 논리상 이율배반적이거나 부정합(不整合)이라는 갈등적 연관에 놓이게 된다는 점에 주목해야 할 것이다. 왜냐하면 바로 기존의 헌법이 담고 있는 권력의 조직화와 그 톱다운적 운영방식의 거부 내지 수정을 꾀하고자 함이 바로 거버넌스가 지향하는 바이기 때문이다.

요컨대 조직과 권력 측면만을 훑어본다면 인류 역사는 기본적으로 권력분산의 과정이라 하여 크게 지나침이 없다.[55] 다시 말해서 부족의 추장이나 국왕, 또는 대통령 또는 총리, 선출된 대의자, 경영진, 임명된 관료 등에 이르기까지 ‘이들에게’ 또는 ‘이들로부터’ 지속적이고 폭넓은 권력분산의 길을 걸어왔기 때문이다. 아울러서 이 과정은 결코 직선적이지도 않았으며, 많은 진통의 과정을 겪었고 주어진 특정한 의사결정모형에 따라 이루어진 것은 더욱 아니다. 뿐만 아니라 오랜 기간에 걸쳐 점진적으로 이루어진 경제성장을 통해 권력행사의 성격, 범위, 방법 등을 바꾸는 긴 과정을 거친 까닭에 가치와 제도 또한 그에 맞물려 변화해온 것이다. 이 점에 있어서는 공공영역이나 사적 영역이나 결코 다를 바가 없음은 물론이다.

그런데 거버넌스에서 다른 무엇보다 중요한 점으로 들 수 있는 점은 바로 ‘참여’의 수준이 아닐 수 없다. 다스림의 대상이 되는 이른바 피치자 내지는 피지배자의 경우 그 능동적 ‘참여’를 얼마만큼 제고할 수 있느냐에 성공이 달려있다고 본다. 그 결과 미래지향적으로 관찰할 때 지난날의 피치자가 앞날의 관리자 내지는 의사결정자가 될 것이라는 예후

54 OECD, Governance in the 21st Century, op. cit. p.3

55 Wolfgang Michalski et al. Governance in the 21st Century: Power in the Global Knowledge Economy and Society, in Governance in the 21st Century, op. cit. p7

는 여러 갈래에서 이미 나타나고 있다고 본다. 그렇다고 하여 시민이 곧바로 정치인이 되고 근로자 개개인이 곧바로 경영자가 된다는 것을 뜻하는 것은 결코 아니다.

오히려 내일의 역동적 사회는 지난날의 잣대에 견주어 볼 때 명령과 복종의 방법으로써는 효율적인 지배와 관리가 이루어질 수 없다는 점이 분명하다. 요컨대 미래의 사회에서 개인과 사회가 공유하는 목표는 오직 공유하는 일반적 의사결정능력의 향상에 관건이 달려있다고 보는 것이다.

이제 바야흐로 펼쳐지는 거버넌스, 특히 그 의사결정방식과 그 집행이 모두 톱다운(top–down)으로부터 바텀업(bottom–up)의 방식을 취하게 될 것이 분명하다. 이처럼 여러 영역에 걸쳐 제도와 그 운영에서 이루어지고 있는 자유와 책임의 분배에 있어 이루어지는 이 대전환은 사회의 다른 조건과 분리되어 이루어지는 것은 결코 아니다. 다시 말해서 이 같은 전환은 그것과 궤를 같이 하는 과학기술 그리고 경제사회의 다른 발전성과 맞물려서 일어난다는 점에 눈을 돌려야 한다.

다시 말해서 산업혁명 당시의 기술적 변화와는 결코 견줄 수 없는 수준의 근원적인 혁명적 변화가 이미 깊숙이 진행되고 있기 때문이다. 다른 한편 주목할 또 다른 요소는 경제의 변화 양상이다. 끝없이 글로벌화 하고 있는 경제영역에서의 변화는 지식기반경제로 그리고 심화되는 경제 통합의 양상이 아닐 수 없다.

이에 덧붙여 인간과 환경사이에 이루어지고 있는 역동적 변화도 중요한 또 다른 측면이 아닐 수 없다. 그리고 이에 덧붙여 나타나고 있는 높은 수준의 사회 다양성 또한 미래에 계속 가속화 될 것으로 예측된다. 왜 이 같은 변화상에 주목하는 가는 바로 이런 요소들이 미래의 거버넌스에서 초래될 권한과 책임의 분산상을 가늠해보는 기준요소가 되기 때문이다. 이때 한 가지 분명한 것은 기본 흐름은 권력과 책임의 집중으로부터 분산이 필연적으로 나타나게 된다는 것이다. 결국 전통적의미의 권력 내지 권위의 쇠퇴(the end of authority)는 그 종말의 길을 걷지 않을 수 없게 되기 때문이다.

Ⅶ. 주권과 거버넌스 : 원칙과 변용

먼저 여기서 이 같은 논의의 전제를 이루는 판단은 현재 우리가 직면하고 있는 상황이 거버넌스의 이른바 진공상태에 접근해가고 있다는 점이다. 보기에 따라 이는 과도기적 현상으로 설명할 수도 있겠으나, 산업 혁명이래 인류가 성취하고 고양해 온 여러 성과가 초래한 상태이기도 하겠다. 요컨대 베스트팔렌적 주권, 즉 그 불가침성과 절대적 독립성의 바탕이 여러 갈래로 도전받고 있음을 넘어서서 사실상 붕괴에 직면하고 있기 때문인 바, 그렇다고 하여 주권이 소멸된 것도 아니며 수긍할만한 뚜렷한 대안으로 대체된 것도 아닌 까닭에 따라서 거버넌스의 현대적 변용이 결코 그 지양할 목표가 될 수 없음은 분명하다고 본다.

발라스 카키스교수(Kimon Valaskakis)에 따를 때 주권과 거버넌스의 변용분석은 세 단계로 나누어 보고 있다. 즉 첫 단계를 1648년 베스트팔렌 조약으로부터 제 2차 대전의 종말이 이루어진 1945년까지, 두 번째 단계를 20세기 중반 즉 1945년부터 천년기의 전환점이었던 2000년까지, 그 세 번째는 21세기에의 진입으로부터 그리고 오늘날, 앞으로 전개될 새로운 질서로 나누고 있다.[56]

여기서 그 첫 단계는 17세기 중반으로부터 거의 300년에 걸친 세계질서의 운영방식은 몇 갈래에서 분석할 수 있는바 그 하나가 단일적 세력에 의한 헤게모니 장악 또는 두 개 이상 세력간의 연합이다. Pax Britannica로 대표되는 이 질서는 과거 Pax Romana의 새로운 발현이 아닐 수 없었다. 그 다음으로서는 세력과 반대세력 상호간의 견제에 따라 이루어지는 세력균형(balance of power)이 그것이다. 그리고 마지막으로 들 수 있는 것은 사전에 약정된 권력분배에 따른 제도화가 그것인 바, 연방제도 또는 국가연합제를 들 수 있겠다. 아무튼 베스트팔렌질서도 그 합의의 방식은 조약으로 출발 하였으나, 300년의 장기간을 지속했다면 단순한 조약체계만으로 볼 수는 없을 것이며, 따라서 이를 '베스트팔렌 원칙'으로 설명하기도 하며, 그 구성요소로는 다음과 같은 몇 가지를 들고 있는 것이다.[57]

① 주권의 최고성

② 영토에 대한 절대적 통제

③ 세계질서상 국가의 주체성

④ 주권국가간의 국제법에 의한 규율

⑤ 전쟁의 묵시적 유지

주권을 의미하는 sovereignty의 어원을 잠시 살펴보는 것이 의미있다고 본다. 프랑스의 장 보댕(J. Bodin)이 국왕에 대한 반란영주(領主)를 진압할 때, 라틴어의 superanus를 빌어 쓴 바, '최고 권력'과 동의어로 씀에 따라 프랑스 왕권신수설에 그 원형을 제공하기에 이른다. 물론 이것의 극치는 루이 14세에 의한 '짐은 곧 국가다(L'Etat, c'est moi)'로 나타났음은 물론이다. 결국 여기서 그 요체는 국왕과 국가의 무구별성이며 신(神) 다음에 존재하

56 Kimon Valaskakis, Long-tern Trends in Global Governance: From "Westphalia" to "Seattle", in OECD, Governance in the 21st Century, op. cit. pp.45-66.

57 Ibid. pp.48-52.

는 국왕은 완전한 정당성 속에서 절대적 권력을 행사할 수 있게 되는 것이다.

사실 베스트팔렌적 주권의 발현이 가장 극명한 경우는 영토에 대한 완전한 통제가 아닐 수 없다. 오늘의 경우에도 아직 영토는 존재의의를 갖고 있지만 당시의 봉건사회에서처럼 중요성은 상대화 되고 있다. 양곡이 재화이며 그 재화의 생산지는 바로 토지인 것이 당시의 상황이었다. 뒤따른 식민주의와 제국주의는 유럽을 뺀 전세계를 대상으로 한 영토쟁탈전이었으며, 지도상의 국경 줄긋기 경쟁으로 치달았던 것이다.

베스트팔렌 질서는 국민국가의 등장을 의미하였으며, 이로부터 이루어진 세계 질서에서 최대의 피해자는 두말할 것도 없이 봉건영주였고 신성로마제국 황제 또한 또 다른 의미의 희생자라 할 것인 바, 그 권위와 권력이 상대화되었기 때문이다. 흔히 국제법의 효시를 베스트팔렌 조약의 등장으로부터 잡는 까닭은 주권국가가 체결 당사자로 등장하였다는 사실과 더불어 그 이루어진 합의는 국내법과 동등한 효력을 지닌다는 점에서 대단히 중요한 발전을 이루었기 때문이다. 이 국제법의 보편화는 자연법의 수용에 따라 더욱더 체계화와 더불어 양적 풍부성으로 발전하게 된 것이다. 이에 덧붙여 베스트팔렌적 세계질서의 놀라운 또 다른 측면은 주권국가 상호간의 대외 정책의 도구로서 전쟁이 묵시적으로 그리고 제한적으로 유지되었다는 점이다. 여기서 인구에 회자되는 클라우제비츠(C. v. Clausewitz)의 명언이 나오게 된다. 즉 "전쟁이란 수단을 달리해 계속되는 정책일 뿐이다" ("War is an extension of policy by other means").

1945년~2000년을 그 두 번째 단계로 들기 마련인바, 특히 이 기간의 그 후반부는 베스트팔렌 체제의 글로벌화 내지는 세계화의 기간으로 볼 것이다. 이미 앞에서 지적한 바와 같이 세계화는 으레 베스트팔렌체제의 쇠퇴내지 퇴조로 이어지기 마련이다. 이때 그 주된 요인으로는 물론 교통수단의 괄목할만한 발달이 국민국가의 행동반경을 자기 영역으로부터 지구 전체로 확장시키게 됨은 물론이다.

굳이 따진다면 20세기 초부터 등장한 상품과 자본이 이같은 교통기술의 발달에 힘입어 다국화됨에 박차를 가하게 되어 지구상 국경을 무너뜨리기 시작한 까닭이다. 요컨대 시간의 경과와 더불어 생산 그 자체도 그러하거니와 특히 생산의 거점이 다국화 되었다는 점에 주목하여야 한다. 이미 앞에서도 지적한 바와 같은 노동인력, 금융자본, 토지자본, 기술력 등의 세계적 이동(migration)에 뒷받침 받아 세계화는 가속화 되고 개별국가의 정책능력은 급격히 감퇴하게 된다. 그 결과 공적영역에서의 경우보다는 사적영역에서 이 같은 현상이 두드러지게 된다. 기업의 합병과 결합 같은 것은 그 대표적인 사례가 아닐 수 없다. 아울러서 이미 앞에서 언급한 바와 같이 UN, OECD, EU, WTO 이와 같은 IGO, 즉 정부간 기구들이 개별국가의 주권을 날이 갈수록 잠식하고 있음에 대하여 더 이상의 설명이 필요하겠는가.

이에 덧붙여 베스트팔렌적 주권의 퇴조와 새로운 거버넌스의 등장을 부채질한 요인으로는 인권적 가치와 관련법제의 세계적 보편화를 들지 않을 수 없다. 이들이 '국제강행규범'으로 자리매김을 하고 그 폭발적 위력을 더해감에 따라 개별적 주권은 압도 되고 있다고 할 것이다. '인류에 반하는 죄(crime against humanity)' 그리고 '평화에 반하는 죄(crime against peace)'와 같은 뉴렌베르크적 법리에 개별국 주권이 서리를 맞았음은 기억에도 새롭다. 보스니아, 코소보는 물론이며 가장 최근에는 튀니지, 이집트, 그리고 특히 리비아 사태의 해결과정에서 국제사회의 입장과 개입이 어떠하였는가를 기억한다면 더 이상 부연할 필요가 없을 것이다.

이 같은 배경을 뒤로하고, 바야흐로 전개되고 있는 21세기에서 주권-거버넌스 넥서스(nexus)를 어떻게 정립해야 하는가가 당면한 어젠다가 아닐 수 없다. 당장 기존의 패러다임을 유지해야 하는가 또는 새로운 질서 내지 체제를 형성해야 하는가 하는 선택의 갈림길에 서있는 셈이며, 이는 원하든 않든 그 어느 한 갈래의 길로 가기 마련이다.

다만 한 가지 지적할 사항이 있다. 공교롭게도 새로운 세기와 천년기에 진입한 그 원년, 즉 2001년에 초래된 9.11 테러는, 위에서 다룬 바와 같이, 이 도도한 발전의 길에 하나의 반동적(反動的) 국면을 초래하고 있기 때문이다. 미국의 패트리어트법, 그리고 예상 밖으로 서유럽의 이에 대한 동조로 대표되는 인권 및 관련기본권 법제와 판례 그리고 정책의 내용적 후퇴가 이루어지고 있음을 보게 된다. 반동적 회귀라 할 것이다. 이처럼 선제적/사전적 보호법리는 그 숱한 비판에도 불구하고 '반테러 컨센서스'라는 21세기적 세계환경의 한 단면에 기생하고 있음을 보게 된다. 그 반동의 물결이 얼마 만에 수그러들고 그 진화의 흐름을 다시 이어갈지는 두고 볼 일이 아닐 수 없다.[58]

Ⅷ. 주권과 거버넌스 : 전망

구 베스트팔렌 질서상의 국민국가와 같은 강력한 정책능력은 적어도 앞으로는 찾기 어려워질 것이다. 더 구체적으로 위에서 살펴본 베스트팔렌적 다섯 가지 원칙은 하나같이 세계화 앞에서 퇴조를 보이거나 무력화하게 될 것으로 내다 볼 수 있겠다. 물론 반테러조치 등에 따른 예외는 한시적 내지 잠정적이라는 조건에 기대를 걸 수 있을지 모른다. 전

58 Liam Clegg, Contesting Sovereignty : Informal Governance and the Battle over Military Expenditure at the IMF in Global Governance, vol. 22, no 1, 2016, pp.117-134.

통적인 국가주권영역을 회귀적 수준으로 새삼 재 설정한 까닭이다. 물론 이 또한 얼마만큼 오래 지속될지는 두고 볼 일이 아닐 수 없다.[59]

주권적 권능의 정당성은 끊임없는 도전의 대상으로 남을 것이나, 인권 같은 국제강행규범(jus cogens)이 상당한 기간 압도함에 따라 개별국의 국가주권위에 자리 잡을 것으로 보인다. 아울러서 전통적이고 물리적인 의미의 영토는 크게 그 의미를 달리할 것으로 보인다. 즉 '지리적 영토'가 '가상적 영토'에 의해 대체되어 가는 도도한 추세는 쉽게 꺾일 것으로 내다보기는 어렵다고 본다.

이명박 전 대통령이 누차 언급한 "한국의 경제영토가 넓어집니다"[60]는 이를 웅변하고 있다. 아울러서 물리적인 거리(距離)관념 또한 고성능 항공기와 인터넷기술 등에 힘입어 상대적으로 크게 축소되며 가상적 공간에서 새로운 글로벌차원의 공동체가 형성될 것으로 본다. 또 국민국가체제는 기업, 특수이익단체, NGO 등에 의해서 상대적으로 대체되게 될 것이다.

낮아진 국가권능의 틈새에 기업, 특히 다국적기업군이 들어섬에 따라, 이들 기업군들은 정당성과 민주적 위임도 없는 가운데 거버넌스 기능을 수행하게 될 것이다. 사실 그 같은 현상은 이미 오늘의 현실이 아닌가? 위 III장 '국제법의 헌법화'에서 이미 필자가 지적한바와 같이 법체계에의 성격변화 내지 구조변화가 예상된다. 사실 국제입법으로서 UN 헌장은 이미 오래전부터 이론상 비회원국에게도 규범력을 갖는다고 본다.

뿐만 아니라 타국에의 단순한 내정간여를 넘어서, 일정한 조건하의 군사적 개입까지 요인되고 있다. 즉 전통적으로 요건화되어 온 당사국의 군대주류 즉 파병 요청이 반드시 필수적이지 않다는 법리까지 생성되었기 때문이다. 코소보사건은 이를 가장 웅변하고 있다고 보며, 걸프전쟁, 그리고 금년 들어 미국의 파키스탄 영내 오사마 빈 라덴 사살, 그리고 최근 리비아사태에서의 NATO개입 또한 이 같은 연관에서 설명될 수 있는 것이다.

마지막으로 전쟁 등 전투행위의 문제에 대한 예측은 아직도 다소 시기상조라 할 것이다. 오늘날 명시적인 선전포고는 이미 찾기도 어렵거니와 국제법상의 요건으로 인식되고 있지도 않다. 대신 숱하게 다양한 전투행위들은 지구 곳곳에서 잠정적인 경찰행위 내지는 자위라는 이름 아래 일어나고 있는 것이다. 그러나 오늘날 까지 그러하였듯이 호혜(reciprocity)와 공존(co－existence)이 기능하는 한 '불안속의 평화'는 예상 아닌 현실로 이어질 것으로 본다.

59 이 같은 새로운 상황에 타당할 법과 주권의 문제에 관해서는 Austin Sarat (ed.), Sovereignty, Emergency, Legality, Cambridge Univ., 2010

60 대통령 라디오연설 2010. 12. 13; 이명박 대통령 미국 국빈방문 중 회견 2011. 10. 11.

압축성장의 경제와 정치로 대표되는 한국이라서 그럴까? 해롤드 윌슨(Harold Wilson) 영국 전 총리의 "정치에 있어 1주일은 긴 시간이다"라는 명구를 되새기면서 "좋은 거버넌스(good governance)"[61]의 정착을 이 나라 미래성공의 요체로 몇 년 전 한 외국교수가 던진 충고가 기억에 새삼 되새겨 진다.

61 Brian Bridges (eds.), Public Governance in Asia and the Limits of Electoral Democracy, Edward Elgar, 2010, p.206.

2 정부형태와 협치: 한국의 경험과 가능성*

성 낙 인**

Ⅰ. 서 설

헌법규범과 헌법현실이 작동하는 과정에서 정치 지도자 사이에는 끊임없이 대화가 이루어져야 한다. 바로 그런 점에서 정치과정은 곧 협치(協治) 그 자체라고 할 수 있다. 그 중에서 특히 정부와 의회다수파의 분리, 이질적인 의회다수파의 형성에 따른 정치과정의 작동은 협치가 불가피한 전형적인 경우이다. 하지만 한국의 정치과정에서 협치가 제대로 구현되지 아니한다. 이에 협치 그 개념 자체부터가 생소하기 그지없다.

협치의 개념이나 논의의 방향은 국가형태, 권력분립, 정부형태에 따라서 근본적으로 달라질 수 있다. 원론적으로 말하자면 협치란 일응 국가의 통치권력을 나누어 가지는 정치 내지 통치로 이해할 수 있다. 그 나누어 가지는 권력은 제도적으로 권력분립이 엄격한 대통령제와 권력분립이 약화된 의원내각제, 그 중간에 위치한 이원정부제(반대통령제)에 따라서 달라질 수 있다.[1]

무엇보다도 그 국가형태나 정부형태가 여하한가에 관계없이 정부와 의회의 동질적 다수파가 일치할 경우에는 굳이 협치까지 논의할 필요는 없을 것이다. 결국 협치란 정부와 의회 다수파의 불일치 또는 의회 다수파의 안정적·동질적 다수 확보의 실패의 경우에 어떻게 국정을 이끌어 갈 것인가에 대한 논의의 결과라 할 수 있다. 그런 점에서 헌법규범이 협치를 예상하고 있느냐의 여부를 떠나서 헌법현실에서 협치는 필연적으로 제기되기 마련이다. 특히 필자는 그간 현행 대한민국 헌법에서 작동될 수 있는 다양한 헌정현실을 염두에 두고 이에 대한 근본적 성찰이 필요함을 오랫동안 강조하여 왔다.[2] 본고에서는

---

* 공법연구 47-2(2018. 12) 논문을 정만희 전 한국헌법학회 회장 퇴임기념논문집에 기고한다. 이 논문은 한국공법학회가 주최한 국제학술대회(2018. 10. 27)에서 발표한 기조연설문을 수정·보완한 것이다.

** 서울대학교 제26대 총장(명예교수)

1 송기춘 책임연구(이종수·정재도·차동욱), 협치를 위한 공동정부의 가능성과 구 규범적 조건, NARS(국회입법조사처) 정책연구보고서, 한국헌법학회, 2017: 협치에 대한 학문적 연구가 전무한 상태에서 한국헌법학회 주관으로 펴낸 이 보고서는 독일, 프랑스, 미국, 한국에서의 협치에 관한 소중한 연구서인바, 이들 연구대상 국가는 각기 의원내각제, 이원정부제, 대통령제 정부형태를 대표하기 때문에 그 연구의 분담도 이에 기초하여 이루어진 것으로 보인다. 이 보고서 중에서, 송기춘, "우리나라에서의 협치를 위한 공동정부의 가능성과 그 규범적 조건", 이종수, "협치를 위한 규범적 조건에 관한 비교법적 연구－독일의 사례를 중심으로"는 각기 헌법학연구 제23권 제4호(2017. 12)에 수록되어 있다.

2 성낙인, "한국헌법과 이원정부제(반대통령제)", 헌법학연구 제5집 제1호(한국헌법학회, 1998); 성낙인, "이원정

그간 필자가 전개하여 온 다양한 헌정현실의 가능성을 전제로 소론을 정리하여 본다.

이하에서는 비교적 강한 협치 모델인 의원내각제에서의 협치와 매우 약한 협치 모델인 대통령제에서의 협치, 그리고 양 극단의 조화를 도모하는 협치 모델인 이원정부제에서의 협치를 살펴본다. 이어서 한국헌법사의 협치를 일별한 다음에 현행헌법에서의 협치와 그 가능성을 헌법현실과 연계하여 살펴본다. 마지막으로 현 정부에서의 협치 필요성과 가능성을 헌법규범과 헌법현실의 조화라는 관점에서 살펴본다.

Ⅱ. 정부형태에 따른 협치

1. 정부형태의 유형화

대한민국 헌법사에서 제2공화국을 제외하고는, 전통적으로 한국헌법상 정부형태를 대통령제, 대통령중심제, 권력분산적 대통령제, 한국적 대통령제 등으로 표현하고 있으나, 이는 한국헌법이 제헌헌법 이래 지속적으로 가지고 있는 의원내각제적 요소를 도외시하거나 무시한 결과이다. 이에 따라 독자적인 정부형태로서의 이원정부제에 대하여도 부정적이다.

필자는 이에 정부형태의 구체적이고 체계적인 이해를 위하여 20년 전에 일응의 도표를 제시한 바 있다. 헌법규범을 중심으로 대통령제와 의원내각제라는 양극단의 제도를 8등분하여 이를 도식화하면 다음과 같다.[3]

〈도표 1〉[4]

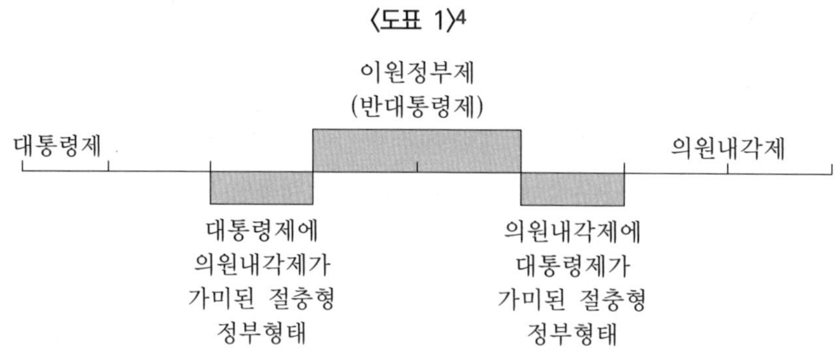

부제(半대통령제)", 헌법학논집, 법문사, 2018; 성낙인, "현행 한국헌법상 이원정부제와 실현가능성", 헌법학논집, 법문사, 2018; 성낙인,"한국형 대통령제의 반성과 과제", 헌법학논집, 법문사, 2018.

3 성낙인, 헌법학 제18판, 법문사, 2018, 380－381에서 발췌 인용.

4 이 도표는 필자가 "한국헌법과 이원정부제(반대통령제)", 헌법학연구 5－1(한국헌법학회, 1998)에서 처음으로 제시한 것이다.

(ⅰ) 8분의 6 이상이 대통령제의 요소를 가질 경우에는 대통령제로 보아도 무방하다. 따라서 헌법규범이 이러한 내용을 담고 있음에도 불구하고 이를 의원내각제나 이원정부제로 운용하기는 어렵다.

(ⅱ) 마찬가지로 8분의 6 이상이 의원내각제의 요소를 가질 경우에는 의원내각제로 보아도 무방하다. 따라서 헌법규범이 이러한 내용을 담고 있음에도 불구하고 이를 대통령제나 이원정부제로 운용하기는 어렵다.

(ⅲ) 8분의 5 이상 8분의 6 이하가 대통령제의 요소를 가질 경우에는 이를 단순히 대통령제로 보기는 어렵기 때문에 대통령제에 의원내각제의 요소가 가미된 절충형 정부형태로 본다. 이 경우 대통령제나 이원정부제로 운용될 수도 있다.

(ⅳ) 8분의 5 이상 8분의 6 이하가 의원내각제의 요소를 가질 경우에는 이를 단순히 의원내각제로 보기는 어렵기 때문에 의원내각제에 대통령제의 요소가 가미된 절충형 정부형태로 볼 수 있다. 이 경우 의원내각제나 이원정부제로 운용될 수도 있다.

(ⅴ) 8분의 3 이상 8분의 5 이하가 대통령제의 요소를 가지거나 반대로 8분의 3 이상 8분의 5 이하가 의원내각제의 요소를 가진 정부형태는, 이를 대통령제에 의원내각제의 요소가 가미된 절충형 정부형태 또는 의원내각제에 대통령제가 가미된 절충형 정부형태로 명명하기는 어렵기 때문에, 이를 제3의 독자적인 정부형태인 이원정부제로 분류하여야 한다. 이와 같은 헌법규범에서는 항시 이원정부제적 헌법현실이 전개될 가능성이 열려 있다.

2. 의원내각제에서의 협치

(1) 의원내각제 유형에 따른 협치

의원내각제는 권력공화의 원리에 따라 집행권의 형식적인 이원화·실질적 일원화, 의회 앞에 책임지는 정부, 정부의 의회해산권이라는 세 가지 요소를 핵심으로 한다. 의원내각제는 의회라는 유일한 국민적 정당성을 통하여 정치적 책임의 소재를 분명히 할 수 있는 결정적인 장점이 있다(정치적 책임이론). 특히 의회의 대정부불신임권과 정부의 의회해산권이라는 균형추를 작동시킴으로써(균형이론), 정치적 갈등해소를 궁극적으로 주권자인 국민의 의사에 맡길 수 있다는 점에서 이 제도의 가치를 평가할 수 있다. 그러나 의원내각제에서의 정치적 불안정은 결국 정부의 불안정과 국가 자체의 불안정으로 귀결되기 때문에, 흔히 의원내각제의 정립을 위한 정치문화적 조건을 제시하기도 한다. 의원내각제의 고향인 유럽 각국에서 정립된 '의원내각제의 합리화'는 바로 이러한 의원내각제의 문제점

을 제도적으로 교정한 결과물이다.[5]

일반적으로 의원내각제는 대륙식·고전적 의원내각제와 영국식 내각책임제로 구분된다. 그런데 양당제 국가인 영국식 내각책임제에서 협치는 사실상 필요하지 아니한다. 하지만 다당제 국가인 대륙식 의원내각제에서는 협치가 불가피하다. 이 경우 불안정한 협치는 합리화된 의원내각제를 통하여 정부의 안정과 성공을 기한다.

(2) 대륙식·고전적 의원내각제에서 정부의 불안정–불안정한 협치

대륙식·고전적 의원내각제의 전형은 프랑스 제3·제4공화국의 의원내각제이다. 집행권은 대통령과 수상을 중심으로 하는 정부로 이원화되어 있었으나, 1877년 마크–마옹사건 이래 대통령은 집행권의 실질적 권한을 행사하지 아니함으로써 의원내각제로 정립되었다. 이 사건 이후 헌법(헌법적 법률)에서 대통령에게 부여된 의회해산권은 사실상 정부의 의회해산권으로 정립되었다.[6] 이후 제정된 제4공화국헌법도 여전히 제3공화국의 모델을 따른다. 그러나 다당제 정당제도에서 의회가 정부에 대한 불신임권을 지나치게 행사함으로 인하여 연립정부는 너무나 취약하여 정부의 불안정이 계속되어, 강한 의회·약한 정부로 귀결되었다.

이탈리아는 여전히 고전적 의원내각제의 틀을 벗어나지 못하여 정국 불안정이 자주 발생한다. 다당제에서 의회 다수파의 불안정은 곧 정부의 불안정으로 이어진다. 1948년 이래 1980년대까지는 공산당이 지속적으로 제2당의 위치를 점하였지만 연립정부 구성에는 참여하지 아니하였다. 특히 1983년 총선에서 공산당은 제1당과 거의 비슷한 지지율과 의석을 확보하기도 하였다. 제2당인 공산당의 연정 불참은 곧 정부의 불안정으로 귀결되기도 하였다.[7]

(3) 영국식 내각책임제 정부의 안정–사실상 불필요한 협치

영국에서 정립된 내각책임제는 상대적 다수대표제 선거제도와 연계되어 영국 특유의 양당제에서 강력한 정부를 구축할 수 있었다. 영국의 규율화된 양당제에서 다수당의 리더인 수상에 대한 도전은 상상하기 어렵다. 영국식 내각책임제의 발전과정에서 국가원수인 국왕은 일원적 의원내각제의 정립에 따라 "왕은 군림하나, 통치하지 아니하는"(King reigns, but does not govern) 명목적·의례적 지위에 머물게 되었다. 이에 따라 의회의 안정적 지원을 받는 정부가 더욱 강력하여질 수밖에 없기 때문에, 수상정부제·수상독재제로까지 평

5 성낙인, 앞의 책, 364–365에서 발췌 인용.
6 한동훈, 프랑스 제3공화국 헌정체제, 한국학술정보, 2009. 참조.
7 Pierre Pactet, *Institutions politiques et droit constitutionnel,* Paris, Armin Colin, 2000, pp.192–205.

가받는 강한 정부·약한 의회로 귀결되었다.

그런데 영국에서도 1974년·2010년에 이어 2017년에 실시된 총선거에서 제1당이 하원의 절대과반수를 확보하지 못한 상황이 발생한 바 있다(Hung 의회). 결국 제1당은 군소정당과 합의하여 연립정부를 구성하였다. 그런 점에서 본다면 영국에서도 최소한 협치의 여지는 존재한다고 평가할 수 있다.

(4) 일본의 정권교체 없는 민주주의-협치의 부존재

일본은 제2차 세계대전 이후 입헌군주제에 입각한 의원내각제를 채택하고 있다.[8] 그런데 집권당인 자유민주당이 압도적 우위를 점한다. 지난 70년 동안 1993~1994년, 2009~2012년을 제외하고는 자민당이 집권한다. 이에 사르토리는 정권교체 없는 일본식 민주주의를 연구한 끝에 1.5배 정당이론으로 설명하기도 한다.[9] 하지만 일본의 정권교체 없는 민주주의가 언제까지 지속가능한 민주주의인가에 대한 의문을 지울 수 없다. 일본에서의 정치제도의 작동과정은 연구의 대상이 아닐 수 없다. 그나마 자민당이 특정인의 총재(총리) 재임을 2기에 한하도록 제한하여 왔으나 2018년에 아베 총리는 이를 파기하고 집권 3기로 나아가고 있다. 이제 특정정당의 특정인에 의한 장기집권 시대에 접어들었다.

(5) 합리화된 의원내각제에서 정부의 안정-성공한 협치

유럽 각국의 다당제 구도에서 정부불안정을 해소하기 위한 노력이 의회제의 합리화(合理化) 또는 합리화된 의회제로 나타나고 있다. 그 대표적인 사례로 제2차 세계대전 이후 1949년에 제정된 독일연방공화국 기본법에서는 건설적 불신임투표제도를 도입하여 의원내각제의 안정을 구가하면서 강력한 정부를 구현하여 왔다(Konrad Adenauer 1949-1962; Helmut Kohl 1982-1998; Angela Merkel 2005-현재). 독일통일의 대업도 결과적으로 헬무트 콜 수상이 장기간 재임함으로써 가능하였던 것으로 평가할 수 있다. 오늘날까지 독일은 다당제 국가임에도 불구하고 영국의 수상정부제에 못지아니한 헌정의 안정을 유지한다.

독일에서는 연립정부를 구성하는 파트너정당 간에 연립정부협약이 작성된다. 연정협상을 통하여 함께 추진하고자 하는 정부의 기본정책을 담고 있는 연정협약(Koalitionsvertrag)은 비록 법적 구속력을 가지지는 아니하지만 정치적 기속력을 확실하게 담보한다.[10]

한편 독일연방공화국과 달리 입헌군주국인 네덜란드도 의원내각제의 연립정부를 구성한다. 비례대표제 선거제도를 채택하기 때문에 특정 정당이 의회의 절대다수를 확보하

8 정만희, “제5장 일본국 헌법상의 의원내각제”, 헌법과 통치구조, 법문사, 2004. 참조.
9 Giovanni Sartori, *Parties and Party Systems*, Cambridge: Cambridge University Press, 1976.
10 이종수, 앞의 논문 참조.

는 것이 불가능하다. 2003년 총선에서 기독민주당(CDA)이 제1당의 지위를 유지하였으나, 연정 파트너인 자유민주당(VVD)과 의석을 합하더라도 과반수를 차지하는데 실패함에 따라 민주66당(D-66)까지 연합하여 연정3당간의 신연정이 발족하였다.

3. 대통령제에서의 협치

(1) 대통령 중심의 정부형태

대통령제(大統領制)가 성공적으로 작동하는 나라는 미국이다. 이에 의원내각제를 실천하고 있는 나라가 다양한 것과는 달리 대통령제는 특별한 설명이 없는 한 미국식 대통령제를 지칭한다. 그러나 오늘날 제3세계 국가의 민주화와 더불어 이들 나라에서도 대통령제가 성공리에 정착되고 있다.

미국식 대통령제를 도입한 개발도상국가에서는 헌법제도의 민주적 성격에도 불구하고 헌정실제에서 권위주의적 대통령제로 변모하곤 한다. 반면에 전통적인 의원내각제국가였던 프랑스 제5공화국헌법에서 대통령제적 요소의 도입과 더불어 헌정실제에서 나타난 대통령주의제의 경향은 미국식 대통령제의 긍정적 측면의 도입으로 보인다.

(2) 대통령제과 의회 다수파의 불일치-분점정부

대통령제의 핵심 요소는 집행부의 수반인 대통령과 의회라는 두 개의 국민적 정당성의 축의 병존으로부터 비롯된다. 집행부는 대통령을 정점으로 명실상부하게 일원화되어 있다. 비록 문제점이 없는 바는 아니지만 대통령은 4년마다 형식적으로는 선거인단을 통한 간접선거로 선출되지만 실질적으로는 직선으로 볼 수 있다.[11] 의회는 임기 2년의 하원과 임기 6년의 상원으로 구성된다. 특히 대통령 임기 중에 하원의원선거와 상원의원 3분의1 개선이 이루어지는 중간선거의 향방 여하에 따라서 대통령과 의회의 다수파가 불일치하는 현상이 필연적으로 나타나기 마련이다. 중간선거 이후 대통령과 의회다수파가 일치하는 경우가 최근 드물다. 공화당과 민주당 양당 체제에서 집권 대통령당의 몰락은 바로 분점정부(分占政府, divided government)로 이어진다.[12]

---

11 미국의 대통령선거는 형식적으로는 간접선거이나 실질적으로 직선제라 할 수 있다. 그러나 19세기에 실시된 두 번의 선거에서 대통령 당선자가 실제 유권자의 유효득표율에서는 낙선자보다 더 작은 전례를 가지고 있다. 1876년 선거에서 당선자인 Rutherford Hayes의 48% 득표율에 비하여 낙선자인 Samuel Tilden은 50.9%를 득표하였고, 1888년 선거에서 당선자인 Benjamin Harrison은 47.8%의 득표율에 비하여 낙선자인 Grover Cleveland는 48.6%를 득표한 바 있다(André Hauriou, *Droit constitutionnel et institutions politiques,* Paris, Montchrestien, 1980, p.504 note 117). 상세는, 성낙인, "정부형태와 대통령선거제도", 법정고시, 1997. 10. 참조. 그런데 2000년 엘 고어 및 2016년 힐러리 클린턴 후보도 각기 더 많은 유효표를 확보하고도 선거인단 확보에서 조지 W. 부시와 도날드 트럼프에게 각기 패배하였다.

집행부와 의회의 엄격한 분립 모델에서 대통령과 의회의 불일치는 국정을 어렵게 한다. 정부는 법률안제출권조차도 없다. 상원을 중심으로 작동되는 지나치게 넓은 인사청문제도는 대통령의 정부구성을 결정적으로 제약할 수 있다. 이에 미국에서 대통령은 끊임없이 여야지도자와의 대화를 이어가야 한다. 대통령의 설득이 곧 정국의 안정으로 이어질 수 있기 때문이다.

4. 이원정부제에서의 협치

(1) 의 의

제2차 세계대전 이후 강력한 정부구상을 담은 제4공화국 헌법제정안이 국민투표에서 부결되자 드골(Charles de Gaulle)은 정계를 떠나버렸다. 그러나 제4공화국이 위기에 처하자 제4공화국의 마지막 수상으로 초빙된 드골은 의회권한의 축소와 중재적 권력을 향유하는 대통령 권력의 실세화를 내용으로 하는 제5공화국헌법안을 마련하였다. 특히 1958년 헌법의 대통령 간선제에서 1962년 대통령 직선제 헌법개정을 통하여 이제 대통령도 국민적 정당성을 주권자로부터 직접 향유하게 되었다. 이에 따라 프랑스 제5공화국헌법은 더 이상 의원내각제가 아니라 반대통령제(이원정부제)로 지칭된다. 이원정부제의 범주로는 바이마르공화국·핀란드·포르투갈·아일랜드·아이슬란드·오스트리아 등이 적시된다. 하지만 이원정부제 국가에서의 헌정현실은 다양하게 나타난다.

이원정부란 대통령과 내각(수상이 이끄는 정부)으로의 이원화, 즉 집행권의 양두제(兩頭制)를 의미한다. 여기서 집행부의 이원성(二元性)이란 대통령과 수상이 이원적이라는 말인데, 대통령과 내각을 이끄는 수상은 단순히 존재하는 데 그치는 것이 아니라, 그 두 기구가 서로 독립성을 가진다. 이원정부제의 본질적 요소로서 ① 집행부의 실질적 이원화(양두제), ② 대통령의 사실상 직선제, ③ 의회의 정부불신임권을 들 수 있다.

이원정부제에서는 집행부가 대통령과 수상을 중심으로 한 정부로 명실상부하게 이원화되어 있다. 이에 따라 권력의 축은 대통령·정부(내각)·의회라는 삼각구도로 이루어진다. 이들 사이에 이루어지는 권력중심의 이동은 국민으로부터 선출된 대통령과 의회라는 두 개의 국민적 정당성의 현실적인 향방 여하에 따라 좌우될 수밖에 없다. 선거결과에 따라 주권적 의사의 방향이 분명해질 뿐만 아니라 책임정치도 동시에 구현될 수 있다. 의회 앞에 책임을 지는 정부는 어떠한 경우에도 의회의 뜻을 거역할 수는 없다. 무엇보다도 유

12 권영설, "제3편 제1장 미국대통령제와 한국에서의 논의", 헌법이론과 헌법담론, 법문사, 2006; 안경환, "제5장 미국헌법사상과 한국의 헌법개혁", 미국헌법의 이해, 박영사, 2014. 참조.

럽식 이원정부제의 성공적 정착은 바로 주권적 의사에 순응하는 권력에 기인한다.

〈프랑스 제5공화국에서 헌법현실의 상호관계〉

1. 대통령주의제: 대통령과 의회다수파의 일치

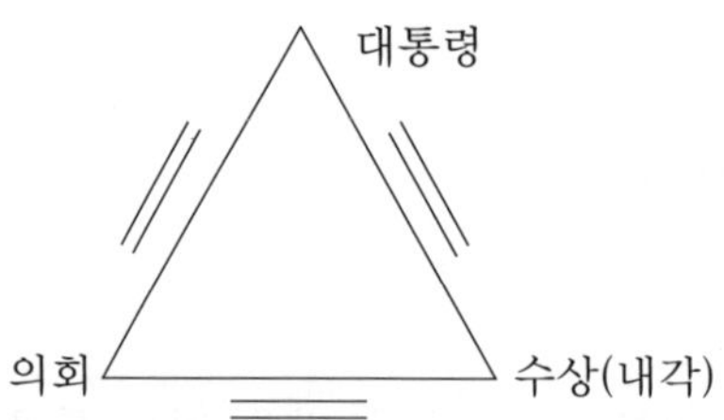

2. 동거정부: 대통령과 의회다수파의 불일치

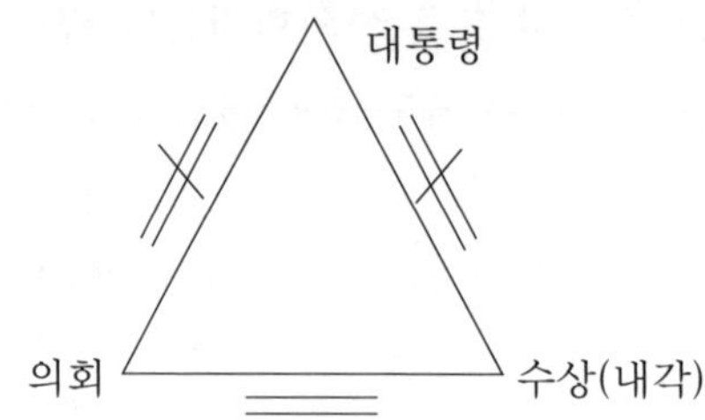

(2) 대통령과 의회 다수파의 불일치 — 불가피한 협치(동거정부)

역사적으로 바이마르공화국의 실패[13]는 어쩌면 이원정부제의 실패로 인식될 수도 있다. 그러나 현재 이원정부제를 실천하고 있는 각국의 헌정실제는 결코 이원정부제가 정부형태로서 실패한 모델이 아님을 잘 보여준다. 특히 프랑스 제5공화국의 이원정부제 헌법에서 드골·퐁피두 대통령 통치기간의 강력한 '대통령주의제'를 빗대어 이를 '공화적 군주제'(monarchie républicaine)[14]라고 부르기도 하지만, 미테랑 대통령 집권기간에 두 차례에 걸쳐 체험한 바 있고 1997년부터 2002년까지 시라크 대통령 집권기간 중에도 한 차례 진행된 바 있는 대통령과 의회다수파의 불일치에 따른 '동거정부'(gouvernement de la cohabitation)의 경험은 하나의 헌법 아래에서 다양한 헌정현실을 체험을 할 수 있음을 단적으로 보여 주었다.[15]

동거정부의 불편한 경험은 헌법개정을 통하여 대통령의 임기를 7년에서 국민의회(하

---

13 송석윤, 위기시대의 헌법학: 바이마르 헌법학이 본 정당과 단체, 정우사, 2002. 참조.

14 Maurice Duverger, La monarchie républicaine, Edition R. Laffont, 1974, pp.12-16.

15 성낙인, "프랑스헌법상 이원정부제(반대통령제)의 현실과 전망", 헌법학논집, 법문사, 2018. 참조.

원)와 같은 5년으로 단축하였지만, 대통령의 의회해산권이 존재하는 한 대통령과 의회다수파의 불일치는 여전히 발생할 소지가 있다. 특히 2017년에 실시한 대통령선거에서 당선된 마크롱은 전통적인 중도보수와 중도진보를 뛰어넘는 제3지대에 새로운 정당 창당을 통하여 당선되었을 뿐만 아니라, 그가 이끄는 '전진하는 공화국'(La République En Marche) 정당이 의회에서도 압도적 승리를 거두어 전통적인 보수·진보 양상에 새로운 흐름을 보인다.

(3) 의회 중심의 국정 운영 — 사실상 의원내각제

대통령 직선제를 채택하고 있기 때문에 이원정부제 국가로 분류되고 있음에도 불구하고 헌정현실은 전적으로 의원내각제와 같이 의회 중심으로 작동되는 오스트리아와 체코의 예는 의원내각제에서의 협치 부류로 평가하여도 무방할 것이다. 그만큼 이원정부제 또한 헌법규범 못지않게 헌정현실에 따라 작동되고 있음을 단적으로 보여준다.

오스트리아는 아주 짧은 기간을 제외하고는 전통적으로 어느 특정 정당이 의회다수파를 형성하지 못함에 따라 연립정부를 구성하여 왔다. 이 중에서 비교적 중도온건노선을 견지하는 국민당(ÖVD)과 사회민주당이 연정의 중심축을 형성한다.

또한 최근 헌법개정으로 대통령 직선제를 도입한 체코공화국의 예도 새로이 이원정부제의 부류로 들 수 있다. 물론 의원내각제에서 대통령 직선제를 도입하였다는 점에서 여전히 의원내각제로 인식되고 있지만, 이원정부제의 헌법규범 범주로 보아야 한다. 총선에 30여개 정당이 참여하는 다당제 국가이다. 특히 공산당이 여전히 3위를 차지하고 있으나 연정에는 참여하지 아니한다. 체코는 전통적으로 제1당의 당수가 총리를 맡아 왔지만, 예외적으로 2010년에는 제2당의 당수가 총리를 맡은 적도 있다.

오스트리아와 체코는 다 같이 다당제 전통을 가진 국가이므로 의회다수파를 형성한 연립정부 구성 시에 '연정합의문'(Coalition Agreement)을 작성한다.[16] 오스트리아는 연정 합의문에 참여하는 각 정당의 장관이 모두 서명한다. 연정참여 정당 내 단 한 명의 장관이라도 반대하면 연정합의문은 채택되지 아니한다. 체코는 국정 주요 분야별로 연정에 참여하는 파트너 정당 간 상세한 합의문을 작성하고, 소속 의원 모두 서명하는 절차를 거친다. 이 합의문은 온라인으로 공개하여 투명성과 책임성을 강화한다. 두 나라의 공통점으로 들 수 있는 사항은 어느 특정 정당이 의회의 절대과반수에 이르면 독재화할 우려가 있다는 의식이 강하게 자리 잡고 있다. 물론 이를 저지하기 위하여 선거제도는 비례대표제를 채

---

16 연정 및 협치 사례 연구를 위한 체코 오스트리아 방문 결과보고서(단장 이철희 의원), 국회사무처 법제국, 2017. 참조.

택하고 있다. 다수대표제를 채택하려는 시도가 있었지만 다원성을 강조하는 국민적 저항에 부딪치고 있다.

5. 소결: 정부형태보다는 선거제도·정당제도의 영향

정부형태 모델에 따라서 협치의 모델도 달라진다. 정부형태는 헌법규범에 따라 정하여진다. 하지만 헌법상 정부형태는 헌정현실에서는 다양하게 작동된다. 어느 나라 헌법도 헌법에서 정부형태에 관하여 명시적인 규정은 없다. 그러나 정부형태의 일반이론에 비추어 정부형태는 결정된다. 다만 그 헌정현실에서의 작동 상황은 별개로 논의되어야 한다. 바로 그런 의미에서 헌법규범과 헌정현실을 연계하여야만 정부형태의 작동과 그에 따른 협치도 논의될 수 있다. 위에서 논의한 각국의 정부형태와 헌정현실은 그 다양한 스펙트럼을 단적으로 보여준다.

미국식 대통령제는 원론적으로 협치의 대상이 아닌 엄격한 권력분립이론에 입각한다. 하지만 대통령과 의회다수파의 불일치는 상존한다. 특히 대통령과 양원의 다수파가 모두 동일 정당으로 작동하기란 원천적으로 불가능하다. 그러므로 대통령과 의회의 협치 없이는 정상적인 정치제도의 작동이 불가능하다. 분점정부에서 대통령의 의지와 노력이 중요한 이유가 여기에 있다. 게다가 미국은 유럽식 의원내각제와 같은 정당의 규율이 존재하지 아니한다(cross voting system). 그나마 상대적 다수대표제 선거제도 덕분에 양당 체제를 유지하기 때문에 제3의 요인 즉 의회다수파의 부재에 따른 갈등은 최소화된다.

의원내각제 국가에서 협치는 의회다수파의 향배에 달려 있다. 그런데 그 의회다수파는 어떠한 선거제도를 채택하느냐에 따라 달라진다. 영국식 내각책임제가 안정을 유지하는 데에는 상대적 다수대표제 선거제도를 통하여 양당체제를 유지하기 때문이다. 하지만 유럽대륙 국가들은 전통적으로 다당제이다. 게다가 선거제도 또한 비례대표제를 채택한다. 비례대표제 선거제도에서 어느 특정 정당이 의회의 절대과반수를 확보하기란 불가능하다. 그러기 때문에 필연적으로 연립정부를 구성할 수밖에 없다.

이원정부제 국가에서는 더욱 다양한 헌정현실이 연출된다. 대통령과 의회다수파의 일치는 미국의 대통령보다 더 강력한 지위와 권한을 향유하므로 이를 프랑스에서는 대통령주의제라고 한다. 하지만 대통령과 의회다수파의 불일치는 의원내각제에 준하는 동거정부의 예를 발견한다. 또 다른 모델로는 비록 이원정부제에 준하는 헌법규범 특히 대통령이 직선됨에도 불구하고 실질적으로는 대통령이 국정에 관여하지 아니하는 오스트리아와 체코의 예는 의원내각제적인 헌정운용의 전형적인 예이다. 이 경우 의회다수파 형성을 위한 연립정부 구성 또한 불가피하다.

결국 협치가 필요한 상황의 연출은 근본적으로 뒤베르제가 적시한 선거제도와 정당제도의 상호 관계를 통하여 작동됨을 알 수 있다. 일찍이 뒤베르제가 '정당론'[17]에서 제시한 '뒤베르제의 법칙'(loi de Duverger)[18]은 선거제도에 따른 헌정체제와 정당제도의 상호관계를 단적으로 표현한다. ① 일회제 다수대표제는 양당제적 경향을, ② 비례대표제는 상호 독립적인 다당제적 경향을, ③ 이회제 다수대표제는 정당 사이의 연립에 의하여 절제된 다당제 경향을 가진다. 그런데 선거제도의 그 이상과 현실의 조화문제는 브델이 적절하게 적시한 바 있다. 브델은 대표제도의 이상과 현실을 다음과 같이 단적으로 적시한 바 있다.[19] ① 비례대표제는 풍부하고 훌륭한 이론을 제시하지만 비현실적이다. ② 이회제(절대적) 다수대표제는 좋은 착상을 제공하지만 부정적이다. ③ 일회제(상대적) 다수대표제는 그 이론적 기반이 제한되어 있지만 효율적이다.

이하에서 한국에서의 협치 논의와 그 향방은 위와 같은 각국의 규범과 실제에 더 나아가 선거제도와 정당제도에 준거하여 논의하여야 하는바, 그간 한국에서의 논의는 지나치게 이상향만 추구하는 게 아닌지 살펴보아야 한다.

Ⅲ. 대한민국헌법에서의 협치

1. 의 의

현행 1987년 헌법 체제에서 비교적 다양한 헌정운용을 체험한 바 있다. 그것은 신대통령제 내지 제왕적 대통령제 체제에서는 상상하기 어려운 양상이다. 평화민주당의 김대중 총재는 대선후보 시절 김종필 자민련 총재와 내각제를 고리로 한 내각제협약을 통해서 집권하여, 대통령과 총리 및 각료를 나누어 가진 바 있다. 반면 노태우 대통령은 3당합당으로 집권당 내부에서 제왕적 위치를 상실한 상태였다. 비록 성공한 예는 아니지만, 2002년 대선에서 노무현·정몽준 협약이나, 2007년 대선에서 정동영·문국현 협약도 김대중·김종필 협약과 비슷한 형태라 할 수 있다. 다른 한편 노무현 대통령은 재임 중 야당에 대

17 Maurice Duverger, *Les partis politiques,* Armand Colin, 1ère éd., 1951, 10e éd.(Le Seuil), 1971.

18 William H. Riker, "The Two-Party System and Duverger's Law: An Essay on the History of Political Science", publié ainsi "Le bipartisme et la loi de Duverger, Un essai sur l'histoire de la sciences politiques", in *Mélanges Duverger,* Paris, PUF, 1988, pp.405-423.

19 L'idée du Doyen Vedel, cité par Benoît Jeanneau, Droit constitutionnel et institutions politiques, Dalloz, 1981, p.40.

연정을 제안한 바 있다. 비록 야당이 응하지 아니함에 따라 구두 제안에 불과하였지만 앞으로 이들 실패한 연합 내지 협치 제안은 지속될 것으로 보인다. 최근 문재인 정부도 야당에 협치를 제안한 바 있다. 이는 협치를 하지 아니하고는 집권도 쉽지 아니할 뿐만 아니라, 집권 이후에도 지속적인 협치가 필요함을 단적으로 드러낸다.

현행헌법은 대통령제의 요소와 의원내각제의 요소를 혼합하고 있으므로 이원정부제적이라는 평가가 불가능한 것은 아니다.[20] 하지만 그간 한국에서의 헌정현실은 대통령제 내지 대통령중심제로 작동되어 오면서 심지어 제왕적 대통령제적인 경향이 일반화되어 있다. 이에 우리 헌법 아래에서 펼쳐져 왔던 다양한 헌정현실로부터 앞으로 다가올 협치의 불가피성에 이르는 분석을 하고자 한다.

2. 헌법규범적 이해

대통령 직선제를 채택하기 때문에 미국식 대통령제의 사실상 직선제보다 오히려 더 강력한 국민적 정당성을 가진다. 부통령제를 두지 아니하고 국무총리제를 두고 있다.

의원내각제와 이원정부제의 본질적 요소인 정부불신임권의 존재 여부에 관하여는 논란이 있다. 현행헌법상 국무총리·국무위원해임건의권을 단순한 정치적 건의에 불과한 것으로 이해하는 한 현행헌법은 이원정부제의 본질적 요소를 결여하고 있다. 그러나 국무총리·국무위원해임건의권을 대통령은 특별한 사유가 없는 한 이에 응하여야 하는 것으로 이해하는 한, 그것은 대정부불신임권에 준하여 해석하고 운용될 수 있다. 사실 의원내각제의 정부불신임권도 그 기원에 있어서는 각료의 개별적·형사적 책임에서 출발하여, 오를레앙 체제적인 이원적 의원내각제의 개별적·정치적 책임으로 발전한 후에, 일원적 의원내각제에서 내각의 집단적·정치적 책임으로 정립되었다는 점을 상기한다면, 국무총리·국무위원해임건의권이 의원내각제의 정치적 책임추궁제도라는 점에서는 이론의 여지가 없다. 따라서 헌법에서 국무총리해임건의권을 국회의 정부불신임권의 일종으로 이해하여도 무리가 없다. 무엇보다도 헌법상 국무총리는 국회의 동의를 얻어 대통령이 임명하기 때문에, 국무총리는 대통령과 국회의 이중의 신임에 기초한다. 그럼에도 불구하고 헌법상 국무총리는 대통령의 명을 받아 행정각부를 통할한다는 문언에 집착하여 국무총리를 단순히 대통령의 보좌기관으로만 한정시키려는 현실적 해석론이 헌정사적인 성찰을 통하여서는 정당할지 모르나, 결코 현행헌법의 미래지향적인 해석론이 될 수 없다. 그런 점에서 헌법재판소의 소수의견이 대통령중심제의 사고를 완전히 벗어난 것은 아니지만 나름대로

20 성낙인, 헌법학 제18판, 397-398면에서 발췌 인용.

헌법규범을 직시하려는 태도를 보이는 것은 그나마 다행스러운 일이다.[21]

3. 헌법현실적 이해

(1) 헌법상 정권교체(政權交替)와 이원정부제

넓은 의미의 정부교체는 정당을 달리하는 집권자 및 집권세력의 교체, 즉 여야 사이의 정권교체와 좁은 의미의 동일한 집권세력 내부에서 집권자의 교체(정부교체)를 포괄한다(광의의 정부교체=협의의 정부교체+정권교체). 정권교체론은 헌법상 정부형태와 직접적으로 연계하여 이해하여야 한다.[22]

한국헌법사에서는 흔히 집권세력의 교체를 마치 새 공화국의 건설로 이해하여 헌법의 전면적인 개정을 단행하고 새 공화국의 순차를 부여함으로써 공화국이라는 '상품전시장'에 불과하다는 비판을 받아 왔다.[23] 따라서 진정한 의미의 평화적 정권교체는 1997년과 2007년 및 2017년의 대통령선거를 통하여 구현되었지만 그것은 의회다수파의 교체까지 포괄하지 못하고 대통령직만의 교체를 의미하는 작은 정권교체에 불과하다.

하지만 오늘의 현실적 상황에 안주하지 아니하는 미래지향적 대응이 요망된다. 앞으로 전개될 헌정실제에서 적어도 인위적인 정계개편과 같은 반의회주의적인 행태가 시정된다면, 5년 단임의 대통령과 4년 임기의 국회다수파의 일치와 불일치에 따라서 다양한 헌정사적 변용이 전개될 수밖에 없다. 특히 인격화된 대통령시대를 마감하여야만 하는 시대적 상황과 맞물려 국회다수파 또한 동질적인 경우는 물론이고 김대중정부에서의 '공동정부'와 같이 이질적인 경우에도 또 다른 헌법현실이 연출될 수 있다.

이하에서는 현행헌법에서 전개될 수 있는 다양한 헌정실제의 과거·현재·미래를 정권교체와 의회민주주의의 기초로서의 의회다수파의 변화와 정당제도·선거제도를 종합적으로 고려하여 살펴보고자 한다. 특히 아래의 분석에서는 동일한 헌법에서 동일한 대통령 재임기간 중에도 주권적 의사의 표현인 선거결과에 순응하여 이원정부제의 다양한 모델을 실천한 바 있는 프랑스의 경험을 주요한 참고로 하고 있다.

---

21 헌재 1994. 4. 28. 89헌마221, 재판관 변정수의 반대의견: "국무회의 및 국무총리에 관한 헌법규정은 반드시 준수되어야 하고 대통령중심제하에서의 국무총리는 보좌기관에 불과하다는 등의 이론을 내세워 이를 가볍게 생각하여서는 아니 된다."

22 성낙인, 앞의 책, 398−403면에서 발췌 인용.

23 성낙인, "한국헌법사에서 공화국의 순차(서수)", 헌법학논집, 법문사, 2018. 참조.

(2) 대통령과 단일정당으로 형성된 국회다수파의 일치: 대통령주의제+집권당 내부의 협치

노태우 대통령시절 짧은 여소야대[24]는 3당합당으로 다시금 여대야소로 귀결되었다. 그러나 대통령은 집권당을 일사불란하게 통할하는 주체라기보다는 세 개 정파 중 제1정파의 수장에 불과하였다. 당내 제2정파에 불과한 김영삼 대표의 끊임없는 도전으로 말미암아 대통령은 당을 제대로 장악할 수 없었다.

김영삼 정부는 여대야소라는 편안한 분위기에서 문민정부의 시대적 차별성을 부각시키면서 노태우 대통령시대를 뛰어넘는 강력한 대통령주의제 경향을 연출할 수 있었다. 그러나 민자당의 제3정파인 김종필 대표와의 정치적 결별은 집권후반기를 불안하게 만든 요인이었다.

그 이후 이명박 정부와 박근혜 정부의 집권 전반기에도 국회다수파의 안정적인 지지를 확보하였다.

(3) 대통령과 복수정당으로 형성된 국회다수파의 일치: 이원정부제적 협치

대통령은 국회다수파의 지지를 받더라도 집권당 내부의 이질적 성향으로 인하여 협치가 불가피하였다. 1998년 헌정사상 최초로 대통령직의 정권교체를 이룩한 김대중 정부가 들어서면서 야기된 국무총리임명동의안 파동은 국회다수파의 동의 없이는 국무총리임명이 불가능하다는 사실을 단적으로 보여준 바 있지만, 또 다시 인위적인 여대야소로 되돌아갔다. 하지만 김대중 대통령 정부에서 김종필 국무총리는 바로 공동정부의 한 축이라는 점에서 더 이상 방탄총리·의전총리가 아니었다.

김종필 국무총리는 국회다수파의 한 축을 이루는 수장이기 때문에 헌법상 국회와 대통령의 명실상부한 이중의 신임에 기초하고 있었다. 집행권의 양두화현상은 특히 공동정부가 1년을 지나면서 더욱 심화되었다. 예컨대 정부조직법개정에 따라 대통령의 인사권과 총리의 예산권으로 이원화된 바 있다. 또한 국무위원임명제청권의 행사도 실질화되었다. 이를 "한 지붕 두 가족" 내지 "헌법상 총리권한 내각제 안 부러워"라든가, "헌법대로일 뿐"이라고 적시함으로써 이원정부제적인 헌법규범이 헌정현실에 적용된 것으로 평가하였다. 바로 그런 점에서 이 기간은 집행권의 양두제를 의미하는 이원정부제적인 협치의 시험기로 볼 수 있다.

---

24 대통령과 국회다수파의 불일치에 따른 대통령과 국회의 위상과 관련된 변화의 징표는 1988년 정기승 대법원장, 2017년 김이수 헌법재판소장 임명동의안의 국회에서 부결로 나타난다.

(4) 대통령과 국회다수파의 불일치: 이원정부제의 현실화

현행헌법에서 대통령재임 중 실시된 국회의원총선거에서 단일야당이 국회의 과반수 의석을 확보할 경우에는 이원정부제가 현실화될 가능성이 높다.

국회를 야당이 장악하고 있음에도 불구하고 대통령은 여전히 헌법상 자신에게 부여된 권한을 최대한 발휘하려 할 것이다. 반면에 국회를 장악한 야당은 헌법에서 국회에 부여된 정부에 대한 견제권을 최대한 발휘하려 할 것이다. 더구나 국무총리임명문제는 이제 1998년의 상황과는 전혀 다른 방향으로 전개될 가능성이 높다. 두 개의 국민적 정당성의 축이 병존하는 이원정부제적 상황에서 새로 등장한 국회다수파는 국민적 신임에 바탕을 둔 공세를 취할 것임은 분명하다.

그것은 대통령과 총리의 "육체적 결합관계가 없는 결혼"(mariage blanc)에 해당하는 프랑스식의 동거정부는 아니라 하더라도 국회다수당과 사전적인 정치적 조율이 없이는 국무총리를 비롯한 내각의 구성은 불가능할 것이며, 경우에 따라서는 여야 사이에 연립정부의 구성도 필요할 것이다. 바로 여기에 미국식 대통령제와의 차별성이 분명하게 드러난다. 또한 헌법상 국회의 동의를 얻어 대통령이 임명하는 주요공직인 헌법재판소장·대법원장 및 대법관·감사원장은 더 이상 대통령의 고유권한으로 머물 수 없게 될 것이다.

대통령과 국회다수파의 갈등이 심화될수록 국정조사권의 잦은 발동이 예상되며 이는 대통령에게 정치적 타격을 가할 소지가 크다. 결국 국회다수파가 대정부질문과 국정감사·조사 등을 통하여 정치적·법적 문제점을 노출시킨 다음에 국무총리·국무위원해임건의권(제63조), 탄핵소추(제65조)로 이어질 수 있다.

이러한 문제점을 해결하는 하나의 방안으로서 대통령과 총리가 역할을 분담하는 권력분점론 내지 권력분산론이 제기될 수 있다. 권력분점론에 기초한 이원정부제를 가장 잘 실천하고 있는 나라는 핀란드이다. 그것은 핀란드가 처한 특유한 역사적 상황과 맞물려 있다. 초강대국 러시아를 이웃에 두고 있는 이 나라로서는 외교·국방문제는 대통령에게 전적으로 일임하여 외교·국방문제가 정쟁의 대상이 될 수 없게 함으로써 국가안전보장을 확보하고, 내정문제는 총리를 중심으로 한 정부가 책임지도록 하는 것이다. 이와 같은 논리는 프랑스 제5공화국에서도 자크 샤방-델마스(Jacques Chaban-Delmas) 등에 의하여 '유보영역이론'이 개진된 바 있다. 유보영역이론은 동거정부에서 더욱 분명히 그 실체를 드러내고 있는바, 적어도 외교·국방·EU문제에 관한 한 대통령이 직접 간여한다. 특히 동거정부 구성에 있어서 외무장관과 국방장관의 임명은 대통령이 적극적으로 반대하지 아니하는 인사를 임명하여 왔다. 그러나 대통령과 동거정부의 갈등관계는 여전히 존재한다는 점에 유보영역이론에도 한계가 있다.

4. 소 결

현행헌법에 따라 5년 단임의 대통령선거와 4년 임기의 국회의원총선거가 교차적으로 시행되는 한, 동일한 헌법규범에서 위와 같은 다양한 헌법현실에서의 변용을 수용하는 것이 바로 국민적 선택에 순응하는 길이다. 프랑스에서의 경험 즉 동일한 헌법아래에서 대통령과 의회다수파의 일치로부터 비롯된 대통령주의제를 뛰어넘어 의원내각제적인 동거정부에 이른 헌정현실을 냉철하게 분석할 필요성이 제기된다. 더구나 한국헌법에는 프랑스 등 다수의 이원정부제 국가에서 채택하고 있는 대통령의 의회해산권이 없기 때문에 그에 따른 갈등은 더욱 심화될 소지가 있을 뿐만 아니라 그 타개책의 마련 또한 쉽지 아니할 것 같다. 현행헌법상 대통령·총리·국회다수파의 삼각관계를 중심으로 다음과 같은 헌정실제가 구현될 수 있다.

아래의 분석 중에서 ①을 제외한다면 협치가 불가피하다. ②는 집권당 내부의 협치라면, ③④⑤는 각기 이질적 정당 사이의 명실상부한 협치가 필요하다. 이 경우 정권교체에 준하는 협치가 필요한 장면은 ⑤의 예가 해당된다. 하지만 이런 현상은 아직까지 헌정현실에서 드러난 적이 없는 미지의 세계이다.

① 단일정당으로 형성된 국회다수파의 지지를 받는 대통령우월적 대통령주의제 — 김영삼 대통령 집권기(1993–1997), 노무현 대통령 집권 중후반기(2004–2008), 이명박 대통령 집권기·박근혜 대통령 집권전반기(2008–2016)

② 단일정당으로 형성된 국회다수파의 지지를 받지만 집권당 내부에서 끊임없는 견제를 받는 대통령제 — 노태우 대통령 집권중후반기(1989–1993)

③ 이질적 양당으로 형성된 국회다수파의 지지를 받지만 연립정부에 준하는 공동정부의 대통령우월적 이원정부제 — 김대중 대통령 집권전반기(1998–1999)

④ 대통령재임 중 야당이 국회의 다수파이지만 복수의 이질적 야당 — 노태우 대통령 집권초기(1988–1989), 김대중 대통령 집권 후반기(2000–2003), 노무현 대통령 집권 초기(2003–2004), 박근혜 대통령 집권후반기(2016–2016), 문재인 대통령 집권기(2017–현재)

⑤ 대통령재임 중 단일야당이 승리할 경우 대통령과 국회다수파의 불일치(가설) — 대통령과 국회다수파 사이의 비타협적 갈등의 현실화에 따른 프랑스의 동거정부에 준하는 권력분점론의 현실화: 협치가 불가피

Ⅳ. 결어: 바람직한 협치

1. 헌법규범의 정확한 이해

앞에서 적시한 바대로 현행헌법에서 협치가 불기피한 상황은 얼마든지 연출될 수 있다. 이제 한국에서의 정부형태를 보는 시각은 과거의 권위주의시대에 전개된 신대통령제적인 헌법현실에 기초한 대통령중심제의 사고에서 벗어나야 한다. 물론 대통령중심제는 여대야소 국회가 존재하는 한 변함없이 지속될 것임은 부인할 수 없다.[25]

현행헌법에서 전개될 다양한 정치적 미래상은 한국적 자유민주주의의 중요한 실험장이 될 것이다. 대통령 재임중 국회의원총선거에서 단일야당이 승리한다면, 헌법규범의 엄격한 재해석이 요망된다. 특히 그 동안 잠자고 있던 국회다수파의 정부견제권은 실질적 권한으로 작동할 수 있을 것이다.

의원내각제 개헌을 통하여 곧바로 영국식 혹은 대륙식 의원내각제가 정립되리라고 속단할 수는 없다. 한국적 현실에서 대통령이 비정치적인 인물로 충원되리라는 보장이 없기 때문이다. 그것은 제2공화국의 경험에서 단적으로 드러난 바 있다. 따라서 헌법이 의원내각제적이라고 하더라도 상당부분 이원정부제적인 양두제 현상이 출현될 가능성이 높다.[26] 1997년 대통령선거과정에서 새정치국민회의와 자유민주연합이 집권을 위한 의원내각제 개헌에 합의한 바와 같이, 그간 정치제도의 균형을 위한 의원내각제 개헌논의가 계속되어 왔다. 그러나 우리의 정치현실에 비추어 본다면 의원내각제 헌법에서 과연 일원적 의원내각제가 정립될 수 있을 것인지 의문이다.[27]

2. 미래지향적 헌정현실에 능동적 대응을 위한 협치

결론적으로 한국에서의 헌법규범과 헌법현실을 조감하여 본다면, 적어도 순수한 미국식 대통령제로의 헌법개정을 하지 아니하는 한, 여소야대 상황이 전개되면 이원정부제적인 운용은 불가피하다. 그것은 곧 강요된 협치를 의미한다. 그럼에도 불구하고 이원정

25 성낙인, 앞의 책, 404–405에서 발췌 인용.

26 제2공화국에서 신파에 비하여 소수파였던 구파의 수장인 윤보선이 대통령직에 취임하였다. 그러나 그는 뜻밖에도 구파인 김도연을 총리로 지명하였으나 숫자 부족으로 국회에서 거부당하자 하는 수 없이 신파의 수장인 장면을 총리로 지명하였다. 제2공화국 민주당의 갈등구조에 관한 연구는 백영철, "제2공화국의 의회정치: 갈등처리과정을 중심으로", 김수진, "공화국의 정당과 정당정치", 백영철 편, 제2공화국과 한국민주주의, 나남, 1996, 128–135·176–181면 참조.

27 성낙인, 앞의 책, 403–404에서 발췌 인용.

부제에 대한 정확한 자리 매김은 여전히 미흡한 실정이다. 이원정부제가 한국에서 현실적으로 바람직한 정부형태인가의 문제와는 전혀 별개의 사안이다. 국민적 정당성을 공유하는 양축인 대통령과 의회다수파의 협치 없이는 헌법상 정치제도의 정상적인 작동은 불가능함을 명심하여야 한다.

3. 정치개혁의 화두인 선거제도 개혁

근래 문재인 정부의 협치 화두와 더불어 선거제도 개혁이 논쟁 중이다. 즉 현행제도는 소선거구 상대적 다수대표제에 비례대표제 의원을 일부 가미한다(300명 중 47명). 하지만 득표율에 따른 선거제도를 주장하는 이면에는 독일식 혼합선거제를 선호하는 듯하다. 사실 독일식 선거제도는 혼합선거제라고 하지만 사실상 비례대표제에 가깝다. 한국에서 이 제도를 채택하면 특정 정당이 국회 다수파를 점하기는 사실상 불가능할 것이다. 이 경우 정부의 안정을 구현할 수 없다.

선거제도의 이상은 국민의 의사를 사진기로 촬영하듯이 정확하게 의석수로 반영하는 것이다. 그 점에서 비례대표제는 가장 이상적인 제도이다. 하지만 비례대표제는 소수파 보호에는 유리하지만 의회의 안정적 다수파 확보가 사실상 불가능하다. 민주주의의 선진국이라는 영국과 미국이 상대적 다수대표제를 통하여 정국의 안정을 구가한다면, 유럽 각국은 비례대표제를 통하여 소수자 보호에 충실하려 하는 현실을 직시하여야 한다.

3 군민공치와 입헌군주제헌법 — 비교헌정사적 연구*

송 석 윤**

Ⅰ. 서 론

19세기 후반에 이르러 서양의 문물과 함께 헌정질서가 조선에 소개되기 시작하였다. 최한기의 지구전요(1857)에서 영국의 의회정치와 미국의 공화정치가 언급된 바 있으며, 1880년대에 들어서면 서구의 헌정제도가 보다 본격적으로 알려지게 된다.[1] 신사유람단(1881)의 견문보고, 한성순보의 기사(1883–1884), 서유견문을 비롯한 유길준의 저술 등은 서구의 헌정질서를 보다 구체적으로 소개하고 있다. 여기서 유길준은 서유견문에서 세계의 헌정질서를, 1. 군주가 자의로 통치하는 정체, 2. 군주가 명령하는 정체(압제정체), 3. 귀족이 주장하는 정체, 4. 군민이 공치하는 정체(입헌정체), 5. 國人(국민)이 공화하는 정체(합중정체)로 구별하고 군주정과 군민공치 및 공화정체에 속하는 세계각국을 분류하고 있다.[2] 유길준은 군민공치의 정체를 가장 바람직한 것으로 보면서 이를 한편으로는 "군주가 위에 있어 만민을 통할하나 천하를 사유하지 못하고 반드시 공명정대한 헌법을 확정하여 국민으로 하여금 국정에 참여하게 하는 입헌정치",[3] 또는 국민이 천거한 대신들이 의정에 참여하여 작정한 것을 군주의 명령으로 시행하고 삼권이 나뉘어져 군주가 원수로서 삼권을 통할하는 제도로 이해하였고 영국의 헌정을 가장 모범적인 군민공치라고 하였다.[4]

우리학계의 논의에서 갑신정변 정강, 홍범 14조, 대한국국제 등 개화기의 헌법적 문서나 당시의 논설에 대한 평가가 엇갈리고 있는데 이는 입헌주의헌법, 특히 입헌군주제에 대한 정확한 이해가 전제되고 있지 않은 점과도 무관하지 않은 듯하다. 따라서 제2장에서는 프랑스, 벨기에, 독일, 일본 등에서 성문헌법의 형식으로 존재했던 입헌군주제 헌법전

---

* 본 논문은 『서울대학교 법학』 제53권 제1호(2012.3), 497–527면에서 처음 발표된 것인데 존경하는 정만희 교수님의 정년기념논문집에 다시 게재하게 되었다.

** 서울대학교 법학전문대학원 교수.

1 이에 대해서는 왕현종, "19세기말 개혁관료의 서구 정체인식과 입헌문제", 한국사상사학 제17집(2001), 475–512면; 정용화, "조선에서의 입헌민주주의 관념의 수용 : 1880년대를 중심으로", 한국정치학회보 제32집 2호(1998), 105–124면 등 참조.

2 유길준, "서유견문", 유길준전서편찬위원회편, 유길준전서 I, 일조각, 1971, 162면 이하.

3 유길준, "세계대세론", 유길준전서편찬위원회편, 유길준전서 III, 일조각, 1971, 5–121면, 19면.

4 유길준, "서유견문", 앞의 책, 164면 이하, 171면.

을 분석하고 이를 유형화하려 한다.

1880년대의 조선 개화기에 서양 군민공치의 체제 중 영국의 경우가 가장 성공적인 것으로 인식되는 것이 일반적이었다. 하지만 19세기 후반 영국의 입헌군주제에서는 이미 군주는 군림하되 통치하지 않는다는 원칙을 넘어 사실상 정당내각제로 전환되어 군주와 국민대표인 의회가 공동으로 통치한다고 볼 수 없는 상황이었다. 나아가 일본에서는 정당내각제에 기초한 헌법을 제정하려던 자유민권파의 시도가 좌절되고 독일 헌법이론의 강력한 영향 속에서 이른바 군주제원리에 기초한 헌법이 제정된다. 일본식 입헌군주제는 1905년 이후 적극적으로 소개되었고 이는 식민지조선인들에게 적지 않은 영향을 미쳤다. 일제강점기 동안 형성된 넓은 의미에서의 헌법문화는 1945년 이후에도 쉽게 극복되지 않았고 그 영향은 오늘날까지도 이어지고 있다고 보인다. 따라서 제3장에서는 독일식 입헌군주제가 형성되고 전개되어 온 모습을 살피고 이것과 일본의 메이지헌법이 지니는 연관성을 살피려 한다.

헌법연구자가 헌정사를 연구할 경우 규범주의적 가치판단을 하기 쉽다. 헌정사연구의 방법론에 대해 깊게 생각할 수 있는 자리는 아니지만 역사가 과거와 현재의 대화라는 것이 역사의 연구가 현재의 관점에서 과거를 재단하는 판관의 역할일 수는 없다는 점에 유의하려 한다. 또한 비교헌법이나 비교헌정사의 연구가 단지 조문의 비교에 그쳐서는 안 됨을 여러 가지 어려움에도 불구하고 잊지 않으려 한다.

이 연구의 한계는 하나의 논문에서 일곱 개의 헌법적 문서들을 비교·분석하려는 시도로부터 비롯될 것이다. 하지만 이는 입헌군주제헌법의 연원을 추적하는 과정에서 불가피한 최소한이므로 부족한 부분은 추후의 연구를 통해 보완하려 한다. 또한 이러한 유형의 연구의 필요성에 공감하는 동료연구자들이 있어 후속연구를 통해 부족함을 비판하고 보완·극복할 수 있다면 무모한 시도의 보람이 될 것이다.[5]

---

5 이 논문에 대해 3인의 심사의견이 있었는데 그 중 1인의 평가는 이 연구의 한계와 문제점을 지적하고 있다. 먼저 가능한 범위에서 반영하려 노력했지만 이 논문이 추구하는 목적과 그에 따른 체계상 한계가 있음에 대해 심사자의 양해를 구한다. (1) 주제의 참신성이 주제의 실질적 의미가 적기 때문이라는 지적을 인정하면서 참신성이 적은 대신 의미가 인정될 수 있도록 문제의식이 공유되고 연구가 활성화되기를 기대해본다. (2) 군주주권형 입헌군주제와 국민주권형 입헌군주제라는 분류와 관련하여 주권은 군주 또는 국민에 있는 것인데 군민공치를 얘기하면서 굳이 주권이라는 표현을 사용하는 것은 엄밀한 학문적 개념이 아니라는 지적이 있었다. 이에 따라 표현을 실질적으로 동일한 의미인 군주중심형과 의회중심형으로 변경할 것을 고려했으나 영국에서의 군민공치가 'King in Parliament'와 의회주권으로 나타난 것에 비해 유럽대륙에서는—독일의 국가주권론의 예에서 보듯이—19세기 동안 군주주권과 국민주권 사이의 문제가 해결되지 않았던 점을 드러낸다는 의미에서 주권이라는 용어를 유지하였다. (3) 프로이센 입헌군주제가 입헌주의의 본질에 부합하지 않는 측면이 있음에도 이를 입헌주의의 전형으로 전제하는 것에 대한 지적에 대해서는 의아한 면이 없지 않다. 필자는 프로이센 입헌군주제가 입헌주의의 전형이라고 생각하지 않기 때문이다. 단지 입헌주의의 전형 또는 이념형에 가까운 헌법 뿐 아니라 다양한 유형의 현상형태에 대해서도 학문적 관심을 기울여야 한다는 문제의식에서 출발하

Ⅱ. 입헌군주제헌법의 유형

여기서는 프랑스의 1791년헌법, 1814년헌장, 1830년헌장, 벨기에의 1831년헌법, 바이에른의 1818년헌법, 프로이센의 1850년헌법 및 일본 메이지헌법(1889)의 주요내용을 군주권의 의회의 권한을 중심으로 분석한 후 이를 정리하려 한다. 프랑스와 벨기에의 헌법이 독일과 일본으로 영향을 미친 부분이 크기 때문에 이러한 순서로 살피고 그 후에 이를 유형화하는 방식을 택했다.

1. 프랑스 1791년헌법

1789년 프랑스혁명의 결과인 1791년 9월 3일의 프랑스헌법은 봉건적 제도들을 철폐하고 천부인권과 시민의 권리를 보장하기 위해 프랑스 국민의회가 제정한 민정헌법이었다.[6]

이 헌법은 유일불가분이며 불가양·불가침인 주권이 국민(Nation)에게 속함을 선언하고 있다(동헌법 제3편 제1조). 하지만 동시에 이 헌법은 국민으로부터 나오는 모든 권력이 위임에 의해서만 행사되는 대표제를 천명하면서 입법부와 군주가 이러한 대표체라고 선언하고 있다(제3편 제2조). 이어서 이 헌법은 입법권은 인민에 의해 선출된 국민의회에, 행정권은 군주와 군주의 대신들에게, 사법권은 인민에 의해 선출된 법관에게 부여하고 있다(제3편 제3조–제5조). 국민주권에 기초한 입헌군주제 헌법에서 군주는 국민주권에 기초한 국민의 대표체일 뿐이고 전입헌주의적인 군주제적 정통성은 인정되지 않았다. 이러한 특

고 있을 뿐이다. 중심부와 주변부를 나누어 중심부의 전형을 단지 도입하고 적용하는 것으로 해결될 만큼 문제가 간단하다고 믿지 않기 때문이다. 규범학으로서의 헌법학의 산뜻함을 떠나 굳이 많은 품을 팔아서까지 헌정사연구를 하는 이유는 헌법규범의 해석만으로는 해결하기 어려운 헌법현실 내지 헌법문화의 문제를 찾기 위함이라고 생각한다. (4) 심사자가 권하는 바처럼 고찰의 대상을 독일식 입헌군주제와 그것의 일본에의 영향에 국한하지 않은 것은 국민국가의 전성기인 19세기 후반 민족주의적 열정에 사로잡힌 독일헌법학의 일부에서 주장한 것과는 달리 독일 입헌군주제헌법 역시 독자적인 것이 아니라 다른 나라의 영향을 받은 것임을 보이기 위함이다. (5) 지적한 바처럼 분석의 대상을 영국으로 넓히지 않은 것은 이 연구의 궁극적인 목적이 개화기 헌법적 문서들을 평가하는 기준을 제시하는 데 있는데 19세기 영국의 헌정현실은 당시의 동북아시아는 물론 유럽대륙의 국가들에 비해 현격히 의회 중심으로 전환되어 같은 선상에서 비교하는 것이 커다란 의미가 없다는 점 때문이다. 또한 영국이 성문헌법을 지니고 있지 않았다는 어려움도 있다. 이 연구의 말미에 영국 입헌군주제 헌정질서의 기본틀이 성문화되어 유럽대륙으로 전파되는 모습을 간략히 소개하는 것에 그쳤음을 양해 바란다. 심사자의 지적에 감사하며 이후의 연구에 적지 않은 도움이 되리라고 생각한다.

6 프랑스 1791년헌법의 프랑스어본은 http://mjp.univ–perp.fr/france/co1791.htm, 영어번역본은 Frank Maloy Anderson, The constitutions and other select documents illustrative of the history of France 1789–1901, Minneapolis, The H.W. Wilson company, 1904, 58면 이하; 프랑스어와 독일어번역본은 D. Willoweit/U. Sief(Hg.), Europäische Verfassungsgeschichte, München 2003. 292면 이하.

징은 이 헌법이 양원제를 채택하지 않고 민선의 단원제를 채택했으며 또한 군주에 의한 의회해산권을 인정하지 않았다는 점에서 두드러진다(제3편 제1장 제1조 및 제5조).

이 헌법은 군주와 관련해서 군주의 신성불가침성은 인정하지만 군주가 법의 권위를 넘어설 수 없고 "프랑스인의 왕"(roi des Français)이라는 칭호만을 지닐 뿐임을 강조하고 있다(제3편 제2장 제1절 제2조 및 제3조). 또한 왕위계승에서 장자상속의 원칙을 명확히 할 뿐 아니라 국민과 법에 대한 충성선서를 할 의무를 부과하고 있다(제3편 제2장 제1절 제1조 및 제4조). 그 밖에도 이 헌법은 군주와 왕가의 반혁명적 행위를 예방하기 위한 다양한 장치를 마련하고 있다.

군주와 행정부의 권한이 매우 제한적인데 반하여 입법부인 국민의회는 입법권 뿐 아니라 재정에 관한 권한을 지녔다. 나아가 국민의회에는 장관 및 주요공직자에 대한 탄핵소추권, 영전수여권 뿐 아니라 외교 및 국방에 관해서도 최종적인 결정권이 부여되었다(제3편 제3장 제1절). 국민의회의 입법권과 관련하여 군주에게 거부권이 인정되었지만 이는 단지 정지적 효력만을 지니는 것이었다(제3편 제3장 제3절).

시민혁명의 산물로 제정된 프랑스의 1791년헌법은 국민주권을 선언함과 동시에 입법부와 군주를 국민대표체로 선언하고 각각 입법권과 행정권을 부여하였다. 신의 은총에 기초한 군주제적 정당성은 인정되지 않았고 군주에게는 국민의 대표로서의 지위만이 허용되었으므로 군주는 헌법과 의회의 입법에 기속되는 좁은 의미의 행정권만을 지녔다. 이에 반하여 의회는 입법권과 재정에 관한 권한 뿐 아니라 주요한 통치권과 대권을 지니게 되었다. 전체적으로 볼 때 이 헌법은 의회의 권한이 매우 강력하여 19세기 입헌군주제헌법의 전형이라고 보기는 어렵다.

2. 프랑스 1814년헌장

프랑스혁명이 애초에 표방했던 입헌주의헌법의 기본정신은 공안위원회의 독재, 나폴레옹의 집권과 제1제정의 성립 등을 통해 퇴색되었다. 프랑스의 패전과 부르봉왕가의 복귀는 입헌군주제헌법의 또 다른 유형인 1814년헌장(Charte constitutionalle de 1814)을 제정하는 계기가 되었다.[7]

오스트리아의 비인에 집결하여 보수반동정책을 추구했던 승전국의 군주들이 감시하

7 프랑스 1814년헌장의 프랑스어본은 http://mjp.univ-perp.fr/france/co1814.htm, 영어번역본은 Frank Maloy Anderson, The constitutions and other select documents illustrative of the history of France, 1789-1901, 457면 이하; 프랑스어와 독일어번역본은 D. Willoweit/U. Sief(Hg.), Europäische Verfassungsgeschichte, München 2003. 481면 이하.

는 속에서 흠정의 형식으로 제정된[8] 1814년헌장의 전문은 한편으로는 신의 은총(la grâce de Dieu)에 기초하는 군주제적 연속성과 정당성을 강조하면서 군주를 프랑스인의 왕이 아니라 프랑스의 왕(roi de France)으로 칭하고 있다. 단지 1814년헌장이 군주에 속하는 주권이라는 단어를 사용하지 않은 것은 1789년 이후 25년간의 경험에서 프랑스에서는 주권이라는 단어 자체가 공화국의 국민주권을 연상시키는 함의로 변했기 때문이다.[9] 민주적 국민주권에 대한 두려움이 주권이라는 단어의 사용을 회피하게 했을 뿐 실질적인 차이는 없었다. 헌법이 아닌 헌장이라는 명칭을 부여한 것만으로도 군주제적 연속성을 강조하고 있음을 보여준다.

하지만 동시에 이 헌장전문은 프랑스의 모든 국가권력이 군주에게 소재(résidence)하지만 그 행사(exercice)에서는 선왕이래로 제한해왔음을 지적하면서 계몽주의적 진보의 과정 속에서 획득된 신민의 자유를 보장할 것을 약속하고 있다. 이러한 헌장전문은 왕정의 복고가 프랑스혁명 이전의 봉건적 또는 절대주의적 상태로의 완전한 회귀가 아님을 보이며, 이는 이 헌장의 본문이 프랑스인의 시민적 평등과 자유를 보장하는 기본권으로 시작하는 것으로 증명되고 있다. 나아가 헌장의 전문에서 군주와 국민의 균형을 이루는 이 헌장을 군주가 준수할 것임을 서약하고 있다.

하지만 통치권의 분배는 군주 중심으로 이루어지고 있다. 1814년헌장은 군주의 신성불가침성을 선언하면서 군주에게 행정권을 귀속시키고 있다(제14조). 나아가 군주는 국가원수(le chef suprême de l'État)로서 군통수권, 전쟁선포권, 평화, 동맹 및 통상에 관한 조약체결권, 공직임명권, 법률의 시행을 위한 명령제정권과 국가안보를 위한 긴급명령권 등 포괄적인 권한을 지니고 있다(제15조). 입법권은 군주와 상하양원이 함께 행사하는데(제15조) 법률안제출권은 군주가 지니며(제16조) 양원은 군주의 법률안 제출을 청원할 수 있을 뿐이다(제19조). 상하양원은 군주가 제출한 법률안을 의결하는데 조세와 관련된 법안은 하원에 우선적으로 제출해야 한다(제17조).

상원은 군주가 임명하는 의원들로 구성되고(제27조) 하원은 선거인단에 의해 간선된다(제35조). 의회를 소집하고 정회하는 권한이 군주에게 주어질 뿐 아니라 군주는 3개월 이내에 다시 소집한다는 조건하에 하원을 해산할 권한을 지닌다(제50조). 이에 대해 의회는 장관을 탄핵할 수 있는데 하원은 탄핵소추권을, 상원은 이에 대한 심판권을 행사한다. 하지만 장관에 대한 탄핵사유는 반역과 공금횡령에 국한되어 있다(제56조).

8 Korioth, "Monarchisches Prinzip" und Gewaltenteilung – unvereinbar? Zur Wirkungsgeschichte der Gewaltenteilungslehre Montesquieus im deutschen Frühkonstitutionalismus, Der Staat 37 (1998), S. 27-55면, 37면.

9 M. Stolleis, Souveränität um 1814, in: U. Müssig(Hg.), Konstitutionalismus und Verfassungskonflikt, Tübingen 2006, 101–115면, 107면.

나폴레옹의 실권에 따른 부르봉왕가의 복귀가 프랑스혁명 이전상황으로의 복귀를 의미할 수는 없었다. 부르봉왕가는 토지의 배분, 민법전(code civil)의 제정 등 프랑스혁명을 통해 형성된 시민적 사회질서를 부정할 수 없었다. 따라서 나폴레옹전쟁 이후의 보수반동의 분위기 속에서 복귀했지만 군주주권과 의회의 참여를 조화시키는 방안을 찾아야 했다. 군주주권을 유지하는 전제에서 입헌주의적 요구를 수용하는 것은 국가권력의 보유와 그 행사를 구별함으로써 가능했다. 즉, 국가권력은 기본적으로 주권자인 군주에 속하지만 그 행사는 헌법이 제시하는 조건에 기속된다는 것이다. 이러한 생각은 이후 독일에서 군주제원리(monarchisches Prinzip)라고 불리는 독일식 입헌군주제의 핵심원리의 단초가 된 것으로 파악되고 있다.[10]

3. 프랑스 1830년헌장

1814년헌장의 전문에서 약속한 바와는 달리 샤를르 10세에 의한 부르봉왕가의 반동정책이 강화되자 이에 반발하여 1830년 7월혁명이 발생하였고 그 결과로 1830년헌장(Charte constitutionnelle de 1830)이 형성되었다. 이 헌장은 7월혁명의 과정에서 하원이 군주의 공위(空位)를 선언하고 루이 필립(Louis Philippe)을 군주로 옹립하면서 1814년헌장을 개정하는 형식으로 탄생하였다.[11]

1830년헌장은 신의 은총에 기초하는 군주제적 연속성과 정당성을 인정한 헌법전문을 폐기하고 새로운 전문에서 루이 필립이 자신을 '프랑스인의 왕'이라고 부름으로써 국민주권에 기초한 입헌군주임을 천명하였다. 이 헌장은 양원에서 개정한 것을 군주가 선포했으므로 협약헌법의 일종이라고 볼 수 있다. 1830년헌장이 1814년헌장과 다른 점은 기본권보장을 강화(국교제도의 폐지 및 검열제의 영구적 폐지)하면서 군주의 권한이 감소하고 이에 반해 의회, 특히 하원의 권한이 증가했다는 데 있다.

군주의 행정부수반과 국가원수로서의 지위를 유지하면서도(제12, 13조) 군주의 대권적 권한과 관련하여 긴급명령권을 삭제하고 외국군의 주둔을 위해서는 명시적인 법률을 요구하고 있다(제13조). 또한 입법권에서 군주만 지니던 법률안제출권을 군주와 양원이 모두 행사할 수 있게 하였고, 특히 조세관련 법안은 하원의 의결을 통해서만 제출하도록 하였

10 D. Grimm, Deutsche Verfassungsgeschichte 1776-1866, Frankfurt a. M. 1988, 113면 이하; S. Korioth, „Monarchisches Prinzip“ und Gewaltenteilung - unvereinbar? Zur Wirkungsgeschichte der Gewaltenteilungslehre Montesquieus im deutschen Frühkonstitutionalismus, 38면.

11 프랑스 1830년헌장의 프랑스어본은 http://mjp.univ-perp.fr/france/co1830.htm, 영어번역본은 Frank Maloy Anderson, The constitutions and other select documents illustrative of the history of France, 1789-1901, 507면 이하.

다(제15조). 1830년헌장은 나아가 귀족원인 상원의 의사를 비공개에서 하원처럼 공개를 원칙으로 했으며(제27조) 군주가 임명하도록 되어있던 하원의장을 하원이 직접 선출하도록 하였다(제37조). 특히 반역과 공금횡령에 국한되어 있던 장관의 탄핵사유의 제한을 철폐하였고(제47조) 헌장에 대한 군주의 충성서약을 반드시 양원에서 하도록 하였다(제65조).

헌정질서의 혁명적 변화를 감안한다면 1814년헌장과 1830년헌장의 내용은 커다란 차이를 보이지 않는다고도 할 수 있다. 하지만 헌법체계를 전체적으로 개편하지 않고 개별 조문만을 필요한 한도에서 개정했기 때문에 두 개의 헌법문서를 비교하면 군주중심의 권위주의적 입헌군주제헌법의 기본구조와 고전적 부르주아적 입헌군주제헌법의 기본요소 사이의 차이를 파악할 수 있다.

4. 벨기에 1831년헌법

비인체제 하에서 벨기에 지역은 네덜란드에 병합되는데 네덜란드 국왕 윌리엄 1세의 권위주의적 통치가 강화되면서 점차 불만이 증가하였다. 프랑스에서 7월혁명이 발발한 2개월 후에 브뤼셀에서 소요가 발생하였고 벨기에 시민군이 네덜란드 정부군에 승리하면서 임시정부는 10월 4일 독립을 선포하였다. 벨기에에서는 의회가 몇몇 조항을 개정하는데 그쳤던 프랑스 7월헌장의 경우와 달리 헌법제정국민의회를 소집하는 선거가 실시되었다. 11월부터 개최된 헌법제정국민회의는 1830/31년의 겨울동안 집중적인 논의를 거쳐 독립국가의 새로운 민정헌법을 제정하였다.[12]

벨기에 1831년헌법은 영토와 그 구분에 관한 조항(제1편) 뒤로 국민의 자격 및 권리(제2편)를 규정하고 있다. 국가권력을 규율하는 제3편에서 이 헌법은 "모든 권력은 국민으로부터 나온다. 모든 권력은 헌법에 규정된 방식으로 행사된다"(제25조)라고 하여 국민주권의 원칙을 선언하고 있다.[13]

독립혁명을 통해 새로운 국가를 건설하던 당시의 상황을 감안할 때 이 헌법이 공화제가 아닌 군주제의 국가형태를 채택했다는 점은 주목을 요한다. 하지만 이 헌법은 프랑스의 1814년헌장이나 1830년헌장과는 달리 군주에 대해 국가원수로서의 지위를 부여하지는 않으며 군주의 신성불가침성 대신 불가침성이라는 표현(제63조)을 사용하고 있다. 군주는 단지 헌법이 규율하는 행정권만을 지니도록 하여 행정부의 수반으로서의 지위만을 인

12 A. de Dijin, "a pragmatic conservatism. Montesquieu and the framing of the Belgian constitution (1830–1831)", History of European Ideas, Vol. 28 (2002), 227–245면, 227면 이하; U. Müssig, Die europäische Verfassungsdiskussion des 18. Jahrhunderts, Tübingen 2008, 109면 이하.

13 벨기에 1830년헌법 프랑스어본은 http://mjp.univ–perp.fr/constit/be1831.htm,; 프랑스어 및 독일어번역본은 D. Willoweit/U. Sief(Hg.), Europäische Verfassungsgeschichte, 509면 이하.

정하고 있다(제29조). 이러한 국왕의 권한은 다시 한 번 헌법과 헌법에 의해 제정된 법률이 명문으로 부여한 것에 국한됨이 강조되고 있다(제79조). 이처럼 권한이 제한되었음에도 불구하고 굳이 군주제를 취한 데에는 유럽의 중심에 위치한 약소국인 벨기에가 공화제를 채택할 경우 주변의 열강들로부터 이해를 얻을 수 있을까, 원리주의적 이상을 추구할 때 프랑스의 경우처럼 혁명과 반혁명, 공화정, 군주정 및 제정이 되풀이되는 혼란이 오지는 않을까 등의 실용주의적 고려가 있었다.[14]

"벨기에인의 왕"으로서 국민의회에서 선출된[15] 군주는 행정부의 수반으로서 군통수권, 전쟁선포권, 강화조약, 동맹조약, 통상조약체결권을 갖지만 양원에 대한 설명의무를 지녔으며, 통상조약과 국가에 재정적 부담을 지우거나 국민을 구속하는 조약의 체결에는 의회의 동의를 얻어야 했다(제68조). 군주가 상하양원 중 하나 또는 양자를 동시에 해산하는 경우에는 40일 이내에 새로운 선거를 실시하고 2개월 이내에 양원을 소집해야 했다(제71조).

의회의 구성에 대해서도 단원제와 양원제 사이에서 논쟁을 거듭한 후에 양원제로 결론을 내렸다. 당시 벨기에의 상황에서 임명제인 귀족원은 상상하기 어려웠으므로 양원 모두 국민대표체로서 민선으로 구성되었다. 상하양원의 선거권과 관련해서 요구되는 세금액수에는 차이가 없었다(제47조, 제53조). 양원의 차이는 피선거권, 임기 등에서 나타났다. 양원제를 채택한 것은 상원을 봉건적이고 신분제적인 전통 하에서 귀족의 대표체로 이해했기 때문이 아니라 단원제에서 의회와 행정부의 충돌이나 의회의 행정부에 대한 종속의 우려가 크다고 보았기 때문이다.[16] 이 헌법에서 의회의 지위는 프랑스 1791년헌법에서처럼 의회를 군주보다 먼저 규정한 것으로 상징된다. 또한 프랑스 1814년 및 1830년헌장과는 달리 하원을 상원보다 먼저 위치지우고 있다.

입법권은 군주와 양원이 공동으로 행사했는데 세입과 세출, 그리고 군대의 징집과 관련된 법안은 하원의 의결을 통해서만 제출하도록 하였다(제27조). 또한 하원은 장관을 파기원에 탄핵소추할 권한을 지녔다(제90조).

벨기에 1831년헌법은 전반적인 체계의 면에서 볼 때 프랑스 1791년헌법과 유사하고, 개별 국가권력의 권한은, 특히 입법권과 관련하여, 프랑스 1830년과 유사한 점이 적지 않다. 프랑스의 1791년헌법은 혁명의 진행과정에서 제정되어 본격적으로 시행될 기회를 지

14 A. de Dijin, "a pragmatic conservatism. Montesquieu and the framing of the Belgian constitution (1830–1831)", History of European Ideas, Vol. 28 (2002), 227–245면, 235면.

15 U. Müssig, Die europäische Verfassungsdiskussion des 18. Jahrhunderts, Tübingen 2008, 111면.

16 A. de Dijin, "a pragmatic conservatism. Montesuieu and the framing of the Belgian constitution (1830–1831)", 239면 이하.

니지 못했으며, 1814년헌장은 부르봉왕가의 복귀와 함께 군주주권에 기초하여 생성되었다. 따라서 전형적인 입헌군주제헌법으로는 프랑스 1830년헌장과 벨기에 1831년헌법을 들 수 있는데 프랑스 1830년헌장은 1814년헌장의 체계를 유지하면서 필요한 범위에서 개정한 것에 그친데 반하여 벨기에 1831년헌법은 헌법제정국민의회에서의 심층적인 논의를 거쳐 제정되었으므로 체계적으로나 내용적으로 입헌군주제헌법의 모범을 형성하였다.

5. 바이에른 1818년헌법

나폴레옹 프랑스의 군사적 팽창으로 그 영향범위에 들어가게 된 독일의 남서부지역에서 1806년 라인동맹(Rheinbund)이 형성되었다. 라인동맹의 구성국가들 중 1807년 베스트팔렌 왕국에서 제일 먼저 헌법이 제정되었고 이 헌법은 다른 구성국가들의 모델이 되었다. 라인동맹의 가장 큰 구성국가였던 바이에른 역시 1808년에 헌법을 제정하였다. 하지만 라인동맹 구성국가들의 헌법은 나폴레옹 프랑스의 쇠퇴와 함께 사라지게 된다.

1818/19년에 바이에른, 바덴, 뷔르템베르크 등 남부독일의 국가들은 새롭게 헌법을 만들었다. 비인체제의 보수반동정책이 정점으로 치닫던 당시의 상황에서 이들 국가들이 굳이 입헌주의적 질서를 추구했던 배경에는 나폴레옹의 영향 하에서 이룩한 정부와 행정의 합리화 및 신분제적 봉건질서의 시민사회로의 전환 등을 헌법적으로 기정사실화 하려는 개혁적 관료들의 노력, 나폴레옹전쟁 중 확대된 새로운 영역을 헌법을 통해 통합할 필요성, 전쟁을 통해 발생한 재정위기의 극복을 위해 신민의 참여를 확대해야 할 상황 등이 있었다. 하지만 이러한 필요성에도 불구하고 각국의 군주들은 헌법으로 인해 자신의 권한이 축소될 것을 우려했지만 독일연합 내부 상황의 전개에 따라 구성국가의 주권을 상실할 위험이 나타나면서 헌법의 제정을 서두르게 된다.[17]

이하에서는 이들 국가의 헌법을 바이에른헌법을 중심으로 알아보려 한다. 바이에른은 남부독일 국가 중 규모가 가장 컸으며 또한 후술하는 바처럼 일본 메이지헌법의 제정에서 바이에른헌법을 참조했기 때문이다.[18]

신의 은총에 기초한 군주가 흠정의 형식으로 제정한 바이에른 1818년헌법은 "바이에른 왕국은 이 헌법전의 규정에 따라 그 신구영역의 전체에서 주권적 군주국(souveräner monarchischer Staat)"(제1편 제1조)이라고 함으로써 군주주권을 선언함과 동시에 당시 독일연합의 상황 속에서 바이에른 왕국의 독립성을 강조하고 있다. 군주주권은 "군주는 국가

17 D. Grimm, Deutsche Verfassungsgeschichte 1776–1866, 72면 이하.

18 바이에른 1818년헌법은 E. R. Huber, Dokumente zur Deutschen Verfassungsgeschichte Bd.1, 3.Aufl., Stuttgart 1978, 155면 이하.

의 원수이며, 국가권력의 모든 권리를 자신에게 통합"하는 것으로, 입헌군주제는 군주가 "자신이 제정한 이 헌법전에서 정해진 규정에 의해 국가권력을 행사"하는 것으로 구체화된다(제2편 제1조).

바이에른 1818년헌법은 양원으로 구분된 공동(allgemein)의 신분의회(Stände－Versammlung)를 규정하는데 이는 의회를 기본적으로 하나의 통일체로 이해하면서 그것이 두 부분으로 나뉘어 있음을 의미한다. 모든 신분의회의 의원은 "개별적인 신분이나 계급을 고려하지 않고 국가 전체의 공공복리와 공공선을 위한 내면적 확신"에 따를 것을 선서하도록 하고 있는데(제7편 제25조) 이는 신분의회가 귀족원인 상원(제6편 제2조)과 토지소유자, 대학의 대표, 성직자, 도시와 시장의 대표 등 신분을 기준으로 선출된 하원(제6편 제7조 이하)으로 구성됨에도 불구하고 국민대표로서 기능함을 보여준다. 의회의 신분제적 구성에도 불구하고 신분대표가 아닌 국민대표로서의 성격을 지니는 것은 대표권의 위임을 금지하는 조항에 의해서도 확인된다(제6편 제17조).

바이에른 1818년헌법은 한편 행정권이 군주에게 속한다는 식의 규정이나 장관에 대한 군주의 임면권, 장관의 군주에 대한 책임 등에 대해 규정하지 않고 있다. 이는 물론 군주가 이러한 권한을 지니지 않기 때문이 아니라 이른바 군주제원리에 입각한 군주주권적 입헌군주제헌법의 특성 때문이라고 이해할 수 있다. 즉 바이에른 1818년헌법은 절대군주의 통치권을 국민주권에 기초하여 새롭게 근거지우는 것이 아니라 기존의 통치권을 헌법이 규정하는 바에 따라 제한하는 의미를 지녔던 것이다.

이러한 특성은 의회에게 포괄적인 입법권을 부여하지 않고 그 권한을 열거적으로 규정하고 있는 점에서도 발견된다(제7편 제2조－제19조). 그 대표적인 예로 신분회의, 즉 의회의 자문과 동의 없이 인간의 자유 및 국민의 재산과 관련된 일반 법률을 제정하거나 유권적으로 해석하거나 개폐할 수 없다는 자유와 재산의 제한에 대한 법률유보조항(제7편 제2조)과 조세에 대한 의회의 동의권(제7편 제3조)을 들 수 있다. 의회의 탄핵소추권은 헌법보장과 관련하여 규정되었는데 장관과 공무원이 헌법을 위반할 경우 군주에게 소추하여 상원 또는 법원의 판단을 구하도록 하고 있다(제10장 제5조).

또한 바이에른 1818년헌법은 인간과 시민의 기본적 권리를 보장하는(제4편) 한편 봉건적 신분특권을 부분적으로 인정(제5편)하고 있다. 이러한 연속성의 측면은 신의 은총이라는 전통적인 군주주권에 기초한 입헌군주제라는 점과 함께 비교헌정사 연구에서 이 헌법이 근대 입헌주의헌법의 최소한의 요건을 제시하고 있음을 보여준다.

6. 프로이센 1850년헌법

1848년 프랑스 2월혁명의 여파로 독일 역시 혁명적 분위기에 휩싸인다. 3월혁명의 소용돌이 속에서 오스트리아와 함께 독일연합의 가장 강력한 구성국가였던 프로이센의 국왕 프리드리히 빌헬름 4세는 1848년 12월에 프로이센 국민의회를 해산함과 동시에 일방적으로 흠정헌법을 제정·공포한다. 자유주의 헌법학자인 발덱(Waldeck)의 초안에 기초한 이 헌법은 당시의 상황을 감안할 때 매우 진보적인 내용을 지니고 있었다. 이 헌법은 3월혁명의 분위기가 가라앉은 후에 구성된 의회에서 논의된 후 수정되어 1850년 1월에 새롭게 제정된다. 이 헌법은 이후 약간의 개정은 거치지만 기본적으로 바이마르공화국이 탄생할 때까지 효력을 유지하게 된다. 흠정의 형식으로 제정된 프로이센 1850년헌법은 기본권 조항에 이어 군주와 행정부, 의회, 사법부의 순으로 규정하는 체계를 지니고 있다.[19]

이 헌법의 전문은 1848년 12월의 프로이센헌법의 전문에서 삭제했던 신의 은총에 근거한 군주제적 정당성을 재도입하고 있다. 하지만 동시에 벨기에 1831년헌법의 예에 따라 군주의 신성불가침성 대신 불가침성이라는 용어를 사용하고(제43조) 또한 이른바 군주의 국가원수로서의 지위 대신 행정부의 수반으로서의 지위만을 언급하고 있다(제45조). 군주는 장관의 임면권, 법률공포권, 명령제정권, 군통수권을 지녔으며(제45조, 제46조) 전쟁선포권, 강화체결권 및 조약체결권 등 외교에 관한 권한을 지녔는데 통상에 관한 조약이나 국가에 부담을 지우거나 개별국민에게 의무를 지우는 조약에 대해서는 의회의 동의를 얻어야 했다(제48조).

의회는 양원제를 채택했으며 상원은 세습귀족과 군주에 의한 임명직과 간선으로 선출되는 의원으로 구성되었는데 선출되는 수가 과반수가 되어야 했다(제65조). 하지만 1853년의 헌법개정을 통해 선출되는 상원의원을 폐지함으로써 상원은 귀족과 임명직만으로 구성되게 된다. 한편 하원의 선거권에 대해서는 25세이상의 남성에게 보통선거권이 도입되었다. 하지만 보통선거권의 효과는 간접선거와 이른바 3등급의 불평등선거로 인해 제한된다(제70, 71조). 하원의 피선거권도 원칙적으로 30세 이상의 모든 남성에게 개방되었다(제74조).

입법권은 군주와 양원이 공동으로 행사하는데 모든 입법은 3자 모두의 동의를 요하며 재정관련법안 및 예산안은 하원에 우선적으로 제출되어야 했다(제62조). 법률안제출권도 군주와 양원이 모두 지녔는데 세 기관 중 하나라도 법률안에 반대하면 동일 회기 중

---

19 프로이센 1850년헌법은 E. R. Huber, Dokumente zur Deutschen Verfassungsgeschichte Bd.1, 3.Aufl., Stuttgart 1978, 500면 이하.

다시 제출할 수 없었다(제64조). 공공안전의 유지나 긴급상황에 대처하기 위해 헌법에 반하지 않는 범위에서 법률의 효력을 지니는 긴급명령 선포권이 인정되었는데 이에 대해서는 전체의 내각이 책임을 지고 의회의 사후동의를 얻어야 했다(제63조). 양원의 의사는 모두 공개되는 것이 원칙이었으며(제79조) 양원의 의원은 전국민의 대표자(Vertreter)로서 위임에 기속되지 않는다고 하여(제83조) 양원이 모두 신분대표가 아닌 국민대표체임을 선언하고 있다. 상하 양원은 각각 헌법위반, 뇌물수수, 반역의 경우 장관에 대한 탄핵소추를 의결하여 법원이 결정하도록 하였다(제61조).

국가재정에 대해서는 해마다 세입과 세출을 추계하여 예산안을 제출하고 이를 법률로써 확정하도록 하였다(제99조). 하지만 이러한 예산안은 앞에서 본 바처럼 하원에 우선적으로 제출해야 했는데 이를 통과하지 못한 경우에 대한 규정을 프로이센헌법은 두고 있지 않았다. 이는 군주와 직업관료를 중심으로 하는 행정권과 의회의 권한 사이에 헌법적 결정이 이루어지지 않은 결과였으며 이러한 문제점은 1860년대의 프로이센헌법갈등에서 전면적으로 드러나게 된다.[20]

프로이센의 군국주의적 전통과 관련하여 주목할 점은 모든 의원과 국가공무원이 군주와 헌법에 대해 서약하도록 하면서도 헌법에 대한 서약에서는 군(軍)을 제외한 것이다(제108조). 이는 군대가 군주에 대해서만 충성서약을 하는 것을 의미했다.

프로이센헌법은 그 체계나 내용으로 볼 때 적어도 조문상으로 군주제원리에 입각한 프랑스 1814년헌장이나 바이에른 1818년헌법 보다는 프랑스 1830년헌법과 벨기에 1831년 헌법에 가깝다. 그 대표적인 근거는 국가의 통치권을 통할하는 국가원수로서의 군주의 지위를 인정하지 않은 점 및 법률안제출권을 포함하는 입법권을 군주와 양원이 공동으로 행사한다는 점이라고 할 수 있다.

7. 일본 메이지헌법

메이지유신 이래 교육, 군사, 관료, 조세 및 경제제도 등 다방면에서 근대국가적 개혁을 추진하던 일본에서는 1889년에 메이지헌법을 제정하면서 제한된 형태로나마 입헌주의를 받아들인다.

메이지헌법은 군주의 지위를 통치권을 총람하는 국가의 원수(제3조)라고 규정하고 군주의 신성불가침성을 인정함으로써 군주제원리를 명문화하는 것을 넘어 "대일본제국은 만세일계의 천황이 통치"(제1조)한다고 선언하고 있다.[21] 군주의 권한은 헌법의 규정에 따

20 프로이센헌법갈등과 관련한 자세한 내용은 송석윤, 헌법과 사회변동, 경인문화사 2007, 133면 이하 참조.
21 메이지헌법의 한글번역본은 김창록, 일본에서의 서양 헌법사상의 수용에 관한 연구, 서울대학교 박사학위논

라 행사하도록 하고 있는데 행정권의 수반으로서의 지위는 언급하고 있지 않다. 이 헌법의 체계는 천황, 신민의 권리의무, 제국의회, 국무대신 및 추밀고문, 사법 및 회계의 순으로 이루어져 있다.

메이지헌법은 제2장에서 신민의 기본권을 규정하고 있는데 거의 모든 규정을 법률에 유보하고 있으며 전시 및 국가사변시의 기본권으로 인해 천황대권이 방해받지 않음을 명시하고 있다(제31조). 또한 군에 대해서는 법령과 기율을 우선 적용한다(제32조).

군주는 입법권을 지니는데 이는 제국의회의 협찬으로 행해진다(제5조). 또한 군주는 의회소집권과 하원인 중의원해산권을 지니는데(제7조) 중의원해산의 경우에는 선거를 실시하여 5개월 이내에 새로이 소집해야 한다(제45조). 법률의 효력을 지니는 군주의 긴급명령권은 제국의회의 사후동의를 요한다(제8조). 그 밖의 군주의 권한으로는 문무관의 임면권(제10조), 군통수권(제11조), 전쟁선포권 및 강화권, 조약체결권 등 외교에 관한 권한(제13조) 및 계엄선포권(제14조) 등이 있다. 조약체결에 대한 의회의 동의권을 규정하고 있지는 않으며 계엄의 요건과 효력은 법률에 의하도록 하고 있다.

제국의회는 상원인 귀족원과 민선인 중의원의 양원으로 구성된다(제33조 이하). 양원은 입법에 협찬하는 권한을 지니는데 정부가 제출하는 법률안을 의결할 뿐 아니라 스스로 법률안을 제출할 수 있다(제38조). 양원의 의사는 공개를 원칙으로 한다(제48조). 장관에 대한 의회의 탄핵소추권은 발견되지 않는다.

국가재정과 관련해서 메이지헌법은 조세법률주의를 원칙으로 하고 있다(제62조). 국가의 세입과 세출은 예산으로 매년 제국의회의 협찬을 거쳐야 하는데(제64조) 제국의회에서 예산안을 의결하지 않거나 예산성립에 이르지 못한 때에는 전년도의 예산을 시행할 수 있게 하였다(제71조). 이는 이에 대한 규정을 두지 않았던 프로이센의 상황을 감안한 조항이다.

전체적으로 볼 때 일본 메이지헌법의 개별조문은 프로이센 1850년헌법에서 가져온 것이 적지 않지만 기본적인 틀은 바이에른 1818년헌법에 준한다고 평가하는 것이 적절하다. 모든 통치권을 통할하는 군주의 지위를 확인함으로써 메이지헌법이 군주의 권한을 근거지우는 것이 아니라 단지 이를 제한하는 역할에 그치고 있기 때문이다.

8. 정리와 평가

지금까지 프랑스의 1791년헌법, 1814년헌장, 1830년헌장, 벨기에의 1831년헌법, 바이

문, 1994, 292면 이하 참조.

에른의 1818년헌법, 프로이센의 1850년헌법 및 일본 메이지헌법(1889)의 기본구조를 군주 및 의회의 권한을 중심으로 살펴보았다. 유럽의 입헌군주제헌법은 크게 보아 국민주권형 헌법과 군주주권형 헌법으로 구별할 수 있다. 정치적으로 국민주권형 입헌군주제헌법은 프랑스혁명과 7월혁명을 배경으로 하며 군주주권형 입헌군주제헌법은 비인체제를 배경으로 한다. 전자에는 프랑스 1791년헌법, 프랑스 1830년헌장, 벨기에 1831년헌법이 속하고, 후자에는 프랑스 1814년헌장과 바이에른 1818년헌법이 속한다. 또한 전자의 경우 헌법은 통치권을 근거지우는(herrschaftsbegründend) 성격을 지니는 데 반해 후자는 단지 통치권을 제한하는(herrschaftsmodifizierend) 기능을 할 뿐이다.

프로이센 1850년헌법은 헌법규정 상으로는 프랑스 1830년헌장과 벨기에 1831헌법에 가깝지만 기본적으로 군주주권과 국민주권사이에서 근본적인 결정이 이루어지지 않았다. 따라서 이 헌법은 국민주권형 입헌군주제헌법과 군주주권형 입헌군주제헌법의 중간영역에 속한다고 할 수 있다.[22]

일본의 메이지헌법은 프로이센헌법의 제정 이후 성공적인 부국강병 정책에 영향을 받아서 제정되었고 특히 의회의 권한과 관련하여 프로이센헌법과 유사점이 발견되지만 군주제원리를 명문화하여 헌법을 단지 통치권을 제한하는 것으로 이해했다는 점에서 바이에른 1818년헌법에 가깝다고 평가할 수 있다.

그러나 이러한 헌법조문의 내용과 체계상의 분류와 평가가 이들 헌법의 기능과 역할에 대한 최종적인 판단이 될 수는 없다. 헌법이 제정된 정치적 배경, 헌법이 작용했던 사회적 배경 등 각 헌법이 기능했던 현실에 차이가 있었기 때문이다. 이어서는 독일식 입헌군주제의 형성과 일본에의 영향을 중심으로 이러한 헌법이 기능했던 현실적 측면을 다소간 살펴보고자 한다.

Ⅲ. 독일식 입헌군주제와 메이지헌법

바이에른 1818년헌법에 규정된 “군주는 국가의 원수이며, 국가권력의 모든 권리를 자신에게 통합”한다는 군주제원리는 1830년과 1848년의 혁명기와 1860년대의 헌법갈등기를 넘어 지속되었다. 군주제원리의 모태였던 프랑스의 1814년헌장은 1830년 7월혁명으로 군주제원리와 함께 종언을 고했지만 독일에서는 제1차 세계대전에서의 패배가 명확해지던

22 이러한 면에서 프로이센헌법과 벨기에헌법을 비교한 스멘트의 박사학위논문(R. Smend, Die Preussische Verfassungsurkunde im Vergleich mit der Belgischen, Göttingen 1904)은 흥미롭다.

1918년 10월까지 한 세기동안 존속되었다. 여기서는 독일헌정사에서 군주제원리가 형성·전개되는 모습과 그것이 일본의 메이지헌법으로 수용되는 양상을 살펴보려 한다.

1. 독일식 입헌군주제의 형성과 전개

나폴레옹 이후 독일의 새로운 질서를 형성하기 위해 독일의 구성국가들은 1815년 독일연합의정서를 제정하고 이를 기초로 독일의 주권적 제후들과 자유도시들의 결합체인 독일연합을 구성하였다. 독일연합의정서 제13조는 "연합에 속한 모든 국가들에서는 란트신분제헌법이 시행될 것이다"(In allen Bundesstaaten wird eine landständische Verfassung stattfinden)라고 규정하였다. 1818년에 제정된 바이에른 헌법 제2장 제1절이 "군주는 국가의 원수이며 국가권력의 모든 권리를 자신에게 통합하고 그가 부여한 이 헌법에 정해진 규정에 따라 권리를 행사한다"면서 한편으로는 군주제원리를 규정하고, 다른 한편으로는 군주의 권한이 국민대표체로서 기능하는 의회에 의해 제한된다고 규정한 것은 논란이 없지는 않았지만 독일연합의정서가 상정했던 한계를 벗어나지 않았다.[23]

하지만 메테르니히가 주도하던 보수반동의 분위기가 강화되는 속에서 독일연합의정서를 보다 구체화한 비인 최종의정서가 제정되었다. 이 의정서 제57조는 "독일연합은 자유도시들을 제외하고는 주권적 제후들로 구성되어 있으므로 이에 의해 주어지는 기본개념에 따라 **모든 국가권력이 국가원수에게 통일되어 있어야 하며, 주권자는 란트신분제헌법에 의해 단지 특정한 권리들의 행사에 있어서만 신분대표의 협력에 기속될 수 있을 뿐**이다"(강조 : 필자)라고 규정하였다. 이는 이른바 군주제원리를 정의한 것으로서 이에 따르면 국가권력은 군주에게만 귀속되고 헌법은 군주권의 근거가 아니라 기속력있는 자기제한일 뿐이어서 군주는 기본적으로 모든 국가권력을 보유하지만 그 행사에서 헌법의 규정에 기속되는 것에 그친다.

하지만 군주는 그 권한의 행사와 관련하여 헌법이 규정하는 기관, 즉 의회의 협조를 얻을 수밖에 없는 상황이었다. 특히 의회가 지니는 재정에 관한 권한은 군주의 행정권을 제한할 수 있는 강력한 무기였다. 이는 입헌군주제 헌법이 군주제원리에 기초하는 경우에도 헌정의 현실은 군주와 의회를 양축으로 하는 이원적 구조로 진행될 수밖에 없음을 보여준다.

더욱이 프로이센 1850년헌법은 비록 전문에서 군주제적 정당성을 선언하고 있지만 프랑스 1814년헌장이나 바이에른 1818년헌법과는 달리 군주제원리를 명시적으로 규정하

23 송석윤, 헌법과 사회변동, 114면 이하.

지 않았다. 또한 앞에서 살핀 바처럼 군주와 의회의 갈등으로 예산이 성립하지 못한 경우 해결방안도 마련하지 않았다. 따라서 이 헌법이 현실 속에서 기능하는 모습은 군주세력과 의회세력의 정치적 길항의 양상과 헌법해석론에 좌우될 수밖에 없었다. 프로이센 1850년 헌법은 1848년의 혁명적 상황에서 군주가 시민계급의 요구를 받아들이는 모습으로 흠정된 것을 혁명이 종식된 후에 부분개정한 것이어서 조문 상으로는 프랑스 1830년헌장이나 벨기에 1831년헌법과 유사한 측면이 적지 않다. 하지만 헌정의 현실은 프로이센 1850년헌법의 자유주의적 요소들을 실현하는 것과는 반대방향으로 진행되었다. 1850년대에는 정치적 보수반동에도 불구하고 산업혁명에 따른 급격한 경제성장이 이루어졌다. 1860년대에는 비스마르크의 군사개혁에 의회의 자유주의세력이 제동을 거는 헌법갈등이 발생했지만 이러한 갈등은 비스마르크가 성공적인 전쟁외교를 통해 위로부터의 국민국가적 통일을 달성함으로써 봉합되었다.

이러한 헌정의 전개는 프로이센 헌법학에도 적지 않은 영향을 미쳤다. 3월혁명 이전의 시대(Vormärz)와 3월혁명 기간 중에 국민주권에 기초하는 입헌주의를 실현하고자 했던 자유주의자들은 프로이센 관헌주의가 주도한 부국강병의 성공적 실현을 경험하면서 경제적 자유주의에 만족하게 된다. 이는 19세기 독일헌법학의 두 흐름인 계몽주의적 입헌주의를 추종하는 입장과 역사적－유기체적 입헌주의를 추종하는 입장 중 후자의 입장이 강화되는 것으로 나타난다. 이토오 히로부미 등을 통해 일본의 메이지헌법 제정에 영향을 미친 블룬췰리(Bluntschli), 그나이스트(Gneist), 로렌츠 폰 슈타인(Stein), 헤르만 슐체(Schulze) 등은 적어도 3월혁명의 실패 이후에는 모두 후자의 입장을 추구하는 보수적 자유주의 내지 보수주의적 입장을 지녔다.

일본 메이지헌법의 군주주권론에 적지 않은 영향을 미친 것으로 알려지고 있는 헤르만 슐체는 1872년에 출판된 “프로이센 국법론”(Das Preussische Staatsrecht)에서 유기체적 국가관에 입각하여 군주제원리를 설파하고 있다. 슐체는 영국이나 벨기에와 같은 나라에서는 인민이 이미 존재하는 국가를 위해 군주를 임명했지만 프로이센 국가는 문자 그대로 통치자의 창조물이므로 군주가 모든 국가권력을 통합한다고 본다.[24] 슐체는 그 법적 근거로 전입헌주의적 헌법문서인 프로이센 일반란트법 제2편 제13장 제1조의 “시민과 거류민(Schutzverwandten)에 대한 국가의 모든 권리와 의무는 국가원수에게 통합된다”라는 조항을 들고 있다. 일반란트법의 이 조항은 프로이센헌법에 의해 폐지된 바 없으며 따라서 “군주가 프로이센의 국가원수이며 모든 국가권력을 통합”하는 것은 프로이센 국가법의 기초라는 것이다. 나아가 그는 권력분립이론은 군주제국가와는 병립되지 않고 국가 및 국

24 H. Schulze, Das Preussische Staatsrecht. Auf Grundlage des deutschen Staatsrechts Bd.1, Leipzig 1872, 141면.

가권력의 본질과도 합치하지 않는다고 본다.[25] 군주만이 행정권을 지닌다는 프로이센헌법 제45조와 입법권은 군주와 양원에 의해서 공동으로 행사된다는 동 헌법 제62조를 비교하면서 입법권 역시 군주가 보유(Innehabung)하면서 단지 그 행사(Ausübung)를 의회와 함께 한다고 주장하고 있다.[26] 정리하자면 절대국가의 군주가 도덕적이고 자연법적인 제한만을 받는데 비해 입헌군주제의 군주는 자신이 보유하는 국가권력을 단지 행사함에 있어 실정헌법에 따른다는 것이다.[27] 슐체는 프로이센 1850년헌법이 명문으로 규정하지 않는 군주제원리를 해석론으로 도출하여 군주와 의회의 이원적 헌법구조의 무게중심을 군주와 행정부로 기울게 하였다. 그는 이러한 헌법원리를 외국에 대한 노예적 추종, 외견적 입헌주의의 거짓, 유토피아적 이론의 지배를 극복하고 독일 국민생활의 현실에 적합한 독일적 사상에 기초하여 가장 커다란 헌법적 현안인 강력한 군주와 강한 국민대표의 결합 및 국가질서와 개인적 자유의 화해의 문제를 가능한 완벽한 방식으로 해결한 것이라고 주장하고 있다.[28]

2. 독일식 입헌군주제의 특징과 평가

독일의 헌법학자인 뵈켄푀르데는 독일식 입헌군주제헌법의 특징을 다음과 같이 정리하고 있다.

첫째로, 독일의 입헌군주제헌법은 국가권력을 주권자인 국민이 보유하지도 않고 군주와 국민이 공유하는 것도 아니며 군주가 독점적으로 지닌다는 군주제원리에 기초하는데 이는 헌법은 군주의 통치권의 규범적 근거가 아니며 이를 제한하는 준칙일 뿐이다.[29] 따라서 헌법에 의해 제한되지 않은 전입헌주의적인 군주권은 헌법의 영역밖에 머무르게 된다. 뵈켄푀르데는 이러한 군주제원리가 독일에서 강고했던 배경으로 독일에서 근대국가의 형성과 발전이 신분귀족이나 민주적 대중이 아니라 절대군주의 주도하에서 그리고 절대군주의 계몽군주로의 자기개혁으로 이루어졌음을 들고 있다.

둘째로, 이처럼 군주제원리에 기초한 입헌군주제가 정착된 것은 독일에서 입헌주의헌법이 민정헌법이 아니라 주로 흠정이나 협약의 형식으로 제정된 것에 기인한다. 독일의

25 하지만 19세기말에 이르면 독일헌법학에서 군주제원리와 권력분립원리가 양립할 수 있다는 의견이 주된 흐름을 이루게 된다. 이에 대해서는 S. Korioth, „Monarchisches Prinzip“ und Gewaltenteilung – unvereinbar? Zur Wirkungsgeschichte der Gewaltenteilungslehre Montesquieus im deutschen Frühkonstitutionalismus, 53면 이하.

26 H. Schulze, 앞의 책, 142면 각주.

27 H. Schulze, 앞의 책, 143면 이하.

28 H. Schulze, 앞의 책, 145면 이하.

29 이하의 내용은 E.–W. Böckenförde, Der deutsche Typ der konstitutionellen Monarchie im 19. Jahrhundert, in: Böckenförde, Recht, Staat, Freiheit, Frankfurt a.M. 1991, 273–305면, 277면 이하.

개별국가에서 헌법이 제정된 과정은 군주가 자발적으로 흠정한 경우, 사전에 국민대표체와의 정치적 협의를 거치고 법적으로만 흠정한 경우, 또는 정치적으로나 법적으로 모두 협약한 경우 등 다양하지만 국민주권에 기초한 입헌주의헌법을 발견하기는 어렵다.[30] 하지만 일단 헌법이 제정되고 나면 어떤 경우에도 일방적으로 개정되거나 철회될 수는 없었다. 군주는 최초의 헌법제정에서는 헌법제정권력자였지만 일단 헌법이 제정되면 더 이상 그 지위를 주장할 수 없게 된 것이다.

셋째로, 군주와 의회가 입법권을 공동으로 행사하였다. 군주는 행정부의 수반일 뿐 아니라 입법권에도 참여할 수 있었다. 입법권은 시민사회의 대표인 의회의 소관이 아니라 군주와 시민사회가 만나는 장소였다. 하지만 군주의 권한이 헌법에 의해 제한만 되는 헌법구조 하에서 법률제정권의 범위는 시민사회가 군주의 권한을 제한할 수 있는 범위를 의미하였다.[31] 초기의 입헌군주제헌법은 바이에른 1818년헌법이 보여주듯이 "자유와 재산의 제한"(Eingriff in Freiheit und Eigentum)이라는 정식을 고안하여 시민계급의 이익을 침해하는 입법에 대해서는 의회의 동의를 요구하였다. 19세기를 경과하면서 이러한 실질적 의미의 법률개념은 점진적으로 확대된다.

넷째로, 독일은 입헌군주제에서 내각이 의회의 신임에 종속되는 의회제군주제로 발전하지 못하였다. 책임을 지는 장관의 부서를 받아야 했다는 점에서 독일의 군주는 다른 유럽국가의 입헌군주들과 다르지 않았다. 하지만 의회의 권한이 증가함에도 불구하고 정부는 제도적으로나 인적으로 의회의 통제와 신임으로부터 독립된 채로 남았다. 내각이 의회의 신임에 기초하는 의회제군주제로의 전환이 지체됨으로써 정당정부가 형성될 수 없었다. 그 결과 내각이 정치인이 아닌 관료에 의해 구성됨으로써 국민대표체와 정부를 인적으로 분리하는 구조가 심화되었다.[32] 이로써 프로이센 특유의 행정관료에 의한 지배의 모델이 강고하게 형성된다. 지방자치행정을 개혁하여 시민계급을 참여시킴으로써 이러한 관료제국가의 문제점을 우회적으로나마 완화하려던 시도 역시 문제를 근본적으로 해결할 수 없었다.

다섯째로, 독일 입헌군주제에서 군에 대한 통수권이 군주에게 있었으므로 군대에 대한 의회의 통제는 예산에 대한 권한을 통해 간접적으로만 가능했다.[33] 또한 내각의 일부인 전쟁성 외에도 입헌주의적 국가조직 밖에 있는 군사조직이 점차 확대되었다. 이로써 군주는 행정권내부의 권한, 외교권 및 군통수권에서 초헌법적인 권한을 유지하였다.

30 E.-W. Böckenförde, 앞의 글, 280면 이하.
31 E.-W. Böckenförde, 앞의 글, 282면 이하.
32 E.-W. Böckenförde, 앞의 글, 285면 이하.
33 E.-W. Böckenförde, 앞의 글, 287면 이하.

뵈켄푀르데의 이러한 분석의 배경에는 서유럽의 국가들과는 달리 독일에서 1918년까지 헌정의 의회주의화가 실현되지 못한 것이 바이마르공화국의 민주주의가 실패하고 나치의 독재로 전환되는 원인이었다는 문제의식이 있다. 이는 또한 시민혁명의 실패 이후 독일이 통일국가를 형성하는 등 부국강병 정책에서 성공하자 슈타알, 블룬츌리 등 보수주의적 헌법학자들이 독일식 입헌군주제를 서유럽의 의회주의(Parlametarismus)에 대응하는 독일 고유의 입헌주의(Konstitutionalismus)라고 주장하였고 이러한 흐름이 제2차 세계대전 이후에도 후버(E. R. Huber) 등 일부 보수적인 헌정사가들에 의해 이어지는 것에 대해 입헌민주주의의 관점에서 헌정사를 정상화하려는 노력이었다. 하지만 뵈켄푀르데의 이러한 분석은 독일의 입헌군주제를 군주권력과 의회권력이라는 이원적 정당성에 기초하여 구조적으로 갈등할 수밖에 없다고 본다는 점에서 비판의 여지가 없지 않다.

유럽대륙에서의 입헌군주제헌법은 국민주권에 기초하는 헌법제정의 요구에 대한 군주권력의 대응으로 형성되었다. 이는 군주제원리에 기초하지만 군주권의 행사는 국민의 대표체인 의회의 동의나 협력에 의존하지 않을 수 없는 기본구조, 즉 구조적 이원주의에 기초하고 있었다. 물론 이러한 이원주의가 군주와 의회의 동등한 지위를 의미하는 것은 아니었고 양자의 비중은 개별헌법의 조문이나 정치상황에 따라 가변적인 것이었다.[34] 권위주의적 통치의 잔재를 극복하고 새로운 입헌민주주의를 실현해야 한다는 관점에서 독일의 입헌군주제를 일종의 특수한 길(Sonderweg)로 정형화하고 이를 정상화시켜야 한다는 노력은 의미가 있다. 하지만 헌정사의 연구가 정적인 구조를 고착하는 것에 머무르고 헌정현실에서의 역동성을 간과한다면 역사의 현실을 제대로 파악할 수 없게 되는데[35] 이는 법률가들이 헌정사를 연구할 때에 흔히 발생할 수 있는 문제이다. 또한 영국, 미국, 프랑스 등 고전적인 시민혁명을 통해 입헌주의가 실현된 국가들만을 비교의 대상으로 삼을 것이 아니라 점진적인 개혁을 통해 입헌주의를 실현한 유럽대륙의 헌정사적 경험을 함께 고려해야 한다는 점도 지적되고 있다. 최근의 연구에 따르면 영국의 경우를 제외한다면 19세기 유럽에서는 군주와 의회가 공동으로 통치하는 이원주의가 일반적이었으며, 따라서 양자 간의 협력과 갈등 속에 입헌주의가 형성·전개된 것이 독일만의 예가 아님을 알 수 있다.[36] 이러한 연구성과는 국민국가의 차원을 넘어 유럽적 차원에서의 헌정사연구를 시

34 D. Grimm, Deutsche Verfassungsgeschichte 1776–1866, 138면.

35 R. Wahl, Der Konstitutionalismus als Bewegungsgeschichte, in: U. Müssig(Hg.), Konstitutionalismus und Verfassungskonflikt, Tübingen 2006, 197–225면, 220면 이하.

36 이러한 문제의식으로 이루어진 연구의 대표적인 예로 M. Kirsch, Monarch und Parlament im 19. Jahrhundert, Göttigen 1999; U. Müssig, Die europäische Verfassungsdiskussion des 18. Jahrhunderts, Tübingen 2008 등을 들 수 있다. 전자는 19세기 서구의 거의 모든 헌법을 비교헌정사 연구의 대상으로 삼은 역사학적 연구이고 후자는 법학 쪽에서 이루어진 비교헌정사 연구이다.

도하면서 비교헌정사 연구의 대상이 되는 국가의 범위를 확대함으로써 가능한 것이다. 이러한 접근은 관점을 고전적 시민혁명(Revolution)에 국한하지 않고 점진적인 진화(Evolution)의 길을 통해 입헌주의가 실현된 — 사실상 대부분의 — 경우를 분석해야 한다는 문제의식으로부터 출발하고 있다.[37]

3. 일본 메이지헌법과 헌법학

메이지유신 이후 일본은 영국, 프랑스, 미국을 근대화의 모델로 삼았고 주로 이들 국가로부터 정부고문을 초빙하였다. 일본이 독일에 관심을 기울이기 시작한 것은 1870년대 이후인데 프로이센이 프랑스와의 전쟁에서 승리한 것이 계기였다. 1873년 일본의 사절단이 독일을 방문했을 때 비스마르크는 후발주자로서 급격하게 부국강병을 실현한 프로이센이 일본의 모델이 될 수 있을 것임을 강조하면서 양국간의 친밀한 교류를 제안하였다.[38]

1870년대에 일본에서는 자유민권운동이 일어나 1880/81년에는 절정에 이르렀다. 이 시기에는 자유당과 입헌개진당과 같은 정당이 결성되기도 하였다. 입헌개진당의 지도자였던 오쿠마 시게노부(大隈重信)는 영국을 모델로 하는 정당내각제를 추구하였다. 오쿠마의 구상은 "군주친재"(君主親裁)의 입헌정체를 추구하던 궁중그룹의 강력한 저항에 부딪친다. 이러한 상황에서 점진주의적 입헌을 생각하던 이토오 히로부미 등은 이노우에 고와시(井上毅)가 추구하던 프로이센형 모델로 궁중그룹을 포섭하면서 오쿠마의 입헌론을 배척할 수 있었다. 이러한 배경 속에서 1881년 10월 1890년까지 헌법을 흠정할 것을 약속하는 천황의 조칙이 발표되었다.

이토오는 1882/83년에 13개월 동안 유럽에 체류했는데 주로 베를린과 비인에 머무르면서 그나이스트(Gneist)와 슈타인(Stein)과 담화하고 그나이스트의 제자인 모쎄(Mosse)의 강의를 들으면서 독일식 입헌군주제에 대한 지식을 넓혔다. 유럽의 입헌제도를 조사하고 귀국한 후 이토오 히로부미를 수행했던 이토 미요지(伊東巳代治)가 작성하여 제출한 1883년 9월자 보고서는, 프로이센헌법과 그 헌법주석, 바이에른헌법과 그 헌법주석 및 프로이센 관리규율이 영역되었는데 이를 슈타인 강의 필기와 함께 일본어로 번역해서 제출할 계획이라고 적고 있다.[39]

---

37 U. Müssig, Konflikt und Verfassung, in: U. Müssig(Hg.), Konstitutionalismus und Verfassungskonflikt, 6면 이하.
38 P.—Ch. Schenk, Der deutsche Anteil an der Gestaltung des modernen japanischen Rechts— und Verfassungswesens (1878—1895), in: M. Kirsch u.a.(Hg.), Der Verfassungsstaat vor der Herausforderung der Massengesellschaft. Konstitutionalismus um 1900 im europäischen Vergleich, Berlin 2002, 443—459면, 447면 이하.
39 방광석, 근대일본의 국가체제 확립과정—이토 히로부미와 '제국헌법체제', 혜안, 2008, 155면 이하.

이노우에 고와시는 이토오 히로부미 일행이 유럽에 머무르는 동안 국내에 남아 일본의 전통적인 국체개념을 연구하면서 독일의 국법학자인 헤르만 슐체(Hermann Schulze)의 『국권론』(Das Preussische Staatsrecht, Bd1, 1872의 일본어 번역본)을 읽으면서 그의 유기체적 국가관을 습득하였다. 이노우에는 또한 군주는 국가의 원수이며 주권을 총람하지만 이를 행사함에는 헌법에 따라야 함을 인식하게 되었다. 또한 이노우에는 법률고문으로 와 있던 독일법학자인 뢰슬러(Hermann Roesler)에게 군주의 대권을 열거하는 프로이센형 헌법과 군주가 국권을 총람하는 바이에른형 헌법의 장단점을 문의하고, 그로부터 국민주권설이 대두하는 것을 방지하려면 군주의 주권총람의 규정을 두고 거기에 군주의 대권을 열거하는 방식이 바람직하다는 답을 얻었다.[40]

1889년에 제정된 메이지헌법은 모두 76개의 조항 중 46개가 프로이센 1850년헌법과 유사하며 바이에른헌법 등 다른 독일국가헌법들로부터도 채용한 조문을 가지고 있다. 전체적으로 보면 프로이센헌법과 유사하지만 그 핵심이 되는 군주제원리는 바이에른 등 남부독일 국가의 헌법을 참조한 것이다. 하지만 "만세일계"의 신적 존재이면서 동시에 통치권을 총람하는 군주의 역할을 현실정치에서 수행하기 위해서는 별도의 기관이 필요했다. 메이지헌법은 군주의 자문기관으로서 입헌주의적 통제범위의 밖에 존재하는 추밀원(메이지헌법 제56조)을 두었고 그 밖에 이른바 겐로(元老)라는 비공식적인 집단이 초헌법적인 영향력을 행사하였다.[41]

메이지헌법과 그 헌정현실은 군주와 의회간의 관계에서 그 중심이 프로이센에서보다 훨씬 더 군주 쪽에 있었던 것은 분명하다. 메이지헌법은 군주제원리를 명문화하고 군주의 직접통치를 강조함으로써 헌법외적 집단의 영향력이 강해졌다. 또한 의회가 예산안에 동의하지 않을 경우 전년도의 예산을 시행하도록 한 조항은 의회의 통제로부터 정부의 독립성을 강화시켰다. 하지만 이러한 시도는 정부의 재정지출이 급격하게 증가하면서 그 효용성이 제한된 것으로 드러나게 된다.[42] 강력한 군주제원리에 기초하는 메이지헌법 하에서도 불완전하고 유동적인 형태였지만 1918년부터 1932년 사이에 정당내각이 들어설 수 있었다는 사실[43]은 입헌군주제헌법의 이원주의가 지니는 개방성을 보여주는 한 예라고 할 수 있다.

---

40 김효전, 근대 한국의 국가사상, 철학과 현실사, 2000, 48면; 平野 武, 明治憲法制定とその周辺, 京都: 晃洋書房, 2004, 65면 이하; 稻田正次, 明治憲法成立史の研究, 東京: 有斐閣, 1979, 231면 이하.

41 P.–Ch. Schenk, Der deutsche Anteil an der Gestaltung des modernen japanischen Rechts– und Verfassungswesens (1878–1895), 455면 이하; 신동준, 근대일본론, 지식산업사, 2004, 311면 이하.

42 앤드루 고든. 현대일본의 역사, 이산, 2005. 184면.

43 앤드루 고든. 앞의 책, 300면 이하.

메이지시대의 계관 헌법학자였던 호즈미 야츠카(穂積八束)는 철저한 군주국체론에 따라서 헌법을 해석하였다. 그는 독일법실증주의 국법학이론인 국가주권설이나 군주기관설조차 배제하고 군주를 국가와 동일시하는 이론을 전개하였다. 정체와 관련하여 그는 주권자와 국가권력의 행사를 담당하는 기관의 관계를 사람과 그 손발의 관계에 비유하고 있다.[44]

1900년대에 등장하는 헌법교과서들 중 이러한 호즈미류의 헌법이론을 직접 소개하는 예가 눈에 띈다. 유치형은 호즈미의 강의를 준거채용하고 있다고 밝히고 있는 헌법 교과서에서 의회의 지위와 관련하여 서구의 논의를 세 가지로 나누어 소개하고 있다.[45] 첫째는 국민주권에 기초한 민주주의국가에서 국회가 통치의 주체라고 보는 입장이고, 둘째는 국회와 군주가 함께 통치하는 주체인 영국의 군민동치이며, 셋째는 국회는 군주의 주권을 제한하는 기관이라고 보는 독일국법학자의 학설이다. 유치형은 이러한 입장들을 모두 비판하면서 군주국에서 의회의 헌법상의 지위는 군주의 통치권을 행사하기 위해 설비한 기관일 뿐이라고 설명하고 있다.[46] 메이지헌법의 군주제적 해석론이 우리나라로 유입되는 모습이다.

Ⅳ. 결론에 대신하여

제2장에서 살핀 일곱 개의 헌법은 혁명의 와중에서 제정되어 군주의 권한을 강력히 제한했던 프랑스 1791년헌법을 제외하면 영국의 명예혁명과 1689년의 권리장전에서 확인된 군주와 양원의 공동입법권(King in Parliament)을 출발점으로 한다고 볼 수 있다. 영국의 헌정현실에서 군주가 의회를 자신의 의지로 해산한 것은 1701년이 마지막이었으며 군주의 법률안거부권은 1707년까지만 행사되고 그 이후에는 행사되지 않았다.[47] 하지만 이러한 변화는 법적으로 인정되지 않아서 1760년대에 출판된 블랙스톤의 영국법주해는 군주의 행정권과 공동입법권을 법적 구속을 받지 않는 대권이라고 설명하고 있다.[48] 이러한 전통은 오늘날까지 살아있어서 영국의 법률은 다음과 같은 전문으로 시작된다고 한다 :

44 호즈미의 헌법사상에 대한 보다 자세한 소개로는 김창록, 일본에서의 서양 헌법사상의 수용에 관한 연구, 서울대학교 박사학위논문, 1994, 33면 이하.

45 유치형 강술, 헌법, 한국학문헌연구소편, 한국근대법제사료총서7. 한국개화기법학교과서 IV, 아세아문화사, 1981 (원본출판 1908), 54면 이하.

46 유치형 강술, 앞의 책, 59면,

47 U. Müssig, Die europäische Verfassungsdiskussion des 18. Jahrhunderts, 16면.

48 U. Müssig, 앞의 책, 19면.

Be it enacted by the Queen's most Excellent Majesty, by and with advice and consent of the Lords Spiritual and Temporal, and Commons, in Parliament assembled, and by the Authority of the same, as follows.[49] 영국의 헌정은 1832년 등의 선거법개정을 통해 하원의 권한이 강화되고 정당내각이 실현되는 방향으로 전개되지만 유럽대륙에 영향을 미친 부분은 법적인 내용이었다.

군주가 행정권을 독점하고 입법권을 공동행사하는 영국의 헌법의 기본구조는 19세기 초에 유럽대륙에서 성문화되어 네덜란드 1806년헌법, 스페인 1812년헌법, 프랑스 1814년 헌장, 1830년헌장, 1818/19년의 남부독일헌법, 벨기에 1831년헌법 등에 반영되었다는 것이다.[50] 이들 헌법은 군주와 의회 사이의 권한배분의 구체적인 모습은 다르지만 기본적으로 이원적인 구조를 지닌다는 공통점을 갖는다.

논쟁의 대상이 되는 것은 제2장에서 분석했던 헌법들 중 군주제원리를 명시했던 프랑스 1814년헌장, 1818년 바이에른헌법 및 일본 메이지헌법과 군주제원리에 기초하는 것으로 해석된 프로이센 1850년헌법이 다른 헌법들과 질적으로, 즉 헌법원리적으로 구별되는가이다. 특히 프로이센헌법과 메이지헌법은 당시의 보수주의 헌법학에 의해 군주주권에 기초하는 고유의 일원적 구조를 지닌다고 주장되었기 때문이다. 이는 유길준이 이해했던 군민공치와 유치형이 파악했던 군민공치가 달라진 배경이기도 하다. 하지만 이러한 헌법들 역시 무게중심이 군주 쪽에 가 있었고 이를 일원적으로 해석하려는 다양한 헌법이론적 시도가 있었지만 그 본질은 이원적 구조를 지니는 것으로 이해해야 할 것이다.

나아가 이러한 입헌군주제헌법의 이원주의가 구조적으로 양립하기 어려운 원리에 기초하고 있어서 필연적으로 헌법갈등을 유발할 수밖에 없다는 관점에 대해서도 생각해 볼 여지가 있다. 입헌주의의 역사에서 한 번의 성공한 시민혁명으로 국민주권적 민주주의가 실현된 경우는 오히려 예외적인 경우에 속한다. 또한 프랑스의 경우가 보여주듯이 성공한 혁명이 보나파르트적인 독재로 돌아간 예도 적지 않다. 오히려 전진과 후퇴를 거듭하면서 점진적으로 실현된 것이 일반적인 경우에 해당한다.

하지만 동시에 군주제원리가 강고했던 국가들이 지니는 문제 역시 간과할 수 없다. 독일의 경우 헌정의 의회주의화가 지체됨으로써 군주제적 관료국가가 사회의 개별이익으로부터 독립된 중립적 존재로 인식되고 공공복리의 실체적 내용을 독점적으로 규정하려

49 U. Müssig, Die Englischen Verfassungskämpfe des 17. Jahrhunderts, in: U. Müssig(Hg.), Konstitutionalismus und Verfassungskonflikt, Tübingen 2006, 37–60면, 60면.

50 M. Kirsch, Die Entwicklung des Konstitutionalismus im Vergleich, in: Denken und Umsetzung des Konstitutionalismus in Deutschland und anderen europäischen Ländern in der ersten Hälfte des 19. Jahrhunderts, Berlin 1999, 147–173면, 166면 이하.

는 경향이 나타났다. 다른 한편 시민사회는 정치적 자유주의와 결별하고 경제적 자유주의에 만족하게 되어 시민사회의 공적 기능이 약화됨으로써 자체적인 갈등조정 능력이 미약한 채로 남게 된다.[51] 이는 바이마르민주주의의 성공에 커다란 부담을 지우는 헌법문화였다. 제2차 세계대전 이후 관료적 지배가 제공하는 단기적 효율성의 유혹을 넘어 정당민주주의를 실현하려는 노력을 통해 역동성과 안정성의 조화를 꾀하고 있는 독일의 상황을 면밀히 검토할 필요가 있다.

우리나라 현행헌법은 대통령의 헌법상의 지위와 관련하여 행정권의 수반일 뿐 아니라 국가의 원수라고 하고 있다(제66조 제1항). 제헌헌법은 "대통령은 행정권의 수반이며 외국에 대하여 국가를 대표한다"(제51조), 1962년헌법은 "행정권은 대통령을 수반으로 하는 정부에 속한다"(제63조 제1항)고 규정했으며, 대통령에 대한 국가원수라는 칭호는 내각책임제를 채택했던 1960년헌법 제51조에서 사용했을 뿐이다. 현행헌법처럼 대통령을 행정부의 수반일 뿐 아니라 국가의 원수라고 하는 것은 1972년헌법에서 유래한다. 유사한 경우는 군주주권형 입헌군주제헌법인 프랑스 1814년헌장에서 발견된다. 헌법을 개정할 경우에 고려해야 할 부분이다.

하지만 더욱 중요한 문제는 권위주의적 또는 군주제적 대통령제의 전통이 남긴 제도, 헌법문화 및 헌정현실을 찾아내어 하나씩 개선해 나가는 일일 것이다.

---

51 D. Grimm, Deutsche Verfassungsgeschichte 1776–1866, 208면 이하.

<참고문헌>

김효전, 근대 한국의 국가사상, 철학과 현실사, 2000.

방광석, 근대일본의 국가체제 확립과정–이토 히로부미와 '제국헌법체제', 혜안 2008.

송석윤, 헌법과 사회변동, 경인문화사, 2007.

신동준, 근대일본론, 지식산업사, 2004.

신우철, 비교헌법사, 법문사, 2008.

앤드루 고든. 현대일본의 역사, 이산, 2005.

유치형 강술, 헌법, 한국학문헌연구소편, 한국근대법제사료총서7. 한국개화기법학교과서 IV, 아세아문화사, 1981 (원본출판 1908).

김창록, 일본에서의 서양 헌법사상의 수용에 관한 연구, 서울대학교 박사학위논문, 1994.

방광석, "'제국헌법'과 명치천황", 일본역사연구 제26집(2007.12), 105–133면.

왕현종, "19세기말 개혁관료의 서구 정체인식과 입헌문제", 한국사상사학 제17집(2001), 475–512면.

유길준, "서유견문", 유길준전서편찬위원회편, 유길준전서 I, 일조각, 1971.

유길준, "세계대세론", 유길준전서편찬위원회편, 유길준전서 III, 일조각, 1971, 5–121면.

정용화, "조선에서의 입헌민주주의 관념의 수용 : 1880년대를 중심으로", 한국정치학회보 제32집 2호(1998), 105–124면.

정용화, "입헌민주주의 수용과 정치체제의 변동", 한국정치연구 제14집 제1호(2005), 33–59면.

清宮四郎 譯, ベルギー國憲法, 東京: 有斐閣, 1955.

稲田正次, 明治憲法成立史の硏究, 東京: 有斐閣, 1979.

平野 武, 明治憲法制定とその周辺, 京都: 晃洋書房, 2004.

Böckenförde, E.–W., Der deutsche Typ der konstitutionellen Monarchie im 19. Jahrhundert, in: Böckenförde, Recht, Staat, Freiheit, Frankfurt a.M. 1991, 273–305면.

Dijin, A. de, "A pragmatic conservatism. Montesquieu and the framing of the Belgian constitution (1830–1831)", History of European Ideas, Vol.28 (2002), 227–245면.

Friedrich, M., Geschichte der deutschen Staatsrechtswissenschaft, Berlin 1997.

Grimm, D., Deutsche Verfassungsgeschichte 1776–1866, Frankfurt a. M. 1988.

Huber, E. R., Dokumente zur Deutschen Verfassungsgeschichte Bd.1, 3.Aufl., Stuttgart 1978.

Kirsch, M., Monarch und Parlament im 19. Jahrhundert, Göttigen 1999.

Kirsch, M., Die Entwicklung des Konstitutionalismus im Vergleich, in: Denken und Umsetzung des Konstitutionalismus in Deutschland und anderen europäischen Ländern in der ersten

Hälfte des 19. Jahrhunderts, Berlin 1999, 147－173면.

Korioth, S., „Monarchisches Prinzip“ und Gewaltenteilung - unvereinbar? Zur Wirkungsgeschichte der Gewaltenteilungslehre Montesquieus im deutschen Frühkonstitutionalismus, Der Staat 37 (1998), 27-55면.

Müssig, U., Die europäische Verfassungsdiskussion des 18. Jahrhunderts, Tübingen 2008.

Müssig, U.(Hg.), Konstitutionalismus und Verfassungskonflikt, Tübingen 2006.

Müssig, U., Konflikt und Verfassung, in: U. Müssig(Hg.), Konstitutionalismus und Verfassungskonflikt, Tübingen 2006, 1－27면.

Müssig, U., Die Englischen Verfassungskämpfe des 17. Jahrhunderts, in: U. Müssig(Hg.), Konstitutionalismus und Verfassungskonflikt, Tübingen 2006, 37－60면.

Schenk, P.－Ch., Der deutsche Anteil an der Gestaltung des modernen japanischen Rechts－ und Verfassungswesens(1878－1895), in: M. Kirsch u.a.(Hg.), Der Verfassungsstaat vor der Herausforderung der Massengesellschaft. Konstitutionalismus um 1900 im europäischen Vergleich, Berlin 2002, 443－459면.

Schulze, H., Das Preussische Staatsrecht. Auf Grundlage des deutschen Staatsrechts Bd.1, Leipzig 1872.

Smend, R., Die Preussische Verfassungsurkunde im Vergleich mit der Belgischen, Göttingen 1904.

Stolleis, M., Geschichte des öffentlichen Rechts in Deutschland. Band 2: Staatsrechtslehre und Verwaltungswissenschaft 1880－1914, München 1992.

Stolleis, M., Souveränität um 1814, in: U. Müssig(Hg.), Konstitutionalismus und Verfassungskonflikt, Tübingen 2006, 101－115면.

Wahl, R., Der Konstitutionalismus als Bewegungsgeschichte, in: U. Müssig(Hg.), Konstitutionalismus und Verfassungskonflikt, Tübingen 2006, 197－225면.

Willoweit, D./Sief, U.(Hg.), Europäische Verfassungsgeschichte, München 2003.

Anderson, Frank Maloy, The constitutions and other select documents illustrative of the history of France 1789－1901, Minneapolis, The H.W. Wilson company, 1904.
(www.archive.org/stream/constitutionsan02andegoog#page/n20/mode/2up)

프랑스헌법 (http://mjp.univ－perp.fr/france/france.htm)

벨기에 1831년 헌법 (http://mjp.univ－perp.fr/constit/be1831.htm)

4 헌법제정과 개정의 정당성*

정 극 원**

Ⅰ. 머리말

헌법제정은 하나의 창조행위라는 점[1]에서 헌법전의 내용을 바꾸는 헌법개정과 구별되며, 헌법제정은 시원적 제헌권이라는 점에서 사실적 권력관계의 측면이 크지만 헌법개정은 제도화된 제헌권이라는 점에서 규범적 측면이 크다는 점에서도 구별된다. 한 나라의 국가공동체가 법적으로 형성되고 유지·존속되기 위하여서는 국가와 국민에 대한 근본원칙을 정한 최고법으로서의 헌법이 존재하여야 한다. 즉 헌법은 국민의 측면에서는 개개인의 자유와 권리를 최대한 보장하고, 국가의 측면에서는 통치조직을 구성하게 하는 것이다. 헌법에는 그 제정과정에 투입된 국민주권주의와 민주주의원리들로 인하여 그 정당성을 확보하게 되며, 이러한 정당성에 의하여 사회적 현실에서 최고의 규범력을 가지며 모순없는 통일성을 유지하게 된다.[2] 또한 헌법에는 그 적용과정에서 야기되는 규범파괴로부터 이를 지키고 수호하려는 역사적 경험가치와 현안문제에 대한 근본결정들도 축적되어 있다. 이러한 역사적 경험과 가치의 규범적 승계가 바로 정통성이 된다. 예컨대, 헌법 전문(前文)의 3.1운동과 4.19민주이념은 역사적 측면에서의 국가의 정통성이 되는 것이다.[3][4]

---

* 이 글은 정극원, 헌법의 정당성 －헌법제정과 헌법개정을 중심으로－, 공법학연구 제7권 제4호(한국비교공법학회), 2006. 11, 27－52면에 게재된 것으로서, 최근의 자료를 포함하여 수정·정리한 것임. 그 어울림에 있어서 선후배 동료를 가르지 않고 스스럼이 없으셨으며, 그 펼치심에 있어서 이론과 실제에 두루두루 막힘이 없으셨던 현동 정만희 교수님의 정년을 진심으로 축하드립니다.

** 대구대학교 DU인재법학부 교수.

1 예컨대, 헌법제정에 관하여 "국가법질서의 근본법인 헌법을 창조하는 힘"(김철수, 헌법학개론, 박영사, 2001, 37면), "정치적 공동체의 형태와 기본적 가치질서에 관한 국민적 합의를 규범체계로 정립하는 것"(권영성, 헌법학원론, 법문사, 2010, 46면), "국가공동체의 법적 기본질서를 마련하는 법창조행위"(계희열, 헌법학(상), 박영사, 1995, 86면), "사회공동체를 정치적인 일원체로 조직하기 위해서 일원적인 법공동체의 법적인 기본질서를 마련하는 창조행위"(허영, 한국헌법론, 박영사, 2002, 40면), "국가의 법적 기본질서를 마련하는 법창조행위"(홍성방, 헌법학, 현암사, 2005, 30면)라고 하여 하나의 창조행위로 보고 있다.

2 정당성은 크게 규범적 정당성과 경험적 정당성으로 나눌 수 있다. 규범적 정당성은 피치자 전체의 승인과 상관없이 윤리적 또는 법적 의미에서의 절대적인 정당성이 되는 것을 말하며(Menzel, Legitimation staatlicher Herschaft durch Partizipation Privater?, 1980. S. 20), 경험적 정당성이란 어떠한 구체적 지배가 피치자 전체 또는 다수에 의하여 사실적으로 정당화될 속성을 가진 것을 말한다(Offe, Überlegungen und Hypothesen zum Problem politscher Legimitation, in: Ebbinghausen(Hrsg.), Bürgerlicher Staat und politische Legimitation, 1976, S. 84).

3 양건, 대한민국헌법의 연혁과 개요, 한국헌법학회(편) 헌법주석(Ⅰ), 박영사, 2013, 44면.

4 이를테면 1919년의 3.1독립운동과 대한민국임시정부의 수립은 우리 한민족의 단일독립국가에의 의지가 얼마나

따라서 오늘날 어떠한 국가가 헌법국가로서 기능을 하고 있다면, 그 헌법에는 정당성과 정통성이 동시에 내포되어 있는 것이다. 정당성과 정통성의 관점에서 본다면 헌법제정은 정당성을 근거로 항구성을 가지게 되며, 헌법개정은 정당성과 정통성을 근거로 규범적 효력을 가지게 되는 것이다.[5] 헌법제정권력은 한번 행사하였다고 하여 소멸하는 것이 아니며, 정당성에 의하여 그 권위를 가지게 된다는 점에서 정당성은 헌법개정에 의하여서도 소멸되지 않는 것이다. 즉 정당성은 헌법제정과 헌법개정에 있어서 기초개념이 되며 아울러 한계개념이 되는 것이다.[6] 예컨대, "한국의 제헌헌법(혹은 건국헌법이라 함)은 국민이 헌법제정권력을 행사한 것이 아니라 국민의 대표자인 국회가 행사했는바, 이 때 헌법제정권력은 제헌헌법 속에 수용되어 있기 때문에 그 한도 내에서 항구성을 지닌다는 것이지 제헌의회가 항상성을 지닌 항구적 헌법제정권력자는 아닌 것이다"라고 할 때, 헌법제정권력은 정당성과의 문제가 된다<설문 1>. 헌법제정권력의 정당성이란 첫째, 제정권력의 주체의 정당성, 둘째, 헌법규범의 내용적 정당성을 의미한다. 이러한 정당성은 곧 헌법제정권력의 한계로 작용하기 때문에 항구적 헌법제정권력의 문제는 바로 정당성의 문제가 되는 것이다. 나아가 "한국헌법 제128조 제2항에는 '대통령의 임기연장 또는 중임변경을 위한 헌법개정은 제안 당시의 대통령에 대해서는 효력이 없다'라고 하는 규정을 국회의 다수당인 여당이 이 조항을 개정하여 '대통령의 임기를 4년으로 하되 1차에 한하여 중임할 수 있다'라고 개정하고 제안 당시의 대통령에게도 개정헌법을 적용하려 한다. 이러한 헌법개정이 가능한가?"라고 할 때, 이 또한 정당성의 문제로 귀결된다<설문 2>. 헌법개정은 사실상 제약을 받지 않는 헌법제정권력과는 달리 헌법제정권력이 이미 성문화하여 놓은 이와 같은 헌법전이 정한 형식적 절차에 따라야 하며 내용적으로도 헌법의 동일성을 훼손하지 않아야 하는 등 여러 가지 제약이 따르게 된다. 헌법개정을 흔히 헌법제정권력에 대한 하위권력이라고 부르는 이유가 여기에 있는 것이다. 즉 정당성은 헌법개정에 있어서도 직접

강력한 것이었는지를 보여주는 대표적인 실례이다. 이승우, 헌정사의 연구방법론, 도서출판 두남, 2011, 102면.

5 예컨대, 현행 우리 헌법에는 임시정부의 정통성을 이어오고 있다. 최용기, 대한민국임시정부의 정통성, 헌법학연구 제12권 제4호(한국헌법학회), 2006. 11, 28면.

6 한계개념으로서의 헌법제정권력에 대해서 뷔르도(G. Burdeau)는 "헌법제정권력의 연구는 법학적 관점에서 볼 때 특별한 난점을 안고 있다. 그것은 이 권력의 복합적인 성질에 유래한다. … 법학자에 있어서 권력이란 항상 권한에 입각한 것이다. 즉, 권력의 성질, 범위, 행사의 태양은 선행하는 규범에 의해 언제나 결정되는 것이기 때문에, 권력이란 법에 의해 지배되는 힘, 그리하여 법적 분석이 가능한 힘으로 생각되는 것이다. 그런데 헌법제정권력에 대해서는 이렇게 말하는 것으로 충분치 않다. 왜냐하면 이 권력은 어떠한 (법적)해석에 의하더라도 불식될 수 없는 정치적 함축을 가지고 있기 때문이다. 이 권력이 그 내면에 간직하고 있는 힘은 규범과 권한에 의해 계층적으로 조직된 체계에의 완전한 통합을 거부한다. 따라서 헌법제정권력은 예컨대, 어떤 행위에 의해 이것을 법질서 속에 편입시키는 것이 가능하다 하더라도 항상 다른 행위에 의해 법질서 밖에 머무르게 된다"는 것이다. G. Burdeau, Trait de Science Politique, IV, Paris 1983, p.171(권영설·이인호, 헌법제정권력이론의 역사적 고찰, 헌법학연구 제1집(한국헌법학회), 1995. 11, 258면에서 재인용)

적인 한계가 되는 것이다. 헌법제정권력은 그 사실관계의 복잡함으로 인하여, 헌법개정은 그 헌법이 가지는 개별적이고 특수한 역사성·이념성으로 인하여 다양한 각도에서 접근하여서 그 본질을 규명하여야 하는 것이지만, 본고에서는 이러한 광범위한 영역에서의 의미내용을 탐구하려는 것이 아니라, 위에서 제기된 두 가지의 문제를 해결하는 근거가 되는 정당성의 관점에서 그 의미를 밝히는 것을 주된 목적으로 한다.

Ⅱ. 헌법제정권력론과 그 정당성

1. 헌법제정이론의 발전과 그 평가

(1) 시예에스의 이론과 그 평가

헌법제정권력의 관념을 이론적으로 체계화시킨 사람은 시예에스였다. 그는 1789년 프랑스 시민혁명 당시에 “제3의 신분이란 무엇인가?”라는 팜플랫[7]에서 ① 헌법제정권력의 주체는 국민이다. 국민의 상위에 있는 실정법은 존재하지 않는다. 국민은 모든 것에 우선하여 존재하는 모든 것의 원천으로 보기 때문이다. 그러므로 국민이 어떠한 방법으로 의사를 표현하든지 간에 국민이 의사를 표명하는 것만으로도 충분하며, 그것은 지상지고의 법이 되는 것이다. 이처럼 국민이 헌법제정권력을 통하여 어떠한 법도 만들 수 있다는 것은 실정법위에 있는 자연법에 의하여 인정된 원칙인 것이다.[8] 다만, 여기서 국민(Nation)은 그 당시는 제3계급을 지칭한 것으로 지금의 전체국민과는 거리가 있었다. 즉 국민은 시민계급의 일종으로서 유산계층이며 교양과 재산을 가지는 부르조와지(bourgeoisie)를 말한다. 이는 하층민에 해당하는 인민(Peuple)과 구별되는 개념이다. 시민혁명 후에 제정된 1791년의 프랑스헌법은 주권은 Nation에 있다고 하였으나, 이에 대한 반작용으로 1793년 프랑스헌법에는 주권을 Peuple에 있다고 규정하게 되었다. ② 헌법제정권력은 일종의 창조적 권력이므로 시원성을 가지며 따라서 아무런 제약을 받지 않는다(시원성과 무한계설).[9] 즉 헌법은 그 어떠한 부분도 헌법에 의해 비로소 조직된 권력의 산물이 아니라, 헌법제정권력

7 1789년 파리코뮌에서 시작한 프랑스혁명에 의하여 기존의 법질서를 무너뜨리고 새로운 질서를 창조하는 과정에서 당시 신학대학을 졸업하고도 신부가 될 수 없는 신분적 한계에 고심하고 있었던 시예에스 가 “제3의 신분이란 무엇인가?”라는 이 팜플랫에서 제기한 제헌권이론은 오늘날 프랑스 헌법학이론에서 일반적으로 수용되고 있다. 이에 대해서는 박인수(역), 제3의 신분이란 무엇인가, 책세상, 2003 참조.

8 권영설·이인호, 전게논문, 269면.

9 시예에스가 이처럼 단순히 헌법제정권력의 시원성에서 그 정당성을 찾으려는 이른바 자기정당화이론(자율적 정당성이론)은 시원성이 왜 정당성의 근거가 되느냐에 대한 해답을 주지 못하는 한 문제를 또 다른 문제로 대답했다는 비난을 면하기 어렵다. 허영, 전게서, 42면.

의 작품이라는 것이다. 그러므로 헌법에 의해 조직된 권력인 입법권은 어떠한 방법에 의해서도 헌법제정권력의 행사에 개입할 수 없게 된다. ③ 그로부터 전래된 헌법개정권력은 당연히 창조적 권력인 헌법제정권력(창조된 권력)과 구별되며, 국민투표 대신에 귀족, 교회대표, 시민대표로 구성되는 제헌의회에서 헌법을 제정할 것을 요구하였다. 헌법제정권력의 행사방법에 대한 시예예스의 이러한 주장은 보통의 입법권과는 다른 특별한 행사방법을 요한다는 점에서는 의미가 있으나 국민 전체가 헌법제정에 참여하는 직접민주주의와는 거리가 멀었다는 점에서 비판의 여지가 있다.

시예예스의 헌법제정권력이론의 특색으로는 첫째, 자연법의 존재를 인정하여 전개하고 있는데, 이는 정치적 통일체인 국가는 국민의 합의에 그 기초를 두고 있다는 루소의 사회계약설을 받아들인 것으로 인식되어 하였다. 따라서 그의 헌법제정권력이론은 국민주권주의일 뿐이라는 평가절하를 받게 되는 단초가 되었다.[10] 둘째, 그러므로 헌법제정권력은 무제한의 권력이 된다는 것이다. 국민으로부터 헌법제정권력의 행사를 위임받은 국민의 특별대표자는 국민과 마찬가지로 독립성을 가지고 "마치 자연상태에 있어서의 개인과 같이 자신이 의욕하는 대로 의사를 가지는 것으로 족하다"라고 하여 헌법제정권력은 무제한의 권력이라고 한다. 생각건대, 헌법제정권력이 무제한의 권력이 되는 근거가 자연법의 항상성에 있다면, 사실적 권력관계의 성질이 더 강한 헌법제정권력은 오히려 더 제약적인 권력이 된다는 점에서 논리모순이 있게 된다. 셋째, 헌법제정권력과 헌법개정권력을 특별히 구별하지 않고 있다. 즉, 헌법개정 또한 헌법제정권력의 작용이라는 것이다. 이러한 생각은 그 당시의 정치적 동기의 반영이라는 점에서 법이론으로서의 가치를 절하하는 것이다. '헌법제정권력과 개정권력을 동일시하고, 헌법제정권력과 개정권력으로 규범화하는 사상은 혁명기의 부르조아가 장래의 혁명을 회피하고자 하는 현상유지적인 희망을 강하게 가지고 있었음을 반영하는 것이다'라는 헹케(Henke)의 표현은 이에 대한 정확한 지적이 된다.[11]

(2) 독일 법실증주의자의 이론과 그 평가

19세기를 풍미하였던 법실증주의자였던 라반트(Laband), 안쉬츠(Anschütz), 옐리네크(Jellinek) 등은 국가는 개개의 국민과는 상이한 독립된 법인격을 가진 권리주체로서의 공법인이 된다는 국가법인설에 의하여 헌법제정권력=헌법개정권력=입법권의 등식으로

10 즉, 말베르(Malberg)는 "시예에스의 헌법제정이론은 사실상 「사회계약론」의 핵심문제인 국민주권 이외의 그 무엇도 아니다"라고 단언하였다. Malberg, Contribution la Thorie General de l'Etat, II, 1922, p.532(권영설, 이인호, 전게논문, 269면에서 재인용)

11 Henke, Die verfassunggegebene Gewalt des deutschen Volkes, 1957, S. 57.

보아 헌법제정권력의 최고권력성을 부인하였다. 즉 모든 법의 연원은 국가이며, 실정법규 이외의 내재적 가치나 법외적인 권력은 법학의 연구대상이 아니라는 것이다. 특히 안쉬츠는 "입법권과 구별되고 입법권에 우월하는 헌법제정권력사상은 독일의 국법학과는 무관한 것이다"라고 하고,[12] 라반트는 "헌법은 국가 위에서 활동하는 불가사의한 권력이 아니라 다른 법률과 마찬가지로 국가의 의사행위이다. 따라서 국가의 의사에 따라 가변적이다"라고 하여[13] 헌법개정의 한계를 부인하였다. 헌법상에 규정된 이상 그 헌법규정은 동등한 가치를 가진다는 헌법규정등가론에 따라 헌법의 규정은 동일한 효력을 가진다고 보는 법실증주의자들에게 있어서는 헌법이전에 존재하는 헌법을 초월하는 헌법제정권력이란 정치적·사회적 힘에 불과할 뿐 법적 규범성을 인정할 수 없다는 것이다. 그러나 헌법제정권력을 실정헌법 안에서 찾는다 하더라도, 원칙적으로 헌법을 창조하는 과정으로부터 존재하는 실정헌법 밖의 힘이므로, 헌법제정권력을 헌법개정권과 동일시하는 것은 타당하지 않다고 할 것이다. 생각건대, 헌법개정과는 달리 헌법제정권력에는 첫째, 정치·사회적 관계에서 일반화된 국민의 의사가 힘의 형태로 존재하고, 둘째, 그것이 사실적 권력관계를 넘어 규범체계로서의 국가의 근본질서를 창조하는 승급단계가 포함된다. 법실증주의자들은 헌법제정권력에 내포된 전자의 사실적 권력관계는 도외시되고, 후자에 내포된 규범단계의 관점에서 헌법제정권력을 부정하고 있다. 헌법에 근거하는 헌법개정과 또는 입법권의 행사는 그 타당성의 근거로서 이미 헌법을 가지고 있는데 반해, 헌법제정권력을 그 시원성으로 인하여 어떠한 타당성의 근거도 갖지 못하고 있다. 즉 헌법제정권력 그 자체가 타당성이 되는 것인데, 이 경우의 타당성의 근거는 바로 국민의 일반의사이다. 헌법제정권력과 헌법개정의 구별을 부인하는 법실증주의자들은 헌법제정권력에 내포된 국민의 일반의사의 가치를 등한시하고 있다. 이는 국민의 일반의사를 근거로 하는 법률의 가치 또한 부정되는 것으로 이르게 된다는 점에서 그 모순을 노정하게 되는 것이다.

(3) 슈미트(Schmitt)의 이론과 그 평가

슈미트는 독일의 법실증주의자들에 의하여 부정되었던 헌법제정권력이론을 완성시켰다. 슈미트는 결단주의에 입각하여 헌법제정권력은 규범적인 것이 아니고 그 스스로 정치적 실존의 종류와 형식(여기서 정치적 실존이란 국가를 말하기 때문에 정치적 실존의 종류와 형식은 결국 국가형태라고 보면 된다)에 관하여 구체적이고도 전체적인 결단을 내리는 정치

12 Anschütz, Die Verfassung des Deutschen Reiches, 14. Aufl. 1933, S. 348.
13 Laband, Das Staatsrecht des Deutschen Reiches, Bd. 2, 1911, S. 39.

적 의사이자 법적으로 평가되어야 할 권력이라고 하였다. 즉, 헌법은 그 자체 어떠한 개별적 규율도 포함하지 않고 단 한 번의 결단에 의하여 정치적 통일체의 전체에 대하여 그 특수한 존재형식을 규정하는 헌법제정권력의 행위를 통하여 성립된다는 것이다.[14] 슈미트는 ① 헌법제정권력－헌법(절대적 헌법)－헌법개정권력－헌법률(상대적 헌법)－헌법에 의하여 만들어진 권력의 위계질서를 인정하여 헌법제정권력과 헌법개정권력을 구별하였다. 즉 조직하는 권력이며 근본결단으로서의 헌법인 헌법제정권력은 조직된 권력 또는 근본결단을 집행하기 위하여 만들어진 시행세칙으로서의 헌법률과는 구별된다는 것이다. ② 헌법제정권력은 그 혁명적 성격에 의하여 규범적 구속을 받지 않는 절대적 권력이므로 그 한계가 없다. 헌법제정권력의 행사가 위기적인 혁명적 상황아래서만 이루어지는 것은 아니기 때문에 혁명이론을 원용해서 헌법제정권력을 정당화시키는 시도는 보편성을 인정받을 수 없다는 점에서 비판을 받고 있다.[15] ③ 헌법제정권력의 항구성을 긍정하였다. 즉, 근본결단의 구체적 집행과 형성은 타자에게 위임될 수 있으나, 근본결단을 내릴 수 있는 제헌권 자체는 위탁하거나 양도할 수 없으며, 또한 흡수되거나 소멸될 수 없는 항구적인 것이라 한다.[16] 이러한 제헌권은 자율적 권리이며, 모든 권력의 기초로서 통일적이고 불가분적인 권력이라는 것이다.[17]

슈미트는 헌법제정권력의 주체를 국민(제3신분)에 국한시킨 시예에스와는 달리 헌법제정권력의 주체를 이론적으로는 개인, 소수인, 국민이 될 수 있다고 하였다는 점에서 평가받을 만하다.[18] 그러나 현실적으로는 정치적 실존과 형식에 대하여 근본결단을 내릴 수 있는 자, 비상사태를 결단하는 주권자인 실력자로 보고 있다. 생각건대, 슈미트가 그 주제의 범위를 개인, 소수자, 국민으로까지 넓힌 것은 그의 '치자와 피치자'의 동질성이론을 정당화하기 위한 것으로 보인다. '치자와 피치자'의 동질성이론은 이론으로서는 그럴듯하지만, 사회적 현실에서는 불가능한 것이다. 이점에서 '치자와 피치자'의 동질성이론은 실질적 권력자의 자의적이고 독재적인 권력행사에 대한 정당성을 부여하는 것으로 평가되게 된다. 마찬가지로 슈미트의 제정주체의 범위확대는 그 실제에 있어서 실현성의 전제로 제기된 것이 아니고 다만 이론으로서 제기된 것이라 보아야 할 것이다.

14 Schmitt, Verfassungslehre, 1928(5, unverӑnderte Aufl. 1970), S. 21.
15 허영, 전게서, 43면.
16 Schmitt, a.a.O., S. 91.
17 이러한 슈미트의 이론전개에는 근대적인 자유개념을 수용하고 있다는 것이다. 이에 대해서는 김명재, 헌법제정권력론에 대한 비판적 고찰, 공법연구 제27집 제1호(한국공법학회), 1998. 12, 209면.
18 Schmitt, a.a.O., S. 77.

2. 헌법제정권력의 본질

헌법제정권력이론은 누가 헌법제정의 주체가 되느냐의 의문에 대한 답으로 정립되기 시작하였다면, 과연 그 이론의 내용적 고정성은 무엇인가에 관을 논의가 바로 헌법제정권력의 본질이다. 헌법제정권력의 본질을 규명하기 위하여 등장한 개념으로서는 사실성과 규범성, 시원성(창조성), 자율성, 단일불가분성, 불가양성, 항구성 등으로 다양하다. 항구성을 제외한 다른 개념에 대해서는 그것을 인정할 것인가 아닌가하는 것에 대한 첨예한 대립은 없다. 다만 항구성에 관하여서는 그 인정 여부에 대하여 대립이 있다. 항구성의 문제는 궁극적으로 헌법제정권력의 가치폄하를 가져오는 것이기 때문이다. 즉 헌법제정권력의 항구성을 부정하는 것은 곧 헌법제정권력의 한계를 긍정하는 것이 되기 때문이다. 여기에서는 시원성(창조성), 자율성, 단일불가분성, 항구성과 불가양성에 대한 설명으로 그 본질은 파악하려고 한다.

첫째, 헌법제정권력은 시원성을 그 본질로 하고 있다. 헌법제정권력을 흔히 시원적 제헌권(pouvoir constituant originaire)이라고도 하는데, 헌법제정권력에 의하여 비로소 모든 국가의 법질서가 시원적으로 창조되기 때문이다. 즉 헌법제정권력은 사실적 권력관계인 정치가 규범체계의 근본법으로 바뀌는 교차점에 위치하는 힘으로서 본질적으로 국가질서와 헌법질서를 시원적으로 창조하는 권력이다. 그러므로 시원적 제헌권, 즉 헌법제정권력이론은 법규범적이라기보다는 오히려 법철학적 문제로 볼 수 있다. 이러한 점에서 본다면 시원적 제헌권이론은 논리조작이 가능하며, 순전히 정치적인 입장에서 남용이 정당화되기도 한다. 바로 그런 점에서 시원적 제헌권이론의 남용을 경계하여야 하는 것이다.[19] 헌법제정이 이루어지는 단계에서 야기되는 기득권적 국가와 새로운 주체세력으로서의 국민간의 대립관계를 푸는 열쇠는 힘(권력)이 되는 것이다. 권력의 형성의 과정에서는 규범은 어떠한 가치도 가지지 못하였을 것이고, 국가에 대항하거나 또는 국가를 제압하는 권력으로 힘이 형성되는 경우에 스스로의 정당화를 위하여 하나의 규범체계로 나아가는 것이다. 따라서 시원성에는 아직 규범성이 없는 것이지만, 그 규범속으로 나아가는 과정이라는 점에서 시원적이기도 하면서 제헌권이기도 한 것이다. 시원적이라는 근거만으로는 헌법제정권력으로 나타나지 않는 것이다. 시원성의 근거인 정치성이 규범체계로 넘어가는 과정에서 극단적인 남용이 여과되어지는 것이다.

둘째, 헌법제정권력은 자율성을 그 본질로 한다. 헌법제정권력은 처음으로 헌법을 제정하는 사실로서의 힘이므로 어떠한 법형식이나 절차에도 구애받지 아니하고 스스로 의도한 바에 따라 발동된다. 따라서 헌법제정당시에는 어떠한 제약도 받지 않는다. 이 점에

19 성낙인, 헌법학, 법문사, 2019, 39면.

있어서 성문헌법에서 제도화된 제헌권인 헌법개정과 구별된다. 자율성은 형식의 면에서 나타나는 특색이다. 즉 헌법개정은 이미 제도화된 형식적인 절차에 따라 가능한 것이지만, 헌법제정권력은 그 어떠한 예단적 절차도 없는 상태에서 이루어지는 것이므로 형식적으로부터 자유로운 것이다. 그러나 그 내용의 정립에 있어서는 전적으로 자율성에 의하는 것은 아니다. 헌법제정에서도 그 내용적 한계를 있는 것이다.

셋째, 단일불가분성이다. 헌법제정권력은 헌법에 의하여 비로소 조직되고 제도화된 권력인 헌법개정권력이나 입법권·집행권·사법권과 같은 통치권과 나란히 있는 것이 아니라, 이들 모든 권력의 포괄적 기초가 되는 것으로서 그 자체 불가분적 권력이다. 즉 헌법제정권력은 국가법질서의 근원적인 구성원리가 되는 것이다.

넷째, 항구성과 불가양성이다. 헌법제정권력은 한번 행사하였다고 소멸하는 것이 아니라 항구성을 가지며, 민주국가에서는 오로지 국민만이 그 주체라는 점에서 양도할 수 없는 것이다.[20] 헌법제정권력의 항구성은 여러 가지의 의미를 가진다. 항구성의 인정 여부에 따라 헌법제정권력과 헌법개정권력의 구별이 가능하여 지며, 또한 이는 헌법제정권력의 한계성을 인정하는 것이 된다. 일반적으로 헌법제정권력의 항구성은 긍정되고 있지만, 부정되는 경우도 있다. 예컨대, 시원적 제헌권과 제도화된 제헌권을 구별하고, 시원적 제헌권인 헌법제정권력은 비상시에만 발동하는 권력이고 평상시에는 제도화된 제헌권인 헌법개정권력이 작용함으로서 그 시원성은 부정된다는 것이다.[21] 즉 헌법제정권력에 의하여 헌법이 제정되고 나면, 그 헌법이 효력을 갖는 한에서 오직 제도화된 개헌권만 행사되고 헌법제정권력은 더 이상 행사되지 않는다는 의미에서 평상시에는 제도화된 권력이 행사된다는 것이다.[22] 항구성의 문제는 헌법제정권력 전체의 문제가 아니라 후술하는 것처럼 헌법제정권력에 의하여 제정된 헌법규범내용의 항구성의 문제가 된다.

3. 헌법제정권력의 한계

(1) 무한계설(한계부정설)

헌법제정권력은 한 나라의 모든 권력과 법규의 근원이므로 어떠한 제약도 따르지 아

---

20 헌법제정권의 행사는 그 방법에 있어서 반드시 국민이 개입하도록 되어 있다. 그 유형으로는 첫째, 국민이 선출한 헌법제정의회에서 의결하는 방법, 둘째, 국민투표에 의하여 확정하는 방법, 셋째, 헌법제정의회의 의결과 국민투표를 결부시키는 방법의 유형이 있다. 이는 국민적 합의와 국민의 최종결정을 통한 정당성의 확보를 위한 것이다.

21 김철수, 전게서, 39면.

22 그러나 평상시에도 시원적 헌법제정권력이 완전히 소멸되는 것이 아니라는 점, 제도화된 권력이시원적 헌법제정권력의 행사를 금지할 권한을 갖지 못한다는 점에서 인정될 수 없다는 것이다. 김명재, 전게논문, 212면.

니하고, 무슨 결정이든 내릴 수 있는 권력인가가 문제된다. 그 한계가 있을 수 없다고 보는 입장이 무한계설이다. 시예에스는 헌법제정권력의 시원성이라는 점에서 어떠한 실체상의 법원리나 절차적 구속도 받지 않는다고 하며, 슈미트는 헌법제정권력이란 혁명적 성격을 가지는 것으로서, 규범적 정당성이나 사실적 정당성에 의존하지 않는 절대적 권력이므로 헌법제정권력을 제약하는 한계란 있을 수 없다고 한다.[23] 이러한 무한계설은 대체로 경험주의·실증주의·가치상대주의의 철학에 기초하고 있다는 것이다.[24] 헌법제정권력의 무한계설의 근거는 '시원성'과 '결단적 의지'이다. 이러한 무한계설은 규정된 내용을 절대화함으로서 규정하는 자유 자체를 말살하려는 일체의 시도를 거부한다는 점에서 커다란 의의가 있다.[25] 그러나 헌법제정권력의 권력과 권위는 승인되는 경우에만 존속되는 것이므로 그 한도 내에서의 한계는 있게 된다. 정당성은 그 권력과 권위를 승인하는 근거가 되는 것이다.

(2) 한계설(한계긍정설)

헌법제정권력은 첫째, 법내재적 기본원리와 헌정의 전통에서 성립된 특별한 법문화, 둘째, 국민의 가치관과 법관념 또는 불변의 근본적인 가치, 셋째, 전국가적 인권과 같은 초실정적 자연법,[26] 마운쯔(Maunz)의 경우 헌법제정권력의 혁명적 성격을 인정하면서도 헌법제정권력은 자연법적 원리에 제약된다고 한다. 넷째, 국제법적 제약을 받는다고 한다.[27] 이에 반하여 헌법제정권력의 정당성의 문제는 법적인 질의 문제가 아니라 이데올로기적인 질의 문제라고 보는 경우도 있다.[28] 그 시대의 국민생활 속에 흐르고 있는 정치이념, 시대사상, 생활감각 같은 시대 보편적 이데올로기가 헌법제정권력의 한계이자 정당화의 근거가 된다는 것이다. 즉 헌법제정권력의 발동은 일체의 이데올로기적 사고의 영역을 벗어나서 모든 것을 마음대로 결정할 수 있는 이른바 '의지적인 결단' 내지 '정치적인 결단'의 현상일 수만은 없다는 것이다.[29] 예컨대, 우리 헌법제정은 미군정의 영향아래 이데올로기의 관점에서 자유민주주의를 전제로 골격이 짜여 졌다는 것과 그 한계 내에서 헌법제정이 이루어 졌음을 의미한다는 것이다.[30]

---

23 따라서 헌법제정권력의 규범적 한계는 논리필연적으로 부정된다. 한수웅, 헌법학, 법문사, 2015, 27면.
24 김명재, 상게논문, 215면.
25 김명재, 상게논문, 216면.
26 마운쯔(Maunz)의 경우 헌법제정권력의 혁명적 성격을 인정하면서도 헌법제정권력은 자연법적 원리에 제약된다고 한다. Maunz/Zippelius, Deutsches Staatsrecht, 28. Aufl. 1991, S. 36.
27 홍성방, 전게서, 35면.
28 성낙인, 전게서, 43면.
29 허영, 전게서, 46면.
30 이승우, 전게서, 103면.

(3) 정리 및 사견

헌법제정권력을 시원적이라고 본 시예에스나, 헌법제정권자의 결단적 의사에서 그 정당성을 구하는 슈미트의 입장에 따르면 헌법제정권력의 한계가 없다고 보는 것은 당연하다. 이들은 헌법제정권력의 무한계설을 통하여 헌법제정권력의 주체들의 의사를 영속하는 의사로 관철하려는 것으로 보인다. 그러나 무한계설에 따를 경우 법적 정의나 인권유린의 경우와 같은 초국가적 법원리를 무시하는 헌법제정도 정당화되게 된다. 구체적으로 살펴보면, 헌법제정권력은 헌법의 근본가치인 인간의 존엄과 가치의 존중과 이를 전제로 하는 불가침의 인권, 법치국가원리, 민주주의 원리 등의 내재적 제약을 받는다. 헌법제정권력의 한계를 무시하고 제정된 헌법률은 정당성의 관계에서 볼 때, 위헌적 헌법률이 된다. 예컨대, 한국의 현행헌법 제29조 제2항의 이중배상금지규정은 제3공화국헌법 하에서 위헌결정된 바로 그 조항인데, 유신헌법개정시에 재차 규정된 것으로서 이후 현행헌법에까지 이어지고 있다. 헌법학계에서는 이 조항의 위헌성을 주장하고 있다.

생각건대, 한국헌법 제29조 제2항을 위헌의 문제로 볼 것이 아니라 내용의 정당성의 문제로 보아야 할 것이다. 위헌성의 판단은 헌법규범으로부터 찾아야 하는 것인데, 이미 헌법규범화 되어 있는 조항에 대하여 규범통제를 하는 것 자체가 불가능하기 때문이다. 따라서 이는 정당성의 문제로 해결하여야 한다. 헌법헌법제정권력은 국가의 법질서를 창조하는 것뿐만 아니라 법질서의 계속적 유지 및 존속을 위한 권위를 가져야 한다. 헌법제정권력의 행사라 하더라도 이 조항처럼 이미 그 정당성을 상실하고 있다면 이 부분에 대해서는 헌법제정권력의 권위는 부정되게 되는 것이다. 이처럼 정당성은 위에서 살펴본 헌법제정권력의 다른 구체적 한계와 함께 그 실질적 한계를 정하는 하나의 근거가 된다.

4. 헌법제정권력의 정당성과 <설문 1>의 해결

(1) 헌법제정권력과 정당성의 문제

헌법제정권력의 정당성의 문제에 대해서 두 가지 견해가 대립되고 있다는 것이다.[31] 첫째, 정당성의 문제는 법적인 질의 문제가 아니라 이데올로기적 질의 문제라고 보는 견해이다. 즉 새로 개정되는 헌법이 제헌 당시의 현행헌법질서의 관점에서 볼 때 합법적일 수는 없더라도 그것은적어도 일정한 정치이념의 관점에서 정당화되는 것이 아니면 아니 된다.[32]

31 홍성방, 전게서, 35면.
32 허영, 전게서, 45면.

정당성을 가지기 위해서는 헌법제정권력과 헌법은 그 시대의 일반적인 정치적 이념과 부합하여야 한다는 것이다.[33] 즉 헌법제정권력은 민주적 이데올로기로서의 가치를 가진다는 것이다.[34] 둘째, 이데올로기적 질의 문제로 구별하여 보는 것은 불분명하며 헌법에 규정된 기본질서에 대한 국민적 합의에서 정당성을 찾아야 한다는 견해이다.[35] 바꾸어 말하면, 헌법제정권력의 정당성의 문제는 첫째, 제정주체의 제정권력행사에 있어서 그 정당성을 가지느냐 둘째, 제정권력의 행사에 의하여 나타난 규범내용이 현재에 있어서 수용되느냐의 문제로 나누어질 수 있을 것이다. 제정주체의 정당성의 문제는 규범의 문제가 아니라 이념성과 사실성의 문제인데, 이러한 이념성이 강한 제정주체의 정당성은 그 시대가 판단할 문제가 된다. 따라서 현재의 관점에서 그 제정주체의 정당성을 판단하여 그 제정주체의 권위를 부정할 수는 없는 것이다. 그러나 사실적 관계가 규범체계로 편입되는 규범내용의 정당성은 현재의 관점에서 판단할 수 있게 된다. 예컨대, 헌법제정권력의 한계의 근거가 되는 법내재적 기본원리와 헌정의 전통에서 성립된 특별한 법문화, 국민의 가치관과 법관념 또는 불변의 근본적인 가치, 및 전국가적 인권과 같은 초실정적 자연법에 비추어 헌법규범이 정당성을 가지지 못하는 경우에 그러한 규범들을 폐지되게 되는 것이다. 따라서 헌법제정권력에 있어서의 정당성의 문제는 그 규범내용의 정당성의 문제가 되는 것이다. 정당성을 근거로 하여 헌법제정권력의 주체에 대하여서는 변경을 가할 수 없지만, 그 규범내용의 경우에는 당부의 판단에 따라 폐지가 가능하기 때문이다. 결국 헌법제정권력은 헌법제정 당시의 국민의 상식, 곧 국민들 속에서 생동하는 정치적·경제적·사회적·문화적 윤리에 의하여 정당화되는 것이다.[36]

(2) 〈설문 1〉의 해결

헌법제정권력은 법적으로 평가되어야 할 권력 또는 헌법을 정당화시키는 권위라는 측면이 있기 때문에, 헌법제정권력은 그 형성절차에 있어서나 내용에 있어서 정당성이 전제되어야 한다. 우리의 제헌의회는 그 성립에 있어서 국민으로부터 정당성을 부여받고 있다. 헌법제정에 대한 정당성을 가진 제헌의회의 헌법제정권의 행사는 원칙적으로 항구성을 가지게 된다. 이러한 항구성은 제헌의회가 헌법을 제정하던 그 당시에 있어서 정당성이 주체에 한하여 '잠재된 상태'에서의 항구성을 의미하는 것이지, 내용적 정당성이 결여된 경우에 있어서의 지금의 '현재화된 상태'에서의 항구성을 의미하는 것은 아니다. 예컨

33 Badura, Art. Verfassung, in: Evangelisches Staatslexikon, 2. Aufl. 1975, Sp. 2714.
34 성낙인, 전게서, 43면.
35 계희열, 전게서, 99면 이하.
36 홍성방, 전게서, 36면.

대, 한국 제헌헌법 제18조는 영리를 목적으로 하는 사기업에 있어서 근로자에게 이익의 분배에 균점할 권리를 규정하고 있었다. 이는 헌법의 사상적 토대가 되는 자본주의의 근간을 전면적으로 부정하는 것으로서 그 내용적 정당성을 확보하지 못하게 되어 폐지되는 순간에 이에 대한 제헌의회의 항구성은 상실되게 된다. 만약 제헌의회가 항구적 헌법제정권력자가 된다면 그 내용적 정당성을 잃어버린 헌법규범도 현재 상태에서 규범력을 가지게 되는 것이다. 이러한 일을 있을 수 없는 것이다.

그러나 제헌의회가 제정한 헌법의 내용적 정당성이 현행 헌법 속에서도 아직 존속하고 있다면 헌법제정권력은 당연히 항상성을 지닌 항구성이 되는 것이다. 즉 제헌의회 자체의 항구성은 잠재된 상태에서의 항구성을 의미하기 때문에 정당성을 확보하지 못하는 경우에 헌법제정주체로서의 제헌의회의 항구성은 소멸하게 되지만, 제헌의회가 제정한 헌법내용에 아직 정당성을 확보하고 있다면 현재 상태에서도 항구성을 가지게 되는 것이다. 즉 헌법내용의 정당성여부에 따라 그 당시의 잠재된 상태에서의 항구성이냐 현재 상태에서의 항상성을 지닌 항구성이냐가 결정되는 것이다. 이 문제에서 제헌의회가 항상성을 지닌 항구적 헌법제정권력자가 아니다 라고 하는 것은 제헌헌법의 내용적 정당성이 상실된 경우에 그러하다는 것을 의미한다.

Ⅲ. 헌법개정과 그 정당성

1. 헌법개정의 필요성

헌법개정이란 일반적으로 헌법전이 정하는 절차에 따라(형식적 요건) 기존의 헌법과 동일성을 유지하면서(실질적 요건) 의식적으로 헌법전의 내용을 수정·삭제·추가함으로써 헌법의 형식이나 내용에 변경을 가하는 행위를 말한다. 헌법개정은 형식적 의미의 헌법·성문헌법을 전제로 하는 것이므로 불문헌법과 실질적 의미의 헌법에는 속하나, 형식적 의미의 헌법에는 속하지 않는 관습헌법은 그 대상이 아니다. 그러나 우리 헌법재판소는 신행정수도의건설을위한특별조치법위헌확인심판에서 관습헌법도 헌법개정의 대상이라고 한다.[37] 헌법개정은 첫째, 헌법의 현실적응성과 실효성을 유지하기 위하여, 둘째, 헌법불

37 즉, "우리나라의 수도가 서울이라는 점에 대한 관습헌법을 폐지하기 위해서는 헌법이 정한 절차에 따른 헌법개정이 이루어져야 한다. 이 경우 성문의 조항과 다른 것은 성문의 수도조항이 존재한다면 이를 삭제하는 내용의 개정이 필요하겠지만 관습헌법은 이에 반하는 내용의 새로운 수도설정조항을 헌법에 넣는 것만으로 그 폐지가 이루어지는 점에 있다"라고 하여 관습헌법도 개정대상임을 선언하고 있다(헌재결, 2004. 10. 21, 2004헌마554). 생각건대, 헌법재판소의 이러한 결정은 논리적으로 타당하지 못하다. 물론 헌법개정을 통하여 새로운

만세력에 의한 헌법의 파괴와 폐제를 방지하며, 셋째, 그 제정과정에 참여하지 못한 새로운 정치집단에 헌법형성에 참여할 기회를 제공하기 위하여 그 불가피성이 인정된다. 헌법개정의 궁극적 의의는 헌법규범과 헌법현실의 괴리를 좁힘으로서 헌법규범의 규범력을 높이는 기능을 한다는 데에 있다. 즉 헌법개정은 헌법의 정치적 미완결성의 흠결을 보충하여 새로운 정치사회적 사태를 수용하여 그 불완전성을 보충해 나가는 것.[38] 즉 헌법 내에서 규범 상호간의 충돌 또는 규범자체의 흠결이 드러남으로써 이의 보정과 해소를 통해 그 완결성을 제고하는 것이다.[39] [40] 물론 이러한 문제가 발생하지 않도록 헌법조문의 규정화에 있어서 완성도를 높이는 것이 최선의방법이지만[41] 그것은 쉬운 문제가 아니다. 우리나라의 경우 헌법개정은 주로 권력구조에 관한 것이었다.[42] 헌법개정에 있어서 관련되는 개념 중의 하나가 바로 정통성이기는 하지만,[43] 궁극적으로 정당성의 문제가 된다. 헌법개정이 정통성을 확보하기 위하여서는 헌법실현의 역사적 경험과 가치는 물론 국민의 기본권보장의 실질적 강화와 민주주의의 발전의 측면이 소홀히 되지 않아야 하는 것이다. 어떤 의미에서는 개헌논의는 역사적 정체성의 문제와 직결되는 것이다.[44] [45] 우리의 헌정사에 비추어 볼 때, 집권자의 의지에 따른 정치적 공동생활을 규율하기 위한 헌법개정이 주로 이루어졌는데, 이러한 목적에의 집착으로 그 형식적 요건조차도 충족하지 못하고 있는 경우도 있었다. 형식적 요건을 결여하는 헌법개정은 그 정통성을 확보할 수 없는 것이다.

조항을 신설하는 것이 가능하기 때문에 새로운 조항의 신설을 헌법개정이라 할 수 있을 것이다. 그러나 성문헌법에서 관습헌법의 존재를 긍정하기도 어렵지만, 수도가 서울이라는 관습헌법의 존재는 더욱 인정할 수 없는 것이다. 그렇다면 우리 민족은 '배달겨레 혹은 단일민족'이라는 것을 관습헌법이라고 본다면, 헌법의 개정을 통하지 않고서는 헌법에 의하여 혼인의 자유는 보장되기에 외국인과의 혼인은 가능하겠지만, 한국인과 혼인관계에 있는 외국인에게 국적을 부여하는 국적법은 관습헌법에 위배되는 위헌이 된다는 논리에 이르게 될 수 있는 것이다.

38 류시조, 헌법의 개방성과 폐쇄성, 헌법학연구 제9권 제3호(한국헌법학회), 2003. 10, 61면 참조.

39 정만희, 헌법개정연구, 세종출판사, 2010, 19면.

40 이러한 면에서 본다면 헌법개정은 부분개정이 일반적인 형식이며, 전면적인 헌법개정은 헌법의 변혁으로서 헌법의 제정과 다름없다고 할 것이다. 정만희, 헌법개정논의에 대한 재검토, 동당 성낙인총장 퇴임기념논문집, 국가와 헌법·Ⅰ, 법문사, 2018, 91면.,

41 정극원, 헌법규범 자체의 모순과 헌법규범 간 상충의 해결방안에 관한 일고찰, 공법학연구 제18권 제1호(한국비교공법학회), 2017. 2, 4면.

42 권력구조 개편으로 제한된 헌법개정에 대하여서는 서경석, 자율적 헌법의 민주적 정당성, 헌법학연구, 제13권 제3호(한국헌법학회), 2007. 9, 151면 이하 참조.

43 예컨대, 우리 헌법 전문에 "유구한 역사와 전통에 빛나는 우리 대한민국은 3·1운동으로 건립된 대한민국임시정부의 법통과 불의에 항거한 4·19민주이념을 계승하고," 있다는 것을 천명하여 오늘날 대한민국의 정신적 기원으로서의 정통의식에서 정통성을 찾을 수 있다는 것이다. 이에 대해서는 김영수, 한국헌법사, 학문사, 2000, 318면이하.

44 이승현·김명섭, 헌법개정논의의 정치적 원리, 헌법학연구 제12권 제1호, 2006. 3, 88면.

45 정체성은 독자성 내지 주체서웅로 이해되기도 한다. 김효전, 헌법학연구 제12권 제3호(한국헌법학회), 2006. 9, 77면.

2. 우리나라 헌법개정의 절차

우리나라 (현행)헌법은 그 유형적으로 볼 때 성문·경성헌법에 속하기 때문에 개정방법이나 개정절차가 일반법률의 개정보다는 까다롭게 규정되어 있다.[46] 현행헌법은 개정의 방법을 2단계로 정하여 그 개정안을 대통령이 국무회의를 거쳐 제안하거나 또는 국회의원이 그 재적과반수의 발의로 제안한다(제128조①). 제안된 헌법개정안은 대통령이 20일 이상의 기간 그 제안된 사실을 기재하고 공고한다(제129조). 헌법개정안은 공고일로부터 60일 이내에 국회에서 기명투표로서 재적의원 3분의 2 이상의 찬성으로 의결되어야 한다(제130①). 헌법개정안에 대하여서는 수정의결은 할 수 없고 원안이 가부투표에 회부된다.[47] 우리 헌법은 이처럼 헌법개정안의 제안을 대통령과 국회로 이원화하고 있으며,[48] 국회의 의결을 기명투표로 하는 것은 개정안에 대한 신중성과 역사성을 담보하기 위한 것이다. 국회에서 의결된 헌법개정안은 그 의결 후 30일 이내에 국민투표에 회부된다. 헌법개정은 국회의원선거권자 과반수의 투표와 투표자 과반수의 찬성을 얻어야 확정된다(제130②③). 확정된 헌법개정안은 공포 즉시 효력을 가진다. 헌법개정안이 국민투표에 의하여 확정되는 것이므로 국민투표무효소송을 통하여 전부 또는 일부무효판결이 있으면 재투표를 실시하게 된다. 국민투표법 제97조에는 "국민투표의 효력에 관하여 이의가 있는 투표인 10만명 이상의 찬성을 얻어 중앙선거관리위원회위원장을 피고로 하여 투표일로부터 20일 이내에 대법원에 제소할 수 있고, 이 국민투표무효소송에서 전부 또는 일부무효판결이 있으면 재투표를 실시한다"라고 규정하여 이의제기절차도 마련하고 있다.

3. 헌법개정의 한계

(1) 헌법개정무한계론(한계부정설)

법실증주의적인 입장에서 첫째, 헌법제정권력과 헌법개정권력의 주체가 모두 국민으

46 헌법개정의 방법으로는 대체로 네 가지로 나누어진다. 첫째, 헌법의회의 소집에 의하는 방법이 있다. 스위스헌법, 노르웨이헌법, 벨기에헌법이 그 예이다. 둘째, 국민투표에 의하여 확정하는 방법이다. 여기에는 우리 현행헌법의 경우와 같이 개헌안을 의회에서 심의·의결한 후 국민투표로 확정시키는 방법과 의회의 의결 없이 직접 국민투표에 붙이는 방법이 있다. 셋째, 일반입법기관에 의하는 방법이다. 독일기본법, 오스트레일리아헌법, 우리의 건국헌법과 같이 의회가 헌법개정권한을 갖지만 발의와 의결에 있어서 특별다수결에 의하는 것이다. 넷째, 연방국가에 있어서처럼 연방헌법을 개정하기 위하여 지방의 참여와 동의를 얻도록 하는 것이다. 독일기본법(제79조 제2항)과 미국연방헌법(제5조)과 그 예이다.

47 수정의결을 하는 것이 허용되지 않는 것은 공고되지 아니한 개헌안을 의결하는 것이 되어 헌법개정안의 공고제도에 위배되기 때문이다. 권영성, 전게서, 57면.

48 이러한 이원화의 개헌방법은 어느 의미에서 루소의 국민주권사상과 시예에스의 대의제사상을 함께 받아드린 것으로서 국회에서 국회의원재적 2/3 이상의 찬성을 얻게 한 것은 시예에스의 사상이, 국민투표에 붙여 확정되도록 한 것은 루소의 헌법철학에 이론적인 바탕을 두고 있다는 것이다. 허영, 전게서, 61면.

로서 그 구별을 할 수 없다는 점, 둘째, 헌법규정의 효력은 모두 동일하여 상하서열이 없다는 점, 셋째, 헌법개정한계를 위반한 경우 이를 무효로 선언할 기관이 없다는 점, 넷째, 헌법개정의 한계에 해당하는 구체적 내용의 선정은 주관적 표준에 의한 것이지 객관성이 없다는 것, 다섯째, 만약 실정법에 개정한계조항이 있다하더라도 이 조항부터 우선 개정하는 2중개정의 방식으로 개정한계를 제거할 수 있다는 점에서 헌법개정에도 그 한계가 없다고 한다. 그러나 헌법개정의 한계를 부인하는 것은 헌법개정의 방법으로 헌법 자체를 제거해버릴 위험이 생기게 된다.[49] 헌법은 헌법개정권자에게 헌법개정권만 부여하였지 헌법을 제거하거나 폐지할 권한을 부여한 것은 아니다.[50] 따라서 헌법개정무한계론은 헌법의 동일성을 유지라는 헌법개정의 본래의 의미를 무시하는 것이 된다.

(2) 헌법개정한계론(한계긍정설)

헌법개정의 한계를 긍정하는 견해는 헌법개정절차를 거치더라도 개정할 수 없는 헌법규정이나 내용이 있다고 보는 것이다. 헌법개정한계론은 주로 Schmitt의 결단주의적 헌법관에서 주장되었다.[51] 헌법개정의 한계를 긍정하는 것이 오늘날 대다수의 견해이다. 이러한 주장의 논거를 요약하면 다음과 같다. 첫째, 헌법을 구성하는 헌법 이전의 권력으로서 헌법제정권력과 헌법에 의하여 구성되는 헌법 내의 권력으로서의 헌법개정권력은 개념상 구별된다. 즉 헌법개정의 용어는 정확하게 '헌법률의 개정'으로 표현해야 한다는 것이다.[52] 둘째, 헌법규정에도 효력의 차이가 있으며, 헌법제정주체의 근본결단으로서의 헌법과 이를 구체화하는 헌법규정간에는 효력상의 상하관계가 인정된다. 셋째, 헌법규정 중에는 자연법을 수용한 규정이 있는데, 이러한 규정은 헌법개정절차에 의해서도 개정하지 못한다. 넷째, 비록 헌법개정절차에 의하더라도 기존의 헌법과 동일성을 상실케 하는 헌법개정은 헌법파괴이며 혁명을 의미하는 것으로서 이는 헌법개정으로 볼 수 없다는 것이다.[53] 예컨대, 자유민주주의적 기본질서를 부정하면서 공산주의를 근간으로 하는 헌법개정은 허용되지 않는다는 것이다. 즉 헌법개정권자에게 헌법을 개정할 권한만 부여한 것이지 헌법을 폐지하거나 제거하는 권한까지 부여한 것은 아니기 때문이다.

---

49 계희열, 전게서, 111면.

50 Ehmke, Grenzen der Verfassungsänderung, 1953, S. 90.

51 통합론적 헌법관을 대표하는 스멘트는 헌법해석의 결과 생겨나는 헌법변천에 대하여 이야기했을 뿐 헌법변천과 헌법개정사이의 관계나 헌법개정의 한계에 대해서 전혀 또는 거의 언급하지 않았다. 홍성방, 전게서, 44면.

52 Schmitt, a.a.O., S. 99.

53 헤세(Hesse)가 말하는 '헌법의 동일성과 공동체의 법적 기본질서의 계속성'(Hesse, Grenzen der Verfassungwandlung, in: Festschrift für U Scheuner, 1974, S. 139f) 또는 헤베를레(Häberle)가 말하는 '헌법의 기본적 동일성과 계속성'((Häberle, Zeit und Verfassung, in: ders., Verfassung als öffentlicher Prozeß, 1978. S. 87) 바로 이러한 한계에 해당하는 것이다.

(3) 헌법개정의 구체적 한계

헌법개정의 구체적 한계는 엠케(Ehmke)의 논의전개에 따라 실정법적 한계, 헌법내재적 한계, 헌법초월적 한계의 셋으로 나누어 볼 수 있다.[54] 첫째, 실정법적 한계의 관하여서는 우리헌법에 해당되는 규정은 없다. 둘째, 내재적 한계의 근거가 되는 것으로서는 민주공화국, 국민주권의 원리, 자유민주적 기본질서, 권력분립주의, 핵심적인 기본적 인권, 국제평화주의, 복수정당제, 사회적 시장 경제질서 등을 들 수 있다. 셋째, 헌법 초월적 한계의 근거가 되는 것으로는 자연법, 국제법과 경제적·기술적 조건 또는 지리적 상황 등이다. 예컨대, 국제관계, 사회구조, 경제사정, 국가재정, 정치풍토와 같은 것이 이에 해당하는 것인데, 이것은 엄밀한 의미에서 헌법개정시에만 문제되는 사항들은 아니고 국가의 생활과정에서 항상 영향을 미치는 요인들이기 때문에 말하자면 헌법의 현실과 더욱 밀접한 관계에 있는 것이다.[55] 생각건대, 이러한 헌법초월적 한계는 엄밀한 의미에서 헌법개정의 내용적 한계라기보다는 헌법개정 자체를 할 것인가 말 것인가 하는 형식적 한계의 성격이 더 강하다고 보아야 할 것이다.

4. 헌법개정의 정당성, 그 한계와 한국헌법 제128조 제2항

(1) 헌법개정에서의 정당성문제

헌법개정이 정당성을 가지기 위하여서는 첫째, 부족한 점을 보정하려는 국민적 합의에 바탕, 둘째, 국민의 의사를 수렴하여 헌법개정안에 반영, 셋째, 국민의 의사에 따라 개정여부를 결정할 수 있는 절차를 마련하고 있어야 한다.[56] 즉 헌법제정에 있어서의 정당성의 문제가 주로 그 규범내용의 지속적인 생명력의 문제인데 반하여, 헌법개정에 있어서의 정당성의 문제는 주로 외형적으로 보이는 형식적인 문제로 나타난다. 우리 헌법이 정하고 있는 개정의 절차에서 살펴보게 되면, 발안과 공고와 관련하여 정당성의 문제가 발견되고 있다는 것이다. 즉 헌법개정의 기회균등이라는 점에서 여당에는 유리하고 야당에는 불리하다는 것이다.[57] 공고에 있어서도 20일이라는 단기간의 공고기간은 찬·반토론을 통하여 국민적 합의를 도출하기 위해서는 충분하지 않다는 문제점이 제기된다.[58]

---

54 Ehmke, a.a.O., S. 91f.

55 허영, 전게서, 60면.

56 홍성방, 전게서, 41면.

57 헌법개정에 있어서 여당은 대통령이 헌법개정안을 제안할 수 있어 언제나 헌법개정안을 발안할 수 있는 반면, 야당이 헌법개정안을 제안하기 위해서는 반드시 국회재적의원 과반수 이상을 확보해야 하기 때문에 여당에는 유리하나 야당에는 불리하다는 것이다. 홍성방, 전게서, 41면.

58 계희열, 전게서, 107면.

헌법개정의 내용에 있어서도 정당성의 문제는 제기된다. 우리의 헌정사에서 살펴보면, 제2공화국 헌법과 현행헌법을 제외하고 나머지의 모든 헌법개정은 국민의 자유와 권리의 보장강화라는 국민의 관심사는 철저히 배제되고 오로지 집권자의 이해와 편의에 의하여 이루어졌다. 따라서 헌법개정이 헌법의 발전으로 나아가는 것이 아니라 국가는 하나의 냉혹한 권력기구(Machtapparat)로 전락하게 되었다.[59] 헌법개정이 마치 지붕개량처럼 그리 쉬운 것이 아니라 모든 국론을 다 모아서 이루어져야 하는 것인데, 이런 엄청난 국가적 에너지를 기본권보장의 강화를 통한 국민의 복리의 증진이 아니라 집권자의 통치연장 또는 통치편의를 위하여 헌법개정이 남발된다는 것은 민주헌법국가에서는 용납되어서는 안 되는 것이다. 이러한 헌법개정은 그 정당성을 갖추지 못한 헌법개정이라고 보아야 할 것이다. 그러나 헌법개정은 국민투표에 의하여 확정되는 것이기에 설사 헌법개정이 퇴보하는 것이라 하더라도 국민투표에 의하여 정당성을 부여받게 되는 것이 문제이다. 즉 헌법개정에 의한 규범내용의 경우에는 정당성을 결여하고 있지만, 국민투표에 의한 확정이라는 점에서는 정당성을 확보하게 되는 모순에 직면하게 된다. 이러한 헌법개정은 헌법개정의 순간에 또 다시 헌법개정이 예정되게 되는 것이다. 헌법개정에서의 정당성의 문제는 주로 그 형식적 면에서의 문제이고 헌법제정에 있어서의 정당성의 문제는 주로 그 규범내용의 문제라는 점에서 나타나는 현상이라 하겠다.

(2) 헌법 제128조 제2항의 개정허용 여부

한국헌법 제128조 제2항에는 "대통령의 임기연장 또는 중임변경을 위한 헌법개정은 제안 당시의 대통령에 대해서는 효력이 없다"라고 명문으로 규정하고 있는데,[60] 이를 개정하여 헌법개정 제안 당시의 대통령에 대해서도 임기연장이나 중임변경을 위한 헌법개정의 효력이 있도록 할 수 있는 지 여부에 대해서 한계긍정설과 한계부정설의 논리에 비추어 보면 그 효력이 각각 다르게 나타나게 된다.

첫째, 헌법개정의 한계를 부인하는 입장(헌법개정무한계론)에서는 헌법개정절차에 의하면 어떠한 헌법조항이나 내용의 개정도 할 수 있다고 본다. 따라서 성문헌법이 개정을 금지하는 일정한 조항을 명기하고 있는 경우에도 법리상으로 개정절차를 통하여 그 금지

---

59 Romeberger, Das Verfassungsproblem in den Entwicklungländern, Der Staat, Bd. I, S. 52.

60 이러한 임기조항이 가지는 제도적 의미는 다음과 같다. 첫째, 대통령의 임기를 5년으로 한 것은 특별한 이론적 근거가 없는 것으로서, 개헌당시의 6년·단임제안(민정당안)과 4년·1차중임제안(민주당안)을 절충한 당리당략적 산물이다. 둘째, 중임을 금지한 것은 한국헌정사의 선례에 비추어 중임을 규정할 경우, 중임여부를 둘러싼 정국의 혼란이 초래된다는 점을 감안하여 이를 방지하려는 것이다. 셋째, 그 임기연장이나 중임변경에 관한 특례조항은 임기연장이나 중임변경을 위한 헌법개정을 억제하려는 데에 그 목적이 있다. 권영성, 전게서, 971면 이하.

규정 자체를 개정하는 것이 가능하므로 헌법개정 제안 당시의 대통령에 대해서도 임기연장이나 중임변경을 위한 헌법개정의 한계가 되는 제128조 제2항의 개정은 당연히 가능하게 된다.

둘째, 이에 반하여 헌법개정의 한계를 인정하는 입장(헌법개정한계론)에서는 여러 가지 논의가 가능하여 진다. 즉, 헌법 제128조 제2항은 자연법의 수용이라 할 수 없는 것이고 또 이 조항의 개정에 의해 헌법의 동일성이 상실된다고 볼 수 없을 것이므로 동 조항의 개정 그 자체는 가능하다 고 할 것이다. 반면에 헌법개정의 한계를 헌법제정권력과 헌법개정권력의 구별에서 찾는 입장에서는 동 조항이 대통령의 장기집권을 통한 독재를 막기 위한 헌법제정권력주체의 근본결단[61]으로 보아 헌법개정 제안 당시의 대통령에 대하여 임기연장이나 중임변경을 위한 헌법개정은 인정되지 않는다는 것이다. 그러므로 동 조항은 헌법개정한계조항으로 보아야 한다는 것이다. 즉 개헌효력의 한계규정이 된다.

(3) 〈설문 2〉의 해결

한국헌법 제128조 제2항은 대통령의 임기연장이나 중임변경을 위한 헌법개정 그 자체를 금지하는 것이 아니라는 점에서 헌법개정의 한계 그 자체를 규정한 것은 아니고, 단지 헌법개정의 효력을 제한하는 규정일 뿐이다. 따라서 헌법개정의 한계를 부인하는 한계부정설이나 한계를 인정하는 한계긍정설의 경우에도 개정 그 자체에 대해서는 이론이 없다. 따라서 “대통령의 임기를 4년으로 하되 1차에 한하여 중임할 수 있다”라고 하는 헌법개정 그 자체는 아무런 문제도 발생하지 않는다. 다만 이 사안에서 보는 것처럼 “대통령의 임기를 4년으로 하되 1차에 한하여 중임할 수 있다”라고 하는 헌법개정의 효력을 제안 당시의 대통령에게 인정하여 곧바로 적용하려는 경우에 있어서는 문제가 된다.

헌법 제128조 제2항은 과거 불행했던 우리 헌정과 민주주의 퇴행을 가져 온 원인이 대통령의 장기집권과 독재에 있었다는 역사적 경험을 바탕으로 하여 규정되었다. 동 조항은 무엇보다도 대통령의 장기집권을 위한 개헌을 미리 차단하기 위한 규정이다. 이러한 근본취지에서 본다면 헌법 제128조 제2항의 개정을 통해 제안 당시의 대통령에게 임기연장이나 중임변경을 위한 헌법개정의 효력을 인정하게 된다면 우리 헌정의 뼈아픈 역사적

---

61 이를 근본결단이라 할 수 있을 것인가에 대하여는 다툼이 있다. 이 조항이 처음으로 규정된 1980년의 헌법개정(제5공화국 헌법)과 이를 수용한 1987년 현행 헌법개정을 헌법제정으로 보지 않고 헌법개정으로 보는 경우에 이 조항은 헌법제정권력주체의 결정이 아니게 된다. 그러나 1980년 헌법개정과 1987년 헌법개정은 형식에 있어서 헌법개정이나 유신독재의 종식과 권위주의체제에 대한 6월 항쟁의 결과이며 그 실질에 있어서 헌법제정이라고 보아야 한다는 것이다. 이 경우 이 조항은 헌법제정권력주체의 근본결단이 되는 것이다. 생각건대, 이 조항은 형식적으로는 헌법개정이지만, 실질적 헌법제정으로 보아도 될 것이다.

경험을 근본적으로 부정하게 되는 것이다. "대통령의 임기를 4년으로 하되 1차에 한하여 중임할 수 있다"라고 하는 헌법개정의 효력을 제안 당시의 대통령에게 인정하려는 목적으로 하는 헌법개정은 제안 단계부터 이미 헌법 제128조 제2항에 반하여 무효로 보아야 한다. 따라서 이 사안의 헌법개정은 위헌·무효가 되는 것으로서 허용될 수 없다. 만약에 "대통령의 임기를 4년으로 하되 1차에 한하여 중임할 수 있다"라고 하는 헌법개정을 먼저 하고나서 나중에 제안 당시의 대통령에게도 효력을 인정하려는 시도를 하는 경우에는 헌법개정 그 자체는 아무런 문제가 되지 않지만, 그 적용에 있어서는 역시 위헌·무효가 된다. 이 경우 동 조항은 개정된 헌법의 효력의 인적(적용)범위를 제한하는 규정으로서의 의미를 가지게 된다.

Ⅳ. 맺음말

정당성은 헌법제정과 헌법개정의 한계근거가 된다. 헌법국가에 있어서 국가적 지배가 정당화되고 국가권력에 정당성이 부여되는 이유는 헌법제정과 헌법개정에 있어서 국민의 참여가 가능하고 또한 국민의 의사결정을 통하여 이루지기 때문이다. 즉 민주적 정당성이 전제되어 있기에 그렇다. 일반적으로 정당성은 절대적 성질을 가지는 규범적 정당성과 일반화된 동의의 용의로서의 경험적 정당성으로 나누어지는데, 헌법제정과 헌법개정은 이미 이러한 정당성을 가지고 있으며, 또한 이러한 정당성에 의하여 헌법의 규범력을 확보하게 되는 것이다. 헌법제정과 헌법개정에 대한 구별은 흔히 그 태양에서 찾는다. 즉 헌법제정은 기존에 존재하지 않는 헌법을 시원적으로 창조하는, 즉 헌법을 처음으로 제정한다는 것이고 헌법개정은 이미 제정된 헌법에 의하여 비로소 조직되고 제도화된 권력이라는 것이다. 정당성의 관점에서 본다면, 헌법제정에는 경험적 정당성을 기초로 하여 규범적 정당성의 가치가 동시에 내포되게 되는 것이지만, 헌법개정에는 경험적 정당성의 가치보다는 규범적 정당성이 더 큰 가치를 가지게 된다.

규범적 정당성은 규범내용의 실체적 정당성과 규범내용정립의 절차적 정당성으로 나누어진다. 헌법제정권력에 있어서의 규범적 정당성은 규범내용의 정당성이라는 의미를 가지는데 반해, 헌법개정에 있어서의 규범적 정당성은 형식적 절차에 있어서의 정당성의 의미를 가지게 되는 측면이 있다. 엄밀한 의미에서 본다면, 사실적 권력관계로 인하여 정치적 함의를 더 많이 포함하고 있는 헌법제정권력에는 형식적 절차의 구속력이 더 강하게 나타나는 것이고, 헌법개정에 있어서는 규범적 정당성에 의한 구속력이 더 강하게 작용하여야 하는 것이다. 즉 헌법제정권력은 그 주체의 행사의 한계가 문제되는 것이고, 헌법개정은 그 개정내용의 한계가 문제되는 것이지만, 실제에 있어서는 헌법제정권력은 그 내용의 정당성을 통하여 항구성을 가지게 되며, 헌법개정은 그 형식적 절차가 우선적으로 적용되게 된다. 헌법개정은 그 형식적 절차에 따라야만 성립되는 것이기 때문이다. 헌법개정에 있어서 규범내용의 정당성은 나중의 문제가 되는 것이다. 우리의 헌법개정사에 있어서 국민의 기본권보장에 관하여서는 관심이 없고 오로지 권력구조의 개편에 관하여 개정이 이루어지는 것이 가능하였던 것은 바로 이러한 이유에서이다. 헌법개정에 있어서는 정당성은 반드시 고려되어야 하는 것이다. 정당성은 앞으로의 헌법개정에 직면하여서 우선적으로 고려하여야 하는 당위근거가 되는 것이다. 형식적 절차의 문제로서가 아니라 규범내용의 정당성이라는 점에서 헌법개정이 이루어지는 경우에 헌법개정은 사회적 현실을 더 많이 반영하는 현실과의 괴리를 좁히는 것으로서의 의미를 가지게 되는 것이다. 즉 헌법개정의 중심과제는 권력구조의 개편이 아니라 항상 국민의 자유와 권리의 실질적 보장의 강화이어야 하는 것이다.

<참고문헌>

계희열, 헌법학(상), 박영사, 1995.

권영성, 헌법학원론, 법문사, 2010.

김영수, 한국헌법사, 학문사, 2000.

김철수, 헌법학개론, 박영사, 2001.

박인수(역), 제3의 신분이란 무엇인가, 책세상, 2003.

성낙인, 헌법학, 법문사, 2019.

이승우, 헌정사의 연구방법론, 도서출판 두남, 2011.

정만희, 헌법개정연구, 세종출판사, 2010.

한수웅, 헌법학, 법문사, 2015.

허영, 한국헌법론, 박영사, 2002.

홍성방, 헌법학, 현암사, 2005.

권영설·이인호, 헌법제정권력이론의 역사적 고찰, 헌법학연구 제1집(한국헌법학회), 1995. 11.

김명재, 헌법제정권력론에 대한 비판적 고찰, 공법연구 제27집 제1호(한국공법학회), 1998. 12.

김효전, 헌법학연구 제12권 제3호(한국헌법학회), 2006. 9.

류시조, 헌법의 개방성과 폐쇄성, 헌법학연구 제9권 제3호(한국헌법학회), 2003. 10.

서경석, 자율적 헌법의 민주적 정당성, 헌법학연구, 제13권 제3호(한국헌법학회), 2007. 9.

양건, 대한민국헌법의 연혁과 개요, 한국헌법학회(편) 헌법주석(Ⅰ), 박영사, 2013,

이승현·김명섭, 헌법개정논의의 정치적 원리, 헌법학연구 제12권 제1호, 2006. 3.

정극원, 헌법의 제정권력과 개정, 고시연구, 2005, 6.

정극원, 헌법규범 자체의 모순과 헌법규범 간 상충의 해결방안에 관한 일고찰, 공법학연구 제18권 제1호(한국비교공법학회), 2017. 2.

정만희, 헌법개정논의에 대한 재검토, 동당 성낙인총장 퇴임기념논문집, 국가와 헌법·Ⅰ, 법문사, 2018.

최용기, 대한민국임시정부의 정통성, 헌법학연구 제12권 제4호(한국헌법학회), 2006. 11.

Henke, Die verfassunggegebene Gewalt des deutschen Volkes, 1957.

Hesse, Grundzüge des Verfassungsrechts der Bundesrepublik Deutschland, 20. Aufl. 1999.

Laband, Das Staatsrecht des Deutschen Reiches, Bd. 2, 1911.

Malberg, Contribution la Thorie General de l'Etat, II, 1922.

Maunz/Zippelius, Deutsches Staatsrecht, 28. Aufl. 1991.

Schmitt, Verfassungslehre, 1928(5, unverǎnderte Aufl. 1970).

Stein/Frank, Staatsrecht, 17. Aufl. 2000.

Stern, Das Staatsrecht der Bundesrepublik Deutschland, Bd. I, 2. Aufl. 1894.

Anschütz, Die Verfassung des Deutschen Reiches, 14. Aufl. 1933.

Badura, Art. Verfassung, in: Evangelisches Staatslexikon, 2. Aufl. 1975.

Ehmke, Grenzen der Verfassungsänderung, 1953.

Häberle, Zeit und Verfassung, in: ders., Verfassung als öffentlicher Prozeß, 1978.

Hesse, Grenzen der Verfassungwandlung, in: Festschrift für U Scheuner, 1974.

Menzel, Legitimation staatlicher Herschaft durch Partizipation Privater?, 1980.

Offe, Überlegungen und Hypothesen zum Problem politscher Legimitation, in: Ebbinghausen (Hrsg.), Bürgerlicher Staat und politische Legimitation, 1976.

Romeberger, Das Verfassungsproblem in den Entwicklungländern, Der Staat, Bd. I.

5 통일을 준비하는 헌법개정의 방향*

장 영 수**

Ⅰ. 서: 헌법의 미래 비전, 통일을 지향하는 헌법발전의 필요성

비록 2017년 개헌특위가 성과 없이 끝났지만, 국민들의 개헌에 대한 관심은 여전히 높다. 이미 30년이 넘어 역대 최장수 헌법이 된 현행헌법이 시대에 맞게 개정되어야 할 필요성에 대해서는 이미 오래 전부터 공감대가 형성되어 있었지만, 여러 가지 국내외적 변수에 의해 개정이 늦춰지고 있었다. 하지만 제왕적 대통령제의 폐해를 근절하기 위해서는 개헌이 필요하다는 주장은 여전히 설득력을 얻고 있는 것이다.

그러나 개헌은 2007년 노무현 대통령이 원포인트 개헌[1]을 주장했던 것처럼 특정 조항 한 두 개를 개정하는 것으로 끝나기 어렵다. 지난 30년 동안 축적된 개정 필요 사항들이 적지 않을 뿐만 아니라, 한편으로는 헌법 제29조 제2항처럼 지난 개헌에서 빠뜨렸던 문제를 해결해야 할 것이고, 다른 한편으로는 21세기 대한민국의 새로운 발전을 위한 비전을 제시하고 이를 위한 토대를 마련해야 할 것이기 때문이다.

이와 관련하여 빠뜨릴 수 없는 문제가 통일을 준비하는 헌법 조항들의 강화라고 할 수 있다. 헌법적 과제로서 통일이 갖는 의미와 중요성에 대해서는 이론의 여지가 없을 것이지만, 정작 통일에 대한 준비가 얼마나 실질적·효율적으로 진행되고 있는지에 대해서는 우려가 적지 않다. 1989년 동독에서 평화혁명이 일어날 때까지 서독에서는 통일이 임박했음을 감지하지 못하고 있었고, 1990년 통일이 될 당시에는 — 비록 1970년대 빌리 브란트의 동방정책[2] 이후 지속적으로 동독과의 교류·협력을 위해 노력했음에도 불구하고 — 준비의 부족을 절감하게 되었던 것[3]은 우리에게도 좋은 교훈이다.

---

* 평소 존경하는 선배로서, 꾸준히 정진하는 학자로서 정만희 교수님의 든든한 등을 바라보면서 뒤따르던 후배가 정년을 축하드림과 동시에 짙은 아쉬움을 전합니다. 부디 정년 이후에도 계속 왕성한 활동으로 후학들의 귀감이 되시기를 바랍니다.

** 고려대 법학전문대학원 교수.

1 원포인트 개헌에 관하여는 김종철, 대통령 4년 연임제 '원 포인트' 개헌론에 대한 비판적 검토, 헌법학연구 제13권 제1호(2007.3), 61-104쪽; 정태호, 대통령 임기제 개헌의 필요성과 정당성, 헌법학연구 제13권 제1호(2007.3), 1-60쪽 참조.

2 동방정책(Ostpolitik)에 관하여는 Karl Doering/Wilhelm Kewenig/Georg Ress, Staats- und völkerrechtliche Aspekte der Deutschland- und Ostpolitik, 1971; Benno Zündorf, Die Ostverträge, 1979 참조.

3 이에 관하여는 우베 뮐러(이봉기 역), 『대재앙, 통일: 독일 통일로부터의 교훈』, 2006 참조.

통일의 카운트다운은 이미 시작된 것일 수 있다. 지금 북한의 핵과 미사일을 둘러싼 긴장의 고조가 심각하지만, 이 고비를 넘은 후에는 통일이 성큼 다가올 가능성도 상당히 높다고 볼 수 있는 것이다. 그런데 우리는 아직까지 통일에 대한 큰 그림을 그리지 못하고 있다. 1990년 독일의 통일에 자극받아 각 분야별 미시적 준비들은 지난 20여년 동안 상당히 축적되어 있지만, 이를 유기적으로 엮어서 통일에 대한 거시적 청사진을 만들지 못하고 있는 것이다. 그로 인하여 통일을 위한 준비 내지 연구들 사이에 충돌 내지 모순이 발생하는 경우도 적지 않으며, 통일 준비의 효율성이 크게 약화되고 있다.

이러한 문제를 완전히 회피하는 것은 불가능하겠지만, 통일헌법의 기본적 방향을 정하고, 이를 헌법에 담아서 통일을 위한 헌법적 기준과 지침을 구체화함으로써 충돌과 모순을 최소화하는 것은 가능하고 필요하다.[4] 더욱이 개헌이 점차 가시화되고 있는 상황에서 통일을 준비하는 내용들이 새로운 헌법에 반영될 수 있도록 하기 위해서는 지금부터 서둘러 준비해야 할 것이다.[5]

Ⅱ. 통일헌법의 의미와 통일에 대비한 헌법적 준비의 필요성

1. 통일헌법의 의미와 통일헌법 제정의 기본방향

통일은 우리 민족의 소망이다. 하지만 통일은 단지 통일을 향한 열망만으로 달성될 수 있는 것이 아니라 국내외적으로 여러 가지 조건이 갖추어졌을 때 비로소 성공할 수 있는 어렵고 복잡한 과제라고 할 수 있다. 그렇기 때문에 통일의 준비과정에서부터 통일의 방향과 방법에 대한 숙고가 요청되는 것이다. 통일헌법의 제정[6]에 관한 논의 또한 성공적인 통일의 달성을 위한 준비의 일환으로 이해될 수 있다.

동서독의 통일에서 보듯이 분단국가의 통일이 반드시 새로운 통일헌법의 제정을 조건으로 하는 것은 아니다. 새로운 헌법의 제정을 통해 통일국가를 새로이 건설하는 것이 아니라 한쪽이 다른 한쪽에 흡수되는 형식의 통일도 가능하며,[7] 이 경우에는 통일헌법의

---

4 이에 관하여는 장영수, 통일헌법 제정의 기본방향, 유럽헌법연구 제21호(2016.8), 393-431쪽 참조.

5 물론 이와 더불어 통일에 대한 국민적 합의를 확고히 하고 이를 뒷받침할 수 있는 통일교육을 강화하는 것도 필요할 것이다.

6 통일헌법의 역사적 의미는 그 어느 것과도 비교될 수 없다. 통일헌법은 지난 반세기 이상의 분단을 극복하고 민족의 새로운 도약을 위한 기틀을 형성한다는 점에서 1948년 헌법제정 이상의 역사적 의미를 가질 수 있는 것이다. 1948년 헌법제정의 역사적 의미에 관하여는 장영수, 1948년 헌법제정의 역사적 의미, 고려법학 제51호(2008.10), 53-76쪽 참조.

7 다만, 우리 헌법은 통일 이전의 독일 기본법 제23조에서 규정했던 것과 같은 방식의 통일에 관한 명문의 규정

제정이 꼭 필요한 것은 아니기 때문이다. 그러나 보다 체계적이고 합리적인 통일 준비를 위해서, 그리고 통일 이후의 사회적 통합을 위해서 통일헌법의 제정은 필요하다.

통일의 준비과정에서 통일헌법이 갖는 의미는 전체적 통일 준비의 구심점 역할을 할 수 있다는 점에 있다. 통일국가의 법질서가 어떠한 방향으로 나아가야 하는지, 이를 위한 기준과 지침은 무엇인지를 분명히 할 때 통일의 준비과정이 체계성과 합리성을 확보할 수 있으며, 이러한 의미에서 통일헌법은 통일 이후의 국가질서를 염두에 두고 어떻게 통일을 준비할 것인지에 대한 기준점의 역할을 할 수 있는 것이다.[8]

또한 통일 이후의 사회적 통합을 고려하더라도 기존의 헌법을 유지하는 가운데 흡수통일을 하는 것보다는 새로운 통일헌법을 제정하고, 그 과정 속에 남북한 주민들의 적극적 참여를 유도함으로써 사회적 통합의 기초를 형성하는 것이 필요하다.[9] 통일 이후 독일이 그러했듯이 남한 주민과 북한 주민이 마치 1등 국민과 2등 국민으로 차별되는 양상을 보이지 않기 위해서, 그리고 심리적 거리감을 최소화시키기 위해서 통일헌법의 제정을 남북한 주민들의 통합을 위한 계기로 적극 활용하는 것이 특별한 의미를 가질 수 있는 것이다.[10]

2. 통일의 과정과 통일 준비의 개념, 유형

통일의 과정은 크게 세 단계로 나누어질 수 있다. 첫 번째가 통일준비단계로서 통일을 위한 기반조성을 하는 것이고, 두 번째가 통일에 대한 기본적 합의를 전제로 구체적인 통일의 내용과 방식을 협의하는 통일협상의 단계, 마지막 세 번째는 통일협상이 타결되어 정치적 통일이 이루어진 이후의 남북한의 사회적 통합을 통해 실질적으로 통일을 완성하는 단계이다.

그동안의 통일정책은 대부분 통일에 이르기까지의 준비과정에 관한 것들이었다. 예컨대 김영삼 정부에서 주장하였던 민족공동체 통일방안은 제1단계로서 화해·협력단계, 제2단계로서 남북연합단계, 제3단계로서 1민족 1국가의 통일국가 완성으로 이야기하는 3

이 없기 때문에 논란의 소지는 있다. 하지만 한반도 전체를 대한민국의 영토로 규정한 제3조에 기초하여 사실상의 흡수통일을 추진할 수 있는 가능성도 열려 있다고 볼 수 있을 것이다.

8 즉, 현행법질서가 헌법을 정점으로 한 통일적 법체계를 형성하고 있는 것처럼, 통일 한국의 법질서는 통일헌법을 중심으로 일관된 체계를 형성하여야 하는 것이다. 비록 통일헌법만으로 통일의 준비가 완성되는 것은 아니지만, 통일헌법을 염두에 두고 통일을 준비하는 것이 가장 합리적이라고 할 수 있는 이유는 여기에 있다.

9 독일의 경우 국제정세의 불안정 때문에 통일헌법의 제정 대신에 기존헌법을 유지하고 동독을 흡수하는 방식을 선택했지만, 그것이 사회통합의 측면에서 문제가 있다는 지적은 적지 않았다.

10 일방적인 흡수통일의 경우 사후적인 부작용의 우려가 크기 때문에 신자유주의적 통일정책이 아니라 사회민주주의적 통일정책을 취해야 한다는 견해도 있다. 이에 관하여는 최형익, 한국 민족주의와 통일의 조건, 민주주의와 인권 제6권 제2호(2006.10), 41−74쪽 참조.

단계의 통일에 이르는 방법에 관한 정책이었고,[11] 북한에서 주장했던 연방제통일방안 역시 통일의 방식 내지 과정에 대한 것이었을 뿐이다.[12]

그러나 동서독의 통일에서 보듯이, 실제 통일은 그 준비와 통일에 대한 합의만으로 끝나지 않는다. 마치 열렬한 연애 후에 결혼식을 올렸다고 해서 결혼생활이 순탄할 것이라는 보장은 없는 것처럼 통일의 준비과정이 철저했다고 해서 그 이후에 아무런 문제가 없는 것은 아니다. 그렇기 때문에 거꾸로 통일의 준비과정에서부터 통일의 기반조성을 통한 통일에 대한 남북한 주민들의 합의를 도출할 수 있도록 하는 것도 중요하지만, 구체적으로 어떤 형태의 통일국가를 형성할 것인지에 대한 합의도 중요하며, 나아가 통일 이후의 사회적 통합의 중요성 또한 간과될 수 없는 것이다.

그런 의미에서 통일의 진행과정은 제1단계로서의 준비를 통한 기반조성, 제2단계로서의 통일협상 및 이를 통한 통일국가의 구체적 형성(통일헌법에 대한 합의), 제3단계로서의 정치적 통일 이후의 사회적 통합으로 이어지며, 특히 제3단계만 해도 짧게는 10년 길게는 한 세대 이상의 시간이 소요될 수 있다는 점에 유의해야 할 것이다.[13]

지금까지 우리는 통일에 대해 나름의 준비를 했고, 나름의 노하우를 축적했다고 하지만, 대부분은 제1단계인 통일의 기반조성에 관한 것이다. 즉, 제2단계나 제3단계에 대한 준비는 매우 미흡한 상태인 것이다. 더욱이 제1단계와 제2단계는 사실상 맞물려 있을 수밖에 없다는 점에서 제2단계에 대한 준비, 즉 통일협상을 통해 어떤 형태와 어떤 내용의 통일국가, 통일헌법을 만들 것인지에 대한 실질적 준비의 필요성은 아무리 강조해도 지나치지 않다.

3. 통일에 대비한 헌법적 준비의 필요성

그동안 통일에 관한 많은 연구와 준비가 있었지만, 그 무게 중심이 되어야 할 통일헌법에 대한 연구는 상대적으로 많지 않았다. 통일의 준비와 관련하여 모순과 충돌을 최소화하는 가운데 체계성과 효율성을 높이기 위하여 아무리 강조해도 지나치지 않을 정도로 중요한 것이 통일의 기본적 성격과 방향에 대한 국민적 합의를 확인하고 또 발전시키는 것이라고 할 수 있다. 이를 전제로 국민적 합의에 기초한 통일정책이 수립·추진될 수

---

11 김영삼 정부의 통일정책에 관하여는 정용석, 김영삼 정부의 통일정책 평가, 한남대 사회과학연구 제6권(1996), 5-27쪽 참조.

12 북한의 통일정책의 변화에 관하여는 우철구, 북한 통일정책의 전개와 변화, 한국정치외교사논총 제10집(1994.11), 531-561쪽 참조.

13 독일의 경우 사회적 통합에 소요된 시간은 최소 20년 이상인 것으로 평가된다. 이에 관하여는 문태운, 통일독일의 사회통합의 장애요인 -정치적 쟁점을 중심으로-, 호남대 인문사회과학연구 제40집(2013.8), 63-91쪽; 안지호·현주, 시스템 통합을 넘어서 : 통일 25년 이후 독일의 사회통합, 한독사회과학논총 제25권 제3호(2015.9), 221-250쪽 참조.

있을 뿐만 아니라, 통일에 관한 여러 준비과정도 중복이나 충돌의 문제를 최소화할 수 있을 것이기 때문이다.

이러한 통일의 기본적 성격과 방향에 관한 국민적 합의를 규정하고 있는 것이 현행 헌법 제4조의 '자유민주적 기본질서에 입각한 평화적 통일'이다. 그리고 이를 통일 이후에 어떻게 구체화할 것인지의 문제는 결국 통일헌법을 어떤 절차와 방식을 통해, 어떤 내용을 담아서 제정할 것인가의 문제로 나타나게 된다.[14] 따라서 현재 국내질서에 관한 문제들이 현행헌법을 기준으로 체계적 일관성을 가지고 해결될 수 있는 것처럼 통일에 관한 수많은 쟁점들도 통일헌법을 기준점으로 하여 해결되어야 하는 것이다.

따라서 통일헌법의 문제는 단순히 통일에 관한 여러 쟁점들 중의 하나로서가 아닌, 이러한 쟁점들이 해결되기 위해서 전제되어야 할 가장 중요한 기초로 이해되어야 한다. 즉, 통일헌법의 성격과 내용이 어떻게 정해지느냐에 따라서 통일에 관한 다른 쟁점들의 해결방향 자체가 달라질 수 있기 때문에, 다른 쟁점들에 우선하여 통일헌법의 기본적 방향과 내용이 결정되어야 할 필요가 있는 것이다.[15]

그런 의미에서 통일에 대한 준비과정을 통일헌법에 대한 구상을 중심으로 재정비해야 할 필요성은 아무리 강조해도 지나치지 않다고 볼 수 있다.

Ⅲ. 현행헌법상 통일조항의 의의와 한계

1. 헌법 제4조 통일조항의 의의와 도입배경

대한민국의 통일정책은 역대 정부에 의해 지속적으로 변화되어 왔다. 이승만 정부의 북진통일론에서 박근혜 정부의 한반도 신뢰 프로세스에 이르기까지 수많은 통일정책들이 제시되었고, 나름의 의미를 가지고 추진된 바 있다.[16] 여기서 중요한 전기가 마련되었던 것은 1972년 7,4 남북공동성명에 의해 통일에 관한 기본원칙으로서 자주, 평화, 민족대단

14 우리의 현재 상황을 고려할 때, 통일 이후에는 통일헌법을 새로 제정하는 것이 더 바람직할 것으로 보인다. 그러나 독일의 경우처럼 통일 이후에 새로운 헌법을 제정하지 않고 기존의 헌법을 개정하여 그 효력을 북한지역에 미치도록 할 경우에도 이러한 통일(개정)헌법의 의의와 중요성은 달라지지 않는다.

15 그런 의미에서 통일헌법에 대한 논의는 이를 전제로 해서만 해결될 수 있는 다른 쟁점들에 우선하여야 한다. 예컨대 통일헌법상의 정부형태가 어떻게 결정되느냐에 따라서 선거제도를 비롯한 국가운영의 기본구조가 달라질 것이며, 그에 따라 매우 많은 변화가 야기될 것이다. 그러므로 통일헌법의 기본골격을 확정하지 않은 상태에서는 개별적 쟁점들에 대한 논의는 사상누각이 될 우려가 적지 않은 것이다.

16 역대 정부의 통일정책에 관하여는 김영재, 박근혜 정부의 대북정책, 정치정보연구 제17권 제2호(2014.12), 31–55쪽; 박광기·박정란, 한국의 통일·대북정책 60년 : 회고와 전망, 정치정보연구 제11권 제1호(2008.6), 161–190쪽 참조.

결의 3대 원칙이 확인되었던 것이다.[17]

이후 평화통일에 대한 요청은 헌법에 수용되었다. 1972년 헌법(유신헌법)은 전문(前文)에서 "조국의 평화적 통일의 역사적 사명"을 명시하였고, 제43조 제3항에서 "대통령은 조국의 평화적 통일을 위한 성실한 의무를 진다"고 규정하였다.[18] 이후 1980년 헌법(제5공화국헌법)도 전문에서 "조국의 평화적 통일과 민족중흥의 역사적 사명"을 명시하였고, 제38조 제3항에서 유신헌법 제43조 제3항과 같은 대통령의 평화통일의무조항을 존치하였다.[19]

1987년 개정된 현행헌법은 전문에서 "조국의 민주개혁과 평화적 통일의 사명"을 선언함으로써 평화적 통일에 대한 요청이 바뀌지 않았음을 확인하였을 뿐만 아니라, 제4조에서 "대한민국은 통일을 지향하며, 자유민주적 기본질서에 입각한 평화적 통일정책을 수립하고 이를 추진한다"고 규정함으로써 과거의 헌법에 비해 평화적 통일에 관한 요청을 더욱 구체화하고 있다.[20]

1987년의 헌법개정에서 평화통일조항이 도입된 배경 내지 의미에 관하여 한반도의 분단현실에 대한 인식 내지 북한의 실체에 대한 인식이 달라졌다는 점을 지적할 수 있다. 즉, 헌법 제3조의 영토조항에 북한지역을 포함한 한반도 전체가 대한민국의 영토이고, 북한은 이를 불법적으로 점거하고 있는 불법단체라는 인식이 지속되고 있는 동안에는 북한의 실체를 부인하는 태도를 취했던 반면에,[21] 대외적 관계 내지 전쟁의 위험 등을 고려하는 가운데 평화적 통일의 필요성이 커지면서 북한을 통일을 위한 상대방으로 그 실체를 인정하는 변화가 일어나면서[22] 헌법 제4조의 도입이 가능해졌다고 볼 수 있는 것이다.[23]

2. 그 밖의 통일 관련 헌법조항들과 그 의미

통일에 관한 헌법조항들은 매우 단편적이다. 헌법 전문(前文)에서는 "… 평화적 통일

---

17 7.4 남북공동성명에 관하여는 박광득, 7·4 남북공동성명(1972)의 주요내용과 쟁점분석, 통일전략 제14권 제3호(2014.8), 9−39쪽; 박정진, 냉전시대 한반도 갈등 관리의 첫 실험, 7.4 남북공동성명, 북한연구학회보 제16권 제1호(2012.8), 293−320쪽 참조.

18 그 밖에 헌법 제46조에 따라 취임선서에서 "…조국의 평화적 통일을 위하여 대통령으로서의 직책을 성실히 수행할 것을 국민 앞에 엄숙히 선서"하도록 하고 있었다.

19 제44조의 취임선서에서 평화통일에 관한 내용이 들어가 있는 것도 다르지 않다.

20 대통령의 평화적 통일에 관한 의무는 제66조 제3항에 규정되고 있으며, 취임선서에 관하여는 제69조에 규정되어 있다.

21 이러한 경우 북한정권이라는 불법집단을 제거하는 방법이 평화적인지의 여부는 중요하지 않을 수 있었다.

22 그것이 곧 북한은 더 이상 불법단체가 아니라는 것을 의미하는 것은 아니다.

23 이와 유사한 취지로 표명환, 한반도 통일과 통일조항의 해석방향, 토지공법연구 제59집(2012.11), 583−603(588)쪽 참조.

의 역사적 사명"을 선언하고 있으며, 헌법 제4조에서 평화통일의 원칙에 관한 조항을 두고 있는 것 이외에도 대통령의 통일에 관한 의무(헌법 제66조 제3항, 헌법 제69조), 외교, 국방, 통일 기타 국가안위에 관한 중요정책에 대한 대통령의 국민투표 부의권(제72조), 대통령의 자문기구로서의 민주평화통일자문회의의 설치(헌법 제92조)가 명시되어 있다.

이러한 헌법조항들에 근거하여 정부조직법이 따라 통일부가 구성되어 통일에 관한 주요 업무를 담당하고 있을 뿐만 아니라 「남북 이산가족 생사확인 및 교류 촉진에 관한 법률」, 「남북관계 발전에 관한 법률」, 「남북교류협력에 관한 법률」, 「남북협력기금법」, 「북한인권법」, 「북한이탈주민의 보호 및 정착지원에 관한 법률」, 「통일교육지원법」 등이 제정되어 시행되고 있다.[24]

그러나 통일 내지 남북한의 관계에 관한 법률규정들 사이에서도 체계상의 혼란에 대한 논란이 있는가 하면, 통일 준비과정에서 정부부처들 사이에서의 시각차 내지 입장차가 드러나는 예들도 적지 않다. 이런 문제들을 예방하기 위해서는 통일에 관한 일관성 있는 원칙과 기준이 정립되고, 그 바탕 위에서 개별 법률들 및 법률의 시행으로서의 정책 입안과 집행이 이루어지는 것이 필요할 것이다.

이를 위한 첫 단계가 통일에 관한 헌법조항들의 통일적 해석이라 할 수 있다. 헌법의 통일적 해석은 이미 헌법해석의 준칙으로 널리 인정되고 있지만,[25] 통일에 관한 헌법조항들을 어떠한 체계 속에서 전체적으로 이해할 것인지에 대해서는 지금까지 많은 논의가 있지는 않았다.

그러나 민주주의에 관한 헌법규정들이나 사회국가에 관한 헌법규정, 교육에 관한 헌법규정 등에 비교할 때, 통일에 관한 헌법규정들은 비교적 단순한 편이기 때문에 해석상 혼란의 소지는 크지 않다. 헌법 제4조를 제외한 다른 조항들은 통일의 전체적 방향과 지침에 관한 것이라기보다는 개별적인 경우에 한정되는 것이기 때문에 해석상의 충돌이나 혼란의 가능성 자체가 별로 없기 때문이다.

따라서 헌법상의 통일조항들의 통일적 해석에 있어서는 헌법 제4조의 해석이 핵심이 될 수밖에 없다.

3. 현행헌법상 통일조항들의 한계

그런데 이와 같은 통일에 관한 현행헌법상의 조항들은 통일 준비를 위한 기초 내지 통일의 원칙과 기준, 방식을 구체적으로 이끌어나갈 수 있는 국민적 공감대로서 충분하다

24 북한인권법은 2016년 3월 3일 공포되었고, 2016년 9월 4일부터 시행되었다.
25 헌법해석의 준칙으로서의 '헌법의 통일성의 원칙'에 관하여는 장영수, 『헌법학』, 2019, 106쪽 이하 참조.

고 보기는 어렵다. 물론 통일의 시점을 정확하게 예측할 수 없을 뿐만 아니라 통일협상 및 사회적 통합 단계에서 어떤 변수들이 등장할 것인지를 알지 못하기 때문에 통일의 방향과 기준을 정확하게 정하기는 어렵다.[26]

그러나 이와 관련하여 헌법 제4조에서 통일의 원칙으로 '자유민주적 기본질서에 입각한 평화적 통일'이 명시되어 있지만, 그것만으로 충분하지 못하다는 점에 주목할 필요가 있다. 자유민주적 기본질서에 입각한 평화적 통일은 통일과정에서 절대로 지켜야 할 최소한의 요청이라고 할 수 있는 것이지, 통일의 주체 내지 주무부서, 방식, 내용 등에 관하여 구체적인 기준을 정해주고 있는 것은 아니기 때문이다.

물론 헌법이 아닌 법률에서 통일의 주무부서나 통일의 준비에 관한 구체적인 사항들을 정하는 것이 가능하며, 현재에도 관련법률들이 있다. 그러나 통일이 국가질서 전반에 미치는 영향과 무게를 고려할 때, 정권이 바뀔 때마다 통일정책이 달라질 뿐만 아니라, 통일의 담당기관이나 통일의 방식과 기준 등이 바뀌는 것은 결코 바람직하지 않다는 점에서 통일에 관한 헌법규정을 좀 더 구체화하는 것은 개헌을 앞두고 미리 고민해 보아야 할 점이다.

그 밖에 통일에 관한 국가기관과 국민의 의무(예컨대 통일 비용의 부담 등과 관련한 국민의 의무)를 보다 구체화하는 방안도 고려될 수 있을 것이며, 통일정책자문기구로서 민주평화통일자문위원회가 갖는 한계에 대한 지적들을 고려하는 가운데 대안의 마련에도 신경써야 할 필요가 있다.

이와 관련하여 주목할 점은 2014년 국회 헌법개정 자문위원회에서는 이른바 분권형 대통령제를 전제로 통일, 외교, 국방을 대통령의 권한으로 규정하면서 이른바 '통일정책심의회의'를 대통령 산하에 두는 것으로 하여 통일 문제에 대한 국정운영의 축으로 삼는 것을 제안한 바 있다는 있다는 점이다.

개정안 제109조 ① 통일에 관한 중요정책을 심의하기 위하여 통일정책심의회의를 둔다.
② 다음 사항은 통일정책심의회의의 심의를 거쳐야 한다.
1. 통일의 기본계획
2. 통일정책의 수립·변경
3. 통일 전 교류·협력에 관한 중요정책

26 그렇기 때문에 지금까지의 통일 준비는 남북한의 실증적 데이터에 기초하여 통일의 절차와 방식을 구체적으로 준비하는 것이라기보다는 -독일 통일에서 나타났던 문제들을 참고하는 가운데- 통일의 원칙과 기준을 확인하고, 각 분야별로 어떤 문제들이 발생될 수 있고, 이를 어떻게 해결할 것인지에 대한 논의를 진행하는 것이 대부분이었다.

4. 통일 후 국정안정 및 국민통합 등에 관한 중요정책
5. 그 밖에 통일의 준비·실행에 필요한 중요정책
③ 통일정책심의회의는 대통령, 국무총리, 법률로 정하는 통일·외교·국방·재정·국가정보 소관 국무위원 또는 행정기관의 장과 대통령이 지명하는 7명 이내의 위원으로 구성한다.
④ 대통령은 통일정책심의회의의 의장이 되고, 국무총리는 부의장이 된다.
⑤ 통일정책심의회의의 운영에 관한 사항은 법률로 정한다.

2017년 국회 개헌특위 자문위원회의 개헌시안에서도 유사한 방식의 통일정책심의회의를 제안한 바 있다.[27]

개정시안 제86조 ① 통일에 관한 중요정책을 심의하기 위하여 통일정책심의회의를 둔다.
② 다음 사항은 통일정책심의회의의 심의를 거쳐야 한다.
1. 통일의 기본계획
2. 통일정책의 수립·변경
3. 통일 전 교류·협력에 관한 중요정책
4. 통일 후 국정안정 및 국민통합 등에 관한 중요정책
5. 그 밖에 통일의 준비·실행에 필요한 중요정책
③ 통일정책심의회의는 대통령, 총리, 법률로 정하는 관계 부처의 장관 및 대통령이 지명하는 7명 이내의 위원으로 구성한다.
④ 대통령은 통일정책심의회의의 의장이 되고, 총리는 부의장이 된다.
⑤ 통일정책심의회의의 운영에 관한 사항은 법률로 정한다.

이와 유사한 방식으로 헌법이 개정될 경우에는 그 파급효가 매우 클 것이다.[28]

Ⅳ. 통일 준비의 효율성·체계성을 위한 헌법개정의 방향

1. 통일 준비 활동의 콘트롤 타워의 필요성

해방과 더불어 분단된 지 71년, 독일이 통일된 지 26년이 지난 현재, 통일에 관한 연구가 많이 축적되어 있으며, 이에 기초하여 통일을 위한 준비작업이 진행되고 있다. 그러

27 국회 개헌특위 자문위원회, 『국회 개헌특위 자문위원회 보고서』, 2018, 318쪽 참조.
28 물론 통일정책심의회의의 구체적 권한과 활동방식은 법률이 정하는 바에 따라 달라질 수 있다. 그러나 통일정책심의회의의 심의사항으로 정해진 것들을 어떻게 구체화하느냐에 따라서 통일정책심의회의가 통일정책 전반의 콘트롤 타워로서의 기능을 하는 것이 충분히 가능해질 수 있을 것이다.

나 문제는 정부 부처들의 준비작업과 학계의 연구, 민간 시민단체의 활동방향이 적지 않은 불협화음을 일으키고 있다는 점이다. 그로 인한 손실이 적지 않은 것이다.[29]

정부 부처 사이에서도 통일의 준비가 유기적으로 잘 조화를 이룬다고 단언하기 어렵다. 예컨대 노동부에서 통일 이후의 북한 주민들의 근로권 및 근로삼권의 보장에 대해 구상하는 것과 경제부처에서 통일 이후의 북한 경제의 발전방향에 대해서 세워 놓은 계획, 그리고 기재부에서 통일 관련 예산으로 생각하고 있는 것들이 엇박자를 만들 가능성은 적지 않은 것이다. 이러한 불일치에는 몇 가지 원인이 있다.

첫째, 북한을 자극할 우려 때문에 정부 부처들의 통일과 관련한 준비가 비공개로 이루어지는 경우가 많다.

둘째, 남북관계발전협의회 등을 통한 정부 부처들 간의 조율이 형식화되고 있으며, 심도 있는 논의에 이르지 못하고 있다. 각 부처의 통일준비작업과 관련하여 지속적인 조정이 어렵고, 그 중에서 당장의 현안이 되고 있는 것을 제외하고는 시급하지 않다고 느끼고 있는 것이다.

셋째, 북한의 내부 정보들이 정확하지 않기 때문에 통일과 관련한 정부 부처들의 준비도 정확한 데이터에 기초한 것이 아니며, 따라서 명확한 근거를 가지고 어느 부처의 준비작업이 타당하다고 말하기 어렵다.

그러나 구체적인 남북한의 교류·협력에 관한 사항이나 대북제재 등에 관한 사항들에 대해서만 국무회의 등을 통해 손발을 맞출 것이 아니라 통일 이후의 통일구상에 대한 연구 등에 있어서도 유기적인 협력이 필요할 것이다. 이를 위해서는 통일관련 업무들을 총괄할 수 있는 콘트롤 타워의 필요성이 절실한 것이다.[30]

콘트롤 타워가 만들어진다고 해서 모든 문제가 해결되는 것은 아니다. 하지만 정부 부처들 간 통일 준비의 체계적 일관성을 통한 시너지 효과의 확보에는 긍정적인 역할을 할 수 있을 것이며, 정부 부처와 민간 영역이 공유할 부분과 역할 분담을 해야 할 부분을 적절하게 구분하여 통일준비를 함으로써 국가 전체의 통일준비에 있어서도 효율성을 높일 수 있을 것이다.

29 물론 통일에 대한 준비도 다양할 수 있으며, 이에 대한 생각 또한 서로 다를 수 있다. 통일의 방향 및 방법에 관하여 정부와 시민단체의 입장에 차이가 있을 수 있고, 여당과 야당의 견해가 다를 수 있다. 나아가 시민단체들 사이에서도 의견의 대립이 있을 수 있고, 국민들의 의견 또한 다양하게 나올 수밖에 없다. 그러나 이러한 논의의 다양성이 불필요한 중복과 혼선을 야기하고, 그로 인하여 우리의 통일 역량이 약화되는 것을 방지하기 위해서는 적어도 몇 가지 기본적인 전제, 논의 자체의 공통분모가 있어야 하는 것이다.

30 예컨대 2014년 국회 헌법개정 자문위원회의 헌법개정안에서 제안하고 있는 '통일정책심의회의'와 같은 기구가 그 역할을 담당할 수 있을 것이다.

2. 통일의 방식 및 통일헌법의 제정에 관한 규정의 필요성

현행헌법은 헌법 제4조에서 통일의 원칙으로서 '자유민주적 기본질서에 입각한 평화적 통일'을 명시하고 있으나, 이 조항은 소극적으로 통일정책에서 채택해서는 안 될 요소들을 정하고 있을 뿐,[31] 구체적으로 통일의 원칙과 기준을 세우고 있는 것이라고는 보기 어렵다. 그러므로 헌법이 통일정책의 무게중심으로서의 역할을 확실하게 하기 위해서는 통일의 방식 및 이를 통한 통일헌법의 제정에 관한 규정을 두는 것이 필요하다.

먼저 통일의 방식과 관련하여서는 여러 가지 변수들이 존재하기 때문에 하나의 통일방식을 확정적인 것으로 정하기에는 어려움이 있다. 그러나 한편으로는 통일의 당위성을 강화시키기 위해서, 다른 한편으로는 대한민국의 통일역량을 결집시키는 중심축으로서의 헌법 및 통일헌법의 역할을 위해서 이를 헌법에 명시하는 것이 고려될 수 있다.

이와 관련하여 남북한 관계에 미치는 영향 및 남남갈등의 우려 등을 고려할 때, "남·북한의 통일은 남·북한 주민의 민주적 대표의 합의에 의한 통일을 원칙으로 한다"는 조항을 두는 것이 가장 무난할 것으로 보인다. 북한 정권도 인민민주주의를 자처하는 만큼 민주적 대표의 합의를 부정할 이유는 없을 것이며, 특수한 상황에서 합의에 의한 통일이 불가능해지는 경우를 고려하여 '원칙'이라는 용어가 탄력성을 줄 수 있을 것이기 때문이다.

또한 통일헌법에 관한 명문의 규정을 두는 것도 적극적으로 고려해볼 필요가 있다. 독일의 경우에는 통일헌법의 제정 대신에 동독(독일민주공화국)이 5개의 주로 해체되어 서독(독일연방공화국)에 편입되는 형식을 취했지만, 당시의 국제정세로 인하여 부득이한 점들이 있었으며, 이러한 통일방식은 통일 이후의 사회적 통합에 부정적으로 작용함을 고려할 때, 오히려 통일헌법의 제정을 통한 통합적 작용을 기대하는 것이 장기적으로 더 바람직할 수 있기 때문이다.

헌법 제4조 ① 대한민국은 통일을 지향하며, 자유민주적 기본질서에 입각한 평화적 통일정책을 수립하고 이를 추진한다.
② 남·북한의 통일은 남·북한 주민의 민주적 대표의 합의에 의한 통일을 원칙으로 한다.
③ 통일이 완성된 이후 3개월 이내에 남·북한 주민의 선거에 의해 통일의회를 구성하며, 이 의회에서 통일헌법을 제정한다.

물론 현행헌법을 개정하지 않은 채 독일과 같은 방식으로 흡수통일을 하는 것도 가능할 수 있다. 헌법 제3조에 따라 북한정권은 불법집단이며, 그동안 북한정권에 의해 물

31 물론 그 의미를 과소평가해서는 안 될 것이다.

리적 장애가 있었지만, 북한정권이 소멸함에 따라 대한민국의 국가권력이 온전하게 한반도 전체에 미치게 된 것으로 해석하는 것도 가능하고, 이와 관련하여 북한 주민들이 — 들의 새로운 대표를 통하여 — 이러한 방식의 통일에 합의할 경우에는 독일식 흡수통일도 가능하게 된다.

그러나 이런 경우에도 몇 가지 점에서 독일과 다를 수밖에 없다는 점이 고려되어야 한다. 독일의 경우 흡수통일의 배경 내지 조건은 세 가지로 정리될 수 있다. 첫째는 서독의 동독에 대한 압도적인 국력의 우위이고, 둘째는 당시 통일이 가능했던 국제적 여건을 활용하기 위해 신속한 통일이 필요했다는 점이고, 셋째는 통일협상에서 동독 주민들도 서독으로의 흡수통일을 선호했다는 점이다. 우리의 경우 첫 번째 조건인 국력의 압도적 우위는 남한이 북한에 대해 갖추고 있다 하더라도 두 번째 조건과 세 번째 조건까지 같은 것으로 예상하기 어려울 뿐만 아니라,[32] 통일 후에라도 헌법을 개정하게 될 경우에는 국민투표를 해야 한다는 점에서 역시 독일과는 다른 상황에 처하게 될 것이기 때문이다.[33]

이런 점들을 고려할 때 통일헌법의 제정을 지향하는 통일정책을 수립하고 집행하는 것이 바람직한 것이라 할 수 있다.

3. 통일헌법과의 연계

서독 기본법은 통일을 지향하는 잠정적 헌법으로서의 성격을 분명히 하고 있었다. 바이마르 헌법과는 달리 '기본법'이라는 명칭을 사용한 것부터 동서독의 통일까지만 효력을 갖는 잠정적인 성격을 강조한 것이었다. 즉, 통일을 지향하는 분단국가의 헌법은 과도적 성격을 가질 수밖에 없음을 그대로 드러낸 것이었다.

대한민국헌법은 서독 기본법과는 달리 잠정적인 헌법으로 규정하지 않고 있으며, 오히려 헌법 제3조의 영토조항은 대한민국이 한반도 내의 유일한 합법정부임을 선언하고 있다. 그러나 이러한 영토조항의 정당성에 대한 논란은 차치하더라도 통일 이후에 통일헌법의 제정 필요성을 인정할 때, 대한민국헌법은 통일헌법을 향해 발전해야 하는 중간 단계라는 점을 부인할 수 없다.

그러므로 대한민국헌법의 발전방향을 모색함에 있어서 통일이라는 민족적 과제가 비

32 물론 두 번째 조건과 세 번째 조건도 통일 당시의 상황에 따라서는 갖춰질 가능성이 전혀 없다고는 할 수 없다. 그러나 확률상 그렇게 높은 것으로 보기는 어려우며, 특히 두 번째 조건은 독일의 통일을 위해 전승 4개국들의 동의를 요했다는 점에서 우리나라와는 다른 특수성을 가지고 있기 때문에 더욱 그러하다.

33 현행헌법 제130조 제2항에 따라 헌법개정을 위해서는 국민투표를 통해 국회의원선거권자 과반수의 투표와 투표자 과반수의 찬성을 얻어야 한다. 이 점에서 국민투표 없이 기본법의 개정이 가능한 독일과는 사정이 다르다.

중있게 고려되어야 함은 물론이고, 중장기적인 비전으로서 통일헌법과의 연계에 대해 신중한 검토가 필요하다. 즉, 통일 이후의 헌법발전을 염두에 두고 대한민국 헌법이 어떤 방향으로 준비하고, 발전해야 하는가에 대해서 깊이 있는 연구와 검토가 필요한 것이다.

이러한 연구와 검토는 크게 세 가지 측면에서 요청된다.

첫째, 통일헌법의 인권 카탈로그를 어떻게 정할 것인가와 관련하여 연구와 검토가 필요하다. 인권이란 말 그대로 인권으로서의 권리, 즉 인간이라면 누구에게나 인정되는 권리로서 보편성을 갖는다. 그러나 각국의 인권 카탈로그에 차이가 있음은 물론이고, 특히 공산주의 국가들의 인권 카탈로그는 독특한 점이 있으며, 이를 통일헌법에 어떻게 반영할 것인지는 매우 중요한 문제가 된다.

물론 북한식 인권보장이 통일헌법상 인권보장의 중심이 될 수는 없을 것이다. 하지만 북한 주민들에게 그들의 삶이 통일 이전에 비해 개선되었다고 느낄 수 있도록 하는 제도적 장치의 마련과 이를 최고법인 헌법에서 보장하고 있다는 점을 통해 믿음을 주는 것도 필요할 것이기 때문이다.[34]

둘째, 통일헌법에서 새로운 제도를 도입할 경우, 이에 대한 충분한 사전적 연구와 검토가 필요하다. 예컨대 통일헌법의 국가형태 및 정부형태는 어떤 것이 바람직한가? 통일 이후의 남북한 정치상황 및 사회적 통합을 위해 연방제 또는 내각제의 도입이 바람직하다고 인정될 경우에 과연 아무런 경험도 없이 연방제 또는 내각제의 도입이 시도될 수 있을까?

이러한 문제를 통일 이후에 비로소 논의를 시작할 경우, 새로운 시도를 하는 것이 매우 위험하고 무책임한 것이 될 수 있다. 그러므로 통일 이후에 연방제 또는 내각제 도입이 절실한 요청이라고 볼 수 있다면, 사전에 이러한 제도를 도입하여 운영하는 경험을 갖추는 것이 오히려 바람직할 수 있으며, 적어도 이러한 제도의 운영을 위한 노하우를 축적하는 연구성과가 매우 폭넓고 깊이 있게 축적되어야 있어야 할 것이다.

셋째, 통일헌법과의 연계에서 빠뜨릴 수 없는 점은 국가의 승계 내지 연속성 문제이다. 즉, 남북한 정부가 통일국가와 어떤 관계에 있으며, 국가적 권리의무가 어떤 방식으로, 어디까지 승계되는지가 매우 중요한 문제로 대두될 수밖에 없다. 이를 고려하는 가운데 대한민국헌법의 발전방향을 모색하는 것도 필요할 것이다.

예컨대 헌법규정과 통일 후 북한이 외국과 체결한 조약이 충돌할 경우에는 어떤 문

34 그러므로 통일헌법상의 인권규정들은 남북한의 사회적 통합을 위한 중심적 가치로서의 역할을 다하기 위하여 보다 구체적으로 규정될 필요가 있다. 자유권 규정들의 구체화에는 한계가 있을 수밖에 없지만, 사회권 규정들은 국제인권조약 등을 참고하여 보다 구체적인 형태로 발전될 필요가 있다. 예컨대 노약자의 권리, 장애인의 권리 등이 구체적으로 명시될 수 있으며, 정보소외계층의 보호 등도 규정될 수 있다. 향후 개정과정에서는 이런 점들을 고려하는 가운데 가능한 부분들을 수용하는 것이 필요할 것이다.

제가 발생할 것이며, 이런 문제들을 어떻게 해결할 것인지에 대한 연구와 검토가 필요할 것이며, 나아가 개헌 과정에서 이런 문제들을 합리적으로 해결할 수 있는 방향으로 헌법 조항들을 손질하는 것도 고려될 수 있을 것이다.[35]

V. 통일 이후의 갈등을 최소화하기 위한 헌법개정의 방향

1. 통일 이후 갈등의 최소화 및 사회통합을 위한 헌법체계

통일은 남북한이 통일에 합의하고, 통일조약에 서명하는 것으로 끝나는 것이 아니다. 진정한 의미의 통일은 남북한의 주민들이 서로를 마음속에서부터 하나로 느끼고, 하나의 국가, 하나의 국민이라는 의식이 공고해질 때 비로소 완성된다.

과거 정치적 통일을 이루었던 예멘이 불과 몇 년 후에 내란에 돌입하였던 것이나, 동독 주민들이 통일에 대해서 더 적극적이었던 독일의 경우에도 통일 이후에 동·서독 주민들의 사회적 갈등으로 인하여 많은 어려움을 겪었던 것도 사회적 통합이 이루어지지 못한 통일의 불안정성을 보여주는 것이다.[36]

그런 의미에서 통일헌법의 제정이 사회적 통합의 핵심적 요소라는 점은 부인할 수 없다. 통일헌법의 제정은 단순히 찬반투표에의 참가만을 의미하는 것은 아니다. 통일헌법이 담고 있는, 담아야 할 내용들에 대한 논의과정 및 이를 통한 사회적 갈등의 조정이 중요한 의미를 갖게 되는 것이다.

따라서 통일헌법의 제정에서 가장 중요한 것은 인류 보편의 가치인 인권을 중심으로 가치의 공통분모를 확인하고 강화시키는 것과 더불어 사회적 인식의 차와 경제적 불균형을 극복하는 것이다. 이를 위해서는 남북한의 정치적·경제적 이념의 차이와 통일 이후 이로 인한 문화충격을 최소화시키기 위한 노력이 필요할 것이며, 나아가 경제적 통합을 통해 남북한의 경제적 격차를 최소화시키는 대안이 마련되어야 할 것이다.[37] 아울러 사회적

35 이와 관련한 통일 후의 국경문제 등과 관련하여 이장희, 통일후 조중국경조약의 국가승계문제, 백산학보 제91호(2011), 243–286쪽 참조.

36 사회통합의 중요성에 관하여는 안지호·현주, 시스템 통합을 넘어서 –통일 25년 이후 독일의 사회통합–, 한·독사회과학논총. 제25권 제3호(2015.9), 221–250쪽; 전태국, 사회통합을 지향한 한국통일의 개념전략: 변화를 통한 접근, 한국사회학 제41집 제6호(2007.12), 204–239, 246쪽 참조.

37 남북한의 경제적 통합이 화폐의 통합을 통하여 단일 화폐를 적용하고, 북한의 계획경제체제를 시장경제체제로 전화시키는 것으로 완성되는 것은 아니다. 진정한 의미의 경제적 통합은 남북한의 경제가 하나의 유기적인 발전구조 속에 편입되어 함께 발전하고, 이를 통하여 남북한의 경제적 격차가 해소될 수 있는 기반이 마련되었을 때 비로소 가능하게 될 것이다.

갈등의 해소 내지 실질적 통합을 위한 지역차별의 해소도 함께 준비되어야 한다.

그런 의미에서 사회적 통합은 정치적 통합을 전제할 뿐만 아니라 경제적 통합[38]과도 불가분의 관계에 있다. 그러나 사회적 통합에 가장 중요한 요소는 심리적 거리를 없애는 것과 문화적 충격의 해소, 그리고 제도적 차별의 금지라고 할 수 있다. 이를 위해 심리적으로나 제도적으로나 남북한 주민들 사이에 지역적 차별이 발생하지 않도록 하는 것이 무엇보다 중요하며, 이를 법적으로 확실하게 보장하는 것이 필요할 것이다.[39]

또한 합리적인 경과규정을 통해 북한주민들이 새로운 법제에 최대한 빠르고 정확하게 적응할 수 있도록 하는 것도 사회적 통합에 매우 중요한 요소의 하나라고 할 수 있다. 물론 통일 이후 남북한 주민들 사이의 사회적 통합은 국가기관들만의 과제가 아니기 때문에 정당[40]이나 시민단체[41] 등도 적극적으로 참여해서 함께 노력해야 할 것이다.

2. 연방제, 의원내각제 도입과 사회통합

통일헌법의 국가형태와 관련한 연방제 논의의 시작은 1973년으로 거슬러 올라갈 수 있다. 남북한의 통일방안이 경쟁하는 가운데 북한에서 이른바 고려연방제 통일론[42]을 들고 나오면서 연방제에 대한 논의가 활성화되기 시작한 것이다.[43]

이러한 북한의 "고려연방제 통일방안"에 대응하여 남한정부에서는 1982년의 "민족화합민주통일방안",[44] 1989년의 "한민족 공동체 통일방안",[45] 1994년의 "3단계 3기조 통일방

38 동서독의 통일에서 볼 수 있듯이 경제적 통합은 일단 화폐의 통합을 전제하며, 경제적 재화의 자유로운 이동 내지 경제적 투자에 대한 제약요건의 제거, 그리고 궁극적으로는 경제력의 제고를 통한 경제적 격차의 최소화를 지향한다.

39 이러한 방향으로 통일헌법의 내용에 대한 남북한 주민들의 공감대가 형성되고, 그 바탕 위에서 통일헌법이 제정될 때, 통일 이후의 사회적 통합이 가속화될 수 있으며, 이를 통하여 통일의 시너지 효과가 극대화될 수 있을 것이다. 이런 맥락에서 볼 때, 진정한 의미의 통일은 정치적 통일을 통한 통일국가의 형성이 아니라 사회적 통합의 완성에 의해 비로소 달성될 수 있다고 할 수 있다.

40 통일의 과정에서 정당이 담당해야 할 역할에 대해서는 민족통일연구원, 『통일과정에서의 정당역할 연구』, 1996 참조.

41 통일과정 및 통일 이후의 사회적 통합에서 시민단체의 역할에 관하여는 통일연구원, 『한반도 통일대비 국내 NGOs의 역할 및 발전방향』, 2007 참조.

42 북한은 1973년 고려연방공화국안을 제시하였다. 이것은 ① "과도기"로서 "국가연합방식"(고려연방공화국)을 만들어 두고, ② 남북한이 각자의 현 체제를 그대로 인정 & 유지하며, ③ "대민족회의"를 구성한다는 안(案) 등을 제시하였던 것이다. 더 나아가서, 이렇게 한 다음에 "단일의 통일국가"(제도통일 & 체제통일)를 추후에 건설한다는 내용이었다. 이후 1980년 고려민주연방공화국 창립방안을 제시하였는데, 그 핵심내용은 통일국가를 연방의 형태로 한다는 것이며, 남북한이 각기 동등한 권한과 의무를 가지고 자치를 할 수 있도록 한다는 것이다.

43 사실 그 이전에는 통일헌법을 떠나서 국내에서 연방제 자체에 대한 논의가 그다지 많지 못했다. 그러나 고려연방제 주장을 계기로 연방제에 대한 관심이 높아지면서 연방제 내지 연방국가에 대한 연구도 활성화되어 많은 연구성과들이 축적되었다.

44 법무부, 『통일법무 기본자료: 남북관계』, 2008, 449쪽 이하 참조.

45 법무부, 앞의 책(주 42), 453쪽 이하; 강현철, 『통일헌법연구 -정부형태를 중심으로-』, 2006, 35쪽 이하; 김승

안",[46] 1998년의 "대북정책 3대 원칙"[47] 등이 제시되었다. 특히 남한에서는 북한이 제시한 바와 같은 현 체제를 유지하는 연방제가 아니라 통일의 중간단계로서의 남북연합을 제안했다는 점에서 차이를 보인다.

통일과정에서 잠정적으로 연방제 또는 남북연합의 형태를 취하는 것의 문제는 별론으로 하고,[48] 통일헌법에 의해 결정되는 국가형태를 결정함에 있어서 연방국가를 채택하는 것은 장점과 단점을 동시에 가지고 있다. 장점으로는 연방제를 통하여 지역적 독자성 내지 자율성을 최대한 보장하는 가운데 수십 년의 이질적 체제와 상이한 문화적·사회적 환경으로 인하여 발생될 수 있는 갈등요소들의 직접적인 충돌을 완화시킬 수 있다는 점을 들 수 있을 것이며, 단점으로는 교통과 통신의 발달에 따른 연방국가적 구조의 비효율성 내지 연방제로 인하여 지역적 격차가 오히려 심화될 우려를 들 수 있을 것이다.

더욱이 북한이 주장하는 것처럼 현 체제를 유지하는 방식의 일국양제(一國兩制) 형식의 연방국가는 실질적으로 통일이 완성되지 못한 것이라 할 수 있으며, 체제갈등 및 경제적·사회적 격차 문제를 해소하지 못할 경우에는 예멘의 경우처럼 통일헌법이 제정된 이후에 또다시 내전이 발발하는 등의 문제를 낳게 될 수도 있을 것이다.[49] 결국 통일헌법에서 연방국가를 채택할 것인지의 여부는 통일과정 내지 통일 당시의 국내외 상황에 따라 달라질 수 있겠지만, 일국양제(一國兩制)의 연방제는 진정한 의미의 통일이라고 보기 어려울 것이다.

하지만 다른 각도에서 보면 연방제야 말로 통일 이후에 남북한의 독자성 내지 고유성을 살리는 가운데 하나의 국가로 통일하는 가장 효율적인 방안이며,[50] 북한 주민들에게는 북한의 사회주의 체제에서 통일 이후의 자본주의 체제로의 변화에 연착륙을 가능케 하는 가장 좋은 대안이라는 점도 고려해볼 수 있다. 그런 의미에서 통일헌법의 국가형태를 연방제로 하는 것도 사회적 통합의 측면에서 긍정적으로 고려될 수 있다. 즉, 통일헌법의 국가형태를 연방제로 하는 것도 적극적으로 고려해볼 필요가 있으며, 이를 위한 준비로서

조, 헌법과 남북통일, 『2005년도 남북법제개선 연구보고서』, 법제처, 2005, 300−343(335이하)쪽 참조.

46 법무부, 앞의 책(주 44), 457쪽 참조.

47 법무부, 앞의 책(주 44), 458쪽 이하 참조.

48 과도기적 남북연합 단계의 불가피성을 강조하는 견해로는 조정찬, 법제통합연구의 방향 및 논점, 『남북한 법제통합연구의 기본방향』, 1999, 7−37(23이하)쪽 참조.

49 예멘의 통일과정 및 통일헌법에 관하여는 장명봉, 『분단국가의 통일과 헌법 −독일과 예멘의 통일사례와 헌법자료−』, 2001, 113쪽 이하 참조.

50 동서독 통일의 경우 동독이 5개의 주(州)로 해체되어 서독에 편입된 것은, 전체로서는 서독의 기본법과 연방법률이 곧 통일 독일의 헌법과 연방법으로 확장되는 것이었지만, 주(州)의 차원에서는 구 동독의 주(州)들도 독자적인 정치기반을 가지고 독자적인 주(州)법률 하에서 자율적으로 정치, 경제, 사회, 문화의 문제를 조정할 수 있는 폭넓은 가능성을 가질 수 있었던 것이다.

개정헌법에서 연방제를 도입해서 노하우를 축적하는 것도 신중한 검토가 필요할 것이다.

유사한 맥락에서 의원내각제의 장점 또한 긍정적으로 평가될 수 있다. 의원내각제는 의회가 국정운영의 실질적 중심이 되는 정부형태이며, 의회와 집행부의 구성과 활동이 엄격하게 분리·독립되지 않는다는 특징을 갖는다. 대통령제가 분리와 독립을 강조하는 가운데 의회와 정부가 각기 독자적인 정당성을 국민으로부터 부여받아서 독자적인 활동을 하도록 하는 반면에, 의원내각제는 의회와 정부의 공화·협력에 비중을 두며, 국민에 의해 부여된 민주적 정당성이 의회를 매개로 해서 정부로 연결된다는 점을 강조한다.[51]

통일헌법의 정부형태로서 의원내각제의 적실성은, 통일국가의 민주적 의사형성과정을 고려해야 할 것이다. 즉, 통일국가의 정치적·문화적 환경이 오랜 분단으로 인한 이질성을 피할 수 없다는 점과 이를 극복하기 위한 노력의 중요성을 고려할 때, 의원내각제를 통한 민주성과 책임성의 강화는 통일 이후의 사회적 통합에도 긍정적으로 작용할 수 있을 것으로 기대할 수 있다.[52]

그러나 당장의 헌법개정에서는 의원내각제의 성공조건 불비[53]로 인하여 내각제 개헌의 가능성은 높지 않다. 하지만 통일의 시점이 언제가 되느냐에 따라서, 그리고 그 이전에 정치상황의 변화에 따라 의원내각제 도입의 여건이 갖추어지는지에 따라서 내각제 개헌의 문제도 조심스럽게 검토될 수 있을 것이다.

3. 지역균형발전을 위한 헌법개정과 사회통합

통일 이후의 과제인 사회적 통합과 관련하여 가장 중요한 요소의 하나가 지역 간 격차, 특히 남한 지역과 북한 지역 간의 격차를 해소하는 것이라고 할 수 있다.

분단 70년 동안 남한 지역과 북한 지역은 정치적으로 상이한 체제 속에서 살아왔을 뿐만 아니라 경제적·사회적으로도 이질성을 키웠다. 통일 이후에 남한 지역과 북한 지역의 경제적 격차를 어떻게 효율적으로 해소할 것인지도 매우 중요한 문제이지만, 그에 못지 않게 신경써야 할 점이 사회적·문화적 이질성을 극복하는 것이라 할 수 있다.

---

51 의원내각제의 구조와 특징에 관하여는 장영수, 앞의 책(주 25), 1090쪽 이하 참조.

52 실제 독일의 경우 통일 이후 상당 기간 사회적 통합에 큰 어려움을 겪었으며, 이를 해결하는 과정에서 의원내각제 정부형태가 긍정적으로 작용한 것으로 평가된다.

53 의원내각제가 성공하기 위해서는 기본적으로 세 가지 조건이 갖추어져야 할 것이다. 첫째, 의회중심의 국정운영이 성공하기 위해서는 의원들의 자질이 높아야 한다. 즉, 의원들이 단순히 정치인으로서뿐만 아니라 행정가로서도 충분히 능력을 발휘할 수 있어야 하며, 의회와 정부의 유기적 협력을 위한 대화와 토론의 정치문화가 뿌리내려야 할 것이다. 둘째, 안정된 정당제도가 전제되어야 하다. 의원들의 이합집산으로 정당이 수시로 생기고 없어지는 상황에서는 의원내각제의 장점보다는 단점이 더 부각될 수밖에 없기 때문이다. 셋째, 국민의 의회와 정당에 대한 신뢰가 있어야 한다. 국민의 신뢰 없이 새로운 정치제도가 성공하기는 어려운 것이다.

지역 간의 격차와 관련하여 지방제도의 통합은 오히려 심각한 문제가 아닐 수 있다. 남북한의 지방제도가 모두 조선시대의 지방제도에 기초하여 이를 부분적으로 변경한 것이기 때문에 — 비록 지방자치의 경험과 관련한 차이는 간과할 수 없을 것이지만 — 남한의 지방조직이 「광역자치단체 → 기초자치단체 → 읍·면·동」의 구조를 가지고 있는 것이나, 북한의 지방조직이 「시·도 → 시·군·구역 → 읍·리·동」의 구조를 가지고 있는 것이 매우 유사한 측면이 큰 것이다.[54]

그러나 각 지역의 경제력의 차이뿐만 아니라 자본주의 경제체제에 대한 경험의 유무, 사회적 생활환경의 차이, 문화적 차이 등을 최소한의 갈등으로 조화시키기 위해서는 충분한 사전적 준비와 매우 신중한 접근이 필요할 것이다.[55] 예컨대 북한 지역의 부동산거래 등에 대해서 일정 기간, 일정한 제한을 둔다거나 북한지역의 문화와 남한지역의 문화를 교류하기 위해 지방자치단체 간의 자매결연 등을 적절하게 활용하는 등의 정책이 필요할 것이다.

그리고 이를 위한 기초로서 현행헌법상의 지방자치를 보다 실질화하고, 정부에 의한 후견적 관리·감독을 축소하는 등의 제도적 변화도 적극적으로 고려할 수 있을 것이며, 개헌 과정에서 이를 반영하는 것도 적극적으로 검토될 수 있을 것이다.

Ⅵ. 결 론

헌법의 과제들은 메타적 성격을 가지고 있는 것이 많으며, 그 중에서도 통일헌법의 문제는 더욱 그러하다. 그만큼 접근하기 어려운 반면에, 중요성 또한 높다. 그리고 통일을 준비하는 헌법개정의 문제 또한 그에 버금갈 정도의 난이도와 중요성을 갖고 있다.

통일이 무조건적인 절대명제라 말할 수는 없지만, 여전히 매우 높은 순위의 국가적·민족적 과제임은 부인할 수 없다. 이러한 통일을 어떻게 체계적·효율적으로 준비하고, 진행할 것인지는 우리 국민 모두의 중요한 관심사이며, 직접적인 이해관계를 갖는 것이기도 하다.

이러한 통일 문제에 대한 국가기관들 및 민간영역에서의 연구와 준비를 보다 합리화·체계화함으로써 시너지 효과를 최대화시키기 위해서, 불필요한 중복과 충돌을 최소화

---

54 이에 관하여는 최우용·박지현, 북한의 지방행정체제와 통일 후 지방자치제의 정착방안에 관한 시론, 동아법학 제66호(2015.2), 365-386쪽 참조.

55 김병기, 통일한국의 행정조직통합을 위한 법·제도적 방안, 중앙대 법학논문집 제39집 제3호(2015.12), 323-368쪽; 김병기, 통일 후 남북한 행정통합을 위한 법제정비 방안 再論, 행정법연구 제54호(2018.8), 95-141쪽 참조.

시키기 위해서, 그리고 통일에 대한 국민적 공감대를 확대하고 강화하기 위해서 통일에 관한 헌법 조항들을 보다 구체화하는 방향으로 헌법을 개정하는 것도 적극적으로 검토될 필요가 있다.

이와 관련하여 가장 먼저 고려될 수 있는 개정조항은 헌법 제4조의 평화통일조항을 구체화하는 것이며, 더불어 통일정책의 콘트롤 타워 역할을 할 수 있는 기구를 만드는 것이라 할 수 있다. 특히 개헌을 통해 정부형태에 변화가 야기될 경우에는 어떤 방식의 콘트롤 타워를 구성할 것인지는 통일정책의 효율성 및 체계적 일관성 확보와 관련하여 매우 중요한 의미를 가질 수 있다.

그 밖에 통일헌법과의 유기적 연계를 위한 준비로서 — 비록 당장 도입해야 하는 것은 아니라 할지라도 — 연방제와 내각제의 도입도 긍정적으로 검토될 수 있을 것이다. 그러나 무엇보다 중요한 것은 통일의 당위성과 관련한 국민들의 통일에 대한 의지를 강화할 수 있도록 하는 것이라는 점은 아무리 강조해도 지나치지 않을 것이다.

<참고문헌>

강현철, 남북한 통일헌법상의 정부형태에 관한 연구, 외법논집 제9호(2000. 12), 481－506쪽.

______, 『통일헌법연구 -정부형태를 중심으로』, 2006.

고영훈, 『독일통일에 따른 공법의 통합에 관한 연구』, 한국법제연구원(통일법제연구 Ⅰ), 1994.

권영설, 통일지향적 정부형태로서의 대통령제, 공법연구 제27집 제3호(1999. 6), 27－47쪽.

______, 분단과 통일 속의 독일 국적법과 그 헌법문제, 중앙법학 제8집 제4호(2006. 12), 93－127쪽.

김국신, 남북한 통합의 위한 바람직한 통일정책 거버넌스 구축방안, 『남북한통합과 통일인프라 확장방안』, 통일연구원 협동연구 학술회의(2005. 9. 14) 발표논문집, 1－83쪽.

김국신·여인곤·손기웅·송정호·김갑식·서창록·김두진, 남북한 통합을 위한 바람직한 통일정책 거버넌스 구축방안, 통일연구원(경제·인문사회연구회 협동연구총서 05－08－02), 2005.

김근식, 남북관계 60년의 평가와 과제: 대북정책의 관점에서, 영남대 통일문제연구 제29호(2008), 1－31쪽.

______, 남북관계 60년과 남북대화 － 평가와 과제, KDI북한경제리뷰 제10권 제8호(2008. 8), 20－34쪽.

김병기, 통일한국의 행정조직통합을 위한 법·제도적 방안, 중앙대 법학논문집 제39집 제3호(2015. 12), 323－368쪽.

______, 통일 후 남북한 행정통합을 위한 법제정비 방안 再論, 행정법연구 제54호(2018. 8), 95－141쪽.

김영재, 박근혜 정부의 대북정책, 정치정보연구 제17권 제2호(2014. 12), 31－55쪽.

김종철, 대통령 4년 연임제 '원 포인트' 개헌론에 대한 비판적 검토, 헌법학연구 제13권 제1호(2007. 3), 61－104쪽.

문태운, 통일 독일의 사회통합의 장애요인 －정치적 쟁점을 중심으로－, 호남대 인문사회과학연구 제40집(2013. 8), 63－91쪽.

민족통일연구원, 『통일과정에서의 정당역할 연구』, 1996.

박광기·박정란, 한국의 통일·대북정책 60년 : 회고와 전망, 정치정보연구 제11권 제1호(2008. 6), 161－190쪽.

박광득, 7·4 남북공동성명(1972)의 주요내용과 쟁점분석, 통일전략 제14권 제3호(2014. 8), 9－39쪽.

박정진, 냉전시대 한반도 갈등 관리의 첫 실험, 7.4 남북공동성명, 북한연구학회보 제16권 제1호(2012. 8), 293－320쪽.

법무부, 『통일법무 기본자료: 남북관계』, 2008.

안지호·현주, 시스템 통합을 넘어서 : 통일 25년 이후 독일의 사회통합, 한독사회과학논총 제25권 제3호(2015. 9), 221－250쪽.

우철구, 북한 통일정책의 전개와 변화, 한국정치외교사논총 제10집(1994. 11), 531－561쪽.

이장희, 통일후 조중국경조약의 국가승계문제, 백산학보 제91호(2011), 243－286쪽.

이효원, 정부의 통일법제 준비와 평가, 이화여대 법학논집 제10권 제2호(2006. 3), 3－12쪽.

장명봉, 남북예멘의 통일헌법에 관한 연구, 공법연구 제21집(1993.2), 113－156쪽.

______, 남북한 통일에 대비한 헌법적 대응방안, 『남북통일에 대비한 법적 대응방안』(1995. 12. 14. 제6회 법제세미나), 법제연구원, 1995, 15－30쪽.

______, 『분단국가의 통일과 헌법 －독일과 예멘의 통일사례와 헌법자료－』, 2001.

______, 남북한 헌법체제의 비교와 헌법통합 방향, 『2006년도 남북법제개선 연구보고서』, 법제처, 2006, 1－30쪽.

______, 남북한 헌법체제의 비교와 통일헌법의 지향점 및 과제, 공법연구 제37집 제1－1호(2008. 10), 195－219쪽.

______, 통일 및 관련법제의 쟁점과 전망 －남북관계의 변화와 영토조항 및 북한주민의 법적 지위 논쟁을 중심으로, 법제연구 제35호(2008. 12), 211－244쪽.

장영수, 통일헌법논의의 의의와 필요성, 권영성교수 정년기념논문집, 1999, 73－107쪽.

______, 1948년 헌법제정의 역사적 의미, 고려법학 제51호(2008. 10), 53－76쪽.

______, 임시정부헌법의 역사적 의미와 대한민국 헌법의 제정, 고려법학 제57호(2010. 6), 211－243쪽.

______, 통일헌법 제정의 기본방향, 유럽헌법연구 제21호(2016. 8), 393－431쪽.

______, 『헌법학』, 2019.

전태국, 사회통합을 지향한 한국통일의 개념전략: 변화를 통한 접근, 한국사회학 제41집 제6호(2007. 12), 204－239, 246쪽.

정용석, 김영삼 정부의 통일정책 평가, 한남대 사회과학연구 제6권(1996), 5－27쪽.

제성호·안영섭·김영윤·김창근·배성인·이근관·지봉도·제강호, 『통일관련 법제 인프라 정비 및 개선방안』, 통일연구원(협동연구총서 04－04), 2004.

조정찬, 법제통합연구의 방향 및 논점, 『남북한 법제통합연구의 기본방향』, 1999, 7－37쪽.

______, 남북통합과 21세기 법제, 법제 제505호(2000. 1), 17－31쪽.

최우용·박지현, 북한의 지방행정체제와 통일 후 지방자치제의 정착방안에 관한 시론, 동아법학 제66호(2015. 2), 365－386쪽.

최진욱, 『북한의 지방행정체계』 민족통일연구원(연구보고서 97－11), 1997.

______, 『북한의 인사행정』, 통일연구원(연구총서 99－06), 1999.

______, 『남북한 행정통합방안』, 통일연구원(연구총서 00－10), 2000.

최형익, 한국 민족주의와 통일의 조건, 민주주의와 인권 제6권 제2호(2006. 10), 41−74쪽.

통일연구원, 『한반도 통일대비 국내 NGOs의 역할 및 발전방향』, 2007.

표명환, 한반도 통일과 통일조항의 해석방향, 토지공법연구 제59집(2012. 11), 583−603쪽.

우베 뮐러(이봉기 역), 『대재앙, 통일: 독일 통일로부터의 교훈』, 2006.

Doering, Karl/Kewenig, Wilhelm/Ress, Georg : Staats− und völkerrechtliche Aspekte der Deutschland− und Ostpolitik, 1971.

Zündorf, Benno : Die Ostverträge, 1979.

6 국가목표규정에 관한 비교법적 연구*

명 재 진**

Ⅰ. 연구의 목적과 방법

지난 20여 년간 변화 없이 1987년 헌법체제가 유지되어 온 우리나라와는 달리 외국에서는 헌법의 역사에서 중요한 몇 가지 사건들이 발생하였다. 독일은 헌법의 목표였던 통일을 이루어 새롭게 헌정사를 출발하였고, 신생 주가 되는 구 동독지역의 신생 지방국은 새로운 헌법을 제정하여 우리에게 소련연방이후의 현대적 헌법의 모습을 보여주었다. 또한 스위스는 헌법개정을 통하여 오래된 구헌법을 폐지하고 전면적으로 개편된 신헌법을 제정하였다. 그러나 무엇보다도 의미 있는 헌법의 등장은 유럽연합에서 발생하였다. 2004년 유럽연합의 헌법초안의 등장은 헌법학에 있어 새로운 경향을 찾아 볼 수 있는 중요한 계기가 되었고, 세계 여러 국가에게 현대적 헌법의 하나의 모델을 제시하였다.

선진국들에게 있어 헌법에 규정된 국가목표조항은 이데올로기가 사라진 현대헌법에서 중요한 국민적 구심력을 증대시키고, 국가를 동화적 통합으로 나아가는데 큰 역할을 하고 있다. 또한 향후 이러한 국가목표조항이 헌법의 정치적 기능을 실현하는데 이바지하고, 통합되지 못하는 정치권에 대한 정치적 평화를 가져오는 등 긍정적 역할을 할 것으로 기대된다.

이와 같이 현대 헌법사의 중요한 변화 속에서 특별히 눈에 띄게 헌법학적 의미를 갖는 조항이 바로 국가목표조항들이다. 유럽헌법 초안은 별도의 장으로 국가목표조항을 두고 유럽연합이 추구하는 미래의 정치적 방향을 제시하고 있는 모습은 헌법제정의 새로운 모습을 보여주고 있다. 독일의 신생 지방국들도 기본권과 아울러 국가목표조항을 규정하여 국민의 국가에 대한 권리와 함께 국가목표조항을 통해 공권력의 기본권 보호의무를 강조하는 새로운 형태의 헌법조항을 제시해 주고 있다. 새롭게 전면 개편된 스위스 헌법도 국가목표조항을 하나의 장으로 삼고 있어 이러한 새로운 시도들이 향후 우리 헌법개정논의에도 영향을 줄 것이다.

본 논문은 이와 같은 국가목표조항에 대한 비교법적 연구를 통해 우리 헌법에게 필

---

* 이 논문은 세계헌법연구 제17권 제2호(2011)에 게재됨.

** 충남대 법학전문대학원 교수.

요한 국가목표조항의 개편방향을 알아보고자 한다. 이를 위해 본 논문은 이러한 세계적 공통의 흐름인 국가목표조항의 등장이 어떠한 의미를 지니고 기능이 무엇인지 검토하고(II), 특히 위에서 언급한 국가들의 구체적인 특징을 살펴보고(III, IV, V), 우리 헌법상의 국가목표조항과의 비교검토를 통해 향후 우리헌법의 문제점이 어디에 있는지 검토한다(VI).

Ⅱ. 국가목표조항의 의의, 기능과 규범적 성격

1. 국가목표조항의 의의

헌법에서 기본권적 특성을 지니지 않은 채 국가기관의 행위에 대한 지시와 지침을 나타내는 규정이 있는데 이를 국가목표규정(Staatszielbestimmung)이라 한다.[1]

국가목표규정으로 정해진 헌법조항의 전형적인 모습을 독일연방이나 지방국에서 찾아 볼 수 있으며, 그 내용은 사회국가조항, 국제평화, 소득의 균형적인 분배, 환경보호, 남녀평등 등이다.[2] 또한 역사적으로 볼 때, 경제적 영역에 있어서의 국가목표조항이 먼저 등장했고, 최근에는 환경보호와 적극적 남녀평등 실현의무가 제시되고 있다. 특히 환경권 등은 오래된 국가목적과 차별화될 수 있다. 오래된 다른 국가목적들은 아직 완전히 달성되지 않고 입법기관에 의해 입법을 통한 형성이 필요하지만, 환경권과 동물보호라는 국가

1 국가목표조항은 인접개념들과 다음과 같은 차이가 존재한다.
입법위임(Gesetzgebungsaufträge)은 국가목표규정과 함께 헌법의 실질적 구성요소에 속하고, 국가 활동의 한계가 아닌 동인을 부여한다는 공통점이 있다. 그러나 입법위임은 입법자를 구속하고, 국가목표규정은 3권을 전부 구속한다는 면에서 차이점이 있다. 입법위임과 국가목표규정은 구체성의 정도에서 구별된다. 전자는 특정한 주제를 지시하나 후자의 경우 일반적으로 추상적 목표를 담고 있는 경우가 많다. 물론 국가목표규정의 경우도 특별한 국가목표규정을 설정하는 경우도 있다.
제도보장(Einrichtungsgarantie)은 기존제도를 전제하고, 그의 전통적인 핵심부분을 특히 입법자에 의한 침해로부터 방어하기 위한 소극적 측면이 중요한데 반해서, 국가목표규정은 입법자에 의한 적극적 입법형성이 우선 요구된다. 무엇보다도 제도보장은 단순한 현상의 보장을 의미하는 것은 아니지만, 제도보장에 있어 동태적인 요소는 변화하는 상황에 적합해야 하는 것 뿐이다. 여기에 대해 국가목표규정은 현상을 변혁하는 경향을 특징으로 한다.
국가목표조항은 기본권(Grundrechte)의 방어권성과 구별된다. 방어권은 시민의 주관적 권리로서 구성되어 있고, 이것은 국가의 작위가 아니라 국가의 침해부작위를 요구한다. 실체적으로 볼 때 부작위를 요청하는 방어권과 작위를 요구하는 국가목표규정은 긴장관계에 있으며, 후자는 전자의 현실적인 제 전제를 창설·촉진하는 것이며 양자는 보완관계 및 상호간에 효력을 강화하는 관계에 놓인다고 한다. 그러나 헌법이 보장하는 자유는 법률을 원칙적으로 기피하는 한편 법률에 의한 실질적인 보장이 되는 면도 있는 것이므로 양자 간의 긴장관계가 사라지는 경우도 있게 된다. 졸고, 독자적 헌법조문으로서의 국가목표조항, 유럽헌법학회 연구논집 제2호, 2007, 163면.

2 헌법규범은 국가공동체질서를 법적으로 형성·유지하고 국민의 권리를 보장하기 위하여 야기되는 국가와 국민 간의 갈등과 이해대립의 사회적 현실에 대하여 그 핵심문제만을 규정하는 방식으로 조문화하고 있다는데 특징이 있다. 정극원, 국가목적규정에 관한 일고찰, 공법학연구 제4권 제2호, 2003, 219면.

목적은 그 자체의 온전함의 유지와 이에 대한 침해와 파괴에 대한 복구를 목적으로 한다. 자연적 생활기반과 동물은 구체적인 보호대상이며, 이는 보호대상의 침해에 대한 방어를 의미하므로 기본권적 구조와 유사하며 다른 국가목표규정과 차별화된다.[3]

2. 국가목표조항의 기능

(1) 국가의 미래에 대한 방향제시

국가목표규정(Staatszielbestimmung)은 국가행위에 대한 명령과 지시로서 일정한 방향으로 명령하고 실질적 과제를 부여하는 내용을 지니며, 법률 그 밖의 법규명령의 해석이나 적용, 특히 일반조항 또는 재량행위에 있어 기준 내지 방향을 제시하는 기능을 가진다.[4]

헌법을 정치적 문화라는 측면에서 볼 때, 국가목표조항의 헌법적 도입은 바람직하다. 헌법은 이를 통해 미래의 법적 전개를 이끌고 가는 정의추구의 근본적 모델이 되며, 사회의 미래 모습에 대한 청사진을 제시한다. 국가목표조항을 통해 규범적 방향성이 정해지면 미래 정치적 선택이 확정되어진다. 그러므로 미래 발전의 방향을 제시하는 국가목적을 포함하는 것은 헌법에게 보다 더 역동적인 요소를 제공하는 것이 된다. 국가의 목표가 헌법에 언급됨으로써 국가목표조항은 국가를 특정 영역에 있어서 활력 있게 활동할 수 있는 근거를 제시한다.

Hans Klein은 위와 같은 국가목표조항의 장점을 다음과 같이 두 가지로 분석한다. 첫째, 국가목표조항으로 인해 정치적 논란을 제거하고, 정치적 다수세력의 변화로 부터 독립하여 이러한 국가목표를 유지하고 지속하게 만든다. 둘째, 국가목표조항은 정치인들에게 국가목표에 기속되어 일을 추진하고 만들고, 이에 더욱 집중하게 하는 교육적 효과를 가진다. Hans Klein은 또한 국민의 염원이 담긴 것이 국가목표조항이므로 헌법은 보다 더 많은 국민적 통합과 국가적 정당성을 획득하게 된다고 한다.[5]

(2) 사회영역의 공감대의 반영

헌법은 단순한 조직규범 이상의 기능을 가진다. 헌법은 법단계의 측면에서 볼 때 최

3 D. Murswick, Art.20a, GG- Kommentar von M. Sachs, 3.Aufl.2003, S.874
4 U. Scheuner, Die Funktion der Grundrechte im Sozialstaat, DÖV, 1971, S.505fff.
5 Hans H. Klein, Staatsziele im Verfassungsgesetz – Empfiehlt es sich, ein Staatsziel Umweltschutz in das Grundgesetz aufzunehmen?, 106 Deutsches Verwaltungsblatt [DVBl] 733–734 (1991)

상위에 위치하므로 사회영역의 정치·문화적 공감대를 반영한다. 헌법이란 기본적 결단을 지닌 채 국민에게는 자유의 범위를, 국가권력에게는 수권과 그 한계를 규정하는 정치적 문서로 정의 내릴 수 있다. 헌법은 항상 정치적 법으로서의 특성을 지닌다. 스스로 헌법재판을 통한 규범적 기속결정력을 가지고 국가·정치적 의사형성과 의사결정 그리고 부작위에 대한 심사를 위해 적합해야 한다는 의미의 정치규범적 속성을 가진다.

국가목표조항들은 국가기관들의 결정권한을 법적으로 기속하고, 국가의 근본이념을 만들어 내는 헌법적 의도를 지니고 있다. 1776년 버지니아 권리장전도 "행복과 안전을 추구하고 얻기 위해"라는 목표를 추구한 바 있고, 이는 모든 헌법의 핵심목표가 되었다. 공동체의 유지와 미래형성을 위해 근본적이며 의미 있는 질문들, 또는 문제제기에 대해 헌법명령의 형태로 답변한 것이 바로 국가목표조항이다. 이 국가목표조항은 법적으로 모든 국가기관을 기속한다. 이러한 기속력은 방어권으로서의 기본권과 다르지 않다. 즉 국가목표조항도 소송을 통해 확보될 수 있는 헌법적 명령이기 때문이다. 국가에 의해 침해된 국가목표조항에 대한 위헌확인소송이 가능하다고 본다.

국가목표조항이 국가기관에 대한 명령이고 구체적인 행위명령을 도출해 낸다면, 이는 혁신적으로 기능하게 되며 사회적 그리고 정치적 분쟁에 있어서 정치적 선택과 형성의 대안제시를 통해 생산적으로 해결책을 제시하게 될 것이다. 이렇게 국가목표조항이 정치엘리트에게 산재해 있는 정치적 해결문제들에 대한 정치적 창의성들을 갖게 만든다면, 국가목표조항에 대한 반대론자들의 비판을 잠재울 수 있을 것이다.

3. 규범적 성격

(1) 의 의

국가목표조항은 지난 시대의 입법방침규정과는 달리 분명하게 국가권력을 기속하는 내용을 담아 차별화시키고 있다. 바이마르 공화국의 입법방침조항들은 공권력을 기속하는 내용이 없어 이에 대한 법적 효과에 대해 논란이 많았다. 그러나 현대의 국가목표조항들은 이와 달리 국가권력을 헌법조항에 기속시켜 규범적으로 분명하게 국가권력을 이들 국가목표조항에 맞게 행동하도록 요구하고, 사법적으로 이에 대해 강제할 여지를 남겨주고 있다. 그러므로 이러한 헌법상의 국가목표조항을 무시하는 법률이나 명령들은 위헌이 된다.[6] 독일 연방헌법 제1조 제1항은 "인간의 존엄을 존중하고 보호하는 것은 모든 국가

---

6 P.Badura, Arten der Verfassungsrechtssätze, Handbuch des Staatsrechts(hersg.J.Isensee/P.Kirchhof) Bd.VII 2009, S.42. 국내에서는 국가목표조항의 법적성격에 관하여 일반론은 없으나, 환경권의 법적 성격에 대해 '원칙' 규범으로 보고 이에 대한 내용확정은 형량을 거친 후에 최적화될 수 있도록 정해진다는 주장이 제기되고 있다. 계

권력의 의무이다"고 규정하고 있다.[7] 또한 독일 연방헌법 제20조는 "독일연방은 민주, 사회국가이다"고 규정하고, "입법권은 헌법합치적 질서에, 행정권과 사법권은 법률과 법에 기속된다"고 명시하고 있다. 이러한 국가권력에 대한 기속과 국가적 특성을 규정하는 것은 독일연방이 추구하는 국가목표를 분명히 하고자 하는 것이다.

위에서 특히 설명한 인간의 존엄에 대한 존중과 보호의 국가권력 의무규정은 큰 의미가 있다고 본다. 이 규정은 국가에 대해 인간의 존엄을 법적으로 구체화하여, 그 규범적 내용을 통해 국가의 행위에 대해 의무를 부과하고, 국가기관들에게 특정한 방향을 제시할 수 있기 때문이다.

(2) 실무적 시각- 연방헌법재판소의 판례를 중심으로

(가) 동서독 기본조약사건(BVerfGE 36,1)

이 판례에서 연방헌법재판소는 헌법전문에서 도출되는 통일명령등의 국가목표조항들은 헌법적합여부에 대한 기준으로서 삼을 수 있으며, 헌법의 국가목표조항들은 "헌법적 명령"이며, 여기에 맞추어 정치적으로 책임지는 국가기관들은 행위하여야 한다. 여기에는 정치적 의미뿐만 아니라 법적인 내용도 포함된다고 판시하고 있다. 이러한 국가목표조항의 형성에서 우선적으로 국가기관들에게 일정한 선택의 자유가 인정된다. 국가목표실현을 위해 어떠한 방법이 정치적으로 옳은지 또는 합목적적인지에 대한 판단이 관련 기관들에게 맡겨진다. 여기에는 넓은 정치적 형성의 여지가 주어지며, 입법자는 특히 형성재량이 인정된다. 이에 대해 헌법재판소는 입법자가 형성의 한계를 분명하게 일탈하는 경우에 한해 법적이나 정치적 국가목표형성에 제재를 가할 수 있다.[8]

이 판결에서 연방헌법재판소는 동서독 기본조약사건에 대해 합헌결정하면서, 국가목표조항에 대한 헌법재판적 통제에 대해 사법적 자제를 존중하고, 의회와 행정부의 정치유보를 인정하여야 함을 분명히 하고 있다.

(나) 입학정원 판결(BVerfGE 33, 303)

교육체계에 있어서 헌법적 기본권보호는 전통적인 공권력에 대한 방어적 의미의 자유권의 성격에 그치지 않는다. 독일 연방헌법재판소는 기본권은 객관적 규범이며 가치질서를 만들어내고, 이러한 질서는 헌법적 기본결단으로서 법의 모든 영역에 효력을 미친

희열, 헌법학(중), 2007, 805면 참조.

7 Artikel 1
(1) Die Würde des Menschen ist unantastbar. Sie zu achten und zu schützen ist Verpflichtung aller staatlichen Gewalt.

8 BVerfGE 36,1(17).

다. 주민의 안전과 문화적 지원에 관심을 갖는 현대국가는 기본권적인 자유보장의 원래적 명령뿐만 아니라, 추가적으로 국가의 급부에 참여할 수 있는 권리를 인정한다.

이러한 권리는 입법부에 자의적으로 맡겨 둘 수 없는 성격을 지닌다. 비록 참여권을 어느정도 인정할 것인지 여부는 입법부에게 위임될 수 있지만, 헌법의 평등조항과 사회국가원리에 의해 국가기관 시설에의 참여권자체는 발생하는 것이다. 특히 국가가 교육분야와 같이 독점적 권한을 가지고 있는 경우(독일의 국립대학체제), 고등교육에 대한 준비가 되어 있는 국민들은 고등교육에 참여할 권리가 인정되어야 할 것이다.[9]

(3) 규범적 성격에 대한 비판론

국가목표조항은 입법부의 입법재량을 침해할 가능성이 있고, 국민에게 지나친 기대감을 제공하며, 국가목표조항을 통해 사법부인 헌법재판소가 정치적 세력으로 등장할 수 있음을 경계하는 목소리가 높다.[10]

이러한 견해에 의하면 헌법재판소의 국가목표조항 해석이 의회민주주의에 바탕을 둔 헌법체계 하에서 사회의 미래형성에 관한 주도권을 갖아야 할 의회가 힘을 상실하고, 국가 행위의 정치적 방향성을 제시하지 못하게 될 우려가 있음을 지적한다. 달리 말하자면, 이들은 국가목표조항으로 인해 국회는 헌법의 단순 집행기관으로 전락해 버린다고 비판한다.[11]

즉 헌법재판소의 국가목표조항 해석을 통해, 국가의 미래의 모습을 의회가 아닌 헌법재판소가 결정하고, 이러한 권력을 헌법재판소가 활용하게 되면, 국회의 무력화가 발생한다는 것이다.[12]

(4) 비판론에 대한 평가

입법부가 헌법재판소에 의해 관련 국가목표조항의 해석으로 인해 권위가 사라지고, 국가정책의 방향을 제시하는 기능을 상실한다고 하는 위와 같은 비판은 오늘날 올바른 지적이 되지 못한다. 헌법재판소와 입법부의 관계에서 입법부의 법적인 의미상실로 보는 시각은 헌법재판기능을 제대로 파악하지 못한 것이며, 앞서 본 판례 등에 나타난 헌법재판소의 판시와도 맞지 않는 것이다. 독일 연방헌법재판소는 분명히 입법부의 재량형성이 분

9 BVerfGE 33, 303(332).

10 Hans-Georg. Kluge, Staatsziel Tierschutz: Am Scheideweg zwischen verfassungspolitischer Deklamation und verfassungsrechtlichem Handlungsauftrag, 37 Zeitschrift für Rechtspolitik [ZRP] 10 (2004).

11 H.H.Klein, Eine verbindliche oder eine wohlklingende Verfassung?, FAZ v. 14.4.1992, S.9f.

12 그러나 독일연방헌법재판소도 근대적 권력균형하에서의 입법부의 고전적 지위는 부정하고 있고, 특히 입법부의 전면적 법률유보와 모든 본질적인 결정을 입법부에게만 부여하는 것을 거부한다. BVerfGE 68,1ff.

명하게 헌법적 한계를 일탈하는 경우에만 국가목표조항 위반으로 선언할 수 있음을 판시하고 있다.[13]

헌법재판소의 위상은 헌법에 의해 주어지는 것이고, 이로 인해 입법부의 위상이 변하는 것은 헌법이 이미 계획한 것이라고 볼 수 있으며, 오늘날 입법부의 위상은 헌법재판소가 아니라 행정부의 주도적 정부입법안 제출로 인해 저하되고 있다. 이러한 권력분립구조의 변화는 이미 오래전부터 진행되어 온 것이며, 입법부의 특권적 지위는 이미 그 토대를 상실하고 있다고 본다. 특히 기본권에 관한 현대적 이론의 등장으로 인해, 기본권의 객관적 가치질서성이 확립되고,[14] 이로 인해 기본권은 더 이상 주관적 공권이 아니라 객관적 제도적 성격을 가진다는 해석이 자리 잡게 되면서, 입법부의 재량은 이러한 헌법적 한계의 틀 안에 머무를 수밖에 없게 되었다. 또한 이러한 결론은 입법부뿐만 아니라 행정부에게도 마찬가지일 것이다. 국가목표조항을 통한 국가공권력에 대한 통제와 제한이 필요한 것은 모두 주권자인 국민에 대해 모든 국가기관이 헌법적 책무를 다해야 하는 것을 의미하기 때문이다.

Ⅲ. 유럽헌법전에 나타난 국가목표조항

1. 유럽헌법과 가치

유럽통합을 향한 유럽국가들의 노력은 이미 1950년 로마조약으로 시작된 이래 1992년 마스트리히트 조약, 2004년 유럽헌법 조약[15] 그리고 2007년의 리스본 조약에 이르기까지 지속되고 있다. 이러한 유럽통합을 위한 전진 속에서 안타깝게 유럽헌법채택은 불발되었지만 우리에게 많은 시사점을 주고 있고, 헌법학적으로도 긍정적 효과를 주고 있다. 특히 2004년 유럽헌법전에 나타난 신헌법의 체제는 우리 학계의 향후의 중요한 연구영역이 될 것이다.[16]

---

13 입법자가 작위의무를 명백하게 간과한 경우에만 헌법재판소는 법적 통제에 있어 행위의무위반에 관계된 궁극의 통제권을 행사하는 것이 허락된다. 즉 명백성을 가급적 유연하게 민주적 입법자의 중심적 역할을 강조하는 의미로 해석하여야 한다. K. P. Sommermann, Staatsziele und Staatszielbestimmungen, 1997, S.442.

14 BVerfGE 24, 367ff.

15 유럽헌법조약의 내용에 관하여는 다음을 참조합니다. 채형복, 유럽헌법조약문 해제, 세계헌법연구 제11권 제2호, 2005, 169-208면.

16 유럽헌법이 지향한 주요한 목표 중 하나는 유럽시민들로 하여금 EU에 보다 친숙감을 가지게 할 수 있는 제도적 장치를 확보한다는 점에 있다고 할 수 있다. 이 점은 2001년 12월 Laeken에서 개최한 정상회의가 유럽헌법조약안 초안 작성책임을 유럽미래회의에 부여할 당시부터 명확하게 하였던 목표라 볼 수 있다. 따라서 유럽헌법은 EU의 단순화와 명료화를 단일 규범전으로 실현하고자 한 유럽연합 국가들의 기본적 목표에 대한 결과라

2004년 유럽헌법의 내용 중에서 특히 국가목표조항과 관련하여 제1편의 내용은 우리 헌법의 향후 개정방향에 있어서 주목해야 할 사항이라고 본다. 유럽헌법이 동 헌법의 출발로서 연합의 가치와 목표를 앞세운 것은 헌법의 국민적 통합기능을 강조하고 또한 이를 향후 유럽통합을 위한 중요한 과제로 본 것으로 평가 할 수 있다. 먼저 제1－2조(유럽연합의 가치)에 "연합은 인간의 존엄성의 존중, 자유, 민주주의, 평등, 법의 지배 및 소수에 속한 자의 권리를 포함한 인권의 존중의 가치 위에 설립된다. 이 가치들은 다원주의, 비차별, 관용, 정의, 연대 및 남녀평등을 특징으로 하는 사회에 있는 모든 회원국에게 공통되는 것이다"라고 규정되어 있다.[17]

2. 유럽헌법과 국가목표조항

유럽헌법은 유럽연합이 추구하는 목표에 대해 5개의 항목을 두고 있다.[18]

첫째, 연합의 목표는 평화와 연합의 가치 및 시민의 복지를 증진하는 것이다.

둘째, 연합은 그 시민들에게 국경이 없는 자유·안전 그리고 사법제도와 경쟁이 자유

볼 수 있다. 박인수, 유럽헌법의 규범체계, 세계헌법연구 제13권 제1호, 2007, 331면.

17 ARTICLE I－2 The Union's values

The Union is founded on the values of respect for human dignity, liberty, democracy, equality, the rule of law and respect for human rights, including the rights of persons belonging to minorities. These values are common to the Member States in a society in which pluralism, non－discrimination, tolerance, justice, solidarity and and equality between women and men prevail.

18 ARTICLE I－3 The Union's objectives

1. The Union's aim is to promote peace, its values and the well－being of its peoples.
2. The Union shall offer its citizens an area of freedom, security and justice without internal frontiers, and an internal market where competition is free and undistorted.
3. The Union shall work for the sustainable development of Europe based on balanced economic growth and price stability, a highly competitive social market economy, aiming at full employment and social progress, and a high level of protection and improvement of the quality of the environment. It shall promote scientific and technological advance.
   It shall combat social exclusion and discrimination, and shall promote social justice and protection, equality between women and men, solidarity between generations and protection of the rights of the child.
   It shall promote economic, social and territorial cohesion, and solidarity among Member States.
   It shall respect its rich cultural and linguistic diversity, and shall ensure that Europe's cultural heritage is safeguarded and enhanced.
4. In its relations with the wider world, the Union shall uphold and promote its values and interests. It shall contribute to peace, security, the sustainable development of the Earth, solidarity and mutual respect among peoples, free and fair trade, eradication of poverty and the protection of human rights, in particular the rights of the child, as well as to the strict observance and the development of international law, including respect for the principles of the United Nations Charter.
5. The Union shall pursue its objectives by appropriate means commensurate with the competences which are conferred upon it in the Constitution.

롭고 왜곡되지 않는 역내시장을 제공한다.

셋째, 연합은 균형 있는 경제성장 및 물가의 안정을 기초로 하는 연합의 지속가능한 발전, 완전고용과 사회진보를 목표로 하는 고도의 경쟁력을 가지는 사회시장경제, 고도의 환경보호 및 환경의 질적 개선을 위해 노력한다. 연합은 과학기술의 진보를 촉진한다. 연합은 사회적 소외와 차별에 대해 투쟁하며, 사회적 정의와 안전, 남녀평등, 세대 간의 연대 그리고 아동의 권리 보호를 장려한다. 연합은 회원국들의 경제적·사회적·영토적 결속과 연대를 증진한다. 연합은 풍부한 문화적·언어적 다양성을 존중하고, 유럽문화유산의 보호와 수준향상을 보장한다.

넷째, 넓은 세상과의 관계 속에서 연합은 연합의 가치들과 이익들을 지키고 향상시킨다. 연합은 평화·안전·지구의 지속가능한 발전·시민들의 상호 연대와 존중, 자유와 공정한 무역, 빈곤의 제거와 인권의 보장, 특히 아동의 인권들, 그리고 국제연합헌장의 준수를 포함한 국제법의 엄격한 준수에 공헌한다.

다섯째, 연합은 헌법에 규정된 권한에 알맞은 적절한 수단을 사용하여 연합의 목적들을 수행한다.

3. 평 가

유럽연합은 통일헌법을 통해 동질성을 유지하는 유럽문화를 헌법의 국가목표조항에 연합이 향후 추구하여야 할 가치들로 삼고 있다. 유럽연합의 비교적 통일된 사법제도와 동일 수준의 과학기술과 경제적 상황들이 이러한 국가목표조항들을 추구할 수 있는 배경이 되었으며, 연합 국가들의 공통된 시민적 공감대인 남녀평등, 문화와 언어의 중요성, 유럽문화의 보호, 인권의 보장 등이 바탕이 되어 국가목표조항들을 헌법의 총론부분에 규정하는 원동력이 되었다고 평가된다.

Ⅳ. 독일 연방헌법의 국가목표조항과 주(州)헌법의 신경향

1. 독일연방의 국가목표조항

독일헌법은 국가목표조항의 모습을 담은 대표적 헌법으로 볼 수 있으며, 이는 바이마르 전통에 속하며,[19] 현행 헌법은 그러나 과거보다 그 숫자가 적다. 다만, 구 동독지역의

19 바이마르 공화국 헌법의 규정들에 나타난 국가목표조항들의 모습을 보면 다음과 같다. 가족생활과 국가의 유

통일 후 등장한 신헌법들에는 이러한 국가목표조항이 증가된 모습을 보여 준다. 독일 연방헌법은 제3조 제2항(남녀평등실현),[20] 제20a조(인간의 자연적 생활기반의 보장, 동물보호),[21] 제20조 제1항(사회국가목표조항),[22] 제23조 제1항(유럽통합조항),[23] 제109조 제2항(전체경제의 균형)[24]의 국가목표조항을 두고 있다.

특히 독일연방헌법 제3조 제2항의 남녀평등실현을 위한 국가의무조항은 권리상의 평등을 넘어 실질적 평등으로 이해되며, "국가는 남녀동권의 실질적인 실행을 촉진하며 존속하고 있는 불이익의 제거에 노력한다"는 내용은 국가목표조항의 전형적인 형태를 취하고 있다고 평가된다. 또한 현대적 국가목표조항으로 볼 수 있는 환경과 동물보호에 관한 독일연방의 규정은 국내에서도 긍정적 평가를 받고 있다.[25] 이 규정에 의하면 "국가는 미

지와 발전의 기초로서 결혼은 헌법의 특별한 보호를 받는다. 가족의 생계유지, 건강, 사회보장은 국가와 공동체의 과제이다. 모성은 국가의 보호와 지원에 대한 청구권을 가진다. (Die Ehe steht als Grundlage des Familienlebens und der Erhaltung und Vermehrung der Nation unter dem besonderen Schutz der Verfassung. Diese beruht auf der Gleichberechtigung der beiden Geschlechter. Die Reinerhaltung, Gesundung und soziale Förderung der Familie ist Aufgabe der Staats und der Gemeinden. Kinderreiche Familien haben Anspruch auf ausgleichende Fürsorge. Die Mutterschaft hat Anspruch auf den Schutz und die Fürsorge des Staats, 제119조 제1항); 청소년은 학대, 풍속적·정신적·육체적 방임으로 부터 보호되어야 한다. 국가와 공동체는 필요한 시설들을 마련하여야 한다(Die Jugend ist gegen Ausbeutung sowie gegen sittliche, geistige oder körperliche Verwahrlosung zu schützen. Staat und Gemeinde haben die erforderlichen Einrichtungen zu treffen, 제122조); 방해받지 않는 종교행사는 헌법에 의해 보장되고, 국가의 보호를 받는다(Die ungestörte Religionsübung wird durch die Verfassung gewährleistet und steht unter staatlichem Schutz. 제135조); 예술, 학문, 대학강의는 자유롭다. 국가는 이를 보호하며, 지원한다(Die Kunst, die Wissenschaft und ihre Lehre sind frei. Der Staat gewährt ihnen Schutz und nimmt an ihrer Pflege teil, 제142조); 예술·역사·자연의 문화재와 자연경관은 국가의 보호와 지원을 받는다(Die Denkmäler der Kunst, der Geschichte und der Natur sowie die Landschaft genießen den Schutz und die Pflege des Staates, 제150조); 노동자들은 국가의 특별한 보호를 받는다(Die Arbeitskraft steht unter dem besonderen Schutz des Reichs, 제157조); 정신노동, 저작자, 발명가, 예술인의 권리는 국가의 보호와 지원을 받는다(Die geistige Arbeit, das Recht der Urheber, der Erfinder und der Künstler genießt den Schutz und die Fürsorge des Reichs, 제158조).

20 Der Staat fördert die tatsächliche Durchsetzung der Gleichberechtigung von Frauen und Männern und wirkt auf die Beseitigung bestehender Nachteile hin.

21 Der Staat schützt auch in Verantwortung für die künftigen Generationen die natürlichen Lebensgrundlagen und die Tiere im Rahmen der verfassungsmäßigen Ordnung durch die Gesetzgebung und nach Maßgabe von Gesetz und Recht durch die vollziehende Gewalt und die Rechtsprechung.

22 Artikel 20
(1) Die Bundesrepublik Deutschland ist ein demokratischer und sozialer Bundesstaat.

23 Zur Verwirklichung eines vereinten Europas wirkt die Bundesrepublik Deutschland bei der Entwicklung der Europäischen Union mit, die demokratischen, rechtsstaatlichen, sozialen und föderativen Grundsätzen und dem Grundsatz der Subsidiarität verpflichtet ist und einen diesem Grundgesetz im wesentlichen vergleichbaren Grundrechtsschutz gewährleistet

24 Bund und Länder erfüllen gemeinsam die Verpflichtungen der Bundesrepublik Deutschland aus Rechtsakten der Europäischen Gemeinschaft auf Grund des Artikels 104 des Vertrags zur Gründung der Europäischen Gemeinschaft zur Einhaltung der Haushaltsdisziplin und tragen in diesem Rahmen den Erfordernissen des gesamtwirtschaftlichen Gleichgewichts Rechnung.

25 환경문제 해결을 위한 헌법정책적 관점에서 환경권이라는 사회적 기본권을 헌법에 규정 할 것인지, 또는 국가

래세대에 대한 책임의식을 가지고, 입법부는 헌법질서의 범위 내에서 그리고 행정부와 사법부는 법률과 법에 따라 환경과 동물을 보호한다"고 기술하고 있어, 국가목표조항에 대한 공권력의 기속을 명백하게 보여 주고 있다.

2. 주(지방국)헌법들에 나타난 국가목표조항

(1) 부란덴부르크 주헌법(Verfassung des Landes Brandenburg vom 20. August 1992)

제2장에 기본권과 국가목표조항이라는 타이틀을 부여하고 있다(2. Hauptteil: Grundrechte und Staatsziele).[26] 이러한 제2장의 여러 내용들안에 국가목표조항이 존재한다. 제7조 제2항에 "인간의 존엄성을 존중하고 보호하는 것이 모든 국가권력의 의무이며 모든 연대적 공동체의 기반이다"고 규정하고 있다.[27] 제12조 평등권조항의 제3항에서 "주는 직업, 공적 생활, 교육과 직업교육, 사회 보장의 영역이나 가정에서, 효과적인 조치를 통해 남녀의 평등을 보장할 의무를 진다"고 하고 있다.[28] 또한 제4항에서 "주와 자치단체들은 장애인과 정상인의 생활조건의 균등을 유지할 의무를 진다"고 되어 있다.[29] 제26조에 의하면 "결혼과 가족은 공동체에 의해 보호되고 지원되어야 한다. 모성과 독신가정 그리고 다자녀 가족은 장애인가족들은 특별한 후원을 받는다"고 규정한다.[30] 제27조에서는 "주와 지방자치단체는 지원단체가 누구이든 상관없이 유치원과 청소년시설들을 후원한다"고 규정하고 있다.[31] 교육과 관련하여 제30조에서는 "주와 지방자치단체는 학교를 설립하고 지원해야

목표조항을 둘 것인지에 대한 장단점을 비교해 볼 때, 사회적 기본권의 일반적 문제점으로서의 법률에 의한 내용형성이 요구되고, 보호법익을 설정하기 어렵고, 환경보호의 법익이 주관적인 것이 되기 어려운 면 등이 있어 국가목표규정으로 환경문제를 헌법적으로 해결하는 것이 바람직하다. 고문현, 환경헌법에 관한 연구, 환경법연구 21권, 1999, 396면.

26 전통적으로 기본권과 제도보장, 또는 기본권과 국가목표조항이나 국가원리조항들은 전자가 주관적 권리보호라는 특성이 있는 방어권적 성격이 강조되고, 후자는 국가의 객관적 법적 성격이 강조되어 왔으나, 최근 독일 학계의 변화중의 하나는 이들의 관계를 분리적 측면에서 보는 시각이 아니라 양자를 상호 융합하고 종합적으로 보는 시각이 증대되고 있는 것이 특징이다. Hans-Peter Schneider, Grundrechte und Verfassungsdirektive, in: Handbuch der Grundrechte(herdg. Detlef Merten/Hans Jürgen Papier), 2004, S.716.

27 Artikel 7. Schutz der Menschenwürde. (1) Die Würde des Menschen ist unantastbar. Sie zu achten und zu schützen ist Verpflichtung aller staatlichen Gewalt und Grundlage jeder solidarischen Gemeinschaft.

28 Artikel 12.Gleichheit. (3) Frauen und Männer sind gleichberechtigt. Das Land ist verpflichtet, für die Gleichstellung von Frau und Mann in Beruf, öffentlichem Leben, Bildung und Ausbildung, Familie sowie im Bereich der sozialen Sicherung durch wirksame Maßnahmen zu sorgen.

29 (4) Das Land, die Gemeinden und Gemeindeverbände sind verpflichtet, für die Gleichwertigkeit der Lebensbedingungen von Menschen mit und ohne Behinderungen zu sorgen.

30 Artikel 26. Ehe, Familie und Lebensgemeinschaften. (1) Ehe und Familie sind durch das Gemeinwesen zu schützen und zu fördern. Besondere Fürsorge wird Müttern, Alleinerziehenden und kinderreichen Familien sowie Familien mit behinderten Angehörigen zuteil.

31 (6) Das Land, die Gemeinden und Gemeindeverbände fördern, unabhängig von der Trägerschaft, Kindertagesstätten

한다"고 되어 있다.[32] 환경보호와 관련된 제39조는 "현재와 미래 생활의 기초로서의 자연, 환경 그리고 성장한 경관들의 보호는 주와 모든 사람들의 의무이다"고 하고 있다.[33] 또한 동조 제7항에서 "주와 지방자치단체는 자연환경의 현재 또는 앞으로의 피해에 대해 정보를 취득하고, 이를 문서화하여야 한다"고 규정하고 있고,[34] 사회보장과 관련하여 제45조는 "주는 법적 실현을 위한 권한의 범위 내에서 질병, 산재, 불구, 장애, 부양, 노령상황에 대한 사회적 안정망을 갖추어야 한다"고 규정하고 있다.[35] 또한 제47조에서 주거문제와 관련하여 "주는 자신의 권한 내에서 쾌적한 주거에 관한 권리의 실현을 보장하여야 하는데, 특히 주택을 지원하고, 사회적 주거시설, 세입자 보호와 집세지원을 하여야 한다"고 기술하고 있다.[36]

(2) 튜링엔 주헌법(Verfassung des Freistaats Thüringen vom 25. Oktober 1993)

제1장의 제목을 기본권, 국가목표, 그리고 공동체생활의 질서로 명명하고 있다(Erster Teil Grundrechte, Staatsziele und Ordnung des Gemeinschaftslebens). 제1조에서 "인간의 존엄성을 존중하고 보호하는 것이 모든 국가권력의 의무"라고 말하고 있다.[37] 평등과 관련하여 제2조에서는 주와 지방자치단체 그리고 공적인 행정담당자들은 공적인 생활의 모든 영역에서 적합한 조치들을 통해 남녀의 실질적 평등을 지원하고 보장하여야 한다"고 규정하고 있다.[38] 또한 동조 제4항에서 "장애인은 주의 특별한 보호 하에 놓인다"고 규정하고 있

---

und Jugendfreizeiteinrichtungen.

32 (3) Das Schulwesen muß Offenheit, Durchlässigkeit und Vielfalt der Bildungsgänge gewährleisten.

33 Artikel 39. Schutz der natürlichen Lebensgrundlagen. (1) Der Schutz der Natur, der Umwelt und der gewachsenen Kulturlandschaft als Grundlage gegenwärtigen und künftigen Lebens ist Pflicht des Landes und aller Menschen.

34 (7) Das Land, die Gemeinden und Gemeindeverbände sind verpflichtet, Informationen über gegenwärtige und zu erwartende Belastungen der natürlichen Umwelt zu erheben und zu dokumentieren; Eigentümer und Betreiber von Anlagen haben eine entsprechende Offenbarungspflicht. Jeder hat das Recht auf diese Informationen, soweit nicht überwiegende öffentliche oder private Interessen entgegenstehen. Das Nähere regelt ein Gesetz.

35 Artikel 45. Soziale Sicherung. (1) Das Land ist verpflichtet, im Rahmen seiner Kräfte für die Verwirklichung des Rechts auf soziale Sicherung bei Krankheit, Unfall, Invalidität, Behinderung, Pflegebedürftigkeit und im Alter zu sorgen. Soziale Sicherung soll eine menschenwürdige und eigenverantwortliche Lebensgestaltung ermöglichen.

36 Artikel 47. Wohnung. (1) Das Land ist verpflichtet, im Rahmen seiner Kräfte für die Verwirklichung des Rechts auf eine angemessene Wohnung zu sorgen, insbesondere durch Förderung von Wohneigentum, durch Maßnahmen des sozialen Wohnungsbaus, durch Mieterschutz und Mietzuschüsse.

37 Artikel 1. (1) Die Würde des Menschen ist unantastbar. Sie auch im Sterben zu achten und zu schützen, ist Verpflichtung aller staatlichen Gewalt.

38 (2) Frauen und Männer sind gleichberechtigt. Das Land, seine Gebietskörperschaften und andere Träger der öffentlichen Verwaltung sind verpflichtet, die tatsächliche Gleichstellung von Frauen und Männern in allen Bereichen des öffentlichen Lebens durch geeignete Maßnahmen zu fördern und zu sichern.

다.[39] 제12조에서 "주는 공적인 방송을 통해 기초적 공급을 보장하고, 사적인 방송과 공적인 방송매체의 영향력의 균형을 보장하여야 한다"[40]고 되어 있다. 주택과 관련하여 제15조는 "충분한 주택의 보급에 노력하여야 하는 것은 주의 지속적인 과제이다"고 기술하고 있다.[41] 또한 제16조에서 "주와 지방자치단체는 위기상황에서 모든 이에게 주거를 보장한다"[42] 가정과 관련하여 제17조는 "결혼과 가족은 국가질서의 특별한 보호에 놓인다"고 하고 있다.[43]

제19조는 "주와 지방자치단체는 누가 소유자인가와 상관없이 유치원시설을 후원한다"고 규정한다. 환경과 관련하여 제31조는 "인간의 자연적 생활토대의 보호는 주와 주민의 과제이다"고 규정한다.

국가목표규정의 실현과 관련하여 제43조는 "주는 헌법에 규정되어 있는 국가목적들의 실현을 자신의 권력과 권한 내에서 실현하도록 노력하여야 하며, 이에 맞추어 자신의 행위를 조정하여야 한다"고 기술하고 있다.[44]

(3) 작센 주헌법(Verfassung des Freistaates Sachsen vom 27. Mai 1992)

국가목표조항과 관련하여 작센 주 헌법은 제7조에서 인간존엄의 삶을 국가목표조항으로 삼고 있다. 제7조 제1항에 의하면 "주는 모든 사람들의 인간다운 삶, 특히 노동에 대한, 거주에 대한, 적절한 생활보장에 대한, 사회적 안정과 교육에 대한 권리를 국가목표조항으로 인정한다"고 규정하고 있다.[45] 또한 동조 제2항에서 "주는 노령자와 장애인을 지원하고 이들에게 생활조건의 균등함을 가지도록 후원하는 것을 공동체의 의무임을 인정한다"고 명시하고 있다.[46] 제8조에서는 남과 여의 법적이고 실질적인 평등을 보장함을 주

39 (4) Menschen mit Behinderung stehen unter dem besonderen Schutz des Freistaats.

40 Artikel 12. (1) Das Land gewährleistet die Grundversorgung durch öffentlich-rechtlichen Rundfunk und sorgt für die Ausgewogenheit der Verbreitungsmöglichkeiten zwischen privaten und öffentlich-rechtlichen Veranstaltern.

41 Artikel 15. Es ist ständige Aufgabe des Freistaats, darauf hinzuwirken, daß in ausreichendem Maße angemessener Wohnraum zur Verfügung steht.

42 Artikel 16. Das Land und seine Gebietskörperschaften sichern allen im Notfall ein Obdach.

43 Artikel 17. (1) Ehe und Familie stehen unter dem besonderen Schutz der staatlichen Ordnung.

44 Artikel 43. Der Freistaat hat die Pflicht, nach seinen Kräften und im Rahmen seiner Zuständigkeiten die Verwirklichung der in dieser Verfassung niedergelegten Staatsziele anzustreben und sein Handeln danach auszurichten.

45 Artikel 7 [Menschenwürdiges Dasein als Staatsziel]
(1) Das Land erkennt das Recht eines jeden Menschen auf ein menschenwürdiges Dasein, insbesondere auf Arbeit, auf angemessenen Wohnraum, auf angemessenen Lebensunterhalt, auf soziale Sicherung und auf Bildung, als Staatsziel an.

46 (2) Das Land bekennt sich zur Verpflichtung der Gemeinschaft, alte und behinderte Menschen zu unterstützen und auf die Gleichwertigkeit ihrer Lebensbedingungen hinzuwirken.

의 의무로 선언하고 있다.[47] 제9조에 따르면 "주는 아동과 청소년 그리고 이들을 보호하는 시설들을 위해 예방적 건강보호를 지원한다"고 규정한다.[48] 환경과 관련하여 제10조에서는 "생활의 기초로서의 환경을 보호하는 것은, 미래세대를 위한 책임에 있어서도, 주의 의무이고 주에 거주하는 모든 이들의 의무이다"고 말한다.[49]

국가목표조항과 관련하여 특히 제13조에 그 효력을 따로 정하고 있다. 이에 다르면 "주는 자신의 권력에 따라 헌법에 규정된 국가목표의 실현에 노력하고, 자신의 행동을 이에 맞추어야 하는 의무를 진다"고 규정하고 있다.[50] 제14조에서는 "인간의 존엄을 존중하고 보호하는 것이 모든 국가권력의 의무이다"고 규정하고 있으며,[51] 제22조에서는 "결혼과 가족은 주의 특별한 보호를 받는다"고 명시하고 있다.[52]

3. 독일의 국가목표조항의 특징과 평가

독일연방의 대표적인 국가목표조항인 사회국가조항, 환경보호와 동물보호 그리고 남녀평등은 독일연방의 특성을 잘 나타내고 있다. 특히 독일연방헌법상의 사회국가조항은 가장 독일적인 국가목표조항을 보여주고 있다. 앞서 본 독일연방헌법상의 사회국가조항은 단순히 국가목표조항에 그치지 않고, 참여권이라는 적극적 국가운영시설물에 접근하여 이용할 수 있는 권리를 인정하는 등 다른 국가목표조항과는 다른 현대적이며 진보적인 성격의 국가목표조항으로 인정되고 해석된다. 또한 동물보호조항도 독일연방헌법에서 나타나는 다른 국가들과 차별화된 국가목표조항으로 볼 수 있다. 이러한 동물보호조항은 동물에게 직접적인 생명권을 부여한다든지, 동물살육을 금지하는 직접적인 효과는 없지만, 극단적인 기본권행사에 대한 한계로 작용하게 된다. 즉 예술의 자유를 이유로 동물들을

---

47 Artikel 8 [Förderung der Gleichstellung von Frauen und Männern]
Die Förderung der rechtlichen und tatsächlichen Gleichstellung von Frauen und Männern ist Aufgabe des Landes.

48 (3) Das Land fördert den vorbeugenden Gesundheitsschutz für Kinder und Jugendliche sowie Einrichtungen zu ihrer Betreuung.

49 (1) Der Schutz der Umwelt als Lebensgrundlage ist, auch in Verantwortung für kommende Generationen, Pflicht des Landes und Verpflichtung aller im Land.

50 Artikel 13 [Wirkung der Staatsziele]
Das Land hat die Pflicht, nach seinen Kräften die in dieser Verfassung niedergelegten Staatsziele anzustreben und sein Handeln danach auszurichten

51 Artikel 14 [Würde des Menschen]
(1) Die Würde des Menschen ist unantastbar. Sie zu achten und zu schützen ist Verpflichtung aller staatlichen Gewalt.

52 Artikel 22 [Schutz von Ehe und Familie]
(1) Ehe und Familie stehen unter dem besonderen Schutz des Landes.

고통스럽게 학대하는 등의 행위는 제한될 것이 분명하다. 국가목표조항은 기본권행사의 한계로 작용하여 양자를 균형 있게 조화하도록 하는 기능을 하게 한다.[53]

독일 지방국들의 국가목표규정들의 특징은 모두 기본권과 함께 규정하고, 양자의 관련성을 강조하고 있는 것이 특징이다. 또한 지방국 헌법들은 국가목표조항들에 대해 주와 지방자치단체의 기속을 별도의 조문으로 규정하고 있어, 국가목표조항의 효력에 대한 논란을 피하고 있다. 이러한 독일연방과 지방국의 태도들은 향후 우리 헌법 개정에 중요한 참고가 될 것임에 틀림없다.

Ⅴ. 스위스헌법에 나타난 국가목표조항

1. 헌법개정의 배경과 주요내용

스위스는 1874년 헌법을 대체하는 1999년의 헌법에 대한 전면적 개정을 통해 그동안의 구시대적 헌법을 청산하고 세계적 수준의 신헌법을 채택하게 된다. 이와 관련하여 스위스 헌법의 가장 큰 변화는 국가목표조항의 채택이다. 이를 통해 스위스 국가와 공동체의 통합을 추구하였다고 평가된다.

2. 국가목표조항

스위스 헌법은 제3장을 "사회 목적들(Sozialziele)"이라고 명명하고 있다. 스위스 헌법 제41조에 구체적인 내용을 담고 있다. 즉 동조는 "연방과 주는 개인의 책임과 개인의 주도권을 보충하여 다음에 대해 노력한다. a. 모든 시민이 사회적 안전을 향유하도록, b. 모든 시민이 건강을 위해 필요한 부양을 받도록, c. 가족은 성인과 자녀의 공동체로서 보호되고 지원되도록, d. 성인들이 노동을 통해 적절한 생활의 조건들에 필요한 보장을 얻을 수 있도록, e. 주택을 구하는 자는 자신과 가족을 위해 부담 가능한 여건에 맞는 적절한 주택을 찾을 수 있도록, f. 성인뿐만 아니라 아동과 청소년 능력에 맞게 교육받을 수 있도록, g. 아동과 청소년은 성장에 있어서 독립적이고 사회적 책임을 다하는 시민으로 배려되고, 사회적·문화적 그리고 정치적 통합에 있어 지원하도록,"이라고 규정하고 있다. 또한 동조 제2항은 "연방과 주는 모든 시민이 노령·불구·질병·재난·실업·임신·고아·배우자 사별로 인한 경제적 어려움을 극복하도록 노력하여야 한다"고 규정하고, 제3항에서

53 Johannes Caspar/Martin Geissen, Das neue Staatsziel "Tierschutz" in Art. 20a GG, 21 NVwZ, 912, 915(2002).

는 “연방과 주는 헌법합치적 권한 내에서 그들에게 주어진 방법들을 사용하여 사회적 목적들을 실현하여야 한다”고 되어있고, 아울러 제4항에서는 “사회적 목적들로부터 개인들은 국가급부에 대한 청구권이 도출되지 않는다”는 것을 밝히고 있다.[54]

3. 평 가

스위스 헌법개정의 모습은 현대적 헌법의 발전방향을 잘 보여주고 있다고 본다. 헌법을 통한 국민의 동화적 통합을 승화시키기 위해 ‘사회목적조항들’을 설정하고 있다고 평가되며, 이는 국가가 실현하여야 할 핵심적인 국가목표규정을 의미한다.

Ⅵ. 한국헌법에 나타난 국가목표조항들

1. 국가목표로서의 대한민국 헌법전문

우리 헌법전문에서 국가목표조항을 도출해 낼 수 있다고 본다. 헌법전문 중에는 국가목표를 제시하고 모든 국민과 국가가 함께 추구하자고 강조하는 구체적인 방향제시의 내용이 포함되어 있다.[55]

즉 ① 조국의 민주개혁과 평화적 통일의 사명, ② 모든 사회적 폐습과 불의의 타파,

---

54 3. Kapitel: Sozialziele
Art. 41
① Bund und Kantone setzen sich in Ergänzung zu persönlicher Verantwortung und privater Initiative dafür ein, dass:
a. jede Person an der sozialen Sicherheit teilhat;
b. jede Person die für ihre Gesundheit notwendige Pflege erhält;
c. Familien als Gemeinschaften von Erwachsenen und Kindern geschützt und gefördert werden;
d. Erwerbsfähige ihren Lebensunterhalt durch Arbeit zu angemessenen Bedingungen bestreiten können;
e. Wohnungssuchende für sich und ihre Familie eine angemessene Wohnung zu tragbaren Bedingungen finden können;
f. Kinder und Jugendliche sowie Personen im erwerbsfähigen Alter sich nach ihren Fähigkeiten bilden, aus- und weiterbilden können;
g. Kinder und Jugendliche in ihrer Entwicklung zu selbstständigen und sozial verantwortlichen Personen gefördert und in ihrer sozialen, kulturellen und politischen Integration unterstützt werden.
② Bund und Kantone setzen sich dafür ein, dass jede Person gegen die wirtschaftlichen Folgen von Alter, Invalidität, Krankheit, Unfall, Arbeitslosigkeit, Mutterschaft, Verwaisung und Verwitwung gesichert ist.
③ Sie streben die Sozialziele im Rahmen ihrer verfassungsmässigen Zuständigkeiten und ihrer verfügbaren Mittel an.
④ Aus den Sozialzielen können keine unmittelbaren Ansprüche auf staatliche Leistungen abgeleitet werden.

55 독일 문헌들에서도 과거 통일 전 존재했던 독일통일의 국가목표를 헌법전문, 제23조, 제146조에 근거를 찾는다. P. Badura, (FN), S.43.

③ 각인의 기회균등의 보장, ④ 국민생활의 균등한 향상, ⑤ 세계평화의 추구 등이 그것이다. 이 중에 평화통일의 국가목표는 제4조에서, 세계평화의 추구는 헌법 제5조에서 다시 반복해서 규정하고 있다.

2. 인권보호의무 — 헌법 제10조

가장 근본적이고 중요한 국가목표조항은 헌법 제10조 "국가는 개인이 가지는 불가침의 기본적 인권을 확인하고 이를 보장할 의무를 진다"의 규정에서 발견된다.

3. 사회국가와 국가목표조항[56]

우리 헌법은 사회적 기본권에 관한 규정과 아울러 사회국가에서 나오는 국가의 목표들에 대한 내용들을 구체화하고 있다. 헌법에 의하면 국가는 사회보장·사회복지의 증진에 노력할 의무를 지며(제34조 제2항), 여자의 복지와 권익의 향상을 위하여 노력해야 한다(제34조 제3항). 또한 국가는 노인과 청소년의 복지향상을 위한 정책을 실시할 의무를 지고(제34조 제4항), 신체장애자 및 질병, 노령, 기타의 사유로 생활능력이 없는 국민은 법률이 정하는 바에 의하여 국가의 보호를 받는다(제34조 제5항).

국가는 재해를 예방하고 그 위험으로부터 국민을 보호하기 위하여 노력하여야 하며(제34조 제6항) 국가와 국민은 환경보전을 위하여 노력하여야 한다(제35조 제1항).[57] 아울러 국가는 주택개발정책 등을 통하여 모든 국민이 쾌적한 주거생활을 할 수 있도록 노력하여야 한다(제35조 제3항).

국가는 혼인과 가족생활에 있어 개인의 존엄과 양성의 평등을 기초로 성립되고 유지되도록 보장해야 하고(제36조), 모성의 보호를 위하여 노력하여야 한다(제36조 제2항). 모든 국민은 보건에 관하여 국가의 보호를 받는다(제36조 제3항).

---

56 사회권적 기본권의 성격에 대해 논쟁이 있어 왔으나, 최근에는 사회적 기본권을 사회국가의 실현을 위하여 헌법에 기본권의 형식으로 규정된 국가목표조항으로 보는 시각이 점차 증대되고 있다. 한수웅, 헌법학, 법문사, 2011, 903면.

57 독일의 일부 주 헌법에서 환경권이 입법화되어 있고, 일부 주에서는 국가목표조항을 두고 있다. 대표적으로 Bayern주 헌법은 제141조 제3항에서 "개인은 국가의 자연경관을 향수할 권리와 야외에서 여가를 구할 권리를 가지고 있다"고 규정하고 있으며, 한편 1984년부터 1986년까지 독일 지방의 주들은 헌법을 개정하여 헌법에서 자연 및 경관을 보호하고 증진할 것을 명령하거나 정부에 대하여 이를 의무화하고 있다. 예를 들면, Baden-Würtenberg 헌법 제86조, Bayern 헌법 제3조 제2항, 제141조, Saarland 헌법 제59a조, Bremen 헌법 제11a조, 제26조 제5항, Hamburg 헌법 전문, Nordrhein-Westfalen 헌법 제29a조 등이 있다. 조은래, "환경권의 법적 성질에 관한 연구", 비교법학 제11집, 2000, 190면. 우리 헌법상의 환경권조항에 대한 부정적인 견해가 존재한다. 정극원, 기본권으로서의 환경권과 국가목적규정으로서의 환경권, 공법연구 제32권 제1호, 2003, 545면.

4. 경제영역에서의 국가목표조항

우리 헌법 제9장에 경제에 대한 별도의 특별한 장을 두어 국민적 관심사인 경제활동에 대한 많은 규정을 갖추고 있다. 여기에 국가의 목표조항들이 많이 발견된다.

이에 의하면 국가는 농업 및 어업을 보호·육성하기 위하여 농·어촌종합개발과 그 지원 등 필요한 계획을 수립·시행하여야 하고(제123조 제1항), 국가는 지역 간의 균형 있는 발전을 위하여 지역경제를 육성할 의무를 진다(제123조 제2항). 또한 국가의 중소기업을 보호·육성의무(제123조 제3항), 농수산물의 수급균형과 유통구조의 개선의 의무와 가격안정을 통한 농·어민의 이익 보호의무(제123조 제4항)가 규정되어 있다.

또한 헌법에 의하면 국가는 농·어민과 중소기업의 자조조직을 육성하여야 하며, 그 자율적 활동과 발전을 보장하도록 하고 있고(제123조 제5항), 건전한 소비행위를 계도하고 생산품의 품질향상을 촉구하기 위한 소비자보호운동을 보장하여야 한다(제124조).

5. 우리 헌법상 국가목표조항의 특색 및 문제점

(1) 특 색

우리 헌법의 국가목표조항은 헌법전문부터 경제조항까지 광범위하게 퍼져있는 모습이다. 이러한 형식은 다른 국가들이 보여주고 있는 집중적인이고 의도적인 국가목표조항과는 다른 모습이다. 즉 유럽연합의 국가목표규정들이나 스위스의 경우에는 모두 특별한 장에 모아서 국가목표조항을 두고 있다. 이는 국가목표조항을 전달하는 효과 면에서 보다 유효한 형식으로 볼 수 있다. 우리 헌법의 경우에는 특히 경제관련 국가목표조항은 헌법의 뒷부분에 있어 국민들의 주목을 끌기 어려운 것이 사실이고, 실질적으로 헌법재판소가 이러한 국가목표조항에 관심을 가지고 다른 기본권들이나 또는 다른 국가목표조항들과 비교형량 한다든지 우열을 평가하는 모습을 보여주지 못하고 있다. 바람직한 태도는 유럽연합과 같이 총론 편에 헌법이 추구하는 가치에 대한 설명을 하고, 그 다음 장에 국가목표조항을 설정하여 모든 국가 공권력작용이 추구해야하는 헌법의 올바른 방향설정을 제시해 주는 것이 옳다고 본다.

(2) 문제점

우리 헌법상이 국가목표조항은 별도의 장으로 구성된 국가목표조항이 없고, 여러 곳에 산재해 있는 것이 앞서 본봐 같이 문제점으로 지적될 수 있고, 또한 현행 우리 헌법상의 국가목표조항들은 독일 지방국들의 헌법들과 같이 기본권과 함께 국가목표규정을 설정하여 기본권보호를 위한 국가의 의무를 강조하는 국가목표규정이 아니어서, 그 설정 및 규정의 의도가 어디에 있는지 분명하지 않다고 평가될 수 있다. 즉 국가목표조항이 공권력 기관들에게 국가정책의 방향제시를 해주는데 초점을 주든지, 기본권보호를 위해 국가목표조항을 두든지 해야 되는데, 현재의 우리헌법의 모습은 다른 국가들에 비해 그 국가목표규정 설정의 의도가 분명치 않고, 그 형태에 있어서도 국가에게 분명한 의무부과의 모습을 보여주지 않는 규정들도 많아, 비교법적으로 문제점이 발견된다. 더욱이 독일연방헌법이나 독일 주 헌법에서 나타나는 국가목표조항에 대한 입법·행정·사법의 기속은 우리 헌법에 기술되어 있지 않다.

지나치게 많은 경제 분야의 국가목표조항들은 다른 헌법상의 기본권규정들과의 조화의 면에서 충돌적인 내용을 담고 있어 향후 해석에 어려움을 줄 것으로 예상된다. 지나친 소수보호나 소비자운동의 강조는 경제의 합리적 운영에 문제점을 발생시킬 수 있게 될 것이다. 이러한 주제들은 입법자의 입법적 재량에 맡겨두는 모습이 바람직할 것이다.

남녀평등에 관한 적극적 국가목표규정이 설정되어 있지 않은 것도 문제이다.[58] 국가의 노력에도 불구하고, 많은 정치·사회적 분야에 있어서 남녀 차별적 요소가 철폐되지 못하고 있는 것이 사실이다. 우리 헌법 제11조나 제32조 제4항에서 남녀차별을 금지하고 있지만, 국가목표조항으로 모든 공권력에 대해 적극적인 국가의무이행으로서의 남녀평등실현의무를 부과하고 있다고 보기 힘들다. 즉 남녀평등을 위한 통일적이고 근본적인 해결책으로서의 국가목표규정의 도입이 필요하다.

Ⅶ. 결 어

헌법학에는 기본권규정도 아니고 제도보장의 내용도 아닌 "주관적 권리를 시민에게 부여하지 않고, 국가권력을 특정의 목표를 수행하도록 법적 구속력을 가지며, 의무를 부과하는 헌법규범"으로 국가목표규정이 존재한다. 이러한 국가목표조항은 선진국들에게 있어 이데올로기가 사라진 현대헌법에서 중요한 국민적 구심력을 증대시키고, 국가를 동화적 통합으로 나아가는데 큰 역할을 하고 있다.

유럽헌법 초안은 별도의 장으로 국가목표조항을 두고 있고, 독일의 신생 지방국들도

58 신옥주, 헌법상 남녀동권규정 도입의 필요성에 관한 비교법적 고찰, 공법학연구 제10권 제2호, 55-80.

기본권과 아울러 국가목표조항을 규정하여 국민의 국가에 대한 권리와 함께 공권력의 기본권보호의무를 강조하는 새로운 형태의 기본권조항을 제시해 주고 있다. 새롭게 전면 개편된 스위스 헌법도 국가목표조항들을 하나의 장에 규정하고 있다.

헌법을 정치적 문화라는 측면에서 볼 때, 국가목표조항의 헌법적 도입은 바람직하다. 헌법은 이를 통해 미래의 법적 전개를 이끌고 가는 정의추구의 근본적 모델이 되며, 사회의 미래 모습에 대한 청사진을 제시한다. 국가목표조항을 통해 규범적 방향성이 정해지면 미래 정치적 선택이 확정되어진다. 그러나 국가목표조항에 대한 헌법재판소의 결정으로 인해 의회민주주의에 바탕을 둔 헌법체계 하에서 사회의 미래형성에 관한 주도권을 갖아야 할 의회가 힘을 상실하고, 국가 행위의 정치적 방향성을 제시하지 못하게 되고, 국회는 헌법의 단순 집행기관으로 전락해 버린다는 비판의 시각도 존재한다.

우리 헌법상의 국가목표조항은 별도의 장으로 구성된 국가목표조항이 없고, 여러 곳에 산재해 있고, 독일 지방국들의 헌법과 같이 기본권과 함께 국가목표규정을 설정하여 기본권보호를 위한 국가의 의무를 강조하는 국가목표규정이 아니어서 그 설정 및 규정의 의도가 어디에 있는지 분명하지 않다. 또한 남녀평등에 관한 적극적 국가목표규정이 설정되어 있지 않은 것도 문제로 지적될 수 있으며, 환경보호나 경제조항의 국가목표규정들도 체계적으로 구성되어 있지 못하다. 이러한 문제점들을 보다 세밀히 개선하고, 향후 헌법개정 시에 헌법이론과 선진국의 세계적 흐름에 맞는 개혁이 있어야 하겠다.

<참고문헌>

계희열, 헌법학(중), 2007.

고문현, 환경헌법에 관한 연구, 환경법연구 제21권, 1999, 385-406면.

명재진, 독자적 헌법조문으로서의 국가목표조항, 유럽헌법학회연구논집 제2호, 2007, 161-186면.

문광삼, 기본권으로서의 환경권과 국가목표로서의 자연환경, 환경법연구 22권, 2000, 219-246면.

박인수, 유럽헌법의 규범체계, 세계헌법연구 제13권 제1호, 2007, 323-344면.

신옥주, 헌법상 남녀동권규정 도입의 필요성에 관한 비교법적 고찰, 공법학연구 제10권 제2호, 55-80면.

정극원, 국가목적규정에 관한 일고찰, 공법학연구 제4권 제2호, 2003, 219-238면.

정극원, 기본권으로서의 환경권과 국가목적규정으로서의 환경권, 공법연구, 제32권 제1호, 2003, 527-555면.

조은래, 환경권의 법적 성질에 관한 연구, 비교법학 제11집, 2000, 173-217면.

채형복, 유럽헌법조약문 해제, 세계헌법연구 제11권 제2호, 2005, 169-208면.

한수웅, 헌법학, 법문사, 2011.

Badura. Peter, Arten der Verfassungsrechtssätze, Handbuch des Staatsrechts (hersg.J.Isensee/P.Kirchhof) Bd.VII. 2009.

Dietrich. Murswick, Art.20a, GG- Kommentar von M. Sachs, 3.Aufl. 2003.

Klein. Hans H. Staatsziele im Verfassungsgesetz - Empfiehlt es sich, ein Staatsziel Umweltschutz in das Grundgesetz aufzunehmen?, 106 Deutsches Verwaltungsblatt [DVBl] 1991.

Klein. Hans. H., Eine verbindliche oder eine wohlklingende Verfassung?, FAZ v. 14.4. 1992.

Kluge. Hans-Georg, Staatsziel Tierschutz: Am Scheideweg zwischen verfassungspolitischer Deklamation und verfassungsrechtlichem Handlungsauftrag, 37 Zeitschrift für Rechtspolitik [ZRP], 2004.

Scheuner. Ulrich, Die Funktion der Grundrechte im Sozialstaat, DÖV, 1971.

Schneider. Hans-Peter, Grundrechte und Verfassungsdirektive, in: Handbuch der Grundrechte (herdg. Detlef Merten/Hans Jürgen Papier), 2004.

Sommermann. K. P. Staatsziele und Staatszielbestimmungen, 1997.

7 프랑스식 혼합정부제의 한국적 적실성*

정 재 황**

Ⅰ. 문제제기 및 논의의 범위

그동안 개헌논의가 계속 있어왔다. 극히 최근인 2017년에는 국회에서 헌법개정특별위원회를 설치하여 헌법개정안을 발의하고자 하였다. 그러나 이 개헌특위는 2017년 12월 31일로 활동시한이 끝났고 결국 무산되었다. 이 개헌특위는 헌법개정안 작성을 위해 자문하고자 자문위원회를 두었고 그 자문위원회는 헌법개정안을 제시하였다.[1] 정부에서도 대통령 발의의 개헌이 발의되었고 2018년 3월 26일 임기 4년 한번의 연임 등을 골자로 하는 개헌안이 실제로 발의되었다.[2] 이 정부 개헌안에 대해 국회에서는 여야간 합의를 이끌어 내지 못하여 결국 표결 불성립으로 처리되고 역시 무산되었다. 아래의 문제제기의 글은 바로 위와 같은 결과들이 나오기 직전에 발표된 것이다. 당시의 글을 그대로 옮긴다.

"최근에 다시 헌법개정논의가 진행 중에 있다. 그동안 시도가 계속 있었는데 이번에는 내년 지방선거에 동시에 개헌 여부를 묻는 국민투표를 실시할 것이라는 정치계의 약속으로 개헌안 마련에 한창이다. 개헌안이 성안된 이후에 국회의결을 거쳐야 한다. 지난한 작업임에 분명하다.[3] 그 적기성 여부에 대한 논의가 있었긴 하지만 내년(2018년) 지방선거

---

* 본고는 이미 성균관법학에 게재하여 발표된 필자의 논문을 대부분 그대로 다시 옮긴 논문입니다. 즉 정재황, '프랑스식 혼합정부제의 한국적 적실성', 『성균관법학』 제29권 제3호, 2017. 9. 30, 301-353면의 논문을 존경하는 정만희 학장님의 정년기념논문집에 본고 앞의 서론 부분에 다소 가필한 것 외에는 그대로 다시 게재하여 헌정함을 밝혀둡니다.

** 성균관대학교 법학전문대학원 교수.

1 이 개정안에 대해서는 국회 헌법개정특별위원회 자문위원회 보고서, 2018. 참조.

2 이 대통령 발의 개정안에 대해서는 http://www1.president.go.kr/Amendment 참조.

3 일례로, 2014년 국회의장 소속 헌법개정 자문위원회에서 개헌안 조문을 만들면서 헌법의 전문을 어떻게 바꿀 것인가 하는 문제가 출범 후 초기에 있었는데 건국일을 넣자는 등의 논란이 지속되어 정작 본문의 개정논의에 들어가지 조차 못하여 결국 헌법의 역사성에 따라 제헌헌법의 전문을 넣고 그것을 이어가며 오늘날 복지 등이 강조됨을 언급하는 전문을 넣은 것으로 타협하고 논의를 진행할 수 있었다. 제헌헌법의 전문에는 "대한국민은 기미(己未) 삼일운동으로 대한민국을 건립하여 세계에 선포한 위대한 독립정신을 계승하여"라고 명시되어 있고 2014년 자문위 개헌안의 헌법전문에는 그 제헌헌법을 그대로 옮겨놓고 그것을 오늘날의 10차 개헌에서도 계승한다고 분명히 밝히고 있다. 그런데도 2014년 안에 대해 그렇게 바꾸면 3.1운동, 4.19 등이 빠지게 되지 않느냐 하는 너무나 엉뚱하고도 답답한 오해가 있었다. 3.1운동은 분명 들어가 있고 4.19는 제헌헌법 이후 일어난 혁명이므로 빠지긴 했으나 헌법의 민주이념 등의 계승으로 천명될 수 있다. 5.18 민주항쟁일을 헌법전문에 넣자고 하면 반대쪽에서 건국일을 1945년 8월 15일로, 5.16쿠데타, 5.17 계엄 등을 넣자고(이는 헌법에 대한 개

와 동시에 헌법개정을 위한 국민투표를 실시하여 비용을 줄이면서 보다 진전된 헌법을 자리잡게 한다면 논의를 계속하고 헌법개정안을 마련하는 데 힘을 기울이는 것은 필요하다. 그런데 무엇보다 먼저 무엇을 위한 개헌인지를 생각해야 한다. 그동안의 한국에서의 개헌사를 보면 이른바 '통치구조'[4]를 집권예정자들이 자신들의 집권에 유리한 것으로 변경하려는 노력이, 이른바 '유신헌법'을 들지 않더라도, 역력하였다. 국가권력은 국민의 기본권을 보다 더 잘 보장하기 위한 수단일 뿐이다.[5] 국민의 권리가 위헌적으로 침해되지 않도록 하는 법률을 국회가 만들어야 하고 그러한 법률을 제대로 집행하고 국민의 복지를 구현하는 급부행정을 시행하도록 집행권이 주어진 것이며 국민의 권리를 침해하는 데 대해 불법을 가리고 정의를 세우라고 법원에 준 권력이 사법권이다. 따라서 국가권력의 배분, 구성과 그 행사방법 및 통제방법을 규정하는 헌법규정을 바꾸는 방향은 어디까지나 국가권력을 국민으로부터 수임받아 행사하는 기관들의 권력남용을 막고 그 권력을 기본권보장을 위해 행사될 수 있게 하는 정부형태를 만드는 데 두어야 할 것이다.

최근의 소식을 들으면 프랑스식의 혼합정부제가 상당한 호응을 받고 있다고 한다. 그런데 한국에서 혼합정부제에 대한 기대 내지 호응만큼 혼합정부제라는 정부형태의 헌법적 이론과 그 헌정실제에 대해 충분히 분석이 되었는지, 특히 한국에서 도입될 때 그 적실성이 과연 있을 것인지, 아니면 있기 위해서는 어떠한 전제조건을 갖추어야 하는지가 본격적으로 논의되었다고 보기는 힘들다.[6] 본 연구에서는 바로 그러한 현실적 상황에 처하여 개헌논의에 충실한 참고자료의 지원을 하여야 하지 않느냐 하는 학자적 의식에서 혼합정부제의 헌법적 법리와 한국에서의 적실성에 대해 살펴보고자 한다. 그 대상국가는 프랑스이다. 프랑스는 벌써 60년 가까이란 적지 않은 세월동안 혼합정부제를 시행해 왔고 그동안 비교적 다양한 경험을 해왔다는 점에서 고찰대상으로 한다. 유럽에 혼합정부제를

악이자 그 이전에 모독임은 물론이다) 대립되면 또 여러 날을 소진할 것이다.

4 우리는 '통치구조'란 용어가 다스리고 국민 위에 군림하는 의미를 가져 오늘날에 적절하지 않다고 보아 국가권력구조란 말로 바꾸어 불러왔다. 특별한 경우가 아니면 그 사용을 절제할 일이다.

5 정재황, 「신 헌법입문」, 제7판, 박영사, 2017, 12면.

6 다소 시간이 흘렀으나 그동안의 국내에서의 혼합정부제에 대한 연구로는 정재황, "프랑스에서의 동거정부에 대한 헌법적 일고찰"(이하 '정재황, 프랑스 동거정부'라고 약하기도 함), 『공법연구』 제27집 제1호(한국공법학회, 1998), 153면 이하 ; 정재황, "프랑스 혼합정부제의 원리와 실제에 대한 고찰"(이하 '정재황, 혼합정부'라고도 약하기도 함), 『공법연구』 제27집 제3호(한국공법학회, 1999), 49면 이하 등 참조. 위 논문들은 자크 시락(Jacques Chirac) 대통령 초기 정도까지인 1998년–1999년에 나온 것인데 이후 본격적인 자크 시락(Jacques Chirac) 대통령 시기, 니콜라 사르코지(Nicolas Sarkozy) 대통령, 프랑스와 올랑드François Hollande) 대통령, 현재의 에마뉘엘 마크롱(Emmanuel Macron) 대통령 시대로 이어져 왔는데 이에 대해서는 2017년에 막 출범한 마크롱 대통령을 제외하고 자크 시락 대통령 부터의 헌법현실 등은 이 연구논문과 정재황. "프랑스식 혼합정부제의 집행부 내 권한분담", 『헌법학연구』, 제23권 제3호(한국헌법학회, 2017)에서 추완된다. 또다른 비교적 최근 논문으로, 전학선, "프랑스 이원정부제의 실체와 현황", 『헌법학연구』 제21권 제3호(한국헌법학회, 2015), 49면 이하 참조.

채택한 다른 나라들도 있다. 예를 들어 오스트리아와 같은 국가를 들 수 있다. 그런데 오스트리아는 현실적으로 상당히 의원내각제적으로 국정이 운영된다고 한다. 그리고 연방국가이다. 그 점에서 현재의 한국과 같이 단일국가인 프랑스를 주대상으로 하여 프랑스 헌법상 혼합정부제의 법리와 또 그 헌정에서의 실제적인 운용경험을 살펴보고[7] 우리나라에서 적실성을 검토해 본다. 이 검토에 있어서는 주로 프랑스 문헌을 살펴보겠지만 한 가지 중요한 한국의 참고자료가 있다. 다름 아니라 2014년의 국회의장 소속 헌법개정자문위원회의 개정안인데 이 개정안은 소위 분권형이라고 하면서 혼합정부제를 취할 것을 제안하고 있으면서 더구나 혼합정부제를 시행하는 것으로 할 경우에 필요한 내용을 헌법조문화한 개정안이어서 매우 유용하고 현재 개헌특위 논의 등에서 많은 참조가 이루어지고 있기도 하여 그것에 대해서도 살펴보기로 한다.[8]"[9]

위 문제제기에서 이 논문이 발표될 당시의 상황에 대한 약간의 언급 외에는 혼합정부제의 성공조건, 한국에서의 적실성 여부 등의 논의의 소재는 그대로 오늘날에도 필요한 연구대상이라고 할 것이다. 이하에서 이상에서 제기된 문제들을 살펴본다.

Ⅱ. 프랑스 혼합정부제의 생성과 의미

1. 프랑스 혼합정부제의 탄생과정

1958년 10월 4일 헌법(현행 제5공화국 헌법)은 의원내각제 정부였던 제4공화국에서 정국이 불안정하였고 급기야 말기에 알제리사태와 같은 탈식민지화위기에 직면하여 보여준

---

7 프랑스의 혼합정부제의 원리와 실제에 대해서는 필자의 선행연구(위 정재황, 프랑스 동거정부 ; 혼합정부제)에서 심도있게 다루어졌다. 그런데 위 논문들이 1998년, 1999년에 발표된 이후 이제 시간이 20년 가까이 지난 2017년 현재 한국에서의 개헌논의에서 다시 혼합정부제에 대한 검토가 절실한 상황에서 이후의 추이와 시사점, 그리고 그것에 비춘 한국적 적실성을 찾아볼 필요와 요구가 많아서 본 논문이 기획된 것이다. 그런데 본 논문에서 자체로서의 완결적 이해를 위해서는 혼합정부제의 기본원리가 규범적 원리이므로 간략하게라고 짚어보아야 하고 그 실제도 현실적 함의를 포함하고 있는 것이어서 이전의 상황으로 보고 현재에서의 그 연속성 여부를 보기 위해서도 이전의 헌정 실제도 다시 정리하여야 할 필요가 절실하였다. 따라서 위 논문들을 다시 인용할 수밖에 없는 부분이 있었다. 그러나 그런 부분도 상당히 요약하였고 부득이 그대로 옮겨야 할 부분은 직접인용도 철저히 하였다. 그러나 본 논문의 많은 부분은 위 논문 이후의 상황분석과 그동안 본격적으로 다루지 않은 적실성 분석 등을 집중적으로 새로이 다루어 본 논문의 주를 이루고 있다.

8 2014년 국회의장 소속 헌법개정자문위원회, 보고서, 『헌법개정안』(이하 '2014년 국회 개헌자문위안'이라고도 함). 한편 이전 2008년에도 국회의장 자문기구로서 활동한 헌법연구 자문위원회의 헌법연구 자문위원회의 결과보고서[헌법연구 자문위원회, 『헌법연구 자문위원회 결과보고서』(이하 '2008 국회 헌법연구자문보고서'라고도 함)]의 안도 혼합정부제를 제1안으로 제시하고는 있으나 조문화되지는 않았다. 국회의장 소속 헌법연구 자문위원회, 『헌법연구 자문위원회 결과보고서』, 2009. 8. 참조.

9 정재황, 프랑스식 혼합정부제의 한국적 적실성, 302－304면.

무능함으로 드러난 정황 속에서 의원내각제 정부형태의 월권에 종지부를 찍기 위하여 등장한 것으로 받아들여졌다. 대통령은 정부제도들의 중추(clé de voûte)[10]로 자리 잡았고 그의 조정(arbitrage)에 의해 공권력의 정상적인 기능을 보장한다. 그의 권위는 점점 더 강화되어 갔다. 제4공화국에서 의원내각제를 취하였고 의회의 권한이 강하게 작용하여 의회주권까지 운위되었으나 이처럼 정치적 불안정을 가져왔으므로[11] 제5공화국 헌법은 이른바 합리적 의회주의를 내세우면서 대통령의 권한을 실질화하는 헌법으로 변화된 것이다. 그러나 대통령제적 요소가 도입되었다고 하여 전통적인 의원내각제적 요소들이 사라지지는 않았다는 점에 유의하여야 한다. 프랑스에서는 결국 의원내각제적 전통과 요소를 유지하고자 하였고 대신 대통령제가 가미되어 순수 의원내각제를 벗어나 혼합정부제가 되는 변천과정을 밟았다. 프랑스 제4공화국의 정치적 불안정의 요인은 의원내각제 헌정의 난맥, 의회에 진정한 다수파가 존재하지 않았다는 점, 의회의 불신임에 대응한 집행부의 대응책이 부족한 점 등을 들 수 있었다. 제4공화국이 드러낸 문제점에 대한 치유책으로 제5공화국헌법이 탄생하였는데 위에서 지적한 다수파의 부재 등으로 인한 문제점은 헌법만 아니라 결선투표제를 도입한 선거제도의 변경 등으로 보완된다.

2. 프랑스식 혼합정부제의 개념과 요소

(1) 개념과 전반적 구도 = 대통령제 요소 + 의원내각제 요소

프랑스식의 혼합정부제(régime mixte)는 의원내각제의 정부를 바탕으로 대통령의 권한을 실질화하여 결국 의원내각제적 요소와 대통령제적 요소가 함께 작동하는 정부형태를 말한다.

(2) 요 소

(가) 의원내각제적 요소

프랑스 혼합정부제는 의원내각제적 요소를 포함하고 있다. 사실 프랑스는 의원내각제의 전통이 강하였고 이는 현행 제5공화국 헌법에 이어져 오고 있다.[12] 그 외에 집행부가

10 'clé de voûte'이란 아치의 종석을 의미하고 따라서 핵심적이고 중추적인 기관을 상징적으로 표현한 것인데 이 표현은 바로 프랑스 제5공화국 헌법의 기초자인 미셸 드브레(M. Debré)가 한 것이다.

11 1946년부터 1958년 5월까지 12년 동안 21개 정부가 들어서도 사라지고 하여 평균 여섯달도 안되는 수명을 가져 정치적 불안정을 보였다(F. Hamon/M. Troper, Droit constitutionnel, 35e éd., LGDJ, 2014, 397면).

12 즉 알제리사태 후 의회가 드골에게 새 헌법, 즉 제5공화국헌법의 제정을 위임한 1958년 6월 3일 헌법률(loi constitutionnelle)은 제5공화국헌법의 제정방침을 설정하였는데 그 방침의 하나로서 이 헌법률 제3호가 "행정부는 의회앞에서 책임을 져야 한다"라고 규정하였는바 바로 이 규정에 의회주의적 정부제의 요소를 유지하려는 의도가 나타나 있고 또 이에 기하여 제5공화국헌법은 의원내각제적 요소인 내각불신임제도를 규정하게 된

〈혼합정부제의 원리 도해〉

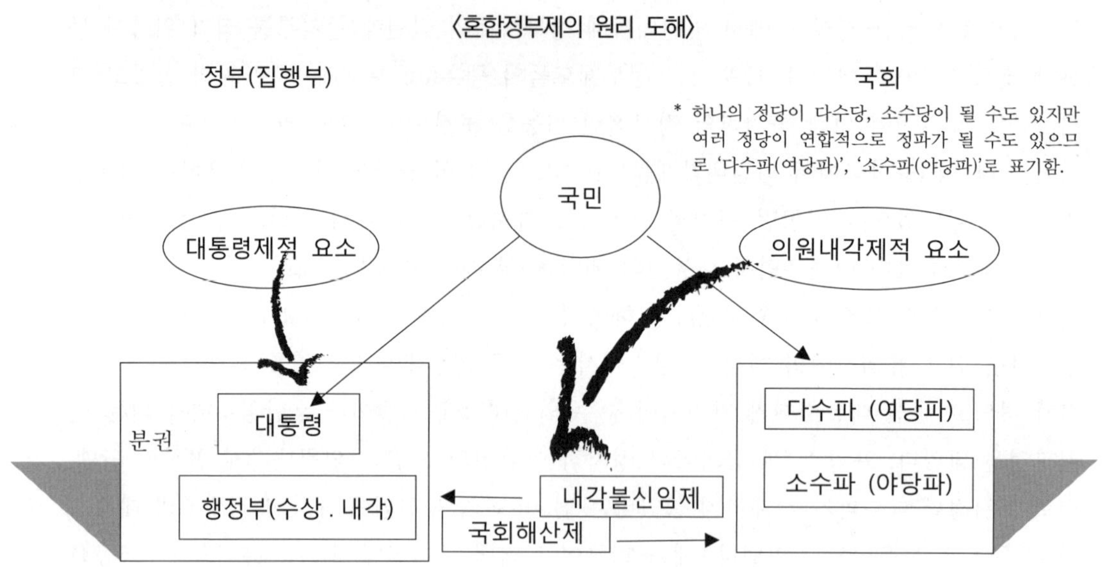

법률안제출권을 가지고 수상, 내각의 부서권이 인정되는 등의 의원내각제적 요소도 볼 수 있다. 의회(하원)의 불신임가결이 된 경우에 행정부 전원이 사퇴하여야 하는(프랑스 헌법 제50조) 연대책임이 주어진다는 점도 의원내각제적이다.

(나) 대통령제적 요소

혼합정부제에서 대통령제적 요소는 바로 대통령이 실질적인 권한을 상당히 가진다는 것이다. 이 실질적 권한을 뒷받침하는 것이 대통령직선제이다. 프랑스 제5공화국 헌법은 처음부터 대통령이 직선으로 선출된 것은 아니었고 1962년 헌법개정으로 직선제로 변경되었다. 사실 이 헌법개정은 대통령의 권한을 진정으로 국민으로부터 나오는 권한으로 만들어 줌으로써 상당히 실질적인 대통령의 권한에 대한 민주적 정당성의 문제를 해소하였다.[13]

Ⅲ. 프랑스 혼합정부제의 헌법상 운용원리와 실제

1. 대통령의 권한

프랑스 대통령의 권한에 대해서는 그동안 국내에서 이미 소개한 바 있다.[14] 그런데

다. 정재황, 혼합정부제, 52면.

13 이로써 프랑스 대통령의 입지가 강화되었다.

14 정재황, 혼합정부제, 57-59면; 정재황, "프랑스 대통령에 관한 2008년 헌법개정", 『성균관법학』 제21권 제1호

그 소개 이후 2008년에 헌법개정으로 변화가 있었고 혼합정부제의 중요한 요소가 대통령의 실질적 권한이므로 한국에서의 도입적실성에 대한 검토에서 이에 대한 검토가 다시 되더라도 이는 필수적일 수밖에 없다. 따라서 그 변화를 포함하여 다시 정리하면 프랑스 대통령은 다음의 권한을 가진다.

i) 헌법·공권력운영·국가계속성의 보장, 헌법개정 등에 관한 권한 – 대통령은 헌법의 준수를 감독하고 그의 중재에 의하여 공권력의 정규적 운영과 국가의 계속성을 보장하는 권한[프랑스 헌법(이하 프랑스 관련 사항에서 그냥 '헌법'이라고도 약기함) 제5조],[15] 또 헌법개정제안권, 헌법개정안이 의회의결 후 국민투표 부의 또는 양원합동집회에의 선택적 부의[16]를 할 권한(헌법 제89조 제1항, 제3항).

ii) 행정부[17]의 조직과 기능에 관한 권한 – ㉮ 행정부조직에 관한 권한 - 수상임명권 및 행정부의 다른 구성원들을 수상의 제청으로 임명할 권한, 수상의 사임제출에 따라 행정부의 사임을 결정할 권한(헌법 제8조). ㉯ 행정부기능에 -한 권한 – 내각회의(국무회의, Conseil des ministres)의 주재권(헌법 제9조), 내각회의에서 심의된 법률명령(ordonnance)과 명령(décrets)에 대하여 서명할 권한(헌법 제13조 제1항), 국가의 공무원과 군인공무원에 대한 임명권(헌법 제13조 제2항, 4항).

iii) 의회에 대한 권한 – 법률공포권(헌법 제10조 제1항), 법률안재의요구(거부)권(헌법 제10조 제2항), 의회 임시회(sessions extraordinaires)의 개회·폐회의 데크레(décret) 발령권, 강력한 대통령 권한으로서의 하원해산권(헌법 제12조), 의회 교서권(헌법 제18조 제1항)·의회 합동집회(Congrès)에서의 발언권[18](헌법 제18조 제2항).

iv) 입법에 관한 권한 – 앞서 언급한 법률공포권, 법률안재의요구권, 법률명령과 법규명령에 대한 서명권.

v) 외교에 관한 권한 – 조약에 대한 협상·비준권(헌법 제52조), 외국에 대사와 특사를 파견하고 외국의 대사와 특사를 신임·접수할 권한(헌법 제14조).

(성균관대학교 법학연구소, 2009), 487면 이하 참조.

15 정부제도의 중추('clé de voûte')라고 표현한 것은 바로 이 규정에서 도드라진다고 할 수 있을 것이다.

16 선택적 부의는 대통령이 제안한 헌법개정안에 한한다.

17 여기서 '정부', '행정부', '집행부'란 말을 본 연구에서 사용하는 각 의미를 밝혀두는 것이 필요하다고 본다. 프랑스의 현행 헌법전은 제2편이 '공화국 대통령'(Le Président de la République)이라는 제목으로 대통령의 선거, 권한 등에 대해 규정하고 있고, 제3편이 '정부'(Le Gouvernement)라는 제목 하에 수상을 포함한 행정부에 대해 규정하고 있다. 따라서 집행부, 의회 등에 대해 보는 본 연구의 구체적 논의에 있어서 수상과 행정각부 등을 포함하여 지칭할 때 '행정부'라고 하고 대통령을 포함하여서 '행정부'라고 부를 경우에 혼동이 올 수 있어서 '집행부'라고 부르기로 한다.

18 2008년 헌법개정으로 도입된 권한이다.

vi) 국방에 관한 권한 – 대통령은 국군통수권자이며 국방에 관한 최고의 회의체와 위원회들을 주재할 권한(헌법 제15조).

vii) 사법(司法)에 관한 권한 – 개별적인 사면권(형집행면제·감형·변경권. 헌법 제17조),[19] 사법부독립의 보장자로서 사법관 인사에 관한 최고 헌법기관인 사법최고회의(Conseil supérieur de la magistrature)의 보조를 받을 권한[20](헌법 제64조).

viii) 헌법재판에 관한 권한 – 헌법재판소(Conseil constitutionnel) 소장과 3인의 재판관에 대한 임명권(헌법 제56조 제1항, 제3항), 조약과 법률에 대한 위헌심판제청권(헌법 제54조, 제61조).

ix) 국민투표에 관한 권한 – 의회의 회기 중에 행정부의 제청으로 또 양원 공동의 제안에 따라 다음과 같은 사항을 담고 있는 모든 법률안을 국민투표에 부의할 수 있는 권한. 즉 공권력의 조직에 관한 법률안, 국가의 경제적, 사회적 또는 환경적[21] 정책의 개혁에 관한 또 그러한 정책에 기여하는 공공서비스에 관한 개혁을 위한 법률안, 그리고 위헌이 아니면서 제도의 운영에 영향을 미칠 조약의 비준을 승인하려는 목적의 법률안을 국민투표에 붙여 확정시킬 수 있는 권한(헌법 제11조).

x) 비상대권[22] – 헌법 제16조 제1항은 공화국의 제도, 국가의 독립성, 영역의 온전성, 또는 국제조약의 집행이 중대하고 즉각적으로 위협을 받는 경우 또 헌법적 공권력의 정규적인 운영이 중단되는 경우, 공화국대통령은 수상과 양원의장들, 헌법재판소의 공식적 자문을 거친 후에 이러한 상황에 따라 요구되는 조치를 취한다고 규정하여 비상대권을 인정하고 있다.[23] 비상대권에 대해서도 일정한 제약이 강화되었다.

(2) 2008년 개헌

2008년 개헌[24]은 정부제출의 개헌안에 나타나 있듯이 3가지 방향, 즉 i) 집행부에

---

19 2008년 개헌 이전에는 집단적인 사면권을 가졌는데 그 폐해가 지적되어 왔고 개별적 사면권으로 바뀐 것이다.

20 이전에 대통령은 사법최고회의를 주재하는 의장인 것으로 헌법에 규정되어 있었으나 2008년 헌법개정으로 의장으로서 주재권을 폐지하였다. 그만큼 사법권독립성을 강화한 것이다.

21 환경정책의 개혁 법률안은 2008년 헌법개정으로 추가된 사항이다. 그 외에도 2008년 헌법개정으로 일정 수의 선거인의 지지를 받는 일정 수의 의원들에 의한 법률안발의로 이루어지는 국민투표도 신설되는 등 변화가 있었다.

22 그동안 관용해오긴 했으나 비상대권에서 '대권'(大權)이란 용어가 오늘날 적절한지 의문이다. 이에 대해서는 다른 논문에서 밝힌 바 있다.

23 이 비상대권에 대해서는 사실 폐지제안도 있어왔으나 2008년에 그 통제를 보완하는 등 다소 제한적으로 개정되었다.

24 이 2008년 개헌은 2008년 7월 23일의 이른바 제24차 개헌을 의미한다. 즉 2008년에는 이전 2월에 리스본조약

대한 보다 나은 통제, ii) 의회의 권한 강화, iii) 시민들의 새로운 권리의 보장을 위한다는 취지의 세 가지 방향에 강조점을 두었다. 이 헌법개정으로 대통령의 권한에 대한 개정이 있었다. 그 주요내용을 보면, 대통령의 연임을 한번으로 한정하는 개정이 있었고, 대통령의 인사임명권에 대한 국회의 통제를 강화하였으며, 비상대권에 대한 통제강화, 사면권에 대한 제한, 의회에서의 출석·발언권 신설 등을 들 수 있다.[25]

2008년 헌법개정은 정부가 개헌을 제안하면서 프랑스의 정부제도의 재균형(균형의 회복. rééquilibrage)을 도모하고자 하는 것에 목적을 두었는 것처럼 현행 제5공화국의 권력구조의 골조를 근본적으로 바꾸고자 하는 것이 아니라 권력들 간의 균형을 회복하려는 데에 있고 따라서 그 혼합정부제적 성격을 바꾼 것이 아니다.[26]

2. 행정부(수상, 내각)의 권한

(1) 행정부의 권한

헌법은 행정부에 여러 권한들을 부여하고 있다. 먼저 제20조 제1항은 "행정부는 국가의 정책을 결정하고 이끌어간다"라고 규정하고 있다. 또 제20조 제2항은 "행정부는 행정과 군사력을 관장한다"라고 규정하고 있다. 행정부는 의회의 입법과정에 간여할 권한을 가진다. 그 입법과정에서 행정부는 아래에 의회와의 관계에서 보듯이 법률에 대한 심의에 있어서 의사일정 구성 등 방향을 설정하고 입법을 가속화시키며 중단시킬 수 있는 권한을 가진다. 다시 말하면 의회의 입법과정에서 수상을 중심으로 한 행정부가 간여하는 권한을 가진다.

그 외 행정부는 대통령의 장애사유 여부에 대해 헌법재판소에 제청할 수 있는 권한(헌법 제7조 제4항), 대통령에게 국민투표부의를 제청할 권한(제11조 제1항), 경제사회환경평의회에 법률안에 대한 의견을 구할, 경제사회환경 문제에 관한 자문을 구할 권한(헌법 제69조 제1항), 해외령에 있는 지방자치단체의 주민들에 대통령이 그 단체의 조직, 권한, 입

의 비준을 헌법에 명문화하는 제23차 개헌을 헌법률 2008-103호로 한 것도 있는데 여기서 2008년 개헌이란 헌법조문을 대폭 변경한 제24차 개헌을 말한다.

25 이 개정에 대한 자세한 것은, 정재황, "프랑스 대통령에 관한 2008년 헌법개정", 『성균관법학』 제21권 제1호(성균관대학교 법학연구소, 2009), 481면 이하 : 박인수, 프랑스 제24차 헌법개정의 특징과 주요 내용, 세계헌법연구, 제16권 제3호, 881면 이하 참조.

26 프랑스 2008년 헌법개정이 프랑스 정부제도의 성격을 근본적으로 바꾸지 않았다고 보는 견해로, B. Mathieu, Transformer la Ve Réublique sans la trahir, Actualité juridique-Droit administratif(이하 'AJDA'로 약기함), N°34, 10월 13일, 1858면 이하 ; S. Pinon, Une Ve Réublique toujours plus 《parlementaire》, Recueil Dalloz, Point de vue, 2008, n°44, 3086면 등. 정재황, "프랑스 대통령에 관한 2008년 헌법개정", 『성균관법학』 제21권 제1호(성균관대학교 법학연구소, 2009), 502-503면에 ; 정재황, "프랑스식 혼합정부제의 집행부 내 권한분담", 『헌법학연구』, 제23권 제3호(한국헌법학회, 2017)에서도 인용함.

법체제에 관한 문제에 대한 의견을 물을 것을 제청하는 권한(헌법 제72-4조 제2항) 등을 가진다. 내각회의에서 데크레(명령, décret)로 발령되도록 한 권한으로 계엄(l'Etat de siège) 발령권(헌법 제36조)도 있다.

(2) 수 상

(가) 개 관

헌법 제21조 제1항은 "수상은 행정부의 활동을 통할한다. 수상은 국방의 책임을 진다"라고 규정하고 있다. 이처럼 수상은 국가행정의 수반이면서 국방의 책임저이기도 하다. 동항은 아울러 수상은 법률의 집행을 보장하고 대통령의 법규명령에 관한 권한, 인사권에 관해 규정한 헌법 제13조의 유보 하에 법규명령권, 공무원, 군공무원 임명권을 가진다고 규정하고 있다. 위에서 살펴본 행정부의 권한은 수상이 행정부를 통할하므로 수상도 이끌어가는 권한을 이룬다.

수상과 행정부는 의회의 다수파에 의지하게 된다. 수상은 의회에 대해 신임을 요구할 수 있고 법률안제안권(헌법 제39조 제1항), 법규명령권(헌법 제21조 제1항) 등의 상당한 권한을 가진다. 그리고 아래에서 언급하지만 대통령의 권한 중 수상의 부서가 필요한 권한은 대통령과 공유한다. 수상은 행정부의 구성원을 대통령이 임명함에 있어서 제청할 권한(헌법 제8조 제2항), 행정부 사임을 표시할 권한(헌법 제8조 제1항), 대통령의 하원해산에 있어서 자문에 응할 권한(헌법 제12조 제1항), 대통령의 비상대권 행사에 앞서 의견을 제시할 권한(헌법 제16조 제1항), 의회의 추가집회 결정권(헌법 제28조 제3항), 의회 임시회 요구권(헌법 제29조 제1항), 동수위원회 소집요구권(헌법 제45조 제2항), 신임요구권(헌법 제49조 제1항, 제3항), 일반정책선언의 승인을 상원에 요구할 권한(헌법 제49조 제4항), 법률, 조약에 대한 위헌심사제청권(재54조 제61조 제2항)도 가진다.

(나) 대통령과의 공유권 = 수상의 부서대상인 대통령 권한

아래에서도 보듯이 대통령의 권한행사에 수상의 부서를(경우에 따라서는 관련 장관의 부서도) 받도록 하여 수상(행정부)이 대통령과 공유하는 권한으로 분류되는 권한들이 있다(후술 참조).

3. 대통령권한과 수상(행정부) 간의 권한분담

(1) 논의의 의미

프랑스의 혼합정부제는 대통령제적 요소가 중요한 한 축이므로 위에서 보았듯이 대

통령의 실질적인 권한이 상당하다. 다른 한편으로 의원내각제적 요소가 있으므로 수상과 내각도 행정권을 실질적으로 행사한다. 또한 대통령의 권한행사는 행정권에 의한 지원을 통해 실제화될 수 있는 영역이 적지 않을 것이다. 따라서 대통령의 권한과 수상(행정부) 간의 권한분담의 문제가 나올 수 있다. 이 문제는 국정운영의 현실에서 대통령이 의회의 다수파의 지지를 받고 수상(행정부)도 같은 정파의 인사들로 구성된 경우에는 대통령의 리더십의 발휘에 따르는 수상이 그의 행정권행사를 통하여 대통령의 의지를 구체적으로 실현하는 방향으로 운영이 되므로 그 구분이 특별히 문제되지는 않았다. 이에 비하여 대통령이 의회 다수파의 지지를 받지 못하는 여소야대의 상황에서 들어선 동거정부의 경우에는 대통령과 수상 간의 권한분담문제가 부각될 여지가 더 많은 것은 사실이라고 하겠다.

(2) 헌법규정에 의한 구분의 기준

(가) 기 준

프랑스 헌법은 대통령의 권한 중에 수상과 관계 장관의 부서가 필요한 경우와 그렇지 않은 경우를 구분하여 규정하고 있다. 이에 따라 부서가 필요없는 권한은 대통령이 단독으로 행사할 수 있는 권한으로, 부서가 필요한 권한은 수상과 공유하는 권한으로 나누어진다고 본다.

(나) 대통령의 고유권(독자적 권한)

프랑스 헌법 제19조는 헌법 제8조 제1항, 제11조, 제12조, 제16조, 제18조, 제54조, 제56조, 제61조 외의 권한행사에 수상의 부서와 필요하면 관계 장관의 부서가 있어야 한다. 따라서 부서없이 행하는 대통령의 고유한 권한은 ① 수상임명권과 수상의 사임제출에 따라 행정부의 사임을 결정할 권한(헌법 제8조 제1항), ② 몇몇 법률안들을 국민투표에 불일 권한(헌법 제11조), ③ 하원해산권(헌법 제12조), ④ 비상대권(헌법 제16조), ⑤ 의회 교서권(헌법 제18조 제1항)·의회 합동집회(Congrès)에서의 발언권(헌법 제18조), ⑥ 조약의 위헌심사제청권(헌법 제54조), ⑦ 헌법재판소 재판관 임명권(헌법 제56조), ⑧ 법률의 위헌여부 심사를 헌법재판소에 제청할 권한(헌법 제61조) 등이다.

(다) 수상과의 공유권(부서대상 대통령 권한)

대통령의 권한행사에 수상의 부서를(경우에 따라서는 관련 장관의 부서도) 받도록 하여 수상과 공유하는 권한으로 분류되는 대통령의 권한을 보면, ① 행정부의 다른 구성원들을 수상의 제청으로 임명할 권한(헌법 제8조 제2항), ② 내각회의(국무회의)를 주재할 권한(헌법 제9조), ③ 법률공포권(헌법 제10조 제1항), ④ 법률안재의요구(거부권)(헌법 제10조 제2항), ⑤

국무회의에서 심의된 법률명령과 명령(les ordonnances et les décrets délibérés en Conseil des ministres)을 서명할 권한(헌법 제13조 제1항), ⑥ 국가의 공무원, 군인공무원을 임명할 권한(동조 제2항), ⑦ 국군통수권과 국방에 관한 최고의 회의체와 위원회들을 주재할 권한(헌법 제15조), ⑧ 대사·특사 파견과 외국대사·특사신임·접수권(헌법 제14조), ⑩ 개별적 사면권(형집행면제·감형·변경)(헌법 제17조) 등이다.

(3) 대통령과 수상과의 권한 배분의 모호성 발생가능성 문제[27]

한국에서 혼합정부제 도입을 반대하는 입장에서 내세우는 가장 강한 논거가 대통령과 수상과의 권한분담이 모호할 수 있다는 것이다. 이는 집행부 내 분권인 정부형태이고 따라서 수상도 상당한 권한을 나누어 가지도록 하다 보니 그러하다. 프랑스의 경우에도 이런 문제가 오래 전부터 제기되어 왔긴 했고 그것에 대한 보완적인 헌법개정을 시도하기도 하였다. 프랑스 헌법 제5조는 대통령의 중재자로서의 공권력의 정상적 기능 등을 규정하고 있으면서 제20조는 행정부는 국가의 정책을 결정하고 추진한다고 규정하고 있고 수상은 행정부의 활동을 통할한다고 규정하고 있어서 수상과 행정부도 국가정책을 결정하고 추진하는 권한을 부여하고 있다. 그리하여 대통령의 국가정책결정권과 중첩되고 양자간에 그 권한이 어떻게 나누어지느냐가 문제된다는 것이다. 위 헌법 제5조의 '중재(arbitre)'란 말도 여러 가지 의미를 가진다.[28] 사실 대통령이 의회의 다수파의 지지를 받고 있는 때가 많고 반대인 동거정부의 경우에도 분담문제가 대체적으로 큰 문제없이 지나왔다고 평가된다. 그러나 동거정부의 출현가능성과 그 불편함을 완전히 불식할 수 없다. 하여튼 2008년 헌법개정 논의시에 사르코지 대통령의 요청으로 대통령과 수상과의 권한분담을 보다 명확히 하는 개헌안을 Balladur 위원회[29]에 요청하였고 동 위원회는 개정안을 보고서[30]로 제시하였다.

Balladur 위원회의 개정안을 보면 제5조에 제3항을 신설하여 "대통령은 국가의 정책

---

27 이 문제에 대한 자세한 논의는, 정재황,"프랑스식 혼합정부제의 집행부 내 권한분담", 『헌법학연구』, 제23권 제3호(한국헌법학회, 2017) 참조. 이하의 내용도 위 논문의 논의들을 요약한 것이기도 하다.

28 L. Favoreu, P. Gaïa, R. Ghevontian, J.-L. Mestre, O. Pfersmann, A. Roux, G. Scoffoni, Droit constitutionnel, 18e éd., Dalloz, 2016, 704면.

29 2007년 니콜라 사르코지(Nicolas Sarkozy) 대통령은 정부의 개헌안 마련을 위해 전직 수상이었던 에두아르 발라뒤르(Édouard Balladur)을 위원장으로 하여 구성된 '제5공화국 제도의 현대화와 재균형화에 관한 성찰 및 제안을 위한 위원회'(Comité de réflexion et de proposition sur la modernisation et le rééquilibrage des institutions de la Ve République. 이하 'Balladur 위원회'라고 약기하기도 함)이다.

30 Comité de réflexion et de proposition sur la modernisation et le rééquilibrage des institutions de la Ve République, présidé par E. Balladur, Rapport au Président de la République, Une Ve République plus démocratique, La documentation française, 2007(이하 'Balladur 보고서'라고도 약기함).

을 결정한다"라고 하고 현행 헌법 제20조 제1항은 "행정부는 국가의 정책을 결정하고 이끌어간다"라고 규정하고 있어서 행정부는 국가의 정책을 이끌어가는 정도가 아니라 결정하는 권한도 행정부에 주고 있는데 개정안은 "행정부는 국가의 정책을 이끌어간다"라고 규정하여 행정부는 국가정책을 이끌어가는 데 그치게 하자는 것이다. 그리고 현행 헌법 제20조 제2항이 "행정부는 행정과 군사력을 관장한다"라고 규정하고 있는 것을 개정안은 행정과 군사력을 행정부가 관장하는 것은 "그러한 목적으로" 하도록, 즉 대통령이 결정한 정책을 이끌기 위한 목적 범위 내에서만 하도록 개정하고자 제안하였다.

위 Balladur 위원회의 제안은 정부가 헌법개정안을 제출하면서 헌법 제5조와 제20조에 대한 제안은 포함하지 않아 무산되었다. 위 개정안을 정부가 담지 않은 이유는 대통령과 수상 간의 역할의 명백화는 전적으로 대통령제 또는 전적으로 의원내각제 어느 쪽으로의 커다란 변화 없이는 해결하는 문제들 보다 더 많은 문제를 제기하였다고 판단했기 때문이다.[31] 여하튼 헌법개정으로 가지 않은 것은 프랑스 현행 규정 하에서 그동안의 국정운영경험, 조정으로도 해소될 수 있다는 자신 내지 헌법적 관행에 맡겨두자는 의도로도 읽힌다.

국방에 관한 권한에 있어서도 프랑스 현행 헌법 제15조는 "대통령은 군통수권자이다. 그는 국방의 최고회의체들과 최고위원회들을 주재한다"라고 규정하면서도 헌법 제20조 제2항은 행정부는 군대를 조직하고 운영한다고 규정하고 있다. 프랑스 헌법 제21조는 수상은 "국방의 책임을 진다"라고 규정하여 권한의 중첩이 논란되어 왔다. 이에 대해서 1993년에 미테랑 대통령의 요청으로 헌법개정자문위원회(파리대학교 법대학장을 지낸 저명한 헌법교수인 조르쥬 브델(Georges Vedel) 교수를 위원장으로 구성됨)가 제출한 보고서[32]는 대통령의 국방에 대한 우월한 권한이 인정되어 왔다고 보고 그 점을 지속시키면서 수상의 국방에 관한 권한도 상당히 넓을 수밖에 없다고 보고 수상의 권한과의 관계를 보다 명확히 하는 것이 필요하다고 보았다. 그리하여 동 보고서는 '국방'의 책임이라고 되어 있는 헌법 제21조 규정을 '국방조직'의 책임으로 개정할 것을 제안하였다.[33] 국방조직이란 전략선택(choix de stratégie), 국방자원 보급과 배치 등에 관한 활동을 의미한다고 본다. 그러나 이 제안은 정부가 제출하는 최종 개헌안에는 포함되지 않았다. 위 2008년의 Balladur 위원

31 Rapport N° 892 fait au nom de la Commission des lois constitutionnelles, de la législation et de l'administration générale de la République sur le Projet de loi constitutionnelle (N° 820) de modernisation des institutions de la Ve République, par Jean-Luc Warsmann, 2008.5.15.(이 보고서는 정부제출 개헌안에 대해 하원이 제1회독 때 상임위원회 결과 보고서이다. 이하 'J.-L. Warsmann 제1차보고서'라고도 약기함). 프랑스 하원제출, 176면.

32 Comité consultatif pour la révision de la Constitution, présidé par le doyen Georges Vedel, Propositions pour une révision de la Constitution, 15 février 1993, Rapport au Président de la République(이하 'Vedel 보고서'라고 약기하기도 함), La Documentation Française, Paris, 1993.

33 Vedel 보고서, para.5.

회도 이 문제를 다루었고 개헌안을 내놓았는데 헌법 제21조의 현행 문언인 “수상은 국방의 책임을 진다”라고 하는 규정을 “수상은 국방에 관해서 제15조에 정해진 조건들에 따라 내려진 결정들을 시행한다”라고 개정하자고 제안하였다. 이는 제15조에 정한 조건이라 함은 회의체를 대통령이 주재하여 결정된 사항을 행정부는 시행만 하도록 하여 권한분담을 하자는 취지인 것이다. 이 제안은 정부제출의 개헌안에 포함되었으나 의회가 그동안의 국방관련 법규정들, 관행에 따라 대통령에게 우월한 지위가 인정되어 왔고 수상이 대통령의 결정을 집행만을 할 경우에 의회 앞에서 책임은 수상만이 지는데[34] 결국 국방에 관한 의회의 통제가 어려워질 것이라는 이유 등으로 폐기되고 개정에 이르지 못했다.[35]

프랑스에서 위와 같은 개헌논의 후 지금까지 동거정부는 다시 출현되지 않고 있고 결국 대통령과 수상과의 권한분담에 관해 그동안 그것을 구체화하는 법령과 그동안 축적되어 온 헌정실무상의 운영경험으로 분담상 큰 문제를 보여주고 있지 않다고 평가된다.

4. 의회(하원)와 집행부 간의 관계

혼합정부제에서 의회와 집행부 간의 권력관계가 혼합정부제의 의원내각제적 요소를 생각하더라도 중요하게 살펴보아야 할 과제이다. 의회와의 관계를 봄에 있어서는 프랑스 의회는 양원제 의회인데 양원 중 그 주축이 되는 하원을 중심으로 살펴본다. 그리고 헌법은 양자의 관계에 대한 규정들로 별도로 하나의 편을 두고 있는데(헌법 제5편) 그 편에서는 주로 입법권, 예산심의확정권, 불신임제도 등을 규정하고 있다. 프랑스에서의 의회와 집행부 간의 관계에 관한 논문이 이전에도 발표되었으나[36] 2008년에 의회 권한상 제약을 완화하는 등의 어느 정도의 변화가 있었으므로 여기서 다시 보완 정리하게 된 것이다.

(1) 입법, 예산심의확정의 과정상 관계

(가) 행정부 우위, 입법가속화 — 이른바 합리적 의회주의와 그 완화

“프랑스 1958년 헌법은 제4공화국 때 빈번한 내각불신임과 교체로 경험한 정국의 불안정을 막기 위해 의회의 권한을 많이 축소, 제한하였다. 그리하여 ‘합리화된 의회주의’(le parlementarisme rationalisé)를 지향하였다고 본다.”[37] 그런데 2008년 개헌으로 합리적 의회

34 이는 대통령이 의회 앞에서 책임을지지 않는데 의회 앞에서 책임을 지는 수상이 대통령의 결정을 따르기만 하였을 것이라고 한다면 의회통제가 사실상 의미가 없어진다는 의미로 이해된다.

35 이상의 개헌시도에 대해 자세한 것은 정재황. “프랑스식 혼합정부제의 집행부 내 권한분담”, 『헌법학연구』, 제23권 제3호(한국헌법학회, 2017) 참조.

36 정재황, 혼합정부제, 82-86면.

37 정재황, 혼합정부제, 56면.

주의가 완화되었는데 그럼에도 집행부 우위가 여전하다고 볼 것이다.

무엇보다도 먼저 이전과 달리 제5공화국 헌법에서는 법률사항을 헌법이 한정하고 있고(헌법 제34조) 그 외 사항은 법규명령, 즉 행정부의 입법사항으로 부여하고 있다. 그런데 2008년 개헌에서 언론매체의 자유, 다원성, 독립성(la liberté, le pluralisme et l'indépendance des médias)을 입법사항으로 추가하는(헌법 제34조 제1항) 등 의회의 입법사항을 다소 확대하여 합리적 의회주의를 완화하였다. 법률안제출권이 행정부에 주어지는데 이 법률안제출 후 의사일정 등에 있어서 여전히 행정부의 우위가 나타나고 있었다.

행정부의 우위는 입법을 가속화 내지 신속화하기 위한 제도들에서도 나타난다. ① 먼저 행정부는 의사일정부터 개입할 수 있는데 2009년부터는 4주에 있어서 2주만 행정부가 선택하는 법률들의 심사에 한정하도록(헌법 제48조 제2항) 하여 이전에 비해 축소되긴 하였으나 여전히 의사일정에 대해 일부 제어할 수 있다.[38] ② 심의가 개시된 뒤에는 이전에 위원회에 제출되지 않은 수정안의 심사에 반대할 수 있다(헌법 제44조 제2항). 이는 의원들이 수정안을 계속 발의하여 입법지연을 하는 것을 막기 위한 것이다. 또한 봉쇄표결(un vote bloqué)제도를 들 수 있다. "이 제도는 행정부가 의회에 대해 심의중인 법안의 전부 또는 일부에 대해 행정부가 제안하거나 받아들이는 수정안들만을 대상으로 한채 단 한번의 표결로 의결을 해줄 것을 요구할 수 있는 제도"인데(프랑스헌법 제44조 제3항) "이는 의원들의 수정안 제출로 입법이 지연되는 것을 봉쇄하는 기능을 하고 행정부가 원래 의도한 법안에 가깝게 통과되도록 하기 위한 목적으로 설정된 제도로서 1958년 헌법의 제정권자들이 의도했던 '합리화된 의회주의'를 가장 잘 나타내주는 제도의 하나로 평가된다."[39][40] ③ 프랑스는 양원제국가이므로 법률안은 상하원의 일치로 채택되어야 하는데 양원이 서로 불일치하여 2회의 독회로 채택되지 않은 경우 또는 행정부가 의장회의에서 반대하지 않는 한 가속처리로 각 원이 한 번의 독회 이후 가속절차를 밟고자 할 때에 수상 또는 의원발의 경우에 양원의장 합동으로 하원의원, 상원의원 동수가 모여 지금 심의 중인 규정들에 관한 하나의 안을 제시하는 동수위원회(une commission mixte paritaire) 소집을 하여 가속처리를 요구할 수 있다(동 헌법 제45조 제2항). 동수위원회의 안은 행정부에 의해 의결을 위해

---

38 이전에는 행정부가 의사일정에 대한 더 강한 특권을 가지고 있었다. 즉 지금과 같은 4주에 2주라는 기간제한 없이 행정부가 제출한 법률안과 의원 제안 법률안 중 행정부가 수락한 법률안에 대해 의사일정에 있어서 우선적으로 그리고 행정부가 정한 순서로 상정하도록 한 것을 2008년 개헌으로 위와 같이 제한을 가하고 있는 것이다.

39 정재황, 혼합정부제, 56－57면.

40 R. Barrillon, J.－M. Bérard, M.－H. Bérard, G. Dupuis, A. Grangé Cabane, A.－M. Le Bos Le Pourhiet et Y. Mény, Dictionnaire de la Constitution, 4e éd. Editions Cujas, Paris, 1986, 470면. 정재황, 혼합정부제, 57면에서도 같은 내용으로 인용함.

두 원에 제출되어질 수 있고 행정부동의 없이 수정안이 수리될 수 없다. 동수위원회가 공통안채택에 이르지 못했거나 공통안이 채택되어 각 원에 회부되었음에도 각 원에서 의결되지 못한 경우에는 행정부는 각 원의 한번의 새로운 독회 이후에 하원에 대해 최종적으로 결정해 줄 것을 요구할 수 있다(동 헌법 동조 제2항, 제3항). ④ 아래에 보는 재정법률안, 사회보장재정법률안에 대한 수상의 신임연동적 의결요구권(동 헌법 제49조 제3항)도 행정부우위의 신속처리를 위한 것이다.

2008년 헌법개정으로 의회의 권한행사에 대한 제약이 이전에 비해 완화되었다고 하나 위와 같은 행정부의 우위가 아직도 자리잡고 있다. 그런데 위와 같은 의회 활동에 대한 제약이 안정화의 한 요인으로 작용하였다는 것은 부인하기 어려울 것이다.

(2) 내각불신임제 — 의원내각제적 요소

(가) 신임요구제

프랑스 헌법 제49조 제1항은 수상은 그의 프로그램 또는 경우에 따라 일반정책선언에 관하여 국무회의의 심의를 거친 다음 하원에 신임을 묻는다고 규정하고 있다. 문구상 프로그램에 대해서는 재량이 없고 "일반정책선언에 대해서는 경우에 따라"라고 규정하여 재량이 있는 것으로 보인다. 그러나 프랑스 헌법재판소 판례는 양자의 의미를 구분하는 입장은 아니다.[41] 이 신임요구제의 활용연혁을 보면, 1993년 이전에는 새로운 내각이 들어설 때 마다 하원의 신임을 물어왔으나 반드시 제49조 제1항을 들어 묻지는 않았다고 한다.[42] [43] 심지어 대통령이 국민으로부터 직선되어 국민직접적 정당성을 가지므로 그 대통령에 의해 임명된 수상이 신임을 묻는 것은 적절치 않다는 취지의 거부론도 있었다.[44] 이와 달리 1993년 이후에는 특히 최근 시기인 올랑드 대통령 때의 수상인 마뉘엘 발스(Manuel Valls) 수상은 2014년 4월 자신의 내각이 처음 출범한 때 뿐 아니라 9월에 일부 개각이 된 때에도 이를 활용하여 한 해에 두 번이나 활용하였던 예를 남기기도 하였다. 그러나 이 제도에 대해서는 우파나 좌파 모두 상대적 의미를 지니는 것으로 보는 경향이고 결국 이 제도는 대통령의 파가 다수파일 경우에는 수상이 대통령의 신임을 받아 하원 앞

41 Conseil constitutionnel Décision 12 jan. 1977.

42 P. Avril, Le parlementarisme rationalisé, in *Les 40ans de la Ve République, 10 personnalités témoignent*, n° spécial coordonné par J.-M. Blanquer, J.-M. Camby, Ch. Guetter et X. Robert, *R.D.P.,* 1998, 1511면 참조. 정재황, 혼합정부제, 83면에서도 인용한 것임.

43 신임요구를 하지 않은 경우에도 일반적 정책방향은 제시되곤 했다.

44 드골대통령 시절의 퐁피두(G. Pompidou) 수상이 주장한 것이다. J. Rossetto, A Propos de la stabilisation conventionnelle de la Ve République, in *Les 40ans de la Ve République, 10 personnalités témoignent*, n° spécial coordonné par J.-M. Blanquer, J.-M. Camby, Ch. Guetter et X. Robert, *R.D.P.,* 1998., 1501면. 정재황, 혼합정부제, 83면에서도 인용한 것임.

에서 책임을 진다는, 예의의 의무(obligation de courtoisie)로, 동거정부 상황에서는 수상이 자신의 파인 다수파에 의존한다는 생존의 필요성에 따라 내각출범 초기에 활용하였다고 볼 수 있다. 여하튼 1958년에서 2015년 사이에 37회 활용되었고 이를 남용하지는 않았다고 평가된다.[45] 1993년 Vedel 보고서는 수상 임명 직후 15일 내에 신임을 묻도록 명시하자는 헌법개정안을 제시하였으나 채택되지 않은 바도 있다.[46]

(나) 의원발의의 불신임제

이 불신임제가 전통적인 내각불신임제도이다. 프랑스 헌법 제49조 제2항이 아래와 같은 내용으로 규정하고 있다. 즉 하원은 불신임표결로 행정부의 책임을 물을 수 있다. 그러한 불신임발의는 하원재적의원 10분 1 이상의 찬성이 있어야만 발의될 수 있다. 불신임표결은 접수 후 48시간이 경과된 후에야만 표결될 수 있다. 불신임 찬성표결은 하원재적의원 과반수로만 채택될 수 있다. 이 불신임발의제도에 있어서는 한 사람의 하원의원은 하나의 동일 정기회기 내 3번, 하나의 동일 임시회기 내 1번까지만 발의할 수 있다.

이 불신임제는 오늘날 상당히 절제적으로 활용될 수 있다고 평가된다. 당장 재적의원 과반수 찬성이 쉽지는 않다. 여러 야당들 간에 우연한 합치로 과반수를 이끌어내기가 쉽지 않기 때문이다. 한편 비록 부결의 경우에도 기권이 상당한 정도라면 행정부의 입지는 약해진다. 왜냐하면 기권을 표하기에는 중대한 문제이므로 의원들이 찬반을 분명히 밝힐 것임에도 기권을 한 것은 행정부에 대한 신임을 자신하지 못하는 의원들이 상당하다는 것을 의미하기 때문이다. 하원의원들이 행할 수 있는 발의회수의 제한도 제약적 요소임은 물론이다. 빈번한 발의를 막겠다는 것이다.

1958년 이래 아래에서 보는 법률안연계적 불신임발의가 아닌 위의 전통적 불신임발의는 매우 드물었다. 응집된 다수파가 있는 상황이라면 야당파들이 불신임을 발의하더라도 의결이 되기는 어렵고 따라서 야당이 발의하는 것은 실제 불신임의결을 끌어내기 위한 것 보다도 일반정책에 대한 토론을 이끌어내기 위함이었다고 평가된다.[47] 실제 불신임의결이 된 예로는 1962년 10월 5일에 드골정부시절 드골대통령이 퐁피두수상에 대한 것이 유일하다.[48] 이 불신임발의에 대해 말만 무성한 소동이라고 표현하는 지적이 있기도 하다.[49]

---

45 이런 취지로, F. Mélin−Soucramanien/P. Pactet, Droit constitutionnel, 34e éd., Sirey, 2015, 513−514면.

46 Vedel 보고서, 114면. 정재황, 혼합정부제, 83면에서도 인용한 것임.

47 F. Mélin−Soucramanien/P. Pactet, Droit constitutionnel, 34e éd., Sirey, 2015, 516면.

48 이 불신임은 당시 드골이 1962년에 대통령직선제로의 개헌을 의회의 의결을 거치는 절차인 헌법 제89조에 따라 행하지 않고 헌법 제11조에 따라 국민투표에 붙여 확정시키고자 한 데 대하여[이 개정에 대해서는 정재황, "프랑스 1958년(현행)헌법의 개정", 『법학연구』 제2집(홍익대학교 법학연구소, 2000), 34면 참조] 의회가 행정부에 대하여 불신임의결을 한 것이었다. 따라서 드골대통령에 대한 책임을 묻는 성격이 있었다고 평가된다.

49 J. Giquel/J.−E. Giquel, Droit constitutionnel et institutions politiques, 30e éd. L.G.D.J., 2016−2017, 776면.

(다) 재정법률안 등 연계 신임제도

프랑스 헌법 제49조 제3항은 수상은 국무회의의 심의를 거친 후 재정법률안 또는 사회보장재정법률안에 관해 하원 앞에서 책임을 물을 수 있다. 이 경우 이 법률안은 제출 후 24시간 내 발의된 불신임안이 하원재적의원 과반수로 의결된 경우가 아니면 이 법률안은 의결된 것으로 간주한다고 규정하고 있다. 그리고 동항 후문은 수상이 게다가 회기에 하나의 법률안(정부제출 법률안 또는 의원발의 법률안)에 대해 위와 같은 간주제도를 활용할 수 있도록 규정하여 하나의 법률안이긴 하나 법률안에 대해서도 위와 같은 연계신임제도를 활용할 수 있도록 규정하고 있다. 이 제도는 행정부 활동의 핵심 지지요소인 재정법률, 사회보장재정법률을 압박을 가해 의결할 수 있도록 하는 것이므로 매우 강력한 행정부의 무기인 것은 사실이다. 그 남용은 입법권상실을 초래할 것이고 대의민주주에 대한 원칙적인 부정이라는 비판이 가해지고 있고[50] 이 조항의 폐지가 강하게 주장되기도 하였다.[51] 이 제도가 반의회주의의 가장 뚜렷한 예들 중의 하나로 간주되어 왔다는 견해도 있고, 미테랑은 1981년의 대선 공약의 하나로 이의 불행사를 포함시켰던 바 있다.[52] 2008년 개헌에서 헌법규정상 그 대상이 위에서 언급한 대로 재정법률안, 사회보장재정법률안, 그리고 하나의 법률안으로 축소 규정되긴 하였으나 여전히 강한 것이 사실이다. 이 불신임제는 사실 여당(파)[53]이 다수파일 때에도 행정부에 강한 무기가 된다. 여당이 다수파인 경우에도 다수파가 결집이 약하고 다수파 내가 갈라져 있는 경우에 행정부 추진의 입법을 강제할 수 있기 때문이다. 10분의 1 이상 의원발의와 과반수의 찬성이라는 의결요건이 그리 쉽게 충족될 수 없기 때문이다.[54] 그러한 취지에서 이 제도는 제5공화국 정국의 안정을 위해 분명 중요한 한 요소라고 평가된다.[55] 그러나 여전히 이 제도가 의원들이 법률안에 대

50 한동훈, 『프랑스 헌법상 하원과 집행권의 관계』, 헌법재판연구원, 비교헌법연구, 2017-B-6, 2017, 87면 참조.

51 그 운용현실을 보면, 1988-1993년 사이의 남용성이 지적되기도 하였다. P. Avril, in Neuf constitutionnalistes répondent à trois questions concernant les élections législatives de 1997(*필자주:이 글은 1997년 하원해산 이후 하원총선에 들어가기 전에 프랑스의 저명한 공법학잡지인 R.D.P.('Revue du Droit Public et de la Science Politique en France et à l'étranger'의 약어)가 9인의 헌법학자들에게 이 해산의 의미 등에 관한 질문을 한 것에 답한 글이다), R.D.P., 1997, 611면 참조. 정재황, 혼합정부제, 85면에서도 인용한 것임.

52 D. Maus, Études sur la Constitution de la Ve République, Éd.STH, Paris, 1990, 232면 참조. 정재황 혼합정부제, 85면에서 재인용함.

53 유럽국가들, 프랑스에서 단일 정당이 여당으로서 의회 다수당이 되는 경우가 아니라 여러 여당계열 정당들이 연합하여 여당파를 이루는 경우가 적지 않았으므로 이 경우에는 대통령을 지지하는 여당들의 연합인 여당파라고 부르는 것이 정확할 것이다. 따라서 이하에서는 '여당들의 연합파'. 여당파라고 기재하여야 할 것이나 이하 편의상 '여당' 또는 '여당파'라고 함.

54 이 제도의 의미, 찬반논의에 대해서는 정재황, 혼합정부제, 84면 참조.

55 이런 취지로, M. Lascombe(Étude rédigée par), Le Gouvernement et la révision constitutionnelle : un oublié très présent, JCP / La semaine juridique – édition générale, N°31-35, 2008.7.30., I 173, 36면.

해 의사표시를 하는 것이 아니라 결국 내각신임여부에 대해 표결하라고 강제하는 것이라는 점에서 서로 결부성을 가지지 못하므로 비판[56]을 받고 있다.

(라) 상원에 대한 일반정책선언의 승인요구

프랑스 헌법 제49조 제4항은 수상은 상원에 대해 일반정책선언을 승인해 줄 것을 요구할 수 있다고 규정하고 있다. 상원에 대한 이 요구에 대한 상원의 거부가 행정부의 당연사퇴를 가져오는 것은 아니라고 보더라도 타격을 줄 수는 있어서 행사에 신중을 기한다.[57]

(마) 토론·표결요구제도

이 제도는 불신임 자체를 가져오게 하지는 않는 제도인데 2008년 헌법개정으로 추가된 제도이다. 프랑스헌법 제50-1조는 하원, 양원 두 원 중 하나에 행정부는 자신의 제안 또는 하나의 의원단체의 제안으로 하나의 특정된 주제에 대해 토론을 열게 하는 선언을 할 수 있고 행정부가 원한다면(결정한다면) 그 신임을 걸지 않은 채 표결의 대상으로 할 수 있다고 규정하고 있다.

(3) 의회해산제도

프랑스에서의 국회해산권의 대상은 프랑스가 양원제국가인데 양원 중 하원이다. 내용적으로는 전적으로 대통령의 재량에 달려있다. 절차적으로는 대통령은 해산 전에 먼저 수상, 하원의장, 상원의장의 의견을 반드시 들어야 한다. 대통령은 그 의견에 반드시 구속되는 것은 아니다. 시기적인 제한도 있다. 해산으로 치러진 위 총선거 후 1년 이내에는 더 이상의 해산을 할 수 없다. 헌법 제16조의 비상조치가 발령된 상태에서, 그리고 대통령유고시 상원의장이 직무대행을 하고 있는 경우에는 하원해산을 할 수 없다(프랑스 헌법 제7조 제4항).

대통령의 하원해산권은 물론 대통령제하의 제도는 아니다. 이 권한은 대통령의 판단으로 행사되므로 대통령의 강한 특권이라고 할 수 있고 대통령이 다수파의 지지를 받지 못해 충돌이 일어날 경우에 정국을 유리하게 끌고 가기 위한 권한이기도 하다. 하원해산 후 하원의원총선거가 실시되므로 국민에게 직접지지 여부 의사를 물어보는, 국민 앞에서 직접적인 심판인 것이다.[58] 정국경색을 해소하기 위한 제도이기도 하다.

---

56 이와 같은 취지로, F. Mélin-Soucramanien/P. Pactet, Droit constitutionnel, 34e éd., Sirey, 2015, 518면.

57 상원에 대한 신임요구제도는 더러 활용된 바가 있다고 한다. 1975년에 시락(J. Chirac)행정부에 의해, 1977년과 1978년에 바르(R. Barre)행정부, 1986년과 1987년에 시락행정부, 그리고 1989년, 1991년에 로카르(M. Rocard)행정부, 1993년에 발라뒤르(E. Balladur)행정부, 1995년에 쥐페(A. Juppé)행정부에 의하여 행사된 바 있다. 정재황, 혼합정부제, 85면에서도 인용한 것임.

58 동거정부의 경우에도 대통령은 의회해산권 등의 권한으로 의회를 압박할 수 있을 것이라는 점에서 동거정부

(4) 2008년 헌법개정

위에서 언급한 2008년 프랑스 헌법의 개정에서는 의회의 권한행사에 대한 제약이 이전에 비해 완화되었다. 그리하여 이른바 합리적 의회주의(parlementarisme rationalisé)가 완화되었다. 앞서 본대로 2008년 개헌에서는 의회의 권한, 특히 소수파의 권한을 상당히 늘려 놓음으로써 '합리적 의회주의'의 퇴조(reflux du parlementarisme rationalisé)에 대해 언급하는 문헌도 볼 수 있다.[59] 그렇다고 집행부의 우위가 사라진 것은 아니라고 본다. 2008년 헌법개정은 대통령권한을 조정하면서 강화된 것도 있고 의회의 권한이 강화된 것도 있어서 재균형이라는 목표도 그런 것이었듯이 어느 한쪽의 우월성을 가져온 것으로 단정짓기는 곤란하다고 보는 평가가 많다.

(5) 안정화요소

프랑스의 정치의 안정화는 결선투표제를 통한 다수파의 존재를 들고 있는 것이 일반적이다. 그것 외에도 웨에서본 대로 이른바 합리적 의회주의에 따라 의회의 의사절차를 신속히 하도록 하는 제도들, 예를 들어 봉쇄투표라든지, 입법연계적 신임요구제도 등을 통하여 행정부가 의회를 압박할 수 있도록 함으로써 이전 공화국에서의 의회우월주의에 입각한 혼란을 극복하였다고 평가될 수도 있다. 합리적 의회주의가 소수파의 억제뿐 아니라 다수파의 결속을 위한 것이라는 견해도 있다. 사실 의회에서의 정국이 경직되는 것은 소수파에 의한 의사방해나 투쟁 뿐아니라 다수파의 불안정성 내지 분열로 비롯되는 경우도 있다는 점에서 다수파의 결속을 위한 기제로 활용되기도 한다는 것이다.[60]

5. 프랑스 혼합정부제의 운용실제[61]

(1) 개 관

프랑스 혼합정부제의 운용실제를 분석함에 있어서 대체적으로 대통령과 수상(행정부)의 관계가 어떠하였는지를 두고 살피는 경향이다. 의회는 합리적 의회주의에 입각하여 권

에서 대통령의 권한이 마냥 약화되는 것은 아니고 이는 대통령의 우월적 지위를 사실상 긍인하게 하는 것이라고 볼 것이다. 그러나 대통령의 하원해산권은 그 행사에 위험부담이 따르고 그리 빈번히 행사될 수 없고 실제 그렇지도 않았다.

59 P. Avril, un nouveau droit parlementaire? RDP, 제1호, 2010, 125면 이하 참조.

60 프랑스 헌법 제49조 제3항의 법률안연동적 불신임제도는 행정부를 지지하는 다수파가 상대적 다수에 머물었고 절대다수가 되지 못했던 1988년부터 1993년 사이에 많이 활용되었다. 정재황, 혼합정부제, 85면.

61 1999년 이전의 상황에 대해서는, 정재황, 프랑스 동거정부, 153면 이하 ; 정재황, 프랑스 혼합정부제, 49면 이하 등 참조.

한이 완화되어 있기 때문이었다.

(2) 대통령에 대한 다수파의 지지

대통령이 의회의 다수파의 지지를 받고 있는 동안은 대통령은 리더십을 강하게 발휘하면서 국정운영에서의 우월성을 보여주면서 수상과 행정부는 대통령의 정책방향과 구도를 구체화하는 역할을 수행하였다고 본다. 제5공화국 초대 대통령이었던 샤를르 드골(Charles de Gaulle) 대통령(1958–1969), 이어 조류쥬 퐁피두(Georges Pompidou) 대통령(1969–1974), 발레리 지스카르 데스땡(Valéry Giscard d'Estaing) 대통령(1974–1981)[62]에 이르기까지 다수파의 지지를 받아 상당히 강한 대통령의 리더십을 보여주었다. 비록 재임기간 중 두 차례의 동거정부 때에는 사실상 약화되었던 죄파의 사회당 소속 프랑수와 미테랑(François Mitterand) 대통령(1981–1995), 이어 한 차례의 동거정부를 겪은 자크 시락(Jacques Chirac) 대통령(1995–2007)의 시기에도 동거정부 시기를 제외하고는 강한 면모를 보여주었다고 평가된다.

2000년에 대통령임기 단축 개헌이 확정되어 5년의 대통령임기와 하원의원임기가 같아지고 2002년 4월 대선, 6월 총선, 근접선거가 실시되었으며 자크 시락이 재선되었고 우파가 다수파가 되어 다시 대통령에로의 권력의 집중현상이 나타났다고 평가된다.

이후 니콜라 사르코지(Nicolas Sarkozy) 대통령(2007–2012)은 국정의 조정자로서의 역할을 넘어서서 적극적 행정개입자로 평가된다. 대통령 행정부(gouvernement pésidentiel)이란 말이 나올 정도로 대통령이 적극적인 권한행사를 하여 단순한 중재자를 넘어서 행정을 이끌어가는 모습을 보여주었다.[63] 정당에 대해서도 사르코지 대통령은 정당들 위에 위치하는 국가원수를 지향한다는 제5공화국 헌법의 정신[64]과는 달리 대통령이 다수당을 주도해 갈 수도 있다는 가능성을 보여주기도 하였다. 결국 강한 대통령제적 운영이었다고 평가될 수 있다.

다음으로 프랑수와 올랑드(François Hollande) 대통령(2012–2017)은 절제된 대통령으로 통상적인 대통령의 역할을 수행하면서 보다 덜 뚜렷한 대통령제적 운영의 모습을 보여주

---

62 데스땡 대통령은 그의 파가 다수파인 우파 중에 소수파임에도 대통령에 당선되었다. 그럼에도 그는 의회에 대하여 헌법상 권한들을 충분히 활용하여 그의 입지를 구축해갔다고 평가된다.

63 F. Mélin–Soucramanien/P. Pactet, Droit constitutionnel, 34e éd., Sirey, 2015, 388면.

64 이는 드골이 바이유에서 행한 연설에서 대통령은 정당들 위에서 조정하는 위치에 있을 것을 토로한 데서 나타난다. 제5공화국헌법의 기초가 드골이 독일로부터 첫 번째 해방된 도시 바이유(Bayeux)에서 1946년 6월 16일에 행한 연설에 나타난다. 그래서 프랑스 제5공화국헌법에 대한 서술에서 바이유연설이 많이 인용된다. 이 연설의 공식 원문은, Le discours de Bayeux, hier et aujourd'hui(이 책은 1990년 6월 15일에 바이유에서 있었던 바이유연설에 관한 샤를르 드골 연구소와 프랑스헌법학회 주최의 학술세미나를 F. Decaumont교수가 편집하여 출간된 것이다), Economica, 1991, 217면 등에 있다.

었다는 평가를 받는다.

2017년 취임한 에마뉘엘 마크롱(Emmanuel Macron)은 신당인 자당 'La République en marche(LREM)'(전진하는 공화국)이 다수당으로서 역시 다수파의 지지를 받고 있는데 초기라서 시간이 흐르면서 앞으로 평가가 내려질 것이다.

다수파의 지지가 결국 대통령의 권한을 실제로 강하게 행사하게 하고 정국의 안정을 가져오게 함을 알 수 있는데 의회 다수파 형성의 촉진제는 바로 결선투표제이다. 즉 다수파의 형성은 하원의원선거에서 제2차 결선다수대표제를 통하여 정당들 간에 제휴, 연합이 가능하게 하여 여러 정당들이 존재하더라도 그 결집이 이루어질 수 있게 함으로써 가능하게 하였다.[65] 그러나 프랑스에서 소선거구다수 결선투표제도에 대한 비판이 있어 왔다. 거품효과가 있고 소수정당이 불비례적으로 평가된다는 점 때문이다.[66]

대통령이 의회의 다수파의 지지를 받게 되면 대통령은 정책의 목표, 방향이나 전체적인 구도를 정해주고 수상이 이를 구체화해서 정책추진을 하게 된다. 또 대통령은 외국들 간의 관계에서 고려되어야 할 문제나 외국들 간의 교섭에 있어서는 중요한 역할을 한다. 그 외 일상적인 행정적 추진은 구체적으로 수상과 내각에 맡겨두고 있는 것이다. 장점은 바로 대통령은 구체적 논쟁에 휩쓸리지 않고 장기적인 계획이나 구상에 몰두할 수 있다는 것이다. 다만, 조건은 수상에 대한 신임이 두터워야 한다는 것이다. 그렇다고 수상은 전적으로 대통령 지시를 옮겨다 집행만 하는 것이 결코 아니다. 자신이 주도로 자신의 계획에 따라 중단기적인 행정을 추진한다.[67]

올랑드 대통령까지의 국정운영을 보면 이제 프랑스에서는 대통령제적 운영이 이어지고 있다고 평가되는데 이러한 국정운영은 정치시스템에 의한, 특히 과거 인물상에 의한 것 보다 오늘날에는 대통령직선제와 다수파현상에 의한 것이라는 평가도 있다.[68] 즉 과거 드골과 같은 시대에 그러한 인물상에 의해 리더십이 형성되어 대통령제적 운영이 많이 있어 왔다고 볼 수 있으나 오늘날에는 대통령직선을 통한 정당성 확보, 다수파의 확보를 통한 안정성으로 대통령제적 운영이 시스템적으로 이루어진다는 의미이다.

---

65 상세한 설명은, 정재황, 혼합정부제, 65면 참조.

66 1992년 Vedel 헌법개정자문위원회가 독일식의 소선거구다수제와 비례제의 혼합제를 도입할 것을 제시한 바 있다. 2012년 올랑드대통령에 의해 설치되고 전직 수상이었던 L. Jospin이 위원장이었던 정치활동 혁신윤리위원회도 다양한 하원구성을 위하여 비례대표를 10%선의 한계를 두긴 하지만(뚜렷한 다수파가 자리잡을 수 있도록 하자는 의도에서 한계를 둠) 비례대표제를 하원선거에 도입할 것을 제안한 바 있다. 이 위원회의 보고서인 Pour un renouveau démocratique : rapport de la Commission de rénovation et de déontologie de la vie publique, La documentation française, 2012, 38면.

67 의회 다수파 지지 상황의 대통령과 수상과의 관계에 대해서는, 정재황, "프랑스식 혼합정부제의 집행부 내 권한분담", 『헌법학연구』, 제23권 제3호(한국헌법학회, 2017), 면 이하 참조.

68 이러한 취지로, F. Hamon/M. Troper, Droit constitutionnel, 35e éd., LGDJ, 2014, 542－543면.

(3) 동거정부의 문제

'동거정부'란 대통령의 임기 도중에 하원총선에서 반대파가 하원다수파가 되어 대통령이 반대파에서 수상을 지명하고 반대파로 내각이 구성되는 경우를 말한다. 프랑스에서는 제1차 동거정부가 1986년－1988년, 제2차동거정부가 1993년－1995년, 그리고 제3차 동거정부가 1997년부터 2002년까지 있었고 이후 나타나지는 않고 있다.

동거정부 상황에서 대통령은 의회 다수파의 지지를 받지 못하므로 리더십이 약화되고 국정운영은 수상(행정부)의 주도로 이루어진다. 그러나 대통령은 국정중재자로서의 역할을 어느 정도 유지하였다고 보고 특히 외교, 국방에 관한 권한에서 대통령의 권한이 우세하였다고 평가된다. 동거정부에서는 대통령과 수상 간의 이견을 보여주기도 하였으나 대체적으로 동거정부에서 국정이 마비되거나 큰 문제의 발생 없이 무난하긴 하였다고 평가된다.[69]

그런데 동거정부 상황에 대해서는 비(非)정형적인(atypique)인 상황이고 보수적(immobilisme) 경향이라는 평가, 응집성있는 정책시행에 증대되는 어려움이 지적되기도[70] 하여 이에 대한 대응으로 프랑스에서는 동거정부 출현을 억제하기 위해 대통령과 하원의원의 임기를 동일하게 하고 근접선거를 하는 것이 바람직하다고 보고 2000년 10월 2일의 헌법개정으로 대통령의 임기를 이전의 7년을 하원의원의 그것과 동일하게 5년(quinquennat)으로 단축하였다. 선거시기도 조절하여 근접선거가 행해지게 되었다. 근접하다는 것이 어느 정도의 시간간격을 말하는지 차이가 있을 것이긴 하다. 프랑스의 경우에는 매우 근접해 있다. 그렇다고 같은 날 실시되는 것이 아니므로 엄밀히 말해서 동시선거라고 하기는 곤란하다. 2001년 5월 15일 제2001－419호 법률[71]로 개정된 선거법전(Code électoral) 제LO121조(로 개정된 것임)가 하원의 권한은 선거된 이후 5년의 6월 셋째 주 화요일에 종료된다고 규정하고 동법전 제LO122조는 의회해산의 경우를 제외하고 총선거는 하원의 권한이 종료 되기 전 60일 이내에 실시되도록 하고 있고 대통령선거는 임무 종료 전 적어도 35일 전에 실시되도록 하여(프랑스 헌법 제7조 제3항) 결국 임기가 대통령과 같이 5년으로 동일한 하원의원의 선거를 대통령선거에 매우 인접하게 실시할 수 있도록 하고 있다. 이는 현재도 계속되고 있다. 2007년, 2012년, 2017년 대통령선거와 하원의원선거에서 대통령의 정파(정당)

---

69 프랑스의 동거정부의 경험과 평가에 대해서는, 정재황, 프랑스 동거정부, 187－198면 ; 정재황 혼합정부제, 76－82면 참조.

70 http://www.ladocumentationfrancaise.fr/dossiers/d000132－la－cohabitation－dans－la－vie－politique－francaise/pourquoi－la－cohabitation

71 Loi n°2001－419 du 15 mai 2001.

가 다수당이 되고 동거정부는 3차 동거정부(1997년–2002년) 이후 나타나지 않고 있다. 그런데 대통령의 임기와 하원의원의 임기가 임기 도중에 대통령, 하원 어느 한쪽의 변화로 달라질 수 있다. 대통령이 중도에 사임, 사망하거나 의회가 해산되는 경우 등이다. 따라서 이런 문제조차 해소하기 위해 2007년 Balladur 위원회가 대통령 2차 결선투표 때 하원의원 총선 1차투표를 동시에 실시하도록 하자는 제안을 한 바 있었으나 채택되지는 않았다. 여하튼 위와 같은 노력으로 차이가 날 가능성은 비록 완전히 사라지지는 않았지만 줄어들었다.[72] 그래서 2002년 이래 최근에 동거정부현상은 나타나지 않아 상당히 정국이 안정적이라고 보고 따라서 의원내각제적 요소를 그대로 유지해가면서 대통령제화하는 것으로 평가할 수 있지 않는가 하는 지적도 있다.[73]

(4) 프랑스 국정운영의 전체 구도상 평가

대통령이 의회 다수파를 유지하는 상황이나 그렇지 않은 상황에서나 대통령과 수상에 대해 각각 실질적 권한을 부여한 것이 정부제도에 위기를 초래하지는 않았다고 평가된다.[74] 의회다수파 지지가 있을 때에는 대통령제적으로, 없을 때에는 의원내각제적인 운영이 이루어져 프랑스 헌법은 "잡종의"(bâtarde) 또는 자웅동체의(hermaphrodite)의 모호성을 보여준다는[75] 평가도 있다.

1981년 미테랑 소속 사회당과 좌파들이 정권을 잡은 이후로 정권의 교체(alternance 번갈아 나타남) 현상이 나타났고[76] 이는 건전한 프랑스 헌법의 모습을 보여준다고 평가된다.[77] 국가마비없이 이러한 정권교체, 동거정부의 현상을 알게 되었고 헌법은 헌법제정자가 예상하지 않은 상황에 적응하였고 제도는 작동을 계속해 왔다고 평가된다.[78]

대통령제화(présidentialisation)를 얘기하기도 하나 한계가 있고 1981년부터는 정권교체의 모습도 보여준다는 평가가 가해지고 있다.[79]

대통령의 독자적 권한이라는 것도 그 현실적 의미를 고려하여야 할 것이다. 그 권한

---

72 이러한 취지로, F. Mélin–Soucramanien/P. Pactet, Droit constitutionnel, 34e éd., Sirey, 2015, 372면.

73 이런 취지의 지적으로 F. Mélin–Soucramanien/P. Pactet, Droit constitutionnel, 34e éd., Sirey, 2015, 375면.

74 Vedel 보고서, B.–Le partage des attributions entre le Président de la République et le Premier ministre 부분 서술 참조.

75 F. Mélin–Soucramanien/P. Pactet, Droit constitutionnel, 34e éd., Sirey, 2015, 388면.

76 이는 좌파 정권 대통령인 미테랑 대통령의 재임 중에 우파 소속 수상과의 동거정부를 형성한 것을 정권교체라고 보는 것이다.

77 이런 취지로, J. Giquel/J.–E. Giquel, Droit constitutionnel et institutions politiques, 30e éd. L.G.D.J., 2016–2017, 542면.

78 이러한 취지의 평가로, Ph. Ardant/B. Mathieu, Institutions politiques et Droit constitutionnel, 24e éd., L.G.D.J., 2012, 442면.

79 F. Hamon/M. Troper, Droit constitutionnel, 35e éd., LGDJ, 2014, 413면, 540면 이하.

들은 대통령이 중재자로서 국익에 중대한 영향을 가지는 정책에 대한 결정을 요구하는 사안에 대한 권한들이라고 할 수 있고 대통령이 가지는 독자적 권한이라는 것도 대체적으로 일상적 행정의 자체라기보다 그 이전의 정책방향의 설정이나 대외적 문제에 관한 것이 많을 것이다. 그러나 그러한 영역도 수상과의 협력이 필요하다. 대통령이 모든 결정과 집행을 하는 것이 아니라 대통령은 정책의 중요 방향, 목표, 장기적 플랜 등에 대해 결정하고 그 수상이 그 실현을 위한 구체적인 결정과 집행을 수행하기 때문이다. 비동거정부, 즉 대통령이 의회다수파의 지지를 받고 있는 경우라고 하여 수상은 단순히 대통령결정의 집행관에 불과하지 않다. 수상이 이끄는 일상행정이 오히려 더 광범위할 것이다. 대통령결정을 행정조직 하부에 시달하고 그것이 제대로 구현되도록 챙길 기관은 수상이다. 물론 다수파 지지의 범위나 다수파의 결속 강도에 따라 다소의 정도 차이를 보일 수는 있다. 동거정부인 상황에서도 중요한 국가정책의 결정에 있어서 수상이 대통령의 의사를 무시할 수는 없다. 대통령도 국민으로부터 직선되었고 헌법이 그만큼 그에게 중요한 권한을 부여하고 있기 때문이다. 그 경우에도 상호 설득과 조정, 타협이 이루어지게 된다.[80]

Ⅳ. 한국에의 적실성 문제 검토

서론에서도 밝혔지만 이 논문의 연구목적은 혼합정부제의 도입이 한국에 적절한 것인지 여부와 그 적실성을 가지기 위한 성공조건, 즉 만약 도입한다고 할 때에 미리 준비하여야 할 성공이 무엇인가를 보는 것이고[81] 이하에서 이를 살펴본다.

1. 전제적 검토

(1) 한국 헌정의 문제점

1987년 이래 30년의 민주화 과정의 시간이 흘렀으나 여전히 갈 길이 멀다. 권력의 집중화, 비대칭적 여야의 구도를 보여왔다. 협력정치, 교차투표, 소신있는 의원활동도 안되

80 "수상이 대통령의 다수파에 속하는 경우 최종적인 결정을 하는 것은 항상 국가원수인 대통령이고, 수상이 대통령에 반대하는 다수파에 속하는 경우 최종적인 결정을 하는 것은 항상 수상이라고 이해하는 것은 사실을 지나치게 왜곡하는 분석이다. 왜냐하면, 대통령과 수상은 서로 의존하고 있다는 점을 잘 알고 있기 때문에 필연적으로 타협하지 않을 수 없으며, 실제로 이루어지는 수 많은 결정은 상호간의 설득이나 합의에 의해서 도출되기 때문"이라는 지적으로, 한동훈, 『프랑스 헌법상 하원과 집행권의 관계』, 헌법재판연구원, 비교헌법연구, 2017-B-6, 2017, 74면 참조.

81 이것은 물론 이 세상에서 완벽한 이상적인 정부형태는 없고 어떤 정부형태이든 헌법현실이나 나라상황, 여건에 따라 그 성공 여부를 단언하기 힘들다는 것을 전제로 도입 여부와 성공조건을 보자는 것이다.

고 있다. 마주보고 달리거나 평행선을 달리는 기관차라고 할 정도로 빈번히 극한대립, 장외투쟁을 보여왔다. 합의를 위한 중간의 입장이 설 곳이 없다. 정당의 이합집산이 특히 선거철에 뚜렷하고 국민의사를 충분히 반영하기 보다 당리당략에 연연하는, 진지한 정책정당이 보이지 않는다.

집행부에서의 탈권위주의가 아직 멀다. 집행부와 입법부 간의 대립은 근간에 와서도 거의 상시적이라고 해도 과언이 아닐 정도의 모습을 보여주고 있다. 입법부를 보면 입법과정의 충실도가 만족스럽지 못하고 정부주도로 끌려가고 있기도 하다. 입법부의 입법역량이 강화되어야 한다. 오늘날 복잡하고 전문적인 입법사항에 부응하는 전문성이 더욱 요구됨에도 이를 따라잡지 못하고 있다.

사법부의 개혁에 대한 국민욕구도 강하다. 비민주적 시대의 사법부 탄압에서 사법권 독립을 부여하고자 헌법상 많은 권한을 대법원장에 부여하고 있다. 이제 와서 오히려 제왕적 대법원을 얘기하게 되었다. 대법원, 헌법재판소 재판관들의 임명도 다양하지 못하고 그런 비판에 직면하면 구색맞추기에 그치는 경우도 본다.

지방자치도 지지부진하고 중앙집중적이다. 지방재정도 열악하고 지방주도적인 활동이 이루어질 여건도 미약하다. 지방자치의 핵심이라고 볼 수 있는, 자치입법이라는 조례는 그 위상이 말이 아니다. 중앙정부의 규칙보다도 못하다.

(2) 제도 운용 문제 논쟁

최근의 헌법개정논의에 대해 유보적인 입장에서 현행 헌법상의 대통령제가 1987년 민주화체제에서 직선제로 자리잡은 것이고 헌법규정 자체가 문제가 아니라 그것의 운용이 문제되었고 따라서 근간을 바꾸는 헌법개정은 바람직하지 않다고 주장되기도 한다.[82] 그러나 지난 정권에서 권력의 집중과 같은 문제점이 나타났고 제도의 운용이 제대로 되지 않는다는 것은 제도 자체에도 문제가 있다는 것이므로 중요한 원칙적 제도는 새로 헌법에 올려서 구속력을 강화해야 한다. 헌법개정에 비용이 많이 소요될 것이나 정치권에서 내년 지방선거에 국민투표를 함께 실시하자는 것이므로 비용이 많이 절약될 수 있다면 작동이 잘 되지 않은 제도들을 손질하는 개정이 필요하다고 할 것이다.[83]

---

82 경청할만한 의견으로 "'탈정치'나 '반정치'가 아닌 '정치의 복원'만이 한국 민주주의를 한걸음 더 도약시키는 필요충분조건이다. 그리고 이러한 필요충분조건은 현행 헌법 하에서 정치관계법의 개혁만으로도 충분히 실현가능하다"라는 견해로, 김종철/이지문, "공화적 공존을 위한 정치개혁의 필요성과 조건 : 정부형태 개헌론을 넘어서", 『세계헌법연구』 제20권 1호(세계헌법학회 한국학회, 2014), 87면.

83 사실 이번 개헌논의는 촛불민심이 원하는 것인지 알 수 없다. 제도를 잘 운용하면 된다는 국민의 의사도 강할지 모른다. 개헌의 비용이 크다는 점에서도 그렇다면 헌법손질을 굳이 할 것은 아닐 것이다. 그러나 지방동시선거 때에 함께 개헌 국민투표를 실시하여 비용을 최소화한다면 그동안 기다리고 있던 헌법손질을 하는 것을

법률로도 당장 개선 가능한 것은 여야합의, 협력정치로 개선하여야 한다.[84] 보다 시스템적인 개혁은 비용이 적게 들고 집약적이며 효율적이고 국민의사가 제대로 반영되는 헌법개정이라는 것을 전제로 한다면 차제에 이를 담아낼 헌법개정에 맡기는 것이 적절하다고 할 것이다.

(3) 프랑스 제도와의 대비상 검토점

혼합정부제의 적실성을 검토함에 있어서 이를 전형적으로 시행하고 있는 프랑스와 비교하는 것이 필요하기도 하여 앞서에서도 프랑스의 예들을 보았다. 그런데 한국과 프랑스를 정부형태에 있어서 비교하면서 검토가 이루질 텐데 그 비교에 있어서 다음의 점들을 짚어야 할 것이다.

(가) 방향성

프랑스의 혼합정부제는 의원내각제 국가에서 의원내각제의 약체를 극복하기 위해 대통령제를 혼합하는 정부형태로 변화된 것이다. 반면 우리가 혼합정부제를 채택하고자 하는 방향은 제왕적 대통령제라는 강력한 권력을 제어하기 위해 집행부 내에서 대통령과 국무총리(내각) 간의 실질적인 권한분담을 위해 의원내각제적 요소를 강화하겠다는 것이다. 그 점에서 위 프랑스의 경험과는 방향이 다르다. 그러나 혼합정부제가 집행부 내 대통령과 수상(행정부) 간에 권한을 분담하는 것을 하나의 요소로 하고 프랑스에서도 그러하다는 점에서 현재 한국의 개헌목적이 대통령의 권력순화, 즉 대통령의 권한을 완화하기 위하여 국무총리(행정부)와 권한을 나누려고 한다는 점에서 권력분화라는 기대효과는 결국 같다고 볼 것이다. 다만, 이러한 권력분담의 기제로서 혼합성을 활용한다는 점을 고려하여야 할 것이다. 한편 프랑스의 혼합정부제가 2차대전의 수모를 겪으면서 대통령의 리더십 강화가 필요한 상황이었고 그래서 대통령의 권한을 강화하였지만 아울러 주목할 것은 이른바 '합리적 의회주의'를 내세워 의회의 권한에 대한 제약도 가져왔고 그것이 대통령을 포함한 집행부의 권한강화를 가져왔다는 점이다. 그것이 우리의 현재 상황과 차이를 보여주

마다할 이유는 없다고 할 것이다.

84 촛불민심이 과연 개헌을 필연적이라고 당시에 보았는지도 의문이다. 필자도 "기본권이 걸린 현안은 개헌만으로 풀 수 있는 것도 아니다. 지금도 미디어법 및 노동관계법 개정, 선거연령 18세 인하 등 선거법 개정, 재벌개혁을 위한 경제법 개정 등은 당장 국회가 관련 법률을 제정하거나 개정하면 할 수 있다. 개헌해도 헌법은 추상적이어서 구체적으로 시행하려면 어차피 법률이 있어야 한다"라고 언론매체에 발표한 바 있다(정재황, 촛불민심과 개헌논의, 경향신문, 2017년 3월 1일자, http://news.khan.co.kr/kh_news/khan_art_view.html?code=990304&artid=201703012055005#csidxf6ebbc0cce0cf968856910fb920b843). 그래서 비용이 가능한 한 들지 않는 선에서 시스템 개혁의 개헌과정을 거치고 지금이라도 법률로 바꿀 수 있는 구체적인 사항은 당장이라도 법률로 개혁을 이루어가야 한다.

는 것은 사실이다.

(나) 왜곡된 소개

한국에서 혼합정부제에 대한 곡해를 가져오게 하는 종래의 견해 내지는 지적을 검토해 본다.[85] ① 바이마르 공화국에서 실패하였다는 역사를 들어 혼합정부제에 문제가 있다고 한다. 그런데 프랑스에서는 살아남았다. 오히려 프랑스에서는 바이마르 공화국 이후 채택했다. 다른 나라의 경험을 쉽게 비판척도로 할 것은 아니다. 어떤 정부형태이든 절대적인 것이 아니다. 시대와 그 국가의 상황 등에 따라 달라진다. 우리나라도 의원내각제가 실패한 것인지 알 수 없다. 제2공화국의 의원내각제가 제대로 시행도 해보지 못한 채 군사쿠테타로 좌절되었다. ② 독재화되기 쉽다는 지적이 있다. 이는 혼합요소인 대통령제적 요소 때문이라고 한다. 그런데 대통령중심제하 대통령보다도 혼합정부제는 의원내각제적 요소로 인하여 대통령의 권한을 제어하게 할 수도 있으므로 논리적이지 못하다. 혼합정부제의 대통령이 순수 대통령제의 대통령 보다 더 많은 권한을 가지게 할 수도 있을 것이고 의회에 절대다수파가 지지하고 있다면 더 강력한 대통령이 될 것이지만 이는 순수 대통령제하에서도 더 많은 대통령권력과 지지세력이 주어진다면 마찬가지일 것이다. 그런데 유독 혼합정부제에 대해서만 독재가능성을 지적하는지 논리적이지 못한 지적이다. 당장 한국이 1, 3, 4, 5공화국 모두 독재로 국민이 탄압받았던 당시의 정부형태가 대통령제였지 않은가.[86] ③ 혼합정부제도 의원내각제의 아류라고 하는 견해도 있다. 그러나 의원내각제하의 대통령은 간접선거로 선출되어 실질적인 권력을 별로 가지지 못하는 데 비해 혼합정부제하에서의 대통령은 국민의 직선으로 선출되고 따라서 국민적 정당성을 강하게 가져 실질적 권한을 가지므로 순수한 의원내각제와 다르다. 의원내각제적 요소가 있을 뿐이다.[87]

혼합정부제에 대한 이해의 부족은 사실 과거 군부독재에서 개헌구상론으로 이른바 '이원집정부'가 거론되면서 이 제도에 대한 부정적 이미지를 심어준 것도 원인이 되었다고 보여진다. 유럽 여러 나라에서 시행되어 왔던 혼합정부제가 악용될 수도 있음을 일깨운 경험이기도 하다.

한편 준전시적이고 통일을 향해 나아가야 하는 현실에서 리더십이 필요하여 대통령제를 취하여야 한다는 견해에 대해서는 대통령제에서도 안정적인 다수파의 지지가 없는 대

85 이것은 결코 혼합정부제를 변호하는 것이 아니라 객관적인 fact check를 위한 것이다.

86 프랑스의 혼합정부제에서는 대통령이 비상대권을 가지므로 독재화가능성이 있다는 우리 학자 견해도 있었다. 그러나 프랑스에서 1961년에 한번 행사된 다음 행사된 바 없다.

87 혼합정부제가 의원내각제의 한 아류라면 대통령제의 한 아류라고도 할 수 있을 것이고 이를 별도 유형의 정부형태로 볼 일도 아니다. 위 지적은 오래전부터 있기도 하면서 문헌이 아닌 각종 토론, 대담에서도 나온 것이다. 따라서 각별히 주를 달지 않은 것은 이런 점 때문임을 밝혀둔다.

통령의 리더십이 약화될 수 있는 상태가 된다는 점에서 항상 타당한 논거인지 의문이다.

2. 목표와 판단기준

한국에서 개헌을 통하여 새로이 자리잡게 할 정부형태에 대한 모색에 있어서 먼저 그 목표가 무엇인지를 분명히 하고 그 목표에 부합하여 가능한 한 최선의 정부형태를 선책하기 위한 기준을 설정하여 그것에 비추어 프랑스식 혼합정부제의 적실성을 검토해 볼 일이다.

(1) 목표 - 국민 기본권 보장을 위한 정부, 권력분산, 악용(내지 오용)에의 경계

정부형태의 개혁에 있어서 그 궁극적 목표는 바로 국민의 기본권보장을 충실히 할 수 있는 국가권력과 정부형태가 되어야 한다는 데 두어야 한다. 기본권보장을 위한 정부, 권력남용, 권력집중이 방지되고 국민을 위한 공복으로서 국민의 복리를 위한 정책을 적극적으로 수립·추진하고 공공서비스 정신에 투철한 정부가 되도록 해야 한다. 이러한 목표는 국가권력의 존재이유 그 자체에서 당연히 도출된다. 국가권력을 입법권, 집행권, 사법권으로 나누는 것이 일반적이다. 입법권은 국민의 기본권보장에 필요한 입법을 하고 기본권제한을 입법을 통해 신중하게 하여 기본권을 보다 더 잘 보장하기 위한 권력이다. 집행권도 국민의 복리를 위한 행정을 하기 위한 권력이다. 사법권(司法權)은 국민의 기본권이 침해된 경우에 그것을 구제하는 재판을 하는 권력이다. 결국 국가권력은 국민의 기본권을 보장하기 위한 수단이고 잘 보장하는 국가권력의 행사가 가능한 최선의 정부형태를 갖추게 하는 것이 정부형태개혁을 모색하는 종국적 목표인 것이다.

한국의 헌정사는 더구나 권력의 집중으로 인한 권력남용으로 국민의 기본권이 침탈된 뼈아픈 역사이기도 하다. 물론 민주화된 제6공화국 이래로 기본권이 많이 보장되는 상황이 되었으나 보다 더 나은 보장을 향해 지속가능한 개선이 이루어져야 한다. 기본적 목표와 방향은 바로 권력의 집중과 남용을 방지하여 국민의 기본권보장을 실효적으로 강화할 수 있는 정부형태가 자리잡도록 해야 한다는 데 있는 것이다.[88]

혼합정부제를 권력나누기, 정략적 권한분배 등으로 원래의 취지를 벗어난 정치적 계

88 혼합정부제로의 개헌을 주장하는 견해들은 아직은 국민들의 대통령 직선제에 대한 욕망이 크므로 이를 반영하기 위하여[전학선, "분권형 대통령제 도입을 위한 제언", 『국민과 함께하는 개헌이야기』 2권(국회미래한국헌법연구회, 2010), 272면 등], 대통령제를 폐지하고 의원내각제로 바로 이행하는 것이 국민적 공감대로 형성되지 않았다는 등의 이유로 혼합정부제 개헌이 바람직하다는 입장을 펴기도 한다. 그런데 이러한 다소 전략적 인지 모를 필요성 보다도 목표와 기본방향 설정에 따라 논의하는 것이 진정으로 국민공감대를 형성하게 하는 길이 될 것이다.

산에서 채택하여서는 아니된다. 이를 경계할 일이다.

(2) 판단기준

바람직한 정부형태를 찾기 위한 고찰이나 예측에 있어서 그 판단기준을 먼저 설정하는 것이 필요하다. 그 판단기준으로 ① 민주성, 권력분산성 ② 견제성·협력성과 책임성, ③ 안정성 등을 들 수 있다. ① 민주성은 국가권력이 국민으로부터 유래하고 국민이 이를 정당화해주어야 함을 의미한다. 그리고 국가권력이 남용되지 않게 분립되어 상호 견제하게 해야 한다. 또한 권력집중을 막고 권력의 균형을 이루어야 한다. ② 견제성·협력성과 책임성은 권력들 간에 상쟁하는 대립이 아니라 권력행사를 상호 견제하고 권력행사에 책임을 지도록 하면서 협력할 것을 의미한다. ③ 안정성은 소모적인 정쟁과 대치 속에 불안한 국정운용이 아니라 국민의 지지가 뒷받침되는 정치가 이루어지고 앞으로의 국가활동을 예측할 수 있게 하며 발전적 기반을 제공해줄 수 있어야 함을 의미한다.

(3) 고려해야 할 한국적 과제 – 통일, 분권 지향

현행 헌법도 평화적 통일을 국가의 과제의무로 규정하고 있듯이 민족적 과제를 정부가 수행해 나가야 한다. 진정한 통일은 '통합'이어야 한다. 통일과 통합에 효율적인 정부형태를 모색하여야 한다.

한국은 현재 지방자치와 지방분권의 확대를 지향하고 있다. 중앙과 지방의 권력을 어떻게 분배, 분권할 것인가, 그리고 지방자치의 확대와 분산을 효율적으로 수행하기 위해 중앙정부는 어떻게 구성되고 그 권한을 어느 정도 부여할 것인가를 심도 있게 고민하여야 한다.

3. 판단기준 적용

(1) 민주적 정당성, 권력분산성

혼합정부제가 대통령이 국민으로부터 직접선거되고 의회도 직접선거된 의원들로 구성되어 국민으로부터 권력을 위임받으므로 민주적 정당성을 가짐은 물론이다. 집행부와 입법부가 상호 분립되고 견제되고 있다. 권력의 분산이 집행부 자체에서도 대통령과 행정부(총리·내각) 간에 이루어질 수 있다.

지금 한창 진행 중인 개헌논의가 시작된 것은 대통령의 권력집중으로 인한 국정농단과 폐단을 앞으로 방지하기 위한 권력분산의 필요성에서이다. 한국의 개헌방향이 대통령에의 권력집중을 막는 데 있는데 혼합정부제가 집행부 내 대통령과 수상(+ 내각 = 행정부) 간의 권한분산을 그 요소로 하고 있다는 점에서 개헌의 방향에 맞는 정부형태의 하나로 볼 수 있을 것이다.

(2) 견제성·책임성과 협력성

혼합정부제는 위의 운용에서도 보았듯이 국가권력 상호간 견제하고 책임성을 구현하며 협력을 추구하는 가운데 국정운용이 이루어질 것을 요구한다. 행정부가 의회의 신임을 받아야 하고 그렇지 못할 경우에 책임을 묻게 되며 집행부는 국민들의 직접적인 신임을 묻기 위한 의회해산을 통해 국민 앞에서 직접 책임을 물으면서 협력의 장을 새로 열어갈 길을 모색할 가능성을 가진다. 영원한 평행선이 아니다. 내각불신임제와 의회해산제는 집행부와 의회 간을 무관계가 아닌 서로가 책임을 물으면서 협력도 모색해 가는 끈끈한 관계를 형성하게 한다. 동거정부일 경우에도 서로 대립되는 정파들 간에 오히려 협력을 추구하지 않으면 국정운영이 안되도록 협력할 것은 협력하게 한다.

현행 한국헌법의 권력구도는 대통령과 국회 간에 대립관계만이 존재하지 사실상 협력관계를 기대하기 힘들다. 내각불신임제로 내각이 의회 앞에서 책임을 지게 되는데 이는 책임성의 확보이자 협력성의 확보이기도 하다고 볼 것이다. 혼합정부제로 이행한 경우에도 내각불신임 발의를 빈번히 하고 소모적인 정쟁을 여전히 한다면 혼합정부제도 해결책이 될 수 없을 것이다. 다만, 내각불신임제 등으로 협력으로 이끌게 할 여지가 지금 보다 더 많을 것이라는 법리상 설명인 것이다.

(3) 안정성

혼합정부제에 대해서는 아래의 두 가지 점에 대한 불안감이 강한 것으로 보인다.

(가) 책임제도(내각불신임제 등)

혼합정부제는 의원내각제적 요소를 포함아고 그 요소의 실행으로 정국이 불안할 수 있지 않는가 하는 의문을 가질 수도 있을 것이다. 이는 사실 의원내각제의 문제점의 하나로 부각된 것이었다. 소수당의 난립으로 내각불신임이 빈번한 등 과거의 경험에 비추어 정국불안을 가져온다는 것이었다. 그러나 오늘날 프랑스의 예에서 본대로 또한 의원내각제를 행하고 있는 나라들을 보면 내각불신임이 빈번하지도, 실제 의결에 이르는 예가 많지도 않다. 의회해산도 위험부담이 따르므로 그리 쉽지만은 않다. 내각불신임제와 의회해산제가 오히려 협력을 위한 압박의 카드로 활용될 수 있기도 하다고 본다. 사실 프랑스의 경우에는 그 외에도 합리적 의회주의에 입각한 안정성 장치들에 효과를 걸은 점[89]도 있다.

89 이 점 독일에서도 비슷하다고 할 것이다. 독일이 의원내각제를 취하면서 건설적 불신임제, 비례대표에서 봉쇄

(나) 동거정부현상에 대한 예측과 평가

혼합정부의 도입에 반대하는 입장에서 동거정부 출현가능성으로 국정운영이 불안정하게 된다는 것을 중요한 반대논거로 들어온 것은 사실이다. 동거정부가 불안정하다면 대통령중심제하의 여소야대 상황도 불안하다. 다 같이 여소야대이기 때문이다. 그런데 차이점은 순수 대통령제에서는 여소야대에서 정국마비를 풀어갈 별다른 방법이 없다. 내각불신임제, 의회해산제와 같은 해소제도가 없기 때문이다. 내각불신임과 의회해산으로 국민의 직접적인 심판인 총선거를 통해 새로운 의회를 구성하여 마비된 정국을 풀 수 있다. 혼합정부제에서는 동거정부이긴 하나 상당히 의원내각제적 운영으로 국정이 수행된다. 미국과 같은 경우에는 야당의원들이라도 여당정책을 지지해 주는 이른바 교차투표(cross voting)가 이루어지므로 여소야대가 가져올 부작동의 우려가 줄어들어 있다. 그렇지 않은 나라들에서는 대통령제에서의 여소야대는 평행선을 달리게 된다.[90] 현재 대통령제 하 한국도 그런 경험을 보여주었다. 동거정부에 대해서는 위에서 살펴본 프랑스의 경험이 참조될 것이다. 프랑스에서는 동거정부에서도 상당히 의원내각제적 운영을 통하여 대체적으로 국정에 마비가 없이 일상 수행되어졌고 책임정치적인 면에서는 오히려 강화되었으며 헌법해석이 좀 더 치밀하여졌다고 평가된다.[91] 여소야대 동거정부가 오히려 정권교체의 의미를 가진다고도 본다. 물론 프랑스 사람들도 동거정부가 뭔가 심리적으로도 불편하다는 점을 인식하고 응집력이 없어 보이는 경우도 경험하였다. 그리하여 동거정부의 출현을 억제하려는 방안들이 나왔고 그래서 근접선거가 실시된 이래 최근에 이르기까지 동거정부가 출현하지 않고 있다. 그런데 동거정부현상이 여소야대로서 견제기능의 강화라는 점에서 부정적 효과만 있는지에 대한 근본적 검토가 필요할 것이다.

(4) 기 타

위의 조건 외에도 정부의 전문성이 강화되는 정부가 필요할 것이다. 대통령제와 달리 내각에 상당한 권한을 주는 혼합정부제에서 전문성을 강화하도록 하여야 할 것이다. 그동안 의원내각제에 대한 우려는 내각을 구성하는 의원의 자질 문제, 지역구의원 출신 장관의 출신 지역구의 이익추구가능성, 정당정치의 미성숙을 들고 있는데 혼합정부제에서도 상당 부분 이 문제가 해결되어야 할 것이다. 다만, 의원내각제적 요소가 있다고 하여 반드시 의원과 장관이 겸직되어야 하는 것은 아니라고 본다면 문제가 달라질 것이다.

제도와 같은 제도가 상당히 국정운영상의 안정을 가져왔다고 평가된다.

90 대통령제를 취한 국가들에서는 대부분 대통령과 의회의 대립에서 헌법적 위기를 초래하는 현상이 나타난다는 지적으로, J.-L. Warsmann 제1차보고서, 38면 참조.

91 정재황, 프랑스 동거정부, 196-198면 ; 혼합정부제, 80-82면.

4. 구체적 논의

(1) 대통령의 권한

(가) 부담의 감량—선택과 집중

작금의 개헌논의의 중요한 목적 중 하나가 권력의 집중을 막고 분산시키되 효율적인 정부를 만든다는 점에 있다면 대통령의 권한이 적정선에서 국무총리·내각과 조정되어야 한다. 대통령의 권한부담의 완화라는 개헌목적의 실현방안을 찾는다는 점에서 혼합정부제가 대안이 될 수 있는 것은 사실이다. 한국의 국가업무는 건국초에 비하면 현재 국가예산만 하더라도 400조원을 넘어서는 것을 보더라도 비약적으로 확대되었고 오늘날 그 전문성을 요구하는 업무들이 많다. 통일, 국방, 외교만 하더라도 대통령에 대한 하중이 크고 모든 국가업무의 만기친람(萬機親覽)은 어렵다. 대통령의 권한에 선택과 집중이 필요하다. 대통령에 대해서는 좀더 거시적이고 장기적이며 대외적인 관계에서의 큰 줄기를 이루는 정책을 결정하는 권한 등 비중이 큰 권한들을 부여하는 것이 필요할 것이다.

다른 한편으로 대통령이 국회와 대립적인 갈등관계에 있도록 하지 말고 정쟁에서 떨어져 거시적 정책의 구상 등에 주로 몰두할 수 있도록 하여야 할 것이다. 총리내각이 완충적인 역할을 수행하는 것이 필요하고 대통령을 중심으로 한 통일을 향한 일관성 있는 정책추진이 가능하도록 기반을 마련해 주는 것이 효율적일 것이다. 물론 통일, 국방, 외교와 같은 중요한 국사도 합의체에 의한 의사결정과정을 거치도록 하여 합리적이고도 발전적인 정책의 결정이 이루어질 수 있도록 하여야 할 것이다.

2014년의 국회 개헌자문위안은 대통령에게 주로 외교, 국방, 통일에 대한 권한을 집중시키고 있다.[92]

아래의 도표는 혼합정부제를 취할 경우에 대통령의 권한범위를 모색하기 위한 참고로 현행 헌법, 2014년 국회 개헌자문위안, 프랑스 현행 헌법에서 정하고 있는 대통령 권한을 대비한 것이다. 현재 우리나라 대통령의 권한과 프랑스의 그것을 비교하면 항목상으로는 의회해산권이 없는 정도이다. 혼합정부제로 이행되면 의회해산제도를 두게 될 것인데 이의 권한보유자의 문제가 있다(후술 참조). 결국 통일, 국방, 외교에서 대통령주도적인 권한이 인정될 것은 대체적으로 긍정할 것으로 본다.

---

92 2014년 국회 개헌자문위안 88, 94, 96, 109, 110조 등 참조.

〈한국의 현행헌법, 2014년 국회 개헌자문위안, 프랑스 현행헌법상의 대통령 권한 비교〉93

	한국 현행헌법	2014년 자문위 안	프랑스 현행 헌법
국가독립, 영토보전	○(의무로 규정)	○(의무로 규정, 국민통합의무 등 추가)	○
국무총리(수상)임명권	○(대통령지명 국회동의)	○(국회선출자 대상)	○(대통령지명)
장관임명권	○(국무총리 제청)	○(국무총리제청, 단 통일·외교·국방 등 대통령의 권한과 관련된 행정각부의 장은 국무총리의 의견을 들어 임명)	○(수상 제청)
국무회의 주재권	○	×(단, 소집요구권, 출석·발언·서한의견표시권 가짐)	○
법률안제출권	○(정부전체)	○(정부전체)	×(헌법규정상 수상이 보유)
법률안공포권	○	○	○
법률안거부권	○	○	○
국민투표부의권	○(단독. 대상 : 외교·국방·통일 기타 국가안위에 관한 중요정책)	○(단독. 대상 : 통일·외교·국방 등 국가안위에 관한 중요정책)	○(행정부, 양원합동 제청. 대상 : 공권력조직, 경제적, 사회적 또는 환경의 개혁, 제도운영에 영향을 줄 조약승인을 위한 법률안 등)
의회해산권	×	○(국무총리제청)	○(수상, 상하원의장 자문)
행정입법관련 권한	○(대통령령(위임명령, 집행명령)제정권)	○(대통령령(위임, 집행명령) 제정권)	○(법률명령, 국무회의 데크레 서명권)
공직자(군공무원포함) 임명권	○	○	○
조약체결·비준권	○	○	○
외교사절 신임·접수·파견권	○	○	○
국군통수권	○	○	○
비상대권	○	○	○(수상, 양원의장, 헌법재판소의 공식적 자문을 거쳐 발동)
계엄발령권	○	○	× (헌법 제36조 문언상 내각회의에 속함)
사면권	○(제한 : 일반사면－국회동의 요. 특별사면－제한 없음)	○(제한 : 일반사면－민의원동의 요, 특별사면－ 대법원장 동의 요)	○(제한 : 개별적 형집행면제·감형·변경에 한정, 집단적 사면 금지)

93 한국의 경우 헌법전 자체에 명시되어 있는 대통령 권한으로는 위의 권한 외에 영전수여권 등이 있음.

(나) 대통령 권한에 대한 제도적 개선

혼합정부제를 취하여 대통령의 권한이 어떠한 것이 될지 그 범위가 정해지면 그 다음으로 각 권한 내의 범위도 정해져야 할 것이고 그 권한이 적절하고도 공정하게 행사되게 그 방법, 절차에 대한 제도적 개선도 필요할 것이다. 대통령에로의 권력집중 현상을 가져온 원인으로 지적되고 있는 권한들이 균형있게 적절하게 조절되고 투명하게 행사되도록 제도적 개선이 있어야 한다. 한국에서 그동안 대통령의 인사권집중이 많이 지적되어 왔다.[94] 2014년 우리 국회의 자문위안은 인사추천위원회제도를 두도록 제안하고 있다. 한국에서 사면권의 남용도 지적되어 왔는데 사면권을 대통령에 그대로 부여한다면 이에 대한 헌법제도적인 제한규정을 두어야 할 것이다.[95]

(2) 행정부(국무총리·내각)의 구성과 권한

(가) 수상의 선임

국무총리의 권한을 실질화한다면 그 선출의 정당성 부여부터가 문제된다. 2014년 개헌자문위 안은 민의원에서 재적의원 과반수 찬성으로 선출하면 대통령이 당연히 임명하는 것으로 하여 프랑스식 혼합정부제에서 보다는 국무총리의 정당성을 더 높여놓고 있다. 프랑스에서는 임명시에 하원의 동의를 받도록 하지는 않고 있기 때문이다.

(나) 행정부의 권한

혼합정부제를 취한다면 행정부의 권한이 실질적으로 부여되어야 한다. 이는 대통령의 권한을 적절히 조절해주면서 혼합성이 그 의미를 가지게 하는 것이기도 하다. 프랑스에서 헌법규정상 행정부가 일반적 행정은 물론이고 의회에서의 입법과정에의 개입권 등 상당히 중요한 권한을 가지고 그 행정부를 이끄는 수상도 그러하다. 이처럼 행정부에 조응한 권한을 부여받은 수상은 국가의 "실력자"(l'homme fort)라고 평가되기도 하고[96] 수상의 지위가 결코 약하지 않다. 대통령이 다수파 지지가 있는 일반적인 경우에 아무래도 수상의 주도권이 약해지고 대통령의 리더십이 강해진다 하더라도 수상에 의한 정책집행과 협력이 필요하였다.

현행 한국헌법은 "국무총리는 대통령을 보좌하며, 행정에 관하여 대통령의 명을 받아 행정각부를 통할한다"라고 규정하여(한국헌법 제86조 제2항) 대통령 보조자적 지위와 권한

---

94 '승자독식'이라는 표현까지 볼 수 있었다.

95 프랑스에서도 2008년 헌법개정으로 그동안 남용된다고 비판이 많았던(A.−M. Le Pourhiet, Droit constitutionnel, 5e éd., Economica, 2013, 380면) 집단적인 형집행면제·감형·변경은 할 수 없도록 하고 개별적인 형집행면제·감형·변경만 할 수 있도록 그 권한을 축소하였다.

96 B. Chantebout, Droit constitutionnel, 31e éd., Sirey, 2014, 407면.

을 가지는 정도로 규정하고 있는데 혼합정부제로 이행한다면 국무총리의 권한과 행정부의 권한이 보다 늘어나게 될 것이다. 2014년 국회 개헌자문위안은 "국무총리는 대통령의 권한 이외의 사항에 관하여 행정각부를 통할한다"라고 규정하고 있다.[97] 이는 현행 헌법이 "대통령의 명을 받아"라고 규정한 부분을 삭제한 점에서도 행정부의 수장으로서 중요한 역할을 함을 의미한다.

(3) 대통령과 행정부의 관계 — 대통령·총리(행정부) 간의 권한분담 문제

혼합정부제에 대한 부정적 의견으로 대통령과 행정부(국무총리·내각) 간에 이견이 있을 경우의 혼란을 우려하는 우리나라 학자들의 견해가 있다.[98] [99] 생각건대 이러한 우려는 혼합정부제만의 것은 아니다. 대통령제에서도 권한분담은 바람직하고 권한분담을 위해서는 마찬가지로 문제가 될 것이다. 현재도 행정각부들 간에 권한획정이 문제되고 지방자치단체와 중앙정부 간의 권한 귀속 문제가 있어서 후자의 경우에 헌법재판소 권한쟁의심판대상이 되곤 하고 중앙기관들 간의 획정 필요성을 예정하여 국무회의 심의사항으로도 규정하고 있고[한국헌법 제89조 제10호(행정각부간의 권한의 획정)] 국무조정실을 두고 있다.[100] 현 정부제도에서도 권한분담문제가 있기에 두고 있는 제도들인 것이다. 물론 대통령과 국무총리와의 관계에 있어서는 한국의 현행 헌법에 있어서는 대통령이 가지는 권한에 대해 국무총리는 보좌하면서 행정각부를 대통령 명을 받아 통할하므로(한국헌법 제86조 제2항) 사실상 대통령과의 권한의 분담이 별반 없다고도 할 수 있다. 대통령중심제에서 혼합정부제로 바뀔 때에는 권한 분담의 문제가 지금과는 다른 양상으로 보다 본격적으로 제기될 수 있는 것이다.

2014년 국회 개헌자문위 안은 "분권형 대통령제 (1) : 대통령과 국무총리의 국정분담 – 대통령(직선/6년단임)은 통일·외교안보·국민통합 담당. 당적 이탈. 대통령은 필요한 경우 국무회의 소집요구 가능 - 국무총리(민의원 선출)는 이른바 내치를 담당, 국무회의를 주재"라고 제안하고 있다.[101] 그리고 위에서 언급한 대로 국무총리는 대통령의 권한 이외의

97 자문위안 제113조 제2항.

98 정만희, "대안적 정부형태로서의 이원정부제 — 이원정부제 개헌론에 대한 관견", 『헌법학연구』 제21권 제3호(한국헌법학회, 2015), 29면 등.

99 2008년 국회의장 자문기구로서 활동한 헌법연구 자문위원회의 헌법연구 자문위원회의 결과보고서도 이원정부제(혼합정부제를 그 보고서는 이원정부제라고 부른다)의 단점으로 "대통령과 국무총리(수상)가 소속정당을 달리할 경우 대통령과 내각간의 불화와 정치적 갈등으로 정국 불안정"이라고 한다(2008 국회 『헌법연구자문보고서』, 208면).

100 정부조직법 제20조(국무조정실) ① 각 중앙행정기관의 행정의 지휘·감독, 정책 조정 및 사회위험·갈등의 관리, 정부업무평가 및 규제개혁에 관하여 국무총리를 보좌하기 위하여 국무조정실을 둔다.

101 국회 헌법개정 자문위원회, 활동결과보고서 제1권, 2014, 16면.

사항에 관하여 행정각부를 통할한다"라고 규정하고 있다.[102] 결국 2014년 국회 개헌자문위는 대통령에게 주로 통일, 외교, 국방의 권한을 부여하고, 국무총리는 그 외 일반적인 내치를 담당하게 하자고 제안하는 것이다. 그러나 "대통령의 권한 이외의 사항"이라면 대통령권한이 먼저 명확해져야 하는데 늘 그럴지 하는 의문이 제기될 수 있고 그렇다면 문제발생가능성을 완전히 예방할 수는 없지 않은가 하는 지적이 가능할 것이다. 프랑스의 예에서 본 것처럼 중첩부분을 완전히 제거하는 것은 어려울 것이고 우리의 경우에도 대통령이 내치에 관여하지 않는 것으로 하더라도 전혀 무관할 수 없을 것은 당연하다. 예를 들어 외교부문에서 대통령이 권한행사를 하더라도 외교적 통상교섭과 그 법제도 등이 관련되는 경우에는 외교부뿐 아니라 국무총리의 통할을 받는 산업통산자원부, 법무부 등 다른 행정각부도 관련될 것이다.

헌법개정에서 미리 이러한 점을 고려하여 명확히 해두는 것은 필요할 것이고 소망스러우나 위에서 살펴본 대로 프랑스에서 권한구분획정을 위한 개헌시도가 좌절된 경험을 보듯이 헌법이 모든 사항에 대해 일일이 전부 명확하게 구분해 둘 수도 없다. 권한분담을 너무 명백히 해놓으면 오히려 유연성이 결여되어 국정운영에 경직성이 올 수 있다고 보는 견해도 있다. 프랑스에서는 결국 구체적인 법령규정을 통해 획정하게 하고 헌정경험과 관행에 많이 맡겨두겠다는 것이다. 우리의 경우에도 문제가 제기될 때를 대비하여 가능한 한 헌법에 명확히 해두되 상당 부분은 구체적인 사안에 따라 법률이나 명령 등의 규정으로 권한분담을 해 놓은 것이 필요하고 헌법관행을 축적해 나가야 할 것이다. 더불어 집행부 내에서 대통령과 국무총리, 내각 간에 협력을 구축하여야 할 것이다. 여소야대의 경우에도 대통령과 국무총리의 협력이 있어야 할 것이고 상호 조정, 타협의 역량이 요구된다고 할 것이다. 이견을 조정할 협의체구성도 고려할 일이다. 2014년 국회 헌법개정자문위원회가 제시한 개헌안에는 대통령, 국무총리, 관계장관들로 구성되는 협의체로서 통일정책심의회의, 외교안보정책심의회의와 같은, 조절을 위한 협의체를 두도록 제안하고 있다.[103] 또한 권한분담에 있어서 중요한 전제는 대통령의 권한을 적절한 선에서 완화되고 조정이 되어 권력완화가 이루어지는 것이 필요하다는 점이다. 대통령의 리더십은 비분단국가들에서도 필요하겠지만 한국적 상황이 통일을 지상과제로 하고 있다는 점에서 여전히 더욱 중요한 역할을 요구받고 있다. 그 점에서 대통령의 권한을 적절히 조절하면서 통일, 외교, 국방 등의 영역에서 리더십이 충분히 발휘될 수 있도록 집약된 대통령의 권한이 총리·내각과 조화를 이루고 그 지원을 받으면서 행사되도록 해야 할 것이다.

---

102 자문위안 제113조 제2항.

103 국회 헌법개정 자문위원회, 2014, 보고서, 『헌법개정안』 제109조, 제110조 참조. 이 개헌안에 대한 자세한 해설은 모두 4장, 3권으로 출간된, 2014년 국회 헌법개정 자문위원회, 『활동결과보고서』 2014에 담겨져 있다.

(4) 의회구조와 의원내각제적 요소에 대한 검토

(가) 의회구조

혼합정부제 정부의 권력운용은 의회의 구성으로부터도 영향을 받는 것은 물론이다. 프랑스에서는 양원제도를 두고 있는데 한국의 경우에도 혼합정부형으로 가더라도 국회의 구성을 단원제로 그대로 두느냐 아니면 양원제로 변경하느냐에 따라 혼합정부의 운용도 달라질 것이다. 생각건대 하나의 원이 가질 수 있는 대립국면을 양원을 두어 분산시킬 수 있다는 장점이 있을 것이다. 혼합정부제의 의원내각제적 요소가 책임정치와 집행부, 의회 간의 충돌 해소 역할을 하도록 한다는 장점을 살려주도록 양원이 적절한 완충역할을 하게 하는 것도 필요하다고 볼 것이다.

(나) 불신임제도

여러 유형의 불신임제도가 있음을 위에서 살펴본 바 있다. 중요한 것은 불신임제도가 부당히 남용되어 국정운영의 불안정을 가져오게 해서는 아니되고 적정한 사유와 절차를 규정해두는 것이 필요할 것이다. 독일에서의 건설적 불신임제와 같은 제도를 대비책으로 두는 것을 고려함이 필요할 것이다.[104]

(다) 국회해산제

한국이 혼합정부제를 취하여 의원내각제적 요소로서 국회해산제도를 도입하더라도 국회해산권을 대통령에게 부여할 것인가 총리에게 부여할 것인가 하는 문제가 있다. 프랑스에서는 의회해산이 빈번하지는 않았으나 대통령에게 강한 권한으로 평가된다. 이 문제는 앞의 대통령과 행정부 간의 권한분담의 문제이기도 한데 권력균형, 정치적 안정성 등을 감안하여 신중하게 행사되도록 그 해산사유나 절차 등에 대한 적절한 제한규정을 두는 검토가 필요하다. 2014년 국회 개헌자문위안은 국무총리의 제청으로 대통령이 해산할 수 있도록 하였다. 2014년 국회 개헌자문위안은 국무총리의 신임요구가 받아들여지지 않을 때 할 수 있도록 하고 있다.[105] 국무총리와 국회 간의 갈등을 풀어내기 위한 방도로서 국

---

104 2014년 국회 개헌자문위안은 독일식의 건설적 불신임제를 두도록 제안하고 있다.2014년 자문위 안은 불신임 결의를 하려면 차기 수상을 미리 선임해두도록 하는 이른바 건설적 불신임제를 두고 신임 총리에 대해 1년 이내에는 다시 불신임을 의결할 수 없게 하여 국회의 내각불신임제에 대해 상당한 제약을 두고자 하였다. 안 제85조 ① 민의원은 후임 국무총리를 선출함으로써 국무총리를 불신임할 수 있다. 다만, 국무총리 선출 후 1년 내에 불신임하려면 새로 선출되는 후임 국무총리는 재적의원 5분의 3 이상의 찬성으로 선출되어야 한다.
② 민의원은 국무위원 각각에 대하여 재적의원 3분의 1 이상 발의와 재적의원 과반수의 찬성으로 불신임을 의결할 수 있다.
③ 제1항의 선출안과 제2항의 불신임안은 발의된 때부터 24시간 이후 72시간 이내에 표결하여야 한다. 이 시간 내에 표결되지 아니한 때에는 폐기된 것으로 본다.

105 안 제115조 ① 국무총리는 민의원에 신임을 요구할 수 있다.

회해산제도를 둔 셈이다. 앞으로 개헌논의에서 이러한 점들이 구체적으로 논의되어져야 할 것이다.

(5) 안정화 조건에 대한 검토

(가) 정당한 다수파, 정당연합의 가능성, 선거제도, 정당제도의 개혁

이는 혼합정부제만의 문제는 아닐 것이다. 국정운영의 협치를 위한 정당한 정당연합과 그것을 통한 다수파의 지원 등이 필요할 것이고 그것은 정국의 안정화를 가져올 것이다. 그러나 전제적 조건은 국민의사를 왜곡하는 선거제도를 통한 인위적 다수파가 아니라 국민의사가 비례적으로 가능한 한 정확히 반영되는 선거제도를 확립하여야 한다는 것이다.106 정당도 국민의 의사를 충실히 반영, 수렴할 수 있는 구조를 가지고 정책정당으로서 자리잡도록 해야 한다. 위와 같은 문제들은 헌법개정만이 아니라 선거제도, 정당제도의 개혁의 과제이기도 하다. 통일을 위한 리더십을 가진 대통령제도 대통령이 국회 다수당 지지를 받지 못하면 결국 국정운영에 어려움이 나타나게 된다. 다수당의 대통령이라 할지라도 독선에 흐르면 국회와의 대치로 되는 일이 없다. 결국 다수파의 지지를 통한 정국안정의 기반을 만들어 주면서 소수파, 그리고 집행부와 국회 간에 협치할 수밖에 없도록 하는 제도적 장치를 마련하는 것이 필요하다. 다당제에서의 협력책도 모색되어야 할 것이다.

(나) 입법과정상의 합리성

프랑스에서는 이른바 '합리적 의회주의'라는 이름으로 입법과정에 행정부의 우월적 개입을 인정하는 헌법규정들이 국정운영의 안정화에 기여한 것이 사실이다. 예를 들어 대표적으로 프랑스 헌법 제49조가 수상이 재정법률안을 제출하면서 신임요구를 함께 하면 하원이 불신임의결을 하지 않는 한 법률이 의결된 것으로 본다는 것은 행정부의 안정을 가져오긴 했다. 그러나 이 제도는 많은 비판을 받고 폐지주장이 나오고 있다. 우리의 경우에 과연 대통령제를 그냥 둔 채로 안정화제도들로(물론 적정한 수준의 것이어야 할 것이지만) 정국운영의 안정화가 올 수 있을 것인가? 부정적이다. 왜냐하면 이러한 안정화제도도 다수파가 행정부를 지지하는 상태일 때 작동이 될 것이기 때문인데 대통령제에서는 대통령이 국회에 다수파를 보유하지 못할 수도 있기 때문이다. 결국 이러한 안정화제도도 혼합

---

② 민의원은 제1항에 따른 국무총리의 신임요구가 국회에 제출된 후 24시간 이후 72시간 이내에 표결하여야 한다.

③ 국무총리의 신임요구가 민의원 재적의원 과반수의 찬성을 얻지 못한 경우 국무총리는 국무위원 전원과 함께 사직하거나 대통령에게 민의원의 해산을 제청할 수 있다. 다만, 민의원의원 임기가 개시된 날부터 1년 이내에는 민의원의 해산을 제청할 수 없다.

106 프랑스에서 결선투표제가 다수파의 지지를 통한 정국의 안정을 가져온 것은 사실이나 논란이 있다는 것을 앞서 보았다.

정부제를 통하여 의원내각제적 요소를 담음으로써 그 효과가 날 수 있을 것이라는 점을 간과할 수 없다. 그러나 입법과정에 대한 제약을 통한 이러한 안정화제도에 대해서는 비판이 가해지고 있고 앞에서 지적한 문제점을 지적한 것을 간과해서도 물론 아니된다. 합리적 의회주의가 의회민주주의와 정당민주주의, 책임있는 집행권이 선행되지 않으면 의회의 권한을 위축되게 하고 남용과 의회무시로 가게 할 수 있다. 프랑스의 경우에도 2008년 개헌으로 위 헌법 제49조 제3항의 적용범위를 줄이는 등 합리적 의회주의를 완화하였다고 평가되는데 우리의 경우 이러한 흐름도 보고 더욱 신중하게 검토하여야 한다.

안정화제도가 의회가 입법권은 물론이고 집행부에 대한 견제라는 본연의 임무를 충실히 할 수 있도록 적정한 선에서 고려될 수 있을 것이다. 안정화제도를 도입할 때 그것에 따른 통제장치도 마련되어야 할 것이다. 그 예로 프랑스에서는 소수의원들(60인)이 법률이 공포되기 전에 헌법재판소에 제청을 할 권한을 가진다. 신속처리절차에 기대어 행정부가 함부로 입법을 밀어부쳤다가 국민여론의 무서운 질책과 지탄도 받게 되어 지지도가 하락되겠지만 60인 소수의원에 의한 위헌심사제청으로 헌법재판소에서 심판이 이루어질 수 있다.

(다) 대선과 총선의 시기 - 근접선거

대통령선거가 하원의원선거와 근접하게 실시되면 어느 후보를 대통령으로 선출한 선거인들이 하원선거에서도 대통령 소속 정당(정파)을 다수파로 선출하여 정국의 안정을 가져온다는 관측에서[107] 근접선거가 주장되기도 한다. 근접선거를 위해서는 대통령의 임기와 하원의원의 임기가 동일하여야 할 것이다. 이 논의는 대통령의 임기 논의와 결부되는 것이기도 하다. 프랑스의 경우 동거정부의 출현을 방지하기 위해 헌법개정으로 양 임기를 동일하게 하였고 근접선거를 실시하였는데 근접선거 실시 이래로 계속 대통령이 다수파의 지지를 얻고 있다. 문제는 대통령이 임기 중 사퇴하거나 탄핵을 당한 경우, 또는 혼합정부제에 있는 의회해산제도로 의회해산이 되는 경우에는 임기가 달라져서 위와 같은 효과가 없어질 수 있다는 것이다. 근접선거로도 동거정부, 여소야대 상황이 초래된다면 임기를 같이 하여 방지하겠다는 목적이 실효성이 없을 것이고 근접선거로 임기개시가 거의 같아 초기부터 동거정부가 되어 오히려 임기 중 동거정부 보다도 더 심각해진다. 임기초부터 동거정부로 국회와 대립관계가 더 오래 지속될 수 있다. 그렇다고 의원내각제 요소가 없는 현재의 대통령제라면 국회해산가능성도 없어서 국정운영에 어려움이 상당기간

107 근접선거를 하지 않는(즉 대통령과 의원의 임기가 다른 경우의) 혼합제부제 국가들에서는 대개 동거정부가 나타난다고 보고되고 있다. J. Massot, Réformer la Constitution pour éviter la cohabitation ? C'est nécessaire, Pouvoirs, v.91., P.U.F., 1999.12., 130면.

계속될 것이기도 하다. 의회해산제가 있는 혼합정부제에서도 임기초 근접선거로 여소야대가 될 경우에 국민에 의해 선택된 의원들로 구성된 국회를 함부로 해산시키는 것은 대통령으로서 매우 부담스러울 것이다. 한국의 경우 근접선거한 예가 있는데 여소야대가 된 경우들이 있었으므로 임기를 같이 한다고 하여 해결될 문제인지 의문이 있을 수도 있다. 여하튼 임기의 일치와 근접선거로 동거정부를 방지하는 노력도 해볼 필요는 있다. 그러나 오히려 동거정부 자체가 나쁜 것인가 하는 점을 고려하여야 할 것이다. 여소야대도 국민의 선택이므로 존중되어야 할 것이고 동거정부에서도 대통령의 역할과 국무총리(내각) 역할이 제대로 분담되고 협력정치가 되면 그리고 총리가 이끄는 행정부가 국회의 지지를 받고 있으므로 그렇게 국정의 불안정은 오지 않을 것이다. 대통령도 국민으로부터 직접선출되었으므로 동거정부 하에서 국민의 의사에 부합하려는 노력을 경주하여야 할 것이다.[108] 프랑스의 경험에 비추어 보면 우리나라에서도 근접선거의 도입이라는 제도적인 측면의 안정화장치가 필요할 것으로 보인다. 그런데 다른 한편으로는 국회의 다수파가 대통령을 견제하는 힘이 약해질 수 있다는 점도 고려해 볼 일이다.

혼합정부제에서의 동거정부 하에서 "큰 국가적 분란도 없이 국정이 수행되고 있는 경험을 보면 역시 동거정부의 경우에도 타협과 양보, 국민전체의 의사에 따른 민주적 국정운영이 이루어지는 것을 전제로 한다. 결국 민주적이고 원활한 국정운영의 열쇠는 다원주의적 의회주의가 제대로 정착되어 있고 구현되고 있느냐에 있다고 할 것이다."[109]

(6) 권력통제장치의 개선

위에서 주로 집행권과 입법권과의 관계에서 개선책을 보았는데 헌법재판소, 대법원, 즉 사법권의 개선도 중요하다. 정부의 활동에 대한 사법적 통제를 담당하기 때문임은 물론이고 사법권 자체도 국가권력이기 때문이다. 사법부 독립성 강화를 위한 노력이 필요하다. 사법권독립은 공정한 재판을 받을 국민의 기본권을 실현하는 보장책이고 이는 헌법적 원칙이므로 사법권독립에서 제일 중요한 인사를 보다 공정하고 객관적으로 하도록 헌법상 인사기구를 마련하는 방안을 검토하여야 할 것이다.[110] 대법원장의 권한도 3인의 헌법재판관 지명권 등은 폐지되어야 한다.[111]

---

108 동거정부를 처음 맞이했던 프랑스 미테랑 대통령이 "나는 무기력해지지도 않을 것이고 나는 염가의 대통령이 되지도 않을 것이다"라고 천명한 것을 돌이켜 볼 필요가 있다.

109 정재황, 혼합정부제, 91면.

110 정재황, "사법개혁 큰 틀 짜야", 『법률신문』 2017년 6월 5일자; 정재황, "사법인사, 정치 아닌 헌법으로", 『경향신문』 2017년 6월 20일자 참조.

111 정재황, "헌법재판소의 구성과 헌법재판절차상의 문제점 및 그 개선방안", 『공법연구』, 제22집 제2호(한국공법학회, 1994), 49면.

과거와 달리 우리나라의 경우에도 헌법재판이 활성화되었다. 권한획정을 위한 권한쟁의심판이 보다 치밀해질 필요가 있을 것이다. 프랑스에서처럼 추상적·사전적 규범통제를 도입하는 등의 심판확대가 필요하다. 그만큼 더욱 다양한 헌법재판관이 임명되는 등 헌법재판소의 구성에 변화를 가져오게 하여야 할 것이다.

(7) 정치문화적 개선, 직접민주제적 공간

우리는 일찍이 혼합정부제가 성공하기 위한 조건으로 집행부와 국회가 상호 협력하고 이견이 있더라도 설득과 조정, 타협이 이루어지며 국회에서 의회주의의 구현이 필요하다고 적시한 바 있다.[112] 사실 이러한 민주주의 정신, 성숙된 의회주의는 비단 혼합정부제만에서 요구되는 것은 아니다.

오늘날 SNS를 통한 시민적 의견개진과 소통, 여론의 조성, 지난번 촛불혁명이 보여준 직접민주제적 힘 등에 대해서도 개헌논의의 정부형태 구상에서 반드시 고려되어야 한다.

V. 결 어

혼합정부제의 전형을 볼 수 있는 국가가 프랑스여서 프랑스식 혼합정부제라고 부르면서 혼합정부제에 대해 위에서 살펴보고 우리나라에 적실성을 가지기 위한 전제조건들을 살펴보았다. 프랑스가 그 제도를 채택한지 60년 가까이 되어 가고 있고 1986년부터 동거정부가 나왔으니 이제 그 경험의 축적도 제법 되어 보인다. 최근 한국에서 개헌논의가 진행 중이다. 무엇보다도 권력집중을 막아 국민의 기본권을 신장하는 정부형태가 되도록 지혜를 모아야 한다. 정치적 이해관계만을 추구하는 개헌은 결코 받아들일 수 없다. 이 세상에 지고지순하고 절대적인 정부형태는 있을 수 없고 어느 정부형태이든 그것이 민주주의 역사의 산물이라고 하더라도 장단점을 가지고 있다. 혼합정부제에 대해서는 그것이 권력을 분산시키는 제도이긴 하지만 위에서 살펴본 전제조건들이 갖추어져야 성공할 수 있다. 그리고 우리의 주어진 여건과 나아갈 목표에도 부합되는 고려요소들을 검토하여야 한다. 결코 정치세력들의 유불리함의 계산의 결과로 혼합정부제를 채택하여서는 아니된다. 위의 목표와 판단기준에 유념하여 그것에 비추어 국민의 기본권을 신장시키는 국가권력형태와 국가권력행사가 되도록 신중히 모색하여야 한다. 국민을 위한 정부형태여야 한다.

그리고 한 번의 개헌으로 완전한 정부형태를 갖출 수도 없고 점진적인 개선이 요구

112 정재황, 혼합정부제, 200-202면 등 참조.

된다. 민주주의는 완전하지 않고 차선책이라도 찾고 계속 개선해 나가는 것이다. 프랑스도 제5공화국 현행헌법이 1958년에 제정된 이후 상당히 여러 차례 개정을 하였고 헌정관행을 확립, 축적해나가면서 적응해 왔다. 그야말로 지속가능한 개혁이 필요하다.

<참고문헌>

1. 단행본

대화문화아카데미, 2016『새헌법안』, 2016.

정재황, 「신 헌법입문」, 제7판, 박영사, 2017.

Ph. Ardant/B. Mathieu, Institutions politiques et Droit constitutionnel, 24e éd., L.G.D.J., 2012.

R. Barrillon, J.－M. Bérard, M.－H. Bérard, G. Dupuis, A. Grangé Cabane, A.－M. Le Bos Le Pourhiet et Y. Mény, Dictionnaire de la Constitution, 4e éd. Editions Cujas, Paris, 1986.

B. Chantebout, Droit constitutionnel, 31e éd., Sirey, 2014.

L. Favoreu, P. Gaïa, R. Ghevontian, J.－L. Mestre, O. Pfersmann, A. Roux, G. Scoffoni, Droit constitutionnel, 18e éd., Dalloz, 2016.

J. Giquel/J.－E. Giquel, Droit constitutionnel et institutions politiques, 30e éd. L.G.D.J., 2016－2017.

F. Hamon/M. Troper, Droit constitutionnel, 35e éd., LGDJ, 2014.

Institut Charles De Gaulle/Association française des constitutionnalistes, le discours de Bayeux, hier et aujourd'hui, sous la dir. F. Decaumont, Economica, 1991.

A.－M. Le Pourhiet, Droit constitutionnel, 5e éd., Economica, 2013.

D. Maus, Études sur la Constitution de la Ve République, Éd.STH, Paris, 1990.

F. Mélin－Soucramanien/P. Pactet, Droit constitutionnel, 34e éd., Sirey, 2015.

2. 논문

김종철/이지문, "공화적 공존을 위한 정치개혁의 필요성과 조건 : 정부형태 개헌론을 넘어서", 『세계헌법연구』 제20권 1호(세계헌법학회 한국학회, 2014).

박인수, 프랑스 제24차 헌법개정의 특징과 주요 내용, 『세계헌법연구』 제16권 제3호(세계헌법학회 한국학회, 2010).

전학선, "분권형 대통령제 도입을 위한 제언", 『국민과 함께하는 개헌이야기』 2권, 국회미래한국헌법연구회, 2010.

______, "프랑스 이원정부제의 실체와 현황", 『헌법학연구』 제21권 제3호(2015. 9).

정만희, "대안적 정부형태로서의 이원정부제 — 이원정부제 개헌론에 대한 관견", 『헌법학연구』 제21권 제3호(한국헌법학화, 2015).

정재황, "사전적·예방적 위헌법률심사제도의 도입에 관한 입법론", 『헌법재판의 이론과 실제』, 금랑 김철수 교수 화갑기념논문집, 박영사, 1993.

정재황, "프랑스 1958년(현행)헌법의 개정", 『법학연구』 제2집(홍익대 법학연구소, 2000).

정재황, "프랑스에서의 동거정부에 대한 헌법적 일고찰", 『공법연구』 제27집 제1호(한국공법학회, 1998).

정재황, "프랑스 혼합정부제의 원리와 실제에 대한 고찰", 『공법연구』 제27집 제3호(한국공법학회, 1999).

정재황, "프랑스 대통령에 관한 2008년 헌법개정", 『성균관법학』 제21권 제1호(성균관대학교 법학연구소, 2009).

정재황, "프랑스식 혼합정부제의 집행부 내 권한분담", 『헌법학연구』, 제23권 제3호(한국헌법학회, 2017).

P. Avril, in Neuf constitutionnalistes répondent à trois questions concernant les élections législatives de 1997(*이 글은 1997년 하원해산 이후 하원총선에 들어가기 전에 프랑스의 저명한 공법학잡지인 R.D.P.('Revue du Droit Public et de la Science Politique en France et à l'étranger'의 약어)가 9인의 헌법학자들에게 이 해산의 의미 등에 관한 질문을 한 것에 답한 글임), R.D.P., 1997.

P. Avril, Le parlementarisme rationalisé, in Les 40ans de la Ve République, 10 personnalités témoignent, no spécial coordonné par J.-M. Blanquer, J.-M. Camby, Ch. Guetter et X. Robert, R.D.P., 1998.

P. Avril, un nouveau droit parlementaire? RDP, 제1호, 2010.

M. Lascombe(Étude rédigée par), Le Gouvernement et la révision constitutionnelle : un oublié très présent, JCP/La semaine juridique - édition générale, No31-35, 2008.7.30., I 173.

J. Massot, Réformer la Constitution pour éviter la cohabitation ? C'est nécessaire, Pouvoirs, v.91., P.U.F., 1999.12.

B. Mathieu, Transformer la Ve Réublique sans la trahir, AJDA(Actualité juridique-Droit administratif), N°34, 10월 13일.

S. Pinon, Une Ve Réublique toujours plus 《parlementaire》, Recueil Dalloz, Point de vue, 2008, no44.

J. Rossetto, A Propos de la stabilisation conventionnelle de la Ve République, in Les 40ans de la Ve République, 10 personnalités témoignent, no spécial coordonné par J.-M. Blanquer, J.-M. Camby, Ch. Guetter et X. Robert, R.D.P., 1998.

3. 보고서, 문서

국회의장 소속 헌법연구 자문위원회, 『헌법연구 자문위원회 결과보고서』, 2009. 8.

2014년 국회의장 소속 헌법개정자문위원회, 『헌법개정안』.

2014년 국회 헌법개정 자문위원회, 『활동결과보고서』, 2014. 5.

한동훈, 『프랑스 헌법상 하원과 집행권의 관계』, 헌법재판연구원, 비교헌법연구, 2017-B-6, 2017.

Rapport au Président de la République, Une Ve République plus démocratique, La documentation française, 2007.

Pour un renouveau démocratique : rapport de la Commission de rénovation et de déontologie de la vie publique(présidé par L. Jospin), La documentation française, 2012.

Comité consultatif pour une révision de la Constitution, présidé par le doyen Georges Vedel, Propositions pour une révision de la Constitution 15 février 1993, Rapport au Président de la République, La documentation française, 1993.

Rapport N° 892 fait au nom de la Commission des lois constitutionnelles, de la législation et de l'administration générale de la République sur le Projet de loi constitutionnelle (N° 820) de modernisation des institutions de la Ve République, par Jean-Luc Warsmann, 2008. 5. 15. 프랑스 하원제출.

4. 인터넷 등

http://www.ladocumentationfrancaise.fr/dossiers/d000132-la-cohabitation-dans-la-vie-politique-francaise/pourquoi-la-cohabitation

http://news.khan.co.kr/kh_news/khan_art_view.html?code=990304&artid=201703012055005#csidxf6ebbc0cce0cf968856910fb920b843

8 정당해산의 실체적 요건의 규범적합적 해석*

김 선 택**

Ⅰ. 문제의 제기

과거 권위주의시대 한국 헌법학은 자기 나라의 헌법을 소재로 연구하는 것이 자유롭지 못하여, 흔히 외국 헌법 내지 외국 학설과 판례를 주된 연구대상으로 삼는 경향이 있었음은 주지하는 바와 같다. 자기 땅에 나무를 심기만 했지, 제대로 자라지도 뿌리를 내리지도 못한 상황에서, 남의 땅에서 이미 잘 자란 다른 나무들에만 관심을 기울이는 격이었다. 당시에는 학문 자체가 연명하는 것도 힘겨웠던지라 이러한 경향이 훗날 헌법학의 발전에 어떠한 영향을 미치게 될 지는 생각할 겨를도 없었을 것이다. 그러나 1987년 민주항쟁의 결과 민주화 이행에 성공한 한국은 지난 25년 동안 비교적 자유로운 상황에서 학문을 할 기회를 얻게 되었고, 더욱이나 1988년 헌법재판소의 창설로 헌법재판실무의 경험도 적지 않게 축적되어 왔다. 그럼에도 불구하고 오늘날에도 한국 헌법학이 여전히 외국 헌법학에 맹목적으로 의존하고 이를 당연시하는 풍조는 과거 군사독재시대의 유산으로 생각된다. 물론 세계화가 진행되고 있는 시대에 외국의 법제와 학설·판례가 자국법을 이해하는 데에 유용한 비교 도구가 될 수 있다는 것은 두말할 나위도 없다. 그러나 거기까지일 뿐, 외국의 법제와 학설·판례가 자국의 법제나 그것이 적용될 자국의 사정을 제치고 우선적인 기준이 될 수 없음도 자명하다. 오늘날 한국 헌법학은 자기 나라의 헌법전과 그 컨텍스트를 기초로 한 헌법적 사고를 발전시켜 독자적인 한국 헌법학을 구축하여야 할 과제 앞에 서 있다.

2013년 11월 5일 정부에 의한 통합진보당 해산심판 청구로[1] 촉발된 정당해산논의에 있어서도 이러한 경향은 여전하다. 특히 우리 헌법의 정당해산조항(제8조 제4항)이 독일 헌법전(기본법)에 규정되어 있는 정당해산조항(제21조 제2항)과 문언상 유사하다든가, 정당해산제도가 우리 헌법에 처음 도입될 당시 독일 헌법례를 참고로 하였다는 단순한 사실

* 이 글로써 "정당법제에 관한 연구"로 고려대학교에서 법학박사학위를 취득하신 후 오늘에 이르기까지 정당법 연구에 천착해오신 정만희 교수님의 학문적 업적을 기리는 뜻을 표하고 싶다. 이 글은 헌법이론실무학회에서 발간한 헌법연구 제1권 제1호 (2014)의 141－175쪽에도 게재되었음을 밝힌다.

** 고려대학교 법학전문대학원 교수, 법학박사.

1 헌재 2013헌다1.

몇 가지를 이유로, 독일의 학설과 독일 연방헌법재판소 판례가 우리 헌법 학설과 판례에 미치고 있는 영향은 거의 절대적인 것으로 보인다. 정당해산심판과 관련한 법적 판단에 있어서 심지어 우리 헌법전보다 독일 연방헌법재판소의 판결문이 더 중요한 기준으로서 작용하고 있지 않나 의심될 정도이다. 무엇보다도, 독일 정부가 전후(戰後)의 불안정한 정국상황에서 정당해산제소에 이르게 된 경위나 연방헌법재판소가 등을 떼밀리시다시피 어쩔 수 없이 정당해산판결을[2] 하게 된 사정, 그 재판이 진행되는 동안에도 이미 재판 자체가 적절한 지에 관하여 격렬한 논쟁이 있었고 판결 선고 후에도 불식되지 않고 오늘날까지도 오판여부에 관하여 논쟁이 계속되어 왔을 뿐만 아니라 이제라도 판결선고를 취소하여야 한다는[3] 주장들이 있어왔다는 점, 판결 선고 10여년 만에 유사한 성격의 정당이 재건되었음에도 이를 대체조직으로 보아 해산처분하기는커녕 독일정부가 그대로 묵인함으로써 과연 해산판결이 올바른 것이었는지 의문시되었다는 점, 당시 판결에 참여하였던 일부 재판관들을 포함한 역대 독일연방헌법재판관들을 비롯하여 독일의 수많은 법조인들이 해당 정당에 대하여 다시 재판한다면 결코 해산판결을 하지 않았을 것이라고 증언하고 있다는 점 등등[4] 독일 현지에서 헤아릴 수 없이 많은 문제점들이 제기되어왔다. 그럼에도 불구하고 이들 문제점들을 제대로 검토해보지도 아니한 채, 동 판결 선고 이후 60년 가까이 세월이 지나 '세상이 여러 번 바뀌었음에도' 오늘날 한국 헌법학에서 — 극소수에 불과하다고 하더라도 — 여전히 독일의 정당해산판결례를 금과옥조로 삼아야 한다고 주장하는 것을 보면 한편 놀랍기도 하고 다른 한편 딱하다는 생각을 금할 수 없다. 막연히 외국의 학설과 판례를 추종하기 보다는 우리 헌법으로 돌아가 그 의미를 규명하는 작업을 하는 것이 법학의 본래의 임무에 부합할 뿐만 아니라 작금의 정당해산논의에도 올바른 길잡이 역할을 하는 길일 것이다.

모든 법해석이 그러하듯이 헌법해석에 있어서도 해석의 대상이 되는 헌법조문을 떠나서는 해석 자체가 성립할 수 없다. 헌법조문의 문언은 해석의 출발점인 동시에 해석의 한계이다. 또한 법조문을 해석할 때는 하나의 조항 내의 여러 문언 사이의 관계뿐만 아니라, 그 조항이 다른 조항과의 사이에서 가지는 체계적 연관까지 널리 고려하여야 한다. 그리고 조문의 해석에 있어서 그것이 도입되게 된 맥락도 중요한데, 우리 헌법은 그동안 여러 차례 개정되어 조항 내지 조항 내의 문언이 그 자체가 변경되기도 하고 자리를 바꾸기도 하여 왔으므로, 처음 도입 당시의 문언과 그것의 위치로부터 현재의 문언과 그것의 위

2 특히 1956년 8월 17일 선고된 독일 공산당(KPD) 해산판결, BVerfGE 5, 85.

3 예컨대 Helmut Ridder, Dreißig Jahre >>KPD–Verbot<< (1986), in: Dieter Deiseroth/Peter Derieder/Christoph Koch/Frank–Walter Steinmeier (Hrsg.), Helmut Ridder Gesammelte Schriften, 2010, S.562.

4 김선택, 한국 민주주의에 있어서 역사의 미래, 법과 사회 제46호 (2014. 6), 48–50쪽 참조.

치까지를 역사적 맥락 속에서 반추해 보아야 한다. 또한 법조문의 해석은 법조문이 지향하는 입법목적이 달성될 수 있도록 하여야 한다. 특히 헌법의 해석에 있어서는 — 일반 법률의 해석과 달리 — 해석의 결과가 가져올 파장과 영향도 고려하여야 한다. 한국 현행헌법 제8조의 해석에 있어서도 이러한 해석의 정도(正道)가 준수되어야 한다. 최근에 정당해산을 둘러싸고 많은 글들이 발표되었으므로[5] 헌법 제8조와 관련하여 제기되는 세세한 문제들에 대한 검토는 그 글들에 맡기기로 하고, 이 글에서는 특히 헌법 제8조 제4항에 규정된 정당해산의 실체적 요건과 관련하여 위 글들에서 여전히 해명이 부족하여 문제로 남아있다고 생각되는 핵심적인 쟁점들을 중심으로 논의해보려고 한다. 그러한 핵심적인 쟁점들로서는 첫째, 한국 헌법이 채택하고 있는 헌법원리로서의 민주주의가 과연 일반적으로 전제되듯이 독일식의 이른바 '방어적 민주주의'와 같은 것인가 하는 원칙적인 문제(아래 Ⅱ.); 둘째, 헌법 제8조 제4항에 정당해산의 보호법익으로 규정되어 있는 '민주적 기본질서'라는 개념이 헌법 전문과 제4조의 '자유민주적 기본질서'라는 개념과 같은 범주의 것인가를 둘러싼 해묵은 논제(아래 Ⅲ.); 셋째, 정당해산심판의 인용여부를 판단하는 기준인 실체적 요건으로서 헌법 제8조 제4항이 규정한 '정당의 목적이나 활동이 민주적 기본질서에 위배될 때'의 해석에 관한 문제(아래 Ⅳ.)가 두드러지는바, 아래에서 이들을 차례로 살펴보도록 한다.

Ⅱ. 독일식의 '방어적 민주주의'가 한국 헌법상의 근본결단인가?

1. 독일의 헌법적 근본결단으로서 좁은 의미에서의 '방어적 민주주의'

독일은 세계 제2차 대전에서의 패망 후 미국, 영국, 프랑스 3개국이 점령하였던 지역을 기반으로 독일연방공화국(즉 과거의 서독)을 수립하였는데, 독일연방공화국의 기본장전

---

5 대표적인 것으로 김종철, 민주공화국과 정당해산제도 –통합진보당 해산심판청구를 소재로–, 공법학연구 제15권 제1호 (2014), 35–66쪽; 송석윤, 정당해산심판의 실체적 요건 –정당해산심판제도의 좌표와 관련하여–, 서울대학교 법학 제51권 제1호 (2010), 27–65쪽; 이재희, 전투적 민주주의로부터의 민주주의 수호: 한국헌법상 정당해산심판제도의 의의와 실체적 요건해석을 중심으로, 공법학연구 제15권 제2호 (2014), 105–141쪽; 전광석, 정당해산심판에 대한 헌법적 및 정치적 이해, 헌법판례연구 제13권 (2012), 133–153쪽; 정만희, 정당해산심판의 헌법적 쟁점 –정당해산심판의 요건과 효과를 중심으로–, 공법연구 제42집 제3호(2014), 105–140쪽; 최희수, 위헌정당해산제도에 관한 연구, 정당과 헌법질서 (심천 계희열박사 화갑기념 논문집), 1995, 444–479쪽 참조. 유럽 개별국가의 정당해산에 관한 사법적 결정에 대하여, 해산결정을 받은 정당의 제소에 의하여, 다시 심사하는 유럽인권재판소의 정당해산 심판기준과 동 기준의 적용사례에 관하여는 윤정인·김선택, 유럽인권재판소의 정당해산 심판기준, 공법학연구 제15권 제3호 (2014. 8), 43–75쪽과 윤정인·김선택, 유럽인권재판소의 정당해산심판 사례 분석, 세계헌법연구 제20권 제2호 (2014. 8), 211–248쪽 참조.

으로서 '기본법'을 제정함에 있어서 출발점이자 기초가 되었던 것이 바로 독일을 나락에 빠지게 하고 결국 패망으로 이끈 나치스 체제와 그러한 체제를 막지 못한 바이마르 공화국 체제에 대한 철저한 반성이었다. 독일 역사의 수치로 기록된 나치스의 반인륜적 범죄 행위로 인하여 독일인들은 어떠한 경우에도 그리고 어떠한 희생을 치르더라도 '결코 되돌아가서는 안되는 체제'가 무엇인지를 머릿속뿐만 아니라 가슴 안에도 깊숙이 각인하게 되었다. 독일인들에게 있어서 어떠한 체제가 용납될 수 없는 체제인지는 이제 자명한 것이었고, 또 그러한 체제를 초래하게 될 어떠한 시도 역시도 용납되어서는 안된다는 결의가 충만하였다. 기본법 제정을 위해 모인 독일의 정치인들 — 그 중에는 적지 않은 수의 헌법학자가 포함되어 있었다 — 은 바이마르 공화국이 나치스 체제의 등장을 막는데 실패한 원인이 무엇보다도 — 절대적인 — 가치상대주의에 입각하여 '다수의 전제'를 허용했다는 것과 집권할 경우 더 이상 민주주의를 계속할 의사가 없음이 뚜렷한 세력으로부터 민주주의체제를 방어할 효과적인 수단을 갖추지 못했던 것에 있었음을 분명하게 인식하고 있었다. 새로운 독일은 더 이상 가치중립적인, 몰가치적인 민주주의여서는 안되었고, 효과적인 자기 방어수단 없이 '적'들에게 던져져 있어서는 안되었다. 독일이 기본법을 제정함에 있어서 가졌던 이 소극적(negative), 방어적(defensive) 태도가 독일식의 이른바 '투쟁적(streitbare)·방어적(wehrhafte) 민주주의'를 이해하는데 있어서 열쇠가 된다.

독일의 기본법제정자들은 결국 고전적인 서구 민주주의의 기본 전제인 가치상대주의에 한계가 있음을 인정하여 독일의 민주주의를 '가치구속적 민주주의(wertgebundene Demokratie)'로 결단하였다. 그러한 민주적 의사형성의 한계로 작용할 가치를 '자유민주적 기본질서(freiheitliche demokratische Grundordnung)'로 표현하였다. 나아가 이러한 가치를 헌법개정의 한계로 설정하여 영구적으로 보장하고자 하였다(독일 기본법 제79조 제3항). 또한 이러한 가치를 침해하거나 배제하려고 시도하는 세력에 대하여, 개인의 경우에는 기본권의 실효제도를(기본법 제18조), 단체에 대하여는 강제해산제도를(기본법 제9조 제2항), 심지어 다양한 정치적 신조를 전제로 하는 정당에 대하여서까지 강제해산제도를(기본법 제21조 제2항) 도입하는데 이르렀다.[6] 이처럼 독일 기본법은 전 편에 걸쳐 각종의 제도를

6 정당해산조항이 독일헌법의 역할을 하게 된 기본법에 도입되게 된 배경을 살펴보면, 바이마르 공화국 당시에도 정당해산을 가능하게 하는 근거가 법률에 있었을 뿐만 아니라 실제로도 수많은 — 특히 나치스당에 대한 — 정당해산처분이 내려지기도 하였지만, 당시 정치인들에게 정치적 의지가 부족하였던 점과 더불어 제도적으로도 미흡하였다는 반성이 있었다. 그러나 여기에서 주의할 것은 바이마르공화국 몰락의 진정한 원인은 제1차 세계대전 패전 이후 독일에게 씌워진 막대한 정치적·재정적 부담, 세계대공황으로 인한 독일경제의 붕괴, 독일인들 에게 익숙하지 않았던 바이마르 민주체제하에서 국민통합과 정국안정이 거의 불가능하였던 점 등이 주된 것이었다는 점이다. 제도 보다는 상황과 의지가 결정적이었던 것으로 보이고, 제2차 세계대전 이후 독일인들이 바이마르 민주체제에 대하여 보인 부정적 반응은 시대상황의 산물이었던 것이지 균형잡힌 그리고 공정한

통하여 '적'으로부터 자유민주적 기본질서를 수호하겠다는 의지를 표명함으로써 결국 독일의 민주주의는 그 자체가 '투쟁적·방어적 민주주의'로 원칙적인 헌법적 결단을 내렸다고 말하여진다. 이러한 독일식의 방어적 민주주의 헌법체제는 국가가 취할 수 있는 조치들의 광범성, 예방적 성격, 강력한 정도에 비추어, 독특한 독일의 역사적 경험을 배경으로 해서야 이해할 수 있는 것으로서, 다른 선진민주국가들에서는 그 예를 쉽게 발견할 수 없는 것이다. 따라서 일응 독일에 고유한 것이라고 하거나 전투적·방어적 민주주의에 있어서 독일의 예외주의(Exceptionalism)를 보여주는 것이라고 할 수 있을 것이다.[7] 실제로 나치스체제에 부역했던 인물들이 나치스체제의 이념을 신봉하여 결성한 사회주의제국당(SRP)에 대하여 1952년 10월 23일 독일 연방헌법재판소가 해산결정을[8] 내리는데 있어서 주저함이 없었던 것, 독일의 일반대중들도 이를 당연하게 여긴 것은 독일기본법 제정의 역사적 배경과 기본법제정자들의 입법의도를 보면 충분히 이해가 가는 것이다.

2. 한국 헌법에 정당조항이 도입된 계기와 의의

그렇다면 한국 헌법의 경우는 어떠한가? 한국 헌법전에 정당이라는 현상 자체가 처음 등장한 것은 1960년 4월 혁명 이후 성립한 제2공화국 헌법에서였다. 그 배경에는 독재정부에 의한 야당탄압이라는 비극이 있었다. 제1공화국 시절 이승만정부의 독재가 기승을 부리던 1958년 2월 25일 미군정법령 제55호(정당에 관한 규칙)에 의거하여 공보실장이 혁신계 정당이었던 진보당의 등록을 취소하고 나아가 이승만대통령의 대선 경쟁자였던 진보당 당수(조봉암)에 대하여 간첩혐의를 씌워 1959년 2월 27일 대법원에서 사형을 선고하여 같은 해 7월 31일 집행하는 끔찍한 일이 벌어졌다. 주지하다시피 2011년 1월 20일 대법원은 재심을 통하여 진보당도 불법결사에 해당하지 아니하고, 조봉암에게도 혐의가 인정되지 아니한다고 하여 무죄를 선고하였다.[9] 이와 같이 민주화된 최근에 와서야 공식화되긴 하였지만 당시에도 이미 불법적임이 명백하였던 진보당사건으로 큰 충격을 받았던 국회의원들은, 4월 혁명으로 독재정부가 전복된 후, 정부의 자의로부터 정당의 자유를 보

평가라고 볼 수 없다는 견해가 그동안 많이 제기되어 왔다는 점이다.

7 실로 전 세계의 어느 나라 헌정체제이든, 그 방법과 강도에 있어서 차이는 있겠지만, 헌법적 차원이든 경찰법·형사법 등 법률적 차원이든, 자기 체제를 지키기 위한 제도적 노력을 기울이는 것은 당연한 현상이다. 그런 의미에서는 모든 나라를 다 전투적·방어적 민주주의라 부를 수도 있을 것이다. 이러한 넓은 의미에서의 방어적 민주주의와 비교하여 독일의 방어적 민주주의를 '보다 엄격한 의미에서의' 또는 '보다 좁은 의미에서의' 방어적 민주주의라고 부르는 것이 사리에 맞을 것이다. 이 글에서 독일식의 방어적 민주주의에 대하여 '일반적인 전투적·방어적 민주주의의 예외주의'라고 쓴 것은 그러한 의미에서이다.

8 BVerfGE 2, 1.

9 대법원 2011. 1. 20. 선고 2008재도11 전원합의체판결.

장하기 위하여 '국가가 정당을 보호하여야 한다'는 의무조항을 신설하기로 하였다.[10] 그리하여 1960년 헌법은 제13조 제1항의 언론·출판, 집회, 결사의 자유에 이어서, 일반 결사의 특수한 형태로서의 정당에 관한 조항을 별도로 동조 제2항에 추가하여 국가의 정당보호 의무조항을 규정하기에 이르렀다. 이 조항은 당시 입법과정에서 명백히 한 것처럼 "제13조 제2항에 정당에 관한 규정을 신설 … 헌법에 이것을 두는 것은 정당의 자유를 좀 더 효과적으로 보장하기 위한 까닭 … 사실 정당에 관한 규정이 없는 경우에는 … 우리가 경험한 바와 같이 진보당사건에 있어서와 같이 정부의 일방적인 해산처분에 의해가지고 이것(정당, 필자)을 해산할 수 있을 것(이므로) … 본 개헌안에 있어서는 정당에 관한 규정을 따로 두고 … 야당의 육성을 위해가지고 정당의 자유를 일반 집회결사의 자유로부터 분리해가지고 고도로 그것을 보장하도록 했"[11] 던 것이다. 1960년 헌법 제13조 제2항은 본문에서 "정당은 법률이 정하는 바에 의하여 국가의 보호를 받는다"고 명시함으로써 한국 헌법에 정당조항을 도입한 입법취지가 정부(의 자의)로부터 정당을 보호하려고 한 것임에 의문의 여지가 없도록 하였다.

그런데 문제는 제13조 제2항 단서에 "다만, 정당의 목적이나 활동이 헌법의 민주적 기본질서에 위배될 때에는 정부가 대통령의 승인을 얻어 소추하고 헌법재판소가 판결로서 그 정당의 해산을 명한다."는 예외규정을 둔 이유이다. 입법과정에서 이미 밝히고 있는 바와 같이 이 단서조항은 "서독헌법의 전례에 따(른)"[12] 것이지만, 조문을 구체화함에 있어서는 "정당을 불법화하려고 할 때에는 그 목적이나 활동이 헌법의 민주적 기본질서에 위반되는 경우에 한하기로 하고 그 해산은 대통령의 승인을 얻은 정부의 소추에 의해서 헌법재판소만이 이것을 판결하도록 했(고) … 여기에서 헌법의 민주적 기본질서에 위반되는 정당이라 하는 것은 … 우리의 경우로 보아가지고 공산당이나 일당독재를 꿈꾸는 파시스트당이나 왕정복고를 꾀하는 정당 등이 우리 헌법의 기본질서에 위반되는 정당으로 생각되는 것"[13]이라고 밝힌 데서 알 수 있듯이, 절차도 가능한 한 엄격히 하고, 해산대상 정당에 대하여도 한국민이라면 누가 보아도 명백히 용납할 수 없는 정당을 대상으로 하도록 제한함으로써, 민주적 정치활동에 참여하는 정당들, 특히 야당들이 정부로부터 어떠한 위협도 받지 않을 것이라고 믿고 자유롭게 정당활동을 할 수 있도록 해주려는데 초점이 있었음이 명백하다. 제2공화국의 정부형태는 양원제 국회에 의원내각제였고, 대통령은 양원합동회의에서 국회재적의원 3분지 2의 투표를 얻어야 당선될 수 있는데다가 정당에도 가

10 제4대 국회 제35회 제33차 본회의 회의록, 9-11쪽.
11 위의 회의록(주 10), 16쪽.
12 위의 회의록(주 10), 16쪽.
13 위의 회의록(주 10), 16쪽.

입할 수 없었으므로(1960년 헌법 제53조), 대통령의 승인이라는 절차적 요건은 정당해산에 대하여 당파를 초월한 공감대 없이는 정부의 제소 자체가 불가능하도록 한 것이었다. 또한 당시 헌법재판소는 그와 같이 정파를 초월한 대통령, 법관의 자격이 있는 자들로 조직된 선거인단의 선거와 대통령의 확인으로 구성되는 대법원(제78조 제1항), 그리고 민의원보다 더욱 대국적인 견지에서 의정활동을 할 것으로 기대되는 참의원에서 3인씩 선임하여 구성하도록 하고 있었으므로, 정당해산심판에 있어서 사실상으로도 정부의 입김이 작용할 여지가 거의 없었다. 이러한 엄격한 소추·심판절차와 더불어, 실체적 요건에 있어서도 '헌법의 민주적 기본질서'로 규정하여 즉 헌법의 핵심질서에 위반되어 그 불법성이 명백한 정당으로 국한한다는 것을 분명히 함으로써 '정부로부터 정당을 보호'하고자 하는 입법취지를 잘 드러내고 있다. 따라서 제13조 제2항 단서조항은 비록 정당해산의 가능성을 규정한 것이지만, 제13조 제1항 본문에 규정된 국가의 정당보호의무를 면하게 하는 조항으로 보기보다는 그러한 (정당보호)의무를 소극적으로 드러낸 것으로 해석하여야 한다. 즉 국가는 적극적으로 정당을 보호할 의무를 질뿐만 아니라(제13조 제2항 본문), 어떤 정당의 불법성이 명백하여 용납할 수 없는 것으로 보일지라도 그러한 불법성의 확인, 나아가 해산에 이르기 위하여는 정파를 초월한 공감대가 형성된 후에야 비로소 제소가능하고 정치색과 무관한 사법적 결정에 의하여야만 해산가능하도록 함으로써, 소극적으로 그러한 혐의를 받을 수 있는 야당에 대한 보호를 규정한 것(제13조 제2항 단서)으로 볼 수 있다.

3. 한국 헌법의 정당조항과 독일식의 방어적 민주주의의 무관련성

이와 같이 정당조항을 처음 도입하였던 1960년 헌법 제13조 제2항의 취지는 '국가가 정부로부터 정당을 보호'하는 것이었다. 자의적인 해산처분으로 '마음에 들지 않는' 야당을 강제해산시킨 데서 나아가 그 정당의 당수에게 있지도 않은 혐의를 씌워 사형시키기까지 했던 제1공화국의 독재정부를 경험한 입법자들로서는 이제 새로 출범할 민주정부하에서 정치적 자유를 확실하게 보장받기 위하여 정부에 의한 자의적인 '정당 해산'을 막는 것이 초점이었지, '정당 해산'을 수단으로 하여 무엇인가를 달성하여야 한다는 의지가 있었을 리 만무하다. 과거의 불법체제 자체를 상징하였던 특정 정당(나치스당)에 대한 심각한 트라우마에 시달리며 정당해산을 통해서라도 그러한 정당의 출현과 성장을 막아야 한다는 결의에 차있었던 독일의 입법자들과, 독재정부에 의한 자의적인 정당해산으로 인하여 정상적인 정당활동이 불가능하였던 악몽에 시달리며 어떻게든 정당활동의 자유를 확보하고자 정당보호를 국가의 헌법적 의무로 고양시키고자 했던 입법자 사이에는 머나먼 거리가 있었다고 보지 않을 수 없다. 민주주의와 헌법을 수호하는 것이 공통의 목표였다고 할지라도, 그 입법취지의 중심에 있어서 한 쪽은 정당을 제한하는 방법을 추구한 것이고, 다른 한 쪽은 정부를 제한하는 방법을 추구한 데에 근본적인 차이가 있다. 또한 독일의 경우 처음부터 자신들이 세울 새로운 민주주의의 기본성격부터 논의하고 이를 가치구속적·방어적 민주주의로 결단하고 기본권실효, 단체해산, 정당해산 등 각종의 제도들로 전 편에 걸쳐 이를 명백히 표현하고 있음에 반하여, 우리의 경우 정당의 자유를 정부로부터 방어하기 위한 목적으로 적극적으로 정당보호조항을, 소극적으로 정당해산조항을 규정하였을 뿐이어서, 양자를 나란히 놓고 본다는 것 자체가 어불성설이라고 할 수 있다.[14]

4. 한국 헌법상 정당조항 및 정당해산조항의 변천과 그 의미

1960년 헌법에서 기본권조항이었던 제13조 표현의 자유 조항의 일부로 규정되었던 정당조항이 1961년의 5월 군사쿠데타 후 1962년 12월 26일 공포되고 1963년 12월 17일 발효된 제3공화국 헌법에서는 총강편으로 이동되어 제7조 제3항으로 규정되었고, 동조 제1항에 "정당의 설립은 자유이며, 복수정당제는 보장된다"고 규정하여 정당제도를 보장하는 원칙적인 조항과 더불어 동조 제2항에 "정당은 그 조직과 활동이 민주적이어야 하며, 국민의 정치적 의사형성에 참여하는데 필요한 조직을 가져야 한다"고 규정함으로써 헌법상 정당의 개념표지와 더불어 정당으로 인정받을 수 있는 결사의 범위를 제한할 헌법적 근거를 창설하였다.[15] 제3공화국헌법 제7조의 정당조항은 쿠데타세력이 집권의 편의를 위하여 자기들을 지지하는 세력을 모아서 정당(민주공화당)을 창당하고, 정당을 중심으로 하여 국정을 운영하려는 계획으로 정당국가를 지향하여 헌법의 기본제도로 정당을 명시적으로 규정한 것이었다. 국가의 정당보호의무와 정당해산조항(제7조 제3항)에서 본문의 '법률이 정하는 바에 의하여'가 삭제되고, 해산 제소시 '대통령의 승인'이 삭제되었고, 해산심판기관이 당시 헌법재판을 담당하는 사법기관이었던 대법원으로 규정되었다. 의원내각제에서 대통령제로 정부형태가 변경된 상황에서 제소기관을 '정부'로만 규정하였으므로 정부의

---

14 그리하여 한국 헌법학에서 1960년 당시는 물론이고 오랫동안 방어적 민주주의라는 개념 자체도 논의되지 아니하다가, 1990년대에 이르러 갑작스럽게 독일의 학설·판례에 기대어 우리가 마치 독일식의 방어적 민주주의가 아닌가 운위하게 된 것, 그리고 그러한 현상이 별생각 없이 학계에 유포된 것은 학문적 사대주의 현상이 아닌가 생각되어 적이 부끄러움을 금할 수 없다.

15 1963년 제정된 정당법에서 당조직의 전국적 분포와 최소당원수 등 정당의 성립요건을 엄격하게 규정하고, 그 요건을 구비하지 못하게 된 때에는 선거관리위원회가 정당의 등록을 취소하게 함으로써 기성정당에 유리하게 되었고, 신생정당의 출현을 어렵게 만들었다. 이는 한국 사회내의 거대정치세력간의 경쟁구조를 영속화하고 사회내의 신진대사랄까 새로운 정책적 대안의 출구를 봉쇄하여 한국 민주주의의 발전에 걸림돌로 작용하여 왔다.

수반인 대통령이 실질적인 제소권자가 되어서 제2공화국헌법상의 정부내 통제가 사라져 버렸다. 당시 대법원장은 법관추천회의의 제청을 받아 대통령이 국회의 동의를 얻어 임명하였고, 대법원판사는 대법원장이 법관추천회의의 동의를 얻어 제청하면 대통령이 이를 임명하여야 하도록 되어 있었으므로(제99조) 형식상으로는 제2공화국의 정당해산심판기관인 헌법재판소와 큰 차이가 있는 것은 아니었다. 1972년 유신헌법에서는 정당해산의 실체적 요건으로 "정당의 목적이나 활동이 민주적 기본질서에 위배"될 때에 더하여 "국가의 존립에 위해가 될 때"가 추가되었다. 유신헌법 전반에 깔려 있는 국가보호사상과 이에 상응하는 자유의 축소경향이 영향을 미친 것으로 보인다. 또한 정당해산심판기관이 헌법위원회로 규정되었는데(제7조 제3항), 동 위원회는 국회에서 선출되는 3인, 대법원장이 지명하는 3인을 포함하여 대통령이 9인 모두를 임명하도록 되어 있었고, 위원장 임명도 대통령의 몫이었다(제109조 제2항~제4항). 유신헌법시대에는 모든 국가권력이 대통령 1인에게로 집중되어 있었고 국회의원 재적의원 3분의 1을 대통령이 사실상 임명하는 체제였으므로 정상적인 정당활동이 불가능하였다고 보아야 할 것이고, 정당보호조항도 정당해산조항도 별 의미를 갖지 못하였으므로 논의할 실익이 없다.

정당조항은 1980년 제5공화국 헌법에서 조문체계상 중요한 변화를 겪게 되었는데, 그동안 하나의 조항 안에 본문과 단서로 결합하여 있었던 국가의 정당보호의무규정과 정당해산규정이 별도의 조항으로 분리된 것이다. 즉 제7조 제3항에 "정당은 법률이 정하는 바에 의하여 국가의 보호를 받으며, 국가는 법률이 정하는 바에 의하여 정당의 운영에 필요한 자금을 보조할 수 있다"고 규정하고, 제4항에 "정당의 목적이나 활동이 민주적 기본질서에 위배될 때에는 정부는 헌법위원회에 그 해산을 제소할 수 있고, 정당은 헌법위원회의 결정에 의하여 해산된다"고 규정한 것이다. 조항이 분리되어 규정된 까닭은 아마도 정당에 대한 국고보조의 근거규정을 신설하면서, 이것이 국가의 정당보호의무 이행의 한 방편으로 이해되어 함께 규정하려다 보니 문장이 길어지게 되자 독자적인 조항으로 만들게 된 것으로 보인다. 결국 규정양식의 문제일 뿐이지 종래의 적극적인 정당보호조항과 정당해산시 정당에 유리한 절차적·실체적 요건규정을 통한 소극적 정당보호조항간의 체계상의 결합이 의도적으로 해체된 것으로 해석될 수는 없다. 따라서 조항이 별도로 규정된 것과 상관없이 제3항과 제4항 사이에 긴밀한 결합관계가 존재함을 계속 인정하는 것이 옳은 해석이다. 또한 유신헌법에서 추가되었던 (정당의 목적이나 활동이) "국가의 존립에 위해가 될 때"라는 요건이 다시 삭제된 것도 눈여겨 보아야 한다. 이는 유신헌법의 과도한 국가우선, 자유의 양보라는 경향을 다시 원래대로 되돌리려는 의도를 드러낸 것으로 보아야 한다.

현행헌법인 1987년 헌법에서는 총강편에 제4조로 평화통일조항이 규정되면서 조문 순서가 하나씩 밀려 정당조항이 제8조로 규정되게 되었고, 제2항에 정당의 개념표지로서 정당의 목적에 대해서도 민주적일 것을 요구하는 문구가 추가되고,[16] 제4항에 새로이 설립될 헌법재판소를 정당해산심판기관으로 하는 변경이 있었다. 현행헌법 제8조를 보건대 제1항은 정당제도 자체를 헌법적으로 보장하는 규정이고, 제2항은 정당의 헌법적 개념표지를 규정한 것이고, 제3항은 정당에 대한 국가의 보호의무 및 그 일환으로서 국고보조의 지원근거를 규정한 것이고, 제4항은 소극적인 정당보호조항으로서 정당해산의 실체적·절차적 요건을 규정한 것이다. 위에서 본 것처럼 현행 헌법에 있어서도 제8조 제3항의 국가의 정당보호의무규정과 동조 제4항의 정당해산규정사이에 긴밀한 결합관계를 인정하여야 하고, 따라서 양자를 유기적으로 결합하는 해석론이 요구된다.

5. 소 결

독일 기본법은 불행한 과거를 의식하면서 의도적으로 가치구속적·방어적 민주주의로 결단하고 그 수단으로서 개인의 기본권실효조항(기본법 제18조), 단체해산조항(제9조 제2항), 정당해산조항(제21조 제2항) 등을 두고, 이들로 보호되는 자유민주적 기본질서에 포함되는 여러 헌법적 가치들을 헌법개정한계조항으로 영구적으로 보장하고 있다(제79조 제3항). 따라서 독일 기본법에서는 자신들의 민주주의체제 그 자체를 '방어적 민주주의'로 하는 헌법상 원칙적인 가치결단행위가 있었다고 볼 수 있다. 그에 반하여 한국 헌법은 정당을 정부로부터 보호하고자 하여 적극적으로는 국가의 정당보호의무조항을 두고, 소극적으로는 정당을 불법화할 경우 아주 엄격한 절차적·실체적 요건을 규정함으로써 다시 한 번 정당을 가중적으로 보호하고자 헌법적으로 노력한 것으로 볼 수 있다. 따라서 한국 헌법의 민주주의(체제)를 전면적으로 방어적 민주주의(체제)라고 규정한다든가, 헌법 제8조 제4항의 정당해산조항을 동조 제3항과 떼어 내서 오로지 방어적 민주주의를 위한 수단으로 보아 독일식의 좁은 의미에서의 방어적 민주주의가 한국 헌법에 도입된 증거라고 강변하는 것은 근거가 없는 주장이라고 할 것이다.[17]

---

16 종래 "정당은 그 조직과 활동이 민주적이어야 하며, …"라고 규정되어 온 것을 "정당은 그 목적·조직과 활동이 민주적이어야 하며, …"라고 변경되었다.

17 하여튼 헌법전에 정당해산제도가 규정되어 있으니 전투적·방어적 민주주의의 카테고리에 일응 포함되는 것은 피할 수 없지 않겠느냐고 주장할 수도 있을 것으로 보이는데, 그렇다고 하더라도 자기체제 방어를 위한 수단을 어떠한 형태로든 헌법 내지 법률에 구비하고 있는 국가들을 가리키는 말로서 넓은 의미에서의 전투적 내지 방어적 민주주의에 포함된다고 하는 것은 몰라도, 한국 헌법이 위에서 말한바 독일식의 좁은 의미에서의 (내지 엄격한 의미에서의) 방어적 민주주의를 채택했다고는 할 수 없다고 본다.

Ⅲ. '민주적 기본질서'는 곧 '자유민주적 기본질서'인가?

1. 헌법조문의 문언 선택과 해석자의 자세

헌법 제8조 제4항에 정당해산의 실체적 요건으로 규정된 "정당의 목적이나 활동이 민주적 기본질서에 위배될 때"에서 정당해산의 보호법익에 해당하는 '민주적 기본질서'라는 개념은 1960년 헌법(제13조 제2항 단서)에 처음 규정되었던 것인데, 당시 헌법을 개정할 때 서독 기본법의 예를 참고하였다고 하면서도 서독 기본법 제21조 제2항의 '자유민주적 기본질서(freiheitliche demokratische Grundordnung)'라는 문언 대신에 '민주적 기본질서'라는 문언을 채택하였다. 그런데 1972년 유신헌법에서는 전문에 "… 조국의 평화적 통일의 역사적 사명에 입각하여 자유민주적 기본질서를 더욱 공고히 하는 새로운 민주공화국을 건설함에 있어서…"라는 문구 가운데 '자유민주적 기본질서'라는 개념을 채택하면서도, 정당보호 및 정당해산조항(제7조 제3항)에서는 여전히 '민주적 기본질서'라는 개념을 유지하였다. 1980년 제5공화국헌법 역시 전문에서 "… 자유민주적 기본질서를 더욱 확고히 하여 …"라는 문구를 사용하면서도 정당조항의 '민주적 기본질서'를 그대로 두었다. 그리고 현행헌법(1987년 헌법)에서는 전문에서 제5공화국헌법 전문과 동일하게 "자유민주적 기본질서를 더욱 확고히 하여"라고 규정하는 외에 제4조에 통일조항을 신설하면서 "대한민국은 통일을 지향하며, 자유민주적 기본질서에 입각한 평화적 통일정책을 수립하고 이를 추진한다"고 규정하여, '자유민주적 기본질서'를 두 차례나 규정하면서도 역시 정당해산조항(제8조 제4항)에서는 정당해산의 보호법익으로서 '민주적 기본질서'라는 개념을 유지하고 있다. 이처럼 여러 차례 헌법개정을 거듭하면서도 정당해산의 보호법익으로서 '민주적 기본질서'라는 개념을 고수해온 데에는 이유가 없지 않을 것이다. 특히 헌법전문과 국가목표조항(통일 조항)에 우리 정당해산제도의 모델이었던 독일 기본법상 정당해산의 보호법익을 가리키는 용어인 '자유민주적 기본질서'라는 개념을 수용하면서도 의연히 우리 헌법이 '민주적 기본질서'를 정당해산의 보호법익을 가리키는 용어로 고수해온 것을 해석자의 입장에서 간과할 수는 없다고 할 것이다. 입법자의 문언 선택에 견고한 경향이 있음이 분명한 이상 해석자로서는 이를 해석에 반영하는 것이 요구된다고 하겠다. 즉 두 개념이 같으냐 다르냐를 놓고 논쟁할 것이 아니라 입법자가 서로 다른 조항에 각기 다른 개념을 사용하고 있는 이상 그 개념이 들어있는 조항의 목적과 체계에 맞는 해석을 시도하는 것이 옳을 것이다.

2. 정당해산조항(제8조 제4항)에서의 '민주적 기본질서'의 의미 - 독일 기본법의 '자유민주적 기본질서'에 가까운 범주로서 민주적 기본질서

위에서 살펴본 대로 한국 헌법의 정당해산조항은 국가에 의한 정당보호의무의 소극적 측면으로서 설계된 것이다. 즉 우리 헌법 제8조 제3항과 제4항을 묶어서 보면 하나의 정당보호조항으로 볼 수 있고, 이 조항은 정부의—해산관련 권한을 포함하여—자의적인 권한행사의 희생양이 될 지도 모르는 정당을 상정하여 실체법적·절차법적 제수단을 통하여 이들을 원칙적으로 '보호하고자 하는 의지'를 나타내고 있다고 볼 수 있다. 그러나 제3항과 제4항을 일단 나누어 두 개의 조항으로 보면, 체계상 헌법 제8조 제3항은 정당보호의 원칙조항이고 동조 제4항은 정당보호의 예외조항으로서의 성격을 가지는 것으로 볼 수밖에 없다. 여기에서 "예외는 엄격하게 해석하여야 한다"는 법리를 적용하면, 제8조 제4항의 '민주적 기본질서'가 정당해산이라는 정당보호의 예외가 되는 수단을 작동시키는 법익이라는 점에서 그 의미를 엄격하게 그리고 명확하게 규명하여야 한다.

1960년 정당조항 도입당시 입법자들은 "민주적 기본질서의 한계는 … 자유스럽고 민주적인 사회질서, 정치질서를 말하는 것 … 자유로운 질서라고 하는 것은 정치적 사회적 질서를 말하는 것이지 경제적 질서까지를 말하는 것이 아니"라고 하고 "명백히 공산당이라든지 독재를 꿈꾸던 파시스트라든지 왕조를 꿈꾸는 왕권당이라든지 이러한 것은 우리 헌법의 기본질서에 위반한다 이렇게 생각을 하지만 기타 여러 가지로 나타나는 무슨 주의다 무엇이다 하는 것은 구체적으로 행동으로 나타나야만 … 좌파사회주의다 사회주의다 무슨 사회주의다 하는 이러한 주의만을 들어가지고서는 본위원회(헌법개정안기초위원회, 필자)로서는 판단하기 어려운 것으로 생각을 하고 있"다고 밝히고 있다.[18] 여기에서 알 수 있는 것처럼 당시 입법자는 집권할 경우 복수정당제 민주주의, 즉 정치적 다원주의와 민주적 의사결정과정의 개방성을 폐기하고 일당독재체제를 수립하려고 기도하지 않는 한 어떠한 주의나 사상을 주장하든 어떠한 정당도 해산이라는 극단적인 처방의 대상으로 삼지 않으려고 하였던 것이다. 이러한 의미에서 민주주의체제를 유지하는 가운데에서도 다양한 경제적 사상과 다양한 경제적 시스템을 실험할 수 있다는 견지에서 경제질서는 민주적 기본질서의 내포가 될 수 없다고 본 것이다. 또한 구체적인 행동으로 자신의 정체를 분명히 드러내지 아니한 단계에서 어떤 정당이 특정한 사상이나 주의 그 자체를 주장한다는 사실만으로 벌써 민주주의 자체가 말살된다고는 볼 수 없다고 보았던 것이다. 또한 주

18 제4대 국회 제35회 제34차 본회의 회의록, 17쪽(정헌주 헌법개정안기초위원장의 답변).

목할 만한 부분인바, "자유스럽고 민주적인 사회질서, 정치질서를 말하는 것"이라고 설명하고 있는 부분에서 현저하게 드러나는 것처럼 당시 입법자들이 독일 기본법상의 정당해산의 보호법익인 '자유민주적 기본질서'를 염두에 두고 있었던 것도 분명한 것 같다.[19] 따라서 우리 헌법이 비록 '민주적 기본질서'라는 용어를 고수해왔으나, 그 개념범주에 관하여는 독일 기본법상의 '자유민주적 기본질서'의 경우와 유사한 방식으로 내용이 결정될 수 있을 것으로 보인다. 즉 헌법에 규정된 민주주의에 불가결한 핵심원리들을 찾아서 하나의 카테고리로 묶어내면 될 것이다.

그렇다면 '민주적 기본질서'는 우선은 우리 헌법이 채택하고 있는 민주주의원리 그 자체를 의미하는 것이라고 보아야 하되, '기본'질서라고 표현된 데서 알 수 있듯이 '민주주의'라는 개념을 가지고 포괄할 수 있는 여러 요소들 가운데서도 가장 '기본적인' 원칙들만을 가리킨다고 볼 수 있을 것이다. 다시 말해서, 그것이 보장되지 않는 한, 우리나라의 정치체제를 더 이상 민주주의라고 부를 수 없게 만들 만한 민주주의의 요소들, 즉 한국 민주주의의 핵심요소들이 바로 헌법 제8조 제4항의 '민주적 기본질서'의 내용이 될 것이다.

이러한 한국 민주주의의 핵심요소들을 파괴하려고 시도하는 정당이 있다면, 더 이상 정당간 경쟁을 기초로 하는 민주주의체제의 참가주체로서 인정할 수 없을 것이라는 점은 어렵지 않게 이해가 되지만, 여기에서 무엇보다도 주의할 것은 전자의 핵심요소들에 대한 판단은 물론이고, 해당 정당의 목적이나 활동이 원인이 되어 그러한 핵심요소가 파괴되어 더 이상 민주주의 자체가 아니게 될 수도 있다는 판단은 애매모호해서는 안되고 그야말로 어떠한 의혹도 허용될 수 없을 정도로 명확하게 내려질 수 있어야 한다는 점이다.

다른 한편, 헌법 제8조 제4항의 정당해산조항은 대한민국의 헌정체제 내에서 경쟁하는 정당들에 대하여 그들이 가질 수 있는 목적과 활동의 한계로서 적용되는 것이다. 그러한 의미에서 동 조항의 '민주적 기본질서'는 체제 자체를 가리키는 동시에 체제내적 경쟁의 한계개념이라고 할 수 있다. 따라서 정당해산의 가능 여부를 가리는 경계(boundary)로서 민주적 기본질서를 여하히 좁게 설정할 수 있느냐 여부가 한국 민주주의의 민주성을 가늠하는 척도가 될 수 있다. 민주주의의 실질을 결정하는 핵심요소들을 가능한 한 좁게 설정할수록 민주주의가 더욱 더 활발하게 건강하게 운용될 수 있다는 사실은 민주주의가

---

19 독일의 기본법제정자들이 통상 헌법을 의미하는 용어인 기본질서(Grundordnung)라는 명사 앞에 '자유로운(freiheitliche)'이라는 형용사와 '민주적인(demokratische)'이라는 형용사를 아무런 연결사('과und' 라든가 '또는 oder'과 같은) 없이 연달아 쓴 데에는 특별한 의미가 있었다는 점에서 당시 입법자가 쓴 "자유스럽고 민주적인 정치질서"라는 표현이 독일 기본법상의 자유민주적 기본질서를 가리킨 것임이 분명하다. 자유민주적 기본질서의 연혁적 설명은 Klaus Stern, Das Staatsrecht der Bundesrepublik Deutschland Ⅰ, 2.Aufl., 1984, S.556ff. (557) 참조.

본질적으로 관용의 체제이고 의사결정의 과정을 보장하는 것이 우선되는 체제라는데서 오는 패러독스이다. 여기에서 우리는 독일의 저명한 헌법학자 듀리히(Durig)가 말하고 있는 '자유민주적 기본질서의 요소들 각각에 허용되는 관용의 중간영역'의 개념에[20] 주목하여야 한다. 그가 말한바 동 질서요소들을 위반한다는 의심이 있더라도 아직은 관용하여야 할 일정한 영역이 여전히 인정되어야 한다는 생각은 우리에게도 시사하는 바가 있다. 즉 우리 헌법상 정당해산의 근거가 되는 보호법익인 '민주적 기본질서'의 구체적 요소들을 결정한 후에 그러한 요소들에 대한 위반의 의심이 있다 하더라도 아직 결정적인 단계에 이르지 못한 부분에 있어서는 여전히 관용하여야 하는 것으로 봄으로써 민주주의 체제의 자체정화기능을 건강하게 유지할 수 있다는 점을 명심하여야 한다.

3. 전문 및 통일조항(제4조)에서의 '자유민주적 기본질서'의 의미 - 민주적 기본질서보다 넓은 범주로서 자유민주적 기본질서

정당해산의 보호법익으로 규정되어 있어 특정한 제도적 카테고리처럼 보이는 민주적 기본질서와 달리 우리 헌법상 '자유민주적 기본질서'라는 개념은 헌법 전문에서도, 제4조(통일조항)에서도 마치 우리 국가체제 전반을 가리키는 용어처럼 쓰이고 있다. 헌법 전문에서는 "자유민주적 기본질서를 더욱 확고히 하여"라고 규정하여 이미 존재하는 자유민주적 기본질서를 더욱 발전시키겠다는 의지를 천명한 것으로 보이는바, 이 질서는 대한민국의 국가체제를 가리키는 것으로 보인다. 그리고 헌법 제4조에서 "자유민주적 기본질서에 입각한 평화적 통일정책을 수립하고 이를 추진한다"고 규정한 것도 남북통일을 위한 정부의 정책 수립과 추진에 있어서 그 바탕이 되어야 하는 것은 의연히 대한민국의 국가체제임을 말하고자 한 것이라고 볼 수 있다. 이렇게 보면 우리 헌법상의 '자유민주적 기본질서'는 곧 한국의 국가기본질서를 말하는 것이요, 과거 흔히 쓰이던 용어를 빌려서 말하자면 '자유 대한'에 해당하는 말이 될 것이다. 여기에서 '자유민주적 기본질서'가 '자유민주주의'를 의미한다고 할 경우 그것이 '자유로운 민주주의'라는[21] 의미라면 역시 대한민국의 국가체제를 가리키는 것으로서 옳은 말이라고 할 수 있다. 즉 우리 헌법상의 자유민주적 기본질서 또는 이를 간단히 자유민주주의라고 표현할 때 이는 북한체제를 가리키는 인민민주주의에 대립되는 개념인 것이다. 따라서 우리 헌법상 자유민주적 기본질서는 체제대

---

20 Gunter Durig, Art. 18, Maunz-Durig, GG 참조.

21 '자유민주주의'를 민주주의의 여러 흐름 가운데 하나인 liberal democracy(자유민주주의)로서가 아니라 독일어 freiheitliche Demokratie(자유로운 민주주의, 즉 법치국가적 민주주의)로서 선해할 경우를 말한다. liberal democracy(자유민주주의)의 대립개념은 social democracy(사회민주주의)이고, freiheitliche Demokratie(자유로운 민주주의)의 대립개념은 Volksdemokratie(인민민주주의)라는 점을 주의하여야 한다.

립적 내지 체제대결적 성격을 가지는 개념이다.

그렇다면 헌법 제8조 제4항의 민주적 기본질서와 비교하여 헌법 전문과 제4조의 자유민주적 기본질서가 더 넓은 범주라고 할 수 있다. 따라서 우리 헌법재판소가 법률(국가보안법)상의 개념으로서의 '자유민주적 기본질서'를 해석하면서 독일 연방헌법재판소와 달리 "사유재산과 시장경제를 골간으로 한 경제질서"를 포함시킨 것에[22] 대하여 항간의 비판처럼 그렇게 잘못된 것이라고만 할 수는 없을 것이다. 왜냐하면 사유재산과 시장경제야말로 대한민국의 자유민주주의체제와 북한의 인민민주주의체제를 가르는 중요한 잣대의 하나이기 때문이다. 더군다나 국가보안법의 입법목적에 비추어 볼 때 국가보안법상의 개념을 풀이함에 있어서 그러한 태도를 보인 것은 오히려 당연한 것이라고 보아야 할 것이다.[23]

4. 소 결

한국 헌법의 각각 다른 조항에서 또한 각각 다른 맥락으로 사용되고 있는 두 개념인 '민주적 기본질서'와 '자유민주적 기본질서'의 이동(異同)에 관한 논쟁이 과거에 있었는바, 헌법입법자가 수차례의 헌법개정에도 불구하고 각기 다른 조항에 서로 다른 개념을 고수해온 것을 보면 양자를 각자의 맥락에 맞게 해석하는 노력을 기울이는 것이 옳을 것으로 보인다. '민주적 기본질서'는 국가의 정당보호의무를 원칙으로 규정한 한국헌법에서 예외적으로 정당을 해산하는데 적용되는 실체적 기준으로서 엄격하게 해석되어야 한다. 한국 헌법상의 민주적 기본질서는 곧 한국 헌법질서가 민주적이어야 한다는 것을 뜻하는 것으로 보이고, 여기서 민주적이어야 한다고 함은 민주주의의 핵심적 원리들이 정당간의 경쟁에 있어서도 넘을 수 없는 한계로서 설정되어 있다는 것을 의미한다. 즉 어떠한 정당도 헌법질서의 민주성을 파괴하는 체제일탈적·체제파괴적 목적을 가지거나 그러한 목적의 달성을 지향한 활동을 기도해서는 안된다. 여기에서 민주적 기본질서가 정당해산의 보호법익으로서 기능한다는 점에서는 독일 기본법의 자유민주적 기본질서와 개념범주적으로 가깝다고 할 수 있다. 반면에 '자유민주적 기본질서'는 대한민국의 국가체제 자체를 가리키는 개념으로서 북한의 인민민주주의 체제와 대립하는 개념으로 쓰이고 있다. 그런 의미에서 오히려 자유민주적 기본질서가 민주적 기본질서보다 넓은 개념으로 쓰이고 있음을

22 헌재 1990. 4. 2. 89헌가113.

23 헌법 전문과 제4조의 자유민주적 기본질서라는 개념은 현존하는 체제와 그 체제의 발전방향을 가리키는 것으로 쓰인 것이고, 독일기본법의 자유민주적 기본질서처럼 그것에 대한 침해 내지 배제를 기도하는 세력에 대한 전투적 개념으로 쓰인 것은 아직—즉 헌법차원에서는—아니다. 그러나 이러한 헌법상의 체제대립적 개념은 우리 체제의 파괴를 시도하는 대내적·대외적 세력에 대항하여서는 법률차원에서 체제방어를 위한 목적개념 내지 법익으로 규정되어 있다. 국가보안법의 자유민주적 기본질서는 곧 헌법상 대한민국 체제를 의미하는 자유민주적 기본질서와 연결되는 개념이다.

알 수 있다. 민주적 기본질서는 체제일탈·체제파괴적 정당경쟁을 방지하기 위한 체제내적 개념이라면, 자유민주적 기본질서는 대한민국 체제를 북한체제의 위협으로부터 방어하고 우리 체제에 입각한 통일을 지향할 것을 — 규범적으로 — 요청하는 체제대립적·체제대결적 개념으로 보아야 한다. 이렇게 양 개념이 바라보는 방향의 측면에서는 일응 구분될 수 있지만 그들이 포괄하는 내용에 있어서는 중복이 많을 것이고, 다만 그 중점(focus)이 다른데서 오는 일부 내용의 차이가 있게 될 것이다. 결국 — 종래의 일반적 이해와 달리 — 외연으로 보면 자유민주적 기본질서가 민주적 기본질서의 내용을 포괄하면서 거기에 추가되는 내용을 가질 수 있어 더 넓다고 본다.

Ⅳ. "정당의 목적이나 활동이 민주적 기본질서에 위배될 때"의 해석 문제

1. 정당조항의 규정체계로부터 도출되는 해석규준

정당조항이 한국 헌법(1960년 헌법)에 처음 도입될 때에는 표현의 자유를 규정한 조항에 추가하여 신설되는 형식을 취하였다. 즉 '정당'이라는 범주를 별도로 하여 일반적 결사와 분리하여 규정하면서 국가의 보호의무를 규정하고, 그 소극적 측면으로 정당해산을 어렵게 하는 단서조항을 부기하였다. 이로써 정당은 일반적인 결사와 달리 취급되게 되었고, 정당의 자유 역시 결사의 자유와 다른 차원에서 특별히 가중된 보호를 받게 된 것이다. 그럼에도 불구하고 표현의 자유 및 그중 하나인 결사의 자유를 규정한 조문의 한 항으로 정당에 대한 특별한 보호조항을 규정한 것으로 미루어 여전히 정당의 자유를 헌법상 보장된 표현의 자유에 속하는 기본권으로 전제하고 있었음을 알 수 있다.

그 후의 헌법개정에서 정당보호조항이 표현의 자유 조항을 떠나는 정도를 넘어 아예 기본권편을 떠나 총강편에 규정되었다고 해서 위와 같은 정당에 대한 기본권적 이해마저도 떠난 것으로 생각할 수는 없다. 왜냐하면 정당조항을 총강편으로 옮겨 규정한 헌법입법자는 정당보호조항을 규정하기 전에 그 전제로서 정당설립의 자유라는 기본권보장규정과 복수정당제도라는 제도보장규정을 먼저 규정하였기 때문이다. 우리 헌법재판소도 현행 헌법 제8조 제1항의 정당의 자유 규정이 기본권 규정임을 명시적으로 인정하고 있음은 주지하는 바와 같다.[24] 헌법 제8조 제4항의 정당해산이 현실화 될 경우 해당 정당은 더 이

24 헌재 1991. 3. 11. 91헌마21; 헌재 2004. 12. 16. 2004헌마446: "헌법 제8조 제1항은 정당설립의 자유, 정당조직의 자유, 정당활동의 자유 등을 포괄하는 정당의 자유를 보장하고 있다. 이러한 정당의 자유는 국민이 개인적으로 갖는 기본권일 뿐만 아니라 단체로서의 정당이 가지는 기본권이기도 하다."

상 존속할 수 없게 되고, 이때 정당 자체가 자신의 이름으로 존속하고 활동할 자유와 더불어 그 정당 소속 당원들이 그 정당조직을 배경으로, 정당 안팎에서 활동할 자유 역시 침해된다. 제8조 제1항의 정당설립의 자유보장이 단순히 정당을 자유롭게 설립할 자유만을 보장하는 것이라고 해석할 수는 없을 것이고, 위의 정당 및 당원들의 자유도 동 조항에서 보호하는 것으로 보아야 할 것이다. 그렇다면 헌법 제8조 제4항에 의한 정당해산은 결국 그러한 자유들에 대한 침해를 구성하게 될 것이고, 자유권제한으로서 헌법적 정당화를 요구받게 될 것이다. 만약 한국 헌법이 전투적 내지 방어적 민주주의로 헌법적 근본결단을 내렸다고 볼 수 있다면, 그 원칙적 성격에 비추어 헌법보장의 법리를 앞세워 — 마치 긴급권행사가 있는 경우 동 행사요건만 충족하면 될 뿐이지, 그에 수반하는 기본권제한에 대하여 별도의 기본권 제한 한계 심사는 불필요하다고 보는 입장이 있는 것처럼 — 기본권제한의 법리의 적용이 배제된다고 볼 여지도 없지 않겠지만, 헌법 제8조 제3항을 제4항과 묶어서 정당보호를 위한 국가의 의무를 규정한 것이되 전항은 적극적으로 후항은 소극적으로 규정한 것으로 보는 입장에서는 '헌법보장'과 '기본권제한'을 상호 배척하는 법리로 볼 수 없다. 즉 헌법 제8조 제1항과의 체계적 관련 속에서 동조 제4항의 정당해산은 기본권제한의 한계에 관한 헌법적 요청을 충족시켜야 할 부담을 지게 된다고 보아야 한다. 다만 일반-특별의 관계의 법리를 적용하여 겹치는 범위에서는 일반조항인 헌법 제37조 제2항의 일부 한계가 배척될 수는 있을 것이다. 따라서 겹치는 심사기준이 아닌 예컨대 비례원칙 준수여부 등은 심사기준으로 적용되어야 할 것이다.

그리고 헌법 제8조 제2항은 제1항의 원칙적 정당제도보장에 이어서 정당의 정당성을 인정할 헌법적 기준을 제시하고 있는바, 첫째 '그(정당의, 필자) 목적·조직과 활동이 민주적이어야 한다는 것', 둘째 '국민의 정치적 의사형성에 참여하는데 필요한 조직을 가지고 있어야 한다는 것'이다. 이러한 헌법상의 자격기준에 해당되어야 정당이라는 개념에 포섭될 수 있고, 그래야만 이어지는 제3항과 제4항에 의한 국가로부터의 보호의 대상이 될 수 있게 되는 것이다. 그런데 제4항에서는 정당해산의 실체적 요건으로 "정당의 목적이나 활동이 민주적 기본질서에 위배될 때"라고 하여 제2항에서 요구하는 "조직"의 민주성이 탈락되어 있다. 따라서 헌법입법자의 의사대로라면 정당의 조직의 비민주성은 정당해산사유가 될 수 없는 것으로 해석할 수밖에 없다. 물론 조직의 비민주성이 정당의 의사결정의 비민주성을 바로 초래할 정도로 심각하여 그 결과 해당 정당의 활동이 민주적 기본질서를 위반하는데 이르게 된다면 헌법 제8조 제4항의 해산대상 정당이 될 것이지만 이 경우에도 직접적 해산사유는 해당 정당의 '활동'이지 '조직'이라고 할 수 없을 것이라는 점은 주의를 요한다.

그리고 두 번째 정당개념표지인 '국민의 정치적 의사형성에 참여하는데 필요한 조직' 요건과 관련하여 정당법 제2조의 정의규정("이 법에서 "정당"이라 함은 국민의 이익을 위하여 책임있는 정치적 주장이나 정책을 추진하고 공직선거의 후보자를 추천 또는 지지함으로써 국민의 정치적 의사형성에 참여함을 목적으로 하는 국민의 자발적 조직을 말한다.")은 '국민의 정치적 의사형성에의 참여'의 의미만을 상설하고 있을 뿐, 그에 필요한 '조직'에 관하여는 구체적인 것을 말하고 있지 않다. 그렇다면 정당법에 정당의 성립에 등록을 요구하고(제4조 제1항), 등록에 필수적인 요건으로 법정 시·도 당수(제17조)와 시·도당의 법정당원수(제18조)를 정당성립요건으로 규정한 것을(제4조 제2항) 헌법이 말하는 정당이 갖추어야 할 '조직'에 관한 구체화규정으로 볼 수 있을까? 원칙적으로 헌법상의 개념을 법률입법자가 유권적으로 확정할 권한은 없다. 법률입법자 역시 헌법에 의하여 구성되며 헌법에 의한 수권의 범위 안에서 법률을 제정할 권한을 가질 뿐이므로 상위규정인 헌법의 내용을 임의대로 확정할 권한은 처음부터 부여되어 있지 않다. 특히 우리나라처럼 헌법의 개정에 있어서 국민투표를 필수절차로 하는 나라에서는 주권자인 국민이 헌법개정을 확정지으므로(헌법 제130조 제2항과 제3항), 국회입법자에게 헌법은 준수의 대상이지 입법의 대상이 아니다. 사법권에 속하는 헌법재판소도 헌법에 대한 해석권한을 가질 뿐 헌법입법권한을 가진 것이 아니므로 헌법상의 개념을 유권적으로 확정할 권한이 없음은 두말할 나위도 없다. 헌법개념은 헌법 자체로부터 확정되어야 한다. 이렇게 확정된 개념은 국회입법을 심사하는 기준으로 작용한다. 따라서 정당법의 정당성립요건들이 헌법상의 정당개념표지에 합치하는지 여부는 한국 민주주의에 있어서 정당의 역할과 기능을 헌법으로부터 파악한 후 이에 비추어 결정할 수 있을 것이다. 어쨌든 헌법에서 도출되는 정당의 역할과 기능으로부터 헌법상 정당개념이 밝혀진다면 이에 상응하는 수준의 정치적 결사는 그 이름과 조직의 규모에 상관없이 헌법상 정당으로서 헌법 제8조 제3항과 제4항의 보호를 받아야 한다.

또한 헌법 제8조 제3항과 동조 제4항의 관계는 이미 위에서 말한 대로 국가의 정당보호의무를 적극적으로 규정한 것과 그것을 소극적으로 규정한 것으로서 상호 결합하는 것으로 보아야 한다. 따라서 동조 제3항에서는 국가가 정당을 보호한다는 원칙적 선언과 더불어 적극적인 국가의 정당보호활동의 일환으로서 국고보조금 지급근거를 규정한 것이다. 동조 제4항은 불가피한 경우 정당을 해산할 수 있는 근거를 마련한 조항이지만, 연혁으로 보나 체계로 보나 입법목적으로 보나 제일차적으로는 오히려, 실체적으로든 절차적으로든 정당해산에 대한 가중적 기준을 헌법에 규정함으로써, 정당을 정부의 자의적 해산으로부터 보호하여 정당의 존속에 대한 특별한 보호를 규정한 것으로 보아야 한다.[25]

---

25 이것을 가리켜 '정당특권'이라고 부르는 용례가 널리 퍼져 있으나, 일반 결사와 정당 사이에 존재하는 '질적 차

따라서 제1항의 정당의 자유의 제한을 구성하고, 제2항에 의한 헌법상 정당에 대한 제3항에 의한 보호의 예외를 의미하는 제4항의 정당 해산은, 그 제한적·예외적 성격으로 말미암아 동 조항에 규정된 가중적 요건의 해석을 매우 엄격하게 하여야 한다는 헌법적 요청 아래 놓여 있다. 이는 정당해산이 민주주의원리와 상충하는 '일응 반민주주의적인' 제도적 특성으로 말미암아 그야말로 최후수단(Ultima Ratio)으로만 작동하여야 한다는 원리적 접근과 더불어 헌법해석학의 차원에서도 반드시 지켜야 하는 해석규준이라고 할 것이다.

2. 판단자료: "정당의 목적이나 활동" – 정당귀속성 판단의 엄격성의 요청

(1) 판단의 관점

헌법 제8조 제4항은 정당해산심판에 있어서 해산여부를 결정하기 위한 판단의 자료를 "정당의 목적이나 정당의 활동"으로 하여야 한다고 규정하고 있다. 이 규정에서 주목할 만한 것은 독일 기본법의 정당조항(제21조 제2항)이 "정당의 목표에 따르면(nach ihren Zielen) 또는 정당의 추종자의 태도에 따르면(nach den Verhalten ihrer Anhänger), 자유민주적 기본질서를 침해하려고 또는 배제하려고 하거나 또는 독일연방공화국의 존립에 위해를 가하려고 노력하는, 정당들은 …"이라고 규정되어 있는 것과[26] 비교되는 문언이라는 점이다. 독일 기본법의 정당조항이 정당의 목표와 '정당의 추종자의 태도를 기준으로' 해당 정당이 자유민주적 기본질서를 침해·배제 또는 '국가의 존립에 위해'를 가하려고 '노력했는지(darauf ausgehen)'를 판단하도록 하고 있는 데 반해, 우리 헌법의 정당조항은 곧바로 '정당의' 목적 또는 '정당의' 활동을 대상으로 하여 그것이 민주적 기본질서에 위배되고 있는지를 판단하도록 하고 있다. 즉 우리의 경우, 독일의 경우와 달리, 정당해산사유로 인정되는 판단자료가 정당의 직접적 활동에서 나와야 한다는 헌법적 요청이 있다는 점이 특징이다.

따라서 정당이 스스로 자신의 목적 내지 목표로 설정한 내용을 직접 제시하는 강령 내지 정강·정책, 당헌을 비롯하여 그것을 읽어낼 수 있는 각종의 정당발간 문헌자료(정당의 제규정, 정당의 각종 간행물)와 정당의 당수를 비롯한 주요 당직자들의 구술자료가 정당의 목적을 판단하는 기초자료가 될 수 있을 것이다. 나아가 정당이 정당의 이름을 걸고 직접 진행하는 각종의 정당행사 및 정당외 행사도 기초 자료가 되는데 문제가 없을 것이

이'로 말미암아 과연 '특권(priviledge)'이라고 부르는 것이 정확한 것인지, 불필요한 오해만 일으키는 것은 아닌지 의문이 있다.

26 참고로 독일 기본법 제21조 제2항의 원문은 다음과 같다: "Parteien, die nach ihren Zielen oder nach dem Verhalten ihrer Anhanger darauf ausgehen, die freiheitliche demokratische Grundordnung zu beeintrachtigen oder zu beseitigen oder den Bestand der Bundesrepublik Deutschland zu gefahrden, sind verfassungswidrig. Uber die Frage der Verfassungswidrigkeit entscheidet das Bundesverfassungsgericht.."

다. 문제는 정당의 목적이나 목표를 스스로 드러낼 수 있는 위치에 있지 아니한 정당 관계자들(일반 당원이나 단순 지지자들), 정당 자체의 활동으로 인정할 수 있는 성격을 가지는 것으로 보기에 어려운 정당 하부조직 또는 방계조직이나 정당 관계자들(일반 당원이나 단순 지지자들)의 활동을 판단의 자료로 사용할 수 있겠는가 하는 점이다. 이를 그 활동의 '정당귀속(가능)성'의 문제라고 부를 수 있다. 판단의 자료를 '정당의' 활동이라고 규정하고 있는 헌법의 문언에 충실한 해석을 따른다면, 우리 헌법하에서는 정당귀속성을 판단함에 있어서 엄격한 잣대를 들이대지 않을 수 없다고 보아야 한다.

(2) 정당의 목적에 대한 판단

먼저 정당의 목적과 관련하여 보건대, 헌법 제8조 제2항에 명시되어 있는 것처럼, 당내 만주주의 자체가 헌법상의 정당개념의 한 표지로 인정되고 있는 헌법 하에서, 하나의 정당 안에 다양한 생각과 의견이 투쟁하는 것은 당연한 일이다. 한 나라의 정당체제에서 이념의 스펙트럼이 다양하듯이 하나의 정당 내에서도 이념의 스펙트럼이 있을 수 있다. 이 경우 어디에서 어디까지가 그 정당의 정체성을 결정하는 것인지는 판단하기가 쉽지 않다. 다만 어떠한 내용의 정치적 견해가 민주적 기본질서에 위배되는지는 명확하게 결정될 수 있어야 한다. 따라서 정당의 목적을 판단함에 있어서는 가능한 한 — 정당원들이 공유하는 의사를 집약한 것으로 보이는 — 정당의 공식적인 자료에 주로 의거해야 할 것이다.

정당의 목적을 판단함에 있어서 자주 문제삼는바, 보통 불법적인 정당의 경우 해산의 가능성을 우려하여 자신의 본래 목적을 바로 드러내지 아니하고 은폐한 채로 위장된 목적을 공개할 가능성이 있다는 주장이 있다. 이러한 가능성이 없는 것은 아니나 그러한 정당의 경우 고의적으로 은폐했다고 주장되는 본래 목적을 찾아내서 그것을 그 정당에 귀속시키는 입증작업이 지난(至難)할 것은 물론이거니와, 그에 앞서 그러할 경우 해당 정당은 해산할 실익 자체가 별로 없을 것이다. 왜냐하면 첫째, 정당이 자신의 목적을 감추고 그것과 어느 정도 상치되는 목적을 전면에 내건다는 것은 정치적 신념단체로서 그러한 신념을 기초로 성립하고 운영되는 사단(社團)인 정당의 본질과 충돌하는 일이 아닐 수 없다. 이는 정당이 정체성을 포기하는 것으로서 정상적인 정당활동을 기약할 수 없을 것이다. 둘째로, 자신의 본래 목적과 다른 기치 아래 당원을 모집하고 행사를 진행하는 정당에 미래가 있을 수 없다. 본래의 목적을 완전히 그리고 장기적으로 숨기는 일이 결코 가능할 수 없을 것이기 때문에 결국 서서히 그 정체가 드러날 것인데, 이 경우 비밀결사처럼 단단히 결속된 극소수의 핵심당원들은 남겠지만 그 밖의 다수의 당원들이 당을 떠날 것이 명약관화하기 때문이다. 따라서 이러한 상태로 정당이 민주적 기본질서를 위협할 수준으로 성장한다는 것은 기대할 수 없을 것이다. 뿐만 아니라 이러한 정당은 강제적으로 해산하기 보다는 스스로 정체가 드러나서 당원들로부터 버림받도록 하는 것이 훨씬 더 효과적이고 근원적인 억제수단이라는 점도 주의를 요한다. 어쨌든 행위자가 스스로 드러내지도 않은 주관적 의도를 타겟으로 하여 법을 집행하겠다는 것, 그것도 정당해산과 같은 극단적인 수단을 행사하겠다는 생각 자체가 얼마나 위험한 지는 두말할 나위도 없을 것이다.

(3) 정당의 활동에 대한 판단

다음으로, 정당의 활동과 관련하여 보건대, 헌법의 문언으로 보아 직접적으로 '정당 자체의 활동'이거나 '정당 자체의 활동으로 간주될 수 있는 활동'이 아니면 정당해산 여부를 판단하는 자료로 사용할 수 없다고 할 것이다. 이것은 두 가지 측면을 충족하여야 한다: 첫째, 그 활동은 정당의 목적을 달성하기 위한 활동이어야 한다. 어떠한 활동이든 모종의 목적을 가지고 행해지게 마련이라는 점은 설명할 필요도 없을 것이다. 이 경우 민주적 기본질서에 위배된 내용의 정당목적을 달성하기 위한 (정당)활동이 문제될 뿐, 다른 내용의 정당목적을 달성하기 위한 (정당)활동이 문제되지 않을 것임도 분명하다. 따라서 정당의 활동이라 하더라도 민주적 기본질서 위배를 기도하는 활동에 한하여 판단의 자료로 삼을 수 있다. 둘째, 당의 일부 조직, 당원의 일부나 단순 지지자들의 활동을 '정당의' 활동으로 귀속시킬 수 있는 기준이 문제된다. 그들의 '일탈행동'을 빌미로 정당(야당 내지 마음에 들지 않는 군소정당)의 탄압을 위하여 정당해산제도가 오남용되는 일이 허용되어서는 안되기 때문이다. 부분의 오류가 전체의 오류로 침소봉대되어서는 안되기 때문이다. 신체일부의 질병을 이유로 안락사를 시킬 수는 없는 것이기 때문이다. 중요한 것은 전체 정당의 견지에서 부분적 정당활동을 평가하여야 한다는 점이다.[27] 문제된 정당의 (조직과) 활동을 잘라내더라도 전체 정당에 본질적인 또는 치명적인 영향이 없다면, 그러한 활동의 책임을 전체 정당에 귀속시킬 수는 없다고 보아야 한다.

(4) 목적과 활동의 결합

마지막으로 헌법의 문언은 "정당의 목적'이나' 활동", 즉 'A and B'가 아니라 'A or B'로 규정되어 있다. 여기에서 정당해산 여부를 결정함에 있어서 정당의 목적이나 정당의 활동 중 어느 하나가 기준을 충족할 경우 해산이 가능하다는 분리론의 입장이 있고, 반대쪽에 어느 하나 만으로는 해산이 불가능하고 반드시 '목적과 그 목적에 따른 활동'이 있어야 해산가능하다고 보는 결합론의 입장이 대립한다. 문제는 정당해산이 진압적 조치가 아

27 문학작품의 외설여부를 판단할 때 적용하는 기준을 생각해보는 것이 도움이 될 것이다.

니라 예방적 조치의 성격을 갖는데서 발생한다. 정당해산제도의 목적은 민주적 기본질서를 지키려고 하는 것인데 불법적인 정당의 목적이 달성된 후라면 이미 민주적 기본질서가 폐기되는 상황이 벌어진 후일 것이기 때문에 정당해산은 성질상 예방적 조치일 수밖에 없다. 또한 정당해산제도의 목적을 달성하는데 있어서 가능한 한 조기에 가동되는 것이 더 효과적일 것이기 때문에, 보다 더 적극적으로 예방적 차원에서 정당해산제도를 고려할 필요가 있어 보이기는 한다. 그리하여 구체적인 활동에 의하여 특정 정당의 불법성이 분명하게 드러나기 전이라도 그러한 정당의 목적에서 불법성을 인지할 수 있다면 곧바로 해산시켜야 하지 않겠는가라고 생각할 수도 있을 것으로 보인다. 그러나 이러한 주장은 정당해산제도의 효과만을 바라보고 있을 뿐, 동 제도가 가지는 최후수단(Ultima Ratio)으로서의 성격을 간과한 것이다. 1960년 처음 정당해산제도가 헌법에 도입되었을 때 벌써 입법자들은 "명백히 공산당이라든지 독재를 꿈꾸던 파시스트라든지 왕조를 꿈꾸는 왕권당이라든지 이러한 것은 우리 헌법의 기본질서에 위반한다 이렇게 생각을 하지만 기타 여러 가지로 나타나는 무슨 주의다 무엇이다 하는 것은 구체적으로 행동으로 나타나야만 … 좌파사회주의다 사회주의다 무슨 사회주의다 하는 이러한 주의만을 들어가지고서는 본위원회(헌법개정안기초위원회, 필자)로서는 판단하기 어려운 것으로 생각을 하고 있"다고 한데서[28] 알 수 있듯이, — 이미 역사적으로 용도폐기되어 더 이상 문제가 될 성싶지 않은 일부 극단적인 경우를 제외하고는[29] — 일정한 정치이념이라든지 정치적 목적 그 자체만을 가지고 정당해산사유로서 필요하다고는 몰라도 충분하다고까지 말할 수 있을지는 의문이다. 따라서 민주적 기본질서에 위배되는 목적을 가진 정당이 그러한 목적달성을 위하여 활동으로 나아가고, 그러한 활동 속에서 민주적 기본질서에 대한 — 의미있는 내지 진지한 — 위협이 발견될 때 정당해산을 고려하는 것이 사리에 맞을 것이다.

3. 판단기준: "민주적 기본질서에 위배될 때" – 구체적 위험과 비례성의 요청

(1) 위배의 의미

헌법 제8조 제4항은 정당의 목적이나 활동이 "민주적 기본질서에 '위배될 때'"를 정당해산심판을 인용할 기준으로 명시하고 있다. 여기에서 "(… 에) 위배"와 "(위배)될 때"의 의미가 문제된다. 우선 여기에서 단지 '위배'라고만 규정하여, 독일 기본법의 정당해산조항

---

28 제4대 국회 제35회 제34차 본회의 회의록, 17쪽(정헌주 헌법개정안기초위원장의 답변).

29 이러한 극단적인 정치적 목적을 추구하는 정당이 다시 출현하리라고는 기대하기 어려울 것이다. 만약 출현한다고 하더라도 개인적으로나 집단적으로나 거의 망상에 가까운 주관적 견해를 가지고 민주적 기본질서를 위협할 세력으로 성장한다는 것은 기대할 수 없을 것이므로 해산의 실익도 없을 것이다.

에 규정된 "… 을 침해하거나 배제하려고" 적극적·능동적으로 "노력하는"(darauf ausgehen) 정당을 대상으로 한 것과 차이가 있다. 그러나 민주적 기본질서에 위배된다 함이 가리키는 의미는 비교적 명확한 것으로 보인다. 즉 해당 정당의 목적이나 활동이 그 내용상 민주적 기본질서를 기준으로 평가할 때 단순히 어긋나는 부분이 일부 있는 것으로는 충분치 아니하고, '용납할수 없는 정도의 상충'이라고 볼 수 있는 경우여야 할 것이다. 그러나 주의할 것은 '민주적 기본질서'가 이미 한국 민주주의의 핵심요소로 매우 좁게 해석되므로, 그러한 핵심요소들과 일치하지 아니하는 주장을 전개하고 또 그러한 주장을 행동으로 옮기는 정당에 대하여 — 위에서 말한 바 듀리히의 의미에서 — 관용할 중간영역이 그리 넓게 남아있지는 않을 것이라는 점이다. 어쨌든 '단순한 어긋남'과 '용납할 수 없을 정도의 상충' 사이에 어느 정도의 관용 영역이 남아있어야 한다는 점도 잊어서는 안된다.

(2) 위험의 정도

다음으로 위배'될 때'의 의미는 이미 위배되고 있을 때를 가리키는 것이지 아직 위배하고 있지는 않으나 장차 어느 시기에 위배가 예상될 때까지를 포함하는 의미는 아니라고 할 것이다. 즉 정당의 목적이나 활동이 민주적 기본질서에 위배되어 발생하는 위험은 예상되는 위험이 아니라 현재의 위험이어야 한다. 그러한 의미에 아무리 넓게 보아도 위험이 임박하여 있어야 한다는 점에서 구체적 위험으로 보아야 하지 추상적 위험으로 족하다고 할 수 없을 것이다. 그리고 그 위험은 사소하고 경미한 것이어서는 안되고 진지한 위험이어야 할 것이다. 여기에서 더 나아가 해당 정당이 민주적 기본질서에 위배되는 자신의 목적을 기어이 달성할 수 있는 현실적 가능성을 가져야 한다는 의미에서의 현실적 내지 실제적 위험까지 요구되느냐 하는 문제에 대하여는 정당해산제도의 예방조치적 성격에 비추어 부정적으로 답할 수밖에 없다.

(3) 비례성 심사

그런데 '민주적 기본질서에 위배될 때'의 해석과 관련하여, 정당이 존속하여 그 목적과 결합한 활동으로써 민주적 기본질서라는 헌법적 보호법익에 미치는 위험의 강도(intensity)와 정당해산이라는 침해적인 공권력적 수단이 해당 정당과 당원들의 정치적 표현 내지 정당의 자유라는 헌법적 보호법익을 제한(박탈이라고 하는 것이 더 사실에 부합할 것이다)하는 강도 사이에 비례가 맞아야 되지 않는가 하는 문제가 제기된다. 이미 위에서 말한 것처럼 우리 헌법의 정당해산조항은 헌법의 보호를 우선적 목적으로 해서 규정된 것이 아니고 정당의 자유의 보호를 제일차적인 것으로 의도한 것이다.

따라서 — 국가긴급권의 법리를 유추한 — 헌법보장의 법리를 앞세워, 정당해산이 초래하는 당사자의 자유의 제한의 헌법적 정당성을 심사하는 기준의 하나인 비례성이 배제된다고 해석하여서는 안된다. 여기에서 정당해산이 또 하나의 허들을 만난다고 하여도, 정당해산 자체가 가지는 모순 내지 딜레마로 인하여 지나치다고는 전혀 할 수 없을 것이다. 민주주의가 보장하는 정치적 자유가 민주주의의 자살을 초래할 수 있다는 것도 아이러니라고 할 것이지만, 민주주의를 방어하기 위한 수단이 오히려 민주주의의 기본적인 프레임을 무너뜨릴 수 있다는 것은 더한 모순이라고 할 것이기 때문이다. 주지하다시피 정당이 현대 민주주의의 초석(cornerstone)과도 같다면, 정당의 존립 자체를 겨냥한 극단적인 수단으로서의 정당해산에 대하여 아무리 엄격한 요건과 통제장치를 둔다 하여도 이상할 것이 없을 것이기 때문이다.

(4) '국가의 존립'?

마지막으로 헌법의 정당조항의 실체적 요건으로서 독일 기본법 정당해산조항에는 "독일연방공화국(즉 국가)의 존립에 위협을 가하려고 하는 (정당들)"이라는 문구가 규정되어 있는데 반하여, 우리나라에서는 이에 상응하는 조항이 없었다가 1972년 유신헌법에 "(정당의 목적과 활동이) 국가의 존립에 위해가 될 때"로 도입되었다가 바로 다음 헌법개정 시(1980년) 삭제되었는바, 여기에 어떤 의미가 있는가이다. 우리 헌법에 기본권제한에 관한 일반적 법률유보가 처음 규정된 것은 정당해산조항이 처음 도입되었던 1960년 헌법(제28조 제2항)에서였는데, 기본권제한의 목적으로서 '질서유지'와 '공공복리'를 — 제헌헌법 이래의 전통에 따라 — 규정하였고, 여기의 '질서유지'에 국가의 존립과 같은 국가적 법익이 포함되는 것으로 이해하고 있었다. 1972년 유신헌법은 기본권제한을 위한 일반적 법률유보에 기본권제한의 목적으로서 '국가안전보장'을 추가하였는데(제32조 제2항), 이것과 맞추려는 의도였는지는 확인할 길이 없으나 정당해산의 목적에도 "국가의 존립에 위해가 될 때"를 추가하였다(제7조 제3항). 이 정당해산 목적규정('국가의 존립')은 1980년 헌법(제7조 제4항)에서 바로 삭제되었는데, 기본권제한의 일반적 법률유보조항의 '국가안전보장'은 현행 헌법에까지 그대로 유지되고 있다.[30] 이것을 헌법입법자의 부주의라든가 입법의 미비라고 부를 수 있다면 모르지만(규정을 추가했다가 다시 삭제한 것이므로 그럴 가능성은 없어 보인다), 그렇지 않다면 그들은 정당해산에 있어서 '국가의 존립'을 보호법익으로 해서는

30 헌법개정논의를 할 때마다 이 기본권제한 목적조항('국가안전보장')이 삭제되어야 한다는 주장이 나오고 있는데, 이는 이 '국가안전보장'이라는 목적을 기본권제한의 한계로 인정하는 것이 옳지 못하다는 이유에서가 아니고 '질서유지'에 포함하여 이해하면 되는 것이므로 굳이 둘 필요가 없다는 이유에서인 것으로 알고 있다.

안된다고 생각하였다고 볼 수밖에 없다. 여기에서 '국가의 존립'은(즉 국가보호는) '민주적 기본질서'에(즉 헌법보호에) 자동으로 포함되는 것이고 따라서 불필요한 중복규정이어서 삭제한 것이라고 선해할 수도 있겠으나, 그렇다면 왜 그러한 사정이 보다 더 명백해 보이는 기본권제한의 목적규정에서 '국가안전보장'은 그대로 두었던 것인지 묻지 않을 수 없다. 아마도 국가의 존립에 위해를 가하는 자들에 대해서는 그들의 정당으로의 조직을 해체하는데 그치는 정당해산보다는 그들 개개인의 기본권(즉 신체의 자유 등)을 제한하여 그러한 범죄행동을 발본하기 위하여 형법적 수단에 맡기려고 한 입법자의 의사를 추론할 수 있지 않을까 생각한다. 결국 '국가의 존립'이라는 보호법익은 우리 현행 헌법상 정당해산의 직접적인 보호법익은 아니라고 보아야 한다. 아래에서 보듯이 '국가의 존립'은 더 강력한 진압수단인 형법상 내란죄 등의 보호법익으로 입법자가 구성했다고 보아야 한다.

(5) 일부 당원의 내란범죄행위의 평가

물론 '국가의 존립'이 국가에 있어서 실존의 기초가 되는 중차대한 보호법익이라는 점에는 의문의 여지가 없다. 그러나 국가의 존립에 대한 위협에 대하여 어떠한 방식으로 대처할 것인가에 대하여는 헌법입법자와 국회입법자가 정하는 것이다. 국가의 존립을 위협하는 대표적인 행위형식은 내란이라 할 것인데, 우리 형법규정에 따르면 내란이란 "국토를 참절하거나 국헌을 문란"케 하는 것이다(형법 제87조). 과연 어떤 정당이 내란을 목적으로 결성되어 — 정당법에 따라 중앙선거관리위원회에 등록을 하고 — 국민들을 당원으로 모집하여 그들과 함께 내란목적 달성을 위한 활동을 정당활동이라고 강변하면서 유지·존속할 수 있을까? 우리 정당법상의 정당성립요건이 정당 조직의 전국화를 요구하고 상당한 수의 당원을 각 시·도에 골고루 갖출 것을 전제로 하는바. 내란을 목적으로 하는 단체가 이러한 요건을 충족하여 정당이 될 가능성이 있을 리 만무하다. 결단코 불가능할 것이다. 만약 그것이 가능하다고 본다면, 그 많은 수의 내란범죄자들이 전국적으로 준동하도록 국가사법기관이 손을 놓고 있었다는 이야기밖에 안되는데, 이것이 가능할 수 있을까? 따라서 '내란'에 대처하는 수단으로서 정당해산을 처방하는 것은 질병의 실체가 없는데다가 처방전을 쓰는 것과 다를 바 없다. 물론 일시적으로 어떤 반란세력이 내란을 도모하여 결성한 단체를 스스로 정당(내지 창당준비단체 등)이라고 부를 가능성이 없는 것은 아니지만, 이러한 단체에 대하여는 — 절차도 복잡하기 이를 데 없고 요건도 엄격하기 짝이 없는 — 헌법적 수단이 아니라 곧바로 형법으로써 대처해야 하는 것이다. 즉 그러한 단체의 구성원들을 형법으로 다스려서 궤멸시켜야 하는 것이지(그로써 새로운 구성원을 확보하는 것이 더 이상 불가능하게 되어 단체 역시도 자연히 소멸되게 만들어야지) 정당해산이라는, 즉 정당이라는 조직을 이용하여 경쟁하는 방식만을 통제하는 것으로는 너무나 부족하고 나아가 위험하기 짝이 없어서 무책임하다고 볼 수밖에 없다. 우리 입법자들은 현명하게도 '국가의 존립'이라는 보호법익의 효과적 방어를 위하여 형법적 수단을 택한 것이다. 이렇게 보게 되면 정당의 일부 당원들 내지 정당의 일부 조직의 구성원들이 정당의 기본노선을 일탈하여 내란을 도모한 것이 발각된 경우 이를 정당 자체의 목적이나 활동과 연결시키는 것은 — 정당 자체가 내란을 목적으로 하는 반란단체일 가능성은 없기 때문에 — 무리라고 할 것이다. 결국 우리 헌법은 '국가의 존립'을 정당해산의 보호법익으로 인정하지 않고 있고, 우리 입법자들은 이를 형법적 수단으로 보호하도록 법제화하고 있는 것이다.

혹자는 내란범죄행위 자체는 수단일 뿐 그 자체가 목적이 될 수 없고, 따라서 내란범죄자들이 그러한 범죄행위를 통하여 도달하고자 하는 목표 내지 목적과 결합하여 내란범죄행위도 그들이 소속한 정당의 해산 여부를 결정하는 데에 결정적인 기준이 될 수 있는 것 아니냐고 주장하려고 할 수 있을 것도 같다. 그러나 내란이 수단에 불과한 것일 뿐 그 자체로서는 목적중립적 행위라고 한다면, 그러한 범죄행위로서 획책하고 있는 목적을 떠나서는 그들이 소속한 정당의 해산여부를 판단할 수 없을 것이다. 왜냐하면 내란범죄행위를 저지르는 자들이 반드시 민주적 기본질서를 말살하는 체제를 수립할 목적만을 가지고 그러한 범죄행위로 나아가지만은 않는다는 사실은, 우리의 불행한 과거사 속에서 그리고 오늘날에도 전 세계에 걸쳐 빈번하게 목격되듯이 군사쿠데타(이는 국헌을 문란케 하는 내란범죄행위에 해당한다)로 집권한 자들이 — 물론 명목상에 불과한 경우가 대부분이기는 하지만 — 오히려 무너진 민주주의체제를 바로 잡는다거나 재건한다고 강변하는 경우가 많다는 데서도 확인되기 때문이다. 따라서 우리 헌법이 별도로 국가의 존립에 위해를 가하는 행위(여기서는 내란범죄행위) 그 자체만을 가지고 이미 정당해산을 결정케 하도록 별도로 규정하지 아니하고 오로지 (해당 정당의 목적이나 활동이) 민주적 기본질서에 위배될 때에 한하여 정당해산을 할 수 있게 한 이상, 목적중립적 행위인 내란범죄행위 그 자체가 결정적 기준이 되는 것이 아니라 그에 선행하는 또는 그를 수반하는 목적을 함께 검토하여야 할 것인데, 그렇다면 — 그러한 내란범죄행위자들이 소속하고 있고 그들이 이미 그러한 행위로 나아간 사실이 있다고 하더라도 — 해당 정당이 전체 정당의 견지에서 추구하는 목적 내지 그러한 목적과 결합한 활동 전반을 대상으로 정당해산 여부가 결정되어야 한다는 정당해산의 일반적 심사기준이 그대로 적용되어야 한다는 데에는 하등의 달라져야 할 사정이 있다고 할 수 없을 것이다.

여기에서 내란범죄행위 그 자체만을 가지고 보아도 그것이 가지는 폭력성으로 말미암아 이미 '민주적 기본질서에 위배되는 활동'이 아니냐고 반박할 수도 있을 것이다. 그렇다. 민주주의가 정치적 신념이 다른 세력간에 정신적 투쟁을 하는 체제이고 물리적·폭력적 수단이 허용되지 않는다는 점에서 내란범죄행위는 민주적 기본질서에 확실히 위배되는 행동이다. 그러나 위에서 이미 말한 것처럼 내란 자체를 목적으로 하는 정당이 우리 현행법 체제 아래에서 성립·존속할 가능성은 없을 것으로 보이고, 다른 — 민주적 기본질서의 범주에 포섭되는 — 정치적 이념을 목적으로 하는 정당이 그러한 목적을 달성하기 위하여 민주적 기본질서에 위배되는 즉 자신의 정치적 신념을 정면으로 거스르는 내란이라는 수단을 '자신의 정당활동의 일부로서' 동원할 가능성도 없을 것으로 보인다. 결국 어느 정당의 당원 일부 또는 지지자들에 의해 벌어진 내란범죄행위는 '그들의 일탈행동'이라고 보고 그들을 형법적 수단으로 진압하는 것이 사리에 합당할 것이다.[31]

어쨌든 정당해산제도로써 달성할 수 있는 것은 특정 정치세력이 정당의 형식으로 조직되어 그 조직을 이용한 정치활동을 금지하는데 그치는 것으로서, 그들이 주장하는 반민주주의적인 정치이념이나 그러한 이념을 선전하는 개별적인 활동을 금지하는 것은 아니라는 점, 나아가 정당이 해산될 경우 소속 당원들이 그대로 자신의 집으로 돌아가는 것은 기대할 수 없고 다시 다른 정당으로 옮겨가서 다른 정당마저 오염시킬 가능성이 있다는 점, 또한 해산된 정당에 소속되어 지상에서 활동하던 자들이 지하로 잠적하여 은밀하게 반민주적 행동을 계속하는 경향이 있는데 이 경우 추적·감시 등 — 헌법수호임무를 담당하는 — 국가기관의 예방적 활동이 훨씬 더 어려워진다는 점에서, 현실적으로도 정당해산이 내란과 같은 국가의 존립에 위해가 되는 중대범죄를 진압하는데 반드시 효과적이라고만 할 수도 없다는 점도 주의하여야 한다.

V. 결 론

정부의 통합진보당해산심판청구로 촉발된 정당해산논의를 지켜보면 외국, 특히 독일의 학설·판례에 지나치게 의존하고 있다는 인상을 받게 되는데, 우리 헌법학이 우리 헌법의 텍스트와 컨텍스트를 중심으로 독자적인 해석론을 발전시킬 때가 지나도 한참 지났다는데 생각이 미치면 답답한 심정을 금할 수 없다. 이 글에서는 그동안의 정당해산논의에서 충분히 해명되지 않은 것으로 보이는 정당해산의 실체적 요건에 관련된 핵심쟁점 몇 가지를 우리 헌법의 텍스트와 입법연혁 등의 컨텍스트를 기초로 하여 살펴보았다.

우선 우리 헌법의 정당해산조항이 독일 기본법의 유사조항을 모델로 한 것이긴 하지

---

31 내란범죄행위는 형법적 사건이지 혁명과 같은 헌법적 사건이 아니다.

만, 과거의 불행한 역사를 배경으로 나치스당과 같은 정당의 출현과 성장을 방지하고자 한 독일과 독재정부의 정당해산처분을 경험한 후 정부에 의한 자의적 정당해산을 방지하고자 한 한국은 입법배경이 전혀 다르다. 또한 독일은 기본법 전 편에 결쳐서 각종의 제도들로 자신들이 결단한 방어적 민주주의를 뒷받침하고 있지만 우리 헌법은 정당해산제도를 두고 있을 뿐이고, 그것도 제일차적으로는 — 소극적으로나마 — 정당을 보호하는데 초점을 두고 있는 것이다. 따라서 우리 헌법이 독일식의 좁은 의미에서의 방어적 민주주의로 원칙적인 헌법적 결단을 내렸다고 볼 수는 없다.

둘째, 헌법 제8조 제4항에 정당해산의 보호법익으로 규정된 '민주적 기본질서'와 헌법 전문과 제4조(통일조항)에 규정된 '자유민주적 기본질서'에 대하여 같으냐 다르냐를 둘러싸고 논쟁이 있었지만 이 두 개념을 각기 다른 맥락에서 규정하고 있는 입법자의 의사를 존중해 각자의 입법목적과 체계에 맞게 해석하는 것이 옳을 것이다. 전자는 우리 헌법질서의 민주적 성격을 표현한 것으로 우리 헌법상의 민주주의의 핵심요소들을 내용으로 하는 체제내적 개념으로서 정당에 의한 체제일탈을 방지하는데 주안점이 있으며, 후자는 북한의 인민민주주의체제와 대립하고 있는 우리 대한민국의 국가체제를 가리키는 체제대결적 개념으로서, 체제를 더욱 공고히 하고 통일정책에도 체제에 따른 한계를 부여하여, '적'으로부터 우리 대한민국의 국가체제를 지키는데 취지가 있다. 따라서 외연으로 보면 자유민주적 기본질서가 민주적 기본질서보다 넓은 것으로 파악된다.

셋째, 헌법 제8조 제4항의 정당해산의 실체적 요건의 해석문제와 관련하여서는, 제8조 정당조항 자체의 체계를 먼저 보아야 하는데 동조 제1항의 정당의 자유를 제한하는 동시에 제2항에 의한 헌법상 개념으로서의 정당에 대한 제3항의 국가적 보호의 예외를 설정하고 있는 제4항은 그 제한적·예외적 성격으로 말미암아 동 조항에 규정된 가중적 요건을 해석함에 있어서 매우 엄격하여야 한다는 헌법적 요청 아래 놓이게 된다. 정당해산여부의 판단자료로서 정당의 목적은 정당원들이 공유하는 의사를 집약한 정당의 공식적 자료에 주로 의거해서 파악해야 한다. 정당이 진정한 목적을 은폐하고 있을 수도 있으나, 이를 입증하는 것은 매우 어려운 일일 뿐만 아니라 행위자가 드러내고 있지도 않은 주관적 의도를 기준으로 심대한 불이익을 가하는 것은 위험한 일이고, 무엇보다도 진정성이 없는 정당의 성장에 한계가 있어 해산의 실익이 있는지도 의심스럽다. 정당의 활동으로서는 일부 당조직이나 당원들의 일탈행동이 문제되는데, 정당해산제도의 오남용이 없도록 전체 정당의 견지에서 항상 평가하여 정당귀속 여부를 가려야 할 것이다. 또한 정당의 목적만으로는 아직 충분치 아니하고 그러한 목적의 달성을 위한 활동으로 나아간 정당만이 해산대상이 될 수 있을 것이다. 이와 같은 정당의 목적이나 활동이 헌법 제8조 제4항에 규정된 '민주적 기본질서에 위배될 때'에 해당하려면, 단순히 어긋나는 것으로는 부족하고 용납할 수 없는 정도의 상충이 있어야 하고, 그로부터 발생하는 위험의 정도는 현재적, 구체적이고 진지한 정도에 이르러야 하지만, 정당해산의 예방조치적 성격에 비추어 목적의 현실적 실현가능성이 있어야만 하는 것은 아니라고 보아야 한다. 또한 정당해산이 당사자의 정당의 자유, 즉 기본권에 미치는 효과의 심각성을 고려할 때 그것을 통해 보호되는 법익과의 비례합치성 여부에 대한 심사가 있어야 할 것으로 보인다. 우리 헌법은 국가의 존립을 정당해산의 보호법익으로 규정하고 있지 않은데, 이는 연혁상 의식적인 선택으로 보이고, 따라서 일부 당원들의 국가존립에 대한 위해행위, 예컨대 내란범죄행위가 있다고 할 경우 정당해산이 바로 정당화될 수는 없고, 그에 대하여는 형법적 수단으로 대처하는 것이 우리 입법자의 결단으로 볼 수밖에 없다. 현실적으로도 정당해산은 단지 정당이라는 조직을 이용한 정치적 투쟁을 불가능하게 만드는 것일 뿐 그와 같은 중대한 범죄행위를 근절하는 데는 형법적 수단이 더 효과적이라는 점에서 입법자의 선택이 오히려 현명한 것으로 보인다.

마지막으로 첨언하고 싶은 것은 민주주의가 '폭력'이 아니라 '말'로 싸우는 체제라는 점, '적'을 상정하는 체제가 아니라 나와 생각이 다른 '친구'를 상정하는 체제라는 점, 따라서 아직도 '말'로 다투어 정치적 견해간 우열을 경쟁할 '시간'이 남아 있다면 '적을 축출하는 수단'이 동원되어서는 안된다는 점, 즉 아직 다른 덜 심각한 수단으로 투쟁할 기회가 남아 있다면 최후수단(Ultima Ratio)인 정당해산이라는 극약처방이 동원되어서는 안된다는 점이다. 민주주의는 리스크(risk)가 있는 체제일 뿐만 아니라 애초부터 리스크를 먹고 자라는 체제이다. 따라서 리스크를 원천봉쇄하려고 노력하는 자는 이미 민주주의의 '적'이 되고 만다는 교훈을 민주주의를 지키고자 하는 결의에 찬 선량한 시민들이라면 다시 한 번 되새겨 보아야 할 것이다.

<참고문헌>

1. 국내문헌

김선택, 한국 민주주의에 있어서 역사의 미래, 법과 사회 제46호(2014), 법과사회이론학회, 9−65쪽.

김종철, 민주공화국과 정당해산제도 −통합진보당 해산심판청구를 소재로−, 공법학연구 제15권 제1호 (2014), 한국비교공법학회, 35−66쪽.

송석윤, 정당해산심판의 실체적 요건 −정당해산심판제도의 좌표와 관련하여−, 서울대학교 법학 제51권 제1호 (2010), 서울대학교 법학연구소, 27−65쪽.

윤정인·김선택, 유럽인권재판소의 정당해산 심판기준, 공법학연구 제15권 제3호(2014), 한국비교공법학회, 43−75쪽.

윤정인·김선택, 유럽인권재판소의 정당해산심판 사례 분석, 세계헌법연구 제20권 제2호 (2014), 세계헌법학회 한국학회, 211−248쪽.

이상경, 방어적 민주주의와 위헌정당해산심판제도에 대한 비판적 고찰, 법과 사회 제46호 (2014), 법과 사회이론학회, 107−144쪽.

이성환·정태호·송석윤·성선제, 정당해산심판제도에 관한 연구, 헌법재판소, 2004.

이재희, 전투적 민주주의로부터의 민주주의 수호: 한국 헌법상 정당해산심판제도의 의의와 실체적 요건 해석을 중심으로, 공법학연구 제15권 제2호 (2014), 한국비교공법학회, 105−141쪽.

전광석, 정당해산심판에 대한 헌법적 및 정치적 이해, 헌법판례연구 제13권 (2012), 한국헌법판례연구학회, 133−153쪽.

정만희, 정당해산심판의 헌법적 쟁점 −정당해산심판의 요건과 효과를 중심으로−, 공법연구 제42집 제3호 (2014), 한국공법학회, 105−140쪽.

정태호, 2013헌다1 통합진보당 해산사건 피청구인측 참고인 진술서, 2014. 2. 7.

최희수, 위헌정당해산제도에 관한 연구, 정당과 헌법질서 (심천 계희열박사 화갑기념 논문집), 박영사, 1995, 444−479쪽.

2. 외국문헌

Durig, Gunter, Art. 18, Maunz−Durig, GG

Ridder, Helmut, Dreißig Jahre >>KPD−Verbot<< (1986), in: Dieter Deiseroth/Peter Derieder/Christoph Koch/Frank−Walter Steinmeier (Hrsg.), Helmut Ridder.

Gesammelte Schriften, 2010, S. 552−562.

Stern, Klaus, Das Staatsrecht der Bundesrepublik Deutschland Ⅰ, 2.Aufl., 1984.

9 한국 헌법상 정당의 지위에 대한 관점의 전환을 위한 시론*

김 종 철**

Ⅰ. 서 론

일반적으로 현대민주주의는 정당중심적 민주주의로 이해된다. 일찍이 이를 두고 권영성 교수는 다음과 같이 지적하면서 정당제도의 존재방식이 헌법적 논의의 중요한 매개방식이 될 수 있음을 암시하고 있다.

> 첫째, 현대의 대중적 민주주의국가에서는 국정운영의 실제담당자일 뿐만 아니라 국가의사형성과정에 있어서 결정적인 역할을 다하는 것은 바로 정당이라는 점, 둘째, 정당의 존재방식 여하(如何), 바꾸어 말하면 정당제도에 대하여 헌법(또는 법률)이 어떤 태도를 취하는 가에 따라 거기에 몇 가지 국가적 유형이 설정될 수 있다는 점, 셋째, 실정헌법의 문면에도 불구하고 정당제도의 현상형태 여하에 따라 헌법의 현실적 적용과 규범력은 크게 달라진다는 점을 유의할 필요가 있다(권영성 1981: 93).

한국 헌법은 이 같은 현실을 인정하여 정당을 단순히 합법화하거나 헌법에 편입하는 수준을 넘어 정당의 특권을 헌법적으로 보장하는 동시에 국가에게 법률의 형식으로 정당을 적극적으로 보호할 의무를 부과하고 그 반대급부로 정당에게 그 목적, 조직, 활동이 계속성과 민주성의 원칙을 준수할 헌법적 의무를 부과하고 있다. 즉, 헌법 제8조에 정당설립의 자유 및 복수정당제도의 보장(제1항), 정당활동의 민주성의 요구(제2항), 정당에 대한 국가의 보호와 정당운영자금의 재정적 보조(제3항), 정당존립에 대한 헌법적 보호(제4항)를 명문으로 규정하고 있다. 이 규정에 의하여 정당은 일반결사와는 구별되는 특별한 헌법적 취급을 인정받는 것이며 정당의 헌법상 지위가 논하여질 실정법적 근거가 된다.

---

* 이 논문은 1999년 10월 2일 日本 關西大學에서 개최된 漢陽大學校法科大學關西大學法學部 國際研究交流シンポジウム에서 발표된 논문을 수록한 關西大學法學研究所, NOMOS, 제11호, 2000, pp.134－146 소재의 "現代民主主義と政黨－韓國憲法上政黨の地位に對する觀點の轉換のための試論"의 한국어 원본의 표현을 일부 수정 및 가필한 것이다. 한국 헌법학에서 정당관련 헌법이론과 비교법 연구에 탁월한 기여를 하신 정만희 교수님의 정년을 맞아 오래 묵었고 그동안의 연구업적을 충분히 반영하지 못하고 있기는 하나 우리나라에 공간된 바 없는 필자의 소견을 소개하는 것으로 정교수님의 학문적 업적을 기리고자 한다.

** 법학박사, 연세대학교 법학전문대학원 교수.

그러나 현대민주주의에서의 정당의 핵심적 역할과 기능, 그 반영으로서의 헌법의 적극적 수용, 나아가 "헌법의 현실적 적용과 규범력"의 "정당제도의 현상상태"에의 의존성에도 불구하고 현대헌법이론(혹은 이를 현실에 구체화한 실정헌법, 예를 들어 한국헌법)의 통일된 가치구조 내에서 정당이 차지하는 지위에 대한 본질적 논의는 여전히 미완의 상태에 있다. 이런 상태가 지속되고 있는 것은 가장 큰 원인은 입헌주의에 토대한 서구 자유민주주의 헌법이론 자체가 정당에 대한 분명한 입장을 유보하고 있기 때문이다. 이 글은 우선 이러한 보편적 원인에 초점을 두고 현대 민주주의 헌법에서 정당의 헌법적 지위를 논하기 위한 몇 가지 선결문제를 짚어 보는데 그 목적이 있다.[1]

이 논문은 서론을 제외하고 세 장으로 구성된다. 우선 이 논문의 주논점인 서구 자유민주주의 헌법이론의 현실적합적 정당관(觀)의 부재를 적시한다(II). 그리고 그 부재의 원인을 전통적 정당관이 가지는 시민사회지향성 혹은 순수민주주의지향성[2]을 비판하고 현실을 보다 정확하게 반영하는 새로운 정당개념을 모색해 본다(III). 이 글의 마지막 장은 결론에 갈음하여 정당의 헌법상 지위에 관한 필자의 소견이 한국 헌법규범의 실현에 어떤 현실적 함의를 가질 수 있는 지를 간단히 살핀다(IV).

Ⅱ. 정당의 본질에 대한 기존 헌법학의 태도

먼저 서구 자유민주주의 헌법이론이 정당에 대한 분명한 입장을 유보하고 있다는 필자의 전제가 무엇을 의미하는지에 대해서 간략히 설명하여 보자.

1. 자유민주주의 헌법이론의 의의

여기서 서구 자유민주주의 헌법이론이라 함은 일찍이 시민혁명을 통해 국민의 자유와 권리의 보호를 국가의 기본목표로 두고 권력분립의 원칙에 따라 국가권력의 전횡을 지양하는 자유주의적 정치이념에 바탕하여 국민주권의 원리를 실현하는 헌법이론으로, 대개의 서구국가들이 공통적으로 채택하고 있는 정치체제가 지향하는 헌법이념이라고 일단 정의할 수 있다. 연혁적으로 자유주의(liberalism)와 민주주의(democracy)를 근본정치이념으

---

1 한국 헌법에서 정당보호가 헌법화된 구체적인 배경에 대하여는 헌법사적 접근에 따른 별도의 연구를 필요로 할 것이지만 잠정적으로는, 한태연(1997a: 220)이 언급하였듯이, 한국 헌법규범과 현실에서의 구체적 함의를 살필 겨를도 없이 2차 대전 이후 독일을 중심으로 전개된 정당의 헌법적 제도화라는 새로운 경향에의 무비판적 동조인 측면이 있다.

2 즉, "국민을 위한"(for the people)이 아닌 "국민에 의한"(by the people)을 강조한다는 의미.

로 하면서 제도적으로 대의제적 의회민주주의(representative parliamentary democracy)를 구현하고 있는 헌법이념이다. 자유주의와 민주주의 자체가 다양한 해석여지를 가지는 이념들[3]이지만 여기서는 상세한 논의를 유보하고 모든 서구국가들이 채택하고 있는 자유민주주의의 대의제적 본질에 입각하여 주권을 가진 국민이 직접 정치과정에서 정책결정 및 집행을 담당하지 아니하고 그들의 대표를 선거를 통해 선출하고 이 대표들이 헌법과 법률이 정하는 규칙에 따라 통치를 행하는 정치제도로 서구 자유민주주의 헌법이론을 전제해 두자.[4] 그렇다면 서구 자유 민주주의 헌법이론이 정당에 대한 분명한 입장을 유보하고 있다는 것을 무엇을 의미하는가?

2. 고전적 자유민주론의 정당관에 내재한 문제점

필자가 설정한 전제에 대하여 두 가지 원론적 의문이 제기될 수 있다. 우선 서구 자유민주주의 헌법은 한국헌법 제8조와 정당법 제1조 및 제2조에서 인정하고 있듯이 정당을 '국민의 정치적 의사형성을 매개하는 자발적 조직'으로 명쾌하게 파악하고 있지 않느냐는 의문이 있을 수 있다. 즉 "국민"의 정치적 의사형성을 매개하지 않거나 "자발성"이 결여된 조직, 즉, '사회의 자기조직'(한태연 1997b: 186)으로서의 특질을 가지지 아니하는 조직은 정당의 개념징표를 벗어난 것으로 서구 자유민주주의 헌법은 대개 전제하고 있다는 것이다. 이를 달리 표현하면 서구 자유민주주의 헌법은 국가와 사회의 구별을 전제하면서 정당이 국민(혹은 사회)에 전적으로 포섭되는 존재로 인식하여 정당의 정치과정(political process)에서의 독립된 지위를 인정하지 아니한다. 이 관점에서는 정당은 본질적으로 국민의 정치적 의사형성을 매개하는 또 다른 자발적 조직인 여타 일반결사와 다르지 아니하며 단지 일반적으로 선거라는 대의제의 중핵적 필수요소를 이룬다는 점에서 구별될 뿐이다.

정치과정에서 독립주체가 아닌 종속주체로서의 정당개념, 일반결사와 본질에 있어서 다르지 아니한 정당은 국민의 (정치적) 자유권행사의 연장선에서만 파악되며 정당자체가 스스로의 이익에 의해 국민의 자유를 구속함과 동시에 정치과정에서 독자적 행위단위로

3 1980년대 말의 동구의 국가주의적 사회주의의 몰락이 여기서 일반적으로 정의된 자유민주주의체제의 승리를 의미하는 듯이 보였지만 서구 민주주의 국가들 내부에서도 의회민주주의의 위기를 중심으로 민주주의의 본질을 다투는 민주주의논쟁이 새로이 부활하는 계기가 되었다. 자유주의와 민주주의에 대한 기본적 이해는 한국정치연구회 사상분과 편저, 현대민주주의론I (1992); Bobbio (1992); 한태연 (1997a 및 1997b) 참조.

4 한태연의 연구(1997b: esp. 176)는 서구적 정치사에 있어서 "정신적 또는 제도적으로" 대의제적 민주주의가 그 정치체제에 있어서의 "원칙적인" 형태를 형성하고 있음을 논증해 주고 있다. 물론 개별 국가의 헌법들이 실제로 직접민주제적 요소를 가미한 혼합적 정치체제를 지향하고 있음을 부정하는 것은 아니다. 그러나 혼합적 정치체제에 있어서도 직접민주제적 요소는 어디까지나 대의제의 문제점을 보완하기 위한 종속적 제도임을 유의할 필요가 있다.

기능한다는 점을 간과하고 있다. 즉 전통적 개인주의적 자유주의에 바탕한 이 같은 정당관이 헌법현실에 동떨어진 주장인 것은 정당중심적 민주주의라는 개념과 현실이 등장하고 정당의 헌법제도화가 이루어지면서 이미 역사적으로 증명되었다.[5] 정당은 더 이상 단순히 국민의 정치적 의사형성을 매개하는데 그치지 아니하고 스스로 권력의 핵으로서 권력을 창출하고 권력분립이라는 입헌주의의 기본틀을 변형(좀 더 과격하게는 붕괴)시켜왔다. 정치과정을 지배하는 입법권과 행정권의 견제와 균형의 논리는 정당제도의 정착으로 말미암아 다수당과 소수당의 견제와 균형의 논리로 대체되었다. 입법권과 행정권을 행사하는 국가기관으로서의 의회와 정부는 실질적으로 정당의 기율에 복종하는 정치인들로 구성되므로 정당을 중심으로 한 의사결정과정이 공식적 국가기관을 중심으로 한 정치과정을 형해화 시키게 되었다. 서구 자유민주주의 헌법이론이 정당에 대한 분명한 입장을 유보하고 있다는 것은 정당을 이처럼 현실적 권력작용체(centre of power)로 인정하기를 꺼리고 고전적 권력분립론에 입각하여 헌법규범을 형성하는데 주력하고 있다는 의미이다. 이 같은 헌법규범이 헌법현실을 규율하는데 실패할 것은 예정되어 있고 소위 '대의민주주의의 위기'[6]는 이 같은 대의제도의 중핵 — 정당 — 에 대한 헌법학적 단견에 기인한다.

3. 정당의 헌법편입에 대한 기존 입장의 한계

두 번째 원론적 의문은 독일이나 한국의 경우처럼 헌법규정을 통하여 그리고 그 집행규범으로서의 정당법 등을 통하거나 미국에서처럼 개별 정당활동에 대한 입법적 규제를 통하여 앞서의 자유주의적 헌법이론의 맹점을 극복한 것이 아니냐는 주장이 있을 수 있다. 사실 오늘날 헌법학의 공감대를 형성하고 있는 정당중심적 민주주의의 개념의 등장과 정당의 헌법에의 편입현상이 조합주의(corporatism) 혹은 다원주의(pluralism)적 역사발전

5 정당의 헌법상 지위에 관한 고전적 문헌으로 한국 공법교과서들(예를 들어, 김철수 1999: 152-153)에 감초처럼 등장하는 Triepel의 정당에 대한 (헌)법적 승인의 4단계설에서 잘 나타나듯이 정당의 헌법에의 편입이 있기 전에는 그 정치질서에서의 실질적 역할과 기능에도 불구하고 정당은 헌법외적 존재로서 그 존립마저 부정되어 왔었다는 점을 유의할 필요가 있다.

6 1980년대 말 동구공산권의 몰락이 도미노처럼 세계인의 주목을 끌면서 식자들은 '역사의 종말'과 더불어 국가사회주의 혹은 인민민주주의체제에 대한 '자유민주주의'의 승리를 이야기했다. 그러나 아이러니하게도 자유민주주의의 승리를 자축하던 샴페인의 여운이 혀끝을 채 가시기도 전에 승자의 안마당에서 자유민주주의의 정치제도적 표현인 의회민주주의론에 대한 근본적 회의가 광범위하게 유포되기 시작했다. 이미 제2차대전전 후발자본주의국가의 불안한 헌정(대표적으로 독일의 바이마르[Weimar]공화국)이 경험했던 의회주의 혹은 의회민주주의의 위기론(예를 들어, Schmitt 1985 참조)이 20세기말 서구선진민주국가들에서도 경계경보를 발하기 시작했던 것이다(예를 들어, Mouffe 1993 참조). 그 핵심은 후술하듯이 대의제가 정치과정에서 시민을 수동적 소비자층으로 고착화하면서 자기결정의 주체로서 정치과정에 참여하는 시민상을 추구하는 움직임이 거세진 것을 의미한다. 유럽 여러 나라의 현실정치에서 세력을 확장하고 있는 소위 '제3의 길'로 불려지는 새로운 통치모델의 등장은 이 같은 담론의 잠정적 결과이다. 이 같은 흐름의 대표적 저술로 Giddens(1998) 참조.

에 따른 헌법적 대응의 결과임은 부정할 수 없다(Pizzorno 1981; 한태연 1997b: 186-187). 그러나 정당이라는 새로운 '괴물'이 정치과정의 핵으로 등장하고 또한 헌법에 편입되면서도 변화된 정치현실의 단순한 반영 이외의 의미를 가지고 있었는가(혹은 있는가)는 의문시된다. 즉, 이 현대적 괴물이 통치권력의 핵으로서의 군주주의 시대의 군주의 지위를 시민혁명을 통해 계승한 의회를 사실상 형해화하면서 그에 갈음하는 실제적 '군주'로 군림하게 된 사실을 긍정한 후에 그 헌법학적 본질에 대한 규명을 완료하고 기존의 입헌주의헌법의 통치구조와의 관계정립을 달성한 상태에서 이 괴물의 헌법에의 편입이 달성되지는 못했다는 점이 지적되어야 한다. 오늘날 정당의 헌법적 지위에 관한 한국의 교과서적인 논의에서 지배적 학설인, "중간적 매개체"로서의 혹은 "제도보장의 반영"으로서의 정당의 이해[7]는 정당을 국민(혹은 시민사회)의 종속변수로 파악하고 있는 점에서 이미 '역사적'으로 사형선고된 일반결사체적 본질을 갖춘 정당개념에서 거의 나아가지 못하고 있다. 물론 국가와 사회를 연결하는 중간매개로서 정당을 이해하는 학계의 지배적 입장은 정당의 헌법에의 편입을 근거로 정당의 일반결사와의 '구별'을 인식하고는 있다. 그러나 이 입장은 국민을 매개하지 아니하는—즉 의사형성체로서의 국민 개개인이 가지고 있는 의사를 결집하여 이를 단순히 정치과정에 투영시키는 전달체나 도관(導管)이 아니라—정치의사를 스스로의 입장에서 독립적으로 형성하는 독립적 존재로서의 정당을 부정하고, 나아가 전통적 국가기관개념에 기반하여 이 같은 정당의 독자적 의사형성이 가지는 공권력성을 존재론적인 시각에서 부정한다는 점에서 일반결사설의 변종에 불과하다.

예를 들어, 정당의 주요한 기능을 "상향적인 국가의 의사결정을 가능케 하는" '시민사회'와 '국가'의 "의사적인 중개"(허영 1995: 233-239)로 파악하는 입장은 정당의 시민사회관련성(혹은 시민사회기원론)에 지나치게 집착하고 있는 문제점을 가진다. 그 결과 현대사회의 조합주의적 혹은 다원주의적 발전이 정당의 정치과정상의 역할을 변화시켰음을 제대로 파악하지 못하게 한다. 현대국가의 정치과정은 정당에 의한 정치적 의사매개기능의 독점을 더 이상 용납하지 아니한다. 각종 이익집단의 등장과 위정자의 사적 네트워크(private network)의 강화된 중요성은 사회와 국가의 의사적인 중개자로서의 정당이 특수한 역할을 상대화시켰다.[8] 사실 20세기의 지도이념이 된 대중민주주의는 정치과정에 대중의 광범위한 참여를 유도(혹은 유발)하였고 이는 명사중심의 엘리트정당(elite party)의 대중정당(mass party)으로의 변화를 촉진하는 동시에 이익집단 내지 여론형성그룹의 급성장으로 시민사

7 권영성 1999: 185-186; 김철수 1999: 156-157; 한태연 1997b: 188-190; 정만희 1995: 189-195.

8 아이러니하게도 현대민주주의의 정당국가적 발전에 주목하면서 정당의 헌법기관성을 강조했던 Leibholz (1975[1973]: 110-112)도 정치적 의사형성과정에서의 정당의 독점적 지위의 붕괴를 무시하고 정당을 국민과 동일시하는데서 정당의 시민사회관련성에 지나치게 집착하는 오류를 범하고 있다.

회의 비공식적 정치세력과 국가화된 정치과정 사이의 구별을 힘들게 하였다(Offe 1985: 817; Berger 1981: 10). 정치과정의 다원화는 정당에게 자유민주적 정치모델이 요구하던 국가와 시민사회의 중간매개체로서의 정당의 역할을 형식화하는 대신 국가화된 정치과정에서의 정책결정 내지 집행의 효율성을 극대화하는 역할을 정당에 부과하게 된다. 달리 표현하자면 정당의 시민사회관련성은 과거 전통적 정당관이 전제하듯이 시민사회에 존재하는 다양한 사회적 요구들을 수렴하여 상향적으로 국가정책결정에 반영되도록 하는 측면보다는 정당이 주체적으로 스스로의 입장을 정하고 이를 여론형성과정을 통해 관철시킴으로써 정책결정의 정당성을 하향적으로 확보하는 경향이 두드러진다. 전통적 입장이 국민의 주권자로서의 주체적 지위를 강조하는 것인데 비해 정당기능의 새로운 면은 정당의 주체적 지위가 강조되고 국민은 정당의 정치상품을 구매하는 소비자로서 수동화된다는데 있다.

정당의 시민사회관련성의 의미변화와 더불어 더욱 주의를 기울여야 할 부분은 정당의 공권력화현상(governmentalization)이다. 정당은 국가화된 정치과정 — 의회 혹은 행정부 — 를 장악함으로써 이제 스스로가 형성한 주요정책을 어떻게 하면 효율적으로 관철시킬 것인가에 그 활동의 중점을 두게 되었다. 이 같은 변화는 이질적인 조직원리에 의해 구성되는 국가－시민사회 이원론의 전제에서 출발하여 시민사회에 존재론적 기원을 두고 국가를 의사관철의 대상으로 파악하던 고전적 정당관이 그 뿌리부터 뽑혀진 것을 의미한다. 정치과정 특히 국가정책결정과 집행의 효율성에 초점을 두는 국가와 정치과정의 민주성(정당성)에 초점을 두는 시민사회 이원론에 의하면 다원주의시대의 국가화된 정당은 정당의 본질에 반한다고 평가되어야만 할 운명에 당면하게 된다.[9]

결론적으로 기존의 서구 자유민주주의 헌법이론이 정당에 대하여 분명한 입장을 유보하고 있다는 전제의 또 다른 의미는 정당의 헌법에의 편입이 정치적 다원주의의 헌법현실에의 형식적 굴복에 불과하고 그 헌법현실에 조응하는 새로운 헌법이론 혹은 헌법체계의 창출로는 이어지지 않았다는 의미이다. 달리 표현하면 기존의 이론들은 정당이 여타 일반결사와는 달리 왜 헌법에 편입되어 특수한 보호를 받으며 특별한 헌법적 의무를 부담하는 지, 그리고 그 헌법적 함의가 어떤 경로를 통하여 입헌주의 헌법의 기본틀 — 특히 권력분립의 측면과 무기속위임(free mandate)을 전제로 하는 의회주의 — 을 본질적으로 변화시키는지, 나아가서 통치구조상에서 공권력의 통제가 실질적으로 어떤 대상을 초

9 예를 들어, 한태연(1997b: 189)은 정당이 국가의 "전체적 질서의 형성과 유지에 있어서의 본질적 요소"를 의미하여 그 공공성을 적극적으로 인정하면서도 정당에 있어서의 공공성은 바로 "전체적 질서의 정당성의 원칙에의 참여 그 자체를 의미"한다고 하여 정당의 국가기관적 지위를 규범적 시각에서 부정하고 있다.

점으로 이루어져야 하는지의 헌법학적 선결문제[10]에 대하여 완결된 해답을 제시해 주지 못한다.[11]

Ⅲ. 정당의 본질

이상에서 살핀 바와 같이 정당중심적 민주주의로 전환한 현대 민주주의의 현실에 대한 헌법체계적 이해가 답보상태를 면하지 못하고 있는 근본 이유는 정당의 본질에 대한 자유주의적 이해의 고답적 답습에 기인한다. 따라서 우리가 해명해야 할 과제는 정당을 일방적으로 사회의 영역에서만 파악하려는 기존의 입장을 극복하고 독립적 의사형성체로서의 정당의 본질을 어떻게 재구성할 것인가에 있다. 이 과제는 두 가지 논의과정을 통해서 해결될 수 있다. 첫째, 고전적 정당개념이 터잡고 있던 국가-사회 이원론의 현대적 재구성을 통해 정당의 헌법상 지위는 새로운 지평을 맞을 수 있을 것이다. 둘째, 새로이 정립된 국가-사회 이원론에 기초한 현대정당조직의 변화에 대한 분석은 우리에게 일원론적 정당개념의 극복을 통해 정당의 헌법상 지위와 법적 성격에 관한 논의를 현실화할 수 있는 계기를 마련해 준다.

1. 국가와 사회 이원론의 현대적 재구성

정당조직의 원시적 형태는 일찍이 E. Burke가 정의한 바 있듯이 "뜻을 같이 하는 정치인들의 결사"[12]였다. 따라서 정당조직의 기원은 기본적으로 국민의 지배를 의미하는 민주주의와 발생학적(發生學的)으로 연계되어 있지 아니하다. 왜냐하면 시민혁명이전의 신분제의회 내에서의 정치적 결사들은 독자적 목소리를 가진 시민사회 내의 정치적 의사형성, 즉 대표 혹은 대의를 전제하지 아니하고 있었다. 다시 말하자면 이처럼 시민혁명이전의 신분제의회 내의 정치적 결사들에 정당의 기원을 소급하는 경우 정당의 본질은 임의적 정

10 Hesse(1985[1958]: 99)가 현대국가에 있어 정당의 헌법상의 지위에 관한 논의가 "다른 어떤 문제보다도 헌법적 고찰의 전체문제성을 자각하게 하는 문제"라고 설파한 것도 이 같은 맥락에서라고 필자는 이해한다.

11 대표적으로, 기존의 수정주의적 입장-국가와 시민사회의 중간매개체로서의 정당의 특수한 공적인 지위를 강조하면서도 정당민주주의가 의회주의의 무기속위임원칙에 종속적으로 융화되어야 한다는 입장은 정치인, 특히 국회의원의 정당에의 실질적 기속이라는 현실에 대하여 아무런 실질적 제도적 대안을 제시하지 못한 채 자유주의가 전제하는 국회의원의 전체이익 대변의무의 이상적 관철만을 되뇌이는 한계를 가진다(예를 들어 허영 1995: 241-242; 이병훈 1995: 151).

12 "Political Party is a body of men united, for promoting by their joint endeavours, the national interest, upon some particular principle in which they are all agreed" in E, Burke, Thought on the Present Discontents (1770), Vol. 1, p.530(김중권 1995: 84, fn.45에서 재인용).

치단체와 다르지 아니한 정치엘리트들의 느슨한 결사인 셈이다. 이처럼 일반결사의 일종으로 정당을 파악하는 것, 즉 엘리트 정당(elite party)의 개념은 현대 민주주의의 발전과 정당의 본질 사이의 관련성에 특별한 의미를 부여하지 아니하는 것으로 볼 수 있다.

그러나 시민혁명을 거치면서 입헌주의에 바탕한 대의민주주의가 헌정의 기본원리를 구성하게 되면서 국가와 시민사회는 기능적 조직원리를 달리하는 별개의 사회영역으로 인식되기 시작한 점은 주지하는 바와 같다. 시민혁명 이전까지 지배적이던 일원론적 사회는 혁명을 거치면서 최소한 정치적으로 권력작용을 매개하여 공동체의 공동목표를 더욱 효율적으로 형성, 집행하는 데 목적을 두는 국가영역과 개인적 자율성에 바탕하여 사회구성원의 사적 이해조정에 초점을 두는 시민사회의 영역으로 분화하였다. 이들 두 영역의 본질과 상호관계에 관하여는 국가론적 인식의 차이로부터 다양한 이론이 제기되어 왔는데 양자 사이의 단절성을 강조하는 고전적 법실증주의적 이원론의 입장을 제외하고는 양자 사이의 상호관련성은 일반적으로 인정되어 왔다(허영 1995: 166−178). 19세기이후 선거권의 확대와 더불어 국민의 정치참여를 본질로 하는 민주주의론이 득세함에 따라 근대정당은 전체 사회의 안정적 통일적 유지를 위해 두 영역을 정치적으로 매개하는 독점적 기구로서 인식되게 된다. 즉 정치체제의 정당성은 국민의 의사의 적절한 대의에 있게 되었고 이 대의메카니즘의 핵심은 선거였으며 선거의 수행과 그 결과로서의 의회의 원활한 운영은 일정한 규율 하에 집단적으로 기능하는 정당에 의존하지 않을 수 없게 되었다. 정치엘리트의 측면에서도 선거권이 일반국민들에게 확대되기 시작하면서 선거에서 승리하기 위해 대중조직을 확충하여 자신들의 결사를 보완할 필요를 느끼게 되었고 그 결과 원외정당조직과 이 원외정당과 원내정치엘리트를 매개할 중앙당사무국 조직이 상설화하면서 근대대중정당의 비약적 발전이 있게 된다. 이처럼 전체사회의 기능적 분화와 더불어 정당조직 자체의 비대화와 그 내적 조직의 다원화 내지 다층화의 함의에 대하여는 다음 단락에서 상술하도록 하고 여기서는 이 같은 정당조직의 발전과 국가−사회이원론이라는 근대사회의 발전을 설명하는 분석틀의 의의에 초점을 맞추어 보자.

대중정당의 등장은 신분을 매개로 하여 국가정책결정과정을 독점하는 정치엘리트들이 주어진 정치적 특권의 배분을 둘러싸고 정치적 경쟁을 벌이던 시대에서 더 이상 신분에 얽매이지 아니하고 실력과 부(富)에 의하여 정치적 발언권이 주어진 시민사회의 동의를 획득하기 위해 경쟁하는 시대로 정치과정의 중심점이 전화되었음을 의미한다. 정당은 시민사회의 의사를 대변하여 정치권력을 통제하는 주요한 장치로 인식되었고 정당의 위상은 시민사회의 구성원을 얼마나 확보하고 있으며 또 그들의 요구에 얼마나 순응하느냐로 자리매김 되었다(Katz and Mair 1995: 6−7; Pizzorno 1981: 250−256). 정당의 본질을 시민사회에 그 조직적 기원을 두고 국민의 국가정책 결정과정에의 참여를 매개하는 것으로 파악하는 입장은 이 같은 대중정당모형에 기반하고 있다. 이 대중정당모형이 국가와 시민사회를 구별함과 동시에 이들 상호간의 교차관계를 인정하는 기반위에 있음은 쉽게 이해되는 바다. 국가의 정책 결정과정은 시민사회의 다양한 사회적 압력에 영향을 받으며 이 사회적 압력의 핵심에 정당이 기능하게 된다는 발상이다. 다시 말해서 정당은 국가와 시민사회의 교차지대에 존재하는 시민사회의 하위요소이다.

그러나 대중정당의 발전이 시민혁명 이전부터 존재하던 엘리트 정당의 특성이 완전히 청산된 것을 의미하지는 않는다. 시민혁명 후의 대의제적 민주주의의 전개과정은 과거 구체제의 신분제에 기초한 정치엘리트를 자본주의사회의 한 직업으로 정치를 택한 전문정치인들이 대체하는 과정이었으며 이는 시민사회가 국가의사결정의 주체로 완벽하게 기능하지 못함을 의미하였다. 즉, 대중정당의 발전은 또 다른 엘리트 정당의 외면적 변화라는 성격이 강하였으며 지배자(정치인 혹은 정당)와 피지배자(국민)의 분리는 정치과정에서 후자의 수동적 지위로 고착화(固着化)하였다. 이같이 대의민주주의가 제한된 민주주의의 형식 — 엘리트 민주주의(elitist democracy)[13]로 흔히 이야기되는 — 으로 고착화되면서 국민의 정치참여의 실질화 — 흔히 참여민주주의(participatory democracy)로 이야기 되는 — 가 현대헌법국가의 화두가 되었다. 특히 최근의 정보산업기술의 발달과 현대사회의 복잡성(complexity), 다원성(plurality)을 근거로 신대중주의 노선이 등장하고 있는 것이 그 대표적 예이다. 이른바 '전자민주주의'(cyber democracy or teledemocracy)로 통칭되기도 하는 '전자대중주의'(techno-populism)는 민주적 의사결정에 관한 한 의회와 정당의 실패를 강조하면서 컴퓨터기술을 응용한 새로운 형태의 국민참여민주주의를 주창한다.[14] 전자투표(electronic polls), 시민정책포럼(citizen's juries), 전자민회(electronic town halls) 그리고 국민투표(referendum)의 강화가 그 구체적 대안들이다. 이 새로운 정치참여방식의 특성은 원자화된 개인주의를 기본으로 설정하고 대의적 정치조직들 특히 정당과 의회의 기능을 민주적 의사결정과정의 왜곡변수로 폄하한다. 이 같은 참여민주주의론의 팽창은 시민사회의 구성원인 국민을 국가 의사형성의 기본주체로 간주하면서 국가와 사회의 구분을 부정하는 입장이라 할 수 있다. 현대정당국가론의 대부인 Leibholz(1975[1973]: 110ff)가 정당과 국민의 동일시라는 입론을 통해서 근대 대의민주주의의 변화를 정당화한 것도 역설적으로 이

13 정치지도자 선출과정의 자유경쟁을 민주주의의 핵심적 요소로 간주하는 엘리트 민주주의를 집대성한 것으로는 Schumpeter의 Capitalism, Socialism and Democracy (1943)를 들 수 있다.

14 이 같은 경향의 대표적 저술로는 G. Mulgan의 논저를 들 수 있다. 그의 Politics in an Antipolitical Age (Cambridge: Polity Press, 1994); "Creating an Enabling Party", Renewal Vol. 1 (1993), pp.62-9; "Party-free Politics", New Statesman & Society (15 Apr 94), pp.16-8 참조.

같은 조류를 의식하지 않을 수 없었던 고전적 의회주의의 위기 때문이라 할 수 있다.

그러나 아테네 민회의 민주주의를 현대의 거대복합사회에 되살리려는 대중노선은 다음과 같은 이유에서 그대로 수용되기 힘들다. 우선 참여민주주의의 기본전제인 확대된 정치참여가 민주적 정당성과 국가정책의 확실성을 보장한다는 발상은 일반시민의 제한된 정치참여를 당연시하는 엘리트 민주주의론만큼 위험하다. Max Weber가 대중과 직업정치인의 역할분담을 근대사회의 특질로 인식하고 '직업으로서의 정치'(Politics as a Vocation)[15]라는 개념으로 이념화하였던 점을 되새겨 볼 필요가 있다. 개인의 삶과 직결된 대부분의 정책결정과정에 개인의 참여를 전제하는 발상은 개인의 정치참여선택권 자체를 위협하는 발상일뿐더러 점점 가속화되는 사회변화에 공공정책이 적절히 대응해야 할 필요성을 감안하지 못한 비현실적 주장이다. 중간적 정치집단(intermediate organization)의 역할을 부정하고 나아가 국가영역의 독자성(autonomy)을 부정하면서 시민의 직접적 정치참여를 최대한 확대할 것을 요구하는 것은 오히려 구체적 사안에 대한 합리적 개별적 선택의 폭을 줄이고 정책의 일관성을 해칠 것이 분명하다. 특히 새로운 대중주의는 다수자의 횡포를 항상화(恒常化)하여 정치사회에서 소외된 소수자의 권익보호에 치명적 약점을 낳는다. 미국 등 서구에서 대중발안과 국민투표의 활성화가 결국 이 같은 운동을 추동(推動)할 정치적, 경제적 힘을 가진 사회적 강자들에 의해 주도되며 다양화된 사회이익을 합리적으로 통합하는 것에 역행하고 있다는 점을 주목할 필요가 있다. 그리고 정치단위의 원자화(atomization)는 근대사회가 역경 속에 이룩한 중간단계의 민주적 기구들을 해체함으로써 역설적으로 정치엘리트의 관리주의적 지배(managerialist domination)를 오히려 용이하게 하는 문제점이 있다. 즉, 전자대중주의자들의 직접민주적 장치들은 대의제적 정책결정과정에서 용이한 합리적 토론과 대등한 정치세력 사이의 견제와 균형에 의한 정치의 가능성을 봉쇄하고 토론과 대안에 대한 충분한 검토 없는 정책결정을 남발하여 정치적 우위를 가진 특정세력의 전횡을 대중민주주의의 이름으로 합리화하는 결과를 낳을 수 있다.[16] 예를 들어 영국 노동당(Labour Party)의 당근대화작업(modernization)이 당원의 직접적 정치참여를 강화한 것은 긍정적인 측면이 있으나 정책결정을 개별당원의 전체투표에 맡김으로써 과거 다원주의의 정책 결정과정에서 보여준 지구당조직과 노조에 의한 당지도부에 대한 견제와 균형이라는 권력통제장치가 상실된 것이 그 예이다(Kim 1998: 190-208). 결론적으로 엘리트 민주주의에 대한 대안은 대의제의 해체와 직접민주주의(direct democracy) 중심의 순수민주주의에

15 H. Gerth and C. Mills (eds.) From Max Weber: Essays in Sociology (London: Routledge, 1991), ch.IV. 참조.

16 이 같은 경향을 나폴레옹 시대의 '국민투표에 의한 독재정치의 현대적 재현'(a new form of plebiscitarianism)이라 부를만하다. 이 같은 견해에 대하여는 A. Lipow & P. Seyd(1996) 참조.

있다기보다는 기존의 대의제적 문제점을 합리적으로 보완하는데 있다고 본다.

이처럼 대의제의 문제점을 보완하려는 기획은 자유주의가 전제하는 국가와 시민사회의 기능적 분리를 기본적으로 유지하면서 공동체주의적 자결주의(communitarian self-determination)를 제도적으로 수용함으로써 국가와 시민사회의 상호의존성을 유도하고 정치사회(political society)의 민주적 정당성(democratic legitimacy)과 정치시스템(political system)의 효율성(efficiency)을 동시에 제고하는 데 그 주안점을 두어야 한다. 국가와 시민사회의 기능적 분리는 기본적으로 자유주의적 헌정시스템(constitutional system)의 승계를 의미한다. 대의민주주의제도는 각각 고유한 체제정합성을 가지는 국가영역과 사회영역을 매개하는 필수불가결한 요소로서 그 존재의의를 계속 인정받아야 한다. 국가영역은 사회영역의 불공평한 조건을 규제하여 합리적 민의의 상호교류의 중립적 틀을 확보하고 사회영역의 자율성(autonomy)을 최대화하는데 주안점을 두어야 한다. 국가영역의 권한과 활동범위는 헌법적 규율을 받으며 기본적으로 선거를 통한 정치적 통제(political control), 여론과 매스미디어를 통한 사회적 통제(social control)를 받는다. 사회영역도 신대중주의자들의 주장처럼 민주적 정당성에의 요구를 내세워 국가영역의 '전반적' 접수에까지 나아가서는 안 되며 미시적 사회, 경제적 이슈들에 대한 여론형성과정을 통해 국가영역을 '간접적'으로 압박하는데 만족하여야 한다(Habermas 1992 and 1996). 이 같은 여론형성과정에서 사회, 경제적 힘을 보유한 거대민간집단의 영향력을 억제하기 위한 제도적 장치가 필요하며 이 점에서 사회영역에도 헌법적 규율의 필요성이 제기된다. 다만 사회영역의 헌법적 규율은 국가영역에 대한 헌법적 규율의 필요성보다 덜 직접적이고 기본권보호의 활성화와 여론형성과정을 아우르는 범정치과정에 대한 국가의 공정한 관리 등을 의미한다. 즉, 국가의 사회영역에의 개입은 사회영역의 공평하고 합리적 자기관리시스템(self-regulatory system)을 위협하는 거대민간집단의 사실상(de facto)의 통치행위에 초점이 있다.[17] 이처럼 느슨한 헌법적 규율 하에 중립화된 국가영역과 이와 대등한 독립성을 가지는 사회영역이 '균형적 상호의존시스템'(equilibrium)을 구축함으로써 국가정책의 효율적 형성과 집행을 국가영역에서 직접적으로 이끌어내는 한편 사회영역에서는 미시화되고 다양한 정치적 여론형성과정[18]을 통해 현대복합사회의 민주적 이상을 실현하는 것이 우리의 유일한 대안이라고 본다. 다원주의적 사회현실을 아우르면서 전통적 대의민주주의를 결합하는 새로운 민주주의의 기획(enterprise)은 근대이후의 입헌주의(constitutionalism)의 재음미를 의미하고 필자는 이를 '입헌적 민주자결주

---

17 필자는 이 같은 사회영역, 특히 거대민간집단의 공적책임을 "자율기관의 외적한계로서의 공적책임"(publicly responsible self-regulation)으로 부른다. 이 표현은 G. Teubner에게서 빌렸다. Teubner(1993) 참조.

18 즉, Habermas가 '공공영역'(public sphere)으로 명명한 비국가적 정치영역(non-institutional political sphere). Habermas (1992)와 Habermas (1996) 참조.

의'(constitutionalised democratic autonomy)로 명명한 바 있다(Kim 1998: ch.3).

국가와 사회의 현대적 변용에 토대를 둔 새로운 민주주의 모델으로서의 입헌적 민주자결주의는 정당을 어떤 관점에서 포용하는가? 이 모델의 국가와 사회의 상호보완적 정립관계(鼎立關係)는 시민사회의 정치과정에서 차지하는 비중을 엘리트 민주주의보다는 강하게, 신대중주의적 민주주의보다는 약하게 배려한다.

시민사회의 국가화된 정치영역에 대한 다양한 압력의 현실양태에 대한 법적 관점을 둘러싸고 개인주의적 자유주의(individual liberalism)와 집단주의(collectivism) 혹은 다원주의의 대립이 있다. 개인주의적 자유주의는 사회적 압력의 매개로서의 단체(group)의 역할, 특히 정당의 독자성에 대하여 회의적이다. 정당은 개인의 정치적 개성신장과 참여를 위한 도구이며 구성원의 정치적 독자성을 위협하는 그 어떤 위상도 인정되지 아니한다(Beer 1982: 34). 이 이념에 바탕한 헌법은 오로지 국가와 개인 간의 관계만 문제 삼는다. 그리고 국가는 전체사회의 이익, 즉 공익(public interest)을 대변하는 유일한 권력작용체로서 국가(특히 의회) 이외의 공권력작용체는 부정된다. 이 권력작용체의 중책인 의회를 구성하는 의원들은 전체이익을 위해 양심에 따라 행위 해야 할 헌법적 특권이자 의무를 가지게 된다. 모든 자유민주주의 헌법이 규정하는 국회의원의 무기속위임(free mandate)의 이상이 그 제도적 표현이다.[19]

반면에 사회적 압력을 조직화한 단체의 독자성을 인정하고 국가와 이들 단체 그리고 이들 단체와 시민사회의 구성원인 개인(특히 그 소속원)의 관계에 대하여 법적 관심을 촉구하는 이론이 다원주의이다. 단체의 독자성을 강조하는 다원주의가 무기속위임의 자유주의적 입헌주의의 이상과 충돌할 여지는 많다(Leibholz 1975[1973]: 104). 국민의 대표자로서 전체이익에 봉사하여야 할 국회의원이 여러 부분이익(specific private interest)의 성취를 위한 결사체인 정치결사의 규율에 복종하는 것이 현실이기 때문이다. 그러나 다양한 '사회적' 압력의 한 요소로서 정당활동을 파악하는 입장에서는 다원주의적 태도를 견지하더라도 무기속위임의 원칙과 융화될 여지가 '이론상' 존재한다. 즉 정당은 일반결사와 마찬가지로 "정치적 의사의 예비형성"에만 관여하고 국가정책의 결정권은 여전히 의회와 행정부라는 국가의 정치과정에만 주어지는 것으로 본다면 의회의 구성원인 의원의 자유로운 활동권의 헌법적 보장과 의원의 사실상(de facto)의 정당기속은 법적으로 충돌하지 아니할 수 있다(이병훈 1995: 151). 이때 무기속위임의 원칙은 정당중심적 민주주의가 정당독재로 전화되는 것에 대한 견제장치로 인식 가능하게 된다. 즉, 의원의 자유로운 의사결정권을 헌법적으로 보장함으로써 당내민주주의를 제고하고 정당에 의한 의원기속의 합리성

19 예를 들어, 헌법 제46조. 보충적으로 국회의원의 불체포특권과 면책특권을 규정한 제44조와 제45조 참조.

을 확보할 수 있다는 것이다(곽상진 1997: 248; 정만희 2015: 159).

그러나 이 같은 해석은 정당기능의 이상론적 기원, 즉 시민사회관련성에 집착하여 자유주의적인 고전적 정당관의 모순을 계승하는 문제점이 있다. "정치적 의사의 예비형성" 단계에 정당을 위치지우는 것은 정당이 실질적 정책결정단위이며 의회나 행정부는 그 형식적 추인기구로 전화된 정당국가적 현실을 정면으로 반영하지 못하고 있다. 만약 의원이 "개인의 능력이나 정치적 공적에 의해 의회에 선출되는 또는 독립된 명사라기보다 정당 속에서 또한 정당을 통하여 자기의 견해를 주장하는, 즉 정당의 지시에 따라 행동하는 정당의 대표"(계희열 1993: 127)라면 입헌국가적 틀 속에서 국가화된 정치과정은 정당의 의사결정과정의 추인과정이고 정당 자체가 정치적 의사의 '예비적' 형성이 아닌 '실질적' 형성을 하고 있는 것이다. 정당이 "공공의 지위"를 가지고 공적인 권리 및 의무를 행사하고 부과받기 위해서는 정치과정에서의 참여 혹은 영향력의 행사 때문이 아니라 (실제로 이익집단도 동일한 기능을 하므로) 정치과정에서 공권력에 버금가는 권력을 '사실상' 행사하기 때문이라고 보아야 한다. 따라서 정당을 여전히 사회적 영역에만 묶어 두는 것은 현실을 또다시 호도(糊塗)하는 것에 다르지 않으며 정당이 국가적 영역에서 활동하는 공권력의 주체로서의 성격을 가지고 있다는 것을 인정하고 그 기능과 역할에 적합한 헌법적 지위를 인정할 필요가 있다.

정당의 공권력 행사의 여지는 어디에서 발견되는가? 정당의 공권력성은 정당조직과 활동의 대내외적 측면에서 살펴 볼 수 있다. 우선 대외관계적 측면에서 볼 때, 정당은 정치엘리트의 향성을 사실상 독점(virtual monopoly)하고 있다는 점을 지적할 수 있다. 정도의 차이는 있겠지만 정당을 통하지 아니하고 정치지도자가 되는 길은 현대민주주의 국가에서는 요원(遙遠)하다.[20] 다시 말해서 대의제에 있어 '의견의 대표'(representation of opinion)는 의원 개개인의 활동을 통해서도 실현될 수 있는 길이 열려 있으나 '권력의 대표'(representation of power)는 정당을 통하지 아니하고는 실현되기가 요원하다. 또 의회운영의 핵은 교섭단체로 일컬어지는 원내정당 단위로 이루어지며 중요한 정치적 합의는 주요정당의 합의에 의해 결정된다. 이 주요정당의 원내에서의 의사형성과정은 단순한 예비적 의사형성이라기 보다는 실질적 의사형성이라고 보아야 한다.

20 정부형태논의가 정당국가적 민주주의와 상관성을 갖는 것은 쉽게 예측할 수 있다(한태연 1997b: 187–188). 예를 들어 정당국가적 발전은 의회와 행정부의 권력융합현상이 특징인 의원내각제에서 엄격한 권력분립을 특징으로 하는 대통령제 정부형태보다 더 강한 적실성이 있어 보인다(한태연 1997b: 196). 그러나 이 같은 차이점을 너무 강조되어서는 안 된다. 대통령제에서도 대통령이 정당을 자신의 정치적 기반으로 하지 않을 수 없을 뿐만 아니라 대통령제에서도 정치과정의 관건은 의회에서의 입법활동과 국정심의기능이며 이들 기능의 원활한 수행은 정당을 매개로 이루어짐은 의원내각제와 다르지 아니하기 때문이다. 이를 두고 Duverger가 고전적 정부형태론은 정당국가의 등장과 더불어 그 시효가 다하였다고 설파하였던 것이다(한태연 1997b: 195).

대내적으로도 정당은 권력기관으로서의 면모를 가지고 있다. 사실 다원주의이론의 헌법학적 의미는 자유주의이론처럼 헌법적 관심을 국가와 개인의 관계에 국한시키지 아니하고 국가와 단체 그리고 단체와 그 구성원의 관계에까지 확장시킬 뿐만 아니라 국가를 이들 사회단체와 본질에 있어 다르지 아니한 것으로 파악한다는 점에 있다. 즉, 국가와 사회단체는 그 조직의 원리가 자유의 신장이라기보다는 권력의 행사[21]에 있으며 다만 양자는 국가의 권력이 국법질서의 공식적 인정 하에 폭력(대표적으로 형사벌)을 동원할 수 있지만 단체의 권력은 그 같은 효력이 직접적으로 인정되지 아니한다는 점에 있을 뿐이다. 따라서 다원주의이론을 단체로서의 정당의 헌법상의 지위에 접목하려는 시도가 그 실질적 의미를 가지기 위해서는 정당의 권력기관성을 추적하여야 한다.

정당내부관계에 있어서 그 권력기관성은 당원의 입당과 징계절차에서 우선 발견된다. 앞서 언급했듯이 정치지도자로 성장하기 위해 정당원의 자격은 사실상 필수이며 당원자격에 관한 통제는 정치적 참여권의 통제로서의 성격을 가진다. 이점 단순한 일반결사에서의 자격제한과 질을 달리한다. 다음으로 정당원은 사실상 여러 정책적 이슈들에 대한 당론에 기속되는데 당론에 위배하는 행동을 할 시에는 이미 언급했듯이 장기적으로 정치적 출세의 길을 방해받으며 단기적으로 각종 의정활동상의 편의 — 국회직의 배정, 정치자금상의 혜택 등 — 를 박탈당하게 된다. 사실 정당기속의 현실은 이 같은 내부통제집단의 위력에 기인한 것이다. 더구나 정당은 오늘날 국가화된 정치과정의 일부를 당내로 포섭하고 있다. 예를 들어 선거후보자의 공천은 정당중심의 투표가 상례화된 현실에서 사실상 선거행위의 일부를 당내절차화 한 것이고 이 점은 정당이 매개하는 비례대표제를 헌법적으로 수용하고 있는 체제에서는 더욱 두드러진다.[22] 정당은 득표율을 조건으로 사실상 의원을 지명할 수 있는 권한을 행사하는 셈이다. 나아가 오늘날 사회이익이 다변화하면서 초기 대중정당이 강하게 집착하던 이념적 순수성이 약화됨으로써 한 정당 내에는 다양한 정치세력이 연합하여 당권을 위해 서로 경쟁하는 모습을 일반화한다. 이들 정당내 정치세력의 공정한 경쟁은 전체 정치질서의 공정한 경쟁과 불가분의 관계에 있게 되고 당조직과 운영의 민주적 정당성과 중립성은 일반국가기관 못지않게 강하게 요청된다.

그렇다면 이처럼 헌법상 중요한 기능을 담당하고 그 조직과 운영 면에서 권력기관으로의 성격이 강하게 된 현대사회의 정당은 시민사회의 품을 떠나 국가적 영역에 완전히 포섭되는 것으로 보아야 하는가? 이 문제는 정당조직의 구성형태와 발전에 관한 다음 단락에서 해답을 구해 보자.

---

21 입헌주의국가의 존재목적이 자유의 신장에 있으므로 이들 조직체들이 권력행사를 통해 궁극적으로 달성하고자하는 목표가 자유의 신장에 있는 것을 부정하는 것은 아님을 유의할 필요가 있다.

22 예를 들어 독일의 정당명부제(party list system)나 한국의 전국구비례대표의원제도.

2. 정당조직의 구성형태와 그 현대적 발전

정당국가적 현실을 맞아 정당에 대한 헌법적 인식을 달리해온 전통적 이론들은 그 차이점에도 불구하고 정당을 단일한(unitary) 행위단위 혹은 조직으로 파악하는 공통점을 가진다. 시민사회의 구성요소로서 일반결사와 전적으로 동일한 것으로 정당을 이해하는 자유주의적 입장은 말할 것도 없고 정당을 정치과정에서의 독자적 행위단위로 이해하는 일부 다원주의적 입장도 정당에게 특수한 공직 지위를 인정할 것을 강변하면서도 그 사회적 본질은 변함이 없다는 입장을 보인다. 이들과 달리 정당국가적 현실은 기존의 자유주의적 의회주의를 근본부터 변질시켰고 정당은 "헌법기관의 기능을 행사하고 또한 국가안에서 통합요인의 서열 속에 들게 된, 헌법구조의 필요불가결한 구성요인"(1975[1973]: 113)으로 보는 Leibholz도 정당을 단일화된 행위단위로 파악하고 있는 점에 반대자들과 다르지 아니하다.

앞서 언급하였듯이 대중민주주의의 발전에 대응하는 대중정당의 발전은 원외정당조직이 정당의 필수요소가 됨에 따라 정당내부조직의 기능적 분화(functional differentiation)를 특성으로 한다. 원외정당은 시민사회의 다양한 의견을 수렴하고 당론에 반영시키기 위해 노력하며 선거에 있어 당의 지지를 이끌어내는 대중조직적 특성을 가진다. 원내정당 혹은 당지도부는 당론에 따라 국가화된 정치과정속에서 자신들의 정책을 관철시키고 원외정당과 국민의 지지를 얻기 위해 노력한다. 이들 당지도부를 실무에서 보좌하면서 양자 사이의 관계를 조정하고 당의 통일성을 이루기 위해 중앙당사무국이 존재한다. 우리가 정당이라고 부르는 것은 궁극적으로 통일된 조직으로서의 지향성을 보이지만 이처럼 다양한 기능을 하는 조직들의 결합체인 것이 현실이다. 정당의 사회적 본질에 집착하는 견해들은 당내민주주의 등을 모토로 원외정당을 정당의 중심고리로 파악하는 경향을 보여 왔다. 그러나 이 같은 견해는 정당이 애초 정치명망가들의 사적결사에서 태동하여 대중민주주의의 시대에 이들의 이해를 지속시키기 위해 원외조직들이 형성되기 시작하였다는 역사적 사실을 전도하여 이해하는 것이 된다. 더구나 20세기에 들어 복지국가의 등장과 함께 기존의 계급중심의 대중정당이 쇠퇴하고 정치적 이념이 중도화된 국민정당(catch-all party)이 등장하고 대중매체의 급속한 발달로 전체국민을 상대로 한 전면적 선거광고가 가능하게 되면서 이들 원외조직들이 중요성은 많이 감소되었다. 정당조직은 미국형의 거대한 선거운동조직으로 변모하는 경향을 보이고 당원과 일반국민 사이의 구별이 약화되었다. 반면에 당지도부와 중앙당사무국은 스스로가 독자적 프로그램을 개발하여 대의제적 정치체제에서 정치적 역할이 수동화된 일반국민들을 상대로 판매함으로써 선거에서의 지지를 유도한다. 그리고 일단 선거에서 승리한 후에는 그들 스스로가 창출한 정치적 의사에 의해 국가정책과정에 핵심으로 참여하게 된다. 따라서 현대정당의 중심고리는 대중정당모델이 상정하는 원외조직이 아닌 원내정당을 중심으로 한 당지도부이다. 원내정당의 구성원인 의원들은 Leibholz(1975[1973]: 103-104)가 적절히 지적한 바와 같이 그들의 국민대표적 신분과는 내적 관련이 약화된 보수를 당과 의회에 대한 봉사자의 신분에서 지급받는 지위에 있고 정당에 대한 국고보조는 국가활동의 원활한 운영을 위한 중요한 요소가 된 것이다.[23]

필자는 이 같은 정당조직의 기능적 분화라는 중심축의 전환에서 정당에 대한 헌법상 지위를 헌법규범과 헌법현실의 괴리의 극복이라는 관점에서 논할 중요한 계기가 마련된다고 본다. 고전적 정당관은 약화되었지만 여전히 정당의 구성부분으로 기능하는 지구당을 포함하는 원외조직과 일반국민과의 관계에 그 잔재가 남아 있는 것이며 원내정당을 포함한 당지도부는 국가화된 정치조직으로 이해하여 한 정당을 다원적 조직으로 이해할 필요가 있다.[24] 이 같은 이해는 정당의 사회적 본질의 측면을 완전히 무시하지 아니하면서도 정당의 국가화경향을 포용할 수 있으며 그 결과 정당의 헌법상 지위를 논함에 있어 다원론적 실질적 이론의 성립이 가능해 진다. 정당은 단일화된 법적 실체라기보다는 상황에 따라 그 헌법적 지위를 달리하는 가변적 법적 실체인 것이고 경우에 따라서는 국가기관으로서의 성격을 부여하여도 무방하며 또 다른 경우에는 여전히 헌법외적 사회적 실체로 파악할 수 있는 여지가 있다. 달리 표현하면 정당은 국가-사회이원론을 그 조직 속에 내화(內化)하는 특수한 존재로서 국가기관성의 계기와 사회단체성의 계기를 동시에 구존(具存)하고 있다고 볼 수 있다.[25]

이 같은 정당관을 뒷받침하는 새로운 정당개념이 정치학계에서 제안되어 주목을 받아 왔다. 이른바 카르텔 정당(cartel party)의 모델이다. 사실 엘리트 정당에서 대중정당, 대중정당에서 국민정당개념으로의 변화는 단절의 모형이라기보다는 연속의 모형으로서 최종적 형태로서의 국민정당도 다원화된 정당조직의 특성상 엘리트 정당의 요소와 대중정당의 요소를 모두 구비하고 있다. 카르텔 정당개념도 이들 이념형(ideal type)적 정당모델들의 특성을 부분적으로 수용하면서도 근본적으로 정당내부의 기능적 조직적 분화에 여타 정당개념보다 강조점을 두는 특색이 있다. 이 모델을 제시한 Katz와 Mair에 따르면 카

23 특히 한국 헌법은 그 제8조 제3항에 정당에 대한 국고보조를 헌법상 명문으로 인정하고 있어 독일 등 서구국가들과 구별된다.

24 이 때 원내정당을 포함한 당지도부가 시민사회와의 접촉을 완전히 단절하고 있다고 말하는 것은 아니다. 다만 그 접촉의 수준은 국가기관과 시민사회와의 관계에 비견(比肩)될 수 있는 정도이며 그 이상도 그 이하도 아니라는 의미이다.

25 Hesse 등 독일학계의 새로운 경향을 수용하여 정당의 다양한 지위(평등의 지위, 자유의 지위, 공공의 지위)를 논하는 경우(예컨대 정만희 1994)에도 정당 전체 차원에서 시민사회적 토대를 파악한다는 점에서 필자가 이 글에서 정당의 자생성을 토대로 정당의 지위를 파악하고 시민사회적 연계성을 제한적으로 파악하는 태도와 구별된다.

르텔 정당의 주요한 특색은 무엇보다도 정당의 자생성(self-referentiality)이다. 정당의 정치 목표의 설정은 시민사회의 요구에 무조건 종속되지 아니하며 정치체계의 안정성이라는 관점에서 실질적으로는 시민사회의 압력으로부터 독립되어 결정된다. 또한 같은 취지로 정당 사이의 경쟁도 사활을 건 전면전이 아니라는 점에서 제한적이다.26 그 결과 정당의 여러 기능 중 과거 주요한 것으로 취급되어 왔던 대의기능은 약화되고 점점 정치권력의 형성과 집행의 기능이 강조된다. 그 결과 정당의 조직은 점차 권력지향적, 권력유지적 성향을 띠고 정당의 권력성취의 정당화요소로 기능하던 당지도부와 당원들간의 결합도는 약화되어 당지도부와 원외정당조직의 독립화가 강화된다. 다시 말해서 정당내부조직은 단일국가적 모형에서 연방국가적 모형으로 전환되게 된다. 이 같은 카르텔 정당 모델의 자생성은 일면 국민의 정치적 영향력을 제한적으로만 수용하는 엘리트 민주주의의 문제점을 그대로 반영하는 측면이 있다. 사실 그 주창자인 Katz and Mair(1995: 22)는 현대국가에서 카르텔 정당모형에 기반한 엘리트 민주주의는 불가피하다고 보고 있다. 그러나 필자는 앞서 살핀 입헌적 민주자결주의적 기획에 입각해서 카르텔 정당개념이 엘리트 민주주의와 신대중주의적 민주주의의 폐단을 동시에 극복하는 보다 진전된 민주주의의 모형에 기여할 수 있는 여지가 있다고 보고 있다. Katz and Mair는 정치과정을 국가영역을 중심으로만 파악하는 오류를 가지고 있다. 카르텔 정당모형은 정치과정을 정치영역이외에도 사회영역에서도 인정하는 입헌적 민주자결론에서 그 이념형적 의미를 더 발휘할 수 있다. 카르텔 정당모형에서 중앙당과 분권화된 원외정당조직 사이의 관계는 현대사회의 국가-사회 이원론의 모형에 대응하게 된다. 중앙당(혹은 원내정당)과 원외정당조직은 국가화된 정치과정과 사회영역의 비공식적 정치과정의 관계처럼 균형적 보완관계를 추구할 것을 요청받는다. 시민사회의 정치적 압력에 대응하는 원외정당조직은 제한적이나마 당내민주주의의 제도화를 통해 중앙당을 견제할 수 있는 토대를 마련하며 당지도부는 국가유사적 권력행사를 통해 그 독립성을 유지한다.

Ⅳ. 결론에 갈음하여—새로운 정당관의 한국현실적 의의

이상에서 현대민주주의에서의 정당의 이론적 위상을 구명하려 시도해 보았다. 현대사회는 국가-사회의 현대적 재구성에 바탕한 새로운 민주주의개념을 요청한다는 전제

26 선거에서의 정당의 경쟁은 일면 사활을 건 쟁탈전처럼 보일 수도 있다. 사실 정치인 개개인과 개별정당의 단기적 운명의 측면에서는 그런 치열함이 없다고 할 수 없다. 그러나 정강정책의 근본적 유사성은 이들 경쟁이 국민의 입장에서 보면 아무런 실질적 의미를 담보하지 못한다는 점을 유념할 필요가 있다.

하에 이 개념에 부합하는 정당개념을 상정해 봄으로써 정당의 헌법적 지위를 둘러싼 논쟁에 새로운 계기를 마련해 보고자 하였다. 결론적으로 다원화된 정치현실 속에 스스로가 다원화의 길을 예정하고 있는 정당개념을 통해 정당에 대한 헌법적 인식은 존재론적 일원론적 접근에 머무르지 아니하고 그 실질적 역할에 따른 다원론적 접근으로 대체되어야 한다. 이 같은 결론의 현실적 함의는 정당이 국가기관유사의 헌법적 지위를 가지는 경우가 있으며 이를 헌법정책적인 측면에서 적극적으로 제도화하여야 한다는 것이다.

한국의 법제에서 이 같은 제도화의 가능성은 두 가지 측면에서 파악될 수 있다. 우선 국회의 의정관련법제[27]이나 선거제도 및 정치자금관련법제[28]와 관련하여 필자가 추구한 정당의 특수한 지위와 역할에 바탕한 입법론을 피력할 수 있을 것이다. 다음으로 정당에 대한 특권보장과 규제를 실현하는 데 긴요한 실정법에 관한 해석론에서도 유용할 수 있다. 특히 후자의 경우 헌법소송법상의 문제에 대한 법해석론이 문제되는데 정당이 제기 가능한 헌법심판의 종류와 요건의 문제, 정당내부의 법적 분쟁의 해결논리를 여타의 일반결사와 같은 논리에서 취급할 것인지의 문제, 당내민주주의의 제도화 등의 구체적 부분에서 논의될 수 있다. 이들 문제들에 대한 본격적인 논의는 장래의 과제로 남기고 본고의 범위 내에서 헌법소송적 법해석론에 관한 결론적 주장만을 제시해 본다.

우선 정당이 대외적으로 그 권리를 침해받은 경우 어떤 헌법적 구제를 받을 수 있겠는가의 문제는 구체적으로는 헌법소원의 방법에 의하도록 할 것인가 아니면 권한쟁의심판의 방식으로 할 것인가의 문제라 할 수 있다. 일반결사로서의 정당의 법적 성격을 강조한다면 국민의 기본권보장절차인 헌법소원만이 가능하고 국가기관 사이의 권한쟁의를 다투는 권한쟁의심판의 여지는 없게 된다. 국가화된 정당의 특성을 강조하는 입장에서는 여타의 행정적, 사법적 권리구제의 절차를 모두 거치도록 하고 있는 헌법소원은 부적절하며 오히려 권력기관 사이의 권한 및 권리침해를 다루는 권한쟁의심판이 적절하게 된다. 특히 한국 헌법소원제도는 법원의 재판을 헌법소원의 대상에서 제외[29]하고 있는바 정당이 헌

27 예컨대 국정조사 등에 소수당의 발동권을 보장한다거나, 특별검사의 추천제도 등 특별한 경우 역시 정당 단위의 역할을 법제화하는 경우를 들 수 있다. 이미 입법례로 '이명박 정부의 내곡동 사저부지 매입의혹사건 진상규명을 위한 특별검사의 임명 등에 관한 법률'(법률 제11484호, 2012. 9. 21. 제정)의 경우 제3조에서 민주통합당에게 특별검사 임명 추천권을 부여한 사례가 있다.

28 예컨대 정당의 공천과정에 대한 민주적 통제의 법제화는 정당중심적 민주주의에서 정당이 가지는 다양한 지위 중 가장 공적 지위가 강한 역할에 해당되므로 더 이상 미룰 수 없는 과제이다. 같은 취지로 정만희(2012: 136-138) 참조. 한편 정당에 대한 국고보조제도 또한 헌법상 도입취지에 역행하여 정당 사이의 차별을 구조화하여 복수정당제의 헌법적 취지에 역행하고 있는 바, 원내정당의 경우와 원외정당의 경우를 구분하여 국가기관성이 인정되는 원내정당과 관련된 활동으로 국한하는 등의 근본적 인식전환과 개혁이 필요하다. 역시 같은 취지로 정만희 2012: 138-139) 참조.

29 한국 헌법재판소법 제68조 제1항.

법소원의 형식으로 권리구제를 받을 수 있는 길은 상당히 제한되어 있다. 나아가 정당관련사건이 가지는 정치적 성격을 감안하면 일반사법적 구제보다는 정치적 갈등을 헌법질서 내에서 처리하는 데 보다 적합한 헌법재판소가 직접 사건을 관할할 수 있는 장점이 있다(정태호 1995: 441−443). 이 때 국가기관 사이의 권한다툼을 관할로 정하고 있는 헌법재판소법의 규정들[30]은 정당을 포함하는 개념으로 해석되어야 할 것이다.

정당내부의 분재에 관한 적절한 법적 해결문제는 정당의 자율성(automnomy)을 어느 정도까지 어떤 형식으로 보장할 것인가의 문제이다. 정당내부분쟁의 성격에 따라 법적 통제의 형식이 달라질 것이다. 우선 기본적으로 당의 재정을 둘러싼 분쟁의 경우 정당을 일반결사의 경우와 달리 취급할 특별한 이유는 발견되지 않는다.[31] 그러나 당운영과 관련된 분쟁의 경우는 일반결사와 마찬가지로 다루어져서는 안 된다. 이는 당내민주주의에의 헌법적 요청이 있으므로 특별한 취급을 받아야 한다는 취지에서이다. 당내민주주의의 실질을 어떤 형식으로 달성할 것인지는 개별 정당의 기본적인 자유에 속하나 헌법과 법률이 예정하고 있는 기본적 조직과 각 조직부분의 역할을 완전히 무시하는 것은 사법적 통제의 대상이 된다고 할 것이다. 또한 각 정당이 스스로 정한 당헌을 위반한 경우나 당지도부가 당원의 기본권을 침해하는 경우에도 사법적 통제의 대상이 된다. 그러나 이때 사법적 통제의 형식을 어떻게 정할 것인지가 문제된다. 일반결사와 마찬가지로 일반법원의 관할 아래에 둘 것인지 아니면 국가기관적 역할을 감안하여 헌법소송의 가능성을 열어 둘 것인지가 문제이다. 정당의 대외적 관계에서 정당의 권한쟁의당사자로서의 역할을 인정한다면 정당의 대내관계에서도 권력작용적 측면이 강한 부분 등에서는 헌법소송의 당사자가 될 수 있는 가능성을 열어 두는 것이 필요하다고 본다.[32]

---

30 한국 헌법재판소법 제61조 제62조 등.

31 한국 헌법재판소도 "정당의 법적 지위는 적어도 그 소유재산의 귀속관계에 있어서는 법인격 없는 사단으로 보아야 [한다]"(헌재 1993.7.29, 92헌마262, 판례집 5−2, 216)고 하여 비슷한 입장을 보이고 있다.

32 특히 당내권력투쟁과 관련하여서는 정책적 판단의 여지가 큰 헌법소송의 방식이 적절하다. 이 같은 취지에서 과거 한국의 불행한 현대사에서 정당내부의 권한다툼을 둘러싼 분쟁이 일반 민사사건으로 다루어졌던 경험은 우리에게 시사하는 바가 크다. 유신체제의 폭정이 그 극(極)에 달하던 1979년 9월 8일의 신민당 총재단 직무정지 가처분결정(서울지법 제16부 79카21709, 박상철 1992: 49 재인용)은 유신정권의 공작정치가 횡행하던 시기에 독재정권에 대항하여 자유민주적 헌정질서회복을 위해 투쟁 중이던 제1야당의 총재선거를 둘러싼 정치적 갈등을 일반결사에 관한 법리와 동일하게 취급하는 연장선에서 사법처리하여 총재단의 직무를 정지시키는 결정을 내림으로써 국민적 공분을 일으킨 바 있다. 만일 헌법적 보장을 받는 정당의 특수한 성격을 감안하였다면 민주헌정의 기초를 이루는 정치세력간의 공정한 경쟁체제의 회복에 부합하도록 형식법리적 해결은 자제하였어야 했을 것이다. 이 같은 입장에서 민주헌정회복기인 1987년 7월 20일 서울민사지법이 신민주당 의장 직무행사정지 가처분 신청사건(서울지법 제16부 87카30864, 박상철 1992: 49 재인용)에서 정당의 민주적 정치과정에서의 특수한 역할에 주목하여 사법심사의 대상에서 제외하면서 신청을 각하한 것은 의미가 있다.

<참고문헌>

1. 한국문헌

곽상진(1997), “공천에 있어서 당내민주주의의 문제”, 경상대법학연구 제6권, pp.244－269.

권영성(1981), 비교헌법학(법문사).

권영성(1999), 헌법학원론(법문사).

계희열(1993), “당적변동과 의원직 －탈당의 경우 의원직박탈은 헌법상 가능한가?－”, 금랑김철수교수화갑기념, 현대법의 이론과 실제, pp.113－136.

김중권(1995), 헌법과 정당(법문사).

김철수(1999), 헌법학개론(박영사).

박상철(1992), 현대정당제도의 공법적 고찰, 성균관대학교 박사학위 논문.

이병훈(1995), “정당의 헌법상의 지위”, 심천계희열박사화갑기념논문집 － 정당과 헌법질서, pp.134－154.

정만희(1994), “정당의 내부질서”, 세계헌법연구 제1권, pp.78－147

정만희(1995), 현대헌법과 의회주의(법문사).

정만희(2012), “정당법상 정당의 자유제한의 문제점”, 동아법학 제54호, pp.107－148.

정만희(2015), “국회의원의 정당기속과 자유위임”, 헌법재판연구 제2권 제1호, pp.117－164.

정태호(1995), “국가기관 상호간의 권한쟁의제도와 정당”, 심천계희열박사화갑기념논문집 －정당과 헌법질서, pp.385－443.

한국정치연구회 사상분과 편저(1992), 현대민주주의론 I(창작과 비평사).

한태연(1997a), “민주주의와 정당국가(上)”, 고시연구 1997. 10, pp.219－240.

한태연(1997b), “민주주의와 정당국가(中)”, 고시연구 1997. 11, pp.175－198.

한태연(1998), “민주주의와 정당국가(下)”, 고시연구 1998. 2, pp.102－115.

허　영(1995), 헌법이론과 헌법(신정판)(박영사).

2. 歐美文獻(한국譯 包含)

Beer, Samuel (1982), *Modern British Politics – Parties and Pressure Groups in the Collectivist Age* (London: Faber and Faber).

Berger, Suzanne (1981), “Introduction”, in Suzanne Berger (ed.), *Organizing Interests in Western Europe: Pluralism, Corporatism, and the Transformation of Politics* (Cambridge: Cambridge University Press), pp.1－23.

Bobbio, Noberto (1992[1990]), 자유주의와 민주주의 (*Liberalism and Democracy*) (서울: 문학과 지성사).

Giddens, Anthony (1998), *The Third Way – The Renewal of Social Democracy* (Cambridge: Polity Press).

Habermas, J. (1992), "Further Reflections on the Public Sphere" in C. Calhoun (ed.), *Habermas and the Public Sphere* (Cambridge, Mass.: The MIT Press), pp.421–461.

Habermas, J. (1996), *Between Facts and Norms – Contributions to a Discourse Theory of Law and Democracy* (Cambridge: Polity Press).

Hesse, Conrad (1985[1958]) "현대국가에 있어서 정당의 헌법상 지위", 계희열 역, 헌법의 기초이론 (서울: 삼영사), pp.98–142.

Katz, Richard and Peter Mair (1995), "Changing Models of Party Organization and Party Democracy: The Emergence of the Cartel Party", *Party Politics* Vol.1 No.1, pp.5–28.

Kim, Jongcheol (1998), *Constitutionalising Political Parties in Britain*, Ph.D. Dissertation (Univeristy of London).

Leibholz, Gerhard (1975[1973]), 헌법국가와 헌법 (*Verfassungsstaat–Verfassungsrecht*), 권영성 역, (서울: 박영사).

Lipow, A. & P. Seyd (1996), "The Politics of Anti–Partyism" *Parliamentary Affairs* Vol.49, pp.273–284.

Mulgan, Geoff (1994), *Politics in an Antipolitical Age* (Cambridge: Polity Press).

Mulgan, Geoff (1993), "Creating an Enabling Party", *Renewal* Vol.1, pp.62–69.

Mulgan, Geoff (1994), "Party–free Politics", *New Statesman & Society* (15 Apr 94), pp.16–18.

Mouffe, Chantal (1993), "Liberalism and Modern Democracy" in J. H. Carens (ed.), *Democracy and Possessive Individualism: The Intellectual Legacy of C.B.Macpherson* (Albany, N.Y.: State of University of New York Press), pp.175–191.

Offe, Claus (1985), "New Social Movements: Challenging the Boundaries of the Institutional Politics", *Social Research* Vol.52 No.4, pp.817–868.

Pizzorno, Alessandro (1981), "Interests and parties in pluralism" in Suzanne Berger (ed.), *Organizing Interests in Western Europe: Pluralism, Corporatism, and the Transformation of Politics* (Cambridge: Cambridge University Press), pp.247–284.

Schmitt (1985), *The Crisis of Parliamentary Democracy* (London: The MIT Press).

Schumpeter, Joseph (1943), *Capitalism, Socialism and Democracy* (London: Allen and Unwin).

Teubner, Gunther (1993), "The 'State' of Private Networks: The Emerging Legal Regime of Polycorporatism in Germany", *Brigham Young University Law Review* Iss.2, pp.553–575.

Weber, Max (1991), H.Gerth and C. Mills (eds.), *From Max Weber: Essays in Sociology* (London: Routledge).

[10] 자치형 지방분권국가 연구*

박 인 수**

Ⅰ. 서 론

1. 문제의 제기

농업을 기반으로 하던 사회에서 산업화 시대로 진행하던 시기의 초기 도시화와 이농 현상은 산업화에 필요한 인력의 수요와 함께 국가발전과 경제성장의 견인력이 되었다. 산업적 수요에 따른 교육과 청년의 도시집중화는 국가의 경제력 규모를 키워가는데 중요한 기여를 하였으며, 점차 개발도상국의 단계를 넘어 선진국의 대열에 들어서게 하였다. 경제성장의 그늘로서 환경과 분배의 문제가 나타났으며, 이어서 경쟁적 교육율, 안정적인 고급 일자리 선호현상, 대가족제도의 붕괴, 보건과 의료의 선진화에 따른 평균수명 연장 등의 사회 현상은 결국 저출산과 고령화의 문제로 이어졌다.

농촌에는 청년을 찾아보기 어렵게 되었으며, 비수도권 지역에는 청년과 대학생이 선호할만한 기업들을 추천하기가 쉽지 않게 되었다. 수도권과 비수도권의 경제적 불균형이 더욱 심화되면서 헌법차원에서의 근본적인 처방전의 하나로 지방자치를 표방하였다. 현행 지방자치는 지방의회 의원과 지방자치단체장을 주민이 직접 선출하여 지방이 스스로 발전방안을 수립하여 추진하고, 지방세제와 지방교부세 제도를 강화하고 지방소비세를 신설하여 지방재정을 제고하고, 세종특별시와 혁신도시를 건설하면서 지방의 활성화를 기하고, 주민의 조례 제정 및 개폐청구권, 주민투표권, 주민감사청구권, 주민소환권 등의 도입에 의하여 주민의 권한을 상당부분 강화하는데 기여하기도 하였다.

그러나 25년 여의 지방자치 시행을 결산해 보면 국가기관과 공공기관, 우수한 교육 및 의료기관, 청년 선호도가 높은 대기업 및 산업체 등이 수도권에 집중되어 있는 현실에서 현행 헌법의 규정과 지방자치법·지방재정관련법 등과 같은 법률적 차원에서의 보장만

---

* 본 논문은 한국공법학회 논문집 공법연구 제46집 제2호(2017. 12)에 게재한 「지방분권 개헌의 방향모색」과 한국비교공법학회 논문집 공법학연구 제18권 제3호(2017. 8)에 게재한 「지방분권국가의 특징과 한계」를 수정 보완한 것임. 현동 정만희 교수님의 정년을 축하하오며, 항상 건안과 행복이 함께하고, 가내 두루 평안하시기를 기원합니다.

** 영남대 법학전문대학원 교수.

으로는 국가적 현안 과제인 지방자치의 구현과 국가의 균형발전은 연목구어가 되고 있는 실정[1]이라는 것을 절감하게 된다.

더구나 최근에는 경제성장이 점차적으로 둔화되고 있을 뿐만 아니라 경제적 불균형으로 인한 사회적 갈등도 심각한 수준으로 증폭되고 있으며, 정치의 영역에서는 정치권 내부에서의 갈등과 불협이 상존화하면서 국민의 정치에 대한 불신은 점점 깊어만 가고 있다. 문제의 해결을 위한 논리를 여러 방면에서 찾고자 노력하고 있겠으나, 헌법적 영역에서는 개헌을 통한 우리나라 정치제도의 변화, 국민주권원리의 실질적 구현 나아가 지방분권의 강화를 처방전으로 논의하고 있다.

2. 분권개헌의 당위성

개헌을 통하여 가장 시급하게 검토되어야 할 문제는 대통령과 중앙정부에게 사실상 집중되어 있는 권력을 누구와 어느 정도로 나누어 행사하도록 함으로써 국민주권과 자치의 원리를 우리의 현실과 실정에 부합할 수 있도록 구현할 수 있으며, 결과적으로 국가적 차원에서의 경제적균형성장과 사회적 통합을 창출하고 나아가 국민의 신뢰를 회복할 수 있을 것인가라는데 있다. 대통령의 권한 배분 문제는 국가권력의 수평적 분권에 관한 것이며, 지방분권의 문제는 국가권력의 수직적 분권에 관한 것이므로, 결국 국가권력을 어떠한 수준에서 분권할 것인가의 문제가 개헌방향의 핵심이라고 할 수 있다. 국가권력의 수평적 분권에 관하여는 이미 많은 논의를 거치고 있기 때문에 합의와 결단의 단계만 남아 있다고 보겠으나,[2] 지방분권과 관련하여서는 아직까지 합의단계에 이르기 까지 논의가 성숙되어 있다고 보기 어려우며[3] 또한 정치권과 사회단체에서 논의되고 있는 내용도 이론적인 충분한 배경을 전제로 한 것이라 볼 수 없기 때문에 지방분권의 방향과 관련한 이론적 근거를 명확하게 제시할 수 있는 연구가 시급하게 이루어져야 할 것으로 본다.

---

1 국정기획자문위원회에서 2017년 7월 19일 발표한 국가비전; 국민의나라 정의로운 대한민국, 5대 국정목표 중 네 번째 고르게 발전하는 지역, 20대 국정전략 중 풀뿌리 민주주의를 실현하는 자치분권, 골고루 잘사는 균형발전의 내용을 통하여 지방자치와 국가균형발전이 국가적인 현안과제가 되고 있음을 알 수 있다.

2 국회개헌특위 자문위원회 정부형태 분과에서는 11월 24일 분과자문위원 11명 중 6명은 '혼합정부제', 2명은 '대통령 4년중임제'를 선호한다는 보고서를 채택하였으며, 29일 소회의를 거쳐 12월 1일 전체회의에서 최종보고서를 채택할 예정이다; 노진실, 개헌특위 자문위 합의 실패 … 지방분권 쟁점 놓고 이견, 영남일보, 2017. 11. 25.

3 11월 24일 열린 국회개헌특위 자문위원회 회의에서 헌법 제1조 3항에 '대한민국은 지방분권국가이다'라는 조문 신설안에 대하여 표결하였으나, 53명 자문위원 중 40명이 출석하였으며, 출석위원 중 26명의 자문위원만 표결에 참여하였고 14명의 위원은 기권하면서 유보적 입장을 보였다. 표결에 참여한 26명의 위원도 의견이 팽팽하게 나뉘어져서 찬성 12명 반대 14명으로 나타났다; 노진실, 헌법 제1조 3항, 수도권이 발목잡나, 영남일보, 2017. 11. 27.

지방도 지역을 기반으로 하는 국가공동체의 일원이므로 국가사무를 수행하게 되며, 지방의 고유한 사무도 별도로 행하게 된다. 국가사무는 전국적으로 일관성있게 추진되어야 할 것이지만, 지방사무까지 굳이 전국적인 동일한 범주 속으로 가져와 통일성을 추구하여야 할 당위는 지극히 낮다. 지방사무에 관하여는 자치를 기본으로 하여야 하는 당위가 여기에 있다고 할 것이다.

또한 지방 상호간의 경제적 불균형, 문화적 수준의 차이, 주민의 가치기준의 방향은 각 지방의 산업기반의 유형, 종교적·철학적·정신적 기반의 내용, 지정학적·지리적 환경 여건, 국제정치·외교의 변화 등에 따라 다르게 나타나게 된다. 따라서 다양한 외적 여건에 따라 상이하게 나타날 수밖에 없는 지방의 특색과 장점을 최대한 활용하여 지방의 경제적·문화적·사회적 발전을 구현하고, 주민의 삶의 질과 행복을 고양하기 위해서는 각 지역에서 거주하고 있는 주민들이 스스로 판단하고 결정할 수 있는 헌법적 권한을 부여하는 것이 민주주의와 자기책임의 원리에 가장 바람직할 것이라 본다.

3. 연구의 방향

자치와 분권을 헌법적 기본원리로 선언하는 것이 명백히 시대정신에 부합하는 것이라 하더라도 이를 구현하는 방법에서는 연방제에 준하는 지방분권의 형태만 논의될 수 있는 것이 아니라 현재의 지방자치제도의 골격을 점진적으로 보완하는 자치형 지방분권의 형태에 대하여도 충분한 검토가 있어야 할 것으로 본다. 즉, 지방분권국가의 유형은 현재 우리나라와 같이 단체자치의 원리에 입각하고 있는 위임적 지방분권국가, 단체자치를 토대로 하여 주민자치를 확대 보완하는 자치형 지방분권국가, 주민자치를 근간으로 한 지역을 단일국가의 범주로 묶어 두고 있는 연방형 지방분권국가로 대별할 수 있으므로, 이러한 지방분권국가의 유형에 대한 비교분석적 검토가 우선적으로 선행되어야 할 것으로 본다(Ⅱ. 지방분권국가의 유형).

지방분권국가의 유형에 대한 검토를 토대로 지방분권국가의 특징과 한계를 고찰하고자 한다(Ⅲ. 지방분권국가의 특징과 한계). 이어서 선진적 지방분권국가의 유형으로 볼 수 있는 자치형 지방분권국가의 구현을 위한 개헌의 방향을 모색하고자 한다(Ⅳ. 자치형 지방분권 개헌의 방향). 자치입법권의 범위, 자치행정권의 내용, 자치재정권의 문제, 주민참여제도의 확대를 위한 근접민주주의의 문제를 구체적 논의의 대상으로 하고자 한다.

Ⅱ. 지방분권국가의 유형

국가를 구성하고 있는 기본적 요소로서의 주권을 단일하게 보유·행사하는지 여부에 따라 국가를 단일국가와 연방국가로 구별할 수 있으며, 단일국가는 중앙집권국가와 지방분권국가로 다시 나뉘어진다. 중앙집권국가에서의 국가권력은 작용에 따라 입법·행정·사법작용으로 수평적으로 분립되어 있지만, 지방분권국가에서는 국가권력을 수평적으로만 분립하는 것이 아니라 중앙과 지방간에도 입법·행정·사법작용을 수직적으로 배분하고 있다는 점에서 구별된다. 지방분권국가라고 하더라도 구현하고 있는 지방자치의 성격이 단체자치를 기반으로 하는 것인지 주민자치를 기반으로 하는 것인지 여하에 따라 위임형·자치형·연방형으로 분류할 수 있다.

지방분권국가를 보다 명확히 이해하기 위해서는 연방국가와의 구별이 전제되어야 하며, 나아가 연방국가에서의 지방정부와 연방형 지방분권국가에서의 자치정부 또는 자치국가와도 구별하여야 한다.

1. 위임형·자치형·연방형

일반적으로 국가의 형태는 전술한 바와 같이 단일국가와 연방국가로 구별하고 있으나, 단일국가의 형태는 다시 지방자치를 구현하는 방법에 따라 중앙집권국가(Etat concentré), 위임형 지방분권국가(Etat déconcentré), 자치형 지방분권국가(Etat décentralisé), 연방형 지방분권국가(Etat régionalsé)로 분류할 수 있다.[4]

중앙집권국가는 국가의 모든 권력작용이 중앙정부에 의해서만 이루어지는 국가형태로서, 절대전제군주에 의해 지배되는 국가의 유형이라 할 수 있다. 현대 자유민주국가에서 중앙집권국가의 형태를 취하는 국가는 거의 찾아볼 수 없으며, 오늘날에는 모나코나 말트와 같은 소규모 국가에서만 볼 수 있다.

위임형 지방분권국가는 중앙정부와 구별되는 지방자치단체를 설치하기는 하지만, 자치권의 근원을 단체자치로 보기 때문에 자치권의 범위는 국가가 위임한 범위 내에서만 행사할 수 있는 것으로 본다. 또한 지방자치단체에게 독자적인 법인격도 부여하고 있지 않으며, 지방의 고유한 사무라고 하더라도 이를 전담하는 지방공무원에 의해 수행하는 것이

4 Quelles sont les différentes catégories d'États ?, http://www.vie-publique.fr/decouverte institutions/institutions/collectivites-territoriales/principes-collectivites-territoriales/quelles-sont-differentes-categories-etats.html, 2017-6-30.

아니라 국가사무와 마찬가지로 중앙정부에서 파견한 공무원에게 위임하여 수행하도록 하는 국가를 말한다. 위임형 지방분권국가는 명목상 지방분권국가로 분류하기는 하지만, 실제에 있어서는 중앙집권국가의 변형적 형태라고 볼 수도 있을 것이다.

자치형 지방분권국가는 위임형 지방분권국가와 마찬가지로 지방자치단체의 자치권의 근원을 단체자치로 보기는 하지만, 중앙정부와 구별되는 지방자치단체에게 법인격뿐만 아니라 고유한 자치사무에 대하여 일정한 자치권을 부여하는 국가라는 점에서 위임형 국가와 구별할 수 있다.[5] 위임형 지방분권국가와는 달리 자치형 지방분권국가는 국가 행정권의 이양에 따른 자유로운 행정 원칙을 확립하고 있다는 점에서 근본적인 차이가 있으며, 자치형 지방분권국가에서의 자치권은 법률의 범위 내에서 보장되며, 국가의 사법적 통제 대상이 된다는 점에서 특징을 찾아볼 수 있다.

연방형 지방분권국가는 자치형 지방분권국가 보다 더욱 강화된 자치권을 보장하는 국가로서, 자치권의 본질이 주민자치로부터 도출된다고 보고 있다. 지역자치공동체에게 자유로운 행정뿐만 아니라 일정 범위의 입법권과 정치적 권한을 부여하고 있다. 그러나 이러한 지역자치공동체도 국가의 통제를 받는다는 점에서 단일국가의 범주에 해당하지만, 자치권의 범위가 자치형 지방분권국가가 향유하는 수준을 넘어서서 연방국가 정도의 수준에 이를 수도 있다는 측면에서 단일국가의 범주를 벗어나는 국가 형태에 해당한다고 보기도 한다. 이러한 관점에서 연방형 지방분권국가를 지역국가(regional state)[6]라는 새로운 국가 형태로 설명하는 견해도 있다.

연방형 지방분권국가 또는 지역국가가 지역자치공동체에게 실질적인 정치적·제도적 자율을 토대로 한 자치입법권을 부여하는 목적은 언어적·종교적·문화적·윤리적·지리적 측면 등에서 지역적 특수성을 제도적으로 보장하기는 하지만 국가와의 불가분적 성격을 유지하고자 하는데 기본적 취지가 있다고 할 것이다.

현행 헌법에 의하여 우리나라는 위임형 지방분권국가에서 자치형 지방분권국가로 변

---

5 지방분권의 형태를 위임형과 자치형의 하나의 유형만 적용하지 않고 두 개의 유형을 동시에 규정할 수도 있다. 프랑스는 1992년 2월 6일 ATR 법률을 통하여 위임형과 자치형을 동시에 규정하고 있다. 프랑스는 1982년 3월 2일 Deferre 법률에 의하여 지방의회 의원의 권한을 강화하고 본격적인 지방자치와 지방분권시대의 서막을 열었으며, 1992년 2월 6일 ATR 법률을 통하여 국가권력의 지방분산도 확대함으로써 위임형 지방분권도 확대하였다. 1992년 ATR 법률을 통하여 도시공동체(Communauté de ville) 및 Commne공동체(Communauté de communes)와 같은 지방자치단체 통폐합을 행하였으며, 이후 1999년 7월 12일 Chevènement 법률에 의해 지방자치단체 통합 유형을 대도시공동체(Communauté d'agglomération)·도시공동체(Communauté urbaine)· Commne공동체(Communauté de communes)의 세가지로 구분하고 있다.

6 지역국가의 대표적인 국가로는 스페인, 이태리, 포르투갈, 영국 등을 들고 있으며, 1993년 연방국가로 전환하기 이전의 벨기에도 여기에 속한다. 국가형태의 유형으로서 지역국가에 대하여는 Louis Favoreu et als., Droit constitutionnel, dalloz, 13e édition, 2010, pp.471-488.

모하고자 하였으나, 자유로운 행정의 면에서나 자치입법권 범위의 측면에서 자치형 제도를 구현하기에는 여전히 부족한 것이 사실이라 할 수 있겠다. 따라서 우리나라의 실정에 가장 적합한 실질적 지방분권을 구현하기 위해서는 우선 자치형 지방분권국가로의 완전한 이행이 급선무라 할 수 있을 것이며, 나아가 자치형 지방분권국가 원리를 헌법개정을 통하여 명시하는 것이 불가피할 것이라 본다.

2. 연방국가·자치정부공동체(자치국가)와의 구별

(1) 연방국가와 지방분권국가의 구별

연방국가는 개별적 주권을 가지는 지방국가들로 구성되기 때문에 정부의 형태 또한 중앙정부와 지방정부의 이원적 구조를 가진다. 지방정부는 중앙정부와 마찬가지로 독자적인 헌법을 보유하며 입법·행정·사법에서의 독자적 권한을 행사하므로 주권을 기반으로 한 고도의 자율성이 보장된다고 할 수 있다.[7] 여기에 비해 중앙정부는 보충성의 원칙에 입각하여 지방정부가 행사하지 않는 범위 내에서 열거적 권한 만을 행사하며, 국가로서의 통일성과 정체성을 유지하는데 필요한 범위 내에서 독자적 권한을 가지게 된다. 즉, 연방국가에서는 지방이 하나의 주권을 보유하는 정치적 실체로서 지방정부를 구성하는 것이 필요적 요건이며, 지방정부는 독자적인 헌법을 근거로 하여 입법권과 행정권 나아가 사법권까지도 독립적으로 행사하는 지위에 있다고 할 수 있다. 그러나, 단일국가에서는 지방분권을 가장 강력한 형태로 구현하고 있는 연방형이라고 하더라도 중앙정부와의 관계에서 지방이 독자적인 헌법을 가질 수도 없을 뿐만 아니라 입법·행정·사법의 모든 국가작용을 자율적으로 행사할 수 있는 것이 아니라, 국가의 헌법이 보장하는 범위 내에서 자치입법권을 가지며, 독립적인 사법권은 행사할 수 없다는 점에서 근본적인 차이가 있다고 할 것이다.

(2) 지방분권국가에서의 자치정부공동체

연방국가는 다수의 지방국가들로 구성되는데 비해 지방분권국가는 단일한 주권을 토대로 하는 단일국가이다. 단일국가 내에서 지방분권을 구현하는 방법은 지방자치의 연원을 단체자치로 볼 것인가 또는 주민자치로 볼 것인가에 따라 다르게 나타나고 있다. 단체

7 연방을 구성하고 있는 정치공동체의 국가적 성격을 최소한 국내적 관계에서는 인정하고 있으며, 독일 헌법재판소에서도 연방국가는 연방과 지방국가 양자가 국가적 성격을 가지며, 이는 연방 뿐만 아니라 지방국가도 그들 자신에 의해 제정되는 헌법을 보유한다라고 판시하였다. B Verf GE 342, 361, cité par C. Grewe et H. Ruiz Fabri, 1995, p.299; Louis Favoreu et als., ibid. p.445.

자치를 기저로 하는 지방분권국가에서는 국회와 동일한 입법권을 행사할 수 있는 지방정부를 설치하는 것이 원칙적으로 단체자치의 한계를 벗어나는 것이라 할 수 있을 것이지만, 주민자치를 근간으로 한 단일국가에서는 언어적·종교적·문화적·윤리적·지리적 측면 등에서 지역적 특수성을 보장하기 위하여 지방정부(local government)를 헌법적으로 보장하고 있다.[8] 이러한 주민자치를 기저로 하는 지방분권적 구조를 가지고 있는 국가를 연방형 지방분권국가 또는 지역국가로 명명할 수 있다. 이러한 지역국가에서는 지방정부를 둘 수 있을 뿐만 아니라, 나아가 자치정부(self－government),[9] 자치정부공동체(self－governing communities)[10](자치국가)도 구성할 수 있지만 자치정부공동체 간에는 연방체제를 갖출 수 없다고 보는 것이 일반적이다. 즉, 지역국가에서의 자치정부공동체는 국가의 의회와 동일한 수준의 입법권을 행사할 수 있기는 하지만 연방국가에서의 지방국가와 같이 주권을 행사할 수 없다는 점에서 연방국가와는 근본적으로 구별된다.[11] 영국·스페인·이태리 등이 대표적인 지역국가에 해당한다.

Ⅲ. 지방분권국가의 특징과 한계

1. 지방분권국가의 특징

지방분권국가는 중앙집권국가·연방국가와 비교해 보면 주권의 성격이라는 측면에서 구별되며, 국가와의 관계에서 지방자치단체의 지위와 민주주의의 구현방법에서 특성이 있으며, 권력분립에서 수직적 분립이 강조될 뿐만 아니라 자주조직권과 자치입법권 등의 범위에 따라 지방분권국가의 구체적 유형이 분류되며, 법치주의의 구현을 위한 법치행정과 자유로운 행정의 측면에서 특징을 보여주고 있다.

(1) 지방분권국가의 주권의 성격

지방분권국가도 단일한 주권을 토대로 하는 단일국가라는 점에서는 중앙집권국가와

8 스페인 헌법의 경우 제8장 제2절 제140조－제142조에서 지방정부에 관하여 규정하고 있다.

9 스페인 헌법 제2조에서는 민족과 지역을 기반으로 한 자치정부에 대한 권한과 그들 간의 연대를 보장하고 있다; it recognises and guarantees the right to selfgovernment of the nationalities and regions of which it is composed and the solidarity among them all.

10 스페인의 경우 헌법 제8장 제3절 제143조－제158조에서 자치정부공동체(self－governing communities)에 관하여 규정하고 있다.

11 스페인 헌법 제145조 제1항에서 어떠한 환경에서도 자치정부공동체의 연방화는 승인될 수 없다라고 규정하고 있다.

동일한 국가유형에 속하지만, 각기 독자적 주권을 가지는 지방국가들로 구성되어 있으면서도 연방이 별도의 주권을 보유하고 행사하는 연방국가와는 구별된다. 따라서 단일한 주권을 토대로 하고 있는 지방분권국가에서는 주권의 속성인 규범적 시원성과 불가분적 성격이 연방국가 또는 지역국가에 비하여 강하게 나타나게 된다.

주권의 규범적 시원성은 자치입법권의 범위를 확정하는데 중요하게 작용하게 된다. 국가의 법률을 제정할 수 있는 입법권은 의회가 행사하는 것이 원칙이지만, 헌법이 일정 범위 내에서 지방자치단체에게 한시적으로 입법권을 부여하는 것은 예외적으로만 허용될 수 있는 것으로 보아야 할 것이다.

주권의 불가분성이 가시적으로 나타나는 것은 영토의 불가분성에 있다고 할 수 있다. 지방분권을 아무리 강조한다고 하더라도 영토의 분리를 가능하게 할 수 없는 것이 주권의 불가분성으로부터 기인한다고 할 것이다. 따라서 주권의 불가분성이 헌법 이론적으로 당연한 논리라 하더라도 이를 헌법에 명시함으로써 지방분권국가의 한계를 설정해 두어야 할 것으로 본다.

(2) 국가와의 관계에서 특성

(가) 국가구조적 특성

지방분권국가에서 지방정부를 구성하는 것은 원칙적으로 단일국가의 범위를 벗어나는 것이라 할 수 있을 것이지만, 단일국가에서 언어적·종교적·문화적·윤리적·지리적 측면 등에서 지역적 특수성을 보장하기 위하여 지방정부(local government)를 구성할 수도 있을 것이다.[12] 그러나, 이러한 지방분권적 구조를 가진다는 것은 이는 이미 자치형 지방분권국가를 벗어나 연방형 지방분권국가 또는 지역국가의 범주에 진입하는 것이라 할 수 있다. 또한 지역국가에서는 자치정부(self-government)[13] 또는 자치정부공동체(self-governing communities)[14] 형식의 자치국가도 구성할 수 있지만, 자치정부공동체 간에는 연방체제를 갖출 수 없다는 면에서 연방국가와 구별된다.[15]

지방분권국가의 형태가 자치형인지 연방형인지의 여부는 지방자치의 내용 확정뿐만 아니라 해석에서도 중요한 차이를 나타내게 되므로 이를 헌법 명문 속에서 명확히 하는 것이 반드시 필요하다고 할 수 있다. 자치형 또는 연방형의 차이는 국가형태와 직접적이

12 스페인 헌법의 경우 제8장 제2절 제140조-제142조에서 지방정부에 관하여 규정하고 있다.

13 스페인 헌법 제143조 제2항 참조.

14 스페인의 경우 헌법 제8장 제3절 제143조-제158조에서 자치공동체 (self-governing communities) 에 관하여 규정하고 있다.

15 스페인 헌법 제145조 제1항에서 어떠한 환경에서도 자치공동체의 연방화는 승인될 수 없다라고 규정하고 있다.

며 논리적인 체계성을 갖는 것이기 때문에 헌법의 명문에 이를 규정한다면 국가형태를 명시하고 있는 헌법 제1조1항과 연계하여 성문화하여야 할 것으로 본다.

(나) 민주주의적 측면에서의 특성

민주주의는 다의적 개념이며, 국가를 대상으로 하는 경우의 민주주의는 국민의 직접 참여 정도에 따라 직접민주주의와 간접민주주의로 구별하고 있으며, 직접민주주의와 간접민주주의를 구현하는 제도적 방법도 서로 상이하게 나타나고 있다. 그러나, 국가를 대상으로 하는 경우, nation 주권 국가에서는 간접민주주의를 근간으로 하는 대의제의 방법을 활용하였으나, 대의제가 현실적 국민의 정치적 의사를 대표함에 있어서 점차 미흡하게 됨에 따라 보완원리로서 반대표제 논리가 도입되어 부분적이기는 하지만 혼합형 민주주의를 수용하고 있는 것이 일반적이라 할 수 있다. 그러나 오늘날에는 교통·통신의 발달뿐만 아니라 인터넷과 SNS의 급속한 확산에 의해 국가의 정치적 의사형성에 국민 개개인이 직접 참여할 수 있는 제도적 장치를 모색하고 있으며,[16] 이러한 참여민주주의에 대한 요구가 확대되는 추세에 있다.

국가적 차원에서 요구되는 참여민주주의와는 달리 지방분권국가에서의 지방은 지방행정의 결정과정에 주민이 참여하도록 하는 것을 근간으로 하고 있다는 점에서 민주주의의 면에서 특징이 있다. 이러한 측면에서의 특징을 강조하고자 하는 면에서 지방분권국가에서의 민주주의를 풀뿌리민주주의, 근접민주주의(démocratie de proximité)[17] 또는 지방민주주의(démocratie locale)라고 부르고 있다.

근접민주주의를 구현하기 위하여 지방분권국가에서는 헌법에 지방의회 청원권,[18] 기속적 지방국민투표,[19] 자유로운 행정,[20] 자율적조직권[21]과 같은 새로운 권리와 원칙 등을 규정하고 있으며, 실험법제의 도입[22]과 같은 특수한 원리를 도입하기도 한다.

---

16 우리나라에서도 지난 해 촛불집회를 통하여 직접민주주의의 제도적 장치에 관한 요구가 강하게 나타나고 있으며, 이러한 요청을 반영하여 국회개헌특위 자문위원회 기본권 분과에서는 헌법개정발의, 법률안 발안, 국민투표, 국민소환에서의 국민의 직접참여 방안을 논의하고 있으며, 또한 국민을 입법권 혹은 입법권 행사의 주체로 명기할 필요성에 대하여도 고찰하고 있다. 자세한 것은 2017년 4월 26일 국회 의원회관에서 개최한 국회 개헌특위 자문위원회 총강·기본권 분과위원회 주최 토론회에서 발표한 박태순, 국민주권 실현을 위한 직접민주제 개헌 방안 참조.

17 근접민주주의(démocratie de proximité)는 주민의 지방행정에의 실질적 참여를 특징으로 하는 개념으로, 프랑스에서는 2002년 2월 27일 2002-276 법률을 통하여 명시하고 있다.

18 프랑스 헌법 제72-1조 1항.

19 프랑스 헌법 제72-1조 2항.

20 프랑스 헌법 제72조 3항.

21 프랑스 헌법 제73조.

22 프랑스 헌법 제37-1조, 제72조 4항.

(3) 수직적 권력분립에서의 특성

중앙집권국가에서도 국가권력은 작용에 따라 입법·행정·사법작용으로 수평적으로 분립되어 있지만, 지방분권국가에서는 국가권력을 수평적으로만 분립하는 것이 아니라 중앙과 지방간에도 입법·행정·사법작용을 수직적으로 배분하고 있다는 점에서 구별된다.

연방국가에서 지방이 하나의 주권을 보유하는 정치적 실체로서 지방정부를 구성하고 있다고 본다면, 지방정부는 입법권과 행정권 나아가 사법권까지도 독립적으로 행사하는 지위에 있다고 할 수 있다. 그러나, 단일국가에서는 지방분권을 가장 강력한 형태로 구현하고 있는 연방형이라고 하더라도 중앙정부와의 관계에서 지방이 입법·행정·사법의 모든 국가작용을 자율적으로 행사할 수 있는 것이 아니라, 행정권 행사에서의 자유로운 행정, 입법권 범위에서 독자적 영역의 보장이 중심적인 내용이라 할 수 있을 것이다.

(가) 자치사무 담당자와 자주조직권

위임형과 자치형은 지방이 자유로운 행정원리에 입각하여 행정을 구현한다는 면에서 동일한 면이 있으나, 위임형과 자치형은 자치사무 담당자·자주조직권·자치입법권의 범위에서 차이를 보여주고 있다. 위임형의 경우에는 자치사무도 국가사무 집행을 위하여 파견된 중앙공무원이 수행하며 지방자치단체에게 자율적인 행정조직권도 부여하고 있지 않은데 비해, 자치형의 경우에는 국가사무를 행하는 중앙공무원과는 별도의 지위에 있는 지방선출직 또는 임명직 공무원에 의해 자치사무가 수행되며, 이를 위한 자율적인 행정조직권도 보장된다는 점에 기본적인 차이가 있다.

이러한 기준을 토대로 우리나라의 경우를 살펴보면 자치형이라기 보다 오히려 위임형에 가깝다고 볼 수 있다. 왜냐하면 광역자치단체의 장인 시도지사가 기관위임 국가사무를 행하고 있으며, 단체위임사무도 사실상 지방직 공무원이 수행함으로써 국가사무와 자치사무의 수행주체가 동일한 행정기관이며, 나아가 광역자치단체 고유사무를 위한 행정조직도 자율적으로 구성하기 어렵기 때문이다.

(나) 자치입법권의 범위

우리나라 지방분권 유형이 위임형에 보다 가깝다는 것은 지방자치단체의 자치입법권의 범위를 살펴보면 더욱 명확하다. 위임형은 자치입법권을 법률뿐만 아니라 명령의 범위 안에서 행사하여야 하지만, 자치형은 법률의 범위 내에서 자치입법권을 행사할 수 있다는 점에서 구별된다고 하겠다. 위임형은 법령의 범위 내에서 자치입법권을 행사하기 때문에, 자치입법은 정부 행정입법의 하위 규범이며, 지방자치단체는 고유사무라고 하더라도 중앙정부 행정기관의 명령의 범위 내에서 제정된 조례에 의해 집행할 수밖에 없다. 이는 자치사무의 범위를 협소하게 할 뿐만 아니라 국가사무와 자치사무의 사무주체 미분리로 인한 문제로 인하여 자유로운 행정을 구현하게 하는데도 상당한 장애를 발생하게 하거나 아니면 자유로운 행정 자체를 불가능하게 할 수도 있다. 자유로운 행정이 지방분권에 있어 최소한의 장치라고 본다면 우리나라의 위임형 지방분권제도는 처음부터 다시 검토하여야 할 것으로 본다.

자치형의 경우는 자치입법권을 법률의 범위 내에서 자유롭게 행사할 수 있기 때문에, 자치입법은 정부의 행정입법과 동일한 수준의 규범이라 할 수 있으며, 지방자치단체는 위임형에 비해 보다 광범한 자치사무를 지역에 특수성에 따라 조례로 제정할 수 있다. 따라서 자치형에서는 국가사무와 분리할 수 있는 자치사무의 범위를 명확하게 설정하는 것이 비교적 용이하게 될 뿐만 아니라 자치사무 수행을 위한 자주적이고 자율적인 행정조직권이 보장되기 때문에 지방분권의 본질이라 할 수 있는 자유로운 행정을 구현하는데 필요한 최소한의 제도적 장치는 형성되었다고 할 수 있을 것이다.

이러한 측면에서 고려하면, 우리나라의 조례입법권은 법령의 범위 내에서만 가능한 것이기 때문에 전형적인 위임형 지방분권국가라 할 수 있다. 조례입법권을 법률의 범위로 확장하고 자치형을 위한 제도적 장치를 정착시켜 중앙 행정기관으로부터 지방자치단체의 자유로운 행정을 구현하도록 한다면, 단일국가로서는 지방분권을 상당한 수준까지 제고하는 것이 될 것이다. 이는 현실적으로 법적 안정성까지도 확보하는 차원에서의 제도적 성장 또는 변혁이라 할 수 있을 것이다.

추가적으로 국회의 입법권을 대상·지역·기간을 제한하여 한시적으로 지방자치단체가 행사할 수 있도록 하는 실험법제를 헌법에서 수용한다면 연방형 지방분권국가가 지향하는 바의 수준까지도 가능할 수 있을 것이라 하겠다.[23]

자치형이 법률의 범위 내에서 자치입법권을 행사할 수는 있지만 법규창설력이 있는 법률을 제정할 수 있는 입법권을 갖지는 못한다. 그러나, 여기에 비해 연방형에 해당하는 지역국가에서는 헌법의 명문 규정을 통하여 지역에게 지역법률제정권을 부여하여 법규창설적 기능을 이원화하고 있다는 점에 특색이 있다.[24]

---

23 실험법제와 같은 특수제도가 일반화하게 되면 단일국가의 주권적 속성인 불가분성을 침해할 수도 있게 된다; G. Marcou, Décentralisation : approfondissement ou nouveau cycle?, Cahiers francais, no. 318, janvier－février 2004, p.10.

24 Louis Favoreu et als., ibid. p.472.

(4) 법치주의적 특성

(가) 법치행정

행정작용과 관련하여 법치주의는 법률의 우위와 법률 유보를 기본적 내용으로 하는 법치행정과 행정에 대한 사법적 통제가 가능하도록 하는데 있다. 법치행정은 행정작용의 근거가 될 뿐만 아니라 모든 단계의 행정절차에도 적용되는 기본 원리이기 때문에 국가행정에서는 엄격하게 적용되어야 한다. 여기에 비해 지방분권국가의 자치사무에 대하여서는 자유로운 행정원리가 적용되므로 국가적 차원에서의 법치행정이 상당히 완화될 수 있다. 즉 자치사무라고 하더라도 그 법적인 근거는 성문 규범에 의해 명확하게 규정되어 있어야 하겠으나, 이를 수행하는 과정에서는 국가 또는 상급자치단체의 관리나 감독으로부터 자유로울 수 있으므로 재량의 범위가 확대되어 있다고 할 수 있다.

자치사무에 대한 재량의 범위는 위임사무나 국가사무보다 광범위하다고 하더라도 재량권의 행사에 있어서의 통제의 문제는 모든 사무에 대하여 동일하게 적용되어야 한다. 즉 자치사무라고 하더라도 재량권을 남용하거나 일탈하는 경우에는 위법의 판단 기준으로 통제할 수 있을 것이다.

지방분권국가의 유형 여하에 따라 규범에 대한 통제 기준 규범은 서로 차이를 보여주게 된다. 즉, 위임형의 경우에는 자치입법이 법령보다 하위적 지위를 가지므로, 자치입법에 대한 통제는 행정입법을 기준으로 해서도 가능한데 비해, 자치형의 경우에는 행정입법을 기준으로 한 자치규범의 통제는 논리적으로 가능하지 않으며 최소한 법률에 의한 조례의 위법성 판단 또는 헌법에 의한 통제를 법치주의의 내용으로 한다고 하겠다.

여기에 비해 연방형은 자치입법권과 국회입법권의 관계에 따라 법률 또는 헌법적 통제 모두가 가능할 수도 있겠으나, 일반적으로는 헌법적 통제만 가능한 것으로 보아야 할 것이다.

(나) 자유로운 행정 원리(le principe de libre administration)

자유로운 행정원리는 지방자치의 보장을 위한 핵심적 내용으로서, 지방의 사무를 자치단체 스스로가 관리할 수 있도록 하는 권한을 주민으로부터 선출된 지방의회에게 부여하는 지방분권 국가의 헌법적 기본원리를 말한다[25]. 자유로운 행정의 원리를 구현하기 위해서는 지방자치단체가 행사할 수 있는 자유로운 행정 사무의 범위가 명확하게 설정되어

25 자유로운 행정원리는 2003년 프랑스 헌법개정에 의해 제72조 제3항이 규정하고 있으나, 이미 1946년 헌법 제86조에서부터 규정하고 있다. 제5공화국에서는 2003년 헌법개정 이전부터인 1984년 Conseil constitutionnel이 이미 판례를 통하여 헌법적 원칙으로 확립하였다. E. Aubin - C. Roche, Droit de la nouvelle décentralisation, Gualino éditeur, 2005, p.64; Louis Favoreu et als., ibid, p.490.

있어야 할 뿐만 아니라[26] 사무집행을 위한 충분한 재원 확보[27]와 인적 독립이 요청된다고 할 수 있다. 또한 나아가 이러한 자유로운 행정원리가 보다 현실적인 실효성을 가지기 위해서는 자치단체의 경제적 성장에 대한 규제나 장애를 철폐하고 국가적 차원에서의 지역경제 지원을 활성화하는 제도적 보완이 있어야 할 것이다.[28]

자유로운 행정은 지방자치단체가 할 수 있는 모든 것을 스스로 바로 결정할 수 있도록 하는 것이 아니라 지방자치단체의 사무로 정해진 사항에 대하여 지방의회가 스스로 결정하고 이에 따라 집행하도록 하는 행정원리를 말하며, 법률이 보장하고 있는 지방사무에 대하여 국가행정이 잠식하는 것을 방지하고자 하는 추상적 개념이라 할 수 있다. 다시 말하면 지방자치단체는 지방사무에 관하여 법률의 범위 내에서 법규명령을 스스로 정립할 수 있으며, 법규명령적 성격의 자치입법을 집행함에 있어서는 국가 또는 다른 지방자치단체의 간섭, 통제 또는 감독으로부터 자유롭다는 것을 의미한다. 자유로운 행정이 적용될 수 있는 지방사무는 법률에 의해 결정되지만 자유로운 행정을 적용하는 구체적 내용은 지방자치단체가 법규명령적 성격을 가지는 자치입법을 통하여 스스로 결정하게 된다. 그러나, 연방형 지방분권국가 또는 지역국가에서 지방사무의 범위는 헌법의 규정에 의해 명시된다는 점에서 자치형과 구별된다.[29] 자유로운 행정원리가 적용된다고 하더라도 지방사무에 대하여 사법적인 통제까지 벗어나도록 하는 것은 아니다. 즉 자유로운 행정이 적용되는 사항과 내용에 대하여도 사법부에 의한 합법성 통제[30]와 헌법재판소에 의한 통제는 배제될 수 없다.

자유로운 행정은 일반 행정권의 행사에만 한정되며, 법률의 공포·외교나 사법과 같은 통치권(competences regaliennes) 행사에는 적용되지 않는다.[31] 자유로운 행정은 자치단체가 자유롭게 행할 수 있는 공간을 보장하는데 있다. 따라서 자유로운 행정을 보장하지

---

26 자치단체의 자유로운 행정이 이루어지는 범위는 비단 자치사무에 대한 사항 뿐만 아니라 법률이나 행정부의 법규명령(le règlement)에 의해 결정된다. 법률과 법규명령을 통하여 결정된 자유로운 행정 유보사항으로는 R. le Mestre, droit des collectivités territoriales, Gualino éditeur, 2004, p.249.

27 재정자치(autonomie financière)를 자유로운 행정 보장을 위한 주된 제도적 장치로 보고 있다; R. le Mestre, op. cit., pp.305－345.

28 A. Gruber, La décentralisation et les institutions administratives, A. Colin, 1996, 2e édition refondue, pp.385－415.

29 스페인 헌법 제148조에서는 자치공동체의 권한에 속하는 지방사무를 규정하고 있으며, 제149조에서 국가가 전속적으로 권한을 행사하는 국가사무에 대하여 규정하고 있다. 또한 제149조 3항에서는 헌법에서 명시적으로 국가사무에 속하는 것으로 규정하고 있지 아니한 사무에 대하여는 자치공동체가 조례를 통하여 자치공동체의 사무로 정할 수 있으나, 조례를 통한 자치공동체의 사무로 명시화하지 않은 경우에는 국가사무로 본다라고 규정하고 있다.

30 프랑스에서는 행정재판소의 심판대상으로 하고 있다. E. Aubin - C. Roche, ibid, 2005, p.65.

31 Qu'est－ce que la libre administration, http://www.vie－publique.fr/decouverte－institutions/institutions/collectivites－territoriales/principes－collectivites－territoriales/qu－est－ce－que－libre－administration.html, 2017－06－30.

않는 것으로 의문이 될 수 있는 법률에 대하여 지방자치단체는 위헌성을 제기할 수 있는 것을 말한다. 즉, 자유로운 행정원리를 사후적 규범통제의 대상이 될 수 있는 기본권과 동일하게 파악할 수도 있다.[32] 그러나 자유로운 행정을 근거로 하여 법률이나 법률규정을 통제하는 경우는 매우 드문 경우라 할 수 있을 것이며, 이 경우에도 입법부의 과도한 침해를 제재하기 위한 정도에서 행사될 수 있을 것이다.[33]

자유로운 행정의 핵심은 자치단체에게 법률이 정하고 있는 범위 내에서 지방의회로 하여금 스스로 규범을 제정할 수 있는 권한을 부여하는 것이며, 자치행정에 대한 국가 또는 다른 자치단체의 감독권을 배제하는 것이라 할 수 있다.[34] 물론 국가사무에 대하여는 국가가 지방자치단체에게 사무를 위임하거나 국가공무원을 파견하여 직접 집행할 것이기 때문에 자유로운 행정원리가 적용될 수 없을 것이다. 자치사무에 대한 규범제정권의 범위는 위임형과 자치형이 서로 다르게 정하고 있으나, 자치사무에 대한 법규창설적 효력을 부여하기 위해서는 자치형이 보다 바람직할 것으로 본다.

프랑스에서는 헌법 제72조 제3항에서 "법률이 규정하는 바에 따라, 지방자치단체는 선출직 의회에 의하여 자유롭게 행정하며, 그 권한의 행사를 위하여 행정입법권을 갖는다"라고 명시하여 자유로운 행정원리를 헌법 명문규정을 통하여 밝히고 있다.

2. 지방분권국가의 한계

(1) 불가분성(indivisibilité)

국가는 주권을 기반으로 하여 성립하고 있으므로 단일국가에 해당하는 지방분권국가는 하나의 주권만을 보유하고 있다. 주권은 이념적이며 추상적인 단체로서의 전체국민만이 보유하는 것이므로, 어떠한 개인, 사회단체, 정치적 결사, 국가기관이나 나아가 지방자치단체라고 하더라도 주권을 보유할 수 없다. 또한 주권이 적용되는 범위는 국가의 모든 공간뿐만 아니라 국민 개개인 나아가 모든 인적 결합체에 해당한다.[35] 따라서 지방분권국가에서의 지방자치단체도 주권으로부터 자유로울 수 없으며, 주권의 속성인 규범적 시원

---

32 Conseil constitutionnel, déc. n°2010-12 QPC du 2 juillet 2010, Commune de Dunkerque

33 프랑스에서는 헌법적 통제와는 달리, 행정재판소에서 자유로운 행정이 가처분-자유 절차에 의하여 보호되어지는 기본적 자유에 속하는 것으로 보고 있다. Conseil constitutionnel, déc. n° 2010-618 DC du 9 décembre 2010 Loi de réforme des collectivités territoriales instituant le conseiller territorial, et déc. n° 2013-687 DC du 23 janvier 2014 Loi de modernisation de l'action publique territoriale et d'affirmation des métropoles.

34 A. Roux 교수는 제도적 자율(autonomie institutionnelle), 기능적 자율(autonomie fonctionelle), 감독권 배제원칙 (principe de non-tutelle)을 자유로운 행정의 내용으로 보고 있다 ; A. Roux, La décentralisation, droit des collectivités territoriales, LGDJ, 2016, pp.133-149.

35 G. Burdeau, Traité de science politique, t.2, LGDJ, 1967, 2éd., p.352 cité par A. Roux, op. cit., p.152.

성과 불가분성의 적용을 받는 것은 명확하다고 할 수 있다.[36]

주권의 규범적 시원성은 지방자치단체에도 적용되어 자치입법권의 한계를 설정하게 하는 논리적 근거가 된다. 즉, 단일국가에서는 지방자치단체도 자치입법권을 행사할 수 있지만, 자치입법권은 국가 입법기관의 사전적 위임을 근거로 하여서만 행사될 수 있다는 것을 말한다. 따라서 단일국가에서는 어떠한 지방자치단체도 자율적인 규범제정권을 행사할 수 없는 것이 원칙이라 하겠다.[37] 이는 후술하는 바와 같이 지방자치단체의 입법권 범위를 형성하게 된다. 주권의 불가분성은 주권이 적용되는 범위가 부분적 공간이나 특별한 인적 결합체에만 미치는 것이 아니라는 점을 천명하고 있는 것이므로, 어떠한 지방자치단체도 주권의 적용을 배제할 수 없다. 따라서, 주권의 배제를 주장하는 지방자치단체는 국가로부터의 분리 또는 독립을 요구하는 것이라 할 수 있을 것이며, 이는 결국 단일국가의 형태를 붕괴하고 새로운 국가의 건국을 예견하는 것이라 하겠다.

영국·스페인 등과 같은 연방형 지방분권국가에서의 지방정부가 중앙정부로부터 분리 독립하고자 하는 경향을 볼 수 있는데, 이는 결국 주권의 불가분성을 침해하게 되어 국가 자체의 분리 또는 해체로 나아가게 된다.

(2) 근접민주주의의 한계

지방분권국가에서는 지방자치단체가 자유로운 행정을 구현하기 위한 측면에서의 민주주의를 근접민주주의라는 새로운 개념으로 접근하고 있다.[38] 자유로운 행정이란 국가 또는 상급자치단체의 행정 감독없이 자치입법권의 범위 내에서 해당 지방자치단체에게 행정의 자율성을 보장하는 것을 말한다. 따라서 행정의 자율성이 보장되는 차원에서 주민의 자유로운 행정 참여가 가능하게 된다. 이는 결국 국가 행정에 대한 국민의 참여 보다 훨씬 광범위한 영역에 대한 주민참여를 가능하게 하는 이론적 근거가 될 수 있는 것이다. 따라서 전술한 바와 같이 헌법상 보장할 수 있는 주민의 지방의회청원권, 기속적 국민투표제와 지방자치단체의 자율조직권 이외에도 법률이나 자치법률을 통하여 주민참여제도를 확대할 수 있게 한다.

---

36 Léon Duguit, Traité de droit constitutionnel, t.2, Éd. E. Broccard, 3éd., 1928, p.120, cité par A. Roux, op. cit., p.152.

37 A. Roux, op. cit., p.152.

38 프랑스에서 형성된 근접민주주의(démocratie de proximité)의 개념은 지방자치를 위한 민주주의를 대변하는 특성을 가지고 있다는 점에서 지방민주주의(démocratie locale) 또는 지역민주주의(démocratie territoriale)라는 용어로 사용되기도 한다 : Carlos M. Herrera, La décentralisation territoriale sous le prisme constitutionnel : Un processus historique et ses concepts théoriques, 한국비교공법학회 제87회 학술대회 지방분권과 주민참여, 2017. 7. 4, pp.30－31.

그러나, 근접민주주의가 주민참여를 폭넓게 보장할 수 있는 논거라고 하더라도, 국가행정에 대한 직접적 참여까지를 보장하는 것이라고는 할 수 없다. 물론 헌법의 명문규정을 통하여 국민의 국가행정 및 정치에의 직접참여가 보장된 경우에는 예외적인 보장에 해당하겠으나, 근접민주주의는 국가행정의 영역에 까지 적용되는 원리라 보기 어렵다. 즉, 근접민주주의가 보장하는 주민참여의 내용과 한계는 지방자치단체가 스스로 결정하는 것이므로 자치단체별로 상이할 수 있으며, 국가적으로 획일적인 내용을 보장하도록 요구할 수도 없는 것이라 하겠다. 근접민주주의가 내용으로 하고 있는 주민참여제도를 모든 지방자치단체가 수용하고 있다고 하더라도 이는 대의제를 전제로 하는 국가에서 대의제 보완제도로 도입할 수 있는 직접민주주의적 참여제도 또는 참여민주주의적 제도와는 성격상 상이한 것이라 할 수 있다.

(3) 권력분립적 한계

연방국가에서는 연방정부와 지방정부가 국가권력을 배분하여 행사하기는 하지만 연방정부와 지방정부간의 권한 배분내용은 명확하게 규정하고 있다. 왜냐하면, 연방국가에서는 지방국가도 주권을 보유하고 행사하는 법적 주체이므로 연방정부는 원칙적으로 보충성의 차원에서 배분된 국가권력과 국가적 차원에서의 통일성이나 조정 중재에 필요한 범위 내에서의 열거된 국가권력을 행사하는 정도에 그치지만 지방정부는 독자적으로 입법권, 행정권과 사법권을 행사할 수 있으므로[39] 국가권력의 수평적 및 수직적 배분 내용이 비교적 명확하게 구별될 수 있기 때문이다.

연방국가에서의 수평적·수직적 권한 배분이 명확하게 확인될 수 있는 반면에 단일국가의 형태를 가지고 있는 지방분권국가에서는 수평적·수직적 권한 배분의 내용이 다양한 유형으로 나타나고 있기 때문에 권력분립의 내용을 정확히 이해하는 것부터가 단순하지 아니하다. 수평적 권력배분은 논외로 하더라도 수직적 권한배분의 내용은 위임형·자치형·연방형 등의 지방분권의 유형에 따라 차이가 있기 때문이다.

연방국가와는 달리 지방분권국가는 하나의 주권에 따른 국가권력을 전제로 하기 때문에 주권자인 전체국민 즉 Nation이 규범의 시원적 원천이 되며 헌법이 기본규범으로서 최고규범이 된다. 따라서 지방분권의 유형도 지방자치단체가 규범의 어느 단계에서부터 자율적인 규범을 정립할 수 있는가에 따라 분류될 수 있다. 헌법을 최고규범으로 하여 의회와 행정부가 법률 또는 명령의 형식으로 규범을 정립하고 있으며, 의회제정규범과 행정부제정규범 간에도 규범의 성격이나 내용에 따라 국가별로 위계적 관계를 별도로 정하고

39 장영철, 지방분권강화 방안으로서 연방국가 원리에 관한 고찰, 헌법학연구 제22권 제1호, 2016, 3. p.254

있기는 하지만, 법률의 우위와 법률유보를 토대로 하는 법치주의 일반적 논리에 따라 의회제정규범인 법률의 위임에 의해 행정입법이 이루어지고 있다고 보면 법률과 행정입법 간에는 상·하적 관계가 성립되고 있다. 즉 국가법규범의 구조가 헌법을 정점으로 하여 법률이 제정되고, 법률을 근거로 하여 행정입법으로서의 법규명령이 제정되는 관계에 있다.

따라서 지방자치단체는 첫째, 헌법의 범위 내에서 또는 헌법이 정하는 바에 따라 법률과 동일한 지위를 가질 수 있는 자치입법권을 행사할 수도 있을 것이며, 둘째, 법률의 범위 내에서 또는 법률이 정하는 바에 따라 법규명령과 동일한 지위를 가질 수 있는 자치입법권을 행사할 수도 있을 것이며, 셋째, 법규명령의 범위 내에서 또는 법규명령이 정하는 바에 따라 자치입법권을 행사할 수도 있을 것이다. 첫째의 경우와 같이 헌법의 범위 내에서 자치입법권을 가지게 되는 유형을 연방형, 둘째의 경우와 같이 헌법과 법률의 범위 내에서 자치입법권을 가지게 되는 유형을 자치형, 셋째의 경우인 헌법과 법률과 명령의 범위 내에서 자치입법권을 가지게 되는 유형을 위임형으로 분류할 수 있다.

자치입법권을 법률에 반하지 아니하는 범위 또는 법률에서 규정하고 있지 아니한 범위로 규정하고 있는 입법례도 있으나, 이는 규범의 시원성을 지방의회에 두고 연방의회 또는 중앙의회는 보충적 입법권을 행사하는 연방국가 또는 지역국가에서의 입법형식이라 할 것이다. 따라서 규범적 시원성을 국가에 두고 있는 지방분권 국가에서는 법률의 범위 내 또는 법령의 범위 내로 자치입법권의 범위를 한정하는 것이 타당한 입법적 태도라 할 수 있다.

(가) 자치입법권의 범위

현행 헌법 제117조 1항에서 "지방자치단체는 …, 법령의 범위 안에서 자치에 관한 규정을 제정할 수 있다"라고 규정하고 있다. 이러한 입법례가 전형적인 위임형 지방분권국가의 자치입법권 범위를 규정한 것이라 할 수 있다. 위임형의 경우에는 중앙정부의 행정각부가 발하는 명령의 범위 내에서 자치입법권을 행사할 수 있기 때문에 입법권 행사의 범위가 지나치게 제약적이라 할 수 있다. 또한 지방자치단체의 자치사무 집행에 있어서 중앙행정기관의 지휘 또는 감독을 받게 된다면 이는 자치의 기본적 내용인 자유로운 행정원리 까지도 침해하는 것이 되어 실질적인 자치사무는 설 자리를 잃게될 뿐만 아니라 지방자치는 형식적인 장식에 불과하게 될 수도 있다. 따라서 위임형의 경우에는 자치입법권의 범위는 협소하다고 하더라도 자치사무 집행에 있어서는 중앙행정부서의 지휘 또는 감독이 배제된 자유로운 행정이 구현될 수 있도록 하여야 될 것이다. 물론 이 경우에도 중앙행정부서의 지휘 또는 감독은 배제된다고 하더라도 자치입법권이나 사무집행에 대한 사법적 통제로부터는 자유로울 수 없다.

자치형 지방분권국가는 법률의 범위 내에서 자치입법권을 행사할 수 있다. 위임형과 대비해 보면 자치입법권의 범위가 확대되어 있으며, 자치입법을 통하여 중앙행정기관이 발하는 법규명령과 마찬가지의 법규적 성격을 가지는 조례를 제정하는 것이 가능하게 된다. 따라서 지방자치단체는 주민들의 자유와 권리에 영향을 미칠 수 있는 자치법규정립도 가능하게 되는 것이다.

또한 자치형 지방분권국가에서는 자치단체의 자치입법권 확대를 위하여 예외적으로 일정한 대상, 기간과 지역을 한정하여 법률 또는 법규명령에 해당하는 실험법제를 제정할 수 있는 권한을 부여하기도 하고 있다. 이러한 실험법제 제정권한을 지방자치단체에 부여하고자 하는 경우에는 반드시 헌법에 명시적으로 규정하여야 한다. 왜냐하면 국회 이외의 헌법기관에 실험법제의 제정권한을 부여하는 것 자체가 국회 입법권에 대한 직접적 제한이 되기 때문이다.

연방형 지방분권국가는 헌법의 범위 내에서 자치입법권을 행사할 수 있기 때문에, 자치입법의 성격이 원칙적으로 법률에 해당하는 지위를 가지게 된다.[40] 이 경우 지방자치단체의 입법적 권한은 형식적인 측면에서 의회가 행사할 수 있는 권한과 유사할 수 있으나, 지방의회가 제정할 수 있는 입법사항이 지방의 자치사무에 한정된다는 점에서 국가사무에 관한 입법사항을 제정하는 의회의 입법권과는 실질적인 차이가 있다고 할 수 있다. 연방형 지방분권 국가에서는 법률적 지위를 가지는 자치입법권을 가지므로[41] 자치입법의 해석이나 적용을 위한 독자적 사법기관이 요구될 수도 있을 것이지만, 연방국가와는 달리 독자적 사법기관이 필수적으로 요구되는 것이라고 볼 수는 없다. 왜냐하면, 연방국가에서는 지방국가별로 지방헌법을 가지고 있으며 지방헌법에 의하여 독자적 사법부를 구성하고 있기 때문이다. 연방형 지방분권국가라고 하더라도 국가법질서의 통일성과 사법조직의 일관성을 위하여 지방차원의 사법부를 별도로 구성하지 않는 것이 일반적이라 하겠으며, 이 점에서 연방국가와는 차이가 있는 것으로 보인다. 또한 법률적 지위의 자치입법이 국가 법률과 충돌되거나 법률을 침해하는 경우에는 헌법재판소의 통제를 받게 된다.

(나) 사법기관과 규범통제

지방정부 또는 자치단체의 고유사무에 대한 법적 해석이나 쟁송을 위하여 독자적 지

---

40 지방분권국가의 대표적인 국가인 이태리의 경우 입법권은 국가와 지방정부(Regions)에 속한다라고 규정하고 있으며, 국가 전속적 입법권은 헌법 제117조에서 열거적으로 정하고 있으며, 국가 전속적 입법권에 속하지 아니하는 모든 사항에 대하여는 보충성의 원칙에 따라 지방정부(Regions)에 속하는 것으로 규정하고 있다.

41 연방형 지방분권 국가에서도 모든 차원의 지방정부 또는 자치단체가 법률적 지위를 가지는 입법권을 행사할 수 있는 것이 아니라 최상위 지방정부(Regions)(이태리 헌법 제117조) 또는 자치공동체(self-governing communities) 정부(스페인 헌법 제146조)에 한정된다.

방 사법부를 구성하여야 하느냐는 문제와 자치입법권에 대한 규범통제장치를 어떻게 하여야 할 것인가의 문제는 지방분권국가의 유형에 따라 상이하다고 볼 수 있다.

가) 지방 사법부 구성의 문제

연방국가의 경우에 지방정부가 독자적 사법부를 구성하는 것은 논리 필연적이라 하겠으나, 법체계의 통일성과 적용에서의 일관성이 요구되는 단일국가에서는 지방차원의 독자적 사법부를 구성하는 것이 오히려 국가적 차원에서의 법해석에 있어 혼란을 야기할 수도 있을 것이다.

지방분권적 성격이 가장 강하게 나타나고 있는 연방형의 경우에는 자치입법의 법적 성격이 법률과 동일한 효력을 가질 수 있으므로 일반법원과는 다소 성격을 달리하는 지방 사법부가 필요할 수도 있을 것이다. 그러나, 이 경우에도 행정법원과 같은 특수법원에서 지방자치단체의 자치사무 관련 쟁송사건을 맡도록 하는 것이 단일국가적 성격으로부터 요구되는 형태라 할 수 있다.[42] 자치형이나 위임형의 경우에는 연방형과는 달리 지방 사법부의 필요성이 현저히 떨어진다고 볼 수 있을 것이다.

나) 자치규범통제장치

자치입법에 대한 통제장치는 자치입법의 법적 성격에 따라 차이가 있다. 자치입법은 그 성격에 따라 법률, 법규명령 또는 행정규칙으로서의 지위를 가지게 되며, 그 지위에 따라 규범통제장치는 상이하다.

행정규칙이나 법규명령으로서의 지위를 가지는 자치입법이 상위 규범에 반하거나 충돌하는 경우에는 일반법원·행정법원 또는 지방 사법부에 의해서도 규범통제가 가능할 수 있을 것이지만, 법률로서의 지위를 가지는 자치입법에 대하여는 헌법재판소에 의한 통제만 가능할 것이다. 물론 규범통제장치의 일관성이라는 면에서 행정규칙이나 법규명령적 성격의 자치입법에 대하여도 헌법재판소에 의한 통제대상으로 할 수도 있을 것이지만, 이는 각 국가가 헌법으로 수용하는 사법정책에 따라 정해질 수 있는 것이다.

---

42 이태리 헌법 제121조에서는 지방정부(Regions)의 의회와 집행부에 관하여 규정하고 있으며, 제125조에서는 지방정부(Regions)에서도 국가법에 따른 1심 행정법원을 설립할 수 있다라고 규정하고 있다. 또한 스페인 헌법 제153조 c)에서도 자치공동체 (self-governing communities) 정부의 자유로운 행정과 규범에 대하여는 행정소송법원이 관할한다고 규정하고 있다.

Ⅳ. 자치형 지방분권 개헌의 방향

1. 자치입법권의 범위

현행 헌법 제117조 제1항에서 지방자치단체는 자치에 관한 규정을 법령의 범위 안에서 제정할 수 있다고 규정하고 있으며, 지방자치법 제22조에서는 헌법의 규정을 보다 구체화하여 "지방자치단체는 법령의 범위 안에서 그 사무에 관하여 조례를 제정할 수 있다. 다만, 주민의 권리 제한 또는 의무 부과에 관한 사항이나 벌칙을 정할 때에는 법률의 위임이 있어야 한다"라고 규정하고 있다.

지방자치단체의 자치입법권의 범위는 지방자치단체의 사무를 확정할 뿐만 아니라 집행에 따른 활동 영역을 규범적으로 결정하는 근원이 되기 때문에, 지방분권 수준의 척도가 되는 것이라 할 수 있다. 자치입법권의 범위는 그 규범적 지위를 국가 법규범의 구조와 대비하여 어느 수준으로 정하느냐에 따라 상이하다. 우리나라에서는 국가 법규범구조를 일원적으로 파악하여 헌법을 최고규범으로 하여 하위규범으로 법률, 명령 및 규칙으로 단순화하고 있다.

연방국가의 경우에는 중앙정부라고 하더라도 입법권은 연방헌법에서 열거하고 있는 입법사항에 대하여만 제한적으로 행사하며, 지방정부는 연방헌법이 열거하고 있지 아니한 모든 사항을 지방헌법으로 규정할 수 있으며 또한 지방법률로 입법할 수 있는 것이 원칙이라 하겠다. 즉, 연방국가에서 지방정부가 행사하는 자치입법권은 지방정부의 지방헌법제정권을 의미하는 것으로 지방정부의 입장에서는 최상위규범제정권이라 할 수 있으며, 입법사항이 서로 상이하다는 점에서 차이가 있을 뿐이며 자치입법권의 지위는 중앙정부 헌법과 동위적이라 할 수 있을 것이다.

연방국가와 달리 지방분권국가의 경우에는 어떠한 경우에도 중앙정부의 헌법과 동일한 지위를 가질 수 없으며, 헌법의 범위 내에서 국가법률과 동일한 지위의 자치입법권을 지방정부 또는 자치공동체가 행사할 수 있도록 하거나, 국가법률의 범위 내에서 법규명령과 동일한 지위의 자치입법권을 행사할 수 있도록 하거나, 또는 현행 우리나라에서와 같이 중앙정부가 발한 법령의 범위 안에서만 자치입법권을 행사할 수 있도록 하는 경우로 대별해 볼 수 있다.

자치입법권을 헌법의 범위 안에서 자유롭게 행사할 수 있도록 하는 유형이 연방형 지방분권국가에서 채택하고 있는 형식이라 할 수 있다. 연방형 지방분권국가에서 채택하고 있는 이러한 유형은 주민자치를 기반으로 하고 있기 때문에 연방국가에서와 같이 헌법에서 중앙정부가 행사하는 입법사항을 열거적으로 규정하고 있으며,[43] 지방정부는 연방의회가 행사하지 아니하는 모든 사항을 자치법률의 대상으로 하여 입법화할 수 있다.[44] 자치법률이 연방의회의 입법사항을 침해한 경우이거나 또는 연방헌법의 범위를 벗어난 경우에는 연방의 헌법재판소에 의해 위헌위법자치법률로 심판받게 되며,[45] 위헌결정된 경우에는 자치법률의 효력을 상실하게 된다.[46] 자치법률의 집행에 대한 사법적 판단은 일반적으로 국가 행정법원이 관할하며, 지방자치단체가 독립적으로 자치사법부를 구성하여 관할하는 것이 아니라는 점에서 연방국가의 사법제도와 구분된다고 하겠다. 이는 단일국가로서의 법체계의 통일성과 법적 안정성을 확보하기 위한 제도적 장치로 보여진다.

자치입법권의 지위를 법률의 범위 안에서 행사할 수 있도록 하는 유형[47]을 자치형 지방분권국가 형식이라 할 수 있다. 법률의 범위 안에서 자치입법권을 행사하도록 하는 것은 원칙적으로 자치입법권의 지위를 법규명령과 동일하게 보는 것이지만, 예외적인 경우에는 법률이 정하고 있는 범위 내에서의 실험적 자치법률도 제정할 수 있다[48]고 하겠다. 즉, 이러한 유형에서는 자치입법이 법규적 성격을 가지게 되므로 현행 지방자치법 제22조 단서와 같이 "다만, 주민의 권리 제한 또는 의무 부과에 관한 사항이나 벌칙을 정할 때에는 법률의 위임이 있어야 한다"라는 문언이 없다고 하더라도 논리적으로 당연히 자치입법을 통하여 주민의 법규적 사항이나 행정벌칙을 규정할 수 있게 된다. 물론 행정벌과 달리 형사벌의 경우에는 죄형법정주의의 원칙에 따라 법률에 의한 경우로만 한정하여야 할 것이며, 자치입법을 통하여 형사벌을 규정할 수는 없을 것이다. 나아가 자치형 지방분권국가의 자치입법권의 특징으로 헌법이 제시하고 있는 요건을 충족하고 있는 경우에는 지방자치단체가 그 권한 행사를 위하여 필요한 범위 내에서 일정한 대상과 기간을 제한하여

---

43 이태리 헌법 제117조 2항 a호에서 s호까지 중앙정부가 배타적으로 행사하는 입법권을 열거하고 있다: The State has exclusive legislative powers in the following matters: a) foreign policy and international relations of the State; relations between the State and the European Union; right of asylum and legal status of non-EU citizens -- --- s) protection of the environment, the ecosystem and cultural heritage.

44 이태리 헌법 제117조 4항에서 Region은 국가입법사항으로 명시되어 있지 않은 모든 사항에 대하여 입법권을 가진다라고 규정하고 있다: The Regions have legislative powers in all subject matters that are not expressly covered by State legislation.

45 이태리 헌법 제134조에서 법률과 자치법률간의 헌법적 정당성이 문제되는 경우 헌법재판소가 심판하도록 규정하고 있다: The Constitutional Court shall pass judgement on: - controversies on the constitutional legitimacy of laws and enactments having force of law issued by the State and Regions.

46 이태리 헌법 제136조 제 1항에서, 위헌결정된 법률이나 법규성 규범은 결정이 공고된 날로부터 효력을 상실한다고 규정하고 있다.

47 프랑스 헌법 제72조 제3항 참조; 지방자치단체는 법률의 범위 내에서 법규명령권(un pouvoir réglementaire)을 행사한다라고 규정하고 있다.

48 프랑스 헌법 제72조 제4항에서는 예외적인 경우에 기간을 정하여 특정한 목적을 수행할 수 있는 실험법률을 제정할 수 있도록 규정하고 있다.

기존 법률을 수정하는 법률을 제정할 수도 있다. 이러한 경우 기존법률을 수정한 자치법률을 실험법이라 부르고 있다.

자치입법권의 범위를 우리나라에서와 같이 법령의 범위 안에서만 행사하도록 하는 유형은 위임형 지방분권국가에 해당한다고 할 수 있다. 이 유형은 법령의 범위 내에서 자치입법권을 행사하기 때문에, 자치입법은 정부 행정입법의 하위 규범이며, 지방자치단체는 고유사무라고 하더라도 중앙정부 행정기관의 명령의 범위 내에서 제정된 조례에 의해 집행할 수밖에 없다. 이는 자치사무의 범위를 협소하게 할 뿐만 아니라 국가사무와 자치사무의 사무주체 미분리로 인한 문제로 인하여 자유로운 행정을 구현하게 하는데도 상당한 장애를 발생하게 하거나 아니면 자유로운 행정 자체를 불가능하게 할 수도 있다. 자유로운 행정이 지방분권에 있어 최소한의 장치라고 본다면 위임형 지방분권을 토대로 하여 자치입법권의 범위를 법령의 범위내로 제한하는 것은 자치의 본질에 부합하지 아니하는 제도라 평가할 수도 있을 것이다.

자치형 지방분권국가의 경우, 지방자치단체는 위임형 국가에 비해 보다 광범한 자치사무를 지역의 특수성에 따라 자치입법으로 제정할 수 있다. 따라서 자치형에서는 국가사무와 분리할 수 있는 자치사무의 범위를 명확하게 설정하는 것이 비교적 용이하게 되므로 자치사무 수행을 위한 자주적이고 자율적인 행정조직권이 보장되게 되면 지방분권의 본질이라 할 수 있는 자유로운 행정을 구현하는데 필요한 최소한의 제도적 장치는 형성되었다고 할 수 있을 것이다.

이러한 측면에서 고려하면, 우리나라의 조례입법권은 법령의 범위 내에서만 가능한 것이기 때문에 전형적인 위임형 지방분권국가라 할 수 있다. 조례입법권을 법률의 범위로 확장하고 자치형을 위한 제도적 장치를 정착시켜 중앙 행정기관으로부터 지방자치단체의 자유로운 행정을 구현하도록 한다면, 단일국가로서는 지방분권을 상당한 수준까지 제고하는 것이 될 것이다. 이는 현실적으로 법적 안정성까지도 확보하는 차원에서의 제도적 성장 또는 변혁이라 할 수 있을 것이다. 추가적으로 국회의 입법권을 대상·지역·기간을 제한하여 한시적으로 지방자치단체가 행사할 수 있도록 하는 실험법제를 헌법에서 수용한다면 연방형 지방분권국가가 지향하는 바의 수준까지도 가능할 수 있을 것이라 하겠다.[49]

자치형이 법률의 범위 내에서 자치입법권을 행사할 수는 있지만 법규창설력이 있는

49 실험법제와 같은 특수제도가 일반화하게 되면 단일국가의 주권적 속성인 불가분성을 침해할 수도 있게 된다는 비판도 제기되고 있다; G. Marcou, Décentralisation : approfondissement ou nouveau cycle?, Cahiers français, no. 318, janvier–février 2004, p.10.

법률을 제정할 수 있는 입법권을 갖지는 못한다. 그러나, 여기에 비해 연방형에 해당하는 지역국가에서는 헌법의 명문 규정을 통하여 지역에게 지역법률제정권을 부여하여 법규창설적 기능을 이원화하고 있다는 점에 특색이 있다.[50]

자치입법에 대한 통제장치는 자치입법의 법적 성격에 따라 차이가 있다. 자치입법은 그 성격에 따라 법률, 법규명령 또는 행정규칙으로서의 지위를 가지게 되며, 그 지위에 따라 규범통제장치는 상이하다. 전술한 바와 같이 행정규칙이나 법규명령으로서의 지위를 가지는 자치입법이 상위 규범에 반하거나 충돌하는 경우에는 일반법원·행정법원에 의해서도 규범통제가 가능할 수 있을 것이지만, 법률로서의 지위를 가지는 자치입법에 대하여는 헌법재판소에 의한 통제만 가능하다. 물론 규범통제장치의 일관성이라는 면에서 행정규칙이나 법규명령적 성격의 자치입법에 대하여도 헌법재판소에 의한 통제대상으로 규정할 수도 있을 것으로 본다.

2. 자치행정권의 내용

자치행정권은 자치조직권과 자유로운 행정을 그 내용으로 한다.

(1) 자치조직권

자치사무를 지방자치단체 스스로가 직접 수행할 수 있는 조직을 자율적으로 결정할 수 있는 권한을 자치조직권이라 할 수 있으며, 자치행정을 위한 기본적 권한이라 할 수 있다.

지방자치단체가 자유로운 행정원리에 입각하여 행정을 구현한다는 면에서 위임형과 자치형은 동일한 면이 있으나, 자치입법권의 범위에서와 마찬가지로 자치사무 담당자·자치조직권의 면에서는 위임형과 자치형은 차이를 보여주고 있다. 전술한 바와 같이 위임형의 경우에는 자치사무도 국가사무 집행을 위하여 파견된 중앙공무원이 수행하며 지방자치단체에게 자율적인 행정조직권도 부여하고 있지 않은데 비해, 자치형의 경우에는 국가사무를 행하는 중앙공무원과는 별도의 지위에 있는 지방선출직 또는 임명직 공무원에 의해 자치사무가 수행되며, 이를 위한 자율적인 행정조직권도 보장된다는 점에 기본적인 차이가 있다. 이러한 기준을 토대로 우리나라의 경우를 살펴보면 자치형이라기 보다 오히려 위임형에 가깝다고 볼 수 있다.

자치조직권의 본질은 지방자치단체에 지방의회를 설치하며, 지방의회의원을 주민의

---

50 Louis Favoreu et als., ibid. p.472.

선거에 의해 선출한다는 점에 있다. 지방사무를 담당하는 집행기관을 구성하는 방식은 선출된 지방의회의원들로 구성하는 기관일원주의적 방식과 지방의회의원선거와는 별도의 지방자치단체장 선거에 의해 선출된 단체장이 맡는 기관이원주의적 방식이 있으나, 어떠한 형식의 집행기관을 구성할 것인지의 문제도 자치조직권의 내용이라 할 수 있다. 일반적으로 책임소재를 명백히 하고, 행정의 전문화를 기하며, 집행기관의 권력남용 방지를 위해서는 기관이원주의를 선택하고 있으며, 우리나라에서도 기관이원주의의 방식을 채택하여 지방의회 의원선거 뿐만 아니라 지방자치단체장의 선거도 별도로 행하고 있다. 그러나 지방의회의원의 주민에 의한 선거는 지방자치단체의 자치조직권의 본질에 해당하는 것이기 때문에 이를 폐지할 수 없으나, 지방자치단체장은 반드시 주민의 선거에 의해 선출되지 아니하고 지방의회에 의해 선출되더라도 자치조직권을 침해하는 것이라 할 수 없다.[51]

자치조직권은 지방의 공공사무와 자치사무에 대한 조직뿐만 아니라 주민참여권을 보장하기 위한 제도적 기반으로서도 중요하다. 지방자치단체의 집행조직이 국가적으로 획일화된 경우에는 지역의 사정에 적합한 새로운 조직을 구성하는데 많은 장애를 가지게 되며, 지방의 특색있는 정책을 추진하기에도 상당한 어려움을 가지게 된다. 즉 자치와 분권의 핵심적 가치인 다양성과 효율성의 원리가 자치조직권의 보장없이는 이루어지기 어렵다는 것을 뜻한다고 할 수 있다.

자치조직권을 통하여 지방조직이 혁신될 수 있을 뿐만 아니라 나아가 국가적 차원에서도 새로운 조직의 혁신을 가능하게 하는 것으로 보인다. 최근 프랑스 대통령 선거에서 정치적 신인에 해당하는 엠마뉴엘 마크롱이 대통령으로 선출되고, 그를 지지하는 정당이 기존에 단 한 석의 하원의석도 가지지 못하였으나 대선 이후 시행된 하원의원 선거에서 과반수 의석을 훨씬 상회하는 정당으로 변신한 것도 지방자치단체가 자치조직권을 통하여 청년위원회(conseil de la Jeunesse), 문화·예술·건강·요리·환경등의 조직을 구성하여 청년들의 정치역량을 신장시킨 것으로부터 국가 정치가 혁신된 것이라 평가할 수도 있을 것으로 본다.

---

51 헌법재판소에서는 지방자치단체의 장 선거권도 헌법상 권리로 보고 있으므로, 공직선거법의 개정에 의하더라도 단체장의 선거 자체를 폐지할 수 없을 것이지만, 지방의회 의원에 의한 간접선거제의 도입은 가능할 수 있을 것이라 본다. 헌법재판소는 2014헌마795사건의 결정(2016. 10. 27)에서 "민주적 지방자치제도가 안정적으로 뿌리내린 현 시점에서 지방자치단체의 장 선거권을 지방의회의원 선거권, 나아가 국회의원 선거권 및 대통령 선거권과 구별하여 하나는 법률상의 권리로, 나머지는 헌법상의 권리로 이원화하는 것은 허용될 수 없다. 그러므로 지방자치단체의 장 선거권 역시 다른 선거권과 마찬가지로 헌법 제24조에 의해 보호되는 기본권으로 인정하여야 한다"라는 판단을 하고 있다.
프랑스에서는 지방자치단체의 장 선거권을 헌법상 권리로 보고 있지는 않으나, 지방자치단체장을 지방의회에서 선출하는 간접선거방식을 채택하고 있다; A. Roux, la décentralisation, LGDJ, 2016, pp.124-125.

(2) 자유로운 행정

자유로운 행정원리는 지방분권국가에서 헌법적 가치에 해당하는 것으로 지방분권과 자치의 보장을 위한 핵심적 내용에 해당한다. 즉, 자유로운 행정은 지방의 사무를 자치단체 스스로가 관리할 수 있도록 하는 권한을 주민으로부터 선출된 지방의회에게 부여하는 지방분권 국가의 헌법적 기본원리이며, 나아가 지방자치단체의 사무로 정해진 사항에 대하여는 지방의회가 스스로 결정·집행하도록 하는 행정원리를 말한다. 또한 자유로운 행정은 법률이 보장하고 있는 지방사무에 대하여 국가행정이 잠식하는 것을 방지하고자 하는 소극적·추상적 개념이기도 하다.

자유로운 행정이 실질적으로 구현되기 위해서는 먼저 자유로운 행정의 사무범위가 명확하게 설정되어 있어야 하며, 이를 집행하기 위한 충분한 재원 확보를 통한 재정자치와 독립적인 사무인력의 배치가 선결적으로 요구되지만, 재정자치 없이는 자유로운 행정이 성립기반을 상실하게 될 것이므로 재정자치의 확보야말로 지방분권의 출발이라 할 수 있을 것이다.

자유로운 행정원리는 다음을 기본적인 내용으로 하고 있다.

① 지방자치단체는 지방사무에 관하여 법률의 범위 내에서 법규명령을 스스로 정립할 수 있으며, 법규명령적 성격의 자치입법을 집행함에 있어서는 국가 또는 다른 지방자치단체의 간섭, 통제 또는 후견으로부터 자유롭다는 것을 의미한다.

② 자유로운 행정이 적용될 수 있는 지방사무는 법률에 의해 결정되지만 자유로운 행정을 적용하는 구체적 내용은 지방자치단체가 법규명령적 성격을 가지는 자치입법을 통하여 스스로 결정하게 된다.

③ 자유로운 행정의 핵심은 자치단체에게 법률이 정하고 있는 범위 내에서 지방의회로 하여금 스스로 규범을 제정할 수 있는 권한을 부여하는 것이며, 자치행정에 대한 국가 또는 다른 자치단체의 후견을 배제하는 것이라 할 수 있다.

④ 자유로운 행정원리가 적용된다고 하더라도 지방사무에 대하여 사법적인 통제까지 벗어나도록 하는 것은 아니다. 즉 자유로운 행정이 적용되는 사항과 내용에 대하여도 사법부에 의한 합법성 통제와 헌법재판소에 의한 통제는 배제될 수 없다.

자유로운 행정원리는 자치와 분권을 실현하기 위한 기본원리에 해당하기 때문에 일반 행정권의 행사에 한하여 적용되는 원리이며, 구체적인 입법례로서는 프랑스 헌법 제72조 제3항을 들 수 있다: “법률이 규정하는 바에 따라, 지방자치단체는 선출직 의회에 의하여 자유롭게 행정하며, 그 권한의 행사를 위하여 행정입법권을 갖는다.”

3. 자치재정권의 문제

지방분권이 실효적으로 추진되기 위해서는 지방자치단체가 충분한 재원을 가지고 이를 자율적으로 집행할 수 있어야 한다. 설령 지방자치단체가 확대된 조례입법권을 행사하여 지역에 적합한 공공사무를 개발하였다고 하더라도, 이를 뒷받침할 수 있는 재원이 확보되지 않고 또한 자주적으로 이를 집행할 수 없다면 이러한 사업의 실효성은 기대하기 어려울 것이다.[52]

자치재정권을 확보하기 위해서는 자율적인 예산편성권, 예산집행권, 충분한 재원이 선결적으로 충족되어야 할 것이지만,[53] 근본적인 문제는 지방자치단체의 충분한 재원확보가 요원하다는 점에 있다. 지방자치단체의 자주적인 재원확보의 정도는 재정자립도의 수치로 대변되고 있으며, 우리나라에서는 현재 서울과 경기, 광역자치단체 중 일부만 50% 수준을 조금 상회하고 있으며, 거의 모든 광역자치단체와 기초자치단체는 50%의 수준에도 훨씬 미치고 있지 못한 것이 실정이다.

국가 전체적인 경제적 수준을 고려할 때 지방의 자치재정이 가능할 수 있는 수준에 도달하였다고 볼 수도 있겠으나, 왜 지방의 재정자립도는 별다른 변동없이 제자리 걸음을 하고 있으며, 지방의 자치재정은 요원하기만 한 것인가? 이 질문에 대한 공법적 측면에서의 답변으로는 헌법과 법률에 의한 지원과 보완이 아예 존재하지 않거나 부족하기 때문에 기인한 것으로 볼 수 있을 것이다. 즉, 현행 헌법에서는 지방자치단체의 재원에 대하여는 시종일관 침묵하고 있으나, 지방자치법·지방재정법·지방세법·지방공기업법·교부금관리에관한법률 등의 법률과 대통령령에서는 지방재정에 관한 구체적 골격까지 규정하고 있으므로 지방자치단체가 '법령의 범위' 내에서 조례를 통하여 자주적으로 재원을 발굴하고 확보한다는 것은 제도적으로 대단히 어렵게 되어 있다.

두 가지의 문제점을 지적할 수 있다. 첫째는 지방자치단체 재원 확보에 대한 헌법규정의 미비이며, 둘째는 조세법률주의의 헌법원칙에 의한 재원확보의 한계 문제라 할 수 있다. 해결방안은 논리적으로 볼 때 현행 법률의 보완에 의해 가능할 수 있는 부분을 먼저 검토하고, 법률의 보완에 의해서도 가능할 수 없는 한계가 있는 경우에는 헌법에 명시하는 방법으로 살펴보아야 할 것이다. 현행법률의 정비에 의해서도 가능할 수 있는 내용으로는 관련 세법의 개정 또는 신설을 통하여 국세와 지방세간의 비율뿐만 아니라 세목조정이 가능할 수 있도록 하고 나아가 조례에 의하여 지방세 재원을 확보할 수 있도록 하

---

52 P. Lalumière에 의하면 재원이 확보되지 않은 지방자치단체의 사업은 단순한 허상(une pure fiction)에 불과하다; P. Lalumière, Les finances publiques, Armand Colin, 1976, p.153.

53 A. Roux, la décentralisation, LGDJ, 2016, pp.87–92.

는 것과 지방자치법의 개정을 통하여 지방공기업을 조례로 설치 운영할 수 있는 방안을 검토할 수 있으며, 헌법에 명시하여야만 할 수 있는 내용으로는 재정조정제도의 도입을 살펴볼 수 있다.

(1) 조세법률주의 원리의 보완

지방자치단체는 재원으로 지방세, 교부금, 사용료, 수수료, 분담금 등의 종류를 가지고 있으나, 그 중 지방세가 가장 중요한 비중을 차지하고 있다. 국세와 지방세의 적정한 비율에 대하여는 국가별로 차이가 있을 것이지만 우리나라에서는 현재 8:2 정도로 국세의 비율이 높으므로 지방자치단체의 재정자립도는 당연히 낮을 수밖에 없을 것이라 본다. 국세와의 비율을 6:4 정도로 재조정하여야 하는 것으로 의견이 조정되고 있다. 상당히 공감할 수 있는 비율이긴 하지만 6:4로 조정하고 난 이후 지방자치단체의 재정자립도 수준이 어느 정도로 향상되는지에 관한 구체적 분석을 토대로 하여야 한다. 구체적 분석 결과 적정한 재정자립도의 기준을 설정하고, 이에 따른 지방자치단체와 국민의 공감대가 형성될 수 있는 수준에서 조정비율을 결정하여야 할 것으로 본다. 필요하다면 5:5 또는 4:6의 수준도 고려할 수 있어야 할 것으로 본다. 국세와 지방세의 조정은 현행 세법의 개정에 의해서도 가능할 수 있는 영역이므로 헌법개정이 이루어지기 이전이더라도 조속하게 정책에 반영하여 추진하여야 할 것으로 본다. 국세와 지방세의 조정에 의해 오히려 지역별 불균형이 더욱 심화될 수 있으므로 지방별 지방세의 세수를 구체적으로 검토하여 국세·지방세 비율을 광역자치단체별로 차등 비율을 법제화하는 것도 고려해 볼 수 있을 것이라 본다.[54]

지방세와 관련하여 헌법적 관점에서 정작 문제가 될 수 있는 것은 국세와의 비율이 아니라, 조세법률주의 원칙에 의하여 지방자치단체 스스로는 지방세원의 개발도 나아가 지방세목과 세율도 스스로 결정할 수 없다는데 있다. 근본적인 해결방안으로 지방세조례주의를 헌법에 명시하여 조세법률주의의 예외를 규정하자는 것인데, 이 해결방법은 지방자치단체 간의 재정불균형을 보다 악화시킬 가능성이 대단히 높으며, 따라서 지역간 경제불균형과 사회적 갈등을 증폭하게 될 개연성이 상당히 높으므로 신중한 검토가 요구된다고 하겠다.

조세법률주의의 원칙에 따라 지방세법에 의하지 아니하고는 지방자치단체가 지방세

54 프랑스에서는 국가와 지방자치단체 간에 권한 이양을 행하는 경우, 이에 결부된 재원도 반드시 이양하도록 하고 있으며, 지방자치단체의 지출을 증가시키는 권한의 신설 또는 확대가 있는 경우에도 반드시 재원의 배정을 법률에서 규정하도록 하고 있다; 프랑스 헌법 제72-2조 제4항 참조.

목과 세율을 스스로 규정할 수 없다고 하더라도, 지방세법에서 지방자치단체의 고유사무 수행을 위해 필수적으로 요구되는 재원에 한하여 제한적으로 조례로 제정할 수 있도록 하는 방안을 고려해 볼 수 있을 것이다. 이미 언급한 바와 같이 조례제정권의 범위를 현행 헌법에서와 같이 법령의 범위 내에서가 아니라 법률의 범위 내에서로 확대하여야 하는 당위가 여기에도 있는 것이라 하겠다. 지방세법에서 모든 지방세에 대하여 조례로 위임하는 것은 조세법률주의 원칙에 당연히 배치되는 것일 뿐만 아니라 포괄적 위임입법금지 원칙에도 반하는 것이 된다. 그러나 경제현실의 변화나 전문적 기술의 발달에 즉시 대응하여야 할 필요 등 부득이한 사정이 있는 경우에는 법률로 규정하여야 할 사항에 관하여 국회제정의 형식적 법률보다 더 탄력성이 있는 행정입법에 위임하는 것이 허용된다[55]고 할 수 있다.

따라서 위임입법의 허용한계를 벗어나지 않는 범위 내에서 조례에 의한 지방세의 재원 확보 방안을 강구하는 것이 보다 현실적인 대안이 될 것이라 본다. 자주재정의 실현을 위한 조세법률주의의 보완원리이기 때문에 조례로 지방세원을 발굴하고 세목과 세율을 확정하기 위해서는 이미 언급한 바와 같이 지방자치단체의 고유사무 수행을 위해 필수적으로 요구되는 재원에 한하여 제한적으로 행사되어야 할 것이며, 이를 벗어나는 경우에는 위헌·위법한 조례가 될 것으로 본다.

지방자치단체의 조세권 확보를 보다 명확하게 하기 위해서는 헌법에 “지방자치단체는 지방세의 전부 또는 일부를 징수할 수 있다. 지방자치단체는 법률이 정하는 범위 내에서 과세기준 및 세율을 정할 수 있다”는 규정을 둘 수도 있을 것이다.

(2) 조례에 의한 지방공기업의 설치·운영

지방자치법 제146조 제1항에서는 “지방자치단체는 주민의 복지증진과 사업의 효율적 수행을 위하여 지방공기업을 설치·운영할 수 있다”라고 규정하고 있으나 제2항에서 “지방공기업의 설치·운영에 관하여 필요한 사항은 따로 법률로 정한다”라고 규정함으로써 지방공기업법을 제정·시행하고 있다.

자치재정의 확보가 지방분권의 핵심이자 선결과제이며, 우리나라의 지방분권은 국가의 균형발전을 위한 마중물이라는 관점에서 지방공기업의 육성·발전은 지방분권의 방향적 지표가 될 수 있을 것이라 본다.

지방자치법의 지방공기업 규정은 지방자치에 관한 헌법규정을 구체화하고 실현하는 내용이지만, 지방공기업의 설치·운영을 법률로 정하도록 규정함으로써, 지방공기업을 통

55 헌재 1998. 7. 16. 96헌바52등, 구 지방세법 제112조 제2항 위헌소원 심판 (위헌)

한 주민의 복지증진에 관한 사무를 조례로 제정하여 시행하기에는 한계가 있을 것으로 보인다. 지방공기업은 지방의 공공서비스를 창출하고 수행하는 지방의 고유사무로 보아야 할 것이며, 이를 위한 과감한 법제적 지원이 있어야 할 것으로 본다.

(3) 재정조정제도의 헌법적 도입

지방자치단체의 경제규모와 산업형태가 다양하게 나타나기 때문에 지역간 경제적·문화적 불균형은 불가피하게 발생하게 된다. 지방세법을 비롯한 각종 세법의 개정, 지방교부세제도의 개선, 조례에 의한 지방세의 재원 확보 방안 강구 등이 법률을 통하여 제도적으로 보완될 수 있다고 하더라도, 특정한 지방자치단체에게 특별한 재정적 지원을 행하고자 하는 경우에는 헌법상 평등 원칙에 대한 예외가 되므로 법률에 의해서는 실현할 수 없을 것이다. 설령 법률로 제정할 수 있다고 하더라도 헌법재판소에 의하여 위헌법률로 결정되어 무효인 법률이 될 것이라 하겠다.

지방자치단체에 대한 재정조정은 국비에 의해 이루어져야 할 것이므로 국비회계의 원칙에서도 예외가 될 수 있는 내용이 상당할 것이므로 단순히 법률의 제정 또는 개정의 형식으로는 실효성을 가져올 수 없을 것이라 할 수 있다.

헌법상 평등원칙의 예외는 헌법에 규정하여 보장하는 것이 일반적인 입법태도라 할 것이며,[56] 헌법규정을 토대로 하는 재정조정법의 제정에 의해 지방분권의 핵심적 출발인 자치재정권을 확보하도록 하고, 이를 통한 국가의 균형발전을 기대하여야 할 것이라 하겠다.

(4) 주민 직접참여제도의 확대 : 근접민주주의

근접민주주의는 지방자치단체가 자유로운 행정을 구현하기 위한 측면에서의 주민의 직접민주주의를 주민의 직접참여라는 영역으로 새롭게 접근하고 있는 개념이라 할 수 있다.[57] 이미 언급한 바와 같이 자유로운 행정이란 국가 또는 상급자치단체의 행정 후견없이 자치입법권의 범위 내에서 해당 지방자치단체에게 행정의 자율성을 보장하는 것을 말한다. 따라서 행정의 자율성이 보장되는 차원에서 주민의 자유로운 행정 참여가 가능하게

---

56 프랑스 헌법 제72-2조 제5항: Equalisation mechanisms intended to promote equality between territorial communities shall be provided for by statute.

57 프랑스에서 형성된 근접민주주의(démocratie de proximité)의 개념은 지방자치를 위한 민주주의를 대변하는 특성을 가지고 있다는 점에서 지방민주주의(démocratie locale) 또는 지역민주주의(démocratie territoriale)라는 용어로 사용되기도 한다 : Carlos M. Herrera, La décentralisation territoriale sous le prisme constitutionnel : Un processus historique et ses concepts théoriques, 한국비교공법학회 제87회 학술대회 지방분권과 주민참여, 2017. 7. 4, pp.30-31.

된다. 이는 결국 국가 행정에 대한 국민의 참여 보다 훨씬 광범위한 영역에 대한 주민참여를 가능하게 하는 이론적 근거가 될 수 있는 것이다. 이러한 근접민주주의의 원리를 헌법에서 보장하는 입법례로서는 지방의회 권한에 속하는 문제를 지방의회 의사일정에 확보하여 주도록 요구할 수 있는 주민의 지방의회 청원권,[58] 기속적 지방국민투표,[59] 자유로운 행정,[60] 자율적조직권[61]과 같은 새로운 권리와 원칙 등을 규정하고 있으며, 실험법제의 도입[62]과 같은 특수한 원리를 도입하기도 한다. 지방자치법과 자치관련법률을 통하여 보장하는 입법례로서는 주민투표제[63]·조례제정 및 개폐청구제도[64]·주민감사청구제도[65]·주민소송제도[66]·주민소환제도[67] 등과 같은 주민참여제도를 들 수 있으며, 이외에도 행정자료열람복사권·도시계획사전협의의무제·공개청문제도 등을 살펴볼 수 있을 것이다.

V. 결 론

지방분권 개헌 논의가 본격화되기 시작하면서 지방자치단체의 명칭을 지방정부로 변경하자는 논의, 자치입법권의 범위를 법률과 동일한 수준으로 확대하여 국가 입법권을 국회와 지방의회가 공유하자는 논의, 자치재정의 확보를 위하여 국세와 지방세의 비율을 조정하고 지방세조례주의를 채택하자는 논의, 국가의 형태에 지방분권국가 원리를 추가하자는 논의, 지역의 대표성을 강화하기 위하여 제2국무회의와 양원제를 도입하자는 논의 등을 중심으로 하여 연방제에 준하는 지방분권국가 혹은 연방형 지방분권국가에 대한 선호도를 높여가고 있다. 더구나 이러한 선호도는 지방분권 운동 사회단체를 중심으로 확산

58 프랑스 헌법 제72-1조 1항: The conditions in which voters in each territorial community may use their right of petition to ask for a matter within the powers of the community to be entered on the agenda of its Deliberative Assembly shall be determined by statute.

59 프랑스 헌법 제72-1조 2항: In the conditions determined by an Institutional Act, draft decisions or acts within the powers of a territorial community may, on the initiative of the latter, be submitted for a decision by voters of said community by means of a referendum.

60 프랑스 헌법 제72조 3항: In the conditions provided for by statute, these communities shall be self-governing through elected councils and shall have power to make regulations for matters coming within their jurisdiction.

61 프랑스 헌법 제73조: In the overseas departments and regions, statutes and regulations shall be automatically applicable. They may be adapted in the light of the specific characteristics and constraints of such communities.

62 프랑스 헌법 제37-1조: Statutes and regulations may contain provisions enacted on an experimental basis for limited purposes and duration. 제72조 4항: 각주 17 참조.

63 지방자치법 제14조.

64 지방자치법 제15조.

65 지방자치법 제16조.

66 지방자치법 제17조.

67 지방자치법 제20조.

되어 가고 있으며, 국회 개헌특위 자문위원회와 대통령도 함께 동조하고 있는 입장을 보여주고 있으므로 개헌논의의 중심적 방향이 되어가고 있다.

이러한 논의가 지방분권을 획기적으로 확대하고 있다는 점에서 상당한 관심을 집중시킬 수 있으나, 논의의 배경에는 자치권의 성격을 현재의 단체자치를 기저로 하고 있는 지방자치를 주민자치를 근간으로 하는 지방자치로 변경하자는 내용이 이론적 골격을 형성하고 있으며, 이러한 성격의 변화를 기본권의 영역에도 반영하여 주민자치권을 국민의 기본권으로 추가하여야 한다고 보고 있다. 이러한 주민자치제로의 전환을 위한 시도는 현재의 단체자치에 의한 지방분권의 이행이 국가발전과 균형성장에 적합하지 않으며, 주민의 자치참여에 충분하게 작용하고 있지 못하다는 비판으로부터 비롯되는 것이라 할 수 있다. 우리나라 지방자치의 현주소에 대한 평가와 비판은 경청할 만한 것이며 수긍하여야 할 내용이라 할 수 있다.

그러나, 이러한 비판을 수용한다고 하더라도 자치권의 성격 자체를 단체자치에서 주민자치로 변화시켜야만 현재의 지방자치의 문제점을 극복할 수 있고, 바람직한 지방분권의 방향으로 나아갈 수 있을 것인지는 오히려 심각하게 고민하여야 할 내용에 해당한다. 현재의 지방자치와 지방분권이 경제성장의 발전속도에 부합하지 못하게 됨으로써 오히려 지방간 경제불균형 격차를 확대시키고 있기는 하지만 그 방향 자체가 단체자치를 기저로 하고 있기 때문에 발생한 것이라기 보다는 단체자치에서의 자치권의 범위가 위임형 국가 정도의 수준에 머물고 있었기 때문에 지방자치와 지방분권이 제대로 작동될 수 없었다고 보아야 할 것이다. 단체자치를 기저로 한 자치형을 도입하고 구체화하여 자치입법권의 범위를 확대하고 자치행정권과 자치재정권을 확보함으로써 비로소 지방분권의 실효성이 가시화될 수 있을 것으로 본다.

주민자치를 제도적으로 도입하는 것은 가능할 수 있을 것이나, 영국·스페인·이태리의 경우를 보면 주민자치는 역사적·종교적·언어적·문화적 배경의 이질성을 법적으로 수용하고 있는 것이며 단순히 지방자치의 확대와 지방분권만을 지향하고 있는 것이 아니며, 국가의 균형발전을 위한 헌법적 논리를 수용하고 있는 것은 더구나 아닌 것으로 보여진다. 주민자치의 이러한 성격은 최근 영국의 스코트랜드와 스페인 카탈루냐 지역의 독립국가를 향한 노력을 보면 더욱 명확하다고 할 수 있을 것이다.68 주민자치제를 전면적으로

68 2017년 10월 1일 스페인 카탈루냐 자치정부가 스페인으로부터의 독립을 시도하기 위하여 행한 주민투표이후 이태리에서도 10월 22일 북부 롬바르디아주와 베네토주에서는 자치정부 권한 확대 필요성을 묻는 주민투표가 실시되었으며 95%가 넘는 찬성표를 획득하였다. 22일 주민투표를 주도한 정당은 이태리 북부 및 중부 14개주를 '파다니아'라는 독립국가로 분리하고자 1991년 설립된 '이태리 북부동맹(LN)'이었으며, 북부동맹은 지금은 독립까지는 아니지만 이태리를 연방국가로 전환시켜 북부의 자치권 확대를 목표로 활동하고 있다; 동아일보,

도입하고자 하는 시도에 대하여는 충분하고도 신중한 검토가 있어야 할 것으로 본다.

자치형 지방분권국가로의 헌법적 전환이 있다고 하더라도 지역별 특색있는 경제성장과 국가의 균형발전이 급속히 진전되기를 기대하기는 어려울 것이다. 왜냐하면 우리나라의 경우 중앙집중화의 경향이 심각한 수준으로 왜곡되어 있기 때문에 지방분권과 함께 국가적·사회적 인프라 지방분산 정책을 상당히 강력한 수준에서 병행하여 시행하여야만 비로소 가시화의 수준으로 접어들 수 있을 것이기 때문이다. 즉 자치형 지방분권국가로의 헌법개정과 동시에 국가기관·교육기관·금융기관·의료기관·대기업·산업체 등과 같은 기관의 지방분산을 혁신도시 수준으로 꾸준하게 이행하여야 할 것이다. 청년이 찾아가고자 하는 일자리가 수도권에서가 아니라 비수도권 지방에서 보다 쉽게 찾을 수 있게 되어야 비로소 국가의 균형성장 발판이 형성되었다고 볼 수 있을 것이다.

지방분권 개헌이 아무리 시급하다고 하더라도 정치권의 합의와 국민의 공감대 형성이 없이는 가능하지 않을 것이다. 지속적인 논의와 연구검토를 통하여 국가의 확고한 비전을 개헌으로 제도화하여야 할 것으로 보지만, 지방분권과 지방분산은 개헌에 의해서만 가능한 것이 아니라 지방자치법과 같은 법률의 정비를 통하여서도 상당부분까지는 가시화할 수 있다. 자치형 지방분권과 지방분산의 실효화가 우리 사회가 현안적으로 직면하고 있는 환경·분배·복지·인권·저출산·일자리·노령화 등과 같은 산적해 있는 문제들을 해결하고 나아가 국가와 지방의 경제성장과 균형발전을 견인할 수 있는 새로운 단초가 될 수 있기 위해서는 지속적인 보완 연구와 검토가 이루어져야 할 것으로 본다.

2017. 11. 1. A23면.

<참고문헌>

강기홍, 지방분권형 국가를 위한 지방자치법의 개정 방안, 공법학연구 16(3), 2015.

김상태, 지방분권의 헌법적 보장, 법학연구 49, 2013.

김석태, 지방분권 사상과 한국의 지방자치, 지방정부연구 19(4), 2016.

류영아, 김필두, 지방분권 활성화 방안연구 : 자치재정권을 중심으로, 한국지방자치학회보 27(2), 2015.

박인수, 지방분권국가의 특징과 한계, 공법학연구 18(3), 2017.

박인수, 지방분권 개헌의 방향모색, 공법연구 46(2), 2017.

양영철, 이기우, 스페인의 차등적 분권정책(asymmetrical decentralization) 도입과 운영에 관한 연구, 한국지방자치학회보 23(4), 2011.

장영철, 지방분권강화 방안으로서 연방국가 원리에 관한 고찰, 헌법학연구 22(1), 2016.

주인석, 지방분권형 헌법개정과 지방정치대표체 모델 연구, 지방정부연구 21(1), 2017.

전훈, 분권형 개헌과 지방자치, 법학논고 58, 2017.

전학선, 프랑스 지방분권개혁의 최근 동향과 한국에서의 시사점, 공법학연구 16(3), 2015.

조동은, 스페인 1978년 헌법의 성립과정에 관한 연구, 유럽헌법연구 20, 2011.

최봉석, 독일 연방주의개혁과 지방분권의 강화 –2006년~2014년 독일 기본법(GG)개혁을 통한 지방분권의 강화, 공법학연구 17(1), 2016.

최용전, 연방제 수준의 개헌을 위한 과제 –제주특별법의 사례를 중심으로–, 지방자치법연구 17(3), 2017.

허진성, 지방분권 관련 헌법개정 논의에 관한 연구, 공법학연구 16(2), 2015.

Arango Ergasto Ramón, Spain Democray Regained, Westview Press, 1995.

Baumgartner, Frank R. et al., Legislative Productivity and Divided Government in the US and France. Paper prepared for presentation at the Council of European Studies, 2011.

Benz, Arthur, From Unitary to Asymmetry Federalism in Germany: Taking Stock after 50 Years. The Journal of Federalism, 1999, 29(4): 55–78.

Diamond, Larry, Developing Democracy: Toward Consolidation/Johns Hopkins University Press, 1999.

Evans, Harry, Constitutionalism, Bicameralism and the Control of Power, 2006.

Favoreu Louis et als., Droit constitutionnel, dalloz, 13e édition, 2010.

Herrera, Carlos M., La décentralisation territoriale sous le prisme constitutionnel : Un processus historique et ses concepts théoriques, 2017.

Juanjo Iborra, Spanish Autonomous Government's Cooperation Politics, 2013.

Lalumière, Pierre, Les finances publiques, Armand Colin, 1976, p.153.

Marcou, Gérard, Décentralisation : approfondissement ou nouveau cycle?, Cahiers français, no. 318, janvier－février 2004.

Rose, Lawrence, Comparing Local Governance: Trends and Developments, Palgrave Macmillan, 1995.

Roux, André, la décentralisation, LGDJ, 2016.

Quelles sont les différentes catégories d'États?, http://www.vie－publique.fr/decouverteinstitutions/institutions/collectivites－territoriales/principes－collectivites－territoriales/quelles－sont－differentes－categories－etats.html, 2017－6－30.

11 헌법재판소 결정을 통해 본 입법의 원칙*

홍 완 식**

Ⅰ. 머리말

헌법 제40조에는 "입법권은 국회에 속한다"는 명문의 규정을 두고 있으며, 입법자인 국회가 입법권을 행사함에 있어서는 입법의 형식이나 내용 등을 자유롭게 선택할 수 있는 일정한 범위의 입법형성 권한을 지닌다. 그러나 입법자의 형성권은 무제한 자유롭지 않으며, 입법은 오직 헌법이 인정한 범위에서만 재량 또는 형성의 자유가 인정될 수 있다.[1] 입법자의 입법형성의 한계는 입법을 함에 있어서 입법자가 준수하여야 하는 입법원칙이기도 하다. 입법자가 정당한 이유 없이 이러한 원칙에서 벗어나는 경우에는 위헌 혹은 헌법불합치 결정을 받을 수 있다. 그러나 헌재에 의한 위헌결정을 받게 되는 경우가 아니더라도 입법자는 이른바 '입법자의 자기구속의 법리'(Selbstbindung des Gesetzgebers)에 따라 위헌의 소지가 없도록 법률을 입법하여야 한다. 즉, 입법의 원칙은 법률의 위헌 여부에 대한 헌재의 위헌법률심사를 위한 사후기준이기도 하지만, 입법의 원칙은 의회의 입법과정에서 법률의 합헌성 심사의 사전기준으로서도 적용될 수 있다. 헌재는 "국가가 국민의 기본권을 제한하는 내용의 입법을 함에 있어서 준수하여야 할 기본원칙을 천명하고 있다"[2]고 하여 입법에 있어서의 원칙이 존재함과, 입법원칙에의 위반은 입법재량의 범위를 벗어난 것으로 위헌의 가능성이 있다는 점을 많은 결정들에서 지적하고 있다. 법률안 입안시 혹은 법률안 심사시에 헌재의 결정례는 중요하다. 즉, "우리 헌법 체계 하에서 법률에 대한 위헌 여부의 판단은 궁극적으로 헌법재판소가 담당하도록 되어 있는 만큼 국회가 헌법에 위반되지 않도록 법률을 제정하거나 개정하기 위해서는 그동안 헌법재판소가 국회 입법에 대해서 위헌으로 결정한 사례들을 면밀히 검토하여 헌법재판소의 위헌 여부 판단기준

* 이 글은 새로운 논문이 아니고 아래와 같은 본인의 글에서 발췌한 것으로, 정만희 교수님의 정년기념논문집에 헌정하기 위하여 일부분 수정과 보완을 하였습니다. 의회·정당·개헌 등 분야에 탁월한 학문적 업적을 나타내시고 훌륭한 인품과 멋진 신사도를 보여주신 교수님의 정년을 진심으로 축하드리며 건강과 행복이 늘 함께 하시기를 기원합니다. 홍완식, 입법의 원칙에 관한 연구, 법제처, 법제, 2006, 82쪽; 홍완식, 헌법재판소의 결정을 통해 본 입법의 원칙, 헌법학연구 제15권 제4호, 한국헌법학회, 2009, 490쪽; 홍완식, 입법학연구, 2014, 267쪽 이하; 홍완식, 법률안 입안시 위헌성 판단기준에 관한 사례 연구, 국회사무처, 2017.

** 건국대학교 법학전문대학원 교수.

1 권형준, 입법재량론에 관한 연구, 헌법학연구, 제12권 제3호, 2006. 9, 507쪽.

2 헌재 2003. 12. 18. 2001헌바91.

이 무엇인지를 규명한 다음 이를 입법에 충실히 반영하는 수밖에 없다"[3]는 의견을 보아도 그렇다. 헌재 결정에 나타난 심사기준을 통하여 법률을 개선하는 것은 법치주의의 한 단계 고양을 의미[4]하는 것이다. 입법의 원칙이 무엇이냐에 관해서는 다양한 견해가 있으나, 법분야를 막론하고 공통적인 입법원칙과 중요한 법률분야에 적용되는 입법원칙이 있을 수 있다. 또한 입법원칙은 시대적·사회적 특성과 상황에 따라 항목과 내용을 달리할 수도 있다.[5] 그러나 지금까지 내려진 헌재의 결정을 통해 일정한 심사기준을 도출할 수 있고 이를 입법에 있어서의 원칙으로 활용할 수 있을 것이다.

Ⅱ. 헌재 결정을 통해 나타난 입법원칙

1. 입법의 필요성(과잉입법금지 원칙)

입법이 불필요하거나 혹은 입법권의 과잉행사에 해당하는 경우에는 과잉입법이라 볼 수 있는데, 이러한 과잉입법은 법률을 통해 모든 문제를 해결하겠다는 법률만능주의적 사고에서 기인하는 것이다. 입법의 필요성에 관해서는 일차적으로 입법자의 판단이 존중될 수밖에 없다. 입법자의 형성의 자유나 입법재량이 존중되는 것이다. 따라서, 어떤 사안에 대하여 입법을 하려는 경우에는 우선, 정책의 실현을 위하여 새로운 입법이 필요한지의 여부를 검토하여야 한다. 즉, 정부(행정기관)가 어떤 정책을 결정하게 되면 이어서 그 정책의 시행과 관련하여 입법이 필요한지 여부를 검토하게 된다. 단순한 행정지도나 예산조치 그 밖의 행정조치만으로 시행이 가능하면 입법은 생각할 필요가 없겠으나, 법규사항 등에 관련된 정책이라면 입법조치가 뒤따르게 된다. 필요성의 심사는 첫째, 당해 정책이 필요한 것인가 둘째, 당해 정책을 법령으로 규정할 필요가 있는가의 두 가지로 나누어 고찰할 필요가 있다.[6] 벌칙을 내용으로 하는 강제규정을 만든다고 하여 법률의 실효성이 보장되는 것이 아니기 때문에 국민의 신뢰와 준법정신을 저하시키는 비현실적인 규제나 과잉규제를 입법하지 말아야 한다.[7] 헌재에 의하여 위헌으로 결정[8]된 「가정의례에 관한 법률」의 경우에서 볼 수 있듯이, 인류의 오래된 보편적인 사회생활의 한 모습인 결혼식 등의 당사

3 임종훈, 입법준칙으로서 비례의 원칙에 관한 연구, 의정논총, 제1권 제1호, 2006, 37쪽.
4 김용섭, 판결 및 재결례 등에서 발굴된 법령정비과제의 입법피드백 강화를 위한 제도개선방안 연구, 2013, vi쪽.
5 김승환, 입법학에 관한 연구 -입법의 주체·원칙·기술을 중심으로-, 고려대학교 박사학위청구논문, 1987, 83쪽.
6 황해봉, 법령입안 심사의 기본원칙, 법제, 2007. 9, 206쪽.
7 최정일, 법률안입안 및 심사기준 규범화 연구, 2011, 240쪽.
8 헌재 1998. 10. 15. 98헌마168.

〈표〉 입법을 함에 있어서 유의하여야 할 심사기준표(checklist)

심사기준표 (checklist)	
① 입법의 필요성(과잉입법금지 원칙)	입법이 필요한 법률인가? 과잉입법은 아닌가?
② 입법의 사안적합성	사회현실을 적정히 반영한 적합한 법률인가? 입법자의 미래예측은 적정한가?
③ 헌법의 기본원리·기본제도의 존중	헌법이 기본으로 하는 원리 또는 제도 등에 위반되지 않는가?
④ 기본권 존중의 원칙	법률은 기본권을 실현하고 구체화하는 내용인가? 법률이 기본권을 과도하게 제한하지는 않는가?
⑤ 보충성 원칙	개인생활이나 사회의 자율적 영역에 국가가 법률을 통하여 과도하게 개입하지 않는가?
⑥ 체계정당성 원칙	헌법이나 국제규범에 부합하는가? 다른 법률과 체계적으로 적합한가?
⑦ 포괄적 위임입법금지 원칙	법률로 정해야 할 본질적이고 중요한 법률사항을 대통령령 등 하위법규에 위임하고 있지 않은가?
⑧ 평등원칙	합리적인 이유없는 차별을 법제화하고 있지는 않은가?
⑨ 과잉금지 원칙	기본권 제한의 목적이 정당하고 수단이 적정하며, 침해의 최소성과 법익의 균형성을 유지하고 있는가?
⑩ 과소금지 원칙(과소보호금지 원칙)	국가는 기본권 보호의무를 이행하기 위한 적절하고도 효율적인 최소한의 보호조치를 취하고 있는가?
⑪ 신뢰보호 원칙(소급입법금지 원칙)	기존에 보호받고 있던 권리를 침해하지는 않는가? 소급입법을 통해 부당하게 권리를 침해하지는 않는가?
⑫ 명확성 원칙	가능한 한 명확한 용어와 문장을 사용하고 있는가?
⑬ 적법절차 원칙	절차상 적법하고 적정한가? 법률의 내용도 합리성과 정당성을 갖추었는가?
⑭ 조세법률주의	조세법 분야에서 중요 입법사항을 법률에 규정하였나?
⑮ 죄형법정주의	형사법 분야에서 죄형법정주의에 유념하였는가?

자가 자신을 축하하러 온 하객들에게 주류와 음식물을 접대하는 행위를 처벌하는 법률은 과잉입법이라고 할 수 있다. 청구인은 "인륜지대사인 혼인이나 상례 또는 회갑연 등에서 하객이나 조문객을 기꺼이 받아들여 음식과 술을 대접하는 것은 우리의 오랜 전통미풍으로서, 이러한 국민의 일상적 삶의 한 형태를 허례허식행위라고 단정하여 법률로써 이를 금지하고 처벌하는 것은 (중략) 법률로써 국민생활의 구석구석까지를 규제하겠다는 이른바 법률만능주의적 사고의 발상"이라고 하였다. 혼인이나 상례 또는 회갑연 등에서 축하객이나 조문객에게 음식과 술을 대접하는 것은 우리의 오랜 전통미풍으로서, 이러한 국민의 일상적 삶의 한 형태를 허례허식행위라고 단정하여 법률로써 이를 금지하고 처벌하는 것은 사회현실을 국가가 과도하게 통제하는 것이다.

2. 입법의 사안적합성

입법이 필요하다면, 규율하고자 하는 사회현실을 반영하여 사회현실에 적합한 법률이 만들어져야 한다. 입법자는 사회현실이 입법에 반영되도록 최대한 노력하여야 한다. 즉, 법령이 사회현실을 정확히 반영하여 법령의 입법목적에 상응하는 입법효과를 획득하기 위해서는, 법규범이 사회현실에 적합하도록 입법되어야 하는 것이다. 따라서 어떠한 법률을 개정하거나 특히 새로 제정함에 있어서는 해당 입법을 하는데 필요한 각종 자료 및 현황을 수집하고 분석하는 등의 철저한 입법 준비작업이 필요하다. 독일의 연방헌법재판소는 입법자에게 법률개선의무와 함께 법률관찰의무도 있음을 인정하고 있는데, 입법자의 법률관찰의무(Beobachtungpflicht des Gesetzes)란 "입법자가 입법권의 한계 내에서 법률의 효력을 판단하기 위해서, 여러 가지 필요한 자료들이 계획적으로 조사되고, 수집되고, 평가되도록 하는 것이다".[9] 법률이 시행되는 과정과 시행결과를 관찰하여 법률의 실제적인 효과를 평가하고, 최대한으로 충실한 자료를 토대로 해서 입법을 할 수 있다는 것이다. 이러한 법률관찰의무에 의하여 입법자는 법률이 현실사회와 적합한가를 법률의 제정·개정 후에도 계속하여 관찰·조사할 의무를 진다고 한다. 입법자의 법률관찰의무에는 조사의무(Prüfungspflicht)가 포함되어 있다. 이는 어떠한 법률이 입법되어졌을 때와는 현저하게 사회현실적 기초가 변화된 경우에, 해당 법률이 입법시의 합헌성과 적실성을 아직도 유지하고 있는지를 조사하여야 한다는 것을 의미한다.[10][11] 입법예고나 공청회 청문회 등을 통하여 예정하고 있는 입법에 관하여 일반 국민들과 이해관계자와 전문가의 의견

9 BVerfGE 88, 203(310).

10 Isensee, Jesef, "Das Grundrecht als Abwehrrecht und staatliche Schutzpflicht", §111, Handbuch des Staatsrecht, Bd.V, 2. Aufl., 2000, Rdnr.155.

11 홍완식, 입법자의 법률개선의무에 관한 연구, 공법연구, 제31집 제2호, 2002, 283-284쪽.

을 듣고 조사와 통계 등을 실시하거나 참조하여 입법을 함에 있어서 입법자료로 사용하는 것은 사회현실과 입법사안에 적합한 입법을 하기 위한 노력의 일환이다. 이렇게 입법의 원칙으로서의 사안적합성(Sachgemäßheit)의 원칙이란 법규범은 규율하고자 하는 사회현상, 사실관계 등을 정확하게 반영하여야 하므로, 입법시에는 입법현실에 적합한 입법을 하여야 한다는 원칙이다. 헌재도 「보훈기금법」 부칙 및 「한국보훈복지공단법」 부칙 관련 위헌심판 사건에서 "헌법재판소는 법률의 위헌 여부에 대한 법적 문제를 판단하기 위하여 입법의 기초가 된 사실관계 즉 입법사실을 확인하여 밝힐 수 있다"[12]고 하여 '입법의 기초가 된 사실관계'를 '입법사실'이라고 보고 있다. 입법은 사회현실을 정확하게 반영하여야 할 뿐만 아니라, 사회현실과 국민인식의 변화도 적절히 반영하여야 한다. 사회변화가 일어나면 새로운 실정에 맞게 적용되어야 할 새로운 입법이 요구되는 경우도 있고, 새로운 실정에 맞게 법을 개정해야 할 필요성이 생기는 경우도 있으며, 폐지해야 할 필요성이 생기는 경우도 있다.

3. 헌법의 기본원리와 기본제도의 존중

헌법은 모든 입법성의 근거이자 한계이므로 법률을 입법할 때에는 헌법상 가치질서에 위배되는가 여부를 유의하여야 한다.[13] 입법자인 국회는 법률을 입법함에 있어서 헌법적 원리 및 헌법적 가치에 기속되며, 이러한 헌법적 원리와 가치 속에서 최적의 입법상태를 조성하고 유지하여야 하는 헌법적 의무를 부담한다.[14] 따라서 입법자는 입법을 함에 있어서 헌법의 기본원리와 기본제도 등을 존중하여야 하는데, "국회가 제정하거나 개정하는 법률은 국가의 최고 법규범인 헌법이 채택하고 있는 여러 원칙(예컨대, 민주주의, 법치주의 등) 및 헌법의 개별조항과 상충되어서는 아니 되는데"[15]라고 하는 언급에서 볼 수 있는 것처럼, 입법자는 헌법이 명시적으로 채택하거나 묵시적으로 전제하고 있는 기본원리와 기본제도 등에 위반되는 입법을 할 수 없는 것이다. 즉, 공화국형태, 민주적 기본질서, 권력분립과 같은 우리나라 헌법상의 기본원리, 기본질서, 기본제도 등에 반하는 입법을 행하여서는 아니 된다. 헌법의 기본원리는 법률을 비롯한 모든 법령의 입법기준이기 때문에, 입법권으로도 헌법의 기본원리와 기본제도를 훼손할 수는 없다. 입법자가 존중하여야 하는 기본원리와 기본제도는 다양하다. 우선 우리 헌법상의 기본원리로는 국민주권의 원리, 자유민주주의, 사회국가의 원리, 문화국가의 원리, 법치국가의 원리, 평화국가의 원리 등을 들 수 있다. 헌재는 위헌확인 등 심판을 통해서 이러한 헌법상의 기본원리에 대한

---

12 헌재 1994. 4. 28. 92헌가3.

13 국회 법제실, 법제이론과 실제, 2016, 40－41쪽.

14 최윤철, 헌법재판소의 결정과 입법자의 대응, 헌법학연구, 제18권 제3호, 2012, 240쪽.

15 임종훈, 입법준칙으로서 비례의 원칙에 관한 연구, 의정논총, 제1권 제1호, 2006, 37쪽.

해석을 전개한 바 있다. 또한 헌법에는 기본원리 이외에도 입법권의 범위와 한계를 설정하고 국회의 입법권에 의하여서도 폐지되거나 그 본질이 훼손될 수 없는 기본제도가 있다. 제도적 보장은 객관적 제도를 헌법에 규정하여 당해 제도의 본질을 유지하려는 것으로서 헌법제정권자가 특히 중요하고도 가치가 있다고 인정되고 헌법적으로도 보장할 필요가 있다고 생각하는 국가제도를 헌법에 규정함으로써 장래의 법 발전, 법 형성의 방침과 범주를 미리 규율하려는 데 있다. 이러한 제도적 보장은 주관적 권리가 아닌 객관적 범규범이라는 점에서 기본권과 구별되기는 하지만 헌법에 의하여 일정한 제도가 보장되면 입법자는 그 제도를 설정하고 유지할 입법의무를 지게 될 뿐만 아니라 헌법에 규정되어 있기 때문에 법률로써 이를 폐지할 수 없고, 비록 내용을 제한하더라도 그 본질적 내용을 침해할 수 없다. 즉, 헌법에 의하여 일정한 제도가 보장되면 입법자는 그 제도를 설정하고 유지할 입법의무를 지게 될 뿐만 아니라, 법률로써 이를 폐지할 수 없으며, 이를 제한하는 경우에도 그 본질적인 내용을 침해할 수 없다.[16] 이러한 제도에는 일반적으로 의무교육제도, 직업공무원제, 복수정당제, 지방자치제도, 혼인제도를 포함한 가족제도, 사유재산제도, 선거제도 등이 있다.

4. 기본권의 존중

입법자인 국회는 헌법에 의하여 보장되고 있는 기본권이 부당하게 침해되지 않도록 입법을 함에 있어서 유의하여야 한다. 「헌법」 제10조 제2문은 "국가는 개인이 가지는 불가침의 기본적 인권을 확인하고 이를 보장할 의무를 진다"고 규정하고 있다. 이에 근거하여 국가는 국민의 기본권을 침해하지 않고 이를 최대한 보호해야 할 의무를 가지며, 만약 국가가 불법적으로 국민의 기본권을 침해하는 경우 그러한 기본권을 보호해주어야 할 행위의무를 진다.[17] 국가의 기본권보호의무의 이행은 입법자의 입법을 통하여 비로소 구체화되는 것이고, 국가가 그 보호의무를 어떻게 어느 정도로 이행할 것인지는 원칙적으로 한 나라의 정치·경제·사회·문화적인 제반 여건과 재정사정 등을 감안하여 입법 정책적으로 판단하여야 하는 입법재량의 범위에 속하는 것이다.[18] 또한 이러한 기본권보호의 행위의무를 이행하기 위하여 국가가 관련 법률을 제정하여야 할 입법의무가 헌법해석상 발생한다.[19] 제도적 보장은 그 본질적 내용을 침해하지 아니하는 범위 안에서 입법자에게 제도의 구체적 내용과 형태의 형성권을 폭넓게 인정한다는 의미에서 "최소한 보장의 원칙"이 적용되지

---

16 헌재 1997. 4. 24 95헌바48.
17 헌재 2003. 5. 15. 2000헌마192 등.
18 헌재 1997. 1. 16. 90헌마110 등; 2008. 7. 31. 2004헌바81.
19 헌재 2003. 5. 15. 2000헌마192 등.

만, 기본권 보장은 "최대한 보장의 원칙"이 적용된다.[20] 이처럼 기본권을 제한하는 입법을 하여야 하는 불가피한 경우에도 기본권의 '최대한 보장의 원칙'이 적용되며,[21] 기본권의 본질적인 내용을 침해할 수 없다.[22] 따라서 "국회의 입법재량 내지 입법정책적 고려에 있어서도 국민의 자유와 권리의 제한은 필요한 최소한에 그쳐야 하며, 기본권의 본질적인 내용을 침해하는 입법은 할 수 없는 것"[23]이다. 즉, 기본권을 구현하는 입법이건 기본권을 제한하는 입법이건 기본권이 실질적·효과적으로 보장될 수 있도록 기본권을 최대한 존중하여야 함이 입법의 원칙이다. 원칙적으로 기본권을 구현하는 입법에 있어서는 기본권이 최대한 보장되도록 하여야 하고, 기본권을 제한하는 입법에 있어서는 기본권을 최소한 제한하도록 하여야 한다. 그리고, 입법에 있어서 모든 기본권이 존중되어야 하지만 인간의 신체의 자유는 다른 기본권의 기초가 되는 가장 중요한 기본권의 하나이므로 원칙적으로 최대한 보장되어야 한다.[24] 법제처의 '헌법과 법제실무'에서도 법령을 입안하거나 심사하는 사람은 법령이 공익을 추구하면서도 개인의 기본권을 존중하고 있는지를 항상 유의하여야 한다는 점을 강조하고 있다. 즉, "국가는 공동체의 번영과 이익을 보장할 책무를 지닐 뿐만 아니라 개인이 갖는 불가침의 기본권을 확인·보장할 의무를 진다. 따라서, 해당 법령이 공동체의 복리추구와 개인의 기본권에 대한 존중이 조화되도록 규정하고 있는지 깊이 고민해야 한다"[25]는 점을 법령의 심사에 있어서 유의할 점으로 적시하고 있다. 법률을 제정하고 개정하는 법률의 입법에 있어서는 사회권 분야 등 기본권을 실현하기 위한 내용의 입법도 있지만, 대개는 자유권 분야 등 기본권을 제한하는 규제적 성격의 입법이 문제되는 경우가 많다. 특히 이렇게 헌법상 보장되는 기본권을 제한하는 법률의 입법에 있어서는 각 분야의 기본권이 침해되지 않도록 각별히 유의하여야 한다.

5. 보충성 원칙

일반적으로 보충성 원칙[26]이란 개인이 스스로의 힘으로 할 수 있는 일을 공동체의 일로 삼으면 안된다는 원칙이다. 따라서, 국가기능의 보충적인 한계를 일탈하여 과도하고 불필요하게 사회가 담당하여야 할 분야에 간섭하여 규제하는 것은 보충성 원칙에 대한 위

20 헌재 1997. 4. 24. 95헌바48.
21 헌재 1997. 4. 24 95헌바48.
22 헌재 1992. 4. 28. 90헌바24.
23 헌재 1992. 4. 28. 90헌바24.
24 헌재 2008. 1. 10. 2007헌마1468.
25 법제처, 헌법과 법제실무, 2009, 16쪽.
26 보충성의 원칙에 관해 상세한 내용은 홍완식, 헌법과 사회보장법에 있어서의 보충성의 원리, 공법연구, 제28집 제4호 제2권, 2000, 173-189쪽 참조.

반이라고 할 수 있다. 이러한 보충성 원칙을 입법의 측면에 적용한다면, 사회에서 자율적으로 해결될 수 있는 사안을 국가가 법령으로 규율함을 통하여 분쟁해결의 사회적 자율성을 봉쇄하는 것은 바람직하지 않다. 보충성 원칙을 침해하게 되면 사적자치 원칙이 형해화될 수 있다. 사회의 여러 분야 중에서 국가가 함부로 개입하지 않아야 하는 영역인 성(性), 가정, 경제, 교육, 문화 및 사회복지 분야에서 특히 보충성 원칙에 입각한 사고와 입법이 필요하다.

우리 헌재는 국토이용관리법상 토지거래허가제가 사적자치원칙이나 보충의 원리에 위배되는지를 판단하면서, "자유민주주의국가에서는 각 개인의 인격을 존중하고 그 자유와 창의를 최대한으로 존중해 주는 것을 그 이상으로 하고 있는 만큼 기본권주체의 활동은 일차적으로 그들의 자결권과 자율성에 입각하여 보장되어야 하고 국가는 예외적으로 꼭 필요한 경우에 한하여 이를 보충하는 정도로만 개입할 수 있고, 이러한 헌법상의 보충의 원리가 국민의 경제생활영역에도 적용됨은 물론이므로 사적자치의 존중이 자유민주주의국가에서 극히 존중되어야 할 대원칙임은 부인할 수 없다"[27]고 하여 보충성 원칙이 경제 분야에 적용되어야 한다는 점을 강조하고 있다.[28] 특히, 보충성 원칙은 사법(私法) 분야에서 사적자치의 원칙으로 구현된다. 사적자치의 원칙이란 자신의 일을 자신의 의사로 결정하고 행하는 자유뿐만 아니라 원치 않으면 하지 않을 자유로서 우리 헌법 제10조의 행복추구권에서 파생되는 일반적 행동자유권의 하나이다. 자율을 기반으로 하여 원칙적으로 사적자치원칙이 적용되는 사법(私法) 분야 등에 국가가 법률을 통하여 과도하게 개입할 수 없는 것이다. 보증인이 보증을 서게 된 경위, 그 이후의 경과, 보증채무 이행시의 피해 정도 등을 고려하지 않고 보증인에게 주채무와 동일한 내용의 채무를 부담하게 한 「민법」 제428조 제1항 및 제429조 제1항이 사적 자치의 원칙에 위반되는지 여부가 문제된 사건이 있었다. 헌재는 이 사건 법률조항은 보증채무에 관한 보충적인 의사해석규정으로 기능하고 있을 뿐이어서 채권자와 보증인이 자유롭게 보증채무의 내용을 정할 수 있으므로 사적 자치의 원칙에 위반되지 않는다고 보았다.[29] 보충성 원칙은 형벌법규의 입법을 함에 있어서 특히 유의해야 할 원칙이다. 형벌은 개인의 자유와 안전에 대한 중대한 침해를 가져오는 탓에 국가적 제재의 최후수단(ultima ratio)으로 평가된다.[30] 국가의 형벌권 행

---

27 헌재 1989. 12. 22. 88헌가13.

28 그러나, 토지거래허가제는 헌법이 정하고 있는 경제질서와 아무런 충돌이 없다고 할 것이므로, 이를 사적자치의 원칙이나 헌법상의 보충의 원리에 위배된다고 할 수 없다고 판단하였다. 헌재 1989. 12. 22. 88헌가13.

29 헌재 2010. 5. 27. 2008헌바61.

30 헌재 2003. 6. 26. 2002헌가14; 교통사고특례법 제4조 제1항에 대한 위헌확인 청구사건에서 "형벌은 국가가 취할 수 있는 유효적절한 수단 중의 하나일 뿐이지, 결코 형벌까지 동원해야만 보호법익을 유효적절하게 보호할 수 있다는 의미의 최종적인 수단이 될 수는 없으므로" 라고 하여 형벌은 우선적인 수단이 아니라 최후수단

사는 최후적이고 보충적이어야 하며, 행정형벌제도도 행정명령에 대한 의무확보수단으로서 최후적이고 보충적인 것이다.

헌재는 「형법」 제304조의 혼인빙자간음죄에 대하여 위헌결정을 내리면서, "남성이 해악적 문제를 수반하지 않는 방법으로 여성을 유혹하는 성적 행위에 대해서 국가가 개입하는 것은 억제되어야"[31]한다는 것도 개인적인 영역에의 국가개입의 한계가 있다는 것으로서 보충성 원칙에 토대를 둔 결정이라고 할 수 있다. 또한 헌재는 "개인의 성행위와 같은 사생활의 내밀영역에 속하는 부분에 대하여는 그 권리와 자유의 성질상 국가는 간섭과 규제를 가능하면 최대한으로 자제"하여야 하고, "개개인의 행위가 비록 도덕률에 반하더라도 본질적으로 개인의 사생활에 속하고 사회유해성이 없거나 법익에 대한 명백한 침해가 없는 경우에는 국가권력이 개입해서는 안된다"[32]는 입장을 나타내었는데, 이는 보충성 원칙이나 최후수단성 원칙에 훨씬 근접한 시각으로 볼 수 있다. 또한 헌재는 "행정형벌제도는 원칙적으로 행정명령에 대한 의무확보수단으로서 최후적이고 보충적인 것이어야 하므로, 행정명령의 불이행에 대하여 형벌을 과하는 것은 불가피한 경우에 한하여 예외적으로 인정되어야 한다. 행정상의 의무이행확보는 결국 행정목적의 실현을 위한 것이므로, 그 제재수단도 가능하다면 형벌이 아닌 행정질서벌 등의 수단을 통해 이루어져야 한다"[33]고 하였다. "특정의료기관이나 특정의료인의 기능·진료방법"에 관한 광고를 금지하고 처벌하는 「의료법」 조항이 표현의 자유 내지 직업수행의 자유를 침해한다고 결정한 사건[34]에서도 헌재는 국가의 시장개입의 한계에 대하여 언급하고 있으며, 과외교습을 금지하고 있는 법률규정의 심사,[35] 화재보험 강제가입에 관한 법률규정의 심사,[36] 기부금품 모집을 지나치게 엄격하게 제한하는 법률규정의 심사[37]에 있어서도 보충성 원칙을 명시적으로 적시하고 있지는 않지만 보충성 원칙을 이론적 기반으로 한 결정이라고 해석할 수 있다. 법률을 통하여 규제를 제도화하는 경우에도 우선 사회와 시장의 구성원과 참가자들이 스스로 합의하여 설정하는 자율규제가 우선이며, 국가에 의한 규제와 같은 외적인 강제규제는 보충적인 것이 요구된다[38]는 점에서 보충성의 원칙은 「행정규제기본법」 제4조에 규정된 규제법정주의의 관점에서도 입법원칙으로 적극 활용되어야 할 것이다.

(ultima ratio)임을 밝히고 있다. 2009. 2. 26. 2005헌마764.

31 헌재 2009. 11. 26. 2008헌바58.

32 헌재 2009. 11. 26. 2008헌바58.

33 헌재 1995. 3. 23. 92헌가14.

34 헌재 2005. 10. 27. 2003헌가3.

35 헌재 2000. 4. 27. 98헌가16, 98헌마429 등.

36 헌재 1991. 6. 3. 89헌마204.

37 헌재 1998. 5. 28. 96헌가5.

38 최윤철, 규제입법 제정에 있어서 입법원칙에 관한 연구, 유럽헌법연구, 제22권, 2016, 494쪽.

6. 체계정당성 원칙

체계정당성(Systemgerechtichkeit) 또는 체계적합성(Systemgemäßheit)은 입법자가 법률을 입법을 함에 있어서 존중하여야 하는 원칙[39]으로서, 규범 상호간에는 그 내용과 체계에 있어서 조화를 이루고 상호 모순이 없이, 모든 규정의 내용과 체계가 상호 모순과 갈등 없이 그 본래의 입법목적의 실현에 합치되어야 한다는 것을 의미한다.[40] 따라서 입법을 함에 있어서 체계정당성 원칙은 존중되어야 한다. 헌재 결정에서도 체계정당성을 "동일 규범 내에서 또는 상이한 규범 간에 그 규범의 구조나 내용 또는 규범의 근거가 되는 원칙 면에서 상호 배치되거나 모순되어서는 안된다는 하나의 헌법적 요청"[41]이라고 하여, 체계정당성을 입법에 있어서 준수하여야 하는 헌법원칙으로 보고 있다. 이후에 다른 사건에서도 헌재는 "'체계정당성'(Systemgerechtigkeit)의 원리라는 것은 동일 규범 내에서 또는 상이한 규범 간에 (수평적 관계이건 수직적 관계이건) 그 규범의 구조나 내용 또는 규범의 근거가 되는 원칙면에서 상호 배치되거나 모순되어서는 안된다는 하나의 헌법적 요청(Verfassungspostulat)이다. 즉 이는 규범 상호간의 구조와 내용 등이 모순됨이 없이 체계와 균형을 유지하도록 입법자를 기속하는 헌법적 원리라고 볼 수 있다. 헌재는 "체계정당성의 원리는 동일 규범 내에서 또는 상이한 규범 간에 그 규범의 구조나 내용 또는 규범의 근거가 되는 원칙 면에서 상호 배치되거나 모순되어서는 아니 된다는 하나의 헌법적 요청이다. 이처럼 규범 상호간의 체계정당성을 요구하는 이유는 입법자의 자의를 금지하여 규범의 명확성, 예측가능성 및 규범에 대한 신뢰와 법적 안정성을 확보하기 위한 것이고, 이는 국가공권력에 대한 통제와 이를 통한 국민의 자유와 권리의 보장을 이념으로 하는 법치주의원리로부터 도출되는 것이라고 할 수 있다"[42]고 하여 체계정당성 원리를 입법자가 유의하여야 하는 헌법적 요청으로 일관되게 인정하고 있다. 그리고 헌재는 일관되게 "체계정당성 위반(Systemwidrigkeit) 자체가 바로 위헌이 되는 것은 아니고 이는 비례의 원칙이나 평등원칙위반 내지 입법의 자의금지위반 등의 위헌성을 시사하는 하나의 징후"[43]라고 보고 있다. 즉, 체계정당성 원칙에 대한 위반이 바로 위헌은 아니고 체계정당성을 결여한 입법이 결과적으로 과잉금지원칙이나 평등원칙 등을 침해하였는지 여부가 위헌성 판단의 관건인 것이다. 우리 헌재는 다수의 결정에서 체계정당성의 원칙을 전개하고 적용한 바

---

39 체계정당성의 원칙에 관해 상세한 내용은 홍완식, 체계정당성의 원리에 관한 연구, 토지공법연구, 제29집, 2006, 467−490쪽.

40 헌재 1995. 7. 21. 94헌마136.

41 헌재 2004. 11. 25 2002헌바66.

42 헌재 2015. 7. 30. 2013헌바120.

43 헌재 2005. 6. 30. 2004헌바40 등; 2010. 6. 24. 2007헌바101 등; 2015. 7. 30. 2013헌바120.

있다.

특히 형벌을 규정하는 법률에서 체계정당성이 문제되는 경우가 종종 발생하였다. 경한 범죄에 중한 형벌을 규정하고 있거나 중한 범죄에 경한 형벌을 규정하는 것은 체계정당성 중에서도 결과정합성에 위반되는 것이다. 형벌규정에 있어서 결과정합성의 관점에서 문제가 되는 법률규정들은 대개 형법의 중벌화(重罰化) 입법경향으로 인하여 발생한다. 형벌이 사회문제해결의 만능수단으로 역할을 해서는 아니 됨에도 불구하고, '형벌의존증후군' 양상으로 인하여 국가는 형사적 개입을 강화함으로써 문제를 해결하려 한다는 것이다. 이러한 엄벌화 입법의 대부분이 범죄억지효력을 증명할 수 없는 '상징입법'인데, 이는 국민들의 불안감이나 보복감정에 부응하는 인기영합적인 소위 포퓰리즘 입법의 전형이라는 것이다.[44] 헌재는 「형법」 제259조 제1항의 상해치사의 경우 사람의 사망이라는 엄청난 결과를 초래한 범죄임에도 3년 이상의 유기징역형으로 그 법정형이 규정되어 있다는 점을 들어, 야간에 흉기 기타 위험한 물건을 휴대하여 협박죄를 범한 자를 5년 이상의 유기징역에 처하도록 규정하고 있는 「폭력행위등 처벌에 관한 법률」상의 법정형은 형벌의 체계정당성에 어긋난다고 판시하였다.[45] 또한, 피해자를 치사하고 도주하거나 도주 후에 피해자가 사망한 때에는 10년 이상의 징역에 처하도록 하는 「특정범죄 가중처벌 등에 관한 법률」 상의 규정은 5년 이상의 징역에 처하도록 하는 살인죄와 비교하여 형벌체계상의 정당성과 균형을 상실한 것으로 판단하였다.[46] 또한 헌재는 벌금형은 공무원의 당연퇴직사유로 규정하지 않으면서 벌금형보다 더 가벼운 선고유예에는 당연퇴직사유로 규정한 (구) 「국가공무원법」 제69조는 공익과 사익간에 적절한 균형이 이루어진 규정체계가 아니라고 판단하였다.[47] 이처럼 체계정당성 원칙은 형벌체계상의 정당성과 균형을 유지하는 근거로서도 기능한다. 예를 들어, 형법 제261조(특수폭행), 제284조(특수협박), 제369조(특수손괴) 등과 구성요건이 사실한 동일한 「폭력행위 등 처벌에 관한 법률」 제3조 제1항은 형법상의 법정형에 비하여 징역형의 하한을 1년으로 올리고, 벌금형을 제외하고 있다. 만일 흉기 기타 위험한 물건을 휴대하여 폭행죄, 협박죄, 재물손괴죄를 범하는 경우, 검사는 심판대상조항을 적용하여 기소하는 것이 특별법 우선의 법리에 부합하나, 형법조항들을 적용하여 기소할 수도 있다. 그런데 위 두 조항 중 어느 조항이 적용되는지에 따라 피고인에게 벌금형이 선고될 수 있는지 여부가 달라지고, 징역형의 하한을 기준으로 최대 6배에 이르는 심각한 형의 불균형이 발생한다. 이에 대해 헌재는 해당 조항이 형벌체계상의 정당성

44 이재석, 형법의 중벌화 입법경향에 관한 비판적 고찰, 법학연구, 제44집, 2011, 219쪽.
45 헌재 2004. 12. 16. 2003헌가12.
46 헌재 1992. 4. 28. 90헌바24.
47 헌재 2003. 10. 31. 2002헌마684.

과 균형을 잃은 것이 명백하므로, 인간의 존엄성과 가치를 보장하는 헌법의 기본원리에 위배될 뿐만 아니라 그 내용에 있어서도 평등원칙에 위배된다"[48]고 하여 이 경우 형벌체계상의 균형을 상실하여 평등원칙에 위배된다고 판단하였다. 입법자는 이러한 체계정당성의 원칙에 따라 개별 법률규정이나 개별법은 다른 법률규정 및 법률과의 관계에서 모순이 발생하지 않도록 입법을 하여야 한다. 특히 특별법이 많은 우리나라의 법체계에서는 입법시에 체계정당성 원칙에 특히 유념하여야 한다.

7. 포괄적 위임입법금지 원칙

포괄적 위임입법 금지의 원칙은 법률유보 원칙을 입법의 측면에서 구체화하는 원칙이다. 포괄적 위임입법 금지의 원칙은 헌재가 위헌심사에서 빈번하게 적용한 원칙인데, 헌재의 위임입법에 대한 위헌심사기준이 엄격하였다기 보다는 입법사항은 대통령령 등에 포괄적으로 위임하는 법률이 다수 있었기 때문이었다고 본다. 이러한 헌재의 결정들은 헌법재판의 중요한 성과의 하나로서 여겨지고 있고, 국회가 대통령령 등 행정입법에 포괄적인 위임입법을 하는 입법경향을 수정케 하여 '입법권은 국회에 속한다'는 「헌법」 제40조의 취지를 되살리고 있다는 평가가 있다.[49] 포괄적 위임입법 금지의 원칙을 입법의 원칙으로 적용하는데 있어서의 실질적인 문제는, 어떠한 위임입법이 올바른 범위 내에서의 위임입법이냐 또는 허용되지 않는 포괄적 위임입법이냐 하는 것이다. 「헌법」 제75조의 "구체적으로 범위를 정하여"라 함은 법률에 대통령령 등 하위법규에 규정될 내용 및 범위의 기본사항이 가능한 한 구체적이고도 명확하게 규정되어 있어서 누구라도 당해 법률 그 자체로부터 대통령령 등에 규정될 내용의 대강을 예측할 수 있어야 함을 의미한다. 이러한 예측가능성의 유무는 당해 특정조항 하나만을 가지고 판단할 것은 아니고 관련 법조항 전체를 유기적·체계적으로 종합 판단할 사안이다.[50] 이러한 헌재 결정에서 나타나는 포괄위임입법금지의 기준에도 불구하고, 특정한 법률상 규정이 포괄적 위임입법인지의 여부를 판단하기는 쉽지 않다. 다만, '대상법률의 성질에 따른 검토'는 과학기술관계법 등 고도의 전문기술적 판단이 필요한 분야는 보다 완화된 기준을 적용하고, 처벌법규를 비롯하여 국

48 헌재 2015. 9. 24. 2014헌바154 등.

49 이명웅, 위헌입법의 위헌심사기준 및 위헌결정사례 분석, 한국법학원, 저스티스, 96호, 2007. 2, 85쪽. 우리나라에서 포괄적인 위임입법이 많은 현상에 대해서는 정부의 입법안 마련의 전문성이 국회보다 높다는 것과 함께, 국회가 의회주의, 대의민주주의, 법률유보원칙, 권력분립주의라는 헌법의 기본정신에 대한 실천의지와 행정부의 자의를 통제하고 국민의 자유와 권리를 보호하려는 국회의 기본사명에 대한 고려가 부족한 것에서 원인을 찾고 있다.

50 헌재 2016. 6. 30. 2013헌가1; 2014. 5. 29. 2012헌마515.

민의 기본권을 직접적으로 제한하거나 침해할 소지가 있는 등의 이유로 헌법이 직접 법률로 정하도록 하고 있는 분야는 보다 엄격한 기준을 적용하고 있다. 후자의 경우는 「헌법」 제2조 1항에 따른 국적법정주의, 제59조에 따른 조세법률주의, 제117조 2항의 지방자치단체 종류 법정주의 등을 들 수 있다. 특히 처벌법규의 위임과 관련해서는 헌법의 기본권보장 우위사상에 비추어 그 요건과 범위가 보다 엄격하게 제한적으로 이루어져야 할 것으로 보았다. 처벌법규의 위임과 관련해서는 위임의 원칙으로 "첫째, 처벌법규의 위임은 특히 긴급한 필요가 있거나 미리 법률로써 구성요건을 상세히 정할 수 없는 부득이한 사정이 있는 경우에 한정되어야 하고, 둘째, 이러한 경우에도 처벌대상 행위가 어떠한 것일 것이라고 예측할 수 있을 정도의 범죄구성요건의 대강은 법률에서 정해야 하고, 셋째, 형벌의 종류 및 그 상한과 폭을 법률에서 명백히 규정하여야 할 것"[51]임을 명확히 하였다. 포괄적 위임입법금지원칙을 보다 일반화한다면, 기본권적 중요성이 크고 의회에서의 공개토론 과정을 통해 상충하는 이익간 조정을 해야 할 필요성이 큰 사항일수록 의회에서 법률로 입법을 해야 하며, 그러한 필요성이 작아질수록 입법위임의 폭이 커질 수 있는 것이다.[52] 헌재의 위임입법에 대한 위헌심사기준은 근거성, 명확성, 예측가능성, 엄격성 등으로 정리될 수 있다. 위임입법은 모법에 근거가 있어야 하며(근거성), 위임입법에 의한 규정은 명확하여야 하며(명확성), 위임의 내용이 예측가능하여야 하며(예측가능성), 처벌법규의 경우에는 엄격하게(엄격성) 규정되어야 한다.[53] 언론인의 선거운동을 금지하고 있는 「공직선거법」의 '언론인 선거운동 금지조항'에 대하여 헌재는 '대통령령으로 정하는 언론인'이라고만 하여 '언론인'이라는 단어 외에 대통령령에서 정할 내용의 한계를 설정하지 않았음을 지적하면서, 관련조항들을 종합하여 보아도 방송, 신문, 뉴스통신 등과 같이 다양한 언론매체 중에서 어느 범위로 한정될지, 어떤 업무에 어느 정도 관여하는 자까지 언론인에 포함될 것인지 등을 예측하기 어렵다고 보아, 포괄위임금지원칙을 위반한다[54]고 결정하였다. 또한, 헌재는 거짓이나 그 밖의 부정한 방법으로 고용안정·직업능력개발 사업의 지원을 받은 자 등에 대한 지원제한에 관하여 규정한 (구) 「고용보험법」 제35조 제1항 중 '대통령령으로 정하는 바에 따라 그 지원을 제한하거나' 부분은 포괄위임금지원칙에 위배된다고 하였다.[55] 이와 같이 위임입법은 구체적·개별적으로 한정된 사항에 대하여 위임되어

51 헌재 2010. 2. 25. 2008헌가6.

52 전종익, 포괄위임금지원칙의 심사기준, 아주법학, 제7권 제3호, 2013, 30쪽.

53 정극원, 헌법재판에서의 포괄적 위임입법금지 원칙의 적용, 한국헌법학회, 헌법학연구, 제15권 3호, 2009, 467쪽 이하.

54 헌재 2016. 6. 30. 2013헌가1.

55 헌재 2016. 3. 31. 2014헌가2 등.

야 한다는 것이며 국민의 기본권을 제한하는 벌칙규정 등에 있어서는 다른 규정들에 비하여 그 구체성과 개별성의 정도가 엄격한데, 이처럼 위임입법의 구체성과 개별성의 정도는 규율대상의 종류와 성격에 따라 달라진다고 할 수 있다.

8. 평등원칙

평등원칙은 국가가 입법을 하거나 법을 해석 및 집행함에 있어서 따라야 할 기준임과 동시에 모든 국민의 권리이다. 평등원칙은 법적용에 있어서의 평등(법적용평등설)만이 아닌 법 내용에 있어서의 평등(법내용평등설)까지도 요구한다. 그러나 헌법 제11조 제1항의 평등원칙은 입법자에게 헌법적으로 구체적인 입법의무를 부과하는 것은 아니며 입법자가 평등원칙에 반하는 입법을 하게 되면 이로써 피해를 입은 자는 당해 법률조항을 대상으로 평등원칙의 위반여부를 다툴 수 있다.[56] 평등원칙에 위배되거나 평등권을 침해하는 법률인가를 심사하는 기준으로는 자의금지원칙과 과잉금지원칙이 있는데, 헌법 스스로가 평등권을 구체화하는 경우와 차별적 취급으로 인하여 관련 기본권에 중대한 제한을 초래하는 경우에는 과잉금지원칙을 적용하여 심사하고, 그 이외의 경우에는 입법자의 형성의 자유를 존중하여 자의금지원칙을 적용하여 심사한다. 헌재는 과잉금지원칙에 따라서 제대군인에 대한 가산점 부여를 위헌으로 보았고,[57] 국가유공자의 가족에 대한 가산점의 부여를 헌법에 불합치하는 것으로 보았다.[58] 그리고 금혼의 범위를 동성동본인 혈족, 즉 남계혈족에만 한정하여 성별에 의한 차별을 하는 것은 합리적인 이유를 찾아볼 수 없으므로 평등원칙에 위반되는 것[59]이라고 하여 헌법불합치결정을 내렸다. 또한 후보자의 배우자가 그와 함께 다니는 사람 중에서 지정한 1명도 후보자의 선거운동을 위해 명함교부를 할 수 있도록 한 「공직선거법」 제93조 제1항 제1호에 대해서, 헌재는 해당 조항이 후보자를 배우자 유무에 따라 차별취급하므로 평등권을 침해하는 것으로 보았다.[60] 법률을 입법함에 있어서 모든 수범자들을 모든 분야에서 평등하게 취급하기는 어렵다. 더욱이 입법자는 복지·사회·문화·정치·경제·여성우대정책 등 정책적 필요에 따라 차별적 취급을 내용으로 하는 입법을 하게 될 필요가 있다. 이러한 입법을 함에 있어서 입법자는 평등원칙에 위배되지는 않을까 하는 고려를 하게 되는데, 입법자는 헌재가 많은 결정들에서 제시한 평등권 침해 여부에 관한 심사기준을 입법시에 유념하여야 한다. 따라서 입법자는

56 헌재 2003. 5. 15. 2000헌마192 등.
57 헌재 1999. 12. 23. 98헌마363.
58 헌재 2006. 2. 23. 2004헌마675.
59 헌재 1997. 7. 16. 95헌가6.
60 헌재 2016. 9. 29. 2016헌마287.

평등원칙에 위배되거나 평등권을 침해하는 법률인가를 심사하는 기준으로 엄격한 기준인 과잉금지원칙에 위배되지 않는가를 유념하여야 한다. 즉, 헌법 스스로가 평등권을 구체화하도록 명시하고 있는 경우와 차별적 취급으로 인하여 관련 기본권에 중대한 제한을 초래하는 경우라면, 평등권 위배 여부에 각별히 유의하여야 한다. 특히 헌법에서 차별금지를 명문으로 규정하고 있는 사항인 제11조 제1항의 성별·종교 또는 사회적 신분을 이유로 한 차별의 금지, 제2항의 사회적 특수계급제도의 불인정 및 창설금지, 제32조 제4항의 근로영역에서의 성별을 이유로 한 차별금지, 제36조 제1항의 혼인과 가족생활에서의 성별에 의한 차별금지, 제20조 제2항의 종교의 차별금지, 제39조 제2항의 병역의무의 이행으로 인한 차별금지에 반하는 입법내용인지에 대한 고려가 있어야 한다.

9. 과잉금지 원칙

헌재는 위헌법률심판에서 국회의 입법에 의한 기본권 제한의 위헌 여부를 판단함에 있어서 사용하는 원칙적 심사기준은 과잉금지원칙이다.[61] 과잉금지(Übermaßverbot)원칙은 입법·행정·사법작용을 비롯한 모든 국가작용에 적용되는 원칙이기 때문에, 입법을 함에 있어서도 당연히 과잉금지 원칙은 준수되어야 한다. 특히, 국민의 기본권을 제한하는 입법에서 과잉금지원칙은 엄격히 준수되어야 하며, 기본권을 제한하는 입법의 위헌성 심사기준으로 과잉금지원칙이 적용된다. 과잉금지 원칙이 충족될 때 국가의 입법작용에 정당성이 인정되는 것이다. 과잉금지원칙에는 4가지 세부원칙이 있는데 입법목적이 위헌이라고 할 수 있는 경우는 매우 드물고,[62] 수단의 적합성에 위배된다고 한 경우가 그리 많지는 않지만,[63] 피해의 최소성, 법익의 균형성은 그 실례를 일일이 열거할 필요가 없을 정도로,

61 이우영, 표현의 자유법리와 헌법재판소의 위헌법률심사기준, 서울대학교 법학, 제53권 제2호, 2012, 293쪽.

62 동성동본금혼의 입법목적은 혼인의 자유를 제한할 '사회질서'나 '공공복리'에 해당할 수 없다는 점에서 헌법 제37조 2항에 위반된다고 하여 목적의 정당성에 반한다고 한 결정이 있다. 헌재 1997. 7. 16. 95헌가6 등.

63 도로교통법 제71조의 15 제2항 8호 조항이 운전전문학원을 졸업한 자 중 일정비율 이상이 교통사고를 일으킨 경우, 그 교통사고의 원인과 관계없이 운영정지나 등록취소를 할 수 있도록 한 것은 입법목적을 달성하기 위한 합리적이고 공정한 방법이라 보기 어렵다. 헌재 2005. 7. 21. 2004헌가30; 입법목적을 달성하기 위한 수단의 선택 문제는 기본적으로 입법재량에 속하는 것이기는 하지만 적어도 현저하게 불합리하고 불공정한 수단의 선택은 피하여야 할 것인바, 복수조합의 설립을 금지한 구 축산업협동조합법 제99조 제2항은 입법목적을 달성하기 위하여 결사의 자유 등 기본권의 본질적 내용을 해하는 수단을 선택함으로써 입법재량의 한계를 일탈하였으므로 헌법에 위반된다. 헌재 1996. 4. 25. 92헌바47; 헌법 제119조 제2항은 독과점규제라는 경제정책적 목표를 개인의 경제적 자유를 제한할 수 있는 정당한 공익의 하나로 명문화하고 있다. 독과점규제의 목적이 경쟁의 회복에 있다면 이 목적을 실현하는 수단 또한 자유롭고 공정한 경쟁을 가능하게 하는 방법이어야 한다. 그러나 주세법의 구입명령제도는 전국적으로 자유경쟁을 배제한 채 지역할거주의로 자리잡게 되고 그로써 지역 독과점현상의 고착화를 초래하므로, 독과점규제란 공익을 달성하기에 적정한 조치로 보기 어렵다. 헌재 1996. 12. 26. 96헌가18.

기본권을 제한하는 입법에 대한 위헌성 심사에서 가장 빈번하게 적용되는 중요한 기준이다. 입법자는 목적의 정당성과 수단의 적합성을 검토하는 것도 중요하지만, 입법이 기본권 침해의 최소성 원칙에 합치하는지 여부에 관해서 특히 유의해야 한다. 헌재도 "입법자는 공익실현을 위하여 기본권을 제한하는 경우에도 입법목적을 실현하기에 적합한 여러 수단 중에서 되도록 국민의 기본권을 가장 존중하고 기본권을 최소로 침해하는 수단을 선택해야 한다"[64]는 점을 여러 결정에서 일관되게 확인하고 있다. 그러나 모든 입법분야가 동일한 내용이나 성격을 지니고 있지 않다. 예를 들어 기본권을 실현하는 내용의 입법이 있을 수 있고 기본권을 제한하는 내용의 입법이 있을 수 있다. 입법을 함에 있어서는 형사법 분야인지 사회법 분야인지, 사법 분야인지 공법 분야인지 등 해당 법률분야의 특성이 고려되어야 한다. 최근에는 보호의무자 2인의 동의와 정신건강의학과 전문의 1인의 진단으로 정신질환자에 대한 보호입원이 가능하도록 한「정신보건법」제24조 제1항 및 제2항이 신체의 자유를 침해하는지 여부가 문제된 사건에서 헌재는 해당 규정이 정신질환자의 신체의 자유 침해를 최소화할 수 있는 적절한 방안을 마련하지 아니함으로써 지나치게 기본권을 제한하고 있다고 보아 헌법불합치 결정을 하였다.[65] 또한 카메라 등 이용 촬영죄, 카메라 등 이용촬영 미수죄로 유죄판결이 확정된 자는 신상정보 등록대상자가 되도록 규정한「성폭력범죄의 처벌 등에 관한 특례법」제42조 제1항의 규정에 대해서는 해당 규정이 비교적 경미한 등록대상 성범죄를 저지르고 재범의 위험성도 많지 않은 자들에 대해서는 달성되는 공익과 침해되는 사익 사이의 불균형이 발생할 수 있으므로 개인정보자기결정권을 침해한다고 보아 헌법불합치결정을 하였다.[66]

10. 과소금지 원칙(과소보호금지 원칙)

헌법 제10조 제2문은 "국가는 개인이 가지는 불가침의 기본적 인권을 확인하고 이를 보장할 의무를 진다"고 규정함으로써, 소극적으로 국가권력이 국민의 기본권을 침해하는 것을 금지하는데 그치지 아니하고 나아가 적극적으로 국민의 기본권을 타인의 침해로부터 보호할 의무를 부과하고 있다.[67] 국가가 기본권의 보호의무를 다하지 않았는지를 헌재가 심사할 때에는 국가가 국민의 기본권적 법익 보호를 위하여 적어도 적절하고 효율적인 최소한의 보호조치를 취했는가 하는 이른바 "과소보호금지원칙"의 위반 여부를 기준으로

---

64 헌재 2003. 10. 30. 2002헌마684 등; 1998. 5. 28. 96헌가5.

65 헌재 2016. 9. 29. 2014헌가9.

66 헌재 2015. 7. 30. 2014헌마340 등.

67 헌재 2003. 1. 30. 2002헌마358.

삼아야 한다.[68] 선거에서 확성장치의 사용을 규제하는 「공직선거법」 규정이 소음에 대한 기준 등을 규정하고 있지 않은 것에 대하여, 확성장치 소음규제기준을 정하지 않았다는 것만으로 청구인의 정온한 환경에서 생활할 권리를 보호하기 위한 입법자의 의무를 과소하게 이행하였다고 평가할 수는 없다고 하였다.[69] 헌재는 미국산 쇠고기 및 쇠고기 제품 수입위생조건의 위헌확인을 구하는 사건에서, 이 사건 고시가 이전 고시에 비하여 완화된 수입위생조건을 정한 측면이 있다 하더라도, 과학기술 지식과 OIE 국제기준 등에 근거하여 보호조치를 취한 것이라면, 그 기준과 그 내용에 비추어 쇠고기 소비자인 국민의 생명·신체의 안전을 보호하기에 전적으로 부적합하거나 매우 부족하여 그 보호의무를 명백히 위반한 것이라고 단정하기는 어렵다고 하였다.[70] 「담배사업법」이 국가의 보호의무를 위반하여 청구인의 생명·신체의 안전에 관한 권리를 침해하는지 여부가 문제된 사건에서, 헌재는 해당 법률이 국가의 보호의무에 관한 과소보호금지 원칙을 위반하여 청구인의 생명·신체의 안전에 관한 권리를 침해하였다고 볼 수 없다고 보았다.[71] 또한, 헌재는 일반인의 방사선 피폭선량 한도를 정한 「원자력안전법 시행령」 제2조 제4호 별표1 상의 기준이 지나치게 낮다고 볼 수 없으므로 방사능으로부터 국민을 보호하기 위하여 필요한 최소한의 보호조치를 취하지 않은 것이라고 보기 어렵다고 판단한 바 있다.[72] 태평양전쟁 전후 강제동원된 자 중 국외 강제동원자에 대해서만 의료지원금을 지급하도록 규정하고 있는 「태평양전쟁 전후 국외 강제동원희생자 등 지원에 관한 법률」 조항이 문제되었는데, 이에 대해서도 헌재는 국가의 보호의무 위반을 부인하였다.[73] 입법부작위나 불완전한 입법에 의한 기본권의 침해는 입법자의 보호의무에 대한 명백한 위반이 있는 경우에만 인정될 수 있다. 이에 따라 국가의 기본권보호의무를 위반한 사례는 지극히 한정적일 수밖에 없게 된다.

11. 신뢰보호 원칙(소급입법금지 원칙)

신뢰보호(Vertrauensschutz) 원칙이란 법치국가원리의 파생원칙으로 국민이 법률 혹은 제도가 장래에도 지속할 것이라는 합리적이고 정당한 신뢰를 바탕으로 하여 형성된 개인의 법적 지위를 일정한 범위에서 보호할 것을 요구할 수 있는 헌법원칙을 의미한다.[74] 즉,

68 헌재 2008. 7. 31. 2006헌마711.
69 헌재 2008. 7. 31. 2006헌마711.
70 헌재 2008. 12. 26. 2008헌마419.
71 헌재 2015. 4. 30. 2012헌마38.
72 헌재 2015. 10. 21. 2012헌마89 등.
73 헌재 2011. 2. 24. 2009헌마94.

특정한 법률에 의하여 발생한 법률관계는 그 당시의 법률에 따라 평가·판단되어야 하고, 과거의 사실관계가 그 뒤에 만든 새로운 법률이 정하는 바에 따라 평가·판단되지 않을 것이라는 국민의 정당한 신뢰를 보호하기 위한 것이다.[75] 신뢰보호원칙의 위반 여부는 한편으로는 침해되는 이익의 보호가치, 침해의 정도, 신뢰의 손상 정도, 신뢰 침해의 방법 등과 또 다른 한편으로는 새로운 입법을 통하여 실현하고자 하는 공익적 목적 등을 종합적으로 형량하여 판단하여야 한다.[76] 소급입법은 '진정소급입법(眞正遡及立法)'과 '부진정소급입법(不眞正遡及立法)'으로 구분되는데, 전자는 헌법상 원칙적으로 허용되지 않고 특단의 사정이 있는 경우에만 예외적으로 허용되는 반면, 후자는 원칙적으로 허용되지만 소급효를 요구하는 공익상의 사유와 신뢰보호 요청 사이의 교량과정에서 신뢰보호의 관점이 입법자의 입법형성권에 일정한 제한을 가하게 된다는 데 차이가 있다.[77] 특히 진정소급입법이 허용되는 예외적인 경우로는 일반적으로 ① 국민이 소급입법을 예상할 수 있는 경우, ② 법적 상태가 불확실하고 혼란스러웠거나 하여 보호할만한 신뢰의 이익이 적은 경우, ③ 소급입법에 의한 당사자의 손실이 없거나 아주 경미한 경우, ④ 신뢰보호의 요청에 우선하는 심히 중대한 공익상의 사유가 소급입법을 정당화하는 경우 등을 들 수 있다.[78] 진정소급입법이 엄격하게 허용되어야 함에도 불구하고 헌재는 친일재산을 그 취득·증여 등 원인행위시에 국가의 소유로 하도록 규정한 「친일반민족행위자 재산의 국가귀속에 관한 특별법」 제3조 제1항은 「헌법」 제13조 제2항에 반하지 않는 것으로 결정하였다.[79] 헌재는 「5·18 민주화운동 등에 관한 특별법」의 소급입법금지원칙 위반 여부를 판단하면서, 헌정사의 흐름을 바로 잡아야 하는 시대적 당위성과 집권과정에서의 헌정질서파괴범죄를 범한 자들을 응징하여 정의를 회복하여야 한다는 중대한 공익에 비하여, 공소시효에 대하여 보호될 수 있는 신뢰보호이익은 상대적으로 미약하다고 보아 헌법에 위반되지 아니한다고 판단하였다.[80] 또한 진폐근로자의 유족에 대하여 유족급여를 지급하지 않고, 진폐유족연금을 지급하도록 한 「산업재해보상보험법」 개정을 통하여 유족급여의 지급에 관한 경과조치를 규정한 부칙 제4조가 신뢰보호원칙에 위배되는지 여부에 관한 사건에서, 종전과

---

74 박경철, 헌법원칙으로서 신뢰보호원칙 – 신뢰보호원칙에 대한 헌법재판소의 태도에 관한 연구, 헌법학연구, 제16권 제2호, 2010, 339쪽 이하; 장영철, 헌법원칙으로서 계속성원칙 – 정책적 조세입법의 위헌심사기준의 가능성 검토, 공법학연구, 제13권 제3호, 2012, 91쪽 이하.

75 헌재 1996. 2. 16. 96헌가2 등.

76 헌재 2015. 12. 23. 2013헌바259; 2009. 5. 28. 2005헌바20 등; 2008. 2. 28. 2005헌마872 등.

77 헌재 2009. 5. 28. 2005헌바20; 2001. 4. 26. 99헌바55; 2002. 7. 18. 99헌마574.

78 헌재 1998. 9. 30. 97헌바38; 1989. 3. 17. 88헌마1; 1996. 2. 16. 96헌가2 등.

79 헌재 2011. 3. 31. 2008헌바141 등.

80 헌재 1996. 2. 16 96헌가2 등 병합.

같은 유족급여제도가 앞으로도 계속 유지될 것이라는 신뢰의 정도가 확고하지 않으므로 신뢰보호원칙에 위반되지 않는다[81]고 보았다. 신뢰보호원칙의 위반 여부를 판단함에 있어서는, 첫째 보호가치 있는 신뢰이익이 존재하는가, 둘째 과거에 발생한 생활관계를 현재의 법으로 규율함으로써 달성되는 공익이 무엇인가, 셋째 개인의 신뢰이익과 공익상의 이익을 비교 형량하여 어떠한 법익이 우위를 차지하는가를 살펴보아야[82] 한다는 판단기준을 제시하고 있다.

12. 명확성 원칙

법률의 명확성원칙이란, 행정부가 법률에 근거하여 국민의 자유와 재산을 침해하는 경우 법률이 수권의 범위를 명확하게 확정해야 하고, 법원이 공권력행사의 적법성을 심사할 때에는 법률이 그 심사의 기준으로서 충분히 명확해야 한다는 것을 뜻한다.[83] '여러 사람의 눈에 뜨이는 곳에서 공공연하게 알몸을 지나치게 내놓거나 가려야 할 곳을 내놓아 다른 사람에게 부끄러운 느낌이나 불쾌감을 준 사람'을 처벌하는 「경범죄처벌법」 제3조 제1항 제33호가 죄형법정주의의 명확성원칙에 위배되는지 여부에 관한 위헌제청사건에서 헌재는 과다노출금지조항을 명확성원칙에 반하는 것으로 보아 위헌으로 결정하였다.[84] 명확성의 원칙은 원칙적으로 모든 입법에 요구되지만, 특히 기본권을 제한하는 입법에 엄격하게 요청된다. 소위 '미네르바 사건'에서 헌재는 '공익을 해할 목적으로 전기통신설비에 의하여 공연히 허위의 통신을 한 자를 형사 처벌하는 「전기통신기본법」 제47조 제1항'은 표현의 자유에서 요구하는 명확성의 요청 및 죄형법정주의의 명확성원칙에 위배하여 헌법에 위반된다[85]고 하였다.

명확성의 원칙이 엄격히 적용되어야 할 대표적인 분야는 형사법 분야와 조세법 분야이다. 헌재는 형법규정에 있어서의 명확성 원칙에의 준수를 일관되게 강조하고 있다. 공중도덕상 유해한 업무에 취업시킬 목적으로 근로자를 파견한 사람을 형사처벌하도록 규정한 (구)「파견근로자보호 등에 관한 법률」 제42조 제1항 중 '공중도덕상 유해한 업무' 부분이 죄형법정주의의 명확성원칙에 위배되는지 여부에 관한 위헌제청사건에서, 헌재는 해당 규정이 건전한 상식과 통상적 법감정을 가진 사람으로 하여금 자신의 행위를 결정해 나가기에 충분한 기준이 될 정도의 의미내용을 가지고 있다고 볼 수 없으므로 죄형법정주

81 헌재 2015. 12. 23. 2013헌바259.
82 헌재 2009. 5. 28. 2005헌바20.
83 헌재 2003. 11. 27. 2001헌바35; 2008. 1. 10. 2007헌마1468.
84 헌재 2016. 11. 24. 2016헌가3.
85 헌재 2010. 12. 28. 2008헌바157 등.

의의 명확성원칙에 위배된다고 보았다.[86] 대한민국 또는 헌법상 국가기관에 대하여 모욕, 비방, 사실 왜곡, 허위사실 유포 또는 기타 방법으로 대한민국의 안전, 이익 또는 위신을 해하거나 해할 우려가 있는 표현이나 행위에 대하여 형사처벌하도록 규정한 (구)「형법」[87] 제104조의2에 대해서, 헌재는 해당 조항이 그 의미내용이 불명확할 뿐만 아니라, 그 적용범위가 지나치게 광범위하여 국가와 국가기관에 대한 자유로운 비판과 토론을 위축시키고, 표현의 자유를 광범위하고 과도하게 제한하고 있다고 판시하였다.[88] 또한 조세는 국민에게 부담을 지우는 것이기 때문에 조세법 분야의 입법은 특히 명확하여야 한다.「헌법」은 제38조와 제59조에서 조세법률주의의 원칙을 선언하고 있으며, 조세법률주의는 조세평등주의와 함께 조세법의 기본원칙으로서 과세요건을 법률로 규정하여 국민의 재산권을 보장하고 과세요건을 명확하게 규정하여 국민생활의 법적 안정성과 예측가능성을 보장하기 위한 것이므로, 과세요건 법정주의와 과세요건 명확주의를 그 핵심내용으로 하고 있다. 과세요건 명확주의라 함은 과세요건을 법률로 정하였다고 하더라도 그 규정내용이 지나치게 추상적이고 불명확하다면 과세관청의 자의적인 해석과 집행을 초래할 염려가 있으므로 그 규정내용이 명확하고 일의적이어야 한다는 원칙을 말한다.[89] 이처럼 조세법규는 해석상 애매함이 없도록 명확히 규정될 것이 요청되지만, 명확성을 다소 결여하였다고 하더라도 당해 조세법규의 체계 및 입법취지 등에 비추어 그 의미가 분명하여질 수 있다면 과세요건 명확주의에 위반된다고 할 수 없다.[90] 법률규정이 부담적 성격을 가지느냐 수익적 성격을 가지느냐에 따라 명확성이 요구되는 정도가 다르다.[91] 이처럼 명확성의 원칙은 모든 법률에 있어서 동일한 정도로 요구되는 것은 아니고 개개의 법률이나 법조항의 성격에 따라 요구되는 정도에 차이가 있을 수 있으며 각각의 구성요건의 특수성과 그러한 법률이 제정되게 된 배경이나 상황에 따라 달라질 수 있다. 이러한 명확성의 원칙을 산술적으로 엄격히 관철하도록 요구하는 것은 입법기술상 불가능하거나 현저히 곤란하므로 어느 정도의 보편적 내지 일반적 개념의 용어사용은 부득이 하다고 할 수밖에 없으며, 당해 법률이 제정된 목적과 타 규범과의 연관성을 고려하여 합리적인 해석이 가능한지의 여부에 따라 명확성의 구비 여부가 가려져야 한다.[92] 이처럼 법률규정의 명확성은 입법을 함에 있어서 반드시 준수되어야 하는 원칙임에 틀림이 없지만, 법률을 어느 정도로 명확

86 헌재 2016. 11. 24. 2015헌가23.
87 1975. 3. 25. 법률 제2745호로 개정되고, 1988. 12. 31. 법률 제4040호로 개정되기 전의 것
88 헌재 2015. 10. 21. 2013헌가20.
89 헌재 2001. 8. 30. 99헌바90.
90 헌재 2007. 4. 26. 2006헌바71; 1995. 11. 30. 94헌바40 등; 1996. 8. 29. 95헌바41.
91 김승환, 입법의 원칙, 세계헌법연구, 제12권 제2호, 2006, 64쪽.
92 헌재 2002. 1. 31. 2000헌가8; 1992. 2. 25. 89헌가104.

하게 규정하여야 하는 지에 대하여는 법의 영역별로는 물론이고 개별법령의 조항마다 일률적인 기준을 정하기는 어렵다. 명확성의 원칙의 내용을 일의적이거나 명확하게 확정할 수는 없기 때문이다. 동일한 맥락에서 헌재도 "명확성원칙은 모든 법률에 있어서 동일한 정도로 요구되는 것은 아니고, 개개의 법률이나 법조항의 성격에 따라 요구되는 정도에 차이가 있을 수 있으며, 각각의 구성요건의 특수성과 그러한 법률이 제정되게 된 배경이나 상황에 따라 달라질 수 있다"[93]고 하고 있다.

13. 적법절차 원칙

「헌법」 제12조 제1항 후문과 제3항에 규정된 적법절차의 원칙은 형사절차 상의 제한된 범위 뿐만 아니라 국가작용으로서 모든 입법 및 행정작용에도 광범위하게 적용된다.[94] 「헌법」 제12조 제1항은 적법절차원칙의 일반조항이고, 제12조 제3항의 적법절차원칙은 기본권 제한 정도가 가장 심한 형사상 강제처분의 영역에서 기본권을 더욱 강하게 보장하려는 의지를 담아 중복 규정된 것이라고 해석되고 있다.[95] 적법절차 원칙은 입법·행정·사법 등 모든 국가작용이 절차상의 적법성을 갖추어야 할 뿐 아니라 공권력행사의 근거가 되는 법률의 실체적 내용도 합리성과 정당성을 갖추어야 한다는 원칙이다. 이렇듯 적법절차 원칙은 국가작용 전반에 적용되는 헌법의 일반원리이다. 국회의 입법절차에도 당연히 적법절차원리가 적용되는데, 국회 본회의에서 의결된 의결안과 국회의장이 국회의 위임 없이 의결된 법률안의 내용이나 취지를 변경하지 않는 범위 안에서 이를 정리했다고 볼 수 있는 경우에 있어서, 공포된 "법률조항이 국회의 의결안과 규정의 형식이나 체계가 다소 상이하다는 이유만으로 그 입법절차가 헌법상 적법절차의 원칙에 위배된다 할 수 없다"[96]고 하였다. 적법절차원칙에서 도출할 수 있는 중요한 절차적 요청으로는 대개 당사자에게 적절한 고지를 행할 것, 당사자에게 의견 및 자료 제출의 기회를 부여할 것을 들 수 있으며, 이 원칙은 규율되는 사항의 성질, 관련 당사자의 사익(私益), 절차의 이행으로 제고될 가치, 국가작용의 효율성, 절차에 소요되는 비용, 불복의 기회 등 다양한 요소들을 형량하여 개별적으로 판단하여야 한다.

헌재는 「변호사법」에 따른 법무부장관의 업무정지명령제도에 대해서는 당해 변호사가 자기에게 유리한 사실을 진술하거나 필요한 증거를 제출할 수 있는 청문의 기회가 보

93 헌재 2014. 8. 28. 2011헌바32 등; 2011. 10. 25. 2010헌바272; 2012. 2. 23. 2008헌마500 등 참조.
94 헌재 2009. 6. 25. 2007헌마451; 1992. 12. 24. 92헌가8.
95 헌재 2012. 6. 27. 2011헌가36.
96 헌재 2009. 6. 25. 2007헌마451.

장되지 않아 적법절차원칙을 위반한 것으로 판단하였다.[97] 그러나, 국민참여재판으로 진행하는 것이 적절하지 아니하다고 인정되는 경우 법원이 국민참여재판 배제 결정을 할 수 있도록 「국민의 형사재판 참여에 관한 법률」에 규정되어 있는 '참여재판 배제조항'에 관해서, 그 절차와 내용에 있어 합리성과 정당성을 갖추었다고 할 것이므로 적법절차원칙에 위배되지 아니한다[98]고 하였다. 또한 (구)「산업단지 인·허가 절차 간소화를 위한 특례법」의 의견청취동시진행조항이 환경영향평가서 초안에 대한 주민의견청취를 산업단지계획안에 대한 주민의견청취와 동시에 진행하도록 규정하고 있다고 하더라도, 헌법상의 적법절차원칙에 위배된다고 할 수 없다[99]고 하였다. 한편, (구)「아동·청소년의 성보호에 관한 법률」 제13조 제1항 등 위헌소원 사건에서 청구인은 신상정보 공개·고지조항이 검사의 청구를 요건으로 하지 않아 그에 대한 방어권 기회를 상실하므로 적법절차원칙에 위반되고, 재판을 받을 권리를 침해한다고 주장하였다. 이에 대하여 헌재는 "신상정보 공개·고지명령은 법원이 공판절차를 거쳐 공개 및 고지대상자가 아동·청소년 대상 성폭력범죄를 저지른 것으로 인정하여 유죄판결을 선고하는 경우에만 할 수 있다. 또한 법관은 재범의 위험성뿐만 아니라 그 외에 여러 가지 사정들을 종합적으로 고려하여 신상정보를 공개·고지하여서는 아니 될 특별한 사정이 있다고 판단하는 경우에는 신상정보 공개·고지명령을 하지 않을 수 있다. 그리고 아동·청소년성보호법은 신상정보 공개·고지대상자의 인격권 등을 보호하기 위하여 비밀준수의무, 공개정보의 악용금지 등 여러 가지 제도적 장치를 마련하고 있다. 이러한 사정들을 종합하여 보면, 신상정보 공개·고지조항이 적법절차원칙에 위반되거나 재판을 받을 권리를 침해한다고 볼 수도 없다"[100]고 하였다. 이러한 헌재의 결정을 통하여 적법절차 준수 여부의 기준을 도출하는 것은 쉽지 않아 보인다. 헌재도 적법절차원칙에서 도출할 수 있는 가장 중요한 절차적 요청 중의 하나로, 당사자에게 적절한 고지(告知)를 행할 것, 당사자에게 의견 및 자료 제출의 기회를 부여할 것을 들 수 있겠으나,[101] 이 원칙이 구체적으로 어떠한 절차를 어느 정도로 요구하는지는 일률적으로 말하기 어렵고, 규율되는 사항의 성질, 관련 당사자의 사익(私益), 절차의 이행으로 제고될 가치, 국가작용의 효율성, 절차에 소요되는 비용, 불복의 기회 등 다양한 요소들을 형량하여 개별적으로 판단할 수밖에 없을 것이라고 하고 있다.[102]

---

97 헌재 1990. 11. 19. 90헌가48.
98 헌재 2014. 1. 28. 2012헌바298.
99 헌재 2016. 12. 29. 2015헌바280.
100 헌재 2016. 5. 26. 2014헌바164; 2013. 10. 24. 2011헌바106등.
101 헌재 1994. 7. 29. 93헌가3 등; 1996. 1. 15. 95헌가5; 2002. 6. 27. 99헌마480.
102 헌재 2006. 5. 25. 2004헌바12; 2003. 7. 28. 2001헌가25.

14. 조세법률주의

조세법률주의는 법률유보원칙을 조세법 분야에서 강조하는 것이라고도 볼 수 있다. 헌재 결정도 조세의 합법률성을 특별히 강조하고 있다. 즉, "민주법치국가에서 모든 행정(과 재판)이 법률에 근거를 두어야 하며 그러한 의미에서 법치행정이 시행되어야 한다면 조세행정도 행정의 일부로서 당연히 그에 포함될 이치인데도, 유독 그것만을 분리하여 별도로 조세의 합법률성의 원칙이 강조되고 있는 것은 그것이 역사적으로 국민의 조세저항 내지 재산권 보호와 밀접한 관련이 있기 때문"[103]이라고 하여 조세법률주의를 중시하고 있다. 조세법과 관련된 헌법 규정 중에서 특히 조세법을 입법할 때에 가장 중요한 원칙은 조세법률주의와 조세평등주의이다.[104] 조세법률주의는 법률유보원칙이 세법분야에서 적용되는 것으로 볼 수 있고, 조세평등원칙은 평등원칙이 세법분야에서 적용되는 것으로 볼 수 있다. 헌법은 제38조와 제59조에 근거를 둔 조세법률주의는 조세평등주의와 함께 조세법의 기본원칙으로서, 법률의 근거 없이 국가는 조세를 부과·징수할 수 없고, 국민은 조세의 납부를 요구받지 않는다는 원칙이다.[105] 이러한 조세법률주의는 과세요건 명확주의와 과세요건 법정주의를 핵심내용으로 하며, 조세법률주의의 이념은 과세요건을 법률로 명확하게 규정함으로써 국민의 재산권을 보장함과 동시에 국민의 경제생활에 법적 안정성과 예측가능성을 보장하기 위한 것이다.[106] 헌재는 골프장 입장행위에 대하여 12,000원의 개별소비세를 부과하는 (구)「개별소비세법」을 합헌으로 결정하면서, 조세법과 헌법과의 관계를 언급하였다. 헌법 제38조 및 제59조에 근거를 둔 조세법률주의는 과세요건 법정주의 및 과세요건 명확주의라는 형식적 측면뿐만 아니라 실질적 측면에서 조세법의 목적이나 내용이 기본권 보장의 헌법이념과 이를 뒷받침하는 헌법상의 제 원칙에 합치될 것을 요구한다[107]는 점을 지적하였다. 대주주가 상장주식을 양도한 경우에 양도소득세를 부과하는 (구)「소득세법」 제94조 제1항 제3호 가목 전단 중 "대통령령이 정하는 대주주"에 관한 부분이 조세법률주의 및 포괄위임입법금지원칙에 위배되는지 여부에 관한 위헌소원 사건에서 헌재는 이들 규정이 조세법률주의 및 포괄위임입법금지원칙에 위배되지 않는다[108]고 보았다. 헌재는 배우자로부터 증여를 받은 때에 '300만 원에 결혼년수를 곱하여 계산한 금액에 3

103 헌재 2015. 4, 30. 2012헌바284; 1990. 9. 3. 89헌가95.
104 정지선/정재현, 헌법원칙에 합당한 소득세제도의 개편방안, 조세법연구, 제17집 제1호, 2011, 85쪽.
105 헌재 2015. 5. 28. 2013헌바84.
106 헌재 2013. 7. 25. 2012헌바92; 1994. 7. 29. 92헌바49 등; 1995. 11. 30. 93헌바32; 2000. 6. 29. 98헌바92; 2002. 8. 29. 2000헌바50 등.
107 헌재 2012. 2. 23. 2011헌가8.
108 헌재 2015. 2. 26. 2012헌바355.

천만 원을 합한 금액'을 증여세과세가액에서 공제하도록 규정한 (구)「상속세법」 제31조 제1항 본문 제1호는 실질적 조세법률주의, 재산권보장, 혼인과 가족생활 보장 및 양성의 평등에 반하지 않는다[109]고 하였다. 헌재는 조세분야에서 비교적 입법자의 광범위한 재량권을 인정하고 위헌 심사시 완화된 심사기준을 적용해오고 있다.[110]

15. 죄형법정주의

죄형법정주의는 국민들에게 가장 민감한 이해관계가 있는 헌법상의 원칙인데, 법률에 정하여진 요건을 확인하여 장래에의 행동과 그에 따른 법적 효과를 예측할 수 있고, 그것을 토대로 하여 스스로의 행동방향을 설정하여 형사상의 불이익을 피할 수 있는 선택이 보장되기 때문[111]이다. 중소기업중앙회 임원 선거와 관련하여 (구)「중소기업협동조합법」상의 형벌조항이 금지되는 행위를 법률에서 직접 규정하지 아니하고 중앙회의 정관으로 정하도록 위임하고 있는 것은 죄형법정주의에 위배된다[112]고 하였다. 죄형법정주의와 관련해서는 입법에서 주로 형벌불소급 원칙이 문제되는 경우가 많았다. 죄형법정주의는 무엇이 처벌될 행위인가를 국민이 예측 가능한 형식으로 정하도록 하여 개인의 법적 안정성을 보호하고 성문의 형벌법규에 의한 실정법질서를 확립하여 국가형벌권의 자의적(恣意的) 행사로부터 개인의 자유와 권리를 보장하려는 법치국가 형법의 기본원칙이다.[113] 우리 헌법도 제12조 제1항 후단과 제13조 제1항 전단에서 죄형법정주의를 규정하고 있다. 즉, 죄형법정주의는 범죄의 구성요건과 그에 대한 형벌의 내용을 국민의 대표로 구성된 입법부가 성문의 법률로 정하도록 함으로써 국가형벌권의 자의적(恣意的)인 행사로부터 개인의 자유와 권리를 보장하려는 법치국가형법의 기본원칙으로서, 형벌법규의 "보장적 기능"을 수행하는 것이다.[114] 죄형법정주의의 기본적 요청으로서 법률주의는 범죄와 형벌이 입법부가 제정한 형식적 의미의 '법률'로 정하여져야 함을 의미하지만, 현대국가의 기능 증대와 사회현상의 복잡화로 인한 입법부의 전문적·기술적 한계 등의 이유로, 합리적인 이유가 있으면 예외적으로 구성요건의 내용 중 일부를 법률에서 고시 등으로 수권하는 것을 허용하지 않을 수 없다.[115] 다만, 처벌법규를 위임하는 경우에는 신중하여야 한다. 형벌법규의 입법에 있어서 "법정형의 종류와 범위의 선택은 그 범죄의 죄질과 보호법익에 대한

---

109 헌재 2015. 2. 26. 2012헌바355.
110 이동건, 규제적 조세의 입법원칙에 관한 연구, 고려대학교 박사학위 청구논문, 2017, 272쪽.
111 헌재 2015. 4. 30. 2012헌바284; 1990. 9. 3. 89헌가95.
112 헌재 2016. 11. 24. 2015헌가29.
113 헌재 1991. 7. 8. 91헌가4.
114 헌재 2010. 12. 28. 2009헌바157; 1995. 9. 28. 93헌바50.
115 헌재 2013. 6. 27. 2011헌바8 등.

고려뿐만 아니라 우리의 역사와 문화, 입법 당시의 시대적 상황, 국민 일반의 가치관 내지 법 감정, 범죄예방을 위한 형사정책적 측면 등 여러 가지 요소를 종합적으로 고려하여 입법자가 결정할 사항으로서 광범위한 입법재량 내지 형성의 자유가 인정되어야 할 분야"[116]라는 입장을 나타내고 있다. 「형법」 제70조(노역장유치) 규정이 2014. 5. 14. 법률 제12575호로 개정되면서, 선고하는 벌금이 1억원 이상 5억원 미만인 경우에는 300일 이상, 5억원 이상 50억원 미만인 경우에는 500일 이상, 50억원 이상인 경우에는 1,000일 이상의 유치기간을 정하도록 하였고, 형법 부칙 제2조(적용례 및 경과조치)의 개정을 통하여 (2014. 5. 14. 법률 제12575호) 제70조 제2항의 개정규정은 이 법 시행 후 최초로 공소가 제기되는 경우부터 적용하도록 하였다. 헌재는 노역장유치도 징역형과 유사한 형벌적 성격을 가지고 있으므로 형벌불소급원칙의 적용대상이 되는 것으로 보고, 노역장 유치에 관해서 범죄 당시 보다 불이익한 법률을 소급 적용하도록 하는 것은 형벌불소급원칙에 위반된다[117]고 보았다. 그러나 시혜적인 소급입법에 대해서는 입법형성의 여지가 크다. 신법이 피적용자에게 유리한 시혜적인 소급입법을 할 것인지의 여부는 입법재량의 문제로서 그 판단은 일차적으로 입법기관에 맡겨져 있는 것이므로 이와 같은 시혜적 조치를 할 것인가를 결정함에 있어서는 국민의 권리를 제한하거나 새로운 의무를 부과하는 경우와는 달리 입법자에게 보다 광범위한 입법형성의 자유가 인정되는 것으로 보았다.[118]

Ⅳ. 맺음말

입법자에게는 입법형성의 자유 혹은 입법재량이 부여되어 있지만, 이러한 입법자의 입법권한은 무제한의 권한이 아니다. 입법자의 입법권한은 주권자인 국민으로부터 유추하는 것이고 헌법에 의하여 주어지는 것이며 권력분립의 원리에 입각한 것이기 때문에, 입법자의 권한은 이러한 헌법원칙과 헌법규정에 기속된다. 헌법에 위반되어서는 아니되는 입법자의 입법권 제한을 '법률의 적헌법성'(Verfassungsmäßigkeit des Gesetzes)이라 한다. 법률이 헌법에 위반되어서는 안되기 때문에 법률을 입법함에 있어서는 입법하고자 하는 법률의 내용이 헌법적으로 정당화되는지에 대한 입법자 스스로 사전적 자율심사를 하지 않을 수 없다. 이렇듯 국회가 합헌적인 입법을 하기 위해서는 "그동안 나타난 헌재의 결정을 면밀히 분석하여 헌법재판소가 적용하고 있는 위헌여부 판단기준을 입법의 지침으

116 헌재 2011. 11. 24. 2010헌바472.
117 헌재 2017. 10. 26. 2015헌바239 등
118 헌재 1995. 12. 28. 95헌마196.

로 적극 활용하는 길밖에 없다고 생각한다"[119]는 지적에 유념할 필요가 있다. 입법자의 형성의 자유가 어느 정도의 범위에 있으며 어느 지점에 한계가 설정된다는 것은 일률적이지 않고 법률의 분야마다 다를 수 있다. 일반적으로 기본권을 제한하는 법률분야에서는 형성의 자유가 엄격히 제한되고 기본권을 구체화하는 법률분야에서는 형성의 자유가 넓다. 입법자의 형성의 자유가 광범위하게 인정되는 경우에는 헌재의 위헌심판기능이 소극적일 수밖에 없고, 반대로 헌재의 위헌심판기능이 적극적이게 되면, 입법자의 형성의 자유는 축소되는 결과가 초래된다. 입법분야와 구체적인 입법사안에 따라 다르지만, 헌재는 대체로 입법자의 형성의 자유를 광범위하게 보아 규범통제권을 자제하는 입장을 보여 왔다. 헌재가 결정을 통하여 제시한 입법원칙은 위헌법률의 결함을 치유하고 헌법원칙에 합치하는 올바른 법률을 입법하기 위한 사전적인 검토기준으로 활용될 수 있을 것이다.

119 임종훈, 입법준칙으로서 비례의 원칙에 관한 연구, 의정논총, 제1권 제1호, 2006, 37쪽.

<참고문헌>

권형준, 입법재량론에 관한 연구, 헌법학연구, 제12권 제3호, 2006. 9.

김승환, 입법학에 관한 연구 –입법의 주체·원칙·기술을 중심으로–, 고려대학교 박사학위청구논문, 1987.

김승환, 입법의 원칙, 세계헌법연구, 제12권 제2호, 2006.

김용섭, 판결 및 재결례 등에서 발굴된 법령정비과제의 입법피드백 강화를 위한 제도개선방안 연구, 2013.

박경철, 헌법원칙으로서 신뢰보호원칙 –신뢰보호원칙에 대한 헌법재판소의 태도에 관한 연구, 헌법학연구, 제16권 제2호, 2010.

이동건, 규제적 조세의 입법원칙에 관한 연구, 고려대학교 박사학위 청구논문, 2017.

이명웅, 위헌입법의 위헌심사기준 및 위헌결정사례 분석, 한국법학원, 저스티스, 96호, 2007.

이우영, 표현의 자유법리와 헌법재판소의 위헌법률심사기준, 서울대학교 법학, 제53권 제2호, 2012.

이재석, 형법의 중벌화 입법경향에 관한 비판적 고찰, 법학연구, 제44집, 2011.

임종훈, 입법준칙으로서 비례의 원칙에 관한 연구, 의정논총, 제1권 제1호, 2006.

장영철, 헌법원칙으로서 계속성원칙 –정책적 조세입법의 위헌심사기준의 가능성 검토, 공법학연구, 제13권 제3호, 2012.

전종익, 포괄위임금지원칙의 심사기준, 아주법학, 제7권 제3호, 2013.

정극원, 헌법재판에서의 포괄적 위임입법금지 원칙의 적용, 한국헌법학회, 헌법학연구, 제15권 3호, 2009.

정지선/정재현, 헌법원칙에 합당한 소득세제도의 개편방안, 조세법연구, 제17집 제1호, 2011.

최윤철, 헌법재판소의 결정과 입법자의 대응, 헌법학연구, 제18권 제3호, 2012.

최윤철, 규제입법 제정에 있어서 입법원칙에 관한 연구, 유럽헌법연구, 제22권, 2016.

최정일, 법률안입안 및 심사기준 규범화 연구, 2011.

홍완식, 입법자의 법률개선의무에 관한 연구, 공법연구, 제31집 제2호, 2002.

홍완식, 헌법과 사회보장법에 있어서의 보충성의 원리, 공법연구, 제28집 제4호 제2권, 2000.

홍완식, 체계정당성의 원리에 관한 연구, 토지공법연구, 제29집, 2006.

홍완식, 입법의 원칙에 관한 연구, 법제처, 법제, 2006.

홍완식, 헌법재판소의 결정을 통해 본 입법의 원칙, 헌법학연구 제15권 제4호, 한국헌법학회, 2009.

홍완식, 입법학연구, 2014.

홍완식, 법률안 입안시 위헌성 판단기준에 관한 사례 연구, 국회사무처, 2017.

황해봉, 법령입안 심사의 기본원칙, 법제, 2007. 9.
국회 법제실, 법제이론과 실제, 2016.
법제처, 헌법과 법제실무, 2009.
Isensee, Jesef, "Das Grundrecht als Abwehrrecht und staatliche Schutzpflicht", §111, Handbuch des Staatsrecht, Bd.V, 2. Aufl., 2000.

12 국회의원 정수에 관한 헌법적 고찰*

조 소 영**

Ⅰ. 들어가는 말

문재인 대통령과 여야 정당이 선거제 개혁의 필요성에 일제히 공감대를 형성하면서 민심을 왜곡 없이 반영하는 근본적인 수준의 선거제 개혁이 이뤄질 수 있을지 관심이 쏠리고 있다. 특히 이번 선거제 개혁 논의의 핵심 쟁점인 연동형 비례대표제가 실제로 도입돼 우리 정치권에 타협을 기반으로 하는 '다당제'가 제도화되는 계기로 이어질지 시선을 끈다. 현행 선거제의 큰 틀이 갖춰진 것은 1988년 치러진 제13대 총선을 앞두고서다. 직전의 1985년 제12대 총선까지는 1개 선거구에 2인을 선출하는 중선거구제와 비례대표제가 실시됐다. 그러다 1987년 민주화 항쟁의 결실인 '87년 체제'가 들어선 것을 계기로, 선거제에 있어서도 소선거구제와 비례대표제가 혼합된 현행 제도가 큰 틀로 자리를 잡았고 지금까지 지속돼 온 것이다. 따라서 이번에 시대적 상황에 맞게 선거제를 전면적으로 손질한다면 '87년 체제' 이후 31년 만의 선거제 개혁이 되는 셈이라 할 수 있다.[1] 이번 선거제 개혁은 소선거구제와 비례대표제, 의원정수 등 제도 전반에 대한 논의가 진행되고 있는 점이 특징이다. 특히 대표성과 비례성의 강화가 선거제 개혁 논의의 핵심 키워드라고 평가되고 있다.[2]

대의제도에 바탕을 둔 통치구조 내에서 선거제도는 통치구조 자체의 필수불가결한 조직원리를 의미하며, 국민의 참정권을 실현함으로써 국가권력의 창설과 국가 내에서 행사되는 모든 권력의 최후적 정당성을 국민의 정치적인 공감대에 귀착시키게 하는 조직원

---

* 공법학연구 제13권 제2호, 2012.

** 부산대학교 법학전문대학원 교수, 법학박사.

1 물론 1987년 이후에도 선거제 개편은 있었다. 2001년 헌법재판소가 국회의원 지역구 선거결과에 따라 비례대표 의석을 배분하도록 한 공직선거법에 대해 '위헌' 결정을 내리면서 2004년 제17대 총선을 불과 몇 개월 앞두고 지역구 선거와 비례대표 선거를 각각 따로 하는 '1인2표제'가 도입됐다. 하지만 이는 위헌 결정이 내려진 조항을 손질하기 위한 것이었을 뿐 근본적인 수준의 선거제 개혁이라 보기는 어려운 측면이 있다. 이후 매번 총선 때마다 총 의석수 300석을 넘지 않는 범위 안에서 지역구와 비례대표 의원 수를 조금씩 조정했던 것 역시 선거제 개혁이라 부를 일은 아니었다.

2 https://www.msn.com/ko-kr/news/national/%EC%84%A0%EA%B1%B0%EC%A0%9C-%EA%B0%9C%ED%98%81-%E2%91%A3-31%EB%85%84%EB%A7%8C%EC%9D%98-%EC%84%A0%EA%B1%B0%EC%A0%9C-%EA%B0%9C%ED%98%81%E2%80%A6%ED%83%80%ED%98%91%EC%A0%81-%EB%8B%A4%EB%8B%B9%EC%A0%9C-%EC%A0%9C%EB%8F%84%ED%99%94%EB%90%A0%EA%B9%8C/ar-BBQdB0M(최종방문 2019. 4. 2).

리를 의미한다.[3] 때문에 선거제도는 참정권의 헌법상 의의와 기능을 존중해서 참정권에 내포된 기본권적인 의미와 내용이 최대한으로 보장되고 실현될 수 있도록 제도화되어야만 한다. 따라서 선거제도의 각 요소들은 여느 통치구조원리들과 다름 아닌 것이라 할 것이고, 참정권이라는 기본권에로의 기속 범위를 그 스스로의 헌법적 한계로 두고 그 범위 내에서 헌법합치성 여부를 판단받게 되는 것이다. 그리고 이러한 헌법적 평가의 대상인 선거제도에는 선거권이나 피선거권의 문제는 물론이고 선거구획정이나 유권자가 선출해야 하는 의원정수의 문제도 당연히 밀접한 관련 사항으로 포함된다고 하겠다.

우리 헌법은 선거권과 피선거권, 선거구 획정, 의원정수의 문제 등에 관한 이러한 일련의 선거제도의 내용들을 법률에 위임하고 있다. 때문에 형식적인 면에 있어서는 국회의 입법활동의 결과이기만 하면 일단 합헌성을 추정받을 수 있게 되는 것이다. 하지만 광범위한 입법형성 재량권을 인정받는 국회의 입법활동이라 하더라도 그 활동의 헌법적 한계는 존재하는 것이며 그 한계의 구체적 내용과 판단기준은 사항별로 다르다고 할 것이다. 국회의원 정수에 관한 규정이 대략적인 범위내용만을 헌법에 규정해두고 이하 선거법에 위임되어 있다고 하지만, 그 구체적 법률내용에 대한 헌법합치성과 한계를 판단하기 위한 헌법적 검토는 입법과정에서 우선적으로 전개되어야 한다. 2012년 국회의원 정수 규정을 부칙으로 추가하여 300명으로 증원했던 공직선거법 개정[4] 이래로, 우리 국회의 의원정수의 헌법적 의미가 무엇이고 그 범위를 어떻게 해석해야 하는가에 대한 논의는 계속되어 왔다. 그리고 2019년 현재 국회운영이 파행으로 변질된 중심적 원인인 연동형 비례대표제 도입을 위한 선거제도 개편안의 결과적 내용에는 또다시 의원 정수 확대가 큰 쟁점이 되고 있다[5]는 점에서 이와 관련된 논의의 필요성과 의미는 여전하다고 할 것이다.

Ⅱ. 국회의원 정수의 헌법적 의미

모든 선거참여자가 선거를 통한 정치적 의사형성과정에서 절대적으로 평등한 영향력을 행사할 수 있어야 한다는 것은 평등선거원칙의 지향점이다. 때문에 대의의 이념에 바탕을 두는 현대 민주주의국가에서 '대의의 비례관계(Repräsentationsschlüssel)'를 유지해야 하는 것은 대표자의 적정한 규모를 가늠하는 데 있어서 중요한 기준이자 과제가 된다. 평

3 허영, 한국헌법론, 박영사(2019), 809-810면.
4 법률 제11374호, 2012. 2. 29. 일부개정, 공직선거법 부칙 제3조.
5 우상호 "선거제 개혁, 의원정수 확대가 핵심" http://news.chosun.com/site/data/html_dir/2018/12/07/2018120701419.html (최종방문 2019. 4. 1).

등선거의 원칙을 민주적 선거법의 기본원칙 중에서도 가 장 중요한 원칙으로 평가하는 입장[6]도 동일한 사고궤적이라고 할 것이다. 그러므로 대표자를 선출할 권리를 가진 각 유권자들은 산술적으로도 그 성과가치의 면에서도 평등해야 하는 것이며, 따라서 입법권자는 구체적인 선거 관계법률을 제정함에 있어서 이러한 평등이념이 실현될 수 있는 입법을 해야 할 헌법상의 의무를 부담한다고 할 것이다.[7] 각 유권자의 대표를 선출하는 선거에 있어서 선출될 대표자가 지니는 헌법적 의미는 유권자의 정치적 대표성을 가진 자일 뿐만 아니라 그 대표성도 헌법적으로 정당해야 하기 때문에 유권자들의 등가적인 투표가치가 전제된 대표성이 확보되어야만 한다. 따라서 개별 대표의원이 대표하는 유권자의 숫자만을 산술적으로 파악해서 의원의 수가 적다면 의원 1인이 대표하는 유권자의 수가 너무 커질 것이고 그만큼 유권자의 정치적 대표성은 약화될 것이므로 의원 1인이 대표하는 유권자의 수가 작을수록 민주성이 강화되는 것으로 평가하는 입장[8]은 국회의원의 이러한 대표성을 일면적으로 파악한 것이라 하겠다. 결국 유권자의 정치적 대표성과 그 대표성에 대한 정당성은 당해 국가 내에서 각 의원들이 대표하는 유권자의 규모에 관한 헌법적 정합성이 제도적으로 보장될 수 있어야 하는 것이다. 그리고 이러한 점에서 국회의원 선거구획정의 헌법적 중요성은 결코 간과될 수 없는 것이며, 그러한 선거구획정의 가장 중요한 선재적 기준이 국회의원 정수의 문제이다. 또한 국회의원 정수의 문제는 전체 국회의원 규모의 문제와 함께 상술된 헌법적 가치를 실현해야 한다는 점에서 지역대표와 비례대표의원의 숫적 비율을 어떻게 조정해야 하는 것인가에 대한 문제도 포함하고 있다.

한편, 한 국가의 의회의원 정수의 문제는 단순히 헌법이론적 문제에 국한될 수 없는 문제로서, 이는 선출된 각 대표들로 구성된 입법부가 국정운영의 또 하나의 축으로 기능한다는 헌법현실적인 부분을 배경으로 한다. 과대한 규모의 의회가 그 활동을 하는 데 있어서 소요될 정치적 비용과 시간의 소요가 적지 않으리라는 점에서 국정운영의 효율성이라는 또 하나의 숙고점이 존재하기 때문이다. 의회 활동에 있어서 토론과 합의, 다수결에 기한 의결이라는 운영과정을 두고 볼 때, 의회의 규모가 커지면 커질수록 정치적 합의를 위해 소요될 제반 비용들이 상대적으로 많아질 것이라는 점은 명백하다.[9] 따라서 국회의원 정수의 결정에 있어서는 이러한 헌법현실적인 요소로서의 '의회 운영의 효율성'도 간과될 수 없는 중요한 사항이라고 하겠다. 그러므로 이러한 헌법이론적 가치와 헌법현실적

---

6 Z. B. vgl. *K. H. Seifert,* Bundeswahlrecht, 3. Aufl.(1976), S. 50.

7 허영, 헌법이론과 헌법, 박영사(2008), 1078면.

8 강원택, 국회의원 선거제도의 개혁, 국가전략 제8권 제3호(2002), 135면.

9 김도종·김형준, 국회의원 정수산출을 위한 경험 연구: OECD회원국들과의 비교·분석을 중심으로, 국제정치논총 제43집 3호(2003), 78-79면.

요소를 조화롭게 제도화할 수 있는 적절한 규모의 의원 정수를 정하는 일은 어렵고 중요한 문제라고 할 것이다.

Ⅲ. 국회의원 정수에 관한 입법 변천 내용

1. 헌법 규정 내에서의 국회의원 정수

역대 헌법규정 내에서의 국회의원 정수와 관련된 규정의 존재 유무와 그 내용에 대해서 살펴보면, 건국헌법에는 관련 규정이 없었으며, 제1차 개정헌법부터 국회의원 정수에 관한 사항은 법률로써 정한다는 것을 규정[10]하는 정도였다. 다만 양원제 국회형태를 채택했던 제3차 개정헌법부터는 참의원 정수와 민의원 정수 간의 관계를 규정하는 내용을 담고 있었고, 일괄적으로 그 구체적 정수에 관한 사항은 법률에 위임하고 있었다.

그러나 제5차 개정헌법은 '국회의원의 수는 150인 이상 200인 이하의 범위 안에서 법률로 정한다'[11]고 하여 국회의원 정수의 범위를 헌법사항으로 규정한 바 있다. 제3공화국을 시작하기 위한 규범적 신호로서의 헌법개정작업에서 개정자들은 혁명공약의 실현이라는 기치 아래 '참다운 국민의사를 대변하고 깨끗하고 능률적인 의회정치를 기약할 수 있는 합리적인 국회의 조직과 운영을 규정'하기 위한다는 것임을 그 이유로 들고 있다.[12]

다음으로 제6차 개정헌법에서는 국회의원 정수의 범위를 수정하여 규정하고 있는데, '국회의원의 수는 150인 이상 250인 이하의 범위 안에서 법률로 정한다'고 한 것이다.[13] 헌법사에서 3선개헌을 위한 헌법개정 당시의 개정이유를 살펴보면, '현행헌법이 제정·실시된 이래 오늘에 이르기까지의 헌정을 통하여 경험한 법률상의 미비점을 보완하는 동시에 현하 국내외정세에 비추어 시급한 정국의 안정·국방태세 확립 및 지속적인 경제성장 등의 제요청에 부응하기 위하여 개헌하려는 것임'을 밝히면서 국회의원 정수의 상한을 250명으로 확대한다고 하였다.[14] 그리고 이후 통일주체국민회의를 규정했던 유신헌법에서는

10 1952년 헌법 제32조(국회의원의 정수와 선거에 관한 사항은 법률로써 정한다), 1954년 헌법 제32조, 1960년 헌법 제32조 제3항 및 제4항(③ 민의원의원의 정수와 선거에 관한 사항은 법률로써 정한다. ④ 참의원의원은 특별시와 도를 선거구로 하여 법률의 정하는 바에 의하여 선거하며 그 정수는 민의원의원정수의 4분지 1을 초과하지 못한다) 등.

11 제36조 제2항.

12 http://www.law.go.kr/lsInfoP.do?lsiSeq=53191&ancYd=19621226&ancNo=00006&efYd=19631217&nwJoYnInfo=N&efGubun=Y&chrClsCd=010202#0000

13 제36조 제2항.

14 http://www.law.go.kr/lsInfoP.do?lsiSeq=53086&ancYd=19691021&ancNo=00007&efYd=19691021&nwJoYnInfo=N&efGubun=Y&chrClsCd=010202#0000

국회의원 정수와 관련된 규정은 없었다.

현행헌법에 규정된 국회의원 정수 규정[15]의 내용은 제8차 개정헌법에서의 규정 내용과 같은데, 제8차 개정헌법은 '국회의원의 수는 법률로 정하되, 200인 이상으로 한다'고 규정하였다.[16] 그 당시의 헌법개정을 위한 모든 활동들을 정지시키고 일방적으로 진행되었던 제5공화국 헌법 규범은 그 개정이유에서 국회의 견제기능을 강화하고 대의정치를 확립하려 한다는 것을 설명[17]하고 있기는 하나, 국회의원 정수의 범위를 제6차 개정헌법에서 보다 축소한 것에 대한 직접적인 설명은 없다.

이상과 같이 우리 헌법은 국회의원 정수에 관해서는 아예 규정을 두지 않았거나 규정을 둔 경우에도 구체적인 의원수를 헌법전에 규정한 경우는 없었으며, 다만 의원 수의 범위를 규정해 두고 구체적인 의원수는 법률에 위임하는 태도를 견지함으로써 국회의원 수에 관해서는 국회의원 선거법 등에 규정해 왔다.

2. 관련 법률에서의 국회의원 정수 입법

건국 헌법 이래로 국회의원 선거와 정수에 관한 사항은 법률로 정함을 규정해 왔던 바, 그에 따라 각 국회의원 선거법에서는 국회의원 정수와 관련된 내용을 규정하였다. 초기의 국회의원 선거법 관련 규정은 의원 정수에 관하여 직접 숫자로 총수를 규정한 것이 아니라, 선거구에 관한 규정을 두고 전체 인구수 분할에 관하여 시대에 따라 달리 규정했다.[18]

---

15 제41조 제2항.

16 제77조 제2항.

17 김영수, 한국헌법사, 학문사(2001), 638면.

18 * 국회의원선거법[시행 1960.6.23 , 법률 제551호]
제14조(선거구와의원정수) ① 민의원의원의 선거구는 구, 시, 군을 단위로 한다. 단, 인구 15만을 초과하는 때에는 그 초과하는 인구 10만까지마다 1선거구를 증설하되 각선거구의 인구가 비등하도록 이를 획정하여야 한다.
② 전항의 선거구는 별표(1)과 같이 하고 1선거구에서 1인을 선거한다.
③ 참의원의원의 정수는 별표(2)와 같이 한다.
[별표2] 참의원의원선거구와 의원정수표

서울특별시	서울특별시선거구	6인
경기도	경기도선거구	6인
충청북도	충청북도선거구	4인
충청남도	충청남도선거구	6인
전라북도	전라북도선거구	6인
전라남도	전라남도선거구	8인
경상북도	경상북도선거구	8인
경상남도	경상남도선거구	8인
강원도	강원도선거구	4인
제주도	제주도선거구	2인

그 이후로 변화된 추이를 살펴보면, 1963년부터 시행된 국회의원 선거에서부터 의원의 선거구가 지역구와 전국구로 구분되었기 때문에 각각의 의원정수에 대해 규정하고 있으며 소선거구제인가 중선거구제인가에 따라 선거구별 선출 의원의 수에 변화가 있었다.[19] 그리고 1991년부터 시행된 국회의원선거법에서 '의원의 정수는 지역구와 전국구의 의원정수를 합하여 299인으로 한다'는 규정이 신설되었고[20] 그 이후로 동 규정은 2012년 2월 공직선거법 부칙 개정으로 300인으로 증원되기 전까지 동일하게 규정되어 왔다. 그리고 당시의 동 규정의 신설이유에서 입법자들은 '의원의 정수를 현행의 지역구 및 전국구 의원정수를 합한 299인으로 정수화함으로써 전국구의원정수를 지역구의원정수의 증감에 비례하지 아니하도록 함'을 설명하였다.[21]

---

* 국회의원선거법[시행 1961.4.28 , 법률 제605호 , 법률 제606호]
제14조(선거구와의원정수) ① 민의원의원의 선거구는 구, 시, 군을 단위로 한다. 단 인구 15만을 초과하는 때에는 그 초과하는 인구 10만까지마다 1선거구를 증설하되 각선거구의 인구가 비등하도록 이를 획정하여야 한다.
② 전항의 선거구는 별표(1)과 같이 하고 1선거구에서 1인을 선거한다.
③ 참의원의원의 정수는 별표(2)와 같이 한다.

19 * 국회의원선거법[시행 1963.1.16 , 법률 제1256호]
제13조(선거구) 의원의 선거구는 지역선거구(이하 지역구라 한다)와 전국선거구(이하 전국구라 한다)의 2종으로 한다.
제14조(지역구의 획정 및 의원정수) ① 지역구는 인구 20만인을 기준으로 하고 행정구역·지세·교통 기타의 조건을 고려하여 각지역구의 인구가 비등하도록 이를 획정하여야 한다. 그러나 구·시·군의 일부를 분할하여 다른 구·시·군의 지역구에 소속하게 하지 못한다.
② 1지역구에서는 1인의 의원을 선거한다.
③ 제1항의 지역구는 별표와 같이 한다.
제15조(전국구의 의원정수) 전국구의 의원정수는 지역구에 의하여 선출되는 의원정수의 3분의 1로 하되 1미만의 단수가 있을 때에는 1로 한다.
* 국회의원선거법[시행 1972. 12. 30, 법률 제2404호]
제16조(선거구와 의원수) ① 의원의 선거구는 행정구역·지세·교통 기타의 조건을 고려하고 각 선거구의 인구를 감안하여 이를 획정한다. 그러나 구·시·군의 일부를 분할하여 다른 구·시·군의 선거구에 소속하게 하지 못한다.
② 의원의 선거구는 별표와 같이 하며, 1선거구에서 선거할 의원의 수는 2인으로 한다.

20 국회의원선거법[시행 1991. 12. 31, 법률 제4426호]
제13조(선거구) 의원의 선거구는 지역선거구(이하 "지역구"라 한다) 와 전국선거구(이하 "전국구"라 한다)의 2종으로 한다.
제14조(의원정수) 의원의 정수는 지역구와 전국구의 의원정수를 합하여 299인으로 한다. [본조신설 1991·12·31]
[종전 제14조는 제15조로 이동 <1991. 12. 31>]
제15조 (지역구의 획정과 의원정수) ① 지역구는 인구·행정구역·지세·교통 기타의 조건을 고려하여 이를 획정한다. 그러나 구·시(구가 설치되지 아니한 시를 말한다. 이하 같다)·군의 일부를 분할하여 다른 지역구에 소속하게 하지 못한다.
② 1개 지역구에서 선거할 의원의 정수는 1인으로 한다.
③ 제1항의 지역구와 그 관할구역은 별표와 같이 한다.
[제14조에서 이동 <1991. 12. 31>]

21 http://www.law.go.kr/lsInfoP.do?lsiSeq=5966&lsId=001724&chrClsCd=010202&urlMode=lsEfInfoR&viewCls=lsRvsDocInfoR#0000

그런데 2012년 2월 29일 여야는 다시 그들만의 정치적 합의를 통해서 공직선거법을 개정하면서 현행 공직선거법 제21조 제1항에 규정된 299명의 의원정수 규정에도 불구하고, 부칙에 국회의 의원정수에 관한 특례를 규정하여 2012년 4월 총선을 위한 의원정수를 300인으로 증원하였다.[22] 그리고 이 부칙규정의 증원 내용은 이후 공직선거법 본문의 제21조 국회의 의원정수 규정에 단서 규정으로 삽입되었으며,[23] 20대 총선을 앞둔 2016년 국회의원지역구 획정기준에 관한 구체적인 사항을 정하기 위한 공직선거법 개정시에 국회의원의 수는 300인으로 한다는 조항수정[24]을 거쳐서 현재에 이르고 있다.

3. 역대 국회의원 수

상술한 국회의원선거법에 따라 구성되었던 역대 국회의원 정수는 실제로 <표 1>과 같다.

〈표 1〉 역대 국회의원 정수

의회기	제1대	제2대	제3대	제4대	제5대	제6대	제7대	제8대	제9대	제10대
의원수	200명	210명	203명	233명	291명	175명	175명	204명	219명	231명
				참의원 구성 안됨	민:233 참:58	지:131 전:44	지:131 전:44	지:153 전:51	지:146 유:73	지:154 유:77

의회기	제11대	제12대	제13대	제14대	제15대	제16대	제17대	제18대	제19대	제20대
의원수	276명	276명	299명	299명	299명	273명	299명	299명	300명	300명
	지:184 전:92	지:184 전:92	지:224 전:75	지:237 전:62	지:253 전:46	지:227 전:46	지:243 전:56	지:245 비:54	지:246 비:54	지:253 비:47

* 표에서 각각 민은 '민의원', 참은 '참의원', 지는 '지역구', 전은 '전국구', 유는 '유정회', 비는 '비례대표'를 가리킴.
* 표의 의원수에 관해서는 국회홈페이지의 국회의 역사 참조[25]

22 부칙 <법률 제11374호, 2012. 2. 29>
제3조(국회의 의원정수에 관한 특례) 2012년 4월 11일에 실시하는 국회의원선거에서는 제21조 제1항에도 불구하고 2012년 7월 1일 세종특별자치시가 새로이 설치되는 것을 고려하여 국회의 의원정수는 300인으로 한다.

23 제21조(국회의 의원정수) ①국회의 의원정수는 지역구국회의원과 비례대표국회의원을 합하여 299인으로 하되, 각 시·도의 지역구 국회의원 정수는 최소 3인으로 한다. 다만, 세종특별자치시의 지역구국회의원 정수는 1인으로 한다. [법률 제11485호, 2012. 10. 2, 일부개정]

24 제21조(국회의 의원정수) ① 국회의 의원정수는 지역구국회의원과 비례대표국회의원을 합하여 300명으로 한다. <개정 2016. 3. 3>

25 그 외에도 김선화, 국회의원 정수의 적정성과 위헌논쟁, 이슈와 논점 제391호(2012. 2. 24), 2면 참조.

실제 역대로 구성되었던 국회를 의원수의 측면에서 살펴보면, 제헌의회 이후로 양원제가 실시되었던 제2공화국 시대에 그 숫자가 증가되었고, 정치정국이 동결상태였다고 평가되기도 하는 제3공화국 시대에는 그 숫자가 줄어들었다가, 그 이후로 점점 증가추세로 300명까지 증원되어 왔음을 볼 수 있다. 다만 제16대 국회의 경우, 국가경제위기 상황이었던 2000년 당시 다른 모든 사회분야에서 감행되었던 구조조정의 정국에서 정치개혁위원회의 제안에 따라 당시의 여야가 국회의원 정수의 10%를 감축하겠다고 합의함으로써 26명이 감소되어 273명으로 조정되었던 바 있었다.[26]

Ⅳ. 현행 국회의원 정수에 관한 헌법적 고찰

1. 현행 헌법상의 국회의원 정수 규정의 규범적 의미

먼저 현행 헌법 제41조 제2항은 '국회의원 정수는 법률로써 정하되, 200인 이상으로 한다'고 규정하고 있음에 비추어 동 규정의 규범적 의미에 대해서 검토해 보아야 한다. 즉 동 규정에 대한 해석이 국회의원 정수에 관한 헌법적 평가의 분수령이 될 것이기 때문이다. 동 규정에 대한 문리적 해석에 의하면 헌법규정은 국회의원의 하한선을 규정하고 있을 뿐이어서 200인 미만은 안된다는 의미라거나 상한을 정했던 이전의 헌법규정이 개정된 배경으로 볼 때에도 299인은 합헌이고 300인 이상은 위헌이라는 해석은 타당하지 않다고 볼 수 있고 따라서 300인 이상으로의 증원도 합헌이라고 설명하게 된다.[27] 반면에 200인 이상이라는 규정의 의미가 200인 이상이면 상한 제한 없이 합헌이라고 할 수 있는 근거가 될 수는 없다는 점, 무한대의 증원 가능의 의미라기보다는 200명대의 선을 유지할 것을 의미하는 것으로 보아야 할 것이라는 점, 역대 국회의원 정수 조정 과정을 보더라도 비례대표 의원수를 줄이는 방법에 의해서라도 오랜동안 299명을 유지해 왔던 헌법현실적 관행은 존중되어야 하는 것이라는 점 등을 들어 300명 이상의 증원은 위헌이라는 입장도 있다.[28] 한편 국회의원 정수 논의를 권력구조 유형, 즉 정부형태별로 비교하여 분석했던 연구도 있었는데, 우리나라의 정치현실을 기준으로 볼 때 통치구조원리상 상대적으로 권

26 김도종·김형준, 앞의 글, 74, 76면.

27 김래영, 개정 공직선거법의 문제점과 개선방안, 공법학연구 제13권 제2호(2012. 5), 19-20면; 김선화, 위의 글, 2-4면(장영수 교수, 정만희 교수, 이헌환 교수, 송기춘 교수, 전학선 교수, 조재현 교수, 김종철 교수, 황치연 박사, 김선화 박사 등).

28 성낙인, 시대변화에 순응한 공직선거법제의 정립, 한국헌법학회 제71회 정기학술대회 기조발제문(발표집), 13-14면; 김선화, 앞의 글, 2면(이종수 교수).

력분립 구도가 가장 높게 작용하는 대통령제의 경우에는 적정 국회의원 정수는 270석으로 분석했던 바 있다. 대통령제 정부형태를 운영하는 경우가 의원내각제나 이원집정부제적 정부형태를 선택한 경우 보다 적정 국회의원 정수가 적은 수치로 나타난 이유는 서로 다른 권력기반을 지닌 입법부와 행정부의 존재로 인해서 정치적 책임 소재가 명확함과 동시에 견제와 균형의 구조가 가능하다는 점에서, 행정부에 직선제로 선출된 대통령이라는 정치적 책임성과 대표성을 지닌 인물을 보낼 수 있기 때문에 입법부에 많은 수의 대표자를 보낼 유인이 상대적으로 적다고 볼 수 있다는 점을 들었다.[29] 통치기관 간의 견제와 균형, 그리고 운영원리 등을 감안한 연구결과라는 점에서 우리의 정치현실에서 생각해 볼 여지를 주는 내용이라고 생각된다.

현행 헌법 제41조 제2항의 규정의 문면은 분명히 국회의원 정수의 하한에 관한 규정으로 해석될 만하고, 때문에 국회를 199명 이하로 구성되도록 하지 않는 한 국회의원 정수의 증원에 대한 위헌의 논의는 쉽지 않다. 국회의원의 수는 200명 이상으로 해야 한다는 것이 헌법적 명령이라고 할 수 있기 때문이다. 실제로 적정한 의원정수를 산출하기 위한 다양한 기준들을 우리 국회의 여건에 적용해 보면 300명 이상의 숫자들이 적정한 의원수로 도출되는 예가 적지 않다.[30] 하지만 이러한 산출기준들을 적용한다 하더라도 당해 국가의 선거체계나 정당정치의 현실, 정부형태를 비롯한 고유한 통치구조적 성격에 따라 동일한 타당성을 인정할 수는 없다. 또한 법규범의 해석을 위한 방법론 역시 다양하며, 동일한 내용의 법규정도 해당 국가의 정치역사나 문화 등에 따라서 달리 해석될 수 있는 것이다. 미국이나 일본의 경우와 비교하면 우리나라는 인구수에 비해 의원정수 300인은 많은 것으로 볼 수도 있다는 점에서 의석수 증설은 자제되어야 한다는 의견도, 각 나라의 정치현실을 감안하여 의원정수의 적정성을 평가할 수 있다는 입장[31]이다. 舊 헌법들의 예와 달리 상한을 삭제한 범위 규정이라 할지라도 헌법 스스로가 200인의 숫자를 명시하고 있음에 근거하여 볼 때, 200명이라는 숫자를 넘어선 300명 이상의 증원에는 국회구성권을 가진 국민들의 공감대적 동의가 어떤 식으로든 필요한 문제라고 판단된다. 적어도 300명을 넘어서는 국회의원의 수는 특례규정으로 변경할만한 문제일 수도, 일회성으로 목전의 선거를 치르기 위한 방편으로 변경될 사항이 될 수도 없는 중요한 사항이기 때문이다. 그렇기 때문에 국회의원 정수를 산출하기 위한 합리적인 기준을 마련할 필요성은 절실하다.

29 양규식·진영재, 대한민국 국회의원 정수 논의: 권력구조 유형을 중심으로, 의정논총 제12권 제1호(2017), 19–20면

30 강원택, 앞의 글, 135–140면; 음선필, 국회의원 정수 30% 감축을 위한 입법공청회(2009.3.27) 토론문, 54–55면.

31 정만희, 선거구획정의 기본문제–국회의원 선거구획정의 문제점에 관한 비교법적 검토–, 공법학연구 제13권 제3호(2012), 152면

2. 선거제도에서의 의원정수의 의미

선거에서 가장 중요한 제도적 징표는 대표성과 비례성의 반영이다. 대표성이 득표가 의석으로 전환되는 수준을 의미한다면 비례성은 득표와 의석의 전환의 공정성을 의미한다고 할 수 있다. 대표성을 보장하기 위해서는 유권자가 행사한 표가 사표로 버려지지 않고 의석에 반영되어야 하는 것이고, 비례성은 정당의 의석점유가 득표치에 부합해야만 구현될 수 있는 것으로 설명된다.[32]

의회의 의원정수는 비례성(proportionality)과 밀접한 관련을 갖는다. 일반적으로 보면 의석수가 많을수록 비례성은 높아진다. 의회의 규모가 크면 그만큼 유권자의 투표결과가 정당의 의석으로 반영되는 비율인 비례성이 높아지는 결과를 가져오게 되기 때문이다. 물론 다양한 요인들이 선거에서의 결과적 비례성에 영향을 미친다. 선거제도의 유형, 선거구의 크기, 비례의석의 배분방식, 투표방법 등 영향을 미치는 요인은 다양하지만, 의회규모와 비례성의 단선적 관계에서만 본다면 의석수의 크기와 비례성은 '비례적'이라고 할 수 있다.[33] 그러나 이 비례성이 정비례를 나타내는 것은 아니라는 것을 경험적 연구결과가 보여준 바 있다. 이 연구에 의하면 의회규모의 크기가 클수록 불비례성(disproportionality)[34]이 낮아진다는 사실이 설명되었는데, 의원정수가 많을수록 비례성이 높아지지만 일정 크기를 넘어서게 되면 불비례성의 저하가 완만해지는 특징을 보인다는 것이었다.[35] 한편 의원정수 확대를 주장하는 견해에 의하면 의석수가 많을수록 1석이 대표하는 인구수가 적어지기 때문에 대표성 또한 신장된다고 한다. 또한 사회의 다원성을 제고하고 의원입법의 효율성을 키울 뿐만 아니라 경제규모의 면에서도 의원정수를 확대해야 한다는 주장을 한다.[36] 물론 의원정수를 늘리면 국민의 단순대표성이 제고될 수 있다. 그러나 의원정수의 단순한 증원이 대표성을 제고하는 실효적인 방법인지 검토해 봐야 한다. 대표성 제고를 위해서라면 현행 선거제 하에서도 비례의석의 비율을 늘려서 사표의 비중을 낮추는 것이 더 빠른 개선안이라고 할 수 있기 때문이다.

현재 선거제도 개혁의 중심 의제는 의원정수 확대 문제이다. 비례성을 높이기 위해서

---

32 김종갑, 국회의원 선거제도 개혁과 권역별 비례대표제의 한국적 적용방안, 선거연구 제6호(2016. 1), 121면.

33 김종갑, 국회의원 선거제도 개혁논의와 현실적 개선방안, 의정논총 제10권 제1호(2015), 67면.

34 득표율과 의석율 간의 격차가 큰 경우를 말한다[강원택, 지역주의 극복과 정치통합을 위한 선거제도 개혁의 방안, 입법과 정책 제1권 제1호(2009. 12), 38면].

35 Farrell, David M., Electoral Systems, Houndmills, Basingstoke, Hampshire:Palgrave Macmillan(2011), pp.158－159 (김종갑, 앞의 글, 67면에서 재인용).

36 김도종·김형준, 앞의 글, 75면; 강원택, 위의 글, 140면 등.

연동형 비례대표제를 도입하자는 제도의 결과에는 초과의석수를 인정해야 한다는 점에서 결론적으로 현행 국회의원 정수를 증원하는 상황이 올 수밖에 없기 때문이다. 이처럼 연동형 비례대표제를 채택하는 이상 국회의원의 정수 규정을 300명으로 그대로 두는 법률 내용과는 상관없이 실질적으로 국회의원 수는 증원될 수밖에 없다는 점에서, 의원정수의 증원 여하에 대한 이론적·실제적 고민이 필요하다.

3. 국회의원 정수 구성상의 문제점: 비례대표 의원수의 적정성 여부

비례대표선거제도는 각 정치세력에게 그 지지도(득표율)에 비례하는 대의기능을 부여함으로써 가능하면 대의 되지 않는 정치세력이 나타나지 않게 하려는 선거제도이다.[37] 다수대표선거제에서는 선거구의 인구수를 균등하게 함으로써 선거구획정의 불균형문제가 해결된다 하더라도 당선된 후보자에게 투표된 표만이 법적으로 의미를 갖기 때문에 여전히 死票의 문제는 남는다. 따라서 대표되지 않은 세력의 투표가치의 평등 내지 대표의 평등이 문제되지 않을 수 없다. 바로 이 문제를 해결하기 위하여 등장한 선거제도가 비례대표선거제도이다. 즉 비례대표선거제도는 다원적 산업사회에서 보통선거제도의 확립과 정당제도의 발달을 배경으로 하는 선거제도로서 여러 사회세력간의 다양한 이해관계나 정치적인 세력판도가 그대로 대의기관의 구성에 반영되도록 하여 대의이념을 합리적으로 실현하기 위해 창안된 선거제도이다. 이런 점에서 비례대표선거제도는 평등선거의 원칙과 소수보호의 정신을 실현하는 기능을 한다.

하지만 현행 비례대표선거제도는 국회의원선거에서 각 정당의 지역구후보자에 대한 득표율을 기준으로 하여 Hare/Niemeyer식에 따라 의석을 배분했던 이전의 방식을 탈피하여 정당명부식 선거시스템을 도입했음에도 불구하고, 비례대표국회의원수를 전체의원수의 1/6수준으로 제한적으로 도입했던 舊 제도 내용과 크게 다름 없이 대략 지역구 국회의원수의 1/5 수준으로 구성비율이 운영되고 있다. 현재 지역구와 비례대표의 비율은 5.38:1 수준이다. 이는 여러 사회세력간의 다양한 이해관계나 정치적인 세력판도가 그대로 대의기관의 구성에 반영되도록 하여 평등선거의 원칙과 소수보호의 정신을 실현하고자 하는 비례대표선거제도의 목적에 비추어 볼 때 바람직하지 않다. 더구나 사표가 가장 많이 발생하는 상대다수대표선거제도를 취하고 있고 지역선거구 인구편차도 여전히 문제가 되고 있는 상황에서 비례대표국회의원수를 전체의원수의 1/6수준으로 제한적으로 도입하고 있는 것은 국민의 의사를 있는 그대로 반영한다는 대의정의에 비추어 심각한 문제가 있다.

37 따라서 우리의 지난 제11대－제14대 국회의원선거제도에서 지역구 의석비율을 기준으로 전국구의석을 배분한 것은 비례대표선거제의 본질에 위반되는 제도이다.

그러므로 비례대표의원수를 지역구의원수와 동수로 하거나 최소한 지역구 의원의 지나친 비중을 축소할 필요가 있다. 국회의원의 정치적 이해관계가 달려 있는 문제라서 지역구 의원수와 비례대표 의원수를 조정하는 것은 현실적으로 쉽지 않은 문제이지만, 현재의 300명의 의원정수를 그대로 둔 채로 비례대표 의원수를 100석으로 확대하는 방안을 제시하는 의견[38]도 이러한 맥락이라고 하겠다.

물론 이러한 지역구 의석수와 비례대표 의석수의 구성비율에 관해서는 국회구성에 있어서 다수형성을 우선가치로 할 것인가 선거권자의 대의 비례성을 반영하는 것에 주안점을 둘 것인가에 따라 일본식 '보완된 다수대표선거제'(병립제)와 독일식 '전면적 비례대표선거제'(병용제)를 고민해 보고 선택해야 하는 것이지만, 대의의 비례관계를 담아내야 하는 대의제 구조 하에서 비례대표제가 선거제도에 도입된 이상 비례성의 요구는 국회의석 구성에 있어서도 조정되어야 할 필요가 있다.[39]

3. 합의체기구로서의 국회의 운영 공백의 우려

국회는 다수로 구성된 합의체기구이다. 때문에 헌법과 법률에 의해 주어진 의회의 업무 수행을 위한 대부분의 활동은 표결방법에 의한다. 즉 정당정치적 성격이 강화됨으로써 각 국회의원의 정당기속적 성격이 적잖다는 점을 인정한다 하더라도, 국회법상 자유표결이 제도화되어 있을 뿐만 아니라 입법안 처리를 비롯한 탄핵소추 등 국정통제권한의 행사에 이르기까지 국회의원들이 각자의 표결에 의해 다수의 결론을 도출해내야 하는 다양한 경우들이 상정되어 있는 것이다. 그리고 이러한 표결의 사안 중에는 과반수의 찬성을 필요정족수로 하는 사항들이 존재한다. 그런데 다수결 표결에 관해서는 헌법 규정만이 그 일반원칙을 선언하고 있다. "국회는 헌법 또는 법률에 특별한 규정이 없는 한 재적의원 과반수의 출석과 출석의원 과반수의 찬성으로 의결한다. 가부동수인 때에는 부결된 것으로 본다"[40]는 규정이 그것이다. 그리고 우리 현행 국회법 어디에도 가부동수인 상황에 대한 규정내용은 없다. 전체 국회의원 총수가 299인으로 홀수 구성이었던 것과 달리 300인의 짝수 구성 하에서 가부동수의 표결결과를 어떻게 결론지을 것인가. 국회의원 전체인원의 반수 임에도 불구하고 다수가 아니므로 부결처리되어야만 하는 것인가. 헌법 규정이 명문으로 존재하기 때문에 그 규범적 효력으로 인해 여야의 대립 구도 속에서 양 의견이

38 강원택, 앞의 글(2009), 39면.

39 同旨: 박경철, 국민주권의 본질과 실현조건에 관한 연구, 연세대 박사학위논문(2001), 246면; 음선필, 앞의 글, 55-57면.

40 헌법 제49조.

반수인 경우, 여지 없이 당해 법률안이나 정책건은 부결처리될 수밖에 없게 된다. 그렇지 않다면 헌법개정을 해야 하는 문제가 되는 것이다.

국회의 활동은 천재지변에 의한 경우가 아니라면 人災의 어떠한 경우에도 정지될 수 없는 것이고 되어서도 안된다. 비상계엄의 정국 하에서도 국민의 대표기관으로서의 국회는 국회의 헌법적 본분을 수행해야만 하는 것이고 그것이 우리 헌법의 정신이다. 국회의 광범위한 입법형성재량권도, 국회의 입법적 결과물인 법률이 다른 국가기관의 행위와는 달리 합헌성의 추정을 받게 되는 것도 국회가 우리 국민들의 대표기관임에서 비롯되는 신뢰를 전제로 한다. 그런 국회이기에 그들의 의결은, 표결과정은 국민에게 큰 의미와 중요성을 갖는다고 하겠다. 따라서 국회 내에서의 표결은 신중하고 치밀해야 하는 것이며, 이러한 표결의 결과가 제도적 불비 때문에 근거 없이 부결처리되거나 관행에 따를 수는 없다고 할 것이다. 이는 헌법적 의미에서 국회 의사 운영의 공백이 되기 때문이다. 선거구 획정 문제에 대한 현실적 고민과 어려움을 제도적으로 개선해 내지 못하고, 선거구 획정의 헌법적 중요성을 간과한 채 정치인들의 과감함(?)으로 세종시 선거구의 1인 의석만을 더 추가한 급속 법률개정을 감행했던 그들은 이러한 의미들을 모두 유념했던 것인가 반문해 보지 않을 수 없다.

Ⅴ. 맺는 말

대의제 민주제를 통치기관의 구성원리로 채택하고, 국민의 대표기관으로서의 국회를 선거를 통해서 선출하고 구성하는 우리 헌법 하에서 국회의 의미는 주권자인 우리 국민에게 중요하고 차별적이다. 때문에 그들의 대표성은 제도적으로도 현실적으로도 변질됨 없이 보장되고 유지되어야 하는 것이다. 국민을 대표하는 기관의 구성원이 몇 명이어야 하는가는 기준에 따라 달리 가늠될 수 있는 문제이다. 하지만 그 기준이 모든 국가, 모든 민주국가에 동일하게 적용될 수 있는 것은 아닌 것이기에 대표수의 적정성은 제도적 본질론과 그 기능, 그리고 국가의 고유성이 반영되어야 할 것이다. 이러한 측면에서 볼 때, 우리 국회의원의 적정수는 결코 우리 헌정사로부터 자유로울 수 없다고 하겠다. 제헌의회 이후로 남한 단일정부 구성을 주장했던 세력들까지도 200명대의 의원수를 고려했던 주된 이유는 통일한국의 새로운 의회를 미래의 모습으로 남겨 두었기 때문이었다. 통일 이후의 의회구성이 연방제적 양원제이건 단원제이건 간에 한반도 전체 국민의 대표기관으로서의 통일의회 구성을 염두에 둘 때, 남한만의 국회는 200명대의 의원수로 유지해 나가는 것이 적정하다고 판단했었던 것이다. 단 한명의 증원으로 인한 300명 의회구성임에도 바로 이러한 우리의 고유한 헌법사적 배경이 이 증원을 간과할 수 없는 문제로 다가서게 하는 출발점이라고 하겠다.

국회 구성원인 국회의원 각자는 한사람 한사람 각자가 헌법기관으로서의 소명과 책무를 담당한다. 그리고 그들의 이러한 헌법적 소명은 그들 간에 균등분할이며, 이러한 균등분할은 그들의 선출과정과 경로의 동일한 민주적 대표성을 전제로 한다. 그렇기 때문에 선거의 공정성이 제도화되어야 하는 것이며, 각 유권자의 투표가치가 평등하도록 선거제도를 마련해야만 하는 것이다. 국회의원 선거구의 등가치성이 여전히 선거현실의 문제로 잔존하고 있음을 인식할 때, 선결문제를 방치한 급급한 증원의 방책은 헌법적으로 정당화되기 어렵다. 선거구간의 인구편차의 문제와 비례대표 의석의 조정방안이 먼저 헌법적으로 해결된 이후에 순리적으로 고민했어야 하는 문제이기 때문이다.

또한 현재 선거제도의 개선안으로 논의되고 있는 연동형 비례대표제 도입으로 인한 초과의석의 발생은 실질적으로 의원정수를 매선거마다 유동적으로 결과짓게 된다는 점에서, 초과의석 인정 자체의 위헌성 여부는 별론으로 하더라도 정치현상적·제도적 문제점이 된다는 것을 고려해야만 할 것이다.

<참고문헌>

김영수, 한국헌법사, 학문사(2001).

허 영, 한국헌법론, 박영사(2012).

허 영, 헌법이론과 헌법, 박영사(2008).

데이비드 파렐 저/ 전용주 역, 선거제도의 이해, 한울아카데미(2012).

국회정치개혁특별위원회, 국회의원선거제도에 관한 공청회 자료집(2003).

국회의원선거구획정위원회, 제18대 국회의원 선거구 획정안 마련을 위한 공청회 자료(2008).

김래영, 개정 공직선거법의 문제점과 개선방안, 공법학연구 제13권 제2호(2012. 5).

김종갑, 국회의원 선거구획정의 문제점과 개선방향, 현안보고서 제147호(2012. 3. 26).

______, 국회의원 선거제도 개혁논의와 현실적 개선방안, 의정논총 제10권 제1호(2015).

______, 중앙선거관리위원회의 권력별 비례제: 제도적 특징 및 장단점 분석, 이슈와 논점 제1028호(2015. 6).

______, 국회의원 선거제도 개혁과 권역별 비례대표제의 한국적 적용방안, 선거연구 제6호(2016. 1).

강원택, 국회의원 선거제도의 개혁, 국가전략 제8권 제3호(2002).

______, 지역주의 극복과 정치통합을 위한 선거제도 개혁의 방안, 입법과 정책 제1권 제1호(2009. 12).

김도종·김형준, 국회의원 정수산출을 위한 경험 연구: OECD회원국들과의 비교·분석을 중심으로, 국제정치논총 제43집 3호(2003).

김선화, 국회의원 정수의 적정성과 위헌논쟁, 이슈와 논점 제391호(2012. 2. 24).

박경철, 국민주권의 본질과 실현조건에 관한 연구, 연세대 박사학위논문(2001).

성낙인, 시대변화에 순응한 공직선거법제의 정립, 한국헌법학회 제71회 정기학술대회 기조발제문(발표집).

양규식·진영재, 대한민국 국회의원 정수 논의: 권력구조 유형을 중심으로, 의정논총 제12권 제1호(2017).

음선필, 국회의원 정수 30% 감축을 위한 입법공청회(2009. 3. 27) 토론문.

정만희, 선거구획정의 기본문제 －국회의원 선거구획정의 문제점에 관한 비교법적 검토－, 공법학연구 제13권 제3호(2012).

13 국회의원에 대한 국민소환제도에 대한 비판적 검토*

김 선 화**

Ⅰ. 서

19대 국회가 출범하면서 각 정당들은 국민에게 신뢰받기 위하여 여러 가지 개혁방안을 모색하고 있다. 그 중에는 기존의 국회자율권으로 해결할 수 있는 국회윤리특위강화와 같은 방안도 있지만, 국민소환과 같이 직접민주제적 방식으로 자격이 없는 의원을 국민이 직접 퇴출하고자 하는 제도의 도입[1]도 검토되고 있다.

국민소환제도는 국민의 청원에 의하여 임기 중에 있는 선출직 공무원을 그 직에서 퇴직시키고 임기를 종료하게 하는 제도이다. 국회의 의사진행이 폭력으로 치닿는 모습을 비롯하여 의회본연의 숙고기능이 마비된 모습, 대화가 실종된 극단적 대립의 일상화 등에 진저리가 난 국민들로서는 국회의원에 대한 국민소환제도를 도입하면 국회의원들에 대한 견제가 될 것으로 기대하는 것도 무리라고 할 수는 없다. 게다가 인터넷 등 기술환경이 고도로 발달하면서 특정한 사안에 대하여 국민의 총의를 묻는 일이 기술적으로 시간적 공간적 제한없이 이루어질 수 있기 때문에 대의제보다는 직접민주제적인 참여욕구의 실현을 요구하는 것이 현대의 민주주의가 당면한 과제이기도 하다. 국민소환제도의 도입을 주장하는 입장은 대한민국의 주권이 국민에게 있고, 모든 권력이 국민에게 있다는 헌법 제1조의 국민주권 규정을 실질화한다는 의미가 있다고 한다. 또한 현대의 대의제도가 현실적으로 본래의 기능을 잃고 대표자가 국민의 의사를 제대로 반영하지 못하고 있다는 대의제에 비판도 근거로 든다. 대의제에 대한 비판은 주로 공동체 구성원의 의사가 대의제도를

---

* 이 논문은 조사처 견해가 아니라 개인적 학술논문임을 밝힙니다. 또한, 이 논문은 2013년『입법과 정책』제5권 제1호 2013. 6. pp.199~221에 실린 논문을 2019년 영국 사례등 변경을 반영하여 약간 수정한 것입니다. 정만희 교수님께는 권력구조 관련한 논문과 책에서도 많이 배웠을 뿐 아니라, 국회 헌법연구자문위원회 위원이실 때 모시고 영국과 프랑스 출장을 갔었는데 늘 인자하시고 너그럽게 웃으시는 모습이 감사하고 편안했습니다. 벌써 정년이라시니 너무 아쉽고, 정년하셔도 늘 건강하시고 좋은 글로 많이 가르쳐주시기를 기원합니다.

** 법학박사, 국회입법조사처 입법조사관.

1 예를 들면, 황주홍 의원 대표발의의 "국회의원의 국민소환에 관한 법률안", 의안번호 제1900278호라든가, 박재창 새누리당 정치쇄신특별위원회 위원장이 2013년 4월 19일 국회의원에 대한 '국민소환제' 도입 검토 방침을 밝힌 것과 관련, "유권자들이 국회의원들을 긴장하게 할 수 있는 도구가 필요하다는 측면에서 국민소환제가 하나의 방법"이라고 말한 것 등이 그것이다.

통하여 충분하게 정치과정에 반영되어야 대의제가 정당화됨에도 불구하고 오늘날은 대의기구와 국민일반간의 간극이 커져 있고, 주기적인 선거권 행사만으로 다수의 교체가능성이 충분하다고 변질되어 일반 국민의 정치과정 참여는 매우 제한적이라고 지적한다.[2]

또한, 이미 우리나라에서도 지방자치단체에서 이미 주민소환제도가 실시되어 있고 별무리없이 제도가 정착되어가고 있는데, 동일한 선출직인 국회의원에 대해서는 소환제도를 도입하지 않는 것은 국회의원에 대한 과도한 특혜가 되는 것이고 형평에도 어긋난다고 한다.

그러나, 대의제에 대한 여러 가지 비판이 일리가 있음에도 불구하고, 대의제도를 도입한 취지상 대의기관인 의회 또는 국회는 단순한 의사의 전달자와는 다르고, 국민으로부터 선출되었다는 민주적 정당성에 근거하여 기본권 실현의 방향으로 독자적인 정책결정을 해야 하는 국가기관이며[3] 대화와 토론을 통하여 보다 더 나은 지혜를 창출할 사명을 가진다. 우리 현행 헌법이 대의제도를 기본으로 하고 자유위임원칙을 관철하고 있다. 만일 사안에 따라 선출해준 국민의 의사에 기속되어야 하는 기속위임(명령적 위임)의 성격이 강한 국민소환제도를 도입한다면 어떻게 현재의 대의제가 근거하는 자유위임원칙과 조화를 이룰 것인가에 대해서 면밀한 검토가 필요할 것이다.

외국의 사례를 보면, 지방자치 단위에서 주민소환제도를 도입하고 있는 국가들도 국회의원에 대한 소환제도는 두고 있지 않은 경우가 대부분이다. 유럽은 이미 근대에 강제위임을 기본으로 하는 위원회 민주주의와 같은 시도가 있었고 이것이 국가의 대의제에 대한 형해화를 가져오고 궁극적으로 민주주의가 후퇴하는 경험을 가지고 있기 때문에 강제위임으로 변질될 경우에 대의제가 형해화될 것을 두려워하는 것이라고 할 수 있다.

다만 영국에서 하원의원의 의정비용지출 부정사건에 대한 국민적 비난을 계기로 하원의원에 대한 소환(recall)제도를 도입하려는 시도가 있었고 논의가 오래 지속되다가 2019년 3월 현재, 영국에서는 「Recall of MPs Act 2015」가 제정되어 국민소환제도가 도입되었으며 실제로 소환도 두 차례 실시되었다. 이 법률에 따르면 국민소환대상은 하원의원에 한하며, 그 요건은 영국에서 기소되어 징역형을 받거나 하원윤리위원회의 명령으로 직무가 정지되거나 부정한 비용지출을 한 것으로 드러난 의원에 대해서 할 수 있도록 정하고 있다.

이 글에서는 국민주권의 실현이라는 큰 목적에도 불구하고 현대 민주주의의 중대한 실현원칙인 대의제도 및 자유위임원칙과의 관계에서 국민소환제도가 가져올 수 있는 헌법적으로 논란이 되는 쟁점들과 현실적으로 제기될 수 있는 문제점을 들어 국회의원에 대한 국민소환제도의 도입에 대하여 비판적으로 검토한다.

---

2 이우영, 「대의제민주주의에서 소수자 보호의 헌법적 의의와 구조」, 『서울대학교 법학』 제48권 제3호, p.168.
3 허영, 『헌법이론과 헌법』, 박영사, 2011, p.642.

Ⅱ. 국민소환제도의 의의와 주요 입법례

1. 국민소환제도의 의의

소환제도(Recall, Volksabberufung)라 함은 적절한 권한을 가진 당사자나 또는 일정한 수의 시민이 선출된 공직자가 임기만료 전에 그 직에서 퇴직하도록 할 것인지를 정하기 위한 유권자 투표를 하도록 요구하는 직접 민주주의적 절차이다.[4] 공직자를 임기 전에 그 의사에 반하여 퇴임시킨다는 점에서 탄핵과 유사하다. 그러나 탄핵은 법적 책임에 관한 것인데 비하여 소환제도는 대체로 정치적 책임에 관한 것이라고 할 수 있다.

소환대상이 국가단위의 공직자에 관한 것이면 국민소환이라 하고, 지방단위의 공직자에 관한 것이면 주민소환이라고 할 수 있다. 우리나라의 경우, 헌법에서 국민투표제도는 정하고 있으나, 국민발안제도나 국회의원에 대한 국민소환제도는 정하고 있지 않다. 그러나 지방자치단체장과 지방의회 의원에 대한 주민소환제도는 법률에서 도입하고 있다. 다른 국가에서도 주민소환제를 정한 경우는 많지만, 국회의원에 대한 소환제도를 정한 국가는 많지 않다.

소환방식의 유형은 크게 두 가지로 나누어 볼 수 있다. 하나는 유권자에 의해서만 소환되는 유형(Full Recall)으로, 소환발의와 소환결정을 유권자가 투표하여 결정하는 유형이다. 우리나라의 주민소환도 모두 주민에 의하여 발의되고 주민이 투표로 결정하게 되어 있는 형태이다.[5]

다른 하나는 혼합형 소환(Mixed Recall)으로서, 발의단계나 소환결정단계 중 하나는 정치기관이나 국가기관에서 하고, 다른 한 단계는 유권자가 개입하도록 요구하는 경우이다. 오스트리아, 아이슬란드, 타이완 등이 이에 해당한다.

소환방식 및 절차가 단순하게 두 가지만 있는 것은 아니다. 유권자와 기관이 각각 어떤 단계에 개입하는가의 문제도 있고, 소환과 동시에 후임을 선출하는 제도로 구성하는 것도 가능하다. 예를 들면, 캐나다의 브리티시 콜롬비아의 경우에는 주민소환발의 요건이 충족되면 소환결정투표와 함께 후임을 선출하는 투표가 이루어지는 방식을 취하는 특징을 가지고 있다. 이런 경우에는 사실상 소환발의 자체가 퇴출을 의미하는 것으로 볼 여지가 있게 된다.

소환제도가 정치체제에 따라서 보다 더 친하거나 친하지 않은 경우로 나누어 볼 수도 있다. 국제 민주주의 및 선거보조를 위한 기구(International IDEA)는 보고서에서 소환제

---

4 International IDEA, *Direct Democracy*, 2008, p.109.
5 주민소환에 관한 법률 제7조 및 제12조.

도는 영국식 의회제 국가보다는 미국식 대통령제 국가에서 보다 더 어울리는 방식이라고 설명하고 있다.[6] 실제로 영국식 의회제 국가에서는 의회해산과 같은 제도가 있기 때문에 의원을 소환제도로 걸러야 할 경우는 대부분 윤리심사 등으로 해결되고, 대신 전반적인 문제는 해산제도로 해결하는 것으로 볼 수 있다.

2. 국민소환제도의 입법례

(1) 소환대상과 방식에 따른 분류

세계적으로 소환제도는 비교적 일반적이지 않으며, 특히나 국가단위에서 국민소환제도를 정한 경우는 많지 않고 11개국 정도가 정하고 있다.

미국이 19세기후반과 20세기 초반에 지방단위에서 시민의 참여수준을 높이려는 목적에서 개혁적으로 도입한 바가 있다. 그리고 21세기에 들어서는 세계에서 24개국 정도가 지방정부 단위에서 소환형식을 제도화한 것을 찾아볼 수 있는 정도이다.[7]

International IDEA에서 조사한 결과, 소환제도를 도입한 국가들을 유형별로 나누어 표로 도식화하면 다음과 같다.[8]

〈표 1〉 국가단위의 소환제도: 유권자가 발의하여 유권자가 소환투표하는 경우

국 가	소환대상 공직자
Belarus	대의원
Ecuador	대통령, 자치지역주지사, 대의원, 시장, prefectos
Ethiopia	하원의원
Kiribati	Maneaba ni Maungatabu의 의원
Kyrgyzstan	의원
Liechtenstein	전체 의회
Micronesia, Federal State of (Chuuk, Pohnpei, Yap)	주지사, 부주지사, 상원의원, 하원의원
Micronesia, Federal State of (Kosrae)	주지사, 부주지사, 주법원판사, 상원의원
Nigeria	상원의원, 하원의원
Palau	Olbiil Era Kelalau 의원
Venezuela	모든 선출직(대통령 포함)

6 International IDEA, *Direct Democracy*, 2008, p.110.

7 House of Commons Political and Constitutional Reform Committee(United Kingdom), *Recall of MPs*, First Report of Session 2012–13, 2012. 6. 21, p.6.

8 International IDEA, *Direct Democracy*, 2008, p.115의 Table 5. 2.

〈표 2〉 지방단위에서 시민이 발의하고 시민이 소환결정을 하는 경우

국가 지역	대상 공직자
Argentina	지방 선출직 공무원
Columbia	주지사 및 시장
Cuba	지방의회 의원
Germany (해당지역: Baden－Württemberg, Bavaria, Berlin, Brandenburg, Bremen, Rhineland－Palatinate)	지방의회 전체
Peru	시장, 선출된 지방공직자, 의원
Taiwan	지방의회 의원, 시장, 시고문관 등
USA(18개주)	지방 공직자

〈표 3〉 소환발의는 국가기관이 하고, 소환투표는 시민이 하는 경우

국 가	소환대상 공직자(소환발의 기관)
Austria	대통령(연방의회)
Germany	시장(지방의회)
Iceland	대통령(의회)
Palau	대통령, 부통령(지방의회 의원)
Romania	대통령, 부통령(하원 및 상원)
Serbia	대통령(의회)
Taiwan	대통령, 부통령(의원)
Turkmeinstan	대통령(의회)

〈표 4〉 소환발의는 시민이 하고, 소환결정은 국가기관이 하는 경우

국 가	소환대상 공직자
Uganda	의원(선거위원회)

위의 표 중에서, 대통령에 대한 소환발의를 의회가 하고 이를 국민투표에 부치는 방식은 신임투표에 가깝다고 생각된다.

이하에서는 국민소환제도의 입법례와 관련하여 미국, 스위스, 영국의 경우를 간략하게 정리한다. 미국은 우리나라가 권력구조의 모델로 크게 참고한 사례이기 때문에 연방제적 국가의 특성과 역사적 특성이 다르다 하여도 살펴볼 필요가 있고, 스위스는 선진국가

중에서도 직접민주제적 요소가 가장 많은 국가이기 때문에 국민소환제도가 어떻게 정해져 있는지 살펴볼 실익이 있다. 영국은 전통적으로 의회우위의 국가이면서 의회주의의 모국으로 소환제도가 도입되지 있지 않았다가 2015년에 법률을 제정하여 이를 도입하였다.

(2) 미 국

우리나라가 기본적인 권력구조의 모델로 하고 있는 미국은 연방의원에 대한 소환제도를 가지고 있지 않다. 연방헌법 제정 당시에 연방의회 의원에 대한 소환제도가 논의된 바[9]가 있으나, 인준시에는 이러한 내용이 반영되지 않았다. 뿐만 아니라 연방대법원이 수정헌법 제10조 등을 근거로 각 개별 주는 연방헌법에 부여된 임기와 권한에 의한 연방공무원 및 연방의원의 임기나 자격 등을 변경할 권한이 없다고 확인한 바가 있다.[10]

다만 18개 주에서 주단위에서의 주민소환제도를 가지고 있고, 주단위보다 낮은 단위의 지방 공무원에 대한 소환규정을 가진 주는 36개 주이다. 그리고 각 지방단위에서의 소환이 주단위에서의 소환보다 활발하게 이루어지고 있다. 그리고 전체 소환사건 중에서 3/4은 시의원이나 교육위원회 위원에 관한 것이다.[11]

Alaska, Georgia, Kansas, Minnesota, Montana, Rhode Island 및 Washington주에서는 법률에서 정한 소환사유 요건에 해당하여야 소환할 수 있다. 보통은 공직에서의 비행 또는 직권남용과 같은 사유로 정해져 있다. 다만 소환의 근거가 되는 이 사유에 대해서는 소환발의자들이 입증하도록 되어 있다. 소환대상자는 법정에서 그 근거의 유효성에 대하여 다툴 수 있고 법원은 소환이 필요한 경우인지에 대하여 결정할 수 있다. 다른 11개 주에서는 소환사유는 필요없고 어떤 사유로든 소환발의가 가능하다. 다만, 대상자는 소환사유로 적시된 내용에 대하여 항변할 기회가 부여된다.[12]

(3) 스위스

직접 민주주의 제도가 가장 많이 활성화된 스위스에서도 국가단위에서의 소환제도는 제도화되어 있지 않다. 다만, 26개 주(canton) 중 6개주(canton)에서 주민소환제도를 두고 있다. 스위스는 헌법개정을 위한 국민투표제도와 함께 헌법개정을 위한 국민발안제도를 가지고 있으며, 일정수 이상의 유권자 및 주에 의한 국민투표발안권을 정하고 있고 이에

---

9 Jack Maskell,, “Recall of Legislators and Removal of Members of Congress from Office”, CRS Report, 2012. Jan. 5th, pp..5~6.

10 U.S. Term Limits, Inc. v. Thornton, 514 U.S. 779(1995); Cock v. Gralike, 531 U.S. 510(2001).

11 International IDEA, *Direct Democracy*, 2008, p.112.

12 http://www.ncsl.org/legislatures-elections/elections/recall-of-state-officials.aspx 참조.

따른 국민투표를 정하고 있어 상당한 정도의 직접민주제적 요소를 헌법에서 정하여 활용하고 있다.[13] 또한 연방의회에서 부결된 일반적 발안형식으로 행해진 연방헌법의 부분개정을 위한 국민발안도 가능하다.[14] 그럼에도 불구하고 의원에 대한 국민소환제도는 정하고 있지 않다.

비록 의원에 대한 국민소환제도는 아니지만, 스위스의 각주에서 정하고 있는 자치단체의 주민소환제도를 살펴보면, Bern 주에서는 1846년부터 지방자치단체장과 의원에 대하여 주민소환이 가능하게 하였는데, 주민소환투표를 하기 위하여는 3만명(유권자의 4%에 해당) 이상의 서명이 필요하다. Schaffhausen 주에서는 1876년부터 주민소환제도를 두었는데, 1,000명(유권자의 2%에 해당)의 서명이 있으면 주민소환투표가 가능하다. Solothurn 주에서는 1869년부터 주민소환제도가 시행되었고 6,000명(유권자의 3%에 해당)의 서명이 있으면 주민소환투표를 하게 된다. Ticino 주에서는 1892년부터 주민소환제도가 도입되었는데 15,000명(유권자의 7%에 해당)의 서명이 있으면 주민소환투표를 하게 된다. Thurgau 주에서는 1869년부터 주민소환제도를 두었으며 20,000명(전체 유권자의 13%에 해당)의 서명이 있으면 주민소환발의가 된다. Uri 주에서는 1988년부터 주민소환제도를 두었는데 600명(유권자의 3%에 해당)의 서명이 있으면 되도록 하고 있다.[15]

스위스가 선진적인 민주국가 중에서 직접 민주주의적 제도가 많이 도입되어 있음에도 불구하고, 국민소환제도를 도입하지 않은 것은 스위스 헌법 제161조에 강제위임을 금지하는 규정을 두고 있는 것과도 관련이 있을 것으로 생각된다.

(4) 영 국

의회주의가 가장 발달한 영국이 최근에 의원에 대한 국민소환제도 도입이 논의되고 도입된 것은 특기할 만하다.

원래 영국식 의회제도는 소환제도와는 친하지 않다고 알려져 있었다. 그러나 2009년도 하원의원들의 의정활동경비 유용 스캔들[16]이 터지자, 이에 실망한 국민들은 하원의원에 대하여 소환을 도입하고자 하는 여론을 형성하게 되었다. 그리고 이러한 상황에 의하

13 스위스 헌법 제136조, 제138조, 제139조.

14 스위스 헌법 제140조 제2항b.

15 Peter Jankovsky, Der Versuch, eine Exekutive zu stoppen, Neue Zürcher Zeitung, 22 March 2011.

16 영국의회의 지출스캔들은 2009년 텔레그라프지에서 수년간 의회에서 의원들이 지출한 내역에 대하여 폭로한 기사에서 시작되었다. 의원들이 광범위하게 허용된 수당의 유용을 해왔다는 것이 공개되자 국민들은 이에 분노하게 되었고 의회에 대한 신뢰가 추락하게 되었다. 이일로 많은 의원들이 사직하거나 은퇴하거나 하였으며, 공개사과와 비용반환 등의 조치가 이어졌다. 또한, 상원과 하원의 몇몇 의원들은 기소되어 징역형을 살기도 하였다. 2005년에 선출된 의회는 "썩은 의회"라는 별명으로 불리게 되었다: http://www.telegraph.co.uk/news/newstopics/mps-expenses/6499657/MPs-expenses-scandal-a-timeline.html

여, 2010년 총선에서 영국의 주요 3개 정당은 하원의원에 대하여 어떤 형태로든 소환제도를 도입하겠다고 선거공약을 내걸었다.[17] 내각에서도 하원의원에 대한 국민소환제도에 대하여 구체적으로 논의하게 되었고 소환제도의 도입과 관련된 제안을 하게 되었다.[18]

우선, 영국의 국민소환제도 논의에서 살펴볼 것은 소환의 요건에 관한 논의이다.

첫 번째 요건으로서, 내각에서 제안한 하원의원에 대한 소환발의 요건은 '하원의원이 12개월 이하의 구금형 선고를 받은 경우'로 한다는 것이었다. 이미 1981년 하원법상 12개월 이상의 구금형을 선고받은 의원의 경우에는 의원직을 상실하도록 되어 있다. 정부가 조사한 바로는 조사대상의 91%가 이에 찬성했다고 한다. 이에 대해서는 어떤 형벌에 해당되는지와 무관하게 기소가능한 범죄를 저지르고 기소되면 소환발의 요건에 해당하도록 소환발의 요건을 확장해야 한다는 주장도 있었다.

그러나 구금형을 받거나 기소가능한 범죄에 해당하는 경우라고 하더라도, 의원으로서의 정직성이나 신뢰와는 무관한 경우가 있을 수 있다는 반론도 있다. 범죄의 동기를 고려하지 않고 단지 형벌의 종류나 기소여부에 따라서 자동적으로 소환발의가 가능하도록 하는 것은 문제가 있다는 지적이 있었다. 최근의 구금된 하원의원을 보면 시민불복종과 관련된 경우도 있었다. 조세부과처분에 대한 저항으로 구금된 경우도 있고, 북아일랜드법에 반하는 단체조직과 관련하여 구금된 경우도 있었기 때문이다.

소환발의의 사유로 12개월 이하의 구금형에 해당하는 범죄행위뿐 아니라, 의원의 비행(misconduct)도 소환사유로 하도록 하였는데, 이때 비행은 윤리규범에 위반되는 행위로 한정하는 것으로 논의되었다.

소환발의단계에서는 소환발의 주체를 의원규준 및 특권위원회(the Committee on Standards and Privilege)로 하는 안도 논의되었다. 이에 대해서는 Reading 대학의 Alan Renwick 박사나 Nick Cowen과 같이 동료의원에 대하여 소환발의를 한다는 것이 적절하지 않다는 점과 그러한 소환발의는 국민의 신뢰를 받기 어려울 것이라는 점에서 반대하는 견해가 있었다.[19] 그러나, 하원이 그 스스로 구성원에 대하여 규율과 관련된 행위를 할 필요가 있다는 주장도 있었다. 뉴욕주립대 알버니 대학의 Joseph Zimmerman 교수는 하원을 구성하는 하원의원들이 동료의 행위를 규율하는 제도적 책임(an institutional responsibility to police the behavior of colleagues)을 가지고 있기 때문에 특정한 의원이 소환발의의 대상이 되어야 하

---

17 Conservative Party manifesto–invitation to join the Government of Britain, 2010, pp.65–6; Liberal Democrat Party manifesto, 2010, p.89; Labour Party manifesto, 2010, p.9:2.

18 Cabinet Office, HM Government, *The Coalition: our programme for government,* May 2010, p.27.

19 House of Commons Political and Constitutional Reform Committee(United Kingdom), *Recall of MPs*, First Report of Session 2012–13, 2012. 6. 21, p.11.

는지에 대하여 결정하는 것이 무엇보다도 중요하다고 지적하였다.[20]

그런데 이 소환발의를 하원 특히 의원규준 및 특권위원회(the Committee on Standards and Privilege)에 맡기는 것은 그동안 이 하원의 위원회가 의원윤리심사 등을 비교적 잘 해 온 것으로 신뢰를 받았기 때문에 가능한 제안이다. 이 점은 우리나라에서 윤리심사가 제대로 이루어져 오지 않은 상태에서 의원에 대한 국민소환제도의 논의가 시작된 것과 비교가 될 만하다.

2015년 제정된 Recall of MPs Act 2015 에서는 이러한 논의를 바탕으로 하원의원의 소환요건을 엄격하게 정하고 있는데, 영국에서 기소되어 징역형을 받거나 하원윤리위원회의 명령으로 직무가 정지되거나 부정한 비용지출을 한 것으로 드러난 의원에 대해서 할 수 있도록 하여 상당한 정도의 위법한 행위가 있어야 가능하도록 하고 있다.

Ⅲ. 국민소환제도에 관한 헌법쟁점

1. 직접민주적 요소인 소환제도와 대의제와의 조화문제

현대의 대의제 위기에 대해서는 대표와 국민간의 간극이 커진 상황이라는 등의 중대한 문제점과 관련하여 많은 논의가 있고, 우리가 현재 경험하고 있는 국회에 대한 문제의식은 분명히 여러 가지 해결방안의 모색이 필요하다. 국민의 직접 참여욕구에 대한 해결책도 분명히 필요해 보인다. 그러나 직접민주적인 방식이 대의제의 본질을 훼손시키지 않고 대의제의 보완책으로 가능할 수 있는지, 어떤 방식이 가장 적합한지에 대해서는 면밀한 검토가 필요하다.

현대적 민주주의체제는 대부분 대의제를 기본적 정치제도로 채택하고 있다. 무엇보다도 대의제의 핵심기능은 “숙의기능”이다. 국가의 정책결정에 있어서, 단순히 구성원들의 선호를 숫자로 파악하여 다수가 선호하는 정책으로 결정하는 것이 아니라, 다양한 견해를 서로 토론하고 논의한 다음 보다 나은 지혜를 도출하여 이를 국가정책으로 결정하려고 하는 것이다.

이러한 숙의절차는 국민 모두가 참여하여 할 수 있는 일이 아니다. 따라서 선거에 의하여 임기에 해당하는 일정기간동안 그 활동의 정당성을 획득하면 그 정당성이 유효한 시간동안 대의기관은 자신을 선출한 계층이나 지역 등 모든 이해관계로부터 자유롭게 오로

---

20 House of Commons Political and Constitutional Reform Committee(United Kingdom), *Recall of MPs,* First Report of Session 2012−13, 2012. 6. 21, p.11.

지 양심에 따라 전체 국가이익을 위하여 토론과 의사교환과정을 거쳐서 최종적인 의사결정을 하게 된다는 것이 대의제의 이상인 것이다.

그러나 이러한 대의제의 이상은 현실에서 그대로 이루어지지 않고 있다는 비판도 적지 않다. 가장 대표적인 현상은 정당정치현상이다. 정당정치현상은 순기능을 인정받아 헌법에서 받아들여졌지만, 정당기속이 강해지면서 의원들이 정당의 이익에 보다 충실한 의정활동을 한다는 역기능에 대한 비판을 받는다.

대한민국 헌법상 정부구조는 대통령제이고, 권력분립에 의하여 민주주의가 유지되도록 구도화되어 있다. 국회는 국민에 의하여 직접 선출된 의원으로 구성되고 국회의원들은 각자 선출과정이 지역구에서 선출되었든 비례대표로 선출되었든 일단 국회의원이 된 후에는 국민전체의 대표라는 자격으로 국정을 논의하게 된다.

이러한 과정에서 지역이익이나 부분이익이 반영되지 못하거나 전체이익과 충돌될 때 국회의원은 자신이 속한 지역이나 단체의 이익이 아니라 전체 국민의 이익을 조망하여 결정하여야 하지만, 현실적으로는 다음 선거에서의 선출여부라든가 정치적인 입지라든가 전체이익보다 부분이익에 충실하게 될 우려가 있다. 그래서, 최소한 임기동안은 그러한 부분이익에서 자유롭게 의정활동을 가능하게 할 필요가 있다. 이것이 자유위임원리의 취지이다.

그런데, 국민소환제도를 도입한다고 하면, 위에서 본 바와 같이 유권자에 의하여 소환하게 하는 것인데 부분이익으로부터 자유로울 수 있겠는가 하는 점에서 자유위임원리에 입각한 대의제도를 기본으로 하는 헌정질서와 조화되지 않는다는 우려를 할 수 있는 것이다.

우리나라에서 대의제를 기본으로 택하면서 보완적으로 직접민주제적인 요소를 도입한 것으로는 국민투표가 있다. 그러나 국민투표의 경우도 매우 제한적으로 정하고 있는데, 두 가지의 경우 즉, 헌법개정의 경우와 외교·국방·통일 기타 국가안위에 관한 중요정책 및 헌법개정에 대한 "국민투표제도[21]"만 규정하고 있는 태도와도 조화되기 어려운 것으로 볼 수 있다.

국민소환제도는 국민투표나 국민발안과 같이 적극적인 국민의사의 실현이라기보다는 선거를 통하여 대표자에게 부여했던 정당성과 신뢰가 더 이상 유지될 수 없는 경우에 이를 소극적으로 철회하는 것에 불과하다는 데에 그 핵심이 있고, 이는 오히려 대의제의

---

21 「대한민국 헌법」 제72조 대통령은 필요하다고 인정할 때에는 외교·국방·통일 기타 국가안위에 관한 중요정책을 국민투표에 붙일 수 있다.
제130조 ② 헌법개정안은 국회가 의결한 후 30일 이내에 국민투표에 붙여 국회의원선거권자 과반수의 투표와 투표자 과반수의 찬성을 얻어야 한다.

본질인 국민에 의한 통제가능성의 유보와 책임실현을 위한 제도적 장치라고 파악된다는 견해도 있다.[22] 그러나 국민소환제도는 소극적인 신임철회에 그치지 아니하고 새로운 신임부여 행위가 따라야 할 뿐 아니라 추후의 정책논의에 영향을 미칠 수 있는 가능성이 충분히 있다. 오히려 그 영향력이 국민투표의 결과보다 더욱 클 수도 있다.

국민소환제도의 근거로 국민주권주의를 규정한 헌법 제1조 제2항을 제시하는 견해도 있다. 그러나 국민주권주의가 반드시 국민의 직접적인 통제에 의하도록 하라는 의미는 아니다. 더욱이 우리 헌법은 국민주권주의를 선거로 대의기구를 구성하여 실현하도록 설계되어 있다. 구체적인 제도의 명시적인 근거없이, 국민주권주의라는 원리만을 근거로 하여, 이미 구체적으로 제도화된 대의제와 기능적으로 충돌될 가능성이 큰 제도의 도입을 추진하려고 한다면 가능한 한 충돌되는 문제에 대하여 모두 면밀히 검토하여 충돌되는 문제의 방지책이 충실히 보완되어야 한다고 보겠다.

2. 국회의원의 면책특권 및 국회내 소수자 보호 문제

국회의원은 의정활동에 있어서 정부나 외부의 세력에 대하여 자유롭도록 우리 헌법 뿐 아니라 많은 국가들이 국회의원에 대해서는 불체포특권 및 면책특권을 규정하고 있다.

특히 국회의원은 국회에서 직무상 행한 발언과 표결에 관하여 국회 외에서 책임을 지지 않는다(헌법 제45조). 면책특권을 이렇게 정했음에도 국민소환제도를 법률에서 정할 경우에, 그 소환사유의 범위는 면책특권을 제외한 것이어야 한다. 그러나, 국회의원의 직무와 관계없는 언행이 소환이라는 국민적 견제의 대상이 될 수 있는 경우를 상상하기는 쉽지 않다. 범죄와 연루된 경우라면 더구나 그것은 형사벌로 처벌되고 의원직을 상실하면 되는 것이고, 그보다 경미한 비행정도는 국회의 윤리심사로 처리하면 되는 일이다. 물론 국회의 윤리심사가 제대로 이루어지고 있지 않다는 문제가 있지만, 이것을 개선하도록 노력하는 것이 우선되어야지 이를 소환으로 해결하는 것이 타당한지는 의문이 있다. 윤리심사는 여러 단계를 고려하여 행위에 비례한 처분이 있지만, 경미한 비행으로 인하여 의원을 소환한다면 결과는 의원직을 상실시키는 것 뿐이기 때문이다.

이러한 면책특권과의 관계에서 소환제도가 만일 소환사유를 법률에서 정하지 못하거나 명시하지 않았거나 또는 사유를 불문하고 절차요건만을 정하고 있을 경우에는 이 면책특권을 무효화하는 효과를 가져올 우려도 있다.

예를 들어, 국회의원이 발의한 법안에 관하여 여론에서 찬반이 극명하게 갈라지는 경

22 김선택, 「민주주의의 구조변화와 헌법개혁」, 『안암법학』 제25권, 2007, p.31.

우에, 이를 발의한 국회의원에 대하여 반대하는 국민들의 일정수가 사유가 정해지지 않은 까닭에 소환을 위하여 정해진 절차대로 국민소환을 발의하고 이를 표결하게 되는 경우가 발생할 수 있는 것이다. 그렇다면 이것은 국회의원의 의정활동에 대하여 건건이 발동이 걸릴 수 있게 하는 것이며, 면책특권을 사실상 부인하는 결과를 가져올 수 있다.

또한 국회에는 정치적 안정성이 보장되는 한도에서 다양한 국민의 목소리가 반영될 수 있도록 구성됨이 바람직하다. 민주주의는 다수결로 결정하는 것이 다가 아니라, 소수자에 대한 배려와 인지라는 중요한 내용도 가지고 있기 때문이다.

그런데, 국민소환제도가 어떻게 규정되는가에 따라서 국회의 소수자가 의정 중에 배척하는 도구로 악용될 경우도 예상할 수 있다. 만일 소환발의를 의원이 선출된 지역구가 아닌 전국단위에서 할 수 있도록 하는 경우에는 소환제도가 전국적으로 소수파인 의원에게 매우 불리한 제도가 될 수 있다. 비례대표와의 형평성 문제 때문에 소환발의권자에 대한 논의가 있을 수 있지만, 전국단위의 유권자가 소환발의를 할 수 있도록 하는 경우에는 소수파의 정책이 국회에서도 배척되기 쉬운데 국민소환제도에 의하여 2중의 심사를 받아야 하는 상황이 될 수 있다.

게다가 대의제로 해결하지 못하는 문제를 국민의 적극적인 참여로 해결하고자 하며 직접 민주주의적인 보완이 필요하다는 취지에도 불구하고, 결국은 또다시 다수결에 의한 소환제도를 둔다면 이것이 민주주의의 또다른 중대한 이념이라 할 소수자 보호를 형해화하는 즉, 소수자의 목소리를 침묵시켜버리는 제도 또는 다수의 가변적 의사에 따라 소수자를 더욱 소수자로 만드는 제도로 변질될 우려도 고려하지 않을 수 없다. 게다가 국가정책 중에는 단기적으로는 불필요해 보이거나 인기가 없는 정책일지라도 장기적으로는 매우 필요하거나 중요하여 이것을 추진하는 상황이 발생할 수도 있다. 그런데 소환제도를 염두에 두어 의원들이 대중영합적인 정책을 선택하려고 한다든지 수시로 정책을 바꾼다든지 하는 경우에는 오히려 이것이 국민전체에 장기적으로 도움이 될 수가 없다는 점을 고려하여야 할 것이다.

3. 국회자율권과의 조화문제

소환의 실제적 요건이라 할 소환사유를 법률에서 정한다고 하여도, 형사사건과 관련하여 정하기는 어렵다. 왜냐하면 일단 범죄에 해당하는 행위를 한 의원은 그 판결이 확정될 때까지는 무죄추정원칙에 의하여 보호받아야 하므로 혐의사실이 확정될 때까지는 소환사유로 정하기 어렵다고 할 수 있다. 우리 법률에서는 확정판결이 났을 때라도 일정금액 이상의 벌금형이거나 유기징역에 해당하면 의원직이 당연상실 되도록 하므로, 소환사유로 형사범죄를 정하는 것이 의미가 있을 것으로 보이지 않는다. 그렇다고 해서 일정금액 이하의 벌금형 미만일 때 소환하도록 정하는 것은 국민소환의 사유로 적절한가. 그것도 마땅한 일은 아니다. 왜냐하면 오히려 당연상실보다 더욱 민주적 절차로 자격을 상실시키는 것으로 되는 일을 해야 하기 때문이며, 형사적으로 매우 경미한 상황에서 또한 관련된 범죄의 동기에 대해서도 전혀 고려하지 않고 소환사유로 정하기는 어렵기 때문이다.

그렇다면, 윤리적 의미에서 국회의원의 의무위반 등을 사유로 하여 소환하도록 할 수 있겠는가. 그것이 입법적으로 불가능하지는 않을 것이다. 그러나, 국회의원의 윤리문제에 대해서는 국회 내부의 윤리심사절차가 있다. 윤리심사절차라는 자율적인 규율권한과 절차를 제대로 활용하지 않고 바로 국민소환으로 맡기는 것이 국회의 자율성을 아직은 더 강화하여야 할 시점이라는 관점에서도 바람직하다고 보기 어렵다.

따라서 국민소환제도를 도입한다고 한다면, 구체적인 모습은 국회의 자율권을 보충하는 제도로서의 모습이어야지, 국회가 자율적으로 규율할 수 있는 제도를 고민하기 전에 소환제도부터 적용하는 것은 장기적인 관점에서 바람직하다고 생각되지 않는다.

4. 신임투표로의 악용문제

우리 헌법재판소는 대통령 탄핵사건에 대한 결정문에서 우리 헌법 제72조의 국민투표규정은 신임투표가 될 수 없다고 하면서, 헌법은 명시적으로 규정된 국민투표 외에 다른 형태의 재신임 국민투표를 허용하지 않는다는 점을 분명히 했다.[23]

23 "헌법 제72조의 국민투표의 대상인 '중요정책'에는 대통령에 대한 '국민의 신임'이 포함되지 않는다. 선거는 '인물에 대한 결정' 즉, 대의제를 가능하게 하기 위한 전제조건으로서 국민의 대표자에 관한 결정이며, 이에 대하여 국민투표는 직접민주주의를 실현하기 위한 수단으로서 '사안에 대한 결정' 즉, 특정한 국가정책이나 법안을 그 대상으로 한다. 따라서 국민투표의 본질상 '대표자에 대한 신임'은 국민투표의 대상이 될 수 없으며, 우리 헌법에서 대표자의 선출과 그에 대한 신임은 단지 선거의 형태로써 이루어져야 한다. 대통령이 이미 지난 선거를 통하여 획득한 자신에 대한 신임을 국민투표의 형식으로 재확인하고자 하는 것은, 헌법 제72조의 국민투표제를 헌법이 허용하지 않는 방법으로 위헌적으로 사용하는 것이다. 대통령은 헌법상 국민에게 자신에 대한 신임을 국민투표의 형식으로 물을 수 없을 뿐만 아니라, 특정 정책을 국민투표에 붙이면서 이에 자신의 신임을 결부시키는 대통령의 행위도 위헌적인 행위로서 헌법적으로 허용되지 않는다. 물론, 대통령이 특정 정책을 국민투표에 붙인 결과 그 정책의 실시가 국민의 동의를 얻지 못한 경우, 이를 자신에 대한 불신임으로 간주하여 스스로 물러나는 것은 어쩔 수 없는 일이나, 정책을 국민투표에 붙이면서 "이를 신임투표로 간주하고자 한다"는 선언은 국민의 결정행위에 부당한 압력을 가하고 국민투표를 통하여 간접적으로 자신에 대한 신임을 묻는 행위로서, 대통령의 헌법상 권한을 넘어서는 것이다. 헌법은 대통령에게 국민투표를 통하여 직접적이든 간접적이든 자신의 신임여부를 확인할 수 있는 권한을 부여하지 않는다.
뿐만 아니라, 헌법은 명시적으로 규정된 국민투표 외에 다른 형태의 재신임 국민투표를 허용하지 않는다. 이는 주권자인 국민이 원하거나 또는 국민의 이름으로 실시하더라도 마찬가지이다. 국민은 선거와 국민투표를 통하여 국가권력을 직접 행사하게 되며, 국민투표는 국민에 의한 국가권력의 행사방법의 하나로서 명시적인 신임투표가 위헌이라고 보는 입장에서는 국민소환제도의 도입이 사실상 헌법 제72조에 반하는 신임투표를 인정하는 것과 같은 결과를 가져온다는 점 때문에 헌법에서 명문으로 규정하지 않은 제도인 국민소환제도를 위헌으로 주장할 수 있는 근거가 될 수 있다.[24]

실제로 신임투표적인 성격을 가진다면 결국은 현행 헌법이 예정한 자유위임이 아닌 강제위임의 성격을 띄게 될 것으로 우려할 소지도 크다.

5. 평등원리 위반 여부

현재 우리나라에는 지방자치단체장과 지방의원에 대한 주민소환제가 도입되어 있다. 그런데 국회의원에 대해서는 소환제도가 도입되어 있지 않은 것은 형평에 어긋나고 따라서 헌법상 평등원리의 위반이라고 하는 견해도 있다.

그러나, 지방단위에서의 정치와 국가단위에서의 정치상황은 다르다고 평가할 수 있다. 주민소환으로 인한 정치적 불안정과 국가단위에서의 정치인의 소환에 따른 정치적 혼란은 그 차원이 다른 것이며 달리 평가할 여지가 있다.

또한 지방자치단체에서는 풀뿌리 민주주의의 실현과 주민참여가 용이하다는 점에서 국가단위의 정치와 다르다고 볼 수 있다.

지방자치단체의 선출직은 지방의 이익을 위하여 공무를 수행하면 되지만, 국가의 선출직은 특정한 이익을 위하여 공무수행을 하는 것이 아니기 때문에 다양한 갈등관계의 해결의 한가운데에 놓일 업무가 많은 상황에서 소환의 대상으로 하기 적절하지 않다고 볼 여지도 있다.[25]

독일의 경우에 나찌가 출현한 것이 군소정당난립 외에도 소환제도가 초래하는 정치적 불안정과 관련되었다는 점에 대한 반성으로 연방의회에 대한 소환제도는 도입하고 있지 않고, 프랑스의 경우에도 직접 민주주의적 실험을 거치고도 헌법에서 기속위임제도는 모두 무효라고 선언한 것이 그러한 점을 보여준다고 할 수 있다. 그 외에도 미국 등 많은 민주국가들이 지방자치단체에서는 소환제도를 두면서도 국가차원에서는 소환제도를 정하지 않은 사례가 많은 것도 그러한 고려에 의한 것으로 볼 수 있다.

헌법적 근거를 필요로 한다. 따라서 국민투표의 가능성은 국민주권주의나 민주주의원칙과 같은 일반적인 헌법원칙에 근거하여 인정될 수 없으며, 헌법에 명문으로 규정되지 않는 한 허용되지 않는다"(헌재 2004. 5. 14. 2004헌나1, 판례집 16-1, 609).

24 장영수, 「참여민주주의의 실현과 국민소환제 도입의 문제점」, 『공법학연구』 제7권제2호, 2006, p.10; 이성환, 「국민소환제의 헌법적 검토」, 『공법연구』 제33집제1호, 2004. 11, pp.159-180.

25 김선화, 「국민소환제도 도입문제」, 국회입법조사처 이슈와 논점 제482호, 2012. 6.

Ⅳ. 제도도입의 현실적 적절성 문제

1. 극단적 대립의 심화문제

국회에 대한 신뢰가 추락한 중요한 원인의 하나는 숙의과정에 해당하는 대화와 타협의 매커니즘이 작용하지 못하고 있다는 점이다.

그런데, 국민소환제도가 도입된다면 정치적으로 민감하고 견해의 대립이 첨예한 쟁점에 대해서 대화와 타협보다는 반대자에 대한 국민소환운동 등으로 압박을 하는 경우를 우려하지 않을 수 없다. 이것은 국민소환의 사유가 법정되지 못하는 경우에 더욱 우려되는 것이다.

영국의 소환사유에 관한 논의를 보면, 소환요건으로서 12개월 이하의 구금형에 해당하는 범죄를 저질렀을 때를 한다고 되어 있다. 우리나라의 경우는 일정금액의 벌금형 이상의 선거관련 범죄나 유기징역에 해당하는 범죄를 저지른 것이 확정되면 피선거권이 없게 되며 피선거권이 없는 자는 당연히 의원직이 상실[26] 되도록 되어있기 때문에, 영국과는 사정이 다르다. 다시 말해서 금고이상의 형사처벌을 받게 되는 경우 자동으로 의원직이 박탈되도록 되어 있고, 공직선거법 등의 일정한 범죄에 해당하여 일정한 벌금형 이상의 선고가 확정되면 의원직을 상실하도록 되어 있기 때문에 형사처벌에 해당하는 경우를 국회의원의 소환요건으로 하는 것은 의미가 없다.

그렇다면, 국민소환의 요건은 어떻게 할 수 있는 것인가. 정치적 사유를 열거하는 방식이 가능한가? 현재 발의된 법안과 같이 절차적 요건 외에 실체적 요건이라 할 수 있는 소환사유를 정하지 않고 정치적 판단에 맡겨야 하는 것인가? 그런 법률제도라면 어떤 사유로 소환발의가 될 것인지 예상하지 못하는 가운데, 반대되는 입장에 있는 국회의원에 대한 정치적 압박수단으로 전락할 우려가 매우 크다는 우려를 하지 않을 수 없다. 사유를 법률에서 요건으로 정하지 못한 소환제도는 법정사유가 있는 탄핵제도에 비하여 남용의 우려도 그만큼 크다고 할 수 있다.

극단적인 대립이 일상화된 정치상황에서 민감한 사안에 대하여 반대견해를 주장하는 의원을 소환으로 압박한다거나 소환발의를 하는 것으로 문제를 풀어나가려는 시도를 하여 정치적 타협의 묘가 발휘되기는커녕 오히려 더욱 경색되어 가고 이것이 궁극적으로는 대의제의 기능을 저해하는 문제가 발생할 수 있다.[27]

---

26 국회법 제136조.

27 장영수, 「참여민주주의의 실현과 국민소환제 도입의 문제점」, 『공법학연구』 제7권제2호, 2006, pp.16~17.

2. 국민의 정치참여제도로서 유용한지의 문제

국민소환제도는 직접 민주주의를 실현하게 하며 주권자인 국민이 정치참여할 기회를 확대하고 주권자에 의한 통제의 적시성을 확보하게 하며 유권자의 소외감 내지 무력감을 치유하는 효과를 기대할 수 있다고도 한다. 대의제가 정치를 정치적 대표들만이 경험하는 한정된 행위로 축소시켰다고 하는 주장과도 일맥상통하는 지적이다.[28]

그러나, 대의기구의 임기전 교체방식을 통해서 과연 직접적인 정치참여나 의사실현의 욕구를 충족하게 할 수 있는지는 의문이다. 차라리 국민발안제와 같이 국민이 구체적으로 원하는 정책을 대의제 구도하에서 심의해 보도록 기회를 만드는 것과 같은 형태가 오히려 직접 참여하고자 하는 욕구에 보다 부합하는 제도가 될 수 있지 않은가 생각할 수 있다. 또는, 국회의 입법절차에서 공청회나 청문회와 같은 제도를 활발하게 하여 국민의 의견을 공식적으로 수렴하는 절차를 활성화하는 편이 일반 국민의 정치참여제도로 유용할 수 있다.

뿐만 아니라 비용면에서도 문제가 있다. 국민소환은 방식에 있어서도 선거의 방식이며, 그것도 이중의 선거로도 그치지 아니하고 후임을 선출하는 선거까지 한다면 삼중의 선거가 치러져야 하는 일이다. 선거는 돈이 매우 많이 드는 제도인데, 단지 소극적인 4년 임기의 선출직 의원 배척을 위해 도입하려는 제도로서 소환제도가 비용적으로 현실적이라거나 또는 적절한 것인지에 대해서도 의문을 제기할 수 있다.

그리고 총선, 대선, 지방선거 등 선거가 많은 중에 또한 선거정국이 상시적으로 형성되는 것이 정치적 안정을 위하여 바람직한지에 대해서도 의문이 있다.

V. 결 어

국민소환제도는 의회가 국민의 신임에 걸맞게 활동하도록 하려는 취지에서 도입논의가 전개되고 있다. 우리 국회가 그동안 보여준 여러 가지 실망스러운 모습들이 국민들에게 국민소환제도로 실망스러운 정치인을 국회로부터 퇴출할 희망을 가지게 하는 제도로 각광을 받는다는 점을 이해할 수 있다. 또한, 직접 민주적 요소를 보다 강화하려는 취지에서 학계의 논의도 축적되어 있다. 국민소환제도를 주권자에 의한 대의기구의 통제라는 의

28 H. Arendt, "Truth and Politics", *Between Past and Future* (New York:Penguin Books, 1983), p.241.

미에서 상징적으로라도 둘 필요성이 있다는 견해도 설득력이 있다고 할 수 있다.

그러나 대한민국 국회가 출범한지 60여년이고 그나마도 민주주의가 성숙하기 시작한 것도 길지 않다. 헌정사를 돌이켜 보면, 국회가 제대로 의회의 역할과 기능을 정상적으로 정착시키는 데에는 그보다 많은 시간이 걸리게 될 것임을 예상할 수 있다.

우리가 헌정질서로 채택한 대의제의 숙의기능을 제대로 정착시킨 다음에 소환제도와 같은 대의제와 상치되는 문제점이 지적되는 제도를 도입해도 늦지 않다. 그런 경우라면 소환제도가 도입되어도 기본적인 대의제의 모습을 망가뜨리지 않을 것이라는 신뢰가 가능하기 때문이다. 수백년간 의회제도가 정착되고 민주주의가 성숙한 영국과 같은 국가에서도 의원에 대한 국민소환제도의 도입에 대해서는 매우 신중하고 아직도 결론을 내지 못한 상황이다.

앞에서 살펴 본 바와 같이, 현행 헌법의 대의제 원리, 자유위임원리와 상충되는 점이 있고, 헌법상 국민투표제도의 제한적 도입과 충돌되는 점, 신임투표로 변질될 우려와 같은 헌법상 쟁점들이 있다. 뿐만 아니라 현실적으로도 정치적 타협을 어렵게 한다든가, 정치적 소수에 대한 압박이 되는 제도가 될 수 있다든가 하는 문제점이 제기될 수 있다.

직접 민주제적 보완 또는 국민의 정치과정에의 직접 참여욕구를 실현하는 제도로도 유용하거나 효율적인 제도인지 의문을 제기할 수 있다. 소환제도는 사실상 발의-소환투표-후임선거라는 삼중의 선거를 해야 한다. 선거와 같이 돈이 많은 드는 제도를 단지 이미 선출한 의원을 퇴출하기 위하여 삼중으로 하는 것이 효율적이고 바람직하다고 보기는 어렵다고 생각된다. 오히려 국회의원의 윤리심사제도를 강화하면서, 윤리조사제도를 도입하고, 윤리조사위원회(가칭)에 외부 국민이 참여한다거나 하는 편이 대안으로 효율적일 수도 있다.

설사, 국민의 주권자로서의 지위를 현실화한다는 취지에서 도입하려고 한다고 하더라도, 우선은 대의제를 기본으로 하는 현재 헌법의 정치적 설계가 제대로 작동하도록 하는 것이 순서상 먼저라고 할 수 있다. 의회가 의회 본연의 대화와 타협을 통한 숙의기능을 정착시키는 것이 우선이어야 한다. 그리고, 윤리심사기능과 같은 국회의 자율적인 자정시스템이 제대로 작동되도록 다양한 보완책이 우선 논의되어야 할 것이다.

그리고 그러한 대의제 안에 각 입법절차라든가 윤리심사절차 등에서 국민이 참여할 수 있는 다양한 방안을 마련한다면, 국민이 참여하고 신뢰하는 국회를 만들 수도 있다.

대의기구의 기능정착과 그 자율성에 대한 시스템이 정착되도록 한 다음에 소환제도의 도입에 대하여 논의하여도 늦지 않다고 할 수 있다.

<참고문헌>

김철수, 『헌법학』, 박영사, (2008).

성낙인, 『헌법학』, 법문사, (2012).

허　영, 『헌법이론과 헌법』, 박영사, (2011).

김선택, 「민주주의의 구조변화와 헌법개혁」, 『안암법학』 제25권, (2007).

김선화, 「국민소환제도의 도입문제」, 국회입법조사처 이슈와 논점 제482호, (2012. 6).

이성환, 「국민소환제의 헌법적 검토」, 『공법연구』 제33집 제1호, (2004. 11).

이우영, 「대의제민주주의에서 소수자 보호의 헌법적 의의와 구조」, 『서울대학교 법학』 제48권 제3호, (2007. 9).

임혁백, 「대의제 민주주의는 무엇을 대의하는가?」, 『한국정치학회보』 43(3), (2009. 12).

장영수, 「참여민주주의의 실현과 국민소환제 도입의 문제점」, 『공법학연구』 제7권 제2호, (2006).

한태연, 「미국에 있어서의 직접민주제의 현황」, 『미국헌법연구』, (1999. 7).

H. Arendt, “Truth and Politics”, Between Past and Future (New York:Penguin Books, 1983)

House of Commons Political and Constitutional Reform Committee(United Kingdom), Recall of MPs, First Report of Session 2012－13, (2012. 6. 21).

International IDEA, Direct Democracy, (2008).

Jack Maskell,, “Recall of Legislators and Removal of Members of Congress from Office”, CRS Report, (2012. Jan. 5th).

[14] 국회에 의한 행정감시의 헌법적 과제*

-일본의 참의원 행정감시위원회를 소재로-

이 상 윤**

Ⅰ. 들어가며

행정활동·역할의 비약적 증대를 특징으로 하는 현대사회에서는 정부를 중심으로 한 행정활동 전반에 대한 적절한 통제가 국회의 중요한 기능의 하나로 강조되고 있으며, 이를 국회에 의한 행정통제기능 또는 행정감시기능이라 할 수 있을 것이다.[1] 오늘날 이러한 감시기능이 또다시 강조되고 있는 배경에는 의회정치의 구조적 기능부전 등이 있지만, 가장 직접적인 것은 적극국가에 따른 행정우위·관료우위의 상황이라 할 수 있다. 여하튼 국회에 의한 행정의 통제라고 하는 것은 행정권을 내각에 부여하고(제65조), 내각총리대신이 행정각부를 지휘·감독하도록 하고 있는(제72조) 일본국헌법의 취지를 고려하면, 국회가 행정활동의 타당성이나 적법성을 문제로 하기보다도 이러한 활동에 대하여 감독책임을 지는 내각의 감독을 통제한다는 의미가 강하다.[2] 이로부터 행정에 대한 통제라고 하는 경우의 행정이란 "정부 하의 행정·행정조직을 의미하는 것이 아니라 최고행정기관으로서의 집행부를 의미하는 것"[3]으로 이해되고 있다. 결국 국회에 의한 행정통제·행정감시는 국회가 직접적으로 행정을 통제하는 것이 아니라 행정각부를 통괄하는 내각을 감독함으로써 간접적으로 행정 전반을 통제한다는 사고방식에 입각하고 있는 것이다. 이러한 국회의 간접적인 행정통제라는 사고방식은 실무상 1990년대 중반 이후의 행정개혁에 의하여 큰 변화를 보이게 되었으며, 그 변화의 중심에 있었던 것이 행정감시위원회이다.

---

* 이 논문은 제주대학교 법과정책연구소에서 발간하는 「법과정책」 제16집 제2호(2010)에 발표된 논문으로서, 玄同 정만희 선생님의 의회제민주주의 발전에 대한 지대한 노력과 관심에 보답하는 마음으로 제출함.

** 한국법제연구원 연구위원, 법학박사.

1 원래 군주 및 정부의 활동을 감시·통제하기 위한 기관으로 탄생한 의회가 그 권한을 확대하여 입법권을 획득하고, 법률의 제정을 통하여 행정을 통제하게 되었다는 의회정치의 역사적 전개과정을 고려하면, 결국 행정부 감시기능에서 입법기능이 파생되었다고도 볼 수 있다. 大山礼子, 国会学入門(第2版), 三省堂, 2003, 171頁 이하 참조. 이러한 내각의 각종 행정활동에 대한 감시를 내각의 법률집행에 관한 수시적 감시 등을 의미하는 것으로 이해하며, 이를 의회가 수행해야 하는 가장 중요한 기능 중의 하나로서 강조하고 있다. 荒井達夫, 行政監視とは何か, 立法と調査 第293号(2009), 55-56頁; 山下榮一, 行政監視と視察(行政監視委員長·視察報告), 2009, 13頁 <http://www.yamashita-eiichi.com/policy/gyouseikanshi-shisatu2009.pdf> 참조.

2 原田一明, 議会制度, 信山社, 1997, 188頁.

3 大石 眞, 憲法講義 I (第2版), 有斐閣, 2009, 148頁.

여하튼 이러한 의회의 행정감시기능을 수행하기 위한 수단으로서 일본헌법에서는 양의원에 국정조사권(제62조)을 비롯하여 국회에 예산안과 법률안에 대한 심의의결권 등을 부여하고 있다. 특히 일본의 경우 참의원은 의원내각제 하에서 정부와 정치적 일체성을 가지는 중의원에 대한 억제·균형·보완이라는 역할을 담당하고 있다는 점에서 더욱 강한 행정감시기능이 기대되고 있다.[4] 이로부터 참의원 개혁의 일환으로서 참의원의 행정감시기능을 향상시키기 위하여 1998년 1월 12일 제142회 국회에서 행정감시위원회가 탄생하게 되었고, 이것은 국정조사권과 총무성의 행정감찰 등을 활용하여 행정운영의 부적절·태만 등에 의하여 발생하는 고충처리를 위한 조사를 하고, 행정감찰을 점검함과 동시에 그 적정화 등을 도모하고 있다. 이와 같이 행정감시위원회는 참의원에 설치된 행정감시를 목적으로 하는 유일한 상임위원회로서 국회의 정부·행정에 대한 통제기능을 수행하고 있다. 2010년 5월 현재 행정감시위원회는 12년째를 맞이하고 있지만, 크게 주목을 받지 못하고 있으며,[5] 그 존재의의에 의문이 제기되고 있는 실정이다.

이로부터 이 연구에서는 국회에 의한 행정통제의 수단이라는 관점에서 참의원 행정감시위원회(이하 "행정감시위원회"라 함)의 기능과 활동실적을 살펴보고, 그 현대적 과제를 제시하기로 한다. 구체적으로는 행정감시위원회의 도입과정과 특징, 활동실적과 운영실태 등을 의회의 회의록 등에서 제시된 내용을 중심으로 살펴보고, 이로부터 앞으로 행정감시기능의 활성화를 위한 현대적 과제를 제시하고자 한다. 이러한 연구는 행정감시를 위한 상임위원회를 두고 있지 않은 우리나라에 있어서 행정에 대한 의회의 통제기능을 논의함에 있어서 일정한 시사점을 제공할 수 있을 것으로 보인다.

Ⅱ. 행정감시위원회의 설치배경과 특징

1. 행정감시위원회의 설치배경

(1) 행정감시의 실태

일본의 경우 일반적으로 행정통제·행정감시는 외부적 행정감시, 내부적 행정감시, 준외부적 행정감시 등으로 구분되고 있다.[6] 외부적 행정감시에는 국회, 재판소, 옴부즈만,

---

4 藤本　雅, 参議院行政監視委員会10年間の活動実績と課題, 立法と調査 第276号(2008), 54頁 참조.

5 渡辺暁彦, 監視機関を監視するのは誰か, ジュリスコンサルタス 第19号(関東学院大学, 2010), 179－195頁에서는 경찰행정에 대한 국회의 감시기능을 소재로 검토하고 있다.

6 渡辺暁彦, 監視機関を監視するのは誰か(전게), 183－184頁 참조.

회계검사원 등이 있고, 내부적 감시에는 상급행정기관의 하급행정기관에 대한 지휘감독, 총무성이 다른 부성에 대하여 실시하는 감시·평가 등을 들 수 있다. 우선 외부적 행정감시와 관련하여 재판소에 의한 행정통제는 중요한 의미를 가지지만, 이것은 어디까지나 개별적·사후적인 것이며, 사전·사후에 걸친 광범위한 통제는 역시 국회의 몫이라 하겠다.[7] 국회에 의한 정부·행정통제의 일반적 방법으로는 법률에 의한 통제, 내각에 대한 내각불신임결의권, 질문권, 국정조사권 등을 들 수 있다. 여기에서 법률에 의한 통제란 법률이라는 형식에 의하여 사전에 행정활동을 규율하는 것을 말하며, 이로부터 모든 행정활동은 법률에 기초하여 행해져야 하고, 행정기관이 제정하는 정령이나 성령도 법률에 반할 수 없는 것이다. 또한 조직적인 측면에서의 이른바 행정조직법정주의,[8] 재정적 통제나 조약의 승인 등도 사전통제의 중요한 수단이 되고 있으며, 내각불신임결의권 등도 정부의 책임을 추궁할 수 있는 사후적 통제의 수단으로 볼 수 있다. 그 외에도 선진외국에서 제도화되어 있는 옴부즈만(Ombudsman)제도의 경우도 행정통제를 위한 수단으로 알려져 있으며, 일본에서는 지방자치단체 차원에서만 채용되어 있다.

한편, 내부적 행정감시의 경우는 그 실효성에 대하여 비판을 받고 있으나,[9] 무의미한 것이라고는 할 수 없다. 이러한 기능을 수행하는 대표적인 조직이 총무성의 행정평가국(종래의 행정감찰국이 2001년 중앙성청의 재편으로 명칭이 변경)을 들 수 있으며, 그것은 독립적 권한에 기초하여 행정활동의 다양한 국면을 정기 또는 임시로 적정성·효율성 등의 관점에서 조사하고, 그 결과에 따라 적절한 권고를 하고 있다.[10] 그 외에도 총무성에는 행정상담제도를 두고 있으며, 국가행정 전반에 대하여 고충이나 상담 등을 받고 있다. 또한 각 부성이 스스로 행하는 정책평가도 정책의 효과를 반추해 보는 계기로서 일정한 의미를 부여할 수 있으며, 이 제도는 2001년 6월 행정기관이 행하는 정책평가에 관한 법률이 제정되어 명확한 법률상 지위를 확립하고 있다.[11]

(2) 설치배경

이와 같이 일본의 경우 버블경제의 붕괴에 따라 경제구조의 변화에 대처하기 위한 철저한 행·재정개혁이 요청되는 과정에서 행정내부에서는 관료에 의한 행정비리·부정

---

7 이러한 점에서 이 연구의 대상인 국회, 특히 참의원의 행정감시위원회는 외부적 행정감시를 목적으로 하는 위원회라 할 수 있으며, 이에 관해서는 후술하기로 한다.

8 상세는 大石 眞·石川健治 編, 憲法の争点, 有斐閣, 2008, 214頁 참조.

9 藤本 雅, 参議院行政監視委員会10年間の活動実績と課題(전게), 54頁 참조.

10 總務省設置法 제18조에서는 각 행정기관의 업무실시상황에 대한 평가(당해 행정기관의 정책에 대한 평가는 제외) 및 감시를 하도록 규정하고 있다.

11 渡辺暁彦, 監視機関を監視するのは誰か(전게), 184頁 참조.

등의 문제가 자주 발생하게 됨으로써 행정활동을 일상적으로 감시하는 기관으로서 국가 등의 재정을 감독하는 회계검사원과 각 행정기관 업무의 실시상황을 감찰하는 총무성의 행정평가국이 설치되기에 이른 것이다. 그럼에도 불구하고 행정에 의한 불상사가 계속적으로 표면화됨으로써 행정내부의 감시기능이 제대로 작동하고 있지 못하다는 비판에 직면하게 되었다. 이로부터 국민의 대표로 구성되고, 주권자의 의사를 가장 직접적으로 반영할 수 있는 국회가 행정을 감시해야 한다는 필요성이 강하게 제기되었으며, 이것이 행정감시위원회의 탄생배경이 된 것이다.

2. 행정감시위원회의 설치과정

(1) 중의원의 행정감시원 구상

1990년대 중반부터 중의원과 참의원 양원에서 국회의 정부·행정감시기능의 강화를 위하여 다양한 개혁이 추진되었으며, 중의원에서도 각 정당으로부터 행정에 대한 적절한 통제의 필요성이 주장되었다. 특히 주목되는 것은 민주당이 제안한 행정감시원에 관한 구상으로서, 이것은 1921년에 설립된 미국의 회계검사원(General Accounting Office, GAO)을 모방한 것으로서 "일본판 GAO"라고도 불려지고 있다.[12] 즉, 민주당은 1996년의 제139회 국회(임시회)에서 행정감시원의 도입을 위한 법안을 제출하였으며, 거기에서는 총무청의 행정감찰국을 국회로 이관하여 독립행정위원회적 조직인 행정감시원[13]으로 하고, 국회의 상임·특별위원회나 국회의원의 요구에 대응하여 행정기관의 업무를 감시·평가하며, 법률의 제정·폐지나 예산의 의결에서 의견을 제시하는 기능을 수행하도록 하고 있었다. 구체적으로 살펴보면, 행정감시원은 3인의 행정감시위원으로 구성되는 합의기관으로 하고, 800인 정도로 구성되는 사무국을 두도록 하고 있다. 또한 양원의 위원회 등이나 중의원 의원 21인 이상 또는 참의원 의원 11인 이상의 요구에 따라 행정기관의 감시·조사 및 평

12 예산회계법(Budget and Accounting Act of 1921)에 의하여 예산국과 함께 신설된 것으로 구체적인 임무로는 ① 의회의 요구에 따른 관련업무의 감사·평가·전망, ② 연방정부의 책임성과 성과의 개선을 위한 의회의 헌법적 책임달성의 지원, ③ 중앙정보국(CIA)와 연방준비제도이사회(FRB)의 연방활동(국제통화정책은 제외)에 대한 평가·감사, ④ 연방자금의 보조를 받는 주정부나 지방자치단체 등에 대한 평가·감사, ⑤ 행정부에 대한 회감사와 사업평가를 통한 감시역할 등을 들 수 있다. 이에 대한 상세는 윤은기, GAO(Government Accountability Office)의 행정통제의 기능에 관한 연구, 한국행정학회 2007년도 동계학술대회 발표논문집(하) (2007. 12), 1215면 이하 참조.

13 미국의 회계검사원은 인적(2004년도에 약 3,200명) 또는 활동범위 등에서 일본의 참의원행정감시위원회와 비교할 수 없을 만큼 거대한 조직으로서, 주로 정책평가를 담당하고 있다. 이에 대한 상세는 廣瀬淳子, アメリカにおける行政評価と行政監視の現状と課題, レファレンス 第664号(2006), 48頁 이하 ; 高崎正有, プログラム評価ーロジックモデルを活用した公共経営の実践ー, SRIC Report 第7巻 第1号(三和総合研究所, 2001), 56頁 이하 참조.

가를 하여 보고서를 제출하는 것으로 하고 있다. 행정감시원은 행정기관이나 공무원 등에 대하여 자료의 제출이나 참고인으로서의 출석을 요구할 수 있으며, 출입조사도 할 수 있도록 하고 있다.[14] 이 법안은 헌법상 권력분립(일본국헌법 제65조, 행정권의 귀속)의 관점에서 정부·자민당의 반대에 직면하여 1998년에 국회법의 일부개정에 의한 중의원 결산·행정감시위원회 및 참의원행정감시위원회의 설치로 끝났게 되었다.

(2) 행정감시위원회의 설치

이와 같이 1990년대 중반부터 추진된 행정통제·감시기능의 강화를 위한 다양한 개혁 중에 대표적인 것인 참의원 행정감시위원회의 설치이다. 1995년에 참의원에 설치된 "행재정기구 및 행정감찰에 관한 조사회"는 조사보고(1997년 6월)[15]에서 참의원개혁의 일환으로서 참의원에 기대되는 행정감시기능의 향상을 위하여 옴부즈만적 기능을 가지는 제2종 상임위원회의[16]의 설치를 주장하였다. 그 후 1997년 12월에 국회법 등의 일부개정에 의하여 참의원에 행정감시위원회가 설치되었다. 이 행정감시위원회는 참의원에 기대되는 행정감시기능을 제고하기 위하여 옴부즈만적 기능을 가지는 행정감시 목적의 위원회를 예산·결산·의원운영·징계 등 각 위원회와 함께 제2종 상임위원회로 설치된 것으로 국정조사 및 총무성이 행하는 행정감찰 등을 활용하여 행정운영의 부적절·태만 등을 유효하게 처리한다는 취지에 입각하고 있다.[17]

이와 같이 참의원의 경우는 행정감시기능의 강화를 위한 행정감시위원회의 설치로 결론을 보게 되었지만, 중의원의 경우는 행정감시원의 도입구상이 최종적으로 입법부와 행정부의 관계를 고려하고, 기존의 결산위원회를 결산·행정감시위원회로 변경함에 그쳤다. 다만, 형태는 다르나 거의 동일한 시기에 행정감시를 임무로 하는 행정감시를 임무로 하는 상임위원회가 탄생하였다는 점에서 보면, 중의원과 참의원 모두 행정감시기능의 강화라는 점에서는 일정한 타협이 성립된 것으로 볼 수 있다. 따라서 1997년 국회법 등의 개정을 통하여 실현된 국회개혁의 주요내용은 국회가 행정감시의 주된 역할을 담당한다는 것, 즉 민주적 정당성을 가진 국회의원으로 구성되는 각 議院이나 위원회가 행정감시의 주역이라는 것이다. 또한 이것은 행정감시기능의 강화를 위한 가장 효율적인 방안이 각 의원이나 위원회의 활성화라는 점을 시사하고 있다.

---

14 藤本　雅, 参議院行政監視委員会10年間の活動実績と課題(전게), 54－55頁 참조.

15 조사보고(요약) <http://www.yamashita－eiichi.com/policy/gyouseikanshi－shisatu2009_1.pdf> 참조.

16 참의원에는 중의원의 내각위원회 등 11개 위원회에 거의 대응하는 형태의 11개 위원회를 제1종 위원회, 그 외의 6개 위원회를 제2종 위원회로 구별하고 있다(참의원규칙 제74조의2).

17 參議院會議錄 第9号 <http://kokkai.ndl.go.jp/SENTAKU/sangiin/141/0010/14112050010009a.html> (1997년 12월 5일) 참조.

3. 행정감시위원회의 업무 및 특징

(1) 행정감시위원회의 업무

전술한 바와 같이 행정감시위원회[18]는 1998년 1월에 설치된 제2종 상임위원회의 하나로서, 중의원의 결산·행정감시위원회와는 달리 참의원의 경우에는 결산위원회가 따로 설치되어 있으므로 이것은 행정감시를 전문으로 하는 유일한 위원회라 하겠다. 이것은 참의원개혁의 일환으로 구상·도입된 것이라는 점에서 당초 참의원의 독자성 발휘의 장으로서 주목을 받았다. 이 위원회는 행정감시기능의 강화를 위하여 옴부즈만적 기능을 가진 위원회로 설치되었으며, 국민으로부터 고충을 처리하고, 국정조사권에 의하여 행정을 감시한다는 점에서 이를 "전통적인 옴부즈만과 가장 가까운 제도"[19]로 파악되고 있다. 여하튼 이 위원회의 소관업무를 살펴보면, 행정감시에 관한 사항, 행정평가에 관한 사항, 행정고충에 관한 사항을 들 수 있다(참의원규칙 제74조). 이 중에서 고충청원제도[20]는 행정운영상 지연, 부적절, 태만, 부주의, 능력부족 등으로 발생한 부적정행정에 대한 고충을 내용으로 한 청원을 받는 것이다. 옴부즈만적 기능을 가진 기관의 필요성이 강조되어 왔으며, 특히 이 제도에는 그 적극적인 활용이 기대되었지만, 실제로는 제도가 탄생하여 8년을 거쳐 한 건이 수리되었음에 불과하다.[21]

(2) 행정감시위원회의 특징

행정감시위원회의 특징으로 ㉠ 수시로 개회가 가능하다는 것, ㉡ 예산, 결산 또는 특정한 행정분야에 한정되지 않고 행정의 모든 분야의 문제를 취급할 수 있다는 것, ㉢ 관계대신 등에 대하여 수시로 보고·청취 또는 질의를 위하여 위원회에 출석을 요구할 수 있다는 점이다.[22] ㉠의 수시로 개회할 수 있다는 것은 제도상으로는 가능하지만, 현실적으로는 다른 위원회의 개최와 관련하여 어려운 측면도 있다. ㉡ 행정의 모든 분야와 관련해

---

18 행정감시위원회라는 명칭에서 종래 사용되고 있었던 "감찰"이나 "감독"이 아니라 "감시"라는 용어가 사용된 것은 내용적으로 감독과 거의 유사한 의미를 가지지만, "행정각부를 지휘감독한다"라는 헌법 제72조의 용어와 구별하기 위한 것으로 파악되고 있다. 佐伯祐子, 参議院行政監視委員会 · 設置経緯とその活動, 議会政治研究 第51号(1999), 14頁 참조.

19 平松　毅, オンブズマン, ジュリスト 第1177号(2000), 159頁.

20 고충청원은 일반적 청원과는 달리 소관 위원회에 관계없이 행정감시위원회에 회부된다는 점에 있다.

21 유일한 고충청원은 松江시에서의 교통사고사망의 의심이 있는 사안에 대하여 명확한 설명을 요구하는 것으로서 2004년 10월 24일에 채택되어 내각과 관계성청에 송부되었다. 그 후 행정감시위원회가 설치된 후 12년이 지난 지금도 청원은 1건도 접수되지 않았다.

22 畠基 晃, 行政全般にわたり、活発論議が展開, 立法と調査 第259号(2006), 79頁; 藤本 雅, 第169回国会における行政監視委員会の活動経過, 立法と調査 第283号(2008), 40頁 참조.

서는 지금까지 활동상황으로부터 보면, 지구온난화문제에서 비행청소년문제에 이르기까지 참으로 다양한 테마에 관하여 논의해 왔다는 것을 알 수 있다. 또한 제1종 위원회에서는 법안심사가 우선되지만, 행정감시위원회는 법안심사를 하지 않으므로 일반조사를 중심으로 행정에 대한 통제기능에 특화된 활동이 가능한 것이다.[23] 그리고 ㉢의 출석요구에 대하여는 府省횡단적인 과제에 대하여 복수의 소관대신 등에게 출석을 요구할 수 있는 것으로 되어 있으며,[24] 실제로도 복수의 대신이 함께 답변하고 있는 모습이 회의록에 기재되어 있다.

Ⅲ. 행정감시위원회의 활동실적과 평가

1. 소관사항별 활동실적과 평가

(1) 행정감시에 관한 사항

행정감시위원회의 운영에 대하여는 이사간담회의 합의에 기초하여 대체로 정기회에서 행정감시라는 관점에 입각하여 의제를 선정하고, 조사를 진행하고 있다. 또한 의제에 대하여는 당초 시간을 할애하여 대처할 필요가 있는 기본적인 행정과제에 관한 사항을 "장기적 의제"로 하고, 당시에 발생한 국민적 관심이 높은 문제 중 행정감시위원회가 다루기 적절한 사항을 "단기적 의제"로 하여 선정하는 경우도 있다. 다만, 최근에는 그러한 구별에 따르지 않고, 행정의 활동상황에 관한 건이라는 포괄적인 의제가 많아지고 있으며, 의제에 대한 조사의 결과에 대응하여 결의가 행해지고 있음을 알 수 있다. 즉, 행정감시위원회가 설치된 후 최초의 제142회 국회(1998)에서는 공무원에 의한 불상사가 계속되고 있었다는 점에서 행정기관의 내부감찰 및 감사의 방식이 의제로 되었고, 조사의 결과 "국가공무원에 의한 불상사의 재발방지에 관한 결의"가 행해지고 있다. 그 후에도 거의 유사한 형태로 결의가 행해지고 있음을 알 수 있다.

(2) 행정평가에 관한 사항

총무성의 행정평가국은 "행정평가 등 프로그램"에 기초하여 복수의 府省에 걸친 정책에 대하여 정부 전체의 정책의 통일성 또는 종합성을 확보한다는 관점에서의 정책평가 및 행정평가·감시활동을 수행하고 있다. 행정감시위원회에서는 이러한 결과가 공표되면,

23 藤本 雅, 参議院行政監視委員会10年間の活動実績と課題(전게), 58頁 참조.
24 藤本 雅, 参議院行政監視委員会10年間の活動実績と課題(전게), 58－59頁.

총무대신이나 관계대신으로부터 설명을 듣고, 정부에 대한 질의를 하고 있다. 2003년 제156회 국회(정기회)에서는 용기포장 리사이클의 촉진에 관한 정책평가(1. 28)와 지역유입촉진에 관한 정책평가(4. 15),[25] 장애자의 취업 등에 관한 정책평가(6. 9)와 정부계 금융기관 등에 의한 공적 자금의 공급에 관한 정책평가(6. 6)[26]에 대하여 설명청취와 질의가 행해졌다. 그리고 정책평가제도의 충실·발전을 목적으로 하는 "정책평가에 관한 결의"(7. 16)에서는 이러한 정책평가에서 지적된 문제점의 개선을 요구하였으며, 그 후에도 정책평가제도의 충실·발전을 요구하는 "정책평가제도의 재검토에 관한 결의"가 행해졌다.

(3) 고충청원에 관한 사항

참의원에 제출되는 청원 중에서 행정운영상의 지연, 부적절, 태만 및 능력부족 등에 의하여 발생한 부적정한 행정으로 구체적인 권리 또는 이익이 침해된 자가 그 구제를 요구하여 행해진 것은 "고충청원"으로서 행정감시위원회가 심사하도록 되어 있다. 이러한 고충청원은 행정감시위원회에 기대되는 옴부즈만적 기능을 발휘하기 위한 제도라 할 수 있으며, 예컨대 2005년의 제163회국회에서는 "松江市에서의 교통사고사망의 의문이 있는 사안의 명확한 설명을 요구하는 것에 관한 청원"[27]이 채택된 바 있다.

이상에서 서술한 행정감시위원회의 심의활동을 주요의제와 위원회결의의 실적을 중심으로 표시하면 <표-1>과 같다.

〈표-1〉 행정감시위원회의 주요의제와 위원회결의의 실적[28]

연 도	국 회	주요의제	의원회결의
1998	제142회 (정기회)	• 행정기관의 내부감찰 및 감사방식	• 국가공무원에 의한 불상사의 재발방지에 관한 결의
1999	제145회 (정기회)	• 특수법인 및 공익법인 등의 문제 • 정부개발원조에 관한 건	• 정부개발원조에 관한 결의
	제146회 (임시회)	• 재정투융자대상기관의 점검	

25 第156回國會參議院行政監視委員會會議錄 第5号(2003. 5. 26), 1-3頁. 이 參議院行政監視委員會會議錄은 웹사이트 <http://kokkai.ndl.go.jp/SENTAKU/sangiin/147/0016/main.html>에서도 검색이 가능하며, 이하 이와 같다.

26 第156回國會參議院行政監視委員會會議錄 第6号(2003. 6. 9), 1-2頁.

27 第163回國會參議院行政監視委員會會議錄 第1号(2005. 10. 24), 23-25頁.

28 藤本 雅, 參議院行政監視委員会10年間の活動実績と課題(전게), 56頁의 표를 약간 수정하여 재인용.

2000	제147회 (정기회)	• 재정추융자대상기관의 점검 • 경찰 불상사의 문제	• 경찰의 신뢰회복에 관한 결의 • 회계검사원의 검사체제의 충실강화에 관한 결의
2001	제151회 (정기회)	• 재정투융자대상기관의 점검	
2002	제154회 (정기회)	• 행정의 활동상황에 관한 건 －행정개혁 －식품의 안전 －정부개발원조	
	제155회 (임시회)	• 공무원제도개혁에 관한 건	• 공무원제도개혁에 관한 결의
2003	제156회 (정기회)	• 정책평가의 현상 등에 관한 건	• 정책평가에 관한 결의
2004	제159회 (임시회)	• 행정의 활동상황에 관한 건 －범죄감소를 위한 행정의 대응방안 －행정개혁 －정부개발원조	
2005	제162회 (정기회)	• 행정기관의 불상사 등에 관한 건	• 정책평가제도의 재검토에 관한 결의
2006	제164회 (정기회)	• 행정의 활동상황에 관한 건 －중앙성청 등 개혁의 검증 등 각 회파가 제기하는 문제	
2007	제162회 (정기회)	• 행정의 활동상황에 관한 건 －행정개혁의 실시상황 등 각 회파가 제기하는 문제	

2. 제147회국회의 활동실적과 평가

(1) 경찰행정에 관한 심의현황

행정감시위원회가 설립될 당시에는 국가공무원의 불상사, 특히 경찰공무원의 불상사가 사회적 문제로 야기되고 있었으며, 이에 관한 심의실적은 행정감시위원회의 지금까지의 활동실적을 평가함에 있어서 대단히 유용하다고 보인다. 따라서 이하에서는 2000년의 제147회국회(정기)에서 크게 문제로 된 경찰의 불상사에 대한 행정감시위원회의 심의상황에 대하여 살펴보기로 한다. 제147회국의 경우는 10회에 걸쳐 개최되었으며, 대부분 경찰의 불상사에 관한 문제에 대한 질의응답이 있었으며, 이를 표로 나타내면 다음과 같다.

〈표-2〉 제147회국회 행정감시위원회의 심의실적[29]

위원회	일 시	구체적 내용
제1회	2000. 02. 21	경찰의 불상사대책에 대한 경찰청장관의 설명
제2회	2000. 03. 06	경찰행정에 대한 문제의 질의
제3회	2000. 03. 13	新潟県 소녀감금사건에 관한 질의응답이 있었으며, 경찰법의 일부를 개정하는 법률안의 설명(공안위원의 임기제한, 외부<제3자>기관에 의한 감찰 등)
제4회	2000. 03. 27	재정투융자대상기관의 점검에 관한 질의응답 중에서 감찰방법의 문제 등이 거론됨
제5회	2000. 04. 03	경찰의 불상사, 新潟県경찰의 교통위반무마사건 등을 언급
제6회	2000. 04. 17	桶川사건의 약 9개월 전에 横浜현에서 발생한 유사사건에 있어서 경찰의 대응에 대한 질의응답
제7회	2000. 05. 08	경찰행정 전반에 대한 질의응답
제8회	2000. 05. 15	스토커법안과 관련하여 경찰의 신뢰회복에 관한 약간의 질의응답
제9회	2000. 05. 22	桶川스토커사건과 관련하여 질의응답이 있었으며, "경찰의 신뢰회복에 관한 결의(안)"과 "회계검사원의 검사체제의 충실강화에 관한 결의(안)"이 제출되어 전원일치로 결의하는 것으로 결정
제10회	2000. 05. 29	이사의 보궐책임, 계속조사의 요구 등

(2) 제147회국회의 심의활동 평가

위의 심의과정에서 논의된 주요사항을 요약하면 다음과 같다.[30] 첫째, 공안위원회위원 등 참고인의 출석이 어렵다는 점을 들 수 있으며, 이것은 TV나 신문에 보도될 것이 명확한데 행정감시위원회에 공안위원이 출석하는 것은 매우 어렵다는 취지의 발언에서 잘 알 수 있다. 둘째, 감찰제도의 기능부전에 대하여 야당의원으로부터 반복적으로 엄격한 비판이 제기되었다는 점이다. 즉, 경찰 내부에 감찰국이 있으나 내부감찰은 이미 기능하고 있지 않으며, 제3자의 독립된 감찰기구가 필요하다는 취지의 발언은 이를 잘 나타내고 있다. 셋째, 실효성 있는 정부·행정통제를 위해서는 정보공개가 필수적임에도 불구하고

29 渡辺暁彦, 監視機関を監視するのは誰か(전게), 187頁의 표를 약간 수정하여 재인용.
30 渡辺暁彦, 監視機関を監視するのは誰か(전게), 187－189頁 참조.

적절한 정보를 제공하지 않거나 허위의 발표를 한 경우가 있으며, 이것이 경찰에 대한 불신을 증폭시킨 한 원인이 되었다는 점이다. 즉, 지금까지 국가공안위원회의 의사록을 공개한 경우는 없으며, 경찰의 활동내용·상황을 널리 국민에게 알리기 위한 정보공개의 중요성에 대한 발언은 이를 잘 나타내고 있다.

이상과 같이 행정감시위원회에서는 감찰제도나 인사방식, 정보공개의 필요성 등에 대하여 다양한 관점에서 논의가 행해졌으며, 2000년 5월에는 "경찰의 신뢰회복에 관한 결의"[31]를 만장일치로 결정하였다. 이를 받아 예컨대 新潟현에서는 "新潟현 경찰의 신뢰회복과 공안위원회의 기능강화를 요구하는 결의"[32]를 하는 등 활발한 움직임을 보였으며, 결국 경찰쇄신회의의 제언 등을 거쳐 경찰법이 개정되기에 이르렀다. 이러한 과정으로부터 행정감시위원회의 활동에 대한 적극적인 평가, 즉 "국회에 의한 행정감시기능이 적절하게 작동하고, 개혁안의 형성에 영향을 미치는 과정"[33]으로 평가되고 있다. 경찰에 관한 불상사의 문제는 행정감시위원회뿐만 아니라 국회 전체가 대처해야 하는 문제이지만, 유아기에 해당하는 행정감시위원회는 자체적으로 전술한 일련의 심의과정을 통하여 존재감을 나타내고자 하였으며, 위원회의 운영방법의 점진적 확립 및 한계 등을 자각하게 되었다.

3. 활동실적의 종합적 평가

이상과 같이 행정감시위원회는 10년 이상 필요에 대응하여 결의를 하거나 정부에 대하여 개산노력을 촉구하는 형태로 행정감시기능을 수행하였으며, 고충청원을 채택하는 등 활동실적을 누적해 왔다. 다만, 지금까지 행정감시위원회의 기능 등에 대한 평가 내지 논의는 좀처럼 찾아볼 수 없으며, 일반적으로 거의 알려지지 않은 위원회라 하겠다. 즉, 행정감시위원회는 구체적인 법안을 심의하는 장이 아니라는 점에서 필연적으로 주목도가 낮을 수밖에 없고, 각종 언론매체도 그 활동을 이슈화하여 보도하고 있지 않다. 이로부터 행정감시위원회를 비롯한 국회의 감시기능, 즉 실제로 모든 행정기구에 대하여 감시할 수 있는가에 대하여 의문이 제기되고 있다.[34] 그러나 실제로 과거 7차례에 걸쳐 결의를 하는 등 착실하게 활동실적을 누적하고 있으며,[35] 종래 크게 주목을 받지 못하였던 행정감시에 대한 관심을 고양시켰다는 점[36] 등에서 일정부분 긍정적인 평가가 가능할 것이다. 즉, 정

31 원문은 <http://www.sangiin.go.jp/japanese/gianjoho/old_gaiyo/147/14741061.htm> 참조.
32 원문은 <http://www.pref.niigata.lg.jp/gijichosa/1226260883916.html> 참조.
33 大沢秀介, 現代社会の自由と安全(전게), 25頁.
34 村上武則, 行政の監視と評価, 公法研究 第62号(日本公法學會, 2000), 107頁 참조.
35 藤本 雅, 参議院行政監視委員会10年間の活動実績と課題(전게), 61頁.
36 佐伯祐子, 参議院行政監視委員会 · 設置経緯とその活動(전게), 19頁.

부를 통하여 행정을 감독하는 국회가 개별·구체적인 행정작용에 대하여도 일상적으로 감시하게 됨으로써 행정감시위원회는 "전통적인 행정감시의 형태에서 진일보한 것"[37]으로 평가할 수 있을 것이다.

Ⅳ. 행정감시위원회의 향후전망과 과제

1. 행정감시위원회의 독자성 제고

(1) 야당중심 행정감시의 필요성

전술한 바와 같이 미국의 연방의회는 독자적 정보수집과 조사능력을 강화하기 위하여 방대한 규모의 GAO를 부속기관으로 설치하는 등 행정부에 대한 통제·감시체제를 갖추고 있다. 연방의회의 한 부속기관에 불과한 GAO가 정책평가를 중심으로 하여 검사활동을 하고, 대통령에 대하여 정책적 제언을 할 수 있는 것은 미국이 엄격한 권력분립의 원리에 입각하고 있기 때문일 것이다. 즉, 대통령제 하에서는 책임관계에 있어서 의회와 정부가 엄격하게 분리되어 있어 대통령을 견제하는 의회의 전체적인 의사를 형성하기 쉽다는 것이다. 이에 대하여 일본의 경우는 의원내각제를 채용하고 있으며, 이러한 의원내각제 하에서는 의회의 다수당인 여당이 내각을 조직하고, 양자 간에는 정치적인 일체성이 존재하기 때문에 행정감시기능을 발휘함에 일정한 한계가 있다. 즉, 여당과 내각의 밀접한 관계로부터 국회의 부속기관으로서 행정감시를 위한 기관을 설치하는 경우에도 그 중립성이 충분히 확보·유지될 수 없다는 것이다.

따라서 일본과 같이 의원내각제를 채용하고 있는 국가에서 의회가 행정감시기능을 발휘하기 위해서는 야당 및 소수파의 발언권을 확보하고, 야당 및 소수파가 행정감시의 중심이 되어야 할 것이다.[38] 이를 위해서는 심의주제의 선정방법 등을 비롯하여 위원회의 운영방식을 재검토할 필요가 있으며, 우선 위원회의 방향성을 실질적으로 좌우하는 위원회이사회의 소수파를 배려한 운영이 필요하다. 위원회의 활동을 법안심의와 일반조사로 구분한 후, 위원회이사회의 운영방식을 일반조사에 한하여 종래의 전원일치가 아니라 소수당을 배려한 형태로 변경하는 것도 하나의 방책이 될 수 있을 것이다. 또한 해산이 없다는 참의원의 특성을 살려 예컨대 정책에 대한 개선을 촉구하는 결의를 하고, 기한을 정

37 大山礼子, 国会学入門(第2版)(전게), 182頁.

38 예컨대 2007년 7월에 행해진 참의원보통선거의 결과, 참의원에서 야당이 다수를 점하게 되었으며, 이러한 경우에는 행정감시기능을 더욱 충실·강화할 수 있을 것이다.

하여 그 정책의 실시상황이나 효과를 검증하는 등의 운영방법도 모색할 필요가 있을 것이다.[39] 이러한 방안들은 결과적으로 참의원의 독자성을 발휘하기 위한 유용한 방책이 될 수 있을 것이다.

(2) 특화된 행정감시기능의 발휘

행정감시기능은 행정감시위원회에 대해서뿐만 아니라 모든 위원회나 조사회에 대하여도 요청되고 있으며, 국정조사권에 기초한 증인소환와 현지조사 및 일반조사 등을 통하여 발휘할 수 있고, 동시에 일상적으로 행해져야 한다. 그러나 일본헌법이 국회를 국권의 최고기관임과 동시에 유일한 입법기관으로 규정하고 있는 것(제41조)으로부터 알 수 있는 바와 같이 각 부와 성에 대응하여 설치되어 있는 참의원의 제1종 상임위원회에서는 법안심사가 우선되기 때문에, 대신의 소신에 대한 질의나 예산의 위촉심사 외에 일반조사가 행해지는 경우는 많지 않다. 이에 대하여 행정감시위원회는 법안심사를 하지 않기 때문에 일반조사를 중심으로 특화된 행정에 대한 통제기능을 수행할 수 있다. 국회에는 행정에 대한 통제기능을 위한 위원회로서 참의원의 결산위원회나 중의원의 결산·행정감시위원회가 설치되어 있지만, 이러한 위원회는 결산심사도 병행해야 한다는 점에서 행정감시를 전문으로 하는 위원회로는 참의원의 행정감시위원회 뿐이다. 이것은 제2원 내지 상원으로서의 참의원은 내각으로부터 일정한 거리를 두고 있어 행정통제의 역할수행이 용이하다는 점에서 국회의 한 원으로서의 행정감시기능이 특별히 기대되고 있다는 것을 의미하며, 앞으로 이러한 점을 충분히 활용할 필요가 있을 것이다.

(3) 행정감시전문가의 육성

행정감시를 위한 조사활동은 법안심사나 결산심사 등과 관계없이 상시적으로 행해질 필요가 있으며, 이를 위해서는 행정감시전문가의 존재가 불가결하다. 행정감시전문가에게 요청되는 능력은 공무원의 부정·부당행위의 방지를 위한 바람직한 행정조직, 공무원제도, 공무원윤리의 존재방식을 대상으로 하여 행정감시를 적절하게 수행할 수 있는 능력을 의미한다. 결국 개별적·구체적 사안을 계기로 하여 행정조직이나 공무원제도의 전반에 관한 거시적 관점에서 조사·분석하고, 구체적인 법정책에 대하여 제언할 수 있는 능력인 것이다.[40] 이러한 능력을 구비한 인재를 육성하는 것이 장기적으로는 행정감시기능을 향상

---

39 孝忠延夫, 国政調査権の現状, ジュリスト 第1177号(2000), 90頁 참조.

40 예컨대 공무원을 둘러싼 불상사가 계속되고 있으나 징계처분이 적정하게 행해지고 있지 않는 경우에는 어떠한 문제점이 존재하며, 어떠한 제도개선이 필요한가를 판단할 수 있어야 한다. 또한 불공정한 행정이나 세금낭비가 문제로 되고 있는 독립행정법인의 경우에는 본질적으로 무엇이 문제인가에 대하여 법제적인 문제점을

시키는 방안이 될 수 있다는 점에서 관련문제에 대한 의원의 의뢰에 적절하게 대응할 수 있는 행정감시전문가의 육성이 긴급한 과제로 제기되고 있다. 이를 위해서는 연수제도를 정비할 필요가 있으며, 특히 행정조직법과 공무원법에 관한 실천적인 전문지식을 습득함과 동시에 문제의 본질에 대하여 스스로의 판단을 정확하게 정리할 수 있는 훈련을 집중적으로 연수프로그램에 편입해야 할 것이다.

(4) 결의의 필요성·유효성

행정적 과제의 성질에 따라서는 당파의 대립에도 불구하고 냉정하고 객관적인 분석을 필요로 하는 사항이 존재한다. 전술한 바와 같이 행정감시위원회는 "국가공무원에 의한 불상사의 재발방지에 관한 결의"를 비롯하여 지금까지 7건의 결의를 의결하는 등 여·야가 일체적으로 행정부에 대하여 개선을 촉구해 왔다. 이러한 결의에는 법적 구속력이 없으나, 행정감시기능의 발위를 위한 유효한 수단이 될 수 있다. 법안심사를 하지 않는 행정감시위원회가 다양한 행정과제 중에서 의안을 선정한 후, 전체 위원회 차원에서 조사를 하고, 필요에 대응하여 결의를 함으로써 행정에 대하여 개선을 촉구하는 것은 그 독자성을 강화하는 것임과 동시에 행정의 일정한 방향설정에 영향을 미칠 수 있으므로 앞으로도 계속적인 결의의 의결이 필요한 것으로 보인다.

2. 유관기관과의 협력체계 구축

(1) 타 기관과의 연계성 강화

일본의 경우 다른 위원회활동으로 행정감시위원회를 개최할 수 없거나 개최하는 경우에도 다른 위원회에 출석하기 위하여 많은 위원이 결석하는 등의 상황이 문제로 지적되고 있으며,[41] 이로부터 양원의 다른 위원회나 정부기관과의 연계성 강화가 과제로 제시되고 있다. 종래부터 회계검사원이나 총무성 행정평가국과의 연계가 지적되어 왔으며, 이를 더욱 구체화하여 후술하는 정책평가의 실시와 관련하여 각 부성 등과도 협력적인 관계를 구축해갈 필요가 있다. 따라서 심의과정에서의 논의를 양적·질적으로 충실하게 하기 위해서는 독립적인 감시기관이 전문적·중립적 견지에서 작성한 성과물을 활용하는 것이 바람직할 것이다. 헌법상 내각에 대하여 독립적인 지위를 가지고 있는 회계검사원이 제출하는 검사보고서나 정부 내부에서 행정의 개혁·개선기능을 담당하는 총무성 행정평가국의

지적하고, 구체적인 정책안을 제시할 수 있어야 한다.

41 藤本 雅, 第169回国会における行政監視委員会の活動経過(전게), 40頁에서는 중요법안의 심의상황 등의 국회상황에 따라 예정대로 위원회를 개최할 수 없었다는 점을 지적하고 있다.

정책평가결과보고서 또는 행정평가·감시결과보고서 등을 활용할 필요가 있다. 또한 행정감시위원회는 이러한 과정에서 제시된 정책평가서 등의 자료는 국민의 알 권리를 존중한다는 차원에서 더욱 알기 쉬운 형태로 국민에게 제시하려는 노력이 필요할 것이다.

(2) 정책평가의 충실

전술한 경찰관의 불상사에 관한 논의에서 나타난 바와 같이 당시에 문제화된 사항을 신속하게 행정감시위원회에 회부하는 것 또한 중요하지만, 장기적 관점에서는 오히려 정책평가,[42] 법률의 집행상황의 감시라는 점에 관심을 두어야 할 것이다.[43] 즉, 행정의 주된 역할은 정책의 기획입안, 예산의 확보, 정책에 기초한 시책의 실시라고 할 수 있고, 이러한 정책 및 시책의 효율성·투명성·필요성 등을 검증하는 것이 바로 국회, 특히 참의원의 행정감시위원회의 중요한 임무에 기대되는 중요한 임무라고 할 수 있는 것이다. 이러한 국회에 의한 정책평가라는 수단은 이념적으로 쉽게 받아들여질 수 있으며, 그것은 입법을 하는 경우에는 필연적으로 입법정책의 타당성을 평가·검증하는 작업이 동반되기 때문이다. 정책평가와 국회의 관계와 관련하여 국회심의에 정책평가를 체계적으로 반영하자는 견해,[44] 즉 법안의 위원회심사에 대한 정책평가수단의 도입이나 국회의 독자적 분석수단의 개발과 행정기관 등에 의한 2차적 이용 등은 행정감시위원회의 운영에 참고할 가치가 있을 것이다. 또한 행정감시위원회는 각 부성이 행하는 행정평가 등에 기초하여 통지 또는 권고를 해 왔으나, 이러한 통지의 효과 등을 계속적으로 검증하는 시스템이 요청된다. 이것은 정책평가제도의 충실·발전을 위하여 2005년 6월 22일 참의원 본회의(제162회국회)에서 행해진 "정책평가제도의 재검토에 관한 결의"[45]에서도 주장되고 있다. 여하튼 이러한 시스템의 원활한 운영을 위해서는 그것을 지지하고 있는 인적 체제의 정비가 불가피하며,[46] 이로부터 전문적 구성원의 충실, 의원의 의뢰에 적절하게 대응할 수 있는 행정감시

42 본문에서 말하는 정책평가란 국회가 엄밀한 평가기준을 확립하고, 그것을 전문적인 수법을 통하여 실시한다는 의미라기보다는 국가가 정책목표를 확립하고, 각 행정조직이 수행하는 평가를 위한 대강을 제시한다는 의미로 파악하고자 한다. 정책평가란 다의적인 개념으로 정의되고 있으나, 일반적으로 국가의 행정기관이 주체가 되어 정책의 효과에 관하여 측정 또는 분석하고, 일정한 기준에 비추어 객관적인 판단을 함으로써 정책의 기획입안이나 그에 기초한 적정한 시책의 실시에 필요한 정보를 제공하는 것으로 정의되고 있다. 이상윤, 일본정책평가제도의 입법평가적 기능, 입법평가연구 창간호(한국법제연구원, 2009.6), 139-140면 참조.

43 浜田卓二郎, 「期待高まる´ 国会の行政チェック」, 法律文化 第194号(2000), 8頁에서는 행정감시위원회의 목적이 법률의 집행과정의 감시에 있다는 점을 강조하고 있다.

44 杉原泰雄先生古稀記念論文集刊行会, 杉原泰雄先生古稀記念·二一世紀の立憲主義, 勁草書房, 2000, 509頁 이하 참조.

45 원문은 <http://www.sangiin.go.jp/japanese/san60/s60_shiryou/ketsugi/162-03.htm> 참조.

46 荒井達夫, 行政監視とは何か, 立法と調査 第293号(2009), 57頁 참조. 또한 행정통제기능의 실효성을 제고하기 위해서는 유능한 보좌원의 정비와 정보수집을 위한 국정조사권의 활용 등이 강조되고 있다. 浅野一朗, 国会人

전문가의 육성도 긴급한 과제로 등장하고 있다.

3. 소관사항별 기능발휘의 과제

(1) 행정감시에 관한 사항

행정감시위원회에서는 행정감시에 관한 사항에 대한 질의에 가장 많은 시간을 할애하고 있으며, 결의의 내용에 관하여도 행정감시에 관한 사항에 대한 것이 가장 많다. 그러나 전술한 바와 같이 최근 행정감시위원회의 의제를 "행정의 활동상황에 관한 것" 등으로 일반화하고 있으며, 이로부터 위원의 관심에 따라 광범위한 질의가 행해지고 있는 한편, 특정한 행정과제에 관해서는 집중적인 조사가 행해지지 않고 있다. 행정감시위원회가 정부에 대한 결의를 하는 등 구체적인 행정감시기능을 발휘하기 위해서는 특정한 행정과제에 관한 의제를 설정할 필요가 있을 것이다.

(2) 행정평가에 관한 사항

행정감시위원회에서는 정기회를 중심으로 총무성이 행하는 정책평가나 행정평가·감시에 관한 설명을 듣고, 질의를 하고 있으며, 경우에 따라서는 해당정책에 관련되는 부나 성으로부터도 설명을 듣기도 한다.[47] 그러나 과거 행정감시위원회의 회의록을 보면, 설명을 청취한 안건에 대하여 지적된 행정상의 문제점 등에 대하여 위원이 질의를 한 경우는 거의 없다. 최근 정책평가에 대하여는 경제재정자문회의가 평가결과의 예산 등에 대한 반영을 중해야 한다는 방침을 제시하고 있다는 점 등을 고려하면, 국회에서의 정책평가결과에 관한 질의의 역할은 그 중요성을 더하고 있다. 전술한 바와 같이 행정감시위원회에서는 정책평가에 관하여 2건의 결의를 하고 있으며, 앞으로도 이에 관한 동향에 관심을 가질 필요가 있을 것이다.

(3) 고충청원에 관한 사항

고충청원이라는 제도의 유효한 활용을 통하여 행정의 질을 제고하고, 행정에 대한 국민의 신뢰를 향상시킬 수 있을 것이다. 그러나 전술한 바와 같이 행정감시위원회가 채택한 고충청원은 10년 이상의 활동에 있어서 단 1건에 불과하다. 이것은 고충청원의 제출건

門, 信山社, 49頁 참조.

47 예컨대 리사이클정책에 관한 정책평가(2007. 8. 10)가 공표된 후, 제168회 국회(임시회)에서 2007년 10월 29일에 총무대신으로부터 정책평과결과에 대하여, 환경대신으로부터 리사이클정책에 관한 정책의 개요 등에 대하여 각각 설명이 있었다.

수가 적었기 때문이기도 한데, 그 이유는 행정에 대한 고충이 일반적으로 관계부성의 각종 상담창구나 총무성의 행정상담창구 등에 제출되어 거기에서 상당부분 해결되었기 때문으로 지적되고 있으며, 그 외에도 참의원의원의 소개가 제출요건으로 되어 있다는 것과 국민에 대한 홍보부족 등도 원인으로 거론되고 있다.[48] 지금까지의 채택건수를 보는 한, 국가 전체의 정책적 제언이 요구되는 국회에서 개개의 고충을 구제하는 것은 어려울 것으로 보이고, 이로부터 고충청원제도의 활성화가 앞으로의 과제로 대두된다.

V. 결 어

이상에서는 일본에서 행정감시를 목적으로 하는 유일한 상임위원회, 즉 참의원 행정감시위원회의 활동성과와 역할 및 기능에 대하여 살펴보고, 그 기능의 활성화를 위한 과제를 제시하였다. 국회에 의한 행정감시·통제를 생각하는 경우에는 우선 예산위원회 등에 의한 대정부질문이나 증인소환 등과 같은 가시적인 형태를 생각하게 되지만, 행정활동의 일상성을 고려하면, 특수한 사건이 발생한 경우에만 발동될 것이 아니라 의회활동에 대한 상시적 감시·통제체제가 강조되어야 할 것이다. 또한 최근 일본에서는 내각의 기능강화의 움직임이 활발하게 진행되고 있으며, 이에 따른 국회의 감시기능의 강화도 중요한 헌법적 요청으로 제시되고 있다. 이러한 관점에서 전술한 바와 같이 행정감시위원회는 10년 이상의 활동을 통하여 필요에 대응하여 다양한 결의를 의결하는 등 착실한 실적을 누적하고 있지만, 전술한 바와 같이 행정감시위원회의 심의상황 등을 살펴보면, 유효·적절한 통제가 이루어졌는가에 대하여는 여전히 의문의 여지가 남아 있다. 다만, 행정감시위원회의 이러한 활동은 행정적 과제에 대한 문제의 소재를 국민에게 명확하게 제시하였다는 점에서 매우 중요한 의미를 부여할 수 있다. 특히 행정감시위원회는 다른 위원회에 비하여 이색적인 것으로서 국회에 의한 기존 행정감시의 방식변화에 계기를 제공하고 있으며, 일반적으로 잘 알려져 있지는 않으나, 국회의 정부·행정통제기능을 충실하게 하기 위해서도 앞으로 더욱 그 활동이 기대되고 있다.

일본헌법은 공무원에 대하여 국민주권(헌법전문, 제15조 제1항)과 법 앞의 평등(제14조)에 기초한 민주주의국가를 지지하는 역할을 부여하고 있으며, 존재방식에 대하여 모든 공무원의 국민전체에 대한 봉사자임을 명시하고 있다(제15조 제2항). 이러한 헌법적 이념에 기초하여 국가공무원법에서는 모든 공무원은 국민전체의 봉사자로서 공공의 이익을 위하

48 藤本 雅, 参議院行政監視委員会10年間の活動実績と課題(전게), 60頁 참조.

여 근무하며, 직무수행에 있어서는 전력을 다하여 전념하도록 하고 있다(제96조). 이러한 헌법 및 국가공무원법의 규정으로부터 보면, 국가공무원은 국민전체에 공통하는 사회일반의 이익을 위하여 노력해야 하는 존재임을 알 수 있다. 따라서 주권자인 국민에 의해 만들어진 정부는 시민적 공공을 실현하기 위해서만 존재한다는 원리를 철저하게 실천하기 위하여 국권의 최고기관인 국회의 활동이 바로 행정감이라 할 수 있을 것이다. 이로부터 행정감시위원회는 국민전체에 대한 봉사자인 공무원의 부정·부당행위의 방지를 주안으로 하여 행정조직, 공무원제도, 공무원윤리의 존재방식을 중요한 대상사항으로 삼아 활동하고 있는 것이다.

우리나라의 경우 참여연대의 행정감시센터나 행정개혁시민연합의 행정감시시민위원회 등과 같이 행정감시를 위한 민간단체의 활동은 비교적 활발하게 추진되고 있는 것으로 보인다. 다만, 국회에는 현재 16개의 상임위원회, 즉 국회운영위원회, 법제사법위원회, 정무위원회, 기획재정위원회, 외고통상통일위원회, 국방위원회, 행정안전위원회, 교육과학기술위원회, 문화체육관광방송위원회, 농림수산식품위원회, 지식경제위원회, 보건복지위원회, 환경노동위원회, 국토해양위원회, 정보위원회, 여성가족위원회가 설치되어 있을 뿐(국회법 제37조), 행정감시를 전문으로 하는 상임위원회는 존재하지 않는다. 또한 특별위원회의 경우도 예산결산특별위원회와 윤리특별위원회가 있으나 전자는 예산안심사나 결산심사 및 기금심사 등을 목적으로 하고 있으며, 후자는 국회의원의 윤리 등을 중심으로 하는 것이다. 이와 같이 행정감시를 유일한 목적으로 하는 위원회가 존재하는 않는 것은 국회전체로서의 정부통제기능의 중요성을 고려한 것으로 보이지만, 미국과 같이 권력분립의 원칙에 기초한 대통령제를 채용하고 있는 우리나라의 경우도 행정감시를 전담하는 상임위원회의 설치도 고려할 필요가 있을 것이다. 이러한 경우 일본의 행정감시위원회의 역할과 기능, 활동실적과 평가, 활성화를 위한 과제 등은 많은 참고가 될 것으로 보인다.

<참고문헌>

윤은기, GAO(Government Accountability Office)의 행정통제의 기능에 관한 연구, 한국행정학회 2007년도 동계학술대회 발표논문집(하) (2007. 12).

이상윤, 일본정책평가제도의 입법평가적 기능, 입법평가연구 창간호(한국법제연구원, 2009. 6).

大山札子, 国会学入門(第2版), 三省堂, 2003.

荒井達夫, 行政監視とは何か, 立法と調査 第293号(2009), 55−56頁 ; 山下榮一, 行政監視と視察(行政監視委員長·視察報告), 2009.

原田一明, 議会制度, 信山社, 1997.

大石 眞, 憲法講義 I (第2版), 有斐閣, 2009.

藤本 雅, 参議院行政監視委員会10年間の活動実績と課題, 立法と調査 第276号(2008).

渡辺暁彦, 監視機関を監視するのは誰か, ジュリスコンサルタス 第19号(関東学院大学, 2010).

大石 眞·石川健治 編, 憲法の争点, 有斐閣, 2008.

廣瀬淳子, アメリカにおける行政評価と行政監視の現状と課題, レファレンス 第664号(2006).

高崎正有, プログラム評価ーロジックモデルを活用した公共経営の実践ー, SRIC Report 第7巻第1号(三和総合研究所, 2001).

参議院會議錄 第9号 (1997년 12월 5일).

佐伯祐子, 参議院行政監視委員会 · 設置経緯とその活動, 議会政治研究 第51号(1999).

平松 毅, オンブズマン, ジュリスト 第1177号(2000).

畠基 晃, 行政全般にわたり′ 活発論議が展開, 立法と調査 第259号(2006).

藤本 雅, 第169回国会における行政監視委員会の活動経過, 立法と調査 第283号(2008).

第156回國會参議院行政監視委員會會議錄 第5号(2003. 5. 26).

第156回國會参議院行政監視委員會會議錄 第6号(2003. 6. 9).

第163回國會参議院行政監視委員會會議錄 第1号(2005. 10. 24).

村上武則, 行政の監視と評価, 公法研究 第62号(日本公法學會, 2000).

孝忠延夫, 国政調査権の現状, ジュリスト 第1177号(2000).

浜田卓二郎,「期待高まる′ 国会の行政チェック」, 法律文化 第194号(2000).

杉原泰雄先生古稀記念論文集刊行会, 杉原泰雄先生古稀記念·二一世紀の立憲主義, 勁草書房, 2000.

荒井達夫, 行政監視とは何か, 立法と調査 第293号(2009).

浅野一朗, 国会入門, 信山社.

<http://kokkai.ndl.go.jp/SENTAKU/sangiin/141/0010/14112050010009a.html>

<http://kokkai.ndl.go.jp/SENTAKU/sangiin/147/0016/main.html>

<http://www.pref.niigata.lg.jp/gijichosa/1226260883916.html>

<http://www.sangiin.go.jp/japanese/gianjoho/old_gaiyo/147/14741061.htm>

<http://www.sangiin.go.jp/japanese/san60/s60_shiryou/ketsugi/162-03.htm>

<http://www.yamashita-eiichi.com/policy/gyouseikanshi-shisatu2009_1.pdf>

[15] 헌법재판에서 변형결정의 기속력*

이 동 훈**

Ⅰ. 문제 제기

헌법재판소가 1995년 소득세법 제23조 제2항, 제23조 제4항 제1호 단서 등 위헌소원심판[1]에서 한정위헌결정을 내리면서 대법원과의 기속력을 둘러싼 논쟁이 시작되었고, 2009년 구 상속세법 제18조 제1항 등 위헌소원심판[2]에서 다시 대법원과 기속력 논쟁이 재발되었다.

2013년 3월 (주)KSS 해운, 교보생명 등이 헌법재판소에 구 조세감면규제법제52조의2 제1항등 위헌소원심판[3]에서 한정위헌결정을 근거로 대법원에 재심청구를 하였다. 2013년 3월28일 대법원이 헌법재판소의 한정위헌 결정의 기속력을 부인하는 기존 입장을 재확인하는 판결을 내려 다시 한정위헌결정의 기속력을 둘러싼 대법원과 헌법재판소의 갈등이 심화되고 있다.

대법원은 2013. 3. 28. (주)KSS해운이 "헌법재판소가 한정위헌 결정을 내린 구 조세감면규제법 부칙 23조에 근거한 법인세 부과를 취소해 달라"며 서울 종로세무서를 상대로 낸 법인세부과처분 취소소송 상고심에 대한 재심청구를 기각했다.[4] 재판부는 "헌재가 한정위헌이라는 명목 하에 법원에 법률의 해석 또는 적용기준을 제시하고 이를 따르도록 기속하는 것은 헌법상 권력분립의 원리에 반하고 사법권의 독립을 침해하는 것"이라고 밝혔다.

이것으로 헌법재판소 2012. 7. 26. 2009헌바35·82(병합)심판에서 내린 한정위헌 결정을 근거로 법원에 재심을 청구한 당사자들에 대한 구제는 사실상 어려워진 상태이다. 이는 대법원이 헌법재판소의 한정위헌결정에 대해서는 기속력(羈束力)을 줄곧 인정하지 않았기 때문이다.

헌법재판소법 제47조 제1항에 따르면, "법률의 위헌결정은 법원과 그 밖의 국가기관

---

* 이 논문은 공법학연구 제17권 제2호에서 발표한 논문을 수정 가필하였음.

** 세명대학교 법학과 교수, 법학박사

1 헌재 1995. 11. 30. 93헌바21.

2 헌재 2008. 10. 30. 2003헌바10.

3 헌재 2012. 7. 26. 2009헌바35·82(병합).

4 대법 2013. 3. 28. 선고 2012재두299 판결[법인세부과처분취소].

및 지방자치단체를 기속한다" 이를 헌법재판의 "기속력(羈束力)"이라고 한다. 이 기속력 때문에 헌법재판소가 위헌이라고 결정한 법률규정은 재판에서 적용하지 못하게 되어 있다. 문제는 한정위헌결정은 법률규정이 위헌이라고 하는 것이 아니라, 법률자체는 그대로 두고 당해 법률규정을 "~라고 해석하는 한 위헌"이라는 것이다.

이에 대법원은 법률의 해석권한은 사법권의 본질이며, 헌법재판소가 법원에 대해 법률의 해석기준을 제시할 수 있는 권한은 헌법에 없고, 헌법재판소가 한정위헌이라는 명목하에 법원에 법률의 해석 또는 적용기준을 제시하고 이를 따르도록 기속하는 것은 헌법상 권력분립원리에 위배되어 사법권의 독립을 침해한다는 이유로 기속력(羈束力)을 부인하고 있다.[5]

이 사건과 동일하게 구 조세감면규제법부칙에 따라 세제혜택을 받았다가 미상장으로 인하여 과세처분을 받은 곳은 모두 교보생명, AK리테일, GS칼텍스 등 7개 기업이다. 2013년 6월 26일, 서울고법 행정11부는 GS칼텍스 등 2개회사가 헌법재판소의 한정위헌 결정을 근거로 낸 재심사건을 기각했다. 재판부는 "법률 조항 자체는 그대로 둔 채 특정 해석만을 위헌으로 선언하는 한정위헌 결정은 법적 근거가 없다"고 하였다. 이처럼 한정위헌 결정의 기속력 인정 여부에 따라, 국민들은 막대한 세금을 낼 수도 안낼 수도 있고, 형사처벌을 받을 수도 받지 않을 수도 있는 상황이 되었다.

아무튼 헌법재판소법 제68조 제1항에서 명문으로 재판소원을 금지하고 있음에도 헌법재판소는 동법 제68조 제2항의 이른바 '규범통제형 헌법소원'에서 한정위헌결정의 형식을 통하여 사실상 우회적으로 재판소원을 하고 있다. 적어도 이 경우 한정위헌결정은 법원의 법률해석·적용권을 제한하고, 형식만 다를 뿐 사실상 법원의 재판을 통제하는 점에서 재판소원과 구별하기가 어렵다는 점에서 한정위헌결정 등의 변형결정 기속력 문제는 일견 현행 헌법재판제도의 구조적인 문제로 여겨진다.[6] 결국 헌법재판제도의 구조적인 문제는 헌법재판소법 제68조 제1항과 제2항의 입법적 미비로 귀결한다.[7]

---

5 그 동안 대법원 판결은 헌법재판소의 변형결정에 대해 1996. 4. 9. 선고 95누11405판결: 2001. 2. 15. 선고 96다42420판결: 2001. 4. 27. 선고 95재다14판결: 2008. 10. 23. 선고 2006다66272판결: 2009. 2. 12. 선고2004두10289 판결 등에서 기속력을 부정하고 있다.

6 한수웅, "헌법재판소법 제68조 제2항에 의한 헌법소원심판에서 한정위헌결정의 문제점", 홍익법학, 제8권제2호, 2007, 137면.

7 헌법재판소는 이같은 내용을 포함해 현행 헌법재판소법 조문 중 총 17개 항목에 대한 개정안을 마련하고 2015년 8월 12일 '헌법재판소법 개정의견'을 국회에 전달했다.
헌법재판소는 개정의견에서 "입법작용이나 행정작용으로 인해 기본권 침해를 받은 사람과는 달리 사법작용으로 인해 기본권 침해를 받은 사람에게는 기본권 구제 공백이 발생하므로 평등원칙에 반한다는 비판이 꾸준히 제기돼 법원의 재판을 헌법소원의 대상에 포함시킬 필요가 있다"고 밝혔다.
현행 헌법재판소법은 제68조1항에서 "공권력의 행사 또는 불행사로 인해 헌법상 보장된 기본권을 침해받은 자는 법원의 재판을 제외하고는 헌법재판소에 헌법소원심판을 청구할 수 있다"고 규정하고 있다. 헌재는 '법

본 논문에서는 헌법재판소와 대법원이 한정위헌결정을 둘러싸고 대립하는 논점과 이에 대한 입법적 해결방안에 관하여 살펴보고자 한다.

Ⅱ. 헌법재판소 결정 요지와 대법원 판결의 요지

1. 헌법재판소 결정 요지[8]

(1) 법률이 전부 개정된 경우에는 기존 법률을 폐지하고 새로운 법률을 제정하는 것과 마찬가지여서 종전의 본칙은 물론 부칙 규정도 모두 소멸하는 것이므로 특별한 사정이 없는 한 종전 법률의 부칙 중 경과규정도 실효된다.

(2) 형벌조항이나 조세법의 해석에 있어서는 헌법상 죄형법정주의, 조세법률주의의 원칙에 따라 엄격하게 법문을 해석하여야 하고, 합리적인 이유 없이 확장해석하거나 유추해석할 수는 없는바, '유효한' 법률조항의 불명확한 의미를 논리적·체계적 해석을 통해 합리적으로 보충하는 데에서 더 나아가, 해석을 통하여 전혀 새로운 법률상 근거를 만들어 내거나, 기존에는 존재하였으나 실효되어 더 이상 존재한다고 볼 수 없는 법률조항을 여전히 '유효한' 것으로 해석한다면, 이는 법률해석의 한계를 벗어나 '법률의 부존재'로 말미암아 형벌의 부과나 과세의 근거가 될 수 없는 것을 법률해석을 통하여 창설해 내는 일종의 '입법행위'로서 헌법상의 권력분립원칙, 죄형법정주의, 조세법률주의원칙에 반한다.

(3) 이 사건 부칙조항도 법인세의 과세요건을 설정하는 근거조항이므로 조세법률주

원의 재판을 제외하고' 부분을 삭제하는 의견을 제출했다. 그동안 법원은 재판이 헌법소원의 대상이 되면 사실상 4심제나 5심제를 인정하는 것이 돼 심급체계가 무너지고 분쟁이 오랜 시간 지속돼 바람직하지 않다는 입장을 유지해왔다.

헌법재판소는 헌재법 45조를 개정해 변형결정의 기속력을 인정하는 근거를 마련했다. 현행법은 '헌법재판소는 제청된 법률 또는 법률 조항이 위헌여부만을 결정한다'고 정하고 있어 한정위헌이나 헌법불합치결정 등 변형결정의 효력이 다른 기관에 미치느냐에 대해 논란을 빚어왔다. 특히 법원 판결에 불복해 적용조문에 대해 헌법소원을 낸 경우 헌재가 한정위헌결정을 내리더라도 법원이 기속력을 인정하지 않아 당사자들의 실질적인 권리구제가 어려웠다.

헌법재판소는 '위헌여부만을 심사한다'라고 돼 있는 조항을 '위헌인지 여부를 결정한다'로 개정하는 안을 냈다. 헌재가 변형결정을 내릴 수 있는 근거조문을 마련하겠다는 것이다. 또 '법률의 위헌결정은 법원과 그 밖의 국가기관 및 지방자치단체를 기속한다'고 규정한 헌재법 47조의 주어를 위헌결정(헌법불합치결정과 법률의 적용범위나 해석을 한정하는 결정을 포함한다)으로 바꿔 법원을 기속할 수 있도록 규정을 뒀다. 헌법재판소는 헌재법 47조 2항에 '위헌결정에서 달리 정하지 않는 한 소급하여'를 추가해 헌재가 주문에 소급효 제한 대상이 되는지를 기재할 수 있도록 했다.

이렇게 되면 사실상 형벌규정의 위헌결정에 따른 재심청구 범위를 헌법재판소가 정할 수 있어 역시 법원에서 반발이 예상된다.

8 자세한 것은 헌재 2012. 7. 26. 2009헌바35·82(병합)결정 참조할 것.

의원칙상 법률조항의 문구에 충실하도록 엄격한 해석이 요구된다. 따라서 별도의 경과규정을 둔 바 없는 이상 이 사건 부칙조항은 이 사건 전부개정법이 시행된 1994. 1. 1.자로 실효되었다고 보아야 할 것인바, 이와 달리, 이 사건 전부개정법의 시행에도 불구하고 이 사건 부칙조항이 실효되지 않은 것으로 해석하는 것은 헌법상의 권력분립원칙과 조세법률주의원칙에 위배된다.

(4) 헌법재판소법 제68조 제2항에 의한 헌법소원심판청구를 한 이 사건 법률조항은 이 사건 심판계속 중 이미 헌법재판소가 2012. 5. 31. 2009헌바123·126(병합) 사건에서 한정위헌결정을 선고한 바가 있으므로, 이 사건 법률조항에 대하여는 같은 취지로 위헌임을 확인하는 결정을 한다.

2. 대법원 판결의 요지[9]

(1) 헌법재판소가 법률 조항 자체는 그대로 둔 채 그 법률 조항에 관한 특정한 내용의 해석·적용만을 위헌으로 선언하는 이른바 한정위헌결정에 관하여는 헌법재판소법 제47조가 규정하는 위헌결정의 효력을 부여할 수 없으며, 그 결과 한정위헌결정은 법원을 기속할 수 없고 재심사유가 될 수 없다. 이와 같은 대법원의 판단은 다음과 같은 이유에서 비롯된 것이다.

(가) 법원과 헌법재판소 간의 권력분립 구조와 사법권 독립의 원칙에 관한 헌법 제101조 제1항, 제2항, 제103조, 제111조 제1항 규정의 내용과 취지에 비추어 보면, 구체적인 사건에서 어떠한 법률해석이 헌법에 합치되는 해석인가를 포함하는 법령의 해석·적용에 관한 권한은 대법원을 최고 법원으로 하는 법원에 전속한다. 헌법재판소는 헌법 제111조 제1항 제1호에 의하여 국회가 제정한 '법률'이 위헌인지를 심판할 제한적인 권한을 부여받았을 뿐, 이를 넘어서 헌법의 규범력을 확보한다는 명목으로 법원의 법률해석이나 판결 등에 관여하여 다른 해석 기준을 제시할 수 없다. 이와 달리 보는 것은 헌법재판소의 관장사항으로 열거한 사항에 해당하지 않는 한 사법권은 포괄적으로 법원에 속하도록 결단하여 규정한 헌법에 위반된다.

(나) 민사소송법 제423조, 제442조, 제449조, 제451조 제1항, 제461조, 행정소송법 제8조 제2항, 형사소송법 제383조 제1호, 제415조, 제420조의 내용과 취지에 따르면, 당사자가 제1심법원이나 항소법원의 법률해석이 헌법에 위반된다고 주장하는 경우에는 상소를

9 자세한 것은 앞의 대법 2013. 3. 28. 선고 2012재두299 판결[법인세부과처분취소] 참조할 것.

통하여 다투어야 하고, 어떠한 법률해석이 헌법에 합치되는 해석인가는 최종적으로 최고법원인 대법원의 심판에 의하여 가려지며, 대법원의 심판이 이루어지면 그 사건의 판결 등은 확정되고 기판력이 발생하게 된다. 이로써 그 법적 분쟁은 종결되어 더는 같은 분쟁을 되풀이하여 다툴 수 없게 되고 이에 따라 법적 안정성이 확보되며 사회 전체는 그 확정판결에서 제시된 법리를 행위규범으로 삼아 새로운 법률관계를 형성하게 되는 것이다.

(다) 헌법재판소법 제41조 제1항, 제45조 본문은 헌법재판소는 국회가 제정한 '법률'이 헌법에 위반되는지를 당해 사건을 담당하는 법원으로부터 제청받아 '법률의 위헌 여부'만을 결정할 뿐 특정한 '법률해석이 위헌인지 여부'에 관하여 제청받아 이를 심판하는 것이 아님을 분명히 밝히고 있다. 헌법재판소법 제41조 제1항에서 규정하는 '법률의 위헌 여부'에 대한 심판에 '법률해석의 위헌 여부'에 대한 심판이 포함되어 있다고 해석한다면, 헌법재판소법 제42조 제1항에 의하여 법원은 어떠한 법률해석이 헌법에 합치되는지 여부의 심판을 헌법재판소에 제청한 후 헌법재판소의 결정이 있을 때까지 재판을 정지하여야 하는 수긍할 수 없는 결과가 발생한다. 헌법재판소법 제47조 제1항, 제2항, 제3항의 규정을 헌법재판소가 '법률의 위헌 여부'만을 결정할 수 있도록 한 헌법재판소법 제45조 본문과 함께 살펴보면, 헌법재판소법 제47조 제1항에서 규정한 '법률의 위헌결정'은 국회가 제정한 '법률'이 헌법에 위반된다는 이유로 그 효력을 상실시키는 결정만을 가리키고, 단순히 특정한 '법률해석'이 헌법에 위반된다는 의견을 표명한 결정은 '법률'의 위헌 여부에 관한 결정이 아닐 뿐만 아니라 그 결정에 의하여 법률의 효력을 상실시키지도 못하므로 이에 해당하지 아니함이 명백하다. 따라서 헌법재판소가 '법률'이 헌법에 위반된다고 선언하여 그 효력을 상실시키지 아니한 채 단지 특정한 '법률해석'이 헌법에 위반된다고 표명한 의견은 그 권한 범위를 뚜렷이 넘어선 것으로서 그 방식이나 형태가 무엇이든지 간에 법원과 그 밖의 국가기관 등을 기속할 수 없다. 또한 그 의견이 확정판결에서 제시된 법률해석에 대한 것이라 하더라도 법률이 위헌으로 결정된 경우에 해당하지 아니하여 법률의 효력을 상실시키지 못하는 이상 헌법재판소법 제47조 제3항에서 규정한 재심사유가 존재한다고 할 수 없다. 헌법재판소가 법률의 해석기준을 제시함으로써 구체적 사건의 재판에 관여하는 것은 독일 등 일부 외국의 입법례에서처럼 헌법재판소가 헌법상 규정된 사법권의 일부로서 그 권한을 행사함으로써 사실상 사법부의 일원이 되어 있는 헌법구조에서는 가능할 수 있다. 그러나 우리 헌법은 사법권은 대법원을 최고법원으로 한 법원에 속한다고 명백하게 선언하고 있고, 헌법재판소는 사법권을 행사하는 법원의 일부가 아님이 분명한 이상, 법률의 합헌적 해석기준을 들어 재판에 관여하는 것은 헌법 및 그에 기초한 법률체계와 맞지 않는 것이고 그런 의견이 제시되었더라도 이는 법원을 구속할 수 없다.

(라) 헌법재판소법 제41조 제1항에 의한 법률의 위헌 여부 심판의 제청은 법원이 국회가 제정한 '법률'이 위헌인지 여부의 심판을 헌법재판소에 제청하는 것이지 그 법률의 의미를 풀이한 '법률해석'이 위헌인지 여부의 심판을 제청하는 것이 아니므로, 당사자가 위헌제청신청이 기각된 경우 헌법재판소에 헌법소원심판을 청구할 수 있는 대상도 '법률'의 위헌 여부이지 '법률해석'의 위헌 여부가 될 수 없음은 분명하다. 따라서 헌법재판소가 '법률해석'에 대한 헌법소원을 받아들여 특정한 법률해석이 위헌이라고 결정하더라도, 이는 헌법이나 헌법재판소법상 근거가 없는 결정일 뿐만 아니라 법률의 효력을 상실시키지도 못하므로, 이를 헌법재판소법 제75조 제1항에서 규정하는 '헌법소원의 인용결정'이라거나, 헌법재판소법 제75조 제7항에서 규정하는 '헌법소원이 인용된 경우'에 해당된다고 볼 수 없고, 이러한 결정은 법원이나 그 밖의 국가기관 등을 기속하지 못하며 확정판결 등에 대한 재심사유가 될 수도 없다. 법원의 판결 등에서 제시된 법률해석을 헌법소원의 대상으로 받아들이는 것은 국회의 입법작용을 통제하기 위하여 헌법재판소에 부여된 '법률'의 위헌 여부에 대한 심판권을 법원의 사법작용을 통제하는 수단으로 변질시킴으로써 헌법이 결단한 권력분립 구조에 어긋나고 사법권 독립의 원칙을 해치며 재판소원을 금지한 헌법재판소법 제68조 제1항의 취지를 위반하는 결과를 가져온다. 또한 위와 같은 헌법소원을 허용하게 되면, 재판의 당사자는 제1심법원부터 대법원에 이르기까지 법원이 자신에게 불리하게 적용하거나 적용할 것으로 예상되는 하나 또는 여러 법률해석에 대하여 수시로 위헌제청신청을 하고 그 신청이 기각당하면 헌법소원심판을 청구할 수 있게 된다. 이렇게 되면 법원의 재판과 이에 대한 상소를 통하여 최종적으로 대법원에서 가려야 할 법률해석에 대한 다툼이 법원을 떠나 헌법재판소로 옮겨가고 재판의 반대당사자는 이 때문에 사실상 이중으로 응소하여야 하는 고통을 겪게 되며, 승소 확정판결을 받은 당사자는 확정판결 등에 의하여 보장받아야 할 법적 안정성을 침해받게 된다. 이는 사실상 재판절차에서 또 하나의 심급을 인정하는 결과로서 현행 헌법과 법률 아래에서 가능한 일이 아니다.

(2) 법령을 전부 개정하는 경우에는 법령의 내용 전부를 새로 고쳐 쓰므로 종전의 본칙은 물론 부칙 규정도 모두 소멸한다고 해석하는 것이 원칙이겠지만, 그 경우에도 종전 경과규정의 입법 경위와 취지, 그리고 개정 전후 법령의 전반적인 체계나 내용 등에 비추어 신법의 효력발생 이후에도 종전의 경과규정을 계속 적용하는 것이 입법자의 의사에 부합하고, 그 결과가 수범자인 국민에게 예측할 수 없는 부담을 지우는 것이 아니라면 별도의 규정이 없더라도 종전의 경과규정이 실효되지 않고 계속 적용된다고 해석할 수 있다.

(3) 구 조세감면규제법(1993. 12. 31. 법률 제4666호로 전부 개정되기 전의 것) 부칙(1990. 12. 31.) 제23조(이하 '위 부칙규정'이라 한다)의 입법 경위와 취지, 그리고 1993. 12. 31. 법률 제4666호로 전부 개정된 조세감면규제법(이하 '전부 개정 조감법'이라 한다)의 전반적인 체계나 내용 등에 비추어 보면, 전부 개정 조감법의 시행에도 위 부칙규정은 실효되지 않았다고 보는 것이 입법자의 의사에 부합한다. 위 부칙규정은 이미 재평가를 한 법인에 대한 사후관리를 위한 목적에서 규정되었을 뿐이므로, 위 부칙규정을 계속 적용하는 것이 납세자에게 예측하지 못한 부담을 지우는 것이라고 할 수도 없다. 따라서 위 부칙규정은 전부 개정 조감법의 시행 이후에도 실효되지 않고 계속 적용된다고 해석하는 것이 타당하다. 그리고 이러한 해석이 헌법에 위배된다고 볼 이유도 없다.

Ⅲ. 헌법재판에서 변형결정을 둘러싼 쟁점

1. 합헌적 법률해석 원칙

(1) 합헌적 법률해석의 의의

합헌적 법률해석이라 함은 외양상 위헌인 것처럼 보이는 법률일지라도 헌법정신에 맞도록 해석될 여지가 조금이라도 있으면 이를 위헌으로 판단할 것이 아니라 합헌으로 판단하여야 한다는 법률해석기법을 의미한다.

미연방대법원은 「합헌성추정의 원칙」을, 독일연방헌법재판소는 법률의 합헌성 추정 원칙과 법질서의 통일성에 입각한 「헌법부합적 법률해석」의 원칙이 합헌적 법률해석의 근거로 제시되고 있다.

합헌적 법률해석(Verfassungskonforme Auslegung)이라 함은 일반적으로 법률이 부분적으로는 합헌적, 부분적으로는 위헌적으로 해석될 수 있는 경우 헌법에 합치되는 쪽으로 해석하는 것을 말한다.[10] 합헌적 법률해석이 행하여지면 헌법해석의 원칙으로 재판의 전제가 되는 해당 법률의 내용을 축소해석하거나 확장해석을 하여 법적 안정성을 유지 하게 된다. 「법원과 헌법재판소 모두 합헌적 법률해석의 원칙을 수용」[11]하고 있다.

다만, 법원이 수용하는 합헌적 법률해석은 그 기능이 실질적으로 규범통제라고 하더라도 '법률해석'으로서의 효력만 지닌다.[12] 법원이 수용하는 합헌적 법률해석은 개별 재판

10 김하열, 헌법소송법, 박영사, 2014, 47면.
11 헌재 1989. 7. 21. 89헌마 38; 헌재 1990 4. 2. 89헌가113; 대법1992. 5. 8. 91부8.
12 이동훈, "합헌적법률해석과 헌법재판의 정당성", 공법학연구 제15권제2호, 2014, 165면.

당사자 사이에서 위헌성 있는 해석 가능성의 적용배제라는 효과만 부여되며, 헌법재판소의 합헌적 법률해석(그 결과로서의 한정위헌·한정합헌결정 등 변형결정도 포함)과 같이 헌법재판작용으로서 규범에 대한 일반적 배제효 및 다른 국가기관에 대한 기속력은 부여되지 않는다. 법원의 합헌적 법률해석 권한은 — 헌법재판작용으로서의 위헌결정권을 헌법재판소에 독점시키고 있는 우리헌법 하에서는 — 이러한 효력 상의 한도 내에서 정당화 된다.[13]

개별 재판 당사자 사이에서 위헌성 있는 해석 가능성의 적용배제라는 효과만 부여되며, 헌법재판소의 합헌적 법률해석(그 결과로서의 한정위헌·한정합헌결정 등 변형결정도 포함)과 같이 헌법재판작용으로서 규범에 대한 일반적 배제효 및 다른 국가기관에 대한 기속력은 부여되지 않는다. 법원의 합헌적 법률해석 권한은—헌법재판작용으로서의 위헌결정권을 헌법재판소에 독점시키고 있는 우리헌법 하에서는—이러한 효력 상의 한도 내에서 정당화 된다.[14]

합헌적 법률해석은 엄격한 의미에서 헌법해석과 구별된다. 즉, 합헌적 법률해석은 일반적 법률이 헌법에 합치되는지를 해석하는 데 대해, 헌법해석은 헌법규범 자체가 헌법현실에 합당한지 등을 해석한다.

(2) 합헌적 법률해석의 내용

합헌적 법률해석은 어떠한 법률의 위헌심사에서 그 법률에 대한 두 개 이상의 상반된 해석, 즉 위헌이라는 해석과 합헌이라는 해석이 가능한 경우에는 합헌성추정의 원칙에 따라 합헌이라는 해석이 우선적이기에 그 법률은 위헌으로 선언하여서는 아니 된다는 의미이다.[15] 결국, 「헌법의 구체화에 있어서 입법권자 우위의 원칙에 따라 사법부 자제의 원칙」을 의미하는 것이다.

이 합헌성추정의 원칙은 합헌성에 의심이 될 만한 적용이 사실상 구체적으로 제기되지 아니한다면, 법률해석에 책임을 지는 재판소는 한정해석을 내릴 수 있다. 독일에서는 연방헌법재판소가 이러한 합헌적 추정원칙에 입각하여 모든 법률은 헌법에 부합되는 방향으로 해석하여 입법으로 나타난 의회의 의사를 존중해야 한다는 원칙을 정립하게 된 것이다. 이것이 바로 「헌법부합적 법률해석」(Die Verfassungskonforme Auslegungder Gesetges)인 것이다.

즉, 1953년의 한 판례에서 「어떠한 법률이든지 그것이 헌법에 부합되는 방향으로 해

13 김하열, 전게서, 49면.

14 김하열, 전게서, 49면.

15 Bernd Bender, "Inhalt und Grenzen des Gebots der verfassungskonformen Gesetzesauslegung", in : MDR(1959), S.442 ; 김운용, 위헌법률심사의 한계, 일신사, 1976, 149면.

석될 수 있는 경우에는 무효로 선언되어서는 아니 된다. 이것은 법률이 기본법에 합치된다는 추정만을 뜻하는 것이 아니고, 이러한 추정에 의해 표현된 원칙은 의심스러운 경우에는 헌법부합적 법률해석을 하여야 하는 것이다」[16]라고 판시함으로써 합헌성추정의 원칙이 헌법부합적 법률해석의 밑바탕을 이루고 있음을 밝혔었다. 1953년의 한 판례에서「어떠한 법률이든지 그것이 헌법에 부합되는 방향으로 해석될 수 있는 경우에는 무효로 선언되어서는 아니 된다. 이것은 법률이 기본법에 합치된다는 추정만을 뜻하는 것이 아니고, 이러한 추정에 의해 표현된 원칙은 의심스러운 경우에는 헌법합치적 법률해석을 하여야 하는 것이다」[17]라고 판시함으로써 「합헌성추정」의 원칙이 헌법합치적 법률해석의 밑바탕을 이루고 있음을 밝혔었다.

법률해석의 테크닉으로서 합헌성추정원칙을 이용하여 헌법재판을 회피하는 방법은 미국에서는 오래 전에 확립된 위헌심사의 중요한 원칙 중 하나이고 「많은 판례에서 확인」[18] 되고 있다.

이 「합헌성추정」의 원칙은 의회가 지니고 있는 권위, 입법재량권, 국민여론의 후광 등을 고려하여 법원 스스로가 정립한 것이다.

이상에서 언급한 독일과 미국의 예에서 살펴보면, 위헌법률심사권은 입법과 관련하여 의회가 지니는 우월한 지위를 존중하게 되고, 그로부터 스스로 「합헌성추정」의 원칙을 판례에 의해 만들어지게 되어 미국에서는 사법소극주의(사법자제)로, 그리고 독일에서는 헌법합치적 법률해석으로 구체화되어 온 것이다. 물론 미국의 사법소극주의(사법자제)와 독일의 「헌법합치적 법률해석」은 내용적으로 완전히 일치하는 것은 아니지만, 양자가 모두 위헌법률심사의 한계를 자각한 데서 생겨난 위헌법률심사제도의 본질상의 편법이라는 점에서 다를 바가 없다.[19]

우리 헌법재판소는 통일적인 법질서와 형성, 권력분립의 원칙, 입법권의 최대한 존중, 법적안정성 등을 이론적 근거로 하고 있다. 헌법재판소의 합헌해석은 헌법을 최고법률로 하는 통일적인 법질서의 형성을 위해서나 입법부가 제정한 법률을 위헌이라고 하여 전면폐기하기보다는 그 효력을 되도록 유지하는 것이 권력분립의 정신에 합치하고 민주주의적 입법기능을 최대한 존중하는 것이 되며, 일부 위헌요소 때문에 전면위헌을 선언하는 데

16 BVerfGE 2, 282.

17 BVerfGE 2, 282 : 김운용, 전게서, 149면.

18 Fletcher v. Peck, 6 Cranch 87(1810), in Frund et al., Constitutional Law : Cases and other Materials, 3rd edition, 2 Vols.(Boston and Toronto : Little, Brown and Co.,) ; Adkins v. Children's Hospital, 261 U.S. 525(1923) ; Gitlow v. New York, 268 U.S. 652(1925) : O'Gorman and Young, Inc. v. Hartford Fire Insurance. Co., 282 U.S. 251(1931) ; Thomas v. Collins, 323 U.S. 516(1945) 등의 판례를 참조할 것.

19 BVerfGE, NJW, Heft 35(1973), S.1540 ; Heinz Laufer, a.a.O., S.365 ; 김운용, 전게서, 149~150면.

서 초래될 충격을 방지하고 법적 안정성을 갖추기 위해서도 필요하다고 판시하였다.[20]

(3) 합헌적 법률해석의 한계

위헌법률심판에서 법률 또는 법률조하에 대한 해석은 당연히 전제되는 것이고, '합법률적 헌법해석'이 아니라 합헌적법률해석의 전제하에서도 법률의 해석에 대하여 헌법 또는 헌법의 해석은 순차적인 단계의 관계 속에서 일단 헌법과 유리된 상태에서 법률을 해석하고 난 후에 그것이 헌법에 위배되는지 여부를 판단하는 것은 아니다. 헌법의 해석과 법률의 해석은 동시적인 교차관계 속에서 서로 영향을 미친다. 법률의 해석과 헌법규범과 무관하게 또는 해석기준으로서 그 헌법규범의 의미가 분명한 조건하에서 이루어지는 합헌인 법률의 해석과 적용은 법원의 고유한 전속권한이고, 헌법재판소의 입장에서 법원의 법률해석을 존중해야만 한다. 그러나 법원에 전속하는 사법권을 논거로 하여 원천적으로 헌법재판소의 법률해석권 자체를 부인하는 것은 헌법과 관련된 헌법재판소 고유의 사법기능을 은폐하고 그 권한을 최대한 축소하려는 의도를 갖고 헌법에 규정된 개념을 형식논리적으로만 해석하는 견해에 지나지 않는다.[21]

전적으로 헌법재판소의 전속권한에 속하는 합헌적법률해석을 통한 규범통제에서, 말하자면 특정한 법률해석방법과 그 적용을 위헌적인 것으로 배제하는 한정위헌결정을 통해 법률에 대하여 '실질적인 일부위헌선언'을 하여 법률을 수정하는 과정에서 '헌법해석'과 '법률해석' 이 구조적으로 명확하게 구분되기 어렵다는 점이 문제의 근원이다.[22] 그리고 이러한 문제 때문에 합헌적 법률해석을 무제한 허용한다면 사법의 소극주의가 너무 지나치게 되어 헌법수호기능 역할조차도 수행할 수 없게 되는 경우도 있을 수 있다. 그러므로 합헌적 법률해석은 입법권이 가지는 형성적 재량권을 지나치게 제한하거나 박탈하지 않는 범위 내에서 이루어져야 한다.

즉 합헌적 법률해석에는 문의적 한계, 법목적적 한계, 헌법수용적 한계가 논의된다.[23]

① 문의적 한계는 해석의 대상이 되는 해당 법조문의 문구나 자구의 의미에서 나오는 한계이다. 여기서 합헌적 해석은 해당 법조문의 문의가 완전히 다른 의미로 변질되지 않는 범위 내에서만 가능하다.

② 법목적적 한계는 법률제정자가 해당 법률의 제정에 대해 법률의 목적이나 내용이 본래의 취지보다 다소 제한되거나 보충되는 것은 가능하지만 전혀 새로운 목적이나 내용

---

20 헌재결 1990.6.25. 90헌가11.

21 보다 자세한 내용은, 방승주, "국가배상법 제2조 제1항 단서에 대한 한정위헌결정의 기속력", 인권과 정의, 제304권, 2011. 12, 108~111면.

22 이덕연, "한정위헌결정의 법원에 대한 기속력 문제", 공법학연구, 제12권제3호, 2011, 190면.

23 더욱 상세한 것은, 허영, 한국헌법론, 박영사, 2008, 78~79면.

을 가지게 하는 것이어서는 아니 된다는 의미이다. 왜냐하면 입법목적과 완전히 다른 목적을 추구하면 법률해석이 아니라, 완전히 다른 입법기능이 되기 때문이다.

③ 헌법수용적 한계는 법률의 효력을 지속시키기 위해서 헌법규범의 내용을 지나치게 확대해석하여 헌법규범의 내용이 가지는 정상적인 수용한계를 넘어서서는 아니 된다는 의미이다. 다시 말해서, 법률의 합헌적 해석이 헌법의 합법률적 해석으로 되어서는 아니 된다는 의미이다.

2. 변형결정을 둘러싼 쟁점

(1) 변형결정의 의의

변형결정이라 함은 헌법재판소가 법률의 위헌여부를 심사함에 있어서 심판대상인 법률의 위헌성이 인정됨에도 불구하고, 합헌적 법률해석의 필요 또는 입법자의 입법형성권에 대한 존중, 법적 공백으로 인한 혼란의 방지 등을 이유로, 법률에 대한 단순위헌선언을 피하고 그 한정된 의미영역 또는 적용영역이 위헌임을 선언하거나 법률이 헌법에 합치하지 않음을 선언하는 등 다양한 결정유형을 말한다.[24] 독일에서는 위헌법률이 소급하여 효력을 상실하게 되므로, 법적안정성과 입법부의 입법형성의 자유를 존중하기 위해 그 소급무효를 제한하기 위한 변형결정형식의 판결도 선고되고 있다.[25]

헌법재판소는 법령의 위헌 여부에 관하여, "…헌법에 위반되지 아니한다"라는 합헌결정, "…헌법에 위반된다"라는 위헌결정, "…로 해석하는 한 헌법에 위반되지 아니한다"라는 한정합헌결정, "…로 해석하는 한 헌법에 위반된다"라는 한정위헌결정, "…헌법에 합치 아니한다"라는 헌법불합치결정이라는 주문형태를 사용하고 있다. 여기서 변형결정에 해당하는 것은 한정위헌결정, 한정합헌결정, 헌법불합치결정이다.[26]

(가) 한정합헌결정

한정합헌결정은 위헌법률심판의 대상이 된 법률 또는 법률의 조항의 해석에 있어서 다의적인 해석이 가능하여 합헌으로 해석되는 여지와 위헌으로 해석되는 여지가 병존하는 경우 그 법률의 해석·적용에 있어서 헌법에 위반되는 의미를 배제시키고 합헌적인 내용으로 축소 한정하여 해석하여 그 의미로서만 해당법률의 효력을 유지하게 하는 결정이다.[27] 즉 한정위헌결정이라 함은 해석 여하에 따라서는 위헌이 되는 부분을 포함하고 있

---

24 헌법재판소, 헌법재판실무제요, 1998, 106면.
25 권영성, 헌법학원론, 법문사, 2010, 1155면.
26 김하열, 전게서, 297면도 동지.
27 정종섭, 헌법학원론, 박영사, 2014, 1518면.

는 법령의 의미를, 헌법의 정신에 합치하도록 한정적으로 축소 해석하여 위헌판단을 회피하는 결정형식이다.[28] 한정합헌결정은 합헌결정인지 위헌결정인지가 문제된다. 합헌결정에는 기속력이 인정되지 않고 위헌결정에만 기속력이 인정되기 때문이다. 헌법재판소는 한정합헌결정이 위헌결정에 해당하고, 따라서 기속력을 가진다고 한다.[29] 이에 의하면 헌법재판소가 한정합헌결정을 했을 때, 심판의 대상이 된 법률 또는 법률의 조항을 헌법재판소가 합헌적이라고 해석한 의미 이외의 내용으로 해석·적용하는 것은 헌법에 위반된다. 헌법재판소가 한정합헌을 질적 일부위헌이라고 하는 이유도 여기에 있다.[30] 따라서 재판관 6인 이상의 찬성을 요한다.[31] 헌법재판소의 법률에 대한 위헌결정에는 단순위헌결정은 물론 한정합헌결정, 한정위헌결정과 헌법불합치결정도 포함되고, 이들 모두 당연히 기속력을 가진다.[32] 그럼에도 대법원은 한정합헌결정이 법원을 기속하지 않는다고 하여 법원에 대한 기속력은 부정하고 있다.[33]

(나) 한정위헌결정

한정위헌결정은 위헌법률심판의 대상이 된 법률 또는 법률조항의 해석에 있어서 다의적 해석이 가능하여 일단 위헌으로 해석되는 여지가 존재하는 것이 분명하고 나머지 부분에 있어서는 합헌으로 해석할 여지도 부분적으로 있고 또 분명하게 위헌이라고 단정할 수도 없는 부분이 있는 경우 그 법률의 해석·적용에 있어서 위헌으로 해석되는 의미부분만을 해당 법률의 의미에서 제거하는 결정이다(질적일부위헌결정).[34]

한정위헌결정도 위헌결정의 범주에 드는 것이므로 재판관 6인 이상의 찬성을 요한다. 헌법재판소는 '한정위헌결정의 유형을 인정'[35]하면서, '한정합헌결정과 한정위헌결정을 실질적으로 동일한 것'[36]으로 본다. 한정위헌결정은 본질적으로 위헌결정이므로 위헌으로 선고된 의미부분은 효력을 상실하고, 효력이 상실된 범위에서 기속력·소급효·일반적 효력을 가진다.[37] 그럼에도 대법원은 한정위헌결정이 법원을 기속하지 않는다고 하여 법원에 대한 기속력은 부정하고 있다.[38]

---

28 권영성, 전게서, 1157면.
29 헌재 1990. 5. 25. 90헌가11; 헌재 1992. 2. 25. 89헌가104 참고.
30 정종섭, 전게서, 1518면.
31 헌재 1992. 2. 25. 89헌가104
32 헌재 1997. 12. 24. 96헌마172등 참고.
33 대법 1996. 4. 9. 95누11405; 대법 2001. 4. 27. 95재다14.
34 정종섭, 전게서, 1519면.
35 헌재 1992. 6. 26. 90헌가23; 1993. 5. 13. 91헌바17; 2012. 12. 27. 2011헌바117.
36 헌재 1997. 12. 24. 96헌마172.
37 헌재 1994. 4. 28. 92헌가3; 1997. 12. 24. 96헌마172 등; 2012. 12. 27. 2011헌바117.
38 대법 1996. 4. 9. 95누11405; 대법 2013. 3. 28. 2012재두299.

(다) 헌법불합치결정

헌법불합치결정이라 함은 법률의 실질적 위헌성을 인정하면서도 입법자의 입법형성의 자유를 존중하고 법의 공백과 혼란을 피하기 위해 일정 기간까지는 당해 법률이 잠정적인 계속효를 가진다는 것을 인정하는 결정형식(일정한 기간을 정하여 그때까지 그 위헌성을 제거하여 줄 것을 요구하는 결정 형식)이다(주문례: ○○조는 헌법에 합치되지 아니 한다. 그러나 ○○조는 ○○까지를 시한으로 입법자가 개정할 때까지 그 효력을 지속한다).[39] 그리고 개정입법이 행해지지 아니한 채 기한이 도래하면 당해 법률 또는 당해 법률조항은 효력을 상실하게 된다.[40]

헌법불합치결정은 법률이 위헌임에도 불구하고 위헌결정을 통해 법률의 효력을 즉시 상실시키지 않고 그 위헌성을 제거하는 개선 이법이 시행될 때까지 당해 법률조항을 형식적으로 존속시키면서 법적용기관으로 하여금 계류 중인 사건에 대한 절차를 중지시키거나, 예외적으로 위헌법률을 잠정적으로 적용하는 것을 허용하는 결정이다.[41]

헌법불합치결정은 본질적으로는 단순위헌결정과 같고, 심판대상인 당해 법률이나 당해 법률조항의 효력을 일정한 기간까지 유지시키는 점에서만 단순위헌결정과 구별된다. 이점에서 헌법재판소도 헌법불합치결정을 변형결정의 일종으로 인정한다.[42] 헌법재판소가 헌법불합치의 결정을 하는 때에는 통상적으로 입법촉구결정을 함께 한다.[43]

헌법불합치결정의 기속력의 경우 결정 주문 중 「헌법에 합치하지 아니한다고 한 부분」과 「해당 법률의 효력을 유지시키는 부분」에는 기속력이 인정되고,[44] 「법률 개선을 촉구한 부분」은 기속력이 인정되지 아니한다.[45]

(2) 변형결정을 둘러싼 쟁점

(가) 변형결정의 필요성 여부

헌법재판소법 제45조에서는 위헌법률심판에서 “헌법재판소는 제청된 법률 또는 법률조항의 위헌여부만을 결정한다”고 규정하고, 또 동법 제47조에는 “법률의 위헌결정은 법

---

39 헌재 1998. 8. 27. 96헌가22등(병합); 헌재 2004. 1. 29. 2000헌마22등(병합); 헌재 2005. 2. 3. 2001헌가등(병합); 헌재 2005. 6. 30. 2005헌가1; 헌재 2006. 2. 23. 2004헌마675등(병합); 2007. 8. 30. 2004헌가25: 헌재 2008. 5. 29. 2006헌바5; 헌재 2008. 7. 31. 2007헌가4; 헌재 2008. 11. 27. 2006헌마352.

40 권영성, 전게서, 1156면.

41 김하열, 전게서, 307면.

42 헌재 1989. 9. 8. 88헌가6; 헌재 1998. 8. 27. 96헌가22.

43 헌재 1993. 3. 11. 88헌마5; 헌재 1994. 7. 29. 92헌바49 등; 헌재 1997. 1. 16. 92헌바6 등; 헌재 1999. 5. 27. 98헌바70.

44 헌재 1997. 12. 24. 96헌마172 등; 헌재 1999. 10. 21. 96헌마61 등; 헌재 2013. 9. 26. 2012헌마806.

45 헌재 1997. 3. 27. 95헌가14.

원 기타 국가기관 및 지방자치단체를 기속한다"라고 규정하고 있다. 이러한 규정의 해석을 둘러싸고 헌법재판소의 변형결정을 법원이 인정할 수 있는지 문제가 되고 있다.

즉 헌법재판소법 제45조의 문의적 해석에 따르면 헌법재판소법은 위헌 결정 또는 합헌 결정을 하도록 되어 있다. 그러나 지금까지 헌법재판소는 헌법재판소법 제45조를 확장해석하여 헌법불합치결정이라든가 한정합헌 또는 한정위헌결정과 같은 변형결정을 해왔다.

변형결정을 하는 이유는, 입법자가 제정한 법률의 합헌성을 최대한 존중하도록 해석하고 만일 법률에 위헌성이 있다고 하더라도 전부 위헌이라고 하기보다는 문제되는 위헌성만 제거하려는 것이다. 또한 위헌성이 발견된다고 하여 해당 법률규정 또는 해당 법률 전부를 위헌으로 했을 때 법적 안정성에 문제가 발생하거나 입법 공백이 발생할 우려 때문에 새로운 입법의 개선이 있을 때까지 위헌의 효력을 유예하는 결정을 할 필요를 생각하는 것이다. 이러한 변형결정에는 대표적으로 헌법불합치결정과 한정위헌결정과 한정합헌결정이 있다.

헌법재판소의 한정위헌결정은 법률자체는 그대로 두고, 법률을 해석할 때 어떻게 해석하면 위헌이 되므로 그러한 해석을 제외하고 법률을 해석하여야 합헌적 해석이 된다는 결정이다. 원래 법률의 위헌을 주장하는 재판에서 헌법재판소가 재량으로 한정위헌과 같은 결정을 해왔고, 청구자는 위헌여부만 판단을 구하는 것이지 한정위헌결정을 구하는 소를 제기할 수는 없었다. 최근에 헌법재판소는 한정위헌청구의 적법성에 관한 종래의 선례를 변경하여 원칙적으로 한정위헌청구가 적법하다고 결정하여 한정위헌결정을 이전보다 더 많이 활용하고 있다.

(나) 변형결정의 기속력 인정 여부

가) 의 의

구체적 사건에서의 법령의 해석·적용권한은 사법권의 본질적 내용을 이루는 것이므로 대법원을 최고법원으로 하는 법원에 전속된다. 그러나 법률에 대한 위헌심사는 당연히 당해 법률 또는 당해 법률조항에 대한 해석이 전제되는 것이다. 헌법재판소의 한정위헌결정은 단순히 법률을 구체적인 사실관계에 적용함에 있어서 그 법률의 의미와 내용을 밝히는 것이 아니라, 법률에 대한 위헌성심사의 결과로서 법률조항이 특정의 적용영역에서 제외되는 부분은 위헌이라는 것을 헌법재판소가 공적으로 확인하는 것이다. 헌법재판소의 한정위헌결정은 결코 법률의 해석에 대한 헌법재판소의 단순한 견해가 아니라 헌법에 정한 권한에 속하는 법률에 대한 위헌심사의 한 유형인 것이다. 한편 헌법이 법률에 대한 위헌심사권을 헌법재판소에 부여하고 있음에도 법원이 헌법재판소의 위헌결정에 따르지 아니하는 것은 실질적으로 법원 스스로가 '입법작용에 대한 규범통제권'을 행사하는 것을 의미하므로, 헌법은 어떠한 경우이든 헌법재판소의 기속력있는 위헌결정에 반하여 국민의 기본권을 침해하는 법원의 재판에 대하여는 헌법재판소가 다시 최종적으로 심사함으로써 자신의 손상된 헌법재판권을 회복하고 헌법의 최고규범성을 관철할 것을 요청하고 있다. 또한, 청구인과 같이 권리의 구제를 구하는 국민의 입장에서 보더라도, 이러한 결과는 국민이 행정처분의 근거가 된 법률의 위헌성을 헌법재판을 통하여 확인받았으나 헌법재판소의 결정에 위배되는 법원의 재판으로 말미암아 권리의 구제를 받을 수 없는, 법치국가적으로 도저히 받아들일 수 없는, 법적 상태가 발생한다.[46]

헌법재판소법 제68조 제1항이 원칙적으로 헌법에 위반되지 아니한다고 하더라도, 법원이 헌법재판소가 위헌으로 결정하여 그 효력을 전부 또는 일부 상실하거나 위헌으로 확인된 법률을 적용함으로써 국민의 기본권을 침해한 경우에도 법원의 재판에 대한 헌법소원이 허용되지 않는 것으로 해석한다면, 위 법률조항은 그러한 한도 내에서 헌법에 위반된다. 모든 국가기관은 헌법의 구속을 받고 헌법에의 기속은 헌법재판을 통하여 사법절차적으로 관철되므로, 헌법재판소가 헌법에서 부여받은 위헌심사권을 행사한 결과인 법률에 대한 위헌결정은 법원을 포함한 모든 국가기관과 지방자치단체를 기속한다. 따라서 헌법재판소가 위헌으로 결정하여 그 효력을 상실한 법률을 적용하여 한 법원의 재판은 헌법재판소 결정의 기속력에 반하는 것일 뿐 아니라, 법률에 대한 위헌심사권을 헌법재판소에 부여한 헌법의 결단(헌법 제107조 및 제111조)에 정면으로 위배된다. 헌법이 법률에 대한 위헌심사권을 헌법재판소에 부여하고 있음에도 법원이 헌법재판소의 위헌결정에 따르지 아니하는 것은 실질적으로 법원 스스로가 '입법작용에 대한 규범통제권'을 행사하는 것을 의미하므로, 헌법은 어떠한 경우이든 헌법재판소의 기속력있는 위헌결정에 반하여 국민의 기본권을 침해하는 법원의 재판에 대하여는 헌법재판소가 다시 최종적으로 심사함으로써 자신의 손상된 헌법재판권을 회복하고 헌법의 최고규범성을 관철할 것을 요청하고 있다.[47]

만약, 대법원의 견해와 같이 한정위헌결정을 법원의 고유권한인 법률해석권에 대한 침해로 파악하여 헌법재판소의 결정유형에서 배제해야 한다면, 헌법재판소는 앞으로 헌법합치적으로 해석하여 존속시킬 수 있는 많은 법률을 모두 무효로 선언해야 하고, 이로써 합헌적 법률해석방법을 통하여 실현하려는 입법자의 입법형성권에 대한 존중과 헌법재판소의 사법적 자제를 포기하는 것이 된다. 또한, 심판의 대상인 법률조항이 헌법재판소의 한정위헌결정에도 불구하고 법률문언의 변화 없이 계속 존속하나, 헌법불합치결정

46 헌재 1997. 12. 24. 96헌마172 등.
47 헌재 1997. 12. 24. 96헌마172 등.

의 기속력 인정 등에서 보듯이 헌법재판소결정의 효과로서 나타나는 법률문구의 변화와 헌법재판소결정의 기속력은 상관관계가 있는 것이 아니다. 그러므로 헌법재판소의 법률에 대한 위헌결정에는 단순위헌결정은 물론, 한정합헌, 한정위헌결정과 헌법불합치결정도 포함되고 이들은 모두 당연히 기속력을 가진다.

나) 변형결정 부정설

부정설은 헌법재판소법 제45조의 내용을 문의적 한계 입장에서 해석한다. 헌법재판소는 법률의 위헌 여부에 관하여 합헌 또는 위헌(단순위헌)의 결정만을 할 수 있을 뿐이고, 한정위헌 등과 같은 변형결정을 할 수 없다는 것이다.[48] 헌재 1990.1.15. 89헌가103 노동쟁의조정법 제13의2 등의 위헌심판에서 재판관 변정수의 반대의견은 「일찍이 나와 김진우 재판관이 1989.7.21. 89헌마38 상속세법 제32조의2의 위헌여부에 관한 헌법소원사건에서 소수의견으로 밝힌 바 있거니와 헌법재판소는 제청된 법률이 위헌이면 위헌, 합헌이면 합헌이라고 분명히 선언해야지 제청된 법률조항 중 위헌적인 요소를 제거하는 방향으로 해석하는 것을 조건으로 그 한도에서 합헌이라는 식의 한정합헌결정은 우리 법제상 허용할 수 없다고 본다. 헌법 제107조 제1항, 헌법재판소법 제45조, 제47조 제1,2,3항의 취지에 비추어 그렇다.」[49]라고 하였다.

대법원의 입장은 법원과 헌법재판소 간의 권력분립 구조와 사법권 독립의 원칙과 헌법전의 장별 체계를 내세워 헌법재판소법 제45조의 내용을 문의적 한계 입장에서 해석하고 있다.

첫째, 법원과 헌법재판소 간의 권력분립 구조와 사법권 독립의 원칙을 논거로 하고 있다.

우리헌법은 서로 다른 독립기관으로 하여금 국가작용을 나누어 관장하도록 하여 상호 견제와 균형을 유지함으로써 국가권력의 집중과 남용으로부터 헌법질서를 수호하고 국민의 기본권을 보호하려는 권력분립의 원칙에 기반을 두고 있다. 그리하여 헌법상 국가기관이 가지는 권한 및 책무의 범위와 한계는 헌법체계에 의하여 부여된 바에 따라서 행사되고 준수되어야 한다. 그것이 우리 헌법이 기초한 권력분립의 원칙에 따른 견제와 균형의 원리이다.

헌법은 제101조 제1항에서 "사법권은 법관으로 구성된 법원에 속한다"고 규정하고 같은 조 제2항에서 "법원은 최고법원인 대법원과 각급 법원으로 조직된다"고 규정하고 있다. 헌법은 위 각 규정에 의하여 '사법권'은 헌법에 달리 정함이 없는 한 포괄적으로 법원

48 법원도서관, 헌법재판제도의 이해(요약), 법원도서관, 2002, 143-146면

49 헌재 1990. 1. 15. 89헌가103의 변정수재판관 반대의견.

에 속하고, 대법원은 최고법원의 지위에 있음을 천명하고 있는 것이다. 또한 헌법 제103조는 "법관은 헌법과 법률에 의하여 그 양심에 따라 독립하여 심판한다"고 규정함으로써 재판권 행사는 합헌적으로 또한 독립적으로 이루어져야 한다는 합헌적 법률해석의 원칙과 사법권 독립의 원칙을 선언하고 있다.

재판은 당사자 사이에 법적 분쟁이 발생한 경우 사실관계를 확정하고 관련 법령의 의미를 해석한 후 이를 사실관계에 적용하여 누구의 주장이 맞는지를 판단하는 사법작용이므로, 법령의 해석·적용은 사법권의 본질적 부분을 형성한다. 헌법은 위와 같은 법령의 해석·적용 권한을 포함하는 사법권이 대법원을 최고법원으로 하는 법원에 속하고, 그러한 법령의 해석·적용을 포함한 사법권의 행사가 헌법에 합치되도록 독립적으로 이루어져야 한다고 밝히고 있다. 이로써 헌법은 구체적인 사건에서 어떠한 법률해석이 헌법에 합치되는 해석인가를 포함하는 법령의 해석·적용 권한은 법원에 전속하고, 그러한 법령의 해석·적용에 관한 다툼은 최고법원인 대법원에 의하여 최종적으로 판단되며, 다른 국가기관은 이에 관여할 수 없다는 취지를 명확히 하고 있는 것이다.

둘째, 헌법은 위와 같이 법원의 권한과 조직 등에 관하여 먼저 규정한 뒤, 이어 별개의 장에서 헌법재판소의 권한과 조직 등에 관하여 규정을 근거로 법률 해석권을 논거로 하고 있다.

헌법 제111조 제1항은 헌법재판소는 '법원의 제청에 의한 법률의 위헌 여부 심판'(제1호), '탄핵의 심판'(제2호), '정당의 해산 심판'(제3호), '국가기관 상호 간, 국가기관과 지방자치단체 간 및 지방자치단체 상호 간의 권한쟁의에 관한 심판'(제4호), '법률이 정하는 헌법소원에 관한 심판'(제5호)을 관장한다고 규정하고 있다. 이는 헌법이 법원에 포괄적으로 부여한 사법권에서 제외되어 헌법재판소가 행사할 수 있는 권한을 제한적으로 열거한 것이다. 따라서 헌법재판소는 헌법으로부터 부여받은 위 권한 범위 내에서 심판권을 행사할 수 있을 뿐이고, 이를 넘어서 법원에 속하는 사법권을 행사할 수 없다.

이 중 헌법 제111조 제1항 제1호는 '법률이 헌법에 위반되는 여부'에 대한 심판권을 법원에 속하는 사법권의 범위에서 제외하는 헌법 제107조 제1항에 상응하는 규정으로서, 이는 1987. 10. 29. 제9차 헌법 개정 당시의 시대적 상황과 과거의 헌정사적 경험을 바탕으로 법률이 헌법에 위반되는 여부는 헌법재판소가 심판하여 국회의 입법 작용을 통제하는 것이 바람직하다는 헌법적 결단에 따른 것이다. 따라서 그 규정에 의하여 헌법재판소가 심판하는 대상은 국회가 헌법 제40조에 의한 입법권을 행사하여 제정한 '법률'이고, 법원이 구체적인 사건에서 법률의 뜻을 풀이한 '법률해석' 내지 그러한 법률해석을 적용한 '법원의 판결·결정·명령'이 여기에 해당할 수 없음은 그 문언이나 헌법 개정 경위 및 취지에 비추어도 명백하다.

헌법재판소도 어떤 법률이 헌법에 위반되는지 여부를 판단하려면 그 법률의 의미 내용과 포섭 범위를 판단하여야 하고 그런 한도에서 법률해석을 해야 할 경우가 생길 수 있다. 그러나 이는 그 법률의 내용이 불명확하여 적용범위에 대한 예측가능성이 없거나 취지 자체가 직접적으로 헌법에 위반되는 등의 사유가 있는지를 판단하여 그 법률 자체의 효력을 원천적으로 소멸시킬 것인지를 결정하기 위한 것일 뿐이다. 그 판단 결과 합헌적인 해석을 할 여지가 없다고 판단되면 그 법률의 위헌무효를 선언하면 되는 것이고 또 그렇게 할 권한이 있을 뿐이지, 더 나아가 법원에 대하여 법률의 해석기준을 제시할 수 있는 권한은 헌법 규정 어디에도 근거가 없다.

위와 같은 이유로, 구체적인 사건에서 어떠한 법률해석이 헌법에 합치되는 해석인가를 포함하는 법령의 해석·적용에 관한 권한은 대법원을 최고 법원으로 하는 법원에 전속하는 것으로 본다. 그러므로 헌법재판소는 헌법 제111조 제1항 제1호에 의하여 국회가 제정한 '법률'이 위헌인지 여부를 심판할 제한적인 권한을 부여받았을 뿐, 이를 넘어서 헌법의 규범력을 확보한다는 명목으로 법원의 법률해석이나 판결 등에 관여하여 다른 해석 기준을 제시할 수 없다. 이와 달리 보는 것은 헌법재판소의 관장사항으로 열거한 사항에 해당하지 않는 한 사법권은 포괄적으로 법원에 속하도록 결단하여 규정한 헌법에 위반된다.

다) 변형결정 인정설

헌법재판소의 1989.9.8. 88헌가6 국회의원선거법 제33조 제34조의 위헌심판제청사건에서 다수의견이 변형결정 인정설의 입장이다.

즉 "위헌심판 결정의 주문에 헌법에 합치하지 아니한다고 선고하면서 일정기한까지 그 법률의 효력을 지속시키는 법적이유는 다음과 같다. 헌법재판소법 제45조 본문의 "헌법재판소는 제청된 법률 또는 법률조항의 위헌여부만을 결정한다"라는 뜻은 헌법재판소는 법률의 위헌여부만을 심사하는 것이지 결코 위헌 제청된 전제사건에 관하여 사실적, 법률적 판단을 내려 그 당부를 심판하는 것은 아니라는 것으로 해석하여야 한다. 전제사건에 관한 재판은 법원의 고유권한에 속하기 때문이다. 그리고 현대의 복잡 다양한 사회현상, 헌법상황에 비추어 볼 때 헌법재판은 심사대상 법률의 위헌 또는 합헌이라는 양자택일 판단만을 능사로 할 수 없다. 양자택일 판단만이 가능하다고 본다면 다양한 정치·경제·사회현상을 규율하는 법률에 대한 합헌성을 확보하기 위한 헌법재판소의 유연 신축성 있는 적절한 판단을 가로막아 오히려 법적공백, 법적혼란 등 법적안정성을 해치고, 입법자의 건전한 형성자유를 제약하는 등 하여, 나아가 국가사회의 질서와 국민의 기본권마저 침해할 사태를 초래할 수도 있다. 이리하여 헌법재판소가 행하는 위헌여부 판단이란 위헌 아니면 합헌이라는 양자택일에만 그치는 것이 아니라 그 성질상 사안에 따라 위 양자의 사이에 개재하는 중간영역으로서의 여러 가지 변형재판이 필수적으로 요청된다. 그 예로는 법률의 한정적 적용을 뜻하는 한정무효, 위헌법률의 효력을 당분간 지속시킬 수 있는 헌법불합치, 조건부 위헌, 위헌성의 소지 있는 법률에 대한 경고 혹은 개정촉구 등을 들 수 있고, 이러한 변형재판은 일찍이 헌법재판제도를 도입하여 정비한 서독 등 국가에서 헌법재판소가 그 지혜로운 운영에서 얻어 낸 판례의 축적에 의한 것이다. 헌법재판소법 제45조의 취지가 위와 같다면 동법 제47조 제2항 본문의 "위헌으로 결정된 법률 또는 법률의 조항은 그 결정이 있는 날로부터 효력을 상실한다"라는 규정취지도 이에 상응하여 변형 해석하는 것이 논리의 필연귀결이다. 즉 제45조에 근거하여 한 변형재판에 대응하여 위헌법률의 실효여부 또는 그 시기도 헌법재판소가 재량으로 정할 수 있는 것으로 보아야 하며 이렇게 함으로써 비로소 헌법재판의 본질에 적합한 통일적, 조화적인 해석을 얻을 수 있는 것이다. 단순위헌의 결정을 하여 그 결정이 있은 날로부터 법률의 효력을 즉시 상실하게 하는 하나의 극에서부터 단순합헌의 결정을 하여 법률의 효력을 그대로 유지시키는 또 하나의 극 사이에서, 문제된 법률의 효력 상실의 시기를 결정한 날로부터 곧 바로가 아니라 새 법률이 개정될 때까지 일정기간 뒤로 미루는 방안을 택하는 형태의 결정 주문을 우리는 "헌법에 합치되지 아니한다"로 표현하기로 한 것이다. 재판 주문을 어떻게 내느냐의 주문의 방식문제는 민사소송에서 그러하듯 헌법재판에 대하여서도 아무런 명문의 규정이 없으며, 따라서 재판의 본질상 주문을 어떻게 표시할 것인지는 재판관의 재량에 일임된 사항이라 할 것이다. 후술의 반대의견에 서독의 경우 연방헌법재판소법 제78조, 제31조 제2항이 있음으로써 앞서 말한 바와 같은 변형재판이 가능한 것같이 말하고 있는 바, 서독 연방헌법재판소법 제31조, 제78조 제79조 등은 1970년도의 수정을 거쳐 현재에 이르는 것으로서 현행법 자체의 해석이 객관적으로 명백하다 할 수 없을 뿐만 아니라 서독의 법률개정으로 인한 실정법에 근거하여 여러 가지 형태의 변형재판이 나온 것이 아니라 법 개정 이전부터 서독 헌법재판소가 실정법에는 그 뚜렷한 문언을 찾을 수 없는 불합치주문 등 변형재판을 해왔기 때문에 입법자가 이에 뒤따라 판례에 어느 정도나마 부합키 위한 노력으로서 법률개정을 시도하여 왔던 것에 지나지 않는다. 주문 제1,2항의 변형재판은 헌법재판소법 제47조 제1항에 정한 위헌결정의 일종이며 타 국가기관에 대한 기속력이 있음은 당연한 것이다.」[50]라고 판시하였다.

라) 사 견

변형결정 부정설은 헌법재판소법 제45조의 내용을 문의적 한계 입장에서 해석한다.

---

50 헌재 1989. 9. 8. 88헌가6.

헌법재판소는 법률의 위헌 여부에 관하여 합헌 또는 위헌(단순위헌)의 결정만을 할 수 있을 뿐이고, 한정위헌 등과 같은 변형결정을 할 수 없다는 것이다.

변형결정 인정설은 규범통제의 성질상 변형결정이 필요한 경우가 있고, 헌법재판소법 제45조의 「위헌여부」에 변형결정이 포함된다고 볼 수 있으며, 주문의 표시방법 선택은 헌법재판소의 재량으로 본다.

헌법재판소법 제45조에 근거한 위헌여부에 변형결정이 인정되면 위헌법률의 실효여부 또는 그 시기도 헌법재판소가 재량으로 정할 수 있게 되어, 비로소 헌법재판의 본질에 적합한 통일적, 조화적인 해석을 얻을 수 있는 것이다. 이점에서 변형결정 인정설이 타당하다.

Ⅳ. 맺는 말

위 사건 대법원판결은 헌법재판소가 이 사건 법률조항에 대하여 앞서 본 바와 같이 이미 한정위헌결정을 선고하였음에도 단지 법률문언이 그대로 존속한다는 이유를 들어 법적용영역에서 이미 배제된 부분까지 여전히 유효하다는 전제 아래 이를 적용하여, 이 사건 과세처분이 헌법에 위반된 위 법률조항을 근거로 한 것이기 때문에 위법한 것이라는 청구인의 주장을 배척하고 위 과세처분이 적법한 것이라고 본 원심의 판단을 정당한 것이라고 판단한 끝에 청구인의 상고를 기각하였다.

그렇다면 이 사건 대법원판결은 헌법재판소가 이 사건 법률조항에 대하여 한정위헌결정을 선고함으로써 이미 부분적으로 그 효력이 상실된 법률조항을 적용한 것으로서 위헌결정의 기속력에 반하는 재판임이 분명하므로 앞에서 밝힌 이유대로 이에 대한 헌법소원은 허용된다할 것이고, 또한 이 사건 대법원판결로 말미암아 청구인의 헌법상 보장된 기본권인 재산권 역시 침해되었다 할 것이다. 따라서 이 사건 대법원판결은 헌법재판소법 제75조 제3항에 따라 취소되어야 마땅하다.

대법원이 헌법재판소의 한정위헌결정에 대하여 기속력을 부인하는 논거로 제시하고 있는 내용은 두 가지이다.

첫째, 법원과 헌법재판소 간의 권력분립 구조와 사법권 독립의 원칙을 논거로 하고 있다. 대법원은 한정위헌결정의 경우 헌법재판소의 결정에도 불구하고 법률이나 법률조항은 그 문언이 전혀 달라지지 않은 채 효력을 상실하지 않고 존속하므로 한정위헌결정은 유효하게 존속하는 법률이나 법률조항의 의미·내용과 그 적용범위에 관한 해석기준을 제시하는 법률해석이라고 보아야 한다. 그런데 법령의 해석·적용 권한은 사법권의 본질적 내용을 이루는 것이고, 법률이 헌법규범과 조화되도록 해석·적용하는 것은 대법원을 최고법원으로 하는 법원에 전속하는 것이다.

둘째, 헌법은 위와 같이 법원의 권한과 조직 등에 관하여 먼저 규정한 뒤, 이어 별개의 장에서 헌법재판소의 권한과 조직 등에 관하여 규정을 근거로 법률해석권을 논거로 하고 있다. 헌법재판소법은 헌법재판소가 제청된 법률 또는 법률조항의 위헌 여부만을 결정하도록 하고, 법률의 위헌결정에 기속력을 부여하면서, 위헌으로 결정된 법률 또는 법률조항은 효력을 상실하도록 규정하고 있으므로, 법률 또는 법률조항 자체의 효력을 상실시키는 위헌결정은 기속력이 있지만 한정위헌결정과 같은 해석기준을 제시하는 형태의 헌법재판소의 결정은 기속력을 인정할 수 없다는 논거를 제시하고 있다.

이 기속력에 대해서 대법원은 '헌법소원이 인용된 경우'란 법원에 대하여 기속력이 있는 위헌결정이 선고된 경우라고 하면서, 근거조항으로 헌법재판소법 제41조 제1항, 제68조 제2항, 제75조 제7항에서 도출하고 있다. 이를 제75조 제1항에 따라 해석할 경우 "헌법소원의 인용결정은 모든 국가기관 및 지방자치단체를 기속한다"고 규정에 의하여 인용결정이 선고됨과 동시에 기속력이 발생하는 것을 의미하는 것이다. 그러므로 이를 헌법재판소의 위헌결정이 선고된 경우로 한정하여 해석하는 대법원의 논리는 자신들이 한정위헌결정에 대한 논거로 제시하는 법리와 충돌하는 것이다.

또 법률이나 법률조항이 헌법소원 심판대상이 된 경우 단순위헌결정만이 법률의 효력을 상실시켜서 기속력이 인정되고 그 이외의 변형결정의 경우에는 해석기준에 불과하다고 하는 것 또한 대법원의 논리적 모순이다.

헌법재판소법 제68조 제1항이 법원의 재판을 헌법소원심판의 대상에서 제외한 것은 법치국가의 원리와 조화되기 어렵고, 헌법 제27조에 보장된 국민의 재판청구권을 침해한다는 주장이 있을 수 있다. 법치국가는 기본권의 보장, 권력분립, 사법에 의한 권리구제절차 등을 통하여 비로소 구체화되고 실현되므로 재판청구권은 법치국가의 실현을 위한 중요한 요소이다. 재판청구권은 국민의 헌법상의 기본권과 법률상의 권리가 법원의 재판절차에서 관철되는 것을 요청하는 것이기 때문에, 헌법이 특별히 달리 규정하고 있지 아니하는 한 하나의 독립된 법원이 법적 분쟁을 사실관계와 법률관계에 관하여 적어도 한번 포괄적으로 심사하고 결정하도록 소송을 제기할 수 있는 권리를 보장하는 기본권이다.

따라서 재판청구권은 사실관계와 법률관계에 관하여 최소한 한 번의 재판을 받을 기회가 제공될 것을 국가에게 요구할 수 있는 절차적 기본권을 뜻하므로 기본권의 침해에 대한 구제절차가 반드시 헌법소원의 형태로 독립된 헌법재판기관에 의하여 이루어 질 것만을 요구하지는 않는다. 법원의 재판은 법률상 권리의 구제절차이자 동시에 기본권의 구제절차를 의미하므로, 법원의 재판에 의한 기본권의 보호는 이미 기본권의 영역에서의 재판청구권을 충족시키고 있기 때문이다.

헌법재판소법 제68조 제1항은 청구인의 재판청구권을 침해하였다거나 되도록이면 흠결 없는 효율적인 권리구제절차의 형성을 요청하는 법치국가원칙에 위반된다고 할 수 없다. 법원의 재판도 헌법소원심판의 대상으로 하는 것이 국민의 기본권보호의 실효성 측면에서 바람직한 것은 분명하다. 그러나 현재의 법적 상태가 보다 이상적인 것으로 개선되어야 할 여지가 있다는 것이 곧 위헌을 의미하지는 않는다. 법원의 재판을 헌법소원심판의 대상에 포함시켜야 한다는 견해는 기본권보호의 측면에서는 보다 이상적이지만, 이는 헌법재판소의 위헌결정을 통하여 이루어질 문제라기보다 입법자가 해결해야 할 과제이다.

헌법 제113조 제1항은 법률의 위헌결정, 탄핵의 결정, 정당해산의 결정 또는 헌법소원의 인용결정에 있어 재판관 6인 이상의 찬성이 있어야 한다고 규정하고, 제3항에서 기타 필요한 사항은 법률로 정한다고 규정하여 그 세부적인 내용을 위하여 헌법재판소법이 제정되었다. 이에 따라서 헌법재판소법 제47조 제1항, 제67조 제1항, 제75조 제1항은 헌법재판소의 결정에 대하여 당해 사건 뿐 아니라 모든 국가기관 및 지방자치단체를 기속한다고 규정하여, 법원의 결정이 당해 사건에 국한되어 기속되는 것과 큰 차이를 보이고 있다. 또한 헌법 제113조 제1항 조문에서 인용결정이라고만 표현하고 있을 뿐 단순위헌결정에 한하여 타 국가기관을 기속하다고 규정하고 있지 않은 취지에서 형사법이 아닌 이상 유추해석이 허용될 수 있을 것이고, 그렇다면 헌법재판소에서 재판의 사안이나 국가 전체에 미치는 영향 등을 검토하여 단순위헌결정이 아닌 변형결정을 선고할 수 있는 것이 가능하다.

헌법재판소법 제45조에 근거한 위헌여부에 변형결정이 인정되면 위헌법률의 실효여부 또는 그 시기도 헌법재판소가 재량으로 정할 수 있게 되어, 비로소 헌법재판의 본질에 적합한 통일적, 조화적인 해석을 얻을 수 있는 것이다. 이점에서 변형결정 인정설이 타당하다.

다만 일정한 사안에서 헌법재판소가 변형결정보다는 단순위헌결정을 선고하거나 헌법불합치 결정을 선고하여 권력분립의 정신에 따라 이후의 문제를 입법자에게 이양하는 것이 바람직하겠지만, 헌법재판소의 특성상 합헌적 헌법해석의 원칙을 지킬 수밖에 없다. 대법원이 변형결정의 기속력을 부인하면 헌법재판소와의 갈등은 해결이 되지 않기 때문에 입법론적으로 해결할 수밖에 없다. 결국 재판소원을 인정하는 입법론으로 가는 것이 헌법의 최고법성을 유지하는 것으로 생각한다.

<참고문헌>

권영성, 헌법학원론, 법문사, 2010.

김운용, 위헌법률심사의 한계, 일신사, 1976.

김하열, 헌법소송법, 박영사, 2014.

방승주, "국가배상법 제2조 제1항 단서에 대한 한정위헌결정의 기속력", 인권과 정의, 제304권 2011.

법원도서관, 헌법재판제도의 이해(요약), 법원도서관, 2002.

이덕연, "한정위헌결정의 법원에 대한 기속력 문제", 공법학연구, 제12권 제3호, 2011.

이동훈, "합헌적법률해석과 헌법재판의 정당성", 공법학연구 제15권 제2호, 2014.

정종섭, 헌법학원론, 박영사, 2014.

한수웅, "헌법재판소법 제68조 제2항에 의한 헌법소원심판에서 한정위헌결정의 문제점", 홍익법학, 제8권 제2호, 2007.

허 영, 한국헌법론, 박영사, 2008.

헌법재판소, 헌법재판실무제요, 1998.

16 헌법재판에서 국제인권조약의 원용가능성: 미국, 남아프리카 공화국, 우리나라의 사례를 중심으로*

류 성 진**

I. 들어가며 — 인권의 보편성

오늘날 인권은 인간이라면 누구나 가지는 권리로서 이해되며 그 보편성에 대해서 의문을 가질 여지가 없었다. 그런데, 최근에 이렇게 인권의 보편성을 강조하는 것이 서구국가들의 이익과 가치관을 무조건적으로 관철시키기 위한 목적을 가지고 있으므로, 오히려 배척되어야 한다거나, 문화적 상대성을 고려해 개별지역이나 국가의 특수성을 반영해야 한다는 주장이 제기되기도 했고, 일면 타당성이 있다고도 여겨졌다.[1] 그러나, 인권의 가장 근본적이고 합리적인 정당성은 모든 인간은 평등하다는 대명제에서 나오기 때문에, 인권의 기준이 특정한 사건에서, 또 특정한 국가에서 다르게 적용된다면 그 본래적인 의미를 잃어버리게 되는 것은 자명하다. 실제로 인권의 상대주의를 강조하며 인권의 보편성을 거부하는 주장은 권위주의적 국가나 독재국가에서 자국의 반인권적 상황을 옹호하는데 이용되고 있는 것을 보면, 섣부른 인권상대주의 주장은 조심스러워야 한다고 생각한다. 물론, 유의해야 할 것은 이 인권의 보편성이라는 개념이 항구불변의 고정화된 가치를 의미하는 것은 아니라는 점이다. 이른바 인권은 '상대적 보편성'을 가지며,[2] 역사적 배경 속에

---

* 본 논문은 아주법학, 제7권 1호, (2013)에 게재된 것을 일부 수정하여 玄同 정만희 교수님의 정년기념 논문집에 기고하는 것입니다. 지도교수님이신 정만희 교수님으로부터 말로 다하기 어려운 학은을 입었고, 미국 유학 후 귀국했을 때 베풀어 주신 배려와 사랑은 두고두고 갚아도 모자랄 것입니다. 벌써 정년이시라고 하니 아직 실감이 나지 않습니다만, 그 동안 우리나라 헌법학 발전에 남기신 훌륭한 족적을 조금이나마 따라가기 위해 노력하는 것으로 제자의 도리를 해 나가겠습니다. 더불어 교수님의 성품과 인격을 너무도 존경한다는 말씀도 꼭 드리고 싶습니다. 교수님 감사합니다.

** 동의대학교 법학과 조교수, 법학박사(S.J.D.).

1 이른바, 인권상대주의, 동아시아적 가치의 주장 등이다. 그러나 문화상대주의와 인권상대주의는 다르게 이해되어져야 한다. 인권은 어떤 한 사회의 개별적 특수성과 내용을 반영하고 있는 것이 아니며, 특정한 문화의 편견에 기초한 강요도 아니다. 인권은 '보편적인' 사회적 문제(예컨대 기아, 고문, 표현의 자유, 양심의 자유, 여성차별금지 등)에 대해 우리 인류 모두가 어떻게 대처해야 하는가의 문제이다. 그리고 만약 인권의 상대주의를 주장하는 특정사회가 있다하더라도 그들이 주장하는 특수한 상황에 대해 옳고 그름의 가치판단을 해 줄 객관적인 주체나 수단은 무엇인가를 명확히 제시할 수 있는가에 대해 의문이 든다. 결국 그 주장을 하는 특정사회가 자의적으로 판단할 수밖에 없는 것이고, 결국 보편적으로 용납하기 어려운 반인권적인 부분까지도 정당화되어 버리는 문제가 발생할 수도 있다는 것이다.

2 Donelly는 이를 "국제적으로 인정된 인권의 상대적 보편성"으로 표현하면서 인권이 가지는 보편성의 진정한

서 합리적 타당성을 획득해야 하고, 다양한 문화적 차이들에 대한 존중과 상호인정을 기반으로 한 '보편화가능성을 지향하는 개방된 보편성'의 개념으로 이해해야 한다.[3] 이런 의미에서, 세계 1, 2차 대전의 경험을 극복하는 과정 속에서 태동된 현대적 인권의 개념은 국제적 차원에서 뿐만 아니라 모든 국가가 지켜나가야 할 보편적 가치임을 부인해서는 안되는 것이다.

그런데, 보편적 인권의 개념은 이것이 국제적으로 선언되고 국제인권조약에 포함되어 있다고만 해서 보장되는 것이 아니라 그 국제인권규범들이 국내에 얼마나 효과적으로 편입되고 또 실질적으로 적용되고 있는가에 따라 그 의미를 가진다고 말 할 수 있다.[4] 물론, 국제사회가 그 동안 많은 인권조약들을 만들어 왔고, 국제인권보호체제도 크게 향상, 발전되어 왔지만, 실제 효과적인 국내수용과는 거리가 있는 것도 사실이다. 따라서 오늘날 그 간극을 줄이는 것이 중요한 이슈로 부각되고 있다. 그 방법 중에서 국내인권구제에 가장 강력하고 실효적인 것으로 법원의 판결을 들 수 있겠고, 최고의 법해석 권한을 가지고 있는 국내 최고재판소야말로, 국제인권조약의 효과적인 국내수용에 큰 역할을 할 수 있음은 자명하다. 만약 특정 인권의 국제기준이 국내기준보다 높을 경우, 국내 최고재판소가 이를 원용한다면 국내 인권수준도 올라갈 것이며, 이는 또 국제인권조약의 당사국으로서 그 이행의무를 지키는 것이기도 하다. 더구나 국제인권조약에 표현되어 있는 내용은 사실 현대 헌법의 기본권보장 부분과 대체적으로 일치할 뿐만 아니라, 대부분의 내용들이 국제관습법 또는 강행규범(jus cogens)[5]으로 이해되어지고 있으므로 국내 최고재판소가 판

의미는 다른 문화의 가치에 따라 수정과 보완이 가능한 열린 개념이라고 주장한다(Jack Donnelly, *The Relative Universality of Human Rights*, 29 HUM. RTS. Q. 281, 288 (2007)); 비슷한 주장으로 인권의 보편성이라는 것이 불변의 절대적 원칙이라기보다는 인권의 촉진과 세계화를 목적으로 일정한 원칙의 틀 속에서는 무한한 유연성을 가지고 있다고도 한다. (Christina M. Cerna, *Universality of Human Rights and Cultural Diversity*, 16 HUM. RTS. Q. 740, 752 (November 1994), Shashi Tharoor, Are Human Rights Universal?, 16:4 WORLD POL'Y J. 1, 6 (Winter 1999/2000), INTERNATIONAL HUMAN RIGHTS IN CONTEXT: LAW, POLITICS, MORALS: TEXT AND MATERIALS 517-519 (Henry J. Steiner et al. eds., 2008)); 또, 인권의 개념은 문화적, 경제적, 역사적, 정치적 차이에도 불구하고 여전히 보편성을 가지는 것이라 보기도 한다(Michael J. Perry, *Are Human Rights Universal? The Relativist Challenge and Related Matters*, 19-3 HUM. RTS. Q. 461, 483 (August 1997), EVA BREMS, HUMAN RIGHTS: UNIVERSALITY AND DIVERSITY 292 (2001), BERTRAND G. RAMCHARAN, THE PROTECTION ROLES OF UN HUMAN RIGHTS SPECIAL PROCEDURES 15 (2009)).

3 장은주, 「인권의 보편성과 인도적 개입의 정당성」, 『사회와 철학』 제17호, 2009, 292-295쪽. "인권의 보편성은 어떤 초역사적이고 선험적인 보편성이 아니다…. 인권의 보편주의는 자기폐쇄의 위험 자체를 본성적으로 경계하는 항구적으로 개방적인 규범적 원칙일 수밖에 없다. … 그러니까 그것은 단적인 보편성을 주장하는 보편주의가 아니라, 단지 그 보편화가능성을 주장하는 보편주의다. … 모두에 대한 평등하고 보편적인 존중에 대한 요구는 각자의 '똑 같음' 뿐만 아니라 또한 그 '다름'에 대한 존중의 요구이기 때문이다."

4 NIHAL JAYAWICKRAMA, THE JUDICIAL APPLICATION OF HUMAN RIGHTS LAW 95 (2002)은 실질적이고 효과적인 국제인권조약의 국내적용이 인권의 보장과 증진이라는 목표를 달성하는데 필수적이기는 하지만, 국제인권조약이 관련된 국내법을 대체해야한다는 의미는 아니라고 한다.

결과정에 있어서 국제인권조약을 적용, 참고, 또는 인용하지 않을 이유가 없다 할 것이다.

이하에서는 일반국제법과는 다른 국제인권조약의 성질, 국제인권조약과 헌법의 관계에 대해서 검토하며, 그 다음 장에서 미국, 남아공, 우리나라의 최고재판소가 국제인권조약을 재판규범으로 원용해 온 사례와 그 입장에 대해서 살펴본다. 끝으로 국제인권조약을 국내헌법재판에서 재판규범으로 원용하기 위한 방안 등을 고민하면서 결론을 맺기로 한다.

Ⅱ. 헌법과 국제인권조약의 관계

1. 국제인권조약의 특수성

국제인권조약이 국내 헌법재판규범으로 원용될 수 있을 것인가를 논의하기 위해서는 먼저 국제인권조약이 가지고 있는 성질을 살펴볼 필요가 있다. 먼저, 국제인권조약은 **헌법규범적 성격**을 가진다. 21세기에 들어서면서 헌법과 국제인권조약의 관계설정에 대한 주요한 움직임 중에 하나는 '헌법의 국제법화' 또는 '국제(인권)법의 헌법화'인데,[6] 이는 헌법에 규정된 기본권의 내용과 가치가 국제적 동의를 기반으로 국제사회로부터 승인되고 수렴되는 과정을 의미하며, 국제인권조약과 국내헌법의 상호작용을 통해 국제인권조약의 개념이 국내헌법에 수용되는 과정이기도 하다. 이런 과정을 통해서 국제인권조약의 내용은 더 이상 상징적 구호에 그치는 인권의 보장이 아니라, 국내 헌법이 보장하고 있는 기본권 내용을 확장, 구체화하면서 그 헌법적 가치를 고스란히 가지게 되었다. 이러한 경향은 세계 각국이 헌법성립에 있어서 모두 다른 역사적, 정치적, 사회적 배경을 가지고 있긴 하지만, 흔히 권리장전이라고 일컬어지는 기본권에 관해서는 모두 공통적인 인식을 가지고 있었기 때문이며, 국민의 기본권 보장이라는 동일한 의도와 내용을 담고 있기 때문이다. 여기에 더하여 그동안 자국의 문제는 주권국가로서 자체적으로 처리하는 것이 당연하

5 심영규, 「국제법규의 국내적 수용과 사회국가의 실현」, 『한양법학』, 제37집, 2012, 333쪽.

6 Mark Tushnet, *The Inevitable Globalization of Constitutional Law*, 49 VA. J. INT'L L. 985 (2009), Herman Schwartz, *The Internationalization of Constitutional Law*, 10 HUM. RTS. BRIEF 10 (2003), 박진완, 「세계화, 국민주권 그리고 헌법 : 국제법의 헌법화」, 『헌법학연구』 제14권 제3호, 2008. 9, 26쪽. 물론, 이것은 국제(인권)법의 국내 헌법전화(憲法典化)를 의미하는 것은 아니고, 국내헌법이 국제적으로 통용되는 국제사회의 헌법전화되고 있다는 것도 아니라 그 개념과 가치의 상호동화의 문제로 이해해야 한다. 또 이는 유럽사회의 통합과정에서 유럽통합헌법의 제정과 관련된 논의에서 출발했기 때문에, 본 글에서 말하고자 하는 의미와 완전히 일치하지는 않을 수 있다. 그러나 중요한 것은 동일한 목적과 가치를 가지고 있는 인권에 관한 규범이 각자의 영역만을 규율하는데 그치지 않고, 상호작용을 통해 그 근본목적과 가치를 더 공고히 하고자 하는 움직임과 경향이 진행되고 있음은 분명하다.

다는 국제적 인식이 제노사이드(Genocide)나 국가적, 구조적 인종차별(Apartheid), 노예제, 고문, 강제납치와 살인 등과 같은 인권유린사태를 겪으면서 인권은 일반적인 문제와는 다르게 접근해야 한다는 인식이 국제사회에 확대되었기 때문이기도 하다("Human Rights are different"). 즉, 인권은 어느 한 특정 국가나 지역에서의 문제가 아니라 전 세계와 인류의 공통된 문제라고 파악하게 된 것이며, 국제인권조약에 대해 국내에서의 헌법과 같은 규범성을 부여해야 할 때가 온 것이라 말할 수 있다.

그리고 이런 흐름 속에서 국제인권조약의 주요한 개념과 내용은 **국제관습법으로서의 성질**도 가지게 되었다. 국제관습법이 되기 위해서는 대다수의 국가에서 동일한 관행이 지속적으로 있어야 하고 이것이 법적확신을 획득해야 한다.[7] 예를 들어 제노사이드, 인종차별, 노예제, 고문의 금지 등과 같은 내용은 다수의 국제인권조약에 규정되어 있고 세계 대부분의 국가가 해당 인권조약을 가입, 승인하고 오랜 기간 동안 동의하고 있으며, 법적확신도 획득했다고 보는데 큰 이견은 없다. 그리고 인권과 관련된 이러한 국제관습법은 더 나아가 강행규범이라는 형태로 인식되기도 하는데, 강행규범이란 조약법에관한비엔나협약 53조에[8] 규정되어 있는 것으로 국제법상의 최고규범을 말하며, 이에 대한 위반행위는 국제사법재판소에 제소가 가능하고 각국은 이를 준수할 의무를 가지게 된다.[9] 따라서 세계 각국은 국제관습법이나 강행규범으로 인식 되어 가고 있는 국제인권조약의 내용들을 준수하고 보호할 의무가 있는 것이다.

끝으로, 국제인권조약은 일반적인 국제법과는 달리 **국제공동체 규범**으로서의 성질을 가지고 있다. 일반적인 국제법이 무역이나 군사문제 등과 관련해서 양자간, 또는 다자간 권리와 의무를 규정하고 있는 반면에, 국제인권조약은 조약 당사자뿐만 아니라 국제공동체 전체의 입장에서 모든 인류와 국가에게 공통된 의무와 권리를 부여한 것으로 보아야 한다.[10] 일반적으로 국제인권조약이나 국제관습법 등의 이른바 hard law는 가입당사국의 법적 준수의무가 있는 것으로 보며, 국제공동체규범의 성질을 가지는 국제인권조약의 경

7 국제사법재판소규정 38(1)(b), "법으로서 인정된 일반관행."

8 1969년 '조약법에관한비엔나협약' 53조에 명문으로 규정되어 있는데, 국제공동체 질서에서도 상위규범이 존재한다는 인식에서 출발하며, 인류양심과 국제적 도덕성에 기반한 것으로 누구도 일탈할 수 없는 대원칙이다.

9 이진규, 「국제재판에서 강행규범의 발전 – 국제인권법 및 국제인도법의 적용을 중심으로」, 『법학연구』, 제26집 제1호, 2005, 515–517쪽. 강행규범이란 국제법상의 절대규범으로서 국제사회에서 어떠한 국가도 이를 위반할 수 없는 가장 근본적이고 핵심적인 원칙을 의미한다. 최근에는 노예제, 고문 및 집단살해의 금지 등이 여기에 해당된다고 한다.

10 박진완, 앞의 글 26쪽. "인권은 순수한 수평적인 법질서 속에서의 국가들 사이의 의무로서 국제법상의 의무의 상대성의 관념(Vorstellung)과 일치될 수 없다. 인권에 있어서는 국가들 상호 간의 권리와 의무가 아닌, 인간에 대한 그리고 전체로서 인간의 공통적 가치와 이익에 근거한 권리와 의무가 문제 된다." … "이러한 국가에 대한 의무부과는 인권, 국제관습법 그리고 국제조약의 형태로 행해진다. 인권조약은 국가 상호 간의 관계를 규율하는 것이 아니다."

우에 가입당사국은 당연히 이를 존중, 수용, 이행할 법적인 의무가 있는 것이고[11] 결국 국내법체계에서 부여 받는 지위에 따라 국내재판에서 원용될 가능성은 있다고 볼 수 있으며,[12] 조약의 가입당사국이 아닌 경우라 하더라도 그 내용의 준수에 대한 잠정적인 의무와 권리를 가지고 있다고 보아야 한다. 이렇게 국제인권조약의 성질은 일반적인 국제법과는 다르다고 보이는데, 그렇다면 국제인권조약의 국내수용과정과 국내최고재판소가 이를 인식하는 방법도 일반적인 국제법의 그것과는 달라야 한다고 생각된다.

2. 국내법체계에서 국제인권조약의 지위

(1) 국제법과 국내법의 관계

국제법을 어떻게 인식하고, 국내법체계로 어떻게 수용할 것인가에 대해서는 국가의 주권사항이기 때문에 일률적으로 말하기는 곤란하지만, 대체적으로 일원론과 이원론으로 나누어 설명할 수 있고, 이에 따라 국제법이 국내에서 가지는 효력이 달라진다.[13] 이원론의 경우에는, 국제법과 국내법이 원칙적으로 다른 공간에서 탄생했으며, 규율하는 대상도 다르고 목적도 다르기 때문에 서로 구속하지 않고, 구속해서도 안 된다는 입장에서 출발한다. 따라서 국제법과 국내법 사이의 우월성도 존재하지 않고,[14] 국제법은 국내에서 추가적인 작용을 통해 국내실정에 맞게 변형되는 것이며 그 변형된 국내규범이 국내법상 적용의 근거가 된다고 인식한다.[15] 유의할 것은, 이원론 국가에서 관련된 국제법의 이행에 관

11 박찬운, 「실무적 입장에서 본 국제인권법의 직접적용」, 『헌법학연구』, 제8권 제4호, 2002. 12, 168쪽. 조약당사국은 존중(respect), 보호(protect), 이행(fulfil), 보장(ensure), 촉진(promote)의 의무가 있는 것이다. 존중은 소극적 의무로서 국가 스스로 인권의 침해를 하지 않는 것이며, 보호의 의무는 제3자에 의한 인권침해를 보호하는 것이다. 이행과 보장이라고 하는 것은 국가가 적극적이고 필요한 조치를 통해 국내에 실현해야 하는 의무이며, 촉진이라고 하는 것은 인권의 실현을 촉진하기 위해 여러 가지 인적 물적 조건을 마련해야 하는 의무를 의미한다. 예컨대 "공무원을 교육 훈련하는 것, 시민을 대상으로 한 인권교육 및 홍보활동을 하는 것, 시설 및 설비의 확충 등 권리가 실현되기 위한 환경을 정비하는 것"을 들 수 있겠다.

12 국제인권조약기구의 권고사항 등과 같이 강제적인 법적의무는 없는 것이라 하더라도 국내인권관련 재판의 타당성과 정당성을 담보하기 위한 해석기준으로서 참고, 판결의 근거로 활용할 수 있는 가능성은 열려 있다고 본다. 예컨대, 세계인권선언과 UN헌장의 경우에도 그 자체로는 법적인 준수의무가 각국에 요구되지 않지만, 그 내용은 국제관습법으로 보는 것이 일반적이므로 각국은 이를 재판규범으로 원용할 수 도 있다고 보여 진다. 다시 말해 거의 대부분의 국가가 UN헌장과 세계인권선언에 동의했으며, 그 내용이 일반적이고 추상적이고, 구체적인 의무를 부과하거나 하지 않기 때문에 법적인 강제의무를 가지는 Hard law라고 보기는 어렵긴 하지만, 그 내용은 오늘날 모든 국가들이 지향하는 평화와 인권의 대원칙을 밝히고 있으므로 국제관습법으로 인정해야 한다는 것이다.

13 CHRISTIAN TOMUSCHAT, HUMAN RIGHTS: BETWEEN IDEALISM AND REALISM 111 (2008); R. Uerpmann, *Implementation of United Nations Human Rights Law by German Courts*, 46 F.R.G. Y.B. INT'L L. 87, 132, 120 (2003).

14 정경수, 「재판과정에서의 국제인권기준 적용 연구」, 『국가인권위원회』, 2007, 15쪽.

15 정경수, 위의 책 23쪽.

한 법률이 제정되었다면, 그 내용이 국내법으로서 적용되는 것이지, 국제법이 그대로 국내에 적용된다는 인식을 하는 것은 아니라는 점이다. 여기에 반해 일원론적 입장은, 국내법과 국제법을 하나의 통일체로 여기고 있기 때문에 국가가 승인한 국제법은 보충적인 조치 없이도 국내법체계로 편입되며, 일반적으로 직접적용의 방식을 띠게 된다.[16] 예를 들어, 국가로부터 승인된 조약은 별도의 국내이행입법 없이 그 자체로 직접효력을 가지며, 조약의 개별규정이 개인에게 권리와 의무를 부여했다면, 국내재판에서도 이를 원용할 수 있다는 뜻이다.[17] 다만, 이런 원칙을 가지고 있다 해도 구체적인 실제에 있어서는 국가별로 조금씩 다른 기준이 적용된다. 예컨대, 국제관습법은 자동적으로 국내법체계로 수용되는 것이 보통이지만,[18] 조약의 경우에는 그 성격에 따라 별다른 추가조치 없이 국내법체계로 편입되기도 하고, 구체적인 국내입법을 통해서만 그 직접적 효력을 가질 수 있다고 구분되기도 한다.[19] 즉, 이른바 자기집행조약의 경우에는 추가조치 없이 국내법체계로 자연스럽게 편입되고, 비자기집행조약은 흡사 이원론의 입장처럼 보충적인 국내입법을 국내효력의 요건으로 한다.

따라서 일원론과 이원론의 구분논의는 단지 개념상의 구별일 뿐이며 오늘날 그 실제적 양태는 큰 구별 없이 나타나고 있다고 보인다. 이는 국제정세의 급격한 변화 속에서 세계 각국은 점점 더 밀접한 관계를 가지게 되고, 양자 또는 다자간 맺어진 국제(관계)법들을 국내에 적용하는 방식이 큰 차이가 없어지고 있기 때문이다. 즉, 국제법의 국내수용이 일률적으로 이루어 진다기 보다는, 자국의 이익과 국내법체계의 안정성유지를 위해 상황과 해당 국제법의 성질에 따라 그 절차, 지위와 효력을 달리하고 있다는 것이다. 정리해보면, 국제관습법은 이원론 국가든, 일원론 국가든 관계없이, 대부분의 국가들이 국내법체계에 자동적으로 편입된다는 입장을 가지고 있고,[20] 조약은 그 용어는 조금씩 다르지만, 자기집행이론에 근거해 국내법체계에 편입되는 방식을 취하고 있다. 일반적으로 조약이 자기집행적인 것인지 아닌지는 그 조약이 개인의 권리나 의무를 구체적으로 설정하고 있는지, 또 별도의 국내입법 없이도 바로 적용가능한지를 조약성립 당시의 목적과 체결당사국의 의도를 종합적으로 고려하여 판단한다.[21]

---

16 다만, 기존의 국내법과 충돌이 있을 경우에는 어느 법을 더 우선해야 하는가의 문제를 생각할 수 있는데, 상위법 우선의 원칙, 신법 우선의 원칙, 특별법 우선의 원칙이 일반적인 해법이며, 여기에 국제법 존중의 헌법정신에 바탕한 국제법 합치적 해석이 가미되어 문제를 해결할 수 있다.

17 정경수, 앞의 책 22-23쪽.

18 우리나라, 미국, 남아프리카공화국 모두 헌법상에 명문의 규정으로 국제관습법은 국내법의 일부라고 선언하고 있다. 심영규, 앞의 글 320쪽.

19 정경수, 앞의 책 17쪽 이하.

20 심영규, 앞의 글 331쪽.

21 조홍석, 「한국에 있어서의 국제인권법의 국내법적 보장」, 『헌법학연구』, 4권 2호, 1998. 10, 85, 87쪽. 조약은

(2) 국내법체계에서 국제인권조약의 지위

그렇다면, 이제 국내법체계에 편입된 국제법은 어떤 지위를 가질 것인가를 살펴본다. 이것 역시 개별국가의 헌법규정이나, 또 그 국제법의 성격과 내용에 따라 달라지겠지만, 일반적으로는 국내의 법률과 동일한 지위 또는 법률 우위 국내헌법 하위에 위치하는 것으로 보고 있다. 이런 관점에서 보면, 국내에 편입된 국제법은 국내재판에서는 국내법률과 동일하게 재판규범으로 원용될 수 있겠지만, 헌법재판에서는 (그 대상이 될 수는 있어도) 재판규범이 될 수는 없다는 것을 의미하게 된다. 그러나 인권과 관련된 국제법, 그 중에서 국제인권조약은 위에서 살펴보았듯이, 일반적인 국제법과는 다른 성질을 가지고 있을 뿐만 아니라 가입당사국은 엄격한 법적 준수의무를 가지고 있고, 따라서 국내법체계에서의 그 지위부여방식도 일반적인 국제법과는 달라야 한다.[22]

국제인권조약은 일반적인 국제법과는 달리 현대 민주적 국가라면 당연히 가지고 있는 헌법상 기본권과 동일한 내용을 담고 있으며, 사안에 따라서는 보다 구체적인 권리와 내용을 규정하고 있으므로 헌법규범적 성격을 가지고 있다. 따라서 국제인권조약을 헌법재판에서 재판규범으로 활용해야 한다. 왜냐하면, 국제인권조약이 규율하고 있는 내용자체가 바로 헌법적 문제임에도 국내법률과 동일한 지위만을 부여해 버리면, 정작 헌법적 문제를 다툴 헌법재판에서는 국제인권조약이 아무런 국내적 효력을 가질 수 없게 되어버린다. 따라서 법체계의 통일성 유지를 위해서라도 결국 국제인권조약의 국내법상 지위를 헌법과 동일하거나 최소한 일반법률 보다는 우위에 두는 것으로 귀결될 수밖에 없다고 생각한다.[23]

국제인권조약의 헌법재판규범으로서의 원용가능성을 막고 있는 또 하나의 문제가 조

원칙적으로 국내법과 동일한 지위를 가지며, 그 중에서 개인의 권리의무와 관련 있는 조약은 자기집행력 있다고 본다, 물론 구체적 이행을 위한 입법을 개별국가에게 위임한 경우는 비자기집행적이라고 보아야 한다. 흥미로운 것은, 영미법계에서 주장된 이 자기집행조약이론은 사실 권력분립주의에 기반하고 있다. 국내 법률을 제정하는 권한은 원칙적으로 의회에 있음에도, 행정부가 체결한 조약이 국내법원에서 직접효력이 있게 되었을 때에는 권력분립주의가 훼손될 수 있으므로, 조약의 성격을 구분하여 비자기집행적 성격을 가진 조약은 의회가 추가적인 국내입법을 통해 행정부를 견제하겠다는 의도가 있는 것이다.; 비슷한 논지로 BETH A. SIMMONS, MOBILIZING FOR HUMAN RIGHTS: INTERNATIONAL LAW IN DOMESTIC POLITICS 130 (009). Melissa A. Waters, *Creeping Monism: The Judicial Trend toward Interpretive Incorporation of Human Rights Treaties*, 107:3 COLUM. L. REV. 628, 637 (2007); John C. Yoo, *Globalism and the Constitution: Treaties, Non-Self- Execution, and the Original Understanding*, 99 COLUM. L. REV. 1955, 2004 (1999)가 있다.

22 남아공은 국제관습법을 일원론적 입장에서 받아들이고 있다. 국제관습법은 남아공 법의 일부를 구성하며 법원은 보충적인 절차 없이 바로 이를 재판규범으로 원용할 수 있다. 이렇게 국제인권조약은 남아공의 1993년과 1996년 헌법성립에 있어서 기본권 보장부분에서 큰 영향력을 끼쳤으며, 남아공 이외에도 많은 신생국의 새로운 헌법제정 모델이 되었다.

23 좀 더 자세한 것은 이 글 3장 우리나라 헌법과의 관계에서 논의하도록 한다.

약의 자기집행성문제이다. 실제 많은 국가에서 국제인권조약이 자기집행성이 없어서 국내이행입법이 필요하다거나, 국내헌법의 통일된 기본권 보장체계 안에서 관련 인권이 충분히 보장되고 있기 때문에 굳이 재판규범으로 원용할 필요가 없다는 입장을 가지고 있다. 그러나 이는 국제인권조약이 가지는 특수한 성질을 애써 외면하고 있는 것에 불과하다. 백번 양보해서, 조약은 자기집행성 여부에 따라 다르게 취급해야 하며, 이는 국제인권조약의 경우에도 예외가 아니라고 주장하는 각국의 국내사정을 이해한다고 해도, 국제인권조약의 자기집행성 여부 검토는 조약전체를 하나로 보고 결정해서는 안 되며, 세부적인 규정 하나하나를 따로 검토해봐야 한다는 점을 놓쳐서는 안 된다.[24] 하나의 국제인권조약 안에서도 몇 몇의 규정은 명백하여 별도의 조치 없이도 국내에 직접적용 될 여지가 있을 수 있다는 것이다.[25] 이 경우 조약전체를 비자기집행적이라고 선언하고, 이후 별도의 구체적 국내이행입법이 이루어지지 않는다면, 그 조약은 국내에서 아무런 효력을 가질 수 없게 되고 결국, 해당 조약을 체결, 비준한 국가가 당사국으로서의 법적의무를 이행하고 있지 않는 것이 될 뿐 아니라, 국제인권조약의 성격상 국내법체계에서 헌법적 지위를 가지고 헌법재판규범으로서 원용되어야 하는 자연스러운 흐름을 막고 있는 것이다.[26] 즉, 국제인권조약의 준수의무를 지키는 가장 확실하고 효과적인 방법이 국제인권조약에 헌법적 지위를 부여하고 국내 헌법재판에서의 재판규범으로 활용하는 것임은 두 말할 나위가 없다. 이하에서는 국제인권조약을 재판규범으로 원용하는데 직접적인 당사자로서 최고재판소의 태도를 일별해 보기 위해 미국, 남아공과 우리나라의 경우를 비교해 본다.

Ⅲ. 국제인권조약에 대한 미국, 남아공, 우리나라의 최고재판소 입장

미국은 세계에서 가장 자유로운 국가라고 자부하고 있음에도 실제 국제인권조약을

24 전학선, 「국제인권법과 헌법재판」, 『미국헌법연구』, 19권 1호, 2008. 2, 203쪽. "국제인권법의 규범적 효력은 일률적으로 인정하기는 어려우나 최소한 헌법에 의하여 체결·공포된 조약으로 자기집행력을 인정할 수 있는 국제인권법은 그 내용에 따라 재판규범으로 인정하는 것이 국민들의 기본권 보장을 위하여 바람직한 것이 아닌가 본다."

25 조홍석, 앞의 글, 94, 98쪽. "조문별로 따로 구별할 필요는 있다. 몇몇의 규정은 명백하여 직접적용될 여지가 있다." 더불어 국내헌법보다 구체적인 기술인 조항들은 보충적 해석수단으로 원용가능(양심의 자유, 종교의 자유)하다고 본다.

26 HIGHEST COURTS AND INTERNATIONALIZATION OF LAW 103 (Sam Muller & Marc Loth eds., 2009). John Quigley, *Toward More Effective Judicial Implementation of Treaty Based Rights*, 29 FORDHAM INT'L L.J. 552, 574 (2006). 미국의 경우, 국제인권조약에 대한 존중과 비준정도가 약하다는 비판을 내부와 외부에서 받고 있다. 더군다나, 비준된 조약의 경우에도 핵심적인 사항을 유보하거나, 의회에서 비자기집행조약이라고 선언하여 국내에서의 직접적 효력이 없게 만드는 일이 많다. 그 예로 ICCPR, CAT과 ICEARD이 있다.

비롯한 국제법에 대해서는 그동안 대체로 배타적인 태도를 가지고 있었다. 다만, 최근 국제인권조약의 원용에 있어서 긍정적인 자세를 보이는 등의 변화가 감지되는 점을 주목해 볼 필요가 있다고 생각한다. 모든 판례를 검토하기에는 여러 가지 어려움이 있어 미성년자의 사형과 관련된 이슈를 중심으로 검토한다. 남아공은 비교적 최근에 제정된 헌법을 가지고 있고, 국제법에 친화적인 조항들과 함께 특히 국제(인권)법을 헌법재판에서 반드시 원용하도록 헌법에서 규정하고 있기 때문에 그 실제 운용은 어떠한지를 검토해 볼 필요가 있다고 판단된다. 남아공의 경우에는 1993년의 임시헌법에 의해 창설된 헌법재판소의 판례를 위주로 그 이전까지 헌법문제를 다루었던 대법원의 판례를 함께 살펴보기로 한다.

1. 국제인권조약에 대한 미국연방대법원의 입장

미국연방헌법 6조 2항은 국제관습법을 국내법의 일부로 선언하고 있으며 법원은 이를 재판규범으로 원용해야 하고, 반대되는 주법과 연방법에도 우선한다고 규정하고 있다.[27] 이것은 미국에서 국제법이 국내법으로 수용될 때, 특별한 조치가 필요하지 않고, 국내법원에 의해 재판규범으로 원용될 수 있다는 의미로 받아 들여 진다. Restatement of the Law Third: Foreign Relations Law of the United States, Section 111은 국제법 중 조약은 연방헌법보다는 하위이며 연방법률과 동일한 지위를 가지고 있을 뿐만 아니라 재판규범으로 원용가능하다고 하여 조약의 국내법적 지위를 밝히고 있다. 미국 연방대법원은 1900년, Paquete Habana사건에서, 국제법은 미국법의 한 부분이며 법원은 이를 재판규범으로 원용해야 한다고 판단했는데, 이후 미국에서 국제관습법은 추가적인 조치 없이 국내법의 일부로 받아들여지게 된다.[28] 문제가 되는 것은 국제조약의 경우인데, 미국연방헌법 6조 2항에서 '모든 조약'은 추가적인 이행입법조치가 필요하지 않다고 해석되고 이것은 원칙적으로 모든 조약이 자기집행적이라고 볼 수 있다는 의미가 된다. 그럼에도 미국법원은 Foster v. Neilson 사건에서 시작된 조약의 자기집행성 검토를 통해 행정부가 체결한 조약을 의회의 국내이행입법이 필요한 것과 필요하지 않은 것으로 구별하고 있다.[29] 그리

---

27 The U.S. Constitution, Article 6, Section 2 that "… all Treaties made, or which shall be made, under the Authority of the United States, shall be the Supreme Law of the land; and the judges in every State shall be bound thereby, any Thing in the Constitution or Laws of any State to the Contrary notwithstanding."

28 The Paquete Habana, 175 U.S. 677 700 (1900).

29 Sei Fujii v. State of California, 38 Cal.2d 718 (1952). 연방대법원이 아닌 캘리포니아 대법원 사건이기는 하지만, 외국인의 토지소유를 금지하고 있던 캘리포니아 외국인토지법이 미국수정헌법 14조, 평등의 원칙과 적법절차의 원칙을 위반하고 있기 때문에 무효라고 선언한 판례가 있다. 이 사건에서 UN헌장은 구체적인 구제조치를 상정하고 있지 않기 때문에 자기집행성이 없고 미국연방헌법 6조에 의해 자동적으로 미국법의 일부가 될 수 없음을 선언하기도 했다.; 주진열, 조약의 자기집행성 판단기준에 관한 미국연방법원의 법리, 세계헌법연구 제11권 2호 (2005). 조약의 자기집행성의 여부와 관련된 미국법원의 판례는 다음과 같다. Foster v. Neilson, 27

고 위 Restatement Section 111은 "(1) 조약이 국내입법 없이는 효력을 발생할 수 없다거나 국내법이 될 수 없다고 그 의도를 선언하고 있는 경우, (2) 상원에서 특정조약에 동의하는 과정에서, 혹은 의회의 결의에 의해 국내입법을 요구하는 경우, (3) 국내입법이 헌법적으로 요구되는 경우"에는 자기집행성을 가지고 있지 않다고 설명하고도 있다. 이렇게 미국법원은 국제법 중 관습법의 경우 일원론적 입장에서 그대로 자국의 법체계로 받아들이고, 조약의 경우 위에서 살펴 본 기준, 그리고 판례에 따라 자기집행성의 여부를 따진 후 국내이행입법 없이 재판규범으로 원용하기도, 하지 않기도 한다.

그렇다면, 미국연방대법원이 재판에서 국제인권조약을 어떻게 다루고 있는지를 살펴본다. 연방대법원은 대부분의 국제인권조약에 대해 비자기집행적이라고 선언하고, 재판에서 국제인권조약의 직접적인 적용 없이도 미국연방헌법의 권리장전을 통해, 또 연방대법원의 판례축적을 통해 국내의 인권을 충분히 보장할 수 있다는 입장을 견지하고 있는 듯하다. 오히려 연방대법원은 국제인권조약이 미국헌법의 원리인 연방주의, 권력분립주의, 정치적 통일성을 저해할 위험이 있다고도 보았다. 그런데 미국의 국제적 위상과 역할을 고려했을 때, 국제인권조약 가입률이 아주 낮은 정도인 점, 조약을 비준할 때에도 핵심적인 조항을 유보하는 점, 대부분의 국제인권조약에 대해 비자기집행적이라고 선언해 오고 있는 점 등에 대해 국제적으로 뿐만 아니라 국내에서도 비판이 많다.[30] 그 중 가장 대표적인 것이 미성년범죄자에 대한 사형금지부분이다. International Covenant on Civil and Political Rights (이하 ICCPR) 6(5)과 Convention on the Rights of the Child (이하 CRC) 37(a)은 미성년범죄자에 대한 사형을 명문으로 금지하고 있음에도, 미국은 관련조항을 유보한 채로 위 조약들을 비준했다.

여기서는 이와 관련된 미국연방대법원의 태도를 중심으로 검토한다. 미국에서 사형, 특히 미성년범죄자에 대한 사형의 문제는 수정헌법 8조의 잔인하고 비상식적인 형벌의 금지 조항과 맞물려 있다. 연방대법원은 미국사회의 '변화하는 공서양속의 기준'으로 해당 조항을 해석해 오고 있었으며,[31] 그 판결과정에서 외국의 사례나 국제적인 경향에 대해서는 고려하지 않으려고 한다. 다시 말해 미국연방대법원은 관련된 국제인권조약을 국내재

U.S. 253 (1829): 체결당시의 당사국의 의도가 나타나 있는 조약, US v. Postal, 589 F.2d 862 (1979): 처음부터 의도한 조약, Tel-Oren et al v. Libyan Arab Republic et al 726 F.2d 774 (1984): 단지 희망이나 염원의 조약, Frolova v. Union of Soviet Socialist Republics 761 F.2d 370 (1985): 조약이 부과하는 의무의 성질상 사법적 집행이 불가능한 경우, 등이 있다.

30 Harold Hongju Koh, *On American Exceptionalism*, 55 STAN. L. REV. 1479 1482 (2003); Johan D. van der Vyver, *American Exceptionalism: Human Rights, International Criminal Justice, and National Self-Righteousness*, 50 EMORY L.J. 775 779 (2001).

31 류성진, 미성년 범죄자와 미국 수정헌법 8조 해석의 확장, 외법논집, 제37권 1호, 2013. 2. 59쪽 이하.

판의 법원으로 원용하기를 꺼려하는 입장인 것이다. 그런데, 최근 이에 대한 변화가 조금씩 감지되고 있다. 조금 구체적으로 그 흐름을 살펴보면, 1988년 Thompson v. Oklahoma 사건에서 연방대법원은 처음으로 미성년범죄자에 대한 사형을 심리하면서 16세 미만의 범죄자에게 사형을 선고하는 것은 수정헌법 8조에 위반됨을 선언했다. 여기서 관련된 국제인권조약에 대해 언급하기는 하지만, 단지 각주로 처리되는 정도였다.[32] 1년 뒤 Stanford v. Kentucky 사건에서도 반대의견에서 ICCPR과 American Convention 등을 언급하며 미성년범죄자에 대한 사형이 금지되어야 한다는 의견을 밝히기도 했지만, 다수의견에서 채택되지는 않았다.[33] 이후, 2005년 Roper v. Simmons 사건에서 다수의견은 18세미만의 범죄자에게 사형을 선고해서는 안 된다는 논리를 전개하면서 국제법존중의 원칙에 입각하여 CRC, ICCPR, American Convention, African Charter on the Rights and Welfare of the Child의 규정을 참고하게 된다.[34] 2010년 Graham v. Florida 사건에서 역시 18세 미만의 범죄자에 대한 가석방 없는 종신형도 위헌임을 선언하면서 국제인권조약을 판결의 해석수단으로 사용했다.[35] 물론, 반대의견으로 여전히 국제인권조약을 국내법원에 적용하는 것에 대해 신중해야 한다는 의견도 있었고, 미국연방대법원의 국제인권조약을 대하는 태도를 미성년범죄자에 대한 사형금지와 관련된 사건만으로 판단할 수는 없겠지만, 위에서 언급한 국제인권조약들은 이른바 핵심인권조약들로 미국연방대법원의 국제인권조약을 재판규범으로 원용하는 태도의 변화를 살펴보는 데 유용다고 본다.

이렇게, 미국연방대법원은 과거 오랫동안 국내기본권 관련 판결에서 국제인권조약에 대한 언급자체를 하지 않았고, 참고하더라도 국제인권조약들이 자기집행적 성격을 가지고 있지 않다고 판단해 버리거나 관련조항이 유보된 채로 비준되었다하여 재판에 적용하는 것을 꺼리는 입장이었다. 그러나 최근에 들어서 미국연방대법원은 판결과정에 있어서 해석과 참고의 방법을 통해 국제인권조약을 인용하는 경향이 증대되고 있다고 평가할 수 있겠다. 즉, 법리적으로는 대부분의 국제인권조약들이 미국에서 비자기집행조약으로 선언되기 때문에 법원이 재판규범으로 직접적용할 수는 없겠지만, 미국연방헌법과 동일한 내용을 가지고 있거나 국제관습법화 되어 있는 국제인권기준들은 국제법존중의 정신과 국제법의 국내최고법규성을 규정하고 있는 미국연방헌법에 따라 간접적인 방법을 통해서 적용하려는 움직임이 연방대법원에서 감지되고 있는 것은 사실이다.

32 Thomson v. Oklahoma, 487 U.S. 815 831의 각주 34 (1988).
33 Stanford v. Kentucky, 492 U.S. 361 389와 390의 각주 10 (1989).
34 Roper v. Simmons, 543 U.S. 551 576 (2005).
35 Graham v. Florida, 130 S. Ct. 2011 (2010).

2. 남아공 헌법재판에서 국제인권조약의 지위

남아프리카 공화국의 법체계에는 오랜 기간동안의 식민지 경험에서 유래하는 영미법과 대륙법적인 전통이 공존하고 있다. 다만, 국제법의 국내수용과 관련해서는 이원론적 입장에 가깝다고 보여 진다. 일단 국제법을 의회의 입법과 동일한 성격이라고 보지 않고, 행정법규의 일종으로 인식하면서, 국제법이 국내법체계에 수용되기 위해서는 보충적인 이행입법 행위가 필요하다는 견해가 Pan American World Airways Incorporated v SA Fire and Accident Insurance Co Ltd.사건에서 제시되었고,[36] 1996년 남아프리카 공화국 헌법 232조는 국제관습법의 경우, 헌법이나 의회법에 배치되지 않는 이상 자동적으로 국내법체계에 편입된다고 규정하고 있지만,[37] 231조 (4)에서 미국의 자기집행적 조약이론과 유사하게 국제조약의 자기집행성을 검토해서 자기집행적 조약인 경우 국내법률보다는 우위에 위치한다고 한다.[38] 그러나, 비자기집행조약이라 하더라도, 그 직접적인 적용이 배제되는 것이지 재판의 해석기준으로서는 그 역할을 할 수 있다고 보고 있다.[39]

그런데, 남아프리카 공화국이 국제인권조약의 경우에는 일반적인 원칙을 따르지 않고 있다. 즉, 신생민주헌법으로서 남아프리카 공화국 헌법은 독특한 점을 가지고 있는데, 헌법 39조에서 헌법합치적 해석의 원칙을 밝힘과[40] 동시에 1항에서는 국내법원이 기본권 관련 재판을 심리할 때에는 국제(인권)법을 재판규범으로 반드시 원용해야 하며, 외국의 법(주로 판례)을 참고할 수도 있다고 천명하고 있다.[41] 이는 오랜 식민지 경험과 아파르트

36 1965 (3) SALR 150 (A) at 161 C–D. 법원의 이러한 견해는 S v Tuhadeleni and others, 1969 (1) SALR 153 (A) at 173–5에서 확정되게 된다.

37 Section 232 of the 1996 Constitution provides that 'Customary international law is law in the Republic unless it is inconsistent with the Constitution or an Act of Parliament.'

38 남아공 헌법 231조 4항, 원문은 다음과 같다. "Any international agreement becomes law in the Republic when it is enacted into law by national legislation; but a self–executing provision of an agreement that has been approved by Parliament is law in the Republic unless it is inconsistent with the Constitution or an Act of Parliament."

39 JOHN DUGARD, *The Role of Human Rights Treaty Standards in Domestic Law: The Southern African Experience*, *in* THE FUTURE OF UN HUMAN RIGHTS TREATY MONITORING 279 (Philip Alston & James Crawford eds., 2000).

40 남아공 헌법 39조 2항과 3항의 원문은 다음과 같다. "(2) When interpreting any legislation, and when developing the common law or customary law, every court, tribunal or forum must promote the spirit, purport and objects of the Bill of Rights." "(3) The Bill of Rights does not deny the existence of any other rights or freedoms that are recognized or conferred by common law, customary law or legislation, to the extent that they are consistent with the Bill."

41 남아공 헌법 39조 1항의 원문은 다음과 같다. "(1) When interpreting the Bill of Rights, a court, tribunal or forum (a) must promote the values that underlie an open and democratic society based on human dignity, equality and freedom; (b) must consider international law; and (c) may consider foreign law."

헤이트 체제에서 경험한 극심한 인종차별과 인권침해를 극복기 위한 의도가 새로운 헌법을 제정과정에 반영되었기 때문이며, 새롭게 탄생된 헌법재판소가 참고할 만한 선례나 이론이 부족했던 것도 하나의 이유라고 이해된다. 남아프리카공화국 헌법재판소의 대표적인 판례를 몇 개 살펴보면, 사형제와 관련된 첫 사건인 Makwanyane v. State에서[42] 재판관 Chaskalson은 ICCPR 6조, American Convention on Human Rights 4조 (2), European Convention on Human rights 2조, African Charter of Human and People's Rights 4조를 인용하면서 침해할 수 없는 생명의 존엄함에 비추어 자의적인 사형은 금지되어야 함을 선언한다.[43] 이후 많은 판결에서 국제인권조약, 특히 국제인권조약들을 헌법재판규범으로 원용하게 된다.[44] 형사소송절차에서의 여성의 불평등을 다투었던 S v Baloyi에서 United Nations Declaration on Violence Against Women과 Convention on the Elimination of All Forms of Discrimination Against Women을 인용하기도 한다.[45] 또 대체방안 없는 강제철거를 금지하고 주거권을 인정한 The Government of the Republic of South Africa, et al. v Grootboom and Others사건에서도 International Covenant on Economic, Social and Cultural Rights(ICESCR)을 원용하며 남아공 정부가 조약의 가입당사국으로서 위 조약의 국내적 이행을 위해 가능한 최대의 자원을 사용하여 (단계별 적용일지라도) 관련 기본권을 실행할 의무가 있음을 적시하고 있다.[46] 이외에도 많은 헌법소송에서 국제인권조약이 재판규범으로 원용되고 있는 것을 알 수 있다.

이렇게 남아공에서 국제법을 국내법으로 수용하는 방식은 원칙적으로는 이원론적인 입장을 가지고 있으며 미국과 유사한 조약의 자기집행이론을 통해서 국제법의 국내수용을 통제하고 있지만, 국제인권조약의 경우에는 별도로 다루고 있는 것이다.[47] 헌법 39조 (1)에 따라 기본권과 관련된 재판의 경우 국제(인권)법을 반드시 고려하도록 하고 있고,

---

42 1995 (3) SALR 391 413－414 (CC).

43 물론, 미국과 유럽국가들을 비롯한 많은 국가들의 관련된 판례들에 대한 비교법적인 분석이 주가 되었지만, 국제인권법도 판결과정에서 참조하고 적용했음을 명시하고 있다.

44 신체에 대한 형벌의 위헌성과 관련한 S v. Williams 1995 (3) SALR 632 (CO. European Court of Human Rights, at 640－1; 643,645－8; UN Human Rights Committee, at 640; international human rights conventions, at 639; 불이익 진술거부권과 관련한 Ferreira v. Levin N.O.1996 (1) SALR 984 (CC). European Commission and Court of Human Rights, at 1036, 1083; international human rights convention!, at 1020－21, 1033－6, 1083. 상소권과 관련한 S v. Rens 1996 (1)SALR 1218 (CC). European Court of Human Rights, at 1225. 프라이버시권과 관련하여 Bernstein v. Bester 1996 (2) SALR 751 (CC). European Court of Human Rights, at 790－2, 803 등 많은 판결에서 국제인권조약을 거론하고 있다.

45 2000 (2) SALR 674 para. 13 (CC). 이외에도 평등과 관련된 일련의 사건들이 있었고, 남아공 헌법재판소는 관련된 국제인권조약을 차례차례 인용했었다.

46 2001 (1) SALR 46 (CC) para 27－29와 33.

47 HEINZ KLUG, THE CONSTITUTION OF SOUTH AFRICA: A CONTEXTUAL ANALYSIS 45－83 (2010).

남아공 헌법재판소도 많은 판결에서 국제인권조약을 거론하고 있으며, 동시에 비교법적 검토의 한 방법으로서 보다 타당한 판결에 대한 논리적 해석수단으로 인식되고 있다.[48] 이렇게 남아공의 헌법재판소가 국제인권조약을 인식하는 태도는 세계 어느 나라보다 적극적이고 긍정적인 것만은 분명하다. 즉, 국제법을 국내법체계로 수용하는데 있어서는 다른 나라의 방식과 크게 다르지 않지만, 국제인권조약의 경우에는 그 헌법규범적 성격에 비추어 국내헌법재판의 준거규범이 된다는 것을 명문으로 인정하고 있다는 점은 깊게 생각해 볼만하다.

3. 국제인권조약에 대한 우리나라 헌법재판소의 입장

우리나라는 헌법 6조 1항은 "헌법에 의하여 체결·공포된 조약과 일반적으로 승인된 국제법규는 국내법과 같은 효력을 가진다"고 함으로써 국제법을 국내법체계에 수용할 수 있음을 밝히고 있다. 즉, '헌법에 의하여 체결, 공포된 조약'은 정부가 가입하고 비준한 국제조약, 그리고 헌법 60조 1항에서 규정하고 있는 일련의 조약들 중, 국회의 동의를 획득한 조약을 의미하고, '일반적으로 승인된 국제법규'라 함은 국제관습법을 의미한다고 보는 것이 일반적이다. 다만, 해석의 문제가 되는 부분은 조항의 하단부인 '국내법과 같은 효력'을 어떻게 볼 것인가 인데, 결국 국제법의 국내법체계에서의 서열, 지위에 관한 문제이고, 대부분의 견해가 국제법을 국내법률과 동위로 보고 있다. 실제 헌법재판소는 헌법 6조 1항이 국제법존중주의에 입각하고 있지만, 이것이 국제법이 국내법보다 우월하다는 의미는 아니라고 밝히고 있다.[49] 그러나, '국내법과 같은 효력'이 있다는 것은 헌법, 법률, 명령, 규칙 등을 모두 포함하는 것으로 보아야 한다는 견해도 있다.[50] 일괄적으로 모든 국제법이 법률과 동일한 지위를 가진다고 볼 것이 아니라, 그 성격에 따라 그 지위를 따로 정해야 한다는 것이다. 이런 해석의 문제는 실제 헌법재판에서 쟁점이 되는데, 만약 국제법이 일반법률과 동위라면, 이에 기한 헌법소원은 불가능하게 되는 것이고, 국제법의 국내재판에서의 재판규범으로 원용될 가능성도 희박해 지며, 이에 대한 논의도 더 이상 실익이 없어진다고 하겠다.[51]

---

48 Azaninan People's Organization (AZAPO) and Others v. President of Republic of South Africa and Others 1996 (4) SALR 671 688(CC) 사건에서는 국제인권법이 국내재판에서 직접적으로 적용이 된다기 보다는 보충적 해석의 수단 중 하나이며, 만약 남아공 헌법과 배치되는 경우에는 남아공 헌법이 우선한다는 논리를 펴는데, 남아공 헌법재판소의 다른 판결과는 사뭇 다른 의견이 나타나는 사건이다.

49 헌재 2001. 4. 26. 99헌가13, 결정요지.

50 이러한 해석이 보다 합리적이고 실용적이지 않을까 감히 생각해 본다. 비슷한 입장으로 계희열, 박찬운, 오승진, 이명웅, 정경수 등이 있다.

51 이명웅, 「국제인권법과 헌법재판」, 『저스티스』 통권 제83호. 2005. 2, 182－183쪽. "조약이나 국제법규가 국내

우리나라는 국제관습법과 우리나라가 가입, 비준한 국제조약에 국내법률과 동일한 지위를 부여하고 있다고 보는 것이 대체적인 견해이다. 더구나 우리나라 헌법재판소에서 국제인권조약이 원용되거나 검토된 사례가 많지 않으며, 간혹 국제인권조약이 원용되는 경우라도 적극적으로 검토되기 보다는, 부수적, 보충적 해석의 법원으로 취급받는 것 같다.[52] 먼저 사죄광고가 양심의 자유를 침해했는지의 여부를 심사한 사건에서 민법 764조의 사죄광고가 우리 헌법 19조의 양심의 자유를 침해했는지를 해석하는데 있어서 ICCPR 18(2) 양심의 자유라는 국제인권기준과 비교를 시도함으로써 국제인권조약을 해석의 방법을 통해 국내헌법재판에서 간접적으로 적용할 수 있다는 가능성을 제시하기도 했지만, 구체적인 논리전개는 없었고,[53] 사형제관련 사건에서도 소수의견에서만 ICCPR을 언급하는 등 우리 헌법재판소는 국제인권조약을 재판규범으로 직접적용하겠다는 의지는 보이지 않는다.[54]

다만, 이른바 문화방송노조사건에서 강제노무를 금지하고 있는 ICCPR 8(3)과 우리 헌법 12조 1항이 유사한 것이라 판단하기도 했고,[55] 일간지구독금지처분 위헌확인 소송에서는 우리 헌법 21조 알권리를 제한하는 데 있어서 헌법 37조 2항의 과잉금지원칙에 따라 검토한 뒤에 동일한 논리를 ICCPR 19(2) 표현의 자유에 대한 제한에 대해 적용하고도 있다.[56] 또 종교, 신념의 자유를 규정한 ICCPR 18(2)에 대해서도 준법서약서 사건,[57] 양심적

법에 우선할 수 없다는 판례(99헌가13)가 있지만, 국내법이라는 것이 단순히 국내법률만을 의미한다기 보다는 헌법, 법률, 명령, 규칙 등을 통칭한 의미로 해석해야 한다." "만일 조약이나 국제법규가 헌법 아래에 있다면 재판기준으로 사용할 수 없을 뿐 아니라, 거기에 기한 헌법소원(헌재법68조 1항에 의하면, 헌법상 보장된 기본권)도 할 수 없다."

52 왜냐하면 우리헌법의 기본권 보호만으로도 충분하다는 자신감, 법관들의 국제인권법에 대한 비친화적인 문화와 인식이 부족하기 때문이다.

53 헌재 1991. 4. 1. 89헌마160; 정경수, 앞의 글 98쪽. 즉 국내법을 국제기준에 합치해서 해석하는 것인데, 이는 헌법합치적 해석의 방법과 유사하게 생각된다.

54 참고로 우리 대법원은 2007도7941판결인 양심적 병역거부사건에서 ICCPR을 언급하며 여기에 의미를 부여한 바 있다.

55 헌재 1998. 7. 16. 97헌바23 사건에서 "1966년 제21회 국제연합(UN) 총회에서 채택된 '시민적및정치적권리에관한국제규약'(1990. 6. 13. 조약 1007호, 이른바 B규약) 제8조 제3항은 법원의 재판에 의한 형의 선고 등의 경우를 제외하고 어느 누구도 강제노동을 하도록 요구되지 아니한다는 취지로 규정하고 있고, 여기 서 강제노동이라 함은 본인의 의사에 반하여 과해지는 노동을 의미한다고 할 수 있는데, 이는 범죄에 대한 처벌로서 노역을 정당하게 부과하는 경우와 같이 법률과 적법한 절차에 의한 경우를 제외하고는 본인의 의사에 반하는 노역은 과할 수 없다는 의미라고 할 수 있는 우리 헌법 제12조 제1항 후문과 같은 취지라고 할 수 있다. 그렇다면 강제노역금지에 관한 위 규약과 우리 헌법은 실질적으로 동일한 내용을 규정하고 있다할 것이므로, 이 사건 심판대상 규정 또는 그에 관한 대법원의 해석이우리 헌법에 위반되지 않는다고 판단하는 이상 위 규약 위반의 소지는 없다 할 것이다."

56 이명웅, 앞의 글 186-187쪽. 왜냐하면, ICCPR 19(3)이 우리 37(2)처럼 기본권제한에 있어서 과잉금지의 원칙과 유사한 규정을 하고 있다.

57 헌재 2002. 4. 25. 98헌마425.

병역거부 사건[58] 등에서 국제인권조약이 헌법적 차원의 내용을 담고 있으며, 위헌심사의 척도가 될 수도 있음을 언급하고 있다.[59] 특히, 지방공무원법관련 위헌확인의 사건에서는 국제법존중의 원칙 아래에서 국제인권조약에 합치된 해석을 하도록 요구하고 있는데, 이는 직접적용은 어렵더라도 간접적으로는 재판규범으로 사용할 수 있다는 견해를 보이는 것이라 이해할 수 있다.[60] 그러나 대체적으로 우리 헌법재판소 판례는 국제인권조약을 적극적으로 원용하고 있지는 않다. 위에 언급한 판례들 역시 소수의견 또는 짧은 언급에 그치는 것에 불과하고, 헌법 6조 1항의 해석도 국제인권조약이 법률적 효력을 가질 뿐이라고 해서 헌법재판 규범으로 원용하기 어렵다는 견해를 보이고 있는 것이다.[61]

이렇게 우리나라 헌법재판소는 국제인권조약을 직접적으로 적용하는 예는 찾기 힘들고, 우리헌법을 해석하는 기준으로서 간접적으로 활용할 수는 있다는 입장을 가지고 있는 정도라고 이해된다. 물론, 국내법체계의 완성도에 대한 자신으로 국제법의 간섭을 꺼리는 것이 대부분 국가의 사법부의 태도이며 우리나라도 예외는 아닐 것이다.[62] 그러나, 국제인권조약의 경우 그 성격과 내용이 우리 헌법의 그것과 동일하며, 게다가 헌법 6조 1항에서는 이른바 조약의 자기집행성에 대해서도 언급한 바가 없기 때문에 국제인권조약을 국내재판에 직접적으로 원용하는데 이론적으로 문제는 없다. 다만, 문제는 국내에 수용된 국제인권조약이 단순히 일반법률과 동일한 지위를 가진다면 헌법재판의 심사척도로 원용할 수 없다는 것에 있는데, 앞에서도 지적했듯이, 헌법 6조 1항의 '국내법과 같은 효력'은 단지 법률과 동일한 효력을 의미하는 것이 아니라 국내법체계 속에 한 부분으로 편입된다는 의미로 받아들여 해석하게 되면 문제를 해결할 단초를 찾을 수 있다. 즉, 수용된 국제법이 국내법체계 중 어느 것과 그 성격이 닮아 있는지를 검토해야 한다는 생각으로, 만약 일반법률과 같은 성격을 가지고 있는 국제법이라면, 법률과 동일한 지위를 부여하고, 명령과 비슷한 성격을 띠고 있다면 명령과 동일하게 보아야 한다는 것이다. 그리고 국제인권조약

58 헌재 2004. 8. 26. 2002헌가1.

59 이명웅, 앞의 글 189쪽.

60 헌재 2008. 4. 24. 2004헌바47 491면, "헌법 제6조 제1항은 '헌법에 의하여 체결, 공포된 조약은 물론 일반적으로 승인된 국제법규는 국내법과 같은 효력을 가진다'고 규정하여 국제법을 수용하고 존중함을 천명하고 있고, 현재 우리나라는 국회의 동의를 얻어 국제인권규약들의 대부분을 수락한 체약국이자 국제노동기구의 정식회원국이기도 하다. 따라서, 헌법의 개별 조항을 해석함에 있어서는 국제연합의 세계인권선언이나 국제인권규약들, 국제노동기구의 협약과 권고 등 국제법 규범과 조화되도록 해석하여야 할 것이고, 국내법이 이러한 국제적 규범에 위배된다고 하여 막바로 위헌이라고 할 수는 없다 하더라도, 그 국내법의 위헌 여부를 판단함에 있어 중요한 기준으로 삼아야 할 것이다."

61 헌재 2007. 8. 30. 2003헌바51 등, "헌법 제6조 제1항에 의하면 헌법에 의하여 체결·공포된 조약과 일반적으로 승인된 국제법규는 법률적 효력을 가지는 것이므로, 법 제66조 제1항이 조약이나 국제법규에 위반된다고 하더라도 위헌이라고 할 수 없고, 법률적 효력의 상충문제만 생길 뿐이다."

62 심영규, 앞의 글 318쪽.

과 같이 우리 헌법의 기본권내용과 동일한 규정을 가지고 있는 국제법이라면, 헌법과 동일한 지위를 부여하거나 최소한 일반법률보다는 우위를 가진다고 인정해야 한다는 것이다. 다만, 국내 최고법으로서의 헌법이 가지는 국내법체계의 중요성을 고려해서 양자가 충돌하는 경우에는, 그 국제인권조약을 헌법합치적 해석을 통해 좁게 해석하면 될 것이고,[63] 마찬가지로 우리 헌법의 기본권조항이 추상적인 경우 국제법존중의 원칙에 의거해 국제인권조약에 조화되도록 해석하면 해결될 수 있는 문제라고 생각된다.[64] 여기에 더하여, 우리 헌법 37조 1항은 “국민의 자유와 권리는 헌법에 열거되지 아니한 이유로 경시되지 아니 한다”고 규정하고 있는데, 헌법재판소가 이를 보다 적극적으로 해석하여 국제인권조약의 내용을 그 범위 안에 둔다면 우리나라의 인권보호체계를 더욱 공고히 할 수도 있다고 본다.[65] 더군다나, 우리나라는 중요한 국제인권조약을 모두 가입, 비준하고 있고 오늘날 국제사회에서의 그 역할도 점차 증대되고 있는 시점에서, 조약체결당사국으로서 국내에 이를 적극적으로 이행할 의무도 있다.[66] 따라서 국제인권조약이 국내재판에서의 재판규범으로 원용될 수 있도록 우리 헌법재판소의 보다 적극적이고 전향적인 태도를 기대해 본다.

Ⅳ. 나가며

미국, 남아프리카공화국, 우리나라 모두 국제법을 국내법체계에 수용하는 방식은 대체로 유사하다. 국제관습법의 경우에는 각국의 헌법규정에 따라 국내법의 일부로서 자동적으로 국내법체계에 편입되는 반면, 조약은 자기집행성 여부에 따라 보충적인 국내이행입법이 필요한 것과 그렇지 않은 것으로 나뉘어 다루어진다. 이는 오늘날 대부분의 국가에서 발견할 수 있는 경향이기도 한데, 이는 국내법원이 국내법체계의 안정성유지를 위해 일면 이질적이라고 느껴질 수 있는 국제인권조약을 포함한 국제법을 국내재판규범으로 직접적용하지 않으려 하기 때문으로 이해된다.

우리나라의 경우 국제인권조약에 근거한 헌법재판소송은 대부분 받아들여지지 않았고, 헌법재판소도 소수의 판례에서 국제인권조약을 간접적인, 보충적 해석 수단 정도로

---

63 이명웅, 앞의 글 184쪽.

64 이명웅, 위의 글 191–192쪽.

65 박찬운, 「국제인권조약의 국내적 효력과 그 적용을 둘러싼 몇 가지 고찰」, 『법조』 제56권 6호 통권 제609호, 2007. 6, 174쪽.

66 정경수, 앞의 책 182쪽.

인식해 왔다. 미국의 경우에도 국제인권조약을 연방대법원에서 재판규범으로 원용하는 사례가 많지 않았고, 그 원용을 꺼리는 경향이 뚜렷했었다. 다만, 최근에서야 미성년범죄자에 대한 사형, 가석방 없는 종신형 등의 쟁점을 다룬 사건에서 ICCPR과 CRC 등의 관련 조항을 인용하면서 수정헌법 8조의 해석을 확장하고 있다. 반면에, 남아공의 경우 그 역사적 특수성 때문이기는 하지만, 국제인권조약을 일반국제법과 다르게 다루고 있는 점은 주목할 만하다. 남아공 헌법 39조 1항에서 인권관련 헌법재판에서는 반드시, 의무적으로 국제(인권)법을 참고하도록 하고 있고, 실제 헌법재판에서도 주요 국제인권조약 뿐만 아니라, 국제인권기구의 의견 및 권고사항들도 고려되고 있는 것이다.

인권은 열려있는 보편성을 가지고 있고, 단지 개인의 주관적인 권리일 뿐만 아니라 현대 민주국가의 기본 목적이기도 하다. 또한 인권은 국제인권조약의 양당사국, 또는 해당 당사국만의 문제가 아니라 이미 전 지구적 문제이다. 국제인권조약은 다른 국제법과는 달리 헌법적 규범성을 가지고 있다. 또 국제관습법, 강행규범의 지위를 가지고 있다고도 여겨진다. 그리고 국제인권조약을 체결한 당사국은 이를 국내에 이행할 의무를 대외적으로도 가지지만, 동시에 국민에 대해서도 국내인권보장의 증진을 위한 의무를 가지는 것으로 이해된다.[67] 다시 말해서, 국제인권조약이 국내헌법의 기본권과 그 성격과 내용이 동일하다면, 국제관습법 내지 강행규범으로서의 지위를 가진다면, 또 국제인권조약을 가입, 비준함과 동시에 그 국내이행의 법적의무를 부여받았다면, 일반국제법과 달리 국제인권조약은 국내법체계에서 헌법규범적 지위를 인정받는 것이 필요하고 이렇게 되면 국내최고재판소가 헌법재판에서 국제인권조약을 원용하지 않을 이유가 없다 할 것이다.

이렇게 국제인권조약을 국내헌법재판에 원용하는 것이 국내법체계의 통일성을 저해하지 않고, 오히려 국내인권보장체계를 더욱 공고히 할 수 있다면, 미국이 연방헌법의 최고법규정과 연방대법원의 의지에 따라 국제인권조약을 재판의 규범으로 원용하는 경향이 증가하고 있는 것처럼, 우리나라도 우리헌법 6조 1항의 규정과 헌법재판소의 의지에 따라 국제인권조약을 헌법재판과정에서 검토하는 것은 전혀 이상하지 않을 것이고, 남아프리카 공화국 헌법이 국제인권조약을 재판규범으로 반드시 원용하도록 하고 있듯이, 우리나라는 헌법재판소법의 내용을 손질함으로써 국제인권조약의 국내재판규범성을 담보할 수도 있지 않을까 생각해 본다.

67 히가시자와 야스시, 「재판규범으로서의 국제인권법」, 『서울국제법연구』, 13권 1호, 2006, 82쪽.

<참고문헌>

[국내문헌]

1. 단행본

정경수, 재판과정에서의 국제인권기준 적용 연구, 국가인권위원회 2007.

2. 논문

류성진, 미성년 범죄자와 미국 수정헌법 8조 해석의 확장, 외법논집, 제37권 1호, 2013. 2.

박진완, 세계화, 국민주권 그리고 헌법: 국제법의 헌법화, 헌법학연구 제14권 3호 2008. 9.

박찬운, 실무적 입장에서 본 국제인권법의 직접적용, 헌법학연구 제8권 4호 2002. 12.

______, 국제인권조약의 국내적 효력과 그 적용을 둘러싼 몇 가지 고찰, 법조 제56권 제6호 통권 제609호 2007. 6.

심영규, 국제법규의 국내적 수용과 사회국가의 실현, 한양법학 제37집 2012.

이명웅, 국제인권법과 헌법재판, 저스티스 통권 제83호 2005. 2.

이진규, 국제재판에서 강행규범의 발전 – 국제인권법 및 국제인도법의 적용을 중심으로, 법학연구 제26집 1호 2005.

장은주, 인권의 보편성과 인도적 개입의 정당성, 사회와 철학 제17호 2009. 4.

전학선, 국제인권법과 헌법재판, 미국헌법연구 제19권 1호 2008. 2.

조홍석, 한국에 있어서의 국제인권법의 국내법적 보장, 헌법학연구 제4권 2호 1998.10.

주진열, 조약의 자기집행성 판단기준에 관한 미국연방법원의 법리, 세계헌법연구 제11권 2호 2005.

히가시자와 야스시, 재판규범으로서의 국제인권법, 서울국제법연구, 제13권 1호 2006.

[외국문헌]

1. 단행본

BREMS, EVA, HUMAN RIGHTS: UNIVERSALITY AND DIVERSITY (Martinus Nijhoff Publishers, Netherlands, 2001).

JAYAWICKRAMA, NIHAL, THE JUDICIAL APPLICATION OF HUMAN RIGHTS LAW (Cambridge University Press, 2002).

KLUG, HEINZ, THE CONSTITUTION OF SOUTH AFRICA: A CONTEXTUAL ANALYSIS (Hart Publishers, 2010).

MULLER, SAM & Marc Loth eds., HIGHEST COURTS AND THE INTERNATIONALISATION OF LAW (Hague Academic Press, 2009).

RAMCHARAN, BERTRAND G., THE PROTECTION ROLES OF UN HUMAN RIGHTS SPECIAL PROCEDURES (BRILL, 2009).

SIMMONS, BETH A, MOBILIZING FOR HUMAN RIGHTS: INTERNATIONAL LAW IN DOMESTIC POLITICS (Cambridge University Press, 2009).

STEINER, HENRY J., et al. eds., INTERNATIONAL HUMAN RIGHTS IN CONTEXT: LAW, POLITICS, MORALS: TEXT AND MATERIALS (Oxford University Press, 2008).

TOMUSCHAT, CHRISTIAN, HUMAN RIGHTS: BETWEEN IDEALISM AND REALISM (Oxford University Press, 2008).

2. 논문

Cerna, Christina M., *Universality of Human Rights and Cultural Diversity*, 16 HUM. RTS. Q. 740 (November 1994).

Donnelly, Jack, The Relative Universality of Human Rights, 29 HUM. RTS. Q. 281 (2007).

Dugard, John, *The Role of Human Rights Treaty Standards in Domestic Law: The Southern African Experience*, in THE FUTURE OF UN HUMAN RIGHTS TREATY MONITORING (Philip Alston & James Crawford eds., 2000).

Koh, Harold Hongju, *On American Exceptionalism*, 55 STAN. L. REV. 1479 (2003).

Perry, Michael J., *Are Human Rights Universal? The Relativist Challenge and Related Matters*, 19-3 HUM. RTS. Q. 461 (August 1997).

Quigley, John, *Toward More Effective Judicial Implementation of Treaty Based Rights*, 29 FORDHAM INT'L L.J. 552 (2006).

Schwartz, Herman, *The Internationalization of Constitutional Law*, 10 HUM. RTS. BRIEF 10 (2003).

Tharoor, Shashi, *Are Human Rights is Universal?*, 16:4 WORLD POL'Y J. 1 (Winter 1999/2000).

Tushnet, Mark, *The Inevitable Globalization of Constitutional Law*, 49 VA. J. INT'L L. 985 (2009).

Yoo, John C., *Globalism and the Constitution: Treaties, Non-Self- Execution, and the Original Understanding*, 99 COLUM. L. REV. 1955 (1999).

Vyver, Johan D. van der, *American Exceptionalism: Human Rights, International Criminal Justice, and National Self-Righteousness*, 50 EMORY L.J. 775 (2001).

Waters, Melissa A., *Creeping Monism: The Judicial Trend toward Interpretive Incorporation of Human Rights Treaties*, 107:3 COLUM. L. REV. 628 (2007).

17 국가행위의 헌법적합성 판단에 있어서 헌법규범의 적용방식에 관한 연구*

김 해 원**

Ⅰ. 시작하는 글

규범으로서 헌법은 명령·허용·금지라는 당위의 양식을 통해서 국가에 대한 행위지도적 기능과 행위평가적 기능을 수행한다.[1] 즉, 헌법은 한편으로는 국가에게 일정한 과제나 권한을 부과하고 이에 상응하는 행위 — 작위, 부작위를 불문한다 — 를 명령·허용·금지한다는 점에서 "행위규범"으로서 작동하며, 다른 한편으로는 국가의 특정한 행위가 헌법이 요구하는 당위적 요청에 부합되는지 여부를 심사하는 "통제규범"으로서 기능한다.[2] 물론 이러한 행위규범과 통제규범이라는 관념은 사실 동전의 양면과도 같은 것이어서 혼연일체로 작동하는 것이고, 엄격하게 분리되어 존재하는 것은 아니겠지만, 국가행위의 적헌성(헌법적합성)을 심사해야만 하는 사법판단에 있어서는 통제규범으로서의 성격이 상대적으로 부각될 것이다.[3] 그런데 구체적인 국가행위의 적헌성을 판단함에 있어서 헌법적 논증참여자들이 원용할 수 있는 헌법규범이나 헌법적 가치들이 상호충돌하거나 대립되지 않고 비교적 명확하게 특정될 수 있는 경우도 있겠지만, 대게의 경우에는 하나의 특정한 국가행위에도 상충하는 여러 헌법규범(혹은 헌법적 가치)들이 중복되어 관련성을 가지게 되고,[4] "통제규범"내지는 심사기준으로서 어떠한 헌법규범을 원용하느냐(혹은 어떠한 헌법

---

* 본 글은『玄同 정만희 교수 정년기념논문집』간행위원회의 요청에 부응하기 위한 글로서 2010년 한국헌법학회에서 간행한『헌법학연구』제16권 제3호 497–538쪽에 수록되었던 필자의 논문「국가행위의 적헌성 판단에 있어서 헌법규범의 적용방식에 관한 연구」에 대한 지극히 지엽적인 수정을 거친 것으로서 기존의 논문과 본질적으로 동일한 글임을 밝혀둔다.

** 부산대학교 법학전문대학원 부교수.

1 법규범의 구조와 유형 및 기능에 관해서는 이상영/김도균,『법철학』, 한국방송통신대학교, 2006, 133–135쪽.

2 특히 "행위규범"과 "통제규범"이라는 기능법적 관념을 통해서 기본권의 실효적 보장영역을 확정하려는 시도는 헌재 1997. 5. 29. 94헌마33결정, 판례집 9–1, 553–554쪽; 헌재 2001. 4. 26. 2000헌마390결정, 판례집 13–1, 989쪽; 한편 이러한 헌법재판소의 시도가 부적절한 맥락에서 사용되었다는 지적은 정태호,「사회적 기본권과 헌법재판소의 판례」,『헌법논총』제9집(헌법재판소, 1998), 635–637쪽.

3 헌재 1997. 5. 29. 94헌마33결정, 판례집 9–1, 553–554쪽; 헌재 2001. 4. 26. 2000헌마390결정, 판례집 13–1, 989쪽.

4 이러한 중복관련성이 헌법에서 특히 문제가 되는 것은 헌법의 체계미완결한 상반규범성 및 추상성과 개방성 때문이다(Vgl. K. Hesse, Grundzüge des Verfassungsrechts der Bundesrepublik Deutschland, C.F.Müller, 20.

적 가치를 부각시키느냐)에 따라 해당 국가행위에 대한 상이한 헌법적 평가에 도달하게 된다.[5] 본 논문은 이러한 각각의 경우에 헌법규범이 적용되는 방식이 상이하다는 것을 밝히고, 특히 특정한 국가행위에 대해서 그것을 평가하는 헌법규범들(혹은 헌법적 가치들) 간의 충돌이 존재하지 않는 경우에는 포섭(Subsumtion)이, 그렇지 않는 경우에는 충돌양상에 따라서 형량(Abwägung) 혹은 우위결정(Vorrangentscheidung)이 헌법규범의 본질적인 적용방식이 된다는 것을 논증하고자 한다.

이를 위해서 우선 대국가적 행위규범으로서 헌법이 국가에게 요구하는 행위는 어떠한 의미를 가지고 있는지를 살펴본 다음(Ⅱ.), 이러한 국가행위를 평가하는 통제규범으로서의 헌법규범들이 충돌하지 않는 경우(Ⅲ.)와 상충하거나 모순적 상황을 내포하고 있는 경우(Ⅳ.)로 나누어서 각각의 경우에 헌법규범의 적용방식과 설득력 확보방안에 관해서 살펴볼 것이다.

Ⅱ. 헌법규범의 대국가적 행위규범성

헌법규범들 중에서 국가에 대한 행위지도적 기능을 뚜렷하게 드러내고 있는 것은 무엇보다도 '국민의 권리와 의무'에 관한 규정들이다. 우선 국가에 대한 개인의 주관적 지위(소극적·적극적·능동적 지위)를[6] 헌법적 차원에서 보장하고 있는 기본권보장규범은 기본권주체에게는 '허용(P)'이라는 당위의 양식을 통해서 자유를 부여해주지만,[7] 수범자인 국가에게는 적극적이든, 소극적이든 일정한 행위의무[8]를 부과하고 있다.[9] 즉, 방어권적 기본권

Aufl., 1995, S. 11).

5 중복 관련된 규범들 상호관계에 관한 올바른 이해가 전제되지 않는다면, 아무리 해당 규범의 문언적 의미를 잘 파악하여도 합리적인 법해석과 적용이 이루어지지 않는다(김학태, 「법률해석의 한계 – 판례에서 나타난 법해석방법론에 대한 비판적 고찰 –」", 『외법논집』 제22집(한국외국어대학교 법학연구소, 2006), 185쪽).

6 기본권과 지위의 관계는 G. Jellinek, System der subjektiven öffentlichen Rechte, Mohr, 2. Aufl., 1905(Neudruck 1979), S. 86ff.; G. Jellinek의 지위이론에 대한 비판적 보완은 R. Alexy, Theorie der Grundrechte, Suhrkamp, 3. Aufl., 1996, S. 243ff.

7 기본권규범과 당위의 양식 '허용'의 관계는 R. Alexy, 위의 책, 208쪽; '허용'과 자유와의 관계는 같은 사람, 같은 책, 185쪽, 202쪽.

8 적극적 행위(작위)와 소극적 행위(부작위) 이외에도, 헌법상 평등조항(특히, 헌법 제11조)에 근거하여 제3의 국가행위유형으로서 평등한 분배 내지는 평등취급을 언급할 수도 있을 것이다. 하지만 이러한 '평등'은 작위·부작위와는 그 범주를 달리한다. 즉 국가행위로서 '평등한 분배'는 독립해서 별도로 존재하는 것이 아니라, 항상 작위행위 또는 부작위행위에 포함되어 등장한다. 따라서 방어권에 있어서의 평등(소극적 행위가 평등한 분배의 대상이 되는 경우) 혹은 급부권에 있어서의 평등(적극적 행위가 평등한 분배의 대상이 되는 경우)이 문제될 뿐이다(이에 관해서는 이준일, 「기본권의 기능과 제한 및 정당화의 세 가지 유형」, 『공법연구』 제29집 제1호(한국공법학회, 2000), 102–105쪽; 같은 사람, 『헌법학강의』, 홍문사, 2008, 364쪽).

9 기본권도 권리이다. 따라서 권리보유자인 기본권주체는 원칙적으로 '요구(claim/right)', '자유(liberty/privilege)',

과 관련해서는 '금지(F)'라는 당위의 양식으로 표현되는 '부작위'의무(소극적 행위의무)가, 급부권적 기본권과 관련해서는 '명령(O)'이라는 당위의 양식으로 표현되는 '작위'의무(적극적 행위의무)가 국가에게 부과되어 있다.[10] 이러한 국가의 행위의무는 헌법 제10조 제2문을 통해서도 명시적으로 확인된다. 그리고 기본권제한규범은 원칙적으로 국가에게 '명령'과 '금지'를 내용으로 하는 의무를 부과하고 있는 것이 아니라,[11] '허용'이란 당위의 양식으로 국가(특히 입법자)에게 '기본권 제한'을 설정하는 권한/권능(Kompetenz/rechtliches Können)을 부여하고 있다.[12] 즉, 국가는 "[…] 제한할 수 있으며, […]"라고 규정된 헌법 제37조 제2항 문언의 표현대로 기본권제한에 상응하는 행위를 할 수도 있고 하지 않을 수도 있는 것이다. 다만 국가가 '허용'된 기본권제한행위를 "법률로써" 달성하고자 하는 경우에 헌법은 일정한 조건들[13]을 준수하도록 '명령'하고 있으며,[14] 이 경우 해당 기본권의 최소치 보

'권한/법적 능력(power/legal ability)', '면제(immunity)'라는 법적 개념들이 포함된 지위를 향유할 수 있다. 그리고 기본권수범자인 국가는 이러한 권리개념요소에 각각 대응하여 '의무(duty)', '불요구(no－claim/no－right)', '권한에 대한 복종(liability)', '무권한/무권능(disability)'에 해당하는 지위에 놓이게 된다. 이러한 분석은 W. N. Hohfeld, Fundamental Legal Conceptions as Applied in Judicial Reasoning, New Haven/Lodon, Yale Univ. Press, 1966, p. 63; 한편 R. Alexy는 "어떤 것에 관한 권리(Recht auf etwas)", "자유(Freiheit)", "권한/법적 능력(Kompetenz/rechtliches Können)"이라는 개념요소로서 권리자의 지위를 3분하여 설명한다(R. Alexy, 앞의 책, 171쪽 이하).

10 이준일, 위의 글, 102－105쪽; 한편 허용의 부정은 '명령'과 '금지'를 의미－작위행위의 허용을 부정하면 금지($Fp = df \neg Pp$), 부작위행위의 허용을 부정하면 명령($Op = df \neg P \neg p$)이다.－하며, 이러한 '명령'과 '금지'는 의무가 부과된 상태를 뜻한다(같은 사람, 위의 책, 376－378쪽; R. Alexy, 앞의 책, 182쪽 이하; 소흥렬, 「당위명제의 논리적 관계」, 『철학』 제17집 봄호(한국철학회, 1982), 160－161쪽).; 당위연산자와 명령(*O.* Gobotsoperator), 금지(*F.* Verbotsop－ erator), 허용(*P.* Erlaubnisoperator), 및 자유방임(*I.* Freistellungsoperator/Indifferenzoperator) 간의 논리적 상호관계는 M. Herberger/D. Simon, Wissenschafts für Juristen: Logik, Semiotik, Erfahrungswissenschaften, Alfred Metzner Verlag, 1980, S. 7ff., 183ff.; C. Winberger/O. Weinberger, Logik, Semantik, Hermeneutik, C.H.Beck, 1979, S. 104, 209f.

11 물론 국가의 기본권제한행위가 헌법으로부터 불가피하게 강제된 경우도 있다. 특히 국가행위의무들이 충돌하는 상황－예컨대, 특정인의 급부권적 기본권의 보장을 위한 국가의 작위의무이행이 다른 특정인의 대국가적 부작위요구권(즉, 방어권적 기본권)을 제한하는 결과를 가져오는 경우－이 그러하다(이러한 규범충돌상황에서 헌법규범의 적용방식에 관해서는 목차 Ⅳ. 2.). 그럼에도 불구하고, 기본권제한규범의 원칙적인 형태는 법률유보이다. 왜냐하면 국가기관이 법률적 수권을 매개하지 않고 직접 헌법유보에 근거해서 기본권제한행위를 감행하는 것은 원칙적으로 허용되지 않으며－ 헌법유보가 법률유보를 대체할 수 없다(H. Bethge, Der Grundrechtseingriff, in: VVDStRL 57, 1988, S. 51).－, 헌법유보는 '극단적 경우(① 법률유보가 한계에 도달한 경우, ② 법률유보가 강제된 상황에서 입법권자가 법률제정을 해태하고 있는 경우)'에만 실천적인 의미를 가지기 때문이다(헌법유보와 법률유보의 관계 및 '극단적 경우'에 관한 상세한 설명은 김해원, 「방어권적 기본권의 정당성 심사구조」, 『공법학연구』 제10권 제4호(한국비교공법학회, 2009), 47－49쪽).

12 국가의 기본권제한행위를 정당화해주는 권한규범으로서의 기본권제한규범에 관한 설명은 R. Alexy, 앞의 책, 254쪽; 권한과 허용의 구별 및 권한의 법적 양식을 당위의 양식(명령. 허용, 금지)으로 환원하려는 시도는 같은 사람, 같은 책, 212쪽 이하.

13 "국가안전보장·질서유지 또는 공공복리"라는 기본권제한의 목적과, "필요한 경우에 한하여"로부터 도출되는 비례성원칙(전광석, 『한국헌법론』, 법문사, 2009, 299쪽; 헌재 1998. 11. 26. 97헌바58, 판례집 10－2, 682쪽 이하)을 준수해야만 한다.

14 헌법 제37조 제2항 전단을 통해서 국가는 헌법으로부터 기본권제한을 '명령'받거나 '금지'받은 것이 아니라, 가

장 — 즉, "본질적인 내용" — 과 관련해서는 헌법 제37조 제2항 후단이 "[…] 침해할 수 없다"라는 표현으로 '허용'을 부정 — 즉, 방어권적 기본권과 관련해서는 부작위의무를, 급부권적 기본권과 관련해서는 작위-무를 부과 — 하고 있다.[15] [16] 국가에 대한 개인의 수동적 지위를 표현하고 있는 기본의무규범[17]도 '허용'이란 당위의 양식으로 국가의 행위를 지도하고 있다고 해야 한다.[18] 왜냐하면 헌법상 (국민의) 기본의무규범[19] 그 자체는 원칙적으로 자동집행력을 갖지 못하고, 전적으로 국가(입법자)에 의한 구체화 — 이 경우에 국가는 구체적 상황을 고려하면서, 또 평등부담의 원칙을 준수하면서 원칙적으로 능력 있는 모든 국민에게 의무를 부과할 수 있다 — 가 필요하기 때문이다.[20] 또한 헌법제정권자가 제헌과정을 지도하기 위해서 혹은 구현되어야할 헌법국가의 기본바탕을 마련하기 위해서 결단한 헌법상의 기본원리·기본제도에 관한 규정들과 국가목적에 관한 규정들도 국가에 대한 행위지도적 기능을 수행하고 있다. 물론 이러한 규정들[21]은 대체로 국가에게 넓은 형성의 여지를 부여할 뿐, 국가과제의 개별적 실현에 관해서는 법률에 위임하거나 침묵하고 있으므로, 원칙적으로 해당 규정들을 통해서 충분히 구체적인 국가행위의무를 끌어낼 수는 없을 것이다.[22] 그럼에도 불구하고 이 규정들은 국가에게 일정한 과제를 부과하고 있다는

중법률유보라는 조건하에 '허용'받은 것이라고 평가할 수 있다(헌법 제37조 제2항을 일반적 가중법률유보조항으로 이해하는 견해는 계희열, 『헌법학(中)』, 박영사, 2004, 138쪽; 홍성방, 『헌법학(上)』, 박영사, 2010, 407쪽). 그리고 국가가 '허용'받은 기본권 제한에 상응하는 행위를 함에 있어서는 가중법률유보라는 조건을 준수해야만 한다는 점에서 이는 작위의무가 부가된 상태를 의미하는 당위양식 '명령(O)'에 해당한다고 볼 수 있다.

15 "[…], 제한하는 경우에도 자유와 권리의 본질적인 내용을 침해할 수 없다"라고 하여 제한의 허용을 명시적으로 부정하고 있는 헌법 제37조 제2항 단서는 방어권적 기본권의 본질내용과 관련해서는 당위의 양식 '금지(F)'를 통해서 국가에게 부작위의무를, 급부권적 기본권의 본질내용과 관련해서는 당위의 양식 '명령(O)'을 통해서 국가에게 작위의무를 부과하고 있는 것으로 이해될 수 있다.

16 물론 방어권적 기본권과 급부권적 기본권의 "본질적인 내용"이 상충하는 극단적인 경우에는 법률유보의 방식이 아니라, 헌법유보의 방식으로 국가는 예외적으로 기본권의 "본질적인 내용"도 훼손할 수 있을 것이다. 이에 관한 상세한 논증은 김해원, 앞의 글(주 11), 45쪽 이하.

17 G. Jellinek, 앞의 책, 86쪽; G. Jellinek와는 달리 부작위를 요구하는 기본의무는 소극적 지위로, 작위를 요구하는 기본의무는 적극적 지위로, 참여를 요구하는 기본의무는 능동적 지위로 이해하는 입장은 Vgl. R. Stober, Grundpflichten und Grundgesetz, Duncker & Humblot 1979, S. 50f.

18 국가는 국민에게 헌법상 규정된 기본의무를 부과해야만 하는 것(명령)도 아니고, 부과하면 안 되는 것(금지)도 아니다. 또한 권리가 있으면 항상 그에 상응하는 의무가 존재하지만, 의무가 있다고 해서 항상 그에 상응하는 권리가 존재하는 것은 아니다(이런 권리-의무 간의 '기우뚱한 대응관계(asymmetrical correlativity)'는 김도균, 「법적 권리에 대한 연구(I)」, 『법학』 제43권 제4호(서울대학교법학연구소, 2002), 192쪽). 따라서 국민의 기본의무 조항으로부터 당연히 '국가의 권리'라는 것이 도출되지는 않는다.

19 교육의 의무(제31조 제2항), 근로의 의무(제32조 제2항), 환경보전의무(제35조 제1항), 납세의 의무(제38조), 국방의 의무(제39조) 등.

20 홍성방, 「국민의 기본의무 -독일에서의 논의를 중심으로-」, 『공법연구』 제34집 제4호 제1권(한국공법학회, 2006), 323-324쪽; J. Isensee, Die verdrängten Grundpflichten, in: DÖV, 1982, S. 613.

21 해당하는 구체적인 헌법규정들의 적시는 김해원, 「헌법적 논증에서 객관헌법과 주관헌법」, 『헌법학연구』 제16권 제1호(한국헌법학회, 2010), 178-179쪽.

22 S. Lenz/P. Leydecker, Kollidierendes Verfassungsrecht: Verfassungsrechtliche Maßstäbe der Einschränkbarkeit

점에서, 적어도 헌법상의 기본원리·기본제도 및 국가목적규정의 '최소치보장'과 관련해서는 '명령' 내지는 '금지'라는 당위의 양식으로 국가에게 행위의무를 부과하고 있으며,[23] '최소치초과보장'과 관련해서는 '허용'이란 당위의 양식으로 국가행위를 지도하는 것으로 이해되어야 할 것이다.[24] 그 밖에도 헌법은 국가 혹은 국가기관의 구성·존재양식·의사결정 및 조직법적 수행권한(관할: Zuständigkeit)[25]과 절차법적 내용들에 관해서도 규정하고 있다. 하지만 이러한 규정들[26]은 대부분 국가행위에 대한 실체적 진술을 포함하고 있지 않으며, 기껏해야 조직적 통일체의 일정한 사무수행과 관련한 내용들을 담고 있을 뿐이다. 따라서 이들로부터 직접 국가행위를 근거지우는 것은 쉽지 않다.[27] 다만, 형식적 측면에서 국가나 국가기관이 준수해야만 하는 최소한의 지침과 절차 및 전제조건, 그리고 국가기관들 간의 관계설정에 관한 기본규준들은 도출될 수 있을 것이다. 결국 이러한 규정들은 국가 혹은 국가기관으로 하여금 자신의 관할범위와 일정한 형식적 규준을 지키면서 행위 하도록 '명령' 혹은 이에 벗어나는 행위를 '금지'하는 규범으로 이해될 수 있을 것이다.[28]

한편 헌법상 '허용', '명령', '금지'라는 당위양식은 모두 국가행위를 지도한다는 점에서 공통점을 갖지만, 대국가적 '명령'규범과 '금지'규범은 국가에게 일정한 '행위의무(국가의무)'[29]를 부과하는 반면에,[30] 대국가적 '허용'규범은 국가에게 일정한 '자유의 공간'을 허

---

vorbehaltloser Freiheite, in: DÖV, 2005, S. 845; 헌법재판소도 헌법 제9조로부터 "전통문화의 계승·발전과 민족문화의 창달에 노력할 국가의무"를 인정하면서도 이로부터 "국가 및 지방자치단체에게 초·중등교육 과정에 지역어 보전 및 지역의 실정에 적합한 기준과 내용의 교과를 편성할 구체적인 의무"를 도출할 수는 없다고 판시하였다(헌재 2009.5.28. 2006헌마618, 판례집 21-1 하, 747쪽).

23 헌법상 기본원리·기본제도 및 국가목적규정들은 대체로 국가에게 '명령'이란 당위의 양식을 통해서 작위행위를 지도하겠지만, 기본제도 혹은 제도적 보장에 해당하는 제도의 최소치를 국가(특히 입법자)가 폐지하는 것을 '금지'한다는 의미에서 국가의 부작위행위와도 관련을 가진다.

24 Vgl. S. Lenz/P. Leydecker, 위의 글, 845-846쪽; 국가과제(Staatsaufgabe)의 개념에 관해서는 W. Weiß, Privatisierung und Staatsaufgaben: Privatisierung- seintscheidung im Lichte einer grundrechtlichen Staatsaufgabenlehre unter dem Grundgesetz, Mohr Siebeck, 2002, S. 26f.; 국가목적규정들로부터 기본권에 대한 국가의 침범행위를 직접 근거지우는 시도는 김해원, 앞의 글(주 11), 46-47쪽.

25 조직법적 수행권한과 법적 권능으로서의 권한(주 12)의 구별은 H. J. Wolff/O. Bachof, Verwaltungsrecht Ⅱ: Organisations- und Dienstrecht, 4. Aufl., C.H.Beck, 1976, S. 15.

26 해당하는 구체적인 헌법규정들의 적시는 김해원, 앞의 글(주 21), 178-179쪽.

27 S. Lenz/P. Leydecker, 앞의 글, 845쪽.

28 우리 헌법재판소도 조직법적 규정이라고 할 수 있는 헌법 제40조("입법권은 국회에 속한다.")를 통해서 국가행위의 남용여부를 심사한 바가 있다(헌재 2008. 11. 13. 2006헌바112, 판례집 20-2 하, 5쪽). 한편 권한쟁의심판을 통해서 헌법상 권한(관할) 및 업무분장에 관한 규정을 위반한 국가행위의 적헌성 여부가 보다 적극적으로 다루어지기도 한다. 예컨대, 헌법재판소는 국회의장이 야당의원들에게 개의일시를 통지하지 않음으로써 출석의 기회를 박탈한 채 본회의를 개의하고 법률안을 가결처리한 행위는 국회의원의 법률안 심의·표결권한을 침해한다고 판시한바 있다(헌재 1997. 7. 16. 96헌라2, 판례집 9-2, 154쪽).

29 Vgl. B. Steinacher, Staatspflichten und Grundgesetz - Eine verfassungstheoret- ische Untersuchung -, Attempto Verlag, 1986, S. 11ff.

30 명령규범은 작위의무를, 금지규범은 부작위의무를 부과한다(이준일, 앞의 책(주 8), 376-378쪽; R. Alexy, 앞

락해주고 있다는 점에 주목할 필요가 있다.[31] 왜냐하면 이러한 자유의 공간에서 이루어지는 국가행위는 원칙적으로 적헌성이 심사되어야만 하는 '사법적 판단'의 대상으로 취급하기 보다는, 가급적 민주주의 원칙에 따라 결정되어지는 '정치적 판단'의 대상으로 다루어야할 필요성이 높기 때문이다.[32] 특히 규범충돌이 없는 경우에 행해지는 국가행위의 적헌성 판단과 관련해서는 원칙적으로 국가에 대한 작위/부작위 의무를 부과하고 있는 명령/금지 규범이 통제규범으로서 주목받을 것이고, 대국가적 행위허용규범 그 자체는 큰 의미를 가지지 않을 것이다.[33] 그러나 규범충돌이 존재하는 경우에는 대국가적 허용규범도 국가행위의 심사기준(통제규범)으로서 중요한 의미를 가지게 된다. 왜냐하면 특정 국가행위에 대해서 명령/금지규범과 허용규범 간의 갈등 — 예컨대, 국가에게 일정한 행위의무를 부과하고 있는 기본권보장규범과 이에 대한 제한을 허용하고 있는 기본권제한규범 간의 갈등 — 이 발생하는 상황은 헌법이 한편으로는 국가에게 자유의 공간을 열어두고, 또 다른 한편으로는 의무를 강제하고 있음을 의미하는 바, 이 경우에는 구체적인 상황 속에서 허용규범으로 달성하고자 하는 헌법적 가치(법익)와 명령/금지규범으로 달성하고자 하는 헌법적 가치(법익) 간의 우위관계 혹은 비중을 따져야하기 때문이다. 결국 규범충돌이 없는 경우에는 대국가적 명령규범 혹은 금지규범의 적용이 문제가 될 것이고, 규범충돌상황에서는 다음 두 가지 경우의 해결을 위해서 헌법규범의 적용이 문제될 것이다: ① 대국가적 '자유의 공간'을 의미하는 허용규범과 대국가적 '의무부과'를 의미하는 명령/금지 규범 간의 갈등을 해결하는 것, ② 국가행위의무 상호간 충돌상황(의무충돌상황) — 특히, 국가에게 작위행위의무를 부과하는 명령규범과 부작위행위의무를 부과하는 금지규범 간의 충돌 — 을 해결하는 것. 이하에서는 규범충돌이 없는 경우와 규범충돌이 존재하는 경우를 구

의 책, 182쪽 이하).

31 허용규범과 자유와의 관계에 대해서는 R. Alexy, 위의 책, 185쪽, 202쪽; 규범사각형에서 '허용(P)'은 작위행위의 허용(적극적 허용: Pp)과 부작위행위의 허용(소극적 허용: P¬p)으로 나타나는데, 이 두 종류의 '허용'을 결합(∧)하면 법으로부터 자유로운 영역(rechtsfreier Raum) 내지 자유방임(Ip)이 도출된다(Ip = df Pp∧P¬p). 이에 관해서는 C. Winberger/O. Weinberger, 앞의 책, 104쪽; M. Herberger/D. Simon, 앞의 책, 184쪽; L. Philipps, Sinn und Struktur der Normlogik, in: ARSP 53, 1966, S. 204; 한편 R. Alexy는 "Ip"을 "Lp"로 나타내고 있다(R. Alexy, 위의 책, 185쪽).

32 민주주의적 관점에서 정치의 사법화를 비판하고 있는 문헌은 특히, 차동욱, 「정치·사회적 관점에서 본 헌정 60년-개헌의 정치와 '헌정공학'의 타당성」, 『법과 사회』 제34호(법과사회이론학회, 2008), 57쪽; 이국운, 「자유민주주의의 정상화 문제(Ⅱ)-참여자의 관점-」, 『법과 사회』 제34호(법과사회이론학회, 2008), 49쪽; 정치와 사법의 관계에 대한 면밀한 검토는 박은정, 「'정치의 사법화'와 민주주의」, 『법학』 제51권 제1호(서울대학교법학연구소, 2010), 19-23쪽.

33 왜냐하면 주 31)에서 설명한 바와 같이 허용규범은 원칙적으로 국가에게 법으로부터 자유로운 영역, 즉 "법적으로 규율되었지만, 그러나 법적으로 평가되지 않는 영역"을 제공하므로, 이곳 안에서의 행위는 "합(헌)법적이나 또는 위(헌)법적인 것으로 올바로 평가될 수 없는 행위"이기 때문이다(A. Kaufmann, 김영환(옮김), 『법철학』, 나남, 2007, 481-483쪽).

분하여 각각의 경우에 헌법규범이 어떻게 적용되는지를 살펴본다.

Ⅲ. 규범충돌이 없는 경우

특정한 국가행위에 대해서 '통제규범'으로 작동할 수 있는 헌법규범(혹은 헌법적 가치)들 간의 충돌과 갈등이 존재하는 경우에는 해당 사안과 관련해서 일단 고려의 대상이 되는, 상충하는 추상적인 헌법규범(혹은 헌법적 가치)들 및 그로부터 도출되는 상반되는 효과들 중에서 무엇이 해당되는 구체적 사안에서 적용되고 효력을 가져야만 하는지를 판정하는 작업이 필요하겠지만,[34] 규범충돌이 없는 경우에는 이러한 복잡한 판단활동이 불필요하므로, 헌법규범 또한 통상적인 법규범의 적용방식에 따른다. 즉, 구체적인 개별적 사안들을 유형화시켜 귀납적인 추론과정을 거쳐 추상적인 문언의 형식으로 고정된 것이 법의 본질적인 모습이므로, 이를 다시 구체적인 사안에 적용시키기 위해서는 추상적인 법문 의미를 구체적인 개별사안에 관련시키는 작업 — 특히, 확정된 사실관계가 구체적으로 해석된 법규범에 해당된다고 판단한 후, 그 법규범 아래에 해당 사실관계를 예속시키는 포섭[35] — 이 필수적으로 요청된다.[36] 따라서 특정한 국가행위의 적헌성을 판단함에 있어서 심사기준으로 원용될 수 있는 헌법규범들이 충돌하지 않고 비교적 명확하게 특정될 수 있는 경우[37]에는 구체적인 법적 사태에 해당하는 국가행위가 심사기준에 해당하는 헌법규범의 표지에 포섭될 수 있는지 여부를 파악하는 작업이 헌법규범의 본질적인 적용방식이 된다.[38]

그런데 이러한 포섭활동은 이성적으로 통제 불가능한 완전한 직관의 영역에 머물러 있는 것도 아니고, 단순한 법적 감정에 의해 좌우되는 개괄적인 판단으로 존재하는 것도 아니다.[39] 즉, 구체적인 사실관계(즉, 국가행위)를 확정하는 사실인정과 이 사실관계에 적용할 (헌)법규범의 선택 및 해석[40]이 행해진 후,[41] 선택된 헌법규범을 대전제로, 심사의 대상

---

34 목차 Ⅳ. 참조.

35 김도균, 「법적 이익형량의 구조와 정당화문제」, 『법학』 제48권 제2호(서울대학교법학연구소, 2007), 45쪽; C. Creifelds/K. Weber, Rechtswörterbuch, C.H.Beck, 2004, S. 1282.

36 김학태, 앞의 글, 182쪽.

37 여기서 "헌법규범들이 충돌하지 않고 비교적 명확하게 특정"될 수 있다는 것은 잠정적·상대적 의미이다. 즉, 처음에는 특정 국가행위가 규범충돌상황에 놓여있는 것이 아니라는 평가를 받았어도, 논증과정에서 그에 대한 반대논증이 설득력을 얻게 된다면, 해당 국가행위는 규범충돌상황에서 평가받게 된다.

38 김영환, 『법철학의 근본문제』, 홍문사, 2008, 247-248쪽.

39 김영환, 위의 책, 248쪽.

40 해석이란 법적용과정에서 일반적 법규범의 의미를 구체화하여 구체적 사안에 적용할 수 있도록 하는 작업을

이 되는 특정 국가행위를 소전제로 삼아서 결론에 해당하는 새로운 명제인 법적 판단을 추론[42]해나가는 과정을 의미하는 법적 삼단논법(juristischer Syllogismus)[43]에 따라 행해지는 형식논리적인 절차 속에 위치하고 있다.[44] 예컨대 감사원장 임명동의안의 처리가 국회에서 무산된 후 대통령이 국회의 동의 없이 감사원장서리를 임명한 행위가 헌법적으로 정당화될 수 있는지 여부가 문제된 사안에서, 합헌의견도 위헌의견도 모두 헌법 제98조 제2항("원장은 국회의 동의를 얻어 대통령이 임명하고, […]")을 대전제로, 해당 사안에서 발생한 대통령의 감사원장서리 임명행위를 소전제로 삼은 다음에, 소전제에 해당하는 사실이 대전제인 헌법 제98조 제2항이 지칭하는 법적 표지에 종속(포섭/포함)될 수 있는지 여부를 판단하고 있다.[45] 하지만 이러한 포섭활동은 <대전제－소전제－결론>에 이르는 법적 삼단논법 과정 속에 부수적으로 묻어 들어가 있는 단순한 절차에 지나지 않는 것이 아니라, 법해석이나 사실관계 확정과는 분명히 구별되면서도 법적 결론 도출에 있어서 이들 못지 않은 핵심적인 기능을 담당하고 있다. 즉, 대전제와 관련해서 중요한 작업인 법해석 및 법

의미한다(김도균, 앞의 글(주 35), 45쪽). 따라서 해석은 항상 포섭절차 이전에 이루어진다(김영환, 위의 책, 249쪽).

41 田中成明, 박병식(옮김), 『현대법 이론』, 동국대학교출판부, 2007, 332－333쪽.

42 추론의 개념과 법적 추론의 독특성은 김혁기, 「법적 추론의 기능에 대한 고찰」, 『법철학연구』 제13권 제1호(한국법철학회, 2010), 9－10쪽.

43 법적 삼단논법의 근거와 비판은 양천수, 「삼단논법적 법률해석론 비판－대법원 판례를 예로 하여－」, 『영남법학』 제28호(영남대학교 법학연구소, 2009), 7－8쪽, 15－22쪽; 같은 사람, 「법적 추론과 논증」, 『사회과학연구』 제30집 제1호(영남대학교 사회과학연구소, 2010), 202－204쪽; 법적 삼단논법에 관한 전통적인 설명은 심헌섭, 『분석과 비판의 법철학』, 법문사, 2003, 307－320쪽; 이준일, 『법학입문』, 박영사, 2004, 173－175쪽; 이상영/김도균, 앞의 책, 140－141쪽; 김영환, 앞의 책(주 38), 246－252쪽; 법적 논증은 진리명제가 아니라 의견명제에서 출발하여 하나의 의견명제를 다른 의견명제가 지지하는 방식으로 수행되는 추론들의 연속이란 점에서, 법적 삼단논법을 생략삼단논법으로 이해하는 입장은 이계일, 「수사학적 법이론의 관점에서 본 법적 논증의 구조」, 『법철학연구』 제13권 제1호(한국법철학회, 2010), 59－67쪽.

44 김영환, 앞의 책(주 38), 248쪽; 법적 삼단논법의 구조는 심헌섭, 앞의 책, 278쪽 이하; 이로써 법적 삼단논법은 형식적 포섭통제장치가 된다. 특히 법규범(대전제)과 법적 사실(소전제)로부터 일정한 결론을 도출해내는 추론구조인 법적 삼단논법은 진리의 엄격한 증명을 요구하는(즉, 진리명제에 관여하는) 고전적·논리철학적 정언삼단논법이 주장의 신뢰성 및 설득력 확보를 다투는(즉, 의견명제에 관여하는) 법적 논증을 위해서 변형 내지는 차용된 것이란 점을 고려한다면, 법규범(대전제)의 내용을 법적 사실(소전제)과 무관하게 기계적으로 구체화하는 작업으로 파악하는 엄격한 연역적 관점에서는 물론이고, 법적용과정에서 해석자의 선이해가 개입될 수밖에 없음을 인식하고 법규범(대전제)과 구체적 사실(소전제) 간의 "상호 수렴"을 강조하는 법해석학적 관점에서도 법적 삼단논법은 유효한 (형식적) 포섭통제장치가 된다. 왜냐하면, 이러한 상호 수렴 내지는 상응의 마지막 귀결점도 결국은 한 언어가 가지는 의미내용이 다른 언어가 가지는 의미내용 안에 예속될 수 있는지 여부에 관한 검토, 즉 포섭활동일 수밖에 없기 때문이다.

45 이 사건(헌재 1998. 7. 14. 98헌라2결정, 판례집 10－2, 39－73쪽)에 대해서 ① 재판관 김용준의 각하의견, ② 재판관 조승형·고중석의 각하의견, ③ 재판관 정경식·신창언의 각하의견, ④ 재판관 김문희·이재화·한대현의 인용의견, ⑤ 재판관 이영모의 기각의견으로 나뉘었는데, 관여 재판관의 과반수인 5인의 결론이 각하의견이어서, 헌법재판소는 각하결정을 하였다. 본 논문에서는 헌법규범의 적용과 관련하여 유의미한 진술을 포함하고 있지 않은 각하의견을 제외하고, 해당 국가행위의 위헌성을 논증한 재판관 김문희·이재화·한대현의 인용의견과 합헌성을 논증한 재판관 이영모의 기각의견에 주목한다.

구체화 활동—즉, 법규범에 포함된 개념의 의미를 풀이하거나 흠결을 보충(법형성: Rechtsfortbildung)[46]하여 대전제와 소전제를 매개해줄 중간전제들을 획득하기 위한 활동—[47]은 법적 결론 도출에 직접적이고 최종적으로 관여하는 법적용방식은 아니며, 소전제와 관련해서 중요한 작업인 법적 사태의 확정—즉, 일정한 사실관계에 포함되어 있는 정치적·도덕적·사회경제적 요인 등을 법적 사고의 시야 밖으로 축출시켜 법적 세계의 자립성을 확보하는 활동—[48]은 기본적으로 경험적·사실적 판단에 해당하는 것으로서 법률가의 고유한 일거리라고 할 수 없는 반면에,[49] 결론 도출을 위해서 행해지는 포섭활동은 자신의 주장이 법적 의미체계에 편입가능한지 여부를 암묵적으로 심사[50]하는 규범적 판단 내지는 규범논리적 활동이란 점[51]에서 그 특수성과 중요성이 있다.[52] 특히 위 사례는 합헌을 주장하든 위헌을 주장하든 포섭이 국가행위의 적헌성을 판단함에 있어서 결정적인 계기로 작동하고 있다는 점을 분명하게 보여주고 있다. 왜냐하면 대통령의 감사원장서리 임명행위와 관련하여 "헌법상 정당성이 있다"라는 이영모 재판관의 합헌의견(기각의견)도 포섭활동—즉, 해당 행위가 헌법 제98조 제2항의 "(흠을 보충하는) 합리적인 해석범위내의 행위"라는 판단(즉, 헌법 제98조 제2항에 포함(포섭)된다는 판단)—에 기인하여 얻어진 결론이며,[53] 해당 임명행위가 "명백히 헌법 제98조 제2항에 위반된 행위이다"라는 김문희·이재화·한대현 재판관의 위헌의견(인용의견)도 포섭활동—즉, 대통령의 감사원장서리 임명

46 이에 관해서는 심헌섭, 앞의 책, 221–225쪽; 이상영/김도균, 앞의 책, 145–151쪽.

47 이는 대전제에 해당하는 일반법규범이 구체적 법명제로 전환됨을 의미한다. 중간전제들이 획득되는 구체적인 과정에 대해서는 김도균, 앞의 글(주 35), 42쪽–45쪽; 한편 이준일 교수는 이러한 "법규범에 포함된 의미내용을 해석규칙을 동원하여 개별적이고 구체적 사안에 적용할 수 있을 정도로 세밀하게 분석해가는 과정"을 포섭이라고 하면서 법적 삼단논법과 포섭을 거의 같은 차원에서 이해하고 있다(이준일, 「헌법재판의 법적 성격 – 헌법재판소의 논증도구인 비례성원칙과 평등원칙을 예로–」, 『헌법학연구』 제12권 제2호(한국헌법학회, 2006), 315쪽).

48 田中成明, 박병식(옮김), 앞의 책, 35쪽.

49 김영환, 앞의 책(주 38), 247쪽.

50 이계일, 앞의 글, 86쪽.

51 한편 이준일 교수는 포섭을 "규범적 과정"이 아니라 "분석적 과정"으로 이해하고 있는데(이준일, 앞의 글(주 47), 315쪽), 이는 포섭과 법적 삼단논법의 개념상의 오해에서 비롯된 것으로 보인다. 왜냐하면 법적 삼단논법이라는 구조 속에서 행해지는 포섭활동의 합리성을 제고하기 위해서 대전제에 해당하는 추상적 법규범을 세밀하게 분석하는 과정(분석적 과정)이 전제되어야 하는 것이지, 포섭 그 자체가 이러한 분석적 과정은 아니기 때문이다. 오히려 포섭은 분석이 한계에 도달한 지점에서 일정한 사태가 해당 분석의 결과에 해당함을 드러내 보이는 설득의 수단 내지는 심리적 강제에 가깝다.

52 대전제, 소전제, 포섭 간의 구분은 T. Riehm, Awägungsentscheidungen in der praktischen Rechtsanwendung: Argumentation–Beweis–Wertung, C.H.Beck, 2006, S. 25f., 40ff., 246.

53 이런 결론을 도출함에 있어서 이영모 재판관은 법형성적 해석을 통해서 대전제에 해당하는 헌법 제98조 제2항의 의미를 구체화하여 중간전제–즉, "특수한 경우에 한하여 예외적으로 대통령은 국회의 동의를 얻지 않고 감사원장서리를 임명할 수 있다."–를 도출시킨 후, 해당 사건에서 대통령의 감사원장서리 임명행위(소전제)를 이러한 중간전제에 포섭시키고 있다(헌재 1998.7.14. 98헌라2결정, 판례집 10–2, 43쪽, 67–72쪽).

행위는 국회의 사전동의를 요하는 헌법 제98조 제2항의 "임명"에 포섭될 수 없는 행위라는 판단—에 기인하여 얻어진 결론이기 때문이다.[54]

이처럼 특정 국가행위에 대해서 그것을 평가하는 헌법규범들(혹은 헌법적 가치들) 간의 충돌이 존재하지 않는 경우에는 합헌주장이든 위헌주장이든 법적 삼단논법이라는 추론구조 속에서 행해지는 포섭활동이 헌법규범의 가장 핵심적인 적용방식이 되므로, 해당 법적 판단에 대한 설득력을 높이기 위해서는 무엇보다도 포섭이 가지고 있는 심리적 강제력[55]을 극대화시켜서 포섭활동의 신뢰성과 수긍가능성을 높이는 실질적 포섭통제활동이 필요하다. 그런데 설득의 수단으로서 포섭은 기본적으로 변론인이 주장하고자 하는 바를 수신인이 가지고 있는 전제[56]아래에 종속시킴으로써, 해당 전제가 타당하다고 믿는 수신인이 변론인의 논지를 받아들이지 않을 수 없도록 하는 방식으로 이루어지므로, 변론인에게는 자신의 논지를 지지할 수 있는 전제를 수신인의 사고 속에서 찾아내는 것이 관건이 된다.[57] 따라서 법학에 있어서도 논리적·이성적 측면(Logos)의 검토뿐만 아니라, 논증자의 신뢰가능성이란 측면(Ethos)과 논증 상대방의 감성적 측면(Pathos)에 대한 검토 또한 활성화될 필요가 있을 것이다.[58]

Ⅳ. 규범충돌의 경우

1. 서 론

국가행위의 적헌성 판단과 관련하여 헌법규범(혹은 헌법적 가치)들 간의 충돌이 존재

---

54 헌재 1998.7.14. 98헌라2결정, 판례집 10-2, 41쪽, 60-67쪽: "헌법 제98조 제2항은 [···] '반드시 사전'에 국회의 동의를 얻어야 함을 분명히 밝히고 있다. [···] 국회의 동의 없이 감사원장을 임명하였다면 그 임명행위는 명백히 헌법에 위배되고, 이러한 법리는 감사원장 대신 '감사원장서리'라는 이름으로 임명하였다고 하여 달라지는 것이 아니다."

55 Vgl. W. Gast, Die sechs Elemente der juristischen Rhetorik: Das Modell rhetorischer Kommunikation bei der Rechtsanwendung, in: Rouven Soudry(Hrsg.), Rhetorik: Eine interdisziplinäre Einführung in die rhetorische Praxis, C.F.Müller, 2. Aufl., 2006, S. 39; 법적 논증의 가장 기본적인 형태이자 가장 강력한 형태로 포섭이 언급되는 이유는 논증이 포섭의 형태를 띠고 그 대전제가 수신인이 수긍할만한 것일 때 수신인이 결론을 받아들이지 않을 수 없게 만드는 심리적 강제 때문이다(이계일, 앞의 글, 70쪽).

56 헌법적 논증은 기본적으로 논증참여자들 간에 있어서 대전제에 해당하는 헌법규범에 대한 승인을 전제로 행해진다. 따라서 실재로는 대전제인 헌법규범 그 자체가 아니라, 헌법규범의 해석을 통해서 얻어질 중간전제들의 합리성과 타당성이 주로 문제될 것이다. 이러한 점에서 포섭의 사전 단계인 법해석활동의 중요성 또한 간과해서는 안 될 것이다. 뿐만 아니라 법해석 과정이 엄밀할수록 포섭에 개입되는 직관의 크기가 줄어들 것이고, 그로인해 논증의 합리성과 이성적 설득력이 높아질 것이다.

57 이계일, 앞의 글, 71쪽.

58 상세한 논증은 이계일, 앞의 글, 75-80쪽.

하지 않아서 구체적 사실관계에 적용되어야할 헌법규범이 무엇인지가 명확하게 특정될 수 있는 경우에는 지금까지 논의한 바와 같이 법적 삼단논법이라는 추론 구조 속에서 행해지는 포섭활동이 헌법규범의 본질적인 적용방식이 된다. 하지만 규범충돌상황에서는 이러한 포섭활동 이전에 구체적 사안에서 종국적·확정적으로 적용되어야할 헌법규범(혹은 헌법적 가치)이 무엇인지를 선별하는 과정이 필수적으로 요청되는데, 이는 결국 구체적 국가행위와 관련해서 충돌하는 규범이나 가치들 간의 우위관계를 판정하는 문제로 집약된다. 왜냐하면 해당 충돌상황에서 적용우위에 있다고 판단된 헌법규범 혹은 헌법적 가치가 종국적으로 적용될 것이고, 이러한 판단을 통해서 규범충돌상황은 자연스럽게 해소되기 때문이다. 따라서 이러한 우위관계를 판단하기 위해서 헌법규범을 적용하는 방식이 바로 규범충돌상황에서 헌법규범의 본질적인 적용방식이 된다.[59]

그런데 이러한 우위관계는 어느 한 쪽이 언제나 비중의 우위성을 가지는 "절대적(무조건적) 우위관계"와 그때그때의 조건에 따라서 어느 한 쪽이 비중의 우위성을 가지는 "상대적(조건적) 우위관계"로 나누어 살펴볼 수 있는데,[60] 이는 규범충돌의 양상과 밀접한 관련을 가지고 있다. 즉 규범충돌이 국가행위의무의 최소치(Minimum) 내지는 헌법이 국가에게 요구하고 있는 최소지위(Mindestposition)[61]와 관련하여 발생하는 경우에는, 이러한 최소치 이행과 관련해서 타협하거나 양보할 수 있는 그 어떤 무엇도 더 이상 국가에게 남겨져 있지 않고, 그 효력 또한 양자택일의 경우—"전부 아니면 무의 방식(all or nothing fashion)" 내지는 "실현되거나 실현되지 않거나(nur entweder erfüllt oder nicht erfüllt)"의 경우—로만 발생[62]하기 때문에 절대적 우위관계가 문제되는 반면에, 규범충돌이 이러한 국가

59 따라서 이하에서 논의할 규범충돌상황에서 헌법규범이 적용되는 두 가지 방식인 '형량'과 '우위결정'은 결국 해당사안에 적용할 수 있을 정도로 구체적인 구성요건과 법률효과를 갖춘 확정적 법규범을 도출하여 포섭에 바탕을 둔 법적 삼단논법이 진행될 수 있도록 하는데 그 목표가 있는 것이다. 특히 "형량"과 관련하여 이러한 설명은 김도균, 앞의 글(주 35), 46-47쪽, 56쪽: "이익형량의 산물은 확정적 법규범이며 이렇게 획득된 확정적 법규범은 해당 사안에서 법적 삼단논법의 대전제로 활용되어 구체적인 결론에 이르게 된다."; 김혁기, 앞의 글, 11쪽: "인지적 차원에서 법적 사고가 정도판단의 속성을 갖는다 하더라도, 법적 결론은 전부 아니면 전무의 형태로 내려져야 한다."; 이러한 관점에서 "형량"과 "포섭"은 법적용에 있어서 양자택일적인 방식이 아님을 명확히 밝히면서, 형량이 전통적 포섭모델로 편입된다는 견해는, H.-J. Koch, Die normtheoretische Basis der Abwägung, in: R. Alexy u.a. (Hrsg.), Elemente einer juristischen Begründungslehre, Baden-Baden, 2003, S. 235; T. Riehm, 앞의 책, 2쪽, 6-7쪽.

60 김도균, 앞의 글(주 35), 46쪽; R. Alexy, 앞의 책, 82쪽: 규범을 원칙과 규칙으로 대별하는 R. Alexy는 원칙충돌의 경우에는 항상 상대적 우위관계가 문제된다고 한다.

61 헌법제정권자가 국가에게 부담지우는 타협할 수 없는 최소요청(Minimalford- erung) 내지는 국가행위와 관련된 최소수준(Mindeststandard), 혹은 헌법이 국가에게 요구하는 의무이행의 '최소한도'를 의미하는 것으로서, 헌법 제37조 제2항에 규정된 기본권의 "본질적인 내용"이나 헌법상의 기본원리·기본제도 및 국가목적규정의 최소치가 여기에 해당한다(Vgl. S. Lenz, Vorbehaltlose Freiheite: Stellung und Funktion vorbehaltloser Freiheite in der Verfassungsordnung, Mohr Siebeck, 2006, S. 293ff.; 김해원, 앞의 글(주 11), 42쪽).

62 R. Dworkin, Taking Rights Seriously, Harvard Uni. Press, 1977, p. 24; R. Alexy, 앞의 책, 76쪽; 김해원, 앞의 글

행위의무의 최소치를 상회하는 부분과 관련해서 발생한다면, 구체적인 조건과 관계적 상황 속에서 중요성을 평가받을 수 있는 상대적 우위관계가 문제된다. 그리고 이러한 규범충돌의 양상과 관련하여 전자의 경우에는 '우위결정'이, 후자의 경우에는 '형량'이 헌법규범의 적용방식으로 등장한다.[63] 이하에서는 우선 규범충돌상황의 개관을 통하여 '형량'과 '우위결정'이 문제되는 경우를 구체적으로 살펴본 다음, 이들의 설득력과 합리성 확보방안(형량통제와 우위결정통제)에 관해서 논한다.

2. 규범충돌상황과 헌법규범의 적용방식

헌법이 가지고 있는 대국가적 당위규범성 — 특히, '금지규범'과 '명령규범'의 의미는 각각 국가에게 '부작위의무'와 '작위의무'를 부과하는 것이고, 이러한 행위의무는 헌법이 국가에게 요구하고 있는 '최소지위보장'과 관련된 경우와 '최소지위초과보장'과 관련된 경

<table>
<tr><td colspan="2" rowspan="2"></td><td>당위양식</td><td colspan="2">금지규범(α)</td><td colspan="2">명령규범(β)</td><td>허용규범(γ)</td></tr>
<tr><td>의미</td><td colspan="2">부작위의무</td><td colspan="2">작위의무</td><td>행위재량</td></tr>
<tr><td>당위양식</td><td>의미</td><td>요구
요구</td><td>최소지위
보장</td><td>최소지위초
과보장</td><td>최소지위
보장</td><td>최소지위초
과보장</td><td></td></tr>
<tr><td rowspan="2">금지규범
(δ)</td><td rowspan="2">부작위의무</td><td>최소지위
보장</td><td>A-1</td><td>A-2</td><td>B-1</td><td>B-2</td><td>C-1</td></tr>
<tr><td>최소지위초
과보장</td><td>A-3</td><td>A-4</td><td>B-3</td><td>B-4</td><td>C-2</td></tr>
<tr><td rowspan="2">명령규범
(ε)</td><td rowspan="2">작위의무</td><td>최소지위
보장</td><td>D-1</td><td>D-2</td><td>E-1</td><td>E-2</td><td>F-1</td></tr>
<tr><td>최소지위초
과보장</td><td>D-3</td><td>D-4</td><td>E-3</td><td>E-4</td><td>F-2</td></tr>
<tr><td>허용규범
(ζ)</td><td>행위재량</td><td></td><td>G-1</td><td>G-2</td><td>H-1</td><td>H-2</td><td>I</td></tr>
</table>

(주 11), 42쪽.

63 이에 대해서는 이하에서 상술한다. 다만 형량이 상대적 우위관계에서 적용된다는 것은 R. Alexy, 앞의 책, 83쪽; 최소지위와 관련된 충돌에서 헌법규범의 적용방식으로서 우위결정이 사용된 경우는 김해원, 앞의 글(주 11), 48-49쪽; S. Lenz, 앞의 책, 293-305쪽.

우로 구분하여 살펴볼 수 있다는 점, 그리고 국가에게 일정한 자유의 공간을 마련해주고 있는 '허용규범'은 국가행위에 있어서 일정한 재량을 부여한다는 점 — [64]에 주목한다면, 규범충돌상황은 다음 표와 같이 나타낼 수 있다.

위 <규범충돌상황표>를 통해서 우선 다음과 같은 결론을 얻을 수 있다: ① 국가에게 일정한 자유의 공간을 부여해주고 있는 허용규범들이 만나는 I영역에서는 국가행위의 적헌성 심사와 관련해서 헌법규범들 간의 충돌은 발생하지 않는다.[65] ② 대국가적 금지규범 — 국가에게 부작위의무를 부과하는 헌법규범 — 들 간의 충돌을 의미하는 A영역에서도 현실적으로는 규범충돌상황이 발생하지 않는다. 왜냐하면 부작위들 간의 양립불가능한 상황(예컨대, 방어권적 기본권들 간의 충돌)은 존재하지 않기 때문이다.[66] ③ 대국가적 명령규범 — 국가에게 작위의무를 부과하는 헌법규범 — 들 간의 충돌(예컨대, 급부권적 기본권들 간의 충돌)을 의미하는 E영역도 원칙적으로는 문제가 되지 않을 것이다. 왜냐하면 국가는 각각의 헌법규범이 요구하는 작위행위를 각각 이행하여 모든 헌법적 명령에 부응할 수 있기 때문이다.[67] [68] 따라서 ④ 원칙적으로 국가행위의 적헌성 판단과 관련하여 규범충돌

---

64 목차 Ⅱ. 참조.

65 오히려 특정 국가행위가 온전히 대국가적 허용규범으로서만 통제(심사)되는 영역에 속해있다면, 이는 원칙적으로 '사법적 판단'의 대상이 아니라, '정치적 판단'의 대상이라고 해야 할 것이다(목차 Ⅱ.).

66 설사 대국가적 금지규범들 간의 충돌이 존재하는 것처럼 보이는 경우가 있다고 하더라도, 국가가 하나의 금지규범을 준수하여 특정 부작위의무를 이행한다면, 이는 동시에 다른 특정 부작위의무(금지규범)를 이행한 것과 다르지 않다.

67 이러한 경우는 규범충돌이 아니라, 국가에게 작위의무가 각각 부과된 경우로 이해해야 할 것이다.

68 다만, 예외적으로 재정적 한계 혹은 기타의 사실적 사유로 인해서 국가가 헌법상의 작위의무를 동시에 각각 이행할 수 없는 헌법규범과 헌법현실 간의 괴리가 발생한 상황(작위의무충돌상황)에 처해진다면, E영역에 관한 논의가 실재적 의미를 갖는다(이런 상황에 대처하는 국가의 자세에 따라 헌법은 "명목적" 혹은 "장식적" 규범이 된다: Vgl. K. Loewenstein, Verfassungslehre, 4. Aufl., J.C.B. Mohr, 2000, S. 152f.). 이 경우에는 국가가 (β)를 이행하든지, 아니면 (ε)을 이행하든지 간에 헌법에 합치하지 않는 상황이 발생함으로, 국가는 무엇보다도 위헌적인 헌법현실의 해소에 노력해야만 한다. 그러나 이런 위헌적 현실이 지속되고 있는 상황이라면 국가는 위헌성의 정도를 가능한 한 최소화시키는 방향-즉, 가능한 현실적 조건하에서 국가는 (β)와 (ε)에 따라서 적극적으로 행위 하되, 최소지위보장과 최소지위초과보장이 문제가 되는 경우에는 최소지위보장을 우선적으로 관철시키고(E-2영역에서는 (ε)의 최소치를, E-3영역에서는 (β)의 최소치를 각각 우선적으로 이행하고), E-1영역에서는 (β)와 (ε)이 요구하는 작위행위의 최소치들 중 적어도 어느 하나는 이행될 수 있도록 노력해야하며, E-4영역에서는 (β)와 (ε)이 요구하는 대국가적 작위의무를 가능한 현실적 조건에서 최대한 이행하는 방향-으로 작위행위를 해야 한다. 특히 E-4 영역에서 국민의 급부권적 기본권과 관련하여 국가에게 작위행위의무가 부과된 경우라면, 국가는 헌법상 "평등"의 요청을 준수하면서 이러한 작위행위를 해야 할 것이다. 하지만 이런 국가의 노력에도 불구하고, 해당 국가행위는 '덜 위헌적'이라고 평가될 수는 있을지언정, 합헌적으로 평가받을 수는 없다. 왜냐하면 여전히 국가에게는 헌법규범과 헌법현실 간의 위헌적인 괴리를 해소해야만 하는 헌법적 의무가 존재하기 때문이다. 한편 국가의 노력에도 불구하고 가까운 장래에 이런 규범과 현실 간의 괴리상황이 도저히 참을 수 없는 지경이라면, 정치적 공동체의 근본법에 해당하는 헌법의 규범력 고양을 위해서 보다 적극적인 활동을 할 필요가 있다. 즉, 해당 명령규범의 적용범위나 적용시점을 한정하는 해석-관련하여, 헌법 제3조의 영토조항과 헌법 제4조의 평화통일조항이 충돌하는 경우를 해결하기 위해서 등장한 학설 및 판례의 태도를 주목해볼 필요가 있다(이에 관해서는 이준일, 앞의 책(주 8), 122-127쪽; 홍성

이 문제가 되는 상황은 특정 국가행위가 명령규범과 금지규범이 충돌하는 영역(B영역과 D영역)이나, 허용규범과 금지규범 혹은 허용규범과 명령규범이 충돌하는 영역(C영역과 G영역 혹은 F영역과 H영역)에 해당하는 경우라고 할 수 있다.[69]

그런데 형량[70]은 헌법적 논증참여자들이 '가능한 한 최대한 실현'을 주장할 수 있는, 그러나 동시에 최대한 실현될 수는 없으며 어느 쪽도 절대적 우위관계에 있지 않은 규범충돌상황(원칙충돌상황)을 해결하는 법적용 방식으로서,[71] 양자택일의 엄격한 법적용 방식인 우위결정 — 충돌되는 규범들 중에서 어느 한 규범을 전적으로 통용되도록(für alle Fälle geltende) 하여 충돌상황을 종식시키는 법적용 방식 — 이 행해지지 않는 상황에서는 항상 적용되지만,[72] 절대적 가치나 지위가 문제되는 곳에서는 적용될 수 없다. 따라서 <규범충돌상황표>에서 살펴본다면, 형량이 행해질 수 있는 영역은 대국가적 작위의무를 부과하는 명령규범과 대국가적 부작위의무를 부과하는 금지규범이 해당 규범을 통해서 달성하고자 하는 헌법적 법익 내지는 가치들의 최소치를 초과하는 수준에서 충돌하고 있는 경우[73]인 B−4영역(혹은 D−4영역)과 헌법이 국가에게 부과하고 있는 행위의무의 최소치를 초과하는 수준에서, 국가에게 가능한 한 더 많은 부작위를 혹은 가능한 한 더 많은 작위

방, 앞의 책, 71−74쪽; 전광석, 앞의 책, 171−173쪽.) − 을 통해서도 이러한 문제 상황으로부터 벗어날 수 없다면, 최후의 수단인 헌법 개정을 고려해볼 수도 있을 것이다.

69 B영역과 D영역, C영역과 G영역, F영역과 H영역은 그 내용이 각각 완전히 동일하다.

70 여기서 말하는 형량은 헌법적 가치나 법익들과 관련해서 진행되는 좁은 의미의 형량 내지는 원리형량을 의미한다. 넓은 의미로 이해되는 형량은 법적용과정의 모든 차원, 즉 법적 삼단논법의 과정에서 행해지는 대전제의 형성과 해석과정, 사실관계확정 및 수집된 증거판단과정, 법적 구성요건지표 하에 사태의 평가적 귀속(포섭), 심지어는 형의 양정과정에서도 행해진다. 넓은 의미의 형량에 관해서는 T. Riehm, 앞의 책, 54−56쪽.

71 김도균, 앞의 글(주 35), 65쪽; 한편 법적용방식으로서 '(좁은 의미의)형량'이 가지고 있는 이러한 성격 때문에, 규범을 가능한 한 최대한 실현, 즉 "최적화명령"을 의미하는 원칙/원리(Prinzip)와 "사실적·법적 가능성의 테두리 안에서 확정된 것을 포함"하고 있어서 "실현되거나 실현되지 않거나"의 방식으로 적용되는 규칙(Regel)으로 대별하는 진영(대표적으로 R. Alexy, 앞의 책, 75−76쪽; 이준일, 앞의 책(주 43), 127쪽 이하.)에서 원칙규범의 전형적인 적용방식을 '형량'이라고 주장한 것은 전적으로 타당하다(특히, 명시적인 표현으로는 이준일, 같은 책, 193쪽). 하지만 규칙의 형태로 되어 있는 법규범을 해석하고 적용하는 전형적인 방식이 '포섭'이란 주장(명시적인 표현으로는 이준일, 같은 책, 173쪽; 같은 사람, 앞의 글(주 47), 314−315쪽)은 주의를 요한다. 왜냐하면 규칙규범들 간의 충돌이 존재하는 경우에는 아래에서 살펴볼 '우위결정'이 본질적인 법적용방식이 되며, '포섭'은 원칙규범이든 규칙규범이든 규범충돌상황이 해소된 경우에 행해지는 가장 일반적인 법적용방식이기 때문이다(주 59). 따라서 법규범의 적용 방식을 '형량'과 '포섭'으로 대별시키기 보다는, 규범충돌이 없을 경우에는 '포섭'이, 규범충돌이 존재하는 경우에는 그 충돌양상에 따라서 '형량'과 '우위결정'으로 대별시키고, 이들은 전체 법적용과정이란 측면에서 전통적인 포섭모델 안으로 통합될 수 있다고 해야 한다('형량'과 관련하여 이러한 취지로는 특히, T. Riehm, 앞의 책, 6쪽).

72 N. Jansen, Die Struktur rationaler Abwägungen, in: ARSP Beiheft 66: Ethische und Strukturelle Herausforderungen des Rechts, 1997, S. 152.

73 예: 특정인의 급부권적 기본권의 최소지위를 상회하는 부분(이는 '가능한 한 최대한 실현을 요구'하고 있는 대국가적 명령규범이다.)을 보장하기위한 국가작위행위가 다른 특정인의 방어권적 기본권을 제한하는 결과를 초래하지만, 해당 방어권적 기본권의 최소지위에 해당하는 헌법 제37조 제2항 후단의 "본질적인 내용"을 훼손하지는 않는 경우.

를 요구하고 있는 금지규범 혹은 명령규범이 각각 대국가적 행위허용규범과 충돌하고 있는 경우인 C−2영역(혹은 G−2영역)[74]과 F−2영역(혹은 H−2영역)[75]이라고 할 수 있다. 반면에 법적용 방식으로서 우위결정이 행해지는 규범충돌상황은 헌법 제37조 제2항의 기본권의 "본질적인 내용" 혹은 헌법상의 기본원리·기본제도 및 국가목적의 최소치와 관련된 국가의 행위의무, 헌법이 설정한 국가 및 국가기관의 행위 방식과 절차 및 존재양식에 등에 관한 최소규준 준수의무 등과 같이 절대적 준수가 요청[76]되는 영역, 즉 B−1(D−1)·B−2(D−2)·B−3(D−3)·C−1(G−1)·F−1(H−1) 영역과 밀접한 관련을 가지고 있다.[77] 특히 최소지위보장으로서 부작위명령과 최소지위보장으로서 작위명령이 충돌하는 B−1(D−1) 영역[78]은 이른바 과잉금지와 과소보호금지가 한 지점에서 만나는 곳[79]으로서 국가행위의무의 극단적 충돌상황을 의미한다.[80]

3. 형량통제와 우위결정통제

(1) 논의의 필요성

<규범충돌상황표>를 통해서 법적용 방식으로서 형량과 우위결정이 관여하는 상황조건들이 분명하게 드러났다면, 이제 남은 쟁점은 구체적 상황에서 행해지는 형량 혹은 우위결정이 보다 높은 설득력과 합리성을 갖도록 하는 문제, 즉 형량통제 내지 우위결정통제로 집약된다. 이와 관련해서 특히, 앞서 논의한 '포섭'이 법적 삼단논법이라는 규범 논리적 구조 속에서 행해짐으로써 법적용 과정에서 불가피하게 개입하는 우리의 직관과 감

74 예: 기본권제한규범 혹은 국가목적의 최소치 초과이행과 관련된 대국가적 허용규범에 근거한 국가의 작위행위가 대국가적 부작위의무부과 규범인 방어권적 기본권을 제한하는 결과를 초래하지만, 이러한 국가의 작위행위가 해당 방어권적 기본권의 최소지위에 해당하는 헌법 제37조 제2항 후단의 "본질적인 내용"을 훼손하지는 않는 경우.

75 예: 기본권제한규범 혹은 국가목적의 최소치 초과이행과 관련된 대국가적 허용규범에 근거한 국가의 부작위행위가 대국가적 작위의무부과 규범인 급부권적 기본권을 제한하는 결과를 초래하지만, 이러한 국가의 부작위행위가 해당 급부권적 기본권의 최소지위에 해당하는 헌법 제37조 제2항 후단의 "본질적인 내용"을 훼손하지는 않는 경우.

76 해당하는 헌법규범들의 설명에 관해서는 목차 Ⅱ.

77 이러한 영역들 중에서 진정한 의미에서의 '우위결정'이 문제되는 경우는 B−1(D−1)영역 뿐이다. 이에 관한 상세한 설명은 아래 주 104).

78 예: 포로로 잡힌 범죄자의 침묵에 의해 다른 국민의 생명이 박탈될 것이라는 매우 절박한 위험상태에 처해있고, 고문행위가 그 국민의 생명을 구하는데 기여할 수 있는 유일한 상황(구조고문(Rettungsfolter) 상황)인 경우 (구조고문의 개념은 G. Wagenländer, Zur strafrechtliche Beurteilung der Rettungsfolter, Berlin, 2005, S. 25ff.; 이부하, 「인간의 존엄에 관한 논의와 개별적 문제에의 적용」, 『헌법학연구』 제15권 제2호(한국헌법학회, 2009), 392쪽).

79 S. Lenz/P. Leydecker, 앞의 글, 849쪽.

80 이러한 극단적인 경우의 해결을 위한 시도로는 김해원, 앞의 글(주 11), 48−49쪽.

정이 통제될 수 있는 계기가 마련되었던 것처럼, 형량과 우위결정 또한 일정한 규범적 구조 속에서 행해질 때 비로소 논증의 합리성과 설득력이 제고될 수 있다는 점을 지적할 수 있을 것이다.[81] 그리고 법적 논증이 법을 빙자한 폭력이 되지 않고 합리적인 대화와 설득의 과정이 되기 위해서는 결론을 이끌어내는 논거의 질과 합리성에 대한 요구 또한 매우 중요한 의미를 가진다. 그런데 형량과 우위결정이 행해지는 구조나 단계는 그 자체가 어떠한 내용적 판별기준을 가지고 있지 않다는 점에서 형식적 통제기준에 관련되는 반면에, 추론과정에 관계하는 논거의 질 내지는 논거의 합리성을 판단할 수 있는 규준을 마련하는 것은 실질적 통제기준에 해당하는 문제라고 할 수 있을 것이다.[82] 이하에서는 이들에 관해서 논한다.

(2) 형량통제

(가) 형식적 통제

① 구 조

앞서 살펴본 것처럼, 형량이 문제되는 상황은 특정한 국가행위에 대해서 그것을 평가하는 복수의 헌법규범들이 최소지위를 초과하는 수준에서 충돌하는 경우이다. 그런데 이러한 상황은 두 개의 목적과 한 개의 수단이 이루는 세 개의 관계를 전제로 하고 있다는 점에서 비례성원칙이 적용될 수 있는 구조에 놓여있다.[83] 왜냐하면 심사의 대상인 특정 국가행위가 바로 한 개의 수단에 해당하고, 이를 평가할 충돌하는 헌법규범(혹은 헌법적 가치)들이 두 개의 목적에 해당하기 때문이다.[84] 뿐만 아니라, 비례성원칙은 기본권제한과 관련해서는 헌법 제37조 제2항의 "필요한 경우에 한하여"라는 문언에 직접 근거하고 있으며,[85] 그 밖의 국가행위와 관련해서도 법치국가원리나 국가행위의 합리성 원칙 등으로 부터도

81 규범적·분석적 틀 없이 개괄적·추상적 사고과정으로서만 존재하는 '형량' 혹은 '우위결정'은 무분별한 법적용을 행할 수 있는 하나의 허울 좋은 명목에 지나지 않는다. 물론 논증의 합리성을 확보하고 설득력을 높이는 것은 늘 진행되어가는 과정으로 남겨져 있는 것이지, 그 끝이 존재하는 것은 아니다. 가치와 평가의 영역에서는 100%의 합리성과 100%의 설득력은 존재하지 않기 때문이다. 그럼에도 불구하고 규범에 근거한 각종 판단에 대한 합리적 통제와 경험적 사실에 대한 방법론적 통제는 법학의 분야에서는 포기할 수 없는 영원한 과제라고 할 수 있다. 이와 관련해서 R. Alexy는 특히 "개념적-분석적 명료성"을 강조한다(R. Alexy, 앞의 책, 32쪽).

82 이와 유사한 관점에서 형량의 정당성 판단기준을 분류하고 있는 경우로는 김도균, 앞의 글(주 35), 66쪽.

83 비례성원칙에 관한 이러한 설명은 특히, 이준일, 「기본권제한에 관한 결정에서 헌법재판소의 논증도구」, 『헌법학연구』 제4권 제3호(한국헌법학회, 1998), 276-277쪽.

84 심사의 대상인 특정 국가행위가 한 개의 수단이라면, B-4영역에서는 명령규범(β)와 금지규범(δ), D-4영역에서는 금지규범(α)와 명령규범(ε), C-2영역에서는 허용규범(γ)와 금지규범(δ), G-2영역에서는 금지규범(α)와 허용규범(ζ), F-2영역에서는 허용규범(γ)와 명령규범(ε), H-2영역에서는 명령규범(β)와 허용규범(ζ)가 각각 두 개의 목적에 해당한다.

85 전광석, 앞의 책, 229쪽; 이준일, 앞의 글(주 83), 279-282쪽; 헌재 1998.11.26. 97헌바58결정, 판례집 10-2, 682쪽 이하.

도출될 수 있는 헌법적 차원의 원칙이란 점에서,[86] 법적용 방식으로서의 '형량'을 비례성원칙이라는 규범구조 속에 위치시켜 논증의 합리성과 설득력을 높일 수 있는 계기를 마련하는 것은 그리 어렵지 않다. 결국 문제는 비례성원칙이란 구조 속에서 형량행위가 어떻게 통제되는가 하는 점이다.

주지하다시피 비례성원칙은 일정한 목적을 실현하는데 적합한 수단을 사용하도록 요구하는 적합성원칙, 일정한 목적을 실현함으로써 훼손되는 다른 목적에 대한 피해를 최소화하도록 요구하는 필요성원칙, 일정한 목적과 그것을 실현함으로써 훼손되는 다른 목적이 서로 균형적으로 구현될 수 있도록 요구하는 상당성원칙이라는 세 가지 부분원칙으로 구성되어 있으며,[87] 특히 상당성원칙은 적합성심사단계와 필요성심사단계를 모두 거쳐서 확인된 가능한 한 다양한 수단들이 적합성원칙의 달성정도와 필요성원칙의 달성정도에 있어서 모두 상이한 평가를 받으면서도, 적합성심사단계와 필요성심사단계에서 확인된 양 원칙 달성정도서열이 상호 일치하지 않은 것으로 확인된 경우에만 적용될 수 있다.[88] 그런데 구체적 상황에서 충돌하는 목적들 간의 상대적 우위관계를 평가하는 형량은 경험적 판단을 본질적인 내용으로 하는 적합성·필요성원칙의 심사에서가 아니라, 규범적 판단을 본질적 내용으로 하는 상당성원칙의 심사에서 행해진다.[89] 따라서 비례성원칙이라는

---

86 비례성원칙의 헌법적 근거에 관해서는 특히 A. v. Arnauld, Die normtheoreti- sche Begründung des Verhältnismäßigkeitsgrundsatzes, in: JZ, 2000, S. 276ff.

87 이준일, 「헌법상 비례성원칙」, 『공법연구』 제37권 제4호(한국공법학회, 2009), 26쪽; 비례성원칙의 구조 및 부분원칙들에 관한 상세한 논의는 L. Clérico, Die Struktur der Verhältnismäßigkeit, Baden-Baden, 2001, S. 28ff., 74ff., 140ff.; 우리 헌법재판소와 대법원은 이 3가지 부분원칙들 중 하나라도 저촉되면 위헌(헌재 1990.9.10. 89헌바82결정; 대판 1994.3.8. 92누1728)이라고 판단하지만, 이러한 부분원칙들을 심사강도와 관련하여 등급화하여 적용하려는 시도도 있다(공진성, 「최적화명령으로서 비례성원칙과 기본권심사의 강도」, 『3사논문집』 53(육군3사관학교, 2001), 279쪽).; 한편 비례성원칙과 함께 자주 거론되는 목적의 정당성은 그 자체가 비례성원칙의 구성부분은 아니겠지만 (이준일, 같은 글, 26-28쪽), 비례성심사 이전에 반드시 검토되어야할 요소이다. 이에 관해서는 H. Dreier, Grundgesetz Kommentar, Bd. I, Tübingen, 2. Aufl., 2004, Vorb. Rn. 146; L. Michael, Grundfälle zur Verhältnismäßigkeit, in: JuS 7, 2001, S. 655; M. Kloepfer, Die Entfaltung des Verhältnismäßigkeitsprinzips, in: E. Schmidt-Aßmann u.a. (Hrsg.), FS 50 Jahre Bundesverwaltungsgericht, Heymanns, 2003, S. 334.

88 상세한 논증은 이준일, 앞의 글(주 47), 322-325쪽; 결과적으로 이준일 교수는 다음과 같은 경우에는 상당성원칙이 적용될 수 없음을 분명히 하고 있다: "① 적합성심사의 단계에서 가능한 수단이 오로지 한 가지밖에 존재하지 않는 것으로 확인된 경우, ② 적합성심사의 단계에서 적합성의 정도가 동일하게 최대인 수단이 다수가 존재하는 것으로 확인되었지만 필요성심사의 단계에서 필요성의 정도가 최소인 수단은 오로지 하나인 것으로 확인된 경우, ③ 필요성심사의 단계에서 필요성의 정도가 동일하게 최소인 수단이 다수가 존재하는 것으로 확인되었지만 적합성심사의 단계에서 적합성의 정도가 최대인 수단은 오로지 하나인 것으로 확인된 경우, ④ 적합성심사의 단계에서 가능한 다양한 수단들이 적합성의 정도에 있어서 상이한 것으로 확인되고, 또한 필요성심사의 단계에서도 가능한 수단이 필요성의 정도에 있어서 상이한 것으로 확인되었지만 그 각각의 단계에서 확인된 순위가 일치하는 경우"

89 이준일, 앞의 글(주 47), 328-329쪽; 사실 비례성원칙에서 상당성심사와 형량판단은 불가분적 개념으로서 형량은 상당성심사의 본질이다(같은 사람, 앞의 글(주 87), 40쪽; Vgl. R. Alexy, 앞의 책, 100쪽 이하).

구조 속에 위치하고 있는 형량은 적합성심사와 필요성심사를 모두 거친 후, 상당성원칙이 적용될 수 있는 상황에서만 비로소 행해질 수 있다. 이러한 점에서 형량이 행해지는 구조로서 비례성원칙은 형량활동의 범위를 보다 적극적으로 통제한다는 의미를 가진다. 왜냐하면 이제부터 형량은 위 <규범충돌상황표>에서 언급된 B-4영역(혹은 D-4영역), C-2영역(혹은 G-2영역), F-2영역(혹은 H-2영역)에 놓여있는 국가행위의 적헌성 심사에서 항상 적용될 수 있는 것이 아니라, 구체적 상황에서 해당 영역에 놓여있는 국가행위가 적합성심사단계와 필요성심사단계를 다 거친 후, 상당성원칙이 적용될 수 있는 상황에 속해있어야 하기 때문이다. 결국 형량이 적용되는 구조로서 비례성원칙이 가지고 있는 의미는 무엇보다도 법적용자의 주관적 평가가 비교적 많이 개입될 수 있는 형량[90]의 적용범위를 엄격하게 통제하여 형량판단의 합리성과 설득력을 높이는데 있다고 할 수 있다.

② 단계(과정)

비례성원칙이라는 구조 속에서, 그리고 상당성심사와 관련되어서 행해지는 형량 그 자체는 다음과 같은 과정(단계)로 진행 된다: i) 형량대상의 식별을 통해서 고려되어야할 관점들의 선택, ii) 관점들의 추상적·일반적 중요성 판단, iii) 관점들의 구체적·개별적 중요성 판단.[91] 이러한 일련의 과정에서 진행되는 판단들의 설득력과 합리성을 담보하는 문제는 결국 실질적 통제의 중요한 관심사항이겠지만, 형량이 요청되는 곳임에도 불구하고 형량 그 자체를 하지 않거나, 형량과 관련해서 반드시 고려해야할 사항(사실관계 및 법익) 및 단계들을 누락하고 행해진 형량은 그 논증의 내용과 상관없이 이미 형식적으로도 정당화되기 어렵다는 점에서,[92] 이에 대한 검토 또한 형량에 대한 형식적 통제의 중요한 내용이 된다.

(나) 실질적 통제

형량의 실질적 통제와 관련해서는 무엇보다도 형량의 대상이 되는 규범들이 가지고 있는 원칙적 성격에 주목해서 도출된 형량법칙(Abwägungsgesetz)을 준수하는 것이 중요하다. 즉 형량은 헌법적 논증참여자들이 '가능한 한 최대한 실현'을 주장할 수 있는 규범 — 즉, 원칙(Prinzip) — 들 간의 충돌상황에서 행해지므로, 형량을 행하는 추론과정 및 그 과정에서 사용되는 논거의 합리성을 판단하는 기준은 무엇보다도 관련된 규범적 가치나 내용들이

---

90 충돌하는 법원리나 가치들 간의 상대적 비중을 판단하는 형량과정에는 필연적으로 정치철학적, 도덕철학적, 사회과학적 판단과정이 개입한다(김도균, 앞의 글(주 35), 66쪽).

91 T. Riehm, 앞의 책, 10쪽, 57쪽 이하, 247-248쪽; D. Buchwald, Konflikte zwischen Prinzipien, Regeln und Elemente im Rechtssystem, in: B. Schilcher u.a. (Hrsg.), Regeln, Prinzipien und Elemente im System des Rechts, Verl. Österreich, 2000, S. 102.

92 대판 1997.9.26. 96누10096 참조; 김도균, 앞의 글(주 35), 67-68쪽.

'가능한 한 최대한 실현'되도록 하는데 기여하고 있는지 여부(형량 제1법칙: 규범 극대화의 법칙)가 될 것이다.[93] 또한 형량의 합리성 내지는 설득력의 문제는 결국 충돌하는 원칙들 사이의 '조건부 우열관계'를 얼마나 납득가능하게 확정시킬 수 있는가 하는 문제로 집약된다는 점을 고려하면,[94] 형량 제1법칙은 "충돌하는 원칙들 중에서 어느 하나의 원칙이 충족되는 정도가 높아지면 높아질수록, 그 원칙이 가지고 있는 비중은 낮아진다"라는 형량 제2법칙으로 구체화될 수 있을 것이다.[95] 그리고 이러한 형량 제1법칙과 형량 제2법칙으로부터 다음과 같은 형량 제3법칙을 끌어낼 수 있다: "어떤 하나의 원칙에 대한 비실현 혹은 훼손의 정도가 크면 클수록, 다른 원칙의 비중은 그만큼 더 증대한다."[96]

이러한 형량법칙에 따라 형량을 구체적인 상황에서 실질적으로 통제함에 있어서, 특히 독일 연방헌법재판소는 규범충돌상황에서 국가행위를 통해서 달성하려는 원칙, 훼손되는 원칙, 해당 국가행위의 강도에 주목함으로써 그 통제의 합리성을 꾀하고 있으며,[97] 법경제학적 진영에서는 경제학에서 비롯된 효용성 기준들을,[98] R. Alexy는 훼손되는 원칙과 달성되어야할 원칙 간의 상대적 중요성을 측정하는 공식(중요도 공식: Gewichtsformel)을 제안하고 있다.[99]

(3) 우위결정통제

(가) 형식적 통제

국가행위의무의 최소치와 관련되어 있어서 양자택일의 엄격한 법적용 방식을 요구받는 우위결정 또한 그 판단에 있어서 설득력과 합리성이 구비되어야함은 당연하다. 하지만 형량은 규범충돌상황에서 '가능한 한 최대한 실현'이라는 원칙에 입각하여 상대적 비중을 따져 묻는 과정이므로 충돌하는 규범이나 가치들의 실현에 있어서 어느 정도의 상호접근

93 N. Jansen, 앞의 글, 158쪽.

94 R. Alexy, 앞의 책, 144쪽.

95 형량 제2법칙의 도출은 N. Jansen, 앞의 글, 159-166쪽.

96 N. Jansen, 앞의 글, 166쪽; 한편 R. Alexy는 이러한 '형량 제3법칙'을 "형량법칙(Abwägungsgesetz)"으로 부른다(R. Alexy, 앞의 책, 146쪽).

97 Vgl. H. W. Kim, Schranken und Schrankenschranken grundrechtlicher Abwehrrechte: Ein rechtsvergleichende Studie über die Verfassungsmäßigkeit von Eingriffen des Gesetzgebers im deutschen und südkoreanischen Verfassungsrecht, Logos, 2009, S. 131ff.; BVerfGE 7, 198(212); BVerfGE 11, 30(42f.); BVerfGE 17, 306(314); BVerfGE 20, 150(159); BVerfGE 27, 344(351); BVerfGE 29, 260(267); BVerfGE 39, 210(225); BVerfGE 30, 336(351); BVerfGE 40, 196(227); BVerfGE 41, 378(395).

98 파레토 최적성(Pareto-Optimum), 칼도어-힉스-기준(Kaldor-Hicks-Kriterium) 등이 여기에 해당한다. 이에 관한 상세한 내용 및 비판은 K. Mathis, Eiffizienz statt Gerechtigkeit?, Duncker&Humbolt, 2. Aufl., 2006, S. 43ff.; L. Clérico, 앞의 책, 111-119쪽; F. Müller, Ökonomische Theorie des Rechts, in: S. Buckel u.a. (Hrsg.), Neue Theorien des Rechts, UTB, 2. Aufl., 2009, S. 356f.

99 R. Alexy, 정종섭/박진완(옮김), 「중요도 공식」, 『법학』 제44권 제3호(서울대학교 법학연구소, 2003), 327쪽 이하.

이나 대안제시 등이 가능하지만, 우위결정은 그러한 과정 자체가 존재하지 않는다는 점에서 합리성통제를 위한 구조화 내지는 단계화 작업[100]을 하거나, 정밀한 통제기준을 마련하는 것이 오히려 더 난해한 측면이 있다.[101] 그럼에도 불구하고 우위결정 또한 기본적으로는 '목적'에 해당하는 두 규범들이 충돌하는 상황에서 '수단'에 해당하는 하나의 국가행위에 대한 판단문제라는 점에서, 하나의 수단과 상충하는 복수의 목적들 간의 관계설정에서 기능하는 비례성원칙(혹은 변형된 비례성원칙)을 통한 형식적 통제(구조적·단계적 통제)가 가능할 것이다.[102] 따라서 최소지위보장과 관련된 규범충돌상황에 특정 국가행위가 놓여있다고 하더라도 우위결정이라는 법적용 방식이 바로 행해지는 것이 아니라, 우선 관련된 해당 목적들의 정당성심사를 전제한 후, 첫 번째 단계에서는 해당 국가행위가 달성하고자 하는 목적(이행하고자하는 규범)과의 관계에 있어서 적합한 수단인지 여부에 관한 경험적 판단(적합성심사)을 하고, 두 번째 단계에서는 이러한 목적을 달성함으로써 훼손되는 다른 목적에 대한 피해를 최소화할 수 있는 수단인지 여부를 경험적으로 판단(필요성심사)해야만 한다. 그런 다음에야 비로소 달성하려는 목적(이행하고자 하는 규범)과 이로 인해 피해를 보는 다른 목적(훼손되는 다른 규범) 간의 규범적 우위관계가 우위결정이란 법적용 방식을 통해서 해결될 수 있는 계기가 마련되는 것이다.[103] 그러므로 결국 비례성원칙이라는 구조 속에서 행해지는 법적용 방식으로서의 '우위결정'은 실재로는 단지 B−1(D−1)영역에 해당하는 국가행위의 적헌성을 판단하는 경우에만 기능하게 된다.[104]

---

100 형량과 관련하여 등장하는 대표적인 단계화 작업으로는 직업의 자유와 관련하여 등장한 단계이론을 언급할 수 있을 것이다. 이에 관해서는 BVerfGE 7, 377(377ff.); 헌재 1990. 10. 15. 89헌마178결정, 판례집 2, 380−381쪽.

101 물론 상충하는 규범들 간의 상호접근이나 조화가 가능한 형량은, 구체적 판단과 관련하여 법관의 판단영역 안에서 변질될 위험성이 더 크다는 지적 또한 타당하다(S. Lenz/P. Leydecker, 앞의 글, 846쪽).

102 '비례성'은 '관계'를 의미하는 'Verhältnis'에 '적합한'이란 뜻을 가진 형용사 'mäßig'가 더해진 다음, 명사형 어미 '−keit'가 붙어서 만들어진 독일어 'Verhältnismäßigkeit'의 번역어 이다(이준일, 앞의 글(주 83), 276쪽). 따라서 비례성원칙이라고 하면 그 구체적 내용이 무엇이든지 간에 수단과 목적 간에 적용되어야할 광범위한 원칙 내지는 규준으로 이해될 수 있을 것이다. 필자는 비례성(원칙)이란 용어를 이러한 맥락에서 사용한다.

103 S. Lenz와 P. Leydecker는 독일 기본법상 유보 없이 보장되는 기본권의 최소지위에 감행된 국가의 침범행위와 관련하여 비례성원칙의 변형을 통해서 국가행위의 적헌성 여부를 심사하고 있다. 변형된 비례성원칙의 특수성은 상당성심사와 관련해서는 형량이 포기될 수 있다는 점이다(S. Lenz/P. Leydecker, 앞의 글, 847−848쪽).; 비례성원칙 심사단계에 관해서는 이준일, 앞의 글(주 47), 322−325쪽 참조.

104 위 <규범충돌상황표>에서 B−2(D−2)·B−3(D−3)·C−1(G−1)·F−1(H−1)영역에서 (α)와 (δ), (β)와 (ε)의 '최소지위를 훼손하면서도, 이들에 대한 피해를 최소화할 수 있는 수단'−사실, 이는 형용모순이다.−은 존재하지 않으므로, 이에 대한 필요성원칙이 심사되는 상황에 국가행위가 놓여있다면, 그 국가행위는 바로 위헌적인 것으로 평가 받을 것이고, 마지막 단계인 '우위결정'에 대한 검토는 발생하지 않을 것이다. 또 위 영역에서 (α)와 (δ), (β)와 (ε)의 최소지위를 이행할 수 있는 국가행위가 단 하나 뿐이라면, 오직 그 행위를 이행하는 국가행위만 합헌이고, 나머지는 전부 위헌이 될 것이다. 따라서 이 경우에는 마지막 단계인 '우위결정'에 대한 검토는 물론 두 번째 단계인 필요성심사도 불필요하다. (α)와 (δ), (β)와 (ε)의 최소지위를 이행할 수 있는 국가행위가 여러 가지가 있다면(이 경우는 최소지위를 요구하는 규범이 가진 규칙적 성격−효력은 '전부 실현되거나, 실현되지 않거나'의 양자택일로만 존재한다.−때문에 복수의 수단이 존재한다고

이러한 점에서 비례성원칙은 헌법규범들 간의 절대적 우위관계가 문제되는 상황에서도 본격적인 우위결정이 행해지기까지의 사고과정을 질서정연하게 만들어주고 경험적 판단이 필요한 부분과 규범적 판단이 필요한 부분을 뚜렷하게 구분하는 틀을 제공함으로써, 우위결정을 통해서 논증되어야할 대상이 무엇인지를 분명하게 보여주는 중요한 형식적 통제장치가 되는 것이다.

(나) 실질적 통제

형량과 마찬가지로 우위결정 또한 헌법규범에 근거한 합리적 판단이어야 하지, 헌법적 논증참여자(특히, 법관)들의 의지가 반영된 결단이나 결심이 되어서는 안 된다. 그런데 형량과 달리 우위결정은 타협 없이, 충돌하는 규범들 중 어느 하나의 규범적 가치나 의미가 절대적으로 관철된다는 점에서 판단의 합리성과 납득가능성에 대한 요청은 더욱 높은 반면에, 이를 통제할 수 있는 실질적 규준을 마련하는 문제에 대해서는 논의가 많지 않은 실정이다.[105] 이하에서는 구체적이고 개별적인 우위결정에 있어서 이를 평가할 수 있는 일반적 규준 내지는 우위결정의 합리성과 설득력을 높이기 위한 실질적 통제기준 — 필자는 이를 앞서 언급한 형량법칙에 대응하여 '우위결정법칙'이라고 부를 것이다 — 을 제시해보고자 한다.

우선 우위결정의 대상이 되는 최소지위보장을 요구하는 규범들은 '관철되거나 관철

하더라도 적합성 달성에 관한 등급(서열)은 형량에서와는 달리, 복수의 수단들 간에 있어서 모두 동일하다.), 이러한 여러 가지의 국가행위들 중에서 충돌하는 최소지위초과보장을 요구하는 국가의무규범 − (α), (δ), (β), (ε) − 을 가장 덜 훼손하는 국가행위만 합헌이라고 평가받고, 나머지 국가행위는 모두 위헌이라고 평가받게 되므로(필요성심사), 이 경우에도 마지막 단계인 '우위결정'에 대한 검토는 행해지지 않을 것이다. 그리고 (α)와 (δ), (β)와 (ε)의 최소지위를 요구하는 국가행위와 (γ) 혹은 (ζ) 간의 규범충돌상황에서, 허용규범(γ, ζ)과 관련된 필요성심사는 무의미하므로(왜냐하면 허용규범이 적용되는 영역은 원칙적으로 국가의 재량을 의미하기 때문이다.), (α), (δ), (β), (ε)의 최소지위에 부응할 수 있는(적합한) 국가행위는 모두 합헌으로 판단되고, 그렇지 않은 국가행위는 위헌으로 판단된다. 그러므로 이 경우에도 마지막 심사단계에 해당하는 '우위결정'은 실재로 행해지지 않을 것이다. 결국 법적용 방식으로서의 진정한 의미의 '우위결정'이 행해지는 영역은 B−1(D−1)영역 뿐이다. 이러한 경우에 구체적인 해결방법에 관해서는 목차 Ⅳ. 3. (3). 2); 한편 이와 유사한 관점에서 형량이 적용되는 구조로서의 비례성원칙이 적용되는 단계에 관한 상세한 설명은 이준일, 앞의 글(주 47), 322−325쪽.

105 헌법에 합치하는 합리적인 우위결정의 통제기준이 정립되지 못한 결과, 우위결정의 문제가 형량문제화 − 즉, 구체적인 문제 상황(예컨대, 위 주 78)에서 언급한 구조고문)에서 국가의무의 최소치에 해당하여 형량이 불가능하다고 해야 함에도 불구하고, 이를 형량의 방식을 통해서 해결하려는 시도가 있다: Vgl. R. Zippelius/T. Würtenberger, Deutsches Staatsrecht, 32. Aufl., C.H.Beck, 2008, Rn. 58f.; F. Wittreck, Menschenwürde und Folterverbot−zum Dogma von der ausnahmslosen Unabwägbarkeit des Art. 1 Abs. 1 GG−, in: DÖV 56, 2003, S. 873ff.; W. Brugger, Vom unbedingten Verbot der Folter zum bedingten Recht auf Folter?, in: JZ 55, 2000, S. 169.−되거나, "법으로부터의 자유로운 영역"−이러한 영역을 인정함으로써 국가는 헌법이 요구하고 있는 절대적 부작위의무로부터 도피할 수 있는 계기가 마련된다: Vgl. J. F. Lindner, Die Würde des Menschen und Sein Leben−Zum Verhältnis von Art. 1 Abs. 1 Satz 1 GG und Art. 2 Abs. 2 Sätze 1 und 3 GG, in: DÖV 59, 2006, S. 577ff., 587f.−에 해당하는 문제로 취급되어버리는 경우가 발생한다.

되지 않거나'의 양자택일의 경우로만 효력이 발생하는 규범 — 즉, 규칙(Regel) — 이란 점에서, 최소지위보장을 요구하는 규범과 최소지위초과보장을 요구하는 규범간의 충돌이 발생한 경우에는 무조건 최소지위보장규범을 관철시켜야 한다(우위결정 제1법칙: 최소지위보장규범 우선의 원칙). 예컨대, 위 <규범충돌상황표>의 B−2(D−2)·B−3(D−3)영역의 경우처럼 '최소지위보장'과 '최소지위초과보장'이 충돌하는 경우에는 '최소지위보장'을 요구하는 규범적 의무를 이행하면서, 동시에 충돌하는 '최소지위초과보장'을 요구하는 다른 규범을 가능한 한 가장 덜 훼손하는 국가행위를 합헌이라고 평가해야 하며, C−1(G−1)·F−1(H−1)영역처럼 '최소지위보장'을 요구하는 규범과 허용규범이 충돌하는 경우에는 '최소지위보장'과 관련된 규범적 의무에 부응하는 국가행위를 합헌이라고 평가해야 한다.[106] 문제는 '최소지위보장'으로서의 부작위명령과 '최소지위보장'으로서의 작위명령이 충돌하여, 국가가 헌법으로부터 양립 불가능한 최소지위보장을 동시에 요구받는 극단적인 경우, 즉 B−1(D−1)영역[107]에 해당하는 국가행위를 어떻게 심사할 것이냐 하는 것이다.[108] 이 경우 국가는 작위와 부작위 중에서 어느 하나의 행위를 선택할 수밖에 없고, 또 어떠한 선택이든지 간에 헌법적 비난으로부터 자유롭지 못하다.[109] 그런데 비난받을 행위에 적극적으로 가담한 경우(작위)에 비해서, 자연적 인과과정을 받아들이는 것(부작위)은 인과과정을 적극적으로 유발시키지 않았다는 점에서 그 불법성과 비난가능성이 적다고 할 수 있을 것이다.[110] 따라서 이 경우 국가는 최소지위와 관련된 부작위명령을 이행해야만 할 것이다.[111] 이러한 관점에서 우리는 다음과 같은 결론을 도출할 수 있다: '최소치보장'으로서의

---

106 B−2(D−2)·B−3(D−3)·C−1(G−1)·F−1(H−1)영역에 놓인 국가행위의 적헌성 판단의 구체적 사고과정에 대해서는 위 주 104).

107 B−1(D−1)영역은 진정한 의미에서의 우위결정이 문제되는 영역이다. 그 이유는 위 주 104).

108 예컨대, '대도시 곳곳에 뇌관이 활성화된 폭탄이 숨겨진 상황에서 폭탄은닉장소를 알아내기 위한 다른 모든 방법이 좌절된 경우 국가가 시민의 생명보호를 위해 테러범의 기본권의 본질내용을 침해하는 고문을 감행할 수 있는가?' 혹은 '고장으로 도시 한 가운데 있는 원자로가 폭발될 상황에 처해있는데, 시민들의 생명과 재산을 보호하기위해서 국가가 특정인에게 죽음을 무릅쓰고 원자로 안에 들어가서 수리하도록 강제할 수 있느냐?' 하는 문제들을 생각해볼 수 있을 것이다(S. Lenz, 앞의 책, 296쪽 이하).; 김해원, 앞의 글(주 11), 48−49쪽.

109 S. Lenz, 앞의 책, 296−297쪽, 303쪽; 김해원, 앞의 글(주 11), 49쪽.

110 특히 S. Lenz는 주로 형법학의 부작위범과 관련해서 거론되는 작위행위와 부작위행위간의 동치성 및 반가치성(불법성)에 관한 논의들을 공법 영역의 특수성을 고려한 부분적 전용을 통해서 이러한 결론을 도출하고 있다(S. Lenz, 앞의 책, 304−305쪽).; 김해원, 앞의 글(주 11), 49쪽.

111 즉, 위 주 108)에 언급된 예에 대해서 답한다면, 국가는 고문을 해서도, 특정인을 강제로 원자로 안에 투입시켜서도 안 된다. 물론 그 결과 국가는 시민들의 기본권을 보호할 의무를 해태했고, 그로인해 시민들의 기본권의 본질적 내용이 침해−이 경우 발생하는 침해는 헌법 제37조 제2항 후단의 본질내용침해금지규정과 상관없이 우리 헌법상 합헌적인 국가행위이다(이에 관한 상세한 논증은 김해원, 앞의 글(주 11), 29쪽 이하).− 되겠지만, 그러한 국가의 해태 그 자체가 바로 새로운 악을 야기하는 것은 아니기 때문이다(S. Lenz, 앞의 책, 296−299쪽). 다만, 다수의 생명보호를 위한 작위행위의 불가피성을 주장하는 국가의 이유 있는 항변은 해당 국가행위에 대한 위헌이라는 사법적 판단과는 별개로, 정치적 행위를 통해서 옹호될 수 있을 것이다. 특히

명령규범과 '최소치보장'으로서의 금지규범이 충돌하는 경우에는 국가는 금지규범을 이행해야 한다(우위결정 제2법칙: 부작위의무 우선의 원칙).

Ⅴ. 마치는 글

지금까지 국가행위의 적헌성 판단에 있어서 헌법규범의 적용과 관련하여 일반적이고 체계적인 이론을 구성하고자 하였다. 이러한 시도는 특히 규범 논리학적 분석에 기초를 두고 경험적 차원에서 인식되는 다양한 국가행위들을 빠짐없이 설명할 수 있게 하는 규범구조적 틀을 세우는데 초점을 맞추고 있으며, 궁극적으로는 헌법적 논증과정의 합리성과 설득력을 높이려는 의도에서 비롯되었다. 여기에서 행해진 각종 이론적 구상들은 여전히 많은 보완과 다각적 검토를 필요로 하며, 무엇보다도 구체적 사례를 통한 실증적 검증을 통해서 더욱 단정해질 수 있을 것이다. 이는 일차적으로는 필자의 과제이겠지만, 학문공동체의 아낌없는 질정과 도움을 통해서 촉진될 것이다.

우리 헌법이 예정하고 있는 "법치주의의 자기 교정적 기능"이자 정치를 통한 사법적 판단의 교정수단이라고 할 수 있는 사면제도는 이러한 경우에 큰 의미를 가질 것이다. 사면제도의 존재의미는 박진애, 「헌법에 합치하는 사면제도의 모색」, 『헌법학연구』 제15권 제3호(한국헌법학회, 2009), 341－342쪽.

<참고문헌>

1. 국내문헌

계희열, 『헌법학(中)』, 박영사, 2004.

공진성, 「최적화명령으로서 비례성원칙과 기본권심사의 강도」, 『3사논문집』53, 육군3사관학교, 2001.

김도균, 「법적 권리에 대한 연구(I)」, 『법학』 제43권 제4호, 서울대학교법학연구소, 2002.

______, 「법적 이익형량의 구조와 정당화문제」, 『법학』 제48권 제2호, 서울대학교법학연구소, 2007.

김영환, 『법철학의 근본문제』, 홍문사, 2008.

김학태, 「법률해석의 한계 – 판례에서 나타난 법해석방법론에 대한 비판적 고찰–」", 『외법논집』 제22집, 한국외국어대학교 법학연구소, 2006.

김해원, 「방어권적 기본권의 정당성 심사구조」, 『공법학연구』 제10권 제4호, 한국비교공법학회, 2009.

______, 「헌법적 논증에서 객관헌법과 주관헌법」, 『헌법학연구』 제16권 제1호, 한국헌법학회, 2010.

김혁기, 「법적 추론의 기능에 대한 고찰」, 『법철학연구』 제13권 제1호, 한국법철학회, 2010.

박은정, 「'정치의 사법화'와 민주주의」, 『법학』 제51권 제1호, 서울대학교법학연구소, 2010.

박진애, 「헌법에 합치하는 사면제도의 모색」, 『헌법학연구』 제15권 제3호, 한국헌법학회, 2009.

소흥렬, 「당위명제의 논리적 관계」, 『철학』 제17집 봄호, 한국철학회, 1982.

심헌섭, 『분석과 비판의 법철학』, 법문사, 2003.

양천수, 「삼단논법적 법률해석론 비판 – 대법원 판례를 예로 하여 –」, 『영남법학』 제28호, 영남대학교 법학연구소, 2009.

______, 「법적 추론과 논증」, 『사회과학연구』 제30집 제1호, 영남대학교 사회과학연구소, 2010.

이계일, 「수사학적 법이론의 관점에서 본 법적 논증의 구조」, 『법철학연구』 제13권 제1호, 한국법철학회, 2010.

이국운, 「자유민주주의의 정상화 문제(Ⅱ) –참여자의 관점–」, 『법과 사회』 제34호, 법과사회이론학회, 2008.

이부하, 「인간의 존엄에 관한 논의와 개별적 문제에의 적용」, 『헌법학연구』 제15권 제2호, 한국헌법학회, 2009.

이상영/김도균, 『법철학』, 한국방송통신대학교, 2006.

이준일, 「기본권제한에 관한 결정에서 헌법재판소의 논증도구」, 『헌법학연구』 제4권 제3호, 한국헌법학회, 1998.

______, 「기본권의 기능과 제한 및 정당화의 세 가지 유형」, 『공법연구』 제29집 제1호, 한국공법학회, 2000.

______, 『법학입문』, 박영사, 2004.

______, 「헌법재판의 법적 성격 －헌법재판소의 논증도구인 비례성원칙과 평등원칙을 예로－」, 『헌법학연구』 제12권 제2호, 한국헌법학회, 2006.

______, 『헌법학강의』, 홍문사, 2008.

______, 「헌법상 비례성원칙」, 『공법연구』 제37권 제4호, 한국공법학회, 2009.

전광석, 『한국헌법론』, 법문사, 2009.

정태호, 「사회적 기본권과 헌법재판소의 판례」, 『헌법논총』 제9집, 헌법재판소, 1998.

차동욱, 「정치·사회적 관점에서 본 헌정 60년 －개헌의 정치와 '헌정공학'의 타당성」, 『법과 사회』 제34호, 법과사회이론학회, 2008.

홍성방, 『헌법학(上)』, 박영사, 2010.

______, 「국민의 기본의무 －독일에서의 논의를 중심으로－」, 『공법연구』 제34집 제4호 제1권, 한국공법학회, 2006.

田中成明, 박병식(옮김), 『현대법 이론』, 동국대학교출판부, 2007.

A. Kaufmann, 김영환(옮김), 『법철학』, 나남, 2007.

R. Alexy, 정종섭/박진완(옮김), 「중요도 공식」, 『법학』 제44권 제3호, 서울대학교 법학연구소, 2003.

2. 국외문헌

Alexy, R., Theorie der Grundrechte, Suhrkamp, 3. Aufl., 1996.

Arnauld, A. v., Die normtheoretische Begründung des Verhältnismäßigkeitsgrundsatzes, in: JZ, 2000.

Bethge, H., Der Grundrechtseingriff, in: VVDStRL 57, 1988.

Brugger, W., Vom unbedingten Verbot der Folter zum bedingten Recht auf Folter?, in: JZ 55, 2000.

Buchwald, D., Konflikte zwischen Prinzipien, Regeln und Elemente im Rechtssystem, in: B. Schilcher u.a. (Hrsg.), Regeln, Prinzipien und Elemente im System des Rechts, Verl. Österreich, 2000.

Clérico, L., Die Struktur der Verhältnismäßigkeit, Baden－Baden, 2001.

Creifelds, C./Weber, K., Rechtswörterbuch, C.H.Beck, 2004.

Dreier, H., Grundgesetz Kommentar, Bd. Ⅰ, Tübingen, 2. Aufl., 2004.

Dworkin, R., Taking Rights Seriously, Harvard Uni. Press, 1977.

Gast, W., Die sechs Elemente der juristischen Rhetorik: Das Modell rhetorischer Kommunikation bei der Rechtsanwendung, in: Rouven Soudry(Hrsg.), Rhetorik: Eine interdisziplinäre Einführung in die rhetorische Praxis, C.F.Müller, 2. Aufl., 2006.

Herberger, M./Simon, D., Wissenschafts für Juristen: Logik, Semiotik, Erfahrungswissenschaften, Alfred Metzner Verlag, 1980.

Hesse, K., Grundzüge des Verfassungsrechts der Bundesrepublik Deutschland, C. F. Müller, 20. Aufl., 1995.

Hohfeld, W. N., Fundamental Legal Conceptions as Applied in Judicial Reasoning, New Haven/Lodon, Yale Univ. Press, 1966.

Isensee, J., Die verdrängten Grundpflichten, in: DÖV, 1982.

Jansen, N., Die Struktur rationaler Abwägungen, in: ARSP Beiheft 66: Ethische und Strukturelle Herausforderungen des Rechts, 1997.

Jellinek, G., System der subjektiven öffentlichen Rechte, Mohr, 2. Aufl., 1905(Neudruck 1979).

Kim, H. W., Schranken und Schrankenschranken grundrechtlicher Abwehrrechte: Ein rechtsvergleichende Studie über die Verfassungsmäßigkeit von Eingriffen des Gesetzgebers im deutschen und südkoreanischen Verfassungsrecht, Logos, 2009.

Kloepfer, M., Die Entfaltung des Verhältnismäßigkeitsprinzips, in: E. Schmidt-Aßmann u.a. (Hrsg.), FS 50 Jahre Bundesverwaltungsg- ericht, Heymanns, 2003.

Koch, H.-J., Die normtheoretische Basis der Abwägung, in: R. Alexy u.a. (Hrsg.), Elemente einer juristischen Begründungslehre, Baden- Baden, 2003.

Lenz, S./Leydecker, P., Kollidierendes Verfassungsrecht: Verfassungsrechtliche Maßstäbe der Einschränkbarkeit vorbehaltloser Freiheite, in: DÖV, 2005.

Lenz, S., Vorbehaltlose Freiheite: Stellung und Funktion vorbehaltloser Freiheite in der Verfassungsordnung, Mohr Siebeck, 2006.

Lindner, J. F., Die Würde des Menschen und Sein Leben - Zum Verhältnis von Art. 1 Abs. 1 Satz 1 GG und Art. 2 Abs. 2 Sätze 1 und 3 GG, in: DÖV 59, 2006.

Loewenstein, K., Verfassungslehre, 4. Aufl., J.C.B. Mohr, 2000.

Michael, L., Grundfälle zur Verhältnismäßigkeit, in: JuS 7, 2001.

Mathis, K., Eiffizienz statt Gerechtigkeit?, Duncker&Humbolt, 2. Aufl., 2006.

Müller, F., Ökonomische Theorie des Rechts, in: S. Buckel u.a. (Hrsg.), Neue Theorien des Rechts, UTB, 2. Aufl., 2009.

Philipps, L., Sinn und Struktur der Normlogik, in: ARSP 53, 1966.

Riehm, T., Awägungsentscheidungen in der praktischen Rechtsanwendung: Argumentation -

Beweis – Wertung, C.H.Beck, 2006.

Steinacher, B., Staatspflichten und Grundgesetz–Eine verfassungstheoretische Untersuchung–, Attempto Verlag, 1986.

Stober, R., Grundpflichten und Grundgesetz, Duncker & Humblot 1979.

Wagenländer, G., Zur strafrechtliche Beurteilung der Rettungsfolter, Berlin, 2005.

Weiß, W., Privatisierung und Staatsaufgaben: Privatisierungseintscheidung im Lichte einer grundrechtlichen Staatsaufgabenlehre unter dem Grundgesetz, Mohr Siebeck, 2002.

Winberger, C./Weinberger, O., Logik, Semantik, Hermeneutik, C.H.Beck, 1979.

Wittreck, F., Menschenwürde und Folterverbot–zum Dogma von der ausnahmslosen Unabwägbarkeit des Art. 1 Abs. 1 GG–, in: DÖV 56, 2003.

Wolff, H. J./Bachof, O., Verwaltungsrecht Ⅱ: Organisations– und Dienstrecht, 4. Aufl., C.H.Beck, 1976.

Zippelius, R./Würtenberger, T., Deutsches Staatsrecht, 32. Aufl., C.H.Beck, 2008.

18 자유와 평등*

조 홍 석**

Ⅰ. 인간의 존엄(Menschenwürde)

“인간이다”(Mensch zu sein)라는 것은 인간의 존엄(Menschenwürde)을 가졌다는 것의 근거가 된다. 그것은 경험적으로 증명할 수 없는 것이고, 또 그것을 증명할 필요도 없다. 왜냐하면 그것은 경험적인 이념(empirische Idee)이 아니고 스스로 명백한(“selbst evident”) 것이기 때문이다.[1] 흑인이거나 백인이거나, 구교도이거나 신교도이거나, 또는 병자이거나 건강한 자이거나 또는 가난한 자이거나 부유한 자 이거나를 불문하고, 모든 사람은 절대적인 존재의 의미(absoluter Sinn)를 지니고 있다.[2] 인간존엄의 뿌리는 기독교의 인류애적인 인간상(christlich-humänitäres Menschenbild)에서 발견되어 진다. 인간의 존엄이란 이념은 인간은 이성적인 존재이고, 또 인간은 신의 닮은 초상(Ebenbild des Gottes)이라는[3] 스토아학파의 자연법의 정신과 기독교의 인간의 가치에 관한 관념(Menschenwertvorstellung)으로부터 처음으로 발전되어 졌다. 그리고 이것은 18세기의 계몽주의적 자연법사상의 주된 내용이었고, 또한 이것은 오늘날 여러 인권선언(verschiedene Menschenrechtserklärung)에서 확인되고 있다. 유엔인권선언 제 1조[4]에 의하면 “모든 사람은 태어날 때 부터 자유롭고 동등한 존엄과 권리(Würde und Rechte)를 가지고 있다. 사람은 천부적으로 이성과 양심(Vernunft und Gewissen)을 가지고 있으며 서로 형제애의 정신으로 행동하여야 한다”고 되어 있다.

---

* 조홍석, 자유와 평등, 사법행정(396권 12호) 1993. 22~30쪽에 이미 게재되었던 논문. 존경하는 정만희 교수님, 평생을 제자 사랑과 교육에 헌신하시고, 누구보다도 더 훌륭한 학문적 업적을 남기신, 교수님의 명예로운 정년을 아쉬움과 함께 진심으로 축하드립니다.

** 경북대 법학전문대학원 교수.

1 Hegel, Grundlinien der Philosophie des Rechts, 1955, §209, S. 180; Kriele, Recht und praktische Vernunft, 1979, S. 57f., 65, 78; Ch. Perelman, Über die Gerechtigkeit, 1967, S. 16.

2 Kriele, Einführung in die Staatslehre, 1988, S. 334; M. Müller, Philosophische Anthropologie, 1974, S. 161.

3 A. Bleckmann, StaatsR II: Die Grundrechte, 3. Aufl., 1989, S. 448; E. Brunner, Gerechtigkeit, 1943, S. 40; R. Herzog, Demokratie und Gleichheit heute, DVBl., 1970, S. 715; K. Hesse, Der Gleichheitssatz im StaatsR, AöR 77(1951/52), S. 199f.; Kriele, Befreiung und politische Aufklärung: Plädoyer für die Würde des Menschen, S. 46, 53; R. Zippelius, Der Gleichheitssatz, VVDStRL 47(1989), S. 10.

4 원문에 대하여서는 Kriele, Die Menschenrechte zwischen Ost und West, 1977, S. 64 참고.

Kant는 인간 존엄의 특질을 다음과 같이 표현하고 있다: "다른 사람을 단순히 수단으로 생각하지 말고, 동시에 그 자체를 목적(Zweck)으로 삼아야 한다".[5] 이것은 모든 사람은 자기목적(Selbstzweck)으로서 존중되어야 하지, 하나의 목적에 봉사하는 단순한 수단(bloßes Mittel)으로 보아서는 안된다는 것을 의미한다.[6] 어떠한 인간도 근본적으로 자기의 특성과 존엄을 침해 받지 않아야 하고, 다른 사람을 위한 도구로서 이용되어서는 안된다. 어떤 사람도 다른 사람을 지배해서도, 다른 사람에게 지배되어서도 안된다. 모든 사람은 타인에 대하여 동등하게 존중받아 져야 하는 도덕적 존재(moralische Instanz)이다. 모든 사람은 타인과 어떠한 구별없이 동등한 존엄(gleiche Würde)을 가지고 있다. 모든 사람은 자기의 인간의 존엄을 준수해 줄 것을 요구할 수 있는 동등한 권리가 있다. 따라서 평등이란 인간 존엄과 깊은 관련을 맺고 있다. 평등이 인간의 존엄과 동일한 것으로 파악되어 질 수는 없다고 하더라도, 평등은 부분적이기는 하지만 그것으로부터 내용(Gehalt)을 얻을 뿐 만 아니라,[7] 부분적으로 인간의 존엄을 완성한다.[8] 인간의 존엄을 준수한다는 것은 모든 사람에 대한 평등한 자유를 요구할 수 있는 근거가 된다.[9]

인간의 존엄은 우선 자유를 지향한다. 왜냐하면 이것은 자유와 권리가 보장되어 질 때, 비로소 존재하기 때문이다. 그러나 자유만으로 인간의 존엄이 완성되는 것은 아니다. 인간의 존엄은 자유만으로는 충분하지 않고, 그것은 자유의 실질적 조건(reale Bedingungen)을 필요로 한다. 인간의 존엄은 인격의 발전(Entfaltung der Persönlichkeit)을 위한 가능성이 보장될 것을 전제로 한다.[10] 여기에는 자유를 위한 내적인 조건(innere Bedingungen)뿐만 아니라 자유를 위한 외적인 조건(äußere Bedingungen)도 중요하다. 자유를 위한 경제적(wirtschaftlich)이고 문화적인(kulturell) 조건이 중요하다. 이러한 전제하에서 자유는 비로소 자유로서의 의미를 가진다. 이렇게 볼 때, 자유와 평등은 서로 영원히 멈추지 않는(unaufhebbar) 긴장관계에 있는 것이 아니라 상호 보충적인 관계에 있다. 인간의 존엄이란 틀 안에서 파악할 때, 자유는 평등과 근원적으로 일치하는 것이다. 한 사람의 자유로운 인

---

5 Kant, Metaphysische Anfangsgründe der Rechtslehre, 1986, 「237」, S. 45; 또한 John Rawls, A Theory of Justice, 1973, S. 183: "The two principles of justice (…) rule out even the tendency to regard men as means to one another's welfare".

6 여기에 관하여 G. Leibholz, Die Gleichheit vor dem Gesetz, 2. Aufl., S. 2 52 참고.

7 Kriele, Kriterien der Gerechtigkeit, 1963, S. 53f.; F. Schoch, Der Gleichheitssatz, DVBl., 1988, S. 877f.

8 M.A.C. Otto, Über die Gleichheit der Menschen, Philosophisches Jahrbuch 89(1982), S. 397; G. Dürig, in: Th. Maunz/G. Dürig/R. Herzog/u.a., GG Art. 3 Abs. 1 Rdnr. 3.

9 Kriele, Freiheit und Gleichheit, in: Handbuch des Verfassungsrechts, hrsg. v. E. Benda/W. Maihofer/H.-J. Vogel, 1983, S. 129, 146.

10 L. v. Stein, Geschichte der sozialen Bewegung in Frankreich von 1789 bis auf unsere Tage, Bd. 3, 1921, S. 104; Kriele, ebd., S. 130; P. Badura, Das Prinzip der sozialen Grundrechte und seine Verwirklichung im Recht der Bundesrepublik Deutschland, Der Staat 14(1975), S. 22.

격 형성(Entfaltung)은 다른 사람의 자유로운 인격형성과 공존할 수 있어야 한다.[11] 자유란 타인으로 부터의 자유(Freiheit von anderen)일 뿐만 아니라, 또한 타인을 통한 자유(Freiheit durch andere)를 의미한다. 자유란 필연적으로 불평등(Ungleichheit)을 야기하는 것도 아니고, 평등 또한 반드시 부자유(Unfreiheit)를 초래하는 것도 아니다. 평등의 증가(Plus an Gleichheit)는 자유의 감소(Minus an Freiheit)를 의미하는 것은 아니다.[12] 그래서 자유는 오직 평등의 희생(auf Kosten der Gleichheit) 아래에서, 평등은 자유의 희생(auf Kosten der Freiheit) 아래에서 존재할 수 있다는,[13] 19세기 초 자유주의로 부터 유래하는 이러한 사고는 설득력(Überzeugungskraft)을 상실한다. 자유와 평등은 반드시 서로 이율배반적(in Widerspruch zueinander)이지 않다. 따라서 Kriele는 개인의 자유의 제한은 동시에 평등의 제한을 의미한다고 주장한다.[14] 인간은 창조질서(Schöpfungsordnung) 속에서 자기고유의 가치를 소유한다. 그리고 그 안에 내포된 자유와 평등은 국가적인 통일의 영원한 기본적 가치(Grundwerte der staatlichen Einheit)라고 할 수 있다.[15] 자유와 평등은 "보충적(komplementär) 사회형성의 요소"이다.[16] 자기책임성(Selbstverantwortlichkeit)과 인간의 동등한 존엄(gleiche Würde des Menschen)은 보완적인 사회통합의 요소(gesellschaftliche Integrationsfaktoren)이다. 여기에 자유와 평등은 서로 대립되는 것(Gegensätze)이 아니라, 오히려 서로 보완하는 관계인 것이다. 평등은 자유의 제한(Freiheitsbeschränkung)을 의미하는 것이 아니라 자유의 보충(Ergänzung der Freiheit)을 의미한다.

Ⅱ. 인간의 이성(Vernunft des Menschen)

인간의 이성(menschliche Vernunft)은 자의(Willkür)에 기인하는 것이 아니라 공공의 복리(Wohl der Allgemeinheit)에 기인한다.[17] 이성은 타인을 고려하지 않고 주관적 자의(subjektive Willkür)를 최대한 전개할 수 있는 것을 의미하지는 않는다.[18] 이성은 고전적 공리주의

---

11 Kriele, ebd., S. 135, 140f.

12 Vgl. Brunner, Die Problematik der sozialen Grundrechte, 1971, S. 32.

13 Vgl. Leibholz, Strukturprobleme der modernen Demokratie, 2. Aufl., 1964, S. 66, 88f., 130; 150f.; Herzog, Staatslehre, 1971, S. 383; P. Lerche, Übermaß und Verfassungsrecht, 1961, S. 147ff.; B.H. Siegan, Economic Liberties and the Constitution, 1980, S. 305.

14 Kriele, Freiheit(Anm. 9), S. 134; vgl. Kant, Metaphysische Anfangsgründe der Rechtslehre, Hamburg: Felix Meiner, 1986, [238], S. 47.

15 Ch. Gusy, Der Gleichheitssatz des Grundgesetzes, Jus 1982, S. 36; Dürig (Anm. 8), GG, Art. 3 Abs. 1, Rdnr. 6.

16 Gusy, ebd., S. 36.

17 그러나 Mark Sagoff는 이 두가지가 인간의 이성의 내용이라고 주장한다. 92 Yale L. Jou. 1065-67(1983).

18 W. Henke, Wandel der Dogmatik des öffentlichen Rechts, JZ 1992, S. 543.

(klassischer Utilitarismus)의 의미에서 자기이익을 구체화하는 것을 의미하지 않는다.[19] 주관적 자의(subjektive Wille)가 이성의 내용(Inhalt der Vernunft)에 포함되는 것이 아니라, 인간의 보편법칙(allgemeine Gesetze des Menschen)[20]이 이성의 내용이다. 인간의 자의는 보편성 원칙으로의 이성적 정립(vernunftgemäße Orientierung)을 통하여 보완되고(ergänzt) 제한(begrenzt)된다. 이성의 외부적 형태(äußere Form der Vernunft)인 자유는 따라서 형식적·임의적인 것이 아니고, 더 높은 가치, 즉 인간의 존엄(Menschenwürde)에 봉사하는 것으로서 파악되어져야 한다.[21] 이성은 주관적 의지를 초월한 자유를 의미한다. 자유란 중립적이어서 도덕으로부터 자유로운 것이 아니라, 인간의 존엄을 특히 도덕적으로 준수할 의무를 수반한다. 평등한 인간의 존엄(gleiche Menschenwürde)은 개인의 자유 그 자체만을 의미하는 것이 아니고, 타인의 동등한 자유도 동시에 의미한다.[22] 이것은 Kant가 의미하는 자유의 개념(Begriff der Freiheit), 즉 타인의 자의로 부터의 독립, 그 이상의 자유의 개념의 문제이다.[23] 자유란, 인간의 존엄이란 의미에서 파악한다면, 인간다운 생활을 위한 욕구(Dürfen)나 의욕(Wollen)을 그 내용으로 한다.[24]

Ⅲ. 역사(Geschichte)

자유와 평등의 관계를 오직 추상적(abstrakt) 그리고 형식적(formal) 개념적으로(begrifflich) 파악하는 한, 자유와 평등이 서로 불협화음속(nicht im Einklang)에 존재한다는 것을 부인할 수가 없다.[25] 자유란 본질적으로 개인주의적(individualistisch)·절대적(absolut)인 성격을 가진다. 반면에 평등은 비교적(vergleichend)·사회적(sozial) 그리고 상대적(relativ)이다.[26] 자유의 구조는 이러한 점에서 평등의 구조와 서로 다르다.[27] 그러나 자유와 평등을 형식적으로서가 아니고, 자유와 평등이 발선되어 왔고 보장되어져 온 역사적인 경험(geschichtliche

19 Kriele (Anm. 1), S. 29.

20 Kant (Anm. 5), §C, [231], S. 39; 또한 Kant, Kritik der praktischen Vernunft, Hamburg: Felix Meiner, 1985, §4, S. 27f. §7, [55], S. 36f. 참고.

21 Vgl. dazu Dürig (Anm. 8), Art. 3 Abs. 1, Rdnr. 7.

22 U. Wussow, Zur Bedeutung der Würde des Menschen in Rechtsstaat und Demokratie, Verwaltungsrundschau 1991, S. 47.

23 R. Dreier, Recht, Moral, Ideologie, 1981, S. 290ff.; Kriele (Anm. 9), S. 140f.

24 Wussow (Anm. 22), S. 44.

25 Ebd.

26 P. Westen, The empty Idea of Equality, 95 Harv. L. Rev. 537(1982).

27 K. Stern, Diskussionsbeitrag, VVDStRL 47(1989), S. 91f.

Erfahrung)과 현실(Wirklichkeit) 속에서 관찰한다면, 자유와 평등의 개념은 변화되고 있다는 것을 알 수 있다.[28] 자유와 평등은 사변(Spekulation)과 도그마틱(Dogmatik)을 통하여서가 아니고 그것의 역사적인 발전을 통하여 인식되어질 수 있는 것이다.[29] 따라서 자유와 평등의 역사적인 발전이 자유와 평등에 관한 사고(Denken)에 있어서 고려되어야 한다. 자유와 평등의 이념은 역사의 산물(Produkt der Geschichte)이기 때문이다. 인간의 모든 인식이 경험과 함께 시작된다는 입장에서[30] 역사 속에서 자유가 어떻게 발전되어져 왔는가를 관찰할 때, 자유와 평등은 더 이상 서로 적대적(feindlich gegeneinander)이지 않다.

평등권은 1776년 미국독립선언[31]에서 헌법적(verfassungsrechtlich)으로 실정화(positiviert) 되었고, 1789년의 프랑스혁명[32]에서 정치적(politisch)·법철학적(rechtsphilosophisch)으로 표현되었다.[33] 그리고 1791년의 프랑스헌법[34]과 미국헌법의 권리장전(Bill of Rights)에 규정되었다. 그 이래로 자유와 평등은 인간의 근본적인 이념이 되었다. 후에 그것은 1849년 독일의 프랑크프르트 헌법의 기본권에 참작되었다.[35] 처음에는 자유권은 특권(Privileg)으로 이해되었다. 그리고는 국가의 자의(gegen die staatliche Willkür)로 부터의 보호를 의미하였고, 마침내 자유는 이러한 국가의 침해로 부터의 보호는 물론 궁핍을 극복하기 위한 사회적·경제적 조건에 대한 요구를 의미하게 되었다.[36] 자유권과 마찬가지로 평등권도 근원적으로 국가의 차별로부터 해방을 의미하였다. 즉, 성직자(Geistlichkeit), 귀족(Adel), 시민(Bürgertum) 사이의 신분적인 차별, 그리고 선거권과 남녀사이의 불평등으로부터의 금지를 의미하였다. 그리고는 마침내 평등은 사회적, 경제적인 동등한 권리(Gleichberechtigung) 관념으로 발전하였다.[37] 자유와 평등은 더 이상 적대적인(feindlich) 관계에 놓이지 않게 되었다.

---

28 Kriele (Anm. 2), S. 11, 319; Leibholz, Gleichheit vor dem Gesetz, 1925, S. 28.

29 Henke (Anm. 18), S. 541.

30 Vgl. Kant, Kritik der reinen Vernunft, 1956, B 75, S. 95, B1, S. 37.

31 “All men are created equally free”. 그리고 처음으로 1776년 버어지니아 권리장전(Virginia Bill of Rights) 제 1조에 규정됨: “All men are by nature equally free and independent”. 마찬가지로 1780년의 메사추세츠 헌법의 권리선언(Erklärung des Rechts der Verfassung von Massachusetts) 속에 규정됨: “All men are born free und equal”.

32 Art. 1 der Erklärung der Menschen– und Bürgerrechte vom 26. 8. 1789: Freiheit, Gleichheit, Brüderlichkeit. 그러나 미국독립선언의 이념과는 달리 헌법전의 Katalog속에 포함되어 지지는 아니하였다.

33 G. Jellinek, Die Erklärung der Menschen– und Bürgerrechte, in: Zur Geschichte der Erklärung der Menschenrechte, R. Schnur(hrsg.), 2. Aufl., 1964, S. 8ff.

34 그러나 1793년 자코뱅헌법(Jakobinerverfassung) 제21조에서는 평등규정이 급진적(radikal)으로 표현되어 진다: “Die öffentliche Unterstützung ist eine heilige Verpflichtung. Die Gesellschaft übernimmt den Unterhalt der ins Unglück geratenen Bürger (…)” zit. bei Commichau, Gerhard (ed.), Die Entwicklung der Menschen– und Bürgerrechte von 1776 bis zur Gegenwart, 5. Aufl., Göttingen/Zürich 1985, S. 63f.

35 J.–D. Kühne, Die französische Menschen– und Bürgerrechtserklärung im Rechtsvergleich mit den Vereinigten Staaten und Deutschland, JöR 39(1990), S. 3. 7.

36 Kriele (Anm. 3), S. 60; auch Heckel, VVDStRL 47(1989), S. 69f.

1787년 미국헌법에는 근원적으로 권리장전에 관한 어떠한 조항도 포함되어 있지 않았다[38]. 1789년의 미국의 권리장전(Bill of Rights)은 국가의 자의(staatliche Willkür)로부터 개인의 자유를 보호를 규정하였다.[39] 그리고 시민전쟁(Civil War)의 결과 1865－1870 동안에 나타난, 수정헌법 제 13조, 14조 그리고 15조는 흑인의 동등한 권리를 보장하는 것을 그 내용으로 하였다.[40] 특히 수정헌법 14조는 처음에는 인종에 따른 차별을 금지하였으나, 후에는 이전의 노예신분이나 인종에 따른 차별의 금지는 물론 일반적인 차별금지(generelles Diskriminierungsverbot)로서 해석되어 졌다. 다음 1870년의 수정헌법 15조와 1920년의 수정헌법 19조는, 어떠한 사람도 인종(Rasse)이나 피부색(Hautfarbe), 이전의 강제노역(frühere Zwangsdienstbarkeit)과 성(Geschlecht)에 따른 불이익을 받아서는 안된다는 목적으로 규정되었다. 1964년의 수정헌법 24조와 1971년의 수정헌법 26조는 선거세(Wahlsteuer)를 통한 선거권의 제한을 금지하고, 선거연령(Wahlalter)을 18세로 낮추었다. 마지막으로 미국에서는 헌법전에 성에 따른 차별금지조항, 즉 남녀평등조항("Equal Rights Amendment")을 수정헌법 27조에 명문으로 규정하고자 하는 노력이 완전히 수포로 돌아 갔다. 이렇게 하여 미국에서의 평등은 계속해서 고전적·자유권적 모델(Freiheitsmodell)의 의미로서 규정되어 있다.

반면에 독일에서는 평등관념이 극단적으로 변했다는 것을 인식할 수 있다. 프랑크프르트 헌법에 따른다면 모든 신분에 따른 우선권(ständische Vorrechte)이 독일에서는 헌법적으로 폐지되었어야 했다.[41] 그러나 미국헌법과 마찬가지로 프랑크프르트 헌법은 사실상의 평등(faktische Gleichheit)에 대해서는 어떠한 고려도 하지 않았다. 성별에 따른 법적인 차별의 제거는 1919년 바이마르 헌법에 처음으로 규정되었다(§109 II WRV). 이 헌법에서는 그 외에도 부부의 동등한 권리(§119 I 2 WRV), 시민의 권리와 의무의 평등(§136 I 2 WRV)[42]을 규정하고 있다. 또한 바이마르 헌법은 사회적 평등권에 관한 광범위한 Katalog를 수록하고 있다.[43] 1949년의 기본법에는 남녀의 동등한 권리규정(§3 II GG), 출신, 인종 그리고

---

37 Heckel, ebd., S. 69; Hesse, Der Gleichheitssatz in der neueren deutschen Verfassungsentwicklung, AöR 109(1984), S. 182; Leibholz (Anm. 28), S. 28.

38 그 이유는 노예문제가 미합중국(연방) 창설의 장애요인이 되는 것을 원하지 않았고, 또 지방에는 이미 권리장전을 수록한 헌법전이 존재하고 있었기 때문이다. Vgl. K. Löwenstein, Verfassungsrecht und Verfassungspraxis, S. 20ff.; A. Goldberg, Equality and Governmental Action, 39, N.Y.L. Rev. 205, 207(1964).

39 Vgl. Kriele (Anm. 2), S. 158; ders., (Anm. 3), S. 119f.

40 Vgl. A. Freeman, Racism, Rights and the Quest for Equality of Opportunity: A critical legal Essay, 23 Harv. C.R. – C.L. Rev. 295, 337(1988); C.H. Pritchett, The Role of the U.S. Supreme Court in Insuring Equality under the Law, JöR 9(1960), S. 202; Ch. Wolfe, The Rise of Modern judicial Review: From Constitutional Interpretation to Judge–Made Law, 1986, S. 121.

41 Vgl. Art. 137 der Paulskirchenverfassung vom 28. März 1849, Art 4 der Preußischen Verfassung vom 31. Januar 1850, Art. 109, Abs. 2 Weimarer Verfassung vom 11. August 1919.

42 Vgl. auch Art. 33 Abs. 1 GG.

언어에 따른 차별의 금지규정(§3 III GG), 사생아의 동등한 지위에 관한 규정(§6 VI GG),[44] 선거의 평등(§38 I GG)과 함께 동등한 공무담임권에 관한 규정(§33 II GG)이 포함되어 있다. 이 밖에도 기본법은 광범위한 사회적 평등에 관한 규정대신에, 평등원리의 법적인 발전의 동기(Impulse)가 될 수 있는[45] 인간의 존엄에 관한 규정(§1 I GG), 일반적인 평등권에 관한 규정(§3 I GG) 그리고 사회국가의 원리(§20 I GG) 등을 규정하고 있다. 200년 역사의 미국헌법과는 달리 독일의 헌법인 기본법에는 사회적 평등의 실현을 위한 몇 개의 규정을 두고 있는 것이다. 역사적으로 볼 때 평등은 국가의 자의금지(Willkürverbot gegen den Staat)로부터 국가를 통한 평등실현의 요구(Gebot der Herstellung sozialer Gleichheit durch den Staat)로 까지 발전하였다. Tocqueville이 말한 바[46]와 같이 평등은 항상 급진적인 경향을 띠고 있다.

Ⅳ. 현실(Wirklichkeit)

법규범은 대개 처음에는 효력(Geltung)을 심사한다. 그러나 더 근본적인 것은 정당한(gerecht) 법규범의 문제이다. 법규성은 법률의 일반적 인효력과 결합되어 있어야 한다.[47] 법규범은 규범적 질서(normative Ordnung)이어야 한다고 한다. 그래서 사실(Fakten)을 가치(Werte)로 인정하는 것은 법규범에는 적용되어 질 수 없다고 한다.[48] 법규범은 어떠한 경험(Empirie)으로 부터도 자유로워야 한다고 한다.[49]

그러나 법규범은 현실과 관련을 맺을 때에야 비로소 충분한 의미가 있다. 법규범속에 내재하는 인간의 실질적인 통찰력을 무시한 법규범은 승인되어 질 수 없다.[50] 이러한 의

---

43 예를 들면 151조 1항, 146조 3항, 165조, 155조내지 157조 그리고 162조에서 164조.

44 I.V.m. Art. 121 WRV.

45 Vgl. Lerche, Das Bundesverfassungsgericht und die Verfassungsdirektiven, AöR 90(1965), S. 341ff.; H.F. Zacher, Soziale Gleichheit, AöR(1968), S. 342.

46 A. de Tocqeville, Über die Demokratie in Amerika, hrsg. v. J.P. Mayer, 1962, 2. Teil, IV Kap. 3, S. 317−20; vgl. Kühne (Anm. 35), S. 12.

47 Leibholz (Anm. 28), 17f., 23; J.P. Day, Liberty and Justice, 1982, S. 173; Jellinek, Die sozialethische Bedeutung von Recht, Unrecht und Strafe, 2. Aufl., 1908, S. 45.

48 M. Martin, The Legal Philosophy of H.L.A. Hart, A Critical Appraisal, 1987, S. 210, 217; J. Isensee, Verfassung ohne soziale Grundrechte, Der Staat 19(1980), S. 381f.; A. Podlech, Gehalt und Funktionen des allgemeinen verfassungsrechtlichen Gleichheitssatzes, 1971, S. 8, 200, 221; W. Zeidler, Die Verwaltungsrechtsprechung in den Spannungsfeldern unserer Gesellschaft, DVBl. 1971, S. 565ff.

49 Ch. Starck, Empirie in der Rechtsdogmatik, JZ 1972, S. 610.

50 Martin (Anm. 48), S. 217; Kriele (Anm. 1), S. 46. 그러나 Leibholz에 의하면 법규범에는 도덕적인 특성과 법적인 특성이라는 차이는 항상 명백하게 존재한다고 한다(Anm. 28, S. 23).

미에서 Kant는 다음과 같은 표현을 하고 있다: “직관없는(ohne Anschauung) 개념(Begriffe)은 공허(leer)하다”.[51] 법의 규범성은 그것이 특정한 현실과 투쟁하고, 더 나은 현실을 요구하는 것에서 발견되어 질 수 있다.[52] 현실은 규범성에 대해서는 동시에 형성적의미를 가지고 있다. 법은 따라서 현실에 대답하여야 한다.[53] 정의의 추구(Suche nach der Gerechtigkeit)는 법을 현실의 규범으로 파악할 때 존재한다.[54] 사회적인 변화는 정의의 새로운 척도를 강요한다. 형식적인 부정의(Ungerechtigkeit)나 법과 현실의 이율배반성(Widersprüchlichkeit)은 수정(Korrektur)되어야 한다.[55] 법규범의 정당성(Legitimität)은 전체적으로 볼 때 법과 현실과의 조화속(im Einklang)에 있다.[56]

가난에 직면해 있는 사람은 대개 부자유(nicht frei)하다. 어떠한 것에 종속되어(abhängig) 있는 사람은 현실적(in Wirklichkeit)으로 부자유하다. 먹을 것이 없는 자에게는, 자유라는 것이 아무런 의미를 부여하지 않을 지도 모른다. 전혀 가진 것이 없는 자에게는 재산권이라는 자유가 아무런 의미를 가지지 못한다. 교육과 직업교육의 기회를 가지지 못한 자에게는 개인의 인격 형성의 자유(persönliche Entfaltungsfreiheit) 또는 직업의 자유(Berufsfreiheit)는 거의 조그마한 의미를 가질 뿐이다. 즉, 현실의 부자유가 피상적인(scheinbar) 자유로 기만되어 존재하고 있다. 이것이 자유의 법적인 그리고 사회적인 상황이다. 이것이 자유와 현실과의 간격의 원인이 되었다. 그리고 동시에 이것은 인간을 부자유 대신에(trotz Unfreiheit) 사회적인 현실(soziale Realität)을, 또는 현실성이 없는 자유(Freiheit ohne Realität)를 승인하도록 강요한다.[57] 법규범은 현실을 수용할 때 비로소 그 의미가 존재한다. 그렇지 않으면 법규범은 의미없는(sinnlos) 내용(Inhalt)만을 가질 뿐이다. 실현될 수 없는 이념은 의미가 없다.[58] 사회적인 변화는 법에 영향을 미친다. 반대로 법이 사회질서(Sozialordnung) 유지의 중요한 도구로서 기능하기 위해서는 법은 사회적인 변화(sozialer Wandel)를 고려하여야 한다.[59] 법규범이 사회현실(soziale Wirklichkeit)과 완전히(völlig) 일치하지 않을 때, 법은 법으

---

51 Kant (Anm. 30), 2. Teil, A 51, S. 95.

52 H. Heller, Staatslehre, 1934, S. 220f.

53 Rawls (Anm. 5), S. 121; A. Chayes, How does the Constitution establisch Justice?, 101 Harv. L. Rev. 1040 (1988); J. Wege, Positives Recht und sozialer Wandel im demokratischen und sozialen Rechtsstaat, 1977, S. 46; Martin (Anm. 48), S. 212.

54 Hesse (Anm. 3), S. 249.

55 W. Friedmann, Recht und sozialer Wandel, 1969, S. 32.

56 W.-W. Böckenförde, Der Gleichheitssatz, VVDStRL 47 (1989), S. 95f.; Kriele (Anm. 1), S. 119, 125.

57 Kriele(ebd. S. 46)에 의하면, 법과 현실이 서로 적대관계에 있으면, 인간은 자율적인 현실을 포기하던가 아니면 타율적인 법을 부인하도록 강요된다고 한다.

58 Hegel (Anm. 1), §1, S. 38; vgl. auch Kant (Anm. 5), §B, S. 38.

59 Friedmann (Anm. 55), S. 7; Th. Steinmark, Rechtspolitik und Sozialer Wandel. Zum Schlußgutachten der Kommission für wirtschaftlichen und sozialen Wandel, ZRP 1977, S. 497, 505f.

로서의 매력(Anziehungskraft)을 상실한다. 개념이 현실 속에서 실현될 때, 그 개념은 비로소 의미있는 또는 정의로운 것이 된다. 자유를 이해하려면 현실을 직시해야 한다. 그렇지 않으면 자유는 의미없는 것이 되고 만다. 자유의 문제와 마찬가지로 평등의 문제도 정의의 문제와 불가분(untrennbar) 관련되어 있다.[60] 자유의 보장은 자결(Selbstbestimmung)뿐 만이 아니라 자결을 위한 사실상의 조건을 의미한다.[61] 자유롭고, 자결적인 인간의 생활은 경제적, 문화적인 전제조건에 의존한다. 자유를 위해서는 이것은 포기되어질 수 없는 것이다. 자유의 추구(Streben nach Freiheit)는 소유로 부터의 독립에 있기는 하지만,[62] 그러나 재산의 개인적인 처분은 구체적인 자유의 조건이 된다.[63] 사회적인 종속으로 부터의 독립은 평등의 1차적인 요구일 뿐만이 아니라 자유의 요구이기도 하다. 따라서 평등의 문제는 항상 자유의 문제이다. 자유를 가능케 하는 조건이 형성되고 발전되어 져야한다. 자유에는 사회적, 경제적인 요소들(Faktoren)이 포함된다.[64] 이러한 의미에서 Rawls는 다음을 강조하고 있다: "모든 합리적인 인간이 요구하는 기초적재화(Primärgüter)는 자존(Selbstachtung)을 위한 전제이다".[65] 사실상의 자유를 위해서는 인간이 인간으로서 살 수 있는 조건이 중요하다. 그것은 모든 사람의 인격 형성(Entfaltung der Persönlichkeit)을 위한 사회적인 조건(soziale Bedingungen)의 창출을 의미한다.[66] 기초적 재화(Primärgüter)에 관한 권리는 자유의 한 부분(ein Teil)이다. 인격 형성(Persönlichkeitsentfaltung)과 그것의 조건은 인간이 가지는 자유의 내용이다. 정의의 이념은 필요불가결한 문화적, 경제적 욕구(Bedürfnisse)를 충족시켜줄 가능성(Möglichkeit)을 요구하고 있다.[67] 자유는 소극적인 성격외에 적극적인 성격을 가지고 있다. 실질적 자유를 위한 요구를 실현시키기 위해서는 국가의 적극적인 활동(staatliche Aktivität)전제되고, 국가는 이러한 활동을 위한 수권을 부여받았을 뿐만이 아니라 또한 이것을 실현하는 것이 국가의 의무이다.[68] 국가를 경험적(empirisch)으로 또는 도덕적

---

60 Kriele (Anm. 2), S. 333.

61 Kant (Anm. 20), §5, S. 33.

62 Kant, ebd., §8, [59], S. 39; Hesse, Gleichheitsgrundsatz im StaatsR. in: Ausgewählte Schriften von Hesse, hrsg. v. Häberle/Hollerbach, 1984, S. 246f.

63 Rawls (Anm. 5), S. 62; R. Saage, Eigentum, Staat und Gesellschaft bei Kant, 1973, S. 15, 154.

64 Rawls, ebd., S. 48ff., 120, 302, 432, 434, 579.

65 Ebd., S. 62.

66 Böckenförde, Staat, Verfassung, Demokratie, S. 149; ders., Recht, Staat, Freiheit, 1991, S. 235; Kriele (Anm. 3), S. 49, 57, 66f.; ders., (Anm. 9), S. 146; ders., Recht, Vernunft, Wirklickeit, 1990, S. 162f. 164; 또한 R. Dworkin, Taking Rights Seriously, 273−74. 그와 반대로 H.L.A. Hart, Between Utility and Rights, 79 Colum. L. Rev. 828, 845−46(1979); Westen (Anm. 26), S. 593.

67 F. Michelman, The Supreme Court, 1968 term − Foreword: On Protecting the Poor Through the Fourteenth Amendment 83 Harv. L. Rev. 7, 14(1969), W. Knapp, Der Oberste Gerichtshof der Vereinigten Staaten und die Auslegung des Gleichheitssatzes, JöR 23(1974), S. 472f.; Brugger, Grundrechte und Verfassungsgerichtsbarkeit in den Vereinigten Staaten von Amerika, 1987, S. 92.

(sittlich)으로 파악하던간에, 국가는 개인의 자유를 보호하고 보장하도록 할 의무를 진다. Hegel의 말처럼[69] 국가를 도덕적 관념(sittliche Idee)의 실현으로 보거나 또는 Rawls의 말처럼[70] 국가계약을 새롭게 할 필요가 있다고 하건간에, 국가는 항상 긴박하게 되어 가는 사회적인 문제를 해결할 의무를 진다. 자유는 국가의 침해(staatliche Eingriffe)로 부터의 금지(Verbot) 그 이상을 의미한다. 자유란 국가로 부터의 해방을 의미할 뿐만 아니라 아울러 국가를 통한 정의의 조건(Bedingungen der Gerechtigkeit)을 실현, 생존근거의 보장(Schutz der Existenzgrundlagen), 생활필수품(notwengiger Lebensbedarf)의 충족을 의미한다.[71] 이러한 한에 있어서는 자유는 평등을 전제로 하고, 평등은 또한 자유를 포함한다. 한 국가 내에서는 더 이상 자유는 평등의 적(Feind)이 아니다. 자유와 평등의 관계의 핵심(Kern)은 평등대신에 자유 또는 반대로 자유대신에 평등에 있는 것이 아니다. 자유와 평등은 함께 영원한 국가질서(staatliche Ordnung)의 근본가치(Grundwerte)이다.[72]

자유와 평등은 서로(wechselseitig) 조건적(bedingt)이다.[73] 자유와 평등은 필수적으로 서로 연관되어 있고 서로 타협하고 있다. 자유와 평등은 인간의 존엄을 실현하기 위한 수단이다. 자유와 평등은 그것들이 서로 균형을 유지할 때 비로소 존재할 수 있다. 이러한 균형(Balance)이 깨어질 때 — 자유의 불이익 또는 평등의 불이익이 되던 간에 — 자유와 평등은 위험에 직면하게 된다. 오직 자유만을 위한 결정이 행해질 때 평등만이 희생되는 것이 아니라 자유 또한 희생되어 진다. 따라서 평등의 희생하(auf Kosten der Gleichheit)에서의 완전한 자유(völlige Freiheit) 또는 자유의 희생하(auf Kosten der Freiheit)에서의 절대적인 평등(absolute Gleichheit)의 실현은 어떠한 경우에도 요구되어서는 안된다. 평등은 자유 속에서 그것의 의미를 부여 받고 자유는 평등 속에서 그의 의미가 있다.[74] 자유와 평등은 적대적

68 BVerfGE 1, 97/105; 10, 354/368; 11, 105/113; 21, 365/375; 27, 253; Alexy, Theorie der Grundrechte, 1985, S. 459; Böckenförde, Staat, Gesellschaft, Freiheit, 1976, S. 76f.; H.P. Ipsen, Enteignung und Sozialisierung, VVDStRL 10, S. 74; Scheuner, Die Funktion der Grundrechte im Sozialstaat, S. 511; Chayes, S. 1037; H. Tribe, American Constitutional Law, 1978, S. 1005f.; Freeman (Anm. 40), S. 389; B. Neuborne, Justiciability, Remedies, and the Burger Court, in: 1969–1986, H. Schwartz (ed.), 1987, 14f.; R. Dworkin, A Matter of Principle, 1985, S. 208f.; Zippelius (Anm. 3), S. 16.

69 Hegel (Anm. 1), §257, S. 207.

70 Rawls, Eine Theorie der Gerechtigkeit, H. Vetter (übers.), 1979, S. 159–166.

71 P.C. Kauper, "(…) part of our current problem is to address the idea of right to our current needs"(The Higher Law and the Rights of Man in a Revolutionary Society, Washington, 1974, S. 21); Kriele (Anm. 9), S. 132; Tribe (Anm 68), S. 573f.; D. Wiegend, Sozialstaatsklausel und soziale Teilhaberechte, DVBl. 1974, S. 657, 659; H. Goerlich, Zur "strukturellen Gerechtigkeit" der amerikanischen Verfassung, AöR 103 (1978), S. 453.

72 BVerfGE 2, 12.

73 D. Suhr, Entfaltung der Menschen durch die Menschen, 1976, S. 78ff.; Dürig (Anm.8), Art. 3 I, Rn. 120ff; Kriele (Anm. 66), S. 149; ders., (Anm. 3), S. 59; ders., (Anm. 9), S. 135; Hesse, (Anm. 3), S. 170f.; Hesse, Bestand und Bedeutung (Anm. 62), S. 291; K. Engisch, Logische Studien zur Gesetzesanwendung, S. 15.

인 것이 아니다. 자유와 평등은 서로 이율배반적인 것이 아니라, 불가분 서로 결합되어(verwoben) 있다. 이렇게 볼 때 자유와 평등은 서로(miteinander) 일치하는 것이다.[75] 다른 더 나쁜 부자유(Unfreiheiten)와 불평등(Ungleichheiten)을 유발할 수 있는 가능성이 있다고 할지라도, 가능한 한 불평등한 자유(ungleiche Freiheit)가 존재하지 않도록 주의하여야 한다. 달리 말하면 어떠한 수정(Korrektur)도 더 심한 불평등한 자유를 유발시키는 동기가 되어서는 안된다는 것을 의미한다.[76] 국가가 더 많은 평등을 실현하기보다 덜 자유를 위협하는 그러한 시대에는, 평등은 오히려 자유보다 통합하는 영향(integrierende Wirkung)을 가질 수 있다.[77]

자유와 평등의 개념은 인간의 존엄(Menschenwürde), 이성(Vernunft), 역사(Geschichte) 그리고 현실(Wirklichkeit)에 기인한다.[78] 자유와 평등은 이제까지의 연구에 의하면 서로 이율배반적(widersprüchlich)이지 않고 서로 보완적인(ergänzend) 것이다. 그러면 다음에는 이러한 평등의 이념을 어떻게 법적(juristisch)으로 실현시킬 수 있는가가 문제된다. 자유와 평등을 서로 조화롭게 하기 위하여 어떠한 법적인 수단(Mittel)과 방법(Wege)이 제공되어 질 수 있는가가 연구되어야 한다. 이러한 문제에 대한 해답은 Hegel을 말을 빌리자면,[79] 국가의 이념인 헌법의 틀(im Rahmen der Verfassung) 안에서 찾아져야 할 것이다.

---

74 Hesse (Anm. 62), S. 264, 270; Kriele (Anm. 9), S. 134; ders., (Anm. 3), S. 57; J.C. Livingston, Fair Games?, 1979, S. 85; E. Riezler, Rechtsgefühl, 2. Aufl., 1946, S. 101.

75 Kriele (Anm. 66), S. 149; auch ders., (Anm. 3), S. 59.

76 Kriele (Anm. 9), S. 151f.

77 J. Lücke, Soziale Grundrechte als Staatszielbestimmungen und Gesetzgebungsaufträg, AöR 107 (1982), S. 37f.; Badura (Anm. 10), S. 17, 38.

78 Kriele (Anm. 3), S. 52.

79 Hegel (Anm. 1), §259, S. 212.

19 일반적 평등원칙 심사기준의 발달에 관한 비교법적 고찰*

–독일 연방헌법재판소와 한국 헌법재판소 판례의 분석을 중심으로–

방 승 주**

Ⅰ. 서 론

헌법재판소는 제대군인지원에 관한 법률에 대한 헌법소원결정[1]에서 처음으로 자의금지기준과 비례의 원칙에 대한 엄격한 구속을 명시적으로 구분하였으며, 그리고 법률의 평등위반 심사에 있어서 심사기준을 상세하게 다루었다. 헌법재판소 판례에 따르면, 어떠한 법률의 평등위반이 문제된 경우에 심사기준과 통제강도는 입법자에게 인정되는 형성의 자유에 달려 있다. 헌법 제11조에 따른 일반적 평등원칙을 실현함에 있어서 원칙적으로 입법자에게 넓은 형성의 자유가 인정된다. 따라서 심사기준은 원칙적으로 입법자가 같은 것을 자의적으로, 또는 다른 것을 자의적으로 같게 취급하였는지의 여부에 대한 심사에 그친다(자의금지기준). 나아가 만일 헌법이 명시적으로 평등취급을 명하거나 차별취급을 금지하는 경우, 또는 차별로 인하여 다른 기본권에 대한 중대한 제한이 초래되는 경우, 헌법재판소는 법률의 평등위반여부를 비례의 원칙에 입각한 엄격한 심사기준에 따라 심사한다. 이 결정에서 헌법재판소는 독일 연방헌법재판소가 입법자가 인적 집단에 대하여 불평등취급을 할 경우에, 종래의 자의금지기준으로부터 벗어나서 행한 소위 새로운 공식

* 이 논문은 필자가 "Der allgemeine Gleichheitssatz in der Rechtsprechung des deutschen Bundesverfassungsgerichts und des koreanischen Verfassungsgerichts"의 제목으로 Wolfgang Heinz/Young Whan Kim (Hrsg), Aktuelle Rechtsprobleme in Japan, Deutschland und Korea, Vorträge des 3. trilateralen - deutsch–japanisch–koreanischen - Seminars 4.–5. August 2008 in Seoul, Konstanzer Online–Publikations–System (KOPS), URN: http://nbn–resolving.de/urn:nbn:de:bsz:352–opus–82878, URL: http://kops.ub.uni–konstanz.de/volltexte/2009/8287/와 한양대학교 법학연구소(간), 법학논총 제26집 제1호(2009. 3)에 게재한 독일어 논문을 한글로 번역하고 약간의 수정·보완을 하여 정만희 교수 정년기념논문집에 헌정한 것이다. 이번에 특히 정당과 선거 관련 주제를 비롯한 수많은 연구업적을 통하여 헌법학계에 커다란 족적을 남기고 퇴임하시는 이 기념논문집의 주인공(Jubilar) 정만희 교수께서 평소에 관심을 가지고 연구해 오셨던 선거구인구편차로 인한 평등위반문제{가령 "선거구인구불균형과 평등선거", 동아법학 제5권(1987), 215–236; "국회의원 선거구획정의 문제점에 관한 비교법적 검토", 공법학연구 제13권 제3호(2012), 117–154}는 일반적 평등원칙의 문제가 아니라, 평등선거의 원칙 내지는 특별한 평등원칙의 문제에 해당하여 본 논문의 고찰대상에서 제외되었으나, 이 문제에 관한 필자의 논의로는 헌법 제41조 주석, (사)한국헌법학회(편), 헌법주석, [국회, 정부] 제40조~제100조, 경인문화사 2017, 17–67과 그곳의 문헌들 참조.

** 한양대 법학전문대학원 교수.

1 헌재 1999. 12. 23. 98헌마363, 판례집 11–2, 770 [위헌].

(BVerfGE 88, 87)을 부분적으로 받아들였다.

독일연방헌법재판소는 이러한 소위 새로운 공식을 일단 BVerfGE 55, 72 결정에서 처음으로 전개한 이후, BVerfGE 88, 87 결정에서 이에 대하여 상세하게 다루었다.[2]

한국 헌법재판소가 자신의 판례에서 독일 연방헌법재판소의 이 새로운 공식의 본질적 내용을 받아들이기는 하였지만 양국의 이 심사기준의 적용양태에는 상당한 정도의 차이가 있다. 이러한 차이는 우선 양국 헌법의 문구의 차이로부터 나온다. 한국 헌법 제11조 제1항은 "모든 국민은 법앞에[3] 평등하다. 누구든지 성별·종교 또는 사회적 신분에 의하여 정치적·경제적·사회적·문화적 생활의 모든 영역 있어서 차별받지 아니한다"고 규정하고 있다. 한국 헌법재판소의 판시에 의하면 열거되지 않은 인적 집단들(가령 인종, 피부색, 언어, 출신, 고향 등)을 근거로 하는 입법자의 차별은 그것이 다른 기본권에 대한 중대한 제한을 초래하지 않는 경우라면 단지 자의금지를 기준으로 심사되어야 한다. 왜냐하면 헌법에서 이러한 표지를 근거로 하는 차별취급은 명시적으로 금지되지 않고 있기 때문이다. 필자의 생각으로는 한국 헌법재판소가 이 새로운 공식을 받아들일 때에 "인적 집단에 대한 차별취급"이라고 하는 가장 중요한 실질적 요소를 간과하였다고 생각된다. 엄격한 비례원칙심사는 오히려 헌법이 명시적으로 평등취급을 명하거나 차별취급을 금지하고 있는지 여부의 문제에 국한되고 있다. 독일 기본법 제3조 제3항에서 열거된 표지들은 대부분 인적으로 관계되기 때문에, 그것은 보호의 필요성이 있는 소수자와 밀접하게 관련되어 있다. 하지만 한국 헌법상 평등취급의 명령 내지는 차별취급의 금지는 인적으로 관련되는 표지뿐만 아니라, 사람이 태어나서 자신의 노력으로 얻을 수 있는 사회적 지위를 포함하여 모든 영역을 포함하고 있는 것이다.

나아가 대부분의 입법자의 차별이나 불평등취급은 그로 인하여 불이익을 입는 집단의 다른 자유권적 기본권에 대한 제한을 수반한다. 이 경우 우리는 자유권적 기본권과 경합되는 대부분의 사례에서 평등원칙의 위반여부를 엄격한 비례의 원칙을 기준으로 심사해야 할 것인데, 이는 평등위반 사례에 있어서 비례성심사의 독자성을 상실시킬 수 있다. 따라서 우리는 한국 헌법재판소가 받아들인 새로운 공식의 전제조건을 좀 더 엄밀하게 구체화하지 않으면 안 된다. 이하의 독일 연방헌법재판소와 한국 헌법재판소 판례에 있어서 새로운 공식의 발전에 대한 비교법적 고찰은 이러한 목적 하에서 그 중요한 의미를 얻게 된다.

---

2 이에 대한 자세한 소개로는 방승주, 독일 연방헌법재판소의 입법자에 대한 통제의 범위와 강도, 헌법논총 제7집(1996), 299-348(320-327)쪽.

3 1962년 12월 26일 제3공화국 헌법 이래로 원래의 문구와는 달리 평등은 "법률 앞에서"의 평등이 아니라 "법앞에" 평등이라고 하는 사실을 주목할 필요가 있다. 따라서 필자의 견해로는 평등원칙이 입법자도 구속하는지 여부에 대해서는 논란의 여지가 없다. 왜냐하면 "법(Recht)"이라고 하는 개념은 법률과 법규명령 뿐만 아니라, 헌법까지도 포함하기 때문에 입법자도 평등원칙에 구속된다는 것은 당연하기 때문이다.

독일 연방헌법재판소는 그 사이에 자의금지공식과 엄격한 비례원칙공식 사이에 놓이는 중간적 심사기준(척도)을 개발하였는데, 연방헌법재판소가 이러한 중간적 심사기준을 언급한 것은 매우 드문 사례에서만 발견된다.[4] 한국 판례에서도 중간적 심사기준이 나타나는데, 내용적으로 독일의 중간적 심사기준과 같지는 않다.

본 논문에서는 입법자의 불평등취급에 대한 양국 헌법재판소의 결정내용과 이와 관련하여 상이한 심사척도에 대하여 비교법적으로 다룸으로써, 특히 한국 판례가 어떻게 개선되어야 할지 그 개선필요성과 방향을 제시해 보고자 한다.

Ⅱ. 독일 연방헌법재판소 판례에서 일반적 평등원칙

독일 연방헌법재판소 제1재판부는 소위 새로운 공식을 전개했는데 반하여, 제2재판부는 종래에는 그에 대하여 상당히 주저하는 입장을 보이면서 주로 전통적인 자의금지기준을 고수한 바 있었으나 최근에는 제1재판부의 새로운 공식을 인용하기도 하면서 새로운 공식에 따른 비례의 원칙에 입각한 엄격한 심사를 적용하기도 한다.

1. 제1재판부

(1) 자의금지공식

독일 기본법 제3조 제1항에 따른 일반적 평등원칙은 입법자가 같은 것을 자의적으로 다르게, 다른 것을 자의적으로 같게 취급하는 것을 금지한다. 무엇을 같게 그리고 무엇을 다르게 또는 상이하게 다루어야 하는지에 대하여 결정하는 것은 입법자의 사항이다. 이러한 의미에서 입법자에게는 이 일반적 평등의 원칙을 구체화시킴에 있어서 넓은 형성의 자유가 인정된다. 따라서 일반적 평등원칙은 입법자에게는 행위규범으로 작용하는 데 반하여, 헌법재판소에게는 통제규범이라고 할 수 있다. 달리 말하면 만일 입법자가 개인이나 어떠한 사실관계를 합리적 사유가 없이 또는 명백한 합리적 사유가 없이 불평등하게 취급하는 경우, 독일 연방헌법재판소는 그러한 법률을 위헌이며 또한 무효로 선언한다. 우리는 이 자의금지공식을 입법자에 대한 사법적 자제(judicial self-restraint)로도 평가할 수 있다. 독일 연방헌법재판소가 이 새로운 공식을 BVerfGE 55, 72 결정에서 개발하기 전까지는 이 자의금지공식은 평등위반 심사에 있어서 거의 유일한 심사척도로 적용되어 왔다.

4 이에 대하여는 Seung-Ju Bang, Übergangsregelungen in Normenkontrollentscheidungen des Bundesverfassungsgerichts, Diss. Hannover 1996, S. 106.

(2) 새로운 공식: 비례의 원칙에 입각한 엄격한 구속

독일 연방헌법재판소의 BVerfGE 55, 72 결정에서 제1재판부는 소위 새로운 공식을 개발하였다. 그리고 BVerfGE 88, 87 결정에서 연방헌법재판소는 이 BVerfGE 55, 72를 인용하면서 다음과 같이 새로운 공식에 관하여 상세하게 판시하였다.

"일반적 평등원칙으로부터 각각의 규율대상과 차별표지에 따라서 자의금지로부터 비례원칙에 대한 엄격한 구속에 이르기까지 입법자에 대한 상이한 한계가 나온다. 이러한 단계화된 요청들은 기본법 제3조 제1항의 문구와 의미, 그리고 다른 헌법규범과의 관계로부터 나오게 된다.

모든 인간은 법률 앞에 평등하다고 하는 원칙은 우선적으로 인간에 대한 부당한 차별취급을 금지하는 것이기 때문에, 입법자는 인적 집단에 대한 불평등취급에 있어서는 보통 엄격한 구속을 받게 된다(BVerfGE 55, 72 <88> 참조). 이러한 구속은 인간과 관련된 표지가 기본법 제3조 제3항에 열거된 표지에 가까우면 가까울수록, 그리고 따라서 그러한 표지와 관련된 불평등취급이 소수자의 차별을 초래할 위험이 크면 클수록 더욱 더 엄격하게 된다. 하지만 이러한 보다 엄격한 구속은 단지 인간과 관련된 차별에만 국한된 것은 아니다. 오히려 그것은 사실관계에 대한 불평등취급이 간접적으로 인적 집단에 대한 불평등취급을 야기하는 경우에도 적용된다. 단순히 행위와 관련된 구별의 경우 이 구속의 정도는 당사자가 차등이 되고 있는 표지의 실현에 자신의 행위를 통하여 영향을 미칠 수 있는지에 달려 있다(BVerfGE 55, 72 <89>). 나아가 인간이나 사실관계에 대한 불평등취급이 기본권에 의하여 보호되고 있는 자유의 행사에 불리하게 영향을 미칠 수 있으면 있을수록, 입법자의 형성의 자유는 그 만큼 엄격한 한계에 놓이게 된다(BVerfGE 60, 123 <134>; 82, 126 <146>).

헌법재판소의 심사에 있어서 단계화된 통제의 강도는 입법자의 형성의 자유가 어느 정도로 넓은가에 달려 있다. 통제의 기준으로서 자의금지만이 고려되는 경우에는 차별의 불합리성이 명백한 경우에만 기본법 제3조 제1항에 대한 위반이 확인될 수 있다(BVerfGE 55, 72 <90> 참조). 이에 반하여 연방헌법재판소가 인적 집단들을 상이하게 취급하거나 또는 기본권의 행사에 대하여 불리하게 영향을 미치는 그러한 규정들에 있어서는 규정되어 있는 차별의 사유가 불평등한 법적 효과를 정당화할 수 있을 정도의 성질과 비중의 것인지 여부에 대하여 개별적으로 심사한다(BVerfGE 82, 126 <146>)."

(3) 중간적 공식

몇 개의 결정에서 우리는 연방헌법재판소가 자의금지공식도 비례의 원칙에 대한 엄격한 구속도 모두 적절하지 않다고 보는 중간적 심사기준으로 평가할 수 있는 공식을 발견할 수 있다.

BVerfGE 89, 365 결정에서 연방헌법재판소는 이 중간적 공식을 처음으로 전개한 바 있다. 즉 "여기에서 비교집단으로 고려될 수 있는 것은 상이한 의료보험에 속하고 있고, 동일한 수입과 본질적으로 동일한 의료 서비스를 받고 있음에도 상이한 보험료를 납부해야 하는 그러한 가입자들이다. 이에 따라 비례의 원칙에 입각한 엄격한 심사도, 단순한 자의금지통제도 충분하지 않다. 왜냐하면 이 경우 인간을 기준으로 하는 표지들과 관련되는 것이 아니라, 일정한 의료보험에의 소속이라고 하는 사실관계와 관련되는 그러한 인적 집단에 대한 차별이 문제가 되고 있기 때문이다. 따라서 이러한 경우에는 불평등취급이 정당화되고 있는지 여부의 문제와 관련하여, 규율되고 있는 생활영역과 사실영역의 특수성이 중요한 의미를 가지게 된다(BVerfGE 62, 256 <274>)".[5]

그 후 연방헌법재판소는 BVerfGE 91, 346 결정에서 다시 한 번 그러한 중간적 심사기준과 관련된 판시를 한 바 있다. 즉 "공동상속인 중 한 사람에게 영농기업을 할당하는 것은 민법 제1924조 이하의 의미에서의 동일한 상속서열에 속하는 다른 공동상속인에 비하여 이 사람이 이 영농기업을 일반적으로 거래가(Verkehrswert)보다 훨신 싸게 산정되는 수익가치(Ertragswert)를 기준으로 공동상속을 받을 수 있게 되기 때문에, 그러한 한에서 재산상 우대를 받게 되는 결과를 초래한다. 이로 인한 불평등취급은 인적 집단과 관련되기는 하지만 인간이 기준이 되는 그러한 표지와 관련된 것은 아니다. 이러한 불평등취급은 특별한 정당화를 필요로 하기는 하지만, 그렇다고 해서 입법자가 비례의 원칙에 엄격하게 구속되는 것은 아니다."[6]

독일 연방헌법재판소는 이러한 중간적 심사기준을 광산공동결정판결(BVerfGE 99, 367)에서 분명하게 확인하였다. 즉 "광산공동결정안정법을 통하여 광산공동결정을 개정함에 있어서 한편으로는 입법자가 단순히 자의금지에 구속되는 것은 아니다. 그렇다고 해서 다른 한편으로 입법자가 비례의 원칙에 엄격하게 구속되는 것도 아니다. 오히려 이 법률에서의 차별적 규정은 충분히 합리적인, 또한 그 성질과 비중에 따를 때 납득할 만한 사유에 근거하는 것으로 충분하다. 이것은 평등기준을 구체화하기 위해서 결정적인, 그리고 부분적으로는 상충하는 관점들의 整序(정서)를 통해서 가능해진다"[7]는 것이다.

나아가 이 결정에서 연방헌법재판소는 법인에 대한 차별에 있어서는 어떠한 심사기준을 택해야 하는가에 대해서 숙고하였다. 연방헌법재판소는 법인에 대해서는 그것이 기본법 제19조 제3항에 따라서 기본권의 주체가 되는 한에서는, 자연인에게 적용되는 원칙

5 BVerfGE 89, 365 (375).
6 BVerfGE 91, 346 (363).
7 BVerfGE 91, 346 (363).

들이 적용될 수 있다고 결정하였다. 연방헌법재판소에 따르면 법인은 원칙적으로 자연인의 결합에 의해서 생성된다. 이러한 상황을 고려할 때, 법인들에 대한 불평등취급을 처음부터 사실관계와 관련된 것으로서 취급하는 것은 금지된다는 것이다. 물론 법인의 배후에 존재하는 자연인의 개인적 관련성은 법적 형식, 규모, 회원구조와 단체의 목적 여하에 따라서 각각 상이하게 형성된다는 것이다. 자본회사의 경우 이 개인적 관련성은 가령 일인회사 회원의 경우의 인적 관련성으로부터, 주식회사 주주의 경우의 단지 소액 재산 관련성에 이르기까지 그 분포가 다양할 수 있다는 것이다.8

2. 제2재판부

제2재판부의 확립된 판례에 따르면 평등원칙은 본질적으로 같은 것을 다르게 취급하는 것을 금지하고, 또한 본질적으로 다른 것을 그 특성에 부합하게 다르게 취급할 것을 명한다고 한다. "이 경우 입법자가 법적 의미에 있어서 같은 것으로 간주하고자 하는 동일한 법적 효과를 어떠한 사실관계와 결부시킬 것인지를 선택하는 것은 원칙적으로 입법자의 권한에 놓여 있다. 입법자는 물론 사리에 합당하게(sachgerecht) 선택을 하여야 한다(BVerfGE 53, 313 [329]). 이 경우 평등원칙을 적용함에 있어서 무엇이 사리적으로 납득할 만한지 또는 사리에 합당하지 않는지 하는 것은 추상적이고 일반적으로가 아니라, 규율되어야 하는 구체적인 사실관계의 특성과 관련해서만 확인될 수 있다(BVerfGE 17, 122 [130]; 75, 108 [157]; 90, 145 [195 f.]; 확립된 판례). 따라서 평등원칙에 대한 구속의 규범적 내용은 규율되어야 하는 사실관계의 특성에 비추어서 세분화된다. 평등원칙은 법률로 달성하고자 하는 상이한 취급이 — 사실관계와 관련하여 — 합리적인 사유 또는 그 어떠한 명백한 사유에 근거할 것을 요구한다(BVerfGE 75, 108 [157]).9

이러한 제2재판부의 논거는 BVerfGE 93, 386(397) 결정에서야 비로소 명시적으로 인용되었던 제1재판부가 전개한 새로운 공식과는 거리가 있는 것으로 보인다. 즉 "입법자는 만일 규율된 사실관계에 대한 불평등취급이 사물 자체의 성질에 존재하는 법칙성과 그리고 정의사상에 지향된 고찰방법과 더 이상 부합하지 않는 경우, 즉 법률상 차별이 합리적 사유나 그 밖의 명백한 사유에 근거하지 않는 경우에는 물론 자신에게 주어진 형성의 자유의 한계를 — 기본법 제3조 제1항의 침해라고 하는 결과와 더불어서 — 유월한 것이다(BVerfGE 71, 39 [58]; 75, 108 [157]; 76, 256 [329]; 확립된 판례). 그러한 경우는 만일 규범과 관련된 관계인 집단이 다른 집단과 비교하여 양자 간에 불평등한 취급을 정당화할 수 있을

8 BVerfGE 99, 367 (389).
9 BVerfGE 93, 319 (348 f.).

만한 성질과 비중의 어떠한 차이도 없음에도 불구하고, 달리 취급되는 경우에도 존재한다(BVerfGE 71. 39 [58 f.]과 그곳에서 인용된 문헌; 82, 126 [146]; 88, 87 [97]; 90, 46 [56])."[10]

연방헌법재판소 제2재판부는 BVerfGE 101, 275(291) 결정에서 비례성의 개념을 다음과 같이 언급하였다. 즉 "일반적인 평등원칙에 따르면 입법자는 본질적으로 같은 것을 정당한 사유가 없이 다르게 취급하고, 또한 마찬가지로 본질적으로 다른 것을 같게 취급해서는 안 된다(BVerfGE 4, 144 [155]; 86, 81 [87]). 이 경우 유사성 또는 상이성이 법적으로 중대한지 여부와 그리고 어느 정도로 중대한지와 관련하여 비례성(Verhältnimäßigkeit)에 따른 중대성 가늠(Gewichtung)이 이루어진다. 기본법 제3조 제1항은 인적 집단들 간에 불평등취급을 정당화할 수 있는 그러한 성질과 비중의 차이가 존재하는 경우에만 그 인적 집단들을 달리 취급하는 것을 입법자에게 허용한다(BVerfGE 65, 377 [384]; 78, 232 [247]; 79, 87 [98]; 92, 277 [318]). 입법자에 대한 구속은 인간과 관련된 차별의 표지가 기본법 제3조 제3항에서 열거된 표지들에 가까우면 가까울수록 더 엄격해진다(BVerfGE 92, 26 [51]). 나아가 법률적인 차별이 사실관계와 관련하여 합리적 사유 또는 그 밖의 명백한 사유에 의거해야 한다(BVerfGE 75, 108 [157]; 76, 256 [329])."[11]

독일 연방헌법재판소 제2재판부는 BVerfGE 103, 310 (318 f.) 결정에 이르러서 제1재판부가 발전시킨 새로운 공식을 거의 문구 그대로 따랐다. 따라서 우리는 제1재판부와 제2재판부 간에 일반적 평등원칙의 심사기준에 관한 차이는 이 결정 이후에는 더 이상 존재하지 않는다고 하는 결론을 내릴 수 있다.

그럼에도 불구하고 제2재판부는 자신의 결정[12]에서 이 새로운 공식의 적용에 대한 보충으로 자신의 과거 판례를 혼합시키고 있다. 즉 "일반적 평등원칙으로부터 각각의 규율대상과 차별표지에 따라서 자의금지로부터 비례원칙에 대한 엄격한 구속에 이르기까지 입법자에 대한 상이한 한계가 나온다(BVerfGE 88, 5 <12>; 88, 87 <96>; 101, 54 <101>). '만일 법률적 차별이나 평등취급을 위한, 사물의 본성으로부터 나오는 합리적이고 그 밖에 명백한 사유가 발견되지 않는 경우에는' 어쨌든 기본법 제3조 제1항이 침해된다(BVerfGE 1, 14 <52>; 확립된 판례, 가령 BVerfGE 89, 132 <141> 참조). 나아가 일반적 평등의 원칙은 만일 규범의 수범자나 또는 규범관계인 집단을 다른 집단과 비교하여, 그 상이한 취급을 정당화할 수 있을 만한 성질과 비중의 어떠한 차이가 없음에도 불구하고, 달리 취급되는 경우에도 침해된다(vgl. BVerfGE 55, 72 <88>; 93, 386 <397>). 이 경우에는 인간 또는 사실관계에 대한 불평등취급이 기본권적으로 보호되는 자유의 행사에 대하여 어느 정도로 불

10 BVerfGE 93, 386 (396 f.).
11 BVerfGE 101, 275 (290 f.).
12 BVerfGE 105, 73 (110); BVerfG, 2 BvL 1/06 vom 13. 2. 2008, Absatz Nr. 78.

리한 영향을 미칠 수 있는가도 본질적으로 중요한 관건이 된다. 개별적 사건에서 어떠한 전제조건 하에 자의금지나 또는 비례의 원칙에 부합하는 평등취급 명령이 입법자에 의하여 침해되는가에 대한 보다 정확한 척도와 기준들은 추상적이고 일반적으로가 아니라, 그때그때 관련된 상이한 사실영역 및 규율영역과 관련해서만 결정된다(BVerfGE 75, 108 <157>; 제2재판부의 확립된 판례, z.B. BVerfGE 93, 319 <348 f.>; 93, 386 <397>; 101, 275 <291>; 103, 310 <318>; 제1재판부의 판례에서는 BVerfGE 88, 5 <12 f.>; 88, 87 <96 f.>; 90, 226 <239> 참조)."[13]

3. 중간결론

결론적으로 독일 연방헌법재판소의 제1재판부와 제2재판부는 평등위반여부의 심사에 있어서 소위 새로운 공식을 적용하고 있다. 통제의 강도는 입법자의 차별이 인적 관련성을 가지면 가질수록, 그리고 기본법 제3조 제3항에 열거된 차별금지의 표지에 가까우면 가까울수록 그만큼 엄격해 진다. 그 밖에 연방헌법재판소는 사실관계와 관련된 차별은 자의금지공식에 따라서 심사한다. 이 두 가지 공식 사이에 자의금지공식도 엄격한 비례의 원칙심사도 납득할 만한 것으로 보이지 않는 경우, 중간적 심사기준이 제1재판부에 의해서 적용되고 있다.

제2재판부의 결정에서는 항상 심사기준이 추상적으로나 일반적이 아니라, 그때그때 관련되는 상이한 사실영역 및 규율영역과 관련해서만 결정될 수 있다고 하는 판시가 계속적으로 반복되고 있다.[14]

Ⅲ. 대한민국 헌법재판소 판례에서의 평등의 원칙

일반적 평등원칙 심사와 관련하여 대한민국 헌법재판소는 처음에는 자의금지와 비례

13 BVerfGE 105, 73.

14 이후 최근 독일 연방헌법재판소 판례{가령 BVerfGE 103, 310 (318); 129, 49 (68f.); 131, 239 (255 f.); 133, 1 (14) 등}의 발전과 평등위반여부의 심사에 있어서 무차별적 비례원칙 적용{가령 BVerfGE 130, 131 (142); 132, 179 (188); 133, 1 (14); 134, 1 (20); 137, 1 (20); 138, 136 (180) 등}의 문제점에 대한 지적과, 사실상의 차이에 상응하는 차등적 조치, 즉 입법자의 소위 내적 목적(interner Zweck) 추구의 경우에 비례원칙 심사에 대하여 회의적 입장으로는 무엇보다 Stefan Huster, Was bedeutet "Verhältnismäßigkeit einer Ungleichbehandlung"? – Eine Analyse der neueren Verfassungsrechtsprechung, in: Kempny/Reimer(Hrsg), Gleichheitssatzdogmatik heute, Beiträge und Ergebnisse des Gleichheitsrechtlichen Arbeitsgesprächs vom 3. bis 5. April 2016 in der Fritz-Thyssen-Stiftung, Köln - Tübingen 2017, S. 91 ff.(98, 100-102) 참조. 이러한 독일 연방헌법재판소의 최신 판례와 학설까지 반영하는 보완적 연구는 사정상 다음 기회로 미루기로 함.

의 원칙에 따른 엄격한 심사가 분명하게 구분되지 않는 혼합된 공식을 적용하였다. 헌법재판소의 과거 확립된 판례에 따르면 입법자의 차별은 그것이 합리적 사유가 없이 이루어지고 따라서 더 이상 정당화될 수 없는 경우에 위헌이다.

하지만 1999. 12. 23. 제대군인지원에 관한 법률에 대한 헌법소원심판(98헌마363)에서 한국 헌법재판소는 처음으로 심사기준을 상세하게 구체화시키고 독일 연방헌법재판소가 전개한 새로운 공식을 부분적으로 받아들였다. 최근에는 중간적 심사기준도 적용되고 있는데, 물론 이는 전술한 바와 같이 독일의 중간심사기준과 같지는 않다.15

1. 종래 판례: 차별을 위한 합리적 사유의 존재 여부

헌법재판소의 과거 판례에 따르면 평등원칙은 다음과 같이 기술되었다. 즉 "헌법 제11조 제1항의 평등의 원칙은 일체의 차별적 대우를 부정하는 절대적 평등을 의미하는 것이 아니라 입법과 법의 적용에 있어서 합리적 근거 없는 차별을 하여서는 아니 된다는 상대적 평등을 뜻하고 따라서 합리적 근거 있는 차별 내지 불평등은 평등의 원칙에 반하는 것이 아니다. 그리고 합리적 근거 있는 차별인가의 여부는 그 차별이 인간의 존엄성 존중이라는 헌법원리에 반하지 아니하면서 정당한 입법목적을 달성하기 위하여 필요하고도 적정한 것인가를 기준으로 판단되어야 한다."16

헌법재판소가 이 결정에서 차별이 평등원칙에 반하는지 여부를 판단하기 위해서, 인간존엄을 심사의 요소로 상정한 것은 특기할 만하다.

어쨌든 헌법재판소는 평등원칙 심사와 관련된 자신의 판례에서 자의금지와 비례원칙을 결합시켰다. 따라서 어떠한 차별의 평등원칙위반 여부에 대한 심사에 있어서 언제 자의금지가 적용되어야 하고, 언제 엄격한 비례의 원칙심사가 적용되어야 하는지가 분명하지 않았다.

2. 제대군인가산점 판결(98헌마363) 이후의 판례: 새로운 공식의 수용

(1) 비례의 원칙에 따른 엄격한 심사기준

(가) 헌법재판소 판례의 발전

가) 제대군인지원에관한법률 제8조 제1항 등 위헌확인사건(98헌마363)

헌법재판소의 1999. 12. 23. 98헌마363, 제대군인지원에관한법률 제8조 제1항 등 위헌

15 평등원칙 위반 사례에 대하여는 방승주, 위헌입법의 현황과 대책, 저스티스 통권 제106호(2008. 9), 254–292 (271–273)쪽.

16 헌재 1994. 2. 24. 92헌바43, 판례집 6–1, 72, 75.

확인사건(이하 '제대군인가산점결정')[17]은 평등원칙 판례에 있어서 전술한 불분명한 상태에 중요한 변화를 가져왔다. 이 결정 이래로 헌법재판소는 거의 매번 우선적으로 심사기준에 대하여, 다시 말해서 재판소가 해당 사건에서 어떠한 심사척도를 기준으로 해야 할 것인지의 문제에 대하여 논하고, 또한 이를 통하여 판례의 예측가능성과 계산가능성(Berechenbarkeit)을 개선하고자 하였다.

헌법재판소의 이 제대군인가산점 결정에 따르면 "평등위반 여부를 심사함에 있어 엄격한 심사척도에 의할 것인지, 완화된 심사척도에 의할 것인지는 입법자에게 인정되는 입법형성권의 정도에 따라 달라지게 될 것이다. 먼저 헌법에서 특별히 평등을 요구하고 있는 경우 엄격한 심사척도가 적용될 수 있다. 헌법이 스스로 차별의 근거로 삼아서는 아니되는 기준을 제시하거나 차별을 특히 금지하고 있는 영역을 제시하고 있다면 그러한 기준을 근거로 한 차별이나 그러한 영역에서의 차별에 대하여 엄격하게 심사하는 것이 정당화된다. 다음으로 차별적 취급으로 인하여 관련 기본권에 대한 중대한 제한을 초래하게 된다면 입법형성권은 축소되어 보다 엄격한 심사척도가 적용되어야 할 것이다."[18]

그런데 가산점제도는 엄격한 심사척도를 적용하여야 하는 위 두 경우에 모두 해당된다는 것이다. 즉 헌법 제32조 제4항은 "여자의 근로는 특별한 보호를 받으며, 고용·임금 및 근로조건에 있어서 부당한 차별을 받지 아니한다"고 규정하여 "근로" 내지 "고용"의 영역에 있어서 특별히 남녀평등을 요구하고 있는데, 가산점제도는 바로 이 영역에서 남성과 여성을 달리 취급하는 제도이기 때문이고, 또한 가산점제도는 헌법 제25조에 의하여 보장된 공무담임권이라는 기본권의 행사에 중대한 제약을 초래하는 것이기 때문이다(가산점제도가 민간기업에 실시될 경우 헌법 제15조가 보장하는 직업선택의 자유가 문제될 것이다).

이와 같이 가산점제도에 대하여는 엄격한 심사척도가 적용되어야 하는데, 엄격한 심사를 한다는 것은 자의금지원칙에 따른 심사, 즉 합리적 이유의 유무를 심사하는 것에 그치지 아니하고 비례성원칙에 따른 심사, 즉 차별취급의 목적과 수단 간에 엄격한 비례관계가 성립하는지를 기준으로 한 심사를 행함을 의미한다는 것이다.[19]

이러한 원칙적인 입장을 근거로 해서 헌법재판소는 제대군인가산점제도를 비례의 원칙의 내용적 순서에 따라서 차별목적의 정당성, 방법의 적정성, 침해의 최소성, 법익의 균형성에 대하여 상세하게 심사하고 해당 법률과 시행령조항을 위헌으로 선언하였다.

이 결정 이래로 헌법재판소는 그 이후의 많은 후속 결정에서 이러한 엄격한 심사기

---

17 이 결정에 관한 비판적 평석으로 김주환, 일반적 평등원칙의 심사 기준 – 헌재 1999. 12. 23. 98헌마363, 제대군인지원에관한법률 제8조 제1항 등 위헌확인, 헌법재판연구원(간), 헌법재판 주요선례연구 I, 2012, 36–60.

18 헌재 1999. 12. 23. 98헌마363, 판례집 11–2, 770, 787.

19 헌재 1999. 12. 23. 98헌마363, 판례집 11–2, 770, 787–788.

준을 적용하고 또한 법규정에 대하여 위헌이나 헌법불합치 선언을 내려오고 있다.[20]

그리고 헌법재판소는 "… 하면 할수록, 더욱 … 하다"라고 하는 공식을 사용함으로써, 자의금지와 엄격한 비례의 원칙심사의 관계를 독일의 새로운 공식과 유사하게 적용하고 있다.

나) 공무원임용및시험시행규칙 제12조의3 위헌확인사건(2003헌마30)

헌법재판소는 2003. 9. 25. 2003헌마30, 공무원임용및시험시행규칙 제12조의3 위헌확인 사건에서 자신의 새로운 공식을 다음과 같이 더욱 상세하게 구체화시켰다. 즉 "일반적인 평등원칙의 위반 내지 평등권의 침해 여부에 대한 헌법재판소의 통상의 심사기준은 입법과 법의 적용에 있어서 합리적인 근거가 없는 자의적 차별이 있는지 여부이다. 그런데 입법자가 설정한 차별이 국민들 간에 단순한 이해관계의 차별을 넘어서서 기본권에 관련된 차별을 가져온다면 헌법재판소는 그러한 차별에 대해서는 자의금지 내지 합리성 심사를 넘어서 목적과 수단 간의 엄격한 비례성이 준수되었는지를 심사하여야 할 것이다. 나아가 사람이나 사항에 대한 불평등대우가 기본권으로 보호된 자유의 행사에 불리한 영향을 미칠 수 있는 정도가 크면 클수록, 입법자의 형성의 여지에 대해서는 그만큼 더 좁은 한계가 설정되므로, 헌법재판소는 보다 엄격한 심사척도를 적용함이 상당하다"[21]는 판시가 그것이다.

비례의 원칙에 따른 엄격한 심사를 위한 전제조건에 관한 이러한 판시는 실질적으로 제대군인가산점 결정을 따른 것이다. 하지만 헌법재판소는 이 결정에서 약간은 모순으로 보이는 판시를 추가하고 있다. 즉 「헌법재판소는 제대군인 가산점 사건에서 "차별적 취급으로 인하여 관련 기본권에 대한 중대한 제한을 초래하게 된다면 입법형성권은 축소되어 보다 엄격한 심사척도가 적용되어야 할 것이다"고 한 바 있는데(헌재 1999. 12. 23. 98헌마363, 판례집 11－2, 770, 787), 이러한 판시는 차별적 취급으로 인하여 기본권에 중대한 제한을 초래할수록 보다 엄격한 심사척도가 적용되어야 한다는 취지이며, 기본권에 대한 제한이기는 하나 중대하지 않은 경우에는 엄격한 심사척도가 적용되지 않는다는 취지는 아니라고 볼 것이다.」[22]는 것이다. 이러한 판시는 매우 문제가 있는 것으로 보인다. 왜냐하면 대부분의 입법자의 불평등취급은 직접 또는 간접적으로 다른 기본권의 행사에 대하여 불리하게 영향을 미칠 수 있기 때문이다. 그렇다면 헌법재판소는 논리 필연적으로 평등원칙 심사에 있어서 매번 엄격한 심사기준을 선택해야 할 것이다. 따라서 비례의 원칙에 따른 엄격한 심사기준의 두 번째 전제조건은, 비록 중대한 제한과 중대하지 않은 제한의 한계를 긋는 것이 어렵다 하더라도, 제대군인가산점 판결에서 판시한 바와 같이 다른 기본권에 대한 "중대한" 제한이 초래되는 경우에 적용하는 것으로 하는 것이 타당할 것이다.

---

20 헌재 2005. 2. 3. 2001헌가9등, 판례집 17－1, 1 [헌법불합치].

21 헌재 2003. 9. 25. 2003헌마30, 판례집 15－2상, 501, 510.

22 헌재 2003. 9. 25. 2003헌마30, 판례집 15－2상, 501, 510.

헌법재판소의 이 2003. 9. 25. 2003헌마30결정에서의 그 밖의 문제점은 헌법재판소가 기본권의 행사상의 차별 문제가 심사의 대상이 되는 경우, 통상 해당 기본권에 대한 심사내용은 평등원칙(평등권)의 심사내용과 혼합되게 되므로 서로 나누어 심사할 필요 없이 하나로 묶어 판단함이 상당하다고 본 것이다.[23] 이러한 헌법재판소의 태도는 평등위반여부의 심사에 있어서 심사기준으로서의 비례의 원칙의 고유성을 상실시키고, 평등원칙 심사와 다른 기본권침해의 심사 간의 차이가 더 이상 없게 만들 위험성을 내포하고 하고 있다.

다) 상속세 및 증여세법 제73조 제1항 중 증여세납부세액이 1천만원을 초과하는 경우 부분 위헌소원사건(2006헌바49)

헌법재판소는 2007. 5. 31. 2006헌바49, 상속세 및 증여세법 제73조 제1항 중 증여세납부세액이 1천만원을 초과하는 경우 부분 위헌소원사건[24]에서 제대군인가산점 판결에서의 기본적인 내용들을 인용하고, 나아가 엄격한 기준에 따른 심사의 의미를 더욱 구체화시켰다. 즉 "여기서 엄격히 심사를 한다는 것은 단지 차별의 합리적 이유의 유무만을 확인하는 정도를 넘어, 차별의 이유와 차별 간의 상관관계에 대해서, 즉 비교대상 간의 사실상의 차이의 성질 및 비중 또는 입법목적(차별목적)의 비중과 차별의 정도에 적정한 균형관계가 이루어져 있는지에 대해서도 심사함을 의미한다(헌재 2001. 2. 22. 2000헌마25, 판례집 13-1, 386, 403; 헌재 2003. 6. 26. 2002헌가14, 판례집 15-1, 624, 657 등 참조)"[25]는 것이 그것이다.

(나) 위헌선언 또는 헌법불합치선언 사례

헌법재판소는 상당히 많은 결정에서 해당 규정을 위헌 또는 헌법불합치[26]로 선언하였다.

헌법재판소는 공직선거및선거부정방지법 제15조 제2항 등 위헌확인 등 사건[27]에서 심판대상규정들이 주민등록의 결여를 이유로 재외국민들의 선거권행사를 배제한 한에서

23 판례집 15-2상, 501, 510, 511.

24 헌재 2007. 5. 31. 2006헌바49, 판례집 19-1, 600 [합헌].

25 헌재 2007. 5. 31. 2006헌바49, 판례집 19-1, 600, 606.

26 헌법불합치결정에 대해서는 Seung-Ju Bang, Verfasungsgebung und Verfassungsrealität in Korea: Ein Diskussionsbeitrag, in: Jutta Kramer/Björn G, Schubert (Hrsg), Verfassungsgebung und Verfassungsreform im In- und Ausland, Baden-Baden 2005, S. 129 ff(137); 방승주, 헌법불합치결정의 문제점과 그 개선방안, 헌법학연구 제13권 제3호(2007. 9), 49-106쪽. 한국에서는 헌법재판소가 만일 어떠한 법률이 헌법에 위반되는 경우에 원칙적으로 그 법률을 (무효가 아니라) 위헌으로 선언한다. 위헌결정이 내려지면 법률은 원칙적으로 결정이 있는 날부터 그 효력을 상실한다(ex-nunc Wirkung 현재효. 헌법재판소법 제47조 제2항 제1문. 나아가 헌법재판소는 가령 평등에 위반된 혜택배제사례에 있어서와 같이 위헌제거의 가능성이 여러 가지가 있는 경우 또는 위헌결정으로 인하여 법적 공백 또는 혼란과 그리고 이로 인하여 지금까지의 상태보다 더욱 위헌적인 상태가 발생할 가능성이 있는 경우에는 그 법률을 헌법에 합치하지 않는다고 선언한다. 한국 헌법재판소의 이러한 헌법불합치결정의 실무 역시 독일 연방헌법재판소의 판례에 영향을 받은 것이다.

27 헌재 2007. 6. 28. 2004헌마644 등, 판례집 19-1, 859 [헌법불합치].

청구인의 선거권을 침해하고 보통선거의 원칙을 위반하였는지 여부에 대한 심사를 하면서 타당하게도 비례의 원칙에 따른 엄격한 심사기준을 선택하였다. 이 사건 심판에서 헌법재판소는 선거권의 제한은 오로지 그것이 막연하고 추상적인 위험이나 또는 국가의 노력에 의하여 극복될 수 있는 기술상의 어려움이나 장애 등의 사유가 아니라 개별 사례에서 구체적으로 존재하는 불가피한 사유로 인하여 그것이 정당화될 경우에만 허용된다고 하는 이유로 헌법소원심판청구를 인용하였다.[28]

2000. 8. 31. 국적법 제2조 제1항에 대한 위헌법률심판사건[29]에서 헌법재판소는 제대군인가산점 결정에서 설시한 평등원칙 위반에 대한 위헌심사기준과 남녀차별이 위헌이라는 취지의 논증은 이 사건에 그대로 끌어 쓸 수 있다고 하였다. 그리하여 헌법재판소는 한국인 부와 외국인 모 사이에 태어난 자녀들만 출생과 더불어서 자동으로 대한민국 국적을 취득할 수 있도록 하고, 이에 반하여 한국인 모와 외국인 부 사이에 태어난 자녀들은 자동적인 국적취득가능성을 배제하고 있는 국적법 제2조 제1항은 평등에 위반된다고 보고서 직권으로 심판대상을 변경하여 그 위헌여부를 심사한 동법 부칙 제7조 제1항 중 "…10년 동안에"부분은 헌법에 합치하지 않는다고 선언하였다.

2006. 2. 23. 2004헌마675 등, 국가유공자등예우및지원에관한법률 제31조 제1항 등 위헌확인사건[30]에서 헌법재판소는 국가유공자 예우 및 지원에 관한 법률 제31조 제1항을 위헌으로 선언하고 동시에 동일한 조항에 대한 종전의 합헌선언을 명시적으로 변경하였다. 헌법재판소는 헌법 제32조 제6항의 문법적 해석에 따라서 2001. 2. 22. 자신의 종래의 판례로부터 벗어나서 상이군경의 가족은 취업보호 등이 필요한 인적 집단으로부터 제외되는 것으로 보았다. 따라서 이 사건에서는 중간적 심사기준이 아니라 엄격한 심사기준이 적용되어야 한다. 왜냐하면 헌법은 전몰군경을 제외한 국가유공자의 가족에 대한 고용에 있어서의 그 어떠한 우대도 명하고 있지 않는 데 반하여, 국가유공자 등에 대한 가산점제도는 그로부터 배제되는 다른 지원자들의 기본권에 대한 중대한 제한을 초래한다. 이러한 이유에서 헌법재판소는 해당 규정을 헌법불합치로 선언하였다.

그 밖에 헌법재판소가 평등원칙 위반여부의 심사에서 비례원칙 심사를 이미 하였다는 이유로, 공무담임권과 같은 다른 기본권의 침해에 대한 과잉금지원칙 심사를 할 필요가 없다고 본 판례도 있다. 따라서 헌법재판소는 평등위반에 있어서와 다른 기본권침해에 있어서의 비례원칙심사가 거의 구분되지 않는다고 생각하는 것으로 보인다. 헌법재판소의 이

---

28 판례집 19-1, 859, 879. 방승주, 재외국민 선거권제한의 위헌여부 - 2004헌마644 공직선거및선거부정방지법 제15조 제2항 등 위헌확인사건을 중심으로, 헌법학연구 제13권 제2호(2007. 6), 305-349쪽.

29 헌재 2000. 8. 31. 97헌가12, 판례집 12-2, 167 [헌법불합치,각하].

30 헌재 2006. 2. 23. 2004헌마675 등, 판례집 18-1상, 269 [헌법불합치].

러한 이해에는 문제가 있다고 생각된다. 왜냐하면 평등과 자유의 구조는 엄격하게 구별될 수 있으므로, 평등위반과 자유권제한의 심사도식은 결코 같을 수 없다고 하는 이유에서이다. 비록 비례의 원칙에 따른 엄격한 심사가 필요하다 하더라도, 기껏해야 헌법재판소는 비교집단간의 차이와 법률에 의한 차별 사이의 적정성, 즉 좁은 의미에서의 비례성을 심사할 수 있을 따름인데 반하여, 자유권제한의 심사에 있어서 헌법재판소는 방법의 적정성, 침해의 최소성, 법익의 균형성을 개별적으로 그 순서에 따라서 심사할 수 있기 때문이다.

(다) 합헌선언의 사례

가산점제도가 다른 지원자의 공무담임권을 침해하는지 여부가 주로 문제된 몇 개의 심판에서 헌법재판소는 비례의 원칙에 따른 엄격한 심사를 선택하였다. 왜냐하면 이 가산점제도는 다른 지원자의 기본권에 대한 중대한 제한을 초래할 수 있기 때문이다. 그럼에도 불구하고 헌법재판소는 해당 규정의 위헌성을 부인한 사례들이 있다.[31]

(2) 중간적 심사기준

전술한 바와 같이 한국 헌법재판소는 국가유공자 등 예우 및 지원에 관한 법률(이하 '국가유공자예우법'이라 함)상 가산점에 관한 과거 결정[32]에서는 중간적 심사기준으로 만족하고 해당 법률을 합헌으로 선언하였다.

즉 국가유공자예우법 제34조 제1항에 대한 헌법소원심판에서 한국 헌법재판소는 평등원칙의 심사기준에 관해서 다시 한 번 상세하게 다루었다. 여기에서 헌법재판소는 자의금지공식을 엄격한 비례원칙심사와 구분하였지만, 이 사건에서는 자의금지공식도 엄격한 비례원칙심사도 적절치 않다고 보았다.

구 국가유공자예우법[33] 제34조(채용시험의 가점) 제1항은 "취업보호실시기관이 그 직원을 채용하기 위한 시험을 실시할 경우에 취업보호대상자가 그 채용시험에 응시하는 때에는 필기시험의 각 과목별 득점에 각 과목별 만점의 10퍼센트를 가산한다. 이 경우, 취업보호실시기관이 필기시험을 실시하지 아니하는 때에는 그에 갈음하여 실시하는 실기시험·서류전형 또는 면접시험의 득점에 이를 가산한다"고 규정하였다.

이 사건에서 헌법재판소는 제대군인가산점 판결에서의 엄격한 심사기준을 위한 첫 번째 관점, 즉 헌법의 명시적인 평등취급명령은 여기에서는 적용되지 않는다고 보았다. 왜냐 하면, 헌법 제32조 제6항은 "국가유공자·상이군경 및 전몰군경의 유가족은 법률이

---

31 헌재 2006. 6. 29. 2005헌가13, 판례집 18-1하, 165 [합헌,각하]; 헌재 2007. 12. 27. 2005헌가11, 판례집 19-2, 691 [합헌].

32 헌재 2001. 2. 22. 2000헌마25, 판례집 13-1, 386 [기각].

33 1999. 8. 31. 법률 제6011호로 개정된 것, 헌재 2001. 2. 22. 2000헌마25, 판례집 13-1, 386, 393.

정하는 바에 의하여 우선적으로 근로의 기회를 부여받는다"라고 규정함으로써, 국가유공자 등에 대하여 근로의 기회에 있어서 평등을 요구하는 것이 아니라 오히려 차별대우(우대)를 할 것을 명령하고 있기 때문이라는 것이다.[34]

헌법재판소는 계속해서 "그렇다면 이 사건 가산점제도의 경우와 같이 입법자가 국가유공자와 그 유족 등에 대하여 우선적으로 근로의 기회를 부여하기 위한 입법을 한다고 하여도 이는 헌법에 근거를 둔 것으로서, 이러한 경우에는 입법자는 상당한 정도의 입법형성권을 갖는다고 보아야 하기 때문에, 이에 대하여 비례심사와 같은 엄격심사를 적용하는 것은 적당하지 않은 것으로 볼 여지가 있다. 그러나 이 사건의 경우는 비교집단이 일정한 생활영역에서 경쟁관계에 있는 경우로서 국가유공자와 그 유족 등에게 가산점의 혜택을 부여하는 것은 그 이외의 자들에게는 공무담임권 또는 직업선택의 자유에 대한 중대한 침해를 의미하게 되는 관계에 있기 때문에, 헌법재판소의 위 결정에서 비례의 원칙에 따른 심사를 하여야 할 두 번째 경우인 차별적 취급으로 인하여 관련 기본권에 대한 중대한 제한을 초래하게 되는 경우에는 해당한다고 할 것이다. 따라서 자의심사에 그치는 것은 적절치 아니하고 원칙적으로 비례심사를 하여야 할 것이나, 구체적인 비례심사의 과정에서는 헌법에서 차별명령규정을 두고 있는 점을 고려하여 보다 완화된 기준을 적용하여야 할 것이다"라고 하면서 중간적 심사기준 적용에 이르게 된 경위를 꽤 상세히 부연하고 있다.[35]

다시 말해서 헌법재판소는 전술한 고려 끝에 가산점제도의 평등위반 여부의 심사에 있어서 자의금지공식도 엄격한 비례원칙심사도 적절하지 않다고 본 것이다. 오히려 헌법재판소는 제한된 비례원칙심사를 적용하였으며 이에 따라 가산점제도를 평등원칙에 합치하는 것으로 본 것이다.

(3) 자의금지공식

헌법재판소에 따르면 헌법상 평등의 원칙은 일반적으로 입법자에게 본질적으로 같은 것을 자의적으로 다르게, 본질적으로 다른 것을 자의적으로 같게 취급하는 것을 금하고 있는 것으로 해석되고, 평등원칙위반여부를 심사함에 있어 엄격한 심사척도에 의할 것인지, 완화된 심사척도에 의할 것인지는 입법자에게 허용되는 입법형성권의 정도에 따라서 달라지는데, 특별한 사정이 없는 한, 법률의 평등원칙위반여부는 입법자의 자의성이 있는지의 여부만을 심사하게 된다.[36] 달리 말하면 헌법재판소는 만일 헌법이 평등취급을 요구

---

34 헌재 2001. 2. 22. 2000헌마25, 판례집 13-1, 386, 404-405.

35 헌재 2001. 2. 22. 2000헌마25, 판례집 13-1, 386, 405.

36 헌재 2004. 12. 16. 2003헌바78, 판례집 16-2하, 472, 486-487; 헌재 2003. 11. 27. 2003헌마259 등, 판례집 15-2하, 339, 346.

하지도 않고, 또한 차별로 인하여 야기되는 다른 기본권에 대한 제한이 확인될 수 없는 경우에는 자의금지공식에 따라서 심사를 한다.[37]

헌법재판소는 이러한 자의금지공식을 최근의 결정에서는 다음과 같은 단계로 적용한다. ① 본질적으로 동일한 것을 다르게 취급하고 있는가 하는 차별취급의 존재 여부와 ② 그러한 차별취급이 자의적인가의 여부에 달려 있다(헌재 1996. 12. 26. 96헌가18, 판례집 8-2, 680, 701 참조). 즉, 헌법상 규정된 평등원칙에 위반된 차별취급이 존재하기 위해서는 우선 동질적인 비교집단이 존재해야 하고, 그 비교집단에 대한 차별취급이 존재해야 하는 것이다.[38] 이 결정에서 헌법재판소는 이미 차별의 존재를 부인하였으며 그리하여 헌법소원심판청구를 기각하였다.

헌법재판소는 2004. 12. 16. 2003헌바78, 구 국세기본법 제45조의2 등 위헌소원사건에서 전술한 기준들을 다음과 같이 보다 더 상세하게 구체화하였다. 즉 "①의 기준과 관련하여 두 개의 비교집단이 본질적으로 동일한지의 여부에 대한 판단은 일반적으로 관련 헌법규정 및 당해 법규정의 의미와 목적에 달려 있다. 그리고 ②의 기준과 관련하여 차별취급의 자의성은 합리적인 이유가 결여된 것을 의미한다."[39]

(가) 자의금지공식의 적용 사례

가) 합헌선언 사례

헌법재판소는 평등심사와 관련된 사건에서 자의금지공식의 적용 하에 관련 법률을 합헌으로 선언하고 있다.[40] 몇몇 결정에서는 차별 자체가 확인될 수 없다고 하는 이유로 합헌

37 헌재 2005. 2. 24. 2003헌바72, 판례집 17-1, 228, 237.

38 헌재 2003. 11. 27. 2003헌마259 등, 판례집 15-2하, 339, 346.

39 헌재 2004. 12. 16. 2003헌바78, 판례집 16-2하, 472, 487; 헌재 2006. 7. 27. 2004헌바70, 판례집 18-2, 94.

40 가령 헌재 2001. 3. 15. 2001헌가1 등, 판례집 13-1, 441 [합헌]; 헌재 2001. 6. 28. 2001헌마132, 판례집 13-1, 1441, 1464-1466; 헌재 2002. 4. 25. 98헌마425 등, 판례집 14-1, 351 [기각]; 헌재 2011. 2. 24. 2009헌마94, 태평양전쟁 전후 국외 강제동원희생자 등지원에 관한 법률 제2조 등 위헌확인, 판례집 23-1상, 143 [기각]; 헌재 2011. 12. 29. 2009헌마182 등, 태평양전쟁 전후 국외 강제동원희생자 등 지원에 관한 법률 제1조 위헌확인· 2009헌마183 (병합) 태평양전쟁 전후 국외 강제동원희생자 등 지원에 관한 법률 제2조 제1호 가목 등 위헌확인 [기각]; 헌재 2012. 7. 26. 2011헌바352, 구 태평양전쟁 전후 국외 강제동원희생자 등 지원에 관한 법률 제2조 제1호 나목 위헌소원, 판례집 24-2상, 133 [합헌,기각]; 헌재 2015. 12. 23. 2014헌마768, 소년법 제32조 등 위헌확인, 판례집 27-2하, 693 [기각]; 헌재 2015. 12. 23. 2011헌바139, 대일항쟁기강제동원피해조사및 국외강제동원 희생자 등 지원에 관한 특별법 제7조 제4호 위헌소원, 판례집 27-2하, 456 [합헌]; 헌재 2016. 6. 30. 2014헌마192, 공보 제237호, 1113 [기각]; 헌재 2015. 12. 23. 2013헌바11, 판례집 27-2하, 467 [합헌], 대일항쟁기 강제동원 피해조사 및 국외강제동원 희생자 등 지원에 관한 특별법 제2조 제3호 다목 등 위헌소원. 헌법재판소는 일제강점 하 강제동원 피해자들이 제기한 일련의 위 헌법소원심판사건에서 강제동원피해자법상 위로금 지원금 등의 법적 성격을 시혜적 성격의 금전급부라고 하고, 평등권침해여부의 심사 역시 자의금지원칙에 입각한 완화된 심사를 하고 있으나, 이러한 지원금 등이 소위 "국가부재책임" 내지 국가배상적 성격이 있는 것이며, 또한 다른 기본권에 대한 중대한 제한을 초래할 수 있는 것이므로 비례의 원칙에 입각한 엄격한 심사기준을 동원해야 한다는 견해로는 방승주, 일제식민지배청산 관련 헌법재판소판례에 대한 헌법적 분석과 평가-일제강점하 일본군위안부피해자와 강제동원

선언이 이루어지기도 한다.[41] 수혜적 입법의 경우에는 입법자에게 넓은 형성의 자유가 인정되기 때문에 헌법재판소는 평등위반여부의 심사에 있어서 보통 자의금지를 적용한다.[42]

나) 위헌선언의 사례

헌법재판소가 어떠한 법률의 평등위반여부에 대하여 자의금지를 기준으로 심사한 결정들 가운데서는 또한 위헌선언된 경우도 있다. 입법자의 차별이 어떠한 합리적 사유에 근거하지 않은 경우, 즉 본질적으로 같은 것을 자의적으로 다르게 또는 본질적으로 다른 것을 자의적으로 같게 취급하는 경우, 헌법재판소는 그러한 차별을 평등에 위반되는 것으로 선언한다.[43]

헌법재판소는 2004. 1. 29. 2002헌바40 등, 민법부칙 제3항 위헌제청 등 사건[44]에서 평등원칙 심사와 관련하여 비례원칙에 입각한 엄격한 심사를 실행하기 위한 전제조건이 결여되어 있다는 이유로 자의금지를 적용하였다. 그럼에도 불구하고 헌법재판소는 해당 규정을 위헌으로 선언하였다. 이와 관련하여 헌법재판소는 이 규정이 청구인의 재산권과 사적 자치를 침해하였다는 것이다. 하지만 필자의 관점에서는 이러한 관점에서의 헌법재판소의 논거는 매우 모순적이다. 왜냐하면 헌법재판소가 엄격한 비례원칙심사를 위한 두 번째 전제조건, 즉 다른 기본권에 대한 중대한 제한의 초래가 이 사건에서는 결여되었다고 보았기 때문이다. 그럼에도 불구하고 헌법재판소는 이 규정이 당사자의 재산권과 사적자치를 침해하였다고 인정하였다.[45] 그렇다면 이러한 경우에 헌법재판소는 비례의 원칙에 입각한 엄격한 심사기준에 입각해서 심사하고 해당 기본권에 대한 중대한 침해를 이유로 위헌선언을 했어야 한다. 왜냐하면 여기에서 엄격한 비례의 원칙심사의 두 번째 전제조건, 즉 차별로 인하여 다른 기본권에 대한 중대한 제한이 존재하였기 때문이다.

(나) 종래 판례의 답습 사례

헌법재판소는 제대군인가산점 판례에서 새로운 공식을 받아들인 후에도 여전히 자의금지기준과 엄격한 비례원칙심사가 뒤섞여 있는 종래 판례를 특별한 논거가 없이 끌어다 쓰고, 그리하여 재판소가 평등위반여부의 심사에 있어서 어떠한 심사기준을 적용한 것인지가 다소 분명하게 확인되지 않고 있는 그러한 사례가 여전히 발견되고 있다.[46]

피해자들의 헌법소원사건들을 중심으로, 헌법학연구 제22권 제4호(2016. 12), 39－83(55－56, 76)쪽.

41 헌재 2003. 11. 27. 2003헌마259 등, 판례집 15－2하, 339 [기각].

42 헌재 2008. 5. 29. 2005헌마1173, 판례집 20－1하, 216 [기각,각하].

43 예컨대, 헌재 2002. 9. 19. 2000헌바84, 판례집 14－2, 268 [헌법불합치].

44 헌재 2004. 1. 29. 2002헌바40 등, 판례집 16－1, 29 [헌법불합치].

45 헌재 2004. 1. 29. 2002헌바40 등, 판례집 16－1, 29, 50－51.

46 가령 헌재 2001. 11. 29. 99헌마494, 판례집 13－2, 714 [헌법불합치]. 이 결정은 제대군인가산점 결정이 선고된 1999. 12. 23.에서 거의 2년 가까이 지난 시점에서 선고된 결정임에도 불구하고, 평등위반여부의 심사에서 인

3. 기타: 평등위반 심사에 있어서 입법자의 형성의 자유의 존중을 위한 관점들

어떠한 법률이 평등에 위반되는지 여부에 대한 심사에 있어서 헌법재판소는 입법자에게 주어지는 형성의 자유를 고려한다.

(1) 단계적 평등실현

헌법재판소의 1991. 2. 11. 90헌가27, 敎育法 제8조의2에 관한 違憲審判사건[47]의 당해소송[48] 청구인은 당해소송 법원에, 대통령령을 통하여 중학교 의무교육의 단계적 실현을 허용하고 있는 교육법 제8조의2의 규정에 대한 위헌법률심판 제청신청을 하였다. 제청신청인에 의하면 교육법 제8조는 6년의 초등교육과 3년의 중등교육을 의무교육으로 정하여 무상으로 실시하도록 하고 있으면서도 제8조의 2는 3년의 중등교육에 대한 의무교육을 순차적으로 실시하도록 규정한 결과 일부지역에서는 3년의 중등교육이 무상으로 실시되는 반면 다른 지역에서는 중등교육이 무상으로 실시되지 않을 수 있도록 규정하고 있어 “의무교육은 무상으로 한다”라고 규정한 헌법 제31조 제3항에 위배될 뿐만 아니라 3년의 중등의무교육이 실시되는 지역에 거주하는 부유한 주민의 자녀는 의무교육의 혜택을 받는 반면 기타 지역에 거주한 빈한한 주민의 자녀는 그 혜택을 받을 수 없게 되는 점에서 헌법 제11조가 규정하는 평등의 원칙에도 위반된다는 것이다. 그리고 헌법 제31조 제2항은 “모든 국민은 그 보호하는 자녀에게 적어도 초등교육과 법률이 정하는 교육을 받게 할 의무를 진다”고 규정하고 있으므로 초등교육 이외의 어느 교육을 의무교육으로 할 것인가는 법률로서만 정할 수 있고, 법률이 이를 다시 대통령령에 위임할 수는 없는 것으로 보아야 하고, 따라서 3년의 중등교육에 대한 의무교육의 실시 범위를 대통령령에 위임한 교육법 제8조의2는 헌법 제31조 제2항에 위반된다고도 주장하였다.[49]

이 사건 위헌법률심판에서 헌법재판소는 심판대상 법률을 합헌으로 선언하였다. 이 결정에서 합헌에 이르게 된 결정적인 논거는 헌법재판소가 이 결정에서 전개하고, 추후 평등원칙 위반여부의 심사에서 가끔 인용되고 있는 다음과 같은 상당히 중요한 관점이었다고 생각된다.

용하고 있는 판례는 그 이전에 선고된, 필자가 본고에서 ‘종래 판례’라고 지칭하고 있는 판례들이다. 즉 헌재 1994. 2. 24. 92헌바43, 판례집 6－1, 72, 75; 헌재 1998. 9. 30. 98헌가7등, 판례집 10－2, 461, 476; 헌재 1996. 12. 26. 96헌가18, 판례집 8－2, 680, 701; 헌재 1996. 8. 29. 93헌바57, 판례집 8－2, 46, 56. 그럼에도 불구하고 이 재외동포의 출입국과 법적 지위에 관한 법률상 평등위반 여부의 심사는 사실상 비례의 원칙에 입각한 엄격한 심사를 하였다고 여겨진다. 다만 그럼에도 불구하고 헌법재판소가 이 결정에서 왜 비례의 원칙에 입각한 엄격한 심사에 대한 명시적 언급을 하지 않은 것인지 그 이유가 의문스럽다.

47 헌재 1991. 2. 11. 90헌가27, 판례집 3, 11 [합헌].

48 서울민사지방법원, 90가소8680. 부당이득금반환청구사건, 헌재 1991. 2. 11. 90헌가27, 판례집 3, 11, 14.

49 헌재 1991. 2. 11. 90헌가27, 판례집 3, 11, 16.

즉, 헌법재판소에 따르면 헌법상 평등의 원칙은 국가가 언제 어디에서 어떤 계층을 대상으로 하여 기본권에 관한 사항이나 제도의 개선을 시작할 것인지를 선택하는 것을 방해하지는 않는다고 한다. 말하자면 국가는 합리적인 기준에 따라 능력이 허용하는 범위 내에서 법적 가치의 상향적 구현을 위한 제도의 단계적 개선을 추진할 수 있는 길을 선택할 수 있어야 한다는 것이다. 그것이 허용되지 않는 다면 모든 사항과 계층을 대상으로 하여 동시에 제도의 개선을 추지하는 예외적인 경우를 제외하고는 어떠한 제도의 개선도 평등의 원칙 때문에 그 시행이 불가능하다는 결과에 이르게 되어 불합리할 뿐 아니라 평등의 원칙이 실현하고자 하는 가치와도 어긋나기 때문이라는 것이다. 따라서 국가가 종전의 상황을 개선함에 있어서 그 개선의 효과가 일부의 사람에게만 미치고 동일한 상황하에 있는 다른 사람에게는 미치지 않아 그들 사이에 일견 차별이 생기게 된다고 하더라도 그것만으로는 평등의 원칙을 위반한 것이라고는 할 수 없다. 이러한 사정은 특히 이 사건과 같이 제도의 개선에 과다한 재원이 소요되는 경우에 분명하다는 것이다.[50]

이 결정에서 헌법재판소는 필자가 보기에는 독일 연방헌법재판소 판례에서 소위 시간적 적응의 자유에 관한 법리와 유사한 그러한 관점을 평등원칙 심사에서 고려함으로써, 불평등취급을 평등위반으로 선언하지 않은 것이다. 이것은 헌법재판소가 법률에 대한 통제에 있어서 입법의 결과 그 자체뿐만 아니라, 입법자의 행위와 절차, 즉 개선에 필요한 시간적 여지를 함께 고려하였으며, 또한 심판대상 법률이 그 자체로는 몇 가지 관점에서 평등에 위반될 수 있음에도 불구하고 합헌으로 선언하였다고 하는 것을 보여준다.[51]

(2) 일반화, 유형화와 시간적 적응의 자유[52]

한국 헌법재판소가 독일 연방헌법재판소의 판례로부터 차용해 온 그 밖의 관점은 평등원칙에 대한 입법자의 실현에 있어서 일반화와 유형화를 할 수 있다는 관점과 그리고 시간적 적응의 자유이다.

2004. 10. 28. 구 조세특례제한법 제119조 제1항 제13호 등 위헌소원 결정[53]에서 헌법재판소는 관련 법률조항이 조세정의와 공평과세의 이념에 위배되지 않는지 여부에 대하여 판단하였다. 헌법재판소는 이 사건에서 자의금지공식을 선택하였고 해당 규정을 합헌으로 선언하였다.

---

50 헌재 1991. 2. 11. 90헌가27, 판례집 3, 11, 25.; 헌재 1991. 2. 11. 90헌바17 등, 판례집 3, 51, 60.

51 이에 대하여는 방승주, 앞의 논문, 헌법논총 제7집(1996), 299−347; 방승주, 헌법재판소의 입법자에 대한 통제의 범위와 강도 – 입법자의 형성의 자유와 그 한계에 대한 헌법재판소의 지난 20년간의 판례를 중심으로, 공법연구 제37집 제2호(2008. 12), 113−171(150).

52 이에 대하여는 Seung−Ju Bang, Übergangsregelungen in Normenkontrollentscheidungen des Bundesverfassungsgerichts, Diss. Hannover 1996, S. 111 ff. 방승주, 앞의 논문, 헌법논총 제7집(1995), 335쪽.

53 헌재 2004. 10. 28. 2002헌바70, 판례집 16−2하, 159 [합헌].

헌법재판소는 "일반·추상적인 법률을 제정하여야 하는 입법자로서는, 특히 조세나 사회복지 분야에서와 같이 대량으로 처리해야 하는 규율대상을 가진 영역에 있어서 법집행의 효율성이나 객관적 공정성을 기하기 위하여 어느 정도 개별적이고 특수한 경우에 일일이 부응하지 못하는 결함에도 불구하고 각양각색의 생활관계를 몇 가지로 일반화하고 유형화하는 입법을 할 수 있다. 이 경우 유형화는 그로 인해 발생하는 문제가 비교적 소수의 사람에게만 해당되고 그 정도가 심하지 않은 한, 입법형성의 재량범위 내로 보아 용인되어야 할 것이다"고 판시하였다.[54]

나아가 이 판례에서는 독일 연방헌법재판소가 개발한 복잡한 사실관계의 규율에 있어서는 입법자에게 시간적 적응의 자유가 주어진다고 하는 관점도 적용되고 있다. 한국 헌법재판소에 따르면 "입법자가 복잡한 생활관계를 새로이 규율함에 있어서는 충분한 경험이 쌓일 때까지 우선 대략적으로 유형화하고 일반화하는 규정을 만드는 것 으로 만족해야 할 경우가 있다. 또 사실적 상황이 변화함에 따라 종전의 규정을 개정할 필요가 생겼지만, 그렇다고 이를 단순하고 조급히 수행해서는 안 되는 경우도 있을 수 있다. 이 경우들에는 불평등이 현존한다고 하여 당해규정이 바로 위헌이 되는 것은 아니며, 입법자는 그러한 불평등을 제거하는 데에 어느 정도의 기간을 요구할 수 있다고 보아야 한다."는 것이다.[55]

(3) 행위규범과 통제규범의 구분[56]

1997. 1. 16. 결정에서 4인의 재판관들은 해당 규정의 평등원칙 위반여부와 관련하여 몇 가지 중요한 판시를 하였는데, 이는 대부분 독일 연방헌법재판소의 판례나 독일 헌법학계 학설에서 유래하는 소위 기능법적 방법론의 관점의 적용이라고 할 수 있다.

이 헌법재판관들은 헌법재판소와 입법자는 똑같이 헌법에 구속되기는 하지만 그 구속의 성질은 같지 않다고 주장하였다. 그들의 견해에 의하면 헌법재판소와 입법자는 모두 헌법에 기속되나, 그 기속의 성질은 서로 다르다. 헌법은 입법자와 같이 적극적으로 형성적 활동을 하는 국가기관에게는 행위의 지침이자 한계인 행위규범을 의미하나, 헌법재판소에게는 다른 국가기관의 행위의 합헌성을 심사하는 기준으로서의 재판규범 즉 통제규범을 의미한다. 평등원칙은 행위규범으로서 입법자에게, 객관적으로 같은 것은 같게 다른 것은 다르게, 규범의 대상을 실질적으로 평등하게 규율할 것을 요구하고 있다. 그러나 헌법재판소의 심사기준이 되는 통제규범으로서의 평등원칙은 단지 자의적인 입법의 금지기준만을 의미하게 되므로 헌법재판소는 입법자의 결정에서 차별을 정당화할 수 있는 합리

54 헌재 2004. 10. 28. 2002헌바70, 판례집 16-2하, 159, 172; 그 전 판례로는 헌재 1997. 1. 16. 90헌마110 등, 판례집 9-1, 90, 114-117, 4인의 합헌의견 참조.

55 헌재 2004. 10. 28. 2002헌바70, 판례집 16-2하, 159, 174.

56 이에 관하여 방승주, 앞의 논문, 공법연구 제37집 제2호(2008. 12), 155.

적인 이유를 찾아 볼 수 없는 경우에만 평등원칙의 위반을 선언하게 된다.[57]

결론적으로 이러한 기능법적 고려는 헌법재판소의 자제의 결과를 초래한다. 이러한 관점이 평등원칙 위반여부의 심사에 적용되는 경우 오로지 자의금지공식만이 심사기준으로서 고려될 수 있다. 따라서 이러한 관점은 비례의 원칙에 따른 엄격한 심사기준이 고려되지 않는 그러한 사례들에 있어서만 끌어들여져야 할 것이다.

Ⅳ. 결 론

이상으로 독일과 한국 헌법재판소의 판례에서 법률의 평등위반여부의 심사에 있어서 시사기준의 발달에 관하여 고찰하였다. 양국 헌법재판소 판례의 공통점과 차이점을 들면 다음과 같이 요약할 수 있다.

첫째, 독일 기본법 제3조 제1항과 한국 헌법 제11조 제1항 제1문에 따른 일반적 평등원칙은 입법자에게 본질적으로 같은 것은 같게 그리고 본질적으로 다른 것은 다르게 취급할 것을 명령한다. 무엇이 본질적으로 같은 것이며 또한 다른 것인지에 대한 기준을 정하는 것은 입법자의 사항이기 때문에 입법자에게는 원칙적으로 평등원칙을 실현함에 있어서 넓은 형성의 자유가 주어진다. 따라서 헌법재판소는 원칙적으로 입법자가 그 어떠한 합리적 사유에 의거하지 않고서, 같은 것을 자의적으로 다르게, 그리고 다른 것을 자의적으로 같게 취급한 경우에만, 평등위반을 확인할 수 있다. 이러한 의미에서 자의금지공식은 평등심사에 있어서 원칙적 기준이라 할 수 있다.

둘째, 독일에서는 BVerfGE 55, 72 결정이래로, 그리고 한국에서는 제대군인가산점 판결 이래로 양 헌법재판소는 평등원칙 심사에 있어서 단지 자의금지공식으로 만족하는 것이 아니라, 나아가 비례의 원칙에 입각한 엄격한 심사기준을 구사하고 있다.

이와 관련한 전제조건과 그리고 비례원칙 심사의 구체적 내용은 한국 헌법재판소가 독일의 새로운 공식을 수용하였음에도 불구하고 서로 상이하다.

독일 연방헌법재판소 판례에 따르면 연방헌법재판소는 인적 집단을 상이하게 취급하

---

57 헌재 1997. 1. 16. 90헌마110 등, 판례집 9-1, 90, 115. 그 밖에도 1997. 5. 29. 94헌마33, 1994년 생계보호기준 위헌확인; 헌재 2001. 4. 26. 2000헌마390, 판례집 13-1, 977, 989; 헌재 2001. 11. 29. 99헌마494, 재외동포의출입국과법적지위에관한법률 제2조 제2호 위헌확인, 판례집 13-2, 714 [헌법불합치] - 평등; 헌재 2003. 7. 24. 2002헌마522 등, 참전유공자예우에관한법률 제6조 제1항 위헌확인, 판례집 15-2상, 169; 헌재 2004. 9. 23. 2004헌마192, 국립사범대학졸업자중교원미임용자임용등에 관한특별법 제2조 위헌확인, 판례집 16-2상, 604 [기각] - 평등; 헌재 2004. 10. 28. 2002헌마328, 2002년도 국민기초생활보장최저생계비 위헌확인, 공보 제98호, 1187 [기각] - 인간다운 생활권; 헌재 2005. 2. 24. 2003헌바72, 지방세법 제288조 제1항 등 위헌소원, 판례집 17-1, 228, 235 - 평등; 헌재 2009. 11. 26. 2007헌마734, 판례집 21-2하, 576, 595; 헌재 2011. 11. 24. 2010헌마510, 판례집 23-2하, 513, 523.

거나 기본권의 행사에 불리하게 영향을 미치는 그러한 규정들에 있어서는 규정된 차별이 그러한 불평등한 법적 효과를 정당화할 수 있을 정도의 유형과 비중의 사유가 존재하는지 여부에 대하여 개별적으로 상세히 심사한다. 요컨대 이 차별이 인적 집단에 대한 불평등 취급에 존재하는지 아니면 사실관계의 불평등취급에 존재하는지 여부가 결정적이다.

이에 반하여 한국 헌법재판소에 따르면 헌법이 적극적으로 평등취급을 명하거나 또는 차별로 인하여 다른 기본권에 대한 중대한 제한이 초래되는 경우 엄격한 심사기준이 적용된다. 한국 헌법재판소는 엄격한 심사기준을 위해서 실질적 기준을 요구하는 것이 아니라 단지 형식적으로, 가령 성별, 종교나 또는 사회적 신분과 같이 헌법상의 평등취급명령을 요구하고 있는 것이다. 한국 헌법 제11조 제1항의 이러한 표지들은 열거규정이 아니라 예시 규정이기 때문에 인종, 언어, 출신 등을 근거로 하는 기타 인적 관련성이 있는 차별도 마찬가지로 금지되며 비례의 원칙의 기준에 따라서 정당화되어야 한다.

양국 헌법재판소의 두 번째 관점은 공통적인 문제점을 내포하고 있다. 왜냐하면 대부분의 불평등취급은 일반적으로 다른 기본권의 행사에 불리하게 영향을 미칠 수 있으며 따라서 헌법재판소는 기본권경합의 경우에 있어서는 언제나 엄격한 심사기준을 적용해야 할 것이기 때문에 그렇다. 따라서 평등심사에 있어서 비례의 원칙의 심사기준이 그 의미 FF 잃게 될 위험이 있다.

셋째, 양국 헌법재판소 판례에서 중간적 심사기준이 있기는 한데 물론 내용적으로는 서로 다르다.

넷째, 독일 연방헌법재판소는 일반적으로 비례의 원칙에 따른 엄격한 심사에 있어서 차별의 적정성을 심사하는 데 반하여, 한국 헌법재판소는 과잉금지원칙에 있어서와 같은 심사도식, 즉 목적의 정당성, 방법의 적정성, 침해의 최소성, 법익의 균형성의 순서대로 상세하게 심사한다. 한국 헌법재판소의 평등원칙판례에서는 평등심사의 차원에서의 비례의 원칙의 의미와 독자성에 부합하며, 또한 자유권적 기본권침해 심사의 차원에서의 과잉금지심사와 구별되는 그러한 결정을 찾기가 쉽지 않다.

다섯째, 대량입법 현상의 경우에 일반화와 유형화, 그리고 시간적 적응의 자유의 관점은 양국에서 공통적으로 적용되고 있는데, 이는 평등원칙 심사에 있어서 헌법재판소의 자제를 위한 기능법적 관점으로서의 역할을 수행한다.

마지막으로 필자가 보기에는 한국 헌법재판소의 판례와 관련하여 가중 중요한 과제는 헌법재판소가 자의금지의 사례와 엄격한 비례원칙심사의 사례를 구분할 수 있는 실질적 기준을 밝혀내는 것, 그리고 나아가 평등심사와 자유권적 기본권침해여부의 심사에 있어서 비례원칙의 각 구조를 구분하고 그 특수성을 드러내는 것이라고 생각된다.

<참고문헌>

김주환, 일반적 평등원칙의 심사 기준 －헌재 1999. 12. 23. 98헌마363, 제대군인지원에관한법률 제8조 제1항 등 위헌확인, 헌법재판연구원(간), 헌법재판 주요선례연구 I, 2012, 36－60.

방승주, 독일 연방헌법재판소의 입법자에 대한 통제의 범위와 강도, 헌법논총 제7집(1996), 299－348.

방승주, 재외국민 선거권제한의 위헌여부 －2004헌마644 공직선거및선거부정방지법 제15조 제2항 등 위헌확인사건을 중심으로, 헌법학연구 제13권 제2호(2007. 6), 305－349쪽.

방승주, 헌법불합치결정의 문제점과 그 개선방안, 헌법학연구 제13권 제3호(2007. 9.), 49－106쪽

방승주, 위헌입법의 현황과 대책, 저스티스 통권 제106호(2008. 9), 254－292,

방승주, 헌법재판소의 입법자에 대한 통제의 범위와 강도 - 입법자의 형성의 자유와 그 한계에 대한 헌법재판소의 지난 20년간의 판례를 중심으로, 공법연구 제37집 제2호(2008. 12), 113－171.

방승주, 일제식민지배청산 관련 헌법재판소판례에 대한 헌법적 분석과 평가 －일제강점하 일본군위안부피해자와 강제동원피해자들의 헌법소원사건들을 중심으로, 헌법학연구 제22권 제4호(2016. 12), 39－83(55－56, 76)쪽.

Bang, Seung－Ju, Übergangsregelungen in Normenkontrollentscheidungen des Bundesverfassungsgerichts, Diss. Hannover 1996.

Bang, Seung－Ju, Verfasungsgebung und Verfassungsrealität in Korea: Ein Diskussionsbeitrag, in: Jutta Kramer/Björn G, Schubert (Hrsg), Verfassungsgebung und Verfassungsreform im In－ und Ausland, Baden－Baden 2005, S. 129 ff.

Bang, Seung－Ju, Der allgemeine Gleichheitssatz in der Rechtsprechung des deutschen Bundesverfassungsgerichts und des koreanischen Verfassungsgerichts"의 제목으로 Wolfgang Heinz/Young Whan Kim (Hrsg), Aktuelle Rechtsprobleme in Japan, Deutschland und Korea, Vorträge des 3. trilateralen - deutsch－japanisch－koreanischen - Seminars 4.－5. August 2008 in Seoul, Konstanzer Online－Publikations－System (KOPS), URN: http://nbn－resolving.de/urn:nbn:de:bsz:352－opus－82878, URL: http://kops.ub.uni－konstanz.de/volltexte/2009/8287/

Huster, Stefan, Was bedeutet "Verhältnismäßigkeit einer Ungleichbehandlung"? － Eine Analyse der neueren Verfassungsrechtsprechung, in: Kempny/Reimer(Hrsg), Gleichheitssatzdogmatik heute, Beiträge und Ergebnisse des Gleichheitsrechtlichen Arbeitsgesprächs vom 3. bis 5. April 2016 in der Fritz－Thyssen－Stiftung, Köln - Tübingen 2017, S. 91 ff.

[판례]
헌재 1991. 2. 11. 90헌가27, 판례집 3, 11 [합헌].
헌재 1991. 2. 11. 90헌바17 등, 판례집 3, 51, 60.
헌재 1994. 2. 24. 92헌바43, 판례집 6－1, 72, 75.
헌재 1996. 8. 29. 93헌바57, 판례집 8－2, 46, 56.
헌재 1996. 12. 26. 96헌가18, 판례집 8－2, 680, 701.
헌재 1997. 1. 16. 90헌마110 등, 판례집 9－1, 90, 114－117.
헌재 1997. 5. 29. 94헌마33, 1994년 생계보호기준 위헌확인.
헌재 1998. 9. 30. 98헌가7등, 판례집 10－2, 461, 476.
헌재 1999. 12. 23. 98헌마363, 판례집 11－2, 770, 787.
헌재 2000. 8. 31. 97헌가12, 판례집 12－2, 167.
헌재 2001. 2. 22. 2000헌마25, 판례집 13－1, 386.
헌재 2001. 3. 15. 2001헌가1 등, 판례집 13－1, 441 [합헌].
헌재 2001. 4. 26. 2000헌마390, 판례집 13－1, 977, 989.
헌재 2001. 6. 28. 2001헌마132, 판례집 13－1, 1441, 1464－1466.
헌재 2001. 11. 29. 99헌마494, 판례집 13－2, 714 [헌법불합치].
헌재 2002. 4. 25. 98헌마425 등, 판례집 14－1, 351 [기각].
헌재 2002. 9. 19. 2000헌바84, 판례집 14－2, 268 [헌법불합치].
헌재 2003. 11. 27. 2003헌마259 등, 판례집 15－2하, 339, 346.
헌재 2003. 7. 24. 2002헌마522 등, 판례집 15－2상, 169.
헌재 2003. 9. 25. 2003헌마30, 판례집 15－2상, 501, 510.
헌재 2004. 1. 29. 2002헌바40 등, 판례집 16－1, 29 [헌법불합치].
헌재 2004. 9. 23. 2004헌마192, 판례집 16－2상, 604 [기각].
헌재 2004. 10. 28. 2002헌마328, 공보 제98호, 1187 [기각].
헌재 2004. 10. 28. 2002헌바70, 판례집 16－2하, 159 [합헌].
헌재 2004. 12. 16. 2003헌바78, 판례집 16－2하, 472, 486－487.
헌재 2005. 2. 3. 2001헌가9등, 판례집 17－1, 1.
헌재 2005. 2. 24. 2003헌바72, 판례집 17－1, 228, 237.
헌재 2006. 2. 23. 2004헌마675 등, 판례집 18－1상, 269.
헌재 2006. 6. 29. 2005헌가13, 판례집 18－1하, 165.
헌재 2006. 7. 27. 2004헌바70, 판례집 18－2, 94.
헌재 2007. 5. 31. 2006헌바49, 판례집 19－1, 600.

헌재 2007. 6. 28. 2004헌마644 등, 판례집 19-1, 859.
헌재 2007. 12. 27. 2005헌가11, 판례집 19-2, 691 [합헌].
헌재 2008. 5. 29. 2005헌마1173, 판례집 20-1하, 216 [기각,각하].
헌재 2009. 11. 26. 2007헌마734, 판례집 21-2하, 576, 595.
헌재 2011. 2. 24. 2009헌마94, 판례집 23-1상, 143 [기각].
헌재 2011. 11. 24. 2010헌마510, 판례집 23-2하, 513, 523.
헌재 2011. 12. 29. 2009헌마182 등.
헌재 2012. 7. 26. 2011헌바352, 판례집 24-2상, 133 [합헌,기각].
헌재 2015. 12. 23. 2011헌바139, 판례집 27-2하, 456 [합헌].
헌재 2015. 12. 23. 2013헌바11, 판례집 27-2하, 467 [합헌].
헌재 2015. 12. 23. 2014헌마768, 판례집 27-2하, 693 [기각].
헌재 2016. 6. 30. 2014헌마192, 공보 제237호, 1113 [기각].

BVerfGE 89, 365 (375)
BVerfGE 91, 346 (363)
BVerfGE 93, 319 (348 f.)
BVerfGE 93, 386 (396 f.)
BVerfGE 99, 367 (389)
BVerfGE 101, 275 (290 f.)
BVerfGE 105, 73

20 적법한 체포에 부수한 휴대폰의 수색과 영장주의*
-미연방대법원의 판례를 중심으로-

이 종 근**

I. 서 론

헌법 제12조 제3항은 "체포·구속·압수 또는 수색을 할 때에는 적법한 절차에 따라 검사의 신청에 의하여 법관이 발부한 영장을 제시하여야 한다. 다만, 현행범인인 경우와 장기 3년 이상의 형에 해당하는 죄를 범하고 도피 또는 증거인멸의 염려가 있을 때에는 사후에 영장을 청구할 수 있다"고 규정하여 압수 또는 수색을 할 때에는 법관이 발부한 영장을 제시하여야 한다고 규정하는 한편 영장주의의 예외를 규정하고 있다.

또한 형사소송법 제216조 제1항 제2호는 검사 또는 사법경찰관으로 하여금 제200조의2·제200조의3·제201조 또는 제212조의 규정에 의하여 피의자를 체포 또는 구속하는 경우에 필요한 때에는 영장 없이 체포현장에서의 압수, 수색, 검증을 할 수 있도록 하고 있으며, 동조 제3항도 범행 중 또는 범행직후의 범죄 장소에서 긴급을 요하여 영장을 받을 수 없는 때에는 영장 없이 압수, 수색 또는 검증을 할 수 있게 하고 있다.[1] 나아가 동법 제217조 제1항은 검사 또는 사법경찰관은 제200조의3에 따라 체포된 자가 소유, 소지 또는 보관하는 물건에 대하여 긴급히 압수할 필요가 있는 경우에는 체포한 때부터 24시간 이내에 한하여 영장 없이 압수, 수색 또는 검증을 할 수 있도록 하고 있다. 이처럼 영장주의의 원칙과 예외를 규정한 것은 범죄 혐의자의 인권을 절차적으로 보호할 필요성과 실체적 진실발견이라는 형사소송의 이념의 구현할 필요성을 조화하기 위한 것이다.[2]

---

* 평생의 學運을 후진양성과 헌법학 발전에 아낌없이 쏟아 부으시고 이제 정년을 맞으시는 정만희 교수님께 졸고(2016. 3. 한양대학교 법학논총에 발표되었음)로써 頌功의 뜻을 표하고자 합니다.

** 동아대학교 법학전문대학원 교수.

1 체포현장에서의 압수·수색에 대하여 영장주의의 예외를 인정하는 이유는 반드시 경찰관의 신변 안전 보호와 증거 인멸 방지의 필요성에만 근거한다고 볼 수는 없고, 증명력 있는 증거를 찾아야 할 필요성 때문이라고 보아야 한다. 김영규, 미국 연방대법원의 "휴대폰에 저장된 개인정보 보호"에 대한 판결의 의의 -피체포자의 휴대폰에 저장된 정보의 영장 없는 수색 제한에 관한 RILEY 판결을 중심으로-, 형사정책연구, 제25권 제4호(통권 제100호), 2014·겨울, 262면.

2 현행 형사소송법이 증거인멸의 우려가 있을 경우에 대인적 긴급처분인 긴급체포는 인정하면서도 긴급체포보다 인권침해의 정도가 상대적으로 낮은 대물적 긴급처분인 긴급압수수색을 을 인정하지 않는 것은 이론적으로 의문이며, 오히려 실무에서는 증거인멸방지를 위하여 피의자를 부득이 긴급체포하는 불합리한 상황이 발

지난 2015년 6월 알바노조원들이 한국경영자총협회 회관 앞에서 최저임금 동결을 주장한 한국경영자총협회에 항의하는 미신고 집회를 벌이다 경찰서로 연행되어 휴대폰을 영장 없이 압수당하고 디지털포렌직으로 정보를 열람하겠다는 통보를 받은 사건이 있었다.[3] 현대인의 사회생활에서 휴대폰이 담고 있는 정보의 양과 성격으로 볼 때 휴대폰을 수색한다는 것은 개인의 프라이버시에 중대한 침해가 될 수 있다는 점을 감안하면, 미신고 집회를 벌인 행위가 헌법이나 형사소송상의 현행범에 해당한다고 하더라도 과연 체포에 부수하여 영장 없는 휴대폰 수색을 허용할 것인가 하는 것이 새로운 법적 쟁점이 될 수 있다. 또한 테러방지 관련 법안이 2001년 국회에 처음 제출된 이래 15년만인 2016년 3월 2일 국회를 통과한 「국민보호와 공공안전을 위한 테러방지법」(이하 테러방지법)[4] 제9조(테러위험인물에 대한 정보 수집 등) 제1항은 국가정보원장이 테러위험인물에 대하여 출입국·금융거래 및 통신이용 등 관련 정보를 수집할 수 있도록 하고 있고, 제3항은 국가정보원장이 테러위험인물에 대한 개인정보(「개인정보 보호법」상 민감정보를 포함한다)와 위치정보를 「개인정보 보호법」 제2조의 개인정보처리자와 「위치정보의 보호 및 이용 등에 관한 법률」 제5조의 위치정보사업자에게 요구할 수 있도록 하고 있으며, 제4항에서는 국가정보원장이 대테러활동에 필요한 정보나 자료를 수집하기 위하여 대테러조사 및 테러위험인물에 대한 추적을 할 수 있도록 하고 있다.[5] 그러나 테러방지법 제9조 제1항은 테러위험인물의 통신이용 관련 정보를 수집함에 있어서 영장주의 원칙에 대한 언급이 없을 뿐 아니라 이 규정이 남용되는 경우에는 국민의 휴대폰의 통화기록이나 위치정보가 영장 없이 무차별적으로 수색당할 수 있고, 따라서 국민의 기본권이 심각하게 침해될 수 있다는 우려가 제기된다.

미국의 경우에는 9·11 테러 후 도입된 애국법(USA Patriot Act) 제215조에 근거하여 국

생할 수 있다고 하면서, 현행 형사소송법이 인정하고 있는 긴급압수수색의 범위는 수사상 긴급성의 요청을 충족시키기에는 부족할 뿐만 아니라 비교법적인 관점에서도 지나치게 제한적이므로 미국, 독일의 경우처럼 객관적인 긴급성을 요건으로 하여 인신의 체포가 수반되지 않는 일반적인 긴급압수수색제도 및 현장가압수제도를 입법화하는 것이 바람직하다는 견해가 있다. 김기준, 독립적 압수수색제도의 도입 필요성에 대한 고찰, 형사법의 신동향, 통권 제15호, 2008, 39면(김혁돈, 영장 없는 압수수색과 관련한 대법원의 태도에 대한 고찰, 법학논고, 제50집, 2015.5, 151면 재인용).

3 http://www.newsis.com/ar_detail/view.html?ar_id=NISX20150629_0013758116 (2016. 2. 10. 검색).

4 시행 2016. 3. 3. 법률 제14071호, 2016. 3. 3. 제정.

5 대표발의자 이철우 의원의 제안설명에 의하면, 국가정보원장이 직접 금융정보를 수집하는 것이 아니라 특정금융정보의 보고 및 이용에 관한 법률에 따라 검찰·경찰 등과 마찬가지로 금융정보분석원에 서면으로 금융정보를 요청하고 이를 제공받아 열람하는 것이며 통신정보 감청의 경우 현재 국정원에서 대공용의자에 대해 실시하고 있는 것을 테러용의자에 대해서도 실시하게 되는 것이므로 이 또한 통신비밀보호법에 따라 법원에서 사전영장을 청구하는 엄격한 절차에 따라 실시되는 것으로 하고 있기 때문에 국가정보원에 의한 인권침해와 권력 남용의 문제는 없을 것이라고 한다. http://likms.assembly.go.kr/bill/jsp/BillDetail.jsp?bill_id=PRC_W1M6L0E2W2U2M2W2F1M8Y3Z4S4J7V2 (본회의 심의정보 중 회의록).

가안보국(NSA)이 일반 시민의 통신기록을 무차별적으로 수집할 수 있었다.[6] 즉, 범죄 혐의자가 아님에도 불구하고 휴대폰을 사용하는 사람들의 통화내역과 위치정보까지 모니터링하는 것이 현실이었다.[7] 이러한 상황에서 미국 연방대법원은 최근 Riley v. California 사건 판결[8]에서 9명의 대법관의 일치된 의견으로 적법한 체포에 부수한 수색이라 할지라도 휴대폰에 대해서만큼은 영장 없이는 수색이 불가능하다고 하였다.[9] 적법한 체포에 부수하여 영장 없는 수색을 허용하는 선례는 유형적 물건에 대한 것이고 휴대폰에 저장되어 있는 디지털 내용물에 관한 한 그 적용이 없다는 점을 분명히 한 것이다. 피의자를 체포하는 경우에 휴대폰을 체포현장에서 영장 없이 압수·수색할 수 있을 것인지와 관련하여 Riley 판결은 우리 헌법 및 형사소송법의 해석에도 시사(示唆)하는 바가 있다.

이하에서는 연방헌법 수정 제4조의 수색 및 압수에 대한 영장주의와 그 예외를 살펴보고, 전통적인 영장주의의 예외가 휴대폰의 수색에도 적용될 것인가를 분석한다. 다음으로 휴대폰의 수색과 영장주의에 대한 최근 연방대법원의 Riley 판결의 법적 의의를 개관하고 기술의 진보와 더불어 새로운 법적 쟁점을 제공하는 노트북컴퓨터 등의 디지털기기에 대한 수색과 영장주의, 테러방지 등 국가안보를 위한 휴대폰 메타데이터(metadata)의 수집과 영장주의 등을 Riley 판결에 비추어 분석한 다음, 우리의 법해석에 대한 Riley 판결의 시사점을 살펴본다.

Ⅱ. 수색의 법리와 영장주의

1. 영장주의의 원칙

수정 제4조의 기초자들은 범죄행위의 존재를 의심할만한 구체적인 사실이 없음에도 불구하고 일반영장(general warrants) 또는 가택수색영장(writs of assistance)을 발부하던 식민

6 2015년 6월 미국 연방의회가 법원의 허가 없는 국가안보국의 대량 통신기록 수집을 금지하는 내용의 '미국자유법'(USA Freedom Act)을 통과시킴으로써 앞으로는 국가안보국 등 미국 정보기관이 시민을 상대로 무제한적으로 벌여온 도·감청이 금지된다. 미국자유법에 의하면 시민의 통신기록은 원칙적으로 통신회사만 보유하고, 정보기관은 집단이 아닌 개별 통신기록에 대해서만 법원 영장을 발부 받아 접근할 수 있게 된다. http://www.hankookilbo.com/v/29baa9a91629402198651c53386ddeee (2016. 2. 10. 검색).

7 국가가 이러한 모니터링의 결과를 이용할만한 합당한 이유, 즉 상당한 이유(probable cause)나 합리적인 의심(reasonable suspicion)도 없이 사용한다면 헌법 수정 제4조에 위반될 것이다. Christopher Slobogin, Cause to Believe What? The Importance of Defining a Search's Object — Or, How the ABA Would Analyze the NSA Metadata Surveillance Program, 66 OKLA. L. REV. 725, 729–30 (2014).

8 Riley v. California, 134 S. Ct. 2473 (2014).

9 Id. at 2488.

지 시절의 관행에 대응하기 위하여 수정 제4조를 입안하였다.[10] 즉, 수정 제4조의 입법취지는 범죄행위를 의심할만한 구체적인 사실에 의하여 뒷받침되는 영장에 의하지 아니하고는 개인의 프라이버시를 침해할 수 없도록 하기 위한 것이다.

수정 제4조가 입안되던 시기에는 가택 밖에서의 수색에 관한 법리가 거의 형성되어 있지 않았고, 따라서 헌법의 기초자들이 수정 제4조가 가택 이외의 범위에도 적용되어야 하는 것으로 의도하였는지는 분명하지 않다.[11] 그러나 연방대법원은 수정 제4조의 해석에 대한 광범위한 접근 방식을 취하여 법집행관은 가택 밖의 수색에서도 당연히 영장이 필요하다고 해석하고 있다.[12]

2. 수색에 대한 영장주의의 예외

(1) 체포에 부수한 수색

연방대법원은 개인의 신체를 수색하기 전에 경찰은 반드시 수색영장을 발부받아야 한다고 하면서도 영장주의의 예외를 인정하고 있다. 즉, "위급한 상황(exigent circumstances)"에서 증거를 보존하기 위하여 필요한 경우나 "적법한 체포에 부수한 수색(search incident to a lawful arrest)"으로서 법집행 경찰관의 안전의 보호나 증거의 인멸을 방지하기 위한 경우에 영장주의의 예외가 인정된다.[13]

Chimel v. California 사건[14]에서 연방대법원은 적법한 체포에 부수한 영장 없는 수색의 인정 여부에 관한 문제를 다루었다. Chimel 사건은 3명의 경찰관이 피의자의 집에서 체포영장의 집행을 고지하면서 집 내부를 두루 살펴볼 것을 요청하고 다락방과 차고 및 침실을 포함하여 1시간여 동안 수색한 끝에 몇 개의 물건을 압수한 사건이다.[15] 연방대법원은 피의자 집의 수색은 적법한 체포에 부수한 수색의 범위를 넘어선 것이고 따라서 이

---

10 수정 제4조의 요구는 상당 부분 식민지 시절의 가택수색영장의 경험과 일찍이 영국에서 사용된 일반영장 뼈아픈 경험에서 나온 것이다. United States v. Chadwick, 433 U.S. 1, 7–8 (1977).

11 즉, 법집행의 현실이나 사회적 가치의 변화와 입법취지를 어떻게 조화할 것인가는 어려운 문제이다. 오늘날의 환경은 여러 면에서 수정 제4조가 입안되던 당시와는 달라졌고, 따라서 수정 제4조가 변화된 환경에 어떻게 적용되어야 하는지가 분명하지 않다. David E. Steinberg, The Uses and Misuses of Fourth Amendment History, 10 U. PA. J. CONST. L. 581, 597–98 (2008).

12 Ashley B. Snyder, Comment, The Fourth Amendment and Warrantless Cell Phone Searches: When Is Your Cell Phone Protected?, 46 WAKE FOREST L. REV. 155, 160 (2011).

13 홍영기, 영장 없는 압수·수색의 합법성 기준 – 형사소송법 제216조 제1항 제2호 해석론, 고려법학 제63호, 2011.12, 125–126면; Matthew E. Orso, Cellular Phones, Warrantless Searches, and the New Frontier of Fourth Amendment Jurisprudence, 50 SANTA CLARA L. REV. 183, 200–01 (2010).

14 Chimel v. California, 395 U.S. 752 (1969).

15 Id. at 753–54.

수색과 압수는 불합리한 것으로 판시하였다.[16] 피의자를 체포할 때 경찰관은 피의자가 체포에 저항할 무기를 소지하고 있는지를 확인하거나 증거의 인멸을 방지하기 위하여 피체포자와 그 주위를 수색하는 것은 합리적이라고 할 수 있는바, Chimel 사건에서는 피의자가 체포될 당시에 다른 방에 있는 증거를 파괴할 염려가 없는 상황이었으므로 경찰관들이 수색영장도 없이 그렇게 광범위하게 집을 수색할 필요는 없었다는 것이다.[17]

나아가 연방대법원은 혐의자를 체포하면서 몸수색을 하여 상의 주머니에서 헤로인이 들어 있는 구겨진 담배갑을 찾아낸 United States v. Robinson 사건[18]에서는 "즉각적인 통제"의 개념을 통하여 적법한 체포에 부수한 수색의 예외를 설명하였다. 즉, 연방대법원은 이 사건에서 적법한 체포에 부수한 수색이 허용되는 범위와 체포된 사람을 즉각적으로 통제하기 위한 수색이 허용되는 범위를 설명하였다.[19] Robinson 판결을 통하여 적법한 체포에 부수한 수색의 범위가 확장되었다고 할 수 있으나 피체포자에 대한 즉각적인 통제의 범위가 무엇인지에 대하여 그 개념과 범위를 결정할 필요가 있다.

경찰관이 불법적인 물건이 들어 있는 것으로 의심되는 작은 군용 트렁크를 가지고 있는 사람을 즉각 체포하면서 그 트렁크를 경찰관의 지배하에 두었고, 그 트렁크 안에 폭발물이 들어 있다거나 피체포자가 증거를 파괴할만한 위험이 없는 상태임에도 불구하고 한 시간 반가량이 지난 후 수색영장 없이 트렁크를 수색한 United States v. Chadwick 사건[20]에서 연방대법원은 체포당시에 그 트렁크가 일단 경찰관의 배타적인 지배하에 있었으므로 그 트렁크로 인한 위급상황이 존재하지 않은 상태이고 따라서 즉각적인 통제의 필요성이 있다고 볼 수 없어 이러한 수색은 불합리하다고 판단하였다. 또한 비록 연방대법원이 합법적인 체포에 따른 피체포자의 주변 구역에 대한 수색을 인정하고 있지만, 이 사건에서는 체포와 그에 뒤따른 수색이 서로 연관성을 인정하기 어려울 만큼 시간적으로 간격이 있었다.[21] 즉, 그 수색은 체포행위에 부수한 수색이라고 할 수 없을 뿐 아니라 영장 없는 즉각적인 수색의 필요성을 뒷받침할 만한 위급상황도 존재하지 않았기 때문에 불합리한 수색이라는 것이 연방대법원의 판단이다. Chadwick 판결 이후에는 피체포자를 수색할 즉각적인 필요나 위급한 상황이 존재하는 경우에만 피체포자를 수색하고 압수하는 것이 합리적이고 유효한 것으로 인정된다.[22]

---

16 Id. at 768.
17 Id. at 762–63.
18 United States v. Robinson, 414 U.S. 218 (1973)
19 Id. at 236.
20 United States v. Chadwick, 433 U.S. 1 (1977)
21 Id. at 7, 15.
22 Nicholas De Sena, Note and Comment, Searches Incident to Arrest and the Aftermath of Arizona v. Gant — A

(2) 자동차 승차자의 체포에 부수한 수색의 특칙

Chimel 판결, Robinson 판결, Chadwick 판결 등은 혐의자를 적법하게 체포하면서 그에 부수하여 즉각적으로 피체포자를 통제하기 위하여 영장 없이 수색하고 압수할 수 있다고 판단하였지만, 체포에 부수한 자동차 관련 수색에 대해서는 아직 다루지 않았다. New York v. Belton 사건[23]은 연방대법원이 자동차 관련 수색의 분석을 시도한 사건으로서 경찰관이 혐의자를 체포한 다음 자동차를 수색하여 마리화나가 든 봉투와 코카인을 발견하여 압수한 사건이다.[24] 연방대법원은 이 사건에서 경찰관이 자동차에 타고 있는 사람을 체포할 때 그에 부수하여 자동차의 승차 공간(passenger compartment)도 수색할 수 있다고 판시하였다. 즉, 일단 체포를 할 때에는 피체포자의 손이 닿는 자동차 안의 잡용품함(glove compartment)이나 다른 포장용기(container)들을 수색함에 있어서 경찰관은 다른 정당한 사유를 추가적으로 제시할 필요가 없이 체포에 부수하여 수색을 할 수 있다는 것이다.[25]

Belton 판결이 선고된 지 21년이 지난 2009년에 연방대법원은 Arizona v. Gant 사건 판결[26]에서 자동차 승차자의 체포에 부수한 자동차의 수색이 언제나 영장 없이 가능한 것은 아니라고 하였다. 즉, 경찰관이 효력이 정지된 면허증을 소지하고 운전하던 피의자를 체포하여 경찰차의 뒷좌석에 가두고 자동차를 수색하여 권총 한 자루와 코카인 한 봉지를 찾아낸 이 사건에서 연방대법원은 Belton 판결의 법리를 거부하고, 영장의 요부(要否)는 자동차 안에 있던 물건들이 체포 당시에 피체포자의 즉각적인 통제의 범위 내에 있었느냐에 따라 달라진다고 함으로써 Chimel 판결의 법리를 적용하였다.

Chimel 판결에 의하면, 경찰관은 자동차에 타고 있는 사람을 체포하는 행위에 부수하여 영장 없이 자동차를 수색할 수 있는 경우는 오직 압수대상이 되는 물건이 피체포자의 손이 즉각 닿을 수 있는 범위 내에 있을 때에만 가능하고, 또한 자동차 안에 관련 증거가 있다고 믿을만한 합리적인 이유가 있을 때에만 가능하다. 연방대법원은 Gant 사건에서 체포된 혐의자는 경찰차에 억류되어 있으므로 피체포자가 자기의 자동차 안에 있는 증거를 파괴할 것이라고 믿는 것은 합리적이라고 할 수 없으므로 자동차의 수색이 불합리한 것으로 판단하였다.[27] 연방대법원은 자동차와 관련된 맥락에서는 Belton 판결에서 확립된 일반적인 법칙을 적용하기를 거부함으로써 적법한 체포에 부수한 영장 없는 자동차 수색의

Circuit Split as to Gant's Applicability to Non-Vehicular Searches, 33 PACE L. REV. 431, 435 (2013).

23 New York v. Belton, 453 U.S. 454 (1981).

24 Id. at 456.

25 Id. at 460-61.

26 Arizona v. Gant, 556 U.S. 332 (2009).

27 Id. at 343-44.

범위를 좁혔다. 그리하여 자동차 안에 있는 사람의 체포에 부수하여 영장 없이 자동차를 수색하는 것은 피체포자의 손이 닿는 범위 내의 자동차 내부나 자동차에 범죄행위의 증거가 있다고 믿을만한 합리적인 사유가 있는 경우에 한하여 가능하다는 법리가 확립되었다.[28]

3. 휴대폰의 수색과 영장주의

(1) 휴대폰과 포장용기(container)의 원칙

연방대법원은 Belton 판결에서 체포에 부수하여 자동차를 영장 없이 수색할 수 있는 범위를 획정(劃定)하는 문제와 관련하여, 피의자의 손이 닿는 범위 안에서 발견된 포장용기는 그 내용물을 수색할 수 있다고 하면서 "그 속에 다른 물건을 담을 수 있는 모든 물건"을 포장용기의 개념으로 정의하였다.[29] 2009년 Gant 판결 이후 Belton 판결이 확립한 적법한 체포에 부수한 영장 없는 수색의 원칙이 변경되었으나 "포장용기의 원칙"은 변경되지 않고 오늘날까지 적용되고 있다.[30] 위에서 본 바와 같이 경찰관은 체포에 부수하여 또는 급박한 상황에서 영장 없이도 물건을 수색하고 압수할 수 있는바, 이때의 물건이 자동차의 사물함처럼 물건을 담는 포장용기인 경우에는 영장 없이 수색하기 위해서 다시 그 속에 범죄의 증거가 존재한다고 믿을만한 "상당한 이유(probable cause)"가 있어야 한다고 함으로써 일정한 한계를 부가한다.[31] 이것이 포장용기의 원칙인바, 지금까지 하급법원에서는 지갑, 가방, 시건(施鍵)된 서류가방, 그리고 주소록 등이 포장용기로 분류되어 왔다.

여기서 정보를 저장하는 기기(機器)로서의 휴대폰을 포장용기와 같이 취급함으로써 "상당한 이유"가 존재한다면 경찰관은 영장 없이 수색할 수 있는가 하는 문제가 제기된다. State v. Smith 사건 판결[32]에서 오하이오주 항소법원은 휴대폰은 밀폐된 용기가 아니라고 판단한 바 있다. 즉, Belton 판결에서 정의한 포장용기의 개념을 오직 유형적인 물건을 담을 수 있는 물체만을 의미하는 것으로 이해함으로써 휴대폰은 밀폐된 포장용기가 아

---

28 Id. at 347, 351.

29 Belton, 453 U.S. at 460 n.4.

30 Belton 판결의 법리는 Gant 판결로 폐기되었으나 포장용기의 원칙은 영향을 받지 않았다. Joshua A. Engel, Doctrinal Collapse: Smart Phones Cause Courts To Reconsider Fourth Amendment Searches of Electronic Devices, 41 U. MEM. L. REV. 233, 245–46 (2010).

31 물건을 담는 용기의 개폐 여부에 불구하고 수색이 가능한 경우에 관한 설명으로는 Margaret M. Lawton, Warrantless Searches and Smartphones: Privacy in the Palm of Your Hand?, 16 UDC/DCSL L. REV. 89, 95 (2012); 자동차의 사물함에 관한 수색에 관하여는 Mina Ford, The Whole World Contained: How the Ubiquitous Use of Mobile Phones Undermines Your Right To Be Free from Unreasonable Searches and Seizures, 39 FLA. ST. U. L. REV. 1077, 1085–86 (2012) 참조.

32 State v. Smith, 920 N.E.2d 949 (Ohio 2009).

니라고 판단하였다.[33] 연방대법원도 Riley 판결에서 Smith 법원의 판단을 지지하여 휴대폰은 담배갑과 달리 물리적으로 다른 유형적인 물건을 담을 수 있는 밀폐된 용기가 아니라고 판단하였다.[34] 전통적인 포장용기와 휴대폰 사이에는 유형적·비유형적인 차이가 존재하기 때문에 오늘날의 휴대폰은 담배갑이나 사물함 또는 지갑과는 다르다고 보아야 한다. 즉, 개인의 휴대폰에 담겨 있는 프라이버시 이익은 개인의 지갑 속의 프라이버시 이익을 훨씬 능가하는 것이므로 휴대폰을 지갑과 같은 포장용기의 범주에서 제외하는 것은 휴대폰과 관련된 문제를 올바르게 평가할 수 있는 기초를 제공하는 것이 된다.[35] Smith 법원이 휴대폰을 포장용기의 분류에서 제외함으로써 올바른 첫걸음을 내디뎠다면 휴대폰이 포장용기가 아니라고 한 연방대법원의 최근 판결은 그러한 진보를 올바르게 받아들인 것이라 할 수 있다.[36]

(2) 휴대폰 수색에 대한 하급심의 견해 대립

과거의 법원들이 영장 없는 수색을 정당화하기 위하여 위급상황에서의 예외 뿐 아니라 적법한 체포에 부수한 수색이라는 예외를 인정해 온 바, Gant 판결 이후 피체포자의 손이 닿는 범위 내의 목적물인 경우에만 체포에 부수한 수색의 대상에 해당한다고 하여 영장 없는 수색의 범위가 상당히 좁아졌다.[37] 그렇다면 휴대폰의 경우도 "손이 닿는 범위"의 기준에 따라 영장 없이 수색할 수 있을 것인가 하는 문제가 제기되는바, 이 문제에 대하여 하급심 사이에는 의견이 대립되어 왔다.[38]

연방대법원의 판결이 있기 전까지 9개의 관할구역에서 휴대폰을 영장 없이 수색할 수 있다고 한 반면, 제1 항소법원, 플로리다주, 오하이오주 등은 휴대폰 수색에 영장이 필

33 오늘날 법원들은 수정 제4조가 프라이버시에 대한 개인의 합리적인 기대를 보호하는 것으로 이해하고 있으며, Smith 법원도 혐의자가 체포될 당시에 그의 휴대폰과 관련하여 프라이버시에 대한 합리적인 기대를 갖고 있었는지를 심리하였으나, 혐의자가 체포된 뒤에 휴대폰이 경찰관의 점유 하에 있었기 때문에 경찰관의 안전에 대한 위협이나 증거를 파괴할 위험이 존재하지 않았기 때문에 적법한 체포에 부수한 영장 없는 수색의 정당화 근거를 갖추지 못한 것으로 결론을 내렸다. Id. at 954–55.

34 Riley, 134 S. Ct. at 2491. 여기서 포장용기에 속하지 않는다면 휴대폰이란 도대체 무엇인가 하는 의문이 다시 제기되는바, 이러한 의문에 대하여 Smith 법원은 컴퓨터와 같이 정보를 저장하고 전달할 수 있는 휴대폰은 다른 카테고리로 분류하기 어려우므로 그냥 휴대폰으로 분류되어야 한다는 의견을 제시하고 있다. Smith, 920 N.E.2d at 955.

35 Orso, supra note 13, at 209.

36 Smith, 920 N.E.2d at 954; Riley, 134 S. Ct. at 2491.

37 Arizona v. Gant, 556 U.S. 332, 351 (2009).

38 예컨대, 캘리포니아주 대법원은 휴대폰을 포장용기로 보고 적법한 체포에 부수한 영장 없는 수색이 적법하다고 본 반면에 오하이오주 법원들은 휴대폰에 대하여 영장 없이 수색하는 것 자체가 불합리하다고 보았다. Matthew I. Lahana, Note, Destined To Collide: Modern Protests and Warrantless Cell Phone Search Exceptions, 22 S. CAL. REV. L. & SOC. JUST. 55, 61 (2012).

요하다고 하였다.[39] 제1항소법원은 코카인을 판매한 혐의로 피고인을 체포하면서 휴대폰을 압수·수색한 United States v. Wurie 사건[40]에서 휴대폰 정보를 영장 없이 수색하는 것은 허용되지 않는다고 판단하였다. 현대의 휴대폰이 개인적이고 사적인 정보를 포함하고 있음을 인정하고 적법한 체포를 하는 경우라 하여 언제나 경찰로 하여금 영장 없는 휴대폰 정보의 수색을 허용하는 것은 수많은 개인의 프라이버시에 대한 심각하고도 반복적인 위험을 야기하는 것이라고 보았기 때문이다.[41]

그러나 제7항소법원은 적법한 체포에 부수한 수색의 예외를 염두에 두고 영장 없는 휴대폰 수색을 유효한 것으로 보았다. 제7항소법원은 경찰관이 피고인의 몸에서 휴대폰 1대, 그의 자동차 트렁크에서 또 다른 휴대폰 2대를 압수한 United States v. Flores−Lopez 사건[42]에서 피고인을 마약 공급자라고 믿을만한 합리적인 이유가 있었다고 보았다. 현대의 휴대폰이 방대한 양의 정보를 저장하고 접근할 수 있다는 것을 인정하였으나, 이 사건에서는 경찰관은 피고인과의 연관성을 찾기 위하여 오직 휴대폰의 번호와 소지자의 이름만을 확인하고자 할 뿐이었기 때문에 적법한 체포에 부수하여 허용되는 수색으로서 유효하다고 하였다.[43] 또한 제5항소법원은 혐의자를 체포하면서 주된 용도가 업무용인 휴대폰을 압수한 United States v. Finley 사건[44]에서, 압수된 휴대폰이 업무용이므로 혐의자가 휴대폰에 대하여 프라이버시에 대한 합리적인 기대를 갖고 있지 않다는 국가의 주장에 대하여, 업무용 휴대폰에 대하여도 프라이버시에 대한 합리적인 기대를 인정할 수 있지만 수색 그 자체가 합리적이고 증거를 보존하기 위한 것이었기 때문에 체포에 부수한 수색으로서 유효하다고 판단하였다.[45]

(3) 연방대법원의 판단

연방대법원은 2014년 Riley 사건에 Wurie 사건[46]을 병합하여 휴대폰 정보의 수색에 대한 쟁점을 다루었다. Riley 사건은 효력이 정지된 면허증을 소지하고 번호판의 등록기간

---

39 Kashmir Hill, Where Police Can & Can't Snoop Through Your Phone, FORBES (July 31, 2013), http://www.forbes.com/sites/kashmirhill/2013/07/31/a−map−of−where−police−can−search−your−phone−when−they−arrest−you. (2016.1.31. 검색).

40 United States v. Wurie, 728 F.3d 1 (1st Cir. 2013).

41 Id. at 13−14.

42 United States v. Flores−Lopez, 670 F.3d 803 (7th Cir. 2012).

43 Id. at 807.

44 United States v. Finley, 477 F.3d 250 (5th Cir. 2007).

45 Id. at 259.

46 Wurie 사건은 경찰이 자동차에서 마약밀매를 하던 Brima Wurie를 체포하여 경찰서로 연행하고 그로부터 휴대폰 2개를 압수하여 통화기록 정보를 이용하여 약물과 무기를 찾아낸 사건이다.

이 지난 자동차를 운전하던 David Riley를 체포하고, 체포현장에서 스마트폰을 압수하여 수색하고 2시간 후 경찰서에서도 다시 수색한 결과 갱단의 총격에 연루된 증거를 찾아낸 사건이다.[47] 이 사건에서 연방대법원은 Chimel 판결, Robinson 판결, 그리고 Gant 판결의 법리에 근거하여 영장 없는 휴대폰 정보의 수색은 부당하고 헌법에 어긋난다는 결론을 내렸다.[48] 즉, 피체포자의 몸에서 발견된 휴대폰과 일반적인 물건 사이에는 양적으로 뿐만 아니라 질적으로 큰 차이가 있음을 인정하고 연방대법원은 개인의 프라이버시 문제가 국가의 이익보다 더 중요하다는 결론을 내린 것이다.

Ⅲ. Riley v. California 사건 판결의 의의

1. 휴대폰 수색에의 영장주의의 적용

위에서 본 바와 같이, 연방대법원은 Riley 판결에서 휴대폰 관련 정보의 수색에 대한 입장을 밝혔다. 즉, 연방대법원은 Robinson 판결에서 경찰은 범죄 혐의자의 체포현장에서 발견된 구겨진 담배갑을 영장 없이 수색할 수 있다고 판시하였으나,[49] Riley 판결에서는 적법한 체포에 부수한 영장 없는 수색의 법리를 휴대폰에 내장된 디지털 컨텐츠에 기계적으로 적용하는 것은 불합리하다고 하였다.[50] 적법한 체포에 부수하여 영장 없는 수색을 허용하는 선례는 유형적인 물체라는 맥락에서는 범죄수사의 필요성 및 경찰관의 보호와 혐의자의 인권보장 사이에 균형을 이루는 것이라고 할 수 있다. 그러나 휴대폰상의 디지털 컨텐츠와 관련해서는 경찰관의 보호와 증거파괴의 방지라는 논리는 그대로 적용될 수 없다고 하였다.[51] 그리하여 연방대법원의 입장은 위급한 상황과 같은 특수한 상황에서는 특정한 휴대폰에 대한 영장 없는 수색이 정당화된다고 할 것이나 단순히 혐의자를 체포할 당시에 발견된 휴대폰이라는 사실만으로는 그 속에 내장된 디지털 컨텐츠를 영장 없이 수색하는 것은 허용되지 않는다는 것이다.

---

47 경찰관은 스마트폰에서 정보를 검색하여 "CK"로 시작하는 범죄조직과 연계된 암호를 발견하고 그 스마트폰을 형사에게 인계한바, 스마트폰을 인수한 형사는 범죄조직 활동의 증거를 확보하기 위하여 그 내용을 수색하였다. Id. at 2480−81.

48 Riley, 134 S. Ct. at 2493.

49 Robinson, 414 U.S. at 236.

50 Riley, 134 S. Ct. at 2484.

51 즉, 법정의견을 집필한 Roberts 대법원장의 비유에 의하면, Robinson 판결에서 휴대폰에 저장된 모든 데이터를 수색하는 것과 유형적인 물품의 수색이 실질적으로 구별하기 어렵다고 하고 있으나, 이것은 말을 타고 달에 가는 것과 우주선으로 달에 가는 것과 실질적인 차이가 없다고 말하는 것과 같다고 한다. Id. at 2488.

연방대법원은 디지털 기기는 유형적인 물체와는 다음과 같은 두 가지 점에서 다르다는 점을 지적하였다. 첫째, 체포 당시에 드러나지 않은 유형적인 물체는 비록 사소한 것일지라도 법집행 경찰관에게 위험을 야기할 수 있지만 디지털 데이터와 관련해서는 알려지지 않은 정보라고 할지라도 유형적인 물체의 경우와 같은 위험을 야기하지 않기 때문에 경찰관에게 적법한 체포에 부수하여 영장 없는 수색을 허용한 법리는 디지털 컨텐츠의 맥락에서는 더 이상 적용될 수 없다는 점이다. 그리고 일단 경찰관이 휴대폰을 압수하여 점유를 확보하고 나면 더 이상 혐의자 자신이 범죄의 증거를 삭제할 위험도 존재하지 않는다.[52] 둘째, 오늘날 개인의 사회생활에서 휴대폰은 연방대법원이 예전의 사건에서 영장 없는 수색의 허용 여부를 다루었던 물건과는 비교가 안 될 정도로 고도의 프라이버시를 포함하고 있다는 점이다.[53] 그리하여 실제로 연방대법원의 Riley 판결이 법집행의 실효성을 떨어뜨릴 것이라는 것을 예견하면서도 프라이버시의 보호를 위해서는 영장주의의 적용이라는 대가를 치를 가치가 있다는 결론에 이르렀다.

2. 법집행관에 대한 명백한 지침의 제공

Riley 판결의 심리과정에서 휴대폰에 범죄행위의 증거가 포함되어 있다고 믿을만한 합리적인 이유가 있는 경우에는 체포에 부수하여 영장 없는 휴대폰 수색이 허용된다는 의견도 제시된 바가 있다.[54] 그러나 휴대폰에서 범죄의 증거가 발견될 수 있는 이유를 몇 가지 정도를 제시하지 못하는 법집행관은 없을 것이고, 그렇게 되면 경찰관의 영장 없는 휴대폰 수색행위는 거의 통제가 불가능하게 될 것이다. 이러한 점을 인식하고 연방대법원은 적법한 체포에 부수한 수색이라 할지라도 휴대폰의 경우에는 영장주의가 적용된다고 함으로써 법집행관에게 명확한 가이드라인을 제공하였다.[55] Riley 판결은 판결주문인 결론 때문이 아니라 법리적 변화를 설명하는 판결이유 때문에 수정 제4조 법리의 새로운 시작이 될 것으로 평가받고 있다.[56] Riley 판결은 새로운 기술이 문제가 되는 상황에서 경찰관뿐 아니라 수정 제4조를 적용하려는 법관들에게도 지침이 될 것이다.

---

52 Id. at 2485–86.

53 Id. at 2488–89.

54 Id. at 2491.

55 Alito 대법관도 법집행관은 적법한 체포에 부수한 수색에 관한 명확한 법칙을 필요로 한다고 함으로써 이 점을 분명히 하였다. Id. at 2497.

56 Richard M. Re, Symposium: Inaugurating the digital Fourth Amendment, SCOTUSBLOG (June 26, 2014. 12:37 PM), http:// www.scotusblog.com/2014/06/symposium–inaugurating–the–digital–fourth–amendment/ (2016. 1. 23. 검색). Re의 설명에 의하면 Riley 판결은 새로운 기술에 관한 한 하급법원들은 전(前) 디지털 시대의 견해는 그것이 대법원이 견해일지라도 너무 쉽게 따르지 말고 신중할 것을 고지하였음을 의미한다는 것이다.

3. 위급상황에서의 예외 ― 국가의 이익과 프라이버시의 조화

연방대법원은 디지털 정보의 수색을 통한 개인의 프라이버시 침해의 위험은 유형적인 물체의 수색을 통한 개인의 프라이버시 침해의 위험과는 그 수준이 다르다는 점을 인식하고 체포에 부수하여 휴대폰을 수색하는 데는 영장이 요구된다는 점을 분명히 하였으나,[57] 영장 없는 휴대폰 수색이 필요한 상황에 대처하기 위해서는 위급상황의 예외를 적용하여 대처할 수 있음을 시사하고 있다.[58] 즉, Riley 판결의 배경논리가 최종적인 것인지는 아직 단정할 수 없으나 적어도 휴대폰에 대한 영장 없는 수색의 여지는 남겨두었다. 즉, Riley 판결의 주장도 휴대폰에 저장된 정보가 수색을 받지 않는다는 것은 아니라 수색을 하기 전에 영장을 발부받아야 한다는 것이다. 따라서 체포에 부수한 수색의 전통적인 예외가 휴대폰에 그대로 적용되지는 않는다고 하더라도 개별적인 사건에서 증거의 급박한 파괴를 방지하기 위한 경우, 도망치는 혐의자를 추적하는 경우, 그리고 급박한 상해의 위협을 받고 있는 경우 등에 있어서는 여전히 특정한 휴대폰에 대하여 영장 없는 수색이 정당화될 수 있는 여지가 있다는 것이다.[59]

이러한 점에서 Riley 판결은 휴대폰 수색과 관련하여 프라이버시의 보호와 국가의 이익의 균형점을 성공적으로 설정하였다고 할 수 있다. Alito 대법관도 그의 동조의견에서 휴대폰은 범죄조직의 구성원들 간의 원활한 협력과 의사소통을 위한 중요한 수단이며 위험한 범죄에 대한 유력한 증거를 제공해 줄 수 있는 반면, 휴대폰은 그 자체의 성격상 매우 개인적인 신상정보를 포함하고 있기 때문에 법집행과 프라이버시 보호가 균형을 이룰 것이 요청된다고 하고 있다.[60]

Ⅳ. 기술의 진보와 영장주의

1. 프라이버시 기대 수준의 향상

수정 제4조 하에서 체포에 부수하여 영장 없는 휴대폰의 수색이 허용되는 것인지를

57 즉, 연방대법원의 입장은 휴대폰에 저장된 정보는 수색할 수 없다고 말하지는 않고 그 수색에 위급상황의 예외가 적용되지 않는다면 영장이 필요하다는 것이다. Riley, 134 S. Ct. at 2493.

58 위급한 상황은 휴대폰에 저장된 정보를 영장 없이 수색하는 것을 요구할 수 있다고 하고 있다. 즉, 적법한 체포에 부수한 수색의 예외가 적용되지 않더라도 다른 특수한 상황이 여전히 휴대폰을 영장 없이 수색하는 것을 정당화할 것이라고 하고 있다. Riley, 134 S. Ct. at 2494.

59 Riley, 134 S. Ct. at 2493–94.

60 Id. at 2496–97 (Alito, J., concurring).

결정함에 있어서는 프라이버시 이익을 정확하게 반영할 필요가 있다. 물론 휴대폰에 대한 프라이버시에는 휴대폰 자체에 대한 프라이버시 이익뿐만 아니라 휴대폰에 저장된 내용에 대한 프라이버시 이익이 포함된다.[61] 그러나 휴대폰의 유형과 그 속에 저장된 정보의 수준에 따라 프라이버시 이익을 다르게 볼 것은 아니다.[62] 즉, 휴대폰이 비록 비즈니스 목적으로 주로 사용되는 것이라 하여 그 휴대폰과 관련하여 프라이버시에 대한 합리적인 기대가 인정되지 않는 것은 아니다.[63]

그러나 상황에 따라서는 프라이버시 이익이 경찰관의 안전과 증거인멸의 방지라는 국가이익을 압도할 수도 있다는 점에서 국가의 이익과 프라이버시에 대한 개인의 기대 사이의 균형점은 휴대폰에 저장된 정보의 양과 성격을 반영해야 한다.[64] 과거의 법원들은 휴대폰을 수색할 국가의 이익은 개인의 프라이버시 언제나 이익을 능가한다고 보고 휴대폰 정보를 영장 없이 수색하는 것을 정당화하였다. 휴대폰 관련 기술은 Chimel 판결이나 Robinson 판결 당시만 해도 거의 상상할 수 없는 일이었다고 연방대법원이 스스로 고백한 바와 같이, 디지털 시대 이전의 판례는 급속한 기술의 진보가 제기한 이슈들과 마주치기 이전에 형성된 것이다.[65] 위에서 언급한 바와 같이 기술의 진보와 더불어 오늘날에는 휴대폰에 관한 프라이버시 이익의 기대 수준이 경찰관의 안전이나 증거의 보전이라는 국가의 이익을 능가하는 경우도 많은바, 이제는 휴대폰 수색에 대한 국가의 이익과 개인의 프라이버시 이익 사이의 균형점이 새로이 설정되어야 할 시점에 이르렀다고 할 수 있다.[66]

2. 휴대폰의 메타데이터 수집행위의 허용 여부

적법한 체포에 부수한 휴대폰의 수색이라는 맥락을 떠나서 국가의 이익이 중대한 경우라면 휴대폰과 관련한 개인의 프라이버시 이익을 감축시킬 수 있을 것인가 하는 것이

---

61 Orso, supra note 13, at 187

62 그러나 Katz 판결에서의 Harlan 대법관의 동조의견을 가이드라인으로 삼아 법원은 피체포자가 휴대폰에 대하여 합리적인 프라이버시의 기대를 가지고 있는지를 판단할 때에 휴대폰의 전체적인 성능이 아니라 휴대폰의 특수한 용도를 고려하여야 할 것이다. Katz 판결에서의 Harlan 대법관의 동조의견에 의하면, 법원은 개인이 프라이버시에 대한 주관적인 기대를 가지고 있는지와 그러한 주관적인 프라이버시에 대한 기대를 사회가 합리적인 것으로 인정하는지를 판단할 필요가 있다. Katz v. United States, 389 U.S. 347, 361 (1967) (Harlan, J., concurring).

63 United States v. Finley, 477 F.3d 250, 259 (5th Cir. 2007).

64 Wurie 판결에서 제1 항소법원은 휴대폰에 대한 개인의 프라이버시 이익이 중대하다는 것과 휴대폰이 방대한 양의 개인적인 정보를 저장할 수 있다는 점을 지적하였다. Wurie, 728 F.3d at 9.

65 Riley, 134 S. Ct. at 2494.

66 Jana L. Knott, Notes, Is There an App for That? Reexamining the Doctrine of Search Incident to Lawful Arrest in the Context of Cell Phones, 35 OKLA. CITY U. L. REV. 445, 447 (2010).

문제된다. 예를 들면, 국가의 안전과 관계되는 중대한 상황에서 휴대폰을 직접 수색하는 것이 아니라 원거리에서 모니터링하는 행위에도 영장이 필요하다고 할 것인지가 문제되는바,[67] Riley 판결은 휴대폰 이용자의 전화번호나 위치정보 등의 메타데이터의 수집행위나 노트북컴퓨터의 수색과 같이[68] 머지않아 연방대법원에서 다루어질 것으로 예상되는 유사사건에 영향을 미칠 가능성이 있다.

Smith v. Maryland 사건 판결[69]에서 연방대법원은 법집행관이 혐의자의 집에 발신전화를 기록하기 위하여 전화이용 상황 기록장치를 설치한 것은 수정 제4조 하에서의 수색에 해당하지 않는다고 판시하였다. 즉, 원고는 자기의 전화기에서 어떤 전화번호와 연결하여 통화를 하는지와 관련하여 프라이버시에 대한 합법적인 기대를 갖고 있지 않다는 것이다.[70] 지금까지 국가는 휴대폰 사용자의 통화기록과 위치정보의 기록 등 휴대폰의 메타데이터 수집을 Smith v. Maryland 사건 판결의 법리에 의존하였으나,[71] 최근에는 일반적인 유형물과 휴대폰을 동일시하기가 어렵다는 이유로 이 판결의 법리를 거부하기 시작하였다.

예컨대, 국가안보를 위해 5년간 휴대폰 정보를 보관하는 데이터베이스를 만들어 운영하는 국가의 메타데이터 수집프로그램이 문제가 된 Klayman v. Obama 사건[72]에서 국

67 Riley, 134 S. Ct. at 2492−93. 그러나 Smith v. Maryland 사건 판결에서는 전화회사가 전화를 건 사람이 돌린 전화번호를 수집하는 것은 수색이 아니라는 이유로 허용하였다. Smith v. Maryland, 442 U.S. 735 (1979). 또한 프라이버시에 초점을 둔 Riley 판결은 자동차의 운행을 원거리에서 모니터링하기 위하여 장기간 GPS 추적장치를 부착한 것은 수정 제4조가 금지하는 수색행위에 해당한다고 한 United States v. Jones 사건 판결의 침입이론(trespass theory)과 조화를 이룰 수 있을지도 분명하지 않다. 그리하여 휴대폰 정보에 대한 일반적인 프라이버시 이익은 물리적인 침입에 한정될 것인지, 국가가 원거리에서 정보를 추적하는 경우에는 프라이버시에 대한 기대가 감소될 것인지, 그리고 국가의 모니터링 기간이 짧았다면 허용될 수색이 모니터링 기간이 장기화됨으로써 수정 제4조에 위반한 것인지 등의 문제는 불확실한 채로 남아 있다. 한편, Jones 판결에서도 다수의견은 자동차에 기계장치를 유형적으로 설치한 것은 침입에 해당한다고 하였으나, 그 침입이 Katz 판결의 법리 하에서 자동차 점유자의 프라이버시에 대한 합리적인 기대를 위반하였는지 여부에 관하여는 명시적으로 다루지 않았다. United States v. Jones, 132 S. Ct. 945, 950 (2012). Katz 판결의 법리에 의하면, 프라이버시는 장소에 부여되는 것이 아니라 프라이버시에 대한 욕구를 나타내는 사람에게 부여되는 것이다. Katz, 389 U.S. at 351−52.

68 Riley 판결이 있기 두세 달 전에 연방대법원은 국경에서 시작된 노트북컴퓨터의 수색과 관련된 United States v. Cotterman 사건(709 F.3d 952, 957 (9th Cir. 2013))에 대하여 사건이송명령을 거부한 바 있으나(cert. denied, No. 13−186, 2014 WL 102985, at *1 (U.S. Jan. 13, 2014)), 이러한 종류의 사건은 머지않아 연방대법원이 심리대상이 될 것으로 예상되고 있다.

69 Smith v. Maryland, 442 U.S. 735 (1979).

70 Id. at 745. 즉, 전화기를 사용할 때 원고는 숫자에 관한 정보를 전화회사의 기술적 장치에 자발적으로 노출시키는 것이고, 그렇게 함으로써 원고는 전화회사가 그가 사용한 전화번호를 경찰에게 알릴지도 모른다는 위험을 인수한 것이 된다. 왜냐하면, 전화번호를 처리하는 전화교환기는 전화 가입자를 위하여 직접 이러한 작업을 하던 예전의 전화 교환수에 해당하기 때문이다. 이러한 연방대법원의 판결은 국가로 하여금 개인이 제3자에게 자발적으로 정보를 보낸 경우에는 그 정보가 개인적인 것이라 하더라도 영장 없이 수색하는 것을 허용하는바, 이른바 제3자의 원칙(third−party doctrine)에 부분적으로 근거를 두고 있다. Id. at 743−44.

71 Laura K. Donohue, Bulk Metadata Collection: Statutory and Constitutional Considerations, 37 HARV. J.L. & PUB. POL'Y 757, 866−67, 871 (2014).

72 Klayman v. Obama, 957 F. Supp. 2d 1 (D.D.C. 2013).

가의 감시능력, 시민들의 휴대폰 의존도, 그리고 국가안보국과 전기통신회사들 간의 관계 등 오늘날의 환경이 34년 전의 Smith v. Maryland 사건 판결 당시와는 완전히 달라졌음에도 불구하고, 단지 날짜만 기록하는 전화이용 상황 기록장치에 관한 법리가 여전히 적용될 수는 없다는 것이다.[73] 또한 최근 ACLU(미국시민자유연맹)가 국가안보국의 전화 메타데이터 수집 프로그램이 테러 예방을 위해 감청을 허용한 애국법 제215조의 범위를 넘어서는 것이어서 수정 헌법 수정 제4조에 위반된다고 주장한 ACLU v. Clapper 사건[74]에서, 연방 뉴욕 남부지방법원은 이 프로그램이 수정 제4조에 위반되지 않는다고 하였으나, 제2항소법원은 민간 통신기록을 장기간 대량 수집한 국가안보국의 전화 메타데이터 수집 프로그램은 애국법 제215조의 범위를 넘어서는 것으로서 위헌이라고 선언하였다.[75]

제11항소법원은 휴대폰의 위치정보를 수색하기 위해서는 영장이 필요하다고 한 반면에 제5항소법원은 휴대폰 사용자는 그들의 위치정보와 관련하여 프라이버시에 대한 합리적인 기대를 갖지 않기 때문에 영장이 필요하지 않다고 하였다.[76] 하급심의 이러한 논쟁은 궁극적으로 연방대법원의 개입으로 해결될 것인바, 이러한 문제에 대하여 Riley 판결의 법리를 유추해 본다면 영장에 의하지 않은 국가의 메타데이터 수집행위는 수정 제4조에 위반되는 것으로 판단하게 될 것이다. Riley 판결은 휴대폰은 적법한 체포에 부수한 영장 없는 수색의 예외가 일반적으로 적용되는 유형적인 물체가 아니며,[77] 휴대폰이 영장 없는 수색으로부터 보호되어야 하는 이유는 프라이버시 이익이 중대하기 때문이라는 데 초점을 두고 있다.[78] 비록 메타데이터의 수집이 원거리에서 이루어지기 때문에 어떤 면에서는 휴대폰을 직접 수색하는 경우에 비하여 프라이버시 이익을 덜 침해하는 것으로 여겨질 수도 있으나, 메타데이터는 아무런 혐의가 없는 휴대폰 이용자의 통화내역과 위치정보까지 기록한다는 데 심각한 문제가 있다.[79] 이러한 점에서 국가가 영장 없이 무차별적이고 장기

73 Id. at 31−32. 게다가 전화이용 상황 기록장치는 개인의 전화기로부터 사용된 번호만을 기록하는 데 비하여 메타데이터 수집은 매일 통화자의 위치를 알아낼 수 있는 상세한 통화기록에 대하여 전자복사까지 생성한다. 게다가 전화회사가 때에 따라 법집행에 협력하는 것은 합리적이라 할 수 있지만, 시민으로 하여금 모든 전화회사가 국가와 공동으로 정보를 수집할 것이라고 예기하라고 하는 것은 전혀 다른 문제이다. Id. at 32−33.

74 ACLU v. Clapper, 959 F. Supp. 2d 724 (S.D. N.Y. 2013).

75 785 F.3d 787, 43 Media L. Rep. (BNA) 1649 (2d Cir. 2015).

76 즉, 제11항소법원은 국가가 영장 없이 기지국의 위치정보를 수집하는 것은 휴대폰 이용자의 프라이버시에 대한 합리적 기대를 위반하는 것이라고 하고 있다. United States v. Davis, 754 F.3d 1205, 1215 (11th Cir. 2014). 반면에, 제5항소법원은 특정한 휴대폰에 대하여 위치정보를 수집하는 것은 결코 헌법에 어긋나는 것이 아니라고 하고 있다. In re Application of the United States for Historical Cell Site Data, 724 F.3d 600, 615 (5th Cir. 2013).

77 Riley, 134 S. Ct. at 2488−89.

78 Id. at 2494−95.

79 Donohue, supra note 71, at 759−60, 872. 국가는 표면상으로 무고한 사람들의 위치정보를 정규적으로 수집하고 있으며 2억9천만 명이 넘는 미국의 휴대폰 사용자들이 위치정보 감시의 위험 하에 놓여 있다. Susan

적으로 메타데이터를 수집하는 행위는 수정 제4조에 위반되는 것으로 보아야 할 것이다.

3. 노트북컴퓨터의 수색

최근에 뉴욕 동부지방법원(Eastern District of New York)은 Abidor v. Napolitano 사건 판결[80]에서 국경지대에서는 입국과 물품의 반입을 통제해야 하는 국가의 이익이 절대적으로 중요하다는 이유로 노트북컴퓨터에 대한 영장 없는 수색이 허용되는 것으로 판단하였다.[81] 그러나 제9항소법원은 United States v. Cotterman 사건 판결[82]에서 국경의 관리(官吏)가 노트북컴퓨터를 수색하기 위해서는 반드시 사전에 합리적인 의심을 가질 것이 필요하다고 판단하였다.[83]

국경지역에서는 자동차 내부의 유형적인 물건에 대한 영장 없는 수색이 경찰관의 안전[84]과 밀수품의 발견[85]이라는 이유로 적법한 체포에 부수한 수색과 비교적 유사하다는 이유로 전통적으로 정당화되어 왔다. 그러나 국경지역에서라 할지라도 범죄에 대한 아무런 혐의도 없이 노트북컴퓨터를 포함한 디지털기기를 수색하는 행위에 대하여는 Riley 판결의 법리가 적용되어야 할 것이다. Riley 법원이 올바르게 지적한 바와 같이, 디지털 기기 내에 저장된 방대한 양의 사적인 정보를 영장 없이 수색하게 되면 프라이버시의 침해는 훨씬 더 심각하게 된다.[86] 단순히 휴대폰이 존재한다는 것만으로 적법한 체포에 부수한 수색의 예외가 정당화되는 것이 아니듯이 국경지역에서의 노트북컴퓨터에 대한 영장 없는 수색이 정당화되기 위해서는 합리적 의심이 필요하다.

그러나 Riley 판결이 휴대폰의 경우에도 특수한 상황에서는 영장 없는 수색이 인정될 여지가 있다고 한 바와 같이, 국경지역에서도 국가의 이익이 중대한 경우에 경찰관의 안전이나 밀수품과 관련이 있는 범위,[87] 또는 프라이버시에 대한 합리적인 기대를 할 수 없는 범위에서 노트북컴퓨터에 대하여 영장 없이 수색할 수 있는 상황이 존재할 것이다.

우리 대법원은 컴퓨터 등 전자정보의 저장매체에 대한 수색에 영장주의가 당연히 적

Freiwald, Cell Phone Location Data and the Fourth Amendment: A Question of Law, Not Fact, 70 MD. L. REV. 681, 723−24 (2011).

80 Abidor v. Napolitano, 990 F. Supp. 2d 260 (E.D.N.Y. 2013).

81 Id. at 278.

82 United States v. Cotterman, 709 F.3d 952, 967−68 (9th Cir. 2013).

83 Id. at 967−68.

84 United States v. Brignoni−Ponce, 422 U.S. 873, 880−81 (1975).

85 United States v. Montoya de Hernandez, 473 U.S. 531, 537 (1985).

86 Riley, 134 S. Ct. at 2489.

87 United States v. Montoya de Hernandez, 473 U.S. 531, 537 (1985); United States v. Brignoni−Ponce, 422 U.S. 873, 880−81 (1975).

용되는 것으로 보고 수색의 범위와 방법을 엄격하게 제한하고 있다. 즉, 오늘날 기업 또는 개인의 업무는 컴퓨터나 서버 등 정보처리시스템 없이 유지되기 어려우며, 전자정보가 저장된 저장매체는 대부분 대용량이어서 압수·수색영장 발부의 사유로 된 범죄혐의와 관련이 없는 개인의 일상생활이나 기업경영에 관한 정보가 광범위하게 포함되어 있기 때문에, 이러한 전자정보에 대한 압수·수색은 사생활의 비밀과 자유, 정보에 대한 자기결정권, 재산권 등을 침해할 우려가 크므로 포괄적으로 이루어져서는 아니 되고 비례의 원칙에 따라 필요한 최소한의 범위 내에서 이루어져야 한다고 하고 있다. 따라서 수사기관의 전자정보에 대한 압수·수색은 원칙적으로 영장 발부의 사유로 된 범죄 혐의사실과 관련된 부분만을 문서 출력물로 수집하거나 수사기관이 휴대한 저장매체에 해당 파일을 복제하는 방식으로 이루어져야 하고, 저장매체 자체를 직접 반출하거나 그 저장매체에 들어 있는 전자파일 전부를 하드카피나 이미징 등 형태로 수사기관 사무실 등 외부로 반출하는 방식으로 압수·수색하는 것은 현장의 사정이나 전자정보의 대량성으로 인하여 관련 정보 획득에 긴 시간이 소요되거나 전문 인력에 의한 기술적 조치가 필요한 경우 등 범위를 정하여 출력 또는 복제하는 방법이 불가능하거나 압수의 목적을 달성하기에 현저히 곤란하다고 인정되는 때에 한하여 예외적으로 허용될 수 있을 뿐이라고 한다.[88] 따라서 수사기관 사무실 등으로 옮긴 저장매체에서 범죄 혐의와의 관련성에 대한 구분 없이 저장된 전자정보 중 임의로 문서출력 혹은 파일복사를 하는 행위는 특별한 사정이 없는 한 영장주의 등 원칙에 반하는 위법한 집행이 된다.[89]

2011년 7월에 형사소송법 제106조(압수), 제107조(우체물의 압수), 제109조(수색), 제114조(영장의 방식), 제215조(압수, 수색, 검증), 제218조의2(압수물의 환부, 가환부) 등의 일부 조문을 신설·개정하였으며, 특히 제106조, 제107조, 제215조에서는 압수·수색 등 영장을 청구함에 있어 그 필요성 이외에 사건과의 관련성을 소명하고 영장의 집행도 적법한 절차에 따라 최소한의 범위로 한정해야 함을 명문화하면서 컴퓨터용 디스크 등 정보저장매체의 압수·수색에 대한 구체적인 집행방법을 명시하였다. 그러나 컴퓨터용 디스크 등 디지털 정보에 대한 압수·수색을 명문화함에 있어서 전자정보의 관련성 여부를 판단하기 위한 구체적인 기준과 실효적 집행방법, 그리고 정보저장매체의 압수를 허용할 예외적 상황에 관한 판단기준과 절차 등을 제시하지 못한 측면이 문제점으로 지적되고 있다.[90]

---

88 대법원 2015. 7. 16. 자 2011모1839 결정 (공 2015하, 1274)

89 全承秀, 디지털 정보에 대한 압수수색영장의 집행 – 대법원 2011. 5. 26.자 2009모1190 결정 –, 法曹, vol.670, 2012.7, 242면.

90 獨孤智恩, 디지털정보 압수·수색에 대한 개정 형사소송법의 규제와 집행에 관한 연구, – 영장집행 시 제기되는 쟁점을 중심으로 –, 法曹, vol. 680, 2013. 5, 211면.

Ⅴ. 결 론

기술의 진보는 프라이버시의 보호문제와 관련하여 영장주의 원칙의 적용범위의 획정을 어렵게 한다. 미연방헌법 수정 제4조는 불합리한 수색과 압수로부터의 자유로울 권리가 있다는 것과 상당한 이유가 있을 경우에는 압수와 수색이 가능하다는 서로 상반되는 내용을 포함하고 있다.[91] 즉, 영장 없는 수색과 압수는 불합리한 것이지만 어떤 예외적인 상황 하에서는 영장 없는 수색과 압수도 가능하다는 것이다. 우리 헌법과 형사소송법도 영장 없는 압수와 수색으로부터 자유로울 권리가 있다는 것과 일정한 경우에는 영장 없이도 압수와 수색이 가능하다는 서로 상반되는 내용을 포함하고 있다. 여기서 영장 없이 압수 및 수색을 할 수 있는 국가의 권력과 영장에 의하지 않고는 압수나 수색을 당하지 않는다는 프라이버시에 대한 일반 국민의 기대의 보호 사이에 적절한 균형이 유지될 필요가 있다.

체포에 부수하여 영장 없는 수색이 인정될 것인가에 관하여 Chimel 판결은 경찰관의 안전보호와 증거의 보존 필요라는 정당화 사유를 제시하고 있다.

먼저 휴대폰과 관련하여 경찰관의 안전이라는 정당화 사유를 살펴보면, 휴대폰이 무기인지 아닌지는 쉽게 식별할 수 있을 뿐 아니라 휴대폰에 내장되어 있는 어떤 정보도 경찰관의 안전에 직접적으로 위협하지는 않는다는 것을 알 수 있다. 그렇다면 논쟁의 핵심은 증거인멸을 방지하기 위하여 체포에 부수하여 영장 없이 휴대폰을 수색하는 것이 허용되는가 하는 것인바, 언뜻 보기에는 휴대폰으로부터 데이터를 지워버리는 것은 범죄수사에 중요하고도 필요한 증거를 없애버리는 것이 되므로 증거인멸의 염려가 큰 것처럼 보인다. 그러나 대부분의 경우에는 체포당시 휴대폰은 이미 경찰의 지배하에 들어간 상황이기 때문에 체포 당시에 휴대폰의 내용을 수색하는 것이 반드시 필요하지도 않다.

이러한 견지에서 Riley 판결은 체포에 부수한 휴대폰의 수색에도 영장이 필요하다고 하였으며, 다만 개별적인 사건에서 증거의 급박한 파괴를 방지하기 위한 경우 등 위급한 상황에 있어서는 여전히 휴대폰에 대한 영장 없는 수색이 정당화될 수 있는 여지가 있다고 하였다. 그렇다면 비밀스러운 문자메시지, 이메일, 사진, 신용카드와 은행거래기록, 연락처 목록이나 통화기록 등 방대한 생활영역에서 고도의 프라이버시 이익을 보관하는 휴

91 U.S. CONST. amend. IV. “부당한 수색, 체포, 압수로 국민의 신체, 가택, 서류 및 통신의 안전을 침해해서는 안 된다. 체포, 수색, 압수에 필요한 영장은 상당한 근거를 갖추어야 하고, 선서 또는 확약으로 뒷받침되어야 하며, 특히 수색 장소, 체포할 사람이나 압수 물품을 반드시 기재해야 하며 이 조건을 갖추지 않으면 영장을 발급할 수 없다.”

대폰 컨텐츠의 수색은 위급한 상황이라는 특단의 사정이 없는 한 적법한 체포에 부수한 수색이라도 영장이 필요하다고 보아야 할 것이다.

우리의 경우는 경찰이 미신고 집회를 벌인 혐의자들을 연행하고 휴대폰을 영장 없이 압수하고 디지털포렌직으로 정보를 열람하겠다고 통보한 사건이 있었을 뿐 아직 적법한 체포에 부수한 영장 없는 수색에 대한 판례는 존재하지 않는다. 다만, 우리 대법원은 Riley 판결의 법리와 유사하게 영장에 의한 압수의 목적물인 전자정보가 대용량 저장매체에 무관정보들과 혼재되어 저장되어 있는 경우에 수사기관은 일정한 범위를 정해 탐색하는 등으로 유관정보를 선별하여 복제하거나 출력하는 방법으로 압수·수색하는 것이 원칙이고, 저장매체 또는 복제본을 그 소재지에서 외부로 반출하여 압수·수색하는 것은 예외적으로만 허용된다고 하면서 전자정보에 대한 압수·수색에서도 영장주의 원칙이 관철되어야 한다고 한다. 즉, 외적 특성을 통해 구별되는 종전의 일반적인 물건에 대한 압수·수색에 관한 제한이론만으로는 컴퓨터나 휴대전화기 등에 대용량으로 저장되어 있는 전자정보에 대한 부당한 압수·수색으로부터 헌법이 보장하는 국민의 기본적 인권을 제대로 지켜 낼 수 없기 때문에 전자정보에 대한 압수·수색에 있어서 영장주의의 정신을 살리기 위해서는 전자정보의 특성에 비추어 보다 세심한 접근이 필요하다고 한다.[92]

나아가 과연 법원이 휴대폰의 수색과 프라이버시 보호문제의 긴장관계에 관한 문제를 다루는 데 가장 적합한 조직인가 하는 것도 검토해 볼 문제이다. 오히려 입법부가 선결례에 구속될 필요 없이 기술의 팽창과 변화를 신속하게 반영할 수 있기 때문에 기술의 진보에 따른 프라이버시 보호라는 복잡한 문제의 해결에 보다 효과적인 조직일 수 있다. Alito 대법관도 휴대폰 관련 기술의 변화를 반영하여 연방의회나 주입법부가 휴대폰에 대한 압수와 수색에 관한 입법을 하는 것이 적절할 것이라고 지적하고 있다.[93] 휴대폰의 압수와 수색과 관련하여 적법한 체포에 부수한 수색의 예외의 목적과 범위 문제, 휴대폰을 포장용기로 볼 것인가 하는 문제, 그리고 휴대폰과 관련한 프라이버시 이익의 기대 수준의 문제 등은 입법부가 효과적으로 결정할 수 있는 문제에 해당한다고 볼 수 있다.

---

92 대법원 2015. 7. 16. 자 2011모1839 전원합의체 결정, [준항고인용결정에대한재항고][공2015하, 1274]. 우리 대법원이 예기한 바와 같이, 압수·수색의 목적물이 컴퓨터나 휴대폰 등 전자정보가 저장된 대용량의 저장매체일 경우, 그 안에는 수많은 문서, 동영상, 사진 등이 파일 형태로 저장되고 그 파일을 작성한 시간 및 인터넷 접속기록 등이 세세하게 기록될 수 있어서 향후 과학기술의 발전과 더불어 기존의 법률체계가 예상조차 할 수 없었던 엄청난 양의 정보가 담기게 될 가능성이 있고, 이는 영장주의에 관한 새로운 쟁점을 제기할 것이다.

93 기술의 발전을 고려할 때 21세기의 프라이버시 보호를 수정 제4조라는 무딘 도구를 사용하는 연방법원에 주로 의존하는 것은 대단히 불행한 일이 될 것이라고 한다. 국민에 의하여 선출된 대표로 구성되는 입법부가 지금 이미 일어났고 앞으로도 더욱 심화될 것이 분명한 기술변화에 보다 적절하게 대처할 수 있는 위치에 있다는 것이다. Riley, 134 S. Ct. at 2497 (Alito, J., concurring).

2016년 3월 3일자로 시행되는 「국민보호와 공공안전을 위한 테러방지법」 제9조는 국가정보원장으로 하여금 테러위험인물에 대하여 「통신비밀보호법」의 절차에 따라 통신이용 등 관련 정보를 수집할 수 있도록 하고 있고, 테러위험인물에 대하여 「개인정보 보호법」상 민감정보를 포함한 개인정보와 위치정보를 「위치정보의 보호 및 이용 등에 관한 법률」 제5조의 위치정보사업자에게 요구할 수 있도록 하고 있으며, 대테러활동에 필요한 정보나 자료를 수집하기 위하여 대테러조사 및 테러위험인물에 대한 추적을 할 수 있도록 하고 있다. 그러나 「통신비밀보호법」의 절차에 따라 합법적으로 타인간의 통신내용을 청취하는 감청이 예외적으로 필요한 경우에 행하여지더라도 감청의 성질상 필요한 범위에 한정되지 않고 모든 정보에 대하여 감청하게 되므로 이 조항은 테러위험인물이라는 이유로 일정한 자에 대하여 영장 없이 휴대폰을 포함한 통신 메타데이터의 수집을 허용하는 것에 해당할 수 있다. 미국에서 애국법 제215조에 근거를 둔 메타데이터 수집 프로그램의 위헌성이 문제되었던 가장 큰 이유는 메타데이터가 아무런 혐의가 없는 휴대폰 이용자의 통화내역과 위치정보까지 기록한다는 데 있었다. 즉, 아무런 혐의가 없는 경우에 국가의 무차별적이고 광범위한 정보의 수집을 허용한다는 것은 헌법 수정 제4조가 보장하는 부당한 수색 및 통신의 안전을 보장받을 인민의 권리와 조화될 수 없다는 것이었다.

이에 비하면, 「국민보호와 공공안전을 위한 테러방지법」 제9조는 '테러위험인물'에 대해서만 메타데이터 수집을 허용하는 것으로 볼 수 있다는 점에서 미국의 애국법 보다는 위헌성이 덜하다고 할 수 있다. 그러나 테러방지를 위한 국가의 책무 수행에 필요한 사항을 명확히 규정함으로써 테러로부터 국가의 안보 및 공공의 안전과 국민의 생명 및 재산을 보호한다는 입법취지에도 불구하고, 여전히 주관적일 수밖에 없는 기준에 의거하여 '테러위험인물'로 지목되어 통신 메타데이터를 수집당하는 근거가 될 수 있어 영장주의 원칙을 잠탈할 소지가 크다.

기술은 손바닥 크기보다 작은 물체인 휴대폰에 엄청난 양의 사적인 정보를 저장할 수 있는 시대를 열었다. 방대한 정보의 저장 용량을 자랑하며 한정된 가상의 공간에서 엄청난 정보접근성을 제공하는 휴대폰은 단순히 하나의 기술적 편의에 머무는 것이 아니라 프라이버시의 보관함 그 자체라고 할 수 있다. 디지털 형식의 프라이버시 권리를 수반하는 장래의 사건과 관련하여 공공의 이익을 위한 법집행이라는 국가의 이익과 개인의 프라이버시의 이익 사이에 적절한 균형을 달성하기 위해서는 휴대폰의 성능과 성격을 잘 이해하는 것이 필요하다. 즉, 휴대폰이 사회 구성원들 간의 원활한 협력과 의사소통을 위한 중요한 수단임과 동시에 휴대폰상의 정보가 위험한 범죄에 대한 유력한 증거도 제공해 준다는 양면성을 염두에 두어야 할 것이다.

"법의 미래는 제본된 책 속에서, 인쇄된 종이에서 발견되는 것이 아니라, 실리콘의 작은 조각에서, 광선의 흐름 속에서 그리고 수백만 마일의 전선과 케이블 속에서 찾아 볼 수 있다"[94]는 말은 디지털 시대의 기술혁신이 법의 세계에 유연하게 반영될 필요성이 있다는 것을 강조하는 의미로 이해된다.

94 M. Ethan Katsh/김유정(역), 디지털시대의 법제이론(LAW IN A DIGITAL WORLD), 디지털 사이언스 6, 나남출판사, 1997, 7−39면(사이버 가상공간의 문화) (하태영, 전자정보에 대한 압수·수색영장의 법적 근거와 영장집행의 적법성의 요건, 비교형사법연구 제13권 제2호, 2011, 454면 재인용).

<참고문헌>

1. 국내문헌

김혁돈, 영장 없는 압수수색과 관련한 대법원의 태도에 대한 고찰, 법학논고, 제50집, 2015.

全承秀, 디지털 정보에 대한 압수수색영장의 집행 – 대법원 2011. 5. 26.자 2009모1190 결정–, 法曹, vol.670, 2012.7.

獨孤智恩, 디지털정보 압수·수색에 대한 개정 형사소송법의 규제와 집행에 관한 연구 –영장 집행 시 제기되는 쟁점을 중심으로–, 法曹, vol. 680, 2013.5.

김영규, 미국 연방대법원의 "휴대폰에 저장된 개인정보 보호"에 대한 판결의 의의 –피체포자의 휴대폰에 저장된 정보의 영장 없는 수색 제한에 관한 RILEY 판결을 중심으로–, 형사정책연구, 제25권 제4호(통권 제100호), 2014·겨울.

홍영기, 영장 없는 압수·수색의 합법성 기준 –형사소송법 제216조 제1항 제2호 해석론, 고려법학 제63호, 2011.12.

하태영, 전자정보에 대한 압수·수색영장의 법적 근거와 영장집행의 적법성의 요건, 비교형사법연구 제13권 제2호, 2011.

2. 외국문헌

Ashley B. Snyder, Comment, The Fourth Amendment and Warrantless Cell Phone Searches: When Is Your Cell Phone Protected?, 46 WAKE FOREST L. REV. 155 (2011).

Christopher Slobogin, Cause to Believe What? The Importance of Defining a Search's Object — Or, How the ABA Would Analyze the NSA Metadata Surveillance Program, 66 OKLA. L. REV. 725 (2014).

David E. Steinberg, The Uses and Misuses of Fourth Amendment History, 10 U. PA. J. CONST. L. 581 (2008).

Jana L. Knott, Notes, Is There an App for That? Reexamining the Doctrine of Search Incident to Lawful Arrest in the Context of Cell Phones, 35 OKLA. CITY U. L. REV. 445 (2010).

Joshua A. Engel, Doctrinal Collapse: Smart Phones Cause Courts To Reconsider Fourth Amendment Searches of Electronic Devices, 41 U. MEM. L. REV. 233 (2010).

Laura K. Donohue, Bulk Metadata Collection: Statutory and Constitutional Considerations, 37 HARV. J.L. & PUB. POL'Y 757 (2014).

Margaret M. Lawton, Warrantless Searches and Smartphones: Privacy in the Palm of Your Hand?, 16 UDC/DCSL L. REV. 89 (2012).

Matthew E. Orso, Cellular Phones, Warrantless Searches, and the New Frontier of Fourth

Amendment Jurisprudence, 50 SANTA CLARA L. REV. 183 (2010).

Matthew I. Lahana, Note, Destined To Collide: Modern Protests and Warrantless Cell Phone Search Exceptions, 22 S. CAL. REV. L. & SOC. JUST. 55 (2012).

Mina Ford, The Whole World Contained: How the Ubiquitous Use of Mobile Phones Undermines Your Right To Be Free from Unreasonable Searches and Seizures, 39 FLA. ST. U. L. REV. 1077 (2012).

Nicholas De Sena, Note and Comment, Searches Incident to Arrest and the Aftermath of Arizona v. Gant — A Circuit Split as to Gant's Applicability to Non-Vehicular Searches, 33 PACE L. REV. 431 (2013).

Susan Freiwald, Cell Phone Location Data and the Fourth Amendment: A Question of Law, Not Fact, 70 MD. L. REV. 681 (2011).

21 표현의 자유와 명예의 보호*

–한국, 독일과 미국에서의 명예훼손 법리에 관한 헌법적 고찰과 비판을 겸하여–

한 수 웅**

Ⅰ. 머리말

헌법은 제21조 제1항에서 언론·출판의 자유를 국민의 기본권으로서 보장하면서, 한편으로는 같은 조 제4항에서 '언론·출판은 타인의 명예를 침해해서는 아니 되며, 타인의 명예를 침해한 때에는 피해자는 이에 대한 피해의 배상을 청구할 수 있다'고 하여 개인의 명예를 표현의 자유에 대하여 한계를 설정하는 헌법상의 법익으로 명시하고 있다.

명예훼손적 발언이 사적인 범위에서 행해진다면 일반적으로 그러한 발언은 제3자에 의하여 진지하게 받아들여지지 아니하고 그 효과도 작은 인적 범위에 제한되지만, 파급효과가 큰 언론 보도를 통하여 명예가 침해되는 경우, 당사자가 입는 피해는 막심하며, 언론보도로 인하여 한 인간이 지금까지 조성해온 사회적 주변 환경을 하루아침 사이에 박탈당할 수도 있다. 더욱이 문제되는 것은, 언론보도에 의한 침해효과가 도덕적 가치를 높게 평가하는 양심적인 사람에게 더욱 크다는 것이다. 이들에게 명예는 자유보다도 소중하고, 때로는 목숨보다도 소중할 수 있다.

한편, 명예를 훼손당하는 자는 명예를 침해하는 공격자에 대하여 처음부터 구조적으로 열세에 있다. 공격자는 자신의 자유를 능동적으로 행사하여 타인의 명예를 침해하는 시기, 방법, 정도 등을 결정하지만, 명예를 훼손당하는 자는 우선 일방적으로 당한 후 비로소 자신을 수동적으로 방어해야 한다. 게다가 명예에 의한 침해가 막강한 언론 매체를 통하여 공적으로 행해지는 경우, 언론에 자유롭게 접근할 수 없는 피해자의 열세는 거의 숙명적이다.

명예를 손상당한 자가 명예회복을 위한 구제수단을 밟는다고 하더라도, 피해자의 구조적 열세는 마찬가지이다. 명예를 훼손당한 자가 민·형사적 구제절차를 밟는 경우, 소송을 통하여 언론의 명예훼손적 발언이 또 한 번 일반 대중의 주목을 받게 되고, 이로써 명예훼손의 효과는 더욱 지속성을 띠게 된다. 즉 구제절차를 밟음으로써 오히려 그가 의도

* 위 논문은 저스티스, 한국법학원, 제84호(2005. 4) 21−52면에 게재된 논문을 일부 수정한 것임.
** 중앙대학교 법학전문대학원 교수, 법학박사.

하는 바와는 정반대의 효과를 보게 되는 경우가 드물지 않으며, 결국 명예훼손을 당하여 그 불을 끄고자 하는 것이 오히려 '불에 기름을 붓는 꼴'이 되고 마는 것이다. 따라서 명예가 손상된 자는 이를 감수하는 것이 오히려 현명할 수 있다. 그러나 다른 한편으로는 당사자가 소송을 제기하지 않는다면, 그에 대한 언론보도가 진실이라는 것을 인정하는 것으로 외부에 받아들여지게 된다.

결국, 언론에 의하여 한번 보도되면, 피해자가 어떠한 조치를 취하든 간에 회복이 불가능한 명예 침해를 받게 되며 권리구제절차를 통해서도 제대로 보호받을 수 없는 상황에 처하게 된다. 더욱이 명예훼손적 사실주장을 하는 자는 그 주장이 진실임을 입증해야 한다는 방향으로 입증책임의 원칙이 완화되거나 또는 역으로 피해자에게 입증책임이 돌아가는 경우, 피해자의 구조적 열세 및 무기의 불평등을 더욱 심화시키게 된다.

'표현의 자유와 명예보호'와 관련하여 수많은 문헌이 있으나, 종래의 문헌은 주로 미국의 판례를 소개하거나 미연방대법원의 법리를 바탕으로 표현의 자유를 일방적으로 강조하는 입장을 취하는 것이 대부분이었다. 이 글에서는 개인의 명예가 침해당하는 경우 일방적으로 표현의 자유에 우위를 부여하는 견해의 문제점을 지적하는데 그 주안점을 두고, 우선 명예의 보호의 헌법적 의미와 중요성을 확인한 뒤(아래 III.), 표현의 자유와 명예보호가 충돌하는 경우 법익형량의 원칙으로 적용되는 미국 연방대법원의 '표현의 자유의 우위 원칙'(아래 IV. 1.), 독일 연방헌법재판소의 '공적 토론의 경우 표현의 자유의 우위 추정의 원칙'(아래 IV. 2.), 영국의 '인격권 우위의 원칙'(아래 IV. 3.)을 살펴본 다음, 이어서 우리 헌법재판소의 판례, 특히 '김일성 사망 애도 편지 사건'에서의 판시내용에 관하여 비판적으로 검토해 보기로 한다(아래 IV. 4.).

Ⅱ. 표현의 자유와 명예의 보호의 관계

1. 양(兩) 기본권의 차이점

'명예'란, 표현의 자유, 직업의 자유, 종교의 자유 등과 같이 개인의 자유영역이나 자기결정의 영역을 국가의 간섭과 침해로부터 보호하는 기본권이 아니라, 인간의 생명권이나 신체불가침권과 유사하게 객관화될 수 있는 실질적 보호법익을 가진 기본권이다. 그러나 다른 한편으로는, 인간의 생명이나 신체의 불가침성은 기본권의 주체가 존재함으로써 그 자체로서 존재하는 반면, 개인의 명예는 사회적 접촉을 통하여 타인과의 관계에서 형성되는 것으로서, 자신의 인격에 대한 타인의 평가 및 그 표현을 통하여 오로지 타인과의 관계에서만 존재하는 것이다. 즉 명예란, 자신의 인격에 대한 사회적 평가라고 말할 수 있고, 명예훼손이란 사회적 평가를 저하시키는 행위를 말한다.

명예는 타인의 기본권행사에 의하여 침해되거나 위협받는 경우에 비로소 법적으로 문제되고 의미를 가지게 된다. 이러한 관점에서 볼 때, '표현의 자유'와 '명예' 사이에는 근본적인 차이가 있다. 표현의 자유의 경우, 기본권의 주체는 이를 적극적으로 행사하는 반면, 명예의 경우 기본권의 주체는 소극적으로 보호되고 방어된다. 명예는 행사하는 것이 아니라 보호받는 법익이기 때문에, 자신의 명예를 주장하는 자는 필연적으로 수동적·방어적 위치에 있게 된다.[1] 국가가 직접 공권력의 행사를 통하여 개인의 명예를 침해하는 예외적인 경우를 제외한다면, 개인의 명예에 대한 침해는 일반적으로 사인에 의한 침해이다. 그러므로 표현의 자유의 행사에 의하여 타인의 명예가 침해되는 경우, 제한되는 개인의 자유와 기본권의 제한을 통하여 달성하려는 국가 공익과의 비교형량의 문제가 아니라, 기본권 주체간의 분쟁이며 기본권 충돌의 문제인 것이다.

2. 방어권과 보호의무

따라서 기본권으로서의 명예가 문제되는 대부분의 경우, 국가 대(對) 개인의 관계가 문제되는 것이 아니라, 표현의 자유를 행사함으로써 타인의 명예를 손상시키는 기본권의 주체(침해자)와 자신의 명예가 침해당하였기 때문에 이를 방어하고자 하는 기본권의 주체(피해자) 그리고 국가의 삼각관계가 문제된다. 이 경우, 2인의 기본권 주체가 서로 분쟁관계에 있게 되며, '국가와의 관계에서' 각자 자신의 기본권을 주장할 수 있다. 타인의 명예를 침해하는 자는 가능하면 국가의 간섭을 받지 않고 자신의 생각과 의견을 자유롭게 표현하려고 하는 반면, 피해자는 국가에게 자신의 명예를 보호하고 침해자가 그의 자유행사에 있어서 헌법적으로 허용된 범위를 넘지 않도록 제재해 줄 것, 즉 국가의 간섭을 요구하는 것이다. 즉, 침해자는 국가권력에 대하여 자신의 대국가적 방어권을 주장함으로써 자신의 자유행사에 대하여 간섭하지 말 것, 즉 '소극적인 부작위'를 요구하는 반면, 피해자는 국가에 대하여 보호의무의 이행을 주장함으로써 그 의무의 실현을 위한 '적극적인 행위', 즉 자신의 명예보호를 위하여 간섭해 줄 것을 요구하는 것이다. 방어권은 국가로부터의 침해를 방지하는 것을 그 목적으로 하며, 반면에 보호의무는 사인으로부터의 침해를 방지하는 것을 그 목적으로 한다.[2]

---

1 Vgl. Isensee, Grundrecht auf Ehre, in: Festschrift für Kriele, 1997, S.39f.

2 보호의무에 관하여 한수웅, 입법부작위에 대한 헌법소원, 현대헌법학이론, 이명구 교수 화갑기념논문집, 1996, 710면 이하 참조.

그런데 방어권으로서의 '표현의 자유'는 법률의 매개 없이 그 자체로서 국가권력을 직접 구속하지만, 이에 대하여 '명예의 보호'라는 국가의 기본권보호의무의 이행은 법률에 의한 매개를 필요로 한다. 즉, 명예에 관한 기본권이 표현의 자유에 대한 한계로서 기능하기 위해서는 법률을 필요로 하는 것이다. 따라서 명예보호는 일차적으로 명예를 보호하는 법률을 제정하는 입법자와 그 법률을 적용하는 법적용기관의 과제이다. 입법을 통하여 비로소 명예를 침해하는 자에 대하여 법적 구속력 있는 금지명령이 규정되고, 행정청과 법원에게 징계조치를 취할 수 있는 권한이 부여된다.[3] 법률은 방어권인 '표현의 자유'에 대하여는 기본권의 한계로서 작용하지만, '명예 보호'에 대하여는 기본권보호의 수단이자 매개체로서 작용한다.

법원은 법적용기관으로서 헌법의 구속을 받고, 법률의 해석과 적용에 있어서, 특히 해석을 통하여 개괄조항이나 불확정 법개념 등을 구체화하는 과정에서 기본권을 비롯한 헌법의 기본결정을 내용적 지침으로서 고려해야 한다. 이에 따라 법원은 명예훼손적 표현을 계기로 명예를 보호하는 법률을 해석·적용하는 경우, 한편으로는 '표현의 자유'와 관련하여 가능하면 자유를 적게 제한할 것을 요구하는 '과잉제한금지의 원칙'을 헌법적 지침으로 삼아야 하고, 다른 한편으로는 '명예 보호'와 관련하여 국가가 개인의 명예를 너무 적게 보호해서는 안 된다는 '과소보호금지의 원칙'을 헌법적 지침으로 삼아야 한다.

Ⅲ. 명예 보호의 헌법적 근거 및 의미

1. 명예 보호의 헌법적 근거

헌법 제10조의 행복추구권은, 개인이 자신의 인격을 자유롭게 발현할 수 있고 자신의 삶을 스스로 독자적으로 형성할 수 있는 권리를 보장하는 포괄적인 기본권이다.[4] 인간이 인격을 자유롭게 발현하기 위해서는 자신이 원하는 대로 행동할 자유가 보장되어야 할 뿐만 아니라 개인이 인격을 자유롭게 발현할 수 있는 상태도 보장되어야 하므로, 행복추구권은 인격발현의 적극적 요소로서 '일반적 행동자유권'과 인격발현의 소극적 요소로서 '일반적 인격권'을 그 보장내용으로 하고 있다. 즉 인격의 자유로운 발현은 그의 기본조건으

3 명예를 보호하는 입법은 구체적으로, 명예훼손죄와 같은 형법규정, 명예훼손적 발언의 취소를 구하는 청구권, 명예침해행위를 사전적으로 방지하는 부작위청구권, 불법행위로 인한 손해배상청구권과 같은 사법적 규정, 반론보도청구권과 같은 언론법적 규정 등으로 나타난다.

4 행복추구권의 법적 성격 및 그 보장내용에 관하여 자세하게, 한수웅, 헌법상의 인격권, 헌법논총 제13집(2002), 626면 이하, 637면 이하 참조.

로서, '인간의 행위에 대한 보호'와 '인간의 사실적·법적 상태에 대한 보호'라는 이중적인 보호를 필요로 하는 것이다.

일반적 인격권의 보장내용은 '사생활의 보호'와 '사회적 인격상(人格像)에 관한 자기결정권'으로 나누어 볼 수 있다.[5] 인격의 자유로운 발현이 가능한 상태가 확보되기 위해서는, 한편으로는 인간이 독자적인 개성을 자율적으로 형성할 수 있는 개인적 생활영역인 '사생활의 보호'를 필요로 한다. 다른 한편으로는, 개인의 인격은 외부세계의 영향을 배제하는 사생활 영역뿐 아니라 사회 내에서 외부세계와의 접촉과 교류를 통하여 형성되고 발현되므로, 자유로운 인격발현을 위해서는 '사생활의 보호' 외에도 개인을 외부와의 관계, 즉 사회적 또는 공적 영역에서도 보호하는 다른 요소가 부가적으로 보장되어야 한다. 다시 말하자면, 인격의 자유로운 발현이 가능한 상태가 확보되기 위해서는, 개인이 자신의 사생활 영역을 외부에 공개할 것인지에 관하여 결정할 권리뿐만 아니라, 외부세계에 묘사되는 자신의 사회적 인격상에 관하여 스스로 결정할 권리가 함께 보장되어야 하는 것이다.[6] 개인의 인격은 사생활영역뿐만 아니라 사회 내에서, 즉 외부세계와의 접촉과 상호작용을 통하여 형성되고 발현되므로, 세상에 자신이 어떻게 묘사되는지에 관하여 결정할 권리는 개인이 외부 세계와의 관계에서 사회적으로 활동하면서 자신의 인격을 발현하기 위한 기본조건의 보장에 관한 것이다.

사회적 인격상에 관한 자기결정권에 속하는 것으로서, 명예의 보호를 비롯하여, 초상권, 성명권 및 자기가 한 말에 대한 권리, 언론보도에 의한 인격상의 왜곡에 대하여 방어할 수 있는 반론보도청구권, 사회에 복귀할 전과자의 권리 등을 들 수 있다. 이로써 명예의 보호는 헌법 제10조의 행복추구권과 인간의 존엄성 보장에 그 헌법적 근거를 두고 있는 '일반적 인격권'으로부터 파생하는 기본권이다.

2. 민주주의에 대한 명예보호의 헌법적 의미

명예의 보호는 사회 내에서 개인의 인격을 발현하기 위한 기본조건을 보장함으로써 인격의 자유로운 발현과 인간의 존엄성 보장에 기여하는 기본권일 뿐만 아니라, 또한 민주주의의 실현에 기여하는 기본권이다.

명예의 보호도 표현의 자유와 마찬가지로 민주주의를 구성하는 요소이다.[7] 일반 국민

5 이에 관하여 자세하게 한수웅, 헌법상의 인격권, 헌법논총 제13집(2002), 641면 이하 참조.

6 사회적 인격상에 관한 자기결정권에 관하여 한수웅, 헌법상의 인격권, 헌법논총 제13집(2002), 643면 이하, 660면 이하 참조.

7 Vgl. Kriele, Ehrenschutz und Meinungsfreiheit, NJW 1994, S.1898; Isensee, Grundrecht auf Ehre, S.37; Schmitt Glaeser, Meinungsfreiheit, Ehrenschutz und Toleranzgebot, NJW 1996, S.878; Ossenbühl, Medien zwischen

의 관심사에 관하여 공적으로 입장을 밝힘으로써 공적 토론에 참여하는 자는 그의 공적인 입장표명에 대하여 언론이나 타인으로부터 공적인 반응이 나오리라는 것을 예상해야 한다. 그런데 이와 같은 공적 반격에 의하여 명예가 침해되는 경우 법공동체에 의하여 개인의 명예가 보호되리라는 것을 신뢰할 수 있다면, 개인은 이러한 위험을 감수하고 공동체의 여론 형성에 참여하려고 할 것이다. 그러나 개인이 법질서에 의한 명예보호를 신뢰할 수 없다면, 그는 공적 토론에 참여함으로써 예측할 수 없는 위험에 처하게 된다. 더욱이, 명예를 보다 중시하기 때문에 타인의 명예훼손적 공격에 대하여 민감한 사람에게는 이러한 위험은 보다 위협적으로 작용할 것이고, 차라리 공적 토론의 과정에 참여하는 것을 포기하게끔 할 수 있다.[8]

그렇다면, 명예훼손적 표현에 대하여 엄격한 기준을 적용하여 제재를 가하는 경우에만 표현의 자유에 대한 위협적 효과가 발생하는 것이 아니라,[9] 명예보호가 제대로 이루어지지 않는 경우에도 표현의 자유에 대한 동일한 위협적 효과가 발생하는 것이다.[10] 명예가 제대로 보호받지 못하는 사회에서는 개인의 명예가 훼손되더라도 사법적(司法的)으로 이에 대하여 방어할 가능성이 거의 없다는 것을 일반 국민이 알기 때문에, 많은 사람이 자신의 솔직한 발언을 꺼리거나 포기하든지 또는 사회가 요구하는 바를 고려하여 자기 내부의 검열을 거쳐 발언을 하게 된다. 국가가 자신의 명예를 보호해 주리라는 믿음이 존재하지 않는 사회에서, 개인이 공적 토론에 참여하는 것이나 다수의 의견과 다른 견해를 공적으로 표명하는 것은 용기를 필요로 할 뿐만 아니라, 큰 위험부담을 안고 있기 때문에 일반 국민은 이를 주저하게 되며, 결국 다양한 사고의 자유로운 경합을 통하여 진리를 발견하고자 하는 민주적 의견형성과정이 크게 저해된다. 이러한 사회에서는 정치적 영역에서의 표현의 자유가 타인의 법익을 고려하지 않고 자신의 견해를 관철하고자 하는 개인이나 강력한 언론, 사회단체의 전유물이 될 위험이 있다.

그러므로 명예가 제대로 보호되지 않는 사회에서는 명예를 침해당한 자가 구체적 사건에서 명예를 보호받지 못한다는 것을 넘어서, 일반국민에 미치는 전반적인 파급효과, 즉 민주주의의 불가결한 요소인 자유로운 의견교환과정에 대한 위축적 효과가 발생한다. 결국, 법공동체가 개인의 명예를 제대로 보호하지 못한다는 것은, 공적 생활 또는 공적 토

Macht und Recht, JZ 1995, S.636.

8 그러나 이러한 경우 더욱 문제되는 것은, 위와 같은 사람들은 일반적으로 명예를 보다 중시하는 사람들이며 법과 정의, 진실에 대한 감각이 남보다 뚜렷한 사람들이기 때문에, 이들의 적극적인 참여가 민주주의의 발전을 위하여 보다 요청되고 바람직하다는 것이다.

9 표현의 자유에 대한 위축적 효과에 관하여 아래 IV. 2. 가. (2) 참조.

10 위 각주 7)의 문헌 참조.

론에 적극적으로 참여할 의사가 있는 많은 사람들이 민주적 의사형성과정에 참여하는 것을 막는 결과를 가져오는 것이다. 이러한 관점에서 명예의 보호는 자유로운 의견교환과정에 대한 한계일 뿐 아니라 동시에 민주주의를 구성하는 중요한 요소인 것이다.[11] 따라서 효과적인 명예보호도 표현의 자유와 동등하게 민주주의가 제대로 기능하기 위한 기본조건에 속한다.

Ⅳ. 표현의 자유와 명예보호의 법익형량의 문제

표현의 자유를 제한하는 법규정의 해석과 적용에 있어서, 제한되는 '표현의 자유'와 그 법규정에 의하여 보호되고 실현되는 '법익' 사이의 비교형량이 이루어진다. 표현의 자유와 충돌하는 법익은 명예의 보호뿐만 아니라 청소년 보호, 재산권, 직업의 자유, 행형, 기업 내의 평화 등 다양하다. 표현의 자유와 명예의 보호가 서로 충돌하는 경우, 헌법상 양 법익간의 우위관계가 존재하는지 또는 법익교량의 일반적 기준이 존재하는지의 문제가 제기된다.

1. 미국 연방대법원의 '표현의 자유의 우위 원칙'

(1) 표현의 자유의 일반적 우위

'표현의 자유의 우위 원칙'이란, 표현의 자유와 명예보호가 서로 충돌하는 경우 상충하는 법익간의 교량이 개별적인 경우마다 구체적으로 이루어지는 것이 아니라, 표현의 자유가 인격권에 일반적으로 우선한다는 원칙에 따라 법익교량이 이루어지는 것을 말한다. 미연방대법원은 판례를 통하여 '공적인 토론의 경우, 표현의 자유가 명예의 보호에 대하여 우위를 차지한다'는 원칙을 확립하였다.[12]

---

11 Vgl. Schmitt Glaeser, NJW 1996, S.879.

12 표현의 자유와 명예보호에 관한 미연방대법원의 판례 경향에 관하여 vgl. Grimm, Die Meinungsfreiheit in der Rechtsprechung des Bundesverfassungsgerichts, NJW 1995, S.1701f.; Stadler, Persönlichkeitsrecht contra Medienfreiheit－Zivilrechtliche Aspekte der Kontroverse in den U.S.A., JZ 1989, S.1084 ff.; Stürner, Die verlorene Ehre des Bundesbürgers, JZ 1994, S.868 ff.; Frowein, Reform durch Meinungsfreiheit, AöR 105(1980), S.176 f.; Kommers, Kann das Deutsche Verfassungsrechtsdenken Vorbild für die Vereinigten Staaten sein?, Der Staat 1998, S.344 f.; Kübler, Öffentlichkeit als Tribunal? －Zum Konflikt zwischen Medienfreiheit und Ehrenschutz－, JZ 1984, S.542, 545; 한국문헌으로는 염규호, 공직자와 명예훼손 －미국 언론법의 '현실적 악의'를 중심으로－, 언론중재 1999년 겨울호, 82면 이하 및 언론중재 2000년 봄호, 62면 이하; 한위수, 공인에 대한 명예훼손의 비교법적 일고찰, 저스티스 2002/10, 131면 이하; 김민중, 원고의 신분과 명예훼손법리의 적용, 언론중재 2000년 여름호, 18면 이하.

(가) 표현의 자유와 명예보호가 충돌하는 경우[13]: 현실적 악의의 원칙

19세기 초부터 명예훼손적 출판물에 의한 언론의 책임은 무과실책임 또는 엄격책임(strict liability)의 원칙에 의하여 판단되었다.[14] 그러나 1964년의 연방대법원 판결(New York v. Sullivan)은 명예훼손 법제의 결정적인 전환을 가져 왔다.[15] 표현의 자유를 규정하는 수정헌법 제1조는 1791년에 제정되었으나, 언론의 사법상(私法上) 책임과 관련해서는 1964년의 위 판결에서 비로소 결정적인 역할을 하게 되었다.

연방대법원은 위 판결에서, '공직자'(public official)에 대하여 그의 직무와 관련되어 명예훼손적인 허위사실이 주장된다면, 언론이 '현실적 악의'(actual malice)를 가지고, 즉 그 사실이 허위인 것을 알면서 또는 진위여부에 관한 무모할 정도의 무관심을 가지고[16] 보도하였다는 것을 공직자가 입증하는 경우에만 손해배상을 받을 수 있다고 판시하였다. 위 판결에서 연방대법원은 종래 표현의 자유에 대한 제한의 위헌여부를 판단하는 심사기준인 '명백하고도 현존하는 위험'의 기준을 적용하지 않았고, 그 대신 민주주의에서 언론의 자유와 여론형성과정의 중요성 및 그 보장의 필요성을 강조하였다. 연방대법원은 '현실적 악의'의 요건을 공직자(공무원과 공직에 출마한 후보자)뿐만 아니라 일반적으로 '공적 인물'(public figure), 즉 그의 지위나 특정 사건으로 인하여 공적 관심의 대상이 된 모든 사람

---

13 표현의 자유가 공익과 충돌하는 경우, 미연방대법원은 Schenck 사건[Schenck v. U.S., 249 U.S. 47(1919)] 이후 '명백하고 현존하는 위험'(clear and present danger)의 기준을 적용하고 있다. 그러나 표현의 자유가 명예보호와 충돌하는 경우, 즉 기본권과 기본권이 서로 충돌하는 경우에는 위 기준을 적용하지 않고 있다, 명백하고 현존하는 위험의 기준과 관련된 미연방대법원 판례의 변화에 관하여 vgl. Frowein, Reform durch Meinungsfreiheit, AöR 105(1980), S.172 ff.; 한국문헌으로는 예컨대 권영성, 헌법학원론, 2003, 485면 이하.

14 오늘의 영국법제가 아직도 고수하는 바와 같이, 언론의 명예훼손적 발언은 私法上 위험성 폭발물이나 위험한 동물과 같은 차원에 있는 것으로 간주되어, 언론은 자신의 행위에 대하여 무과실책임을 져야 했다. 즉, 원고는 단지 그의 명예를 훼손하는 사실이 주장되었다는 것만을 주장하면 되었고, 피고가 자신 주장의 진실성을 입증할 수 없거나 특별한 면책특권(Privilege)를 주장할 수 없는 경우에는 그의 책임여부와 관계없이 손해배상을 명하였다. 그 경우 원고는 그의 손해를 주장할 필요도 입증할 필요도 없었고, 손해는 추정되고 'jury'에 의하여 사정되었다. 원고의 악의(malice)가 인정되는 경우 징벌적 손해배상도 명할 수 있었다, vgl. Stadler, JZ 1989, S.1086; 염규호, 공직자와 명예훼손 −미국 언론법의 '현실적 악의'를 중심으로−, 언론중재 1999년 겨울호, 85면 참조.

15 New York v. Sullivan, 376 U.S. 254(1964), 원래 19세기 초 이래 적용되던 common law에 의하면 명예훼손적 주장이 허위라는 것이 원고에게 유리하게 추정되기 때문에, 진실성의 입증은 피고가 손해배상청구에 대항하는 전통적인 방어수단이었다. 따라서 원고는 사실의 허위성을 주장만 할 뿐, 입증할 필요가 없었다. 그러나 위 판결에 의하여 입증책임이 원고에게 부과되었다. 그런데 위 판결에서 원고에게 피고의 책임, 즉 'actual malice'의 존재에 대한 입증책임을 전가한다는 것은, '사실주장이 객관적으로 허위라는 것도 원고가 입증해야 한다'는 것을 그 전제로 한다. 즉 원고는 '피고가 허위사실을 actual malice를 가지고 주장했다'는 것을 입증해야 한다, vgl. Stadler, JZ 1989, S.1090 f.

16 한국 문헌에서는 일반적으로 '현실적 악의'로 번역하나, 'actual malice'란 사실이 허위인줄 알면서도 허위사실을 주장하거나, 조금만 주의를 기울여도 사실이 허위라는 것을 알 수 있음에도 불구하고 주장의 진실여부를 전혀 고려하지 않는 경우를 말하는 것으로서, 인식의 문제이지 이를 넘어 피고에게 손해를 입히려는 악의의 문제가 아니다.

에게도 확대하여 적용하였다.[17]

그 이후 연방대법원의 판례는 우선적으로 '공적 인물'이라는 원고의 지위를 기준으로 삼으면서도, 한편으로는 판결이유에서 '공적 관심사에 관한 토론의 경우 언론은 보다 보호받아야 한다'는 방향으로 점차 발언의 내용을 고려하는 경향을 보이다가, 1971년의 판결에서 피해자의 지위가 아니라 발언내용에 따라 구분하는 '공적 관심사'(public interest)의 기준으로 심사기준을 전환함으로써, 언론의 자유가 극대화되는 소위 '언론의 황금시대'를 맞게 되었다.[18] 이에 따라 사인의 경우에도 보도내용이 공적 관심사에 해당하는 한, 사인인 피해자가 언론의 '현실적 악의'를 입증해야 한다고 판시함으로써, 피해자의 지위가 아니라 보도내용의 성격을 결정적인 기준으로 삼는 '공적 관심사'의 기준을 확립하였다. 이로써, 언론이 단지 공적 관심사에 관하여 보도한다는 것만으로 언론의 책임을 현저하게 제한하는 '현실적 악의' 요건의 적용을 받게 되었다.

그러나 1974년 연방대법원은 'Gertz v. welch 사건'에서 '공적 관심사'의 기준을 포기하고, 다시 '공적 인물과 사인'이라는 피해자의 지위에 따른 구분을 기준으로 삼아 판단하는 종래의 판례로 회귀하였다.[19] 이러한 판례의 전환을 가져온 근본적인 이유는, 사인은 공적 인물과는 달리 언론매체에 접근할 수 있는 가능성을 가지고 있지 않으며, 스스로 자발적으로 일반 국민의 주목을 받고자 한 것이 아니라는 것에 있다. 'Gertz v. welch 사건'에서 밝힌 기본원칙은 지금까지 명예훼손적 사실주장을 판단하는 결정적인 기준이 되고 있다.

(나) 미국에서의 명예보호에 관한 법제: 공적 인물과 사인의 구분

미국에서의 명예보호에 관한 법제의 기본출발점은 '공적 인물'(public figure)과 '사인'(private person)의 구분이다. 원고가 공적 인물 또는 사인인지에 따라 피고에게 인정되어야 하는 책임의 형태가 달라진다. 또한, 연방대법원의 판례에 의하면 의견표명은 거의 절대적인 보호를 받으므로, 명예훼손적 표현이 사실주장(fact)인지 또는 의견(opinion)인지의 구분도 중요하다.

가) 사실주장의 경우, 미연방대법원은 공적 인물과 사인을 구분하여 타인을 비하하는 발언을 그에 따라 달리 판단하였다.

공적 인물의 경우 그의 직무와 관련되어 명예훼손적인 허위사실이 주장된다면, 언론

---

17 Curtis Publishing Co. v. Butts, 338 U.S. 130(1967).

18 Rosenbloom v. Metromedia, 403 U.S. 29(1971), 구체적인 판결내용에 관하여 한위수, 공인에 대한 명예훼손의 비교법적 일고찰, 저스티스 2002/10, 136면 참조.

19 Gertz v. welch, 418 U.S. 323(1974), 구체적인 판결내용에 관하여 한위수, 위 논문, 137면 참조.

이 '현실적 악의'를 가지고 허위사실을 주장하는 경우에 한하여 손해배상의 청구가 가능하며, 명예를 훼손당한 공적 인물이 이를 입증해야 한다. 이 경우, 손해는 추정되고 (presumed damages) 'jury'에 의하여 평가되는데, '현실적 악의'가 인정된다면 항상 징벌적 손해배상(punitive damages)이 가능하다.

그에 대하여 사인의 경우, 언론이 단지 과실로 허위사실을 주장했다는 것을 입증할 수 있다면, 손해배상의 청구가 가능하다. 사인이 명예를 훼손당한 경우에는 손해가 추정되는 것이 아니라 손해의 발생을 입증하는 것이 필요하다. 단지 '현실적 악의'가 존재하는 경우에 한하여 사인의 경우에도 손해가 추정되고 징벌적 손해배상이 가능하다.

따라서 언론에 대한 소송의 승소여부는 결정적으로 원고가 '공적 인물'에 해당하는지 여부에 달려 있으며, 공적 인물의 경우 승소가능성이 매우 희박하다. 60년대 중반에서 70년대 중반까지는 그의 행위에 대하여 '공적 관심'(public interest)이 존재하는 모든 사람을 '공적 인물'로 간주했으나,[20] 그 이후 연방대법원은 언론의 광범위한 책임 면제를 다시 제한하는 방향으로 판례를 수정함으로써, '자신을 방어하기 위하여 언론매체에 대한 접근가능성을 가지고 있고 스스로 일반대중의 주목을 받도록 한 사람' 만을 '공적 인물'로 판단하였다.[21]

나) 이와는 달리, 평가적 의견표명에 대하여는 일반적으로 명예의 보호를 거의 기대할 수 없다. 미국 수정헌법 제1조("의회는 표현의 자유나 언론의 자유 … 를 제한하는 법률을 제정해서는 안 된다") 하에서 잘못된 사고란 있을 수 없으며, 견해가 얼마나 유해하든지 간에, 견해의 타당성을 판단함에 있어서 법관의 양심을 신뢰하는 것이 아니라 다른 사고와의 경쟁과정을 신뢰해야 한다는 것이 연방대법원의 기본입장이다.[22]

공적 인물의 경우, 개인의 평가적 의견표명은 상대방을 어느 정도로 비하하고 어떠한 손해를 입히는지와 관계없이 항상 이를 수인해야 한다. 연방대법원의 판례에 의하면 공적 인물의 경우 '비방 그 자체를 목적으로 하는 비판'에 대해서도 거의 보호를 받지 못한다.[23]

---

20 Rosenbloom v. Metromedia 403 U.S. 29 (1971).

21 Gertz v. Welch 418 U.S. 323 (1974).

22 Gertz v. Welch 418 U.S. 323, 340.

23 Hustler Magazine v. Falwell, 485 U.S. 46, 'Hustler' 잡지가 일반대중에 잘 알려진 성직자 Falwell의 권위를 파괴하고 그를 위선자로 만들기 위하여, Campari 주의 광고 선전을 변형하여 그를 술주정꾼으로 묘사하면서 자신의 모와의 근친상간을 범한 것을 인정하는 문구를 그가 말하는 것처럼 써 넣은 풍자를 게재하였고, 이에 대하여 Falwell이 제기한 소송에서, 전심법원은 '그가 비록 공적 인물에 속하지만 수인해야 할 표현의 한계를 넘었다'고 판단하였으나, 연방대법원은 '근친상간을 범하는 술주정꾼으로 풍자한 것은 상스럽고 저속하지만, 제한을 전혀 받지 않는 사상의 자유시장이 진리를 추구하고 공익실현에 기여하기 때문에 저속한 표현도 수인되어야 하며, 위 사건에서는 actual malice가 없다'고 하여 언론의 자유를 보호하였다. 연방대법원은 위 결정에서 사실주장에 의한 명예훼손의 요건인 'actual malice'를 'defamation'뿐이 아니라 'invasion of privacy'에도 확대하였다.

한편, 사인의 경우에는 'intentional infliction of emotional distress'의 경우, 즉 독일 법제의 '비방을 목적으로 하는 비판'과 유사한 경우에는 손해배상을 청구할 수 있다.

다) 명예를 침해하는 언론보도에 대한 구제제도에 있어서도, 미국의 법제는 단지 금전배상청구권만을 인정할 뿐, 사전적 구제절차나 정정(취소)청구권, 반론보도청구권 등을 두고 있지 않다.[24] 미연방대법원의 견해에 의하면, 특히 반론권은 언론의 자유에 위반된다고 한다. 다만, 방송매체의 경우 주파수의 부족으로 인하여 인쇄매체처럼 견해의 다양성을 보장할 수 없기 때문에, '공격당하는 자에게 미리 이를 사전에 알리고 반론의 기회를 제공해야 할 의무를 부과하는 것'(personal attack rule)은 합헌이라고 판단하였다.[25]

(2) '표현의 자유의 우위' 원칙의 이념적 바탕으로서 '사상의 자유시장이론'

미국 연방대법원의 '표현의 자유의 우위(優位) 원칙'은 소위 '사상(思想)의 자유시장이론(自由市場理論)'[26]에 그 사상적 바탕을 두고 있다. 어떠한 견해나 사상이 옳고 그른지 또는 가치 있고 가치 없는 것인지에 관하여 평가하고 결정하는 것은 일차적으로 국가권력이나 특정 심급이 아니라 누구에게나 개방되어 있는 사상의 자유시장이며, 비록 유해한 사상이나 표현이라도 그 해악의 교정은 국가의 개입에 의해서가 아니라 우선적으로 다양한 의견의 경합을 통하여 이루어져야 한다는 믿음이 바로 '사상의 자유시장이론'이다. 이에 따라 '사상의 자유시장이론'에는 다양한 견해의 자유경쟁이 진실을 발견하고 공익을 실현하는 방향으로 발전한다는 확고한 신념이 기초되어 있다. 표현의 자유로부터 발생하는 위험에 대처하는 유일한 처방은 '강요된 침묵'이 아니라 '보다 다양한 발언'이라는 것이다.

결국, 사상의 자유시장이론은 '자유를 통한 진리발견'의 사고이다. 진리란 국가권력, 특히 사법절차를 통하여 밝혀지는 것이 아니라, 사상의 자유시장에서 진리발견을 위한 투쟁과정인 다양한 사상 간의 자유경쟁을 통하여 실현된다는 사고이다. 진리와 자유는 상호의존관계에 있으며, 국가의 규제가 없는 상태에서 가장 잘 실현될 수 있고, 자유·진리·정의를 보장하는 것은 일차적으로 법원이 아니라 사회 스스로이며, 법원의 판결은 진리와 정의를 위한 투쟁에서 단지 하나의 경기규칙일 뿐이라는 것이다. 이러한 사고는 진리의 발견과정에 있어서 사법적 절차보다는 당연히 여론과 공개토론에 보다 큰 의미를 부여한다.

24 Vgl. Stürner, Die verlorene Ehre des Bundesbürgers, JZ 1994, S.869.

25 그러나 근래의 기술의 발전으로 인하여 이는 설득력이 없는 논거이다.

26 Vgl. Grimm, Die Meinungsfreiheit in der Rechtsprechung des Bundesverfassungsgerichts, NJW 1995, S.1702; Stürner, Die verlorene Ehre des Bundesbürgers, JZ 1994, S.869; 한국문헌으로는 이인호, "뉴미디어의 발전과 언론자유법의 새로운 전개", 헌법논총 제8집, 1997, 374-375; 헌재 1998. 4. 30. 95헌가16, 판례집 10-1, 339-340.

그러므로 개인의 명예 등 보호법익이 표현의 자유에 의하여 침해되는 경우에도 침해당하는 개인 스스로가 다시금 표현의 자유의 잠재적 수혜자이며 국가에 의하여 표현의 자유가 규제되는 사회에서는 더욱 나쁜 상황에 처하게 되리라는 점에서, 개인은 타인에 의한 표현의 자유의 행사를 수인해야 한다는 것이다. 그 결과, 사상의 자유시장이론은, '표현의 자유는 인격권과 충돌하는 경우 개별적인 사건마다의 구체적인 법익형량과 관계없이 일반적인 우위를 누린다'는 '표현의 자유의 우위 원칙'으로 구체화된다.

미국의 권리구제제도에서도 언론의 자유의 총체적인 우위가 그대로 드러난다. 미국의 권리구제제도의 특징은, 국가가 언론의 자유에 대하여 직접적인 제한을 가하는 것이 아니라 단지 금전적 배상을 명함으로써 언론의 행위를 간접적으로 규제하고자 하는데 있다. 이에 따라 언론에 대한 모든 사전적(事前的) 구제수단이 인정되지 않고, 사후적으로도 취소청구권과 같은 원상회복청구권이 존재하지 않는 것은 당연하다.

(3) 비 판[27]

자유를 통하여 스스로 진리에 도달한다고 하는 미국식 '표현의 자유'의 이념은 기본적으로는 타당하지만, 부분적으로 매우 불완전하며 비현실적이라는 점에서 보완의 필요성이 있다.

진리가 사회구성원 누구나의 자유행사를 통하여 실현된다고 하는 사고는, 누구나가 다양한 의견과 사상의 자유로운 교환과정인 '사상의 자유시장'에 동등하게 참여할 수 있는 가능성을 가지고 있다는 것을 그 전제로 한다. 즉 누구나가 사상의 자유시장에 접근할 수 있는 가능성을 어느 정도 동등하게 가지고 있는 경우에만, '사상의 자유시장이론' 또는 '자유를 통한 진리발견'의 이론이 제대로 기능할 수 있다. 따라서 사상의 자유경쟁에 있어서 경쟁에 참여하는 자 사이의 어느 정도의 세력균형이 이루어진 경우에만 비로소 진정한 의미에서의 경쟁이 가능하다. 다양한 견해가 경합하는 경우, 경쟁자 사이의 경쟁조건의 평등은 경쟁의 산물인 '진리의 타당성'을 확보하기 위한 필수조건이다. 국가가 공정한 경쟁조건을 마련해 주지 않는다면, 사상의 경쟁을 통하여 진리의 발견이 아니라 언론의 자유를 적극적으로 활용하는 사회적 강자의 견해만이 관철되는 결과를 가져올 뿐이다. 경쟁지상주의를 표명하면서 말(馬)이 없는 자에게도 경마에 참여할 것을 권유하는 것은 상당히 냉소적이며 이상적인 사고이다. 뿐만 아니라, 다양한 사고의 자유로운 경쟁은 공정한

---

27 '현실적 악의 원칙'에 대해서는 이미 미국 내에서도 많은 비판이 제기되고 있다(이에 관하여 Stadler, JZ 1989, S.1092; 염규호, 언론중재 1999년 겨울호, 84면 및 2000년 봄호 75면 이하 참조). 그러나 여기서는 개괄적이고 본질적인 비판에 한정하기로 한다.

경쟁을 가능하게 하는 최소한의 규칙을 필요로 하며, 이에 속하는 불가결한 것이 바로 국가에 의한 적절한 명예보호이다.

특히, 타당한 견해의 관철과 진리의 발견이라는 궁극적인 목적을 위하여 '다양한 사상의 자유로운 경쟁'이란 이념을 표현의 자유에 대한 이해의 출발점으로 삼으면서, 언론매체에의 접근가능성의 불평등을 어느 정도 해소할 수 있는 제도인 '반론보도청구권'을 위헌적인 것으로 부정하는 것은 그 출발점이나 기본이념과 부합하지 않는다.[28] 언론에 의하여 개인의 명예가 침해되는 경우, 강력한 언론기관과 명예를 침해당한 개인 사이에 존재하는 경쟁조건의 차이는 명백하며, 이러한 점에서 경쟁의 왜곡을 교정할 수 있는 반론보도청구권의 근본적인 의미가 더욱 뚜렷하게 드러난다.

언론에 의하여 명예를 손상당한 자는 진리의 발견을 위한 공정한 경쟁의 관점에서 반론보도를 청구할 수 있는 권리를 가져야 한다. 언론보도를 통하여 인격권을 침해당한 자가 자기의 표현을 통하여 그 보도내용에 대처할 수 있는 '반론보도청구권'이 인정되지 않는 경우, 자유로운 의견형성의 과정이 저해될 뿐만 아니라, 명예가 침해된 자는 인격권과 자기결정권의 주체가 아니라 의견형성과정의 단순한 객체나 언론보도의 단순한 대상으로 전락한다. 미국의 법제는 손해배상청구권을 인정함으로써 경쟁의 왜곡을 교정하고자 시도하나, 금전배상에 의한 언론의 징계가 재정적으로 강력한 언론에 대해서는 큰 효과가 없는 반면, 재정이 취약한 언론에 대해서는 그 존립을 위협할 수도 있다는 점에서, 금전배상을 통하여 언론기관의 행위를 어느 정도로 조종하고 유도할 수 있는지 금전배상의 징계효과에 대하여 진지한 의문이 제기된다.

2. 독일 연방헌법재판소의 '공적 토론의 경우 표현의 자유의 우위 추정의 원칙'

(1) 개별적 경우에 대한 구체적 법익형량의 원칙

미국 연방대법원의 경우, 표현의 자유가 진실발견의 관점이나 국민주권·자기통치에 대하여 가지는 객관적인 의미를 출발점으로 삼아, 표현의 자유에 원칙적인 우위를 부여하는 일반적인 결정을 내린 반면, 독일 연방헌법재판소는 민주주의에서의 의견교환과정에서 차지하는 표현의 자유의 중요성을 강조하면서도, 표현의 자유에 의하여 타인의 기본권이 침해되는 경우 개별적 사건마다 상충하는 법익간의 구체적인 교량과정을 요청하고 있다.[29]

28 Vgl. Stürner, JZ 1994, S.875.
29 Vgl. Grimm, NJW 1995, S.1702; ders. ZRP-Rechtsgespräch, ZRP 1994, S.277ff.

이에 따라 표현의 자유와 인격권 중에서 어떠한 법익도 처음부터 일반적인 우위를 주장할 수 없으나, 구체적인 법익교량과정의 지침으로서 '공적 토론의 경우에는 표현의 자유의 우위가 추정된다는 원칙'을 확립하였다.[30] 또한, 독일 연방헌법재판소는 의견과 사실주장을 구분하여, 가치판단적 발언에 대해서는 명예를 거의 보호하지 않으며, 사실주장에 대해서도 단지 제한적으로만 명예를 보호하는 판례를 형성하였다.

(가) 가치판단(의견)과 사실주장의 구분

우선, 연방헌법재판소는 발언의 내용을 가치판단(의견)인지 아니면 사실주장인지에 따라 구분하여 법익형량의 과정에서 차이를 두고 있다.[31]

위와 같이 구분하는 이유는, 표현의 자유에 의하여 침해되는 법익에 대한 위험성의 정도가 발언의 내용이 가치판단인지 또는 사실주장인지에 따라 상이하다고 판단하기 때문이다. 즉 가치판단의 경우, 발언자의 주관적 견해에 대하여 상대방이 거리를 두고 나름대로 의견을 형성하거나 자신의 의견을 유지하는 것이 용이하지만, 이와 달리 사실주장은 객관적 진실의 형태를 취하여 사실에 근거한 특별한 설득력과 증명력의 지지를 받기 때문에, 상대방이 그에 거리를 두고 독자적으로 판단하는 것이 용이하지 않으며, 발언자보다 정확한 정보를 가지고 있지 않는 한, 발언을 그대로 받아들이는 상황에 처하게 된다고 한다.[32] 이러한 점에서 사실주장은 일반적으로 발언에 의하여 침해되는 법익에 대한 한층 더 큰 위협으로서 작용하므로, 사실주장에 대해서는 다른 법익이 보다 보호될 필요가 있다는 것이다.

가) 가치판단적 의견표명의 경우

위와 같은 이유에서 가치판단적 발언(의견표명)의 경우, 명예의 보호를 거의 기대할 수 없다.

① 다만, 발언이 인간의 존엄성을 침해하거나[33] 또는 전적으로 비방을 목적으로 하는

---

30 Vgl. Scholz/Konrad, AöR 123(1998), S.102ff.; Kriele, NJW 1994, S.1898; Schmitt Glaeser, NJW 1996, S.874; 이에 관한 한국 문헌으로는 손원선, 독일법상의 언론·출판의 자유와 명예 내지 인격권의 보호, 민사법학 17호, 1999, 432면 이하.

31 Vgl. Mager, Meinungsfreiheit und Ehrenschutz von Soldaten, Jura 1996, S.406f.; Grimm, NJW 1995, S.1702ff.; Stürner, JZ 1994, S.867f.; Scholz/Konrad, AöR 123(1998), S.107ff.

32 Vgl. BVerfGE 54, 208, 217(Böll).

33 BVerfGE 75, 369, 380(Strauß–Karikatur), 미연방대법원의 Falwell 사건과 매우 유사한 사건으로서, 어떤 풍자잡지의 만화에서 당시 바이에른 州 수상인 'Strauß'가 소송에서 승소한 것을 암시하기 위하여 그가 법복을 입은 다른 돼지들과 교미하는 돼지로 묘사되었는데, 연방헌법재판소는 Strauß의 인간존엄성을 침해하는 명예훼손을 인정하였다, 미국의 Hustler Magazine v. Falwell 사건과 독일의 Strauß Karikatur 사건을 비교한 것으로 Nolte, Falwell vs. Strauß: Die rechtlichen Grenzen politischer Satire in den USA und der Bundesrepublik, EuGRZ 1988, S.253 ff.

경우[34]에 한하여 예외적으로 인격권의 보호가 우위를 차지한다. 그러나 연방헌법재판소는 '비방을 목적으로 하는 발언'의 개념을 매우 좁게 해석함으로써, 발언이 타인을 비하하는 내용을 담고 있는 것만으로는 불충분하고, 발언이 사안에 관한 논쟁을 위한 것이 아니라 전적으로 개인에 대한 비하에 그치는 경우에 한하여 '비방을 목적으로 하는 비판'(Schmähkritik)으로서의 성격을 인정하고 있다.[35] 의견의 표명이 여론형성에 있어서 중요하다는 관점에서, 비하적 의견표명은 '비방을 목적으로 하는 비판'의 한계까지 관대하게 허용된다는 것이다.

② 인간의 존엄성을 침해하거나 비방적 의견표명이 문제되지 않는 그 외의 영역에서는, 개별적 경우의 구체적인 상황을 고려하여 표현의 자유와 인격권을 서로 법익형량해야 하는데, 이 경우 문제되는 발언이 포함된 의견교환과정의 전체적 연관관계, 특히 동기와 반응을 고려해야 한다.

법익형량과정에서 고려해야 할 관점으로는 특히, 명예훼손을 당한 자가 반격하는 경우인지의 관점(반격의 관점), 명예훼손을 당한 자가 자발적으로 자신의 자유결정에 의하여 공적 토론에 참여했는지의 관점(토론참여의 자발성의 관점)을 들 수 있다. 연방헌법재판소의 판례에 의하면, 반격은 경우에 따라 공격과 달리 판단되어야 하고, 스스로의 결정에 의하여 공적 논쟁에 자발적으로 참여하는 자는 본인의 의사와 관계없이 공적 논쟁에 끌려든 사람보다 많은 것을 수인해야 한다.[36]

---

34 Vgl. BVerfGE 61, 1, 12(Henscheid 對 Böll 사건), Henscheid가 노벨문학상 수상작가인 Heinrich Böll의 작품인 '그리고 아무말도 하지 않았다'에 대한 문예비평에서 작가인 Böll을 "가장 기만적이고 부패한 작가"로, 그의 작품들을 "역겨운 오물"이라고 칭한 사건에서, 연방헌법재판소는 위 비평의 명예훼손적 성격을 판단함에 있어서 '전적으로 작가 개인에 대한 비하적 표현으로 가득 차있고 소설의 내용과의 연관성을 전혀 인식할 수 없다'고 판시하여 유일하게 '비방적 비판'의 성격을 인정하였다.

35 Vgl. BVerfGE 82, 272(Zwangsdemokraten: 억지로 민주주의자가 된 자), Giordano는, 독일의 민주주의가 반민주적 흐름에 대하여 어느 정도로 면역력이 있는지에 관한 대담에서, "독일에서 민주적 의식이 전반적으로 확고하게 자리를 잡은 것으로 본다"고 하면서, "그러나 권위적인 지도자를 은밀하게 그리워하는 세력이 있고, 정치인 중에도 단지 정치적 상황의 압력을 받아 민주적인 척하지만 민주적으로 사고하지 않는 사람들이 있는데, 이와 같이 강제로 민주주의자가 된 사람들의 예로서 당시 바이에른 州의 수상인 Strauß를 들 수 있다"고 발언하였다. 위와 같은 발언에 대하여 Strauß가 제기한 소송에서 민사법원은 '비방을 목적으로 한 비판'(Schmähkritik)을 인정하였으나, 연방헌법재판소는 '민사법원이 그와 같은 발언을 Schmähkritik으로 판단함으로써 표현의 자유를 침해하였다'고 판시하였다. 연방헌법재판소에 의하면, 발언이 사안에 관한 실질적 토론과 전혀 관계없이 단지 상대방을 비하하려는 것이라면 비로소 '비방을 목적으로 하는 비판'으로 간주될 수 있는데, 이 사건의 경우 문제되는 발언이 비록 Strauß를 비하하고 그의 명예를 손상한다고 하더라도, 그 발언은 독일의 민주주의가 어느 정도로 저항력이 있는가 하는 독일의 민주주의 상태에 관한 진지한 토론의 범주에서 행해진 발언으로서 Strauß 개인의 비하에 그치는 것이 아니기 때문에, Schmähkritik으로 볼 수 없다고 판단하였다. 그러나 연방헌법재판소의 판례에 의한다면, 공적 관심사안에 관한 토론의 형태를 취한다면 그 과정에서 타인의 명예를 얼마든지 침해해도 된다는 결론에 도달한다. 전적으로 타인을 비하하는 발언은 현실에서 거의 찾아 볼 수 없기 때문이다.

36 BVerfGE 12, 113, 126ff.(Schmid/Spiegel); 54, 129, 138(Kunstkritik).

소위 '반격권(反擊權)'과 관련하여, 연방헌법재판소는 '거칠게 공적으로 공격당한 사람은 자극적 발언이 범람하는 언론풍토에서 자신의 발언에 대한 공적인 관심을 끌기 위하여 마찬가지로 강력하게 그에 대응하여 반격할 권리가 있다'고 판시하였고,[37] 한 보 더 나아가, '반격권은 상호적 명예훼손이나 직접적인 선행적 명예훼손을 전제로 하는 것이 아니라, 반격하는 상대방이 비록 개인적으로 공격당하지는 않았지만 제3자의 발언에 의하여 정치적으로 도발 당했다고 느끼는 경우에도, 반격할 권리가 있다'는 입장을 밝혔다.[38] 이로써 연방헌법재판소는 반격권의 범위를 확대하여 개인적으로 명예훼손을 당하지 않은 제3자인 언론기관에게도 전반적으로 반격권을 인정하고 있다. 따라서 발언자가 정치인 등 '시사적(時事的) 인물'(Personen der Zeitgeschichte)이 아니라 사인이라 하더라도, 단지 공적인 강연 등을 통하여 공적 의견의 형성과정에 참여하는 것만으로도 언론기관을 포함하여 상대방의 반격권을 인정하였는데, 반격당하는 자는 공적 토론에 참여하는 그의 행위를 통하여 자신의 보호받는 사적 영역의 일부분을 포기했기 때문이라는 것이다.[39]

개인적으로 명예를 침해당하지 않은 언론기관에게 반격권을 인정한 것과 같은 맥락에 있는 것이 시사적 인물, 특히 정치인에 대한 명예보호에 있어서의 차별대우이다. 시사적 인물, 특히 정치인의 경우 거의 명예보호를 기대할 수 없다. 사인이 어쩌다 공적인 발언을 하는 경우에도 언론에 의한 반격을 감수해야 하고 그의 명예 또는 사적 영역의 한 부분의 보호를 포기해야 한다면, 일상적으로 공적 발언을 하는 정치인의 경우 명예보호에 있어서 불리한 차별을 당하는 것은 연방헌법재판소의 견해에 따른다면 당연하다 하겠다.[40] 연방헌법재판소의 판례는 '정치인은 민주적 정치과정에 참여하려는 그의 결정을 통

---

37 BVerfGE 12, 113, 130(Schmid/Spiegel), 'Spiegel' 잡지는 특정 기사에서 Stuttgart 市 고등법원장인 Schmid에 대하여 '그가 공산주의 성향이 있는지 의심스럽고, 고위 판사직을 수행할 능력이 있는지 의심스럽다'고 묘사하였고, 이에 대응하여 Schmid 판사는 한 인터뷰에서 'Spiegel' 잡지를 "정치적 영역에서 발간되는 포르노 잡지"라고 비하하였다. 위 발언으로 인하여 Schmid 판사는 명예훼손죄로 기소되어 지방법원과 고등법원에서 유죄판결을 받았으나, 연방헌법재판소는 여론형성에서의 의견과 반대의견의 의미를 강조하면서 정당한 반격의 원칙을 이끌어내었다; 또한 BVerfGE 24, 278(Tonjäger).

38 Vgl. BVerfGE 54, 129, 138(Kunstkritik).

39 BVerfGE 54, 129, 138(Kunstkritik), 어떤 개인이 공적 강연에서 화랑에 대하여 직설적인 비판을 하였는데, 이에 대하여 특정 라디오 방송은 "촌동네 교조주의자", "증오에 가득찬 공격적 연설", "개인적 증오심", "편협한 교감선생", "위선적", "박해분위기의 조장", "모든 전시물에 대한 증오" 등의 표현을 사용하여 그를 공격하였다. 연방헌법재판소 제1재판부의 견해에 의하면, 위 사인은 공적 토론에 자발적으로 참여함으로써 자신의 명예의 한 부분을 포기하였고, 결국 언론에 의한 명예훼손을 자초한 것이라고 판시하여 피해자의 명예보호를 거부하였다.

40 Vgl. Schmitt Glaeser, Meinungsfreiheit und Ehrenschutz, JZ 1983, S.95ff.; Stürner, JZ 1994, S.867; Kriele, NJW 1994, S.1901, 독일 형법이 제187a 조에서 사실주장에 대하여 정치인의 명예를 보다 강력하게 보호하는 규정을 두고 있음에도 사실주장이 가치판단적 요소와 혼합되어 있다고 보아 일반적으로 허용되는 것으로 판단함으로써, 정치인의 명예보호는 사실상 이루어지고 있지 않는다고 보아야 한다.

하여 명예보호에 관한 권리를 자발적으로 포기하였다'는 사고에 그 바탕을 두고 있는 것으로 보인다.[41]

법익형량과정에서 고려해야 할 또 다른 관점으로서 연방헌법재판소는 '자유로운 발언의 즉흥성'(Spontanität der freien Rede)의 관점을 들고 있다. 이러한 관점도 의견교환과정 전체를 고려하여 법익형량을 해야 한다는 요청의 하나이다. 자유로운 발언의 즉흥성은 자유토론의 기본조건으로서, 바로 그 즉흥성 때문에 격렬한 언사나 도를 넘는 지나친 표현도 용인되어야 하며, 감정적으로 격한 분위기에서 이루어지는 토론의 경우 심사숙고하지 않은 표현을 할 수가 있고, 이러한 표현은 또한 청중에 의해서도 표현이 이루어진 상황에 맞게 인식되고 평가된다는 것이다.[42] 연방헌법재판소는 '자유로운 발언의 즉흥성'의 관점을 라디오 방송에서 낭독된 논평, 즉 사전에 편집의 과정을 거쳐 준비된 표현에 대하여도 확대하였다.[43]

나) 사실주장의 경우

사실주장은 의견형성에 기여하는 한 표현의 자유에 의한 보호를 받으며 허위사실은 의견형성에 기여할 수 없다는 점에서, 연방헌법재판소는 '표현의 자유는 진실이 아닌 사실주장이나 사실전달을 보호하지 않는다'는 원칙에서 출발한다.

그에 따라 사실주장이 진실인 경우에만 표현의 자유가 일반적인 우위를 차지한다. 그러나 제3자의 내밀영역(Intimsphäre)에 관한 보도는 그것이 진실이라 하더라도 이를 보도해야 할 정당한 이익이 없다. 공적으로 관심이 있는 영역이라도, 표현의 자유는 범죄인의 사회복귀의 관점 등에서 예외적으로 양보해야 하는 경우가 있다.[44]

사실주장이 허위인 경우에는, 명예의 보호가 원칙적인 우위를 차지한다. 그러나 진실성과 관련하여 그 정확성이 지나치게 엄격하게 요구되어서는 안 되며, 전체적으로 보도내용이 진실이라면 사소한 부정확함은 문제가 되지 않는다.[45]

(나) 공적 토론과 사적 토론의 구분: 표현의 내용에 따른 차별

연방헌법재판소는, 문제되는 발언이 단지 개인적·이기적인 목적이나 경제적 이익을 추구하는 사적 토론에 속하는지 아니면 국민일반과 본질적으로 관계되는 문제에 관한 공

41 BVerfGE 82, 43; 82, 272.
42 BVerfGE 54, 129, 139(Kunstkritik).
43 BVerfGE 54, 129, 139(Kunstkritik).
44 Vgl. BVerfGE 35, 202(Lebach), 방송사가 보도하려는 것이 사실임에도 불구하고, 연방헌법재판소는 당사자의 출옥이 임박한 시점에서의 실화 드라마의 방영은 범죄인의 사회복귀의 가능성을 위협하기 때문에 드라마의 방영을 금지하였다. 만일 범행 후 얼마 안 되는 시점에서 실화 드라마가 방영되는 경우에는 법익교량의 결과가 달랐을 것이다.
45 BVerfGE 60, 234, 242(Kredithaie).

적 토론에 속하는지를 구분하여 구체적인 법익형량과정에서 발언의 내용과 목적을 고려함으로써,[46] 공적인 토론에 대하여는 소위 '표현의 자유의 우위 추정의 원칙'을 확립하였다.[47] 즉 공적 토론의 경우, 단지 그 이유만으로 표현의 자유가 절대적인 우위를 차지하는 것은 아니고 개별적 경우마다 구체적인 법익형량을 필요로 하지만, '표현의 자유의 우위 추정의 원칙'은 '표현의 자유가 다른 법익에 대하여 양보해야 한다면, 다른 법익이 우위를 차지한다는 것에 대하여 보다 엄격하고 납득할 수 있는 논거가 필요하다'는 요청을 의미한다. 이에 따라, 개인의 명예는 보호받기 위하여 구체적 경우마다 특별한 논거를 필요로 하고, 결과적으로 예외적인 경우에만 관철될 수 있다는 것이다.

'공적 토론의 경우, 자유로운 발언이 허용된다는 추정 원칙'의 핵심적 논거는, 정치적 영역에서의 표현의 자유가 민주주의에 대하여 가지는 중대한 의미에 비추어, 공적 토론과 관련된 표현의 자유에 대한 제한은 민주주의의 바탕인 자유로운 의견교환과정과 공적 토론을 위축시킬 수 있다는 것이다.[48] 공적인 발언의 허용여부에 관하여 엄격한 기준을 적용하여 개별적 경우에 대하여 강력한 제재를 가한다면, 이는 당해 사건만을 규율하는 것이 아니라 자유로운 의견교환과정 전체에 대한 위축적(萎縮的) 또는 위협적 효과, 즉 표현의 자유의 행사에 대한 일반적 효과가 있기 때문에, 구체적으로 지나친 표현만이 감소하는 것이 아니라 자유로운 의견교환과정 전체가 위축된다는 견해이다.[49] 이로써 일반적으로 표현의 자유의 행사에 대한 징계의 두려움 때문에 비판을 하지 않는 상황이 우려되고, 그 결과 민주주의가 손상을 입게 된다고 한다.

특히, 선거운동에서의 발언은 더욱 보호를 받기 때문에, 지극히 예외적인 경우에만 제한될 수 있다는 것이 연방헌법재판소의 판례이다. 기본법 제21조의 '정당의 헌법적 보장'에 비추어, 국민의 대표기관에게 민주적 정당성을 부여하는 선거를 준비하는 정당의 공적 과제는 본질적으로 정치적 행위로서 내용상의 규제를 원칙적으로 허용하지 않는다는 것이 그 이유이다.[50] 선거운동에서의 발언은 유권자의 지지를 얻으려는 노력의 표현으

---

46 BVerfGE 7, 198, 212(Lüth-Urteil).

47 BVerfGE 82, 43; 82, 272; 85, 1; 연방헌법재판소에서 사실상 '표현의 자유'의 주심재판관의 역할을 담당한 Grimm 교수는 "공적인 토론의 경우, 표현의 자유와 인격권이라는 상충하는 2개의 개인적 법익만이 문제될 뿐만 아니라, 민주주의에 있어서 불가결한 다양한 의견의 자유로운 교환과정이란 초개인적인 이익이 추가되기 때문에, 민주주의 질서가 손상되지 않도록 하기 위해서는 표현의 자유가 일반적인 우위를 차지해야 한다. 물론 모든 기본권이 다소 민주적 연관성을 지니고 있지만, 표현의 자유의 경우 민주주의와의 연관성은 매우 밀접하다. 다른 기본권이 간접적으로 민주주의의 조건을 보장하고 있다면, 자유로운 의견교환과정은 바로 민주주의의 본질적 구성요소이다"라고 그 근거를 들고 있다, vgl. NJW 1995, S.1703.

48 Vgl. Frowein, AöR 105(1980), S.186f.; Grimm, NJW 1995, S.1703; Schmitt Glaeser, Die Meinungsfreiheit in der Rechtsprechung des BVerfG, AöR 113(1988), S.65ff.

49 Vgl. BVerfGE 43, 130, 136; 54, 129, 136ff.(Kunstkritik).

50 BVerfGE 61, 1, 11 f.

로서 사실에 근거하지 않은 발언도 헌법의 정당규정에 비추어 보호를 받는다는 것이다.[51]

(다) 권리구제수단

가) 명예 등 개인의 인격권을 침해하는 언론보도에 대한 구제제도로서, 독일의 법제는 우선 '사전적 구제절차'로서 인격권에 대한 침해의 우려가 있거나 침해 반복의 위험이 있는 경우에는 그 침해행위의 부작위를 청구할 수 있는 권리를 인정하고 있고, '사후적 구제절차'로서 민사상 불법행위가 성립하는 경우 발언의 취소나 정정을 요구할 수 있는 원상회복청구권 및 금전적 배상을 요구하는 손해배상청구권을 두고 있다.[52] 또한, 명예훼손죄 등과 같이 법이 정한 경우에 한하여 인격권을 침해하는 언론을 처벌하는 형사적 제도가 있다.

뿐만 아니라 언론법상의 특수한 권리구제제도로서 반론보도청구권이 있다. 독일 연방헌법재판소는 미국 연방대법원과는 달리, 반론보도청구권을 인격권을 실현하기 위하여 헌법적으로 보장되는 제도로서 인정하였다. 그러나 독일의 반론보도청구권은 가치판단과 사실주장을 구분하여 가치판단에 대해서는 반론권을 행사할 수 없도록 제한하였다.

나) 사실주장에 의하여 명예를 침해받은 자가 취소청구권, 반복의 위험 때문에 부여되는 사전적 구제절차인 부작위청구권, 손해배상청구권을 행사하는 경우, 그가 언론의 보도가 진실이 아님을 입증해야 한다. 언론에게 입증책임을 부과한다면 진실의무를 지나치게 강조하여 공적 토론에 참여하는 사람들을 지나치게 위축시키고 지나친 위험에 처하게 된다는 것이 그 이유이다. 이로써 사실주장의 진위 여부가 밝혀지지 않는 경우 피해자에게 입증책임이 있고, 언론은 단지 사실주장의 근거가 되는 상황을 설명하고 납득할 수 있게끔 소명할 수 있다면 그로 족하다.[53]

언론의 소명책임(Darlegungs- und Substantiierungslast)과 관련해서도, 그에 대한 엄격한 요구는 표현의 자유의 행사에 대한 위축적 효과를 초래할 수 있기 때문에 소명책임에 대하여 지나친 요구를 해서는 안 된다는 것이 연방헌법재판소의 견해이다. 특히 부작위청구권과 손해배상청구권의 경우, 사실주장이 허위임을 입증해야 할 뿐만 아니라 나아가 주의

51 그러나 특히 선거 직전에는 명예훼손적 발언에 의하여 의견형성과정이 손상될 위험이 크다. 설사 피해자의 명예가 선거가 끝난 후 사후적으로 회복될 수 있다고 하더라도, 유권자의 의사가 명예훼손적 발언에 의하여 영향을 받았고 이미 선거는 종료되었기 때문에, 명예훼손적 발언이 자유로운 의사형성과정을 왜곡할 위험이 크다. 또한 선거운동에서의 발언이 보다 보호된다는 원칙의 적용을 받는 인적 범위가 선거에 입후보한 후보자나 정당의 대표자에 제한되는 것인지 아니면 선거운동기간 동안 특정 정당을 위하여 선거운동을 하는 모든 사람을 포함하는 것인지 불분명하다, vgl. Scholz/Konrad, AöR 123(1998), S.106.

52 독일의 구제수단에 관하여 vgl. Stürner, Die verlorene Ehre des Bundesbürgers, JZ 1994, 867 f.; Kriele, Ehrenschutz und Meinungsfreiheit, NJW 1994, S.1899.

53 Vgl. Grimm, NJW 1995, S.1702; ders. ZRP 1994, S.277.

의무의 위반이 인정되어야 하므로, 사실주장이 허위임이 입증되더라도 언론이 주의의무를 기울였다는 것이 인정된다면, 부작위청구나 손해배상청구는 기각된다.

(2) 비 판[54]

(가) 가치판단적 발언(의견표명)에 대한 사실상 명예보호의 포기

연방헌법재판소의 판례에 의하면, 비방을 목적으로 하는 의견표명에 한하여 명예 보호가 가능하고, 이 경우에도 '비방의 목적'을 매우 협소하게 해석함으로써 명예의 보호 가능성을 다시금 제한하고 있으므로, 가치판단적 발언의 경우, 명예의 보호를 거의 기대할 수 없다.

가) 비방적 비판(Schmähkritik)이란, 다양한 견해의 자유로운 경합과 공적 토론을 위한 것이 아니라, 개인의 비하 및 상대방을 공적 토론에서 배제하려는 것을 목적으로 한다. 상대방의 비하를 통하여 그의 명예를 손상시키고 그의 견해가 사회적으로 정당한 평가를 받을 기반을 박탈함으로써 다른 견해를 가진 사람을 공적 토론의 장과 자유로운 의견교환과정에서 추방하고자 하는 것이다. 따라서 타인을 비방하는 것이 주된 목적이나 동기가 된 경우, 이러한 유형의 표현행위는 공적 토론과 이를 통한 진리발견에 기여하는 바가 전혀 없으므로, 공공의 이익을 위한 것으로 인정될 여지가 없고, 이에 따라 원칙적으로 표현의 자유가 제한되어야 한다. 그러나 연방헌법재판소는 이와 같이 근본적으로 타당한 출발점을 채택했음에도 불구하고, '비방적 비판'의 성립요건에 대하여 너무 엄격한 기준(상대방에 대한 고의적 비방)을 제시함으로써, 지금까지 단 한 번의 결정에서만 헌법적으로 허용되지 않는 비방적 발언(Schmähung)을 인정하였다.[55]

연방헌법재판소는 '표현의 자유가 언제 제한되어야 하는지'의 문제도 표현의 자유와 상충하는 다른 법익과의 관계에서가 아니라, 민주주의에 대한 표현의 자유의 헌법적 의미와 기능의 관점에서 판단하였기 때문에, '비방적 비판'의 개념을 매우 좁게 설정하였다.[56]

나) 연방헌법재판소 판례에 의하여 인정된 '반격권'에 대하여 보자면, '공적으로 거칠게 공격당한 자는 일반 대중의 이목을 끌기 위하여 마찬가지로 거칠게 반격할 권리가 있다'고 하는 판시내용은, 거친 발언에 대한 대중의 무감각과 언어의 난폭성의 악순환 과정을 조장할 위험이 있으며, 정치적 논쟁이 난폭성을 더하여 구두폭력으로 변질되는 데 기

54 연방헌법재판소의 판례는 "표현의 자유를 보장하고자 하는데 너무 열중한 나머지 명예를 훼손당한 국민의 보호 필요성과 헌법상의 보호요청을 완전히 그의 시야에서 잃어버렸다"고 하는 학계의 강력한 비판을 받고 있다, 이에 관하여 이 글에 언급된 모든 독일 문헌 참조.

55 BVerfGE 61, 1(Henscheid 對 Böll 사건), 위 각주 34) 참조.

56 Vgl. Schmidt Glaeser, Meinungsfreiheit, Ehrenschutz und Toleranzgebot, NJW 1996, S.877.

여할 위험이 있다.[57]

또한, 공적 토론에 참여하는 자가 이를 통하여 자신의 명예에 관한 권리를 일부분 포기했다고 하는 판시내용도 수긍하기 어렵다. 사적 영역의 포기란, 자신을 알리기 위하여 의도적으로 사적 영역을 도구화하고 상업화하는 경우에 한하여 비로소 인정될 수 있을 뿐이다. 위와 같은 판시내용에 의하여 명예에 대한 보호가 약화된다면, 많은 사람들이 명예훼손을 당할 것을 우려하여 공적인 의견형성과정에 참여하는 것을 포기할 수 있기 때문에, 이러한 판례는 오히려 공적인 의견형성과정을 저해하는 효과를 초래한다.

또한, 연방헌법재판소가 반격권의 주체를 확대하여 개인적으로 명예훼손을 당하지 않은 제3자인 언론에 대해서도 반격권을 인정한 것에 관하여 보건대, 이는 결국 언론기관에게 공적 토론에 참여하는 자의 명예를 훼손할 수 있는 포괄적인 권한을 부여한 것과 같으며, 사인이 공적 토론에 참여한 것을 '여론형성에 있어서 누리는 언론의 독점적 영역을 침범한 것'으로 간주하여 이에 대한 대가를 치러야 한다는 사고라 할 수 있다.[58]

한편, 표현행위를 전체의 연관관계에서 분리하여 그 자체로서 판단해야 하는 것이 아니라 의견교환과정의 전체적 연관관계에서 평가해야 한다는 점은 타당하며, 격한 토론의 과정에서 나온 즉흥적인 발언이 서면으로 미리 준비된 표현과는 달리 평가되어야 한다는 점에서 '자유로운 발언의 즉흥성'의 관점도 그 자체로서 타당하다. 그러나 즉흥적인 발언을 우대하는 것은 순간적으로 한 말에 대해서만 제한적으로 적용되어야지, 사전에 서면으로 준비되어 낭독되는 표현에까지 확대하는 연방헌법재판소의 판례는 문제가 있다.[59]

(나) 사실주장의 경우, 입증책임의 전환으로 인한 명예보호의 제한

사실주장의 경우, 언론보도의 진위가 밝혀지지 않는 경우, 언론보도에 의하여 명예를 훼손당한 피해자가 언론보도가 허위임을 입증해야 할 책임을 지는 반면, 언론은 단지 사실주장의 근거가 되는 상황을 설명하고 납득할 수 있게끔 소명해야 할 책임을 진다.[60] 게다가 언론의 소명책임과 관련해서도, 엄격한 기준이 적용되는 경우에는 '위축적 효과'가 우려되기 때문에 이에 대하여 엄격한 요구를 해서는 안 된다는 것이 연방헌법재판소의 견해이다.

그러나 국가에 의한 명예보호는 명예훼손적 사실주장의 진위 여부에 관한 입증책임과 그 운명을 같이 한다고 하더라도 과언이 아니다. 입증된 허위사실의 경우, 표현의 자유

---

57 Vgl. Scholz/Konrad, Meinungsfreiheit und allgemeines Persönlichkeitsrecht, AöR 123(1998), S.113; Kriele, NJW 1994, S.1901.

58 Vgl. Kriele, NJW 1994, S.1901.

59 Vgl. Kriele, NJW 1994, S.1901; Scholz/Konrad, AöR 123(1998), S.114.

60 Vgl. Stürner, JZ 1994, S.867; Kriele, NJW 1994, S.1899; Grimm, NJW 1995, S.1702.

의 보호를 받지 못한다. 나아가, 사실주장의 진위 여부가 밝혀지지 않는 경우, 이는 명예를 훼손한 자의 부담으로 돌아가야 한다. 타인의 법익을 침해한 자로 하여금 자신의 침해행위가 정당하다는 것을 입증하도록 하는 것이 일반적인 법원칙이다.

(다) 허위사실의 주장과 가치판단이 혼합된 발언에 대한 명예보호의 포기

허위 사실주장에 대해서는 제한적이나마 국가로부터 명예보호를 기대할 수 있으나, 가치판단적 발언에 대해서는 명예보호가 사실상 전무(全無)하기 때문에, 명예의 보호에 있어서 언론보도가 사실주장인지 아니면 가치판단인지의 구분은 매우 중요하다. 그런데 연방헌법재판소는 '하나의 발언에 사실적 요소와 가치판단적 요소가 서로 혼합되어 있다면, 이러한 발언은 가치판단적 발언으로 간주되어야 한다'는 원칙을 확립하였고, 나아가 그의 판례에 의하면 가치판단적 발언은 '비방을 목적으로 하는 비판'의 한계까지 폭넓게 표현의 자유의 보호를 받는다.

따라서 언론이 객관적인 사실보도를 피하고 사실주장과 가치판단을 적당히 혼합하면서, 언론보도가 명예훼손적 성격을 가짐에도 불구하고 일방적인 비방을 목적으로 하는 것이 아니라 공적 논쟁에 기여하는 것으로 포장한다면, 언론의 명예훼손적 보도는 가치판단적 표현으로서 법적 분쟁시 표현의 자유의 보호를 받게 되며, 민·형사상의 징계를 두려워할 필요가 없다.[61] 또한, 독일 법제상 명예를 훼손당한 자에 의한 반론보도청구권의 행사가 사실주장에 한하여 허용되기 때문에, 언론이 사실보도에 가치판단적 요소를 삽입함으로써 피해자의 반론보도청구권의 행사를 어렵게 할 수 있다.

전반적으로 연방헌법재판소의 판례는, 언론이 진위여부가 규명될 수 있는 사실을 객관적으로 보도하는 것보다 가치판단적 보도를 하는 것을 우대하는 결과를 가져오고, 이러한 점에서 국민의 알권리를 충족시키는 공적 과제를 이행함에 있어서 가능하면 객관적 사실보도를 해야 할 언론을 바람직하지 않은 방향으로 이끄는 효과를 유발할 수 있다.[62]

---

61 연방헌법재판소는 제약회사 Bayer 사건(BVerfGE 85, 1)에서 "발언내용의 진위여부가 객관적으로 규명될 수 있다는 점에서 모든 부분적 발언에 사실적 요소가 담겨 있다. 그러나 동시에 또한 (이를 통하여) 입장을 표명하려고 하였다. 결과적으로 사실주장과 가치판단의 혼합된 상태가 존재하므로 이러한 혼합상태는 가치판단으로 간주되어야 한다. 이로써 문제된 표현행위는 허용된다"고 판시하였다. 독일 법원도 연방헌법재판소의 위와 같은 경향의 판례를 받아들여, 예컨대 "의사 B가 그의 재직 중 병원의 재정 상태를 망쳐 놓았다."는 언론보도에 대하여, 언론보도가 사실주장임에도 가치판단적 요소가 있다고 보아 그 발언을 허용하였고, "S 회사는 위험한 산업쓰레기를 유포하고 유해물질을 불법적으로 처리하는 마피아 단체와 함께 일하고 있다."는 TV 방송사의 보도에 대하여, 이를 허용되는 가치판단적 발언으로 간주하여 언론의 허위사실 주장을 정당화하였다. 독일 연방헌법재판소 및 법원의 판례에 관한 자세한 소개로는 vgl. Kriele, NJW 1994, S.1900.

62 Vgl. Ossenbühl, JZ 1995, S.639; Kriele, Ehrenschutz und Meinungsfreiheit, NJW 1994, S.1900; Stürner, JZ 1994, S.868.

(라) '공적 토론의 경우 표현의 자유의 우위 추정의 원칙'에 대한 비판

공적 토론의 경우, 표현의 자유가 민주주의 질서에 대하여 가지는 본질적 의미가 명예의 보호에 대하여 일반적인 우위를 정당화하는지의 의문이 제기된다.

가) 정치적 기본권행사와 사적 기본권행사의 구분과 차별대우의 문제점

연방헌법재판소는 이미 초기의 결정에서 '표현의 자유는 어떤 의미에서 모든 자유의 근거이며 민주주의를 구성하는 요소'라고 판시하여 표현의 자유를 이해함에 있어서 민주주의와의 연관관계를 출발점으로 삼았다.[63] 연방헌법재판소는 민주주의의 관점에서 표현의 자유의 정치적 행사와 사적 행사를 구분하여, 표현의 자유의 정치적 행사는 개인의 사적인 사안에서의 행사보다 우위를 차지한다는 결론을 이끌어 내었다.[64] 이러한 원칙은 표현의 자유와 충돌하는 다른 법익과의 관계에서 볼 때, 표현의 자유의 행사가 경제적 또는 이기적인 목적의 추구가 아니라 일반국민과 관계되는 중요한 문제에 관한 의견과 사상의 경쟁에 기여하는 것이라면, 사적인 법익의 보호는 표현의 자유에 양보해야 한다는 결과를 가져온다.

연방헌법재판소의 이러한 논리에 의하면, 명예는 처음부터 헌법적으로 표현의 자유의 정치적 행사에 대하여 양보해야 하는 운명을 갖고 태어난 기본권이라 할 수 있다. 명예란 본질적으로 사적인 법익으로서, 공적 또는 정치적으로 행사할 수 있는 것이 아니라 단지 일방적으로 침해되거나 위협받을 수 있을 뿐이며, 이러한 경우에 비로소 법적으로 현실화되는 법익이기 때문이다. 그러나 인격권도 헌법상 최고가치인 인간의 존엄성에 헌법적 근거를 두고 있는 중요한 헌법적 법익으로서, '여론의 형성'이란 민주주의의 제단(祭壇)에 일방적으로 희생되어서는 안 되는 법익이다.[65]

나아가, 보다 근본적인 헌법적 문제는 기본권의 정치적 행사와 사적인 행사를 구분하여 정치적 행사를 우대하는 것이 헌법적으로 허용되는지 여부이다.[66] 기본권의 정치적 행사와 사적인 행사는 원칙적으로 동등한 지위를 누리기 때문에, 표현의 자유의 정치적 행사에 대한 가산점도 없고, 마찬가지로 타인이 표현의 자유를 정치적으로 행사하는 것에 대하여 감수해야 하는 명예보호의 특별희생도 인정될 수 없다.[67]

---

63 Vgl. BVerfGE 7, 198, 208(Lüth-Urteil).

64 기본권의 정치적 행사에 대하여 우위를 부여하는 연방헌법재판소의 판례에는 통합효과에 따른 자유행사의 구분이라는 'Smend的 사고'가 바탕에 깔려 있다.

65 Vgl. Ossenbühl, JZ 1995, S.636.

66 이에 관하여 자세하게 아래 4. 다. (2) 부분 참조.

67 Vgl. Isensee, Grundrecht auf Ehre, S.38.

나) 명예보호의 축소로 인하여 공적 토론이 위축되는 효과

표현의 자유에 대한 지나친 제한이 자유로운 의견교환과정을 위축하는 효과를 가져올 수 있다는 것은 그 자체로서 타당하다. 그러나 문제는, 표현의 자유에 대한 어느 정도의 제한부터 그러한 위축적 효과가 우려되는가, 그러한 위축적 효과가 우려되기 때문에 국민에게 표현의 자유의 이름으로 행해지는 인격권에 대한 침해를 감수하도록 요구할 수 있는가 하는 것이다.

연방헌법재판소는 명예훼손적 발언에 대한 징계의 경우에만 민주주의에 대한 위축적 효과를 우려하고 있는데, 마찬가지로 민주사회 구성원의 명예가 제대로 보호되지 못하는 경우에도 민주주의에 대한 동일한 위축적 효과가 발생한다는 것을 간과하고 있다.[68] 공적 토론의 경우 표현의 자유가 명예의 보호에 우선한다면, 명예 보호는 단지 사적인 의견형성의 영역에서만 이루어진다는 결과를 가져온다. 표현의 자유를 지나치게 제한하면 민주주의에 대한 위협적 효과가 발생하는 것과 마찬가지로, 인격권의 보호를 지나치게 등한히 하는 경우에도 동일한 위협적 효과가 나타나고, 이로써 자유로운 의견교환과정을 저해하게 된다.

(마) 반론보도청구권의 제한

독일 법제의 또 다른 단점은 사실주장과 가치판단을 구분하여 명예훼손적 발언이 가치판단에 해당하는 경우 반론보도청구권의 행사를 제한한 것이다.[69]

가) 반론권은 언론에 의한 개인의 인격권 침해에 대한 보호를 제공하기 위한 언론법상의 수단이다. 민·형사적 구제절차에 의한 권리구제가 적시에 이루어지지 못하는 반면, 개인은 반론권을 통하여 자신을 즉각적이고 효율적으로 방어할 수 있다. 개인을 언론의 일방적인 보도로부터 보호하고, 언론 보도에 의하여 법익이 침해당한 피해자와 언론기관 간에 어느 정도 무기의 대등을 확보하며, 인격권의 침해 시 민·형사적 구제수단의 미흡함을 보완하고자 하는 것이 반론권의 기능이다.[70] 표현의 자유가 언론기관의 독점물이 아니라, 언론 보도에 의하여 인격권이 침해당한 피해자가 언론기관과 마찬가지로 의견표명의 수단을 사용하여 스스로를 방어할 수 있다는 점에서, 반론권은 '무기의 대등성'을 어느 정도 보장한다.

나) 연방헌법재판소는 "언론 보도를 통하여 인격권을 침해당한 자가 자기의 표현을 통하여 그 보도 내용에 대처할 수 있는 법적 가능성을 가져야만, 인격권에 부합한다. 그렇

68 Vgl. Schmitt Glaeser, NJW 1996, S.878.
69 Vgl. Ossenbühl, JZ 1995, S.641f.; Stürner, JZ 1994, S.875f.
70 Vgl. Ossenbühl, JZ 1995, S.641.

지 않다면, 개인은 공적 토론의 단순한 객체로 전락한다"고 판시함으로써, 반론권의 헌법상 보장을 바로 인격의 주체적 성격으로부터 나오는 필연적 결과로 이해하고 있다.[71]

반론권이 개인의 인격권의 구성요소인 '사회적 인격상에 관한 자기결정권'에서 도출되는 헌법적 결과라면, 이러한 내용의 자기결정권이 사실주장뿐만 아니라 또한 가치판단적 발언에 의해서도 침해될 수 있다는 것은 의문의 여지가 없다. 가치판단적 발언은 적어도 사실주장과 같은 정도로 개인의 사회적 인격상을 왜곡하기에 적합하다. 따라서 반론권이 보호하고자 하는 법익이 개인의 사회적 인격상이나 가치가 왜곡되는 것에 대한 보호라면, 반론권은 가치판단적 발언에 의하여 개인의 인격권이 침해당한 경우에도 인정되어야 한다. 프랑스의 경우 독일과는 달리 사실주장뿐만 아니라 가치판단적 의견표명에 대해서도 반론권을 허용하고 있는데, 프랑스의 폭넓은 반론권의 인정과 이의 모범적인 운용은 반론권을 가치판단적 발언에 대하여 인정하더라도 언론의 자유가 제한되지 않는다는 것을 보여주고 있다.[72]

3. 영국의 '인격권 우위의 원칙'

(1) 명예를 보다 보호해야 한다고 주장하는 자에게 영국은 이론적으로 이상적인 국가이다.[73] 언론의 명예훼손적 발언은 무과실 책임 또는 엄격 책임(strict liability)의 원칙에 의하여 판단된다. 언론의 사실보도에 의하여 명예가 훼손된 경우, 원칙적으로 언론이 사실주장이 진실임을 입증해야 한다. 원고는 단지 그의 명예를 훼손하는 사실이 공표되었다는 것만을 주장하면 되고, 피고가 자신 주장의 진실성을 입증할 수 없거나 특별한 위법성조각사유를 주장할 수 없는 경우에는 법원은 그의 책임여부와 관계없이 손해배상을 명한다. 그 경우 원고는 그의 손해를 주장할 필요도 입증할 필요도 없이 손해는 추정되고, 징벌적 손해배상도 명할 수 있다.

독일이나 미국에서는 사실보도를 기피하고 가치판단으로 도피하는 경우 오히려 이를 우대하고 상을 주지만, 영국의 '공정한 논평'(fair comment)의 법리는 언론을 사실보도에 충실하도록 하는 역할을 한다.[74] 비하적(卑下的) 사실주장과 마찬가지로 비하적 가치판단의 경우에도 언론이 '공정한 논평의 주장'(plea of fair comment)을 통하여 정당화할 수 없다면,

---

71 Vgl. BVerfGE 63, 131, 142.

72 프랑스의 반론권에 관하여 vgl. Stürner, JZ 1994, S.871f.

73 영국의 언론법제에 관하여 vgl. Stürner, JZ 1994, S.870f.; Stadler, JZ 1989, S.1086; 홍임석, 영국에서의 언론에 의한 명예훼손의 법적 문제, 재판자료 제93집 외국사법연수논집[21](법원도서관, 2001), 183면 이하.

74 공정한 논평의 법리란, 공공의 관심사에 관한 의견을 보호하려는 면책사유로서, 타인의 명예를 해하는 논평이라 하더라도 사실에 입각한 공평한 논평인 경우에는 위법성이 조각된다는 법리이다.

비방적 발언에 해당한다. 이 경우, '언론의 논평이 공정한지' 여부는 가치판단과 함께 보도된 사실관계, 즉 가치판단으로부터 분리될 수 있는 사실관계를 근거로 심사한다.

권리구제제도와 관련해서는, 미국과 마찬가지로 언론보도에 의한 명예훼손의 경우 손해배상청구만이 가능할 뿐, 사전적 구제절차나 취소청구권과 같은 원상회복청구권을 인정하고 있지 않다. 반론권도 법원에 의한 사법적 절차로서가 아니라, 인쇄매체와 방송매체를 구분하여 인쇄매체의 경우 구속력 없는 사적인 자체통제기관의 결정의 형태로서, 방송매체의 경우 반론의 방송의무를 명할 수 있는 방송고발위원회의 결정의 형태로서 인정하고 있다.

(2) 전통적인 영국 언론법제의 특징은 한 마디로 '인격권의 우위'에 있다. 미국이나 독일과는 달리, 명예를 훼손당한 자가 아니라 언론이 타인의 법익에 대한 침해자로서 그의 행위를 정당화해야 한다. 이러한 점에서 '사상의 자유시장'을 통한 진리발견의 원칙이 아니라 사법적(司法的)으로 확인될 수 있는 진실발견의 원칙이 영국의 법제를 지배한다고 할 수 있다.

영국의 법제는, 명예의 침해에 대하여 거의 징계를 받지 않는 자유로운 언론이 없이도 민주주의가 가능하다는 것을 보여준다. 영국의 법제가 미연방대법원이나 독일연방헌법재판소 판례가 제시하는 기본요건을 전혀 충족시키고 있지 않음에도 불구하고, 그 누구도 영국이 언론의 자유를 보장하는 모범적인 민주주의국가라는 것에 대하여 의문을 제기하지 않는다.[75]

4. 한국의 경우

(1) 표현의 자유와 인격권이 충돌하는 경우에 관한 헌법재판소의 판례

(가) 헌법재판소는 '언론의 자유는 바로 민주국가의 존립과 발전을 위한 기초가 되기 때문에 특히 우월적인 지위를 지니고 있는 것이 현대 헌법의 한 특징이다. 그러나 다른 한편으로는 모든 권리의 출발점인 동시에 그 구심점을 이루는 인격권이 언론의 자유와 서로 충돌하는 경우에는 헌법을 규범조화적으로 해석하여 이들을 합리적으로 해석하여 조화시키기 위한 노력이 따라야 한다. 언론·출판의 자유가 민주사회에서 비록 중요한 기능을 수행한다고 하더라도, 그것이 인간의 존엄성에서 유래하는 개인의 일반적 인격권 등의 희생을 강요할 수는 없다는 것을, 헌법 제10조, 제17조, 제21조 제1항 및 제4항이 분명히

75 독일은 영국 언론의 독립성·자율성·객관성을 높이 평가하였기 때문에, 제2차 세계대전 후 독일 언론제도의 재건 당시 영국의 언론·방송제도는 가장 중요한 모범적 모델이 되었다고 한다.

밝히고 있다'고 판시하였고,[76] "개인의 기본권인 언론의 자유와 타인의 인격권인 명예는 모두 인간으로서의 존엄과 가치, 행복추구권에 그 뿌리를 두고 있으므로 두 권리의 우열은 쉽사리 단정할 성질의 것이 아니다. … 국민의 알 권리와 다양한 사상·의견의 교환을 보장하는 언론의 자유는 민주제의 근간이 되는 핵심적 기본권이고, 명예보호는 인간의 존엄과 가치, 행복을 추구하는 기초가 되는 권리이므로, 이 두 권리를 비교·형량하여 어느 쪽이 우위에 서는가를 가리는 것은 헌법적 평가의 문제"라고 밝히고 있다.[77]

(나) 한편, 헌법재판소는 소위 '김일성 사망 애도 편지 사건'(헌재 1999. 6. 24. 97헌마265 결정)에서 명예훼손의 법리에 관하여 "개인의 언론활동이 타인의 명예를 훼손하는 경우, 행위자와 피해자라는 개인 대 개인 간의 사적 관계에서는 언론의 자유보다 명예보호라는 인격권이 우선하나, 당해 표현이 공공적·사회적·객관적인 의미를 가진 정보에 해당되는 것은 그 평가를 달리 하여야 한다. 왜냐하면 국민이 알아야 할 정보(알 권리)는 개인의 인격형성과 자기실현은 물론 정치적 의사 형성과정에 참여하는 공적 성격도 아울러 갖고 있기 때문이다. … 그러므로 언론매체의 명예훼손적 표현에 위에서 본 실정법을 해석·적용할 때에는 언론의 자유와 명예보호라는 상반되는 두 권리의 조정 과정에서 다음과 같은 것을 고려해야 한다. 즉, 당해 표현으로 인한 피해자가 공적 인물인지 아니면 사인인지, 그 표현이 공적인 관심사안에 관한 것인지 순수한 사적 영역에 속하는 것인지, 피해자가 당해 명예훼손적 위험을 자초한 것인지, 그 표현이 객관적으로 국민이 알아야 할 공공성·사회성을 갖춘 사실로서 여론형성이나 공개토론에 기여하는 것인지 등을 종합하여 구체적인 표현 내용과 방식에 따라 상충하는 양 법익을 유형적으로 형량한 비례관계를 따져 언론의 자유에 대한 한계 설정을 할 필요가 있는 것이다"라고 판시함으로써 처음으로 자세한 입장을 표명하였다.

(2) 대법원의 판례

대법원은 공적 인물과 사인 또는 공적 관심사와 사적 관심사의 구분을 하고 있지 않으며,[78] 공무원이 당사자가 된 명예훼손사건에서 오히려 공직자의 명예를 사인에 비하여 더욱 보호하는 듯한 판례도 찾아 볼 수 있다.[79] 이러한 점에서 대법원은 명예의 보호에 관한 한, 미국이나 독일 판례의 영향을 받지 않고 독자적인 길을 가고 있는 것으로 보인다.

76 헌재 1991. 9. 16. 89헌마165, 판례집 3, 518, 524, 526-527.

77 헌재 1999. 6. 24. 97헌마265 결정, 판례집 11-1, 768, 775-777.

78 이에 관하여 자세히 한위수, 위 논문, 149면 이하; 박선영, 헌법소원사건 결정을 통해서 본 언론에 의한 명예훼손의 법리, 헌법실무연구 제2권(2001), 350면 참조.

79 대법원 1993. 11. 26. 선고 93다18389 판결.

특히 입증책임과 관련해서도, 대법원은 미국 판례의 영향을 전혀 받지 않고,[80] 사실주장의 진실성에 대한 입증책임을 명예훼손행위를 한 사람에게 부과하고 있다.[81] 이에 따라 사실이 공익에 부합하는지 및 진실인지 여부, 행위자가 진실이라고 믿은 데 상당한 이유가 있었는지 여부, 즉 공익성, 진실성 및 상당성에 대한 입증책임은 명예를 훼손한 자가 부담한다.[82]

(3) 헌법재판소의 판례에 대한 비판

(가) 표현의 자유의 우월적 지위

가) 헌법재판소는 일련의 결정에서 표현의 자유나 언론의 자유의 우위를 언급하고 있다.[83] 그러나 표현의 자유가 다른 기본권에 대하여 우위를 차지한다면, 표현의 자유가 인격권 등 다른 법익과 충돌하는 경우 법익형량과정에서 이러한 원칙이 어떠한 형태로든 고려되고 관철되어야 하는데, 헌법재판소는 표현의 자유의 우위를 단지 선언적으로만 언급할 뿐 이로부터 구체적인 법적 결과를 이끌어내지 않고 있다. 오히려 헌법재판소는 인격권과 표현의 자유 중 어떠한 기본권도 일반적인 우위를 차지하는 것이 아니라 구체적 경우마다 법익형량을 할 것을 요청하고 있다.[84] 헌법재판소가 일단 '표현의 자유의 우위'를 언급한다면, 우선 이러한 원칙의 헌법적 근거가 무엇인지 납득할 수 있도록 논증되어야 하고, 뿐만 아니라 법익형량과정에서 그러한 원칙이 어떠한 형태로든 반영되어야만, 논리적으로 일관된 자세라 할 수 있다.

나) 한편, 표현의 자유의 우월적 지위는 기본권체계 내에 일정한 위계질서가 있는 경우에만 인정될 수 있다. 그러나 우리 헌법은 기본권 간의 일정한 위계질서를 규정하고 있지 않다. 헌법은 언론의 자유의 행사로 인하여 발생할 수 있는 위험을 인식하여, 제21조 제4항에서 언론의 자유의 헌법적 한계를 명백히 밝히고 언론의 사회적 책임을 강조하고 있다. 언론의 자유의 한계를 규정하는 위 조항에 비추어 보더라도, 우리 헌법은 표현의 자유의 일반적 우위에 대하여 부정적인 입장을 취하고 있으며, 이미 이러한 이유만으로도

80 "언론의 특성상 공직자의 윤리 및 비위사실에 관한 보도에 있어서는 특별한 보도의 내용이 허위임을 알았거나 이를 무분별하게 무시한 경우에만 상당한 이유가 없다고 보아야 할 것이라거나 상당한 이유에 대한 입증책임을 피해자가 부담하여야 할 것이라는 등의 상고이유의 주장은 독자적인 견해에 불과하여 받아들일 수 없다"고 하거나(대법원 1997. 9. 30. 선고 97다24207 판결), "입증책임은 어디까지나 명예훼손 행위를 한 방송 등 언론매체에 있고, 피해자가 공적 인물이라고 하여 방송 등 언론매체의 명예훼손행위가 현실적 악의에 기한 것임을 그 피해자 측에서 입증해야 하는 것은 아니다"라고 하였다(대법원 1988. 5. 8. 선고 97다34563 판결).

81 "위법성이 조각되어 처벌대상이 되지 않기 위해서는 그것이 진실한 사실로서 오로지 공공의 이익에 관한 때에 해당한다는 점을 행위자가 증명하여야 한다"고 판시하였다(대법원 1988. 10. 11. 선고 85다카29 판결; 1993. 6. 22. 선고 92도3160판결; 1996. 5. 28. 선고 94다33828 판결).

82 박선영, 위 논문, 353면 및 370면 참조.

83 헌재 1991. 9. 16. 89헌마163, 판례집 3, 518, 524; 1992. 2. 25. 89헌마104, 판례집 4, 64, 94–95.

84 헌재 1991. 9. 16. 89헌마165, 판례집 3, 518, 524, 526–527.

미연방대법원에 의하여 형성된 법리는 수용되기 어렵다.[85]

(나) 공적 표현·사적 표현 또는 공적 인물·사적 인물의 구분에 따른 법익형량

헌법재판소는 소위 '김일성 사망 애도 편지 사건'(헌재 1999. 6. 24. 97헌마265 결정)에서 언론의 자유와 인격권이 충돌하는 경우 법익형량의 과정에서 고려해야 할 구체적 관점으로서, '피해자가 공적 인물인지 아니면 사인인지의 관점', '그 표현이 공적인 관심사안에 관한 것인지 순수한 사적 영역에 속하는 사안인지의 관점', '피해자가 당해 명예훼손적 위험을 자초한 것인지의 관점'을 들면서, '공적 인물과 사인, 공적인 관심사안과 사적인 영역에 속하는 사안 간에는 심사기준에 차이를 두어야 하고, 더욱이 이 사건과 같은 공적 인물의 공적 활동과 관련된 명예훼손적 표현은 그 제한이 더 완화되어야 한다'는 결론을 내리고 있다.

가) 헌법재판소는 표현의 자유를 일차적으로 민주적 의사형성과정에서의 기능적 관점에서 해석함으로써, 사적인 사안에서의 의견표명에 대하여 정치적인 의견표명을 우대하는 결정을 하였는데, 이러한 결정에는 사적인 의견표명은 개인적·이기적 목적을 추구하는 반면, 공적 관심사에 관하여 발언함으로써 공적 토론에 참여하는 것은 민주주의의 실현 및 공익에 기여하기 때문에 보다 헌법적 보호를 받아야 한다는 사고가 그 바탕에 깔려있다. 헌법재판소가 공적인 표현과 사적인 표현을 구분함에 있어서 그 기준은 민주주의의 실현, 즉 공적인 여론형성과정에 기여하는지 여부라 할 수 있고, 결국 "공적인 관심사에 관한 표현"이란 국민에게 중요한 일반적 관심사를 토론의 대상으로 삼음으로써 공익에 기여하는 표현이고, "사적인 영역에 속하는 사안에 관한 표현"은 개인의 이기적 목적, 사익을 위한 표현이라고 할 수 있다. 즉 사적인 기본권행사는 개인적, 이기적인 목적의 추구와 동일시된다.

결국, 공적인 관심사에 관한 표현에 의하여 인격권이 침해되는 경우, 법익형량에 있어서 상충하는 2개의 개인적 법익인 '인격권'과 '표현의 자유'가 문제될 뿐만 아니라, 민주질서에 불가결한 자유로운 의견교환과정이라는 일반적 이익이 추가되기 때문에, 단지 개인 대 개인의 사적 관계에서 기본권이 충돌하는 경우인 '사적인 표현에 의한 명예훼손'과는 달리, 공적 표현의 경우 표현의 자유가 명예보호에 대하여 일반적인 우위를 차지해야 한다는 논거이다. 이러한 법익형량과정을 회화적(繪畵的)으로 표현한다면, 저울의 한 쪽에 '개인의 표현의 자유'와 '공적 토론의 참여'라는 2개의 법익이 놓여지고, 저울의 다른 쪽에는 단지 '개인의 인격권'이라는 1개의 법익이 놓이기 때문에, 2개의 법익이 올려지는 쪽이

85 같은 견해로는 한위수, 위 논문, 154면 참조.

우위를 차지해야 한다는 논리이다.

나) 그러나 헌법재판소의 위 결정에서의 판시내용에 대해서는 다음과 같은 근본적인 헌법적 의문이 제기된다. 우선, '공적 표현과 사적 표현'을 구분하여 표현의 내용에 따라 그 보호의 정도를 달리한다는 것은 헌법에서 전혀 그 근거를 찾을 수 없다는 점이다. 물론 표현의 자유를 공적으로 행사함으로써 형성되는 자유로운 의견교환과정이 민주주의에 대하여 가지는 근본적인 의미는 결코 부인할 수 없지만, 표현의 자유의 이러한 헌법적 기능이 표현의 내용에 따라 발언을 달리 평가하는 것을 헌법적으로 정당화하는 것은 아니다.

자유권의 본질상, 자유행사의 목적은 자유행사를 법적으로 달리 평가하는 것의 근거가 될 수 없으며, 정치적인 기본권행사는 비정치적인 기본권행사에 대하여 우위를 차지할 수도 없고 더욱 보호될 수도 없다. 표현의 자유는 일차적으로 개인적 자유권으로서, 바로 개인이 사적인 영역의 자율적 형성을 위하여 사적으로 이용할 수 있기 때문에 보장되는 것이다. 사적인 것은 모든 자유권의 본질적 요소이며, 마찬가지로 표현의 자유의 본질적 요소이기도 하다.[86] 따라서 표현의 자유의 이와 같은 일차적인 개인적·사적 의미를 간과하고 표현의 자유를 일방적으로 '민주주의의 실현을 위한 기능'의 관점에서 이해하는 것은, 국가권력에 의하여 기본권행사의 목적이 내용적으로 결정되는 결과를 가져온다. 그러나 자유권이란 임의적 자유이지, 무엇을 위한 자유, 예컨대 공익실현을 위한 자유가 아니다.[87] 기본권적 자유가 국가의 목적이나 공익실현의 목적에 종속됨으로써 개인이 국가공동체에 바람직한 방향으로 자신의 자유를 행사해야 한다면, 그것은 이미 자유가 아니다. 우리 헌법은 공익에 기여하는 자유행사에 대해서만 기본권적 보호를 제공하는 것이 아니라, 기본권의 제한을 통하여 공익을 실현하는 구조를 취하고 있다(헌법 제37조 제2항). 공익은 단지 기본권적 자유의 한계이지 자유행사의 지침이 아닌 것이다.[88]

뿐만 아니라, 사적인 의견표명을 개인적·이기적 목적의 추구로, 공적 관심사에 관한 의견표명을 민주주의의 실현에 기여하는 것으로 간주하는 것은, 많은 경우 이기적 목적과 공익적 목적의 구분이 불분명하다는 점에서도 문제를 안고 있다.[89] 사적인 의견표명도 공적 관심사에 관한 의견표명과 마찬가지로 자유민주적 질서의 실현에 있어서 본질적인 것이다. 표현의 자유의 사적인 행사는 민주주의에 불가결한 '다원주의적 견해의 다양성과 개방성'의 기초가 되며, 이러한 의미에서 사적인 의견표명도 민주주의의 실현에 기여하는 것

86 Vgl. Schmitt Glaeser, Meinungsfreiheit in der Rechtsprechung des BVerfG, AöR 113(1988), S.55.
87 Vgl. Böckenförde, Grundrechtstheorie und Grundrechtsinterpretation, NJW 1974, S.1535.
88 Vgl. Starck, Die Verfassungsauslegung, in: HdbStR Bd.VII, 1992, §164, Rz.46.
89 적지 않은 경우, 정치인이나 사회단체의 정치적인 발언은 정치적 이익이나 집단이익의 추구 등 이기적인 목적을 추구하고 있다, vgl. Scholz/Konrad, AöR 123(1998), S.104; Schmitt Glaeser, AöR 113(1988), S.54.

이다. 즉, 공동체 내에서의 사적인 것은 또한 동시에 공적인 의미와 비중을 가지는 것이다.

더욱 본질적인 것은, 사적인 의견표명은 인간의 존엄성 실현과 특별한 연관성을 지니고 있으며, 이러한 의미에서 공적인 의견표명과 헌법적으로 동등한 비중을 차지한다는 점이다. 우리 헌법질서 내에서 더 보호받는 자유영역과 덜 보호받는 자유영역의 구분이 있을 수 있다면, 그 구분은 구체적인 자유행사가 인간의 존엄성 실현과 자기결정에 대하여 가지는 의미에 따른 구분이어야 한다. 공적인 표현을 통하여 공적인 토론과정에 참여하는 것만이 중요한 것이 아니라, 사적 영역에서의 의견표명과 의견교환과정, 즉 가족의 범위와 친지와의 관계에서의 사적인 표현, 종교·학문·예술·경제 등의 영역에서의 사적인 의견교환과정은 인격의 발현과 자기결정에 대하여 보다 본질적이며, 인간의 존엄성 실현의 관점에서 불가결한 것이다. 사적인 범위에서 종교적, 학문적, 상업적, 예술적 사안에 관한 의견교환과 논쟁을 하는 경우, 표현의 자유란 기본권 외에도 종교와 양심의 자유, 학문의 자유, 직업의 자유, 재산권보장, 예술의 자유 등에 의하여 부가적으로 보호되고 강화된다. 그렇다면, 표현의 내용이 공적·정치적 관심사에 관한 것인지 아니면 사적·비정치적 관심사에 관한 것인지와 관계없이, 민주주의의 실현에 직접 기여하는 자유행사뿐만 아니라 인간의 존엄성 실현과 보다 밀접한 연관성을 보이는 사적인 자유행사도 마찬가지로 중요한 헌법적 지위를 인정받아야 한다.[90]

보다 본질적인 헌법적 문제는, '국가공동체에 중요한 자유행사가 우선한다'는 원칙이 헌법적으로 타당한지의 문제이다. 헌법재판소나 법원 또는 입법자든 간에, 국가공권력이 '개인이 기본권적 자유를 공익에 부합하는 방향으로 행사하는지'를 기준으로 삼아 개인의 발언을 그 내용에 따라 평가하여 차별대우한다는 것은 표현의 자유에 내재하는 자유행사의 자기결정권 및 국가의 중립의무와 부합할 수 없다.[91]

그렇다면, 헌법재판소가 공적·사적 표현을 구분하여 표현의 자유의 정치적 행사를 사적인 행사에 대하여 우대하는 것은, 헌법적으로 그 근거를 결여하고 있을 뿐만 아니라, 자유권으로서의 표현의 자유의 본질과 부합할 수 없는 것이다.

다) 마찬가지로 '공적 인물과 사인'을 구분하여 공적 인물의 명예보호를 약화시키는

---

90 Vgl. Herzog, in: Maunz/Dürig, GG, Art.5I, II Rz.267; Scholz/Konrad, AöR 123(1998), S.114f.

91 Vgl. Brugger, Freiheit der Meinung und Organisation der Meinungsfreiheit, EuGRZ 1987, S.192; v. Münch, in: GG, Art.5 Rn.5; Badura, Staatsrecht, 1986, S.113; Starck, in: Mangoldt/Klein, das Bonner GG, Art.5 I, II Rz.16; 미연방대법원은 한편으로는 국가가 표현의 자유를 제한하는 경우 발언의 내용에 따라 차별하는 '견해차별적 규제'를 원칙적으로 위헌으로 간주하면서, 다른 한편으로는 공적 토론의 경우 명예보호에 대하여 표현의 자유에 일방적인 우위를 인정하고 있다. 그러나 표현의 자유와 인격권이 서로 충돌하는 경우 국가가 누구의 손을 들어줄 것인지에 관하여 판단함에 있어서 사적 또는 공적 표현인가 하는 표현의 내용에 따라 자유행사를 우대하거나 차별하는 것은 결국 견해차별적 국가행위로서, 위 판례는 그 자체로서 모순을 안고 있다.

것도 헌법적으로 그 근거를 찾아 볼 수 없다. 일반국민보다도 시사적 인물, 특히 정치인의 경우 그의 명예는 더욱 위협받는다. 공적 생활을 통하여 일반 대중에 노출되는 정도가 클수록, 유명인은 정적(政敵)이나 직업상의 경쟁자, 선정성 언론 등에 의하여 그의 명예가 훼손될 위험을 안고 있다. 유명인의 인격권을 위협하는 두 가지 방법은, 허위사실을 유포하거나 또는 사실의 진위여부를 떠나서 누구나 밝히기를 꺼리는 내밀한 사적 영역을 일반에 공개함으로써 수치스러운 일이 일반에 드러나도록 하는 것이다. 개인의 자유에 대한 위협 또는 침해의 위험성이 클수록 국가가 이에 대한 효율적인 보호를 제공해야 하는 것은 법치국가적 권리구제의 관점에서 보더라도 당연한 것이다.

국민이 공직에 있거나 또는 공적 활동을 통하여 공적으로 드러난다고 하여, 민주주의가 개인적 명예를 포기할 것을 요구하는 것은 아니다. 모든 인간은 공적 인물이든 사인이든 간에 개인적 명예의 보호를 요구할 수 있는 동등한 권리를 가진다. 민주주의가 제대로 기능하기 위해서는 공동체를 위하여 활동하는 것이 명예로운 것으로 여겨져야 하며, 대의민주주의는 국민의 신뢰와 지지를 받을 수 있는 명예로운 대표자를 필요로 한다. 공적 생활에 적극적으로 참여하는 것이 죄악이 아닌 이상, 단지 공동체의 형성에 적극적으로 참여한다는 이유로 사실상 명예보호를 박탈당해야 한다면, 그러한 상황에서 형성되는 민주주의의 질은 다분히 의심받아 마땅하다.

라) '어느 누구도 공적인 의견형성과정에 참여하려는 자세에 있어서 위협을 받아서는 안 되기 때문에 표현의 자유가 제한되어서는 안 된다'는 것이 헌법재판소의 견해라면, 다른 한편으로는 표현의 자유를 일방적으로 보호하는 국가가 자신의 명예를 제대로 보호해주리라는 믿음이 없기 때문에, 즉 공적 생활에 잘못 참여했다가는 개인의 명예가 크게 손상될 수 있다는 위험 때문에 명예를 중시하는 다수의 국민이 공적 토론에 참여하려는 자세에 있어서 위협받는 것은 아닌지, 이로써 결국 민주주의의 자유로운 토론과정이 위축되는 것은 아닌지를 생각해 보아야 한다.

(다) 신속보도의 요청과 언론의 주의의무

독일의 경우, 피해자가 언론보도의 허위성을 입증해야 하고 진위여부가 밝혀지지 않는 경우 언론의 소명의무가 있는 반면, 한국의 경우 언론이 보도의 진실성을 입증해야 하고 보도가 허위이거나 진위여부가 밝혀지지 않는 경우 언론의 소명의무가 있다. 한국의 소명의무(상당성의 입증)는 언론의 공적 기능을 고려하여 진실성의 입증에 대한 대체의무로서 부과되는 것이기 때문에 독일의 경우보다 소명의무에 대하여 보다 엄격한 요구를 하여야 한다. 이에 따라 언론의 명예훼손적 보도에 있어서 주의의무의 진지한 이행을 요구해야 한다.

헌법재판소는 이로 인하여 자유언론에 대한 위축효과를 우려하나,[92] 언론에게 공적 책임을 인식시키고 그의 특권뿐만 아니라 그에 상응하는 의무, 특히 주의의무를 상기시키는 것은, 자유토론을 위축시키는 것이 아니라 진실된 사실관계의 바탕 위에서 이루어지는 자유토론이란 의견형성의 기본조건을 확보하는 것이다. 진실의무의 부과로 인하여 의견형성과정이 위축되는 것이 우려된다면, 이는 결국 '의견형성이 이루어지지 않는 것보다는 차라리 허위사실을 근거로 잘못된 의견이 형성되는 것이 낫다'는 것과 마찬가지이다. 허위사실을 토대로 한 자유토론은 무의미하고, 허위보도에 기초한 의견형성과정은 오도될 수밖에 없다.

언론의 특수한 작업조건, 특히 신속한 보도의 요청도 허위보도에 의한 명예훼손을 정당화할 수 없다. 진실한 사실보도의 의무를 부과하고 이를 강제한다고 하여 언론의 자유의 기능이 저해되는 것은 아니다. 언론보도의 진실성에 대한 확신이 없는 경우, 언론기관에 대하여 진실성이 밝혀질 때까지 보도를 자제하거나 아니면 사실주장이 아니라 의견표명이나 추측의 형태로 표현할 것을 요구할 수 있다. 그렇다면 사실주장에 대하여 진실의무를 부과하는 것은 엄밀한 의미에서 표현의 자유에 대한 위험이 아니라 단지 발언자의 위험부담일 뿐이고, 발언자는 자신의 발언내용의 진실성이 확실하지 않는 경우 사실주장이라는 표현을 하지 않음으로써 위험을 피할 수 있다.

언론에게 민주주의의 기본조건인 '개방적이고 자유로운 의견형성과정'을 보장하는 공적 과제가 부과되고, 이러한 과제의 수행을 위하여 언론에게 특권이 부여된다면, 또한 이에 대응하여 언론의 공적 과제로부터 언론의 보다 엄격한 의무가 도출되어야 한다.[93] 언론은 특히 구체적 상황에 따라 요구되는 주의의무를 기울임으로써 사실보도를 그의 진실성, 내용, 출처에 있어서 조사해야 할 의무가 있다. 언론의 주의의무는 언론보도에 의하여 손상되는 법익의 침해정도에 따라 그 정도를 달리해야 한다.[94] 즉 개인의 인격권에 대한 언론보도의 침해효과가 클수록, 언론은 보다 고도의 주의의무를 기울여야 하고, 언론보도의 진실성과 상당성에 대하여 보다 엄격한 요구를 해야 한다.

92 헌재 1999. 6. 24. 97헌마265, 판례집 11-1, 768, 778.
93 Isensee, Grundrecht auf Ehre, S.41.
94 Vgl. Ossenbühl, JZ 1995, S.636.

V. 맺는 말

1. 한국과 독일의 헌법이 '인간존엄성의 헌법'이라면, 미국의 헌법은 '자유의 헌법'이라고 특징적으로 표현할 수 있다.[95] 미국 연방대법원은 헌법상의 특정한 단어나 문구를 절대적인 의미로 해석함으로써[96] 상충하는 다른 법익의 희생 하에서 표현의 자유와 같은 특정한 자유를 일방적으로 지나치게 강조하는 경향이 있다. 인간의 존엄성을 헌법의 최고의 가치이자 국가의 존재이유로 삼는 한국 헌법의 가치체계에서 표현의 자유를 일방적으로 강조하는 미연방대법원의 판례('표현의 자유의 우위 원칙')는 수용되기 어렵다. 인간존엄성의 헌법에서 '명예의 보호'는 '표현의 자유'와 동등한 지위와 중요성을 가진다. 인간의 존엄성이 실현되기 위해서는, 개인에게 자신의 의견을 표명할 자유뿐만 아니라 자신의 사회적 인격상, 즉 명예에 관하여 스스로 결정할 자유도 보장되어야 한다. 나아가 헌법은 제21조 제4항에서 표현의 자유에 대한 일방적인 우위를 명시적으로 부정하고 있다.

따라서 미국 헌법과 한국 헌법의 근본적인 차이 및 헌법재판에서 나타나는 헌법에 대한 이해의 차이에 비추어, 미연방대법원에 의하여 형성된 여러 가지 원칙, 예컨대 자유권 사이의 위계질서를 인정하는 '이중기준의 원칙',[97] '공적 인물과 사인'의 구분, 표현의 자유를 제한하는 공권력행위에 대한 심사기준으로서 '명백하고 현존하는 위험의 원리'[98] 등은 한국 헌법학에 수용되기 어렵다.

2. 헌법상 자유의 보장이란, '국가 대(對) 개인의 자유'의 관점에서만 파악해서는 아니되고, 기본권주체간의 자유의 충돌의 관점에서도 조명되어야 한다. 개인의 자유가 서로 충돌하는 경우, 한 개인의 자유의 확장은 다른 개인의 자유의 축소를 의미하므로, 이러한 점에서 자유의 보장은 적정한 배분의 문제이다.

'공적 토론의 경우, 자유로운 발언이 허용된다'고 하는 독일연방헌법재판소의 추정 원칙은, 개인 대 국가의 관계에서 국가공권력에 의하여 표현의 자유가 제한되는 경우에 그 정당성을 가질 수 있다. 그러나 개인이 표현의 자유를 행사함으로써 타인의 명예를 훼손

---

95 Vgl. Kommers, Kann das Deutsche Verfassungsrechtsdenken Vorbild für die Vereinigten Staaten sein?, Der Staat 1998, S.338.

96 미국의 연방헌법 수정 제1조는 '의회는 언론 또는 출판의 자유를 제한하는 법률을 제정하지 못한다'고 규정함으로써 법문상 표현의 자유에 대한 어떠한 제한도 허용되지 않는다는 형태로 표현의 자유를 절대시하고 있다.

97 이중기준에 대한 비판으로는 한수웅, 헌법재판의 한계 및 심사기준, 헌법논총 제8집(1997), 227면 이하 참조.

98 "명백하고 현존하는 위험의 원리"도 기본권의 구조 내에서 표현의 자유의 우월적 지위를 전제로 하여 자유권 제한의 일반원칙인 비례의 원칙이 표현의 자유와 관련하여 구체화된 원칙으로서, 위 원칙의 논리적 기반인 '표현의 자유의 우월적 지위'가 부인되는 이상, 한국 헌법에서는 그 존립근거를 상실한 원칙이다.

하는 경우에는 사인과 사인간의 기본권충돌의 문제로서, 국가는 표현의 자유와 관련하여 가능하면 자유를 적게 제한할 것을 요구하는 과잉금지원칙의 구속을 받고, 다른 한편으로는 명예보호와 관련하여 개인의 명예를 너무 적게 보호해서는 안 된다는 과소보호금지원칙의 구속을 받는다. 따라서 사인과 사인의 기본권이 충돌하는 경우, 국가가 일방적으로 표현의 자유를 보호한다는 것은 다른 사인의 기본권의 희생 하에서만 가능한 것이며, 이는 국가가 개인의 명예도 적절하게 보호해야 한다는 의무의 위반을 의미한다.

공적 토론의 경우 표현의 자유가 명예의 보호에 우선한다면, 명예보호는 단지 사적인 의견형성의 영역에서만 이루어진다. 그러나 인격권도 헌법상 최고가치인 인간의 존엄성에 헌법적 근거를 두고 있는 중요한 헌법적 법익으로서, '여론의 형성'이란 민주주의의 제단에 일방적으로 희생될 수 없는 법익이다.

3. 나아가, 민주주의실현의 관점에서 보더라도, 명예의 보호는 표현의 자유에 버금가는 의미와 중요성을 가진다. 명예가 제대로 보호받지 못하는 사회에서는, 예컨대 단지 공적 토론에 참여하였다는 이유만으로 자신의 명예보호를 포기해야 하는 사회에서는, 개인이 공적 토론에 참여하는 것은 용기를 필요로 할 뿐만 아니라 큰 위험부담을 안고 있기 때문에 많은 사람들이 민주적 의사형성과정에 참여하는 것을 주저하게 되며, 결국 민주적 의견형성과정이 크게 저해된다. 따라서 개인의 명예에 대하여 표현의 자유를 과도하게 보호하는 것은 역설적으로 표현의 자유가 위축되는 역효과를 가져오는 것이다. 이러한 의미에서 민주주의가 제대로 기능하기 위해서는 한편으로는 자유로운 의사형성과정과 이를 가능하게 하는 표현의 자유의 보장을, 다른 한편으로는 개인의 명예가 침해당한 경우 국가에 의한 효과적인 명예보호를 필요로 한다.

4. 미연방대법원의 '표현의 자유의 우위 원칙'과 독일연방헌법재판소의 '공적 토론의 경우 표현의 자유의 우위 추정의 원칙'은 민주주의 질서와 관련하여 언론의 자유의 중요성을 강조하지만, 명예보호에 대하여 언론의 자유를 우대하는 것이 민주주의의 필수적 요건이 아니라는 것은 비교법적으로 영국의 법제('인격권 우위의 원칙')가 보여주고 있다.

이와 같이 영국과 미국이라는 대표적인 두 민주국가의 상반된 해결책을 감안한다면, 민주주의 질서 그 자체는 표현의 자유와 명예보호의 관계를 결정함에 있어서 결정적인 기준이 아니다.[99] 미연방대법원은 정치적 영역에서 표현의 자유가 명예 보호에 대하여 일반적 우위를 부여받지 못한다면 마치 민주주의가 손상을 입는 것처럼 생각하지만, 영국의 상반된 법제는 명예를 보호하면서도 민주주의가 잘 기능한다는 것을 보여주고 있다. 마찬

99 Vgl. Stürner, JZ 1994, S.870.

가지로 독일의 경우에도, 인격권을 현재 독일연방헌법재판소의 판례에 의하여 보호되는 수준보다 보다 강하게 보호한다 하더라도 민주주의는 이를 잘 견디어 낼 수 있을 뿐만 아니라, 오히려 인격권에 대한 강화된 보호를 통하여 보다 높은 수준의 민주적 문화가 정착하기 위하여 필요한 양질의 토양을 공급받을 수 있다. 이러한 의미에서 우리 대법원의 종래의 판례는 헌법적인 요청에 부합하는 것으로, 앞으로도 계속 유지되어야 한다.

<참고문헌>

권영성, 헌법학원론, 2003.

김민중, 원고의 신분과 명예훼손법리의 적용, 언론중재 2000년 여름호.

박선영, 헌법소원사건 결정을 통해서 본 언론에 의한 명예훼손의 법리, 헌법실무연구 제2권 (2001).

손원선, 독일법상의 언론·출판의 자유와 명예 내지 인격권의 보호, 민사법학 17호, 1999.

염규호, 공직자와 명예훼손 －미국 언론법의 '현실적 악의'를 중심으로－, 언론중재 1999년 겨울호, 언론중재 2000년 봄호.

이인호, 뉴미디어의 발전과 언론자유법의 새로운 전개, 헌법논총 제8집, 1997.

한수웅, 입법부작위에 대한 헌법소원, 현대헌법학이론, 이명구교수 화갑기념논문집, 1996.

한수웅, 헌법재판의 한계 및 심사기준, 헌법논총 제8집(1997).

한수웅, 헌법상의 인격권, 헌법논총 제13집(2002).

한위수, 공인에 대한 명예훼손의 비교법적 일고찰, 저스티스 2002/10.

홍임석, 영국에서의 언론에 의한 명예훼손의 법적 문제, 재판자료 제93집 외국사법연수논집 [21](법원도서관, 2001).

Badura, Staatsrecht, 1986.

Böckenförde, Grundrechtstheorie und Grundrechtsinterpretation, NJW 1974.

Brugger, Freiheit der Meinung und Organisation der Meinungsfreiheit, EuGRZ 1987.

Frowein, Reform durch Meinungsfreiheit, AöR 105(1980).

Herzog, in: Maunz/Dürig, GG, Art.5 I, II.

Grimm, Die Meinungsfreiheit in der Rechtsprechung des Bundesverfassungsgerichts, NJW 1995.

Isensee, Grundrecht auf Ehre, in: Festschrift für Kriele, 1997.

Kommers, Kann das Deutsche Verfassungsrechtsdenken Vorbild für die Vereinigten Staaten sein?, Der Staat 1998.

Kriele, Ehrenschutz und Meinungsfreiheit, NJW 1994.

Kübler, Öffentlichkeit als Tribunal? －Zum Konflikt zwischen Medienfreiheit und Ehrenschutz－, JZ 1984.

Mager, Meinungsfreiheit und Ehrenschutz von Soldaten, Jura 1996.

v. Münch, in: v. Münch/Kunig, GG, 2000, Art.5.

Nolte, Falwell vs. Strauß: Die rechtlichen Grenzen politischer Satire in den USA und der Bundesrepublik, EuGRZ 1988.

Ossenbühl, Medien zwischen Macht und Recht, JZ 1995.

Schmitt Glaeser, Meinungsfreiheit und Ehrenschutz, JZ 1983.

Schmitt Glaeser, Die Meinungsfreiheit in der Rechtsprechung des BVerfG, AöR 113(1988).

Schmitt Glaeser, Meinungsfreiheit, Ehrenschutz und Toleranzgebot, NJW 1996.

Scholz/Konrad, Meinungsfreiheit und allgemeines Persönlichkeitsrecht, AöR 123(1998).

Starck, Die Verfassungsauslegung, in: HdbStR Bd.VII, 1992, §164.

Starck, in: Mangoldt/Klein, das Bonner GG, Art.5 I, II.

Stadler, Persönlichkeitsrecht contra Medienfreiheit – Zivilrechtliche Aspekte der Kontroverse in den U.S.A., JZ 1989.

Stürner, Die verlorene Ehre des Bundesbürgers, JZ 1994.

22 언론·출판의 자유와 사전검열금지원칙*

김 배 원**

Ⅰ. 서 설

현행헌법은 제2장 국민의 권리와 의무에 관한 장을 중심으로 국민의 명시적이고 개별적인 기본권뿐만 아니라 헌법에 열거되지 아니한 기본권도 보장하여 국민의 기본권 보장에 만전을 기하고 있다. 그러면서도 다른 한편으로 기본권의 제한과 제한의 한계조항인 헌법 제37조 제2항을 두어, 개인의 자유·권리와 국가의 안전보장·질서유지·공공복리 사이의 조화를 꾀하고 있다.

헌법 제21조 제1항에서 보장하고 있는 언론·출판의 자유도 국민의 기본권 중의 하나로서 헌법상 보장을 받는 동시에 헌법 제37조 제2항에 의하여 제한을 받는 기본권이다. 그런데 헌법은 다른 기본권과는 달리 언론·출판·집회·결사의 자유에 대하여는 제21조 제2항에서 "언론·출판에 대한 허가나 검열과 집회·결사에 대한 허가는 인정되지 아니한다"라고 하여, 표현의 자유에 대한 허가나 검열을 아무런 유보 없이 금지하고 있다. 이러한 헌법 제21조 제2항의 검열금지원칙은 언론·출판의 자유에 대하여는 검열을 수단으로 하는 제한은 법률로써도 허용되지 아니 하며, 검열은 절대적으로 금지되는 것으로 해석되고 있다.[1]

현행헌법은 언론·출판에 대한 검열금지원칙을 명문으로 선언하면서도 헌법상 검열의 의미나 요건에 대한 규정은 두지 아니하여, 검열의 개념과 요건은 판례로 정립되었고, 구체적인 사건에서 사전검열금지원칙의 적용대상성 및 사전검열의 요건해낭성에 내한 판례가 집적되어왔다.[2]

---

* 이 논문은 부산대학교 자유과제 학술연구비(2년)에 의하여 연구되어 이미 간행된 글(공법학연구 제16권 제1호, 2015)이지만, 정만희 교수님의 정년퇴임을 축하하오며 이후에도 계속 역량을 발휘하고 건강하게 생활하시기를 빌면서 정년기념을 위한 작은 글로서 헌정합니다.

** 부산대학교 법학전문대학원 교수.

1 헌재 1996. 10. 31. 94헌가6, 헌재 2005. 2. 3. 2004헌가8.

2 사전검열금지원칙과 관련한 판례로서는 헌재 1992. 6. 26. 90헌바26; 헌재 1992. 11. 22. 89헌마88; 헌재 1993. 5. 13. 91헌바17; 헌재 1996. 10. 4. 93헌가13; 헌재 1996. 10. 31. 94헌가6; 헌재 1997. 8. 21. 93헌바51; 헌재 1998. 2. 27. 96헌바2; 헌재 1992. 6. 26. 90헌바26; 헌재 1998. 4. 30. 95헌가16; 헌재 1998. 12. 24. 96헌가23; 헌재 1999. 9. 16. 99헌가1; 헌재 2000. 3. 30. 97헌마108; 헌재 2000. 3. 30. 99헌마143; 헌재 2001. 5. 31. 2000헌바43; 헌재 2001. 8. 30. 2000헌가9; 헌재 2001. 8. 30. 2000헌바36; 헌재 2002. 4. 25. 2001헌가27; 헌재 2002. 2. 28.

표현의 자유와 사전검열금지원칙에 대한 선행연구들[3]도 지속적으로 그리고 심도 있게 행해져왔으나, 주로 개별 매체나 구체적 표현내용을 주제로 하면서 그와 관련하여 사전검열금지원칙을 살펴보는 연구가 대부분이었다고 할 수 있다. 이 글에서는 언론·출판의 자유와 사전검열금지원칙에 대한 그 동안의 판례를 분석하여, 기본권 제한의 한계 원칙으로서 사전검열금지원칙 자체에 대한 헌법적 검토와 함께 검열의 요건해당성, 그리고 사전검열금지원칙의 적용대상성에 대한 문제를 중점적으로 다루고자 한다.

이러한 취지에서 이 글에서는 먼저, 헌법상 사전검열의 의의(개념 및 요건)와 사전검열금지원칙의 법적 성격을 살펴보고(Ⅱ.), 다음으로, 사전검열의 요건해당성에 대한 판례를 검토하며(Ⅲ.), 끝으로, 이러한 판례 검토를 바탕으로 사전검열금지원칙의 적용대상성에 대하여 헌법적으로 고찰하고자 한다(Ⅳ.).

99헌가8; 헌재 2002. 2. 28. 99헌바117; 헌재 2002. 7. 18. 2000헌마490; 헌재 2002. 12. 18. 2000헌마764; 헌재 2005. 2. 3. 2004헌가8; 헌재 2005. 10. 27. 2003헌가3; 헌재 2006. 10. 26. 2005헌가14; 헌재 2007. 10. 4. 2004헌바36; 헌재 2008. 6. 26. 205헌마506; 헌재 2008. 7. 31. 2007헌가4; 헌재 2008. 10. 30. 2004헌가18; 헌재 2009. 5. 28. 2006헌바109; 헌재 2010. 2. 25. 2008헌마324 등; 헌재 2010. 7. 29. 2006헌바75; 헌재 2012. 2. 23. 2009헌마318; 헌재 2014. 3. 27. 2012헌바293와 같은 사례들을 들 수 있다.

3 언론·출판의 자유를 둘러싼 사전검열금지원칙과 관련된 선행연구들로는 남궁승태, 영화에 대한 등급보류와 표현의 자유, 아·태공법연구 제6집, 1999; 정만수, 방송광고심의와 상업적 표현의 자유: 비교광고와 외국어 사용에 대한 광고인의 인식을 중심으로, 광고학연구, 제10권 1호, 1999; 김욱, 영화에서의 사전검열금지의 원칙과 표현의 자유의 한계－2000헌가9 위헌법률심판제청사건에 부쳐－, 민주법학 제19호, 2001; 이민규, 1980년대 신군부의 언론검열정책－경제와 대학신문분야를 중심으로, 동서언론 제5집, 2001; 이민규, 언론통제의 실상과 항거: 1980년대 계엄령하 언론검열에 관한 연구, 사회과학연구 논문집 제7권 제1호, 2001; 조소영, 상업적 언론(Commercial Speech)을 진정한 표현의 자유권화하기 위한 헌법적 논의, 법조, 제564호, 2003; 이인호, 현행 영화검열법에 대한 비판적 분석, 법학논문집 제28집 제1호, 2004; 이승선, 방송광고 사전심의제도의 헌법적 고찰, 한국광고홍보학보 제6－2호, 2004; 이구현, 광고와 표현의 자유, 언론과 법 제4권 제1호, 2005; 전정환, 방송위원회의 방송광고에 대한 사전심의·의결의 위헌성 여부, 헌법학연구 제12권 제3호, 2006; 장호순, 방송광고 심의규정 위헌성에 대한 연구－명확성 원칙과 과잉금지 원칙을 중심으로－,한국언론정보학보 통권 39호, 2007년 가을; 엄기열, 표현의 자유와 소비자의 알권리로서의 광고－광고 및 비교광고와 관련된 규제의 변화 및 판례분석－, 언론과 법 제6권 제2호, 2007; 조홍식, 식품기능성표시와 표현의 자유, 환경법연구 제29권 제2호, 2007; 황창근, 영화등급분류제도의 개선방향－제한상영가 등급을 중심으로－, 세계헌법연구 제14권 제3호, 2008; 육소영, 인터넷 광고에 관한 법적 쟁점－표현자유권의 문제를 중심으로, 공법학연구 제9권 제1호, 2008; 이민영, 인터넷광고의 법적 의의에 관한 일고찰, 성균관법학 제20권 제3호, 2008; 문재완, 음란과 헌법상 표현의 자유의 보호영역－헌재 2009. 5. 28. 2007헌바83 결정을 중심으로－, 언론과 법 제8권 제2호, 2009; 임지봉, 미국헌법상의 표현의 자유의 사전억제금지의 원칙, 미국헌법연구 제20권 제2호, 2009; 이민영, 인터넷 자율규제의 법적 의의, 저스티스 통권 제115호, 2010; 이승선, 인터넷 광고 심의에 대한 법적 고찰, 한국광고홍보학보 제12권 제4호, 2010년 겨울; 전정환, 인터넷실명제가 표현의 자유를 침해하여 위헌인지 여부, 원광법학 제26권 제3호, 2010; 권용진·임영덕, 의료광고 사전심의제도에 관한 법적 고찰, 유럽헌법연구 제10호 2011; 이우영, 표현의 자유의 법리와 위헌법률심사기준, 서울대학교 법학, 제53권 제2호, 2012;임지봉, 미국헌법상 표현의 자유의 법리가 한국헌법에 미친 영향－사전억제 금지의 원칙을 중심으로－, 미국헌법연구 제24권 제2호, 2013; 홍승기, 방송광고 사전심의 위헌 판단의 함의－헌법재판소 2005헌마506 사건을 중심으로－, 행정법연구 제37호, 2013 등을 들 수 있다.

Ⅱ. 헌법상 사전검열의 의의와 사전검열금지원칙의 법적 성격

1. 헌법상 사전검열의 의의

(1) 사전검열의 개념

현행헌법상 사전검열금지원칙은 제21조 제2항에 근거한 헌법원칙이며, 여기에서 말하는 '검열'은 그 명칭이나 형식과 관계없이 실질적으로 행정권이 주체가 되어 사상이나 의견 등이 발표되기 이전에 예방적 조치로서 그 내용을 심사, 선별하여 발표를 사전에 억제하는, 즉 허가받지 아니한 것의 발표를 금지하는 제도를 뜻한다.[4] 이러한 사전검열은 법률로써도 허용될 수 없는 것인데, 헌법재판소는 헌법 제21조 제2항이 언론·출판에 대한 사전검열금지를 규정한 이유에 관하여, 사전검열이 허용될 경우에는 국민의 예술활동의 독창성과 창의성을 침해하여 정신생활에 미치는 위험이 클 뿐만 아니라 행정기관이 집권자에게 불리한 내용의 표현을 사전에 억제함으로써 이른바 관제의견이나 지배자에게 무해한 여론만을 허용하는 결과를 초래할 염려가 있기 때문에 절대적으로 금지되는 것이라고 판시한 바 있다.[5]

현행헌법상의 사전검열금지원칙은 사전억제(prior restraints)의 제한이론에 근거를 둔 것으로서 언론·출판의 자유에 대한 제한의 한계로서 제21조 제2항에서 명문화한 것이다.[6] 우리 헌법재판소는 이미 언급한 바와 같이 '검열'을 행정권에 의한 사전적 내용규제로서 절대적으로 금지되는 것으로 보고 있는데, 미국 헌법상의 사전억제는 행정권뿐만 아니라 사법권에 의한 경우에도 해당되며 절대적으로 금지되는 것도 아니다.[7] 그러한 점에

4 헌재 1996. 10. 4. 93헌가13, 91헌바10 (병합).

5 헌재 2010. 7. 29. 2006헌바75; 헌재 2008. 6. 26. 2005헌마50; 헌재 1996. 10. 4. 93헌가13등.

6 김철수, 학설판례 헌법학(상), 박영사, 2008, 967면; 임지봉, 미국헌법상 표현의 자유의 법리가 한국헌법에 미친 영향－사전억제 금지의 원칙을 중심으로－, 미국헌법연구 제24권 제2호, 2013, 309면; 홍승기, 방송광고 사전심의 위헌 판단의 함의－헌법재판소 2005헌마506 사건을 중심으로－, 행정법연구 제37호, 2013, 54－58면 참조. 홍성방 교수는, 사전검열을 반대하는 밀턴의 사고(Areopagitica, 1644)는 사전억제금지이론으로 구성되었고, 이러한 사전검열금지제도는 바이마르시대의 판례와 통설을 통하여 확립되었고 미국의 판례에서도 채택되었다고 하고 있다. 홍성방, 헌법학(중), 박영사, 2010, 171－172면.

7 미국의 연방대법원은 "언론에 대한 사법부의 금지명령도 사전제한에 해당한다."(Near v. Minnesota, 283 U.S. 697(1931))는 것을 분명히 하였고, "언론·출판에 대한 사전제한은 수정헌법 제1조의 권리에 대한 가장 심각하고 용인될 수 없는 침해이다."(Nebraska Press Assn. v. Stuart, 427 U.S. 539, 559 (1976))고 하며, "표현에 대한 어떠한 사전제한도 그 헌법적 타당성에 대한 무거운 위헌추정을 받으며 본 법정에 서게 된다."(New York Times v. United States, 403 U.S. 713, 714 (1971))고 하였다. 그리고 사전제한의 개념정의와 관련하여서는 "사전제한이란 용어는 의사표현 이전에 당해 의사표현을 금지하는 행정부 및 사법부의 명령을 서술하는데 사용된다."(Alexander v. United States 사건(509 U.S. 544, 550(1993))고 하였다. Erwin Chemerinsky, CONSTITUTIONAL

서 미국헌법상의 사전억제와 현행헌법상의 사전검열은 차이가 있다.

(2) 사전검열의 요건

현행헌법상의 사전검열금지원칙은, 모든 형태의 사전적 제한을 금지하는 것이 아니고 단지 의사표현의 발표여부가 오로지 행정권의 허가에 달려있는 사전심사만을 금지하고 또 절대적으로 적용되는 원칙이기 때문에, 그 요건을 엄격하고 제한적으로 해석할 필요가 있다. 헌법재판소는 검열의 요건으로서 "일반적으로 허가를 받기 위한 표현물의 제출의무, 행정권이 주체가 된 사전심사절차, 허가를 받지 아니한 의사표현의 금지 및 심사절차를 관철할 수 있는 강제수단"을 제시하고, 이러한 요건을 갖춘 경우에만 검열에 해당한다고 하고 있다.[8]

여기에서 '표현물의 제출의무'는 사전제출의무를 말하며, '행정권이 주체가 된 사전심사절차'는 모든 국가기관을 포함하지 아니하는 오로지 행정권을 뜻하는 것이고, '허가를 받지 아니한 의사표현의 금지'는 표현물의 내용을 심사·선별하여 의사표현이나 전파를 궁극적으로 금지한다는 의미이며, '심사절차를 관철할 수 있는 강제수단'에는 형사처벌이나 행정적 제재 등 다양한 수단들이 포함된다. 구체적인 검열요건의 해당성 여부는 제3장에서 판례를 검토하며 살펴본다.

2. 헌법상 사전검열금지원칙의 법적 성격

사전검열금지원칙은 헌법 제21조 제2항에서 규정하는 언론·출판의 자유의 제한에 대한 한계원칙으로서, 헌법 제37조 제2항에서 규정하고 있는 모든 기본권 제한의 일반적 한계원칙에 대한 특칙적 한계원칙이다. 언론·출판의 자유의 제한에 관한 한 사전검열금지원칙에 위배되면, 더 이상 과잉금지원칙이나 명확성원칙 등을 따질 필요 없이, 그러한 제한은 위헌이라는 점에서 언론·출판의 자유의 제한에 대한 우선적 한계원칙이다. 그리고 사전검열금지원칙은 헌법 제21조 제2항에서 아무런 유보 없이 금지하고 있으므로 법률로써도 허용될 수 없는 절대적 한계원칙이다.

이러한 사전검열금지원칙의 특칙적·우선적·절대적 한계원칙에 대하여 구체적으로 살펴보면 다음과 같다.

LAW Principles and Policies, Fourth Edition, 2011, at 978–979, 985; Ralph A. Rossum and G. Alan Tarr, AMERICAN CONSTITUTIONAL LAW, Vol. Ⅱ. Ninth Edition, 2014, 212–213.

8 헌재 1996. 10. 4. 93헌가13 등; 헌재 2001. 8.30. 2000헌가9; 헌재 2005. 2. 3. 2004헌가8.

(1) 기본권 제한의 일반적 한계원칙에 대한 특칙적 한계원칙

헌법 제21조 제2항의 사전검열금지원칙은 헌법 제37조 제2항의 기본권 제한의 일반적 한계원칙에 대한 특칙으로서의 한계원칙이며, 그러한 특칙으로서 오로지 언론·출판의 자유의 제한에 대한 한계원칙이다.

헌법 제37조 제2항과 헌법 제21조 제2항은 둘 다 기본권의 제한의 한계조항으로서 일반조항과 특별조항의 관계에 있다. 전자는 모든 기본권에 대하여 사전·사후적 제한을 가리지 않고 적용되며 기본권 제한의 근거조항인 동시에 한계조항이다. 이러한 헌법 제37조 제2항의 성격상 과잉금지원칙을 적용함에 있어서는 사인 상호간의 기본권 충돌이나 공익과의 비교형량 등을 필수적 전제로 한다. 이에 대하여 후자는 언론·출판의 자유에 대한 사전적·내용적 제한에 한정하여 적용되며, 그것도 공권력(행정권)의 기본권 제한에 대한 근거조항이 아니라 오로지 한계조항 — 절대적 금지조항 — 으로서 기능하기 때문에, 원칙적으로 기본권 충돌이나 공익과의 비교형량 등을 고려할 필요가 없고 또 그렇게 하여서도 아니 될 것이다.

(2) 언론·출판의 자유의 제한에 대한 우선적·절대적 한계원칙

(가) 언론·출판의 자유의 제한에 대한 우선적 한계원칙

기술한 바와 같이 사전검열금지원칙은 언론·출판의 자유의 제한에 관한한 과잉금지원칙의 특칙이므로, 언론·출판의 자유의 사전제한에 대하여는 헌법 제21조 제2항이 제37조 제2항보다 우선 적용되어야 한다. 그러므로 언론·출판의 자유에 대한 사전제한의 경우에는 사전검열금지원칙을 먼저 적용하고, 사전검열에 해당하지 아니하는 경우에 과잉금지원칙을 적용하여야 할 것이다.

그런데 헌법재판소는 헌법 제21조 제2항이 금지하는 검열은 '사전검열'만을 의미하는 것이므로, 사후심사절차 및 검열의 성격을 띠지 아니한 사전심사절차의 허용 여부는, 표현의 자유와 이와 충돌되는 다른 법익 사이의 조화의 문제로서 헌법 제37조 제2항에 따른 법익형량을 통하여 결정된다고 하고 있다.[9]

따라서 언론·출판의 자유에 대한 사전제한 중 '검열에 해당하는 사전제한'과 '검열에 해당하지 않는 사전제한'의 구별 문제 — 사전검열금지원칙의 적용대상성 문제 — 는, 검열의 요건해당성을 검토하는 단계 이전에 결정되어야 할 것이다. 이러한 적용상의 문제가 순조롭게 해결되려면 검열요건 외에 따로 동 원칙의 적용 대상성을 판단할 기준이 필요하다.

---

9 헌재 1996. 10. 4. 93헌가13 등.

그럼에도 불구하고 규제의 필요성이나 이익형량 등을 통하여 사전검열금지원칙의 적용대상성을 판단하게 되면, 과잉금지원칙의 특칙으로서 사전검열금지원칙의 우선적 지위가 사라질 우려도 있다.[10]

이러한 우려를 불식하려면, 언론·출판의 자유에 대한 모든 사전제한을 사전검열금지원칙의 적용대상으로 하여, 검열의 요건해당성을 검토하고 이에 해당하지 아니하면 그 때 과잉금지원칙, 명확성 원칙, 포괄적 위임금지원칙 등 다른 헌법상 제한의 한계 원칙을 적용하는 단계를 밟아야 할 것이다. 그렇게 하는 것이 언론·출판의 자유의 제한에 대한 우선적 한계로서의 사전검열금지원칙에 충실한 해석이 될 것이다.

(나) 언론·출판의 자유의 제한에 대한 절대적 한계원칙

헌법 제21조 제2항은 "언론·출판에 대한 허가나 검열은… 인정되지 아니한다"라고 하여 아무런 유보없이 검열을 금지하고 있고, 헌법재판소도 스스로 정립한 요건에 해당하는 검열은 법률로써도 허용될 수 없고 또 절대적으로 금지된다고 한다.[11] 여기에서 "절대적으로 금지된다"는 말은, 언론·출판의 자유의 제한에 대하여는 사전검열금지원칙이 예외 없이 적용된다는 뜻이 된다.

그런데 사전검열금지원칙을 절대적으로 예외 없이 적용할 경우 야기될 수 있는 불합리성에 대비하여, 헌법재판소는 언론·출판의 자유에 대한 모든 사전적 제한이 아니라 오로지 검열요건에 해당하는 경우만 금지된다고 함으로써 검열의 개념과 요건을 엄격하게 해석하고 있다.[12]

절대적 한계원칙으로서의 '절대적' 적용과 관련하여서는 좀 더 살펴볼 필요가 있다. 우선, 절대적 한계원칙에 대하여는 헌법상 예외가 있다. 현행헌법 제77조 제3항은 비상계엄이 선포된 때에는 언론·출판의 자유에 대하여 특별한 조치를 할 수 있다고 규정하고 있고, 이 경우 '특별한 조치'에는 사전검열도 포함된다.[13] 따라서 사전검열금지원칙은 평상시의 언론·출판의 자유의 제한에 대하여서만 적용될 것이다.

다음으로, 절대적 한계원칙으로서의 사전검열금지원칙을 평상시의 한계원칙으로 제

10 건강기능식품의 기능성 표시·광고에 대한 사전검열금지원칙의 적용대상성과 검열요건 해당성을 둘러싸고 나타난 재판관들의 심각한 의견 대립도 바로 이러한 문제가 주요한 요인이었다고 할 것이다. 동 사건에서 5인 재판관은 검열요건을 사실상 사전검열금지원칙의 적용대상성 문제를 판단하는 관점에서 접근하였고, 4인 재판관은 먼저 동 원칙의 적용 대상성을 인정하고 검열의 요건 해당성 관점에서 접근하였다. 헌재 2010. 7. 29. 2006헌바75.

11 헌재 1996. 10. 4. 93헌가13 등; 헌재 2008. 6. 26. 2005헌마506; 헌재 2010. 7. 29. 2006헌바75.

12 헌재 1996. 10. 4. 93헌가13 등; 헌재 1996. 10. 31. 94헌가6; 헌재 2001. 8. 30. 2000헌가9; 헌재 2005. 2. 3. 2004헌가8; 헌재 2008. 6. 26. 2005헌마506; 헌재 2010. 7. 29. 2006헌바75.

13 허영, 한국헌법론, 박영사, 2013, 591면; 성낙인, 헌법학, 법문사, 2014, 1153면; 정종섭, 헌법학원론, 박영사, 2014, 618면; 홍성방, 전게서, 173면.

한한다고 하더라도, 헌법재판소가 인정하는 "절대적으로 금지되는 이유"에 해당하는 경우에만 한정하여 적용할 것인지 하는 문제가 있다. 정치적 표현을 비롯한 이른바 핵심적 표현[14]에 초점을 맞춘 이러한 이유에 한해서만 동 원칙을 적용하게 되면, 보호의 정도가 낮은 표현에 대하여는 절대적 한계원칙으로서의 사전검열금지원칙을 적용할 수 없게 되는 문제가 발생한다. 이와 관련하여서는 제4장에서 구체적으로 검토한다.

Ⅲ. 사전검열의 요건 해당성에 대한 판례 검토

1. '표현물의 제출의무'의 해당성

(1) 표현물

사전검열 요건의 하나로서 먼저 "허가를 받기 위한 '표현물'의 '제출의무'"가 있다. 헌법재판소는 이 요건의 '표현물'과 관련하여, 해당 표현물이 헌법 제21조 제1항의 보호대상이 되는지를 검토하고 보호대상이 되면 검열의 요건해당성을 살펴본다는 논리체계를 구성하고 있다.

영화에 대한 사전검열사건에서 판례는, 사전심사 대상으로서의 '표현물'을 의사표현의 매개체로 파악하고 그러한 매개체는 어떠한 형태건 제한이 없다고 보았다.[15] 이러한 판례의 태도는 그 이후 영화, 음반, 비디오물, 게임물, 광고(방송광고, 건강기능식품의 기능성 표시·광고, 의료광고) 등에서도 일관되게 표명되었다.[16]

이와 같이, 판례는 사전심사 대상으로서의 '표현물'을 헌법 제21조 제1항의 언론·출판의 자유의 보장대상인 표현물을 전제로 하고, 그러한 표현물은 모든 형상의 의사표현 또는 의시전파의 매개체를 포함한다고 함으로써 매개체의 특성이나 기능, 매개체에 표현된 구체적인 내용을 이유로 헌법 제21조 제1항의 보호대상에서 제외하거나 헌법 제21조 제2항의 사전검열금지원칙의 적용대상에서 배제하지 않는 것이 기본적인 입장이었다.[17]

---

14 핵심적 표현과 상업적 표현(core and commercial speech)에 대하여는 Jennifer L. Pomeranz, No Need to Break New Ground: A Response to the Supreme Court's Threat to Overhaul the Commercial speech Doctrine, Loyola of Los Angeles L. Rev., Vol. 45, 389, 394−412, (2012) 참조.

15 헌재 1996. 10. 4. 93헌가13, 91헌바10 (병합).

16 헌재 1993. 5. 13. 91헌바17; 헌재 1996. 10. 31. 94헌가6; 헌재 1998. 2. 27. 96헌바2; 헌재 2000. 3. 30. 99헌마143; 헌재 2001. 8. 30. 2000헌가9; 헌재 2002.2.28. 99헌바117; 헌재 2005. 2. 3. 2004헌가81993. 5. 13. 91헌바17.; 헌재 2008. 6. 26. 2005헌마506; 헌재 2010. 7. 29. 2006헌바755; 헌재 2012.2.23. 2009헌마318; 헌재 2014.3.27. 2012헌바293.

17 그런데 2010년 건강기능식품에 관한 법률 제18조 제1항 제5호 등 위헌소원사건에서 헌법재판소는 이러한 태

(2) 제출의무

사전검열의 요건으로서 '제출의무'는 사전제출의무를 뜻한다. 영화진흥법 제21조 제4항 위헌제청사건에서 헌법재판소는, 영화의 상영 전에 상영등급 분류를 받아야 하는 제도하에서 사전등급제가 관철되기 위해서는 영화라는 표현물이 등급분류업무를 담당하는 기관에 상영 이전에 제출되어야 한다는 점은 분명하므로, 표현물의 '제출의무'라는 요건을 충족하고 있다고 한다.[18] 헌법재판소의 이러한 입장은 등급분류를 받지 않은 비디오물의 유통금지와 관련한 사건에서도 동일하다.[19]

그러나 정기간행물 등의 납본제도와 관련한 사건에서는 "등록한 정간물은 자유로이 발행할 수 있으며 다만 발행한 후에 그 정간물 2부를 납본하도록 하고 있음에 불과하다. … 결국 발행된 정간물을 공보처에 납본하는 것은 … 사전검열이라고 볼 수 없다"라고 하여, 사후에 표현물의 제출의무를 부과하더라도 그러한 제출의무는 사전검열의 요건으로서 제출의무가 아님을 밝히고 있다.[20]

2. '행정권이 주체가 된 사전심사절차'의 해당성

(1) 행정권(행정기관)

(가) 국가기관 또는 행정권의 검열 주체성

헌법재판소는 검열의 두 번째 요건으로 "행정권이 주체가 된 사전심사절차"를 들고 있다. 헌법재판소는 1996년 영화법 제12조 등에 대한 위헌제청 사건(영화법 사건)에서 "검열은 행정권이 주체가 되어 … 발표를 사전에 억제하는 … 제도를 뜻한다"고 하면서, "검열금지의 원칙은 … 오로지 행정권의 허가에 달려있는 사전심사만을 금지하는 것을 뜻한다"고 하여 사전심사의 주체가 '행정권'임을 강조하고 있다.[21]

그런데 영화법 사건 이전 1992년의 정기간행물의 등록 등에 관한 법률 제10조 제1항 사건(납본제도 사건)과 교육법 제157조에 관한 헌법소원 사건(국정교과서제도 사건)에서 헌법재판소는 "언론·출판에 대한 검열금지라 함은 … 국가기관이 … 금지시키는 이른바 사전검열의 금지를 말한다"[22]고 하거나 "검열이라 함은 … 국가기관이 … 발표를 저지하는

도를 변경하였다. 헌재 2010. 7. 29. 2006헌바75.

18 헌재 2001.8.30. 2000헌가9.

19 헌재 2007.10.4. 2004헌바36; 헌재 2008. 10. 30. 2004헌가18.

20 헌재 1992.6.26. 90헌바26.

21 헌재 1996. 10. 4. 93헌가13 등.

22 헌재 1992. 6. 26. 90헌바26.

것을 의미"[23]하는 것이라고 하여, 사전심사의 주체를 '국가기관'으로 보았다.

이와 같이 검열의 주체가 '국가기관'인지 '행정권'인지 하는 문제와 관련하여,[24] "행정권의 허가에 달려있는 사전심사만을 금지하는 것을 뜻한다"고 한 1996년 영화법 사건의 결정문 자체에서도 여전히 이전의 국정교과서제도 사건의 결정을 인용하면서 "국가기관이 … 발표를 저지하는 것만을 의미하고 …"라고 함으로써 헌법재판소 스스로가 검열의 주체에 대한 규명에 혼란을 불러일으키고 있다. 이러한 사례는 1996년 같은 달에 결정된 음반 및 비디오물에 관한 법률 제16조 제1항 등 위헌제청 사건에서도 그대로 반복되고 있다.[25]

그러나 1997년 이후에는 사전검열금지원칙과 관련한 사건에서 '국가기관'을 검열주체로 보는 결정은 더 이상 인용되지 않고, '행정권'을 주체로 보는 영화법 사건의 결정이 일관되게 인용되면서 헌법재판소의 확립된 견해가 되었다.[26] 아울러 2001년 민사소송법 제714조 제2항 위헌소원 사건에서는, 검열 금지의 원칙은 오로지 '행정권'의 허가에 달려있는 사전심사만을 금지하는 것을 뜻하므로, 사법부가 사법절차에 의하여 심리·결정하는 방영금지가처분은 헌법에서 금지하는 사전검열에 해당하지 아니함을 분명히 하였다.[27]

(나) 독립적 위원회의 행정기관성

헌법상의 검열금지원칙을 '행정권'에 의한 경우로 한정할 때, 행정기관이 아닌 독립적인 위원회의 경우에도 행정권에 의한 검열이라고 할 수 있는지 문제된다. 영화법 사건의 결정은 공연윤리위원회(공륜)의 사전심의제도와 관련하여 독립적인 위원회의 행정관성 문제를 처음으로 다루었다. 동 결정에서 헌법재판소는 "검열을 행정기관이 아닌 독립적인 위원회에서 행한다고 하더라도 행정권이 주체가 되어 검열절차를 형성하고 검열기관의

23 헌재 1992. 11. 12. 89헌마88.

24 학설은 검열기관은 국가기관이 아니라 행정권이라고 보는 입장(성낙인, 한수웅, 김욱 등)과 사법권에 의한 사전제한도 헌법 제21조 제2항의 견지에서는 본질상 동일하다는 입장에서 반대(이인호)하거나 일반적으로 국가기관으로 보는 것이 타당하다(남궁승태)는 견해가 있다. 성낙인, 전게서, 1148면; 한수웅, 전게서, 752면; 김욱, 영화에서의 사전검열금지의 원칙과 표현의 자유의 한계－2009헌가9 위헌법률제청사건에 부쳐－, 민주법학 제19호, 2001, 159－161면; 이인호, 표현의 자유와 검열금지원칙: 헌법 제21조 제2항의 새로운 해석론, 법과 사회 통권 제15호, 1997, 259－260면; 남궁승태, 영화에 대한 등급보류와 표현의 자유, 아·태공법연구 제6집, 1999, 121면.

25 헌재 1996. 10. 31. 94헌가6.

26 헌재 1997. 3. 27. 97헌가1; 헌재 1997. 8. 21. 93헌바51; 헌재 1998. 2. 27. 96헌바2; 헌재 1998. 12. 24. 96헌가23; 헌재 1999. 9. 16. 99헌가1; 헌재 2000. 2. 24. 99헌가17; 헌재 2001. 5. 31. 2000헌바 43 등; 헌재 2001. 8. 30. 2000헌가9; 헌재 2001. 8. 30. 2000헌바36; 헌재 2005. 2. 3. 2004헌가8; 헌재 2006. 10. 26. 2005헌가14; 헌재 2007. 10. 4. 2004헌바36; 헌재 2008. 6. 26. 2005헌마506; 헌재 2008. 7. 31. 2007헌가4; 헌재 2006. 10. 26. 2005헌가14; 헌재 2008. 10. 30. 2004헌가18; 헌재 2010. 7. 29. 2006헌바75.

27 헌재 2001. 8. 30. 2000헌바36.

구성에 지속적인 영향을 미칠 수 있는 경우라면 실질적으로 보아 검열기관은 행정기관이라고 보아야 한다"고 하면서, "공륜이 민간인으로 구성된 자율적인 기관이라고 할지라도 법에서 영화에 대한 사전허가제도를 채택하고, 공연법에 의하여 공륜을 설치토록 하여 행정권이 공륜의 구성에 지속적인 영향을 미칠 수 있게 하였으므로 공륜은 검열기관으로 볼 수밖에 없다"라고 하였다.[28]

이러한 영화법 사건의 결정은, 그 이후 음반에 대한 공륜의 사전심의제도,[29] 비디오물에 대한 공륜 또는 한국공연예술진흥협의회(공진협)의 사전심의제도,[30] 영화·비디오물(외국비디오물)·음반(외국음반)에 대한 영상물등급위원회의 사전심의제도[31]에 대한 사건에서 공륜, 공진협, 영상물등급위원회의 행정기관성 여부를 판단하는 기준으로서 일관되게 적용되어 왔으며 그것도 전원일치의견으로 받아들여진 것이다.[32] 그리고 광고와 관련한 방송위원회, 방송통신위원회, 자율심의기구의 사전심의제도에 대한 사건에서도 영화법 사건의 결정에서와 같은 관점에서 판단하여 방송위원회 등의 행정기관성을 인정하고 있다.[33]

그런데 건강기능식품협회의 사전심의절차에서 있어서 동 협회의 행정기관성에 대하여는, 건강기능식품의 기능성 표시·광고가 사전검열금지원칙의 적용 대상이 되는지 여부를 둘러싸고, 그 대상성을 인정하지 않는 5명의 재판관은 모두 건강기능식품협회를 순수한 민간단체로 보고 있으나 대상성을 인정하는 4명의 재판관들은 건강기능식품협회의 행정기관성 여부에 대하여 2:2로 견해가 나뉘고 있다.[34]

비록 결과적으로 볼 때 이 사건에서 건강기능식품협회의 행정기관성을 부인하는 재

---

28 헌재 1996. 10. 4. 93헌가13 등.

29 헌재 1996. 10. 31. 94헌가6; 헌재 1997. 3. 27. 97헌가1.

30 헌재 1998. 12. 24. 96헌가23; 헌재 1999. 9. 16. 99헌가1; 헌재 2000. 2. 24. 99헌가17.

31 헌재 2006. 10. 26. 205헌가14.

32 영상물등급위원회의 행정기관성 문제를 처음으로 다룬 영화진흥법 제21조 제4항 위헌제청 사건(헌재 2001. 8. 30. 2000헌가9)에서 송인준·주선회 재판관은 영상물등급위원회를 독립된 민간자율기관으로 보아야 한다고 주장하면서 반대의견을 개진하였으나, 그 후 주선회 재판관이 주심으로 다룬 사건인 구 음반·비디오물및게임물에관한법률 제16조 제1항 등 위헌제청사건(헌재 2005. 2. 3. 2004헌가8)에서 송인준 재판관만이 유일하게 앞의 사건(2000헌가9)에서 제시한 반대의견을 인용하며 여전히 영상물등급위원회를 독립된 민간자율기관으로 보았고 주선회 재판관은 그러하지 아니하였다. 그리고 송인준 재판관의 퇴임 이후 결정된 음반·비디오물및게임물에관한법률 제35조 제1항 등 위헌제청사건(헌재 2006. 10. 26. 2005헌가14)에서는 주선회 재판관을 포함한 재판관 전원의 일치된 의견으로 영상물등급위원회의 행정기관성을 인정하고 있으며, 이러한 태도는 그 이후의 구 음반·비디오물 및 게임물에 관한 법률 제18조 제5항 등 위헌소원사건(헌재 2007. 10. 4. 2004헌바36) 및 구 음반·비디오물 및 게임물에 관한 법률 제20조 제4항 등 위헌제청사건(헌재 2008. 10. 30. 2004헌가18) 사건의 결정에서도 이어지고 있다.

33 헌재 2008. 6. 26. 2005헌마506.

34 건강기능식품에 관한 법률 제18조 제1항 제5호 등 위헌소원사건 헌재 2010. 7. 29. 2006헌바75.

판관이 7인에 이르기는 하였지만, 그 중 5인의 견해는 사전검열금지원칙의 적용과정이 아니라 과잉금지원칙의 적용과정에서 행정기관성을 부인하여 순수한 민간단체로 본 것이다. 따라서 이러한 7인의 견해를 사전검열금지원칙 상 검열요건으로서 '사전심사기관(건강기능식품협회)의 행정기관성 여부'에 대한 헌법재판소의 공식적인 견해로 인정하기는 어려울 것이다.

(2) 사전심사절차

"행정권이 주체가 된 사전심사절차"라는 검열요건 중 '사전'심사절차는 사후심사절차가 아니라는 의미이고, 사전심사절차라고 하더라도 모든 사전심사절차가 여기에 해당하는 것은 아니다. 그러므로 언론·출판의 자유에 대한 제한도 의사표현의 발표나 전파 이후에 행해지는 사후적인 제한은 사전검열금지원칙에 위배되지 않는다.

사전심사절차와 관련하여 판례는 '사전·사후'의 기준을 일반적으로 "의사표현이 외부에 공개되기 이전",[35] "개인이 정보와 사상을 발표하기 이전"[36]으로 파악하면서, 구체적으로는 음반의 "제작, 판매, 보관",[37] 비디오물(외국비디오물)의 "제작, 복제, 수입, 판매, 배포, 유통, 대여, 시청제공",[38] 영화의 "상영"[39] 등의 이전으로 본다.

그리고 사전심사절차라고 하더라도 영화의 사전등급제나 비디오물의 등급분류제는 사전검열에 해당하지는 않는다고 하고 있는데, 이는 두 제도가 사전심사절차이기는 하지만 유통단계의 효과적인 관리를 위한 것이고 유통 자체를 사전적으로 금지하는 것은 아니므로 사전검열과는 다르기 때문이라는 것이다.[40] 결국, 사전심사절차의 검열요건 해당성은 당해 절차를 통한 궁극적인 금지효과와 밀접한 관련을 가진다.

3. '표현 내용의 심사선별과 의사표현(전파) 금지'의 해당성

(1) 표현내용의 심사선별

검열 요건의 또 다른 요소인 "표현내용의 심사·선별과 의사표현(전파)의 금지"와 관련하여, 헌법재판소는 헌법 제21조 제2항의 '허가와 검열'을 언론의 내용에 대한 허용될

35 헌재 1992. 6. 26. 90헌바26.
36 헌재 1992. 11. 12. 89헌마88.
37 헌재 1996. 10. 31. 94헌가6; 헌재 1997. 3. 27. 97헌가1.
38 헌재 1998. 12. 24. 96헌가23; 헌재 1999. 9. 16. 99헌가1; 헌재 2000. 2. 24. 99헌가17; 헌재 2007. 10. 4. 2004헌바36.
39 헌재 2001. 8. 30. 2000헌가9.
40 헌재 1996. 10. 4. 93헌가13, 91헌바10 (병합); 헌재 2007. 10. 4. 2004헌바36.

수 없는 사전적 제한이라는 점에서 양자를 본질적으로 같은 것으로 보고, 언론·출판에 대한 허가·검열금지의 취지는 정부가 표현의 내용에 관한 가치판단에 입각해서 특정 표현의 자유로운 공개와 유통을 사전 봉쇄하는 것을 금지하는 데 있으므로, 내용규제 그 자체가 아니거나 내용규제의 효과를 초래하는 것이 아니라면 위의 금지된 "허가"에는 해당되지 않는다고 한다.[41]

이러한 관점에서 판례는 "발행된 정간물을 공보처에 납본하는 것은 그 정간물의 내용을 심사하여 이를 공개 내지 배포하는데 대한 허가나 금지와는 전혀 관계없는 것으로서 사전검열이라고 볼 수 없다"[42]고 하고, 또 "定期刊行物의登錄등에관한法律 제7조 제1항이 정한 등록사항은 정기간행물의 外形的이고 客觀的인 사항에 한정되어 있으므로 … 헌법 제21조 제2항이 정하는 허가나 검열에 해당되지 아니한다"[43]고 하며, "옥외광고물등관리법 제3조는 … 그 광고물 등의 종류·모양·크기·색깔, 표시 또는 설치의 방법 및 기간 등을 규제하고 있을 뿐, 광고물 등의 내용을 심사·선별하여 광고물을 사전에 통제하려는 제도가 아님은 명백하므로, 헌법 제21조 제2항이 정하는 사전허가·검열에 해당되지 아니한다"[44]고 하거나 "종합유선방송사업허가의 요건은 기술적·물적 또는 인적인 것으로서 구성되어 있고 … 표현내용에 대한 가치판단에 입각한 사전봉쇄를 위한 것이거나 그와 같은 실질을 가진다고는 볼 수 없으므로 위의 금지된 '허가'에는 해당되지 않는다고 할 것이다"[45]라고 하여 적극적인 표현내용의 심사선별이 아니 경우에는 사전검열에 해당하지 아니함을 분명히 하고 있다.

이러한 판례의 태도에 의하면, 사전검열의 요건인 "표현내용의 심사선별"과 관련하여서는, 그 내용이 무엇이든지간에 적어도 내용규제 그 자체이거나 내용규제의 효과를 초래하는 것이라면, 그러한 요건에 해당하게 될 것이다. 그리고 이렇게 해석하는 것이 사전검열은 절대적으로 금지된다고 판시[46]한 헌법재판소의 입장과 일치한다고 할 것이다.

그런데 2010년의 건강기능식품광고와 관련한 사건에서 판례의 태도에 변화가 나타나는데,[47] 이에 대하여는 제4장에서 구체적으로 검토하고자 한다.

---

41 헌재 1992. 6. 26. 90헌가23; 헌재 1993. 5. 13. 91헌바17; 구 유선방송관리법 제22조 제2항 제6호 중제15조 제1항 제1호 부분 위헌소원, 구 유선방송관리법 제22조 제2항 제8호 중 제17조 제4호 부분 위헌소원 (2001. 5. 31. 2000헌바43, 52(병합).

42 헌재 1992.6.26. 90헌바26.

43 헌재 1997.8.21. 93헌바51.

44 헌재 1998.2.27. 96헌바2.

45 헌재 2001. 5. 31. 2000헌바43, 52(병합).

46 헌재 1996. 10. 4. 93헌가13, 91헌바10 (병합); 헌재 1996. 10. 31. 94헌가6; 헌재 2008. 6. 26. 2005헌마506.

47 헌재 2010. 7. 29. 2006헌바75 사건에서 다수의견 및 재판관 조대현의 별개의견 참조.

(2) 의사표현(전파)의 금지

사전검열은 궁극적으로 허가받지 아니한 것의 발표나 전파를 금지하는 제도이므로, 궁극적으로 의사의 표현(전파)이 금지되는 효과가 수반되어야 한다. 판례는 국정교과서제도와 검열과의 관련성을 언급하면서 "기준에 합당하지 않은 도서의 출판 자체를 원천적으로 금지하는 것은 아니기 때문에" 출판의 자유를 침해하는 것은 아니라고 하였다.[48] 그리고 영화의 '사전등급심사'제와 관련하여 "심의기관에서 허가절차를 통하여 영화의 상영여부를 종국적으로 결정할 수 있도록 하는 것은 검열에 해당하나 영화의 상영으로 인한 실정법의 위반 가능성을 사전에 막고, 청소년 등에 대한 상영이 부적절할 경우 이를 유통단계에서 효과적으로 관리할 수 있도록 미리 등급을 심사하는 것은 사전검열이 아니다"라고 하며,[49] 음반[50]과 비디오물[51]에 대하여도 동일한 입장을 취하고 있다. 그러면서도 영화나 비디오물의 '등급분류보류'제도에 대하여는 "등급분류를 받지 아니한 영화(비디오물)는 상영(유통)이 금지되고 … 등급분류보류의 횟수 제한이 없어.. 무한정 금지될 수 있으므로 검열에 해당한다"고 하고 있다.[52]

그런데 영화의 등급분류제의 일환으로 규정되어 있는 '제한상영가' 등급과 관련하여서는 헌법재판소가 사전검열금지원칙을 적용하지 아니하고 명확성원칙과 포괄위임금지원칙을 적용하여 위헌 여부를 판단하고 있는데, 이에 대하여도 제4장에서 구체적으로 살펴보고자 한다.

4. '심사절차를 관철할 수 있는 강제수단'의 해당성

검열요건의 마지막 요소로서 "심사절차를 관철할 수 있는 강제수단"은 다양하게 나타난다. 영화의 사전심의에서는 "징역, 벌금, 또는 과태료",[53] 음반의 사전심의에 대하여는 "징역, 벌금, 몰수 또는 추징",[54] 비디오물의 경우는 "징역, 벌금, 몰수 또는 추징",[55] 그리고 방송광고의 사전전심의에서는 "과태료"[56]를 심사절차를 관철할 수 있는 강제수단으로

48 헌재 1992. 11. 22. 89헌마88.
49 헌재 1996. 10. 4. 93헌가13 등.
50 헌재 1996. 10. 31. 94헌가6.
51 헌재 2007. 10. 4. 2004헌바36.
52 헌재 2001. 8. 30. 2000헌가9; 헌재 2008. 10. 30. 2004헌가18.
53 헌재 1996. 10. 4. 93헌가13 등; 헌재 2001. 8. 30. 2000헌가9.
54 헌재 1996. 10. 31. 94헌가6; 헌재 1997. 3. 27. 97헌가1; 2006. 10. 26. 2005헌가14.
55 헌재 1998. 12. 24. 96헌가23; 헌재 1999. 9. 16. 99헌가1; 헌재 2000. 2. 24. 99헌가17; 헌재 2005. 2. 3. 2004헌가8; 헌재 2008. 10. 30. 2004헌가18.
56 헌재 2008. 6. 26. 2005헌마506.

인정하였다. 그리고 건강기능식품의 기능성 표시·광고의 사전심의[57]와 관련하여 판례는 사전검열에 해당하지 않는다고 하였으나, 동 사건에서 반대의견은 "영업허가의 취소, 영업정지" 등과 같은 행정적 제재도 강제수단에 해당한다고 보았다.

헌법재판소는 이러한 강제수단의 유형뿐만 아니라 강제수단의 적용과 관련하여서도 판단하고 있다. 영화와 비디오물에 대한 등급분류보류제도의 사전검열 해당성 검토에서 "우리 재판소가 사전등급제 자체는 사전검열이 아니라고 판단하였고 또한 위와 같은 강제수단들이 이러한 사전등급제를 관철하기 위한 불가피한 것들이라고 할지라도, 등급분류보류결정은 등급분류의 일환으로 행해지기 때문에, 결과적으로 등급분류보류가 결정된 영화(비디오물)에 대해서도 이러한 강제수단들이 적용된다"[58]고 하였다. 검열요건의 요소로서 '심사절차를 관철할 수 있는 강제수단'의 해당성은 판례상 큰 문제가 없는 것으로 나타나고 있다.

Ⅳ. 사전검열금지원칙의 적용대상성에 대한 헌법적 검토

1. 표현내용의 제한에 대한 접근방법과 언론·출판의 자유의 보호대상

언론·출판의 자유의 보호대상은 언론·출판의 자유에 대한 제한 방법 특히, 내용에 근거한 제한과 밀접한 관련성을 가진다. 우리 헌법재판소는 미국연방대법원의 "내용에 근거한 제한과 내용중립적 제한"의 접근방법을 수용하고 있는데, 먼저 미국헌법상의 내용에 근거한 제한과 표현의 자유의 보호대상을 살펴보고 우리나라의 경우를 검토한다.

(1) 미국헌법상의 접근방법과 표현의 자유의 보호대상

표현의 자유에 대한 제한방법의 하나인 "내용에 근거한 제한과 내용중립적 제한"(content-based regulation and content-neutral regulation)은 미국헌법상 표현의 자유 제한과 관련한 기본적인 접근방법이다. 연방대법원은 표현의 내용에 근거한 제한과 표현의 시간, 장소 및 방법상의 제한(time, place and manner regulation)을 구분하여, 전자의 경우는 엄격한 심사기준(strict scrutiny)을 후자의 경우는 그보다 완만한 중간적 심사기준(intermediate scrutiny)을 적용해왔다.[59]

---

57 헌재 2010. 7. 29. 2006헌바75.

58 헌재 2001. 8. 30. 2000헌가9; 헌재 2008. 10. 30. 2004헌가18.

59 Erwin Chemerinsky, supra note 7, at 961.

‘내용에 근거한 제한’의 경우는 다시 표현내용의 범주화와 이익형량을 통하여 수정헌법 제1조에 의하여 ‘보호되는 표현’(protected speech)과 ‘보호 되지 않는 표현’(unprotected speech) — 명예훼손(defamation), 선동(incitement), 음란표현(obscenity) 등 — 으로 나누고, 보호되는 표현에 대하여는 원칙적으로 엄격한 심사기준(strict scrutiny)을 적용하여 표현의 자유를 최대한 보장하려고 하였다.[60] 미국 연방대법원의 이러한 태도는, 2010년에 결정된 United Stsates v. Stevens 사건의 판결[61]에서도 여전히 견지되고 있다.[62] 그렇지만 보호되는 모든 표현에 대하여 엄격한 심사기준을 적용하는 것은 아니고 그 중에서도 ‘덜 보호되는 표현’(less protected speech) 또는 ‘가치가 낮은 표현’(low value speech)의 범주 — 상업적 표현(commercial speech), 음란표현 또는 청소년성표현물이 아닌 성적 표현(pornography or sexual speech without obscenity or child pornography) 등 — 를 설정하여 이러한 표현에 대하여는 내용에 근거한 제한의 경우에도 중간적 심사기준(intermediate scrutiny)을 적용하여왔다.[63]

이러한 범주적 접근방법(categorical approach)에 의하면, 보호되지 않는 표현의 유형을 어떻게 정의할 것인지가 중요한 문제로 떠오르게 된다. 왜냐하면 ‘선동’이나 ‘음란’ 등의 개념은, 그러한 표현들이 처벌대상이 되는지 또는 수정헌법 제1조의 보호대상이 되는지 여부가 그 개념에 의하여 결정되기 때문이다.[64]

그런데 덜 보호되는 표현의 범주에 속하는 상업적 표현(commercial speech)은 처음에는 ‘보호되지 않는 표현’의 영역에 포함되어 있었으나,[65] 1975년 Bigelow v. Virginia 사건[66]

---

60 Stephan Redish, The Content Distinction in first Amendment, 34 Stan. L. Rev. 113 (1981); Jerrold J. Kippen, Sexually Explicit Speech, 28 Hastings Const. LQ. 799 799 n.2 (2001); Karen Weiss, Note: “But she was only a child. That is obscene!” The Unconstitutionality of Past and Present Attempts to Ban Virtual Child Pornography and Obscenity Alternative, 70 Geo. Wash. L. Rev. 228, 231−232 (2002). 김배원, 청소년성표현물과 수정헌법 제1조−가상청소년성표현물을 중심으로−, 미국헌법연구 제16권 제1호, 2005, 63−64면.

61 130 S. Ct. 1577 (2010).

62 “수정헌법 제1조는 1791부터 현재까지 몇몇 한정된 영역에서 표현의 내용에 대한 제한을 허용해왔고, 이러한 전통적 한계를 무시하는 자유를 결코 포함시키지 않았다. 이와 같이 법조계에 오랫동안 친숙하였던 음란표현, 명예훼손, 기망적 표현, 선동, 그리고 범죄행위를 구성하는 표현과 같은 역사적·전통적 범주들은 잘 정의되고 좁게 한정되어 있으며, 그러한 범주들에 대한 금지와 처벌이 어떤 헌법적 문제를 야기한다고 생각되지 않았다.” Id., at 1584. Erwin Chemerinsky, supra note 7, at 1017. note 1.

63 Erwin Chemerinsky, Id., at 1017, 1124, 1126−1127, 1131−1135, 1048−1064.; Barnes v. Glen Theatre, Inc., 501 U.S. 560, 566 (1991), Young v. Am. Mini Theatres, Inc., 427 U.S. 50, 70 (1976). 미국헌법상 상업적 표현에 대한 심사기준으로서 Central Hudson Test 및 음란표현(obscenity)과 청소년성표현물(child pornography)에 해당하지 않는 일반적인 성적표현에 대한 심사기준에 대하여는 김배원, 전게논문, 65−67, 118−119면; 김배원, 미국에 있어서 상업적 언론의 원칙과 표현의 자유, 미국헌법연구 제6호, 1995, 255−257면 참조.

64 Erwin Chemerinsky, supra note 7, at 1018.

65 1942년의 Valentine v. Chrestensen 사건에서 연방대법원은 상업적 표현은 수정헌법 제1조에 의하여 보호되지 않는다고 판결하였다. 316 U.S. 52, at 54. 김배원, 전게논문(각주 63), 246−247면 참조.

66 421 U.S. 809 (1975).

의 판결 이후 '보호되는 표현'의 영역에 들어오게 되었다. 그럼에도 불구하고 '불법광고'(advertising of illegality), '허위 및 기망적 광고'(false and deceptive advertising), '본질적으로 기망의 우려가 있는 광고'(advertising that inherently risks deception) 등은 여전히 '보호되지 않는 표현'의 영역에 머무르고 있다.[67]

기술한 바와 같이 '덜 보호되는 표현'으로서 상업적 표현에 대하여는 내용에 근거한 제한인 경우에도 대체로 중간적 심사기준이 적용되어왔으나, 2011년의 Sorrell v. IMS Health, Inc. 사건[68]에서 연방대법원은 6 : 3의 다수의견으로 상업적 표현에 대하여도 중간적 심사기준보다 더 강화된 심사기준을 적용하였다.[69] 이러한 연방대법원의 태도는 앞으로 상업적 표현의 제한에 대한 심사기준의 새로운 경향을 제시하는 것이어서 주목되고 있다.[70]

(2) 현행헌법상의 접근방법과 언론·출판의 자유의 보호대상

이러한 미국 연방대법원의 표현의 자유에 대한 기본적인 접근방법 — 내용제한과 내용 중립적 제한 — 은 우리 헌법재판소도 수용하고 있다.[71] 그리고 헌법 제21조 제1항의 보호대상을 '보호되는 표현'과 '보호되지 않는 표현'의 두 범주로 나누고, "음란표현"을 후자에 포함시킨 판례[72]는 미국의 범주적 접근방법을 받아들인 것이라고 할 것이다. 그 10

67 상업적 표현에 대한 심사기준으로서 Central Hudson Test의 4 요건 중 첫 번째 요건으로서 상업적 표현이 합법적 활동에 관한 것이고 진실한 것으로서 오도할 여지가 없어야 한다는 것에 의한 한계이며, Central Hudson 판결에 참여한 모든 연방대법관들이 인정한 것이다. Central Hudson Gas & Electric Corp. v. Public Service Commission, 447 U.S. 557, 561 (1980). Jennifer L. Pomeranz, supra note 14, at 414.

68 131 S.Ct. 2653 (2011).

69 이 사건에서 연방대법원은, 제약회사 등이 처방에 관한 정보를 수집하여 상업적으로 이용하는 것을 제한하는 Vermont주법률을 위헌으로 판결하였는데, 문제가 된 주법률은 약국, 데이터 판매자, 제약회사, 그리고 마케터들에게 처방약의 판매촉진을 위하여 처방자를 확인할 수 있는 처방정보의 판매, 허가, 또는 교환을 금지하는 것이었다. Id. at 2668. Sorrell 사건에서의 상업적 표현에 적용된 심사기준에 초점을 맞추면서 다수의견과 반대의견을 상세하게 검토한 문헌으로 Marcia M. Boumil, Pharmaceutical gift Laws and Commercial Speech Under the First Amendment in the Wake of Sorrel v. IMS Health, Inc., Journal of Health & Biomedical Law, Vol. Ⅷ No. 2, 133, 144−154 (2012) 참조.

70 Sorrell 판결에 대하여는, 상업적 표현에 대하여도 내용에 근거한 제한에 대하여는 엄격한 심사기준이 적용되어야 한다는 입장에서 Central Hudson 판결에서 정립된 심사기준(Central Hudson Test)에서 벗어날 것을 주장하는 찬성의견[Nat Stern, Mark joseph Stern, Advancing An Adaptive Standard of Strict Scrutiny for content−based commercial speech regulation, University of Richmond L. Rev., Vol. 47. 1171 (2013)]과 상업적 표현과 핵심적 표현(core speech)은 구별되어야 하며 기존의 심사기준(Central Hudson Test)을 좀 더 명확하게 정립하여 상업적 표현에 대하여는 여전히 중간적 심사기준이 적용되어야 한다는 반대의견[Jennifer L. Pomeranz, supra note 14]이 있다. 그 외에도 이와 관련한 논문으로 Alen Rostron, Pragmatism, Paternalism, and the Constitutional Protection of Commercial Speech, Vermont L. Rev. Vol. 37, 527 (2013) 참조.

71 헌재 1992. 6. 26. 90헌가23; 헌재 1993. 5. 13. 91헌바17; 헌재 1998. 4. 30. 95헌가16; 헌재 2001. 5. 31. 2000헌바43 등.

72 "음란표현"과 관련하여 헌법재판소는 음란표현을 헌법상 보호되지 않는 언론·출판의 한 유형으로 판단하였

여년 후, 헌법재판소는 판례를 변경하여 음란표현도 '보호되는 표현'에 속한다고 하였는데, 이 변경된 판례의 다수의견이 이른바 범주적 접근방법을 포기한 것인지 아니면 범주적 접근방법은 그대로 수용하면서 "음란표현"만 '보호되지 않는 표현'에서 '보호되는 표현'으로 변경한 것인지는 명확하지 않다.[73]

그러나 엄격한 의미의 "음란" 개념이 명확성의 원칙에 반하지 않고 또 보호가치가 없기 때문에 "음란표현"은 보호되지 않는 표현에 속한다고 한 기존의 판례를 변경 — 그것도 여전히 엄격한 의미의 "음란" 개념을 인정하면서 변경 — 하면서도, 헌법재판소의 다수의견은 판례변경의 실체적인 이유에 대하여는 구체적인 언급을 하지 않았다. "음란표현"을 보호되지 않는 표현으로 분류하면 그에 대한 합헌성심사를 제대로 할 수 없다는 절차상의 이유가 그것을 보호되는 표현으로 보아야한다는 것이 판례변경의 주된 이유였다.[74]

적어도 엄격한 의미의 "음란" 개념을 전제로 하여 헌법상 '보호되지 않는 표현'으로 파악하였다가 헌법상 '보호되는 표현'으로 판례를 변경하는 것이라면, 음란표현도 헌법상 보호할 가치가 있다거나 음란표현을 금지하는 이유나 효과에 별다른 의미가 없다거나 하는 구체적 이유를 제시하면서 판례를 변경하였어야 할 것이다.[75] 그러한 점에서 엄격한 의미의 음란개념을 인정하면서도 음란표현을 보호되는 표현의 범주에 포함시킨 판례변경은 타당하지 않다고 본다.

또한 "상업적 표현"과 관련하여서도, 헌법재판소는 "광고도 사상·지식·정보 등을 불특정 다수인에게 전파하는 것으로서 언론·출판의 자유에 의한 보호를 받는 대상"[76]이 되

다. 헌재 1998. 4. 30. 95헌가16.

73 헌재 2009. 5. 28. 2006헌바109. 이 사건은 본안에 대하여 6:3으로 결정되었고, 반대의견은 여전히 "음란표현"은 언론·출판의 자유의 보호영역에 포함되지 않는다고 하고 있다. 이에 대한 상세한 검토는 문재완, 음란과 헌법상 표현의 자유의 보호영역 – 헌재 2009. 5. 28. 2007헌바83 결정을 중심으로 –, 언론과 법 제8권 제2호, 2009, 293–329면 참조.

74 이에 대한 구체적인 지적과 설득력 있는 비판은 문재완, 상게논문, 293–329면 참조.

75 미국에서도 "음란표현"(obscenity)을 보호되지 않는 표현으로 간주하는데 반대하는 견해들이 있다. David Cole, Playing by Pornography's Rules: The Regulation of Sexual Expression, 143 U. Pa. L. Rev. 111 (1994); David A.J. Richards, Free Speech and Obscenity Law: Toward a Moral Theory of the First Amendment, 123 U. Pa. L. Rev. 45 (1974). 그들은 Roth 판결에서 사용된 음란개념 자체가 사상의 통제 – 정부의 권한을 넘어서는 것이라고 하여야 할 어떤 것 – 에 초점을 맞추고 있다고 주장한다. David Richards 교수는 "개인의 의사표현의 성적 내용을 결정할 자유나 그러한 의사표현의 청중이 될 자유가 모든 다른 의사표현의 내용을 결정할 자유보다 중요하지 않다고 믿을 하등의 이유가 없다"고 한다. Richards, Id., at 82. Erwin Chemerinsky, supra note 7, at 1050 n.108 & 109. 음란표현을 보호되는 표현에서 배제하여야 한다는 주장과 이에 대하여 반박하는 논쟁에 대하여는 Erwin Chemerinsky, Id., at 1050–1052 참조.
한수웅 교수도 의견을 도덕적 또는 윤리적 성격에 따라 가치 있는 의견과 가치 없는 의견을 구분하여 아니면 다른 사람에 미치는 영향에 따라 차별하는 것은 기본권적 보장의 포괄적 요청을 현저하게 상대화할 것이라는 이유로 음란물도 표현의 자유에 의하여 보호된다고 한다. 한수웅, 전게서, 727면.

76 헌재 1998. 2. 27. 96헌바2; 헌재 2002. 12. 18. 2000헌마764; 헌재 2005. 10. 27. 2003헌가3; 헌재 2008. 6. 26.

고, "상업적 광고표현",[77] "텔레비전 방송광고",[78] 그리고 "건강기능식품 표시·광고,"[79] 의료광고[80]도 언론·출판의 자유의 보호대상이 된다고 하고 있다. 그리고 상업적 표현(상업광고)의 규제에 대한 심사기준도 완화된 심사기준을 적용하고 있어,[81] 보호의 정도는 정치적 표현보다는 낮은 단계에 머무르고 있다.

이렇게 볼 때, 상업적 표현에 있어서도 우리 헌법재판소의 기본적인 접근방법은 미국의 판례와 유사하다고 할 수 있다. 다만, '불법광고'나 '허위 및 기망적 광고' 등이 '보호되지 않는 표현'에 속한다고 밝히지 않는 점에서 다르다고 할 것이다. "음란표현"에 대한 변경된 판례의 타당성 여부는 차치하더라도, 그러한 판례의 입장에서는 이러한 불법적 광고들도 '보호되는 표현'에 포섭시켜야 일관성이 있을 것으로 보인다.

그러나 '음란표현'과 함께 '불법적 광고'들도 엄격한 개념의 정립 하에 '보호되지 않는 표현'의 영역에 포섭시켜서 사전검열금지원칙의 적용대상에서 배제함으로써, 그러한 표현들에 대하여도 절대적으로 적용할 때 나타나는 블합리성을 차단하는 쪽으로 나아가는 것이 바람직할 것으로 본다.

이하에서는 위에서 살펴본 범주적 접근론을 바탕으로 현행헌법상 언론·출판의 자유의 보호대상을 '덜 보호되는 표현'을 포함한 '보호되는 표현'과 '보호되지 않는 표현'의 범주로 분류하고, 그러한 전제하에서 '보호되는 표현'에 대한 사전검열금지원칙의 적용문제를 헌법적으로 검토하고자 한다.

2. 보호되는 표현과 사전검열금지원칙의 적용문제

사전검열금지원칙은 언론·출판의 자유의 사전적·내용적 제한에 대한 특칙적·우선적·절대적 제한원칙으로서 기능한다. 여기에서는 '보호되는 표현'의 '사전적 제한', '내용적 제한', 그리고 '상황적 제한'에 대한 한계원칙으로서 사전검열금지원칙의 적용문제를 헌법재판소 판례를 중심으로 살펴본다.

2005헌마506; 헌재 2012. 2. 23. 2009헌마318.

77 헌재 2000. 3. 30. 99헌마143.

78 헌재 2008. 6. 26. 2005헌마506.

79 헌재 2010. 7. 29. 2006헌바75.

80 헌재 2014. 3. 27. 2012헌바293.

81 헌법재판소는 "상업광고는 사상이나 지식에 관한 정치적, 시민적 표현행위와는 차이가 있고, 인격발현과 개성신장에 미치는 효과가 중대한 것은 아니므로, 비례의 원칙 심사에 있어서 '피해의 최소성' 원칙은 '입법목적을 달성하기 위하여 필요한 범위 내의 것인지'를 심사하는 정도로 완화되는 것이 상당하다"고 하고 있다. 헌재 2005. 10. 27. 2003헌가3; 헌재 2008. 5. 29. 2007헌마248; 헌재 2012. 2. 23. 2009헌마318; 헌재 2014.3.27. 2012헌바293.

(1) 보호되는 표현의 사전적 제한에 대한 적용문제

(가) 헌법 제21조 제1항의 보호대상

먼저, 사전검열금지원칙의 적용이 되려면 헌법 제21조 제1항의 보호대상 즉, '보호되는 표현'이어야 한다. 헌법재판소는 헌법 제21조 제1항의 보장대상이 되는 '보호되는 표현'과 관련하여, 의사표현의 자유를 언론·출판의 자유의 내포로 보고 의사표현의 수단으로서 매개체는 그 형태가 어떤 것이든 제한 없이 헌법 제21조 제1항의 보호대상이 된다고 보았고,[82] 영화, 음반, 비디오물, 게임물, 광고(방송광고, 건강기능식품의 기능성 표시·광고, 의료광고) 등에 대하여도 헌법재판소의 확립된 견해로서 일관되게 표명되었다.[83] 이러한 헌법재판소의 태도는 의사표현의 수단으로서 매개체의 특성이나 기능, 매개체에 표현된 구체적인 내용을 이유로 하여 헌법 제21조 제1항의 보장대상인 '보호되는 표현'에서 제외하지는 않는다는 것이다.

(나) 사전적 제한에 대한 사전검열금지원칙의 적용

다음으로, 이러한 보호되는 표현에 대한 사전적 제한이 있으면, 그러한 사전제한이 사전검열에 해당하는지 검토할 필요가 있다. 제3장에서 이미 살펴본 바와 같이, 헌법재판소는 언론·출판의 자유의 사전제한에 대하여는 그것이 내용에 근거한 제한이든 내용중립적 제한이든 사전검열금지원칙의 적용대상으로 인정하여 검열의 요건해당성을 검토하였다.

판례에서 사전검열금지원칙을 적용하는 과정을 사전검열금지원칙의 법적 성격과 관련하여 살펴보면, 언론·출판의 자유의 사전적 제한에 대하여는 특칙적 한계원칙으로서의 사전검열금지원칙을 우선적으로 적용함을 알 수 있다. 영화진흥법 제21조 제4항 위헌제청 사건[84](등급분류보류제도사건)에서 헌법재판소는 영화의 등급분류보류제도를 "우리 헌법이 절대적으로 금지하고 있는 사전검열에 해당하는 것으로서 더 나아가 비례의 원칙이나 명확성의 원칙에 반하는지 여부를 살펴볼 필요도 없이 헌법에 위반된다고 할 것이므로 주문과 같이 결정한다"고 하고 있고, 방송법 제32조 제2항 등 위헌확인 사건[85](방송법사건)에

82 헌재 1996. 10. 4. 93헌가13, 91헌바10 (병합).

83 헌재 1993. 5. 13. 91헌바17; 헌재 1996. 10. 31. 94헌가6; 헌재 1998. 2. 27. 96헌바2; 헌재 2000. 3. 30. 99헌마143; 헌재 2001. 8. 30. 2000헌가9; 헌재 2002. 2. 28. 99헌바117; 헌재 2005. 2. 3. 2004헌가81993. 5. 13. 91헌바17.; 헌재 2008. 6. 26. 2005헌마506; 헌재 2010. 7. 29. 2006헌바75; 헌재 2012. 2. 23. 2009헌마318; 헌재 2014. 3. 27. 2012헌바293. 이러한 헌법재판소의 입장에 대하여 텔레비전 방송광고와 관련한 방송법 제32조 제2항 등 위헌확인 사건(헌재 2008. 6. 26. 2005헌마506)에서 조대현 재판관의 별개의견은, 언론·출판의 개념을 지나치게 확대해석한 것으로서 상업적 방송광고는 언론·출판의 자유가 아닌 영업활동의 자유(헌법 제15조)에 포섭된다고 봄이 상당하다고 하고 있다.

84 헌재 2001. 8. 30. 2000헌가9.

85 헌재 2008. 6. 26. 2005헌마506.

서도 별개의견과 헌법불합치의견은 상업광고가 헌법 제21조 제2항의 적용대상이 아니라는 전제하에서 과잉금지원칙을 적용한 반면, 적용대상이 된다고 보는 다수의견은 오로지 사전검열금지원칙의 위반여부만 검토하고 있다. 이렇게 볼 때, 특칙적·우선적·절대적 한계원칙으로서의 사전검열금지원칙은 준수되어왔다고 할 것이다.

(다) 사전적 제한에 대한 사전검열금지원칙의 적용대상성 검토

헌법재판소의 이러한 태도는 2000년대 말부터 새로운 경향을 보였다. 2008년의 영화진흥법 제21조 제3항 제5호 등 위헌제청 사건[86](제한상영가등급사건)과 2010년의 건강기능식품에 관한 법률 제18조 제1항 제5호 등 위헌소원 사건[87](기능성표시·광고사건)에서, 헌법재판소는 헌법 제21조 제1항에 의하여 보호되는 표현의 사전적 제한에 대하여도 사전검열금지원칙을 적용하지 아니하거나 적용대상에서 배제하는 모습을 보인 것이다. 기능성표시·광고사건에 대하여는 내용적 제한과 관련하여 나중에 살펴보고 여기에서는 제한상영가등급사건에 대하여 검토한다.

헌법재판소는 제한상영가등급사건에서 사전검열금지원칙을 적용하지 않았다. 이 사건에서 문제된 '제한상영가'등급은 영화의 '등급분류보류'제도가 위헌결정을 받게 되자 그에 대한 대안으로서 신설된 등급이다.[88] 영화진흥법 제21조 제1항에 의하면, 영화는 상영 전에 상영등급의 분류를 받아야 하고, 그러한 등급의 하나로서 '제한상영가' 등급이 있으므로 '제한상영가' 등급제도는 영화에 대한 사전제한에 해당한다.

그럼에도 불구하고 '제한상영가' 등급제도의 위헌여부심사에서 헌법재판소는 특칙적·우선적 한계원칙으로서의 사전검열금지원칙을 적용하지 아니하고, 오히려 명확성원칙과 포괄위임금지원칙을 우선 적용하여 위헌 여부를 판단하였다. 사전등급제나 등급분류제 자체의 위헌 여부에 대하여 사전검열금지원칙을 적용하였다면, 상영등급의 한 종류인 '제한상영가'등급의 영화에 대한 위헌 여부가 문제되었을 때에도, 먼저 사전검열금지원칙을 적용하였어야 할 것이다.[89] 그리하여 '제한상영가' 등급제도 자체의 검열요건 해당성을 검토한 뒤에, 사전검열에 해당하면 더 이상 그 제도를 규정하는 법률의 명확성원칙이나

---

86 헌재 2008. 7. 31. 2007헌가4.

87 헌재 2010. 7. 29. 2006헌바75.

88 영화진흥법은 영화에 대한 등급분류보류제도가 위헌결정되자 2002. 1. 26. 법률 6632호 개정으로 영화에 대한 등급분류보류 규정을 삭제하고, 제21조 제3항 제5호에서 '제한상영가' 등급을 신설하였으며, 제한상영가 영화는 제한상영관에서만 상영하고, 이에 관한 광고와 선전도 제한상영관 안에서만 하도록 하였으며, 비디오물 등 다른 영상물로의 제작도 금지하였다. 헌재 2001. 8. 30. 2000헌가9. 참조.

89 이인호 교수와 황창근 교수의 논문도 같은 취지이다. 이인호, 현행 영화겸열법에 대한 비판적 분석, 법학논문집 제28집 제1호, 2004, 63-64면; 황창근, 영화등급분류제도의 개선방향-제한상영가 등급을 중심으로-, 세계헌법연구 제14권 제3호, 2008, 522면.

포괄위임금지원칙의 위배 여부를 검토할 필요가 없다. 그러나 사전검열에 해당하지 아니하는 경우에 비로소 명확성원칙이나 포괄위임금지원칙의 위배 여부 등을 살펴보는 것이 타당한 순서일 것이다.

제한상영가등급사건에 사전검열금지원칙을 적용하는 경우, 검열요건 중 특히, "의사표현의 금지"가 문제가 된다. '제한상영가'등급을 받으면 제한상영관에서 상영을 할 수 있으므로 궁극적으로 금지효과를 지닌 것은 아니라고 할 수도 있겠지만, 전국적으로 단 1개의 제한상영관이 운영되다가 경영상 어려움으로 폐업을 하여 제한상영관이 사실상 존재하지 않는 상황[90]이라면, 이러한 상황에서 '제한상영가'등급은 영화의 상영을 사실상 금지하는 효과[91]를 가져오는 것이고 그러한 점에서는 검열에 해당하여 위헌이라고 할 것이다.

(2) 보호되는 표현의 내용적 제한에 대한 적용문제

(가) 헌법 제21조 제1항의 보호영역과 보호정도

언론·출판의 자유의 보호대상의 총체가 보호영역을 이루는 것이지만, 역으로 언론·출판의 자유의 보호영역 내에 있는 속하게 되면 보호대상이 된다. 따라서 일정한 표현행위를 보호대상으로 인정할 것인지 또는 보호영역에 포함시킬 것인지 여부는 보호영역의 설정방법에 따라 달라질 수 있다.

가) 기본권(자유권)의 보호영역과 설정방법

기본권(자유권)의 보호영역 또는 보호범위는 기본권에 의하여 보호되는 생활영역을 말하는 것으로서 기본권의 구성요건이라고도 한다.[92] 이러한 기본권의 보호영역(보호범위)은 기본권 제한의 선결문제로서, 기본권의 심사구조와 밀접한 관련성을 가진다. 특히, 자유권의 경우 일정한 행위나 상태가 보호범위에 포섭되는지 여부에 따라 국가의 자유권 제한에 대한 정당화 의무 여부가 결정된다. 따라서 자유권의 보호영역에 속하지 않는 경우

---

90 김욱, 전게논문, 517면.

91 음반에관한법률 제3조 등에 대한 헌법소원 사건에서 헌법재판소는, "구 음반법 제3조 제1항 소정의 시설이 그 제작자로서 통상 수인할 수 있는 한계를 벗어난 기준의 시설을 요구한다든가 이 규정에 대한 등록요건을 자의적으로 확대해석함으로써 등록을 통하여 음반제작자의 음반 및 비디오물에 의한 예술·언론의 자유로운 표현활동을 사실상 제한하는 결과가 된다면, 이는 예술의 자유뿐 아니라 헌법에서 금지된 언론·출판에 대한 사실상의 허가제에 유사한 제한을 하는 결과가 되어 언론의 자유도 침해하여 헌법에 반하게 될 것이다"라고 판시하였다. 헌재1993. 5. 13. 91헌바17.

92 기본권의 "보호영역", "보호범위", "구성요건"은 대체로 동의어로 사용되고 있다. 강태수, 기본권의 보호영역에 대한 소고-집회의 자유를 중심으로-, 법학논집(청주법학) 9권 0호, 1994, 3면; 한수웅, 자유권의 보호범위, 헌법학연구 제12권 제5호, 2006, 46-47면; 김학성, 헌법학원론, 피엔씨미디어, 2014, 340-343면; 이준일, 헌법학강의, 홍문사, 2013, 315-316면; 홍성방, 헌법학 (상), 박영사, 2013, 403면. 이에 대하여 기본권의 "보호영역"을 해당 기본권의 가치와 이와 갈등·충돌하는 가치가 존재할 때, 구체적 상황에서 서로 형량을 한 다음에 설정되는 개념으로 파악하는 견해도 있다. 정종섭, 전게서, 360-361면.

에는 처음부터 자유권 제한의 문제가 발생하지 않고 그와 관련한 공권력행사에 대한 합헌성 심사를 할 수 없게 되며, 자유권의 보호영역에 속하는 경우에 비로소 자유권의 제한에 대하여 제한의 정당성 심사를 하게 되는 것이다.[93]

이러한 자유권의 보호영역을 설정(확정)하는 방법으로, 보호영역의 단계에서 법익교량을 통하여 보호영역을 좁게 파악하는 방법과 일단 보호영역은 넓게 파악하고 구체적인 법익형량의 문제는 제한의 정당화 단계에서 해결하는 방법의 두 가지가 있다. 최근 독일에서의 "넓은 보호영역이론"과 "좁은 보호영역이론"에 대한 분석과 검토를 개괄적으로 소개하고[94] 우리나라에서의 논의도 간략하게 언급하면 다음과 같다.

먼저, 독일의 경우, ① 보호영역을 넓게 파악할 경우에는 ⅰ) 기본권 주체의 인격발현이나 자율성에 충실하고, ⅱ) 개인의 행위가 개별기본권으로 최대한 포섭되며, ⅲ) 개인적 자유의 전면적 보장에 충실하게 되는 장점이 있는 반면, ⅰ) 기본권 충돌의 경우를 증가시켜 형량부담을 증가시킬 수 있고, ⅱ) 기본권으로 보호할 가치가 없는 행위가 보호영역의 단계를 통과하게 되므로 부당하다는 점 등이 단점으로 지적된다. 이에 대하여, ② 보호영역을 좁게 파악할 경우에는 ⅰ) 모든 법규범에 전형적인 보호내용이 있으므로 내기본권의 규범내용 탐색이 긴요하고 필수적이므로, ⅱ) 해당 기본권 규범의 목적을 고려한 해석이 요구되고, ⅲ) 규범목적에 충실하고 기본권 제한체계에 합치되는 기본권 실무를 구현할 수 있으며, ⅳ) 기본권 보호의 새로운 차원이나 현실적 조건의 변화가 고려될 수 있고, ⅴ) 헌법재판소의 업무부담을 경감시키고 소송경제를 도모할 수 있다는 장점이 있으나, ⅰ) 보호영역 단계에서 법관의 광범위한 개입을 통한 사법국가화가 우려되고, ⅱ) 보호영역을 축소시키는 기준이 불명확하고 예측하기 어려우며, ⅲ) 그 과정에서 사실상 추상적이고 함축적인 형량이 광범위하게 이루어지고, ⅳ) 보호영역의 해석에 대한 법적 명확성과 안정성이 확보되기 어려우며, ⅴ) 보호영역에서 배제되는 행위들이 기본권적으로 보호되지 못하게 되고, ⅵ) 보호영역 단계에서의 배제로 인하여 기본권 주체의 주체성과 자율성에 반하며, ⅶ) 보장국가 개념을 강조함으로써 제한의 한계에 대한 국가에 유리한 논거를 양산할 수 있다는 점 등이 단점으로 지적된다고 한다.[95]

다음으로, 우리나라의 경우에도 기본권의 보호영역에 관한 논의가 있으나 기본권 일

93 윤정인, 자유권의 보호영역의 광협논쟁 −독일에서의 논의를 중심으로−, 공법연구 제41집 제3호, 2013, 138면; 한수웅, 전게논문, 42면 참조.

94 윤정인, 전게논문, 137−166면 참조. 이 논문은, 2002년 독일 연방헌법재판소의 글리콜와인 결정(BVerfGE 105, 252)과 오쇼결정(BVerfGE 105, 279)이 자유권의 보호영역의 범위를 제한한 것을 계기로 자유권의 보호영역의 범위와 관련하여 일어난 독일학계의 보호영역 논쟁을 소개한 글이다.

95 윤정인, 상게논문, 161면.

반론에 있어서는 주로 독일의 이론에 의거하여 이루어지고 있고,[96] 또 기본권 전반에 걸쳐 "넓은 보호영역이론"과 "좁은 보호영역이론"에 대한 본격적인 논쟁이 이루어지고 있다기보다는 양심의 자유의 보호영역에 양심실현의 자유를 포함시킬 것인지 여부를 둘러싸고 나타나는 논의가 대표적인 경우인데,[97] 국내에서는 기본권의 보호영역의 일반론에서는 "넓은 보호영역이론"의 입장에 서 있다고 볼 수 있다.[98]

"넓은 보호영역이론"의 입장에서는 보호영역의 설정(확정)원칙으로서 ⅰ) 기본권의 보호영역이 입법자에 의하여 결정될 문제가 아니라 헌법적 차원에서 설정되어야 하고, ⅱ) 주관적 가치판단과는 무관하게 객관적으로 이루어져야하며, ⅲ) 기본권의 보호영역은 다른 기본권과의 관련 하에서 체계적으로 이루어져야 할 것이라고 하며, 특히, 소극적으로 ⅳ) 기본권(자유권)의 보호영역이 제한의 필요성이나 가능성의 관점에서 결정되어서는 아니 됨을 강조하고 있다. 제한필요성의 관점에서 보호영역이 설정되는 경우에는, 기본권은 국가기관에 의한 부당한 침해로부터 더 이상 보호될 수 없기 때문이다.[99]

그러나 "넓은 보호영역이론"의 입장에서도 그 예외나 한정축소의 경우를 고려하지 않는 것은 아니다. 보편적 정의의 관점에서 도저히 기본권적 가치를 가지는 것으로 볼 수 없는 즉, 기본권의 보호대상이 될 수 없는 행위를 보호영역에서 배제하는 기준을 탐구할 필요가 과제로 남는다는 견해[100]나 자유권의 보호범위는 헌법이 자유권을 보장하는 의미와 목적에 의하여 제한될 수 있으며 법익형량의 필요성이 없는 명백한 경우는 보호영역에서 배제할 수 있다는 견해는 그러한 취지로 볼 수 있는 것이다.[101]

이와 같이, "넓은 보호영역이론"과 "좁은 보호영역이론"에 대한 독일과 우리나라에서의 논의를 고려할 때, 상대적으로 기본권 보장에 더 충실하고 또 적절한 예외나 한정축소를 통하여 문제점을 배제할 여지가 있는 전자의 경우가 타당하다고 본다.

나) 언론·출판의 자유의 보호영역

위에서 언급한 기본권의 보호영역과 설정방법을 바탕으로 하면서 언론·출판의 자유의 보호영역을 살펴본다.

① 언론·출판의 자유를 보장하고 있는 헌법 제21조 제1항을 표현의 자유를 보장하는

---

96 한수웅, 전게논문, 41-81면; 김학성, 전게서, 340-343면; 홍성방, 전게서, 403면.

97 양심실현의 자유를 양심의 자유에 포함시키는 입장으로 김학성, 전게서,523면; 이준일, 전게서, 487면; 한수웅, 전게서, 706면 등이 있고, 포함시키지 않는 입장으로는 권영성, 헌법학원론, 2008, 483-484면; 홍성방, 헌법학(중), 박영사, 2010, 147면이 있다.

98 김학성, 전게서, 342면; 한수웅, 전게논문, 75-76면; 이준일, 전게서, 332면. 윤정인, 전게논문, 162면.

99 김학성, 전게서, 342-343면; 한수웅, 전게논문, 56, 75-76면.

100 윤정인, 전게논문, 162면.

101 한수웅, 전게논문, 75-76면

일반조항으로 볼 것인지 하는 문제이다. 헌법 제21조는 제1항에서 언론·출판의 자유를 보장하고, 동조 제2항은 제1항을 전제로 하여 언론·출판에 대한 허가나 검열을 금지하고 있다. 그러한 점에서 사전검열금지원칙은 헌법 제21조 제1항에서 보호되는 언론·출판에 대하여 적용되는 것은 당연하나, 헌법 제19조, 제20조 제1항, 제22조 제1항에 의하여 보장되는 양심적 표현, 종교적 표현, 그리고 학문과 예술적 표현에도 적용되는지 하는 점은 검토할 필요가 있다. 헌법 제21조 제1항은 표현의 자유에 대한 일반조항으로서, 위의 각 표현들은 헌법 제21조 이외의 각 조항들에 의하여 우선적으로 보호되지만 동시에 제21조 제1항의 보호대상도 되기 때문에[102] 사전검열금지원칙은 헌법 제19조, 제20조 제1항, 제22조 제1항에 의하여 보호되는 각 표현들에도 적용된다고 할 것이다.

② 헌법 제21조 제1항의 보호영역의 설정방법과 관련한 문제이다. 보호영역의 설정방법으로는, 해당 기본권과 다른 법익 간의 비교형량 이전에 먼저 보호영역을 설정하는 방법과 비교형량을 통하여 비로소 보호영역을 설정하는 방법이 있음은 기술한 바와 같다. 후자는 보호영역(보호범위)이 구체적 사건마다 상이하게 상대적으로 결정되며, 전자는 구체적인 상황과 무관하게 추상적·일의적으로 확정될 수 있다.[103] 절대적 한계원칙으로서 사전검열금지원칙을 고려할 때, 언론·출판의 자유의 보호영역과 그 적용대상으로서의 언론·출판을 사건마다 상대적으로 결정한다면 절대적 원칙으로서 사전검열금지원칙을 사실상 형해화하게 되고 적용의 예측가능성을 떨어뜨리게 될 것이다.

사전검열금지원칙의 적용과 관련하여 우선, 언론·출판의 보호영역이 추상적·일의적으로 설정되어야 한다는 관점에서, 헌법재판소는 헌법 제21조 제1항의 보장대상이 되는 '보호되는 표현'과 관련하여, 의사표현의 자유를 언론·출판의 자유의 내포로 보고 의사표현의 수단으로서 매개체는 그 형태가 어떤 것이든 제한 없이 헌법 제21조 제1항의 보호대상이 된다고 보았다.[104]

다음으로, 보호영역의 설정이 가치판단에 관계없이 객관적으로 이루어져야 한다는 관점에서, "음란표현"을 표현의 자유의 보호영역에서 배제한 헌법재판소의 결정[105]이 문제가 있거나 적절치 못하였고 다시 표현의 자유의 보호영역에 포함시킨 것[106]이 보호영역에 대한 올바른 이해라고 보는 견해가 있다.[107]

---

102 김철수, 전게서, 977-978면; 성낙인, 전게서, 1132면; 정종섭, 전게서, 600면. 헌재 1996. 10. 4. 93헌가13 등; 헌재 1996. 10. 31. 94헌가6; 헌재 1998. 12. 24. 96헌가23.
103 한수웅, 전게서, 433-434면.
104 헌재 1996. 10. 4. 93헌가13, 91헌바10 (병합).
105 헌재 1998. 4. 30. 95헌가16.
106 헌재 2009. 5. 28. 2006헌바109.
107 한수웅, 전게서, 437면; 김학성, 전게서, 343면.

그러나 헌법재판소 스스로가 인정하고 있는 "엄격한 의미의 음란표현"은 "넓은 보호영역이론"의 입장에서도 그 예외나 한정축소를 고려하여야 할 경우에 해당한다고 보아 표현의 자유의 보호영역에서 배제하는 것이 타당하다고 본다.

다) 언론·출판의 자유의 보호정도

일정한 표현이 언론·출판의 자유의 보호범위에 포함되면, 그러한 표현의 내용적 제한에 대하여는 엄격한 심사기준을 적용하는 것이 원칙이다. 그런데 당해 표현의 보호가치에 따라 보호의 정도가 다르고 그에 따라 완화된 심사기준이 적용됨은 이미 살펴본 바와 같다.

절대적 한계원칙으로서의 사전검열금지원칙의 적용과 관련하여, 이러한 보호의 정도가 낮은 표현에 대하여도 사전검열금지원칙은 절대적으로 적용되어야 하는지 하는 문제가 제기된다. 즉, 헌법 제21조 제1항의 "언론·출판"과 동조 제2항의 "언론·출판"이 동일한 개념 또는 동일한 범주인지 하는 문제로서, 구체적으로는 상업적 표현이나 음란표현에 해당하지 않는 성적표현 등에도 사전검열금지원칙이 적용되는가 하는 등으로 나타난다.

이미 살펴본 바와 같이, "넓은 보호영역이론"의 입장에서는 기본권(자유권)의 보호영역에 대한 제한의 필요성이라는 관점에서 보호영역이 설정되어서는 안 된다는 점을 강조하고 있다. 그런데 기능성표시·광고사건에서 헌법재판소의 다수의견은 건강기능식품 표시·광고가 헌법 제21조 제1항의 보호대상이 되지만, 그 '표현내용의 성격, 사전예방의 필요성, 다른 법익과의 충돌 해소' 등을 이유로 헌법 제21조 제2항의 보호대상은 되지 않는다는 전제 하에 사전검열금지원칙의 적용을 배제하고 과잉금지원칙을 적용하였다.[108]

헌법재판소 다수의견의 이러한 태도는 "넓은 보호영역이론"의 입장에서 볼 때, 제한의 필요성을 위하여 보호영역을 축소한 것으로서 회피하여야 할 전형적인 경우라고 생각된다.

(나) 내용적 제한에 대한 사전검열금지원칙의 적용

제3장에서 이미 살펴본 바와 같이 사전검열의 요건해당성에 대한 판례에서 주로 검토된 것은, "행정권"이 주체가 된 사전심사절차, 의사표현의 "금지"에 관한 것이 대부분이었고, "표현내용"의 심사선별에 있어서는 주로 내용중립적인 사전제한 사건들에서 소극적으로 검토하는데 그쳤다.[109] 그리고 내용에 근거한 사전제한 사건들에서는 헌법 제21조 제1항의 보호대상이 되면, 별다른 검토 없이 동조 제2항의 적용대상이 되는 것으로 보고

108 헌재 2010. 7. 29. 2006헌바75

109 헌재 2001. 5. 31. 2000헌바43, 52(병합).

사전검열의 요건해당성을 검토하였으므로, 특칙적·우선적·절대적 한계원칙으로서의 사전검열금지원칙은 준수되어왔다고 할 것이다.[110]

(다) 내용적 제한에 대한 사전검열금지원칙의 적용대상성 검토

사전적 제한에서 살펴본 판례의 태도 변화처럼 내용적 제한의 측면에서도 2008년의 방송법사건에서 사전검열금지원칙의 적용대상인 '표현물'을 매개체의 특성, 표현의 내용, 또는 표현의 기능에 따라 제한하려는 소수의견이 나타났고, 이러한 조짐은 2010년의 기능성 표시·광고사건에서는 다수의견으로서 헌법재판소의 견해가 되기에 이르렀다.[111]

식품 등의 표시기준이나 의료광고에서의 허위·과장광고 등의 문제는 2000년의 식품등의표시기준 제7조『별지1』식품등의 세부표시기준 1. 가. 10) 카) 위헌확인 사건[112]과 2005년의 의료법 제69조 등 위헌제청 사건[113]에서 다루어진 적이 있으나, 이들 사건은 상업적 표현에 대한 사후제한의 문제를 다룬 것으로서 과잉금지원칙이 적용되었다. 여기에서는 상업적 표현의 사전제한에 대하여 사전검열금지원칙의 적용대상성을 부인하는 방송법사건의 소수의견과 기능성 표시·광고사건의 다수의견을 검토해보고자 한다.

가) 방송법 사건의 소수의견에 대한 검토

방송법사건에서 소수의견은 '상업광고와 사전검열금지원칙'에 대하여 다음과 같이 주장하고 있다.[114]

"다수의견은, 상업광고도 언론·출판의 자유의 보호영역에 속하고, 언론·출판에 대한 사전검열은 절대적으로 금지되므로, 결국 상업광고에 대한 사전검열을 규정한 이 사건 규정들은 위헌이라는 것이다.

… 언론·출판의 자유의 보호 대상이 되는 것과 모든 언론·출판행위에 대하여 그 보호의 정도가 동일하여야 한다는 것은 전혀 별개의 문제이고,[#1] … 선정성, 폭력성 기타 공서양속이나 타인의 명예를 침해할 우려가 아무리 높은 경우라도 공적인 요소가 조금이라도 포함된 사전심의는 절대 불가능하다는 매우 위험한 결론에 이를 수밖에 없다.[#2] … 따라서 '사전검열행위' 자체 뿐 아니라, 절대적 사전검열금지원칙이 적용될 대상에 대

110 헌재 1996. 10. 4. 93헌가13 등; 헌재 1996. 10. 31. 94헌가6; 헌재 1997. 3. 27. 97헌가1; 헌재 1998. 12. 24. 96헌가23; 헌재 1999. 9. 16. 99헌가1; 헌재 2001. 8. 30. 2000헌가9;; 헌재 2005. 2. 3. 2004헌가8; 헌재 2008. 6. 26. 2005헌마506.

111 헌재 2008. 6. 26. 2005헌마506 사건에서의 재판관 조대현의 별개의견 및 재판관 목영준의 헌법불합치의견, 그리고 헌재 2010. 7. 29. 2006헌바75 사건에서 다수의견 및 재판관 조대현의 별개의견 참조.

112 헌재 2000. 3. 30. 99헌마143.

113 헌재 2005. 10. 27. 2003헌가3.

114 헌재 2008. 6. 26. 2005헌마506, 판례집 20-1하, 397, 421-423면 재판관 목영준의 반대의견(헌법불합치) 참조.

하여도 우리 헌법이 언론·출판의 자유를 보장하는 목적에 맞게 그 범위를 한정하여야 한다.[#3]

또한 다수의견과 같은 판단은 우리 헌법재판소의 상업광고에 대한 태도와 일관되지 않는다. 즉 다수의견에 의하면, 상업광고에 대한 사전심의는 헌법 제37조 제2항의 비례원칙에 해당하는지 여부를 살펴 볼 필요도 없이 그 자체로 위헌이 된다.[#4] 그런데 앞에서 본 바와 같이, 우리 헌법재판소는 상업광고에 대하여는 그 특성 때문에 표현의 자유에 대한 제한을 심사할 때 비례의 원칙조차도 완화하여 심사한다고 판단함으로써, 일반적 언론과 상업광고에 대한 보호의 정도를 달리 하였다. 물론 사전규제와 사후규제로 인한 차이는 있지만, 결과적으로 상업광고의 제한에 관한 헌법재판소의 태도는 서로 양립할 수 없는 관계에 놓이게 되는 것이다.[#5]

결국, 절대적 사전검열금지의 대상이 되는 표현행위 및 매체의 범위는 우리 헌법 제21조의 목적에 맞게 제한되어야 하고,[#6] 상업광고는 그 특성상 위 헌법상 목적에 부합하는 것이 아니므로, 이에 대하여는 절대적 사전검열금지원칙을 적용하여서는 아니 된다 할 것이다."

이러한 소수의견에 대하여 몇 가지를 살펴보면 다음과 같다. 우선, [#1]과 관련하여 언론·출판의 자유의 보호대상이 되면 보호정도에 관계없이 사전검열금지원칙을 절대적으로 적용하는 다수의견에 대한 비판으로 보인다. 그러나 보호의 정도가 낮다고 하여 당연히 사전검열금지원칙의 적용대상에서 배제하여야 한다는 것도 별개의 문제라고 생각한다. 헌법재판소는 "음란표현에 대하여는 언론·출판의 자유의 제한에 대한 헌법상의 기본원칙, 예컨대 명확성의 원칙, 검열금지의 원칙 등에 입각한 합헌성 심사를 하지 못하게 될" 우려 때문에, '보호되지 않는 표현'이던 "음란표현"을 판례를 변경하여 '보호되는 표현'에 포함시켰다.[115] 음란표현이 상업광고보다 보호의 정도가 더 높은 것은 아닐 것이다.

둘째, [#2]과 관련하여 "공적인 요소가 조금이라도 포함된 사전심의는 절대 불가능하다는 매우 위험한 결론"이라고 하고 있으나, 검열의 개념과 요건의 엄격성을 고려할 때, 모든 사전심의가 사전검열에 해당하는 것은 아니므로 위험한 결론이라고 하기는 어려울 것이다.

셋째, [#3]와 관련하여 사전검열금지원칙의 적용대상을 언론·출판의 자유를 보장하는 목적에 맞게 그 범위를 한정하여야 한다고 하고 있는데, 소수의견은 언론·출판의 자유의 남용을 방지하기 위하여 정치적 표현과 같은 핵심적 표현만으로 적용대상을 한정하려

115 헌재 2009. 5. 28. 2006헌바109 등, 판례집 21-1하, 545, 559-560 참조.

는 취지로 보인다. 그러나 언론·출판의 자유의 기본적인 목적은 표현의 내용에 대한 규제를 엄격하게 제한하여 언론·출판의 자유최대한 보장하려는 것이며 특히, 사전검열금지원칙의 목적도 "표현의 내용에 대한 사전제한"은 절대적으로 금지하는 것인데, 바로 그 내용을 심사하여 동 원칙의 적용대상을 선별하려는 것은 절대적 한계원칙인 사전검열금지원칙을 상대적으로 적용하게 될 우려가 있다.

설사 그러한 목적에 따라 적용대상을 판단하는 경우에도 그 목적기준은 명확하게 정립되어 있어야 할 것이다. 헌법재판소가 사전검열을 절대적으로 금지하는 이유를 이미 밝히고 있으나, 이러한 이유를 적용대상성의 판단기준으로 하기에는 너무나 미흡하기 때문이다.

넷째, [#4]와 관련하여 상업광고에 대한 사전심의는 헌법 제37조 제2항의 비례원칙에 해당하는지 여부를 살펴 볼 필요도 없이 그 자체로 위헌이 된다고 하고 있는데, 이것은 헌법 제21조 제2항의 사전검열금지원칙이 헌법 제37조 제2항의 과잉금지원칙에 대한 특칙으로서 언론·출판의 자유의 사전제한에 대한 우선적 한계조항이기 때문에 당연한 결과라고 할 것이다.

다섯째, [#5]와 관련하여 비례원칙의 적용에 있어서 완화된 심사를 하는 상업광고에 대하여 엄격한 심사를 하는 일반적 표현과 마찬가지로 사전검열금지원칙을 적용하는 것은 서로 양립할 수 없는 것으로 보고 있다. 사전검열금지원칙도 과잉금지원칙이나 평등심사기준과 같은 기본권 제한의 한계원칙 또는 한계기준이다. 그러나 과잉금지원칙이나 평등심사기준은 그 적용에 있어서 엄격성의 정도에 따라 다르게 심사—엄격한 심사 또는 완화된 심사—할 수 있는데 반하여 사전검열금지원칙은 그러하지 못하다. 사전검열금지원칙은 언론·출판의 자유의 사전제한에 대한 절대적 한계원칙으로서 적용과정에서 엄격성의 정도를 고려할 원칙은 아니기 때문이다.

이렇게 볼 때, 다수의견에 대한 소수의견의 비판은 받아들이기 어렵다. 그런데 이러한 방송법 사건에서의 소수의견의 논거가, 사실상 기능성 표시·광고사건의 다수의견의 논거에도 반영되어 있으므로 이에 대하여 살펴본다.

나) 기능성 표시·광고사건의 다수의견에 대한 검토

기능성표시·광고사건에서 다수의견은 건강기능식품 표시·광고가 헌법 제21조 제1항의 보호대상이 되지만, 그 '표현내용의 성격, 사전예방의 필요성, 다른 법익과의 충돌 해소' 등을 이유로 사전검열금지원칙의 적용을 배제하고 과잉금지원칙을 적용하였다. 이에 대하여 별개의견1[116]과 반대의견[117]은 건강기능식품 표시·광고가 헌법 제21조 제1항의 보

116 헌재 2010. 7. 29. 2006헌바75, 판례집 22-2상, 232, 258-258 재판관 이강국, 송두한의 의견.
117 상게 판례집, 261-266 재판관 이공현, 김종대의 의견.

호대상인 동시에 동조 제2항의 적용대상도 된다고 하여 사전검열금지원칙을 적용하였고, 별개의견2[118]는 건강기능식품 표시·광고가 헌법 제21조 제1항 및 동조 제2항의 적용이 되지 않는다고 보고 과잉금지원칙을 적용하였다.

헌법 제21조 제1항의 보호대상이 된다고 하면서도 동조 제2항의 적용대상성을 부인하는 점에서 다수의견은, 지금까지의 판례의 태도와는 다른 것이다. 이러한 다수의견[119]을 별개의견과 반대의견을 고려하면서 검토해보면 다음과 같다.

① 다수의견은 건강기능식품의 표시·광고에 관한 규제의 필요성을 강조하며, "건강기능식품광고"와 "다른 제품광고"와의 차이를 강조하고 있다. 다른 허위·과장광고와는 달리 건강기능식품의 경우는 소비자들의 오인·혼동과 오·남용, 신체·건강상의 광범위한 피해 우려, 사후제재의 효과 저하, 그리고 새롭고 다양한 광고수단 및 유통·판매방법 등으로 인하여 효과적으로 규제할 필요성이 타 제품보다 훨씬 크다는 것이다.

이점과 관련하여 우선, 다수의견은 이러한 사항들을 사전검열금지원칙의 적용대상성을 판단하는 요소로 활용하고 있는데, 별개의견1이 적절하게 지적하고 있는 바와 같이, 그것은 오히려 과잉금지원칙의 적용과정에서 고려하여야할 사항들이다.

다음으로, 위에서 본 방송법 사건의 소수의견은 일반적인 상업광고 자체에 대하여 절대적 사전검열금지원칙을 적용하여서는 아니 됨을 분명히 하였다. 그런데 기능성표시·광고사건의 다수의견은 일반적인 상업광고가 아니라 오로지 '건강기능식품의 표시·광고'만이 사전검열금지원칙의 적용대상이 아니라고 하였다.[120] 다수의견의 이러한 태도는, 다른 제품이나 다른 영업활동에 관한 허위·과장광고를 비롯한 다양한 상업광고의 경우에도 위와 같은 여러 요소들을 구체적으로 검토한 뒤에 비로소 사전검열금지원칙의 적용대상 여부를 결정하겠다는 취지와 다를 바 없다. 이러한 방법론은 절대적 금지원칙인 사전검열금지원칙을 상대적 원칙으로 변하게 만들 것이다.

② 다수의견은 (a) "사전검열을 금지하는 목적"에 맞게 한정하지 않으면, 헌법 제21조 제1항의 언론·출판에 해당하기만 사전검열은 무조건 금지된다는 결론에 이르거나 사전검열금지원칙을 본래의 목적과 맞지 않게 운용하는 결과가 될 수 있고, (b) 법익충돌의 경우 조화로운 해결방법을 모색하는 노력 없이 표현의 자유만을 과도하게 보호하는 결과

118 상게 판례집, 261 재판관 조대현의 의견.

119 상게 판례집, 250－257 참조.

120 상게 판례집, 256 참조. 결정문에서는 "건강기능식품의 표시·광고에 관한 사전심의절차를 법률(건강기능식품법)로 규정하였다 하여 이를 우리 헌법이 절대적으로 금지하는 사전검열에 해당한다고 보기는 어렵다 할 것이다"고 하고 있는데, 사전검열금지원칙의 적용대상으로 인정한 후 검열의 요건해당성을 검토한 경우가 아니므로 "… 우리 헌법이 절대적으로 금지하는 사전검열금지원칙의 적용대상이 된다고 보기는 어렵다 할 것이다"라고 하여야 할 것이다.

에 이른다고 한다. 이러한 다수의견의 입장은 기본권의 보호영역과 관련하여 "좁은 보호영역이론"의 관점에 서 있다고 할 것이다.

결국, 다수의견의 입장은 헌법 제21조 제1항의 언론·출판을 일정한 기준에 따라 축소시켜서 동조 제2항의 언론·출판의 범주를 정하려는 것이다. 그런데 그 기준이 헌법 제21조 제2항의 목적이라는 것이다. 다수의견은 (a)와 같은 우려에서 사전검열금지원칙의 목적을 통하여 일정한 범주의 언론·출판을 그 적용대상에서 배제하려고 한다. 그러나 사전검열금지원칙은 과잉금지원칙과는 달리 오로지 기본권제한의 한계원칙일 뿐이므로 기본권 제한의 근거원칙으로 원용될 수는 없다. 이러한 점에서 다수의견이 지적하는 (b)의 경우도 과잉금지원칙이 수행하여야 할 기능이지 사전검열금지원칙이 수행하여야 할 기능은 아니다.

③ 다수의견은 보호의 정도가 낮은 표현에 대하여 규제의 필요성이 큰 경우에는 다른 법익과의 형량을 통하여 사전검열금지원칙의 적용대상에서 배제할 수 있다고 한다. 위의 '①'과 함께 고려할 때, 다수의견에 의하면 결국, 언론·출판의 자유의 사전제한에 대하여 사실상 과잉금지원칙을 우선 적용하여 사전검열금지원칙의 적용대상성을 판단하고, 이에 따라 적용대상이 되는 경우에 한하여 검열의 요건해당성을 검토하게 될 것이다. 이러한 접근방법은 특칙적·우선적·절대적 한계원칙으로서의 사전검열금지원칙과 배치되는 것이고, 궁극적으로는 동 원칙을 무의미하게 만들 것이다.

다수의견은 기능성표시·광고사건에서 과잉금지원칙의 위반 여부 — 목적의 정당성 및 수단의 적정성, 피해의 최소성, 법익의 균형성 위반 여부 — 를 판단하는 4가지의 모든 과정에서, 사전검열금지원칙의 적용대상성에서 미리 검토한 내용을 반복하며 "앞서 본(바와 같이)"[121]라고 하여, 사전검열금지원칙의 적용대상성에 대한 판단에서 사실상 과잉금지원칙의 기준을 적용하였음을 자인하고 있다.

다) 소 결

위에서 살펴본 바와 같이, 방송법사건의 소수의견이나 기능성표시·광고사건의 다수의견의 주장은 받아들이기 어렵다. "언론·출판의 자유의 보장 목적"을 기준으로 사전검열금지원칙의 적용대상을 판단하게 되면, 절대적 한계원칙인 사전검열금지원칙이 상대적으로 적용될 우려가 있다. 그리고 "사전검열을 금지하는 목적"을 기준으로 하여 사전검열금지원칙의 적용대상을 제한하는 것은, 오로지 국가권력의 기본권 제한에 대한 한계원칙으로써만 기능하는 동 원칙을 오히려 국민의 기본권을 제한하는 근거로 이용하게 되는 결과

121 상게 판례집, 256, 257 참조.

가 되기 때문이다.

기능성표시·광고사건에서 다수의견은, 과잉금지원칙의 위반여부를 검토과정에서, 심사기관인 건강기능식품협회의 성격을 "순수한 민간단체인 건강기능식품협회" 또는 "행정청이 아니라 민간단체인 건강기능식품협회"이라고 보았다.[122] 결과적인 서술이지만, 다수의견도 사전검열금지원칙을 적용하여 과잉금지원칙을 적용한 경우와 마찬가지로 건강기능식품협회를 순수한 민간단체로 보았더라면, 특칙적·우선적·절대적 한계원칙으로서의 사전검열금지원칙을 훼손하지 않으면서도 동일한 목적을 달성할 수 있었을 것이다.

물론, 사전심사 주체의 행정기관성 여부에 대한 판단에서, 사전검열금지원칙을 적용할 경우와 과잉금지원칙을 적용할 경우에, 심사의 엄격성의 정도가 동일하여야 하는지 달라야 하는지 여부는 따로 검토가 있어야 할 것으로 본다.

(3) 보호되는 표현의 상황적 제한에 대한 적용문제

언론·출판의 자유는 제한의 상황적 조건에 따라 평상시의 제한과 비상시의 제한으로 나눌 수 있다. 그런데 언론·출판의 자유의 제한에 대한 절대적 한계원칙으로서의 사전검열금지원칙은 평상시의 언론·출판의 자유 제한에 대한 한계원칙으로서 적용될 것이다. 비상시 제한－비상시의 사전검열－의 경우는 검열 요건에 해당하면 사전검열금지원칙의 적용대상은 되지만, 헌법이 인정하는 사전검열금지원칙의 예외로서 동 원칙은 적용되지 않을 것이기 때문이다. 현행헌법은 제77조 제3항에서 비상계엄이 선포된 때에는 언론·출판의 자유에 대하여 특별한 조치를 할 수 있다고 규정하고 있고, 이 경우 '특별한 조치'에는 사전검열도 포함된다.[123]

이러한 경우, 언론·출판의 사전검열에 대한 사법심사는 국가유공자 가산점제도의 평등위반 여부에 대한 경우처럼 완화된 엄격한 심사기준[124]이 적용되어야 할 것이다.

V. 결 어

현행헌법은 기본권 제한의 한계에 대한 일반조항인 헌법 제37조 제2항에 대한 특별조항으로서 헌법 제21조 제2항을 두고 있는데, 후자에서 명시하는 사전검열금지원칙은 언

122 상게 판례집, 257 참조.
123 허영, 전게서, 591면; 성낙인, 전게서, 1153면; 정종섭, 전게서, 2014, 618면; 홍성방, 전게서 (중), 173면.
124 국가유공자등예우및지원에관한법률 제34조 제1항 위헌확인 헌재 2001. 2. 22. 2000헌마25, 판례집 13－1, 386, 404－405.

론·출판의 자유에 대한 행정권의 사전적·내용적 제한을 금지하는 특칙적·우선적·절대적 한계원칙이다.

이 글에서는 이러한 법적 성격을 지니는 사전검열금지원칙을 고려하면서 사전검열의 요건 해당성에 대한 판례를 개별요소별로 검토한 뒤, 사전검열금지원칙의 적용대상성문제를 판례를 분석하며 살펴보았다. 헌법재판소는 그동안 특칙적·우선적·절대적 한계원칙으로서의 사전검열금지원칙을 일관성 있게 준수하여왔으나, 2010년 기능성표시·광고사건의 판결에 의하여 흔들리게 되었다. 이 사건에서 다수의견은 사전검열금지원칙을 적용하기에 앞서 사실상 과잉금지원칙에 따른 검토 하에 사전검열금지원칙의 적용대상성을 판단함으로써 특칙적·우선적·절대적 한계원칙으로서의 사전검열금지원칙을 상대화하는 결과에 이르렀다.

이러한 다수의견의 태도는 그동안 준수되어왔던 판례의 입장으로 환원되어야 할 것이다. 그리고 사전검열금지원칙의 절대적 적용으로 인하여 야기될 수 있는 문제점은, 오히려 동 원칙을 더욱 일관성 있게 적용함으로써 입법부나 행정부로 하여금 "행정권"에 의한 사전심사가 아닌 "순수한 민간기구"에 의한 사전심의제로 나아가도록 촉구함으로써 해결하는 방향으로 나아가야 할 것이다. 그렇게 하는 것이 특칙적·우선적·절대적 한계원칙으로서의 사전검열금지원칙을 준수하며 다른 법익과의 조화도 이루는 방안이 될 것이기 때문이다.

<참고문헌>

권영성, 헌법학원론, 2008.

김철수, 학설판례 헌법학(상), 박영사, 2008.

김학성, 헌법학원론, 피엔씨미디어, 2014.

성낙인, 헌법학, 법문사, 2014.

이준일, 헌법학강의, 홍문사, 2013.

정종섭, 헌법학원론, 박영사, 2014.

한수웅, 헌법학, 법문사, 2014.

홍성방, 헌법학 (상), 박영사, 2013.

홍성방, 헌법학(중), 박영사, 2010.

허 영, 한국헌법론, 박영사, 2013.

강태수, 기본권의 보호영역에 대한 소고－집회의 자유를 중심으로－, 법학논집(청주법학), 9권 0호, 1994.

김배원, 미국에 있어서 상업적 언론의 원칙과 표현의 자유, 미국헌법연구 제6호, 1995.

______, 청소년성표현물과 수정헌법 제1조－가상청소년성표현물을 중심으로－, 미국헌법연구 제16권 제1호, 2005.

김 욱, 영화에서의 사전검열금지의 원칙과 표현의 자유의 한계－2009헌가9 위헌법률제청사건에 부쳐－, 민주법학 제19호, 2001.

남궁승태, 영화에 대한 등급보류와 표현의 자유, 아·태공법연구 제6집, 1999.

문재완, 음란과 헌법상 표현의 자유의 보호영역－헌재 2009. 5. 28. 2007헌바83 결정을 중심으로－, 언론과 법 제8권 제2호, 2009.

윤정인, 자유권의 보호영역의 광협논쟁－독일에서의 논의를 중심으로－, 공법연구 제41집 제3호, 2013.

이인호, 표현의 자유와 검열금지원칙: 헌법 제21조 제2항의 새로운 해석론, 법과 사회 통권 제15호, 1997.

______, 현행 영화겸열법에 대한 비판적 분석, 법학논문집 제28집 제1호, 2004.

임지봉, 미국헌법상 표현의 자유의 법리가 한국헌법에 미친 영향－사전억제 금지의 원칙을 중심으로－, 미국헌법연구 제24권 제2호, 2013.

한수웅, 자유권의 보호범위, 헌법학연구 제12권 제5호, 2006.

홍승기, 방송광고 사전심의 위헌 판단의 함의－헌법재판소 2005헌마506 사건을 중심으로－, 행정법연구 제37호, 2013.

황창근, 영화등급분류제도의 개선방향-제한상영가 등급을 중심으로-, 세계헌법연구 제14권 제3호, 2008

Erwin Chemerinsky, CONSTITUTIONAL LAW Principles and Policies, Fourth Edition, 2011.

Ralph A. Rossum and G. Alan Tarr, AMERICAN CONSTITUTIONAL LAW, Vol. Ⅱ. Ninth Edition, 2014.

Alen Rostron, Pragmatism, Paternalism, and the Constitutional Protection of Commercial Speech, Vermont L. Rev. Vol. 37, 527 (2013).

David A.J. Richards, Free Speech and Obscenity Law: Toward a Moral Theory of the First Amendment, 123 U. Pa. L. Rev. 45 (1974).

David Cole, Playing by Pornography's Rules: The Regulation of Sexual Expression, 143 U. Pa. L. Rev. 111 (1994).

Jennifer L. Pomeranz, No Need to Break New Ground: A Response to the Supreme Court's Threat to Overhaul the Commercial speech Doctrine, Loyola of Los Angeles L. Rev., Vol. 45, 389 (2012).

Jerrold J. Kippen, Sexually Explicit Speech, 28 Hastings Const. LQ. 799 (2001).

Karen Weiss, Note: "But she was only a child. That is obscene!" The Unconstitutionality of Past and Present Attempts to Ban Virtual Child Pornography and Obscenity Alternative, 70 Geo. Wash. L. Rev. 228, (2002).

Marcia M. Boumil, Pharmaceutical gift Laws and Commercial Speech Under the First Amendment in the Wake of Sorrel v. IMS Health, Inc., Journal of Health & Biomedical Law, Vol. Ⅷ No. 2, 133 (2012).

Nat Stern, Mark joseph Stern, Advancing An Adaptive Standard of Strict Scrutiny for content-based commercial speech regulation, University of Richmond L. Rev., Vol. 47. 1171 (2013)

Stephan Redish, The Content Distinction in first Amendment, 34 Stan. L. Rev. 113 (1981).

23 공정보도를 위한 취재원 보호의 입법 방향*

조 재 현**

Ⅰ. 들어가며

취재원의 보호에 관한 논쟁은 개별 국가마다 차이는 있지만 오랜 기간 동안 계속되고 있다. 우리나라도 예외는 아니다. 학계에서는 취재원의 보호와 관련한 많은 연구가 이루어지고 있다. 비교법적으로 볼 때 취재원의 보호를 위한 입법적 노력도 경주되고 있다. 독일의 경우 취재원은 이미 오래전부터 연방법률에 의하여 법적으로 보호되고 있다. 미국의 경우도 대다수의 주가 취재원 보호에 관한 규정을 두고 있다. 연방차원에서도 취재원 보호를 위한 법안들이 지속적으로 제출되었으나, 아직 통과되지는 못하고 있다. 우리나라도 과거 취재원 보호에 관한 규정을 두었던 적이 있다. 2015. 4. 17.에는 취재원 보호 법안(배재정 의원 대표발의)이 발의되기도 하였다. 이 법안은 임기만료로 인하여 폐기되었다.

취재원 보호의 공적 담론은 정보의 유통을 보호하고자 하는 것이다. 열린사회를 추구하기 위해 정보의 유통을 증가시키는 것[1]이 취재원 보호의 목표이다. 정보의 자유로운 유통은 다양한 정보제공자의 존재와 그들의 역할에 기댈 수밖에 없다. 언론인은 정보제공자의 신원을 묵비함으로써 그들의 신분과 자유로운 정보제공을 보장한다.

취재원의 보호는 취재원 묵비권, 취재원 비닉권, 언론인 또는 기자의 특권으로서 논의된다(이하에서는 특별한 경우를 제외하고는 '언론인의 특권'으로 통칭한다). 언론인은 스스로 정보에 직접 접근하거나 자신들에게 제공된 정보를 기초로 뉴스를 제공한다. 뉴스의 소재로서의 가치를 가지는 정보는 비밀스러운 정보제공자에 의하는 경우가 많다. 뉴스 소재로서 제공되는 비밀정보와 정보원은 그 자체로서 언론의 공적 담론에서 매우 중요한 요소이다. 비밀스러운 정보의 근원(confidential source)이나 그것의 정체성을 보호하는 것이 언론인의 특권 논쟁에서 중심적 이슈가 된다. 정보의 근원이나 정체성을 보호하는 것은 공공에 대한 정보의 파급효과를 유지함으로써 공공의 이익을 증진시키는데 있어서 필수적 요

---

* 이 논문은 2016. 12. 2. 사법정책연구원과 한국헌법학회가 '직무상 비밀에 대한 헌법상 보호'를 주제로 공동 개최한 학술대회에서 발표한 논문(한국부패학회보 제23권 제2호, 2018. 6. 발간)으로 현동 정만희 교수님의 정년을 기념하는 헌정 논문집에 참여하게 되어 개인적으로 기쁘고 영광스럽게 생각하며, 감사를 드린다.

** 동아대학교 법학전문대학원 교수, 법학박사.

1 Mary-Rose Papandrea, Citizen journalism and the reporter's privilege, 91 Minn. L. Rev. 515, 2007, p.535.

소로 인식된다. 정보를 제공하는 많은 사람들은 그것이 공개될 경우 심각한 법적 중요한 문제에 직면할 수 있기 때문에 정보원의 신분보장이 이루어지지 않는다면 정보제공은 기대할 수 없다. 그렇기 때문에 그들이 제공하는 정보와 그들의 신원을 보장하는 것은 정보의 유통을 유지하는데 있어서 필수적이다.[2]

종래에는 취재원의 보호와 관련하여 어떠한 정보가 왜 보호되어야 하는지가 중요한 관심사였다. 취재원 보호를 위한 언론인의 특권을 인정할 수 있는가. 형사사법정의를 위해 범죄와 관련한 정보원이 공개되어야 하는 것인가. 정보제공자의 신원공개를 밝히기 위하여 편집공간을 포함한 언론사에 대한 압수수색이 허용되는가에 관한 문제 등이다. 지금도 그와 같은 문제는 여전히 취재원 보호에 관한 주요 논제가 되고 있다. 최근에는 취재원이 보호되어야 한다는 전제에서 어느 범위까지 취재원이 보호되어야 하는가에 관한 문제로 접근방법이 변하고 있다.

언론인의 특권 인정여부는 언론의 역할과 관련하여 헌법이론으로 발전해오고 있다. 오늘날 언론의 기능은 단지 정보를 수집하고 유포하는 기능에 한정되지 않는다. 언론매체는 잠재된 부패를 드러내고, 변화를 주도한다.[3] 언론은 정보의 유통 기능뿐만 아니라 입법, 행정, 사법을 통제하는 제4의 특수한 조직으로 설계되었다.[4] 언론과 정부의 긴장관계는 새로운 현상이 아니며,[5] 이러한 긴장관계 속에서 언론의 새로운 기능을 발견할 수 있다. 언론의 확대된 기능 속에서 취재원 보호의 논제는 이제 그것의 인정여부에서 더 나아가 그것의 확대를 위한 방향 전환의 필요성이 인정된다.

Ⅱ. 취재원 보호의 역사

취재원의 보호의 오랜 역사는 미국의 헌정사에서 발견된다. 미국에서 언론인의 특권은 수정헌법 제1조, 주헌법과 법률 등에 의해 발전해오고 있다. 취재원의 보호는 수정헌법 제1조 표현의 자유와의 관계 속에서 논의되어 왔으며, 수정헌법 제1조는 그들의 정보원에 대하여 밝히거나 증언을 해야 하는 강제로부터 보호되어야 하는 언론인의 특권으로 해석된다. 언론인의 특권은 수정헌법 제1조하에서 미국 정부가 잘못하거나 행정의 부

2 Mary-Rose Papandrea(fn 1), p.536.
3 Jane Kirtley, The Future of privilege for the press, 19 Comm. L. & Pol'y 109, 2014, p.110.
4 Lauren J. Russell, Shielding the media: In an age of bloggers, tweeters, and leakers, will congress succeed in defining the term "Journalist" and in passing a long-sought Federal Shield Act?, 93 Or. L. Rev. 193, 2014, p.200.
5 Lauren J. Russell(fn 4), p.196.

적절·비효율적이고 은밀한 작용에 관한 정보를 누설할 수 있는 것까지 포함하는 것으로 이해되었다.[6] 대다수의 주는 언론인의 특권을 인정하는 법률을 두고 있다. 연방차원의 입법적 시도는 있었으나, 아직 통과되지는 못하였다.

독일의 경우 증언거부권과 관련한 논의는 약 100여년의 역사 속에서 발견된다. 취재원에 관한 증언거부권은 처음에는 신문의 자유를 중심으로 논의되어 왔다. 1874년의 독일제국신문법(Reichspreßgesetz)이나 1877년의 독일제국형사소송법(Reichsstrafprozeßordnung)에서 증언거부권의 근거를 마련하려는 시도가 있었다. 그러한 시도는 채택되지 못하였고 1926년의 바이마르공화국의 형사소송법 제53조에서 처음으로 증언거부권이 도입되었다. 도입 당시 증언거부권은 그 주체가 신문의 종사자에게만 인정되는 것으로 많은 제한이 있었다. 증언거부권의 내용에 있어서도 편집인의 형사처벌 가능성이 있는 경우에 한하여 제한적으로 인정되었다. 1945년 이후부터는 바이에른 주나 헤센 주 등이 증언거부권을 규정한 주 신문법을 공포하였고, 연방차원에서의 증언거부권은 1950년 연방형사소송법 제53조 제1항 제4호와 1953년 연방형사소송법 제53조 제1항 제5호의 규정을 통하여 인정되기 시작하였다.[7]

과거 우리나라에도 언론기본법에서 취재원 보호에 관한 규정을 두었다. 2015. 4. 17.에는 취재원 보호 법안이 발의되었으나, 임기만료로 폐기되었다. 이 법안은 언론사에 대한 압수·수색과 신원파악으로부터 취재원을 보호하고, 그것에 관한 특례를 규정할 목적으로 발의되었다. 청와대 공직기강 비서실이 작성한 내부 문건이 언론사에 의해 보도되자, 검찰은 내부문건을 보도한 언론사에 대한 압수·수색과 통화내역 조회 등 강제수단을 동원하여 취재원의 신원파악과 문건유출의 문제에 주력하였다. 이를 계기로 취재원보호법안에서는 취재원의 비밀과 제보자의 익명성 보호, 보도 내용의 기초가 된 사실 확인이나 수사를 목적으로 하는 취재원에 대한 압수·수색 금지를 그 내용으로 하고 있다. 아울러 이러한 보호를 누리는 언론인은 법원이나 국회에서 증언을 거부할 수 있도록 규정한다. 이 법안은 언론인에 대한 증언거부, 언론사에 대한 압수·수색에 대한 보호규정을 두면서도 형사사법 정의를 위하여 심각한 범죄를 구성하는 경우에는 예외로 하고 있다.

Ⅲ. 취재원 보호에 관한 논의

취재원의 보호는 주로 범죄와 관련한 정보를 제공한 정보제공자의 신원이 공개되어

6 Amanda A. Konarski, The reporter's privilege is essential to checks and balances being accessible to the American Electorate, 11 Seton Hall Circuit Rev. 258, 2014, p.275.

7 Martin Löffler/Reinhart Ricker, Handbuch des Presserechts, C. H. BECK, 2005, S. 200−202.

야 하는지에 관한 문제와 그것을 확보하기 위해 우회적 방법에 의해 이루어지는 언론사에 대한 압수수색이 허용될 수 있는지에 관한 문제가 주요한 논의의 대상이었다.

1. 범죄정보와 관련한 취재원은 공개되어야 하는가?

(1) Branzburg사건

사회감시자로서 언론의 기능을 빼놓을 수 없다. 언론은 사회적 문제에 관하여 스스로 정보를 수집하고 이를 세상에 알림으로써 부패와 비리를 확산을 방지한다. 사회적 비리나 부패현상에 관한 언론보도는 때로는 제3자의 제보가 결정적 역할을 한다.

언론보도는 명예훼손이나 프라이버시 등과 관련된 민·형사상의 법적 문제로 발전한다. 언론인이나 정보를 제공한 자는 형사소송의 피고인이나 민사소송의 증인 등이 되기도 한다. 취재원의 보호는 주로 형사사건에서 문제가 되고 있다.

민사사건(Civil case)에서는 취재원의 보호를 인정하는 것이 일반적이다.[8] 민사사건에서 언론인이 정보와 정보원을 누설함으로써 얻게 되는 소송당사자의 이익이나 불이익은 언론인의 특권보다 중시되지 않는다.[9] 언론인에게 정보를 제공한 정보원 간에 비밀유지약속이 있는 경우는 물론이고, 심지어 그러한 비밀유지 약속이 없는 경우에도 언론인의 특권을 인정한다. 비밀유지 약속이 있었는지의 여부는 언론인의 특권 인정에 있어서 본질적인 문제는 아니다. 비밀유지 약속의 존재 여부에 관계없이 정보원에 접근해서 얻을 수 있는 언론인의 독립적 지위 때문에 언론인의 특권이 인정된다.[10] Branzburg사건 이후 민사적 보도와 관련해서는 언론인의 특권이 존재한다는 것이 다수의 법원의 태도이다. 연방 하급법원은 Branzburg사건을 다양한 방법으로 해석해 왔다. 법원은 민사사건에서 정보가 사안과 관련성이 있는지, 정보가 다른 대안적 수단에 의해 획득될 수 있는지, 정보를 공개함으로써 얻을 수 있는 압도적 이익이 있는지를 고려를 한 후 언론인의 특권을 인정하고 있다.[11] 연방대법원은 형사사건인 Branzburg사건에서 이러한 심사기준을 적용하지 않았는데, 법원은 Branzburg사건이 민사사건에서 이러한 세 가지 심사기준을 적용하거나 언론인의 특권을 인정하는 것을 방해하지 않는다고 주장하였다.[12]

---

8 Ronald D. Rotunda/John E. Nowak, Treatise on Constitutional law(West Publishing Co.), 5th ed., vol. 4, 1992, p.130.

9 Katyryn A. Rosenbaum, Protecting more than the front page: Codifying a reporter's privilege for digital and citizen Journalists, 89 Notre Dame L. Rev. 1427, 2014, p.1441.

10 Katyryn A. Rosenbaum(fn 9), p.1442.

11 Amanda A. Konarski(fn 6), p.265.

12 Amanda A. Konarski(fn 6), p.266.

형사사건에서 취재원 보호의 인정여부는 견해가 대립한다. 범죄정보는 형사사법절차에서 실체적 정의를 밝히기 위해 공개가 불가피하다. 범죄정보 제공자의 신원 등을 공개하도록 하는 것은 취재원의 보호와 갈등·긴장관계에 있을 수밖에 없다. 그 때문에 취재원 보호는 주로 형사사법절차에서 범죄의 정보를 제공한 취재원이 보호되어야 하는지가 관한 문제로 귀착된다.

미국에서 범죄에 관한 정보를 제공한 취재원이 보호되는가와 관련하여 연방대법원에서 최초의 판단을 받은 것은 Branzburg v. Hayes사건[13]이다. Branzburg사건에서 연방대법원은 5 : 4의 다수결로 취재원을 밝히지 않을 헌법상의 특권을 인정하지 않았다. 연방대배심 앞에서 기자가 증언하도록 하는 것은 수정헌법 제1조의 표현의 자유를 침해하는 것이 아니며,[14] 기자들도 대배심의 증언요구나 출석요구를 거부할 수 있는 어떠한 특권도 인정되지 않는다고 판시하였다.[15]

이 사건에서 청구인들은 기자가 갖는 조건부 특권을 주장하였다. 기자들이 보유한 정보가 범죄와 관련이 있고 그러한 정보를 다른 방법으로는 얻을 수 없는 경우에 그것을 공개함으로써 수정헌법 제1조의 이익에 대한 침해를 압도할 수 있다면, 그것을 밝히지 않을 특권을 가진다고 주장하였다. 그러나 연방대법원은 이러한 주장으로 증언을 위해 출두해야 할 상황이 줄어들 수는 있을지 모르지만, 언제 또는 어떠한 경우에 증언을 위해 소환에 응해야 할 의무가 있는지 미리 예측한다는 것은 어려운 점이 있으며,[16] 증언거부권이라는 특권을 인정하여 그 특권이 인정되는 범위를 정하는 것은 매우 어려운 문제라고 판시하였다.[17]

Branzburg사건은 연방대법원이 취재원의 보호와 관련하여 최초로 자신의 의견을 표시한 판례라는 점에서 그 의의를 갖는다. 청구인들은 대배심에서 증언을 거부할 기자의 특권이 수정헌법 제1조의 표현의 자유에 의해 보호된다고 주장하였으나, 연방대법원은 기

13 Branzburg v. Hayes, 408 U.S. 665(1972). 1969년 11월 15일 Louisville Courier–Journal의 기자인 Paul Branzburg는 Kentucky 주의 Jefferson County에서 마약을 제조하고 있는 두 청년에 대한 관찰기사를 게재하였다. 그 기사는 작업대 위에서 마약을 제조 중인 양 손의 사진도 함께 실었으며, 기자가 그들의 신원을 비밀로 할 것을 약속했다는 내용도 밝혔다. Kentucky 주에서는 허가 없이 마약을 제조하거나 소지하는 것은 벌금 및 구류처벌을 받도록 되어 있기 때문에 Jefferson County의 대배심은 Branzburg를 소환하여 그 두 청년의 신원을 밝힐 것을 요구하였다. 이에 Branzburg는 기자의 증언의무를 면제하고 있는 Kentucky 주의 보호법규와 수정헌법 제1조를 근거로 하여 취재원의 공개를 거부하였다. Kentucky 주 항소법원은 취재원의 비밀을 보호하고 있는 주법규가 정보를 제공한 자의 신원을 밝히는 것을 거부할 수 있는 특권을 인정하고는 있으나 기자가 자신이 직접 목격한 사람들의 신원이나 개인적으로 관찰한 범죄사건에 대해서는 그 특권이 적용되지 않는다고 하였다.

14 408 U.S. 665, 667.

15 408 U.S. 665, 668, 682–683.

16 408 U.S. 665, 702.

17 408 U.S. 665, 704.

자의 특권은 수정헌법 제1조에 의해 보호되지 않는다고 판단하였다.

이 사건에서 스튜어트(Stewart) 판사는 반대의견에서 제한적인 기자의 특권을, 더글라스(Douglas) 판사는 절대적인 특권을 인정하였고, 파웰(Powell) 판사는 법정의견에 동의의견을 제시하였으나, 기자의 특권을 긍정적으로 이해함으로써 실질적으로는 반대의견이라고 평가되기도 한다.[18] 스튜어트 판사는 다수의견이 대배심에 소환된 기자에게 취재원을 보호할 수정헌법상의 권리를 인정하지 않음으로써 헌법에서 보장하고 있는 언론의 기능을 침해하고 있다고 주장하였다.[19] 파웰 판사는 대배심에 증언을 위하여 소환된 기자라고 할지라도 뉴스를 수집하거나 그들의 정보원의 보호에 대하여 증언을 거부할 수 있는 권리가 배제된 것은 아니므로 여전히 취재원의 보호를 위한 헌법상의 권한을 보유하고 있다고 하였다.[20]

Branzburg사건은 언론인의 특권을 수정헌법 제1조 표현의 자유와의 관계에서 설명한다. Farber사건[21]은 주 보호법과 헌법규정과의 관계에 관하여 다루고 있다. Farber사건에서 뉴저지(New Jersey) 주 대법원은 주 보호법도 수정헌법 제6조의 공정한 재판을 받을 권리와 형사피고인과 관련된 주의 헌법규정을 따라야 한다고 판시하면서 취재원의 보호에 대하여 부정적인 태도를 보이고 있다.[22]

Branzburg사건에 기초해서 취재원 보호문제를 다시 촉발시킨 것이 리크게이트(Leak Gate)사건이다. 리크게이트 사건[23]은 Matthew Copper기자와 Judith Miller기자가 범죄사건 수사와 관련한 취재원의 공개를 요구한 특별검사의 요청을 거부하였다는 이유로 법정모독죄로 기소된 사건이다. 연방대법원은 법정모독죄로 기소된 Copper기자와 Miller기자의 상고를 기각하고 사건을 워싱턴 연방지방법원으로 환송하였다. 이 사건은 이전의 연방대법원이 내린 Branzburg사건에 근거하여 결정하고 있다.[24] 2005년 컬럼비아특별구 연방항소법원(United States Court of Appeals for the District of Columbia)은 대배심의 소환에 있어서

18 Jeffrey S. Nestler, The underprivileged profession: The case for Supreme Court recognition of the journalists privilege, 154 U. Pa. L. Rev. 201, 222(2005), 최희경, "미국헌법상 취재원보호에 관한 고찰", 『헌법학연구』 제14권 제3호, 2008, 418−419면에서 재인용.

19 408 U.S. 665, 725.

20 408 U.S. 665, 709.

21 In re Farber, 78 N.J. 259, 394 A. 2d 330(1978). New Jersey의 한 병원에서 발생한 사망사건들이 마약과 관련이 있다는 내용의 기사를 쓴 New York Times의 Myron Farber기자와 신문사는 대배심에 관련 자료들을 제출하라는 명령을 받았다. 수정헌법 제1조와 New Jersey 주 보호법을 인용하여 자료 제출을 거부한 Farber기자는 법정모욕죄의 처벌을 받게 되었고, 주 대법원에 이 사건이 올라가게 되었다.

22 Ronald D. Rotunda/John E. Nowak(fn 8), p.129.

23 Miller v. U.S. 545 U.S.1150; Copper v. U.S. 545 U.S.1150(2005).

24 리크게이트 사건의 소송진행 상황에 관한 자세한 내용은 김형성/한상운, "언론의 사회적 책임과 취재원보호, −미국사례를 중심으로−", 성균관법학 제17권 제3호, 2005. 12, 53면 이하 참조.

수정헌법 제1조에 의한 기자의 특권은 인정되지 않는다고 판시하였다.[25]

(2) Branzburg사건 이후 판례의 경향

Branzburg사건은 과거의 많은 선례에 근거해서 결정을 내렸다. 하급법원들은 Branzburg 사건을 다양한 방법으로 해석하면서, 많은 선례를 적용하고 결정하기 위하여 노력하였다. Branzburg사건에서 적용에 있어서 연방순회항소법원(The federal circuit Courts of Appeal)의 견해는 일치하지 않는다. 제1, 제2, 제3, 제4, 제5, 제10, 제11 순회항소법원과 컬럼비아특별구 연방항소법원(District of Columbia Circuit)은 모두 언론인의 특권을 인정한다. 특권의 인정범위는 법원에 따라 다르지만 대체로 LaRouche test[26]를 적용하는 경향이다. 형사사건에서 대배심에서 증언을 거부할 언론인의 특권은 정보가 범죄와의 관련성이 있고, 그러한 정보가 다른 방법으로는 획득할 수 없는 경우에 그것을 공개함으로써 얻을 수 있는 이익이 수정헌법 제1조 표현의 자유를 압도할 수 없다면 언론인의 특권이 인정된다는 것이다. 법원은 기자의 증언을 확보하기 위하여 취재원을 공개할 압도적 이익이 있거나 다른 방법으로는 그러한 정보를 획득할 수 있는 방법이 있다는 것을 보여주지 못한다면 언론인의 특권을 인정해야 한다는 것이다.[27] [28] 언론인의 특권을 인정하고 있는 법원은 민사사건과 형사사건을 차별하지 않는다. 비밀정보에 관하여 증언을 해야 하는 기자의 이익은 민사사건과 형사사건에서 차이를 이끌어낼 만한 법적 원칙으로서의 이익이 아니라고 한다. 언론인의 특권은 민사사건의 당사자로서의 권리보다 형사사건에서 오히려 더 중요한 헌법적 권리로서 인정된다는 것이다.[29]

Branzburg사건 이후 취재원의 보호를 인정한 법원의 특징은 LaRouche test[30]를 적용했다는 점이고, 대표적 사건이 Branzburg사건에 대한 도전으로 이해되는 United States v. Sterling[31]이다. 스털링(Sterling)사건에서 법원은 LaRouche test를 적용하여, 기자에게 취재원을 밝히도록 하기 위해서는 세 가지 입증책임을 반족시켜야 한다고 주장하였다. 첫째 기자들이 보유하고 있는 정보가 범죄와의 관련성이 있다는 것, 둘째, 범죄정보가 다른 대안적 수단 즉 수정헌법 제1조의 권리를 덜 제약하는 방법에 의해 획득될 수 없다는 것, 범죄 관련 정보를 공개함으로써 얻을 수 있는 이익이 수정헌법 제1조의 표현의 자유를 압도

25 Joseph W. Trusi, The reporter's privilege in the 21st Century: The need for a qualified Federal Media Shield Law that balances freedom of speech with national security concerns, 54 Santa Clara L. Rev. 201, 2014, p.214.

26 La Rouche v. National Broadcasting Co., 780 F.2d. 1134, 1139(4th Cir. 1986).

27 Amanda A. Konarski,(fn 6) p.266.

28 United States v. Sterling, 724 F. 3d 482, 488(4th Cir. 2013).

29 Amanda A. Konarski(fn 6), p.267.

30 La Rouche v. National Broadcasting Co., 780 F.2d. 1134, 1139(4th Cir. 1986).

31 United States v. Sterling, 724 F. 3d 482, 488(4th Cir. 2013).

할만한 긴절한 이익이 있다는 것을 입증해야 기자에게 취재원에 대한 증언을 강제할 수 있다는 것이다.

제6 순회법원(Sixth Circuit)은 언론인의 특권을 인정하지 않는다. 제7 순회법원도 언론인의 특권이 헌법과 법률적 차원에서 인정될 수 있는지에 관하여 심각한 의문을 제기하고 있고, 제8 순회법원도 언론인의 특권 인정을 위한 정확한 규칙을 만들지 않는다.[32] 제9 순회법원은 언론인의 특권을 인정하면서도 대배심절차에서는 언론인의 특권을 인정하지 않는다.

연방 하급법원은 다양한 해석을 통하여 언론인의 특권과 관련하여 의견이 일치시키지 못하고 있다. 언론인의 특권의 존재와 부존재로 하급법원의 분열이 나타난 것은 Branzburg 판결이 취재원의 보호와 관련한 방향을 결정하지 못하였고, 취재원 보호에 대한 답을 주었다기보다는 보다 오히려 많은 질문을 함으로써 지금과 같은 법원의 분열을 가중시켰다고 평가된다.[33] 하급법원의 취재원 보호와 관련한 분열과 부조화경향은 Branzburg판결을 잘못 해석한 것에 그 원인이 있으므로, 연방대법원이 다시 Branzburg판결을 재검토하고 오늘날 미국사회에서 언론인의 특권과 관련된 문제들에 대한 일정한 방향을 제시해야 한다는 견해가 제시된다.[34]

Branzburg사건 이후 법원의 의견이 일치하고 있지는 않지만, 대체로 취재원의 보호문제를 수정헌법 제1조 언론의 자유와의 관계 속에서 이해한다. 대다수의 법원은 언론인의 특권은 적어도 수정헌법 제1조의 어떠한 형태의 하나라는 것을 인정한다. 수정헌법 제1조가 기자의 취재원보호를 위한 특권을 포함한다는 것이다. 자유로운 표현은 민주주의에서 필수불가결 한 요소이며, 사상의 자유시장이론은 경쟁적이고 다양한 정보와 의견이 최대한 유통되어야 하며, 진실이 인정될 수 있는 기회가 극대화되어야 한다는 것을 의미한다.[35] 하급법원에서 나타나는 분열은 언론인의 특권 인정 여부에 관한 것이 아니라 특권의 범위와 관련하여 나타난다. 어느 범위까지 언론인의 특권이 적용되는지, 어떠한 보도에 대하여 특권이 적용되는지, 아니면 전적으로 적용되지 않는 보도가 있는지에 관하여 나타난다.

2. 취재원을 공개하지 않은 언론사에 대한 압수·수색은 가능한가?

범죄와 관련한 정보는 직접적인 증언이나 자료제출을 요구하는 방법 외에 언론사에

32 Joseph W. Trusi(fn 25), p.213.
33 Amanda A. Konarski(fn 6), pp.264-265.
34 Amanda A. Konarski(fn 6), p.267.
35 Amanda A. Konarski(fn 6), p.277.

대한 압수·수색의 방법에 의하기도 한다. 언론사에 대한 압수·수색은 직접적으로 취재원에 대한 증언을 강요하거나 자료의 제출을 강제하는 것은 아니지만 우회적으로 취재원에 대한 침해를 야기할 수 있다. 최근 검찰은 청와대 공직기강 비서실에서 작성한 내부문건을 보도한 언론사에 대하여 압수·수색의 방법으로 취재원의 신원파악을 시도하였다. 언론사에 대한 압수·수색이라는 우회적인 방법으로 범죄정보 제공자의 신원을 파악하고자 하는 것이다. 언론사에 대한 압수·수색은 취재원과 언론인 간의 신뢰관계를 무너뜨릴 뿐만 아니라 언론사의 편집과정에 관여함으로써 언론의 자유에 대한 위축효과를 가져온다.

미국에서 취재원의 보호와 관련하여 언론사의 압수수색이 문제된 사건은 Zurcher v. Stanford Daily사건[36]이다. 1971년 4월 9일 스탠포드대학에서 일어난 폭력적 시위에서 경찰관 9명이 부상을 입었다. 폭력적 시위에 가담한 두 명의 학생은 현장에서 확인되었고 나머지는 도주했다. 학교신문인 '스탠포드 데일리지(the Stanford Daily)'는 시위학생과 경찰이 충돌하는 사진을 찍기 위해 그 현장이 있었다는 사실이 확인되었고, 지방검사는 그 사건의 필름 때문에 데일리지의 사무실을 수색하기 위해서 법원에 수색영장을 신청했다. 그 영장은 범인의 신원과 필름 등의 증거물이 데일리지의 건물구내에 있을 것이라는 상당한 이유와 합법적인 근거에 의하여 발부되었다. 신문사의 사무실은 몇몇 직원이 참석한 가운데 수색되었으며 이미 보도된 사진들에 한해서만 조사되었는데 어떤 증거물도 사무실에서 발견되지 않았다. 1971년 5월에 데일리지와 몇몇 직원들은 팔로·알토경찰서(Palo Alto Police Department)의 서장, 담당 경찰, 지방검사를 상대로 수정헌법 제1조와 제4조의 권리가 침해되었다고 소송을 제기하였다. 연방지방법원과 항소심에서는 신문사 내에서의 수색은 위헌이라고 판시하였다. 연방대법원은 5 : 3의 다수결로 하급심의 판결을 파기하였다.

이 판결에서 다수의견은 수정헌법 제5조 형사상 자기의 불리한 진술거부권이라든가 취재원이나 편집상의 비밀을 규정하고 있는 보호법도 수정헌법 제4조의 규정 하에서 수색영장의 합법성을 결정하는데 있어서는 부적절하며, 소유자가 범죄혐의와 관련이 없다고 해서 주정부로 하여금 압수나 수색영장을 발부하는 것을 금지할 수 없다고 판시하였다.

반대의견은 신문사 편집실에서 경찰이 수색을 하는 것은 수정헌법 제1조와 제14조에 의하여 보장된 언론의 자유를 제한할 소지가 있으며, 신문사의 정상적인 업무의 수행을 어렵게 하여 뉴스보도를 위한 정보의 수집이나 편집, 발행 등의 활동을 침해한다고 하였다. 다만, 신문사 수색의 경우와는 달리 소환장을 발부하는 것은 신문사가 보도를 위한 기사와 자료에 관하여 선택권을 행사할 수 있고, 상대방에게 보도된 자료에 관하여 청문의 기회가 주어지므로 소환장의 발부는 허용된다고 하였다.

36 Zurcher v. Stanford Daily, 436 U.S. 547(1978).

독일의 경우 취재원 확보를 목적으로 한 언론사의 압수·수색 허용여부는 언론의 자유의 보호영역과 그것에 대한 일반법률에 의한 제한의 상호관계 속에서 이해된다. 독일 헌법은 제5조에서 언론의 자유를 규정하면서 제2항에서 일반법률에 의한 제한 가능성을 정하고 있다. 공영방송국이 촬영한 폭력적 시위장면을 담은 필름의 압수·수색을 명한 법원 명령에 대하여 헌법소원이 제기된 사건에서, 연방헌법재판소는 언론의 자유는 정보의 습득, 정보제공자와 방송의 신뢰관계, 편집활동의 신뢰관계를 보호하기 때문에 취재원 보호도 언론의 자유에 의해 보호된다고 한다. 다만 언론의 자유에 대한 보호는 무제한적일 수 없으며, 헌법 제5조 제2항에 따른 일반법률에 의해 제한될 수 있다고 한다.

독일 연방형사소송법(StPO) 제53조 제1항 제5호[37]와 연방민사소송법(ZPO) 제383조 제1항 제5호[38]은 증언거부권을 인정하고 있다. 연방형사소송법 제57조 제5항은 증언거부권이 인정되는 범위 내에서는 언론사에 대한 압수를 금지하고 있다.[39] 형사소송법 제97조 제2항 제3호는 증언거부권의 주체나 대상이 범죄와 관련된 경우에는 압수를 허용하고 있으며,[40] 형사소송법에는 제94조 제1항[41]은 범죄수사 증거자료에 대하여 압수를 허용하고 있다. 범죄관련 증거자료의 압수를 허용하고 있는 형사소송법 제94조 제1항은 언론의 자유에 대한 제한사유로서 일반법률에 해당한다.[42] 헌법에 의해 보장되는 언론의 자유라고 하더라도 일반법률의 제한에 의하여 보호법익의 조정과정을 거친다. 범죄와 관련하여 증언거부권이나 압수·수색 금지를 인정하거나 확대하는 것은 실체적 진실발견을 위한 법치국가적 과제에 배치될 수 있다는 고려를 하고 있다.[43]

이 사건에서는 언론사에 대한 압수·수색에 의해 편집상의 비밀보장과 법률에 의해 보장된 증언거부권이 침해될 수 있다는 것이 쟁점이 되었다. 언론인에 대하여 취재원에

37 연방형사소송법(StPO) 제53조 제1항 제5호. 정기간행물 기타 방송의 준비, 제작, 배포 또는 배포에 직업적으로 참여하거나 참여하였던 사람은 논문 기타 기록의 저작자·전달자·보관자 및 그의 활동과 관련하여 이루어졌던 전달에 관하여 그 논문 기타 기록 및 전달이 편집활동을 위하여 문제되었던 범위 내에서 증언을 거부한 경우에는 정당화된다.

38 연방민사소송법(ZPO) 제383조 제1항 제5호에서 언론관련 종사자의 증언거부권에 관하여는 연방형사소송법 제53조 제1항 제5호와 동일한 내용을 규정하고 있다.

39 연방형사소송법 제97조 제5항. 제53조 제1항 제5호에서 정하는 사람의 증언거부권이 미치는 범위 내에서 그 사람이나 편집인, 출판사, 인쇄소 또는 방송국이 보관하고 있는 서류, 음향테이프, 비디오테이프, 자기테이프, 그 복사물 기타 표현물에 대한 압수는 허용되지 않는다.

40 형사소송법 제97조 제2항 제3문. 증언거부권자가 공범, 범죄비호, 은닉 또는 장물죄의 혐의가 있는 경우 또는 범죄행위를 통해 제작된 물건, 범죄행위를 행하는데 사용하거나 사용하기로 특정된 물건 또는 범죄행위에서 유래하는 물건이 문제되는 경우에는 압류제한규정을 준용하지 아니한다.

41 연방형사소송법 제94조 제1항에서는 "범죄수사에 증거자료로서 중요한 의미를 가지는 물건은 수사기관에 의하여 보관(Verwahrung)되거나 기타 다른 방법으로 보존되어야 한다"고 규정하고 있고, 제2항에서는 "일정한 사람이 보관하고 있거나 임의로 인도되지 않는 경우에 압수가 필요하게 된다"고 규정한다.

42 BVerfGE 77, 65, 75.

43 BVerfGE 77, 65, 76.

대한 증언을 직접 강요하지는 않지만, 우회적으로 언론사의 편집실을 압수·수색하는 것은 헌법상 언론의 자유에 영향을 미칠 수 있고 헌법상의 합리성의 원칙에 위배될 수 있기 때문에 허용되지 않는다고 판단하였다. 언론사에 대한 압수·수색은 언론의 자유에 대한 중대한 제한을 뜻하기 때문에 압수·수색이 허용되기 위해서는 긴급하고 절박한 사유가 있어야 하고, 신중한 사법적인 이익형량을 필요로 한다는 것이다.[44]

생각건대, 취재원을 밝힐 목적으로 언론사를 압수·수색하는 경우 취재원의 보호는 어렵다. 반면에 법원이 발부한 압수·수색 영장의 집행을 거부할 경우에는 실체적 진실발견이라는 형사사법 정의가 무너질 수 있다. 미국의 경우 형사사법 정의를 이유로 언론사에 대한 압수·수색을 허용하고 있으며, 독일은 증언거부권의 주체나 대상이 범죄와 관련되는 경우에는 증언거부권이나 압수·수색 제한 규정에도 불구하고 압수·수색이 허용된다고 규정함으로써 입법적으로 해결하고 있다.

우리의 경우 현행법상 언론사에 대한 압수·수색 영장의 집행을 방해하는 경우에는 공무집행방해죄가 성립한다. 해당 영장이 절차상 명백한 흠결을 가지고 있어서 그 자체로 무효에 이를 정도가 아니라면 영장의 내용에 대해 그 당부를 가려가며 집행을 거부할 수 없기 때문이다.[45] 법원에 의해 영장이 발부된다면 압수·수색 영장의 집행을 거부한다는 것은 정당성을 인정받기 어렵다. 헌법상의 권리로 인정이 된다고 하더라도 모든 기본권은 법률에 의한 제한이 가능하기 때문에 결국 이익형량과 비례성 심사과정을 거쳐야 한다. 결국 수사기관이 언론사에 대한 압수·수색의 방법을 선택하고, 법원이 영장을 발부하게 된다면 현행법상으로는 취재원보호는 어렵다. 그 때문에 영장의 청구나 발부에 있어서 취재원을 침해하지 않는 방법으로 법집행이 요청된다. 취재원에 대한 제한적인 법집행으로부터 이를 보호하기 위한 일반적인 원칙을 마련할 필요가 있으며, 불가피한 압수·수색의 필요성이 있는 경우에도 법집행당국은 덜 침해적인 방법을 선택하도록 노력하여야 한다. 그러한 덜 침해적인 법집행이 담보될 수 있도록 취재원보호를 위한 일정한 가이드라인의 제시하는 것도 필수적으로 요청된다.

Ⅳ. 취재원 보호의 목적과 범위

미국에서는 Branzburg사건 이후 취재원의 보호와 관련하여 언론인의 특권이 인정되어야 한다는 것이 법원과 학계의 주류적인 입장이다. 취재원 보호를 위하여 언론인의 특

44 Martin Löffler/Reinhart Ricker(fn 8), S. 211; BVerfGE 20, 162, 186ff.
45 오양호, "취재원 강제수사는 최후수단이어야", 신문과 방송, 2003. 9, 69면.

권이 인정되어야 한다는 전제에서, 취재원 보호의 대상이나 목적, 범위와 관련해서는 다양한 논의가 전개되고 있다. 취재원 보호의 관점을 정보제공의 대상, 목적에 두는가 아니면, 정보의 유통 과정에 두는가에 따라 취재원 보호의 범위도 달라진다.

1. 정보의 대상 또는 목적의 보호

언론인에게 제공되는 정보의 성격에 따라 특권의 인정여부는 달리 이해된다. 언론인의 특권은 공적 관심사와 관련한 보도에만 적용되어야 한다고 주장이 있다. 정부와 관련되거나 정치적 특성을 지닌 전형적인 공공의 관심사를 포함하는 공적 정보를 보도하는 언론인에게만 특권이 적용된다고 한다. 로렌스 알렉산더(Laurence Alexander) 교수는 언론인의 특권은 오락이나 전파를 목적으로 하지 않는 취미, 레크레이션, 스포츠, 상품이나 서비스의 세일 등과 관련한 정보를 수집하여 보도하는 언론인에게는 특권이 적용되지 않는다고 한다.[46]

정보제공의 대상을 공적 관심사로 두는 경우에만 특권을 인정하게 되면, 취재원 보호의 범위가 축소될 수밖에 없다. 이러한 접근법은 이론적으로 극복할 수 없는 어려움이 있다. 공공 관심사 또는 뉴스가치의 내용이 무엇인가에 따라 언론인의 특권 인정여부가 달라진다.[47] 어떠한 보도가 공적 관심사와 관련된 것인지, 어떠한 보도가 뉴스가치가 있는 것인지를 판단하는 것이 쉽지 않다. 더글라스 판사는 공적 관심사(public affairs)라는 것은 단순히 정치적 관심사 그 이상의 것으로 이해한다. 과학, 경제, 경영, 예술, 문학 등에 관한 모든 문제가 공공의 이익과 관련될 수 있으며, 공공에게 보도가 될 수 있는 일반적인 이익은 모두 공적 관심사라는 것이다.[48]

언론인의 특권을 정보유통의 의도가 있었는지에 따라 인정여부를 달리하기도 한다. In von Bulow v. von Bulow사건에서 제2 순회법원(the Second Circuit)은 정보의 수집과정 초기단계에 공공에게 정보를 전파하기 위한 의도를 가지는 사람에게는 수정헌법 제1조의 언론인의 특권이 적용된다고 주장한다.[49] 법원은 궁극적으로 정보를 수집하는 당시에 공공에게 정보를 유통할 의도를 가지고 있지 않았다면, 그 이후에 기사를 쓰기 시작한 것이라면 그러한 기사는 궁극적으로는 취재원보호의 대상이 되지 않는다고 결론지었다.[50] In

46 Laurence B. Alexander, Looking out for the Watchdogs: A legislative proposal limiting the newsgathering privilege to journalists in the greatest need of protection for sources and information, 20 Yale L. & Pol'y Rev. 97, 104, 2002, p.130.

47 Mary-Rose Papandrea(fn 1), p.578.

48 418 U.S. at 357 n.6(Douglas,J.,dissenting), (Citing Mary-Rose Papandrea(fn 1), p.579).

49 Von Bulow v. von Bulow, 811 F.2d 136, 142-143 (2d Cir. 1987).

50 Mary-Rose Papandrea(fn 1), p.569. id at 145-146.

Shoen v. Shoen사건[51]에서도 기본적으로 Bulow사건에서 주장한 관점과 같은 맥락에서 출발한다. 뉴스가 공공에게 전달되는 매체와는 관계없이 언론인의 특권은 수정헌법 제1조에 의하여 보호되도록 설계되었으며, 그가 정보를 수집할 때 공공에게 그것을 전파할 의도를 가지고 있었다면 특권이 적용된다는 것이다. 정보수집 초기단계에서 정보전파의 의도가 있었는지의 여부에 따라 특권을 적용 여부가 결정된다는 것이다.[52]

정보수집 초기단계에 정보제공의 목적을 가진 경우에만 언론인의 특권을 인정하는 접근법은 그것을 어떻게 이해하는가에 따라 취재원 보호의 범위가 달라진다. '최초의 정보제공 목적'이라는 점을 중시한다면 취재원 보호범위가 축소될 수 있다. 반면에 '정보제공 목적'을 가진 경우에는 언론인의 특권이 인정된다고 순기능적으로 이해하게 되면 전문적 언론인 외에도 그 밖에 새로운 미디어나 시민언론에게도 그 범위가 확대될 수 있다.

2. 언론과정의 보호

취재원 보호의 목적을 정보의 유통에 있다고 이해하는 견해가 있다. 린다 버거(Linda Berger)는 언론인의 특권은 언론작업과정(journalistic work process)에 종사하는 누구에게나 적용된다고 한다. 취재원 보호의 대상이 되는 정보의 유통과정에는 세 가지 본질적인 요소가 있다. 공공에 대한 규칙적인 정보의 전파, 언론 내부의 검증수단, 언론과정(출판, 편집과정)의 투명성이라는 세 가지의 요소를 갖춘다면, 이러한 언론과정에 종사하는 누구에게나 특권이 적용된다는 것이다.[53] 이러한 접근법에 의하면 언론인의 특권은 전형적이고 전문적인 언론인에 한정하지 않고 비전문적 언론인 등에게도 특권이 적용가능 한 것으로 되어 그 범위가 확대될 수 있다.[54]

오늘날 언론은 다양하게 정의되고 있으며, 그 범위도 확대되었다. 오늘날 언론인은 언론조직에 종사하는 전문적 언론인 외에도 지역신문을 발간하거나 블로그를 작성하는 비전문적 시민언론을 포함하는 영역으로 확대된다. 언론인의 범위를 특정하는 것이 어렵게 되면서, 언론인, 기자 등 특권에 의해 보호되는 개인을 양적으로 극대화하는 것이 불가피해졌다. 공적 논쟁에 정보가 제공되고, 그들이 민·형사상 사건에서 피고인이나 당사자가 되는 것을 막기 위해서는, 전문적·비전문적 언론인에게도 특권의 적용을 확대할 필요가 있다. 일반 대중에게 정보를 전파하는 언론과정에 종사한다면 언론인의 특권은 그러한

51 Shoen v. Shoen, 5 F.3d 1289, 1293–1294. (9th Cir. 1993).
52 Mary–Rose Papandrea(fn 1), p.570.
53 Linda L. Berger, Shielding the Unmedia: Using the process of journalism to protect the journalist's privilege in an Infinite Universe of publication, 39 Hous. L. Rev. 1371(2002), pp.1411–1412.
54 Mary–Rose Papandrea(fn 1), p.583.

개개인 모두에게 적용되어야 한다는 것이다.[55]

언론인 특권의 인정 범위 확대에 대해서는 비판이 있다. 언론인의 특권은 전문적 언론기관에 종사하는 언론인으로 한정하는 것이 타당하며, 공인되지 않은 미디어나 일반에게 확대하는 것은 불확실하고 부정직한 기사 등이 남발할 우려가 있기 때문에 전문적·직업적 언론인에게만 특권을 인정해야 한다는 것이다.[56] 특권이 인정되는 범위를 좁게 정의함으로써 수정헌법 제1조의 권리를 행사할 수 있는 개인을 연방대법원이 선정할 수 있도록 하는 것이 본질적이라고 판단한다.[57] 미국의 정보유통법안에서도 언론인의 범위를 확대하지 않고 있다. 정보유통법안은 취재원의 보호를 위하여 연방차원에서 일반적이고 지속적인 기준을 마련하기 위하여 노력했다는 점에서는 긍정적 진전이 있었다고 평가되지만, 언론인의 범위가 좁게 한정되어 있다. 비전형적인 언론인인 블로그, 프리랜서, 웹사이트 제공자 등은 이 법안에서 보호하지 않는다.[58] 이들은 뉴스나 원래의 정보를 제공하는 것은 아니며, 뉴스를 수집하지도 않을 뿐만 아니라 그것을 종합하거나 통합하는 기능을 행사하는 것도 아니기 때문이다. 그들은 단지 수집되거나 종합된 정보를 유포하는 것에 불과하다는 것이다. 의회가 언론인의 범위를 확대하여, 블로그나 트위트 등에게 언론인의 특권에 의한 보호를 허락하는 것은 기사에 대한 편집기능이나 정확성을 담보하는 기능이 상대적으로 약하므로,[59] 자칫 언론인의 특권과 관련한 상당한 의미를 상실할 수 있다고 지적한다.[60]

전문적·직업적 언론인에게만 특권을 인정하게 되면 블로그 등 다른 시민언론은 특권으로부터 배제된다. 상당수의 시민언론은 헌법적 보호를 받는 언론사의 전문적 기자나 편집인과 같은 헌법적 보호를 누리지 못한다.[61] 취재원 보호의 적용대상이 되는 새로운 미디어를 결정하는데 있어서는 Branzburg사건에서 스튜어트(Stewart) 판사가 밝힌 원리를 구체화 할 필요가 있다. 그는 수정헌법 제1조의 언론(the right of publish)은 민주적 헌법국가에 근본이며, 취재원 보호는 정보가 수집되고 공공에게 제공되는 과정을 보호하도록 설계된 것이지, 그것을 수집하는 개인이나 조직의 지위를 보호하고자 하는 것은 아니라고 하였다.[62] 언론인 특권의 근본적인 목표는 언론과정이며, 그러한 과정에 참여하는 개별 언론인에게 부여된 특권을 제한해서는 안되며, 특권의 인정범위를 공공 관심사에 관한 보도로

55 Mary－Rose Papandrea(fn 1), p.585.

56 이희훈, “취재원 비닉권과 취재원 보호 입법에 대한 연구”, 『법학연구』 제18권 제4호, 2008, 272면; 지성우, “언론기관의 취재원보호권에 관한 연구”, 『성균관법학』 제15권 제2호, 2003, 16면.

57 Scott Gant, We're all journalist now 79－80(2007), at 84(Citing Amanda A. Konarski, p.280).

58 Lauren J. Russell(fn 4), p.198.

59 최희경(주 18), 432면.

60 Lauren J. Russell(fn 4), p.222.

61 Mary－Rose Papandrea(fn 1), p.573.

62 Lauren J. Russell(fn 4), p.225.

한정해서도 안된다고 한다.

연방 하급법원도 기자들의 특권에 의해 보호되는 미디어를 확대해오고 있다. 일부는 수정헌법 제1조하에 전통적 미디어에 특권을 인정하지만, 일부는 새로운 전기통신매체에 의한 인터넷이나 블로그 등 시민을 포함하는 영역에 특권을 인정하고 있다. 법원은 뉴스가 보도되는 양식이나 방법보다는 뉴스를 보도하는 의도를 살펴서 특권을 인정여부를 결정한다. 정보전파의 의도에 초점을 맞추게 되면, 다양한 시민언론이나 디지털 언론을 보호하기에 충분하다. 제2 순회법원 역시 매체가 특권의 인정여부를 결정하는 주요한 요소는 아니라고 본다. 역사적으로 정보나 의견을 전파하는 수단으로 모든 종류의 출판물이 가능하기 때문에 전통적 미디어인 신문, 방송, 잡지뿐만 아니라 책, 공적·사적 미디어, 광고전단지와 같은 것들도 정보전달의 방법으로 의도될 수 있으며, 특권이 인정될 수 있게 된다. 언론인과 정보원의 관계, 특권의 적용 여부 등은 정보를 전달이나 유포하고자 하는 의도에 기초해야만 한다는 것이다.[63]

언론의 범위를 좁게 해석하는 것은 표현을 하기 위해서는 허가를 요청해야 한다는 것을 의미한다. 시대를 막론하고 언론의 자유의 보호영역에서 개인을 배제하는 것은 바람직하지 못하다. 언론인의 특권을 부정적으로 보는 시각은 언론인에게 우선적 특혜가 부여되어서는 안되며, 언론인도 다른 사람들과 마찬가지로 형사사법절차의 소환에 응하거나 법원에 출석해서 증언을 해야 한다는 사고에 근거하고 있다.[64] 하지만 언론과정은 민주사회에서 불가결한 요소이며, 공공에 대한 정보의 전달 및 유포과정은 특별히 보호할 필요가 있다. 물론 공공에게 정보를 전파하는 전 언론과정에 특권을 확대하는 것은 신중해야 하며, 남용되어서는 안된다. 형사사법절차의 소환이나 재판을 피하기 위한 목적으로 정보를 보도하는 사람에게는 더욱더 특권의 적용여부가 신중해야 한다.[65]

3. 언론인과 정보제공자의 신뢰관계 보호

제퍼리 스톤(Geoffrey Stone) 교수는 취재원 보호의 목적이 언론과정에서 비밀정보로서의 정체성을 보호하는 것이라 주장한다.[66] 언론인의 특권을 인정하는 주요한 목적으로 언론인과 정보원과의 신뢰관계를 들 수 있다. 정보제공자가 제공한 비밀정보로서의 정체성을 보호함으로써 언론인과 정보원의 신뢰관계는 보호될 수 있다. 그것은 정보의 유통과정의 필수적 전제가 된다. 정보가 가지는 비밀정보로서의 정체성과 비밀가치가 유지될 것

63 Katyryn A. Rosenbaum(fn 9), p.1440.
64 Amanda A. Konarski(fn 6), p.281.
65 Mary-Rose Papandrea(fn 1), p.590.
66 Mary-Rose Papandrea(fn 1), p.582.

이라는 합리적인 믿음이 있다면, 언론인과 정보제공자의 신뢰관계가 유지되고, 공공에게 다양한 규칙적 정보의 흐름이 보장된다.[67]

취재원 보호 목적을 언론인과 정보원 간의 신뢰관계로 볼 경우 언론사 스스로가 수집한 정보에도 언론인의 특권이 인정될 수 있는지가 문제된다.

독일 연방헌법재판소는 언론사가 스스로 수집한 정보(selbstrecherchierte Material)는 언론의 자유의 보호영역에 포함되지만, 증언거부권의 대상으로부터 제외된다는 입장[68]이다. 취재원 보호의 규범목적이 언론인과 정보제공자 간의 신뢰보호에 있기 때문에 외부의 정보제공자에 의한 정보보호에 한정되고 내부의 직원에 의하여 직접 형성된 자료에는 적용되지 않는다는 것이다.[69]

정보제공자와의 언론인의 신뢰관계 보장도 취재원 보호에 있어서 중요한 기능이다. 그렇지만 그러한 이유로 언론사 스스로 수집한 정보를 증언거부권의 대상에서 제외하려고 시도는 취재원 보호의 목적과 방법을 혼동하고 있다고 하는 비판[70]이 있다. 언론의 자유의 보호목적은 방해 없는 자유로운 정보수집에 있고 그러한 방법 중에 하나가 정보제공자가 언론사에 대하여 정보를 제공하는 것을 보호하는 것이라고 이해한다. 언론사의 자기정보와 스스로 수집한 정보가 구별하기 쉽지 않고,[71] 언론인에 의하여 수집된 정보라고 하여 보호가치가 더 작은 것이라고 할 수는 없다. 취재원 보호의 목적이 언론인과 정보제공자 사이에 존재하는 신뢰관계 자체도 보호하지만, 언론인의 독자적 지위에서 자신의 정보원을 밝히지 않는 것이 정당화 될 수 있다.

언론의 자유는 정보수집의 전 과정을 보호한다. 제3자에 의하여 제공된 정보뿐만 아니라 언론사 스스로 수집한 정보도 언론의 자유의 보호영역에 속한다고 보아야 한다. 실제로 외부에서 제공된 정보와 언론사 스스로가 수집한 정보가 결합된 경우에 이것을 분리하여 특권의 인정여부를 달리 하는 것은 쉽지 않다. 심지어 정보제공자에 의한 정보와 자기수집정보가 분리 가능한 경우에도 취재원 보호 범위에 포함된다고 주장된다.[72] 정보제공자와 언론인 간의 신뢰관계의 보호는 언론인에게 제공된 비밀정보로서의 정체성을 보호하는 것이다. 그렇지만, 그것이 언론사 스스로 수집한 정보에 대한 취재원 보호 배제사유가 되지는 않는다.

비밀정보로서의 정체성을 보호라는 것은 취재원 보호범위와 관련하여 또 다른 의미

67 Mary-Rose Papandrea(fn 1), p.582.
68 BVerfGE 77, 65.
69 BVerfGE 77, 65, 72f.
70 Martin Löffler/Reinhart Ricker(fn 8), S. 207.
71 지성우(주 56), 17면.
72 Martin Löffler/Reinhart Ricker(fn 8), S. 207; BGH in NJW 1990, S. 525.

를 가진다. 취재원 보호의 목적이 자유로운 정보수집과 그것의 전파과정에 있고, 비밀정보로서의 정체성 보호는 그러한 과정을 촉진시킨다. 언론인과 정보제공자 사이의 비밀정보라는 주관적 관점에 기초한다면, 언론인의 특권은 전문적·직업적·조직적 미디어 종사자에게만 한정할 필요가 없게 되고, 시민언론인에게도 특권이 확대될 수 있다.[73]

Ⅳ. 취재원 보호의 입법적 노력과 방향

1. 취재원 보호의 입법적 노력

우리 학계에서는 취재원 보호의 필요성이 많이 주장된다. 그러한 경향과는 달리 이를 위한 입법적 노력은 미미하다고 평가할 수밖에 없다. 독일은 취재원 보호와 관련한 연방차원의 규율이 있다. 미국은 Branzburg사건 이후 주 차원에서 광범위하게 취재원 보호법이 도입되었다. 취재원 보호법의 제정은 미국 사회의 언론의 자유에 관한 가치가 진전하고 있음을 증명하고 있다.[74] 미국에서 연방차원의 취재원 보호를 위한 법안은 Branzburg 사건 보다 앞서서 제안되었다. 1929년 캔사스(Kansas) 상원의원이 언론인의 특권을 내용으로 하는 법안을 제출하였다. Branzburg사건 이듬해 71개의 법안이 제출되었으나 채택되지 못하였고, Branzburg사건 6년 후 99개의 연방 취재원 보호법안이 하원에 제출되었으나 통과되지 못하였다. 취재원 보호법안이 통과되지 못한 것은 언론인의 정의에 대하여 합의가 이루어지지 않았다는 점과, 한정된(qualified) 특권이 아닌 절대적 특권을 입법화 하려고 했던 미디어의 주장 때문이었다.[75] 그 이후에도 연방 취재원보호법은 1970년대와 1980년에 주기적으로 제출되었으나, Branzburg사건 직후의 법제정을 위한 긴급성은 감소되었다. 왜냐하면 연방하급법원(federal circuits)이 그 사건의 해석으로부터 한정된 취재원보호권을 인정해오고 있기 때문이다.[76]

2000년대 중반 이후 연방취재원보호법의 필요성이 다시 대두되었다. 밀러 기자가 취재원으로부터 정보의 비밀포기 각서를 확인한 후 대배심에서 증언을 할 것을 동의하기까지 구속[77]되었던 리크게이트사건을 계기로 의회는 정보유통법의 제정을 시도하였다. 2005년, 2007년, 2009년, 2013년에 각각 제출 된 정보유통법안이 그것이다. 정보유통법안은 입

73 Mary−Rose Papandrea(fn 1), p.582.
74 Amanda A. Konarski(fn 6), p.273.
75 Lauren J. Russell(fn 4), pp.206−207.
76 Lauren J. Russell(fn 4), p.207.
77 Lauren J. Russell(fn 4), p.208.

법화되지 못하였다.

정보유통법안은 언론인의 특권이 인정되는 언론인의 정의에 관심을 두고 있다.[78] 상원의원 크리스 도드(Chris Dodd)에 의해 제안된 2005년 법안에서는 뉴스나 정보의 수집에 종사하는 사람으로서, 뉴스나 정보의 수집 의도를 가지고, 이를 공공에게 전파하는 사람을 법적용대상으로 정하고 있다. 하원의원 부쳐(Boucher)와 상원의원 루거(Lugar)에 의해 각각 2007년에 제안된 정보유통법에서는 법적용대상에 다소 변화가 있었다. 하원법안에는 언론에 종사하는 사람, 그의 감독자, 고용주, 부모 등으로, 상원법안에는 언론에 종사하는 사람을 포함하여, 언론활동을 정기적으로 하는 사람으로 정하고 있었다. 2009년 법안은 2007년의 하원법안이 그대로 발의되었다. 오바마 행정부도 공식적으로 찬성을 하였다. 이 법안의 심의과정에서 법적용대상자의 불일치를 해소하기 위한 수정안이 제출되었다. 수정안에 의하면 법적용대상은 실질적으로 언론에 종사하는 사람으로부터 종사하는 지위로 초점이 바뀌었다. 정보를 수집하기 위하여 급료를 받는 종사자, 독립적 계약자 등의 독립체가 적용대상으로 되었다. 결국 이 법안도 통과되지 못하였다. 2013년에도 상원과 하원에서 각각 정보유통법안이 발의되었다. 상원법안(Senate Bill 987)은 상원의원 찰스 슈머(Charles Schumer)에 의해, 하원법안(House Bill 1962)은 하원의원 테드 포(Ted Poe)에 의해 발의되었다. 상원법안의 법적용대상은 매우 상세한 규정을 두고 있다. 신문, 소설, 전파, 뉴스통신, 뉴스 웹사이터, 모바일 어플리케이션 등 다른 뉴스나 정보서비스를 수단으로 뉴스나 정보의 전달을 유포하는 고용인, 독립계약자, 기관 또는 서비스하는 사람 등이 법적용대상으로 규정되었다. 뉴스나 정보를 공공에게 유포하기 위하여 소재를 찾거나 사건을 조사하기 위한 주요한 목적으로, 그러한 정보 등의 수집과정의 초기에 그러한 의도를 가지고, 정보를 수집한 자 등이다. 하원법안의 법적용대상은 재정적 이익이나 생계를 위하여 언론에 종사하는 사람으로 정하고 있다. 그들의 감독자, 고용인, 부모, 자회사와 계열회사를 포함한다.

그 동안의 노력에도 불구하고 정보유통법의 제정은 실패하였지만, 아직도 이러한 시도는 계속되고 있다. 연방차원의 취재원 보호법이 제정된다면 정부나 언론인에게 다양한 형태의 정보원의 보호를 위한 전형적인 가이드라인을 제공할 수 있다는 점에서 제정노력은 계속되고 있다.

---

78 Lauren J. Russell(fn 4), p.209.

2. 취재원의 보호의 전제와 방향

(1) 입법적 해결

형사사법의 영역에서 범죄정보를 제공한 취재원 보호는 여전히 논란이 되고 있다. 입법적 해결이 가장 바람직한 방법이다. 법률의 부재는 언론인의 특권과 자유로운 정보의 유통을 약화시킨다. 잠재적 정보원은 그가 정보를 제공한 언론인과 자신이 어떻게 될 것인지에 관해 사전적으로 알 수가 없기 때문에[79] 정보제공에 소극적일 수밖에 없다. 취재원 보호법의 제정으로 취재원 보호를 위한 일정한 가이드라인을 제시하는 것이 사상의 자유 시장에서 안정적이고 예측가능 한 정보의 유통을 촉진할 수 있는 할 수 방안이다.

(2) 취재원 보호를 위한 가이드라인

정보의 수집과 자유로운 유통을 보호하기 위해서는 취재원 보호법의 제정 여부에 관계없이 취재원의 보호의 노력은 계속되어야 하고, 언론인의 특권 인정이 중요하다는 것을 인식할 필요가 있다.[80]

취재원의 보호는 언론인의 의무가 기본적인 전제가 된다. 저널리즘의 첫 번째 의무는 진실이다. 언론인은 우선적으로 진실 또는 진실이라고 믿은 사실에 대하여 알려야 할 의무가 있다. 저널리즘은 일반 국민에 대한 충실해야 하며, 진실에 대한 확인의무가 그 본질이다. 전문가로서의 양심을 증진하도록 노력해야 한다. 그리고 전문가로서의 언론인은 그들의 보도와 관련되는 사람들로부터 독립성을 유지해야 한다. 언론은 정보의 제공뿐만 아니라 자신들에 대한 공공의 비판을 위한 공적 장소를 제공해야 한다.

전문가로서 언론인의 직업적 양심이나 의무가 기본적으로 전제된다면, 자신에게 정보를 제공한 취재원을 보호하고자 하는 그들의 특권은 무시되어서는 안된다. 법집행당국은 법률적 보호가 완비되지 않았다고 하더라도 헌법상 언론의 자유의 가치를 고려하여 취재원의 보호를 위한 가이드라인을 마련할 필요가 있다.

미국은 1970년 이후 언론매체에 대한 소환장을 발부할 경우 법무부 가이드라인을 제정하여 이에 따르고 있다. 미국 연방규정(28 Code of Federal Regulations)에서 취재원의 보호를 위한 비교적 상세한 지침을 마련하고 있다. 미국에서 제정하여 시행하고 있는 법무부 가이드라인은 우리 사법행정당국의 법집행에서 적극적으로 고려할 필요가 있다.

가이드라인은 언론인에 대한 소환장 발부를 결정하기 위해서는 개별적 사안마다 정

---

79 Amanda A. Konarski(fn 6), p.273.
80 Amanda A. Konarski(fn 6), p.273.

보유통의 공공의 이익과 정당한 법집행이 가지는 공적 이익을 형량 하도록 하고 있다. 법무부는 언론인에 대한 소환장을 발부 전에 다른 방법에 의해 정보를 얻을 수 있는지를 먼저 고려해야 하고, 언론사, 대배심, 법원 등과 다른 대체적인 방법을 찾기 위한 협의를 하도록 요구한다. 가이드라인의 구체적 내용은 다음과 같다.

법무부는 언론의 자유의 원칙상 민사사건이든 형사사건이든 뉴스 정보를 수집하는 언론활동의 자유를 불합리하게 제한하는 어떠한 법적용으로부터 그들의 구성원에 대한 보호를 제공하도록 해야 한다.[81] 언론사와 언론인으로부터 정보를 요구하기 위해서는 국가안보, 공공의 이익, 정당한 법집행, 언론의 자유의 역할 등 핵심적 가치를 형량해야 한다.[82]

법무부장관이 언론인에 대하여 소환장을 발부할 권한이 있는가를 결정함에 있어서는 다음과 같은 고려를 해야 한다.

언론인이 뉴스정보 수집활동으로부터 또는 그러한 과정에서 위반한 범죄와 관련하여 조사가 필요하다는 것을 결정하기 위해서는 그러한 위반사실이 있었는지의 여부뿐만 아니라 소환장을 발부해야 할 권한 등 관련 사실 모두를 제시해야 한다.[83] 범죄사실과 관련하여 범죄를 유발한 공적 정보 또는 비언론적 출처에 근거하여 합리적인 의심을 가져야 하며, 그러한 정보가 검찰의 기소나 조사에 본질적으로 필요해야 한다. 소환장은 지엽적이거나 비본질적인 그리고 추측에 의한 정보에 발부되어서는 안된다.[84] 민사사건에서도 이와 동일한 원칙이 적용된다.[85]

정부는 다른 대안적인 비언론출처로부터 그러한 정보를 습득하도록 합리적인 노력을 해야 한다.[86] 정부는 국가안보에 대한 심각한 위험이나 생명·신체의 안전 등과 같은 이유로 조사의 압도적인 필요성을 결정하지 못한다면 언론인과 협상을 추구하여야 하고, 조사의 특성상 특별한 경우에는 조사나 기소가 필요할 수도 있다는 사실을 설명하여야 한다.[87]

발부된 소환장은 일반적으로 보도된 정보의 정확성과 관련한 주변 상황이나 정보의 확인에 제한되어야 한다.[88] 소환장의 발부는 뉴스정보 수집활동을 방해하거나 괴롭혀서는 안되며,[89] 아주 신중하게 직접적으로 정보와 관련된 자료 및 합리적인 시간 등을 지키면

81 28 C.F.R. § 50.10 (a) (1).
82 28 C.F.R. § 50.10 (a) (2).
83 28 C.F.R. § 50.10 (4) (ⅰ).
84 28 C.F.R. § 50.10 (4) (ⅱ) (A).
85 28 C.F.R. § 50.10 (4) (ⅱ) (B).
86 28 C.F.R. § 50.10 (4) (iii).
87 28 C.F.R. § 50.10 (4) (iv) (A).
88 28 C.F.R. § 50.10 (4) (ⅴ).
89 28 C.F.R. § 50.10 (4) (vii).

서 발부되어야 하고, 광범위한 자료 등을 제출할 것을 요구해서도 안된다.[90]

위반행위와 관련된 조사가 필요한 경우에는 그러한 사실을 언론인에게 통지해야 한다.[91] 그리고 조사나 체포, 기소 등은 법무부장관의 승인을 얻어서 행하도록 하고 있다.[92]

V. 나가며

지금까지 취재원이 보호되어야 하는가, 언론사에 대한 압수·수색으로부터 취재원은 보호해야 하는가를 두고 논의가 계속되고 있다. 취재원의 보호는 자유로운 언론과정을 보호하기 위한 것이다. 취재원 보호 없이는 정보의 자유로운 유통을 기대할 수 없다. 전문가로서의 언론인의 직업적 양심과 의무가 전제된다면, 취재원은 보호되어야 한다. 취재원이 보호되어야 한다는 전제에서 더 나아가 취재원 보호범위의 확대문제가 논의될 필요가 있다. 취재원의 보호가 자유로운 언론과정의 보호에 있다면 보호범위를 전문적·직업적 언론인에게 한정할 필요는 없다. 물론 취재원 보호의 확대는 조심스럽고 신중하게 접근해야 한다.

취재원의 보호와 관련해서는 입법적 해결이 가장 바람직한 방법이다. 잠재적 정보제공자와 언론인 간에 그들의 언론과정의 예측가능성을 보장해 줄 수 있기 때문이다. 입법적 완비가 되지 않았다고 하더라도 헌법상 언론의 자유의 의미와 가치를 인식한다면, 사법행정당국은 법집행에 있어서 취재원의 보호를 위한 노력이 필요하다. 미국 법무부의 가이드라인은 법집행에서의 취재원의 보호를 위한 일정한 지침을 제시해 준다는 점에서 이를 고려할 필요가 있다.

90 28 C.F.R. § 50.10 (4) (viii).
91 28 C.F.R. § 50.10 (e).
92 28 C.F.R. § 50.10 (f).

<참고문헌>

김형성/한상운, “언론의 사회적 책임과 취재원보호, －미국사례를 중심으로－”, 성균관법학 제 17권 제3호, 2005. 12.

오양호, “취재원 강제수사는 최후수단이어야”, 신문과 방송, 2003. 9.

이희훈, “취재원 비닉권과 취재원 보호 입법에 대한 연구”, 『법학연구』 제18권 제4호, 2008.

지성우, “언론기관의 취재원보호권에 관한 연구”, 『성균관법학』 제15권 제2호, 2003.

최희경, “미국헌법상 취재원보호에 관한 고찰”, 『헌법학연구』 제14권 제3호, 2008.

Amanda A. Konarski, The reporter's privilege is essential to checks and balances being accessible to the American Electorate, 11 Seton Hall Circuit Rev. 258, 2014.

Jane Kirtley, The Future of privilege for the press, 19 Comm. L. & Pol'y 109, 2014.

Jeffrey S. Nestler, The underprivileged profession: The case for Supreme Court recognition of the journalists privilege, 154 U. Pa. L. Rev. 201, 222(2005).

Joseph W. Trusi, The reporter's privilege in the 21st Century: The need for a qualified Federal Media Shield Law that balances freedom of speech with national security concerns, 54 Santa Clara L. Rev. 201, 2014.

Katyryn A. Rosenbaum, Protecting more than the front page: Codifying a reporter's privilege for digital and citizen Journalists, 89 Notre Dame L. Rev. 1427, 2014.

Lauren J. Russell, Shielding the media: In an age of bloggers, tweeters, and leakers, will congress succeed in defining the term “Journalist” and in passing a long－sought Federal Shield Act?, 93 Or. L. Rev. 193, 2014.

Laurence B. Alexander, Looking out for the Watchdogs: A legislative proposal limiting the newsgathering privilege to journalists in the greatest need of protection for sources and information, 20 Yale L. & Pol'y Rev. 97, 104, 2002.

Linda L. Berger, Shielding the Unmedia: Using the process of journalism to protect the journalist's privilege in an Infinite Universe of publication, 39 Hous. L. Rev. 1371(2002).

Martin Löffler/Reinhart Ricker, Handbuch des Presserechts, C. H. BECK, 2005.

Mary－Rose Papandrea, Citizen journalism and the reporter's privilege, 91 Minn. L. Rev. 515, 2007.

Ronald D. Rotunda/John E. Nowak, Treatise on Constitutional law(West Publishing Co.), 5th ed., vol. 4, 1992.

24 미국헌법상 집회의 자유의 초기형성*

이 병 규**

Ⅰ. 서 론

이 글은 미국에서 집회의 자유가 초기 형성되는 모습을 다루었다. 미국에서 '집회' 및 '집회의 자유'가 형성되는 과정을 미합중국헌법이 제정되기 전부터 살펴보고, 그 이후에 헌법상 수용되는 과정과 함께 초기 판례에 의해 구현되는 모습을 살펴본다.

미국의 수정헌법 제1조는 '평온하게 집회할 권리'에 대하여 규정하고 있다. 그러나 집회의 자유는 미국에서 처음부터 주목된 것은 아니다. 연방헌법이 제정되고 권리장전(Bill of Rights)이 추가될 때, 매사추세츠의 테오도르 세즈윅(Theodore Sedgwick, 1746－1813)은 집회의 자유는 "너무나 자명한 양도할 수 없는 권리이기 때문에 헌법에 규정할 필요가 없다"고 했다.[1]

미국에서 집회의 자유와 관련해서는 1876년 United States v. Cruikshank 사건[2]을 가장 먼저 떠올린다. 이 사건의 판결에서 에드워드 화이트(Edward Waite) 재판관은 집회의 자유를 미국 국민의 속성이자 공화제의 본질에서 나오는 것으로 보았다.[3] 이것은 집회의 자유가 미국 국민에 의해 건설된 공화국의 첫발을 내딛는 연방헌법에 규정되는 데는 이르지 못했다는 것을 의미한다.

오늘날 수정헌법 제1조가 집회의 자유를 규정한 것에 대하여, 집회의 계속적인 형태로서 헌법상 규정되지 않은 결사의 자유를 보장한 것으로 이해하기도 한다.[4] 여기서는 집회의 자유는 경시되고, 오히려 그 보강 형태라고 할 수 있는 결사의 자유가 중시된다. 헌

* 이 글은 필자가 「미국학」 제33권 2호(서울대학교미국학연구소, 2010. 11. 30)에 게재하여 발표한 것을 수정·보완한 것임을 밝히며, 부족하지만 이 글을 정만희 교수님의 영광스러운 정년에 바칩니다. 1996년 구덕캠퍼스 시절부터 부민동캠퍼스 시절까지 교수님으로부터 헌법학을 배우고 공부한 것이 지금 대학에서 강의하고 연구하는 자산이 되었습니다. 3월 목련이 하얗게 핀 구덕캠퍼스 법대 교정에서 늘 인자한 모습으로 강의하시던 교수님 모습은 이제 아름다운 추억으로 남게 되었습니다. 퇴임 후에도 우리나라 공법학의 발전과 후학들을 위해 애써주시길 부탁드리며, 내내 건강하시길 기원합니다.

** 동의과학대학교 조교수, 법학박사.

1 Jason Mazzone, "Freedom's Associations," 77 Wash. L. Rev. 711－714 (July, 2002).

2 United States v. Cruikshank, 92 U.S. 542(1876).

3 자세한 내용은 후술함.

4 David Cole, "Hanging With the Wrong Crowd: Of Gangs, Terrorists, and the Right of Association," Sup. Ct. Rev. 227 (1999).

법기초자들 중에는 '집회'(assembly)와 '결사'(association)를 사실상 같은 것으로 이해하는 자도 있었다.[5] 그래서 연방대법원 판례 중에는 양자를 호환적으로 사용하는 경우도 있다. 또한 집회의 자유가 결사의 자유 아래 묻히는 경우도 있고, 집회의 자유가 아니라 결사의 자유로 파악하는 경우도 있다. 어떤 경우에는 아예 집회의 자유뿐만 아니라 결사의 자유도 그 표제로 하지 않고 표현의 자유로 논하는 경우도 있다.

이와 같이 미국에서 표현의 자유에 포함된 개념으로 크게 주목받지 못한 집회의 자유가 오늘날 민주주의와 자유주의의 필수적인 요소로 자리매김하는 데는 그 역사적 과정이 있었을 것으로 믿는다. 이러한 의미에서 미국에서 집회의 자유가 초기에 어떻게 형성되었고, 또한 초기 판례의 입장은 어떠했는지를 살펴보면서 집회의 자유에 함의된 그 본질적 가치를 생각해보도록 한다.[6]

Ⅱ. '집회' 그리고 '집회의 자유'의 의미

社會性은 인간의 타고난 습성이다. 인간은 이 습성에 따라 오래전부터 사회를 형성하고, 그 속에서 생활하면서 여러 가지 집회를 해왔다.[7] 집회의 자유에 대한 법적인 의식이 싹트기 전에 집회는 제사, 종교, 영업, 교섭, 오락 등 여러 목적의 다양한 형태로 행해졌다. 그 중에서도 정치적인 집회는 가장 중요한 위치를 차지했다.

인간은 사회적인 동물 그 이상으로 정치적인 동물이기도 하다.[8] 옛날 사람들의 모임

---

5 D. Cole, supra note 3, at 226.

6 이것은 우리나라에서 최근 '집회 및 시위에 관한 법률'의 개정을 둘러싼 논란에도 미약하나마 시사하는 바가 있으리라 생각된다. 헌법재판소는 2009년 9월24일 '해가 뜨기 전이나 해가 진 후'의 옥외집회를 금지한 현행 '집회 및 시위에 관한 법률' 제10조에 대해 헌법불합치 결정(2009. 9. 24. 2008헌가25)을 하면서, 무분별한 야간 시위로부터 주민들의 피해를 막기 위해 2010년 6월 30일까지 입법 개선을 촉구한바 있다. 이를 위해 여당에서는 야간 옥외집회의 금지 대상을 심야 시간대로 대폭 축소하겠다는 개정안을 국회에 제출했다. 반면 야당에서는 야간 옥외집회 금지 조항을 아예 삭제하되 주거지역, 학교 등 일부 지역에서만 계속 금지하자는 개정안을 내놓아 접점을 찾지 못하고 있다. 현재 법원에 계류 중인 관련 집시법 위반 형사사건은 전국적으로 800여건에 이른다고 한다. 문제는 헌법재판소의 헌법불합치 결정 이후 법원마다 재판을 달리하고 있다는 점이다. 헌재의 불합치결정은 위헌 선고에 해당한다는 이유로 무죄를 선고하는 법원이 있는 반면, 유죄를 선고하는 법원도 있고, 나머지 법원은 국회의 개정 입법을 기다리고 있기도 하다.

7 John R. Kroger, "The Philosophical Foundations of Roman Law: Aristotle, the Stoics, and Roman Theories of Natural Law," 2004 Wis. L. Rev. 905, at 919 Fn. 58 (2004). 집회는 인간이 사회적인 동물인 이상 그 본성에 따른 행위이다. 사회는 인간의 집회하는 습성의 발전된 형태이다. 근대 헌법과 관련해서 특히 주목되는 집회는 귀족들(barons)이 참여한 루니미드(Runnymede)에서 존 왕(John, Lackland)에게 요구하기 위한 것이었다. 이 집회는 귀족들의 정치적인 목적 달성을 위한 행위였고 마그나 카르타(Magna Carta)는 그 성과물이었다. 그러나 마그나 카르타에 집회의 자유는 규정되어 있지 않다. 이에 관하여 좀 더 상세한 내용은 후술하기로 함.

8 J. R. Kroger, supra note 1, at 918 Fn. 58. Miriam Galston, "Taking Aristotle Seriously: Republican-Oriented

은 그 정치성에 의해 단순한 사적 교류나 정보 교환의 장으로 끝나지 않았다. 집회는 정치나 司法의 영역에도 존재했다. 여기서는 순수한 私的인 일뿐만 아니라 사회적인 현안이나 장래 문제에 대한 계획이나 정책 수립이 이루어졌다. 또한 분쟁의 중재나 해결도 이루어졌다. 따라서 집회는 단지 사적인 목표 실현의 장으로 끝나지 않고, 때로는 직접민주주의의 장이면서 때로는 사법이나 그 밖의 권력의 장이기도 했다.[9]

정치성에 착안할 때 집회는 피지배자가 권력에 대하여 청원하거나 압력이나 영향력을 행사하는 장이기도 했다. 민중의 권력에 대한 소원의 장이면서 저항의 장이었다. 이것을 근대 헌법제도와 관련짓는다면, 예컨대, 1215년 '러니미드'(Runnymede)[10]에서 대귀족(Major Barons)이 열었던 집회는 존 왕(John Lackland, 1167–1216)을 움직이게 한 것에서 주목된다. 러니미드 집회는 그곳에서 쟁취한 '마그나 카르타'(Magna Carta)에 의해 영국의 헌정사에 큰 발자취를 남기게 된다. 이와 같이 역사적으로 집회가 권력에 대하여 청원하거나 권력을 억제하거나 또는 권력에 대한 압박이 되는 예는 수도 없이 존재한다.

오늘날의 입장에서 이러한 것을 바라보면, 집회는 오래전부터 '자유권'의 범주에 국한되지 않고 '청구권'이나 '수익권' 혹은 '참정권'의 성격을 함께 가지는 형태로 행해졌다.[11] 이것은 권력과 무관한 쾌락과 같은 범주에서 행해졌을 뿐만 아니라 권력과의 관계에서 개별적인 이익을 추구하는 청원 등의 이유로 행해졌으며, 또한 객관적인 이익을 위해서 정치의 방향을 움직이게 할 목적으로 행해지기도 했다.[12] 원래 집회는 언론이나 종교, 제사, 청원 등 여러 가지 내용과 성격을 함께 가지는 자유와 권리의 복합체였다고 할 것이다.

집회의 권리를 처음으로 규정한 것은 미국의 수정헌법 제1조이다. 이 규정과 관련하

Legal Theory and the Moral Foundation of Deliberative Democracy," 82 Cal. L. Rev. 331, at 329 Fn. 339 (1994).

9 고대 그리스의 촌락을 관리한 '민회'(moot, folksmoot)나 재판을 행한 주(shire)의 회의장(court)은 하나의 집회였다(André Maurois, *Histoire d' Angleterre I–VI–III, V.*). 그리스에는 고대 사람들이 모인 아고라(Agora)의 흔적이 남아있다. 아고라는 시민의 경제의 장으로서 뿐만이 아니라 사법이나 정치의 장으로서도 기능하기도 하고, 시민 총회가 이곳에서 열렸다(David Cole, "Agon at Agora: Creative Misreadings in the First Amendment Tradition," 95. Yale L. J. 857, at 894 , 1986).

10 영국 남부 윈저(Windsor) 근처 템즈(Thames)강 남쪽의 초원으로, 존 왕이 마그나 카르타에 조인한 장소.

11 이와 관련하여, 집회·결사의 자유는 "표현의 자유의 실질화의 조건 또는 보완적 기능"을 가진다. 또한 집회·결사의 자유는 민주주의의 실천을 위한 불가결한 전제로서, 특히 소외된 정치적 소수자들이 자기의 목소리를 정치과정에 반영할 수 있는 방편이라는 점에서 다수결의 원리에 의해 진행되는 현대 대의제도를 보완하는 기능을 가진다(성낙인, 『헌법학』, 법문사, 2010, 568–569면; 헌재 1992. 1. 28. 89헌가8; 헌재 2003. 10. 30. 2000헌바67 등).

12 미국의 수정헌법 제1조의 집회의 자유를 정치에 참여하는 능동적인 권리로 이해하고, 다른 한편으로, 미국의 연방대법원은 청원권을 자유권이라고 하는 사고방식이 있다(Eastern R. Conference v. Noerr Motors, 365 U.S. 127 (1961); Stanley E. Crawford, Andy A. Tschoepe, "The Erosion of the Noerr–Pennington Immunity," 13 St. Mary's L. J. 291, at 310 Fn. 94, 1981). 마그나 카르타라는 성과물을 얻은 루니미드 집회도 국왕과의 정치적인 교섭의 장이었다. 우리 헌법상 집회의 자유도 주관적 공권으로의 성격과 객관적 가치질서로서의 성격을 동시에 가진다. 다만 집회의 자유가 집회제도 자체의 제도보장을 의미하는지에 관하여는 이견이 있다(성낙인, 위의 책, 569면).

여 United Stated v. Cruikshank 사건에서 연방대법원은 집회의 권리를 "합법적인 목적을 위하여 집회하는 권리"와 "연방정부의 권한이나 책무와 관련된 고충의 구제나 그 밖의 모든 것을 위하여 연방의회에 청원할 목적으로 집회하는 권리"로 구별했다. 여기서 전자는 자유로운 정부 아래 있는 시민의 속성이고, 후자는 미국 시민의 속성으로 공화정부에 고유하다는 것이다. 그러나 집회의 자유를 합중국헌법 밖으로 확대시켜서 논하게 되면, 이것은 그렇게 단순한 문제가 아니기 때문에 시민이나 공화제에만 관련지을 수 없다.

사실 집회는 국가 이전에 이미 존재했고, 이것이야말로 국가 건설의 端緖였다고 할 수 있다. 또한 국가가 성립한 후에는 민주주의의 씨앗이 되기도 했다. 그래서 집회는 근대 입헌주의가 성립하는 계기이자 그 창설자였다고 할 것이다.[13] 그리고 근대 입헌정체가 형성된 후에는 체제 내에서 행복추구의 수단이 되어 체제를 개혁하고 보전하며 운용하는 도구로 활용되었다.[14]

역사적으로 집회는 스스로 보강하여 점차 결사로 변모했다.[15] 집회의 상시화가 바로 결사이다. 결사는 일시적인 집단의 동향이나 의향을 강고히 할 목적으로 생성되었다. 그래서 오늘날 각국의 자유주의 헌법이 보장하는 집회의 자유와 결사의 자유는 불가분의 관계에 있다.[16]

집회나 결사는 모두 그 자체를 목적으로 하지 않는다. 이들은 다른 자유나 권리 혹은 그 외의 목적을 다수의 힘을 빌어서 실현하거나 보강하고자 한다. 그래서 집회나 결사는 집단에 고유한 폭발적인 에너지, 잠재하는 일종의 물리적인 힘을 감추고 있다.[17] 이 에너지는 폭동이나 반란 심지어는 혁명까지도 가져올 수 있다. 그래서 역사적으로 집회나 결사는 체제에 의해서 상당히 경계되었다. 동서고금을 막론하고 이러한 현상은 도처에서 확인할 수 있다.[18] 그 결과 집회나 결사는 다른 자유와 권리 혹은 그 외의 목적 때문에 불이

13 1773년 보스턴 차사건(Tea Party) 이후로 집단의 저항은 독립전쟁으로 발전하여 독립을 이루고, 공화국을 건설하여 헌법제정에 이른다(Michael L. Benedict, *The Blessings of Liberty : A Concise History of the Constitution of the United States*, D. C. Health and Company, 1996, 58-59).

14 한나 아렌트 / 홍원표 옮김, 혁명론, 한길사, 205면 이하.

15 미국의 초기에 결사의 자유에 대한 보호는 집회의 자유와 국민주권이라는 개념으로부터 도출되었지만 근년의 연방대법원은 이것을 표현의 자유로부터 도출한다(Jason Mazzone, "Freedom's Associations," 77 Wash. L. Rev. 639, 2002).

16 우리 헌법도 제21조 제1항에서 집회·결사의 자유를 함께 규정하고 있다. 집회·결사의 자유가 집단적 표현의 자유의 한 모습이라는 점에서 같이 규정하고 있다. 일본헌법도 마찬가지다(일본헌법 제21조 제1항). 그러나 독일기본법에서는 집회의 자유와 결사의 자유를 별개의 조항에서 규정하고 있다(독일기본법 제8조, 제9조).

17 Brandenburg v. Ohio, 395 U.S. 444(1969); Dennis v. United States, 341 U.S. 494(1951); Novo v. United States, 367 U.S. 290 (1961) etc.

18 건국 후 우리 헌정사를 보아도 이념적 성격(예컨대, 사회주의, 공산주의 등)을 띤 집회나 결사는 정부의 상당한 경계 대상이었다. 미국에도 이에 관하여는 Schenck v. United States, 249 U.S. 479 (1919); Gitlow v. New York, 268 U.S. 652 (1925) 등 수많은 판례들이 존재한다.

익을 초래하기도 했다. 근대 이후 집회나 결사의 자유가 많은 국가의 헌법에서 보장되고, 20세기에 들어서는 집회·결사의 성격 다음으로 자유로운 언론, 종교 혹은 학문 등이 규제되는 것을 확인할 수 있다.[19] 예컨대, 나치즘, 파시즘, 무정부주의, 공산주의 등 집회, 결사 혹은 이에 수반되는 활동들은 자유주의 사회에서 경계되었고, 반대로 자유주의자와 그들의 집회, 결사 혹은 이에 수반되는 활동들은 공산주의나 사회주의 사회에서 경계되고 억압되었다. 근년의 중국 천안문 사태나 파룬궁(法輪功) 등에 대한 중국 정부의 태도에서 확인할 수 있는 것처럼, 집회·결사가 경계됨으로써 이에 수반하는 그 외의 자유나 권리가 억압되는 경우를 어렵지 않게 볼 수 있다.[20]

20세기는 체제에 의한 경계와 그 속에서 자유주의자나 사회주의자 또는 공산주의자가 각각의 체제 변화를 목적으로 집회나 결사를 교묘하게 이용한 시기였다. 자유주의 사회는 지난 100년간 그들을 이용한 공산주의 세력과 맞서 싸웠다. 자유주의를 건국이념으로 하는 미국에서 조차도 집회나 결사에 대한 경계가 지나치다고 할 정도로 과도하게 이루어진 시절이 있었다.[21] 반대로 사회주의나 공산주의 사회도 자유주의 세력과 맞서 싸우고 때로는 그들을 탄압하기도 했다. 그러나 오늘날 사회주의나 공산주의 사회는 일반 국민의 자유주의에 대한 동경에 휩싸여 거의 전멸한 상태이다.

집단을 전제로 하는 자유와 권리 중에 집회의 자유는 그 성격상 다른 자유나 권리와 일체화되는 경향이 있다.[22] 집회의 자유는 오늘날 많은 국가의 헌법에서 보장된다. 그러나 헌법에서 명확한 지위를 차지하는 만큼 오늘날 사법의 영역에서도 그 정도로 주목되는 것은 아니다.[23] 미국에서 헌법이 제정될 때 집회의 자유는 자명한 것이라고 하여 그 규정의

19 예컨대, 자유주의를 건국 이데올로기로 하는 미국에서 조차도 규제는 이루어지고, 그것도 제2차 세계대전 후에도 고용을 위한 이른바 충성자격심사가 제법 널리 행해졌다.

20 Kam C. Wong, "Law of Assembly in the People's Republic of China," 12 Wash. & Lee J. Civil Rts. & Soc. Just, at 178f. (2006); Jennifer E. Morris, "Human Rights Violations during the Tiananmen square and the Precedents Obliging United States Response," 13 Cardozo L. Rev. 1375 (1991). 1989년 6월 4일 이른바 제2차 천안문 사건. 중국에서는 예컨대, 파룬궁의 경우 그 구성원에 대한 정부의 감시가 강화되고, 그 자유나 권리도 매우 통제되었다(연합뉴스, 1999년 6월 14일). 이와 관련해서 2008년 우리나라를 휩쓸었던 '미국산 쇠고기 수입 반대 촛불집회'의 성격과 이에 대한 정부의 태도 등은 집회의 자유의 본질적 의미를 재고하게 하는 좋은 소재가 된다. 이에 관하여는, 한인섭 편, 『(2008-2009) 한국과 표현의 자유』, 경인문화사, 2009; 「집회시위의 자유에 관한 국가인권위원회 성명」, 국가인권위원회, 2009. 6 참고.

21 이에 관하여는, "Development in the Law-The National Security Interest and Civil Liberties," 85 Harv. L. Rev. 1134, at 12 (1972)에 상세하다. 독일기본법의 '투쟁적 민주주의'(streitbare Demokratie) 혹은 '방어적 민주주의'(wehrhafte Demokratie) 제도도 이러한 사상에서 유래한다. 우리 헌법도 제8조 제4항에서 방어적 민주주의 제도를 두고 있다.

22 언론 중심의 표현이지만 예컨대, 'Speech-plus'라는 표현은 언론의 자유와 집회의 자유의 밀접한 관계를 표현한 것이다(Stanley Ingber, "The Marketplace of Ideas: A Legitimizing Myth," 1984 DUKE L. J. 1, at 87, Fn. 425, 1984). 사실 집회의 자유는 자유로운 의견 형성과 자유로운 의견 표명의 자유로 전환된다.

23 미국에서 그것이 연방대법원 판결에서 주목된 것은 집회의 권리가 헌법화 된 이후이다. United Stated v.

필요성조차도 경시되었을 정도였다. 현실에서도 집회의 자유는 다른 자유나 권리에 관한 문제 속에 매몰되는 경향이 있었다. 특히 미국에서 집회의 자유는 결사의 자유의 그늘에 가려지거나[24] 언론 등의 자유나 표현의 자유에 매몰되었다.[25] 이러한 상황에서도 집회의 자유는 중요한 헌법 문제와 관련되어 있었다. 세즈윅에게 그토록 자명한 집회의 자유는 의외로 자명하지 않다. 살펴본 바와 같이, 집회의 자유에 있어서 '집회'의 의미는 그렇게 명확하지도 않다. 본고도 이러한 생각에서 출발한 것이다.[26]

Ⅲ. 집회의 자유의 기원

1. 영미의 입헌주의

일반적으로 立憲主義(constitutionalism [英] constitutionalisme[佛], konstitutionalismus [獨])[27]

Cruikshank, 92 U.S. 542 (1876).

24 Bates v. Little Rock, 361 U.S. 516 (1960) 사건의 판결은 집회의 권리와 결사의 권리에 대하여 아무런 설명도 하지 않고, 호환적으로 사용한다.

25 이와 관련해서는, 집회 및 청원의 권리는 식민지 시대에 표현의 자유의 시스템의 중요한 특색이었다고 한다(Thomas I. Emerson, "Colonial Intentions and Current Realities of the First Amendment," 125 U. Pa. L. Rev. 737, at 745). 후술하겠지만 States v. Cruikshank 사건의 판결에서는 집회나 결사 혹은 집회의 자유나 결사의 자유에 대하여 언론의 자유에 포함시켜 이해하기도 한다. 또한 출판, 집회 및 청원이라는 언론에 관한 연방의회 권한의 제한이라는 기술 방식도 확인된다(Jason Mazzone, "Freedom's Associations," 77 Wash. L. Rev. at 712, 2002). 여기서 집회와 청원에 대하여는 "집회하고 정부에 청원하는 국민의 자유"라고 하고, "평온하게 집회하고 고충의 구제를 위해 정부에 청원할 권리"라고 규정하는 수정헌법 제1조에 대하여 집회와 청원을 일체된 것으로 보고, 그것도 양자를 자유권으로 본다. 또한 헌법 규정의 문장을 분석하고 연방의회에 대한 금지는 언론, 출판 및 정부에 청원하기 위한 집회라고 한다. 즉 연방의회는 언론의 자유, 출판의 자유 혹은 집회와 청원의 권리를 제한하는 법률의 제정을 금지한다는 것이다(ibid, 712−713). 우리 헌법재판소도 "집회의 자유는 개인의 인격발현의 요소이자 민주주의를 구성하는 요소라는 이중적 헌법적 기능을 가지고 있다. … 집회를 통하여 국민들이 자신의 의견과 주장을 집단적으로 표명함으로써 여론의 형성에 영향을 미친다는 점에서 집회의 자유는 표현의 자유와 더불어 민주적 공동체가 기능하기 위하여 불가결한 근본요소에 속한다"라고 하고 있다(헌재 2003.10.30. 2000헌바67).

26 의외로 집회의 자유의 기원에 대한 문헌은 많지 않다. 집회의 자유에 관한 문헌으로는, 이희훈, 『집회의 자유와 집시법』, 경인문화사, 2009; 안경환·정인섭 편, 『집회와 시위의 자유』, 사람생각, 2003; 김종서, 「집회의 자유를 말한다」, 『씨알의 소리』 통권 제205호, 함석헌기념사업회, 2009. 7-8; 김종철, 「영국의 집회 및 시위의 자유 : 야간집회금지와의 관련성을 중심으로」, 『서강법학』 제11권 제1호, 서강대학교 법학연구소, 2009. 6; 한동훈, 「프랑스법상 집회와 시위에 관한 소고」, 『법제연구』 통권 제35호, 한국법제연구원, 2008. 12; 이희훈, 「집회의 개념에 대한 헌법적 고찰」, 『헌법학연구』 제12권 제5호, 한국헌법학회, 2006. 12; 김상겸, 「미국헌법상 집회의 자유에 관한 연구」, 『미국헌법연구』 제15권 제1호, 미국헌법학회, 2004. 6; 한수웅, 「집회의 자유와 '집회 및 시위에 관한 법률' : 집회금지장소규정에 대한 위헌성 판단을 겸하여」, 『저스티스』 제37권 제1호(통권 제77호), 한국법학원, 2004. 2; 김승환, 「결사의 자유」, 『헌법학연구』 제6권 제2호, 한국헌법학회, 2000. 11; 양건, 「집회·시위의 자유 : 미국·일본의 판례를 중심으로」, 『월간고시』 통권 제154호, 법학사, 1986. 11; 장태영, 「제21조 집회의 자유」, 『공익과 인권』 제4권 제1호, 서울대학교 BK21 법학연구단 공익인권법연구센터, 2007. 2.

사상의 싹은 멀리 고대 그리스나 로마에서 확인할 수 있다.[28] 그러나 고대 그리스나 로마의 입헌주의가 오늘날 입헌주의의 직접적인 기원이라고 할 수는 없을 것이다. 근대 입헌주의의 직접적인 기원은 바로 영국에서 찾을 수 있다.

입헌주의라고 하면 사회계약, 국민주권, 권력분립 및 자연법상의 권리 등을 주장한 존 로크(John Locke, 1632–1704)나 최초로 성문헌법을 제정한 미국 건국의 아버지들(Founding Fathers)을 먼저 떠올릴 수 있다. 기본권을 내용으로 하는 미국의 '독립선언서'(Declaration of Independence, 1776)가 로크의 『통치이론』(Two Treatises of Government)[29]으로부터 영향을 받은 것[30]과 미국헌법상의 권력구조에 영향을 준 몽테스키외(Montesquieu, 1689–1755)의 권력분립 사상이 『법의 정신』(L'Esprit des lois) 중의 '영국헌법에 대하여'[31]에 나와 있는 것은 주지하는 바이다. 영국은 근대 입헌주의의 모국으로서, 오늘날 헌법 관련 사상이나 제도는 거의 영국에 그 기원을 찾을 수 있다.

영국에서 기원한 입헌주의는 본국이 아닌 식민지 아메리카에서 근착하여 세계에서 가장 일찍 꽃을 피웠다. 영국으로부터 독립한 미국은 건국 당시 국가의 청사진을 헌법에 구현했다. 이 때 집회의 자유도 예외 없이 규정되었다.[32] 이것은 당시 주의 '권리선언'에서도 확인할 수 있다. 입헌주의의 모국인 영국에서 집회의 자유가 어떻게 형성되었는지 살펴보고 난 뒤 미국에서 집회의 자유가 형성되는 과정을 살펴보는 것이 순서일 것이다.

---

27 권리보장과 권력분립에 의해 권력을 제한하는 원리. 1789년 프랑스의 「인간과 시민의 권리선언」 제16조가 "권리의 보장이 확립되지 아니하고 권력의 분립이 규정되지 아니한 모든 사회는 헌법을 가진 것이라고 할 수 없다"고 한 헌법의 정의가 입헌주의의 논리적 내용을 제시한다. 원래 권리보장과 권력분립은 신분제적 권리와 신분제적 대표 의회라는 형태로 중세 유럽 사회의 법전통의 일부를 이루었다(1215년 마그나 카르타를 전형으로 하는 중세입헌주의). 이에 대해 1789년 「인간과 시민의 권리선언」은 국민주권이라는 강력한 정통성의 원리를 지탱하는 集權的 국가가 신분제를 부정하고, 개인을 해방하고, 개인을 주체로 하는 인권보장과 국민으로서 공통된 이해를 전제로 하는 국민대표의회를 담당하는 권력분립을 설계했다(근대입헌주의).

28 M. J. C. Ville, *Constitutionalism and Separation of Powers*; Charles Howard McIlvain, *Constitutionalism(Ancient and Modern)*, in http//www.constitution.org/cmt/mcilw.htm.

29 J. Locke, *Two Treatises of Government*, 1690, § 146; 이극찬 역, 『시민정부론』, 연세대학교출판부, 1970.

30 이에 관하여는, Garrett Ward Sheldon, *The Political Philosophy of Thomas Jefferson*, The Johns Hopkins University Press, 1993; Richard K. Matthews, *The Radical Politics of Thomas Jefferson: A Revisionist View*, University Press of Kansas, 1984; Vincent Phillip Munõz, *Religious Liberty and American Constitutionalism : John Locke, the American Founders, and the Free Exercise Clause*, Claremont Graduate University, 2001 등 참조. 독립선언서에 표현된 이념들은 "단순한 미사여구의 나열에 지나지 않는다"라는 비판이 있는 것도 사실이고, 독립선언서를 작성한 토마스 제퍼슨(Thomas Jefferson, 1743–1826)도 이 점을 부정하지 않았다. 그러나 제퍼슨은 독립선언서에서 주장한 것은 "당시의 일치된 의견(American Mind)을 표현한 것에 지나지 않는다"라고 했다(이병규, 「토마스 제퍼슨의 헌법사상」, 동아대학교대학원 박사학위논문, 2009, 16–17면 참조).

31 Charles Louis de Secondat de Montesquieu, *De l'esprit des los*, 1748, Livre XI, Chap. VI, 'De la Constitution d'Angleterre; 신상초 역, 법의 정신, 을유문화사, 1963.

32 주지하다시피 헌법 제정 당시가 아닌 수정헌법 제1조를 통하여 규정되었다.

2. 집회와 청원권의 역사

미국에서는 정부에 청원하는 권리의 일환으로 재판받을 권리를 법원에 접근(access)하는 권리로 이해하는데 대하여, 청원권은 정부에 접근하는 권리로 이해하던 시절이 있었다.[33] 영국에서는 국왕(정부)에 대한 청원을 법적인 것과 정치적인 것으로 나누어 달리 처리했다. 즉 국왕은 법적인 것은 왕회(curia regis)의 査問官(Auditors)에게 맡기고, 정치적인 것은 의회에서 처리하게 하는 비교적 근대적인 방식을 취했다. 그 접근에 있어서 집회는 청원권을 지원하면서도 그 밖에 민중들의 주장을 지원했다. 오늘에서야 미국에서 헌법이 규정하는 집회의 권리는 언론이나 출판의 자유와 같은(cognate) 것으로 이해되지만,[34] 예전에는 집회를 자유권이라기보다도 청원권을 보강하는 것으로 이해하고, 따라서 수익권과 밀접하거나 그 외의 참정권과 가까운 것으로 생각했다. 미국에서 집회나 청원의 권리를 포함하는 수정헌법 제1조의 권리는 모두 자유권으로 이해하기 때문에[35] 옐리네크(Georg Jellinek)로부터 영향을 받은 기본권 분류 방법에 의한 기술[36]은 미국과는 거리가 멀다. 청원권과 집회의 권리가 일체적으로 규정된 예도 있고, 별개로 규정되거나 아니면 그 한 쪽만 규정한 예도 있다.[37] 여하튼 코윈(Edward S. Corwin) 등에 의해 집회의 권리를 종된 권리로 이해하는 청원권에 대하여 그 기원을 영국에서 찾아보기로 한다.

청원(petition)은 원래 정치적인 필요에 따라 자연적인 행위로 생긴 것이다. 이것이 나중에 조직화 내지는 제도화 되어 최종적으로 명확한 권리가 되지만, 영국에서 집회에 결합된 청원권의 헌법적 기원은 꽤 이른 시기인 노르만(Norman) 정복(1066년) 이전에 형성되었다. 이것이 확인되는 것은 그곳을 지배한 앵글로색슨(Anglo-Saxon)의 왕이 데인인(Dane)의 공격에 직면한 시기였다.[38]

영국에서 청원은 최고 권력인 대권(Prerogative)의 향방을 좌우하는 것이었기 때문에 법적으로 왕권의 최고성을 위협하는 것으로 생각되었다. 그래서 청원은 당초에 규제 대상

33 Edward S. Corwin, supra note 8, at p.295; California Motor Transport Co. v. Trucking Unlimites, 404 U.S. 508, at 510 (1972); Johnson v. Avery. 393 U.S. 483, at 485(1965); Ex Parte Hull, 312 U.S. 549 (1941).

34 De Jonge v. Oregon, 299 U.S. 353 (1937); Thomas v. Collins, 323 U.S. 516, at 323 (1945).

35 Stanley E. Crawford, Andy A. Tscheope, "The Erosion of the Noerr Pennington Immunity," 13 St. Mary's L.J. 291, at 310 FN94 (1981).

36 옐리네크의 기본권 분류에 대하여는, 게오르그 옐리네크, 주관적 공권의 이해, 『독일 기본권 이론의 이해』, 게오르그 옐리네크 외 / 김효전 편역, 법문사, 2004, 3-32면; 홍성방, 「기본권의 분류」, 『고시연구』 제26권 제5호(통권 제302호), 고시연구사, 1999. 5. pp. 63면 이하 참조.

37 Delaware Bill of Rights § 9(1776); Maryland Declaration of Rights §13 (1776); Constitution Massachusetts A Declaration of the Rights § 32 (1784); North Carolina Declaration of Rights § 20(1777); GrundGesetz Arts. 8, 17 (1949); 우리 헌법은 제21조와 제26조에서 집회의 자유와 청원권을 각각 규정하고 있다.

38 N. B. Smith, "Shall Make No Law Abridging …: An Analysis of the Neglected, but Nearly Absolute," Right of Petition, 54 U. Cin. L. Rev. 1154 (1986).

이 된 것이다. 더구나 그것이 집단적으로 행사되고, 특히 상태화한 집단에 의해 행사될 때는 또 다른 경계가 이루어졌다. 사실 집회라는 것은 권력에게는 뭔가 좋지 않은 느낌이 있었다. 그래서 예컨대 '치안' 문제와 관련하여 집회는 특별히 경계되었다. 이것은 영국의 건국보다 훨씬 이전에 법제화된 모습으로 나타났다. 예컨대, 색슨 왕 이나(Ina)의 법전에는 "한 무리의 수가 7인 이하이면 이것을 盜賊이라 하고, 7인에서 35인까지이면 徒黨이며, 35인을 넘으면 軍勢로 한다"고 되어있다.[39]

이러한 상황에서도 집회는 점차 청원에 관한 권리를 확인하고 획득하였다고 할 수 있다. 영국 헌정에서 그 시작이 확인되는 것은 에셀레드(Aethelred, 966?−1016)[40] 왕 시절이다. 1013년 영국의 지도자들이 한 자리에 모여 청원을 한 것이다. 귀족들은 고충을 한데 모아서 청원하고, 에셀레드 왕에게 평의회(council)에 참석할 것을 요구했다.[41] 이리하여 청원은 臣民의 권리로 자리하기 시작했다.[42]

그 후 단적으로 규정된 것은 아니지만, 많은 사람들은 1215년 대헌장을 청원권과 관련지어 생각했다.[43] 대헌장 제61조가 바로 그것이다. 특별하게 선출된 4명의 귀족에게 국왕, 법관, 관리 기타 신하의 위법행위 등에 대하여 국왕이나 (국왕이 국외에 있는 경우에는) 법관에게 구제를 요청하는 것이 인정되었다. 이러한 방식으로 규정된 것은 당시 고충의 구제나 그 적법성 확보 등을 위한 청원의 권리와 법관에게 접근하는 재판받을 권리가 준별되지 않았기 때문이다.

앵글로아메리칸(Anglo−American)의 자유를 위한 기본원칙이 된 대헌장은 러니미드 광장의 집회에서 귀족들이 존 왕에게 고래의 자유와 권리를 확인시켰다.[44] 대귀족에 의한 집회에서는 있었지만, 대헌장을 통하여 청원을 목적으로 하고 청원의 시녀와 같았던 집회가 과거의 자유나 권리를 확인하는 형태로 이른바 주인인 청원에 관하여 법적으로 인정한다는 것을 불완전하게나마 확인시킨 것이다. 대헌장에서도 집회의 자유나 권리 그 자체는 사실상의 것에 지나지 않았다. 그 후의 확인헌장에서도 규정되지 않았다. 그러나 집회는

39 André Maurois, *Histoire d' Angleterre I−VI−V.*

40 'Ethelred the Unready or Unready' 라고도 쓴다.

41 N. B. Smith, supra note 15, at 1154.

42 Michael J. Wishnie, "Immigrants and the Right to Petition," 78 N. Y.U.L.Rev.667, at 685 FN89(May 2003).

43 Carol Rice Andrews, "A Right of Access to Court under the Petition Clause of the First amendment: Defining the Right," 60 Ohio St. L.J. 557, at 596 (1999).

44 N. B. Smith, supra note 15, at 1155. 대헌장에서 확인된 것으로 헨리 1세나 스티븐(Stephen)의 '자유의 헌장'은 특히 유명하다. 크누트(Canute)에게도 자유의 헌장이 확인되었다. 헨레 1세는 입법자가 아닌 국가평의회(the National Council)에 입법행위를 의뢰한 왕이었지만 '자유의 헌장'은 그의 시대의 유일한 입법이 되었다. 사실 대헌장과 그 외의 확인헌장은 주로 귀족의 특권을 규정한 것이기 때문에 민중의 자유나 권리로서는 그렇게 중요하지 않았다.

서서히 국정의 중요한 위치를 차지하게 된다. 집단은 커질수록 영향력을 발휘한다. 시몽 드 몽포르(Simon de Monfort)의 활약과 함께 집단은 그 힘을 더욱 발휘하여 민주적인 경향은 그 기세를 한층 더했다. 이러한 움직임이 13세기 국왕의 수입을 통제하는 기관으로서 의회를 탄생시킨다. 그리고 이것은 차츰 입법기관의 모습을 갖추게 된다. 이것이 바로 14세기의 일이다.[45]

그 때까지 명확하지는 않았지만 집회에 의해 획득된 '청원권'은 고래의 집단적인 권리(Collective Right)로 생각했던 것 같다. 그러나 그 권리는 조금씩 변화하기 시작한다. 이제 이것은 개인에 의해서도 행사되었다. 개인의 청원은 입헌주의적인 사고를 가진 에드워드 1세(Edward I, 1239-1307)의 치세까지 수없이 많이 행해진다. 집회나 집단은 이러한 청원을 보강하거나 지원하는 형태를 보인다. 이리하여 14세기까지 청원권은 집단의 권리로서 뿐만 아니라 개인의 권리로서의 성격도 가지게 된다.[46] 또한 청원권은 입법권과 사법권을 분리하는 계기도 마련한다. 청원은 입법을 요구하거나 개인의 고충을 구제하는 성격을 갖지만,[47] 청원하는 집단이 커지면 그 집단에 의한 청원의 내용은 일반적인 성격을 가지기 때문에 그것은 국왕의 평의회(후에 의회)에 논의되어 나중에 입법과 결부되기 수월해지고, 다른 한편으로 개인의 청원은 개별적이기 때문에 국왕의 사문관에게 논의되어 나중에 사법과 결부되기 수월해진다.[48]

청원권은 점차 법적인 기반을 확고히 한다. 대헌장이나 확인헌장은 존 왕이나 헨리 3세(Henry Ⅲ, 1207-1272)에 의해 중시되지 않았지만, 에드워드 3세(1312-1377) 아래서는 의회를 개회하는데 있어서 대법관이 사람들의 청원에 대한 배려를 칙선(勅宣)하는 관행이 확립되었다.[49] 그 후 청원의 법적 지위를 확립하는 민중의 움직임이 나타난다. 1622년에는 스코틀랜드에서 온 제임스 1세(James I, 1566-1625)가 청원권을 확인하는 칙선을 발한다.[50] 1628년 성속(聖俗)의 귀족과 서민에 의한 '권리청원'(Petition of Right)은 의회에 집회하여 이루어졌지만, 이는 권리로서 서민의 대표를 포함하는 의회에 의한 헌법상의 권한 행사의 일환이었다. 권리로서의 청원에 대하여는 1644년 찰스 1세(Charles I, 1600-1649)가 청원권만이 아니라 그것을 행사한 청원을 청문하는 것도 인정했다.[51] 청원권은 어느 정도 실질

45 G. B. Smith, *History of the English Parliament Vol.*, 81ff.)

46 Carol Ric Andrews, "A Right of Access to Court under the Petition Clause of the First Amendment : Defining the Right," 60 Ohio St.L.J.557, at 628-629 (1999); N. B. Smith, supra note 15, at 1155-1156.

47 C. R. Andrews, supra note 23, at 597.

48 N. B. Smith, supra note 15, at 1155-1156. 나중에 개인적인 문제에 대한 청원은 대법관(the Chancellor)에게 맡겨진다.

49 N. B. Smith, supra note 15, at 1155.

50 N. B. Smith, supra note 15, at 1157.

51 N. B. Smith, supra note 15, at 1157.

적인 권리로서의 성격을 가지게 되었다.

이와 같이 권리로서의 기반을 확고히 한 청원이 집단적으로 행사되는 경우에는 폭력을 동반하기도 했다. 앙드레 모로아(André Maurois)는 『영국사』(History d'Angleterre)에서 그 예로 존 파울(John Paul)의 청원의 호소와 함께 1381년 단결의 모습을 전한다.[52] 언제 어디서나 과격한 무리는 존재하기 마련이기 때문에 그러한 집단의 행위가 반드시 공동체의 의사를 대변한다고 할 수는 없다.[53] 그러나 그 후에도 역사는 청원이 집회나 집단과 일체화되거나 때로는 과격성을 가지기도 한다는 것을 보여주었다.

이리하여 의회는 1647년에 청원하기 위하여 집회하고 서명을 요구하는 행위를 반역죄로 처벌하고자 했다. 서명이 모든 사람의 의사를 대변하는 것도 아니고, 또한 집단에는 물리적인 위험이 잠재되어 있는 것을 우려했기 때문이다. 그러나 의회는 이러한 입법에 반대하는 폭동에 직면한다. 그리고 의회는 청원을 위하여 집합하고 서명하는 것을 범죄화하려는 시도를 다시 철회하게 된다. 물론 이것이 의회의 청원에 대한 규제를 포기했다는 것을 의미하는 것은 아니다. 의회는 그 이듬해에 법령을 제정하여 국가나 교회의 변혁을 목표로 국왕이나 의회에 청원하는 서명자의 수를 제한했다. 예컨대, 런던을 제외한 지역의 청원에는 3명 이상의 치안판사나 대배심 과반수의 승인을 그 요건으로 했고, 런던에서는 시장, 시의회의원 및 시의회의 승인이 없으면 청원의 서명자는 20명까지로 제한하기로 하고, 청원서의 제출자도 10명을 넘을 수 없도록 했다. 또한 청원서의 제출에는 평온하고 질서 있는 방식을 그 요건으로 했다. 이 법령은 제정법상의 청원권을 기본권으로 인정한 영국 최초의 일이다. 그럼에도 불구하고 이 법령은 집회나 표현에 따르는 잠재적인 위험성 존재와 그에 대한 규제를 의미하는 것이기도 했다. 이 법령은 왕정복고 후 1661년에 다시 제정된다.[54]

청원이 국왕, 의회, 법원 및 지방의 공무원을 포함하는 모든 정부기관에서 명확히 수리되는 것은 17세기 후반의 일이다.[55] 평민원은 1667년에 자신에 대한 청원을 영국 평민의 고유한 권리로 의결한다.[56] 그리고 1680년에는 의회가 같은 의결을 한다. 국왕에 대한 청원권은 의심할 여지없는 영국 신민의 권리였고, 오늘날에도 영국 신민의 권리라는 것이

52 앙드레 모로아 지음/신용석 옮김, 『영국사』, 기린원, 1997.

53 17세기 중기에 청원은 매우 많았다. 그것도 예컨대, 1641년 '뿌리와 가지'(Root and Branch) 청원에는 15,000명의 서명이 모였고, 그 후에도 각지에서 청원이 행해졌다. 그 때 일부 청원에서는 서명 후에 위조나 변조가 된 사례도 있었다(N. B. Smith, supra note 15, at 1157−1158).

54 N. B. Smith, supra note 15, at 1159; Julie M. Spanbauer, "The First Amendment Right to Petition Government for a Redress of Grievances : Cut from a Different Cloth," 21 Hastings Const. L. Q.15, at 19 (Fall, 1993).

55 Jason Mazzone, "Freedom's Associations," 77 Wash. L. Rev. at 721 (July, 2002).

56 J. M. Spanbauer, supra note 31, at 19.

다. 또한 대헌장과 함께 영국헌법의 금자탑을 이루는 1688년 권리장전(Bill of Rights)은 청원권에 대하여 '국왕에게 청원하는 것은 신민의 권리'라고 명확히 규정했다. 그러나 이를 보강한 집회의 자유나 권리도 당연한 것으로 여기기는 했지만, 명확한 법의식으로 싹트지는 않았다. 오늘날 영국인이 자랑하는 '권리장전'도 집회의 자유나 권리에 대하여는 아무런 언급이 없다.[57]

이러한 역사적 경위로부터 적어도 법적으로는 집회에 의해 보강되기도 한 청원권은 법전을 통해 명확한 기틀을 마련했기 때문에 집회의 자유나 권리에 비하여 제정법상 보다 오랜 내력이 있는 권리라고 할 수 있다.[58]

3. 식민지아메리카에서의 형성

청원권은 미국이 독립하기 전에 영국에서는 매우 민중적인 것으로, 이것은 식민지아메리카에서도 집회와 함께 자주 행사되었다.[59] 대부분의 이주자들은 서민층이었기 때문에 신대륙에서 청원권은 그 출발부터 민중적이었다고 할 수 있다. 이주자들에게는 영국 신민으로서 가지는 모든 권리가 인정되었지만, 미국 최초의 권리장전으로 불리는 메릴랜드의 '사람들의 자유를 위한 법'(An Act for the Liberties of the People, 1638)은 노예를 제외한 기독교도로 제한하면서도 그 권리를 식민지의회에 의한 제정법의 형태로 확인하였다.[60] 다만 아메리카식민지에서 영국 신민의 권리는 국왕에 의한 특허장(charter) 등에 의해 인정되었기 때문에 메릴랜드의 이러한 움직임은 自治로의 태동을 의미하는 것일지도 모른다. 또한 식민지인은 청원권에 관하여 특허장에만 의존한 것은 아니었다. 다수의 식민지의회가 식민지인의 청원권을 인정했기 때문이다.[61]

그런데 이주자들에게 신대륙은 무한히도 넓은 공간이었다. 영국 신민의 자유나 권리는 전통적인 자유나 권리를 확인한 것에 불과했지만, 일찍이 먼발치에 있었던 본국의 속박으로부터 벗어나 '전능한 신' 혹은 신이 창조한 '자연법'을 제외하고는 지배하는 것이라고는 아무것도 없는 무한한 신천지의 공간이 이주자들로 하여금 로크적인 천부인권사상을 실감하게 했다. 펜실베니아의 창시자 윌리엄 펜(William Penn)은 1701년 '종교의 자유의

57 J. Mazzone, supra note 32, at 720.

58 J. Mazzone, supra note 32, at 720.

59 N. B. Smith, supra note 15, at 1167.

60 Charles A. Rees, "The First American Bill of Rights: Was it Maryland's 1639 Act for the Liberties of the People?," 31 U. Balt. L. Rev. 41 (2001); Georgory A. Mark, "The vestigial constitution: The History and Significance of the Right to Petition," 66 Fordham L. Rev. 2153 at 2176 (May 1998).

61 G. A. Mark, supra note 37, at 2177.

선언'에서 시민적 자유를 보유하더라도 '종교적 고백과 신앙에 관한 양심의 자유'가 제한된다면 인간의 진정한 행복은 없다고 하면서 종교의 자유를 선언했다.[62] 종교적 고백과 신앙에 관한 양심의 자유가 시민적 자유에 우선한다는 것이다. 이 선언으로 시민적 자유 이전에 전능한 신에 관한 자유가 존재한다는 것을 확인했다. 이러한 자연법 사상은 1761년 독립혁명의 아버지(the father of the revolution) 제임스 오티스(James Otis)가 '자연의 형평'에 반하는 법률의 무효를 주장하면서 자연법 사상을 정착시킨 것에서도 찾을 수 있다. 존 애덤스(John Adams)는 미국의 독립이 싹트기 시작한 것은 1761년 2월 보스턴의 구시청사(Old Town Hall)에서였지만, 그 때 그 홀에서 연설한 것은 바로 제임스 오티스였다고 했다. 거기서 그는 가택수색을 인정하는 지원영장(writs of assistance)이 영국의 헌법, 코먼로(common law), 자연법 및 상위의 법에 반한다고 했다. 그것이 천부불가양의 파기할 수 없는 자연권을 침해한다는 이유에서였다.[63]

이와 같이 식민지아메리카에서 집회의 자유는 본국에서 명시적으로 인정하지는 않았지만 청원권을 보다 명확히 하는 형태로 그 위치를 분명히 했다. 주민들은 민회(town meeting)에 참여했지만 그 모임은 단지 자유권적 의미만이 아니라 수익권, 참정권의 의미를 띠기도 했다. 여기서 주민들은 집회를 교류의 기회로 활용할 뿐만 아니라 개인적인 요구 사항을 표출하고 논의하는 것으로 활용했다. 또한 주민이 대표를 선출하고 그 대표에게 자신들의 의사를 전달하는 곳이기도 했다. 이러한 의미에서 민회는 직접민주주의를 실현하는 제도로서 타운의 입법기관이면서 동시에 식민지의회의 대표를 선출하는 곳이기도 했다.[64]

신대륙은 특허장에 근거하여 총독이 지배하는 곳이었지만, 개별 집단은 종교적인 결속력이 강하고 그 자치의 습성도 '메이플라워협약'(Mayflower Compact, 1620)[65] 이래로 강고한 면이 있었다. 동인도회사(East India Company) 주주의 회의는 형태를 바꾸어 이주자의 회의체가 되었다. 이것들이 연결되어 작은 자치단체의 집회에서 식민지 각 단위의 조직에 이르기까지 식민지의 제도는 점차 체계화 된다. 이리하여 작은 자치단체의 집회의 의사가

---

62 Philip Hamburger, "Religious Freedom in Philadelphia," 54 Emory L. J. 1603, at 1613 (Fall, 2005).

63 John Eldredge, "Detainment of United States Citizens as Enemy Combatants under a Forth Amendment Historial Analysis," 6 J. L. & Soc. Challenge 19, at 24 (Fall, 2004).

64 Kris W. Kobach, "May 'We the People Speak?' The Forgotten Role of Constituent. Instructions in Amending the Constitution," 33 U. Cal. Davis L. Rev. 1, at 28 (Fall, 1999).

65 청교도들(Pilgrim Fathers)이 1620년 11월 21일 플리머스(Plymouth)에 상륙하기 전에 메이플라워호 선상에서 작성·서명한 서약서. 식민지에서 공동체를 형성하고, 다수의 합의에 의한 자치규칙에 따른다는 취지를 서약했다. 청교도주의(Puritanism)의 계약사상에 기초한 이 서약서는 그 후 뉴잉글랜드의 식민지나 타운을 형성하는 지도이념이 되고, 또한 독립선언서, 헌법제정에 있어서 사회계약 사상의 원형이 된다.

식민지의회에까지 반영되는 제도가 완성되어 개별 집회에도 활력을 불어 넣는 계기를 마련한다. 이러한 집회의 의견을 반영하여 식민지의회는 본국 국왕 등에 대하여 청원기관화되었다. 그리고 식민지의회를 포함한 식민지 전체가 본국 정부에 대한 불만으로부터 독립에 대한 열망을 지피기 시작했다. 이러한 구조 속에서 청원과 거의 일체화한 집회는 식민지에서 일상화된 권리이자 자유였다. 그런데도 버지니아에서는 법적으로 무장한 형태로 소집되지도 않았지만 5명 이상의 무장한 사람의 집합을 폭동 및 문란으로 간주하는 입법을 하였다.[66] 그러나 헌법제정자들은 이러한 모습을 자연권의 일부로서 생각했다.[67]

여기서 주의해야 할 것은, 이러한 집회의 자유나 청원권은 주로 백인들에게만 해당되는 것이었다. 백인들에게 원주민이나 흑인은 경계의 대상이었고, 특히 원주민에 비해서 약했지만 노예화에 순종적이지 않았던 흑인은 보다 더 규제되었다. 예컨대, 1680년 버지니아는 제정법에 의해 연회나 매장을 구실로 한 상당수에 의한 흑인 노예의 집회를 위험하다고 보고 노예이든 자유인이든 흑인이 무기를 휴대하는 것을 금지했다. 1683년에는 뉴욕에서 흑인 노예와 원주민 노예 4명 이상의 집회나 총 이외의 무기휴대가 금지되었다. 뉴욕에서는 규제가 보다 강화되어 포괄적인 입법이 이루어졌다. 1724년 보스턴에서는 원주민, 흑인 및 흑인과 백인의 혼혈아가 2인 이상 군집하는 것 그리고 일몰 후 1시간이 지난 후 일출 전 1시간까지의 기간 동안 도로에 있는 것이 금지되었다. 결국 신대륙 아메리카에서 천부인권사상이라는 것도 백인들의 전유물에 지나지 않았다.

Ⅳ. 미국에서의 초기형성

1. 수정헌법 제1조

미국 각 주의 '권리장전'을 제외하고 집회의 자유를 최초로 헌법에 명시적으로 규정한 것은 수정헌법 제1조[68]이다. 여기서 언론 또는 출판의 자유와 함께 '평온하게 집회하

---

66 Scott A. Henderson, "United States v. Emerson: Second Amendment as an Individual Right－Time to Settle the Issue," 102 W. Va. L. Rev. 177, at 188 (Fall, 1999).

67 Kirk A. Kennedy, "Reaffirming the Natural Law Jurisprudence of Justice Clarence Thomas," 9 Regent U. L. Rev. 33, at 46 (1997).

68 Amendment 1 : Congress shall make no law respecting an establishment of religion, or prohibiting the free exercise thereof; or abridging the freedom of speech, or of the press; or the right of the people peaceably to assemble, and to petition the Government for a redress of grievances(미국 의회는 종교를 국교로 정하거나, 자유로운 예배를 금지하거나, 언론 또는 출판의 자유를 제한하거나, 인민이 평화롭게 집회할 수 있는 권리와 불만 사항의 시정을 위해 정부에게 진정하는 권리를 제한하는 것에 대한 법률을 제정해서는 안 된다).

고, 고충의 구제를 정부에 청원할 국민의 권리'(the right of the people peaceably to assemble, and to petition the Government for a redress of grievances)를 보장하고 있다.

수정헌법 제1조에 대하여 코윈은 '정부에 청원하기' 위하여 '평온하게 집회할 권리'라는 의미로 이해했다. United Stated v. Cruikshank 사건에서와 같이 일찍이 연방대법원 판결에서도 이러한 입장을 확인할 수 있다.[69] 수정헌법 제1조는 '고충을 구제하기 위하여 평온하게 집회하고, 정부에 청원할 권리'를 보장하는 것이다. 여기서 '권리'(right)라는 단어는 단수형이기 때문에 평온하게 집회할 권리와 청원할 권리는 雙胴 一對의 개념으로 사용되었다고 할 수 있다. 이렇게 이해하는 것이 맞는지는 모르지만, 코윈 등은 집회의 권리는 역사적으로 청원권에 종속된 수단적인 권리였다고 한다.[70] 집회의 권리와 청원권을 매우 밀접한 관계로 설명한 것이다. 코윈 등이 주장하는 바와 같이 수정헌법 제1조의 규정 방식이 집회의 권리가 청원권의 수단적인 권리라는 것을 나타내는 것일지도 모른다.

2. 헌법적 수용

미국에서 대체로 표현의 자유의 일환으로 논의되는 집회의 자유는 민주주의와 불가분의 관계에 있다. 집회의 자유는 오래 전부터 행사되어왔지만 사실 법적으로는 언론과 일체가 되어 행사된 자유였다. 세즈윅은 '권리장전'의 제정에 있어서 "사람들은 자유로운 의견교환을 위하여 모여야 한다"라고 했다.[71] 이것은 바로 집회의 자유가 표현의 자유의 내용을 이루고 연방헌법상 규정된 언론의 자유와 그 뿌리가 같다는 것을 의미한다.[72]

영국은 물론이고 정치적·종교적으로 억압받거나 난민의 피난지이기도 했던 신대륙 아메리카 곳곳에서 집회의 자유는 건국 전부터 행사되고 있었다. 사실 식민지에서 종교적인 집회는 일상적인 모습이었다. 교회는 그 모임의 장소로서 단지 종교적인 목적에 국한되지 않고 오랜 시간 통상적인 모임의 장소로 기능했다. 그곳에서 집회는 자선, 교육, 박애 등의 문제를 비롯하여 치안, 방재, 직업 기타 생활 전반의 문제를 논의했다. 전능한 신이 있는 곳은 신천지에서 고난과 역경에 맞선 사람들에게 모든 면에서 훌륭한 안식처가 되었다.

당시에도 집회의 자유가 법적으로 용인된 것은 결코 아니었다. 영국법상 평온하게 집회할 권리는 명확하게 인식된 권리가 아니었다.[73] 집회의 자유에 관한 법적인 문제는 그

69 Edward S. Corwin, *The Constitution (and What it means)* (revised Harold W. Chase and Craig R. Ducat) p.293.
70 Library of Congress (Legislative Reference Service), *Constitution of the United States of America* (edited by E. S. Corwin) (1964 Ed.) p. 915; E. S. Corwin, supra note 8, at p.293.
71 J. Mazzone, supra note 32, at 714.
72 De Jonge v. Oregon, 299 U.S. 353 (1936).
73 James Gray Pope, "Republican Moments: The Role of Direct Popular Power in the American Constitutional

러한 자유의 사실상의 존재와 그에 대한 규제가 합법적이라는 것을 전제로 그 구체적인 규제에 대한 위반행위나 저항행위에 대한 단속의 문제에 지나지 않았다.[74] 단속을 위한 법률로는 코네티컷(1722), 매사추세츠(1750), 펜실베니아(1764) 등의 소요단속법(Riot Act)을 들 수 있다. 실정법상 그 법에 상위하는 법의 형식이 없던 시절 그러한 법률이 정치적으로나 법적으로 문제된 적은 없었다.

이러한 법률 하에서 1773년 보스턴 차사건(Tea Party)에 대한 단속은 주목된다. 식민지에서는 보스턴 차사건 대한 본국의 단속이 과도하다는 반발과 울분이 법적인 것에서 시작되어[75] 새로운 권리의식을 싹틔우는 계기가 되었다. 이러한 변화의 결과로 1774년에는 과도한 단속에 대하여 대륙회의는 '평온하게 집회하고, 고충을 심의하고, 국왕에게 청원할 권리'를 선언하였다. 물론 폭도가 집단화 될지도 모른다는 집회에 대한 경계도 여전했다. 그러한 경계는 매사추세츠 정부가 특별한 목적의 경우를 별도로 하고, 허가 없는 시민의 집회를 금지하고[76] 위험한 행동으로 내달리거나 책임질 수 없는 요구를 결의하는 시민의 집회에 대응하는 조치를 마련했다. 미국의 독립에 앞서 1776년 6월 12일 버지니아는 '권리선언'(The Virginia Declaration of Rights)을 제창했다. 여기서 '출판의 자유'는 선언되었지만 집회의 자유는 선언되지 않았다.[77] 그럼에도 불구하고 집회의 자유의 법제화 움직임은 계속되었다. 버지니아에 이어 펜실베니아가 9월 28일 '권리장전'(Pennsylvania's Bill of Rights)을 제정했다. 펜실베니아 권리장전은 16개조로 되어 있는데 그 중에 13개조는 버지니아 권리장전과 같았다. 펜실베니아 권리장전은 13개조 외에 새로운 움직임이 나타났는데, 이것은 바로 버지니아와 달리 집회의 자유를 명확히 선언하고, 언론·출판의 자유를 별도로 규정한 것이다. 이러한 규정 방식은 나중에 조문화되는 연방헌법 수정 제1조와는 다르다.

집회의 자유에 대하여 선언한 펜실베니아 권리장전의 영향은 그 후 버몬트나 노스캐롤라이나에서도 확인된다. 집회의 자유의 실정법화 움직임은 여기에 그치지 않았다. 이러한 흐름은 더욱 거세져서 이제 집회의 자유는 델라웨어, 메릴랜드, 뉴햄프셔와 같은 주의 헌법에도 규정된다. 그 중에도 메릴랜드의 경우는 매우 특징적이다. 여기서 집회의 자유

Order," 139 U. Pa. L. Rev. 287, at 329 (1990).

74 예컨대, 1774년 매사추세츠 통치법(the Massachusetts Government Act)이 특수한 목적을 위한 것을 예외로 총독의 허가 없이 집회하는 시민의 권리를 금지한 것과 같다. 특히 정치적인 항의에 대한 규제는 공적 질서를 지배하는 전통적인 형사법에 맡겨져 있었다.

75 J. P. Pope, supra note 48, at 335.

76 1774년 '매사추세츠 통치법'은 '불관용법'(Intolerable Act)의 하나로 논의된다. 의회는 입법에 있어서 사람들에 의한 집회의 남용에 대하여 분노를 표했다. 당시 집회의 남용은 보스턴 차사건 이후의 일이지만 집회의 지도자는 후에 비교적 평화적인 전략으로 바뀐다.

77 주한미대사관 공보과 자료정보센터, 『살아있는 미국역사와 민주주의 문서』, 2006, 13－15면.

는 명문화되지 않고 청원권만이 명문화되어 집회의 자유는 청원권 중에 포함되는 것으로 이해했다. 집회의 자유에 대한 메릴랜드의 이러한 태도는 당시 메릴랜드 주민들에게는 결코 부자연스러운 것이 아니었다. 역사적으로 집회의 자유와 청원권은 서로 어울리고 일체화될 때가 있고, 후자가 주된 권리로 이해되는데 대하여 전자는 그 종된 권리 혹은 수단적인 권리로 이해되었기 때문이다.[78]

건국 후 미국에서 집회의 자유가 입법화 된 것은 제임스 매디슨(James Madison, 1751–1836)의 제안에 의해 1781년 수정헌법의 형태로 권리장전에 관한 규정이 헌법에 추가된 때이다.[79] 연방헌법이 제정될 때 헌법제정자들은 집회의 자유에 대하여 논의하지 않았다. 그래서 집회의 자유가 미국에서 처음으로 등장한 것은 바로 수정헌법 제1조에서였다. 그러나 집회의 자유의 헌법화는 결코 순탄하지 못했다. 그 헌법화에는 반대가 있었다. 세즈윅과 같은 인물이 대표적이다. 그에게 있어서 집회의 자유는 너무나 당연한 권리였기 때문에 굳이 헌법에 규정할 필요가 없었다. 그것을 헌법에 규정한다는 것은 "모자를 쓰고 싶으면 쓰고, 기상하고 싶으면 기상하고, 취침하고 싶으면 취침할 수 있다"는 것과 다를 바가 없었다.[80]

그러나 버지니아 출신의 존 페이지(John Page, 1743–1808)는 이러한 견해에 반대했다. 그에게 집회의 자유는 기본적인 권리였기 때문에 헌법에 반드시 규정되어야 했다. "어떤 구실로 국민의 집회할 권리를 박탈할 수 있다면 그 조항에 규정되어 있는 다른 모든 특권도 박탈할 수 있다"고 했다.[81] 이러한 주장은 주효하여 많은 반대에도 불구하고 평온하게 집회할 권리는 적어도 규정상 매우 특정화된 상태에 있었지만, 그 대표를 지도하기 위한 미국 국민의 권리로 헌법에 편입되었다. 이것이 바로 수정헌법 제1조에 규정된 집회의 자유이다.

평온하게 집회할 권리가 연방헌법에 편입된 후에도 집회의 자유에 관한 헌법 문제가 곧바로 법원을 적극적으로 움직이게 한 것은 아니다. 연방대법원에서 집회의 자유는 오랫동안 진정으로 문제되지 않았다. 존 애덤스가 대통령에 있던 18세기 말 프랑스와의 전운이 감돌 때 정치적인 의도가 짙고 그 위헌성이 의심되는 '선동법'(Sedition Act)[82]이 제정되

---

78 Library of Congress, *The United of the United States of America* (1992 edition 2000 supplement) at 914–915.

79 미국 연방헌법상 권리장전의 수용에 대하여는 이병규, 「토마스 제퍼슨의 헌법사상」, 동아대학교대학원 박사학위논문, 2009, 94면 이하 참조.

80 David Cole, "Hanging With the Wrong Crowd: Of Gangs, Terrorists, and the Right of Association," 1999 Sup. Ct. Rev. 203, at 227(1999).

81 Ibid.

82 외국인법·선동법(Alien and Sedition Acts)은 1798년 연방의회가 제정한 일련의 외국인 단속법과 연방정부에 대한 반정부 활동 처벌법을 말한다. 이 법들은 당시 애덤스 정부를 지지하던 연방파가 프랑스 혁명의 영향

었다. 그러나 이 법에 관한 논쟁에서 확인된 것은, 권리장전상의 자유는 미국인의 기본적인 자유로서 주의 침해로부터가 아니라 연방의 침해로부터 보호되어야 한다는 것이다. 이것은 모든 권력으로부터 보호되어야 하는 영구적이고 불가침적이며 보편성을 띠는 인권으로 볼 수 없다는 것이다. 이러한 인권이나 그 외의 자유를 주로부터 보호하는 것은 주의 헌법과 주의 권리장전이라는 것이다.[83]

이 시대에도 미국인들에게 집회는 예전과 다름없는 지극히 일상적인 일이었다. 19세기 전반에는 노예제도에 대한 반대 등의 문제를 중심으로 집회·결사의 참가자가 폭도화되는 경향을 보이면서 집회의 자유에 대한 논의도 활기를 띠었다.[84] 물론 노예해방 등을 이유로 폭도화 된 집회에 대한 규제도 적지 않았다. 그럼에도 불구하고 당시 집회의 자유는 적어도 연방대법원에서 문제가 되지는 않았다. 집회에 대한 단속과는 별개로 사인에 의한 언론이나 집회에 대한 공격행위도 결코 적지 않았다. 사인 간에 집회가 충돌한 것이다. 그러나 이에 대하여 헌법은 침묵했다. 왜냐하면 헌법의 성격상 사인 간에는 헌법의 보장이 미치지 않았기 때문이다.[85]

메릴랜드 권리장전이 시사하는 바와 같이 청원권과 함께 자유롭게 행사된 집회는 정부에 호소하여 그 답을 구하는 적극적인 구제적 권리로 기능했다. 집회에서 결의한 것의 청원은 아메리카식민지의 의제가 되어 입법적 심의를 지배했다. 따라서 청원과 일체가 된 집회의 자유의 행사는 이른바 직접민주주의를 실현하는 모습을 보여준 것으로 생각된다.[86]

이 미국에 미치는 것을 두려워하여 제정한 2년간의 한시법이었다. 외국인의 귀화 요건의 엄격히 하고, 위험한 외국인에 대한 추방 권한을 대통령에게 부여하는 등 외국인에 대한 단속 강화와 정부에 비판적인 언론의 규제에 대하여 규정했다. 이 법률 하에서 많은 외국인이 국외로 쫓겨나고 연방파에 반대하는 공화파(Republican) 의원·신문발행인 등이 반정부적 언론을 이유로 처벌되었다. 언론 탄압에 대한 비판이 고조되고, 1800년 선거에서 정권을 잡은 토마스 제퍼슨은 위반자를 사면하고 연방의회는 벌금을 반환했다. 이들 연방법에 대하여 연방대법원이 수정헌법 제1조의 '표현의 자유'에 근거하여 합헌성을 판단할 기회는 없었지만 언론에 대한 정치적 탄압의 역사적 사례가 되고 있다.

83 Michael Kent Curtis, "The 1859 Crisis over Hinton Helper's Book The Impending Crisis: Slavery, Free Speech, and the Meaning of the First Section of the Fourteenth Amendment," 68 Chi. Kent L. Rev. 1113, at 1119ff. (1993).

84 전술한 바와 같이 인간은 집단화 되면 다소 과격해지는 경향이 있다. 그래서 1917년 제정된 멕시코합중국(United Mexican State)헌법은 집회의 자유뿐만 아니라 동일한 집단성을 가지는 결사의 자유에 대하여도 '평온하게'라는 조건을 붙였다(Constitution of Mexico, 1917 : Article 9).

85 전통적으로 기본권은 국가에 대한 개인의 主觀的 公權을 의미하기 때문에 기본권에 있어서의 관계는 국가적 조직에 있어서 국가와 개인과의 관계이며, 또는 그러한 의미에서 그것은 수직적 관계이며, 또한 양면적 관계이다. 따라서 그것이 국가적 조직에 있어서 국가와 개인과의 관계라는 의미에서 그 관계는 전형적인 공법관계를 의미한다(한태연, 『헌법학 : 근대헌법의 일반이론』, 법문사, 1983, 962면). 그러나 기본권의 사인간의 적용문제 즉 기본권의 제3자적 효력의 문제도 거대사조직과 관련하여 생성된 헌법적 요청의 구체화 문제로 다룰 수 있는 것으로 보고 있다(최대권, "기본권의 제3자적 효력에 관한 한 연구", 법학 제22권 제1호, 서울대학교 법학연구소, 1981, 57면).

86 Stephen A. Higginson, "A Short History of the Right to Petition Government for the Redress of Grievances," 96 Yale L. J. 142, at 142 (1986).

집회의 자유는 청원권과 함께 헌법에 수용되면서 대의민주주의를 강화하고 현실 정치에도 중요한 역할을 했다. 예컨대, 특정이익과 관련하여 연방의회 의원을 움직이게 했다. 또한 의원들의 독선과 독단을 배제시킬 가능성도 있었다. 또한 집회의 자유는 연방정부로 하여금 주나 지방에 관심을 가지도록 했다. 연방정부로 하여금 주나 주민의 이익에 눈을 돌리도록 했기 때문이다. 주나 지방의 주민에게 자신들의 이익추구와 현실만으로는 미국의 존립이 불안정하다는 것을 인식시켰다. 원래 자유롭게 행사된 집회에 대한 평가는 그것을 구성한 사람들의 의식이 주관적, 감정적, 사익추구적인가 아니면 객관적, 이성적, 공익추구적인가에 달려있다.

3. 사법적 수용

(1) United States v. Cruikshank

집회의 자유가 연방대법원에 처음 등장한 것은 19세기 후반이다. 그 때까지 집회의 자유는 본격적으로 논의되지 않다가 1873년에 연방헌법상 보장된 시민의 권리가 연방대법원에 의해 확인되었다. The Slaughter-House 사건[87]이 바로 그것이다. 그러나 이 사건에서 집회의 자유는 충분히 논의되지 않았다. 그리고 3년 뒤 집회의 자유는 연방대법원에서 다시 채택되어 본격적으로 다루어진다. 건국 후 100년이 지나서 채택된 United States v. Cruikshank 사건[88]이다.

United States v. Cruikshank 사건은 루이지애나에서 60여명의 흑인을 살해한 이른바 콜팩스(Colfax) 대량학살사건의 관여자가 1870년 공민권집행법(Civil Rights Enforcement Act) 하에서 집회하거나 무기를 보유하는 흑인의 시민권을 침해했다는 이유로 유죄가 된 사건이다. 이 사건의 訴因에는 여러 가지가 있었지만, 그 중에서 집회의 자유와 관련해서는 "평화적이고 합법적인 목적을 위하여 서로 그리고 다른 미국 시민과 함께 평온하게 집회할 법률상의 권리와 특권"을 침해했다는 것이다.

Cruikshank 사건은 남북전쟁 후 수정조항이 추가되고 채택된 사건이지만 여기서 수정 조항의 기능은 크게 주목되지 않았다. 수정헌법 제1조의 자유가 주에 의해서도 보호되는가에 대한 에드워드 화이트 재판장의 주장은 명확하지 않았고, 그 법정의견에 대한 해석에도 이견이 있었다.[89] 이른바 편입(incorporation)론의 문제였다.

---

87 The Slaughter-House Cases, 83 U.S. 36 (1873).

88 United States v. Cruikshank, 92 U.S. 542 (1876).

89 이 점에 대하여는 The Slaughter-House 사건 이래로 유의하게 되지만, Cruikshank 사건 등에서는 The Slaughter-House 사건의 다수 의견에 나타나는 이른바 수정헌법 제14조의 편입론(the incorporation theory)을

Cruikshank 사건에서 화이트 재판장은 집회의 자유를 논하기 전에 먼저 미국의 연방국가적 성격에 주목했다. 그는 미국이 연방국가이기 때문에 국민이 가지는 미국의 시민이자 주의 시민이라는 이중적 지위에 주목한 것이다.[90] 이러한 이중적 지위로부터 미국 국민은 연방의 시민과 주의 시민으로서 다른 두개의 시민권을 보유하게 된다. 화이트 재판장에 의하면, 각각의 시민권은 연방과 주 각각의 정부에 의해 선호하는 방식에 따라 부여되고 각각의 정부에 다른 것을 기대한다. 따라서 연방정부와 주정부는 시민을 보호하는 관할을 달리한다. 그 중 연방의 관할은 연방헌법에서 정한다. 연방정부는 주나 사람들에 의해 위임된 정해진 권한만을 가진다. 그래서 수정헌법 제10조는 "연방헌법에 의해 합중국에 위임되지 않았거나, 각 주에 금지되지 않은 권한은 각 주나 인민이 보유한다"고 규정하고 있다. 연방정부는 정치적으로는 모든 주의 정부이고(a government of the state),[91] 일정한 목적 하에서는 미국 국민의 정부인 것(a government of the people)이다.[92]

연방정부는 특별한 목적에 의해 수립되었다. 연방정부에게는 자신을 보전하거나 국민이 기대하는 목적을 달성하는데 필요한 모든 권한이 주어져 있다. 따라서 명시적 혹은 묵시적으로 그 관할이 아닌 권리나 특권을 시민에게 인정할 수는 없다. 연방정부는 그 관할 범위에서 미국 국민을 위하여 존재한다. 연방의 권한은 주 내에 거주하는 사람들과 관련되고 주의 권한과 저촉되지 않는다. 연방이 가지는 것을 주가 가질 수는 없다. 연방정부가 인정하거나 보장하는 권한을 가지는 것을 제외하면 사람들은 어떤 권리도 연방헌법이나 법률로부터 취득할 수 없다. 연방의 관할 밖의 것은 주에게 맡기는 것이다.

이와 같이 수정헌법 제1조에 의해 금지되는 것은 연방의회가 집회하고, 고충을 구제하기 위하여 정부에 청원하는 국민의 권리를 제한하는 것이다. 물론 여기서 주정부에 대한 규제를 의도하는 것은 아니다. 화이트 재판장은 이러한 의견을 내면서 그 권리에 대하여 '이것'(this)라는 단수형의 대명사를 사용한 것으로 보아 수정헌법 제1조의 집회의 자유와 청원권을 하나로 이해한 것으로 판단된다.[93][94] 집회의 자유와 청원권은 별개의 권리가

포기했다는 이해가 인식되었다(Bryan H. Wildenthal, "The Lost Compromise: Reassessing the Early Understanding in Court and Congress on Incorporation of the Bill of Rights in the Fourteenth Amendment," 61 Ohio State Law Journal 1051 (2000)).

90 이것은 The Slaughter-House 사건에서 다수의견을 쓴 사무엘 밀러(Samuel Miller) 판사의 견해를 따른 것이다 (D. V. Bogen, "The Slaughter-House Five: View of the Case," 55 Hasting L.J.333 at f. (2003)).

91 이 의미에서 연방정부는 '합중국' 정부이다.

92 이 의미에서 연방정부는 '합중국' 정부라고 할 수 있을 것이다.

93 화이트 재판장은 또한 "고충을 구제하기 위하거나 연방정부의 권한이나 책무와 관련된 다른 일체의 것을 하기 위해 연방의회에 청원할 목적으로 평온하게 집회하는 국민의 권리"라는 서술 방식을 통하여 두 개의 권리를 보다 합일적으로 논하고 있다.

94 이에 대하여 수정헌법 제1조의 규정 방식과 관련하여 '헌법'이 'right'라는 단수로 사용되는 것에 주목하는 하기도 한다(J. Mazzone, supra note 32, at 713).

아니라 일체의 권리라는 것이다.[95] 그러나 매디슨은 권리장전이 제정될 때 집회의 자유와 청원권은 서로 관련은 있지만 그렇다고 양자가 반드시 하나로 결합된 것으로 보지는 않았다.[96]

메릴랜드 주헌법은 청원권에 대하여는 규정하지만 집회의 자유에 대하여는 규정하지 않았다.[97] 그러나 청원권에는 당연히 집회의 자유가 포함되는 것으로 해석한다. 전술한 바와 같이 영미에서는 역사적으로 청원권을 주된 권리로, 집회의 자유를 종된 권리 내지는 수단적인 권리로 보는 사고가 존재한다.[98] 영국의 대헌장은 청원권을 완곡하게 규정하지만 집회의 자유에 대하여는 규정하고 있지 않다.[99] 그렇다고 집회의 자유가 부정되었다고 할 수는 없다. 집회의 자유는 민회(folksmoot)를 여는 관습이 있던 튜턴(teuton)인의 제도로부터 배가된 민주적 의미가 제도적으로 수용되고 영국인의 행동적 습성이 되어 사실상의 자유로 용인되었다. 이러한 역사적 경위에서든, 공화국 시민의 속성에서든, 코먼로상의 존재로 파악하든, 자연권적 관점에서든, 여하튼 어떤 이유에도 구속되지 않고 메릴랜드 주헌법이 집회의 자유를 결코 부정한 것은 아니었다. 따라서 20세기에 전개된 연방대법원 판례에서는 DeJonge v. Oregon 사건[100]에서와 같이 집회의 권리를 전통적인 의미로 청원의 준비 등에 한정하지 않은 것도 있고, Thomas v. Collins 사건[101]에서와 같이 정치적인 목표의 추구에 한정하지 않은 것도 있다. 또한 집회와 청원을 정부에 영향을 줄 수 있는 기회라기보다 오히려 표현의 자유로 보는 경우도 있고, McDonald v. Smith 사건[102]에서와 같이 언론·출판 및 집회와 청원의 권리를 마찬가지로 중요하게 논하는 경우도 있다. McDonald v. Smith 사건에서 워렌 버거(Warren E. Burger) 재판장은 청원권과 그 밖의 권리 보장은 반드시 동일하게 취급되지는 않지만 이들은 불가분의 관계가 있다고 했다. 그는 청원권의 보장을 특별한 표현의 자유를 보장하는 것과 같은 것으로 파악했다. 마지막으로 집회의 권리를 평화적인 것에 한정하는 경우가 있다.[103] 집회의 자유에 대하여 수정헌법

---

95 수정헌법 제1조의 이 부분에 대하여, 언론의 자유의 제한, 출판의 자유의 제한 및 집회하고 정부에 청원하는 자유의 제한이라는 것으로 이해하고, 또한 '권리'가 단수형인 것에 주목하여 연방의회에 대한 금지는 언론, 출판 및 정부에 청원하기 위하여 집회하는 것에 관한 금지라고 설명한다(J. Mazzone, supra note 32, at 712). 이에 대해 블랙(Hugo Black) 판사 등은 집회의 권리와 청원의 권리는 분명히 두 개의 것이라는 기술 방식을 취한다(with Clark, Harlan and Stewart, dissenting in: Brown v. Louisiana, 383 U.S. 131 (1966)).

96 이 때문에 펜실베니아, 노스캐롤라이나, 버몬트, 매사추세츠, 뉴햄프셔에서는 집회의 권리와 청원권은 '주민'의 권리로 하고 같은 조항에서 규정한다.

97 Constitution of Maryland (1867), Article 13.

98 Library of Congress, *The Constitution of the United States of America* (1992 edition 2000 supplement) at 914–915.

99 Magna Carta (1215), Chapter 61.

100 DeJonge v. Oregon, 299 U.S. 353(1937).

101 Thomas v. Collins , 323 U.S. 516 (1945).

102 McDonald v. Smith , 472 U.S. 479 (1985).

103 Grayned v. City of Rockford, 408 U.S. 104 (1972).

제1조가 명시적으로 규정하고 있지만 이는 헌법 규정에 비추어 볼 때 치안 문란 등의 문제로 이후에 헌법 문제화 된다는 것이다.

화이트 재판장은 합법적인 목적 때문에 평온하게 집회할 자유는 수정헌법에 의해 창설된 것은 결코 아니라고 했다. 집회의 자유는 수정헌법 제1조가 채택되기 훨씬 전부터 존재했다. 화이트 재판장의 진술을 통해 집회의 자유가 코먼로상 존재하는 것으로 이해하기도 한다.[104] 집회의 자유[105]는 과거에도 오늘날에도 자유로운 정부 아래 있는 시민의 속성이다. 이는 문명이 존재하는 곳이라면 어디서나 발견할 수 있다. 그래서 집회의 자유는 연방헌법에 의해 국민들에게 인정된 것이 아니라는 것이다. 원래 그러한 자유는 주가 보장해야할 의무가 있다. 연방정부는 주나 국민에게 위임된 권한만을 가지는 정부이기 때문이다. 그 권한은 연방헌법에 의해 정의되고 제한된다. 화이트 재판장에 의하면, 수정헌법 제1조는 어디까지나 "국민이 집회하고, 고충을 들어주기 위한 청원권"의 연방의회에 의한 제한을 금지하고 있다. 연방의회가 보호해야 하는 것은 연방정부의 권한에 속하는 것뿐이다. 그래서 이러한 '집회의 권리'를 벗어난 이른바 일반적인 집회의 자유의 보장은 연방정부의 관할 밖이다. 화이트 재판장에게 있어서 공화정체나 문명과 불가분인 평온하게 집회할 자유와 연방헌법이 규정하는 특수한 집회의 자유는 준별된다.

요컨대, 연방헌법은 일반적인 집회의 자유가 아니라 "고충을 구제하거나 연방정부의 권한이나 책무와 관련된 다른 모든 것을 하기 위하여 연방의회에 청원할 목적으로 평온하게 집회할 국민의 권리"라는 매우 좁고 보다 특수한 집회의 자유를 보장한다. The Slaughter−House 사건에서 사무엘 밀러(Samuel F. Miller) 판사는 그 차이를 분명히 인식했다. 이러한 이해가 맞는다면 화이트 재판장은 밀러 판사의 견해를 따른 것이 된다. 화이트 재판장은 우선 수정헌법 제1조의 집회의 자유를 연방의회의 입법권으로부터 미국 국민을 지키는 권리로 이해한다. 일반적인 집회의 자유를 주의 관할로 본 것이다. 다음으로 연방헌법은 집회의 자유를 연방의회로부터 보호하도록 규정하여 다른 사인으로부터 집회의 자유가 보호되는 것을 부정했다.[106] 이른바 기본권의 제3자적 효력의 문제인 것이다. 화이트 재판장이 집회의 자유를 일반적으로 기술하는데 있어서도 수정헌법 제1조가 규정하는 '평온하게'라는 것과는 달리 '합법적인 목적'[107]이라는 제약 개념을 사용한 것에 주목할 필

---

104 Kevin Christopher Newsom, "Setting Incorporationism Straight: A Reinterpretation of the Slaughter−House Cases," 109 Yale L. J. 643, at 714 (1999).

105 화이트 재판장은 이것은 "합법적인 목적을 위하여 집회하는 사람들의 권리"라고 기술하고 있다(United States v. Cruikshank, 92 U.S. 542 (1876)).

106 K. C. Newsom, supra note 43, at 715.

107 합법적인 목적은 그 후 연방대법원 판결에서 종종 사용되었다.

요가 있다.[108] 수정헌법 제1조에서 규정하는 자유 중 집회의 자유에는 '평온하게'(peaceably) 및 '국민'(people)이라는 제한이 있지만 일반적인 집회의 자유의 행사에 대하여도 '목적의 합법성'이 요청된다. 또한 그는 "고충을 구제하기 위하여 혹은 연방정부의 권한이나 책무와 관련된 다른 모든 것 때문에 평온하게 집회할 국민의 권리는 합중국 시민(national citizenship)의 속성이고, 그러한 것으로 합중국의 보호 아래 있고, 합중국에 의해 보장된다. 그리고 통치라는 개념에는 공화국이라면 시민의 측에서 공무와 관련하여 협의하기 위하여 평온하게 집회하고 고충의 구제를 위하여 청원할 권리가 함의되어 있다"고 기술하기 때문에 수정헌법 제1조의 집회의 자유는 특별하게 해석되지 않는 이상 헌법화 되는 것으로 판단하지는 않은 것 같다.

(2) DeJonge v. Oregon

수정헌법 제1조에 규정된 '집회의 자유'[109]가 연방의회의 전횡으로부터 보장된다는 것은 Cruikshank 사건에서 연방대법원에 의해 확인되었다. 그러나 Cruikshank 사건 이후 집회의 자유에 관한 문제는 얼마간 연방대법원에서 다루어지지 않았다.

사실 그 후에도 집회는 도처에서 행해지고 있었다. 특히 무정부주의와 공산주의 세력은 음으로 양으로 활발하게 집회를 했다.[110] 그럼에도 불구하고 집회의 자유는 정면으로 다루어질 정도로 헌법문제시 되지는 않았다.[111] 연방대법원에서 진정으로 문제가 된 것은 Cruikshank 사건으로부터 50년이 지난 DeJonge v. Oregon 사건에서였다. 연방이 아닌 주에 관한 집회의 문제를 다룬 이 사건에서 찰스 휴스(Charles E. Hughes) 재판장은 평온하게 집회할 자유를 다음과 같이 정리했다.

첫째, 평온하게 집회할 권리는 언론의 자유나 출판의 자유와 같은 종류의 기본적인 권리이다. 이것은 그 후에도 계속되는 연방대법원의 사고방식이다.

둘째, 평온하게 집회할 권리는 수정헌법 제1조에 의해 연방의회에 의한 침해로부터 보호된다. 이러한 의미에서 화이트 재판장에 의해 전개된 집회의 자유의 두 가지 면은 합

108 이에 대해 연방헌법상 집회의 권리가 일반적으로 존재하는 것이 아니라 거기에 존재하는 것은 '평온하게 집회할 권리'뿐이라고 한다(J. Mazzone, supra note 32, at 713).

109 미국의 '집회의 자유'는 '평온하게 집회할 권리'라는 제한된 것이지만, 이후 원칙적으로 단지 '집회의 자유'로 표현한다.

110 미국에서는 공산주의의 출현보다도 공산주의의 위협이 선행되었다(William M. Wiecek, "The Legal Foundation of Domestic Anticommunism: The Background of Dennis v. United States," T 2001 Sup. Ct. Rev. 375, at 379 (2001)).

111 물론 판례 중에는 집회의 자유로 파악한 것도 있었다. 예컨대, Whiney v. California, 274 U.S. 357(1927)은 선동을 금지한 범죄적 생디칼리즘(syndicalism) 대처법에 관한 사건이었지만, 거기서 문제의 법률은 언론, 집회 혹은 결사의 자유를 침해하는 법률은 아니라고 했다.

일화되었다. 수정헌법 제1조의 집회의 권리가 화이트 재판장이 말한 특별한 의미에 한정되지 않기 때문이다.[112]

셋째, 언론의 자유와 출판의 자유는 수정헌법 제14조의 적법절차에 의해 보장되는 기본적인 권리이다.[113] 그래서 이들 자유와 같은 뿌리의 집회의 자유도 주로부터 보호되는 기본적인 권리가 된다. 이러한 설명은 DeJonge v. Oregon 사건에 선행한 Gitlow v. New York 사건[114]이나 Stromberg v. California 사건[115] 등의 판결에 비추어보면 당연한 귀결이다. 남북전쟁 후에 제정된 수정 조항이 목표로 한 연방헌법의 주의 적용이 연방대법원에서 확인되었기 때문이다. 그러나 집회의 자유가 보장되는 논거가 적법절차의 내용이 되는 자유와 정의의 원리에 요구되는 것에 대하여는 후에 그와 다른 견해가 나타난다. Hague v. Committee for Industrial Organization 사건[116]에서 오웬 로버츠(Owen Roberts) 판사 등은 집회의 자유의 확대·적용의 근거가 수정헌법 14조의 '특권과 면제'(privileges or immunities)에서 찾을 수 있다고 했다.

넷째, 집회의 자유는 자유와 정의의 기본적인 원리를 침해하는 경우에 비로소 부정될 수 있는 권리이다. 여기서 '기본적인 원리'란 모든 시민적·정치적 원리의 근저에 있다. 그리고 시민적·정치적 원리에 대하여는 수정헌법 제14조가 적법절차 조항의 일반적인 용어를 통하여 표명하고 있다.

휴스 재판장에 의하면, 집회의 자유도 언론·출판과 같이 위법성을 띠는 경우에는 자유와 정의의 기본적인 원리를 침해하는 기본적인 권리의 남용이 된다. 그러한 남용이 있는 경우에는 정당한 기본적 권리의 행사가 될 수 없다. 집회의 자유 등에 대한 정부의 간섭이 헌법상 정당화되는 것은 그 남용에 대한 대처뿐이다. 집회의 자유는 제한되어서는 안 된다. 단지 자유 그 자체가 아니라 그 남용만이 규제 혹은 제어될 뿐이다. 예컨대, 수정헌법 제1조의 언론·출판 혹은 집회가 폭력이나 범죄를 선동할 목적으로 남용되는 경우가 있다. 실제로 그 중에는 반란이나 혁명으로 전화하는 경우도 있었던 것은 역사가 보여준다.[117] 연방헌법이 집회의 자유에 '평온하게'라는 제한을 둔 것은 그러한 역사적 경험을

112 따라서 이하에서는 수정헌법 제1조의 '평온하게 집회할 권리'를 '집회의 권리' 혹은 '집회의 자유'로 부르기로 한다.

113 수정헌법 제14조 제1절 : … 어떠한 주도 정당한 법적절차에 따르지 않고는 어떠한 사람으로부터도 생명, 자유 또는 재산을 박탈할 수 없으며, 그 관할권 내에 있는 어떠한 사람에 대하여도 법률에 의한 동등한 보호를 거부하지 못한다.

114 Gitlow v. New York , 268 U.S. 652 (1925).

115 Stromberg v. California, 283 U.S. 359 (1931).

116 Hague v. Committee for Industrial Organization, 307 U.S. 496 (1939).

117 자유가 여러 형태로 폭력적으로 변한 상황에 관하여는 예컨대, Andrew E. Taslitz, "Hate Crimes, Free. Speech, and the Contract of Mutual Indifference," 80 B.U.L. Rev. 1283, at 1283 (2000).

반영한 것이다. 휴스 재판장에 의하면, 입법부는 그러한 남용에 대처하는 범위에서 헌법상 남용에 해당하는 부분을 간섭할 수 있다. 그 간섭이 인정되는 것은 어디까지나 남용에 대한 대처이고 권리에 간섭할 수는 없다. 그것도 폭력 등에 의하여 '합중국 제도'의 전복을 선동하는 것으로부터 공동체를 수호하는 중요성이 높아질수록 자유로운 논의에 필요한 반대 의견을 지키기 위하여 자유로운 언론·출판 및 자유로운 집회라는 헌법상의 권리가 침해되지 않도록 할 필요성도 보다 절대적이 된다. 이를 통하여 정부가 민의에 반응할 수 있도록 하면 변혁이 요망될 때 그 변혁이 평화적인 수단에 의해 이루어질 수 있도록 기대하는 것이다. 이리하여 집회의 자유 등에 소위 폭력적 개혁에 대한 완충 기능을 기대하는 것이다. 그리고 이러한 기본적인 것 중에서 합중국의 안전과 입헌정치의 기초가 존재한다고 보았다. 휴스 재판장은 이와 같이 설명하면서 수정헌법 제1조의 자유나 권리를 주의 전횡으로부터 보장하는 한편 그 자유나 권리가 남용된 경우에는 용인할 수 없다는 점을 확인했다.

요컨대, 휴스 재판장은 합법적인 논의를 위하여 평화적인 집회는 범죄가 되어서는 안 되고, 평화적인 행동에 의한 집회는 금지되어서는 안 되지만 그 남용은 인정될 수 없다고 했다. '합법적인 목적'이나 '합법적인 방법'이라는 문구를 사용하여 집회의 자유에 대하여 헌법이 정한 '평온하게'라는 것과 화이트 재판장이 말한 '합법적인 목적' 외에도 한계가 있다는 것을 넌지시 보여준다. 집회의 자유가 평온하고 합법적인 목적에서 행사된다면 그 외의 문제에 대하여는 제한이 가해질 수도 있다는 것을 나타낸다. 예컨대, 집회에는 목적뿐만 아니라 방법이나 형태에 있어서도 남용이 있을 수 있기 때문이다. 휴스 재판장은 그 경우에 힘과 폭력을 사용한 집회의 형태를 상정하였다. 그에게는 집회의 자유와의 관계에 있어서 '평온한 집회'와 '평온한 집회를 벗어난 집회'라는 사고방식이 있었다. 그리고 '합법적인 목적의 집회'나 '평온한 집회'는 원칙상 보장되지만 그러한 집회도 그 외의 방법이나 형태로 평온한 집회를 벗어난 집회가 존재하고, 그러한 면에서 집회의 자유를 제한할 가능성이 존재한다는 것이다.[118]

(3) Hague v. Committee for Industrial Organization

DeJonge v. Oregon 사건이 있고난 2년 뒤 연방대법원은 다시 집회의 자유의 문제를

118 합법적인 집회나 평온한 집회라도 장소의 수용 능력을 벗어나거나 시설의 기능을 위험하게 하는 한도에 가까운 등의 경우에는 집회의 규제가 불가능한 것은 아니다. 집회의 시간, 장소 및 방법의 규제와 표현행위를 구성하는 유형 부분의 규제의 합헌성은 특정 제한의 합리성에 좌우된다는 것(C. Edwin Baker, "Unreasoned Reasonableness: Mandatory Parade Permits and Time, Place, and Manner Regulations," 78 Northwestern L. Rev. 937 (1983))이 연방대법원 판례를 보는 한 이와 같이 단순하게 일반화될 수 있는 것은 아니다.

다룬다. 이른바 '공적연설'(public forum)론으로 알려진 Hague v. Committee for Industrial Organization 사건[119]이다. 이 사건은 공공재산에서 공적연설을 하기 전에 市 조례에 의한 허가를 받도록 한 것 등이 문제되었다. 여기서는 집회의 자유를 주로부터 보장하는 근거에 대하여 전술한 바와 같이 수정헌법 제14조의 적법절차를 논거로 한 DeJonge v. Oregon 판결의 법리와 다른 견해도 있었다. 즉 수정헌법 제14조의 '특권과 면제'가 그 근거가 된다는 것이다. 이 판결의 다수의견이 이러한 견해를 보였다. 나머지는 수정헌법 제14조의 적법절차 조항에 의해 보장되는 자유에서 그 논거를 구한다. 연방대법원의 재판관 사이의 이러한 이견은 연방헌법상 집회의 자유가 주의 침해로부터도 보장된다는 의미에서 볼 때 큰 문제가 되는 것은 아니었다.

Hague 사건에서 로버츠 판사의 견해는 공적연설론의 효시로 본다.[120] 역사적으로 도로나 광장이 미국에서 정치적 논의의 중심적 역할을 수행해 온 것[121]과 함께 로버츠 판사의 견해가 수정헌법 제1조의 법익으로 공적연설론을 인정하는 이론에 있어서 가장 먼저 주목되기 때문이다.[122] 로버츠 판사는 공공장소에서 집회하고 발언하는 권리는 주나 시가 제한할 수 없는 미국 시민의 특권 혹은 면제라고 했다.

로버츠 판사는 도로 등에서의 전단지 배포가 문제가 된 Schneider v. New Jersey 사건[123]에서도 공적연설론을 전개했다. 여기서 그는 "지방자치단체는 공공의 안전, 위생, 복지 혹은 편의를 위하여 규칙을 제정할 수는 있지만 언론, 집필, 인쇄 혹은 정보나 의견을 알리기 희망하는 것에 대하여 헌법상 보장된 개인의 자유를 제한할 수 없다"고 했다. 지방자치단체는 전체를 위한 수탁자로서 공동체의 길을 개방하고, 길이 공용되는 주된 목적인 사람들의 자유나 재산의 동향에 활용되도록 할 책무가 있다고 하면서 사상이나 의견의 자유로운 흐름을 강하게 보장하고자 했다. Hague 사건에서의 이러한 견해를 효시로 표현행위에 대한 강한 헌법적 보장과 언론 등에 대한 자유의 규제를 내용적으로 중립에서 주의 이익을 위하여 촘촘하게 구성해야 한다는 전통적인 공적연설론이 발전된 것이다.[124]

요컨대, 공적연설론은 공원과 같이 표현행위를 목적으로 모든 사람들에게 개방된 전

---

119 Hague v. Committee for Industrial Organization, 307 U.S. 496 (1939).

120 M. W. Schaughnessy, "Constitutional Law−No First Amendment Protection for Solicitation of Memory in Publicly−Operated Airport Terminal−International Society for Krishna Consciousness," INC. v. Lee,112 S.Ct.2701 (1992), 27 Suffolk U.L.Rev.941, at 945, FN 19(1993).

121 David Goldberger, "A Reconsideration of Cox v. New Hampshire: Can Demonstrators Be Required to Pay the Costs of Using America's Public Forums?," 62 Texas L. Rev. 403 (1983).

122 U.S. Supreme Court. Perry Educ. Ass'n v. Perry Educators' Ass'n, 460 U.S. 37 (1983).

123 Schneider v. New Jersey, 308 U.S. 147 (1939).

124 M. W. Schaughnessy, supra note 108, at 946−947.

통적인 공적연설이나 공적논의를 위한 개방시간 내의 공공재산에서 표현행위에 있어서와 같이 제한적으로 인정되는 '지정 혹은 제한'된 공적연설론과 군 기지와 같이 통상적으로 봉쇄된 비공적연설(non public forum)이라는 그 후의 전개에 있어서 내용적으로 모두가 꼭 일치하는 것은 아니지만, 언론의 자유와는 원래 같은 유형에 속하는 집회의 자유와 밀접한 관계에 있고, 그 후 지금까지도 많은 주목을 받는 이론이다.

Ⅴ. 결 론

지금까지 미국에서 집회의 자유가 초기 형성되는 과정을 살펴보았다. 영국에서 청원권과 함께 시작된 집회의 자유는 식민지아메리카에서 일상적인 형태로 행해지고, 건국과 함께 수정헌법 제1조를 통하여 보장된다.

United States v. Cruikshank 사건에서 집회의 자유는 헌법제정 전후 모두 존재하는 것으로 판단되었다. 헌법제정 전에는 자유로운 정부의 시민적 속성이자 문명사회에서 인정되는 법률로부터 유래하고, 헌법제정 후에는 청원권과 결부되었다. 집회의 자유는 공화정체와 관련하여 다분히 국민주권에서 유래하는 것이다. 미국은 영국의 군주주권으로부터 독립하여 군주가 없는 국가로 출발했기 때문에 이러한 것은 당연한 것으로, 헌법제정회의에 국민의 대표가 모인 미국에서 집회라는 것은 국민주권과 연결된다. 따라서 집회의 자유는 청원권과 결부되어 국가에 대한 요구권적 성격을 가지고, 또한 국민주권과 관련되어 참정권적 성격을 가진다. 그래서 20세기에는 집회의 자유가 청원권과 일체가 되어 논해지는 것이다.

이러한 집회의 자유는 연방대법원 판례를 통하여 발전한다. 헌법상 집회의 자유를 처음으로 본격적으로 다루게 되는 1876년 United States v. Cruikshank 사건, 집회의 자유와 언론의 자유 그리고 출판의 자유를 같은 뿌리로 보고, 헌법상의 집회의 자유에 대하여 일반적인 기술 방식을 보인 1937년 DeJonge v. Oregon 사건, 그리고 공적연설론의 계기가 되는 1939년 Hague v. Committee for Industrial Organization 사건 등이 초기 집회의 자유를 형성하는 대표적인 판례들이다. United States v. Cruikshank 사건에서는 수정헌법 제1조가 규정하는 평온하게라는 것과는 달리 '합법적인 목적'이라는 제약 개념을 사용하여, 집회의 자유에는 평온하게, 국민이라는 제한뿐만 아니라 집회의 행사에 있어서 '목적의 합법성'이 요청되었다. DeJonge v. Oregon 사건에서는 '합법적인 목적' 외에 방법이나 형태에 있어서도 제한할 여지가 있다고 판단한다.

미국헌법상 집회의 자유는 단지 민주주의 정치원리의 장식적 규정에 불과한 것이 아니다. 이를 계기로 언론이나 집회의 효과를 높이는 결사의 자유가 주장되고, 다시 결사의 자유로부터 프라이버시가 나오는 등 집회의 자유의 규정은 자유롭고 민주적인 체제에 필수적인 자유를 파생시킨다. 이와 같이 미국 집회의 자유의 초기 형성은 단순한 헌법 수용사도 아니요 그렇다고 판례의 흐름에 불과한 것도 아니다. 미국의 다른 헌법 영역도 마찬가지겠지만, 집회의 자유를 통해서도 미국 입헌주의 역사를 확인할 수 있다.

<참고문헌>

1. 국내문헌

게오르그 옐리네크 외/김효전 편역, 『독일 기본권 이론의 이해』, 법문사, 2004.

김상겸, 「미국헌법상 집회의 자유에 관한 연구」, 『미국헌법연구』 제15권 제1호, 미국헌법학회, 2004. 6.

김승환, 「결사의 자유」, 『헌법학연구』 제6권 제2호, 한국헌법학회, 2000. 11.

김종서, 「집회의 자유를 말한다」, 『씨알의 소리』 통권 제205호, 함석헌기념사업회, 2009. 7·8.

김종철, 「영국의 집회 및 시위의 자유 : 야간집회금지와의 관련성을 중심으로」, 『서강법학』 제11권 제1호, 서강대학교 법학연구소, 2009. 6.

김효전, 『헌법』, 소화, 2009.

아렌트, 한나 지음/홍원표 옮김, 『혁명론』, 한길사, 2004.

안경환·정인섭 편, 『집회의 자유와 집시법』, 사람생각, 2003.

앙드레 모로아 지음/신용석 옮김, 『미국사』, 기린원, 1991.

______, 『영국사』, 기린원, 1991.

양 건, 「집회·시위의 자유 : 미국·일본의 판례를 중심으로」, 『월간고시』 통권 제154호, 법학사, 1986. 11.

유길준 지음/허경진 옮김, 『서유견문 : 조선 지식인 유길준, 서양을 번역하다』, 서해문집, 2004.

이병규, 「영국헌법의 본질과 특색」, 『동아법학』, 동아대학교 법학연구소, 2010. 8.

이희훈, 『집회의 자유와 집시법』, 경인문화사, 2009.

______, 「집회의 개념에 대한 헌법적 고찰」, 『헌법학연구』 제12권 제5호, 한국헌법학회, 2006. 12.

장태영, 「제21조 집회의 자유」, 『공익과 인권』 제4권 제1호, 서울대학교 BK21 법학연구단 공익인권법연구센터, 2007. 2.

Jennings, Ivor/안경환·이동민 공역, 「마그나 카르타와 그 영향」, 『저스티스』 제27권 제2호, 한국법학원, 1994. 12.

한동훈, 「프랑스법상 집회와 시위에 관한 소고」, 『법제연구』 통권 제35호, 한국법제연구원, 2008. 12.

한수웅, 「집회의 자유와 '집회 및 시위에 관한 법률' : 집회금지장소규정에 대한 위헌성 판단을 겸하여」, 『저스티스』 제37권 제1호(통권 제77호), 한국법학원, 2004. 2.

홍성방, 「기본권의 분류」, 『고시연구』 제26권 제5호(통권 제302호), 고시연구사, 1999. 5.

2. 외국문헌

Benedict, Michael Les. *The Blessings of Liberty : Concise History the Constitution of the United States*. D. C. Health and Company, 1996.

Churchill, Robert H. "Gun Regulation, the Police Power, and the Right to Keep Arms in Early America: The Legal Context of the Second Amendment." 25 Law & Hist. Rev. (Spring, 2007).

Cole, David. "Hanging With the Wrong Crowd: Of Gangs, Terrorists, and the Right of Association." Sup. Ct. Rev. at 227 (1999).

______, "Agon at Agora: Creative Misreadings in the First Amendment Tradition." 95. Yale L. J. 857, at 894 (1986).

Corwin, Edward S. *The Constitution and What it means*. Princeton Univ Press, 1978. (revised Harold W. Chase and Craig R. Ducat)

Crawford, Stanley E. Tscheope, Andy A. "The Erosion of the Noerr Pennington Immunity." 13 St. Mary's L.J. 291 (1981).

Curtis, Michael Kent. "The 1859 Crisis over Hinton Helper's Book The Impending Crisis: Slavery, Free Speech, and the Meaning of the First Section of the Fourteenth Amendment." 68 Chi. Kent L. Rev. 1113 (1993).

Eldredge, John. "Detainment of United States Citizens as Enemy Combatants under a Forth Amendment Historial Analysis." 6 J. L. & Soc. Challenge 19, at 24 (Fall, 2004).

Emerson, Thomas I. "Colonial Intentions and Current Realities of the First Amendment." 125 U. Pa. L. Rev. 737 (1976－1977).

Fallon, Richard H. *The Dynamic Constitution : An Introduction to American Constitutional Law*. Cambridge University Press, 2004.

Farber, Daniel A. Suzanna Sherry, *A History of the American Constitution*, West : 2edition, 2005.

Galston, Miriam. "Taking Aristotle Seriously: Republican－Oriented Legal Theory and the Moral Foundation of Deliberative Democracy." 82 Cal. L. Rev. 331, 339 (1994).

Goldberger, David. "A Reconsideration of Cox v. New Hampshire: Can Demonstrators Be Required to Pay the Costs of Using America's Public Forums?" 62 Texas L. Rev. 403 (1983).

Hamburger, Philip. "Religious Freedom in Philadelphia." 54 Emory L. J. 1603, 1632 (Fall, 2005).

Howard McIlwain, Charles. *Constitutionalism: Ancient and Modern*. Cornell University Press, 1947.

Kennedy, Kirk A. "Reaffirming the Natural Law Jurisprudence of Justice Clarence Thomas." 9

Regent U. L. Rev. 33 (1997).

Kobach, Kris W. “May ‘We the People’ Speak? The Forgotten Role of Constituent Instructions in Amending the Constitution.” 33 U. Cal. Davis L. Rev. 1 (Fall, 1999).

Locke, John. T*wo Treatises of Government*. 1690. 이극찬 역, 『시민정부론』, 연세대학교출판부, 1970.

McWhirter, Darien A. *Freedom of Speech, Press, and Assembly*. Oryx Press, 1994.

Mazzone, Jason. “Freedom’s Associations.” 77 Wash. L. Rev. at 712 (2002).

Montesquieu, Charles de Secondat, baron de. *De l’esprit des los*. 1748. 신상초 역, 『법의 정신』, 을유문화사, 1963.

Morris, Jennifer E. “Human Rights Violations during the Tiananmen square and the Precedents Obliging United States Response.” 13 Cardozo L. Rev. 1375 (1991).

Russell, Margaret M. *Freedom of Assembly and Petition: The First Amendment, Its Constitutional History and the Contemporary Debate (Bill of Rights)*. Prometheus Books, 2010.

Ville, M. J. C. *Constitutionalism and Separation of Powers*. Indianapolis, Liberty Fund, 1998.

Worth, Kinvin. “Notes for a Comparative study of the Origins of Federalism in the United Stated and Canada.” 15 Ariz. J. Int’l & Comp. L. 93 (1998).

25 자연재난법제에 관한 소고*

김 세 규**

Ⅰ. 서 설

제18호 태풍 '차바'가 2016년 10월 5일 최고 초속 50m의 강한 바람에 최고 659.5mm의 비를 뿌리며 제주도와 남해안을 할퀴고 지나갔다. '가을 태풍' 차바는 10월 한반도에 상륙한 태풍 중 역대 가장 강했으며, 7~8월 태풍과 견줘도 뒤지지 않는 위력을 보였다.[1]

또한 2017년 11월 15일 포항시 흥해읍 남송리에서 규모 5.4의 본진이 발생하였다. 이번의 포항 지진은 1978년 대한민국 지진 관측 이래 2016년 9월 12일 경주 지진(규모 5.8)에 이어 두 번째로 큰 규모이며, 역대 가장 많은 피해가 발생한 지진이라고 할 수 있다.[2]

자연재난에 대한 법적 규정들이 규칙적으로 자연적 사건(예컨대 지진, 홍수, 호우, 허리케인과 같은)의 발생을 미연에 저지할 수 없지만, 다양한 규모로 자연적 사건에 의한 피해 발생을 방지하거나 줄일 수 있다는 것이다.[3] 또한 법적 질서는 자연적 사건으로부터 대규모 피해영향 즉 재난이 더 진전되지 않도록 배려할 수 있다고 한다(예컨대 홍수지역과 눈사태지역 또는 독일 이외의－활화산과 관련된 곳 근처의 건축금지).[4] 나아가 자연재난에 대한 법적 규율은 재난예방의 두 가지 단계로 구별되며, 곧 그 첫 번째 단계는 피해저지(Schadensverhinderung) 내지 피해회피(Schadensvermeidung), 두 번째 단계는 피해감소(Schadensverminderung)를 말하는데 이때 이와 같은 경계 설정이 사실상 물론 항상 명백히 구별되지는 않는다고 한다.[5]

이 글월은 태풍, 지진 등과 같은 자연재난에 관한 우리의 「재난 및 안전관리 기본법」, 「자연재해대책법」, 그리고 「지진·화산재해대책법」의 주요내용과 그 개선방안을 살펴보고

---

* 이 논문은 동아대학교 학술연구비 지원에 의하여 연구되었음. 또한 이 논문은 2018년 2월 한국비교공법학회 공법학연구 제19권 제1호(425－455면)에 게재된 것입니다. 한국헌법학회와 한국비교공법학회 회장님, 부총장님을 역임하신 삼가 존경하옵는 교수님께, 이 조그만한 글월을 올립니다! 더불어 삼가 늘 강녕하옵시기를 감히 빕니다.

** 동아대학교 법학전문대학원 교수.

1 한겨레 2016년 10월 6일자 1면 역대급 10월 태풍에 속수무책 물바다: 2016 재해연보, 행정안전부 국민재난안전포털 pdf 49면에서 재인용.

2 인터넷 위키백과 참조(2018. 1. 3. 접속.).

3 Michael Kloepfer, Zur Vermeidung von Naturkatastrophen durch Recht, DVBl Heft 3·2017, S. 146.

4 Michael Kloepfer, 위의 논문, S. 146.

5 Michael Kloepfer, 위의 논문, S. 146.

자 한다.

물론 이미 학제적으로 많이 연구되어 있으며, 따라서 이와 같은 선행연구에 힘입어 원용·정리하였으며 독일의 클뢰퍼(Michael Kloepfer) 교수의 논지도 일부 소개하였다. 이하에서는 Ⅰ. 자연재난 관련법의 헌법적 근거와 국가의 국민안전보장의무를 서술하고, Ⅱ. 미국, 독일, 일본의 재난법제의 주요내용을 기술하였으며, Ⅲ. 우리나라의 자연재난 관련법으로서 「재난 및 안전관리 기본법」, 「자연재해대책법」, 「지진·화산재해대책법」의 주요내용을 정리하였으며, 끝으로 우리나라의 자연재난 관련법제에 대한 개선방안을 원용·제시하고자 한다.

1. 재난법제의 헌법적 근거

(1) 재해예방과 위험보호에 관한 권리는 먼저 헌법 제34조 제6항에서 "국가는 재해를 예방하고 그 위험으로부터 국민을 보호하기 위하여 노력하여야 한다"고 규정하고 있다. 곧 헌법 제34조 제6항의 취지를 구체화하여 화재·붕괴·폭발 등 인위재난(자연재난 등은 제외됨)이 발생한 경우에 재난관리체제·긴급구조재난기구의 설치, 응급조치 등을 하고, 특별재해지역선포 등을 할 수 있도록 「재난 및 안전관리 기본법」이 제정되었다(2004. 3. 11. 법률 제7188호).[6] 이러한 「재난 및 안전관리 기본법」에 따라 국가 및 지방자치단체는 재난으로부터 국민의 생명·신체 및 재산을 보호할 책임을 지고 재난의 예방과 피해경감을 위하여 노력하여야 한다(법 제1조).[7] 「재난 및 안전관리 기본법」 제2조에서 기본이념[8]을, 이어서 제3조 제1호에서 재난(자연재난과 사회재난)[9]을 정의하고 있다.

(2) 재해의 위험으로부터 국민을 보호해야 할 의무에 관해서, 사회국가의 과제는 국민에 대한 생존적 배려와 사회적 약자에 대한 사회보장에 그치는 것이 아니라 사회에서

---

6 김철수, 헌법학신론[제21전정신판], 박영사, 2013, 966면.

7 김철수, 위의 책, 966면.

8 「재난 및 안전관리 기본법」 제2조(기본이념) "이 법은 재난을 예방하고 재난이 발생한 경우 그 피해를 최소화하는 것이 국가와 지방자치단체의 기본적 의무임을 확인하고, 모든 국민과 국가·지방자치단체가 국민의 생명 및 신체의 안전과 재산보호에 관련된 행위를 할 때에는 안전을 우선적으로 고려함으로써 국민이 재난으로부터 안전한 사회에서 생활할 수 있도록 함을 기본이념으로 한다."

9 동법 제3조(정의) 이 법에서 사용하는 용어의 뜻은 다음과 같다. 1. "재난"이란 국민의 생명·신체·재산과 국가에 피해를 주거나 줄 수 있는 것으로서 다음 각 목의 것을 말한다. 가. 자연재난: 태풍, 홍수, 호우, 강풍, 풍랑, 해일, 대설, 낙뢰, 가뭄, 지진, 황사, 조류 대발생, 조수, 화산활동, 소행성·유성체 등 자연우주물체의 추락·충돌, 그 밖에 이에 준하는 자연현상으로 인하여 발생하는 재해 나. 사회재난: 화재·붕괴·폭발·교통사고(항공사고 및 해상사고를 포함한다)·화생방사고·환경오염사고 등으로 인하여 발생하는 대통령령으로 정하는 규모 이상의 피해와 에너지·통신·교통·금융·의료·수도 등 국가기반체계(이하 "국가기반체계"라 한다)의 마비, 「감염병의 예방 및 관리에 관한 법률」에 따른 감염병 또는 「가축전염병예방법」에 따른 가축전염병의 확산 등으로 인한 피해.

발생하는 모든 부정적 현상에 적절하게 대처해야 할 국가의 포괄적인 의무를 포함한다는 것이다.[10] 따라서 자연재해를 비롯하여 현대산업사회에서 발생하는 재해의 위험을 방지하고 재해의 위험으로부터 국민을 보호하는 것도 사회국가의 과제에 속하며, 헌법 제34조 제6항에서 자연재해등으로부터 국민을 보호해야 할 국가의 의무를 부과하고 있다.[11] 곧 입법자는 「재난 및 안전관리 기본법」, 「재해구호법」[12] 등 일련의 법률을 통하여 이러한 의무를 이행하고 있다는 것이다.[13]

2. 국가의 국민안전보장의무

국가의 국민안전보장의무는 직접적으로 개인의 안전이라는 기본권적 법익의 실현을 보장할 국가의 의무라고 정의하며, 이는 국가의 기본권보장의무가 안전에 관하여 구체화된 것이라고 한다.[14] 대한민국헌법은 그 전문에서 우리들과 우리들의 자손의 안전을 영원히 확보할 것을 다짐하고 있고, 제34조 제6항에서는 국가에 대해 재해를 예방하고 그 위험으로부터 국민을 보호하기 위해 노력할 의무를 부과하고 있지만, 이러한 규정으로부터 안전권을 명쾌하게 도출할 수 있는지부터 논쟁의 대상이 되고 있다는 견해를 표명한다.[15]

현행 헌법상 국가의 국민안전보장의무를 간접적으로나마 도출할 수 있다면 헌법 전문의 "… 대한민국은 … 우리들과 우리들의 자손의 안전과 자유와 행복을 영원히 확보할 것을 다짐하면서 …"라고 규정하고 있는 것과 헌법 제10조 제2문 "국가는 개인이 가지는 불가침의 기본적 인권을 확인하고 이를 보장할 의무를 진다"라는 조항을 들 수 있다는 것이다.[16][17]

재난관리를 위해 제정된 법은 「헌법」으로부터 도출되는 재난관리에 관한 국가의 책무를 이행하기 위한 구체화법이라 할 수 있다.[18] 곧 자연재난에 관련된 법으로서 「재난 및

---

10 한수웅, 헌법학[제6판], 법문사, 2016, 1051면.

11 한수웅, 위의 책, 1051면.

12 「재해구호법」 제1조(목적) 이 법은 이재민의 구호와 의연금품의 모집절차 및 사용방법 등에 관하여 필요한 사항을 규정함으로써 이재민 보호와 그 생활안정에 이바지함을 목적으로 한다. 이어서 제2조 제1호에서 "이재민"이란 「재난 및 안전관리 기본법」 제3조 제1호에 따른 재난으로 인한 피해를 입은 사람으로서 주거시설의 손실 정도 등 대통령령으로 정하는 기준에 해당되는 재해를 입은 사람을 말한다.

13 한수웅, 앞의 책, 1051면.

14 김대환, 국가의 국민안전보장의무, 공법학연구 제15권 제3호, 한국비교공법학회, 2014. 8, 11면.

15 김대환, 위의 논문, 5면. 나아가 안전권에 관해서는 위의 논문 5−35면에서 상술하고 있다.

16 전학선, 재난관리법제의 문제점 및 개선방안, 외법논집 제38권 제4호, 한국외국어대학교 법학연구소, 2014. 11, 84면.

17 이와 더불어 헌법 제23조의 재산권 규정과 제34조 제6항의 "국가는 재해를 예방하고 그 위험으로부터 국민을 보호하기 위하여 노력하여야 한다."는 조항 및 제35조 제1항의 환경권 조항, 제36조 제3항의 보건권 조항 및 헌법 제4조와 제5조의 평화국가조항 및 헌법 제10조의 인간의 존엄과 행복추구권 조항 등을 들 수 있다는 것이다.: 전학선, 위의 논문, 84면.

18 백옥선, 지진재난의 대비와 대응법제 −공적 주체와 사회의 역할− , (사)한국행정법학회·한국법제연구원·사법정책연구원 2016년 공동학술대회 지진관련 재난법제의 현황과 과제, 2016. 12. 9, 공동학술대회 발표자료집,

안전관리 기본법」,[19] 「자연재해대책법」,[20] 「지진·화산재해대책법」 등은 국민의 생명과 신체의 안전을 보호하기 위해 국가와 지방자치단체의 재난관리임무에 관해 구체적으로 규정하고 있다.[21]

과학이 발달하고 문명을 높은 수준으로 유지하고 있는 문명국가라면 재난으로부터 인간의 생명과 문화와 재산을 보호하고 안전을 지키는 것을 국가의 의무로 하여야 한다는 견해[22]에 공감한다.

Ⅱ. 미국, 독일, 일본의 재난법제의 주요내용

이하에서는 미국, 독일, 일본의 재난법제에 관해서는 많은 선행연구가 축적되어 있으므로 여기서는 간단히 살펴보고 우리에게 시사하는 바를 찾고자 한다.

1. 미국의 경우

현재 미국의 재난 대응체계에서 중심축이 되는 연방 법률은 1988년 상원의원인 로버트 스태포드가 주도하여 자연재해 위험의 감소를 목적으로 제정한 스태포드 재난구호 및 응원지원법(Robert T. Stafford Disaster Relief and Emergency Assistance Act 스태포드법: Stafford Act)이라는 것이다.[23] [24]

1988년에 제정된 동 법률에 근거하여 미국 연방 대통령은 주요재난지역으로 선포를 할 수 있고, 그 지역의 희생자들에게 연방으로부터의 지원을 제공할 수 있게 된다는 것이다.[25] 곧 동 법률의 핵심은 주정부와 지방정부가 대규모 피해를 입은 경우에 스스로의 힘

pdf 58면.

19 「재난 및 안전관리 기본법」 제4조 제1항; 백옥선, 위의 공동학술대회 발표자료집, 58면.

20 「자연재해대책법」 제3조 제1항; 백옥선, 위의 공동학술대회 발표자료집, 58면.

21 백옥선, 위의 공동학술대회 발표자료집, 58면.

22 정극원, 재난대응의 체계화와 효율성 제고의 법적 방안, 유럽헌법연구 제16호, 유럽헌법학회, 2014. 12, 30면.

23 이상경, 미국의 재난대응체계의 규범적 고찰과 시사점, 서울法學 제23권 제2호, 서울시립대학교 법학연구소, 2015. 11, 38-39면.

24 곧 구체적으로 동법은 ① 현행 재난구조프로그램의 범위를 확대개선하고, ② 종합적인 재난대비 및 지원을 위한 계획, 프로그램, 역량, 그리고 조직을 개발하도록 장려하며, ③ 재난대비 및 구조프로그램의 확대된 조정과 대응을 달성하고자 한다. 또한 ④ 정부지원을 대체할 수 있는 보험에 가입하도록 장려하며, ⑤ 재난으로 인한 손실을 줄이기 위해 토지이용 및 건축규제를 포함하는 위험완화조치를 하도록 권장하고, ⑥ 재난으로 인한 공공 및 민간의 손실에 대하여 연방지원프로그램을 제공하는 내용을 포함하고 있다고 설명한다.: 이상경, 위의 논문, 39면에서 인용.

25 이진수, 미국의 지진대응법제의 주요내용과 시사점, (사)한국행정법학회·한국법제연구원·사법정책연구원 2016년 공동학술대회 지진관련 재난법제의 현황과 과제, 공동학술대회 발표자료집, pdf 95면.

으로 재난에 대하여 효율적으로 대응하기 어려울 경우에는, 주정부와 지방정부는 연방정부에 재해 대응을 위한 지원 요청을 할 수 있도록 하였고, 연방정부는 주정부와 지방정부의 그와 같은 요청을 받아들여 가용한 자원을 지원할 수 있게 되었다는 것이다.[26] 그리고 2013년 4월에 동 법률이 개정되었는데 그 구성은 다음과 같이 기술할 수 있다고 보는 것이다.[27]

2. 독일의 경우

독일기본법은 재난(Katastrophe)과 관련하여 제11조 제2항, 제35조 제2항·제3항에서 '자연재난(Naturkatastrophe)', '감염병위험(Seuchengefahr)', '특히 중대한 사고(besonders schwerer Unfall)' 개념을 규정하고 있다는 것이다.[28]

연방정부 차원에서는 재난행정시설로서 연방내무부(Bundesinnenministerium), 연방 민간보호 및 재난구호청(Bundesamt für Bevölkerungsschutz und Katastrophenhilfe: BBK), 연방국경수비대(Bundesgrenzschutz), 연방정보원(Bundesnachrichtendienst), 기술지원청(Technische Hilfswerk: THW) 그리고 여러 가지 특별기구 등을 들 수 있다는 것이다.[29]

여기서 특별한 의미를 갖는 것으로 2004년에 새로 창설된 연방 민간보호 및 재난구호청을 들 수 있다.[30] 연방 민간보호 및 재난구호청은 조정기관으로서 국가적으로 중요한 위험시설에 대하여 민간을 보호하고 아울러 각 주에 분산되어 있는 재난대응권한을 하나로 통합하여 조율함으로써 연방적 결함을 완화하는 역할을 한다고 설명하고 있다.[31]

---

26 이진수, 위의 공동학술대회 발표자료집, pdf 95면.

27 제1장 정의(definition), 제2장 재난대비 및 경감지원(Disaster Preparedness and Mitigation Assistance) – 연방 및 주정부의 재난대비 프로그램, 재난경고, 재난전 위해 경감, 행정기관간 대응팀 구성 등, 제3장 주요재난과 위기에 대한 지원 행정(Major Disaster and Emergency Assistance Administration), 제4장 주요재난지원 프로그램(Major Disaster Assistance Programs), 제5장 연방정부의 위기지원프로그램(Emergency Assistance Programs), 제6장 위기대비(Emergency Preparedness), 제7장 보칙으로 구성되어 있다는 것이다.: 이진수, 위의 공동학술대회 발표자료집 pdf 95면. 아울러 Robert T. Stafford Disater Relief and Emergency Assistance Act, Public Law 93–288, as amended, 42 U.S.C. 5121 et seq. Located in United States Code, Title 42. The Public Health and Welfare, Chapter 68. Disaster Relief.: 이진수, 위의 공동학술대회 발표자료집, pdf 95면 각주 2)에서 재인용.

28 이기춘, 독일 재난관리법의 기초 –재난개념, 재난관리개념, 재난관리법제의 특성, 협의 및 광의의 재난법개념에 관한 고찰을 중심으로–, 지방자치법연구 제16권 제2호(통권 제50호), 한국지방자치법학회, 2016. 6, 266면.

29 조인성, 재난행정법에 관한 독일에서의 논의와 그 시사점, 서울法學 제22권 제2호(Ⅰ), 서울시립대학교 법학연구소, 2014. 11, 384면, 재인용 각주 54 Stober, Rolf/ Eisenmenger, Sven, Katastrophenverwaltungsrecht – Zur Renaissance eines vernachlässigten Rechtsgebietes, NVwZ 2005, S. 125.

30 조인성, 위의 논문, 384면.

31 조인성, 위의 논문, 384면, 재인용 각주 55 Gesetz v. 27. 4. 2004 (BGBl Ⅰ, 630); BT_Dr 15/2286 v. 22. 12. 2003.

3. 일본의 경우

1959년 9월 이세완(伊勢湾) 태풍으로 사망·행방불명자 약 5,000명의 피해가 발생하였다. 이에 당시 키시(岸信介)정권은 재해에 대처하기 위한 법률제정의 필요성을 절감하고, 재해대책에 관한 종합적·과학적·항구적 재해예방 시책을 수립하고 추진함으로써 국토보전에 만전을 기하기 위한 방재대책의 필요성을 「재해대책기본법」(1961)으로 실현하게 되었다는 것이다.[32]

일본의 「재해대책기본법」은 보호대상, 책임주체, 필요체제 확립, 책임소재 명확화, 이의 달성을 위한 행정계획은 예방, 응급대책, 복구(부흥)로 구성하고 재정금융조치를 규정함으로써 재해대책의 기본(맥락)을 구체화하고 있다는 점을 들 수 있다.[33] 또한 이를 기준으로 종합적 계획적인 방재행정을 정비하고 대책 추진을 통하여 최종적으로는 사회질서 유지와 공공복지 확보라는 궁극적 가치를 실현하는 것이 방재대책이라고 명시하고 있는 점을 서술한다.[34]

일본의 「재해대책기본법」은 총칙 및 재해관련조직, 재해계획, 재해예방, 재해긴급대책, 재해복구, 피해자의 원호를 도모하기 위한 조치, 재정금융조치, 재해비상사태 등과 부칙 및 벌칙의 11장으로 이루어진 재난의 대응에 관한 기본법이다는 것이다.[35] 또한 일본의 「재해대책기본법」은 제2조 제1항에서 재난을 "폭풍, 폭우, 폭설, 홍수, 만조, 지진, 쓰나미 기타 통상적이지 않은 자연재해, 화재, 폭발 등"으로 규정하고 있어 자연재해로 야기된 재난에 초점을 맞추고 있다고 보는 것이다.[36]

재해대책법제는 크게 (1) 방재(예방원칙, 재해의 회피·감재(減災), 응급대응의 준비), (2) 응급대책(구원), (3) 복구(원상회복), (4) 부흥(새로운 사회관계의 구축)이라는 4개의 국면으로 구분할 수 있다는 것이다.[37]

그리고 재해로 인하여 잃어버린 사적 재산(私財)의 보상에 관하여, 재해로 인하여 잃어버린 사적 재산의 국가보상은 허용되지 않는다.[38] 그렇지만 무상 내지 저액의 가설주택 또는 공적 주택으로의 입주나 재해를 입은 재해민의 사업재개를 위한 저리융자 등은 개개

---

32 이호동, 위기관리 역량제고를 위한 법적 개선과제 −일본 위기관리 법체계 분석과 시사점−, 한국위기관리논집 제7권 제4호, 2011. 8, 64면.

33 이호동, 위의 논문, 65면.

34 이호동, 위의 논문, 65면.

35 주강원, 재난과 재난법에 관한 소고, 홍익법학 제15권 제2호, 2014. 6, 432면.

36 주강원, 위의 논문, 432면.

37 岡田正則, 巨大自然災害·原發災害と法 −基礎法学の視点から(シンポジウム企劃趣旨說明)−, 法律時報85卷3号, 2013. 3. 1, 78면.

38 棟居快行, 大規模災害と權利保障, 公法研究 第76号, 2014, 61면.

인의 행복추구의 전제조건인 '자유'의 재구축을 위한 시책으로서 허용된다는 것이다.[39]

4. 소결 — 보충 및 정리

한편 독일의 클뢰퍼(Michael Kloepfer) 교수는 독일재난법의 기본원칙으로 6원칙(회피원칙, 원인자원칙, 협력의 원칙, 보충성원칙, 효과성의 원칙, 환경정의)을 상정하고 서술하였다는 것이다.[40] 여기서 클뢰퍼 교수가 제1순위로 제시한 재난법상 회피원칙(Vermeidungsprinzip)이라 함은 국가에게 재난위험(Gefahr)과 손해를 가능한 한 그리고 상당성 있게 회피할 것을 요구한다. 위험과 손해가 발생하기 이전에 미리 저지되어야 한다. 따라서 각종 재난조치들은 아직 위험이라고 부를 수 없는 리스크(Risiko) 단계의 사안에도 개입할 수 있다는 것을 요체로 하는 원칙이다는 점을 강조한다.[41] [42]

미국의 재난대응체계에 있어 관련 담당자는 지속적으로 업무를 관장함으로써 고도의 전문성을 함양할 수 있다는 것이다.[43] 반면 우리나라의 경우 재난관리업무를 담당하는 정부와 지방자치단체의 공무원들이 보직순환으로 인하여 전문성이 결여되고 고도의 숙련된 자세로 재난대응을 하기 어렵다는 논지의 연장선에서, 앞으로 재난관리법제의 재정비를 통하여 보완하여야 할 것이다.[44]

자연재해의 발생 그 자체는 대개 관리의 대상에 있는 것은 아니지만, 자연재해로 인하여 각 개인의 생활이 받는 손해는 생활을 지탱하는 물적 조건이나 사회적 메커니즘이라는 인위적 측면에 의해 크게 좌우된다는 점이다.[45] 따라서 자연재해의 예방, 피재자(被災者)·피재지(被災地)의 응급적 구원, 피재자의 생활재건과 피재지의 부흥등의 여러 단계에 관한 재난법제도가 달성하여야 역할은 크다는 것이다.[46] 그리고 거기서 나타나는 여러 문제를 해결하기 위해서는 공법·사법·사회법·도시계획등 여러 법분야로부터 종합적인 해명이 요청된다는 것이다.[47] 앞으로 재난법제도의 중요한 과제로서 「재해약자」에 대한 지

39 棟居快行, 위의 논문, 61－62면.

40 이기춘, 독일재난법상 회피원칙과 원인자책임원칙에 관한 연구, 토지공법연구 제72집, 한국토지공법학회, 2015. 11, 469면.

41 Kloepfer, Michael, Handbuch des Katastrophenrechts, Nomos, Baden－Baden, 2015, Rn. 2, S. 110; 이기춘, 위의 논문, 470면에서 재인용.

42 독일 재난법상 기본원칙론의 검토와 도입가능성에 관해서는 이기춘, 우리나라 재난법제의 비판적 검토와 독일재난법상 기본원칙론의 도입필요성에 관한 고찰, 공법학연구 제18권 제1호, 한국비교공법학회, 2017. 2, 154－168면에서 상술하고 있다.

43 이상경, 앞의 논문(주 23), 60면.

44 이상경, 앞의 논문(주 23), 60면.

45 岡田正則, 災害·リスク對策法制の現狀と課題. 特集 災害·リスク對策の法的課題 法律時報81卷9号, 2009. 8. 1, 6면.

46 岡田正則, 위의 논문, 6면.

47 岡田正則, 위의 논문, 6면.

원책이라는 주장[48]에 동의한다.

그리고 일본의 경우 우리나라에 시사점으로서 자치단체 독자적인 위기관리체제가 존재하지 않는 경우, 특히 자연재해를 주된 원인으로 하는 주민에 대한 위험 또는 위해의 요인으로서 어느 정도 예측이 가능한 것과 예측이 곤란한 것으로 나누어 설명하고 있다.[49] 먼저 어느 정도 예측이 가능한 것으로서 토사재해, 풍수해, 설해등의 기상사정에 따른 재해로 초래된 위험 또는 위해의 요인을 들고 있다.[50] 원인이 기상사정에 있으므로 매일의 기상예보에 주의하고 이와 함께 자신의 지역주변에서 시정촌의 재해매뉴얼 등에 의한 피난경로 또는 피난장소의 정보를 사전에 확인해 둘 필요가 있다는 것이다.[51] 다음 예측이 곤란한 것으로서 대지진, 대해일 등의 자연재해로 초래된 위험 또는 위해의 요인을 들고 있다.[52] 앞서서 예측은 곤란하지만, 근래 기술적 진전으로 어느 정도 직근에서의 예측은 가능케 되었다는 점이다.[53] 또한 대해일은 기본적으로 대지진 후에 발생하게 되므로 예측가능 한 경우가 있을 수 있으며, 다만 주변지역에서의 지진발생을 확인할 수 없는 경우에도 먼 곳 해양에서 발생하는 지진을 원인으로 하는 대해일의 발생에 관해서는 주의를 필요로 한다는 것이다.[54]

Ⅲ. 우리나라 자연재난 관련법의 주요내용

「지진·화산재해대책법」과 「자연재해대책법」의 관계는 지진·화산재해대책법 제4조의 규정에서 지진·화산재해 복구 등 이 법으로 특별히 규정하지 아니한 사항은 자연재해대책법으로 정하는 바에 따른다고 규정하고 있으므로 자연재해대책법이 일반법의 성격을 지닌다는 것이다.[55]

이하에서 우리나라 자연재난 관련법으로 「재난 및 안전관리 기본법」, 「자연재해대책법」, 그리고 「지진·화산재해대책법」의 주요내용을 살펴보고자 한다. 특히 자연재해대책법의 주요내용을 조문에 따라 순차적으로 정리하였다.

---

48 岡田正則, 위의 논문, 6면.

49 清野正哉, 福島第一原發事故を契機に 市民のための安心·安全情報の取り方, 中央經濟社, 2012, 152－153면.

50 清野正哉, 위의 논문, 152면.

51 清野正哉, 위의 논문, 152면.

52 清野正哉, 위의 논문, 153면.

53 清野正哉, 위의 논문, 153면.

54 清野正哉, 위의 논문, 153면.

55 김용섭, 우리나라 지진재해 대책법제의 현황과 개선과제, (사)한국행정법학회·한국법제연구원·사법정책연구원 2016년 공동학술대회 지진관련 재난법제의 현황과 과제, 2016. 12. 9, 공동학술대회 발표자료집, pdf 37면 각주 58).

1.「재난 및 안전관리 기본법」의 주요내용

(1) 현행「재난 및 안전관리 기본법」은 10개의 장과 부칙으로 이루어져 있다. 곧 제1장 총칙(제1조~제8조)에서는 목적,[56] 기본이념[57] 등을 규정하고 있다. 제2장 안전관리기구 및 기능(제9조~제21조)에서는 중앙안전관리위원회 등, 중앙재난안전대책본부 등, 재난안전상황실 등을 규정하고 있다. 이어서 제3장 안전관리계획(제22조~제25조), 제4장 재난의 예방(제25조의2~제33조의3), 제5장 재난의 대비(제34조~제35조)를 들 수 있다. 또한 제6장 재난의 대응(제36조~제57조)에서는 응급조치 등과 긴급구조를 규정하고 있다. 다음 제7장 재난의 복구(제58조~제66조의3)에서는 피해조사 및 복구계획, 특별재난지역 선포 및 지원, 재정 및 보상 등을 규정하고 있다. 그리고 제8장 안전문화 진흥(제66조의4~제66조의12), 제9장 보칙(제66조의13~제78조의2), 제10장 벌칙(제78의3~제82조), 끝으로 부칙을 들 수 있다.

(2) 국가재난법제에는 인간 생명에 대한 존중, 인간의 존엄성에 대한 존중, 인간의 근본적 권리에 대한 존중이라는 인류의 보편적 가치가 반영되어야 함을 강조한다.[58] 또한 국가재난법제에는 국민의 생명과 재산, 건강을 지키기 위한 책임이 명확하게 제시되어야 한다는 것이다.[59] 재난관리의 최종 책임이 대통령에게 있다면, 지방자치단체는 재난관리의 최일선에서 주민의 생명과 재산을 보호하는 것이 가장 중요한 기능으로 보아야 할 것이다.[60] 곧「재난 및 안전관리 기본법」 제3조 제5호에서 재난관리책임기관으로 중앙행정기관 및 지방자치단체와 지방행정기관·공공기관·공공단체 및 재난관리의 대상이 되는 중요시설의 관리기관 등으로서 대통령령으로 정하는 기관을 설정하고 있다.[61] 이어서「재난 및 안전관리 기본법」 제14조에서 대규모 재난을 총괄·조정하고 필요한 조치를 하기 위하여 행정안전부장관을 본부장으로 하는 중앙재난안전대책본부를 둔다는 것을 규정하고 있다.[62]

(3) 그리고 제9장 보칙에서는 행정안전부장관이「지방교부세법」에 따른 지방자치단체의 재난 및 안전관리 수요에 한정한 특별교부세 교부 등을 행한다(법 제66조의13 제1항).

---

56 제1조(목적) "이 법은 각종 재난으로부터 국토를 보존하고 국민의 생명·신체 및 재산을 보호하기 위하여 국가와 지방자치단체의 재산 및 안전관리체제를 확립하고, 재난의 예방·대비·대응·복구와 안전문화활동, 그 밖에 재난 및 안전관리에 필요한 사항을 규정함을 목적으로 한다."

57 제2조(기본이념) "이 법은 재난을 예방하고 재난이 발생한 경우 그 피해를 최소화하는 것이 국가와 지방자치단체의 기본적 의무임을 확인하고, 모든 국민과 국가·지방자치단체가 국민의 생명 및 신체의 안전과 재산보호에 관련된 행위를 할 때에는 안전을 우선적으로 고려함으로써 국민이 재난으로부터 안전한 사회에서 생활할 수 있도록 함을 기본이념으로 한다."

58 이재은, 국가재난법제의 정비와 실효성 확보 방안, 한국위기관리논집 제10권 제12호, 2014. 12, 7면.

59 이재은, 위의 논문, 7면.

60 이재은, 위의 논문, 7면.

61 이재은, 위의 논문, 7면.

62 이재은, 위의 논문, 9면.

또한 행정안전부장관은 재난이나 그 밖의 각종 사고의 발생 원인과 재난 발생시 대응과정에 관한 조사·분석·평가가 필요하다고 인정하는 경우 직접 재난원인조사를 실시하거나, 재난관리책임기관의 장으로 하여금 재난원인조사를 실시하고 그 결과를 제출하게 할 수 있다(동법 제69조 제1항). 동법 제71조의2 제1항에서 행정안전부장관은 재난 및 안전관리에 관한 과학기술의 진흥을 위하여 5년마다 관계 중앙행정기관의 재난 및 안전관리기술개발에 관한 계획을 종합하여 조정위원회의 심의와 「과학기술법」에 따른 국가과학기술심의회의 심의를 거쳐 재난 및 안전관리기술개발 종합계획을 수립하여야 한다는 규정하고 있다. 이에 더하여 법 제76조 제2항·제3항에서 「시설물의 안전 및 유지관리에 관한 특별법」 제2조에 따른 시설물이나 그 밖에 재난이 발생할 경우 타인에게 중대한 피해를 입힐 우려가 있는 시설 등 대통령령으로 정하는 시설을 소유·관리 또는 점유하는 자는 해당 시설에서 발생하는 화재, 붕괴, 폭발 등으로 인한 타인의 생명·신체나 재산상의 손해를 보상하기 위하여 보험등에 가입하여야 하며, 이에 따른 보험등의 종류·보상한도액 및 그 밖에 필요한 사항은 대통령령으로 정한다고 규정하고 있다.[63] 곧 재난배상책임보험의 무과실 책임주의에 따라 피해자에 대한 신속하고 실질적인 구제가 용이하다는 것이다.[64]

2. 「자연재해대책법」의 주요내용

「자연재해대책법」은 1967년 2월 28일 법률 제1894호로 제정된 「풍수해대책법」을 1995년 12월 6일 법률 제4993호로 전부개정하여 만든 자연재해대책에 관한 기본법으로 볼 수 있다.[65] [66] 법체계는 7개의 장과 부칙으로 이루어져 있다. 곧 제1장 총칙, 제2장 자연재해의 예방 및 대비, 제3장 재해정보 및 비상지원 등, 제4장 재해복구, 제5장 방재기술의 연구 및 개발, 제6장 보칙, 제7장 벌칙, 그리고 부칙을 들 수 있다.[67]

---

63 「재난 및 안전관리 기본법」 시행령 제83조의3(재난 관련 보험 또는 공제의 보상한도액 등) ① 법 제76조 제2항에 따른 보험 또는 공제(이하 "보험등")는 다음 각 호의 구분에 따른 보상한도액의 기준을 모두 충족하는 보험등이어야 한다.
1. 사망 또는 부상의 경우: 피해자 1명당 「자동차손해배상 보장법 시행령」 제3조 제1항 및 제2항에 따른 금액의 범위에서 피해자에게 발생한 손해액을 지급할 것
2. 재산상 손해의 경우: 사고 1건당 10억원의 범위에서 피해자에게 발생한 손해액을 지급할 것

64 행정안전부 제도안내 http://www.mois.go.kr/frt/sub/popup/pop_print/screen.do 2017. 12. 21. 접속.

65 김선광·황성남, 자연재해법과 재난관리법의 통합에 관한 연구, 법학논총 제28집 제4호, 2011. 12, 153면.

66 법제처, 지식창고 대한민국법제60년사 제9장 재난법제 제3절 자연재해대책법 1. 제정배경 2018. 2. 8. 최종 접속.

67 자연재해대책법 [법률 제14912호, 2017. 10. 24. 일부개정] [시행 2018. 10. 25.]의 개정이유와 주요내용은 다음과 같다.
(1) 먼저 개정이유로서 제시된 바는
첫째, 사업의 단계 및 규모 등에 관계없이 동일한 협의의 기준을 적용하고 있어 제도 운영의 실효성 저하 및 행정의 비효율이 초래되고 있다는 것이다. 둘째, 자연재해와 관련한 계획은 풍수해저감종합계획 및 시행계획

다음에서는 「자연재해대책법」의 주요내용을 살펴보도록 한다.

(1) 목적과 국가의 책무에 관해서는, 먼저 태풍, 홍수 등 자연현상으로 인한 재난으로부터 국토를 보존하고 국민의 생명·신체 및 재산과 주요 기간시설을 보호하기 위하여 자연재해의 예방·복구 및 그 밖의 대책에 관하여 필요한 사항을 규정함을 목적으로 한다고 규정하고 있다(제1조). 이어서 "국가는 「재난 및 안전관리 기본법」 및 이 법의 목적에 따라 자연재난으로부터 국민의 생명·신체 및 재산과 주요 기간시설을 보호하기 위하여 자연재해의 예방 및 대비에 관한 종합계획을 수립하여 시행할 책무를 지며, 그 시행을 위한 최대한의 재정적·기술적 지원을 하여야 한다"고 규정하고 있다(제3조 제1항).

(2) 재해영향평가등의 협의와 협의 대상에 관해서, 법 제4조 제1항에 따르면 "관계 중앙행정기관의 장, 시·도지사, 시장·군수·구청장 및 특별지방행정기관의 장(이하 "관계 행정기관의 장"이라 한다)은 자연재해에 영향을 미치는 행정계획을 수립·확정(지역·지구·단지 등의 지정을 포함한다. 이하 같다)하거나 개발사업의 허가·인가·승인·면허·결정·지정 등(이하 "허가등"이라 한다)을 하려는 경우에는 그 행정계획 또는 개발사업(이하 "개발계획등"이라 한다)의 확정·허가등을 하기 전에 행정안전부장관과 재해영향성검토 및 재해영향평가(이하 "재해영향평가등"이라 한다)에 관한 협의(이하 "재해영향평가등의 협의"라 한다)를 하여야 한다. [개정 2017. 10. 24.] [시행일 2018. 10. 25.][68] [69]

으로 한정되어 있어 기후변화 등으로 인하여 증가하는 이상 자연재해와 관련한 종합대책의 필요성이라는 현실적 요구와 맞지 아니한 상황이다는 것이다. 셋째, 이에 협의 대상 사업의 단계 및 규모에 따라 협의 기준을 달리할 수 있도록 행정계획의 수립·확정 및 개발사업의 허가·인가 등과 관련한 협의제도를 구분하고, 풍수해저감종합계획의 명칭을 자연재해저감종합계획으로 변경하고자 한다. 넷째, 지역자율방재단의 구성원에 대한 보상금의 법적 근거를 마련함으로써 지역자율방재단의 구성원이 임무 수행 또는 교육·훈련으로 인하여 질병에 걸리거나 부상을 입거나 사망한 경우 정당한 보상을 받을 수 있도록 하고자 한다.
(2) 이에 따라 다음 주요내용으로 제시된 바는
첫째, 행정계획은 재해영향성검토, 개발사업은 재해영향평가의 협의를 하도록 하였다(제2조 제4호 및 제5호 신설). 둘째, 재해영향평가등의 협의 대상인 개발계획등의 규모 등에 따라 그 사항 및 절차 등을 달리 정할 수 있도록 하였다(제4조 제7항 신설). 셋째, 시장·군수는 자연재해의 예방 및 저감을 위하여 10년마다 시·군 자연재해저감 종합계획을 수립하고, 시·도지사는 시·군 종합계획을 기초로 시·도 자연재해저감 종합계획을 수립하도록 규정하였다(제16조 제1항 및 제2항). 넷째, 시장·군수 및 시·도지사는 각각 자연재해저감 종합계획을 수립한 날부터 5년이 지난 경우 그 타당성 여부를 검토하여 필요한 경우에는 그 계획을 변경할 수 있도록 하였다(제16조 제3항 신설). 다섯째, 시장·군수·구청장은 지역자율방재단의 구성원이 재해 예방·대응·복구 활동 등에 참여 또는 교육·훈련으로 인하여 질병에 걸리거나 부상을 입거나 사망한 때에는 행정안전부령으로 정하는 범위에서 시·군·구의 조례로 정하는 바에 따라 보상금을 지급하도록 규정하였다(제66조 제3항 신설). 이상 법제처 국가법령정보센터 【제정·개정이유】 2018. 2. 8. 최종 접속.

68 또한 재해영향평가등의 협의를 하여야 하는 개발계획등에 관해서는 법 제5조 제1항에서 규정하고 있다. 다만 「재난 및 안전관리 기본법」 제37조에 따른 응급조치를 위한 사업이나 국방부장관이 군사상의 기밀보호가 필요하거나 군사적으로 긴급히 수립할 필요가 있다고 인정하여 행정안전부장관과 협의한 사업에 대하여는 위의 재해영향평가등의 협의를 하지 아니한다(법 제5조 제2항). [개정 2017. 10. 24.] [시행일 2018. 10. 25.].

69 개정법률은 현행 사전재해영향성 검토협의 제도를 재해영향평가 제도 등으로 세분화함으로써 제도 운영의 효

1995년 12월 6일 풍수해대책법을 자연재해대책법으로 전문개정을 하면서 재해예방·응급 및 복구에 등에 관한 3단계의 계획의 틀을 수립하였으며,[70] 이에 따라 대규모 개발계획이나 개발사업이 재해에 미치는 영향을 평가하여 그 경감대책을 강구하는 재해영향평가제를 도입하였다는 것이다.[71]

부연하면 재해영향평가제도는 개발사업으로 인해 발생 가능한 재해영향요인을 개발사업 시행이전에 예측·분석하고 적절한 저감방안을 수립·시행토록 하기 위해 사전예방 차원에서 개발사업에 대한 종합적이고, 체계적인 평가를 위한 것이다.[72] 또한 당시 1995년 12월 자연재해대책법에 그 근거를 두고 도입된 재해영향평가제도의 관리체계는 크게 예방적 수단, 규제적 수단, 그리고 구제적 수단이라는 3가지 수단을 내포하고 있다는 점을 강조한다.[73]

(3) 재해영향평가등의 재협의, 재해영향평가등의 협의 내용의 이행[74]·관리감독 등[75]에 관해서는, 관계행정기관의 장은 재해영향평가등의 협의를 완료한 개발계획등이 변경되는 경우에는 그 변경되는 개발계획등의 확정·허가등을 하기 전에 행정안전부장관과

율성을 높이도록 하였다. 그동안 사전재해영향성검토 협의제도가 각종 개발사업의 인·허가과정에서 거쳐야 하는 단순 행정절차로 인식되는 등 재해 유발 요인에 대한 대책 마련이 미흡하다는 지적이 있었다. 또한 사전재해영향성검토 협의 대상사업의 단계 및 규모 등에 관계없이 동일한 협의기준이 적용되어 제도 운영의 실효성이 저하된다는 지적이 있었다. 따라서 재해영향평가 제도를 부활시켜 개발사업의 재해저감 대책에 대한 정량적·공학적 검토 기능을 강화하는 한편, 협의 대상 사업의 단계 및 규모에 따라 평가항목을 달리 정함으로써 효율적인 제도운영이 가능토록 하였다.: '재해영향평가'제도 부활 등 예방대책 강화, 국민의 안전을 위한 세이프코리아뉴스(http://www.safekoreanews.com/newnews/print.php?uid=27227) pdf 1−2면. 2018. 1. 22. 접속.

70 어민선, 기획특집 자연재해·인위재난 우리나라 방재정책의 변천, 경기논단 2003년 여름호, 5(2), 경기연구원, 2003. 6, pdf 15면.

71 어민선, 위의 논문, pdf 15면.

72 어민선, 위의 논문, pdf 25−26면.

73 먼저 개발에 따른 홍수와 토사 유출량의 증대로 인한 하류피해 및 사면불안정으로 인한 재해요인을 최소화하는 예방적 수단을 들 수 있다. 또한 예방적 수단에 의한 억제에도 불구하고 발생가능한 피해는 강제적인 규제조치를 통해 방지하는 바가 규제적 수단이다는 것이다. 그리고 평가제에 의해 승인된 계획을 통하여 개발이 완료된 이후 발생할 수 있는 천재에 의한 피해에 대해서는 분쟁조정과 피해배상의 부분을 포함하는 바가 구제적 수단이다는 것이다.: 어민선, 위의 논문, pdf 26면.

74 재해영향평가등의 협의 내용의 이행에 관해서는 법 제4조 제1항에 따라 행정안전부장관으로부터 재해영향평가등의 협의(재협의를 포함한다.) 결과를 통보받은 관계행정기관의 장은 특별한 사유가 없으면 이를 해당 개발계획등에 반영하기 위하여 필요한 조치를 하여야 하며, 조치한 결과 또는 향후 조치계획을 행정안전부장관에게 통보하여야 한다(제6조 제1항). 또한 제1항에 따라 재해영향평가등의 협의 결과가 해당 개발계획등에 반영된 경우 관계행정기관의 장과 개발사업의 허가등을 받은 자(사업시행자)는 이를 성실히 이행하여야 한다(동조 제2항). [개정 2017. 10. 24.] [시행일 2018. 10. 25.]

75 또한 재해영향평가등의 협의 이행의 관리·감독에 관해서는 "관계행정기관의 장은 사업시행자가 재해영향평가등의 협의 내용을 이행하는지를 확인하여야 한다"(제6조의3 제1항). 이어서 "행정안전부장관 또는 관계행정기관의 장은 사업시행자에게 재해영향평가등의 협의 내용의 이행에 관련된 자료를 제출하게 하거나, 소속 공무원으로 하여금 사업장을 출입하여 조사하게 할 수 있다"(동조 제2항). [개정 2017. 10. 24.] [시행일 2018. 10. 25.]

재해영향평가등의 협의를 다시 하여야 하며(법 제5조의2 제1항), 재해영향평가등의 협의를 다시 하여야 하는 개발계획등의 범위 및 방법·절차 등에 필요한 사항은 대통령령으로 정한다고 규정하고 있다(제5조의2 제2항). [개정 2017. 10. 24.] [시행일 2018. 10. 25.]

(4) 자연재해저감 시행계획의 수립 등[76]에 관해서, 시장·군수는 매년 시·군 종합계획에 대한 다음 해의 시·군 시행계획을 작성하여 시·도지사에게 제출하여야 하며, 이 경우 시장·군수는 미리 관계 행정기관의 장 및 제19조의5제1항 각 호의 공공기관[77]의 장과 협의하여야 한다(제16조의2 제1항). 또한 우수유출저감대책 수립,[78] 각종 재해지도의 제작·활용[79]을 규정하고 있다.

(5) 해일위험지구의 지정,[80] 상습설해지역의 지정 등,[81] 상습가뭄재해지역 해소를 위한 중장기대책[82]을 규정하고 있다. 또한 재해정보체계의 구축 등,[83] 그리고 제36조에서 '지역긴급지원체계의 구축을, 제37조에서 '각종 시설물 등의 비상대처계획 수립'을, 제38조에서는 '방재관리대책 업무의 대행'을 규정하고 있다.

(6) 재해복구계획의 수립·시행 등, 방재기술의 연구·개발 및 방재산업의 육성 등에 관해서, "재난관리책임기관의 장은 소관 시설 또는 업무에 관계되는 자연재해가 발생하였을 때에는 이 법 또는 다른 법령에 특별한 규정이 있는 경우를 제외하고는 즉시 자체복구계획을 수립'시행하여야 한다"고 규정하고 있다(제46조 제1항). 또한 "정부는 국민의 생명, 재산 및 주요 기간시설을 보호하기 위한 자연재해 예방기법 등의 발전을 촉진하기 위하여 방재기술의 연구·개발 및 방재산업을 육성하여야 한다"고 규정하고 있다(제58조 제1항).

(7) 그리고 「재난 및 안전관리기본법」에서 규정한 예방·대비·대응·복구의 재해관리 4단계는 「자연재해대책법」에도 동일하게 적용된다는 것이다.[84] 곧 「자연재해대책법」 시

76 제16조의2(자연재해저감 시행계획의 수립 등) [본조제목개정 2017. 10. 24.] [시행일 2018. 10. 25.]

77 1. 국가 및 지방자치단체의 기관 2. 국립·공립 학교 3. 「공공기관의 운영에 관한 법률」 제4조에 따른 공공기관 4. 「지방공기업법」 제49조에 따라 설립된 지방공사 또는 같은 법 제76조에 따라 설립된 지방공단

78 "특별시장·광역시장·특별자치시장·특별자치도지사 및 시장·군수는 관할구역의 지역특성 등을 고려하여 우수의 침투 또는 저류를 통한 재해의 예방을 위하여 우수유출저감대책을 5년마다 수립하여야 한다"(제19조 제1항) [개정 2017. 3. 21.] [시행일 2018. 3. 22.]. 이에 따라 수립한 우수유출저감대책을 특별시장·광역시장·특별자치시장·특별자치도지사는 행정안전부장관에게 제출하여야 하며, 시장·군수는 시·도지사를 거쳐 행정안전부장관에게 제출하여야 한다(제19조 제2항). [시행일 2018. 3. 22.]

79 제21조 제1항 참조.

80 제25조의3 제1항 참조.

81 제26조의2 제1항·제5항 참조.

82 제33조 제1항·제4항 참조.

83 제34조 제1항·제2항·제7항, 제35조 제1항·제2항 참조.

84 명수정 외 3인, 자연재해 발생 시 환경부문의 대응체계 개선방안 연구, 정책보고서 2011-04 한국환경정책·평가연구원, 2011. 9, pdf 17-18면.

행규칙 제8조(재난대응시스템의 구축·운영 등) 제1항에서는 행정안전부장관은 재난관리책임기관의 장이 자연재해에 효율적으로 대응할 수 있도록 방역 및 의료, 재해쓰레기 처리, 도로, 산사태, 상수도, 하천시설, 소규모 시설, 수리시설, 도시 배수펌프장을 포함한 도시 방재시설 등 분야별로 재난대응시스템을 구축·운영하여야 한다고 규정하고 있다.[85] 또한 동 시행규칙 제14조(재해 유형별 행동요령에 포함되어야 할 세부 사항) 제1항에서는 시행령 제33조 제1항 제1호 및 제33조 제2항에 따른 단계별(예방단계, 대비단계, 대응단계, 복구단계) 행동 요령에 포함되어야 할 세부 사항을 규정하고 있다.[86]

3. 「지진·화산재해대책법」의 주요내용

또한 「지진·화산재해대책법」도 자연재난의 개별법이라 할 수 있는 것이다.[87] 곧 2008년 3월 28일 법률 제9001호로 제정되고 2009년 3월 25일부터 시행된 「지진재해대책법」은 현재 「지진·화산재해대책법」의 명칭으로 제1조에서 "이 법은 지진·지진해일 및 화산활동으로 인한 재해로부터 국민의 생명과 재산 및 주요 기간시설을 보호하기 위하여 지진·지진해일 및 화산활동의 관측·예방·대비 및 대응, 내진대책지진재해 및 화산재해를 줄이기 위한 연구 및 기술개발 등에 필요한 사항을 규정함을 목적으로 한다"[88]고 규정하고 있다. 그리고 자연재난의 피해를 입은 사람의 구호와 의연금품의 모집절차 및 사용방법 등에 관하여 필요한 사항을 규정하고 피해를 입은 사람의 보호와 그 생활안정에 이바지하기 위하여 「재해구호법」도 자연재난 개별법으로 들 수 있다는 것이다.[89]

(1) 제2조에서 1. "지진재해"는 「재난 및 안전 관리기본법」 제3조 제1호 가목에 따른 지진 또는 지진해일로 인하여 발생하는 피해로서 지진동(지진동: 지진으로 일어나는 지면의 진동)에 의한 직접 피해 및 화재, 폭발, 그 밖의 현상에 따라 발생되는 재해를 말한다. 2. "화산재해"는 「재난 및 안전관리 기본법」 제3조 제1호 가목에 따른 화산활동으로 인하여 발생하는 피해로서 화산재, 화쇄류, 화산이류, 화산가스, 용암, 화산성 지진·홍수 등에 의한 직접 피해 및 그로 인한 화재, 폭발, 그 밖의 현상에 따라 발생하는 재해를 말한다고 정의하고 있다.

이어서 국가와 재난관리책임기관의 책무에 관하여, "국가와 지방자치단체는 「재난

85 명수정 외 3인, 위의 정책보고서, pdf 18면 참조.
86 명수정 외 3인, 위의 정책보고서, pdf 18면 참조.
87 전학선, 앞의 논문(주 16), 85면.
88 전학선, 앞의 논문(주 16), 85면.
89 전학선, 앞의 논문(주 16), 85면.

및 안전관리 기본법」 및 이 법의 목적에 따라 지진재해 및 화산재해(이하 "지진·화산재해" 라 한다)로부터 국민의 생명과 재산, 주요 기간시설을 보호하기 위하여 지진·지진해일 및 화산활동의 관측·예방·대비 및 대응, 내진대책, 지진·화산재해를 줄이기 위한 연구 및 기술개발 등에 대한 계획을 수립하여 시행할 책무를 지며, 그 시행을 위하여 재정적·기술적 지원을 하여야 한다"(제3조 제1항). 이와 함께 "국가와 지방자치단체는 지진·화산재해의 예방 및 피해경감을 위한 국제적 공조, 지진·화산재해와 관련된 기술과 정보의 공유, 공동조사 및 연구개발 등 국제기구 및 관련 국가와의 협력을 강화하도록 노력하여야 하며, 이에 필요한 지원을 하여야 한다"고 규정하고 있다(동조 제2항). 제3조 제3항에서 「재난 및 안전관리 기본법」 제3조 제5호에 따른 재난관리책임기관의 장은 지진·화산재해를 줄이기 위하여 지진·화산재해의 예방 및 대비, 내진대책, 지진·지진해일 및 화산활동의 관측·분석·통보·경보전파 및 대응, 그 밖에 재난관리책임기관의 장이 필요하다고 인정하는 사항 중 소관 사항에 대하여 필요한 조치를 취하여야 한다고 규정하고 있다.

(2) 그리고 "지진·화산재해의 복구 등 이 법으로 특별히 규정하지 아니한 사항은 「재난 및 안전관리 기본법」및 「자연재해대책법」에서 정하는 바에 따른다"고 하여 다른 법률과의 관계를 규정하고 있다(제4조).

(3) 나아가 2017. 10. 24. 일부개정[법률 제14920호]되고, 2018. 10. 25. 시행인 「지진·화산재해대책법」의 주요내용은 다음과 같다.[90] 첫째, 법 제9조의3에서 지진·화산방재정책심의회를 지진·화산방재정책위원회로 변경하고, 위원회의 업무를 효율적으로 수행하기 위하여 위원회의 위원과 외부 전문가로 구성되는 분야별 전문위원회를 둘 수 있도록 하였다. 둘째, 제16조의3 제1항을 신설하여 행정안전부장관은 지진으로부터 시설물의 안전을 증진하고, 국민들이 시설물의 안전성을 확인할 수 있도록 하기 위하여 내진보강이 모범적으로 이루어진 시설물에 대하여 지진안전 시설물의 인증을 할 수 있도록 하였다. 셋째, 제16조의4 제1항을 신설하여 행정안전부장관은 지진안전 시설물의 인증에 관한 업무를 수행하기 위하여 대통령령으로 정하는 자격을 갖춘 기관이나 단체를 인증기관으로 지정할 수 있도록 하였다.

(4) 또한 「지진·화산재해대책법」의 구조는 ① 지진·화산재해의 예방 및 대비, ② 내진대책, ③ 지진·지진해일 및 화산활동의 관측·분석·통보·경보전파, ④ 대응으로 되어 있으며, 곧 사전 예방 및 대비에 역점을 둔 법률로 볼 수 있는 것이다.[91] 이는 사후적인 복

---

90 법제처 국가법령정보센터 【제정·개정이유】 2018. 2. 8. 최종 접속.
91 김용섭, 지진재해 대책법제의 현황과 개선과제, 행정법학 제12호, 한국행정법학회, 2017. 3, 40면.

구나 재건 등 회복에 대하여 규율이 제대로 안되어 있으며, 재난 및 안전관리 기본법이나 자연재해대책법에 의하도록 하고 있는데서도 나타나는 것이다.[92]

4. 소결 — 보충

「재난 및 안전관리 기본법」은 재난관리법으로 방향을 전환하고, 안전관리에 대하여는 여러 산재된 법률의 공통적인 원리를 추출하여 안전관리기본법으로 따로 분법화하여야 한다는 견해[93]도 있다. 또한 재난의 사전예방은 평시 안전관리의 차원으로 하고, 재난의 대응과 복구에 보다 집중하는 시스템을 구축할 필요가 있다는 것이다.[94] 다른 한편 (가용 예산과 인원의 부족이라는 행정현실을 전적으로 무시해서도 안 되지만 그럼에도) 위험관리의 사전예방성이 지금보다 더 강조되고 위험관리의 대상과 범위는 더 포괄적이 되어야 한다는 것이다.[95] 또한 인간이 자연현상 그 자체를 막을 수는 없으나 자연재해에 대한 사전예방을 통해서 그 피해를 최소화할 수 있다는 것이다.[96]

재난관리의 예방·대비·대응·복구·재건의 과정들은 서로 독립적인 과정이라기 보다는 서로 영향을 주고받는 상호 유기적이며, 순환적인 성격을 가지고 있다.[97] 따라서 재난을 극복하기 위해서는 재난관리의 일련의 과정이 과학적이고 효율적으로 하나의 관리체제 속에서 유기적으로 각각의 고유한 기능을 수행할 때 효율적인 재난관리가 이루어질 수 있으며, 불가피하게 발생하는 지진으로 인한 피해를 최소화할 수 있다고 한다.[98]

Ⅳ. 우리나라 자연재난 관련법제의 개선방안

재난법, 특히 자연재난법은 법을 통하여 자연재난을 회피 내지 감소할 수 있는지에 대한 물음에 부분적으로 긍정적이라 말할 수 있다.[99] 그와 동시에 법률이 자연재난관리의

92 김용섭, 위의 논문, 40면.
93 김용섭, 재난 및 안전 관리 법제의 현황과 법정책적 과제, 행정법연구 제45호, 행정법이론실무학회, 2016. 6, 74면.
94 김용섭, 위의 논문, 74면.
95 박태현, 기후변화시대에서 자연재해를 원인으로 한 국가배상청구와 위험관리책임, 강원법학 제43권, 강원대학교 비교법학연구소, 2014. 10, 303면.
96 한귀현, 사전방재기능의 강화를 위한 법제개선방안 –자연재해대책법을 중심으로–, 공법학연구 제5권 제2호, 한국비교공법학회, 2004. 5, 597면.
97 김용섭, 앞의 공동학술대회 발표자료집(주 55), pdf 43면.
98 김용섭, 앞의 공동학술대회 발표자료집(주 55), pdf 43면.
99 Michael Kloepfer, 앞의 논문(주 3), S. 148.

예방적 영역에서 어떠한 역할을 할 수 있음은 명백하다.[100] 즉 규칙적인 자연현상의 저지는 인간의 영향력 밖에 놓여 있지만, 그렇지만 발생된 자연현상 손해를 회피하거나 또는 적어도 감소를 통한 인간적인 행동의 조종(Steuerung)은 가능하다는 것이다.[101] 한편 재난 개념은 기본적으로 자연재난에 대한 사회적 취약성으로 이해되어야 한다고 본다.[102] 또한 재난에 대응하는 법의 기능과 관련하여 「재난 및 안전관리 기본법」은 재난관리체계를 예방, 대응, 대비, 복구와 보상 단계로 매뉴얼화하고 있다.[103] 동법은 재난의 유형화 함께 관리주체를 분명히 하고 있고 비정상적 상황의 사전적 예측과 평가를 기초로 효과적인 대처에 충실한 것처럼 보인다. 하지만 재난법제가 관리주체의 권한 귀속에 관한 법으로 보는 바 전부는 아니라는 점을 강조하고 있는 것이다.[104]

다음은 우리나라 자연재난 관련법제의 개선방안을 원용·정리하여 제시한 것이다.

첫째, 환경의 변화와 사회 발전에 따라 재난의 유형은 지속적으로 세분화되고 각각의 재난 특성에 맞는 맞춤형 관리가 필요할 것이다.[105] 그럼에도 불구하고 「재난 및 안전관리 기본법」상 2013년 8월 이전까지 자연재난, 인적재난, 국가기반체계 마비 등으로 분류되어 있던 재난 유형을 자연재난과 사회재난으로 단순화시킴으로써 향후 새로운 유형의 신종재난 관리가능성을 봉쇄한 것으로 볼 수 있다는 점이다.[106] 따라서 재난의 유형을 자연재난, 인적재난, 국가핵심기반 마비 재난, 신종재난, 복합재난 등으로 세분하고 이에 따른 관리 및 대응 체계를 구축하는 방향으로 정비하는 것이 바람직하다는 견해제시[107]는 미래지향적 예견과 타당성을 갖는다고 생각할 수 있다.[108]

둘째, 일본은 재해대책기본법을 비롯한 재해대책법제에서 예방, 응급 복구, 부흥단계로 구분하여 재난의 모든 단계에서 국가와 공공단체 등의 권한과 책임이 명확화 되어 있다는 것이다.[109] 또한 일본의 경우 중앙과 지방정부간의 명확한 권한과 책임배분이 재난

---

100 Michael Kloepfer, 앞의 논문(주 3), S. 148.
101 Michael Kloepfer, 앞의 논문(주 3), S. 148.
102 전훈, 재난패러다임의 전환과 재난법제의 설계방향, 법학논고 제53집, 경북대학교 법학연구원, 2016. 2, 63면.
103 전훈, 위의 논문, 66면.
104 전훈, 위의 논문, 66면.
105 이재은, 앞의 논문(주 58), 15면.
106 이재은, 앞의 논문(주 58), 15면.
107 이재은, 앞의 논문(주 58), 15면.
108 참고로 「자연재해대책법」 제45조(재해 유형별 행동 요령의 작성·활용) 제1항에서 "재난관리책임기관의 장은 자연재해가 발생하는 경우에 대비하여 기관 및 지역 여건에 적합한 재해 유형별 상황 수습 및 대처를 위한 행동 요령을 작성·활용하여야 한다"고 규정하고 있다. 동조 제2항 및 제3항 생략.
109 백옥선, 지진재난의 대비와 대응법제 -공적 주체와 사회의 역할-, (사)한국행정법학회·한국법제연구원·사법정책연구원 2016년 공동학술대회 지진관련 재난법제의 현황과 과제, 공동학술대회 발표자료집, pdf 85면. 아울러 일본 内閣府, 『日本の災害對策』, 2015. 3, 6면. 재난관리주체의 명확성은 미국의 경우에도 마찬가지라고 한다. 정하명, 국가안전법제에서 기초지방자치단체의 역할, 법학논총 제27권 제3호, 2015. 2, 87면: 백옥선,

관리의 성공요인으로 내세울 수 있다는 것이다. 이는 재난대응의 일차적인 권한과 책임을 법률에서 명확하게 지방정부에게 부여함으로써, 지방정부가 조직과 인력을 확보하는 근거가 되었다는 점을 강조한 것이다.[110]

한편 이러한 바는 우리나라의 경우에도 중앙과 지방으로 이원화된 구조를 취하고 있는 재난관리 책임사항들이 상당수 있으며, 이러한 재난관리조치의 책임이 명확하지 않은 부분은 명확하게 책임을 밝힐 필요가 있다는 것이다.[111] 따라서 국가의 전체적인 안전 및 재난관리 시스템 구축 및 재난관리 발전을 위한 연구개발 등은 중앙정부가 하되, 재난에 즉각적으로 대응하여 피해를 최소화하기 위한 대비·대응업무의 1차적인 수행은 지방정부가 주도적으로 할 수 있는 방안을 모색할 필요가 있다는 견해[112]에 동의한다.

셋째, 우리나라의 자연재해 관련 데이터는 기반시설과 재산피해 및 인명피해 중심으로 되어 있고 실재 재해가 발생할 경우 환경적 측면의 모니터링은 체계적으로 이루어지지 않아 자연재해가 환경오염에 미치는 영향은 파악하기 힘들다는 점을 지적한다.[113] 따라서 앞으로 재해발생 전후를 중심으로 재해폐기물의 발생량과 폐기물의 성상 및 하천수계의 주요 수질항목에 대한 데이터베이스의 구축 제안함[114]에 동의한다.

넷째, 재난 발생시의 긴급구조와 관련하여 우리 「재난 및 안전관리 기본법」은 중앙 및 지역의 긴급구조통제단의 조직 및 긴급구조의 지휘 및 평가에 관한 원칙만을 규정하고 실제 긴급구조가 이루어지는 절차 등에 대해서는 시행령에 많은 부분을 위임하고 있는 것이다.[115] 한편 일본의 「재해대책기본법」은 정보의 수집 및 전달, 경보의 전달, 대피의 지시, 대피소의 지정 및 재해 응급대책, 필요 물자의 운송에 이르기까지 매우 세부적인 사항까지 법률에서 규정하고 있음은 시사하는 바가 크다고 할 것이다.[116]

다섯째, 우리의 「재난 및 안전관리 기본법」은 미국의 「스태포드법」이나 일본의 「재해대책기본법」이 상당한 내용을 재난의 복구와 피해자의 지원에 중점을 두고 있음에 비추어 볼 때, 구체적인 지원책이 되기에는 매우 미흡하다는 견해를 제시한다.[117] 따라서 그

위의 공동학술대회 발표자료집, pdf 85면 각주 44)에서 재인용.

110 백옥선, 위의 공동학술대회 발표자료집, pdf 85면. 아울러 양기근, "지방정부와 중앙정부간 협력적 재난관리 방안 연구: 일본의 사례를 중심으로", 『국정관리연구』 제5권 제1호(2010. 6), 135면: 백옥선, 위의 공동학술대회 발표자료집, pdf 85면 각주 45)에서 재인용.

111 백옥선, 위의 공동학술대회 발표자료집, pdf 85면.

112 백옥선, 위의 공동학술대회 발표자료집, pdf 85－86면.

113 명수정 외 3인, 앞의 정책보고서(주 84), pdf 108면.

114 명수정 외 3인, 앞의 정책보고서(주 84), pdf 108면.

115 주강원, 앞의 논문(주 35), 433면.

116 주강원, 앞의 논문(주 35), 433－434면.

117 주강원, 앞의 논문(주 35), 435면.

개선방안으로서 재난의 피해자들에게 실질적인 지원이 이루어질 수 있도록 지원의 각 항목별로 상세한 규정을 둘 필요가 있음을 주장하며,[118] 이러한 논지에 동의한다.

여섯째, 「재난 및 안전관리 기본법」에서는 자연재난으로, 「자연재해대책법」과 「지진·화산재해대책법」에서는 자연재해로 규정하는 등 혼용하고 있다. 따라서 특별한 이유가 없다면 통일함이 법체계적으로 적합하다는 논지[119]에 동의한다.

일곱째, 우리의 경우 재난발생시에 재난관리를 위해 설치된 상급기관에 대한 보고의무도 중요하지만, 피해에 가장 민감한 일반 국민이나 피해자의 가족 등에 대하여 상세한 피해사항의 보고의무를 마련할 필요가 있다는 것이다.[120] 또한 재난관련 정부 부처 및 유관기관과의 유기적인 협조는 아무리 강조해도 지나치지 않을 것이다.[121] 상황관리, 응급의료지원, 통신과 수송의 지원, 구호봉사 지원, 응급복구 등과 관련하여 부처간의 협조체계를 강화하고 명령체계의 단순화를 구축해야 한다는 것이다.[122]

그리고, 재난대응 업무들은 재난현장의 방재책임기관들에 의해서 이루어진다고 할 수 있다. 따라서 신속하고 효율적인 방재체제는 재난이 발생할 시설물이나 지역에 소재한 재난관리책임기관들의 역할과 책임을 강화하는 방향으로 구축되어야 할 것을 강조한다.[123] 그같은 논지의 연장선에서 각 지방자치단체들은 지리적, 사회경제적 여건에 부합하는 공동 방재행정체제를 구축하기 위하여 지방자치단체조합으로서 특별지방행정기관에 해당하는 지방자치단체간의 방재행정조합을 구성하여 당해 지역의 일정 권역에서의 방재업무를 담당하는 권한을 부여하는 방안도 강구할 수 있다는 것이다.[124]

공공성의 관점에서 재난(Katastrophen)은 근본적으로 부정적이고 위협적으로 느껴진다고 하여, 그와 동시에 그러나 사정에 따라서는 자연재난을 포함한 재난의 긍정적인 측면을 간과해서는 아니된다는 것이다.[125] 또한 재난은 항상 사회적인 배움의 좋은 기회를 제공해 주는바 이는 독특한 오류(eigenen Fehlern)라고 볼 수 있을지도 모른다는 주장도 있다.[126]

---

118 주강원, 앞의 논문(주 35), 435면.

119 백옥선, 앞의 공동학술대회 발표자료집(주 109), pdf 54면 각주 11).

120 김용섭, 앞의 논문(주 93), 67면.

121 권한용, 재난관리에 대한 국제적 논의와 한국의 재난대응에 대한 시사점, 동아법학 제71호, 동아대학교 법학연구소, 2016. 5, 138면.

122 권한용, 위의 논문, 138면.

123 김해룡, 방재행정체제의 개편에 대한 평가와 개선과제, 토지공법연구 제68집, 한국토지공법학회, 2015. 2, 227면.

124 김해룡, 위의 논문, 227면.

125 Michael Kloepfer, 앞의 논문(주 3), S. 149.: 원문은 "Selbst wenn die Öffentlichkeit Katastrophen grundsätzlich als negativ und bedrohlich empfindet, dürfen dabei aber die eventuell auch positiven Aspekte von Katastrophen, einschließlich von Naturkatastrophen, nicht übersehen werden."

126 Michael Kloepfer, 앞의 논문(주 3), S. 149.

<참고문헌>

1. 국내문헌

권한용, 재난관리에 대한 국제적 논의와 한국의 재난대응에 대한 시사점, 동아법학 제71호, 동아대학교 법학연구소, 2016. 5, 138면.

김선광·황성남, 자연재해법과 재난관리법의 통합에 관한 연구, 법학논총 제28집 제4호, 2011. 12, 153면.

김대환, 국가의 국민안전보장의무, 공법학연구 제15권 제3호, 한국비교공법학회, 2014. 8, 5면, 11면.

김용섭, 재난 및 안전 관리 법제의 현황과 법정책적 과제, 행정법연구 제45호, 행정법이론실무학회, 2016. 6, 67면, 74면.

김용섭, 우리나라 지진재해 대책법제의 현황과 개선과제, (사)한국행정법학회·한국법제연구원·사법정책연구원 2016년 공동학술대회 지진관련 재난법제의 현황과 과제, 2016. 12. 9, 공동학술대회 발표자료집 37면 각주 58), 42면, 43면.

김용섭, 지진재해 대책법제의 현황과 개선과제, 행정법학 제12호, 한국행정법학회, 2017. 3, 40면.

김철수, 헌법학신론[제21전정신판], 박영사, 2013, 966면.

김해룡, 방재행정체제의 개편에 대한 평가와 개선과제, 토지공법연구 제68집, 한국토지공법학회, 2015. 2, 227면.

명수정 외 3인, 자연재해 발생 시 환경부문의 대응체계 개선방안 연구, 정책보고서 2011－04 한국환경정책·평가연구원, 2011. 9, pdf 17－18면, pdf 18면 참조, pdf 108면.

박태현, 기후변화시대에서 자연재해를 원인으로 한 국가배상청구와 위험관리책임, 강원법학 제43권, 강원대학교 비교법학연구소, 2014. 10, 303면.

백옥선, 지진재난의 대비와 대응법제 －공적 주체와 사회의 역할－, (사)한국행정법학회·한국법제연구원·사법정책연구원 2016년 공동학술대회 지진관련 재난법제의 현황과 과제, 공동학술대회 발표자료집, pdf 54면 각주 11, 85면, 85－86면.

양기근, “지방정부와 중앙정부간 협력적 재난관리 방안 연구: 일본의 사례를 중심으로”, 『국정관리연구』 제5권 제1호(2010. 6), 135면: 백옥선, 지진재난의 대비와 대응법제 －공적 주체와 사회의 역할－, (사)한국행정법학회·한국법제연구원·사법정책연구원 2016년 공동학술대회 지진관련 재난법제의 현황과 과제, 공동학술대회 발표자료집, pdf 85면 각주 45)에서 재인용.

어민선, 기획특집 자연재해·인위재난 우리나라 방재정책의 변천, 경기논단 2003년 여름호, 5(2), 경기연구원, 2003. 6, pdf 15면, 25－26면, 26면.

이기춘, 독일재난법상 회피원칙과 원인자책임원칙에 관한 연구, 토지공법연구 제72집, 한국토지공법학회, 2015. 11, 469면.

이기춘, 독일 재난관리법의 기초 －재난개념, 재난관리개념, 재난관리법제의 특성, 협의 및 광의의 재난법개념에 관한 고찰을 중심으로－, 지방자치법연구 제16권 제2호(통권 제50호), 한국지방자치법학회, 2016. 6, 266면.

이기춘, 우리나라 재난법제의 비판적 검토와 독일재난법상 기본원칙론의 도입필요성에 관한 고찰, 공법학연구 제18권 제1호, 한국비교공법학회, 2017. 2, 154－168면.

이상경, 미국의 재난대응체계의 규범적 고찰과 시사점, 서울법학 제23권 제2호, 서울시립대학교 법학연구소, 2015. 11, 38－39면, 39면, 60면.

이재은, 국가재난법제의 정비와 실효성 확보 방안, 한국위기관리논집 제10권 제12호, 2014. 12, 7면, 9면, 15면.

이진수, 미국의 지진대응법제의 주요내용과 시사점, (사)한국행정법학회·한국법제연구원·사법정책연구원 2016년 공동학술대회 지진관련 재난법제의 현황과 과제, 공동학술대회 발표자료집, pdf 95면, 95면 각주 2).

이호동, 위기관리 역량제고를 위한 법적 개선과제 －일본 위기관리 법체계 분석과 시사점－, 한국위기관리논집 제7권 제4호, 2011. 8, 64면, 65면.

전학선, 재난관리법제의 문제점 및 개선방안, 외법논집 제38권 제4호, 한국외국어대학교 법학연구소, 2014. 11, 84면, 85면.

전훈, 재난패러다임의 전환과 재난법제의 설계방향, 법학논고 제53집, 경북대학교 법학연구원, 2016. 2, 63면, 66면.

정극원, 재난대응의 체계화와 효율성 제고의 법적 방안, 유럽헌법연구 제16호, 유럽헌법학회, 2014. 12, 30면.

정하명, 국가안전법제에서 기초지방자치단체의 역할 －한국과 미국의 비교법적 검토－, 법학논총 제27권 제3호, 국민대학교 법학연구소, 2015. 2, 71－92면 참조.

조인성, 재난행정법에 관한 독일에서의 논의와 그 시사점, 서울法學 제22권 제2호(Ⅰ), 서울시립대학교 법학연구소, 2014. 11, 384면, 384면 각주 54 · 각주 55 재인용.

주강원, 재난과 재난법에 관한 소고, 홍익법학 제15권 제2호, 2014. 6, 432면, 433면, 433－434면, 435면.

한귀현, 사전방재기능의 강화를 위한 법제개선방안 －자연재해대책법을 중심으로－, 공법학연구 제5권 제2호, 한국비교공법학회, 2004. 5, 597면.

한수웅, 헌법학[제6판], 법문사, 2016, 1051면.

2. 외국문헌

Kloepfer, Michael, Handbuch des Katastrophenrechts, Nomos, Baden－Baden, 2015, Rn. 2, S.

110; 이기춘, 독일재난법상 회피원칙과 원인자책임원칙에 관한 연구, 토지공법연구 제72집, 한국토지공법학회, 2015. 11, 470면에서 재인용.

Michael Kloepfer, Zur Vermeidung von Naturkatastrophen durch Recht, DVBl Heft 3·2017, S. 146, S. 148, S. 149.

下山憲治, リスク行政の法的構造 －不確実性の條件下における行政決定の法的制御に關する研究－, 敬文堂, 2007, 21－30면 참조.; 山田 洋, リスク管理と安全, 公法研究 第69号, 2007, 69－91면 참조.

岡田正則, 災害·リスク對策法制の現狀と課題. 特集 災害·リスク對策の法的課題 法律時報81卷 9号, 2009. 8. 1, 6면.

岡田正則, 巨大自然災害·原發災害と法 －基礎法学の視点から(シンポジウム企劃趣旨說明)－, 法律時報85卷3号, 2013. 3. 1, 78면.

棟居快行, 大規模災害と權利保障, 公法研究 第76号, 2014, 61면, 61－62면.

清野正哉, 福島第一原發事故を契機に 市民のための安心·安全情報の取り方, 中央經濟社, 2012, 152면, 152－153면, 153면.

일본 內閣府, 『日本の災害對策』, 2015. 3, 6면: 백옥선, 지진재난의 대비와 대응법제 – 공적 주체와 사회의 역할 –, (사)한국행정법학회·한국법제연구원·사법정책연구원 2016년 공동학술대회 지진관련 재난법제의 현황과 과제, 공동학술대회 발표자료집, pdf 85면 각주 44)에서 재인용.

3. 기타

행정안전부 제도안내 http://www.mois.go.kr/frt/sub/popup/pop_print/screen.do 2017. 12. 21. 접속.

법제처 국가법령정보센터【제정·개정이유】2018. 2. 8. 최종 접속.

법제처, 지식창고 대한민국법제60년사 제9장 재난법제 제3절 자연재해대책법 1. 제정배경 2018. 2. 8. 최종 접속.

한겨레 2016년 10월 6일자 1면 역대급 10월 태풍에 속수무책 물바다: 2016 재해연보, 행정안전부 국민재난안전포털 pdf 49면에서 재인용.

인터넷 위키백과 참조(2018. 1. 3. 접속.).

'재해영향평가'제도 부활 등 예방대책 강화, 국민의 안전을 위한 세이프코리아뉴스 (http://www.safekoreanews.com/newnews/print.php?uid=27227) pdf 1－2면. 2018. 1. 22. 접속.

26 자치입법권의 현실 및 과제*
–자치입법권 확충 방안을 중심으로–

최 우 용**

Ⅰ. 들어가며

법률의 공백 부분에 대한 조례 제정을 인정한 청주시정보공개조례안에 대한 대법원의 합헌 결정(대법원 1992. 6. 23. 선고 92추17)이 있은 지 벌써 20년을 넘어 서고 있다. 그 후 초과조례와 추가조례의 합법 기준을 제시한 광주 동구의회 저소득주민생계보호지원조례안 사건(대법원 1997. 4. 25. 선고 96추244)을 거치면서, 그리고 지방자치의 발전을 위한 학자들의 노고에 힘입어 자치입법권의 제정 범위는 (최소한)이론적으로는 상당한 진전을 보이고 있다.[1]

그러나 헌법과 지방자치법상의 '법령의 범위 내'에서 조례를 제정할 수밖에 없는 현행 법제상의 한계, 여전한 중앙부처 중심의 중앙집권식 행정운영체제, 중앙정부에 의한 사무의 배분작업은 열심히 진행되고 있는 덧 하나 아직까지 제대로 된 사무이양이 이루어

---

* 존경하는 현동 정만희 은사님의 정년을 진심으로 축하드립니다. 대학 부총장, 헌법학회 회장 등 많은 보직을 역임하시면서도 학문에 대한 남다른 열정을 보여주신 은사님의 모습은 우리 후학들의 큰 모범이 되었습니다. 세상 물욕을 버리시고 학자로서의 올곧은 길을 걸어오신 은사님의 넉넉한 풍모 또한 길이 칭송될 것입니다. 그동안의 은혜에 감사와 존경의 뜻을 담아 이 글을 드립니다. 이 논문은 국가법연구 제11권 제2호(2015)에 처음 발표된 글을 정년기념논문집 게재를 위해 수정 가필한 것입니다.

** 동아대학교 법학전문대학원 교수.

1 자치입법권에 관한 선행연구는 일일이 열거하지 못할 정도로 그 수가 많다. 그 만큼 많은 학자들의 연구의 대상이었던 것이다. 선행연구의 대부분은 자치입법권의 확충을 주장하고 있는바, 김남진, 조례제정의 법적 문제, 법제연구(한국법제연구원), 1995: 김남철, 지방자치단체의 조례제정권과 법률유보, 헌법판례연구 2권, 한국헌법판례연구학회(2000); 김성호, 조례제정권의 범위와 한계, 법과 정책연구 제4집 제1호(2004); 김원주, 조례제정권의 범위와 한계, 형평과 정의 제10집: 김원주, 지방자치단체의 자치입법제정권, 공법연구 제18집(1990); 김재광, 지방분권개혁과 조례제정권의 범위, 지방자치법연구 제9호(2005.6.); 김재호, 지방자치단체의 사무와 조례제정권, 지방자치법연구 제7호(2004.6.); 김희곤, 자치행정시대에 있어서 국가입법권 행사의 원칙—유통산업발전법을 중심으로—, 지방자치법연구 제14권 제3호(2014.9.); 문상덕, 조례와 법률유보 재론(再論): 지방자치법 제22조 단서를 중심으로, 행정법연구 19호(2007); 박윤흔, 법령과 조례와의 관계, 고시계 1992. 11.; 서원우, 조례제정권의 헌법적 보장, 헌법논총 제5집, 1994; 신봉기, 자치입법권의 범위와 실효성확보방안, 행정소송(II)(2008년); 조성규, 법치행정의 원리와 조례제정권의 관계, 공법연구 제33집 제3호(2005.5.); 최승원, 조례의 본질, 지방자치법연구 제11호(2006.6.); 최영규, 조례제정권의 한계, 경남법학 제11집; 최우용, 지방자치단체의 법적지위 및 자치입법권 재론, 동아법학 제29호(2001); 최철호, 일본 지방자치법상의 자치입법권의 해석 및 한계, 지방자치법연구 7권 3호(2007); 천병태, 지방자치단체의 자치입법권의 쟁점과 발전방향, 자치행정(1993.3.); 홍정선, 조례의 법리, 이화여대 법학논집 제2권, 등이 있다.

지지 않고 있는 정부 추진력의 부족,[2] 자치입법권을 제대로 행사할 지역의 법무역량의 부족, 등 많은 제약에 의해 자치입법권은 여전히 논의의 중심에 서있다.

본고는 지방자치 20년을 맞이하여 새롭게 성인으로서 출발하는 지방자치단체에게 어떤 내용의 자치입법권을 부여하는 것이 바람직한가에 대하여 검토한 것이다. 특히 우리의 자치입법권 논의에 많은 영향을 주고 있는 일본의 최근 논의를 소개하고 검토해 봄으로써 그들의 논의가 우리에게 시사하는 바가 무엇인지를 고민해 본 것이다. 그리하여 지방분권의 시대, 지방의 시대에 자치입법권은 어떤 내용으로 재탄생해야 할 것인가를 고찰해 보았다.

이하, 자치입법권에 관한 전반적인 내용을 살펴보고, 자치입법권에 관한 최근 5년간의 주요 판례의 분석과, 자치입법권[3]에 관한 국가의 관여 수단을 재검토해 봄으로써 자치입법권의 확충 방안을 제시하고자 한다.

Ⅱ. 자치입법권의 내용

1. 조 례

(1) 조례의 의의

조례는 지방자치단체가 법령의 범위 안에서 그 권한에 속하는 사무에 관하여 지방의회의 의결로써 제정하는 규범을 말한다. 예전에는 조례를 행정입법으로 보는 경향이 있었으나,[4] 주민의 대표기관인 지방의회가 제정하는 법규범이라는 점에서 '법률에 준하는 성질'을 가진다고 보는 것이 현재 학설의 유력한 견해이고 판례의 입장이다.[5] 광의의 조례에는 단체장이 정하는 규칙이 포함될 수 있으나, 본고에서 말하는 '조례'는 지방의회에서 제정하는 것에 한정하기로 한다. '규칙'은 따로 항을 달리하여 서술한다(Ⅱ.6. 참조).

---

2 과거 참여정부의 지방분권추진위원회, 이명박 정부의 지방분권촉진위원회 그리고 현재의 지방자치발전위원회에서 사무의 지방이양을 활발히 논의하였지만, 사무이양에 필요한 법률의 개정이 지연되어 각 위원회에서 논의한 만큼의 성과는 아직 내지 못하고 있는 것으로 사료된다.

3 본고에서 말하는 '자치입법권'은 조례와 규칙을 모두 포함한다는 전제 하에 서술하고 있고, '조례'에 한정하는 경우에는 '조례' 또는 '조례제정권'으로 그 대상을 특정하여 서술하고 있다.

4 田中二郎『新版 行政法(上巻), 弘文堂, 1974), 159頁.

5 박균성, 행정법 특강(2015년판), 박영사, 1015면. 대법원 1992.6.23. 선고 92추17 판결 [행정정보공개조례(안)재의결취소등].

(2) 조례의 종류

조례의 종류로는 주민의 권리·의무에 관한 조례와 지방자치단체의 내부조직이나 운영에 관한 조례, 법령의 위임에 의한 위임조례와 법령의 위임 없이 제정되는 직권조례, 법령의 규정에 의해 조례를 정해야 하는 필요적 조례와 지방자치단체의 임의적 선택에 의해 제정되는 임의조례 등이 있다.

(3) 조례의 제정대상 사무

지방자치단체는 지방자치단체의 사무 중 자치사무와 단체위임사무에 대해서는 조례를 제정할 수 있고 기관위임사무에 대해서는 조례를 제정할 수 없다. 기관위임사무는 관련 법령에 의해 해당 지방자치단체의 기관에 위임된 국가 또는 타 지방자치단체(보통 상위 지방자치단체로부터의 위임)의 위임사무이므로 원칙적으로 자치사무가 아니기 때문에 조례를 제정할 수 없는 것이다. 그러나 기관위임사무라고 하더라도 법령에서 구체적으로 위임을 한 사항에 대해서는 조례를 제정할 수 있음은 당연하다.

(4) 지방자치법 제22조의 내용

지방자치법 제22조는 "지방자치단체는 법령의 범위 안에서 그 사무에 관하여 조례를 제정할 수 있다. 다만, 주민의 권리제한 또는 의무부과에 관한 사항이나 벌칙을 정할 때에는 법률의 위임이 있어야 한다"고 규정하고 있다. 일반적으로 동조의 본문은 법률우위의 문제로 단서는 법률유보의 문제로 보고 법률과 조례와의 관계 즉 조례제정의 범위를 논하는 것이 보통이다.

(가) '법령의 범위 안에서'

동조에서 '법령'이란, 헌법, 법률 및 그에 근거한 법규명령을 말하고, 법령의 개별적인 특정 조항은 물론 법령의 여러 조항들을 종합 고려한 경우도 이에 포함된다고 해석되며, 또한 '법령의 범위 안에서'란, 법령에 위반되지 아니하는 범위 내에서라고 판례는 보고 있다(대판 2000추29, 2003추51).

지방자치단체의 자치입법권은 헌법 제117조의 규정에 의하여 포괄적으로 위임받은 지방자치단체의 자주입법권이라 할 것이므로, 지방자치단체는 법령에 구체적인 위임근거가 없더라도 조례를 제정할 수 있는 것(청주시정보공개조례 사건, 대판 1992. 6. 23, 92추17)이다. 이를 '조례의 포괄적 제정권'이라고 한다(대판 92추17). 다만, 주민의 권리제한 또는 의무부과에 관한 사항이나 벌칙을 정할 때에만 별도로 법률상 위임근거[법률의 유보]가 필요하며, 이때의 위임은 법률이 법규명령에 위임하는 경우(헌법 제75조)와는 달리 포괄적

위임도 가능하고, 묵시적 위임도 가능하다.

(나) '그 사무'

동조의 '그 사무'란, 그에 관한 조례를 제정하려는 해당 지방자치단체의 사무 중 자치사무와 개별 법령에 의하여 지방자치단체에 위임된 단체위임사무에 한하고, 국가사무로서 지방자치단체의 장에게 위임되거나 상위 지방자치단체의 사무로서 하위 지방자치단체의 장에게 위임된 기관위임사무는 이에 포함되지 아니한다.

여기서 자치사무가 무엇인지에 관하여는 지방자치법 제9조 제2항에서 항목별로 예시적으로 열거하고 있고, 단체위임사무는 현행법상 시·군의 국세징수사무(국세징수법 제8조) 등 몇 가지에 한정되고 있다. 다만, 어떤 부문의 사무가 국가사무인지 아니면 지방자치단체사무인지가 불분명할 때도 적지 아니한데, 이러한 경우의 사무구분 기준에 대하여 판례는 "법령상 지방자치단체의 장이 처리하도록 하고 있는 사무가 자치사무인지 아니면 기관위임사무인지를 판단하기 위해서는 그에 관한 법령의 규정 형식과 취지를 우선 고려하여야 하지만, 그 밖에 그 사무의 성질이 전국적으로 통일적인 처리가 요구되는 사무인지, 그에 관한 경비부담과 최종적인 책임귀속의 주체가 누구인지 등도 함께 고려하여야 한다"(대법원 2013. 5. 23. 선고 2011추56 판결 등)고 하여 사무종류의 판단기준을 제시하고 있다.[6]

(다) 조례 자체의 한계에서 오는 제약

지방자치단체는 본래 국가로부터 수권한 자치입법을 일정한 지역 내에서 해당 지역의 지방적 이익을 증진시키기 위하여 발동하는 단체이므로, 법령이 명백히 국가사무로 유보하지 않고 있다 하더라도, 국가전체를 통하여 획일적으로 규율하여야 할 사항과 국가전반 또는 전 국민에게 미치는 사항에 관하여는 조례를 제정할 수 없다. 외교·국방·사법·국세 등 국가의 존립에 필요한 사무, 물가정책, 금융정책, 수출입정책 등 전국적으로 통일적 처리를 요하는 사무 등은 법률에 특별한 규정이 없는 한 성질상 지방자치단체가 처리할 수 없는 국가사무이므로(지방자치법 제11조) 조례의 대상이 될 수는 없다 하겠다.

(라) 제22조의 위헌성 문제

지방자치법 제22조의 위헌성 문제는 그 동안 학계에서 뜨거운 논쟁이 전개되었던 것으로 대체로 본문에 대해서는 위헌성을 인정하는 것이, 단서에 대해서는 합헌적인 해석이

6 이 경우에는 앞으로의 업무관행과 입법 및 판례에 의하여 축적되어 나갈 사항이라 할 것이지만, 향후 법령의 제·개정 시에는 개별 사무의 성격을 명확히 하여 불필요한 해석상의 문제를 해결하고 책임소재를 명확히 하는 것이 필요하다고 하겠다.

유력하게 전개되고 있다.[7]

먼저 같은 조 본문의 위헌성 여부에 관해서, 학계와 실무계에서는 지방자치단체의 자치입법권을 침해하는 것으로 위헌이라는 주장이 오래전부터 제기되어 왔으나, 대법원과 헌법재판소는 모두 합헌이라고 하고 있다. 다만, 위에서 고찰한 바와 같이 대법원은 '법령의 범위내'를 '법령에 위반하지 아니하는 범위내'로 해석하여 조례의 제정 범위를 확대할 수 있는 여지는 남겨두고 있다.

다음으로 같은 조 단서의 위헌성 여부에 관하여, 대법원은 동조 단서는 기본권 제한에 대하여 법률유보원칙을 선언한 헌법 제37조 제2항의 취지에 부합한다고 판시하여 합헌설을 취하고 있다(대판 1995. 5. 12, 94추28; 1997. 4. 25, 96추251). 헌법재판소도 동조 단서를 합헌으로 보고 있다(부천시담배자동판매기설치금지조례 사건, 헌재 1995. 4. 20, 92헌마264).

그런데 동조 단서에 대해서는 학계를 중심으로 오래전부터 위헌설이 유력하게 제기되어 왔음은 주지의 바와 같다. 자치권을 보장하고 있는 헌법의 정신, 조례 역시 민선에 의해 선출된 지방의원으로 구성된 지방의회에서 제정되어 지는 규범으로 민주적 정당성을 가진다는 점, 지방행정의 복잡화·다기화(多岐化), 지방분권의 진행으로 인한 국가사무의 자치사무화 움직임 등 지방행정 수요의 변화와 지방분권의 시대적 요청에 부응하기 위해서는 최소한 단서 조항의 개정은 있어야 할 것으로 사료된다.

한편, 이미 우리 대법원과 헌법재판소가 지방의회의 민주적 정당성을 인정하여 지방자치법 제22조 단서에서 말하는 '법률의 위임'이란 반드시 법률의 개별적·구체적인 위임만을 뜻하는 것은 아니고, 포괄적인 위임도 가능한 것으로 판단하여 이미 완화된 법률유보의 원칙을 인정하고 있다는 의미에서 동조 단서의 합헌성이 제기될 수도 있다. 그러나 주민의 권리를 제한하거나 의무를 부과하는 사안이긴 하지만 국가가 법률의 제정을 미루거나 입법부작위 상태가 계속되어 오히려 주민의 복지 및 안전 등에 문제를 일으킬 수 있는 경우, 특히 그 사안이 지극히 지엽적인 사안인 경우라서 법률의 신속한 제정을 기대하기 어려운 경우 등이 있을 수 있다. 따라서 해석에 의한 '완화된 법률유보'만으로는 지방자치단체의 적극적인 주민본위의 행정을 수행하기는 어렵다고 할 것이다. 동조 본문의 법률우위의 원칙만으로도 위법적인 조례의 제정은 제어가 가능하다고 생각한다.

---

7 오래전 자료이긴 하지만, 동조 단서의 위헌성에 관한 설문 조사에 의하면, 법조인은 27.6%, 공법학자는 55.7%가 위헌이라고 답을 하였다. 이를 보더라도 동조 단서 조항에 관한 위헌 논의는 지속될 것으로 보인다. 자세한 것은, 김성호/황아란, 조례제정권 범위확대에 관한 연구, 한국지방행정연구원, 연구보고서 1999-02(제318권), 1999, 172~245면 참조.

2. 조례제정권에 관한 諸 論議

조례제정권의 범위, 특히 법률과 조례와의 관계를 논함에 있어서는 우리의 학설 및 판례에 영향을 주고 있는 일본의 학설 및 판례의 검토가 유의미하다고 생각된다. 이에 관련된 부분에서 한일 양국에서의 논의를 비교 검토하면서 고찰해 보기로 한다.

(1) 법률선점론(法律先占論)

(가) 한국에서의 논의

앞서 본 바와 같이 조례는 상위법령에 위반될 수 없다는 한계를 가지고 있다. 상위법령에 위반되는지 여부를 판단하는데 있어서는 이른바 법률선점론에 의한 검토가 필요하다. 법률선점론이란 국가가 법률로 규정한 사항은 그 자체로 필요·충분한 규제이므로 중복하여 조례를 제정하거나 법률의 선점영역을 침범하는 것으로서 법률에서 그것을 인정하는 특별한 규정이 없는 이상 허용되지 않는다는 이론이다.[8] 그러나 이 이론은 국가가 어느 분야에 대해서 법률을 제정하면 동일 사항에 대하여 동일 목적으로 그 법률보다 강력한 규제를 하고 있는 조례는 위법이 되므로 지방자치단체가 지역의 실정에 맞는 규제를 행할 수 없게 되는 문제가 있다.

이에 판례와 학설을 통하여 법률선점론의 수정이 행해지고 있다. 초과조례, 추가조례의 논의가 대표적인 수정론에 의한 것들이다.

(나) 일본에서의 논의

일본에서도 일찍부터 법률선점론에 의해 조례의 제정권의 제약되어 왔지만, 60년대의 공해 사건, 70년대의 공안조례 사건 등을 통하여 고전적 법률선점론이 수정되기에 이르렀다. 일본 최고재판소는 법률과 조례의 규제 대상이 중복하고 있어도 조례가 법률과 다른 목적으로 규제하는 것은 가능하다고 판시하였다. 이러한 판례의 해석에 의하면, 국가의 법령과 조례의 목적이 다른 경우에는 조례의 제정에 의해서 국가의 법령이 의도하는 목적과 효과를 저해하지 않는 한 조례에 의한 규제는 국가의 법령에 위반하지 않는 것으로 된다.

(예) 광견예방법에 의한 규제(광견병예방이라고 하는 공중위생 목적)와 사육견 단속 조례에 의한 규제(주민이나 내방자의 위험방지의 목적)는 목적이 다르고, 조례의 제정에 의해 광견예방법이 의도하는 목적과 효과를 저해하지 않기 때문에 가능하다는 것이다.

---

8 박균성, 행정법 강의, 박영사, 2015, 1022면; 홍정선, 행정법 특강, 박영사, 2015, 998면; 김홍대, 지방자치입법론, 1999, 172~208면; 조정환, 자치입법권 특히 조례제정권과 법률우위와의 관계문제, 공법연구 제29집 제1호, 384면; 배영길, 조례의 법적 지위, 공법학연구 제2권, 127면 이하 등 참조.

한편, 조례가 법률과 목적을 달리 하지만 조례가 법률의 목적, 효과를 저해하는 위법한 것이어서 위법이라고 한 사례도 있다. 산업폐기물처리시설 등을 규제할 목적으로 하는 宗像(무나즈카)市 環境保全條例가 산업폐기물의 처리 및 청소에 관한 법률에 위반된다고 한 판례가 그것이다.[9]

(2) 수정된 법률선점론

(가) 초과조례

가) 한국에서의 논의

법령과 조례가 동일 사항에 대해 동일 목적으로 규제하고 있을 때 법령의 기준보다 더 엄격한 기준을 정하고 있는 조례를 초과조례라고 한다. 실체법에서는 이를 '강화조례'라고 한다. 이 초과조례의 종류에는 법령보다 강하게 국민의 권익을 보장하는 조례인 수익(授益)초과조례와 법령보다 강하게 국민의 권익을 제한하는 조례인 침익(侵益)초과조례가 있다.

침익초과조례에 관한 대표적인 사건으로는 차고지 확보 제도를 규정한 조례안이 상위법령의 제한 범위를 초과하여 위법이라고 한 사안이 대표적이다(대판 1997. 4. 25, 96추251). 한편, 수익초과조례의 대표적인 사건으로는 구 생활보호법과는 별도로 생활곤궁자도 보호하도록 한 내용의 조례인 광주광역시 동구의회 사건이 대표적이다(대판 1997. 4. 25, 96추244). 아래 판례 내용의 ②의 부분에 해당하는 부분이 초과조례의 가능성을 인정한 부분이라 하겠다.

[참고판례: 대판 97.4.25, 96추244]

> 지방자치단체는 법령에 위반되지 아니하는 범위 내에서 그 사무에 관하여 조례를 제정할 수 있는 것이고, 조례가 규율하는 특정사항에 관하여 그것을 규율하는 국가의 법령이 이미 존재하는 경우에는 ① **조례가 법령과 별도의 목적에 기하여 규율함을 의도하는 것으로서 그 적용에 의하여 법령의 규정이 의도하는 목적과 효과를 전혀 저해하는 바가 없는 때**, 또는 ② **양자가 동일한 목적에서 출발한 것이라고 할지라도 국가의 법령이 반드시 그 규정에 의하여 전국에 걸쳐 일률적으로 동일한 내용을 규율하려는 취지가 아니고 각 지방자치단체가 그 지방의 실정에 맞게 별도로 규율하려는 것**을 용인하는 취지라고 해석되는 때에는 그 조례가 국가의 법령에 위배되는 것은 아니다.

9 福岡地方裁判所 1994.3.18 行集 45卷3호269.

나) 일본에서의 논의

일본 역시 국가의 법령에 근거하여 규제를 할 때 당해 법령과 동일 목적으로 법령의 기준보다도 엄격한 규제를 정하고 있는 조례를 초과조례라고 한다.

초과조례의 인정 여부는 초과조례를 인정하는 명문의 규정이 법령에 없는 경우 당해 법령에 의한 규제가 배타적인 최대한 규제인가, 내셔널 미니멈을 정한 것인가를 검토해서, 조례에 의한 초과규제를 인정하는 취지인가를 판단하게 된다. 또한 초과조례가 인정되는 경우라도 필요 이상으로 엄격한 규제를 하면 비례원칙에 위배되어 위법무효가 된다.[10]

위에서 살펴본 우리나라의 96추244 사건의 판결에 결정적인 영향을 준 것이 德島(토쿠시마)市 公安條例 사건에서의 일본 최고재판소의 판결이다. 동 판결 내용의 일부를 발췌하면 다음과 같다. 아래 ①′②′의 내용은 위에서 언급한 우리 판례(96추244)의 ①②와 동일 내용임을 알 수 있다.

[참고판례: 德島市条例違反 사건 최고재판소 판결 내용]

すなわち、地方自治法一四条一項は、普通地方公共団体は法令に違反しない限りにおいて同法二条二項の事務に関し条例を制定することができる(중략)①′特定事項についてこれを規律する国の法令と条例とが併存する場合でも、後者が前者とは別の目的に基づく規律を意図するものであり、その適用によつて前者の規定の意図する目的と効果をなんら阻害することがないときや、②′両者が同一の目的に出たものであつても、国の法令が必ずしもその規定によつて全国的に一律に同一内容の規制を施す趣旨ではなく、それぞれの普通地方公共団体において、その地方の実情に応じて、別段の規制を施すことを容認する趣旨であると解されるときは、国の法令と条例との間にはなんらの矛盾抵触はなく、条例が国の法令に違反する問題は生じえないのである。

(나) 추가조례

가) 한국에서의 논의

국가의 법령과 규율대상 내지 규율사항을 달리하는 조례를 말한다. 예를 들어, 법령에서 이산화질소만을 규제하고 있는 경우에 조례에서 이산화탄소도 규제항목에 포함시키는 것을 말한다. 이는 실체법상에서 사용된 용어를 빌리면 '확대조례'라고 할 수 있다.

---

10 【事件名】 集団行進及び集団示威運動に関する徳島市条例違反′ 道路交通法違反被告事件 【裁判年月日】 昭和50年 9月 10日 【事件番号】 昭和48年 (あ) 第910号.

나) 일본에서의 논의

일본에서도 국가의 법령과 조례가 동일 목적으로 규제를 하는 경우에 법령에서 규제를 하고 있지 않은 항목에 대해서 규제하는 조례를 추가조례라고 하는바, 이의 허용 여부에 관해서는 해당 법령이 배타적·포괄적으로 규제하고 해당 법령의 규제 대상 이외에는 규제를 부정하는 취지인가, 아니면 국가의 법령은 최소한의 규제(내셔널 미니멈적 규제)에 그치고 지방자치단체의 필요에 따라 규제 항목을 허용하는 취지로 해석될 것인가에 따라 판단된다. 일본도 우리의 법제와 같이 법률이 명시적으로 확대조례를 두고 있는 경우도 있다.[11]

(3) 초과조례 및 추가조례의 가능성을 인정하고 있는 현행 법률

우리 법률에서 초과조례, 추가조례의 가능성을 법률에서 미리 밝혀두고 있는 경우도 있다. 지역의 특수성과 필요성에 따라 법률의 기준보다 엄격한 규제가 필요한 환경 분야에서 찾아 볼 수 있다. 이는 국가가 법률을 통해 입법적으로 초과조례를 인정함으로써 초과조례의 제정가능성 여부에 관한 불필요한 논의를 사전에 방지한 것으로 바람직한 입법 현상이라고 하겠다. 이전에는 광역자치단체에게만 인정하던 것을 이제는 인구 50만 이상의 대도시에게도 초과 및 추가 조례의 제정권을 부여하고 있다. 대표적인 법률로서 다음을 들 수 있다.

[환경정책기본법]

제12조(환경기준의 설정) ① 국가는 생태계 또는 인간의 건강에 미치는 영향 등을 고려하여 환경기준을 설정하여야 하며, 환경 여건의 변화에 따라 그 적정성이 유지되도록 하여야 한다.
② 환경기준은 대통령령으로 정한다.
③ 특별시·광역시·도·특별자치도(이하 "시·도"라 한다)는 해당 지역의 환경적 특수성을 고려하여 필요하다고 인정할 때에는 해당 시·도의 조례로 제1항에 따른 환경기준보다 확대·강화된 별도의 환경기준(이하 "지역환경기준"이라 한다)을 설정 또는 변경할 수 있다.

[대기환경보전법]

제16조(배출허용기준) ① 대기오염물질배출시설(이하 "배출시설"이라 한다)에서 나오는 대기오염물질(이하 "오염물질"이라 한다)의 배출허용기준은 환경부령으로 정한다.

---

11 宇賀克也『地方自治法概説[第3版]』(有斐閣, 2009), 155頁. 同書에서 열거하고 있는 일본법의 예로서는, 대기오염법 제32조, 수질오탁법 제29조, 소음규제법 제27조 2항, 진동규제법 제24조 2항, 악취법 24조 등이다.

> ② 환경부장관이 제1항에 따른 배출허용기준을 정하는 경우에는 관계 중앙행정기관의 장과 협의하여야 한다.
> ③ 특별시·광역시·특별자치시·도(그 관할구역 중 인구 50만 이상 시는 제외한다. 이하 이 조, 제18조부터 제21조까지, 제44조 및 제45조에서 같다)·특별자치도(이하 "시·도"라 한다) 또는 특별시·광역시 및 특별자치시를 제외한 인구 50만 이상 시(이하 "대도시"라 한다)는 「환경정책기본법」 제12조 제3항에 따른 지역 환경기준의 유지가 곤란하다고 인정되거나 제18조에 따른 대기환경규제지역의 대기질에 대한 개선을 위하여 필요하다고 인정되면 그 시·도 또는 대도시의 조례로 제1항에 따른 배출허용기준보다 강화된 배출허용기준(기준 항목의 추가 및 기준의 적용 시기를 포함한다)을 정할 수 있다.

(다) 법령의 대상외 규제조례 또는 꼬리 규제조례[裾切り条例][12]

법령에서 일정규모 또는 일정기준 미만은 규제대상으로 하고 있지 않은 경우, 그 규제미만 규모나 기준 미만(꼬리 부분) 부분을 규제대상에 포함시키는 조례를 말한다. 일종의 초과조례 또는 확대조례의 일부라고 할 수 있다.

대상외 규제조례가 인정되는지 여부는 법령이 대상 외로 하고 있는 부분(꼬리 부분)에 대하여 규제대상으로부터 제외하는 취지인지, 아니면 대상 외 부분(꼬리 부분)은 내셔널 미니멈의 규제대상에서 제외한 것에 지나지 않을 뿐 지역의 실정에 따라 규제를 허용하는 취지인가에 따라 판단될 것이다.[13]

(예) 국토이용계획법이 2,000㎡ 이상의 토지에 대한 거래를 신고제로 하고 있을 경우 동경도토지거래적정화조례가 2,000㎡ 미만의 소규모 토지에 대해서도 신고제를 도입한 경우

대상외 규제가 인정된다고 하더라도 대상외 부분에 대하여 법령에서 정한 규제보다도 더 엄격한 규제를 할 수 있을 것인가는 별문제이다.

(예) 高知市가 하천법이 규제대상 외로 하고 있는 보통하천의 관리조례를 제정한 사안에서 일본 재판소는 "하천의 관리에 대한 일반적인 관리를 정하고 있는 법률로써 하천법이 존재하고 있고, 더욱이 하천법의 적용도 준용도 없는 보통하천이라고 하더라도 같은 법의 규정과 동일 정도의 규제를 할 필요성이 있을 때에는 언제라도 적용하천 또는 준용하천으로 지정함으로써 하천법의 적용 또는 준용의 대상이 되는 길이 열려 있음을 볼 때,

---

12 裾切り라는 말은 옷자락을 잘라낸다는 것으로, 불필요한 부분, 즉 법령에서 규제하고 있지 않은 부분에 대해서도 조례가 규제하는 것을 말한다. 초과조례 또는 추가조례와는 그 양상이 달라 이러한 명칭을 붙인 것으로 보인다. **'기준미만조례', '꼬리규제조례', '옷자락규제조례' 등으로 번역이 가능**하리라 본다.

13 宇賀克也, 前揭書, 153頁.

하천법은 보통하천에 대해서는 적용하천 또는 준용하천에 대한 관리 이상으로 강력한 하천관리를 하지 않겠다는 취지라고 해석되어 진다"고 판시하고 있다.[14]

3. 법령에 저촉하는 조례

(1) 법령 규정의 해석에 따라 판단

조례는 그 본질적 성격상 법률과 긴장관계를 가질 수밖에 없다. 따라서 조례가 국가의 법령에 위반하는지의 여부는 "양자의 대상사항, 규정 문언을 대비하는 것만이 아니라, 각각의 취지, 목적, 내용 및 효과를 비교하고, 양자 사이의 모순 저촉 여하에 따라 이를 결정하지 않으면 안 된다"(위 [참고판례: 德島市条例違反 사건 최고재판소 판결 내용] 참조).

다시 이를 세분하면,[15] ① 법률이 전국 일률적으로 정하고 있는 사항을 지방자치단체가 조례로 변경하는 것은 이를 허용하는 명문의 규정이 없으면 허용되지 않는다고 보아야 한다.

(예) 관련 법령에서 휴직자에게 휴직기간 중 급여의 전액 지급을 하도록 하고 있는 경우에, 해당 지자체의 조례로 수당을 낮추는 것은 허용되지 않는다.

② 법률이 반드시 고려사항으로 하고 있는 것을 조례로 제외시키는 것은 허용되지 않는다.

③ 법률이 허·인가 등 규제대상으로 하고 있는 사항에 대하여 동일 목적으로 초과, 추가조례를 하는 조례라도 조례에 의한 규제가 권고 등의 행정지도에 그치는 경우에는 법률위반의 문제는 생기지 않는다고 보아야 할 것이다.

결국 조례가 법령에 저촉되는가의 문제는 관계 법령의 관련 규정의 해석에 일차적으로 의존할 수밖에 없다 하겠다.

(2) 집행기관의 고유권한을 침해하는 조례

조례가 외형상으로는 법령위반이 아닌 것처럼 보이더라도 그 내용에 있어 법령위반의 범주에 포함될 수 있는 경우가 있다. 우리 지방자치법이 지방자치단체 내의 집행기관과 의결기관의 권한을 엄격히 구분하여 서로 견제하게 하는 규정들을 두고 있고, 지방자치단체의 집행기관의 고유권한을 두고 있는 취지에 비추어 볼 때, 집행기관의 고유권한을 침해하는 내용, 비록 집행기관의 고유권한에 속하지 아니한 사항일지라도 집행기관의 사

14 宇賀克也, 前揭書, 154頁. 最高裁 昭和53[1978]·12·21 民集32巻9号1723頁.
15 宇賀克也, 前揭書, 156頁.

무집행권을 본질적으로 침해하는 내용, 어떤 집행기관의 고유권한에 속하는 사항을 다른 집행기관이 침해하도록 하는 내용, 지방의회가 그 고유권한을 포기하게 하거나 지방의회에게 일임하게 하는 내용의 조례 등은 이를 제정할 수는 없다. 즉 지방자치법령은 지방자치단체의 장으로 하여금 지방자치단체의 대표자로서 해당 지방자치단체의 사무와 법령에 의하여 위임된 사무를 관리·집행하는데 필요한 행정기구를 설치할 고유한 권한과 이를 위한 조례안의 제안권을 가지도록 하고 있으므로, 지방의회가 합의제 행정기관 또는 행정기구의 설치에 관한 조례안을 발휘하여 이를 그대로 의결, 재의결하는 것은 지방자치단체장의 고유권한에 속하는 사항의 행사에 관하여 지방의회가 사전에 적극적으로 개입하는 것으로서 관련 법령에 위반되어 허용되지 아니하는 것이 원칙이다(대판 2005.8.19. 선고 2005추48; 2009. 9. 24. 선고 2009추53).

대형마트의 영업규제를 둘러싼 일련의 소송과정에서 서울행정법원은 영업시간을 제한하고 의무휴업을 하도록 강제한 서울 송파구청장의 처분을 취소하라는 원고 승소 판결을 하였던바,[16] 당시 법원은 판결문에서 유통산업발전법에서는 영업시간 제한과 의무휴업일 지정의 시행 여부를 결정할 수 있는 재량권을 시장 군수 구청장에게 부여하고 있는데 해당 조례는 법이 부여한 구청장의 판단재량권을 박탈하여 위법이라고 하였던 것이다.[17]

4. 죄형법정주의와 조례

(1) 조례에 의한 과태료의 부과

우리나라도 이전의 지방자치법에는 조례로 징역, 금고, 벌금, 구류형을 과할 수 있었다. 즉 1994년 개정 전의 구지방자치법 제20조는 "시·도는 당해 지방자치단체의 조례로서 3월 이하의 징역 또는 금고, 10만 원 이하의 벌금, 구류, 과료 또는 50만 원 이하의 과태료의 벌칙을 정할 수 있다"고 규정하였다. 그러나 이는 죄형법정주의에 위반된다는 논리가 강하게 주장되어져 현재는 조례로 1,000만 원 이하의 과태료를 부과할 수 있을 뿐이다(지방자치법 제27조).

그 외, 사용료·수수료 또는 분담금의 징수에 관한 사항은 조례로 정할 수 있고(지방자치법 제139조 제1항), 사기나 그 밖의 부정한 방법으로 사용료·수수료 또는 분담금

16 서울행정법원 2012구합11676.

17 2012년 2월 7일, 전주시의회는 전국에서 최초로 대규모 점포 등을 규제한 '전주시 대규모점포 등의 등록 및 조정 조례'를 의결한 바 있다. 이에 관한 자세한 내용은, 최우용, 대형마트와 SSM 영업규제의 문제점과 제도적 정책적 정비방안에 관한 고찰, 공법학연구 제13권 제3호(2012. 8), 217~248면: 김희곤, 전게논문(주1), 666~670면 참조.

의 징수를 면한 자에 대하여는 그 징수를 면한 금액의 5배 이내의 과태료를, 공공시설을 부정사용한 자에 대하여는 50만 원 이하의 과태료를 부과하는 규정을 조례로 정할 수 있다.

(2) 죄형법정주의와 조례 — 일본에서의 논의

일본 헌법 제31조는 "누구라도 법률이 정하는 절차에 의하지 않고는 그 생명 또는 자유를 박탈당하거나 그 외의 형벌에 과해지지 않는다"고 한다. 여기서 말하는 법률에 조례가 포함될 것인가 하는 것이 다투어져 왔다. 그러나 일본 지방자치법에는 조례로 '2년 이하의 징역 또는 금고, 100만 엔 이하의 벌금, 구류, 과료 또는 몰수 또는 5만 엔 이하의 과료'를 부과할 수 있다(일본 지방자치법 제14조 제3항).

과거에는 헌법의 규정을 중시하여 조례로 형벌을 과할 때에는 법률의 授權이 필요하다는 주장도 있었으나, 현재는 조례로 형벌을 과할 수 있음은 헌법에 의해 용인된 것으로 해석하는 것이 다수설이다.[18] 그 이유로서 ① 조례가 지방의회에서 제정되는 준법률이라는 점, ② 조례제정권이 일본 헌법 제94조(우리 헌법 제117조 제1항에 해당)의 수권에 근거한 자주입법제정권이라는 점, ③ 조례에 의한 재산권의 규제가 인정되고 있으므로 그 규제위반의 담보수단으로서 조례로 벌칙을 제정할 수 있어야 함이 합리적이라는 점, 등을 들고 있다.[19]

(3) 지역의 특수성 및 필요성에 기인한 조례에의 형벌부과권 인정의 가능성

조례의 제정범위를 논함에 있어 조세법률주의와 함께 또 하나의 난제(難題)가 바로 조례에 의한 형벌부과가 가능한가의 문제이다. 결론적으로 필자는 우리나라에서도 조례에 의한 형벌은 일정한 원칙과 한계 하에서는 가능하다고 생각한다. 지역에서의 특수한 사정과 필요성이 존재하고, 단행 법률에서 조례에 형벌의 위임을 인정하고 있는 경우에는 조례에 의한 형벌도 가능할 것이다. 그 전제로서는 지방자치법에 조례에 의한 형벌이 가능하다는 규정이 필요할 것이다. 이 경우, 이러한 규정의 위헌 문제가 제기될 수도 있을 것이나, 헌법이 보장하는 지방자치단체의 자치권의 보장과 지역적인 특수한 사정에 의한 형벌 부과가 필요하고, 결론적으로 형벌의 부과에 의해 자치권이 보장되고 다수 주민의 이익과 복지가 보장된다면, 위헌의 문제는 피할 수 있다고 본다. 조례에 의해 형벌을 부과하는 경우에도 그 과벌절차는 형사소송법의 절차를 준용하게 될 것이며, 형법총칙의 원리

---

18 大橋洋一『行政法 [第2版]』(有斐閣, 2014), 72頁.
19 大橋洋一, 前揭書, 72頁.

가 적용됨은 당연하다 할 것이다. 자치단체장의 남용의 우려가 제기될 수도 있으나, 지방의회와 주민에 의한 견제가 상시 작용한다면 남용의 문제는 발생하지 않으리라고 조심스럽게 예측해 본다.[20] 현행 개별 법률에서 필요한 경우에는 지방자치단체장에게 형벌부과를 인정하고 있는 사례가 많은 만큼, 지역의 특수한 필요성에 의한 예외적인 경우에 조례에 의한 형벌이 응용될 수 있을 것이므로, 그 가능성조차 막을 필요는 없을 것으로 사료된다.

5. 조세법률주의와 조례

(1) 조세법률주의와 조세조례주의[21]

우리 지방세기본법 제4조에 의하면 "지방자치단체는 이 법 또는 지방세관계법에서 정하는 바에 따라 지방세의 과세권을 갖는다"고 하고, 같은 법 제5조 제1항에서는 "지방자치단체는 지방세의 세목(稅目), 과세대상, 과세표준, 세율, 그 밖에 부과·징수에 필요한 사항을 정할 때에는 이 법 또는 지방세관계법에서 정하는 범위에서 조례로 정하여야 한다"고 하여 지방세의 징수는 조세관련 법률에서 정하는 바에 따라 조례로 부과·징수할 수 있음을 밝히고 있다.

이 조항들의 해석을 두고, 조세법률주의와 조세조례주의의 대립적인 사고가 있다. 먼저 조세법률주의는 지방세의 세목이나 과세요건 등에 관한 사항은 법률로써 규율하여야 하며, 법률의 수권 없이 조례에 의하여 새로운 세목의 신설 등은 허용되지 않는다고 한다. 다만, 지방자치를 규정하고 있는 헌법의 해석상 지방자치단체에의 포괄적인 위임은 가능하며, 국가의 법률로써도 지방자치단체의 자율성을 지나치게 제한하는 획일적인 규정은 위헌적인 요소가 될 수 있다고 보아야 한다는 것이다.

이에 반해, 조세조례주의의 입장에서는, 지방자치단체의 주민이 당해 지방자치단체의 지방세에 대하여 납세의무를 지는 구체적인 근거법규는 국가의 법률인 '지방세 관련법률'에 의한 것이 아니라, 당해 지방자치단체의 조례라고 하는 점에서 그 근거를 찾고 있다. 국가의 차원에서나 지방자치단체의 차원에서 재정권은 입법권의 하나의 형태이며, 지방자치단체의 재정권은 지방의회의 의결을 통과한 조례의 제정이라는 형태로 행사되기 때문에, 주민은 이 조례에 의해서 구체적인 납세의 의무를 지는 것이다. 따라서 국가의 법

---

20 조례에 의한 형벌을 전면적으로 인정하는 일본의 경우도, 조례에 의한 형벌규정은 있어도 많은 활용은 되고 있지 않는 것으로 파악된다.

21 이에 관한 자세한 내용은, 최우용, 지방자치단체의 과세자주권과 법정외세, 지방자치법연구 제8권 제2호 (2008.6), 237~259면의 내용을 일부 발췌하여 게재한다.

률이 아니라 조례가 지방세에 있어서의 조세채권·채무관계발생의 법적 근거가 되는 것이라고 보는 것이다.[22]

헌법상 지방자치단체에게는 자치재정권이 부여되어 있고, 이러한 점에서 지방세에 대해서는 租稅法律主義가 아니라 租稅條例主義가 원칙이라고 할 수 있을 것이다.

(2) 일본에서의 논의 — 지방세관련 법률은 標準法과 限界法

일본에서는 조례를 준법률로 보는 것이 통설인 만큼, 조세에 관해서도 조례주의를 원칙적으로 보고 있는 것이 통설적 견해이다. 지방세법은 소득세법 등의 국세법의 경우와 달리 직접 납세자를 법적으로 구속하지 않는다. 즉, 어떤 지방자치단체가 지방세법에 따라 조세를 부과·징수 하려고 하는 경우에는 어떠한 형태로든 해당 지방자치단체의 조례상의 규정이 필요하게 된다. 지방세법의 규정은 조례를 통하여 주민에게 법적으로 작용하는 것이다.[23] 이처럼 지방세법은 먼저 법 이론적으로 지방자치단체의 조례제정의 근거 및 기준이 되는 '표준법'이라는 성격을 가진다. 요컨대 지방세법에 정함이 있는지, 없는지에 관계없이 지방세의 부과·징수에 관한 모든 규정이 조례로 규정되지 않는다면, 현실적으로 지방자치단체는 지방세를 부과·징수 할 수가 없다는 것이다. 따라서 지방세법에 근거한 조례가 직접적으로 납세자를 법적으로 구속하는 것이라 할 수 있다. 지방세의 직접과세의 근거는 지방세법이라고 하는 법률의 존재에도 불구하고 지방자치단체가 제정하는 조례에 근거하게 되는 것이다. 지방세법은 각 지방자치단체가 조례를 제정함에 있어 통일적인 표준을 제시(국가적 관점에서 지방세의 형태에 대해서 통일적인 표준을 제시, 즉 내셔널 미니멈을 제시)한다고 하는 성격을 가지고 있다.[24]

일본에서는 이처럼 지방세법은 표준법으로서의 성격을 가지는 것이나, 단순한 표준법이 아니라 조례와의 관계에서 오는 한계를 지닌 한계법(限界法)으로서의 성격도 가지고 있다.

---

22 과세자주권의 법적성격에 관한 문헌으로는, 차상붕, 지방자치단체의 자주과세권 확대를 위한 법리적 고찰, 지방자치법연구 창간호, 135면; 권강웅, 지방자치단체의 과세권의 근거와 범위, 지방재정의 과제, 한국지방재정공제회, 19976,5면; 김명용, 지방세 관련법제의 개선방향 －지방자치단체의 과세자주권을 중심으로－, 연구보고200－11, 한국법제연구원, 2000 등이 있다.

23 北野弘久『新財政法學·自治体財政權』(勁草書房, 1976)247頁. 이러한 사고는 일본의 통설로서 인정되고 있다. 구체적인 학자와 논거에 대해서는, 위 北野교수의 전게서 263頁의 주(10)에 서술되어 있는 문헌을 참고하기 바란다.

24 北野弘久, 前揭書, 246頁.

6. 규 칙

(1) 의 의

지방자치단체의 단체장이 법령 또는 조례가 위임한 범위 안에서 그 권한에 속하는 사무에 관하여 제정하는 것을 말한다. 현행 법령상 교육, 학예에 관한 사무(교육감의 업무)를 제외하고는 지방자치단체의 장의 권한에 속하는 모든 사무에 관하여 규칙을 제정할 수 있다.

교육규칙은 지방자치단체인 시·도의 교육, 학예에 관한 사무의 집행기관인 교육감이 제정하는 규칙을 말한다. 근거법률로는 '지방교육 자치에 관한 법률'이 있다.

(2) 규칙의 제정범위

규칙을 법령 또는 조례가 위임한 범위 안에서 제정 할 수 있음은 물론이나, 문제가 될 수 있는 것은, 법령 또는 조례에서 위임한 사항이 아니라도 규칙을 제정할 수 있는가 하는 점이다. 규칙도 자주입법의 하나이므로 반드시 법령(조례)의 위임이 필요한 것은 아니라 하겠지만, 규칙의 대상이나 내용에 따른 제한 그리고 현행 법령상 지방자치법 제22조 단서에 의한 법률유보의 제한을 받음은 당연하다 하겠다.

(3) 규칙에 관한 일본에서의 논의

규칙에 관한 일본에서의 논의를 살펴보면 아래와 같다.

조례와 규칙이 共管사무의 경우, 장이 규칙으로 정할 수 있는 (고유)영역에 대해서는 조례의 위임 없이도 규칙을 제정할 수 있고, 이 점에서는 조례와 장의 규칙의 관계는 법률과 명령의 관계와 달리 병존독립의 관계에 있다.[25] 위 Ⅱ.3.(2)에서 고찰한 집행기관의 고유권한을 침해하는 조례가 위법이 되는 경우와 유사한 논리라 하겠다.

조례와 규칙이 저촉하는 경우에는 조례가 우선한다. 조례와 규칙 모두 민선에 의한 지방의원으로 구성된 의회와 단체장이 제정하지만, 조례의 경우 장이 재의에 부의할 수가 있어 장의 의사를 반영하는 방책이 제도화되어져 있고, 조례 위반에 대해서는 형벌을 과할 수도 있음에 비해 규칙 위반에 대해서는 질서벌 밖에 인정되지 않는다는 점을 보면, 일본 지방자치법은 양자가 저촉하는 경우에는 조례우위를 전제로 하고 있다고 해석된다.[26] 우리의 경우는 조례로 형벌을 과할 수는 없으므로 동일 논리는 적용될 수 없겠지만,

---

25 宇賀克也, 前揭書, 168頁.

26 *ibid*

우리 역시 조례안에 대한 재의결 요구권이 단체장에게 주어져 있는 점을 고려하면(지방자치법 제172조 참조) 장의 규칙보다는 조례가 우위에 있다는 일본에서의 논리가 우리에게도 적용될 수 있을 것으로 본다.

Ⅲ. 자치입법권에 관한 최근 판례의 동향[27]

본장에서는 자치입법권에 관한 최근 5년간의 판례의 동향을 법률우의의 원칙 또는 법률유보의 원칙이 문제되었던 사안, 집행기관의 고유권한의 침해여부가 다투어졌던 사안을 중심으로 살펴보고 자치입법권에 관한 우리 대법원의 태도를 개략적으로 고찰해 보고자 한다.

1. 법률우위의 원칙과 초과조례 및 추가조례

제Ⅱ장에서 논의한 바와 같이, 대법원 96추244 사건의 판결에서 그 동안 학계에서 이론적으로 논의되어 왔던 초과조례와 추가조례가 합법적으로 제정될 수 있는 기준이 제시된 이후 우리 대법원은 동 판결의 이유 부분에서 적시된 초과조례와 추가조례의 법리를 적극적으로 인용하고 있다. 초과조례보다는 주로 법령의 규정보다도 그 대상을 넓히는 추가조례가 주를 이루고 있는바, 최근 주요 판례의 동향을 보면 다음과 같다.

(1) 대법원 2013. 4. 11. 선고 2012추22 판결[화천군 학생교육비지원조례안 재의결 무효확인의 소]

(가) 사건의 개요

화천군의회가 의결한 '화천군 관내 고등학교 학생 교육비 지원 조례안'에 대하여 화천군수가 교육비 지원 사무는 도의 자치사무에 관한 것이라는 등의 이유로 재의를 요구하였으나 군의회가 조례안을 재의결하여 확정한 사안이다. 동 사안에서, 수업료, 입학금의 지원에 관한 사무가 자치사무인지, 조례안에서 조례에서 정한 교육비 지원 대상에 해당하는 경우에는 군수로 하여금 교육비를 지급하도록 규정한 것이 집행기관인 지방자치단체장 고유의 재량권을 침해하였는지 등이 다투어졌다.

27 본고에서는 최근 5년간의 주요 판례를 그 대상으로 한다. 보다 자세한 자치입법권을 둘러싼 판례의 경향에 대해서는, 최우용, 지방자치법강의[제3판], 동아대학교 출판부, 2008, 342~385면 참조.

(나) 판결요지

대법원은 수업료, 입학금 그 자체에 관한 사무는 교육·학예에 관한 사무로서 지방자치단체 중 특별시·광역시·도의 사무에 해당하나, 수업료, 입학금의 지원에 관한 사무는 학생 자녀를 둔 주민의 수업료, 입학금 등에 관한 부담을 경감시킴으로써 청소년에 대한 기본적인 교육여건을 형성함과 동시에 청소년이 평등하게 교육을 받을 수 있도록 하는 것이므로, 이와 같은 사무는 지방자치단체 고유의 자치사무인 지방자치법 제9조 제2항 제2호 에서 정한 주민의 복지증진에 관한 사무 중 주민복지에 관한 사업[(가)목] 및 노인·아동·심신장애인·청소년 및 부녀의 보호와 복지증진[(라)목]에 해당되는 사무이고, 교육비 지급에 있어 군수에게 재량권을 주고 있고 교육비의 예산이 군 전체 예산에서 차지하는 비중 등을 고려 할 때 동 조례안은 위법이 아니라고 하였다.

(2) 대법원 2013.5.23. 선고 2012추176 판결[서울특별시 시우회등육성및지원조례안의결 무효확인의 소]

(가) 사건개요

서울특별시의회가 서울시 및 산하기관의 퇴직공무원으로 구성된 사단법인 서울시 시우회와 서울시의회 전·현직의원으로 구성된 사단법인 서울시 의정회가 추진하는 사업에 대하여 사업비를 보조할 수 있도록 하는 내용의 '서울특별시 시우회 등 육성 및 지원 조례안'을 의결하여 서울특별시장에게 이송하였고, 행정안전부장관이 위 조례안이 지방재정법 제17조에 위반된다는 이유로 재의를 요구하였으나 서울특별시장이 그대로 공포한 사안이다.

(나) 판결요지

서울시 시우회는 전직 서울시 및 그 산하기관 공무원, 서울시 의정회는 전·현직 서울시의회 의원이라는 공직 근무 경력만으로 당연히 회원자격이 부여되는 단체로서 근본적으로 특정 사업의 수행을 위한 것이라기보다 구성원 간 친목 등을 주된 목적으로 하는 단체인 점 등 여러 사정을 종합해 보면, 위 조례안이 정한 사업이 서울시가 권장하는 사업에 해당한다고 볼 수 없다는 이유로, 위 조례안은 지방재정법 제17조를 위반하여 위법하다.

2. 법률유보 위반여부가 다투어진 조례

(1) 대법원 2012. 11. 22. 선고 2010두19270 전원합의체 판결[순천시 주차장조례에 의한 건축허가신청불허가처분취소]

(가) 사건개요

구 주차장법령이 일정한 경우 건축물·골프연습장 기타 주차수요를 유발하는 시설 부설주차장의 용도변경을 허용하면서 그에 관하여 조례에 위임하지 않고 있음에도, 순천시 주차장 조례가 당해 시설물이 소멸될 때까지 부설주차장의 용도를 변경할 수 없도록 규정한 사안이다.

(나) 판결요지

이 사건 조례 규정이 부설주차장의 용도변경 제한에 관하여 정한 것은 구 주차장법 제19조 제4항 및 시행령 제7조 제2항에서 위임한 '시설물의 부지 인근의 범위'와는 무관한 사항이고, 나아가 부설주차장의 용도변경 제한에 관하여는 법 제19조의4 제1항 및 시행령 제12조 제1항에서 지방자치단체의 조례에 위임하지 않고 직접 명확히 규정하고 있으므로, 이 사건 조례 규정은 법률의 위임 없이 주민의 권리제한에 관한 사항을 정한 것으로서 법률유보의 원칙에 위배되어 효력이 없다고 본 원심판단을 정당하다고 한 사례.

(2) 대법원 2015. 5. 14. 선고 2013추98 판결[전라북도 학생인권조례안의결무효확인의 소]

(가) 사건개요

전라북도의회가 의결한 학생인권조례안에 관하여 교육부장관이 동 조례안의 규정이 법령의 위임 없이 학생의 권리와 교육의 자주성·전문성에 관한 헌법규정에서 도출되는 교사의 자유를 제한하여 법률유보원칙에 위배되고, 그 중 학생의 정의, 체벌금지, 복장·두발 규제의 제한, 소지품 검사·압수의 제한 및 정규교과 이외 교육활동 편성 제한 등에 관한 부분이 초·중등교육법 등 관련 법령에 저촉된다는 이유로 재의를 요구하였으나, 전라북도교육감이 이에 따르지 아니하고 조례안을 그대로 공포하자 지방교육자치에 관한 법률 제3조, 지방자치법 제172조 제7항에 의하여 직접 제소권을 행사한 사안이다.

(나) 판결요지

이 사건 조례안 규정들이 헌법과 관련 법령에 의하여 인정되는 학생의 권리를 확인하거나 구체화하고 그에 필요한 조치를 권고하고 있는 데 불과한 이상 그 규정들이 교사나 학생의 권리를 새롭게 제한하는 것이라고 볼 수 없으므로, 국민의 기본권이나 주민의 권리의 제한에 있어 요구되는 법률유보원칙에 위배된다고 할 수 없고, 그 내용이 법령의 규정과 모순·저촉되어 법률우위원칙에 어긋난다고 볼 수도 없다.

3. 집행기관의 권한을 침해하는지 여부에 관한 판례

(1) 대법원 2013. 9. 27. 선고 2012추169 판결[광주광역시 인사청문위원회 등신설조례안재의결무효확인의 소]

(가) 사건개요

지방공기업법에 따라 설립한 공사·공단의 사장 또는 이사장 후보자에 대한 인사청문위원회 및 공청회절차를 신설하는 내용의 광주광역시 조례안에 대하여 안전행정부장관이 재의를 요구하였으나 광주광역시의회가 원안대로 재의결한 사안이다.

(나) 판결요지

상위법령에서 지방자치단체장에게 기관구성원 임명·위촉권한을 부여하면서도 임명·위촉권의 행사에 지방의회의 동의를 받도록 하는 등의 견제나 제약을 규정하고 있거나 그러한 제약을 조례 등에서 할 수 있다고 규정하고 있지 않는 한 당해 법령에 의한 임명·위촉권은 지방자치단체의 장에게 전속적으로 부여된 것이라고 보아야 한다. 따라서 하위법규인 조례로는 지방자치단체장의 임명·위촉권을 제약할 수 없고, 지방의회의 지방자치단체 사무에 대한 비판, 감시, 통제를 위한 행정사무감사 및 조사권 행사의 일환으로 위와 같은 제약을 규정하는 조례를 제정할 수도 없다.

(2) 대법원 2014. 2. 27. 선고 2012추145 판결[교원지위에 관한 조례안재의결 무효확인의 소]

(가) 사건개요

조례안이 교원의 지위에 관한 사항에 속하는 교원의 차별 및 불이익 금지 등에 관하여 규정하고, 교원의 지위 보호를 위하여 교권보호위원회 및 교권보호지원센터의 설치·구성·운영에 관한 사항 등을 규정한 것은 국가사무에 관하여 법령의 위임 없이 조례로 정한 것으로 조례제정권의 한계를 벗어나 위법하다고 한 사례이다.

(나) 판결요지

교원의 지위에 관한 사항은 법률로 정하여 전국적으로 통일적인 규율이 필요한 것이

고 국가가 이를 위하여 상당한 경비를 부담하고 있으므로, 이에 관한 사무는 국가사무로 보아야 하는데,

(3) 대법원 2014. 2. 13. 선고 2013추67 판결[예산낭비사례등공개조례안재의결 무효확인의 소]

(가) 사건개요

예산낭비 사례 등을 공개하도록 하고 예산성과금의 지급 한도를 제한하는 내용의 조례안에 대하여 구청장이 지방자치법에 위배된다는 이유 등으로 재의를 요구하였으나 구의회가 원안대로 재의결한 사안이다.

(나) 판결요지

조례안에서 정한 예산낭비에 관한 정의가 불명확하다거나 예산낭비의 해당성 여부가 전적으로 지방의회의 추상적 가치판단에 따라 정해진다고 보기 어렵고, 예산낭비사례 공개 부분 조례안은 관계 법령에서 부여한 지방자치단체의 예산집행 등에 관한 지방의회의 감시 통제권의 일환으로 예산낭비사례를 공개하라는 것에 불과하여 지방자치법 제22조에서 정하고 있는 법령의 범위 내의 규정이므로 지방자치단체장의 예산집행 등에 관한 권한을 본질적으로 침해한다고 할 수 없다.

4. 소 결

1-[1]사건에서 대법원은 국가가 직접적인 규율의 대상으로 하고 있지 않은 사무(지방교육의 주체가 아닌 화천군의 교육비 지원)에 대해서는 조례로 규율할 수 있음을 밝히고 있다. 이는 법률선점론적 관점에서 보면, 법률이 선점하고 있지 않은 급부행정 부분[대상]에 대해서는 조례를 추가적으로 제정할 수 있음을 인정한 것이라고 할 수 있다.

1-[2]사건에서는 추가조례가 인정된다고 하더라도 추가조례의 목적이 합목적성을 벗어나거나 평등의 원칙이나 비례의 원칙 등 헌법적 가치를 벗어난 경우에는 위법이 됨을 적시하고 있다.

2-[1]사건에서 대법원은, 지방자치법 제22조, 행정규제기본법 제4조 제3항[28]에 의하면 지방자치단체가 조례를 제정함에 있어 그 내용이 주민의 권리제한 또는 의무부과에 관한 사항이나 벌칙인 경우에는 법률의 위임이 있어야 하므로, 법률의 위임 없이 주민의 권

28 제4조 제3항: 행정기관은 법률에 근거하지 아니한 규제로 국민의 권리를 제한하거나 의무를 부과할 수 없다. 규제법정주의를 명시하고 있는 규정이다.

리제한 또는 의무부과에 관한 사항을 정한 조례는 효력이 없음을 밝히고 있다. 특히 법률이 조례에 위임하지 않고 직접 규제 대상을 명확히 규제하고 있는 경우(법률선점의 경우)에는 조례의 제정이 가능하지 않음을 강조하고 있다.

2－[2]사건에서는 이 사건 조례안 규정들이 헌법과 관련 법령에 의하여 인정되는 학생의 권리를 확인하거나 구체화하고 그에 필요한 조치를 권고하고 있는 데 불과하다고 보았다. 즉 대법원은 조례안의 규정을 법률의 초과 규제로 보지 않았고, 따라서 동 조례안은 주민의 권리를 제한하거나 의무를 부과하는 것이 아니므로 지방자치법 제22조 단서에 의한 법률의 유보는 필요 없다고 보았다.

3－[1]사건에서 대법원은 상위법령에서 지방자치단체장에게 기관구성원 임명·위촉 권한을 부여하면서도 임명·위촉권의 행사에 지방의회의 동의를 받도록 하는 등의 견제나 제약을 규정하고 있거나 그러한 제약을 조례 등에서 할 수 있다고 규정하고 있지 않는 한 당해 법령에 의한 임명·위촉권은 지방자치단체의 장에게 전속적으로 부여된 것으로 보았다. 대법원은 과거에는 동 판례와 같이 지방의회의 행정기관 구성에 관해서는 비교적 엄격한 자세를 견지하고 있는 것으로 보인다.[29] 그러나 동 판결에 있어서는 그 간의 판례의 논리와는 달리, 지방의회의 본질적 역할이 견제와 균형에 있고, 지방의회는 헌법적으로 보장되는 기구라는 점에서 반드시 긍정하기 어려운 점이 있다(아래 3－[3]에서의 대법원의 판결이유 참조).

3－[2]사건에서는 교원의 지위에 관한 사항은 전국적으로 통일적인 규율이 필요한 국가사무로 조례의 제정대상 사무는 아니라고 하였다. 그러나 법률에서 정하고 있는 교원의 지위를 전국적 최저기준(내셔널 미니멈)으로 본다면 지역의 특성에 따라 초과조례를 정하더라도 가능한 것은 아닌가 하는 생각이 든다.

3－[3]사건에서는 지방의회의 본질적 역할에 주목하여 예산성과금 지급 부분을 공개하고 예산성과금의 상한액을 제한한 조례는 지방자치단체장의 예산성과금 지급에 관한 권한을 본질적으로 침해하였다고 볼 수 없다고 하였다. 동 판례는 관계 법률의 해당 규정을 전국적으로 통일된 최저기준으로 본 것이라고 할 수 있다.

---

29 이는 제Ⅱ장 3.(2)의 부분을 참조하기 바란다.

Ⅳ. 자치입법권에 대한 국가 등의 관여 수단

1. 지방자치법상의 관여

앞서 살펴본 바와 같이 조례는 법률우위의 원칙과 법률유보의 원칙을 통한 입법적 통제를 받게 된다. 그러나 이러한 원칙도 헌법상의 지방자치의 이념 하에서 가능한 엄격하게 적용되어야 할 것이다. 지방자치법 제24조는 조례와 규칙의 입법한계로서, 시·군 및 자치구의 조례나 규칙은 시·도의 조례나 규칙을 위반하여서는 아니 된다고 하고 있다.

또한 지방자치단체를 신설하거나 격을 변경할 때의 조례·규칙의 시행에 대하여, 지방자치단체를 나누거나 합하여 새로운 지방자치단체가 설치되거나 지방자치단체의 격이 변경되면 그 지방자치단체의 장은 필요한 사항에 관하여 새로운 조례나 규칙이 제정·시행될 때까지 종래 그 지역에 시행되던 조례나 규칙을 계속 시행할 수 있다고 한다(제25조).

2. 행정적 관여

(1) 보고를 통한 관여(제28조)

조례나 규칙을 제정하거나 개정하거나 폐지할 경우 조례는 지방의회에서 이송된 날부터 5일 이내에, 규칙은 공포예정 15일 전에 시·도지사는 행정자치부장관에게, 시장·군수 및 자치구의 구청장은 시·도지사에게 그 전문(全文)을 첨부하여 각각 보고하여야 하며, 보고를 받은 행정자치부장관은 이를 관계 중앙행정기관의 장에게 통보하여야 한다.

(2) 준칙조례(모델조례)를 통한 관여

중앙행정기관은 새로운 조례제정 사안이 발생할 때마다, 소위 '준칙조례(모델조례)'라는 것을 만들어 하달하고 있다. 이러한 준칙조례는 장기적으로는 지방자치단체의 입법능력을 저하시키고, 지방자치단체에 대한 자치능력에 대한 주민들의 불신을 조장하게 된다. 지방분권의 시대를 맞이하여 지방자치단체는 자체적인 입법능력 즉 '자치법무'의 능력을 길러 중앙의 통제에서 벗어나야 할 것이지만, 중앙정부에서도 과도한 준칙조례의 남발은 삼가야 할 것이다.

3. 사법적 관여

(1) 법원에 의한 통제

(가) 구체적 규범통제

조례에 근거한 처분이 위법함을 이유로 법원에 항고소송을 제기하면서 원고가 그 처분의 근거인 조례의 위법을 주장하는 경우에, 수소법원은 선결문제로서 당해 조례의 위법을 심사할 수 있다. 다만, 이 경우에 조례가 위법한 것으로 결정이 나더라도 당해 사건에서만 해당 조례의 위법성이 인정된다.

(나) 항고소송

조례는 일반적이고 추상적인 규율이므로 조례 그 자체는 행정소송의 대상이 되지 않는다. 다만, 조례가 직접적으로 주민의 권리, 의무에 영향을 주는 경우에는 처분적 조례로서 항고소송의 대상이 될 수 있다.[30]

(2) 지방자치법에 의한 관여(제107조 및 제172조)

지방자치단체의 장은 지방의회의 의결이 월권이거나 법령에 위반되거나 공익을 현저히 해친다고 인정되면 그 의결사항을 이송 받은 날부터 20일 이내에 이유를 붙여 재의를 요구할 수 있다(같은 법 제107조 제1항). 해당 지방자치단체의 장은 위법뿐만이 아니라 합목적성에 배치되는 지방의회의 의결에 대해서도 재의를 요구할 수 있다.

또한 지방의회의 의결이 법령에 위반되거나 공익을 현저히 해친다고 판단되면 시·도에 대하여는 주무부장관이, 시·군 및 자치구에 대하여는 시·도지사가 재의를 요구하게 할 수 있고, 재의요구를 받은 지방자치단체의 장은 의결사항을 이송 받은 날부터 20일 이내에 지방의회에 이유를 붙여 재의를 요구하여야 한다(같은 법 제172조 제1항). 재의요구지시를 받은 지방자치단체의 장이 재의를 요구하지 아니하는 경우(법령에 위반되는 지방의회의 의결사항이 조례안인 경우로서 재의요구지시를 받기 전에 그 조례안을 공포한 경우를 포함한다)에는 주무부장관이나 시·도지사는 제1항에 따른 기간이 지난 날부터 7일 이내에 대법원

30 대표적인 것으로 두밀분교의 폐교를 정한 조례를 처분으로 본, 대법원 1996. 9. 20. 선고 95누7994 판결 【폐교처분취소】이 있다. 동 판결에 의하면, 지방자치법, 교육법 등을 종합적으로 보면 "공립국민학교는 공공시설로서 그 설치·폐지에 관하여는 다른 법령에 규정이 없는 경우 지방자치단체인 시·도가 제정하는 조례의 형식으로 정하여야 하고, 이러한 학교의 설치·폐지는 지방의회에 의한 조례의 의결 및 그 공포로써 효력이 발생하여 완결되는 것이며, 지방교육자치에관한법률 제27조 제1호, 제5호에서 조례안의 작성 및 학교의 설치·폐지에 관한 사항을 교육감의 관장사무로 규정하고 있더라도 위 규정을 시·도 교육감이 학교의 설치·폐지에 관한 결정 자체를 할 권한이 있는 것이라고 볼 수 없다"고 하여 조례의 제정에 의해 직접적으로 폐교가 결정되고 따라서 해당 조례는 처분적 성격을 가지므로 항고소송의 대상이 된다고 보았다.

에 직접 제소 및 집행정지결정을 신청할 수 있다(동조 제7항).

(3) 헌법재판소에 의한 통제 — 헌법소원심판

조례에 의하여 직접 현실적으로 기본권의 침해를 당한 자는 헌법소원의 보충성의 요건이 충족되는 경우에 헌법재판소에 헌법소원을 제기할 수 있다.

Ⅴ. 자치입법권 확충을 위한 방안

1. 헌법 개정을 통한 자치입법권의 확충 방안

자치입법권을 속박하고 있는 헌법 제117조 제1항의 개정 필요성에 대해서는 학계는 물론 실무계에서도 공감대가 형성되어 있는 문제이다. 현행 헌법과 지방자치법상의 '법령의 범위 내에서'를 최소한 '법률에 위반되지 아니하는 범위 내에서' 정도로는 개정되어야 한다.[31] 일본의 헌법규정에서도 '법령'이 아닌 '법률'의 범위 내로 한다고 하여 행정입법에 의한 조례제정의 제한을 헌법이 방지하고 있음은 시사 하는바가 크다.[32]

분권형 헌법으로의 개정을 통하여 헌법에 '분권국가'임을 천명하는 것도 하나의 방법이 될 수 있을 것이다.[33]

2. 지방자치법 제22조의 개정을 통한 자치입법권의 확충방안

현행 지방자치법 제22조는 앞에서 살펴본 바와 같이 위헌적인 요소를 다분히 가지고 있다. 본문의 '법령의 범위 내'는 '법률에 위반되지 아니하는 범위 내'로 개정되어야 하고, 엄격한 법률유보원칙을 밝히고 있는 단서는 삭제되어야 할 것이다.[34] 과태료 부과 규정도 형벌이 가능하도록 개정되어야 한다.[35]

3. 지방자치법 관련 법률의 제·개정을 통한 자치입법권의 확충방안

(1) 우리나라의 경우

자치입법권의 확충을 위해서는 우선 국가와 지방자치단체간의 역할에 대한 근본적인

---

31 대법원 1997.4.25, 96추244, 최우용, 전게서(지방자치법강의[제3판]), 142면 이하 참조.
32 최우용, 지방자치법의 주요 쟁점, 동방출판사, 2014, 109~118면 참조.
33 최우용, 전게서(지방자치법의 주요 쟁점), 109면 이하 참조(지방자치의 관점에서 본 헌법개정).
34 同旨, 신봉기, 자치입법권의 범위와 실효성확보방안, 행정소송(II)(2008년), 599면.
35 신봉기교수의 경우 행정벌이나 행정강제제도의 도입 및 강화로 이를 대체하고자 한다. 신봉기, 전게논문, 602면.

인식의 공유가 있어야 한다. 이는 조례제정의 대상이 되는 자치사무의 범위를 정함에 있어서도 결정적인 역할을 하게 된다. 이러한 국가와 지방자치단체간의 역할에 관한 법률 단위에서의 기준 내지는 가이드가 필요하다고 본다.

예를 들어, 지방분권 및 지방행정체제개편에 관한 특별법 제9조 제1항에 의하면, "국가는 지방자치단체가 행정을 종합적·자율적으로 수행할 수 있도록 국가와 지방자치단체 간 또는 지방자치단체 상호간의 사무를 주민의 편익증진, 집행의 효과 등을 고려하여 서로 중복되지 아니하도록 배분하여야 한다"고 하고, 동조 제2항에서는 "국가는 제1항에 따라 사무를 배분하는 경우 지역주민생활과 밀접한 관련이 있는 사무는 원칙적으로 시·군 및 자치구(이하 "시·군·구"라 한다)의 사무로" 한다고 하여 시·군·구우선의 원칙을 선언하고 있다. 그러나 이러한 사무구분에 관한 기준 이전에 국가와 지방자치단체의 역할에 관한 입법적 방안이 있어야 한다고 본다.

(2) 일본의 경우

일본의 경우, 국가와 지방자치단체의 적절한 역할 분담에 관한 내용을 입법화하고 있다. 즉 일본 지방자치법 제1조의2 제1항은 "지방자치단체는 주민 복지증진을 꾀함을 기본으로 하고, 지역에서의 행정을 자주적이고 종합적으로 실시하는 역할을 넓게 담당하는" 임무를 질 것을 명시하고 있다. 이는 지방자치단체의 자기결정권과 자기책임성의 확충을 선언한 것으로 볼 수 있다. 또한 동조 제2항은, "국가는 국제사회에서의 국가로서의 모든 활동 또는 지방자치에 관한 기본적인 준칙에 관한 사무 또는 전국적인 규모로 또는 전국적인 시점에서 행해져야 하는 시책 및 사업의 실시 그 외의 국가가 본래 해야 하는 역할을 중점적으로 담당하고, 주민에게 가까운 행정은 가능한 지방자치단체에게 맡기는 것을 기본으로 하고, 지방자치단체와의 사이에서 적절하게 역할을 분담함과 함께 지방자치단체에 관한 제도의 책정 및 시책의 실시에 있어 지방자치단체의 자주성 및 자립성이 충분히 발휘 되도록 하여야 한다"고 규정하고 있다.

이러한 규정은 국가의 역할을 사항적으로 명확하게 한정하는 것은 아니지만, 국가의 역할을 한정하는 지침으로서의 성격을 가지는 것이고, 국가는 새롭게 국가의 사무를 창설하려고 하는 경우에는 왜 그것이 국가의 사무이어야 하는지에 대한 설명의무를 져야 한다는 주장도 제기되고 있다.[36]

그 외, 일본 지방자치법 제2조 제12항은 "지방자치단체에 관한 법령의 규정은 지방자치의 본지[本旨]에 근거하여 그리고 국가와 지방자치단체간의 적절한 역할분담을 고려하

---

36 宇賀克也, 前揭書, 91頁.

여 이를 해석하고 운용하지 않으면 안 된다"고 하여 지방자치단체에 관한 법령의 해석과 운용에 관한 기준을 제시하고 있다. 여기서 '법령'은 법률에 한 하지 않고 정령, 성령 등의 명령도 포함하기 때문에 국회뿐 만이 아니라, 행정기관도 명령제정에 있어서 '지방자치의 본지', 국가와 지방자치단체간의 적절한 역할분담에 배려하지 않으면 안 될 것이다. 지방자치의 본지에 따라 법령을 해석해야 하는 주체는 행정기관뿐만 아니라 사법기관도 포함된다고 본다.[37]

4. 국가에 의한 행정적 관여로부터의 탈피

새로운 법령이 제정되어 해당 법령의 집행을 위한 조례나 규칙이 필요한 경우, 주무부장관이 제정하여 각 지방자치단체에 하달하는 '준칙(모델)조례'의 행태는 필요최소한도에 그쳐야 한다. 중앙의 주무부처에서 조례의 제정에 필요한 참고자료의 제시나 참고 법령의 안내 등 소극적인 관여는 필요하다고 할 것이나, 현행과 같은 모델조례의 행태는 장기적으로 지방자치단체의 입법능력을 저해하게 할 여지가 크다. 그 보다는 자치단체의 입법능력을 향상하기 위한 제도적 보완에 더 큰 관심이 필요해 보인다. 아울러 지방자치단체 공무원의 법무 능력의 배양을 위한 각종 교육 및 지원시스템의 구축도 필요할 것으로 보인다.[38]

또한 지역 주민의 권리·의무와 밀접한 연관을 가지는 것으로 조례의 제정이 시급히 요청되는 사안의 경우에는 법률의 단계에서 조례 등의 제정 기한을 정함으로써 각 지방자치단체의 입법 해태를 예방할 수 있을 것이다.

5. 자치사무의 확충 등

자치입법권의 대상은 해당 지방자치단체의 자치사무를 원칙으로 하는바, 자치사무의 확장은 자연스럽게 자치입법권의 확충으로 연결된다. 현재 대통령소속 지방자치발전위원회에서 기관위임사무의 폐지와 함께 사무이양에 관한 논의가 심도 있게 진행되고 있는 것으로 알고 있다. 논의의 결과가 하루 빨리 관련 법령에 반영되어 자치사무가 확대되는 것도 자치입법권의 범위를 확대하는 하나의 방안이라고 하겠다.[39] 아울러 자치사무에 관해

---

37 宇賀克也, 前揭書, 92頁.

38 지방자치단체의 자치법무에 관한 선구적인 논문으로는, 문상덕, 지방자치행정에 있어서의 정책법무의 확립 – 지방분권시대의 법치행정의 강화를 위하여–, 지방자치법연구 1권 1호(2001.6), 95~131면 참조. 이에 관한 일본 문헌으로는, 田中孝男·木佐茂男, 『テキストブック自治体法務』(ぎょうせい, 2004); 木佐茂男編著『自治体法務入門』(ぎょうせい, 1998); 木佐茂男編著『自治立法の理論と手法』(ぎょうせい, 1998) 등이 참고할 만하다.

39 프랑스와 일본의 경우 사무의 이양에 따라 개정이 필요한 법령을 일괄법의 형태로 처리한 바 있다. 지방자치

서는 가능한 법령에 의해 세부적인 내용을 정하기보다는 조례로 그 세부 기준과 내용을 정할 수 있도록 법령에 의한 지나친 간섭은 피해야 할 것이다.

한편, 지방자치관련 법제를 해석하고 법을 집행하는 사법부의 역할 또한 중요하다 하겠다. 그러나 우리나라 현행 사법실무의 입장은 지나치게 실정법에 충실한 나머지 입법의 한계를 뛰어넘을 여지가 없어 보이며, 그러한 의지와 인식도 부족하므로, 지방자치법제에 있어 사법권의 역할은 민·형사 등의 다른 법제에서와 동일할 수 없다는 인식하에서 헌법합치적 법해석 및 적용으로 방향성을 전환하는 것이 필요하다는 주장도 제기되고 있다.[40]

Ⅵ. 나오며

필자는 본문에서 자치입법권에 관한 국내와 일본의 학설 및 판례를 중심으로 자치입법권의 확충 방안을 고민해 보았다. 이러한 고민은 '자치입법권의 핵심인 조례의 제정범위는 어디까지인가?'라는 문제와 직결되는 문제이다. 필자는 결론적으로, 다음과 같은 이유에서 조례의 위상을 법률에 준하는 준법률적 성격을 가지는 것으로 보고, 법령과 직접적인 충돌이 없는 한 탄력적으로 운용되어야 할 필요가 있다고 본다. 첫째, 조례는 헌법이 보장하는 지방자치의 이념을 구현하기 위한 필요불가결한 도구(道具)라는 점, 둘째, 조례 역시 민선에 의해 구성된 지방의회에서 제정하는 규범으로 민주적 정당성을 가진다는 점, 셋째, 지방분권의 이념 하에서 국가사무가 자치사무로 이양되는 등 지방자치단체의 책무가 점점 더 커지고 있는 것이 행정현실이라는 점, 넷째 지방행정이 점점 복잡화, 종합화, 전문화 되어 감에 따라 지역의 특성에 맞는 맞춤형 규제가 더욱 필요해 지고 있다는 점, 등이다. 또한, 지역의 특성에 맞는 초과조례, 추가조례는 물론이고, 지방자치법의 개정을 통해 형벌권과 조세권도 지방자치단체에게 인정해 주어야 한다. 아울러 향후에는 법률과 조례의 관계가 상호 긴장관계를 가진 상하의 관계가 아니라, 상호 보충·보완적인 관계로 재정립될 필요가 있다. 법률은 국가의 역할에 적합한 규제에 그치고 나머지는 조례에 위임함으로써 지방행정은 법률에 의한 행정이 아니라, '조례에 의한 행정'이 되어야 한다.

국가는 이제 외교, 국방 등 국제사회에서 국가로서의 존립에 관한 사무와, 근로기준법상의 노동조건의 최저기준 등 전국적으로 통일적인 기준과 규제가 필요한 사무 그리고

단체의 사무배분 개혁의 현황과 과제에 대해서는, 최우용, 전게서(지방자치법의 주요쟁점), 196~201면 이하 참조.

40 조성규, 자치입법권 확대의 평가와 과제, 국회 지방자치포럼주최 지방자치 20주년 기념 국회 토론회 '지방자치의 과거와 현재 그리고 미래', 148면.

기초연금과 같은 국가의 근간적 사무의 정비 등과 같이 국가로서의 기본적인 역할과 사무에 더욱 매진해야 한다. 기타 주민친화적인 사무에 대해서는 과감히 지방자치단체에게 그 사무를 이양해야 한다. 이러한 국가와 지방자치단체의 역할에 대한 인식의 공유가 전 국민적으로 이루어질 때 자치입법권의 범위는 자연스럽게 확대될 것이며, 이에 따라 지방자치단체도 지방의 역량과 지역의 실정에 맞는 종합행정을 자율적으로 구사해 나갈 수 있을 것이다. 이때 단체장의 자의적 행정을 견제하기 위한 지방의회의 전문화는 필수적이라 할 것이며, 지방의회에 지역주민의 의사가 민주적이고도 합리적으로 반영될 수 있는 시스템의 구축 또한 함께 병행되어야 할 것이다.

<참고문헌>

1. 국내문헌

[단행본]

김중권, 行政法基本硏究Ⅱ, 법문사, 2009.

김홍대, 지방자치입법론, 1999.

박균성, 行政法論(下), 박영사, 2011.

이기우·하승수, 지방자치법, 대영출판사, 2007.

최우용, 현대행정과 지방자치법, 세종출판사, 2002.

______, 지방자치법강의[제3판], 동아대학교 출판부, 2008년.

______, 지방자치법의 주요 쟁점, 동방출판사, 2014.

홍정선, 신지방자치법, 박영사, 2009.

______, 행정법 특강, 박영사, 2015.

[연구논문]

김남진, 조례제정의 법적 문제, 법제연구(한국법제연구원), 1995.

김남철, 지방자치단체의 조례제정권과 법률유보, 헌법판례연구 2권, 한국헌법판례연구학회 (2000).

김성호, 조례제정권의 범위와 한계, 법과 정책연구 제4집 제1호(2004).

김성호/황아란, 조례제정권 범위확대에 관한 연구, 한국지방행정연구원, 연구보고서 1999-02 (제318권), 1999.

김원주, 조례제정권의 범위와 한계, 형평과 정의 제10집.

______, 지방자치단체의 자치입법제정권, 공법연구 제18집(1990).

김재광, 지방분권개혁과 조례제정권의 범위, 지방자치법연구 제9호(2005. 6).

김재호, 지방자치단체의 사무와 조례제정권, 지방자치법연구 제7호(2004. 6).

김희곤, 자치행정시대에 있어서 국가입법권 행사의 원칙 -유통산업발전법을 중심으로-, 지방자치법연구 제14권 제3호(2014. 9).

문상덕, 조례와 법률유보 재론(再論): 지방자치법 제22조 단서를 중심으로, 행정법연구 19호 (2007).

______, 지방자치행정에 있어서의 정책법무의 확립 -지방분권시대의 법치행정의 강화를 위하여-, 지방자치법연구 1권 1호(2001. 6).

박원영, 조례의 법리에 관한 연구, 동아법학 창간호(1986).

박윤흔, 법령과 조례와의 관계, 고시계 1992. 11.

배영길, 조례의 법적 지위, 비교공법학회, 공법학연구 제2권(2000).
서원우, 헌법과 지방자치, 월간 지방행정, 1994(11월).
______, 조례제정권의 범위와 한계, 고시계, 1993. 3.
______, 서원우, 조례제정권의 헌법적 보장, 헌법논총 제5집, 1994.
신봉기, 자치입법권의 범위와 실효성확보방안, 행정소송(II)(2008년).
정만희, 地方共同團體의 法的地位論, 東亞法學 제4호(1987. 5).
조성규, 법치행정의 원리와 조례제정권의 관계, 공법연구 제33집 제3호(2005. 5).
최승원, 조례의 본질, 지방자치법연구 제11호(2006. 6).
최영규, 조례제정권의 한계, 경남법학 제11집.
최우용, 대형마트와 SSM 영업규제의 문제점과 제도적 정책적 정비방안에 관한 고찰, 공법학연구 제13권 제3호(2012. 8).
______, 지방자치단체의 법적지위 및 자치입법권 재론, 동아법학 제29호(2001).
______, 일본지방자치법의 개정과 새로운 사무구분－법정수탁사무를 중심으로, 공법학연구(제3권 제1호), 2001. 4.
______, 제2기 지방분권개혁 및 광역행정체제하에서의 특별지방행정기관의 정비에 관한 행정법적 고찰, 법학연구 제20권 제3호(2012. 10).
______, 지방자치 사무배분개혁의 현황과 과제－법정수임사무를 중심으로, 공법학연구, 제12권 제4호(2011. 11).
______, 韓国地方自治法制における条例論, 早稲田法学会誌 第47巻(1997).
최철호, 일본 지방자치법상의 자치입법권의 해석 및 한계, 지방자치법연구 7권 3호(2007).
천병태, 지방자치단체의 자치입법권의 쟁점과 발전방향, 자치행정 1993. 3.
홍정선, 조례의 법리, 이화여대 법학논집 제2권.
최환용, 일본 지방자치법제의 최신경향, 자치행정(2011. 8).

2. 일본 문헌

飛鳥田一雄編, 自治体改革の理論的展望, 日本評論社, 1965.
宇賀克也, 地方自治法概説[第3版], 有斐閣, 2009.
太田和紀, 地方自治法 I (註解 法律学全集6), 青林書院, 1998.
大橋洋一, 行政法[第2版], 有斐閣, 2014.
金子仁, 条例をめぐる法律問題, 学陽書房, 1983.
木佐茂男 編著, 自治体法務入門, ぎょうせい, 1998.
木佐茂男 編著, 自治立法の理論と手法, ぎょうせい, 1998.
斎藤誠, 義務付け·枠付け見直しの展望と課題, 都市問題 2010年 6月.

白藤博行など著, アクチュアル地方自治法, 法律文化社, 2010.
杉原泰雄, 地方自治の本質, 法律時報48巻2－4号.
高田敏, 条例論, 現代行政法大系8, 有斐閣, 1984.
田中二郎, 新版 行政法(上巻), 弘文堂, 1974.
西尾勝, 地方分権改革, 東京大学出版会, 2007.
田中孝男·木佐茂男, テキストブック自治体法務, ぎょうせい, 2004.
松下圭一·西尾勝·新藤宗幸編, 自治体の構想1 課題, 岩波書店, 2002.
松下圭一·西尾勝·新藤宗幸編, 自治体の構想4 機構, 岩波書店, 2002.

27 환경법상 공중참가제도에 관한 연구*

한 귀 현**

Ⅰ. 서 설

오늘날 환경의 보호는 국가의 숙명적 과제가 되어 있지만 그것은 단지 국가만의 전담영역인 것은 아니며, 오히려 이른바 환경리스크(Umweltrisiko)에의 대응 등 환경보호의 과제를 달성하기 위해서는 국가와 사회의 협력(협동)이 불가피하게 요구되고 있다. 이 점에서 환경정책에 있어서는 「공중(시민)참가의 추진」 내지 「환경파트너십의 구축」이 키워드가 되고 있는 바, 환경보호를 실현함에 있어서 시민사회를 끌어들이는 것은 환경영역에서의 이른바 참여민주주의(partizipative Demokratie)의 표현으로서[1] 환경민주주의의 강화에도 이바지할 것임에 틀림없다.[2] 요컨대, 오늘날 환경법에 있어서 「공중참가」(Öffentlichkeitsbeteiligung)는 환경리스크에의 대응 및 환경민주주의의 강화라는 관점에서 뿐만 아니라, 협동의 원칙(Kooperationsprinzip)의 전제가 된다는 점에서 중요한 의의를 가진다.

이와 관련하여, 1992년에 채택되었던 「환경과 개발에 관한 리우선언」의 제10원칙에서는 환경문제는 모든 관련 시민들의 참여가 있을 때 가장 효과적으로 다루어질 뿐만 아니라, 특히 모든 시민은 공공기관이 가진 환경정보를 적절히 입수하고 또한 의사결정과정에 참가할 기회를 가진다는 취지를 명확히 규정하고 있다. 게다가 1998년에 체결되어 2001년 10월 30일에 발효된 「환경에 관한 정보에의 접근, 환경에 관한 결정절차에의 공중참가 및 사법에의 접근에 관한 조약」(아후스조약)의 이른바 3지주 구상(Drei-Säulen-Konzept: 정보에의 접근, 공중참가, 사법에의 접근)의 중심에는 「공중참가」가 자리매김하고 있다. 따라서 아후스조약은 환경보호의 실제적인 관철에 있어서 「공중의 강화된 역할」(verstärkte Rolle der Öffentlichkeit)을 명확히 지향하고 있다.[3] 즉, 환경정보에의 접근은 공중

---

* 한국비교공법학회의 『공법학연구』 제9권 제4호(2008. 11) 289-322면에 게재된 것임. 존경하는 정만희 은사님의 정년을 진심으로 축하드리며, 아울러 늘 건강과 행운이 가득하시길 기원합니다.

** 순천대학교 공공인재학부 법학전공 교수, 법학박사.

1 S. Schlacke, Rechtsschutz durch Verbandsklage -Zum Fortentwicklungsbedarf des umweltbezogenen Rechtsschutzsystems-, NuR 2004, S. 633.

2 Th. v. Danwitz, Aarhus-Konvention: Umweltinformation, Öffentlichkeitsbeteiligung, Zugang zu den Gerichten, NVwZ 2004, S. 273.

3 Th. v. Danwitz, NVwZ 2004, S. 273 m.w.N.; L. Knopp, Öffentlichkeitsbeteiligung und Umwelt-

참가의 전제로서의 의미를 가지며, 또한 사법에의 접근은 공중참가의 실효성 확보 내지 제도적 보장으로서의 의미를 가지고 있다.

유럽연합에서는 2003년에 아후스조약을 유럽연합 차원에서 전환하기 위하여 새로운 「환경정보공개지침」(Umweltinformationsrichtlinie, Richtlinie 2003/4/EG)과 「공중참가 및 사법에의 접근에 관한 지침」(Richtlinie über die Öffentlichkeitsbeteiligung und den Zugang zu den Gerichten, Richtlinie 2003/35/EG)을 가결한 바 있다. 이에 환경선진국이라고 일컬어지는 독일에서도 아후스조약 및 유럽연합의 지침들을 국내법으로 전환하기 위해 1994년 7월 16일부터 시행되어 온 「환경정보공개법」(UIG)의 개정법이 2005년 2월 14일부터 발효됨과 동시에, 특히 2006년 12월 15일 및 동월 16일부터는 이른바 「공중참가법」(Öffentlichkeitsbeteiligungsgesetz)과 「환경권리구제법」(Umwelt－Rechtsbehelfsgesetz)이 각기 시행되고 있다.

요컨대, 환경법에 있어서 공중참가의 확대·강화는 환경행정의 투명성 확보, 환경행정결정의 수용성과 책임성의 촉진, 절차적 보장을 통한 환경권의 실현, 그리고 이른바 환경민주주의의 구현은 물론 환경갈등 내지 환경분쟁의 예방·저감에 이바지할 것으로 기대된다.[4] 이러한 맥락에서 본 연구는 아후스조약의 유럽연합 차원에서의 전환이라 할 수 있는 지침, 그리고 그 지침의 국내법화로서 특히 독일에 있어서의 새로운 환경정보공개법, 공중참가법 및 환경권리구제법의 내용을 비교법적 관점에서 검토함으로써 우리 환경법제에의 시사점 내지 개선방안을 제시하고자 한다.

Ⅱ. 환경법상 공중참가의 필요성과 이론적 근거

1. 환경행정에 있어서 공중참가의 필요성

환경문제가 종래의 산업형공해에서 도시생활형공해로, 나아가서는 지구규모의 환경문제로 복잡·다양화되고 있는 가운데, 환경문제에의 대응도 규제라는 종래형의 수단에 의한 행정중심의 시책전개로부터 공중참가나 협동에 의한 환경활동으로 크게 전환되고 있다.

환경행정에 있어서 공중참가는 특히 다음과 같은 이유에서 그 필요성 내지 기능이 인정되고 있다. 첫째, 폐기물문제, 지구온난화문제와 같은 현대형의 환경문제는 불특정다수의 자의 경제활동이나 일상생활에서 발생하는 환경부하 내지 이른바 환경리스크에 기인하기 때문에, 그것의 해결을 위해서는 온갖 주체의 자발적인 참가와 대응이 필요하다는

Rechtsbehelfsgesetz, ZUR 2005, S. 281.

4 Vgl. S. Schlacke, NuR 2004, S. 633.

것이다. 둘째, 시민, 환경NPO, 전문가 등으로부터 환경정보를 수집하여 그 전문적 지식, 계발능력, 전달능력 등을 활용하는 것이다. 셋째, 환경문제에 관해서는 다양한 가치관이 존재하기 때문에, 참가의 틀을 통하여 여러 시민의 의식을 조정하고 환경시책의 민주성과 공정성을 확보하는 것이다. 넷째, 환경권, 인격권, 재산권 등 개인의 권리이익을 절차적으로 보장하는 것이다. 환경파괴나 건강피해는 불가역적인 것이므로 사후적인 사법구제에는 한계가 있고, 사전의 절차적 권리의 보장이 특히 중요하다. 다섯째, 위법·부당한 환경행정을 감시·시정하여 이른바 집행의 결여(Vollzugsdefizit)를 보완하는 것이다. 여섯째, 정책형성단계에서 관계주체의 합의형성을 행함으로써 행정의 불확실성을 저감하고 환경정책의 실효성을 높이며, 나중의 분쟁을 회피하는 것이다.[5]

요컨대, 환경행정에 있어서 공중참가는 이른바 현대형의 환경문제 내지 환경리스크에의 효과적 대응, 이해조정기회의 확보, 경제계 등 사회의 전문지식의 활용, 환경행정의 투명성·환경행정결정의 수용성 제고, 환경행정에 있어서의 집행결여의 보완 내지 해소, 환경갈등 및 법적 분쟁의 최소화, 환경민주주의의 철저 등의 관점에서 그 필요성 내지 기능이 인정되고 있다고 할 수 있다.

2. 공중참가제도의 이론적 근거

환경법상 공중참가의 이론적 근거 내지 법적 기초를 환경법의 기본원리와 관련하여 생각해본다면 그것은 무엇보다도 「협동의 원칙」으로부터 도출할 수 있을 것이다. 사전배려의 원칙(Vorsorgeprinzip), 원인자부담의 원칙(Verursacherprinzip)과 더불어 환경법의 기본원리의 하나로 이해되고 있는 협동의 원칙은 일반적으로 환경보호는 국가와 사회의 과제로서 이러한 과제를 달성하기 위하여 국가와 사회가 협동(협력)하여야 한다는 것을 말한다. 이와 같은 의미에서의 협동의 원칙은 ① 국가와 사회의 책임 및 과제배분과 ② 국가에 의한 협동적인 과제수행(kooperative Aufgabenwahrnehmung)을 그 구성요소로서 가진다거나,[6] 또는 세 가지의 요소, 즉 「책임배분」, 「합의」, 그리고 「참가」의 요소가 포함되어 있다고 이해되고 있다.[7] 특히 참가 및 협력권(Beteiligungs- und Mitwirkungsrecht)은 협동의 원칙에 이바지하는 바, 따라서 협동의 원칙은 환경정책의 형성과정에 대한 참가 및 정보에의 자유로운 접근의 기회를 보장하고 확대하는 것을 목표로 삼지 않으면 안 된다.[8]

---

5 大久保規子, 市民參加と環境法, 大塚 直·北村喜宣【編】,『環境法學の挑戰』(日本評論社, 2002), 94−95頁.
6 M. Kloepfer, Umweltrecht, 3. Aufl., 2004, S. 198.
7 戸部眞澄, 協働による環境リスクの法的制御 (上), 自治研究 第83巻 第3號(2007), 86頁.
8 韓貴鉉, 環境法의 基本原理, 세종출판사, 1997, 43−44면 참조.

협동의 원칙의 법적 성질과 관련하여서는 그것은 정책적 행위준칙(politische Handlungsmaxime)이자 조직원리(Organisationsprinzip)임과 동시에 절차원리(Verfahrensprinzip)로서 이해되고 있다.[9] 특히 절차원리로서의 협동의 원칙과 관련하여 협동은 환경에 관련된 허가, 계획확정 또는 법정립절차에 있어서 관계시민, 시민운동단체 및 그 밖의 집단의 적시의·충분한 절차참가(Verfahrensbeteiligung)를 의미하며, 이 한도에서 협동의 원칙은 절차원리로서 간주된다. 이것은 절차원리로서의 협동의 이념은 참가의 사고와 불가분의 관계에 있다는 것을 여실히 보여주고 있다.[10]

한편, 오늘날 환경법의 법적 문제성은 무엇보다도 이른바 환경리스크로부터 야기되고 있다고 해도 지나치지는 않을 것인 바, 따라서 협동 내지 공중참가는 특히 환경리스크에의 대응을 위해서도 불가피하게 요청되고 있다고 할 수 있다. 사전배려의 원칙에 따라 「위험/위험방지」와 「리스크/리스크사전배려」의 구별을 전제로 하는 경우,[11] 위험방지에 관해서는 국가의 기본권보호의무 등에 의해 협동은 종종 금지 내지 제한되고, 위험영역은 「국가의 專權的 領域」으로서의 성격을 강하게 하는 것이다. 이것에 대하여, 리스크영역에서도 정책적으로는 여전히 규제적 수법(리스크사전배려)이 중심적인 수법으로 위치지워져 있기는 하지만 리스크영역에서는 협동은 광범위하게 가능하다. 즉, 리스크사전배려(Risikovorsorge)는 「불확실성」을 규제대상으로 하는 것에 의해 그것을 위해 필요로 되는 지식은 고도화하고, 그것의 충분한 수집을 위해서는 사회가 가진 지식의 이용이 불가결하게 된다. 또한 리스크사전배려규정은 제3자보호적 성격을 가지지 않고 제3자에 의한 관철이 불가능하기 때문에, 국가가 책임을 지고 감독할 필요성이 높아지지만, 국가의 만성적인 인적·금전적 자원의 결핍은 사회에 의한 자기감독의 활용을 부득이하게 한다. 이리하여 무릇 리스크사전배려를 집행하기 위해서도 사회와의 적극적인 협동이 오히려 불가결한 것이 된다.[12]

요컨대, 환경행정 내지 환경법영역에 있어서 공중참가는 환경법의 기본원리로서의 협동의 원칙에 법적 기초를 가지고 있고, 또한 오늘날 환경법의 문제성을 여실히 보여 주고 있는 환경리스크에의 대응이라는 측면에서도 공중참가의 확대·강화의 불가피성이 도

---

9 M. Kloepfer, a.a.O., S. 229 f. 다만, 협동의 원칙의 법원칙성(Rechtsprinzip)에 관해서는 견해가 나누어져 있는 바, 이에 대해서는 Vgl. M. Kloepfer, a.a.O., S. 199 f.; D. Murswiek, Das sogenannte Kooperationsprinzip – ein Prinzip des Umweltschutzes?, ZUR 2001, S. 7 ff.; F. Shirvani, Das Kooperationsprinzip im deutschen und europäischen Umweltrecht, 2005, S. 235 f.; 松村弓彦, 環境法における協調原則 (その 1)·(その 2), 環境研究 第136號(2005), 143頁 이하·第137號(2005), 120頁 이하 참조.

10 M. Kloepfer, a.a.O., S. 231.

11 환경법상 사전배려의 원칙에 대한 상세는, 韓貴鉉, 전게서, 49면 이하 참조.

12 戸部眞澄, 協働による環境リスクの法的制御 (下), 自治研究 第83巻 第4號(2007), 93－96頁 참조.

출된다고 할 것이다.

Ⅲ. 유럽연합 환경법상의 공중참가제도

1. 서

유럽연합에 있어서 환경에 관련한 공중참가제도에 관하여 주목되는 것은 이른바 아후스조약과 그 구체화로서의 지침이다. 우선 1998년 덴마크의 아후스에서 가맹국들에 의해서 서명되어 2001년 10월 30일에 발효된 아후스조약은 건강 및 안녕에 유익한 환경에서 생활할 현재 및 장래세대의 각인의 권리를 보호하는데 기여하기 위해서 조약당사국들이 정보에의 접근권, 결정절차에 있어서의 공중참가권, 그리고 환경업무에 있어서 사법에의 접근권을 보장하는 것을 목적으로 하고 있다(조약 제1조). 그리고 2003년에 유럽공동체는 아후스조약의 요청을 유럽차원에서 전환시키기 위한 두 개의 법적 행위, 즉 새로운 환경정보공개지침(Richtlinie 2003/4/EG)과 공중참가 및 사법에의 접근에 관한 지침(Richtlinie 2003/35/EG)을 가결하였다. 전자의 목적은 유럽공동체에 있어서 환경정보에의 접근을 아후스조약의 요청에 적합시키는 데 있다. 또한 후자의 지침은 유럽공동체법상 규정되어 있는 여러 가지의 계획절차에 참가할 가능성을 공중에게 인정하고, 그 밖의 절차에 대한 공중참가에 관한 현행의 기준을 변경하며, 또한 환경에 관련된 사업계획에 관한 행정결정에 대한 사법적 통제를 개선하고 있다.

요컨대, 유럽연합 환경법상 공중참가제도는 아후스조약 및 동 조약을 유럽연합 차원에서 유럽법으로 전환시키기 위한 지침, 즉 ① 환경정보공개지침(Richtlinie 2003/4/EG), ② 공중참가지침(Richtlinie 2003/35/EG), ③ 전략적 환경평가지침[13](Richtlinie 2001/42/EG über die Prüfung der Auswirkungen bestimmter Pläne und Programme: SUP－Richtlinie), ④ 아후스명령[14]

---

13 전략적 환경평가지침의 본질적인 규정들은 계획 및 프로그램은 언제 전략환경평가의무가 있는지에 관한 요건, 환경보고서의 작성, 공중참가, 절차 및 경우에 따라서는 국경를 초월하는 협의에 있어서 다른 환경행정청의 참가(Einbeziehung), 그리고 제기되어 있는 의견표명의 고려하에 계획 및 프로그램의 작성에 관련되어 있다. 동 지침은 2004년 7월 21일까지 전환되어야 하는 바, 이러한 전환은 제8조 제1항, 제8a조 내지 제8c조 및 부록 7에 있어서 행해져야만 한다. 전략적 환경평가지침은 독일에서는 2005년 6월 25일 제정되어 동년 6월 29일 발효된 이른바 「전략환경평가법」(Gesetz zur Einführung einer Strategischen Umweltprüfung und zur Umsetzung der Richtlinie 2001/42/EG : SUPG)에 의해서 전환되어 있다.

14 이른바 아후스명령(Verordnung (EG) Nr. 1367/2006 über die Anwendung der Bestimmungen des Übereinkommen von Århus über den Zugang zu Informationen, die Öffentlichkeitsbeteiligung an Entscheidungsverfahren und den Zugang zu Gerichten in Umweltangelegenheiten auf Organe und Einrichtungen der Gemeinschaft, ABl. EU 2006 Nr. L 264/13 ff.)은 유럽공동체의 기관과 조직에 대한 아후스조약의 적용을 확정하기 위하여 발해진 것으

(Aarhus-Verordnung)에 근거하여 행해지고 있는 바, 따라서 이하에서는 아후스조약 및 그 전환에 있어서 특별히 중요한 의미를 가지는 환경정보공개지침과 공중참가지침을 중심으로 살펴보기로 한다.

2. 아후스조약

유럽공동체 및 그 구성국들은 1998년 6월 25일 덴마크의 아후스에서 「환경절차에 있어서 정보에의 접근 및 참가권에 관한 유엔 경제이사회 협약」(UN/ECE-Konvention über Informationszugangs- und Beteiligungsrechte in Umweltverfahren)에 비준하였으며, 이에 이른바 아후스조약(Århus-Konvention)[15]은 2001년 10월 30일에 발효되었다. 아후스조약은 이미 그 명칭이 명확히 하고 있는 바와 같이 환경에 관련된 결정절차에 있어서의 공중의 강화된 참가를 목표로 하고 있다. 동 조약은 이러한 목표를 다음과 같은 세 개의 지주, 즉 첫째로, 동 조약 제4조 및 제5조에 따른 환경에 관한 정보에의 개개인의 접근, 둘째로, 동 조약 제6조 내지 제8조에 따른 일정한 환경에 중대한(umweltrelevant) 프로젝트에 관한 결정에 있어서의 공중의 참가, 그리고 셋째로, 동 조약 제9조에 따른 행정법상의 이의절차(Widerspruchsverfahren)에 관한 규정 및 환경업무(Umweltangelegenheiten)에 있어서의 사법에의 접근을 통해서 실현한다.[16]

아후스조약은 일반적인 환경법의 영역에 있어서 정보에의 접근(제1의 지주), 공중참가(제2의 지주) 및 사법절차에의 접근과 관련하여 국제적인 최저기준의 최초의 국제법상의 합의를 포함하고 있다(조약 제4조~제9조). 이와 같은 아후스조약의 이른바 「3지주 구상」의 중심에는 「공중참가」가 있는 바, (환경)정보에의 접근은 공중참가의 전제로서의 의미를 가지며, 또한 사법에의 접근은 공중참가의 실효성 확보 내지 제도적 보장으로서의 의미를 가진다. 어쨌든, 아후스조약은 환경법의 전개에 있어서 하나의 새로운 전기를 마련하고 있다고 할 수 있는 바, 그것은 환경보호의 실제적인 관철에 있어서 「공중의 강화된 역할」

로, 5장 14조(제1장 일반규정(제1조~제2조), 제2장 환경정보에의 접근(제3조~제8조), 제3장 환경에 관련된 계획 및 프로그램에 있어서의 공중참가(제9조), 제4장 내부의 재심사 및 사법에의 접근(제10조~제12조), 제5장 종결규정(제13조~제14조)으로 구성되어 있으며 2007년 6월 28일에 발효되었다. 아후스명령에 대해서는 Vgl. A. Guckelberger, Die EG-Verordnung zur Umsetzung der Aarhus-Konvention auf der Gemeinschaftsebene, NuR 2008, S. 78 ff.

15 Übereinkommen über den Zugang zu Informationen, die Öffentlichkeitsbeteiligung an Entscheidungsverfahren und den Zugang zu Gerichten in Umweltangelegenheiten vom 25.6.1998, 38 ILM (1999) 517.

16 W. Durner, Direktwirkung europäischer Verbandsklagerechte?, ZUR 2005, S. 285. 한편 아후스조약의 일반적인 서술에 대해서는 Vgl. Th. v. Danwitz, NVwZ 2004, S. 272 ff.; M. Kloepfer, a.a.O., §9 Rn. 140 m.w.N.; M. Scheyli, Aarhus-Konvention über Informationszugang, Öffentlichkeitsbeteiligung und Rechtsschutz in Umweltbelangen, AVR 38 (2000), S. 217 ff.

에 지향되어 있기 때문이다.

우선, 아후스조약의 제1의 지주인 정보에의 접근(조약 제4조, 제5조)으로 인하여 국제환경법에서 이미 알려져 있는 국가의 정보공개의무(Informationspflichten)는 공중 측에서의 구체적인 청구권에 의해 보충된다. 아후스조약 제4조 제1항에 따르면 공중은 행정청에게 환경에 관한 정보에의 접근을 요구할 수 있다. 이 경우, 「공중」(Öffentlichkeit)의 개념에는 자연인과 법인, 그리고 이들의 단체, 기구 및 그룹이 해당한다.

다음으로, 제1의 지주인 공중의 정보공개청구권(Informationsrecht)은 제2의 지주인 참가권(Beteiligungsrecht)에 의해서 보충되는 바(조약 제6조~제8조), 공중의 참가권은 세 가지의 상이한 협력의 형태로 구별된다. 즉, ① 일정한 행위에 관한 결정에의 공중의 참가(조약 제6조 제1항). 이러한 결정에는 바로 행정결정이 해당한다. 그러나 제1의 지주와는 달리 「관계」공중, 즉 구체적으로 다분히 관련되어 있거나 또는 행정절차에 이해를 가진 공중만이 참가할 수 있다. 그 경우에, 환경보호단체는 그것이 국내법에 따라 존재하는 법적 지위요건(Statusvoraussetzungen)을 충족하는 한도에서 법규정에 의해 그와 같은 이해가 승인된다. ② 환경에 관련된 계획, 프로그램 및 정책에 있어서의 공중의 참가(조약 제7조). ③ 규범적인 수단(normative Instrumenten)에 있어서의 공중의 참가(조약 제8조). 따라서 공중은 법적 구속력이 있는 지침규정(Normativbestimmungen) 및 환경에 중대한 영향을 미칠 수 있는 행정규칙의 준비에 참가할 수 있다.

끝으로, 아후스조약의 제3의 지주인 사법에의 접근은 정보공개청구권과 공중참가의 실제적인 관철에 봉사하는 바(조약 제9조), 일반적으로 정보공개청구권과 공중참가권은 사법적 내지 준사법적인 통제하에 두어져 있다. 즉, 아후스조약 제9조에서는 사법적 내지 준사법적인 심사절차의 보장은 물론 공정하고 신속하며 또한 과도한 비용이 들지 않는 효과적인 권리보호를 보장하는 조치를 취할 것을 조약당사국에게 의무지우고 있다. 따라서 사법에의 접근의 범위 내에서 아후스조약은 관계공중의 구성원들에게 정보공개청구권 및 참가권과 관련하여 사법적·재판외적 심사절차에 대한 권리를 부여하고 있다. 이를 위해 필요한 충분한 이익(ausreichende Interesse) 내지 권리침해는 아후스조약 제9조 제2항 제2문에 따라서 국내법에 의해 정해지는 바, 환경보호를 위해 전력을 다하고 또한 국내법에 따라 유효한 모든 요건들을 충족하는 비정부기구(nichtstaatliche Organisationen)의 경우에도 동조약 제9조 제2항 제3·4문에 의해 소권(Klagebefugnis)이 존재한다.

3. 환경정보공개지침

아후스조약의 제1의 지주인 정보에의 접근을 전환하기 위해 2003년 1월 28일 제정된 새로운 환경정보공개지침(Richtlinie 2003/4/EG)[17]이 동년 2월 14일 발효됨에 따라서 기존의 환경정보공개지침(Richtlinie 90/313/EWG)[18]은 폐지되었다. 새로운 환경정보공개지침은 다음과 같이 환경정보에의 접근을 현저히 개선하고 있다.

첫째, 종래의 환경정보공개지침에 비하여 환경정보의 개념은 현저히 확대되었다. 그것에 의하면 이제 예를들면 생필품군의 오염을 포함한 인간의 건강과 안전의 상태도, 이것들이 환경의 상태, 환경요소 또는 환경에 영향을 미치는 조치들에 의해서 관련지워질 수 있는 한도에서, 환경정보의 개념에 포함된다(지침 제2조 제1호).

둘째, 정보공개의무자와 관련하여 환경보전의 영역에서 임무를 수행하는 행정청에의 제한이 폐지됨으로써 이제 모든 행정청은 물론 나아가서는 민간기관(private Stellen)도 일정한 요건하에 환경정보를 공개할 의무를 지고 있다. 즉, 민간기관도 행정청의 통제하에 있고 또한 환경과 관련이 있는 공적 임무를 수행하고 있는 한도에서 환경정보공개의무가 있다(지침 제2조 제2호).

셋째, 행정청이 환경정보의 교부신청에 응답하여야만 하는 기간도 2개월에서 원칙적으로 1개월로 단축되었다. 예외사유는 제한되어 있고 또한 일반적인 형량명령(Abwägungs-gebot)이 붙어 있다(지침 제3조 제2항).

끝으로, 행정청은 자신의 직무에 관련되어 있고 또한 자신이 가지고 있거나 자신을 위해서 용의되어 있는 환경정보를 부가적으로 전자데이터뱅크(elektronische Datenbanken)에서 공중이 자유로이 사용하도록 할 의무 및 그것을 적극적이고 체계적으로 보급할 의무를 지고 있다(지침 제7조 제1항).

4. 공중참가 및 사법에의 접근에 관한 지침

유럽법을 아후스조약의 일정한 기준에 적합시키기 위한 2003년 5월 26일의 이른바 「공중참가 및 사법에의 접근에 관한 지침」(Richtlinie 2003/35/EG)[19](이하에서는 「공중참가지침」이라고 한다)은 공중참가와 더불어 사법에의 접근에 관해서 규정하고 있다. 공중참가지침

17 Richtlinie 2003/4/EG des europäischen Parlaments und Rates vom 28. Januar 2003 über den Zugang der Öffentlichkeit zu Umweltinformationen und zur Aufhebung der Richtlinie 90/313/EWG des Rates (ABlEG Nr. L 41, S. 26 ff.).

18 Richtlinie 90/313/EWG des Rates vom 7. Juni 1990 über den freien Zugang zu Informationen über die Umwelt (ABlEG Nr. L 158, S. 56).

19 Richtlinie 2003/35/EG des europäischen Parlaments und des Rates vom 26. Mai 2003 über die Beteiligung der Öffentlichkeit bei der Ausarbeitung bestimmter umweltbezogener Pläne und Programme und zur Änderung der Richtlinien 85/337/EWG und 96/61/EG des Rates in Bezug auf die Öffentlichkeitsbeteiligung und den Zugang zu Gerichten, ABl. Nr. L 156 vom 25. 6. 2003, S. 17.

의 목적은 환경업무에 있어서의 결정절차에 공중의 참가권을 보장하는 것 및 공중의 참가권이 규정되어 있는 환경법상의 절차에 있어서 사법에의 접근을 개시하는 것이다. 동 지침은 이러한 목적을 위해서 환경단체에 대하여 제한된 단체소송을 규정하고 있다. 이와 같이 유럽공동체는 상술한 환경정보공개지침 및 공중참가지침에 의해서 각기 아후스조약의 제1의 지주와 제2의 지주를 전환하였지만, 제3의 지주인 사법에의 접근 즉「권리보호지주」(Rechtsschutzsäule)의 전환은 이른바「소권지침」(Klagerechtsrichtlinie)의 형태로 현재 위원회(Rat)에서 다루어지고 있다.[20]

공중의 참가 및 비정부기구에 있어서의 권리보호가능성의 개시를 위해서 유럽공동체는 아후스조약의 기준에 상응하게 UVP지침(Richtlinie 85/337/EWG) 및 IVU지침(Richtlinie 96/61/EG)의 개정을 다루고 있는 공중참가지침을 발하였다. 동 지침은 유럽공동체의 SUP지침에 따라서 공중참가를 수반하는 전략적 환경평가(strategische Umweltprüfung)를 필요로 하지 않는 유럽공동체법의 일정한 계획과 프로그램(예를 들면 폐기물관리계획)에 있어서 공중참가의 도입,[21] UVP지침과 IVU지침에 따른 산업시설 및 사회기반시설조치에 있어서의 허가절차에 있어서 공중참가의 국가적 규정의 보충,[22] 그리고 UVP지침과 IVU지침에 따른 산업시설 및 사회기반시설조치에 있어서의 허가결정에 있어서 단체에 대해서도 권리보호가능성의 보충 내지 형성[23]을 특별히 의무지우고 있는 바,[24] 동 지침은 지침 제6조에 의하여 2005년 6월 25일까지 국내법으로 전환할 것을 요구하고 있다.

한편, 동 지침에서는「공중」과는 별개로 이른바「관계공중」(betroffene Öffentlichkeit)에게도 권리주체성을 인정하고 있다. 즉, 공중에는 자연인 또는 법인 및 이들의 단체

---

20 Vorschlag für eine Richtlinie des Europäischen Parlaments und des Rates über den Zugang zu Gerichten in Umweltangelegenheiten, KOM(2003) 623 endg.; vgl. S. Schlacke, NuR 2004, S. 629 ff. (631); Th. v. Danwitz, NVwZ 2004, S. 276.

21 동 지침 제2조 제2항·제3항 참조. 다만, 계획 및 프로그램에 있어서의 공중참가에 관한 규정은 ①오로지 국방에 이바지하거나 또는 시민의 비상시(zivile Notfälle)를 계기로 하여 결정되어 있는 계획 및 프로그램, 그리고 ②일정한 계획 및 프로그램의 환경영향의 평가에 관한 지침 2001/42/EG 또는 수정책(Wasserpolitik)의 영역에 있어서 공동체의 조치를 위한 질서틀(Ordnungsrahmen)의 형성을 위한 지침 2000/60/EG에 의거하여 공중참가절차가 실시되어 있는 계획 및 프로그램에 대해서는 적용되지 아니한다(동 지침 제2조 제4항·제5항).
한편, 계획 및 프로그램에 있어서의 공중참가와 관련하여「계획 및 프로그램」이란 ①폐기물에 관한 지침 75/442/EWG의 제7조 제1항, ②위험물질(gefährliche Stoffe)을 함유하고 있는 배터리 및 축전지에 관한 지침 91/157/EWG의 제6조, ③농업기원의 질산염에 의한 오염으로부터 수역의 보호를 위한 지침 91/676/EWG의 제5조 제1항, ④유해폐기물에 관한 지침 91/689/EWG의 제6조 제1항, ⑤포장용기 및 포장용기폐기물에 관한 지침 94/62/EG의 제4조, ⑥대기질의 판단 및 통제에 관한 지침 96/62EG의 제8조 제3항에 의거하여 작성하는 것을 말한다(동 지침 제2조 제2항에 관련한 부록 I 참조).

22 동 지침 제3조 제4항에 의한 UVP지침 제6조 제4항 및 동 지침 제4조 제3항에 의한 IVU지침 제15조 제1항 참조.

23 동 지침 제3조 제7항에 의해서 신설된 UVP지침 제10a조 및 동 지침 제4조 제4항에 의해서 신설된 IVU지침 제15a조 참조.

24 L. Knopp, ZUR 2005, S. 282; J. Schumacher, Umweltrechtsbehelfsgesetz, UPR 2008, S. 13 ff. (14).

(Vereinigungen), 기구(Organisation) 또는 그룹이 포함되고, 관계공중이란 동 지침 제2조 제2항에 따른 환경관련 결정절차에 관련되어 있거나 또는 그것에 이익를 가진 공중을 의미하는 바, 특히 일정한 요건을 충족하는 비정부기구(Nichtregierungsorganisation)도 이익을 가진다(동 지침 제3조 제1항, 제4조 제1항). 아울러 각각의 비정부기구의 이익은 충분한 것으로 간주될 뿐만 아니라, 권리침해의 주체로서 간주되고 있다(UVP지침 제10a조, IVU지침 제15a조).

Ⅳ. 독일 환경법상 공중참가제도의 주요내용

상술한 바와 같이 유럽공동체는 환경법상의 공중참가제도와 관련하여 2001년 10월 30일에 발효된 아후스조약에 적합시키기 위하여 두 개의 지침, 즉 새로운 환경정보공개지침과 공중참가 및 사법에의 접근에 관한 지침을 발하였다. 이에 환경선진국이라고 할 수 있는 독일에서도 환경법상 공중참가의 확대·강화를 내용으로 하는 양 지침을 국내법으로 전환하기 위해 환경정보공개법을 개정함과 아울러 새로이 전략환경평가법(SUPG), 공중참가법과 환경권리구제법 및 아후스조약법(Aarhus－Vertragsgesetz)[25]을 제정하였다.

따라서 이하에서는 아후스조약 및 유럽연합 차원에서의 전환지침의 독일 국내법화라 할 수 있는 환경정보공개법과 공중참가법 및 환경권리구제법을 중심으로 그 내용과 주요한 법적 문제들을 검토하기로 한다.

1. 정보에의 접근과 환경정보공개법

환경정보의 공개는 국제적인 관심의 대상이며 또한 추세이다. 특히 유럽연합에서는 환경행정에 있어서의 정보공개의 중요성 혹은 긴급성에 착안하여 일반적인 정보공개제도에 선행하여 환경정보공개의 제도화를 추진하여 왔다. 이에 독일에서도 유럽공동체의 1990년 6월 7일의 「환경정보에의 자유로운 접근에 관한 이사회지침」(Richtlinie 90/313/EWG)을 국내법으로 전환하기 위해 환경정보공개법(Umweltinformationsgesetz: UIG)이 1994년 7월 8일 제정되어 동년 7월 16일부터 시행되어 왔다. 그러나 전술한 바와 같이 유럽연합의 새로운 환경정보공개지침(Richtlinie 2003/4/EG)에 따라 독일의 기존의 환경정보공개법의 개정법[26]이 2004년 12월 22일 공포되어 2005년 2월 14일부터 발효되었다.

---

25 Gesetz zu dem Übereinkommen vom 25. Juni 1998 über den Zugang zu Informationen, die Öffentlichkeitsbeteiligung an Entscheidungsverfahren und den Zugang zu Gerichten in Umweltangelegenheiten (Aarhus－Übereinkommen).

26 Gesetz zur Neugestaltung des Umweltinformationsgesetzes und zur Änderung der Rechtsgrundlagen zum

요컨대, 효과적인 환경보호는 공중의 적극적인 참가 및 행정결정의 투명성과 실효적인 통제를 보장하기 위해 환경정보에의 광범위한 접근을 요구한다. 독일의 새로운 환경정보공개법은 전술한 환경정보공개지침(Richtlinie 2003/4/EG)의 기준에의 연방법의 적합에 이바지함과 동시에, 환경정보에의 접근 및 이에 관한 권리보호에 관련한 아후스조약의 요구를 전환하고 있다.

(1) 환경정보공개법의 특징

새로운 환경정보공개법은 환경정보의 공개에 의해 행정의 투명성을 확보함과 동시에, 시민에게 일종의 통제기능을 담당하게 하고 환경행정을 촉진함을 그 목적으로 하고 있는 바, 주요한 개정내용 내지 구체적인 특징은 다음과 같다. 첫째, 무엇보다도 정보공개의 실시기관과 관련하여 그 범위가 대폭 확대되었다. 즉, 종래에는 환경행정을 담당하는 행정청만이 정보공개의 실시기관으로 되어 있었던 것에 대하여, 신법에서는 모든 행정기관과 행정청의 통제하에 환경관련의 공적 임무를 수행하는 일정한 민간기관에도 정보공개를 의무지우고 있다(동법 제2조 제1항). 둘째, 구법은 연방뿐만 아니라 주 및 게마인데에도 적용되었던 것에 대하여, 신법은 연방에 대해서만 적용된다(동법 제1조 제2항).[27] 셋째, 환경정보의 개념이 확대·명확화되어 환경에 관련된 비용효과분석(Kosten-Nutzen-Analysen) 등도 환경정보에 포함되게 되었다(동법 제2조 제3항). 넷째, 신청에 대한 응답기간이 원칙적으로 2개월에서 1개월로 단축되었다(동법 제3조 제3항). 다섯째, 행정청은 중요한 환경정보를 인터넷 등을 통하여 적극적으로 보급할 의무를 지게 되었다(동법 제10조). 여섯째, 예외적인 비공개사유가 종래보다도 한정됨과 동시에 비공개사유에 해당하는 경우에도 이것보다 우월한 공익이 존재하는 경우에는 당해 정보를 공개하도록 하고 있다(동법 제8조, 제9조). 끝으로, 공중이 정보공개의무 있는 기관에 가서 환경정보를 열람하는 경우에는 수수료가 무료로 되었다(동법 제12조 제1항).[28] 이와 같이 새로운 환경정보공개법은 여러 가지 점에서 환경정보의 공개를 한층 더 확대함과 아울러 환경정보에의 접근을 용이하게 하고 있다.

Emissionshandel (BGBl. I S. 3704). 한편, 개정 전의 독일 환경정보공개법에 대한 상세는, 韓貴鉉, 情報公開制度와 環境保護 -獨逸 環境情報法(UIG)을 중심으로-, 공법학연구 창간호(1999. 3.), 337-373면; 韓貴鉉, 獨逸環境法論, 한국법제연구원, 2002, 272면 이하 참조.

27 이와 같이 주 및 게마인데에서의 환경정보의 공개에 관해서는 주법에 맡겨져 있기 때문에, 각 주는 연방법과 동등 이상의 정보공개의 틀을 독자적으로 도입하여야 한다.

28 大久保規子, ドイツ 新環境情報法, 環境研究 第144號(2007), 64頁.

(2) 환경정보의 의의

새로운 환경정보공개법 제2조 제3항에서는 「환경정보」(Umweltinformation)의 정의와 관련하여 포괄적으로 규정하고 있는 바, 데이터의 보존방법에 관계없이 다음과 같은 정보가 공개대상이 된다. 첫째, 대기, 수, 토양, 경관 및 습지·해역 등을 포함한 자연적 생활공간과 같은 환경구성요소(Umweltbestandteilen)의 상태에 관한 정보와 이러한 구성요소 사이의 상호작용에 관한 정보이다(동조 제1호). 둘째, 물질, 에너지, 소음, 방사선, 폐기물 등과 같이 환경구성요소에 영향을 미치는 제요소에 관한 정보이다(동조 제2호). 셋째, 동조 제3항 제1호의 환경구성요소 또는 제2호의 요소에 영향을 주는 조치·활동은 물론 환경구성요소의 보호를 목적으로 하는 조치·활동[29]도 환경정보에 해당한다(동조 제3호). 넷째, 환경법의 집행에 관한 보고 및 비용효과분석 또는 그 밖의 경제적 분석과 추측(Annahmen)에 관한 정보이다(동조 제4호·제5호). 다섯째, 인간의 건강과 안전의 상태 및 인간의 생활조건 등에 관한 정보는 물론 생필품군(Lebensmittelkette)의 오염도 환경정보에 해당한다(동조 제6호). 특히 개개의 환경구성요소의 상호작용 및 환경구성요소의 상태가 인간에 미치는 영향이 정보공개대상으로 되어 있는 점은 중요하다.

(3) 청구권자와 공개절차

동법 제3조 제1항에 의하면 개인과 NGO 등의 민간단체는 물론 외국인을 포함하여 누구든지 환경정보에의 자유로운 접근권을 가진다. 다만, 동법은 국가와 시민과의 관계를 규정하는 것이기 때문에 공법인에는 청구권이 부여되어 있지 않다. 또한 청구자는 청구에 관련된 환경정보가 자기의 법적 이익에 관련되어 있다는 것을 서술할 필요는 없지만, 공개를 요구하는 정보를 특정할 필요가 있다.[30] 청구된 환경정보를 실시기관이 보유하고 있지 않은 경우에는 관할기관에 청구를 이송하여야 한다(동법 제4조 제3항).

환경정보의 공개는 원칙적으로 신청으로부터 1개월 이내에 정보의 제공, 문서열람의 허용 기타 신청자가 희망하는 방법으로 행해지지만, 고액의 행정비용이 발생하는 등 중대한 이유가 있는 경우에는 신청과 다른 방법으로 정보를 공개하는 것도 인정되고 있다(동조 제2항). 또한 환경정보가 포괄적이고 복잡한 경우에는 예외적으로 공개여부의 결정기간이 신청으로부터 2개월까지 연장될 수 있다(동조 제3항).

---

29 이러한 조치에는 정책적 구상(politische Konzepte), 법규명령과 행정규칙, 협정(Abkommen), 환경협정(Umweltvereinbarungen), 계획 및 프로그램도 해당한다(동조 제3호).

30 동법 제3조 제1항 및 제4조 제2항 참조.

(4) 비공개사유

환경정보공개법 제8조 및 제9조에서는 환경정보의 불개시사유를 ① 공익상의 이유에 의한 비공개와 ② 그 밖의 이익(주로 사익)보호를 위한 비공개로 나누어 각기 규정하고 있다.

우선 공익상의 이유에 의한 비공개사유로서는 정보를 공개함으로써 ① 국제관계, 국방 또는 공공의 안전(제1호), ② 심의의 신뢰성(제2호), ③ 계쟁중인 재판절차의 진행, 공정한 절차청구권 또는 형법 등의 수사의 진행(제3호), ④ 환경 및 그 구성요소의 상태 등에 악영향을 미친다고 판단되는 경우(제4호)가 언급되어 있다. 다만, 이러한 비공개사유에 해당하는 경우에도 이것보다 우월한 공익상의 이유가 있는 경우에는 공익적 정보공개가 인정되고, 또한 배출(Emissionen)에 관한 환경정보는 상술한 제2호와 제4호의 사유에 근거하여서는 비공개로 할 수 없다고 규정하고 있다(동법 제8조 제1항). 게다가 환경정보공개의 신청이 명백히 남용에 해당하는 경우 등에 있어서는 원칙적으로 신청을 거부하여야 한다(동조 제2항).

다음으로, 사익보호를 위한 비공개정보로서는 ① 개인정보(다만 관계인의 이익이 현저히 침해되는 경우에 한한다), ② 지적재산권에 관련된 정보, ③ 영업의 비밀에 관련된 정보 등이 규정되어 있다(동법 제9조 제1항). 다만, 이 경우에도 관계인이 동의한 경우나 공개에 관련된 공익이 우월한 경우에는 개별적으로 공개할 수 있으며, 또한 특히 배출에 관한 환경정보는 이러한 사익보호를 이유로 하여 비공개할 수는 없다.[31]

(5) 환경정보의 보급

정보공개의무 있는 기관(실시기관)은 공중에게 적절한 범위에서 적극적이고 체계적으로 환경에 관하여 알려야 한다(동법 제10조 제1항). 환경정보공개법 제10조 제2항에 의하면 실시기관이 보급하여야 하는 환경정보에는 적어도 ① 국제조약의 문언, 유럽공동체의 기관에 의해서 발해진 공동체법 및 환경에 관한 연방 등의 법규명령, ② 환경에 관련된 정책적 구상, 계획 및 프로그램, ③ 환경에 영향을 주는 활동의 감독에 관한 데이터 또는 데이터의 요약, ④ 환경에 중대한 영향을 미치는 허가결정(Zulassungsentscheidung)과 환경협정, ⑤ 환경영향평가법 제11조·제12조에 따른 환경영향의 포괄적인 서술 및 평가 등이 해당한다. 어쨌든, 환경정보의 보급은 공중이 이해할 수 있는 서술 및 쉽게 접근할 수 있는

31 한편, 환경정보공개법 이외의 개별법에 특별규정이 두어져 있는 경우도 존재한다. 예컨대, 화학물질법(Chemikaliengesetz: ChemG) 제22조 제3항에서는 물질의 거래명이나 물리적·화학적 성질 등은 기업비밀 또는 영업비밀에 해당하지 않는다고 규정하고 있다.

체제(Formaten)로 행하여야 한다(동조 제3항).

한편, 인간의 건강 또는 환경에 직접적인 위협이 존재하는 경우, 실시기관은 관계공중이 그러한 위협에 기인하는 손해의 방지 또는 제한조치를 취하는 것을 가능하게 할 수 있는 모든 정보를 직접, 그리고 즉시 보급하지 않으면 안 된다(동조 제5항).

(6) 비 용

환경정보의 전달(Übermittlung)에 있어서는 원칙적으로 비용(수수료(Gebühren) 및 경비)이 징수되지만, 구두의 정보제공, 간이한 문서에 의한 정보제공 및 현지에서의 환경정보의 열람 등의 경우에는 그러하지 아니하다(동법 제12조 제1항). 또한 수수료는 행정비용의 고려하에 공중의 정보공개청구가 실효적인 것이 될 수 있도록 산정되어야 한다(동조 제2항).

한편, 환경정보의 공개에 관련한 비용징수의 상세에 관해서는 환경정보공개비용령(UIGKostV)32이 규정하고 있다. 이것에 의하면 수수료는 최고 500유로를 징수할 수 있으며(제1조 제2항), 또한 경비(Auslagen)는 수수료에 부가하여, 그리고 직무행위가 수수료 없이 행해지는 경우에도 징수된다(동조 제3항).

2. 공중참가와 공중참가법

독일에서는 국내법을 전술한 유럽연합의 공중참가 및 사법에의 접근에 관한 지침(Richtlinie 2003/35/EG)의 기준에 적합시키기 위해 2006년 12월 9일 이른바 조항법률로서 「공중참가법」(Öffentlichkeitsbeteiligungsgesetz)33이 제정되어 동년 12월 15일부터 시행되고 있다. 동법은 환경영향평가법(UVPG), 연방이미시온방지법(BImSchG)과 허가절차에 관한 시행령(Verordnung über das Genehmigungsverfahren), 원자력법상의 절차시행령(AtVfV), 비료법, 순환경제·폐기물법(KrW-/AbfG), 광업사업계획의 환경영향평가에 관한 시행령(UVP-V Bergbau)을 개정함과 아울러 배터리프로그램 수립 시의 공중의 참가에 관한 법률(Gesetz über die Beteiligung der Öffentlichkeit bei der Aufstellung von Batterieprogrammen)의 제정을 그 내용으로 하고 있다. 공중참가법이 시행됨에 따라 허가결정에 관련된 공중의 권리는 크게 개선되게 되었다. 동법의 핵심은 특히 환경에 관련된 일정한 계획 수립 시의 공중참가의 채용, 그리고 산업시설 및 사회기반시설조치를 위한 허가절차에 있어서 기존의 공중참가규정의 명

---

32 Verordnung über Kosten für Amtshandlungen der Behörden des Bundes beim Vollzug des Umweltinformationskostengesetzes (Umweltinformationskostenverordnung – UIGKostV), BGBl. I S. 2247.

33 Gesetz über die Öffentlichkeitsbeteiligung in Umweltangelegenheiten nach der EG-Richtlinie 2003/35/EG, BGBl. I S. 2819.

확화라고 할 수 있다.

한편, 공중참가법에 있어서의 공중의 참가권과 관련하여서는 특히 환경영향평가법 및 연방이미시온방지법의 규정이 중요한 의미를 가지고 있다.

(1) 환경영향평가의무가 있는 절차에 있어서의 공중참가

공중참가법 제1조 제9항에 의한 환경영향평가법 제9조의 개정에 의해서 이제 환경영향평가법의 부록 I 에 언급되어 있는 환경영향평가의무가 있는 모든 절차에 대해서는 포괄적인 공중참가가 채용되어 있다. 즉, 소관행정청은 사업계획안의 환경영향에 대하여 공중을 참가시켜야만 하고, 또한 관계공중에게는 참가의 범위 내에서 의견표명의 기회가 주어진다(환경영향평가법 제9조 제1항 제1문·제2문). 그 경우에, 참가절차는 연방행정절차법 제73조 제3항 제1문, 제4항 내지 제7항의 요건들에 상응하지 않으면 안 된다(환경영향평가법 제9조 제1항 제3문). 소관행정청은 사업계획안을 공고함과 아울러 공중에게 일정한 정보를 통지하지 않으면 안 되는 바, 환경영향평가법 제9조 제1a항 및 제1b항에서는 이른바 「강제적인 정보공개」(zwingende Informationen)에 관하여 규정하고 있다.[34] 일정한 기간내에 관계인은 서면 또는 구두로 사업계획안에 대하여 이의를 제기할 수 있고, 그것에 관련하여서는 사업계획안 및 제기된 이의에 관한 공적인 토의기간(Erörterungstermin)이 행해진다. 사업계획주체가 절차의 진행 중에 부가적인 또는 그 밖의 현저한 환경영향이 염려될 수 있는 방식으로 자신의 계획을 변경하는 경우, 경우에 따라서는 참가절차가 다시 실시되어야 한다(환경영향평가법 제9조 제1항 제4문).[35]

(2) 연방이미시온방지법에 따른 공중참가

요허가시설에 대한 허가절차(Genehmigungsverfahren)를 규정하고 있는 연방이미시온방지법 제10조는 상술한 환경영향평가법 제9조에 상응하는 내용을 포함하고 있다.[36] 또한 연방이미시온방지법 제17조 제1a항에 의하면 공중의 참가는 요허가시설에 관한 시행령(Verordnung über genehmigungsbedürftige Anlagen: 4. BImSchGV)의 부록 1란(Spalte)에 언급되어 있는 시설에 대한 사후적 명령(nachträgliche Anordnung)을 발함에 있어서도 채용되어 있다. 따라서 새로운 에미시온한계치(Emissionsgrenzwerte)의 확정을 위한 각각의 계획된 변경

34 이것을 능가하는 정보, 즉 절차의 허용성에 관한 결정에 있어서 중요하고 또한 참가절차의 개시 후에야 비로서 소관행정청에 존재하는 그 밖의 정보에 관해서는 공중은 환경정보공개법의 범위 내에서 이것을 획득할 수 있음은 물론이다(환경영향평가법 제1b조 제2문).

35 J. Schumacher, UPR 2008, S. 15.

36 공중참가법 제2조 제1항 참조.

은 공적으로 공표되어야 함과 아울러 사후적 명령에 의해서 자신의 이해에 영향을 받는 자 및 환경권리구제법(UmwRG) 제2조 제2항 또는 제3조 제1항의 요건을 충족하는 환경단체는 그것에 대하여 이의를 제기할 수 있다.[37]

또한 연방이미시온방지법 제5조 및 제5a조에 의해서 대기정화계획(Luftreinhaltepläne)의 수립 및 변경 시에도 공중참가가 인정되어 있다. 따라서 대기정화계획의 수립 또는 변경 및 참가절차에 관한 정보는 공표되어야 한다. 다만, 대기정화계획이 환경영향평가법에 따라서 전략적 환경평가가 실시되어야 하는 계획이 관련되어 있는 경우에는 공중참가에 관한 규정이 적용되지 아니한다(동법 제5a조).

(3) 순환경제·폐기물법에 따른 공중참가

공중참가법 제7조 제2항에 의해서 새로이 삽입된 순환경제·폐기물법 제29a조는 마찬가지로 「폐기물관리계획(Abfallwirtschaftspläne)에 있어서의 공중참가」에 관하여 규정하고 있다. 즉, 순환경제·폐기물법 제29조 제1항에 따른 폐기물관리계획의 수립 또는 변경 시에 공중은 소관행정청에 의해서 참가할 수 있다. 따라서 새로운 또는 변경된 폐기물관리계획의 초안은 1개월간 열람을 위해서 제공하여야 한다. 또한 당해 초안에 의해서 자신의 이해가 영향을 받는 자 또는 그 밖의 일정한 단체는 6주 이내에 소관행정청에 대하여 서면으로 의견을 표명할 기회를 가지며, 공중의 의견은 계획의 채용에 관한 결정 시에 소관행정청에 의해서 적절하게 고려된다.[38]

3. 사법에의 접근과 환경권리구제법

(1) 서

유럽연합의 공중참가 및 사법에의 접근에 관한 지침, 특히 동 지침의 제15a조(사법에의 접근)를 국내법으로 전환하기 위해 독일에서는 2006년 12월 7일 이른바 「환경권리구제법」(Umwelt－Rechtsbehelfsgesetz: UmwRG)[39]이 제정되어 동년 12월 16일 발효되었다. 동법에 포함되어 있는 규정의 영향은 공중참가법과는 달리 더욱 중대한 의미를 가진다고 해도 좋을 것이다.

환경권리구제법의 요점은 다음과 같은 환경업무, 즉 환경영향평가가 선행되어야만

37 J. Schumacher, UPR 2008, S. 15.

38 공중참가의 적용제외에 관한 연방이미시온방지법 제5a조 제8문의 규정은 폐기물관리계획에 있어서도 타당하다(순환경제·폐기물법 제29a조 제8문 참조).

39 Gesetz über ergänzende Vorschriften zu Rechtsbehelfen in Umweltangelegenheiten nach der EG－Richtlinie 2003/35/EG (Umwelt－Rechtsbehelfsgesetz), BGBl. I S. 2816.

하는 모든 결정, 제4 연방이미시온방지법시행령의 부록 1란에 따른 시설에 대한 인가(Genehmigungen), 수법상의 허가, 그리고 쓰레기처리장에 대한 계획확정절차에 있어서 일반적인 단체소송의 채용과 아울러 이타적 단체소송(altruistische Verbandsklage)의 도입이라고 할 수 있다.[40] 또한 제소가능성(Klagemöglichkeit)은 외국의 단체에 대해서도 존재한다.

이와 관련하여 일반적인 단체소송의 도입은 — 자연보호법상의 단체소송은 도외시하고 — 원칙적으로 주관적 권리보호(Individualrechtsschutz)에 근거를 두고 있는 독일 공법상의 법전통과는 원칙적으로 모순되는 것이다. 그러나 환경문제전문가위원회(Sachverständigenrat für Umweltfragen: SRU)는 2005년 2월의 의견표명에서 단체소송의 도입을, 한편에서는 사적인 「환경이용자」의, 다른 한편에서는 사적인 「환경보호자」의 제소가능성을 고려하여 불가결하고 또한 법치국가적으로 요청되는 무기평등(Waffengleichheit)의 회복으로 본 바 있다.[41]

어쨌든, 환경권리구제법에 의한 단체소송, 특히 이타적 단체소송의 도입은 종래의 한정된 자연보호법상의 단체소송의 적용영역과는 달리 중대한 확대를 의미할 뿐만 아니라, 실제로 있을 수 있는 영향과 관련하여 다른 질(Qualität)을 의미한다고 할 수 있을 것이다. 다만, 동법은 겨우 6개의 조문으로 이루어진 짧은 법률로서, 적용영역(제1조), 단체의 권리구제(제2조), 단체의 승인(제3조), 절차규정의 적용 시의 하자(제4조), 경과조치(제5조) 및 시행일(제6조)에 관해서 규정하고 있다.[42]

---

40 환경단체소송의 유형으로는 크게 ① 단체피해자소송(Verbandsverletztenklage), ② 참가소송(Mitwirkungsklage), ③공익적 단체소송이 있다. 첫째의 단체피해자소송은 단체가 토지소유권 등 자기의 실체적 권리를 지키는 것을 목적으로 하는 소송으로서, 그 밖의 자연인이나 법인과 마찬가지로 특별한 규정이 없더라도 인정되는 소송유형이다. 둘째의 참가소송이란 법률에 의해 인정된 참가권이 침해된 경우에 당해 단체가 제기하는 소송으로서 절차법적 단체소송이라고도 일컬어진다. 셋째의 공익적 단체소송은 단체 자신의 권리침해의 유무에 관계없이 환경이익 그 자체를 지키고, 위법한 행정의 시정을 목적으로 하는 소송(협의의 단체소송)을 말한다. 따라서 공익적 단체소송은 주관적 권리보호를 기본으로 하는 행정소송제도의 예외를 이루는 것이므로, 특별한 법률의 규정이 존재하는 경우에만 허용된다.
한편, 독일환경법상 공익적 단체소송은 종래에는 자연보호의 영역에 한하여 인정되어 왔다. 즉, 주의 자연보호법에 의해 최초로 공익적 단체소송을 도입한 것은 브레멘이고(1979년), 그 후 대부분의 주에서 단체소송이 인정되게 되었다. 또한 1990년대에 접어들면 주 차원의 단체소송에 관한 긍정적 평가를 배경으로 하여 연방 차원에서도 단체소송을 도입하려고 하는 구체적인 움직임이 나타났지만, 2002년의 연방자연보호법의 개정에 의해 연방 차원에서 이른바 공익적 단체소송이 도입되게 되었다. 이에 대해서는, 大久保規子, ドイツにおける環境·法的救濟法の成立(一) —團體訴訟の法的性質をめぐる一考察—, 阪大法學 第57卷 第2号(2007. 7.), 205−207頁 참조.

41 SRU, Rechtsschutz für die Umwelt — die altruistische Verbandsklage ist unverzichtbar, Stellungsnahme Februar 2005, Nr. 5, S. 7 m. w. N.

42 환경권리구제법의 개괄적 소개로서는, 김현준, 獨逸 環境法上 團體訴訟의 새로운 展開, 環境法研究 第29卷 2號 (2) (2007. 8.), 53−61면 참조.

(2) 적용범위(제1조)

환경권리구제법에 기초하는 사법심사의 대상에 관해서는 열거주의가 채택되어 있다. 동법 제1조 제1항 제1문에서는 우선 공중참가지침에 대응하여 ① 환경영향평가법 및 주법에 근거하여 환경영향평가의 실시의무가 존재할 수 있는 사업계획안의 허용성에 관한 환경영향평가법 제2조 제3항에서 말하는 결정(제1호)[43]과, ② IVU지침의 대상이 되는 그 밖의 인허가, 즉 요허가시설령의 부록 1란에 따라 허가(Genehmigung)를 요하는 시설에 있어서 연방이미시온방지법 제17조 제1a항에 따른 결정, 수관리법(WHG) 제2조·제7조 제1항 제1문에 따른 허가(Erlaubnisse) 및 순환경제·폐기물법 제31조 제2항에 따른 쓰레기처리장을 위한 계획확정결정에 대한 허가(제2호)에 대한 권리구제(Rechtsbehelfe)를 적용대상으로 하고 있다. 또한 환경권리구제법은 현행법규에 위반하여 동법 제1조 제1항 제1문에 따른 결정이 행해지고 있지 않은 경우(부작위)에도 적용된다(동조 제1항 제2문).[44] 뿐만 아니라 동법은 국제연합 해양법조약에서 말하는 배타적 경제수역 또는 대륙붕에도 적용된다(동조 제2항). 따라서 종래의 판례[45]에서는 환경단체소송의 대상밖으로 되어 있었던, 이러한 수역에서 신청된 사업계획안 또는 시설의 설치 및 조업에 관련되어 있고 또한 동법 제1조 제1항 제1문에 따른 심사대상인 결정들도 이제 승인단체에 의해서 사법상 심사되어질 수 있다.

다만, 권리구제가 행정법원의 분쟁절차에서 다른 결정에 근거하여 발하여져 있고 또한 사법결정의 실질적 기판력(materielle Rechtskraft) 하에 있는 결정에 대하여 제기되는 경우에는 동법 제1조 제1항 제4문에 의하여 권리구제는 허용되지 아니한다(제2차소송금지(Zweitklageverbot)).

---

43 이 점에서 동법은 환경영향평가지침(UVP−RL)의 부록 Ⅰ과 Ⅱ에 있는 프로젝트목록의 전환에 이바지하는 환경영향평가법의 규정들과 결부되어 있다. 어쨌든, 제1호는 사업계획안의 허용성에 관련이 있는 바, 환경영향평가의무가 있는 건축상세계획(Bebauungspläne)에 관한 조례의 결정(Satzungsbeschlüsse)도 이것에 해당한다. Vgl. W. Ewer, Ausgewählte Rechtsanwendungsfragen des Entwurfs für ein Umwelt−Rechtsbehelfsgesetz, NVwZ 2007, S. 267.

44 아울러 동법은 행정청이 그 밖의 절차의 선택에 의해서, 예를 들면 계획확정절차 대신에 계획허가절차(Plangenehmigungsverfahren)에 의해서 환경권리구제법의 적용영역 하에 있지 않은 결정을 행하고 그것에 의해 사법심사가능성을 배제하고 있는 경우들에도 미친다. 또한 사업계획안이 필요한 행정청의 허가결정(Zulassungsentscheidung) 대신에 신고(Anzeige)에 근거하여 행해지는 경우들에도 적용된다. Vgl. J. Schumacher, UPR 2008, S. 17; S. Schlacke, Das Umwelt−Rechtsbehelfsgesetz, NuR 2007, S. 8 (10).

45 Vgl. z. B. VG Hamburg, Urt. v. 1.12.2003, NuR 2004, S. 543; OVG Hamburg, Beschl. vom 3.12.2004−1 Bf 113/04, NuR 2005, S. 472; C. Palme/J. Schumacher, Zulässigkeit von Klagen gegen Offshore−Windparks in der Ausschließlichen Wirtschaftszone, NuR 2004, S. 773 ff.

(3) 단체의 권리구제(제2조)

환경권리구제법의 중핵을 이루는 것은 환경단체의 권리구제요건에 관하여 규정하고 있는 제2조인 바, 여기에서 말하는 권리구제에는 소송뿐만 아니라 이의심사청구도 포함된다.

우선, 권리구제를 제기할 수 있는 자는 원칙적으로 동법 제3조의 규정에 근거하여 미리 승인을 받은 국내외의 단체에 한한다. 승인단체가 동법 제1조 제1항 제1문에 따른 결정 또는 그 부작위에 대하여 권리구제를 제기하고자 하는 경우에 자기의 권리침해를 주장할 필요는 없지만, 다음과 같은 세 가지 요건 즉, ① 당해 결정 또는 부작위가 환경보호에 이바지하고 개인의 권리를 근거지우며 또한 결정에 있어서 중요한 의의를 가질 수 있는 환경법규와 모순된다는 것을 주장할 것, ② 당해 결정 또는 그 부작위에 의해서 환경보호 목적의 촉진이라는 자기의 정관상의 임무영역에 관계가 있다는 것을 주장할 것, ③동법 제1조 제1항에 따른 절차에 참가할 권리가 있었고, 또한 당해 사항에 관하여 의견표명을 하였다든지 또는 현행법규에 위반하여 의견표명의 기회가 부여되지 않았을 것이라는 요건은 충족하여야 한다(동법 제2조 제1항). 이와 같은 환경권리구제법의 구조는 승인단체제도의 채용이라는 점에서는 자연보호법상의 단체소송과 마찬가지이고, 또한 ② 및 ③의 요건도 공통적이다.[46] 그러나 ①의 요건과 관련하여서는 환경권리구제법은 책문권(Rügebefugnis)을 주관적 공권에 제한하고 있다.[47] 즉, 동법은 자연보호법 이외의 환경법규위반도 다툴 수

46 연방자연보호법 제61조 제2항 제2호·제3호 참조.

47 J. Schumacher, UPR 2008, S. 17.
어쨌든, 책문권을 주관적 공권 내지 제3자보호규범의 침해에 제한하고 있는 환경권리구제법 제2조 제1항 제1호의 규정과 관련하여서는 아후스조약 제9조 제2항 및 UVP지침 제10a조와 IVU지침 제15a조의 국내법적 전환으로서 충분하다는 견해와 유럽법과의 조화(Europarechtskonformität)라는 관점에서 의문시하는 견해의 대립이 있다. 즉, 환경권리구제법은 개인의 권리를 근거지우는 법규위반의 존재가 단체소송의 소송요건(동법 제2조 제1항 제1호) 및 본안요건(동조 제5항)으로 되어 있는 결과, 단체소송을 통한 사법심사는 현저히 한정되어 있는 바, 학설에서는 현행법을 지지하는 견해(적합설)와 현행법은 EU법의 기준을 충족하고 있지 않다고 하는 견해(부적합설)로 나누어져 있다. 이와 관련하여 특히 부적합설의 근저에는 아후스조약과 공중참가지침의 사법에의 접근에 관한 규정은 환경법규의 집행의 결여를 시정하기 위해 온갖 환경법규위반의 행위에 대하여 사법적 통제를 미치는 것을 주된 목적으로 하고 있고, 그 수단으로서 단체소송을 위치지우고 있다는 공통인식이 있다. 부적합설은 다음과 같은 여러 가지의 이유를 들어 개인의 권리를 근거지우는 법규위반을 단체소송의 요건으로 하는 것은 EU법위반이라고 비판하고 있는 바, 그 주된 논거로서는 ① 아후스조약의 목적, ② EU법은 적절성 및 실효성의 원칙이 존중되고 있는 한, 각각의 국내법의 권리구제절차를 어떻게 구성할 것인가 하는 것은 각국의 재량에 맡기고 있다. 그러나 실효성이라는 관점에서 중요한 것은 EU법이 실효적으로 집행된다는 것이고, 행정소송의 권리구제기능뿐만 아니라 객관법적인 통제기능이 중시되고 있다. 그러므로 EU법에 의해 요구되고 있는 사법심사의 범위는 권리구제를 기본으로 하는 독일법의 구조보다 훨씬 넓은 것이다, ③ 아후스조약 제9조 제2항과 공중참가지침에서 환경단체의 이익이 충분한 이익으로 간주되는 취지가 규정된 것에 의해 환경단체에게는 국내법에서 재차 제한할 수 없는 특별한 소권이 부여되어 있다, ④ 아후스조약에서 실체법적·절차법적인 사법심사의 확보가 규정된 것에 의해 환경단체이든 개인이든 소권을 가진 자라면 온갖 법규위반을 주장할 수 있다, ⑤적합설의 유력한 근거가 되고 있는 이행가이드의 기술 그 자체는 불명확하고, 또한 이

있다는 점에서는 종래 자연보호법의 분야에 한정되어 있었던 단체소송의 범위를 환경영역일반으로 확대하였다고도 말할 수 있지만, 「개인의 권리를 근거지우는 법규」 위반만을 주장할 수 있다고 하는 문언이 삽입됨으로써 새로운 단체소송의 기능은 현저히 제한되게 되었다.[48] 그 때문에, 환경권리구제법의 성립 후에도 자연보호법상의 단체소송은 독자적 의의를 가지고 있고, 2종류의 단체소송이 병존하게 되었다.[49]

다음으로, 미승인단체이더라도 그것이 ① 실질적으로 승인요건을 충족하고 있고, ② 승인의 신청을 하였지만, ③ 단체의 책임으로 돌릴 수 없는 이유로 승인이 아직 주어져 있지 않은 때에는 권리구제를 제기할 수 있으며, 외국의 단체의 경우에는 동법 제1조 제1항 제3호의 승인요건은 충족하고 있는 것으로 간주하는 특별한 배려규정을 두고 있다(동법 제2조 제2항).[50]

한편, 단체가 동법 제1조 제1항에 따른 참가절차에서 의견표명의 기회를 가지고 있었던 경우에는 당해 절차에서 주장할 수 있었음에도 불구하고 주장하지 않았던 이의에 관한 권리구제는 배제되어 있다(동법 제2조 제3항).[51] 또한 이의심사청구기간 및 제소기간은 어느 것이나 단체가 당해 결정을 안 날 또는 알 수 있었던 날로부터 1년이지만, 건축상세계

행가이드는 법적 구속력을 가진 것이 아니라 동구권국가의 조약의 이행을 지원하기 위해 작성된 비공식문서에 불과하므로, EU법의 해석기준으로 할 수는 없다는 것 등을 들 수 있다(大久保規子, ドイツにおける環境·法的救濟法の成立(二) —團體訴訟の法的性質をめぐる一考察—, 阪大法學 第58卷 第2号(2008. 7.), 281−285頁 참조). 한편, 적합설에 대해서는 Vgl. R. Seelig/B. Gündling, Die Verbandsklage im Umweltrecht, NVwZ 2002, S. 1040; Th. v. Danwitz, NVwZ 2004, S. 272 (278 f.); M. Schmidt−Preuß, Gegenwart und Zukunft des Verfahrensrecht, NVwZ 2005, S. 489 (495). 또한 다수설이라 할 수 있는 부적합설에 대해서는 Vgl. R. Alleweldt, Verbandsklage und gerichtliche Kontrolle von Verfahrensfehlern: Neue Entwicklungen im Umweltrecht, DÖV 2006, S. 626; A. Schmidt/P. Kremer, Das Umwelt−Rechtsbehelfsgesetz und der weite Zugang zu Gerichten, ZUR 2007, S. 61; M. Genth, Ist das neue Umwelt−Rechtsbehelfsgesetz europarechtskonform?, NuR 2008, S. 30; J. Ziekow, Das Umwelt−Rechtsbehelfsgesetz im System des deutschen Rechtsschutzes, NVwZ 2007, S. 259 f.; S. Schlacke, NuR 2007, S. 14; H.−J. Koch, Die Verbandsklage im Umweltrecht, NVwZ 2007, S. 378 f.; C. Schrader, Neue Entwicklungen in der Verbandsmitwirkung und Verbandsklage, UPR 2006, S. 208; M. Gellermann, Europäisierte Klagerechte anerkannter Umweltverbände, NVwZ 2006, S. 8 f.; M. Kment, Das neue Umwelt−Rechtsbehelfsgesetz und seine Bedeutung für das UVPG, NVwZ 2007, S. 277; H. W. Louis, Die Übergangsregelungen für das Verbandsklagerecht nach den §§ 61, 69 Abs. 7 BNatSchG vor dem Hintergrund der europarechtlichen Klagerecht für Umweltverbände auf Grund der Änderungen der IVU− und der UVP−Richtlinie zur Umsetzung des Aarhus−Übereinkommens, NuR 2004, S. 290; T. Bunge, Rechtsschutz bei der UVP nach der Richtlinie 2003/35/EG − am Beispiel der Anfechtungsklage, ZUR 2004, S. 143 (147 f.); M. Keller, Rechtsschutzdefizite Dritter gegen Genehmigungserteilungen für Windenergieanlagen in der AWZ?, ZUR 2005, S. 191; F. Ekardt, Verwaltungsgerichtliche Kontrolldichte unter europäischem und internationalem Einfluss, NuR 2006, S. 224; J. Schumacher, UPR 2008, S. 17 f.

48 大久保規子, 前揭論文, 阪大法學 第57卷 第2号(2007. 7.), 211頁.

49 Vgl. S. Schlacke, NuR 2007, S. 13; A. Schmidt/P. Kremer, ZUR 2007, S. 59.

50 BT−Drs. 16/2495, S. 12.

51 따라서 설명책임(Darlegungslast)은 당해 단체에게 존재한다고 할 수 있다. Vgl. J. Schumacher, UPR 2008, S. 18.

획에 대해서는 연방행정법원법 제47조 제2항 제1문에 따라 2년의 기간이 적용된다(동법 제2조 제4항).

끝으로, 동법 제2조 제5항에서는 환경권리구제의 요건에 관해서 규정하고 있다. 즉, 환경권리구제는 「동법 제1조 제1항에 따른 결정 또는 그 부작위가 환경보호에 이바지하고 개인의 권리를 근거지우며 또한 결정에 있어서 중요한 의의를 가진 법규를 위반하고, 또한 그 위반이 단체가 그 정관에 따라서 촉진하여야만 하는 목적에 속하는 환경보호의 이해에 관련되어 있는 한에서」(제1호) 근거지워져 있다. 환경영향평가의무가 있는 건축상세계획의 규범통제의 요건심사(Begründetheitsprüfung)에 관하여 동법 제2조 제5항 제1문 제2호는 특별규정을 두고 있는 바, 건축상세계획에 관련한 환경권리구제는 「환경영향평가의무가 있는 사업계획안의 허용성을 근거지우는 건축상세계획의 확정이 환경보호에 이바지하고 또한 개인의 권리를 근거지우는 법규를 위반하고 있고, 또한 그 위반이 단체가 그 정관에 따라서 촉진하여야만 하는 목적에 속하는 환경보호의 이해에 관련되어 있는 한에서」 근거지워져 있다. 건축계획절차가 동시에 환경영향평가를 위한 이행절차(Trägerverfahren)인 경우, 건축상세계획은 환경영향평가의무규정 하에 있거나 또는 환경영향평가의무성이 사전평가(Vorprüfung)로부터 발생하는 사업계획안을 포함하지 않으면 안 된다.[52] 게다가 동법 제1조 제1항에 따른 결정의 경우에는 환경영향평가의 실시의무가 존재하지 않으면 안 된다(동법 제2조 제5항 제2문).[53]

(4) 단체의 승인(제3조)

원고적격(Klageberechtigung)은 원칙적으로 환경권리구제법 제3조에 따라 승인된 국내 또는 국외단체에게 부여되어 있는 바, 이러한 단체들이 동법 제3조 제1항 제2문의 요건[54]

---

52 BT-Drs. 16/2495, S. 13; vgl. S. Schlacke, NuR 2007, S. 8 ff.

53 환경영향평가의 의무성은 또한 사업계획안이 개개의 경우의 규정되어 있거나 일반적이거나 또는 입지에 관련된 사전평가의 결과에 따르면 환경영향평가를 필요로 한다는 것으로부터도 발생할 수 있다. J. Schumacher, UPR 2008, S. 17 f.

54 즉, 단체의 승인요건으로는 ① 정관에 기초하여 이념적·계속적으로 주로 환경보호의 목적을 촉진하고 있을 것(제1호), ② 승인의 시점에 있어서 적어도 3년간 존속하고, 또한 이 기간 동안에 제1호에서 말하는 활동을 행하여 왔을 것(제2호), ③ 적정한 임무수행이 보증되어 있을 것(그 판단에 있어서는 종래의 활동의 종류 및 범위, 단체의 구성원의 범위, 그리고 활동능력이 고려되지 않으면 안 된다)(제3호), ④ 公課法(Abgabenordnung) 제52조에서 말하는 공익목적을 추구하고 있을 것(제4호), ⑤ 당해 단체의 목적을 지지하는 자는 누구든지 완전한 투표권이 있는 회원으로서 입회가능할 것(다만, 오로지 법인회원으로만 구성되어 있는 단체의 경우에는 법인회원의 과반수가 이 요건을 충족하고 있으면 족하다)(제5호)을 요한다.
이와 같이 단체의 승인요건은 기본적으로 연방자연보호법 제59조 제1항에 지향되어 있기는 하지만, 환경권리구제법 제3조에 따른 단체는 다음과 같은 점에서 자연보호단체와는 차이가 있다. 첫째, 승인단체의 목적이 「자연보호」에서 「환경보호」로 확대되어 있는 바, 따라서 단체의 활동이 자연과 경관의 보호에 제한될 필요 없이 환경보호를 특징적인 목적으로서 추구하거나 주된 목적이면 족하다(BT-Drs. 16/2495, S. 13). 둘째, 자연보을 충족하는 경우에는 승인청구권(Rechtsanspruch auf Anerkennung)을 가진다. 단체의 승인은 신청에 기초하여 부여되며, 또한 정관에 기초하여 임무영역을 특정하여 행해진다. 게다가 연방자연보호법 또는 주법에 따라 자연보호단체로서 승인된 단체는 동시에 환경권리구제법의 승인단체(anerkannter Verein)로도 간주된다(동항 제4문).[55]

단체의 승인은 연방환경청에 의해서 행해지는 바, 연방환경청은 그 재량으로 승인을 공표할 수도 있다(동법 제3조 제2항).[56]

(5) 절차규정의 적용 시의 하자(제4조)

환경권리구제법 제4조 제1항에 의하면, 필요한 환경영향평가 또는 환경영향평가의무성(UVP–Pflichtigkeit)에 관한 개별적인 경우의 필요한 사전평가가 실시되지 않았고 또한 이것이 사후적으로도 치유되어 있지 않은 경우에는 동법 제1조 제1항 제1문 제1호에 따른 사업계획안의 허용성에 관한 결정의 취소(Aufhebung)를 구할 수 있는 것으로 규정하고 있다.[57] 이는 독일에서는 원칙적으로 절차적 하자는 결정에 본질적인 영향을 줄 수 있는 경우에만 취소사유가 되지만(연방행정절차법 제46조·제75조 제1a항), 전술한 바와 같이 공중참가지침에서는 결정의 실체적 위법뿐만 아니라 절차적 위법도 다툴 수 있도록 할 것이 의무지워져 있는 점에서(UVP지침 제10a조 제1문 및 IVU지침 제15a조 제1문) 두어진 특칙이다. 어쨌든, 환경권리구제법이 절차적 하자에 대한 사법심사를 이와 같이 극히 한정하고 있는 것에 의해 환경영향평가가 실시되기는 하였지만 그 내용이 불충분한 경우 등 대부분의 중요한 절차법위반에 관하여 단체소송에 의한 시정의 길은 배제되게 되었는 바, 이 점은 EU법위반이라는 견해가 유력하다.[58]

호법에 근거하는 연방 레벨의 승인단체는 적어도 1개의 주를 초월하는 활동을 행하고 있을 것이 요건으로 되어 있는 반면에, 환경권리구제법의 승인단체에는 그와 같은 한정은 없어 지역적인 단체도 승인을 얻을 수 있다. 셋째, 자연보호법에서는 공과법에서 말하는 공익목적을 추구하고 있는 단체인 까닭에 법인세를 면제받고 있는 단체일 것이 요건으로 되어 있지만, 법인세의 면제를 요건으로 한다면 외국의 단체가 국내의 단체에 비하여 불리하게 된다는 점을 고려하여 환경권리구제법에서는 법인세의 면제를 승인요건으로 하고 있지 않다(BT–Drs. 16/2495, S. 13). Vgl. J. Schumacher, UPR 2008, S. 15 f.; 大久保規子, 前揭論文, 阪大法學 第57巻 第2号(2007. 7.), 213–214頁.

55 한편, 환경권리구제법에 따른 승인규정과 연방자연보호법에 따른 승인규정이 환경법전의 총칙(allgemeinen Teil)에서 통합될 수 있을 것인지 여부의 문제도 제기되고 있다. 이 문제에 대한 대답을 함에서 있어서는 환경권리구제법에 따른 단체의 목적설정은 연방자연보호법의 그것과는 구별된다는 것을 고려할 필요가 있다고 지적되고 있다. Vgl. J. Schumacher, UPR 2008, S. 16.

56 BT–Drs. 16/2931, S. 7.

57 당초의 2006년법안에서는 환경영향평가의 불실시 등을 예시적으로 드는 방식을 취하고 있었지만(BT–Drs. 16/2495, S. 6), 동법 제4조 자체를 삭제해야 한다고 하는 연방상원의 요구를 받아 취소사유로 되는 절차적 하자가 현행법과 같이 한정된 경위가 있다(BT–Drs. 16/2931, S. 8). Vgl. J. Schumacher, UPR 2008, S. 19.

58 大久保規子, 前揭論文, 阪大法學 第58巻 第2号(2008. 7.), 286頁; M. Kment, NVwZ 2007, S. 277 f.; M. Genth,

한편, 환경영향평가법 제2조 제3항 제3호에서 말하는 결정들이 사법심사의 대상인 경우에는 절차의 하자(Verfahrensfehler)와 관련하여 산림법전(BauGB) 제214조와 제215조, 이와 관련한 산림법전의 경과규정 및 당해 주법상의 규정 등 산림법전의 규정들이 적용된다(동법 제4조 제2항).

(6) 경과규정(제5조)

환경권리구제법은 2006년 12월 15일 이전에 존속력(Bestandskraft)을 획득한 결정들을 제외하고는 공중참가지침의 국내법화기한인 2005년 6월 25일 이후에 개시된 절차에 대해서도 소급적으로 적용된다.

(7) 자연보호법상의 단체소송과의 관계

자연보호단체는 자연과 경관의 침해와 결부되어 있는 사업계획안에 관한 계획확정결정 및 계획인가(Plangenehmigungen)에 대해서는 공중참가가 규정되어 있는 한도에서는 자신의 권리가 침해되었을 것 없이 연방자연보호법 제61조에 따라서 소송을 제기할 수 있다. 연방자연보호법 제61조는 동조 제1항의 구성요건이 충족되어 있는 한에서는 환경권리구제법에 대하여 특별법이다. 이와 같은 특별한 자연보호법상의 단체소송이 작용하지 않는 한도에서 자연보호단체는 동일한 절차에서도 환경권리구제법에 따른 제소가능성을 주장할 수 있다.[59]

V. 결 어

오늘날 행정법에서는 이른바 「절차를 통한 기본권보호」(Grundrechtsschutz durch Verfahren)라는 관점에서 행정절차, 즉 공중참가가 강조되고 있다. 이러한 경향은 환경법의 영역에 있어서도 예외가 아니다. 특히 환경법 영역에 있어서 공중참가의 확대·강화는 환경문제의 특성 및 환경리스크에의 대응이라는 관점에서 뿐만 아니라 이른바 환경민주주의의 구현을 위해서도 불가피하게 요구되고 있다. 환경법제는 다른 어떤 법영역 이상으로 국제적 보편화의 경향을 띠고 있는 바, 「환경과 개발에 관한 리우선언」의 제10원칙에서는 환경행정에 있어서 공중참가의 중요성을 천명하고 있다. 특히 2001년 10월 30일에 발효된 아후

NuR 2008, S. 31 f.

59 J. Schumacher, UPR 2008, S. 19; BT-Drs. 16/2495, S. 11.

스조약은 환경정보에의 접근, 공중참가 및 사법에의 접근이라는 이른바 3지주 구상을 통하여 환경보호의 관철에 있어서 무엇보다도 「공중의 강화된 역할」을 도모하고 있다. 환경정보에의 접근은 공중참가의 전제로서의 의미를 가지고, 또한 사법에의 접근은 공중참가의 실효성 확보 내지 제도적 보장으로서의 의미를 가지고 있다.

이에 전술한 바와 같이 유럽연합에서는 2003년에 아후스조약을 유럽연합 차원에서 전환하기 위하여 새로운 「환경정보공개지침」과 「공중참가 및 사법에의 접근에 관한 지침」을 채택하였다. 또한 독일에서도 아후스조약 및 유럽연합의 지침들을 국내법으로 전환하기 위해 「환경정보공개법」의 개정법이 2005년 2월 14일부터 발효됨과 동시에, 특히 2006년 12월 15일 및 동월 16일부터는 이른바 「공중참가법」과 「환경권리구제법」이 각기 시행됨에 따라 환경법 영역에 있어서 공중참가는 한층 더 확대·강화되게 되었다.

이상에서 살펴본 유럽연합 및 독일의 환경법 영역에 있어서의 공중참가의 확대·강화, 즉 공중의 강화된 역할을 내용으로 하는 법제의 동향은 우리나라 환경법제에 주는 시사점은 적지 않다고 본다. 사실 우리 환경법제에 있어서도 공중참가제도가 나름대로 정비되어 있기는 하지만, 공중참가의 확대·강화라는 관점에서 본다면 다음과 같은 방향으로 개선되어야 할 것이다.

첫째, 환경정보의 공개와 관련하여 비공개대상정보를 축소함과 아울러 명확화하여야 할 것이다. 「공공기관의 정보공개에 관한 법률」 제5조에서는 일반적인 (환경)정보공개청구권을 보장하고 있기는 하지만, 동법 제9조에서는 비공개대상정보를 상당히 포괄적이고 광범위하게 규정하고 있다. 이 점에서 독일의 환경정보공개법은 정보공개의 대상이 되는 환경정보의 개념을 포괄적으로 개념정의하고 있을 뿐만 아니라(동법 제2조 제3항), 비공개사유에 해당하는 경우에도 공익적 정보공개가 인정되고 또한 특히 배출에 관한 환경정보는 일정한 경우에는 비공개로 할 수 없도록 하고 있는 점(동법 제8조 제1항·제9조 제1항)은 시사하는 바가 크다고 할 것이다.

둘째, 환경행정절차에 있어서 공중참가의 범위를 확대하여 이해관계인은 물론 특히 공익적 환경단체의 참가권을 법제화할 필요가 있다고 본다. 현재 「행정절차법」 및 「환경·교통·재해등에관한영향평가법」(2008. 3. 26. 전부개정된 환경영향평가법은 2009. 1. 1.부터 시행됨) 등에서는 환경행정처분 또는 환경영향평가서의 작성 시에 이해관계인의 의견제출권을 보장하고 있다. 그러나 독일의 공중참가법이 시사하는 바와 같이, 환경영향평가절차 및 환경허가절차에 있어서 이해관계인은 물론 더 나아가 일정한 요건을 충족하는 공익적 환경단체에 대해서도 포괄적인 참가권을 법제화하여야 할 것이다.

셋째, 사법에의 접근과 관련하여서는 이른바 이타적 단체소송을 도입하여 일정한 요건을 충족하는 공익적 환경단체에 대해서도 제소권을 부여하여야 할 것이다. 즉, 환경행정절차에 있어서 공익적 환경단체에 대한 참가권의 보장과의 연장선상에서 그것을 실효적인 것으로 하기 위해서는 이해관계인은 물론 일정한 요건을 충족하는 공익적 환경단체에 대해서도 제소권을 인정하는 단체소송을 도입하여야 할 것이다. 이와 관련하여 승인단체의 요건 등에 대해서는 독일의 환경권리구제법이 하나의 참고가 될 수 있을 것이다. 다만, 전술한 바와 같이 독일의 환경권리구제법에 있어서 환경단체의 소권(원고적격)의 인정과 관련하여서는 주관적 권리보호라는 행정법의 법전통으로 인하여 제3자보호규범에 한정하고 있는 바, 이 점에 대해서는 유럽연합의 공중참가지침에 반한다고 지적되고 있는 점은 주의할 필요가 있을 것이다.

요컨대, 오늘날 환경리스크에의 대응이라는 과제에 직면해 있는 환경법 영역에 있어서 실효적인 환경보호를 위해서는 불가피하게 협동의 원칙에 기초하여 「공중의 강화된 역할」에 의지하지 않을 수 없다. 그러나 규제완화 내지 행정절차의 간소화라는 미명하에 공중참가를 제한하고자 하는 유혹에 빠지는 경향도 없지 않다. 여기에서 재차 주목하여야 할 것은, 환경법 영역에 있어서 효과적인 공중참가의 형성은 오히려 환경행정결정의 높은 질과 정당성에 기여한다는 점이다. 즉, 환경법상 공중참가는 환경행정의 투명성 확보, 환경행정결정의 수용성과 책임성의 촉진, 환경민주주의의 구현, 그리고 절차적 보장을 통한 환경권의 실현은 물론 환경갈등 내지 환경분쟁의 예방·저감에도 이바지한다. 따라서 환경리스크에 대응함은 물론 우리의 자연적 생활기반을 보호하고 또한 참여민주주의의 구현을 위해서는 차제에 공중참가의 확대·강화를 위한 환경법제의 근본적인 개혁이 절실히 필요하다고 본다.

<참고문헌>

金祥燦, 獨逸環境法上 團體訴訟의 최근 動向, 土地公法研究 第18輯 (2003).

김성수, 환경침해시설설치절차와 주민참여, 考試界 (1992. 9).

김세규, 독일 환경법상의 협동원칙, 獨逸學研究 (동아대학교 독일학연구소) 第11號 (1995).

김유환, 미국 행정법에서의 참여와 협력, 公法研究 第30輯 第5號 (2002).

金海龍·金載鎬, 團體訴訟制度의 導入에 관한 고찰 －유럽법상의 단체소송제도와의 비교법적 관점에서－, 環境法研究 第27卷 4號 (2005).

김현준, 獨逸 環境法上 團體訴訟의 새로운 展開, 環境法研究 第29卷 2號 (2) (2007).

박균성·함태성, 환경법 [제2판], 博英社, 2006.

박수혁, 행정법에 있어서의 협력의 원칙, 考試界 통권 426호 (1992. 8).

朴源永, 서독 행정소송상의 단체소송, 考試界 (1989. 11).

朴正勳, 行政法의 構造變化로서의 '參加'와 '협력', 동인 『행정법의 체계와 방법론』 博英社 (2005).

오준근, 참여행정과 행정절차, 公法研究 第30輯 第5號 (2002).

趙泰濟, 환경법상의 단체소송, 土地公法研究 第15輯 (2002).

趙弘植, 리스크 法 －리스크管理體系로서의 環境法－, 서울대학교 法學 제43권 4호 (2002).

韓貴鉉, 環境法의 基本原理, 세종출판사, 1997.

______, 情報公開制度와 環境保護 －獨逸 環境情報法(UIG)을 중심으로－, 공법학연구 창간호 (1999).

______, 獨逸環境法論, 한국법제연구원, 2002.

______, 環境리스크의 統制에 관한 法理, 環境法研究 第27卷 4號 (2006).

홍준형, 독일환경정보법의 제정에 관하여, 環境法研究 第16卷 (1994).

______, 환경법 [제2판], 博英社, 2005.

岡村 堯, 『ヨーロッパ環境法』, 三省堂, 2004.

高橋 滋, 環境リスクへの法的對應, 大塚 直·北村喜宣, 『環境法學の挑戰』, 日本評論社, 2002.

高村ゆかり, 情報公開と市民參加による歐州の環境保護, 法政研究 第8卷 第1號 (2003).

南博方·大久保規子, 『要說 環境法』 [第3版], 有斐閣, 2006.

大久保規子, ドイツ環境法における團體訴訟, 小早川光郎·宇賀克也 編著, 塩野宏先生古稀記念 『行政法の發展と變革 下卷』, 有斐閣, 2001.

______, 市民參加と環境法, 大塚 直·北村喜宣, 『環境法學の挑戰』, 日本評論社, 2002.

______, ドイツ 新環境情報法, 環境研究 第144號 (2007).

______, ドイツにおける環境·法的救濟法の成立(一)·(二) —團體訴訟の法的性質をめぐる一考察—, 阪大法學 第57卷 第2号 (2007)·第58卷 第2号 (2008).

ディートリッヒ·ムルスヴィーク (神橋一彦譯), 環境法におけるいわゆる「協働原則」(Kooperationsprinzip) について —その法原則としての適格性に關する疑問—, ドイツ憲法判例研究會 編,『先端科學技術と人權』, 信山社, 2005.

瀧口直樹, 環境政策におけるパートナーシップに基づく取り組み, 都市問題研究 第56卷 第10號 (2004).

アマド·S·トレンティーノ·Jr., 維持可能な開發と民衆參加 — グッドガバナンスのための法制改革—, 環境と公害 第32卷 第3號 (2003).

山本隆司, リスク行政の手續法構造, 城山英明·山本隆司 編,『環境と生命』, 東京大學出版會, 2005.

山田 洋, 參加と協働, 自治研究 第80卷 第8號 (2004).

松村弓彦, 環境法における協調原則(その 1)·(その 2), 環境研究 第136號·第137號 (2005).

松下和夫, 協働による持續可能な都市社會の構築, 都市問題研究 第56卷 第10號 (2004).

阿部泰隆, 環境行政と住民參加, ジュリスト增刊『環境問題の行方』, 有斐閣, 1999.

阿部泰隆·淡路剛久 編,『環境法』[第3版補訂版], 有斐閣, 2006.

牛嶋 仁, 環境行政過程における市民參加, 法學論叢 第47卷 第3=4號 (2002).

原科幸彦, 環境計劃と市民參加, 寄本勝美·原科幸彦·寺西俊一 編著,『地球時代の自治體環境政策』, ぎょうせい, 2002.

淸野幾久子, ドイツ環境保護における協働原則, 法律論叢 73卷 4=5號 (2001).

戸部眞澄, 協働による環境リスクの法的制御 (上)·(下), 自治研究 第83卷 第3號·第83卷 第4號 (2007).

黑川哲志,『環境行政の法理と手法』, 成文堂, 2004.

A. Epiney, Umweltrecht in der EU, 2. Aufl., 2005.

A. Guckelberger, Die EG−Verordnung zur Umsetzung der Aarhus−Konvention auf der Gemeinschaftsebene, NuR (2008).

A. Scherzberg, Risiko als Rechtsprobleme, VerwArch. 84 (1993).

A. Schmidt/P. Kremer, Das Umwelt−Rechtsbehelfsgesetz und der weite Zugang zu Gerichten, ZUR (2007).

B. Dietrich/Ch. Au/J. Dreher, Umweltrecht der Europäischen Gemeinschaften, Erich Schmidt Verlag, 2003.

Ch. Gusy, Kooperation als staatlicher Steuerungsmodus, ZUR (2001).

C. Palme/J. Schumacher, Zulässigkeit von Klagen gegen Offshore－Windparks in der Ausschließlichen Wirtschaftszone, NuR (2004).

Ch. Schrader, Neue Entwicklungen in der Verbandsmitwirkung und Verbandsklage, UPR (2006).

D. Murswiek, Das sogenannte Kooperationsprinzip － ein Prinzip des Umweltschutzes?, ZUR (2001).

F. Ekardt, Verwaltungsgerichtliche Kontrolldichte unter europäischem und internationalem Einfluss, NuR (2006).

F. Shirvani, Das Kooperationsprinzip im deutschen und europäischen Umweltrecht, Duncker & Humblot Verlag, 2005.

G. Oestreich, Individualrechtsschutz im Umweltrecht nach dem Inkrafttreten der Aarhus－Konvention und dem Erlass der Aarhus－Richtlinie, Die Verwaltung 39. Band (2006).

H.－J. Koch, Die Verbandsklage im Umweltrecht, NVwZ (2007).

H. W. Louis, Die Übergangsregelungen für das Verbandsklagerecht nach den §§ 61, 69 Abs. 7 BNatSchG vor dem Hintergrund der europarechtlichen Klagerecht für Umweltverbände auf Grund der Änderungen der IVU－ und der UVP－Richtlinie zur Umsetzung des Aarhus－Übereinkommens, NuR (2004).

J. Schumacher, Umweltrechtsbehelfsgesetz, UPR (2008).

J. Ziekow, Das Umwelt－Rechtsbehelfsgesetz im System des deutschen Rechtsschutzes, NVwZ (2007).

L. Knopp, Öffentlichkeitsbeteiligungsgesetz und Umwelt－Rechtsbehelfsgesetz, ZUR (2005).

M. Gellermann, Europäisierte Klagerechte anerkannter Umweltverbände, NVwZ (2006).

M. Genth, Ist das neue Umwelt－Rechtsbehelfsgesetz europarechtskonform?, NuR (2008).

M. Keller, Rechtsschutzdefizite Dritter gegen Genehmigungserteilungen für Windenergieanlagen in der AWZ?, ZUR (2005).

M. Kloepfer, Umweltrecht, 3. Aufl., 2004.

M. Kment, Das neue Umwelt－Rechtsbehelfsgesetz und seine Bedeutung für das UVPG, NVwZ (2007).

M. Scheyli, Aarhus－Konvention über Informationszugang, Öffentlichkeitsbeteiligung und Rechtsschutz in Umweltbelangen, AVR 38 (2000).

M. Schmidt－Preuß, Gegenwart und Zukunft des Verfahrensrecht, NVwZ (2005).

R. Alleweldt, Verbandsklage und gerichtliche Kontrolle von Verfahrensfehlern: Neue Entwicklungen im Umweltrecht, DÖV (2006).

R. Seelig/B. Gündling, Die Verbandsklage im Umweltrecht, NVwZ (2002).

Rat von Sachverständigen für Umweltfragen (SRU), Rechtsschutz für die Umwelt – die altruistische Verbandsklage ist unverzichtbar, Stellungsnahme 2005.

S. Schlacke, Rechtsschutz durch Verbandsklage – Zum Fortentwicklungsbedarf des umweltbezogenen Rechtsschutzsystems, NuR (2004).

______, Das Umwelt–Rechtsbehelfsgesetz, NuR (2007).

Th. Bunge, Rechtsschutz bei der UVP nach der Richtlinie 2003/35/EG –am Beispiel der Anfechtungsklage–, ZUR (2004).

Th. v. Danwitz, Aarhus–Konvention: Umweltinformation, Öffentlichkeitsbeteiligung, Zugang zu den Gerichten, NVwZ (2004).

W. Durner, Direktwirkung europäischer Verbandsklagerechte?, ZUR (2005).

W. Ewer, Ausgewählte Rechtsanwendungsfragen des Entwurfs für ein Umwelt– Rechtsbehelfsgesetz, NVwZ (2007).

28 유럽연합법과 회원국 국내법과의 관계*

김 명 용**

Ⅰ. 문제제기

유럽연합의 회원국은 점점 많은 권한을 유럽연합에 위임하기 때문에 유럽연합의 임무는 해마다 늘어나고 있다. 따라서 유럽연합은 이 분야에 대한 통일된 새로운 법적 체계를 만들고 집행해야 한다. 그러나 이러한 임무는 개별 회원국이 이미 고유의 법적 구조를 형성하고 있기 때문에 매우 어렵다. 유럽연합은 공통적으로 만들어진 법적 틀을 개별 회원국에 도입해야 할 임무를 지고 있다. 법제도가 완전히 상이하고 배타적이기 때문에 개별 회원국에 있어서 통일된 효력을 가지는 것은 쉽지 않다. 유럽법의 통일된 효력으로 인하여 유럽법과 회원국의 법이 상호 어떠한 입장을 취해야 하는지는 법적인 관점과 실무적인 관점에서 매우 중대하다. 왜냐하면 이러한 관계는 유럽법과 국내법의 충돌상황에서 행정부와 법원이 어떤 법규범을 적용하여야 하는지를 결정하며, 그 결과 이러한 관계가 참가한 당사자들에 대한 법원과 행정의 결정에 간접적인 영향을 미치기 때문이다.

이 논문은 유럽법의 통일된 효력이 어떻게 보장될 수 있는지를 살펴보고자 한다. 특히 유럽법이 그의 효력의 근거를 어디서 도출하며, 유럽법의 국내법에 대한 적용우위에 대하여 논의하고자 한다. 이것은 한편으로는 유럽연합의 관점에서, 다른 한편으로는 독일의 관점에서 검토하고자 한다. 왜냐하면 유럽연합과 독일은 유럽법의 국내법에 대한 우위와 유럽법의 효력을 서로 상이하게 도출하기 때문이다. 아울러 적용우위에 대한 상이한 근거에서 발생하는 문제점을 유럽법의 국내법에 대한 관계와 관련하여 논의한다.

회원국의 법과 유럽법 사이의 갈등상황을 법원 외의 수단으로 해결하기 위한 유럽집행위원회의 새로운 방법도 논의의 중심에 두었다. 갈등해소를 위한 이러한 새로운 절차는 법제도 간의 관계를 장래에 발전시킬 수 있고, 유럽집행위원회와 회원국이 상호 협력할 수 있음을 나타낸다. 또한 시민들도 유럽법의 정확한 적용을 보장하는 데 중요한 역할을 한다. 시민, 기업 및 비정부기구의 역할도 유럽법과 국내법 간의 관계의 형성에 있어서 중요하다.

---

* 이 글은 2018년 창원대학교 사회과학연구소 사회과학논집(제17집)에 게재된 것을 수정하였음.
** 창원대학교 법학과 교수, 법학박사.

Ⅱ. 유럽법의 효력과 국내법에 대한 우위

1. 유럽회원국에서의 유럽법의 효력

유럽연합의 법규범이 개별회원국의 법영역에서 규범력을 가지기 위해서는 개별회원국에서 직접 유효하여야 한다.[1] 여기에는 유럽연합의 기본법(유럽연합조약, 유럽 연합의 기능에 관한 조약)과 유럽의 제2차 규범(지침, 법규, 결정)으로 구별된다.[2] 유럽기본법은 이미 유럽연합조약 제52조와 제52조에 의하여 유효한 반면, 제2차 규범은 폐지되지 않거나 다른 방법에 의하여 실효되지 않는 한 효력발생과 함께 유효하게 된다.[3] 국제법과 달리 유럽법은 회원국에 직접 유효하며, 다른 이행행위가 필요하지 않다. 이는 지침에도 마찬가지이다. 지침은 그 내용이 국내법적으로 전화되어야 하는 점[4]에서 개별적 사안에 대해 일반적, 추상적 효력을 가지는 법규(Verordnung)와는 다르다.[5] 하지만 회원국은 이미 국내법으로 이행의무를 지니고 있기 때문에 이행기간이 도래하기 전에 지침은 개별적 사안에 대하여 직접 효력을 가질 수 있다.[6]

따라서 유럽법은 유럽연합의 조약들에 근거하여 개별회원국에서 효력을 가진다.

2. 유럽법의 우위

유럽법과 회원국의 법이 상호 충돌하는 경우가 있다. 예를 들면 국내법과 유럽법이 동일한 사안에 대하여 서로 다른 법적 효과를 규정하고 있는 경우이다.[7] 이러한 문제는 회원국이 유럽법과 충돌상황을 야기하는 국내법의 규정들에 대한 조치를 함으로써 해결될 수 있다. 따라서 회원국들이 충돌의 결과에 대하여 상이하게 규정할 것이고, 그 결과 유럽전역에 통일된 효력이 미치는 법규정의 의미를 가지지 못하게 될 것이다.[8] 그래서 유럽법은 사안에 대한 통일된 규정, 유럽법의 고유한 목적에 기여할 수 있기 위해서는 국내법에 우선하여야 한다.[9] 예를 들면 유럽법원은 유럽법의 우위를 유럽연합법에서 직접 도

---

1 Ehlers, Verhältnis des Unionsrechts zu dem Recht der Mitgliedstaaten, in: Schulz/Zuleeg/Kadelbach (Hrsg.), Europarecht, Handbuch für die deutsche Rechtspraxis (Handbuch Europarecht), § 11, Rn. 2.

2 Ehlers, a.a.O., § 11, Rn. 3.

3 Ehlers, a.a.O., § 11, Rn. 4.

4 Herdegen, Europarecht, München, 17. Auflage 2015, § 8, Rn. 41.

5 Schroeder, Grundkurs Europarecht, 3. Auflage 2013, § 6, Rn. 35.

6 Ehlers, a.a.O., § 11, Rn. 9.

7 Ehlers, a.a.O., § 11, Rn. 12.

8 Schroeder, a.a.O., § 5, Rn. 15.

9 Schroeder, a.a.O., § 5, Rn. 14.

출하고, 유럽법 고유의 법질서의 창조와 유럽조약에 대한 충실의 유지를 위하여 필요하다고 하였다.[10] 하지만 우위가 법적용상의 우위인지 효력상의 우위인지 의문의 여지가 있다. 만약 유럽법에 효력상 우위를 인정한다면, 국내법과 유럽법규정의 충돌에서는 국내법규범이 자동적으로 효력을 가지지 못한다. 적용상 우위에서는 개별적 사안에서만 국내법규범이 적용될 수 없을 것이다. 이는 국내법규가 동일한 사안에 대하여 규범을 가지고 있는 경우에는 유럽법이 적용될 것이라는 것을 구체적으로 의미한다. 언뜻 보기에 유럽법에 충돌하는 모든 규범이 바로 유효하지 않을 경우 통일적인 규범이 필요한 것처럼 보일 것이다. 하지만 이 또한 피할 수 없는 문제를 야기한다. 유럽법에 위반하는 국내법규정은 직접 무효가 되어야 할 것이다. 왜냐하면 국내법규정이 제3국과 그의 소속국민과 관련하여서는 완전한 효력가질 수 있기 때문이다.[11] 또한 적용우위가 효력우위에서처럼 부분적으로 더 타당한 효력을 가질 것이다. 왜냐하면 적용우위는 개별사안에서 유럽법과 충돌하는 국내법규범의 적용을 배제할 수 있기 때문이다. 이 규범은 제3국가와 관련하여 완전한 효력을 가지게 될 것이다.[12] 유럽법원 또한 유럽법의 우위에 있어서 적용우위가 중요하다는 견해를 표명하였다.[13] 왜냐하면 유럽법의 우위는 효력우위로 이해되기 보다는 적용우위로 이해되는데 이론의 여지가 없다.

일부 견해가 적용우위가 존재하지 않는다고 말하는 것은 적용우위가 독일 헌법과 유럽조약들에서 명시적으로 규정되어 있지 않을 뿐만 아니라 리스본조약에 의해서도 조약들에 수용되지 않았기 때문이다. 하지만 이러한 견해는 부인될 수 있다. 사실 적용우위가 리스본조약에 명백하게 수용되지 않았지만, 리스본조약 17. 선언에서 이 원칙이 조약에 채택되지 않았다는 단순한 이유만으로 유럽법원의 현재까지의 판결을 변경하지 못하는 그러한 규범은 필요하지 않는다는 것을 총회에서 언급하였다. 이는 조약들에서 적용우위의 원칙을 명시적으로 규정하지 않았더라도 적용우위의 원칙은 존재한다는 것에 근거하고 있다.

(1) 우위의 범위

유럽법의 적용우위가 어느 범위까지 인정되는가? 유럽법은 규범체계상 어느 단계에 위치하고 있는 것과 상관없이 국내법보다 우선적으로 적용될 수 있다. 그렇지 않을 경우, 모든 회원국들에 있어서 유럽연합법의 통일적인 효력에 대한 위험이 존재할 수 있기 때문

10 Herdegen, a.a.O., § 10, Rn. 1.
11 Herdegen, a.a,O., § 10, Rn. 3.
12 Ehlers, a.a.O., § 11, Rn 48.
13 EuGH, C-10/97-C-22/97, IN.CO.GE. 90, Slg 1998, I-6307.

이다.[14] 이것은 유럽헌법이 스스로 회원국가의 국내헌법보다 우선한다는 것을 의미하고, 그와 함께 국내의 기본권들과 기본적인 헌법상의 원칙들보다 우선한다는 것이다.[15] 또한 회원국의 국내입법자는 유럽법의 우위에 구속된다. 만약 국내의 입법자가 유럽법에 반하는 규범을 제정하는 경우, 적용우위를 준수하지 않았기 때문에 입법자는 법을 수정할 의무를 가진다.[16] 국내입법자는 국내법규범을 유럽연합법에 조화시켜야 한다. 이에 따라 국내입법자는 유럽연합법에 위반하는 어떠한 법도 제정해서는 안 된다.[17] 더 나아가 회원국의 국내법원도 유럽법의 우위에 구속된다. 회원국 국내법원들은 국내법이 유럽법과 일치하는지를 심사하여야 한다. 그리고 국내의 법원들은 유럽연합법과 국내법의 영역에서 충돌을 하는 경우 국내법을 적용하여서는 안 되는 의무를 지닌다.[18] 만약 국내법이 유럽법과의 일치여부에 대하여 의문을 가지는 경우, 유럽연합의 기능에 관한 조약 제267조에 따라 유럽법원에 문의할 수 있으며, 만약 법원의 판결이 국내법상의 법적 수단에 의하여 더 이상 취소될 수 없는 경우에도 또한 문의할 의무가 있다.[19] 사법부와 마찬가지로 회원국의 행정기관들도 유럽법의 우위원칙에 주의해야 한다. 국내 행정기관은 국내법이 유럽법과 일치하는지에 대하여 심사하여야 할 임무를 가지며, 국내 행정기관은 국내법과 유럽법 규정들이 충돌하는 경우 국내법을 적용하여서는 안 된다.[20] 입법기관, 사법기관 및 행정기관은 유럽법원의 동의없이 우위의 원칙을 잠정적으로 고려함으로써 국내법규정상 흠이 발생하더라도 우위의 원칙을 고려하여야 한다.[21]

따라서 유럽법의 우위는 모든 국가권력의 담당자, 입법자, 행정부 및 사법부에 미친다.

(2) 우위의 한계

하지만 유럽법의 우위는 한계를 가지고 있다. 유럽법의 우위의 한계는 회원국의 국가의 정체성에서 찾을 수 있을 것이다. 왜냐하면 유럽연합조약 제4조 제2항 제1문에 의하여 유럽연합은 무엇보다도 개별 회원국의 국가정체성을 고려하여야 한다. 유럽법원은 국가정체성을 근거로 유럽법의 예외를 인정하지 않는 것에 대해 매우 높은 조건을 제시하였

14 EuGH, Rs. 11/70, Internationale Handelsgesellschaft/ Einfuhr- und Vorratsstelle für Getreide und Futtermilch, Slg. 1970, S. 1125.
15 Schroeder, a.a.O., § 5, Rn. 18.
16 Schroeder, a.a.O., § 5, Rn. 19.
17 Ehlers, a.a.O., § 11, Rn. 62.
18 Schroeder, a.a.O., § 5, Rn. 20.
19 Schroeder, a.a.O., § 9, Rn. 5.
20 Schroeder, a.a.O., § 5, Rn. 22.
21 Schwarze, Jürgen, Das Verhältnis von nationalem Recht und Europarecht im Wandel der Zeit, 1. Auflage 2013, S. 28.

다. 유럽법원의 견해에 의하면, 유럽법의 우선적용에 의하여 사실상 그리고 중대한 위험에 처할 수 있는 국가사회의 기본적 이익을 고려하여야 한다는 것이다.[22] 이러한 기본적 이익은 헌법상 보호된 결정들과 구조, 예를 들면 기본권내용 및 국가형태와 국가조직이다.[23] 유럽법원은 오메가판결(Omega Urteil),[24] 소위 레이저돔(Laserdoms)의 허가와 관련하여 독일기본법 제1조에서 보호되고 있는 인간의 존엄성에 반하는 경우에 그러한 위험이 존재한다고 보았다. 따라서 유럽법상 보장된 교역의 자유(Dienstleistungsfreiheit)는 국내법상의 인간의 존엄성보호보다 우선하여 적용되어서는 안 된다.

하지만 우위의 원칙이 국가정체성의 중요하고 절대적이라는 근거만으로 적용되지 않은 것은 안 된다. 따라서 국가정체성의 개념은 매우 엄격하게 해석되어야 한다. 그렇지 않을 경우, 유럽법의 우위의 목적과 효과는 위험할 수 있기 때문이다.

Ⅲ. 독일의 관점에서 국내법과 유럽법의 관계

1. 우위의 범위와 근거

독일의 관점에서 국내법과 유럽법과의 관계를 살펴볼 필요가 있다. 독일기본법 전문에 의하면, “독일은 통일된 유럽에서 정당한 권한을 가진 구성원이다.” 독일기본법 제23조와 제24조 제1항과 관련하여 이러한 선언은 유럽연합에서 독일에 대한 헌법상의 기초를 형성한다. 왜냐 하면 이러한 헌법적 기초는 독일연방정부의 유럽연합에 권한위임을 허용하는 것이기 때문이다.[25] 독일 연방헌법재판소는 독일 연방기본법 제24조 제1항, 제59조 제2항 제1문에 의한 동의법률에 따라 부여된 법적용명령을 실현할 수 있는 독일국내에 유효한 법질서의 일부로서 연합법을 보았다.[26] 유럽법의 우위원칙이 유럽조약들로부터 직접 도출되는지 또는 리스본조약 17선언에 근거하고 있는지[27]는 독일 연방헌법재판소에 있어서는 어떠한 의미도 지니지 않는다. 왜냐하면 독일은 연합의 충돌규정에 동의한 바와 같이 적용우위가 그 정도까지 미칠 수 있다는 것에 근거하고 있기 때문이다.[28] 그럼에도 불구하고 연합법의 우위에 대한 독일 헌법재판소의 견해는 유럽법원이 근거하고 있는 효력

22 Schwarze, a.a.O., S. 32.
23 Schwarze, a.a.O., S. 39.
24 EuGH, Rs. C−36/02, Omega, Slg. 2004, S. I−9609, Rn. 38, 39.
25 Schwarze, Jürgen, a..a.O., S. 41.
26 BVerfG, Beschluss vom 22. Oktober 1986 -2 BvR 197/83 -, BVerfGE 73, 339−388, Rn. 72.
27 Schwarze, Jürgen, a.a.O., S. 46.
28 Ebenda.

범위와 동일하다. 왜냐하면 독일 연방헌법재판소는 유럽법의 우위를 독일에서 그의 유효성과 효력범위를 기본적으로 인정하였다.[29]

2. 우위의 한계

유럽법은 독일 연방기본법상 명시된 동의법률에 의해서만 국내법으로 번역될 수 있기 때문에 유럽법은 독일 기본법의 헌법상 한계를 고려하여야 한다.[30] 이는 무엇보다도 독일헌법 제79조 제3항에 의하여 보장되고 있는 영속성(Ewigkeit)에 의하여 유럽법의 우위가 한계를 가짐을 의미한다.[31] 유럽연합이 독일 헌법에 대해서 연합법의 절대적 우위에 근거하고 있지만, 이는 독일 기본법의 관점에서는 하나의 원칙에 불과하다.[32]

이러한 다양한 견해는 소위 “법률 위반행위(ausbrechenden Rechtsakten)”를 초래할 수 있다. 법률 위반행위(권한 밖의 행위=ultra vires-Akte)는 유럽조약과 유럽기능에 관한 조약에 대한 연방의회가 동의법률에 의하여 위임한 권한을 초과하고, 동시에 독일기본법 제20조 제3항의 민주주의원칙에 반하는 것이다. 왜냐하면 이는 시민에 의하여 민주적으로 정당화될 수 없었다.[33] 독일 연방헌법재판소는 마스트리히트판결에서 법적 행위가 부여된 권한의 한계를 준수하였는지 그 여부에 대하여 심사할 수 있는 권한을 스스로 인정하였다.[34] 유럽법원은 이 판결을 리스본-판결(Lissabon-Urteil)에서 재확인하였다. 하지만 독일 연방헌법재판소는 허니웰-결정(Honeywell-Beschluss)에서 권한 밖의 행위통제(Ultra-vires-Kontrolle)는 침해적 행위를 통하여 회원국에게 부담이 되고 중대한 구조적 변화를 가져오는 연합의 명백한 권한 위반행위에 대해서만 문제될 수 있다는 것을 표명하였다.[35] 이 판결에 의하여 독일 연방헌법재판소는 법위반행위에 대한 통제를 연합에 위임된 권한의 중대하고 명백한 남용에 한정하였다.[36] 독일 연방헌법재판소는 법위반행위와 관련된 경우 과거처럼 유럽법원을 넘어서려는 것이 아니라, 오히려 유럽법원과 협력을 위한 준비에 관심을 가지게 되었다.[37]

독일 연방헌법재판소는 독일의 국가기관이 유럽연합에 권한행사를 위임한 경우, 독

---

29 Ebenda.
30 Schroeder, a.a.O., § 5, Rn. 30.
31 Ebenda.
32 Herdegen, a.a.O., § 10, Rn. 22.
33 Schroeder,a.a.O., § 5, Rn. 31.
34 BVerfG, Urteil vom 12. Oktober 1993 -2 BvR 2134/92 -, BVerfGE 89, 155-213, Rn. 106.
35 BVerfG, Beschluss vom 06. Juli 2010 -2 BvR 2661/06 -, Leitsatz 1a, juris.
36 Schwarze, Jürgen, a.a.O., S. 53.
37 Ebenda.

일헌법의 정체성이 훼손되었는지에 대한 심사를 요구하였다.[38] 독일 연방헌법재판소의 견해에 의하면, 이러한 헌법의 정체성에는 무엇보다도 시민권, 군사적, 시민적 권력독점, 연방의회의 예산권한이 속한다.[39] 그에 의하면 입법자는 이러한 영역에서 정치적 형성을 위한 충분한 여지를 가져야 한다.[40]

독일 연방헌법재판소는 법적용우위에 대한 한계를 유럽법원과는 다르게 정의하였다. 그러나 이 견해는 아직까지 실무상 결과를 가지지 못했다. 왜냐하면 독일 연방헌법재판소는 지금까지 유럽연합법에 대한 이의를 제기하지 않았기 때문이다.[41] 이는 한편으로는 유럽법원이 유럽 기본법상 원칙들의 시행에 대하여 엄격한 허용기준을 설정하고 있는 것과 다른 한편으로는 법위반행위에 대한 통제가 명백한 권한위반에 대해서만 행하여지는 것에 기인하고 있다.[42]

기본적인 국가사무가 유럽연합에 위임되는 경우, 예를 들면 유럽연합이 재정시장의 건전화조치를 취하는 것과 같이 연방의회의 예산권한을 유럽연합에 위임하는 경우 정체성통제는 앞으로 문제가 될 수 있는 여지가 있다.[43] 이러한 경우 법적용의 우위의 한계에 대한 다양한 견해들이 문제될 수 있을 것이다.

Ⅳ. 유럽법과 국내법의 관계에서의 문제점 및 해결방안

다른 법 권역에서 유래하는 규범을 자주적 법질서에 새로 도입하는데 있어서 법규범의 다양성으로 인하여 자주 문제들이 발생할 수 있을 것이다. 특별히 어려운 것은 유럽연합의 경우, 규범이 한 국가에서 일정한 효력을 가져야 할 뿐만 아니라 다양한 많은 수의 법규정에 있어서도 그와 같은 효력을 목표로 하여야 한다. 이와 같은 복잡한 법제도에 특정한 법규정이 편입에 있어서 문제는 불가피하다. 이하에서는 유럽법과 국내법 간의 관계에 존재하는 문제점과 그에 대한 해결방안을 제시하고자 한다.

---

38 Schroeder, § 5, Rn. 32.

39 BVerfG, Urteil vom 30. Juni 2009 -2 BvE 2/08, 2 BvE 5/08, 2 BvR 1010/08, 2 BvR 1022/08, 2 BvR 1259/08, 2 BvR 182/09 -, BVerfGE 123, 267－437, Rn. 249.

40 BVerfG, Urteil vom 30. Juni 2009 -2 BvE 2/08 -, BVerfGE 123, 267－437, Rn. 249.

41 Schroeder, § 5, Rn. 35.

42 Ebenda.

43 Ebenda.

1. 지침의 이행지체

예를 들면 지침이 정해진 기간 내에 이행되지 않는 것이 문제점 중의 하나이다. 비록 2015년 회원국들이 56건의 새로운 지침들을 이행했어야 했지만, 2015년 유럽연합이 지침의 이행지체로 인한 543건의 새로운 조약침해절차를 수행하여야만 했다.[44] 지침의 이행지체로 인한 조약침해절차의 많은 수 때문에 이 문제는 더 이상 빨리 해결될 수 없다. 2014년에는 421건이었지만, 2015년 말경 지침의 이행지체로 인한 518건의 절차가 계속 중이었다.[45] 그러나 2011년에 거의 1,200건의 지침의 이행지체가 있었고, 2015년에는 543건이었는데, 이는 상황이 나아지고 있음을 보여준다고 할 수 있다.[46] 이러한 건수에서 2011년 이후 수가 매년 감소하였다는 것을 알 수 있다. 그러나 절차의 수는 아직도 높다. 왜냐하면 2015년 새로운 건수는 종료된 건수의 수를 웃돌고 있기 때문이다. 유럽연합은 회원국에 있어서 지침의 이행이 2년 이상 걸리지 않도록 노력하였다.[47] 하지만 회원국들에 대한 요청들에 직면하여 이러한 목표들이 달성되지 못하는 것은 놀라운 일이 아니다. 우선 지침이 국내법에서 이행될 수 있도록 개별회원국들은 임무를 완수하여야 한다. 그 후 회원국은 회원국의 법질서로 지침의 이행이 어떤 결과를 가져오는지 평가하여야 할 것이다. 회원국은 지침의 이행에 의하여 발생할 수 있는 충돌과 규정흠결을 발견하여야 할 것이다. 따라서 많은 지침들이 정해진 기간 내에 이행되지 않는 것은 놀랄만한 일이 아니다.

(1) 유럽집행위원회의 해결방안

유럽집행위원회(European Commission)는 지침이 너무 늦게 이행된다는 것을 인식하였다. 그에 대한 해결방안으로서 유럽집행위원회는 회원국에게 지침의 정해진 기간 내의 이행을 지원하기 위하여 소위 "이행계획"을 준비하였다.[48] 이러한 이행계획은 회원국들이 지침의 이행에 있어서 유의하여야 할 요구사항들을 정하고, 회원국이 지침의 이행과 적용의 준비단계에서 특별히 고려하여야 할 점들에 대하여 교시하여야 할 것이다.[49] 그 밖에

---

44 Europäische Kommission, Jahresbericht über die Kontrolle der Anwendung des EU-Rechts 2015, COM (2016) 463 final, Brüssel, 15.07.2016, S. 30.

45 Ebenda.

46 Ebenda.

47 Europäische Kommission, Mitteilung der Kommission an das europäische Parlament und den Rat, Vorschlag für eine Interinstitutionelle Vereinbarung über bessere Rechtsetzung Bessere Rechtssetzung, COM (2015) 216 final, Straßburg, 19.05.2015, S 9, Rn. 30.

48 Europäische Kommission, Jahresbericht über die Kontrolle der Anwendung des EU-Rechts 2015, COM (2016) 463 final, Brüssel, 15.07.2016, S. 14.

49 Enenda.

유럽집행위원회는 연합법의 이행에 있어서 회원국을 계속적으로 지원하기를 원한다. 이를 위해 유럽집행위원회는 안내서를 마련하고, 전문가그룹을 만들고, 정보자료를 제공하는 특별한 인터넷 사이트를 설치할 것이다.[50] 이러한 기록들은 유럽연합이 목적으로 하는 영향을 최고로 유효하게 하고, 국내입법자가 지침을 이행하는데 있어 수월하게 할 것이다. 왜냐하면 회원국의 국내입법자는 연합의 이행계획을 통하여 이행에 있어서 요구사항 및 쟁점에 관하여 잘 인식하기 때문이다. 그리하여 연합의 보다 나은 사전준비를 통해 회원국이 지침을 정해진 기간 내에 이행하게 될 것이다. 이 계획을 통하여 대부분의 지침이 정해진 기간 내에 이행될 수 있을지는 장래에 나타날 것이다.

(2) 회원국의 해결방안

(가) 이탈리아

이탈리아에서는 매년 1월 말 이탈리아 정부의 법률을 이탈리아 의회에 제출하는데, 이에는 지침의 이행을 위한 조치를 포함하고 있다.[51] 이 법률에 지침의 이행을 위한 직접적인 적용규정을 포함하거나 지침의 이행이 정부에 위임을 통하여 이탈리아 법과 조화를 이루게 되는 정해진 기간 내 유럽법과 일치하는 지침의 이행이 확보되어야 할 것이다.[52] 이러한 구상은 지침의 이행을 구체적으로 명시하는 법률에 의하여 직접적인 규정을 제정하거나 정부에 지침이행의 임무를 위임함으로써 지침의 효과적이고 빠른 이행을 가능하게 한다. 왜냐하면 일반적으로 정부는 의회보다 더 빨리 처리할 수 있으며, 정해진 기간 내의 지침이행에 대한 정부여당과 야당 사이의 약속이 지켜지고, 정부는 야당의 반대없이 또는 의회에 의한 반복적인 정당화를 거칠 필요가 없고, 의회는 정부가 지침을 이행해야 한다는 점에 이미 동의했기 때문이다. 앞으로 정해진 기간 내에 지침의 이행을 담보하기 위해서는 이탈리아 구상이 다른 회원국에도 도입될 수 있을 것이다.

(나) 영 국

영국에서도 유사한 모델이 확립되었다. 영국에서는 정부가 유럽지침의 이행을 위임받는다.[53] 영국에서는 지침의 이행이 소위 "긍정적 결정(affirmative resolution)" 또는 "부정적 결정(negative resolution)"에 의하여 행해진다.[54] 의회의 정당화는 효력발생 전에 긍정적 결정에서 상원 및 하원에 의하여 이루어진다. 반면 부정적 결정은 곧 바로 효력을 발생하

50 Enenda.
51 Schwarze, Jürgen, a.a.O., S. 119.
52 Enenda.
53 Schwarze, Jürgen, a.a.O., S. 120.
54 Schwarze, Jürgen, a.a.O., S. 121.

고, 의회에 의한 통제는 차후에 비로소 실시된다.[55] 지침의 이행의 많은 수는 부정적 결정의 방식으로 이루어진다. 이는 행정부에게 가능한 한 빨리 지침을 이행하도록 하는 반면에 의회에 의한 통제는 소홀하지 않을 것이다. 또한 영국의 모델은 지침의 이행에 관한 기관으로 기본적으로 행정부를 선택한다. 왜냐하면 이행이 더 빠르게 될 수 있기 때문이다. 이러한 조치들이 입법부를 배제시키기 때문에 빠른 지침의 이행에 의하여 법치국가원칙과 민주주의원칙이 훼손될 수 있을 것이다.

(다) 결 어

이탈리아와 영국의 모델은 지침의 이행 기간을 준수하기 위하여 다른 회원국에서 행정부에 의한 지침이행이 장래에 해결방안이 될 수 있다는 것을 나타내고 있다. 이는 회원국 자신들의 의회에 의한 민주적 정당성의 침해없이 유럽조약에서 회원국들에게 부여된 의무를 이행할 수 있도록 허용한다.

2. 하자있는 지침이행의 인식

지침이 처음으로 이행된 후, 이 이행이 유럽집행위원회의 구상과 일치한다고 오랫동안 말할 수 없을 것이다. 그러나 문제는 지침이 잘못 이행되는 것뿐만 아니라, 이행된 지침이 연합법과 일치하지 않은 것을 우선 인식하는 것이다. 왜냐하면 지침들이 이미 시행되고 있는 복잡한 국내의 법제도로 편입되기 때문에 국내의 이행조치들에 대한 분석 및 평가와 상당히 결부되어 있기 때문이다.[56] 지침의 연합법과의 일치를 심사하기 위해서 많은 관계자들과 국내의 기관들과의 접촉이 필요할 것이다.[57] 앞으로 이러한 문제를 줄이기 위해서는 회원국들은 지침이 자국의 법질서로 이행되는데 개별 회원국이 구체적으로 어떠한 사고를 하는 것, 보충적인 정보를 포함하고 있는 소위 "설명자료(erläuternde Dokumente)"를 유럽연합에 제출하여야 할 것이다.[58] 이러한 설명자료는 지침이 정확하게 이행되었는지 그리고 지침이 어떻게 이행되었는지를 심사하는데 있어 유럽집행위원회의 부담을 덜어줄 것이다. 이는 집행위원회가 지침의 이행이 유럽법과 충돌하는지를 빨리 확정할 수 있도록 할 것이다. 이리하여 이러한 충돌을 방지하고 유럽법이 완전하게 발효할 수 있도록 돕기 위하여 적절한 조치를 취할 수 있다.

유럽집행위원회와 회원국들은 지침의 이행지체와 잘못 이행된 지침에 대한 인식과

55 Enenda.
56 Europäische Kommission, Jahresbericht über die Kontrolle der Anwendung des EU-Rechts 2015, COM (2016) 463 final, Brüssel, 15.07.2016, S. 15.
57 Enenda.
58 Enenda.

연합법의 국내법에 대한 관계에서 발생하는 문제점에 대한 해결방안을 찾기 위해 노력을 하여왔음을 알 수 있다.

V. 연합법의 위반

유럽법의 국내법에 대한 적용우위가 항상 준수되지 않는다고 해서 이상한 것은 아니다. 유럽법이 적용상 우선되지 않는 것이 반복적으로 발생한다. 이는 유럽법에 위반하는 것이다. 이하에서는 위반의 취소절차를 설명하고, 향후 충돌이 사법절차를 진행하기 전에 취소될 수 있는 가능성이 있는지를 살펴보고자 한다. 이는 오늘날의 성공적인 해결방안으로 입증될 것이며, 앞으로 충돌을 줄일 수 있는 가능성을 보여준다.

1. 법원 외 절차에 의한 취소

유럽연합은 문제해결을 위하여 협력적이며, 평화롭고 협력적인 것을 중요하게 고려하는 공동체이기 때문에 회원국과 유럽집행위원회는 국내법 및 연합법이 충돌하는 경우, 사법부의 도움없이 이러한 문제를 해결하기 위하여 노력하는 것은 당연하다. 왜냐하면 최근에 사법절차 외 갈등해결방안을 찾기 위한 여러 가지 새로운 절차들이 등장했기 때문이다.

(1) 조약침해절차의 비공식적 사전절차

조약침해절차는 조약위반, 특히 연합법의 적용우위의 부주의와 같은 연합법에 대한 충돌을 제재하기 위한 전형적인 수단이다.[59] 이러한 절차는 소위 사전절차로써 우선 시작된다. 만약 사전절차가 실패하면, 이 분쟁사건은 유럽법원에서 최종 결정된다.[60] 우선 사전절차에서 다양한 참가자들의 협력을 통하여 조약에 반하는 상황을 유효한 방법으로 취소시키려고 할 것이다.[61] 참가자들은 또한 법원의 도움없이 분쟁을 평화롭게 해결하려고 노력하여야 한다. 만약 이것이 가능하지 않은 경우, 사건은 법원에 제기되어 법원이 이를 결정해야 한다. 사전절차는 유럽연합기능에 관한 조약 제258조에 따라 해당 회원국에 대한 공식서한으로써 개시될 것이다. 그러나 실제로 비공식적인 사전절차가 그 동안 확립되어, 위원회와 해당 회원국이 우선 연합에 반하는 행위를 종료시키기 위하여 비공식적으로 시도한다. 이러한 비공식 절차는 매우 성공을 기약하는 것으로 이미 이의신청 중 약 4분

59 Schroeder, a.a.O., § 2, Rn. 39.
60 Schroeder, a.a.O., § 2, Rn. 23.
61 Schwarze, Jürgen, a.a.O., S. 125.

의 3이 초기단계에서 해결될 수 있었다.[62] 이는 유럽연합 회원국이 연합법위반에 대한 법원 외 분쟁해결방안을 찾기 위한 준비를 하고 있다는 것을 명확하게 보여준다. 이러한 비공식적 대화는 유럽연합과 그 회원국 간의 분쟁을 평화적인 방법으로 해결하는 중요한 수단이 될 것이며, 이를 통하여 회원국과 유럽집행위원회 간의 관계에 대한 과도한 부담을 피할 수 있을 것이다.

(2) 유럽파일럿

비공식적인 사전절차 외에 2008년부터 모든 회원국들이 참가한 소위 "유럽파일럿(EU-Pilot)"단체가 있다. 이 프로젝트는 예를 들면 국내법과 유럽법의 일치에 대한 공동의 해결방안을 찾기 위하여 유럽집행위원회와 회원국 간의 대화를 개선함으로써 조약위반절차를 가능한 한 방지하는 것을 임무로 한다.[63] 이러한 종류의 문제해결방법은 놀라운 성공률을 보였다. 유럽집행위원회가 문제점으로 보았던 2014년과 2015년의 사건들의 75%가 유럽파일럿의 과정을 통하여, 그리고 회원국들의 만족스러운 답변을 통하여 해결될 수 있었다.[64] 이러한 절차를 통하여 2015년에 조약위반절차를 진행하지 않고 문제여지가 있는 726건의 사건들이 해결될 수 있었다.[65] 유럽집행위원회는 회원국들에게 70일 간의 기간을 주고, 그 기간 내에 회원국들이 유럽집행위원회의 질문에 답변하여야 한다. 2014년 답변은 거의 평균 70일 간 지속되었으며, 결과적으로 그 기간은 평균적으로 유지되게 되었다.[66] 이러한 숫자로부터 유럽파일럿단체가 국내법과 연합법 사이의 문제를 효과적으로 해결할 뿐만 아니라 동시에 매우 빠르게 해결한다는 것을 알 수 있다. 10주 내에 문제해결을 하는 것은 조약위반을 해결하기 위하여 유럽집행위원회가 조약위반소송을 유럽법원에 제기하여야 하는 경우보다 훨씬 빠르다. 이를 통하여 유럽파일럿단체는 사법절차를 거치지 않고 국내법질서에서 연합법의 적용상 문제들을 신속하게 효율적이고 평화롭게 다툴 수 있는 데에 기여한다.

(3) 솔비트(SOLVIT)

회원국들은 또한 국내법과 유럽법 간의 갈등을 해결하려고 서로 노력하고 있다. 이에

62 Schwarze, Jürgen, a.a.O., S. 126.
63 Europäische Kommission, Binnenmarktanzeiger, EU-Pilot, Ausgabe 07/2013, S. 2.
64 Europäische Kommission, Jahresbericht über die Kontrolle der Anwendung des EU-Rechts 2015, COM (2016) 463 final, Brüssel, 15.07.2016, S. 23.
65 Ebenda.
66 Europäische Kommission, Jahresbericht über die Kontrolle der Anwendung des EU Recht (2014), COM (2015) 329 final, Brüssel, 09.07.2015, S. 12.

대한 한 예가 바로 솔비트-프로그램(SOLVIT-Programm)이다. 솔비트는 유럽연합의 모든 회원국에 제공되는 국가기관의 사무이다. 유럽법을 위반했다고 생각하는 경우 유럽시민 누구나 이의제기할 수 있는 곳이 솔비트이다.[67] 다른 회원국의 기관을 통하여 유럽법상의 권리가 침해받았다는 유럽시민은 그의 국내기관에 의해 설립된 솔비트센터에 이의제기한다.[68] 이러한 솔비트사무소는 신청자가 자기의 권리를 침해당하였다고 생각하는 경우 회원국의 솔비트센터에 그 사건을 중개한다. 이러한 솔비트센터는 시민을 위해 문제를 야기한 해당 기관과 해결방안을 찾기 위해 노력한다.[69] 이러한 절차는 개별 시민에 대하여 전적으로 매력을 가진다. 시민은 그의 권리를 소송을 통하여 관철시켜야만 하는 것 대신에 그를 위해 문제를 돌보는 자기 나라에 있는 솔비트센터에 이의제기를 한다. 시민은 법에 위반한 행위에 대하여 몇 년간의 소송을 거쳐야할 것이 아니라, 10주[70] 내에 그의 솔비트센터를 통하여 문제를 해결한다. 이러한 절차는 시민들에게 자신의 권리를 실현하기 위한 간편하고 경제적이고 신속한 대안을 제공한다. 이 절차에서 주의하여야 할 점은 이 프로젝트가 유럽의 기관에 의하지 않고 회원국에 의해 운영된다는 것이다. 왜냐 하면 국가기관들은 각자의 솔비트센터를 설립했기 때문입니다.

2. 사법절차에 의한 폐지

(1) 조약침해절차

유럽연합기능에 관한 조약 제258조에 의한 조약침해절차의 개시는 유럽법에 충돌하는 서로 다른 3개의 사례들에 근거할 수 있다. 첫 번째 사례그룹은 개별 회원국에 의한 지침의 계획된 이행조치에 관한 유럽집행위원회의 기간에 적합하지 않은 공식통보를 포함한다.[71] 그 외에 회원국의 법규정이 유럽집행위원회의 시각에서 연합법과 일치하지 않거나 유럽법이 회원국의 법규정에 대하여 요구하는 요건을 충족시키지 못하는 경우 조약침해절차가 개시된다.[72] 마지막 그룹은 국내기관이 유럽법을 흠결없이 적용한 사례들에 해당한다.[73]

---

67 Europäische Kommission, Über SOLVIT, veröffentlicht auf http://ec.europa.eu/solvit/what-is-solvit/index_de.htm, abgerufen am 26.11.2016.

68 Europäische Kommission, So funktioniert SOLVIT, veröffentlicht auf http://ec.europa.eu/solvit/how-solvit-works/index_de.htm, abgerufen am 26.11.2016.

69 Ebenda.

70 Ebenda.

71 Europäische Kommission, Jahresbericht über die Kontrolle der Anwendung des EU-Rechts 2015, COM (2016) 463 final, Brüssel, 15.07.2016, S. 17.

72 Ebenda.

73 Ebenda.

위에서 설명한 바와 같이, 법원 외 분쟁조정의 시도가 모두 실패한 후, 조약침해절차에 대한 사전절차는 유럽집행위원회가 회원국에 공식서한을 보내는 것으로 개시된다. 이러한 사전절차에서 회원국에게 유럽집행위원회의 공식서한에서 언급된 충돌의 중요한 관점에 대한 입장표명의 가능성을 부여하게 된다. 왜냐하면 유럽연합기능에 관한 조약 제258조 제1항 제2항 본문이 이를 소송의 전제요건으로 규정하고 있기 때문이다.[74] 만약 입장표명이 유럽집행위원회를 만족시키지 못하는 경우, 유럽집행위원회는 회원국에게 어떠한 근거에서 잘못했는지에 대한 재차 입장표명을 제출하도록 하고 일정한 시간 내에 회원국에게 입장표명을 이행하도록 요구할 것이다.[75] 만약 회원국이 이 요청을 무시하는 경우, 기간의 경과 후 회원국에 대한 소송절차가 시작된다.[76]

2007년 이후 조약침해절차의 수는 2013년까지 계속적으로 감소하였다.[77] 이러한 하향 추세는 유럽파일럿 프로젝트의 도입으로 인한 것이라고 설명할 수 있을 것이다. 왜냐하면 이 프로젝트는 이미 많은 분쟁이 조약침해절차없이 조정할 수 있었기 때문에 절차의 일반적 수도 줄었다. 그러나 2013년 이후 절차의 수는 조약침해절차 계속 중인 대략 1,350건으로 비교적 일정하게 유지되고 있다.[78] 이러한 발전은 유럽파일럿 프로젝트가 조약침해의 수를 일정한 수준까지는 감소시켰지만, 소송절차를 완전히 대체하는 데는 성공하지 못했다는 것을 알 수 있다. 회원국에서 유럽법에 규정된 효력을 이행하고자 하는 유럽집행위원회의 입장 그리고 회원국의 법제도에서 주어진 효력을 이행하는 것이 회원국의 입장에서는 그리 간단하지 않다는 것은 당사자들 사이에 일정한 긴장관계를 만들게 된다는 것이다. 이러한 긴장관계는 종종 당사자 간의 건설적인 대화를 통해서도 해결될 수 없고, 조정자가 필요하다는 것이다. 조약침해절차는 서로 다른 입장을 한 데 모으기 위한 올바른 틀을 만들며, 따라서 새로이 개발된 법원 외 분쟁해결절차에도 불구하고 장래에 필수적이다. 조약침해절차는 유럽집행위원회와 회원국 사이에 협력을 통하여 더 이상 해결될 수 없는 분쟁을 결정에 이르게 하고, 유럽법에 완전한 효력을 달성하게 하는 중요한 수단이다.

(2) 유럽법과 회원국 국내법관계에 대한 개인의 영향과 형성가능성

유럽집행위원회가 회원국 기관의 유럽법의 이행상의 문제 및 적용하자를 유럽연합에

---

74 Schroeder, a.a.O., § 9, Rn. 23.

75 Europäische Kommission, Jahresbericht über die Kontrolle der Anwendung des EU-Rechts 2015, COM (2016) 463 final, Brüssel, 15.07.2016, S. 17.

76 Schroeder, a.a.O., § 9, Rn. 23.

77 Europäische Kommission, Binnenmarktanzeiger, Vertragsverletzungen, Ausg. 07/2014, S. 8.

78 Europäische Kommission, Jahresbericht über die Kontrolle der Anwendung des EU-Rechts 2015, COM (2016) 463 final, Brüssel, 15.07.2016, S. 26.

보고함으로써 적용우위의 행사를 보장하도록 시민, 기업 및 비정부기구가 중요한 역할을 한다는 것을 인식한다.[79] 따라서 유럽연합은 개인이 그의 유럽권리를 침해받은 경우 적용우위와 관련하여 조약위반을 스스로를 막을 수 있는 수단을 개인에게 제공한다.

(가) 유럽집행위원회에 대한 이의신청

유럽집행위원회는 회원국에 의하여 그의 유럽권리를 침해받은 개별시민들에게 직접 이의신청을 할 수 있는 기회를 제공한다.[80] 유럽집행위원회는 실제로 존재하는 폐해를 취소하기 위한 적합한 조치를 취하고, 그에 따라 제출된 이의신청이 근거가 있는지 여부를 조사한 다음 적절한 조치를 취한다. 2014년에 유럽집행위원회에 3,715건의 이의신청이 있었다.[81] 앞으로 이의신청의 이러한 종류의 인기는 내려가지 않을 것으로 기대된다. 왜냐하면 지난 3년간 이의신청의 건수는 꾸준히 증가하였기 때문이다. 2011년 이러한 숫자는 3,115건이었지만, 2014년까지 거의 20% 증가하여 3,715건이었다.[82] 유럽집행위원회는 이러한 이의신청에 근거하여 223건의 조약침해절차를 진행하였고, 유럽파일럿 프로젝트의 형식으로 개별 회원국과의 477건의 대화를 수용하였다.[83] 나머지 약 3,000건은 유럽법을 위반하지 않았기 때문에 유럽집행위원회가 관할권을 가지지 않아 이의신청을 할 근거가 없었다.[84] 유럽법의 하자있는 위반을 이유로 제기된 이의의 약 80%는 근거없는 것으로 확인되었다. 시민들은 그들의 유럽권리에 대한 침해혐의에 대해 유럽집행위원회에 이의신청의 제안을 받아들이고 또한 이를 이용한다. 그러나 이러한 이의신청 중 많은 부분에서 위반이 없음을 확인할 수 있다. 시민들은 이의신청을 통하여 유럽집행위원회에 제출하고 법위반을 보고할 수 있는 여건을 가진다. 따라서 시민들은 유럽집행위원회가 보고없이는 인식할 수 없었던 조약침해에 대하여 유럽집행위원회를 환기시킨다. 또한 하자있는 침해에 근거한 이러한 이의신청 중 많은 건수가 거부되어질 경우, 이는 유럽법과 관련하여 회원국들이 압도적으로 정확하게 행동하였다는 것을 나타내는 것이다. 개인의 유럽의 권리가 보장되었다는 사실을 통하여 개인은 더 안전할 수 있다. 시민들은 그에 대해 부정적인 결과를 가질 수 있는 근거없는 이의신청에 대하여 우려하여서는 안 된다. 왜냐하면 이 경

79 Europäische Kommission, Jahresbericht über die Kontrolle der Anwendung des EU Rechts (2014), COM (2015) 329 final, Brüssel, 09.07.2015, S. 4.

80 Europäische Kommission, Jahresbericht über die Kontrolle der Anwendung des EU Rechts (2014), COM (2015) 329 final, Brüssel, 09.07.2015, S. 6.

81 Ebenda.

82 Ebenda.

83 Europäische Kommission, Jahresbericht über die Kontrolle der Anwendung des EU Rechts (2014), COM (2015) 329 final, Brüssel, 09.07.2015, S. 8.

84 Ebenda.

우 이의신청이 근거없다는 이유로 거부되어지더라도 시민에게는 어떠한 비용도 발생하지 않는다. 이러한 이의신청절차는 또한 조약위반을 간편하고 신속하게 신고할 수 있어서 유럽집행위원회와 시민들에게 유리한 절차이다. 시민들은 유럽집행위원회에 직접 이의를 제기함으로써 적용우위의 위반을 신고하고, 이러한 상황의 제거를 가능하게 돕는다.

(나) 유럽법원에 의한 개인적 권리강화

시민들은 직접적인 이의신청을 통해서만 유럽법에 위배되는 행위에 대하여 자신을 방어할 수 있는 것은 아니다. 시민은 그의 권리를 지키기 위하여 법원을 선택할 수도 있다. 유럽법원은 과거 몇 년 동안 유럽법과 국내법의 관계의 형성에 있어서 법적인 수단에 협력함으로써 개인의 권리구제를 지속적으로 강화하였다.[85] 유럽법원은 대기오염저감을 위한 행동계획의 달성과 같이 주관적 권리의 침해가 의심스러운 사안에서 개인의 원고적격에 대한 요구를 확대하면서 개인적 권리를 강화하였다. 유럽법원은 이 사건에서 유럽연합의 지침의 목적은 대기오염으로 인한 일반 시민의 건강보호이기 때문에 시민들은 충분하고 정확하게 규정된 지침을 가져야 한다는 입장에서 행동계획에 대한 청구권을 인정하였다.[86] 이 판결을 통하여 유럽법원은 배출가스의 기준치가 높은 경우 직접 행동계획에 대하여 청구권을 가질 수 있는 개인의 권리를 인정하였다. 이를 통하여 시민들은 청정한 대기를 요구할 수 있는 유럽법상 권리를 가지게 되었다. 그래서 시민들이 국내의 행정과 필요한 경우 법원에서 유럽연합지침위반을 이의신청함으로써 국내법에 대한 유럽법의 우위를 보장하는데 이바지할 수 있다.

물론 유럽법원은 지침위반에 대한 소송에 대하여 시민들을 돕는다. 트리아넬(Trianel) 판결[87]에서 유럽법원은 환경단체의 원고적격을 확대하여 잠재적으로 환경에 상당한 영향을 줄 수 있는 사업에 대한 사법심사를 받을 권리를 인정하였다. 이러한 사안은 법규정이 일반공공의 이익만 보호하고 개인의 법익을 보호하지 않기 때문에 국내 절차법에 의하여 사법심사가 불가능한 경우이다.[88] 이는 유럽법원이 회원국의 유럽법을 위반하는 행위를 국내 법원에 소송을 제기할 수 있는 권리를 단체들에게 인정함을 보여준다.[89]

또한 유럽법원은 유럽법의 위반에 있어서 위법한 행위를 하는 회원국을 대상으로 책임을 청구할 권리를 시민들에게 부여하였다. 만약 국가가 지침을 정해진 기간 내에 이행하지 않음으로써 개인에게 손해를 발생시킨 경우, 이 손해는 배상되어야 한다. 왜냐하면

85 Schwarze, Jürgen, a.a.O., S. 153.
86 EuGH, Rs. C−237/07, Janecek, Urteil vom 25.07.2008, Rn. 36, 37.
87 EuGH, Rs. C−115/09, Trianel, Urteil vom 12.05.2011.
88 EuGH, Rs. C−115/09, Trianel, Urteil vom 12.05.2011, Rn. 59.
89 Schwarze, Jürgen, a.a.O., S. 156.

회원국은 연합법에 위반하는 행위를 하였기 때문이다. 유럽법원[90]은 이를 유럽연합기능에 관한 조약에 의하여 마련된 법질서의 제도로부터 도출하였다. 따라서 유럽법에 반하는 국가적 행위가 존재하는 경우, 개인은 그의 손해의 배상을 청구할 수 있다.[91] 이 사건에서 유럽법원은 유럽법의 최고의 효력을 달성하기 위하여 회원국에 대한 책임청구권을 부여함으로써 개인의 권리를 새로이 강화하였다.

Ⅵ. 결 론

유럽법은 국내법에 대하여 적용상 우위를 가진다. 유럽법원과 독일 연방법재판소는 근본적으로 이 적용우위의 원칙이 유효하고 어느 범위까지 미치는지에 대하여 견해가 일치한다. 또한 독일 연방헌법재판소의 최근 결정들에 있어서 유럽법에 대한 개방성을 인식할 수 있으며, 그 때문에 유럽법에 친화적인 진로를 계속 유지할 것으로 예상할 수 있기 때문이다. 회원국과 유럽연합은 유럽법과 국내법 간의 갈등상황에 대한 새로운 해결방안을 제시하고 있다. 앞으로 이러한 협력은 회원국들에 있어서 동일한 효력을 가지는 유럽법을 도입하는데 도움이 될 것이다. 그 밖에 유럽연합과 회원국의 법질서 간의 새로운 절차, 갈등을 보다 신속하고 효과적으로 해결하는데 도움이 된다. 물론 조약침해절차를 완전히 포기하는 것은 가능하지 않다. 시민들은 앞으로 법원절차와 이의신청을 통하여 유럽법과 국내법의 관계에 적극적으로 기여하게 될 것이다. 장래에 유럽법과 국내법의 관계는 문제가 되지 않을 수 없기 때문에 문제해결을 위해 소통하고 평화로운 행동만이 기억되어야 할 것이다.

---

90 EuGH, Rs. C−6/90, Francovich, Slg. 1991, I−5357.

91 Schroeder, a.a.O., § 10, Rn. 17.

<참고문헌>

Ehlers, Dirk, Verhältnis des Unionsrechts zu dem Recht der Mitgliedstaaten, in: Schulz/Zuleeg/Kadelbach (Hrsg.), Europarecht, Handbuch für die deutsche Rechtspraxis (Handbuch Europarecht), Bade−Baden, 3 Auflage 2015

Europäische Kommission, Binnenmarktanzeiger, EU−Pilot, Ausgabe 07/2013, veröffentlicht auf http://ec.europa.eu/internal_market/scoreboard/_docs/2013/eu−pilot/2013−scoreboard−eu−pilot_de.pdf, abgerufen am 26.11.2016

Europäische Kommission, Binnenmarktanzeiger, Vertragsverletzungen, Ausgabe 07/2014, veröffentlicht auf http://ec.europa.eu/internal_market/scoreboard/_docs/2013/infringements/2013−scoreboard−infringements_de.pdf, abgerufen am 26.11.2016

Europäische Kommission, Jahresbericht über die Kontrolle der Anwendung des EU−Rechts 2015, COM (2016) 463 final, Brüssel, 15.07.2016, veröffentlicht auf http://ec.europa.eu/atwork/applying−eu−law/docs/annual_report_33/com_2016_463_de.pdf, abgerufen am 10.12.2016

Europäische Kommission, Jahresbericht über die Kontrolle der Anwendung des EU Recht (2014), COM (2015) 329 final, Brüssel, 09.07.2015, veröffentlicht auf http://ec.europa.eu/atwork/applying−eu−law/docs/annual_report_32/com_2015_329_de.pdf, abgerufen am 26.11.2016

Europäische Kommission, Mitteilung der Kommission an das europäische Parlament und den Rat, Vorschlag für eine Interinstitutionelle Vereinbarung über bessere Rechtsetzung Bessere Rechtssetzung, COM (2015) 216 final, Straßburg, 19.05.2015, veröffentlicht auf http://ec.europa.eu/smart−regulation/better_regulation/documents/com_2015_216_de.pdf, abgerufen am 26.11.2016

Europäische Kommission, So funktioniert SOLVIT, veröffentlicht auf http://ec.europa.eu/solvit/how−solvit−works/index_de.htm, abgerufen am 26.11.2016

Europäische Kommission, Über SOLVIT, veröffentlicht auf http://ec.europa.eu/solvit/what−is−solvit/index_de.htm, abgerufen am 26.11.2016

Herdegen, Matthias, Europarecht, München, 17. Auflage 2015.

Schroeder, Werner, Grundkurs Europarecht, München, 3. Auflage 2013.

Schwarze, Jürgen, Das Verhältnis von nationalem Recht und Europarecht im Wandel der Zeit, Baden−Baden, 1. Auflage 2013.

29 환경세의 憲法適正性에 대한 고찰*

강 주 영**

Ⅰ. 문제의 제기

환경보호의 절박성은 최근 사회 모든 분야에서 뜨거운 논쟁의 대상이 되고 있음은 주지의 사실이다. 법학분야에서도 예외는 아니며 기존의 일방적 방식인 규제적 수단 외의 다른 대안적 수단을 통한 환경보호정책이 논의의 대상이 되는 데까지 이르고 있다. 이는 지금까지의 방식인 명령적 방법을 통한 행정법상의 규제적 수단이 큰 실효를 거두고 있지 못하다는 반성에서부터 출발하며, 그 대안으로서 좀 더 효과적이면서도 행정적 비용이 덜 드는 경제유인적 수단 즉, 환경세에 대한 논의가 그 한 예라고 할 수 있다.

그러나 종래의 전형적 조세가 납세자의 경제적 활동의 성과에 대해 부과되는 반면, 환경세는 납세자의 경제적 급부능력과는 전혀 무관한 反환경적 행위에 부과됨으로 인해, 환경세를 예상하지 못했던 財政憲法상의 여러 문제들이 제기 될 수 있고 또 그에 대한 헌법적 평가들이 필요하게 되었다.

따라서 여기에서는 환경세라는 經濟誘因的 수단이 재정헌법적 원칙 예컨대, 조세국가원칙에 부합되며 또한 기본권의 제한한계인 비례원칙을 현저히 위배하는지와 평등권 등의 기본권에 대한 제한이 합헌적인 것인지에 대해 논의하고 환경세가 경제적인 수단이라는 것뿐만 아니라 헌법적 관점에서도 규제적 수단의 대안이 될 수 있는지에 대해서 논의 할 것이다.

---

* 이 논문은 환경법연구(제28권 1호, 한국환경법학회, 2006. 5)에 개재되었던 논문입니다. 학문이 무엇이고 법학이 무엇인지를 전혀 알지 못했던 때 교수님께 헌법을 배우며 사람의 권리가 무엇인지 통치구조가 무엇인지에 눈을 떴고, 그랬던 저도 지금 교단에서 분필을 들고 학생을 가르치는 일을 업으로 삼고 있습니다. 교수님께 배운 지식이 크고 빚진 은혜가 깊어 학자로서 처음 맺은 열매인 이 논문을 교수님의 정년 기념 논문집에 감히 바칩니다.

** 법학박사, 제주대학교 법학전문대학원 교수.

Ⅱ. 환경세와 租稅國家主義原則과의 충돌

환경세의 도입은 과세대상의 이질적 전환을 의미한다. 전통적으로 세금은 應能負擔의 원칙(Leistungsfähigkeitsprinzip)에 따라 납세자의 수입 또는 재산 그 자체나 또는 그 사용과 지출에 부과되는 것이 보통이나, 환경세는 조세부담자의 경제적 능력과 무관하게 조세부담자의 반환경적 행위와 그 결과에 대해 조세적 부담을 지운다. 여기에서 과세는 소득, 재산, 소비라는 형태로 드러나는 납세자의 급부능력과의 연관성이 해소되어 버리며 과세는 오로지 납세의무자로부터 배출되는 환경오염과 그 強度라는 이질적인 것을 대상으로 하게 된다.[1]

이러한 과세대상의 이질적 전환은, 국가 또는 지방자치단체의 과세행위가 납세의무자의 경제적 급부능력을 반영하는 사실관계와 밀접하게 연관될 것을 요구하는 조세국가주의원칙에 위배된다.

1. 조세국가의 개념

조세국가라 함은, 국가가 자기의 목적달성과 자기에게 주어진 과제의 수행시 발생하는 필요한 재정적 수요를 *근본적으로 세금이라는 토대를 통해 충족*시키고자, 시장 경제적으로 조직되어 있으며 소유물의 私的 사용을 기반으로 하는 경제주체에 의지하는 국가를 말한다.[2] 이러한 조세국가주의원칙은 근대와 현대를 넘어 오면서 대부분의 국가가 의식적·무의식적으로 지켜왔으며 그 결과 조세수입이 국가수입의 중요한 수단 및 근간이 되었다. 반대로 중세의 봉건국가에서는 국가적 과제를 수행하기 위해서 세금을 부과 할뿐만 아니라 강제노역 또한 임무수행을 위한 중요한 수단으로서 행해졌다는 점에서 그를 조세국가라 부르기는 어렵다.[3]

이렇게 해서 조세국가에는 세금과 국민의 개인적 급부능력 사이에 본질적이며 구조적인 관련성이 존재하게 된다.[4] 국가는 국민에게 공공복지와 안전을 보장해 주고, 또한 국

1 참조, 유지태·김연태·김중권, 『세법』, 1998, 65면.

2 K. Tipke, Die Steuerrechtsordnung, Bd. I, 2000, S. 1; J. Isensee, Steuerstaat als Staatsform, in: FS für H.P. Ipsen, 1977, S. 409; P. Kirchhof, Verfassungsrecht und öffentliches Einnahmssystem, in: K.H. Hansmeyer (Hrsg.), Staatsfinanzierung im Wandel, 1983, S. 33; K.H. Friauf, Verfassungsrechtliche Anforderungen an die Gesetzgebung über die Steuern vom Einkommen und vom Ertrag, DStJG Bd. 12 (1989), S. 3 ff.

3 P. Kichhof, Staatliche Einnahmen, in: J. Isensee/P. Kirchhof (Hrsg.), HdStR, Bd. 4, 1990, § 88 Rdnr. 3 ff.; G.H.-K. Bauer, Die Steuer als Instrument im Umweltschutz, Uni. Augsburg Diss. 1994, S. 172.

4 여기에서의 조세와 국가의 급부사이에는 세금의 일반적 표징으로 알고 있는 급부와 그에 대한 반대급부라는

민은 국가가 보장하는 안전망 속에서 생업에 전념하게 되며 이러한 상호작용을 통해 국가는 수입이 있는 곳에 과세를 하고 또한 국가 그 스스로의 존립을 유지할 수 있게 된다.[5]

2. 조세국가주의원칙과의 충돌

오늘날 복지국가에 있어서 조세를 납부할 의무를 지는 개별 국민은, 한편으로는 경제적 부를 창출하는 경제주체라는 지위로 인해 또 다른 한편으로는 국가로부터의 사회적 급부의 수혜자(Empfänger staatlicher Sozialleistungen)라는 지위로 인해 조세부담을 지기도 한다. 여기에서 후자의 경우, 즉 국가로부터의 사회적 급부의 수혜자로서의 지위로 인해 조세부담을 지는 경우 "세금과 조세부담자의 개인적 급부능력과의 본질적인 관계(die konstitutive Beziehung zwischen der Steuer und der individuell-persönlichen Leistungsfähigkeit)"[6]가 없게 되므로 그러한 비재정적 목적을 가지는 세금은 조세국가원칙에 반하게 된다. 결국 조세국가원칙은, 과세행위와 경제적 급부능력을 표현하는 사실과의 연관이 완전히 해소되어지게 될 때 침해를 받게 된다.[7]

우리 헌법은 조세국가원칙에 대해 침묵하고 있고, 또 제59조에서 조세의 종목과 세율은 법률로 정한다고 하여 조세국가원칙에 위배되는 조세종목(납세자의 경제적 급부능력과 무관한 조세)의 도입이 헌법상 위배된다는 주장을 이끌어 낼 어떠한 규정도 가지고 있지 않다. 그러나 우리의 현행 조세체계의 근간을 볼 경우 주요 조세는 그 과세대상이 경제적 급부능력과 결부되어 있음을 알 수 있다.[8] 즉, 주요 조세의 과세대상은 재산의 증대(소득세, 상속세, 증여세), 재산의 존속(재산세, 각종 부동산관련세) 그리고 재산의 소비(소비세, 부가가치세 등)로 분류될 수 있다. 재산의 증대와 재산의 존속에 대한 과세는 납세의무자의 경제적 상태 또는 그 이윤에 직접적으로 연결되어 있으며, 재산의 소비에 대한 과세는 납세자의 소비행위시 지출된 수입이 그의 경제력을 반영함으로 간접적으로 납세자의 경제적 급부능력과 연결되어 있다고 할 수 있다.[9] 결국, 우리 세법체계는 헌법상이나 국세기본법상 명문으로 조세국가주의원칙을 채용한다고 선언하고 있지는 않으나, 살펴 본바와 같이 실질적으로 대부분의 과세대상이 납세자의 경제적 급부능력과 연결되어 있음으로 해서 우리 세법체계도 조세는 납세자의 경제적 급부능력에 연관되어야 한다는 조세국가주의원

일대일의 좁은 의미에서의 관계를 말하는 것은 아니다.

5 K.H. Friauf, a.a.O., S. 4.

6 J. Isensee, a.a.O., S. 419.

7 G.H.-K. Bauer, a.a.O., S. 174.

8 유지태·김연태·김중권, 위의 책.

9 참조 D. Birk, Steuerrecht I, 1988, § 7 Rdnr. 7; D. Birk, Verfassungsrechtlichen Grenzen der Konsumbesteuerung, in: M. Rose (Hrsg.), Konsumorientierte Neuordnung des Steuersystems, 1991, S. 351 ff.

칙을 무의식적 또는 암묵적으로 인정하고 있다고 볼 수 있다.

한편, 국가 및 지방자치단체의 과세가 응능부담원칙을 따르지 않고 과세를 통해 어떤 사회적 목적을 추구한다면, 그것은 이미 앞서 살펴 본 조세국가주의원칙과 충돌을 하게 된다.[10] 이러한 상황은 환경세에도 똑같이 적용되는데, 1) 환경세는 납세의무자의 경제적 급부능력에 대하여 과세하는 것이 아니라 그의 反환경적 행위와 그 결과물 즉, 환경오염에 대해 과세하기 때문이며 2) 환경세의 주목적이 재정적 수입에 입는 것이 아니라 사회적 목적 즉, 환경보호에 있기 때문이다.[11] 이와 같이 환경세처럼 反사회적이거나 공동체의 이익을 해하는 행위를 한 자들에 대하여 그들의 경제적 능력과 무관하게 과세하는 조종세(lenkende Steuer)에는 조세법상 과세의 핵심원칙인 應能負擔原則을 극복할 수 있는 恣意的이지 않으면서도 정당한 이유가 있어야 한다.[12] 이러한 정당한 이유로서는 첫째, 比較衡量시 응능부담의 원칙을 준수하는 것보다 더욱 중요한 것이어야 하며 둘째, 공동의 이익에 합치해야 한다.[13] 이러한 전제조건들이 만족될 경우 응능부담원칙에 대한 침해는 치유될 수 있을 것이다.

환경세를 통한 환경오염의 저지, 완화 또는 이미 오염된 자연환경의 회복은 명백히 공동체의 이익에 부합하는 것이며 더욱이 환경보호는 의심의 여지없이 응능부담원칙을 준수하는 것보다 훨씬 긴요한 일인 것이다. 따라서 환경세를 통한 자연보호는 위 두 가지 전제요건을 만족하며 응능부담원칙 및 조세국가주의원칙의 침해는 치유될 수 있다고 하겠다.

Ⅲ. 환경세와 헌법상의 제원칙

1. 비례원칙 — 특히 적합성을 중심으로

환경세는 헌법이 보장하는 국민의 기본적 권리 예를 들어, 재산권과 직업선택의 자유권 등을 침해할 수 있는데 이러한 침해는 그 법이 필요하고도 적합할 때 정당화 될 수 있고, 또한 만약 헌법적 원칙 중의 하나인 비례원칙[14]을 위반했을 경우 환경세는 위헌적인

10 G.H.—K. Bauer, a.a.O., S. 175.
11 K. Tipke, a.a.O., S. 77.
12 K. Tipke, a.a.O., S. 78; K. Tipke, Steuerrecht, 15. Aufl. 1996, § 4 Rdnr. 125; P. Kirchhof, Die Kunst der Steuergesetzgebung, NJW 1987, S. 3226.
13 D. Birk, Das Leistungsfähigkeitsprinzip als Maßstab der Steuernorm, 1983, S. 232 ff.
14 과잉금지의 원칙(Übermaßverbot)이라고도 한다.

것이 된다.[15] 즉, 환경세가 환경보호라는 공공의 이익을 지키는 데 기여하지 못한다면 납세의무자의 私的 이익에 대한 이 조세적 침해는 환경세라는 수단이 적합성을 결함으로 해서 처음부터 위헌적 침해가 되므로,[16] 환경세를 도입할 때 입법자는 비례원칙을 잘 고려해야 할 것이다.

법치국가원칙에서 파생된 비례원칙은 환경세가 충족시켜야 할 네 가지 요소 즉, 공익성, 적합성, 필요성, 상당성을 포함하고 있다.[17]

(1) 환경세의 공익성

환경세가 추구하는 목적인 환경보호가 공공의 이익에 부합해야 한다.[18] 환경오염으로 인해 발생하는 위협, 예를 들어 기후변화로 인한 자연재해, 토양 및 식수의 오염 등은 지금 세대의 인류의 삶의 질이나 안녕 뿐만 아니라, 우리의 후세대의 존립 그리고 인간 이외의 동식물의 생존의 기반을 위협하는 것이다. 따라서 환경보호를 위한 수단은 필요하며 곧 환경보호가 공동의 이익의 한 요소임은 자명하다고 할 수 있다. 공익성이라는 요건은 따라서 충족된다.

(2) 환경세의 적합성

비례성의 원칙 중 적합성의 원칙을 충족시키기 위해서는, 환경세는 환경보호라는 목적을 달성하기 위해 필요한 수단이어야 한다. 그러나 환경세라는 경제적 수단이 실제상에서는 그 효율성이라는 관점에서의 탁월성에도 불구하고 허가 및 금지를 기본으로 하는 직접규제방식인 정서법상의 수단과의 비교에서 많은 의미 있는 비판을 받고 있다.[19] 제기되고 있는 비판점을 중심으로 환경세의 적합성에 대해서 논의해 보고자 한다.

(가) 환경세의 면죄부로서의 기능에 대한 문제

경제적으로 부유한 자들은 환경세를 납부함으로써 환경세가 목적으로 하고 유도하려고 하는 행위를 회피할 수 있다.[20] 즉, 이 경우 환경세는 행위자의 反환경적이며 反사회적인 행위를 압박 또는 교정하는 기능을 할 수 없으며, 도리어 그의 행위는 환경세의 납부를 통해서 면죄부를 얻게 된다. 이 경우 환경세를 통한 환경보호정책은 비구속적이며 신

---

15 김동희, 『행정법 I』, 2005, 57면; K. Stern, Das Staatsrecht der Bundesrepublik Deutschland, Bd. II 1980, S. 1108.
16 F.R. Balmes, Verfassungsmäßigkeit und rechtliche Systematisierung von Umweltsteuern, 1997, S. 147.
17 참조, 김철수, 『헌법학신론』, 2003, 236면.I. v. Münch, in: ders./P. Kunig (Hrsg.), GG－Kommentar, Bd. I, 4 Aufl. 1992, Rdnr. 55.
18 참조, 홍성방, 『헌법학』, 1999, 335면.
19 P. Kirchhof, Verfassungsrechtliche Grenzen von Umweltabgaben, DStJG, Bd 15 (1993), S. 3 ff.
20 P. Kirchhof, a.a.O., S. 5 ff.

뢰도가 낮은 정책이 되고 만다.[21] 그러나 지금 비판되고 있는 환경세의 비구속성 그리고 회피가능성은 조종적 조세가 가지고 있는 회피할 수 없는 본질적인 속성이며 납세의무자에게 환경친화적 행위를 할 것과 환경세를 납부 할 것 중에 선택가능성을 줌으로써 오히려 규제적 수단과 비교했을 때 납세자에게 판단의 여지를 주어 납세자를 덜 제한하는 수단으로서의 장점을 가지는 측면이 있다.

그럼에도 불구하고 조세적 수단인 환경세가 가지는 不備 즉, 비구속성과 회피가능성으로 인해 빚어지는 있을 수 있는 환경보호상의 흠결은 규제적 수단을 통해서 메워져야 할 것이다. "생태적 최저수준"[22]으로 표현되며 결코 포기되어 질 수 없는 그리고 경제논리에 의해 경시되어 질 수 없는 최소한의 환경상태는 受範者가 지켜도 되고 또 때에 따라서는 지키지 않아도 되는 약한 强度의 조세적 수단에 맡길 것이 아니라 지키지 않았을 때는 강력한 행정적 강제력이 동원될 수 있는 규제적 수단을 통해서 보호되어 져야 할 것이다.

조세적 수단을 통한 환경보호는, 지금까지 크게 효과를 보지 못한 규제적 수단을 통한 환경보호정책을 반성한 결과물로서 나온 것이기 때문에 상대적으로 많은 장점을 가진 것은 사실이지만, 다른 한 편, 규제적 수단은 국민과 주민들이 어떠한 행위를 해야 하며 어떠한 행위가 허용된 행위인가를 명확하고 정확하게 규정할 수 있기 때문에 "생태적 최저수준"을 보호하기에는 조세적 수단보다 더 나은 수단으로서 평가된다.

따라서 결과적으로 환경세가 가지는 속성인 비구속성과 회피가능성은 규제적 수단을 이용한 "생태적 최저수준"의 보장을 통해 그 흠결이 메워질 수 있으며, 결과적으로 환경세의 납부를 통한 면죄부의 취득이라는 문제는 최소화 될 수 있을 것이다.

(나) 환경세의 受範者의 범위에 대한 문제

환경세를 납부함으로써 환경보호의무를 이행하지 않아도 되는 면죄부로서의 문제 외에도 환경세의 受範者가 제한적이라는 비판이 가해지고 있다.[23] 즉, 예컨대 국가가 공공재산의 관리자인 경우, 원칙적으로 국가는 조세채권자의 지위에 있지 조세채무자의 위치에 있지 않으므로 환경세의 납세의무는 私人에게만 해당되며 따라서 그 효과는 그 만큼 제한적일 수밖에 없다는 것이다.[24] 그러나 국가나 공공기관도 원칙적으로 조세채무자가 될 수 있으며[25] 국가의 공공기관이 私法的 형태의 기업으로서 영업행위를 한다면 그것은 私企業에 적용되는 세법규정이 당연히 적용되게 되는 것이다[26](예: 부가가치세법 제2조 제2항).

21 P. Kirchhof, a.a.O., S. 6.
22 M. Kloepfer, Umweltrecht, 1989, S. 201.
23 P. Kirchhof, a.a.O., S. 6.
24 A.a.O.
25 K. Tipke/J. Lang, Steuerrecht, 17. Aufl., S. 162.

따라서 환경세의 수범자가 제한적이라는 비판은 적절하지 않다고 할 수 있다.

(다) 환경세의 富의 逆進的(regressiv) 재분배효과라는 문제

환경세는 납세할 수 있는 경제적 능력이 있는 자들에게는 단지 하나의 권고정도가 될 뿐이지만, 반대로 경제적 약자들은 그들이 지출할 수 있는 금전급부능력이 제한적이므로 환경세규정이 정한 모든 행위들을 준수하여 가급적 지출을 줄여야 한다. 따라서 그들에게 있어서 환경세는 단순한 권고가 아니라 회피하기 어려운 명령으로서 작용할 수 있다. 이 경우 환경세라는 수단이 규제적 수단에 대하여 가지는 약하고 관용적인 수단으로서의 속성은 몰각되고 만다.[27]

환경의 소비자로서의 개인은 경제적 급부능력과 무관하게 일상생활에서 항상 환경매체(즉, 대기, 토양, 물 등)들을 사용하고 소비하며 그 사용 또는 소비활동의 결과 환경오염을 유발하게 되는데, 환경세를 통하여 환경소비활동을 감소시키도록 억압하는 것은 결과적으로 경제적 급부능력이 약한 자에게는 최소한의 일상생활에서의 환경소비활동조차도 어렵게 만들 수가 있다. 이 경우 환경세는 사회적 약자들에게 경제적으로 가중적 부담이 되기 때문에 사회적 약자의 보장이라는 측면에서 다루어 져야 할 것이다. 여기에 관해서는 다른 항에서 따로 다루기로 한다.

(라) 환경세효과의 미약성이라는 문제

환경세는 세법규정의 과세요건을 통해 환경오염행위를 줄이도록 유도할 뿐이며, 직접적으로 규제를 통해 환경오염행위 자체를 불법화 시킨다든지 근절할 수 없기 때문에 그 효과가 미약하다는 비판이 있다.[28]

조정세는 결국 납세의무자로 하여금 조세부담을 느끼게 해서 조세입법자가 바라는 사회적 행위를 하게 하는 것이 그 목적이지만, 납세자가 현실적으로 도저히 지킬 수 없는 과세요건을 규정하는 등의 (예를 들어 폐수방출시 일반기업이 기업을 운용할 수 없을 정도의 많은 세금을 규정하는 등) 絞殺的 조세(erdrosselnde Steuer)는 지금 여기에서 논의되고 있는 비례원칙을 현저히 위배하므로 위헌적이며 인정될 수 없다.[29] 따라서 비례원칙에 입각한 적절한 세율의 환경세로는, 불가결하게 어느 정도의 환경오염물질의 배출 또는 환경오염행위의 발생을 예상할 수밖에 없으며, 이 경우의 환경보호상의 미흡한 점은 앞에서도 살펴보았듯이

---

26 F.R. Balmes, a.a.O., S. 155; R. Seer, Inhalt und Funktion des Begriffs "Betrieb gewerblicher Art" für die Besteuerung der öffentlichen Hand (Teil I), DStR 1992, S. 1751.

27 P. Kirchhof, a.a.O., S. 7.

28 A.a.O.

29 교살적 조세를 통해서 제한해야 할 만큼의 긴급함과 절박성이 있는 환경상황에는 경제적 수단인 환경세보다는 더욱 강력한 수단인 규제적 수단 즉, 행정법규를 통해서 대처하는 것이 효과적일 것이다.

규제적 수단의 병용을 통해서 생태적 최저수준을 보장하고 잔여오염(Restverschmutzung)[30]은 환경세를 통해서 해결해야 할 것이다.

(마) 환경세 효과의 부정확성이라는 문제

환경세는 앞에서 말한 것처럼 세금이라는 경제적 수단을 통하여 反환경적 행위를 친환경적 행위로 유도할 뿐이며, 직접적으로 환경오염원을 겨냥하지 않기 때문에 그 목적에 대한 정확도가 떨어지고, 더 나아가 환경에 부담을 주는 기업에 대한 조세부담은 결국 간접세라는 담세구조를 통해 직접적 책임이 없는 소비자에게 전가되므로 부당하다는 비판이 있다.[31]

환경세는 환경오염을 많이 배출하는 상품이나 또는 생산 공정이 대량의 환경오염배출을 필요로 하는 상품에 조세적 부담을 가하여 그로 인해 간접적으로 상품가격의 상승을 유발하고 시장에서 환경 친화적인 상품이나 물품에 비하여 가격경쟁력을 떨어뜨려 시장의 수요와 공급의 기능을 통해서 소비자로 하여금 친환경적 상품을 이용하도록 유도하는 목적을 가지고 있다.[32] 환경세의 작용메카니즘은 외관상 직접적 책임이 없는 소비자에게 그 비용을 부담하게 하므로 부당하게 인식될 수 있으나, 결국 소비자가 친환경적이며 가격경쟁력이 있는 (환경세가 부가되지 않으므로 가격이 싼) 상품을 선택함으로써 기업가에게 친환경적 상품을 생산하게 하든지 또는 친환경적 생산 공정으로 바꾸게 하든지 아니면 반환경적 생산 또는 생산 공정을 포기하도록 간접적으로 강제한다.

환경세는 시장의 가격기능을 이용해서 친환경적 행위로 나아가게 함으로써 행정청의 직접적 규제방식을 통한 것보다 환경소비자들의 자발적 환경보호행위를 이끌어 낼 수 있으며 또한 직접적 규제방식의 경우보다 행정청의 감독을 줄일 수 있으므로 그에 따른 행정비용을 줄일 수 있는 장점도 있다.

이렇듯 환경세는 시장의 가격기능과 그로 인한 소비자의 상품선택행위를 통해 작용하게 되므로 시장이 가격메커니즘을 잘 반영할 수 있는 환경에 있어야 한다. 다시 말해 소비자들이 과세되지 않은 친환경적 상품을 구입할 수 있는 대체가능성이 존재해야 한다. 예를 들어 대체냉매를 사용한 냉각기가 시장에 나와 있지 않은 상황에서 프레온가스를 사

30 예를 들어, 어떤 기업에 환경청이 행정규제를 통해서 월 10톤가량의 폐수를 방출할 수 있게 허가하고 그 이상 방류하게 되면 영업취소 등의 방법으로 규제하는 경우, 기업은 허가 범위 내에서 계속적으로 폐수를 방출할 수 있으며(Restverschmutzung) 더 이상의 폐수억제노력을 기대할 수 없게 되지만, 이 범위에서 환경세를 도입하여 매 톤당 적정선의 세금을 부과하게 되면 기업이 취할 수 있는 최대한의 폐수억제노력을 하게 되어 최대한의 환경보호효과를 기대할 수 있게 될 것이다.

31 P. Kirchhof, a.a.O.

32 참조 F.R. Balmes, a.a.O., S. 152.

용한 모든 냉각기에 환경세를 부과했을 경우, 소비자들은 선택의 가능성 없이 계속 프레온가스를 사용한 냉각기를 구입해야 하므로 국가의 稅收는 크게 늘지 모르지만 대기에 유해한 프레온가스의 사용을 줄이는 환경보호효과는 기대하기 어려울 것이다. 또한 환경세의 과세목적물의 수요탄력성이 클수록 기대할 수 있는 효과도 크다. 반면에 예를 들어 에너지의 경우처럼 가격의 앙등에도 불구하고 소비자가 생활을 위하여 그 구입을 포기할 수 없는 경우 수요탄력성이 낮다고 할 수 있는데, 이렇게 탄력성이 낮은 상품은 과세의 유무에 영향을 덜 받으므로 환경세를 부과한 경우에도 수요는 크게 줄지 않아서 환경세를 통한 환경보호효과는 크지 않을 것이다.[33]

(3) 환경세의 필요성

비례원칙에 적합하기 위해서는 환경세는 필요한 수단이어야 한다. 여기에서 필요함이란, 환경보호라는 목적을 달성하기 위해 적합한 수단이 여러 가지 있는 경우에 환경세가 환경소비자에게 있어서 가장 부담을 덜 주는 수단이어야 함을 의미한다.[34] 주민에 대한 부담적 행정행위는 주민의 법적 영역에 대하여 그 침해가 최소한 일 것을 요한다. 이러한 의미에서 환경세는 납세의무자에게 환경세를 납부할 것인지 아니면 환경침해행위를 줄이거나 그만두든지 선택할 수 있는 여지를 부여함으로써 규제적 수단과 비교해서 훨씬 부담이 덜한 수단으로 평가될 수 있다. 여기에서 환경세는 앞서 살펴 본 바와 같이 납세의무자들을 자유의지에 기하여 환경친화적 행위로 誘導할 뿐이며 규제를 통한 수단처럼 납세의무자에게 선택의 여지를 앗아가지는 아니한다.[35]

(4) 환경세의 상당성

마지막으로 환경세는 상당성의 원칙을 충족하여야 한다. 즉, 환경세와 환경세가 추구하는 목적이 적절한 비례관계에 있어야 하며, 환경세를 도입하고자 하는 공적 이익이 환경세를 도입하지 않아야 할 私的 이익보다 커야 함을 의미한다.[36]

앞에서 이미 살펴 본 바와 같이 환경오염의 결과로 인한 위험은 명백하게 현재의 인류뿐 아니라 다가올 미래의 세대도 위협하며, 경제유인적 수단인 환경세는 규제적 수단을 통한 일방적인 환경정서법상의 방법보다 훨씬 적절한 수단이라고 할 수 있다.[37]

---

33 참조 A.a.O., S. 150 ff.; A. Katz, Staatsrecht, 1992, Rdnr. 207.

34 참조 김남진·김연태, 『행정법 II』, 2006, 280면.

35 F.R. Balmes, a.a.O., S. 158.

36 참조 B. Pieroth/B. Schlink, Staatsrecht II, 15. Aufl. 1999, Rdnr. 289; K. Stern, Das Staatsrecht der Bundesrepublik Deutschalnd, Bd. III, 2. Aufl. 1984, S. 782 ff.

37 생태 최저수준을 보장하기 위해서는 이미 본대로 환경세보다는 규제적 수단이 훨씬 정확하고 안정적이라고

또한 환경세에 의한 私的領域의 침해는 납세자가 환경오염행위를 줄이거나 중지하든지 아니면 환경세를 납부하든지의 선택할 수 있는 여지를 가지기 때문에 과도하다고 할 수 없으며 또한 이러한 약한 强度의 침해가 환경보호라는 공공의 이익보다 더욱 중대한 것이라 할 수 없으므로, 경제적 부담으로써 친환경적인 행위로 유도하는 데 목적을 둔 환경세는 상당성의 원칙에 부합한다고 할 수 있다.

(5) 소 결

위에서 살펴 본 바와 같이, 환경세는 전체적으로 보았을 때 비례원칙에 부합한다고 할 수 있다. 환경오염물질을 배출하는 개인에게 경제적 부담을 지움으로써 환경오염행위를 저지하는 데 목적을 둔 환경세는 공공의 이익에 기여하고, 환경보호라는 목적에 도달하기에 적합하며, 납세자에게 덜 부담적인 성질을 가진 수단으로서 필요성의 원칙에 부합하고, 환경세를 통한 환경보호라는 목적이 환경세에 의한 개인영역의 침해보다 명백히 중요하고 그 이익이 크므로 상당성의 원칙에도 부합한다.

환경세의 이러한 일반적인 적합성에도 불구하고 환경세가 환경보호정책에 있어서 전가의 보도라고 할 수는 없다. 환경세는 시장의 가격메카니즘을 통해서 작용하기 때문에 상품의 대체가능성이나 수요탄력성이 낮은 곳 그리고 최소한의 환경수준을 보장하기 위해서는 규제적 수단의 併用을 통한 환경보호정책을 고려해야 할 것이다. 아울러 환경세에 의한 경제적 부담은 경제적·사회적 약자에게 더 큰 부담이 되며 따라서 역진적 부의 재분배가 이루어 질 수 있으므로 사회국가원칙에 입각한 경제적·사회적 약자에 대한 지원이 배려되어야 할 것이다.

다음으로 환경세가 헌법상의 기본권과 제원칙에 부합하는 지에 대해 살펴보도록 하겠다.

2. 환경세와 법치국가원칙

법치국가원칙은 개인의 자유권의 보장을 위해 국가의 권력행사를 법적으로 구속시키고 제한하고자 하는 헌법적 원칙이다.[38] 법치국가원칙에 있어서는 우선 개인을 위한 법안

할 수 있다. 그러나 많은 경우, 환경의 문제는 발생한 피해에 대한 문제보다는 잠재적 위험(특히 대기오염에 의한 기후변화 등)으로 인한 문제가 더 많고, 이 경우 위험의 방지라는 차원보다 사전배려라는 차원에서 접근해야할 필요성이 더 크다. 잠재적 위험성마저 차단하려고 하는 사전배려를 위한 수단으로서는 규제적 수단보다는 경제유인적 수단인 환경세가 더 효과적이다. 왜냐하면 환경세는 환경소비자로 하여금 환경오염물질의 가능한 최소단위까지 줄이도록 유인하여, 규제적 수단이 제재 없이 허용한 범위(잔여오염)에까지 작용 할 수 있기 때문이다.

38 C. Creisfeld, Rechtswörterbuch, 15. Aufl. 1999, S. 1054 f.

정성이 가장 중요한 요소이며 법의 예측가능성 및 신뢰보호의 원칙도 법안정성의 원칙으로부터 파생된다.[39] 법치국가원칙을 이루는 여러 가지 요소들 중에서 특히 비례원칙, 명확성의 원칙 그리고 법률유보원칙이 환경세와 관련하여 논의되어 져야 할 것이다.

(1) 비례원칙

이 원칙은 이미 앞의 항에서 다루었으므로 생략한다.

(2) 명확성의 원칙과 법률유보원칙

헌법 제59조에 따라 환경세의 도입 및 그 세율이 법률에 의할 것(법률유보원칙)과 또한 환경세가 명확한 용어로 규정되어 적용대상자가 그 규제내용을 미리 알아 장래의 행동지침으로 삼을 수 있어야(명확성의 원칙) 한다.[40] 따라서 환경세의 입법자는 환경세의 과세요건을 정할 때 환경세를 정당화 시키는 환경보호목적과 그와 관련된 환경세의 경제적 부담의 정도가 명확하게 규정되어야 할 것이다.[41] 예컨대, "과징금의 세율은 반환경적 행위의 정도에 따라 정해진다"와 같은 추상적인 과세요건은 명확성의 원칙에 위배되어 위헌적이라 할 수 있을 것이다.[42]

3. 사회국가원칙

사회국가원칙은 시민의 자유와 권리 외에 사회·경제적 약자의 실질적 자유와 평등을 아울러 달성하려는 원리이다.[43] 헌법은 특정 조항에서 사회국가원칙을 구체화시켰지만(헌법 제34조, 제10조 등), 개별사항에 있어서의 사회국가원칙의 법적 범위는 비교적 불명확한 상태로 남아 있다.

환경보호라는 사회국가적 시각에서 봤을 때, 조세적 수단은 매우 의미 있는 수단이라 할 수 있다.[44] 환경재난으로 인한 위험이 없는 인간의 삶은 무시되어 질 수 없는 사회적 요소이며 인간의 존엄이 지켜지는 최소한의 생존요건을 구성한다. 현재의 산업사회가 누리는 풍요와 부는 너무 많은 미래세대와 개발도상국의 희생을 비용으로 하고 있으며, 그것은 정의롭지 못한 것일 뿐 아니라 反사회적이라고까지 할 수 있다.[45]

---

39 강경근, 『헌법』, 2002, 240면 이하; E. Schmidt-Aßmann, Der Rechtsstaat, HdStR, Bd I 1987, § 24, Rdnr. 69 ff.
40 강경근, 위의 책, 243면 이하; K. Tipke, Die Steuerrechtsordnung, 1993, S. 159, 169.
41 참조 G. Morgenthaler, Resümee, DStJG Bd. 15 (1993), S. 213.
42 M. Kloepfer/E. Rehbinder/E. Schmidt-Aßmann/P. Kunig, §79 des Entwurfes des UGB-AT, 2. Aufl., 1991.
43 강경근, 위의 책, 253면; 참조 H.F. Zacher, Das soziale Staatsziel, HdStR, Bd. I 1987, §25 Rdnr. 19 f.
44 H.F. Zacher, a.a.O., Rdnr. 27 ff.
45 F.R. Balmes, a.a.O., S. 181 f.

이러한 인식선상에서 환경세를 통한 환경보호의 모색은 사회국가원리에 당연히 부합한다고 할 수 있으나, 소득이 낮은 계층이 받는 환경세의 재정적 부담은 소득이 높은 계층이 받는 그것보다 상대적으로 더 강하므로 어떤 면에서는 환경세는 오히려 역진적인 부의 재분배효과를 가진다.[46] 인간의 최소한의 생존수준의 보장은 사회국가원칙에 의한 국가의 의무이므로, 국가는 소득이 낮은 납세자의 최소한의 생활을 박탈할 정도의 과도한 조세를 부과해서는 안 된다.[47]

환경세를 부과할 때도 최소한의 생활이 보장되는 선까지 일괄적으로 면세를 하는 등의 방법을 통해 사회적 약자에 대한 배려가 선행되어야 할 것이다. 특히 앞의 에너지의 예에서 보듯 다른 대안상품을 찾기 어렵고 또 수요탄력성이 낮은 상품의 경우에 이 원칙이 매우 중요한 역할을 할 수 있을 것이다.

Ⅳ. 환경세와 기본권

1. 환경세와 평등권(헌법 제11조 제1항)

조종세(Lenkungssteuer)로서의 환경세는 헌법상 보장된 조세채무자의 자유권적 기본권을 침해할 가능성이 있다. 환경세는 세 가지 중요 기본권적 영역과 관련하여 논의되어져야 하는데 첫째, 친환경적 행위를 하지 않는 납부의무자가 환경세를 납부해야 할 때 환경세납부의무가 평등원칙을 침해하지는 않았는지에 대해서 검토되어야 한다. 왜냐하면 조세에 의한 경제적 부담은 국민 모두에게 동일하게 부담되어져야 하기 때문이다.[48] 둘째와 셋째는 환경세의 형성적 작용으로 인해서 납세의무자의 자유권적 기본권 중 직업선택의 자유와 재산권의 보장이 제한될 수 있으며 환경세가 이들 자유권적 기본권을 과도하게 침해하지는 않는지에 대해 논의되어져야 할 것이다.

우리 헌법은 제11조에서 국민의 기본권으로서 일반적 평등권을 규정해 놓고 있으며 헌법전문 및 제11조, 31조, 32조, 36조, 41조 및 67조에서 개별적 평등권을 규정하고 있다.

---

46 D. Dickertmann, Erscheinungsformen und Wirkungen von Umweltabgaben aus ökonomischer Sicht, DStJG Band 15 (1993), S. 57 f.; B. Hansjürgens, Finanzpolitische Anforderungen und Restriktionen für Umweltabgaben, in: W. Benkert/J. Bunde/B. Hansjürgens (Hrsg.), Umweltpolitik mit Ökosteuern? Ökologische und finanzpolitische Bedingungen für neue Umweltabgaben, 1991, S. 89 ff.

47 K. Tipke, Die Steuerrechtsordnung, 1993, S. 410; P. Kirchhof, Staatliche Einnahmen, HdStR, Bd. IV, § 88, Rdnr. 126.

48 U. Klocke, Klimaschutz durch ökonomische Insgtrumente – Finanzverfassungsrechtliche, europarechtliche und ökonomische Aspekte einer CO_2–Abgabe, 1995, S. 188.

이러한 평등권은 일반적으로 恣意禁止의 원칙과 결부하여 특정 집단을 차별취급 할 때 "사물의 본성으로부터 도출되는 혹은 그 밖의 객관적으로 자명한 합리적 근거를 발견할 수 없는 경우, 즉 正義思想에 입각하여 고찰했을 때 당해 규정을 恣意的인 것으로 밖에 볼 수 없는 경우" 침해 된 것으로 본다.[49] 그러나 독일의 경우, 평등권을 자의금지의 원칙으로만 해석할 경우 법적용의 불공정성이 중대할 경우에만 평등권이 침해되었다고 할 수 있으며 또 恣意禁止라는 것이 평등권을 해석하고 적용하기위한 평가기준으로서는 너무 모호하다는 비판이 있어 폐기된 지 오래다.[50] 종전의 판단기준을 대신할만한 새로운 기준은, 두 집단 간 또는 두 개인 간의 차별적 대우를 정당화시킬 만한 이유가 없음에도 불구하고 한 집단 또는 한 개인이 차별적 대우를 받을 때 국민의 평등권이 침해를 받았다라고 하는 것이다.[51]

우리 헌법은 제11조 제1항 제1문에서 "모든 국민은 *법 앞에 평등*하다"고 규정했으며, 여기에서의 '법'은 법률, 법규명령, 자치규정, 관습법 등 일체의 법규범을 포함한다.[52] 따라서 환경세도 세법의 형식을 빌게 되므로 당연히 본조의 적용을 받는다. 세법에 있어서 평등원칙은 헌법적 관점에서 부담평등의 원칙으로 나타나는데 이것은 租稅正義原則으로 볼 수 있다.[53] 공평한 조세부담은 납세자의 경제적 부담능력에 상응하는 공평한 과세를 통해서 실현될 수 있다. 환언하자면, 조세적 부담효과는 납세자의 상이한 경제적 급부능력에 따라서 분배되어져야 한다(이른바 수직적 조세정의).[54] 또한 조세정의론에 있어서 근본원칙 중의 하나로 받아들여지는 응능부담원칙에 따라[55] 똑같은 급부능력을 가진 자들에게는 같은 정도의 세금을 부과해야 한다(이른바 수평적 조세정의).[56] 조세적 급부능력을 나타내는 것으로는 이미 본 바와 같이 수입, 재산 그리고 수입과 재산의 소비[57]라고 생각 할 수 있으며 따라서 납세자의 수입이 담세능력의 적절한 과세표준(Bemessungsgrundlage)이므로, 응능부담원칙은 수입의 존속 및 변동이 있는 곳에서 중핵적인 평등원칙의 기준으로서 평

---

49 강경근, 『헌법』, 2002, 387면; G. Leibholz, Die Gleichheit vor dem Gesetz und Bonner Grundgesetz, DVBl. 1951, S. 195.

50 자세한 사항, U. Klocke, a.a.O, S. 190 ff.

51 참조, 장영수, 『헌법학 II – 기본권론』, 2003, 234면 이하; BVerfGE 55, 88; 60, 134; 62, 274; 65, 112; 65, 384; 66, 242; 67, 236; 68, 301; 70, 239; 72, 89; 73, 321; 74, 24; 75, 105; 75, 300; 78, 247; 81, 236; 82, 146; 83, 401; 84, 157; 84, 199; 84, 359.

52 강경근, 위의 책, 383면 이하.

53 U. Klocke, a.a.O, S. 193.

54 D. Birk, Steuerrecht, Aufl. 7 (2004), Rdnr. 153 ff.

55 P. Kirchhof, Der verfassungsrechtliche Auftrag zur Besteuerung nach der finanziellen Leistungsfähigkeit, StuW 1985, S. 319 ff.;

56 K. Tipke/J. Lang, Steuerrecht, 1998, § 4 Rdnr. 70; D. Birk, a.a.O.

57 P. Kirchhof, Staatliche Einnahmen, in: J. Isensee/P. Kirchhof. (Hrsg.), HdStR Bd. IV, § 88 Rdnr. 69.

가될 수 있다.[58]

이러한 핵심원칙이 되는 응능부담의 원칙도 환경법에서는 완벽하게 관철되기 어려운 면이 있는데 이는 환경세의 과세요건은, 납세자의 증가된 경제적 부나 급부능력과 무관한 反환경적 행위와 상품 그리고 그 생산공정을 대상으로 하기 때문이다. 이 경우 결과적으로 응능부담원칙과 충돌하는 특별부담(Sonderbelastung)이 생기게 되는데[59] 이러한 충돌을 치유하기 위해서는 예컨대, 사회국가원칙과 같은 다른 헌법상의 원칙을 통해서 이러한 특별부담이 정당화 될 수 있어야 한다.[60] 어떤 조세의 목적이 환경세와 같이 납세자의 증가한 경제적 급부능력과는 무관하고 따라서 평등원칙의 핵심요소인 응능부담원칙을 위배하고 있다면, 그 조세종목이 추구하려고 했던 사회적 목적이 필요하고도 적절하며 상당해야 한다.[61] 이 경우 환경세가 추구하는 사회적 목적(즉, 환경보호)의 중요성으로 인해 응능부담원칙과의 충돌은 정당화 될 수 있다.[62] 그러나 조종세가 추구하는 사회적 목적은 단지 헌법상 용인될 수 있는 것에 그쳐서는 안 되며, 그것을 넘어 "장려되어 질만한 가치가 있는" 것이어야 한다. 그렇지 않다면 부담효과의 정의롭고도 공평한 분배를 위한 척도 즉, 응능부담원칙이 너무 쉽게 무시되어 질 수 있는 위험이 있을 수 있기 때문이다.[63]

국가는 시장경제적 또는 공동체적 자기통제의 기제가 작동하지 못 할 경우 사회국가원리에 따라 공동체가 잘못된 방향으로 발전하는 것을 저지하기 위해 개입해야 할 책무가 있기 때문에,[64] 결국 "환경보호"라는 사회적 목적은 사회적 정의에 관한 문제이며 동시에 자기 국민과 주민의 생존토대를 보호하기 위한 사회국가적 과제이다.[65]

따라서 환경세의 응능부담원칙과의 충돌로 인한 국민의 평등권에 대한 침해는 환경보호라는 고도의 공공성을 이유로 해서 정당화 될 수 있다.[66]

---

58 D. Birk, a.a.O., S. 160; K.H. Friauf, a.a.O., S. 28. 다른 견해, A. Arndt, Gleichheit im Steuerrecht, NVwZ 1988, S. 787 ff.

59 F.R. Balmes, a.a.O., S. 162 ff.; U. Klocke, a.a.O., S. 193 ff.

60 K. Tipke, Die Steuerrechtsordnung, 1993, S. 356.

61 K. Tipke, a.a.O., S. 357.

62 F.R. Balmes, a.a.O., S. 163; J. Lang, Verwirklichung von Umweltschtzzwecken im Steurrecht, DStJG Bd. 15 (1993), S. 129.

63 D. Birk, Das Leistungsfähigkeitsprinzip als Maßstab von Steuernormen, 1983, S. 232; U. Klocke, a.a.O., S. 194; W. Rüfner, Art. 3 Abs. 1, in: R. Dolzer/K. Vogel/K. Graßhof (Hrsg.), Bonner Kommentar zum GG, Stand 1992, Rdnr. 209; H.H. Arnim, Besteuerung und Eigentum, VVdStRL 39 (1981), 332 ff.; 참조 W. Höfling, Verfassungsfragen einer ökologischen Steuerreform, StuW 1992, S. 249.

64 참조 D. Birk, Das Leistungsfähigkeitsprinzip als Maßstab von Steuernormen, 1983, S. 251.

65 D. Birk, Steuerrecht als Mittel des Umweltrechts, NuR 1985, S. 91; J. Lang, Entwurf eines Steuergesetzbuchs, 1993, Rdnr. 373; K. Stern, Staatsrecht I, Aufl. 2 (1984), S. 908 f.; K. Meßerschmidt, Umweltabgaben als Rechtsproblem, 1986, S. 82 ff.

66 K. Meßerschmidt, a.a.O., S. 131; F.R. Balmes, a.a.O., S. 165 f.

2. 환경세와 직업선택의 자유(헌법 제15조)

우리 헌법 제15조는 "모든 국민은 직업선택의 자유를 가진다"고 규정하고 있는데 이는 문언 그대로의 직업의 선택에만 본 조항이 영향을 미치는 것이 아니라 직업에 종사하면서 그 활동의 내용 또는 태양 등에 관해서도 자유로이 결정할 수 있는 직업행사의 자유까지도 포함한다.[67] 본 조는 자유로운 개인의 인격의 발현과 생활의 기본적 수요를 충족시킬 권리를 구체화 시키므로 우선 자연인이 이 기본권의 향유 주체이지만,[68] 또한 환경세로 인해 영업활동에 제약을 받는 기업에게도 해당한다.[69]

직업선택의 자유에 대한 침해는 직업행사의 단계 또는 직업선택의 단계에서 발생할 수 있는데, 직업의 선택 시 또는 직업의 결정 시에 있게 되는 기본권의 제한은, 다시금 기본권 주체가 일정한 전문적 자격이나 기능요건 등을 충족할 때 그 직업을 선택할 수 있게 하는 주관적 사유에 의한 직업선택의 제한과, 기본권 주체의 능력이나 자격과 관계없는 객관적 사유에 의한 직업선택의 제한으로 구분할 수 있다.[70] 직업선택의 자유에 대한 제한은 결과적으로 직업행사의 자유에 대한 제한 보다 그 제한의 폭이 크므로, 다른 크기의 제한정도에 따라 그에 상응하는 다른 정도의 정당성 근거도 존재해야 한다.[71] 이러한 점진적인 제한정도에 상응하는 근거에 관한 이론으로서는 독일의 약국판결(Apothekenurteil)[72]에서 정립되고 우리 헌법재판소[73]도 인정한 삼단계이론(Dreistufentheorie)을 들 수 있다.[74]

"삼단계이론은 공공의 이익을 위해서 직업의 자유를 제한할 경우 비례원칙을 엄격히 적용했을 때의 결과물인 것이다".[75] 그러므로 직업의 자유에 대해 제한을 가할 경우 제한하고자 하는 근거가 되는 목적이 정당해야 하며 또한 수단이 그 목적을 달성하기 위해 적합하고도 필요한 것이어야 한다.[76]

환경세의 직업의 자유에 대한 제한의 양상을 살펴본다면, 환경세는 많은 경우 반환경적 상품 또는 상품의 생산절차에 부과되어 경제적 부담을 주게 되므로 직업 행사의 자유

---

67 강경근, 위의 책, 529면; B. Pieroth/B. Schlink, Grundrechte, Staatsrecht II, 1992, Rdnr. 903.

68 강경근, 위의 책, 530면 이하; M. Gubelt, Art. 12, in; von Münch, GG, Rdnr. 2; H. Rittstieg, Art. 12, AK–GG, 1989, Rdnr. 12 ff.

69 U. Klocke, a.a.O., S. 204.

70 장영수, 위의 책, 507면; 강경근, 위의 책, 537면 이하; B. Pieroth/B. Schlink, Staatsrecht II, 15. Aufl. 1999, Rdnr. 825 f.; C. Creisfeld, Rechtswörterbuch, 15. Aufl. 1999, S. 190.

71 B. Pieroth/B. Schlink, a.a.O., Rdnr. 846.

72 BVerfGE 7, 377.

73 헌재 1993.5.13, 92헌마80 체육시설의설치·이용에관한법률시행규칙 제5조에 대한 헌법소원위헌결정.

74 강경근, 위의 책, 535면; A. Katz, Staatsrecht II, 1992, Rdnr. 794; M. Gubelt, Art. 12, in: I. v. Münch/P. Kunig (Hrsg.), GG–Kommentar, Bd. 4 4. Aufl. 1992, Rdnr. 46.

75 BVerfGE 13, 97.

76 B. Pieroth/B. Schlink, a.a.O., Rdnr. 847 ff.

에 제한을 가하게 된다. 그러나 환경세가 정당한 목적을 추구하고 비례원칙에 부합할 경우 직업의 자유에 대한 제한은 정당한 것이 된다. 앞에서 살 펴 본 대로 환경세는 환경보호라는 긴요한 사회적 목적을 추구하며 비례원칙에 충실히 부합하므로 헌법 제15조에 대한 제한은 위헌적인 것이 아니다.

또한 환경세는 기본권 주체의 개인적 — 주관적 — 인 능력이나 자격과 관계없이 반환경적 행위에 제한을 가하는 것이고 또한 환경세의 세율이 터무니없이 높아서 사실상 특정 업종에 대하여 또는 특정 기업에 대해 영업을 금지하는 것과 같은 효과를 갖게 된다면 이는 직업선택의 제한 중 객관적 제한을 가하는 경우에 해당한다. 이러한 경우는 앞서 본 바의 "교살적 조세"에 해당하여 비례원칙을 현저히 어겼으므로 위헌적이라 할 수 있으며, 특정 업종 또는 특정기업의 영업을 금지해야 할 정도로, 증명할 수 있는 극단적 위험의 가능성이 존재한다면 이는 조세적 수단이 아닌 규제법적 수단이 최적의 환경보호수단이 될 것이다.[77]

그리고 우리나라와 같이 대외무역의존도가 높은 나라에서는 환경세에 의한 부담으로 자국 상품의 가격경쟁력이 타국의 동일 상품의 그것보다 떨어 질 수 있는 경우가 문제가 된다. 환경세의 영향으로 본국의 수출기업이 생산비 절감이나 또는 생산성 향상 그리고 품질혁신 등에 의한 방법으로도 더 이상 기업 활동이 어려울 정도가 된다면, 이 또한 비례원칙을 위반한 것이며 헌법이 보장하는 직업의 자유라는 기본권의 본질적 내용을 침해하는 것에 해당되어 위헌적이라 할 수 있다.[78]

3. 환경세와 재산권(헌법 제23조)

독일의 경우 재산권으로부터 조세적 부담의 헌법적 한계를 도출할 수 있는지가 오랫동안 쟁점이 되어 왔었으나,[79] 오늘 날 우리나라에서나 독일에서도 조세부과는 개인의 금전적 재산에 대한 제한으로서 헌법상 재산권이 허용하는 범위를 넘어섰는지의 여부에 대해 심사해야 한다는 견해가 일반적으로 받아들여지고 있다.[80] 헌법의 재산권의 보호법익은 획득된 재산 또는 재산권이며 재산을 획득하기 위한 행위 그 자체는 직업선택의 자유의 보호법익에 해당한다고 하겠다.[81] 과도하게 높은 조세부담은 명백히 헌법 제23조의 재

77 B. Pieroth/B. Schlink, a.a.O., Rdnr. 827 ff.; F.R. Balmes, S. 172.

78 참조 J. Lang, Einbau umweltpolitischer Belange in das Steuerrecht, UTR Bd. 16, S. 69.

79 U. Klocke, a.a.O., S. 210 f.

80 강경근, 위의 책, 513면; 헌재 1997.12.24, 96헌가19, 96헌바72(병합) 구 상속세법 제9조 제1항 위헌제청 위헌결정 [판례집9－2 762]; F.R. Balmes, a.a.O., S. 174; 참조 P. Kirchhof, Besteuerung und Eigentum, VVDStRL, Heft 39 1981, S. 226 ff.; ders., HdStR, Bd. IV, 1999, § 88, Rdnr. 68 ff.

81 참조 BVerfGE 30, 334 f.; 38 101.

산권의 보장에 위배되는 위헌적인 것이지만, 도대체 과도하게 높은 정도에 대한 한계에 대해서는 명쾌하지 않아 아직 풀어야 될 문제로 남아 있으며, 그에 관해서는 단지 독일연방헌법재판소의 과세를 통한 몰수 및 교살의 금지(das Verbot der Konfiskation und der Erdrosselung durch Besteuerung) 정도만이 과세를 통한 재산권제한의 한계로 제시되어 있을 뿐이다.[82]

이와 같이 헌법상 재산권이 과세부담에 대한 명확한 한계를 지금껏 제시해 주고 있지는 못하지만, 기본권침해당사자에 대한 기본권의 최소 보호기능(eine minimale Schutzfunktion)[83]을 통해 환경세의 도입시 그 기준을 부여 할 수 있다. 즉, 만약 환경세가 납세자에게 환경세의 도입에 따른 적응수단이라든지 또는 환경세를 회피할 수 있는 수단을 주지 않고 단기간에 재정적인 곤란을 초래하여 납세자의 파산을 야기하게 된다면, 이는 과도하게 높은 세율의 환경세이며 따라서 비례원칙에 위배한 것이고 위헌이라 할 수 있을 것이다.

그러나 환경세로 인해 반환경적 기업의 경쟁력이 중·장기간의 관점에서 환경친화적 기업의 그것보다 저하되고 따라서 재정적으로 어려워지게 된다면 이는 바로 환경세가 목적하는 바이며 또한 환경재난이라는 결과의 심각성에 비추어 본다면 이를 재산권의 과도한 제한이라고 볼 수 없다.

V. 결 어

앞에서 살펴 본 바와 같이 환경세는, 조세부담과 개인의 경제적 급부능력과의 관계의 단절이라는 특이성으로 인해 지금까지의 전통적 조세가 가지는 많은 원칙들과 충돌을 갖게 된다. 즉, 환경세는 개별 납세의무자의 경제적 성공에 대해 과세하는 것이 아니라 납세자의 반환경적 행위에 대해 경제적으로 부담을 가하게 되는 것이므로 조세국가주의원칙 및 조세법상 핵심원칙의 하나인 응능부담의 원칙 그리고 평등의 원칙에 위배되는 측면이 있다. 그러나 환경보호라는 중요하고도 긴절한 책무는 지금의 세대뿐만 아니라 다가 올 세대를 위해서도 꼭 이행되어져야 한다는 당위성에서 여러 헌법적 원칙과의 충돌과 기본권의 제한은 치유될 수 있으며, 환경보호정책의 특성상 명령적 방법을 통한 규제적 수단의 이용 보다는 受範者에게 더 많은 행위의 자유를 주어 자발적으로 환경보호라는 공동체

82 G.F. Schuppert, Verfassungsrechtliche Prüfungsmaßstäbe bei der verfassungsrechtlichen Überprüfung von Steuergesetzen –Ein Beitrag zu den verfassungsrechtlichen Bindungen des Steuerrechts, in: FS für Zeidler, 1987, S. 700; K. Tipke, Steuerrechtsordnung, S. 454 f.

83 참조 장영수, 위의 책, 121 이하.

적 목표에 동참하게 하는 誘因的 수단이 훨씬 효용적이라 하겠다.

따라서 우리 헌법 제59조의 '조세의 종목과 세율은 법률로 정한다'라는 규정에 따라, 환경세의 세율이 비례원칙 및 기타 기본권제한의 한계를 일탈하여 납세자를 과도하게 부담시키지는 경우를 제외하고는, 조세적 수단인 환경세라는 새로운 종목이 법률을 통해 도입될 경우 그 헌법적 정당성은 인정되어야 할 것이다.[84]

84 독일의 경우, 기본법 제105조 이하의 稅收分配規定으로 인해 환경세라는 새로운 형태의 조세종목을 정할 수 있는지가 지금도 쟁점사항이 되고 있으나, 통설은 기본법의 개정을 통해서 명문으로 환경세를 신설하지 않는 이상 환경세의 헌법적정성에 대한 논란은 항상 있을 것이라고 한다. 다른 견해 U. Klocke, a.a.O., S. 182 ff.

<참고문헌>

김철수, 『헌법학신론』, 2003.

강경근, 『헌법』, 2002.

김남진·김연태, 『행정법 II』, 2006.

김동희, 『행정법 I』, 2005.

유지태·김연태·김중권, 『세법』, 1998.

장영수, 『헌법학 II – 기본권론』, 2003.

홍성방, 『헌법학』, 1999.

A. Arndt, Gleichheit im Steuerrecht, NVwZ 1988, S. 787 ff.

H.H. Arnim, Besteuerung und Eigentum, VVdStRL 39 (1981), S. 332 ff.

F.R. Balmes, Verfassungsmäßigkeit und rechtliche Systematisierung von Umweltsteuern, 1997.

G.H.–K. Bauer, Die Steuer als Instrument im Umweltschutz, Uni. Augsburg Diss. 1994.

D. Birk, Das Leistungsfähigkeitsprinzip als Maßstab der Steuernorm, 1983.

______, Steuerrecht als Mittel des Umweltrechts, NuR 1985, S. 91

______, Steuerrecht I, 1988.

______, Verfassungsrechtlichen Grenzen der Konsumbesteuerung, in: M. Rose (Hrsg.), Konsumorientierte Neuordnung des Steuersystems, 1991, S. 351 ff.

______, Steuerrecht, Aufl. 7, 2004.

C. Creisfeld, Rechtswörterbuch, 15. Aufl., 1999.

D. Dickertmann, Erscheinungsformen und Wirkungen von Umweltabgaben aus ökonomischer Sicht, DStJG Band 15 (1993), S. 57 f.

R. Dolzer/K. Vogel/K. Graßhof (Hrsg.), Bonner Kommentar zum GG, Stand 1992,

K.H. Friauf, Verfassungsrechtliche Anforderungen an die Gesetzgebung über die Steuern vom Einkommen und vom Ertrag, DStJG Bd. 12 (1989), S. 3 ff.

B. Hansjürgens, Finanzpolitische Anforderungen und Restriktionen für Umweltabgaben, in: W. Benkert/J. Bunde/B. Hansjürgens (Hrsg.), Umweltpolitik mit Ökosteuern? Ökologische und finanzpolitische Bedingungen für neue Umweltabgaben, 1991, S. 89 ff.

W. Höfling, Verfassungsfragen einer ökologischen Steuerreform, StuW 1992, S. 249.

J. Isensee, Steuerstaat als Staatsform, in: FS für H.P. Ipsen, 1977, S. 409.

A. Katz, Staatsrecht, 1992.

P. Kirchhof, Besteuerung und Eigentum, VVDStRL, Heft 39 1981, S. 226 ff.

______, Verfassungsrecht und öffentliches Einnahmssystem, in: K.H. Hansmeyer (Hrsg.), Staatsfinanzierung im Wandel, 1983, S. 33.

______, Der verfassungsrechtliche Auftrag zur Besteuerung nach der finanziellen Leistungsfähigkeit, StuW 1985, S. 319 ff.

______, Die Kunst der Steuergesetzgebung, NJW 1987, S. 3226.

______, Staatliche Einnahmen, in: J. Isensee/P. Kirchhof (Hrsg.), HdStR, Bd. 4, 1990, § 88 Rdnr. 3 ff.

______, Verfassungsrechtliche Grenzen von Umweltabgaben, DStJG, Bd 15 (1993), S. 3 ff.

U. Klocke, Klimaschutz durch ökonomische Insgtrumente – Finanzverfassungsrechtliche, europarechtliche und ökonomische Aspekte einer CO2-Abgabe, 1995.

M. Kloepfer, Umweltrecht, 1989.

M. Kloepfer/E. Rehbinder/E. Schmidt-Aßmann unter Mitwirkung von P. Kunig, Entwurf des UGB-AT, 2. Aufl., 1991.

J. Lang, Entwurf eines Steuergesetzbuchs, 1993.

______, Einbau umweltpolitischer Belange in das Steuerrecht, UTR Bd. 16, S. 69.

______, Verwirklichung von Umweltschtzzwecken im Steurrecht, DStJG Bd. 15 (1993), S. 129.

G. Leibholz, Die Gleichheit vor dem Gesetz und Bonner Grundgesetz, DVBl. 1951, S. 195.

K. Meßerschmidt, Umweltabgaben als Rechtsproblem, 1986.

G. Morgenthaler, Resümee, DStJG Bd. 15 (1993), S. 213.

I. v. Münch/P. Kunig (Hrsg.), GG-Kommentar, Bd. I, 4 Aufl. 1992.

B. Pieroth/B. Schlink, Staatsrecht II, 15. Aufl. 1999.

E. Schmidt-Aßmann, Der Rechtsstaat, HdStR, Bd I 1987, § 24, Rdnr. 69 ff.

G.F. Schuppert, Verfassungsrechtliche Prüfungsmaßstäbe bei der verfassungsrechtlichen Überprüfung von Steuergesetzen -Ein Beitrag zu den verfassungsrechtlichen Bindungen des Steuerrechts, in: FS für Zeidler, 1987, S. 700.

R. Seer, Inhalt und Funktion des Begriffs "Betrieb gewerblicher Art" für die Besteuerung der öffentlichen Hand (Teil I), DStR 1992, S. 1751.

K. Stern, Das Staatsrecht der Bundesrepublik Deutschland, Bd. II 1980.

______, Staatsrecht I, Aufl. 2, 1984.

K. Tipke, Steuerrecht, 15. Aufl. 1996.

______, Die Steuerrechtsordnung, Bd. I, 2000.

K. Tipke/J. Lang, Steuerrecht, 17. Aufl.

H.F. Zacher, Das soziale Staatsziel, HdStR, Bd. I 1987, §25 Rdnr. 19 f.

[30] 기후변화취약계층 지원을 위한 법·정책적 과제*

최 경 호**

Ⅰ. 들어가며

전 세계적으로 기후변화의 영향은 다양한 형태로 나타나고 있다. '기후변화에 관한 정부 간 협의체(Intergovernmental Panel on Climate Change)'는 평가보고서에서 최고 수준의 완화정책을 적용하더라도 앞으로 수십 년 동안 지금보다 한층 더 심각한 기후변화 영향을 피하기 힘들 것으로 예측하고 있으며, 이에 보다 장기적인 안목을 가지고 기후변화 영향을 평가하고 준비해야 하는 것이 절실하다고 기술하고 있다.[1] 영국, 핀란드, 네덜란드를 포함한 여러 주요국에서는 자국의 국토를 바탕으로 한 기후변화 영향평가 결과를 근거로 하여 개별적인 기후변화대책을 구체화 하고 있으며, 우리의 경우도 우리만의 기후, 지형적 특성 등을 종합적으로 고려하여, 우리만의 적절한 적응대책을 마련하는 작업이 필요하다.[2]

기후변화는 인간 건강 및 복지에 많은 영향을 미치고 있으며, 이에 대비하여 국가는 저감 및 적응 정책을 수립·시행하고 관련 정책을 법제화하고 있다. 기후 변화의 예측 어려움, 사회경제적 요인의 불확실성, 재정적인 문제, 사회적인 문제, 제도적인 문제는 관련 정책 및 법제에 어려움으로 작용하고 있다.

'기후변화취약계층'에 관하여 법적으로 그리고 사전적으로 정의된 개념은 찾기 힘들며, 이는 기후변화취약계층에 관한 지원에 있어 어려움으로 작용하고 있다.[3] 일반적 취약계층의 의미와 기후변화를 결합하여 그 의미를 찾아본다면, 기후변화에 취약한 지역에 사

---

* 존경하는 정만희 교수님의 정년을 진심으로 축하드립니다. 베풀어주신 학은에 진심으로 감사드립니다. 졸고는 한국법제연구원 2016년 수시과제보고서(기후변화법제 연구 16-19-⑧) "기후변화취약계층 지원을 위한 법제연구"를 바탕으로 하여 수정·보완되어, 『이화여자대학교 법학논집』 제22권 제3호(2018. 3. pp.227~252)에 "기후변화취약계층 지원을 위한 법·정책적 과제"라는 제목으로 출간된 논문임을 밝힙니다.

** 한국법제연구원 부연구위원, 법학박사(SJD).

1 IPCC(Intergovernmental Panel on Climate Change) 공식 홈페이지, https://www.ipcc.ch/organization/organization.shtml (최종방문일 2019. 3. 11).

2 왕광익, 정윤희, 이진희, 박근현, 『기후변화 취약계층을 위한 녹색도시정책연구』(국토연구원, 2012), 151면.

3 기후변화 적응과 관련한 법률이 다수 있다. 기후변화 적응에는 폭염, 한파, 태풍 및 호우, 자외선 등 기후변화가 미치는 재난·재해 대책을 포함하며, 특히 「저탄소 녹색성장 기본법」 및 동 법 시행령에서는 "기후변화 취약성평가", "기후변화에 따른 취약계층·지역 등의 재해 예방" 등 거시적 정책 목표를 제공하고 있다. 그럼에도 불구하고 기후변화 취약계층의 정의는 제공하고 있지 않다.

는 사람, 기후변화 대응할 수 있는 능력 또는 적응능력이 낮으며, 기후변화에 따른 영향에 민감하게 반응하는(민감도) 계층으로 그 의미를 파악할 수 있다.[4]

본 논문에서는 한국에서의 기후변화 취약계층의 유형 및 형태를 발견하고, 이들의 지원을 위한 정책 및 법제의 방향을 검토한다. 「저탄소 녹색성장 기본법 시행령」, 「재난 및 안전관리 기본법」 등 기후변화취약계층에 관한 규정을 담고 있는 법제를 검토한다. 본 논문은 제2장에서 기후변화취약계층 및 관련 지원정책을 검토한다. 기후변화라는 맥락 속에서의 취약계층의 의미는 취약계층의 일반적인 개념 및 정의와는 다를 수 있다. 또한 원인자부담주의에 기한 기후변화 분배정의의 관점도 기술한다. 제3장에서는 기후변화취약계층 관련 법제 및 개선방안을 살펴본다. 기후변화취약계층을 위한 지원의 근거는 국가차원의 개별법령을 통해서도 가능하며 지방자치단체에서도 직접 법적근거를 만들어 수행할 수 있다. 이는 기후변화가 지역적인 특색을 동반하여 발생하는 경우가 많고, 이에 따른 개별적인 대응이 필요하다는 점에서 조례를 통한 지원근거를 마련하는 방법에 대해서 검토한다.

Ⅱ. 기후변화취약계층 개념 및 관련정책

1. 일반적 취약계층과 기후변화취약계층의 개념 차이

(1) 일반적 취약계층의 개념

일반적인 취약계층의 정의는 ① 개인의 사회적 위치, ② 생애과정, ③ 사고 등이 복합적으로 작용하여 결정된다.[5] "장애인", "이민자", "편부모 가정" 등 사회적 약자의 위치에 처하게 되는 경우이다. 생애과정상 발생할 수 있는 사회적 위험으로는 학교졸업 이후 구직하기까지 청년실업에 처해있는 "청년", 조기퇴직 후 재취업이 어려운 "중고령", 시기적 공백이 있는 "기혼여성", "출산여성" 등을 들 수 있다. 사고는 예상할 수 없었던 "산업재해", "질병", "실업 및 실직" 등이 포함되며 현대 복지국가에서는 "사회적 위험"의 의미에 포괄될 수 있다.

선진국에서는 취약계층의 구분 시[6] 사회적 취약계층('socially disadvantaged individuals

---

4 하종식 외 6인, 『기후변화 취약계층 지원·관리 체계화』(환경부, 2014), 11면.

5 방하남, 강신욱, 『취약계층의 객관적 정의 및 고용과 복지를 위한 정책방안』(경제사회발전 노사정위원회, 2012), 2면.

6 기후변화취약계층에 관한 외국의 주요연구로는 Randall S. Abate and Elizabeth Ann Krnox, Climate Change and Indigenous Peoples (Edward Elgar, 2013); Rebecca Tsosie, *Indigenous people and environmental justice: the impact of climate change*, 78 U. Colo. L. Rev. (2007), p. 1625; Nancy J. Turner a & Helen Clifton, "*It's so*

or groups')과 경제적 취약계층('economically disadvantaged individuals/group')으로 구분하고, ① 사회적 취약계층은 인종, 국적, 종교, 성별에 따른 사회적 편견과 차등을 받는 계층을 의미하며, ② 경제적 취약계층은 자유 시장경제 체제에서 독자적으로 공정한 경쟁을 통하여 기본적인 삶의 영위가 어려운 개인들이나 단체로서 사회적 지원체계나 법제도적 보호를 통해 보완이 필요한 계층을 의미한다.[7]

(2) 기후변화 취약성 및 기후변화취약계층의 개념

(가) 기후변화 취약성의 개념

취약성의 개념은 기후변화 관련 연구보다는 식량안보, 빈곤·자연재해 등 재난위험관리연구에서 수행된 바 있으며, 기후변화취약성은 다른 취약성 연구에 비해 연구가 늦게 시작된 바 있다.[8] 취약성은 일반적으로 "vulnerability"이라는 용어로 표현된다. 기후관련 vulnerability의 의미에 대해 IPCC는 "기후 다양성과 극한 기후 상황을 포함한 기후변화의 역효과에 대한 시스템의 민감도 또는 대처할 수 없는 정도", UNDP는 "기후 변동이나 스트레스에 대한 노출과 이에 대한 대처, 회복, 적응능력에 따른 노출단위의 위험에 대한 민감도", UNFCC는 "사회, 인구, 생물종, 생태계, 지역, 농업시스템이나 그 외 다른 수량이 기후변화의 역효과에 민감한 정도 또는 대처할 수 없는 정도"로 보고 있다.[9]

(나) 기후변화취약계층의 개념

법령에서는 일부 "기후변화취약계층"이라는 용어를 사용하고 있으나 법적으로 정의된 개념은 찾을 수 없다. 국내외 연구문헌을 살펴보면 다음과 같이 기후변화취약계층을 설명하고 있다. 기후변화 영향은 그 영향을 받는 대상 집단의 기후변화 대처능력, 즉 개인과 집단의 연령, 사회적 경제능력에 따른 대응의 차이가 있으며, 고령일수록 빈곤으로 인해 냉난방에 어려운 계층일수록 그 대응에 어려움이 크다.[10] 개인의 현재 건강상태 등 생물학적 조건, 재산·소득·소비를 포함하는 사회경제적 조건 등 경제적 취약으로 인해 기후변화 취약계층이 될 수 있다.

---

different today": Climate change and indigenous lifeways in British Columbia, Canada, Global Environmental Change, Volume 19, Issue 2, (2009), p. 180−190; Green, D. et al. (2009). *Risks from climate change to indigenous communities in the tropical north of Australia.* Canberra, A.C.T.: Dept. of Climate Change.

7 방하남, 강신욱, 앞의 자료집(주 5), 2면.

8 신지영 외 4인, 『기후변화 적응관련 취약계층 지원대책 현황조사 및 분석 연구』(한국환경정책·평가연구원, 2013), 4면.

9 한국 환경정책·평가연구원 국가기후변화적응센터, http://ccas.kei.re.kr/climate_change_adapt/menu4_2_1.do(최종방문일 2019. 3. 11.)

10 하종식 외, 앞의 자료집(주 4), 18면.

이와 같이 국내 관련 법령에는 기후변화취약계층의 정의 및 범위가 명확하게 규정되고 있지 않고 있어 실질적으로 기후변화취약계층을 위한 지원에 어려움이 있다. 기후변화취약계층에 관한 개념 규정을 위해 다음과 같은 사항을 검토할 수 있다.[11] 첫째, 기상이변에 따라 발생될 수 있는 영향별로 취약계층을 분류하는 방법, 둘째, 지역·사회·경제적 영향에 따라 기후변화에 민감한 영향을 받을 수 있는 취약계층의 개념이다.

가) 기상이변 영향별 중점 취약계층

폭염, 한파, 가뭄, 집중호우, 폭설, 태풍 같은 기상이변에 따라 발생될 수 있는 영향별로 취약계층을 구별하는 방법이 있다. 기상이변은 "현재부터 과거 30년 동안 일어나지 않았던 현상이 나타날 경우 짧은 기간 중에 사회나 인명에 중대한 영향"[12]으로 정의될 수 있다.

폭염에 의한 건강 취약성 요인으로는 기후노출, 민감도, 적응능력 등을 들 수 있고, 기후노출에 따른 취약성 평가의 내용이 되는 기후변수로는 ① 일 최고기온이 33℃ 이상이 되는 날의 횟수, ② 일 최저 기온이 25℃ 이상이 되는 날의 횟수, ③ 일최저기온, ④ 상대습도(%), ⑤ 체감온도(℃), ⑥ 불쾌지수 등을 들 수 있다.[13] 민감도에 관한 변수목록으로는 65세 이상 인구, 13세 이하 인구, 독거노인 비율(총인구)(%), 기초생활수급자비율(%), 심혈관질환 사망자수(명), 열사병/일사병으로 인한 사망자수(명)를 검토할 수 있고, 적응능력에 따른 변수목록으로는 지역내 총생산(GRDP), 재정자립도, 건강보험 적용인구비율, 인구당 보건소 인력, 인구당 응급의료기관 수, GRDP 보건업 및 사회복지 서비스업 등을 들 수 있다.

한파에 의한 건강 취약성의 경우 기후노출, 민감도, 적응능력을 들 수 있고, 기후노출변수에 따르는 변수목록이 될 수 있는 사항으로는 일 최저기온이 영하인 날의 횟수, 일평균기온이 영하인 날의 횟수, 적설량(cm), 연속적인 무강수 일수의 최대값, 일최대풍속이 14m/s 이상인 날의 횟수가 포함되고, 한파에 의한 건강취약성 민감도를 파악하기 위한 변수목록으로는 65세 이상 인구, 13세 이하 인구, 독거노인 비율(%), 기초생활수급자 비율(%), 호흡기질환 입원 환자수, 뇌혈관질환 사망자수가 포함된다. 적응능력과 관련된 변수목록으로는 지역내 총생산(GRDP), 재정자립도(%), 건강보험 적용인구 비율(%), 인구당 보건소 인력(명/만명), 인구당 응급의료기관 수, GRDP 보건업 및 사회복지 서비스업의 규모를 들 수 있다.[14]

---

11 하종식 외, 앞의 자료집(주 4), 101면.
12 하종식 외, 앞의 자료집(주 4), 18면.
13 왕광익 외, 앞의 자료집(주 2), 99면.
14 왕광익 외, 앞의 자료집(주 2), 99면.

나) 지역·사회·경제적 영향에 따른 취약계층 개념

도시형과 농어촌형으로 나누어 구별할 수 있고, 취약계층 유형으로는 독거노인가구, 장애인, 기초생활수급자, 조손가구, 저소득계층, 비주택거주자, 주거층 취약계층, 주택 냉난방 취약계층, 차상위계층 등 사회·경제적 영향을 뒷받침하는 분류와 농업종사자, 축산업종사자, 어업종사자, 야외근로자, 자영업자, 시설/원예종사자 등 경제 생산활동이 기후변화에 직접적인 영향을 받을 수 있는 분류로 구분이 가능하다.[15]

2. 기후변화취약계층 관련 정책

(1) 기후변화 종합대책(1999)

중앙정부는 에너지 절약 및 온실가스 감축이 기후변화협약 등 국제적 협력 뿐 아니라 우리나라의 장기적 경제발전 방향을 위해 중요하다는 점에서 여러 가지 관련 정책 및 조치를 취해오고 있다.[16] 기후변화협력 범정부대책기구가 1998년 출범되었었으며 국무총리를 위원장으로 하는 기후변화대책실무대책단이 중심이 되어 주요 정책과 조치들 논의, 1999년부터 4차례에 걸쳐 '기후변화 종합대책'을 수립하였다. 2008년 9월에는 "기후변화대응종합기본계획"을 수립하였는데, 동 계획은 "범지구적 기후변화대응계획 노력에 동참" 및 "녹색성장을 기반으로 한 저탄소사회 구현"을 비전으로 하였으며, 기후변화 적응보다는 완화에 중점을 둔 계획이었다. 이후 기후변화 적응에 관한 중요성이 강조된 환경부 총괄 범부처의 '국가 기후변화 적응 종합계획(2009－2030)'이 수립되었다. 동 계획을 통해 단기적으로 체계적, 종합적인 기후변화 적용역량을 키우고(2012년까지), 장기적(2030년까지)으로는 기후변화 위험감소 및 기회현실화를 목표로 하였다.

(2) 제1차 국가기후변화적응대책(2011-2015)

「저탄소녹색성장기본법」시행(2010. 4)에 따른 법정계획으로 제1차 국가기후변화적응대책이 수립되었으며, 환경부를 총괄로 하여 14개 부처가 합동으로 최초의 국가대책인 '제1차 국가기후변화적응대책을 수립하여 추진하였으며, 기후 전망자료 마련, 농수산·건강·생태계·인프라 등의 취약성을 분석하여 관리강화, 지자체 대책 수립(17개 광역, 168개 기초) 등이 주요 내용이다.[17]

제1차 국가기후변화적응대책의 성과로는 중앙부처 및 지자체 단위의 적응대책 및 세

15 하종식 외, 앞의 자료집(주 4), 29면.

16 왕광익 외, 앞의 자료집(주 2), 37면 이하.

17 관계부처합동, 『제2차 국가기후변화적응대책(2016－2020)』(환경부, 2015), 1면.

부시행계획의 기본이 되는 체계를 제시하였으며, 「저탄소녹색성장기본법」 제48조 및 동법 시행령 제38조에 명시되고 있는 기후변화적응을 위한 국가단위의 추진사항을 구체화 한 바가 있다.[18] 또한 중앙부처 기후변화적응대책의 세부시행계획 수립 및 시행을 통하여 국가단위 기후변화적응대책을 유도하였으며, 지자체가 기후변화적응대책을 수립할 수 있도록 지원하여, 국가－광역－기초 자치단체에 이르는 추진체계를 마련하였다는 성과가 있다.

제1차 국가기후변화적응대책의 한계로는 부문별로 중장기·단기 목표가 부재하며, 기후변화적응대책 우선순위 설정이 미흡하여 효과적인 정책추진을 위한 기반이 약했고, 이행 모니터링, 평가 및 수정과 보완까지의 정책 환류과정이 미흡했다는 평가이다.[19] 또한 한정된 예산 범위 안에서 대책운영의 어려움이 있었으며, 예산 추가 확보 또한 용이하지 않아 적응추진 활성화에 있어 한계가 있었다. 기후변화적응 전문인력 부족에 따라 과학적 근거를 바탕으로 한 적응정책 수립 및 추진이 미흡했다는 문제점이 있었으며, 지자체, 산업계를 포함하는 실질적인 적응추진의 주체와 체계적인 소통이 부재하여 실효성있는 적응대책 발굴이 어려웠고, 지자체 및 산업계의 자발적 참여 유도에도 어려움이 있었다.

(3) 제2차 국가기후변화적응대책(2016-2020)

(가) 개 관

2차 대책('16~'20)은 "1차 대책의 성과를 보완·발전하여 과학적인 기후변화 리스크 분석을 바탕으로 분야별 연계·통합을 강화하고 국제적으로 적응 중요성 강조하였으며, 국내적으로 고령화 가속으로 인한 위험 증가 등 대내외 여건 변화도 반영하였다는 특징"이 있다.[20]

제2차 국가기후변화적응대책은 "기후변화 적응으로 국민이 행복하고 안전한 사회구축"을 비전으로 "기후변화로 인한 위험감소 및 기회의 현실화"를 목표로 하고 있다.[21] 4대 정책으로는 (1) 과학적 위험관리, (2) 안전한 사회 건설, (3) 산업계 경쟁력 확보, (4) 지속가능한 자연자원관리가 포함된다.

(나) 기후변화 취약계층 보호·지원 현황 및 여건

가) 기후변화로 인한 취약계층 건강 피해 증가

기후변화 취약계층은 건강영향에 있어 기존 건강위험요소 외에 기후 변화라는 새로

---

18 관계부처합동, 앞의 자료집(주 17), 9면.
19 제1차 국가기후변화적응대책의 성과 및 한계에 관해서는, 관계부처합동, 앞의 자료집(주 17), 10면.
20 관계부처합동, 앞의 자료집(주 17), 1면.
21 관계부처합동, 앞의 자료집(주 17) 요약본, 2면.

운 위험요소가 더해져 피해가 가중되고 있으며, 실제로 사회, 경제적 소외계층은 보통 낮은 경제적 신분, 열악한 건강상태 및 극한현상 발생 후 대피 등으로 많은 피해가 발생되고 있으며(IPCC, 2014), 인구고령화, 소득 양극화 등으로 기후변화 관련 취약계층 증가 가속화 및 피해 증가가 예상된다. 우리나라 65세 이상 고령인구는 2010년 545만명(11.0%)에서 2020년 808만명(15.7%)으로 증가가 예상되며, 2035년에는 1,475만명(28.4%)로 약 2.5배 증가가 전망된다.[22]

나) 기후변화 취약계층 보호를 위한 맞춤형 정책 강화

동 정책 추진에 있어 취약계층 대상의 범위가 광범위하여 선택 및 집중의 효율적 대책추진에 한계가 있으며, 기후변화 취약계층의 범위 설정 및 실질적 대응 사업 발굴로 취약계층 특성을 고려한 맞춤형 대책 추진이 필요하며, '제2차 녹색성장 5개년 계획(2014~2018) — 기후변화 취약계층 녹색복지 실현 기반 확충(4-4-1)에서 에너지 바우처, 고효율 조명 보급 확대 등의 에너지 복지, 주거환경 리모델링 및 실내 환경개선 추진이 포함', '환경보건종합계획(2011~2020) — 취약인구집단 대기오염 피해저감 정책 추진' 등 관련 계획의 기후 변화 취약계층 피해저감 정책과 연동하여 정책추진이 필요하다.[23]

(다) 기후변화 취약계층 지원을 위한 추진과제

기후변화 취약계층 분류방안 개발이 필요하다. 기후변화 취약 지역, 사회적 배제집단, 사회적 결핍집단 등 복합적으로 고려되는 다차원 분류방법의 개발이 필요하며, 보건소 단위 기후변화 건강취약계층 분류, 관리대상 선정방법의 개발이 필요하다.[24]

주택 개보수 등 여러 분야에서 체계적이고 효율적인 기후변화취약계층 지원사업 통합관리가 가능하도록 지원하는 것이 필요하며, 기후변화 취약계층 가구 실내환경 진단 및 개선의 노력으로 생활환경 유해인자 진단 및 컨설팅으로 실내환경 개선을 지원할 수 있다.[25] 지역적 취약성 계층이 될 수 있는 침수 가구에 대한 기후변화 영향관련 병원성 미생물 진단 지원 및 연령적으로 취약계층인 아동에 대한 아토피, 천식, 알레르기성 비염 등 환경성 질환 아동에 대한 전문 환경보건센터에서 무료 진료제공 등을 고려할 수 있다.

또한 기후변화취약계층 이용시설 현황 및 대응실태를 분석하고, 이들이 이용하는 시설물 대상의 기후회복력을 진단 및 평가하는 도구 개발 및 운영이 요구되며, 이용시설물 관리자의 적응역량 강화를 위한 교육자료의 개발 및 운영이 필요하다.[26] 또한 지역을 기

22 관계부처합동, 앞의 자료집(주 17), 84면.
23 관계부처합동, 앞의 자료집(주 17), 84면.
24 관계부처합동, 앞의 자료집(주 17), 85면.
25 관계부처합동, 앞의 자료집(주 17), 86면.
26 관계부처합동, 앞의 자료집(주 17), 85면.

반으로 하여 기후변화 취약계층 민간협력 지원사업 활성화가 고려될 수 있다.[27]

3. 기후변화취약계층 지원방법

취약계층 지원대책으로는 구조적 대책, 비구조적 대책, 사회적 대책, 복합적 대책 등으로 구분할 수 있다.[28] 구조적 대책에는 시설설치 및 조성, 관련 정비 등이 포함되고, 비구조적 대책으로는 모니터링, 관련연구, 관리 유지 및 지원, 시스템 구축 등이 포함되며, 사회적 대책으로는 교육 및 홍보, 관련법률, 규정, 제도 등의 제정 및 정비, 관련 프로그램 및 서비스제공 등이 포함된다. 취약계층 지원형태로는 직접지원, 간접지원의 형태로 나눠볼 수 있는데 직접지원으로는 기후변화취약계층·지역에 관련물품, 서비스 제공, 시설설치, 비용제공 등 직접적인 형태의 지원을 통한 방법이 있고, 계획수립, 제도 도입, 관련 자료 제공 및 관련 연구 수행 등 간접적인 형태의 지원이 있을 수 있다.

환경부는 기후변화적응 지원사업으로 겨울 한파 단열개선 지원방법 등 기후변화취약계층을 위한 지원 시범사업을 실시하고 있으며, 한파에 따르는 기후변화취약계층 지원을 위한 방법으로는 창문이나 문틈의 외풍에 대한 통제, 수도관 동파 위험성 등 겨울철 한파 취약성을 보완키 위해 문풍지, 단열에어캡 등을 지원한바 있다.[29] 2016년도에는 지자체 추천으로 강원 400가구, 경기, 전북 각 300가구 등 총 1,000가구가 시범사업 대상으로 선정되었으며, 내년에는 폭염을 포함 기후변화취약계층 지원을 확대키로 한 바 있다.

에너지지원은 정책적 지원과 법적지원으로 구분할 수 있다.[30] 정책적 지원은 정부와 에너지공기업을 중심으로 지원하는 에너지요금할인, 에너지기기 무상보급, 에너지서비스 지원체계 구축, 에너지공급중단의 유예 등을 포함한다. 이들 제도는 취약계층의 에너지 사용에 있어 불편을 최소화하는 제도이다. 법적지원은 「국민기초생활보장법」에 따라 국민기초생활수급권자에 광열비를 지원하는 제도와 긴급복지지원법에 의거 위기 사유가 발

---

27 지역을 기반으로 하여 기후변화 취약계층 민간협력 지원 사업 활성화가 고려 시 다음의 사항들을 검토해 볼 수 있다. 관계부처합동, 앞의 자료집(주 17), 86면.

- 기후변화 취약계층에 기후변화 적응관련 제품, 서비스 제원을 위한 바우처제도 도입 및 관련 지역기반 민간기업·협동조합의 참여 지원 - 기후변화 취약계층 방문서비스를 위한 기후변화 적응지원 지역보안관(대학생, 민간인력) 제도 도입 - 기후변화 취약계층의 기온변화 적응을위한 민간기업의 제품개발 지원 및 보급: 이동성·자가발전 가능한 냉열기, 방열기, 냉보온기능성 의류 등 제품 개발 지원, 빅데이터를 활용한 기상이변(폭염, 한파 등) 대응을 위한 모바일 건강관리 시스템 개발 및 제품화(어플리케이션 등) 지원

28 신지영 외 4인, 『기후변화 적응관련 취약계층 지원대책 현황조사 및 분석 연구』(한국환경정책·평가연구원, 2013), 27면 이하.

29 "한파 등 기후변화취약계층에 단열개선 등 지원", 「연합뉴스」, 2016년 12월 5일자.

30 왕광익 외, 앞의 자료집(주 2), 41면.

생하여 생계유지가 곤란한 국민기초생활수급권자, 차상위계층에 한시적으로 난방연료 및 전기요금 긴급지원사업이 있다. 기후변화취약계층지원관련 지원사업의 예로는 따뜻한 겨울나기 지원 프로그램(산업통상자원부), 저소득층 에너지효율 개선사업(산업통상자원부), 쪽방주민난방비지원(보건복지부), 폭염대응취약노인보호강화(보건복지부), 동절기 수도동파예방대책(환경부), 폭염관련 취약사업장 지도 강화(고용노동부), 폭염대비 행동요령 안내(고용노동부), 취약계층대상 생활기상정보 SMS서비스(기상청) 등이 있다.

4. 기후변화취약계층 관리 시스템

데이터베이스를 이용한 분석은 오늘날 정보통신분야에서 중요한 화두이다.[31] 기상이변취약계층 관리도 빅데이터 등 데이터베이스를 활용하여 대응방안을 모색할 수 있다. 이미 이러한 데이터베이스를 활용하는 정보관리시스템은 타 분야에서 활용되고 있다. 사회보장 관련 기관은 업무를 효율적 수행을 위하여 사회보장정보시스템을 이용하거나 관할 업무시스템과 사회보장정보시스템을 연계하여 이용할 수 있으며, 보장기관의 장은 사회보장정보시스템을 이용하여 처리하고자 하는 자료 또는 정보와 그 범위, 처리 목적, 처리 방식을 특정할 수 있다.[32] 사회보장정보시스템은 복지사업정보와 지원대상이 되는 자의 자격정보, 수급이력정보를 통합하여 관리하는 시스템으로, 동 시스템을 통해 복지 업무에 종사하는 자는 관리 정보를 기반으로 하여 업무처리, 복지사업설계 등 효율적으로 복지행정업무를 수행하기 위한 시스템으로 복지대상자에게 필요한 맞춤형 복지서비스 제공을 지원을 목적으로 하는 시스템이다.[33]

기후변화취약계층 지원을 위한 접근에서도 이러한 통합시스템망 구축은 유용하게 이용될 수 있다. 기상이변을 포함하는 기후변화 상황 및 피해사례를 세분화하여 데이터베이스화시키고, 해당유형에 따른 종례의 지원방법, 시행착오, 국내외 최적 대응사례 종합분석을 통하여 가장 적합한 지원책을 세분화하여 매뉴얼화 시키는 작업이 필요하다.

기상이변 취약계층 관리를 위한 시스템 구축을 위해 3단계 발전을 모색하고 있는데, 설계단계(제1단계), 검증단계(제2단계), 공공서비스와 연계단계(제3단계)를 거쳐 동 시스템

31 다양한 형태의 입법이 만들어지고 제도적 실현을 위해 힘써 왔음에도 불구하고 합체계적 접근을 위한 보완적 방법으로 취약계층 지식관리시스템의 필요성에 관한 주장은 주목할 만하다. 관련 논의로는 배유진, 최승원, "취약계층 권리보호에 관한 고려요소와 지향점-통합 지식관리시스템 구축을 중심으로", 『법학논집』(이화여자대학교 법학연구소, 2017), 제21권 제4호, 1면 이하.

32 「사회보장급여의 이용·제공 및 수급권자 발굴에 관한 법률」 제24조 제1항.

33 사회보장정보원 사회보장정보시스템 안내, http://www.ssis.or.kr/lay1/S1T102C316/contents.do(최종방문일 2019. 3. 11.)

의 단계별 발전을 모색하는 방법이다.[34] 기상이변 취약계층 시스템 설계, 기상이변 취약계층 관리시스템 서비스 구축을 거쳐, 기상이변 취약계층 관리시스템 서비스 확대의 방법을 거쳐 취약계층시스템의 안정적 활용이 필요할 것이다. 운영관리 및 비용 효율화 등 문제로 인해 통합관리 시스템으로 운영하는 것이 바람직할 수 있다.[35] 보건복지부에서 운영하고 있는 사회보장정보시스템인 행복e음과 같은 정보시스템을 활용하여 운영하는 방법 등을 검토할 수 있다.[36]

5. 기후변화취약계층 지원근거-기후정의의 관점에서

정의의 차원에서 기후변화를 보며 기후변화취약계층에 대한 지원 근거를 검토하고자 한다.[37] 정의에 대하여 이야기하는 것은 인간 인식의 불충분함과 불완전성 시공간적 한계 등으로 인해 그 자체로 한계를 가지고 있을 수 있는 시도라 하겠다.[38] 그럼에도 불구하고 기후변화의 문제점은 광범위한 시간과 공간을 통하여 나타난다는 점에서 문제의 공통성을 발견하고 이에 대한 접근이 가능할 것이다. 질병의 사회적 원인이 모든 인간에게 동일하게 분포되어 있지 않고 따라서 더 약한 사람들이 더 위험한 환경에서 살아가고 더 아플 가능성이 많은 것처럼 동일한 기후변화가 줄 수 있는 영향력은 취약계층이 훨씬 민감한 것이다.[39] 여기서 검토되어야 할 사안은 '기후변화와 분배정의'문제이다. 기후변화의 원인제공 그룹과 기후변화에 따른 부정적 영향을 직접적으로 받을 수 있는 그룹은 다른 경우가 발생할 수 있으며, 이러한 경우 문제 해결에 필요한 물리적 노력·경제적 비용 등 소요비용을 어떻게 하면 공정하게 나눌 수 있는 문제가 남는다. 여기서 기후변화 분배정의 문제가 검토되어져야 한다.[40]

기후정의(climate justice)의 개념은 미국에서 발생한 허리케인 카트리나 이후 다수의

34 하종식 외, 앞의 자료집(주 4), 74면.

35 하종식 외, 앞의 자료집(주 4), 76면.

36 사회보장시스템인 행복e음은 "각종 사회복지 급여 및 서비스 지원 대상자의 자격과 이력에 관한 정보를 통합 관리하고, 지자체의 복지업무 처리를 지원하기 위해 기존 시·군·구별 새올행정시스템의 31개 업무 지원시스템 중 복지분야를 분리하여 개인별 가구별 DB로 중앙에 통합 구축한 정보시스템"이다. 사회보장정보원 공식 웹페이지, http://www.ssis.or.kr/lay1/S1T102C103/contents.do(최종방문일 2019. 3. 11.)

37 앞서 살펴본 것처럼 기후변화취약계층은 다양한 원인에 의해 발생할 수 있으며, 누구라도 그 영향으로부터 자유로울 수 없으며 잠재적인 취약계층이 될 수 있다. 따라서 무지의 베일을 가지고 기후변화·평등·제도의 개념을 검토하여야 한다. Rawls, J. (1977). A theory of justice. Cambridge, Mass: Belknap Press of Harvard Univeristy Press. 11−17.

38 이유봉, "정의의 관념에서 바라본 지구온난화와 배출권제도", 『환경법과 정책』(강원대학교 비교법학연구소, 2009), 제3권, 49면.

3939 김승섭, 『아픔이 길이 되려면』(동아시아, 2017), 5−9면.

40 E. A. Posner & D. Weisbach, 이은기 역, 『기후변화와 정의』, (서강대학교출판부, 2014), 114−151면.

논의가 있었다. 2005년 미국 남동부 지역인 루이지애나 주 뉴올리언스 지역을 강타한 허리케인 카트리나로 인해 110만 명의 이재민, 2,500명 이상의 사망·실종자를 낳는 참사가 있었다.[41] 카트리나의 영향으로 지구 온난화와 환경정의의 개념을 연결하려는 시도가 있었고, 기후정의(climate justice)라는 용어가 만들어지기 시작하였다.[42]

지구온난화는 허리케인 및 국지성 강우의 강도를 높이고 있으며, 허리케인 카트리나는 상대적으로 소수인종, 경제적 약자가 기후관련 재앙에 쉽게 노출되고 있는 단상을 보여주었다. 해변인근 저지대와 같은 지역적 취약성, 경제적 취약성을 포함하면 소수인종 및 경제적약자가 기후변화취약자라는 접근이다.

미국 헌법은 수정조항 제5조에 평등권(equal protection)에 관한 규정을 두고 있다. 헌법에서 평등권 조항을 두고 있지만, 그것이 실제적으로 적용되는 형태에 관한 구체적 예시가 있는 것이 아니라, 개별사안에 대한 고민과, 새로운 가치의 발견, 법적 투쟁을 통해 판결로 나오고, 이러한 권리가 판례법으로 적용되는 경우도 있으며, 성문법화되어 하나의 평등보호 대상으로 포함되는 것으로 미국 평등권을 이해할 수 있다.[43] 불평등이 상당할 경우 적극적인 조치 소위 affirmative action을 통해 이러한 불평등 부분을 조정하기도 한다.

미국에서 기후정의 지지자들은 기후변화의 영향은 소수인종 및 빈민층에 상대적으로 피해가 많이 간다는 입장이며 따라서 정부차원의 적극적해결책이 필요하다는 주장을 하고 있다.[44][45] 기후정의에 관한 사회운동도 지리적인 상황, 이들이 가지고 있는 자원(물질적자원 등)의 차이로 인해 산발적인 시민사회운동이 있었으며 전국적 시민사회운동으로까지는 확산되지 못했다.[46]

6. 소 결

“취약계층”이라는 표현을 법에서 사용하고 있으나, 개별법에서의 취약계층의 의미는 다를 수 있다. 해당법의 입법목적상 취약계층의 정의 및 구분이 다를 수 있으므로 일반적인 정의는 찾기 힘들다. 예컨대 「사회적기업 육성법」에서는 취약계층이란 “자신에게 필요

---

41 Cutter, S. (n.d.). Retrieved February 15, 2018, from http://understandingkatrina.ssrc.org/Cutter

42 왕광익 외, 앞의 자료집(주 2), 61면.

43 Cohen, W. et al. (2005). *Constitutional law.* New York: Foundation Press. 690.

44 왕광익 외, 앞의 자료집(주 2), 61면.

45 기후불평등·기후 정의와 연결될 수 있는 개념으로 환경불평등·환경정의가 검토될 수 있다. 환경불평등(environmental inequality)은 경제적 소득 출신국가, 인종 등 사회 경제 등의 이유로 인하여 환경위험으로 동등한 보호를 받지 못하는 결과를 초래하기도 한다. 구지선, “환경불평등의 개선에 한 공법 검토”, 『공법학연구』(한국비교공법학회, 2012), 제13권 제4호, 297-299면.

46 왕광익 외, 앞의 자료집(주 2), 61면.

한 사회서비스를 시장가격으로 구매하는 데에 어려움이 있거나 노동시장의 통상적인 조건에서 취업이 특히 곤란한 계층"으로 규정하고 있다.[47]

기후변화 관련법에서는 "기후변화취약계층"의 정의는 두고 있지 않지만 기후변화 관련법에서는 기후변화취약계층 지원을 위한 입법목적에 부합하는 방향으로 정의 규정을 둔다면 "기후변화 취약한 계층이란 기후변화에 많이 노출되어 있고, 기후변화에 민감하고 기후변화에 대한 적응능력이 부족한 계층으로 기후변화의 물리적 영향에 많이 노출된 지역에 거주하거나 저소득층 및 기후변화 정보·지원서비스·의사결정구조에서 배제된 집단을 의미한다" 정도로 규정할 수 있을 것이다.[48]

Ⅲ. 기후변화취약계층 관련 법제 및 개선방안

1. 법제개선을 위한 미국의 참고입법

(1) 저소득가구에너지지원법의 주요내용

(가) 개 관

1981년 총괄예산조정법(Omnibus Budget Reconciliation Act)의 개정이후, 동 법을 근거로 저소득가구 에너지지원프로그램이 시행되고 있고, 동법을 「저소득가구 에너지지원법(Low-Income Home Energy Assistance Act)」으로 칭하기도 한다.[49] 동 법은 U.S. Code 제42편(Public Health and Welfare) 제94장 저소득층 에너지 지원부분에 위치해 있다.

동 법은 2005년 개정을 통하여 저소득가구 에너지지원프로그램의 일환으로 재생연료 구매지원, 재생연료 사용관련 보고의무, 폭염 및 폭서로 인한 인명손실의 실효적 방지 관련 보건복지부의 보고의무 등이 추가 되었다.

(나) 입법목적

동 규정은 광범위한 가이드라인으로, 기금 수령자는 냉·난방 비용 및 에너지 위기에 대한 지원을 받을 수 있으며, 주택단열화 비용 및 에너지 수요 저감을 위한 비용을 지원받을 수 있다. 동 법률에 따라 복지부장관은 주택 에너지로 수입의 상당부분을 지출하는 저소득가구의 주택 에너지 수요에 부응키 위해 주정부 재원을 교부할 수 있다.[50] 동 프로

---

47 「사회적기업 육성법」 제2조 제1호.
48 하종식 외, 앞의 자료집(주 4), 17면.
49 관련 국내 연구로는, 이준서, 윤혜선, 『미국과 캐나다의 에너지 빈곤층 지원 법제에 관한 연구』(한국법제연구원, 2014).
50 42 USC § 8621(a).

그램을 수행키 위해, 회계연도 기준 1995년부터 1999년까지 매년 20억 달러, 2000년과 2001년에도 그 각각 이에 상응하는 예산을, 2005년에서 2007년까지는 매년 51억 달러 예산을 책정하였다.[51]

또한 긴급기금 조문을 두어, 자연재해나 기타 비상사태에 대하여 주정부를 통해 교부되는 기금 외, 6억 달러의 예산편성을 하였다.[52] 다만 「Balanced Budget and Emergency Deficit Control Act」에 따른 긴급요건을 갖추어 대통령의 허가가 의회에 제출된 경우에 동 기금은 제공될 수 있다.[53]

(다) 주요내용

가) 빈곤수준, 최고에너지수요, 비상사태

동 법에서 사용되는 빈곤수준(poverty level)의 의미는 개별 주에 있는 가구에 적용되는 소득빈곤선(income poverty line)을 의미하며 "최고에너지수요"는 해당 가구의 에너지 부담, 영아, 장애인, 노인을 비롯 취약계층이 구성원으로 있으므로 발생하는 해당 가구 고유의 상황을 고려하여 판단하는 개별 가구의 에너지 수요를 의미한다.[54] 비상사태(emergency)라 함은 긴급한 에너지 공급이나 비용의 지원이 필요한 상황을 의미하는데, 다음과 같은 경우를 포함한다.[55] 자연재해, 주요주택에너지 공급의 부족 또는 붕괴, 복지부장관이 인정하는 주택에너지 비용의 현저한 증가, 노동부장관이 판단하는 실업이나 해직, 실업급여를 신청하는 개인이 있는 가구수의 현저한 증가 등이 포함된다.[56]

나) 에너지 부담과 에너지 위기

"에너지부담(energy burden)"은 한 가구의 수입을 그 가구의 에너지 지출로 나눈 비율을 의미하고,[57] "에너지 위기(energy crisis)"란 날씨 및 에너지 공급과 관련된 긴급상황 또는 그 밖의 주택에너지와 관련된 긴급상황을 의미한다.[58]

다) 기 금

저소득가구에너지지원법은 정기 기금과 비상비정기 기금을 책정하고 있으며, 미국 연방정부는 비상비정기기금을 통해 자연재해 및 비상사태시 에너지 지원에 매년 6억달

---

51 42 USC § 8621(b).
52 42 USC § 8621(e).
53 42 USC § 901(b)(2)(D).
54 42 USC § 8622(8), 8622(4).
55 42 USC § 8622(8), 8622(4).
56 42 USC § 8622(8), 8622(4).
57 42 USC § 8622(2).
58 42 USC § 8622(3).

러의 예산을 책정할 수 있다.[59] 보건복지부장관인 동 법에 의하여 책정된 예산의 비율에 의거 회계연도마다 개별 주정부에 일정한 예산을 교부하여야 한다.[60] 교부금은 해당 회계연도에 대한 할당액을 결정하고, 잔여금액에 각주의 할당률을 곱하는 방식으로 하여 결정한다.[61]

(2) 기후변화취약계층을 위한 행정명령의 주요내용

1994년 2월 Clinton 대통령은 저소득층 및 소수인종의 환경정의를 구체화하기 위한 연방조치인 행정명령(executive order 12898호)을 만들었다. 실질적으로 가능하고 법이 허용하는 최대의 범위에서 개별 연방기구는 미국에 있는 소수인종 또는 저소득 계층에 대한 프로그램, 정책 및 활동의 환경적 영향에 대한 검토를 하게끔 하고 있다.[62]

동 행정명령에서는 여러 정부조직들이 환경정의전략을 개발할 것을 요구하고 있는데, 환경보호청을 중심으로 국방부, 주거 및 도시 개발부, 노동부, 농업무, 교통부, 법무부, 인테리어부, 상무부, 에너지부, 환경부, 관리예산부, 과학기술정책부, 국내정책을 위한 대통령지원부, 국가경제위원회, 경지자문위원회, 대통령이 지명하는 기타위원회가 정부간 협동작업그룹을 구성할 수 있다.[63] 워킹그룹의 주요 업무사항으로는 소수인종 및 저소득 계층에 대한 건강에 부정적 영향 및 환경적 영향을 규정하는 것을 포함한다.

(3) 캘리포니아 기후적응 전략의 주요내용

2008년 당시 캘리포니아 주지사인 슈왈츠네거는 행정명령을 공포하고 캘리포니아 환경자원부로하여금 기후변화 대응전략 수립을 명했으며, 캘리포니아 환경자원부는 기후적응을 위한 다양한 권고사항을 담은 2009 캘리포니아 기후적응 전략을 발표하였다.[64] 동 전략의 주요 내용으로는 ① 기후적응 자문회의 설치 권고, ② 캘리포니아 환경품질법 개정을 통해 환경적 민감지역 개발 시 주에서 인증된 환경평가업체에 환경영향평가를 받을 것을 권고, ③ 기후취약성 조사 권고, ④ 해수면 상승연구, ⑤ 기후변화 연구가 신속히 정책에 반영하기 위해 기후적응 정책 가이드 개발권고, ⑥ 다양한 기후정보를 인터넷을 통한 제공이 포함된다. 특히 자연적, 사회적, 경제적 관점에서 기후취약성 조사를 권고하고 있고 사회적 취약성에는 기후변화취약계층의 선정도 포함된다. 다만 인터넷을 통한 기후

59 42 USC § 8621(e).
60 42 USC § 8623(a)(1).
61 42 USC § 8623(a)(2).
62 Executive Order 12898, 1-101.
63 Id.
64 왕광익 외, 앞의 자료집(주 2), 67면 이하.

변화정보제공의 경우 취약계층의 경우 상대적으로 접근이 용이하지 않을 수 있다는 문제점이 있다.

(4) 미국의 기후변화취약계층 지원관련 정책 및 법제의 시사점

미국 연방정부는 재난관리에 있어 지난 200년에 걸쳐 지속적으로 그 역할을 증가시켜왔으며, 1803년 뉴햄프셔 포츠머스시에서 대화재에 따른 복구지원을 통해 연방자원이 최초 투입된바 있으며, 이후 1803년부터 1950년 기간 동안 미국 연방정부로부터 홍수, 지진, 터네이도 등 100회 이상의 재난에 대한 지원이 있었으며, 당시까지는 임시방편에 가까운 대책을 담고 있는 법이었다.[65] 1950년 연방재난방지법(Federal Disaster Act) 제정을 통해 안전관련 법의 통폐합이 이루어졌으며, 현재 대규모 재난발생시 신속한 연방차원의 지원을 위한 법률인 재난구호 및 비상지원법(Robert T. Stafford Disaster Relief and Emergency Assistant Act, Stafford Act)에서도 주정부 및 지방정부의 자원을 최우선적으로 활용하여 재난에 대처하여야 한다는 연방주의입장을 취하고 있다. 기후변화취약계층의 선정은 기후변화가 자연환경이나 도시공간에 미칠 수 있는 영향을 위주로 선정이 되었으나, 기후변화의 주요 원인 중에 하나가 전기 및 전력의 사용으로 발생되는 온실가스인 점에서 다량의 온실가스 배출자에게 책임을 물어야 할 사항이 특정계층에 불공정한 부담을 주는 결과로 나타난다면 이는 시정이 필요한 부분이다. 미국에서는 환경정의의 관점에서 이러한 점을 시정하고 기후변화영향 취약계층 선정에 관한 객관적 지표를 마련하려는 노력은 시사점이 된다. 환경정의 커뮤니티 선정 시 가장 중요한 변수가 되는 것은 소수인종과 빈곤층이 차지하는 비율이며, 이 두 가지 변수가 일차적 판단을 위한 변수가 되며, 환경정의 커뮤니티에 해당하기 위해서는 상기 두 가지 변수의 비중이 일정 수준이상이어야 된다.[66] 변수의 수가 많을수록 중요한 변수가 다른 변수에 의해 희석이 될 수 있는데, 두 가지 중요 변수로 일차적 판단을 통해 희석이 되는 것을 방지할 수 있다. 이러한 점에 미루어 우리의 경우도 기후변화취약계층을 판단하기 위한 지표를 만들고, 판단을 위해 우선적 평가요인이 무엇인가를 검토해보는 것이 중요하다. 미국의 경우 소수인종과 빈곤층의 비율이었다. 영향이 나타나는 형태는 지역에 따른 차이가 있으므로 지역별 상세한 영향평가의 중요성을 인식하고 있다는 점은 주목할 만하다.

65 이동훈, 강현숙, "미국의 재난심리지원 체계 및 재난위기상담의 실제와 시사점", 『상담학연구』(한국상담학회, 2015), 제16권 제3호, 516면

66 왕광익 외, 앞의 자료집(주 2), 68면 이하.

2. 기후변화취약계층 관련 법제 및 개선방안

(1) 개 관

국내의 기후변화취약계층 지원 관련 법제도는 다음을 포함할 수 있으며, 현재 지역사회에서 많은 관심을 가지고 있는 기상이변 및 건강영향 중심으로 하여 취약계층에 대한 법제도의 역할을 조사 분석하였다.

기후변화에 따른 건강영향과 법제도적 현황과 이에 대응하고 있는 법제도적 위치를 파악하여 보완이 필요한 부분에 대해서는 간략하게 언급하고자 한다. 「사회보장기본법」 상의 "사회보장"의 정의는 "출산, 양육, 실업, 노령, 장애, 질병, 빈곤 및 사망 등의 사회적 위험으로부터 모든 국민을 보호하고 국민 삶의 질을 향상시키는 데 필요한 소득·서비스를 보장하는 사회보험, 공공부조, 사회서비스를 말한다." 기후변화는 질병, 빈곤, 사망에 이르는 사회적 위험이 될 수 있으므로, 기후변화는 광의의 의미에서 사회보장과 관련이 있다고 할 수 있다.

(2) 재난 및 안전관리 기본법

재난 및 안전관리 기본법 제3조에서는 재난의 의미를 자연재난과 사회재단으로 나누어 표시하고 있다. "재난"이란 국민의 생명·신체·재산과 국가에 피해를 주거나 줄 수 있는 것으로서 다음 각 목의 것을 말한고 규정하고 있으며, 재난은 두가지 형태, 즉 자연재난과 사회재난으로 분리 설명하고 있다. 동 법 제3조의1에서 자연재난은 "태풍, 홍수, 호우(豪雨), 강풍, 풍랑, 해일(海溢), 대설, 낙뢰, 가뭄, 지진, 황사(黃砂), 조류(藻類) 대발생, 조수(潮水), 화산활동, 소행성·유성체 등 자연우주물체의 추락·충돌, 그 밖에 이에 준하는 자연현상으로 인하여 발생하는 재해"로 규정하고 있으며 사회재난은 "화재·붕괴·폭발·교통사고(항공사고 및 해상사고를 포함한다)·화생방사고·환경오염사고 등으로 인하여 발생하는 대통령령으로 정하는 규모 이상의 피해와 에너지·통신·교통·금융·의료·수도 등 국가기반체계의 마비, 「감염병의 예방 및 관리에 관한 법률」에 따른 감염병 또는 「가축전염병예방법」에 따른 가축전염병의 확산 등으로 인한 피해"로 규정하고 있다.

위의 자연재난에서 "그 밖에 이에 준하는 자연현상으로 인하여 발생하는 재해"로 폭염 및 한파를 포함시킬 수는 있겠지만, 폭염과 한파와 같은 주요 기상이변에 대한 대비가 중요하다는 점에서 동 법 동조의 자연재난에 폭염과 한파를 포함시키는 것이 동 현상에 대한 예방 및 사후대처에 용이할 수 있을 것이다.[67]

---

67 하종식 외, 앞의 자료집(주 4), 88면.

(3) 저탄소녹색성장기본법 시행령

> **제38조(기후변화 적응대책의 수립·시행 등)** ① 환경부장관은 법 제48조제4항에 따라 다음 각 호의 사항이 포함된 기후변화 적응대책을 관계 중앙행정기관의 장과의 협의 및 위원회의 심의를 거쳐 5년 단위로 수립·시행하여야 한다. <개정 2012. 12. 27.>
> 1. 기후변화 적응을 위한 국제협약 등에 관한 사항
> 2. 기후변화에 대한 감시·예측·제공·활용 능력 향상에 관한 사항
> 3. **부문별·지역별 기후변화의 영향과 취약성 평가에 관한 사항**
> 4. 부문별·지역별 기후변화 적응대책에 관한 사항
> 5. **기후변화에 따른 취약계층·지역 등의 재해 예방에 관한 사항**
> 6. 법 제58조에 따른 녹색생활운동과 기후변화 적응대책의 연계 추진에 관한 사항
> 7. 그 밖에 기후변화 적응을 위하여 환경부장관이 필요하다고 인정하는 사항
>
> ② **관계 중앙행정기관의 장, 시·도지사 및 시장·군수·구청장(자치구의 구청장을 말한다. 이하 같다)은 제1항에 따른 기후변화 적응대책에 따라 소관 사항에 대하여 기후변화 적응대책 세부 시행계획을 수립·시행**한다.
>
> ③~⑤ (생략)

「저탄소녹색성장기본법 시행령」 제38조에서는 기후변화 적응대책의 수립 및 시행에 대한 내용을 담고 있으나, 동 조만으로는 기후변화에 따른 취약계층의 의미를 정확히 파악할 수 없는 한계가 있다.

동 법 시행령 제 38조 제1항 제5호에서는 "기후변화에 따른 취약계층 및 재해 예방에 관한 사항"을 5년 단위로 수립 및 시행하도록 하고 있음에도 불구하고 수립 방법 및 이행수단이 구체화되어 있지 않고 있다.[68] 동 법 시행령 제38조에서 취약계층 및 취약지역에 관한 구체적인 의미를 포함하는 개념규정사항이 포함된다면, 기후변화적응대책 대상범위 확정이 한층 용이할 수 있을 것이다.

3. 기후변화취약계층 관련 조례

기후변화취약계층을 위한 지원의 근거는 국가차원의 개별법령을 통해서도 가능하나 지방자치단체에서도 직접 법적근거를 만들어 수행할 수 있다. 조례는 지방자치단체가 법령의 범위 안에서 지방의회의 의결을 통해 여러 가지 필요한 지방사무의 법적근거를 제공할 수 있다는 점과 기후변화가 지역적인 특색을 동반하여 발생하는 경우가 많고, 이에 따른 개별적인 대응이 필요하다는 점에서 조례를 통한 지원근거를 마련하는 것도 중요하다.

지자체관련 기후변화 자치법규는 "기후변화", "취약계층", "녹색성장" 등의 키워드 검

68 하종식 외, 앞의 자료집(주 4), 88면.

색(법제처 제공 국가법령정보센터)으로 가능하며, “기후변화” 검색결과 33개의 조례 및 2개의 조례 시행규칙의 검색이 가능하며, “취약계층”의 경우 「홍성군 재난취약계층 지원조례」, 「공주시 재난취약계층 지원조례」, 「군위군 재난취약계층 지원조례」가 있고, 정보취약계층 지원 조례 등 기후변화, 이상기후로 인한 재난 대책 등과 관련이 없는 취약계층을 위한 조례가 있다.[69]

지자체의 기후변화대응과 관련한 자치법규는 「기후변화대응조례 및 규칙」, 「녹색성장기본조례 및 규칙」, 「재난 및 안전관리 기본조례 및 관련 규칙」으로 크게 구분할 수 있다. 녹색성장기본조례의 경우「저탄소녹색성장기본법」이 근거법이 되고, 재난 및 안전관리 기본조례 및 규칙은 「재난 및 안전관리기본법」을 근거 법으로 들 수 있다. 기후변화대응조례의 경우 「저탄소녹색성장기본법」 제정(2010. 4. 14) 전에는 상위법이 없었으며 서울시는 기본법 없이 기후변화대응조례를 2008년 제정한바 있다. 일부 지자체는 기후변화대응조례 제정이후 동 조례를 「저탄소녹색성장기본법」에 부합하도록 조례 일부를 개정한 바 있다.

기후변화대응조례는 해당 지자체의 주민에게 영향을 줄 수 있는 기후변화 관련 사항을 담고 있다는 점에서 녹색성장기본조례에 비하여 해당지자체의 특성을 구체적으로 반영할 수 있다는 특징이 있다.[70] 예컨대, 「서울특별시 기후변화 대응에 관한 조례」 제5조는 해당지자체의 책무에 관하여 기술하고 있는데, 자치구는 시의 기후변화시책에 따라 관할지역의 특성을 고려하여 자치구 기후변화시책을 수립하고 이를 성실히 수행할 책무를 진다.[71] 자치구는 기후변화시책의 수립 및 수행을 전담하는 조직을 운영하도록 노력하며 시의 기후변화시책에 적극적으로 참여하고 협력하여야 한다.

「서울특별시 기후변화 대응에 관한 조례」는 “기후변화취약성”의 개념을 “사회의 특정한 체제가 기후변화의 부정적 영향에 노출되어 이에 대응하지 못하는 정도를 말한다”고 정의하고 있다.[72]

개별 녹색성장기본조례에서 기후변화취약계층 지원을 구체화하는 방향으로 개정을 고려할 수 있다. 아래의 표는 서울시의 「저탄소 녹색성장 기본조례」이고 다수의 저탄소 녹색성장 기본조례는 총칙, 저탄소 녹색성장 추진계획, 녹색성장 추진 체계, 저탄소 그린에너지 도시 구현, 녹색성장 도시의 실현, 기후변화 고도적응 도시의 추진, 녹색생활 및 지속가능발전의 실현 등의 구조로 되어있다. 아래의 표와 같이 기후변화 예측 및 대응 시스템 구축에 현행 조례에 “기후변화에 영향을 받는 취약분야”를 구체화 시키는 방법[73]으

---

69 법제처 국가법령정보센터, http://www.law.go.kr/LSW/main.html(최종방문일 2019. 3. 11.)
70 하종식 외, 앞의 자료집(주 4), 93면.
71 「서울특별시 기후변화 대응에 관한 조례」 제5조(자치구의 책무).
72 「서울특별시 기후변화 대응에 관한 조례」 제2조2.

로 기후변화취약계층 지원 강화를 구체화시키고 법적기반을 마련하는 방법을 검토할 수 있다. 또한 기후변화취약계층 조례의 경우, 행자부 표준조례 또는 기본조례안 등 기준을 마련 지자체에서 활용할 수 있을 수 있는 방안을 고려할 수 있다.

〈표〉 서울특별시 저탄소 녹색성장 기본조례 개정안 예시

현 행	개정안
제1조~제23조 (생략)	제1조~제23조 (현행과 같음)
제24조(기후변화 예측 및 대응 시스템 구축) ① 시장은 기후변화로 인한 영향을 예측하여 미리 준비할 수 있도록 선도적 기반을 구축하는데 노력하여야 한다. ② **시장은 기후변화에 영향을 받는 취약분야**에 대해 신속하고 종합적인 대응체계를 구축하여 기후변화에 안전한 건강사회를 구현하는데 노력하여야 한다.	제24조(기후변화 예측 및 대응 시스템 구축) ① 시장은 기후변화로 인한 영향을 예측하여 미리 준비할 수 있도록 선도적 기반을 구축하는데 노력하여야 한다. ② 제1항의 대응체계 구축 시 「저탄소 녹색성장기본법 시행령」 제38조 제1항의 각 호의 사항을 포함하여야 하며 관련 내용을 통해 해당 지역의 특성을 적극적으로 반영하여야 한다. ③ 시장은 기후변화로 인한 취약계층의 보호·대책을 위해 적응대책수립에 따른 적극적인 지원책을 다음 각 호의 내용을 고려하여 마련하도록 노력해야 한다. 1. **해당 지역의 기후변화 취약계층에 대한 정의** 2. **기후변화 취약계층의 지원 대상 및 범위** 3. **기존 취약계층 지원 사업에서의 활용** 4. **기후변화 취약계층 지원예산 확보 및 관리 체계구축**

73 다음은 기후변화취약계층 대상범위 예시이다. 기후변화취약계층의 대상범위를 지리적 범위, 사회집단 범위, 민감도 범위에 따른 구분해보고, 동 구분요인은 기후변화취약계층 지원 관련 조례의 지원 대상 범위를 정함에 있어 참조할 수 있다.

기후변화 취약계층 관련 대상범위	
구분요인	ㅇ 지역적 범위: 기후변화에 취약한 지역에 사는 사람－저지대, 상수도 미보급지역, 상습 침수지역 등 ㅇ 사회적집단 범위: 빈곤층, 허약집단, 이동성 장애집단, 취약거주집단 등, 정보취득 취약층(기후변화 정보 및 서비스, 의사결정 구조에서 배제된 집단－ 정보획득에 취약하여 기후변화에 적절히 대응하지 못하는 사람들) ㅇ 민감도 범위: 기후변화 영향(한파, 폭염, 집중호우 및 폭설, 가뭄, 홍수, 태풍 등)에 자력대응이 어렵거나 또는 기후변화에 따른 영향에 민감하게 반응하는 집단(노인이나 어린이, 장애인, 기초생활수급자, 농민(축산·과수농민 등), 옥외근로자)

출처: 하종식 외 6인, 앞의 자료집(주 4), 17면 재정리.

Ⅳ. 맺음말

일반적인 취약계층의 정의는 개인의 사회적 위치, 생애과정, 사고 등이 복합적으로 작용하여 결정된다. 기후변화라는 맥락 속에서의 취약계층의 의미는 취약계층의 일반적인 개념 및 정의와는 다르다. 기후변화에 따른 기상이변 등 피해는 특정 행정구역이나 특정취약계층을 중심으로 하여 발생하지 않는 다는 점이 있다. 따라서 일반적인 취약계층과 다른 기후변화취약계층을 위한 접근과 지원의 논리 개발이 필요하다.

본문에서는 정의의 차원에서 기후변화를 보며 기후변화취약계층에 대한 지원 근거를 검토하고자 하였다. 여기서 검토되어야 할 사안은 '기후변화와 분배정의'문제이다. 기후변화의 원인제공 그룹과 기후변화에 따른 부정적 영향을 직접적으로 받을 수 있는 그룹은 다른 경우가 발생할 수 있으며, 이러한 경우 문제 해결에 필요한 물리적 노력·경제적 비용 등 소요비용을 어떻게 하면 공정하게 나눌 수 있는 문제가 남는다. 여기서 기후변화 분배정의 문제가 검토되어져야 하며, 적어도 공정한 배분의 문제가 해결되기 전까지는 가급적 정부는 이에 대한 배려가 있어야 할 것이다.

기후변화 취약계층은 건강영향에 있어 기존 건강위험요소 외에 기후변화라는 새로운 위험요소가 더해져 피해가 가중되고 있으며, 실제로 사회, 경제적 소외계층은 보통 낮은 경제적 신분, 열악한 건강상태 및 극한현상 발생 후 대피 등으로 많은 피해가 발생되고 있으며, 인구고령화, 소득 양극화 등으로 기후변화 관련 취약계층 증가 가속화 및 피해 증가가 예상된다.

일부 "기후변화취약계층"이라는 용어를 사용하고 있으나 법적으로 정의된 개념은 찾을 수 없다. 이는 기후변화취약계층지원에 하나의 어려움을 주고 있다. 지원대상을 구체적으로 적시할 수 있을 때, 지원이 한층 용이할 수 있기 때문이다.

기후변화 영향은 그 영향을 받는 대상 집단의 기후변화 대처능력, 즉 개인과 집단의 연령, 사회적 경제능력에 따른 대응의 차이가 있으며, 고령일수록 빈곤으로 인해 냉난방에 어려운 계층일수록 그 대응에 어려움이 크다. 개인의 현재 건강상태 등 생물학적 조건, 재산·소득·소비를 포함하는 사회경제적 조건 등 경제적 취약으로 인해 기후변화 취약계층이 될 수 있다. 이와 같이 국내 문헌 및 관련 법령에는 기후변화취약계층의 정의 및 범위가 명확하게 규정되고 있지 않으므로 실질적으로 기후변화취약계층을 위한 지원에 어려움이 있을 수 있으므로 본문에서는 기후변화 관련 주요기관 및 단체에서의 기후변화취약계층의 의미를 검토하여 우리나라에서 간과하고 있는 기후변화취약계층의 범주를 파악하고자 하는 시도를 하였으나, 의미의 경우 국내외적으로 큰 차이가 없는 것으로 보인다.

「저탄소녹색성장기본법 시행령」 제38조에서는 기후변화 적응대책의 수립 및 시행에 대한 내용을 담고 있으나, 동 조만으로는 기후변화에 따른 취약계층의 의미를 정확히 파악할 수 없는 한계가 있다.

동 법 시행령 제 38조 제1항 제5호에서는 "기후변화에 따른 취약계층 및 재해 예방에 관한 사항"을 5년 단위로 수립 및 시행하도록 하고 있음에도 불구하고 수립 방법 및 이행 수단에 보완이 필요해 보인다. 동 법 시행령 제38조에서 취약계층 및 취약지역에 관한 구체적인 의미를 포함하는 정의 사항이 포함된다면, 기후변화적응대책의 수립에 있어 취약계층 지원이 한층 용이할 수 있을 것이다.

기후변화취약계층을 위한 지원의 근거는 국가차원의 개별법령을 통해서도 가능하나 지방자치단체에서도 직접 법적근거를 만들어 수행할 수 있다. 조례는 지방자치단체가 법령의 범위 안에서 지방의회의 의결을 통해 여러 가지 필요한 지방사무의 법적근거를 제공할 수 있다는 점과 기후변화가 지역적인 특색을 동반하여 발생하는 경우가 많고, 이에 따른 개별적인 대응이 필요하다는 점에서 조례를 통한 지원근거를 마련하는 것도 검토할 수 있다.

미국의 경우 대규모 재난발생시 신속한 연방차원의 지원을 위한 법률인 재난구호 및 비상지원법(Robert T. Stafford Disaster Relief and Emergency Assistant Act, Stafford Act)에서도 주정부 및 지방정부의 자원을 최우선적으로 활용하여 재난에 대처하여야 한다는 연방주의 입장을 취하고 있다. 기후변화취약계층의 선정은 기후변화가 자연환경이나 도시공간에 미칠 수 있는 영향을 위주로 선정이 되었으나, 기후변화의 주요 원인 중에 하나가 전기 및 전력의 사용으로 발생되는 온실가스인 점에서 원인을 제공하는 그룹과 기후변화에 민감하게 영향을 받을 수 있는 집단이 다를 수 있으며, 이들에게 불공정한 부담을 준다면 이는 시정이 필요한 부분이다. 미국에서는 환경정의의 관점에서 이러한 점을 시정하고 기후변화영향 취약계층 선정에 관한 객관적 지표를 마련하려는 노력은 시사점이 된다.

상기한바와 같이 기후변화취약계층지원 정부정책을 구체화하고 현재의 추상적인 의미의 기후변화취약계층의 의미를 구체화하는 과정에서 필요시 법 또는 조례를 통하여 기후변화취약계층의 범위 및 지원내용을 구체화하는 방향으로 가야할 것이다.

<참고문헌>

1. 국내문헌

김승섭, 『아픔이 길이 되려면』(동아시아, 2017).

Posner, E. A. & Weisbach, D., 이은기 역, 『기후변화와 정의』, (서강대학교출판부, 2014).

구지선, "환경불평등의 개선에 한 공법 검토", 『공법학연구』(한국비교공법학회, 2012), 제13권 제4호.

배유진, 최승원, "취약계층 권리보호에 관한 고려요소와 지향점－통합 지식관리시스템 구축을 중심으로", 『법학논집』(이화여자대학교 법학연구소, 2017), 제21권 제4호.

이유봉, "정의의 관념에서 바라본 지구온난화와 배출권제도", 『환경법과 정책』(강원대학교 비교법학연구소, 2009), 제3권.

이동훈, 강현숙, "미국의 재난심리지원 체계 및 재난위기상담의 실제와 시사점", 『상담학연구』(한국상담학회, 2015), 제16권 제3호

관계부처합동, 『제2차 국가기후변화적응대책(2016－2020)』(환경부, 2015)

방하남, 강신욱, 『취약계층의 객관적 정의 및 고용과 복지를 위한 정책방안』(경제사회발전 노사정위원회, 2012).

신지영 외 4인, 『기후변화 적응관련 취약계층 지원대책 현황조사 및 분석 연구』(한국환경정책·평가연구원, 2013).

왕광익, 정윤희, 이진희, 박근현, 『기후변화 취약계층을 위한 녹색도시정책연구』(국토연구원, 2012).

이준서, 윤혜선, 『미국과 캐나다의 에너지 빈곤층 지원 법제에 관한 연구』(한국법제연구원, 2014).

하종식 외 6인, 『기후변화 취약계층 지원·관리 체계화』(환경부, 2014).

기상청, "21세기말 기온은 3.7도, 해수면은 63cm 높아져, － IPCC 제5차 평가보고서 통해 발표", 2013년 9월 27일자 보도자료.

"한파 등 기후변화취약계층에 단열개선 등 지원", 「연합뉴스」, 2016년 12월 5일자.

2. 외국문헌

Cohen, W. et al. (2005). *Constitutional law*. New York: Foundation Press.

Green, D. et al. (2009). *Risks from climate change to indigenous communities in the tropical north of Australia*. Canberra, A.C.T.: Dept. of Climate Change.

Rawls, J. (1977). *A theory of justice*. Cambridge, Mass: Belknap Press of Harvard Univeristy Press.

Turner, N. J., & Clifton, H. (2009). "It's so different today": Climate change and indigenous lifeways in British Columbia, Canada. *Global Environmental* Change, 19(2).

Abate, R. S., & Kronx, E. A. (2013). *Climate change and indigenous peoples: The search for legal remedies*. Cheltenham: Elgar.

Tsosie, R. A. (2007). Indigenous People and Environmental Justice: The Impact of Climate Change. *University of Colorado Law Review*, 78.

Executive Order 12898 (United States).

Low–Income Home Energy Assistance Act (United States).

3. 전자자료

https://www.ipcc.ch/organization/organization.shtml (최종방문일 2019. 3. 11.)

http://understandingkatrina.ssrc.org/Cutter/ (최종방문일 2019. 3. 11.)

http://www.law.go.kr/LSW/main.html (최종방문일 2019. 3. 11.)

http://www.ssis.or.kr/lay1/S1T102C316/contents.do (최종방문일 2019. 3. 11.)

제 2 편

현동 정만희 교수 주요 논문 20선

1 영국의 의원내각제*

I. 서 설

1. 영국 의원내각제의 역사성

영국 헌법상 통치구조의 본질을 특징짓는 의원내각제(parliamentary government, parlamentarische Regierung) 정부형태는 대통령제와 함께 대표적인 입헌주의적 정부형태를 이루고 있다. 영국의 의원내각제는 그 원류를 중세 영국의 정치사회에서 찾을 수 있으나, 근대에 와서 역사적 생성과 발전의 계보는 끊임없는 전진과 정체 또는 후퇴의 궤적을 밟아오면서 오늘날의 국가구조를 형성하게 되었다.[1] 영국의 의원내각제는 19세기에는 도버해협을 건너 거의 동질적·문화적 전통을 갖고 있는 유럽의 각국에 크게 보급되었으며, 뿐만 아니라 식민지지배를 통하여 신세계의 각지에 소재 하고 있던 당시의 영령식민지 및 자치령 등에 전파되었다.[2]

제2차 세계대전 후에는 일본도 새로운 헌법의 제정을 통하여 의원내각제를 채택·운용하고 있다. 따라서 영국의 의원내각제는 그 발생사적 관점에서 볼 때 미국의 대통령제와 마찬가지로 뢰벤슈타인(K. Loewenstein)의 독창적 헌법[3](original constitution)에 속하는 것은 말할 것도 없다 하겠다.

영국의 의원내각제의 이해에 있어서는 우선 그 역사적 생성·발전과정 속에서 파악될 수 있는 의원내각제의 역사적 성격이 전제되어야 한다고 본다.

그 역사적 성격으로는 첫째, 영국의 의원내각제는 그 역사적 발전과정이 완만하고 점진적이며 단절 없이 장기에 걸쳐 계속되어 왔다는 점이다. 영국의 정치적 전통의 특색은 프랑스와 같은 혁명과 반혁명에 의해 일거에 변혁을 가져오는 것이 아니라 역사적 사실을 조금씩 누적해 가는 것에 의해 결과적으로 발전이 행해지는 것을 알 수 있다.[4] 영국의 정

---

* 「동아법학」 제13호(동아대학교 법학연구소, 1992. 3), 1~37면 수록.

1 영국의 의원내각제의 성립과 발전과정에 관한 주요문헌으로는 K. Loewenstein, *British Cabinet Government*, 1967; S. B, Chrimes, *English Constitutional History*, 2nd ed.. 1953: R, L. Schuyler and C.C. Weston, British Constitutional History since 1832, 1957.

2 의원내각제의 세계각지에의 전파 계보는, 첫째 유럽대륙의 프랑스, 서독, 이탈리아, 그리이스(쿠데타 이전), 리히텐슈타인, 북구삼국, 베네룩스삼국 등이고 다음에 英領식민지 및 자치령으로는 당시의 캐나다, 오스트레일리아, 뉴질랜드, 가나. 싱가포르, 인도, 파키스탄, 실론, 아이슬란드 등이다.

3 Karl Loewenstein, *Political Power and the Power Process*, 2nd ed., 1965, pp.140~141.

4 로렌스 로웰은 그의 『영국 정부론』에서 영국과 프랑스의 대조적인 국민의 정치적 성향에 관해 기술하고 있다. A. Lawrence Lowell, *the Government of England* Ⅰ, 1917, p.14f. 참조.

치에서 가장 상징적인 존재인 군주제가 고대로부터 오늘날에 이르기까지 계승되어 오고 있다는 것뿐만 아니라 그 군주제가 봉건적 군주제로부터 입헌군주제 내지 의회제군주제로 수세기에 걸쳐 서서히 변질되어 가는 과정에 의원내각제의 확립을 보게 된 것이다. 이 점이 영국 헌정사의 특징을 이루는 것이다.

둘째는 그 역사적 발전의 대부분이 이론보다는 실천, 관념 보다는 경험에 기초하여 행해져 왔다는 것이다. 즉 영국의 의원내각제는 “이론으로부터 귀결된 숙려에 의한 사고물이 아니라”[5] 실천적인 정치적 관습의 형성물이라는데 그 본질적 특징이 있는 것이다. 따라서 그것은 역사와 함께 형성·발전되어 온 ‘역사적 산물’(product of history)을 의미하는 것이다.[6]

셋째로 그 역사적 발전이 체계적인 성문헌법이나 법률의 제정·개폐에 의한 것이 아니라 오히려 관습 내지 습률의 누적 에 의해 형성되고 발전되어 왔다는 점이다. 오늘날 영국은 불문헌법국가로서 성문헌법전이 존재하지 않으나 중요한 헌법적 규범(constitutional rule)은 의회가 제정한 법률을 비롯하여 재판소의 판례에 의해 형성된 보통법(common law), 그리고 헌법적 관습(constitutional conventions)이 그 법원을 구성하고 있는 것은 주지의 사실이다.[7] 그 중에서도 의원내각제의 발달에 가장 중요한 역할을 수행해 온 것이 헌법적 습률이며, 현재에 있어서도 영국의 의원내각제의 본질적 규범은 이 습률에 의해 정해지고 있으며, 따라서 영국 헌법의 법원으로서의 헌법적 습률의 가장 중요한 부분들은 의원내각제에 관한 것이라고 말해지고 있다.[8]

뢰벤슈타인(K. Loewenstein)은 영국에 있어서 헌법질서 내지 정치과정의 본질적인 것을 결정하는 것은 의회제정법이 아니라 오히려 헌법적 관습이라고 하고, 영국에서는 헌법질서가 형식화된 성질을 갖고 있지 않기 때문에 헌법적 관습은 특히 결정적인 의미를 가진다고 한다.[9] 이와 같은 헌법적 관습은 재판소에 의해 강제가 불가능하더라도 권력자에 의해 무조건 준수되고 있다. 말하자면 헌법적 관습은 헌법이며, 그것이 성문법전화된 것과 마찬가지로 헌법으로서의 효력을 갖는 것이다.[10]

---

5 C. F. Strong, *Modern Political Constitution*, 4th ed., 1950, p.31.

6 Sir Ivor Jennings, Cabinet government. 3rd ed., 1961, p.1.

7 다이시(Dicey)는 그의 『헌법연구서설』에서 영국의 헌법은 엄격한 의미의 법으로서의 헌법(law of constitution)과 헌법습률 내지 헌법적 관습(constitutional conventions)로 구성된다고 하고, 이 헌법습률은 정치의 준칙으로서 권력의 담당자를 구속하지만 재판소에 의해 강행될 수 없는 점에서 헌법과 구별된다고 한다. 상세는 A. V. Dicey, *Introduction to the Study of the Law of the Constitution,* 10th ed., 1960, p.85.

8 Arther B. Keith, *British Cabinet System,* 1952, p.2: Ivor Jennings, *The Law and the constitution,* 5th ed., 1960, p.85.

9 K, Loewenstein, *British Cabinet Government*(앞의 註 1), pp.117~118.

10 Loewenstein, *op. cit.*, p, 119.

넷째로 영국의 의원내각제는 그 성립의 시대적 배경에 있어서 근대 초기의 절대군주제로부터 입헌군주제로의 변질과정이 진행되는 가운데 서서히 생성·발전하여 입헌군주제의 확립과 함께 그것도 정착하게 되었다는 데에 그 역사적 성격을 찾아 볼 수 있다. 즉 입헌군주제의 제도적 확립을 가능하게 한 것이 의원내각제이며 그 입헌군주제에 대응한 구체적 권력장치 내지 정치기구의 발현이 곧 의원내각제이며, 따라서 역사적으로 양자는 불가분의 표리일체를 이루고 있는 것이다.

이렇게 볼 때 의원내각제의 역사적 성격은 입헌군주제 그것과 마찬가지로 순수 이념상으로는 결합될 수 없는 두 개의 원리를 동시에 내포한 것이라 할 수 있다. 그 하나는 오랜 전통의 군주제 원리이며 또 하나는 새로운 의회제원리를 의미한다. 중세로부터 근대에 걸쳐서 국왕과 의회의 대립은 이 두개의 이율배반적 원리에 근거하여 왕권의 절대성의 수호와 의회의 우월성 획득을 둘러싼 권력투쟁적 색채를 농후하게 하였으며 결국은 왕권에 대한 제한에서 전적인 이양이라는 의회측의 승리로 귀결을 보게 되었다. 그러면서도 영국인은 프랑스와 달리 군주제의 폐지라는 혁명적 결말을 선택하지 않았으며 오히려 그 존속을 바랐던 것이다. 군주제를 준수하여 그 존엄을 유지하면서 그 지위와 권한을 의회지상주의 밑에 명목화한다는 이 모순적 명제에 대한 해답은 수많은 시행착오를 거듭하면서 점진적으로 얻은 경험으로부터의 답안으로서 입헌군주제 및 의원내각제를 산출하게 된 것이다. 그리하여 의원내각제는 입헌군주제와 함께 원리적으로는 서로 모순되는 군주제와 의회제와의 타협 위에 성립된 일종의 혼합물이며, 이면적·중간적 성격을 갖는 순수 역사적 산물이라고 해도 지나치지 않은 것이다.

2. 의원내각제 개념의 변질

영국의 의원내각제는 앞에서 본 바와 같이 역사적 산물을 의미하기 때문에 그것은 성문헌법에 의해 비로소 형성된 고정적 개념이 아니라 역사와 함께 변화하는 유동적인 개념을 의미한다. 또한 영국에서 생성되고 확립된 의원내각제는 서구의 여러 나라에 크게 보급되어 각국에서 독자적인 전개과정을 거쳐 여러 가지 유형으로 발전되어 갔기 때문에 의원내각제 정부형태의 개념을 단적으로 명백히 규정한다는 것은 사실상 곤란하게 된다.

그러나 의원내각제는 우선 헌법상 권력분립의 적용의 정도에 따라 본질적으로 대통령제와 구별되는 정부형태로서, 입법부와 집행부간의 관계가 권력의 '절대적 분립, 또는 경성적 분립'의 경우에는 대통령제에 해당하고, 권력의 공화를 내용으로 하는 '연성적 분립'의 경우에는 의원내각제에 해당한다.[11] 따라서 의원내각제에 있어서는 입법부와 집행

11 韓泰淵『헌법과 정치체제』, 법문사, 1987, 116면.

부의 상호관계가 연성적 분립을 의미하며 독립성의 원리가 아닌 의존성의 원리에 의해 규율되는 정부형태라는 점에서 그 본질적 특색이 있다. 그러한 본질적 요소에 입각하여 의원내각제의 개념은 일반적으로 다음과 같이 규정할 수 있다. 즉 영국의 의원내각제는 전통적인 군주제하에서 국왕과 의회의 대항과정에서 형성된 제도로서 집행부가 명목적 군주와 실질적 행정권을 갖는 내각의 이원적 구조를 가지고, 내각은 의회의 다수당에 의해 구성되어 의회에 대해 정치적 책임을 지며, 의회의 내각불신임권과 내각의 의회해산권이 서로 견제수단이 되어 균형을 유지하는 정부형태라고 할 수 있다.[12]

영국에서 18세기 초부터 형성되기 시작한 의원내각제는 19세기 초에 이르기까지는 국왕과 의회의 양권을 대치시키면서 양권의 연결체로서 국왕에 의해 임명되고 의회(하원)의 신임을 재직요건으로 하는 내각이 국정을 운용하며 의회는 정부에 대해 불신임결의권을 행사하고 이에 대항하여 국왕은 의회를 해산할 수 있었다. 그리하여 국왕과 의회간에 억제와 균형을 유지할 수 있었으며 내각은 국왕과 의회의 쌍방에 책임을 지는 것이 되었다. 이러한 의원내각제를 이원적 의원내각제라 부르며 이는 곧 영국의 고전적 의원내각제를 의미하는 것이다.

따라서 의원내각제를 의회와 군주와의 사이에 억제와 균형의 도식으로 보는 것은 바로 이 시기에 적용될 수 있다.

그러나 19세기에 접어들어 국왕의 지위는 명목화되고 국왕의 행정권의 실질이 내각에 옮겨지게 되자 내각은 국왕과 의회의 쌍방이 아닌 의회의 신임에만 의존하는 것이 되었다. 이러한 '일원적 의원내각제'의 단계에서는 이미 양권의 억제와 균형은 무너지게 되고 의원내각제는 행정권에 대한 의회의 우위라고 하는 구조가 형성된다.[13]

그러나 일원적 의원내각제 하에서는 강고한 다수당이 의회에 형성되어지고 다수당의 당수가 이끄는 내각이 의회에 대하여 강대한 지도성을 발휘하게 됨에 따라 의회우위의 구조는 점차로 기능적인 면에서 내각통치제(cabinet government)[14]라고 하는 상황으로 변질되

---

12 의원내각제의 본질적 개념에 관하여는 입법부와 권력관계를 중심으로 견해가 셋으로 나뉘고 있다고 하겠다. 제1설은 입법부의우월성을 강조하는 입장이고(W. Bagehot), 제2설은 양권의 균형관계를 중시하는 견해이며(Redslob), 제3설은 행정부의 지도성을 강조하는 견해(I , Jennings)이다. 이 중 레즐로브의 균형이론에 의하면 내각의 의회해산권이 의원내각제의 본직적 요소라고 하고, 내각의 의회해산권이 사실상 발동되지 못한 당시의 프랑스 제 3·4공화국은 부진정한 의원내각제라 하여 영국과 같은 진정한 의원내각제와 구별하고 있다. R, Redslob, *Die Parlamentarische Regierung in ihrer Wahren und unechten Form,* 1918, S. 2.

13 영국의 19세기의 일원적 의원내각제의 구조를 명확하게 설명하고 있는 대표적 학자는 바죠트(W. Bagehot)이다. 그는 영국의 헌법은 존엄적 부분 (dignified parts)과 실천적 부분(efficient parts)으로 구성되어 있는 것이 특징이라고 하고, 국왕은 국가의 존엄적 부분의 수위에 위치하며 수상은 실천적 부분의 수위에 있다고 한다. 상세는 Walter Bagehot. *The English Constitution,* 1872; 深瀨基寛 譯, 『英國の國家構造』, 33頁 *以下* 참조.

14 영국의 의원내각제외 현대적 유형으로서의 내각우위의 의원내각제는 고전적인 의회우위의 의원내각제(parliamentary government)와 구별하기 위해 제닝스나 뢰벤슈타인외 표현에 따라 'cabinet government'로 사용

어 가게 되었다. 그리하여 오늘날 영국의 의원내각제는 헌법상 의회주권의 원칙에 입각하면서 실제로는 내각우위형의 의원내각제가 행해지고 있는 것이다. 즉 양대정당제를 기초로 하여 내각은 다수당에 의해 조직되고 수상은 그 당을 통해 강력한 지배권과 통제력을 행사하여 하원을 콘트롤하는 통치기구를 의미하게 되었다.

이처럼 영국의 의원내각제는 역사적 산물로서 고정적 개념이 아니라 역사와 함께 부단히 변화하는 유동적 개념이며 따라서 초기의 고전적·이원적 의원내각제는 19세기의 의회우위의 일원적 의원내각제로 발전하고 그 후 19세기 후반부터 금세기에 접어들어서는 내각우위의 이른바 내각통지제로 변질되는 역사적 발전단계를 볼 수 있다.

본고에서는 영국의 의원내각제의 성립과 발전의 역사적 전개과정을 살펴보고 현대적 유형으로서의 내각통치제의 본질적 특색과 구성원리 그리고 그 현대적 과제 등에 관한 서설적 고찰을 통해 영국 의원내각세의 특질을 파악하고자 한다.[15]

Ⅱ. 의회우위의 원칙과 의원내각제

1. 근대 의회제의 형성과정

의회제도의 모국으로 불려지고 있는 영국은 서구에서 가장 먼저 의회제의 원형이 확립되었으며 그에 따라 의원내각제의 모범도 확립을 보게 된다.

영국에서는 다른 서구제국과는 달리 중세의 등족회의가 근대적 의회로의 계속적 발전을 계승시켜 왔다는 데에 그 특색이 있다. 영국 이외의 유럽의 등족회의는 절대주의의 시기에 접어들어 전제군주의 지배체제하에 압살되었다가 프랑스혁명 이후 비로소 근대의회제도를 창설시키게 되지만, 영국에서는 중세 등족회의가 근대적 의회와의 단절 없이 명예혁명 후 자연스럽게 근대의회로 발전하게 된다. 영국이 의회주의의 모국이라고 불려지는 의미는 바로 이러한 역사적 과정에도 근거하고 있는 것이다.

영국의 의회제의 기원에 관하여는 여러 가지 견해가 있으나 13세기 말의 모범의회(Model Parliament)에서 그 기원을 찾는 것이 일반적인 견해이다.[16] 중세의 앵글로색슨 시대

할 수 있다. I, Jennings, *op. cit.*, p.3; Loewenstein, *op. cit.*, p.98f. 국내에서는 cabinet government의 용어를 「내각화임제」로 번역하는 학자들이 있으나 필자는 「내각통치제」로 표기하도록 한다. 내각책임제라고 사용하는 예는 서주실, 영국의 정부형태, 『고시계』, 1985. 3월호, 24면 이하.

15 영국의 의원내각제에 관한 연구의 국내 문헌으로서 주요한 것은 서주실, 전게논문; 同, 영국수상의 지위, 『고시계』, 1986. 10, 11월호; 同, 영국수상정부론, 『공법연구』 제4집, 1976; 구병삭, 의원내각제와 수상의 기능. 『고시계』, 1989. 3월호; 同, 의원내각제의 연구, 지성사 1991, 119면 이하 참조.

16 영국 의회의 기원 및 역사적 전개에 관하여는 F. W. Maitland, *The Constitutional History of England*. 1961: S.

에 국왕의 보좌를 위해 현인들로 구성된 현인회의(Witenagemot)에 영국의회의 기원을 찾는 견해도 있으나, 이는 어디까지나 국왕의 자문기관에 불과하였으며, 그 후 노르만정복(1066)을 거쳐 봉건제가 확립되면서 大評議會(Magnum Council)가 성립하게 된다. 이 회의는 귀족적 집회로서 1213년 국왕 존(John)에 의해 처음으로 소집되었으나 그 구성은 1215년의 마그나 카르타(Magna Carta)에 명시되었다. 이것은 귀족·승려 등 특권신분층의 집합체로서 일반 시민의 회의체는 인정되지 아니하였다. 대평의회는 그 후 귀족·승려의 대표 이외에 기사와 도시 시민대표를 참가시키게 되어 시민적 요소가 포함되게 되었다.

그러한 과정을 거쳐 의회의 체제가 점차 정비되어 에드워드 1세 때인 1295년에는 널리 각 계층과 도시 시민대표를 참석시킨 가장 완비된 형태의 의회가 개최되어 이를 모범의회라 칭하게 되었다. 그러나 그것은 아직 전체 국민의 대표는 아니었으며 특정 계급·단체의 대표이었기 때문에 근대의회라고는 할 수 없으며, 중세적 등족회의의 연장선상에 존재하는 것이었다.[17] 다만 그 의회는 도시의 대표를 다수 출석시켰다는 점에 오늘날의 서민원(하원)의 선구가 되었다고 할 수 있다. 당시의 의회는 삼부회(Three Estate)로서 聖貴族(Lords Spiritual), 俗族族(Lords Temporal) 및 庶民(Commons)으로 구성되었으나 각각의 계층간에 이해관계의 대립을 둘러싼 약간의 이합이 행해져 14세기에 들어와 삼부회는 이부회로 통합되기 시작하여 16세기 튜더왕조시대에 귀족원(House of Lords)과 서민원(House of Commons)의 양원제의회로 발전하게 되었다.[18]

17세기에 접어들어 영국은 당시 유럽에서의 역사적 조류인 전제군주제 경향의 국왕과 튜더왕조시대부터 근대시민 계급에 의해 구성된 의회와의 대립을 특색으로 하는 시대가 전개된다. 이때부터 의회가 왕권을 제한하게 되고 중세 영국헌법이 입헌군주제에 기초한 근대헌법으로 성장해 가는 중요한 시대를 맞게 된다.

의회에 의한 왕권을 제한하는 최초의 헌법상의 시도는 1628년의 권리청원(Petition of Rights)이었다. 그러나 권리칭원은 의회가 갖고 있는 본래의 권리를 찰스 1세에게 인식시킨 것이었으나 왕권에 대한 의회의 우월을 의도한 것은 아니었으며, 또한 청원의 형식이었기 때문에 왕권에 대한 법적 구속력을 갖는 것은 아니었다. 결국 찰스 1세에 의한 1629년에서 1640년까지 11년간은 의회가 개최되지 않은 채 전제정치가 행해지게 되었다. 1641년에는 국왕의 전제정치를 제한하기 위하여 적극적으로 의회가 일련의 제정법[19]을 제정

B. Chrimes, op. cit., p. 104ff.; O. H. Phillips, *The Constitutional Law of Great Britain and the Commonwealth.* 1952, p. 64ff.; J. Harvey and L, Bather, *The British Constitution and Politics.* 5th ed., 1982, p. 19ff.

17 Harvey and Bather, op. cit., p. 21.

18 상세는 Maitland, op. cit., p. 169ff.

19 주요한 것으로는 의회를 적어도 3년에 1회 정기적으로 소집해야 한다는 3년의회법(Trienniel Act, 1641), 의회

하여 중세 이래의 「法의 지배」가 보다 명확한 「의회제정법의 지배」로 이행하게 된다.

그 후 청교도혁명·왕정복고·명예혁명 등의 역사적 과정을 거쳐 왕권에 대한 의회의 우위가 확립되어 영국은 절대군주제로부터 입헌군주제로의 진전을 보게 된 것이다.

2. 의회우위의 확립과 의원내각제의 기원

1688년 명예혁명의 소산으로 성립된 권리장전(Bill of Rights, 1689)은 의회 우위의 확립을 기본목적으로 하면서도 단지 의회와 국민의 기본적 권리를 기술한 것으로서 구체적 내용을 결한 불충분한 조항들로 구성되었다. 즉 권리장전은 영국헌법의 현실적·보수적 개혁을 목적으로 작성되었으며 권리장전 성립 당시 구체적 해결이 불가능한 문제에 대해서는 장래의 의회의 결정에 위임한다는 유연한 태도를 명백히 하였던 것이다. 따라서 권리장전에 규정된 의회의 권리를 구체화시키기 위해서는 의회제정법을 통한 보완을 필요로 하게 되었다. 특히 1701년의 왕위계승법[20](Act of Settlement)의 제정은 명예혁명 후 권리장전에 기초하여 행해진 왕권의 제한과 의회우위의 확립을 목적으로 하는 일련의 영국 헌법의 개혁 중에서 획기적인 제정법으로서 영국 헌법사에 있어서 중요한 위치를 점하고 있다.

명예혁명 후의 윌리암 3세의 시대(1689~1702)는 영국헌법사상 의회가 그 권리를 왕권에 대하여 강화시키기 위한 유리한 상황이 전개되어 갔다. 윌리암 3세는 외국인으로서 정통의 왕위계승권을 갖지 않고 계약에 의해 즉위하였기 때문에 전통적인 보수적 경향의 영국 국민의 감정에서 볼 때 거리가 있었으며 국왕과 의회 사이에도 법적·감정적으로 일정한 거리를 두게 되었다. 그것은 결과적으로 국왕에 대한 의회의 행동을 보다 자유롭게 하게 되었다. 윌리암 3세가 영국 국왕에 즉위한 목적도 가톨릭교도의 전제군주인 루이 14세(1643-1715 在位)의 프랑스에 대항하기 위하여 영국을 중심으로 유럽의 신교국을 단결시키는 데에 있었기 때문에 그의 관심은 대외정책에 있었으며 따라서 의회는 국내에 있어서 헌법상 발언력을 강화해 가는 기회를 가지게 되었다.

윌리암 3세는 그의 대외정책을 수행해가기 위해 당시 서로 대립하는 토리(Tory)와 휘그(whig)의 양당[21]에서 동수의 대신을 임명하여 양당을 모두 만족시키는 것에 의해 의회

의 동의 없이 의회의 해산은 할 수 없다는 法(Act for a perpetual parliament) 등이며 「의회의 동의 없는 과세는 불법」이라고 하는 선언도 이때 나온 것이다. 兒玉誠, 『イギリス憲法の研究』, 1988, 36頁 참조.

20 정식명칭은 『왕권을 더욱 제한하고 신민의 권리와 자유를 보다 보장하기 위한 法』(An Act for the further Limitation of the Crown and better Securing the Rights and Liberties of the Subject)이다.

21 영국에서의 양당제의 기원은 1679년 찰스 Ⅱ세의 후계문제를 둘러싼 Tory와 Whig의 二黨派의 대립과 政爭에서 구하고 있다. Tory는 國敎徒로서 귀족중심으로 구성된 보수정당의 성격을 가지며, Whig는 非國敎徒의 도시 상인들을 중심으로 하는 진보파의 성격을 띠었다. G. Clark, The Later Stuarts, 1961, p.101ff.; G. M. Trevelyan, History of England, 1926, p.464ff. 참조.

의 지지를 얻으려고 시도하였으나 그 혼성내각제는 본래 의견을 달리하는 토리당과 휘그당 출신의 대신간의 대립을 가져와 서로 협력하여 국왕을 지지하는 것이 곤란하게 되었다. 이러한 상황 속에서 윌리암 3세는 당시 의회에서 다수를 점하고 있던 휘그당으로부터 대신을 임명하여 내각을 구성함으로써 그의 정책에 대한 의회의 지지를 얻는 방법을 취하게 되었다.[22] 즉 윌리암 3세는 2개의 정당 중 한 정당에서 대신을 선발하여 공무의 통일성을 기한다는 것, 그 경우에 의회에 있어서 다수당을 선택한다는 것, 그리고 의회를 통하여 정부여당의 정책을 실행하는 것 등을 점차 인식해 가게 되었다.[23] 그리하여 윌리암 3세 시대에 내각이 의회에 예속된다고 하는 영국 헌법상의 중요한 관습인 의원내각제의 기원을 찾을 수 있다는 것을 주목하여야 할 것이다.

명예혁명을 계기로 하여 확립된 의회우위의 원칙은 곧 영국 헌법의 기본원리로서의 다이시의 이른바 의회주권의 원칙(Sovereignty of Parliament)을 의미하는 것이다.[24] 의회주권이란 의회제정법이 최고법규로서 그것에 우월한 효력을 갖는 법규범은 존재하지 않는 것을 말하며 따라서 의회제정법으로 규정되는 내용에는 어떠한 제한도 없다는 것을 의미한다. 즉 영국은 성문헌법을 가지고 있지 않기 때문에 국가의 최고의사는 의회제정법이라는 형식으로 나타나며, 여기서의 의회(Parliament)는 전통적으로 「의회에 있어서의 국왕」(King in Parliament)을 의미하기 때문에 귀족원(상원), 서민원(하원)을 포함하는 것으로서 양원과 국왕의 공동의사에 따라 그러한 법률이 제정된다는 것을 의미하였다.

그러나 명예혁명 후 국왕의 실질적 권한의 상실은 실질적으로 의회 그 자체 주권이 확립되는 것을 초래하였으며, 그러한 이행은 우선 입법권의 행사에 있어서 국왕이 실질상 배제되는 형태로 진행하게 되었다. 그리하여 국왕의 법률재가거부의 대권은 18세기 초(1707년)를 마지막으로 하여 그 이후에는 한번도 행사되지 못하게 되었다. 이는 의회주권의 핵심적 부분이 확립되는 것을 의미한다.

Ⅲ. 의원내각제의 성립과 발전

1. 의원내각제의 성립과정

(1) 의원내각제의 성립배경

영국에 있어서 의원내각제의 성립과 발전과정은 한마디로 말하면 1688년 명예혁명

22 D.L. Keir, *The Constitutional History of Modern English, 1485~1937,* 3rd ed., 1948, p.278.
23 G. M, Trevelyan, *England under the Stuarts*, 1949, p. 80.
24 A. V. Dicey, op. cit., p, 39ff.

이후의 영국 헌법사의 발전과정을 의미한다고 할 수 있다. 전술한 바와 같이 명예혁명은 이른바 의회우위의 원칙 내지 의회주권의 원칙(parliamentary sovereignty)을 확립하게 되었으며 이에 따라 왕권신수설은 부정되고, 권리장전(Bill of Rights)과 왕위계승법(Act of Settlement, 1701)에 의해 왕위는 의회제정법을 기초로 하게 되었으며 여기에 입헌군주제가 성립하여 국왕과 의회의 대항관계는 의회에 이니셔티브가 인정되는 형태의 협력관계로 변하게 되었다.[25] 그러나 이러한 원리상의 변화는 아직 구체적인 것은 아니었다. 확립된 의회주권의 원리를 구체화하기 위한 규칙은 정해지지 않았고 국왕과 의회의 충돌을 회피하기 위한 기구도 확립되지 않았던 것이다. 의원내각제는 바로 이러한 불비를 보완하기 위하여 형성되고 발달하게 된 것이라고 할 수 있다. 여기의 의원내각제가 성립하고 발전하게 된 계기로는 국왕친정의 종언, 내각제의 발달, 하원의 우위와 그 민주화 그리고 정당의 발달 등을 들 수 있다.[26]

명예혁명에 의해 그 최고성이 확인된 의회는 아직 충분히 근대적인 것이 아니었으며 하원은 국민대표라고 하기에는 거리가 멀었으며 상원은 강력한 존재였다. 이러한 정황은 당시 하원의원의 선거제도, 상원과 국왕과의 긴밀한 관계 그리고 아직도 의연하고 강력한 국왕의 권한에 그 이유가 있었다고 할 수 있다.

특히 국왕은 명예혁명 후에도 국정의 중심으로서 비록 권리장전에 의한 제약을 받는다고 하더라도 실질적인 권한을 상실하지는 않았다.[27] 무제약이라고는 하지 않더라도 실효적인 집행부로서 추밀원의 구성원과 대신 기타 중요한 관리를 임면하고 내각의 시정을 통제 하였다. 이러한 국왕의 행위에 관하여는 의회의 동의를 구할 의무가 없었으며, 각료는 의회의 구성원이어야 한다는 것이라든지 의회의 세력분야를 반영하여 선정하여야 한다는 것도 요구되지 않았다. 의회에 대한 내각의 정치책임은 확립 되지 않고 의회가 내각에 대항하는 유일한 수단인 상원에 대한 대신탄핵(impeach ment)의 제소만이 인정되고 있었으나 그 실행은 곤란하였다.[28] 요컨대 당시의 의회주권의 원칙은 형식에 불과한 것으로서 실제로는 여전히 국왕친정의 여지가 크게 남아 있는 것을 의미하였다.[29]

더욱이 1701년의 왕위계승법은 국왕의 무책임과 국왕의 행위에 대한 대신의 책임을 정한 것이지만 이러한 책임을 부담하는 대신은 국왕의 신임을 얻는 것으로 족하였으며 아

25 F. Glum. *Das Parlamentarische Regierungssystem in Deutschland, Grassbritanian und Frankreich*, 1965, S. 13ff.
26 F. A. Ogg, *English Government and Politics*, 2nd ed., 1947, p.42f.
27 명예혁명 후 윌리암 3세 시대에 내각이 의회에 예속하는 의원내각제의 기원을 볼 수 있다고 하였지만 그렇다고 왕권이 완전히 정치에서 후퇴한 것은 아니었으며 국왕은 내각의 충고나 의사를 무시하고 행동하였다. Keir, *op. cit.*, p.271 참조.
28 Glum, a.a.O., S. 17.
29 Ogg, *op. cit*, p.43.

직 의회의 신임을 필요로 하는 것은 아니었다.[30]

(2) 월폴내각의 출현

위와 같은 정황 속에서 하노버 왕조의 성립은 영국의 의원내각제 成立史에 있어서 중요한 의미를 갖게 된다.

영국의 군주제 하에서의 내각제의 기원은 튜더왕조시대부터 존재한 국왕의 자문기관인 추밀원(Privy Council)의 위원회에서 찾을 수 있다. 추밀원은 스튜어트왕조기에 들어와 정부의 행정사무가 복잡해짐에 따라 각종 위원회를 설치하게 되었고 그 중 가장 중요한 외교위원회는 국왕의 소수의 측근자들로 구성되어 국왕의 소실인 이른바 내각(cabinet)으로 발전하게 되었다.[31] 처음에는 내각의 각료가 동시에 추밀원 자문관이었으나 의회의 의원으로 구성되지는 아니하였다. 각의를 주재하는 자는 국왕이며 각료는 군주의 신임에 의하여 재직하며 군주에 대해서만 개별적으로 책임을 지는 것이었다. 따라서 오늘날의 수상과 같은 지위는 존재하지 않았으며 내각의 의회에 대한 연대책임의 관념도 없었던 것으로, 근대적 내각제도와는 상당히 거리가 있었던 것이다. 따라서 이러한 시기는 군주는 군림하는 것뿐만 아니라 통치하였던 시기를 의미한다.

이러한 사정은 명예혁명 후에도 당분간은 별다른 변화가 없었다. 다만 윌리암 3세시에는 내각의 구성에 있어서 당시 하원에서 우위를 점하고 있던 휘그당에서 각료를 선임하여 최초의 일당내각의 예가 되었다. 그러나 1714년 독일의 하노버가로부터 죠지 1세가 왕위에 오름에 따라 정세는 크게 변하게 되었다. 그는 외국인으로서 영어를 이해하지 못하였으며 영국식 사고라든지 생활양식에 익숙하지 못하였기 때문에 각의에도 출석 하지 않게 되었다. 그 후의 죠지 2세(1727－1760재위)도 마찬가지였다. 그러한 과정 속에서 발생한 국왕의 통치권 행사의 공백은 휘그당 출신의 대신인 월폴(Robert Walpoles)에 의해 메워지게 되었다.[32] 그리하여 월폴을 지도자로 하는 휘그당의 지배(1721－1742)와 함께 비로소 영국 의원내각제의 불가결의 요소인 내각제도가 성립을 보게 된 것이다.[33]

월폴은 1721년 이래 각의를 주재하게 되어 '각의 중의 수석'(Primus inter pares, the first in equal)이라는 관념이 생기게 되었으며 이것이 내각총리대신(prime minister)의 기원이며, 나아가 "군주는 군림하되 통지하지 않는다"라는 입헌군주제의 원칙을 확립하는 동기가 되었다. 이러한 사정 아래 정치의 실권은 급속하게 내각과 의회로 이동하여 간 것이다. 휘

30 Loewenstein. *British Cabinet Government*, p.81.
31 Philips, *op. cit.*, p.226ff.
32 Loewenstein, *op. cit.*, p.84.
33 C. F. Strong, A *history of Modern Political Constitutions*, 1964, p.278.

그는 하노버 왕조의 성립에 이바지하였기 때문에 왕실의 은총이 두터웠으며, 이러한 영향력을 가지고 휘그당은 의회를 지배하였다.

그러나 그 후 죠지 3세(1760－1820재위)가 즉위함에 따라 50년에 걸친 휘그당의 지배는 종지부를 찍게 되고, 국왕 친정의 회복을 꾀하게 되었다.[34] 죠지 3세는 내각의 우월을 억제하고 내각을 국왕의 도구로 이용하여 내각과 의회의 위에 국왕의 지배적 권력을 확대하려고 하였다. 이러한 국왕의 친정은 당시의 법률적 견해에 의하더라도 위법의 문제는 전혀 없는 것이었다.[35] 그리하여 죠지 3세는 1782년에 이르기까지 내각을 그의 의사에 충실한 도구로 만들었으며 국왕의 이러한 권위주의적 행위는 하원도 인정하게 되어 의회는 결국 국왕의 수중에 있는 내각을 인정하였던 것이다.

(3) 의원내각제의 성립

1782년 노드(F. North) 수상의 사임은 영국에서의 의원내각제의 성립을 예고하는 것이 된다. 당시 야당은 정식으로 수상에 대하여 불신임결의안을 제출하였으나 부결되자 다시 불신임안을 제출하려고 하자 노드 수상은 사임하게 된다. 이것은 수상이 하원의 불신임을 피할 수 없었던 최초의 것으로서 바로 의원내각제의 시대가 열리게 되는 것을 의미한다.[36] 그와 함께 수상의 진퇴가 내각의 진퇴를 결정한다고 하는 내각연대의 원칙도 이 시기에 성립하게 되었다.[37]

내각의 존립이 의회 특히 하원의 신임에 의존한다는 것이 의원내각제의 본질적 요소라고 할 때 노드 수상의 사임은 내각연대의 원칙과 함께 영국 의원내각계의 성립에 있어서 결정적인 의미를 갖는 것이다.

1783년에는 토리당의 小피트(William Pitt, Younger)내각이 성립되자 하원은 내각의 사직을 요구하였다. 하원은 정부제출의 법안의 심의 연기를 통해 대항하였으나 사태는 하원 자체의 변화에 의해 해결을 보게 되었다. 즉 하원은 다수파가 분열하여 피트의 등장에 반대하였던 3분의 2의 반대세력이 크게 감소하게 되었고 연기되었던 법안은 채택되었다. 그리하여 1784년 3월 수상은 유리한 시기를 포착하여 하원을 해산하는 선례를 남기게 되었다. 하원 해산에 따라 총 선거를 실시하여 내각은 정식으로 하원의 다수의 지지를 얻는 것이 되었다. 이 1784년의 총선거는 영국 헌법의 발전에 있어서 하나의 전환점을 이루는 것이었다. 즉 이 선거에 의해 2대정당제를 최종적으로 정착시키게 되었으며, 자유재량에

34 Loewenstein, *op. cit.*, p.91; Ogg, *op. cit.,* p.44.
35 Loewenstein, *op. cit.,* p.91.
36 Loewenstein. *op. cit.*, p.92.
37 G. Jellinek, *Allgemeine staatslehre*, 3. Aufl., 1976, S. 701.

의해 내각을 결정하는 국왕대권을 최종적으로 소멸시키게 되었고 선거민은 대표의 기술에 결함은 있었지만 하원의 다수파에 기초를 둔 내각에 진정한 정통성을 부여하는 것이 확인되었다.38

요컨대 1784년의 총선거는 영국에서의 의원내각제의 성립을 의미하게 되었고, 그 후 토리당의 피트내각의 장기적 지배는 2대정당제의 발전에 결정적인 계기가 되었던 것이다. 죠지 4세와 윌리암 4세의 시대에는 이론적으로는 국왕대권은 그대로 최고성이 유지 되었으나 죠지 3세와는 달리 실질적인 지도권은 국왕으로부터 내각으로 이행하였다.

2. 의원내각제의 발전

(1) 이원적 의원내각제에서 일원적 의원내각제로의 이행

영국에 있어서의 의원내각제는 명예혁명 후의 제한군주제를 그 출발의 기원으로 하여 18세기에 내각제의 성립과 그 내각의 의회에 대한 책임, 그 결과로서의 군주의 권력의 약화를 계기로 하여 고전적인 의원내각제가 성립하게 된 것은 앞에서 본 바와 같다. 이러한 고전적 의원내각제는 '이원적' 의원내각제의 유형으로서 집행권과 입법권의 권력적 균형이 유지되는 것을 의미한다. 내각의 의회에 대한 정치적 책임제와 함께 국왕의 정치적 무책임의 원칙이 성립되긴 했지만 그러나 군주는 그 전통적인 특권에 따라 내각을 임면하고 의회를 해산할 수 있는 실질적인 권한을 가지고 있었다. 따라서 군주의 이러한 권한은 내각의 진퇴가 의회의 신임을 의존하게 되는, 이른바 집행권에 대한 입법권의 우위를 막을 수 있는 유일한 요소가 된다. 이와 같은 권력의 균형에 입각한 의원내각제가 바로 이원적 의원내각제이며, 여기서의 내각은 국왕과 의회의 쌍방에 책임을 지는 것을 특색으로 한다.

그 후 영국의 의원내각제는 1832년의 선거법개정을 계기로 하여 내각에 대한 의회우위의 일원적 의원내각제로 이행하게 된다.

일원적 의원내각제는 국민주권의 원리에 입각한 권력의 일원화의 요청에 따라 집행권은 입법권과 대립되는 별개의 권력이 아니라 그것은 입법권과 함께 국민으로부터 표출되는 동일한 권력이라고 보고 따라서 의원내각제에 있어서의 정부(內閣)의 정치적 책임도 오로지 국민의 대표를 의미하는 의회에 대한 책임만을 그 본질로 하고 있다. 이러한 일원적 의원내각제에서는 국왕은 정치적으로 무책임인 동시에 그의 행위에는 반드시 수상과 관계각료의 부서를 요하게 된다.

---

38 Loewenstein, *op. cit.,* p.96.

여기의 일원적 의원내각제의 권력구조는 고전적 의원내각제에 있어서의 그 권력의 분립과 권력의 균형의 경향에서, 권력의 일원화의 요청에서 오는 권력의 공화적 경향으로 기울어지고 있다.[39]

영국의 일원적 의원내각제는 그 후 1867년의 제2차 선거법개정을 계기로 하여 또 다른 변질을 하게 되어 1880년대에 와서는 의회에 대한 내각의 우위의 의원내각제로 발전하게 된다. 이러한 내각우위의 의원내각제를 앞의 유형과 구별하기 위하여 '내각통치제'(cabinet government, Kabinetts Regierung) 또는 '내각책임제'라고 부르고 있다.

(2) 1832년의 선거법개정과 의회우위의 의원내각제

영국에 있어서 1832년의 선거법은 국민대표법(The Representation of the People Act)이라는 명칭을 가지는 것으로, 그것은 근본적으로는 프랑스혁명에 의해 장치된 시한폭탄(time-bomb laid by the French Revolution)이었다.[40] 물론 이 선거법 개정이 프랑스에서 이미 한 세대 전에 획득한 남자 보통선거제를 도입하는 것은 아니었으나 이 개혁에 의해 인구분포의 변동에 따른 의석의 재배분과 선거권의 획대를 가져오게 되었다. 선거권의 확대에 있어서는 중산 시민층을 정치과정에 참여시키게 되었으나 수공업자나 봉급생활자는 포함되지 못했다. 그리하여 유권자수는 대체로 50% 증가하게 되었고 전인구의 약 5%에서 7.1%까지 증대하게 되어 그 수는 70만 명을 넘게 되었다.[41]

선거법의 개정이 영국 헌법과 의원내각제의 발전에 미친 영향은 지대하며, 특히 의원내각제의 발전과정에 있어서는 획기적인 것으로 평가할 수 있다. 먼저 선거권의 확대는 자유롭게 간섭을 받지 아니하고 후보자나 정당을 선택할 수 있는 자립된 유권자 대중이 나타나게 된 것이다. 따라서 그 결과는 국왕 및 정부가 선거를 조작할 수 없게 되었기 때문에 내각은 국왕으로부터 독립하게 되었으며 동시에 수상의 지위는 매우 강화되었다. 이 점에서 최대의 공로자는 로버트 필(Sir Robert Peel) 수상이다. 그는 1840년대에 내각을 강화된 통치기구로 만들어 놓았으며, 따라서 그는 진정한 내각정치의 최초의 수상이라고 할 수 있다.[42] 그때부터 국왕은 선거에서 승리한 다수당의 지도자가 정부를 구성하는 것을 승인하지 않으면 안되었다. 이것은 실제로 내각이 국왕에 대한 책임에서 해방되고, 그 대신 하원에 대하여 책임을 지게 되었음을 의미한다.[43]

---

39 韓泰淵, 『憲法學-近代憲法의 일반이론-』, 法文社, 1983, 349면.
40 Loewenstein, *op. cit.,* p.101.
41 Loewenstein, *op. cit.,* p.103.
42 Loewenstein, *op. cit.,* p.104.
43 Loewenstein, *op. cit.,* p.104.

1841년에 하원은 여왕의 지지를 받고 있던 소수파인 멜버른(Lord Melbourne) 내각(제3차)의 불신임을 결의하여 그 사직을 요구하게 되었다. 하원은 해산되어 그 결과 승리한 보수당의 지도자 로버트 필을 수상으로 하는 내각이 성립하게 되었다. 이때부터 선거전에서 다수를 획득한 정당의 지도자가 내각을 조직한다는 관습률이 확립되었으며 이는 오늘날까지 부동의 것으로 유지 되고 있다.[44] 멜버른은 선거에서 패한 후 불신임결의가 하원에서 가결되자 그때서야 사임 하였다. 최근에는 총선거가 수상결정이라는 국민투표의 성격을 띠게 되었으므로 패배한 수상은 의회의 소집을 기다리지 않고 바로 사직한다. 최초로 이를 실행한 것은 1868년의 더비－디스레일리(Derby－Disraeli) 내각이었다.[45]

1832년의 제1차 선거법개정에서 1867년의 제2차 선거법개정에 이르기까지의 기간은 영국 의원내각제의 발전과정에 있어서 중요한 의미를 가지는 시기로서 이 기간의 특질은 의회(하원)의 우위에 있다고 할 수 있다. 1832년의 선거법 개정 이래 국왕과 그 권위에 의존하는 상원의 지위는 약화되어 갔다. 선거법개정 이전에 있어서는 국왕은 상원과 연합하여 강력한 권한을 행사할 수 있었다. 국왕은 하원의 의사에 반하여 피트내각을 구성하였으며 상원은 국왕의 자유로운 선택에 의한 내각을 구성하는 국왕대권을 옹호하였던 것이다.[46] 그러나 이 선거법개징 이후는 하원의 우위가 확립하게 되었다. 여기의 국왕에 대한 하원의 우위의 확립은 입헌군주제와 진정한 의회민주제로 향하는 시대를 결합시키는 일종의 과도적 단계라고 볼 수 있으며, 그것은 곧 의회주권(parliamentary sovereignty)의 시대를 의미한다.[47]

(3) 1867년 및1884년의 선거법개정과 의원내각제의 발전

1867년의 제2차 선거법개정은 1832년의 제1차 개정을 보완하는 것이었다. 1832년 개정법이 주로 도시의 중산계급에 선거권을 인정하는 것이었으나 이 개정법은 도시의 일반서민에까지 선거권이 확대되였으며 지방에서도 선거권자가 대폭 증가하여 약 100만 명의 유권자가 새로 선거인명부에 등록하게 되어 유권자 총수는 약 223만 명에 이르게 되었다. 이것은 20세 이상의 인구의 16.4%에 해당하는 것이었다.[48]

1884년의 제3차 선거법개정은 제2차 개정에 의해 행해진 도시 선거구의 선거권 확대를 지방선거구에도 적용시킨 것으로서 이에 의해 지방의 농민, 광산노동자에 대해서도 선

44 Loewenstein, *op. cit.*, p.107.
45 Loewenstein, *op. cit.*, p.107.
46 제1차 선거법개정 때까지는 내각의 각료는 거의 상원의원 중에서 선임되었다고 한다. Jelinek, a.a.O., S. 701.
47 Loewenstein, *op. cit.,* p.110.
48 Loewenstein, *op. cit.,* p.124.

거권이 인정되게 되었다. 이 개정법에 의해 선거권이 전국적으로 단일화하게 되어 약간의 예외를 제외하고는 그것은 남자보통선거제의 실현을 의미하는 것이었다. 그리하여 유권자수는 250만 명에서 일거에 500만 명으로 증가하였으며, 그것은 전체 성인인구의 28.5%에 상당하는 것이었다.[49]

1885년에는 의석재배분법이 제정되어 전국적으로 선거구의 정비와 의석의 재배분을 행하게 되었으며 이 법에 의해 영국의 선거제도의 특징인 소선거구제를 채용하게 되었다.

이와 같은 일련의 선거법개정은 영국 의원내각제의 발전에 있어서 극히 중요한 의미를 갖게 되었다. 즉 선거권의 확대는 국민과 선거민이 거의 일치하게 되는 것을 의미하고, 따라서 국민으로서의 선거민이 국정에 지표를 부여하는 것이 되었다. 그리하여 그후의 중요한 정치문제를 결정하는 것은 의회라기보다는 오히려 선거민이고 내각의 진퇴를 좌우하는 것도 선거민을 의미하게 되었다. 의회는 선거민의 투영에 불과하게 되고 의회의 권위의 기초를 부여하는 것도 선거민이었다. 따라서 선거민의 신임을 잃게 되면 의회는 다시 구성되지 않으면 안되게 되었다. 그와 함께 내각에 대한 의회의 우위는 무너지게 되고 의회는 내각과 동등한 것이 되어 내각과 의회는 서로 국민이라고 하는 공동의 주인 밑에서 복종하는 것이 되었다.

이와 같은 선거제도의 질적인 변화는 영국의 국가구조에 커다란 영향을 미치게 되었다. 우선 국가구조에 있어서 궁극의 권위가 의회에서 선거민의 손으로 이행하게 되었다. 즉 의회주권의 원리에 있어서 주권은 법적 주권만을 의미하게 되고 정치적 주권은 국민(선거민)에 속하는 것을 의미하게 되었기 때문에 내각과 국민에 대한 의회의 지배는 소멸하게 되었고 따라서 의회의 가장 중요한 권능으로 되었던 내각의 선택권이 국민에 의해 행사된다고 하는 결과가 발생하게 된다.[50]

둘째는 정당제(party system)의 발달이다. 국민의 의사에 기초한 국가구조는 필연적으로 국민에 대한 지지와 선거에서의 우세를 확보하기 위한 수단으로 정당기구의 정비에 노력하게 된다.

1867년의 선거법 개정의 결과 선거권이 확대되고 그에 따른 국민 대중의 정치참여는 정당조직의 발달을 가져오게 되고 선거인은 조직화된 대중정당을 통해 정치과정에 참여하게 되었다.[51] 선거인이 국정의 기본을 결정하는 것이 되고 의원은 그 대변자에 불과하게 되며 의원은 국민의 위임에 구속되는 것을 의미한다. 이 위임을 명백히 하기 위해서는

---

49 Loewenstein, *op. cit.*, p.125.

50 Jennings, *op. cit.*, p.489.

51 K. Loewenstein, *Political Power and the Governmental Process,* p.99.

통제있는 정당조직의 존재를 필요로 하게 되고 정당은 그 자체 최고의 의사를 가지며 의원은 그 기구에 충실히 복종하지 않으면 안되게 되었다.[52]

선거권의 확대는 국민의 지위 향상을 의미하고 따라서 내각은 그 지위가 의회에 의한 것이 아니라 국민에 의존하는 것을 의미하게 되므로 총선거에서 패한 내각은 사직하지 않으면 안되게 되었다. 따라서 선거에 패배한 경우에는 새로운 의회의 소집을 기다려 불신임결의가 행해지는 것을 요하지 않고 내각을 당연히 사퇴하게 된다. 이러한 원칙은 1867년의 제2차 선거법 개정 이후 처음으로 행해진 선거에 의해 확립되었다. 즉 1868년 자유당이 다수를 획득하게 되자 디스레일리 내각은 이 국민의 심판 앞에 새로운 의회에 대항하지 아니하고 사직하였다. 이것은 더비-디스레일리 내각이 2년간 의회의 다수에 대항하여 정권을 담당해 온 것과 비교해 볼 때 흥미 있는 것이었다. 그 후의 글레드스톤 수상도 1874년 총선거에서 패하자 새로운 의회의 소집을 기다리지 않고 사직하였다.

빅토리아 여왕(1837-1901 재위)의 즉위 당초에는 필(R. Peel)의 보수당 내각의 출현을 거부하기도 하였고 정치에 적극적으로 개입하였다. 1846년 필수상의 퇴진 후 20년 이상은 총선거에서 절대다수를 획득한 정당이 거의 없었기 때문에 소수당내각과 연립내각이 출현하게 되었고 이 경우 여왕은 내각의 신임에 자유재량권을 행사하였던 것이다. 그러나 1868년과 1880년의 글래드스톤과 1874년의 디스레일리 수상 임명은 총선거의 결과 명백한 다수당이 출현한 경우로서 국왕은 그 결과를 거부하지 못하고 다수당 내각을 선임하였던 것이다. 요건대 빅토리아여왕시대의 의원내각제는 의회정치와 정당정치의 발달에 따라 크게 발전하였으나 이 시대를 최후로 하여 국왕에 의한 정치에의 적극적 개입 또는 내각성립에의 개입은 종지부를 찍게 되었다. 따라서 국왕이 정치문제에 적극적으로 의견표명을 하는 것은 빅토리아여왕을 끝으로 사라지게 되었다.[53] 그리하여 내각이 의회, 특히 하원의 신임에 의해 성립하고 정당내각, 책임내각을 요건으로 하는 의원내각제는 1901년의 빅토리아 시대의 종언과 함께 20세기의 확립기로 이행하게 된다.

(4) 20세기의 전개과정

20세기에 들어와서 영국의 의원내각제의 전개과정은 먼저 제1차 세계대전 이후의 연

52 토리당과 휘그당에서 출발한 영국의 양당제는 19세기 초 각각 보수당과 자유당으로 발전하게 되었으며, 특히 합리적 조직을 갖는 정당조직의 선구는 보수당으로 1852년 이후 보수당은 당의 공인후보자의 명부를 관리하는 중앙조직을 가지게 되었고 1868년에는 지방단체를 통합하여 보수동맹(National Union of Conservative and Constitutional Associations)을 결성하였다. 자유당은 1871년 잉글랜드와 스코틀랜드의 지방조직을 통합하여 전국자유당연맹(National Federation of Liberal Associations)을 형성하였다. 영국의 정당제에 관하여는 Ivor B. Thomas, *The Groth of the British Party System*, 1967; Robert T. McKenzie, *British Political Parties*, 1964 참조.

53 Chrimes, *op. cit.*, p.184.

립 내각의 출현을 볼 수 있다

노동당과 아일랜드당의 대두에 의해 종래의 보수당과 자유당의 2대정당에 의한 정권의 교체는 곤란하게 되었다. 1915년에는 자유당을 중심으로 하여 보수당과 노동당의 각원으로 구성된 연립내각이 형성되었다. 이러한 연립내각의 출현은 수상의 지위를 보다 강화시키게 되었다. 종래에도 내각에 있어서 수상의 지위는 내각의 통일을 확보하고 국정을 지도하는 강력한 것이었으나 단독내각이 아닌 연립내각에 있어서 수상은 새로운 공통의 연대를 형성하기 위해 보다 더 강력한 지위에 서지 않으면 안되게 되었다. 그리하여 전중·전후에 있어서의 국내정세의 혼란과 함께 식민지독립의 움직임은 수상의 지위와 권한을 더욱 강화시키게 되었다.

그러나 이러한 연립정권은 1922년의 선거에서 보수당이 다수의석을 차지함으로써 붕괴하게 되었다. 그리하여 그 후는 보수당과 노동당 간의 정권교체라고 하는 전통적 인 이대정당에 의한 정치가 회복하게 되었다. 이 선거에서 노동당은 보수당에 이어 자유당을 누르고 제2당으로 되었으며 1924년에는 노동당이 맥도날드(James R. MacDonald)를 당수로 하여 제1차 노동당 내각이 출범하게 되었다. 한편 자유당은 1차대전 이후 점차 세력이 약화되어 결국 노동당의 출현으로 전통적인 양당제에서의 공식의 반대당의 지위를 상실하게 되었다.[54] 그리하여 보수당·노동당의 양당제하에서 여당은 동치하고 야당은 비판한다는 대립적·대체적 정당제가 진통화되었다.[55] 내각우위의 현대적 의원내각제의 유형은 20세기 후반에 이르러서는 수상이 권력구조에 있어서 내각·하원·정당의 중심적·주도적 역할을 하는 핵심적 지위에 있는 것을 특색으로 하는 이른바 수상정부제(Prime Ministrial Government)라고 불리우는 새로운 형태로 변질되었다고 주장하는 견해가 크게 제기되고 있다.[56] 이러한 내각통치제하에서 수상의 지위의 강화는 금세기에 들어와서의 국가기능의 확대에 따른 행정권에의 권력의 집중현상과 정당국가적 경향에 따른 수상의 통합적 기능의 강화현상 등이 수상의 지위와 권한을 크게 신장시키게 되었으며 나아가 권력구조에 있어서 내각·하원·정당의 관계를 변질시키게 되었다.

그러므로 오늘날의 영국의 의원내각제에 있어서 수상은 집행부의 장인 동시에 각의의 의장이며, 집권당의 당수이면서 하원의 지도자이다. 즉 수상은 권력구조에 있어서 가장 핵심적인 내각·하원·정당의 주도적 지위를 가지게 되었다.

---

54 Loewenstein, *op. cit.*, p.137.

55 Jennings, *op. cit.*, p.472.

56 R.H.S. Crossman, *Inside View—Three Lectures on Prime Ministrial Government,* 1972; J.P. Mackintosh. *The Government and Politics of Britain,* 1971; H. Berkeley, *The Power of the Prime Minister,* 1968. 영국의 수상정부제에 관한 국내 문헌으로는 서주실, 영국의 수상정부제(전게논문) 참조.

Ⅳ. 현대적 의원내각제의 구성원리와 특질

1. 개 설

앞에서 살펴본 바와 같이 영국에서 18세기 초부터 형성되기 시작한 의원내각제는 19세기 초에 이르기까지는 국왕과 의회의 양권을 대치시키면서 양권의 연결체로서 국왕에 의해 임명되고 의회의 신임을 재직요건으로 하는 내각이 국정을 운용하며, 의회는 정부에 대해 불신임결의권을 행사하며 이에 대항하기 위해 국왕은 의회를 해산할 수 있었다.

그리하여 국왕과 의회간에 억제와 균형이 유지될 수 있었으며 내각은 국왕과 의회의 쌍방에 책임을 지는 이른바 이원적 의원내각제로서 영국의 고전적 의원내각제를 의미하는 것이었다.

그러나 19세기 후반부터 국왕의 지위가 명목화되고 의회주의 원칙이 관철됨에 따라 실질적으로 의회에만 그 기초를 둔 정부가 출현하게 되어 의회우위형의 의원내각제가 형성하게 된다. 그러나 그후 영국의 의원내각제는 헌법상 의회주권의 원칙에 입각하면서 실제에는 내각우위형의 의원내각제가 행해지게 된다.

즉 양대정당제를 기초로 하여 내각은 다수당에 의해 조직되고 내각의 수상은 당에 의해 강력한 지배권과 통제권을 행사하며 의회(하원)를 콘트롤하게 된다.

더구나 수상은 정책의 결정 및 집행에 걸쳐 지도력을 발휘하여 종래의 내각과 의회의 관계는 내각·다수당과 소수당의 관계로 변하게 되었다. 이러한 내각의 의회에 대한 결정적인 우위는 제닝스의 이른바 내각통치제[57](cabinet government)를 의미하게 되고, 이는 영국의 현대적 의원내각제의 특질을 이루는 것이다.

2. 내각통치제의 구성원리

내각우위형의 현대적 영국의 의원내각제를 구성하는 특징적 요소들은 대체로 다음과 같이 설명될 수 있다.

첫째, 내각의 수상이 특별히 강력한 지위에 있다는 점이다. 영국의 내각은 무릇 위원회의 지배라기보다는 「1인의 지배」[58](rule of one man)라고 말하여질 정도로 수상을 내각의 초석으로 하는 점에 그 현저한 특색이 있다. 즉 수상은 우선 정당의 공식적인 리더로서

---

57 Jennings, *op. cit.,* p.3
58 Strong. *op. cit.,* p.221.

선출되어 국민이 그에게 정권을 위탁하는 것이 된다. 그는 다수당의 당수로서 대신을 임면하고 자기에의 공통의 충성에 의해 내각의 연대성을 확보하게 된다. 동시에 수상은 그 다수당의 통제와 지지를 통하여 의회를 통제하는 것이 가능하게 된다. 그리하여 단지 내각에 의한 행정의 수행뿐만 아니라 입법의 전과정에 걸쳐서도 지도력을 발휘하게 된다. 그는 뢰벤슈타인의 이른바 「정책의 결정과 집행」(policy determination and policy execution)을 그의 수중에 장악하고 있다고 할 수 있다.[59]

이러한 강력한 수상의 지위는 그의 역할을 때에 따라서는 입헌적 독재(constitutional dictatorship)로 흐르게 할 수도 있는 것이지만 영국에 있어서는 수상의 자제와 반대당(야당)의 권리존중 내지 세론에의 민감한 반응에 의해 그것이 권위주의에 빠지는 것을 막고 있다.[60]

둘째, 영국의 내각은 정당내각제를 취할 뿐만 아니라 양당제를 전제로 하여 원칙적으로 그 다수당에 의해 조직된다는 점이다. 총선거에 의해 국민의 판정에 따라 다수를 점한 정당은 당연히 내각을 조직하는 권리와 의무를 갖게 된다. 내각이 수상의 지도하에 동일 정당원으로부터 구성되는 것은 내각에 동질성을 부여하기 위한 것이다. 이는 의회와의 관계에서 보면 서민원의 다수당의 의원을 중심으로 하여 각료가 선출되는 것이다.[61] 내각은 다수당을 지도하고 그 지지를 얻으며 의회를 통제하게 된다. 이와 같은 정당과 내각의 상관관계는 양당제의 시스템에 결정적으로 의존하고 있음을 주시하여야 할 것이다.[62] 양당제는 국민의 판단을 용이하게 하고 양당간의 우열을 명확하게 표현할 수 있을 뿐만 아니라 내각과 의회와의 연대를 촉진하고 내각의 우월적 지위를 확보하게 한다. 동시에 근대에 있어서 정당의 편성화, 정당기율의 엄격화는 양당제와 내각의 관계를 한층 본질적인 것으로 하여 내각의 안정성을 유지시키는 것을 가능하게 하였다 그 결과 오늘날의 영국의 내각은 의회의 임기와 같은 기간 동안 정권을 유지하는 것이 통례로 되고 있다.[63]

셋째, 내각과 의회와의 관계를 보면, 그 기구의 면에서 내각과 다수당은 전혀 분리되지 않는 결합체이며 내각은 다수당으로서 소수당의 우위에 있다. 따라서 거기에는 내각·다수당 대 반대당(소수당)의 관계가 내각과 의회의 관계에 대신하여 존재할 뿐이다. 따라서 그 기능면에 있어서도 의회는 이미 스스로 입법을 행하고 행정을 감독하는 기능을 상실하고 그것은 정책결정과 집행을 비판하고 여론을 대표하는 것에 지나지 않게 된다. 이

59 Jennings, *op. cit.*, p.68: K. Loewenstein, *Political Power and the Governmental Process.* pp.100~101.
60 Loewenstein, *op. cit.*, p.101.
61 Jennings, *op. cit.*, pp.13~14.
62 Loewenstein, *op. cit.*, p.100.
63 Jennings, *op. cit.*, p.475.

에 대하여 내각은 자기의 정당의 지지를 강제하고 의회의 직무의 대부분을 내각을 위해 할당하고 입법의 이니시어터브를 장악하며 기타의 국정 전반의 사항에 넓게 영향력을 행사하게 된다.[64] 이와 같은 변동은 의원내각제의 특질로서 일반적으로 지적되고 있는 것이나, 그것은 내각이 그 재직을 위한 의회의 신임을 필요로 한다는 원칙을 단지 형식화하는 결과를 가져오게 되었다. 그러나 만약 절대다수를 차지한 내각이라 하더라도 반대당의 비판을 존중하지 않고 그 반대당에 나타난 선거인의 의사를 무시하게 된다면 이 제도는 위태로운 것이 된다.[65]

넷째, 의원내각제의 중요한 요소로서 빼놓을 수 없는 의회의 해산에 관하여 보면, 영국의 내각통치제에 있어서는 해산은 이미 실질적으로 직접 국민에 연결된 내각이 스스로 제기한 문제에 대하여 국민의 판정을 구하는 수단으로 되고 있다. 또한 의회의 지위의 저하는 그 불신임결의의 효과를 의심하게 하였으며 의회해산이 의회와 내각간의 분쟁·대립을 선거인의 조정에 의해 해결하는 기회라고 하는 성질을 거의 상실하게 되었다.

실제로 1868년 이후는 총선거의 결과 또는 수상의 사임으로 내각이 총사직한 경우는 있었으나 내각이 의회의 다수파를 차지하고 있는 한 불신임결의가 행해질 가능성은 이미 희박하게 되었다.[66]

특히 확고한 양당제에 입각하고 있는 영국에서는 내각의 의회해산권은 의회에 대항하는 무기로서의 의미를 상실하게 된다. 의회의 다수당이 곧 집권당으로 내각을 구성하기 때문에 다수당의 내각을 야당인 소수당에 의해 불신임결의를 행하는 것이 사실상 불가능하게 된 것이다. 이 점에서 볼 때 레들로브(R. Redslob)의 의회해산권을 중심으로 하는 균형이론[67]은 영국의 현대적 의원내각제의 현실의 분석에 있어서는 형식적인 이론에 지나지 않게 된다.[68]

끝으로 내각제에 있어서 국민(선거인)의 결정적 지위를 간과해서는 안 된다. 19세기에 행해진 3차의 선거법개정은 국민의 수권적 지위를 부동의 것으로 하였다. 그것은 국민이 궁극적으로 정책통제를 행하며, 내각과 의회간에 또는 여당과 야당간에 분쟁을 조정하고 현안의 문제에 대한 판정을 내린다는 것을 근본적 원리로 하게 되었다는 것을 의미한다. 내각을 퇴진시키고 교체시기는 권력은 명백히 국왕에서 서민원을 경유하여 국민의 손으로 이행하게 된 것이다. 이러한 관계에 있어서는 내각과 국민은 실제로 직접관계를 맺게

64 Jennings, *op. cit,,* p.13.
65 Jennings, *op. cit.,* p.16.
66 Jennings, *op. cit.,* p,239, p.417ff.
67 Robert Redslob, a.a.O., S. 2ff.
68 정만희, 『헌법과 의회정치』, 법문사, 1991, 228면.

되는 것이다.[69]

3. 내각통치제의 특질

영국의 현대적 국가기구의 본질을 제닝스의 견해에 따라 내각통치세(cabinet government)라고 파악할 때 그 내각통치제는 다음과 같은 특질을 가지고 있다고 할 수 있다.

제닝스는 우선 영국의 국가구조의 핵심을 이루는 것은 내각이라고 하고 그 내각은 행정을 비롯하여 입법 기타 국정의 각 분야에 있어서의 최고의 권력기관이라고 한다. 즉 영국의 의회제도를 보면, 법안의 입법과정에 있어서 의회보다도 정부가 주도권을 행사하고 있으며, 행정에 대한 감독기능도 미약하게 되어, 의회는 단지 정부의 정책에 관하여 질문하고 토론하는 것, 요컨대 정부를 비판하는 것에 지나지 않는다고 한다.[70] 이러한 영국 의회정의 실질에 비추어 볼 때 영국의 국가구조는 내각이 그 핵심이 되므로 내각이 통치하고 의회(반대당)가 비판하는 것이 제도의 본질이라고 한다.[71] 제닝스에 의해 대표되는 이러한 내각통치제의 견해는 에머리(Emery), 롭슨(Robson) 등 다수의 영국 학자들에 의해 지지되고 있다.[72]

이러한 내각통치제의 특질로는 첫째, 의회와 정부(내각)간에 일응 권력분립이 존재한다고 할 수 있다. 그러나 영국에 있어서의 의회와 정부의 기구적 분립은 결코 이론의 소산이 아니라 극히 역사적인 현상에 불과한 것이다.

둘째, 의회와 정부는 양당(two party or alternative party system)에 의해 연대하고, 정부가 그 이니셔티브와 통제를 통하여 의회를 지배하게 된다. 이 경우 의회와 정부 사이에는 권력의 기능적 분리는 이미 존재하지 않고 오히려 그 반대로 내각에 의한 입법, 행정의 집중·결합이 요구된다. 그와 동시에 의회와 정부의 대항관계는 소멸하여 정부·여당과 반대당(야당)의 이른바 불평등한 관계로 대체되어 나타난다.

셋째, 이 내각에 의한 국정의 집중·결합은 최종적으로 국민의 의사에 종속되지만 그 경우 영국에서 특징적인 것으로 나타나는 것은 양당제에 의하여 국민은 실질적으로 직접 정부와 그 지도자인 수상을 선택할 수 있다는 것이다. 즉 국민은 의회가 아닌 국정기구의 핵심인 정부 자체를 직접 결정하는 것이 가능하게 된다.

영국 통치기구의 특질을 위와 같이 이해하게 되면 의원내각제의 연구에 관하여 지배

---

69 Jennings, *op. cit.,* p.9; Loewenstein, *op. cit.,* p.99, pp.101~102.

70 제닝스의 이러한 분석은 영국국법의 전통적 기초원리로서의 Dicey의 의회주권론에 의해 표현된 의회우위의 관념에 대한 비판을 의미하는 것이다. Jennings, *Parliament,* 2nd ed., 1957, p.1ff.

71 Jennings, *Cabint Government,* p.1ff., p.228ff.

72 Amery, *Reflections on the Government,* 1951; Robson, *The British System of Government,* 1948 참조.

적인 영향을 미치고 있는 레즐로브의 전통적인 이론은 영국의 현대적 정치형태의 분석으로는 너무나 의문스러운 것이라고 하지 않을 수 없다.

19세기 후반이래 영국의 국가구조에는 그가 지적한 바와 같은 권력의 기능적 분립이라든지 의회와 정부 사이의 균형관계, 국왕의 실질적 역할은 존재하지 않는다.

그렇기 때문에 뢰벤슈타인은 의원내각제 일반의 본질은 두 개의 독립·분리된 권력(의회와 정부) 사이에 어느 쪽도 우월하지 않는 균형(equilibrium)에 있다고 하면서 영국의 내각통치제는 의원내각제와 동일하지 않으며 의원내각제의 특수한 변형이라고 설명하고 있다.[73] 그는 정부, 즉 수상과 내각의 의회에 대한 명백한 우월성을 영국의 내각통치제의 특징으로 들고 있다. 따라서 이 제도의 특질은 두 개의 독립된 권력인 의회와 내각을 단일의 권력구조에 결합시키기 때문에 양자의 통합에 의한 상호의존에 있다고 한다. 그리고 이 제도는 양당제를 불가결한 조건으로 하는 선거인의 판정에 의하여 담보되고 있다는 것이 중요하다고 한다.[74]

칼 슈미트도 고유한 의원내각제는 내각과 의회와의 정치적 결합이 통용될 때 비로소 존재할 수 있다고 하여 레즐로브의 이론에 비판을 가하고 있다.[75] 그는 영국의 내각통치제(Kabinettsregierung)는 정부가 의회에 우월하며, 의회도 그것을 표현하고 있는 것으로서 내각이 국민의 여론에 직접 연결되어 있는 형태라고 한다.[76]

Ⅴ. 의원내각제의 현대적 과제

1. 양당제와 권력적 균형의 상실

의원내각제의 운용은 정당제와 밀접한 관련을 가지고 있다. 특히 영국과 같이 전통적인 양대정당제하에서는 내각이 의회의 다수당에 의해 지지되고 다수당의 유력자에 의해 각료가 구성되는 경우에는 의회와 내각을 대립관계로 보는 것보다는 내각이 의회를 지도하는 관계에서 양자를 일체관계에 놓고 보는 것이 현실적인 분석이라 할 수 있다.

따라서 오늘날 영국의 의원내각제의 현실은 이미 의회와 내각의 균형을 유지하는 고전적 의원내각제가 아니라 내각의 의회에 대한 우위의 형태를 그 특징으로 한다는 것은 전술한 바와 같다. 이러한 내각우위의 의원내각제에 있어서는 내각의 의회해산권은 의미

73 Loewenstein, *op. cit.,* pp.86～87.
74 Loewenstein, *op. cit.,* p.104.
75 C. Schmitt, *Verfassungslehre*, 1954, S. 304ff.
76 Schmitt, a.a.O., S. 367.

가 없게 되며, 의회와 내각간의 모든 균형의 이상을 파괴하게 되고 의회의 내각에 대한 통제가 불가능하게 된다. 따라서 의회에 대한 정부의 책임 자체도 부정하는 결과를 초래하게 된다.[77] 그러므로 영국과 같은 양당제를 중심으로 하는 정당제민주주의에 있어서 의회와 정부간의 권력 관계의 문제는 국가기관 상호간의 문제라기보다는 의회에 있어서의 여당과 야당의 대립과 균형의 문제를 의미하는 것이 되며, 여기에 야당의 기능과 역할의 중요성이 특히 강조되는 것이다.[78]

영국의 의원내각제에 관하여 보그다노어(Bogdanor)는 "강한 정당이 존재하는 현대에 있어서 의회(하원)는 진정한 의회라기보다는 선거인단(electoral college)으로서 정부를 선출하는 단체"라고 지적하고 있듯이, 의회의 의원은 보수당·노동당과 같은 특정한 정부를 지지하기 위하여 선거되며 따라서 선거는 국민투표적 성격을 띠게 된다. 그리하여 영국에서의 의회주권의 원리는 하원우위의 원리를 의미하는 것이 아니라 정부의 전권(omnicompetence)을 의미하게 된다는 것이다.[79] 이러한 정부의 우위성에 대하여 의회는 사실상 통제력을 발휘하지 못하게 된다.

이와 같이 현대의 정당국가적 상황하에서의 의원내각제의 권력관계는 의회와 정부간의 문제가 아니라 여당과 야당, 집권당과 소수파간의 대립문제를 의미하며, 따라서 의회내의 소수파의 임무는 특히 중요한 의미를 갖게 된다.

2. 내각의 독재화의 위험성

영국의 현대적 의원내각제를 의미하는 내각우위의 내각통치제 정부형태를 옹호하는 대표적 학자인 애머리(Amery)는 내각통치제는 현대 영국의 국가구조에 있어서 필연적인 형태로서 내각은 결코 의회로부터 생겨나는 것이 아니라 그 자신의 자립성을 갖는 것으로서 국민과 의회는 내각을 받아들이며 지지하거나 비판하여 교체시킬 뿐이라고 한다. 그는 내각통치제를 국민, 의회, 국왕의 어느 쪽에도 종속됨이 없이 자신의 존재이유를 가지고 강대한 실질적 권력을 독점하는 내각이 지배하는 시스템으로 묘사하고 있다고 해도 지나치지 않을 것이다. 따라서 그는 영국의 국가구조에 있어서는 "정부의 책임있는 지도력과 의회의 책임있는 비판과의 조화"가 의원내각제의 본질적 과제라고 강조하고 있다.[80]

그러나 이와 같은 내각통치제의 정통성을 역설하는 그의 견해에 대하여는 많은 비판

77 M.J.C. Vile, *Constitutionalism and the Separation of Powers*, 1967, p.239.
78 Jennings, op. cit., p.439.
79 V. Bogdanor, Present Problem of the British Constitution, in: A. Brilke and K. Kluxen, *Dentscher und Britischer Parlamentarismus*, 1985, pp.122~123.
80 L. S. Amery. *Thoughts on the Constitution*, 2nd ed., 1964, p.32.

이 제시되고 있으며 특히 그가 말하는 내각통치제의 민주적 성격이나 그 자립성, 의회에 대한 절대적 우위의 관계 등에 관하여는 강한 반박도 적지 않다. 그럼에도 불구하고 이러한 내각통치제는 오늘날 영국 헌정의 특질로서 객관적으로 인정받고 있는 것은 부인할 수 없는 사실이라 하겠다.

내각통치제에 대한 비판의 초점은 내각통치제의 민주적 성격에 대한 의문, 특히 내각의 독재화의 위험성에 맞춰져 있다고 할 수 있다. 예를 들면 솔터(A. Salter)는 프랑스 및 미국의 정치체제와 비교할 때 "영국의 제도의 위험은 내각의 독재(cabinet tyranny)이다"라고 명백히 이를 지적하고 있다.[81] 이러한 근본적인 비판에 대하여 내각통치제의 옹호자들은 내각통치제가 가지고 있는 강력한 안정된 정권은 의회책임정치의 원리에 의하여 또는 야당의 권리와 세론의 존중을 통하여 그리고 내각 자제에 의하여 권위주의에 빠지지 않고 독재화의 위험을 피할 수 있다고 대답하고 있다.[82] 그러나 과연 내각의 자기책임의 자각이나 정치윤리만으로 내각에 과도하게 집중된 권력의 위험성을 면할 수 있는 것인가가 문제된다. 위와 같은 생각은 영국의 헌정에 특유한 풍토에 기초한 것이라고 할 수 있으나 보다 구체성을 갖는 효과적인 방법이나 대책은 없는 것인가. 이러한 관점에서의 내각통치제에 대한 비판과 그 위험성에 대한 대책의 고찰은 동시에 현대 영국의 권력구조의 과제를 추구하는 것이 될 것이다.

뮤어(R. Muir)는 자유당의 이론적 지도자로서 자유주의의 입장에서 오늘날 영국에서 의회가 그 본래의 의의를 상실하게 된 것은 정부권력의 현저한 증대 때문이라고 하고 이를 막기 위해서는 그는 양당제에 반대하여 비례대표제에 의한 다당제를 도입하여 의회의 지위와 기능이 회복하여야 한다고 주장하고 있다.[83]

솔터는 영국의 현대의 의원내각제의 위험은 내각관료제의 독재라고 하고 그 원인으로서는 전쟁의 예외적인 권력집중과 전후의 그 계속, 계획적 경제통제에 의한 국가책임의 확대와 사회적 서비스의 증대, 정당의 조직과 규율의 성장, 하원의 반직업화 등이라 한다. 그 결과 의회도 법원도 더 이상 내각을 통제할 수 없게 되었으나, 이러한 경향을 방치하여 의회제민주주의를 위협하는 정당관료제로 이행하는 것을 막기 위해서는 의회가 현실적인 통제를 유지할 수 있도록 하고 서로 다른 계급이익을 다수결에 의하여 존중할 수 있도록 하는 것이 절실히 요청된다고 한다.[84]

라스키(Laski)는 영국 노동당의 이론적 지도자의 입장에서 영국의 정당제도의 특질을

---

81 Arther Salter, Cabinet and Parliament, in:*Parliament. A Survey,* p.107.

82 Jennings, *op. cit.,* p.19: Loewenstein, *op. cit.,* p.101.

83 Ramsay Muir, *How Britain is Governed.* 1950, p.6ff.

84 Salter, *op. cit.,* p.109.

내각통치제로 이해하는 것 자체에 대하여 찬동하고 있지 않지만, 특히 내각통치제의 민주적 성격에 관하여 다음과 같이 비판하고 있다. 즉 영국의 정치제도는 사유재산의 보장이라고 하는 자유주의원리에 의해 일관되고 있으며, 일체의 행정상의 중요한 지위는 지배계급의 구성원에 의해 점거되고 있다. 따라서 내각통치제라 함은 그 본질에 있어서 보수당에 의한 계급지배의 시스템에 지나지 않기 때문에 그 독재화는 당연히 노동계급에 대한 적대라고 하는 위험을 포함하고 있다. 라스키는 위와 같은 이유에서 내각의 우월적 지위보다는 내각의 의회에의 종속적 성격을 강조하고 있으나, 그러나 현실로 존재하는 내각의 지배적 권력에 대하여는 노동당이 의회정당으로서 보수당과 함께 새로운 양당제를 구성함으로써 정권교체의 원칙을 전제로 한 의회정치제를 재현함으로써 내각이 억제되는 것을 기대할 수 있다고 주장한다.[85]

Ⅵ. 결 어

앞에서 살펴본 바와 같이 영국의 의원내각제는 헌법사의 흐름 속에서 누적된 정치적 관습에 의해 성립되고 발전되어 온 역사적 산물을 의미하는 까닭에 그 의원내각제의 특질을 파악하기 위해서는 영국헌정사에 있어서의 그 성립과 발전과정에 대한 역사적 고찰이 요구되는 것이다. 요컨대 영국의 의원내각제 연구에 있어서는 먼저 영국 헌정사의 이해가 중요하다고 하겠다.

명예혁명을 계기로 국왕에 대한 의회의 우위가 확립되는 과정에 있어서, 국왕의 자문기관인 추밀원에서 분화·발전된 내각이 의회의 다수당의 지지를 받지 않으면 안되게 됨으로써 정당내각제의 발달을 가져오게 되었고, 수상과 대신이 의회의 의원으로 임명된다는 관행이 형성되어 갔으며, 국왕은 통치에 관심이 없게 되고 내각을 실질적 집행권의 담당자로 하여 국왕의 제1의 조언자인 수상의 지위를 강화시켜 그 지도하에 내각의 일체성이 확립하게 되었다. 그에 따라 종래 국왕에 대해서만 책임을 지던 대신이 의회에 대해 연대하여 정치책임을 지는 책임내각이 형성되고 내각이 하원의 지지를 얻지 못한 경우 국민에 호소하기 위한 하원 해산의 선례가 18세기 말부터 형성되기 시작하였다. 그리하여 성립된 영국의 의원내각제는 1832년의 선거법개정 이래 하원의 내각에 대한 통제력이 증대하여 여기에 의회우위의 의원내각제가 확립되었으나 1867년의 제2차 선거법개정은 노동자계급에까지 선거권이 확대되어 국민대중의 정치과정에의 참여가 가능하게 되어 조직

85 H.J. Laski, *Parliamentary Government in England*, 1937, p.20ff.

화된 대중정당을 출현시키게 되었다. 여기에 선거민→하원→내각이라는 도식이 확립되고 하원은 선거민과 내각을 매개하는 기능을 수행하게 되었으며 특히 금세기에 들어서는 내각의 권한과 활동범위가 확대되어 실제 정치에 있어서 내각이 의회에 대한 주도권과 우위를 누리는 내각통치제 내지 내각책임제가 확립되어 오늘에 이르고 있다.

영국의 의원내각제의 특질은 한마디로 영국적 보수주의에 있다고 할 수 있다. 즉 시대에의 유연한 대응, 이론보다도 경험에의 의존, 점진적 개혁 등은 모두 영국 보수주의의 구성요소가 되고 있다. 청교도혁명에 의해 절대왕정을 부인하고 왕정복고에 의해 공화정을 부정한 영국인들은 명예혁명에 의해 중도의 입헌군주제를 수립하여 의원내각제를 발달시키게 된 것이다. 내란과 혁명 기타의 정치적 변동을 경험하면서 영국인은 인류사상 가장 교묘한 정치기구를 만들어 냈으며 그 기반은 정치이론이나 법이론이 아니라 전적으로 영국인의 정치적 실천이며 경험인 것이었다.

우리나라에 있어서도 과거 제2공화국 헌법에 의해 일시적이나마 의원내각제를 경험한 바 있다. 최근에 와서 일부 정치권에서는 다시 의원내각제 개헌논의가 간헐적으로 제기되고 있다. 의원내각제 권력구조의 채택여부에 있어서는 과거의 실패의 경험에 입각하여 신중을 기하지 않으면 안된다는 것은 극히 당연한 것이지만, 의원내각제가 성공할 수 있는 정치적·사회적 여건에 관한 냉정한 평가가 전제되어야 할 것이다. 이 점에서 의원내각제의 모국인 영국에 있어서의 의원내각제가 발전할 수 있었던 헌법적 기초와 정치적 토대에 관한 연구는 중요한 의미를 갖는다고 하겠다.

2 정당의 자유와 법적 규제*

-미국 정당의 후보자지명과정의 통제를 중심으로-

I. 서 설

미국헌법은 1787년 제정 이래 시민혁명기의 헌법체제를 지금까지 기본적으로 유지하고 있는 것이 그 특색의 하나이다. 따라서 제2차대전 후에 제정된 독일기본법이나 이탈리아헌법 등과는 그 역사적 성립 자체가 크게 다를 수밖에 없다. 특히 미국헌법은 정당조항은 물론 결사의 자유에 관한 명문규정을 두고 있지 않다. 그것은 당시의 헌법제정권자들이 정당의 필요성을 예견하지 못하였을 뿐더러, 오직 정당을 '유해한 도당'(pernicious faction) 또는 파벌이라고 적대시하였기 때문이라 할 수 있다.[1]

그러나 미국에 있어서 정당에 대한 국가의 태도는 정당적대시 정책이 추진된 19세기 독일 등과는 다르며 직접적으로 정당조직의 발생에 대하여 방해수단이 취해진 것을 찾아보기 어렵다. 오히려 양당제의 성립기원을 의미하는 연방주의자와 반연방주의자가 조직화되어 두 정당이 정면으로 대결한 1796년의 대통령선거 이래 대통령선출에 있어서 정당의 관여는 현저하게 되었으며,[2] 1804년에 성립된 수정헌법 제12조는 정당의 존재를 전제로 한 조항을 의미한다. 즉 1796년의 대통령선거는 대통령에 연방주의자 정당의 아담스(John Adams)가 당선되고 부통령에 반연방주의 정당의 제퍼슨(Thomas Jefferson)이 선출되자 동일집행부 내에 서로 대립하는 정당의 당수가 동석하는 사태가 발생하여 정당의 공적기능의 중요성을 예견하지 못한 헌법구조와 정치현실 사이의 모순이 제기되었던 것이다. 대통령선거절차가 정당의 출현으로 문제가 됨에 따라 정당을 배려한 절차를 내용으로 하는 헌법개정의 요구는 수정 제12조를 규정하게 된 것이다.[3] 이 수정조항의 성립으로 정당

---

* 심천계희열박사화갑기념논문 『정당과 헌법질서』(1995. 11) 252~274면 수록.

1 K. *Loewenstein*, Political Power and The Governmental Process, 1965. p.364.

2 미국에서의 정당의 성립은 1790년대 초 해밀턴(A. Hamilton)을 중심으로 조직된 연방주의정당(Federalist Party)과 이에 대립하는 반연방주의자인 제퍼슨에 의한 민주공화당(Democratic Republicans)에 그 기원을 둔다. 전자는 오늘날의 공화당에 해당하고 후자는 민주당에 해당한다. *Dennis J. Palumbo*, American Politics, 1973, p.433.

3 미국헌법 제2조 1항의 대통령선거절차는 대통령과 부통령을 구별하지 않고 대통령선거인이 2명에 대하여 투표하여 최고득표를 얻은 자가 대통령이 되고 차점자가 부통령이 되는 방법을 규정하고 있었으나, 정당의 기능이 발전함에 따라 동 조항의 중대한 결함이 지적되어 대통령과 부통령의 후보를 구별하여 오늘날의 런닝 메이트제의 선거제도가 1804년의 수정 제12조에 의해 채택된 것이다. 미국 대통령선거의 역사에 관하여는 *Eugene H. Roseboom and* Alfred E. Eckes, Jr. A History of Presidential Elections: from George Washington to Jimmy Carter, 1979 참조.

은 선거과정에 참여하는 것이 정당화되었으며, 정당은 선거에 참여함으로써 정치지도자를 양성·선발(recruitment and selection of leaders)하는 중요한 기능을 승인받게 된 것이다.[4]

그러나 한편 이러한 정당에 대한 승인과 합법화가 곧 정당의 활동과 기능에 대한 충분한 보장을 의미하는 것은 아니며, 정당의 자유와 자율성의 보호라는 관점에서는 문제가 있게 된다. 정당의 자율성의 보호는 정당결성의 자유, 정당가입 및 탈퇴의 자유 등이 고려될 수 있으나 특히 정당이 외부(公權力)로부터 간섭을 받지 않고 스스로의 결정에 따라 자율적으로 활동하는 것이 중요하다. 대체로 결사 일반에 있어서 그 자율성의 보호가 중요하다는 것은 말할 필요도 없다. 자율적 활동이 허용되지 않는다면 그 결사는 이미 개인의 자발적 의사에 의한 집합체로서의 본질이 상실되기 때문이다. 정당은 국가기구의 유지·지배를 목적으로 한다는 점에서 다른 결사에서는 볼 수 없는 특색을 가지지만 또한 바로 이것 때문에 정당이 스스로의 정책을 입안하고 자율적으로 후보자를 선정하고 내부조직의 운영에 있어서 자율성이 고도로 보장될 필요가 있다. 국가권력과의 관계에서 완전히 자율성을 상실한 정당은 관제의 선전조직으로 타락하여 국민의 의사를 국가의사로 매개하는 작용 등을 수행할 수 없기 때문이다.

이처럼 정당의 본질은 그 '자유로운 정치적 결사'라는 데에 있지만 미국의 경우 정당은 공직선거후보자의 지명과정에 있어서 자유로운 지위가 크게 제약되고 일정한 법적 규제의 대상이 되고 있다는 것이 주요한 특질을 이룬다. 이 점에 관하여 V. O. Key는 "미국 정당제도는 그 후보자지명에 관한 관습의 다양성과 미국에 특유한 지명방법(variety of nominating customs)을 가지고 있다는 데에 그 특징이 있다"고 강조한 바 있다.[5] 그것은 미국의 정당의 후보자지명과정이 다른 나라에서 보여지는 바와 같이 어떠한 법적 규제를 받지 않고 자유롭게 행해지는 정당 내부의 문제가 아니라 그 지명과정이 일정한 법적 규제의 대상이 되고 있다. 연방의회선거 및 대통령선거를 비롯한 대부분의 각 州와 지방의 공직선거에 있어서 정당의 후보자지명방법인 예비선거(primary election)과정이 각 주의 법률에 의한 규제를 받고 있으며, 따라서 정당의 후보자지명은 소수의 당간부나 지도층에 의해 좌우되는 것이 아니라 당의 후보자지명과정에 참여하는 다수의 일반당원에 의해 결정되고 있다. 이러한 정당의 지명과정에의 대중적 참여(mass participation in party nominations)라는 미국정치의 실제가 곧 미국 정당제도의 특색을 이루고 있는 것이다.[6]

이와 같이 미국의 정당은 후보자지명과정을 중심으로 그 정당에 대한 법적 규제가

---

4 *William J. Keefe*, Parties, Politics and Public Polity in America, 1976, p.21.
5 *V. O. Key, Jr.*, Politics, Parties and Pressure Groups, 5th ed., 1969, p.370.
6 *V. O. Key, Jr.*, op.cit., p.370.

매우 광범하게 행해지고 있으며 이러한 정당에 대한 법적 규제를 평가하여 트리펠(H. Triepel)은 "진정으로 정당의 악폐에 대한 민주주의의 십자군의 승리이다. 결국 그것은 정당의 폐해에 대하여 정당 자체를 억압하는 것이 아니라 오히려 정당 내부의 민주주의를 강화함으로써 정당을 국가적 조직의 기초로서 더욱 적합한 것으로 만드려는 것"이라고 서술하고 있다.[7]

본고에서는 미국의 정당에 관한 헌법학적 접근에 있어서 범위를 한정하여 정당의 공직선거후보자지명과정에 대한 법적 규제에 초점을 맞춰 고찰하도록 한다. 미국의 경우와는 달리 헌법상 명문의 정당조항을 두고 있으며 정당법에 의해 정당의 자유보장과 함께 정당의 조직과 내부질서 등에 광범한 규제가 행해지고 있는 우리나라의 정당제도는 아직까지 정당내부의 민주화에 적지 않은 문제점을 안고 있으며 특히 정당공천과정의 비민주적 성향은 항시 문제가 되고 있다.[8] 따라서 본고는 미국 정당의 민주적 후보자지명제도의 이해를 통해 우리의 정당공천의 민주화를 위한 개선방향에 있어서 하나의 시사점을 제시하고자 한다.

Ⅱ. 정당의 자유의 헌법적 보장

1. 정당결성의 자유

미국의 연방헌법 및 각 주의 헌법은 정당에 관한 명문규정은 두고 있지 않으며 결사의 권리(right of association)에 관하여도 특별한 규정을 두고 있지 않으나 개인의 자발적인 결사의 권리는 국민의 고유한 권리로 인정되고 있다. 본래 영미법에서는 계약의 권리에 관한 '코몬 로'의 원칙에 따라 개인의 자발적인 결사의 권리를 인정하여 왔으며, 따라서 미국에서는 처음부터 정치적 결사를 의미하는 정당의 결성이 자유롭게 행해질 수 있는 것이다. 연방과 각 주의 판례도 정당결성권을 '코몬 로'의 권리에 덧붙여 헌법상의 권리로 인정하고 있으며, 그 근거에 관하여 다음과 같이 다양하게 설명하고 있다.

첫째는 미국의 통치형태상 국민은 정당결성의 고유한 권리를 갖는다는 설이다. 이 견해는 1900년의 캘리포니아주 최고법원에 의해 표명된 것으로 "정당대회는 결국 공공의 이익을 위한 수단·방법의 논의를 목적으로 하는 국민의 집회이다. 주헌법의 권리장전에

---

7 *H. Triepel*, Die Staatverfassung und die Politischen Parteien, 2. Aufl., 1930; 美濃部達吉 譯, 「憲法と政黨」, 1934, 14頁.

8 정당공천의 민주화에 관하여는 杜禧悅, 현대민주주의와 공천, 「신동아」, 1970. 11 참조.

의해 국민에게는 공통의 이익을 협의하고 그 대표자에 지시하고 또한 공통의 구제를 입법부에 청원하기 위해 자유롭게 집회할 권리가 있다"고 하고 정당을 결성할 권리는 "통치형태 및 그 본질에 고유한 것으로 우리의 헌법에 표명을 요하지 않는다"[9]고 하고 있다. 그 후 1957년의 연방대법원판결에서도 정당결성권은 미국의 통치형태상 당연히 인정된다고 판시한 바 있다. 여기에서 워렌 대법관은 "우리의 통치형태는 모든 국민이 정치적 표현과 정치적 결사(political expression and association)에 관한 권리를 갖는다는 것을 전제로 성립된 것이다. 이 권리는 권리장전의 수정 제1조 속에 담겨져 있는 것이다. 미국에 있어서 이러한 기본적 자유의 행사는 전통적으로 정치결사의 수단에 의해 행하여져 왔다. 정당의 자유에 대한 침해는 동시에 그 지지자의 자유에 대한 침해가 된다"고 하였다.[10]

둘째는 참정권에 그 근거를 두는 견해이다. 이것은 1910년 State v. Phelps사건에서 위스콘신 최고법원에 의해 채용된 것으로 "참정권은 유권자가 통치정책에 관한 정치 신조에 따라 몇 개의 그룹으로 분산할 수 있는 권리, 각 그룹이 조직되고 활동하는 데에 있어서 법에 의한 합리적 금지에 반하지 않는 기구를 가질 수 있는 권리가 포함된다"고 기술하고 있다.[11] 또한 1912년 오클라호마주 최고법원은 "참정권은 정당을 결성하는 권리, 각 정당이 그 조직의 활동을 위하여 法에 의해 금지되고 있지 않는 기구를 가질 수 있는 권리가 포함된다"고 판시한 바 있다.[12]

셋째는 연방헌법 및 각 주 헌법이 보장하는 집회의 권리(right of assembly)에 정당결성권이 포함된다는 견해이다. 1937년의 De Jonge v. Oregon 판결에서 연방대법원은 집회의 자유는 단순한 물리적인 집회만을 의미하는 것은 아니라고 하였으나 수정헌법 제1조가 일반적인 결사의 자유를 포함하는 것이라고는 명백하게 밝히지 않았다. 그러나 1950년대에 들어와서 결사의 권리가 수정 제1조의 언론·집회의 자유에 포함되는 것이라는 판례가 계속하여 나오게 되었는데 그 효시가 된 판결이 1952년의 Wieman v. Updegraff 사건이다. 이 판결에서 결사는 언론의 자유·연구의 자유의 행사로서 인정된다고 하였다.[13] 그 후 1957년의 연방대법원의 일련의 판결에서 결사의 권리를 수정 제1조에 의해 보장되는 권리라는 것을 명백하게 인정하게 되었다.[14]

이와 같이 미국에 있어서 정당에 대한 헌법상 지위의 보장은 결사의 권리의 헌법상

---

9 Briton v. Board of Election Commissioners.
10 Sweezy v. New Hampshire, 354 U.S. 234, 250(1957).
11 State ex rel McGrael v. Phelps, 144 Wis. 1(1910)
12 Ex parte Wilson, 7 Okla. Cr 610(1912).
13 Wieman v. Updegraff, 344 U. S. 183(1952).
14 Sweezy v. New Hampshire, 354 U.S. 234(1957); Watkins v. United States, 354 U.S. 178(1957).

보장에 관한 판례를 통하여 구명할 수 있으며, 결사의 권리를 헌법상의 권리로 수립하는 데 있어서 판례는 결사를 언론·집회의 자유에 포함되는 것으로 인정하기도 하고 참정권에 근거를 구하거나 통치형태에 고유한 것이라는 등의 어프로치로 이론구성을 하고 있음을 볼 수 있다. 요컨대 정당의 결성권은 헌법상 직접적인 명문의 규정이 없더라도 언론의 자유·집회의 권리·선거권 등에 대한 헌법적 보장의 부산물로 인정되고 있는 것이다.[15]

2. 정당의 자율성보장과 사법불개입의 원칙

미국에 있어서 법원은 일반적으로 사적 결사의 내부분쟁에 대하여 그 개입에 소극적인 태도를 취하여 왔다. 과도한 사법개입은 그 결사의 집단적 자율성이라는 이익을 손상시킬 우려가 있고, 또한 법원이 심리할 수 있는 능력에도 한계가 있다고 생각되기 때문이다.

정당은 특히 사상·신조에 관계된 결사로서 그 자율성에 대하여 최대한의 존중을 받아왔고, 당대회대의원의 자격이나 후보자간의 지명 등을 둘러싼 당내분쟁에 대하여는 원칙적으로 정당 내의 최고의사결정기관의 결정이 최종적인 것으로 간주되어 왔다. 정당이 정당으로서 충분히 기능하기 위하여는 구성원간에 이데올로기상의 동일성이 존재해야 하고, 그러기 위하여는 내부통제의 수단으로서의 제재나 제명을 행하기도 하고, 내부에서의 분쟁처리를 자율적으로 행할 필요가 있기 때문이다.

또한 당내분쟁을 법원이 판단하게 된다면 무엇을 기준으로 해야 할 것인가라는 곤란한 문제가 발생하고, 정책상의 분쟁에 법원이 개입하는 것이 된다. 그리하여 많은 주법원은 "제정법에 의해 관할권이 부여되고, 법률에 의한 규제가 없는 한 법원은 정당의 규율이나 당내분쟁에 대하여 개입할 수 없다"라는 원칙을 거듭 표명하기에 이르렀다.[16]

그러나 결사 일반에 대하여도 그 활동이 개인이나 사회에 손해를 주는 경우에는 어느 정도의 사법개입도 필요하고, 그 개입의 정도·방법·판단기준에 대한 논의가 거듭되고 있다. 정당에 대하여도 '시민적·재산적 권리가 관계되어 있는 경우'에는 불개입의 원칙의 예외로서 법원이 당해 분쟁의 심사를 행할 수 있고, 정당의 군중앙위원회의 불법한 자금

15 *David Fellman*, Constitutional Rights of Association, in Philip B. Kurland ed., Free Speech and Association: The Supreme Court and the First Amendment, 1975, p.54.

16 Runyon v. Kent, 239 S.W. 2d 909(Tex. 1951); Foster v. Ponder, 361 S.W. 2d 538, 539(A가. 1962); Carter v. Tomlinson, 227 S.W. 2d 795, 798(Tex. 1950); State v. DeMaioribus, 224 N.E. 2d 353, 354(Ohio 1967); State v. Bosworth, 117 S.E. 2d 610, 620(W. Va. 1960); Davis v. Sullivan County Democratic Committee, 261 N.Y.S. 2d 697, 701(1965); Rogers v. State Committee, 232 A. 2d 852, 855(N.J 1967); Democratic－Farmer－Labor State Central Committee v. Holm, 33 N.W. 2d 831, 833(Minn. 1948). Starr, The Legal Status of American Political Parties, 34 Am. Pol. Sci. Rev. 439, 695~699(1940).

의 지출에 대하여 재판관할권을 인정한 예가 있다.

가장 문제가 되는 것은 후보자지명과정의 법적 규제의 진행과 함께 정당의 위원이나 대회대의원, 후보자의 지위가 법률상 규정되고, 그 중에는 당내분쟁의 조정기관·재결기관을 법률로 규정한 州가 나타나게 되었다는 것이다. 여기에서 주에 따라서는, 예를 들면 정당임원의 지위가 '공적인 임원'(public officer)이 되었다는 것이나 "법률이 (정당임원에게) 의무를 부과하고 있는 경우 동시에 당해 법률은 그 의무를 수행하기 위한 보호도 부여하고 있다"는 것 등을 이유로 정당임원의 지위를 둘러싼 당내분쟁에 재판관할권을 인정하는 주법원의 판결도 볼 수 있다.

그러나 법적 규제의 존재에도 불구하고 당내분쟁에의 개입에 대한 법원의 소극적 태도에는 확고한 면을 볼 수 있다. 예를 들면 텍사스주 대법원은 정당임원의 지위가 법률로 규정되어 있는 경우에도 그 지위에 관한 분쟁은 당대회에서 결정되어야 할 문제이고, 법원은 관할권을 가지지 못한다고 판시하고 있다.[17] 또한 당내의 많은 파벌이 상호 당해 정당의 대표권에 대하여 분쟁하고 있는 경우의 재판권을 주지사에게 부여한 1896년 뉴욕 주법에서도 주대법원은 정규적인 당기관의 판단에 의거해야 한다고 판시하고 있다.[18]

결국 정당 내부의 파벌이 후보자지명이나 정당임원인사에 관하여 분쟁할 경우 비록 법률에 의한 규제가 존재한다고 할지라도 그 해석만으로 판단할 수 있는 경우는 한정되어 있고, 법원의 개입은 여전히 곤란하다. 어떤 주법원의 판결은 법원이 모든 사건에 있어서 정당의 운영·관행·방침을 조사하고, 정당의 대표기관이 행한 지명을 취소한다면 선거의 자유·투표의 자유를 침해할 뿐만 아니라 법원이 향수해야 할 권위와 경의가 위협받게 된다고 서술하고 있다.[19]

법원 자체가 내린 판결이 투표자의 자유 침해를 야기한다는 것과 당내분쟁에 개입함으로써 법원의 신용·권위가 실추된다는 것에 대한 우려가 소극적 태도의 원인이 되는 것이다. 따라서 현재에도 정당의 내부분쟁에 대한 사법불개입의 원칙은 기본적으로 유지되고 있다.

---

17 Carter v. Tomlinson, 227 S.W. 2d 795(Tex. 1950); 29 Tex. L. Rev. 378(1951).
18 In re Fairchild, 45 N.E. 943(N.Y. 1897). Goodnow, op. cit., pp.209~216.
19 Phelps v. Piper, 67 N.W. 755. 757(Neb.1898).

Ⅲ. 정당의 법적 규제와 정당의 지위의 변질

1. 정당규제입법의 등장

미국에 있어서 정당에 대한 법적 규제의 최초의 형태는 주로 선거과정에 대한 주의 입법(state legislation)에 의해 나타나게 되었다. 정당이 선거에 참여하게 됨에 따라 정당의 공직선거후보자지명에 관한 당대회제도의 폐해를 시정하기 위하여 정당간부의 전단적 지배를 방지하고 일반당원의 후보자지명과정에의 참여를 인정하는 예선제도(primary system)가 입법적 조치에 의해 채용됨으로써 정당은 법적 규제의 대상이 되기에 이르렀던 것이다.[20] 최초로 1866년에 제정된 캘리포니아 주법과 뉴욕 주법은 각 주에 커다란 영향을 미친 예선규제법이었다.[21] 그러나 많은 주의 입법은 정당에 의한 예선제도를 공권력으로 전면적으로 규제하지는 않았다. 그것은 당시의 정당의 법적 성질이 단지 '임의적 결사'(voluntary associations)로 인식되었기 때문이다.[22]

그 후 1880년대에는 다수의 주에서 예비선거에 관한 입법을 행하게 되어 예비선거의 일시·절차·예선에 참가하는 자의 자격요건 등을 상세히 규정하게 되었으며, 1903년에는 위스콘신주에서 최초로 정당의 직접예선제도에 관한 포괄적인 강행법규를 채택하였다.[23] 그리하여 선거에 있어서 정당의 전단적 활동을 억제하고 선거과정을 부패로부터 보호하기 위한 정당의 입법적 규제의 대상은 정당조직의 구조, 후보자지명방법 등에도 미치게 되었다. 그것은 자생적·사적·임의적인 것을 본질로 하였던 정당이 공적 기관으로 변천하게 됨을 의미한다. 말하자면 정당이 자유로운 내부문제에 불과했던 후보자지명방법에 대한 법적 규제는 '헌법외적 사적 조직'(extra constitutional private organization)인 정당을 사실상의 '주의 기관'(state organ)으로 변질시키게 된 것이다.[24]

주의 법률에 의한 정당규제뿐만 아니라 연방입법에 의한 정당규제는 1925년의 연방부패행위방지법(Federal Corrupt Practices Act)을 들 수 있다. 이 법률에 의하여 선거를 위한 기부를 받거나 지출을 행하는 정당이나 정치단체 등에 대하여 회계보고를 제출케 하여 정

20 *Harold F. Gosnell and Richard G. Smolka*, American Parties and Elections, 1976 pp.132f.

21 Ibid., p.133

22 *Joseph Starr*, The Legal Status of American Political Parties(1), 34 The American Political Science Review, 443(1940).

23 *Ruth Scott and R. Hrebenar*, Parties in Crisis: Party Politics in America, New Yord: John Wiley & Sons, 1979, p.123.

24 *K. Loewenstein*, op.cit., p.370.

당의 재정통제를 가하게 되었으며, 그후 1971년의 연방선거운동법(Federal Election Campaign Act)에 의하여 정치자금공개제의 전면적인 정비와 함께 정당에 대한 기부를 제한하였다.[25] 정당에 대한 규제는 특정정당의 법익박탈에까지 미치게 되어 공산주의적 활동과 단체를 단속하는 1940년의 Smith Act, 1950년의 파괴활동방지법(McCarren Act), 1954년의 공산주의자단속법(Communist Control Act) 등이 제정되었다.[26] 이들 연방법에 의하여 공산당을 인정하지 않고 일체의 법적 보호를 거부하는 등 반민주적, 반체제적 정당에 대한 법적 규제를 하게 되었다.

이와 같은 정당을 둘러싼 입법적 환경 속에서 사법부가 정당을 어떻게 인식하고 있는가의 문제는 선거과정에 나타난 정당소송의 판례를 통하여 분석할 수 있다.

2. 정당의 헌법상 지위에 관한 판례의 입장

미국의 각 주에서의 정당의 예비선거에 관한 연방대법원의 판례를 보면 정당이 공적 기능을 수행하고 있는 한도에서 헌법규범의 적용을 받는 것을 알 수 있으며 그 경우에는 사적·임의적 단체를 그 본질로 하는 정당의 행위에 공적인 주정부의 기능을 인정하는 것을 의미한다.[27]

초기의 판결을 보면 1921년의 Newbery v. United States 판결[28]에서 연방대법원은 정당의 예비선거를 '비공식적·사적인 행위'로 보고 의회의 선거규율권을 예비선거까지 확대하는 것을 거부하였다.

그 후 1941년의 United States v. Classic 판결[29]에서는 주법에 의한 예비선거의 상세한 규율은 예비선거를 선거과정의 필수부분으로 인정하는 것이며, 예비선거에서의 후보자선출이 남부의 여러 주에서와 같이 민주당의 단독지배하에 있는 경우에는 곧 의원의 선택을 의미한다고 인식하여 연방대법원은 정당의 예비선거를 연방선거과정의 일부로 보고 그것을 연방헌법상의 관심사로 높이게 된 것이다. 이 판결은 정당의 법적 성격을 일부 공적인 것으로 발전시켰으며 정당의 행위에 '주의 행위'(state action)이론을 매개로 하여 정당을 헌

---

25 미국 정당자금에 관한 주요문헌은 *Herbert E. Alexander and Laura L. Denny*, Regulation of Political Finance, Berkeley: Institute of Government Studies, 1966; H. E. *Alexander*, Financing Politics, Washington, D.C.: Congressional Quarterly Press, 1980 참조.

26 1961년의 연방대법원판결 Communist Party v. Subversive Activities Control Board, 367 U.S. 1(1961)은 정당활동제한의 위헌성 여부에 관한 판결로서 본건에서 공산당의 등록을 요구하는 McCarran Act의 합헌성을 인정하였다.

27 판례의 분석을 통한 미국헌법상 정당의 지위에 관한 것은 鄭萬喜, 미국헌법상 정당의 地位, 「고시연구」, 1985. 12, 55쪽 이하 참조.

28 256 U.S. 232(1921).

29 313 U.S. 299(1941).

법통제하에 두는 가능성을 인정하게 된 것이다. 1944년의 Smith v. Allright 판결[30]도 위의 Classic 판결을 이어받아 정당의 행위에 헌법을 적용하고 있다. 즉 정당에 대하여 주법에 의한 광범하고 상세한 규율을 기초로 하여 '주의 기관'(agency of the state)이라는 개념을 인정하게 된 것이다. 그리하여 예비선거가 공직후보자선출기구의 일부로 되는 경우에는 일반선거인에 적용되는 것과 동일한 기준이 예비선거에 적용되어야 한다고 하고, "당원자격은 주의 관심사는 아니지만 그것이 동시에 예비선거에 투표하기 위한 불가결의 자격요건인 경우에는 정당의 행위는 곧 '주의 행위'(action of the state)로 간주되므로 흑인에 대한 당원자격박탈은 수정헌법 제15조에 위반된다"고 판시하고 있다.

위와 같이 미국에서의 예비선거에 관한 정당소송의 판례를 통하여 정당의 헌법적 성격이나 지위는 다음과 같이 파악할 수 있다.

정당은 그 성립에 있어서 사적 결사(private association)로서 선거과정에 영향을 미치게 하기 위하여 조직된 정치적 단체이나, 선거과정에서 수행하는 정당활동의 공적 성격(public nature of the activity)에 의하여 정당은 헌법규범의 적용을 받게 된다.[31] 다시 말하면 정당의 예비선거과정에 공적 기능을 인정함으로써 정당의 지위는 뢰벤슈타인의 이른바 '헌법외적 사적 조직'(extra-constitutional private organization)에서 사실상의 '주의 기관'(state organ)으로의 변질을 가져오게 된 것이다.[32]

요컨대 임의적 정치결사로서의 정당은 그 구성·내부조직·예비선거·당대회 대의원 선출 등에 있어서 州에 의한 입법적 규제를 받고 있으며 예비선거의 운영에 있어서는 주의 공공자금에 의한 보조를 받고 있다. 따라서 정당은 완전한 사적 결사도 아니고 또한 완전한 공적 기관도 아닌 것으로서, 양자의 성격을 동시에 가진 '혼성체의 결사'[33] (hybrid-type association)라고 말해지고 있다.

결국 오늘날 서구의 정당국가적 민주주의에 있어서 정당이 수행하는 기능의 중요성에 비추어 볼 때 정당은 그것이 헌법상에 명문의 규정이 있든 없든 간에 현실의 헌법운용 과정에서 핵심적 요소를 의미하지만, 한편 정당은 국가기관 밖에서 자유로이 설립되는 정치적 결사에 불과하므로 그것은 결국 국민과 국가기관 사이에 개재하는 '중개적 권력체'로 보는 우리의 지배적 입장과 거의 같은 맥락에서 이해될 수 있다고 하겠다.

---

30 321 U.S. 649(1944).
31 *Ronald Young*, American Law and Politics: The Creation of Public Order, 1967, p.286.
32 *K. Loewenstein*, op.cit., p.370.
33 *R. Young*, op.cit., p.286.

Ⅳ. 정당의 후보자지명과정의 법적 규제

1. 미국에 있어서 후보자지명제도의 변천

미국에 있어서 정당의 법적 규제는 후보자지명과정의 통제에 의해 전개되었다는 것이 특징이다. 여기에서는 우선 미국에 있어서 정당의 후보자지명제도의 변천을 개관한다.[34]

정당조직이 미발달의 상태였던 독립전의 아주 초기의 단계에서는 후보자지명이라는 제도는 없었고, 시대표자회의(Town Meeting)에서의 입후보자선언이나 추천에 의해 후보자가 결정되었다.[35] 정당이 조직으로서의 형태를 갖추게 됨에 따라 정당이 스스로의 후보자를 선정하는 메커니즘도 발생하게 되었다. 당초에는 각지의 정당간부들이 모여 후보자를 지명하는 '간부회'[36](caucus)가 일반적인 방법이었다. 간부회제도는 초기에는 시·장소도 알려지지 않는 사적인 비밀회합이었으나 차츰 개최일시·장소·구성원을 명확히 하게 되었고 제도로서의 형식을 가지게 된다. 18세기 말에는 각지에서 간부회에 의한 후보자지명이 행하여 지게 되고 주·연방차원의 간부회가 확립된다. 주·연방에서는 주로 의회의 의원들이 간부회를 구성함으로써 각각 주의회간부회(Legislative Caucus), 연방의회간부회(Congressional Caucus)라고 불렀다. 간부회의 제도가 확립되면서 일반투표자들로부터 소수의 정당간부가 선출한 후보자에게 투표해야만 하는 것에 대한 불만이 나타나게 되었다. 특히 대통령후보자를 지명하는 연방의회간부회는 각주·각지방의 의견을 반영하지 않는다는 비난과 야유를 받아 King Caucus라고 불려지게 되었다. 연방의회간부회는 1824년에 그 결정이 다수의 의원에 의해 무시되어 붕괴된다.

간부회에 대한 비판 중 각지에서 서서히 채용되기 시작하고, 곧 대통령후보자지명에도 채용된 것은 대의원대회(delegate convention)에 의한 지명이다. 이 제도하에서는 우선 가장 기초적인 지역적 단위(precinct, town 등)에 거주하는 모든 당원이 참가할 수 있는 집회(보통 primary[37]라고 불림)에서 다음의 지역적 차원(ward, country 등)의 당대회에 출석하는

34 상세는 木下智史, 政黨と結社の自由, 「法學論叢」 第118巻 3號, 1985 참조.

35 *H. Bruce*, American Parties and Politics, 2d ed. 1932, p.277.

36 caucus는 뒤에서 서술하는 대의원대회제의 가장 기초적인 당원에 의한 집회, primary와 같은 뜻으로 사용되기도 한다. 여기에서는 차이를 명확하게 하기 위하여 '간부회'라는 용어를 사용한다.

37 프라이머리(Primary)는 대의원대회제의 기초인 당원집회 외에 후술하는 직접예비선거(direct primary or primary election)를 말하지만 여기에서는 전자에 primary라는 용어를, 후자에 대하여는 '직접예비선거' 또는 '예비선거'라는 용어를 사용한다. *P. Ray,* An Introduction to Political Parties and Practical Politics, 2d ed. 1917, p.113 참조.

대의원이 선출되고, 당대회는 지역 내의 공직후보자의 지명 및 다음의 차원(주 등)의 당대회대의원을 선출한다. 그리하여 이론적으로는 각주의 당대회·전국당대회에까지 각 지역의 의사가 대표되는 대의원대회제는 간부회에 비하여 보다 민주적인 후보자지명의 방법이라고 하였다.[38] 대의원대회제으로의 이행배경에는 '잭슨 민주주의'하에서 진행된 남녀 보통선거제·주요관직의 공선화 등의 일반대중의 정치참가 확대의 움직임, 그리고 그것에 대응하는 정당의 성격변화, 즉 명망가정당으로부터 조직적 대중정당으로의 이행이 있었다.

그러나 남북전쟁 후 잠시 동안 대의원대회는 정치의 과두적 지배와 정치부패의 온상으로서 심하게 비판되었다. 대의원대회제가 의도한 대로 기능하지 못한 요인은 많이 지적되고 있지만 주로 다음과 같은 점들을 들 수 있다.

첫째는 이 시기의 정당의 성격변화에 내재하는 것이다. 어떤 논자는 "잭슨 민주주의 하에서 형성된 정당은 단기적·직접적인 이익의 배분을 통하여 투표를 획득하려 하는 투표획득기관"이고, "직접적·가시적 이익과 투표와의 교환을 목표로 하는 한 정치적 부패의 계기도 내재하고 있었다"[39]고 한다. 또한 정당의 대중화는 일반유권자인 당원과 직업정치가인 정당간부와의 괴리를 진행시키고, 이 기회를 이용하여 일부 자본가와 직업정치가의 癒着이 확대되었다. 그들은 스스로의 이권을 위하여 정치를 최대한 이용하려 하고, 공직의 독점을 위해 대회대의원에 대한 매수·협박 등을 행하였다.[40]

이러한 이권을 창출한 미국 내의 산업발달도 제2의 요인으로 들 수 있다. 남북전쟁 후의 자본주의의 급격한 발달은 대자본가를 출현시키고, 철도부설 등을 둘러싸고 정치와 거대한 경제권익이 결부되었다. 그리하여 공직은 이권과 결부되고, 엽관제도 이권에 의한 정치를 조장하는 것으로 작용하였다.

또한 대의원대회제 자체가 보스지배나 정치부패에 대하여 취약한 제도였다는 점도 지적할 수 있다. 대의원에 의한 지명이 제대로 기능하기 위해서는 대의원의 질이 중대한 의미를 가지지만, 많은 당원은 번잡한 업무를 피하여 대의원이 되는 것을 기피하였으므로 대의원의 대리가 많이 이용되기도 하고, 보스의 부하가 대의원이 되는 경우도 많았다. 그리고 많은 대의원 중에서 각각의 대의원의 목소리는 미미한 것이었고, 대의원이 당대회에서 지명해야 할 공직이 매우 많았기 때문에 일반당원이 대의원의 행동을 감시하는 것도 곤란하였다. 예비선거참가자의 명부작성, 대회의 소집·운영, 대의원의 결원보충 등의 중

---

38 대의원대회제 특히 대통령후보자지명전국당대회의 성립에 대하여는 藤本一美, アメリカ近代政黨の形成, 第3章, 1981 참조. W. *Goodman*, The Two-Party System in the United States, 2d ed. 1960, p.123.

39 阿部齊, 政黨制と參加デモクラシー, 「成蹊法學」 第13號, 1978, 197頁.

40 당시의 대의원구성원 중에 소위 전과자, 술집의 주인, 공무원 등이 많았던 것도 당대회의 腐敗化를 나타내는 것이다. 間登志未, アメリカ政黨の指名制度について(一)(二), 「關西大學法學論集」 第15券 2號, 1964, 51頁 참조.

요한 역할을 행하는 각급 당위원회가 보스지배의 거점이었다는 것도 사태를 더욱 악화시켰다.

정치가와 대자본가에 의한 정치지배와 정치부패에 대한 민중의 불만은 곧 19세기 후반부터 20세기 초에 걸친 혁신주의의 운동에 연결되게 되었다. 혁신주의는 레퍼렌담(referendum), 이니셔티브(initiative) 등 정치적 영역에 있어서의 직접민주주의적 개혁을 추구하고, 또한 선거제도개혁(비례대표제·공선관직수의 삭감 등)이나 공무원제도개혁(성적제의 채용 등)과 함께 후보자지명과정의 개혁에도 몰두하였다. 그리고 대의원대회제에 대신하는 후보자지명의 방법으로서 가장 강력하게 주장된 것은 당원이 후보자를 직접투표로 지명하는 직접예비선거(direct primary or primary election)제도였다.[41] 이 지명방법이 처음으로 채택된 것은 1867년 펜실베니아주 클로포드郡이었지만,[42] 그 후 혁신주의의 고양과 함께 20세기 초에는 各 州에서 빠르게 보급되었다.[43]

직접예비선거제도입의 이유로서 당시에 주장된 것은 (ⅰ) 대의원대회제보다 많은 참가자를 가질 수 있고, 후보자선택이 더욱 민주적으로 된다. (ⅱ) 더욱 우수한 후보자를 얻을 수 있다. (ⅲ) 보스나 머신(machine)지배를 방지하고 정당의 운영이 일반당원에게 책임을 지우는 것으로 된다. (ⅳ) 산업계와 정치가의 유착을 방지할 수 있다는 것 등이었고, 이것들은 당시의 정치상황에 대한 불만의 솔직한 표현이었다. 그러나 대의원대회제를 지지하는 입장의 반대론도 있었다. 그 이유로서 들고 있었던 것은 (ⅰ) 직접예비선거하에서는 인구가 많은 도시구역이 인구가 적은 구역을 압도한다. (ⅱ) 선거운동비용의 부담 때문에 부유층 외의 입후보가 곤란하게 된다. (ⅲ) 정당 내의 단결과 통일의 유지가 곤란하고, 다시 말하면 정당의 책임을 완수할 수 없게 된다. (ⅳ) 후보자난립을 유발한다는 것 등이었다.[44]

확실히 당시의 후보자지명을 둘러싼 부패나 보스지배 등의 문제는 앞에서 살펴본 바와 같은 대의원대회제 자체의 제도상의 약점을 찌른 것은 사실이지만, 그것들이 사회상황 중에서 다양한 요소의 혼합으로 생성된 이상 대의원대회제를 직접예비선거제로 교체하는 것만으로는 근본적인 해결을 볼 수 없다는 것도 명확하다. 실제로 직접예비선거제가 도입된 경우에 있어서도 그 전단계에서 미리 당간부가 (예비선거를 다투는) 후보자를 착취해버

---

41 *F. W. Dallinger,* Nominations for Elective Office, 1987, pp.141~153.

42 *E. Sait,* American Parties and Elections, 1927, p.274.

43 *C. Merriam & L. Overacker,* Primary Elections, 1928, pp.60~94; *Greeley,* The Present Status of Direct Nominations, 5 Ill. L. Rev. 403(1910); *Boots,* The Trend of the Direct Primary, 16 Am. Pol. Sci. Rev. 412(1922).

44 *C. Merriam & H. Gosnel,* op.cit., pp.305~306; *E. Meyer,* op.cit., pp.259~415; *E. Sait,* op. cit., p.416; *C. Fanning,* Selected Articles on Direct Primaries(Debater' Handbook Series, 4th ed. 1918).

리는 제도(pre-primary slate)가 채택되기도 하고, 많은 주에서 보스지배가 여전히 계속되고 있었으므로 직접예비선거제에 대하여도 실망이 커지고, 제1차대전 후 각지에서 대의원대회제를 재도입하려는 움직임도 활발하였다.[45]

후보자지명과정이 일부의 당간부에 의해 지배되고, 따라서 일반당원이 실질적 결정권을 행사할 수 없으며 나아가서는 국민이 선거에 있어서 불모의 선택을 강요당한다는 도식은 지명제도의 거듭되는 개혁에도 불구하고 사라지지 않고 기본적으로는 현재에까지 존속하고 있다고 생각된다.[46] 보다 근원적인 정치체제에 관한 문제, 즉 선거에 있어서 국민의 정치의사반영이라는 문제가 기성의 2대정당의 범위 내에서, 게다가 후보자지명제도라는 기술적 측면에 한정되어 논의되었다는 것에는 커다란 한계가 있었다고도 말할 수 있다.

2. 후보자지명과정의 법적 규제의 전개

대의원대회제하에서 발생한 지명과정의 부패에 대하여 단순히 지명방법을 변경하는 것만으로는 불충분하고, 정당 자체에 대하여도 어떠한 규제가 있어야 한다는 여론이 강했다. 부패의 한 원인은 대의원대회제의 기초인 예비선거나 대의원선출절차 등에 대하여 명확한 규정이 없다고 생각되었기 때문이다. 메리암(C. Merriam)은 정당규제의 계기가 된 문제로서 아래와 같은 것을 들고 있다.

(i) 예비선거에 대한 참가가 당해 정당의 구성원에 한정된다는 보장이 없다. (ii) 당의 회의에 대한 참가자격이 너무 엄격한 경우에는 많은 선의의 지지자를 배제하는 결과가 된다. (iii) 예비선거에 있어서 사기·투표수의 조작 등의 부정을 처벌할 수 없다. (iv) 예비선거의 고지가 불충분하여 소수의 자밖에 출석할 수 없다. (v) 예비선거의 개최장소가 적절하지 않다.[47]

19세기 후반 뉴욕, 필라델피아, 보스톤의 민주당·공화당의 당규칙을 조사한 달링거(F. W. Dallinger)에 의하면 주로 다음과 같은 내용이 규정되어 있었다고 한다. 즉, (i) 예비선거참가자의 등록요건·등록방법·등록말소절차, (ii) 예비선거개최절차(개최일시·장소에 대한 충분한 고지), (iii) 예비선거운영절차, (iv) 개표 등에 관한 분쟁처리절차, (v) 당대회절차, (vi) 당대회에 있어서 대의원의 대리금지, (vii) 임명에 의한 공직보유자를 대의원으로 하는 것의 금지[48] 등이 규정되어 있다. 이것들은 앞에서 메리암이 지적한 문제점에

---

45 *C. Merriam & L. Overacker,* op.cit., pp.95~106.

46 ibid., p.212. *C. Merriam & H. Gosnel,* op.cit., p.307.

47 *C. Merriam & L. Overacker,* Primary Elections, 1928, pp.5~6. 또한 間登志夫, アメリカ政黨の指名制度について(二),「關西大學論集」第15卷 2호, 1965, 40~41頁 참조.

48 *F. W. Dallinger,* Nominations for Elective Office, 1987, pp.171~172.

거의 대응하고 있고, 당초 당규칙에 의한 규제가 시도되었다는 것을 시사하고 있다. 그러나, 예를 들면 예비선거참가자의 등록제도가 정당간부들에 의해 자의적으로 운용되고, 역으로 당규칙이 보스나 머신지배의 수단으로 많이 이용되며 정당 내의 실권을 장악한 보스나 머신의 영향력 배제나 부패의 제거를 당규칙에 의해 실현하는 것은 매우 곤란한 것이었다.

당규칙에 의한 시정으로는 민주적 후보자지명을 기대할 수 없다고 여겼던 일반당원·유권자들은 외부로부터의 규제, 즉 법률에 의한 규제를 기대하게 되었다. 처음에는 법률의 조항에 의해 당규칙의 준수를 담보하려는 시도도 있었지만, 원래 보스나 머신이 지배하는 정당이 스스로 정한 당규칙의 내용자체가 불충분하고, 법원이나 배심이 사적 조직의 규칙위반을 범죄로 처벌하는 것에 대하여 소극적이었기 때문에 실효성은 부족하였다.[49]

1866년 캘리포니아주와 뉴욕주는 예비선거의 존재방식을 규제하는 주법을 제정하였다. 이것은 정당의 내부절차를 처음 법률로서 규제하려는 획기적인 시도였지만, 아직 한정부의 것이었다. 캘리포니아주의 예비선거법은 예비선거실시의 방법 등에 대하여 상세하게 규정되어 있었지만, 그 적용의 유무는 정당 자체가 결정한다는 임의법규의 성격을 가지는 것이었다. 다른 한편 뉴욕주의 그것은 강행법규였지만 그 규제대상은 몇몇 부정의 처벌에 한정되어 있었다. 그후 1880년대까지 여러 주에서 예비선거법이 제정되었지만, 그것들은 결국 캘리포니아형이나 뉴욕형이었고 내용상의 변화는 볼 수 없었다.

정당의 법적 규제의 새로운 진행을 촉진한 하나의 요인은 투표용지의 개혁이었다. 미국에서 투표용지에 의한 선거가 행하여지게 된 것은 17세기 이래이지만, 초기의 투표용지는 선거민이 지참한 종이나 정당이 준비한 것이 사용되었다.[50] 그러나 이것은 부정을 야기시키고 투표의 비밀도 위협받을 우려가 있었으므로 19세기 후반에는 관제의 공식투표용지가 채용되었다.[51] 여기에서 사용된 것이 오스트레일리아式 투표용지라고 불리는 방식이고, 모든 후보자명을 인쇄한 투표용지가 지급된다는 점이 특색이다. 이 방식의 채용을 규정한 법률은 1888년의 켄터키주를 시작으로 20세기에 접어들기 전의 거의 모든 주에서 제정되었다.

오스트레일리아式 투표용지가 채용됨에 따라 투표용지에 인쇄된 후보자명을 확정하는 방법이 필요하게 되었다.[52] 여기서부터 정당이 후보자를 정식으로 지명하는 과정도 선거법의 대상 중의 하나라고 생각하게 되었던 것이다.

---

49 *F. Goodnow,* Politics and Administration, 1900, p.231.
50 미국에 있어서의 투표용지의 역사에 대하여는 內田力藏, 「アメリカの選擧制度(上)」, 1950, 188頁 이하 참조.
51 *E. Evans,* A History of the Australian Ballot System in the Unite States, 1917.
52 *F. Goodnow,* op.cit., pp.30~32.

또한 앞에서 서술한 직접예비선거제 도입이 주로 주법의 제정이라는 형태로 진행되었다는 것도 정당의 법적 규제의 진행을 촉진시켰다. 1917년에는 직접예비선거법을 제정하고 있지 않은 주는 48개 주 중 4개 주에 불과하고, 법률의 내용도 임의법규로부터 강행법규로, 도시지역만을 대상으로 하는 것으로부터 모든 주에 적용되는 것으로, 그리고 보다 많은 공직을 대상으로 하고, 보다 상세한 규정을 두는 것으로 전개되었다.[53]

위와 같은 형태로 1880년대부터 20세기 초에 걸쳐 후보자지명과정의 법적 규제는 급속한 발전을 보이고, 그 내용도 보다 철저한 통제의 방향으로 흘렀다. 첫째, 임의법규나 지역적 한정이 점차 모습을 상실하고, 적어도 최저한의 규제는 모든 주에 미치게 되었다. 둘째, 예비선거·당대회의 개최일, 대의원 선출절차, 당대회절차 그리고 당위원회의 선출에 대하여도 규제가 미치고, 직접예비선거는 보통선거와 같은 규제를 받게 되었다는 것 등 규제의 상세화가 진행되었다. 셋째, 직접예비선거비용의 공비부담을 행하는 주도 보이게 되었다. 동시에 후보자지명과정의 규제입법을 가진 주는 다시 증가하고, 1927에는 뉴멕시코 주만 남게 되었다. 몇몇 주에는 주헌법에 예비선거의 규제권한에 관한 조항을 두었다.

이상에서 살펴본 지명과정의 법적 규제의 진행은 불과 40년간의 급속한 것이었다. 이것을 추진한 것은 바로 당시의 정당에 의한 정치과정의 지배에 대한 광범위한 민중의 불만의 축적이었다. 그리고 여기에서 정당을 단순한 사적인 자발적 결사로서 법외에 방치해야 할 것이 아니라 '주에 의하여 통제된 하나의 기관' 내지 '공적 기관'으로 해야 한다는 사고방식이 생겨나게 되었다. 즉 정당의 무책임성이나 부패가 제거되지 않는 것은 정당이 자발적 결사이며 공적인 규제로부터 자유롭다고 생각하는 데에 그 원인이 있고, 따라서 정당은 그 방대한 영향력으로부터 볼 때, '정규의 통치시스템'(formal governmental system)의 일부이고, 법률에 의한 승인을 받아야 한다는 굿노우(F. Goodnow)의 주장이 그 대표적인 것이다.[54] 이렇게 정당을 '공적 기관'으로 취급한다면 법적 규제의 시비나 그 한계에 대하여 논할 여지가 없어진다. 사실 지명과정의 법적 규제의 진행은 후보자지명과 선거의 성격차이를 상대화하고, 정당을 선거기구의 일부, 즉 후보자지명기관으로 간주할 수 있을 것이다. 또한 이러한 움직임은 주 의회를 거의 독점하는 2대 정당 자체에 의해 추진된 것이고, 대의원대회제인가 직접예비선거제인가에 대한 논쟁의 격렬함에 비하여 법적 규제의 시비를 둘러싼 논쟁은 미약하였다.

그러나 메리암은 정당의 법적 규제라는 '하나의 실험'도 결과적으로 "결국 정당의 황

---

53 *C. Merriam & L. Overacker,* op.cit., pp.60~65.

54 *F. Goodnow,* op.cit., pp.199~254. Note, Limitations Upon the Power of the Legislative to Control Political Parties and Thcir Primaries, 1 Mich. L. Rev. 466, 468~469(1903).

금시대를 가져온 것은 아니었다"[55]고 말한다. 또한 오스트로고스키(M. Ostrogorski)는 첫째로 법적 규제가 행하여져도 예비선거는 전과 다름없이 정치가에게 지배되고, 부정은 매우 낮을 정도로 감소함에 지나지 않는다는 것, 둘째로 법률로 아무리 규정하려 해도 결국 누가 예비선거에 참가할 수 있는가라는 문제에 현실적인 해결책을 제공할 수 없고, 오히려 정치적 자유의 침해를 야기하였다는 것, 셋째로 예비선거에 있어서의 투표를 보스가 사전에 조작하려는 기도를 없앨 수 없다는 것 등을 열거하여 "이들 법률로 향한 희망은 완전히 만족되지 않았다"고 단죄한다.[56] 그는 정당이란 시민이 스스로의 의사에 기하여 행동하는 자유로운 결합체이고, 정당을 법적 규제에 의해 국가에 귀속된다는 사고방식은 기본적으로 잘못된 것으로서 법적 규제 자체를 반대한다. 그에 따르면 예비선거법은 "낡은 조직에 특권을 부여하는 것과 그 대신에 특별한 규제에 복종시키려는 것"[57]이고, 동시에 정당간의 차별과 정치적 견해의 흐름의 고정화를 초래한 것이라 평가된다. 이것은 지명과정의 법적 규제가 한편으로 그 적용을 받는 기존의 2대 정당의 자율적 활동에 깊이 간섭하고 있고, 다른 한편 그 적용을 받지 않는 소정당이나 새롭게 결성된 정당이 후보자명을 투표용지에 기재하는 것을 매우 곤란하게 하고 있다는 점을 예리하게 지적하고 있다. 많은 주의 예비선거법은 그 적용을 받는 정당에게 수적 요건(주로 전회선거의 득표율)을 정하고, 그것을 충족시키는 정당의 후보자는 자동적으로 그 이름이 투표용지에 기재되는 것에 대하여 그 이외의 정당이 투표용지에 등장하기 위하여는 일정한 수의 서명을 필요로 한다. 성명의 기입(write in)에 의한 투표가 인정되는 경우도 있지만, 처음부터 후보자명이 인쇄되어 있는 경우와의 격차는 명백하다. 이 수적 요건과 서명수를 대정당이 자의적으로 조작함으로써 그 결과 미국에 있어서 '제3당'의 의회진출은 매우 곤란하게 되어 있다. 그렇기 때문에 기성 정치에 불만을 가진 그룹에서는 새로운 정당을 결성하는 것보다는 대정당내에서의 후보자지명쟁의에 참가하는 쪽이 스스로의 정책을 실현하기 위한 첩경이라고도 말해진다. 아무튼 지명과정의 법적 규제가 오늘날 미국의 정당구조에 큰 영향을 주고 있다는 것은 명확하다.

3. 예비선거법에 관한 주법원의 판결

이상과 같은 후보자지명과정의 법적 규제의 전개에 대하여 법원은 어떻게 대응하는가를 살펴보면 다음과 같다.

---

55 *C. Merriam & L. Overacker,* op.cit., p.40.

56 *M. Ostrogorski,* Democracy and the Party System in the United States, 1910, p.339.

57 ibid., pp.427~432.

우선 첫째로, 원래 정당의 후보자지명과정이라는 내부운영에 관한 사항을 법률로 규제할 수 있는가의 여부문제이다. 이에 대하여는 당초 '정당의 자연권'의 침해를 이유로 하는 반대론이 있었다. "정당의 행동의 기준이 되어야 할 규칙·원칙은 … 주권의 궁극적 연원인 국민의 활동에 관계된 것이므로 입법이 간섭할 수 있는 영역을 넘어선 것이고",[58] "유권자가 공직·관직을 선출할 목적으로 스스로 조직을 만들고, 결합할 권리는 … 입법에 의한 통제를 넘어선 절대적인 것이다"고 하는 것이 그 주장의 대표적인 것이다. 이러한 주장은 일반적으로 주법원이 받아들이지는 않았지만, 매우 막연한 형태이고 정당의 내부운영에 대하여 법률에 의해 간섭하는 것은 허용되지 않는다는 의식이 존재하였음을 시사하고 있다. 각 주의 법원에서 예비선거법(직접예비선거법도 포함한다)의 합헌성을 다투는 소송이 반복하여 판단되는 것으로부터도 저항의 정도를 알 수 있다.

이에 대하여 주법원의 대세는 주입법부의 규제권한을 넓게 인정하는 경향이었다. 예를 들면 오리건 주대법원은 "입법권은 중요한 권리·특권의 보호를 배려함과 동시에 합리적인 규제·규칙을 정함에 적합하다. 그것을 행하는 한 개개의 정당의 지지자가 공통의 이해를 목적으로 집합하고 협의할 권리는 침해되지 않는다"[59]고 서술하고, '합리적인' 규제인 한 정당의 내부운영에 관한 규제라도 법률로 정할 수 있다고 하였다.

주법원이 인정한 주의회의 규제권한의 근거는 아래와 같이 세 가지의 형태로 분류할 수 있다.

첫째, 후보자지명이 '공공의 관심사'(public concern)라는 것을 강조하고, 경찰권(police power)에 기한 규제권한에서 그 근거를 구하는 것이다. "공직에 취임할 자에 대한 선거민의 선택이 효과적으로 행하여지기 위하여는 (그 선택이)정당의 후보자간에 행하여져야 한다. 따라서 후보자지명은 공직자의 선거와 같이 공공의 관심사가 된다. 후보자의 선택에는 공공의 복지가 직접 관계되어 있고, 그 선택의 방법은 경찰권에 기한 규제의 대상이 된다"[60] 라는 오하이오 주대법원 판결이 그 예가 될 것이다.

둘째, 주의 입법부는 헌법상의 규정에 반하지 않는 한 전능의 권한(plenary power)을 가진다는 것을 근거로 한다. 이 예로서는 "주의회는 주 및 연방의 헌법이 제한·제약을 규정하고 있는 경우를 제외하고 … 어떠한 입법권도 가진다. 이러한 점에서 주의회는 연방의회와 다르다. 연방의회는 연방헌법이 명문 내지 필연성 있는 함의에 의해 부여된 권한만을 행사할 수 있다. 주의회는 헌법에 의해 제약되어 있지 않는 한 전능의 입법권이 위임

58 *C. Merriam & L. Overacker,* Primary Elections, 1928, p.115.
59 Ladd v. Holmes, 66 P.714, 722(Or. 1901)
60 State v. Felton, 84 N.E. 85, 87(Ohio 1908) ; Shiel v. Cook County, 27 N.E. 293(Ill. 1891); Baer v. Gore, 90 S.E. 530, 533(W.Va. 1916); Hopper v. Stack, 56 A. 1, 3(N.J. 1903).

되어 있다. 선거에 대한 입법권한은 예비선거와 보통선거에 있으며 그것은 의회의 고유한 것이다"[61]라고 판시한 메릴랜드 주대법원판결이 있다.

셋째, 예비선거에서 지명된 후보자명이 투표용지에 인쇄된다는 '특권'에 수반된 규제로서 예비선거법제정을 지지하는 것이 있다. 그 예로서 메사추세츠주 대법원장 당시의 홈즈의 말이 있다. "최종적인 투표에 영향을 주는 법률이 제정될 수 있으므로 공식적인 투표용지에 인쇄된 이름을 결정할 목적으로 개최되는 예비적 집회에 있어서의 투표방식에 관하여 어떠한 법률도 규정할 수 없다고 주장하는 것은 기묘한 역전현상이다. 입법부가 유리한 지위를 인정하는 권한을 갖는다면 그 유리한 지위에 합리적인 조건을 부가하는 권한도 가지는 것이다."[62]

이상과 같이 이유에 따라서 약간의 차이는 있지만, 지명과정의 규제권한을 투표권행사의 방식, 즉 선거법을 제정하는 주입법부의 권한과 어떠한 형태로 결부되어 있다는 점에서는 공통되는 것이 있다. 결국 예비선거법 제정이라는 형태로 행하여진 후보자지명과정의 법적 규제는 선거의 부정제거를 목적으로 19세기에 각지에서 제정된 유권자등록법 및 투표용지법의 연장 내지 일부로 생각되고, 그 규제권한이 법원에 의해 거의 의심받지 않았다고 할 수 있다.[63]

정당의 법적규제 그 자체에 대해 비판적인 오스트로고스키는 이러한 주법원의 경향에 비판을 가하고 있다. 그는 "주는 개개인의 언론과 자유로운 결사·집회에 대하여, 예컨대 그 중 어느 하나만을 정치적으로 중요하다는 이유로 규제를 할 수 있는 것인가"라는 원칙적인 의문으로부터 출발한다. 그리고 이 의문에 대한 주법원의 회답을 ① 헌법이 금지하지 않고, ② 정당의 운영이 공공에 중요한 영향을 가지고, ③ 경찰권의 행사에 해당된다는 세 가지 점으로 종합하여 각각 다음과 같은 재비판을 행한다. ① 헌법이 침묵하고 있는 것은 입법자가 어떠한 규칙을 채택하여도 좋다는 것인가? ② 정치적·사회적 현상의 중요성만으로 주의 간섭이 정당화되는가? ③ 주의 경찰권의 행사라는 것은 그것이 정당하게 행사되었다는 것의 근거가 될 수 없다.[64]

그의 주장은 오늘날 다시 살펴보면 타당한 점을 지적하고 있지만, '정당의 자연권'론과 마찬가지로 당시의 '개혁열'이라는 것에 흡수되어버린 감이 있다. 따라서 20세기에 접어들면서 법원에서 규제권한 그 자체가 정면으로 다투어지는 것은 거의 사라져버리고 어떠한 규제가 '합리적'인가라는 문제로 초점이 이동하게 된 것이다.

---

61 Kenneweg v. Allegany County Commissioners, 62 A. 249, 250(Md. 1905).

62 Commonwealth v. Roger, 63 N.E. 421, 423(Mass. 1902); Healy v. Wipf, 117 N.E. 521,522(S.D. 1908).

63 *C. Merriam & L. Overacker,* op.cit., 113.

64 *M. Ostrogorski,* Democracy and the Party System in the United States, 1910, pp.426~432.

거기에서 문제가 된 것은 과거의 득표율에 기한 예비선거법의 적용제한, 예비선거법 적용의 지역적 제한, 예비선거참가자의 자격요건, 후보자로 지명되는 자의 정당소송요건, 투표용지에 후보자명이 기재될 때의 수수료, 예비선거에 대한 공금지출 등이었다. 이에 대하여도 주헌법위반이라고 하는 판결은 예외적이었고, 대부분은 그 합헌성을 상당히 완화된 '합헌성의 기준'으로 판단하였다. 여기서 '합헌성'이란 규제의 우선적 이유가 시사되는 것으로 족하였던 것이다.

이와 같이 주법원은 예비선거법에 대하여 대체로 호의적 태도를 취하고 있었다고 한다.[65] 당시의 제 판결에 있어서 공통적인 것은 이 문제에 관한 주입법부의 광대한 재량의 승인이었다. 이것은 원래 후보자지명과정의 규제가 투표권행사의 방법을 입법상 보완하는 것으로 개념지워져 있었기 때문이다. 또한 오늘날과는 달리 연방수정헌법 제1조가 결사의 자유를 보장하고 있는 것도, 그것이 주의 입법을 제약하는 것도 알지 못했던 당시에 있어서는 후보자지명과정에 있어서의 정당의 활동규제도, 약간의 주헌법상 규정과의 저촉을 제외하면 헌법문제로서 평가되지 않았다는 것도 한 원인이라 할 수 있다.[66] 정치적·사회적 배경으로서는, 여러 가지 이유로 반복하여 예비선거법을 위헌이라고 판시한 캘리포니아주와 일리노이 주법원이 '개혁'에 대한 '장애'라고 비난받은 것으로부터 알 수 있듯이 이미 서술한 당시의 정당에 대한 불만이 법적 규제에 대한 기대로 바뀌고 있었고, 이에 대하여 예비선거법에 이의를 주장하기도 하였으며, 정당의 권리를 주장하는 것은 결과적으로 보스지배를 옹호하는 것으로 간주되는 상황이었다. 더구나 거의 대부분의 주의회가 민주당·공화당이라는 2대 정당에 의해 점거되어 있었으므로 주법의 제정과 정당간의 긴장관계가 미약하여 정당측도 법적 규제를 광범하게 받아들였다는 것도 지적할 수 있다. 각주의 예비선거법의 내용을 보아도 타당에 의한 '침입'으로부터 정당으로서의 독자성을 유지할 목적으로 제정된 규정은 볼 수 있지만, 그것을 법률에 의해 행하는 것에 대한 저항은 거의 찾아볼 수 없었다. 법원도 정당소속을 묻지 않고 예비선거의 참가를 인정하는 공개예비선거(open primary)를 '정당을 파괴시키는 것'이라고 하는 등[67] 정당의 독자성을 다른 정당과의 관계에서 보호하는 것에 대하여는 호의적이었지만,[68] 법적 규제 그 자체가 정당의 독자성에 대한 위협이 된다는 것은 고려하지 않았던 것이다.

---

65 *C. Merriam & L. Overacker,* op.cit., pp.108~140; *C. Merriam & H. Gosnel,* op.cit., pp.323~326.

66 Dupre v. Jacques, 153 A. 240, 241(R.I. 1931). 여기에서는 코커스(caucus)에서 투표하고 후보자를 지명하는 권리는 헌법상 보장된 권리가 아니라 주의회의 선거규제권한에 의해 인정된 특권이라고 한다.

67 Britten v. Board of Election Commissioners, 61 P. p.1118; State v. Drexel, 105 N.W. p.179.

68 Note, The Constitutionality of Anti-Fusion and Party-Raiding Statutes, 47 Colum. L. Rev. 1207(1947).

Ⅳ. 결 어

미국헌법의 운용과정에 있어서 정당의 기능과 역할이 미국 민주주의의 발전에 커다란 공헌을 해온 것은 부인할 수 없는 사실이다. 특히 미국의 정당은 대통령선거와 연방의회선거를 비롯한 각종 공직자선거에서 후보자지명과정의 민주적 절차를 확보하고 있다는 것이 두드러진 특징이 되고 있다. 즉 미국에 특유한 정당의 후보자지명방법으로서의 예비선거제도는 미국의 특수한 정치적 전통을 배경으로 하여 확립된 민주적 후보자지명제도를 의미하는 것이다.

미국에 있어서 정당결성의 자유는 헌법상 국민의 참정권보장과 정치적 집회·결사의 자유에 의해 보장되고 있으며, 정당의 내부분쟁에 대해서도 자유로운 결사로서의 정당의 자율성을 존중하여 원칙적으로 사법적 개입을 자제해온 것을 볼 수 있다. 즉 정당은 본질적으로 국민의 자유로운 법적·정치적 결사로 간주되었던 것이다. 그러나 정당정치의 발달은 현실의 권력과정에서 정당이 중추적 정치담당자로 기능하게 되고 선거에 있어서도 후보자선정이 정당을 중심으로 행해지게 됨에 따라 정당은 국민의 정치적 의사형성에 참여하는 중요한 공적 기능을 담당하게 되었다.

그러나 한편 정당조직은 그 내부에서 형성되는 과두적·권위주의적 지배경향 때문에 많은 위험을 내포하게 되고 정당의 후보자결정도 당간부의 과두적 지배의 영향을 받아 당원의 의사를 무시한 지명이 행해질 수 있게 된다. 이러한 정당의 후보자지명과정에 나타나는 결함을 보완하고 가능한 한 민의를 반영한 후보자를 선정하기 위한 수단으로 채용된 것이 상향식의 민주적 지명방법으로서 예선제도의 법적 제도화인 것이다. 말하자면 미국에서의 정당의 후보자지명절차의 민주화는 정당 내부의 민주화, 즉 당내민주주의(intraparty democracy)의 실현에 결정적인 기여를 해온 것이다.

미국에서의 이러한 정당후보자지명과정의 민주화를 위한 법적 규제는 정당의 헌법상 지위와 성격의 변질을 의미하게 되어 정당은 국가로부터 자유로운 사적 결사로부터 국가기관적 성격을 갖는 공적 지위로 이행하게 된다.

결국 미국의 정당은 헌법상 정당조항이 명문화되어 있지 않더라도 서구 현대국가의 보편적 특색으로서 정당국가적 민주주의 원리가 그대로 적용되며, 따라서 정당은 단지 국민의 사적 결사로 볼 수 없고 또한 국가기관으로도 볼 수 없는 것으로, 국민과 국가기관을 연결하는 중개적 권력체로 보는 것이 가능하게 된다.

생각건대 정당정치의 민주화에 있어서 당내민주주의의 확립이 선결과제이며 이 당내민주주의의 확보는 정당의 공천과정의 민주화가 전제되어야 한다고 할 때 정당의 후보자 지명절차의 중요성은 아무리 강조해도 지나치지 않는다고 하겠다.

따라서 우리나라와 같이 민주적 정당정치의 운용에 상당한 문제점을 안고 있는 정치 현실에 있어서 미국형의 후보자지명제도는 우리에게 시사하는 바가 크다고 하겠다. 미국에 특유한 정치적 전통의 산물로서의 정당의 예선제도를 직접 도입하는 것이 문제가 있다 하더라도 적어도 그러한 제도의 민주적 성격과 이념은 우리의 정당정치와 선거풍토의 혁신을 위해서도 우리의 정치과정에 반영되어야 할 것이다. 따라서 정당의 후보자추천절차가 당헌에 의존하게 되어 있는 우리나라의 경우는 사실상 반민주적 지명행위가 행해지더라도 그에 대한 규제가 곤란하므로 정당의 후보자지명은 전적으로 당헌에 위임할 것이 아니라 정당법과 선거법 등에 그 민주적 절차를 규정할 필요가 있다고 하겠다.

3 미국헌법 2백년과 통치기구의 분석*

I. 서 설

1. 미국헌법 2백년과 헌법개혁론의 대두

미국헌법은 1787년 제정된 이래 오늘날까지 2백년 이상 운용되어 온 세계 최고의 입헌주의헌법이다. 특히 제헌당시 헌법상의 통치기구는 몽테스키외의 권력분립원리의 엄격한 적용을 전제로 하여 입법부와 행정부간의 견제와 균형에 입각한 대통령제를 채택한 이른바 독창적 헌법을 의미하였다.[1] 그러면서도 그러한 헌법상의 통치기구의 구성원리라든지 정부의 각 부문간의 권한배분이나 권력관계 등 정치기구의 핵심에 있어서는 지나간 2세기 동안의 격변(two centuries of turbulent change) 속에서도 커다란 변혁을 거치지 아니하고 오늘날까지 그대로 동일한 정치제도의 구조(same institutional structure)를 유지하고 있다. 이것은 프랑스, 영국, 독일 등 서구의 많은 국가들이 같은 2세기간의 역사 속에서 근본적인 정치기구의 개혁을 여러 차례 경험해 왔다는 사실에 비추어 볼 때 크게 경탄해 하지 않을 수 없다고 하겠다.[2]

그러나 한편, 미국의 정치기구가 2백년이 넘는 역사 속에서 현재에 이르기까지 실제로 국내외에서 발생한 많은 어려운 문제에 대해서 과연 유효적절하게 대처해 왔는가라는 관점에서 볼 때는 그 평가는 달라질 수 있다. 특히 1960년대 이래의 내정·외교상의 위기(인종차별, 베트남전쟁, 워터게이트사건, 경제공황, 재정 및 무역적자 등)의 연속과 그에 대응하는 연방정부의 결단력없는 태도를 직시할 때 회의적인 견해가 제기되는 것도 당연한 것이라 할 수 있다.[3]

그리하여 최근 미국에서는 국가가 직면하고 있는 많은 난제에 유효하게 대처하기 위하여 정치제도 자체의 개혁문제가 제기되고 있으며 여기에는 헌법의 개정을 포함한 개혁의 단행이 요구되고 있다. 이러한 정치제도개혁의 주장은 80년대 이후 미국의 학계에서는 일반적인 경향이라 할 수 있으며, 특히 Robinson교수를 비롯하여 Sundquist, Cutler 등의

---

* 「미국헌법연구」 제8호(미국헌법연구소, 1997. 6), 387~426면 수록.

1 미국헌법제정 당시의 권력분립원리의 채택과정에 관하여는 David A. J. Richards, Fundations of American Constitutionalism (Oxford University Press, 1989), p.120 이하 참조.

2 Donald L. Robinson, To the Best of my Ability : The Presidency and the Constitution (New York : W.W Norton, 1987), p.3.

3 Ibid., pp.4~14.

저명 학자들에 의해 주장되고 있다.[4]

물론 이러한 주장에 대하여는 Petracca와 Schlesinger를 중심으로 한 일부 학자들의 비판이 제기되고 있다.[5] 그러나 이러한 미국의 대통령제 자체를 포함한 헌법상의 정치제도의 개혁논의는 미국내의 당면한 현실문제로 부상하고 있는 것이다.

2. 헌법제도검토위원회의 결성

위와 같은 미국의 정치제도개혁을 제창하는 세력 중에서 주도적 역할을 담당하고 있는 「헌법제도검토위원회」(Committee on the Constitutional System)의 활동을 주목할 필요가 있다. 이 위원회는 연방정부의 정치제도를 근본적으로 점검하고 정치기구개혁의 가능성을 추구하기 위하여 1982년에 결성된 초당파적·비영리적 단체이다.

이 위원회의 구성원은 현·전직 상원 및 하원의원, 각료, 백악관수석비서, 주지사, 대학교수, 법조인, 史學者, 언론인 등 전국적 저명인사들로 구성되어 있다. 이 위원회의 공동위원장은 Nancy L. Kassebaum 상원의원, C. Douglas Dillon 전 재무장관 그리고 전 Clinton 대통령의 법률고문인 Lloyd N. Cutler 3인으로 구성되어 있다.

헌법제도검토위원회는 연방헌법제정 2백주년을 맞이하여 미국 정치기구의 기능상태의 분석결과와 그 결함의 시정을 위한 제안을 1987년 1월 「미국 정치기구의 분석 : 헌법제도검토위원회의 제언」(A Bicentennial Analysis of the American Political Structure : Report and Recommandations of the Committee on the Constitutional System, 1987)이라는 소책자로 출간하였다.

헌법제도검토위원회가 제시한 정치제도개혁안의 내용을 보면 연방의회의 제정법과 정당규칙(statutes and party rules)의 개정으로 우선적으로 시도될 수 있는 것과 함께 헌법의 개정에 의해 근본적으로 개혁되어야 할 내용이 포함되어 있는 것이 특징이다. 종래의 연방의회내의 정치개혁을 위한 각종 위원회나 정부기관 외의 여러 단체가 제시한 권고안은 기존의 정치기구 내에서의 조정을 제안하는데 머물렀으나, 이번의 헌법제도검토위원회의 제안은 근본적인 헌법구조의 변화(change in the constitutional structure)의 필요성을 강조하

4 Donald L. Robinson, op. cit. ; D. L. Robinson, Reforming American Government(1985) ; D. L. Robinson, Government for the Third American Century (1989) ; James L. Sundquist, Constitution, Constitutional Reform and Effective Government, rev. ed. (Washington, D.C. : The Brookings Institution, 1992) ; Lloyd N. Cutler, To Form a Government, Foreign Affairs, vol. 59 no. 1 (1980).

5 Mark P. Petracca, Lonce Bailey and Pamelra Smith, "Proposals for Constitutional Reform : An Evaluation of the Committee on the Constitutional System", Presidential Studies Quarterly, vol 20, no. 3 (1990) ; Arthur M. Schlesinger, Jr., "Leave the Constitution Alone", in Donald L. Robinson ed., Reforming American Government (1985).

고 있다는 점에 그 의의가 있다고 할 수 있다.[6]

본고에서는 최근의 정치제도의 개혁을 제창하는 주도적 세력으로서의 헌법제도검토위원회의 보고서를 중심으로 그 개혁안의 내용과 그에 대한 비판을 소개함으로써 미국에서의 헌법운용의 현실과 통치기구개혁논의의 동향을 분석하도록 한다.[7]

Ⅱ. 미국헌법의 현대적 문제상황

1. 정치과정의 긴장과 대립관계

헌법제도검토위원회의 보고서에 의하면 2백주년을 맞이하게 되는 미국의 정치과정에 있어서의 긴장관계의 징표(signs of straign in the governing processes)는 불가피한 것이라고 지적하면서 다음과 같은 문제점을 열거하고 있다.

그 중 가장 현저한 증거로는 연방의회의원과 대통령의 선의에 반하여 매년 팽창하는 재정적자에 의해 국가의 채무가 누적되고 있다는 것이다. 또한 의회 내의 그때 그때의 「초당파적 연합」(cross-party coalition)과 대통령 사이의 제도화된 의사결정의 대립관계로 인해 외교와 국가안전보장정책의 일관성이 무너지고 있다고 한다. 제2차 세계대전 이후 상원에 제출된 40건 이상의 조약들이 승인이 거부되거나 또는 표결에도 부치지 못하고 폐기되었으며, 표결처리되지 못한 조약 중에는 제2차 전략병기제한교섭(SALT Ⅱ)조약·지하핵실험 및 폭발에 관한 1974년의 조약·멕시코 및 캐나다와의 해상경계조약·무역, 관세, 환경에 관한 여러 가지 상호조약이 포함되어 있다. 한편 비밀누설을 염려하거나 의회가 부과하는 제한에 의해 좌절되는 것을 우려하여 대통령과 그 측근들은 중요한 외교·군사·첩보활동을 의회와는 별도로 비밀리에 전개하게 되었다.

그 밖의 문제들은 특히 국민의 자기지배의 원리를 침해하는 것으로서, 현대의 선거제도에 있어서 그 기능의 불완전성(malfunctions of the modern electoral system)에서부터 발생하고 있다. 즉 공직선거에 입후보하는데 드는 엄청난 고액의 선거비용, 단일이익집단(single-interest groups)의 선거운동헌금에서 수반되는 부패요인적 영향력(corroding influence of campaign contributions), 선거운동기간의 장기화, 항상적인 낮은 투표율 등이 문제되고 있다.[8]

---

6 Report and Recommandations of the Committee on the Constitutional System (1987)(이하 C.C.S.Report로 표시함), p.2.

7 이에 관한 최근의 국내문헌으로서 尹明善, 미국에서의 헌법개혁에 관한 고찰, 경희대학교논문집 16집, 1987, 79면 이하 참조.

8 Ibid., p.3.

2. 원 인

헌법제도검토위원회에 의하면 이러한 미국의 정치과정의 긴장과 대립의 원인을 다음의 두 가지로 설명하고 있다.

(1) 권력분립제의 역기능

오늘날 미국의 국정수행의 실패나 허약성은 주로 입법부와 행정부간의 분산된 대립구조에 기인한다. 권력분립은 헌법상 통치기구의 원칙으로서 전제와 권력남용을 방지함으로써 그 기능을 다해 왔다고 할 수 있다.

몽테스키외의 권력분립사상의 최초의 제도화를 의미하는 미국헌법의 제정은 엄격한 입법·행정·사법의 분리와 독립에 의한 균형정부(balanced government)의 형성을 의미하는 것이었다.[9] 이러한 권력분립원리는 권력의 집중과 자의적 권력의 배제를 통한 개인의 정치적 자유(political liberty)의 확보를 그 이념으로 하는 자유주의적 통치기구의 구성원리로서 본질적 특성이 인정되어 왔던 것이다.[10]

그러나 오늘날의 정치적 상황하에서의 권력분립제는 그 역기능으로서 충돌과 결단불능, 교착상태 등을 조장하게 되었으며 결과에 대한 책임소재를 불명확하게 만들었다.[11] 예를 들면 제2차 세계대전 이후 상원에 제출된 40건 이상의 외교·안보 등에 관한 조약의 승인이 거부되거나 표결에도 부치지 못하고 폐기되었으며, 매년 연방정부의 재정적자에 의해 국가채무가 누적되고 있다. 이러한 국가가 직면하고 있는 많은 난제는 행정·입법과정의 분산된 구조(diffuse structure of the executive-legislative process)에 그 원인이 있는 것이다.[12]

(2) 정당정치의 문제점

미국의 정치과정의 긴장과 정체상태의 또 하나의 원인은 정당정치상의 문제점에 기인한다. 즉 20세기에 접어들어 정치제도의 모든 단계에서의 정당에 대한 충성과 결속력의 약화(decline of party loyalty and cohesion)는 종래 정당을 매개로 하여 권력분립원리의 원심적 경향(centrifugal tendencies)을 완화·중화시키는 기능을 상실하게 되어 정부의 분립된 부문간의 결속과 협력을 기대할 수 없게 되었다.[13]

---

9 Clinton Rossiter, The American Presidency(2nd ed., 1960), p.76.
10 M. J. C. Vile, Constitutionalism and the Separation of Powers, 1967, p.14.
11 C.C.S. Report, p.3.
12 Ibid., p.3.
13 Ibid., p.4.

또한 의원의 정당에 대한 충성과 결속을 쇠퇴시키게 된 원인은 정치개혁과 과학기술의 변화에서 찾아볼 수 있다. 특히 1913년의 연방수정헌법 제17조에 의한 상원의원의 직선제채택은 정당의 결속에 결정적인 타격을 가하였으며, 대통령후보지명을 위한 직접예비선거(direct primary)의 도입은 정당의 보스와 조직이 정치과정을 지배할 수 없게 됨에 따라 정당의 결속을 크게 약화시키게 되었다.

일반적으로 현대의 정당국가적 민주주의하에서는 정당을 매개로 한 권력의 집중과 통합현상이 두드러진 경향이지만 미국의 경우에는 상황이 다르게 나타난다. 즉 미국정당조직의 특색은 당규율의 결여와 권력의 분산에 있다고 할 수 있다. 미국의 양대정당은 연방규모의 조직성이 약하며 대통령선거시 이외에는 전국적인 응집력을 찾아볼 수 없다. 정당은 중앙통제력이 거의 미치지 못하고 당소속 의원들에 대한 당의 제재도 미약하며 상원의원들은 특히 정당으로부터의 독자성이 강하다. 이러한 미국 정당제의 특성은 연방제로부터의 영향에서 기인하는 바가 크다.

현대의 과학기술은 후보자가 TV · 컴퓨터통신(computer-assisted mailings) · 전화를 통한 캠페인이나 제트기를 이용한 신속한 방문에 의해 유권자에게 직접 호소할 수 있도록 해주었다. 이러한 모든 수단은 정당의 조직과 지도자에 대한 후보자의 의존을 약화시켰다. 이러한 과학기술을 구사할 수 있는 열쇠는 정치자금이지만, 후보자들은 정당의 조직을 통하는 것보다 자신이 직접 자금을 조달할 수 있는 길을 찾게 되었다. 동시에 이익집단은 정당보다도 오히려 선발된 후보자에게 직접 헌금함으로써 의회의 표결에 보다 많은 영향력을 미칠 수 있다는 것도 알게 되었다.

유권자의 경향도 이러한 새로운 환경으로 인하여 변화되었다. 정당에 충실한 것이 19세기에 있어서 통례이었지만 20세기의 마지막 4반세기에는 모든 유권자 중의 3분의 1이 무당파로서 등록되고, 지지정당을 갖고 등록하는 유권자 중에서도 분할투표(ticket-splitting)가 일반적인 것으로 되었다.

이러한 변화의 대부분은 건전한 개혁의 소산이었고 또한 불가피한 것이었다. 정당의 보스와 지방조직(party bosses and local machines)이 정치과정을 지배하던 시대로 시계를 돌리겠다는 자는 아무도 없다.

아무튼 선거의 장에 있어서 성낭의 약체화가 공직에 선출되는 공무원의 정당에 의한 결속을 붕괴시키는 한 원인이 되어왔다는 것을 인식할 필요가 있다. 자신의 선거를 정당에 의존하는 것보다 자기 자신의 노력과 자금원에 보다 많이 의존하게 되는 연방의회의원에게는 의회내의 정당지도자와 타협할 직접적인 이유는 거의 없다. 또한 의회의 위원회와 소위원회의 폭증이 혼란을 증대시켜 왔다. 현재 그 위원회의 수가 너무 많기 때문에 거의 모든 의원이 적어도 하나의 위원회 내지 소위원회의 위원장 혹은 고위간부로 자리잡고 있으나, 그 정치적인 영향은 참모진과 지명도 그리고 공직의 유지에 필요한 자금조달의 잠재력을 증대시키는 것 뿐이다.[14]

3. 영 향

권력분립이 정부의 부문간의 충돌을 조장함과 동시에 정당이 약체화됨으로써 일관된 공공정책을 수립·입법화·집행하는 연방정부의 능력은 감소하고, 또한 실정의 책임을 회피하는 공선의 공무원의 능력은 증대하여 왔다. 이를 보다 구체적으로 살펴보면 아래와 같은 문제가 있다.

(1) 짧은 「밀월기간」(brief honeymoons)

4년이라는 대통령의 각 임기초기의 최초 2·3개월만이 대통령에게 국내문제에 관하여 확고한 행동의 기회를 제공한다. 2년째에는 의회의 현직 의원은 중간선거에 전념하게 되어 어떠한 중요한 이익집단을 분노케 하는 곤란한 결정은 우선 연기하게 된다.

중간선거는 대체로 대통령이 소속된 정당의 세력을 감퇴시키는 결과를 초래한다. 이것이 대통령의 지도력을 약화시키고, 의회에서의 교착상태를 증대시킨다. 중간선거 후에는 대통령과 의회가 임박한 대통령선거에 정력을 집중하게 되고, 정부는 활동이 극히 제한되는 상태로 된다.[15]

(2) 분열정부(Divided Government)[16]

미국은 1956년 이래 현재까지 60%의 기간동안, 그리고 1968년부터의 80%의 기간동안 분열정부(하나의 정당이 백악관을 획득하고, 다른 정당이 의회의 일원 내지 양원에서 과반수의 의석을 획득하는 상태)를 경험해 왔다. 이에 대하여 헌법의 제정으로부터 제2차세계대전까지의 기간에는 25% 이하였다.

이것은 국가의 정책의 모순·일관성의 결여·침체로 이어져 왔다. 정부의 어떠한 행동도 일체 저지되는 빈번한 교착상태로부터 발생하는 의결불능(nondecisions) 뿐만이 아니라 적극적인 정책결정도 논점의 핵심을 전환시키는 「초당파적 의원들의 연합」에 의해 구축

---

14 Ibid., p.5.

15 Ibid.

16 Divided Government의 국내번역을 「분리된 정부」로 표기하거나(李相敦, 대통령제, 한국공법학회편, 「한국에 있어서의 미국헌법의 영향과 교훈」, 1987, 190면 이하; 鄭萬喜, 현대헌법과 의회정치, 法文社, 1995, 84면) 또는 「분할된 정부」로 표기하기도 하나(尹明善, 전게논문, 93면) 이하에서는 「분열정부」로 표현하도록 한다.

되는 유동적인 다수파에 의해 달성되었던 것이다.

그리고 분열정부는 정당에 대한 충성의 쇠퇴와 유권자간에 확대되는 분할투표의 습관을 반영한다. 1900년에는 모든 하원의원선거구 중 4%만이 특정 정당의 대통령후보와 다른 정당의 하원의원후보가 당선되었으나 1984년에는 분할투표의 확대로 인하여 모든 하원의원선거구의 44%에서 이러한 현상이 나타났다.

1912년(분열정부의 시대)의 선거운동 중 Woodrow Wilson의 테마의 하나는 단일정당정치(only party government), 즉 동일한 정당이 대통령직과 의회의 양원을 장악함으로써 분리된 권력을 순조롭게 연결하는 정당정치만이 일관된 정강을 수행할 수 있다는 것이었다. 1912년에 유권자는 단일 정당정치를 선택하게 되었으며 Wilson의 「새로운 자유」(New Freedom)의 정강은 성공적으로 입법화될 수 있었다.

(3) 의회에서의 정당결속의 결여(Lack of Party Cohesion in Congress)

대통령의 소속정당과 야당 쌍방의 많은 의원들은 자신들의 지도자가 취하는 입장을 거부하기 때문에 통일정부의 경우에도 정부의 부문간에 또한 의회의 양원간 및 각 원의 내부에 있어서도 분열이 존속한다. 오늘날 의원에게는 자신의 소속정당의 입장을 고집하는 이유는 점차 줄어들게 되고 자신의 정당보다도 많은 선거자금을 제공해 주는 비정당조직의 정치활동위원회(political action committees)의 주장을 추종하는 경우가 더 많게 된다. 1986년에 레이건 대통령의 예산이 공화당이 지배하는 상원에서 그 자신의 소속정당의원들에 의해 거절된 사실은 현재의 정치환경에 있어서 정당결속의 결핍을 극적으로 열중하는 것이다. 이 결속의 결여는 상술한 바와 같이 대통령과 그의 측근들로 하여금 자신의 소속정당의 의회지도자에게도 중요한 외교정책상의 결정을 비밀로 하게 된다.[17]

(4) 책임의 상실(Loss of Accountability)

분열된 정부와 정당의 내분(divided government and party disunity)은 또한 책임의 회피로 이어진다. 공선된 공직자들은 아무도 정당을 달리하는 의원들의 초당적 협력에 의해 이루어진 일관성없는 모든 정책결정을 옹호하지는 않고, 교묘하게 책임을 다른 사람에게 전가한다. 여론조사는 대중이 이러한 혼탁한 정책을 입법화하고 집행하는 정치기관(특히 의회와 관료)에 대하여 불만을 가지고 있음을 나타내고 있다. 그러나 대중은 이러한 실패에 대하여 어떠한 정당에 책임이 있다고도 생각하지 않고, 또한 개개의 의원에게 책임이 있다고도 생각하지 않는다.

---

17 Ibid., p.6.

제2차세계대전 이래 차기선거에서 재선되기를 원한 각 정당의 현직의원의 90%가 소속 정당이 백악관을 장악하지 못한 해에도 재선되어 왔다. 1986년에 그 수는 97%였다.

(5) 실패하거나 정체된 정부를 교체시키는 구조의 결여(Lack of Machanism for Replacing Failed or Deadlocked Government)

현재와 같은 고정된 기일의 선거(fixed election dates)로는 차기선거가 있기까지의 대통령과 의회와의 근본적인 의견의 차이를 유권자에게 부의함으로써 해결하는 방법이 없다. 실정을 범한 대통령을 사임시키는 유일한 방법은 「반역죄, 수뢰죄, 기타 중죄 및 경죄」에 대한 하원의 탄핵 및 상원의 심리이다. 그리고 고정된 선거의 기일과 기일간에는 일원 내지 양원이 대통령의 중요하고도 인기있는 정책의 실현을 방해하는 의회의 진로를 是正하는 방법이 존재하지 않는다.[18]

Ⅲ. 헌법제도위원회의 개혁안

미국의 헌법제도를 당면한 현대적 상황에 적응시키는 데 있어서는 권리장전을 계속적으로 존중하면서 「억제와 균형」의 원리를 희생시키지 않고 정당의 결속을 촉진하고 동시에 행정부와 입법부간의 정체상태를 완화하는 개선책 내지 개혁방안을 입안할 수 있다. 헌법제도검토위원회를 중심으로 한 적극적인 개혁론자들의 제안은 다음과 같다. 이러한 제안 중에는 새로운 제정법과 정당규칙의 채택을 필요로 하는 것과 함께 헌법의 수정을 요하는 것도 내포되어 있다.

1. 결속과 책임의 매개로서의 정당의 강화

(1) 정당의 대통령후보지명대회

정당은 각 당의 상하의원의 후보자지명을 획득한 모든 자와 비개선의 상원의원이 대통령후보지명대회에서 「투표에 관하여 구속을 받지 않는 대의원」(uncommitted voting delegates)의 의석을 획득할 자격이 있도록 대통령후보지명대회에 관한 규칙을 수정해야 할 것이다. 이 제안은 대통령후보를 선발할 때 정당의 연방의회의원후보에게 중요한 발언권을 부여하고, 선거운동에서 양자의 충성을 증대시키며 대통령과 그 정당의 현직의원 간에 결속을 강화하고, 양자에게 다음 선거에서 공동으로 유권자에 대하여 책임을 부담하게

18 Ibid., p.7.

하는 것이다.[19]

(2) 선택적 일괄투표(Optional Straight-Ticket Balloting)

의회는 연방선거의 투표에 유권자가 원하면 모든 改選되는 연방공직에 대하여 특정 정당의 후보자들에게 일괄적으로 투표하는 것을 가능하게 하도록 모든 주에 대하여 요구하는 법률을 제정해야 할 것이다.[20]

최근의 조사는 Illinois주·New York주·Pennsylvania주를 포함한 19개의 주가 이러한 법률을 이미 가지고 있다는 것과 그러한 주에서의 분할투표는 다른 주에 비하여 일반적이지 않다는 것을 보여준다. 이 제안은 유권자와 정당의 연방공직의 후보자간에 정당에의 충성을 촉진시킨다. 이 제안은 유권자가 원하는 경우 후보자명부를 자유롭게 분할할 수 있도록 하고 있으나 분할투표가 감소되는 한 연방의 분리된 정부의 발생가능성은 줄어들게 된다.

(3) 의회선거운동에 대한 공금지출(Public Financing of Congressional Campaigns)

의회는 현존하는 대통령선거운동기금(Presidential Campaign Fund)과 유사한 의회선거운동방송기금(Congressional Broadcast Fund)을 조성하기 위하여 선거운동자금조달에 관한 제법률을 수정해야 할 것이다. 이 기금은 대통령선거운동기금에 관하여 사용되고 있는 것과 유사한 방법, 즉 정당 및 정당에 소속되는 후보자가 선거운동을 위한 방송에 다른 자금을 사용하지 않는 것을 조건으로 하여 각 정당에 의한 이용이 가능하다. 각 당의 지분의 50%는 후보자 자신에게 귀속된다. 나머지 50%는 정당의 상원 및 하원의 선거운동위원회에 귀속되어 동 위원회는 자기 정당이 의회의 과반수의 의석을 최대한 획득할 수 있도록 자금을 후보자에게 배분할 수 있다.[21]

이 제안은 후보자에 대한 선거운동방송의 자금의 상당한 부분을 정당에게 위임할 것을 요구함으로써 정당에 대한 충성 및 정당의 결속에 도움을 준다. 또한 그것은 선거운동비용의 최대의 단일구성요소에 대한 지출을 합헌적으로 제한하는 방법도 제공한다.

---

19 Ibid., p.8.
20 Ibid., p.9.
21 Ibid.

2. 행정부와 입법부간의 협력개선

(1) 하원의원의 임기를 4년, 상원의원의 임기를 8년으로 한 후 4년마다 연방선거 실시

선거의 시기에 시차를 두게 한 현행제도는 입법부와 행정부를 분리하는 효과를 가진다. 2년마다 선거를 치루는 하원의원은 특히 중간선거에 즈음하여 스스로가 백악관으로부터 독립되어 있다는 것을 증명해야 하는 정치적인 필요를 느낀다. 2년 내에 선거에 직면하는 3분의 1의 상원의원도 마찬가지이다. 상원이나 하원의 현직의원이 재선을 위하여 경쟁해야 할 기회마다 대통령선거를 위한 운동은 할 수 없게 되는 것이다.

그리하여 결과적으로 의원이 대통령으로부터, 그리고 곤란하고 조정을 필요로 하는 대통령의 정책에 대하여 거리를 두는 것을 조장하게 된다.

대통령과 하원의원이 동시에 4년의 임기를 맡고, 각 주로부터 상원의원 중 1명이 8년 임기로 대통령선거에서 선출되도록 헌법을 수정할 수 있다. 이렇게 함으로써 대통령의 임기 중에 행해지는 현행 하원과 상원의 선거가 없어진다. 그것은 모든 현직의원의 정치적 시야를 넓혀주게 된다. 대통령과 의원은 중간선거를 걱정할 필요없이 보다 장기적인 이익을 목표로 필요한 조치를 입법화하기 위하여 협동할 수 있다.[22]

선거가 줄어들면 선거운동용조달금의 총액은 감소할 것이고, 의원 자신이 자금을 의존하고 있는 이익집단에 예속되는 빈도와 직접성도 더욱 작아질 것이다. 대통령의 정강을 입법화하기 위한 밀월기간은 더욱 길어질 것이다. 각 의회의 입법기가 4년이라면 예산 및 기타의 법안의 입법과정을 보다 정연하고 신중하게 할 수 있다.

*대체안

만약 상원의원의 8년임기가 너무 길다고 생각되면 상원의원의 임기를 대통령 및 하원의원의 임기와 동일하게 4년으로 단축하고 중간선거도 배제할 수 있다. 또는 만약 상원이 단축된 임기를 받아들이지 않는다면 현행의 6년 임기를 유지할 수 있다. 이 안은 한정된(상원의 3분의 1의 의석에 대한) 중간선거를 유지하고, 그것이 상원의 3분의 1의 의원의 정치적 시야를 좁히게 되는 희생을 대가로 하여 정부의 정책에 대한 부분적인 국민투표로 간주된다는 것이다.[23]

---

22 Ibid., p.10.
23 Ibid., p.11.

(2) 의회의원의 각료겸직허용

헌법은 현재 의회의 의원에 대하여 행정 각부 내지 관청의 장을 맡는 것, 기타 행정부의 관직에 취임하는 것을 금지하고 있다(헌법 제1조 6항 2절). 이 규정은 대통령이 주요한 의원에게 행정직을 제공함으로써 의회를 지배하는 것을 방지하기 위하여 의도된 것이다. 그러나 지금까지 그 주된 효과는 입법부와 행정부 쌍방의 신임있는 행정관을 국가로부터 박탈하는 것이 되었다.24

만약 이 障害가 헌법으로부터 제거된다면 대통령은 주요한 의원을 관료에 임명하는 선택권을 가지고, 의원은 의회의 의석을 포기하지 않고 그러한 신청을 받아들일 수 있는 선택권을 가진다. 행정·입법 양부문간의 그러한 결부는 보다 밀접한 협력을 장려하고, 정체된 상태를 풀어주는 역할을 한다. 그러한 연결은 정권을 형성함에 있어서 대통령이 활용할 수 있는 인재의 범위와 행정부 내의 정치적 지도력의 기반을 확대한다.

그러한 수정 하에서 물론 대통령은 의회의 의원을 자신의 내각에 임용해야 할 의무는 없고, 의원도 대통령의 임명을 받아들여야 할 의무는 없다.

Woodrow Wilson은 행정부와 입법부의 보다 밀접한 협력을 촉진하는 수단으로 이 수정을 강력히 주장하였다. 오늘날의 의원들은 이전의 세대보다 내각에 참여하는 시간과 동기가 적을지 모르지만, 상당한 현실적 가능성이 있고 거의 위험이 없는 시도에 대하여 헌법상의 장해를 설정할 이유는 이미 존재하지 않는다.

(3) 조약승인요건의 완화

국가간의 상호의존이 점차 강화되는 현대세계에서 특정 국가와의 정식의 협정에 가입하는 능력은 정부가 실효성있게 기능하기 위하여 매우 중요하다. 조약이 상원의원의 3분의 2의 승인을 필요로 하는 현 헌법상의 요건은 지금까지 조약의 활용에 있어서 주된 장해였고, 또한 행정협정을 이용한 조약과정의 회피로 이어져 왔다.

다른 열강과 협정을 체결에 있어서 의회의 적절한 역할을 회복하기 위하여 이 규정은 조약이 양원의 구성원의 과반수에 의한 승인·결의로서 발효될 수 있도록 수정해야 할 것이다. 만약 상원이 이러한 수정을 발의하는데 참여하지 않는다면 상원은 적어도 상원의원의 3분의 2에 의한 승인이라는 현재의 요건을 60%로 낮추도록 하는 수정에는 찬성해야 할 것이다.25

24 Ibid.

25 Ibid., p.12.

3. 선거운동비용의 삭감

선거운동의 지출총액에 대한 법적 제한의 결여는 선거비용의 계속적 상승과 경쟁적 확대로 이어져 왔다. 1986년의 중간선거에서 의회의 의원후보자들은 1984년보다 30% 상회하는 3억 4천 2백만 달러를 조달하여 지출하였다. 선거운동에 소요되는 비용때문에 공선의원의 의석은 개인적으로 부유하지 않거나 또는 재산가의 특수이익단체에 의존하는 것을 떳떳하지 못하다고 여기는 자들에게는 생각조차 할 수 없게 되었다.[26] 연방대법원은 공금을 받은 후보자의 지출은 이러한 연방의 자금에 한정한다는 조건 하에서 공금지출을 인정하였지만, 연방대법원에 의한 연방수정헌법 제1조의 해석은 선거운동을 위한 사적 지출을 의회가 입법으로 제한하는 것은 금지된다고 하는 것이다.[27]

의회에 대하여 선거운동의 지출에 합리적인 제한을 과할 수 있도록 하는 헌법의 개정은 수정헌법 제1조에 의해 보장되는 표현의 자유를 위태롭게 하는 것은 아니다. 만약 이러한 수정이 채택된다면 선거에 입후보한다는 생각을 거절해온 많은 유능한 시민들이 정치권으로 유인될 수 있으며, 또한 이익집단의 헌금이 가지는 분열야기의 영향력은 크게 축소될 것이다.

Ⅳ. 개혁안에 대한 비판 및 반론

상술한 헌법제도위원회의 미국 정치제도의 현상분석과 그 시정책에 대하여는 여러 관점에서 그 적부에 관한 비판이 제기되고 있으며 또한 그 비판에 대한 개혁론자들의 반론이 행해지고 있다. 이와 같이 미국에서는 최근 정치제도의 구조적 개혁의 시비를 둘러싼 논쟁이 활발하게 전개되고 있다. 그러한 논쟁은 앞으로의 미국의 정치제도를 전망할 수 있게 하고 나아가 미국 뿐만 아니라 입헌주의를 표방하는 많은 국가에 있어서의 금후의 권력구조 내지 정부형태를 탐구하는데 참고가 될 수 있다고 본다.

---

26 Ibid., p.13.

27 연방대법원은 1976년 Buckley v. Valeo 판결에서 선거운동비용의 지출제한은 선거과정에서의 후보자개인의 정치적 표현의 量을 본질적으로 침해하는 것으로서 위헌이라고 판시한 바 있다. 이에 관하여는 鄭萬喜, 미국의 정치자금규제에 관한 연방입법, 尤堂 尹世昌 박사 정년기념논문, 「현대공법학의 제문제」, 1983, 480면 이하.

1. 정치제도의 현장분석에 대한 비판

(1) 제도냐 지도자냐?

헌법제도위원회의 보고서에 대한 첫째의 비판은 미국정치의 교착상태의 원인이 정치제도의 구조적 결함, 즉 정치제도의 불비 내지 기능의 불완전성에 있는 것이 아니라 정치지도자의 능력과 자질에 있다고 주장하는 것이다. 비판론자 중에서 특히 Arthur M. Schlesinger, Jr.는 헌법상의 정치제도개혁을 제창하는 움직임을 크게 비판하고 있다.[28] 그는 현명한 정책을 구비한 유능한 지도자는 현행 헌법 하에서 자기가 하고자 하는 일을 위한 방책을 가지고 있으며 대체로 미국 헌법은 훌륭하게 기능하고 있다고 주장한다. 미국의 헌법은 국민의 콘센서스가 존재하지 않을 때에는 논의를 보장하고, 국민의 다수가 옳다고 납득할 때에는 지도자는 행동에 옮길 수가 있었다고 한다. 말하자면 행정부가 납득이 가는 시책을 갖고 있는 경우에는 근본적인 헌법의 개혁은 필요하지 않는 것이며 행정부의 시책이 납득되지 않을 때에는 헌법의 개혁은 바랄 수 없게 된다는 것이다.[29]

Schlesinger는 이와 같이 말하면서 헌법의 개혁을 선동하는 것은 정치지도자의 정책의 탐구라는 곤란한 문제를 회피하기 위한 일종의 도피주의(escapism)라고 비난하고 있다.[30]

Schlesinger의 비판에 대하여 헌법제도검토위원회의 공동의장인 Lloyd N. Cutler와 C. Douglas Dillon은 다음과 같이 반박하고 있다. 그들에 의하면 Schlesinger가 주장하는 바와 같이 대통령이 전임기를 통하여 합헌에 기초한 정책을 수립하고 입법화하여 실시하기 위해서는 의회내의 다수파를 형성하는 일, 즉 「정부의 형성」(forming a government)을 모두 대통령이 조직하지 않으면 안된다고 하고 현행 헌법의 통치기구하에서는 그러한 일은 극히 곤란하다고 한다. 결국 미국정부의 내정·외교상의 정체·교착상태는 정치지도자의 자질과 그 정책의 건전성보다는 현행 헌법의 정치기구에 기인하고 있다고 반론한다.[31]

생각건대 최근 수십년간 미국의 헌법현실을 볼때 유능한 대통령과는 관계없이 내정·외교 양면에 걸친 난문제에는 유효한 대책을 세우지 못해왔음을 알 수 있다. 이러한 현실을 적시할 때 적어도 Schlesinger의 주장처럼 대통령의 지도력의 결여만이 미국정치

---

28 Schlesinger는 C.C.S.Report가 공간되기 수년전에 헌법제도위원회의 활동을 염두에 두고 다음과 같은 그의 저술을 통해 논지를 전개하여 왔다.
Arthur M. Schlesinger, Jr., “Leave the Constitution Alone”, op. cit.; Schlesinger, The Cycles of American History (1986).

29 Schlesinger, Leave the Constitution Alone, op. cit., p.54.

30 Ibid.

31 Lloyd N. Cutler and C. Douglas Dillon, A Rebuttal to Arthur, Jr., ; in Robinson ed., op. cit., p.55.

의 교착상태의 요인이 된다는 것은 무리가 있다고 하겠다.

(2) 분열정부의 평가

헌법제도검토위원회는 이른바 「분열정부」(divided government)를 정치제도의 구조적 결합에 의해 미국의 정치에 초래된 가장 심각한 문제로 단정하고 있다. 그리하여 분열정부는 국가정책의 모순·일관성의 결여와 침체를 가져온 원인이 되고 있다고 지적하고 있다.[32]

그러나 한편 분열정부를 이상적인 사태로 파악하는 것에 대하여는 회의적인 입장을 보이는 견해들이 제기되고 있다.[33] 특히 Schlesinger는 Eisenhower 대통령 이래 분열정부는 강력한 대통령에 대한 견제를 위하여 국민이 의도적으로 형성시킨 자위의 수단이라고 주장하고 있다.[34] 그밖에 분열정부를 국정의 정체의 주요원인의 하나로 보는 것을 부정하는 대표적인 논자는 David R. Mayhew를 들 수 있다.[35] 그는 1946년에서 1990년까지의 기록을 토대로 하여 의회의 행정부에 대한 부패행위의 조사는 통일정부의 시기나 분열정부의 시기에 관계없이 거의 동등하게 분포하고 있다는 사실을 확인하고 의회가 분열정부의 시기에 행정부에 대한 조사의 수가 증가한다는 결정적인 논거는 존재하지 않는다고 주장한다. 또한 주요한 법안의 통과에 있어서도 거의 마찬가지라는 것이다. 요컨대 Mayhew에 의하면 제2차 세계대전 이래 행정부의 부정행위의 조사나 주요한 입법은 통일정부나 분열정부라고 하는 정당의 지배관계의 원칙에서 도출되는 예측대로 행해져온 것은 아니라고 한다. 그리고 주요한 입법을 규정하는 요인으로서는 선거를 위한 연방의회의원의 동기나 대통령의 지도력의 질·상황 등은 관계없으며 오히려 법안을 통과시키기 위한 안정된 의회다수파의 실제적 필요성이나 공중의 분위기(public moods) 등이 그 요인이 된다고 지적하고 있다.[36]

Mayhew의 이러한 분석에 대하여 헌법제도검토위원회의 중심적 멤버의 한사람인 James L. Sundquist는 Mayhew의 지적은 분열정부라고 하는 쟁점에 관한 논의에 있어서의 출발점은 되지만 논의를 종결시키는 결정적인 논거는 되지 못한다고 한다.[37] 즉 분열정부

---

32 C.C.S.Report, op. cit., p.5.

33 Mark P. Petracca, Divided Government and the Risks of Constitutional Reform, Political Science and Politics, vol.24, No.4 (1991), p.634; Schlesinger, The Cycles of American History, op. cit., p.304.

34 Schlesinger, ibid.

35 David R. Mayhew, Divided Party Control : Does It Make a Difference?, Political Science and Politics, vol.24, No.4, p.640.

36 Mayhew, ibid., pp.639~40.

37 James L. Sundquist, Constitutional Reform and Effective Government (1992), p.102.

와 통일정부 아래에서의 국정을 비교하는 경우에는 양적·수적 어프로치 뿐만 아니라 그 시정의 실효성이라는 관점에서 입법의 내용과 그 시기에 대한 분석도 중요하다는 것이다. 따라서 Mayhew처럼 분열정부와 통일정부의 비교를 양적 관점에서만 분석하여 분열정부를 이상이 없는 것으로 보는 것은 문제가 있으며 질적·시기적 관점에서의 분석도 필요하다고 비판하고 있다. 또한 Mayhew는 분열정부의 책임능력의 결여라는 점에 대하여는 검토를 하지 않았다고 한다. 이와 같이 Sundquist는 반론을 제기하여 헌법제도검토위원회의 정치제도의 현상분석을 적합한 것이라고 주장하고 있다.

2. 의원내각제적 요소의 도입에 대한 비판

헌법제도검토위원회가 제안하는 미국의 정치제도의 개혁안에 대한 비판론의 핵심은 그 전체적 방향성에 관한 것이다. 즉 행정부와 입법부간의 협력을 촉진시키려는 위원회의 기도를 의원내각제로의 지향으로 보고 그 타당성에 대하여 비판하고 있다. 특히 연방의회의원의 각료겸직허용의 제안에 대하여 Petracca는 그것을 가장 의원내각제적 개혁의 요소라고 지적하면서 그러한 의원내각제의 도입에 반대하고 있다. 의원의 각료겸직허용은 헌법의 원리에 반하고 행정권의 증대로 연결되기 때문이라는 것이다.[38]

Schlesinger에 의하면 권력의 융합에 의해 특징지워지는 의원내각제는 형식적으로 입법부의 우월성을 보장하지만 실제에는 입법부에 대한 행정부의 지배를 확보하게 되며 따라서 의원내각제에 있어서는 의회는 전혀 행정부를 통제할 수 없다고 지적한다. 반면에 권력분립제를 전제로 하는 대통령제에 있어서 의회는 확실하게 행정부로부터 독립되어 있으며, 훨씬 더 행정부를 억제하고 행정부와의 균형을 유지하며, 유효하게 행정부에 이의를 제기하고 행정부를 조사할 수 있다고 한다.[39] 미국의 헌법개정론자들은 권력융합의 이점을 고려하고 있지만 영국의 개혁론자들은 권력의 분립을 갈망하고 있다고 한다.[40]

그리고 그는 미국의 정치적 전통을 볼 때 의원내각제는 비현실적인 선택안이라고 지적하고 있다. 정당의 쇠퇴가 현저하게 된 오늘날 정당을 보다 더 지휘통솔력과 결속력있는 조직으로 만든다는 생각은 환상에 불과하다고 비판한다.[41]

위와 같은 Schlesinger의 비판에 대하여는 Cutler와 Dillon에 의해 다음과 같은 반론이 제기되고 있다. 즉 「순수한 영국형의 의원내각제도 권력분립제와는 다른 중대한 결점을

---

38 Petracca, Bailey and Smith, op. cit., pp.519~21.
39 Schlesinger, op. cit., p.51.
40 ibid., p.52.
41 ibid., pp.52~53.

가지고 있다. 그러나 프랑스, 독일, 일본, 캐나다, 이탈리아 등과 같이 기본적으로 의원내각제인 정치제도가 권력분립제의 요소를 도입한 것과 마찬가지로 의원내각제에는 미국정치제도에 이익이 될 수 있도록 적합시킬 수 있는 요소가 내포되어 있다」고 한다.[42] Cutler와 Dillon은 권력분립제를 근본적으로 변경하지 않고 동일정당소속의 대통령과 연방의회의원이 협력하여 의원내각제적 의미에 있어서의 정부의 형성을 행한다고 하는, 즉 선거에서 선출된 다수파가 포괄적인 정책을 실행하고 그 결과에 책임을 질 수 있도록 한다는 것이다.

3. 개별적 개혁안에 대한 논의

(1) 정당의 대통령후보지명대회

(가) 비 판

헌법제도위원회가 제시한 대통령후보지명대회에 관한 제안에 대하여 Petracca 등은 다음과 같이 비판하고 있다.

이 개혁이 실효성을 갖기 위해서는 몇 가지 중요한 전제가 성립되어야 한다.

우선 대통령후보의 지명을 위한 전국대회에 출석하는 대의원을 선출하는 현행의 절차를 인정할 때 정당소속의 상하 양원의원후보자 및 현직 상원의원이 비구속대의원으로서 대통령후보선출에 중대한 영향을 미칠 정도의 커다란 세력을 형성하지 않으면 안된다. 대통령의 자당소속의 연방의회의원에 대한 결속과 충성은 그 의원들이 대통령후보의 결정에 있어서 주요한 역할을 수행할 경우에만 기대할 수 있기 때문이다.[43]

이러한 전제의 여부를 검증하기 위해서 Petracca 등은 개혁안과 같은 제도가 지금까지 계속 존재하여 왔다고 가정하여 1900년부터 1988년 사이에 행해진 민주·공화 양당의 전국대회에서 이 비구속대의원집단이 어느 정도 대통령후보의 지명에 중대한 영향을 미칠 수 있는가를 조사하였다. 그것에 의하면 46회의 대회 중에서 12회의 대회의 후보자지명에 이 개혁안은 결과에 영향을 미칠 가능성이 있었다고 한다.[44]

그러한 경우에는 전국대회의 규모가 적을수록 이 비구속대의원집단의 잠재적 영향력을 증대하게 된다는 것이 중요한 조건이지만 현재에는 계속적으로 진행되어온 대의원수의 증가에 의해 전국대회의 규모가 확대되었기 때문에 비구속대의원집단이 갖는 대통령후보결정에의 영향력은 감소되고 있다. 이 개혁안이 의미를 갖기 위해서는 대의원총수가

42 Lloyd N. Cutler and C. Douglas Dillon, op. cit., p.57.
43 Petracca, Balley and Smith, op. cit., p.507.
44 Ibid., pp.508~509.

현저하게 줄거나 투표에 관한 비구속대의원, 즉 연방의회의원의 수가 증가되지 않으면 안 되지만 현실적으로 그 가능성은 희박하다.[45]

두 번째의 전제는 이러한 비구속대의원들이 고도의 결속력을 가지고 일괄하여 투표해야 한다는 것이다. 그러나 이러한 비구속대의원들 자신의 선거(연방의회선거)의 귀추는 자신의 선거구의 유권자에 달려 있기 때문에 전국대회의 투표에 관하여 자신의 주의 대의원에 동조하게 되는 강한 유인이 존재하는 것이다.[46]

끝으로 이 개혁이 효과를 발휘하기 위해서는 그 전제로서 양원의 다수파가 대통령과 같은 정당에서 선출되어야 한다고 주장한다.

이와 같이 Petracca 등은 개혁안의 전제가 불비되었음을 이유로 그 개혁안을 비판하면서, 결국 이 개혁은 선거에 있어서 의존관계를 통하여 행정부와 입법부의 결속을 강화하는 것을 목적으로 하는 한편 대통령선출과정의 민주화라고 하는 오랜 역사적 경향을 부정하는 것이 된다고 한다. 즉 이 개혁은 민주화와 책임 사이의 역사적 긴장관계를 노출시키게 된다고 비판한다.[47]

(나) 반 론

위와 같은 비판에 대하여 Sundquist는 다음과 같이 반론을 제기한다.

이 개혁은 대통령후보의 지명에 있어서 연방의회의원의 영향력을 증대시키는데 있을 뿐이므로 그것이 역사상 오랜기간 지속되어온 민주화경향을 전복시키게 된다는 주장은 지나친 과장이다. 이미 1980년 선거이후 민주당에서 전대의원의 14%에 해당하는 비구속대의원으로 구성된 특별대의원제도를 채택한 것도 대통령후보지명과정에서 조화와 결속을 위해 도움이 된다는 것이 일반적으로 인정되기 때문이다. 헌법제도위원회는 이러한 관행을 민주·공화양당이 조금씩 확대해 나가는 것이 행정부와 입법부간의 관계를 개선하는데 공헌하게 되고, 극단적인 경우에는 동일 정당의 연방의회의원이 지도자로서 받아들이기 어려운 인물을 대통령후보로 지명하는 것은 막을 수 있다고 단정하고 있다.[48]

---

45 Ibid., p.509.

46 1988년의 민주당전국대회에서는 이른바 특별대의원(super－delegates)의 다수가 그렇게 행동하였다. 특별대의원이란 민주당이 1982년에 새로 채용한 제도로서 민주당의 연방의회의원(상하양원의 민주당의원의 5분의 3에 해당되는 수, 1984년에는 상원의원 27명, 하원의원 161명이었음), 민주당전국정당위원회위원, 그리고 주중앙정당위원회 정부위원장이 대의원으로서 전국대회에 출석할 수 있다. 1984년의 민주당전국대회에서는 특별대의원이 561명으로 대의원총수 3923명의 14.4%를 점하였다. Ibid., p.509.

47 Ibid., p.510.

48 Sundquist, op. cit., pp.535~536.

(2) 선택적 일괄투표

(가) 비 판

헌법제도위원회가 제시한 선택적 일괄투표에 대하여 Petracca 등은 다음과 같이 비판하고 있다.

헌법제도위원회는 분열정부로 연결되는 분할투표를 상당히 최근의 현상이라고 주장하고 있으나 Petracca는 이에 대해 의문을 제기하고 있다. 즉 분열정부는 특히 최근의 40년간(1948년부터 1988년 사이에 12회 발생하였음) 빈번하게 나타나고 있으나 그와 같은 정도의 기간인 1879년부터 1911년까지에도 분열정부는 7회 발생하였다는 것이다.[49]

미국이 이와 같이 과거의 분열정부를 극복한 것과 마찬가지로 현재의 분열정부를 극복할 가능성은 충분하다고 한다. Petracca 등은 분열정부가 정부의 효과적이고 능률적으로 행동하는 능력을 감소시킨다는 데에 문제가 있다는 점을 검증하고 있다. 즉 분열정부가 의회에 있어서 대통령의 정책에 대한 지지를 획득하는 것이 곤란하게 되고 의회에서의 정당이 단결하는 동기를 감소시키기 때문에 대통령에 대한 의회의 지지율이 분열정부의 기간에 상대적으로 저조하게 된다는 점을 Petracca 등은 통계자료를 통해 검증하고 있다. 즉 1953년부터 1987년까지의 상하 양원의 표결 중에서 대통령의 입장이 지지된 것을 보면 통일정부하의 대통령은 분열정부하의 대통령에 비해 많은 의회의 지지(81.69% 대 66.06%)를 받은 것을 알 수 있으나, 여기에는 분열정부가 대통령이 의회의 지지를 획득하는 것을 보다 곤란하게 한다는 것이 아니라 분열정부하에서도 대통령이 의회의 지지를 획득하는 것이 불가능하지 않다는 점을 강조하고 있다.[50] 말하자면 통일정부와 분열정부에서의 대통령의 성공의 정도의 차이는 선거에서의 분할투표에 의해 발생하는 제도적인 조건보다도 지도력·경험·국민합의의 존재와 같은 특질에 의해 보다 잘 설명될 수 있다고 주장한다.[51]

또한 정당의 결속에 관한 통계를 보더라도 민주당·공화당 모두는 분열정부기와 통일정부기에 있어서 표결과정에 소속의원의 결속의 정도는 커다란 차이가 없으며(민주당 77.63%, 공화당 79.8%), 민주당의원은 예컨대 과반수 의석을 차지하더라도 대통령의 야당이 된 경우에 보다 강한 결속을 보이고 있다. 그리고 공화당의원은 민주당이 대통령과 하원을 지배하는 때에 보다 강한 결속을 보이고 있으며 공화당에서 대통령이 나오게 되면 결속의 정도는 낮아진다는 것이다.

---

49 Petracca, Balley and Smith, op. cit., p.512.
50 Ibid., pp.513~514.
51 Ibid., p.514.

이러한 분석결과를 토대로 Petracca 등은 통일정부라고 해서 정당이 강한 결속력을 갖고 행동하는 것은 결코 아니라는 결론을 내리면서, 대통령의 여당이 되는 경우보다 야당이 되는 경우에 정당의 결속을 강화하는 誘因이 존재할 수 있다고 말하고 있다.[52]

또한 헌법제도위원회가 제언한 바와 같이 선택적 일괄투표를 채용하고 있는 주는 분할투표가 행해지는 정도가 상대적으로 낮다는 지적에 대하여도 Petracca 등은 선택적 일괄투표를 채용하고 있는 19개주에서는 다른 주에 비해 분할투표의 정도가 낮다고 하더라도 그것은 헌법제도위원회가 요구하는 수준의 정당의 결속과 책임능력을 갖기에는 충분하지 못하다고 주장한다.[53]

끝으로 Petracca 등은 분할투표의 증가는 유권자의 투표행동의 소극적 변화가 아니라고 강조하면서 유권자는 정당에 대하여 맹목적으로 충성하는 것이 아니라 보다 쟁점지향적(issue–oriented)이고 독립적으로 되었다고 주장한다. 그리하여 분할투표를 극복하기 위해서는 우선 쟁점지향적인 투표로부터 정당지향적인 투표로 이행하는 것이 민주적 공화제에 있어 이익이 된다는 것을 일반국민에게 납득시키지 않으면 안되며, 정당단위의 일괄투표가 증가되도록 투표행위를 단순화시키는 것이 민주적 공적생활과 모순되지 않는다는 것을 국민에게 납득시켜야 할 것이라고 주장한다. 그러나 그러한 주장은 아직 논증되지 않고 있다고 Petracca 등은 말하고 있다.[54]

(나) 반 론

위와 같은 Petracca 등의 비판에 대하여 Sundquist는 다음과 같이 반론하고 있다.

우선 분열정부가 최근의 현상이 아니라는 Petracca 등의 비판에 대하여 분열정부가 역사상 과거에는 없었다는 주장이 아니라 1954년 이래 수십년 동안 그렇게 빈번하고 장기간에 걸친 분열정부가 발생한 것은 지금까지 없었다는 것을 말하는 것이며, 과거의 분열정부는 보통 중간선거 후에 나타난 현상으로 실제로 차기의 대통령선거에서 정부의 통일이 회복되었기 때문에 단지 2년간의 분열정부를 경험하는 것이었다. 분열정부가 일상적인 형태로 된 것은 바로 미국정치에 있어서 새로운 현상이라고 반박한다.[55]

또한 분열정부가 유권자의 의도적인 선택이라고 하는 Petracca 등의 주장에 대하여도 의도적으로 분할투표를 행하는 유권자가 없는 것은 아니나, 공중일반·유권자일반이 그러한 분열정부를 선택하는 것은 아니라고 반박한다. 그에 의하면 투표를 분할하는 소수의

52 Ibid., p.514.
53 Ibid., p.514.
54 Ibid., pp.515~516.
55 Sundquist, op. cit., pp.536~537.

유권자의 동기에 관한 최선의 증거는 대통령과 연방의회의원의 경우 투표의 기초가 되는 고려사항이 다르다고 한다. 즉 대통령의 선거는 개성·선거공약·국정상의 쟁점·전국정당의 이미지 등이 중요한데 대하여 연방의회의원의 선거는 그것과는 극히 다른 지방정당의 이미지·현직의원이 주 내지 선거구에 대해 행한 서비스·개성·선거공약이 커다란 요인이 된다. 그렇게 볼 때 본질적으로 분열정부는 어느 누구에 의해 기도된 것이 아니라 단지 우연의 소산에 불과하다는 것이다.[56]

(3) 하원의원의 4년 임기

(가) 비 판

Petracca 등의 하원의원의 임기를 연장하여 4년으로 한다는 주장에 대하여 비판하면서 단지 대통령과 하원의원의 임기가 동일하게 된다는 것만으로 확실하게 양자의 협력이 확대되는 것은 아니라고 한다. 동시선거는 여당이 하원에서 과반수를 얻는 것을 보증하는 것은 아니며, 또한 동시선거는 대통령과 하원의원이 다른 유권자단에 봉사하고 양자의 정책과제·목표·유권자의 요구가 다르다고 하는 사실을 변경시킬 수 있는 것은 아니라고 한다. 대통령과 하원의원의 대립이 유권자단의 차이에 기초하는 한 행정부와 입법부의 결속을 촉진시키려는 노력은 좌절될 수밖에 없다고 한다.[57]

Petracca 등은 4년임기가 제도 내의 보다 강한 결속에 필요한 조건이 된다고 하더라도 그것은 입법부의 자율성(autonomy)을 희생하여 얻어지는 것이므로 바람직하지 못하다고 주장한다. 입법부의 자율성은 하원이 대표의 심의라고 하는 헌법에 의해 규정된 스스로의 직무를 수행하는데 불가결한 것이다. 의원이 대통령과 선거의 운명을 같이 하게 되면 의회는 대통령에 대하여 종속적이 된다. 현명한 공공정책이 실시되기 위해서는 입법부의 자율성이 필요하며 그것은 대통령을 억제하기 위하여도 필요하다. 대통령은 충분한 권력을 가지고 있으며 본래의 문제점은 어떻게 대통령의 능력을 확대할 것인가가 아니고 오히려 대통령이 정부의 타부분을 장악하지 않도록 어떻게 방지할 것인가에 있다. 독립된 하원은 행정부의 패권(executive hegemony)에 대한 유효한 억제력을 유지하기 위한 불가결의 요소이다.[58]

Petracca 등은 또한 하원의원의 임기를 4년으로 하게 되면 2년마다의 선거운동이라는 부담을 덜게 되지만, 시간이 걸리는 선거운동은 대표의 과정에 있어서 극히 중요한 역할

56 Ibid., pp.537~538.

57 Ibid., p.517.

58 Ibid., pp.517~518.

을 수행하는 것이라 한다. 선거운동을 통해 유권자는 공공정책의 중요문제를 알게 되고 하원의원은 유권자의 선택에 관하여 알게 된다. 선거운동을 삭감함으로서 이러한 중요한 가치가 상실된다고 주장한다.[59]

끝으로 Petracca 등은 4년 임기가 효과가 있다하더라도 그것을 채용하는 것은 미국의 민주적 공화제의 과정에 있어서도 근본적으로 유해한 것이라 한다. 빈번한 선거를 행함으로써 하원의원에게 유권자와의 밀접한 접촉을 유지하고 그것에 의한 효과적인 대표 뿐만 아니라 정치적 반응성(political responsiveness)을 보증할 필요가 있다고 한다. 정치에 대한 소외감과 제도에 대한 불만이 상당히 존재하는 현대에 있어서는 공중이 국정에 참가하는 이러한 빈번한 기회를 갖고 하원의 구성이나 입법의 동향에 영향을 미치게 하는 것이 중요하다. 20세기의 대통령제에 대한 효과적인 억제의 긴급한 필요성 뿐만 아니라 정치적 반응성과 대표라고 하는 가치가 2년 마다의 하원의원선거를 필요로 한다고 주장한다.[60]

(나) 반 론

하원의원의 임기를 연장하여 4년 마다 대통령과 동시에 선거를 행하게 되면 의회가 자율성을 상실하고 대통령에 종속하게 된다는 비판에 대하여 Sundquist는 다음과 같이 일축하고 있다.

즉, 대통령과 하원의 동시선거가 행해지게 되더라도 대통령 임기의 최초 2년간의 양자의 관계는 중간선거가 있는 경우와 동일하다. 이 2년간에 있어서는 하원이 현재 자율적이고 독립적이면 중간선거가 폐지되더라도 마찬가지이다. 이처럼 하원의원의 임기를 4년으로 하는 것은 현행의 4년 마다의 동시선거에 어떠한 변화를 가져오는 것은 아니므로 행정부와 입법부의 결속의 개선이라는 목적에서 본다면 이 개혁은 대통령 임기의 전반 2년에 관하여는 성과가 크다고 하지 않더라도 대통령의 임기 후반에 있어서 양자의 결속의 정도를 전반의 수준으로 끌어올릴 수 있는 것이다.[61]

Sundquist는 또한 하원의원의 4년 임기는 민주적 공화제의 과정에 있어서도 근본적으로 유해하다는 비판에 대하여도 다음과 같이 반박하고 있다. 효과적인 대표의 의미에 있어서 빈번한 선거의 필요성은 당연히 인정하지만 그렇다고 어느 정도 빈번한 선거가 충분한 것인가, 왜 2년만을 고집하고 그 이상은 안되는 것인가를 반문한다. 하원의원의 후보자는 선거 전 수 개월간 자신의 선거구 유권자와 가장 밀접한 협의를 행한다. 자신의 정책을 제시하여 유권자의 신임을 얻은 당선자는 공약을 실현할 각오로 수도 워싱턴으로 향

59 Ibid., pp.518~519.
60 Ibid., p.519.
61 Sundquist, op. cit., p.539.

하게 된다. 그러나 2년 마다 선거를 치르게 되면 하원의원들은 새로운 업적을 쌓을 기회를 얻기 전에 자신들의 활동기록을 유권자에게 다시 제출하는 절차를 밟아야 하는 것이다. 그러므로 하원의원의 임기를 4년으로 함으로써 연방의회의원과 대통령은 시간적으로 여유를 갖고 곤란한 문제에 대해 결정을 내릴 수 있는 것이다. 현재는 대통령의 임기 1년째에 한정된 정책수행의 기회가 점차 확대되고 있다.[62]

(4) 조약승인요건의 완화

(가) 비 판

Petracca 등은 헌법제도위원회가 미국의 외교 내지 국가안전보장정책의 일관성의 결여를 크게 우려하여 조약승인요건을 변경하는 것이 결과적으로 일관성을 유지할 수 있다고 주장하는 것에 대하여 그러한 개혁은 목적을 달성할 수 없다고 지적하면서 현대의 외교정책상의 곤란의 주된 원인으로서 조약승인요건을 드는 것은 헌법제도위원회 이외에는 거의 없다고 주장한다.[63]

Petracca 등은 조약승인요건을 완화하게 되면 보다 많은 조약이 상원을 통과할 수 있는가라는 점에 관하여 다음과 같이 설명한다. 1789년 이래 상원에 의해 정식으로 승인이 거부된 조약은 겨우 17건(1984년 2월 1일 전까지)이며 그 중 2건만이 1930년 이후의 것이다. 반면 헌법제도위원회의 제안과 같이 조약승인요건이 60%로 완화되더라도 상원을 통과할 수 있는 조약은 17건 중 7건이며, 최근의 2건은 어느 경우에도 통과할 수 없었던 것이다.[64]

그리고 '3분의 2' 조항 때문에 많은 조약이 상원의 의결을 보기 전에 취하되었다는 점에 관하여도 실제 그러한 예가 많았지만 최근에는 그러한 예가 줄어들고 있다고 한다. 1954년 이후 1984년 이전의 경우 상원에서 승인하기 전에 취하된 조약은 12건에 불과하다고 강조한다.

Petracca 등은 이러한 조약승인요건완화안은 상원 내에 있어서 그리고 전국적인 합의를 형성하는 기회를 감소시키는 것으로 결코 현명한 제안이 못된다고 주장하고 있다.[65]

(나) 반 론

Sundquist는 1954년 이래 상원에서의 승인과정에서 의결 이전에 취하된 조약이 12건에 불과하다고 하지만 이는 양적인 척도가 아닌 질적인 척도에 의하면 중대한 숫자라고

---

62 Ibid., pp.539~540.
63 Petracca, Balley and Smith, op. cit., p.522.
64 Ibid., pp.523~524.
65 Ibid., p.525.

반박한다. 조약 중에는 제2차 전략병기제한조약·1974년과 1976년의 지하핵실험 및 폭발에 관한 조약·맥시코 및 카나다의 해상경계선조약 그리고 다수의 무역·조세·환경에 대한 상호조약이 포함되어 있다고 한다.[66]

또한 Sundquist는 외교정책에 관하여는 누구의 의사가 우선되어야 할 것인가, 즉 다수자의 의사인가 소수자의 의사인가를 묻고 있다. 그는 대통령과 상원의원의 과반수, 하원의원의 과반수의 지지를 얻을 수 있는 조약이 100명의 상원의원 중에서 34명이 거부권을 행사하게 되면 승인을 얻을 수 없다는 점을 지적한다.[67]

이러한 상황하에서는 국가의 외교정책이 선출된 다수자에 의해서가 아니라 소수자에 의해 결정된다는 것을 의미한다. 다른 분야의 정책형성에 있어서는 이러한 현상을 볼 수 없으며 조약에 관해서만 소수자가 다수자의 의사를 뒤엎고 소수자의 철학과 정책을 국가에 밀어붙이는 것이 된다고 주장한다.[68]

Ⅴ. 결 어

이상에서 미국의 정치제도개혁에 관한 최근 논의를 살펴보았으나 헌법제도검토위원회를 비롯한 헌법개혁론자의 주장이 현실적으로 즉각 실현될 전망은 쉽게 보이지 않고 있다.

결국 헌법제도검토위원회의 제안의 직접적인 목표는 개개의 개혁안의 즉각적인 실현에 있다기보다는 우선 현행의 정치제도를 근본적으로 재검토하기 위한 폭넓은 논의를 환기시키는 데 있다고 하겠다. 실제로 헌법제도검토위원회의 보고서를 계기로 하여 최소한 학계에서는 헌법개정문제를 포함한 연방정치제도의 개혁에 관한 논의가 활발해지게 되었다. 이와 같은 정치제도개혁 논의의 단서를 제공하게 되었다는 의미에서 동 위원회의 업적은 높이 평가될 수 있다.

미국에 있어서 정치기구개혁론의 주장은 한마디로 말해서 기존의 권력분립형의 대통령제원리를 유지하면서 권력융합형의 의원내각제적 요소를 도입하자는 것이다. 2백년 전의 헌법제정자들의 엄격한 삼권분립정신에 입각한 통치기구의 원리가 현대적 상황에서는 의회와 정부간의 심각한 대립과 긴장관계로 인하여 주요 국가정책결정의 일관성이 상실되고 정체와 교착상태를 야기하게 되었다는 것이다. 더욱이 의회와 정부간의 대립관계를

66 Sundquist, op. cit., p.541.
67 Ibid., p.542.
68 Ibid., pp.523~524.

더욱 조장하게 된 것은 정당제도상의 문제점에 기인한다는 것이다.

따라서 헌법개혁론자의 주장은 미국헌법에 의해 독창적으로 탄생된 순수한 대통령제 통치기구가 오늘날 기능상의 문제점을 노정함에 따라 의원내각제적 요소를 가미함으로써 의회와 정부간의 대립과 갈등을 극복할 수 있다고 보는 것이다. 그것은 곧 순수한 대통령제를 수정·보완한 혼합형의 정부형태로의 이행을 의미한다고 하겠다.

미국에 있어서 정치기구개혁을 둘러싼 논의에는 필연적으로 권력분립형의 대통령제와 권력융합형의 의원내각제 양제도의 장단점이 비교 검토되어 진다. 또한 특정한 유형의 정치제도가 유효하게 기능하기 위한 전제조건이라든지 정치제도와 정치풍토의 적합성 등의 문제가 검토될 수 있다. 그리고 현대 행정국가에 있어서의 적극적인 권력 통합의 요청과 근대 입헌주의에 의해 확립되어온 권력의 「억제와 균형」이라는 대립되는 가치를 어떻게 조화적으로 실현시킬 것인가가 궁극적인 과제라 하겠다.

이러한 문제들은 단지 미국의 정치제도를 고찰하는 경우에 한정되는 것은 아니며, 미국의 대통령제의 영향을 받고 있는 우리나라의 정치기구의 구조와 실제적 운용이라든지 앞으로의 바람직한 정부형태를 고려하는 데에도 충분히 검토되어져야 할 것이다.

4 국회의 국무총리임명동의권*

Ⅰ. 서 설

현행 헌법은 제86조 1항에 "국무총리는 국회의 동의를 얻어 대통령이 임명한다"라고 규정하여 대통령이 국무총리를 임명하는 경우에 국회의 사전적 동의를 얻도록 하고 있다. 이는 대통령이 행정부를 구성하는 데 있어서 헌법상 대통령의 보좌기관인 국무총리의 임명을 국회의 인준을 거치게 함으로써 국민의 대표기관인 국회가 대통령을 견제할 수 있도록 하는 수단으로서 중요한 의미를 가진다.

즉, 국회의 국무총리임명동의권은 현행 헌법상의 대통령중심의 통치구조에 있어서 권력분립원리에 입각한 국회의 행정통제권의 행사를 의미함은 말할 것도 없다. 우리 헌법은 국무총리임명의 경우뿐만 아니라 감사원장과 대법원장 및 대법관 그리고 헌법재판소장의 임명에 있어서도 국회의 동의를 얻어 대통령이 임명하도록 규정하고 있는데(헌법 제98조 2항, 제104조 1항·2항, 제111조 4항), 이러한 국회의 인사동의권은 권력분립의 목적을 실현하기 위한 제도적 장치라 할 수 있는 것이다.[1]

한편 국회의 동의를 얻어 대통령이 국무총리를 임명한다는 규정은 본질적으로 의원내각제적 요소의 가미로 간주되고 있다. 즉 국무총리의 임명에 있어서 국회의 동의를 얻도록 한 것은 대통령이 국회를 존중하여 국무총리를 임명하게 함으로써 국무총리로 하여금 국회의 신임하에 행정을 수행할 수 있도록 하기 위한 의도로 보기도 하며,[2] 정부구성에 국민의 대표기관인 국회의 관여를 보장하고 집행부와 입법부의 융화를 도모하려는 것으로 보기도 한다.[3] 아무튼 국회의 국무총리임명동의권은 대통령제원리에 있어서의 권력분립에 의한 견제와 균형의 요소이면서, 동시에 국회의 신임에 의한 총리의 임명이라든지 국회의 정부구성에의 관여라고 하는 의원내각제적 요소의 양면성을 가지고 있다고 할 수 있다. 이 점에서 국무총리임명에 대한 국회 동의권의 성격을 정확히 이해하는 데 어려움이 있는 것이다.

주지하는 바와 같이 우리의 제헌헌법 이래의 정부형태는 제2공화국 헌법시대를 제외하고는 대통령제와 의원내각제의 혼합 내지 절충형을 의미하지만, 국무총리제는 바로 이

* 琴浪 金哲洙 교수 정년기념논문집 「한국헌법학의 현황과 과제」(1998. 10), 793-810면 수록.

1 姜京根, "국회의 인사동의권의 헌법적 성격," 고시연구, 1998년 6월호, 65면.

2 金哲洙, 헌법학개론, 박영사, 1997, 911면.

3 權寧星, 헌법학개론, 법문사, 1998, 908면.

의원내각제의 핵심적 요소에 해당하는 것이다. 물론 우리 헌법에서의 국무총리제의 채택은 헌법제정과정에서의 대립되는 두 주장의 정치적 타협의 산물로써 헌법에 반영된 것이기 때문에, 그것은 결코 어떠한 「제도적 구상에서 입안된」 것이 아니며, 헌법적 이론이나 실천적 경험에 기초한 것도 아닌 하나의 「우연의 결과」라고 볼 수밖에 없다.[4] 따라서 이 점에서도 우리 헌법의 통치구조에 있어서 국무총리제의 제도적 의의와 성격을 이해하는 데 어려움이 있음을 부인할 수 없다.[5]

이처럼 대통령제 권력구조에 있어서 이질적 요소인 국무총리제에 관하여는, 최근 헌법현실적 문제로서 대통령이 국회의 동의를 얻지 아니하고 총리서리를 임명함으로써 그 위헌성 여부에 관한 헌법논의가 크게 제기된 바 있다. 지난 제15대 대통령선거(97.12.18)에 의해 우리 헌정사에 있어서 최초의 실질적인 평화적 정권교체가 실현되었으며, 그에 따라 새로운 김대중 정부가 출범되었으나 국회의 이른바 여소야대의 정국하에서 야당이 김종필총리인준에 반대하고 여야간의 정치적 협상이 이루어지지 못함으로써 임명동의안에 대한 표결처리도 국회가 폐회됨에 따라 무산되었다. 이러한 한국헌정사에 있어서 유례 없는 정치상황이 나타나자 대통령은 행정공백을 메우기 위하여 구정부의 총리로 하여금 국무위원을 제청케 하여 임명한 후 국무총리서리체제로 행정부를 구성하였던 것이다.

이와 같은 국무총리서리체제에 대하여 야당측은 그 위헌성을 주장하며 크게 반발하였고, 학계에서도 총리서리체제의 위헌성논쟁이 일기도 하였으며, 결국 한나라당 의원들은 김대중 대통령을 상대로 헌법재판소에 권한쟁의심판청구와 함께 총리서리직무정지가처분을 신청하였던 것이다.[6] 그러나 이 사건에 대하여 헌법재판소는 1998년 7월 14일 "한나라당 의원들은 권한쟁의심판의 청구인적격이 없다"는 이유로 위 청구를 각하하였다.[7]

본고에서는 헌법상 국무총리제의 제도적 의의를 살펴보고 국회의 총리임명동의권의 성격과 총리서리의 위헌성문제를 검토하도록 한다.

---

4 韓泰淵, "한국헌법에 있어서의 국무총리제," 고시연구, 1998년 4월호, 30면.

5 文光三 교수는 우리의 국무총리제는 "대통령제와 의원내각제의 사생아"라고 하고, 그것은 대통령제의 부통령도 아니고 의원내각제의 수상도 아니면서 양자를 합친 파행적 권력구조를 의미하기 때문이라고 한다. 그의 논문, "국무총리의 지위와 권한", 고시계, 97년 5월호, 51면.

6 이 권한쟁의사건의 청구인은 한나라당 의원 현경대 외 152명이었으며, 청구인측 참고인으로 선임된 鄭宗燮 교수는 의견서와 함께 「대통령의 국무총리임명에 대한 국회의 동의」라는 제목의 논문을 제출하였다.

7 헌재 1998. 7. 14. 선고, 98헌라1.

Ⅱ. 국무총리제의 헌법적 의의

1. 변형된 대통령제의 형성물

우리 헌법상의 정부형태는 대통령제를 중심으로 하면서 의원내각제적 요소가 가미된 혼합형 내지 절충형의 정부형태를 의미하는 것은 주지의 사실이다. 즉 우리의 대통령제는 순순 미국형과는 구별되는 것으로 부통령을 두지 않고 국무총리제를 채택하여 국무총리가 대통령을 보좌하면 행정부의 제2인자의 지위를 갖도록 하고 있다. 그러면서 그 국무총리는 대통령이 독자적으로 지명하는 것이 아니라 국회의 동의를 얻어 임명하도록 함으로써 의회의 신임을 기초로 내각을 구성하는 의원내각제적 요소와 유사한 제도를 채택하고 있는 것이 특색이다. 이와 같은 대통령제와 의원내각제적 요소의 결합은 이미 건국헌법에서 비롯된 것이나, 어쨌든 이 국무총리제의 도입은 우리의 대통령제를 순수 대통령제에서 벗어난 변형형의 대통령제로 형성시키는 요소가 되고 있다.

물론 한국헌법상의 통치구조에 있어서 국무총리의 등장은 제헌헌법의 제정 과정에서 정치적 타협의 우연한 산물을 의미하는 것이었기 때문에 어떠한 논리적 근거나 경험법칙에 의거한 것이 아니라는 데에 문제가 있었다. 그리하여 국무총리제는 헌법의 운용과정에서 무시되거나 형해화되기도 하였으며, 특히 권위주의체제하에서는 국무총리는 대통령을 위한 「정치적 방탄벽」이나 대통령의 책임대행자의 역할을 수행해 온 것이다.[8]

아무튼 헌법상의 통치구조의 형성에 있어서 대통령과 국무총리의 결합은 우리의 정부형태를 순수대통령제로 볼 수 없는 것이 되며, 국회의 동의에 의한 국무총리의 임명은 그 자체가 의원내각제적 요소의 반영이라는 의미를 가진다고 할 수 있다. 말하자면 대통령제중심의 권력구조에 이질적인 국무총리제의 도입은 무원칙한 정치적 타협의 결과로 헌법규범화된 것이기 때문에 그 제도적 취지나 가치와 상관없이 존재할 수밖에 없는 헌법사적 운명을 지니는 것이라 하겠다.

2. 대통령권한대행자의 필요성

현행의 대통령제는 대통령의 궐위시 대통령직을 승계하는 미국형의 부통령제를 두고 있지 않기 때문에 대통령의 유고시에 그 권한대행자가 필요하게 된다. 따라서 현행 헌법

---

8 許營 교수는 우리의 국무총리제는 우리 헌정사에서 유래하는 특유한 제도로서 대통령직을 성역화해서 대통령직을 격상시키기 위한 권위적인 대통령관의 그릇된 역사적 유물이라고 보고, 우리의 정부형태하에서는 국무총리제를 폐지하고 부통령제를 두는 것이 옳다고 주장한다. 許營, 한국헌법론, 박영사, 1998, 936면.

은 대통령이 궐위되거나 사고로 인하여 직무를 수행할 수 없을 경우에 국무총리를 제1순위의 권한대행자의 지위를 부여하고 있다(제71조). 이러한 대통령권한대행자로서의 국무총리의 지위는 미국의 부통령제와 같이 대통령과 런닝메이트가 되어 국민에 의해 선출되는 것이 아니기 때문에 그 민주적 정당성을 확보하기 위하여 국민의 대표기관인 국회의 동의를 얻도록 규정하고 있는 것이다. 말하자면 국무총리임명에 대한 국회의 동의권행사는 대통령권한대행자로서의 국무총리의 지위에 민주적 정당성을 부여하기 위한 최소한의 제도적 장치인 것이다.

국민에 의해 선출되지 아니한 행정부의 제2인자가 대통령 유고시 대통령의 권한대행권을 행사하게 되면 그 지위와 권한의 민주적 정당성에 문제가 되기 때문에 국회의 동의절차는 최소한의 정당성확보의 수단이라 하지 않을 수 없다. 이 점에서 국회의 동의 없는 총리서리체제의 운용은 우리의 통치구조에 관한 헌법정신에 반하는 것이라고 하겠다. 만약 국무총리서리체제의 행정부가 구성된 경우에 급작스런 대통령의 유고로 총리서리가 대통령직을 대행한다면 전혀 민주적 정당성이 결여된 권한행사를 허용하게 되는 중대한 헌법문제를 야기하게 된다. 그러나 국무총리의 고유한 권한을 의미하는 대통령권한대행권이나 국무위원제청권과 같은 권한은 총리서리의 권한 밖에 속하는 것으로 이해한다면 이 경우에도 여전히 문제가 있게 된다.

3. 대통령의 보좌기관에 의한 행정의 효율화

국무총리는 헌법상 독자적인 결정권을 행사하지 못하며 집행에 관하여 대통령을 보좌하는 대통령의 보좌기관이라는 지위를 갖고 있다. 그리하여 국무총리는 대통령의 명을 받아 행정 각부를 통할하며(제86조 2항), 집행부의 권한에 속하는 중요한 정책을 심의함에 있어서도 국무회의의 부의장으로서 대통령을 보좌한다(제88조 3항). 이러한 대통령의 보좌기관으로서의 국무총리제는 의원내각제적 입장에서 대통령의 권한행사를 견제하기 위한 제도가 아니라, 오히려 그것은 행정의 효율화와 합리화의 입장에서 대통령의 권한행사를 보좌하기 위한 행정국가적 관점에서 고려된 제도라고 할 수 있다.[9] 우리 헌정사에 있어서 제1공화국 헌법상의 국무총리제가 우연한 정치적 타협의 결과로 등장하였기 때문에 이승만 정부에 의해 얼마 못가서 폐지되었으며,[10] 제3공화국 헌법의 대통령부활에 의해 국무

9 韓泰淵, 앞의 논문, 43면.

10 제2차 헌법개정(1954년 헌법)에 의해 국무총리제가 폐지되었는데, 당시 개헌안 제안이유를 보면, 대통령제와 내각책임제의 무비판적인 혼합으로 채택된 정부형태는 중대한 모순을 내포하고 있으므로 국무총리제를 폐지함으로써 정상적인 대통령중심제를 채택하려는 데 있다고 설명하고 있다. 상세는 송우, 한국헌법개정사, 집문당, 1980, 130~131면 참조.

총리제가 다시 채택되면서 그 국무총리제는 행정의 효율화와 합리화의 고려에서 제도화되었다고 볼 수 있다. 그 후 현행 헌법에 이르기까지 국무총리제는 대통령의 보좌기관으로서의 헌법적 지위를 그대로 유지하고 있다.

그러나 정치적 현실에 있어서 국무총리는 대통령의 책임대행자로서의 역할을 하여 왔으며, 특히 권위주의적 체제하에서는 국무총리제가 대통령의 정치적 방탄벽을 의미하였기 때문에 대통령의 정치적 무책임에 의한 대통령직의 성역화에 기여하기도 했다.

Ⅲ. 국회의 국무총리임명동의권의 성격

1. 국회의 정부에 대한 견제수단

헌법상 대통령이 국무총리를 임명하는 데 있어서 국회의 동의를 얻도록 한 것은 강력한 대통령제의 행정부의 독선과 독주를 견제하여 입법부와 집행부간의 권력적 균형을 유지하기 위한 것이다. 대통령의 고위공무원임명에 있어서 국회의 동의를 규정하고 있는 것은 본질적으로 대통령제 정부형태에 있어서 의회와 정부간에 견제와 균형이라는 권력분립원리의 적용을 의미하는 것이다. 미국의 경우에도 대통령이 행정부의 고위공무원을 임명하는 데 있어 동의를 얻도록 하여 대통령의 공무원임명권에 대한 의회의 적절한 견제를 허용하고 있다.[11]

이와 같이 의회와 정부의 상호독립을 전제로 한 견제와 균형의 원리를 의미하는 대통령제에 있어서 대통령의 공무원임명권에 대한 의회의 견제는 당연한 제도적 요소가 된다. 그러나 대통령제원리에 있어서 의회와 정부간의 엄격한 권력분립과 상호독립의 요소를 강조하는 입장에서는 대통령의 행정부구성원을 의미하는 국무총리의 임명에 국회의 간섭은 곤란한 것으로 보고 있으나, 국회의 국무총리임명동의권에 크게 의미부여를 하지 않으려는 사고는 대통령제에 있어서 또 하나의 중요한 원리인 권력에 의한 권력의 통제의 요소를 간과한 것이라 하지 않을 수 없다.

요컨대 국회의 국무총리에 대한 임명동의권은 헌법상 감사원장, 대법원장, 대법관, 헌법재판소장 등의 임명의 경우와 마찬가지로 권력분립원리에 입각한 국회의 정부나 법

---

11 미국연방헌법 제2조 2항 2절은 "대통령은 대사, 영사, 기타의 와교사절, 연방대법원판사 및 법률에 의해 설치되는 합중국의 모든 공무원을 지명하고, 상원의 조언과 승인을 얻어(by and with the advice and concent of Senate) 이를 임명한다. 다만 연방의회는 법률에 의해 하급공무원의 임명권을 대통령이나 각부에 위임할 수 있다"라고 규정하고 있다.

원 등에 대한 권력억제적 기능을 수행한다는 의미를 지니는 것이다.[12]

2. 국회의 헌법기관구성에의 참여

현행 헌법은 국무총리의 임명뿐만 아니라 대법원장, 대법관, 감사원장, 헌법재판소장 등의 임명에 있어 대통령이 국회의 동의를 얻도록 하고 있는데, 이것은 헌법기관의 구성을 국회와 정부의 합성행위로 이루어지도록 함으로써 양자의 협력관계를 유지시키는 것이 된다. 국민의 대표기관으로서의 국회는 입법기관과 국정통제기관으로서의 지위를 가질 뿐만 아니라 헌법기관구성에의 참여를 보장하고 있다.[13]

이 점에서 국회는 대통령과 함께 통치구조상 민주적 정당성을 갖는 권력의 두 축을 이루면서 헌법기관구성에 참여하는 헌법상의 지위를 가지는 것이다. 그렇다면 국무총리는 임명권자인 대통령의 신임에 기초하여야 할 뿐만 아니라 동시에 국회 다수파의 신임에 기초하여야 하는 이중의 신임에 기초하고 있음을 의미하게 된다.[14] 이처럼 현행 헌법상의 국무총리를 대통령과 국회의 이중의 신임에 기초한 지위로 파악하는 입장은 문제가 있다고 하겠다.[15] 따라서 국회의 동의절차가 무시되는 총리임명은 국무총리의 헌법상 지위를 왜곡시키는 것이 되며, 국회의 헌법기관구성권을 침해하고 국회의 지위를 약화시키는 것이 된다.

3. 대통령권한대행자에 대한 민주적 정당성부여

헌법상 국무총리는 대통령의 궐위시 60일 이내의 기간 동안 대통령권한대행자의 지위를 가지게 되는데, 이러한 권한대행제는 헌법의 통치구조에 있어서 민주적 정당성의 문제가 제기될 수 있다. 미국형의 부통령제처럼 국민에 의해 선출된 부통령이 대통령의 궐위시 대통령직을 바로 승계하거나 대통령의 직무수행이 어려울 때 대통령권한대행을 하는 경우에는 그 대통령승계자나 권한대행자에 대한 민주적 정당성이 문제가 되지 아니한다.[16] 그러나 우리와 같이 국무총리가 대통령권한대행을 하는 경우에는 문제가 될 수 있

12 姜京根, 앞의 논문, 65면.

13 權寧星, 앞의 책, 796면.

14 成樂寅, "현행 헌법상 국무총리", 법정고시, 1998년 4월호, 63면.

15 成樂寅 교수는 "종래 한국헌법의 이해에 있어서 국무총리의 지위를 대통령의 신임에만 의존하는 지위로 파악하여 왔으나 이는 전통적인 대통령주의제적인 현실에만 매달린 편협한 해석이라는 비판을 면하기 어렵다"고 하면서, "더구나 국무총리는 재임 중에도 끊임없이 제기될 수 있는 국회의 국무총리해임건의권으로부터 자유로울 수 없다는 점을 염두에 둔다면 국무총리를 단순히 대통령의 신임에만 기초하여 이해하는 것은 문제가 있다"고 한다. 앞의 논문, 63면.

16 미국연방수정헌법 제25조.

다. 즉 국민에 의해 선출되지 아니한 국무총리가 대통령권한대행자가 되는 것은 국민적 대표성과 민주적 정당성에 부합되지 아니하는 문제가 있다.[17] 더욱이 국회의 동의 없이 대통령이 국무총리를 임명하는 경우에 그 국무총리가 대통령권한대행자가 된다면 민주적 정당성이 결정적으로 결여된 통치구조가 출현하게 되는 중대한 결함을 가지게 되므로, 적어도 국민의 대표기관인 국회의 동의를 얻어 국무총리를 임명함으로써 대통령권한대행자의 지위에 최소한의 민주적 정당성을 부여하는 것이 필요하게 된다.

Ⅳ. 국무총리서리의 위헌성문제

1. 국무총리서리 임명의 관행

우리 헌법의 대통령중심의 통치구조에 있어서 국무총리의 임명에 관하여는 제3공화국 헌법을 제외하고는 국회의 승인 내지 동의를 얻어 대통령이 임명하도록 규정하여 왔다. 제헌헌법의 경우에는 “국무총리는 대통령이 임명하고 국회의 승인을 얻어야 한다”라고 규정함으로써 대통령의 국무총리임명에 있어서의 헌법규정상의 차이를 볼 수 있다. 이와같은 국무총리임명절차에 있어서 양자의 명문규정상의 형식적 차이는 전자가 대통령의 총리임명에 대한 사후승인을 의미하며, 후자가 국회의 사전동의에 의한 총리임명을 의미하는 것으로 이해할 수 있는 근거가 되고 있다. 물론 이 양자는 대통령의 임명권을 제한하는 의미에서는 동일하지만 그 법적 효력에서는 전자가 국회의 승인이 없으면 대통령의 임명행위는 효력을 상실하게 되고, 후자는 국회의 동의가 없으면 대통령의 임명행위가 효력을 발생하지 않게 되는 차이점이 있다.

그러나 우리의 헌법관행은 제6공화국 초기에 이르기까지 이 양자를 동일한 것으로 간주하여 왔으며, 따라서 정부가 국무총리를 임명하는 데 있어서 대통령이 먼저 국무총리서리를 임명한 다음에 국회의 승인을 얻어 총리임명행위를 완성하는 형식을 취해 왔던 것이다.[18] 이러한 총리서리임명의 관행은 유신헌법과 제5공화국 헌법시대에는 하나의 상식

17 權寧星, 전게서, 852면.

18 우리 헌정사에 있어서 국무총리서리가 임용된 사례는 이승만 정부에서 5회, 박정희 정부에서 1회, 전두환 정부에서 8회, 노태우 정부에서 4회 발생한 바 있다. 그러나 이승만 정부시대에 정식으로 국무총리에 임명되지 못하고 국무총리서리로 재직한 사례(신성모, 허정, 이윤영, 백두진, 백한성 등)는 당시의 헌법상 국무총리임명방식이 먼저 대통령이 국무총리를 임명한 후 국회의 승인을 얻도록 하였기 때문에 그 국무총리서리는 사후에 국회의 승인을 얻는 지위에 있었다. 그렇지만 1972년헌법 이후에는 현행 헌법에 이르기까지 국회의 사전동의를 얻어 대통령이 국무총리를 임명하는 방식을 채택하고 있기 때문에 여기서의 국무총리서리는 이승만 정부하의 그것과 성격이 다르다. 鄭宗燮, 앞의 논문, 12면.

으로 통용되었다고 할 수 있다.[19] 그것은 당시의 헌정상황이 헌법의 규범력이 존중되기보다는 힘을 내세운 힘의 통치시대였다는 것을 의미하기도 한다. 그리하여 6공 초 강영훈 총리임명 당시와 91년 1월의 노재봉 총리임명 동의시에는 야당의원들에 의해 국회의 사전동의 없는 국무총리서리임명행위는 위헌이라고 국회 본회의에서 강력히 주장된 바 있으며, 이에 대해 헌법소원이 제기되기도 하였다.[20]

그리하여 이른바 문민정부에 들어와서는 국무총리서리제도의 위헌성을 인정하여 지난 5년동안 국무총리서리를 임명한 적이 없었으며, 사전에 국회의 동의를 얻어 총리를 임명하였다.

2. 현정부의 김종필 총리서리 임명에 대한 위헌논쟁

김대중 대통령은 98년 2월 25일 대통령취임식 직후 국회의 동의를 얻어 김종필 의원을 국무총리로 임명하려고 국회에 국무총리임명동의 요청을 하였으나 야당의 반대로 이 안건이 국회에서 처리되지 못하고 계류중인 상태에서 3월 3일 대통령은 김종필 국무총리지명자를 국무총리서리로 임명하였다. 이에 대하여 야당인 한나라당은 대통령의 총리서리임명행위는 국회 및 국회의원의 헌법상의 권한인 국무총리임명동의권을 침해한 것이라고 하여 헌법재판소에 권한쟁의심판을 청구하면서, 국무총리서리임명행위의 효력정지 및 직무집행정지 가처분신청을 청구하게 되었다.

국무총리서리임명의 위헌논쟁에서 야당측은 헌법 제86조 1항의 국회의 동의는 사전동의를 의미하므로, 국무총리임명동의안이 국회에 계류중인 상태에서 대통령이 국무총리서리를 임명하는 것은 명백한 헌법위반이라고 주장하였다. 우리 헌법이 총리임명에 국회의 사전동의제도를 둔 이유는 대통령의 과도한 권한 집중을 억제하기 위하여 국회의 인사통제권을 부여한 것이라고 하고, 국회의 임명동의권은 행정부의 수반인 대통령의 정치적인 인사권에 대한 국회의 견제장치에 속한다고 하였다. 이에 대해 정부 여당은 대통령의 국무총리서리임명은 통치행위 내지 정치행위이기 때문에 사법심사의 대상이 될 수 없다고 주장하고, 야당의 반대로 행정부구성이 불가능하게 되어 국정공백상태를 피하기 위하여 국무총리서리를 임명하는 것은 불가피하며, 우리 헌정사에 있어서 국무총리서리임명은 헌법적 관행으로 인정되어 온 것이므로 문제가 될 것이 없다고 반론을 제기하였다. 당

19 韓泰淵, 앞의 논문, 18면.

20 당시 노태우 대통령이 노재봉 국무총리서리를 임명한 데 대하여 안동일 변호사는 1992년 12월, 국회의 사전동의를 얻지 아니한 국무총리서리임명은 위헌 무효라고 주장하여 헌법소원을 제기하였으나 후에 이를 취하한 바 있다.

시 학계에서도 국무총리서리임명과 관련하여 그 위헌성 여부에 대한 논쟁이 가열되기도 하였다.[21]

3. 국무총리서리에 관한 학설대립

(1) 합헌설

합헌설을 주장하는 한태연 박사에 의하면, 대통령제의 헌법에 있어서는 그 집행권에 관한 모든 공무원의 임명권은 대통령에 속하는 것이 원칙이므로 대통령이 그 고유한 임명권에 의하여 국무총리를 임명한 다음에 국회의 승인을 얻는 것이 합리적인 절차라는 것이다. 국무총리의 임명에 국회의 동의를 얻어 임명할 때에는 그것은 바로 국무총리임명에 있어서의 대통령과 국회의 공동임명행위를 의미하기 때문에, 이러한 해석은 대통령제에 있어서의 국무총리임명에 대한 국회의 승인은 다만 권력균형의 입장에서의 국회에 의한 하나의 통제이지 결코 그 임명권의 공동행사는 아니라는 것이다. 여기에 국무총리임명에 있어서의 사전의 동의가 그 헌법해석으로는 불가능하게 된다고 본다.[22]

이처럼 국회의 동의를 사후동의로 이해하고 국무총리임명에 있어서 국회의 승인이 있을 때까지는 국정의 공백을 메우기 위한 합리적인 방법으로서의 국무총리서리는 유효하며, 다만 대리가 불가능한 국무총리의 고유한 권한, 즉 대통령권한대행이나 국무위원임명제청권 같은 권한은 그 서리의 권한 밖에 속한다고 한다.

결론적으로 한태연 박사는 "국무총리는 국회의 동의를 얻어 대통령이 임명한다"라는 규정의 적용에 있어서 대통령의 임명에 국회의 승인과 같은 헌법관례는 대체로 무난한 것이라고 하고, 헌법의 해석에 있어서 조문의 문구에만 치중하는 문리해석은 경우에 따라 통용하기 곤란한 경우가 있으므로 우리 헌법의 해석에 있어서도 국회의 동의를 대통령의 임명−국회의 승인으로 해석하는 것이 올바른 해석이라고 한다.[23] 그러나 한태연 박사의 이러한 합헌론의 주장에 찬동하는 학계의 견해는 찾아보기 어려우며, 그의 합헌론에 대하여는 위의 권한쟁의사건과 관련하여 정종섭 교수의 강한 비판이 제기되었다.[24]

---

21 당시 국무총리서리임명에 대한 위헌성논쟁으로는 張錫權 교수와 鄭宗燮 교수간의 신문지상을 통한 논쟁이 주목을 받은 바 있다. 鄭宗燮, "헌법이 지배하는 나라를", 중앙일보, 98년 3월 5일자, 6면 ; 張錫權, "총리서리제는 위헌인가", 중앙일보, 98년 3월 6일자, 6면 ; 鄭宗燮, "이성적인 사회를 위해", 중앙일보, 98년 3월 10일자, 6면; 張錫權, "찬반공존의 사회를 위해", 중앙일보, 98년 3월 12일자, 6면 참조.

22 韓泰淵, 앞의 논문, 49면.

23 韓泰淵, 앞의 논문, 50면.

24 鄭宗燮, 앞의 논문, 18면 이하.

(2) 위헌설

현행 헌법하에서는 국무총리서리는 어떠한 경우에도 인정될 수 없다고 보는 것이 학계의 지배적 입장이다. 위헌설에 의하면 우리 헌법은 국무총리서리제도를 두지 않고 있으므로 극회의 동의를 얻지 않는 총리서리체제는 위헌이며, 따라서 총리서리가 한 어떠한 행위도 법률적으로 무효라고 한다. 총리서리는 각료제청권을 가질 수도 없으며 총리서리가 부서한 법률도 무효라고 한다. 권영성교수는 총리서리제는 헌법의 명문규정에 정면으로 반하는 것이라는 의미에서 위헌임을 면할 수 없다고 주장한다.[25] 현행 헌법에 있어서 국무총리제는 대통령 유고시에 국무총리를 권한대행으로 하며 절대적 대통령제하에서 대통령의 전횡과 횡포를 간접적이나마 견제하는 것 등이 그 제도적 의의라고 한다면, 대통령의 제일가는 보좌기관인 국무총리의 임명은 대통령의 일방적인 지명에 의할 것이 아니라 국민의 대표기관인 국회의 사전동의를 반드시 얻어서 하는 쪽으로 해석하지 않으면 안된다는 것이다. 따라서 총리서리제는 헌법정신에 반하는 위헌적인 제도라 하지 않을 수 없다고 한다.[26]

許營 교수는 헌법기관구성원의 임명에 대한 국회의 동의권은 하나의 추인적인 성질의 것이 아니고 창설적인 성질을 갖기 때문에 원칙적으로 국회의 동의가 없는 임명은 허용되지 않는다고 본다.[27] 대통령에게 국회의 임시회의집회요구권이 주어지고, 임시회의 집회가 3일전의 집회공고로 가능한 현행 헌법질서 아래서는 대통령의 서리임명행위는 정당화될 수 없다고 한다. 서리의 임명관행은 국회의 인사기능에 대한 침해일 뿐 아니라 헌법이 요구하는 통치기관의 민주적 정당성과의 요청과도 조화되기 어렵다고 한다. 우리 헌법은 국무총리서리가 대통령궐위시 대통령권한을 60일 동안이나 대행하는 지극히 비민주적인 통치상황을 이념적으로 용납하지 않기 때문에, 국회의 임명동의는 대통령의 헌법기관임명행위의 선행요건이라고 강조하고 있다.[28]

(3) 예외적 합헌설

예외적 합헌설 내지 조건부 합헌설은 우리 헌법상 총리서리제도는 없으나 국회에 총리인준동의를 회부했는데도 국회가 성립되지 않으면 국정의 공백을 메우기 위해 대통령이 총리서리를 임명할 수 있다는 견해이다.[29] 이 경우 대통령의 총리서리임명은 대통령의

25 權寧星, “헌법적 판단으로 국민신뢰 쌓아야 한다”, 시민과 변호사 통권 51호, 1998. 4, 40면.
26 權寧星, 앞의 논문, 41면.
27 許營, 앞의 책, 886면.
28 許營, 앞의 책, 837면.
29 예외적 합헌설을 취하는 학자로는 金哲洙, 金文顯 교수와 張錫權 교수 등이 있다. 조선일보, 1998년 2월 26일

정치행위로서 위헌이 아니며 총리서리가 국무위원제청권을 가질 수 있고 총리서리가 부서한 법률은 효력을 가진다고 한다. 다만 국회가 제기능을 발휘하는지의 여부가 총리서리의 위헌 여부를 가리는 기준이 되는데 처음부터 국회동의를 요청하지 않고 서리체제로 가면 위헌이라고 한다. 이 견해에 의하면 국회인준을 의결해야 할 국회가 특정정당의 귀책사유에 의해 열리지 못할 경우는 서리체제도 가능하다고 보고, 다만 과도기적으로 서리체제를 하는 것은 몰라도 국회인준이 안 될 것을 예상해서 이를 피하기 위한 서리체제를 계속하는 것은 총리의 국회인준을 규정한 헌법규정에 정면으로 위배되는 것이라 한다.

위의 김종필 총리서리 임명에 대한 대통령과 국회의원간의 권한쟁의 사건에서 피청구인측 참고인으로 선임된 장석권 교수는 국무총리서리는 대통령의 국무총리임명권에 따르는 부수적인 것으로 보아야 한다고 하면서, 천재지변으로 국회를 개회할 수 없어서 국무총리임명동의를 받을 수 없거나, 국회가 개회되었음에도 불구하고 국회의 귀책사유로 인하여 국무총리임명동의안 처리가 지연되는 경우에는 불가피하게 국무총리서리를 임명하여 국정을 수행할 수밖에 없다고 주장하고 있다.[30]

(4) 사 견

국회의 동의 없는 국무총리서리에 대하여는 학계의 입장은 위헌설이 지배적 견해라고 볼 수 있다. 그러나 헌법재판소는 김종필 국무총리서리 임명에 대한 대통령과 국회의원간의 권한쟁의사건에서, 국회의원은 국회를 위하여 권한쟁의심판을 청구할 수 있는 당사자적격이 없다고 하여 각하결정을 내림으로써 본안판단을 하지 않았다. 그렇지만 이 사건에서 재판관 3인의 소수의견은 국무총리서리의 임명처분은 국회의 동의를 받지도 않은 상태에서 서리라는 이름 아래 국무총리의 권한을 행사하는 실질적인 국무총리를 임명한 것으로서 헌법 제86조 제1항과 권력분립의 원칙에 명백히 위배되고, 이로 인하여 헌법에 의하여 부여된 국회의 국무총리임명에 관한 동의권한 및 국회의원의 국무총리임명동의안에 대한 표결권한을 침해한 것이라고 하였다.[31] 필자는 위헌설의 입장에서 합헌설 및 예외적 합헌설을 비판하고 위헌설의 논거를 제시하도록 한다.

(가) 현행 헌법 제86조 1항의 “국무총리는 국회의 동의를 얻어 대통령이 임명한다”라는 규정은 제4공화국 헌법(1972)에서 규정된 이래 현행 헌법에 이르기까지 그대로 유지되어 온 것이나, 이는 제헌헌법상의 “국무총리는 대통령이 임명하며 국회의 승인을 얻어야

자, 4면 및 중앙일보, 앞의 글 참조.

30 張錫權, “98헌라1 대통령과 국회의원간의 권한쟁의사건 참고인 의견서”, 1면.

31 재판관 김문희, 이재화, 한대현의 의견.

한다"라는 규정과 명백히 구별되고 있다. 즉 헌법조문의 문리해석에 의거할 때 제4공화국 헌법 이래의 국무총리에 대한 국회의 동의절차는 제헌헌법상의 사후승인과는 달리 사전동의를 의미한다는 데에는 이의가 없다. 이러한 국회의 사전동의절차를 규정하게 된 것은 당시 유신헌법이 위기정부에 대처하기 위한 명분으로 영도자적 대통령제를 채택하여 국회에 대한 대통령의 절대적 우위를 유지하면서, 다만 대통령의 국무총리임명에 있어서는 국회의 사전동의를 얻도록 하여 권력분립을 유지하고 의회정치를 활성화한다는 하나의 회유책의 산물로서 규정된 것이라 할 수 있다. 이러한 사전동의의 의미를 갖는 임명절차가 그대로 현행 헌법에 이르기까지 전혀 변경되지 아니하고 유지되어 온 것이다.

요컨대 헌법상 국회의 동의를 얻어 대통령이 임명한다는 규정은 우리 헌법사의 연혁에서 볼 때 당시의 개헌주도세력의 입법의사는 분명히 사전동의의 의미로 규정하였음을 부정할 수 없다. 따라서 헌법 제86조 제1항의 국회의 동의를 사전동의로 해석하는 것이 지나친 폐쇄적 문리해석이라고 주장하는 합헌론의 견해는 타당하지 못하다.

(나) 국무총리서리에 대한 합헌론의 입장은 대통령의 국무총리임명에 있어서 국회의 사전동의절차는 국회와 대통령의 공동임명행위를 의미하기 때문에, 그것은 대통령의 고유한 행정부공무원임명권을 부정하는 것이 되고 대통령제원리에 반하는 것이 된다고 한다. 그러나 우리 헌법은 대통령제를 통치구조의 중심으로 하면서도 그것은 순수 대통령제가 아니라 의원내각제적 요소가 가미된 혼합형의 정부형태를 의미하며, 국무총리에 관한 규정은 바로 의원내각제적 요소의 핵심을 의미한다. 대통령제와 이질적인 국무총리제의 도입이 헌법제정과정에서의 이론적 근거나 정치적 경험을 바탕으로 한 것이 아니라 우연한 정치적 타협의 산물을 의미하더라도, 우리 헌법상의 이러한 국무총리제는 의원내각제적 요소의 반영으로서 그 독자적 의미를 가지는 것이므로, 대통령제원리만을 고집하여 의원내각제적 요소를 간과하거나 무시하려는 해석방법은 부당하다고 하겠다. 따라서 국회의 동의를 얻어 대통령이 임명한다는 규정은 대통령의 임명권에 대한 간섭으로 볼 것이 아니라 의원내각제적 요소의 전제로서 의회의 신임에 기초한 총리의 임명으로 이해할 수 있다.

한편 순수 대통령제국가인 미국에 있어서도 대통령의 행정부각료 임명에 연방의회(상원)의 조언과 동의를 얻어 임명하도록 규정하고 있다. 즉 미국의 대통령제는 엄격한 권력분립원리를 전제로 하여 대통령의 행정부공무원임명에 의회의 동의를 얻도록 함으로써 의회의 행정통제를 행하고 있다. 따라서 우리의 통치구조를 대통령제 중심으로 이해하더라도 미국의 대통령제에서 볼 수 있는 바와 같이 국회의 사전동의절차는 권력분립에 입각한 행정통제수단으로 인정되는 것이다.

(다) 현행 헌법상 대통령의 인사권에 대한 국회의 동의권은 단지 대통령의 임명권행사를 통제하는 데 그치는 것이 아니라 국회의 헌법기관구성에의 관여를 보장하는 것을 의미한다. 헌법은 국무총리임명의 경우뿐만 아니라 대법원장, 대법원판사, 헌법재판소장, 감사원장의 임명에 있어서도 국회의 동의를 얻도록 규정하고 있다. 이것은 대통령과 국회의 합동행위에 의한 헌법기관의 구성을 의미한다. 즉 헌법기관의 구성에 있어 민주적 정당성을 확보하기 위하여 국민의 대표기관인 국회의 동의를 얻어 대통령이 임명하도록 한 것이다. 대법원장이나 헌법재판소장의 경우 국회의 동의를 얻을 것을 예정해서 미리 대법원장이나 헌법재판소장을 서리로 임명하여 국회의 동의가 있을 때까지 그들에게 재판을 맡길 수 없는 것과 마찬가지로 국무총리서리도 허용될 수 없는 것으로 보아야 한다.[32]

특히 국무총리는 헌법상 대통령권한대행자의 지위를 가지므로 국무총리의 임명에 국회의 사전동의는 필수적 절차로 이해해야 한다. 국민에 의해 선출되지 않는 국무총리가 대통령권한대행자가 된다는 것은 통치구조의 민주적 정당성에 중대한 결함을 내포하게 되므로, 적어도 국민대표기관인 국회의 동의를 얻도록 함으로써 대통령권한대행자에 대한 최소한의 민주적 정당성을 부여하게 해야된다.

(라) 현대국가의 의회주의의 쇠퇴 내지 위기상황에 있어서는 의회의 국정통제기관으로서의 지위와 기능이 강조되고 거기에 적극적인 의미부여를 해야 하는 것이 시대적 상황에 적합한 합리적인 헌법해석의 입장으로 이해되고 있다. 의회의 지위가 저하되고 있는 현대적 행정국가와 정당국가적 상황 속에서 의회에 가장 기대되는 역할은 집행부에 대한 감독과 통제라고 할 수 있다. 오늘날의 의회가 국민 다수의 희망이나 불만을 토론의 광장에 반영시켜야 권력의 남용으로부터 국민의 자유를 수호하고 법률의 집행을 감독하는 데에 의회주의가 기능할 수 있는 길이 있는 것이다.[33] 다시 말하면 의회의 전통적인 입법기관으로서의 지위가 저하된 현실에 있어서는 국정통제기관으로서의 국회의 지위를 강화시켜야 한다는 것이다.[34] 이러한 관점에서 볼 때도 현행 헌법상 국회의 행정통제기능은 적극적으로 이해되어야 하며, 대통령의 공무원임명에 대한 국회의 동의권을 해석하여 그 의미를 약화시키려는 태도는 허용되기 어렵다. 이처럼 국회의 동의를 적극적인 행정통제로 이해된다면 여기의 임명동의권도 사전적 동의를 의미하지 않으면 안 된다.

(마) 국무총리의 임명을 국회의 동의를 얻어 대통령이 임명한다는 사전동의절차는, 보다 구체적으로 표현하면 대통령의 지명(nomination) – 국회의 동의(assent) – 대통령의 임

32 玄榮斗, "국무총리서리임명은 합헌인가?", 인권과 정의, 1998. 4, 7면.
33 芦部信喜, "議會政治と國民主權", 法學セミナー增刊 / 現代議會政治, 1977, 21면.
34 鄭萬喜, 현대헌법과 의회주의, 법문사, 1995, 36면.

명(appointment)이라는 3단계의 임명절차를 의미하는 것으로 이해된다. 여기서 대통령의 국무총리지명자에 대한 국회의 동의가 있을 때까지 대통령은 서리를 임명할 수 없고, 국회의 동의가 끝난 후 총리를 임명해야 한다. 대통령이 지명하여 국회의 동의가 이루어지는 동안은 기존의 국무총리가 계속 직무를 수행하게 되며, 기존의 국무총리의 유고시에는 정부조직법상의 총리직무대행자가 총리를 대행하면 된다. 그러나 예외적 합헌설을 취하는 일부 견해는 대통령이 국무총리임명을 위해 국회에 동의요청을 하였음에도 국회가 열리지 못하거나 열려 있어도 이를 처리하지 아니하는 경우는 대통령은 국무총리서리를 임명할 수 있다고 한다. 이러한 견해는 총리직무대행제도의 취지를 제대로 이해하지 못한 결과가 아닌가 생각된다. 현행 정부조직법 제23조는 국무총리가 사고로 인하여 직무를 수행할 수 없을 때에는 직무대행자가 국무총리의 직무를 대행하도록 규정하고 있는데, 여기의 사고란 직무수행이 불가능한 모든 경우를 포함하는 것으로 이해하여 국무총리가 궐위된 경우도 권한대행이 가능한 것으로 볼 수 있다. 그러나 예외적 합헌설의 입장은 국무총리서리를 정당화하기 위해서 정부조직법 제23조의 해석을 지나치게 협의의 개념으로 이해하고 있는 것이 문제이다.[35]

또한 예외적 합헌설은 동의안을 처리하여야 할 국회가 특정정당의 귀책사유로 이를 처리하지 못하는 경우에는 총리서리를 임명할 수 있다고 주장하나 이는 타당한 견해라 할 수 없다. 김종필 총리서리 임명의 경우와 같이, 여소야대의 정국하에서 야당이 총리인준에 반대하고 여야간에 정치적 협상과 타협이 이루어지지 않음으로써 동의안에 대한 국회의 표결처리가 물리력으로 중단된 것을 국회의 불성립의 경우와 마찬가지로 보고 총리서리임명을 인정한 것은 지나친 자의적 해석이라 하지 않을 수 없다. 설사 천재지변 등에 의한 국회의 불성립의 경우에는 예외적으로 서리를 임명할 수 있다고 인정하더라도 정부여당의 정치력 부족으로 거대야당과 타협하지 못하고 표결처리가 무산된 것까지도 국회의 불성립이나 표결불능으로 볼 수는 없는 것이다.

(바) 대통령이 국회동의에 앞서 국무총리서리를 임명하는 것은 우리 헌정사에 있어서 확립된 헌법적 관행이기 때문에 적법하다는 견해는 타당하지 못하다. 1972년의 헌법개정 이래 국무총리임명에 대한 국회의 동의제도가 채택되었으나 그 후 1991년에 이르기까지 총 13회 국무총리서리가 임명된 바 있었던 것은 사실이다. 그러나 국무총리서리임명에 대하여는 그간 그 위헌여부에 대한 논의가 거듭되어 왔고, 특히 노태우 정부시대에는 국무총리서리의 폐습에 대한 비판이 강해졌기 때문에 김영삼 정부에 들어와서는 종래의 국

35 이 점에 관하여 필자와 같은 논지로는 鄭宗燮, 앞의 논문, 20면.

무총리서리의 폐습을 일소하였다. 즉 총리서리제 위헌론과 총리서리제 철폐에 관한 국민적 공감대형성으로 김영삼 정부하에서는 총리서리제는 자취를 감추게 되었던 것이다.[36]

그렇게 볼 때 국무총리서리 임명이라는 헌법적 관행이 과거에 있었다고 하더라도 이미 1991년을 마지막으로 그러한 관행은 없어진 것이다. 더욱이 국무총리서리를 임명하는 것은 헌법의 규정에 명백히 위배되는 정치적 선례에 지나지 않으므로 그러한 선례가 반복되었다는 점만으로 이를 헌법적 관행으로 인정할 수 없는 것이다. 왜냐하면 헌법적 관행 내지 습률(constitutional convention)이란 「국민의 주권에 의해서만 성문헌법전의 흠결내용에 대하여 실정헌법을 보완하고 변경할 수 있는 것이며, 단지 공권력 행사주체 간에 단순히 합치된 관행은 어느 때라도 변경될 수 있는 정치적 관행에 불과하든지 실정헌법위배로서의 성격만 지닐 뿐」이기 때문이다.[37] 말하자면 헌법적 관행이 헌법규범의 법원으로서 인정받기 위해서는 선례반복의 사실과 함께 그 관행이 헌법규범의 범주를 벗어나지 않았음을 국민이 인식하고 따라야만 하는 것이다. 따라서 헌법적 관행이라는 논리로 국무총리서리를 정당화하려는 시도는 다 이상 용납될 수 없으며, 사실상의 힘의 행사에 의한 정치적 선례와 헌법규범적 성격을 갖는 헌법적 관행은 엄격히 구분되어야 한다.

Ⅴ. 결 어

이상에서 살펴본 바와 같이 국회의 동의 없는 대통령의 국무총리서리임명은 헌법 제86조 1항에 반하는 것으로 위헌임을 면할 수 없다고 하겠다. 학계의 입장도 위헌설이 지배적 견해이며, 현재 합헌설을 따르는 학자는 찾아보기 어렵다. 예외적 합헌설이라는 것도 국무총리서리는 원칙적으로 인정할 수 없다는 입장이고, 다만 예외적인 상황에서는 한정적으로 국무총리서리를 임명할 수 있다는 것이나, 그 예외적 상황인정이 애매모호하며 헌법의 자의적 해석으로 사실상 국무총리서리제를 허용하게 되는 문제가 있다. 또한 헌법적 관행론이나 통치행위이론에 의거하여 국무총리서리임명을 정당화하려는 주장은 진부하고 시대착오적인 논리로서 더 이상 반론의 가치가 없는 것이다.

김종필 총리서리임명에 대한 대통령과 국회의원간의 권한쟁의사건에서의 헌법재판소 각하결정은 헌법수호자로서의 소신 있는 판단을 내려줄 것을 기대했던 많은 국민들에게 아쉬움을 남겨주었으나, 소수재판관 3인의 인용의견은 그나마 헌법재판소에 대한 국민

36 權寧星, 앞의 논문, 39면.
37 姜京根, 헌법학, 법문사, 1998, 69면.

적 신뢰를 저버릴 수 없게 하였다. 그러나 국가기관 간의 권한쟁의심판에 있어서 국회가 아닌 국회의원의 경우 당사자적격이 없는 것이 실정법의 해석상 명백하다면 이 사건에서 헌법재판소는 지체없이 각하결정을 내릴 수 있었을 것이다. 한국헌정사 반세기만에 평화적 정권교체가 이루어지고 새로운 민주헌정의 발전이 기대되었던 김대중 정부가 출범하자마자 국무총리서리를 임명함으로써 그에 대한 위헌성시비가 국민적 관심사 속에서 뜨거운 헌법논쟁으로 전개되었으나, 헌법재판소는 이 문제에 대하여 적극적으로 대처하지 못하고 본안에 대한 판단을 회피함으로써 국민에게 적지 않은 실망감을 안겨 주었다고 본다.

헌법재판소는 헌법의 해석을 본질적 기능으로 하는 헌법보장기관을 의미한다. 국민적 관심사로 대두된 헌법상의 분쟁에 대하여는 헌법의 해석기능을 중심으로 적극적인 분쟁해결에 임해야 할 것이다. 본안에 관한 헌법조항의 해석보다도 법률의 해석에 치중하여 각하이유를 도출해내는 것은 헌법재판과 일반재판의 구별을 흐리게 할 뿐이다. 정치적으로 민감한 문제라고 해서 정치권의 눈치를 보고 사법적 판단을 회피하려는 태도가 있다면 이는 헌법재판의 존재의의를 부정하는 결과가 된다. 어차피 헌법재판의 본질이 정치적 사법판단에 있다고 한다면 헌법재판소는 그 심판결과에 대한 정치적 영향에 크게 개의하기 보다는 헌법질서의 수호자로서의 역할과 책무를 우선해야 할 것이다.

5 의원내각제 개헌론에 대한 비판적 분석*

Ⅰ. 서 설

한국헌법이 제정된 이래의 반세기 헌정사는 한마디로 말해서 빈번한 헌법개정의 역사를 그 특색으로 하며, 그 개헌의 주된 내용은 헌법상의 통치구조와 정부형태와 관련하여 주로 집권세력의 정권유지에 유리한 권력구조를 형성하기 위한 것이었다는 점은 주지하는 바와 같다.[1] 건국헌법의 제정과정에서부터 처음에는 의원내각제 헌법초안이 결정적이었으나 그후 대통령제안이 제기되어 결국은 대립된 두 가지 안의 정치적 타협 끝에 대통령제중심의 정부형태로 확정된 바와 같이 정부형태의 선택문제는 우리의 제헌과정에서부터 뜨거운 헌법논쟁의 대상이 되었던 것이다. 그러나 당시의 제헌과정을 지배하였던 논쟁은 대통령제와 의원내각제 정부형태의 배경을 이루는 정치사상 내지는 헌법의 법리로부터 연유된 것이 아니라 철저히 미시적이고 현실적인 정략의 결과이었음은 부정하기 어렵다.[2] 그리하여 채택된 대통령제헌법은 이승만대통령의 독재에 의하여 얼마가지 못하고 1960년의 제2공화국헌법에 의해 의원내각제로 이행되었으며, 당시의 대통령제폐기에 따른 의원내각제의 선택에 있어서도 정부형태에 관한 충분한 헌법적 논의가 결여된 채 일방적인 분위기에서 전혀 다른 견해나 주장이 허용될 수 없는 상황 속에서 새로운 의원내각제 정부형태가 채택되었던 것이다. 이는 이승만 정권의 독재체제에 대한 반감과 불신이 정부형태로서의 대통령제 자체에 대한 부정으로 간주되었기 때문에 대통령제의 운용상의 문제점이나 그 제도의 민주적 정착을 위한 정치적 사회적 기반과 여건에 관한 충분한 검토 없이 성급하게 대통령제에 대한 반동으로서의 의원내각제를 채택하였다는 것은 부인할 수 없는 헌정사적 사실이라 하겠다. 그러한 의원내각제의 성급한 채택은 결국 오래가지 못하고 9개월의 단명으로 끝날 수밖에 없었던 것은 어쩌면 당연한 역사적 귀결이라 하지 않을 수 없으며, 여기에서 우리는 당시 충분한 논의 없이 행해진 정부형태의 개편이 성공으로 이어지지 못했다는 점에 대하여는 중요한 헌정사적 교훈을 얻을 수 있어야 한다고 본다.

5.16 군사쿠데타의 성공으로 대통령제로 환원된 제3공화국헌법은 그 후 집권세력의

---

* 「헌법학연구」 제6권 제1호, 한국법학회, 2000. 5, 302~323면.

1 이에 관하여는 鄭萬喜, 한국헌법상 정부형태의 변천, 헌법학연구 제3집, 한국헌법학회, 1997, 참조.

2 권영설, 통일지향적 정부형태로서의 대통령제, 공법연구 제27집 제3호, 1999, 28면.

정치적 욕구에 의해 또다시 두 차례나 개정되는 운명을 피할 수 없게 되지만, 아무튼 반세기의 한국헌정사를 통해 볼 때 개헌논쟁의 역사는 그 본질적 의미에서 헌법 그 자체의 개정을 위한 경우보다는 그 대부분이 헌법외적 요인에 의해 작동되었으며 그것은 오늘에 있어서도 그대로 타당하다고 할 수 있다. 즉 개헌논의의 대부분은「특정 정치지도자 내지는 정치세력을 위한 반동적 정부형태의 변경」을 둘러싼 것이었음은 두말할 필요도 없는 것이다.[3] 이 점에서 한국의 권력구조개편에 관한 논쟁은 그 본질이 왜곡되고 국민들에게 잘못된 허상을 인식시키고 있다는 지적은 타당하다고 하겠다.[4]

이와 같은 맥락에서 볼 때 최근의 정치권의 의원내각제개헌논의에 대하여는 학계가 더 이상 소극적인 대응이나 모호한 태도를 취할 것이 아니라, 이제는 분명하고 소신 있는 학자적 입장을 밝히는 것이 필요하다고 하겠다. 1997년의 제15대 대통령선거전에서 제기된 내각제개헌론은 지금까지도 여전히 정치권의 첨예한 쟁점이 되고 있으며, 특히 김대중 정부에게는 커다란 짐으로 작용하고 있다. 왜냐하면 지난 대선 과정에서 두 야당이었던 새정치국민회의와 자유민주연합은 연합전선을 펴기로 결정하고 양당의 대통령후보로 국민회의의 김대중후보를 추대하고 선거에서 승리하면 공동정부를 수립한 후 1999년 12월 말까지 내각제로 개헌을 완료한다는 합의문을 작성하였으며, 그것을 선거공약으로 제시하여 결국 대통령에 당선되었기 때문이다.

아무튼 현시점에서의 내각제개헌논의는 1980년대 이후 지속적으로 제기되어온 정치적 과제로서, 그 논의의 구체적 실현여부는 앞으로의 한국 헌정의 향방을 결정짓는 주요한 요인이라 하지 않을 수 없다. 따라서 본고에서는 내각제개헌논의의 본질을 파악하기 위하여 우선 서구의 학계에서의 정부형태논의를 살펴보고, 우리나라의 정치권과 학계에서의 내각제개헌 주장의 논거를 비판적 관점에서 분석함으로써 앞으로의 우리 헌법상의 정부형태의 바람직한 방향에 관하여 하나의 시사점을 제시하도록 한다.

Ⅱ. 정부형태논의의 최근 동향

헌법상의 정부형태에 관한 논의는 전통적으로 통치구조에 있어서 입법부와 집행부간의 권력분립원리의 구체적 적용의 문제로서 다루어져 왔으며, 기본적으로 대통령제와 의원내각제의 두 유형의 제도론적 구분에 관한 것이었다. 그러나 최근에 와서 구미의 정

3 권영설, 앞의 논문, 35면.
4 이종찬, 한국 권력구조개편의 허상과 실상 : 제도화의 방향, 국제평화전략연구원편, 한국의 권력구조논쟁, 1997, 17면 이하.

치학계에서는 기존의 형식적·제도론적 논의에서 탈피하여 이 두 가지의 정부형태가 통치의 효율성과 안정성에 어떤 영향을 미치는가에 대한 연구가 이루어지기 시작하였다. 즉 기존의 정치제도가 붕괴되어, 특히 권위주의정부와 공산주의정부의 붕괴로 새로운 제도가 형성될 때에 정치주체들이 이익갈등과 권력투쟁을 거쳐서 새로운 권력구조에 대해 합의하게 되는데, 문제는 대통령제와 의원내각제 중에서 어느 제도가 보다 안정적이고 효율적이며 정당성을 갖는 국정운영을 가져다 줄 것인가라는 관점에서 정치제도뿐만 아니라 정치행태를 동시에 분석하는 방법으로 정부형태에 관한 논쟁이 전개되고 있다. 이러한 신제도론(new institutionalism)의 접근방법[5]에 입각한 학계의 논의에 있어서는 대체로 다수의 학자들이 의원내각제를 선호하고 있음을 볼 수 있으며 내각제선호이론들은 주로 다음과 같은 대통령제의 문제점들을 설명하면서 의원내각제의 장점을 주장하고 있다.[6]

첫째, 대통령제는 행정부와 입법부가 따로따로 권력의 이중적 정당성(dual democratic legitimacies)을 가진다는 것이다. 즉 행정부를 지배하는 대통령은 국민에 의해 선출되므로 민주적 정당성을 가지며, 국민에 의해 직접 선출되는 의회도 민주적 정당성을 부여받는다. 그러나 이 경우 의회의 다수당이 대통령을 지지하는 투표자들의 선택과 다른 정치적 선택을 한 투표자들을 대표할 수 있으며 이러한 경우에 행정부와 의회의 마찰로 법안의 입안과 주요정책의 입안과정에서 교착상태를 초래함으로써 국정운영이 마비될 수 있다는 것이다.

둘째, 대통령과 국회는 임기제에 의하여 일정한 기간 동안만 존속하게 되며 대통령은 재임기간 의회로부터 영향을 받지 않고 의회도 존속기간이 대통령으로부터 영향을 받지 않는다. 이러한 기간의 경직성(temporal rigidity)이라는 제도적 조건이 대통령제의 체제를 경직되게 만든다. 즉 대통령제는 한 집권세력이 주어진 임기중에 변화하는 상황에 적절히 대응하는 것이 어렵게 되는 반면에 의원내각제는 의회의 정부에 대한 불신임안과 정부의 의회에 대한 해산권을 통해 새로운 정권을 창출하여 유연하게 대처할 수 있다고 한다.

셋째, 대통령제는 선거의 승자가 모든 것을 얻는 제로섬의 정치게임을 의미하며 합의제적 방식보다는 다수제적 경향(majortarian tendencies)에 입각하여 권력의 형성과 행사가 이루어진다. 의원내각제에서는 타협에 의한 권력의 공유가 쉽게 이루어지지만 대통령제

---

5 Mathew Soberg Shugart & John M. Carey, President and Assemblies : Constitutional Design and Electoral Dynamics, Cambridge University Press, 1992, p.1.

6 의원내각제를 옹호하는 대표적인 학자들의 견해로는 Juan J. Linz, Presidential or Parliamentary Democracy: Does It make a Difference?, Juan J. Linz and Arturo Valenzuela ed., The Failure of Presidential Democracy, 1994, vol. 1, pp.3－90 ; Juan J. Linz, The Virtues of Parliamentarism, Journal of Democrcy, vol. 1 no.4, 1990, pp.84－97 ; A. Valenzuela, Latin America: Presidentialism in Crisis, Journal of Democracy, Vol.4 No4, 1993, pp.3－16 ; Arend Lijpart ed., Parliamentary versus Presidential Government, Oxford University Press, 1992.

정권하에서는 지배적 연합세력을 형성시키는 것이 어렵다. 행정부의 집권당이 의회의 다수파의 지위를 점하지 못할 때는 더욱 문제는 심각해지므로 다당제와 대통령제가 결합될 때에는 의회와 행정부의 마찰이 있고 집권당이 소수당이 되는 경우에 행정부의 통치기능이 마비될 수 있다. 이 경우 행정부의 강력한 리더십이라는 대통령제의 일반적인 장점은 찾아볼 수 없게 되고 오히려 의원내각제에 있어서 수상이 의회 다수파의 지지를 얻게 되면 수상이 강한 리더십을 발휘하며 정부를 이끌어 갈 수 있는 것이다.

위와 같은 의원내각제를 선호하는 입장에 대하여 대통령제를 옹호하는 입장[7]에서는 대통령제의 장점을 제시하면서 반론을 제기하고 있다. 특히 슈거트와 캐리는 대통령제의 잠재적 장점을 다음과 같이 열거하고 있다.

첫째, 대통령제에 있어서는 대통령이 국회구성을 위한 선거와 별도로 국민에 의해 직접 선출되므로 그 선거를 통한 권력형성과 정당성의 획득이 유권자와 행정부를 직접 연결시킨다. 따라서 행정부의 최고책임자인 대통령은 국민에 대해 직접적인 책임(accountability)을 지게 되므로 이 점에서 대통령제는 유권자가 직접 행정부를 구성하지 않는 의원내각제보다 우수한 제도이다.[8]

둘째, 유권자가 행정부의 수반을 직접 선택함으로써 국민은 누가 정치권력을 획득해서 집권하게 될 것인가를 인식하고 투표에 임할 수 있다. 의원내각제의 경우는 특히 다당제와 결합된 경우에 유권자는 누가 수상으로 선임될 것인가를 쉽게 인지할 수 없는 것이 문제이다. 즉 대통령제는 정부선택의 인지성(identifiability)에서 의원내각제보다 우수한 제도라고 할 수 있다.[9]

셋째, 행정부와 입법부의 상호견제(mutual checks)는 정권위기를 초래하는 교착상태를 가져오는 것이 아니라 오히려 국정운영의 수준을 높일 수 있다. 대통령제는 의회와 행정부가 독립되어 서로 견제함으로써 권력적 균형이 유지되지만 의원내각제 하에서는 내각이 의회의 신임에 의존하므로 사실상 내각이 의회를 통제할 수 없게 되며 내각의 정책결정에 있어서 의회 다수파로부터의 압력과 간섭을 피하기 어렵다. 의원내각제에 있어서 의회의 내각에 대한 강제 가능성은 빈번한 내각 위기의 원인이 되지만 대통령제에 있어서는 의회다수파에 대항하기 위한 대통령의 거부권행사가 행정부의 임기를 위협하지 못한다.[10]

또한 정부형태론의 논의에 있어서는 대통령제와 의원내각제라는 전통적인 이분법적

---

7 대통령제 옹호론의 주장으로는 Donald L. Horowitz, Comparing Democratic Systems, Journal of Democracy, vol.1 no.4, 1993, pp.73–79 ; Matthew Soberg Schugart & John M. Carey, op. cit.

8 Shugart & Carey, op. cit., p.44.

9 Shugart & Carey, op., cit., p.45.

10 Shugart & Carey, op. cit., p.48.

구별 이외에 현실정치의 조건이라든지 의회제도와의 결합양상에 따라 위의 양대 정부형태의 혼합을 의미하는 혼합형 정부형태가 출현되고 있다. 여기의 혼합형의 표본은 이른바 이원정부제(dual executive system)라는 정부형태이다. 이원정부제는 국민에 의해 직접 선출되는 대통령제적 요소와 의회에 의해 구성되고 의회에 대해 책임지는 내각이라는 의원내각제 요소를 혼합한 정부형태로서 집행권은 대통령과 수상이 나누어 가지는 이원적 권한구조를 의미하게 되며 내각은 대통령으로부터 독립적이나 그 존립이 의회에 의존하고 있다. 그러나 이원정부제는 헌법규정이나 실제의 운용과정에서는 다시 여러 유형으로 나타나고 있으므로 이에 대한 형식적 유형화는 용이하지 않다고 하겠다. 아무튼 이러한 이원정부제를 선호하는 학자들은 이원정부제가 순수 대통령제와 의원내각제의 문제점을 보완시켜 줄 수 있는 제도라고 주장하고 있다.[11]

한편 정부형태의 논의에 있어서는 대통령제냐 의원내각제냐라고 하는 정부형태의 선택이 민주정치의 성패를 좌우하는 것이 아니라 제도의 선택보다는 문화적 요인이 결정적이라는 주장도 관심을 끌고 있다. 립셋(Lipset)은 의원내각제와 대통령제를 옹호하는 입장이 특정 국가들의 경험을 토대로 하고 있다고 지적하면서 유럽에 있어서도 의원내각제가 실패한 여러 선례들이 있으며 라틴아메리카에서도 대통령제가 성공한 예들도 있음을 볼 때 정부형태와 민주정치의 성공여부 사이에 밀접한 관련이 있는지는 분명하지 않다고 한다. 미국의 대통령제가 다른 나라에서 실패한 이유는 정치문화와 사회경제적 요인에서 찾을 수 있다는 것이다.[12] 확실히 립셋의 주장처럼 정부형태의 선택과 민주정치의 성패에 있어서는 정부형태 자체만을 중시하는 것은 문제가 있다고 하겠으며, 여기에 문화적 요인이 강조되는 것은 정당하다고 본다. 다만 특정 국가의 문화적 요인을 중시하면서 그 국가의 실정에 보다 적합한 정치제도가 무엇인가를 탐구하는 것은 가치있는 일이라고 할 수 있다.[13]

Ⅲ. 한국헌정사에 있어서 정부형태논쟁의 전개

1. 건국헌법 제정과정에서의 정부형태논쟁

1948년 5월에 구성된 역사적인 제헌국회는 헌법기초위원회를 구성하여 본격적인 헌법제정작업에 들어가게 되었고 6월 3일부터 6월 22일까지 16차에 걸친 회의를 통하여 최

11 이에 관한 주장으로는 Giovanni Sartori, Comparative Constitutional Engineering, 1994; Mathew Soberg Schugart and John M. Carey, op. cit., pp.43－54.

12 Seymour Martin Lipset, The Centrality of political Culture, journal of Democracy, vol.1 no.4, 1990, pp.73－79.

13 梁建, 헌법연구, 법문사, 1995, 463면.

종 헌법안이 6월 23일 국회본회의에 제출되었다. 헌법기초위원회에서의 헌법초안은 처음에는 헌법학자 俞鎭午선생의 원안에 따라 의원내각제 정부형태를 중심으로 작성되었으나 그후의 토의과정에서 당시 국회의장인 李承晩씨의 강력한 반대의견에 따라 대통령제로 변경되었던 것이다. 그리하여 대통령제 중심의 이 헌법안은 7월 12일 국회를 통과하여 7월 17일 공포 시행되었다. 이 제헌헌법이 이박사의 뜻에 따라 권력구조면에서 대통령중심제를 채택한 것은 우리 헌법의 장래에 암영을 던져 주었다는 지적[14]은 그 제헌헌법의 전개과정에서 드러난 헌정사적 사실에서 잘 말해주고 있다.

헌법기초위원회의 의원내각제안은 당시 사실상 유일한 정당인 한민당이 내각책임제하에서 이승만을 단지 명목적인 국가원수로 내세우고 행정의 실권을 한민당이 차지하려는 정치적 의도로도 볼 수 있으나, 당시 유진오씨는『대통령제는 미국특유의 정치제도로서 미국은 18세기 고립정책을 쓸 수 있었고, 19세기까지는 국내적으로 풍부한 예산으로 정부와 국회가 대립하지 않았으므로 대통령제가 가능했다』고 생각하였고, 반면에 대통령제에 관하여『국토양단, 경제파탄, 공산주의자들의 극렬한 파괴활동 등 생사의 문제를 산더미같이 안고 있는 대한민국이 대통령제를 채택해 가지고는 국회와 정부가 대립할 가능성이 있으므로 내각제가 타당하다』는 견해를 가졌던 것이다.[15]

이에 대해 이승만은 내각책임제안에 대하여 정면으로 반대하면서 내각책임제는 영국이나 일본과 같은 군주제 전통하에 있는 제도이고, 대통령제는 건국 초기의 산적한 국정을 신속히 효과적으로 수행할 수 있는 제도라는 견해를 가지고 있었다.[16] 그리고 이박사는 내각책임제 정부형태는 건국기초작업을 일단 매듭진 다음에도 결코 늦지 않을 것이라고 주장하면서 내각책임제안을 강행한다면 정치일선에서 물러나 어떠한 직책도 맞지 않을 것이라고 정치적 위협을 하였다.

결국 제헌헌법은 이승만의 주장에 따라 대통령제안이 채택되었으나 여기의 대통령제는 순수 미국형의 대통령제가 아니라 의원내각제적 요소가 가미된 절충형 대통령제를 의미하는 것이었다. 왜냐하면 그것은 대립하는 두 정치세력의 주장이 경합되는 과정에서 압도적인 정치적 영향력을 행사한 이승만박사가 승리하였으나 반대파 한민당의 입장도 어느 정도 받아들이게 되어 의원내각제초안에 대통령제의 요소를 적절히 삽입한 정부형태가 탄생한 것이기 때문이다.[17] 말하자면 이러한 제헌헌법상의 권력구조는 무원칙한「정치적 타협의 산물」을 의미하며 처음부터 정치적 경험이나 이론에 기초한 것이 아니었기 때

14 金哲洙, 헌법학개론, 박영사, 1999, 60면.
15 俞鎭午, 헌법기초회고록, 일조각, 1980, 57면.
16 丘秉朔, 우리 헌법사의 회고와 전망, 한국헌법의 회고와 전망, 법문사, 1991, 39면.
17 鄭萬喜, 한국헌법상 정부형태의 변천, 헌법학연구 제3집, 한국헌법학회, 1997, 202면.

문에 그 정부형태는 대통령제를 중심으로 하지만 미국형 대통령제와는 크게 구별되는 변형된 대통령제가 될 수밖에 없었다.[18]

아무튼 이승만 박사의 고집과 강요에 의해 의원내각제 정부형태는 포기될 수밖에 없었으나 그렇다고 해서 그것이 한국의 초기 헌정사에 있어서 입헌주의의 결정적인 실패요인으로 볼 수는 없다고 하겠다. 건국 당시의 우리의 정치적 상황이나 역사적 조건을 볼 때 의원내각제의 실시조건 내지 성공의 전제가 전혀 갖추어져 있지 못한 여건 등을 감안하면 비록 강요된 선택이라 하지만 대통령제 중심의 권력구조는 무리가 없는 선택이었다고 보기 때문이다. 정당다운 정당이 사실상 존재하지 않고 민주적 정당정치가 뿌리내리지 못한 상황이라든지 남북분단의 국가적 위기상황 등에 비추어 볼 때 대통령제주장은 충분히 수긍이 간다고 할 수 있다.[19]

2. 1960년헌법의 의원내각제에 대한 평가

1960년 4. 19혁명으로 이승만대통령의 자유당정권이 붕괴됨에 따라 1960년 6월 15일 제3차 헌법개정을 통하여 대통령제는 부정되고 의원내각제가 채택되었다. 그리하여 새 헌법에 의하여 張勉내각의 제2공화국정부가 출범하게 된 것이다. 이 제2공화국의 정부형태는 순수한 영국형의 의원내각제 또는 고전적 의원내각제를 의미하였다.[20] 즉 국회에 대한 내각의 연대책임과 내각의 국회해산권으로 말미암아 입법부와 집행부간에 권력적 균형관계가 유지되는 정부형태를 규정하였다.

그러나 제2공화국헌법은 헌법현실과의 괴리 속에서 1년도 채 못가서 좌초되고 마는 쓰라린 헌정사를 다시 경험하게 된다. 제2공화국의 몰락은 헌법규범 자체의 문제점에 의한 것이 아니라 헌법외적 요인에 의한 것이었다. 확실히 의원내각제헌법의 채택은 당시 미성숙한 우리의 헌법현실에 비추어 볼 때 「크고 화려한 법적 외투」일 수밖에 없었다.[21] 이승만정권의 독재에 대한 역사적 반동으로서 의원내각제를 채택하였던 것이나 당시의 정치현실은 이를 받아들일 여건이 충족되지 못한 상태이었던 것이다. 다시 말해서 구체적 정치적 상황과 헌법규범의 불일치는 제2공화국헌법의 태생적 기능마비의 원인이라 할 수 있으며,[22] 제2공화국의 의원내각제 헌법은 제1공화국의 정치적 상황과 비교할 때 근본적

---

18 韓泰淵, 헌법과 정치체제, 법문사, 1987, 97면.

19 권영설, 이승만의 독립운동과 대한민국건국, 연세대 현대한국학연구소 제2차 국제학술회의발표논문, 1998. 8. 28면.

20 權寧星, 헌법학원론, 법문사, 1999, 685면.

21 文光三, 정부형태의 변천: 그 헌법사적 고찰, 헌법학연구, 제4집 제1호, 1998, 149면.

22 權寧卨, 한국헌법 50년의 발자취, 헌법학연구 제4집 제1호, 1998, 17면.

인 차이나 변화가 없었음에도 불구하고 그러한 조건에 대한 진지한 고려 없이 제정되었다는 데에 문제점이 있음을 지적하지 않을 수 없다. 이 점에 관하여 한태연 박사는 의원내각제실패의 요인으로 헌법규범과 구체적 정치적 상황과의 불일치와 함께 우리 사회에 있어 정치적 자유의 실체가 되는 국가에 대한 사회적 독자성의 결여, 의원내각제 적용을 위한 그 전제조건의 결여, 제2공화국 정치담당자인 민주당의 분열 등을 제시하고 있다.[23]

한편 허영교수는 제2공화국의 정부형태는 제도내용상의 중대한 결함이나 체계정당성에 반하는 사항은 발견되지 않는다고 하면서 제2공화국이 1년도 채 못가 무너지고 만 것은 그 제도에 문제가 있었던 것이 아니라 5.16군사쿠데타 때문이었다고 보고 있다.[24] 그러나 비록 제2공화국의 의원내각제가 단명으로 끝나고 만 것이 5.16군사쿠데타에 직접적인 원인이 있다고 하더라도 우리 사회에 있어서 서구적 민주주의가 자생적 정치질서로서 뿌리를 내리지 못한 상황 속에서 민주적 정치제도의 단순한 모방에 따른 헌법규범과 헌법현실의 불일치는 쉽게 예견할 수 있었던 것이며, 따라서 군사쿠데타가 없었다고 가정하더라도 제2공화국은 결국 쇠락의 길을 피할 수 없었을 것이라 생각된다.

아무튼 제2공화국 당시의 시대적 상황이나 역사적 조건은 고도의 정치적 기술을 요하는 의원내각제를 정착시키기 어려운 여러 가지 문제들을 안고 있었다고 할 수 있다. 특히 의원내각제가 성공하기 위한 필수적 전제조건으로서의 민주적 정당제의 확립이 결여된 상황하에서 의원내각제의 채택은 하나의 시행착오를 의미할 뿐이었다.[25]

그리하여 우리 헌정사에 있어서 의원내각제는 종말을 고하게 되고 대통령제로 다시 환원됨에 따라 1970년대 말까지 정부형태 개편논의는 자취를 감추게 되었다.

3. 1980년대 이후의 의원내각제개헌론

1980년대 이후부터 권력구조와 정부형태의 개편에 관한 논의는 다시 고개를 들게 되어 현재까지 지속적으로 제기되어 오고 있으나, 그 논의가 민주정치발전이라는 틀 속에서 각 정당간의 정치이념제시를 통한 정치적 합의를 도출하기 위한 논의는 찾아볼 수 없었고, 비민주적 절차와 방식에 따라 논의되었다고 볼 수 있다.[26] 즉 권력구조개편에 관한 논의들은 진정한 정치개혁을 위한 제도의 설립이라기보다는 정치권력의 유지와 획득수단으로서 작용하는 정치게임의 규칙을 만드는 데 불과하였던 것이다. 따라서 의원내각제와 대

23 韓泰淵, 한국헌법사서설, 한국헌법사(상), 한국정신문화연구원, 1988, 112－113면.
24 許營, 한국헌법론, 박영사, 1999, 701면.
25 鄭萬喜, 전게논문, 206면.
26 이종찬, 전게논문, 23면.

통령제 및 그 밖의 권력구조 중 어느 유형이 한국적 상황에 가정 적합하며 필요한 것인지에 대한 학문적 논리적 실증적 논의는 존재하지 않았기 때문에 국민적 공감대에 기반을 둔 사회적 합의를 도출시키지 못했던 것이 지금까지의 권력구조개편논의의 현실이라 하지 않을 수 없다.[27]

박정희정권의 갑작스런 붕괴 후 1980년 초반 정부형태의 개편논의가 다시 심화되었는데, 정치권내 주류세력들은 대통령제를 주장한 반면, 강력한 대통령제 독재의 경험을 거울삼아 정계 일각에서는 이원집정부제를 주장하여 국민에 의해 직선되는 대통령은 외교 국방분야를 맡고 국회에서 선출한 국무총리가 내정을 전담하는 정부형태를 거론하였다. 강력한 영도력의 대통령제는 독재화할 우려가 있고 내각책임제는 정당의 이합집산에 따라 정국불안정을 초래하게 된다는 단점이 지적되어 절충형의 정부형태가 거론된 것이다. 그러한 논의가 진행되는 가운데 국회의 헌법개정심의특별위원회에서는 대통령직선제안이 지배적이었으나 당시 최규하 과도정부는 대통령직속 자문기관으로 헌법개정심의위원회를 발족시켜 이원집정부제를 제시하였다. 이 정부안에 대하여 국회와 정당들이 반대하는 가운데 신군부가 정권을 장악함으로써 새로운 정부형태의 선택에 관한 논의는 중단되었다.

1980년 제5공화국헌법의 대통령간선제는 시행 후 얼마 가지 못해 통치권의 정당성을 문제삼아 대통령직선제로의 개헌요구가 강하게 제기되었으며, 결국 1987년 6월 시민항쟁에 의해 정부와 여당은 그들이 가지고 있었던 의원내각제개헌 의도를 포기하고 대통령직선제개헌을 받아들이는 6.29선언을 채택하게 되었다.

1988년 2월 대통령직선제헌법에 의한 제6공화국의 노태우정부가 등장하였으나 곧 이은 4.26총선에서 여당이 과반수의석을 확보하지 못하여 여소야대의 국회가 되었다. 그리하여 1990년 1월 여당인 민정당과 야당인 민주당과 공화당이 합당하여 거대여당 민주자유당을 만들면서 3당대표들은 내각제개헌에 합의하였다. 그러나 3당통합 이후 내각제개헌논의는 내부 정파간의 권력투쟁양상으로 변모하여 갔다. 당시 야당인 평민당의 김대중 총재는 내각제개헌은 정부 여당의 장기집권 음모라고 반박하면서 대통령직선제만이 국민의 뜻이라고 주장하였다. 결국 내각제개헌 주장은 야당의 반대와 대통령제를 선호하는 국민여론에 밀려서 정치적 합의를 도출해내지 못했다.[28]

---

27 라종일·강량, 통일한국을 대비한 권력구조, 한국의 권력구조논쟁, 483면.
28 이종찬, 전게논문, 28면.

Ⅳ. 97년의 대통령선거와 의원내각제개헌론

1. 내각제개헌론의 제기

최근의 한국 정치사회에 있어서 의원내각제 개헌론은 지난 97년 대통령선거과정에서 제기되어 지금까지 그 개헌논쟁은 지속되고 있다. 당시 치열한 선거전이 벌어지던 중에 11월 3일 야당후보인 새정치국민회의의 김대중 총재와 자유민주연합의 김종필 총재가 서명한 이른바 공동정부 및 내각제추진 선언문과 협약은 오늘의 내각제논쟁의 직접적인 시발점이 되었다. 그 협약 속에는 의원내각제로 개헌할 것을 선언하고 있는데, 그 내용은 제15대 국회임기 내에 내각책임제로 개헌할 것이며 내각성립 후 1년 동안은 내각불신임결의를 금지하고 독일식의 건설적 불신임제도를 도입할 것을 공약으로 내걸었던 것이다. 이 양당의 합의문에 의해 대통령후보의 단일화가 이루어지게 되었으며 그 결과 김대중 후보가 대통령에 당선되었다.

그러나 당시의 합의문에 의한 내각제개헌은 진정한 의미의 양당의 합의에 의한 공약이라 할 수 없으며, 더욱이 그것은 국민적 여론수렴을 전제로 한 공약의 제시로 볼 수 없었던 것이다. 그것은 단지 두 정치실력자의 권력욕구 충족을 위한 타협의 산물로서 내각제개헌론을 제시한 것이지 정치지도자로서의 확고한 정치적 신념과 소신에 입각하여 민주적 헌정의 발전을 바라는 안목에서 제시되었다고 보기 어렵다. 왜냐하면 이 합의문의 주역인 양 김씨는 그 동안의 정치역정과 정치적 입장에서 볼 때 적어도 정부형태의 선호에 관한 한 투철한 정치철학이나 이념이 지배하는 뚜렷한 일관성 내지는 지향성을 찾을 수 없기 때문이다.[29] 김대중 대통령은 취임 후 지금까지 내각제개헌공약은 유효하다고 하면서 그 공약의 실천에 있어서는 극히 소극적이고 모호한 입장을 취하고 있으며, 의원내각제로의 정부형태개편을 강력히 주장하는 김종필 씨는 대통령제하에서의 희박한 집권가능성을 전제로 한 권력에의 의지표명으로 밖에 볼 수 없다.

이렇게 볼 때 한국정치에 있어서 대통령제와 의원내각제를 둘러싼 정치적 논쟁은 생산적이고 미래지향적 안목에서의 정부형태선택의 논의가 아니라 소수 실력자의 정치적 욕구충족을 위한 미시적이고 정략적 입장을 벗어나지 못하고 있다는 데에 그 본질적 한계가 있음을 지적하지 않을 수 없다.

---

29 권영설, 전게논문, 37면.

2. 내각제개헌론에 대한 학계의 입장

(1) 개헌부정론

정치권의 내각제개헌주장에 대한 학계의 일반적 지배적 견해는 부정적 입장을 취하고 있다. 우선 지역갈등의 해소라는 명분으로 의원내각제를 도입하자는 주장에 대하여 다음과 같은 반론이 제기되고 있다. 대통령선거가 한국사회의 지역갈등의 형성에 결정적인 영향을 미쳤다는 것은 사실이나, 과연 대통령선거를 없애고 의원내각제를 도입하면 지역갈등이 해소될 것인가에 대하여는 강한 의문이 제기된다는 것이다. 현재의 지역갈등이 상당부분 특정 인물과 특정 지역을 동일시한데서 비롯된 것으로 이러한 특정 인물중심의 정당 운영을 고려한다면 의원내각제의 실시는 기존의 지역갈등을 당연시하고 지역주의를 항구화시킬 가능성이 더 크다고 보고 있다. 즉 지역주의적 투표행태는 여전하거나 더 강화되고 정당의 일인지배적 비민주성도 더욱 강화될 수 있다는 것이다.[30]

물론 의원내각제가 서구 일부 국가에서 보듯이 인종적 문화적 갈등이 심한 사회에서 다당제를 바탕으로 하는 의원내각제가 효과적인 통합기능을 수행하고 있음은 사실이나, 여기에서 기본적인 전제가 되는 것은 정부형태의 선택에 있어서 정치문화적 조건이 충족되어 있느냐의 문제이다. 즉 권력공유의 의원내각제는 그 정치문화적 조건으로서 타협의 정치문화가 정착되어 있을 때 순기능을 발휘할 수 있는 제도이며, 우리와 같은 극단 대립적 정치문화의 토양 위에서는 오히려 정치불안이라는 역기능을 나타내게 되는 점을 지적하지 않을 수 없다. 확실히 한국의 정치사에 있어서 타협적 정치문화의 가능성을 보여준 예는 매우 드물며, 이러한 비타협적이고 대립적인 정치문화의 전통하에서 의원내각제가 정치불안을 가져올 것이라는 우려는 타당하다고 볼 수 있다.[31]

둘째, 통일을 대비하는 과정에서 의원내각제가 바람직하다는 주장에 대해 부정적 입장은 다음과 같다. 남북한 관계는 한편에서는 화해와 협력을 추구해나가는 측면이 있지만 다른 한편에서는 여전히 대결·대립적인 측면이 공존하고 있음을 부정할 수 없다. 이러한 남북한의 대립적 상황에서는 신속하고 효율적인 대응체제가 필요하며 이 점에서는 의원내각제보다 대통령제가 상대적으로 우월하다. 즉 통일을 대비하는 과정에 있어서 국제적 긴장이 고조되거나 정부의 안정성이 필요할 때 대통령제가 보다 효율적으로 대처할 수 있으므로 통일 후의 권력구조의 선택문제는 별도로 논하더라도, 통일되기 전에 의원내각제

30 정준표, 정당, 선거제도와 권력구조, 앞의 책 「한국의 권력구조논쟁」, 158면.

31 梁建, 대통령제냐 의원내각제냐: 개헌론을 어떻게 볼 것인가?, 나라정책연구회편, 정치개혁아젠다10, 1995, 181면.

로 이행하는 것은 타당성이 없다고 할 것이다.[32]

그 밖에 의원내각제도입에 대한 반대입장으로는 국회의원의 자질에 비추어 볼 때 의원내각제는 아직 시기상조라는 점을 들고 있다. 의원내각제는 국회의원 개개인에게 국가권력을 실질적으로 分有시키는 제도를 의미하므로 도덕성과 전문성에서 책임 있고 능력 있는 국회의원들이 충원되지 않고서는 의원내각제의 성공은 기대할 수 없다는 것이다. 한국의 지역분할정치와 지역당구조의 현실에 있어서는 정치인 개개인의 자질이 선거과정에 크게 영향력을 미치지 못하게 되므로 의원자질 향상을 기하기 어려운 상황에서 의원내각제도입은 곤란하다고 본다.[33]

그 밖에 의원내각제는 대통령제보다 까다로운 전제조건을 필요로 하므로 어설픈 당리당략에 의한 의원내각제의 도입은 현행 대통령제하의 통치운영보다 악화된 정치운영을 가져올 수 있다는 지적이 일반적이다. 한국의 대통령제가 본래 취지대로 지금까지 역사적으로 제대로 운영되어 본 적이 없는 것이 사실이라고 할 때, 고도의 정치기술과 정치의식, 조정과 합의의 정치문화가 요구되는 의원내각제를 실시하기 위해서는 우선 정치제도화의 수준을 높여야 하며, 그러기 위해서는 정치의식개혁을 통한 타협의 정치문화 형성과 정당제도에 관한 획기적인 개혁이 선행되어야 한다는 것이다.

(2) 내각제개헌 지지론

국내 학계에서 의원내각제개헌을 지지 찬성하는 견해는 일부의 소수학자들에 불과하다. 의원내각제를 지지하는 학자들의 견해는 다음과 같이 요약될 수 있다. 즉, 미국에 기원을 둔 대통령제는 18세기적 야경국가적 국가기능에 적합한 권력조직의 원리에 입각한 것으로 현대의 복지국가적 기능에 상응한 권력조직의 유형으로서는 그 제도자체가 극복할 수 없는 적응상의 한계가 있으며, 한편 민주정치의 제조건이 미비된 정치풍토에서는 사실상 권력통합으로 대통령의 카리스마적 지배를 낳게 하는 소지도 있다. 한국 헌정에 있어서 대통령제의 경험은 주로 권력통합적 경향으로 인하여 권위주의적 지배를 뒷받침했고 더구나 정당제와의 결합은 이를 더욱 강화하는 한편 제6공화국 초에 있었던 여소야대의 경우에는 심각한 정국의 교착상태를 낳게 하였다. 결국 한국의 대통령제 경험은 성공적인 실험이 되지 못하였기 때문에 권력의 민주적 정당성과 아울러 권력에 대한 효율적 견제와 책임정치의 궤도화를 위한 새로운 모색으로서 의원내각제를 채택할 것을 주장한다.[34]

---

32 양건, 앞의 논문, 181면; 정준표, 앞의 논문, 160면.

33 양건, 앞의 논문, 182면.

34 徐柱實, 대통령제 권력구조에 있어서 몇 가지 문제점, 변재옥박사화갑기념논문『현대공법논총』, 1994, 47면.

다시 말하면, 한국의 대통령제는 미국식의 대통령제를 도입하였으나 미국과는 너무나 다르게 운용되어 왔으며 중남미의 여러 나라와 마찬가지로 신대통령제로 운용되어왔음에 유의할 때 이제는 유럽의 여러 나라들이 채택하고 있는 의원내각제에 관심을 돌릴 필요가 있다고 한다. 그리하여 내각제개헌의 당위성으로서 첫째, 내각제가 대통령제보다는 민주적으로 운영될 수 있으며, 둘째로는 내각제가 한국의 정치현실에 더 적합하다는 것이다.[35] 한국의 정치현실은 정당정치의 발달, 직업공무원제의 정착, 국민의 높은 정치의식 등 의원내각제성공의 전제조건이 결여되어 있다고 하지만 이러한 요건들은 대통령제에도 필요한 사항이며 오히려 이러한 요건들을 달성하기 위해서 의원내각제는 더 필요하다고 한다. 특히 한국의 정치에 있어 가장 문제가 되는 책임정치의 결여를 해결하기 위해서도 내각제가 바람직하다고 주장한다.[36] 또 다른 입장에서는, 한국헌정의 경험 속에서 대통령제에 대한 평가는 지나치게 후대하는 반면 의원내각제에 대하여는 지나치게 그 위상을 격하시키고 있다고 지적하면서, 이러한 의원내각제에 대한 잘못된 평가는 5.16쿠데타를 합리화시키기 위한 것이었다고 주장한다.[37] 즉 민주당정권의 의원내각제가 그 제도의 결함으로 인하여 무능, 부패, 정국의 불안정을 가져왔기 때문에 혁명은 불가피하였음을 강조하기 위해 의원내각제를 손상시킨 것이라고 한다. 그러한 입장에서는 현재의 우리나라의 경제수준이나 국민의 향상된 정치의식수준에 비추어 볼 때, 대통령제에 비해 민주주의와 책임정치의 구현에 있어서 보다 우수한 제도인 의원내각제를 도입하는 것이 바람직하다고 주장한다.

이상과 같은 의원내각제개헌 지지론의 견해는 한마디로 말해서, 지난 헌정의 경험상 대통령제에 대한 반감과 부정적 이미지에서 출발하여 이제 대통령제를 그만두고 이론적으로 보다 우수한 정치제도로서의 의원내각제를 도입하자는 주장이라고 할 수 있다. 즉 대통령제는 미국에서는 성공하였으나 미국 이외의 나라에서는 거의 예외 없이 실패하였으므로 우리나라도 대통령제를 폐기하고 보다 민주적이고 책임정치구현에 적합한 의원내각제로 정부형태를 개편하자는 논리로 이해된다. 따라서 이러한 성급한 내각제개헌론은 의원내각제가 채택되었을 때의 정치적 효용성이라든지 안정성, 현재의 정치적 여건이나 정치행태 등과의 결합관계에 관하여는 깊이있는 분석 검토가 행해지지 않고 있음을 볼 수 있다.

35 許慶, 내각제개헌의 당위성, 공법연구 제27집 제3호, 1999, 21면 이하.
36 許慶, 앞의 논문, 23면.
37 李種祥, 통치구조상 의원내각제의 위상, 헌법학연구 제2집, 한국헌법학회, 1996, 63면 이하.

Ⅴ. 의원내각제 개헌론에 대한 평가

위에서 살펴본 바와 같이 의원내각제 개헌론의 주장은 현행 대통령제중심의 권력구조가 대통령에게 권력이 집중되어 있어서 부정 부패와 권한남용을 가져오게 되므로 대통령의 독재에 종지부를 찍고 대통령제의 병폐를 치유하기 위해서는 헌법을 개정하여 권력의 분산과 책임정치를 구현할 수 있는 의원내각제를 채택해야 한다는 것이다. 더욱이 군인대통령시대를 벗어난 문민대통령시대에 와서도 여전히 대통령제를 「제왕적 대통령제」로 운영하였기 때문에 대통령의 독재를 피할 수 없었으며 따라서 대통령 개인의 덕성에 헌정을 맡기는 것은 위험하기 짝이 없다는 주장이다.

그러나 이러한 내각제개헌론에 대한 평가에 앞서 우선 한마디 지적하지 않을 수 없는 것은 현행 헌법이 개정된 지 겨우 10년밖에 되지 않은 시점에서 다시 새로운 정부형태로의 헌법개정을 진지하게 논의하는 세력이 있다는 사실 자체가 크게 우려되지 않을 수 없다는 점이다. 왜냐하면 그것은 한국사회에 있어서의 「정치적 일관성 결여의 바로미터」[38]를 의미할 뿐만 아니라, 아직도 우리의 정치사회에 있어서 헌법수호에 대한 확고한 의지가 정립되지 못하였다는 사실을 말해주는 것이기 때문이다. 확실히 웨어(K. Wheare)의 표현대로 헌법개정의 빈도는 그 헌법의 개정절차의 곤란성 여부에 있는 것이 아니라 그 헌법에 대한 정치적 실력자의 헌법수호의 의지에 달려 있다는 지적은 틀림없는 것이라 하겠다.[39]

의원내각제 개헌론의 주장에 대하여는 다음과 같은 비판적 관점에서 반론을 제기할 수 있다. 첫째, 현행헌법상의 대통령직선제의 권력구조와 정부형태는 1987년, 한국 헌정사에서 보기 드문 국민적 공감대를 바탕으로 여야간의 합의에 의한 민주적 개헌으로 탄생된 것이다. 이러한 국민적 합의의 산물로서의 대통령제를 국민의 의사와는 상관없이 정치권의 일부 정치세력에 의해 주장되고 있다는 것은 헌법상의 국민주권원리를 경시하는 태도라 하지 않을 수 없다. 무릇 헌법의 개정이라고 하는 것이 민의에 표출된 주권자 국민의 일반의사를 바탕으로 하여 헌법개정의 불가피성이 확인될 때 민주적 절차에 따른 개정이 이루어짐으로써 비로소 민주적 정당성을 부여받는 것인 바, 일방적인 정치권의 논리에 의해 하향적으로 국민을 설득시키려는 방향으로의 헌법개정은 그 정당성을 인정받기 어렵다. 물론 이 점에 관하여는 실제로 정치현실에 있어서 헌법의 제정이나 개정은 정치실

38 崔大權, 헌법개정논의, 한국공법학회 학술발표논문, 1997. 6. 5면.

39 K.C. Wheare, Modern Constitutions, 2nd ed., Oxford University Press, 1966, p.17.

력자들의 의지에 의해 사실상 이루어지고 국민주권의 행사에 의한 헌법의 제정과 개정은 하나의 擬制에 불과하다는 지적도 간과할 수 없다고 하겠지만, 그럴수록 국민주권원리의 실질화를 위해서는 정치실력자들의 의사보다는 국민의 의사를 우선하여 민의에 따른 정치적 결정이 행해져야 하는 것이다. 80년대 이후 최근까지 실시된 정부형태선택에 관한 각종 여론조사결과를 보더라도 국민들은 여전히 대통령제를 선호하는 것으로 나타나고 있음을 볼 때, 아직 내각제개헌에 관한 국민적 공감대는 형성되어 있지 않다고 하겠다.[40] 정부형태에 관한 한 "우리에게 꼭 맞는 신통한 제도는 없다고 볼 때 이미 알고 있는 제도의 문제점을 개선하려 하지는 않고 새로운 제도를 실험해 보려는 것은 어리석은 일이다."[41]

또한 헌법의 개정이라고 하는 것이 헌법의 이념인 국민의 기본권보장을 궁극적 목표로 해야 하는 바, 통치구조변경을 위한 헌법개정도 민주주의발전을 통한 기본권보장에 그 초점을 맞춰야 하는 것이다.[42] 따라서 단지 집권의 편의를 위한 발상으로서 기본권보장과 연결되지 않는 내각제개헌논의는 경계되어야 한다.

둘째, 내각제개헌론에 의하면 현행 대통령제는 대통령에게 지나친 권력이 집중되어 있기 때문에 대통령의 독재화에 대한 우려에서 권력이 분산되는 의원내각제로 개편해야 한다고 주장하지만, 이 주장은 논리적 타당성을 결여하고 있다. 현행 헌법의 권력구조하에서도 대통령의 권력행사에 대하여는 여러 가지의 통제기능이 제도화되어 있으며, 헌법의 수호자로서의 대통령의 책임 있는 헌법운용에 따라서는 독재적 경향을 방지할 수 있는 것이다. 87년 헌법개정이후 지금까지 세 차례의 대통령선거를 경험하였으나 아직도 제왕적 대통령제로 운용되고 있다는 것은 제도 자체에 문제가 있는 것이 아니라 제도를 운용하는 대통령 개인의 퍼스낼리티에 문제가 있었다는 점을 간과해서는 안될 것이다. 그리고 본래 대통령제는 그 본질적 원리에 비추어 볼 때 엄격한 권력분립을 전제로 한 권력의 분리 및 권력 상호간의 견제와 균형의 원리에 입각한 것이나, 우리나라의 대통령제는 이러한 대통령제 성공의 전제조건으로서의 권력분립이 제대로 기능하지 못하였으며, 특히 입법부에 의한 행정부통제가 실질적으로 행해지지 못했기 때문에 대통령제가 성공하기 어려웠던 것이다. 따라서 행정통제기관으로서의 국회의 기능강화와 그것을 위한 야당의 지위강화가 이루어지고 사법적 통제가 기능을 발휘하게 되면 대통령의 독재화경향은 막을 수 있는 것이다. 이 점과 관련하여 내각제개헌론자들은 우리의 대통령제하에서 나타나는 여소야대현상을 정국의 불안정을 초래하는 문제점으로 지적하지만, 오히려 여소야대는

40 권력구조의 선호에 관한 여론조사결과의 분석에 관하여는 김재한, 한국의 권력구조 선호, 한국의 권력구조논쟁, 182면 이하.

41 桂禧悅, 이원집정부제와 우리의 여건, 신동아, 1986. 6. 289면.

42 이 점에 관하여는 吳虎澤, 권력구조를 위한 헌법개정, 안암법학 제7호, 1998, 1면 이하.

국회의 실질적인 행정통제를 기할 수 있는 것으로서 바람직한 현상으로 받아들일 수 있어야 한다고 본다. 오늘날 미국에서의 여소야대에 해당하는 분열정부(divided government)는 보편적인 현상으로 나타나고 있으며 이러한 분열정부하에서 정부와 여당은 야당이 다수파를 형성하고 있는 의회를 무시할 수 없으며 대통령은 의회와의 타협과 협력속에 국정을 수행해 나가게 된다. 이렇게 볼 때 분열정부는 강력한 대통령에 대한 견제를 위하여 국민이 의도적으로 형성시킨 자위의 수단으로 긍정적 평가를 받고 있는 것이다.[43] 따라서 대통령제에서만 나타나는 여소야대 현상에 의한 국정의 정체와 마비를 해소하기 위해 의원내각제를 도입해야 한다는 주장은 지나친 논리의 비약이라 하지 않을 수 없다.

셋째, 내각제개헌론은 권력이 분산되는 의원내각제를 채택함으로써 대통령제의 권력의 집중에 의한 부정부패를 막을 수 있다고 주장하나, 의원내각제와 대통령제의 구분이 권력분산과 권력집중에 상응하는 정부형태를 의미하는 것은 아니다. 순수 의원내각제의 원리가 행정부의 이원적 구조에 따라 국가원수와 내각의 지위가 별도로 구성되지만 실질적인 행정권을 행사하는 내각은 의회의 다수파가 구성하고 국가원수는 명목상 의례적인 지위에 그치고 마는 것이므로 의원내각제에 있어서도 권력은 특정 정치세력에 집중되는 것이 된다. 즉 대통령제에 있어서 권력이 개인에게 집중된다면 의원내각제에 있어서는 집단에 권력이 집중된다고 할 수 있다. 따라서 의원내각제에 있어서도 특정 정당이 계속 집권당이 되는 경우 그 정당과 당수에 의한 권력의 독점과 독재화가 문제되고 있음을 지적하지 않을 수 없다. 예컨대 영국과 같은 양당제하에서 정당간의 권력적 균형이 상실되는 경우에는 집권당의 독주가 문제되며, 이 점에서 영국 의원내각제에 있어서도 내각의 독재(cabinet tyranny)가 문제될 수 있는 것이다.[44] 따라서 의원내각제에 있어서도 권력의 집중을 막기 위해서는 여당과 야당의 권력적 균형이 유지되어야 하며 특히 국민적 지지기반을 갖는 야당의 지위가 확보되어야 하는 것이 중요하다.[45]

한편, 이 논의와 관련하여 우리의 정부형태는 순수 대통령제가 아닌 의원내각제적 요소가 가미된 변형형의 대통령제이므로 현행 헌법하에서도 제도의 운용여하에 따라서는 대통령에의 권력집중을 막을 수 있다는 주장도 고려해 볼 만하다고 하겠다. 즉 헌법상 대통령의 보좌기관이며 행정부의 제2인자인 국무총리를 실세총리로 선출하고 총리의 권한을 강화하여 총리의 국무위원제청권에 실질적 의미를 부여하게 되면 행정권을 어느 정도 분산하는 것이 되고, 이것은 프랑스형 반대통령제 내지 이원정부제로 운용되는 여지가 있

43 Arthur M. Schulesinger, Jr., The Cycles of American History, 1986, p.304.

44 영국의원내각제의 현대적 과제에 관하여는 鄭萬喜, 현대헌법과 의회주의, 법문사, 1995, 376면이하.

45 야당의 기능과 역할의 중요성을 특히 강조하는 학자는 Sir Ivor Jennings, Cabinet Government, 3rd ed., 1961, p.439.

다고 보는 견해이다.[46] 특히 이러한 정부형태의 운용은 정당제와의 관계에서 야당의 지위가 강화되고 선거결과 야당이 국회의 다수파가 되는 경우에 야당으로부터 사실상 국무총리가 선출되면 그 총리중심으로 내각이 구성될 수 있으므로 이것은 프랑스헌정체제의 한국적 도입을 의미하게 된다는 것이다. 확실히 현행 헌법의 운용에 있어서 의회주의와 의원내각제적 요소를 강화하게 되면 프랑스의 반대통령제와 유사한 정부형태로 운용될 수 있는 여지가 있게 되며, 그것은 행정권의 분산을 의미하게 된다.

넷째, 내각제개헌론에 의하면 의원내각제만이 책임정치의 구현에 적합한 민주적 정부형태라고 강조하지만 현행의 대통령제로도 책임정치를 구현하는 데에는 커다란 문제가 없다고 할 수 있다. 물론 이론적으로는 의원내각제가 대통령제보다 책임정치의 구현에 실효적이라는 것은 부인할 수 없지만, 현행의 대통령제에 있어서도 헌법상에 규정된 책임정치의 원리를 충실히 준수하게 되면 국민에 책임지는 정부형태를 운영하는데 문제가 없다고 할 것이다. 특히 대통령에 대한 책임추궁의 수단으로서 중요한 의미를 가지는 탄핵소추가 헌법상의 장식물에 그칠 것이 아니라 실질적인 책임추궁의 수단으로 활용될 수 있으면 최소한의 책임정치는 가능하다고 할 것이다. 미국의 대통령제가 성공하고 있는 이유도 바로 이 탄핵제도가 최근까지도 현실적으로 실효성 있게 기능을 수행하고 있기 때문인 것은 두말할 것도 없다. 그리고 책임정치구현과 관련하여 미국의 대통령제와 같이 4년임기 중임제가 갖는 제도적 의의는 매우 크다고 할 것이다. 대통령제의 원리가 의회와 관계없이 직접 국민에 의해 선출된 대통령이 국민에 대해 책임지는 것을 그 특질로 하고 있으므로 대통령의 재선을 위한 선거과정은 바로 국민에 의한 정치적 심판의 기회를 의미하게 된다. 그러므로 우리도 책임정치의 원리에 충실하기 위해서는 현행 5년단임제의 대통령제를 개선하는 것이 바람직하다 할 것이며,[47] 이미 헌정 반세기의 경험 속에서 친숙해진 대통령제를 버리고 새로운 정부형태를 도입할 필요는 없는 것이다.

Ⅵ. 결 어

한국의 반세기 헌정사 속에서 지속되어온 대통령제와 의원내각제를 둘러싼 정부형태 선택의 헌법논쟁이 입헌주의와 민주정치의 발전에 어떻게 기여했는지에 대하여는 긍정적인 평가를 받기 어렵다고 보는 것이 타당하다. 왜냐하면 지금까지의 헌법개정논의가 국민

46 成樂寅, 한국헌법상의 이원정부제(반대통령제) 권력구조의 정립, 고시연구 1997. 8. 61면.
47 鄭萬喜, 현행 헌법상 대통령선거제도의 문제점과 개선방안, 동아법학 제23호, 1997, 37면.

주권원리에 입각하여 민주주의와 국민의 기본권보장을 위한 거시적 안목에서 정부형태에 관한 진지한 헌법개정논의가 전개되어 온 것이 아니라 오로지 권력의 획득과 유지를 위한 편의적 발상에서 정략적이고 정파적 이익을 우선한 미시적 관점에서 비롯된 것이기 때문이다. 최근의 정치권에서의 내각제개헌론도 헌법이론적 측면에서 타당성을 결여하고 있으며 국민적 공감대도 전혀 형성되어 있지 않은 상황이다.

정부형태의 변경과 같은 헌법상 권력구조의 핵심적 부분에 대한 개정문제는 주권자 국민의 근본결단에 의해 이루어지지 않으면 안되며, 따라서 정치권의 소수 실력자들의 권력욕구 충족을 위한 방편으로서 권력구조개편을 단행하려는 의도는 더 이상 용납되기 어렵다. 헌법상의 통치구조는 결코 자기목적적인 것이 아니고 국민의 자유와 권리를 최대한 보장하기 위한 수단에 불과하다고 할 때, 통치구조의 개편에 관한 문제는 통치구조 자체만의 문제가 아니라 항상 기본권보장과의 관련 속에서 논의되어야 하므로 기본권보장을 위하지 않는 오로지 정치적 목적을 위한 정부형태나 통치구조의 개편은 정당화되기 어렵다.

물론 현행 헌법상의 대통령제중심의 정부형태가 그 제도와 운용에 있어서 문제가 없는 것은 아니다. 그렇다고 해서 현행의 제도를 버리고 새로운 의원내각제를 도입하자는 생각은 납득하기 어렵다. 한국 헌정사 속에서 대통령제는 많은 시련과 우여곡절을 겪어왔으나 이제 겨우 대통령직선제하에서 여야간의 정권교체가 최초로 이루어짐으로써 한국형 대통령제의 정착을 기대할 수 있는 시점에 접어들었다고 하겠다. 따라서 현시점에서는 지금의 정부형태를 기반으로 하는 민주정치발전을 위한 정치제도 전반에 걸친 개혁방안을 검토하는 것이 당면 과제라 하지 않을 수 없다. 헌법상 정부형태의 개편논의가 필요하다면 그것은 앞으로의 한반도통일을 대비한 통일헌법상의 통치구조에 관한 논의를 중심으로 제기되는 것이 바람직한 것이지, 정치적 편의를 위한 정치논리로서의 개헌론은 더 이상 정당화될 수 없다.

따라서 현재의 정치권의 내각제개헌논의는 중단되어야 하며, 앞으로의 헌법논의는 방향을 바꿔서 현행 헌법상의 통치구조와 정치제도 전반에 걸친 문제점의 검토와 향후의 통일헌법안에 대비한 헌법연구위원회를 구성할 것을 제안하는 바이다. 이러한 헌법연구위원회는 정파를 초월한 비정치적·중립적 기구로서 거시적이고 장기적 안목을 가진 범국민적 단체가 되어야 하며, 이 기구에서 작금의 내각제개헌논의를 비롯한 정치제도개혁문제, 통일헌법상의 통치구조 등 헌법문제 전반에 대한 진지한 논의와 토론이 이루어져야 한다고 생각된다.

6 미국헌법상의 탄핵제도*

Ⅰ. 서 설

미국의 탄핵제도(impeachment)는 그 연혁에 있어서 이미 1787년의 연방헌법제정 이전에 영국의 선례[1]를 계승하여 각 주의 헌법에서 채택된 것을 볼 수 있다. 즉 1776년의 버지니아주헌법과 사우스 캐롤라이나 주헌법, 1780년의 매사츄세츠 주헌법 등에서 영국의회의 탄핵제도를 도입하였으며, 그 후 연방헌법의 제정과정에서는 영국의 탄핵제도를 새로운 미국의 정치제도에 적용하기 위해서 헌법기초자들 사이에 활발한 논의가 전개되었고, 그 결과 오늘날의 탄핵제도의 헌법적 기초를 마련하게 된 것이다. 근대 영국사의 발전단계에서 탄핵제도는 왕권을 억제하고 의회주권을 확립하기 위하여 이용되어 왔으며, 이러한 전제권력에 대한 억제수단으로서의 탄핵제도는 미국 헌법의 기초자들에게는 커다란 관심의 대상이 되었던 것이다.

이처럼 미국헌법상의 탄핵제도는 영국 의회의 관행으로부터 영향을 받은 것이었으나, 헌법기초자들은 영국의 관행을 그대로 채용하려고 생각하지는 않았으며, 영국과는 다른 특별한 제도적 장치를 마련하려는 의도를 가지고 있었다.[2] 그리하여 그들은 헌법상 엄격한 3권분립을 전제로 하여 행정부와 사법부에 속하는 공직자의 부정행위를 처벌하는 특별한 권한을 이들 두 기관으로부터 독립되어 있고 선거를 통해 국민에게 직접 책임을 지는 기관인 의회가 행사하는 탄핵제도를 고안해 낸 것이다.[3]

미국헌법의 채택이래 오늘에 이르기까지 탄핵에 관한 의회의 권한이 그 기본적 목적을 달성해 왔는가의 여부에 관한 논증의 기회는 그리 많지 않았다고 할 수 있다. 지금까지 하원에 의해 탄핵 소추된 사람은 총 16명에 불과하고, 그 중 7명만이 상원의 탄핵 결정으로 유죄판결을 받았다.[4] 대통령에 대한 최초의 탄핵은 1868년의 앤드루 존슨(Andrew Johnson) 대통령에 대한 탄핵이었으나, 상원에서 1표 차이로 유죄판결을 면하였다는 사실은 잘 알려진 바와 같다. 당시 존슨 대통령에 대한 탄핵은 첨예하게 대립하는 당파주의의

---

* 「공법연구」 제30집 제1호, 한국공법학회, 2001. 12, 195~221면.

1 영국의 탄핵제도의 성립과 전개과정에 관하여는 Raoul Berger, Impeachment: The Constitutional Problems (Harvard University Press, 1973), chapter 1 참조.

2 Michael J. Gerhardt, The Federal Impeachment Process: A Constitutional and Historical Analysis, 2nd ed.(University of Chicago Press, 2000), p.3.

3 Ibid., p.1

4 Ibid., p.23.

와중에서 정치적 이유에 기초한 탄핵의 사례이었으며, 이 무죄판결은 정치적 이유에 의한 대통령의 탄핵에 대해서는 동의할 수 없다는 하나의 선례를 남기게 되었다. 존슨 대통령에 대한 탄핵의 실제적 이유가 그의 정치이념에 대한 급진파의 격한 증오에서 유래한 것이었고, 그들은 탄핵을 정치적 이해관계에 따라 대통령을 파면하는 무기로 성공시킬 수 있다고 생각한 것이었으나, 결국 유죄에 필요한 '3분의 2' 이상이라는 정족수 규정에 의거하여 파면을 면한 것은 헌법제정자들의 탁월한 예견력을 입증한 것이라고 할 수 있다.[5]

존슨 대통령 탄핵사건 이후 미국에서의 탄핵 사례는 대부분이 연방법원 판사에 대한 탄핵이었으며 대통령에 대한 탄핵문제는 거의 거론되지 않았다. 그 후 1970년대에 들어와 닉슨 대통령에 대한 탄핵은 현대적 상황하에서 새롭게 탄핵에 관한 기본적 문제들을 제기하게 되었다. 그러나 닉슨 사건 이후 국민들은 탄핵에 대해 별로 관심을 갖지 않았으며, 1980년대에 3명의 연방 판사에 대한 탄핵결정이 있었어도 일반인들은 거의 그 사실을 알지 못할 정도로 무관심하였던 것이다.[6] 그러다가 최근의 클린턴 대통령에 대한 탄핵사건을 계기로 미국의 학계에서는 헌법상의 탄핵제도에 관한 논의를 다시 한번 활발하게 전개시키는 계기가 되었다. 특히 클린턴 대통령의 탄핵을 둘러싼 선정적인 언론 보도와 과열된 논의는 일반 국민의 탄핵제도에 대한 관심과 지식을 증대시키는 역할을 하였다.

클린턴 탄핵사건에 대한 학계의 반응은 대체로 비판적 시각이 우세하다고 할 수 있다. 미국의 대표적인 헌법학자의 한 사람인 선슈타인(Cass R. Sunstein) 교수는 미국헌법상 탄핵조항의 근본적 목표는 대통령의 권한행사에 있어서 그 권한을 광범위하게 남용한 것(large−scale abuses of presidential authority)이 명백한 경우에 한정하여 탄핵을 허용하는 데 있으며, 그 이외의 경우에 대통령을 탄핵하는 것은 미국의 전통과 헌법에 반한다고 주장하고 있다.[7] 즉 헌법상 대통령의 권한의 명백한 남용 이외의 경우에 대통령의 범법행위는 탄핵 절차가 아니라 대통령의 퇴임후 일반의 형사절차에 따라 소추되어야 한다고 이해하는 것이 본래의 탄핵제도에 대한 올바른 이해라고 기술하고 있다. 따라서 클린턴 대통령에 대한 탄핵사건은 권력분립원리를 침해하게 되는 우려가 있으며, 그것은 앞으로의 모든 대통령이 불법적인 행위나 스캔들에 개입된 경우에 있어서 탄핵을 의회의 무기(legislative weapon)로 변질시키는 위험이 있다고 지적하고 있다. 그는 이 사건은 헌법적 관점에서 볼 때 극단적으로 불행한 발전이라고 보고 있다.[8] 게르하르트(Michael J. Gerhardt) 교수도 비판적 입장에서 클린턴 사건이 미국의 탄핵제도가 가진 불명확한 점들과 결함을 극명

5 상세는 Berger, op. cit., p.252ff
6 Gerhardt, op.cit., pp.ix−x.
7 Cass R.Sunstein, Impeachment and Stability, 67 George Washington L. Rev. 699 (1999)
8 Ibid.

하게 보여준 계기가 되었다고 하면서, 이번 사건을 통해 드러난 문제점에 대한 논의를 충분히 전개하고 국민적 합의를 도출하여 제도적 장치를 보완할 필요가 있다고 지적하고 있다.[9]

미국의 탄핵제도는 헌법상의 통치구조에 있어서 행정부와 사법부에 대한 의회의 유효한 통제수단으로 발전하여 왔으나, 그 탄핵제도의 내용을 정확하게 이해하는 것은 용이하지 않음을 지적할 수 있다. 그 이유는 우선 탄핵조항에 관한 헌법 원문상의 표현이 매우 불명확하고 모호하게 규정되어 있어서 해석상 적지 않은 어려움을 겪어 왔기 때문이다. 즉 종래의 구체적 탄핵사건에 있어서 헌법적 판단에 관한 견해의 차이는, 다시 말하면 헌법기초자의 의도를 중시하는 해석론과 변화된 현실에 맞게 헌법을 재조명하려는 입장의 차이는 탄핵제도에 관한 헌법논의에도 그대로 반영되고 있다. 그리고 탄핵 사건에 관한 선례들에서도 의회는 헌법상의 쟁점이 되는 것들에 대한 명확한 가이드라인을 제시해 주지 못했다고 할 수 있다.[10] 그러므로 연방헌법이 제정된 지 두 세기가 지난 현대적 상황에 있어서 미국의 탄핵제도는 아직도 해결되어야 할 많은 과제들을 안고 있으며 제도적 보완의 필요성이 요청되고 있다.

본 연구에서는 먼저 미국 탄핵제도의 성립배경을 헌법제정회의에서의 논의를 중심으로 살펴보고, 미국 탄핵제도의 전반적 특질을 파악한 후, 헌법상 탄핵조항의 해석문제와 관련하여 쟁점이 되어온 탄핵의 대상과 범위, 탄핵의 사유 등에 관한 논의를 중심으로 정리한다. 그리고 역사적인 주요 탄핵사건들을 개별적으로 분석함으로써 미국 탄핵제도를 실제적·체계적으로 이해하는 데에 본 연구의 의의를 찾을 수 있다. 이러한 연구는 우리나라 헌법학연구의 불모지인 탄핵제도 연구에 적지 않은 시사점을 제공할 수 있으며, 탄핵제도에 관한 국내 문헌이 절대적으로 빈곤한 학계의 현실에 비추어 볼 때도 본 연구의 성과는 주요한 문헌적 가치로서의 의미를 평가받을 수 있다고 하겠다.

Ⅱ. 미국헌법상 탄핵제도의 성립

1. 헌법제정회의에서의 탄핵제도 논의

1787년 필라델피아에서 헌법제정회의가 개최되었을 때 영국에서는 탄핵사건이 심리중이었다. 그리고 노스캐롤라이나, 사우스캐롤라이나, 매사추세츠 등 몇몇 주에서는 이미

9 Gerhardt, Ibid, pp.191-194.
10 Ibid., p.65.

영국의 탄핵제도를 도입하고 있었다.[11] 헌법제정회의에 참석한 각 주의 대표들은 영국의 선례에 대하여 적극적 관심을 표명하였으며, 결국 각 주의 대표들로부터 제출된 헌법초안의 심의과정을 통하여 헌법제정회의는 영국의 전통적 제도를 계수하게 된 것이다. 그러므로 미국의 탄핵 제도가 헌법제정회의의 심의과정에서 어떠한 논의와 타협을 거쳐 형성되었는지를 이해하기 위해서는 각 주 대표의 발언의 주요 논점을 정리할 필요가 있다.[12]

우선 버지니아주를 대표하는 랜돌프(Edmund Landolph)는 5월 19일 헌법초안을 본회의에 제출하였는데, 그 초안의 탄핵 조항은 연방공무원에 대한 총괄적인 탄핵권을 최고 법원에 부여할 것을 제안하였으며, 대통령에 대한 탄핵에 관하여는 전혀 규정하고 있지 않았다. 같은 날 사우스캐롤라이나 주의 핑크니(Charles Pinckney)는 대통령은 반역죄, 수뢰죄 또는 독직죄로 인하여 하원에 의해 탄핵되고 최고법원에 의해 유죄판결을 받아 파면된다는 헌법초안을 제안하였다. 6월 2일의 전원위원회에서 델라웨어주의 대표인 딕킨슨(John Dickinson)은 대통령은 각 주 의회의 과반수의 의결에 따라 연방의회에 의해 파면되도록 할 것을 제안하였다. 그는 대통령에 대한 파면권을 헌법에 규정해야 할 필요성은 인정하였으나 정부고관을 탄핵하는 것은 탐탁하게 여기지 않았다. 코네티컷주 대표인 셔먼(Roger Sherman)은 입법부가 대통령을 파면하는 것에 반대하였으며, 버지니아주 대표인 매이슨(George Mason)은 부적격의 관리를 파면하는 방법의 필요성은 인정하였지만 대통령의 임면권을 입법부에 맡기는 것은 대통령을 의회의 시녀로 만들어 버리는 것이 되며 선량한 정부의 기본원칙을 파괴하는 것이라고 강력히 반발하였다. 버지니아주 대표 제임스 매디슨과 펜실바니아주의 제임스 윌슨(James Wilson)은 대통령의 파면에 州의 권력이 개입하는 것을 바라지 않았다. 그리하여 딕킨슨의 제안은 델라웨어를 제외한 모든 주에 의해 부결되고 결국 위원회는 노스캐롤라이나의 대표인 제임스 윌슨의 제안에 따라「대통령은 배임 또는 직무해태에 의해 탄핵되고 유죄의 결과 파면된다」라는 조항이 추가로 채택되었다.[13]

6월 13일의 전원위원회에서 랜돌프 및 매디슨은 연방사법부의 관할권이 모든 공무원의 탄핵에 미치는 것에 찬성하였는데, 여기서 대통령은 배임 또는 직무해태에 의해 탄핵되고 유죄의 결과 파면된다는 조항과 연방사법부의 관할권은 모든 공무원에게 미친다는 조항이 결의되었다. 그러나 6월 18일의 본회의에서는 펜실베이니아의 모리스(Gouverneur

11 Roger Foster, Commentaries on the Constitution of the United States, vol.1(Boston Books, 1895), p.635.

12 헌법제정회의에서의 논의에 관한 대표적인 문헌은 Max Farrand ed, Records of the Federal Constitution of 1787(Yale Univ.Press, 1911, rev.ed. 1937); J. Elliott, Debates in the Several States on the Adoption of the Federal Constitution(Washington, 1836) 참조.

13 Elliott, op.cit., vol.4, p.189f.

Morris)는 법원에 의해 대통령이 탄핵되는 것의 부당성을 지적하여 사법부의 관할권에서 공무원의 탄핵이 삭제되었다. 6월 19일 본회의에서 모리스는 대통령에 대한 탄핵의 위험성을 역설하면서 대통령이 국회에 의해 통제된다면 대통령에 대한 탄핵은 필요 없다고 하고, 대통령에 대한 억제는 임기를 단축함으로써 가능하며, 오히려 대통령에 대한 의회의 탄핵은 의회의 당파와 민중선동의 도구로 전락할 것이라고 주장하였다.14

6월 20일의 본회의에서 윌슨과 메이슨이 대통령에 대한 탄핵의 필요성을 강조하자 모리스는 약간 양보하여 독직이나 그 밖의 범죄에 대해서는 탄핵되어야 하지만 그 범죄의 종류는 제한적으로 열거되어야 한다고 하였다. 매디슨은 대통령의 무능력, 태만 불신으로부터 사회를 지키기 위한 어떠한 규정이 필요하다고 주장하면서 "임기의 제한만으로는 충분한 보장이 되지 않는다. 대통령은 취임 후 공금을 착복하여 행정운영을 저해하는 경우도 있을 수 있다. 같은 임기로 재직한다고 하더라도 대통령의 경우는 입법부 또는 공공단체의 경우와 아주 다르다. 하원의원의 전부 또는 다수가 그들의 직무를 수행할 능력을 상실하거나 수뢰하여 신임을 저버리는 것은 생각할 수 없다. 만일 한 사람 또는 여러 의원들이 그렇다고 하더라도 남아있는 의원들의 양식만 있다면 국회의 운영은 유지될 것이다. 한 사람에 의해 지배되는 대통령의 경우 능력의 상실과 독직은 일어나기 쉽고 그와 유사한 일들이 일어나기만 해도 공화국에 있어서는 치명적인 것으로 된다"고 역설하였다. 매사츄세츠의 게리(Elbridge Gerry)는 탄핵의 필요성을 인정하고, 선량한 공무원은 이 제도를 두려워하지 않으나 악질적인 공무원에게는 이 제도가 필요하다고 하였다.15

이에 대해 같은 매사츄세츠의 대표인 킹(Rufus King)은 권력분립의 입장에서 반대의사를 표명하였다. 그에 의하면 대통령은 일정한 임기동안만 그 지위를 유지할 수 있을 뿐이며 정기적으로 선거민에 의해 그 행동을 비판받기 때문에 탄핵이라는 중간 심판에 복종되어서는 안 된다고 한다. 대통령에 대한 의회의 탄핵은 대통령의 독립에 대한 침해이며 헌법원리의 파괴를 초래할 수 있다고 하였다.16

9월 8일의 본회의에서는 대통령 및 합중국의 모든 공무원의 탄핵이 만장일치로 가결되었다. 메이슨은 탄핵사유로 반역죄와 수뢰죄만을 규정한 것에 대해 이의를 제기하고 반역죄 수뢰죄만으로 불충분하고 이에 실정(maladministration)을 추가할 것을 제안하였다.17 이에 대해 매디슨은 실정이라는 애매한 용어를 넣음으로써 대통령이 끊임없이 상원의 압력을 받을 위험이 있다고 반대하였고, 모리스는 대통령이 4년마다 재선되어지기 때문에

14 Ibid., p.335.
15 Ibid,, p.340.
16 Ibid., p.341.
17 Ibid., p.528.

실정은 저지될 것이라고 하였다. 이에 매이슨은 실정의 삽입을 철회하고 그 대신에 '국가에 대한 그 밖의 중대한 범죄 및 비행'을 부가할 것을 제안하여 이를 가결시켰다.

랜돌프의 제안으로 상원이 대통령의 탄핵재판소로 수정되었지만 이 수정을 삭제해야 한다는 제안이 있었고, 매디슨은 대통령이 상원에 의해 심리를 받는다는 것과 중대한 범죄가 아닌 범죄나 비행에 의해 탄핵되는 것은 부적당하다고 하고 이러한 상황하에서는 대통령이 부당하게 독립된 지위를 위협받게 되므로, 오히려 최고법원이 탄핵재판을 행하든지 최고법원이 참가한 특별법원이 바람직하다고 하여 상위의 탄핵재판권에 반대하였다. 이에 대해 모리스는 상원만큼 신뢰받는 탄핵재판소가 없다고 하고 최고법원의 재판관은 그 수도 아주 적어 왜곡되거나 부패되기 쉽다고 하였으며, 대통령이 입법부에 의존하는 것은 입법부의 전제라는 커다란 위험이 있어 좋지 않지만 상원이 대통령에 대해 유죄의 판결을 내리는 것은 그 정도로 위험한 것은 아니라고 하여 수정안에 찬성하였다.

핑크니는 상원이 탄핵재판소로 되면 대통령이 너무나도 입법부에 의존하게 된다고 하고 만약 대통령이 의회의 법률에 반대하면 양원이 공동으로 대통령을 그 직에서 추방하려 할 것이라 하여 반대하였다. 이에 대해 셔먼은 대통령에 의해 임명된 재판관으로 구성된 최고법원이 대통령을 심리한다는 것은 적당하지 않다고 하여 상원에 의한 탄핵재판을 지지하였다. 그리하여 매디슨에 의해 제안된 상원에 의한 재판을 삭제해야 한다는 제안은 성립되지 않았다.[18] 또한 대통령뿐만 아니라 부통령 및 그 밖의 합중국의 관리에 대한 탄핵대상이 추가되었다.

2. 미국헌법상 탄핵조항의 채택

이상과 같은 헌법제정회의의 격론과 심의를 거쳐 헌법비준회의를 통과하여 성립한 헌법상의 탄핵제도에 관한 조항은 다음과 같다.

[제1조 제2항 제5절][19]

하원은 탄핵의 전권을 가진다.

[제1조 제3항 제6절][20]

상원은 모든 탄핵을 심리할 전권을 가진다. 의회가 탄핵의 목적으로 개최되는 경우

18 Ibid., p.529.

19 Article I, Section 2, [5]: The House of Representatives shall have the sole Power of Impeachment.

20 Art. I, Sec.3, [6]: The Senate shall have the sole Power to try all Impeachments. When sitting for that Purpose, they shall be on Oath or Affirmation. When the President of the United States is tried, the Chief Justice shall preside. And no Person shall be Convicted without Concurrence of two thirds of the Members present.

의원은 선서 또는 확약을 해야 한다. 대통령을 심리하는 경우에는 연방대법원장을 의장으로 한다. 누구라도 출석 의원 3분의 2의 동의 없이는 유죄의 판결을 받지 아니한다.

[제1조 제3항 제7절][21]

탄핵사건의 판결은 면직 및 명예, 신임 또는 보수를 동반한 합중국의 공무의 취임 또는 재직할 권한을 박탈하는데 그친다. 다만 유죄의 판결을 받은 자라 하더라도 법률이 정하는 바에 의한 기소, 심리, 판결, 처벌을 면하지는 못한다.

[제2조 제4항 제1절][22]

대통령, 부통령 및 미연방의 모든 공무원은 반역죄, 수뢰죄 기타의 중대한 범죄와 비행에 의해 탄핵되어 유죄판결을 받는 경우에는 파면된다.

[제3조 제2항 제3절]

탄핵의 경우를 제외한 모든 범죄의 심리는 배심을 두고 행한다. 심리는 그 범죄가 행해진 주에서 행한다. 다만 범죄자가 어느 주에도 속하지 아니하는 경우에는 심리는 연방의회가 법률에서 지정하는 장소에서 행한다.

위와 같은 연방헌법상의 명문규정에 의한 탄핵제도는 200년 이상 지난 현재에 와서도 그대로 적용되고 있으나, 아직도 미국 탄핵제도의 구체적 내용에 관하여 헌법학자들 사이에 많은 논란과 이견이 제기되고 있음을 부정할 수 없다. 그 이유는 탄핵제도에 관한 헌법규정이 불분명하고 모호한 점들이 있기 때문이다.[23]

먼저 위의 헌법규정에 의해 명확한 점들을 정리해 보면, (1) 탄핵소추권은 하원이 가지며(제1조 제2항 제5절), (2) 탄핵심판권은 상원이 갖는다(제1조 제3항 제6절). (3) 대통령과 부통령은 일정한 사유가 있는 경우 탄핵의 대상이 될 수 있다. (4) 대통령에 대한 탄핵심판은 반드시 연방대법원장이 주재해야 한다. (5) 탄핵심판에 임하는 상원의원들은 선서를 해야 한다. (6) 탄핵심판에서 유죄 결정을 내리기 위해서는 출석 상원의원의 3분의 2 이상이 찬성해야 한다. (7) 상원이 탄핵 결정을 통해 해당 공직자에게 가할 수 있는 처벌은 면직과 취임자격제한에 그친다.

반면에 헌법 규정이 탄핵제도의 내용에 관하여 명백하게 다루고 있지 못한 점들은

---

21 Art.1, Sec.3, [7]: Judgment in Cases of Impeachment shall not extend further than to removal from Office, and disqualification to hold and enjoy any Office of honor, Trust or Profit under the United States: but the Party convicted shall nevertheless be liable and subject to Indictment, Trial, Judgment and Punishment, according to Law.

22 Art. Ⅱ, Sec. 4: The President, Vice President, and all civil Officers of the United States, shall be removed from Office on Impeachment for, and Conviction of, Treason, Bribery, or other high Crimes and Misdemeanors.

23 Gerhardt, op.cit, p64.

다음과 같다.[24] (1) 헌법은 탄핵의 대상이 되는 미연방 공무원(the officers of the United States)에 대한 명확한 정의를 내리지 않고 있다. (2) 탄핵 대상이 될 수 있는 행위가 어떤 것인지에 관해서도 명확하지 않다. '중대한 범죄와 비행'(high crimes and misdemeanors)이라는 표현은 이에 해당하는 구체적 행위유형을 확정하기에 너무 애매모호하다. (3) 탄핵의 대상으로 연방법원 판사가 포함되는지에 관한 명문의 규정이 없다. 판사에 대한 탄핵이 인정된다면 그 사유는 위의 중대한 범죄 및 비행에 국한되는가 아니면 그 범위가 더 넓은 것인가에 관한 의문이 있다. 왜냐하면 헌법 제3조 제1항은 연방판사가 '직무를 성실히 수행하는 한'(during good behavior) 판사직을 유지한다고 규정하고 있기 때문이다. (4) 동일한 공직자에 대해 탄핵소추와 형사소추가 동시에 진행되는 경우에 어느 것이 우선하는가에 관한 의문이 제기된다.

그밖에도 헌법제정당시의 탄핵제도는 오늘날의 상황하에 처해 있는 문제들에 대해 적절하게 해답을 제시하지 못하는 경우가 많다. 예컨대 헌법제정당시의 논의에 관한 자료를 볼 때 제정자들이 연방 상원의원이나 하원의원을 탄핵 대상에 포함시키려 했는지 불분명하고, 헌법 수정 제5조의 적법절차조항이 탄핵절차에도 적용되는가? 탄핵결정에 불복하는 자는 법원에 사법심사를 청구할 수 있는가? 등에 관한 문제에 대해 역사는 침묵하고 있는 것이다.

이러한 의문들을 해결하기 위해 헌법학자들은 헌법이 창조한 통치구조 및 정부 세 부처간의 상호 역학관계에서 그 해답을 찾으려고 노력하고 있으나,[25] 탄핵 제도의 근본적 의문점에 대한 해결방안은 여전히 미국헌법학의 과제라 하지 않을 수 없다.

3. 미국 탄핵제도의 기능 및 특질

미국 탄핵제도의 초기 운용과정과 실태를 보면 이 제도는 헌법상 권력분립원리에 기초하여 의회에 의한 행정부와 사법부의 통제수단으로 발동된 경우보다는 오히려 정치세력간의 대립과정에서의 정치적 보복수단 내지 당파적 무기로 사용되어 왔음을 볼 수 있다.

미국의 탄핵제도 성립에 결정적 영향을 미친 영국에서의 탄핵과정을 보더라도 그것은 본질적으로 정치적·당파적 무기로 이용되었던 것이다. 영국에서의 1788년의 헤이팅스 사건, 1806년의 노르빌경 사건 이후 탄핵이 사용되지 않고 끝났지만, 이는 정당간의 당파

24 Ibid.,, pp.64－65.

25 이러한 탄핵제도의 근본적 문제의 해결을 위한 접근방법으로 두 가지 입장을 볼 수 있다. 하나는 헌법 문언의 엄격한 해석과 헌법기초자들의 의도를 중시하는 형식주의자(formalist)의 접근방식이고, 다른 하나는 현시점에서의 정책적 고려를 가미하고 권력분립에 관하여 상호대립하는 가치와 이익을 비교형량하려는 기능주의자(functionalist)의 입장이다. 상세는 Ibid., p.65.

적 알력 때문에 예상외의 폐해를 초래하였다는 것에 대한 반성을 의미한다.

전술한 헌법제정회의의 논의 중에서도 파벌 쟁탈의 영향하에 있는 의회는 대통령을 공직으로부터 추방할 것이라는 우려가 있었지만, 이 예견은 80년 후 앤드루 존슨 대통령의 탄핵사건에서 현실로 나타나게 되었던 것이다. 존슨 대통령의 탄핵의 실제적 이유는 그의 정치이념에 대한 급진파의 격한 증오에서 유래한 것이고, 그들은 탄핵을 정치적으로 대립하는 대통령을 파면하는 무기로서 성공시킬 수 있다고 생각한 것이었다. 이 선례는 의회와의 협조를 집요하게 거부하는 대통령을 파면하기 위하여 행해졌음을 증명하는 것이다.

1804년 연방주의자 사무엘 체이스(Samuel Chase) 연방대법관의 탄핵사건은 그가 배심원을 부당하게 강제 설득한 혐의로 소추된 것이지만 상원에서 3분의 2 이상의 찬성을 얻지 못하여 파면을 면하였다. 당시 공화주의자 정부는 체이스의 탄핵이 실패한 것을 감안하여 재판관을 파면하는 방법으로서 탄핵제도는 적합하지 않은 것으로 판단하였고, 제퍼슨 대통령은 탄핵제도를 '단순한 허수아비'(a mere scarecrow)에 불과한 것이라고 회고했을 정도이다.[26] 만일 체이스의 탄핵이 성공했다면 Marbury v. Madison사건(1803)을 이유로 하여 마샬(John Marshall) 대법원장의 탄핵이 진행되었을 것이라는 관측이 당시 일반적으로 유포되어 있었다. 이러한 점에서 체이스 사건은 사법권독립의 승리를 의미하는 것이었다.[27]

미국의 탄핵제도는 위와 같이 그 운용과정에서 정치적 목적을 위해 왜곡되거나 남용되기도 하였으나, 헌법제정자들은 탄핵을 본질적으로 헌법상의 권력분립원리에 기초한 의회의 행정권에 대한 통제수단으로 제도화하였다는 점은 부정할 수 없다. 말하자면 대통령의 권력남용에 대한 공포는 탄핵이 대통령의 독립성을 위협하게 된다는 탄핵제도 반대론보다 우세하였다고 할 것이다. 다시 말하면 미국의 탄핵제도는 주로 대통령의 권력 남용에 대응하기 위한 절차라고 하는 매우 한정된 개념에서 탄생되었다고 할 수 있다.[28]

그러나 미국의 탄핵제도는 그 전개과정에서 변질되어 지금까지 대통령에 대한 소추는 3건에 불과하였고 나머지 대부분은 연방법원 판사에 대한 탄핵이었다는 점이 두드러진 특징이라 할 수 있다. 3건의 대통령 탄핵에 있어서도 상원의 심판으로 대통령을 해임시킨 경우는 없으며, 단지 닉슨 대통령의 경우는 탄핵절차가 진행되는 도중에 대통령 스스로 사임했을 뿐이다. 반면에 연방 법관에 대한 탄핵에 있어서는 무려 7건이 상원의 유죄판결로 파면되었다. 여기서 우리가 알 수 있는 것은 미국의 탄핵제도는 법관에 대한 책

26 H.C. Hockett, The Constitutional History of the United State, 1766-1826, vol.1, 1939, p.314.
27 상세는 R. Berger, op.cit., pp.224f
28 Sunstein, op.cit., p.3.

임추궁의 수단으로 이용되고 있을 뿐 대통령이나 행정부 고위 공직자에 대한 통제 수단으로서는 적극적으로 기능을 다하지 못했다는 점이다.

Ⅲ. 미국 탄핵제도에 관한 헌법이론

1. 탄핵의 대상과 범위

미국 헌법상 탄핵조항에 의하면 탄핵의 대상을 대통령과 부통령 그리고 모든 민간 공무원(all civil officers)으로 규정하고 있다. 여기서 해석상 문제가 되는 것은 '민간 공무원'의 범위에 관한 것으로, 특히 여기서 말하는 공무원에 연방의회 의원이 포함되는가, 또한 연방법원의 법관도 탄핵의 대상이 되는 공무원으로 볼 것인가의 문제이다.

우선 '민간'(civil) 공무원을 탄핵의 대상으로 하고 있으므로 무관(military officers)에 해당하는 군인은 탄핵의 대상이 되지 아니함은 물론이다. 그리고 연방 상원의원이 탄핵의 대상이 되는가에 관하여는 1797년의 윌리엄 블론트(William Blount) 상원의원에 대한 탄핵사건에서 최초로 논의된 바 있으나, 이 사건에서 상원은 탄핵의 관할권이 없음을 확인하였다.[29] 이 사건으로 연방의원은 탄핵의 대상이 되지 않는다는 선례가 확립되었으며, 헌법조문의 해석상으로도 의원은 탄핵의 대상에서 제외된다는 것에 대하여 異論이 없다고 할 수 있다. 즉 헌법 제2조 제2항은「대통령은 전권대사, 그 밖의 외교사절, 영사, 연방대법원의 판사 및 이 헌법에 임명에 관하여 특별히 규정하고 있는 경우 이외에 법률로써 설치되는 모든 미국연방 관리를 지명하고, 상원의 조언과 승인을 거쳐 임명한다」고 규정하고 있으며, 제1조 제6항 제2절은「상원의원 및 하원의원은 임기 중 신설되거나 또는 봉급이 증액된 미연방의 어떠한 관직에 임명될 수 없다. 또한 연방의 공직에 있는 자는 그 재직중 의원으로 될 수 없다」는 규정에서 볼 때 연방의원은 공무원과 구별하고 있음을 알 수 있다.

그러나 헌법제정과정에서의 논의를 보면 헌법제정자들은 영국의 선례를 도입하여 탄핵제도를 창설하였으며, 그들은 영국의 탄핵제도가 의회 의원을 탄핵 대상으로 포함하고 있음을 잘 알고 있었기 때문에 의원을 제외해야 한다는 생각은 하지 않았던 것으로 보인다. 오히려 윌슨과 해밀턴 같은 일부 헌법제정자는 연방의원이 탄핵에 복종해야 된다는

29 블론트 상원의원은 테네시주 출신 의원으로 상원의원 재직중 당시 미국내에서 스페인과 교전상태에 있던 영국을 위하여 스페인으로부터의 영토를 약취할 목적으로 플로리다주에서 스페인 영토에 대하여 군사적 토벌을 행할 음모를 기도했다는 등의 이유로 탄핵되어 1797년 7월 하원에서 소추되어 1798년12월 상원에서 심리가 개시되었으며 이듬해 1월 심리가 종료되었다. 그러나 블론트 의원은 하원으로부터 소추된 다음 날 상원의원으로서의 공적 신뢰와 의무에 위반한다고 하여 제명되었다. 상세는 Berger, op.cit., pp.83f.

견해를 표명한 바 있었으며, 헌법비준회의에서도 의원을 탄핵에서 제외한다는 논의는 제기되지 않았다. 아무튼 블론트 사건을 계기로 의원은 탄핵대상에서 제외된다는 원칙이 확립되었으며, 탄핵제도의 본래의 목적에 비추어 볼 때도 대통령에 의해 임명되지 않은 의원을 의회 스스로 파면시킨다는 것은 영국과는 달리 엄격한 권력분립원리에 기초한 미국의 통치구조에 있어서는 의회에 의한 행정통제라는 탄핵의 기본 취지에 반한다고 하겠다.

또한 헌법상의 탄핵의 대상에 법관이 포함되는 데에는 이견이 없다. 헌법제정자들은 탄핵을 주로 대통령과 그 주변의 고위관리에 대한 억제수단으로 생각하였으며, 나아가 탄핵이 부패한 재판관에 대한 파면의 유일한 수단이라고 판단하였다.[30] 왜냐하면 법관은 의회와 행정부로부터 절대적으로 독립되어 있으며, 법관은 헌법 제3조 제1항에 의하여 '성실하게 직무를 수행하는 한'(during good behavior) 그 신분이 보장된다고 규정하고 있으므로 이 규정은 법관이 탄핵 이외에는 어떠한 경우에도 파면되지 않는다는 법관 신분의 특별한 보장을 의미한다고 보았던 것이다.

헌법 제정과정에서는 처음에는 법관의 파면에 관하여 별로 관심을 갖지 않았으며 그 후 연방 대법원판사의 탄핵 심리 방식에 관한 논의가 있었으나 결국 탄핵 대상으로 대통령, 부통령 및 모든 공무원으로 규정되었다. 그러나 헌법 제3조에는 사법부의 법관탄핵규정이 결여되어 있었기 때문에 헌법 제2조의 탄핵규정에 법관이 포함되는가의 해석문제가 제기되었으나 헌법기초자들은 법관도 당연히 이에 포함되는 것으로 이해하였던 것이다. 즉 제3조 제1항의 '법관은 성실하게 직무를 수행하는 한 그 신분이 보장된다'는 조항에 우선하는 것이 탄핵조항이라고 하였으며, 탄핵이 법관 파면의 유일한 통로라고 인식하였다.[31]

2. 탄핵 기준의 이원화

위와 같이 미국 헌법상의 탄핵조항은 대통령, 부통령 및 그 밖의 모든 공무원은 하원의 탄핵소추와 상원의 재판에 의해 파면된다고 규정하고 있으나, 여기서 헌법 해석상 문제가 되는 것은 탄핵의 대상으로서 대통령과 그 밖의 모든 공무원 및 법관에게 동일한 기준이 적용되는가에 관한 것이다. 즉 대통령에 대한 탄핵의 정당한 사유와 연방 법관에 대한 탄핵의 사유에는 어떠한 차이점이 있는 것이 아닌지에 관한 의문이다. 이는 현실문제로서 매우 중요한 의미를 가진다고 할 수 있다.[32] 만일 대통령에 대한 탄핵사유와 그 밖의

30 Berger, op.cit., p.122.
31 Ibid., p.147.
32 Sunstein, op.cit., p.707.

고위 공무원이나 법관에 대한 탄핵사유가 동일한 기준에 의해 적용된다면, 법관의 탄핵에 적용된 상대적으로 덜 엄격한 기준이 그대로 대통령의 탄핵사유에 적용되는 결과를 가져오게 된다. 그렇기 때문에 대통령에 대한 탄핵의 기준은 기타의 공무원, 특히 법관에 대한 탄핵의 경우와 다르며, 법관에 대한 탄핵보다 높은 기준이 적용되어야 한다고 보는 것이 학계의 지배적 견해이다.[33] 헌법제정자들도 탄핵 사유로서 중대한 범죄 및 비행을 획일적으로 규정하였지만 대통령에 대한 탄핵의 경우에는 그에 대한 경의를 표하여 중죄(great offences)에만 적용한다는 생각을 가졌다고 한다.[34]

헌법상의 탄핵 조항을 형식적으로 이해하면 대통령이나 그 밖의 공무원 또는 법관에 대한 탄핵사유는 동일한 기준이 적용되는 것으로 볼 수 있다. 그러나 이처럼 동일한 기준으로 이해하는 입장은 다음과 같은 몇 가지 점에서 문제점을 내포하게 된다. 첫째는, 역사적 관점에 기초한 문제점이다. 헌법제정자들의 특별한 관심사는 의회의 자의적 권한 행사로부터 대통령을 보호하는 것이었다. 그들은 대통령을 의회에 대한 고도의 의존성으로부터 격리시키는 방안을 모색하였던 것이다. 그러나 법관에 대해서는 그러한 관심을 표명하지 않았다.[35]

물론 사법권의 독립은 매우 중요한 것이지만, 법관의 임기를 종신제로 하는 것을 전제로 하여 헌법기초자들은 법관에 대한 의회의 광범위한 탄핵권의 정당화를 생각하였다. 즉 종신제의 법관과 4년 임기의 대통령이라는 헌법상의 구조는 대통령에 대한 탄핵권한이 법관에 대한 탄핵보다 한정적인 범위 내에서 행사되어져야 한다는 논의가 있었던 것이다.[36]

둘째의 논의는, 대통령에게는 적용되지 않는 조항으로, 법관은 '성실하게 직무를 수행하는 한'(during good behavior) 그 신분을 보장한다는 규정(제3조 제1항)에 관한 것이다. 이 규정을 탄핵조항과의 관련하에서 이해할 때, 법관에 대한 탄핵은 '보다 넓은 근거'(broader grounds)에 의해 허용된다고 해석할 수 있는가의 논의이다. 즉 법관은 헌법상의 탄핵사유로서 규정되어 있는 '중대한 범죄 또는 비행'(high crimes and misdemeanors)뿐만 아니라 직무를 성실히('good behavior') 수행하지 않는 경우, 즉 'bad behavior'의 경우에도 탄핵될 수 있다는 견해가 있다. 그러나 이러한 주장은 정당화되기 어렵다고 할 수 있다.[37]

---

33 대통령에 대한 탄핵과 대통령 이외의 공무원에 대한 탄핵의 기준이 동일한가에 관하여는 크게 다음과 같은 세 가지의 입장을 볼 수 있다. 첫째는, 탄핵의 기준이 동일하다는 입장이고, 둘째는 대통령에 대한 탄핵의 경우에는 보다 '높은 기준'(higher standard)이 요구된다는 입장이며, 셋째는 탄핵에 관한 헌법상의 기준은 동일하나 하원의 탄핵소추권의 행사에 재량권을 가진다는 견해이다. 상세는 Sunstein, op.cit., p.708.

34 Berger, Ibid., p.124.

35 Ibid., p.708.

36 Sunstein, op.cit., p.708.

37 Ibid.

실제 법관이 성실하게 직무수행을 하지 않은 이유만으로 해임되지 않으며, 위의 법관의 'good behavior'조항은 의회에 법관의 파면에 관한 광범위한 권한을 부여한 것이 아니라, 그것은 단지 법관이 통상적으로 종신제(life tenure)에 의해 신분이 보장된다는 것을 명백히 한 것으로 해석하는 것이 지배적 견해이다.[38] 따라서 의회는 법관이 헌법상의 탄핵사유로서 '중대한 범죄 및 비행'뿐만 아니라 직무태만을 이유로 그를 해임할 권한을 갖는 것은 아니다.[39]

그렇지만 역사적으로 탄핵의 실제과정을 보면 대통령에 대한 탄핵의 경우보다 법관의 탄핵에 있어서 보다 광범위한 권한을 의회에 부여하고 있으며, 반면에 대통령에 대한 탄핵절차를 진행하는 데에 있어서는 의회가 크게 주저하고 있음을 알 수 있다. 다시 말하면 법관에 대한 탄핵에 있어서는 대통령 탄핵의 경우와는 달리 보다 낮은 기준을 적용하고 있는데, 그 이유는 그렇게 하지 않고서는 종신제가 보장된 법관을 면직시킬 방법이 없다는 것과 대통령을 의회가 비교적 자유롭게 해임시키게 되면 정치적 불안정을 초래하게 된다는 생각에 기초한 것이다.[40]

그러나 이와 같은 탄핵에 적용되는 기준의 구별론에 대하여 반대의 입장을 펴는 유력한 견해도 볼 수 있다. 미국 탄핵제도의 연구자로서 저명한 게르하르트(Michael J. Gerhardt) 교수는 대통령과 법관에 적용되는 탄핵기준은 동일해야 한다고 주장한다.[41] 그에 의하면 헌법상의 탄핵 사유에 관한 규정은 대통령이나 연방판사를 구별하지 아니하고 획일적으로 명문화하고 있으며, 법관의 good behavior 조항이 법관의 bad behavior의 경우 면직될 수 있다는 것으로 해석되는 것이 아니라, 선거직 대통령의 임기와 구별되는 법관의 종신제 신분보장을 강조한 것이므로 법관에 대한 탄핵 기준을 달리해야 하는 것은 아니라고 한다. 특히 법관이 대통령보다 낮은 기준에 의해 쉽게 탄핵될 수 있다면 이는 법관에 대한 정치적 보복을 허용하게 되는 우려가 있으므로 인정할 수 없다는 것이다.[42]

3. 탄핵사유에 관한 헌법해석

미국의 탄핵제도에 관한 헌법상의 논의에 있어서 가장 중요한 논점이 되는 것은 탄핵사유로서의 '중대한 범죄 및 非行'에 관한 해석문제라 하지 않을 수 없다. 헌법상 탄핵의 대상이 되는 범죄로서 반역죄와 수뢰죄는 헌법에 직접적으로 명확하게 규정되어 있으

38 Gerhardt, op.cit., p.183.
39 Sunstein, op.cit., 708.
40 Ibid., p.709.
41 Gerhardt, op.cit., pp.183-184.
42 Ibid., p.184.

므로 그 의미를 확인하는 것은 어려운 문제가 아니지만, 그 밖의 '중대한 범죄 및 비행'의 해석에 관하여는 탄핵제도의 시행 후 현재에 이르기까지 뜨거운 논쟁이 지속적으로 전개되어 왔다고 할 수 있다.

본래 탄핵사유로서의 'high crimes and misdemeanors'는 영국의 탄핵제도에서 기원한 것으로 미국헌법의 제정과정에서 헌법기초자들에 의해 그대로 채택된 것이다. 영국에서의 탄핵은 그 연혁에서 볼 때 탄핵의 대상이 기소 가능한 범죄에 한하지 않았으며, 그것은 제정법 또는 통상의 코먼 로 상의 범죄가 아니라 의회가 인정하는 범죄(not a statutory or ordinary common law crime but a crime by the course of Parliament)를 의미하였다.[43] 따라서 탄핵의 대상이 되는 범죄나 비행은 통상의 의미에서의 형사범죄가 아니라 정치범죄(political crimes)로서의 중대한 범죄 및 비행을 의미하였다.[44] 영국의 탄핵제도를 보면 법률에 의해서 용이하게 정의될 수 없는 정치적 성격의 범죄는 'high crimes and misdemeanors'라고 간주되어 왔다. 그리하여 법관들은 수뢰죄 및 중대한 직무해태에 의해 탄핵될 뿐만 아니라 비입헌적 의견에 의해 군주를 잘못되게 하거나 기본법을 어기게 하여 전제권력을 초래한 혐의에 대해서도 탄핵되어져 왔던 것이다. 즉 의회는 기소할 수 있는 모든 범죄를 탄핵함과 동시에 기소할 수 없는 사건에 대해서도 탄핵할 수 있다고 하여 의회의 탄핵권을 보다 광범위하게 인정하였던 것이다.

미국의 헌법제정과정에서도 탄핵의 대상과 사유에 관하여 많은 논의가 있었으나, 결국 탄핵의 목적은 일반의 형사범죄에 대한 법적 처벌이 아니라 정치적 범죄에 대한 정치적 처벌에 있다고 보는 것이 지배적이었다고 할 수 있다. 이 점에 관하여 제임스 윌슨(James Wilson)은 "탄핵은 법학의 범주에서 일반적으로 논할 수 없다. 그것은 법의 원리와 다른 원리에 의해 지배되고 다른 목적에 의해 운용된다. 탄핵은 정치적 특성(political characters)을 가진 것으로 그것은 정치적 범죄 및 비행에 대한 정치적 처벌에 한정되어 있다"고 주장하였다.[45] 헌법 제정회의에서는 이렇게 탄핵의 정치적 성격을 전제로 하여 탄핵대상이 되는 행위의 개념을 다음과 같이 정의하고 있다.

메이슨(George Mason)은 반역죄와 수뢰죄뿐만 아니라 헌법을 파괴하려는 시도(attempts to subvert the Constitution)가 탄핵의 대상이 된다고 하였으며, 매디슨(James Madison)은 거기에다 국가에 대한 권한남용(abuses against the state)까지 포함된다고 하였다.[46] 해밀턴(A. Hamilton)과 윌슨(J. Wilson)은 "high crimes and misdemeanors" 에서의 'high'는 곧 'political'

43 Berger, op.cit., p.67.
44 Berger, op.cit., p.61.
45 James Wilson, Works, R.G. McCloskey ed., vol.1, Harvard Univ. Press, 1967, p426; Berger. Ibid., p.75에서 재인용.
46 Gerhardt, op.cit., p.104.

을 의미는 것으로 정치적 범죄와 정치적 비행이 탄핵의 대상이 된다고 주장하였으며, 초대 대법원장을 역임한 스토리(Joseph Story)는 대단히 정치적인 성격의 행위로 고위 공직에 대한 국민의 신뢰에 반하는 권한남용으로 국가에 피해를 준 비행(misdeeds as peculiarly injure the commonwealth by abuse of high officers of trust)이 탄핵의 대상이 되는 행위라고 하였다.[47] 아무튼 탄핵의 대상에 관한 헌법제정회의에서의 논의의 핵심은 탄핵대상이 되는 행위는 기소 가능한 범죄(indictable offences)에 한정되는 것이 아니고 국가에 대한 권력의 남용(abuses against the state)도 이에 포함된다는 것이다.[48]

이와 같은 헌법제정자들의 의도에 기초한 헌법해석은 실제로 탄핵의 구체적 사건에서도 거의 그대로 적용되고 있음을 알 수 있다. 예컨대 앤드류 존슨 대통령 탄핵사건에서는 탄핵의 대상이 되는 범죄는 형법위반, 즉 기소 가능한 범죄에 국한되어야 한다는 견해가 주장된 바 있다. 당시 존슨 대통령 측은 탄핵이란 현행법규위반의 소추절차로서 어떠한 탄핵이라 하더라도 진정한 범죄(true crimes), 즉 기소할 수 있는 코먼 로 상의 또는 제정법상의 위반 이외에는 소추할 수 없다고 주장하였으나, 이 사건에서 상원은 이러한 견해를 지지하지 않았다. 그러나 한편 법관에 대한 탄핵사건에서는 형사소추할 수 있는 범죄만이 탄핵사유로서의 중대한 범죄 및 비행에 해당하는 것은 아니라는 견해가 지배적이었다.[49] 예컨대 1936년의 연방지방법원 판사 리터(Halsted Ritter)에 대한 탄핵에 있어서는 법관에게 법정을 추문과 악평으로 떨어뜨린 책임을 물어 유죄라고 결정한 바와 같이 형법위반에 이르지 않는 비행(misconduct)이라 하더라도 법원의 권위를 실추시키면 중대한 범죄 및 비행에 해당한다고 하였다.

1970년 4월, 연방 대법원 판사 더글라스(William O. Douglas)에 대한 탄핵 사건에서 당시 포드(Gerald Ford) 하원의원은 탄핵 대상이 되는 범죄나 비행을 "특정 시점에서 하원의원 과반수 이상이 탄핵대상이 되는 비행이라고 여기는 모든 행위와 상원의원 3분의 2 이상이 당해 공직자를 파면할 수밖에 없을 만큼 심각한 비행이라고 판단하는 모든 행위"라고 규정한 바 있다.[50] 이러한 정의는 너무 자의적이고 구체적 판별기준을 제시하지 못하고 있지만, 탄핵대상이 되는 비행을 정의하는 것이 얼마나 어려운가를 역설적으로 잘 보여주는 예라고 할 수 있으며, 또한 이것은 탄핵의 동기나 결정이 정치적 이해관계(political concerns)에 의해 좌우되고 있음을 말해준다고 할 수 있다.[51]

---

47 Ibid., p.105.
48 Ibid., p.104.
49 Berger, op.cit., p.56.
50 Gerhardt, op.cit., p.103.
51 Ibid.

이렇게 볼 때, 미국에 있어서 탄핵의 사유가 되는 범죄와 기소 가능한 범죄는 구별되는 것으로 이해되고 있으며, 대부분의 헌법학자들도 탄핵대상이 되는 행위는 기소 가능한 범죄보다는 넓은 개념으로 이해하고 있다.[52] 미국 헌법상의 규정을 보더라도 탄핵에는 사면권이 적용되지 않으며(제3조 제2항 제1절), 탄핵을 배심으로부터 제외하고 있는 것(제3조 제2항 제3절)도 탄핵은 순수한 정치적 성격을 지닌 것으로 보기 때문이다. 또한 탄핵으로 유죄판결을 받게 되면 파면 및 명예, 신임, 또는 보수를 동반한 합중국의 공무취임자격박탈 이상에 영향을 미치는 것은 아니라는 규정(제1조 제3항 제7절)에서 나타나는 바와 같이 탄핵은 형사절차라기보다는 파면절차를 의미한다. 만약 형사절차라고 한다면 상원의 심리가 아니라 연방대법원에서 심리하는 것이 적당할 것이다 그리고 동 조항 단서에 의해 따로 사인으로서 법률이 정하는 바에 의해 기소, 심문, 판결, 처벌을 받아야 함은 물론이다. 따라서 탄핵은 어디까지나 공직자에 대한 책임추궁절차라고 할 수 있다.

그렇다면 헌법상의 탄핵 조항에 있어서 중대한 범죄 및 비행은 형사범이라고 할 수 없는 범죄 및 기소의 대상이 되지 않는 범죄에도 적용된다고 할 수 있다. 존슨 대통령 탄핵사건에서도 탄핵되어야 하는 중대한 범죄 및 비행이라는 것은 본질적으로 통치원리를 파괴하거나 공공복지에 대하여 현저한 해악을 미치는 것을 말하며, 그밖에 헌법상의 선서의무 위반 또는 실정법위반은 아니더라도 부정한 동기 내지 목적을 위하여 자유재량권을 남용하는 것도 포함된다고 주장된 바 있다. 이에 대한 반대의견은 실정법위반으로 기소 가능한 범죄에 대해서만 탄핵될 수 있다고 주장하였으나 소수의견을 벗어나지 못하였다.

이상에서 살펴 본 바와 같이 탄핵사유로서의 중죄 및 비행에 관하여는 헌법제정 이래 지금까지 견해의 대립을 보여왔음을 알 수 있다. 하나의 입장은 보수적 견해로서 탄핵사유는 기소 가능한 범죄에 국한하는 것으로 해석하는 것이다. 그러나 이러한 해석은 실제로 형사법을 위반하지 않은 자를 파면한다는 것이 사실상 불가능하게 된다. 이러한 입장에 대하여는 관직의 부적격자를 파면하는 방법으로서 탄핵의 목적을 달성할 수 없다는 비판이 제기된다.[53]

또 하나의 입장에서는 중대한 범죄 및 비행이라는 용어는 기소 가능한 범죄를 나타내는 실정법상의 용어가 아니라 보다 광범위한 의미를 가지는 것으로 이해하고, 여기서는

52 Ibid.

53 그렇다고 의회 제정법 위반행위가 모두 탄핵의 대상이 되는 것은 아니라고 할 수 있다. 예컨대 무단횡단이나 과속 같은 법규위반으로 대통령이 탄핵되는 것은 명백하게 부당하다고 보기 때문이다. 반대 로 법규위반이나 범죄는 아니지만 대통령이 의도적으로 국방을 약화시키는 정책결정을 내린 경우 등에는 탄핵사유가 될 수도 있다. Laurence Tribe, American Constitutional Law, 2nd ed.(New York: Foundation Press, 1988), p.294; Gerhardt, op.cit., p.106.

공직자의 지위에 있는 것이 부적당하다고 할 수 있는 정신적 또는 윤리적인 일체의 비행을 포함한다고 해석한다. 이러한 견해 역시 단순한 정치적 의견의 충돌이나 대립에 의해 탄핵 될 수 있다는 위험성도 존재한다는 지적을 면하기 어렵다고 하겠다. 이처럼 중대한 범죄 및 비행이라는 용어는 아주 탄력성이 큰 용어로서, 이에 대한 상원의 자유로운 입장은 보수적 견해를 극복해 왔지만, 정치적 이유로 인한 탄핵이 가능하다는 이 자유주의적 해석은 상원의 탄핵권 남용을 저지하는 적당한 제재의 수단을 찾는 것이 곤란하다는 지적이 있다.[54]

위와 같이 헌법상 탄핵의 대상이 되는 행위의 해석에 있어서 대립되는 두 가지의 견해 중 자유주의적 입장이 우세하다고 할 수 있으나, 적어도 대통령에 대한 탄핵문제에 있어서는 실제로 법관에 대한 탄핵의 경우보다 엄격한 기준에 의거하여 탄핵조항을 적용하는 것을 알 수 있다. 미국 탄핵제도의 기원과 역사적 전개과정을 볼 때 의회의 대통령에 대한 탄핵은 대통령직의 권한남용에 이르는 정도의 엄청난 비행에 대해서만 허용하고 있음이 원칙이라 할 수 있다.

Ⅳ. 탄핵제도의 실제와 주요사례

미국 헌법상의 탄핵 제도에 대한 이해는 역사적 전개과정에서의 실제적 운용에 관한 분석이 중요한 의미를 가진다. 왜냐하면 미국 헌법의 전통은 제정 당시 헌법규정의 본래의 의미만으로 형성되어 온 것이 아니기 때문이다. 탄핵제도의 헌법적 의미를 결정하는데 있어서 역사적 실제와 관행은 필수적인 요소가 된다고 하겠다.[55]

미국의 역사에 있어서 탄핵이 행해진 것은 최근의 클린턴 사건을 제외하고 총 16건의 사례가 있었다. 그 중 대통령에 대한 탄핵사건은 앤드류 존슨과 닉슨의 2건에 불과하였다. 나머지 사건 중 12건은 연방법원 판사에 대한 탄핵 이었다. 이들 판사에 대한 탄핵사유는 주로 법관의 사법권 남용이었으나, 이들 사건 중 일부는 개인의 사적 행위가 포함된 것도 있다.

아무튼 2백년이 넘는 역사 속에서 행해진 17회의 탄핵 건수는 결코 많다고 할 수 없으며, 특히 대통령에 대한 탄핵의 드문 사례를 볼 때, 의회는 대통령의 권한남용이 명백한 경우에 신중하게 최후 수단의 무기로 탄핵권을 행사하였음을 볼 수 있다.[56]

---

54 Hocket, op.cit., vol. 2, p.349.

55 Sunstein, op.cit., p.70555

56 Ibid., pp.705－706.

그러나 최근의 클린턴 대통령에 대한 탄핵사건에 대하여는 헌법학자들의 비판적 시각이 강하며,[57] 이를 계기로 학계에서는 탄핵제도에 관한 재검토가 활발하게 논의되고 있다. 이하에서는 먼저 연방법원 판사에 대한 탄핵의 사례들을 개관하고, 최근의 클린턴 대통령 탄핵사건에 대해 살펴보도록 한다.

1. 연방법원 판사에 대한 탄핵

연방법원 판사에 대한 최초의 탄핵사건은 1803년의 피커링(John Pickering) 뉴햄프셔주 연방지방법원 판사에 대한 탄핵이었으며, 그후 1804년의 체이스(Samuel Chase) 연방대법원 판사에 대한 탄핵을 비롯하여, 1826년의 펙크(James H. Peck) 지방법원판사에 대한 탄핵사건 등을 거쳐 1980년대의 클레이본(Harry Claiborne), 헤이스팅스(Alcee Hastings), 닉슨(Walter Nixon) 사건에 이르기까지 총 12건의 탄핵사건이 있었다. 그 중에서 7명의 연방 판사가 상원의 유죄판결로 해임되었다.[58]

전술한 바와 같이 탄핵대상으로서의 모든 공무원 속에는 법관이 포함되는 것으로 확인되고 있으나, 헌법제정자들은 탄핵의 대상으로 법관에 대해서는 큰 관심을 갖지 않았으며, 오로지 대통령의 권력남용에 대한 통제수단으로 탄핵을 염두에 두고 있었던 것이다.

그러나 미국의 탄핵 제도의 실제를 보면 헌법제정자들의 의도와는 반대로 주로 연방판사에 대한 탄핵을 중심으로 운용되어 온 것이 특징이다. 그리고 초기의 법관에 대한 탄핵사건은 실제로 정치적 이유에 의해 탄핵소추가 행해진 것을 볼 수 있다. 체이스 연방대법관에 대한 탄핵은 당시 체이스가 제퍼슨 일파의 정치적 입장에 동조하지 않은 것을 이유로 한 것이었으나, 제퍼슨 진영의 분열로 이 시도는 실패로 끝나게 되었다. 이 제이스의 무죄판결은 정치적 당파심(political partisanship)에 대한 정의의 승리를 의미하였다.[59] 1805년의 체이스 판사의 탄핵사건 이래 지금까지 연방판사에 대한 탄핵이 10여건 있었으나, 정치적 이유에 기한 법관의 탄핵을 막아보려는 노력은 거의 존재하지 않았다고 할 수 있다.[60]

미국 헌법에 있어서 법관에 대한 탄핵은 사법권의 독립에 중대한 영향을 미치는 문제이다. 헌법기초자들은 통치구조에 있어서 사법권의 독립을 강조하였으며, 사법권독립을 위한 헌법상의 제도적 장치가 연방법원 판사의 종신제에 의한 신분보장 규정이다. 그렇기

57 Ibid., p.693.

58 상원의 심판으로 파면된 법관은 John Picking, West H. Humphreys, Robert W. Archbald, Halsted Ritter, H. Claiborne, A. Hastings, W. Nixon 등 7명이다. Gerhardt, op.cit., p.201.

59 Berger, op.cit., p224

60 Benard Schwartz, American Constitutional Law (Cambridge Univ. Press, 1955), p.135.

때문에 법관의 탄핵에 있어서 탄핵사유를 어떻게 정할 것인가, 또는 실정법상의 탄핵사유를 어떻게 해석할 것인가의 문제는 법관의 신분보장과 직접적인 관련을 갖게 된다.[61]

그러나 실제 법관에 대한 탄핵 사례들을 보면, 모든 탄핵 대상자에게 동일하게 적용되어야 할 탄핵사유와 기준이 법관에게는 차별적으로 적용되는 경우를 볼 수 있다. 예컨대 피커링(J. Pickering) 연방판사에 대한 탄핵사건에서는 법정에서의 술주정과 불경스런 언사를 이유로 탄핵되어 유죄판결을 받았으며, 1862년의 험프리스(W.H. Humphreys) 사건에서는 반역죄뿐만 아니라 판사로서의 부당한 판결이나 직무집행거부 등이 탄핵사유로 제시되었다. 그러나 체이스 사건에서의 상원의 무죄판결은 기소 가능한 범죄의 성질을 갖지 않는 한 공직자는 탄핵되지 않는다는 선례로서의 의미를 가진다고 할 수 있다.[62] 그 후 1936년의 리터(H. Ritter) 사건에서도 법관에게 법원을 추문과 악평으로 떨어뜨린 책임을 물어 유죄판결을 내린 바와 같이 형사 소추에 이르지 않는 법관의 비행이라 하더라도 법원의 권위를 실추시키고 국민의 신뢰를 저버리게 되면 탄핵사유가 된다고 하였다.[63]

최근에 와서 법관에 대한 탄핵 사례를 보면 1986년의 클레이본(H. Claiborne)사건에서는 판사의 개인소득세 탈루 혐의가 탄핵사유가 되었다. 이 탈세혐의는 판사의 직무에 직접 관련되는 것은 아니지만 그 행위가 법을 무시하고 판사직 수행에 필요한 도덕적 권위를 완전히 무너뜨리는 것으로 평가되기 때문에 탄핵결정에 이르게 된 것이다. 이 사건은 공직자는 국민의 신뢰를 받고 있는 자리에 있기 때문에 공직자가 국민의 신뢰를 완전히 저버린 행동을 한 경우는 비록 그 행위가 직접 공무 수행과 관계없다고 하더라도 공직으로부터 추방되어야 한다는 교훈을 심어 주었다.[64] 한편 이 사건 이전의 1970년 다글러스 대법원판사에 대한 탄핵시도에 있어서는 그의 기행과 난잡한 성생활이 많은 사람들을 불쾌하게 했음에도 불구하고 그러한 문제들이 대법관으로서의 직무 수행에 관련이 없다는 판단에 따라 그 시도가 좌절되었다.[65]

이 다글러스 판사에 대한 탄핵시도는 정치적 이유에 의한 탄핵의 현실을 말해주는 것이며, 그 이후의 여러 차례의 탄핵사건에서 탄핵사유의 범위를 한정하려는 시도가 행해졌지만 아직도 탄핵에서의 정치적 요인을 배제하려는 노력이 성공하지 못하고 있는 실정이다.[66]

61 사법권의 독립과 탄핵제도와의 관계에 관하여는 Schwartz, op.cit., pp135-136.
62 Foster, op.cit., pp586-587.
63 Berger, op.cit., p.56.
64 Gerhardt, op.cit., p.107.
65 Ibid.,
66 Ibid., p.103.

2. 클린턴 대통령 탄핵사건과 그 교훈

(1) 르윈스키(Lewinsky) 사건

1994년 5월 폴라 존스(Paula Jones)는 아칸소州 동부지구 연방지방법원에 대통령 클린턴을 상대로 민사소송을 제기하였다. 존스는 대통령이 아칸소 주지사였던 동안 그녀를 성희롱하였다고 주장하였다. 클린턴 대통령은 혐의를 부인하였고 또한 현직 대통령에 대한 소송을 구하는 사적 쟁송은 불가능하다고 주장했다. 이에 대해 1997년 5월 대법원은 전원일치로 대통령의 법적 주장을 배척하였다. 법원은 존스가 "지방법원의 관할에 적절히 호소하는 모든 다른 사람들과 마찬가지로 그녀의 청구는 합법적 처리를 구할 권리를 가진다"고 하여 그녀의 대통령에 대한 청구를 인정하였다. 그리하여 몇 개월 후 재판 전의 증거개시절차를 시작하였다.[67]

존스 소송에서 첨예하게 논란이 된 쟁점은 대통령이 다른 여성들과 가졌을지도 모르는 성적 관계에 관한 정보를 어느 정도까지 공개할 것인가의 문제였다. 존스의 변호사들은 대통령이 그녀에게 성적 희롱을 하였다는 것을 입증하는 데에 관련이 있다고 주장하면서 이 정보의 공개를 요구하였다. 대통령은 다른 여성들과의 관계에 관한 증거는 무관하다고 주장하면서 증거개시의 요구에 대해 항변하였다. 이 사건에서 라이트(Susan Webber Wright) 판사는 클린턴 대통령에게 다른 여성들과의 관계에 관한 정보를 제공할 것을 요구하였다.

1997년 12월 대통령은 존스에 의해 주장된 서면증거개시 심문에 대답하였다. 클린턴이 1986년 이래 성적 관계를 가졌던 모든 여성들을 확인하도록 요구받았을 때, 대통령은 선서 하에 아무도 없다고 답변하였다. 1998년 1월에는 클린턴은 대통령 집무실에서 라이트 판사가 주관한 증언녹취로 다른 여성들과의 관계에 관하여 선서 하에 심문을 받았다. 대통령은 전 백악관 수습직원이었고 펜타곤의 직원이었던 모니카 르윈스키(Monica Lewinsky)와의 관계에 관하여 많은 질문을 받았으나 클린턴은 선서 하에 르윈스키와의 '정사', '지속적인 성적 관계', 또는 '성적 관계'를 가졌다는 것을 부인하였다. 클린턴은 또한 르윈스키와 단둘이 있었던 어떤 특별한 기억도 없으며, 그들 사이에 교환하였던 어떤 선물도 기억나지 않는다고 진술하였다.[68]

한편, 1998년 1월 12일 특별검사국(Office of Independent Counsel: OIC)은 존스 소송과

---

67 르윈스키 사건에 관한 소개는 李憲煥, 『특별검사제－미국의 제도와 경험－』, 박영사, 2000, 200－218면 참조.
68 이헌환, 앞의 책, 202면.

관련하여 중요한 정보를 입수하게 되었다. 즉 르윈스키가 존스 소송에서의 한 증인의 증언에 영향을 미치려고 하고 있으며, 르윈스키 자신이 그 소송에서 선서 하에 허위의 정보를 제공하려고 준비되어 있다는 정보를 입수하였다. 특별검사국은 르윈스키가 존스 소송에서 자신이 증언하도록 소환받았다는 사실을 클린턴과 그녀의 절친한 친구 조단(Vernon Jordan)에게 말했다는 것과 조단과 다른 사람들이 그녀의 일자리를 찾도록 도와주었다는 것을 알게 되었다. 특별검사국은 정보의 신뢰성을 알아보기 위한 사건 증거를 수집한 후 법무장관에게 증거를 제출하였고 법무장관은 특별검사에 의한 더 이상의 조사가 필요하다고 결정하였다.

그리하여 법무장관은 법원특별부에 긴급을 이유로 하여 특별검사 스타(Kenneth Starr)의 관할 확장을 요청하였고 이 요청에 응하여 법원특별부는 스타 특별검사의 관할 확장명령을 발하였다. 즉 특별검사는 존스 사건과 관련하여 르윈스키나 그 밖의 다른 사람들이 위증을 교사하였는지 사법을 방해하거나 증인을 위협하였는지 등에 관한 전반적인 조사의 관할과 권한을 가진다고 하였다.

1998년 4월 라이트 판사는 비록 존스에 의해 주장된 사실이 진실이라 하더라도 그녀의 주장은 법적 요건을 구비 하지 못했다고 결론짓고, 대통령의 재판종결(summary judgment) 신청을 받아들였다.[69] 존스는 항소하였고 사건은 제8항소심법원의 심리를 받게 되었다.

존스 소송의 기각 후에도 특별검사의 조사는 계속되었으며 특별검사국은 모든 증거를 면밀히 검토한 후에 비리의 증거가 실질적이며 신뢰할 만하고, 그 비리가 의회로의 이송을 보증할 만큼 충분히 중대성을 가진다고 판단하였다. 특별검사국의 조사과정은 처음부터 대통령의 개인적 행위에 대한 부적절한 조사로 비난받아 왔다. 대통령 자신도 그의 행위에 대한 특별한 조사가 개인적인 사생활을 범죄시한다고 주장하였다. 이에 특별검사국은 대통령을 포함하여 모든 미국 시민들은 공적인 감시로부터 벗어나 사생활을 향유할 권리가 있음을 인정하면서도 이 사건에서 제기된 사적인 관심사는 일정한 한계가 있다고 판단하였다. 즉 소송에서의 증거가 단지 개인적이거나 사적인 행동에 관련된다는 이유로 거짓말을 하거나 증거를 은닉하는 당사자를 면죄하는 것은 의회와 법원이 성희롱법률을 제정하고 해석함으로써 달성하고자 하는 목적을 좌절시키게 된다는 것이다. 특히 그러한 위증이나 사법방해의 행위가 대통령에 의해 저질러졌을 때 그러한 행위는 탄핵의 사유를 구성할 수 있다고 주장한 것이다.

결국 특별검사국은 1998년 9월 9일, 클린턴 대통령이 탄핵사유를 구성할 수 있는 행위를 범했다는 실질적이고 신뢰할 만한 정보가 있다고 판단하여 11가지의 탄핵사유를 제

69 Jones v. Clinton, 990 F. Supp.657(E.D.Ark. 1988).

시한 보고서를 연방의회에 제출하였다. 탄핵사유의 주된 내용은 대통령 클린턴이 르윈스키와의 정사 또는 성적 관계를 부인하였을 때 민사소송 또는 대배심에서 선서한 후 거짓말을 하였으며, 대통령이 소송 진행 중에 사법방해를 하였다는 것 등이다.

(2) 의회의 탄핵절차

의회는 특별검사국의 클린턴 대통령 탄핵사유에 관한 보고서를 이송 받자 즉각 이 보고서를 공개하기로 결정하고 하원 운영위원회는 대통령에 대한 탄핵절차를 개시하였다. 당시 대부분의 미국인들은 클린턴이 비난받아야 하지만 탄핵으로 해임되어서는 안 된다는 여론조사가 있었으나,[70] 하원 법사위원회는 스타 보고서 검토를 시작하였고 하원의 공화당 의원들은 대통령에 대한 탄핵조사를 더 폭넓게 무제한적으로 행할 것을 촉구하였다. 1998년 10월 5일 하원 법사위원회는 클린턴에 대한 탄핵조사를 공식적으로 개시하기로 결정하였고, 10월 8일에는 하원이 258 대 176으로 탄핵조사안을 통과시켰다. 이 표결에서 31명의 민주당 의원이 이 조사안을 지지하였다.

이러한 과정에서 존스 소송의 항소심은 존스에게 유리한 것으로 알려졌으며, 존스는 클린턴에 대하여 200만 달러의 합의금을 제안하였으나 거절당하였다. 하원 법사위원회는 클린턴에 대하여 81개 항목의 질문서를 제출하였으며, 수백 명의 법학자들에게 자문을 구하였으나, 대다수의 법학자들은 클린턴의 탄핵사유에 대해 부정적인 입장을 표명하였다.[71] 1998년 11월 13일 클린턴은 존스와 85만 달러의 합의금으로 소를 취하하게 하였다.

1998년 12월 11일 하원 법사위원회는 네 가지 항목의 탄핵사유를 인정하여 하원 본회의에 상정하였다. 그 항목들은 다음과 같다:

① 대통령은 존스 소송 및 르윈스키와의 관계에 관하여 연방 대배심(federal grand jury)에서 위증과 허위의 또는 오판을 유도하는 진술(perjurious, false and misleading testimony)을 하였다.

② 대통령은 존스 소송에서의 서면질문과 녹취증언에서 위증과 허위의 또는 오판을 유도하는 진술을 하였다.

③ 대통령은 존스 소송과 관련된 증거의 제출을 지연시키고 방해하였으며, 증거를 은폐 또는 은닉하여 사법을 방해하였다.

④ 대통령은 의회에 대하여 위증과 허위 및 오판을 유도하는 진술을 함으로써 그 직무를 오용 및 남용하였다.

---

70 Washington Post, Sep.9, 1998.

71 Washington Post, Nov.7, 1998.

위의 네 가지 탄핵사유에 대하여 하원은 1998년 12월 19일 본회의에서 각각의 사유에 대한 찬반을 묻게 되었다. 제1항의 사유에 대하여는 본회의에서 228 대 206으로 통과되었으며, 제2항의 사유는 229 대 205로 부결되었다. 제3항의 사유는 221 대 212로 통과되었으며, 제4항은 285 대 148로 부결되었다. 결국 하원은 네 가지 탄핵사유 중 위증 및 사법방해의 두 가지 사유에 대해서만 탄핵안을 가결시켰다.[72]

그리하여 상원은 1999년 1월 7일 탄핵재판을 시작하였다. 공화당과 민주당 양당간의 의견대립 속에 2월 12일 탄핵여부에 대한 표결이 행해지게 되었다. 위증에 관한 표결에서는 55대 45로 부결되었는데, 공화당 의원 10명이 무죄에 찬성하였다. 사법방해에 대해 50 대 50으로 부결되었는데, 공화당 50명이 유죄에 투표하였고 민주당 45명과 공화당 5명이 무죄에 투표하였다. 결국 클린턴 대통령은 5개월 간의 탄핵절차의 속박으로부터 해방되었으나 국민으로부터의 강한 비난 여론을 벗어날 수는 없었다.

(3) 클린턴 탄핵 사건의 문제점과 교훈

클린턴 탄핵사건의 전과정에서 드러난 문제점과 특징은 여러 가지 관점에서 지적될 수 있다. 클린턴에 대한 상원의 무죄결정 직후, 많은 학자들이 이에 대하여 비판적 관점에서의 분석과 평가를 내리고 있다.[73] 여기서는 게르하르트 교수의 견해를 중심으로 클린턴 탄핵사건의 문제점과 교훈을 다음과 같이 요약할 수 있다 첫째, 탄핵소추권자인 하원이 독자적인 조사 없이 외부기관의 수사자료에 전적으로 의존하고 있다는 점을 지적할 수 있다. 이러한 하원의 태도는 지난 수년간 관행으로 확립되었다고 할 수 있는데, 최근의 여섯 차례의 탄핵시도 중 네 번은 미연방 법관회의(Judicial Conference)의 조사 및 요청에 근거했고 나머지 두 번은 특별검사(special federal prosecutor)의 수사에 의존하였다는 점에서도 알 수 있다.[74]

둘째, 클린턴 사건은 난립한 매스컴 시장의 선정적이고 경쟁적인 보도태도가 문제점으로 지적될 수 있다. 이 사건을 '제2의 워터게이트' 사건으로 특종화 하려는 과도한 언론의 시도는 국민을 식상케 하였다.[75] 셋째, 클린턴 사건은 대통령의 업무수행에 대한 높은 평가와 지지율에 근거한 국민적 여론이 탄핵결정에 실질적 영향을 미친 첫 번째의 사건이

---

72 Gerhardt, op.cit., p.195, n.1－2.

73 클린턴 탄핵사건을 비판적 관점에서 분석한 최근의 주요문헌으로는 Richard Posner, An Affair of State: The Investigation, Impeachment, and Trial of President Clinton (Harvard University Press, 1999); Bill Kovach and Tom Rosenstiel, Warp Speed: America in the Age of Mixed Media(Century Foundation, 1999); Elizabeth Drew, The Corruption of American Politics: What Went Wrong and Why(Birch Lane, 1999: Laurence H. Tribe, 1 American Constitutional Law, 3rd ed.(Foundation, 2000), pp.152－202 참조.

74 Gerhardt, op.cit., p.176.

75 Ibid, p.179.

라는 점이 또 하나의 특징이라 할 수 있다. 여론조사 결과를 보면 클린턴에 대한 탄핵이 진행되는 가운데 그에 대한 국민의 지지도는 지속적으로 67%를 유지하였으며,[76] 과반수의 국민이 클린턴의 해임을 반대하였다. 그러면서도 70% 이상의 국민이 클린턴 대통령에 대한 탄핵사유의 제1항에 대해서는 유죄라고 인정하였으며,[77] 67%가 클린턴이 여러 법률들을 위반하였다고 믿고 있었다. 또한 미국 국민의 76%가 클린턴 탄핵사건이 탄핵의 근거가 될 수 없는 순전히 사적인 비행을 다루고 있다고 생각하였다.[78] 다른 여론조사에서도 과반수의 국민들은 클린턴의 행위는 탄핵사유가 되는 범죄나 비행에 해당하지 않는다고 보았던 것이다.[79]

한편 클린턴 탄핵사건은 앞으로의 미국 탄핵제도가 나아가야 할 방향과 과제라는 관점에서 많은 교훈을 심어주었다고 할 수 있다. 이에 관하여는 게르하르트 교수의 견해를 중심으로 간단히 기술하도록 한다.

우선, 연방 헌법상 상원의 3분의 2 규정 때문에 양당이 대통령의 해임에 동의할 만큼 심각한 범죄나 비행이 아니고는 대통령을 탄핵하는 것이 불가능하다는 사실을 재인식하게 되었으며, 국민의 높은 지지를 받고 있는 대통령의 경우 탄핵제도는 그의 비행이나 권한 남용을 억제하는 효과적인 수단이 되지 못한다는 것을 지적할 수 있다.[80]

유죄의 입증책임을 지는 의회는 자신들이 행하는 기소와 심판이 당파적 이해를 초월한 것임을 입증하여 국민들을 설득할 수 있어야 탄핵제도가 성공할 수 있으며,[81] 탄핵결정을 재심사할 제도적 장치가 없는 현실에서 레임덕 의회가 탄핵결정에 관여한 것은 정당성에 큰 문제가 있다.[82]

클린턴 탄핵사건은 대통령과 법관의 탄핵에 있어서 서로 다른 기준이 적용된다는 사실을 확인하는 것으로 간주될 수 있으나, 게르하르트 교수는 그러한 해석이 타당하지 않다고 주장한다.[83] 이 사건에서 대통령을 옹호하는 입장에서 주장된 논의는 대통령에 대한 탄핵은 법관의 경우보다 그 기준이 엄격해야 한다고 주장하나 헌법해석상 탄핵기준은 탄핵대상이 되는 공직의 임기나 책임성에 관계없이 동일한 기준이 적용되어야 하며, 역사적으로도 헌법제정자의 의도가 대통령과 법관의 탄핵기준을 달리한 것은 아니라고 한

76 Mark Z. Barabak, "The Time Poll", The Los Angeles Times, January 31, 1999, Part A, p.1.
77 Josh Getlin, "The Truce Behind the Culture Wars: Shall Clinton Debate Drowns Out Broad American Consensus on Most Issues" , Los Angeles Times February 7, 1999, A1.
78 Barabak, op.cit., p.1.
79 U.S.News and World Report, Feb. 22, 1999, p.26; Gerhardt, op.cit., p.178.
80 Gerhardt, op.cit., pp.179–180.
81 Ibid., p.181.
82 Ibid., p.182.
83 Ibid., p.183.

다.[84] 탄핵에 관한 초기의 선례를 보더라도 앤드류 존슨 대통령의 탄핵은 연방 법관에 대한 탄핵이 4건이나 행해진 이후에 소추되었으나 존슨 대통령은 법관의 탄핵과 다른 기준의 적용을 주장하지 않았다. 그리고 법관의 탄핵기준을 대통령의 경우보다 낮고 느슨한 기준을 적용하는 것은 법관의 직무수행에 대한 정치적 보복(political retaliation against judges)을 방지하기 위한 헌법적 보호장치를 약화시키는 것이 되기 때문에 허용하기 어렵다.[85]

또한 클린턴 사건에서는 탄핵사유에 관한 기준을 적용하는데 있어서 이전의 7건의 연방 판사의 탄핵사건에서 적용한 기준의 상당부분을 충족시키지 못했다고 판단된다. 과거의 법관에 대한 탄핵에 있어서는 탄핵사유가 되는 비행이 1) 국가에 중대한 해악을 끼치고, 2) 그 비행이 당해 공직자의 직무와 관련이 있어야 한다는 기준을 적용하였음을 볼 수 있다. 여기의 두 번째 기준에 대한 판단은 비행의 정도가 심각한지 또는 공직수행을 불가능하게 하여 해임 이외에는 달리 의회가 취할 적절한 방법이 없는지를 고려하는 것이다. 그러나 클린턴 사건에서는 상원의원들이 실제로 이러한 기준의 적용을 결여한 채 표결에 참여하였다.[86]

마지막으로 클린턴 탄핵사건은 문제된 행위가 그를 대통령직에서 물러나게 할 정도의 공적 중요성을 가진 것도 아니고 해악을 끼친 것도 아니라는 사실을 확인시켜 주었다.[87] 이 사건에서 우리는 다음과 같은 교훈을 얻을 수 있을 것이다. 즉 탄핵제도는 아주 일부의 매우 예외적인 비행이나 범죄에만 적절한 수단이 될 수 있을 뿐이며, 오히려 탄핵 이외의 다른 수단들, 예컨대 여론과 선거, 역사의 심판이나 민·형사재판 또는 공개적 비판과 감시 등과 같은 것들이 고위 공직자의 권한남용과 비행, 범법행위를 막거나 억제하는 데에 더 적절한 수단이 될 수 있다는 점이다.[88]

V. 결 론

미국의 탄핵 제도는 헌법제정당시의 헌법기초자들의 의도와는 달리, 헌법시행 이후 지금까지 행해진 사례들 중에서 대통령에 대한 탄핵은 불과 3건에 불과했고, 나머지는 주

84 Ibid.
85 Ibid., p.184.
86 Ibid., p.187.
87 Ibid., p.191.
88 Ibid.

로 연방법원 판사에 대한 탄핵을 중심으로 전개되어 왔다는 점이 외견상의 두드러진 특징이다. 아울러 또 하나 중요한 특징은 탄핵의 목적과 배경이 행정부와 사법부 공직자의 권력남용에 대한 통제라고 하는 본래의 제도적 취지에서 벗어나 정치적 목적에 의해 정치적 보복수단으로 변질되기도 하였다는 점이다. 이러한 정치적 이해관계에 따른 탄핵권의 발동은 미국 통치구조를 지탱하는 근본원리로서의 권력분립에 기초한 대통령의 의회로부터의 독립과 사법권의 독립에 중대한 영향을 미칠 수 있는 문제이다.

법관에 대한 탄핵에 있어서의 주요 논점으로는 탄핵의 기준이 대통령에 대한 탄핵의 경우보다 상대적으로 낮고 느슨한 기준이 적용되어야 한다는 논의가 있다. 그 주장의 근거는 여러 가지가 있으나, 주요 논거로는 선거에 의해 선출되는 대통령은 선거 때마다 유권자에 대해 정치적 책임을 묻게 되지만, 연방 판사는 종신제에 의해 신분이 보장되어 있으므로 탄핵 이외에는 책임을 추궁할 방법이 없다는 것이다. 그리고 법관의 신분보장에 관한 헌법조항인 제3조 제1항의 'good behavior' 조항의 해석상 법관에 대한 탄핵사유는 대통령에 대한 탄핵사유로서의 '중대한 범죄 및 비행'(high crimes and misdemeanors)보다 넓게 해석해야 한다는 주장이다. 실제로도 여러 탄핵사건에서 법관의 탄핵사유는 대통령의 경우보다 낮은 기준을 적용하고 있음을 볼 때 탄핵소추권자인 의회는 대통령에 대한 탄핵에 보다 신중한 입장을 취하고 있음은 부정할 수 없다. 생각건대 대통령에 대한 탄핵은 대통령의 권한남용이 명백한 경우에 헌법질서를 수호하기 위해 발동되는 의회의 마지막 통제수단이라 할 때, 대통령에 대한 탄핵은 매우 신중해야 하며, 만일 탄핵이 정치적 당파심에 의해 비교적 용이하게 대통령을 파면할 수 있는 수단으로 이용된다면 이는 결정적으로 정치적 불안정을 초래하게 되는 위험을 피할 수 없게 된다. 이 점에서 대통령에 대한 탄핵사유의 엄격한 기준 요구는 타당하다고 할 수 있다.

그러나 한편, 대통령과 법관에 대한 탄핵기준이 달라야 한다는 입장에는 유력한 반대의견이 있다. 앞에서 본 바와 같이, 게르하르트 교수는 헌법의 문언해석상 탄핵기준의 이원화는 정당화될 수 없으며 법관에 대한 '낮은 기준'의 적용은 사법권의 독립을 보장하고 있는 헌법정신에 위배된다고 주장하고 있다. 법관의 신분보장과 사법권의 독립이라는 헌법적 가치의 중요성에 비추어 이 게르하르트 교수의 견해는 결코 간과할 수 없는 이론이라 하겠다.

미국 탄핵제도에 관한 헌법논의 핵심은 무엇보다도 탄핵사유로서의 '중대한 범죄 및 비행'에 관한 해석문제라 할 수 있다. 이 용어는 매우 불명확하고 모호하게 표현되어 있기 때문에 항상 탄핵사건이 제기될 때마다 격렬한 논쟁점이 되고 있다. 그러나 지배적 견해는 탄핵대상이 되는 행위라고 하는 것은 형사 소추할 수 있는 범죄(indictable offenses)뿐만 아니라 기소할 수 있는 범죄에 이르지 않는 공직자의 비행(misconduct)도 포함될 수 있다고 보는 것이다. 즉 명백한 실정법 위반의 범죄행위가 아니더라도 공직자의 행위가 정치적·윤리적으로 크게 비난받게 되어 국민의 신뢰를 저버리게 되면 이러한 행위도 탄핵 대상이 된다는 것이다. 요컨대 탄핵절차가 본질적으로 사법절차에 의한 법적 처벌이 아니라 어디까지나 정치적 성격의 징계절차를 의미하므로 탄핵대상이 되는 행위는 기소 가능한 범죄에 국한하지 않는다는 견해가 타당하다고 본다. 다만 탄핵사유를 이렇게 광의로 해석할 때 탄핵이 정파간의 대립구도 속에서 정치적 도구로 변질될 우려가 있다는 것이 문제이다. 이 점은 탄핵의 주체인 의원들의 자질과 신념 그리고 의원에 대한 국민적 여론과 비판에 의한 통제에 기대할 수밖에 없다고 하겠다.

미국 탄핵제도는 2백년 이상의 역사적 경험을 축적해 왔지만, 아직 성공적으로 운용되고 있다고 단정적으로 평가받기는 어렵다. 특히 최근의 클린턴 사건에서 드러난 미국 탄핵제도의 총체적 문제점은 앞으로의 국민적 합의를 통한 제도의 보완을 요구받고 있다. 그럼에도 불구하고 미국의 탄핵제도는 새롭게 근대적 입헌주의 헌법을 탄생시킨 헌법제정자들의 숭고한 권력분립과 책임정치의 정신에 기초하여 지금까지도 그 생명력을 유지하면서, 결코 경시할 수 없는, 때로는 위협적이고 결정적인 권력통제 수단으로서의 역할을 해왔다는 점을 높이 평가하지 않을 수 없다.

이러한 관점에서 볼 때, 우리나라의 경우 탄핵제도가 도입된 지 이미 반세기가 흐른 현시점에서도 그것이 하나의 헌법상의 장식물에 불과하다고 하는 사실은 한국 입헌민주주의의 현주소를 말해주는 것이라 할 수 있다. 이제라도 우리 헌법이 권력통제규범으로서의 규범력과 실효성을 더욱 높이기 위해서는 탄핵제도의 활용가능성에 관심을 가지고 이에 대한 깊은 연구가 절실히 요청된다고 하겠다.

7 지방선거와 정당참여에 관한 헌법적 고찰*

Ⅰ. 머리말

1987년 헌법개정과 이듬해의 지방자치법 전면개정에 따라 1991년에 지방의회의원선거가 실시됨으로써 우리 사회는 지방자치의 부활에 대한 기대를 갖게 되었다. 그리고 당시 이 지방의회선거 실시를 전후하여 지방선거 및 지방자치에서의 정당참여 문제를 둘러싸고 뜨거운 논쟁이 전개된 바 있다. 즉 지방선거에서도 국가선거와 마찬가지로 정당공천을 인정해야 한다는 정당참여론과 지방선거에서는 정당공천이 배제되어야 한다는 정당배제론이 첨예하게 대립되었던 것이다.[1] 그러한 논쟁의 배경 속에는 과거 1952년부터 1960년까지 시행되었던 지방선거에 있어서 정당의 개입에 따른 여러 가지 부작용과 폐해의 경험으로 정당참여에 대한 불신이 크게 자리잡고 있었음은 부정하기 어렵다.[2] 결국 대립된 두 입장을 반영한 타협안에 따라 기초의회의원선거에서만 정당을 배제하고 광역의원선거에서는 정당공천을 허용하는 지방의회의원선거법이 채택되고 1991년 3월과 6월에 각각 기초의회 및 광역의회선거가 실시되었다.

그 후 1994년 3월 정치개혁입법의 일환으로 기존의 각종 선거법을 통합한 공직선거및선거부정방지법(이하 '공선법'이라 함)을 제정하면서 지방선거와 정당참여 문제가 다시 거론되었고, 이번에는 모든 지방선거에 정당참여를 허용하는 입법이 행해졌다. 그러나 1995년의 전국동시지방선거를 앞두고 또다시 여야가 대립되면서 여당은 기초의원선거에 정당참여를 배제하는 쪽으로 입장을 바꾸게 됨에 따라 1995년 4월 공선법개정을 통해 제47조 제1항에 "정당은 선거(자치구·시·군의회의원선거를 제외한다)에 있어 선거구별로 선거할 정수범위 안에서 그 소속당원을 후보자로 추천할 수 있다"라고 규정하여 기초의회의원선거에서만 후보자의 정당추천을 배제하고, 동시에 기초의회의원 후보자의 정당표방을 금지(법 제84조)하게 되였다. 이 정당공천 배제규정은 지금까지 그대로 유지되고 있고, 기초의회의원선거의 정당표방금지는 최근 2004년 3월 공선법 개정으로 삭제

---

* 『공법연구』 제33집 제1호(한국공법학회, 2004. 11), 1-32면 수록.

1 당시 지방의회선거의 부활을 계기로 한 지방선거와 정당참여에 관한 논의로는 최창호, "지방선거와 정당", 『고시연구』 1990. 5월호, 183면 이하; 김병준, "정당배제론의 아류", 『지방자치』(1990. 6), 15면 이하; 김장권, "지방자치와 정당의 관계를 어떻게 보아야 할까", 『지방자치』(1991. 2), 66면 이하; 조창현, "지방자치제의 정당공천찬성론", 대한정책개발연구소 『정당과 재정이 지방자치에 미치는 영향』, 1990, 28면 이하.

2 1952년 제1대 지방의회선거에서부터 1956년과 1960년의 지방의회선거에 이르기까지 선거에의 정당참여에 따른 폐해에 관하여는 정세욱, 『지방자치학』, 법문사, 2000, 318-321면.

되었다.[3]

이와 같이 현행 지방선거는 기초의원선거의 경우에만 정당참여를 배제하고 그 밖의 기초자치단체장과 광역자치단체장 및 광역의회의원선거에는 정당참여를 허용하고 있으나, 여전히 지방선거와 정당참여에 관한 논의는 지금까지도 끊임없이 이어지고 있다. 학계와 정치권, 시민단체 등에서는 자치단체장 선거에서도 정당공천을 배제해야 한다는 주장과 그 반대로 모든 지방선거에 정당참여를 허용해야 한다는 주장이 맞서고 있으며, 현직의 시장·군수·구청장들은 기초자치단체장의 정당공천배제를 강력히 요구한 바 있다.[4]

그러한 가운데 1999년에는 공선법상의 기초의회의원후보의 정당표방금지조항에 대한 헌법소원이 청구된 사건에서 헌법재판소는 "모든 선거 중 기초의회의원선거의 후보자만 정당표방을 금지할 것인가의 문제는 헌법상의 정당보호 및 지방자치제의 제도적 보장, 우리의 정치문화와 지방자치에 대한 국민의식 등 제반사정을 헤아려 입법자가 결정해야 될 입법재량의 영역에 속하는 것"이며, 그것은 "기초의회의 구성 및 활동에 정당의 영향을 배제함으로써 지역실정에 맞는 순수한 지방자치를 실현하기 위한 필요불가결한 것"이라고 판시한 바 있다.[5] 그러나 헌법재판소는 얼마 못 가서 판례를 번복하여 기초의회의원후보자의 정당표방금지는 후보자의 정치적 표현의 자유를 과도하게 침해하는 것으로 위헌이라고 결정하였다.[6]

이처럼 우리 헌법재판소의 입장도 일관성을 유지하지 못하고 있는 바와 같이, 지방선거에서의 정당참여에 관한 논쟁의 첨예한 대립은 쉽게 결론이 나기 어려운 문제로서, 마치 평행선을 달리는 철로의 두 레일과도 같다고 할 수 있다. 왜냐하면 이 문제는 법리에 기초한 규범적 판단의 문제라기보다는 제도선택의 문제이며, 한국 민주주의의 현실을 보는 시각의 차이에서 비롯된 문제라 할 수 있기 때문이다. 지방자치가 발전하고 성숙되어 있는 선진국가들을 보더라도 이 문제에 대한 해답은 쉽게 찾을 수 없다고 하겠다. 예컨대 영국은 지방선거에 정당 참여를 보장하는 대표적인 국가로서 정당본위의 지방선거가 실

---

3 공직선거법 제84조는 "자치구·시·군의원선거의 후보자와 무소속후보자는 특정 정당으로부터의 지지 또는 추천받음을 표명할 수 없다. 다만, 정당의 당원경력의 표시는 그러하지 아니하다"라고 규정하고 있었으나, 2004년 3월 개정법에 의해 위의 "자치구·시·군의원선거의 후보자와"부분이 삭제되었다.

4 2001. 10. 11. 전국 시장·군수·구청장 일동은 「지방자치관련법 개정에 관한 대정치권 건의문」을 통해 기초자치단체장의 정당공천배제를 다음과 같이 건의하였다.
"정당들이 기초단체장 정당공천을 고집하는 이유는 지방자치를 위해서가 아니라 당리당략과 정치인의 개인적 이기주의를 충족하려는 데 있다. 기초단체장 정당공천제는 지방자치를 중앙정치의 부속물로 전락시키고 있다. 또 지방자치를 극도로 왜소화시켜 정당을 통한 중앙집권화를 초래하고 있으며 지방선거의 과열화와 지역분할 구도의 심화, 공천헌금으로 인한 부정부패 유발 등 엄청난 폐해를 낳고 있으므로 정당공천제를 즉각 폐지해야 한다."

5 헌재 1999. 11. 25. 99헌바28, 헌재판례집 제11권 2집, 543면 이하.

6 헌재 2003. 1. 30. 2001헌가4.

시되고 있으나, 그 반대로 정당참여를 배제하는 나라들로 미국, 캐나다 등이 있다. 일본의 경우는 지방선거에 정당참여를 금지하고 있지 않지만 실제로 지방선거는 '비정당선거'로 운용되고 있는 것이 특색이다. 이렇게 볼 때 지방선거에서의 정당참여의 여부는 각국의 정치적 상황이나 역사적 배경 및 국민의 정치의식 등에 의해 그 국가에 적합한 형태가 결정되는 것이라 할 수 있으며, 달리 말하면 이는 지방자치제와 정당제도 사이에 있어서 어느 것을 우선할 것인가의 문제이며, 양 제도를 어떻게 조화적으로 실현할 것인가의 문제라 하겠다.

국내에서의 지방선거와 정당참여에 관한 학계의 논의와 연구는 주로 지방행정학이나 정치학 영역에서 지방자치연구자 중심으로 활발하게 이루어져 왔으나, 공법학의 입장에서는 적극적 관심을 보이지 않고 있으며 연구성과도 미진한 수준에 머물고 있다.

본고에서는 먼저 지방선거의 본질과 특성을 헌법적 관점에서 살펴보고, 지방선거에서의 정당참여 문제를 외국의 제도개관과 지금까지의 학계 논의 및 헌법재판소의 판례를 통해 분석한 후, 앞으로 우리사회의 지방분권확립과 바람직한 지방자치제의 정착을 위하여 지방선거와 관련한 지방자치의 발전방향과 대안을 제시하도록 한다.

Ⅱ. 헌법과 지방선거

1. 지방선거의 본질 — 국가선거와 지방선거의 구별

헌법상의 선거제도는 국민주권원리에 기초한 대의제 민주주의의 불가결의 형성과정으로서 그것은 국민대표기관의 구성방법을 의미한다. 그리하여 우리 헌법은 국회의원선거(제41조 제1항)와 대통령선거(제67조 제1항)에 관하여 선거의 기본원칙을 명문화하고 있다. 이러한 국민대표기관의 선출을 위한 국정선거 내지 국가선거와 지방자치단체의 의회의원 및 단체장의 선출에 관한 지방선거는 대의제 민주주의의 구현방법이라는 점에서는 동일한 의미의 선거라고 할 수 있으나, 양자는 그 본질적 성격상 몇 가지 차이점을 인정할 수 있을 것이다.

첫째, 국정선거는 국민에 의한 국민의 대표기관을 선출하는 것으로 그 국가기관의 선출을 통하여 국민에 의한 국가 정책결정의 포괄적 선택을 의미하며, 동시에 국가권력담당자에 대한 기본적인 민주적 정당성부여행위로서의 의미를 가진다. 그러나 지방선거는 전체 국민에 의한 대표자선출이 아니라 지방자치단체의 관할구역 안에 거주하는 주민에 의한 지역의 대표를 선출하는 제도라는 점에서 양자는 구별된다. 즉 국가선거에서의 선거권자를 의미하는 국민은 전체국민 중에서 일정한 연령에 달하여 선거권을 부여받은 유권자의 총체를 의미하지만, 지방선거에서의 선거권자는 지역내의 주민으로서의 국민이며,[7] 이 점에서 지방선거는 국가적 의사결정과 무관한 지역적 사무와 주민의 복리증진에 관한 정책결정이 주요쟁점이 된다.

둘째, 국가선거에 있어서 국민과 대표자와의 대표관계는 이른바 무기속위임 내지 자유위임의 원칙에 입각하고 있으며, 지방선거에서도 주민과 대표자간의 관계는 무기속위임의 원칙이 적용되는 것이지만,[8] 지방선거에서의 무기속위임의 정도가 국가선거의 경우와 동일하게 적용되는지에 관하여는 의문이 여지가 있을 수 있다. 국회의원의 경우 유권자에 의해 선출되게 되면 전국민의 대표자로서 활동하며 의원의 원내에서의 의사결정에 대하여는 임기중 국민으로부터 법적 책임을 추궁 당하지 않는 자유로운 지위가 보장되지만, 지방의회의원은 국회의원과는 달리 면책특권과 불체포특권이 보장되지 않고, 제척제도(지방자치법 제62조)가 적용되고 있는 점에서 차이가 있으며, 나아가 직접적인 주민참여에 의한 책임추궁과 통제가 제도화되어 있다는 점에서도 차이가 있다. 예컨대 주민소환제에 의한 주민의 대표자에 대한 통제는 자유위임의 원칙이 적용되는 국회의원과 유권자간의 대표관계와는 구별된다고 할 수 있다. 물론 우리나라는 아직 서구형의 주민소환제가 채택되지 않고 있지만,[9] 주민 스스로의 참여에 의한 지방사무의 처리를 목적으로 하는 지방자치의 본질상 지방자치에 있어서의 대의제원리는 주민에 의한 직접적 통제와 강한 직접민주제적 요소에 의하여 제약을 받게 되는 점을 부정하기 어렵다. 이 점에서 지방선거에서의 대표관계는 국가선거에 비해 자유위임의 정도가 약하다고 할 수 있다.

셋째, 국회의원선거와 대통령선거에 관하여는 헌법이 직접적으로 보통·평등·직접·비밀선거의 원칙을 규정하고 있으나(제41조 제1항, 제67조 제1항), 지방선거에 관하여는 헌법이 의회의원의 선거와 '자치단체장의 선임방법'을 법률에 위임하고 있는 점(제118조 제2항)이 다르다. 따라서 국가선거에서의 국민의 선거권은 당연히 헌법상의 권리를 의미하지만, 지방자치단체장의 선임방법은 법률에 위임하고 있으므로 적어도 자치단체장의 선거

7 지방자치법 제13조 제2항도 '국민인 주민'의 지방선거에 참여할 권리를 규정하고 있다. 이와 관련하여 오늘날의 세계화시대에 있어서 '외국인인 주민'의 참정권허용 문제가 논의되고 있으며, 2002년 정부가 외국인 거주자의 지방선거 참여허용의 입장을 밝힌 바 있으나 결국 백지화되었다. 외국인의 참정권에 관하여는 최우용, "외국인의 참정권에 관한 연구 — 재일동포 참정권의 문제와 일본의 학설을 중심으로 —", 『공법학연구』 제4권 제2호, 2003, 315면 이하 참조.

8 홍정선, 『지방자치법학』(제2판), 법영사, 237면.

9 현행 지방자치법상 주민의 참여에 의한 통제로는 조례의 제정 및 개폐청구(제13조의3)와 주민의 감사청구(제13조의4), 주민투표제(제13조의2) 등이 있으며, 최근에는 주민소송제의 도입에 관한 논의가 활발하게 전개되고 있다. 주민소송제 도입논의에 관하여는 『자치행정』(2004. 4) 특별기획 주민소송제도의 도입, 9-28면; 한국지방행정연구원, 지방분권 대토론회(대구전시컨벤션센터, 2004. 4) 참조.

권은 법률상의 권리로 볼 수 있을 것이다.[10] 그러나 이 점에 대하여, 지방자치제가 헌법상 보장되고 있고 자치단체의 대표인 단체장이 주민의 자발적 지지에 기초를 둔 선거에 의해 선출되어야 한다는 것은 지방자치제도의 본질로부터 논리적으로 당연히 도출되는 원리여서 단체장의 선거권 및 피선거권은 헌법에 의해 보장되는 기본권이라고 보는 견해도 있다.[11]

생각건대 보통·평등·직접·비밀선거의 원칙에 의한 국민의 국회의원선거권과 대통령선거권은 헌법이 직접 명문규정을 두고 있으나, 지방선거에 있어 지방의회의원의 선거와 자치단체장의 선임방법은 법률로 정한다고 규정하고 있으며 특히 단체장에 관한 한 주민의 직접선거가 헌법적 의지라고 볼 수 없으며, 지방자치법 제13조 제2항에 "국민인 주민은 법령이 정하는 바에 의하여 그 지방자치단체에서 실시하는 지방의회의원 및 지방자치단체장의 선거에 참여할 권리를 가진다"라고 규정한 것을 보더라도 자치단체장의 선거권은 법률상의 권리로 보는 것이 타당할 것이다.

넷째, 국가선거와 지방선거는 피선거권의 요건에서도 차이점을 볼 수 있다. 현행 공직선거법은 국회의원선거에 있어 피선거권자의 거주요건을 두고 있지 않으나(동법 제16조 제2항), 지방선거의 경우는 자치단체장과 지방의원 모두 일정한 거주요건을 규정하고 있다(동법 제16조 제3항). 즉 선거일 현재 계속하여 60일 이상 당해 지방자치단체의 관할구역에 주민등록이 되어 있는 자로 거주요건을 규정함으로써 거주요건이 없는 국회의원선거에 비해 엄격한 피선거권자의 거주요건을 요구하고 있다. 이는 국회의원선거가 비록 지역구 중심으로 선출된다고 하더라도 국회의원은 지역구의 대표가 아니라 전국민의 대표성을 가지는 데 비해 지방선거에서의 의원이나 단체장은 지역대표성이 강조되기 때문에 관할구역내의 거주요건을 두고 있다고 할 수 있다.

위와 같이 국정선거와 지방선거는 그 성질상의 차이점을 인정할 수 있으며 이러한 양자의 구별점에서 볼 때 오늘날 국정선거에서의 정당국가적 민주주의의 영향이라든지 그에 따른 선거의 의미변질이 그대로 지방선거의 영역에도 적용되는 것으로 단정지울 수 없음을 알 수 있다. 오늘날의 국가기관의 구성에 관한 선거제도가 정당정치의 발달에 따라 정당중심의 선거로 변질된 것이 보편적 현상이지만, 그렇다고 해서 이러한 정당중심의 선거가 지방선거에서도 그대로 적용되어야 한다는 논리는 정당화될 수 없다. 이 점은 다음 항에서 따로 설명하도록 한다.

---

10 헌재 1994. 8. 31. 92헌마174.

11 성낙인, 『헌법학』(제4판), 法文社, 2004, 879면.

2. 정당제 민주주의와 지방선거

(1) 국가선거과정의 필수적 요소로서의 정당

주지하는 바와 같이 현대의 대중민주주의와 대의제민주주의에 있어서 정당은 필수불가결의 요소로서, 그것은 "민주정치의 중심에 위치하여 결정적이고 창조적인 역할을 수행하는" 국민의 자발적 정치적 결사를 의미한다.[12] 정당은 국민과 국가기관을 연결시키는 중개체로서 국민의 정치적 의사형성에 참여하는 것을 본질적 기능으로 하고 있다. 정당은 국민의 다원적 정치의사를 능동적으로 통합하고 집약함으로써 여론을 형성하고 국가정책결정에 직접 영향을 미칠 수 있는 규모의 정치적 의사형성에 참여한다. 정당은 또한 공직선거의 후보자를 추천하고 선거활동을 함으로써 정치지도자를 선발 양성하며, 국가기관의 구성에 참여하고 행정부를 통제하는 기능을 담당하고 있다.[13]

이러한 정당의 기능과 활동의 중요성이 강조되는 현대의 정당제 민주주의 내지 라이프홀츠의 이른바 '정당국가적 민주주의'(parteienstaatliche Demokratie)에 있어서는 민주정치의 구조변질이 나타나게 된다.[14] 그리하여 국민의 지배이어야 할 민주정치가 '정당의 지배'로 변질되게 되었으며, 정당국가에 있어서 국민의 일반의사는 다수당의 의사와 동일시된다. 의회 의원은 이미 전국민의 대표자로서 자기의 양심에 따라 자유롭게 행동하는 것이 아니라 잘 훈련된 무정견투표자 또는 정당의 대리인에 불과하게 된다. 선거의 의미도 변질되어 의원 개인을 선출하는 것이 아니라 국민투표적 성격을 띠는 것으로 어느 정당에 국가권력을 담당케 할 것인가의 정부선택을 의미하게 된다. 후보자의 자질이나 인품보다는 후보자의 당적이 당락을 좌우하는 결정적 요소가 된다. 이는 곧 인물본위의 선거로부터 정당본위의 선거로의 추이를 의미한다.[15]

정당제 민주주의에 있어서 정당의 선거과정에서의 결정적 영향력은 우리의 정치현실에도 마찬가지이다. 국회의원선거와 대통령선거는 정당간의 선거전 중심으로 전개되고 무소속후보의 당선가능성은 갈수록 희박해지는 것이 현실이다. 특히 한국의 지역주의적 정치상황에서 특정 정당에 의한 후보자공천은 바로 당선을 의미할 정도로 정당의 영향력은 크다.

우리의 헌법사에 있어서 정당국가적 경향을 반영하여 헌법상 정당조항을 최초로 둔

12 E. E. Schattschneider, Party Government, 1958, p.1.
13 정만희, 『헌법과 통치구조』, 법문사, 2003, 185−186면.
14 G. Leibholz, Strukturprobleme der modernen Demokratie, 1958, S. 93ff.
15 정만희, 앞의 책, 487면.

것은 제2공화국헌법이며, 제3공화국헌법은 철저한 정당국가적 경향을 지향하였다.[16] 현행 헌법은 제8조에 정당조항을 두어 제1항에서는 정당설립의 자유와 복수정당제보장을 규정하고, 제2항에서는 "정당은 그 목적·조직과 활동이 민주적이어야 하며, 국민의 정치적 의사형성에 참여하는 데 필요한 조직을 가져야 한다"고 규정하여 정당활동의 헌법적 임무와 정당의 헌법적 기능을 명문화하고 있다. 제3항과 제4항에서는 정당에 대한 국가적 보호와 위헌정당해산을 규정하고 있다. 나아가 정당법은 제2조에 정당의 개념을 정의하여 "이 법에서 정당이라 함은 국민의 이익을 위하여 책임있는 정치적 주장이나 정책을 추진하고 공직선거의 후보자를 추천 또는 지지함으로써 국민의 정치적 의사형성에 참여함을 목적으로 하는 국민의 자발적 조직을 말한다"라고 규정하고 있으며, 제31조에는 정당의 공직선거후보자추천의 민주화에 관한 규정을 두고 있다. 또한 동법 제38조에는 정당이 일정기간 국회의원총선거와 지방선거에 참여하지 않거나, 국회의원선거에 참여하여 의석을 얻지 못하고 유효투표총수의 100분의 2 이상을 득표하지 못한 때에는 정당등록을 취소하도록 규정하고 있다. 이상의 규정에서 볼 때 우리의 헌법과 법률에 의해 보장되고 규율의 대상이 되는 정당이란 국민의 정치적 의사형성에 참여하는 국민의 자발적 조직으로서, 공직선거에 참여하는 것을 필수적인 요건으로 하는 정치적 결사를 의미한다.

여기에서 정당의 핵심적 기능은 공직선거에의 참여를 통한 국민의 정치적 의사형성에 있음을 알 수 있다. 그리고 여기에서의 '국민'의 개념은 주권의 주체로서의 전체 국민이며, 구체적으로는 유권자의 총체로서의 국민의 개념으로 이해해야 할 것이다. 그렇다면 정당의 공직선거참여는 대통령선거와 국회의원선거와 같은 국민의 대표기관의 구성에 있어서 국민의 정치적 의사형성에 참여함을 의미하는 것은 당연하다. 특히 정당등록취소요건의 하나로 국회의원선거에서의 일정한 득표율을 기준으로 규정한 것(정당법 제38조 제1항 3호)을 보더라도 정당이 참여하는 공직선거란 국가선거를 중심으로 하고 있음은 분명해진다.

다시 말하면 정당에 관한 우리 헌법과 정당법의 기본정신과 태도는 국민의 정치적 의사형성에 참여하는 정당은 국회의원과 대통령의 선거와 같은 국가기관의 구성에 관한 국민의 중요한 정치적 의사결정에 참여하는 기능을 수행하여야 한다는 것이며, 이러한 기능을 수행하는 정당만이 국가의 보호를 받는 법적인 정당개념이 될 수 있다는 것으로 해석할 수 있다.[17]

---

16 정만희, 『정당법론』, 동아대출판부, 1985, 68면 이하.

17 헌법재판소도 "헌법이 보장하고 있는 정당의 본래적 존재의의가 국민의 정치적 의사의 형성에 참여하는 데 있으며(헌법 제8조 제2항 후문), 오늘날 대의민주주의에서 이러한 참여의 가장 중요한 형태가 선거를 통한 참여임은 의문의 여지가 없다"라고 밝히고 있다. 헌재 1991. 3. 12. 91헌마21.

(2) 정당의 지방선거참여의 법적 성격

위와 같이 헌법과 정당법에 의한 정당의 선거참여는 주로 국정선거에 관한 참여를 의미한다고 이해할 때, 정당의 지방선거참여는 어떻게 보아야 할 것인가가 문제된다. 정당의 지방선거참여는 헌법에서 그 직접적 근거를 찾기 어렵다고 할 수 있으나, 이는 정당의 국정 레벨에서의 본래의 기능, 즉 국민의 정치적 의사형성에 참여하는 기능을 부수적으로 지방자치의 영역에서도 접목시키는 것이 가능하다고 볼 수 있고, 따라서 입법에 의해 지방선거에 정당참여를 허용할 수 있다고 보는 것이다. 우리의 공직선거법이 대통령선거와 국회의원선거 뿐만 아니라 4대 지방선거를 모두 공직선거에 포함시키고 있으며, 지방선거에 있어서도 기초의회의원선거를 제외하고는 광역자치단체의 의회의원 및 단체장, 기초자치단체장의 선거에 대한 정당공천을 인정하고 있기 때문에 우리의 법제가 정당의 지방선거참여를 국가선거에서의 정당참여와 동등한 수준에서 보장하는 것으로 인식될 수 있으나, 그러한 해석은 타당하지 않다고 본다. 왜냐 하면 전술한 바와 같이 우리 헌법상 정당은 국민 전체의 정치적 의사형성에 참여하는 헌법적 기능을 수행하기 위해서 (국가기관구성에 관한) 선거에 참여하는 권리와 임무를 부여받은 것이지, 국가의사결정과 거리가 먼 지역의 정치와 지방선거에 참여하는 정당활동까지 헌법이 보장하고 있는 것은 아니기 때문이다.[18]

우리 헌법은 제117조에 제도적 보장의 일환으로 지방자치제를 규정하고 있으며, 자치단체의 선거에 관하여는 "지방의회의 조직·권한·의원선거와 자치단체의 장의 선임방법 기타 지방자치단체의 조직과 운영에 관한 사항은 법률로 정한다"(제118조 제2항)라고 규정하여 그 선거방법을 법률에 위임하고 있다. 따라서 지방선거에 정당을 참여시킬 것인가의 문제에 관하여 헌법은 중립적 입장을 취하고 있다고 볼 수 있으며, 이 문제는 결국 입법정책적 문제라고 할 수 있다.[19] 그렇지만 입법정책의 문제라고 해서 지방선거에의 정당참여가 국가선거에서의 정당참여와 같은 수준으로 필수적인 것으로 규정할 필요는 없으며, 주민의 입장에서 정당참여를 필요로 하는 경우에 지방선거의 종류에 따라 선택적으로 도입할 수 있는 문제이며, 지방자치의 본질을 침해하지 않는 범위 안에서 그 내용이 정해져야 하는 입법재량의 한계가 준수되어야 할 것이다.

---

18 헌법재판소가 지방자치단체장의 선거권과 피선거권을 헌법상의 권리가 아닌 법률상의 권리로 파악하고 있는 판례(헌재 1994. 8. 31. 92헌마174)에 비추어 보더라도 지방자치단체장의 선거에 정당이 참여하는 것이 헌법상 정당의 권리로 볼 수 없다.

19 유지태, "지방자치단체장의 선임방안 — 정당공천제 문제를 중심으로", 한국지방자치법학회 『지방자치법연구』 제1권 제2호, 2001, 40－41면.

그렇다면 입법정책에 의해서 부수적·선택적으로 지방선거에 정당참여가 허용되는 경우는 광역자치단체와 같이 지방자치단체의 인적·지역적 규모의 확대로 인하여 지역주민의 다양한 의사를 수렴하고 정책에 반영하기 위해서는 정당조직의 필요성이 인정되는 경우에 한한다고 할 수 있다. 즉 자치단체의 광역화로 인해 그 자치단체의 의사결정이 대의제 방식에 의할 수밖에 없으며, 여기에 주민과 대표기관 사이의 중개적 기구로서 정당조직에 의한 주민의사의 형성과 반영을 위해 정당의 관여가 요구될 수 있는 것이다. 그 경우에도 중앙정당이 직접 개입하는 것이 아니라 당해 자치단체의 관할구역에 해당하는 중앙당의 지부 또는 독자적인 지방정당이 참여하는 것이 바람직하다. 왜냐 하면 중앙정당의 개입은 지역적 주민의 의사결정의 자율성을 침해하게 되고 지방자치단체의 중앙정당에의 예속화가 우려되기 때문이다. 따라서 중앙정당의 활동에 부수하여 당의 지방조직이 지역적 정치의사형성에 참여하는 것은 지방자치 보장의 헌법정신에도 반하지 않으며 주민의 정치참여를 위해서도 바람직하므로 허용될 수 있다.

이를 달리 말하자면, 지방자치가 단지 정치중립적인 지방행정적 영역에만 머무르지 않고 '가치배분을 결정하는 지방정치'[20]라는 점을 강조할 때는 지방자치에 정당조직이 참여할 수 있다는 것이 된다. 그러나 이 경우에 있어서도 기초자치단체와 같은 소규모의 자치단체에 있어서는 지방정치적 요소보다는 지방행정적 영역이 대부분을 차지하며, 기초단체의 주민과 대표자간의 중개적 기구의 필요성이 절실히 요청되지 않으므로 정당참여를 배제하는 것이 타당하다고 하겠다. 그리하여 현행 공선법은 기초의회의원선거에 한하여 정당공천배제를 규정하고 있으나, 필자는 기초단체장 선거의 경우에도 기초의회선거와 마찬가지로 정당참여가 배제되어야 하는 것이 형평성에 부합된다고 본다.

(3) 지방선거에서의 정당배제와 정당의 자유 제한

지방선거에 정당공천을 배제하거나 정당표방을 금지하는 입법이 행해지는 경우 그것이 정당활동의 자유, 후보자의 선거운동의 자유 등을 침해하는 것이 아닌가의 의문이 제기될 수 있다. 먼저 정당의 입장에서 볼 때, 지방선거에 정당의 후보자를 추천하지 못하고 그 후보자를 위한 선거운동을 하지 못하게 되면 이는 헌법상 보장된 정당활동의 자유를 침해하는 것이 아닌가의 의문이 있을 수 있으나, 전술한 바와 같이 본래 정당의 활동은 전국을 지역적 기초로 하여 전국민의 정치적 의사형성에 참여하는 것을 목적으로 하는바, 국정선거에 참여하는 것은 정당의 권리이며 특권이지만,[21] 지방선거에의 참여는 헌법상

---

20 황아란, "지역주의와 지방자치: 기초자치단체장의 정당공천", 『한국행정학보』 제36권 제2호, 2002, 131면.
21 권영성, 『헌법학원론』, 법문사, 2004, 196면.

정당의 특권이나 권리로 보기 어렵다. 즉 정당은 전국적 규모의 국민의 정치적 의사형성에 참여한다는 헌법적 기능을 수행하기 위해 국정선거에 참여하는 것은 헌법상의 권리이지만, 지방선거에 정당이 참여한다고 해서 그것이 헌법상의 권리로서 보장되는 것은 아니라고 할 수 있다.

그렇게 본다면, 지방선거에 정당의 참여를 법률로써 인정하는 경우 그것은 주민과 자치단체 사이의 의사소통을 위한 매개체로서 자치단체의 의사결정에 요구되는 정당의 순기능을 전제로 하여 정당의 활동을 지방자치영역에까지 확대하는 것을 의미하며, 정당의 참여가 오히려 지방자치의 제도적 본질을 훼손하게 되는 우려가 있고 지역실정에 맞는 순수한 지방자치의 실현을 방해하게 되는 경우에는 법률로써 정당의 참여를 배제할 수 있는 것이다.

또 다른 측면에서 볼 때, 정당이 지역 주민의 정치적 의사형성에 참여하고 지방선거에 참여하는 경우에 그것이 '국민의 정치적 의사형성에 참여'하는 정당의 헌법상의 기능에 포함되는 것으로서 정당의 헌법적 권리로 인정된다 하더라도, 지방선거에서의 정당배제는 그로 인한 지방자치의 제도적 보장이라는 이익이 정당의 자유의 제한으로 입게 되는 손해보다 크다고 할 수 있으므로, 이는 법익의 균형성 요건에도 합치되어 정당화된다고 하겠다.[22]

후보자의 경우, 선거운동에 있어 특정정당의 추천 또는 지지의 표방을 금지하는 것이 후보자의 피선거권 및 선거운동의 자유를 침해하는 것이 아닌가의 문제가 있으나, 이 경우에도 앞의 정당공천금지의 논리와 마찬가지로 정당화될 수 있다고 본다. 이 점은 앞에서 언급한 바와 같이, 우리 헌법재판소는 공선법상 기초의회의원의 정당표방금지조항은 그 입법목적이 기초의회의 구성 및 활동에 정당의 영향을 배제함으로써 지역실정에 맞는 순수한 지방자치를 실현하기 위해 필요불가결한 것으로 위헌이 아니라고 판단한 바 있으나, 최근에는 입장을 바꾸어 이 금지조항은 후보자의 정치적 표현의 자유를 과도하게 제한하는 것으로 위헌이라고 보고 있다.[23]

22 헌재 1999. 11. 25. 99헌바28 사건에서의 헌법재판소의 입장이다(판례집11－2, 553). 물론 이 사건은 공직선거법 제84조의 기초의회의원의 정당표방금지조항에 대한 위헌소원에서의 판단이지만, 기초의회의원의 정당공천배제조항(제47조 제1항)과 위의 정당표방금지조항은 직접적으로 관련되는 조항이므로 이 정당공천배제조항의 합헌성판단에 대해서도 같은 논리가 적용될 수 있다고 본다.

23 헌재 2003. 1. 30. 2001헌가4.

Ⅲ. 지방선거와 정당참여문제

1. 외국 제도의 개관

(1) 미 국

미국의 경우 주 단위의 선거는 정당의 주도로 실시되나, 지방선거는 정당참여가 허용되는 주와 금지되는 주로 구분되고 있다. 그 중 지방선거에 정당참여가 금지되는 주가 전체의 70%에 해당한다. 특히 미국의 기초자치단체 중에는 정당공천을 금지하는 곳이 80.8%로 정당공천을 허용하는 곳보다 4배 이상 많다. 1975년에는 정당공천제를 채택하는 지방정부의 구성비가 35.8%이었으나, 1991년에는 25.5%로 무려 10.3%나 감소했고, 그 후에도 계속해서 정당공천이 배제되는 경향이 증가하고 있다.[24]

지방선거에 정당공천이 배제되는 대표적 주인 캘리포니아주는 헌법에 지방자치단체의 공직은 당에 속하지 않는다고 규정하여 시·읍·면장, 지방의원 등 후보자의 정당공천과 당적표시를 금지하고 있다. 이와 같이 미국의 상당 주에서 지방선거에 정당의 개입을 금지하는 이유는 19세기에 이른바 엽관제(spoil system)하에서 정당정치의 폐해가 극심했기 때문이다.

즉 정당정치의 발전에 따라 정당이 정치의 주도권을 장악하게 되고 관료의 인사를 직접 관장하게 됨에 따라 관료는 정당에 충성을 요구받게 되어 유능한 인재가 공직에 임용되지 못하였고 관료는 국민을 위한 봉사보다는 집권당을 위한 봉사자로 전락되었다. 이러한 엽관제의 폐해와 정당정치의 부패를 극복하기 위해 지방정부는 지방자치에서의 정당의 영향력을 배제하려는 방향으로 나아가게 되었다. 이러한 도시개혁운동의 중요한 요소의 하나가 지방선거에서의 중앙정당의 배제이며, 정당을 관여시키지 않는 선거(nonpartisan elections)인 것이다.[25] 미국에서 지방선거에 정당배제의 선거가 행해지고 있는 지역은 지리적으로 태평양연안지역의 대부분과 서북부중앙지역에 밀집되어 있으며, 정당참여의 선거는 동부의 Mid-Atlantic지역에 압도적으로 많다.

한편 정당관여의 투표제에는 중앙정당(national parties)과 지방정당(local political parties)이 참여하는 여러 형태가 있으나, 1982년의 조사에 의하면 시 선거에 정당이 참여하는 1,195개의 시 중에서 지방정당만이 관여하는 시는 13.5%에 불과하고, 중앙정당과 지방정

24 International City Management Association, The Municipal Year Book, 1993 (Washington D. C., 1993), pp.67-68.

25 정세욱, 앞의 책, 313면.

당 모두가 관여하는 시는 43.5%에 이르고 있다.[26]

(2) 영 국

영국의 민주정치는 정당정치를 의미하는 바와 같이, 영국의 의회로부터 지방의회에 이르기까지 대부분의 의원은 정당에 소속되어 있으며 의회정치가 정당중심으로 행해지는 것은 말할 것도 없다. 영국은 제2차 세계대전 이후 도시에 기반을 둔 노동당에 의하여 지방자치의 정당정치화가 시작되었으며, 특히 1972년의 지방제도개혁 이후 거의 모든 지방의원은 정당공천에 의해 당선되고 있고 무속의원은 거의 찾아보기 어렵다. 즉 민의를 수렴하고 정책에 반영해야 할 정당이 지방의회의 의결과 운영에 관여한다는 것은 지극히 당연한 요청이라는 인식에 따라 지방의회선거와 지방의회의 정책결정에 정당이 주도적 역할을 담당한다. 그리고 지방의원과 주민과의 개인적인 유대관계는 약하게 나타나며 지방의원들은 그들 자신의 활동에 의해 평가되기보다는 소속정당에 대한 평가에 의해 평가되는 것이 특징이다. 영국의 지방선거에서의 정당투표는 그 지방의회를 지배하고 있는 다수당이나 소수당에 대한 평가라든지 정당의 지방조직의 각 지역에서의 활동에 대한 평가가 아니라, 국정차원에서 중앙정당으로서의 여당과 야당에 대한 평가로서 행해지고 있다는 것이 많은 연구와 조사결과에 의해 지적되고 있다. 1985년의 정부조사에 의한 분석에 의하면, 지방선거의 투표성향은 대부분 국정상의 요소에 의존하고 있으며 유권자의 5분의 4 이상이 자신의 중앙정당에 대한 선호에 따라 투표하는 것으로 나타나고 있다.[27]

(3) 캐나다

캐나다의 경우는 연방 또는 주 정당이 지방선거에 입후보자를 추천하지 않으며 지방정치에 관여하지도 않는다. 시에는 중앙과는 별도로 지방정당이 결성되어 있어 시선거에 관여하고 있다. 각 주의 법률은 지방선거에 정당의 관여를 제한하거나 시의원의 당적보유를 금지하는 규정은 없으나, 중앙정당이 지방선거에 참여하는 것은 매우 소극적이며 오히려 지방선거의 참여는 당선에 불리하게 작용하게 된다. 연방정당은 연방적 이해에 관한 사항에만 관심을 집중시키고 지방의 문제에 대해서는 관여해서는 안 된다는 것이 국민의 지배적 사고이기 때문이다. 그것은 중앙정당에 대한 자치단체의 예속화를 방지하기 위해 필요하다고 보는 것이다. 따라서 시의 선거와 지방자치는 중앙정당이 배제되고, 시 자체

---

26 Haywood T. Sanders, The Government of American Cities: Continuity and changes in Structure, The Municipal Year Book, 1982, p.179.

27 William L. Miller, Local Electoral Behavior, in, The Conduct of Local Authority Business, vol.3, p.172; 中村宏, 『地方選擧』, 日本評論社, 1996, 87頁.

만을 위한 독자적인 지방정당이 출현하게 된다.[28]

(4) 일 본

일본에 있어서 지방선거는 정당공천제를 허용하고 있으나, 실제로는 기초자치단체의 장과 의회의원은 무소속이 다수를 차지하고 있으며, 특히 소규모의 町村일수록 무소속 비율이 높게 나타나고 있는 것이 특색이다.[29] 즉 일본의 지방선거는 한 마디로 말해서 무소속후보에 대한 비정당투표가 일반적으로 행해지고 있다는 것이며, 따라서 지방자치도 무정당정치로 될 수밖에 없다는 것이 주요특징이라 할 수 있다.[30]

일본의 시·정·촌의회선거는 일부의 대도시부를 제외하고는 대다수가 무소속후보이며 따라서 의원도 다수가 무소속이기 때문에 자치단체에 있어서 정치적 균열 내지 대립관계는 별로 찾아볼 수 없다. 무소속의원의 다수가 보수계로 구성되어 있으나 의회의원들은 초당파적 지지를 받고 있기 때문에 영국과 같이 거의 모든 지방의회의원이 정당소속으로 되어 있는 경우와 비교할 때 확실히 정치적 균열현상은 찾아보기 어렵다.

소규모의 시와 정·촌에서의 단체장도 대부분 무소속이며, 단체장 선거는 무소속과 무소속후보간의 다툼이 많고 무투표당선도 적지 않다. 단체장선거는 이데올로기와 정책을 중심으로 하는 조직정당을 전제로 하는 영국의 경우와는 완전히 구별되며, 여기서의 정치적 대립은 단지 지역의 대립이나 인간관계의 대립에 지나지 않는다.[31]

2. 한국의 지방선거에서의 정당참여에 관한 입법

(1) 1988년 지방의회의원선거법의 제정으로 약 30년 만에 지방선거가 부활되었다. 그러나 1990년 지방의회의원선거에 즈음하여 지방선거에 정당의 참여를 허용할 것인가를 놓고 여야가 찬반양론으로 대립되었으나, 당시 여당은 정당의 참여는 지방정치의 중앙정치 예속화, 정쟁으로 인한 지방행정의 혼란, 지역사회의 분열과 반목 심화 등의 폐해로 말미암아 결과적으로 지방의 자율적 성장을 저해할 것이라며 정당배제를 주장하였다. 이에

---

28 예컨대 몬트리올시의 집권정당은 공민당(Civic Party)인데, 공민당은 몬트리올시에만 있는 정당으로서 몬트리올시에 관한 사항에만 관심을 쏟고 있다. 정세욱, 앞의 책, 314면.

29 1990년의 자료에 의하면 지방자치단체장의 경우 정당공천을 배제한 무소속의 비율이 지사는 47명중 37명인 78.7%, 시장은 655명 중에서 634명인 96.8%, 정·촌장은 2590명 중에서 2573명인 99.3%, 특별구장은 총 23명 중에서 23명 전부인 100%로 나타났다. 광역자치단체장을 제외한 시구정촌장의 무소속비율은 평균 98.7%에 달하고 있으며, 시정촌의회의 무소속비율은 평균 71.9%에 이르고 있다. 주용학, “지방선거에 있어서 기초단체장의 정당공천제에 관한 연구”, 『한국지방자치학회보』 제14권 제1호, 2002; 내무부, 『일본의 지방자치행정(1)』, 1990 참조.

30 中村 宏, 전게서, 147頁.

31 中村 宏, 전게서, 130頁.

반하여 야당은 지방자치가 실질적으로 정착되기 위해서는 지방선거에 정당의 참여가 당연히 허용되어야 하고, 그 적합성여부는 선거과정에서 주민들의 선택에 맡겨야 한다는 반대하였다. 결국 논란 끝에 시·도의 선거에서만 정당공천을 허용하고 시·군·자치구의 선거에서는 정당의 공천과 선거운동을 금지하는 선에서 타협이 이루어져 지방의회의원선거법(법률 제4311호)과 지방자치단체의장선거법(법률 제4312호)이 각각 개정 및 제정되기에 이르렀다.

(2) 1994년 3월 기존에 별개의 선거법체제로 되어 있던 대통령선거법, 국회의원선거법, 지방의회의원선거법, 지방자치단체의장선거법을 단일법으로 통합한 공직선거및선거부정방지법(법률 제4739호)이 제정되었으며, 동법은 광역자치단체선거에서뿐만 아니라 기초자치단체선거에서도 정당의 참여를 허용하였다.

(3) 그러나 1995년 6.27 지방선거 직전 여당은 다시 지방행정의 탈정치화를 내세우며 기초지방선거에서 정당배제를 주장하였고 이에 반대하던 야당과 절충 끝에 기초자치단체장선거에서는 정당공천을 허용하되 기초의회의원선거에서는 정당의 관여를 불허하는 선에서 관련법령을 개정하기로 합의하였다. 이에 따라 공선법 제47조 제1항 및 제84조의 개정이 이루어지게 되었다. 그 후 2003년 1월 30일 헌법재판소는 공선법 제84조의 기초의회의원선거 후보자의 정당표방금지조항에 대한 위헌심판사건(2001헌가4)에서 일부위헌결정을 내림으로써 2004년 3월 공선법개정으로 기초의회의원 후보자의 정당표방금지는 삭제됨으로써 모든 지방선거에서 후보자의 정당표방이 허용되게 되었다.

위에서 본 바와 같이 우리의 지방선거의 정당참여에 관한 법제는 정당공천여부에 관한 확고한 입장을 보이지 못하고 관련조항의 일관성 없는 개정과정을 거듭해왔음을 알 수 있다. 특히 이번의 공선법개정으로 기초의회의원의 경우 정당공천은 배제되면서 정당표방이 허용됨에 따라 공천배제조항의 실효성에 의문이 제기되는 문제가 있다.

3. 국내학계의 논의

(1) 행정학·지방자치학에서의 논의

지방자치가 실시를 계기로 1990년대 초부터 국내에서의 지방선거와 정당참여 문제에 관한 학계의 논의는 주로 행정학과 지방자치학의 영역에서 뜨겁게 전개되어 왔으며 최근까지도 지방선거에의 정당참여문제는 "여전히 식지 않는 논쟁의 주제"로서 찬반양론이 대립되고 있다.[32] 이러한 학계의 찬반양론의 논리는 "한국 민주주의의 현실과 미래를 바

32 황아란, 앞의 논문, 130면.

라보는 시각의 차이에서 비롯되기 때문에 논쟁의 매듭을 기대하기 어렵다"고 보는 견해도 있다.[33]

(가) 정당참여론

지방선거에 정당참여를 긍정적으로 보는 입장은 다음과 같이 정리될 수 있다.

첫째, 현대의 복잡하고 다원화된 사회에 있어서 지방의 정책을 결정함에 있어서는 주민 각 계층의 의사를 골고루 수렴하고 이를 정책에 반영시키기 위한 중개적 기구로서 정당이 필요하다는 것이다. 즉 지방자치 영역에 있어서도 대의제 민주주의 원리가 적용될 수밖에 없고 오늘날 대의제 민주주의는 정당정치를 의미하므로 주민들의 다양한 의사를 수렴 집약하고 조직화해서 지역정책에 반영하는데 정당 이외의 대안이 없다는 것이다.[34]

둘째, 정당정치가 국민에게 뿌리를 내리도록 하려면 지방자치에 정당의 개입을 허용해야 한다는 것이다. 만약 정당의 관여를 배제한다면 지방 주민으로 하여금 정당에 가입하게 하는 유인체계가 미약하게 될 것이므로 지방선거에 정당이 관여함으로써 정당정치가 발전될 것이며, 각 정당의 지방조직이 활성화되어 이른바 '아래로부터의 민주주의' 구현에 기여할 수 있다는 것이다. 또한 정당의 관여는 정당인의 정치적 교육 내지 훈련을 위해서도 필요하다는 것이다. 즉 지방의 정치인들이 소규모의 지방정치무대에서 정치훈련을 받으면서 충분한 경험을 쌓아 장차 중앙의 정치무대에 진출할 수 있는 높은 식견과 역량을 갖게 해야 한다는 것이다.

셋째, 정당이 지방선거에 관여해야만 선거시에 투표자들이 입후보자를 선택하기 용이하며, 지방의회의 다수의석을 점한 정당과 단체장소속 정당의 임기동안의 치적을 평가할 수 있다는 것이다. 지방자치에 정당이 배제되면 지방행정 내지 지방정치 전반에 대한 책임을 묻기가 어렵다는 것이다.

넷째, 지방자치에 정당이 배제되면 지방의회의 힘이 분산됨에 따라 행정기관의 힘을 견제하기가 어렵게 되고, 지방의원들을 개별적으로 흩어 놓음으로써 지방의원들로 하여금 지역사회 전체를 위한 정책적 방향의 제시보다는 개별적인 민원의 해결에 더욱 매달리게 된다는 것이다.[35]

다섯째, 행정기능은 지역적 문제와 국가적 문제의 구분이 쉽지 않으므로 기초자치단

33 안순철, "한국 지방선거제도 개혁의 방향과 과제", 한국정치정보학회, 『정치정보연구』, 2001, 96면. 그 밖의 행정학자들의 최근의 논의는 다음의 글 참조. 주용학·황아란, "지방선거에 있어서 정당과 민주주의", 한국지방행정연구원 춘계학술논문집, 2002; 조성대, "지방선거와 정당참여", 『21세기정치학회보』, 2003, 259면 이하; 김동훈, "지방자치와 정당", 『자치행정』 146호, 2000; 엄태석, "지방선거제도의 개성방안", 한국지방행정연구원 춘계학술세미나논문집, 2002.

34 안순철, 앞의 논문, 100면.

35 김병준, 『한국지방자치론』, 법문사, 2002, 270면.

체사업은 광역자치단체나 중앙정부와의 연계를 필요로 하며, 재정적 자립이 여의치 않은 현실에서 자치단체는 중앙정부에 의존할 수밖에 없기 때문에 지방자치에 정당이 관여해야 한다는 것이다.[36]

위와 같은 정당참여론의 논거를 요약하면, 지방자치 영역에 있어서도 국가의사결정 과정과 마찬가지로 대의제원리가 적용되므로 주민의 의사를 수렴하고 반영하는 정당의 참여는 당연하다는 것이며, 지방선거에서 주민의 선택이 용이하며 선거를 통해 지방행정과 정치에 대해 책임을 묻기가 용이하다는 것이다. 그밖에 정당정치의 활성화를 위해서나 정당인의 교육 훈련을 위해서도 지방선거에 정당의 참여가 필요하다는 주장이다.

(나) 정당배제론

위와 같은 정당참여 긍정론에 대해 비판하면서 지방선거 및 지방자치에 정당의 참여를 부정하는 입장의 이론적 근거는 다음과 같다.

첫째, 지방자치에 정당이 개입하게 되면 자치행정의 최후의 징표인 지방분권은 국가를 지배하는 정당의 조직을 통하여 강력한 중앙집권적 경향으로 대치되기 때문에 지방자치에 조종을 울리게 된다는 주장이다. 국가를 지배하는 정당이 지방의회와 자치단체장까지 지배하게 되면 지배적 정당으로부터 자치행정의 정치적 중립화는 여지없이 무너지고 지배적 정당의 조직을 통하여 강력한 중앙집권화로 변질되고 말 것이며, 지역적으로 분산된 민의를 수렴하여 지역적 특성에 맞는 행정을 하려는 자치행정은 기대할 수 없다는 것이다.[37] 따라서 정당의 개입은 지방의 문제가 그 지방주민들의 의사보다는 중앙정당의 지시에 따르게 되고 당의 보스 1인의 의사에 따라 좌우되므로 자치단체는 중앙정당의 하급기관 내지 부속기관으로 전락하며, 주민들이 그 지역내의 사무를 스스로 또는 대표를 선출하여 처리한다는 주민자치의 이념과는 거리가 멀어지게 된다.

둘째, 정당이 지방자치에 관여하는 경우에 특정 정당이 지방의회의 과반수의석과 자치단체장을 차지하게 될 때에는 기관분리형에 있어서의 지방의회와 자치단체장간의 견제와 균형의 원리는 그 지배정당에 의하여 형해화되고, 그 반대로 지방의회를 지배하는 정당과 자치단체장의 소속 정당이 각각 다를 때에는 중앙에 있어서의 정치적 대립과 마찰이 여과 없이 지방에까지 연장 재연되어 지방행정이 혼란에 빠지거나 마비될 우려가 있다는 것이다.

셋째, 정당간의 정권교체에 따르는 중앙정치의 격변이나 혼란이 지방에까지 파급되는 것을 최소화하거나 방지하기 위하여 지방자치에 정당의 개입을 금지해야 하며, 지방선

36 안순철, 앞의 논문, 102면.

37 정세욱, 앞의 책, 327면.

거에 정당을 개입하면 선거가 과열되고 정당간의 대립이 격화될 수 있다는 것이다.

넷째, 지방자치를 그 전통적 유형의 하나인 주민자치로 이해할 때에는 그것은 주민들이 그 지역내의 사무를 자기책임하에 스스로 또는 그들이 선출한 대표자로 하여금 처리하게 하는 제도이므로 중앙정당이 개입해야 할 근거가 없다는 것이다. 더욱이 지방자치의 현대적 경향이 단순히 지방선거를 통하여 주민의 기관을 자기선임하는 데 그치는 것이 아니라 적극적으로 지방정책과 지방행정의 내용을 그 지역의 특성에 맞도록 개발하고 주민소득원을 발굴하며 주민복지와 서비스의 증진 및 생활환경의 개선을 통해 주민생활의 질을 향상시키는 방향으로 달라지고 있으므로, 이러한 자치행정기능의 본질상 정당을 개입시키기보다는 오히려 정당을 배제함으로써 지방의회와 단체장이 주민을 위한 행정서비스 공급에 전념할 수 있으며 효율적인 지방자치가 실현될 수 있다는 것이다.

다섯째, 지방자치에 정당의 개입을 허용하고 있는 독일, 프랑스 등의 국가에 있어서도 모두 지방자치에 정당의 개입을 지지하는 것은 아니며, 정당이 관여함으로써 지방민주주의가 불안한 상태에 놓이게 되었다는 강한 비판론이 대두되고 있다는 것이다.[38]

위와 같은 정당배제론의 논거는 지방자치는 정치적 중립의 행정이 중심이 되며, 지방자치에 국가를 지배하는 정당의 개입하게 되면 중앙집권화를 초래하고 주민자치의 이념에도 반하게 되기 때문이며, 중앙정치의 영향을 받지 않고 지역의 실정에 맞는 지방자치를 실현하기 위해서도 정당은 배제되어야 한다는 것이다.

(2) 공법학자들의 견해

지방선거의 정당공천에 관하여 공법학계의 논의는 행정학계에 비하여 소극적이라 할 수 있으며 이에 관련된 공법학자들의 연구성과도 별로 많지 않다. 다만, 공법학자들의 견해는 정당참여의 찬반양론에 관한 논의라기보다는 정당공천제 폐지 내지 유예의 입장과 새로운 대안으로서 지방정당의 출현에 관한 논의가 중심이 되고 있다.

첫째, 기초자치단체장의 정당공천제 폐지론의 주장이 있다. 한국지방자치법학회(회장 홍정선 교수)는 2001년 11월 지방자치법의 개정과 관련하여 현안이 되고 있는 주요 과제에 대하여 학회의 입장을 밝히는 대국회·대정부 건의문에서 "기초자치단체장선거에서 정당공천제는 기초자치단체를 중앙정치마당의 연장으로 변질되게 하는 바, 복리단체인 기초자치단체의 성질에 비추어 바람직하지 아니하므로, 국회와 정부에 기초자치단체장선거에서 정당공천제를 폐지할 것을 촉구한다"[39]라고 하여 기초단체장의 정당공천제 폐지를 강

38 정세욱, 앞의 책, 328－331면.

39 한국지방자치법학회 대국회·대정부 건의문의 내용은 한국지방자치법학회, 『地方自治法硏究』 제1권 제2호,

력히 주장하고 있다.

둘째, 원칙적으로 지방선거에 정당참여를 인정하되 신중론의 입장에서 점진적인 허용의 의견도 제시되고 있다. 즉 현대 민주주의의 특징이 정당제적 민주정치라는 사실과 지방자치제가 수행하는 기능을 고려할 때 원론적으로는 지방선거에 있어서 정당의 참여를 허용하는 것이 타당하다고 하겠으나, 우리 지방자치사에서 얻은 경험과 예견되는 부작용에 대한 우려 등을 고려할 때 점진적으로 정당참여를 허용하는 것이 타당하다는 견해이다.[40] 또한 이와 같은 맥락에서 지방자치에 정당참여문제는 우선 정당이 본래의 기능을 회복하여 정당의 기능이 지방자치단체에 반영될 수 있도록 정당의 문제점을 보완하는 노력을 하는 것이 시급하므로 그때까지 정당공천제의 도입은 유예할 필요가 있다는 견해,[41] 또는 기초자치단체장의 경우에는 당분간 정당공천을 배제하는 것을 검토해볼 필요가 있다는 견해가 있다.[42]

셋째, 한국의 정당정치현실과 정당공천의 비민주성에 비추어 최소한 기초자치단체장의 선거에 있어서는 정당공천을 배제하는 것이 타당하며, 지방선거에 정당참여를 인정하는 경우에는 기성의 전국정당 내지 그 지구당이 아니라 지방의 정치참여만을 목적으로 하는 지방정당의 출현이 바람직하다는 견해이다.[43] 그리고 지방자치에 지방정당의 구성과 활동의 필요성을 인정하면서 그 지방정당의 구성은 전국규모의 정당의 배제를 통해서가 아니라 오히려 양자의 이중적 인정을 통해서 바람직한 결과로 연결될 수 있다는 주장도 있다.[44]

이상에서 지방선거와 정당참여문제에 관한 국내 학계의 입장을 살펴보았으나, 대립되는 찬반양론의 견해차는 그 간격을 좁히기 어렵다고 보여지며, 이는 곧 지방선거에서의 정당참여의 여부가 규범적 판단의 문제가 아니라, 가치선택의 문제이며 지방자치와 정당제도 사이의 어느 제도를 우선할 것인가의 문제이기 때문이라고 할 수 있다.

4. 헌법재판소의 판례

지방선거와 정당참여에 관하여 규정하고 있는 공직선거법 제47조 제1항의 기초의회

2001, 298면 참조.

40 윤명선, “민주주의와 지방자치”, 한국헌법학회, 『헌법학연구』 제1집, 1995, 125면.

41 유지태, “지방자치단체장의 선임방법 —정당공천제 문제를 중심으로”, 한국지방자치법학회, 『지방자치법연구』 제1권 제2호, 2001, 48면.

42 홍정선, 앞의 책, 504면.

43 정만희, “헌법적 관점에서 본 지방자치법제의 발전방향”, 한국지방자치법학회, 『지방자치법연구』 제2권 제1호, 2001, 21면.

44 장영수, “지방자치와 정당”, 심천계희열박사 화갑기념논문집 『정당과 헌법질서』, 1995, 355면; 이종수, “선거과정의 민주화와 정당”, 한국헌법학회, 『헌법학연구』 제8권 제2호, 2002, 113면 이하.

의원의 정당공천배제에 대하여는 헌법재판소가 직접적인 위헌여부의 판단을 내린 바 없으나, 이 공천배제조항과 직접 관련 있는 동법 제84조의 기초의회의원의 정당표방금지조항에 대한 위헌심판에서는 헌법재판소의 입장이 일관성을 유지하고 있지 않음을 볼 수 있다.

(1) 기초의회의원후보자의 정당표방금지의 합헌성(헌재 1999. 11. 25. 99헌바28)

헌법재판소는 1999년 11월 25일, 공직선거법 제84조상의 '기초의회의원의 정당표방금지'조항에 대한 헌법소원청구사건에서 다음과 같이 결정요지를 밝히고 있다.

(가) 모든 선거 중 기초의회의원선거의 후보자만 정당표방을 금지할 것인가의 문제는 헌법상의 정당보호 및 지방자치제의 제도적 보장, 우리의 정치문화와 지방자치에 대한 국민의식 등 제반 사정을 헤아려 입법자가 결정해야 될 입법재량의 영역에 속하는 것이다.

(나) 우리의 정치현실 및 정당운영의 비민주성, 지연·혈연·학연이 좌우하는 선거풍토와 그 위에 지방자치를 실시한 경험이 일천하다는 점을 감안할 때, 기초의회의원선거에 정당추천후보자의 참여를 허용한다면, 정당은 그 후보자의 당락뿐만 아니라 선출된 의원의 의정활동 전반에 걸쳐 직·간접으로 영향을 미치게 되고, 이것은 지역의 특성에 따라 자율적으로 운영되어야 할 기초의회의 결정이 정당의 의사에 따라 그 결론이 바뀌게 됨을 뜻한다. 그 결과 기초의회가 정당의 의사에 따라 움직인다면 기초의회는 본래의 목적과 기능을 상실하여 행해화한 모습으로 남게 된다. 따라서 이 사건 법률조항의 입법목적은 기초의회의 구성 및 활동에 정당의 영향을 배제함으로써 지역실정에 맞는 순수한 지방자치를 실현하기 위한 필요불가결한 것으로 그 목적이 정당하다고 할 것이다.

(다) 그 밖의 공직선거와 비교할 때에 기초의회의원선거의 후보자에 한정하여 정당표방금지라는 정치적 생활영역에 있어서의 차별취급을 한 이 조항은 헌법이 추구하는 지방자치의 제도적 보장을 위한 입법목적에 필요불가결한 것으로서, 그 목적달성을 위한 수단 또한 필요 최소한의 부득이한 경우로 인정되므로 평등원칙에 위반되지 않는다.

헌법재판소는 이 결정에서 지방자치제도의 현상과 특수성을 강조하면서, 특히 "기초의회는 국가적인 문제보다 당해 지역 주민들이 그 지역의 경제, 사회, 문화 등의 쟁점을 자주적으로 해결하기 위한 합의제 기관이므로 기초의회의 구성은 범국가적인 정당의 정강정책 등 정치색을 띄는 정당추천후보자보다 가능한 한 그 지역에서 필요로 하는 유능하고 전문성을 갖춘 인물을 뽑는 것이 권력분립과 지방분권을 지향하는 지방자치의 본질에도 부합하는 것이라고 하였다.[45]

---

45 헌재 1999. 11. 25. 99헌바28, 판례집11－2, 543, 553.

또한 헌법재판소는 이 법률조항으로 인한 헌법상의 정당활동의 자유와 후보자의 공무담임권(피선거권) 및 선거운동의 자유의 제한에 관하여 법익형량원칙을 적용하면서, "후보자의 정당표방금지로 인한 지방자치의 제도적 보장이라는 이익은 후보자의 공무담임권 및 선거운동자유의 침해로 입게 되는 손해보다 이익이 더 크므로 두 법익에 대한 균형성의 요건도 갖추고 있으므로" 위헌규정이 아니라고 판시하였다.[46]

(2) 판례변경에 의한 위헌결정(헌재 2003. 1. 30. 2001헌가4)

헌법재판소는 2003년 1월 30일, 공직선거법 제47조 제1항의 기초의회의원의 정당공천배제와 동법 제84조의 기초의회의원선거 후보자의 정당표방금지규정에 대한 위헌심판청구사건[47]에서 위의 1999년의 헌재 결정과는 달리 공직선거법 제84조 중 "자치구·시·군의회의원선거의 후보자 부분은 헌법에 위반한다"라고 결정함으로써 판례변경을 가져오게 되었다. 이 판례의 결정요지는 다음과 같다.

(가) 기초의회의원선거 후보자가 공직선거및선거부정방지법(이하 '법'이라 한다) 제84조를 위반하여 특정 정당으로부터 지지·추천 받음을 표방하였다는 이유로 공소제기된 사건에서, 기초의회의원선거의 경우 정당이 후보자를 추천할 수 없도록 한 법 제47조 제1항은 당해사건에 적용될 법률조항이 아니고, 나아가 법 제84조와 법 제47조 제1항은 각 그 수범자와 규율내용을 서로 달리하여 법 제47조 제1항의 위헌 여부가 법 제84조의 위헌 여부와 체계적으로 밀접 불가분한 관계에 있다고 보기도 어려우므로, 법 제47조 제1항에 관한 위헌심판제청부분은 재판의 전제성이 없어 부적법하다.

(나) 선거에 당하여 정당이냐 아니면 인물이냐에 대한 선택은 궁극적으로 주권자인 국민의 몫이고, 입법자가 후견인적 시각에서 입법을 통하여 그러한 국민의 선택을 대신하거나 간섭하는 것은 민주주의 이념에 비추어 바람직하지 않기 때문에 기초의회의원선거에서 정당의 영향을 배제하고 인물본위의 투표가 이루어지도록 하겠다는 구체적 입법의도는 그 정당성이 의심스럽다.

---

46 위 판례집11－2, 543, 553.

47 사건의 개요를 보면, 1998. 6. 4. 지방선거에서 공주시의회의원후보로 입후보한 자가 자신의 선거사무실 외벽에 자유민주연합 정당의 표장이 그려져 있고 정당명이 기재된 현수막 2개를 설치하고, 정당의 표장과 자민련 공주시부위원장이라고 기재된 자신의 명함을 배부하는 등 공선법 제84조를 위반하여 정당으로부터의 지지 추천 받음을 표방하였다는 혐의로 기소된 사건에서 제1심법원인 대전지방법원은 벌금 3백만원을 선고하였으나, 항소심인 대전고법은 위와 같은 표시는 단순히 소속정당의 당원경력을 표시한 것에 불과하다고 보아 무죄를 선고하였다. 그러나 상고심인 대법원은 위는 실질적인 정당표방에 해당한다고 하여 고법의 판결을 파기환송하였다(2000도734). 이에 환송사건을 심리하게 된 대전고법은 공선법 제47조 제1항 중 "(자치구·시·군의회의원선거를 제외한다)" 부분과 동법 제84조 중 "자치구·시·군의회의원선거의 후보자" 부분은 표현의 자유를 침해하고 평등원칙에 위배된다고 하여 직권으로 위헌여부심판을 제청하였다. 판례집 15－1, 11.

나아가, 법 제84조가 지방자치 본래의 취지 구현이라는 입법목적의 달성에 기여하는 효과가 매우 불확실하거나 미미한 반면에, 이 조항으로 인해 기본권이 제한되는 정도는 현저하다. 즉 후보자로서는 심지어 정당의 지지·추천 여부를 물어오는 유권자들에 대해서도 침묵하지 않으면 안 되는 바, 이는 정당을 통해 정계에 입문하려는 기초의회의원 후보자에게 지나치게 가혹하다. 또한 지방의회의원선거의 선거기간이 14일로 규정되어 있고 사전선거운동이 금지되는 등 선거의 공정성을 담보하는 각종의 규제들이 마련되어 있어서 실제로 유권자들이 기초의회의원 후보자와 접촉할 수 있는 기회는 그리 많지 않은데다가 이른바 4대 지방선거가 동시에 실시되고 있는 탓으로 유권자들이 후보자들 개개인의 자질과 능력을 일일이 분석 평가하기란 매우 힘든 실정이므로 현실적으로 후보자에 대한 정당의 지지 추천여부는 유권자들이 선거권을 행사함에 있어서 중요한 참고사항이 될 수밖에 없는데도 불구하고, 무리하게 후보자의 정당표방을 금지하는 경우에는 유권자들은 누가 누구이고 어느 후보가 어떠한 정치적 성향을 가졌는지도 모르는 상태에서 투표를 하거나 아니면 선거에 무관심하게 되어 아예 투표 자체를 포기할 수도 있다. 이러한 점들을 종합할 때 정당표방을 금지함으로써 얻는 공익적 성과와 그로부터 초래되는 부정적인 효과 사이에 합리적인 비례관계를 인정하기 어려워, 법익의 균형성을 현저히 잃고 있다고 판단된다.

이에 덧붙여, 법 제84조 단서에서는 후보자의 당원경력의 표시를 허용하고 있는데, 이러한 당원경력의 표시는 사실상 정당표방의 일환으로 행해지는 것이 통상적이어서 법 제84조 본문과 단서는 서로 중첩되는 규율영역을 가지게 되는바, 이로 말미암아 법 제84조는 기초의회의원 후보자로 하여금 선거운동과정에서 소속 정당에 관한 정보를 어느만큼 표방해도 좋은지 예측하기 힘들게 하고 국가형벌권의 자의적 행사의 빌미마저 제공하고 있으므로 명확성원칙에 위배되는 측면이 있다. 그렇다면 법 제84조는 불확실한 입법목적을 실현하기 위하여 그다지 실효성도 없고 불분명한 방법으로 과잉금지원칙에 위배하여 후보자의 정치적 표현의 자유를 과도하게 침해하고 있다고 할 것이다.

(다) 법 제84조의 의미와 목적이 정당의 영향을 배제하고 인물본위의 선거가 이루어지도록 하여 지방분권 및 지방의 자율성을 확립시키겠다는 것이라면, 이는 기초의회의원선거뿐만 아니라 광역의회의원선거, 광역자치단체장선거 및 기초자치단체장선거에서도 함께 통용될 수 있다. 그러나 기초의회의원선거를 그 외의 지방선거와 다르게 취급할 만한 본질적인 차이점이 있는가를 볼 때 그러한 차별성을 발견할 수 없다. 그렇다면 위 조항은 아무런 합리적 이유 없이 유독 기초의회의원 후보자만을 다른 지방선거의 후보자에 비해 불리하게 차별하고 있으므로 평등원칙에 위배된다.

그러나 이 헌법재판소 결정에 있어서 재판관 3인의 반대의견이 제시되었는데, 그 반대이유는 위 99헌바28 결정의 취지가 여전히 타당하고, 달리 판단할 사정의 변경이나 필요성도 없다는 것이다.[48]

(3) 헌재 2001헌가4 결정의 평가

이 헌재 결정에 의하여 공직선거법 제84조의 '기초의회의원의 정당표방금지'에 관한 규정은 2004년 3월 공직선거법개정으로 폐지됨에 따라 앞으로 기초의회의원을 포함하는 모든 지방선거의 후보자는 정당을 표방할 수 있게 되었다. 그러나 공선법 제47조 제1항에 의해 기초의회의원선거의 후보자는 여전히 정당공천이 배제되기 때문에 이 규정과 정당표방허용과의 관계가 문제될 수 있다.

헌법재판소는 기초의회의원의 공천배제와 정당표방금지가 그 수범자와 규율내용이 서로 다르므로 밀접 불가분의 관계가 없다고 판시하고 있으나, 실제로는 양자가 매우 밀접한 관계가 있다고 보아야 할 것이다. 정당이 공식적으로 기초의회의원을 추천하지 않았더라도 후보자가 선거운동과정에 특정 정당에 의해 추천 또는 지지 받았음을 표방하게 되면 유권자의 입장에서는 그 후보를 사실상 정당공천을 받은 후보로 인식할 수밖에 없을 것이다. 따라서 기초의회의원의 경우 정당공천을 배제하는 입법목적을 달성하기 위해서는 공천배제규정에 수반하여 정당표방금지의 필요성이 요청된다고 판단하여 이를 공선법 제84조에 규정하게 되었다고 볼 수 있다. 그것은 본래 공선법 제정당시 제84조의 정당표방금지조항이 "무소속후보자는 특정 정당으로부터의 지지 또는 추천받음을 표방할 수 없다. 다만 무소속후보가 되기 이전의 정당의 당원경력의 표시는 그러하지 아니하다"라고 규정되었던 것이, 1995년 4월 공선법개정으로 제47조 제1항에 기초의회의원의 공천배제가 규정되자, 그에 따라 제84조의 무소속후보의 정당표방금지조항에 기초의회의원이 포함되게 된 공선법개정의 과정을 보더라도 쉽게 알 수 있다.

따라서 정당공천배제 조항을 그대로 두면서 그 연장선상에 있는 정당표방금지조항만 위헌으로 판단한 것은 문제가 있다고 할 수 있다. 헌재는 양 조항이 수범자와 규율내용이 다르므로 밀접 불가분의 관계가 없다고 하지만, 정당이 후보자를 공천할 수 없도록 하는 것과 정당의 당원인 후보자가 정당표방을 할 수 없도록 하는 것은 기초의회선거에서의 정당의 영향력을 배제하기 위한 동일한 목적에서 규율하는 것이므로 양 조항은 밀접 불가분의 관계가 있다고 보아야 할 것이다. 따라서 위 2001헌가4 위헌법률심판사건에서 정당공천배제 조항에 대한 재판의 전제성을 인정하지 않은 것은 의문이 남는다고 하겠다.

---

48 재판관 한대현, 하경철, 김경일의 반대의견은 위 판례집 15-1, 22-24.

또한 헌재가 2001헌가4 결정에서 판례를 변경한 것에 대하여는 납득하기가 어려운 점이 있다. 1999년 11월의 99헌바28 결정에서는 기초의회의원의 정당표방금지가 합헌이라고 판단하였으나, 불과 3년이 조금 지난 2003년 1월의 결정에서는 정당표방금지가 위헌이라고 판례를 변경한 이유에 대한 충분한 설명이 없다. 이 결정에서 3명의 재판관의 반대의견에서도 밝히고 있듯이 "위 99헌바28 결정의 취지가 여전히 타당하고, 달리 판단할 사정의 변경이나 필요성도 없는" 상황에서 정치적 이해관계가 얽혀있는 민감한 사안에 관하여 판례를 번복하는 것은 바람직하지 않다고 본다.[49]

Ⅳ. 지방선제도의 개선방안

1. 현행 지방선거제도의 실태와 문제점

그동안 지방자치를 실시해 오면서 여러 가지 문제점이 지적되어 왔지만 그 중에서도 지방선거에 정당공천제를 채택함으로써 생긴 폐해가 가장 심각했다고 볼 수 있다.[50] 지방선거에서의 정당공천의 실태와 문제점을, 특히 기초자치단체장의 정당공천의 폐해를 중심으로 하여 보면 다음과 같이 지적될 수 있다.

첫째, 정당공천으로 인하여 지방선거는 지방이 아닌 중앙정치가 중심이 되고 있다. 특히 지역주의 정치환경 속에서 지방선거가 국정운영의 중간평가적 의미로 받아들여지고 있으며, 선거쟁점 역시 지역에 국한된 것이 아니라 중앙정부와 관련된 전국적인 이슈이고 보면 중앙정치의 영향력이 지대하다는 것을 알 수 있다.[51]

---

49 이 판례변경의 배경으로는 재판에 관여한 재판관의 교체를 생각해 볼 수 있다. 99헌바28 결정에는 재판관 김용준(재판장), 김문희, 이재화, 정경식, 고중석, 신창언, 이영모(주심), 한대현이 전원 일치된 의견으로 결정하였으나, 2001헌가4 결정은 재판관 윤영철(재판장), 한대현, 하경철, 김영일, 권성, 김효종, 김경일, 송인준(주심), 주선회가 관여하여 99헌바28 결정에 관여한 한대현 재판관을 제외하고는 모두 바뀌게 되었다. 헌법재판소 재판관 다수의 임기만료에 따른 새로운 재판관의 임명으로 동일한 법률조항에 대한 상반된 해석이 나오는 것은 법적 안정성의 관점에서도 문제가 있다고 할 것이다.
이 점에서 우리의 헌법재판소 재판관 임기와 선출제도를 생각해 볼 필요가 있다. 현행의 6년임기는 헌법재판소의 연속성이라는 차원에서 대단히 짧다고 할 수 있고, 그에 따른 잦은 재판관 교체는 헌법질서수호에도 도움이 되지 못한다고 할 수 있다. 이에 더하여 연임제는 재판경향에 영향을 미칠 수 있으며, 재판관 전원 또는 다수가 '동시 임명, 동시 퇴직' 되도록 한 제도는 헌법재판소의 공백을 초래하게 된다는 점에서도 문제가 있다고 본다. 이에 관하여는 신봉기, "헌법재판관 선출제도 소고", 『均齊 梁承斗教授 華甲紀念論文集(1)』, 1994, 1123면.

50 정세욱, "지방자치제도의 발전방향", 한국지방자치학회 세미나 발표논문, 『지방분권시대 어떻게 꽃 피울 것인가?』(2001. 3), 75면.

51 2004. 6. 5. 지방선거 재보선 결과를 보더라도, 4곳의 광역단체장선거에서 여당인 열린우리당은 전패했고, 야당인 한나라당이 부산·경남·제주에서 승리하고 민주당이 전남에서 승리했으며, 19곳의 기초단체장선거에서

둘째, 지역주의적 정당과 투표행태로 인한 지방의 1당독점적 구도는 현실적으로 정당간 경쟁을 사라지게 함으로써 특정 정당의 공천이 선거에서의 당선을 의미할 만큼 중요성을 지니게 하였다.[52] 그 결과 정당공천과정에서의 거액의 공천헌금 등 불법적 정치자금의 제공과 운용 등이 문제되고 있으며, 지방선거에서의 정당간 정책적 차별성을 찾아보기 어렵게 된다.[53]

셋째, 정당공천의 문제는 선거시에만 국한되는 것이 아니라 지방자치단체의 자율성을 제약하는 요인이 되고 있다. 기초자치단체장 대부분이 정당공천을 반대하는 이유는 국회의원이 지구당을 장악하고 공천권을 자의적으로 행사함으로써 지방정치가를 국회의원에 종속시키기 때문이다. 즉 정당공천을 매개로 한 지방자치의 중앙으로의 예속화는 중앙과 지방의 관계를 상호협력의 대등한 관계가 아니라 일방적인 수직관계를 형성시키는 기반이 되고 있다.

넷째, 극심한 지역주의와 지역패권정당에 기초한 지방선거는 정당별 지역분할 구도를 심화시킬 뿐만 아니라 이를 확인시키는 계기가 되어 국민 통합성을 저해하는 문제를 지닌다.[54]

이를 요약하여 말하면, 우리의 지방선거에서의 정당공천의 폐해와 문제점은 ① 우리나라의 지역주의 정치환경으로 인한 정당간 정책적 차별성의 부재, ② 정당공천을 매개로 한 지방자치의 중앙정치에의 예속화, ③ 비민주적 정당공천과 불법적 공천헌금 ④ 지역분할구도의 심화와 국민통합의 저해 등으로 정리할 수 있을 것이다.

위와 같은 지방선거에서의 정당공천의 폐해를 인식하여 행정자치부는 2000년 12월, 기초자치단체장의 정당공천제가 실제로 많은 부작용을 안고 있기 때문에 정당공천을 배제하는 방안을 검토하겠다고 밝힌 바 있으며, 한나라당은 2002년 1월, 지방자치단체장이 정당의 이해관계에 따른 편파적 행정을 하는 등의 사례가 많다고 지적하고 이런 폐단을 감안하여 기초단체장에 한해 정당공천권을 배제하거나 임명제로 전환하는 방안을 검토하

도 열린우리당은 충청지역 3곳을 제외한 전 지역에서 패배했고 한나라당은 13곳에서 승리했다. 이러한 결과는 이번 재보선이 여전히 지역주의 투표행태를 반영하고 중앙정치의 영향이 지방선거에 그대로 미치고 있음을 보여주고 있다. 중앙선거관리위원회 보도자료, 『6. 5 재·보궐선거 투·개표 결과』(2004. 6. 6) 참조.

52 지역주의 정당과 투표행태의 지방선거에 대한 영향에 관한 분석은 황아란, 앞의 논문, 132면 이하.

53 참고로 1995년의 지방선거 결과를 보면 기초자치단체장선거에서 서울과 호남에서는 민주당이 90% 이상, 충남·대전지역에서는 자민련이 95%, 부산·경남 지역에서는 민자당이 659% 차지함으로써 우리 정당의 강한 지역정당성을 보여주고 있으며, 그 후 2001년의 기초자치단체장의 지역별 정당분포를 보더라도 민주당은 광주·전남에서 96.3%. 한나라당은 부산·울산·경남에서 73.2%, 자민련은 대전·충남에서 85%로서 여전히 지역주의적 정당 성향을 보여주고 있다. 자료: 전국시장·군수·구청장협의회, 『지방자치수첩』, 2001; 주용학, 앞의 논문, 57－59면 참조.

54 천병태, "지방선거의 특수성과 현행 지방선거의 문제점", 『공법연구』 제29집 제4호, 2001, 55면 이하.

고 있다고 말한 바 있다.[55]

여론조사 결과에서도 기초자치단체장의 정당공천에 대한 찬반여부를 보면 반대입장이 훨씬 우세한 것으로 나타나고 있다. 2001년 2월 전문여론조사기관인 '리서치 앤 리서치'(Research & Research)가 일반인 1,000명과 전문가 400명을 대상으로 전국 시장·군수·구청장 등 기초자치단체장의 입후보과정에 있어서 정당공천에 관한 설문조사를 행한 결과, 먼저 전문가 400명 중 정당공천에 반대한다는 입장이 77.3%로 찬성한다는 응답 22.7% 보다 3배 이상 많았으며, 일반인의 경우 정당공천 반대가 54.6%이고 찬성이 42.0%인 것으로 나타났다. 즉 일반국민도 과반수 이상이 기초단체장의 정당공천제를 반대하고 있음을 알 수 있다.[56]

2. 지방선거제도의 개선방안

(1) 기초단체장선거의 정당공천배제

지방선거제도의 개선방안으로서 첫째로 생각할 수 있는 것은 기초자치단체장의 정당공천을 배제하는 것이다. 앞에서 기술한 바와 같이 기초단체장의 정당공천은 그 역기능과 현실적 폐해가 심각한 수준에 이르고 있고, 현직의 기초단체장 대부분이 정당공천을 반대하고 일을 뿐만 아니라, 지방자치관련 전문가와 일반국민의 여론조사결과도 압도적으로 정당공천 반대의 입장을 나타내고 있는 실정을 감안할 때 정당공천은 배제되어야 할 것이다. 지방자치의 최소단위인 기초자치단체는 본질적으로 정치중립적인 생활자치를 기반으로 하고 있으므로 정당의 개입을 통한 기초지방자치단체의 정치화를 막고 우리의 비민주적 정당정치의 폐해를 지방자치영역에까지 확산시키는 것을 막기 위해서도 정당공천은 배제하는 것이 타당하다고 본다.

더욱이 우리의 현행 공직선거법이 기초의회의원의 경우에만 정당공천을 배제하고 있는 것도 동일한 기초자치단체 안에서 형평을 잃은 선거규제라 할 수 있으므로 이 점에서도 기초단체장의 정당공천배제가 동등하게 이루어져야 할 것이다.

기초자치단체의 경우 공식적인 정당공천이 배제되더라도 공선법개정으로 후보자의 정당표방은 허용되었기 때문에 후보자의 선거운동의 자유나 표현의 자유가 본질적으로 침해되는 것은 아니며, 정당정치의 폐해로 인하여 지방자치제의 본질이 훼손되는 것을 방지하기 위하여 최소한 기초자치단체의 선거에 있어 정당개입을 금지하는 것이므로 이는

55 주용학, 앞의 논문, 55면.

56 리서치 앤 리서치(Research & Research), 「기초단체장 정당공천제도관련 여론조사」, 2001.3. (주용학, 앞의 논문, 59-60면에서 재인용).

정당 활동의 자유의 합리적 제한이라고 할 수 있다. 말하자면 지방선거에서의 정당활동의 자유를 일부 제한함으로써 얻게 되는 이익, 즉 기초자치단체 영역의 탈정치화를 통한 지역의 실정에 맞는 순수한 지방자치제의 보장이라는 이익이 기초단체장 선거의 정당공천을 허용함으로써 얻게 되는 막연한 기대나 이익보다 크므로 기초단체장선거의 정당배제는 기본권제한에 있어서 법익의 균형성의 요청에도 부합되는 것이다.

(2) 지방선거의 민주적 공천절차 확립

지방선거개혁에 있어서 또 한 가지 중요한 것은 정당공천이 허용되는 선거에 있어서 그 공천절차의 민주화를 제도적으로 확립하는 방안이다.

지난 2002년 대통령선거와 지방선거에 있어서 한나라당과 민주당이 공직선거 후보자 공천의 민주적 개혁으로 상향식의 민주경선제를 도입한 것은 한국의 정치발전을 위해서도 매우 의미 있는 일로 평가되었다. 다만, 대통령후보경선은 일반유권자가 50% 포함되는 국민참여경선제가 도입되었으나, 지방선거의 후보공천은 당원들에 의해 선출되는 경선제가 채택되었다는 점이 다르다. 그러나 각 당의 자치단체장 후보공천을 위한 경선제도입 실험은 처음부터 경선불복과 후보선출과정의 잡음, 경선거부, 금품매수 등 여러 가지 문제점이 드러나고 있어 민주적 공천절차의 제도화를 위한 보완이 필요하다. 정당의 민주화 또는 당내민주주의 실현에 있어 정당공천의 민주화는 필수적인 조건이 되고 있음은 말할 것도 없으나,[57] 특히 한국적인 지역주의 정당체제와 선거행태에 있어서 특정 정당의 공천이 당선을 의미하는 정치상황은 공천절차의 민주화를 더욱 강하게 요구하게 되고, 이는 지방자치단체 주민의 의사에 기초하여 대표자를 선출하는 지방선거에서도 마찬가지로 요구된다.

따라서 지방선거에서의 정당공천도 상향식의 민주경선제가 전면적으로 채택되어야 한다. 지난 2002년 6.13. 지방선거에서 정당의 후보추천방법으로 상향식 경선제를 처음 도입하였으나 실제로 경선제는 부분적인 실시에 그치고 말았다. 당시 6.13. 지방선거에서 실제로 일반당원이 참여한 경선제는 일부에 불과했고, 나머지는 사전 조정작업에 의한 단독출마나 합의추대 또는 소수 당직자로 구성된 지구당운영위원회에서 선출한 것으로 나타나고 있다.[58] 그러므로 앞으로의 지방선거의 후보경선방식은 당해 선거구관할의 정당조직에 위임할 것이 아니라 원칙적으로 정당공천이 허용되는 모든 지방선거의 민주적 공천절차를 당헌과 당규에 구체화하는 것이 필요하다. 최근 우리의 주요 정당들이 공천과정의

---

57 정당공천의 민주화에 관하여는 정만희, 앞의 책, 548면 이하 참조.

58 6.13 지방선거에서 경선제가 아닌 추대 내지 지명형식으로 선출된 후보자가 한나라당 65%, 민주당 45%, 자민련 85%를 상회하여 일반당원에 의한 경선제가 아직 정착되지 못하고 있음을 보여주고 있다. 육동일, “6.13 지방선거의 평가와 과제에 관한 연구”, 충남대학교『사회과학연구』제14권, 2003, 221면.

민주화를 위하여 지방선거에서도 국회의원선거와 마찬가지로 일반국민과 당원이 참여하는 국민참여선거인단에 의해 후보를 선출하도록 하고, 또는 전체 당원대회나 국민일반을 대상으로 공모하여 선정한 선거인단대회에서 무기명 비밀투표로 선출하도록 관련 당규를 정비한 것은 긍정적으로 평가될 수 있다.[59]

그리고 정당의 당원대회에 의한 후보경선에 있어서는 경선에 참여하는 일반당원과 대의원의 수를 확대하는 것이 요구된다. 경선에 참여하는 당원의 수가 일정 수준에 미치지 못할 경우에는 그 대표성에 문제가 있게 되며 제한된 당원에 의한 경선은 당 지도부의 영향이 미칠 수 있게 된다.[60] 그러나 현실적으로 우리의 정당조직은 당비를 내고 적극적 정당활동을 하는 진성당원의 수가 극소수에 불과하고 국민 대중에 뿌리를 내린 민주적 정당조직과는 거리가 멀기 때문에 일반당원의 확대는 그 한계가 있으므로 이 문제는 정당의 당내민주주의 실현과 함께 국민의 정치적 의식개혁 내지 능동적 시민으로서의 적극적인 정당가입이 선결과제라 할 수 있다.[61]

그러나 한편, 상향식 공천제도는 그 운용에 있어서 동원투표를 비롯한 로비전 등 과열현상이 문제점으로 거론될 수 있다. 돈 선거를 부추기고 불법정치자금의 조달창구로 된다는 비판도 적지 않다. 그러나 이러한 부작용에도 불구하고, 상향식의 경선과정을 거치면서 후보자에 대한 검증작업이 이루어질 수 있으며 선거에 대한 주민의 관심을 이끌어낼 수 있는 측면은 높이 평가될 수 있다.[62]

(3) '지방정당'의 설립 보장

지방선거의 정당참여에서 초래되는 결정적인 문제점의 하나가 정당을 매개로 한 지

---

59 한나라당의 공직후보자추천규정(2003. 12. 26. 효력발생)은 지역구 국회의원후보추천에 있어 공천심사위원회의 심사를 거쳐 해당 선관위에 등록을 필한 경선후보자 중에서 당원 10%와 일반국민 90%의 비율로 구성하는 '국민참여 지역구 선거인단'이 선출하도록 규정하고(제15조, 제20조), 광역자치단체장과 광역의회의원 및 기초자치단체장의 후보자 추천도 국회의원후보자 추천방식을 준용하여 국민참여선거인단에 의해 선출하도록 규정하고 있다(제30조 이하).
민주당의 선거관리위원회규정(2004. 1. 6. 효력발생)은 시도지사 후보자선출은 해당 시도지부 관할지구당의 전체 당원대회나 시도지사 후보선출을 위한 선거인단대회에서 무기명 비밀투표로 선출한다고 규정하고, 선거인단에 의한 후보자를 선출하는 경우 그 선거인단은 관할 지구당의 전 당원을 선거인으로 구성하거나, 국민 일반을 대상으로 공모하여 선정한 공모당원선거인으로 구성할 수 있다고 규정하고 있다(제15조, 제17조).
한편, 열린우리당은 아직 지방선거의 후보자추천규정이 없으며, 다만 제17대국회의원후보자추천규정(2003. 12. 12.제정)에 의하면 선거인단구성은 당해 선거구의 모든 유권자를 대상으로 여론조사표본추출방식으로 구성하도록 하고, 다만 부득이한 경우 유권자의 신청에 의한 선거인공모방식으로 할 수 있다고 규정하고 있다(제11조).

60 황아란, 앞의 논문, 139면.

61 정만희, "정당의 민주적 공천제의 법리", 한국비교공법학회, 『공법학연구』 제4권 제1호, 2002, 65-66면.

62 이기우, "6.13. 지방선거의 결산과 과제", 바른선거유권자운동, 『6.13 지방선거 평가와 향후 과제』 토론회 발표원고, 2002, 7-8면.

방자치의 중앙정치에의 예속화라고 할 때, 이 문제의 해결은 지방선거에 정당참여를 인정하되 그 정당의 참여는 기존의 전국 정당이 참여하는 것이 아니라 오직 지역의 문제해결을 위하고 지역 주민의 의사형성에 참여함을 목적으로 하는 '지방정당'이 참여하는 방안을 생각해 볼 수 있다. 여기서의 지방정당이란 국가적인 전국민의 정치적 의사형성에 참여하는 기성의 전국규모의 정당이 아니라, 오직 특정 지역 내지 지방자치단체의 주민복지와 환경개선 및 생활의 질 향상을 위해 결성된 정치적 결사로서 주민의 의사를 집약형성하고 이를 지역의 정책결정에 반영하는 주민의 자발적 조직을 의미한다. 따라서 지방정당은 전국정당처럼 대통령선거나 국회의원선거에 참여하지 않으며, 헌법 제8조의 정당조항과 현행의 정당법에 의해 보호와 규율의 대상이 되는 정당에도 해당되지 아니한다.

이러한 지방정당은 아직 국내에 출현하고 있지 않지만, 지방정당의 설립은 헌법상 정당조항의 적용을 받지 않는다고 하더라도, 헌법상 결사의 자유(제21조 제1항)에 의해 보장되는 것이다. 다만, 현행의 정당법상 정당설립의 요건을 충족시킬 수 없으므로 지방정당은 정당법의 권리와 의무의 주체가 되기 어렵고, 선거법상 선거에 참여하는 정당이 될 수 없다. 따라서 지방선거에 참여하는 본격적인 지방정당이 출현하기 위해서는 입법론적으로 정당법과 선거법의 개정을 통한 전국정당과 지방정당의 2원적 구조를 전제로 하여 지방정당의 지방선거참여를 보장하는 것이 요구된다.

외국의 경우에는 지방자치단체 내에서만 활동하는 소규모의 지방정당을 드물지 않게 볼 수 있으며 이들 지방정당의 역할은 지방자치에 있어 매우 비중 있게 평가되고 있다. 예컨대 독일의 경우 지방정당(Rathauspartei)은 지방적 차원의 정치적 의사형성에만 참여하기 때문에 본래의 의미의 국민의 정치적 의사형성에 참여하는 정당법상의 정당과는 구별되지만, 지방자치의 영역에 있어서는 일반 정당에 비해 불리한 대우를 받지 않도록 하고 있다. 지방자치에 있어서 지역적 특수성에 대한 고려는 지역단위로 활동하는 지방정당에 대해서도 선거에의 균등한 참여기회가 보장되고 있는 것이다.[63] 캐나다의 경우도 전국정당이 지방선거에 참여하는 것은 매우 소극적이며 특정의 지방자치단체만을 위한 독자적인 지방정당이 선거에 참여하고 있다.

지방정당의 지방선거참여는 지방선거가 중앙정치의 영향에서 벗어날 수 있으며, 지역적 문제에만 관심을 가지고 있고 지역적 이해관계에 정통한 지방정당이 지방자치에 참여함으로써 자율적이고 독자적인 지방자치의 실현을 기대할 수 있다는 것을 장점으로 들 수 있다. 반면에 지방정당의 참여는 지방자치가 전국적 이해관계 내지 전국민의 의사와 동떨어진 지역이기주의에 빠질 우려도 있으며, 지방정당 조직의 취약성으로 인해 전문성

---

63 장영수, 앞의 논문, 351면.

있는 정책의 지속적 수립이 어렵게 되는 문제도 없지 않다.[64] 그렇지만 우리의 지방자치의 현실은 전국정당의 참여로 인한 중앙정치의 폐해가 그대로 나타나고 있고 지역주의 투표행태와 정치환경 속에서 정책선거를 기대할 수 없는 상황에서는 지방정당의 출현으로 지방의 정책정당이 중심이 되어 지방선거를 치르는 것이 바람직한 대안으로 제시될 수 있다. 현실적으로 지방정당의 설립이 법적으로 허용되지 않는 현 상황에서는 특정 지역의 지방선거에 참여하기 위한 독자적인 유권자의 연합이나 단체를 결성하는 것도 현행 공선법상 단체의 선거운동금지규정(법 제87조)에 저촉되는 문제가 있으므로 관련규정을 개정 보완하여 지방선거에서의 유권자단체가 선거에 참여할 수 있도록 허용하는 것이 바람직하다고 하겠다.

아울러 우리 사회에 있어 외국과 같은 지방정당의 출현은 지방자치가 더욱 뿌리를 내리고 활성화되어 중앙집권으로부터 지방분권적 국가발전을 정착시켜나감으로써 지방정치에 있어서 주민의 정치의사형성과 반영을 위한 매개체로서 지방정당의 필요성이 지방으로부터 현실적으로 요청될 때 비로소 가능하다고 본다.

Ⅴ. 맺음말

이상에서 지방선거에서의 정당참여문제에 관한 헌법적 접근을 통해, 지방선거의 본질과 지방선거에서의 정당참여에 관한 헌법이론, 정당참여 여부에 관한 외국의 제도 및 국내 학계의 찬반양론의 입장과 이에 관련한 헌법재판소의 판례를 분석하고 지방선거제도의 개선방안을 제시하였다. 위에서 기술한 주요 내용을 정리하면 다음과 같다.

먼저 지방선거에 정당 참여를 허용할 것인가, 아니면 배제할 것인가의 문제는 우리 헌법이 중립적 입장을 취하고 있다고 볼 수 있으며, 외국의 입법례와 제도를 보더라도 이 문제는 기본적으로는 헌법규범적 판단의 문제라기보다는, 제도선택의 문제이며 입법정책의 문제라고 할 수 있다. 따라서 선거법상 각종 지방선거에 있어 어느 범위까지 정당공천을 허용 또는 배제할 것인가의 문제는 입법재량에 해당한다고 할 수 있다. 그러므로 현행 공선법의 기초의회의원 선거에 있어 정당공천배제는 지역실정에 맞는 순수한 지방자치제 보장을 위한 합리적 제한이라 할 것이며, 이 공천배제조항과 직접 관련된 정당표방금지조항도 기초의회선거 후보자의 기본권을 제한하게 되는 경우가 있더라도, 그것은 중앙정치로부터 독립된 지방자치의 보장이란 입법목적에 의해 정당화된다고 할 것이다.

---

64 장영수, 앞의 논문, 353-354면.

그리하여 헌법재판소는 99헌바28 결정에서 기초의회의원 후보자의 정당표방금지조항이 "지방의회의 구성에 있어 정당의 영향을 배제함으로써 지역실정에 맞는 순수한 지방자치를 실현하기 위한 필요 불가결한 것"이라고 판단한 바 있다. 그러나 그 후 2001헌가4 결정에서는 판례를 변경하여 기초의회의원선거에서 정당표방금지를 통해 정당의 영향을 배제하고 인물본위의 투표가 이루어지도록 하겠다는 입법의도는 그 정당성이 의심스럽고, 나아가 "지방자치 본래의 취지구현이라는 입법목적의 달성에 기여하는 효과가 매우 불확실한 반면에, 이로 인해 후보자의 정치적 표현의 자유를 과도하게 침해하고 있다"고 하여 위헌결정을 내렸다. 즉 정당의 영향을 배제한 순수한 지방자치제 보장이라는 측면보다는 후보자의 정치적 표현의 자유 보장을 강조한 것이 특징이며, 지방자치의 탈정치화를 위한 법적 규제보다는 지방선거 후보자의 기본권보장을 우선하고 있다고 볼 수 있다. 이 점에서 우리 헌법재판소는 지방선거에서의 정당표방금지를 지방자치제보장과 정치적 기본권보장 사이의 헌법적 가치판단의 문제로 보고 후보자의 정치적 자유의 법익을 강조하고 있다.

헌재의 2001헌가4 결정은 99헌바28 결정을 변경하는 것으로, 앞의 결정을 달리 판단할 사정의 변경이나 필요성이 보여지지 않는 가운데 이루어진 데 대하여 의문의 여지가 없지 않다고 하겠다. 우리의 지방선거가 아직까지 정당공천으로 인한 폐해가 심각한 수준이며 다수 국민이 정당공천을 반대하고 있고, 심지어 현직의 시장·군수·구청장 대다수가 정당공천배제를 강력히 요구하고 있는 현실에서 정당공천배제 조항과 밀접 불가분의 관계에 있는 정당표방금지조항을 위헌으로 판단한 것은 지방자치와 지방선거의 현실을 간과한 것이 아닌가 생각된다. 특히 한국의 지역주의 성향의 투표행태 속에서 지방선거는 지방자치의 본래의 취지가 상실되고 있기 때문에 더욱 정당의 영향을 배제하는 것이 필요하다고 본다면 이 결정은 문제가 있다고 보며, 이로 인해 공선법 제47조 제1항의 정당추천배제 조항의 실효성이 의심스럽다고 할 것이다.

앞으로 우리의 지방선거의 개선방안으로 생각할 수 있는 것은 첫째, 기초자치단체장 선거의 경우에도 정당공천을 배제하는 것이다. 정당공천을 배제하더라도 이는 정당의 헌법상의 특권 내지 권리를 침해하는 것으로 볼 수 없으며, 지방자치의 최소단위인 기초단체는 본질적으로 정치중립적인 생활자치를 기반으로 하는 것이므로 정당의 개입으로 인한 기초단체의 정치화를 막고 정당정치의 폐해를 자치영역에까지 확산시키는 것을 막기 위해서도 정당공천은 배제되어야 한다. 더욱이 정당법상 지구당이 폐지된 상황에서 기초단체장의 정당공천은 지방자치의 중앙정당에의 예속화를 조장할 뿐이다.

둘째, 지방선거에 정당공천을 허용하는 경우에는 공천절차의 민주화를 제도적으로 확립하는 것이 요청된다. 공천의 민주화는 일반당원과 주민에 의한 상향식 경선제가 원칙적으로 채택되어야 하며, 이를 위해서는 국민의 정당참여를 유도할 수 있도록 정책정당으로서의 정당의 정체성을 확보하는 것이 중요하다.

셋째, 지방선거에의 정당참여는 기성의 전국정당이 아니라 특정한 지방선거에의 참여만을 목적으로 하는 독자적인 '지방정당'의 출현이 요구된다고 하겠다. 지방선거에 참여하는 지방정당의 설립을 허용하기 위해서는 정당법과 선거법의 개정을 통한 정당제도의 2원적 구조를 전제로 하여 지방정당의 선거참여가 허용되어야 할 것이다.

끝으로 지방선거의 개혁은 제도개혁의 문제에 그치는 것이 아니라 주민의 의식개혁이 병행되어야 한다. 주민의 능동적 선거참여와 아울러 정당중심의 투표행태를 탈피하여 주민자치의 이념 실현에 적합한 후보자선택이 이루어져야 할 것이다. 이 점에 관하여는 지방선거에 정당공천이 허용되고 있으나 실제로 '비정당투표'가 일반적으로 행해지는 일본의 모델에서 시사점을 찾을 수 있을 것이다.

8 미국의 배심제도*
–한국의 국민사법참여제도 도입방안에의 시사점–

Ⅰ. 서 설

최근 수 년 동안 우리 사회는 사법개혁 논의의 일환으로 '국민의 사법참여'를 주제로 하여 학계와 시민단체 등을 중심으로 활발하게 학술적 토론과 논쟁이 전개되어 왔다. 국민의 불신을 사고 있는 관료사법의 폐해를 극복하고 사법의 민주적 정당성을 제고하기 위한 국민(시민)의 사법참여의 당위성을 역설하는 논문들이 발표되어 왔으며,[1] 국민의 사법참여의 구체적 모델로 미국의 배심제를 비롯하여 독일과 일본 등의 제도에 관한 글들이 소개되어 왔다.[2] 이는 해방이후 오늘에 이르기까지 "폐쇄적인 극소수의 사법관료들에 의해 독점되어온 사법이 국민참여라는 시대적 요청에 도전받고 있음을 말해주는 것이며, 특히 재판에서의 국민적 참여와 통제의 확대는 더 이상 거스를 수 없는 도도한 물결로 다가오고 있음을 보여주는 것"이라 하겠다.[3]

노무현 정부 출범 이후 2003년 10월 결성된 '사법개혁위원회'는 이러한 국민의 사법개혁에 대한 요청에 부응하기 위하여 "사법의 민주화, 공정하고 효율적인 사법의 확립, 개방적인 사법의 추구, 사법의 선진화" 등 사법개혁의 이념을 추구하기 위하여 법조인 양성 및 선발제도의 개혁, 형사사법제도의 개혁 등과 함께 국민의 사법참여를 주요 안건으로 상정하여 1년 2개월의 심의과정을 거쳐 위의 사법개혁 방안을 건의한 바 있다.[4] 정부는 사법개혁위원회의 건의를 받아들여 대통령 산하에 '사법제도개혁추진위원회'를 구성하여 사법개혁의 건의사항에 대한 구체화 작업 끝에 '국민의 형사재판 참여에 관한 법률안'을

---

* 『공법연구』 제35집 제1호(한국공법학회, 2006. 10), 465–500면 수록.

1 주요 문헌으로는 박홍규, 「시민이 재판을!」, 사람생각, 2000; 박원순, 시민의 사법참여, 법과사회이론학회, 「법과 사회」 제18호, 2000; 이종수, 시민의 사법참여에 관한 헌법적 검토, 「법과 사회」 제25호, 2003; 한인섭, 배심재판과 형사절차의 변화 전망, 「법과 사회」 제25호; 안경환·한인섭, 「배심제와 시민의 사법참여」. 집문당, 2005.

2 권영설, 미국의 배심제도, 「미국헌법연구」 제7호, 1996, 183면 이하; 권영설, 배심제도의 개혁논의와 그 헌법상 쟁점, 「미국헌법연구」 제11호, 199면 이하; 안경환, 미국 연방헌법의 배심조항, 「미국헌법연구」 제12호, 2001, 77면 이하; 김재원, 커먼 로와 배심제도, 김홍우 외, 「삶의 정치, 소통의 정치」 2003, 151–169면; 오상원, 독일의 참심제 내지 명예직 법관제, 「시민과 변호사」 제83호, 2000; 이재석, 배심제도의 이념과 문제점, 비교형사법학회 「비교형사법연구」 제3권1호, 2001; 문준영, 일본의 배심제도의 역사와 국민의 재판참가의 최근 동향, 서울대학교 법과대학 「법학연구」 제8권, 2001.

3 권영설, 배심제·참심제의 도입논의와 그 헌법적합성의 문제, 「법과 사회」 제26호, 2004, 98면.

4 사법개혁위원회, 국민과 함께하는 사법개혁–사법개혁위원회 자료집 7– (2005. 3), 3면 이하 참조.

비롯한 일련의 사법개혁법률안이 2005년 11월과 12월에 걸쳐 국회에 제출되었다.[5]

'국민의 형사재판 참여에 관한 법률안'에 대한 국회에서의 심의 의결과정을 거치게 되면 우리나라에서도 획기적인 국민사법참여의 시대가 열리게 되고 사법의 민주화를 기대할 수 있다는 점에서 그 의의가 크다고 할 수 있다. 국민의 사법참여가 이미 세계적으로 보편적인 추세로 진행되고 있고 특히 형사재판에서의 시민참여를 인정하지 않는 국가가 거의 드문 현실에서 볼 때 이제 와서 우리나라가 국민사법참여제도의 도입을 모색함은 만시지탄의 감이 없지 않으나, 오히려 뒤늦게 시작하는 입장에서 선진 각국의 경험과 운용실태 등에 대한 정확한 분석과 평가를 토대로 우리의 실정에 맞는 국민사법참여의 모델을 개발하는 것은 매우 중요한 일이라고 본다.[6]

따라서 본고에서는, 한국형 국민사법참여제도 도입의 시점에서 그 국민사법참여의 제도적 원형을 의미하는 미국의 배심제도에 대한 올바른 이해의 필요성에 입각하여 미국 배심제도의 본질적 기능과 제도적 가치의 긍정적 측면을 파악하고 동시에 제도운영 과정에서의 문제점과 그 개혁방안에 관한 논의를 검토함으로써 우리의 새로운 국민사법참여제도의 형성에 반영시킬 수 있는 요소들과 신중히 고려해야 될 제도적 측면들을 정확히 인식하는 데에 그 연구의 목적을 두고 있다.

배심제도는 본래 코먼 로(common law)를 중심으로 하는 영미법계의 핵심적 요소로서 발전해 온 것으로 대륙법계 국가에서는 찾아볼 수 없었던 제도이다.[7] 일반적 추상적 성문법규범이 존재하자 않고 구체적 사건에서의 법관의 판결이 곧 법을 의미하고 법원에 의해 형성되고 축적되어온 판례 속에서 사건에 적용될 법규범을 찾는 판례법중심의 국가에서는 법관의 역할이 매우 중요하게 되므로 여기에 법관에 대한 통제의 필요성에서 시민의 재판참여의 전통이 형성되어온 것이다.[8] 반면에 성문법중심의 대륙법계에서는 법관이 법전 속에 규정된 법의 내용을 첨가하거나 삭제할 수 있는 권한이 없으며, 단지 사건에 적용되는 법규범을 해석하는 것을 임무로 하는 점에서 '법관에 의해 창조된 법'(judge-made law)을 의미하는 코먼 로 체계에서의 법관의 기능과는 크게 구별된다.

따라서 영미법계의 핵심적 요소로서의 배심제를 우리나라와 같은 대륙법계 전통을 계수한 성문법주의의 법체계에 도입하는 문제에 대하여 부정적이고 회의적인 시각도 존재할 수 있다. 그러나 영미법과 대륙법 또는 'common law'와 'civil law'의 구분은 오늘날

5 사법제도개혁추진위원회, 사법개혁 법률안, 2006. 1. 참조.

6 안경환·한인섭, 앞의 책(주1), 25면.

7 Lawrence M. Friedman, Law in America -A Short History, The Modern Library, 2004, p.9.

8 영미법계 전통이 판례를 중시하고 분쟁의 해결에 초점을 두기 때문에 법 이론이나 법체계보다는 각 사건에서 '사실관계'의 미묘한 차이점에 많은 비중을 두게 되므로 사실관계의 확정에 법전문가가 아닌 일반 시민의 판단을 이용한다는 점이 영미법계 배심제도의 주요한 특징을 이루게 된 것이다. 김재원, 앞의 논문, 157면.

그 의미가 거의 상실되고 있으며, 현대사회의 세계화와 법의 보편화 속에서 양 법체계는 서로 혼합되어가는 현상을 볼 수 있다.[9] 영미법국가에서도 오늘날 엄청난 양의 제정법과 성문법전을 갖고 있으며, 법관은 의회 제정법의 해석을 주된 임무로 하게 된다. 대륙법계에서도 실정법의 해석과 적용에 있어 법원의 판례는 중요한 기준이 되고 판례는 사실상 재판규범으로서 기능하기도 한다. 이처럼 영미법계와 대륙법계의 구별이 모호해지고 있는 현대세계에 있어서 영미법계의 본질적 제도를 의미하는 배심제를 대륙법계 국가에 도입할 수 없다는 논리는 더 이상 정당화되기 어렵다고 하겠다.

오히려 대륙법계 국가인 프랑스에서 시민혁명 이후 최초로 영국의 배심제를 도입한 바 있으며 19세기에는 유럽의 많은 국가들에 배심제의 채택이 확대되었다. 그 후 20세기에 들어와 유럽의 국가들은 배심제를 변형시킨 참심제를 채택하고 있음을 볼 때, 배심제는 각국의 법체계와 관계없이 보편적인 사법에 대한 국민의 참여 내지 통제제도로서 기능하고 있음을 부정할 수 없다. 그렇지만 미국의 배심제도의 전개과정을 보면 배심이 항상 순기능만을 수행해온 것은 아니어서, 막스 웨버가 지적하였듯이 배심은 전적으로 '비이성적'(irrational)인 제도이기도 하였다. 배심은 커먼 로에 있어 불문법의 적용을 가능하게 해왔으며, 경우에 따라서는 형식적 법의 목소리보다 엄격하기도 하고 관대하기도 한 '사회의 목소리'(voice of the community)로서 기능해 왔다. 또한 전제적 권력에 대한 제어장치로서의 배심은 때에 따라서 배심 '자체가 전제적'(tyrannical itself)이기도 하였다.[10]

이처럼 미국의 역사와 함께 발전해온 배심제는 찬사와 비난을 동시에 받아 왔으며 그 제도개혁의 논의가 끊임없이 제기되어온 제도이다. 따라서 미국 배심제의 본질과 가치에 대한이해에 있어서는 그 제도개혁 논의의 핵심을 파악하는 것이 중요하다고 하지 않을 수 없다. 본 연구도 미국 배심제의 단순한 소개가 아니라, 그 전개과정에서의 개혁논의의 분석을 통한 한국에서의 배심제도입의 가능성과 방향을 제시하는 데에 초점을 두고 있음을 밝힌다.

Ⅱ. 미국 배심제도의 개관

1. 미국헌법상 배심제도의 채택

미국의 배심제는 영국에서 12, 13세기에 형성되어 발전되어온 배심제를 아메리카 식

9 Lawrence M. Friedman, op. cit., p.10.
10 Ibid., pp.88−89.

민지시대 초기부터 도입하였다는 데에서 그 성립기원을 찾을 수 있으며,[11] 오늘날 영미법체계의 본질적 구성요소를 의미하고 있다. 배심제는 본래 전통과 관습의 역사적 산물을 의미하기 때문에 그 개념을 일의적으로 정의하기가 쉽지 않으나, 일반적 보편적 개념요소로 한정하여 말하면, 그것은 일반 시민 중에서 무작위 추출로 선발된 12명의 배심원이 직업법관과 독립하여 사실인정과 유무죄평결을 내리고 직업법관은 이 평결에 기속되어 판결하는 제도라고 할 수 있다. 배심제의 기본정신은 한마디로 시민이 직접 재판에 관여하여 사실인정에 결정권을 갖는다는 점에 있다. 즉 법관이라는 특별한 지위에 있는 한 사람에게 유무죄의 사실판단을 맡기는 것이 아니라 피고인의 동료 다수가 재판에 참여하여 사실문제를 판단하고 법관은 이 결정에 기속되는 것을 말한다.[12] 이러한 배심제는 법관이나 검사의 자의적 권력에 대항할 수 있는 피고인을 위한 '자유의 보루'로서의 의미를 가진다.

미국헌법에 채택된 배심제도는 영국제도의 계승인 동시에 새로운 제도의 창출이라는 이중의 의미를 가진다고 할 수 있다. 배심제가 국가권력(사법권)에 대한 견제의 수단이라는 점에서 그것은 미국에 전승된 영국 기원의 제도이다. 그러나 한편, 미국헌법의 제정이 군주제를 부정하고 새로운 공화제의 탄생을 의미함에 따라 새 헌법 하에서는 영국 국왕의 '신민'이 주권자인 '국민'으로 신분의 전환이 이루어지게 됨으로써 배심제는 단순한 국가권력의 견제수단에 그치지 않고 국민주권의 원리를 사법의 영역에서 실현하는 주권자의 권리로 격상된 것이라는 점에서 그 헌법적 의의가 크다고 할 수 있다.[13]

1787년 제정된 미국 연방헌법은 제3조 제2항 제3절에 배심제를 규정하여 "탄핵재판을 제외한 모든 형사재판은 배심제에 의해 행한다. 그 배심재판은 그 범죄가 행해진 주에서 하여야 한다. 다만 그 범죄지가 어느 주에도 속하지 아니할 경우에는 연방의회가 법률에 의하여 정하는 장소에서 재판한다"라고 명문화하고 있다. 1791년의 수정헌법 제5조는 형사사건에서의 대배심(grand jury)에 의한 기소를 규정하고, 수정헌법 제6조와 제7조는 형사사건에서의 배심재판과 민사사건의 배심재판에 관하여 각각 규정하고 있다.

수정헌법 제6조는 원래의 헌법 제3조 제2항의 규정을 구체화하여 "형사범죄로 소추

---

11 영국 배심제의 기원에 관하여는 여러 가지 학설이 있으나, 1066년 노르만 정복시 배심제가 도입되었다는 설과 1215년 마그나 카르타의 규정에서 배심제의 성립기원을 찾을 수 있다는 견해 등이 있다. 상세는 박홍규, 앞의 책, 88면 이하.

12 배심제와 구별되는 사법참여제도로서 참심제가 있다. 참심제는 독일, 프랑스 등 유럽에서 채택되고 있는데 시민참심원이 직업법관과 함께 동등하게 사실문제와 법률문제를 판단하는 제도이다. 그러나 참심제는 일반 시민인 참심원이 직업법관과 동등한 위치에서 재판에 관여한다는 것은 사실상 기대하기 어려워 자칫 참심원의 역할이 형식적인 것에 그칠 가능성도 있다. 성낙인, 「헌법학」, 2005, 551-52면. 독일 참심제에 관한 최근 논문은 오상원, 독일 현행 참심제의 문제점과 그 개선방향의 전망, 「형법산책」, 홍익대출판부, 2006, 401면 이하 참조.

13 안경환, 미국 연방헌법의 배심조항, 미국헌법연구 제12호, 2001, 80면.

된 사람은 범죄가 행해진 주와 법률에 의해 규정된 지역의 공정한 배심에 의한 신속한 공개재판을 받을 권리가 있다"라고 규정하고, 수정 제7조는 민사배심에 관하여 "코먼 로 사건에서 소송물 가액 20달러를 초과하는 경우에는 배심에 의한 재판이 보장된다"라고 규정하고 있다. 또한 수정 제5조는 "누구든지 대배심에 의한 고발 또는 기소 없이는 사형에 해당되는 죄 또는 기타 파렴치죄에 관하여 심리를 받지 아니 한다'라고 규정하고 있다.

이처럼 헌법 제3조 제2항과 권리장전을 의미하는 수정헌법의 3개 조항에 걸쳐 배심제를 규정하고 있는 것만 보더라도 미국의 헌법체계에서 배심제가 차지하는 비중이 얼마나 큰지를 알 수 있다.

미국헌법제정 이후 배심제는 남북전쟁이 일어나기 전까지의 약 60 여년간 크게 발전하는 모습을 볼 수 있다. 남북전쟁의 발발배경은 여러 시각에서 분석될 수 있겠지만 그 중 하나의 이유로 배심제도와 그 역할 때문이었다는 것을 들 수 있다. 즉 당시 북부의 배심들은 노예의 도피를 방조한 자들의 처벌과정에서 계속적으로 무죄평결을 내림으로서 사실상 연방 도피노예인법(Federal Fugitive Slave Law)을 유명무실하게 하고 무효화시키는 결과를 가져오게 하였다. 이처럼 부당하거나 불합리한 입법의 기능적 개폐는 당시 배심들에 의해 행해졌음을 볼 때 배심제는 초기 헌법전개과정에서 괄목할만한 성장을 하였다.

20세기에 들어와서도 금주입법에 대한 배심평결의 경향이나 특히 1960년대 및 1970년대의 격변기에 일련의 정치적 재판에 있어 배심은 확실히 법교정적(corrective of law) 기능을 수행할 정도로 크게 발전하여 왔음을 볼 수 있다.[14] 그리고 연방헌법상의 배심조항은 연방의 형사소송과 민사소송에서 배심제를 채택하도록 규정한 것이어서 각주에 있어서는 직접적으로 적용되는 것이 아니었으나, 1968년의 연방대법원판례를 계기로 각주도 배심재판을 받을 권리를 보장받게 되었다.[15]

2. 배심제도의 본질적 기능

(1) '사실의 발견자'로서의 배심

주지하는 바와 같이 배심제의 주된 기능과 역할은 먼저 '사실의 발견자'(fact-finder)라는 점에서 찾을 수 있다.[16] 배심재판의 전통에 있어서는 법관과 배심원의 역할은 구분되어 있어서 법관은 구체적 사건에서의 법률문제에 대한 판단을, 배심은 그 사건에서의 사실관계를 확인하는 일을 담당하는 것이 특색으로 되어 있다. 물론 미국 초기의 배심제는

14 권영설, 앞의 논문 "미국의 배심제도", 194면.

15 Duncan v. Louisiana, 391 U.S.145 (1968).

16 Nancy S. Marder, The Jury Process, New York, Foundation Press, 2005, p.7.

법률문제와 사실문제를 구분하지 아니하고 법적 쟁점과 사실적 쟁점을 모두 판단해 왔으나, 1930년대에 들어와 배심의 역할은 오늘날과 같은 사실문제의 판단만을 담당하게 되었다.[17] 소송절차를 진행하고 당해 사건에 적용되는 법률의 의미를 해석하고 확정하는 일은 법관의 역할이지만, 그 사건에서의 구체적 사실관계를 명확히 하는 것은 피고인의 동료이며 이웃인 일정수의 일반시민들로 구성된 배심의 건전한 상식과 경험에 기초하여 판단케 하여 법관이 자의적으로 사실관계를 왜곡시키지 못하게 함으로써 권력으로부터 피고인을 보호하는 장치가 바로 배심제인 것이다.

이러한 '사실의 발견자'로서의 배심은 개개인의 집단에 의해 개개인이 함께 참여하여 집단적 해결(group solution)에 이를 수 있도록 구성되어 있다. 이는 개인보다는 집단에 의한 문제의 해결이 사실발견에 있어 올바른 해결에 이르는데 훨씬 우수하다는 이론에 근거하는 것이다.[18]

그러나 실제에 있어서 법률문제와 사실문제를 이분법적으로 명확하게 구분하는 것은 어려운 일이며, 적지 않은 경우에 사실의 확정문제는 결과적으로 법을 해석하고 구체화하는 것을 의미하게 된다.[19] 예컨대 형사사건에 있어서 검사가 피고인의 유죄를 '합리적 의심을 넘어서는'(beyond a reasonable doubt) 입증을 하지 못하는 경우에는 법관은 배심에게 피고인의 무죄평결을 내릴 것을 설시하게 된다. 여기서 법관이 '합리적 의심을 넘는' 입증의 법적 기준을 배심에게 제시하게 되지만, 그 기준은 정의하기가 매우 모호하고 어려운 경우가 많게 된다. 따라서 배심은 그 기준이 무엇인가에 관한 판단을 그들의 상식과 일상적 경험을 통해서 행하게 된다. 말하자면 사실관계에 있어서 합리적 의심의 여부에 관한 배심의 결정은 '사실의 발견'(finding the facts)에 기초하는 것이지만 그보다는 '법의 적용'(applying the law)에 기초하는 경우도 적지 않게 된다. 민사사건에 있어서도 마찬가지로 배심은 사실의 발견보다는 법관의 설시(instruction)에 더욱 몰두하게 되며 사실의 확인을 위해 당해 사건에 적용되는 법률의 의미를 구체화하는 작업에 참여하게 된다.[20]

이와 같이 법률문제와 사실문제의 명확한 구분이 어려운 것이 현실이라면 법관과 배심의 이분법적 역할 분담은 그 구분을 다소 완화할 필요가 있고 제한적인 범위 안에서는 배심의 법적 판단도 허용할 필요가 있다는 주장도 제기되고 있다. 이 주장의 논거는 그렇게 함으로써 배심의 기능을 제고하고 법원의 종국판결의 정당성을 강화할 수 있다는

---

17 1935년의 연방대법원 판례에 의해 이러한 법관과 배심의 역할분담에 관한 명확한 기준이 제시되고 있다. Baltimore & Carolina Line, Inc. v. Redman, 295 U.S. 654, at 657 (1936).

18 Nancy S. Marder, op. cit., p.8.

19 Ibid., p.9.

20 Ibid., p.10.

것이다.[21]

(2) 자유의 보루(bulwark of liberties)로서의 배심

영국에서 그 성립기원을 두고 미국헌법의 제정으로 채택된 미국의 배심제도는 무엇보다도 먼저 그것이 국민의 '자유의 수호자' 내지 '자유의 보루'로서의 기능을 수행한다는 데에 그 본질적 특성이 있다. 배심제는 그 연혁에 있어서 미국 헌법제정자들이 연방헌법 제정 이전에 영국 '국왕의 꼭두각시 법관'(the Crown's puppet judges)의 규탄과 축출을 천명한 독립선언서상의 요구를 구현한 것이라 할 수 있으며, 영국에서 17세기 중반부터 확립되기 시작한 인민의 자유의 보루로서의 배심제의 정신을 그대로 미국헌법에 수용한 것이라고 할 수 있다.[22]

이와 같이 영국의 17세기 청교도혁명 과정에서 형성된 근대적 배심제는 권력의 횡포에 맞선 일반시민의 양심에 의한 재판을 가능하게 하였으며, 그 후 배심제는 블랙스톤(W. Blackstone)이 평가한 것처럼 폭정에 대항하는 '자유의 일차적 보루'(principal bulwark of liberties)로서의 역할을 확고하게 할 수 있게 된 것이다.[23]

배심제는 확실히 국가와 형사피고인 사이의 완충장치(buffer) 역할을 한다는 점에서 그 정치적 기능을 볼 수 있다.[24] 미국 연방대법원판례[25]가 말하고 있는 바와 같이 "형사배심은 부패하거나 직무에 지나치게 열정적인 검사와 외압에 굴종하고 편견을 갖고 있으며 상도를 벗어난 법관에 대항하여 피고인에게 매우 귀중한 보호장치(inestimable safeguard)를 제공해 주는 것"[26]이므로 시민을 위한 자유의 보루로서의 배심제의 기능은 아무리 강조해도 지나치지 않다고 하겠다.

(3) 국민주권원리의 구현

미국의 배심제도는 원헌법과 수정헌법의 권리장전에 규정됨으로써 국민의 배심재판을 받을 권리가 헌법상 보장되고 있는 것이지만, 그렇다고 해서 배심제도의 본질을 개인

---

21 권영설, 앞의 논문 "배심제도의 개혁논의와 그 헌법상 쟁점", 229−30면.

22 영국의 존 릴번(John Lilburne)은 1649년 천부인권사상에 기초하여 인민의 권리로서 배심제를 역설한 바 있다. 즉 그는 생명, 신체, 자유, 재산을 박탈 수 있는 형사재판의 유죄판단은 12명의 이웃사람들로 구성된 배심원에 의해서만 가능하며 그 배심원은 인민에 의해 자유롭게 선출되어야지 강제로 선출되어서는 안 된다고 주장하였다. 릴번은 당시 대역죄 혐의로 재판에 회부되었으나 자유의 수호자인 배심에 의해 무죄평결을 받게 되었다. 안경환·한인섭, 앞의 책, 259−61면; 영국 배심제도의 역사적 전개에 관하여는 J.S. Cockburn & Thomas A. Green, Twelve Good Men and True−the Criminal Trial Jury in England, 1200−1800, 1988.

23 William Blackstone, Commentaries on the Law of England, vol.Ⅲ, Birmingham, 1768/1983, pp.349−350.

24 Nancy S. Marder, op. cit., p.10.

25 Duncan v. Louisiana, 391 U.S. 145 (1968).

26 Id. at 156.

의 기본적 권리만으로 이해하는 것은 곤란하다고 하겠다. 배심제도의 본질은 개인적인 권리보다 정치적 공동체의 운영을 위한 '공적 제도'로서 헌법의 핵심적 내용을 이루고 있다는 점을 간과해서는 안 될 것이다. 즉 이 제도는 국민의 배심재판을 받을 권리라는 사적 차원의 권리보다는 국민주권원리에 기초한 국민의 자치정부를 운영하는 데 필수적인 제도라는 관점에서 이해할 필요가 있다.[27]

이 점에 관하여 토크빌(Alexis de Tocqueville)도 미국의 배심제도를 관찰하면서, 배심제도는 기본적으로 피치자 내지 피치자의 일부가 사법절차를 담당하는 제도라는 점에서 공화정의 징표를 이루고 있으며 사회발전의 한 방향을 제시하고 있다고 보았다. 그리고 미국의 배심제도는 국민주권과 보편적인 선거권의 또 다른 제도적 표현으로 파악된다고 기술한 바 있다.[28] 이러한 국민주권원리의 사법적 반영을 배심이라고 할 때 배심은 사법작용에 대한 국민적 신뢰를 크게 증진시키는 기능을 하게 된다. 배심을 통해 재판에 있어서 권력과 지위와 전문적 폐쇄성의 영향이 아니라 보통시민의 감수성과 양식이 판단의 근거가가 되기 때문에 배심은 민주주의를 구현하는 제도일 수밖에 없다. 미국 건국의 아버지들이 헌법에 배심제를 규정하게 된 기본적 의도는 직업적 관료에 의해 일어지는 재판의 정당성을 혐오하면서 막 출범한 민주주의가 일부의 전제와 자의에 의해 왜곡되지 않도록 하려는 데 있었다는 점은 배심제의 본질을 이해하는데 중요한 의미를 가진다.

(4) 사법부 구성에 있어 견제와 균형의 원리

배심제는 사법부의 구성에 있어 법관과 배심에 의한 상호 견제와 균형의 원리를 구현하고 있다는 점에 또 하나의 본질적 특색을 찾을 수 있다. 헌법의 제정자들은 의회의 구성에 있어 상원과 하원의 양원제를 통한 상호 견제를 유지하는 것과 마찬가지로 사법권을 법관과 배심에 나누어 줌으로써 서로 견제와 균형을 유지하도록 배심제를 제도화하였다고 볼 수 있다.[29] 즉 배심제는 사법기관을 판사와 배심으로 구성하여 민주적 정당성이 강한 배심으로 하여금 상대적으로 민주적 정당성이 약한 판사를 견제하는 제도를 의미한다. 연방판사는 국민에 의해 직접 선출되지 아니하며 종신제로 임기가 보장되고 있고 정치적 이해관계에 얽혀 부패할 소지도 없지 않으므로 사법의 기능을 영구직 법률전문가에게 맡기는 것은 어떤 의미에서는 판사의 편견이 판결을 좌우할 위험이 존재하기 때문에 재판과정에 배심으로 하여금 판사를 견제하도록 일정한 권한을 부여한 것이 배심제의 본

27 안경환, 앞의 논문, 83면

28 Alexis de Tocqueville, Democracy in America, Edited by J.P. Mayer, 1969, pp.270－76.

29 안경환, 앞의 논문, 85면.

질이라고 할 수 있다.

미국헌법제정자의 한 사람인 해밀턴(A. Hamilton)도 『페더랄리스트 페이퍼』를 통해 배심원에 의한 재판을 선호하는 가장 큰 이유는 그것이 법원의 타락에 대한 안전장치이기 때문이라고 강조하고 다음과 같이 기술하고 있다. "배심에 의한 재판은 타락에 대한 적절한 규제가 될 것이다. 배심제는 법원과 배심원 모두의 타락을 막는 이중의 안전장치가 되며 배심원과 법원 모두의 순수함을 유지시킬 수 있고 부패에 대한 억제를 증가시킴으로써 한쪽을 성실성을 유혹하려는 시도를 막을 수 있다. 법관들이 모든 사건을 독단적으로 판결하는 것보다 배심원과의 협조하에 일을 하는 것이 재판관들이 자신의 명예를 팔아넘기려는 유혹을 덜 받게 하는 데 확실히 효과가 있을 것이다."[30]

(5) 사법의 지방주의(地方主義) 실현

미국헌법 수정 제6조 및 각 주헌법은 형사배심의 권리를 보장하면서, 당해 조항들은 "범죄가 발생한 주와 지구"에서 배심재판을 받을 권리를 보장한다고 규정하고 있다.[31] 매스 미디어를 떠들썩하게 하는 사건의 경우 보도 등으로 인해 사건발생지에서 공정한 배심을 열 수 없는 사태도 발생하고 피고인이 다른 법원으로 사건을 이송하여 줄 것을 신청할 수도 있지만, 어느 경우이든 배심은 당해 사건이 심리되는 법원의 소재 지역에서 구성 소집하는 것을 당연한 것으로 인식하고 있다. 이와 같은 제도는 구체적인 사건에서 구성 소집되는 배심원은 당해 법원의 관할구역 내의 시민에 한한다는 의미에서 배심제는 일종의 사법지방주의의 실현이라고 할 수 있다. 이러한 지방주의는 연혁적으로는 원래 런던에서 순회하는 법관이 지역주민을 소집하여 사건에 대한 사실관계와 당해 지역의 관습을 경청한다는 형식으로 배심원이 증인과 유사한 성격을 지니고 있던 시대의 잔재로 볼 수 도 있다. 그러나 18세기말까지 배심은 사건에 대하여 제출된 증거를 제3자의 입장에서 객관적으로 평가하여 사실인정만을 행하는 기능만을 담당하였기 때문에 이와 같은 기능을 수행하기 위하여 법원의 소재지에서 배심원을 구성할 필요성은 없게 되었다. 그럼에도 불구하고 먼 지역에서 배심원을 초청하는 것이 불편할 뿐 아니라 지역의 사건에 대해서는 지역에서 심리하여야 한다는 이른바 지역주의의 사고에 비추어 보면 이러한 관행에 대하여는 의문을 제기할 여지가 없다고 할 수 있다.

오늘날에는 배심원후보자는 당해 지역에 살고 있는 다양한 사람들을 대변할 수 있도록 편향됨이 없이 추천되어야 한다는 'fair cross-section of the community'의 원칙이 연

---

30 Alexander Hamilton, Federalist Paper No.83; 김동영 역, 「페더랄리스트 페이퍼」, 한울아카데미. 1995, 491-92면.
31 Wayne R. LaFave & Jerold H. Israel, Criminal Procedure, 2nd ed., 1992, pp.967-68.

방대법원판례에 의해 확립되어 있다. 요컨대 미국 배심제를 구성하는 배심원은 당해 사건에 대하여 아무런 관심도 없고 극단적으로 객관적이며 추상적인 국민이나 시민을 의미하는 것이 아니라, 당해 사건의 해결에 충분한 관심을 가지고 책임을 질 수 있는 한편 객관적으로 판단을 내릴 수 있는 있는 구체적인 '인근의 주민'이어야 한다는 사법의 지방주의를 구현하고 있는 것이 특색이다.

(6) 배심의 교육적 기능

배심의 기능과 역할에 있어서 또 하나 중요한 것은 그 교육적 역할(educational roles)이라 할 수 있다.[32] 배심의 교육적 기능은 배심의 정치적 기능과 밀접하게 연관되어 있는데, 토크빌은 특히 민주주의에 있어 배심의 교육적 기능을 강조하고 있다. 그는 배심의 핵심적 기능은 민주주의의 책임성에 관하여 시민을 교육하는 데에 있다고 하고, 배심은 "시민의 자치에 관하여 무상으로 시민을 교육하는 학교"(free school teaching citizens about self-governance)라고 기술하고 있다. 토크빌은 민주주의적 통치원리에 있어서 국민의 참여방식은 크게 선거세서의 투표와 배심에의 참여가 있는데 그 중에서 배심은 국민의 직접적 참여를 보장하는 것이라고 한다. 확실히 배심제는 사법의 통치작용에 있어서 국민의 자치를 실현하는 주요한 수단이며, 일반시민은 배심에 참여하고 배심원의 임무를 수행하면서 민주주의와 법치주의의 훈련과 교육을 받게 되는 것이다.

또한 오늘날 배심은 지역사회의 각계각층의 다양한 인사들로 구성되기 때문에 배심원들은 서로 다른 인종, 성별, 민족성, 종교, 신분 등에 의한 다양한 시각과 편견 속에서도 각자의 지식과 경험을 바탕으로 숙고와 토론을 거쳐 합의(평결)를 도출해내는 과정을 통해 '다양성의 수업'(lessons in diversity)을 받게 된다. 즉 배심은 배심원들로 하여금 서로 다른 관점에서 독자적으로 사건을 볼 수 있는 기회를 제공하고 동시에 평결을 내리는데 있어서는 하나의 합치된 관점에서 결론을 내릴 수 있도록 교육을 시키는 것이 된다.[33]

3. 배심제의 구조와 배심재판절차

(1) 대배심과 소배심

미국의 배심제도는 주로 형사재판에 있어서 대배심(grand jury)과 소배심(petite jury) 또는 기소배심과 심리배심으로 구분되어 발전해 왔다. 대배심은 기소배심을 의미하는 것으

32 Nancy S. Marder, op. cit., p.14.
33 ibid., p.15.

로 형사중죄사건에서의 기소여부를 결정하기 위한 절차이다. 미국헌법 수정 제5조의 "사형을 선고할 수 있는 범죄 또는 기타의 파렴치한 범죄"(capital, or otherwise infamous crime)를 기소할 때는 대배심에 의한 고발 또는 기소를 필요로 한다"라고 규정하고 있는데 이 조항은 연방법원에 기소하는 경우에만 적용되며 주법원에 기소하는 경우에는 적용되지 않는 것으로 해석하고 있다. 그러나 현재 연방과 14개 주(indictment state)에서 형사중죄사건에 대한 대배심의 정식기소를 채택하고 있다.[34]

대배심은 전통적으로 무작위로 추출된 23명 내외의 시민들로 구성되며 비공개로 개최된다. 배심원들은 검사가 제출한 증거에 대해 판단하여 과반수로 기소여부를 결정하는데, 주에 따라서는 절대다수(3분의 2 또는 4분의 3 이상)를 요구하는 경우도 있다.[35] 대배심은 법원이 소집하고 법관은 배심원에게 그 직무에 관한 일반적인 설시(instruction)를 행하는 등 감독권한 을 행사하나, 대배심의 심리에 실질적으로 관여하고 배심원에게 조언을 하는 것은 검사이다. 증인심문을 행하는 것도 검사뿐이며 배심원이 증인에게 묻고 싶은 사항이 있는 경우에는 검사를 통하여 심문을 행하는 것이 원칙이지만, 뉴욕주에서는 배심원이 증인에 대하여 직접 질문하는 것도 인정하고 있다.[36]

대배심의 기능은 첫째로, 기소하기에 충분한 증거가 존재하는가에 대하여 심사하여 부당한 기소로부터 피의자를 보호하기 위한 것이다. 그러나 대배심은 어디까지나 기소의 타당성만을 판단하는 것이기 때문에 재판절차에서 피고인이 유죄인가 무죄인가를 중립적인 입장에서 판단하는 소배심의 경우와는 각각 판단기준을 달리한다. 소배심의 경우는 당연히 검사가 제출한 증거와 주장 뿐 아니라 피고인측으로부터의 반대심문, 제출증거, 반론도 판단의 소재가 된다. 대배심이 심리한 결과 기소가 거부된 사건의 비율은 거의 모든 관할법원에서 3~8% 정도에 달하는 것으로 나타나고 있다.[37]

둘째로 대배심은 일반적으로 검사가 제출한 증거만을 검토하여 기소의 가부를 결정하지만, 대배심에는 강력한 증인소환 및 신문권(subpoena power)이 있고, 검사도 대배심에 소환할 목적으로 법원의 소환장발급을 요청할 수 있기 때문에 검사 단독으로는 할 수 없는 증인심문과 증거수집 및 보전 등도 행할 수 있다. 이 경우에는 재판절차에서와 같은 증거법칙이 엄격하게 적용되지 않고 예컨대 전문법칙(hearsay evidence)도 허용된다.[38]

대배심은 기소권의 남용가능성에 대해 재판에서 무죄평결이 날 때까지 기다리지 않

---

34 David B. Rottman et al., State Court Organization, 1993, pp.280−82.
35 Ibid., p.282.
36 Marvin E. Frankel & Gary P. Naftalis, The Grand Jury : An Institution on Trial, 1977, p.49
37 Wayne R. LaFave & Jerold H. Israel, op. cit., p.25.
38 Costello v. United States, 350 U.S. 359 (1956); Marvin E. Frankel & Naftalis, op. cit., pp.26−30.

고 일차적으로 시민들이 관여할 수 있는 제도로서, 그것은 영국에서 기원을 두고 발전한 것으로 소배심(심리배심)보다 큰 규모의 시민배심을 통해 억압적인 기소권을 통제하려는 장치를 의미하였다. 그러나 오늘날에는 기소배심 자체가 대단히 번거롭고 오히려 검사의 기소권행사를 정당화하는 명분으로 되면서 당초의 검찰권남용에 대한 시민적 통제라는 본래의 취지가 퇴색하게 되었다는 지적도 있다(영국은 1933년에 기소배심제가 폐지됨).

(2) 형사배심과 민사배심

주지하는 바와 같이 미국의 배심제는 형사배심과 민사배심으로 이루어져 있다. 형사배심은 미국헌법 수정 제6조에 의해 보장되고 있다. 형사재판에 있어서 배심재판(jury trial)은 피고인의 권리로서 인정되는 것이므로 모든 재판이 배심재판으로 되는 것은 아니며 피고인이 원하지 않는 경우는 일반의 법관재판(bench trial)에 의한다.

기소장이 피고인에게 송달되면서 형사재판이 개시되면 피고인은 변호인을 선임하거나 국선변호인을 요구하여 법정에 서게 된다. 재판관은 공판준비절차로서 피고인을 공개법정에 불러 범죄를 인정할 것인가를 묻는 'arraignment'를 행하게 된다. 이때 피고인이 무죄라고 주장하면 정식의 배심재판절차가 시작된다. 여기에서 피고인이 기소 사실을 자백하면 바로 양형에 관한 절차로 이행하게 되는데, 이 경우는 배심이 재판에 관여하지 않고 법관이 직접 판결을 선고하게 된다. 즉 피고인이 유죄를 인정하게 되면 그것은 배심재판을 받을 권리를 포기하는 것을 의미하게 되어 법관에 의한 양형절차로 넘어가게 되는 것이다. 형사배심의 방식과 절차는 민사배심과 동일하지만, 배심평결의 결정시 '합리적 의심을 넘어서는'(beyond a reasonable doubt) 증거에 근거할 것이 요구되므로 배심원 전원이 유죄의 확신을 갖는 경우가 아니면 유죄평결을 내려서는 안 된다. 유죄평결에 따라 어떤 형을 부과할 것인가는 법관의 권한이다.[39]

민사소송에 있어서의 배심재판은 수정헌법 제7조에 의해 보장되고 있다. 민사배심도 당사자가 희망하는 경우에 배심재판이 개시되며 희망하지 않는 경우에는 법관이 재판한다. 민사배심재판은 원고측의 모두진술로 시작되고 이에 대해 피고측이 답변하게 된다. 그리고 각자의 주장이 정당하다는 것을 입증하기 위하여 증거가 법정에 제출되며, 증인에 대해서는 반대신문권이 인정된다. 여기까지의 절차는 법관에 의한 재판과 동일하나 모든 진술이 배심을 향해 행해진다는 점이 다르다. 그 절차가 끝나면 법관은 배심을 위하여 사건을 요약하고 적용되는 법률을 알기 쉽게 설명한 후 배심원이 결정을 내리도록 요구한다. 배심원은 배심원실에 들어가 자유로운 토론을 거쳐 평결에 이르게 된다. 민사재판의

39 미국의 형사배심절차에 관한 실증적 고찰은 배홍규, 앞의 책, 137면 이하.

경우 '우월적 증거'(preponderance of evidence)의 원칙에 의하므로 그 평결은 과반수의 다수결에 의해 내려진다. 배심원은 다시 법정에 돌아와 그 대표가 평결을 법관에게 전달하며, 법관은 원칙적으로 배심평결에 따라 판결을 내리게 된다. 그러나 특별한 사정이 있는 경우 법관이 독자의 판결을 내릴 수 있으며, 또한 배심원의 매수 강박 등으로 평결과정에 부당한 점이 있었다고 인정되면 재심리(new trial)가 인정된다.40

(3) 형사배심재판의 절차

형사재판에서 피고인이 배심재판을 청구하게 되면 배심재판에 필요한 배심원을 확보하기 위하여 법원에서는 배심명부(jury master wheel) 중에서 무작위로 당일의 예비배심원을 소환한다. 소환된 예비배심원(jury panel)들은 배심원 대기실로 가서 간단한 출석수속과 함께 배심제도 및 배심원의 역할에 대한 설명을 듣게 되고 이들 예비배심원들의 일부가 각 법정으로 호출되어 가면 배심원선정절차가 개시된다.

배심원선정절차에서 법관은 예비배심원의 성명, 나이, 혼인, 직업 등 일반적인 인적사항을 질문하고 피고인측의 변호사와 검사도 질문하기도 한다. 이러한 배심원선정을 위한 심리를 'voir dire'라고 하는데, 예비배심원은 법관 등의 질문에 성실히 답변해야 한다. 이 과정에서 당해 사건에 중립적일 수 없는 정황이 있다고 판단되면 그 에비배심원을 기피하게 된다. 예비배심원 자신도 그가 당해 사건에 적합한 배심원이 될 수 없다고 판단되면 법관에게 사유를 말한 뒤 회피할 수 있다.

소송당사자에 의해 배심원의 후보 중에서 부적격자를 배제시키는 기피(challenge)에는 두 가지 경우가 있는데, 첫째는 배심원 후보자가 공평무사한 배심원이 될 수 없다고 판단되면 그 이유를 제시하고 배심원에서 배제시키는 '이유 있는 기피'(challenge for cause)이고, 둘째는 이유 있는 기피를 통과한 후보자들을 상대로 다시 한번 선별작업을 하게 되는데 여기서는 구체적 이유를 밝히지 않고 후보자를 배제할 수 있는 '이유불문 기피' 또는 '무이유부 기피'(peremptory challenge)가 있다. 전자의 경우에는 배제할 수 있는 인원수에 제한이 없으나, 후자의 경우에는 일정수의 제한이 있다. 이러한 기피제도는 사건당사자 양측의 의사를 최대한 반영하면서 엄선된 배심원의 평결에 대해 양측이 승복하고 신뢰할 수 있도록 한다는 점에서 그 의의가 크다.

이러한 기피절차를 거쳐 최종적으로 12명의 배심원이 선정되면 법관은 배심원들을 향해 일반적 설시(general instruction)를 행하고 배심원들은 엄숙한 선서를 하게 된다. 선서 후 법관은 보다 구체적인 설시를 행하며 배심원의 의무에 관하여 적시한다.

---

40 배홍규, 앞의 책, 125-26면.

배심재판에 있어서 법관은 법률문제를 판단하고 배심원은 증거의 가치를 결정하는 사실에 대한 판단자이다. 형사배심에서 검사는 기소사실에 대해 입증할 의무가 있으며 그 입증의 수준은 '합리적인 의심을 넘어서는'(beyond a reasonable doubt) 정도에 이르러야 한다. 판사는 배심원에게 사건내용을 설시하면서 그 사건의 경우 입증되어야 할 사항을 구체적으로 설명한다. 배심은 사실문제에 대한 궁극적 판단을 행하게 되며 법관의 설시는 배심의 판단에 참고가 될 뿐이다.

심리가 종료되면 배심원은 퇴정하여 배심원실에 모여 서로의 의견을 말하고 서로 다른 입장을 이해하기 위하여 평의(deliberation)를 연다. 평의에서 배심원들은 서로 다른 지식과 경험과 배경을 토대로 서로 다른 시각에서 각자의 의견을 제시하고 충분한 토론을 통하여 전원일치로 하나의 결론인 평결을 도출해야 한다.

평의가 종료되고 평결내용이 법관에 전달되면 법관은 그것을 낭독한다. 평의에서 전원일치의 합의에 이르지 못하는 경우의 배심을 평결불능 또는 평결보류(hung jury)라고 하며, 이 경우의 재판은 미결정심리(mistrial)라고 선언하게 된다. 형사배심에서 무죄평결은 최종적인 것으로, 그에 대한 상소는 허용되지 않는다. 그러나 유죄평결이 내려지게 되면 법관에 의한 양형절차로 이행되며 배심은 양형에 관여하지 않는 것이 원칙이다. 유죄판결에 대하여는 피고인의 상소가 인정되며 이 경우에는 법률판단에 대해서만 다툴 수 있고 사실판단은 다툴 수 없다. 실제로는 형사배심에 있어서 상소는 거의 인용되지 않고 있다.[41]

Ⅲ. 배심제 개혁논의의 쟁점과 과제

1. 배심제 개혁논의의 전개

미국의 배심제도는 연방헌법상에 국민의 배심재판을 받을 권리로 채택된 이래 오늘날에 이르기까지 피의자 및 피고인의 자유의 보루로서 인권신장과 사법의 민주화에 결정적인 기여를 해 왔으나, 한편으로는 그 배심재판의 운용과정에서 여러 가지 문제점이 끊임없이 제기되어 왔으며 배심의 역할에 대한 비판적 시각도 적지 않았다. 그리하여 배심제도의 전개과정에서 지속적인 개혁논의가 이루어져 왔음은 물론이다.

미국 배심제도 전반의 문제점에 대한 본격적인 논의는 1953년부터 시카고대학교 로스쿨에 의한 대규모 프로젝트(이른바 "Chicago Jury Project")에 의해 이루어지게 되었는데, 5년간에 걸친 실증적 연구결과는 애당초의 회의적 시각과는 반대로 배심제의 존치론 내지

41 안경환·한인섭, 앞의 책, 176－183면.

옹호론으로 결론이 나게 되었다.[42]

그 후 1990년대에 들어와 '로드니 킹' 사건과 'O.J. 심슨' 사건 등을 계기로 한 배심에 대한 회의론과 냉소적 여론은 다시 한번 배심제에 대한 근본적 개혁을 요구하게 되었다고 할 수 있다. 로드니 킹 사건에서의 흑인을 폭행한 4인의 백인 경찰관에 대한 무죄평결이나 심슨사건에서 살인혐의로 기소된 풋볼선수출신 스타 심슨에 대한 무죄평결은 배심에 대한 '대중의 냉소주의'(public cynicism)가 팽배해지는 원인을 제공하였으며, 이러한 사건들을 통해 인종문제는 배심의 공정성에 있어서 '극복할 수 없는 장애물'로 간주되기도 하였다.[43]

말하자면 배심제도는 미국인의 애증을 반영하는 것으로서, 한편에서는 끊임없는 비판론이 대두되어 왔으며, 동시에 그 비판론에 대항한 철저한 옹호론이 강력하게 전개되어 왔다. 오히려 배심제는 긍정적 입장에서 그 합리적인 운영을 위한 개선안이 항상 제기되고 있고 사회적 코스트가 대단히 높은 제도임에도 불구하고 미국 사법제도에 있어서 불가결의 요소로 확고하게 자리 잡고 있다 할 것이며, 이 점에서 배심제 옹호론이 비판론에 비해 훨씬 우위를 점하고 있다.

배심제의 문제점과 개혁론의 주요 쟁점을 정리하면 우선, 배심의 구성에 있어서 전통적인 12인제 배심원에 의한 평결이 초래하는 소송지체와 소송비용의 증가에 대한 개선방안을 비롯하여, 배심원의 선발방식과 지역대표성문제, 배심평결의 만장일치제 유지여부, 배심원선정과 기피제도, 배심의 법적용거부권 인정여부 등에 관한 논의들을 들 수 있다.

2. 배심의 구성과 배심원 정수

미국의 배심제는 영국에서의 '12인 배심원'의 전통을 계승하여 12인의 배심원 구성을, 적어도 형사배심에 있어서는 확고한 전통으로 확립하여 왔다. 다만 민사배심의 경우에는 초기에도 12인 배심원을 선발하기 적절치 않을 때 6인제 배심도 허용되기도 하였으며 오늘날 민사소송의 소송비용증대와 소송지체 등에 대한 개선책으로 6인제 배심이 부분적으로 실험되고 있음을 볼 수 있다. 따라서 일반적으로 형사재판에 있어서 배심에 의한 재판을 받을 권리란 '12인의 배심에 의한 재판을 받을 권리'가 당연한 전제로 되어있다는 것이 오랜 전통의 산물을 의미한다.

---

42 시카고대학교 로스쿨의 이 프로젝트는 연구결과 10년간에 걸쳐서 100여편의 논문과 3권의 단행본으로 발표되었는데 그 대표적 단행본인 Harry Kalven, Jr. and Hans Zeisel, The American Jury (1966, 2nd ed., 1970)는 미국 배심제연구의 고전에 해당한다.

43 Jeffrey Abramson, We, The Jury —The Jury System and the Ideal of Democracy, Harvard univ. Press, 2001, p. ix.

연방대법원판례도 19세기 후반에서 20세기 초반까지는 12인 배심원의 원칙을 엄격하게 해석하고 있음을 볼 수 있다. 즉 헌법상의 배심재판이란 헌법제정당시의 미국 및 영국에서 시행되고 있던 상태의 것이어야 하므로 배심재판을 받는 형사피고인은 12명보다 적지 않은 배심원에 의해 구성된 재판부에서 심리 평결되어야 한다고 하고, 특히 형사사건에서는 '12인의 배심원에 의한 전원일치의 평결'의 방식이 아니고는 피고인의 생명, 자유가 제대로 보장될 수 없다고 판시하고 있다.[44] 1930년대에 와서도 연방 형사배심의 구성요소로서 12인의 배심원, 법에 대해 배심원에 설시할 수 있는 법관의 존재, 전원일치의 평결 등 세 가지를 들고 이러한 핵심요소를 변경하는 것은 입법부의 권한을 벗어나는 것이라고 판시한 바 있다.[45]

그러나 1970년대에 들어와 연방대법원은 Williams v. Florida 판결에서 입장을 변경하여 "배심재판의 헌법적 보장은 정확하게 12인으로 구성된 배심재판을 요구하는가"라는 의문을 제기하면서 12인의 배심원은 배심재판의 필수불가결한 요소가 아니라고 판시하면서 플로리다주 법원에서 6인제 배심재판을 받은 피고인의 위헌주장을 기각하였다.[46] 즉 배심원의 수는 집단토론을 촉진시키기에 충분한 정도의 규모는 되어야 하며 지역사회의 각계각층의 대표성을 확보하여 공정성을 기대할 수 있는 규모가 되어야 하지만, 이러한 목표가 12인일 경우보다 6인일 경우에 제대로 달성하지 못할 것이라고 생각할 만한 이유는 별로 없다고 하고, 특히 전원일치의 요건이 유지되는 한 배심원의 수와 배심의 신뢰성은 크게 관련이 없다고 하면서, 6인 배심제는 12인 배심제와 비교할 때 기능적 동등성(functional equivalence)을 인정할 수 있다고 판시하고 있다.[47]

이 판례를 통해 수세기 동안 헌법적 관습과 전통으로 확립되어온 '12인'의 배심원이 배심의 핵심적 구성요소에서 빠지게 되고 배심원 정수 감축론의 근거를 제시하게 되었다. 그 후 연방대법원은 1978년 Ballew v. Georgia 판결에서 5명의 형사배심에 대해 위헌판결을 내리면서 배심원 정수가 너무 적으면 지역사회의 다양한 관심을 대표할 수 없으며, 그에 따라 집단참여에 의한 실질적인 평의를 기대하기 어렵고 편견에 사로잡힌 평결이 나올

44 Thomas v. Utah, 170 U.S. 343 (1898).

45 Patton v. United States, 281 U.S. 276 (1930).

46 399 U.S. 78 (1970).

47 Williams판결을 계기로 1970년대에는 '12인 배심제'가 헌법상 요구되는 배심재판의 요건이 아니라는 일련의 연방대법원판례들이 나오게 되었다. Colegrove v. Battin (1973); Johnson v. Louisiana (1972); Apodaka v. Oregon (1972); Bunch v. Louisiana (1979). 한편 Williams판결은 전원일치제가 유지되는 한 6인 배심제가 12인 배심제와 비교할 대 기능적으로 동일하다고 주장하고 있으나 그 기능적 동일성을 입증하는 근거가 부족하다는 비판이 강하게 제기되었다, Kermit L. Hall ed., the Oxford Companion to the Supreme Court of the United States, 2nd ed., Oxford Univ. Press, 2005, p.1090.

여지가 있다고 판시하였다.48

여기에서 형사배심에서의 배심원 적정수에 대한 연방대법원의 입장을 정리해 보면, 배심원 정수를 5인으로 줄이게 되면 실질적인 집단토론을 기대하기 어렵고 소수자의 대표성을 확보할 수 없게 되는 문제가 있으므로 헌법상 배심재판을 받을 권리를 침해하게 되며, 6인 이상이면 전원일치의 요건이 유지되는 한 배심평결의 기능적 동일성과 신뢰성에 문제가 없다고 판단하여 '6인'을 합헌성의 기준으로 제시하고 있음을 알 수 있다. 즉 Williams판결과 Ballew판결을 계기로 각 주에서 6인 배심제가 합헌성의 최소한 기준이 되고 있다고 할 수 있다.

현재의 법률과 관행에 의하면 연방형사사건의 배심원은 12인으로 구성되며 평의가 시작된 후 법원이 정당한 사유가 있다고 판단되면 1인을 배제시키고 11인으로 구성된 평결을 인정할 수 있다. 주의 경우는 중죄의 형사사건에서는 12인의 배심을 유지하는 곳이 대부분이며 경미한 범죄의 경우에는 6인의 배심을 인정하기도 한다. 한편 민사사건의 경우에는 연방배심에서는 12인 이하 6인 이상의 민사배심을 허용하는 것을 법제화하였으며, 오늘날 연방법원의 대다수는 '6인 내지 8인'의 민사배심을 채택하는 경향이 일반적이다. 그러나 6인제 배심에 대해서는 반론이 만만치 않으며 12인 배심으로 복귀할 것을 촉구하는 입장도 적지 않다. 6인 배심은 비용면에서 효율성도 그렇게 크지 않으며 평결의 예측가능성이 낮으며 소수자의 관점을 표현하지 못한다는 경험적 조사를 토대로 한 비판론도 상당한 설득력을 보이고 있다.49

3. 공정한 배심원 선정과 대표성

배심원의 선발절차는 재판의 공정성과 중립성확보를 위해 국민 중에서 무작위로 추출된 배심원후보명단 가운데 양 당사자의 의사를 반영하여 배심원을 선정하게 된다. 그러나 현실적으로 구체적 사건에서 배심원을 선정하는 데 있어서는 무작위 추출의 중립적 인사에 의한 구성이라는 공정성의 요청과 함께 배심원은 일반 시민보다 더 높은 지식과 경력, 능력을 갖춘 인사로 한정할 필요가 있다는 양질의 배심원후보 확보의 요청이 대두되는 문제가 있다.

미국 배심제의 초기 역사를 보면 최초 100여년 간은 흑인과 여성이 배심원이 되는 권리가 철저히 박탈되어 왔다. 1880년에 이르러 연방대법원은 흑인을 배심에서 배제한 주

---

48 435 U.S. 223 (1978).

49 Michael J. Saks, The Smaller the Jury, the Greater the Unexpectability, 79 Judicature 263,264 (1996); 안경환·한인섭, 앞의 책, 193－94면에서 재인용.

헌법을 연방헌법 수정 제14조에 근거하여 위헌으로 판시하였으나,[50] 여성의 배제는 당연한 것으로 인정하였다. 1935년 연방대법원은 "공무원은 흑인을 배심에서 배제하기 위하여 자신의 권한을 행사해서는 안 된다"고 판시했다.[51] 그러나 여성을 배심에서 배제한 것에 대해 최초로 위헌이라고 선언한 것은 1946년에 와서 Ballard v. United States 판결[52]에 의해서다. 같은 해 Thiel v. Southern Pacific Co., 판결[53]에서는 일용직 근로자에 대한 배심의 배제에 대해서도 위헌판결을 내리고 있다.

이러한 판결 이후 연방대법원은 배심의 구성에 있어 사회의 각계각층이 골고루 반영되어야 한다는 적극적 입장을 취하는 것을 볼 수 있다. 특히 1968년의 Duncan v. Louisiana 판결[54]을 계기로 하여 연방법원과 주법원은 수정헌법 제6조의 '공정한 배심재판'을 받을 권리 규정의 해석에 있어 공정한 사회 각계각층의 대표 내지 사회적 단면("fair cross-section of the community")에 의한 배심선정의 요건을 강조하게 되었다.

요컨대 1900년대 초에서 중반까지의 연방대법원 판례는 배심원구성의 공정성과 관련하여, 연방헌법 제6조의 공정한 배심재판을 받을 권리 규정은 실제로 선발된 배심원들이 그 지역과 주민의 다양한 집단을 고르게 대표해야 할 것을 요구하는 것으로 해석할 수 없으며, 다원주의적이고 이질적인 사회의 성격에 비추어 배심재판에 비례대표성의 개념을 적용하는 것은 불가능하다고 판시해 왔다고 할 수 있다. 즉 배심원은 기본적으로 피고인과 동등한 '동료'(peers)이어야 함이 요청되지만 이는 헌법적으로 볼 때 기본적으로 '동일한 법적 지위'의 배심구성을 의미하는 것으로 해석했던 것이다.[55]

그러한 판례의 입장이 앞의 Duncan v. Louisiana 판결 이후 큰 변화를 가져오게 되었고1970년대에 들어와서 연방대법원은 공정한 배심재판을 받을 권리에 '지역사회의 각계각층의 대표성'을 강조하는 입장을 취하게 된다. 연방대법원은 1975년 Taylor v. Louisiana 판결에서 공정한 배심의 구성은 배심원명부가 그 지역 인구의 축소판이어야 한다고 하면서, 배심이 그 지역사회의 각계각층을 대표하는 자로부터 도출되지 않으면 안 된다고 판시하였다.[56] 즉 배심재판이 동일한 배경과 지식을 공유하는 자들 사이에서 가치의 일체감을 확인하는 공간이 되어서는 안 되고, 오히려 각계각층의 집단적 편견이 상호작용하는

50 Stauder v. West Virginia, 100 U.S. 303 (1880).
51 Norris v. Alabama, 294 U.S. 587 (1935).
52 329 U.S. 187 (1946).
53 328 U.S. 217 (1946).
54 391 U.S. 145 (1968).
55 Batson v. Kentucky, 476 U.S. 79, 106 S. Ct. 1712 at 1717 (1986); 권영설, 앞의 논문 '미국의 배심제도', 205면 이하.
56 419 U.S. 522, 528 (1975).

토론의 장이 되어야만 그것이 공정한 배심의 구성이라고 한 것이다.

1979년의 Duren v. Missouri 판결[57]에서는 좀 더 구체적으로 사회 각계각층의 대표성의 요건에 관한 세 가지의 기준을 제시하고 있다. 배심구성에 있어서 사회단면적 대표성의 기준이 되는 3요소는 다음과 같다. 첫째, "배심의 구성에 있어 지역공동체에 두드러진 집단('distinctive' group in the community)이 배제되었는가"의 여부, 둘째, "배심원후보자명부에 등재된 이 집단이 당해 지역 공동체의 인구분포에 비추어 현저히 불공정 내지 불합리한가(not 'fair and reasonable')"의 여부, 셋째, "특정한 집단이 배심원 선발과정에서 원천적으로 배제됨으로써 지역공동체의 인구분포에 비하여 지나치게 과소 대표(underrepresentation)되고 있는가"의 여부 등이다.[58] 따라서 이 세 가지 요건에 해당하게 되면 헌법상 공정한 배심구성의 요건에 위배된다는 것이다.

이러한 배심구성에 있어서 판례의 변화는, 한마디로 말하면 어떠한 개인이나 집단도 편견으로부터 자유로울 수 없음을 겸허히 인정하는 것을 전제로 하여, 다양한 경험과 지식을 가진 사회 각계각층의 인사들로 배심을 구성하여 서로 다른 의견들의 상호작용 속에서 숙고와 토론을 통해 평결을 도출하는 것이 공정하고 공평한 배심재판을 기대할 수 있는 유일한 방법이라는 생각을 배경으로 하고 있음을 알 수 있다.

4. 배심원 선정과정에서의 기피제도

배심원선정의 구체적 절차는 배심원명부에서 무작위로 추출한 명단에 대해 법원이 소환장을 발부하여 출석한 예비배심원 중에서 다시 무작위로 일부를 호명하여 배심정원의 몇 배에 해당하는 시민들을 법정에 소환하여 '배심원 검증절차'(Voir Dire)를 거쳐 배심원을 최종 선정하게 됨은 전술한 바와 같다. 검증절차는 '예비심문'과 '기피'의 두 단계로 구성되는데, 주로 판사에 의해 이루어지는 예비심문 결과 얻어진 정보를 바탕으로 배심원 후보들 중에서 부적격의 사람들을 배제시키는 기피(challenge)과정을 거치게 된다. 이 기피과정은 두 가지 경우가 있는데, 첫째는 판사가 배심원후보자의 답변을 듣고 공평무사한 배심원이 될 수 없다고 판단하면 이유를 제시하고 그 후보자를 배심원에서 배제하는 '이유 있는 기피'(challenge for cause)이고, 둘째는 이유 있는 기피를 통과한 후보자들을 상대로 다시 한번 구체적으로 이유를 밝히지 않고 후보자를 배제할 수 있는 '이유불문 기피' 또는 '무이유부 기피'(peremptory challenge)[59]가 있다.

---

57 439 U.S. 357 (1979).

58 id., at 364.

59 'peremptory challenge' 용어의 국내 번역은 통일되어 있지 않고 다양하게 표현되고 있다. '전단적 기피'(권영설,

이러한 기피제도, 특히 무이유부 기피는 극단적 견해를 가진 자들을 배제함으로서 양측 당사자들이 인정하는 자들로 배심원을 선정하여 양측은 자신에게 유리하게 배심을 구성할 수 있게 된다. 그러나 이 기피제도는 문제점도 적지 않다고 지적되고 있다. 즉 배심원선정에 시간과 비용이 많아 드는 문제가 있으므로 각 주에 있어서는 배심원수당 및 배심원관리비용의 증가로 인해 이유 없는 기피의 회수를 제한하고 있다. 특히 이유 없는 기피의 심각한 문제는 특정 집단(예컨대 유색인종)을 배심원에서 배제시키기 위해 기피권을 남용하는 경우이다. 그리하여 개인적 편견의 의심이 있는 자에 대하여 이유 없는 기피를 할 수 있지만 '특정집단'의 성원임을 이유로 무이유부 기피를 할 수 없다는 주 법원판례도 나오고 있다. 1986년 연방대법원은 Batson v. Kentucky 판결에서 배심원선정에 있어 특정인을 배제시키기 위해 '인종'(race)을 거론하는 것은 헌법상의 평등보호조항에 위배되고, 피고인과 같은 인종이 체계적으로 배심원에서 배제되지 않을 피고인의 권리를 침해한 것이라고 판시하고 있다.[60] 그 후 1994년에 연방대법원은 더 나아가 특정한 '성'(sex)을 이유로 배심원에서 배제하기 위하여 무이유부 기피권을 행사하는 것은 허용될 수 없다고 판시하였다.

이와 관련하여 1993년 미국변호사협회의 배심제도개혁안에 의하면 사형범죄의 경우 변호인과 검사 양측은 각 10인 이내의 인원을 기피할 수 있도록 하고, 6월 이상의 자유형에 처할 사건은 각 5인, 6월 미만의 사건에는 각 3인 이내로 제한할 것을 제안한 바 있다.[61] 이러한 개선방안은 우리의 제도도입에도 참고가 될 수 있다고 본다.

5. 배심의 의사결정방법

주지하는 바와 같이 미국 배심제의 두드러진 특징의 하나는 전원일치제 평결(unanimous verdict)의 원칙을 들 수 있다. 배심평결에서의 전원일치제의 기원은 14세기 영국에서 비롯된 것으로 보고 있다.[62] 영국의 법사학자들에 의하면 영국역사에서 천여 건의 배심기록을 보면 강한 전원일치제의 욕구를 볼 수 있으며, 배심은 반대의견이 있더라도

앞의 논문, 202면), '단순기피'(안경환, 앞의 책, 208면), '무조건 기피'(박홍규, 앞의 책, 152면), '이유불문 기피'(김재원, 앞의 논문, 162면) 등으로 기술되고 있으며, 이번에 사개추위가 입안하여 정부가 제출한 "국민의 형사재판참여에 관한 법률안" 제30조에는 '무이유부' 기피로 규정하고 있다.

60 476 U.S. 79 (1986).

61 American Bar Association, Judicial Administration Division, Standards Relating to Juror Use and Management, 1993, pp. 76−85; 안경환/한안섭, 앞의 책, 214면에서 재인용.

62 1367년 영국의 형사배심사건에서 11 대 1로 절대다수로 유죄평결이 나자 1인의 소수의견을 고수한 배심원이 유죄평결에 동의하느니 차라리 감옥에서 죽겠다고 주장한 데 대하여 당해 법원이 11 대 1로 유죄평결을 내릴 수 없다고 판정한 때부터 전원일치제가 시작되었다고 한다. J. Abramson, op. cit., 179.

그에 대한 토론을 거쳐 결국 국민 앞에 '하나의 목소리로 말하는'(speaking with a single voice) 것으로 존재해 왔음을 강조하고 있다.[63]

미국에서도 배심제가 도입된 이래 전원일치제 평결원칙은 연방헌법상 명문조항을 두고 있지 않음에도 불구하고 오늘날까지 이 전원일치제의 전통은 배심재판의 필수적 요소로서 간주되고 있다. 미국사회는 건국이래 인간의 생명과 자유라는 기본적 인권은 배심원 12인의 전원일치에 의하지 않고서는 박탈할 수 없다는 원칙에 이의가 없었으며, 커먼로상 형사사건뿐만 아니라 민사사건에 있어 전원일치제는 배심재판의 가장 '특유하고 필수적인'(peculiar and essential) 부분을 의미하는 것이었다.[64]

이 전원일치의 배심평결원칙은 연방법원 레벨에서는 오늘날까지 그대로 고수되고 있으며 연방법률에 의해 그것이 입법화되어 있다. 그러나 주 법원의 경우에는 이 전원일치제의 원칙에 변화가 생기게 되었다. 1972년 오레곤주와 루이지에나주가 각각 10 대 2와 9 대 3으로 유죄평결을 내린 사건에 대하여 연방대법원은 "연방이 아닌 주에서 사형범죄가 아닌 형사사건의 경우에 10 대 2 또는 9 대 3으로 유죄평결을 내린 것은 유효하다"고 판시한 것이다.[65] 특히 오레곤주의 10 대 2의 평결에 대해 연방대법원은 전원일치제 요건은 헌법상 명문규정을 결하고 있는 하나의 '역사적 우연'(historical accident)에 불과하다고 하면서 주법원에서 이 요건을 제거한다고 해서 형사배심의 핵심적 기능에 영향을 주는 것은 아니라고 판시하였다.[66] 말하자면 배심재판에 있어서 전원일치제를 포기한다고 해서 배심원의 압도적 다수(overwhelming majority)가 여전히 '합리적 의심을 넘는'(beyond a reasonable doubt) 정도의 입증을 가지고 평결에 참여하고, 다수와 소수의견 간의 충분한 평의과정이 보장된다면 배심평결의 신뢰성과 대표성이 훼손되는 것이 아니므로 전원일치제는 배심의 필수적 요소라 할 수 없다는 것이다.[67]

그러나 위의 두 주를 제외한 대부분의 주들은 여전히 형사배심에서의 전원일치제를 주헌법에 규정하고 있다. 다만 민사배심의 경우에는 전원일치제의 요건이 다소 완화되는 경향을 볼 수 있는데 과반수 이상의 주가 전원일치제의 요건을 요구하고 있지 않고 있다. 그렇지만 연방민사법원의 경우에는 아직도 전원일치의 평결을 요구하고 있다.

이처럼 미국의 배심제가 채택된 이래 전원일치의 평결을 요구하는 전통이 확립된 이

---

63 Frederick Pollock and Frederic W. Maitland, History of English Law, Cambbridge Univ. Press, 1959; J. Abramson, op. cit., p.179에서 재인용.

64 J. Abramson, op. cit., p.180.

65 Johnson v. Louisiana, 406 U.S. 356; Apodaka v. Oregon, 406 U.S. 404 (1972).

66 Apodaka v. Oregon, 406 U.S. at 410.

67 Ibid., at 412–414.

유는 무엇인가에 대해 생각해 볼 필요가 있다. 전원일치제의 정당화 논리는 여러 관점에서 설명될 수 있으나, 그 주된 논거는 일반적인 민주주의의 정치적 의사결정방식으로서의 다수결원리가 배심제의 평결원칙으로는 적합하지 못하다는 점을 들 수 있다. 정치적 원리로서의 다수결은 '진리의 추구' 자체가 목적이 아니라 정치적 이해관계와 당파적 충성심이 작용하면서 협상과 타협을 통해 소수의견은 다수의견에 양보하고 다수가 결정되면 소수의사는 무시해도 되는 것이다. 반면에 배심재판은 오로지 구체적 사건에서 실체적 진실이 무엇인가를 확인하는 것을 목적으로 하므로 평의의 이성적인 토론과 숙고를 위해 배심원 개개인의 소수의견이 최대한 존중되어야 하며, 소수가 다수의 횡포에 대항할 수 있는 유효한 수단을 확보하기 위해서는 다수결이 아닌 전원일치제가 요구된다는 것이다. 전원일치제가 채택되지 않는 경우에는 소수의 반대의견이 충분히 개진되기 전에 일정한 다수가 형성되면 소수는 평의가 종결되도록 사실상 압력을 받게 됨을 부정하기 어렵고, 평의의 진지성을 기대하기 어렵게 된다. 말하자면 전원일치제는 평의과정의 숙고와 토론을 더욱 촉진시키고 다수의 횡포에 대항하여 효과적으로 소수의견을 반영함으로써 진리를 추구하는 장치라는 것이다.

그렇다고 해서 이 전원일치제가 문제가 없는 것은 아니다. 미국 배심제연구의 권위자인 칼벤과 지젤에 의하면 전원일치제 평결의 문제점을 실제 평의의 운영과정을 통해 분석한 결과, 전원일치제 하에서도 이성적 토론을 기대하기 어려운 사례가 많았음을 지적하고 있다. 즉 그들이 분석한 수많은 유죄평결 및 무죄평결사건에 있어서 90% 정도가 평의의 초기 다수의사가 의도한 방향으로 결론이 도출하게 된 것을 지적하고 있다. 전원일치제라 하더라도 항상 '이성적 토론'(rational discution)에 의한 것이 아니라 소수의사에 대한 배심원 '동료의 압력과 협박'(peer pressure and intimidation)이 우세한 가운데 합의가 이루어지는 현실을 비판적으로 분석하고 있다.[68] 하지만 이 전원일치제 평결의 현실이 전적으로 부정적인 것은 아니라고 칼벤과 지젤은 평가하고 있다. 그들이 분석한 표본 사례들의 10% 정도는 소수의견의 설득으로 초기의 다수의견을 바꾸게 하여 소수의견을 관철시키는데 성공하고 있음을 밝히고 있다.[69]

그밖에 배심원의 소수가 끝까지 고집을 부리거나 부당한 주장을 끝가지 고수할 때는 심각한 문제가 생길 수 있다는 것이다. 그러나 소수가 끝까지 반대의견을 고수할 때는 결국 평결불능에 이르게 되고 재심으로 넘어갈 수 있게 되므로 그 문제점이 항상 치명적이라고는 할 수 없으며, 실제로 전원일치제의 원칙 하에서 평결불능이 나타나는 비율은 다

68 H. Kalven, Jr. and H. Zeisel, op. cit., pp. 487－88.
69 Ibid., p. 488.

수결의 경우와 비교해서 우려할 만큼 심각한 것은 아니다.[70]

6. 배심의 법적용거부권 인정여부

배심제에 관한 핵심적 쟁점의 하나는 이른바 배심의 법적용거부권(jury nullification)의 인정여부에 관한 문제이다. 즉 배심의 법적용거부를 인정하는 입장에서는 배심제도의 기능이 단순히 사실을 확인하는 데에 그치는 것이 아니라 보통 시민의 상식적 관점에서 보편적 정의를 확인하고 선언하는 수단이기 때문에 배심원은 정당하지 못한 법의 적용을 제한할 도덕적 책임이 있다는 것이다. 실제로 미국 초기의 배심제를 보면, 노예제를 둘러싼 남북의 대립이 격화된 상황에서 북부의 배심원들은 도망친 노예와 그의 탈출을 원조한 자들을 무죄방면하였으며, 반면에 남부 배심원들은 노예를 학대하고 구타한 자들에게 법을 적용하지 않고 무죄평결을 내린 바 있다. 금주법 시행기간 동안에는 알코올음료를 제조하거나 구매한 자들에 대해 금주법위반임에도 불구하고 법적용을 거부하기도 하였다. 1960년대 후반 월남전에 대한 반전운동가들의 불법시위에 대해서도 배심원들은 이 거부권을 행사한 것을 볼 수 있다.

배심의 법적용거부권을 인정하는 논거는 배심은 악법과 정부의 부당한 억압에 대한 인민의 자유의 보루를 의미하기 때문에 이 권한은 필수적이라는 것이다. 말하자면 지역공동체의 양심이며 보편적 정의를 대변해야 할 배심원은 구체적 사건에 적용되는 특정한 법이 억압적이거나, 그 법 자체는 문제가 없지만 특정한 상황에 적용할 경우 억압적이라고 판단된다면 배심원은 평결을 통해 법의 효력을 정지시킬 권한을 갖는다는 것이다. 예컨대 반전운동가들이 불법시위로 기소된 사건에서 피고인들의 변호인은 그들의 법위반행위를 인정하면서도 그 행위가 전쟁의 억제라고 하는 보다 높은 '상위의 정의'(higher justice)에 의해 정당화될 수 있으므로 무죄평결해줄 것을 요구한 것이다.[71]

그러나 이 배심의 법적용거부권에 대하여는 비판론도 강하게 제기되고 있다. 정당하게 구성된 입법부가 민주적으로 제정한 법률을 임의로 선출된 12명의 시민이 왜곡하고 무시하는 것은 그 자체가 반민주적이고 적법한 법집행을 위협하는 것이며, 특히 배심의 이러한 예외적 법적용거부는 법 앞의 평등을 침해하는 것이 된다고 주장한다. 법관도 거의 할 수 없는 권한을 부여받은 배심원이 편견을 가지고 자의적으로 평결에 참여하면서 이를

70 칼벤과 지젤의 분석에 의하면 전원일치제의 경우 평결불능에 이른 것이 5.6%로 나타나고 있고 절대다수결을 채택한 경우에는 평결불능이 3.1%로 나타나고 있다고 한다. Kalven and Zeisel, op. cit., pp. 460−61; J. Abramson, op. cit., pp. 197−98에서 재인용.

71 United States v. Anderson, 356 F. Supp.1311 (D.N.J. 1973); J. Abramson, op. cit., p. 59.

법적용거부권의 이름으로 정당화할 때는 '법의 지배' 원리가 '사람의 지배'로 변질하게 되는 위험성이 크다는 것이다.

미국의 역사에 있어 배심의 법적용거부의 사례를 보면 그것이 선용된 경우도 있고 악용된 경우도 존재한다. 배심의 법적용거부의 문제는 법관과 배심의 권한배분의 문제와 직접 관련되는 것으로, 배심이 사실관계의 확인만을 그 기능으로 한다고 보는 입장에서는 법적용거부권은 허용하기 어렵게 된다.[72] 또한 형식적 법치주의와 법 앞의 평등원리의 관점에서도 배심의 법적용거부는 인정하기 어렵다. 반면에 배심에 있어 사실문제와 법률문제의 명확한 구별은 쉽지 않으며, 시민의 자유의 보루로서의 배심의 본래의 기능에 비추어 볼 때 배심원은 충분한 숙고와 평의를 거쳐 법 자체가 심각하게 정의에 반한다고 판단되거나 법 자체에 문제가 없더라도 그 법을 적용하는 경우 심각한 문제가 있다고 판단되는 때에는 예외적으로 '공동체의 양심'으로 그 법의 적용을 거부할 수 있다고 보는 것이다.

배심의 법적용거부권은 미국의 배심제도 전개과정에서 예외적인 상황에서 인정된 것이나, 그것이 오늘날 미국 배심제도의 본질적 구성요소를 의미한다고 볼 수 없다. 따라서 우리나라에서의 배심제도입논의에 있어서는 이 법적용거부권 문제는 검토의 대상으로서 중요한 의미를 가진다고 할 수 없다.

Ⅳ. 미국 배심제의 한국에의 도입가능성

1. 배심제 도입의 헌법적합성문제

국민의 사법참여제도 도입의 논의에 있어서 먼저 전제되어야 하는 문제는 우리 헌법상 미국의 배심제 또는 독일의 참심제 등과 같은 국민의 사법참여제도가 허용될 수 있는가의 여부, 즉 배심제도입의 헌법적합성의 문제에 관한 것이다. 현행 헌법은 그 어느 곳에서도 국민의 사법참여를 제도화하고 있는 명문규정을 찾아볼 수 없다. 헌법 제27조 제1항은 "모든 국민은 헌법과 법률이 정한 법관에 의하여 법률에 의한 재판을 받을 권리를 가진다"라고 규정하고 있는데, 이 조항과 배심제의 수용여부에 관하여 대부분의 헌법학자들은 구체적 논거를 제시하지 아니하고, 법관이 아닌 일반시민이 재판과정에서 '법률판단'이 아닌 '사실인정'에만 참여한다면 법관에 의한 재판을 받을 권리를 침해하는 것이 아니므로 합헌이라고 기술하고 있다.[73] 말하자면 우리 헌법의 '법관에 의한 재판을 받을 권리'란

72 J. Abramson, op. cit., pp. 67–69.

73 한태연, 「헌법학」, 법문사, 1978, 358면; 김철수, 「헌법학개론」, 박영사, 2005, 835면; 권영성, 「헌법학원론」, 법

헌법해석상 '직업법관'에 의한 재판을 받을 권리를 의미하기 때문에 일반시민이 직업법관과 공동으로 법률판단과 함께 사실인정에 참여하는 참심제는 헌법 제27조 제1항에 위배되어 그 도입이 허용될 수 없지만, 일반시민이 사실인정에만 참여하는 배심제는 위헌이라 할 수 없으므로 그 도입이 가능하다는 것이다.74

그러나 위와 같은 학계의 지배적 견해에 대하여 최근 이견을 제시하는 입장이 있다. 즉 "모든 법적 분쟁에서 사실사항과 법률사항 내지는 사실의 쟁점과 법률의 쟁점은 명료하게 구분되어질 수 있는가에 대한 의문이 있으며, 만약에 사실인정과정을 법관에 의한 재판에서 배제시킬 수 있다고 하더라도 결국 법률사항과 사실사항의 구별이 많은 경우에 불분명하게 되면 사실사항에 대한 판단은 법률의 쟁점에 대해서도 원하든 원하지 않든 간에 영향을 미칠 수밖에 없고 이는 법률판단에까지 영향을 미치거나 직접 법률판단화되어 사실상 법관에 의한 재판받을 권리를 침해하게 된다"고 한다.75 그리고 배심제에서 법관의 역할은 배심원들의 판단에 지대한 영향을 끼치는데 법관은 법률쟁점을 가려내고 이를 배심에게 설명할 뿐만 아니라 여러 가지 기법을 통해 배심의 평결을 특정한 방향으로 유도하거나 사실상 강제할 수 있는 정도의 영향을 미칠 수 있는 것이므로 재판과정에서 법적 판단과 사실인정은 이처럼 서로에게 영향을 주는 '통합적'인 과정이라는 점에 주목할 때 양자는 현실적으로 구분될 수 없는 것이라고 강조한다. 따라서 "사실인정과 법률판단을 일도양단적 구분을 하는 이분법적 인식을 바탕으로 하는 우리 교과서들의 내용에는 분명 문제가 있다"고 하고 배심의 역할을 사실인정에만 한정함은 재판의 실제에서 가능하기 어렵기 때문에 배심제도는 '법관에 의한 재판을 받을 권리'에 대한 침해의 개연성이 높아 위헌일 수 있다고 주장한다.76

요컨대 독일형의 참심제와 같이 일반시민이 직업법관과 공동으로 법률판단과 사실인정에 참여하는 제도를 그대로 도입하는 것은 헌법에 위배되어 수용하기 어렵다는 데 대하여는 대체로 견해를 같이하고 있다. 그러나 배심제도입에 관하여는 합헌론이 지배적 견해이지만 조심스럽게 위헌론을 제기하는 소수의견이 있음을 알 수 있다. 그밖에 일부 견해

문사, 2006, 842-3면; 허영, 「한국헌법론」, 박영사, 2004, 358면; 성낙인, 「헌법학」, 법문사, 2005, 552면. 성낙인 교수는 "현행헌법에서도 배심제는 배심원의 평결에 대하여 법관이 수용여부를 결정하는 한 형사재판을 중심으로 일정한 수준에서 도입이 가능할 것이다"라고 기술하고 있다.

74 그러나 헌법재판소 판례에 의하면 "헌법과 법률이 정한 법관에 의한 재판을 받을 권리"의 해석을 직업법관이 사실을 확정하고 법률을 해석·적용하는 재판을 받을 권리라고 하고, 그러한 사실확정과 법률의 해석·적용의 기회에 접근하기 어렵도록 제약이나 장벽을 쌓는 것은 헌법상 허용되지 않는다고 보고 있으므로(헌재 1992. 6. 26. 90헌바25; 1995. 9. 28. 92헌가11 등) 헌법재판소는 현행헌법상 배심제도입이 허용될 수 없다는 부정적 입장을 취하는 것으로 보인다. 이종수 앞의 논문, 26면.

75 권영성, 앞의 논문 "배심제참심제의 도입논의와 그 헌법적합성의 문제", 112면.

76 앞의 논문, 112-114면.

는 배심이 합헌이라면 참심은 당연히 합헌일 수밖에 없다는 주장도 있다.[77] 즉 참심은 사실판단과 법률판단에 모두 관여한다고 하지만 실제로는 직업법관에 의해 주도되며 시민참심원은 제한적인 참여기능을 수행할 뿐이며, 참심재판이 직업법관을 전적으로 배제하는 것이 아니기 때문에 가장 본격적인 시민참여방법인 배심이 합헌이면 참심도 합헌이라는 것이다.[78]

필자는 먼저 현행 헌법 하에서의 배심제도입이 위헌소지가 있다는 점에 대하여는 우려할 필요가 없다고 생각한다. 우리 헌법이 제정당시부터 배심제 또는 참심제의 도입을 예정한 개방적 규범구조를 취하지 않은 것은 사실이지만, 배심제의 기본이념이 국민주권원리의 구현과 사법의 민주화 및 공정한 재판을 통한 피고인의 기본권보장 등에 있는 것이므로 이러한 이념과 가치는 우리 헌법이 지향하는 기본이념 내지 원리에 철저하게 합치되는 것이다. 그리고 배심제의 일반적 특징의 하나는 일반시민이 재판에 참여하되 그것은 법률판단의 영역이 아닌 사실문제의 확인을 중심으로 참여하는 것이므로 이러한 범위 내에서의 시민의 사법참여는 헌법상 '법관에 의한 재판'을 받을 권리와 양립될 수 없는 것은 아니다. 다만 여기서 법적 판단과 사실인정의 문제는 실제로 명확하게 이분법적으로 구분되기 어렵고 서로 중첩되는 부분도 있을 수 있으나, 그렇다고 해서 그것이 직업법관에 의한 재판을 배제하는 것은 결코 아니며 직업법관에 의한 재판을 받을 권리를 본질적으로 침해하는 것이라고 할 수 없다. 오히려 위헌의 소지가 있을 수 있다는 이유 때문에 배심제도입을 부정하게 된다면, 적어도 배심제를 반영하는 헌법개정이 이루어지기 전까지는, 우리 사회에 있어 국민을 위한 사법개혁은 요원한 것이 되며, 국민의 불신을 사고 있는 폐쇄적이고 관료적인 사법에 대한 민주적 통제를 기대할 수 없게 된다. 이는 곧 사법에 있어서의 국민주권원리 구현과 인권보장 이념의 실현을 갈망하는 주권자 국민의 '헌법에의 의지'에 반하게 됨을 의미한다. 그리고 배심제와 구별되는 참심제의 본질은 직업법관과 공동으로 시민참심원이 사실판단과 함께 법률판단에 참여하는 데 있으므로 참심제도입을 배심제의 합헌론과 동일한 수준에서 합헌이라고 보기에는 어렵다고 하겠으나, 직업법관이 재판과정을 주도하고 시민참심원이 제한적으로 법률판단에 참여한다면 이 역시 합헌으로 볼 수 있다고 하겠다.

아무튼 사법개혁을 위한 국민사법참여제도의 도입은 더 이상 늦출 수 없는 시대적 요청이므로 이 제도의 구체화를 위한 법률이 조속히 제정되어야 할 것이다. 다만 위헌논

---

77 안경환·한인섭, 앞의 책, 93면.

78 그밖에 현행 헌법 하에서도 법원조직법 등의 개정을 통해 배심제뿐만 아니라 참심제 도입도 허용될 수 있다는 견해는 이종수, 앞의 논문, 25－27면.

란이 있을 수 있는 부분은 국민사법참여의 정신을 유지하면서 헌법과 조화될 수 있도록 한국적 배심제도로의 수정 내지 변형도 필요할 것이다. 이 점에서 이번에 국회에 제출된 '국민의 형사재판참여에 관한 법률안'은 서구의 배심제와 참심제의 요소를 부분적으로 혼합한 사법참여제도를 도입하면서 위헌소지를 없애기 위해 순수 배심제나 참심제의 요소가 아닌 변형형 내지 혼합형의 모델을 제시하고 있다.

2. 국민의 사법참여에 관한 법률안에 대한 평가

사법제도개혁추진위원회에 의해 입안되어 정부안으로 국회에 제출된 '국민의 형사재판참여에 관한 법률안'은 폐쇄적이고 관료적인 사법의 전통이 강한 우리 사회에 있어서 매우 획기적인 개혁법안으로 학계와 시민단체는 물론 국민들도 새로운 사법참여제도에 대하여 전폭적인 지지를 보내고 있다.[79] 다만 법조계는 신중론을 내세워 국민의 사법참여제도 도입에 관하여 소극적 입장을 취하고 있음을 볼 수 있다.[80]

이 법안은 국민사법참여제도 도입논의 초기과정에서 제기된 위헌논란을 불식시키기 위해 피고인의 희망에 따라 참여재판을 받지 않을 수 있도록 하고, 배심원의 평결의 효력에 대해서는 2012년으로 예정된 2단계 제도 도입시까지는 기속력이 있는 것이 아니라 권고적 효력을 가지도록 완화한 것이 특색이다.[81]

법안은 국민참여재판의 대상으로 형사중죄사건에 한정하여 규정하고 있으며, 대상사건이라 하더라도 위헌의 소지를 감안하여 피고인이 거부하는 경우 국민참여재판을 받지 않도록 규정하고 있다(제5조, 8조). 배심원의 수는 원칙적으로 대상사건의 법정형을 기준으로 정하는데 사형이나 무기징역인 사건에서는 9인의 배심원이 참여하고 나머지 사건은 7인의 배심원이 참여한다. 피고인이 공소사실의 주요내용을 인정하는 경우에는 보다 작은 규모의 배심원만으로도 국민참여재판이 가능하도록 5인 배심원을 규정하고 있다(제13조). 그리고 법정형에도 불구하고 배심원의 수를 조정할 필요성이 있는 경우에 대비하여 검사, 피고인 또는 변호인의 동의가 있는 때에는 7인과 9인 중에서 달리 정할 수 있도록 제도의 탄력성을 부여하고 있다(제13조 2항). 배심원의 정수에 관하여는 사개추위 심의과정에서

---

79 한상훈, 국민의 형사재판참여제도 입법논의, 「법과 사회」 제30호, 2006, 303면 참조.

80 대한 변호사협회는 최근 '제17회 법의 지배를 위한 변호사대회' 결의문(2006. 8. 21)에서 "사법개혁은 법치주의의 발전을 위한 것이어야 하므로 개혁의 동기와 목적, 절차가 법치의 틀 안에서 이루어져야 한다. 로스쿨제도는 사법질서의 근본을 파괴할 우려가 있고, 배심제는 위헌의 소지가 있으므로 근본적으로 재고되거나 대폭 보완되어야 한다"라고 밝히고 있다. 대한변협신문, 2006. 8. 28일자, 1면.

81 국회 법사위 전문위원검토보고서도 이 법안이 위헌소지는 없다고 주장하고 있다. 박기준, 국민의 형사재판참여에 관한 법률안 검토보고서, 2006. 4. 9면 ; 한상훈, 앞의 논문, 304면.

많은 논의가 있었는데, 미국 배심제를 선호하는 입장에서는 12명 배심원을 주장하고, 독일형 참심제를 생각하는 입장에서는 배심원의 수를 가급적 줄이려고 하였다. 그리하여 배심원수에 관한 다양한 입장을 반영하고 우리나라에서의 실증적 연구의 토대를 마련할 수 있도록 5인~9인의 제도를 입안하게 된 것이다. 생각건대 미국의 배심제에 있어서도 전통적인 12인 배심제는 오늘날 각 주에 따라서는 12인 이하로 축소되는 경향도 있으며, 우리나라에서 배심제와 참심제의 혼합형을 고려할 때는 12인 배심원을 고집할 필요가 없으므로 7인, 9인 배심원제는 타당하다고 하겠으나, 최소한의 배심원수는 6인 이상으로 하는 것이 바람직하다고 본다.

배심원의 자격에 관하여는 20세 이사의 대한민국 국민으로서 결격사유, 제척사유, 제외사유, 면제사유 등에 해당하지 않아야 한다고 규정하고 있다(제16조, 17조). 직업에 의한 제외사유로는 대통령, 국회의원, 지방자치단체장, 법관, 검사, 정부의 정무직 공무원, 경찰공무원, 군인, 소방공무원 및 변호사, 법무사 등을 규정하고 있다(제18조).[82]

배심원선정절차는 미국 배심제의 원리를 도입하여 법원 관할구역내에 거주하는 일반국민들 중에서 무작위로 배심원후보자를 선정하며 선정된 후보자에게는 당해 법원에서 출석통지배심원과 예비배심원의 선정기일을 통지하고 통지를 받은 배심원후보자는 선정기일에 출석하여야 한다(제23조). 법관은 직권 또는 검사, 피고인 또는 변호인의 기피신청에 따라 결격, 제척, 제외, 면제사유에 해당하거나 불공정한 판단을 할 우려가 있다고 여겨지는 배심원후보자에 대하여 불선정 결정을 한다(제28조). 이러한 '이유부'(理由附) 기피신청의 경우에는 그 회수에 제한이 없으나, 검사나 피고인 또는 변호인은 아무런 이유를 제시하지 아니하고 배심원후보자에 대하여 기피를 신청할 수 있는데 이 경우 법원은 당해 배심원후보자를 배심원으로 선정할 수 없다. 다만 '무이유부' 기피신청을 할 수 있는 인원수는 배심원이 9인인 경우에는 5인, 배심원이 7인인 경우에는 4인, 배심원이 5인인 경우에는 3인 이내로 한다고 규정하고 있다(제30조). 전원일치제 평결을 원칙으로 하는 미국 배심제의 특성상 '무이유부' 기피는 중요한 의미를 가지는 것으로 필요한 제도이나, 이 '무이유부' 기피의 남용의 우려를 막기 위한 회수제한은 타당하다고 생각한다.

평의 및 평결방식에 관하여는 배심제와 참심제의 특징을 혼용한 독특한 제도를 도입하고 있다. 우선 배심원은 법관의 설시를 들은 후 유무죄에 관하여 평의에 들어가고 전원

82 변호사 등 법률전문가를 배심원에서 배제하는 이유는 그들이 배심원으로 선정될 경우 평의과정에서 자신의 법률지식을 내세워 다른 배심원들을 압도함으로써 건전한 시민의 상식과 경험을 재판에 반영하기 위한 배심원의 집단의사결정이 공정하게 이루어지기 어렵게 되는 위험성이 있기 때문이라는 것이다. 이러한 관점에서 보면 법학교수도 직업에 의한 제외사유로 추가해야 한다는 의견도 타당하다고 본다. 하태영, 국민의 사법참여, 「형사법연구」 제24호, 2005, 320면.

의 의견이 일치하면 그에 따라 평결하도록 함으로써 배심제적 성격의 평결을 규정하고 있다(제75조 제2항). 그러나 1차평의에서 배심원이 전원일치에 이르지 못하면 평결을 하기 전에 심리에 관여한 판사의 의견을 들어야 한다고 규정하고 있는데(제75조 제3항 제1문), 이러한 2차평의는 참심제적 평의라고 할 수 있다. 이 경우 법관은 유무죄에 관한 자신의 견해를 적극 개진할 수 있다고 보며, 법관의 의견 진술 후에는 법관의 참여 없이 배심원의 다수결에 의하여 유무죄를 평결한다(제75조 제3항). 배심원이 다수결로 유죄를 평결하면 법관과 배심원은 양형에 관하여 토의하게 되는데 양형토의에서는 배심원 각자가 적절한 형량에 관한 의견을 법관에게 개진하도록 규정하고 있다(제75조 제4항). 이러한 평결방식은 배심제의 원리와는 구별되는 것이며, 또한 처음부터 법관과 참심원이 공동으로 토의 결정하는 참심제와도 구별되는 배심제와 참심제의 혼성형이라 할 수 있다.

생각건대 배심제와 참심제의 혼성형은 국민사법참여제의 입안과정에서 배심제와 참심제를 선호하는 대립되는 양 입장을 고려한 불가피한 선택이라고도 볼 수 있으나, 필자는 미국형 배심제의 특질인 전원일치제를 평결의 기본방식으로 채택하는 것이 바람직하다고 본다. 1차평의결과 전원일치 찬성이 되지 않는 경우 2차평의에서 다수결로 평결을 내리는 것은 미국 배심제에서 나타나는 평결불능(hung jury)을 방지할 수 있는 긍정적 측면이 없지 않으나, 평의과정에서 "숙고와 이성적 토론 및 소수의견의 존중 등을 통한 진실발견"이라는 장점과 가치를 최대한 보장할 수 있는 전원일치제를 일관되게 채택하는 것이 필요하다고 본다.

V. 결 어

미국의 배심제는 영미법의 코먼로 체계에 있어서 본질적인 구성요소로서, 그것은 형사사건의 피의자 및 피고인을 위한 '자유의 보루'로서 결정적 역할을 해왔으며 동시에 사법에 있어서의 국민주권원리를 구현하는 중요한 헌법적 기능을 수행하는 제도로 결코 과소평가될 수 없다. 더욱이 일반 시민이 배심에 참여하여 전원일치제 평결을 도출해 내는 과정 속에서 민주주의와 법치주의의 훈련을 받게 되는 배심제의 '교육적 기능'은 배심제에 대한 일부 비판적 시각에도 불구하고 매우 긍정적으로 평가되어야 할 것이다.

우리나라에서의 국민의 사법참여제도 도입을 둘러싸고 배심제와 참심제의 논의가 있으나, 유럽의 참심제는 본래 영미의 배심제가 유럽에 도입되어 운용되어온 과정 속에서 그 시민주도의 배심제에 대한 사법관료의 거부감에 의해 배심제가 참심제로 변질된 것이라는 역사적 배경에서 보면, 참심제는 배심제의 역사적 변형 내지 퇴보를 의미하지 않을 수 없다. 또한 참심제는 직업법관 중심으로 운용되기 쉬우며 시민의 사법참여가 형식에 그칠 우려가 크다. 그렇다면 우리의 국민사법참여의 기본방향은 참심제보다는 본격적인 시민참여제도인 배심제의 도입에 중점을 두는 것이 타당하다고 하겠다.

배심제도입을 반대하는 입장에서는 그것이 영미법체계의 산물이기 때문에 대륙법계의 전통을 계수한 한국의 실정에는 배심제가 맞지 않다고 주장하나, 그 주장은 논리적 정당성을 결여한 것이다. 배심제는 18세기 시민혁명 이후 유럽 전역에 전파되어 대륙법계에서도 보편적으로 채택되었던 제도라는 점을 간과해서는 안 되며, 또한 오늘날 영미법과 대륙법 체계는 법의 세계화와 보편화 속에서 그 구별의 의의가 거의 없으므로 우리의 법체계가 영미법계가 아니므로 배심제 도입은 곤란하다는 논리는 설득력이 없다.

사법개혁추진위원회가 입안한 국민의 형사재판참여 법안은 폐쇄적이고 관료적인 사법에 대한 불신을 해소하고 사법의 민주화를 위한 시대적 요청을 반영한 것으로 더 이상 입법이 지연되어서는 안 될 것이다. 이 법안은 배심제와 참심제의 혼합형을 채택하고 있으나, 2012년까지의 1단계 시험과정을 거친 후 2단계 본격적인 사법참여제도의 도입에 있어서는 보다 민주적인 참여방식을 의미하는 배심제 중심으로 정착되기를 기대한다.

평결방식에 있어서도 법안이 규정하고 있는 바와 같이 1차평의에서 전원일치에 이르지 못하면 2차평의에서 다수결에 의해 평결하도록 한 것은 재고되어야 할 것이다. 새로운 제도시행 초기단계부터 배심제의 최대의 가치이며 장점인 소수의견의 존중과 이성적 토론을 통한 진실발견이라는 전원일치제 평결방식이 도입되는 것이 바람직하다고 본다.

배심원의 수에 있어서 5인, 7인, 9인제의 세 가지 유형의 도입은 실험적으로 다양한 배심제를 경험할 수 있는 장점이 있으나, 법안의 취지가 혼합형의 사법참여방식을 운용하는데 있다고 하더라도, 배심제 중심의 사법참여를 기대하는 입장에서 볼 때 배심원의 수는 미국의 경우처럼 '최소 6인'이 바람직하다고 하겠다.

끝으로 국민사법참여제도 도입의 합헌성 여부에 관하여, 필자는 미국형 배심제 도입은 위헌소지가 있다고 생각하지 않는다. 배심재판이 시민배심원에 의한 사실판단을 본질로 하고 있으나 실제로 사실판단뿐만 아니라 일부 법률판단에의 참여를 인정하게 된다고 하더라도 그것이 우리 헌법 제27조 제1항이 의미하는 '직업법관에 의한 재판'을 배제하는 것은 결코 아니며, 직업법관에 의한 재판을 그대로 유지하면서 거기에 국민의 공정한 재판을 받을 권리를 보장하기 위하여 배심원이 사실문제의 판단을 중심으로 법관을 견제하기 위하여 재판에 참여하는 것이므로 위헌이라고 보기 어렵다. 피고인의 자유를 보장하고 사법에의 국민주권원리 구현을 위한 배심제도입의 기본취지는 우리 헌법의 이념과 가치질서에 철저하게 합치되는 것임은 말할 것도 없다. 헌법의 해석에 있어 문리해석에 머무르지 않고, 헌법현실을 기준으로 하고 헌법이념합치적 해석이 요구되는 것은 바로 이 경우에 해당한다고 생각한다. 참심제의 경우는 배심제와 동일한 논리로 합헌성을 인정하기 어려우나, 직업법관이 재판과정을 주도하고 시민참심원이 법률판단과 사실판단에 제한적으로 참여하는 것이라면 위헌소지는 거의 없다고 하겠다.

9 정치관계법의 근본문제와 개정방향*

Ⅰ. 머리말

2007년 12월의 제17대 대통령선거와 2008년 4월의 제18대 국회의원 총선거를 앞두고 있는 현상황에서 정치권을 비롯한 정부기관과 학계 등에서는 공직선거법과 정치자금법, 정당법 등 일련의 정치관계법에 관한 개정논의가 주요 현안으로 대두되고 있다. 중앙선거관리위원회는 이미 2006년 12월에 정치환경의 변화에 부응하는 선진 선거·정치제도를 마련하고 정치제도 전반의 합리적인 개선을 위한 '정치관계법 개정의견'을 내놓은 바 있으며,[1] 2007년 3월 한국정치학회는 '대통령선거와 한국정치'라는 주제로 특별학술회의를 개최한 바 있다.[2]

중앙선거관리위원회의 개정의견이나 학계의 주장이 국회의 입법과정에서 어느 정도 반영될지 알 수 없으나, 차제에 우리나라의 선거와 정치제도 전반에 관한 근본적인 문제점을 규명하고 그 개혁방안과 대책을 모색해 보는 것은 우리나라 민주정치의 발전과 선진 정치문화 창출의 기반 구축을 위해 요구되는 시대적 과제라 할 수 있다.

선거법과 정당법, 정치자금법 등의 정치관계법은 국가의 최고규범인 헌법의 부속법률로서 그 법률들의 원리나 내용은 상호관계에 있어서 뿐만 아니라 헌법과의 관계에서 체계정당성이 확보되어야 하며, 나아가 헌법의 기본원리 및 기본권보장의 헌법이념 등에 합치되지 않으면 안 된다. 그러나 우리의 정치관계법은 이러한 헌법적합성의 관점에서 볼 때 적지 않은 문제를 안고 있다고 하겠다. 그 예로서 선거법제가 국민주권원리와 대의민주주의 원리에 입각하여 선거의 자유와 공정 확보를 기본이념으로 하고 있으나, 우리의 선거법제의 현실은 선거의 공정성 확보라는 명분하에 선거의 자유를 지나치게 제약해 온 것이 특색이며, 특히 선거운동 전반에 걸친 법적 규제는 헌법상 표현의 자유와 자유선거의 원칙을 침해하는 심각한 위헌성의 문제를 내포하고 있다. 한편 선거의 공정성 확보라는 측면에서 볼 때도 우리의 선거법은 후보자간의 선거운동의 기회균등을 기대하기 어렵고, 선거의 공정성 확보의 관건인 선거비용과 정치자금에 대한 법적 규제는 규범과 현실의 괴리를 노정시키고 자금과 결부된 정치부패를 근절시키지 못하고 있음을 부정할 수 없다.

---

* 『헌법학연구』 제13권 제2호(한국헌법학회, 2007. 6), 53-101면 수록.

1 중앙선거관리위원회, 「정치관계법 개정의견」(선거·정당·정치자금), 2006. 12; 선거관리위원회공보 제14호, 2006. 12.

2 한국정치학회, 2007특별학술회의 「대통령선거와 한국정치」, 한국프레스센터, 2007. 3. 22.

또한 정당의 국가적 보호에 있어서도 아무리 정당국가적 경향의 현실을 감안한다고 하더라도 국민 속에 뿌리를 내린 민주적 정당제가 확립되지 못하고 정당에 대한 국민의 신뢰와 지지를 얻지 못하고 있는 정치현실에 있어서 정당재정에 대한 국고보조금의 확대화는 국민적 공감을 사기 어려우며, 본질적으로 국가로부터 자유로운 영역에 있는 국민의 자발적 결사로서의 정당의 '자유로운 지위'를 침해할 우려가 있게 된다. 정치자금의 규제도 정당간의 공정하고 평등한 경쟁조건을 확보하고 정치자금의 투명성을 확보하기 위한 것이지만 우리의 정치자금에 관한 법과 현실의 괴리는 건전한 대의제민주주의의 발전에 걸림돌이 되고 있다.

본고에서는 먼저 정치관계법의 특질 및 그 전개과정을 개관하고 현행 정치관계법의 근본문제를 헌법적 관점에서 검토한 후 앞으로의 바람직한 정치관계법의 방향정립을 위한 개선방안을 제시하도록 한다. 특히 정치관계법의 개정방향에 관하여는 최근의 중앙선거관리위원회의 개정의견을 평가하면서 새로운 대안을 제시하도록 한다.

Ⅱ. 정치관계법의 특질 및 전개과정

1. 헌법과 정치관계법

통칭 정치관계법이라고 일컫는 공직선거법, 정당법, 정치자금법 등은 기본적으로 선거과정과 정당활동 및 이와 관련된 정치자금 등 정치과정과 정치현상을 규율하는 것으로서 헌법을 구체화하는 헌법부속법률을 의미한다. 공직선거법과 정당법은 헌법상의 통치기구와 직접 관련되는 법률을 의미할 뿐만 아니라 국민의 정치생활에 관한 기본적 법률을 의미한다. 따라서 정치관계법은 헌법상 통치구조의 기본원리인 국민주권의 원리와 대의제민주주의 원리의 구현을 기본이념으로 하면서 정치현상을 규율하는 것을 내용으로 하고 있다. 특히 공직선거법은 헌법상 참정권의 보장(제24조, 제25조), 선거의 기본원칙으로서 보통·평등·직접·비밀선거의 원칙(제41조 제1항, 제67조 제1항)과 선거운동의 기회균등보장(제116조 제1항), 선거공영제(제116조 제2항) 등의 원리에 입각하여 이러한 헌법원리가 구현되도록 해야 하며, 따라서 공직선거법은 이러한 헌법원리에 철저하게 기속되지 않으면 안 된다.

정당법도 헌법상 정당조항(제8조)의 구조나 원리에 적합하여야 하며, 국민의 정당활동의 자유가 최대한 보장되도록 하여야 한다. 정당에 대한 법적 규제는 국민의 정치적 의사형성에 참여하는 정당의 '공공적 지위'와 기능을 확보하고 정당의 민주적 내부질서 내지 당내민주주의의 실현을 위한 범위 안에서 이루어져야 하는 것이며, 국민의 자발적 조직으로서 정당의 '자유로운 지위'가 본질적으로 침해되어서는 안 된다.[3] 정당해산에 관한 규정도 헌법의 기본질서를 수호하기 위한 '투쟁적 민주주의'의 관점에서 정당화되는 것이지, 그것이 공권력에 의한 정당활동의 정치적 탄압의 수단으로 이용될 수 없음은 물론이다. 특히 정당의 민주적 공천과정에 대한 법적 규제는 그 공천과정이 정당의 자율적 내부문제로서의 성격과 아울러 오늘날 선거과정의 필수적 구성부분을 의미할 뿐만 아니라 정당의 민주적 내부질서 확보라는 헌법적 요청을 반영한다는 점에서 헌법적 문제로 부각되는 것이다.[4]

정치자금법도 헌법상의 국민주권원리에 입각한 진정한 의회제민주주의의 구축이라는 관점에서 이해되어야 하며, 구체적으로는 정당간의 공정하고 평등한 경쟁조건의 확보라든지 정당재정의 민주화를 통한 당내민주주의의 실현 등을 정치자금규제의 헌법적 근거로 삼을 수 있다. 특히 선거과정에서의 거액의 선거비용이 현실적으로 작용하는 부당한 영향력은 결과적으로 민주적 정치참여에 있어서 '1인1표'(one person, one vote)라는 기회균등의 원리가 경제적 재원의 불평등한 배분에 의하여 크게 제약을 받게 되는 심각한 헌법문제를 제기하게 된다.[5] 우리 헌법재판소도 정치자금에 대한 규제는 대의제 민주주의가 올바로 작동하기 위한 필수불가결의 요건이라는 점을 분명히 하고 있다.[6]

2. 정치관계법의 특질

선거와 정당활동 등 정치현상을 규율하는 정치관계법은 기본적으로 유동성과 탄력성을 특질로 하고 있다. 왜냐하면 정치현상은 고정적·정태적 개념이 아니라 유동적이고 동태적 개념이기 때문에 정치관계법 역시 유동성과 탄력성을 띨 수밖에 없다고 하겠다. 공직선거법과 정당법, 정치자금법이 빈번하게 자주 개정되는 이유도 바로 여기에 있다고 할 수 있다. 즉 정치관계법은 정치적 상황이나 선거풍토의 변화, 유권자의 정치적 의식수준이나 욕구 등을 반영하기 위해 탄력적으로 대처해야 한다. 정치관계법은 또한 당리당략과 정파간의 이해관계에 미치는 영향이 매우 크기 때문에 그때그때의 다수파에 의해 주도되는 새로운 입법의 개폐는 정치관계법의 유동성과 빈번한 개정을 초래하는 또 하나의 요인이 되고 있다.

3 계희열, 『헌법학』(상), 박영사, 2005, 263면.
4 정만희, 정당의 민주적 공천제의 법리, 한국비교공법학회 「공법학연구」 제4권 제1호, 2002, 48면 이하.
5 Herbert E. Alexander, Financing Politics: Money, Elections and Political Reform, 14th ed., 1992, p.3.
6 헌재 2004. 6. 24. 2004헌바16.

그러나 정치관계법의 빈번한 변동과 개정은 주권자인 국민의 입장에서 볼 때 국민의 정치생활의 법적 안정성을 해치게 되고 정치에 대한 예측가능성을 확보하기 어렵다는 점에서 심각한 문제가 있다고 본다. 선거 때마다 선거법이 개정되고 선거규제의 대상이 되는 선거운동의 방법과 내용이 달라지게 되고 정치자금규제의 세부적 내용이 수시로 달라진다면 유권자의 선거와 정치참여는 혼란을 겪게 되고 정치제도와 정부의 정책에 신뢰를 가질 수 없게 된다. 그렇기 때문에 정치관계법은 그 본질적 특성상 아무리 탄력성이 강하고 개정의 빈도수가 높다고 하더라도 헌법원리를 구현하고 국민의 정치생활의 안정성과 예측가능성을 보장하기 위해서는 빈번한 법률의 개폐는 지양되어야 할 것이다.

이와 같은 정치관계법의 일반적 특질 이외에 우리나라의 공직선거법에 국한하여 그 특질을 살펴보면, 그 제정과정의 시대적 배경이나 그 외형적 형식 등에 있어서 몇 가지 특성을 지적할 수 있다. 건국 이후 우리의 선거법은 일본의 선거법제의 영향을 크게 받았음은 부인할 수 없는 사실이다. 일본의 전후 선거법은 明治憲法시대의 보통선거법의 토대를 그대로 유지한 채 제정되어 오늘에 이르고 있기 때문에 선거의 주체가 국민이 아니라 공권력이 주도하는 폐쇄적 선거체제가 잔존해 있으며, 따라서 유권자와 후보자의 선거운동의 자유가 제한적인 범위 안에서 허용되는 것이 특색으로 서구 민주국가의 선거법제에서는 그 유례를 찾아볼 수 없는 일본에 특유한 유형을 의미한다.[7] 이러한 일본의 선거법제가 여과없이 무비판적으로 우리나라에 계수된 것이 우리 선거법의 모체이며, 과거 우리의 권위주의 정치체제하에서 이러한 비민주적이고 폐쇄적인 선거법은 권력자의 입장에서도 유용한 법이었음을 부인하기 어렵다.

그리고 이러한 폐쇄적 선거법은 선거의 공정성 확보라는 명분하에 규제 일변도로 갈 수밖에 없었으므로 선거법상 제한규정의 수가 늘어날 수밖에 없게 되어 현재의 공직선거법의 조문수와 분량은 너무 방대하여 일반 유권자는 물론 후보자들조차도 선거법의 내용을 제대로 이해하기 어렵게 되어 있다. 국민의 정치생활을 규제하는 기본법인 선거법은 국민들이 쉽게 이해하고 준수할 수 있도록 하는 것이 바람직하며 입법자에게 요구되는 입법방향이라 할 수 있다.

---

7 일본의 普通選擧法(1925)에 의한 선거운동제한은 당시 천황주권원리의 외견적 입헌주의헌법에 합치되는 것으로 시민을 통치권의 객체로 보고 시민에게 어떠한 국정참여의 기회를 부여할 것인가는 국가의 재량사항이었다는 점에서 당연한 것이었다. 따라서 당시의 선거운동규제조치는 선거권의 대중화에 따른 천황제질서의 동요를 막기 위해 시민의 정치적 자유를 크게 억압하였던 시대적 배경 속에서 이해될 수 있다. 이러한 영향을 받은 전후의 공직선거법상 선거운동제한규정들의 위헌성여부에 관한 논의가 1950년대 이후 오늘날까지 지속적으로 전개되고 있다. 정만희, 선거운동의 자유와 호별방문금지 –일본에서의 학설 판례의 경향을 중심으로–, 「동아법학」 제3호, 1986, 155면 이하.

3. 정치관계법의 전개과정

(1) 공직선거법

우리나라의 선거법제는 1990년대에 이르기까지 대통령선거, 국회의원선거, 지방선거를 별개의 선거법에 의해 규율하여 왔으나, 1994년 공직선거및선거부정방지법의 제정으로 위의 별개의 선거법체계를 단일 법률로 통합하였다.[8] 이 통합 선거법은 선거법규를 모든 공직선거에 통일적으로 적용하도록 함으로써 선거관리에 있어서 일관성을 유지하도록 하였으며, 선거부정 및 부패에 대한 제재를 강화하여 공명정대한 선거풍토를 정착시키기 위한 정치개혁입법의 일환으로 제정된 것이다. 특히 공직선거법은 선거비용제한을 대폭 강화하여 각종 공직선거에서의 금권·타락선거를 방지하기 위하여 선거비용지출액을 최소화하였다는 점이 두드러진 특징이라 할 수 있다. 구 선거법은 선거비용제한액은 법률에 직접 지출총액을 규정하지 않고 당해 선거관리위원회가 선거비용의 상한선을 책정하도록 하였으나 이 공직선거법은 직접 선거비용의 지출총액을 명문화한 것이 특색이다.[9] 그러나 선거운동의 제한에 있어서는 종전의 포괄적 제한·금지 체제를 개별적 제한·금지 체제로 전환한 것 이외에는 여전히 선거운동의 자유를 엄격하게 제약하는 구조를 유지하고 있다.[10]

공직선거법은 시행 이후 지금가지 20여 차례나 빈번하게 개정되어 왔으며, 그 개정내용은 공직선거법제정 당시의 정치개혁 의지가 퇴색되는 경우도 있었고, 헌법재판소의 위헌결정에 따라 그 취지를 반영하기 위해 개정된 긍정적인 경우도 있었다. 아무튼 법률의 시행과정에서 매년 여러 차례 빈번하게 개정되고 있다는 점에서는 아직도 우리의 선거법제가 착근되지 못하고 있음을 지적하지 않을 수 없다.[11]

---

8 이 통합선거법에 대하여는 대통령과 국회의원, 지방자치단체가 서로 그 기관의 성격과 지위가 근본적으로 상이함에도 무리하게 인위적으로 단행법으로 통합됨으로써 문제점이 제기된다는 지적이 있다. 이에 관하여는 권영설, 『헌법이론과 헌법담론』, 법문사, 2006, 441면 이하.

9 공직선거법 제정당시 선거비용제한액은 선거비용최소화를 목적으로 구 선거법상의 선거비용상한액을 절반 이상 크게 줄였는데, 대통령선거의 경우 50억원에 인구 1인당 320원을 가산한 금액(약 130억원)으로 제한하여 1992년 제14대 대선당시 정한 선거비용제한액인 367억원의 절반에도 미치지 못하게 되었다. 지역구 국회의원선거의 경우에도 평균선거비용을 5천3백만원으로 제한하여 제14대 총선의 평균비용인 1억2천만원의 절반 정도로 되었다. 그러나 이 선거비용제한액규정(제121조)은 1997년 1월 13일 개정법에 의해 삭제되고, 대신 선거비용제한액의 산출방법 등을 중앙선거관리위원회 규칙으로 정하도록 위임하게 되었다. 1994년 제정된 공직선거법의 내용에 관하여는 정만희, 정치자금제도개혁의 헌법적 문제, 고려대학교 「안암법학」 제2집, 1994, 117면 이하.

10 통합선거법 이전의 대통령선거법(제35조)과 국회의원선거법(제40조)은 "선거운동은 이 법에 규정된 방법 이외의 방법으로는 이를 할 수 없다"라고 규정하였던 것을 통합선거법 제58조 제2항은 "누구든지 자유롭게 선거운동을 할 수 있다. 그러나 이 법 또는 다른 법령에 의하여 금지 또는 제한되는 경우에는 그러하지 아니하다'라고 개정하였다.

11 성낙인, 『선거법제』, 법문사, 1998, 9면.

공직선거법 개정과정상의 주요내용을 보면, 1995. 4. 1. 개정법은 동년 6월의 4대 지방선거에 대비하여 광역자치단체의회에 지역구 의원정수의 100분의 10만큼의 비례대표의원을 두었으며 기초의회의원 선거에 있어서 정당공천을 금지하고 그 후보자는 정당표방을 할 수 없도록 하였다.[12]

1995. 12. 30. 개정법은 공무원 등의 입후보제한에 관한 헌법재판소의 위헌결정[13]에 따라 정부투자기관의 상근 임원 이외의 직원에 대한 입후보제한규정을 삭제하였고, 선거운동과 관련된 각종 규정이 신설되거나 개정되었다. 그리고 의정활동제한기간을 완화하여 선거일전 30일의 전일까지 할 수 있었던 것을 선거기간 개시일 전일까지 의정활동을 할 수 있도록 하였다.

1996. 2. 6. 개정법은 헌법재판소의 공직선거법 제25조 제2항 별표1의 국회의원 지역선거구구역표에 대한 위헌결정[14]의 취지에 맞게 지역선거구구역표를 조정하였다.

1997. 11. 14. 개정법은 대통령선거에 있어서 정당이나 후보자가 개최하는 연설회는 옥내집회로 제한하고 그 횟수도 대폭 축소하고, 방송 등 언론매체를 이용한 선거운동방법을 활성화하였으며 선거공영제를 확대하고 선관위의 선거사범조사권을 명시하였다.

1998. 4. 30. 개정법은 지방의회의원의 정수와 유급선거사무원의 수를 축소하고, 고비용의 선거운동방법을 개선하기 위하여 모든 선거에 있어서 선거운동을 위한 현수막과 명함형 소형인쇄물을 폐지하고 시·도지사 선거의 방송광고 등을 폐지하였다.

2000. 2. 16. 개정법은 국회의원선거구의 선거구간 인구 상한선과 하한선을 35만명과 9만명으로 정하고 이에 따른 지역구를 조정하여 지역구의원 정수 26명을 감축하였다. 언론의 편파보도방지를 위하여 언론중재위원회에 선거기사심의위원회를 두었으며, 선거부정방지제도의 강화를 위해 선거부정감시단을 설치하였다. 선거공영의 확대를 위해 공영

12 헌법재판소는 기초의회의원의 정당표방금지조항에 대한 헌법소원심판청구사건(1999. 11. 25. 99헌바28)에서 “기초의회의 구성 및 활동에 정당의 영향을 배제함으로써 지역실정에 맞는 순수한 지방자치를 실현하기 위한 필요불가결한 것으로 그 목적이 정당하며 그 목적달성을 위한 수단 또한 필요 최소한의 것으로 평등원칙에 위배되지 않는다”고 판시하였다. 그러나 헌법재판소는 그 후 판례를 변경하여 기초의회의원의 정당표방금지조항이 후보자의 정치적 표현의 자유를 과도하게 침해하는 것으로 위헌이라고 판시함에 따라 이 금지조항은 2004년 3월 공직선거법개정으로 폐지되었다. 헌재 2003. 1. 30. 2001헌가4.

13 헌재 1995. 5. 25. 91헌마67.

14 헌재 1995. 12. 27. 95헌마224 등(병합) 사건에서 헌법재판소는 국회의원선거구획정에 있어서 최대선거구와 최소선거구간의 인구편차가 4;1 이상일 경우에는 위헌이라고 선언하였으며, 옥천과 보은·영동 선거구간의 분리는 게리맨더링임을 인정하였다. 이 결정에 따라 새로운 국회의원선거구가 인구상한 30만, 하한 7만5천명을 기준으로 조정되었고 옥천은 보은 영동 선거구와 합쳐서 단일선거구가 되었다. 그 후 헌법재판소는 2001. 10. 25. 결정에서 인구편차가 3:1(평균인구수기준 상하 50%의 편차)을 초과한 것을 위헌이라고 판시하면서 2003. 12. 31. 시한으로 선거구구역표를 입법자가 개정할 때까지 적용한다는 헌법불합치결정을 내렸다. 2000헌마92 등(병합).

방송사는 선거기간 중 공동으로 대통령선거뿐만 아니라 시·도지사선거에 있어서도 1회이상 후보자를 초청하여 대담토론회를 개최하고 이를 보도하도록 하였다.

2001. 10. 8. 개정법은 국회의원후보자 기탁금제도에 대한 헌법재판소의 위헌결정[15] 취지에 따라 국회의원후보자의 기탁금 2천만원을 자치구·시·군의 장 후보와 동일하게 1,500만원으로 인하하였으며, 기탁금의 반환조건도 총유효투표의 20%에서 15%로 낮추었다.

2002. 3. 7. 개정법은 광역의회 선거에서 지역구후보자와 비례대표후보자에게 각각 1표씩을 투표하는 1인2표제를 도입하고, 지방의회의원 선거기간을 14일에서 국회의원과 지방자치단체장 선거기간과 마찬가지로 17일로 하였으며, 시·도의회의원 선거의 기탁금을 400만원에서 300만원으로, 자치구·시·군의 장 선거의 기탁금을 1,500만원에 1,000만원으로 하향 조정하였다. 그리고 국회의원 및 지방의회의원의 재·보궐선거에 국한하여 읍·면·동 별로 현수막을 1매씩 게시할 수 있도록 하였고, 국가 또는 지방자치단체가 선거일 후 보전해야 하는 선거비용의 범위에 국회의원 및 지방의회의원의 현수막 제작비, 전화홍보비 및 선거용 인터넷홈페이지 관리비용을 추가하였다.

2004. 3. 12. 개정법은 선거기간(제33조)을 대통령선거는 종전대로 23일, 국회의원선거와 지방선거는 동일하게 14일로 하였으며, 선거기간의 정의를 "후보자등록신청개시일로부터 선거일까지"에서 "후보자등록마감일의 다음날부터 선거일까지"로 변경하였다. 후보자의 등록(제49조)은 대통령선거는 선거일전 24일, 국회의원선거와 지방선거는 선거일전 15일부터 2일간으로 개정하였고, 선거운동기간(제59조)도 "후보자의 등록이 끝난 때부터 선거일 전일까지"를 "후보자등록 마감일의 다음날부터 선거일전일까지"로 개정하였다.[16] 그리고 예비후보자등록제를 신설(제60조의2)하여 예비후보자의 선거운동을 확대하였다(제60조의3). 특히 선거비용제한액산정을 선거관리위원회에 위임하였던 것을 직접 공직선거법에 그 산정기준을 명문화하였다(제121조).[17] 또한 종래의 1인1표에 의한 전국구비례대표국회의원의 선거방법에 대한 위헌결정[18]에 따라, 중앙선거관리위원회는 비례대표국회의원선거에서 유효투표총수의 100분의 3 이상을 득표하였거나 지역구국회의원총선거에서 5석 이상의 의석을 차지한 각 정당에 대하여 당해 의석할당정당이 비례대표국회의원선거에서 얻은 득표비율에 따라 비례대표의석을 배분하도록 하였다(제189조).

---

15 헌재 2001. 7. 19. 2000헌마91 등(병합).

16 이 규정들에 따라 현행법상 대통령선거의 법정선거운동기간은 22일간, 국회의원선거와 지방선거의 법정선거운동기간은 13일간으로 제한된다.

17 공직선거법 제121조 선거비용제한액산정에 의하면 대통령선거는 인구수×950원, 지역구국회의원선거는 1억원+(인구수×200원)+(읍·면·동수×200만원), 비례대표국회의원선거는 3억원+(인구수×20원), 특별시장·광역시장선거는 4억원(인구수 200만 미만인 때에는 2억원)+(인구수×250원) 등으로 규정하고 있다.

18 헌재 2001. 7. 19. 2000헌마91 등(병합).

2005. 8. 4. 개정법은 정당의 후보자추천을 위한 당내경선의 장(제6장의2)을 신설하여 정당공천의 민주적 절차에 관한 법적 근거를 마련하였다.

(2) 정당법

우리나라에서 정당에 대한 법제화는 제3공화국헌법의 정당조항에 의거하여 1962년에 제정된 「정당법」에 의해 이루어지게 되었으나, 해방후 최초의 정당에 대한 규제법으로는 1946년에 공포된 미군정법령 제55호 「정당에 관한 규칙」(1946. 11. 23)이 있다. 이는 해방 후 수많은 정당의 출현으로 특히 군소정당 및 좌익정당의 난립 등을 막기 위한 규제의 필요성에서 정당설립을 억제하고 정당활동을 통제하기 위한 것이었다.

제2공화국헌법시대에는 정당의 등록에 관한 입법으로 1960년 「신문 등 및 정당 등의 등록에 관한 법률」을 제정하여 정당의 요식등록을 의무화하였으며, 동년 제정된 「정치활동에 관한 법률」은 정치활동의 하나로 정당의 조직확장 기타 그 목적달성을 위한 운동을 인정하고 정당개념을 정의하여 "정당이라 함은 공보처에 등록된 것으로서 정치활동을 목적으로 조직된 단체"라고 규정하고 정당활동을 보장하였다. 그리고 1961. 4. 15. 제정된 헌법재판법은 위헌정당의 해산을 규정하였다.

1962. 12. 31. 제정 공포된 정당법은 정당이 국민의 정치적 의사형성에 필요한 조직을 확보하도록 하고 정당의 민주적 조직과 활동을 보장함으로써 민주정치의 건전한 발전에 기여함을 목적으로 제정된 것이나, 정당의 설립과 조직요건 등에 관한 규정은 정당법이 정당의 설립에 대한 통제법규성을 강하게 띠고 있음을 의미하는 것이었다.

1980. 10. 27. 제5공화국헌법의 시행과 동시에 그 부칙조항에 따라 기존의 모든 정당은 해산되고 새로운 정당들의 설립을 보게 되었고 정당법도 국가보위입법회의에서 대폭 개정되었다. 이 개정법의 특징은 정당의 창당발기인수와 법정지구당원수 및 법정지구당수를 감축하여 정당의 창당과 존속을 용이하게 함으로써 다원적 정당제를 가능하게 하였으며[19], 정당의 발기인이나 당원이 될 수 있는 자격을 완화하여 대학교수 등 지식인과 국영기업체 임원 등 이 정당에 참여할 수 있도록 문호를 개방하였다는 점 등을 들 수 있다. 또한 정당의 재정에 관한 조항을 정당법에서 제외하여 따로 정치자금법에서 정하도록 위임하고 있다.

1993. 12. 27. 개정법은 법정지구당수를 대폭 완화하여 국회의원지역선거구총수의 10

---

19 지구당의 수는 국회의원 지역선거구 총수의 4분의 1 이상 이어야 하며, 지구당은 서울특별시·부산시·도 중 5 이상에 분포되어야 하고, 한 시·도에 두는 지구당수는 그 지구당 총수의 4분의 1을 초과할 수 없다고 규정하여 지구당의 지역적 분산을 도모하였다.

분의 1 이상으로 규정하였다.

그후 2004. 3. 12. 개정법은 고비용 저효율의 정당구조를 개선하기 위하여 정당조직을 중앙당과 시·도당으로 구성하도록 하고(제3조) 지구당제도를 폐지하였으며,[20] 정당은 5 이상의 시·도당을 가져야 하고(제25조), 각 시·도당의 법정당원수를 1,000인 이상으로 규정하였다(제27조).[21] 정당의 공직선거후보자의 추천을 위하여 당내경선을 실시할 수 있다고 규정하고 그 절차는 당헌에 위임하고 있으며, 당내경선의 후보자로 등제된 자로서 당해 정당의 공지선거후보자로 선출되지 아니한 경우에는 당해 공직선거에서 후보자로 등록될 수 없다고 규정하였다(제31조 제2항, 제3항). 그러나 이 제한규정은 2005. 8. 4. 전면개정법률에 의해 폐지되고, 대신 동일자로 개정된 공직선거법(제57조의2 제2항)에 다시 규정하게 되었다.

(3) 정치자금법

우리나라의 정치자금에 대한 법적 규제는 정당의 유지 운영에 필요한 경비와 선거자금을 구분하여 정당의 일상적인 운영비용은 정치자금에 관한 법률에 의해 규율되어 왔고, 정치자금의 중핵을 이루는 선거비용은 선거법에 의해 규제되는 이원적 구조로 되어 있다.

정당의 정치자금에 대한 최초의 규제는 1962년 정당법의 제정에 의해 정당의 재산 및 수입·지출상황을 보고하도록 한 정치자금의 공개제 도입에서 볼 수 있으나, 정치자금에 대한 단행법은 1965년에 제정된 「정치자금에 관한 법률」이다. 이 법률은 정치자금조달의 양성화를 통하여 정치활동의 공명화와 건전한 민주정치 발전에 기여함을 목적으로 제정되었으나, 실제로 이 법률은 양성화된 정치자금의 기탁을 제도적으로 권장한 것에 불과하고 음성적인 정치자금의 제공을 금지하는 규제법의 성격을 가진 것은 아니었다.[22]

그 후 제5공화국헌법의 성립과 함께 1980.12. 31. 정치자금에 관한 법률이 전면 개정되었는데 이 개정법의 특색은 정당본위의 정치자금제도를 확립하기 위하여 정치자금으로

20 헌법재판소는 정당법 제3조 등 위헌확인 헌법소원청구에서 고비용 저효율의 정당구조 개선을 위한 지구당폐지는 입법목적이 정당하고 방법의 상당성과 피해의 최소성 등 비례의 원칙에 반하지 않는다고 판시하였다. 헌재 2004. 12. 16. 2004헌마456. 헌재판례집 16-2(하), 618면. 그러나 정당의 본질이 국민의 자발적 정치결사로서 국가로부터 자유로운 지위가 보장되어야 하는 것이며, 정당이 국민의 정치적 의사형성에 참여하는데 필요한 조직을 가져야 한다는 헌법규정에 근거한 정당조직의 법적 기준과 요건은 정당의 자유를 침해하지 않도록 최소한에 그쳐야 하므로 정당법에 의한 지구당조직의 전면 폐지는 헌법상 정당설립 및 활동의 자유보장에 반하는 위헌성의 문제가 있다고 본다. 이 점에 관하여는 정태호, 지구당의 강제적 폐지의 위헌성, 제63회 헌법실무연구회 발표문, 2006. 3; 김수갑, 정당법의 문제점과 개선방안, 「공법연구」 제33집 제5호, 2005, 196면.

21 헌법재판소는 5 이상의 시·도당과 각 시· 도당 1,000명 이상의 당원이라는 정당등록요건을 지역정당과 군소정당을 배제하기 위한 입법목적이 정당하다고 판단하여 합헌결정을 내렸다, 헌재 2006. 3. 30. 2004헌마246, 판례집 18-1(상), 402-416면.

22 장명봉, 정치자금에 관한 법률, 김철수편, 『정치관계법』, 박영사, 1983, 96면.

당비규정을 신설함과 동시에 정당에 대한 정치자금기부를 위한 후원회제도를 새로이 도입하고, 국가가 정당운영비용을 보조하는 국고보조제도를 채택하여 원활한 정치자금조달을 도모하는 데 있었다.

1994. 3. 4. 김영삼정부의 정치개혁입법의 일환으로 개정된 정치자금법은 정치자금조달의 양성화와 회계공개제의 강화를 특색으로 하고 있다. 이 개정법은 후원회 구성조건을 완화하여 국회교섭단체 구성여부와 관계없이 모든 정당의 지구당에 후원회를 둘 수 있도록 하였으며 후원회의 회원수도 대폭 확대하였다. 후원회가 후원금을 기부받을 때에는 중앙선거관리위원회가 발행한 정액영수증을 사용하도록 하고, 이 정액영수증에 대하여는 세제혜택을 부여하고 익명성을 보장하였다. 국고보조금제도에 있어서는 예산 계상단가를 선거권자 총수에 600원을 곱하던 것을 800원으로 상향조정하였다. 정치자금 공개제의 실질화를 위해 회계보고시 지출증빙서류를 첨부하도록 하였으며, 정치자금내역에 관한 선관위의 확인 및 제출요구권을 보다 적극적으로 개선하여 정치자금 사용내역에 대해 이의신청이 있는 경우에는 선관위는 조사·확인하여 신청인에게 그 결과를 통보하도록 하였다.

2004. 3. 12. 노무현정부에 와서 개정된 정치자금법은 정치자금의 실명제와 공개제를 강화하여 1회 100만원 이상 정치자금을 기부하는 자와 1회 50만원 이상의 정치자금을 지출하는 자는 수표와 신용카드·예금계좌입금 기타 실명이 확인되는 방법으로 하도록 하였으며(제2조 제4항 신설), 후원회의 후원금의 법정 상한액을 대폭 축소하였고,[23] 법인 및 단체의 정치자금 기부를 금지하는 획기적인 개혁입법을 단행하였다.[24] 또한 정치자금의 부정 수수에 대한 벌칙을 강화하여 5년 이하의 징역 또는 1천만원이하의 벌금형을 규정하였으며 그밖에 각종제한규정위반죄에 대한 벌칙을 강화하였다.

2005. 8. 4. 전면개정법은 '정치자금에관한법률'을 '정치자금법'으로 명칭변경하고, 제2조 제4항의 '100만원 이상'을 '120만원 초과'로 개정하였으며, 정치자금의 회계 및 보고·공개제를 강화하였다.

---

23 후원인이 후원회에 기부할 수 있는 금액은 종전에는 연간 개인이 1억 2천만원, 법인이 2억 5천만원을 초과할 수 없었으나 이 개정법에 의해 후원인(후원회회원 및 비회원포함)이 연간 2천만원을 초과할 수 없도록 대폭 축소하였고 법인의 후원금기부를 폐지하였다(제6조의2).

24 기업이나 법인의 정치헌금의 문제점과 그 기업헌금 폐지에 관하여는 필자가 이미 1994년의 논문발표에서 주장한 바 있다. 정만희, 앞의 논문(주8), 91면 이하.

Ⅲ. 현행 정치관계법의 근본문제 -합헌성여부의 관점-

1. 선거규제의 문제점

(1) 선거법의 이념으로서 선거의 '자유'와 '공정'의 조화적 실현 문제

국민주권원리에 기초한 입헌주의헌법 하에서의 선거제도는 국민의 자유로운 의사에 따라 국민의 대표기관을 구성하는 방법을 의미하므로 선거가 자유롭게 행해지지 않으면 선거의 민주적 정당성을 부여받기 어려움은 물론이다. 또한 선거과정은 동시에 공정하게 중립적 기관에 의해 관리되어야 정당화될 수 있으므로 여기에 '선거의 自由'와 함께 '선거의 公正' 확보는 선거법제의 기본이념이며 목적이라고 할 수 있다. 그리하여 우리의 공직선거법도 제1조에 "이 법은 헌법과 지방자치법에 의한 선거가 국민의 자유로운 의사와 민주적인 절차에 의하여 공정히 행하여지도록 하고, 선거와 관련된 부정을 방지함으로써 민주정치의 발전에 기여함을 목적으로 한다"라고 규정하고 있다.

따라서 선거는 원칙적으로 자유로운 선거운동을 통해 국민의 자유로운 의사가 반영된 민주적 절차에 의해서 행해져야 하지만 동시에 선거운동을 실질적으로 모든 선거인, 후보자, 정당 등에 평등하게 보장하기 위해서는 선거의 공정성이 확보되어야 한다. 이를 위해서는 기본적으로 선거운동의 기회균등(equal chance)이 보장되어야 하고 선거과정의 모든 단계에서 엄격한 정치적 중립성(strict political neutrality)이 준수되어야 하는 것이 요구된다.[25] 그리하여 권력이나 금력에 의한 불공정한 선거운동에 대서는 엄중한 제재를 가함으로써 이를 금지시키고 선거의 부패화를 실효적으로 방지할 수 있는 것이다. 말하자면 선거는 본래 자유로워야 하는 것이지만 동시에 그것은 공정하게 행해지지 않으면 안 되며, 그렇다고 해서 선거의 공정을 확보하기 위한 선거운동의 규제가 선거의 자유를 본질적으로 침해해서는 안 된다. 여기에 선거의 자유와 공정을 어떻게 조화롭게 실현시킬 것인가가 선거법의 궁극적 과제라 할 수 있다.

그러나 우리의 선거법 규정들을 보면 선거과정에서의 공정성 확보를 중시한 나머지 선거의 자유를 지나치게 제한하는 것이 아닌가 하는 의문을 지울 수 없다고 하겠다. 생각건대 민주적 선거제도에 있어서 선거의 자유는 국민의 자유로운 의사형성을 전제로 하는 것이므로 이 선거의 자유 없이 선거의 공정을 기대한다는 것은 무의미하기 때문에 선거의 자유는 선거의 공정에 우선하는 선거법제의 최고이념이라 하지 않을 수 없다.[26] 여기에

---

25 K. Loewenstein, Political Power and the Governmental Process, 1965, p.269.

26 정만희, 현행 선거법제의 문제점과 개선방안, 한국법학원「저스티스」제66호, 2002; 정만희,『헌법과 통치구조』, 법문사, 2003, 443면.

선거의 자유가 보장되는 헌법적 근거로는 국민주권의 원리와 대의제 민주주의, 참정권보장의 헌법규정 등에서 찾을 수 있으며, 또한 선거의 기본원칙의 하나로서 '자유선거의 원칙'은 곧 선거의 자유를 보장하는 헌법적 근거가 된다. 우리 헌법은 자유선거의 원칙을 명문화하고 있지 않지만 이는 민주국가 선거제도에 내재하는 법원리를 의미하며, 헌법재판소도 자유선거의 원칙을 선거의 기본원칙으로 인정하고 있다.[27]

뿐만 아니라 선거운동의 자유는 헌법상 표현의 자유보장에 의하여 당연히 헌법의 규범구조에 내재하게 되는 것이다. 헌법상 표현의 자유 규정은 "정치적 견해의 표명에 대하여 가능한 한 최대한의 보장(widest protection to the expression of political views)을 부여하지 않으면 안 되며, 민주주의사회에 있어서 정치관의 표명은 선거운동과 관련하여 중요한 의미를 갖는 것이다."[28] 다시 말하면 국민주권원리에 기초한 민주정치가 제대로 기능을 하기 위해서는 국민의 표현의 자유가 일상적으로 보장되어야 하는 것이 불가결하지만 특히 선거의 장에 있어서 국민의 자유롭고 주체적인 선택을 가능하게 하기 위한 표현의 자유가 충분히 확보되어야 하는 것이 요구된다. 즉 "유권자의 선택의 자유로운 표현"(free expression of the voters' choice)을 확보하는 것이 민주정치의 기본목표라 할 수 있다.[29]

이처럼 선거의 자유의 중요성과 헌법적 요청에도 불구하고 우리의 선거법은 종래 선거의 공정성확보라는 명분하에 선거의 자유를 지나치게 제한해 왔음을 지적하지 않을 수 없다. 결국 선거법의 근본목표인 선거의 자유와 공정 확보에 있어서는 양자의 조화로운 실현이 요구되며, 이 양자가 대립 충돌하는 경우에 선거의 자유가 선거의 공정에 양보할 수 있는 것은 아니다.[30] 따라서 선거의 공정성은 선거의 자유를 최대한 보장하면서 선거관리기관의 중립성과 후보자간의 평등보장을 비롯하여 선거비용에 대한 철저한 규제를 통하여 실현될 수 있다고 보아야 할 것이다. 즉 선거의 자유를 실질적으로 보장하기 위해 선거과정에서의 후보자간·정당간 불공정하고 불공평한 경쟁이 되지 않도록 선거비용에 대한 엄격한 법적 규제가 이루어져야 한다.

우리의 헌법재판소는 선거의 두 이념으로서 선거의 자유와 공정을 인정하면서 자유

27 헌재 1994. 7. 29. 93헌가4, 6(병합) "자유선거의 원칙은 선거의 전 과정에서 요구되는 선거권자의 의사형성의 자유와 의사실현의 자유를 말하고 구체적으로는 투표의 자유, 입후보의 자유, 나아가 선거운동의 자유를 뜻한다" 판례집 6-2, 27면.

28 William O. Douglas, The Right of the People, 1958, pp.30-31.

29 James A. Gardner, Protecting the Rationality of Electoral Outcomes: A Challenge to First Amendment Doctrine, 51 U. Chi. L. Rev. 892, 903 (1984).

30 이 점에 관하여는 이견이 있다. 정종섭 교수는 "대의제도의 기능을 정상적으로 유지하고 국민으로 하여금 대표자를 올바로 선출할 수 있게 하기 위해서는 선거에서의 평온과 공정이 요구되는데 선거제도의 본래의 기능과 선거권행사의 평온과 공정이라는 가치보다 후보자의 당선을 위한 활동의 자유가 우선할 수는 없다"고 기술하고 있다. 정종섭, 『헌법학원론』, 박영사, 2007, 1165면.

와 공정의 두 이념이 슬기롭게 조화되어야 한다고 입장을 밝히고 있으나, 선거관련 헌법재판소 결정들을 분석해 보면 선거의 자유보다는 선거의 공정에 무게를 더 두고 있는 것이 아닌가 하는 의구심을 갖게 한다. 헌법재판소의 논리는 한마디로 선거의 공정을 해하게 되는 폐해의 우려가 있기 때문에 선거운동의 자유를 제한할 수 있다는 것이다.[31] 그러나 선거운동의 자유를 방임할 때 초래될 수 있는 막연한 우려 때문에 선거운동의 자유를 제한한다는 것은 기본권제한의 헌법원리인 과잉금지의 원칙에 반하지 않는다고 보기 어렵다. 헌법재판소는 우리의 선거과정의 현실에서 나타나는 선거의 과열과 부당한 경쟁으로 인한 사회경제적 손실 등의 폐해를 이유로 현행의 선거운동의 규제는 필요하고도 합리적인 제한이라고 하고 기본권제한에 있어 과잉금지원칙에도 반하지 않는다고 보고 있으나, 필자는 이에 수긍하기 어려운 점이 있다고 본다. 과잉금지의 원칙이 너무 단순하고 형식적으로 적용하는 경향이 없지 않으며 치밀한 논리적 근거의 제시보다는 합헌론의 도출을 전제로 한 이론구성에 치중한 면이 있지 않은가 하는 의문이 제기된다고 하겠다.[32]

아무튼 우리의 선거법상의 선거운동규제와 이에 대한 헌법재판소의 합헌성판단의 논리는 우리의 선거풍토와 정치문화의 후진성 그리고 유권자의 의식수준의 저급성 등을 전제로 한 것이라 볼 수 있으나, 이는 급변하는 시대적 정치문화와 성숙된 국민의식의 현실을 간과한 것으로 더 이상 정당화되기 어렵다고 하겠다.

(2) 기본권을 침해하는 선거운동 제한

전술한 바와 같이 우리나라 선거법제의 두드러진 특징은 서구의 민주주의국가들과 비교할 때 선거운동의 자유가 엄격히 제한을 받고 있다는 점을 들 수 있다. 표현활동을 통한 선거운동이 법적 규제를 받지 않고 자유롭게 행해지는 서구의 선거법제와는 달리 우리의 선거법은 선거운동에 대하여 광범위한 제한을 두고 있다. 그 동안 빈번한 선거법의 개정과정을 거치면서 종전의 포괄적 금지의 방식이 개별적 금지조항으로 전환되면서 부분적인 개선이 이루어지긴 하였으나 여전히 선거운동의 기간·주체·방법 등에 관한 엄격한 제한을 볼 수 있다. 이러한 선거운동규제의 형태는 원칙으로서의 선거운동의 자유와

---

31 헌재 1995. 4. 20. 92헌바4. "선거운동의 자유는 최대한 보장되는 것이 바람직하지만 선거에 있어서는 자유로운 선거 못지않게 중요한 것이 공정한 선거이고, 이러한 자유와 공정은 대립관계에 있다기 보다는 상호 보완적 관계에 있다. 만약 선거운동의 자유라는 이름하에 무제한으로 방임될 경우에는 부당한 경쟁과 금력, 권력, 폭력 등의 개입으로 오히려 선거인의 자유의사가 왜곡되고 후보자 상호간의 실질적인 기회의 균등이 무너지는 등의 폐해가 초래될 우려가 매우 크므로 그에 대한 어느 정도의 제한은 필연적이라 할 수 있으며 그러한 제한이 지향하는 바는 바로 공정이라는 공익적 요청이기 때문이다." 판례집 7-1, 400, 510면.

32 이에 관하여는 정만희, 선거제도에 관한 헌법재판소 판례의 평가, 한국비교공법학회「공법학연구」제7권 제1호, 2006, 162면 이하.

예외로서의 선거운동의 규제가 전도(顚倒)된 것이라 할 수 있다.

공직선거법은 제58조 제1항에서 선거운동의 개념을 정의하여 "선거운동이라 함은 당선되거나 되게 하거나 되지 못하게 하기 위한 행위를 말한다"고 규정[33]하고, 제2항에서는 "누구든지 자유롭게 선거운동을 할 수 있다"고 하면서 그 단서에 의거하여 광범위한 선거운동제한을 규정하고 있다. 공직선거법상 선거운동규제의 구체적 내용으로는 선거운동기간을 법정하여 사전선거운동을 금지(제59조)하고 있으며, 선거운동방법으로 선전벽보, 소형인쇄물, 신문, 방송광고, 방송연설, 합동연설회, 공개장소에서의 연설·대담 등은 이 법이 정하는 방법이외에는 허용되지 아니하며(제64조−79조), 그밖에 호별방문금지(제106조)와 여론조사결과공표금지(제108조 제1항), 단체의 선거운동제한(제87조) 등을 규정하고 있다.

선거운동의 규제는 개인의 선거운동에 관한 표현의 자유가 일정한 경우 선거범죄로서 단속의 대상이 되는 것을 의미하므로 신중을 기해야 함은 말할 것도 없다. 본래 선거범죄는 선거의 자유와 공정에 대한 직접 또는 간접의 침해를 방지하기 위하여 규정되는 것으로 선거범죄의 법익은 선거의 자유와 공정한 선거의 확보에 있다. 선거범죄는 실질범과 형식범의 두 가지가 있으나 매수·이해유도죄, 선거의 자유방해죄 등과 같이 현실적으로 선거의 자유와 공정을 고의로 해하는 범죄인 실질범은 현대의 대의제민주주의 하에서는 그 행위자체가 반사회적이고 비도덕적인 것으로 형사범을 의미하게 된다. 이에 비해 형식범은 본래 범죄성을 갖는 것은 아니지만 단지 선거의 공정을 기하는 의미에서 선거의 적정한 집행을 위한 규제법령의 위반으로 범죄가 되는 것을 말한다. 예컨대 선거사무소, 선전벽보, 연설회, 선거운동기간 등에 관한 규제위반과 같은 반행정적 행위로서 행정범의 성격을 띠는 것이다.

선거법상 선거의 자유·공정을 침해하는 반사회적 형사범적 선거범죄에 관한 규정은 위헌의 문제가 제기되지 않지만, 우리나라와 같이 실질범 이외의 각종의 행정범적 선거범죄를 광범위하게 규제의 대상으로 하는 것에 대하여는 위헌성의 의문이 제기되지 않을 수 없다.[34] 그리고 선거범죄에 있어서 행정범 내지 형식범의 확대는 현실적으로 공권력의 선

33 공직선거법 제58조 제1항 단서는 선거운동으로 보지 아니하는 행위를 다음과 같이 열거하고 있다. 1. 선거에 관한 단순한 의견개진 및 의사표시 2. 입후보와 선거운동을 위한 준비행위 3. 정당의 후보자추천에 관한 단순한 지지·반대의 의견개진 및 의사표시 4. 통상적인 정당활동(2000. 2. 16. 본항개정). 여기에서 한 가지 생각할 수 있는 것은 공직선거법상 '선거운동'과 '선거운동으로 보지 아니하는 행위'의 명확한 구별이 용이하지 않다는 점이다. 대법원은 시민단체 등에 의한 제3자의 낙선운동은 선거운동에 해당한다고 판시한 바 있다 (大判 2004.4.27. 2002도315). 헌법재판소는 "선거운동이라 함은 특정 후보자의 당선 내지 이를 위한 득표에 필요한 모든 행위 또는 특정 후보자의 낙선에 필요한 모든 행위 중 당선 또는 낙선을 위한 것이라는 목적의사가 객관적으로 인정될 수 있는 능동적, 계획적 행위를 말하는 것으로 풀이할 수 있다. 즉 단순한 의견개진 등과 구별되는 개별적 행위로서의 선거운동의 표지로 당선 내지 득표에의 목적성, 그 목적성의 객관적 인식가능성, 능동성 및 계획성이 요구된다"고 판시하고 있다. 헌재 1994. 7. 29. 93헌가4 등(병합).

거간섭을 크게 허용하게 되고, 선거범죄의 취급에 있어서도 형식범 본래의 속성상 불평등한 처리가 되기 쉬운 경향이 있기 때문에 형식범은 최소화하는 것이 바람직하다.[35]

헌법재판소는 선거법상 문서·도화 등에 의한 선거운동 제한 등 각종의 선거운동방법 제한 규정에 대한 헌법소원심판사건에서 일관되게 합헌결정을 내리고 있으나, 이에 대하여는 선거운동의 자유의 중요성의 관점에서 반론을 제기할 수 있다. 즉 헌법재판소는 "선거의 과열경쟁으로 인한 사회경제적 손실을 막고 선거의 공정과 평온이 침해되는 것을 방지하기 위해 선거운동방법으로 법정외의 문서·도화·시설물설치 등에 의한 선거운동을 제한하는 것이 과잉금지원칙에 위배되지 않는 합리적인 제한"이라고 판단하고 있다.[36] 그러나 문서 등에 의한 선거운동은 후보자의 정견이나 추천이유를 상세하고 논리적으로 설명·설득하고 이것에 의해 선거인은 상세하고 이성적인 판단의 자료를 얻는 장점이 있으며, 문서 등의 반포로 사회적으로 수반하게 되는 해악에 대하여는 다른 방법으로 방지할 수 있는 적절한 수단이 있기 때문에(예컨대 문서에 발행자, 인쇄소 등의 명시) 문서반포 등을 금지하는 것은 합리적인 제한이라 할 수 없다. 즉 선거운동을 위한 문서 등의 반포의 자유화는 그 폐해를 수반하는 것보다 오히려 선거인에게 이성적인 판단의 소재를 제공할 수 있는 장점이 큰 것으로 그에 대한 제한은 선거운동의 자유 내지 표현의 자유에 대한 중대한 침해라고 하지 않을 수 없다.[37] 그리고 문서 등의 자유화가 다액의 비용을 쓰게 되고 경제상의 불공정을 초래하게 된다는 견해는 후보자중심의 관점에서는 일견 그렇게 볼 수도 있으나, 선거법상 선거비용지출제한규정에 의해 문서 등의 제작·반포에 무제한의 자금을 지출하는 것은 허용하지 않게 된다.

선거운동기간 제한에 대해서도 헌법재판소는 위의 선거운동방법의 제한과 마찬가지로 일관되게 합헌성을 인정하고 있으나,[38] 여기에도 여전히 문제가 있다고 본다. 선거운동기간제한이 현실적인 선거풍토와 과열선거의 상황 하에서 불가피하다고 하지만, 선거운동기간의 제한은 그 자체로써 선거운동의 자유를 제한하게 될 뿐만 아니라 후술하는 바와 같이 기성정치인과 신인후보자간의 불평등을 초래하는 근본적인 문제점을 안고 있다.

요컨대 선거의 자유와 공정을 조화롭게 실현시키기 위해서는 선거운동의 규제를 강

34 헌법재판소의 탄생 이래 국민의 정치생활과 밀접한 관련을 맺고 있는 선거제도에 관한 헌재 판례만 보더라도 120여건이 넘으며, 그중 선거법상 선거운동제한규정들에 대한 위헌확인 헌법소원사건이 상당수 차지하고 있다는 사실 자체가 이를 말해 주고 있다. 정만희, 앞의 논문(주30) 163면 이하참조

35 정만희, 선거운동의 자유, 「고시연구」1987. 3월호, 79면 이하; 정만희, 앞의 책(주24), 380면.

36 헌재 1995. 4. 20. 92헌바29; 2001. 12. 20. 2000헌바96 등; 2002. 5. 30. 2001헌바58.

37 이러한 논리는 일본의 하급심판결에서도 잘 나타나고 있다. 長野地域佐久支判 昭和 44. 4. 18.「判例タイムス」234号 別冊, 30면.

38 헌재 1994. 7. 29. 93헌가4, 6 (병합).

화할 것이 아니라 국민이 주권자로서 선거과정에 보다 많이 참여하여 자유로운 경쟁을 통하여 진정한 국민의 대표가 선임될 수 있도록 선거의 자유를 더욱 철저히 보장해 나가는 것이 중요하다고 하겠다.

(3) 선거운동의 기회균등 보장의 곤란성

우리의 선거법제의 기본적인 논리는 선거의 자유와 공정을 확보하기 위하여 선거운동을 제한한다는 것이나, 실제에 있어서 선거규제의 목적인 선거의 자유와 공정 양자의 조화적 실현은 기대하기 어렵다는 점이 문제이다. 선거의 공정성 확보를 위해 선거운동의 자유를 지나치게 제한하고 형식범의 선거범죄를 양산하게 되는 문제점은 전술한 바와 같지만, 더 나아가 우리 선거법이 지향하는 공정한 선거가 과연 제대로 보장되고 있는지에 관하여도 여전히 의문이 제기된다.

현행 선거법은 원칙적으로 선거운동기간을 한정하여 후보자의 등록마감일의 다음날부터 선거일 전일까지에 한해서만 선거운동을 할 수 있도록 규정하여 사전선거운동을 금지하고 있다.[39] 이러한 사전선거운동금지조항은 일본의 선거법에서 유래한 것으로 일본에서의 이 금지조항에 대한 정당성의 논거로는 "상시 선거운동이 행해지게 되는 경우에 부당·無用의 경쟁을 초래하여 선거의 공정을 해하게 될 뿐만 아니라, 헛된 경비와 노력이 과다하게 들게 되어 경제력의 차이에 따른 불공평이 생기는 결과가 되고 나아가 선거의 부패를 초래할 우려가 있기 때문에 선거운동기간을 장기에 걸치지 않는 상당한 기간으로 한정하여 각 후보자가 가능한 한 동일한 조건하에서 선거운동을 할 수 있도록 하는 것이 필요하다"는 것이다.[40]

우리나라의 헌법재판소도 선거운동기간제한 규정에 대하여 일본 최고재판소의 1960년대 판례의 입장을 그대로 원용하면서 합헌결정[41]을 내리고 있으나, 이에 대하여는 재검토의 필요성이 있다고 하겠다.

이러한 선거운동기간제한에 따른 사전운동규제는, 그것이 선거운동의 자유를 침해하는지의 여부는 별론으로 하더라도, 헌법상 평등의 원칙(제11조 제1항)과 선거운동의 기회균등을 보장하고 있는 헌법정신(제116조 제1항)에 비추어 볼 때 위헌성의 문제가 제기될

---

39 공직선거법상 선거운동기간은 대통령선거의 경우 22일간, 국회의원선거와 지방선거의 경우 13일간으로 제한되어 있으나, 2005. 8. 4. 개정법에 의해 대통령선거의 경우 선거일전 240일, 지역구국회의원은 선거일전 120일, 지방선거는 선거일전 60일부터 관할 선거관리위원회에 예비후보자로 등록한 경우에는 예비후보자에게 일정한 범위의 선거운동을 허용하고 있다. 동법 제60조의2. 제60조의3 참조.

40 일본의 공직선거법상 사전선거운동금지규정(제129조)에 대한 최고재판소의 합헌론의 입장이다. 最高裁(大)判 昭和 44.3. 23. 刑集 23卷 4号, 235頁.

41 헌재 1994. 7. 29. 93헌마4, 6(병합) 판례집 6-2, 16-17면.

수 있다. 말하자면 일반적인 정치인의 정치활동과 후보자의 선거운동의 구별을 전제로 한 사전선거운동의 금지는 기성정치인에게만 유리하고 신인후보자에게 불리하게 작용하는 것으로 신인후보자의 대두를 방해하는 의도를 내포하고 있으며, 그것은 결과적으로 후보자간의 불평등선거를 노정하는 것이라고 볼 수밖에 없다.[42] 그리고 후보자간의 경제력의 차이에 따른 불공평의 시정은 선거운동기간의 법정에 의해 해결되는 것이 아니라, 오히려 정치자금을 비롯한 선거비용에 대한 규제로써 해결되어야 하는 문제라는 점을 분명히 인식하게 된다면 선거운동기간의 제한은 정당화되기 어렵다고 하겠다.

이와 관련하여 선거운동의 자유가 최대한 보장되고 있는 미국의 경우 사전선거운동 금지와 같은 제한은 찾아볼 없으나, 다만 투표당일의 마지막 단계에서의 선거운동은 선거인에 대한 미혹행위가 될 우려가 있고 특히 허위의 정보가 유포되어도 대립후보자는 그에 대한 유효한 반론의 기회가 없게 된다는 이유로 투표당일의 선거운동을 제한하는 주(州)의 입법을 볼 수 있다. 그러나 연방대법원은 투표당일의 선거운동을 제한하는 앨라배마주의 선거법규를 위헌 무효라고 판시한 바 있다.[43] 이 판결은 선거과정에서의 표현의 자유는 최대한 보장되어야 한다는 것을 설명하는 선례로서 투표당일에 한해서만 선거운동을 제한하는 것도 인정할 수 없다는 선거운동자유화의 입장은 선거운동의 기간을 엄격히 제한하는 우리의 경우와는 너무나 대조적인 선거규제의 태도라 하지 아니할 수 없다.

생각건대 현대의 대의제 민주정치에 있어서 선거는 본질적으로 일상적인 정치활동의 일정한 단계에서의 총결산으로 볼 수 있으며, 선거활동과 정치활동은 연속적인 것으로 불가분의 개념이라고 할 수 있다. 이렇게 볼 때 사전선거운동의 제한이유의 합리성은 희박해지게 된다고 하겠다. 기성정치인이나 현직 의원은 일상적인 정치활동을 통해 사실상 상시 선거운동이 행해지는 것임에 반하여 신인정치인은 선거운동기간에 한해서만 선거운동을 행하게 되는 것으로 이는 선거운동의 기회균등원칙에 반하는 불공평한 선거규제라고 하지 않을 수 없다. 이러한 문제점을 의식하여 최근 공직선거법개정(2005. 8. 4)으로 예비후보자제도를 신설하여 대통령선거의 경우 선거일전 240일, 지역구 국회의원선거 및 시도지사 선거의 경우 선거일전 120일 예비후보자등록을 하도록 하여 예비후보자의 선거사무소설치, 간판 현수막설치, 명함배포행위, 전자우편을 이용한 정보전송 및 일정한 인쇄물 우편발송 등을 허용하고 있음은 그나마 긍정적으로 평가될 수 있다(공선법 제59조, 제60조의2, 제60조의3). 그럼에도 불구하고 여전히 현행 공선법은 신인정치인의 정치진입을 사실상 차단하는 불합리한 선거규제를 내용으로 하고 있음을 부정하기 어렵다.

---

42 吉田善明, 政治的 自由,『體系憲法判例研究 Ⅱ』, 日本評論社, 1974, 315頁.
43 Mills v. Alabama, 384 U. S. 219 (1966).

또한 공직선거법상 선거비용과 정치활동비용의 구별을 전제로 한 선거비용제한규정도 후보자간 선거운동의 기회균등에 위배되는 문제점을 내포하고 있다. 즉 선거비용제한액은 법정선거기간 중에 지출할 수 있는 선거비용을 의미하지만, 현직 의원의 경우 선거기간이 고시되기 전 수 개월 전부터 정치활동이라는 명목으로 사실상의 선거운동을 하게 되며 여기에 지출되는 정치활동자금은 법정선거비용의 몇 배에 해당하는 거액의 자금을 사용할 수 있다. 이러한 후보자는 자금을 장부상 선거비용과 정치활동자금으로 나누어서 사용하고 법으로 정한 범위 내에서 선거비용지출을 신고하게 된다. 이것은 유권자측에서 보면 선거운동비용이든 정치활동비용이든 간에 당선목적에 필요한 비용이었다면 선거운동비용으로 볼 수밖에 없다. 여기에 법정선거비용규정의 문제점이 심각하게 지적될 수 있으며, 이러한 법정선거비용제도는 금권선거의 배제라는 명분에도 불구하고 기성정치인에게 결정적으로 유리하게 되고 신인 후보자에게는 불리하게 작용하는 것으로 후보자간의 선거운동에 있어서 기회균등원칙에 반하게 된다.[44]

그밖에 선거공영제도 선거운동의 기회균등과 관련하여 문제가 있다고 하겠다. 현행의 선거공영제는 선거후 선거비용을 보전하는 경우에 후보자가 일정수 이상의 득표를 해야 하므로 이는 대정당후보와 기성정치인에게 유리하고 신인 후보자에게는 불리한 제도가 되고 있다.[45] 선거비용 보전요건을 엄격하게 하는 것이 후보자의 난립을 막기 위한 취지로 이해될 수 있지만, 다른 한편 기득권을 가진 특정 정치인에게 유리하고 정치신인에게 불리하다면 선거공영제의 본래의 정신인 선거의 기회균등보장에 반하게 되므로 후보자난립방지는 후보자의 기탁금제도로 해결하고 국고에 의한 선거비용보전은 현행의 보전요건을 완화하여 거의 모든 후보자에게 평등하게 선거비용을 보전하는 것이 바람직하다고 본다.[46]

(4) 선거권제한의 문제 –재외국민의 선거권제한–

공직선거법은 선거인을 “선거권이 있는 자로서 선거인명부에 올라 있는 자”로 규정(제3조)하고, 선거인명부작성에 있어서는 대통령선거의 경우 선거일전 28일, 국회의원선거

---

44 이와 같은 관점에서 일본 공직선거법상 법정선거비용제도의 문제점을 지적하는 것으로 吉田善明, 『政治改革の憲法問題』, 岩波書店, 1994, 123면 이하 참조.

45 공직선거법 제122조의2 제2항은 대통령선거, 지역구국회의원선거, 지방선거에서 후보자가 당선되거나 사망한 경우 또는 후보자의 득표수가 유효투표총수의 100분의 15 이상인 경우는 후보자가 지출한 선거비용의 전액을 보전하고, 100분의 10 이상 100분의 15 미만인 경우에는 선거비용의 100분의 50을 보전하도록 규정하고 있다(2004. 3. 12. 개정).

46 정만희, 선거비용제한과 선거공영제, 한국공법학회 「공법연구」 제28집 제4호 1권, 132면 ; 이성환, 국민주권실현을 위한 선거관계법의 개혁방안, 한국공법학회 제70회 학술발표회, 1997. 8. 32면.

와 지방선거의 경우 선거일전 19일 현재 구·시·읍·면의 관할구역 안에 주민등록이 되어 있는 선거권자에 한하여 작성하도록 규정(제37조 제1항)하여 선거권의 행사에 거주(주민등록)요건을 두고 있다. 그리고 선거인명부에 올라 있는 국내거주자로서 선거일에 자신이 투표소에 가서 투표할 수 없는 때에는 부재자신고를 할 수 있도록 규정하고 있다(제38조 제1항). 또한 주민등록법(제6조 제3항)은 해외이주법에 의한 해외이주자는 해외이주를 포기한 후가 아니면 주민등록을 할 수 없도록 규정하고 있다. 따라서 현행법상 주민등록을 할 수 없는 해외이주자는 선거권을 행사할 수 없게 된다. 이러한 선거권행사에 있어서 주민등록요건은 해외거주 재외국민의 국정선거권 및 헌법상 보통·평등선거의 원칙을 침해하는 것이 아닌가의 문제가 제기된다. 그리고 현행법은 부재자투표를 국내거주자에게만 인정하고 있기 때문에 해외 일시체류자인 재외국민에 대해서도 사실상 선거권을 제한하고 있는 것도 문제되고 있다. 이와 관련하여 최근 우리 사회는 재외국민의 참정권부여 문제를 둘러싼 공론화가 활발하게 전개되고 있으며 정치권에서도 재외국민 참정권부여의 입법화에 관한 논의가 있다.[47]

헌법재판소는 1999년 재외국민의 선거권박탈에 관한 헌법소원심판청구에 대한 결정에서, 적어도 국회의원선거와 대통령선거에 있어서 보통선거의 원칙은 선거권에 관한 입법을 행함에 있어서 가장 기본적이고 중요한 원칙이라고 전제하면서, 거주요건에 의한 보통선거의 제한은 선거권의 본질 및 선거의 공정성 확보 등의 공공복리를 위하여 필요한 것이라고 보고 과잉금지의 원칙에 위반되지 않는다고 판시한 바 있다.[48] 이 결정에서 헌법재판소는 구체적으로 국토가 분단되어 있는 우리나라의 현실, 선거의 공정성 확보의 어려움, 선거기술상의 불가능성, 국민의 선거권과 국가에 대한 의무와의 결부성 등을 이유로 거주요건을 통한 선거권의 제한이 지나친 기본권의 제한이 아니라고 설시하고 있다.[49]

그러나 위와 같은 헌법재판소의 논거에 대하여는 다음과 같은 반론이 제기될 수 있다. 첫째, 국토가 분단되어 있는 우리나라에서 북한 주민이나 조총련계 재일교포에 대하여 선거권을 인정할 수 없기 때문이라는 논거는 재외국민의 구성원 중 일부 예외에 속하는 재외 북한주민들을 이유로 진정한 의미의 대한민국 국민인 나머지 재외국민들을 선거권행사에서 제외하는 것은 합리적인 사유에 의한 제한으로 보기 어렵다.[50] 둘째, 선거의

47 국회의원 정범구/한겨레 네트워크 준비위원회 외, 「재외국민 참정권 법안개정을 위한 공청회」(2002. 2.7.); 평화와 번영을 위한 세계한민족공동체재단/국회의원 김덕룡 외, 「재외국민 참정권 대토론회」, 국회의원회관 소회의실 (2005. 3. 31.) 등 팜플렛 자료참조.

48 헌재 1999. 1. 28. 97헌마253, 270(병합).

49 판례집 11-1, 54, 61면.

50 방승주, 2004헌마644 공직선거및선거부정방지법 제15조 제2항 등 위헌확인사건 「참고인 의견서」, 2007. 5. 21-22면.

공정성을 확보하기 어렵다는 논거에 대해서 볼 때, 이미 대부분의 선진국들이 재외국민들에 대하여 대리투표나 부재자투표 등을 통해서도 공정한 선거제도를 운영하고 있으며, 금권을 통한 매표행위의 가능성에 대하여는 재외 선거법위반에 대한 벌칙규정을 따로 마련하면 되는 것이라 할 수 있다. 셋째, 선거기술상의 불가능성에 대한 반론으로는, 오늘날의 정보화시대에 있어서는 재외국민의 부재자투표를 도입하더라도 선거기술상의 문제는 과거와 비교될 수 없을 정도로 개선되었고, 우편투표를 발송하고 수취하는 기간 등을 고려해서 공직선거법개정으로 선거운동기간을 늘리는 방법도 가능하고,[51] 과거에 이미 우리도 재외국민 부재자투표를 실시해온 경험을 쌓은 바 있다. 넷째, 국가에 대한 납세, 병역 등의 의무를 이행하지 않은 재외국민에게 선거권을 인정할 수 없다는 논리는 보통선거의 원칙과 모순되는 것으로 정당화될 수 없다. 선거권을 특정한 의무이행자에게만 부여할 수 있다고 하는 사고는 바로 보통선거의 반대개념인 제한선거의 이념이며, 헌법상 보통선거의 원칙은 특정한 의무이행을 조건으로 하는 선거권부여를 허용하지 않는다고 한다.[52]

생각건대 재외국민의 선거권허용 여부문제에 관하여는 이제 긍정적으로 접근해야 할 시점에 와 있다고 하겠다. 위의 헌법재판소 판단에 대한 반론은 타당하다고 보며, 거주요건에 의한 선거권제한은 재외국민의 선거권과 보통선거의 원칙을 침해할 수 있고 재외국민에 대한 합리적인 이유 없는 차별로서 평등의 원칙에 위배될 수 있다고 본다. 또한 현행 선거법은 재외국민에게 피선거권은 부여하고 있고 정당법상 정당의 발기인이나 당원자격도 인정하면서 오로지 재외국민의 선거권만을 제한하는 것은 입법의 체계정당성의 원칙에도 위배되는 문제가 있다.[53] 그밖에 헌법 제2조 제2항의 재외국민의 보호에 관한 규정에 근거해 볼 때도 재외국민의 선거권은 인정되어야 한다고 본다. 국가는 재외국민의 권익을 위하여 적극적으로 노력해야 할 헌법상의 의무가 있으므로 헌법에 의해 대한민국 국민에게 부여된 선거권이 재외국민에게도 동등하게 보장될 수 있도록 국가는 적극적으로 노력해야 한다.[54] 또한 재외국민의 민족적 동질성 내지 정체성을 확인하기 위해서도 재외국민이 조국의 국정선거에 참여할 수 있는 기회를 보장해야 할 것이다. 오늘날 세계화 정보화시대에 있어서 재외국민의 참정권제한은 시대착오적 발상이라 하지 않을 수 없다.

---

51 중앙선거관리위원회, 국외부재자투표 도입방안 연구, 2006. 12. 164면.
52 방승주, 앞의 참고인 의견서, 24-25면.
53 김병록, 재외국민 선거권제한의 위헌성, 「헌법판례연구(1)」, 박영사, 1999, 17-18면.
54 조홍석, 재외국민의 선거권제한에 따른 헌법적 문제, 「공법연구」제24집 제4호, 1996, 272면.

2. 정치자금의 규제와 조성에 관한 문제점

(1) 실효성 없는 정치자금(선거비용) 규제

우리나라 선거 및 정치자금제도의 가장 큰 문제점의 하나가 막대한 선거자금이 소요되는 '고비용 선거구조'라고 할 수 있다. 선거법상 법정선거비용 제한규정에 의해 선거비용지출을 통제하고 있으나, 현실적으로 후보자들은 법정선거비용을 몇 배 이상 초과하는 거액을 선거비용으로 지출하고 있는 것이 문제이다.[55] 선거관리위원회에 보고하는 명목상의 선거비용 지출액 이외에 음성적으로 조달하고 지출하는 불법선거자금이 문제일 뿐만 아니라 법정선거기간의 선거비용 이외에 법정선거기간 이전의 일상적인 정치활동에 의한 사실상의 선거운동비용이 문제된다. 즉 현행의 정치자금법제는 선거기간 중의 선거비용과 일상적인 정치자금을 구별하여 규제하는 2원적 구조를 취하고 있으며, 그에 따라 기성정치인은 법정선거기간 이전부터 사실상 신인 후보자에 비해 엄청난 거액을 선거비용으로 지출하게 되고 신인후보자는 법정선거비용만으로 선거를 치르게 됨에 따라 결과적으로 이는 후보자간의 선거운동의 기회균등에 반하게 되는 심각한 문제로 연결될 수 있다.[56]

이러한 불합리한 법정선거비용제한규정의 실효성을 확보하기 위해서는 법정선거비용에 대한 규제 이외의 일상적인 정치자금에 대한 규제를 강화할 필요가 있다. 예컨대 우리의 정치자금법은 당비수입에 대한 규제가 제대로 이루어지지 않고 있는 것이 문제인데, 당비납부와 같이 익명성을 보장받으면서 불투명한 정치자금을 기부할 수 있는 길을 차단할 필요가 있으며, 정당의 수입 지출에 대한 자료의 공개가 지극히 제한적인 형식으로만 이루어지고 있기 때문에 정치자금의 투명성을 보장하기 위해서는 제도적 장치가 미비한 부분은 시급히 개선되어야 한다.[57] 또한 정치자금의 수입과 지출에 있어서도 법정선거비용의 경우와 마찬가지로 실질적인 정치자금의 실명제와 투명성확보를 위해 법적 규제를 강화하는 것이 요구된다. 이와 관련하여 현행 정치자금법(2005. 8. 4. 전면개정)이 이 법에

---

55 고비용 선거구조의 주된 원인으로는 정당중심의 선거운동이 아닌 '후보자 중심의 선거운동'(candidate-centered campaign)과 고용·동원에 의한 선거운동 등을 지적할 수 있다. 이에 관한 분석으로는 강원택, 『한국의 정치개혁과 민주주의』, 인간사랑, 2005, 180면 이하.

56 이 점에서 볼 때 영국의 경우처럼 선거운동기간의 제한이 없으면서도 선거비용지출총액을 엄격히 제한하는 제도가 훨씬 합리적이라고 할 수 있다. 다만 현행의 선거비용지출제한규정이 기본적으로 1883년의 의회제정법에 의거하고 있기 때문에 선거비용의 지출로 인정되는 범위가 어디까지인지, 어느 시점부터 선거비용지출로 볼 것인가 등이 명확하지 않은 것이 문제되고 있고 이에 관하여는 오직 판례법에 의해 그 기준이 제시되고 있는 실정이므로 최근에는 그 규정의 현대화를 위한 입법적 보완이 요구되고 있다. 상세는 Committee on Standards in Public Life, Fifth Report of the Committee: The Funding of Political Parties in the United Kingdom, 1998 ; 小松浩, 『イギリスの選擧制度』, 現代人文社, 2003, 183-85면.

57 모종린 편, 『한국의 정치자금』, 동아일보사, 2002, 153면 이하.

의하여 1회 120만원을 초과하여 정치자금을 기부하는 자와 1회 50만원을 초과하여 정치자금을 지출하는 자 및 선거비용으로 20만을 초과하여 지출하는 자는 수표나 신용카드·예금계좌 입금 그 밖에 실명이 확인되는 방법으로 기부 또는 지출하여야 한다고 규정(제2조 제4항)한 것과 정당, 국회의원, 공직선거후보자 등의 정치자금 수입 지출은 그 회계책임자만이 할 수 있으며 회계책임자는 관할 선거관리위원회에 신고된 예금계좌를 통해서 하여야 한다고 규정(제36조)한 것은 정치자금의 투명성확보를 위해 입법적 개선이 이루어진 부분이라 할 수 있다.

그러나 여전히 정치자금법에 의하지 않는 음성적 정치자금의 부정수수에 대한 단속과 처벌의 어려움이 문제로 남게 된다. 결국 정치자금의 투명성확보를 위해서는 현행 법제도의 정비 및 보완이 필요한 부분은 마땅히 그 개선책을 강구해야 하지만, 그와 아울러 궁극적으로는 우리 사회 전반의 투명성 제고가 절실히 요청된다고 할 수 있다.

(2) 기업의 정치헌금문제

정치자금법상 정치자금의 조달방법은 당비, 후원금, 기탁금, 국고보조금으로 한정하고 있으나, 실제로 각 정당의 재원은 당비수입이나 기탁금배분으로 지급받는 금액은 얼마 되지 않고 주로 후원회의 후원금과 국고보조금에 의존하고 있는 실정이다. 종래의 정치자금법은 개인뿐만 아니라 기업이나 법인의 후원금·기탁금에 의한 정치자금기부를 인정해 왔으나, 2004년 개정법에 의하여 법인의 정치자금 기부는 전면 금지되었다. 이는 고비용 정치구조에 따른 정치부패를 방지하기 위한 획기적 개혁입법으로 평가되었다. 그러나 최근 다시 법인의 정치헌금을 허용하려는 과거회귀적 정치자금법 개정의견이 제시되는 것은 재고되어야 한다.

법인이나 단체의 정치헌금에 대해서는 헌법적 문제가 제기될 수 있는 것으로, 각국에서도 법인 등의 정치헌금에 대한 법적 대응책에 관한 논의가 활발하다. 미국에서는 정치자금의 기부가 원칙적으로 개인에 한하여 인정되고 있으며 회사의 직접적 정치헌금은 금지되고 있다. 회사나 노동조합의 직접적 정치헌금은 금지되는 대신에 정치활동위원회의 설립을 통한 간접적 기부가 허용되고 있다. 이 정치활동위원회(Political Action Committee)는 정치목적을 위해 법적으로 독립된 단체로서 정치기금을 설립하여 회사나 노조의 구성원이 강제를 받지 않고 자유의사에 따라 그 기금에 기부할 수 있다.[58]

---

58 정치활동위원회(PAC)는 정당·정치인에게 200달러 이상을 기부하는 경우에는 그 명세를 연방선거관리위원회에 보고하여야 하며 기부의 상한액에 관한 제한은 후보자 1인에 대하여 1,000달러까지 기부할 수 있다. 이 PAC에 의한 자금조달이 사실상의 기업헌금에 유사하다는 비판도 있으나, PAC의 자금조달은 전적으로 개인을 대상으로 하고 개인의 자발성을 최대한 보장하며 개인의 정치적 활동을 최대한 배려하는 조직이 보장된다는

회사의 정치헌금을 정당화하는 입장의 논거로는 첫째, 회사도 자연인인 국민과 마찬가지로 특정 정당의 정책을 지지 또는 반대하는 정치적 활동의 자유를 가진다고 하고 정치헌금은 그 정치적 자유의 일환으로 자연인의 기부와 구별해서 취급해야 할 헌법상의 요청이 있는 것은 아니라고 한다.[59] 둘째, 회사는 자본주의를 전제로 하는 존재이기 때문에 회사가 자본주의를 옹호하는 보수정당에 헌금하는 것은 회사의 존속 발전을 위하여 유용한 것이라는 점[60] 등으로 제시될 수 있다. 반면에 기업의 정치헌금에 대한 위헌론의 주장에 의하면 헌법상 정치참가의 평등은 '1인1표'의 원칙에서 볼 때 정치에 대한 발언력과 영향력은 평등하여야 하기 때문에 개인의 헌금능력을 훨씬 능가하는 법인의 정치헌금은 개인의 정치참가를 제한하는 것이 된다고 한다. 또한 회사의 자금원조에 의한 특정 정당의 지지를 인정하게 되면 회사와 유착된 정당이 국가를 지배하는 것이 되어 국민의 참정권과 정치적 자유를 침해하는 것으로서 중대한 공익에 반하게 된다고 본다.[61]

생각건대 정치적 기본권, 그 중에서 국민의 주관적 공권으로서 참정권을 제외한 일반적 정치적 표현의 자유 내지 정치적 자유권은 자연인인 국민과 마찬가지로 법인이나 단체의 경우에도 인정된다고 할 수 있다.[62] 따라서 법인이나 단체는 특정 정당의 정책을 지지하거나 반대하는 등 정치적 행위를 할 수 있고, 정치헌금도 정치적 표현활동으로서 허용된다고 볼 수도 있다. 그러나 법인을 정치적 기본권향유의 주체로 인정하더라도 법인의 권리행사가 자연인인 국민의 인권을 부당하게 제한하는 것이어서는 안 된다. 법인의 정치헌금허용은 현실적으로 정치에 커다란 영향력을 행사하게 되고 그것이 결과적으로 국민의 참정권행사를 실질적으로 불평등한 것으로 만들고 정치적 기본권을 침해하게 됨을 의미한다. 즉 기업헌금이 회사의 정치적 권리로 인정되게 되면 국민주권에 기초한 개인의 선거권 및 국민의 정치적 표현의 자유를 침해하게 됨을 부정하기 어렵다. 또한 정치헌금을 개인의 권리로서 '선거권의 행사에 수반하는 정치자금제공권'의 행사로 파악하는 경우에는 선거권이 없는 법인에게 정치헌금의 권리를 인정할 수 없다는 논리도 성립될 수 있다.[63]

따라서 기업에 의한 거액기부에 수반하는 정치적 폐해와 병리현상은 국민개인의 정치적 자유를 제한하고 대의제민주주의 원리를 왜곡시키고 침해하게 되므로 정치자금의

점에서 기업헌금과 구별된다. PAC의 종류는 기업,노조, 특별이익단체, 이데올로기단체 등이 있으며 1990년의 PAC의 총수는 4,172개이며 민주당과 공화당에 헌금한 PAC의 총기부액은 1억5천9백만 달러에 이른다고 한다. 藤本一美, アメリカの政治資金, 日本選擧學會, 「政治資金の研究」, 1993, 23-25면에서 인용.

59 일본 최고재판소의 八幡製鐵政治獻金事件 判決 (最大判 昭和45. 6. 24. 民集 24巻 6号, 625頁).

60 三枝一雄, 政治獻金の司法的アプロチ, 日本財政法學會編, 『政治資金』, 1991, 41면 이하.

61 吉田善明, 『選擧制度改革の理論』, 有斐閣, 1979, 235면.

62 김철수, 『헌법학개론』 (제19판), 박영사, 2007, 905면.

63 吉田善明, 전게서(주42), 182면.

조달은 당비의 확충과 개인의 소액기부에의 의존도를 높이는 것이 무엇보다도 중요하다. 기업의 정치자금기부를 허용한다고 하더라도 그 금액은 개인 기부의 상한액을 크게 초과해서는 안 될 것이다.

(3) 국고보조금제도

헌법은 정당의 국가적 보호와 함께 정당운영자금에 대한 국가의 보조를 명문화하고 있으며(제8조 제3항), 이에 근거하여 정치자금법은 정당에 대한 정치자금의 적정한 제공을 보장하기 위하여 국고보조금제도를 규정하고 있다. 정치자금의 국고보조는 자금조달에 수반되는 정치적 폐해를 방지할 수 있고 정당재정에 대한 국가적 지원을 통해 정당을 보호·육성하는데 그 취지가 있다.[64] 그러나 정당에 대한 국고보조는 국민의 자발적 조직으로서 정당의 자주성과 자립성의 보장이라는 측면에서 볼 때 정당에 대한 국가의 지배 내지 정당의 국영기관화를 초래할 위험이 있다는 우려도 없지 않다. 따라서 정당자금의 국고보조제도는 자금의 적정한 제공을 보장하여 정치가 금력에 의해 좌우되지 않도록 금권·부패정치의 폐해를 방지하는데 그 목적이 있지만, 동시에 독일의 예에서 볼 수 있듯이 정당의 국가기관화 또는 정당에 대한 국가의 간섭을 방지할 수 있도록 그 국고보조의 한계가 정해져야 할 것이다.[65]

따라서 국고보조금의 증액은 신중을 기해야 하며, 기본적으로 정당에 대한 국고보조는 정당재정의 부분적 보조에 그쳐야 할 것이고 그 보조금의 비율은 정당의 전체 수입규모(국고보조금포함)의 50%를 넘지 않아야 할 것이다. 우리나라의 정당들처럼 진성당원에 의한 당비수입이 거의 전무한 상황에서 국민적 공감대 없는 국고보조금의 확대는 본질적으로 정당의 국가로부터 자유로운 지위를 침해하게 되는 위헌성의 문제가 제기될 수 있다.[66]

---

64 국고보조금제도에 관한 헌법재판소 판례를 보면 "정당에 대한 국고보조금을 예산에 계상하여 지급하도록 규정함으로서 정당이나 정당소속 입후보자가 보호를 받고 상대적으로 무소속 입후보자가 불리한 차별을 받게 된다 하더라도 이는 우리 헌법이 정당제민주주의를 채택하고 정당에 대하여 특별한 보호를 하도록 한 헌법정신에 따른 것으로 합리적 차별로서 허용되는 것"이라고 판시하고 있다. 헌재 1997. 5. 29. 96헌마85. 판례집 9-1, 558면.

65 독일의 경우 이미 1966년 연방헌법재판소는 정당에 대한 국고보조가 정당의 자유로운 의사형성과정에 간섭하게 되고 정당의 국가기관화의 우려가 있기 때문에 위헌이라고 판시한 바 있으며, 다만 정당의 선거비용보조는 국가기관의 구성을 위한 제도이므로 허용된다고 하였다. 그후 1992년 판결에서는 정당의 선거비용뿐만 아니라 일반적 활동비용에 대한 국고보조도 헌법상 허용된다고 하면서도 정당의 '국가로부터의 자유' 원칙을 고려하여 정당활동에 대한 부분적 국가보조만이 허용된다고 판단하였다. 즉 국고보조가 정당활동의 재정적 지원을 당원이나 지지자로부터 얻을 수 있는 정당의 노력의 필연성을 박탈하는 경우에는 정당의 국가로부터의 자유를 확보하기 위한 부분적 국가보조의 기준으로서 '상대적 상한'(relative Obergrenze)을 제시하여 정당에의 국고보조의 총액은 정당이 자기조달할 수 있는 수입의 총액을 초과할 수 없다고 하였다. BVerGE 20, 56ff ; BVerGE 20, 116 ; BVerGE 85, 264.

66 계희열, 앞의 책, 285면.

미국의 경우에는 우리나라와 같은 정당의 운영자금에 대한 국고보조는 존재하지 않으며, 다만 연방선거운동법(Federal Election Campaign Act)에 의해 대통령선거에 한하여 정당의 후보자에게 연방자금에 의한 선거비용을 보조하고 있을 뿐이다. 이렇게 볼 때 우리의 국고보조제도는 재검토되어야 한다고 하겠으며, 정당에 대한 자금보조는 선거비용보조를 중심으로 하고 정당의 일반활동비 보조는 최소화하는 것이 바람직하다고 본다.

또한 국민 속에 뿌리를 내린 민주적 정당을 통한 정당정치의 활성화를 위해서도 국고보조금의 배분은 당비를 납부하는 일정수의 진성당원 확보를 하나의 기준으로 삼는 것도 검토할 필요가 있다. 그밖에 현행 정치자금법상 국고보조금의 배분방법은 대정당과 교섭단체를 구성한 정당에 절대적으로 유리하게 되어 있어 정당간의 기회균등의 문제가 제기될 수 있으므로 그 배분방법에 대한 재검토도 요구된다고 하겠다.[67]

3. 정당의 공직선거후보자추천의 민주적 절차 확보문제

정당은 국민의 정치적 의사형성에 참여하는 공적 기능을 수행하기 때문에 헌법에 의해 정당내부질서의 민주화(당내민주주의)를 요청받고 있으며 정당의 공천과정의 민주화는 당내민주주의 확보의 필수적 요소로 간주되고 있다. 동시에 정당의 공천과정은 정당의 내부문제에 그치지 아니하고 오늘날 공직선거과정의 제1단계이며 '필수부분'[68]을 의미하기 때문에 그 공천과정은 법적 규제의 대상이 되는 것이다.[69]

지난 2002년 대선을 앞두고 민주당과 한나라당은 미국식의 예비선거제(primary election)와 유사한 이른바 '국민참여경선제'를 전격 도입하여 대통령선거후보를 민주적 절차에 따라 선출함으로써 우리나라 정당공천의 민주화의 새로운 전기를 마련하였다는 점에서 정

---

67 헌법재판소는 국고보조금의 배분에 있어서 교섭단체를 구성한 정당에 대하여 그 100분의 50을 정당별로 균등하게 분할하여 배분 지급하도록 규정하고 있는 구 정치자금에관한법률 제18조에 대한 헌법소원심판사건에서 기각결정을 내린 바 있다. 헌재 2006. 7. 27. 2004헌마655.

68 오늘날 가장 민주적인 정당의 후보자추천제도를 의미하는 미국의 예비선거제는 19세기 후반부터 각 주의 입법에 의해 제도화되기 시작하였으며 1903년의 위스콘신주 입법은 최초로 예비선거에 관한 강행규정을 채택하여 각주의 예비선거법의 제정에 큰 영향을 끼치게 되었다. 연방대법원은 예비선거의 법적 성격에 관하여 초기에는 임의적 사적 결사인 정당의 후보자선택방법으로 보고 그것을 본선거의 구성부분으로 보지 않았으나, 1941년의 판결을 계기로 "예비선거는 본선거의 필수부분이며 본선거의 결과에 중대한 영향을 미치는 것으로서 그것은 헌법상의 선거에 해당한다"고 판시하여 예비선거를 헌법적 관심사로 끌어올리게 되었다. United States v. Classic, 313 U. S. 299 (1941).

69 정당의 민주적 공천절차에 관하여 구 정당법은 제31조에 정당공천의 민주화의무를 규정하였으나 이 규정에 대해 법원은 훈시규정으로 판단한 바 있으며(서울민사지방법원 2000카합489사건), 결국 정당법개정(2005. 8. 4)에 의해 이 규정은 삭제되었다. 대신에 공직선거법 제47조(2004. 8. 4. 개정)는 정당의 후보자추천조항을 강화하여 제2항에 "정당이 제1항의 규정에 따라 후보자를 추천하는 때에는 민주적인 절차에 따라야 한다"라고 하여 종래 정당법과 당헌에 위임하였던 규정형식을 직접 선거법에 명문화하게 되었다

당경선제는 긍정적 평가를 받을 수 있었다. 그러나 정당경선제의 내용과 방식이 현행 선거법과 정당법상의 규정들과 합치되는지의 여부가 문제로 제기된 바 있다.[70] 즉 정당의 경선제가 선거법상 선거운동기간제한과 사전선거운동금지 규정에 반하는 문제가 있다. 현행 선거법은 대통령선거의 경우 법정선거운동기간인 22일간 선거운동을 할 수 있으며 그 법정선거운동기간 이전의 선거운동은 사전선거운동으로 금지되어 처벌의 대상이 된다. 그러나 대통령선거를 8개월 앞두고 양대 정당에서 행해진 후보경선대회는 사실상의 선거운동을 의미하게 된다. 각 정당의 후보들은 전국적 경선대회에 참여하면서 당원과 대의원은 물론 일반국민에게 지지를 호소하였으며 국민들도 최종적으로 선출된 여야 두 후보의 인물과 사상, 정책 등을 비교하면서 정치적 판단과 선택을 하게 된다. 이처럼 법으로 금지되는 사전선거운동을 사실상 허용하게 되는 후보경선제는 선거운동기간제한 규정과 충돌하게 되므로 이점에서도 앞에서 지적한 선거운동기간제한의 문제점이 또다시 등장하게 되는 것이다. 이와 같은 문제점을 의식하여 2005년 개정 공직선거법은 '예비후보자'제도를 신설하여 예비후보자는 대통령선거의 경우 240일전 선거관리위원회에 등록하게 되면 선거운동기간제한에 관계없이 선거사무소를 설치하고 명함을 직접 주면서 지지를 호소하거나 전자우편을 이용한 정보전송, 인쇄물 우편발송 등을 일정한 범위 안에서 허용하고 있으나, 이는 선거운동기간제한과 정당경선제의 모순을 해결하기 위한 고육지책에 불과하며 사실상 선거운동기간제한규정의 공동화 내지 사문화를 초래하게 될 뿐이다.

따라서 정당경선제의 활성화를 위하고 앞에서 언급한 선거운동의 기회균등보장을 위해서는 선거운동기간제한 규정은 폐지되어야 하며, 아무리 한국선거풍토의 현실상 선거운동기간제한이 어느 정도 필요하다고 하더라도 적어도 정당의 후보경선실시가 보장될 수 있는 충분한 기간에 맞춰서 선거운동기간이 대폭 확대되지 않으면 안 될 것이다. 그밖에 정당의 경선비용의 과다한 지출과 음성적인 자금수수도 문제가 크기 때문에 본선거의 선거비용에 대한 규제와 마찬가지로 경선비용에 대해서도 철저한 법적 규제가 행해져야 할 것이며, 경선과정에서의 매수, 금품향응제공 등 부패행위에 대한 제재를 위한 법적 정비가 과제로 남아 있다고 할 것이다.

---

70 정만희, 앞의 논문(주4), 56면 이하.

Ⅳ. 정치관계법의 개정방향

1. 중앙선거관리위원회의 개정의견

중앙선거관리위원회가 2006. 12. 국회에 제출한 정치관계법 개정의견은 "성숙된 국민의식과 개선된 선거문화를 반영하여 선거운동의 자유를 더욱 확대하고, 선거환경의 변화에 따른 선거·정치제도 전반에 관한 합리적인 개선을 도모하고 국민의 참여확대를 통한 민주주의 정치역량을 강화하기 위해 마련된 것"이라고 그 제출배경에서 밝히고 있다. 정치관계법 개정의 방향과 주요 내용은 다음과 같다.[71]

(1) 공직선거법

첫째, 예비후보자의 선거운동방법과 범위를 확대하여 정치신인의 진입장벽을 제거하고, 선거운동을 할 수 있는 자는 선거운동기간전에도 선거운동이 허용된 인터넷홈페이지에서 선거운동을 할 수 있도록 하며, 선거운동을 위한 어깨띠·복장의 제한을 완화하고, 대통령선거에서 전국연설원제도를 도입하는 등 선거운동의 자유를 확대한다.

둘째, 선거방송토론위원회가 개최하는 후보자 초청토론회의 내실을 기하기 위하여 초청대상후보자 후보자가 많은 경우에는 토론회를 분리하여 개최할 수 있도록 하고, 토론회불참자에게는 방송을 이용한 선거운동비용의 보전을 제한하는 한편, 인터넷언론사도 후보자의 방송연설과 선거방송토론위원회 등이 개최하는 후보자 초청 대담 토론회를 중계방송할 수 있도록 하여 미디어를 이용한 선거운동을 활성화한다.

셋째, 정책중심의 선거풍토를 조성하기 위하여 대통령선거의 후보자는 정책공약의 구체적 목표와 재원 조달방안 및 정책의 우선순위 등을 게재한 정책공약집을 선거인에게 배부할 수 있도록 한다.

넷째, 당내경선의 선거운동방법을 다양화하여 정당활동의 자유를 확대하고, 국고보조금 배분대상 정당이 당원만을 대상으로 실시하는 당내경선도 선거관리위원회에 위탁한 경우에는 투개표 관리비용을 국가가 부담하는 등 당내경선에 대한 지원을 확대한다.

다섯째, 방송·신문 등 미디어의 융합추세를 고려하여 언론매체의 선거보도 공정성 확보와 정당·후보자의 권리구제 상시보장 등을 위하여 현행 보도매체별로 설치하는 선거방송심의위원회·선거기사심의위원회·인터넷선거보도심의위원회를 폐지하고 모든 언론

71 중앙선거관리위원회, 앞의 정치관계법 개정의견(주1), 2면 이하.

매체의 선거보도와 선거에 관한 여론조사의 객관성과 공정성을 심의하는 통합심의기구로서 선거보도심의위원회를 중앙선거관리위원회에 설치한다.

여섯째, 재외국민의 참정권을 보장하기 위하여 공관원·상사원·유학생 등 해외체류자에 대한 국외부재자투표를 도입하고, 투표참여 확대를 위하여 투표를 마친 선거인에게 국공립 유료시설의 이용료를 면제 또는 할인하는 등 투표참여자를 우대할 수 있는 법적 근거를 마련한다.

일곱째, 후보자 관련정보에 대한 유권자의 알 권리를 강화하기 위하여 재산·병역·납세·전과기록 등 후보자정보공개자료 제출을 의무화하고, 부재자투표의 공정성을 강화하기 위하여 재·보궐선거를 실시하는 경우에도 부재자투표소를 설치 운영하도록 하며, 선거관리위원회가 선전벽보·선거공보·정책공약집 등 정당 또는 후보자의 홍보물을 공익목적으로 활용할 수 있도록 저작권법 적용 배제규정을 신설한다.

여덟째, 선거범죄 예방과 단속의 실효성을 확보하기 위하여 과태료부과대상자가 자수한 경우에는 과태료를 감경 또는 면제할 수 있도록 하고, 선거부정감시단 활동의 전문성과 공정성을 강화하기 위하여 소수정예의 선거부정감시단을 상시적으로 운영하며, 통신관련 선거범죄를 조사하기 위한 자료제출 요구는 지방법원 또는 지원의 허가를 받도록 하되 긴급한 사유가 있는 때에는 영장전담판사 또는 당직판사의 승인을 얻도록 조정하는 한편, 선거범죄 근절을 위하여 정당간부 및 선거운동관계자가 자수한 경우에도 그 형을 감경 또는 면제하도록 한다.

(2) 정당법

첫째, 당내민주주의를 강화하기 위하여 국고보조금 지급대상 정당은 당대표경선의 투표 및 개표에 관한 사무의 관리를 선거관리위원회에 위탁할 수 있도록 하고, 정당의 공직선거후보자 추천과 관련한 금품수수행위와 종이당원·당비인출 등 탈법행위에 대한 처벌근거를 마련한다.

둘째, 정당활동을 보호하기 위하여 정당활동방해죄, 당대표경선의 매수 및 이해유도죄, 당원명부 강제열람죄 등 정당법 주요 위반행위에 대하여 선거관리위원회 위원·직원에게 조사권을 부여하고 정당법 위반행위에 대한 신고자 보호규정을 신설한다.

(3) 정치자금법

첫째, 대통령선거에서 후보자가 되고자 하는 자는 선거일전 1년부터 선거일까지 후원회를 두어 선거비용제한액의 100분의 5에 해당하는 금액 범위 안에서 정치자금을 모금할 수 있도록 하고, 정당국고보조금 예산 계상단가를 선거권자수 기준 1,000원으로 인상하며, 법인·단체는 대의기관이나 수임기관의 결의를 거쳐 선거관리위원회에 정치자금을 기탁할 수 있도록 하는 한편, 정치자금 지정 납세제도(Check Off)를 도입하여 납세자가 자신의 납세액 중 1만원까지는 정치자금으로 지정할 수 있도록 하고 조성된 기금은 국고보조금 배분기준에 따라 정당에 지급하도록 한다.

둘째, 정치자금사무의 합리화를 위하여 후원금 기부내역 수시보고제도를 폐지하고 정치자금영수증 발급제도를 개선하며, 후원금 고액기부자 공개기준을 현행 120만원에서 300만원으로 상향조정하는 한편, 불법 정치자금 수수행위에 대한 예방 단속의 실효성을 확보하기 위하여 불법 정치자금 제공자가 자수한 경우에는 그 형을 감경 또는 면제하고 선거범죄신고자에 준하여 보호한다.

2. 개정의견에 대한 평가 및 대안 제시

중앙선거관리위원회가 제안한 개정의견에 있어 선거운동의 자유의 부분적 확대와 미디어선거운동의 활성화, 정책중심 선거풍토의 조성, 투표참여의 확대 및 선거범죄근절을 위한 제도개선 등을 제시한 것은 시대정신과 정치환경의 변화에 부응하는 것으로 긍정적으로 평가할 수 있으나, 선거운동의 자유 확대는 여전히 아쉬움이 남으며, 정치자금법에 있어서 국고보조금증액이나 법인의 정치헌금허용 등의 의견은 재고할 필요가 있다고 본다.

(1) 선거운동의 자유 확대에 관하여

우선 선거운동의 자유를 확대해 나가는 방향으로의 선거법개정의견은 일단 긍정적으로 평가할 수 있다. 그러나 전술한 바와 같이 한정된 법정선거운동기간 내에서만 선거운동이 허용되는 현행 선거법이 선거운동의 기회균등을 침해하는 근본적인 문제점을 안고 있기 때문에 이를 보완하기 위해 예외적인 예비후보자제도를 채택하고 예비후보자를 위해 선거운동을 할 수 있는 주체를 확대하며 선거운동방법을 부분적으로 확대한다고 해서 근본적인 문제점이 해결되는 것은 아니다. 선거운동의 기회균등을 통한 선거의 공정성 확보를 위해서는 선거운동기간제한을 폐지하는 것이 바람직하다.

헌법재판소는 현행 선거규제의 정당화논리로 기간의 제한 없는 무한정의 선거운동을 허용하게 되면 선거의 과열에 의한 사회경제적 손실을 가져오게 되고, 후보자간의 경제력의 차이에 따른 불공평이 신참후보자의 입후보의 기회를 빼앗는 결과를 가져올 수 있으므로 이러한 과열선거의 폐해를 막고 선거의 공정을 확보하기 위해서 선거운동기간제한이 필요하다는 것이다.[72] 그러나 선거운동기간제한은 그 자체로써 기성정치인과 신인후보자간의 불평등을 초래하는 근본적인 문제점을 안고 있기 때문에 선거의 공정을 목적으로 선거운동기간을 제한해야 한다는 논리는 타당하다고 할 수 없다.[73] 또한 무한경쟁과 선거의 과열로 인한 폐해방지를 위해서도 선거기간제한이 필요하다는 논리도 의문의 여지가 없지 않다.

생각건대 선거의 과열은 선거운동기간이 한정되어 있고 이 제한규정 위반의 경우 사전선거운동으로 처벌받게 되는 현행 선거법에 그 직접적 이유가 있다고 하겠다. 즉 상시 선거운동이 허용되지 않기 때문에 후보자들은 법정선거운동기간을 최대한 활용하기 위해 상호비방과 흑색선전 등의 네거티브 캠페인과 과열 불법선거운동을 행하게 되는 것이다. 오히려 선거운동기간제한을 폐지하게 되면 상시 선거운동이 가능하기 때문에 후보자 및 정당 간에 과열선거운동은 거의 사라지게 될 것이며 네거티브 캠페인보다는 정책선거를 기대할 수 있고 유권자의 입장에서도 장기간에 걸쳐 후보자를 검증하고 각 정당의 정책을 이성적으로 분석하고 판단할 수 있게 되는 장점이 훨씬 많다고 할 수 있다. 상시 선거운동을 허용하게 되면 후보자간 무리한 경쟁의 장기화로 경비와 노력이 지나치게 들어 사회경제적 손실을 가져올 수 있다는 우려는 기우에 불과하다고 본다. 왜냐하면 선거비용의 과다화는 선거비용과 정치자금에 대한 엄격한 법적 규제를 통해서 해결할 수 있는 문제이기 때문이다. 이에 관하여 영국의 경우처럼 선거운동기간의 제한 없이 최소비용으로 선거를 치루고 있다는 점은 우리에게 시사하는 바가 크다.[74]

다만 현행의 선거운동기간제한을 전면적으로 폐지하게 되면 일시적으로는 선거의 과열과 혼란이 예상될 수 있으므로 적어도 공직선거법 제60조의2에 규정된 예비후보자등록기간에 맞춰 대통령선거의 경우 선거일전 240일, 지역구 국회의원선거와 시·도지사선거의 경우는 선거일전 120일, 지역구 국회의원선거와 자치구·시·군의 장 선거의 경우는 선

---

72 헌재 1994. 7. 29. 93헌가4, 6(병합). 판례집 6-2, 15, 34-37면.

73 정만희, 앞의 논문(주30), 183면.

74 주지하다시피 영국은 선거운동의 '자유시장'론에 의거하여 선거운동방법이나 기간에 대한 제한은 거의 없으며 후보자의 선거비용지출제한을 중심으로 선거규제가 이루어지고 있다. 최초의 선거비용제한은 1883년의 '부패 및 위법행위방지법'(Corrupt and Illigal Practices Prevention Act)에 의해 지역선거구 후보자의 선거비용 지출상한액과 수지보고서제출을 규정하였다. 선거비용제한에 관한 현행법인 국민대표법(Representation of the People Act)은 선거비용지출에 관하여 "선거이전, 선거중, 선거이후에 관계없이 선거행위 내지 선거관리에 지출된 비용"이라고 정의하고 있으며, 선거비용제한액은 지방의 군선거구가 4,965파운드에 유권자 1인당 5.6펜스를 합한 금액, 도시선거구가 4,965파운드에 유권자 1인당 4.2펜스를 합한 금액으로 1997년 총선거의 경우 선거구평균 선거비용지출액은 약 8,000파운드 정도이었다. 한편 최근의 영국 선거운동은 전통적인 선거구중심의 선거운동보다는 전국 레벨의 선거운동을 위한 정당의 선거운동비용 팽창이 문제되고 있고 이에 대한 개혁논의가 전개되고 있다. 상세는 The Committee on Standards in Public Life, Fifth Report of the Committee: The Funding of Political Parties in the United Kingdom, 1998 ; 小松浩, 앞의 책, 179면 이하.

거기간개시일전 60일 정도로 선거운동기간을 확대하고 일정 시점 이후에는 선거운동기간 제한을 전면 폐지하는 것이 필요하다.

그밖에 공직선거법상 선거운동의 자유를 침해하는 문서·도화 등에 의한 선거운동제한이라든지 호별방문금지 등의 선거운동방법의 제한에 관한 일련의 규정들도 점진적으로 폐지해 나가는 것이 요구된다고 하겠다.[75]

(2) 재외국민의 참정권부여에 관하여

선관위는 국민의 투표참여의 확대를 위하여 재외국민의 선거권을 허용하되, 그 범위를 한정하여 공관원·상사원·유학생·여행자 등 해외 일시체류자에 한해서 선거권을 부여하는 의견을 제시하고 있다. 즉 해외에 이주하여 영주권을 획득한 영주권자는 선거권이 부여되는 재외국민에서 제외하고 있다. 그러나 현실적으로 재외국민의 선거권행사를 강력하게 주장하는 입장은 단기 해외체류자가 아니라 해외영주권자인 재외국민임을 직시할 때 선관위의 의견은 재고할 필요가 있다고 본다.

21세기 정보화사회에서는 무국경시대가 도래하면서 국민주권의 개념이 영토중심에서 사람중심으로 바뀌게 된다. 나라의 영토적 개념이 상당부분 무의미해지면서 그 나라의 국적을 갖고 있는 국민이라면 그가 국내, 국외 어디에 있든지 그 사람을 중심으로 나라의 경계를 삼는 새로운 국경의 개념이 싹트고 있으며, 영토중심의 국가관으로부터 국민중심의 국가관으로 국가관 자체가 변화하고 있는 현실이다. 더욱이 최근 우리나라의 경우도 해외거류민이 계속 증대하고 있어 국가의 경계를 이들이 살고 있는 지역까지 확장해 나갈 것이 요청되고 있는 실정에 있다고 할 수 있다.[76] 이렇게 볼 때 재외국민은 영주권자이든 단기 체류자이든 관계없이 전면적으로 선거권행사를 인정해주는 것이 요구된다고 하겠다. 다만 모든 재외국민에게 일시에 선거권을 부여하는 것은 선거관리의 어려움이 예상되므로 단계적으로 그 범위를 확대해 나가는 것은 고려해 볼 필요가 있다.

(3) 정치자금의 적정한 제공보장에 관하여

선관위의 개정의견은 첫째, 대통령선거의 후보자가 되고자 하는 자에게 후원회를 둘 수 있도록 하고 일정한 금액의 범위 안에서 정치자금을 모금할 수 있도록 제안하고 있다.

---

75 참고로 미국의 경우는 선거운동방법의 제한은 거의 찾아볼 수 없으나 일부 주의 법률이나 자치단체의 조례에 의한 선거운동제한에 대한 연방대법원판례를 주목할 필요가 있다. 선거운동을 위한 문서의 배포에 집필자와 책임자를 명시하도록 규정한 주 법률을 위헌이라고 판시한 바 있으며, 선거운동을 위한 호별방문행위에 있어 사전 신고의무를 부과한 뉴저지 주 자치단체의 조례를 위헌이라고 판시하였다. Talley v. California, 362 U. S. 60 (1960); Hynes v. Mayor and Council of Borough of Oradell, 425 U. S. 610 (1979).

76 박재창, 『한국의회개혁론』, 도서출판 오름, 2004, 123－25면.

이는 대선정국의 현실에서 후보자로 부상되고 있는 자들에 대한 정치자금의 적정한 제공과 조달의 필요성에서 제안된 것으로 현행법상의 입법적 불비(不備)를 보완하는 의미를 가진다.[77]

둘째, 정당국고보조금의 증액을 위해 계상단가를 800원에서 1,000원으로 인상하는 안을 제시하고 있으나, 이는 재고되어야 한다고 본다. 국고보조금 계상단가는 1994년 600원에서 800원으로 상향조정된 이후 12년간 변경이 없어 그 동안의 물가상승률 등을 반영할 필요가 있다고 하지만, 전술한 바와 같이 정당국고보조금제도는 위헌성의 문제를 내포하고 있기 때문에 신중을 기해야 한다. 민주적 정당정치의 발전을 위해서도 각 정당에 대한 국고보조금의 배분은 정당의 득표율뿐만 아니라 진성당원에 의한 당비수입이 주요한 배분기준이 되어야 하며, 각 정당에 배분되는 보조금액은 정당의 자체조달 수입액을 초과하여 지급하는 것은 곤란하다.

셋째, 법인·단체의 정치자금 기탁을 허용하자는 의견은 정치자금제도의 개혁에 역행하는 것으로 문제가 있다. 선관위는 일정 범위의 법인·단체에 연간 5억원 또는 전사업연도말 자본총계의 100분의 2중 다액 이내의 금액을 선관위에 정치자금으로 기탁할 수 있도록 하고, 다만 이 경우에 당해 법인·단체는 정관 또는 내부규약에서 정하고 있는 대의기관이나 수임기관의 결의를 거치도록 제안하고 있다. 그러나 이러한 선관위의 의견은 오직 정치자금의 조달의 현실적 어려움을 극복하기 위한 방안으로, 이는 2004년의 정치개혁입법에 의해 법인·단체의 정치헌금을 전면적으로 금지했던 것을 불과 3년만에 다시 회복시켜 주는 반개혁적 발상이라 하지 않을 수 없다. 전술한 바와 같이 법인의 정치헌금허용은 현실적으로 회사나 기업이 정치에 영향력을 행사하게 되고 국민의 정치적 기본권행사를 침해하게 되는 심각한 문제가 있으므로 기업의 정치헌금은 앞으로도 지속적으로 금지하는 것이 타당하다고 본다. 다만 정치자금의 원활하고 효율적인 조달의 필요성이 인정된다고 하더라도 기업의 직접적인 기부는 허용되기 어렵고 적어도 미국의 경우처럼 정치활동위원회(PAC)와 같은 간접적 정치자금 기부를 허용하는 것은 검토해 볼만 하다.

그밖에 미국식의 정치자금 지정 납세제도(Tax Checkoff)를 도입하여 국세납세자가 자신의 납세액 중 1만원까지를 정치자금으로 지정하여 납부할 수 있도록 하고, 이렇게 조성된 기금을 각 정당에 배분 지급하도록 하는 제안은 바람직하다고 본다.[78]

---

77 현행 정치자금법은 대통령선거에서는 당내경선후보자만 후원회를 둘 수 있어(제6조 제3호), 대통령선거의 후보자가 되고자 하는 자나 무소속후보자는 정치자금을 조달할 수 있는 방법이 차단되어 있으므로 대통령선거 입후보예정자가 정치활동에 소요되는 비용을 적법하게 조달하고 투명하게 지출할 수 있도록 하기 위해 이러한 입후보예정자의 후원회제도 도입은 필요하다. 중앙선거관리위원회, 정치관계법 개정의견(주1), 36면.

78 미국의 tax checkoff 제도에 관하여는 Herbert E. Alexander, op. cit., p.142f.

(4) 정치자금 사무의 합리화에 관하여

후원회가 후원금을 기부한 때마다 30일 이내에 관할 선거관리위원회에 보고하도록 하는 수시보고 의무규정을 삭제하자는 의견은 선관위의 행정편의주의적 발상이며 정치자금조달의 효율성만을 강조한 것으로 수용하기 어렵다. 우리의 정치자금제도는 정치자금의 흐름에 대한 투명성이 확보되지 않고 있는 것이 가장 큰 문제인데, 후원금의 수지보고를 폐지하는 것은 음성적이고 불법적 정치자금수수를 방관하게 되어 정치자금 공개제와 공명정대한 운영이라는 정치자금법의 기본정신에 반하게 된다. 현행법은 후원회가 연간 2회 관할 선관위에 정기 회계보고를 하도록 규정하고 있으나 이 회계보고제도도 강화할 필요가 있다고 본다.

나아가 정당이나 국회의원 및 후원회가 선관위에 제출한 회계보고서의 열람기간도 현행법(제42조 제2항)은 3개월로 제한하고 있는데 이 3개월 열람기간도 대폭 연장할 필요가 있다. 회계보고서가 장기간 공개되고 열람될 수 있도록 함으로써 정치자금에 관한 유권자의 알 권리를 충족시키게 되고, 회계보고서 작성시에도 사실에 근거한 정확한 자료의 제시를 기대할 수 있게 된다.

(5) 정당규제의 강화에 관하여

선관위는 국고보조금 배분대상 정당이 당대표경선을 실시하는 경우 투표 및 개표에 관한 사무의 관리를 선관위에 위탁할 수 있도록 의견을 제시하고 있으나, 필자는 이에 대해 소극적 입장이다. 당대표의 선출방법은 정당의 내부문제로서 정당의 자율성이 최대한 보장되어야 한다. 다만 당내민주주의의 헌법적 요청에 따라 정당법은 당내경선 등의 민주적 절차를 요구할 수 있지만 그것이 정당의 자율성을 침해해서는 안 된다. 정당의 공천과정의 법적 규제는 그것이 공직선거과정의 필수부분으로 이해되고 있기 때문에 그 경선절차에 선관위가 개입하는 것은 허용될 수 있겠으나[79], 전적으로 정당내부의 문제인 당대표경선에 선관위가 개입하는 것은 바람직하지 않다고 본다.

이와 관련하여 정당의 공직선거후보자 추천과정에 있어서 경선에 참여하여 후보자로 선출되지 아니한 자가 당해 선거의 같은 선거구에서는 후보자로 등록될 수 없도록 규정하고 있는 현행 공직선거법 제57조의2 제2항은 정당공천과정의 민주화를 정착시키고 당내 경선결과에 불복하는 자를 제재하기 위한 의도는 이해가 가지만, 헌법이론적 측면에서 볼

79 2005. 8. 4. 개정된 공직선거법은 제6장의2 [정당의 후보자추천을 위한 당내경선]을 신설하여 당내경선의 실시, 당내경선운동의 범위, 당내경선사무의 위탁, 당내경선에 있어서의 당원 등 매수금지 등을 규정하고 있다(제57조의2~제57조의6).

때 문제가 없지 않다고 생각된다. 당내경선에 참여하여 후보자로 선출되지 못한 자에 대하여 당해 선거에 출마할 수 없도록 하는 봉쇄조치는 헌법상 공무담임권과 선거에의 입후보의 자유뿐만 아니라 정당활동의 자유, 탈당의 자유 등을 사실상 침해하게 될 우려가 있다. 생각건대 당내경선에 불복한 자는 정치인으로서의 도덕적·윤리적 책임을 면하기 어렵지만, 그렇다고 법적 강제를 통한 책임추궁은 곤란하다고 본다. 당내경선결과에 승복하지 않는 자에 대한 책임은 유권자의 정치적 심판에 맡길 수밖에 없다고 하겠다.

V. 맺음말

헌법부속법률을 의미하는 정치관계법이 헌법적합성과 체계정당성의 관점에서 볼 때 적지 않은 문제점을 안고 있음은 전술한 바와 같다. 특히 공직선거법은 그 제정과 운용과정에서의 일본 공직선거법의 영향을 벗어날 수 없었던 태생적 한계 때문에 선거의 자유가 극도로 제한되는 선거운동규제 일변도의 특성을 나타내고 있음을 부인하기 어렵다.

선거의 자유와 공정의 확보가 선거법의 기본이념이지만 우리나라 선거법의 현실은 '선거의 자유'와 '선거의 공정' 양자의 어느 것도 제대로 실현되기 어려운 처지에 있다고 할 수 있다. 헌법재판소는 공직선거법의 선거운동규제에 관한 일련의 제한규정에 대하여, 우리의 선거풍토와 정치문화라든지 유권자의 의식수준 등의 현실을 감안할 때 선거운동의 과열에 따른 사회경제적 폐해를 막고 선거의 공정성 확보를 위해서는 그러한 제한규정들은 과잉금지의 원칙에 반하지 않는 합리적이고 불가피한 제한으로 정당화된다는 논리를 일관되게 전개하고 있다.

그러나 헌법재판소의 공직선거법상의 제한규정들에 대한 합헌성의 판단과 상관없이 시대착오적이고 전근대적인 우리의 선거법제 및 주권자인 국민의 선거참여를 배제하고 공권력이 주도하는 폐쇄적이고 비민주적인 선거운동규제방식은 이제 청산되어야 할 시점에 와 있다고 생각한다.

중앙선거관리위원회가 정치관계법 개정의견의 제출배경에서 밝힌 바와 같이 "성숙된 국민의식과 개선된 선거문화를 반영하여 선거운동의 자유를 더욱 확대할 필요성"이 있으며, "시대정신과 정치환경 변화에 부응하는 선진 선거·정치제도를 마련하고 선거운동의 자유와 선거의 공정이 조화를 이루는 가운데 국민의 참여확대를 통하여 민주주의 정치역량을 강화하여 선진 정치문화 창출의 기반을 구축"하기 위해서는 정치권과 입법자들은 근본적으로 사고와 의식의 대전환이 필요하다고 본다.

따라서 공직선거법상 선거운동기간제한은 향후 일정시점 전면 폐지를 전제로 선거운동기간은 대폭 확대되어야 하며 선거운동의 방법상의 제한도 크게 완화할 필요가 있다. 재외국민의 선거권을 인정하는 것이 세계적인 추세임에 비추어 영주권자를 포함한 재외국민의 선거권을 허용해 나가야 한다. 선거의 기회균등과 공정성확보는 선거운동의 자유를 제한함으로써 실현되는 것이 아니라 선거비용을 비롯한 정치자금의 조달과 지출과정을 철저히 규제함으로써 가능하기 때문에 선거비용과 정치자금규제의 법제를 더욱 보완해야 할 것이다.

끝으로 공직선거법을 비롯한 정치관계법의 개정작업은 선거에 임박해서 또는 그때그때의 각 정파간의 정치적 타협과 협상에 의한 즉흥적이고 미시적인 안목에 의한 졸속한 법률의 개폐는 더 이상 허용되어서는 안 될 것이다. 정치제도 전반에 걸친 근본적인 개혁을 위해서는 국회와 기성정치집단이 주도하는 방법이 아닌 범국민적이고 초당파적인 기구를 구성하여 장기간에 걸친 연구와 토론을 거쳐 국민적 공감대를 형성하는 과정이 전제되어야 한다. 그것은 정치관계법의 본질적 속성상 기득권을 가진 기성정치인들에 의한 정치개혁입법이 성공을 기대하기 어렵기 때문이다.

10 대통령제에 있어서 분열정부(divided government)의 헌법문제*

Ⅰ. 머리말

한국 헌법상의 통치구조에 있어서 대통령제에 관한 연구, 특히 정부형태로서의 대통령제의 문제점과 제도적 개선방안에 관한 연구는 종래 헌법학과 정치학의 기본적 과제의 하나로 간주되어 왔다. 특히 1987년 헌법체제의 선택 이후 민주화 과정을 경험하면서 우리의 대통령제와 정당정치의 현실은 민주화 이전과는 달리 이른바 '여소야대'의 출현으로 인해 커다란 변화를 가져오게 됨에 따라 최근의 대통령제에 관한 학계의 관심영역도 이 새로운 문제상황에 초점을 맞추게 되었다. 즉 우리의 대통령제는 직선제개헌 이후부터 대통령과 국회의원의 선거결과 대통령 소속의 집권당이 의회의 과반수 의석을 획득하지 못하고 야당의원들이 과반수 의석을 점하게 되는 여소야대에 의한 '분열정부' 또는 '분리된 정부'(divided government)가 빈번하게 출현하게 되었다.[1] 이와 같이 분열정부현상이 일반화되는 새로운 정치상황이 나타나게 됨에 따라 이 분열정부의 극복방안에 관한 연구가 최근 학계의 새로운 연구영역으로 부각되고 있다.

대통령제의 원형인 미국의 대통령제에 있어서는 일찍이 19세기 중반부터 분열정부현상이 이따금 출현하기도 하였으나, 그 양상이 두드러지게 된 것은 1950년대 이후부터이며 오늘날에 이르기까지 분열정부는 일반적이고 보편적인 현상이 되고 있다. 이러한 분열정부에 대한 학계의 입장은 크게 두 개의 대립되는 견해로 나뉘고 있는데, 하나는 분열정부가 미국의 헌법과 정치제도의 구조적 결함에 의해 초래된 심각한 문제로서 그 통치구조상의 역기능을 극복하기 위한 방안을 강구해야 한다는 부정적 입장이다.[2] 또 하나의 견해로는 분열정부는 강력한 대통령제에 대한 유효한 통제수단이 되고 있다는 그 순기능을 강조하는 긍정적 입장이 있다.[3] 1980년대 후반부터 미국의 학계에서는 이 분열정부의 평가문

---

* 『헌법학연구』 제14권 제2호(한국헌법학회, 2008. 6), 391－430면 수록.

1 선거결과 대통령 소속의 집권당과 의회의 다수당이 일치하지 않음으로써 의회와 행정부가 대립되는 현상을 의미하는 'divided government'의 우리말 표현으로는 '분리된 정부'(이상돈, 대통령제, 한국공법학회 편, 한국에 있어서 미국헌법의 영향과 교훈, 1987, 190면), '분할된 정부'(윤명선, 미국에서의 헌법개혁에 관한 고찰, 경희대학교논문집 제16집, 1987, 93면), '분점정부'(국내정치학자들의 일반적 표현) 등으로 학자들에 따라 다양하게 기술되고 있으나, 필자는 '분열정부'로 표기하도록 한다. 정만희, 「헌법과 통치구조」, 법문사, 2003, 126면 참조.

2 Divided Government에 대한 부정적 견해의 대표적 문헌은 James L. Sundquist, Constitutional Reform and Effective Government, Brookings Institution, 1992, p. 88ff; Committee on the Constitutional System, Report and Recommandations of the Committee on the Constitutional System, 1987.

3 긍정적 입장에 관한 대표적 학자는 David R. Mayhew, Divided We Govern: Party Control, Lawmaking, and

제를 둘러싼 활발한 논의가 헌법상 통치구조에 관한 논쟁의 핵심적 과제가 되고 있다.

우리나라 대통령제의 현실에 있어서 1990년대 이후 보편화되기 시작한 분열정부 내지 여소야대 현상에 대하여 개헌론자들은 그것이 정국의 불안정을 초래하고 일관성 있는 국가정책수행을 방해하는 근본적인 문제점을 안고 있는 것으로 보고 있다. 국내 정치학계도 분열정부현상에 대하여 부정적 시각이 지배적이라고 할 수 있다. 2007년 1월 노무현 대통령이 제안한 바 있는 '원포인트 개헌' 발언도 부정적인 여소야대 문제를 극복하기 위한 제도적 대안의 필요성에서 제안되었던 것이라 볼 수 있다.[4]

그러나 분열정부 또는 여소야대를 극복되지 않으면 안 될 부정적 대상으로만 보는 데에는 반론이 제기될 수 있다고 본다. 정치현실에 있어서 분열정부의 부정적 측면과 역기능이 없는 것은 아니지만, 그렇다고 해서 분열정부의 긍정적 측면을 간과하거나 경시하는 태도는 문제가 있다고 하겠으며, 분열정부의 부정적 측면을 지나치게 강조하여 그 극복방안의 연구에만 관심을 갖는 것도 현행 대통령제중심의 통치구조에 관한 기본적 헌법원리의 이해라는 관점에서는 상당한 거리가 있다고 하지 않을 수 없다.

필자는 분열정부의 부정적 측면보다는 오히려 그 긍정적 측면과 순기능적 효과를 새롭게 인식할 필요가 있다는 전제하에 분열정부 문제를 헌법규범적 관점에서 재평가하기 위한 논거를 제시하고자 한다.

본래 대통령제 정부형태는 엄격한 권력분립원리에 기초하여 의회와 행정부에 부여된 이원적인 민주적 정당성(dual democratic legitimacy)에 입각한 정부형태로서 국민에 의해 직접 선출된 의회와 대통령 사이의 상호 독립에 기초하여 양 국가기관간의 견제와 균형을 유지하는 것을 본질로 한다. 슈거트와 케리(Shugart & Carey)의 주장처럼 대통령제는 행정부의 최고책임자가 국민에 의해 선출됨으로써 국민에 대한 직접적인 책임(accountability)을 지게 되며, 이원적 정당성에 의한 의회와 대통령의 '상호견제'(mutual checks)는 정국의 교착상태를 가져오는 것이 아니라 오히려 국정운영의 수준을 높일 수 있는 장점적 요소로 기능하는 제도라 할 수 있다.[5]

Investigations, 1946–2002, 2nd ed., Yale Univ. Press, 2005; Mark P. Petracca, Divided Government and the Risks of Constitutional Reforms, Political Science and Politics, vol.24 no.4,1991, p.634f.

4 2007년 1월 9일 노무현대통령은 이른바 '원 포인트'개헌을 제안하여 대선과 총선의 주기를 통일하고 그 실시시점을 근접 또는 일치시키는 대통령 4년연임제 개헌을 주장한 바 있다. 이에 관한 학계의 찬반논의로는 한국헌법학회 제44회 학술대회("한국대통령제의 현실과 과제" 2007.3.)에서 발표된 아래 논문참조. 정태호, 대통령 임기제개헌의 필요성과 정당성; 김종철, 대통령 4년 연임제 '원 포인트'개헌론에 대한 비판적 검토; 음선필, 대통령선거 및 국회의원선거의 선거주기; 명재진, 국무총리의 합리적 운용의 한계와 개헌필요성, 헌법학연구 제13권 제1호, 1–185면.

5 Mathew Soberg Shugart and John M. Carey, President and Assemblies: Constitutional Design and Electoral Dynamics, Cambridge Univ. Press, 1992, pp.44–48.

이러한 입법권과 집행권의 분리와 상호견제를 본질로 하는 고전적 대통령제는 20세기적 정당국가화의 전개 속에서 정당을 매개로 한 권력의 집중과 통합현상이 나타나게 됨에 따라 권력분립원리와 그에 입각한 대통령제의 변질이 문제되었고 정치적 후진국가에 있어서는 권력의 집중에 의한 대통령의 독재화가 문제되었던 것이다. 특히 우리나라의 경우 제헌 이래 1980년대에 이르기까지 대통령제 중심의 권력과정과 정당정치의 현실은 대통령을 정점으로 하는 거대여당에의 권력의 집중과 야당의 약체화는 국회가 권력적 균형 위에서 행정부를 제대로 통제할 수 없었으며 의회는 행정부의 시녀로 전락하기도 하였다.

그러나 1987년 헌법의 채택을 계기로 정치적 민주화가 진행되면서 1988년 4월 제13대 총선결과 헌정사상 최초로 분열정부를 의미하는 여소야대가 출현하게 되었고, 그후 오늘날까지 빈번한 여소야대현상으로 대통령과 국회관계의 경직과 대립은 국정운영의 교착상태와 여야간의 대치정국을 초래하는 경우가 거의 일반화되었다. 그렇지만 다른 한편 이러한 여소야대의 출현은 국회가 실질적으로 행정부를 통제할 수 있게 됨에 따라 대통령의 독재화 또는 제왕적 대통령제의 운용은 찾아보기 어렵게 되었다는 점에서 그 긍정적인 효과를 부정할 수 없다고 할 수 있다.

본고에서는 먼저 대통령제하에서 분열정부현상이 보편화되어 있는 미국에서의 분열정부에 관한 경험과 학계의 논의를 분석하고, 우리나라에 있어서 여소야대에 의한 분열정부현상을 극복과 배제의 대상으로 보는 시각에서 벗어나 그것을 헌법규범적 관점에서 긍정적으로 평가할 수 있는 요소를 확인하고, 한국헌법상 통치구조의 기본원리와 조화적으로 운용될 수 있는 분열정부의 대응방안을 검토하도록 한다.

Ⅱ. 미국 대통령제와 분열정부

1. 미국 대통령제에 있어서 분열정부의 전개

미국헌법제정당시 헌법제정자들은 엄격한 권력분립원리에 기초한 독창적인 대통령제 정부형태를 탄생시키면서, 정당에 대한 적대적 입장을 취하였으며 정당정치의 필요성을 예견하지 못했다고 할 수 있다.[6] 헌법시행 초기의 워싱턴대통령은 정당정치의 위험성을 경계하였고 대통령은 정당의 조직과 관계없이 선출되었다. 미국에서의 정당의 성립기

6 미국의 헌법제정자들은 정당을 '유해한 도당'(pernicious faction)으로 간주였으며 미국헌법은 반정당적 환경 속에서 제정되었다. 워싱턴 대통령은 그의 고별연설에서 정당의 정치적 위험성을 지적하였으며, 메디슨은 'The Federalist'(No. 10)를 통해 정당에 대한 불신을 강조한 바 있다. 정만희, 「정당법론」, 동아대출판부, 1985, 36면.

원은 1790년대 전반 당시 연방주의자들와 반연방주의자들의 정책상의 충돌에서 찾을 수 있으며, 워싱턴 대통령의 후임선정을 둘러싼 정파간의 대립에서 초기의 정당조직과 활동을 볼 수 있다. 그리하여 정당은 대통령후보자 지명과정을 조직화하는 기능을 행사하면서 발전하게 되었으며, 1808년과 1812년 대통령선거에서 승리한 메디슨은 정당의 지명절차에 의해 대통령후보로 선출되었으며 그의 퇴임시부터 정당은 당연하게 정치적 자유의 산물(natural offspring of Freedom)로 인식되게 되었다.[7] 그리하여 1830년대 앤드루 잭슨 시대에 접어들어 미국은 양당제의 정당정치가 확립되기에 이르렀다. 4년마다 행해지는 대통령선거에 있어서 각 정당은 전국당대회를 통해 대통령과 부통령후보자를 지명하고 연방의회의 상하원선거도 정당에 의해 후보자가 선출됨으로써 선거과정에서 정당은 필수적 기구로 기능하게 되었다. 선거과정에서 양대 정당은 국민에 대하여 동일정당이 의회와 행정부를 지배할 수 있도록 지지를 호소하였으며, 이러한 동질적인 정치지도자들의 동일한 정당에 의한 책임있는 정치를 주장하는 '정당정부'(party government)의 개념은 국민들에게 부담없이 받아들여지게 되었다. 이와 같은 정치적 현실은 헌법제정자들의 헌법적 고안과는 거리가 먼 것이었으나, 1950년대에 이르기까지 동일한 정당에 의한 행정부와 의회의 지배는 거의 보편화되었다. 다만 1848년과 1876년, 1880년, 1884년 선거의 네 차례의 예외적인 경우를 제외하고는 대통령이 속한 정당과 의회의 다수당이 일치하는 통합정부(unified party government) 하에서 대통령은 의회 양원 또는 적어도 일원의 다수파의 지지를 얻으면서 효율적인 국정을 수행할 수 있었다.[8]

그러나 20세기 후반부터 분열정부현상은 미국정치의 두드러진 특징이 되고 있다고 할 수 있다. 1946년에서 1990년까지의 22회의 연방선거(4년 주기의 대통령선거와 2년 주기의 연방의회선거 포함)를 보면 9회의 선거결과에서만 통합정부가 출현하였으며, 나머지 13회의 선거는 분열정부를 출현시키게 되었다. 그 13회의 선거 중 10회의 경우는 공화당의 대통령과 민주당의 연방 상·하원 의회로 분열정부가 나타났으며, 3회는 공화당이 대통령과 상원의회를 지배하고 민주당이 하원을 지배하는 분열정부가 등장하였다.[9]

즉 위의 1946년에서 1990년까지 45년의 기간 중 18년의 기간만이 동일정당이 대통령과 의회의 상하원을 지배하는 통합정부의 시대였으며, 나머지 기간은 분열정부가 일반적으로 출현하고 있음을 볼 때 오늘날의 유권자는 행정부와 의회의 권력을 분점하는 정당간의 상호 견제의 필요성에 입각하여 원칙적으로 분열정부를 선호한다는 분석이 가능하다

7 James L. Sundquist, op. cit., p. 89.
8 Ibid., p. 89.
9 Gary W. Cox and Samual Kernell ed., The Politics of Divided Government, Westview Press, 1991, p.3.

고 할 수 있다.[10]

2. 분열정부에 관한 학계의 논의

(1) 'divided government'의 개념

미국에서의 분열정부를 의미하는 'divided government'에 관한 학계의 연구와 논의는 1990년대부터 본격적으로 전개되고 있음을 볼 수 있으며, 분열정부의 이론은 미국정치제도에 관한 연구와 불가분의 관계에서 이해되고 있다. 이 'divided government'의 개념에 관하여는 학자들 간에 명확하게 일의적으로 정의되지 않는 경향이 있는데, 그 이유는 분열정부의 현상 그 자체가 복잡하지 않고 외형적으로 식별하기가 용이하기 때문에 그 개념적 특질을 명확하게 정의할 필요성을 강하게 인식하지 못한 데에서 찾을 수 있다고 하겠다.[11]

학자들에 의한 분열정부의 개념정의를 보면, 로버트 엘기(Robert Elgie)는 분열정부란 "의회의 다수파인 동일정당이 행정부와 의회를 동시에 지배하는 상황의 부재"(absence of simultaneous same-party majorities in the executive and legislative branches of governmen)라고 정의하고 있다.[12] 파웰(Bingham Powell)에 의하면 분열정부란 "서로 다른 정당이 입법부와 행정부를 각각 지배하는 상황"[13]을 의미한다고 간단히 정의하고 있으며, 그 밖의 다른 학자들의 표현으로는 "대통령이 속한 정당이 의회의 상하양원을 지배하지 못하는 경우"[14] 또는 "대통령직은 하나의 정당이 지배하고 의회의 양원 중 적어도 일원은 다른 정당이 지배하는 경우"[15] 등으로 정의되고 있다. 이와 같이 분열정부의 개념을 정의하는 것은 '일정한 산술적 현실에 대한 단순한 기술'(simple discription of a certain arithmatic reality)에 불과하게 되고, 그것은 거의 논쟁을 불러일으키지 않는 개념이 된다.[16] 즉 이러한 개념정의에 의하면 대통령 소속 정당이 의회 양원의 과반수 의석을 차지하고 있다면 그것은 통합정부이고, 그렇지 않다면 분열정부에 해당하게 되는 것이다.

그러나 미국의 대통령제에서의 이와 같은 분열정부의 형식적 개념은 미국의 정치가

---

10 David R. Mayhew, op. cit., p.1.

11 Robert Elgie ed., Divided Government in Comparative Perspective, Oxford Univ. Press, 2001, p.2.

12 Ibid., p.2.

13 Bingham Powell Jr., "Divided Government as a Pattern of Governance", Governance 4/3, 1991, p.231.

14 James P. Pfilffner, "The President and the Postreform Congress", in Roger H. Davidson ed., The Postreform Congress, St Martin's Press, 1994, p.167.

15 Michael Laver and Kenneth Shepsle, "Divided Government: America is not Exceptional", Governance 4/3, 1991, p.252.

16 Robert Elgie, op. cit., p.3.

양당제(two-party system)를 전제로 하고 있기 때문에 미국이 아닌 다른 나라의 대통령제의 경우에도 분열정부의 개념을 미국에서와 같이 동일하게 설명하기 어려운 문제가 있게 된다. 양당제가 아닌 다당제 국가의 경우에는 대통령 소속의 정당이 의회의 제1정당이라 하더라도 의회의석의 과반수를 획득하지 못하는 경우가 있으며, 대통령 소속 정당이 의회의 제1정당이 되지 못하고 있으나 의회의 제1정당인 야당도 의회의 과반수의석을 갖지 못하는 경우가 존재하게 된다. 즉 대통령제에 있어서 집권당이 의회를 지배하지 못하는 경우이지만 야당의 어느 정당도 단일정당으로 의회의 과반수를 획득하지 못하는 경우가 나타나게 되는데, 슈거트(Shugart)는 이러한 경우를 미국형의 분열정부와 통합정부의 개념과 구별되는 제3의 유형으로서 '비다수파정부'(no-majority government)라는 개념을 제시하고 있다.[17]

또한 분열정부의 개념은 위의 산술적 개념과는 달리 '정치행태의 유형'(type of political behaviour)이라는 관점에서도 이해될 수 있다. 즉 분열정부는 의회내의 정당의 의석분포와 관계없이 의회와 행정부 간에 충돌이 있는 상황을 의미하는 것으로 그 개념을 사용하기도 한다. 이러한 의회와 행정부간의 분열에 의한 정치적 충돌의 정치행태를 의미하는 분열정부는 대통령제의 경우뿐만 아니라 의원내각제와 이원정부제의 정부형태에서도 그 출현을 볼 수 있게 된다.

아무튼 미국에서의 이러한 의회와 행정부간의 충돌의 정치행태로서의 분열정부는 "정체와 입법의 마비, 대통령과 의회간의 대립과 갈등"(gridlock, legislative paralysis, and conflict between the president and Congress)의 동의어로 간주되고 있다.[18]

(2) 분열정부에 대한 평가

(가) 부정적 견해

미국의 분열정부에 대한 학계의 태도는 부정적 입장과 긍정적 입장으로 나뉘고 있다. 부정적 입장으로는 미국헌법제정 200주년을 맞아 1987년 1월 발표된 헌법제도검토위원회(Committee on the Constitutional System)의 보고서[19] 내용을 비롯하여 로빈슨(Donald L.

---

17 Matthew Soberg Schgart, "The Electoral Cycle and Institutional Sources of Divided Presidential Government", American Political Science Review, 89/2, 1995, p.327.

18 Robert Elgie, op. cit., p.8.

19 헌법제도검토위원회는 미연방헌법의 통치기구와 정치제도의 근본적 개혁을 위해 1982년에 결성된 초당파적 비영리적 단체로서 위원회는 현직 및 전직의 연방상하원의원, 정부각료, 주지사, 대학교수, 법조인, 언론인 등으로 구성되었다. 이 위원회는 통치기구의 분석을 통해 "미국정치기구 2백년의 분석: 헌법제도검토위원회의 제언"(A Bicentenial Analysis of the American Political Structure: Report and Recommandations of the Committee on the Constitutional System, 1987)이라는 보고서(이하 C.C.S. Report로 약칭함)를 통해 헌법제도 개혁안을 제시하였다. 이 보고서의 내용에 관하여는 정만희, 앞의 책(주1), 120면 이하.

Robinson), 선퀴스트(James L. Sundquist), 커틀러(Lloyd N. Cutler) 등의 저명 학자들에 의해 주장되고 있다.

헌법제도검토위원회의 보고서에 의하면, 미국의 양당제 하에서 하나의 정당이 행정부를 지배하고 그 집권당이 아닌 다른 정당이 의회의 일원 또는 양원에서 과반수의석을 획득하는 분열정부의 현상에서는 의회와 행정부의 긴장과 대립관계로 인하여 국가정책의 모순과 일관성의 결여 및 침체를 초래하고 국정의 빈번한 교착상태의 가져오게 된다고 분석하고 이러한 분열정부를 극복하기 위한 방안으로 '선택적 일괄투표'(Optional Straight-Ticket Balloting)와 연방하원의원의 임기를 4년으로 하고 상원의원의 임기를 8년으로 하여 현행의 중간선거를 없애는 방안 등을 제시하고 있다.[20]

위 헌법제도검토위원회 보고서의 발표 이전에도 이미 1960년대부터 분열정부에 대한 부정적 견해를 볼 수 있는데, 리플리(Randall B. Ripley)는 "미국의 통치구조에 있어서 생산적인 다수결원리를 확보하기 위해서는 대통령과 의회의 양원의 다수파가 동일한 정당으로 구성되어야 하며, 그러한 조건은 성공적인 입법을 보장하지 않더라도 그 성공적인 입법을 위해 필요하다"고 기술하여 분열정부를 부정적으로 보고 있다.[21] 키(V. O. Key, Jr.)교수도 "동일 정당에 의한 의회와 행정부의 지배가 활동적이고 에너지 넘치는 정부를 보장할 수 있는 것은 아니지만, 분열정부의 경우는 그러한 활동적인 정부를 배제하게 된다"고 기술한 바 있다.[22]

헌법제도검토위원회의 공동의장을 역임한 커틀러(Lloid D. Cutler)도 분열정부에 대한 비판적 관점에서 "최근의 분열정부 시기에 있어서 레이건의 조세개혁입법을 제외하고는 국내의 성공적인 입법프로그램은 전혀 찾아볼 수 없으며, 분열정부하에서는 책임의 소재가 불명확하게 되고 대부분의 주요 정책적 이슈는 교착상태 속에서 실질적인 정책결정을 도출해 낼 수 없는 상태에 빠지게 된다"고 기술하고 있다.[23]

풀브라이트(J. William Fullbright)는 "분열정부의 피할 수 없는 결과는 날카로운 언쟁과 논쟁의 교착상태 및 정부의 마비(acute bickering, polemical stalemate, and governmental paralysis)이다. 의회와 행정부는 서로 국가적 정책실패에 하여 상대방을 비난하고 있으며, 외교문제에 관하여는 어느 누구도 국가를 위해 말할 수 없는 실정이고 대통령의 외교행위는 시험적이고 잠정적일 수밖에 없다"고 비판하고 있다.[24]

---

20 앞의 C.C.S. Report, p.9.
21 Randall B. Ripley, Majority Party Leadership in Congress, 5th ed.(Boston: Little, Brown, 1969), p.168.
22 V. O. Key, Jr., Politics, Parties, and Pressure Groups, 5th ed. (New york: Crowell, 1964), p.688.
23 Lloyd N. Cutler, Some Reflections about Divided Government, Presidential Studies Quarterly 18, 1988, p.490.
24 J. Willim Fullbright with Seth P. Tillman, The Price Empire (Pantheon Books, 1989), pp.55-58.

(나) 긍정적 견해

분열정부를 부정적 시각에서 극복의 대상으로 보는 것에 대한 비판적·회의적인 입장으로는 슐레징거(Arthur M. Schlesinger, Jr.), 메이휴(David R. Mayhew), 페트라카(Mark P. Petracca) 등의 대표적인 학자들을 들 수 있다. 슐레징거는 아이젠하워 대통령 이래 분열정부는 강력한 대통령에 대한 견제를 위하여 국민이 의도적으로 형성시킨 자위의 수단이라고 강조하고 있다. 또한 그는 현행 헌법하에서도 현명한 정책을 구비한 유능한 지도자는 자기가 하고자 하는 일을 추진해 나갈 수 있으며 분열정부를 극복하기 위한 헌법개혁론자들의 주장은 정치지도자의 정책적 탐구라는 곤란한 문제를 회피하기 위한 일종의 도피주의(escapism)라고 비난하고 있다.[25]

메이휴는 분열정부를 국정의 정체와 교착의 주요 원인으로 보는 것을 부정하는 입장을 취한다. 그는 의회의 행정부에 대한 부패행위의 조사는 통일정부의 시기나 분열정부의 시기에 관계없이 거의 동일하게 분포하고 있다는 사실에 기초하여 의회가 분열정부의 시기에 행정부에 대한 조사의 수가 증가한다는 결정적인 논거는 존재하지 않는다고 주장한다. 또한 주요한 법안의 통과에 있어서도 거의 마찬가지라는 것이다. 즉 1947년에서 1988년까지 입법화된 핵심적인 법안 267개를 분열정부와 통합정부의 시기로 구분하여 분석해본 결과 분열정부시기에는 2년의 의회기 기간 평균 11.7개의 법안들이 통과됨으로써 통합정부시기의 평균 12.8개와 큰 차이를 보이지 않는다고 주장하고 있다.[26] 요컨대 메이휴에 의하면 제2차 세계대전 이래 행정부의 부정행위의 조사나 주요 입법은 통일정부나 분열정부라고 하는 정당의 지배관계의 원칙에서 도출되는 예측대로 행해져온 것은 아니라고 한다. 그리고 주요한 입법에 영향을 미치는 요인으로는 선거를 위한 연방의회의원의 동기나 대통령의 지도력의 질과 상황 등은 커다란 영향을 미치지 못하며, 오히려 법안을 통과시키기 위한 의회의 '명백한 다수파'(broad majorities)의 현실적 요청이나 공중의 분위기(public moods) 등이 그 요인이 된다고 지적하고 있다. 즉 미국에서의 입법과정은 일반적으로 뚜렷한 다수의 의사, 즉 의회의 3분의 2 이상의 다수에 의해 의결되는 경향이 있으며, 이는 의회의 단일 정당에 의한 다수가 아니라 양대 정당의 '초당파적 다수'(bipartisan majorities)에 의한 지지에 의해 입법이 이루어지는 것을 의미하므로 분열정부나 통합정부에 관계없이 중요한 법안은 소속정당을 벗어난 초당파적 입장에서 의원들의 협력을 통해 입법을 행하게 된다는 것이다.[27]

25 Arthur M. Schlesinger, Jr., "Leave the Constitution Alone", in Donald L. Robinson ed., Reforming American Government, 1985, p.54.

26 David R. Mayhew, op. cit., p.76ff.

27 ibid., p.119.

Ⅲ. 한국에서의 분열정부현상과 그에 관한 논의의 전개

1. 분열정부현상의 출현

한국헌정사에 있어서 최초의 분열정부현상은 1988년 제13대 국회의원총선거 결과에 의해 나타나게 되었다. 1987년 직선제개헌에 의해 민정당의 노태우후보가 대통령에 당선되었으나, 이듬해 국회의원선거에서 집권당인 민정당이 국회 재적의석 과반수에 크게 미달하는 42%의 의석(125석)만을 확보함으로써 분열정부가 처음 출현하게 된 것이다. 그 후 분열정부는 모든 대통령의 임기 중에 나타나게 되었으며, 제13대 국회 이후 제17대에 이르기까지 모든 국회의 임기중에 한차례 이상 반복적으로 나타났다.[28]

최초의 분열정부는 1990년 노태우 대통령의 3당합당을 통해서 여대야소의 통합정부로 복귀하였으나, 그 뒤를 이은 김영삼 대통령의 신한국당도 임기 후반에 실시된 1996년 4월의 제15대 총선에서 과반수에 11석이 모자라는 139석을 얻어 야당이 지배하는 의회를 상대해야 하는 어려움에 처하게 되었다. 총선 직후 신한국당은 여소야대의 상황을 벗어나기 위해 무소속의원 7명과 민주당 의원 3명, 자민련 의원 1명을 포함한 총 11명의 의원을 신한국당에 입당시켜 여대야소의 구도로 개편하였다.[29]

또한 1998년 2월 취임한 김대중 대통령은 국회 내에서 단지 26%의 의석을 가진 제2당(국민회의) 출신이었기 때문에 집권당은 선거연합을 형성했던 자민련의 의석을 합치더라도 42%에 그치는 분열정부로 출발할 수밖에 없었다.

노무현 대통령도 2003년 2월 여소야대 하에서 취임하였으나 2004년 4월 제17대 총선 결과 집권당이 과반수 의석을 확보하여 여대야소의 '통합정부' 또는 '단점정부'(unified government) 정국 속에서 대통령은 여당이 장악한 국회의 협력을 구할 수 있게 되었다. 이것은 노무현 정부 출범당시 여소야대 속에서 국정운영의 불안정과 비효율성이 나타난 데에다 한나라당과 민주당의 공조에 의한 대통령탄핵소추 의결은 야당이 장악하는 국회에 대한 국민의 불신을 가져와 제17대 총선을 통해 여당에게 새로운 기회를 부여한 것으로 해석될 수 있다.[30]

---

28 장훈, 한국 대통령제의 불안정성의 기원: 분점정부의 제도적, 사회적, 정치적 기원,「한국정치학회보」제35집 4호, 2001, 110면.

29 당시 대통령과 여당의 이러한 인위적인 정계개편에 의한 의석수의 조작행위에 대하여 그 행위가 유권자의 국회구성권을 침해하고 나아가 헌법상 국민주권의 원리와 복수정당제도를 근본적으로 훼손하는 것이라고 하여 헌법소원이 청구되었으나, 헌법재판소는 청구인의 주장에 대해 각하결정을 내린 바 있다. 헌재 1998. 10. 29. 96헌마186.

30 윤종빈,「한국의 선거와 민주주의」, 집문당, 2007, 20면.

2007년 12월 제17대 대통령선거에서 당선된 한나라당의 이명박 대통령도 2008년 2월 25일 여소야대 하에서 취임하였으나, 동년 4월 실시된 18대 총선결과 한나라당이 152석을 획득하여 다시 여대야소의 국회구도가 결정되었다.

이러한 한국헌정사에 있어서 여소야대에 의한 분열정부의 전개과정은 분열정부가 더 이상 예외적인 현상이 아니라 일상적이고 보편적인 현상으로 자리잡게 되었음을 말해주는 것이다.

2. 분열정부현상의 요인

미국의 경우 분열정부출현의 요인에 관한 방대한 연구가 진행되어 왔으며 그 주된 요인으로는 유권자의 분리투표의 성향이라든지 민주당의 장기적인 의회장악과 공화당의 행정부 장악 등으로 설명되고 있으나, 이러한 미국에서의 분열정부의 요인을 한국의 경우에도 그대로 적용하여 설명하기는 어렵다고 본다. 왜냐하면 정당체계의 구조, 정당의 기율, 의회와 대통령의 선거주기, 사회적 균열구조의 성격 등에 있어서 커다란 차이를 보이고 있는 미국과 한국의 정치에 있어서 동일한 기준과 요인이 적용될 수 없기 때문이다.[31] 한국에서 분열정부 출현의 요인분석에 관한 최근의 정치학자들의 연구에 의하면 다음과 같이 요약될 수 있다.

(1) 다당제와 대통령제의 결합

일반적으로 양당제보다는 다당제 하에서 분열정부의 출현 가능성이 높다고 할 수 있으며 한국정치에 있어서 다당제와 대통령제의 결합은 분열정부를 출현시키는 결정적인 요인이 되고 있다. 1988년부터 2000년까지의 네 차례에 걸친 국회의원선거결과를 분석해 보면 과반수 의석을 차지한 정당은 단 한 차례도 나타나지 않았던 반면에 집권당과 과반수 연합을 형성할 수 있는 잠재력을 가진 정당은 집권당을 제외하고도 둘 또는 셋으로 유지되었다. 이러한 온건다당제는, 일반적으로 단순다수제의 선거제도를 채택하는 경우 양당제의 경향이 강하다는 정치학계의 일반론과는 거리가 먼 것으로, 한국정치의 특징적 요소라 할 수 있다. 한국에서의 이러한 다당제의 원인은 '사회적 균열구조'의 복잡한 형태에서 찾을 수 있다는 분석이 설득력을 얻고 있다. 우리 사회에서 민주화 이후 선거정치를 지배해 온 사회적 균열구조는 지역주의를 바탕으로 하고 있으며, 이 지역적 균열구조는 한국사회를 양분하는 이분법적 구조가 아니라 셋 이상으로 가르는 어느 정도 '분절화된

31 장훈, 전게논문, 109면.

구조'를 유지해 왔다는 점이 특색이다. 이러한 지역적 균열구조는 선거과정에서도 뚜렷하게 영향을 미치게 되어 영남, 호남, 충청의 세 지역은 독자적인 정치적 대표로서의 정당을 구성하게 되었고 이들 정당들은 근거지역에서 압도적인 지지를 바탕으로 정치적 대표를 지속적으로 유지하게 되었다.[32]

한국의 온건 다당제 등장의 두 번째 요인으로는 선거주기의 문제를 들 수 있다. 정당의 수는 사회적 균열구조나 선거제도의 성격뿐만 아니라 대통령과 국회의원 선거의 선거주기(electoral cycle)에 의해 적지 않은 영향을 받는다는 것은 이미 기존의 연구들에 의해 밝혀져 왔다. 즉 국회의원과 대통령의 동시선거는 정당의 수를 줄이는 효과가 있다는 점이 밝혀져 왔으며, 한국과 같은 대통령과 국회의원의 비동시선거에서는 정당의 수를 줄이는 효과가 거의 나타나지 않는다는 점이 경험적으로 입증되고 있다는 것이다.

(2) 대통령선거의 제도와 운용상의 문제점

대통령제와 온건다당제에 의한 분열정부의 출현의 또 다른 중대한 요인은 대통령선거에서 선거연합의 회피에 있다는 분석이 있다. 즉 온건다당제가 지배적인 형태로 굳어져서 대통령 소속당이 독자적으로 다수의석을 차지할 가능성이 낮다고 하더라도 대통령선거에서 정당간의 선거연합이 활발하게 이루어지고 또한 이 연합이 임기중에 유지된다면 분열정부의 출현 가능성은 현저히 낮아진다고 할 수 있다. 그러나 지난 10여 년간 선거과정에서 정당간의 선거연합은 활발하게 이루어지지 않았다는 것이다. 일반적으로 단순다수제 대통령선거제제는 정당들간의 선거연합을 유도하고 그에 따라 흔히 양자대결로 대통령후보의 수를 축소하는 경향이 있다고 알려져 있으나, 한국의 대통령선거는 그와 같은 효과가 충분하게 나타나기보다는 오히려 여러 정당의 후보들이 펼치는 다자대결의 구도로 진행되어 왔다. 이와 같이 정당간의 선거연합이 이루어지지 않는 다자대결 구도의 선거는 분열정부의 요인이 된다고 본다.[33]

요컨대 우리나라에서의 분열정부출현의 원인은 일반적으로 지역주의에 의한 다당제적 정당체계에서 찾을 수 있으며, 보다 근본적으로는 단순다수제 대통령선거제도에서 그 원인을 찾을 수 있다. 다당제와 단순다수제 하에서는 과반수 득표의 승자가 나타나기 어

---

32 장훈, 전게논문, 112-116면.

33 장훈교수는 선거연합의 형성을 막는 주된 요인으로는 심각한 지역균열구조에 기초한 지역간의 거리감과 유권자의 취약한 '전략적 투표'(strategic voting)의 성향에서 찾을 수 있다고 한다. 즉 자신이 지지하는 후보의 당선가능성이 낮을 때에는 그를 지지하여 자신의 표를 사표로 만들기 보다는 차선으로 지지하는 후보에게 투표하는 전략투표가 서구의 유권자들에게는 흔히 발견되지만 우리나라 유권자들에게는 잘 나타나지 않고 있다고 한다. 장훈, 전게논문, 121면.

렵기 때문에 분열정부의 생성이 용이하게 된다고 할 수 있다.[34]

3. 분열정부에 대한 학계의 입장

분열정부현상에 대한 국내 학계의 입장은 부정적 견해가 지배적이다. 정치학자들은 한국의 대통령제의 문제점을 분열정부의 출현에서 찾는 것이 일반적이라고 할 수 있다. 현행 대통령제를 운영하는 데 있어 직면하고 있는 가장 심각한 문제는 민주화 이후 대통령의 소속 정당이 국회의 소수당이 되는 분점정부의 경우가 빈발하게 되면서 대화와 설득을 통해 타협을 이루어 내는 정치적 관행이 정착되지 못한 상황에서 국회와 대통령 또는 행정부 간의 대립이 심화되고 국정운영의 교착상태가 장기간 지속되는 일이 반복되고 있다는 점을 지적하고 있다.[35] 분열정부 하에서 국회는 본연의 역할과 기능을 수행하지 못하고 행정부와 균형을 취하기보다는 행정부에 대한 비생산적 견제가 과도하게 이루어지고 있으며, 의회와 행정부간의 견제와 균형을 통하여 원활한 국정운영을 위한 상호 협력체계 구축에 실패하고 의회와 행정부 간의 '정체와 교착'(immobilism and deadlock)이 반복적으로 나타나고 있음을 강조하고 있다.[36]

다시 말하면 한국 대통령제의 문제점의 하나로 대통령과 행정부의 '통치력(governability) 약화'를 들고 이 통치력의 약화의 원인을 분열정부에서 찾는 것이 지배적이다. 즉 분열정부 하에서는 정국운영과 관련하여 대통령도 의회도 주도권을 갖지 못한 채 두 기구의 대결로 정국의 교착과 파행이 지속되곤 했으며 이는 정치적 리더십의 약화로 이어져 정책의 추진력이 약화되는 문제점을 낳고 있다고 지적한다.[37] 그리고 한국의 분열정부의 문제점은 그 분열정부상황을 극복할 수 있는 장치가 마련되어 있지 않다는 것을 지적하고 정국의 파행과 대결이 상황을 더욱 악화시키는 악순환을 계속하게 된다고 보고 있다.[38]

분열정부에 대한 이러한 부정적 시각에 대하여 일부 학자들에 의한 반론도 제기되고 있다. 즉 분열정부가 정국의 교착과 마비를 가져온다는 주장에 근본적 회의를 제기하면서, 실제 분열정부 상황에서 대치정국이 존재한 것은 사실이지만 극단적인 대립상황은 통합정부의 경우가 더 많았다고 주장한다. 그리고 분열정부가 입법과정에 영향을 미치지만 그 영향이 국정운영을 좌우할 만큼 압도적인 것은 아니며, 중요법안의 상당수가 분열정부

34 강원택, 한국 대통령제의 문제점과 제도적 대안에 대한 검토, 진영재 편, 「한국권력구조의 이해」, 나남출판, 2004, 334면.
35 정진민, 한국 대통령제의 문제점과 극복 방안, 진영재 편, 전게서, 226면.
36 정진민, 전게논문, 228면.
37 강원택, 전게논문, 333면.
38 강원택, 전게논문, 334면.

상황에서 가결되었다는 것은 분열정부하에서 집권당과 반대당간의 협상이 활발했다는 것을 의미하고 오히려 통합정부에서 개혁입법조치가 후퇴하는 것을 볼 수 있다고 분석하고 있다.[39]

4. 분열정부에 대한 부정적 시각의 문제성

(1) 국정운영의 효율성과 안정성에 대한 편향적 사고

한국의 대통령제 중심의 권력구조에 있어서 분열정부 또는 여소야대현상에 대한 학계의 일반적 평가는 부정적 시각이 지배적이라고 할 수 있다. 분열정부는 의회와 행정부간의 경직성과 대립관계 속에 정국의 교착상태와 마비를 가져오고 이는 대통령의 지도력을 발휘할 수 없게 하여 국정운영의 비효율성을 초래한다는 지적이 일반적이다. 그러나 이러한 부정적 입장은 분열정부의 반대개념인 통합정부 또는 여대야소의 장점적 측면과 비교하여 나타나는 분열정부의 단점만을 부각시키는 것으로, 통합정부에 대한 일면적 타당성만을 강조하는 것이라 할 수 있다. 이는 분열정부가 통합정부에 비해 "왜, 얼마나 부정적인지 구체적인 근거를 제시하지 않은 채 피상적 관찰(impression)에 의존하여 분열정부를 부정적인 것, 극복해야 할 대상으로 간주한다는 것"을 의미한다.[40]

분열정부에 대한 부정적 시각은 대통령의 통치권행사 내지 지도력의 관점에 치우쳐서 이해하는 것으로, 대통령과 대립적 관계에서 권력적 균형을 유지하는 의회의 입장에서 분열정부를 이해하려는 사고가 결여되어 있다고 할 수 있다. 분열정부에 대한 올바른 이해는 의회와 대통령간의 권력관계를 정당정치의 현실과의 결합관계 속에서 체계적이고 종합적으로 파악해야 하는 문제라고 볼 때 대통령중심의 행정의 효율성과 편의성 및 정치적 안정성의 관점에 편향된 분열정부의 분석은 재고되어야 할 것이다.

(2) 의회의 행정통제기능에 대한 소극적 평가

위와 같은 맥락에서 볼 때 분열정부에 대한 부정적 견해는 분열정부의 폐해와 역기능을 강조한 나머지 분열정부의 순기능을 간과하고 있는 것이 문제이다. 본래 대통령제는 이원적 민주적 정당성에 기초한 의회와 행정부 간의 분리 독립과 분리된 권력 상호간의 '견제와 균형'(checks and balances)을 기본원리로 하는 정부형태이다.[41] 여기서 대통령제의 핵심적 개념요소를 의미하는 '견제와 균형'의 원리에 입각한 의회의 행정통제권한은 오늘

39 오승용, 한국분점정부의 입법과정 분석: 13대-16대 국회를 중심으로, 「한국정치학회보」38집 제1호, 181면.
40 오승용, 전개논문, 168면.
41 Matthew S. Shugart & John M. Carey, op. cit.,, pp.18-19.

날 정당을 통한 권력의 집중과 통합이 이루어지기 쉬운 정당제 민주주의의 현실에 있어서는 분열정부의 경우에 보다 더 실질적으로 행사될 수 있으며, 그에 따라 대통령의 독재화나 제왕적 대통령제로의 변질을 막을 수 있는 것이다. 우리나라에 있어서 정치적 민주화 이후 분열정부의 일상적 출현으로 인하여 과거와 같은 제왕적 대통령제의 운용은 거의 찾아볼 수 없게 된 것도 바로 그러한 이유 때문이라고 할 수 있다.[42]

헌법상 권력분립과 견제와 균형의 원리에 입각한 국회의 행정통제권은 여대야소의 경우에는 형식적인 권한의 행사에 그치게 되고 헌법상의 장식물에 불과하게 된다. 과거 집권당이 의회의 절대 다수의석을 차지했던 시기에 소수당의 야당은 행정부를 전혀 통제할 수 없었고 국회가 '행정부의 시녀'로 전락하는 경우도 적지 않았으며, 권력의 집중에 의한 대통령의 독재화가 항시 문제되었던 것이다.

반면에 여소야대의 분열정부 하에서는 국회의 국정조사권이 실질적인 행정통제의 수단으로 작동되고 고위 공직자에 대한 탄핵소추권도 헌법상의 장식물이 아니라 실제로 강력하고 효과적인 국정통제수단이 되는 것이다. 또한 대통령과 정부는 주요 입법과 정책결정에 있어서 항시 국회와 야당을 존중하고 대화와 토론을 통한 타협의 정치력을 발휘하지 않으면 안 된다.

따라서 분열정부현상에 대하여는 오늘날의 정당제 민주주의 하에서 대통령제원리에 기초한 의회의 행정통제기능을 충실히 발휘할 수 있는 긍정적 요소가 있음을 인식해야 할 것이며 분열정부의 부정적 측면만을 강조하여 그 긍정적 측면을 간과하거나 부정하는 입장은 타당하다고 할 수 없다.

(3) 분열정부 극복방안의 한계성

분열정부에 대한 부정적 시각을 보이는 입장에서는 분열정부로 인한 의회와 행정부의 대립과 정국의 교착상태 등의 문제점을 극복하기 위한 방안으로 의회선거와 대통령선거의 주기를 일치시키고 대통령과 국회의 임기를 동일하게 하는 것 등을 일반적으로 거론하고 있으나 이러한 방안들은 분열정부의 문제점을 근본적으로 해결할 수 있는 방안이 되지 못한다고 할 수 있다. 대통령과 국회의원의 동시선거가 분리선거의 경우보다 통합정부를 구성할 가능성이 높다고 할 수 있으나,[43] 동시선거의 경우에도 유권자의 의도적인 견

---

42 한국의 대통령제가 권위주의적 제왕적 대통령제에서 민주적 대통령제로 전환될 수 있는 계기가 마련된 것은 분열정부의 출현뿐만 아니라 민주화과정에서 정당개혁을 통한 당총재직의 폐지, 대통령후보와 당대표의 분리 등에 의해 대통령의 권력이 축소되고 있기 때문이라는 분석도 있다. 정진민, 「한국의 정당정치와 대통령제 민주주의」, 인간사랑, 2008, 196-197면.

43 이 점에 관하여는 정태호, 대통령 임기제 개헌의 필요성과 정당성, 헌법학연구 제13권 제1호, 2007, 35면.

제심리와 투표행태는 분열정부의 구도를 쉽게 만들 수 있으며, 실제로 미국의 경우 대통령선거와 연방하원의 동시선거에 분열정부현상이 나타나는 경우가 적지 않음을 볼 수 있다.[44]

오히려 분열정부 하에서도 미국의 의회 의원들은 소속정당의 기율에 엄격히 구속되지 않고 자유로운 입장에서 교차투표(cross－voting)가 보장되기 때문에 분열정부라고 해서 항상 의회와 정부 간의 교착상태나 대립적 긴장관계에 놓이는 것은 아니며, 국가이익을 우선한 정책적 판단에 따라 여야간에 협력관계가 이루어질 수 있는 것이다. 즉 분열정부 상황이라고 해서 정부의 마비와 무능력, 비효율이 항시 초래되는 것은 아니며, 분열정부 하에서도 성공적인 정책산출이 순조롭게 이루어지고 정부의 통치력이 유지될 수도 있는 것이다.[45]

Ⅳ. 분열정부에 대한 헌법적 검토

1. 현행 헌법상 통치구조의 원리와 분열정부

(1) 권력분립원리와 분열정부

헌법상 대통령제 정부형태의 기본원리는 엄격한 권력분립원리에 기초한 의회와 행정부간의 상호독립 및 입법권과 행정권간의 견제와 균형의 원리를 본질로 하는 것이므로 대통령제와 정당정치의 결합에 있어서 분열정부의 출현은 당연한 것으로 간주될 수 있다. 한국의 정치현실에 있어서 분열정부의 출현이 1980년대 후반부터 민주화과정 속에서 처음 출현하게 됨에 따라 이 분열정부정국에 쉽게 적응하지 못한 정치권, 특히 여당과 정부는 분열정부를 부정적 개념으로 이해하고 극복되어야 할 대상으로 인식해 온 점이 문제라고 할 수 있다.

2원적 민주적 정당성에 기초한 의회와 대통령간의 권력적 통제와 균형은 오늘날의 정당국가에 있어서는 서로 다른 정당이 의회와 행정부를 장악할 때 헌법상의 권력통제기능이 실질적이고 효과적으로 발휘될 수 있는 것이므로 대통령제와 정당정치의 결합관계에 있어서 분열정부의 출현은 대통령제의 헌법정신에 충실하고 대통령제의 이념형에 근

44 1948년부터 2000년까지의 52년간 13회의 대통령선거와 의회의 동시선거 중 54%에 해당하는 7회의 선거결과 분열정부가 출현하였고, 중간선거의 경우에는 70%가 분열정부에 해당하였다. Alan Ware, Divided Government in the United States, Robert Elgie ed., Divided Government in Comparative Perspective, p.22.

45 최명·백창재, 「현대 미국정치의 이해」, 서울대학교 출판부, 2001, 242면.

접한 정부로 해석될 수 있다고 하겠다.46

대통령제를 탄생시킨 미국헌법의 제정자자들은 의회로부터 독립한 강력한 행정부(strong and independent executive)의 구성을 전제로 행정부의 안정성과 효율성을 기대하면서도 동시에 의회와의 대등한 권력관계에서 상호 견제를 이루는 이른바 몽테스키외의 '균형정부'(balanced government)의 형성을 헌법의 기본정신으로 하였던 것이다.47 미국 헌정사에 있어 수많은 분열정부가 출현했음에도 불구하고 커다란 문제없이 헌정체계가 유지되고 있는 것도 분열정부가 대통령제의 헌법정신에 부합되기 때문이라고 볼 수 있다.

과거 우리의 헌정사를 돌이켜 볼 때 권위주의통치와 제왕적 대통령제의 운용은 헌법상 대통령제의 기반을 이루고 있는 권력분립원리가 제대로 작동하지 못하고 형식적 명목적 권력분립원리에 머물렀기 때문이다. 정당을 매개로 한 입법권과 행정권의 통합 내지 집권당에의 권력의 집중은 권력분립에 입각한 대통령제가 제왕적 대통령제로의 변질을 초래한 바 있음은 말할 것도 없다. 대통령제 정부형태의 헌법정신에 따른 대통령제의 운용은 동일 정당에 의한 통합정부의 경우보다 분열정부의 경우에 그 실질적 운용을 기대할 수 있다. 이렇게 볼 때 현행 대통령제에 있어서 분열정부현상을 기피와 극복의 대상으로 인식하는 태도는 대통령제의 본질에 대한 몰이해에서 비롯된 것이라 하지 않을 수 없다.48

대통령제의 제도적 단점으로 볼 수 있는 의회와 행정부간의 대립과 갈등이 분열정부하에서는 더욱 두드러지게 나타나 정국의 교착상태와 국정운영의 마비를 가져온다는 관점에서 분열정부를 극복의 대상으로 보는 입장은 분열정부의 순기능과 기회의 요소를 간과하고 있는 것이다. 분열정부의 출현은 오히려 의회와 행정부를 서로 다른 정당이 분점함으로써 양당간에 국민의 신임을 얻기 위해 경쟁관계를 조장하게 되는 긍정적인 효과를 가져올 수 있는 기회의 측면이 강하다고 할 수 있다.49 미국의 경우에도 분열정부를 긍정적으로 평가하는 입장은 분열정부가 미국의 헌법정신에 부합되며 엄격한 권력분립에 입각한 정당간의 경쟁을 촉진하게 된다는 점을 강조하고 있음은 전술한 바와 같다.

다시 말하면 대통령제에 있어서 의회와 행정부의 상호견제(mutual checks)는 정권위기

---

46 오승용, 전게논문, 170면.

47 Clinton Rossiter, The American Presidency, 2nd ed., 1960, pp.75-76.

48 동지: 오승용, 전게논문, 168면.

49 이와 관련한 미국의 사례로는 1986년 조세개혁법(Tax Reform Act) 제정을 들 수 있다. 당시 공화당의 레이건 대통령은 조세개혁법 입법과정에서 제한적인 역할만을 수행했고 의회의 지지를 동원하지도 않았다. 조세개혁법은 민주당의 압력이나 공화당의 주도에 의해서 이루어진 것이 아니라 양당의원들의 국민에 대한 신임경쟁에 의해 입안된 것이었다. 당시 조세개혁법의 제정은 권력을 분점한 양당간에 경쟁을 조장함으로써 긍정적인 효과를 가져온 중요한 사례로 꼽히고 있다. 오승용, 전게논문, 171면에서 재인용.

를 초래하는 교착상태를 가져오는 것이 아니라 오히려 국정운영의 수준을 높일 수 있는 장점적 요소로 보는 입장[50]에서는 분열정부는 이러한 상호견제를 더욱 촉진시키는 것이므로 긍정적인 관점에서 평가될 수 있다. 한국 헌정사에 있어 여소야대에 의한 분열정부의 출현은 새로운 정국운영의 틀을 요구하게 되었음을 의미한다. 즉 야당을 하나의 장식품으로 생각하던 여야관계가 진정한 협상의 대상으로 평가되게 되었으며, 대통령을 정점으로 하는 행정조직에 의하여 일사분란하게 운영되던 정국이 야당이 반대하는 경우 국정운영의 정체를 가져오기 때문에 상당기간의 협상을 통해 이를 해결하지 않으면 안 되게 되었다.[51] 이러한 현상은 국정의 비효율성의 관점에서 볼 것이 아니라 권력분립의 정신에 입각한 견제와 균형의 문제로서 긍정적으로 평가되어야 할 것이다.

(2) 의회주의 원리와 분열정부

헌법상 의회주의를 중심으로 하는 대의제민주주의는 강제위임금지(자유위임)에 입각한 국민대표의 원리와 다수결의 원리 등을 기본원리로 하고 있다. 우선 국민의 대표자로서 국회의원은 그를 선출한 유권자나 국민 일부의 이익의 대표가 아니라 국민 전체의 이익의 대표로서 선출된 것을 의미하며, 또한 의원은 선거인으로부터 독립된 법적 지위를 갖는다. 의원은 법적으로 선거인의 명령이나 지시에 구속되지 않고 법적 책임을 추궁당하거나 파면되지 않으며, 소속정당이나 기타 단체의 방침에도 구속당하지 아니한다.[52]

그러나 이러한 강제위임금지 내지 자유위임은 오늘날 어느 정도의 유권자에 대한 의원의 기속을 사실상 부정할 수 없다고 할 것이다. 자유위임에 기초하여 유권자에 대한 의원의 법적 무책임의 지위를 긍정하면서도 실제로 의원은 유권자에 대한 정치적 책임을 면하기 어렵다. 즉 오늘날의 의회주의 하에서는 유권자에 의한 구체적이고 가시적인 명령적 위임이 금지되고 있다고 하더라도, 의원은 유권자의 추상적·일반적 위임에 사실상 구속되고 있다고 할 수 있다. 따라서 의원은 여론을 반영할 의무가 있으며 의회는 국민의 여론을 존중해야 한다.[53] 또한 현대의 정당국가적 민주주의에 있어서 자유위임의 원칙은 상당히 변질되는 경향을 보이게 된다. 의원은 소속 정당의 구성원으로서 현실적으로 당의 강령과 방침에 구속되고 당의에 의한 강제를 받게 됨에 따라 자유위임에 위배되는 문제가 있다. 더욱이 정당정치의 현실에 있어서 여소야대의 분열정부가 출현하는 경우에 이를 극

---

50 Shugart & Carey, op. cit., p.48.

51 이승우, 헌법개정의 필요성과 그에 따른 헌법개정의 방향, 한국비교공법학회 제41회 발표회「공법의 현안과제에 대한 검토」, 2007.3. 35면.

52 정만희, 전게서(주1), 22-23면.

53 김철수,「헌법학개론」, 박영사, 2005, 1058면.

복하기 위하여 정당소속 의원들의 의사에 반하는 인위적 정계개편을 시도하는 것은 자유위임의 원칙과의 관계에서 문제가 제기될 수 있다.

그리고 의회가 국민의 의사를 올바르게 반영하고 입법기능과 행정통제의 역할을 수행하기 위해서는 그 회의체로서의 의사결정이 민주적이고 적정하게 행해지지 않으면 안된다. 이에 관한 의회의 의사결정의 원리로는 심의의 원리 또는 토론의 자유, 의사공개의 원칙, 다수결원칙 등을 들 수 있다. 의회정치를 '토론에 의한 통치'(government by discussion)라고 일컫는 바와 같이 의사과정에 있어서 심의의 원리 또는 의안토론의 자유는 의회정치의 중핵을 의미하며, 이 원리는 필연적으로 의사공개의 원칙을 요청하게 된다.

다수결의 원리는 의안심의의 자유와 불가분의 관계에서 이해될 수 있다. 다수결은 토론의 자유의 존중을 전제로 비로소 정당화될 수 있는 것이며, 따라서 이성적이고 논리적인 토론을 결여한 다수결방법은 다수파의 독재를 의미할 뿐이다. 다수결의 본질적 요소인 토론은 이성에 의한 대화와 설득을 의미하며 이러한 이성적 토론은 소수의사의 존중을 전제로 함은 물론이다. 요컨대 다수결원리는 자유로운 공개토론과 타협을 통한 의사통합의 기능을 수행하는 것이므로 반대의사를 무시하거나 양보와 타협이 인정되지 않는 힘에 의한 다수결은 곧 '다수의 폭정'(tyranny of majority)을 의미할 뿐이다.[54]

위와 같은 의회주의의 원리는 선거결과 나타나는 분열정부의 정국에서도 존중되어야 하며, 분열정부하에서의 여야간의 갈등과 대립은 의회주의의 원리가 제대로 작동하고 기능을 발휘할 때 극복될 수 있는 문제라 할 수 있다. 여소야대의 대립구도에서도 여당과 야당 또는 행정부와 의회는 이성적 토론과 타협, 양보와 설득을 통해 합의를 도출해 내도록 최선을 다해야 하는 것이 요청된다. 행정부를 장악한 집권당이 의회의석의 과반수를 점하지 못한 경우에는 그 집권당은 의회의 다수파인 야당을 존중하면서 대화와 협상에 임해야 하며, 의회권력을 장악하고 있는 야당도 의회주의정신에 입각하여 여당의 입장을 예우하고 정파를 초월하여 국가이익을 우선하는 자세로 토론에 참여해야 한다. 이 점에 관하여 우리 헌법이 제46조 제2항에 "국회의원은 국가이익을 우선하여 양심에 따라 직무를 행한다"라고 규정하고 있는 바와 같이, 아무리 정당국가적 민주주의의 현실에서 의원이 소속정당에 기속되고 있다고 하더라도 의원들은 정파간의 이해관계를 떠나 국가이익을 우선한 정책결정에의 참여가 요구되며, 따라서 의회의 표결과정에 의원들의 소신 있는 자유투표 내지 교차투표(cross-voting)가 보장되어야 한다.[55] 이러한 의원의 헌법상 의무에

54 정만희, 전게서, 26-27면.

55 2002. 3. 7. 개정된 국회법은 제114조의2를 신설하여 "의원은 국민의 대표자로서 소속정당의 의사에 기속되지 아니하고 양심에 따라 투표한다"라고 규정하여 자유투표의 원칙을 명문화하고 있다.

충실한 원내활동과 의회주의의 활성화는 분열정부 하에서도 정국의 교착과 정체를 막고 여야간의 상호 견제와 균형 속에서 원활한 국정운영을 기대할 수 있게 된다.

이 점에서 볼 때 분열정부에 대한 부정적 시각에 따른 의회주의의 운용에 있어서의 소극적 태도와 이 분열정부를 극복하기 위한 인위적 정계개편의 시도는 의회주의정신에 반하는 것으로 배척되어야 한다.

(3) 대통령의 헌법상 지위와 분열정부

분열정부의 출현으로 인한 의회와 행정부간의 갈등과 대결구도를 극복할 수 있는 방안에 관한 논의에 있어서는 대통령의 역할과 지도력이 강조되고 있다. 헌법상 대통령은 국가원수로서의 지위와 행정권의 수반으로서의 지위(헌법 제66조 제1항, 제4항)를 가지고 있다. 특히 현행 헌법상 국가원수로서의 대통령은 대외적으로 국가를 대표하는 지위와 헌법의 수호자로서의 지위뿐만 아니라, 국정의 통합·조정자로서의 지위에서 대통령의 헌법상의 권한들을 행사한다. 즉 대통령은 헌법개정안 제안권(제128조 제1항), 국가안위에 관한 중요정책의 국민투표부의권(제72조), 국회임시회의 집회요구권(제47조 제1항), 국회에의 출석·발언 및 서한에 의한 의견표시권(제81조), 법률안제출권(제52조), 사형·감형 및 복권에 관한 권한(제79조) 등의 행사를 통해 국정의 통합 조정자로서의 역할을 수행하게 된다. 즉 대통령은 국민의 의사를 통합하고, 3권을 초월하여 국가권력을 유기적으로 통합하고 조정하는 지위를 갖는다.[56] 또한 대통령은 법률안제출권과 법률안거부권 등의 행사를 통해 실질적인 '최고입법자'로서의 지위를 갖는다고 할 수 있다.[57]

이와 같은 대통령의 헌법상의 지위에서 인정되는 국정의 통합 조정기능과 실질적 입법기능은 분열정부의 정치상황에서 더욱 강하게 요청된다고 할 수 있다. 국민적 관심사가 되고 있는 주요 정책결정과 입법과정에 있어서 여야간의 대립이나 의회와 정부간의 갈등과 충돌은 국정의 통합·조정자로서의 대통령의 지도력에 의해 상당부분 조정하고 해결할 수 있다고 본다.

미국의 경우를 보더라도 대통령의 역할은 의회의 의사결정에 영향을 미치는 주요한 요인의 하나가 되고 있다. 의회와 행정부가 대립되는 분열정부상황이거나 그렇지 않은 통합정부의 경우에 있어서 대통령은 '최고입법자'(chief legislator)로서 입법과정에 결정적인 역할을 수행한다고 할 수 있다.[58] 본래 미국의 정당정치는 소속의원에 대한 정당의 기율

---

56 권영성, 「헌법학원론」, 법문사, 2008, 956면.
57 이 점에 관하여는 정진민, 전게서, 234면.
58 Clinton Rossiter, op. cit., p.23.

이 약하고, 의회에서의 정당결속의 결여(lack of party cohesion)[59] 때문에 집권당 소속 의원들이 항상 대통령의 정책을 지지하는 것은 아니며, 또한 야당의원들이 소속정당이 다르다고 해서 무조건 대통령의 정책에 반대하는 행태도 흔하지 않는 것이 특징이다. 따라서 대통령은 정부의 정책에 관한 입법을 일관되게 추진하기 위해서 우선 여론에 호소함으로써 의원들이 자신의 입장을 지지하도록 압박을 가할 수 있으며, 대통령이 언론매체를 통해 국민을 설득시켜 대중적 지지를 얻게 되면 정당적 대립을 이유로 야당의원들이 대통령의 정책을 반대하는 행위는 정치적으로 큰 부담이 될 수밖에 없다.[60] 말하자면 미국의 대통령은 국민적 지지를 기반으로 한 강력한 리더십을 발휘하여 여야의원들과의 대화와 협상을 통해 정부정책의 지지와 협력을 이끌어내게 되는 것이다.

2. 분열정부의 인위적 개편의 위헌성문제

(1) 분열정부 하에서 인위적 정계개편의 경험

우리나라의 경우 분열정부를 극복하기 위한 방안으로는 각 시기에 따라 다른 형태로 나타나기도 하였지만 주로 인위적 정계개편을 통한 다수당의 창출과 통합정부의 탄생으로 대표된다. 노태우 대통령은 제13대 총선이후 지속되었던 125석(41.8%)의 여소야대라는 분열정부 상황을 1990년 1월 민주정의당, 통일민주당, 신민주공화당 3당을 합당함으로써 216석(72.7%)의 민주자유당을 창당하여 해결하였다. 이러한 방식은 김영삼 대통령의 시기에도 그대로 전수되어 1996년 제15대 총선에서 여당인 신한국당이 국회의석 과반수에 못미치는 139석(43.5%)을 획득하게 되자, 김영삼 대통령은 총선이 끝나자마자 불과 10여일만에 무소속의원들을 신한국당에 입당시켜 157석(52.5%)의 여대야소를 만들었다.

김대중 대통령은 선거과정에서 김종필과의 이른바 'DJP연대' 하에 당선되었기 때문에 분열정부 상황을 국민회의(101석)와 자민련(52석)의 공조체제를 통해 극복하려고 시도하였다. 그러나 김대중 대통령 정부 출범초기 김종필 총리서리임명으로 인한 여야간의 갈등과 대치정국은 원활한 국정운영을 기대할 수 없었다. 이와 같은 한국헌정사에 반복적으로 나타난 바 있는 인위적 정계개편을 통한 여대야소의 창출은 정치사회 내외에서 반대와 저항을 초래하였다.[61]

그후 노무현 대통령의 시기에는 위와 같은 인위적 정계개편을 시도하지 않고 국민대중에게 다가가는 방식으로 분열정부 상황을 극복하려고 한 것이 특징이다. 이러한 대중

59 앞의 C.C.S. Report,(주19) p.6.
60 최명· 백창재, 전게서, 349면.
61 이준한, 노무현 대통령 시기의 대통령과 국회 관계, 「의정연구」 제10권 제1호, 2004, 102면.

에 다가가는 파퓰리즘 정치에 대해서는 비판의 소리도 컸으나, 2004년 17대 총선에서는 여당이 152석(50.8%)을 획득하여 분열정부 상황에서 벗어날 수 있었다.

아무튼 한국에서의 분열정부 극복의 핵심적 방안으로 시도되어온 인위적 정계개편은 야당으로부터의 거센 반발을 샀으며 그 결과 정국의 교착상태와 대결구도를 피할 수 없었다. 정당의 기율이 강한 한국의 정당정치는 대화와 타협을 통하여 협력과 공존을 모색하기 보다는 대통령의 의지에 따라 분열정부를 회피하기 위한 파행적이고 인위적인 정계개편의 시도는 여당과 야당간의 대립과 갈등을 더욱 심화시키고 의회와 행정부 사이의 대립과 긴장관계를 고착화하게 만들었다.[62]

(2) 인위적 정계개편의 위헌성여부

(가) 헌법재판소의 소극적 입장

국회의원선거 결과 출현된 여소야대를 극복하기 위해 야당의원과 무소속의원들을 집권당에 입당시키는 여야의석의 인위적 조작행위에 대하여는 위헌성의 문제가 제기될 수 있다. 실제로 1996. 4. 제15대 총선결과 집권당인 신한국당이 139석을 얻는데 그치자 선거 직후 대통령이 여야 의석분포의 인위적 조작행위를 통해 여대야소로 정계개편을 행한 것에 대해 국민의 국회구성권 침해를 이유로 헌법소원이 청구된 바 있다.[63] 이 사건에서 청구인들의 주장은 다음과 같이 요약될 수 있다.

“우리 헌법은 국민주권주의를 채택하고 있고, 국민주권주의는 국민의 직접선거에 의한 정부선택권(헌법 제67조 제1항), 국민의 직접선거에 의한 국회구성권(헌법 제41조 제1항) 등으로 구체화되고 있는바, 헌법 제41조 제1항의 “국회는 국민의 보통·평등·직접·비밀선거에 의하여 선출된 국회의원으로 구성한다”라는 규정은 단순히 국회의원을 국민의 직접선거에 의하여 선출한다는 의미를 넘어 국민의 직접선거에 의하여 국회의 정당간(무소속 포함)의 의석분포, 즉 국회의 구도를 결정하는 권리까지 포함하는 의미라고 할 것이다. 따라서 대통령인 피청구인이 공권력을 이용하여 야당의원을 탈당시켜 집권당인 신한국당에 입당케 하고 무소속의원을 협박하여 신한국당에 입당시켜 4.11 총선에서 국민이 선택한 여소야대의 구도를 파괴하여 여대야소의 구도로 조작한 행위는 국민의 국회구성권을 침해하는 것이며, 나아가 헌법 제1조 제2항에 규정된 국민주권주의 및 헌법 제8조 제1항이 보장하는 복수정당제를 근본적으로 훼손하는 것이다.[64]

---

62 이준한, 앞의 논문, 103면.
63 헌재 1988. 10. 29. 96헌마186.
64 헌판집, 10-2, 600. 602-603.

이 사건 청구인들의 주장에 대해 헌법재판소는 청구인들의 국회구성권이라는 기본권은 헌법상 인정될 수 없다고 판단하여 각하결정을 내렸다. 즉 헌법재판소는 헌법상 국민주권의 원리와 국회구성에 관한 제41조 제1항 및 선거권에 관한 제24조를 보더라도 국민의 국회구성권이라는 기본권은 도출되지 않는다고 판단하고 있다. 헌법의 기본원리인 대의제 민주주의하에서 국회의원선거권이란 것은 국회의원을 보통 평등 직접 비밀선거에 의하여 국민의 대표자인 국회의원을 선출하는 권리에 그치고, 개별 유권자 혹은 집단으로서의 국민의 의사를 선출된 국회의원이 그대로 대리하여 줄 것을 요구할 수 있는 권리까지 포함하는 것은 아니라는 것이다. 또한 대의제도에 있어서 국민과 국회의원은 명령적 위임관계에 있는 것이 아니라 자유위임관계에 있기 때문에 일단 선출된 후에는 국회의원은 국민의 의사와 관계없이 독자적인 양식과 판단에 따라 정책결정에 임할 수 있는 것이므로 청구인들 주장과 같은 '국회구성권'이란 유권자가 설정한 국회의석분포에 국회의원들을 기속시키고자 하는 것이고, 이러한 내용의 국회구성권이라는 것은 오늘날 이해되고 있는 대의제도에 반하는 것이므로 헌법상 인정될 여지가 없다고 설시하고 있다.[65]

(나) 국회구성권의 기본권성 인정 여부

국민의 국회의원선거 결과 성립되는 국회의 구성 및 그 국회구성의 구체적 내용으로서 국회내 각 정당간의 의석분포 및 무소속의원의 수는 선거에 참여한 국민의 정치적 의사이며 유권자의 선거권행사의 결과를 의미한다. 이러한 국회구성에 나타난 국민의 의사는 최대한 존중되어야 하며, 그것은 헌법상 국민주권의 원리와 국민의 보통 평등 직접 비밀선거에 의한 국회의 구성에 관한 규정(제41조 제1항), 선거권보장(제24조) 및 정당의 자유와 복수정당제보장(제8조) 등을 근거로 하여 국민의 정치적 기본권으로 보장되어야 할 것이다. 즉 국민의 국회의원선출권과 정당선택권의 행사로 인한 국회의 구성 및 국회구도의 결정은 직접적인 관련을 갖는 것이므로, 이러한 국회구성권은 비록 헌법상 명문의 규정이 없더라도 국민의 정치적 기본권에 내재하는 기본권이거나 적어도 국민의 국회의원선출권과 정당선택권에 수반하는 부수적 기본권으로 인정될 수 있다고 하겠다.

오늘날 국정운영이나 정치과정과 관련하여 국민의 자유와 권리는 크게 확대 발전해 왔다고 할 수 있으며, 정치적 기본권의 유형과 내용은 고전적 의미의 참정권과 정치적 표현의 자유는 물론, 보다 적극적이고 포괄적인 정치적 활동 일반에 관한 국민의 권리를 포함하는 것으로 이해되고 있다.[66] 또한 현대의 정당국가적 민주주의에 있어서 특정 정당을

65 헌판집, 10-2, 600, 605-606.

66 헌법재판소도 국민의 기본권으로 정치적 자유권을 인정하면서 이러한 정치적 자유권에는 "정치적 의사를 자유롭게 표현하고, 자발적으로 정당에 가입하고 활동하며, 자유롭게 선거운동을 할 수 있는 것을 주된 내용으

지지하고 선택하는 권리와 선거과정에서의 선거결과에 영향을 미치는 활동은 정치적 기본권으로서 보장되고 있으므로 국민의 의식적 적극적 투표행위에 의한 국회의 구성과 국회구도결정에 관한 권리는 정치적 기본권으로 보장하는 것이 국민주권원리의 이념에 합치된다고 할 것이다.

헌법재판소는 국민의 국회구성권을 인정하게 되면 이는 유권자들이 설정한 국회의 의석분포구도에 국회의원들을 기속시키게 되는 것으로 결국 국민과 국회의원 사이에 있어서 자유위임의 원칙을 침해하게 된다고 주장하고 있으나 이 점에 대하여는 다음과 같이 반론을 제기할 수 있다.

대의제 민주주의의 핵심적 구성원리로서 명령적 위임금지 내지 자유위임의 원칙은 보장되어야 하며, 따라서 유권자에 의해 선출된 국회의원은 전체국민의 대표자로서 국가이익을 우선하며 어느 누구의 지시나 명령에 구속되지 않고 오로지 자기의 양심에 따라 자유롭게 판단하면서 국가의사결정에 참여하는 지위에 있는 것은 물론이다. 따라서 국회의원의 의정활동이 현실적으로 유권자의 의사와 일치하지 않더라도 그 의원에 대해서는 법적 책임을 추궁할 수 없다는 점이 자유위임원칙의 본질이라 할 수 있다. 다만 국민의 대표자인 의원은 국민과의 관계에서 법적 책임은 없다고 하더라도 정치적·도의적 책임까지 피할 수 있는 것은 아니라는 점에서 자유위임의 원칙은 '실질적 기속위임의 법리'를 동시에 내포하고 있다고 할 수 있다.[67]

더욱이 오늘날의 정당국가화 현상은 고전적인 자유위임의 원칙을 크게 변질시키고 왜곡시키는 현실을 부정할 수 없게 되었다. 헌법상 국민의 대표자의 지위를 갖는 국회의원이 오늘날의 정당제 민주주의하에서는 정당의 구성원 내지 정당의 대리인의 지위로 전락하고 있으며, 의원은 소속 정당의 기율에 철저하게 구속되고 단지 '무정견투표자'로서 의회의 표결에 참여하는 실정에서 볼 때, 자유위임의 원칙은 그 의미가 상당히 변질되고 있다.[68]

이러한 정당제 민주주의의 현실과 관련하여 현행 공직선거법은 비례대표 의원의 경우 당적을 이탈 변경한 때에는 의원직을 상실한다고 규정(제192조 제4항)하고 있다. 이 규정은 한국의 정치에 있어 철새정치인과 저질의원들을 정계에서 추방함으로써 정계를 정화할 필요가 있다는 것[69]과 아울러 국민의 정당선택권과 국회구도결정권을 존중한다는

로 한다"고 설시하고 있다. 헌재 2004. 3. 25. 2001헌마710.

67 성낙인, 「헌법학」, 법문사, 2008, 881면.

68 헌법상 자유위임의 원칙과 정당국가적 민주주의의 충돌문제에 관하여는 정만희, 정당국가와 무기속위임의 원칙, 전게 「헌법과 통치구조」, 528면 이하.

69 권영성, 전게서, 938면.

의미를 가지고 있다고 볼 수 있다.[70]

따라서 대의제의 기본원리로서 고전적인 자유위임의 원칙은 오늘날 그 의미가 변질되고 있음을 부정할 수 없으며, 유권자와의 관계에서 의원의 정치적·도의적 책임에 따른 실질적 기속적 위임의 정치현실을 볼 때, 자유위임의 원칙을 근거로 국민의 의사에 반하는 인위적 정계개편을 정당화하려는 헌법재판소의 논리는 설득력이 약하다고 할 수 있다. 왜냐하면 선거결과 당선된 의원이 자유의사에 따라 소속정당을 이탈하거나 당적을 변경하는 것은 자유위임의 원칙상 허용될 수밖에 없고 법적 책임이 수반되지 않는다고 하더라도, 국민에 대한 도의적 책임은 면하기 어렵다는 점에서 의원은 실질적으로 국민의 의사에 기속되는 것이기 때문이다. 더욱이 정계개편을 위해 야당의원과 무소속의원들을 그들의 의사에 반하여 대통령이나 여당의 지도부에 의해 설득과 회유, 협박 등으로 여당에 입당시키는 행위는 국회의 구성에 나타난 국민의 의사를 부정하고 대의제 민주주의를 왜곡하는 것은 물론이며, 그 의원들에 대한 집권당에의 입당강요는 그 행위 자체가 당해 의원들의 자유로운 지위를 침해하는 것으로 자유위임의 원칙에 반하게 된다고 볼 수 있기 때문이다.

(다) 국민주권과 대의제 민주주의의 침해문제

다음으로 앞에서 언급한 국민의 국회구성권 및 국회구도결정권을 헌법상의 기본권으로 인정하기 어렵다는 입장을 취하더라도, 권력에 의한 특정 의원들의 사실상의 입당강요나 당적이탈요구는 또한 선거에서 나타난 국민의 정치적 의사를 무시하는 것으로 국민주권원리와 대의제 민주주의를 침해하고 왜곡시키는 것으로 위헌적 행위라 하지 않을 수 없다.

국민주권의 원리를 이념적 기초로 하는 대의기관의 구성을 위한 국회의원선거의 결과 표출된 국민의 의사는 그 자체로서 헌법적 의미를 갖는 잠재적·추정적 국민의사의 표출을 의미하는 것이므로 이러한 국민의 의사는 자유위임의 논리로도 쉽게 무시되거나 부정될 수 없는 것으로 이해되어야 할 것이다. 대의제 원리의 구성요소로서 자유위임의 원칙은 본래 무제한의 것이 아니라 헌법의 근본이념과 가치질서에 의해 일정한 제약을 받는 상대적 개념이라는 점을 부정할 수 없다. 자유위임은 국민으로부터 주권의 행사를 위임받은 대의기관의 자유로운 활동의 준칙을 의미할 뿐이며, 선거를 통해 표출되는 잠재적·추정적 국민의 의사까지 무시하는 것을 허용하지 않는다. 이와 같이 자유위임은 주권자인 국민의 의사로부터 완전히 자유로운 개념형식이 아니며 국민주권원리에 의한 한계를 가질 수밖에 없다. 따라서 국회의원선거 결과 정해진 국회내의 정당별 의석분포의 인위적인 변경은 바로 총선민의에 위배되는 것으로 자유위임의 논리로도 정당화될 수 없으며, 이는

---

70 허영, 「한국헌법론」, 박영사, 2007, 923면.

국민주권원리 및 국민주권의 구현으로서의 대의제민주주의에 반하는 것으로 위헌성을 면하기 어렵다고 할 것이다.[71]

다시 말하면 국회의 구성에 관한 선거에서 국민이 '여소야대'의 주권적인 선택을 했다면 그것은 집권여당에 대한 주권자의 심판을 의미함과 동시에 야당에게 강한 견제기능의 사명을 안겨주는 정치적인 의지가 함축되어 있는 정치적인 결단을 의미한다. 따라서 선거에 의해 결정된 국회의 의석분포에 의한 정당간 세력구도를 인위적으로 변경하려는 정치공작적인 시도는 국민주권을 무시하는 것으로 비판받아 마땅하다.[72]

3. 분열정부 극복방안의 한계성과 분열정부 수용의 필요성

분열정부의 폐해를 강조하고 국정수행의 효율성과 안정성에 우선적 가치를 두는 입장에서는 분열정부출현의 요인을 분석하고 그 요인을 제거하는 방향으로 제도적 개선방안을 제시하며, 나아가 선거결과의 여소야대 정국을 인위적인 정계개편을 통해 이를 극복하려는 시도를 행하게 되지만 이러한 방안들과 시도는 결국 그 한계를 드러내게 되고 위헌성의 문제까지 제기될 수도 있음은 전술한 바와 같다.

분열정부 출현의 원인이 단지 통치구조에 있어서 대통령과 국회 임기의 차이와 선거제도상 선거주기의 불일치 등의 제도적 요인이라든지 사회적 균열구조에 의한 다당제와 유권자의 투표행태 등의 정치문화적 배경에서만 찾을 수 있는 것은 아니며, 유권자의 의식적이고 의도적인 투표행위를 통해 여소야대에 의한 권력적 균형과 통제를 기대하는 국민의 잠재적·추정적 의사가 분열정부 출현의 주요 요인의 하나가 되고 있음을 부정할 수 없다.

특히 대통령제를 정부형태의 기본으로 하고 있는 헌법원리에 비추어 의회와 행정부의 분리에 의한 권력적 균형 및 의회의 행정부에 대한 통제권 행사는 대통령제의 본질적 구성요소이며, 오늘날의 정당국가적 민주주의에 있어서 대통령제와 분열정부의 결합형태는 권력의 집중과 통합이라는 보편화된 정당정치의 폐해를 막게 되고, 그것은 '견제와 균형'의 대통령제 원리와 헌법정신에 자연스럽게 합치되는 것이라 하지 않을 수 없다.

물론 권력에 대한 통제의 요소가 입헌민주주의헌법에 있어서 불가결의 중요한 가치임에 틀림없으나, 그렇다고 해서 의회와 행정부간의 상호협력과 지지에 의한 국정수행의 효율성과 정치적 안정의 확보라는 가치도 결코 경시되거나 무시될 수 없는 것이므로 분열정부의 현상에 따른 권력과정의 역기능과 문제점은 최소화되어야 한다.

---

71 허영, 국회의원선거의 의미와 자유위임 및 정당기속의 본질과 한계, 고시계, 2000. 12월호, 8면 이하.

72 허영, 정당국가적 대의민주주의와 선거, 한국공법학회 「공법연구」 제28집 제2호, 2000, 49면.

따라서 분열정부의 문제는 정치과정에 있어서 배척과 부정의 대상으로 볼 것이 아니라 분열정부의 현실을 인정하면서 대통령과 행정부에 대한 의회의 통제를 유지하고, 동시에 그 속에서 국정의 원활한 수행과 정치적 안정을 도모할 수 있는 분열정부의 합리적 운용방안을 모색하는 것이 절실히 요청된다고 하겠다. 말하자면 분열정부의 문제는 근본적으로 대립되는 두 가지의 가치 중 어느 것을 우선하느냐의 문제라 할 수 있는데, 입헌주의의 정신에 따라 헌법규범을 "권력과정의 통제를 위한 기본적 장치"로 이해해야 하는 헌법학적 관점에서는 의회에 의한 행정부 통제 또는 권력상호간의 견제와 균형의 요소를 우선하지 않을 수 없다고 하겠다.

Ⅴ. 맺음말

한국의 대통령제에 있어서 분열정부 현상은 이미 보편화되어 있으며, 우리의 선거제도 및 정당정치의 현실과 유권자의 투표행태 등의 정치문화적 요인 등을 감안할 때 앞으로도 선거결과 분열정부의 출현은 일반화될 것으로 예상되고 있다. 이러한 분열정부에 대한 대응방안으로 국정운영의 효율성과 안정성의 관점에서 이 분열정부를 배척과 극복의 대상으로 보는 입장은 분열정부를 통한 의회의 행정부 통제라는 유권자의 잠재적 의사를 부정하거나 간과하는 것으로 비판을 면하기 어렵다.

분열정부의 문제는 근본적으로 현대적 적극국가의 과제로서 국정수행의 효율성 및 안정성의 추구와 그에 대립하는 개념으로서 권력에 의한 권력의 통제라는 고전적 입헌주의헌법의 기본가치의 충돌문제라 할 수 있으나, 적어도 헌법학적 관점에서는 행정의 효율성과 안정성보다는 행정에 대한 통제의 중요성과 권력분립의 헌법정신을 깊이 인식하고 분열정부의 현실을 긍정하는 태도가 요구된다고 하겠다.

분열정부의 현실을 인정하면서 분열정부의 출현에 담겨진 국민의 잠재적 의사를 존중하는 국정운용을 기하기 위해서는 기본적으로 의회 내에 있어서의 여야간의 토론과 타협의 정치가 활성화되어 의회주의원리가 정상적으로 작동되도록 하는 것이 중요하다. 분열정부에서 여당은 대통령을 배출한 집권당이라 하더라도 의회 내에서의 주도권을 갖지 못하는 소수정당에 불과하므로 의회의 다수파인 야당을 존중하면서 적극적인 대화와 토론의 자세를 보여야 한다. 야당 역시 의회의 다수파라고 해서 여당을 무시하거나 정부 여당의 정책을 합리적 이유없이 반대하는 태도는 지양되어야 한다. 그것이 의회와 행정부간의 2원적 민주정당성에 기초한 대통령제하에서의 국민의 정치적 선택을 존중하는 것이 된다. 따라서 분열정부 하에서는 여야간에 항상적인 대립과 대결구도를 고집할 것이 아니라, 그때그때의 정책 사안별로 당파적 이해관계를 떠나 정부여당에 협력할 것은 협력하면서 견제와 비판기능을 수행하는 것이 헌법 제46조 제2항에 규정하고 있는 "국회의원은 국가이익을 우선하여 양심에 따라 직무를 행한다"는 국회의원의 헌법상 의무에도 부합하게 된다.

한국의 의회주의는 정당정치의 폐해가 두드러지게 나타나는 것이 문제인데, 정당국가의 현실에 있어 대부분의 의원들은 소속 정당에 철저하게 기속되고 소신 없는 '무정견 투표자'로서 의회의 표결과정에 참여하게 됨으로써 의회주의의 핵심원리로서 자유위임의 원칙이 크게 왜곡되고 침해되는 것을 부정하기 어렵다. 따라서 자유위임의 원칙이 오늘날의 정당제 민주주의현실과 조화적으로 적용되기 위해서는 의원이 소속정당의 기율과 방침을 존중하면서도 국가이익을 우선하여 정당으로부터 자유로운 지위에서 양심에 따라 소신껏 의사결정에 참여할 수 있어야 하며, 그러기 위해서는 의원의 자유투표의 원칙이 보장되어야 함은 물론이다.

또한 분열정부하에서의 국정의 원활한 운영을 위해서는 대통령이 정치적 지도력을 발휘하여 의회와 야당의원들을 설득하고 국가의 주요정책결정에의 협력과 지지를 구할 수 있어야 한다. 대통령은 소속정당으로부터 초연한 입장에서 국가원수로서의 국정의 조정·통합자의 지위에 서서 여야간의 의견대립과 갈등을 조정하고 국민의 여론에 의한 지지를 호소함으로써 정부입안의 법안들을 신속히 처리하고 일관성 있는 정책의 결정과 추진 등에 지도력을 행사해야 한다.

끝으로 여소야대의 극복을 위한 인위적 정계개편은 국민의 국회구성에 관한 주권적 의사를 부정하는 것으로 허용될 수 없으며, 선거를 통해 나타난 국민의 국회구도결정의 의사는 헌법상 선거권행사에 부수하는 정치적 기본권으로서의 성격을 인정할 수 있다고 할 것이다. 국회구성권을 국민의 정치적 기본권으로 보장받기 어렵게 되면 국민의 의사에 반하는 인위적 정계개편에 대한 법적 통제는 사실상 기대할 수 없기 때문이다.

11 국정감사제도의 재검토*

Ⅰ. 머리말

현행 헌법 제61조 제1항은 "국회는 국정을 감사하거나 특정한 국정사안에 대하여 조사할 수 있으며, 이에 필요한 서류의 제출 또는 증인의 출석과 증언이나 의견의 진술을 요구할 수 있다"라고 규정하여 국정감사권과 함께 국정조사권을 동시에 명문화하고 있다. 국회의 본래적 권한인 입법권과 재정권 등을 행사하는 데 필요한 보조적 권한으로서 당연히 인정되는 국정조사권과 별도로 국정전반에 걸친 정례적인 국정감사권을 헌법에 규정하고 있는 것은 외국의 경우에는 그 예를 찾아볼 수 없는 한국에 특수한 제도임에 틀림없다. 즉 국정조사권은 일반적으로 헌법상 그에 관한 명문규정의 유무에 관계없이 의회의 본래적 권한을 실효적으로 행사하기 위해 인정되는 "의회의 필수적이며 적절한 보조적 기능"(essential and appropriate auxiliary to the legislative function)을 의미[1]하는 것으로 의회가 입법, 재정 등에 관한 기초자료와 정보를 수집하기 위해 필요한 경우 이 국정조사권을 행사할 수 있는 것이다. 우리 헌법은 이러한 국회의 기초적 권능으로서 국정조사권을 명문화하면서 동시에 이와 구별되는 제도로서 국정감사권을 따로 규정하고 있는 것이 특색이다.

국정감사제도는 제헌헌법에 최초로 규정되었으나 1972년 헌법에 의해 폐지되었다가 1980년 헌법에서는 국정조사권만을 규정하였으며, 그 후 1987년 헌법에 의해 국정감사와 국정조사를 동시에 규정하게 된 것이다. 제헌헌법상의 국정감사제도는 국정조사제도와 뚜렷한 개념상의 구별 없이 운용되어 왔다고 할 수 있으나, 현행 헌법에 의해 부활된 국정감사제도는 국정조사제도와 분명하게 구별되는 개념임을 전제로 채택된 것이다.

국정감사는 국정 전반을 대상으로 정기적으로 행해지는 '정기적 일반국정조사'를 의미하나, 국정조사는 특정한 국정사안을 대상으로 수시로 행하는 '부정기적 특정국정조사'라는 점에서 그 시기와 기간, 대상에서 구별된다고 할 수 있다.[2] 이러한 국정감사제도의 채택은 통치구조에 있어서 행정부에 대한 국회의 위상을 높이고 국회에 강력한 행정통제 기능을 부여하고 있다는 점에서 제도적 의의를 찾을 수 있다.

또한 국정감사는 국정조사와 함께 국민주권을 실질화하는 기본적 조건이라 할 수 있

---

* 『공법학연구』 제10권 제1호(한국비교공법학회, 2009. 2), 133－159면 수록.
1 McGrain v. Daugherty, 273 U. S. 135 (1927).
2 권영성, 헌법학원론, 법문사, 2008, 915면.

는 국민의 알 권리를 충족시키며 국민에 대신하여 국민의 관심사인 국정사항에 관하여 조사하고 정보를 수집하여 이를 국민에게 환원하여 국민의 정치적 판단을 하게 하는 것이다.[3] 다만 양자는 국회의 본래적 권한인 입법권, 재정권, 국정통제권을 유효·적절하게 행사하는 데에 필요한 국정의 기본자료와 정보의 수집을 위해 요구되는 국회의 보조적 권한으로서 그 본질과 주체, 방법, 한계, 효과 등에서는 동일하다고 볼 수 있다.[4] 아무튼 헌법상 국정감사 및 조사제도는 국회가 '행정에 대한 감독자'(overseer of administration)로서의 역할을 수행하는 데 있어 가장 큰 무기이며, 정치과정의 공개성을 확보하기 위한 유력한 수단을 의미한다.[5]

그러나 국정감사제도는 강력한 국정통제수단으로 작용될 수 있는 순기능적 측면에도 불구하고 그동안의 운용실태를 통해 적지 않은 문제점을 노정시켜 왔다. 학계에서는 국정감사제도의 개선방안에 관한 논의가 전개되어 왔으며, 최근에는 헌법개정논의와 관련하여 그 폐지론까지 제기되고 있는 실정이다.

본고에서는 국정감사제도의 연혁과 실시현황 및 문제점을 정리하고 국정감사제도의 개혁방안으로서 국정감사 폐지론과 유지·개선론을 중심으로 검토한다.

Ⅱ. 국정감사제도의 연혁

1. 제헌헌법상 국정감사제도의 채택

1948년의 제헌헌법은 제43조에 "국회는 국정을 감사하기 위하여 필요한 서류를 제출케 하며, 증인의 출석과 증언 또는 의견의 진술을 요구할 수 있다"라고 규정하여 국정감사제도를 도입하였다. 여기서의 국정감사는 국정조사와 구별되는 개념이 아닌 국정조사와 동일한 개념으로 규정된 것이라 할 수 있다.[6] 왜냐하면 1948년 제정된 국회법에서는 국정감사와 관련된 내용을 규정하면서 "국회는 의안 기타 국정에 관한 사항을 심사 또는 조사하기 위하여 의원을 파견할 수 있다"(제72조)라고 규정하고 "국회로부터 심사 또는 조

3 김철수, 헌법학개론, 박영사, 2008, 1350면.

4 국정감사권의 본질을 국정조사권과 구별하려는 입장에서는 국정감사권은 국회의 독립적 권능이고 국정조사권은 보조적 권능이라고 보고 있다. 김철수 앞의 책, 1351면.

5 정만희, 헌법과 통치구조, 법문사, 2003, 195면.

6 유진오 박사가 기초한 제헌헌법의 제안이유설명에서 "대통령제도에 있어서도 국회는 입법권을 행하는 외에 국정에 대한 감사도 행할 수 있게 할 수 있읍니다마는, 그 감사는 오로지 감사에 그치고 정부에 대한 불신임이라든지 그러한 강력한 수단으로 나타나질 못하는 것입니다"라고 기술된 것을 보더라도 국정감사를 국정조사의 의미로 이해한 것이라 할 수 있다. 유진오, 「헌법기초회고록」, 일조각, 1980, 241면 참조.

사하기 위하여 정부 기타의 기관에 대하여 필요한 보고 또는 기록의 제출을 요구할 때에는 이에 응하여야 한다"(제73조)라고 규정함으로써 헌법규정과 다르게 '감사' 대신 '심사' 또는 '조사'라는 표현을 사용하고 있으며, 국정감사를 정례적으로 실시한다는 내용이나 감사의 대상이나 주체에 관한 별도의 규정을 마련하지 않고 수시로 국회의 결의로 감사를 실시하게 됨으로써 사실상 국정감사제도가 국정조사제도와 명확한 구별 없이 운용되었기 때문이다.

또한 제헌 당시 우리나라 보다 1년 먼저 입헌주의헌법을 채택·시행한 일본국헌법(1947. 5. 3.시행) 제62조에 규정된 국정조사권조항과 비교해 볼 때도 양국의 헌법규정은 그 내용에 있어 거의 동일하며, 단지 일본헌법 규정상 '조사'를 우리 헌법은 '감사'라고 표현한 것 외에는 본질적인 차이점을 발견할 수 없으므로 제헌헌법상의 국정감사제도는 전통적인 의회제도의 내용적 요소로서 국정조사제도를 의미하는 것으로 도입되었다고 판단할 수 있다.[7]

이렇게 제헌헌법상 국정조사제도와 동일한 의미로 채택된 국정감사제도는 그 시행과정에서 1953년의 국정감사법 제정을 통해 오늘날의 국정감사제도와 국정조사제도의 개념으로 구분되게 되었다. 즉 국정감사를 일반감사와 특별감사로 구분하여 일반감사는 국정전반에 대하여 의원 전원으로 반을 나누어 동일한 기간에 시행하고 특별감사는 국정의 특별한 부분에 한하여 국회법 소정의 특별위원회로 하여금 시행하게 하였다(동법 제2조).

2. 1972년 헌법에 의한 국정감사제도의 폐지

이와 같이 채택된 국정감사 및 국정조사제도는 제3공화국헌법에 이르기까지 24년간 시행되다가 1972년의 이른바 유신헌법에 의해 폐지되었으며, 새로운 헌법에 따라 1973년 전면 개정된 국회법에서도 국정감사에 관한 규정이 삭제되었고, 국정감사법도 1973년 2월 폐지되었다. 당시 국정감사제도의 폐지는 "국회의원들의 부패, 정부 기타 관계기관의 사무진행의 저해, 국회의원의 독선 등 여러 폐해를 나타냈다는 이유" 때문이었다고 할 수 있다.[8]

헌법과 국회법에서 국정감사에 관한 규정이 삭제된 이후 헌법적 근거가 없음에도 불구하고 국회의 고유한 권한을 수행하기 위한 보조적 권한으로 국정조사 또는 국정감사를 할 수 있는지의 여부가 문제되었으나, 유신헌법 하에서도 모든 국정이 정당하고 적법하게

---

7 이에 관하여는 김효전, 입법부의 정책통제기능－국정감사권과 조사권을 중심으로－, 대한변호사협회지, 1989. 2. 16면.

8 박일경, 제5공화국 헌법, 일명사, 1981, 372면.

운용되고 있는가를 조사하고 감시할 수 있는 국회의 국정조사권은 헌법상 명문규정의 유무를 불문하고 국회가 국민대표기관의 입장에서 당연히 가지는 권한으로 보는 견해가 지배적이었다.[9] 그리하여 1975년 국회법 개정을 통해 국정조사제도를 새로이 명문으로 규정하게 되었고, '국회에서의 증언·감정 등에 관한 법률'도 다시 제정되었다. 그러나 유신헌법과 제5공화국헌법 하에서 국정조사권은 단 1건도 발동되지 않았다.

3. 1980년 헌법에 의한 국정조사제도의 명문화

1980년 헌법은 유신헌법에 의해 폐지된 국정감사제도 대신에 그 동안 국회법에서 인정되던 국정조사권을 명문화하여 제97조에 "국회는 특정한 국정사안에 관하여 조사할 수 있으며, 그에 관련된 서류의 제출, 증인의 출석과 증언이나 의견의 진술을 요구할 수 있다. 다만 재판과 진행중인 범죄수사·소추에 간섭할 수 없다"라고 하여 국정조사권에 관한 조항을 신설하였다.

당시 헌법상 명문화된 국정조사권의 성격에 관하여는 국회의 입법권 등 본래적 권한을 효과적으로 행사하기 위한 보조적 권한으로 이해하였으며, 국정조사권은 비위의 조사와 같은 소극적 목적을 위해서 발동될 뿐만 아니라 적절한 입법을 위한 경우와 같은 적극적 목적을 위해서도 행사된다고 하는 것이 일반적 해석론이었다.[10]

4. 1987년 헌법에 의한 국정감사제도의 부활

1987년 6월 시민항쟁을 통해 국민적 합의에 의한 민주적 개헌으로 탄생한 현행 헌법은 국회의 지위를 강화하면서 유신헌법에 의해 폐지되었던 국정감사제도를 다시 명문화함으로써 국정감사제도의 완전한 부활을 보게 되었다.

현행 헌법에 의한 국정감사제도 부활의 기본취지와 정신은 과거 독재와 권위주의시대의 권력분립원리의 명목화와 행정부의 시녀에 머물렀던 국회의 위상과 역할에 대한 헌정사적 반성을 계기로 국민의 대표기관으로서 국회의 국정통제기능을 강화하는 데 있었다고 할 수 있으며, 그것은 헌법제정권자의 입헌민주주의헌법에의 강한 의지가 반영된 것이라 하지 않을 수 없다. 그러한 관점에서는 국정감사제도에 관한 개혁논의에 있어 그 폐지론의 주장은 매우 신중을 기해야 한다고 생각된다. 헌법상의 국정감사제도의 구체적 실현형태와 그 운용상의 문제점의 심각성이 인정된다고 해서 바로 국정감사제도 자체의 폐

9 문홍주, 한국헌법, 해암사, 1980, 505면.
10 박일경, 앞의 책, 372면; 윤세창, 신헌법, 일조각, 1983, 294면.

지를 논할 것이 아니라 헌법상의 국정감사제도 부활의 의미와 87년 헌법체제의 기본정신에 입각하여 국회의 국정전반에 대한 감시와 통제기능을 실질적이고 효과적으로 발휘할 수 있는 제도적 개선과 보완책을 찾는 것이 우선적 과제라 하지 않을 수 없다.

Ⅲ. 국정감사제도의 현황과 문제점

1. 국정감사제도의 존재 의의와 기능

(1) 국회의 국정통제권과 국정감사제도

현행 헌법상 국회의 국정통제권으로는 탄핵소추권(제65조), 국정감사·조사권(제61조), 국무총리 및 국무위원의 해임건의권(제63조), 국무총리 임명동의권(제86조 제1항), 대통령의 긴급명령에 대한 승인권(제76조 제3항), 계엄해제요구권(제77조 제3항), 국방·외교정책에 대한 동의권(제60조), 일반사면에 대한 동의권(제79조 제2항) 등이 규정되어 있으나, 그 중 평상시에 있어서 일반적으로 실효성 있는 국정통제수단으로 기능할 수 있는 것은 국정조사와 국정감사제도라 할 수 있다.[11] 특히 국정감사제도는 매년 정기적으로 국정 전반에 대한 포괄적 조사활동이 실시되기 때문에 행정권에 대한 강력한 감시와 비판, 견제기능을 수행할 수 있다는 점에서 현행헌법은 그 이전의 헌법에 비해 국회의 지위와 권한을 크게 강화하고 있음을 보여주고 있다.

다시 말하면 외국의 입법례를 찾아볼 수 없는 국정감사제도의 채택은 과거 행정부의 절대적 우월형의 통치구조와 대통령의 독재화에 대한 헌정사적 반성을 통해 국회의 지위와 국정통제기능을 강화함으로써 권력분립의 이념을 구현하고 있다는 점에서 그 헌정사적 의의를 찾을 수 있다.

(2) 국정감사제도의 기능

헌법상 국회의 국정감사제도는 국정운영 전반에 관하여 그 실태를 보다 정확히 파악함으로써 입법활동과 예산심사를 위한 필요한 자료와 정보를 획득하고, 나아가 국정에 대한 감시·비판을 통하여 잘못된 부분을 적발·시정함으로써 헌법이 국회에 부여한 대표적

---

11 국회의 탄핵소추권이나 국무총리 및 국무위원 해임건의권, 대통령의 긴급명령권이나 계엄선포권에 대한 통제권 등은 헌법의 운용과정에서 일상적으로 용이하고 빈번하게 행사되는 것이 아니라 예외적 상황에서 행사될 수 있는 권한을 의미하지만, 국정조사권은 국회의 본래적 권한행사에 필요한 부수적 권한으로 수시로 발동될 수 있으며, 특히 국정감사권은 매년 정기적으로 국정전반에 대해 조사할 수 있는 권한이므로 실제에 있어서 매우 유효한 국정통제수단이 되고 있다고 할 수 있다.

기능인 입법기능·예산심사기능 및 국정통제기능 등을 효율적으로 수행할 수 있도록 하는 데 그 제도적 의의가 있다.[12]

이러한 국정감사는 국정조사가 특정한 국정사안을 대상으로 불특정기간에 부정기적으로 행해지는 것과는 달리 국정에 관한 조사의 시기, 기간 및 대상에서 차이가 있을 뿐만 아니라 그 통제기능의 정도에서도 차이가 있다고 할 수 있으며, 이 점에서 국정감사제도 자체의 제도적 장점과 순기능을 인정할 수 있다.

첫째, 국정감사제도는 매년 정례적으로 각 상임위원회별로 국정 전반에 걸쳐 조사활동이 이루어지게 됨에 따라 그 자체로써 광범위한 행정권행사에 대한 사전적 통제기능을 수행하는 것이 된다. 정부는 매년 실시되는 국정감사를 의식하여 행정의 합법성, 민주성, 합목적성 등을 유지할 수 있게 하며, 국정감사를 통한 행정의 감시와 비판은 행정의 책임성을 보장하는 수단이 된다.

둘째, 국정감사제도는 국정 전반에 관한 광범위한 정보와 자료가 공개됨으로써 국정조사제도의 경우보다 훨씬 많은 정보가 국민에게 제공되어 국민의 국정에 관한 알 권리를 충족시켜 준다는 점에서도 그 순기능을 찾을 수 있다. 국민의 입장에서는 국정감사기간 알게 된 많은 국정에 관한 정보를 가지고 여론을 형성하여 정부에 대한 비판과 감시기능을 수행하게 된다.

셋째, 현행법상 국정조사는 국회의원 재적의원 4분의 1 이상의 요구가 있어야만 행해질 수 있으며, 그 경우에도 조사위원회는 조사계획서를 본회의에 제출하여 승인을 얻어야 조사권을 발동할 수 있으므로 현실적으로 국정조사권의 발동(국정조사및감사에관한법률 제3조)은 용이하지 않기 때문에, 통제기능으로서의 국정조사는 국정감사에 비해 미약하다고 할 수 있다.[13] 말하자면 국정조사제도가 실제로 국회의 국정통제수단으로 활성화되기 어려운 우리나라의 정치현실에서 상대적으로 국정감사제도의 국정통제기능은 매우 중요한 의미를 가진다고 할 수 있다.[14]

넷째, 우리의 실정법은 국정감사권을 국회의 예산의결권과 연계시켜 예산안 심의 의

---

12 국회사무처 의사국, 국정감사·조사 편람, 2008, 3면.

13 참고로 제13대 국회에서는 5공비리조사특별위원회를 비롯한 4건의 국정조사권이 발동되어 3건의 조사결과보고서가 채택되었고, 제14대 국회의 경우 4건이 발동되었으나 2건은 조사활동이 중단되어 결과보고서를 채택하지 못하였다. 제15대 국회에서는 5개의 국정조사특별위원회가 구성되어 7건의 조사권이 발동되었으나 1건을 제외하고는 대부분 조사활동을 종료하지 못했다. 제16대 국회는 4개의 국정조사특별위원회가 구성되어 5건의 조사권이 발동되었으나 1건도 조사결과보고서가 채택되지 못하였다. 자료: 국회사무처 의사국, 「국정감사·조사 편람」, 2008, 244-246면.

14 국정조사권이 실효성 있는 대정부 통제수단으로 기능하기 위해서는 외국의 경우처럼 국회내의 야당의 권리 또는 소수자의 권리로 보장되어야 하는데 국정조사권발동요건을 어렵게 하거나 현실적으로 그 발동이 어려운 경우에는 국정조사의 본질에 합치되지 않는다고 할 수 있다. 정종섭, 헌법학원론, 법문사, 2008, 964면.

결을 위한 선행기능으로 제도화하고 있으나, 국정조사권은 예산의결권과 무관하게 특정한 국정사안에 대한 조사기능을 수행하도록 하고 있는 점에서도 국정감사제도의 강력한 재정통제기능을 볼 수 있다.[15] 국정조사권만을 규정하고 있는 서구의 민주국가에서는 국정조사권이 매우 활성화되어 있어서 예산안심의를 위한 특별한 국정감사의 필요성이 거의 없지만 국정조사권이 활성화되지 못하고 있는 우리의 정치현실에서 국정감사권은 재정에 대한 중요한 통제기능을 수행하게 된다.

2. 국정감사제도 개관

헌법 제61조에 의한 국정감사권 및 국정조사권의 행사에 관한 구체적인 방법과 절차, 대상 등에 관하여는 국정감사및조사에관한법률(이하 '국감법'으로 약칭함)과 국회에서의증언·감정등에관한법률(이하 '증감법') 등에 규정되어 있는데 그 주요내용은 다음과 같다.

(1) 국정감사의 시기·방법 및 절차

국정감사는 국정 전반에 관하여 소관 상임위원회별로 매년 9월 10일부터 20일간 행하는 것을 원칙으로 하고 있다.[16] 다만 본회의의 의결로써 그 시기를 변경할 수 있으며, 국회운영위원회, 정보위원회 및 여성위원회는 정기회 기간 중 별도로 3일 이내의 기간을 정하여 감사를 행할 수 있다(국감법 제2조 제1항, 제2항).

국정감사는 각 상임위원장이 국회운영위원회와 협의하여 작성한 감사계획서에 의거하여 실시하며, 감사계획서에는 감사반의 편성·감사일정·감사요령 등 감사에 필요한 사항을 기재해야 한다(동법 제2조 제3항, 제4항).

감사위원회는 의결로써 감사와 관련된 보고 또는 서류의 제출을 관계인 또는 기관에 요구하고, 증인·감정인·참고인의 출석을 요구하고 검증을 행할 수 있다. 서류의 제출과 출석의 요구를 받은 자 또는 기관은 증감법에서 특별히 규정한 경우를 제외하고는 누구든지 이에 응하여야 하며, 위원회의 검증 기타의 활동에 협조해야 한다(동법 제10조 제4항, 증감법 제2조).

위원회는 국정감사에 필요한 경우 증인·감정인·참고인들로부터 증언·진술의 청취와 증거의 채택을 위하여 청문회를 열 수 있다(국감법 제10조 제3항). 위원회는 증인이 정당

15 허영, 한국헌법론, 박영사, 2008, 904면.

16 이 20일간의 감사기간은 법정기간이므로 이를 연장할 수 없다고 보나 특별한 사정이 있는 경우 본회의 의결에 의하여 단축 실시한 예는 있다. 2007년 국정감사는 본회의 의결로 실시시기를 변경하고 실시기간도 19일로 단축하였다. 국회사무처 의사국, 앞의 편람, 15면.

한 이유 없이 출석하지 아니하는 때에는 의결로써 해당증인에 대하여 지정한 장소까지 동행할 것을 명령할 수 있다(증감법 제6조).

국정감사는 위원회가 전부 또는 일부를 비공개하기로 의결하지 않는 한 공개로 하여야 한다(국감법 제12조). 국정감사를 마친 때에는 위원회는 지체 없이 그 감사보고서를 작성하여 국회의장에게 제출하여야 하며, 국회의장은 이를 지체 없이 본회의에 보고해야 하고, 보고된 감사결과는 본회의 의결로써 처리한다. 그 결과 정부 또는 해당기관의 시정을 필요로 하는 사유가 있을 때 국회는 그 시정을 요구하고, 정부 또는 해당기관에서 처리함이 타당하다고 인정되는 사항은 이송하여야 한다. 정부 또는 해당기관은 신속하게 처리하고 그 결과를 국회에 보고해야 하며, 국회는 그 처리결과에 대하여 적절한 조치를 할 수 있다(동법 제15조－제16조).

(2) 국정감사의 대상기관

국정감사및조사에관한법률에 의하면 국정감사의 대상기관은 위원회선정대상기관과 본회의의결대상기관으로 구별된다. 위원회선정대상기관으로는 ① 정부조직법 기타 법률에 의하여 설치된 국가기관, ② 지방자치단체 중 특별시·광역시·도, ③ 정부투자기관기본관리법 제2조의 규정에 의한 정부투자기관·한국은행·농업협동조합중앙회·수산업협동조합중앙회가 포함된다. 본회의승인대상기관으로는 ① 위원회선정대상기관 외의 지방행정기관·지방자치단체, ② 위원회선정대상기관 외의 감사원법에 의한 감사원의 감사대상기관 중에서 본회의가 특히 필요하다고 의결하는 기관을 포함한다(국감법 제7조 제4호).

다만 위의 지방자치단체 중 특별시·광역시·도 등 광역자치단체에 대한 감사는 국가위임사무와 국가가 보조금 등 예산을 지원하는 사업에 한하여 인정되며(동법 제7조 제2호 단서), 지방자치단체에 대한 감사는 2 이상의 위원회가 합동으로 반을 구성하여 행할 수 있다(동법 제7조의2).

(3) 국정감사의 범위와 한계

국정감사권은 국정조사권과 마찬가지로 국회의 입법권, 재정권, 국정통제권 등 그 본래적 권한을 유효·적절하게 행사하기 위해 인정되는 보조적 권한이므로 그 범위는 국회의 권한사항에 국한되어야 한다. 따라서 국정감사의 범위는 입법에 관한 사항은 물론이며, 재정에 관한 사항, 행정에 관한 사항, 사법행정에 관한 사항, 국회내부에 관한 사항이 모두 포함된다.

입법사항은 입법에 필요한 자료수집, 정보확보 등을 포함하여 법령의 운용상태, 행정입법과 자치입법의 법령위임 범위 일탈여부 등을 포함하며, 재정사항은 예산안 및 결산심사권, 국유재산의 취득 관리 처분 등 재정 전반에 걸쳐 필요한 사항이 포함된다. 행정에 관한 사항은 행정집행의 적법성·정당성 여부, 선거관리의 적법성·공정성여부, 특정 의혹 및 부정사건 등에 관한 사항을 포함한다.

사법행정에 관한 사항은 헌법재판소나 법원의 예산운용, 재판의 신속한 운영, 법관 및 법원을 지원하는 인력의 적절한 충원 및 배치 등에 대해 국정감사를 할 수 있다. 국회의 내부운영에 관한 사항은 국회의 운영 및 규칙, 의원의 징계와 자격심사, 국회의원의 체포와 관련된 사항 등이 포함된다.

국정감사의 한계로는 권력분립원리상 국회가 행정작용을 직접 통제하거나 정치적 압력을 행사하는 감사를 할 수 없다. 사법권의 독립과의 관계에서 국정감사가 법원의 재판에 관여하거나 검찰의 소추에 관여할 수 없는 일정한 한계가 있다(동법 제8조). 또한 국정감사의 방법과 관련하여 증인의 사생활의 불가침 등 기본권을 침해할 수 없다는 점에서 일정한 한계가 인정되며(동법 제8조), 헌법상 불리진술거부권 규정(제12조 제2항)에 따라 국정감사에 있어서도 일정한 경우 증인의 증언거부권도 인정된다(증감법 제3조 제1항).

(4) 국정감사의 실효성 확보

국정감사의 방법으로 서류제출의 요구를 받거나 증인·감정인 참고인으로 출석요구를 받은 자 또는 기관은 특정한 경우를 제외하고는 누구든지 이에 응하여야 하며(국감법 제10조 제4항), 국정감사를 시행하는 위원회는 증인이 정당한 이유없이 출석하지 아니하는 때에는 그 의결로 해당 증인에 대하여 지정장소까지 동행할 것을 명령할 수 있다(증감법 제6조 제1항).

국정감사의 실효성을 보장하기 위하여 증인 등이 정당한 이유 없이 불출석하거나, 국회의 권위를 훼손하거나, 허위의 진술 등을 한 때에는 처벌할 수 있으며, 증인이 동행명령을 거부하거나 제3자로 하여금 동행명령상의 집행을 방해하는 때에는 처벌을 받게 된다(증감법 제12조－제14조).

본회의 또는 위원회는 증인·감정인 등이 불출석의 죄, 국회모욕의 죄 또는 위증의 죄를 범하였다고 인정한 때에는 고발하여야 한다. 다만 청문회의 경우에는 재적위원 3분의 1 이상의 연서에 의하여 그 위원의 이름으로 고발할 수 있다(증감법 제15조).

3. 국정감사제도의 현황과 문제점

(1) 국정감사 실시 현황

국정감사가 부활된 1988년 제13대 국회 이래 국정감사의 실시 현황을 보면 제13대 국회(1988-1991) 4년 동안의 국정감사 대상기관은 총 1,331개이었으며, 서류제출요구는 총 71,693건, 증인출석요구는 9,554명이었다. 제14대 국회(1992-1995)에서는 총 대상기관 1,335개, 서류제출요구 139,565건, 증인출석요구 10,570명이었으며, 제15대 국회(1996-1999)의 경우 대상기관은 1,318개, 서류제출요구는 197,416건, 증인출석요구는 8,642명이었고, 제16대 국회(2000-2003)는 대상기관 1,523개, 서류제출요구 21,9618건, 증인출석요구는 10,352명으로 증가하였다. 제17대 국회(2004-2007)에서는 총대상기관 1,916개, 서류제출요구 293,917건, 증인출석요구는 13,113명에 해당하였다.

연도별 국정감사 실시현황을 보면 2001년에는 대상기관 402개, 서류제출요구 55,823건, 증인출석요구 2,698명이었으며, 2003년에는 대상기관 399개, 서류제출요구 48,249건, 증인출석요구 2,588명에 해당하였다.[17]

제17대 국회에 들어와서는 감사대상기관이 더욱 늘어나게 되어 2004년의 경우 대상기관이 457개이었으며, 2005년에는 461개로 증가하였다. 이는 제16대 국회의 경우 평균 380개에 비해 대폭 확대된 것을 의미한다. 2005년의 경우 실제 감사기간이 14일임을 감안할 때, 하루 평균 대상기관은 28.8개에 해당하였음을 볼 수 있다.[18] 2006년의 경우 대상기관이 510개로 늘어났으며, 서류제출요구는 76,324건, 증인출석요구는 3,543명으로 크게 늘어났음을 볼 수 있다. 2007년에는 대상기관 488개, 서류제출요구 73,061건, 증인출석요구는 3,340명으로 전년에 비해 약간 줄어들었다.

증인 등의 출석요구에 대한 불출석의 수를 보면 17대 국회의 경우 증인불출석 321명, 참고인 불출석 47명에 해당하였으며, 2006년에 증인불출석이 103명, 2007년에는 84명의 증인불출석이 있었다.[19]

(2) 국정감사제도의 문제점

(가) 과다한 국정감사대상기관

국정감사는 매년 20일 동안 실시되는데 토·일요일을 제외하면 실제로 감사가 가능한

---

17 자료: 국회사무처 의사국 , 국정감사·조사편람, 2008, 242-243면; 국정감사제도의 현황과 문제점에 관한 상세는 국회법제사법위원회. 「국회감사기능제고를 위한 제도개선」(2005. 9) 참조.

18 김준석, 17대 국회의 국정감사와 예산결산심의과정평가, 「한국정당학회보」 제5권 제2호, 2006, 15면.

19 국회사무처 의사국, 앞의 편람, 243면.

기간은 14~15일 정도에 불과하지만, 국정감사의 대상기관의 수는 증가추세에 있어서 1993년 이후 300개가 넘고 있으며 2001년에는 402개 기관에 해당하였고 제17대 국회에 들어와서는 460여개 이상으로 증가하게 되었다.[20]

이와 같이 국정감사 대상기관을 과다하게 선정하게 되면 결국 한 위원회가 하루에 여러 개의 기관을 동시에 감사해야 되기 때문에 일정에 쫓기는 감사를 하지 않을 수 없게 되어 국정감사가 소기의 성과를 거두기 어려우며 그것은 졸속감사, 부실감사, 겉핥기식 감사, 일과성 감사라는 비판을 면하기 어렵게 된다.[21]

특히 광역 지방자치단체를 국가위임사무와 국가의 보조금 등 예산을 지원하는 사업에 한하여 국정감사의 대상으로 하고 기초자치단체에 대해서도 본회의의 의결로 대상기관으로 선정할 수 있도록 한 것은 지방자치제도 보장의 헌법정신에 반하게 되는 문제가 제기될 수 있으며,[22] 그 밖에 본회의의 의결로 지방행정기관에 대해서도 감사대상에 포함시키고 있고 실제로 지방행정기관에 대한 감사의 편중은 의원들의 영향력을 과시하기 위한 정치적 의도가 있다는 지적이 있다.

(나) 과다한 자료제출요구 문제

국정감사에 있어 자료제출요구와 관련하여 그 요구건수가 지나치게 과다하다는 지적이 끊임없이 제기되어 왔다. 국정감사제도가 부활된 1988년에는 총 요구건수가 16,222건이었으나, 1992년 제14대 국회부터는 3만건대로 증가하였고 1998년부터는 5만건대로 급격히 건수가 증가하여 제16대 국회 4년동안에 매년 5만건 내지 6만건 정도의 서류제출요구가 있었다.

자료제출요구가 해를 거듭할수록 증가하고 있는 것은 국회의원들이 국정감사 및 입법활동에 활용할 정보의 수요가 크게 증가하게 되었다는 점에서 의미가 있으며 국민의 국정에 관한 알 권리를 충족시켜준다는 측면에서는 바람직한 점도 있으나, 제출자료를 준비하는 피감기관과 그 산하기관의 입장에서는 통상적인 업무를 제대로 수행하지 못하게 되고 행정업무의 마비를 초래하게 된다. 이와 같은 과다한 자료제출요구는 결국 국정감사를

20 국회의 각 상임위원회가 국정감사대상기관 늘리기 경쟁에 나서게 되는 이유로는 국정감사기간 동안 언론의 의원별, 위원회별 평가에 있어서 감사대상기관의 수가 중요한 평가지표로 활용되고 있다는 점과 해당 상임위가 정부 및 산하기관을 감사대상으로 포함시키면서 자신의 정치적 영향력을 과시할 수 있다는 점을 드는 견해가 있다. 김준석, 앞의 논문, 16면.

21 임종훈, 국정감사·조사제도의 재조명, 헌법학연구 제10권 제3호, 2004, 61면.

22 국회의 지방자치단체에 대한 국정감사는 국가위임사무와 국가의 보조금 등 예산을 지원하는 사업에 국한되지만 실제에 있어서 자치사무에 대한 감사까지 이루어지고 있고 중앙부처의 감사, 감사원 감사, 지방의회감사 등과 중복되는 문제가 있으므로 이에 대한 근본적인 검토가 필요하다. 이에 관하여는 김남철, 지방자치단체에 대한 감사의 법적 문제, 「지방자치법연구」제5권 제2호, 2005, 11면 이하.

행하는 의원들과 피감기관간의 갈등요인이 되며, 각종 자료의 준비에 소요되는 막대한 비용은 예산낭비의 문제를 야기하게 된다.

(다) 증인채택 등의 문제

국정감사의 실시에 있어서 증인의 채택을 둘러싸고 여야간의 이견으로 국정감사 자체가 파행으로 치닫거나, 출석을 요구하는 경우에도 증인이 출석하지 않는 문제가 끊임없이 발생하고 있다. 제13대 국회 이후 국정감사 및 조사, 위원회차원의 진상조사와 관련하여 증인의 불출석, 위증 등으로 국회에서 고발된 84명의 증인 중 실형이 확정된 경우는 한 건도 없었다는 통계자료는 문제의 심각성을 말해주고 있다.[23]

특히 단순한 불출석이 아니라 출석한 증인이 위증을 하여 고발된 후 법원에서 그 혐의가 인정된 경우에도 모두 집행유예로 풀려난다는 데에 문제의 심각성이 있다고 할 수 있다.[24] 이러한 문제를 시정하기 위해서는 불출석 증인과 위증을 한 증인에 대한 처벌의 강화를 위한 엄중한 법집행의 의지가 절실히 요구된다고 하겠다.

(라) 정책감사의 상실 문제

국정감사의 주된 목적의 하나가 입법이나 예산심의 활동의 기초가 되는 자료나 정보를 수집하는데 있으므로 감사의 정책지향성을 유지 발전시키는 것은 중요한 과제라 할 수 있다. 즉 국정감사는 국정전반에 대한 실태를 파악함으로써 입법활동과 예산심의에 필요한 자료 및 정보를 획득하고 나아가서 국정을 감시 비판하며 국정의 잘못된 부분을 적발, 시정함으로써 헌법에 부여된 국회의 본래적 권능의 효율성을 위한 수단을 의미하므로 국정감사는 국회가 정한 입법의도대로 행정부가 정책사업을 구상해서 집행하고 있는지의 여부를 가려보는 정책감사와 정책사업이 효율적으로 집행 관리되고 있는지의 여부를 알아보는 행정관리감사 및 그 과정이 적법한 양식에 의해서 처리되었는지의 여부를 묻는 위법성감사의 성격을 모두 포괄하게 된다.[25] 그러나 지금까지의 국정감사는 정부정책에 대한 비판이나 대안제시 등의 정책지향적인 감사라기보다는 위법성감사에 치중해 왔으며 각종 정치적 비리 문제에 관련된 감사에만 초점을 맞추고 있는 것이 문제로 지적되고 있다. 또한 국정감사의 진행 과정이 형식적이고 인기영합적인 감사에 치중하고 있으며, 감사위원의 전문성 부족이 문제되고 있다.

(마) 감사결과 사후처리의 문제

국정감사가 끝나면 감사결과가 관계 법률에 따라 신속히 처리되어 예산 및 각종 법

---

23 국회사무처, 의정자료집, 2004, 686-690면 참조.
24 임종훈, 앞의 논문, 64면.
25 박재창, 한국의회개혁론, 도서출판 오름, 2004, 50-54면.

안 심의에 반영되는 것이 국정감사의 취지에 부합되는 것이나, 실제로 감사결과보고서가 지연 처리되어 그 해 예산 및 각종 법안 심의시 반영되지 못하는 것이 문제점으로 지적된다. 또한 국정감사에서 지적된 사항에 대해 정부나 해당기관이 제대로 시정 등의 조치를 하지도 않으며, 국회의원들도 국정감사에서 질문하는 데에만 관심이 있고 실제로 그 처리 상황에 대해서는 신경을 쓰지 않는 것이 문제로 지적되고 있다. 이는 현행 국감법이 국회의 시정요구사항 등에 대하여 정부나 해당기관은 그 처리결과를 보고하도록 하고, 국회는 그 "처리결과보고에 대하여 적절한 조치를 취할 수 있다"(제16조 제3항, 제4항)라고 규정하고 있을 뿐 그 처리시한 및 사후 감사에 대한 명확한 규정이 없는 데에서 기인하는 문제이기도 하다.[26]

Ⅳ. 국정감사제도의 폐지론과 개선론 검토

1. 국정감사 폐지론

현행의 국정감사가 그 제도와 운용상 많은 문제점이 지적되고 있기 때문에 그 개혁방안으로 여러 가지 대안이 제시되고 있으나 최근에는 국정감사제도 폐지론까지 부상하고 있다.

국정감사제도의 폐지론을 주장하는 입장은 한마디로 국정감사제도가 본래 기대했던 순기능은 거의 없고 역기능만이 표출되고 있기 때문에 국정감사제도는 폐지되어야 한다는 것이다.[27] 폐지론의 논거는 다음과 같이 요약될 수 있다.

첫째, 연혁적으로 볼 때 제헌헌법에 최초로 국정감사권을 규정한 것은 국정조사제도에 대한 오해에서 잘 못 도입된 것으로 외국의 경우 그 예를 볼 수 없는 제도라는 것이다. 즉 제헌 당시 제헌의원들은 현재의 국정조사제도와 다른 국정감사제도를 심사숙고한 끝에 의도적으로 도입한 것은 아니며 국정감사는 사실은 국정조사의 의미로 쓰인 것이기 때

26 2008년 제18대 국회 국정감사 실시과정의 문제점에 대한 지적으로는 중앙일보, 2008. 10.20. 8면.

27 국정감사폐지론의 입장은 국정감사의 순기능으로 입법이나 예산심의 활동에 필요한 정보획득, 국민의 알 권리보장, 정부의 국정운영에 대한 통제수단, 정부가 대처해야 할 문제제기기능 등을 기대할 수 있으나, 현실적으로 드러나고 있는 국정감사의 역기능으로 국정감사가 피감기관의 업무수행을 현저히 방해하고 감사기간 행정기관은 국민에게 행정서비스를 제공해 줄 수 없으며, 의원들이 국정감사를 통하여 국리민복을 추구하는 것이 아니라 개인의 사적 이익 내지 정당의 이익을 추구하게 되며, 국정감사가 정책평가와 대안제시의 장으로 작용하는 것이 아니고 비리폭로나 여야간의 정쟁이 장으로 변질되는 등의 심각한 문제가 있다고 보고 이러한 문제점들이 국정감사의 개선책만으로는 해결되기 어려우므로 국정감사제도를 폐지하는 것을 검토해야 한다는 것이다. 이관희, 국정감사제도의 문제점과 개선방안, 공법연구 제27집 제3호, 1999, 139면 이하.

문에 세계 어느 나라 헌법에도 현행 국정감사제도는 없기 때문에 폐지되어야 한다는 것이다.[28]

둘째, 국회의 국정감사권은 행정부의 자율권을 침해하고 권력분립에 위배된다는 것이다. 국민대표기관으로서 국회는 국정에 대한 감시와 통제기능을 수행하는 것이지 직접 행정에 대한 감사기능을 수행하는 것은 아니며, 현행 헌법상 행정부에 대한 감사는 원칙적으로 감사원이 하도록 되어 있다는 것이다. 그리고 국회의 국정운영에 대한 감시·비판기능은 상시적인 상임위원회활동과 국정조사권발동으로 충분하다는 것이다.[29]

셋째, 국정감사기간과 그 이전 준비기간까지 약 2개월간의 '망국적 국정마비'를 그대로 방치할 수 없으며, 국정감사의 내용이 대부분 정치공세에 치우쳐 정책감사가 아닌 정치감사로 행해지는 현실에서 입법이나 예산심의 활동에 필요한 정보획득이라는 국정감사의 순기능은 거의 수행되지 못하고 있다는 것이다.[30]

넷째, 전문성과 시간, 가용인력 등에 비추어 실효적 감사를 할 수 없으며, 생산적인 결과 없이 국정감사가 여야간의 정쟁의 장으로 변질되고 있다는 것이다. 다섯째, 국정감사 내용의 대부분이 여야 정치공세로 행해지며 그것은 국회 본회의의 대정부질문, 예결위의 정책질의와 사실상 중복되는 점에서 불필요하다는 것이다.

여섯째, 국정감사가 의원의 특권의식을 부추기고 각종 이권에 개입하는 계기가 된다는 것 등을 들 고 있다.[31]

위와 같은 폐지론의 논거는 주로 국정감사 운영실태상의 문제점과 폐해를 지적하면서 국정감사폐지의 대안으로 국정조사제도의 활성화를 제시하고 있다.

2. 국정감사 폐지론에 대한 반론 제기

위와 같은 국정감사제도 폐지론에 대해서 필자는 그 존치를 전제로 한 개선론의 입장에서 다음과 같이 반론을 제기할 수 있다.

첫째, 국정감사제도가 제헌헌법상에 최초로 채택된 당시 국정감사를 국정조사의 의미로 규정된 것이었고, 현행 제도와 같은 국정전반에 대한 정기적 국정감사제도는 세계에서 그 예를 볼 수 없는 우리나라에 유일한 제도라는 이유로 폐지되어야 한다는 주장은 설득력을 갖기 어렵다. 제헌헌법 당시 국정감사제도를 국정조사제도의 의미로 도입하였다

28 이관희, 우리나라 국정감사·조사제도의 개혁방안, 헌법학연구 제11권 제3호, 2005, 523면.
29 이관희, 앞의 논문, 525면.
30 이관희, 앞의 논문, 526면.
31 이관희, 앞의 논문, 527-529면.

고 하더라도 일찍이 제1공화국헌법의 운용과정에서 국정감사제도는 국정전반에 관한 정례적 일반 국정감사와 특정한 국정사안에 대한 국정조사로 이원화되어 운영되어 왔으며, 제4공화국헌법과 제5공화국헌법 시대를 제외하고는 현행 헌법에 이르기까지 국정감사제도는 국정조사제도와 함께 국회의 중요한 국정통제기능을 수행하고 있다. 이러한 국정감사제도는 의회의 국정통제기능에 관한 외국의 입법례를 찾기 어려운 '독창적 헌법'(original constitution) 조항으로서의 의미를 가진다고 할 수 있으며, 비교헌법적 관점에서 한국에 특유한 국회의 국정통제기능으로서 국정감사제도는 외국으로부터 헌법정책적 관심의 대상이 될 수도 있는 제도이다. 따라서 다른 나라에서 채택되지 않는 제도라고 해서 신중한 검토 없이 그 폐지를 주장하는 것보다는 우리의 독창적 제도를 유지하면서 개선 보완하는 방안을 모색하는 것이 중요하다고 할 수 있다.

둘째, 국정감사제도의 폐지가 정당화되기 위해서는 국정감사제도의 존치를 통해 얻을 수 있는 헌법상의 가치와 이익보다 국정감사에 의해 나타나는 역기능과 병폐의 심각성이 보다 더 크다고 인정되어야 할 것이다. 즉 법익형량의 관점에서 볼 때 국정감사의 문제점을 극복하기 위해 그 제도 자체를 폐지함으로써 얻게 되는 이익이 국정감사제도를 그대로 유지함으로써 얻게 되는 이익보다 크다고 할 때 그 폐지론은 정당화될 수 있다. 그러나 폐지론의 입장에서 제시하는 국정감사의 문제점은 헌법개정에 의해 국정감사제도를 폐지하지 않더라도 관계 법률의 개정을 통해 개선될 수 있는 사항이 대부분이며, 그 문제점과 병폐가 결코 국정통제의 순기능보다 크다고 할 수 없다. 결국 폐지론의 논거는 국정감사 실시에 따른 비효율과 역기능에 집착하여 국정감사가 수행하는 국정의 감시·비판·견제기능과 국민의 알 권리 충족이라는 헌법상의 중요한 가치를 간과하는 것이 아닌가 하는 의문이 있다.

셋째, 현행 헌법상의 국정감사제도는 1972년 유신헌법에 의해 폐지되었다가 1987년 개정된 현행헌법에 의해 부활된 것으로 이는 실질적인 의미에 있어 헌법제정권자인 국민의 결단으로 행정부의 전제적 권력행사에 대한 국회의 국정통제기능의 강화를 제도화한 것이라고 할 수 있다. 즉 국정감사제도는 국회의 통제기능 중에서도 가장 실효성이 큰 조사적 통제기능에 해당하는 것으로 자유민주주의 헌법질서 내에서 하나의 '불가결의 제도적 장치'로 간주될 수 있다.[32] 따라서 외국의 경우 그 입법례가 없다고 하더라도 그 제도의 헌법적 부활에 담겨진 입헌주의의 이념과 자유민주적 기본질서에 기초한 헌법수호의 의지를 무시하거나 경시해서는 안 되므로 이 제도는 현행 대통령제 정부형태가 유지되는 한 앞으로도 일정기간 계속 유지할 필요가 있다고 하겠다.

---

32 허영, 앞의 책, 904면.

넷째, 국정감사제도 폐지론의 주장은 국정감사제도를 폐지하는 대신 국정조사제도의 활성화를 조건으로 제시하고 있으나, 전술한 바와 같이 국정감사제도는 국정조사제도와 구별되는 독자적인 제도적 의의를 가지고 있음을 이해해야 할 것이다. 국정감사는 매년 정례적으로 국정 전반에 관한 포괄적인 조사활동이 이루어지기 때문에 그 자체로써 행정권에 대한 사전적 통제수단의 성격을 가지게 되며, 국민의 입장에서는 국정감사기간 국정 전반에 관한 광범위하고 상세한 정보와 지식을 얻게 되는 중요한 기회를 의미한다. 이 점에서 특정한 국정사안이 국민적 관심사가 되는 경우 여야합의로 조사활동이 행해지는 국정조사제도와는 달리 국정감사제도의 독자적 존재의의를 찾을 수 있다. 그리고 국정조사권은 현실 정치상황에서 쉽게 발동되지 못하고 그 행정통제기능을 기대하기 어려운 실정에서 국정감사권의 폐지는 국회의 행정부 통제기능의 약화만을 가져오게 될 뿐이다.[33] 따라서 국정감사제도는 비록 외국의 입법례가 없는 한국에 고유한 제도라 하더라도 그 실효성 있는 운용을 통해 현대적 의회주의원리에서 요청되는 국회의 국정통제기능의 강화라는 측면에서도 긍정적으로 평가될 수 있다.[34] 적어도 서구 선진국의 경우처럼 국회의 필수적이며 보조적 권한인 국정조사권이 활성화되어 일상적으로 국회의 국정통제기능이 행사되고 권력 상호간의 견제와 균형을 통해 입헌민주주의가 정착될 때까지는 '과도기적 제도'[35]로서의 국정감사제도는 유지될 필요가 있다.

다섯째, 국정감사제도와 국정조사제도를 구분하는 2원적 조사기능에 의해 국정감사제도가 실정법상 국회의 예산의결권과 연계하여 예산안 심의·의결의 선행기능으로 제도화되고 있다고 보는 관점[36]에서도 국정감사제도의 존재의의를 찾을 수 있는 것이므로 국정감사제도가 불합리한 제도로서 폐지되어야 하는 것은 아니다.

3. 국정감사제도 유지·개선론

(1) 개선방안 일반론

위에서 살펴 본 바와 같이 국정감사제도의 문제점을 극복하고 해결하기 위한 방안으로 국정감사제도의 폐지는 신중을 기해야 할 것이며, 국정감사제도를 폐지하는 것보다는 현행 제도를 유지하면서 그 문제점을 개선하고 보완하는 방향을 모색하는 것이 타당하다고 할 수 있다. 국정감사제도 존치를 전제로 한 점진적 개선론이 학계의 지배적 입장이기

33 장영수, 국회의 기능활성화와 제어, 「공법연구」제32집 제5호, 2004, 124면.
34 정만희, 앞의 책, 195면.
35 성낙인, 헌법학, 박영사, 2008, 950면.
36 허영, 앞의 책, 904면.

도 하다.[37]

국정감사제도의 개선방안으로 일반적으로 거론되는 것들은 국정감사 대상기관의 축소, 과다한 서류제출문제의 해소, 증인채택 방법의 개선, 국정감사 지적사항에 대한 철저한 사후검증, 국정감사와 감사원 감사의 연계방안 등이 있다.[38]

최근에는 국회제도 개혁논의의 일환으로 제시되고 있는 국정감사제도의 개선방안으로 국회의 상시감사체제의 도입이 거론되고 있다. 즉 국정감사를 매년 정기적으로 단기간의 일회성으로 실시할 것이 아니라 소관 상임위원회 별로 국정감사를 상시화하여 실질적이고 실효성 있는 국정감사가 가능하도록 할 필요가 있다는 주장이 있으며, 이와 관련하여 감사원의 회계검사기능을 국회에 이관할 필요가 있다는 의견도 제시되고 있다.

현행 국정감사제도를 존치시키면서 그 개선방안을 강구하는 것은 헌법개정의 문제에 해당하지 않는 것이 대부분이며, 관련 법률조항들의 개정에 의한 제도개선과 그 운용상의 의식개혁에 의해 가능하게 됨은 물론이다.

(2) 국정감사대상기관의 축소문제

국정감사제도 개선방안에 관한 논의 중에서 특히 국정감사대상기관의 문제에 한정하여 볼 때, 지방자치단체를 그 대상기관에서 제외하는 방안을 적극 검토할 필요가 있다고 하겠다.

현행법상 국회의 지방자치단체에 대한 국정감사는 국가위임사무와 국가가 보조금 등 예산을 지원하는 사업에 한정하고 있으나, 실제에 있어서는 자치사무에 대한 감사까지 이루어지고 있고, 이러한 자치사무에 대해서는 합법성의 통제를 넘어 합목적적인 감사도 행해지고 있는 실정이다. 더욱이 국정감사에 관한 자료제출요구에 있어서도 중복적이고 과다한 자료제출요구가 문제되고 있다. 뿐만 아니라 지방자치단체는 국회의 국정감사를 비롯하여 감사원감사, 중앙부처에 의한 감사, 지방의회에 의한 감사, 자체기관에 의한 감사, 주민감사청구에 의한 감사 등 과도한 중복감사에 의해 지방자치단체의 행정력을 지나치게 소모시키고 자치단체의 자주성과 자기책임성을 크게 훼손시키는 심각한 문제가 있다.[39]

따라서 국회의 국정감사 대상기관은 원칙적으로 중앙행정기관으로 한정하는 것이 바람직하며, 위임사무에 국한하여 지방자치단체에 대한 국정감사가 필요한 경우에는 최소

---

37 임종훈, 앞의 논문, 65면 이하; 한국헌법학회, 「헌법개정연구」,2006, 234-236면; 홍완식, 헌법개정에 있어서 국회분야 논점, 「헌법학연구」제12권 제4호, 2006, 430-431면.

38 상세는 국회법제사법위원회, 앞의 연구보고서, 94면 이하.

39 김남철, 앞의 논문, 34면.

한의 범위에서 감사가 이루어져야 할 것이다.[40] 우리의 국정감사제도가 외국의 경우 그 입법례를 찾아볼 수 없는 한국에 특수한 제도이며, 따라서 외국에서는 국가기관인 국회에 의한 지방자치단체의 감사가 행해지지 않고 있으므로 국가위임사무나 국가가 예산을 지원하는 사업이라 하더라도 국회의 국정감사대상에서 제외하는 것이 옳다고 보며, 이 경우에도 중앙부처와 지방의회감사 등에 의해 지방자치단체에 대한 감독기능이 충분히 발휘될 수 있다고 하겠다.

4. 소 결

생각건대 현행의 국정감사제도가 제헌헌법시대 이래 한국의 정치현실에서 그 뿌리를 내려왔고 또한 국정에 대한 감시와 비판, 견제라는 순기능적 측면이 국민의 공감을 얻고 있지만, 반면에 이 제도는 선진외국에서 그 예를 찾아보기 어렵고 국정감사 실시가 과다한 감사대상기관의 선정 등에 따른 행정의 마비와 생산성 없는 비효율적 감사 등 역기능의 문제점도 적지 않게 드러나고 있다. 그렇다고 해서 국정감사제도 자체를 폐지할 것이 아니라, 87년 헌법에 의한 국정감사제도 부활의 헌법정신은 여전히 현 시점에서도 중요한 의미를 가진다고 보기 때문에 국정감사제도의 존치를 전제로 한 그 제도개선의 방안을 모색하는 것이 타당하다고 하겠다. 다만 우리의 국정감사제도가 한국적 민주주의를 정착시키기 위한 과도기적 제도로서의 특성도 가진다고 볼 수 있으므로 앞으로의 헌정운영과정에서 평화적 정권교체가 확고하게 정착되고 책임정치와 의회주의원리가 구현되는 시점에서는 현행 국정감사제도 자체에 대한 근본적인 재검토가 필요하다고 할 수 있다.[41]

Ⅴ. 헌법개정 논의와 국정감사제도

1. 정부형태와 국정감사제도

헌법의 개정논의를 전제로 할 때 현행 대통령제가 그대로 유지되는 경우에 국정감사권제도는 전술한 바와 같이 국회의 행정에 대한 감시와 견제를 통해 대통령의 잠재적 독재화의 우려를 해소할 수 있는 긍정적 기능을 발휘할 수 있는 장치로서 지금처럼 존치시키는 것이 바람직하다고 할 수 있다. 국정감사권이 외국에서 입법례를 찾아볼 수 없는 이

40 이 점과 관련하여 지방자치단체에 대한 국정감사가 꼭 필요한 경우에는 정기국회기간중이 아닌 다른 시점을 정하여 별도의 국정감사기간을 정하는 방안을 제시하는 입장도 있다. 임종훈, 앞의 논문, 65면.

41 성낙인, 앞의 책, 950면.

례적인 제도라 하더라도, 국회의 본래적 기능의 효율화를 위한 보조적 권능으로서 국정조사권이 서구 선진국가들의 경우처럼 일상적으로 활성화되지 못하고 있는 한국의 실정에서는 국정감사권에 의해 행정통제가 이루어지고 국민의 국정전반에 관한 알 권리를 충족시켜 준다는 점에서 여전히 그 존재의의를 인정할 수밖에 없다고 하겠다. 특히 '여소야대'가 아닌 '여대야소'의 통합정부 현상이 나타나는 경우 국회의 실질적인 행정통제기능을 기대하기 위해서도 국정감사권제도는 그대로 유지되면서 합리적 운영방안을 모색하는 것이 타당하다.

그러나 만일 정부형태를 변경하여 의원내각제로 헌법개정이 이루어지는 경우 국회의 국정감사권을 국정조사권과 함께 그대로 유지할 것인가에 관하여는 생각을 달리할 필요가 있다. 의원내각제 정부형태는 일상적으로 책임정치가 구현될 수 있는 민주적인 정부형태라는 점에서 대통령제에서 요구되는 국정감사권의 기능이 의원내각제에서는 거의 필요하지 않다고 할 수 있다.[42] 의회는 내각불신임권의 행사를 통해 상시 행정부에 대해 책임을 추궁할 수 있으므로 엄격한 권력분립원리를 전제로 한 국정감사제도는 무의미하다고 할 수 있으며 고전적 의미의 국정조사권만으로도 일상적인 의회의 행정통제가 이루어질 수 있다. 또한 이원정부제를 도입하는 경우에도 국정감사권의 존치여부가 문제될 수 있는데, 이원정부제는 집행부가 대통령과 수상으로 2원화되어 있으나 평상시 의원내각제로 운용되며 수상을 중심으로 하는 내각이 의회에 책임을 지는 정부형태를 의미하므로 국정조사권만으로 충분히 행정권을 통제할 수 있다고 보고 국정감사권은 폐지하는 것이 바람직하다고 할 수 있다.

2. 감사원 기능의 국회이관과 국정감사제도

현행 헌법상 감사원제도와 관련하여 대통령소속하에 있는 감사원을 국회소속으로 이관하거나 감사원의 회계검사기능과 직무감찰기능을 분리하여 회계검사기능을 국회에 이관해야 한다는 개헌논의가 제기되고 있다.[43]

감사원의 권한 중에서 국가의 세입·세출의 결산과 국가 및 법률이 정하는 정한 단체의 회계를 검사하는 권한을 국회에 이관하게 되는 경우 국회의 국정감사제도는 폐지하는

42 의원내각제의 전형을 이루는 영국의 경우 하원의 다수당과 집행부(내각)의 관계는 매우 긴밀한 공화 협력관계를 유지하며 내각의 존립이 다수당에 의해 좌우되므로 의회의 내각에 대한 국정조사권의 발동은 곧 내각에 대한 '불신임의 표현'(expression of no confidence)을 의미하므로 영국에서는 국정조사권의 발동이 그다지 빈번하게 발동되지 않는 것이 현실이다. 정만희, 앞의 책, 193면.

43 홍완식, 앞의 논문, 425－428면; 함인선, 감사원의 위상 및 기능의 재정립에 대한 검토, 헌법학연구 제9권 제2호, 2003, 201면 이하.

것이 타당하다고 본다. 국회에 국가의 결산검사권과 회계검사권을 부여하게 되면 이는 사실상 국회가 상시적으로 정부기관 전반의 재정에 대한 감사가 행해지는 것을 의미하며, 동일기관에 의한 국정감사와 회계검사 기능이 상당부분 중복될 수 있으므로 국정감사의 대상을 대폭 축소하거나 국정감사제도 자체를 폐지하는 것을 검토할 필요가 있다.

현행의 국정감사권이 국정조사권과 달리 국회의 예산의결권과 연계하여 예산안의 심의 의결의 선행기능으로 작동되고 있음에 비추어 감사원의 회계검사권을 국회에 이양하게 되면 국정감사제도를 계속 존치시킬 필요가 없게 된다고 할 수 있다.

감사원제도는 1962년 헌법에서 구 헌법상 감찰위원회의 직무감찰권과 심계원의 회계검사권을 통합하여 감사원규정을 신설함에 따라 채택된 것으로 현행 헌법에 이르기까지 그대로 유지되고 있는 제도이다. 1972년 헌법에 의해 국회의 국정감사권이 폐지된 이후 국가의 결산검사와 회계검사는 감사원제도를 활용하였으며, 1987년 헌법에서 국정감사권을 부활시키면서도 감사원규정은 그대로 유지되고 있는 것이다. 이처럼 국정감사권이 폐지된 시기에 감사원의 회계검사를 통해 국가의 재정통제가 이루어져 왔으나, 감사원이 헌법상 행정부소속기관으로 되어있기 때문에 그 직무의 독립성과 정치적 중립성을 기대할 수 없다는 이유로 그 회계검사기능이 국회로 이관된다면 예산의결권의 선행기능으로 국정감사권의 존재의의는 거의 상실되는 것이다.

Ⅵ. 맺음말

현행 국정감사제도가 1987년 헌법에 의해 부활되어 20년 이상의 운용과정에서 그 제도적 장점과 단점, 순기능과 역기능에 관하여는 객관적인 분석과 평가가 드러나 있으며, 그 제도개선방안에 관한 최근의 논의는 이 문제에 대한 높은 관심도를 말해주고 있다.

개헌문제와 관련하여 제기되는 국정감사제도 폐지론은 국정감사의 운용실태에서 나타나는 여러 가지 문제점과 한국 의회주의현실의 병폐에 대한 부정적 측면에서 볼 때 공감의 여지가 있다고 할 수 있다. 그러나 기본적으로 현행 헌법상 국정감사제도가 재도입된 헌정사적 배경과 당시 개정헌법 속에 담겨진 국민대표기관에 의한 권력통제기능의 제고와 강화라고 하는 헌법정신에 비추어 볼 때 국정감사제도의 성급한 폐지론은 재고되어야 할 것으로 생각된다. 국민의 입장에서도 국정감사의 역기능과 폐단에 대한 부정적 시각에도 불구하고, 강력한 국정통제기능을 수행하고 국민의 알 권리를 충족시켜 주는 국정감사제도에 상당한 기대와 관심을 가지고 있음을 부정할 수 없다고 할 때 현시점에서의 국정감사 폐지론은 설득력이 약하다고 할 것이다.

다만 국정감사제도를 유지하더라도 그 문제점 극복을 위한 개선방안에 대한 적극적 검토가 요구된다. 그 제도개선의 기본방향은 국정감사권의 범위와 대상을 축소해 나가면서 국정감사의 실효성을 확보하는 것이다. 그러기 위해서는 국정감사 대상기관을 대폭 축소하여야 할 것이며, 특히 지방자치단체에 대한 국정감사는 지방자치제도의 본질과 지방분권의 이념을 침해할 소지가 있으므로 원칙적으로 감사대상에서 제외하는 것이 바람직하다. 또한 국정감사결과 지적된 사항에 대한 철저한 사후 검증을 제도화할 필요가 있으며, 국정감사 실시과정에서 증인채택방법의 개선책 등이 반영되어야 할 것이다. 그리고 국정조사제도의 활성화를 위해서는 조사권발동의 절차적 요건을 완화해나가는 방안을 검토할 필요가 있다.

끝으로 헌법상의 통치구조나 정부형태와 관련하여 국정감사제도를 고려할 때 현행의 대통령제 정부형태를 책임정치구현을 위한 의원내각제로 변경하는 경우에는 국정감사제도는 사실상 무의미한 제도라 할 것이므로 의원내각제하에서는 국정감사제도가 폐지되는 것이 타당하다. 그리고 감사원제도와 관련하여, 감사원을 국회소속의 기관으로 하거나 감사원의 회계검사기능을 국회로 이관하는 경우에 국정감사제도의 존치여부가 문제될 수 있으나, 이 경우에는 국정감사와 회계검사 기능이 상당부분 중복될 수 있으므로 국정감사의 범위를 대폭 축소하거나 국정감사제도의 폐지도 검토할 수 있다고 본다.

12 헌법개정 논의*

–헌법개정의 필요성과 개헌절차· 방법에 관한 검토–

Ⅰ. 머리말

현행헌법이 1987년 제9차 개헌으로 채택되어 20여 년간의 시행과정을 거쳐 오는 동안 개헌논의가 여러 차례 전개된 바 있다. 1997년의 대통령선거과정에서 처음으로 내각제 개헌논의가 뜨겁게 대두되었으며, 그 후 2002년 대선과정에서도 각 정당의 후보들은 권력구조개편에 관한 개헌론을 내세웠다. 2007년 1월에는 노무현 대통령이 전격적으로 '대통령 4년 연임제'를 내용으로 하는 원포인트 개헌을 제안하였으나 무산되었으며, 2007년 12월 대선과정에서도 예외 없이 정부형태와 권력구조에 관한 개헌론이 제기되었다.

현행헌법에 대한 지금까지의 개헌논의의 특징은 첫째, 그 개헌논의가 주로 정치권에서 대통령선거를 배경으로 정치적 이해관계와 정략적 차원에서 정부형태와 권력구조를 중심으로 논의를 주도해 왔다는 점을 지적할 수 있다. 1997년의 대선에서 김대중 후보가 내각제개헌을 공약하여 이른바 'DJP연대'를 통해 대통령에 당선된 경우가 이에 관한 대표적인 사례라 할 수 있다. 이러한 정략적 개헌논의는 국민의 의사에 바탕을 두고 전개된 것은 아니었다.[1] 둘째, 2000년대에 들어와서는 학계를 중심으로 하여 헌법개정의 문제를 적극적으로 다루기 시작하였으며 시민단체 등 민간주도의 개헌논의도 활발하게 전개되었다는 점이다. 87년 헌법체제의 문제점 분석을 전제로 하여 헌법전반에 걸쳐 광범위한 개헌논의가 전개되었으며, 통치구조뿐만 아니라 헌법총강과 기본권조항에 관한 헌법개정의 방향과 내용에 관한 상당한 연구성과를 보이고 있다는 점이다. 특히 2006년에는 헌법관련학회를 비롯하여 각계 전문가로 구성된 연구단체 등에서 연구의 순수성을 담보하기 위하여 정치권의 개헌논의와는 무관하게 연구를 진행하여 현행헌법의 문제점에 대한 총체적 진단과 평가를 시도하였다는 점에서 그 의의가 크다.[2] 셋째, 최근에 와서 개헌논의의 특징은 국회가 중심이 되어 개헌논의를 주도하고 있다는 점이다. 2008년에는 국회내 의원들의 자발적인 헌법연구단체인 '미래한국헌법연구회'가 결성되어 활발한 개헌논의가 이루어지

---

* 「동아법학」 제47호(동아대학교 법학연구소, 2010. 5), 1~53면 수록.

1 정만희, 『헌법과 통치구조』, 법문사, 2003, 179면 이하.

2 학회와 전문가단체에 의한 대표적 헌법개정연구의 결과물로는 한국헌법학회, 2006 헌법개정연구위원회 최종보고서 「헌법개정연구」, 2006. 11; 한국공법학회, 「헌법개정안 연구보고서」, 2006. 12; 헌법포럼, 「헌법개정시안」, 2006. 1(월간조선 2006. 1월호 별책부록) 참조.

고 있으며,[3] 헌정사상 최초로 제18대 국회구성 직후 김형오 국회의장 직속기구로 '헌법연구자문위원회'가 2008년 9월 설치되어 공식적인 개헌연구조사를 진행하여 2009년 8월 결과보고서가 간행되었다.[4]

국회 헌법연구자문위원회의 결과보고서의 내용은 총강과 기본권, 통치구조 전반에 걸쳐 개헌의 방향과 구체적 내용을 담고 있다. 통치구조에 있어서도 정부형태 뿐만 아니라 입법부와 법원, 헌법재판소 등 통치기구 전반의 개헌방향에 관하여 기술하고 있으며, 기본권조항에 관하여도 새로운 기본권의 신설과 기본권전반의 정비 강화를 제시하고 있다.

현행헌법 개정의 필요성에 관하여 헌법연구자문위원회는 "현행헌법이 국민의 민주화의 열망을 담아 국민의 기본권의 실질적 신장과 권위주의 정치체제 타파의 밑거름이 됐으나, 지난 20여 년간 국내외의 정치, 경제, 사회적 환경의 급변으로 인해 기존의 사고와 패러다임으로는 해결할 수 없는 문제들이 도처에서 노정되어 국가시스템 전반에 걸쳐 헌법적 차원에서 재검토가 불가피해졌다"는 것을 논거로 제시하고 있다. 특히 개헌대상의 핵심영역이라 할 수 있는 권력구조 면에서는 "권력집중이 가져오는 헌정운영상의 폐해와 5년 단임제가 초래한 정치적 책임성의 약화, 지나친 권력경쟁으로 인한 국민적 통합의 저해 등과 같은 문제점들이 끊임없이 지적돼 왔으므로 이를 바로잡기 위해 합리적인 권력분산 등을 통해 국가시스템의 골간을 개혁하기 위해" 개헌이 필요하다는 것이다.[5] 또한 현행헌법의 대통령제적 요소와 내각제적 요소의 혼재로 인한 모순과 사법의 독립성 결여, 헌법재판의 불완전성 등 헌법 내에서의 규범 상호간의 충돌 또는 규범자체의 흠결이 드러남으로써 이의 보정과 해소를 통해 헌법의 완결성을 제고해기 위해 헌법개정이 필요하다는 것이다. 기본권분야에서는 생명·과학·기술·정보·통신의 급격한 발전과 이에 따른 사회변화로 새로운 기본권이 등장하는가 하면 기존의 기본권도 새로운 시대에 부응하도록 보완 발전시켜야 할 필요성이 커졌으므로 이를 헌법에 수용하여 헌법이 실제 국민생활의 기본적 가치체계로 기능할 수 있도록 개정해야 한다는 것이다. 요컨대 현행헌법은 지난 20여 년간의 시행과정에서 규범과 현실의 괴리가 노정되고 규범자체의 흠결과 운용상의 문제점 등으로 개정의 필요성이 강하게 요청된다는 것이다.[6]

그러나 현행헌법이 이러한 문제점들을 드러내고 있다 하더라도 과연 헌법을 전면적

---

3 제18대 국회의원들로 구성된 미래한국헌법연구회(2008년 6월 창립)는 이주영·이낙연·이상민의원을 공동대표로 하여 186명의 의원들이 참여하고 있으며 그동안 개헌에 관한 학술세미나와 전국순회 토론회 등을 활발하게 전개해오고 있다.

4 국회 헌법연구자문위원회 결과보고서 작성에 참여한 13인의 위원 명단은 다음과 같다. 김종인(위원장), 성낙인(부위원장), 함성득(간사), 박인수, 석종현, 오동석, 유평준, 이재호, 이창기, 장영수, 장훈, 정만희, 정종섭.

5 국회 헌법연구자문위원회 결과보고서(2009. 8), 3면.

6 헌법연구자문위회 결과보고서, 4-6면.

으로 개정해야 하는가, 개정의 필요성과 당위성에 관한 국민적 공감대가 형성되어 있는가, 그리고 현시점에서 시급히 개정해야 하는가에 관하여는 적지 않은 의문이 제기 될 수 있다.[7] 국회의 헌법연구자문위원회의 연구결과는 헌법개정을 전제로 할 때 현행헌법 전반에 걸쳐 개정의 방향과 내용의 연구결과를 구체적으로 기술하고 있으나 그것이 향후 개헌문제가 현실화될 때 위원회 보고서의 내용대로 전면적 개헌이 이루어져야 한다는 것을 의미하는 것은 아니다. 학계에서의 헌법개정에 관한 최근의 연구결과도 헌법 전반에 걸친 학계차원의 개정방향과 내용을 기술한 것이지 헌법개정의 방법이 헌법규범을 전면적으로 개정해야 한다는 것은 아니라고 본다. 개헌의 시기에 관하여도 헌법연구자문위원회 보고서는 "대통령선거나 국회의원선거가 없어 비교적 차분하게 헌법개정을 논의할 수 있는 제18대 국회의 전반기가 적절하다고 보고 2010년 지방선거 전까지 헌법개정절차를 마무리하는 것이 보다 이상적"이라고 기술하고 있다.[8] 그러나 2010년에 접어들어온 현시점에서 6월 지방선거를 앞두고 개헌논의가 공론화될 것을 기대하기는 사실상 불가능하다고 할 수 있다.

현행헌법의 개정논의는 현행헌법 이전의 과거 개헌과정과는 달리 정치적 격변기나 비상사태 하에서의 개헌논의가 아니라 헌법규범이 정상적으로 작동되고 있는 비교적 평화시의 개헌논의라는 점에서 그 특징이 있다. 이 점에서 이번의 개헌논의는 충분한 시간을 두고 범국민적 논의를 거쳐 국민적 합의를 도출하는 것이 어느 때보다도 필요하다. 현재의 개헌논의 시점이 당장 개헌을 하지 않으면 안 되는 불가피한 정치적 상황 속에 놓여 있는 것은 아니기 때문이다. 그렇다고 해서 현실의 정치상황이 개헌에 관한 국민의 의사에 기초한 여야간의 합의에 따른 민주적 개헌을 쉽게 기대할 수 있는 것도 아니라고 할 수 있다. 그리고 국회가 중심이 되어 개헌논의를 주도해 왔지만 대통령과 정부의 입장은 매우 소극적으로 비춰지고 있는 것도 개헌논의의 걸림돌로 작용하고 있다. 더욱이 최근 이명박 정부의 '세종시 원안수정' 문제를 둘러싼 국론의 심각한 분열양상의 현실을 볼 때 이미 개헌론은 물건너 간 것이나 다름없다는 예상도 무리는 아니라고 할 수 있다.

본고에서는 이러한 문제상황을 인식하면서 헌법개정의 법리를 개관하고 최근 우리 사회의 개헌논의의 핵심문제인 개헌의 필요성과 당위성에 관하여 근본적인 재검토를 시도하며, 헌법개정절차의 개정문제와 개헌의 방법과 시기문제 등을 검토하도록 한다.

---

7 정만희, 정부형태에 관한 헌법개정의 방향, 한국헌법학회, 『헌법학연구』 제14권 제4호, 2008, 273면.
8 헌법연구자문위원회 결과보고서, 6-7면.

Ⅱ. 헌법개정의 헌법이론적 기초

1. 입헌주의헌법의 이념적 기초로서 경성헌법주의

근대 입헌주의헌법의 탄생과 함께 거의 모든 성문헌법은 硬性헌법(rigid constitution)주의를 취하고 있음은 말할 것도 없다. 국가적 조직의 기본법으로서 헌법은 상당한 정도 항구성과 안정성을 가져야 하며, 국민의 기본권보장의 이념을 실현하기 위하여 자의적 권력에 의한 헌법의 침해로부터 헌법규범을 수호하기 위하여 엄격한 헌법개정절차를 명문화함으로써 헌법의 운용과정에서의 헌법개정의 곤란성을 담보하고 있다.

경성헌법주의를 취하는 경우에도 독일과 같이 통상적인 법률의 개정절차를 통하되 의회의 의결정족수를 가중다수로 강화하는 유형이 있으며, 프랑스나 우리나라처럼 의회의 의결과 국민투표를 거쳐 개헌안을 최종 확정하는 유형이 있다.[9] 국민투표에 의한 헌법개정안의 확정은 국민적 합의에 의한 민주적 정당성을 확보하고 헌법개정의 곤란성을 유지한다는 점에서 바람직하다고 할 수 있으나, 헌법규범과 정치현실의 괴리를 극복하고 헌법규범의 현실적응성을 확보하기 위한 헌법개정의 문제에 용이하게 대처하기 어렵다는 점이 지적될 수 있다.

그러나 한편 아무리 엄격한 경성헌법주의라 하더라도 개별 국가의 입헌주의의 수준에 따라서는 집권자의 헌법에의 의지가 없거나 국민의 헌법수호의 의지가 약한 경우에는 집권자의 정치적 의도에 따라 빈번하게 개헌이 이루어질 수 있음은 주지의 사실이다.[10]

---

9 독일 기본법의 개정은 기본법의 문구를 명시적으로 변경 또는 보충하는 법률에 의해서만 가능하며 이러한 기본법개정법률은 연방의회의원 3분의 2의 찬성과 연방참사원 표결수의 3분의 2의 찬성을 필요로 한다(독일기본법 제79조). 벨기에, 노르웨이, 네덜란드 헌법은 의회의 헌법개정안이 성립되면 의회가 해산하고 총선거 후 새로 구성된 의회가 헌법개정안을 의결하도록 하고 있다. 헌법개정에 국민투표절차를 규정하고 있는 경우는 프랑스, 이탈리아, 오스트리아헌법 등이 있으나 여기서의 국민투표는 모든 헌법개정절차에 요구되는 것이 아니라 예외적인 경우에 국민투표를 실시하도록 규정하고 있다. 프랑스헌법의 헌법개정절차(제89조)는 총리의 제안에 의한 대통령 또는 의회의원에 의해 헌법개정안이 발의되고 양원에서 가결되어야 한다. 가결된 개정안은 국민투표에 회부하거나 양원합동회의가 소집된 의회에 회부하는 두 가지 방법이 있는데 대통령이 개정안을 발의하여 양원합동회의에 회부한 경우에는 국민투표에 붙이지 아니한다. 개정안은 의회의 양원합동회의에서 유효투표의 5분의 3 이상의 다수로 승인을 얻어야 한다. 독일과 프랑스의 헌법개정절차와 그 실제에 관한 상세는 정만희, 『비교헌법강의』 제2판, 세종출판사, 2009, 257－259면, 336면 이하.

10 영국의 헌법학자 케네드 웨어는 헌법개정의 용이성과 빈도는 헌법개정절차의 곤란성에 좌우되는 것이 아니라 그것 보다는 정치사회의 지배적 세력이 그 헌법에 얼마나 만족하고 순응하고 있는가의 정도에 달려있다고 설파한 바 있다. 이 점에서 제임스 브라이스도 경성헌법과 연성헌법의 분류는 통상의 법률개정절차와 구별되는 헌법개정절차의 특수성과 곤란성을 기준으로 하는 것은 의미가 없기 때문에 개정의 절차적 요건(procedural requirements)보다는 현실적인 변경(actual change)의 정도를 기준으로 사용되어야 한다고 기술하고 있다. K.C. Wheare, Modern Constitutions, 2nd ed., 1966, p.23; Leslie Wolf－Phillips, Comparative Constitutions. 1972,

우리 헌법은 제헌당시에는 국회의 의결만으로 헌법개정을 가능하게 하였으나, 1962년 헌법부터 헌법개정절차에 필수적 국민투표제도를 도입하였다. 하지만 국민투표제 도입 이후에도 제6차 개헌과 제7차 개헌을 통해 나타난 대통령의 장기집권에의 욕구는 국민에 대한 여론을 호도하여 개헌을 정치적 욕구를 충족시키는 도구로 전락시킨 바 있다.

헌법은 이념적으로 경성헌법주의를 요구한다. 우리 헌정사에 있어서 제1차 개헌과 제2차 개헌은 국민의 의사가 철저히 무시된 채 반민주적이고 위헌적으로 행해진 개헌으로 국민투표제가 채택되지 않은 가운데 국회의 의결만으로 단행되었다는 사실에서 개정절차의 곤란성과 경성헌법주의는 한국의 헌법현실에서 여전히 필요한 제도임에 틀림없다.[11]

입헌주의헌법의 전형이라 할 수 있는 미국헌법은 세계에서 가장 어려운 헌법개정절차를 두고 있다.[12] 1787년 헌법제정 이래 220년 이상의 헌법운용과정 속에서 27회의 헌법개정이 있었으나, 그 개정 내용은 주로 기본권보장을 강화하기 위해 기본권조항을 증보한 것이 대부분이며 통치구조의 기본 틀은 그대로 유지되고 있는 점에서 경성헌법주의의 모범을 보여주는 대표적인 사례이다. 미국헌법이 연방국가원리를 채택하였기 때문에 그 개정절차에 있어서 연방을 구성하는 각 주의 비준을 얻어야 하는 요건 때문에 현실적으로 개정이 어려운 점도 있으나, 기본적으로는 헌법의 운용과정에서 헌법의 흠결이 문제되더라도 가능한 한 헌법전을 그대로 유지하면서 헌법해석과 헌법운용의 묘를 살려 헌법제정자의 정신을 준수하면서 헌법규정의 의미를 보충하고 보완해 왔던 것이다. 즉 미국헌법의 헌법개정절차 규정은 기본적으로 통치의 헌장으로서 헌법은 '항구적이고 변경하기 어려운'(permanent and unalterable) 것이어야 한다는 관념에 기초하면서 헌법의 변화(constitutional change)의 요구에 적응할 수 있는 합법적 수단의 하나로 채택된 것으로 헌법제정자들의 보수적 사고를 반영한 것이다.[13]

---

pp.13－14.

11 이 점에 관하여 성낙인 교수는 "헌법개정에 반드시 주권적 의사가 직접적으로 개입되어야 할 필요성이 있는가에 대해서는 의문을 가질 수 있지만 한국헌법사의 불안정한 '헌법의 왈츠시대'를 극복하기 위한 불가피한 선택으로 보인다"고 기술하고 있다. 성낙인, 『헌법학』 제10판, 법문사, 2010, 53면.

12 미국 연방헌법의 개정절차는 연방의회가 헌법개정안을 제출하기 위하여 연방의회 양원의 3분의 2 이상의 다수에 의하거나 또는 모든 주의 3분의 2 이상의 주의회의 요구가 있는 경우 헌법개정을 발의하기 위한 헌법개정회의를 소집해야 하며, 그 개정안에 대한 비준은 모든 주의 4분의 3 이상의 주의회 또는 주 헌법회의에서 승인을 얻도록 규정하고 있다(제5조). 이러한 헌법개정절차에 의해 1789년 이래 5,000건 이상의 헌법개정안이 연방의회에 제안되었으나 그 중 33건만이 연방 양원의원 3분의 2 찬성요건을 충족하여 헌법개정안 발의가 의결되었을 뿐이다. 그리고 각 주의회 4분의 3의 찬성으로 개정안이 비준된 수정조항은 지금까지 27개조에 불과하다. Walter Dellinger, The Legitimacy of Constitutional Change: Rethinking the Amendment Process, 97 Harvard Law Review, 386, 427(1983).

13 Walter Dellinger, Id. at 430－432.

미국헌법은 제정 이후 수많은 시대적 격변을 거치는 가운데 헌법제정 당시 예측하지 못했던 변화의 조건들에 적응하는 수단으로 헌법개정(constitutional amendment)과 헌법해석(constitutional interpritation)의 두 가지 방법을 이용할 수 있었으나, 헌법개정의 방법은 현실적으로 빈번하게 이루어질 수 어렵기 때문에 기본적으로 헌법해석을 통해 헌법의 의미를 점진적으로 보충하고 수정해 왔던 것이다.[14] 헌법해석의 가장 합리적인 유형은 법관의 판결에 의한 해석이며, 특히 연방대법원의 최종적인 유권적 헌법해석은 미국헌법체계의 주요한 보호수단으로 간주되고 있다. 예컨대 미국헌법상 기본원리로 확립된 사법심사제(judicial review)나 적법절차조항에 의한 기본권보장의 확대라든지 대통령선거제도에 있어서 간선제 규정이 직선제로 운용되고 있는 것 등은 헌법개정과 관계없이 헌법의 해석과 운용의 산물을 의미한다.

일본의 경우를 보면 1947년 헌법제정 이후 헌법개정에 관한 논의가 여러 차례 있었으나 아직까지 헌법개정이 한 번도 행해지지 않은 것이 특색이다. 제헌 초기부터 20여년간은 개헌논의가 뜨겁게 전개되어 내각에 헌법개정을 위한 헌법조사회를 구성하여 7년간의 연구조사를 통해 보고서가 채택되기도 하였으나 현실적으로 국민의 개헌에 대한 무관심 등으로 아직까지 국회에 개헌안이 발의된 것은 한 번도 없다.[15]

이와 같이 입헌주의의 성문헌법은 기본적으로 경성적 헌법개정절차 규정을 통해 헌법질서의 안정성을 확보하며, 원칙적으로 형식적 헌법개정절차에 의한 헌법의 변화만을 허용함으로써 개정절차에 의하지 않는 헌법변경의 시도를 차단함으로써 국민적 합의에 기초한 통치체제의 정당성(legitimacy of a regime)을 유지하게 된다.[16]

2. 헌법의 규범력과 헌법해석·헌법개정의 필요성

위와 같이 입헌주의헌법은 권력에 의한 헌법개정이 용이하게 이루어질 수 없도록 기본적으로 개정의 곤란성을 요구하게 되지만, 다른 한편 헌법운용의 현실에서 헌법규범과 현실의 괴리가 발생하게 되는 문제가 있다. 헌법규범과 현실의 괴리는 곧 헌법의 규범력과 실효성을 유지할 수 없게 되는 심각한 문제를 야기하게 된다. 즉 국가공동체의 정치적·사회적·경제적·문화적 여건과 국제적 환경 등의 변화에 따라 헌법규범과 정치현실의 불일치가 지속되고 규범과 현실의 괴리가 점점 더 커지게 되면 헌법개정을 통해 현실을 규범에 반영하여 헌법의 규범력을 유지시키는 것이 필요하게 된다. 헌법규범과 정치현실

14 C. Herman Pritchett, The American Constitutional System, 3rd ed., 1971, pp.15－16.
15 阿部照哉,, 憲法の制定·改正·變遷, 『比較憲法學硏究』, 1990, 제2호, 5면.
16 Walter Dellinger, id. 430－431.

의 괴리를 방치함에 따른 정치적 세력간의 갈등과 대립은 헌법에 대한 불만과 가져오게 되고 극단적으로 실력의 행사에 의한 헌법의 파괴를 초래할 위험이 있기 때문이다. 그러므로 변화된 정치적 상황에 대응하여 헌법의 불비와 흠결을 보완하여 헌법의 규범력을 유지하고 정치세력간의 갈등과 대립에 의한 헌법의 파괴를 미연에 방지하기 위해서는 헌법의 개정이 불기피하게 되는 것이다.[17] 그렇다고 해서 헌법의 개정을 너무 쉽게 만들게 되면 헌법의 현실적응능력은 있으나 안정적 질서유지에 문제가 생길 수 있다. 즉 국가의 기본법질서를 쉽게 자주 바꾸는 것은 헌법생활의 안정성과 질서유지에 어려움이 생기는 문제가 있다.[18]

요컨대 국가의 기본법질서로서의 헌법은 역사의 발전과 사회의 변화에 따라 이에 적응하지 않으면 안 되는 것이지만, 이러한 변화에 대해 헌법은 일차적으로 헌법규정의 개방성과 헌법의 불확정성을 통해 어느 정도 적응할 수 있게 된다. 헌법규범은 개방성과 불확정성을 본질적 특성으로 하기 때문에 정치적 상황과 여건의 변화에 따라 탄력성 있게 적응할 수 있으며, 이러한 헌법규범의 개방성에 따른 현실적응성의 요청은 헌법재판을 담당하는 헌법재판소의 헌법해석을 통해 어느 정도 실현될 수 있는 것이다. 헌법의 해석은 추상적이고 개방적인 헌법규범에 대한 올바르고 객관적인 의미를 찾아내는 법발견의 기능뿐만 아니라, 시대적 변화에 따른 역사적, 사회적 요구와 국민적 욕구 또는 의식에 부합하는 '헌법의 창조적 기능'을 수행함으로써 헌법이 추구하는 이념에 위배되지 않는 범위에서 현실적응성 있는 헌법의 적용이 가능하게 된다.[19] 그러나 이러한 헌법해석을 통해서도 헌법의 현실적응성을 실현할 수 없고 헌법규범과 헌법현실의 괴리를 극복할 수 없는 경우에는 결국 헌법개정의 절차로 이행함으로써 이 문제를 해결하게 된다. 말하자면 헌법의 개정은 헌법의 '규범적 기능'을 높이기 위해 필요한 절차인 것이다.[20]

헌법의 개정은 헌법개정권력의 행사를 통해 기존 헌법의 기본적 동일성을 유지하면서 헌법에 정한 헌법개정절차에 따라 의식적으로 헌법의 조항을 수정·삭제·변경하는 것을 말한다. 여기서 헌법개정권력은 헌법에 의해 제도화된 권력으로서 그것은 헌법을 제정하는 시원적 권력을 의미하는 헌법제정권력에 구속되는 권력이므로 헌법개정권력의 행사에는 일정한 한계를 갖게 된다. 따라서 헌법의 개정으로 헌법제정권자의 근본적 결단에

17 권영성, 『헌법학원론』, 법문사, 2009, 51-52면.
18 계희열, 『헌법학(상)』, 박영사, 2005, 105면.
19 헌법의 해석에 관하여 헌법재판소는 "헌법의 해석은 헌법이 담고 추구하는 이상과 이념에 따른 역사적, 사회적 요구를 올바르게 수용하여 헌법의 방향을 제시하는 헌법의 창조적 기능을 수행하여 국민적 욕구와 의식에 알맞은 실질적 국민주권의 실현을 보장하는 것이어야 한다"고 판시하고 있다. 헌재 1989. 9. 8. 88헌가6.
20 허영, 『한국헌법론』,박영사, 2009, 48면.

해당하는 헌법의 핵 또는 본질적 구성부분은 헌법개정의 대상이 될 수 없는 것이다. 그리고 헌법개정권력의 주체는 국민주권원리 하에서 국민투표로 헌법개정이 확정되는 경우에는 당연히 국민(국민투표권을 가진 국가기관으로서의 국민)이 그 주체가 되지만 의회의 의결만으로 헌법개정이 확정되는 경우는 사실상 국민의 대표기관인 의회가 그 주체가 된다.[21] 이와 같이 헌법은 그 운용과정에서 규범력과 현실적응성을 유지하기 위한 수단으로 국민의 의사에 따른 헌법개정이 행해지게 된다.

여기서 헌법의 개정과 관련하여 '헌법의 변천'(Verfassungswandlung) 개념[22]을 인정하는 입장에서는 이 헌법변천을 통해 헌법의 개정 없이 동일한 헌법규정의 내용을 여건의 변화에 따라 탄력성 있게 적응시킬 수 있는 경우도 생각해 볼 수 있다.[23] 그러나 헌법규정을 아무리 탄력성 있게 규정한다고 해도 그 현실적응가능성에는 한계가 있기 마련이며 따라서 헌법의 변천 가능성에도 한계가 있게 된다.[24] 따라서 이 헌법변천의 한계를 벗어나는 시점부터 헌법개정의 필요성이 인정되는 것이라 할 수 있다. 그러나 우리 헌법의 운용에 있어서 특정 헌법규정의 내용에 대해 헌법의 변천을 인정할 수 있는 여지는 거의 없으며,[25] 헌법변천 이론은 과거 독일의 19세기 옐리네크의 '완성된 사실'이론에 기초한 것으로 그것이 현대의 입헌주의시대에도 그대로 적용될 수 있는 것은 아니라고 할 것이다. 헌법의 변천을 인정하게 되면 사실상 헌법의 규범성을 부정하고 '헌법침해'를 허용하는 것이 되므로 헌법변천이론으로 헌법개정의 문제를 대체할 수 있는 것은 아니라고 본다.[26]

3. 헌법개정의 필요성에 관한 국민적 합의

헌법의 개정은 위와 같이 헌법운용과정에서 현실적응성을 위해 필요하고 그 필요성

---

21 김철수, 『헌법학개론』, 박영사, 2007, 44면.

22 헌법의 변천이란 헌법개정의 절차를 거치지 않고 헌법규범의 내용에 변경을 가져오는 경우를 말한다. 즉 특정의 헌법조문이 그대로 존속하지만 그 의미내용이 실질적으로 변경되는 경우로서 명시적으로 실정헌법 조문을 변경하는 헌법개정과 구별된다. 헌법변천의 개념으로 헌법내용의 변경이라는 법적 효력을 인정할 것인가에 대하여 국내학설은 긍정설과 부정설로 나뉘고 있다. 긍정설의 대표적 입장은 권영성 교수(앞의 책, 61면)이며 부정설에 관하여는 정종섭, 『헌법학원론』, 박영사, 2009, 79면 참조.

23 예컨대 일본 헌법 제9조의 평화헌법조항에 위배되는 현실로서 사실상 막강한 군사력을 의미하는 '자위대' 문제는 자위를 위한 군대나 전력의 보유를 금지하는 헌법규정에 반하지만 헌법변천이론으로 정당화되고 있음을 볼 수 있다. 阿部照哉, 앞의 논문, 9면.

24 계희열, 앞의 책, 105-106면.

25 한국헌법사에 있어 헌법변천으로 인정될 수 있는 사례를 찾아본다면 1962년 헌법 이래 역대헌법에 지방자치를 위한 지방의회에 관한 규정이 있었으나 현실에 있어서 입법의 지연으로 1991년 상반기까지 지방의회가 구성되지 않고 관치행정으로 운용되어 왔다는 것을 들 수 있다. 현행헌법상 영토조항을 헌법변천으로 보는 견해가 있으나, 시대적 상황의 변화에 따라 영토조항의 의미내용에 변화가 있는 것이 아니라 대북정책의 변화가 있을 뿐이므로 헌법변천으로 보기 어렵다.

26 정종섭, 앞의 책, 78-79면.

의 이유와 근거에 관하여 정치권에서 논의되고 학계의 이론적 검토를 통해 지지를 받는다고 해서 바로 헌법개정절차로 이행할 수 있는 것은 아니다. 헌법의 개정은 헌법제정권자이며 헌법개정권자인 국민이 그 주체가 되는 것이므로 국민적 합의가 도출되지 않은 상황에서 정치권에서 개헌안을 발의하는 것은 정당화되기 어렵다. 예컨대 정치권에서 주도적으로 정치적 세력간의 타협과 협상으로 헌법개정안에 잠정적 합의가 이루어졌다고 해서 그 개헌안이 국민적 공감대를 바탕으로 한 국민적 합의가 전제된 것이라고 말할 수 없다. 국민의 다수의사에 기초한 민주적 개헌이 이루어지기 위해서는 개헌논의가 국민으로부터 정치권에 대하여 상향적으로 공론화되어야 하는 것이 요구되며, 과거의 권위주의시대의 헌정사에서 빈번하게 나타난 바와 같은 권력담당자들에 의한 하향적 개헌논의는 더 이상 허용되기 어렵다.

개헌논의의 공론화를 통한 국민적 합의의 도출을 위해서는 기본적으로 각 정당의 적극적 활동이 필요하며, 특히 민주적 정당조직에 의한 여론수렴과 상향적 의사결정과정에 의해 국민의 개헌에 관한 의사가 반영되어야 한다. 이 점에서도 당내민주주의의 중요성이 강조될 수밖에 없는 것이다.[27] 오늘날 정당국가적 민주주의에 있어서 정당은 국민과 국가기관 사이의 중개적 권력체로서 국민의 다양한 의사를 수렴하고 집약하여 상향적으로 국가의사결정과정에 반영함으로써 국민의 정치적 의사형성에 참여하는 것이 본질적 기능이므로 개헌논의에 있어서도 개헌에 관한 국민의 의사를 형성하는 데 주도적으로 참여하는 것이 요구된다. 학계와 언론기관 및 시민단체 등도 여론조사와 공청회·토론회 등을 개최하여 공론화과정에 능동적으로 참여해야 할 것이다. 특히 공법학계는 과거 헌법개정논의에서 수수방관했던 병폐에서 벗어나 적극적으로 개헌논의에 참여하고 개헌방향을 제시하는 것이 필요하다.[28]

헌법개정의 민주적 정당성을 확보하기 위해서는 국민의 대표기관인 국회가 주도하여 개헌안의 발의가 이루어져야 할 것이지만, 그 과정에 국민의 활발한 참여가 보장되어야 하는 것이 중요하다. 헌법개정사항에 관한 다양한 이해관계를 고려하여 국민이 이를 숙지하고 충분한 의견교환이 이루어질 수 있는 '열린 공론의 장'을 통해 개헌을 추진해야 할 것이다.[29]

---

27 정당의 당내민주주의에 관한 것은 계희열, 앞의 책, 면; 정만희, 앞의 책(주1), 507면 이하.

28 헌법개정논의에 학계의 참여를 강조하는 김철수 교수는 헌법개정이 공론화되면 '판도라의 상자' 처럼 좌·우파간의 이념 대립이 심화될 우려가 있으므로 골법학계가 좌·우파간의 이데올로기적 대립을 중화시키는 역할을 하여야 한다고 주장한다. 김철수, 한국헌법 60주년과 헌법개정문제, 한국헌법학회 제145회 학술대회 발표논문 「헌정 60년회고 헌법재판과 민주주의」, 2008, 11－12면.

29 헌법연구자문위원회 결과보고서, 7면.

결국 개헌이 정당화되기 위해서는 먼저 개헌의 필요성에 관한 국민적 합의가 전제되어야 하는 것이며, 따라서 “지금 개헌이 필요한 시기인가?”에 관한 판단도 개헌의 필요성에 관한 국민적 합의과정을 거쳤는가의 여부에 달려있다고 할 수 있다. 즉 국민적 합의는 개헌의 ‘필수조건’을 의미한다.[30]

그러므로 앞으로의 개헌이 국민적 정당성을 가지기 위해서는 개헌논의과정이 민주적이고 개방적이어야 하며 개헌의 공론화과정이 시민사회의 다양한 의견과 요구를 수렴하고 집약하여 국민의 의사가 상향적으로 개헌안에 반영되어야 한다. 개헌을 주도하는 소수의 정치세력에 의한 하향적 여론형성이라든지, 특정 정치집단의 정략적인 이해관계 속에서 정치권이 일방적으로 개헌의 방향을 국민에게 유도하는 것은 허용될 수 없다. 2007년 1월 노무현 대통령의 전격적인 개헌제안이 무산된 것도 개헌에 관한 국민의 문제의식이 충분히 성숙되지 않은 상태에서 성급하게 개헌을 제안하였기 때문이며, 이러한 개헌의 전제조건으로서 사회적 합의가 결여된 개헌제안은 인정하기 어렵다.[31]

또한 개헌논의가 정치권에서 합의를 이루어 현실적인 개헌절차를 밟게 되는 경우 제안된 개헌안에 대한 일정한 공고기간(20일 이상)과 그 개헌안의 국회 의결시까지의 기간(60일 이내) 및 국회의결 이후 국민투표에 붙이기까지의 일정 기간(30일 이내)은 개헌안에 대한 국민적 콘센서스를 형성하기 위한 기간이므로 개헌안에 대한 국민의 찬반토론이나 의사발표의 자유가 최대한 보장되어야 한다.[32] 과거 한국의 헌법개정사를 보면 개헌안에 대한 최종적인 국민투표절차를 거쳐 형식적인 민주적 정당성은 확보되었다고 하더라도 개헌과정에서 일반국민의 자유로운 토론과 의사표현의 공론화과정이 제대로 실현되지 못하였기 때문에 실질적으로는 개헌에 대한 국민적 정당성을 인정하기 어려웠음을 부정할 수 없다. 이 점에서 앞으로는 국민을 위한 개헌이 되기 위해서 개헌안에 대한 국민의 찬반투표가 허용될 수 있도록 국민투표법의 개정을 적극적으로 검토할 필요가 있다 할 것이다.[33]

30 오호택, 헌법개정의 절차와 헌법개정의 가능성, 『헌법학연구』 제13권 제1호, 2007, 490－491면.
31 노무현 대통령의 개헌안에 대한 비판적 입장에 관하여는 김종철, 대통령 4년 연임제 ‘원 포인트’ 개헌론에 대한 비판적 검토, 『헌법학연구』 제13권 제1호, 2007, 79면 이하.
32 허영, 앞의 책, 54－55면.
33 김철수, 헌법개정의 기본방향, 『헌법학연구』 제10권 제1호, 2004, 53－54면.

Ⅲ. 현행 헌법 개정의 필요성에 대한 검토

1. 개헌논의의 특징과 헌법사적 의의

(1) 비상적 상황이 아닌 평상시의 개헌논의

현행헌법에 대한 개헌논의의 두드러진 특징은 과거 한국헌정사에 있어 구 헌법들의 개헌논의와 비교할 때 혁명이나 쿠데타 등 정치적 격변의 시기가 아닌 비교적 헌정질서의 평온과 안정이 유지되는 평상시에 있어서 개헌논의가 전개되고 있다는 점을 지적할 수 있다. 제헌헌법 하에서 행해진 제1차 개헌은 전시의 비상계엄하에서 국민적 공감대 형성과는 전혀 관계없이 대통령의 권력욕구에 따른 개헌이었으며, 제2차 개헌도 국민적 합의를 도출하지 않고 집권자의 의지에 따른 강압적 개헌이었다. 제3차 개헌과 제5차 개헌은 각각 4. 19혁명과 5. 16 군사쿠데타의 산물을 의미한 것이었음은 물론이다. 이른바 유신헌법과 제5공화국헌법의 성립을 의미하는 제7차 개헌과 제8차 개헌도 개헌의 공론화과정 없이 비상적 상황에서 전격적인 개헌작업이 이루어진 것이다. 제9차 개헌인 87년 헌법은 대통령 직선제를 열망하는 시민들의 6월항쟁의 산물이지만 충분한 시간을 두고 공론화과정을 거친 것은 아니다.[34] 더욱이 실질적인 전문가의 참여의 기회가 개정과정에서 소외되고 정치적 야합으로 개정이 이루어진 까닭에 개선된 측면 못지않게 헌법체계성의 왜곡이 초래되었다는 지적도 있다.[35]

그러나 현행헌법에 대한 개헌논의는 그동안 주기적인 대통령선거시마다 정치권을 중심으로 개헌논의가 표출되었다. 그것은 당리당략과 정치적 이해관계를 벗어나지 못한 것이었으나 그 이전의 개헌논의와는 성격이 다른 것이라 할 수 있다. 또한 2000년을 전후하여 제기된 개헌논의는 학계와 시민단체를 중심으로 헌법전반에 걸친 체계적인 연구활동이 활발하게 전개되고 있는 것이 특징이다. 최근에는 국회가 적극적으로 개헌문제의 공론화를 위한 연구활동에 참여하고 있는 것은 매우 이례적인 현상이다.

이러한 개헌논의는 과거와는 달리 개헌주도세력에 의한 하향적 논의가 아니라 정치권뿐만 아니라 학계와 시민단체 등도 자발적으로 각자의 개헌안에 관한 의견을 제시함으

---

34 87년의 개헌과정은 6.10 민주항쟁과 6.29 선언을 통해 여야간에 개헌합의가 이루어졌으나 개헌안의 처리시한에 쫓겨 충분한 공론화과정을 거치지 못하고 9월 17일 개헌안이 국회에 제안되어 9월 21일 대통령이 공고하고 10월 27일 국민투표에 의해 확정되었다. 이 개헌과정과 그 문제점에 관하여는 김영수, 『한국헌법사』, 학문사, 2000, 698－699면.

35 권영설, 『헌법이론과 헌법담론』, 법문사, 2006, 170면.

로써 사회적 합의를 도출하기 위한 공론화에 참여하고 있다는 점이 특징이다. 이러한 평상시에 있어서 개헌문제에 관한 자유로운 연구와 토론의 분위기가 조성되고 있음은 앞으로의 국민적 합의에 바탕을 둔 개헌을 위해 필수적으로 요청되는 공론화 과정이라 할 수 있다.

(2) 개헌논의의 주체에 있어서의 특징

과거 현행헌법 이전의 개헌논의는 주로 정치권의 소수의 실력자들이 개헌주도세력이 되어 비공개적으로 밀실에서 개헌안을 준비한 것을 국회의 의결절차를 거치게 함으로써 학계와 시민단체를 통한 일반 국민의 개헌논의 참여는 사실상 허용되지 않았으며 따라서 개헌의 민주성은 기대할 수 없었던 것이다. 예컨대 1980년헌법의 경우를 보면 군사반란에 의한 신군부가 주도한 개헌작업은 학계의 개헌논의가 무시되었고 국민의 참여와 공론화는 철저하게 차단되었다. 1972년헌법은 개헌논의 없이 당시 집권자에 의해 전격적으로 개헌안이 제안되었을 뿐이다.

그러나 최근의 개헌논의는 국회가 중심이 되어 있으며 상당수의 국회의원들 개개인이 개헌문제에 관심을 가지고 연구와 토론 활동에 참여하고 있다는 것이 두드러진 특징이라 할 수 있다. 국민의 대표기관이며 입법기관인 국회가 개헌논의를 주도하는 것은 바람직한 일이라 할 수 있으며, 국회의원들 개개인이 자발적으로 연구단체를 결성하여 개헌문제에 깊은 관심을 보이고 있는 것도 매우 이례적인 현상이라 할 수 있다. 또한 학회와 시민단체 등도 개헌논의에 적극적으로 참여하고 있으며 이미 개헌안에 관한 여러 건의 연구성과물이 발표된 바 있다. 시민단체 중심의 개헌논의는 87년헌법체제의 한계성과 낙후성을 지적하고 시민적 헌법개혁의 필요성을 주장하면서 새로운 헌법은 국가활동의 비전을 설정하는 '국가미래의 기획으로서의 헌법'을 제안하고 있다.[36]

이러한 개헌논의는 집권세력에 의한 폐쇄적인 논의가 아닌 자유로운 의사표명과 토론이 보장되는 가운데 민의를 바탕으로 한 개방적인 개헌논의를 전개되고 있다는 점에서 매우 고무적인 현상이라고 할 수 있다. 현행헌법이 채택된 1987년 개헌과정에 있어서도 대통령직선제개헌 이외의 문제에 관한 개헌논의는 그 기간이 충분하지 못했으며 개방적이고 공개적인 논의가 제대로 이루어졌다고 할 수 없다.[37] 이 점에 관하여 "87년 헌법의

36 시민단체가 중심이 된 개헌논의의 성과에 관하여는 함께하는 시민행동 엮음, 『헌법 다시 보기, 87년헌법 무엇이 문제인가』, 창비, 2007; 대화문화아카데미 편, 『새로운 헌법 필요한가』, 2008 참조.

37 87년 헌법은 당시 민정당과 민주당을 대표하는 8인정치회담의 주도하에 만들어지게 되었는데, 이 8인정치회담은 7월 31일부터 9월 16일까지 짧은 기간에 협상을 완료하고 새 헌법안에 합의하였다. 협상내용 중 가장 중요한 의제는 대통령임기와 단임제 여부에 관한 것이었는데 민정당은 6년단임제안을 제시했고 민주당은 부통령

개정과정에서 국민은 단지 여야 정치권이 그 욕구를 반영해 주어야 할 피동적 객체로 상정되었으며, 87년헌법의 성격은 국가권력구조 하나로 집약되었고 그 헌법에서 부과하는 국가적 과제에 관하여는 정치인이 주 담당자로 설정되었다"[38]는 지적은 타당하다고 하지 않을 수 없다.

(3) 개헌의 대상과 범위에 있어서의 특징

작금의 개헌논의는 특정한 헌법제도나 헌법규정에 관한 부분개정의 문제가 아니라 헌법규범 전반에 걸친 전면개정을 전제로 한 논의가 광범위하게 전개되고 있는 것이 특징이다. 개헌논의의 핵심영역인 정부형태의 개편에 관한 문제뿐만 아니라 법원과 헌법재판제도를 포함한 통치구조 전반의 문제점에 대한 개헌방안을 제시하고 있으며, 총강과 기본권보장의 체계 및 새로운 기본권조항의 신설, 경제조항, 지방자치 등 헌법전반에 걸친 개헌논의가 전개되고 있다. 말하자면 87년 헌법이 채택된 지 20 여년이 지난 현시점에서 헌법운용상 헌법 전반에 걸쳐 많은 문제점들이 드러나 있기 때문에 전면적 개헌이 필요하다는 주장이 이번 개헌론의 특징의 하나이다.[39]

그러나 전면적 개헌론에 대하여는 현실적으로 그 실현가능성에 있어 회의적으로 보는 시각도 없지 않다. 즉 전면적 개헌은 실질적으로 새로운 헌법을 제정하는 것과 유사한 것으로 혁명이나 정치적 변혁기에나 가능한 것이며, 전면적 개헌론은 "실제의 필요성에서라기보다 다분히 공세를 취하기 위한 이념적 차원의 주장이거나 이론상의 이상에 불과한 학문적 주장"이라고 보는 입장이 있다.[40] 그리고 "이번 개헌은 정치적 변혁을 위한 개헌이 아니므로 종래의 제도를 전면적으로 뒤엎고 새로운 제도를 실험하는 것과 같은 개헌은 곤란하다"는 지적이 있다.[41] 필자도 개헌의 범위에 관하여 전면적 개헌론은 실현가능성이 희박한 것으로 보고 한정된 범위의 부분개헌과 점진적 개헌이 바람직하다고 보고 있다.

제도입과 4년 1차 중임제안을 제시하였으나 협살결과 5년 단임제로 결론이 나게 되었다. 이는 '87년헌법만들기'의 주역들(노태우, 김영삼, 김대중)이 자신의 집권가능성을 보장해줄 수 있는 권력구조로서 발견한 것이 5년단임 대통령제였다는 것을 보여준다. 실제로 그 주역들이 그 후 모두 차례차례 대통령이 됨으로써 87년 헌법이 3자간 정략적 담합의 산물이라는 것을 말해주고 있다. 임혁백, 개헌의 필요성과 실현가능성, 대화문화아카데미 편, 『새로운 헌법 필요한가』, 2008, 46-48면.

38 홍윤기, 왜 헌법을 다시 봐야 하는가?, 앞의 책 『헌법 다시 보기』, 38면.

39 그렇다고 해서 이번 개헌논의가 '체제변혁'을 위한 개헌을 의미하는 것은 아니며 '체제 내적 개선'을 위한 개헌논의라는 점에서 87년 헌법성립 당시의 개헌논의와는 본질적으로 성격을 달리한다. 이에 관하여는 김선택, 87년 헌법의 평가와 개헌논의의 조건, 『새로운 헌법 필요한가』, 168면.

40 양건, 87년 헌법의 현실과 개헌의 필요성 및 방향, 『새로운 헌법 필요한가』,16면.

41 김문현, 헌법개정의 기본방향, 『공법연구』 제34집 제4권 제2호, 2006, 51면.

(4) 개헌논의의 헌법사적 의의

현재 한국사회에서의 개헌논의는 그 주도세력이 정치권뿐만 아니라 학계와 시민단체 등 민간 차원에 이르기까지 확대되고 있으며 개헌논의 대상과 범위도 헌법전반에 걸쳐 광범위하게 이루어지고 있다는 것이 과거의 개헌과정과 뚜렷이 구별되는 점이다. 정치권의 주된 관심사인 정부형태나 통치구조에 국한하지 않고 현행헌법 전반의 문제점에 대한 분석을 통하여 국가공동체의 생활규범으로서 헌법의 내용을 보완하고 나아가 미래지향적 헌법비전을 제시하는 새로운 헌법안을 제안하고 있다는 것이 특징이라 할 수 있다. 최근 수년간의 개헌논의는 상당한 수준의 연구성과를 축적하고 있으며, 앞으로 정치권에서 개헌에 관한 합의를 전제로 국회에서 개헌특위가 구성되어 본격적인 개헌논의가 공론화되는 경우에 지금까지의 연구성과는 매우 귀중한 자료로써 활용될 수 있다는 점에서 지금의 개헌논의는 헌법사적 의의가 크다고 할 수 있다.

과거의 헌법개정사를 볼 때 거의 모든 개헌과정은 개헌의 방향과 내용에 관한 충분한 공론화과정이 결여되었으며, 소수의 개헌주도세력에 의한 일방적이고 폐쇄적인 개헌논의였으며 시간적 제약하에 조급하게 졸속으로 행해진 개헌이었다. 민주적 개헌으로 일컸는 87년헌법의 경우에도 실제로 개헌주도세력은 매우 한정된 소수의 정치집단에 불과했으며 시민사회의 의사가 제대로 반영되지 못했다는 점에서 문제가 있었음을 부정할 수 없다.[42]

따라서 현시점에서의 개헌논의는 개헌이 당장 현실화될 것인가의 여부와 관계없이 개헌의 방향과 내용에 관한 국민적 공감대를 형성하고 확대해 나가는 과정으로 이해하는 것이 중요하다고 본다. 개헌에 관한 충분한 공론화과정을 통해 집약된 국민의 의사에 기초한 실질적인 민주적 개헌과정을 실현하기 위해서도 개헌논의의 기간이 장기화되고 지연되는 것은 적어도 현재와 같은 평상시의 상황에서는 문제가 되지 않기 때문이다.

2. 개헌의 필요성에 관한 논거

(1) 시대적 상황의 급변에 따른 규범과 현실의 괴리

현행헌법은 1987년 국민의 민주화 열망을 반영하여 국민의 기본권보장이 크게 신장

---

42 한국헌법개정사에 나타난 공식적 개헌논의기간은 매우 짧은 단기간에 그치고 말았음을 볼 수 있는데, 5차 개헌(5월 7일)과 6차 개헌(7월 29일)을 제외하고는 대부분 1개월 남짓한 기간 개헌논의가 진행되었다. 현행 헌법의 경우도 1987년 6.29선언 이후 국민투표시(10.27)까지 논의기간이 3월 27일이었으나 이것 역시 충분한 기간이라 할 수 없다. 송우, 『한국헌법개정사』, 1980; 오호택, 앞의 논문, 499면에서 재인용.

되고 권위주의 정치체제의 타파에 밑거름이 되었음을 부인할 수 없다. 그럼에도 불구하고 지난 20여 년간 국내외 정치, 경제, 사회적 환경의 급변으로 인해 기존의 사고와 패러다임으로는 해결할 수 없는 문제들이 도처에서 노정되었으며, 1987년 헌법개정 당시 예견할 수 없었던 이런 문제들은 개별 법률의 개정이나 제도의 보완만으로는 해결하기 어려운 것이어서 국가시스템 전반에 걸쳐 헌법적 차원에서의 재검토가 불가피해졌다는 것이 개헌론의 일반적인 논거라 할 수 있다.[43] 특히 권력구조 면에서 권력집중이 가져오는 헌정 운영상의 폐해와 5년 단임제가 초래한 정치적 책임성의 약화, 지나친 권력경쟁으로 인한 국민적 통합의 저해 등과 같은 문제점들이 끊임없이 지적되어 왔기 때문에 이를 바로잡기 위해 권력분산형의 정부형태로 개헌이 필요하다는 것이다. 또한 기본권분야에서도 생명·과학·기술·정보·통신의 급격한 발전과 이에 따른 사회변화로 새로운 기본권이 등장하는가 하면, 기존의 기본권도 새로운 시대에 부응하도록 보완 발전시켜야 할 필요성이 커졌다는 것이다. 따라서 이를 헌법에 수용하여 헌법이 실제 국민생활의 기본적 가치체계로 기능할 수 있도록 개정할 필요가 있다는 것이다. 그 밖에 선진일류국가로 도약하기 위해서는 미래지향적이고 지속가능한 발전을 위한 비전과 설계를 담을 수 있는 헌법개정이 이루어져야 한다는 것 등이 개헌의 논거로 제시되고 있다.[44]

(2) 87년 헌법의 한계와 문제점 극복

헌법개정의 필요성에 관하여 주로 정치학적 관점에서의 논의는 이른바 87년 헌법체제의 문제점을 극복하기 위해서 헌법 전반의 개혁이 필요하다는 것이 강조되고 있다. 즉 87년 헌법이 6월항쟁이라는 시민운동의 산물을 의미하지만 실제로 87년 헌법의 성립과정은 시민사회의 요구가 반영되고 참여가 보장된 '심의'(deliberation)의 산물이었다기 보다는 시민사회의 대표들은 전혀 이 헌법개정과정에 참여하지 못하고 좁은 정치사회 내 엘리트들 간의 탁상협상정치의 결과였기 때문에 이 협상과정에 참여한 자들의 단기적인 이해관계의 절충의 산물로서 87년 헌법은 처음부터 심각한 문제점을 안고 있었다는 것이다.[45]

그리하여 87년 헌법은 권력구조를 포함하여 많은 조항들이 충분한 심의의 과정을 거치지 아니하고 짧은 시간 안에 채택되었기 때문에 중요한 사회적 의제와 변화를 헌법에 반영하지 못하였고 당시 민주화 이후의 사회변화의 전망이나 헌법비전 등이 전혀 반영되지 못하였다는 것이다. 그 결과 대통령제에 있어서 대통령과 의회의 선거주기 불일치, 권

---

43 헌법연구자문위원회 결과보고서, 3면.

44 헌법연구자문위원회 결과보고서, 5-6면.

45 박영림, 헌법개혁과 한국 민주주의, 함께하는 시민운동, 『헌법 다시보기』, 70면.

력분립과 법치주의 관념의 강화, 대의민주주의의 부활·강화와 직접민주주의의 발전에 대한 예측 결여, 사회국가 및 사회적 민주화 관념의 소홀, 지방자치와 지방분권 관념의 결여, 탈냉전 및 세계화 상황에 대한 대비 부재 등의 특징을 드러내고 있다는 것이다. 이러한 특징들은 87년 헌법체제의 문제점으로 귀결하게 되는데 그 문제점으로는 첫째, 분할정부(분열정부)의 반복등장과 민주정부 능력의 저하, 둘째 사법국가로의 진행에 대한 예측결여와 정치의 사법화 강화, 셋째, 참여민주주의와 대의민주주의의 충돌빈발, 넷째, 노동·복지문제와 경제민주주의의 약화, 다섯째, 가치와 권위의 중앙집중 지속, 여섯째, 냉전분단체제의 지속과 이주노동자 등 비국민거주자에 대한 고려의 결핍 등의 문제점을 노정하게 되었다는 것이다.[46] 따라서 이러한 문제점 극복을 위해서는 시민사회의 대표가 참여하여 시민사회의 요구가 반영될 수 있는 민주적 헌법개혁이 이루어져야 한다고 주장한다.

확실히 87년 헌법은 국민의 다양한 민주적 의사를 수렴하여 통합하는데 성공했다고 볼 수 없다. 즉 당시 시대적 요구로서 '독재 체제'의 변혁 이외의 다른 어떠한 헌법적 가치에 대한 진지한 논의를 개정과정 가운데 충분히 포함시키지 못했으며,[47] 헌법개정의 주도세력이 극히 제한되었고 개헌논의 기간이 매우 짧아 개헌과정에 국민의 참여가 배제되었다는 점에서 87년 헌법의 태생적 한계를 인정할 수밖에 없다.

(3) 정부형태와 통치구조에 관한 개별적 개헌론

(가) 권력집중과 제왕적 대통령제의 폐해 극복

현행헌법의 정부형태 개편에 관한 개헌론의 주요논거로는 대통령에의 권력집중과 그에 따른 제왕적 대통령제로의 국정운용의 폐해를 들고 있다. 즉 현행 대통령제는 승자독식에 의한 대통령 개인에게 너무나 광범위하고 강력한 권한들을 부여하고 있기 때문에 언제든지 제왕적 대통령제로 운용될 소지가 있다는 지적이다. 직선제 개헌 이후의 노태우 정부와 김영삼 정부, 김대중 정부는 과거의 권위주의 통치방식에서 벗어나지 못하였으며 대통령 1인에게 집중된 권력행사의 독주에 의한 부작용이 국정의 실패를 가져오는 오류를 반복해 왔다고 할 수 있다. 헌법상의 권력분립원리에 의해 대통령의 권력행사에 대한 통제장치가 마련되어 있지만 국정운영의 현실에 있어 대통령의 국정최고책임자로서의 인사권남용으로 이러한 권력통제장치가 제대로 작동하지 못한 경우가 적지 않았으며, 국가원수의 행정권의 수반으로서의 모든 법적 권한을 대통령이 직접 행사해 왔다는 점에서 우리의 대통령제는 제왕적 대통령제로 변질될 위험성이 크다는 지적은 타당하다고 할 수 있

46 박영림, 앞의 논문, 74면.
47 김선택, 앞의 논문(주38), 162면.,

다.[48] 따라서 이러한 대통령제의 승자독식에 의한 권력독점의 폐해를 방지하기 위해서는 헌법을 개정하여 합리적인 권력분산 등을 통해 국가시스템의 골간을 개혁함으로써 입헌주의와 민주주의를 한층 공고히 할 때가 됐다는 것이다.[49]

이러한 권력분산 또는 권력분점형 정부형태에로의 개헌론을 펴는 입장에서는 대체로 프랑스형 이원정부제 도입을 주장하게 된다. 국회 헌법연구자문위원회도 정부형태 개헌안의 제1안으로 이원정부제를 제안하고 있다.[50] 이원정부제는 행정부가 대통령과 수상으로 이원화되어 양자는 서로 독립하여 행정권을 분점하며, 대통령은 국민의 의해 직선되어 민주적 정당성을 확보하고 국가위기시에 행정권을 전적으로 행사할 수 있으나 평상시에는 수상이 행정권을 행사하며 의회에 대해 책임을 지는 의원내각제로 운영되는 정부형태를 말한다. 이원정부제는 권력의 분산과 책임정치구현이라는 제도적 장점이 있는 한편, 그 제도와 운용상의 문제점도 내포하고 있다.

(나) 정치적 책임성의 강화

현행 대통령제는 5년 단임제를 채택하고 있으나 이러한 단임제는 대통령제의 본질적 원리에 반하고 대통령의 국민에 대한 책임을 묻는 기회를 박탈하는 것으로 문제가 있다는 지적이 일반적이다.

대통령제의 본질적 원리에 입각하여 이해할 때 대통령제는 경성적 권력분립에 기초하여 의회와 행정부의 구성이 별개의 국민의 의사에 의해 이루어지며, 대통령은 국민에 의해 선출되고 국민에 대하여 정치적 책임을 지는 것을 기본원리로 하는 것을 의미한다. 따라서 국민에 의해 선출된 대통령은 임기 동안의 직무수행을 국민에 대하여 책임을 묻고 그에 따라 국민의 정치적 심판을 받는 기회가 재선에 도전하는 과정에 의해 부여받게 되는 것이다. 이 점에서 대통령의 재선을 허용하지 않는 단임제는 국민의 대통령에 대한 심판권을 박탈하는 결과를 초래하게 되므로 대통령의 중임을 허용하는 것이 대통령제의 원리에 부합한다고 할 수 있다.[51]

또한 대통령 단임제는 국가적 주요 정책과제를 지속적으로 일관성 있게 추진하기 어렵고 중임제에 비해 레임 덕 현상이 일찍 일어나고 그 기간이 길어지게 될 가능성이 크기 때문에 대통령의 지도력이 약화되기 쉽다는 지적은 설득력이 있다고 보며, 이 점에서도

48 정종섭, 한국 헌법상 대통령제의 과제, 『헌법학연구』 제5집 제1호, 1999, 27면 이하.
49 헌법연구자문위원회 결과보고서, 3면.
50 헌법연구자문위원회 결과보고서, 15－16면. 이원정부제 도입론의 대표적 견해로는 성낙인, 한국헌법과 이원정부제, 「헌법학연구」 제5집 제1호, 1999, 70면 이하; 성낙인, 새로운 헌법의 모색과 방향: 87년 체제의 극복, 국회입법조사처 『입법과 정책』 제1권 제1호, 2009, 18면 이하.
51 허영, 앞의 책, 937면; 정만희, 앞의 논문(주6), 281－282면.

대통령 단임제는 국정수행의 효율성과 정치적 안정성의 측면에서 문제가 있다는 것이다.[52] 따라서 대통령의 국민에 대한 책임성을 확보하고 국정수행의 효율성과 안정성을 위해 미국식의 4년 중임제로 개헌해야 한다는 주장이 제기되는 것이다.[53]

한편 책임정치의 구현이라는 관점에서 현행 대통령제의 문제점을 극복하기 위하여는 대통령제를 폐기하고 의원내각제를 도입해야 한다는 개헌론의 입장이 있다.[54]

(다) 민주적 정당성의 제고

현행헌법상의 대통령제는 민주적 정당성의 확보라는 관점에서 심각한 문제점이 제기되어 왔으며 이 점에서도 헌법개정의 필요성이 강하게 주장되고 있다. 즉 대통령선거제도에 있어 직선제를 채택하여 기본적으로 민주적 정당성을 확보하였다고 할 수 있으나, 그 직선제는 대통령후보자 중에서 다수득표를 한 자를 대통령으로 선출하는 상대다수대표선거제를 채택하고 있다는 점에서 그 민주적 정당성의 취약성이 지적되고 있다. 이러한 선거제도 하에서는 후보자가 난립하게 되는 경우 과반수 득표를 얻지 못한 후보가 대통령으로 당선되는 소수파 대통령(minority president)이 출현하게 된다. 따라서 소수파 대통령의 출현을 막고 확고한 민주적 정당성을 확보하기 위해서는 헌법개정을 통해 절대다수선거제와 결선투표제를 도입해야 한다는 견해가 지배적 입장이라 할 수 있다.[55]

또한 현행 대통령제는 부통령제를 두지 않고 국무총리제를 두고 있는 것이 특색이다. 국무총리제는 의원내각제적 요소로서 대통령제 원리의 체계정합성에 반하는 문제가 있다. 우리 헌법은 대통령의 궐위나 사고로 직무를 수행할 수 없을 때 국무총리가 대통령 권한대행자의 지위를 갖게 되는데 이러한 국무총리의 대통령 권한대행제도는 통치구조에 있어 민주적 정당성의 심각한 공백상태를 초래하게 되는 문제가 있다. 따라서 헌법을 개정하여 미국형의 정·부통령제를 도입함으로써 대통령의 궐위나 사고시 국민에 의해 선출

52 정태호, 대통령 임기제개헌의 필요성과 정당성, 『헌법학연구』 제13권 제1호, 2007, 22면 이하.

53 대통령 4년 중임제를 선호하는 입장으로는 양건, 앞의 논문, 25면; 김문현, 앞의 논문, 66면; 정만희, 앞의 논문, 302면; 정태호, 앞의 논문, 21면; 함성득, 한국 권력구조의 개편방안에 대한 고찰, 헌법연구자문위원회 참고자료집, 203면; 강경근, 한국헌법에 있어서 통치구조개혁논의와 방향, 『헌법학연구』 제10권 제1호, 2004, 192면; 문광삼, 현행헌법상 통치구조개편의 쟁점과 방향, 『공법연구』 제34집 제1호, 2005, 4면 이하; 정진민, 『한국 정당정치와 대통령제 민주주의』, 인간사랑, 2008, 184면 이하.

54 의원내각제 개헌을 주장하는 견해로는 김철수, 앞의 논문(주33), 60면; 허경, 내각제 개헌의 당위성, 『공법연구』 제27집 제3호, 1999, 23면; 명재진, 국무총리제의 합리적 운용의 한계와 개헌필요성, 『헌법학연구』 제13권 제1호, 2007, 177면 이하.

55 그러나 절대다수대표선거제와 결선투표제도 문제점이 지적되고 있다. 절대다수대표제와 결선투표제는 후보자와 정당의 난립을 조장하는 경향이 있으며 상대다수대표제와 비교할 때 최고득표자의 득표가 10% 정도 떨어지는 것을 볼 수 있으며, 오히려 상대다수대표제가 후보자간에 광범위한 연합을 형성하는 경향이 있다는 실증적 연구가 있다. 상세는 Matthew S. Shugart & John M. Carey, Presidents and Assemblies – Constitutional Design and Electoral Dynamics, 1997, p.210.

되어 민주적 정당성을 확보한 부통령이 대통령직을 승계하거나 권한대행하도록 해야 한다는 주장이 설득력을 얻고 있다.[56]

(라) 국정운영의 효율성과 안정성 확보

현행헌법의 통치구조와 정부형태에 있어서 또 하나의 문제점으로 지적되는 것은 의회와 정부 간의 심각한 대립과 갈등관계로 인한 국정의 교착과 마비상태를 들 수 있다. 특히 국회와 대통령의 임기차등으로 인한 선거주기의 불일치는 거의 일상적으로 분열정부현상이 나타나게 됨에 따라 정부는 국정운영의 효율성과 안정성을 기하기 어렵기 때문에 헌법개정이 필요하다는 주장이 제기된다. 지난 2007년 1월 노무현 대통령의 전격적인 '원 포인트' 개헌론이 바로 이에 해당한다. 1987년 헌법체제 하에서의 권력구조의 비효율성과 불완전성을 극복하고 효율적인 정치체제를 구축하기 위해서 개헌이 불가피하다는 것이다.

분열정부현상을 보는 시각에 대하여는 국내 학계의 입장도 부정적 견해가 지배적이라 할 수 있다.[57] 한국의 대통령제의 문제점을 분열정부에서 찾는 것이 일반적이라 할 수 있으며, 대통령제를 운영하는 데 있어 직면하는 가장 심각한 문제는 민주화 이후 대통령 소속 정당이 국회의 소수당이 되는 분열정부가 빈발하게 되면서 대화와 설득을 통해 타협을 이루어 내는 정치적 관행이 정착되지 못한 상황에서 국회와 대통령간의 대립이 심화되고 국정운영의 교착상태가 장기간 지속되는 일이 반복되고 있다는 점을 지적하고 있다.

따라서 분열정부의 출현을 막기 위해서는 의회와 대통령의 선거주기를 일치시키는 것이 필요하므로 대통령의 임기를 4년으로 하고 국회와 대통령의 동시선거가 행해지도록 해야 한다는 주장이 강하게 제기되고 있다.

(마) 의회와 사법제도의 개혁론

의회제도의 개혁과 의회민주주의의 실질화를 위한 헌법개정론의 입장에서는 단원제 국회를 양원제로 변경하고, 상시국회를 위하여 임시회와 정기회의 구분 규정을 삭제하는 것 등이 제시되고 있다. 특히 재정민주주의의 강화를 위해 감사원의 회계검사기능을 국회로 이관하고, 예산법률주의를 채택하여 예산심의를 강화하는 것 등이 주장되고 있다.[58] 이러한 개헌논의의 내용들은 의회제도의 후진적 운영실태의 문제점을 극복하기 위한 제도개선의 방안으로 일반적으로 논의되어온 것을 의미한다.

한편, 87년 헌법은 권력분립기능을 강화하는 방향에서 국정감사제도를 부활하여 국

56 함성득, 앞의 논문, 203면 이하.
57 양건, 앞의 논문, 20면 이하; 정태호, 앞의 논문, 31면 이하.
58 헌법연구자문위원회 결과보고서, 120면 이하.

회가 실질적인 국정통제기능을 수행하도록 한 것은 입헌주의의 발전적 측면으로 평가될 수 있으나, 그 제도의 역기능으로 국정감사권의 행사에 의한 행정부의 자율권 침해와 행정의 마비 등 부작용과 문제점이 심각하게 제기됨에 따라 국정감사제도의 폐지론까지 등장하고 있다.[59]

사법제도에 관한 개헌론의 방향을 보면 우선 사법제도의 민주성 강화를 위해 대법원과 헌법재판소의 구성에 있어 대법원장과 대법관, 헌법재판소장과 헌법재판관 전원을 국회에서 선출하도록 하고 대통령은 형식적 임명권을 갖도록 하며, 헌법재판소 재판관의 자격을 법관의 자격을 가진 자 외의 자에게도 개방하여 민주주의적 정당성을 확보할 수 있도록 한다는 것이다. 배심재판의 가능성을 열어두기 위하여 헌법 제27조 제1항의 '법관'에 의한 재판을 '법원'에 의한 재판으로 개정하는 것을 제안하고 있다. 또한 사법제도의 합리화를 위해 법률의 위헌여부가 재판의 전제가 되지 않는 경우에도 헌법재판소가 법률의 위헌성 여부에 대한 심사를 할 수 있는 추상적 규범통제제도를 도입하고, 대통령의 궐위나 사고의 발생 여부에 대한 판단을 헌법재판소의 관장사항으로 하고 국사재판의 성격을 갖는 선거재판과 국민투표재판의 관할권을 헌법재판소에 이관하는 것 등이 제시되고 있다.[60]

(4) 전문·총강 및 기본권에 관한 개헌론

(가) 전문·총강의 수정여부

헌법연구자문위원회의 결과보고서에 의하면 헌법전문은 헌법의 방향과 이념을 담고 있어 개정을 위한 사회적 합의를 이루기가 쉽지 않을 것으로 판단하여 이를 차후 장기적 과제로 남겨두고 이번 개정에서는 "세계화 및 다민족·다문화 시대에 부합하는 내용을 반영하는 것으로" 일부 표현을 수정하고, "국가균형발전의 취지를 전문에 명시하는" 수준에서 개정안을 제시하고 있다.[61]

헌법의 총강을 존치시킬 것인가의 여부에 관하여 논의가 있으나 현행의 총강규정을 존치시켜야 한다는 긍정론의 입장에서는 총강을 두는 전통은 1948년 헌법 이래 유지되어 왔기 때문에 헌법의 형식적 정체성을 위하여 특별히 중요한 이유가 없는 한 이를 존치시켜야 한다는 것이다. 헌법연구자문위원회의 개헌안에는 총강의 현행편제를 유지하도록 하여 영토조항(제3조)과 정당조항(제8조)은 그대로 유지하고, 총강내용의 수정방향에 관하

59 국정감사제도 폐지론에 대한 부정적 견해로는 정만희, 국정감사제도의 재검토, 『공법학연구』 제10권 제1호, 2009, 133면 이하.

60 헌법연구자문위원회 결과보고서, 248면 이하.

61 헌법연구자문위원회 결과보고서, 24면.

여는 신중론을 제시하면서 대한민국의 정체성을 확인하는 수도·국시·국가·국어·국기 등을 헌법에 직접 규정하는 안과 이를 입법사항으로 법률에 위임하는 안을 복수로 제시하고 있다.[62]

총강의 필요성에 대한 부정적 입장은 우선 국가형태에 관한 건국과정에서의 중요성은 이미 극복되었으며, 비교헌법적 고찰에서 볼 때도 국가형태에 관한 규정에 총강에 규정되어야 할 필연성이 없다는 것이다. 그리고 총강에 규정된 국제법질서, 정당과 공무원제도, 문화에 관한 조항 등은 하나의 장에 규율될 정도로 일정한 동질성이 없다는 것이다. 따라서 총강에 규정된 내용들을 재배치하는 문제가 헌법개정의 과제로 보고 있다.[63]

(나) 기본권의 생활규범성 강화

기본권에 관한 개헌론의 입장은 급격한 사회변화에 따른 새로운 기본권을 신설하고 기존의 기본권도 새로운 시대에 부응하도록 보완 발전시킴으로써 헌법이 실제 국민생활의 기본적 가치체계로 기능할 수 있도록 개정해야 한다는 것이 일반적 논거이다. 즉 기본권은 공동체 구성원들이 공감하는 기본적인 가치들이 집약적으로 표출된 것이기 때문에 이번 개헌논의에서는 과거처럼 권력구조에만 관심을 집중할 것이 아니라 기본권에 대한 관심의 폭을 넓혀야 한다는 것은 설득력이 있다.[64]

국회 헌법연구자문위원회의 연구결과에 의하면 그 구체적인 내용으로는 첫째, 인간존엄의 바탕이자 모든 기본권의 전제인 생명권을 신설하고, 위험사회의 도래로 안전확보를 위한 국가의 역할에 대한 기대가 높아지고 있으므로 안전에 대한 권리를 신설하는 것이다. 둘째. 평등권의 강화를 위해 헌법규정상 "성별·종교 또는 사회적 신분"으로 한정되어 있는 차별금지사유(제11조 제1항)에 연령·정치적 신조, 신체적 조건이나 정신적 장애 등과 같은 보편적 사유를 추가하고, 실질적 평등을 추구하는 현대적 평등개념에 맞게 남녀평등에 관한 국가의 의무조항을 신설하는 것이다. 셋째, 지식정보화 사회에 적극적으로 대응하기 위하여 사이버공간에서 제기되는 문제의 해결 및 정보의 격차를 해소하기 위해 정보기본권(알 권리, 정보소외계층에 대한 정보접근권)을 명문화한다. 넷째, 인권의 보편성과 인권보장의 국제화·세계화 추세를 고려하여 정치적으로 박해받는 자의 정치적 망명권(비호청구권)을 신설한다. 다섯째, 민주주의 사회에서 사상의 자유가 가지는 중요성을 감안하여 현행 헌법상 양심의 자유(제19조)에 대한 해석을 통하여 인정되고 있는 사상의 자유를 명문화하고, 표현의 자유를 정비하여 언론·출판의 자유와 집회·결사의 자유는 그 내용과

62 헌법연구자문위원회 결과보고서, 28−44면.
63 상세는 한국헌법학회, 헌법개정연구위원회 최종보고서 『헌법개정연구』, 2006, 70−72면.
64 정태호, 권리장전의 현대화, 『헌법 다시보기』, 268면 이하.

한계 및 제한의 원리가 서로 다르므로 양자를 분리하여 규정하고 언론·출판의 자유의 보장을 강화하기 위하여 제한규정(제21조 제4항)은 삭제한다. 여섯째, 국민복지 향상을 위한 사회적 기본권을 정비하고, 공교육의 활성화를 위하여 학교교육진흥을 위한 국가목표조항을 신설하는 것이다. 그 밖에 기본권의 주체에 관하여 법인의 기본권 주체성을 명시하고, 국가의 기본권보장의무를 적극적으로 부각시키기 위하여 기본권의 대국가적 효력을 명문화하는 것 등을 제시하고 있다.[65]

학회 중심의 기본권에 관한 개헌논의에 있어서도 개헌을 위한 기초자료로서 기본권 분야 전반의 연구 검토가 전개되고 있다. 개헌논의의 주요 내용으로는 기본권의 편제에 대한 개정과 기본권의 포괄적 근거규정으로 행복추구권의 삭제 검토, 추가되어야 할 기본권으로 생명권의 신설, 신체의 자유조항(제12조)의 정비, 표현의 자유와 정보관련 기본권의 체계화, 군인 군무원 등에 대한 국가배상청구권(제29조 제2항) 삭제, 사회적 기본권의 체계화 등으로 국민의 기본권확충, 헌법의 체계성과 정합성 제고가 제시되고 있다.[66]

3. 개헌론에 대한 평가

(1) 정부형태 개헌의 필요성에 대한 비판적 시각의 검토

(가) 제도의 문제와 제도 운용의 문제의 구별

개헌론의 핵심영역인 정부형태에 관한 개헌논의에 있어서는 우선 현행 정부형태의 문제점이 제도 자체의 문제점에서 비롯된 것인지, 아니면 제도운용상의 문제점에서 기인한 것인지를 엄밀히 분석해 볼 필요가 있다. 왜냐하면 현행헌법상 정부형태의 문제점이 제도의 운용상 극복가능한 것이라면 헌법개정의 절차를 밟지 않더라도 헌법의 운용과정에서 개선방안을 찾을 수 있기 때문이다. 즉 국정의 난맥상이나 정국파행의 주된 원인을 헌법의 제도나 규정에서 찾는 것은 정확한 진단이 될 수 없음을 이해할 필요가 있다.[67]

개헌론의 주된 논거로서 현행 대통령제가 권력의 집중에 의한 대통령의 독주가 우려되기 때문에 권력분점형 정부형태로 개헌이 필요하다는 견해에 대하여는 전적으로 수긍하기 어려운 점이 있다.

첫째, 대통령의 독주와 제왕적 대통령제로의 운용은 헌법규정상 대통령의 우월적 지위를 규정하고 있는 것과 무관한 것은 아니지만, 그보다는 헌법운용의 실제에서 나타나는

---

65 헌법연구자문위원회 결과보고서, 12-13, 45면 이하.

66 한국헌법학회, 헌법개정연구, 133면 이하; 김형성, 헌법개정의 과제와 전망, 『헌법학연구』 제12권 제1호,, 2006, 24면 이하.

67 이와 같은 취지의 입장으로는 박찬욱, 대통령제의 정상적 작동을 위한 개헌론, 진영재 편, 『한국 권력구조의 이해』, 나남출판, 2004, 179면 이하.

문제점이라는 것을 인식할 필요가 있다. 오히려 현행 헌법은 그 이전의 헌법에 비해 철저한 권력분립원리에 입각하여 대통령의 권력행사에 대한 의회와 사법부로부터의 통제장치가 대폭 강화되어 있으며, 의회와 행정부 간의 관계에 있어서 민주화과정 이후 빈번하게 출현하는 '분열정부'(divided government)의 현상(여소야대 현상)은 국회에 의한 실질적 행정통제가 효과적으로 이루어지고 있음을 말해주고 있다. 노무현정부의 경우 대통령에 대한 국회의 탄핵소추권 발동과 헌법재판소의 탄핵심판은 헌법상 탄핵제도가 더 이상 장식물에 불과한 것이 아니라는 점을 확인시켜 주었다.[68] 또한 헌법재판제도의 도입과 활성화를 통해 대통령과 행정권행사에 대한 실효성 있는 통제장치가 작동하고 있어서 과거 권위주의시대와 같은 대통령의 독재는 거의 출현하기 어렵게 되었다.

다만, 이러한 분열정부현상과 반대되는 통합정부(unified government), 즉 여대야소의 정국이 형성되는 경우에는 한국적 정치현실에서 헌법상 의회의 대통령에 대한 통제수단은 명목화·형해화 될 수밖에 없고 대통령의 독주를 가능하게 하는 점은 부인하기 어렵다. 여기서 분열정부는 대통령에 대한 유효한 권력통제를 기대할 수 있다는 순기능적 관점에서 긍정적으로 평가되어야 한다고 본다. 물론 분열정부가 의회와 정부간의 대립과 갈등으로 국정의 교착상태와 마비를 초래할 수 있다는 문제점은 부정할 수 없으나, 이러한 문제는 현행의 통치구조 하에서도 의회주의원리가 정상적으로 작동하고 서구형의 정당정치와 정치문화가 확립되고 대통령의 정치적 리더십이 발휘되면 상당부분 해결될 수 있는 것이다.[69] 분열정부의 출현을 배제하기 위한 제도개혁으로 헌법개정의 방법이 우선적으로 요구되는 것은 아니라고 할 것이다.

개헌론자들이 현행 대통령제의 문제점으로 대통령에의 권력집중과 제왕적 대통령제의 운용에 대한 우려를 지적하는 것은 분열정부의 출현을 배제한 상황에서의 논리라는 점에 문제가 있으며, 다른 한편 분열정부출현의 경우 우려되는 문제점을 극복하기 위해 개헌을 해야 한다는 논리는 분열정부에 대한 부정적 개념을 전제로 한 것으로 납득하기 어렵다.

둘째, 87년 직선제개헌 이후 노태우 대통령을 비롯하여 김영삼 대통령, 김대중 대통령 시대까지의 헌법운용은 권위주의 통치방식에서 크게 벗어나지 못하였고 대통령 1인에 의한 권력의 집중이 국정의 실패를 반복하게 되었다는 지적은 부정할 수 없으나, 이러한 헌법운용의 현실은 대통령이 국정최고책임자와 행정부의 수반으로서 인사권을 남용하고

68 헌재 2004. 5. 14. 2004헌나1.

69 정만희, 대통령제에 있어서 분열정부(divided government)의 헌법문제, 『헌법학연구』 제14권 제2호, 2008, 409면 이하.

대통령에게 부여된 모든 법적 권한을 대통령이 직접 행사해 왔다는 점에서 그 직접적 원인을 찾을 수 있다. 따라서 현행 제도하에서도 대통령은 광범위한 인사권행사에 있어서 헌법상 권력분립의 이념과 권력에 대한 통제의 원리를 존중하고, 헌법의 테두리 안에서 대통령의 광범위한 법적 권한을 직접 행사하지 않고 국무총리와 행정각부의 장에게 일정부분 위임하는 경우에는 대통령제를 성공적으로 운용할 수도 있는 것이다.[70] 이 점에 대하여 부정적 견해의 입장에서는 대통령의 광범위한 권한위임의 헌법운용은 한국의 정치문화적 현실에서 기대하기 어려운 것으로 보고 있으나, 필자는 현행 대통령제하에서도 집권자의 권한위임에 관한 국정운영의 철학과 의지, 그리고 이를 지지하는 국민의 의사에 따라 새로운 헌법적 관행을 확립해 나갈 수 있는 문제라고 본다.[71]

셋째, 개헌론의 입장에서는 분열정부의 출현이 의회와 정부의 대립과 교착상태로 인한 국정운영의 효율성과 안정성을 침해하게 되므로 분열정부의 출현을 막을 수 있는 방향으로 개헌이 이루어져야 한다고 주장한다.[72] 하지만 분열정부는 위에서 언급한 바와 같이 순기능적 측면을 간과해서는 안 되며, 분열정부의 상황 하에서도 정당정치의 선진화와 의원들의 자질향상을 통해 국가이익을 우선하는 방향으로 의회와 정부의 협력관계를 도출해 낼 수 있는 것이다. 즉 분열정부의 문제는 헌법의 운용과 정치의식 또는 정치문화의 개선을 통해 극복할 수 있는 것이지, 그것이 결코 헌법개정을 거쳐 해결되어야 하는 문제는 아니라고 본다.[73] 개헌을 통해 대통령과 국회의 선거주기를 일치시킨다고 하더라도 유권자의 의식적 투표결과로 분열정부는 언제든지 출현할 수 있는 것이므로[74] 분열정부 자체가 개헌의 동인이 될 수 없다.

넷째, 제도의 문제와 운용의 문제 구별에 있어서 대통령선거제도의 개헌문제도 신중을 기할 필요가 있다. 현행 대통령선거의 상대다수대표선거제가 민주적 정당성의 취약성

---

70 정종섭, 한국 대통령제의 성공을 실현하기 위한 운영모델, 서울대학교『법학』제43권 제3호, 2002, 265면 이하.

71 상세한 내용은 정만희, 현행헌법상 정부형태의 의원내각제적 요소에 대한 검토,『동아법학』제44호, 2009, 57면 이하.

72 양건, 앞의 논문, 25면; 김문현, 앞의 논문, 53면.

73 미국의 대통령제에서 이미 보편적 현상으로 되어 있는 분열정부(divided government) 현상에 대한 평가로는 부정론과 긍정론의 입장이 대립하고 있으나 긍정론은 분열정부가 강력한 대통령제에 대한 유효한 통제수단으로서의 순기능을 강조하고 있음을 주목할 필요가 있다. 긍정론의 입장에서는 분열정부는 대통령의 견제를 위해 국민이 의도적으로 형성시킨 자위의 수단이며, 그것이 국정의 정체와 교착의 주요원인이 되는 것은 아니라고 본다. 이에 관한 대표적인 문헌은 David R. Mayhew, Divided We Govern – Party Control, Lawmaking and Investigations 2nd ed. Yale Univ. Press, 2005; Mark P. Petracca, Divided Government and the Risks of Constitutional Reforms, Political Science and Politics, vol. 24 no.4, 1991, p.63f.

74 미국의 경우 1948년부터 2000년까지의 52년간 13회의 대통령선거와 의회의 동시선거 중 54%에 해당하는 7회의 선거결과 분열정부가 출현하였음은 이를 잘 말해 주고 있다. Alan Ware, Divided Government in the United States, Robert Elgie ed., Divided Government in Comparative Perspective, p.22.

을 드러내는 문제점을 절대다수대표제와 결선투표제 도입으로 개선해야 한다는 개헌론은 충분한 검토가 필요하다. 결선투표제도입은 막대한 국가의 재정과 행정력의 소모를 가져오게 되고, 상대다수대표제 하에서도 미국이나 영국과 같은 양당제가 정착될 수 있다면 대통령후보의 난립을 막을 수 있다. 현실적으로 양당제를 기대하기 어렵더라도 야당후보간의 단일화를 위한 정치적 관행을 확립해 나가면 이 문제는 개헌을 통하지 않더라도 해결의 가능성이 높다고 할 수 있다.[75]

(나) 제도선택과 제도개선의 문제

개헌론의 입장에서는 기본적으로 현행 대통령제의 문제점을 극복하기 위해서 현행 제도를 버리고 새로운 제도를 도입하자는 논리를 취하고 있다. 대통령 1인에게 과도한 권력이 집중되어 있는 문제점을 극복하기 위해 권력분점형 정부형태인 프랑스식 이원정부제를 도입해야 한다는 견해라든지, 승자독식을 위한 대통령선거과정의 국론분열을 막고 책임정치를 구현할 수 있는 의원내각제로 개헌하자는 주장 등은 일견 타당한 것으로 보이지만 보다 더 심도있는 연구와 검토가 필요하다고 본다. 헌법상 권력구조의 문제점을 해결하는 방안으로 기존의 제도를 폐기하고 새로운 제도를 채택하는 경우에는 그 새로운 제도의 도입과 시행에 따른 위험부담이나 그 역기능의 폐해라든지, 새로운 제도의 성공적 도입을 위한 전제조건의 조성여부에 관한 충분한 논의와 검토가 필요하다. 특히 정치적 변혁이나 혁명적 상황이 아닌 평상시의 정치적 평온이 유지되는 가운데 정부형태의 새로운 선택을 위한 개헌은 헌정질서의 안정을 해칠 위험이 크다.

프랑스형 이원정부제는 프랑스의 고유한 정치적 환경과 역사적 조건 하에서 형성된 제도로서 프랑스와는 전혀 다른 이질적인 정치문화를 가진 우리의 정치현실에 이원정부제가 그대로 적용될 수 있는지는 의문이 제기될 수 있다. 이원정부제의 문제점으로 지적되는 '동거정부'(cohabitation)의 출현은 한국의 정치상황에서는 더욱 심각한 문제가 될 수 있다.[76] 독일의 의원내각제가 정치적 안정을 유지하면서 책임정치를 구현할 수 있는 정부형태라고 할 수 있지만 한국적 정치문화에 있어서 독일과 같은 의원내각제 성공의 전제조건의 성립을 기대할 수 없는 현실에서는 성공적 도입을 낙관하기 어렵다.[77] 미국형 정·부통령제 도입론의 경우에도 예상되는 문제점이 적지 않다. 미국의 부통령제는 미국헌법상 정·부통령제를 채택한 이래 현재에 이르기까지 그 제도적 결함과 운용상의 문제점이 지

75 정만희, 앞의 논문(주6), 303-304면.
76 같은 입장으로는 명재진, 국무총리제의 합리적 운용의의 한계와 개헌필요성, 『헌법학연구』 제13권 제1호, 2007, 177면.
77 장영수, 의원내각제 정부형태 도입에 대한 검토의견, 헌법연구자문위원회 참고자료집, 2009. 8, 278면 이하.

적되어 왔음을 인식할 필요가 있다. 우리의 국무총리제가 갖고 있는 민주적 정당성의 취약성을 부통령제 도입으로 쉽게 극복할 수 있다는 논리는 일면의 타당성은 인정되나, 타면에 있어서 또 다른 문제점이 제기될 수 있다.[78]

요컨대 정부형태의 문제점을 근본적으로 해결하기 위하여 현행제도를 폐기하고 새로운 제도를 도입하는 것이 현행제도를 기본적으로 유지하면서 개선방안을 추구하는 것보다 훨씬 더 실효성 있는 결과를 기대할 수 있다면 헌법개정을 적극적으로 검토할 필요가 있지만, 그렇지 않다면 헌법개정은 신중을 기해야 하고, 우선적으로 제도의 유지를 전제로 한 개선방안을 모색하는 것이 바람직하다. 특히 헌법상 통치구조의 기본 골격과 틀은 헌법제정권자의 근본적 결단의 산물을 의미하는 것으로 가능한 한 그 골격은 그대로 유지하는 것이 국가의 존립과 국정의 안정성확보를 위해 중요하다고 할 것이다.

외국의 예를 보더라도 정부형태의 변경은 기존의 제도를 폐기하고 새로운 제도를 선택하는 경우는 드물며 기존 제도의 기본 틀을 유지하면서 문제점을 보완하고 개선하기 위해 다른 나라 제도의 요소를 부분적으로 도입하여 접목시키는 방법이 일반적이라 할 수 있다. 특히 대통령제를 채택하여 시행하다가 의원내각제로 정부형태를 바꾼 사례는 거의 찾아볼 수 없다고 할 때,[79] 우리의 정부형태 개헌논의도 대통령제의 폐기와 의원내각제의 채택은 곤란하다고 보며 현행 제도의 기본골격을 유지하면서 부분적 점진적으로 개선해 나가는 방향으로의 개헌논의가 바람직하다. 그렇다면 정부형태의 개헌논의는 대통령 4년 중임제와 정·부통령제 채택의 여부를 중심으로 하면서, 이와 별도로 현행 대통령제의 개선방안의 범주에 포함시킬 수 있는 이원정부제(반대통령제) 도입을 검토하는 것으로 한정하는 것이 옳다고 본다.[80]

(2) 의회와 사법제도 개헌론에 대한 긍정적 평가

한국의 헌정운영에 있어서 의회주의의 후진성과 병폐를 극복하기 위한 개혁논의는 오래전부터 광범위하게 전개되어 왔으나 여전히 의회주의의 제도와 운용상의 문제점이 심각하게 지적되고 있는 현실에서 의회제도에 관한 개헌논의는 매우 긍정적으로 평가될 수 있다. 식물국회의 오명을 씻기 위한 국회의 상시화라든지 재정민주주의의 강화는 적극 추진되어야 할 것이다. 다만 양원제 도입 개헌에 대해서는 신중한 검토를 요한다고 본다.

78 미국의 부통령제에 대하여는 헌정초기부터 비판의 목소리가 컸으며 실제 헌정운용에 있어서 행정부내의 대통령과 부통령간의 갈등관계 등의 문제가 제기되고 있다. 상세는 Robert Albert, The Evolving Vice Presidency 78 Temple Law Review 811, 2005.

79 Matthew S. Shugart and John M. Carey, id. at 3.

80 국회 헌법연구자문위원회의 결과보고서에는 정부형태의 개헌에 관하여 제1안으로 권력분점형 이원정부제, 제2안으로 대통령 4년 중임제를 제안하고 있다. 결과보고서 15−16, 208−232면 참조.

양원제가 이론상 입법과정의 신중을 기하는 데 필요한 제도이지만 우리의 의회정치의 현실에서 볼 때 의원들의 자질과 역량 제고를 위한 의식개혁이 전제되지 않는 양원제도입은 오히려 의회운영의 비효율성을 가중시키고 양원 상호간의 책임전가가 문제될 수 있다. 따라서 양원제 도입은 장기적 연구검토의 과제로 넘기는 것이 바람직하다고 본다.

사법제도에 관한 헌법연구자문위원회의 개헌안 내용도 그동안 사법개혁의 방안으로 논의되었던 것들 중에서 학계에서는 거의 이견이 없는 최소한의 내용들이 반영되었다는 점에서 긍정적으로 평가할 수 있다. 법원과 헌법재판소의 구성에 있어 민주적 정당성을 확보하기 위해 국회에 모든 대법관과 재판관의 선출권을 부여하는 것과 헌법재판소의 규범통제권을 확대하여 추상적 규범통제를 인정하는 것 등은 상당히 진보적인 개헌방향이라 할 수 있다. 다만 헌법소원심판에 있어 재판소원을 허용해야 한다는 학계의 지배적 입장이 반영되지 못한 것은 아쉬움을 남기고 있다.[81]

(3) 기본권의 개헌론에 대한 판단

기본권에 관한 개헌론의 입장은 급격한 사회변화에 따라 요구되는 새로운 기본권을 신설하고 기존의 기본권도 새로운 시대에 부응하도록 보완함으로써 헌법이 국민생활의 기본적 가치체계로 기능할 수 있어야 한다고 주장한다. 그리하여 생명권을 비롯한 정보기본권, 사상의 자유, 정치적 망명권 등의 신설과 평등권과 표현의 자유, 사회적 기본권 등의 정비·강화, 법인의 기본권 주체성과 기본권의 대국가적 효력 등의 명문화를 개헌안으로 제시하고 있다.

그러나 이러한 기본권조항의 대폭적 개헌론에 대하여는 견해를 달리하는 입장이 있을 수 있다. 주지하는 바와 같이 헌법상 기본권규정은, 국가권력에 대한 수권규범이며 제한규범으로서 상세하게 규정된 통치구조의 규정과는 달리, 간결성·추상성과 개방성을 본질적 특성으로 하기 때문에 헌법해석을 통해 기본권의 의미가 구체화될 수밖에 없다. 헌법해석을 통해 간결하고 개방적으로 규정된 기본권을 구체화하여 헌법 해석자는 보호하고자 하는 기본권의 내용을 포섭함으로써 기본권을 보다 더 보장할 수 있게 된다. 현행 헌법상의 기본권보장체계는 과거 어느 헌법보다도 잘 정비되어 있다고 할 수 있으며, 기본권보장기관으로서 헌법재판소의 헌법해석을 통해 기본권이 크게 신장되어 왔음을 부정

81 법원의 재판에 대한 헌법소원을 인정하지 않는 입장의 논거로는 헌법재판소가 제4심의 재판기관이 될 수 있고, 헌법재판의 정치적 속성으로 인하여 사법부의 독립성이 침해되고 재판이 정치화될 가능성을 배제할 수 없으며, 남소와 분쟁의 장기화 등으로 인하여 사회적 혼란과 비용이 증가할 수 있다는 것 등이 제시되고 있다(헌법연구자문위원회 결과보고서, 283면). 그러나 필자는 재판소원의 허용을 이번 개헌에서는 포함시키지 않더라도 장기적 연구과제로 검토하여 차후의 개헌논의에서는 적극 반영할 필요가 있다고 본다.

할 수 없다. 예컨대 생명권,[82] 알 권리,[83] 사상의 자유[84] 등은 명문규정이 없다고 하더라도 헌법재판소 판례에 의해 이미 헌법상 보장된 기본권으로 인정되고 있으며, 헌법상 차별금지사유라든지 기본권의 주체성과 효력에 관하여도 개헌론의 견해와 마찬가지로 헌법재판소의 헌법해석은 이미 이러한 내용들을 확인한 것을 볼 수 있다.[85]

현행 헌법 제10조의 '인간의 존엄과 가치'조항은 기본권보장의 목적 또는 이념조항이며 헌법의 기본원리에 해당하는 것으로 자연법상의 원리를 확인한 것을 의미한다. 동조의 '행복추구권'은 포괄적 자유권으로서의 성격을 갖는 것으로 보는 것이 지배적 견해이다. 또한 헌법 제37조 제1항에서 "국민의 자유와 권리는 헌법에 열거되지 아니한 이유로 경시되지 아니한다"라고 규정하고 있는 것도 기본권의 자연권성에 기초하여 헌법에 명시적으로 규정된 기본권 이외의 자유와 권리도 보장될 수 있음을 예상하고 있다. 인간의 존엄과 가치에 대하여는 그 자체를 기본권으로 보는 데 이견이 있으나, 헌법재판소는 "모든 기본권보장의 종국적 목적 또는 기본이념이라 할 수 있는 인간의 본질이며 고유한 가치인 개인의 인격권"으로 해석하고 있다.[86] 행복추구권에 관하여도 헌법재판소는 '일반적 행동자유권', '자기결정권' 등이 도출되는 포괄적 자유권으로 보고 있다.[87] 따라서 헌법 제10조와 제37조 제1항은 사회변화에 따른 새로운 기본권 보호의 필요성이 대두되는 경우 그 새로운 기본권을 도출하는 근거 내지 원천으로서 기능할 수 있기 때문에 조급하게 새로운 기본권의 신설을 확장해 나가는 것은 신중을 기할 필요가 있다고 본다. 헌법상 국민의 자유와 권리의 지나친 열거는 헌법 제37조 제1항의 명목화를 가져올 수 있으며 기본권의 자연권성을 사실상 부정하는 것이 될 수 있다. 즉 기본권의 헌법에의 지나친 나열화는 헌법에 열거되고 명문화되지 않은 자유와 권리가 무시되고 경시될 우려가 있다.[88]

비교헌법적 관점에서 볼 때도 미국헌법의 경우 원헌법의 권리장전으로 볼 수 있는 1791년의 수정헌법 10개조 이후 지금까지 17개의 수정조항이 추가되었는데 기본권에 관

82 헌재 1996. 11. 28. 95헌바1.
83 헌재 1991. 5. 13. 90헌마133.
84 헌재 2002. 1. 31. 2001헌바43.
85 헌법재판소는 헌법 제11조 제1항 제2문의 차별금지사유를 예시적 규정으로 보고 있으며(헌재 1992. 4. 14. 90헌바24), 기본권의 주체에 관하여 사법인과 법인격 없는 사단도 그 주체성을 인정하고 있다. 헌재 1991. 6. 3. 90헌마56; 1995.7.21. 92헌마172등.
86 헌재 1999. 9. 10. 89헌마82,
87 헌재 2002. 12. 18. 2001헌마546; 1995. 7. 21. 93헌가14.
88 이 점과 관련하여 미국헌법제정과정을 보면, 헌법제정당시 헌법기초자들의 최대 관심사는 통치기구의 존재방식에 관한 것이었으며 헌법은 연방정부의 권한을 한정적으로 열거하여 '권한이 열거된 정부'를 의도함으로써 그 자체가 권리장전의 의미를 가진다고 보았다. 특히 해밀턴이 페더랄리스트 제84편에서 "권리장전을 헌법안에 편입할 필요가 없으며 그것은 오히려 위험하다"고 강조한 것은 의미가 있다고 하겠다. 정만희, 앞의 책(주 1), 81면.

한 것은 수정 제13조의 노예제 금지, 수정 제14조의 적법절차와 법 앞의 평등보호, 수정 제15조의 흑인의 투표권, 수정 제19조의 여성참정권 등 몇 개 조항에 불과하다. 수정헌법 제14조의 적법절차조항은 연방대법원의 판례에 의해 그 의미가 확대되어 왔으며 이 조항을 근거로 프라이버시권을 인정하고 있다.[89] 독일의 경우 1949년 헌법제정 이후 총 52회의 헌법개정이 있었는데 그 중 기본권규정이 개정된 것은 7회에 그치고 있다. 우리 헌법과 비교할 때 상대적으로 개정절차의 연성헌법주의에 비추어 기본권조항이 쉽게 개정되지 않고 있음을 볼 수 있다.

따라서 새로운 기본권조항의 신설이나 기본권의 보완이 요구되는 경우에는 우선 기본적으로 헌법해석을 통해 기본권의 구체적 내용을 확대하고 보완해 나가는 노력이 필요하며 이 경우 헌법해석은 헌법의 기본원리와 기본권보장의 이념에 합치되는 방향에서 합리적이고 객관적인 해석이 이루어져야 한다. 헌법해석의 한계를 무시하고 사회공동체 구성원을 납득시킬 수 없는 주관적 가치판단의 헌법해석은 허용될 수 없다.[90] 그리하여 헌법해석의 방법으로는 더 이상 기본권을 새롭게 형성하고 보완할 수 없는 상황으로 판단되는 경우, 헌법개정으로 기본권을 확대하고 발전시켜 나갈 수 있는데 이 경우에도 새로운 기본권의 보장은 그것이 공동체의 근본적 가치질서로서 인정될 수 있는 것인가[91]에 대한 사회적 합의가 전제되어야 할 것이다.

이렇게 볼 때 기본권에 대한 개헌론의 입장은 신중한 검토가 필요하다고 보며, 헌법해석에 의해 이미 확립된 기본권보장의 내용을 이번 헌법개정에 전부 반영할 필요는 없다고 할 것이므로 우선적으로 인권침해적 독소조항(예컨대 헌법 제29조 제2항의 군인·경찰공무원 등의 국가배상청구권 제한, 언론·출판의 자유 제한의 오남용의 가능성이 있는 제21조 제4항 제1문 등)에 해당하는 것을 제거하고 최소한의 범위에서 기본권실현을 강화하는 방향으로 개헌논의가 이루어지는 것이 바람직하다고 생각된다.

(3) 소결 : 부분개헌과 점진적 개헌의 방향 제시

위에서 본 바와 같이 지금까지의 개헌논의는 헌법전반에 걸쳐 광범위하게 전개되고 있으나 그 중에서 개헌논의의 핵심이며 정치권의 관심사는 정부형태에 관한 것이고, 그 중에서도 현행 대통령 5년 단임제의 개헌문제라 할 수 있다. 그 내용을 보면 현행 헌법상

---

89 수정헌법 제5조와 제14조의 적법절차(due process of law)조항은 연방대법원 판례에 의해 절차적 적법절차에서 실체적 적법절차원리로 발전하게 되었고, 1973년의 Roe v. Wade 판결에 의해 성적 자기결정권과 프라이버권을 인정하는 근거조항으로 해석하고 있다. 상세한 것은 정만희, 앞의 책(주8), 125면 이하.

90 정문식, 새로운 헌법의 생명권·환경권, 『새로운 헌법 필요한가』, 298면.

91 장영수, 새 정부의 과제로서의 개헌, 『새로운 헌법 필요한가』, 334면 이하.

대통령제의 문제점을 극복하기 위해 프랑스형 이원정부제나 독일형 의원내각제로 개헌하자는 주장이 있고, 대통령제의 기본 골격을 유지하되 미국식 4년 중임제와 정부통령제로 바꾸자는 주장이 맞서고 있다. 즉 정부형태 개헌론의 입장은 새로운 제도의 선택론과 기존 제도의 개선론으로 나뉘고 있다. 이러한 정부형태 개헌논의의 연장선에서 의회제도와 사법부를 포함한 통치구조 전반의 개헌론이 제기되고 헌법총강과 기본권분야에 대해서도 전반적 문제점의 검토와 개헌방향을 제시하고 있는 것이 이번 개헌론의 일반적 특징이다.

그러나 이번의 개헌논의는 과거의 경험과는 달리 정치적 변혁기의 개헌이 아니고 평상시의 개헌논의이며, 87년 헌법시행 이후 20여년의 운용과정에서 드러난 문제점을 보완하기 위한 논의라는 점에서 전면적 개헌보다는 부분적 개헌이 바람직하다.[92] 따라서 기존의 정부형태를 부정하고 새로운 제도를 실험하기 위한 개헌은 곤란하다고 할 것이며, 현행 대통령제를 유지하면서 그 합리적 개선방안을 모색하는 데 개헌논의의 초점을 맞추는 것이 옳다고 본다. 특히 87년 헌법의 5년 단임 대통령제에 대하여 그것을 '영구적'인 제도로 보는 사람은 거의 없으며 '잠정적이고 과도적인 제도'로 간주하는 것이 일반적이므로[93] 5년 단임제를 우선적 개헌대상으로 삼는 것은 당연하다.[94]

정부형태 개헌의 내용에 있어 대통령 직선제를 선호하는 국민의 의식은 여전히 확고하다고 할 때 의원내각제 도입은 현실적으로 어렵다고 할 것이다. 그렇다면 이번 개헌은 5년 단임제 규정을 비롯하여 대통령선거제도, 국무총리제 등에 국한하여 개헌대상을 한정하는 것을 생각해 볼 수 있다. 다만 이원정부제의 도입논의는 현행 대통령직선제를 전제로 한 정부형태의 개혁방안에 포함될 수 있으므로 개헌대상이 될 수 있다. 그 밖에 국회와 법원, 헌법재판소에 관한 개헌대상은 최소한의 범위에 한정하고 법률에 의한 제도적 보완을 우선적으로 검토할 필요가 있다.

최소한의 부분개헌의 입장에서는 총강과 기본권조항은 이번 개헌논의에서 최소한의 범위로 한정하고, 다만 기본권의 독소조항과 새로운 기본권의 신설에 관한 국민적 합의가 표출된 경우 이를 개헌대상에 포함시킬 수 있다.

이렇게 이번의 개헌논의의 대상을 한정적인 범위로 좁힌다면 그동안의 헌법전반에 걸친 광범위한 개헌논의는 어떠한 의미를 가지는가가 문제된다. 87년 헌법에 대한 전반적

92 같은 입장으로는 김문현, 앞의 논문, 52면.

93 한배호, 『한국정치사』, 일조각, 2008, 388면.

94 정부형태 개헌에 관하여 필자는 현행 대통령제의 유지를 전제로 4년 중임제를 채택하고, 국무총리제를 존치하되 민주적 정당성의 제고를 위해 국회의 임명동의절차에 가중다수의 특별정족수를 도입하고, 대통령의 권한제한을 위해 의원내각제적 요소에 해당하는 국회의원의 국무위원 겸직을 금지하고 대통령의 법률안 제출권을 폐지하는 수준에서의 최소한 개헌의 의견을 제시한 바 있다. 정만희, 앞의 논문(주6), 302면 이하.

검토와 분석은 미래의 한국헌법의 방향을 설정하는데 필요한 것이며, 일반 국민의 헌법의식을 높이고 헌법개정의 방향에 대한 공감대형성의 과정으로서 의미가 크다. 헌법운용상 드러나는 문제점과 헌법제도의 수정 보완의 필요성에 대한 검토는 지속적으로 행해져야 하며, 시대적 환경의 변화에 따른 헌법개정의 필요성이 문제가 되면 그때그때 당해 헌법문제에 대한 국민적 합의를 거쳐 단계적으로 부분적 개헌을 실현해 나가는 것이 헌법질서의 안정성과 헌법규범의 현실적응성을 확보하는 길이라 할 것이다. 혁명이나 정치적 변혁을 계기로 하지 않는 한 헌법의 전면적 개정은 헌법생활의 안정성을 침해할 우려가 있기 때문이다.

이러한 헌법의 부분적 개정과 점진적 개정으로 헌법의 현실적응성을 확보하기 위해서는 현행의 경성적 헌법개정절차가 문제되므로 차제에 헌법개정절차의 개정문제를 심도있게 논의할 필요가 있다고 본다.

Ⅳ. 헌법개정절차와 개헌의 방법·시기

1. 헌법개정절차에 관한 개헌논의

(1) 경성헌법주의에 대한 도전

일반적으로 성문헌법국가에서의 헌법개정절차는 경성헌법주의에 입각하여 헌법개정의 곤란성을 유지하기 위한 강한 보수성을 특징으로 하고 있다. 헌법개정조항은 국민의 기본권보장과 권력에 대한 통제를 위한 헌법제정권자의 헌법수호의 의지이며 권력담당자의 정치적 욕구 충족을 위해 헌법개정을 수단으로 삼는 것을 방지하기 위한 제도적 장치를 의미한다.

현행헌법상 헌법개정절차를 보면 헌법개정안의 발의는 대통령과 국회가 할 수 있으나 국회의 발의는 재적의원 과반수의 찬성이 있어야 하며(제128조 제1항), 헌법개정안에 대한 국회의 의결은 재적의원 3분의 2 이상의 찬성을 얻어야 한다(제130조 제1항). 국회가 의결한 헌법개정안은 국민투표에 붙여 국회의원선거권자 과반수의 투표와 투표자 과반수의 찬성을 얻어야 한다(제13조 제2항). 이러한 국회 재적의원 3분의 2 이상의 찬성이라는 가중다수의 의결절차와 국민투표절차라는 2중절차는 현실적으로 헌법개정을 성사시키는 것을 매우 어렵게 하고 있다.

특히 헌법개정을 위한 국민투표는 1962년 헌법에서부터 채택된 것으로 이 필수적 국민투표절차는 많은 준비와 비용과 시간을 요하게 되는 문제가 있으며 국민투표의 본래의 취지가 오늘날 제대로 실현되기 어려운 문제가 있다.[95] 더욱이 이 국민투표제는 1962년 헌법에서 최초로 도입하게 된 것으로 당시 도입의 배경은 5. 16 군사쿠데타에 의해 국회가 해산된 상태에서 기존의 개헌절차를 고수할 수 없었던 특수한 사정에 기인하는 것이지 민주적 정당성을 더 확보한다는 의미로 보기 어렵다는 지적도 있다.[96] 이와 같은 이유로 헌법개정의 절차로서 국민투표절차를 폐지하여 헌법개정이 보다 용이하게 이루어질 수 있도록 해야 한다는 주장이 제기되고 있다.[97]

생각건대 헌법정책적 관점에서 볼 때 현행헌법의 강한 경성적 개정절차는 재고할 필요성이 있다. 헌법개정을 언제나 국민투표로 확정하여야 하는 것은 헌법운용과정에서의 현실적응성과 탄력성을 실현하는데 어려운 문제가 있게 된다.[98] 이 점에서 독일 헌법의 경우처럼 헌법개정절차에 국민투표를 거치지 아니하고 의회에서 헌법개정법률로 확정하는 방식은 헌법운용의 현실적응성과 탄력성을 확보하는데 유용한 제도라 할 수 있다. 그리고 헌법개정의 대상 가운데 정치권에서의 주요 관심사가 되는 정부형태나 권력구조 이외의 영역으로 학계에서 주로 논의되는 기본권규정의 신설과 보완이라든지 헌법의 편제나 체계, 문구수정 등의 개헌문제는 현행의 개헌절차 하에서는 현실적으로 실현될 가능성이 희박하므로 개정절차를 완화할 필요가 있다는 주장은 설득력이 있다.

그렇지만 헌법운용에서의 탄력적 현실적응성을 강조하여 기존의 경성적 헌법개정절차를 연성적 절차로 바꾸는 것은 또 다른 심각한 문제를 야기할 수 있음을 부정할 수 없다. 특히 한국의 빈번한 헌법개정사에서 드러난 바와 같은 집권자의 권력욕구에 의한 정치적 목적의 개헌을 막기 위해서는 현행헌법상의 경성적 헌법개정절차는 그대로 유지되어야 할 필요가 있으며, 헌법제정권자의 권력통제를 위한 헌법수호의 의지는 헌법운용의 탄력성과 현실적응성보다 우선적으로 보호되어야 하는 입헌주의의 이념적 가치라고 할 수 있다.

그러므로 헌법개정절차는 국가의 기본법인 헌법의 수호와 헌법질서의 안정성확보라는 가치와 헌법의 운용과정에서 요구되는 현실적응성(변경가능성)을 조화롭게 실현할 수 있는 방향으로 개선되어야 할 것이 요구된다.[99] 특히 현대사회의 급격한 변화의 시대에 있어서는 헌법규범의 현실적응성과 탄력성이 더욱 강조될 수밖에 없으므로 헌법질서의

---

95 계희열, 앞의 책, 113면.
96 오호택, 앞의 논문, 504면.
97 계희열, 앞의 책, 113면; 오호택, 앞의 논문, 505면.
98 정종섭, 앞의 책, 98면.
99 양건, 『헌법강의』, 법문사, 2009, 67면.

안정성과 헌법운용의 현실적응성을 동시에 확보할 수 있는 양자의 조화적 실현이 요구되는 것이다.

(2) 헌법개정절차의 2원화의 가능성 검토

위와 같은 헌법질서의 안정성과 헌법의 현실적응성을 동시에 확보하기 위해서는 현행의 헌법개정절차를 이원화하는 방안을 검토할 수 있다. 헌법이 정하는 사항 가운데 그 중요도에 따라 중요도가 높은 사항은 국민투표로 확정하고, 상대적으로 중요도가 낮은 사항은 국민투표절차를 거치지 아니하고 국회의 의결만으로 확정하는 방안을 고려할 수 있다.[100]

그러나 여기서 문제가 되는 것은 헌법사항의 중요도의 판단기준에 관한 것이다. 어떠한 사항이 국민투표에 붙여 확정할 사항인지, 그리고 어떠한 내용이 국회의 의결만으로 확정할 사항인가의 명확한 구별이 용이하지 않다는 점이다.

이 문제는 헌법개정의 한계이론과 관련되는 것으로, 헌법개정의 한계를 인정하는 통설적 견해로서 헌법규범 상호간의 위계질서를 전제로 하는 것이라 할 수 있다. 물론 헌법개정의 대상과 범위는 헌법개정의 한계에 의해 제약을 받게 되는 것이므로 헌법제정권자의 근본적 결단에 해당하는 헌법규범의 본질적 구성부분이라든지 헌법규범 중에서 실질적으로 상위의 효력을 가지는 상위규범은 개정할 수 없는 것이나, 개정의 제약을 받지 않는 범위 안에서도 헌법규범 상호간에 실질적 효력의 차이가 있다고 보면 헌법규정의 중요도에 따른 개정절차의 이원화가 가능할 것으로 본다.[101]

그렇다면 헌법개정절차에 있어서 경성헌법주의를 관철하여 국민투표절차를 통해 확정해야 하는 헌법사항이 무엇인지, 국민투표절차 없이 국회의 의결만으로 확정지울 수 있는 사항은 어떠한 것인지를 명확하게 구분하는 것이 과제로 남게 된다. 예컨대 정부형태의 변경이라든지 대통령의 임기와 중임제한, 선출방법 등과 같은 정파적 이해관계가 얽혀있고 국민의 주요 정치적 관심사가 되는 사항들과 권력통제수단에 관한 사항들은 국민투표절차를 거치게 하는 것이 통차구조의 민주적 정당성확보를 위해 바람직하며, 통치구조의 기본문제와 크게 관련이 없는 사항이나 국민의 기본권을 보완하고 강화하기 위한 내용

---

100 정종섭, 앞의 책, 98면.

101 헌법재판소는 헌법규범 상호간의 우열에 관하여 부정적 입장을 취하고 있다. 이에 관하여 헌법재판소는 "헌법의 제규정 가운데는 헌법의 근본가치를 보다 추상적으로 선언한 것도 있고 이를 보다 구체적으로 표현한 것도 있어서 이념적 논리적으로는 규범상호간의 우열은 추상적 가치규범의 구체화에 따른 것으로 헌법의 통일적 해석에 있어서는 유용할 것이지만, 그것이 헌법의 어느 특정규정이 다른 규정의 효력을 전면 부인할 수 있는 정도의 개별적 헌법규정 상호간에 효력상의 차등을 의미하는 것이라고는 볼 수 없다"라고 판시하고 있다. 헌재 1995. 12. 28. 95헌바3.

등은 국민의 대표기관인 국회의 의결만으로 헌법개정이 이루어질 수 있도록 하는 것이 헌법의 현실적응성을 실현하는데 도움이 된다고 할 수 있다.

이러한 경성적 헌법개정사항과 연성적 헌법개정사항은 헌법개정 발의권자에게 임의적으로 그 결정권을 부여할 수 있는 것은 아니며, 헌법규정에 의해 관련내용을 명확하게 규정할 필요가 있다. 이러한 경우 헌법개정절차에 관한 헌법분쟁의 가능성을 예견하여 헌법재판소의 관장사항을 확대할 필요가 있다.

한편 헌법개정의 한계이론과 관련하여 헌법개정절차의 개정문제는 신중한 검토가 필요하다. 경성적 헌법개정절차에 관한 헌법규정은 헌법제정권자의 헌법수호의 의지를 반영한 것으로서 그것이 헌법제정권자의 근본적 정치적 결단에 해당한다고 보는 관점에서는 헌법개정절차 그 자체를 개정해서는 안 된다는 견해가 있을 수 있다. 또는 현행의 개정절차를 보다 엄격한 경성절차로 개정하는 것은 가능하지만 현행의 개정절차를 좀 더 용이하게 개정할 수 있는 연성절차로 개정하는 것은 헌법수호의 정신에 위배되므로 허용될 수 없다는 입장이 있다.[102] 이러한 입장들을 고수하게 되면 위와 같은 헌법개정절차의 이원화 논의는 검토의 대상이 될 수 없게 된다. 그러나 헌법개정절차의 이원화는 헌법개정의 곤란성의 요청이라는 전통적 경성헌법주의와 오늘날 급변하는 사회현실의 헌법운용에 있어서 탄력성과 현실적응성의 확보라는 서로 대립되는 가치를 조화적으로 실현할 수 있는 방안의 제시라는 점에서 이해될 수 있으며, 이러한 이원적 개정절차의 변경은 국민투표제를 전면적으로 폐지하는 것이 아니어서 헌법제정권자의 의사에 반한다고 볼 수 없으므로 국민적 합의에 의한 개헌이 이루어지는 경우에는 가능할 것으로 본다.

2. 헌법개정의 방법과 시기

(1) 민주적·초당파적 헌법개정논의기구의 설치

작금의 개헌논의는 주로 국회 차원의 논의와 함께 그와 별도로 조직된 학계와 시민사회 중심의 개헌논의가 따로따로 전개되어 온 것이 특징이다. 국회중심의 개헌논의는 국회내 국회의장 직속기구로 헌법연구자문위원회의 연구조사활동과 국회의원들의 자발적

102 헌법개정의 한계이론에 의하면 헌법개정권자가 그 권한의 근거가 되는 헌법개정조항의 본질적 부분을 개정하는 것은 제헌권과 개헌권의 구별을 부정하는 것이 되므로 헌법개정조항의 본질적 부분에 대한 개정은 금지된다는 견해가 있으며, 헌법개정조항은 헌법개정권자의 자의적 개정으로부터 헌법의 핵심적 가치를 수호하기 위한 규정이므로 경성헌법을 연성헌법으로 개정하는 것은 금지되지만, 연성헌법을 경성헌법으로 변경하는 것은 가능하다는 견해가 있다. 국내 학설은 김철수 교수와 권영성 교수가 후자의 입장을 취하고 있다. 김철수, 앞의 책, 50면; 권영성, 앞의 책, 56면. 이 후자의 견해에 대해 연성헌법을 경성헌법으로 개정하는 것도 헌법의 본질적 성격의 변경에 해당하여 헌법제정권력의 주체가 정할 성질의 것이므로 허용할 수 없다는 견개가 있다. 정종섭, 앞의 책, 103-104면.

인 헌법연구단체에 의해 전개되어 왔으며, 학계와 시민단체 중심의 헌법개정논의도 수 년 전부터 정치권과 무관하게 독자적인 개헌안을 제시해오고 있다. 이러한 개헌논의 양상과 그 연구성과는 과거의 개헌과정에서는 전례를 찾아보기 어려운 것으로 그 자체로서도 개헌논의의 민주성이 상당히 확대되어 가고 있음을 말해주고 있다. 이러한 개헌논의는 앞으로의 개헌을 위한 준비작업으로서 의미가 크다고 할 수 있다.

그렇지만 아직 일반 국민의 헌법개정에 관한 관심과 문제의식은 충분히 형성되어 있다고 볼 수 없으며, 단지 정치권의 개헌론 제기에 대해 소극적이고 미온적인 반응을 보이는 정도라고 할 수 있다. 그 동안의 몇 차례 여론조사 결과만 가지고는 국민의 개헌에 관한 의사를 확인하기 어렵고 학계에서도 개헌론에 대해서 찬반양론이 팽팽히 맞서고 있다고 할 수 있다.[103]

따라서 앞으로의 개헌논의의 방법에 관하여 개헌의 실현가능성 여부와 상관없이 필자는 다음과 같은 개헌논의기구의 설치를 제안한다. 즉 개헌에 관한 국민적 공감대를 형성하여 민주적 개헌을 실현하기 위해서는 우선 범국민적·초당파적·중립적 헌법논의기구를 구성하는 것이 필요하다고 본다. 이 점에 관하여는 1982년 미국에서의 헌법개정논의를 위한 헌법제도검토위원회(Committee on the Constitutional System)의 결성을 주목할 필요가 있다. 이 위원회는 미국헌법의 제정 이래 2세기 동안의 격변을 거치면서 내정·외교상 위기의 연속과 연방정부의 대응전략의 실패 등 여러 가지 국가적 난제에 직면하게 되자 이를 극복하고 유효하게 대처하기 위하여 헌법개정을 비롯한 정치제도 전반의 근본적 개혁 가능성 추구를 목적으로 하는 초당파적 비영리적 단체로 결성된 것이다. 이 위원회에는 전·현직 상원 및 하원의원, 정부각료와 백악관 수석비서, 주지사, 대학교수, 법조인, 역사학자, 언론인 등 전국적 지명인사들로 구성되었으며 5년간의 연구검토를 거쳐 1987년 미국헌법제정 2백주년을 맞는 시점에 연구보고서를 출간하였다.[104] 이 위원회의 보고서 제안은 헌법제도 개혁안의 즉각적인 실현을 목표로 한 것이라기보다는 현행의 미국 헌법제도를 근본적으로 재검토하기 위한 폭넓은 논의를 환기시키는 데 있었다고 할 수 있다. 실제로 이 보고서를 계기로 하여 학계에서는 헌법개정문제를 포함한 연방정치제도개혁에 관한 논의가 활발해지게 되었다는 점에서 동위원회의 업적은 높이 평가되고 있다.

우리도 미국의 헌법제도검토위원회와 같은 헌법논의기구의 결성을 적극 검토할 필요가 있다고 본다. 때늦은 감이 없지 않으나 이제라도 정계, 학계전문가, 정부관료, 법조계,

103 도회근, 헌법개정의 쟁점과 과제－공법학자 설문조사 결과분석－『공법연구』 제34집 제1호, 2005, 49면 이하.
104 이 보고서「미국정치기구 2세기의 분석: 헌법제도검토위원회의 제언」(A Bicentennial Analysis of the American Political Structure : Report and Recommandations of the Committe on the Constitutional System, 1987)의 내용에 관한 소개는 정만희, 미국헌법상 정치제도의 개혁논의,『동아법학』 제20호, 1996, 21면 이하.

언론계, 경제계, 노동계, 시민단체 대표 등 우리사회의 다양한 각계 인사가 참여하는 범국민적이고 초당파적인 헌법논의기구를 결성하여 장기적인 헌법연구조사활동을 계획하여 추진해 나가는 것이 요구된다.[105] 그리고 헌법논의기구는 국회나 대통령 직속기구로 설치할 것이 아니라 정치적 중립성을 가지는 독립기구로 결성하는 것이 바람직하다. 지금까지의 헌법개정논의의 성과물들을 바탕으로 하면서 장기적인 관점에서 근본적이고 총체적이며 미래지향적인 헌법논의가 이루어져야 하며 통일헌법안의 기본 틀도 마련해야 할 것이다. 국민의 공감대에 바탕을 둔 민주적 개헌논의를 위해 전국에 걸쳐 지역별 토론회와 공청회 등을 수시로 개최하여 국민의 여론을 수렴하고 집약하는 과정이 필요함은 물론이다.

(2) 헌법개정의 시기 문제

이번 헌법개정논의가 결실을 맺게 되는 실현가능성에 대하여는 쉽게 예측하기 어렵다. 국회 헌법연구자문위원회의 보고서에는 헌법개정의 시기를 "정치적 논쟁이 치열한 선거철을 피해 상대적으로 안정되고 헌법개정논의가 정략적인 이해관계에 좌우되지 않을 수 있는 2010년 지방선거 전까지 헌법개정절차를 마무리하는 것이 보다 이상적"이라고 기술하고 있다.[106] 그러나 현실적으로 2010년 6월 지방선거 전까지의 이상적인 헌법개정은 이미 불가능하게 되었으며, 지방선거 이후에 지체 없이 국회가 헌법개정에 합의하여 개헌절차를 밟을 수 있는지도 극히 불투명하다.

현재의 이명박 정부에서 개헌을 성사시키기 위해서는 대통령 임기의 중반기를 넘겨서는 안 된다고 보는 것이 지배적이다. 임기 후반기에 차기 대통령선거를 앞두고 개헌을 하는 것은 현실적으로 매우 어려우며, 개헌이 되더라도 정치적 계산이 강하게 개입하여 정략적 개헌이 될 우려가 있고 졸속으로 개헌이 진행될 가능성이 크다.[107]

따라서 현정부에서 개헌이 불가피하다면 2010년 지방선거 이후 하반기부터 국회가 개헌특위구성에 합의하고, 국회의 개헌논의를 뒷받침하고 국민적 공론화를 위한 범국민적 헌법논의기구가 결성되어야 할 것이다. 그리하여 적어도 1년간의 연구조사기간을 거쳐 개헌의 방향과 내용을 결정하고 2011년 하반기에 개헌절차를 마무리하는 것을 생각해 볼 수 있다. 이러한 개헌일정은 결코 여유 있는 개헌논의일정이라 할 수 없으므로 개헌안은 전술한 바와 같은 부분개헌이 될 수박에 없다.

105 이와 같은 견해로는 정종섭, 헌법개정 논의의 쟁점: 필요성, 방법, 내용, 『새로운 헌법 필요한가』, 32면.
106 국회 헌법연구자문위원회 결과보고서, 6-7면.
107 정종섭, 앞의 논문(주104), 33면.

V. 맺음말

최근 우리 사회에서의 개헌논의는 과거 역대 헌법개정과정에서의 어떠한 개헌논의보다도 장기간에 걸쳐 광범위하고 다양한 개헌논의가 전개되고 있음이 두드러진 특징이다. 국회 헌법연구자문위원회의 연구보고서를 비롯한 학계 및 시민단체 등의 개헌논의 성과물도 그 양과 질에 있어서 상당한 수준에 이르고 있어서 앞으로 개헌이 현실화될 경우 개헌의 기초자료로서 충분히 활용될 수 있다고 할 것이다.

그렇지만 개헌의 기본방향에 관해서는 아직 국민적 공감대가 형성되어 있다고 볼 수 없으며, 정치권에서도 정파간의 대립과 정치일정상의 제약 등으로 시간이 흐를수록 개헌논의에 소극적 태도를 보이고 있다. 개헌의 필요성과 내용에 관하여도 논의의 주체에 따라 다양한 견해들이 제시되고 있어 시민들의 개헌문제에 관한 이해와 의사형성에 혼란을 주고 있다.

지금까지의 개헌논의를 종합적으로 분석하고 집약해 보면 개헌의 필요성과 개헌방향에 관한 공통적 내용을 어느 정도 확인할 수 있으므로 현시점에서는 지난 10 여년간의 개헌논의를 일단락 지울 필요가 있다고 본다. 현실적으로 개헌을 주도하게 될 정치세력 간에 개헌일정에 대한 합의가 이루어진다면 공론화과정을 거쳐 2011년 개헌이 가능하다고 할 수 있다.

다만 이번 개헌은 87년 헌법 운용 20여년 과정에서 나타난 헌법의 흠결과 불완전성을 보완하고 개선하는 방향이 되어야 하며, 전면적 헌법개혁과 새로운 제도의 선택을 위한 개헌은 성공하기 어려울 것이다. 따라서 현행 대통령제를 유지하면서 4년중임제 도입을 중심으로 하고 기본권보장의 실질화와 통치구조의 합리적 개선을 위한 최소한의 부분개헌이 바람직하다. 또한 헌법개정절차의 2원화를 위한 개헌을 심도 있게 검토하여 헌법의 안정성과 현실적응성의 조화적 실현의 길을 확보하는 것이 미래의 개헌논의의 활성화를 위해 필요하다고 본다.

끝으로 이번 개헌논의가 성공적으로 결실을 맺기 위해서는 개헌의 방향과 성격에 관한 국민적 합의를 도출할 수 있는 공론화과정이 보장되어야 하며 개헌절차에서의 국민의 자유로운 토론과 정치적 의사발표의 자유가 보장되어야 한다. 지금까지의 헌법전반에 걸친 개헌논의는 미래의 통일시대를 대비한 새로운 헌법의 제정을 위해 앞으로도 지속적으로 전개되어야 하며, 이 점에서 통일헌법 채택을 위한 범국민적·초당파적 헌법연구조사기구의 결성이 필요하다고 할 것이다.

13 헌법개정조항의 개정필요성에 관한 검토*

Ⅰ. 머리말

현행 헌법상의 헌법개정조항(제128조−130조)은 한국헌법사에 나타난 역대 헌법 중에서 1962년 헌법 및 1980년 헌법과 함께 강한 경성헌법주의를 채택하고 있음을 특징으로 한다. 건국헌법은 헌법개정절차에 국민투표절차를 규정하지 않고 국회의 가중다수 의결만으로 헌법개정을 확정할 수 있었다(제98조). 1954년 제2차 개헌에 의해서도 이러한 헌법개정절차는 유지되었으나, 예외적으로 주권의 제약 또는 영토의 변경을 가져올 국가안위에 관한 중대사항의 헌법개정에 대해서는 국민투표에 붙일 수 있도록 하였다(제7조의2). 1962년 헌법에서는 헌법개정에 민주적 정당성을 확보하고 경성헌법주의 강화하기 위하여 국민투표를 필수적인 절차로 규정하였다(제121조 제1항). 1972년 유신헌법에서는 경성헌법주의가 크게 후퇴하여 대통령이 개헌안을 발의한 경우에는 국회의 의결을 거치지 아니하고 직접 국민투표에 붙이도록 하였고, 국회가 발의한 경우에는 국회의 의결을 거쳐 통일주체국민회의에서 확정하도록 하여 국민투표절차를 거치지 않도록 하였다(제124조). 그 후 1980년 헌법에서 헌법개정절차는 현행헌법과 같이 경성헌법주의를 다시 강화하여 국회의 의결과 국민투표에 의한 확정 절차를 규정하게 된 것이다(제129조, 제131조).[1]

역대 헌법의 헌법개정안 발의절차를 보면 건국헌법은 국회와 대통령에게 발의권을 인정하였으나, 1962년 헌법은 대통령에게 발의권을 인정하지 않았으며, 대신에 1954년 개정헌법과 마찬가지로 국회의원선거권자 50만명 이상의 찬성으로 헌법개정 제안권을 일반 국민에게도 인정하였다(제119조 제1항). 현행헌법은 국민의 헌법개정 제안권을 인정하지 않고 있으나 대통령에게 발의권을 인정하는 것이 1962년 헌법과 구별되는 점이고, 국회의 의결과 국민투표절차를 필수적 절차로 거치게 하는 점에서 동일한 수준의 경성헌법주의를 채택하고 있다고 할 수 있다. 다만 현행헌법은 일반 국민의 개헌안 제안권이 인정되지 않고 있다는 점에서 헌법개정안 발의단계에서부터 국민의 의사에 바탕을 둔 민주적 개헌 논의가 현실적으로 제약을 받게 된다는 점을 부정하기 어렵다.

이와 같은 현행헌법의 경성적 헌법개정절차는 최근 10여 년간 우리 사회에서 지속되

---

* 「공법연구」 제39집 제2호(한국공법학회, 2010. 12), 395~424면 수록.

1 건국헌법이래 1980년 헌법에 이르기까지의 헌법개정과정에 관한 상세한 내용은 김철수, 『헌법개정, 회고와 전망』, 대학출판사, 1986; 송우 편, 『한국헌법개정사』, 집문당, 1980 참조

어온 개헌논의에도 불구하고 그 개헌의 실현가능성에 대해 부정적 입장이 강하게 자리잡게 된 이유의 하나가 되고 있다고 본다. 특히 그 동안의 많은 개헌논의 중에서 헌법개정조항 자체의 개정문제에 관한 논의는 거의 없었으며 헌법개정조항의 개정문제에는 관심조차 두지 않은 것이 현실이라고 할 수 있다.[2]

현행헌법 시행 20여 년을 경과하면서 우리 사회에서는 개헌논의는 정치권뿐만 아니라 학계 및 시민단체 등 민간 영역의 지식인 사회를 중심으로 헌법전반에 걸친 광범위한 헌법개혁방안들이 제시되어 왔으나,[3] 현시점에서의 개헌가능성은 거의 희박하다고 할 수 있다. 초기의 개헌논의의 주체와 동기는 정치권에서 대통령선거시마다 5년단임 대통령제의 문제점을 배경으로 한 것이었으나, 그 후 점차 개헌논의의 대상과 범위가 확대되어 정부형태와 권력구조뿐만 아니라 헌법총강과 기본권보장, 지방자치제 등 국가시스템의 전면적 개혁을 위한 개헌논의가 활발하게 전개되어 왔다. 특히 헌정사상 최초로 제18대 국회 구성 후 국회의장 자문기구로 '헌법연구자문위원회'가 설치되어 개헌연구조사를 진행하였으며 2009년 8월 결과보고서가 출간되어 헌법전반에 걸친 개헌의 필요성과 개헌 방향을 제시한 바 있다.[4]

이와 같이 작금의 개헌논의의 두드러진 특징은 종래와는 달리 정부형태의 개헌논의에 치우친 것이 아니라 헌법전문·총강·기본권 등을 포괄하는 헌법전반의 광범위한 개헌논의라는 점에 있다. 특히 학계와 시민단체 등에서는 급변하는 시대적 환경의 변화에 따른 헌법의 현실적응성의 요청에서 기본권보장체계의 정비·강화와 새로운 인권의 헌법규범화를 요구하고 있는 것이 특징적 현상이다. 그렇지만 그 동안의 개헌논의가 전례없이 각계각층에서 다양한 개헌안들이 제시되어 왔음에도 불구하고 개헌의 실현가능성이 극히 불투명한 현실은 정치권의 여·야간의 대립구도라든지 국민의 개헌에 관한 소극적 태도

---

2 학계에서도 헌법개정조항의 문제점이나 그 개정논의에 관심을 갖는 학자는 극소수에 불과하며, 이와 관련된 문헌도 다음과 같은 몇 편에 지나지 않는다. 오호택, 우리 헌법개정절차의 문제점, 『안암법학』 제2집, 1994, 181면 이하, 오호택, 헌법개정의 절차와 헌법개정의 가능성, 『헌법학연구』 제13권 제1호, 2007, 487면 이하, 정만희, 헌법개정논의, 『동아법학』 제47호, 2010, 38-42면; 대화문화아카데미, 『새로운 헌법, 무엇을 담았나』, 2010, 48-49면; 김선화, 헌법개정의 절차적 방법론-헌법개정안의 형성과정을 중심으로, 『헌법학연구』 제16권 제2호, 2010, 265면 이하.

3 학계와 시민단체 등의 개헌의 필요성과 방향에 관한 주요 연구성과로는 한국헌법학회, 『헌법개정연구』, 2006; 한국공법학회, 『헌법개정안 연구보고서』, 2006; 대화문화아카데미, 『새로운 헌법 필요한가』, 2008; 함께하는 시민행동, 『헌법 다시보기, 87년 헌법 무엇이 문제인가』, 2007 참조.

4 이 보고서는 개헌의 필요성에 관하여 "지난 20여 년간 국내외의 정치, 경제, 사회적 환경의 급변으로 인해 기존의 사고와 패러다임으로는 해결할 수 없는 문제들이 도처에서 노정됐다. 헌법개정 당시 예견할 수 없었던 이런 문제들은 개별 법률의 개정이나 제도의 보완만으로 해결하기 어려운 것들이어서 국가시스템 전반에 걸쳐 헌법적 차원에서의 재검토가 불가피해졌다"고 기술하고 있다. 국회헌법연구자문위원회, 『헌법연구자문위원회 결과보고서』(2009.8), 3면.

등과 함께 헌법상 규정된 매우 어렵고 까다로운 헌법개정절차에서 그 이유를 찾을 수 있다.[5]

생각건대 헌법상의 경성적 헌법개정절차는 입헌주의 이념에 기초하여 헌법제정권자의 헌법수호의 의지를 반영하고 헌법질서의 안정성을 확보한다는 중요한 가치를 내포하고 있다. 그러나 다른 한편, 헌법의 운용과정에서의 급격한 시대의 변화에 따른 헌법의 현실적응성과 탄력성의 요청도 헌법질서의 안정성만큼 중요한 가치라 하지 않을 수 없다. 따라서 현대사회의 급격한 변화의 시대에 있어서는 헌법질서의 안정성과 함께 헌법규범의 현실적응성 내지 탄력성이 아울러 요청된다고 할 수밖에 없으므로 이 양자를 조화적으로 실현할 수 있는 방법을 강구하는 것이 중요한 헌법적 과제라 할 수 있다.[6]

따라서 본 연구에서는 위와 같은 헌법개정조항에 내재되어 있는 양면적 가치의 조화적 실현의 관점에서 현행 헌법개정조항의 개정방향을 모색하도록 한다. 비교헌법적 관점에서 헌법개정안의 발의와 국회의결절차 전반에 대한 문제점과 대안을 제시하며, 특히 헌법개정절차의 핵심적 요소로서 국민투표제에 대한 근본적인 재검토와 그 개정방향을 제시한다. 국민투표제의 개선방안으로는 헌법개정사항의 이원화를 통하여 헌법운용의 탄력성과 현실적응성을 확보하는 방안을 제시하도록 한다.

Ⅱ. 헌법개정조항의 의의와 기능

1. 경성헌법과 헌법개정조항

근대 입헌주의헌법은 성문헌법(written constitution)과 경성헌법(rigid constitution)주의를 보편적으로 채택하여 발전해 왔으며, 오늘날의 각국 헌법전은 거의 예외 없이 경성헌법주의를 헌법개정조항을 통해 반영하고 있다. 헌법제정권자는 입헌주의의 이념에 기초하여 국민의 자유와 권리를 보장하기 위한 국가권력과정 통제의 기본적 장치로서의 헌법을 제정하면서 그 헌법규범에 의해 국가공동체의 안정성과 지속성을 유지하게 할 수 있도록 헌

5 현행헌법 시행 이후 민주화가 진행되면서 권위주의체제가 타파됨에 따라 집권자의 권력욕구를 충족시키기 위한 개헌은 사실상 불가능하게 되었으며, 그간 몇 차례의 평화적 정권교체를 경험하면서 구축된 여·야간의 권력적 견제와 균형은 정치권에서의 개헌논의가 탄력을 받지 못하고 쉽게 수그러지는 경향을 나타내게 되었다. 특히 현행헌법의 '5년 단임 대통령제' 정부형태에 대해서는 20여 년 이상의 경험 속에서 드러난 문제점들과 그 개편의 필요성에 관하여 정치권은 공통의 인식을 하고 있으나, 현실적으로 이 문제에 관한 개헌 제안은 여·야간에 차기 대통령선거를 둘러싼 정치적 이해관계 속에서 국회재적인원 '3분의 2 이상'의 찬성이라는 합의를 도출하는 것은 거의 불가능하다고 본다.

6 양건, 『헌법강의』, 법문사, 2009, 67면, 정만희, 앞의 논문 40면.

법개정조항을 규정하여 '헌법개정의 곤란성'을 확보하고 있다. 그러므로 헌법개정조항에 나타난 경성헌법주의 내지 헌법개정의 곤란성의 정도는 국가형태와 통치구조의 선택 등과 함께 헌법제정권자의 근본적 결단에 해당하는 것으로 최대한 존중되어야 하며, 현실의 헌법운용과정에서 권력담당자는 그 권력행사의 근거가 되는 헌법규범에 만족하지 못하더라도 그 헌법개정조항에 의하지 않고서는 집권자의 의도대로 헌법을 수정하거나 변경할 수 없는 것이다.[7]

한편, 헌법개정조항은 미래의 헌법운용상황을 미리 예측하여 시대의 변화에 따른 헌법규범과 현실의 불일치나 괴리의 문제를 해결하기 위한 헌법개정의 방법과 절차를 제시함으로써 헌법규범의 현실적용성에 대한 헌법제정자의 배려를 내포하고 있다. 여기서 헌법개정조항은 헌법의 안정성이라는 측면에서 '강한' 경성헌법주의를 요구하게 되고, 그와 상반되는 헌법의 변화와 현실적응성의 측면에서 '약한' 경성헌법주의 내지 '보다 용이한' 헌법개정의 가능성을 요구하게 된다. 이처럼 헌법개정조항은 대립되는 두 가지의 가치를 어떻게 조화적으로 실현시킬 수 있는가의 관점에서 이해되어야 하는 것이다.

과거 어두운 헌법개정사의 경험 속에서 우리 국민은 헌법개정이 권력자의 집권욕구를 위한 수단으로 악용되어 온 사실을 통해 헌법의 안정성과 개정의 곤란성에 대한 집착이 강하다고 할 수 있다. 그러나 1987년 헌법체제 이후 민주화가 정착되면서 정치권의 욕구충족의 수단으로 개헌을 단행한다는 것은 거의 생각할 수 없게 된 지금의 향상된 정치수준의 현실에서는 헌법의 안정성의 가치만큼 시대적 변화에 따른 국민적 요구에 탄력적으로 적응할 수 있는 헌법에 대한 기대가 크다고 해도 과언이 아닐 것이다. 따라서 현시점에서의 헌법개정조항의 개정논의는 급변하는 시대상황에 대응하기 위한 헌법의 현실적응성에 초점을 맞출 필요가 있다고 본다.

2. 헌법개정조항의 기능

(1) 권력의 통제와 헌법의 최고규범성 수호

헌법개정의 곤란성을 통한 헌법규범의 지속성과 헌법질서의 안정성을 확보하기 위한 경성헌법주의는 입헌주의의 이념에 기초하여, 국가권력과정의 기본적 통제장치이며 국가조직의 기본 틀을 의미하는 헌법이 권력담당자의 자의적 권력행사에 의해 쉽게 변경되거

7 그러나 현실적으로 헌법개정의 빈도와 용이성을 보면 강한 경성헌법이라고 해서 헌법개정이 실제로 잘 행해지지 않는 것은 아니며 연성주의하에서도 헌법개정 없이 헌법의 안정성이 유지되는 국가도 있다. 결국 특정 국가에 있어서 헌법의 안정성은 경성헌법주의 여하가 아니라 그 국가의 정치세력들이 헌법에 순응하는 태도와 국민의 헌법수호의 의지에 달려있다고 할 수 있다. 이에 관한 대표적 견해는 K. C. Wheare, Modern Constitutions, 2nd ed., 1966, p.23.

나 훼손되지 않도록 함으로써 헌법의 규범력과 실효성을 확보하기 위한 것을 의미한다.[8]

다시 말하면 헌법상의 헌법개정절차에 관한 조항은 일반 법률의 개정절차와는 달리 엄격한 개정절차를 규정하여 헌법운용과정에서 헌법의 내용이 용이하게 변경될 수 없도록 함으로써 헌법의 '최고규범성'을 존중하기 위한 것이다.[9] 즉 국가의 최고규범으로서의 헌법의 규범력과 제도적 항구성을 확보한다는 데에 경성헌법주의의 기능을 찾을 수 있다. 동시에 경성적 헌법개정조항은 그 헌법조항에 의하지 않고서는 어떠한 경우에도 권력자의 정치적 목적을 위한 수단으로서의 헌법개정을 허용하지 않는다는 점에서 권력통제적 기능을 수행한다고 할 수 있다. 말하자면 뢰벤슈타인의 표현처럼 헌법이 "정치권력의 통제를 위한 기본적 수단"(basic instrumentality for the control of power process)[10]을 의미하기 때문에, 헌법개정조항 자체도 집권자의 자의적 권력에 의한 헌법내용의 변경을 방지함으로써 헌법의 규범력을 유지하는 헌법수호의 기능을 담당한다는 데에 그 의의가 있는 것이다.

헌법의 개정은 헌법개정조항이 정하는 절차와 방법에 따라 기존 헌법과 기본적 동일성을 유지하면서 개정될 때 그 헌법개정은 정당화될 수 있는 것이지만, 그 경우에도 헌법의 개정은 주권자인 국민의 합의를 바탕으로 한 민주적 개헌이 이루어져야만 그 개정헌법의 민주적 정당성을 인정받을 수 있게 된다. 따라서 형식적 헌법개정절차에 따르더라도 국민의 다수의사에 의한 공감대형성 없이 최고권력자의 일방적 권력욕구에 의한 개헌의 단행이나 소수의 정치세력간의 밀실타협에 의한 개헌논의에 국민이 수동적으로 따라가는 개헌은 허용될 수 없는 것이다. 또한 헌법개정조항을 무시한 권력자의 실력행사에 의한 헌법의 변경은 헌법의 파괴나 침해를 의미하기 때문에 헌법제정권자이며 헌법개정권자를 의미하는 국민은 이러한 헌법파괴행위에 대해 최후의 비상적 헌법수호의 수단으로서 저항권을 행사할 수밖에 없는 것이다.

(2) 헌법의 흠결 예측과 헌법규범의 현실적응성 확보

헌법상 헌법개정조항의 또 하나의 의미는 헌법은 그 운용과정에서 언젠가는 결함이 발견될 것이라는 '헌법제정자의 예측'을 반영하고 있다는 데에 있다.[11] 헌법은 본질적으로 국가적 조직의 기본 틀로서 어느 정도 고정성과 안정성 지속성이 요구되는 것이지만, 다른 한편 헌법은 그때그때의 사회적 수요와 시대적 환경의 변화에 적응할 수 있어야만 헌

8 권영성, 『헌법학원론』,법문사, 2010, 51면.
9 허영, 『한국헌법론』, 박영사, 2009, 53면
10 K. Loewenstein, Political Power and the Governmental Process, 1965, p123.
11 David D. Meyer, Constitutional Change in the American Experience 헌법개정·미국의 경험, 『헌법학연구』, 제16권 제3호, 2010, 226면.

법이 살아있는 규범으로서 헌법의 규범력과 실효성을 확보할 수 있게 된다. 헌법의 운용과정에서 헌법규범과 헌법현실의 불일치로 인한 괴리가 발생하는 경우 그 헌법에 대한 불만과 불신의 방치는 결국 폭력에 의한 헌법의 파괴로 이어질 우려가 있기 때문에 헌법 자체에 합헌적인 방법과 절차에 의한 헌법개정을 규정함으로써 헌법의 흠결을 극복할 수 있도록 하는 것이 필요하게 된다.

다시 말하면 헌법개정조항은 헌법의 운용상 불가피하게 요청되는 헌법개정의 필요성과 불가피성을 헌법제정자가 미리 예측하여 헌법규범의 테두리 안에서 헌법의 현실적응성과 탄력성을 확보하기 위한 제도적 장치라고 할 수 있다. 즉 헌법개정조항은 헌법이 국가가 처한 현실적 변화에 적응하도록 하되 지나치게 자주 개정되지 않도록 하는 '제도적 안정장치'로서의 기능을 담당하는 것이다.[12] 따라서 헌법규범은 제도적 안정장치를 통해 시대의 변화와 사회적 요구에 탄력성 있게 적응할 수 있어야 하는 것이다.

그러나 헌법개정절차가 지나치게 엄격한 경성헌법주의를 채택한 경우에는 헌법의 현실적응성을 확보하기 어렵게 되는 문제가 있다. 미국연방헌법은 세계에서 가장 엄격한 경성헌법주의를 채택하고 있기 때문에 헌법개정절차에 의한 헌법개정은 현실적으로 매우 어려운 실정이다. 그렇기 때문에 미국의 헌법은 공식적인 헌법개정절차에 의한 개정이 아니라 헌법외적 개정절차로서 헌법의 해석을 통한 헌법규정의 의미를 새롭게 해석하고 보완해 나감으로써 실질적으로 광범위한 헌법상의 변화가 계속적으로 이루어지고 있는 것이 특징적 요소라고 할 수 있다.[13]

헌법규범의 추상성과 개방성의 특성상 헌법의 해석이 필요하게 되고 헌법해석을 통하여 헌법의 의미내용이 구체화되고 보완될 수 있지만, 그렇다고 해서 헌법의 해석이 항상 헌법개정의 효과를 가져 오는 것은 아니다. 헌법의 해석은 기본적으로 당해 헌법조문자체를 벗어날 수 없는 한계가 있으며,[14] 그 해석을 통해 헌법의 의미내용이 보완되더라도 해석에 의한 의미내용은 고정적인 것이 아니라 판례의 변경에 의해 달라질 수 있는 유동적 개념이기 때문에 헌법해석으로 헌법개정의 효과를 가져 오는 데는 일정한 한계가 있을 수밖에 없다. 따라서 시대적 상황의 변화에 따른 헌법의 현실적응성에 관한 사회적 요구가 강하게 되면 헌법개정은 불가피하다고 할 수 있다. 특히 오늘날의 세계화·정보화의 급격한 시대적 상황의 변화는 그 어느 때보다도 헌법의 탄력적 현실적응성이 요구되기 때문에 이러한 현실적응성의 가치는 경성헌법주의의 가치만큼 중요한다.

---

12 성낙인, 『헌법학』(제10판), 법문사, 2010, 47면
13 David D. Mayer, 앞의 논문, 227면 이하.
14 헌법해석의 한계에 관하여는 장영수, 『헌법학』, 홍문사, 2007, 114면 이하.

3. 헌법개정조항의 개정가능성

헌법의 개정에 있어서 헌법개정조항 자체를 개정할 수 있는가의 문제가 있다. 이에 관한 학설로 다음과 같은 세 가지의 견해가 나뉘고 있다. 제1설은 헌법개정조항은 개정의 대상이 될 수 없다고 보는 견해이다. 즉 헌법개정권력의 근거가 되는 헌법개정조항은 헌법제정권력에 의해 만들어진 것으로 헌법개정권력에 의한 헌법개정조항을 개정하게 되면 이는 헌법제정권력과 헌법개정권력의 구별을 부정하는 것이 되므로 허용될 수 없다는 견해이다. 칼 슈미트(C. Schmitt)의 헌법제정권력과 헌법개정권력의 구별이론에 근거한 것이다.[15] 그러나 이 견해는 헌법제정권력과 헌법개정권력의 구별이 오늘날 민주주의국가에서는 무의미하다고 보는 입장에서는 비판을 받게 된다.[16]

제2설은 헌법개정조항은 헌법개정권자의 자의적 개정으로부터 헌법의 핵심적 가치를 수호하기 위한 규정이므로 경성헌법을 연성헌법으로 변경하는 것은 금지되지만, 연성헌법을 경성헌법으로 변경하는 것은 가능하다는 견해이다.[17] 그러나 연성헌법을 채택할 것인가 아니면 경성헌법주의를 채택할 것인가는 그 자체가 헌법제정권자의 중요한 의사 결정이라 할 수 있으므로 연성헌법을 경성헌법으로 개정하는 문제도 헌법제정의 방법을 통해야 한다는 반론이 제기될 수 있다.

제3설은 헌법개정조항 중에서 '비본질적인 부분'은 헌법개정의 방법으로 변경할 수 있으나, '본질적인 부분'은 헌법제정의 방법으로 변경해야 한다는 견해이다.[18] 따라서 헌법개정을 국회만이 할 수 있게 하고 국민투표를 폐지하거나, 경성헌법을 연성헌법으로 변경하거나 연성헌법을 경성헌법으로 변경하는 것은 본질적 부분에 해당하는 것으로 헌법제정권력의 주체가 정할 성질이어서 이에 관한 조항은 헌법개정의 방법으로 변경할 수 없다고 한다. 다만 헌법개정안의 공고기간 또는 의결에서의 기간제한이나 헌법개정안 발의권자를 대통령이 아닌 국회에만 부여할 것인가의 문제 등은 비본질적 부분에 해당하여 헌법개정조항에 따라 이를 변경할 수 있다는 것이다.

생각건대 헌법개정의 방법과 절차를 정한 헌법개정조항은 기본적으로 헌법제정권자의 헌법에의 의지를 반영한 것이므로 원칙적으로 헌법개정의 형식을 통해 그 조항의 본질적 내용을 변경할 수 없도록 하는 것이 타당하다고 본다. 따라서 헌법개정권력의 주체와 그 행사방법이라든지 경성헌법주의를 어느 정도의 수준으로 정할 것인가와 같은 헌법개

15 권영성, 앞의 책, 56면.
16 계희열, 『헌법학』(상), 박영사, 2005, 122면.
17 권영성, 앞의 책, 56면; 김철수, 『헌법학개론』, 박영사, 2007, 50면.
18 계희열, 앞의 책, 122면; 정종섭, 『헌법학원론』, 법문사, 2010, 103면.

정조항의 본질적 부분은 헌법제정권자의 근본적 결단에 포함될 수 있는 것으로 헌법개정의 한계를 벗어나는 것이 된다. 그러나 헌법개정에 관한 사항 중 비본질적 부분은 헌법개정절차를 통해 변경할 수 있도록 하는 것이 헌법의 탄력적 운용과 현실적응성 확보를 위해 필요하다고 본다. 이 점에서 제3설이 타당하다고 본다.

제2설과 제3설의 차이점은 연성헌법을 경성헌법으로 변경하는 헌법개정을 인정하는가의 여부에 관한 것인데, 제2설은 이를 인정하지만 제3설은 이를 인정하지 않는다. 그리고 경성헌법을 연성헌법으로 변경하는 것에 대하여 제2설과 제3설은 모두 이를 허용할 수 없다고 보는 것이다. 헌법의 개정방법에 관한 경성헌법주의와 연성헌법주의의 선택은 헌법제정당시의 헌법제정권자의 중요한 의사결정이라고 볼 수 있으며, 따라서 헌법개정조항의 변경은 헌법제정권자의 새로운 의사결정이 필요하기 때문에 헌법개정의 방법으로는 변경할 수 없다고 할 것이므로 제3설이 타당하다.

이와 관련하여 필자가 앞에서 제시한 헌법개정절차의 이원화의 가능성을 검토할 필요가 있다. 현행 헌법의 헌법개정절차는 국회의 의결과 국민투표절차라는 강한 경성헌법주의를 채택하고 있어서 시대적 변화와 사회적 수요에 탄력적으로 적응하기 어렵기 때문에 헌법개정절차를 이원화하여 기본적으로는 국회의 의결과 국민투표에 의한 확정이라는 경성헌법주의를 유지하면서, 헌법개정의 대상 중에서 정치적 이해관계가 첨예하게 대립하는 권력구조와 정부형태라든지 영토의 변경과 같은 국가안위에 관한 중요사항 등을 제외한, 국민적 합의가 쉽게 이루어질 수 있는 기본권조항의 보완이라든지 헌법의 체계와 문구에 관한 부분적 수정 등은 국민투표를 거치지 않고 국회의 특별정족수 의결로 확정하는 방안이 허용될 수 있는지가 문제된다. 요컨대 헌법개정절차의 이원화는 국민투표절차를 전문적으로 폐지하는 것이 아니어서 헌법제정권자의 의사에 반한다고 할 수 없으며, 전통적 경성헌법주의의 가치를 유지하면서 급변하는 사회현실의 헌법운용에 있어서 탄력성과 현실적응성의 확보라는 또 다른 가치를 조화적으로 실현할 수 있는 방안이라는 점에서 헌법개정의 이원적 절차를 허용하는 것이 바람직하다고 생각한다.[19]

그리하여 헌법개정의 한계를 벗어나지 않는 범위 내에서 헌법개정의 대상이 되는 내용들을 국민투표를 거쳐 최종적으로 확정하는 사항과 국민투표를 거치지 않고 확정할 수 있는 사항으로 구분하는 것이 가능하다고 할 수 있다.

19 정만희, 앞의 논문, 41－42면.

Ⅲ. 헌법개정절차의 비교법적 분석

1. 개 설

각국 헌법상의 헌법개정절차는 그 나라의 국가형태의 여하라든지, 또는 헌정사와 정치문화적 조건과 상황에 따라 다양한 유형으로 나타나고 있다. 헌법개정절차에 있어서 개정안 발의권은 주로 의회가 가지지만 의회와 행정부의 양기관이 행사하는 경우와 국민에게도 발의권을 부여하는 경우도 있다. 발의된 헌법개정안이 의회의 의결만으로 확정되는 유형이 있으며 의회의 의결과 국민투표를 요구하는 유형도 있다. 그 밖에 헌법개정을 위해 의회 이외에 특별한 헌법회의를 소집하는 유형도 있다.[20]

개별 국가별로 보면 연방국가원리를 채택하고 있는 미국헌법은 세계에서 가장 엄격한 경성헌법주의를 채택하고 있댜. 연방주의를 수호하기 위하여 연방헌법의 개정안에 대하여 연방을 구성하는 전체 주 가운데 4분의 3 이상의 주의회 또는 주헌법회의의 승인을 받도록 규정하고 있기 때문에 현실적으로 헌법개정의 실현가능성은 아주 낮다.

독일의 경우도 연방국가를 채택하고 있지만 헌법개정절차는 연방의회의 의결만으로 헌법개정이 이루어지고 있는 것이 특색이다. 즉 독일기본법의 개정은 기본법의 문구를 명시적으로 변경 또는 보충하는 기본법개정법률에 의해서만 가능하며 이러한 기본법개정법률은 연방의회의원 3분의 2 이상의 찬성과 연방참사원 3분의 2 이상의 찬성을 필요로 한다(독일기본법 제79조). 이처럼 독일은 통상적인 법률의 개정절차를 통하되 의회의 의결정족수를 가중다수로 강화하는 유형을 취하고 있다.[21] 독일 외에도 통상의 의회의 의결만으로 헌법개정이 이루어지고 있는 나라는 포루트칼, 스웨덴, 벨기에, 브라질 등 상당한 국가들이 있다.

프랑스의 경우는 의회의 의결과 국민투표절차를 거쳐 헌법개정이 확정되는 경성헌법주의 유형을 채택하고 있으나, 여기서의 국민투표절차는 임의적 국민투표를 의미한다. 이탈리아, 오스트리아, 호주, 일본 등도 국민투표절차를 규정하고 있는 국가이다.

스위스는 헌법개정안 제안절차에 의회뿐만 아니라 일반 국민에게도 발의권을 인정하고 있는 것이 특징이다. 한국도 1954년 헌법과 1962년 헌법에 국민발안을 채택한 바 있다. 대통령에게 발의권을 부여하고 있는 나라는 프랑스, 한국, 등 몇몇 국가에 불과하다.

---

20 각국의 헌법개정절차에 관한 비교헌법적 연구의 주요 문헌으로는 竹花光範, 憲法改正の法理と手續, 成文堂, 1981 참조

21 정만희, 『비교헌법강의』(제2판), 세종출판사, 2009, 336면.

2. 의회에 의한 헌법개정의 유형

헌법개정의 방법으로 많은 국가에서 일반적으로 채택하고 있는 제도는 의회가 헌법개정의 권한을 가지고 의회의 의결만으로 헌법개정이 확정되는 것이며, 그 개정절차는 일반 법률의 경우보다 어렵게 하는 것이다. 즉 국민의 대표기관인 의회에서 일반 법률과는 달리 특별다수에 의해 헌법개정안이 발의되고 의결정족수도 특별다수를 요건으로 하는 것이다. 독일기본법을 비롯하여 유럽과 중남미의 여러 나라의 헌법들이 이러한 방법을 채택하고 있다.

의회의 의결만으로 헌법개정이 확정되는 유형도 세부적으로는 다음과 같은 몇 가지 유형으로 구분된다. (1) 의회의 1회기에서 헌법개정안이 의결되면 헌법개정이 확정되는 유형(독일, 캐나다, 레바논, 헝가리, 불가리아, 폴란드, 인도, 말레이시아, 중국 등 30여개국), (2) 동일한 의회의 2회기에 걸쳐 반복 의결하는 유형(페루, 콜롬비아, 브라질 등), (3) 의회에서 헌법개정안이 의결되면 그 의회의 회기만료 후 차기 총선거로 새로 구성된 의회가 헌법개정안을 의결하도록 하는 유형(스웨덴, 노르웨이, 핀란드 등), (4) 의회에서 헌법개정안이 의결되면 즉시 의회가 해산되고 새로 구성된 의회에서 다시 의결하는 유형(벨기에, 네덜란드, 룩셈부르크) 등이 있다.[22] 여기서 헌법개정안의 의결을 당해 의회의 회기만료 또는 의회해산 후 새로 구성된 의회에서 확정하도록 하는 것은 헌법개정안을 국민투표에 회부하는 것과 동일한 효과를 가져오는 것이라 할 수 있다. 또한 총선 후 새로 구성된 의회는 형식상으로는 통상의 의회에 해당하지만 그 실질은 일종의 헌법회의의 성격을 가진다고 볼 수 있다.

우리나라의 경우 과거 1948년 건국헌법(제98조 제3항)과 1960년 제2공화국헌법(제98조 제3항)이 국회의 의결만으로 헌법개정이 이루어지는 방법을 채택하였다. 건국헌법과 제2공화국헌법에 의하면 헌법개정안의 발의는 대통령과 국회 재적의원 3분의 1 이상의 찬성으로 하고 그 의결정족수는 국회의원 3분의 2 이상의 찬성이라는 가중다수를 요건으로 하였다.

의회가 국민의 대표기관이며 최고입법기관으로서 주권자의 위임을 받아 헌법개정권을 행사하는 것은 국민주권의 원리와 대의제 민주주의에 부합되는 것으로 정당화될 수 있음은 당연하다고 할 것이다. 그러나 여기서 한 가지 생각해야 할 것은 의회의 의결만으로 확정되는 헌법개정이 정당화되기 위해서는 다음과 같은 몇 가지 전제조건이 있다는 점이

---

22 竹花光範, 앞의 책, 80면 이하.

다. 그 전제조건으로는 첫째, 의회의 구성이 국민의 의사에 따라 민주적으로 이루어져야 하며, 민주적이고 공정한 선거제도가 확립되어야 한다. 둘째, 의회주의원리가 활성화되고, 의회 내에서의 자유로운 토론의 장이 확보되어야 한다. 셋째, 복수정당제가 보장되어야 하며, 여·야간의 평화적 정권교체를 통한 정당간의 권력적 균형이 유지되어야 한다. 넷째, 정당내부의 민주화, 즉 당내민주주의가 확립되어 국민의 의사에 기초한 상향적 정당의사결정이 이루어져야 하는 것 등이다.

이렇게 볼 때 건국헌법상의 헌법개정절차는 의회주의와 민주적 정당정치가 뿌리내리지 못한 상황에서 권력자의 정치적 목적을 위한 수단으로 헌법개정이 악용되는 것을 억제하는 데에는 기능적 한계를 노정할 수밖에 없었다.[23]

3. 국민투표에 의한 헌법개정의 유형

헌법개정의 두 번째 방법으로 의회의 의결을 거친 헌법개정안에 대해 최종적으로 국민투표에 붙이는 제도가 있다. 국민투표의 절차는 직접민주제 요소의 도입으로서 주권자인 국민의 직접적 의사에 의해 헌법개정이 이루어지는 것을 의미한다. 프랑스, 이탈리아, 오스트리아, 일본, 한국 헌법 등이 이 유형에 속한다.

헌법개정에 있어서 국민투표제를 채택하고 있는 경우에도 그 구체적 내용은 국가에 따라 동일하지 않으며 여러 유형으로 구분될 수 있다. 일반적으로 의회의 의결을 거친 모든 헌법개정안에 대해 필수적으로 국민투표절차에 붙일 것을 요구하는 강제적 국민투표제(compulsory referendum)의 유형과, 그와 반대로 선택적으로 국민투표에 붙일 수 있는 임의적 국민투표제(optional referendum)의 유형이 있다. 그 밖에 일정한 조건이 충족되는 경우 국민투표를 필수적으로 거치게 하는 유형과 헌법의 일부 특정조항에 대해서만 국민투표에 붙이는 유형 등이 있다.[24]

임의적 국민투표제의 대표적 유형에 해당하는 프랑스 제5공화국헌법의 헌법개정절차는 헌법개정의 발의권을 수상의 제안에 따라 대통령과 의회의원이 행사할 수 있으며 헌법개정안은 의회의 양원에서 가결되어야 한다. 의회에서 의결된 헌법개정안은 국민투표를

---

23 요컨대 의회의 의결에만 의존하는 헌법개정의 방법은 독일 등 서구형의 의회주의와 민주적 정당정치가 확립된 정치문화적 조건하에서 실질적인 국민적 정당성을 부여받을 수 있는 제도이며, 그렇지 않고 의회주의와 정당정치의 후진성을 탈피하지 못하는 상황에서의 의회에 의한 헌법개정방법은 실력자의 권력욕구를 정당화시키는 도구로 전락하게 될 가능성이 높다. 이는 한국헌정사에서 건국헌법상의 개헌절차와 제1차·제2차 개헌의 경험 속에서 입증되었다고 할 수 있다.

24 헌법개정절차에 강제적 국민투표제를 채택하고 있는 국가는 한국을 비롯하여 스위스, 오스트레일리아, 필리핀, 아일랜드, 스페인, 우루과이, 덴마크, 모로코, 리베리아, 알제리아, 일본 등 10여개국에 불과하다. 竹花光範, 앞의 책, 119면 이하 참조.

거쳐 확정되거나, 대통령이 의회의 양원합동회의에 부의할 것을 결정하게 되면 국민투표에 붙이지 않고, 양원합동회의의 표결에서 5분의 3 이상의 찬성으로 확정된다(제89조). 즉 의회의 양원에서 각각 의결된 헌법개정안은 국민투표에 붙여 확정하는 방법과, 대통령이 국민투표에 붙이지 아니하고 의회의 양원합동에의 부의하여 5분의 3의 찬성으로 확정짓는 방법의 두 가지 경우가 있다. 그러나 1958년 제정된 제5공화국헌법하에서 행해진 헌법개정과정을 보면, 1993년의 제8차 개헌에 이르기까지 헌법 제89조의 헌법개정을 위한 국민투표에 의해 확정된 경우는 한 번도 없으며, 대부분 양원합동회의의 의회에서 확정되었고, 헌법 제11조의 대통령의 국민투표부의권을 통해 헌법개정이 이루어진 경우가 한 차례 있을 뿐이다.[25]

프랑스에 있어서 헌법개정절차는 발의된 헌법개정안에 대하여 선택적 국민투표제를 채택하고 있으나 이 방법은 전혀 이용되지 않고 있으며, 의회의 양원합동회의에서의 5분의 3찬성이라는 특별다수의 정족수로 확정하는 방법을 주로 활용하고 있음을 볼 수 있다. 다만 1962년 11월의 제2차 개헌은 드골대통령의 제안에 의해 대통령간선제를 직선제로 바꾸는 개헌으로서 통상의 헌법개정절차인 헌법 제89조에 의하지 않고 제11조의 국민투표부의권을 통해 개헌을 단행한 것으로 위헌의 논란이 있다. 당시 헌법 제89조의 정상적인 헌법개정절차가 있음에도 불구하고 헌법 제11조의 국민투표규정을 통해 헌법개정을 단행한 것은 분명히 헌법의 문리해석에 반하는 것이지만 이를 헌법관습으로 용인할 수 있다는 주장도 있다.[26]

프랑스 이외에 임의적 국민투표제를 채택하고 있는 국가들 중에는 헌법상 특정기관이 임의로 국민투표를 요구한 경우에만 국민투표에 붙이는 유형(스웨덴, 태국, 세네갈, 토고 등)이 있으며, 일정한 조건이 충족되는 경우에만 임의로 국민투표를 요구할 수 있는 유형(이탈리아, 중앙아프리카 등)이 있다. 이탈리아헌법은 의회가 의결한 헌법개정안에 대하여 유권자 50만명의 요구로 국민투표에 붙일 수 있도록 하고 있으며, 다만 헌법개정안이 의회의 3분의 2 이상 특별다수로 의결된 경우에는 국민투표에 회부하지 않는 제도를 두고 있다.[27]

강제적 국민투표제를 채택하고 있는 경우에도 모든 헌법개정사항을 국민투표에 붙이지 아니하고 일부 특정조항의 개정의 경우에만 국민투표에 붙이는 유형(스페인, 아이슬란드, 서사모아, 말타, 잠비아, 자마이카 등)이 있고, 헌법의 전면개정의 경우에만 국민투표에 붙

25 정만희, 앞의 책, 259－259면.
26 성낙인, 『프랑스헌법학』, 법문사, 1995, 55면
27 樋口洋一/吉田善明 編, 『解說世界憲法集』, 三省堂, 1998, 165면.

이게 하는 유형(오스트리아, 베네주엘라)도 볼 수 있다. 전자의 경우에 해당하는 유형으로 스페인은 헌법개정사항을 '기술적 개정'과 '본질적 개정'으로 구분하여 본질적 개정에 한하여 국민투표에 붙이는 제도를 채택하고 있다. 본질적 개정에 관한 사항으로는 헌법의 전면개정의 경우와 헌법 제168조에 규정된 특별한 사항으로서 "헌법총강의 헌법의 기본원리, 제1편의 국민의 기본적 권리와 의무에 관한 사항, 제2편의 국왕에 관한 사항"으로 한정하고 있다.[28] 아이스란드는 국교(國敎)에 관한 규정의 개정에만 국민투표를 필요로 하고 있으며, 그 밖의 나라들은 권력분립원리에 관한 사항이나 입법권과 행정권에 관한 규정 등의 헌법개정에 국민투표를 요구하고 있다. 후자에 해당하는 오스트리아는 연방헌법의 전면개정의 경우에만 강제적 국민투표에 붙이고, 일부개정의 경우에는 국민의회 또는 연방의회 의원 3분의 1 이상의 요구가 있는 때에 한하여 국민투표에 붙이도록 하고 있다.[29]

한국헌법상의 헌법개정절차로서 국민투표제는 필수적 국민투표제를 의미한다는 점에서 프랑스 등의 임의적 국민투표제와 구별된다. 현행의 필수적 국민투표절차는 1962년 제3공화국헌법에서 처음 채택되었으나 1972년 헌법의 이원적 헌법개정절차에 의해 변질되었던 것이 1980년 헌법에 의해 다시 환원된 제도이다.[30]

4. 연방국가의 헌법개정의 유형

연방국가원리를 채택하고 있는 대표적 국가인 미국의 경우 헌법개정절차는 강한 경성헌법주의를 유지하고 있다. 연방헌법 제5조에 의하면 연방의회는 상원의원과 하원의원 3분의 2 이상의 찬성으로, 또는 연방을 구성하는 전체 주 가운데 3분의 2 이상의 주의회가 요청할 때 헌법개정회의(Convention for proposing Amendments)를 소집하여 개정안을 발의할 수 있다. 발의된 헌법개정안에 대한 비준절차는 연방을 구성하는 전체 주(States) 4분의 3 이상의 주의회의 승인 또는 주헌법회의의 승인을 요건으로 규정하고 있다. 따라서 미국의 연방을 구성하는 50개 주 중에서 38개주 이상의 승인을 받아야 하기 때문에 헌법개정이 현실적으로 실현되기는 매우 어렵다.

---

28 스페인의 헌법개정절차에 관하여는 野口健格, スペインにおける二つの憲法改定手續條項の意義, 慶應義塾大學,『法學政治學論究』제82호, 2009, 133면 이하 참조.

29 竹花光範, 앞의 책, 120-121면.

30 1972년 유신헌법상의 헌법개정절차는 경성헌법주의 대폭 후퇴한 것으로 실력자의 권력욕구에 따른 자의적 개헌의 우려가 있었으나, 1979년 10. 26사건에 의해 일찍이 유신체제가 막을 내리게 되었다. 그 후 1980년의 헌법개정과정은 유신헌법의 헌법개정절차에 따라 행해지게 되었으나, 국회의 제안으로 통일주체국민회의에서 확정하는 절차로는 갈 수 없었기 때문에 1980년 5. 17. 비상조치로 국회를 무력화시키고 신군부세력의 정부안을 밀어붙여 국민투표로 확정하게 된 것이 1980년 제5공화국헌법이다.

이러한 엄격한 헌법개정절차로 인하여 1789년 이래 최근까지 5,000건 이상의 헌법개정안이 연방의회에 제안되었으나 그 중 33건만이 연방 양원의원 3분의 2 찬성요건을 충족하여 헌법개정발의가 의결되었을 뿐이다. 그 중에서 각 주의회 4분의 3의 찬성으로 개정안이 비준된 수정조항은 지금까지 27개조에 불과하다.[31] 27개조의 수정조항 중에서 최초의 수정헌법 10개조항은 1787년의 원헌법에 명문화하지 않았던 권리장전의 내용을 규정한 것으로 1789년에 채택되었기 때문에 그 후의 헌법운용과정에서 개정된 조항은 17개 조항에 불과하다. 특히 마지막 개정조항인 수정헌법 제27조는 1789년에 발의되었으나 4분의 3의 비준요건으로 인하여 1992년에 와서야 겨우 승인을 받아 발효되었다는 사실에서도 미국헌법의 개정곤란성을 쉽게 이해할 수 있다.[32]

미국연방헌법의 개정조항에 대해서는 헌법개혁론자들에 의해 비판의 대상이 되고 있다. 헌법제도의 개혁의 필요성에 관한 논의가 꾸준히 전개되어 왔으나, 헌법개정조항이 요구하는 '4분의 3'이상의 주의회의 비준이라는 "매우 높은 수준의 합의"(so high a degree of consensus)는 가공할만한 장벽(formidable barrier)이 되기 때문에 더 이상 개혁논의가 진전되지 못하고 좌절되거나 봉쇄되기 때문에 헌법개정절차 자체의 개정논의가 학계에서 제기되기도 하지만 그 개정조항의 개정 역시 실현가능성이 거의 희박하다고 할 수 있다.[33]

그렇지만 연방을 구성하는 각 주의 헌법은 연방헌법과는 달리 현실적으로 비교적 용이하게 개정이 이루어지고 있다는 것이 대조적인 현상이다. 1989년까지의 전체 주에서의 헌법개정이 행해진 것은 5,807건으로, 평균 한 주에서 116회의 주헌법개정이 이루어졌으며, 이는 연방헌법의 개정횟수의 거의 6배에 해당하는 것이다.[34] 그러나 미국의 각 주헌법상의 헌법개정절차는 주헌법에 따라 차이가 있긴 하지만 상당히 엄격한 경성헌법주의를 채택하고 있음을 볼 수 있다. 헌법개정의 발의는 주의회 양원의 특별다수의 의결 또는 주헌법회의의 의결을 거쳐 주민(州民)투표(referendum)로 확정하는 것이 일반적인 절차라 할 수 있다. 주민투표의 가결은 투표자의 과반수 찬성으로 확정하는 주가 많은데 이 점은 우

31 Walter Dellinger, The Legitimacy of Constitutional Change: Rethinking the Amendment Process, 97 Harvard Law Review, 386, 427(1983).

32 수정 제27조(연방의원 보수의 변경)는 1789년 9월 제임스 매디슨에 의해 제안되었기 때문에 통칭 '메디슨 수정안(Madison Amendment)으로 불려지는 것으로, 당초에는 13개 주 중 6개 주에서만 승인을 받게 되었고, 수정안 제안 후 200년 이상이 지난 1992년 비준에 필요한 마지막 주의 승인이 미시간주에 의해 이루어짐에 따라 수정 제27조는 효력을 발생하게 된 것이다.

33 미국헌법의 개정조항의 개혁논의에 관하여는 James L. Sundquist, Constitutional Reform and Effective Government, The Brookings Institution, 1992, pp325f, Michael Stokes Paulsen, A General Theory of Article V: The Constitutional Lesson of the Twenty-seventh Amendment, 103 Yale L.J. 677(1993).

34 James L. Sundquist, op. cit., p.326.

리의 국민투표제의 개선방안의 검토에 참고가 될 수 있다.[35]

독일도 연방국가헌법을 채택하고 있지만 미국과 같은 강한 경성헌법주의를 취하고 있지 않으며 헌법의 현실적응성이 비교적 잘 확보되고 있는 점이 특징이다. 헌법개정절차(제79조)는 연방의회(Bundestag) 의원 3분의 2의 의결과 연방참사원(Bundesrat) 3분의 2의 동의로 헌법개정이 확정된다. 연방참사원은 연방을 구성하는 각 주정부의 대표로 구성되는데, 이 참사원은 양원제 의회에 있어서의 상원과 유사하지만 연방의 입법과 행정에 협력하기 위한 기관으로서의 성격을 가진다. 독일 기본법은 1951년 제1차 개정이래 1993년까지 총 39회의 개정이 행해졌다. 특히 1950년대와 1960년대에 빈번한 헌법개정이 행해졌으며, 1969년에는 총 8회의 개정이 이루어졌다.[36] 독일 기본법의 헌법개정조항의 또 하나의 특징은 헌법에 헌법개정의 한계를 명문화하고 있다는 점이다. 제79조 제3항은 연방제원리를 비롯하여 기본법 제1조의 인간의 존엄성존중 및 제20조 국가형태와 국민주권원리, 저항권 등은 헌법개정으로 개정할 수 없다는 것을 명확하게 밝히고 있다.

5. 소 결

각국의 헌법개정절차에 관한 비교고찰을 통해서 이해될 수 있는 사항들은 다음과 같이 정리할 수 있다. 첫째, 국민투표절차 없이 의회의 특별다수 의결만으로 헌법개정이 이루어지는 유형은 독일을 비롯한 유럽의 민주주의국가들과 같이 대의제원리가 확립되어 있는 국가에서 성공적으로 운용되고 있다. 또한 의회에 의한 헌법개정의 문제점을 보완하는 방법으로 일부 국가에서 채택하고 있는 2의회의 의결방식도 합리적인 제도라고 할 수 있다. 둘째, 헌법개정절차에 국민투표제를 채택하고 있는 유형은 각국에 일반적으로 보급되어 있는 것은 아니며, 특히 우리나라와 같은 강제적 국민투표제를 도입하고 있는 경우는 10여 개국에 지나지 않는다. 셋째, 국민투표절차에 있어서는 프랑스의 경우와 같은 임의적 국민투표제라든지, 스페인의 경우와 같은 특정조항에 대한 제한적 국민투표제, 또는 이탈리아의 경우처럼 일정수의 유권자의 요구가 있는 때에만 국민투표에 회부되는 제도 등도 우리나라의 국민투표제의 개선방안과 관련하여 충분히 검토할 가치가 있다고 본다.

---

35 주헌법의 개정절차로서 의회의 의결과 주민투표절차를 보면 캘리포니아주와 알래스카주, 하와이주 등은 주의회 양원의원 '3분의 2'의 찬성와 주민투표의 투표자 과반수의 찬성을 요건으로 하며, 뉴저지주, 일리노이주, 알라바마주 등은 주의회 양원의 '5분의 3'의 찬성과 주민투표 투표자 과반수의 찬성을 요건으로 한다. 코네티컷주는 주의회 양원의 '4분의 3'의 찬성과 주민투표로 확정되는데, 주의회 4분의 3의 찬성에 미달하는 경우에는 차기 의회선거 결과 새로 구성된 의회에서 양원 과반수의 찬성을 얻은 때에 주민투표로 확정되는 강한 경성주의 절차를 두고 있다.

36 정만희, 앞의 책, 337면.

Ⅳ. 한국헌법의 헌법개정조항의 개정필요성

1. 현행헌법상 헌법개정절차의 문제점

현행헌법의 헌법개정조항 하에서 헌법개정이 현실적으로 이루어지는 것은 결코 용이하지 않다고 할 수 있다. 개헌안이 국회 제적 과반수의 찬성 또는 대통령에 의해 발의되더라도 국회 재적 3분의 2 이상의 찬성을 요구하는 특별정족수는 과거의 독제체제나 권위주의 시대와는 달리, 오늘날의 정치적 민주화시대에 있어서는 여당의 독주가 사실상 불가능한 상황에서 여·야간의 협상과 타협이 전제되어야 하는 헌법개정은 매우 어려운 문제임에 틀림없다.[37] 선거과정을 보더라도 대통령선거와 국회의원선거에 나타나는 유권자의 분리투표의 성향에서 나타나는 정치적 의사는 '여소야대'라는 분열정부 내지 분점정부(divided government)를 빈번하게 출현시키게 되었기 때문에 '3분의 2'의 특별다수 의결정족수는 실제로 개헌을 저지하는 커다란 장벽이 되고 있다.[38]

우리의 헌법개정절차는 과거의 암울했던 헌정사가 말해주는 빈번한 개헌의 역사에 대한 반성으로 철저한 경성헌법주의를 고수함으로써 헌법의 안정성을 추구하고 있다는 점은 긍정적으로 평가할 수 있으나, 21세기 급속한 시대의 변화에 따른 새로운 헌법적 가치와 사회적 욕구를 적시성 있게 반영할 수 있는 헌법의 탄력적 현실적응성을 확보하기 어렵다는 점이 부정적 요소로 지적될 수 있다.

(1) 헌법개정안 발의단계의 문제점

현행헌법은 대통령과 국회만을 헌법개정발의권의 주체로 규정하고 있어서 국민이 직접 헌법개정안을 발의할 수 없으므로 헌법개정에 관하여 국민의 의사를 적극적으로 형성하기 어렵다는 문제가 있다. 국민이 일정 수의 유권자와 찬성으로 헌법개정안을 발의할 수 없기 때문에 국민은 헌법개정문제에 소극적일 수밖에 없으며 정치권의 개헌논의에 수동적으로 따라가게 되는 현실은 개헌논의의 공론화의 한계를 말해 주는 것이다.

생각건대 헌법개정권력은 헌법제정권자인 국민의 의사에 따라 부여되고 구체화되는 것으로서 헌법개정권력의 행사를 대통령과 국회에 위임할 수 있지만, 국민이 헌법개정권자로서 직접 헌법개정의 발의단계에서부터 참여할 수 있는 것이며, 직접민주주의를 제한

37 오호택, 헌법개정절차의 문제점(주2), 185면, 200면.

38 우리나라에서의 분열정부의 출현과 그에 대한 평가로는 정만희, 대통령제에 있어서 분열정부의 헌법문제, 『헌법학연구』 제14권 제2호, 2008, 391면 이하.

적으로 도입하고 있는 우리의 정치과정에 있어서 헌법개정에 국민발안을 인정하는 것은 국민주권원리의 실질화를 위해 바람직하다고 생각한다. 더욱이 국민에게 헌법개정발의권을 인정하게 되면 개헌논의가 활성화되어 국민적 공감대형성에 기초한 헌법개정을 기대할 수 있게 된다.

또한 대통령이 헌법개정발의권을 행사하는 것은 대통령의 우월적 지위를 강화하는 것으로 문제될 수 있다. 대통령도 국민의 대표자이지만 1인의 독임기관인 대통령이 합의제기관으로서 강력한 민주적 정당성을 가진 국회와 동일한 비중의 권한을 행사하는 것은 문제가 있다고 본다.[39]

(2) 국회의 의결과정의 문제점

현행헌법의 하에서 헌법개정이 아직 한 번도 행해지지 않았지만 국회 재적의원 3분의 2 이상의 찬성이라는 의결정족수 요건은 헌법개정의 곤란성을 더욱 강화하는 요인이 되고 있다.[40] 1987년 헌법개정 이래 지금까지 국회의원선거결과 제1당이 과반수 의석을 얻은 경우가 없으며, 1988년 제13대 총선 이후 등장한 여소야대현상의 빈번한 출현은 현실적으로 국회에서의 헌법개정안 발의에 대한 정치적 협상과 타협을 불가능하게 하고 있다. 특히 한국정당정치의 지역균열구도에 따른 다당제적 현실이나 비타협적 정치문화의 특성상 국가이익을 우선하는 초당파적 입장에서의 개헌논의는 기대하기 어렵다. 더욱이 정치권에서의 개헌논의는 정부형태와 권력구조 등 당파적 이해관계와 기득권 수호의 차원에서 개헌문제를 접근하기 때문에 국민의 기본권강화라든지 지방분권화 등에는 관심이 적기 때문에 국민적 공감대를 형성하기 어렵게 된다. 이 점에서도 유권자에 의한 헌법개정발의의 필요성이 인정된다.

그리고 헌법 제129조는 제안된 헌법개정안은 대통령이 20일 이상의 기간 이를 공고하여야 한다고 규정하고 있다. 여기서의 공고기간의 의미는 헌법개정안의 내용에 대해 국회의 의결에 앞서 일반 국민의 여론을 묻기 위한 충분한 시간을 두는 것이며, 대통령이나 국회 다수당이 국민의 여론을 무시하고 졸속으로 헌법개정을 단행하는 폐해를 막기 위한 것이라는 데에 그 기본취지가 있다.[41] 건국헌법의 헌법개정조항은 공고기간을 '30일 이상'

---

39 정종섭, 앞의 책, 97면.

40 1987년 헌법개정 이후 실시된 1988년 제13대 총선에서 헌정사상 최초로 여소야대가 출현하였으며 현재의 제18대 국회에 이르기까지 제1당이 국회의석 3분의 2를 확보한 경우는 한 번도 없다. 1990년에 이른바 3당합당이라는 인위적 정계개편에 의해 민자당의 거대야당이 출현하였으나 1992년 14대 총선에서 149석을 얻는데 그쳐 과반수의석확보에도 실패하였다. 15대에서 17대까지의 국회에서도 제1당이 과반수를 얻지 못하고 여소야대가 이어졌으며, 현재의 제18대 국회는 집권당 한나라당이 과반수 의석을 차지하고 있다.

41 유진오, 『헌법해의』, 명세당, 1949, 203면.

으로 규정하였으나 현행헌법은 '20일 이상'으로 단축하고 있어서 국민의 공감대형성을 위한 충분한 토론과 여론형성의 기간이 확보되지 못할 우려가 없지 않다.

(3) 국민투표절차의 문제점

국회에서 의결된 헌법개정안에 대해 필수적 국민투표절차를 거치게 하는 것은 헌법개정문제와 같은 중요한 국가의사결정은 최종적으로 주권자인 국민의 의사에 의해 확정되어야 한다는 국민주권원리의 구현 제도라 할 수 있다. 국민투표제는 그 투표결과에 나타난 유권의 자유로운 정치적 의사에 근거하여 헌법개정행위에 대해 민주적 정당성을 부여하게 되고, 그와 반대의 경우로 의회의 다수파나 실력자에 의한 헌법개정의 시도에 대해 국민투표를 통해 이를 부결시킴으로써 국민의 의사에 반하는 헌법개정에 대한 통제기능을 수행하는 점에서 그 의의와 중요성은 매우 크다고 할 수 있다.

그러나 현실적으로 국민투표가 개헌을 저지시키는 효과를 거의 가져오지 못한다고 할 수 있으며, 권위주의 시대에는 다분히 신임투표적 성격으로 변질되기도 하였음을 과거 헌정사의 경험을 통해 잘 알 수 있다. 헌법개정절차로서의 국민투표제는 이론적으로는 국민주권사상에 충실한 것처럼 보이지만 실제로는 "국민투표적 정당성을 구실로 헌법의 규범력과 제도적 항구성이 오히려 더 쉽게 침해될 수 있다"는 문제성을 부인하기 어렵다.[42] 또한 국민투표절차는 개헌에 관한 국민의 통합된 의사를 제대로 반영할 수 없는 문제가 있다.[43]

뿐만 아니라 모든 헌법개정사항에 대하여 필수적으로 국민투표를 요구하는 제도는 현실적으로 헌법개정의 필요성이 제기되더라도 그 실현가능성을 어렵게 한다고 할 수 있다. 특히 헌법개정의 대상 중에서 핵심적 내용에 해당하지 않는 것으로서 헌법체계의 부분적 수정이나 헌법문구나 용어의 수정에 대한 개정의 필요성이 제기되더라도 그에 대한 개정은, 헌법개정의 핵심적 사항에 대한 개정이 동시에 행해지지 않는 한, 사실상 불가능하게 된다. 그 밖에도 현대 민주정치에 있어서 유권자의 정치적 무관심과 선거과정에의 저조한 투표율 등의 정치기피현상은 국민투표절차에 있어서도 예외가 아니라고 할 때 국민투표에 의한 헌법개정절차는 재검토할 필요가 있다고 생각한다.[44]

한국헌정사에 있어 건국헌법은 직접민주제의 요소를 일체 채택하지 아니하였기 때문

42 허영, 앞의 책, 61면.

43 조정찬, 일류국가를 위한 헌법개정의 방향과 과제 -헌법개정절차 중심으로-, 국회미래한국헌법연구회, 『국민과 함께하는 개헌이야기』(1권), 2010, 105면.

44 국민투표절차의 문제점에 대한 개혁방안으로 헌법개정절차에서 국민투표제를 폐지하자는 주장으로는 오호택, 헌법개정의 절차와 헌법개정의 가능성(주2), 503-505면.

에 헌법개정절차에서도 국민투표를 규정하지 아니하였다. 이러한 헌법개정절차는 일반 법률의 개정절차보다는 곤란하기 때문에 경성헌법이라 할 수 있으나, 비교적 용이하게 개정할 수 있도록 규정하였다.[45] 제2공화국헌법에서도 헌법개정절차는 건국헌법과 마찬가지로 국민투표제를 도입하지 아니하였으며, 1962년 제3공화국헌법에 와서 처음으로 필수적 국민투표절차에 의한 헌법개정을 규정하게 되었다. 이는 5.16 군사 쿠데타의 성공에 의한 새로운 집권세력과 그들에 의한 헌법개정에 대하여 민주적 정당성을 부여하기 위한 것이었다고 할 수 있다. 1972년 유신헌법에서는 헌법개정절차의 이원화로 대통령이 헌법개정안을 발의한 경우에만 국민투표에 붙이도록 하였으나, 1980년 제5공화국헌법에서부터 다시 필수적 국민투표에 의한 일원적 헌법개정절차를 규정하게 된 것이다.

생각건대 1980년 헌법의 헌법개정조항은 그 이전의 유신헌법에 대한 역사적 반동의 의미를 가지며, 또한 1980년 헌법이 당시의 신군부세력에 의한 비민주적 개헌의 산물이었기 때문에 국민투표절차에 의한 민주적 정당성 확보는 필연적으로 요청되었던 것이라 할 수 있다. 이러한 국민투표에 의한 헌법개정의 정당성의 요청은 현행헌법에까지 그대로 유지되어 왔으나, 현행헌법 시행 20여 년이 경과된 현시점에 있어서 이러한 헌법개정의 곤란성은 급변하는 시대적 상황 속에서 요청되는 헌법의 유연한 현실적응성의 관점에서 제고되어야 할 것이다.

그리고 현행의 국민투표제는 헌법개정안 전체에 대한 찬반투표의 성격을 띠고 있기 때문에 국민투표에서 헌법개정안이 부결될 가능성은 매우 낮다는 것이 문제로 지적될 수 있다.[46] 헌법개정안 전체에 대한 찬반투표는 국민의 의사를 정확하게 반영하기 어려우며, 정치적 선동 등에 의해 국민투표에 참여하는 국민이 올바른 판단을 내리지 못할 경우에는 오히려 국민투표가 독재의 정당화를 위해 악용될 수도 있는 점이 문제로 지적될 수 있다.[47] 국민투표절차가 도입된 제5차 개헌 이래 제9차 개헌에 이르기까지를 보면 제6차 개헌인 1969년의 대통령 '3선개헌'을 제외하고는 사실상의 전면개헌안들이 투표자의 압도적 다수로 통과되었다는 점이 시사하는 바는 크다고 할 수 있다.[48]

---

45 이 점에 관하여 건국헌법의 기초자인 유진오박사는 다음과 같이 기술하고 있다. "우리나라의 제도는 국회의 다수파가 자기의 이익을 위하여 함부로 헌법을 개정하는 것과 같은 우려가 있다고 하겠으나 일면으로 고찰할 때에는 우리나라는 지금 처음으로 헌법을 제정하여 민주정치를 앞으로 건립하여야 할 단계에 처해 있는 것이므로 너무 헌법의 개정을 곤란하게 하면 헌법의 운용도중에 실제적 필요에 의하여 그를 개정하여야 할 필요가 있어도 그것을 합법적으로 개정하지 못하고 부득이 헌법파괴와 같은 불상사가 일어나지 아니할 것으로 단언할 수 없으므로 현하의 우리나라의 국정으로서는 헌법개정을 너무 곤란하게 하는 것보다는 이 정도의 柔性을 부여하는 것이 차라리 시의에 적합하다 할 것이다." 유진오, 앞의 책, 204－205면.

46 오호택, 헌법개정의 절차와 헌법개정의 가능성(주2), 503면.

47 장영수, 앞의 책. 66면.

48 헌정사상 가장 비민주적인 헌법으로 평가받는 1972년 유신헌법은 국민투표에서 유권자의 95.5%가 투표에

헌법개정에대한 국민투표에서 국민의 정확한 의사를 반영하기 위해서는 조문별로 또는 사항별로 몇 개 조문을 묶어서 찬반의사를 묻는 방식으로 국민투표의 방법이 바뀌어야 하는 것이 타당하다고 할 것이다. 이러한 국민투표의 구체적 개선방안에 관하여는 헌법개정을 요하지 않고 국민투표법의 개정으로 가능하다고 할 것이며, 그와 같이 사항별로 헌법개정안에 대한 국민투표가 행해지게 된다면 사항에 따라 헌법개정이 부결되는 경우가 쉽게 나타날 수 있다고 본다.

국민투표에 참여하는 투표율도 평균적으로 매우 높은 수준이었으나 1987년 헌법개정의 경우 투표율이 78.2%로 그 이전의 90% 이상의 투표율에 비해 낮게 나타났는데, 최근의 각종 공직선거의 저조한 투표율을 감안할 때, 앞으로의 헌법개정을 위한 국민투표의 참여율이 더욱 저조해 질 수 있다고 예상된다면 국민투표제는 헌법개정을 방해하는 결정적 요인이 될 수도 있다.

2. 헌법개정절차의 개선방안

(1) 헌법개정논의의 공론화 보장

헌법개정이 국민적 합의를 바탕으로 한 민주적 개헌이 되기 위해서는 개헌논의 자체가 공론화의 장을 통해 다원적 사회에 있어서의 다양한 국민의 욕구와 의사가 자유로운 공개토론을 거쳐 공감대를 형성하는 과정이 보장되어야 한다. 향후의 헌법개정문제는 국민이 개헌의 주체로서 적극적으로 개헌논의에 참여하는 것이 중요하며, 과거와 같은 권력층에 의한 하향적 개헌논의가 아니라 '상향적 개헌논의'의 기회가 보장되어야 한다.

따라서, 헌법개정안 발의단계에서는 사전에 충분한 국민적 논의와 토론을 통해 개헌에 관한 국민의 의사와 여론을 확인하고 수렴하는 것이 필요하고, 헌법개정안이 발의된 경우에도 충분한 시간을 가지고 개헌안의 내용에 대한 전국적 규모의 공청회와 토론회 등을 통해 국민의 여론을 묻는 기회를 가져야 한다.

헌법개정안에 대한 공론화과정은 개정안이 국회나 대통령에 의해 발의되기 전의 단계인 헌법개정안의 형성과정에서의 국민의 다양한 의사를 수렴하는 공론화가 중요하다.[49]

국민의 의사에 따른 민주적 개헌이 되기 위해서는 개헌안이 확정되어 국회의 의결을 거치기 이전에 국민의 소수의견을 비롯한 다양한 의사를 수렴하고 존중하면서 국민의 잠정적 합의를 이룬 개헌안에 대해 헌법상의 개헌절차를 밟는 것이 요구된다. 과거의 헌법

참여하였고, 투표자의 93.1%인 1,864만 여표의 압도적 다수의 찬성으로 통과되었다. 1980년 헌법도 유권자의 95.9%의 투표와 투표자의 93.1%의 찬성으로 확정되었다.

49 김선화, 앞의 논문, 265면 이하.

개정사를 보더라도 개헌안의 발의단계 이전에 헌법개정발의권자와 국민과의 의사소통은 거의 이루어지지 않은 채 소수의 정치집단에 의한 폐쇄적 논의를 통해 개헌안이 제안되었던 사례들은 그 절차적 정당성을 결여한 것이다. 따라서 개헌안 형성과정에서의 공론화를 확보할 수 있는 제도적 장치를 강구하는 것이 중요한 과제라 하지 않을 수 없다.

헌법개정안이 발의된 이후의 공론화과정을 위해 현행헌법은 국회 재적의원 과반수 또는 대통령의 발의로 제안된 헌법개정안은 대통령이 20일 이상 공고하도록 하고, 공고한 날부터 60일 이내에 의결하도록 규정하고 있다(제129조, 제130조 제1항). 따라서 실제로 헌법개정안이 발의된 경우 단시일내에 전격적으로 개헌을 밀어붙이기 위해 20일의 최소기간 공고절차를 거치고 나서 곧바로 의결절차로 들어가는 경우에는 '60일 이내의 의결'이라는 헌법 제130조 제1항의 취지에 반하는 것이 되므로 60일 이내의 의결기간은 개헌안에 대한 공론화의 관점에서 최대한 보장하는 것이 요구된다.[50]

그리고 헌법개정논의가 광범위하게 범국민적으로 전개될 수 있는 초당파적·중립적 논의기구를 결성하는 것이 필요하다고 본다. 정계, 학계, 언론계, 종교계, 재계, 노동계, 시민단체 대표 등 각계각층을 대표하는 인사들로 범국민적이고 정치적 중립을 유지할 수 있는 헌법논의기구를 구성하여 중장기적 관점에서 헌법개혁의 방향에 관한 공론화를 지속적으로 전개해 나갈 수 있는 방안을 검토할 필요가 있다.[51]

(2) 헌법개정 발의권 조정

헌법개정의 발의권자에 관하여 대통령과 국회로 한정하고 있는 현행 제도는 수정할 필요가 있다. 현행 헌법하에서는 국민이 직접 헌법개정 발의를 할 수 없으므로 아무리 일반 국민의 특정한 헌법사항에 관한 개헌의 욕구와 의사가 강하더라도 국회나 대통령이 이에 대해 소극적 입장을 취하게 되면 개헌은 어렵게 된다. 국회가 국민의 의사를 반영하여 개헌안을 제안할 수 있지만 개헌에 관한 정당간의 이해가 대립하게 되면 국회내에서의 여야합의가 쉽지 않게 된다. 그리고 대통령에게 개헌안 발의권을 인정하는 것도 제고할 필요가 있다.[52] 경우에 따라서는 포퓰리즘과 결합하여 대통령의 독선적 태도에 의해 개헌의 방향이 결정될 수 있는 우려가 있다.

한국 헌법사에 있어서도 국민발의에 의한 헌법개정을 인정한 입헌례를 볼 수 있다. 1954년 제2차 개헌으로 유권자 50만명의 찬성으로 헌법개정을 발의할 수 있도록 하였으

---

50 이 점과 관련하여 건국헌법상 헌법개정절차로서 규정된 '30일 이상'의 공고기간이 바람직하다고 본다.
51 정만희, 헌법개정논의(주2), 42면.
52 정종섭, 앞의 책, 97면.

며, 1962년 제3공화국헌법에서도 유권자의 헌법개정발의권을 유지하였으나 1972년 헌법부터 이를 폐지하였다. 외국의 경우 헌법개정에 국민발의를 인정하는 대표적인 국가는 스위스를 들 수 있다. 스위스헌법은 의회뿐만 아니라 투표권자 10만인 이상의 찬성으로 헌법개정을 발의할 수 있도록 규정하고 있다(제120조, 제121조). 이탈리아는 헌법개정이 의회에서 의결된 후 3개월 이내에 유권자 50만명의 요구 또는 의회의원 5분의 1 이상이나 5개주 의회의 요구가 있으면 국민투표에 붙여야 한다고 규정하고 있다(제138조 2항). 즉 이탈리아는 일반국민의 헌법개정발의는 인정하지 않으나, 의회에서 발의하고 의결된 개헌안에 대해 유권자 50만명의 요구로 국민투표에 붙일 수 있도록 한 것이 특징이다.[53]

생각건대 우리의 역대 헌법 중에서 바람직한 헌법개정절차를 규정한 것은 제3공화국헌법이라고 할 수 있다. 헌법개정발의권을 국회뿐만 아니라 일반 국민에게도 인정하여 유권자 50만명의 찬성으로 발의할 수 있었으며, 그 대신 대통령의 헌법개정발의권을 인정하지 아니한 것이 특색이다. 필자는 앞으로의 헌법개정조항의 개정에 있어서는 제3공화국헌법의 헌법개정조항을 모델로 삼는 것이 옳다고 생각한다. 다만 인구증가를 감안하여 50만명 이상을 '70만명 이상' 정도로 유권자수를 확대할 필요는 있을 것이다.[54]

대통령의 헌법개정발의권을 폐지하고 국민에게 헌법개정발의권을 인정하는 것은 대통령의 우월적 지위와 권한을 제한하는 의미와 함께 우리 헌법에서의 직접민주제적 요소의 점진적 확대의 필요성에 비추어 바람직한 개헌방향의 제시라 할 수 있다.

(3) 국민투표제의 제한적 실시

전술한 바와 같이 현행의 헌법개정절차에서의 국민투표는 국민의 개헌에 관한 의사가 정확하게 반영되기 어려운 점이 있으며, 국민의 정치참여도가 점차 낮아져가는 경향이 있는 상황에서 필수적 국민투표는 현실적으로 헌법개정의 곤란성을 더욱 강화시켜 주는 문제가 있으므로, 급변하는 시대적 상황에 실효적으로 대처하기 위한 헌법개정절차를 새롭게 검토할 필요가 있다고 본다.

헌법개정절차의 개선방안으로는 첫째, 헌법개정의 대상 중에서 중요도가 높은 핵심적 사항과 그렇지 않은 사항을 구분하여 전자의 경우에는 국민투표절차를 거치도록 하고 후자의 경우에는 국민투표절차를 거치지 않고 국회의 가중다수 의결로 확정하는 것을 생각할 수 있다. 여기서 중요도에 관한 판단기준이 문제되는데, 그 기준은 헌법개정발의권자가 임의로 결정할 수 있는 것이 아니므로 헌법개정조항에 직접적으로 국민투표를 요하

53 樋口洋一·吉田善明 編, 앞의 책, 134면, 165면.
54 같은 취지로는 대화문화아카데미, 발표자료집『새로운 헌법, 무엇을 담았나』, 2010. 7, 49면.

는 개정사항을 명문화할 필요가 있다. 중요도가 높은 헌법개정사항으로는 주권의 제약이나 영토의 변경을 가져올 국가안위에 관한 중요사항,[55] 권력분립원리의 수정이나 정부형태의 변경에 관한 사항, 국민의 기본권을 제약하는 사항이나 새로운 의무를 부과하는 사항 등이 이에 해당한다고 할 수 있다. 프랑스헌법의 경우 제안된 헌법개정안에 대해 대통령의 판단으로 국민투표에 붙이지 아니하고 의회 양원합동회의에 회부할 수 있도록 하고 있는데, 이러한 임의적 국민투표의 방법도 대안이 될 수 있으나, 대통령의 자의적 판단으로 중요한 헌법개정사항을 국민투표에 붙이지 않고 의회 다수파의 지지만으로 가결시킬 수 있으므로 신중을 기해야 한다고 본다.

둘째, 위와 같이 헌법개정사항의 중요도에 따라 특정사항에 대해서만 국민투표에 붙이는 경우에도, 국민투표의 대상에서 제외되어 국회의 의결만으로 통과된 헌법개정안에 대해서 국회의결 후 일정기간 내에 국민의 일정수의 요구가 있는 경우에는 국민투표에 회부하도록 하는 방법을 고려할 수 있다. 이탈리아 헌법의 헌법개정절차처럼 의회 양원의 절대다수로 의결된 헌법개정법률안에 대해서 3개월 이내에 유권자 50만명의 요구로 국민투표에 붙이도록 하고 있는 제도는 우리의 새로운 헌법개정방법을 모색하는데 참고가 될 수 있다.

셋째, 헌법개정사항을 그 중요도를 기준으로 국민투표에의 회부 여부를 결정하는 것은 현실적으로 매우 어려운 문제라 하지 않을 수 없으므로 모든 헌법개정사항을 국민투표에 붙이도록 하되, 국민투표에 의한 확정 요건을 완화하여 유권자의 투표율은 그 요건에서 제외하고 '투표자의 과반수의 찬성'만으로 확정하도록 하는 방안을 생각할 수 있다.

넷째, 헌법개정의 곤란성을 완화하기 위하여 국민투표절차를 전면적으로 폐지하는 방안은 헌법개정의 한계를 벗어난 것으로 채택되기 어렵다고 본다. 헌법개정의 방법과 절차에 있어서 국민투표에 의한 최종적 국민의 의사를 확인하는 제도는 헌법제정권자의 근본적 결단 내지 중요한 의사결정이라 할 수 있으므로 이를 전면적으로 부정하는 것은 허용될 수 없다. 따라서 헌법제정권자의 헌법수호의 의지를 존중하면서 동시에 헌법의 현실적응성을 확보하기 위해 헌법개정의 곤란성을 완화하는 방안으로 국민투표의 제한적 실시라든지 국민투표 요건의 완화와 같은 제안은 이론적으로 무리가 없다고 하겠다.

---

55 이것은 1954년 제2차 헌법개정에 의해 채택된 국민투표제에 있어서 국민투표를 거쳐야 하는 헌법개정사항에 해당된다. 1954년 헌법 제7조의2: 「① 대한민국의 주권의 제약 또는 영토의 변경을 가져올 국가안위에 관한 중대사항은 국회의 가결을 거친 후에 국민투표에 부하여 민의원의원선거권자 3분지 2 이상의 투표와 유효투표 3분지 2 이상의 찬성을 얻어야 한다. ② 전항의 국민투표의 발의는 국회의 가결이 있은 후 1개월 이내에 민의원의원선거권자 50만인 이상의 찬성으로써 한다.」

3. 헌법개정조항의 구체적 개정안 제시

위에서 검토한 내용을 기초로 우리 헌법의 헌법개정조항을 개정하는 경우에 그 구체적 개정안은 다음과 같이 제시될 수 있다.

(1) 헌법개정발의

현행헌법 제128조 제1항의 "헌법개정은 국회재적의원 과반수 또는 대통령의 발의로 제안된다"라는 규정을 다음과 같이 개정안을 제시한다.

(제1안) "헌법개정은 국회 제적의원 과반수 또는 대통령의 발의로 제안되거나, 국회의원선거권자 70만명 이상의 찬성으로 제안된다."

(제2안) "헌법개정은 국회재적의원 과반수의 발의 또는 국회의원선거권자 70만명 이상의 찬성으로 제안된다."

(2) 공고기간

현행헌법 제129조의 "제안된 헌법개정안은 대통령이 20일 이상의 기간 이를 공고하여야 한다"를 다음과 같이 개정안을 제안한다.

(개정안) "제안된 헌법개정안은 대통령이 30일 이상의 기간 이를 공고하여야 한다."

(3) 국민투표절차

현행헌법 제130조 제2항의 "헌법개정안은 국회가 의결한 후 30일 이내에 국민투표에 붙여 국회의원선거권자 과반수의 투표와 투표자 과반수의 찬성을 얻어야 한다"를 다음과 같이 개정할 수 있다.

(제1안) "헌법개정안은 국회가 의결한 후 30일 이내에 국민투표에 붙여 국회의원선거권자 과반수의 투표와 투표자 과반수의 찬성을 얻어야 한다. 다만 영토의 변경에 관한 사항이나 권력분립과 정부형태에 관한 사항, 국민의 기본권제한에 관한 사항 등과 같은 중요한 헌법개정사항에 해당하지 아니하는 헌법개정안에 대하여는 대통령의 제안에 따라 국민투표에 붙이지 아니할 수 있다."

(제2안) "헌법개정안은 국회가 의결한 후 30일 이내에 국민투표에 붙여 국회의원선거권자의 유효투표 과반수의 찬성을 얻어야 한다."

V. 맺음말

헌법개정조항은 헌법질서의 수호와 헌법의 안정성확보를 목적으로 하면서 동시에 헌법의 흠결의 예측과 헌법의 현실적응성을 추구하기 위한 헌법제정권자의 의지를 반영한 것으로서, 그 헌법개정조항의 개정은 이론적으로 헌법개정의 한계문제로 연결되는 것이므로 크게 신중을 기하지 않으면 안 된다고 할 것이다. 그렇기 때문에 최근 10여 년간 우리 사회에서의 헌법개정논의가 지속되어 오면서 헌법전의 전반에 걸친 개헌논의가 있었음에도 불구하고 헌법개정조항 자체에 대한 본격적인 개헌논의는 거의 찾아볼 수 없었으며, 그 논의는 극소수의 학자들에 의한 문제제기의 수준에 머물러 있는 정도이다.

그러나 작금의 개헌논의는 과거 우리 헌정사의 어느 때보다도 활발하게 정치권뿐만 아니라 학계, 시민단체 등에 의해 헌법전반에 걸친 다양하고 포괄적인 논의가 심도 있게 전개되었음에도 불구하고 그 개헌의 실현가능성에 대하여는 매우 부정적 시각이 지배적이라 할 수 있다. 이러한 개헌의 실현가능성에 대한 부정적이고 회의적인 견해는 정치권의 대립적 구도라든지 정치일정상의 이유, 국민의 개헌에 관한 기본적 정서 등에서 그 배경적 요인을 찾을 수 있으며, 현행헌법상 헌법개정절차의 곤란성도 그 주된 요인으로 작용하고 있다고 본다. 여기서 헌법개정조항의 개정필요성에 관한 논의가 개헌논의의 중심영역에 포함되어야 하는 이유를 발견할 수 있다.

경성적 헌법개정조항을 완화하여 헌법개정을 현실적으로 보다 용이하게 하는 것은 오늘날의 급변하는 시대적 상황 속에서 헌법의 유연한 현실적응성을 확보한다는 이점이 있으나, 반면에 실력에 의한 자의적 개헌으로 헌법의 안정성을 침해할 우려가 있게 되므로 헌법의 안정성과 현실적응성의 조화적 실현을 도모하는 것이 헌법개정조항 개정의 기본과제임은 말할 것도 없다.

헌법개정조항의 개정방향으로는 개헌논의와 공론화를 보장하기 위한 제도적 장치를 마련하고, 국민이 직접 개헌안을 발의할 수 있도록 하며 대통령의 헌법개정발의권 폐지등의 검토는 국민주권원리의 실질화와 권력통제의 강화라는 관점에서 긍정적으로 평가될 수 있다고 본다. 헌법개정조항 개정의 핵심적 내용에 해당하는 국민투표제의 개선방안 검토는 헌법개정의 한계문제에 해당하는 것으로 신중을 기해야 하지만, 비교헌법적 분석을 토대로 현행의 강제적 국민투표제를 수정하여 임의적 국민투표제로 변경하거나 특정조항에 한정하여 국민투표를 실시하는 방안 등에 대한 긍정적 검토가 필요하다고 할 것이다.

<참고문헌>

계희열, 헌법학(상), 박영사, 2007.

국회헌법연구자문위원회, 헌법연구자문위원회 결과보고서, 2009.

권영성, 헌법학원론, 법문사, 2010.

김선화, 헌법개정의 절차적 방법론, 헌법학연구 제16권 제2호, 2010.

김철수, 헌법학개론, 박영사, 2007.

김철수, 헌법개정, 회고와 전망, 대학출판사, 1986.

대화문화아카데미, 새로운 헌법, 무엇을 담았나, 2010.

성낙인, 헌법학, 법문사, 2010.

성낙인, 프랑스헌법학, 법문사, 1995.

송 우 편, 한국헌법개정사, 집문당, 1980.

양 건, 헌법강의, 법문사, 2009.

오호택, 우리 헌법개정절차의 문제점, 안암법학 제2집, 1994.

오호택, 헌법개정의 절차와 헌법개정의 가능성, 헌법학연구 제13권 제1호, 2007.

유진오, 헌법해의, 명세당, 1949.

장영수, 헌법학, 홍문사, 2007.

정만희, 헌법개정논의, 동아법학 제47호, 2010.

정만희, 대통령제에 있어서 분열정부의 헌법문제, 헌법학연구 제14권 제2호, 2008.

정만희 편, 비교헌법강의(제2판), 세종출판사, 2009.

정종섭, 헌법학원론, 법문사, 2010.

조정찬, 일류국가를 위한 헌법개정의 방향과 과제, 국회미래한국헌법연구회, 국민과 함께 하는 개헌이야기(제1권), 2010.

竹花光範, 憲法改正の法理と手續, 成文堂, 1981.

樋口洋一/吉田善明 編, 解說世界憲法集, 三省堂, 1998.

野口健格, スペインにおける憲法改定手續條項の意義, 慶應義塾大學, 法學政治學論究 제82호, 2009.

Dellinger, Walter, The Legitimacy of Constitutional Change: Rethinking the Amendment Process, 97 Harvard Law Review 386, 1983.

Loewenstein, K., Political Power and the Governmental Process, 1965.

Meyer, David D., Constitutional Change in the American Experience, 헌법학연구, 제16권 제3호, 2010.

Paulsen, Michael Stokes, A General Theory of Article V: The Constitutional Lessons of the Twenty-seventh Amendment, 103 Yale L.J. 677, 1993

Sundquist, James L., Constitutional Reform and Effective Government, 1992.

Wheare, K.C., Modern Constitutions, 2nd ed., 1966.

14 정당법상 정당의 자유제한의 문제점*

Ⅰ. 머리말

한국헌법사에 있어서 정당에 관한 규정을 최초로 헌법에 명문화한 것은 1960년 헌법이었으며, 1962년 제3공화국헌법은 헌법총강에 정당제도에 관한 일반조항(제7조)을 설치하여 고도의 정당국가를 지향하였다. 그 후 헌법상 정당조항은 커다란 변화 없이 유지되면서 현행헌법에 이르고 있다.[1] 현행헌법 제8조의 정당조항을 보면 제1항에 "정당설립의 자유와 복수정당제"를 보장하고 있다. 복수정당제의 보장은 정당설립의 자유의 당연한 귀결을 의미하는 것으로 우리 헌법의 '자유민주적 기본질서'의 본질적 구성요소에 해당한다.[2] 제2항은 "정당은 그 목적 조직과 활동이 민주적이어야 하며, 국민의 정치적 의사형성에 참여하는데 필요한 조직을 가져야 한다"라고 하여 정당의 헌법적 임무와 기능에 관하여 규정하고 있다. 제3항에서는 이러한 헌법적 기능을 수행하는 정당에 대한 국가적 보호와 국고보조제도를 규정하고 있으며, 제4항에서는 정당활동의 헌법적 한계로서 위헌정당해산제도를 명문화하고 있다. 이러한 정당조항은 무엇보다도 '헌법상 제도보장'으로서 정당제도의 보장이라는 의미와 함께 정치적 기본권으로서 정당의 자유를 보장한다는 점에서 그 의의가 있다. 특히 정당설립의 자유와 복수정당제보장은 자유민주적 기본질서의 핵심적 구성요소가 되는 것으로서 헌법개정금지조항을 의미한다. 또한 정당조항은 일반결사의 자유보장에 관한 헌법 제21조 제1항에 대한 특별규정으로서의 성격을 가지며, 위헌정당해산에 관한 규정은 독일 기본법의 영향을 받은 것으로 이른바 '방어적 민주주의'(streitbare Demokratie)의 정신에 입각한 헌법의 예방적 수호라는 헌법보장제도로서의 의미도 포괄하고 있다.[3]

이러한 헌법상의 정당조항을 근거로 정당활동의 보장과 그 제한을 구체화하는 단행법률로서 정당법이 제정되어 있다. 정당법은 1962년 12월 최초로 제정되어 오늘에 이르기까지 여러 차례 개정과정을 거쳐 왔으며 2005년 8월에는 전면개정이 이루어진 바 있다. 1962년의 정당법은 정당이 국민의 정치적 의사형성에 참여하는데 필요한 조직을 확보하

---

* 「동아법학」 제54호(동아대학교 법학연구소, 2012. 2), 107－147면 수록.

1 한국헌법상 정당조항의 변천에 관하여는 정만희, 『정당법론』,동아대출판부, 1984, 68면 이하.

2 헌법재판소도 복수정당제도를 우리 헌법의 자유민주적 기본질서의 구성요소로 보고 있다. 헌재 1990. 4. 2. 89헌가113. 판례집 2, 49, 64면.

3 권영성, 『헌법학원론』, 법문사, 2010, 188－189면

고 정당의 민주적 조직과 활동을 보장함으로써 민주정치의 건전한 발전에 기여함을 목적으로 제정된 것이었으나, 당시 정당의 설립과 조직요건에 관한 규정들은 결과적으로 정당설립의 자유에 대한 '강한 통제법규'로서의 성격을 갖는 것이었다.[4] 이러한 정당설립의 엄격한 요건에 관한 규정들은 그 후 점차 완화되고 개선되어 왔지만 여전히 정당설립의 자유라는 헌법적 관점에서는 문제가 있는 것이다.

현행 정당법상 정당의 조직과 활동을 규율하는 일련의 규정들은 헌법상 보장된 정당의 자유라는 기본권적 가치의 측면에서 볼 때 상당한 긴장관계를 드러내고 있으며 헌법원리와 조화되기 어려운 위헌성의 문제가 제기되기도 한다. 예컨대 정당설립의 자유가 헌법의 명문규정으로 보장되고 있음에도 불구하고 정당법은 정당등록제(제4조)와 그 등록요건으로서 일정한 조직기준(제17조, 제18조)을 요구함으로써 사실상 정당설립의 자유를 제한하고 있다. 그러나 정당등록요건에 관한 정당조직의 규모라든지 법정당원수 규정에 대해서는 이전부터 끊임없는 위헌성의 논의가 전개되어 왔다. 아울러 정당등록취소제도(제44조)를 통한 정당의 존립과 활동의 제한도 독소조항에 해당하는 것으로서 심각한 문제를 안고 있다. 정당등록취소제도는 헌법 제8조 제4항의 '정당존립의 특권'을 보장하는 위헌정당해산제도의 헌법정신에 위배되는 문제가 있으며, 특히 등록취소사유 중 선거결과 의석을 얻지 못하고 일정 득표율을 얻지 못한 것을 이유로 하는 등록취소규정에 대해서는 정당의 설립과 활동의 자유를 지나치게 제한하는 위헌성문제가 제기되고 있다. 헌법재판소는 현행 정당법상 정당등록제와 등록요건에 대하여 헌법에 위반되지 않는다고 판시하였으며,[5] 정당등록취소규정의 기본권침해여부에 관한 헌법소원심판사건에서는 각하결정을 하였으나, 이 사건에서 3인의 재판관은 등록취소규정이 정당설립의 자유를 침해하여 헌법에 위반된다는 반대의견을 제시하였다.[6]

또한 2004년 정치개혁입법에 의해 단행된 중요한 조치 중에는 정당의 지구당조직의 폐지가 문제될 수 있다. 지구당의 폐지는 정당의 자유, 특히 정당설립에 있어 정당조직선택의 자유를 침해하는 것으로 위헌성의 의심이 농후하다고 할 수 있다. 지구당폐지을 단행하게 된 배경으로 고비용 저효율의 정당구조개혁이라는 정치적 목적은 정당하다고 볼 수 있으나, 그 방법에 있어서 지구당의 전면적 폐지는 정당의 자유를 본질적으로 침해하거나 과잉금지의 원칙에 위배되지 않는다고 볼 수 없다. 이에 대해 헌법재판소는 지구당폐지가 정당의 조직과 활동의 자유를 제한하는 것이지만 그 자유를 본질적으로 침해하는

4 정만희, 앞의 책, 97면.
5 헌재 2006. 3. 30. 2004헌마246.
6 헌재 2006. 4. 27. 2004헌마562.

것이 아니어서 위헌이라 볼 수 없다고 판시하고 있다.[7] 그 밖에 정당의 민주적 내부질서 확보의 요체로서 정당공천의 민주적 절차에 관한 제도라든지 정당의 운영자금에 대한 국고보조제도 등도 정당의 자유보장의 관점에서는 위헌성의 의문이 제기될 수 있으므로 그에 관한 헌법적 검토가 필요하다.

본고에서는 오늘날 정당국가적 민주주의하에서 국민의 정치적 의사형성에 참여하는 정당의 기능을 확보하기 위한 전제로서 중요한 의미를 갖는 '정당의 자유'라는 헌법적 가치의 실현이라는 관점에서 정당법상의 정당규제조항들을 분석하도록 한다. 그리고 이에 관한 최근 헌법재판소의 판례들을 비판적 시각에서 평석하고 앞으로의 입법개선의 방안도 제시하도록 한다.

Ⅱ. 정당의 자유의 헌법적 보장

1. 정당의 자유와 정당의 헌법적 기능

현행헌법 제8조의 정당조항은 제1항에서 "정당의 성립은 자유이며 복수정당제는 보장된다"라고 규정하여 정당설립의 자유와 함께 정당설립의 자유의 '당연한 법적 산물'인 복수정당제를 보장하고 있다.[8] 헌법은 국민의 자유권적 기본권의 일환이며 정치적 기본권으로서의 성격이 강한 언론·출판의 자유와 집회·결사의 자유를 보장하고 있으며, 나아가 결사의 자유에 대한 특별법적 규정의 성격을 갖는 정당설립의 자유를 동시에 보장하고 있다.[9] 정당설립의 자유의 헌법적 보장은 오늘날 대중민주주의시대에 있어서 대의제민주주의의 필수불가결의 요소로 간주되는 정당의 공적 기능의 중요성을 인식하고 그 정당의 기능과 활동을 최대한 보장하기 위해서 정당제도를 헌법상의 제도보장으로 규정하게 됨에 따라 그 정당제도의 보장에 부수하여 정당의 설립과 활동의 자유가 헌법상의 기본권으로 보장되게 된 것을 의미한다. 그리고 우리 헌법은 정당설립의 자유보장과 함께 "정당은 … 국민의 정치적 의사형성에 참여하는데 필요한 조직을 가져야 한다"(제8조 제2항 후단)라고 하여 정당의 헌법상의 기능으로서 '국민의 정치적 의사형성에의 참여'를 명문화하고 있는 것이다.

정당은 국민의 이익을 위하여 책임 있는 정치적 주장이나 정책을 추진하고 공직선거

7 헌재 2004. 12. 16. 2004헌마426.
8 헌재 1999. 12. 23. 99헌마135, 판례집 11-2, 800, 813면.
9 권영성, 앞의 책, 188면.

의 후보자를 추천 또는 지지함으로써 국민의 정치적 의사형성에 참여하는 것을 본질적 기능으로 하고 있다. 헌법재판소도 이러한 정당의 기능에 관하여 "정당은 정치적 결사로서 국민의 정치적 의사를 적극적으로 형성하고 각계각층의 이익을 대변하며, 정부를 비판하고 정책적 대안을 제시할 뿐만 아니라, 국민 일반이 정치나 국가작용에 영향력을 행사하는 매개체의 역할을 수행하는 등 현대의 대의제민주주의에 없어서는 안 될 중요한 공적 기능을 수행하고 있다"고 판시하고 있다.[10] 헌법은 정치현실에서 수행하는 이러한 정당의 기능을 직접적으로 헌법에 명문화함으로써 정당의 활동을 헌법적 수준에서 보장하게 되고, 이와 같은 정당의 헌법제도화는 본래 국민의 자발적·사적 결사에 지나지 않았던 정당을 국민과 국가기관을 매개하는 중개적 권력체(仲介的 權力體)로서 헌법상의 지위를 갖도록 한 것을 의미한다.

이러한 정당의 기능의 중요성에 따라 정당은 일반결사와는 달리 그 존립뿐만 아니라 활동 등에 있어서 정치적 특권을 부여받게 되고, 헌법상 정당은 헌법재판소의 위헌정당해산심판에 의하여 해산되는 경우를 제외하고는 강제해산 당하지 않는 존립상의 특권뿐만 아니라 그 운영에 필요한 자금을 국가로부터 보조받는 재정상의 특권을 부여받고 있다(제8조 제3항, 제4항). 그 밖에 정당은 선거공영제에 따라 선거에 관한 경비를 원칙적으로 부담하지 아니할 권리를 가진다(제118조 제2항). 특히 정당은 헌법 제8조 제2항에 근거한 국민의 정치적 의사형성에 참여하기 위하여 공직선거의 후보자를 추천하고 그들의 당선을 위한 선거운동에 있어서의 특권을 가진다.

2. 정당의 자유의 내용

(1) 정당의 헌법상 지위와 정당의 자유

정당의 헌법상 지위에 관하여는 견해가 나뉠 수 있으나 통설적 견해는 국민과 국가기관 사이의 중개적 권력체로 보고 있음은 주지하는 바와 같다. 정당의 본질은 국민의 자발적 조직으로서 사적 결사의 일종으로 결코 국가기관이나 헌법기관이 될 수 없으나, 그 정당이 수행하는 기능은 국민의 정치적 의사형성에 참여한다는 공적 기능을 담당하고 있다. 따라서 정당을 국민과 국가기관 사이의 중개적 권력체로 간주하는 것은 타당하다.

한편 정당의 헌법상 지위를 정당이 국민의 정치의사형성에 적정하게 참여하기 위한 '전제'로서 이해하는 입장에서는 정당은 '자유의 지위'와 '평등의 지위' 및 '공공의 지위'로

10 헌재 1996. 8. 29. 96헌마18 등 (병합), 판례집 8-1, 323, 337면; 헌재 1996. 8. 29. 96헌마99, 판례집 8-2, 199, 207면.

파악하는 견해도 주목되고 있다(독일의 K. Hesse교수의 이론).[11] 여기서 '자유의 지위'(Status der Freiheit)는 대외적 자유와 대내적 자유를 포함하는데, 대외적 자유는 국가의 침해와 영향으로부터의 자유를 의미한다. 정당의 자유의 지위가 보장되어야 하는 것은 정당에 대한 국가적 간섭을 배제하고 정당을 자유로운 조직체로 유지하는 경우에만 정당은 그에게 부과된 국민의 정치의사형성의 담당자로서 또한 중개자로서 임무를 수행할 수 있기 때문이다. 정당의 대내적 자유란 정당 내에서 자유로운 정치의사형성이 가능해야 한다는 것을 의미하며, 자유로운 정치의사형성이 가능하기 위해서는 당내민주주의가 확립되어야 한다. 따라서 정당의 대내적 자유란 곧 당내민주주의를 의미한다.[12]

말하자면 정당에게 헌법상 요구되는 국민의 정치의사형성에 참여하는 기능과 임무를 수행하기 위해서는 정당은 국가로부터의 간섭과 영향에서 철저히 배제되어야 하며, 정당 내부에 있어서도 당원의 자유로운 의사형성을 가능하게 하기 위한 당내민주주의가 확보되어야 하는 것이 정당제도를 보장하고 있는 헌법의 기본정신이라 할 수 있다.

(2) 정당설립의 자유

정당의 자유는 첫째, 정당설립의 자유를 의미한다. 정당은 민주정치의 불가결의 요소인 국민의 자유롭고 공개된 정치적 의사형성을 가능하게 하는 것이므로 국가로부터 자유로운 지위에 서 있지 않으면 안 되므로 정당설립의 자유는 정당의 설립에 있어서 국가로부터의 자유를 의미하며 여기에서 정당조직의 국가화와 관제화(官製化)가 금지된다. 즉 국민은 누구나가 원칙적으로 국가의 간섭을 받지 아니하고 정당을 설립할 권리를 국민의 기본권으로 보장받고 있다.[13] 그러므로 정당의 설립에는 사전에 국가권력에 의해 제한을 받을 수 없으며 정당설립의 허가제는 위헌을 면할 수 없다.[14]

헌법상 정당제도를 규정하고 있지 않은 경우에도 정당설립의 자유는 헌법상 기본권 보장을 근거로 보장되고 있다. 미국헌법의 경우 우리와 같은 정당조항은 없으며 기본권조항에도 언론의 자유와 집회의 자유만 규정하고 있으나, 정당결성권은 헌법상의 기본권으로 당연히 보장되는 것으로 보고 있다. 연방대법원은 정당결성권 내지 정당설립의 자유는 통치형태 및 그 본질에 고유한 것으로 헌법에 명문규정을 요하지 않는다고 보고 있다. 특히 워렌 대법원은 미국헌법의 통치형태는 모든 국민의 정치적 표현과 정치적 결사(political expression and association)에 관한 권리에 관한 권리를 갖는다는 것을 전제로 성립

---

11 계희열, 『헌법학』(상), 박영사, 2005, 271면 이하.
12 계희열, 앞의 책, 274면.
13 헌재 1999. 12. 23. 99헌마135, 판례집 11-2, 800, 812
14 김철수, 『헌법학개론』, 박영사, 2007, 217면.

된 것이라고 하고, 정당의 자유에 대한 침해는 동시에 정당의 지지자의 자유에 대한 침해를 의미한다고 하였다.[15] 말하자면 미국과 같이 헌법상 정당에 관한 직접적인 명문규정이 없는 경우에도 정당설립의 자유는 언론의 자유와 집회의 자유 또는 선거권의 헌법적 보장의 부산물로서 인정되며, 또는 그것은 통치형태에 고유한 것이라고 보는 것이다.[16]

(3) 정당조직과 정당활동의 자유

헌법 제8조 제1항이 명시하고 있는 "정당의 설립은 자유이며…"라는 규정은 "정당설립의 자유"뿐만 아니라 설립될 정당의 조직형태를 선택할 '정당조직선택의 자유'와 그와 같이 선택된 조직을 결성할 '정당조직의 자유' 및 '정당활동의 자유', '정당해산의 자유' 등을 포함하는 정당의 자유를 정하고 있다고 할 수 있다.[17] 헌법재판소도 "헌법 제8조 제1항은 정당설립의 자유, 정당조직의 자유, 정당활동의 자유 등을 포괄하는 정당의 자유를 보장하고 있으며, 이러한 정당의 자유는 국민이 개인적으로 갖는 기본권일 뿐만 아니라, 단체로서의 정당이 가지는 기본권이기도 하다"고 판시하고 있다.[18]

따라서 헌법 제8조 제1항이 명시하는 정당설립의 자유는 설립할 정당의 조직형태를 어떠한 내용으로 할 것인가에 관한 정당조직 선택의 자유 및 그와 같이 선택된 조직을 결성할 자유를 포함한다. 이러한 정당조직의 자유는 정당설립의 자유에 개념적으로 포괄될 뿐만 아니라, 정당조직의 자유가 완전히 배제되거나 임의적으로 제한될 수 있다면, 정당설립의 자유가 실질적으로 무의미해지기 때문이다. 또한 헌법 제8조 제1항은 정당활동의 자유도 보장한다. 정당의 설립만이 보장될 뿐 설립된 정당이 언제든지 다시 금지될 수 있거나 정당활동이 임의로 제한될 수 있다면, 정당설립의 자유는 사실상 아무런 의미가 없기 때문이다.[19] 이와 같이 헌법 제8조 제1항은 정당설립의 자유, 정당조직의 자유, 정당활동의 자유 등을 포괄하는 정당의 자유를 보장하고 있다.

(4) 정당의 자유의 헌법적 한계

헌법 제8조 제2항은 "정당은 그 목적·조직과 활동이 민주적이어야 하며, 국민의 정

---

15 Sweezy v. New Hampshire, 354 U. S. 234, 250 (1957).

16 David Fellman, Constitutional Rights of Association, in Philip B. Kurland ed., Free Speech and Association, 1975, p.54; 정만희, 정당의 자유와 법적 규제 –미국정당의 후보자지명과정의 통제를 중심으로– 심천계희열 박사화갑기념논문집, 『정당과 헌법질서』,1995, 255–256면.

17 성낙인, 『헌법학』, 법문사, 2011, 225면; 정종섭, 『헌법학원론』, 박영사, 2007, 134면.

18 헌재 2004. 12. 16. 2004헌마456, 판례집 16–2(하), 618, 625면.

19 헌재 1999. 12. 23. 99헌마135, 판례집 11–2, 800, 812; 1996. 3. 28. 96헌마9등, 판례집 8–1, 289, 304면; 2001. 10. 25. 2000헌마193, 판례집 13–2, 526, 537면 참조.

치적 의사형성에 참여하는 데 필요한 조직을 가져야 한다"고 규정하고 있다. 이 규정은 헌법 제8조 제1항에 의하여 정당의 자유가 보장됨을 전제로 하여, 그러한 자유를 누리는 정당의 목적·조직·활동이 민주적이어야 한다는 요청, 그리고 그 조직이 국민의 정치적 의사형성에 참여하는 데 필요한 조직이어야 한다는 요청을 내용으로 하는 것으로서 정당에 대하여 정당의 자유의 한계를 부과한 것이다. 또 이 규정은 정당의 핵심적 기능과 임무를 국민의 정치적 의사형성에 참여하는 것으로 선언하면서 동시에 그러한 기능과 임무를 민주적인 내부질서를 통하여 수행할 수 있도록 그에 필요한 입법을 해야 할 의무를 입법자에게 부과하고 있다.[20]

또한 헌법 제8조 제4항은 "정당의 목적이나 활동이 민주적 기본질서에 위배될 때에는 정부는 헌법재판소에 그 해산을 제소할 수 있고, 정당은 헌법재판소의 심판에 의하여 해산된다"고 하여 정당의 목적과 활동의 헌법적 한계를 명시적으로 밝히고 있다. 정당의 활동은 헌법에 의하여 최대한 보장되지만 그 활동이 헌법의 테두리를 벗어나 헌법의 기본질서를 파괴하려는 경우에는 이른바 '방어적 민주주의'의 정신에 입각하여 그 정당활동의 자유는 허용되지 않게 된다.

요컨대 정당의 자유는 그 설립과 조직선택에 있어서 뿐만 아니라 그 활동에 있어서도 자유가 보장되지만 정당의 기능에 관한 규범적 요청으로서 국민의 정치적 의사형성에 참여하는 기능을 수행하여야 하는 점에서 정당은 설립과 조직선택의 자유에 있어서 일정한 법적 제약을 받게 되는 한계가 있으며, 나아가 정당의 활동은 헌법의 테두리 안에서 보장되는 것이므로 헌법의 기본질서를 위반하는 정당활동은 허용될 수 없다는 헌법내재적 한계가 인정된다. 여기에 정당의 자유가 그 헌법적 한계를 벗어나지 않도록 정당의 자유에 대한 법적 제한이 불가피하게 되는 것이다.

Ⅲ. 정당법상 정당의 자유제한의 위헌성여부

1. 헌법 제8조의 구체화로서 정당법 규정

(1) 정당의 법적 개념정의

헌법 제8조의 정당조항을 구체화하기 위한 단행법률로서 정당법이 제정되어 있으며, 이 정당법에 의해 정당에 성립과 운영, 정당의 입당·탈당, 정당활동의 보장 등을 규정하

20 헌재 1999. 12. 23. 99헌마135, 판례집 11−2, 800, 812−813면.

고 있다. 정당법의 목적에 관하여는 제1조에 "이 법은 정당이 국민의 정치적 의사형성에 참여하는데 필요한 조직을 확보하고 정당의 민주적인 조직과 활동을 보장함으로써 민주정치의 건전한 발전에 기여함을 목적으로 한다"라고 규정하여 정당의 공적 기능으로서의 국민의 정치적 의사형성에 참여하는데 필요한 조직의 확보와 정당의 민주적 조직과 활동의 보장이 정당법의 기본 목적임을 강조하고 있다. 그리고 정당의 개념정의에 관하여 제2조에 "이 법에서 정당이라 함은 국민의 이익을 위하여 책임있는 정치적 주장이나 정책을 추진하고 공직선거의 후보자를 추천 또는 지지함으로써 국민의 정치적 의사형성에 참여함을 목적으로 하는 국민의 자발적 조직을 말한다"라고 규정하고 있다. 이러한 정당법상의 정당의 개념정의는 정당보호를 위한 헌법의 규범구조와 대체로 부합된다고 할 수 있다.

헌법재판소는 헌법 제8조와 정당법 제2조에 근거한 정당의 법적 개념징표를 "① 국가와 자유민주주의 또는 헌법질서를 긍정할 것, ② 공익의 실현에 노력할 것, ③ 선거에 참여할 것, ④ 정강이나 정책을 가질 것, ⑤ 국민의 정치적 의사형성에 참여할 것, ⑥ 계속적이고 공고한 조직을 구비할 것, ⑦ 구성원들이 당원이 될 수 있는 자격을 구비할 것 등"을 제시하고 있다.[21] 헌법재판소에 의한 이러한 개념징표의 제시는 학계에서의 그것과 거의 동일하다고 할 수 있다. 여기서 한 가지 문제되는 것은 정당의 법적 개념징표의 요소를 최소한의범위 안에서 제시하느냐 아니면 그 범위를 확대하여 열거하느냐에 따라 정당에 대한 법적 규제의 가능성과 범위는 차이게 있게 된다는 점이다. 예컨대 헌법재판소가 제시한 정당의 개념징표로서 "계속적이고 공고한 조직의 구비"가 정당의 법적 개념징표의 필수적인 요소로 본다면 정당의 그러한 조직기준에 관한 내용이 정당법에 반영될 수밖에 없지만, 필수적 요소로 보지 않는다면 정당에 대한 제한의 폭은 축소될 수 있는 것이다. 말하자면 정당의 법적 개념징표의 요소가 확대될수록 그만큼 정당에 대한 법적 규제의 폭도 확대될 수밖에 없기 때문에 정당의 법적 개념의 정의는 헌법 제8조의 정당조항의 해석범위 안에서 이루어져야 하는 것이다.

(2) 정당의 성립요건

헌법 제8조 제1항에 의해 정당설립의 자유가 보장되고 있지만 정당법에 의해 정당설립의 자유는 일정한 제한을 받게 있다. 정당법상 정당은 중앙당이 중앙선거관리위원회에 등록함으로써 성립하는데 여기의 등록에는 정당법 제17조(법정 시·도당수) 및 제18조(시·도당의 법정당원수)의 요건을 구비하여야 한다(제4조). 정당의 창당활동은 발기인으로 구성된 창당준비위원회가 이를 행하며(제5조), 창당준비위원회가 창당준비를 완료한 때에는

21 헌재 2006. 3. 30. 2004헌마246, 판례집 18-1(상), 412면.

그 대표자는 관할 선거관리위원회에 정당의 등록을 신청하여야 한다(제11조). 정당의 등록요건에 해당하는 정당의 조직기준에 관하여는 5 이상의 시·도당을 가져야 한다고 규정하고 있으며(제17조), 시·도당의 법정당원수는 당해 시·도당의 관할구역안에 주소를 둔 1천인 이상의 당원을 가져야 한다고 규정하고 있다(제18조).

이러한 정당의 성립에 관한 등록요건은 국민의 정치적 의사형성에 참여하는데 필요한 정당의 조직을 확보하기 위하여 군소정당과 지역정당을 배제하고 전국적 정당조직을 확보한다는 데에 그 목적이 있다고 할 수 있다. 그러나 이러한 정당의 등록제는 정당설립의 자유를 지나치게 제한하는 것이 아닌가의 의문이 제기될 수 있다. 정당의 등록제가 비록 정당의 기능을 수행하는데 필요한 최소한의 조직기준에 관한 정당사무를 처리하기 위한 확인적 성격만을 가지며, 그것이 창설적 효력을 가지지 않는다고 하더라도 정당의 등록요건의 여하에 따라서는 실질적인 정당설립에 대한 국가적 간섭을 의미하고 국민의 정당설립의 자유에 대한 침해를 가져오게 되는 문제가 있다. 현행 정당법은 과거 군사정부와 권위주의시대의 정당법에 비해서 정당의 등록요건이 대폭 완화되어 있어서 현행의 등록요건이 정당의 자유를 본질적으로 침해하는 것이 아니라고 볼 수 있으며 헌법재판소도 현행의 정당등록제도에 대해 합헌성을 인정하고 있다.[22]

(3) 정당의 운영과 당내민주주의 유지

정당법은 제5장 '정당의 운영'에서 정당의 민주적 내부질서 내지 당내민주주의 확보를 위한 규정들을 두고 있다. 정당법 제28조는 정당의 강령과 당헌의 공개 및 당헌에의 규정사항을 정하고 있으며, 제29조 제1항은 정당의 기구에 관하여 "정당은 민주적인 내부질서를 유지하기 위하여 당원의 총의를 반영할 수 있는 대의기관 및 집행기관과 소속 국회의원이 있는 경우에는 의원총회를 가져야 한다"라고 규정하고 있다. 이러한 규정들은 헌법 제8조 제2항에 근거한 정당의 조직과 활동의 민주화의 요청을 반영하고 있는 것이다.

그리고 정당법은 당원의 정예화와 정당의 재정자립을 도모하기 위하여 당비납부제도의 설정·운영을 의무화하고 있으며, 당비납부의무를 이행하지 아니하는 당원에 대한 권리행사의 제한 등을 규정하고 있다(제31조). 정당의 재산 및 수입·지출 등 재정에 관한 사항은 따로 법률로 정한다고 규정하고 있는데(제34조), 이에 관한 단행법률로 제정된 정치자금법에 의하여 정당재정에 대한 규제가 이루어지고 있으며 헌법 제8조 제3항에 근거한 국고보조금의 배분기준과 지급방법 등을 규정하고 있다.

---

22 헌재 2006. 3. 30. 2004헌마246.

(4) 정당활동의 보장

정당활동의 자유는 헌법과 법률에 의하여 보장된다(제37조 제1항). 정당의 활동은 정당법 제2조의 정당의 개념정의에서도 나타나고 있는 바와 같이 공직선거의 후보자를 추천 또는 지지함으로써 국민의 정치적 의사형성에 참여하는 것뿐만 아니라, 정당이 자당의 정책이나 정치적 현안에 대한 입장을 인쇄물 시설물 광고 등을 이용하여 홍보하는 행위와 당원을 모집하기 위한 활동은 통상적인 정당활동으로 보장되고 있다(제37조 제2항). 그리고 정당은 국회의원지역구 및 자치구·시·군, 읍·면·동별로 당원협의회를 둘 수 있다. 다만 누구든지 시·도당 하부조직의 운영을 위하여 당원협의회 등의 사무소를 둘 수 없다(제37조 제3항).

그러나 정당의 활동을 실질적으로 보장하기 위해서는 각 정당의 사정에 맞도록 정당의 조직을 자율적으로 선택할 수 있어야 한다고 볼 때 정당법에 의한 정당조직형태의 강제는 문제가 있다고 할 수 있다. 지구당의 폐지는 일반 당원들에 의한 상향적 의사형성을 방해하게 되는 우려가 있으며, 또한 지구당을 폐지하고 당원협의회를 둘 수 있다고 하면서 당원협의회의 사무소를 둘 수 없도록 한 것도 정당활동의 자유를 침해하는 것이 아닌지의 의문이 제기될 수 있다.

2. 정당등록제도의 위헌성문제

(1) 정당등록제도의 의의와 법적 성격

현행 정당법에 의하면 정당은 중앙당이 중앙선거관리위원회에 등록함으로써 성립하며, 정당의 등록에는 법정 시·도당수(제17조)와 시·도당의 법정당원수(제18조)의 두 가지 요건을 구비하여야 한다(제4조). 정당의 등록요건으로서 법정시·도당수는 5 이상의 시·도당을 가져야 하며, 각 시·도당의 법정당원수는 1천명 이상의 당원을 가져야 한다고 규정하고 있다. 이러한 정당의 등록요건은 과거 정당법제정 이래의 정당등록요건에 비해서 상당히 완화된 기준이라고 할 수 있다.[23]

23 1962년 제정된 최초의 정당법 제25조(법정지구당수)는 "정당은 국회의원선거법에 의한 지역선거구 총수의 3분의 1 이상에 해당하는 지구당을 가져야 한다", 제26조(지구당의 분산)는 "전조의 규정에 의한 지구당은 서울특별시, 부산시와 도 중 5 이상에 분산되어야 한다.", 제27조(지구당의 법정당원수)는 "지구당은 50인 이상의 당원을 가져야 한다"고 규정하였다. 1969. 1. 23. 법률 제2089호 개정법에서는 법정지구당 수가 국회의원선거법에 의한 지역선거구 총수의 2분의 1 이상으로(제25조), 지구당은 100인 이상의 당원을 가져야 하는 것으로(제27조) 강화되었고, 1980. 11. 25. 법률 제3263호 개정법에서는 법정지구당 수가 국회의원선거법에 의한 지역선거구 총수의 4분의 1 이상으로(제25조), 지구당은 30인 이상의 당원을 가져야 하는 것으로(제27조) 규정되었으며, 1989. 3. 25. 법률 제4087호 개정법에서는 법정지구당수가 국회의원선거법에 의한 지역선거구 총수의 5

헌법상 정당은 그 설립의 자유와 복수정당제가 보장되어 있으므로 정당의 설립에 대하여 사전적 허가제 등의 제한을 가할 수 없으나, 정당은 선거에의 참여를 통해 국민의 정치적 의사형성에 참여하는 공적 기능을 수행하는 것이므로 그 조직과 설립에 일정한 규모의 요건을 갖출 것을 요구하는 정당의 등록제를 채택하고 있다. 즉 정당이 국민의 폭넓은 지지를 얻으면서 정치적 의사형성에 참여하기 위해서는 지속적이고 공고한 조직, 특정 지역에 편중된 조직이 아닌 전국적으로 분산된 조직을 필요로 하기 때문에 그러한 조직의 최소한을 확보하기 위한 정당의 등록제는 정당의 자유에 대한 합리적 제한으로서 정당화될 수 있다고 본다. 다시 말하면 올바른 정당제도의 육성과 질서유지를 위하여 최소한의 필요한 조건을 갖추게 하는 등록제는 허용된다고 보는 것이 통설이다. 여기서 정당의 등록의 성격이 문제되는데, 등록을 정당의 창설적 효력을 부여하는 것으로 이해하게 되면 이는 정당설립의 자유라는 헌법정신에 위배되는 것이 되므로, 정당의 등록은 단지 '확인적 성격'의 등록을 의미하는 것으로 이해되고 있다. 따라서 정당의 등록요건을 구비하여 정당등록신청을 한 경우에 그 정당의 등록신청을 받은 중앙선거관리위원회는 형식적 요건이 구비된 이상 그 등록을 거부할 수 없는 것은 물론이다. 또한 어떤 정치적 결사가 비록 국민의 정치적 의사형성에 참여하려는 의도를 가지고 정당으로 활동하고자 하더라도, 중앙선거관리위원회에 정당으로 등록되지 않는 한 정당법상의 정당으로 인정받지 못하게 된다.

헌법재판소의 판례도 정당등록제도는 헌법적으로 정당화된다고 하면서 그 등록의 성격에 관하여 "정당등록제도는 정당임을 자처하는 정치적 결사가 일정한 법률상의 요건을 갖추어 관할 행정기관에 등록을 신청하고, 이 요건이 충족된 경우 정당등록부에 등록하여 비로소 그 결사가 정당임을 법적으로 확인시켜 주는 제도"라고 하여 확인적 성격을 인정하고 있다. 그리고 이러한 정당의 등록제도는 어떤 정치적 결사가 정당에 해당되는지의 여부를 쉽게 확인할 수 있게 해 주며, 이에 따라 정당에게 부여되는 법률상의 권리·의무관계도 비교적 명확하게 판단할 수 있게 해 주는 점에서 정당등록제는 법적 안정성과 확실성에 기여한다고 평가하고 있다.[24]

그러나 정당의 등록요건을 너무 엄격하고 까다롭게 정하여 사실상의 허가제를 인정한 것과 같은 효과가 나타나는 경우에는 정당설립의 자유를 본질적으로 침해하는 것이 되어 허용될 수 없다고 할 것이다.[25] 일부 소수 견해는 정당의 등록은 헌법적 의미의 정당의

분의 1 이상으로(제25조), 지구당은 30인 이상의 당원을 가져야 하는 것으로(제27조) 규정되었고, 1993. 12. 27. 법률 제4609호 개정법에서는 법정지구당 수가 국회의원선거법에 의한 지역선거구 총수의 10분의 1 이상으로(제25조), 지구당은 30인 이상의 당원을 가져야 하는 것으로(제27조) 규정되었다.

24 헌재 2006. 3. 30. 2004헌마246, 판례집 18-1(상), 404, 413면.

25 허영, 『한국헌법론』, 박영사, 2008, 529면.

개념요소가 아니기 때문에 등록을 정당성립요건으로 하는 것과 정당법이 헌법이 요구하는 것 이상의 수량화된 조직요건만을 요구함으로써 신생정당의 진입을 어렵게 만든 것은 정당설립의 자유를 침해하는 것으로 위헌이라는 보는 입장도 있다.[26] 또 다른 견해는 정당등록요건을 갖추지 못한 정당은 정치과정에 전혀 참여하지 못하게 됨에 따라 정당설립의 자유를 심하게 제한 받게 되고 전국규모의 조직화되지 못한 소수자의 정치활동에 대한 지나친 규제가 될 것이므로 정당의 등록은 정당에 대한 국고보조 등과 관련된 일정한 법률상의 혜택을 받기 위한 조건으로 이해되어야 하며 정당의 정치활동 자체가 가능하기 위한 요건으로 인정되어서는 안 된다는 견해도 있다.[27]

생각건대 정당등록제는 정당에 대한 헌법적 요청으로서 국민의 정치적 의사형성에 참여하는 기능을 수행할 수 있는 최소한의 조직기준을 확인하는 것이며 군소정당의 난립을 억제하여 정치적 질서유지를 위한 것이라는 점에서 정당화될 수 있으나, 정당등록의 요건 여하에 따라 정당설립의 자유에 대한 본질적 침해의 위험성이 초래되므로 그 등록요건은 정당설립의 자유를 침해하지 않는 범위에서 최소한의 기준을 규정하여야 한다. 결국 정당등록제도의 위헌성문제는 등록제도 그 자체의 위헌성문제가 아니라 그 등록요건의 위헌성문제이며 그 등록요건이 위헌으로 판단되면 등록제도 자체도 위헌을 면할 수 없게 되는 것이다.

(2) 정당의 조직기준의 위헌성여부

이러한 정당등록의 요건으로서 정당의 조직기준의 규정(5 이상의 시·도당의 설치 및 각 시·도당의 1천명 이상의 당원수)은 일반결사와는 다른 특수한 정치적 결사로서의 정당에 대한 헌법적 요청으로서 정당이 국민의 정치적 의사형성에 참여하는 공적 기능을 수행하도록 하기 위한 것임은 전술한 바와 같다. 오늘날 정당은 대의제 민주주의의 불가결의 요소로서 선거에 참여하고 국가기관의 구성에 참여함으로써 국민과 국가기관을 매개하고 국민주권원리의 구현에 기여하는 중요한 공적 기능을 수행하기 때문에 그 정당의 규모는 전국적으로 분산된 조직의 최소한을 갖출 것이 요구된다. 따라서 군소정당의 난립과 지역정당의 출현을 방지하고 전국적 정당조직을 통한 다수 국민의 정치적 의사형성에 참여하는 정당의 기능을 확보하기 위해서 정당설립에 일정한 조직기준을 요구하는 정당등록제를 채택하는 것은 그 목적의 정당성이 인정된다고 할 수 있다. 특히 한국의 정당정치의 병폐로 간주되는 지역주의 내지 지역균열구도에 바탕을 둔 지역정당성의 문제점을 극복하고

26 정태호, 정당설립의 자유와 현행정당등록제의 위헌성에 대한 관견, 『인권과 정의』 2005. 3월호, 97면 이하.
27 장영수, 『헌법학, 홍문사, 2007, 269-270면.

광범위한 국민대중의 지지를 받는 민주적 정당정치를 기대하기 위하여 정당의 성립에 일정한 조직상의 기준을 요구하는 것은 정당설립의 자유와 양립될 수 없는 것은 아니라고 할 수 있다. 더욱이 정당은 일반결사와 달리 헌법과 법률에 의하여 국가의 보호를 받으며 정당의 재정에 대한 국고보조금을 제공받는 등의 특권을 가지므로 정당에 대해 요구하는 일정한 규모의 법적 기준은 정당의 특권에 따른 의무로서 정당화된다고 할 수 있다.

종래 학계에서는 이러한 정당의 조직기준과 등록제에 대해 합헌이라고 보는 견해가 지배적이었으며, 헌법재판소도 정당설립의 자유에 대한 그러한 제한은 헌법상 정당의 표지를 구현하기 위한 합리적인 제한으로서 정당화된다고 판시하고 있다.[28] 그러나 이에 대하여 최근 부정적 입장에서 위헌성을 주장하는 견해도 제시되고 있다. 즉 현행 정당법상의 일정한 규모의 확보를 요건으로 하는 정당등록제도는 사실상 허가제와 다를 바 없으며 그 자체 정당설립의 자유를 과잉적으로 침해하는 위헌적인 규정이라고 보는 것이다.[29] 말하자면 정당이 선거에 참여하여 국민의 폭넓은 지지를 얻어 선거에서 승리하고 궁극적으로 정권획득을 도모하기 위해서는 일정한 규모를 갖추어야 하겠지만 이는 철저히 당해 정당 내부의 문제이며, 군소정당의 후보난립을 방지하고 의회의 안정적 다수세력형성을 위해서는 기탁금제도와 비례대표의석배분과정에서의 저지조항 등이 마련되어 있기 때문에 이와는 별도로 정당에 대해서 처음부터 일정한 조직규모를 요건으로 사전적으로 정당설립을 통제하는 것은 정당설립의 자유 자체를 지나치게 제한하는 것이라고 한다.[30]

(3) 헌법재판소 판례의 입장

헌법재판소는 정당법상 정당의 등록요건에 관한 제한규정이 정당설립의 자유를 침해하는 것인가의 여부에 대하여 입법목적의 정당성과 목적과 수단간의 비례성을 인정하여 헌법위반이 아니라고 다음과 같이 판시하고 있다. "정당에게 5 이상의 시·도당을 요구한 제25조의 규정은 특정 지역에 지역적 연고를 두고 설립·활동하려는 이른바 '지역정당'을 배제하려는 취지로 볼 수 있고, 각 시·도당에게 1천인 이상의 당원을 요구한 제27조의 규정은 아직 당원을 충분히 확보하지 못하여 일정규모 이상 국민의 지지를 받지 못하거나 이익을 대변하지 못한다고 판단되는 이른바 '군소정당'을 배제하려는 취지로 볼 수 있다. 우선 우리 헌법의 대의민주적 기본질서가 제기능을 수행하기 위해서는 의회 내의 안정된 다수세력의 확보를 필요로 한다는 점에서, 군소정당의 배제는 그 목적의 정당성이 인정될 수 있으며, 다만 지역정당의 배제가 정당한 목적으로 인정될 수 있는가에 대해서는 이론

28 헌재 2006. 3. 30. 2004헌마246, 판례집 18-1(상), 404, 415면.
29 이종수, 최근 판례들에 나타난 헌법재판소의 정당관, 헌법판례연구 [8], 2006, 169면.
30 이종수, 앞의 논문, 169면.

이 제기될 수 있으나, 지역적 연고에 지나치게 의존하는 정당정치풍토가 우리의 정치현실에서 자주 문제시되고 있다는 점에서 볼 때, 단지 특정지역의 정치적 의사만을 반영하려는 지역정당을 배제하려는 취지가 헌법적 정당성에 어긋난 입법목적이라고 단정하기는 어렵다."[31] 헌법재판소는 이 법률조항의 입법목적은 이른바 지역정당과 군소정당을 배제하려는 것으로 정당하다고 판단한 것이다.

입법목적과 수단의 비례성에 관하여 헌법재판소는 이 법률조항은 '지역정당' 및 '군소정당'을 배제하려는 취지이며, 이와 같은 규정내용은 특정 지역에만 조직이 형성되는 것을 막고, 5개 이상의 시·도에 각 조직이 구성되고 그 조직 내에 일정 수 이상의 당원이 활동할 것을 요구함으로써 선거단체 및 소규모 지역정치단체들이 무분별하게 정당에 편입되는 것을 억제하기에 적합한 수단이라고 판시하고 있다. 한편 이 사건 법률조항은 헌법 제8조 제2항이 규정하고 있는바 "국민의 정치적 의사형성에 참여하는데 필요한 조직" 요건을 구체화함에 있어서 5개 이상의 시·도당 및 각 시·도당마다 1,000명 이상의 당원을 갖추도록 규정하고 있는바, 이와 같이 전국 정당으로서의 기능 및 위상을 충실히 하기 위해서 5개의 시·도당을 구성하는 것이 필요하다고 본 입법자의 판단이 자의적이라고 볼 수 없고, 각 시·도당 내에 1,000명 이상의 당원을 요구하는 것도 우리나라 전체 및 각 시·도의 인구를 고려해 볼 때, 청구인과 같은 군소정당 또는 신생정당이라 하더라도 과도한 부담이라고 할 수 없다는 것이다. 따라서 이 사건 법률조항이 비록 정당으로 등록되기에 필요한 요건으로서 5개 이상의 시·도당 및 각 시·도당마다 1,000명 이상의 당원을 갖출 것을 요구하고 있기 때문에 국민의 정당설립의 자유에 어느 정도 제한을 가하는 점이 있는 것은 사실이나, 이러한 제한은 "상당한 기간 또는 계속해서", "상당한 지역에서" 국민의 정치적 의사형성 과정에 참여해야 한다는 정당의 개념표지를 구현하기 위한 합리적인 제한이라고 할 것이므로, 그러한 제한은 헌법적으로 정당화된다고 판시하고 있다.[32]

(4) 사 견

필자는 현행 정당법상 정당등록요건으로서의 5 이상의 시도당과 각 시도당의 1천명 이상의 당원수 규정은 위헌으로 보기 어렵다고 판단하며 따라서 헌법재판소 판례의 입장은 기본적으로 타당하다고 본다. 과거의 구 정당법상의 정당등록요건에 관한 규정들에 비해 현행의 법률규정은 정당등록요건이 상당히 완화되어 정당설립의 자유 제한의 정도가 축소된 것도 구 법상의 제한규정의 위헌성을 의식한 입법개선이 이루어진 것이라 할 수

31 헌재 2006. 3. 30. 2004헌마246, 판례집 18-1(상), 414면.
32 헌재 2006. 3. 30. 2004헌마246, 판례집 18-1(상), 414-415면.

있으며, 그 정도의 정당의 자유제한은 입법자의 입법형성의 재량을 벗어난 것이라 보기 어렵다.[33] 군소정당의 난립을 배제하기 위한 입법목적은 정당하다고 할 수 있으며, 한국정당정치의 고질적 병폐인 지역주의 문제를 감안할 때 지역정당의 배제를 위한 입법목적도 정당하다고 할 수 있다.

그러나 정당설립의 자유의 헌법적 보장은 정당설립뿐만 정당의 조직형태 선택의 자유를 포함하는 것이므로 일정수의 시·도당의 설치나 그 법정당원수를 법률규정으로 강제하는 것은 근본적으로 정당의 '국가로부터의 자유'와 합치되기 어려운 문제가 있으므로 신중을 기해야 할 것이며, 앞으로의 입법개선이 행해지는 경우 정당의 조직형태의 선택은 정당의 내부문제로서 정당의 자율에 맡기는 것이 바람직하다고 본다. 다만 정당의 기능의 중요성에 비추어 정당이 전국적 규모의 조직과 일정수의 당원을 확보하는 것은 필요한 것이므로 그러한 전국적 조직을 갖춘 정당에게는 국고보조금의 배분지급의 대상이 되도록 하여 전국정당화를 유도하는 방안을 검토할 수 있을 것이다. 말하자면 정당의 설립단계에서부터 일정한 법적 조직기준을 요구하여 사실상 신생정당의 설립을 억제할 것이 아니라 정당설립은 비교적 자유롭게 허용하고 정당의 자발적이고 자율적인 의사결정으로 전국적 규모의 정당으로 성장해 나갈 수 있도록 국가가 재정적 지원을 하는 것이 바람직하다고 할 것이다. 현행의 국고보조금 배분제도는 정당의 의석수와 득표율을 기준으로 한 것으로 기성정당과 대정당에 유리하고 군소정당과 신생정당에게 차별적 대우를 하게 되는 점에서도 문제가 있으므로 정당의 득표율과 함께 정당의 조직 및 진성당원수, 소속의원의 전국적 분포 등도 주요 배분기준으로 삼는 것을 검토할 필요가 있다.

3. 정당등록취소의 위헌성문제

(1) 정당등록취소제도의 문제점

현행 정당법은 정당등록제도와 함께 등록취소제도를 규정하고 있다(제44조). 즉 정당이 정당법 제44조 제1항의 제1호에서 제3호의 등록취소사유에 해당하게 되면 당해 선거관리위원회는 그 정당의 등록을 취소하는데, 그 등록취소사유는 다음의 세 가지로 규정하고 있다. 첫째, 정당법 제17조(법정시·도당수) 및 제18조(시·도당의 법정당원수)의 요건을 구비하지 못하게 된 때, 다만 요건의 흠결이 공직선거의 선거일 전 3월 이내에 생긴 때에는

33 2011년 12월 28일 현재 중앙선거관리위원회에 등록된 정당은 한나라당, 민주통합당, 자유선진당, 미래희망연대, 통합진보당 등 21개 정당이며, 창당준비위원회 결성신고된 정당도 녹색사회민주당 등 12에 이르고 있는 것을 보더라도 현실적으로 현행 정당법상 정당등록요건이 정당설립의 자유에 대한 과도한 제한으로 보기 어렵다는 것을 반증하는 것이라 할 수 있다.

선거일 후 3월까지, 그 외의 경우에는 요건흠결시부터 3월까지 그 취소를 유예한다. 둘째, 최근 4년간 임기만료에 의한 국회의원선거 또는 임기만료에 의한 지방자치단체의 장선거나 시·도의회의원선거에 참여하지 아니한 때, 셋째, 임기만료에 의한 국회의원선거에 참여하여 의석을 얻지 못하고 유효투표총수의 100분의 2 이상을 득표하지 못한 때이다. 그리고 정당법 제41조 제4항은 정당의 등록취소규정에 의하여 등록취소된 정당과 같은 명칭은 등록취소된 날부터 최초로 실시하는 임기만료에 의한 국회의원선거의 선거일까지 정당의 명칭으로 사용할 수 없다고 규정하고 있다.

위의 정당등록취소사유 중에서 첫째 사유는 정당등록제도를 전제로 한 그 당연한 결과라고 볼 수도 있다. 그러나 정당등록 당시의 등록요건을 등록 이후의 사정으로 유지하지 못하게 된다고 해서 반드시 정당등록을 취소하는 것이 헌법에 합치하는 것인지의 의문이 제기될 수 있다. 정당의 자유는 정당설립의 자유뿐만 아니라 정당의 존립과 활동의 자유를 포함하는 것이며, 특히 헌법 제8조 제4항의 정당해산제도는 헌법재판소의 위헌정당해산결정 이외에는 어떠한 경우에도 정당을 강제해산시킬 수 없다는 '정당존립의 특권'을 의미하는 것이므로 이 점에서 정당의 등록취소는 정당존립의 특권을 보장하는 헌법에 위배되는 문제가 있다. 특히 정당등록요건을 겨우 충족시킨 이른바 '한계정당'의 경우 정당설립 이후의 운영과정에서 등록요건에 부분적으로 미달하게 되는 요인이 발생하면 3개월의 유예기간을 거쳐 즉각 등록취소를 하는 것은 권력에 의한 야당탄압의 수단으로 악용될 우려가 있으며, 이는 정당존립의 자유를 보장하는 헌법정신과 조화될 수 없는 것이 된다. 더욱이 세번째 등록취소사유인 정당이 선거에서 실패한 경우, 즉 선거에서의 의석을 얻지 못하고 유효투표총수의 100분의 2 이상을 얻지 못한 경우 그 정당의 등록을 취소하는 것은 본질적으로 정당의 자유를 침해하는 것이라 하지 않을 수 없다.[34] 특정 정당이 선거에서 유권자의 지지를 얻지 못하여 의석을 확보하지 못하고 일정한 득표율을 얻지 못하였다고 해서 그 정당을 등록취소시키는 것은 사실상 정당해산을 의미하는 것으로, 이는 헌법 제8조 제4항의 위헌정당해산제도와의 관계에서도 체계정당성의 원리에 부합하지 않는 것이 된다. 이러한 정당등록취소제도는 헌법이 예견하지 않은 '작은 정당해산제도'(Kleinparteivervot)로 기능하게 된다는 지적은 타당하다고 본다.[35]

(2) 헌법재판소 판례의 입장

헌법재판소는 정당법상 등록취소규정과 명칭사용금지규정의 기본권침해여부에 관한

---

34 성낙인, 앞의 책, 227면.
35 이종수, 앞의 논문, 174면; 이종수, 정당제민주의와 현안문제, 『헌법학연구』 제13권 제2호, 2007, 122-127면.

헌법소원심판사건(2006. 4. 27. 2004헌마562)에서 재판관의 다수의견으로 기본권침해의 직접성을 인정하지 않고 각하결정을 하였다. 그러나 재판관 3인의 반대의견은 이 정당법규정들이 청구인의 기본권침해의 직접성을 인정하면서 이 규정들은 정당설립의 자유를 침해하여 헌법에 위반된다고 하였다.[36]

헌법재판소에 의하면, 우리 헌법 제8조 소정의 '정당의 특권과 자유'의 주체가 될 수 있는 정당은 정당법 소정의 요건을 구비하여 중앙선거관리위원회에 등록함으로써 성립되고 정당법 소정의 등록취소사유에 해당되는 경우 중앙선거관리위원회의 등록취소에 의하여 비로소 소멸하게 된다고 한다. 그러므로 등록취소사유에 해당하는 경우 등록취소규정에 의하여 곧바로 정당이 소멸하여 그 결과 기본권이 침해되는 것이 아니라 위 규정 소정의 등록취소사유에 해당되는지 여부에 대한 중앙선거관리위원회의 심사 및 그에 이은 등록취소라는 집행행위에 의하여 비로소 정당이 소멸하게 된다고 본다. 그리고 중앙선거관리위원회의 정당에 대한 등록취소처분이 행정소송의 대상이 됨은 명백하다고 할 것이고 그 정당 등록취소처분의 취소소송절차에서 위 규정에 의한 등록취소사유(예컨대 소정의 득표율에 미달되었는지 여부)에 대한 사실관계 확정과 더불어 얼마든지 위 규정에 대한 위헌여부의 제청을 구할 수 있는 것이며 그 외 달리 그러한 절차경유가 곤란하거나 부당하다고 볼 사정 또는 그러한 절차의 경유가 실효성이 없다고 볼 사정은 찾아보기 어렵다고 한다. 따라서 이 사건 등록취소 규정은 기본권 침해의 직접성을 결하고 있으므로 그에 대한 위헌확인 청구는 부적법하다는 것이다.[37]

이에 대해 재판관 송인준, 재판관 주선회, 재판관 조대현의 반대의견에 의하면 이 사건이 적법요건을 갖추고 있어 본안 판단을 하여야 하며, 이 사건 심판대상조항은 정당설립의 자유를 침해하여 헌법에 위반된다고 보고, 아래와 같이 그 이유를 밝히고 있다.

"헌법은 제8조 제2항에서 "정당은 그 목적·조직과 활동이 민주적이어야 하며, 국민의 정치적 의사형성에 참여하는 데 필요한 조직을 가져야 한다"고 규정하고 있는바 이러한 헌법규정 및 해석으로부터 파악될 수 있는 헌법상 정당의 개념을 확정해보면, 헌법적 의미의 정당이란 선거가 선출된 대표자에게 민주적 정당성을 매개해줄 수 있도록 유권자가 자유롭고 공개적인 의사형성의 과정에서 판단을 내릴 수 있고 새로운 정치적 표상이 국민의 정치의사 형성과정에서 실현될 수 있도록 언제든지 새로운 정당을 결성할 수 있는 가능성을 전제로 국민의 정치적 의사형성에 영향을 미치고 정권을 획득하는 것을 목적으로 선거에 참여하는 것을 비롯하여 "상당한 기간", "상당한 지역에서" 국민의 정치의사형

36 헌재 2006. 4. 27. 2004헌마562, 판례집 18-1(상), 574면.
37 헌재 2006. 4. 27. 2004헌마562, 판례집 18-1(상), 579-581면.

성에 참여하는 결사를 말한다(헌재 2006. 3. 30. 2004헌마246, 공보 114, 553, 557 참조).

헌법재판소는 이와 같은 헌법상 정당개념을 법률로 구체화하여 1천 인 이상의 당원을 가진 5 이상의 시·도당을 가져야 한다고 정한 정당법상의 등록요건규정에 대하여 "상당한 기간 또는 계속해서", "상당한 지역에서" 국민의 정치적 의사형성 과정에 참여해야 한다는 헌법상 정당의 개념표지를 구현하기 위한 합리적인 제한으로서 헌법상 정당화된다고 판시한 바 있다(헌재 2006. 3. 30. 2004헌마246, 공보 114, 553, 557).

헌법 제8조 제4항은 "정당의 목적이나 활동이 민주적 기본질서에 위배될 때에는 정부는 헌법재판소에 그 해산을 제소할 수 있고, 정당은 헌법재판소의 심판에 의하여 해산된다"고 규정하고 있는바, 이는 '방어적 민주주의'의 한 요소를 규정함과 아울러 헌법 스스로가 되도록 정당의 금지를 민주적 정치과정의 개방성에 대한 중대한 침해로 이해하여 오로지 제8조 제4항의 엄격한 요건 하에서만 정당설립의 자유에 대한 예외를 허용하여 민주적 정치과정의 개방성을 최대한으로 보장하려는 것으로 정당의 정치적 내용 및 활동에 관하여는 헌법재판소가 위헌성을 확인한 경우에만 정치생활의 영역에서 축출될 수 있게 하려는 것이다(헌재 1999. 12. 23. 99헌마135, 판례집 11-2, 800, 814-815).

그런데 이 사건 등록취소규정은 아직 원내에 진출하지 못하고 득표율이 저조하다는 이유로 헌법상 정당의 개념 표지를 갖추고 적법하게 그 요건을 충족하여 등록된 정당을 사후적인 등록취소를 통해 그 존립을 불가능하게 하는 것으로 정당의 개념표지와는 무관한 국회의원총선거에서의 결과적 성공이라는 우연한 사정에 기초하여 정당을 소멸시킴으로써 정당의 존속을 불가능하게 하고, 계속적으로 진지하게 정당활동을 수행하는 과정에서 국민대중의 지지를 획득하여 보다 굳건한 정당으로 성장할 수 있는 신생정당들을 정치생활의 영역으로부터 축출하여 신생정당의 진입을 가로막으며 소수의견의 정치적 결집을 봉쇄하고 기성의 정당체제를 고착화시키는 데 기여하므로 정당설립의 자유를 제한함에 있어 헌법상 준수하여야 할 비례성을 지키지 못하고 있다. 예컨대 이 사건 등록취소 규정에 의하여 제16대 총선거 직후 등록이 취소되었던 민주노동당은 재등록 후 바로 다음 17대 총선거에 참여하여 원내 제3당의 지위를 차지하였는바 이는 이 사건 등록취소규정이 정당설립의 자유 제한에 있어서 적정한 비례성을 지키고 있지 못하다는 점을 현실적으로 입증하는 분명한 사례라 할 것이다. 따라서 이 사건 등록취소규정이 적법하게 등록요건을 갖추어 등록한 정당을 국회의원총선거에서 지지가 미미하다는 우연한 결과에 근거하여 등록을 취소함으로써 정당을 소멸시키는 것은 헌법상 보장된 정당설립의 자유를 침해하여 헌법에 위반된다 할 것이다."[38]

---

38 헌재 2006. 4. 27. 2004헌마562, 판례집 18-1(상), 583-585면.

(3) 소 결

정당법상 정당등록취소사유 중에서 세 번째 사유(제44조 제1항 제3호)인 선거의 실패를 이유한 등록취소는 위헌성이 농후하므로 입법개선이 필요하다고 본다. 위 사건의 재판관 3인의 반대의견에서 제시된 바와 같이 선거결과 원내에 진출하지 못하고 득표율이 저조하다는 이유로 헌법상 정당의 개념 표지를 갖추고 적법하게 그 요건을 충족하여 등록된 정당을 사후적인 등록취소를 통해 그 존립을 불가능하게 하는 것은 정당의 개념표지와는 무관한 국회의원총선거 결과의 우연한 사정에 기초하여 정당을 소멸시킴으로써 정당의 존속을 불가능하게 하고, 신생정당들을 정치생활의 영역으로부터 축출하여 신생정당의 진입을 가로막는 것이 된다. 이는 또한 소수의견의 정치적 결집을 봉쇄하고 기성의 정당체제를 고착화시키는 데 기여하므로 정당설립의 자유를 과도하게 제한하는 것이라 하지 않을 수 없다. 또한 선거결과 의석과 일정 득표율을 확보하지 못한 정당이 등록취소된 직후 정당재건작업을 진행하는 경우에는 군소정당에 대한 불필요한 시간적·경제적 제약만 가해진다는 점에서도 이 등록취소사유는 삭제하는 것이 타당하다.[39]

그리고 정당법 소정의 정당등록취소사유 중 정당의 등록요건 미달의 경우(제44조 제1항 제1호) 3월의 유예기간은 너무 짧다고 생각되므로 6월 또는 1년 이상으로 확대할 필요가 있다고 본다.

4. 지구당폐지의 위헌성문제

(1) 지구당폐지의 의미와 문제점

2004년 정치개혁입법의 일환으로 정당법을 개정하여 지구당을 폐지하게 되었다. 지구당폐지의 배경은 무엇보다 지구당 운영으로 인한 고비용을 줄이고 지구당위원장의 지구당운영의 사당화경향을 타파하여 유권자의 참여를 증대시키고 지방정당조직의 사적 요소를 제거하여 정당을 공적 조직으로 만들려는 것이었다고 할 수 있다.[40] 1962년 12월 최초로 제정된 정당법에 의해 탄생된 지구당조직은 지난 30여 년간 유권자의 정치참여를 도와주는 측면보다 돈을 받고 일하는 이른바 '품삯 당원'의 횡포로 풀뿌리 정당조직이 뻗어나가는 데 방해가 되었으며, 지구당운영비의 조달을 둘러싼 비리연루 및 지구당의 중앙당과 당 지도부에 대한 예속화 등은 한국정당정치의 고질적 병폐로 지적되어 왔기 때문에

39 김수갑, 정당법의 문제점과 개선방안, 『공법연구』 제33집 제5호, 2005, 199면.
40 김용호, 최근 한국정당의 개혁조치에 대한 평가, 『한국정당학회보』 제7권 제1호, 2008, 198면.

정당개혁조치의 하나로 지구당폐지를 단행하게 된 것이다.[41]

그러나 학계에서는 지구당폐지에 대해 부정적 견해가 대두되고 있다. 필자의 견해도 위헌론의 입장에서 이 문제에 접근할 필요가 있다고 본다. 정당이 국민의 정치적 의사형성에 참여하는 헌법적 기능을 수행하기 위해서는 정당의 조직이 기본적으로 전국적인 조직을 갖춰야 하며, 당원과 국민의 정치적 의사를 '밑에서부터 위로 향하여' 형성할 수 있는 상향적 조직을 가져야 한다. 즉, 국민의 정치적 의사형성에 참여하는 민주적 정당의 조직은 상향식의 의사형성을 가능하게 하는 '지역단위의 상향식 조직'이어야 한다. 그러나 종래의 지구당이 폐지된 상황에서 중앙당과 시·도당의 조직만으로 상향식의 정치적 의사형성을 기대하기 어렵다는 견해는 타당하다고 할 수 있다.[42] 지구당운영의 현실적 폐해가 아무리 크다고 해서 지구당조직을 전면적으로 폐지하는 법적 강제는 정당설립의 자유, 정당의 조직형태를 선택할 자유를 침해하게 되는 문제가 있다.

헌법 제8조 제1항이 명시하는 정당설립의 자유는 설립할 정당의 조직형태를 어떠한 내용으로 할 것인가에 관한 정당조직 선택의 자유 및 그와 같이 선택된 조직을 결성할 자유를 포괄하는 '정당조직의 자유'를 포함함은 전술한 바와 같다. 정당조직의 자유는 정당설립의 자유에 개념적으로 포괄될 뿐만 아니라 정당조직의 자유가 완전히 배제되거나 임의적으로 제한될 수 있다면 정당설립의 자유가 실질적으로 무의미해지기 때문이다. 또 헌법 제8조 제1항은 정당활동의 자유도 보장하고 있기 때문에 위 조항은 결국 정당설립의 자유, 정당조직의 자유, 정당활동의 자유 등을 포괄하는 정당의 자유를 보장하고 있다.[43] 따라서 정당법에 의한 지구당의 폐지의 강제는 헌법상 보장된 정당의 설립과 조직 및 활동의 자유를 침해하는 것이 아닌가의 의문이 제기될 수밖에 없다. 지구당폐지의 목적이 아무리 고비용 저효율의 정당구조를 개선하는 데에 있다고 하더라도 정당의 본질로서 국민의 자유로운 자발적 결사로서 정당의 조직과 활동의 자유를 최대한 보장하기 위해서는 정당의 조직형태에 국가가 관여하는 것은 가급적 배제되어야 한다. 정당조직의 최소단위로서 지구당의 존치여부는 정당의 자율에 맡기는 것이 타당하며 법률로써 지구당설치를 금지하는 것은 정당의 자유보장에 관한 헌법정신에 위배된다고 할 수 있다.

(2) 지구당폐지의 위헌여부에 관한 판례

헌법재판소는 이 문제에 대해 지구당폐지에 관한 법률조항이 정당의 조직과 활동의

41 지구당폐지에 관한 상세한 논의는 김용호, 앞의 논문, 198-200면; 이현출, 정당개혁과 지구당 폐지, 『한국정당학회보』 제4권 제1호, 2005, 91면 이하 참조.

42 계희열, 앞의 책, 271면.

43 헌재 2004. 12. 16. 2004헌마456, 판례집 16-2(하), 618면.

자유를 제한하는 것이라고 하더라도 그 자유를 본질적으로 침해하는 것은 아니며 과잉금지의 원칙에도 위배되는 것이 아니어서 위헌이라고 볼 수 없다고 판시하고 있다.

헌법재판소는 2004 12. 16. 2004헌마456 사건에서 이 사건 법률조항들은 정당의 조직 중 기존의 지구당과 당연락소를 강제적으로 폐지하고 이후 지구당을 설립하거나 당연락소를 설치하는 것을 금지하고 있으므로 정당조직의 자유와 정당활동의 자유를 포함한 정당의 자유를 제한한다고 한다. 그러나 이 사건 법률조항들이 정당으로 하여금 그 핵심적인 기능과 임무를 전혀 수행하지 못하도록 하거나 이를 수행하더라도 전혀 비민주적인 과정을 통할 수밖에 없도록 하는 것이라면 정당의 자유의 본질적 내용을 침해하는 것이 되지만, 지구당이나 당연락소(이하 '지구당'이라고만 한다)가 없더라도 이러한 기능과 임무를 수행하는 것이 불가능하지 아니하고 특히 교통, 통신, 대중매체가 발달한 오늘날 지구당의 통로로서의 의미가 상당부분 완화되었기 때문에, 본질적 내용을 침해한다고 할 수 없다고 판시하고 있다.[44]

그리고 과잉금지원칙의 위배여부에 관하여 헌법재판소는 "첫째, 이 사건 법률조항들의 입법목적인 '고비용 저효율의 정당구조를 개선함'은 그 정당성을 인정할 수 있고, 둘째, 지구당 폐지는 위 입법목적을 달성하는데 효과적이고 적절한 수단일 뿐만 아니라, 지구당을 강화할 것인가 여부에 관한 선택은 헌법의 테두리를 벗어나지 않는 한 입법자가 합목적적으로 판단할 당·부당의 문제에 그치고 합헌·위헌의 문제로까지 되는 것은 아니어서 지구당을 폐지한 것에 수단의 적정성이 있는가 하는 것은 상대적으로 완화된 심사기준에 의하여 판단하여야 하므로, 수단의 적정성을 인정할 수 있으며, 셋째, 지구당을 폐지하지 않고서는 문제점들을 해결할 수 없다는 한국정당정치의 현실에 대한 입법자의 진단이 타당할 뿐만 아니라 이 사건 법률조항들하에서도 정당활동을 할 수 있는 길이 있으므로 침해의 최소성을 인정할 수 있고, 넷째, 이 사건 법률조항들이 달성하려는 공익과 이로 인하여 침해되는 사익 사이에 현저한 불균형이 있다고 보기 어려워 법익의 균형성을 인정할 수 있으므로, 비례원칙에 반하지 아니한다"고 판시하였다.[45]

(3) 판례에 대한 비판

헌법재판소는 정당법상의 지구당폐지가 목적의 정당성이 인정되고 비례의 원칙에 위배되지 않는다고 판시하고 있으나, 비례의 원칙의 적용에 있어 수긍하기 어려운 점을 지적할 수 있다. 지구당폐지가 고비용 저효율 정당구조의 개선이라는 정당한 목적을 달성하

44 헌재 2004. 12. 16. 2004헌마456, 판례집 16-2(하), 618, 627면.
45 헌재 2004. 12. 16. 2004헌마456, 판례집 16-2(하), 618, 628-630면.

기 위한 적정한 수단이라고 하지만, 고비용 저효율의 정당구조개선은 기본적으로 정당의 정치자금을 통제하는 것이 실효성 있는 방법이라 할 것이며, 지구당의 폐지를 강제하여 시·도당만으로 국민의 정치적 의사를 상향적으로 형성 반영하는 것은 사실상 기대하기 어렵다. 고비용 정당조직의 문제점은 정치자금제도의 근본적 개혁과 정치인 및 유권자의 의식개혁이 우선되어야 할 과제이지, 지구당조직 자체를 폐지함으로서 해결되어야 하는 것은 아니므로 그것은 방법과 수단의 적정성에 위배되는 것이라 하지 않을 수 없다. 지구당조직이 과다한 정치비용을 소요한다고 해서 정당간의 사정을 고려하지 않고 수십년간 유지되어온 지구당조직을 일률적으로 폐지하는 것은 본질적으로 국민의 임의적·자발적 결사인 정당의 조직선택의 자유를 침해하는 것이 되며, 고비용 정당구조개선이라는 목적 달성을 위한 적정한 방법이라고 하기 어렵고 침해의 최소성원칙에도 합치되기 어렵다고 본다.

법익의 균형성원칙의 적용에 있어서도 헌법재판소 판례는 문제가 있다고 본다. 실제로 각 정당들은 지구당을 폐지한 결과 지구당 대신 당원협의회라는 비상설 조직을 운영하면서 시·도당 사무실을 이용하지만, 정당법은 중앙당과 시·도당의 유급사무직원인 상설인력을 제한(제30조)하고 있기 때문에 시·도당의 조직마저 약화되어 지구당의 기능을 흡수하지 못하고 있는 실정이다.[46] 말하자면 지구당이 폐지됨에 따라 시·도당이 지방정당의 단위조직으로서 상향적 의사형성기능을 수행해야 하는데 실제로는 그렇지 못하다는 것이 문제이다. 따라서 지구당을 폐지함으로써 나타나는 정당조직의 토대약화와 정당의 지역적 조직에 의한 상향적 의사형성기능의 저하에 따른 불이익은 고비용 정당조직개선으로 얻게 되는 이익에 비해 결코 적다고 할 수 없다.

또한 지역구에서 국회의원을 배출한 정당은 국회의원 후원회 사무실을 당원협의회 사무실로 활용하면서 사실상의 지구당조직을 운영하게 되지만, 국회의원을 배출하지 못한 정당에 게는 그렇게 할 수 없으므로 이는 정당간의 차별로서 기회균등의 원칙에 위배되는 문제도 있다.

헌법재판소 판례의 기본입장은 고비용 정당조직의 개혁이라는 공적 가치의 중요성에 무게를 두고 국민의 자발적 결사로서의 정당의 자유로운 지위에 대한 광범위한 법적 규제를 정당화하는 데 있다고 볼 수 있다. 그러나 고비용 정당구조의 개혁은 지구당의 폐지만으로 그 목적을 달성할 수 있는 것은 아니며, 지구당의 폐지는 정당의 헌법적 임무로서 국민의 정치적 의사형성에 참여하는 기능을 저해하게 될 뿐만 아니라, 헌법상의 기본권으로서 정당설립의 자유와 정당조직선택의 자유를 과도하게 침해하는 것으로 헌법에 위반

46 김용호, 앞의 논문, 199면.

된다고 하겠다.

(4) 입법론적 제안

따라서 정당조직의 활성화를 통한 정당의 공적 기능을 제고하기 위해서는 종전의 국회의원지역구단위의 지구당은 설치되는 것이 필요하다고 본다. 정당이 상향적으로 국민의 정치적 의사를 형성하기 위해서는 국회의원지역선거구를 단위로 하는 정당의 하부조직에서부터 일반당원과 유권자의 의사가 정당의 중간조직인 시·도당의 의사결정에 반영되어야 하는 것이 불가피하다. 지구당조직이 없는 시·도당의 조직만으로 일반당원과 유권자의 의사를 상향적으로 형성하는 것은 현실적으로 어렵다고 할 수 있다. 이 점과 관련하여 일부 견해는 지구당조직을 인정하면서 지구당의 운영조직을 정당법에 명시하여 최소한의 인원으로 운영하게 하고 이를 위반하는 경우에 강력한 처벌을 하게 하는 방안을 제시하고 있다.[47]

생각건대 지구당의 폐지가 고비용 정당구조의 개선에 일정 부분 도움이 되었다는 점에서 긍정적 측면이 없지 않으나, 지구당의 존치여부를 정당의 자율에 맡기지 않고 법적 강제에 의해 전면적으로 금지시킨 것은 비례의 원칙에 위반하여 정당설립과 활동의 자유를 침해하는 것으로 문제가 있다. 다만 지구당조직의 운영에 있어서의 자금운용과 그 투명성확보는 당비를 내는 진성당원수를 점차 확대해 나가는 한편 정치자금법에 의한 정당재정의 통제를 강화해 나가는 것이 중요하다. 그리고 진성당원의 양성은 정당의 지방조직의 토대로서의 지구당조직에서부터 이루어져야 하는 것이 바람직하므로 진성당원의 양성과 지구당조직은 불가분의 관계에 있다고 할 수 있다.

그러므로 앞으로의 각 정당에 있어서 지구당의 존치여부는 법률로써 일률적으로 규정할 것이 아니라 정당의 자율적 판단과 선택에 맡기는 것이 바람직하며, 지구당조직을 허용하는 경우에도 정당의 등록요건에 지구당의 수를 그 기준으로 삼을 필요는 없다고 할 것이다.

5. 기타의 정당의 자유 제한문제

(1) 정당의 민주적 공천절차와 정당의 자유

정당의 공직선거후보자추천절차에 관한 법률규정은 정당의 내부문제에 대한 국가적 간섭으로서 정당의 자유를 제한하는 것이 아닌가의 문제가 제기될 수 있다. 2005년 정당

47 김수갑, 앞의 논문, 196면; 박명호, 개정 정당법의 검토－지구당과 당내경선제의 보완을 중심으로, 『헌법학연구』 제10권 제2호, 2004, 56면.

법이 전면 개정되기 전의 구 정당법은 제31조 제1항에 "정당의 공직선거후보자의 추천은 민주적이어야 한다"라고 하고, 제2항에 "정당의 공직선거후보자추천에는 후보자를 추천할 공직선거의 선거구를 관할하는 해당당부 대의기관의 의사가 반영되도록 하여야 하며, 그 구체적인 절차는 당헌으로 정한다"라고 규정하여 정당의 민주적 공천절차를 명문화한 바 있다. 현행 정당법은 이러한 공천절차에 관한 규정을 삭제하고, 대신에 공직선거법에 제6장의2를 신설하여(2005. 8. 4) 정당의 후보자추천을 위한 당내경선규정들을 두고 있다. 구 정당법상의 공천절차에 관한 규정은 선언적 의미를 갖는 것에 불과하고 그 구체적인 절차를 당헌에 백지위임하는 것이었다.[48] 현행 공직선거법상의 당내경선조항도 "정당은 공직선거후보자를 추천하기 위하여 경선을 실시할 수 있다"(제57조의2 제1항)라고 하여 임의규정의 형식을 취하고 있으나, 당내경선을 실시한 경우의 경선후보자로서 당해 정당의 후보자로 선출되지 아니한 경우의 당해 선거구에서의 후보자등록금지(동조 제2항)라든지, 당내경선운동의 방법제한(제57조의3), 당원 등 매수금지(제57조의5) 등은 강행규정에 해당한다.

정당의 공천문제는 그것을 정당내부의 의사결정문제로 보는 경우에는 정당의 자율적 판단에 맡기는 것이 정당의 자유로운 지위에 부합된다고 할 수 있다.[49] 그러나 오늘날 정당국가적 민주주의에 있어서 정당의 공천과정은 공직선거의 제1단계이며 필수적 과정으로 이해되고 있으므로 정당의 사적 내부문제만으로 볼 수 없다. 여기에 정당의 공천절차에 대한 법적 규제의 가능성을 인정하게 되는 것이다.[50] 더욱이 헌법상 정당의 당내민주주의의 요청은 당내민주의의 요체로서 정당공천절차의 민주화를 위한 법적 규제의 필요성이 인정되는 것이므로 이러한 공천절차에 관한 규정들은 정당의 자유에 대한 일정한 제한을 가져오게 되더라도 그 본질적 침해로 볼 수 없다. 오히려 한국의 정당민주화를 위하여 당내경선절차에 관한 법적 규제를 강화할 필요가 있다는 주장이 설득력을 얻고 있다. 정당의 당내경선을 강행규정으로 해야 한다는 주장과 비민주적인 정당공천이 행해진 경

48 정만희, 『헌법의 기본문제』, 세종출판사, 2001, 157면.

49 헌법재판소도 정당의 대통령선거 후보자선출은 "자발적 조직 내부의 의사결정에 지나지 아니한다"고 하고 정당은 공권력의 주체에 해당하지 아니하므로 대통령선거 후보경선과정에서 여론조사결과를 반영한 것을 헌법소원심판의 대상이 되는 공권력의 행사에 해당한다 할 수 없다고 판시하고 있다. 헌재2007. 10. 30. 2007헌마1128; 헌재 2007. 12. 4. 2007헌마1275.

50 미국의 경우 정당의 민주적 공천과정을 의미하는 예비선거(primary)는 20세기 이후 각주의 법률에 의하여 규제되고 있는데 이러한 예비선거과정에 대한 법적 규제는 정당의 예비선거가 본선거와 불가분의 관계에서 선거과정의 '필수부분'을 의미하는 것으로 보기 때문이며, 이러한 예비선거과정에서의 정당의 공적 기능은 본래 '헌법외적 사적 조직'(extra-constitutional organization)에 불과했던 정당의 지위를 사실상의 국가기관(state organ)의 성격으로 변질시키게 된 것을 의미한다. 상세는 K. Loewenstein, Political Power and the Governmental Process, 2nd ed., 1965, p.370: 정만희, 미국의 예비선거제도에 관한 연방대법원판례, 『동아법학』 제31호, 2002, 41면 이하.

우에 그에 대한 통제수단의 필요성 등이 주장되고 있다.[51]

그렇지만 정당의 민주적 공천과정확보를 위한 법적 강제는 정당의 자유보장과 조화를 이룰 수 있는 선에서 행해져야 점에서 그 한계가 인정된다. 법률로써 정당의 당내경선절차를 구체적으로 정하여 강제하는 것은 정당의 자율성과 국가로부터 자유로운 지위를 침해할 우려가 있으므로 신중을 기해야 할 것이다. 예컨대 공직선거법 제57조의2 제2항은 정당이 당내경선을 실시하는 경우 경선후보자로서 당해 정당의 후보자로 선출되지 아니한 자는 후보자로 선출된 자가 사퇴하거나 자격을 상실한 경우를 제외하고는 당해 선거의 같은 선거구에서는 후보자로 등록할 수 없다고 규정하고 있는데, 이는 정당의 당내경선제도의 실효성 있는 정착을 위한 것이라 할 수 있지만, 이러한 당내경선에 불복한 당원에 대한 법적 제재는 피선거권과 공무담임권을 침해하는 위헌성의 문제가 제기될 수 있으며 정당의 활동에 대한 국가의 지나친 간섭이 될 수 있다. 당내경선에 불복한 자에 대해서는 정당의 자율적 판단에 맡기는 것이 바람직하며 이러한 경선불복자에 대해서는 유권자에 의한 정치적·도의적 책임을 묻게 하는 것이 타당하다고 생각된다.

그 밖에 정당의 공천문제와 관련하여 지방선거에서 후보자의 정당공천을 배제하거나 정당표방을 금지하는 입법이 정당활동의 자유를 침해하는 것이 아닌가의 문제가 있다. 헌법재판소는 지방선거에서 정당표방금지에 대하여 처음에는 합헌이라고 판단하였으나,[52] 그 후 판례를 변경하여 정당표방금지는 입후보자의 정치적 표현의 자유를 침해하는 것으로 위헌이라고 판시하였다.[53]

(2) 정당에 대한 국고보조제도

헌법 제8조 제3항의 후단은 "국가는 법률이 정하는 바에 의하여 정당운영에 필요한 자금을 보조할 수 있다"고 하여 정당운영자금에 대한 국고보조제도를 규정하고 있다. 이 국고보조제도는 1980년헌법에서 최초로 채택된 것으로, 정당에 대한 정치자금의 적정한 제공을 보장하여 정당의 자금조달과정과 결부된 정치적 부패를 방지하고, 나아가 정당의 보호·육성을 도모하는데 그 의의가 있다.[54]

---

51 정만희, 정당의 민주적 공천제의 법리, 『공법학연구』 제4권 제1호, 2002,60면 이하; 김수갑, 앞의 논문, 199-201면.

52 헌재 1999. 11. 25. 99헌바28.

53 헌재 2003. 1. 30. 2001헌가4. 그러나 이 판례변경은 기초의회의원선거에서의 정당활동의 자유를 인정한 점에서 의의를 찾을 수 있지만, 지역실정에 맞는 순수한 지방자치의 실현이라는 관점에서는 문제가 있다고 할 수 있다. 이에 관하여는 정만희, 지방선거와 정당참여에 관한 헌법적 고찰, 『공법연구』 제33집 제1호, 2004, 18면 이하.

54 헌법재판소는 국고보조금제도에 대하여 정당이 정치자금을 마련함에 있어 정치자금의 기부자인 각종 이익집단으로부터 부당한 영향력을 배제하여 정치부패를 방지하며 정당간의 자금조달의 격차를 줄여 공평한 경쟁을

그러나 다른 한편 정당의 국고보조제도는 정당의 국가로부터의 자유를 침해하게 되는 문제성을 내포하고 있다고 할 수 있다. 각국의 경우를 보더라도 우리처럼 정당의 운영자금에 대한 직접적 국고보조를 인정하는 나라는 거의 없다. 미국은 대통령선거의 경우 정당의 후보자에게 연방자금에 의한 선거자금을 보조하는 것을 인정하지만 정당의 운영자금에 대한 국고보조는 허용하지 않고 있다. 독일의 경우는 전후 정당의 재정난을 해결하기 위한 방법으로 국가에 의한 직접적 또는 간접적 재정지원을 하였으나 이들 국고보조제도는 1960년대부터 정당의 국가로부터의 자유를 침해한다는 이유로 위헌결정을 받은 바 있다. 다만 정당의 선거비용보조는 국가기관의 구성을 위한 제도로서 허용된다고 하였다. 그 후 1990년대에 들어와서 연방헌법재판소 판례는 정당의 선거비용뿐만 아니라 정당활동비용에 대해서도 부분적 국고보조를 인정하고 있다.[55]

우리나라의 정당에 대한 국고보조제도는 헌법에 직접적인 근거조항을 두고 있으므로 위헌성의 문제는 제기되지 않으나, 현실적으로 각 정당에 배분 지급되는 국고보조금의 증대는 정당의 보호·육성을 벗어나 정당의 국가로부터의 자유를 침해하고 정당의 국가에 대한 종속을 초래하게 될 우려가 있다. 그러므로 각 정당에 지급되는 국고보조금의 총액은 독일의 경우처럼 각 정당이 스스로 조달할 수 있는 운영자금을 초과해서는 안 될 것이며, 부분적인 정당재정의 보조에 그쳐야 할 것이다.[56] 또한 각 정당에 대한 국고보조금의 배분방법이 정당의 의석수와 득표율을 기준으로 하게 되면 기성정당과 대정당에 유리하고 신생정당과 군소정당에 절대 불리하게 되어 정당간의 기회균등을 침해하게 되는 문제가 있다.[57] 국고보조제도가 정당자금의 적정한 제공을 보장하여 건전한 정당제도의 보

유도하고 정당의 재정압박을 완화하여 정당의 원만한 기능을 보장하는데 그 입법목적이 있다고 설명한다. 헌재 2006. 7. 27. 2004헌마655.

55 독일에서는 이미 1960년대부터 정당에 대한 국고보조는 정당의 국가로부터의 자유를 침해한다고 하여 위헌판결(BVerfGE 20, 56ff)을 받고 금지되어 왔으나, 1992년 연방헌법재판소 판결에서는 정당의 선거비용뿐만 아니라 정당활동비용에 대한 국고보조는 허용된다고 하면서, 다만 정당의 국가로부터의 자유원칙을 고려하여 정당활동비용의 부분적 보조만이 허용된다고 판시한 바 있다. 즉 정당의 국고보조의 합헌성기준으로서 '절대적 상한'과 함께 정당의 국가로부터의 자유를 확보하기 위한 '상대적 상한'을 제시하여 국고보조금의 총액은 정당의 노력으로 자기조달할 수 있는 수입총액을 초과할 수 없다고 하였다(BVerfGE 85, 264, NJW 1992, S. 2545f). 그에 따라 연방의회는 1993년 정당법을 개정하여 국고보조의 연간총액을 2억3천마르크라는 절대적 상한으로 설정하고, 각 정당에의 국고보조금은 당해정당이 매년 자기조달할 수 있는 수입총액을 초과할 수 없도록 하였다. 국고보조금의 각 정당에의 배분기준은 정당의 비례대표선거에서 획득한 유효투표 1표당 1마르크(500만표까지는 1표당 1.3마르크)와 각 정당이 매년 당비, 기부 등으로 자기조달한 자금의 50%를 보조할 수 있다고 규정하였다. 이에 관한 상세한 내용은 한국법제연구원, 『주요국가의 정치자금법제』,1997, 119면 이하.

56 정만희, 정치개혁입법의 과제와 전망, 『동아법학』 제25호, 1999, 11면 이하.

57 헌법재판소는 현행의 정치자금법상 국고보조금 배분기준(제27조)에 대하여 그것이 교섭단체 구성여부에 따라 보조금의 배분규모에 차이가 있더라도 그러한 차등 정도는 각 정당간의 경쟁상태를 현저하게 변경시킬 정도로 합리성을 결여한 차별이라고 보기 어렵다고 판시하였다. 헌재 2006. 7. 27. 2004헌마655.

호·육성에 있다면 각 정당의 의석수와 득표율만을 배분기준으로 할 것이 아니라, 전술한 바와 같은 정당조직의 전국적 분산의 정도, 정당소속의원과 일반당원의 전국적 분포, 당비수입 등도 주요 기준으로 삼는 것을 검토할 필요가 있다고 본다.

Ⅳ. 맺음말

정당국가적 민주주의의 지향을 의미하는 헌법상의 정당조항은 정당설립의 자유와 복수정당제 보장을 비롯하여 정당의 헌법적 임무로서 국민의 정치적 의사형성에의 참여 및 그러한 정당활동에 대한 국가적 보호와 정당활동의 자유의 헌법적 한계 등을 명문화하고 있다. 이러한 헌법상의 정당조항을 구체화하는 정당법은 정당의 성립과 운영, 당원의 지위, 정당활동의 보장 등을 규정하고 있으며, 정당설립과 관련하여 등록제와 등록요건 및 등록취소규정 등을 규정하고 있다. 그러나 그 정당등록에 관한 규정들이 헌법상 보장되는 정당의 자유와 합치되기 어려운 점이 있지 않은가의 의문이 제기된다. 더욱이 고비용의 정당구조개선의 입법목적에 의해 규정된 지구당조직의 폐지는 정당조직선택의 자유와 정당활동의 자유를 침해하는 심각한 문제를 안고 있다고 본다.

정당의 자유의 헌법적 의미와 가치를 강조하는 입장에서 보면 이러한 정당의 자유제한에 관한 일련의 규정들 중에서 선거결과의 의석수와 득표율을 이유로 하는 정당등록취소와 지구당폐지는 정당의 자유를 과도하게 제한하는 것으로 위헌성을 면하기 어렵다고 본다. 헌법재판소는 한국의 정당정치의 낙후성과 병폐를 해소하기 위한 정당규제입법에 대하여 입법자의 광범한 입법형성의 자유를 인정하는 입장에서 합헌성판단을 하고 있으나 이러한 헌법재판소의 입장에 대하여는 비판의 여지가 없지 않다.

말하자면 군소정당과 지방정당의 배제라든지 고비용 정당구조개혁을 위한 정당규제의 이익도 중요하지만, 정당의 본래의 헌법적 기능과 임무 수행의 전제조건으로서, 그리고 국민주권원리의 구현수단으로서 중요한 기본권적 가치를 가지는 '정당의 자유'는 그에 못지 않거나 오히려 보다 더 큰 법익이라고 하지 않을 수 없다.

끝으로 앞으로의 정당법개정논의에 있어서는 헌법재판소의 합헌성판단과 관계없이 국민주권의 이념과 정당의 자유의 가치를 존중하고 실현하는데 그 초점을 맞춰야 할 것이며, 그러한 방향으로 입법개선이 이루어져야 할 것이다.

<참고문헌>

계희열, 헌법학(상), 박영사, 2005.

권영성, 헌법학원론, 법문사, 2010.

김수갑, 정당법의 문제점과 개선방안, 공법연구 제33집 제5호, 2005.

김용호, 최근 한국정당의 개혁조치에 대한 평가, 한국정당학회보 제7권 제1호, 2008.

김철수, 헌법학개론, 박영사, 2007.

박명호, 개정 정당법의 검토－지구당과 당내경선제의 보완을 중심으로, 헌법학연구 제10권 제2호, 2004.

성낙인, 헌법학(제11판), 2011, 법문사.

이종수, 최근 판례들에 나타난 헌법재판소의 정당관, 헌법판례연구 [8], 2006.

이종수, 정당제민주주의의 형안문제의 검토, 헌법학연구 제13권 제2호, 2007.

이현출, 정당개혁과 지구당 폐지, 한국정당학회보 제4권 제1호, 2005.

장영수, 헌법학, 홍문사, 2007.

정만희, 정당법론, 동아대출판부, 1984.

정만희, 헌법의 기본문제, 세종출판사, 2001.

정만희, 지방선거와 정당참여에 관한 헌법적 고찰, 공법연구 제33집 제1호, 2004.

정만희, 정당의 자유와 법적 규제 －미국정당의 후보자지명과정의 통제를 중심으로－심천계희열박사화갑기념논문집, 정당과 헌법질서, 1995.

정만희, 정치개혁입법의 과제와 전망, 동아법학 제25호, 1999.

정만희, 미국의 예비선거제도에 관한 연방대법원판례, 동아법학 제31호, 2002.

정만희, 정당의 민주적 공천제의 법리, 『공법학연구』 제4권 제1호, 2002.

정종섭, 헌법학원론, 박영사, 2007.

정태호, 정당설립의 자유와 현행정당등록제의 위헌성에 대한 관견, 인권과 정의 2005. 3월호.

한국법제연구원, 주요국가의 정치자금법제, 1997.

허영, 한국헌법론, 박영사, 2008.

David Fellman, Constitutional Rights of Association, in Philip B. Kurland ed., Free Speech and Association, 1975.

K. Loewenstein, Political Power and the Governmental Process, 2nd ed., 1965.

15 차기정부의 헌법적 과제*

Ⅰ. 머리말

차기 정부의 헌법적 과제에 관한 논의와 검토는 그 대상과 범위가 매우 광범위하기 때문에 본고에서는 정치적 영역에서의 차기 정부의 헌법적 과제를 다음의 세 개의 논점에 한정하여 다루도록 한다. 첫 번째 헌법적 과제로는 대통령의 행정부 구성과 조직에 있어서의 과제와 대통령 권한행사에 있어서의 과제에 초점을 맞춰 검토하도록 한다. 여기서는 국무총리의 임명절차와 국무총리의 국무위원임명제청권의 헌법문제를 중심으로 검토하고, 대통령의 권한행사에 대한 기관내 통제기능의 확보문제와 대통령의 인사권 남용방지 및 사면권행사의 제한에 관한 과제 등을 검토한다. 두 번째 과제로는 대통령과 의회와의 권력관계를 중심으로 하여 의회주의와 정당정치의 개혁과제 및 여소야대의 분열정부가 출현하는 경우의 그 극복을 위한 과제를 다루도록 한다. 세 번째 과제로는 지난 1997년 제15대 대통령선거시부터 대두되어 최근까지 전개되어 왔고 이번의 제18대 대선에서도 각 후보들의 선거공약으로 제시된 개헌이슈를 일단락 짓는 의미에서의 개헌문제에 관한 차기 정부의 과제를 검토하도록 한다. 차기 정부의 헌법적 과제에 관한 논의에 있어서는 그 선행작업으로 현재의 이명박 정부의 5년 임기 동안의 국정수행에 대한 평가가 이루어져야 할 것이므로 본고에서는 차기정부의 과제를 논하기 앞서 이명박 정부의 국정운용에 대한 헌법적 평가를 간단히 언급하도록 한다.

무릇 대통령제 정부에 있어서 정부교체 내지 대통령직 교체(presidential transition)란 선거를 통한 대통령직의 교체를 의미하며 여기에는 대통령직의 교체가 집권정당의 교체를 수반하는 경우, 즉 정권교체가 이루어지는 경우와 집권정당이 그대로 재집권하고 대통령직만 교체되는 정부교체가 포함된다. 그러나 대통령제는 본질적으로 대통령에게 권력이 집중되어 있기 때문에 대통령직의 교체는 그 자체로써 일정한 수준의 긴장과 위기를 수반하게 된다.[1] 정부교체에 의해 새로 취임하는 대통령은 누구나 나름대로의 특유한 대통령직을 창출해내기 위한 과업을 안고 출발하기 마련이다. 신임 대통령은 전임 대통령과의 차별화를 통한 자기정체성을 확립하기 위하여 갈등을 야기하게 되며, 집권당이 교체되는 정권교체의 경우에는 더욱 갈등과 긴장관계는 커지게 될 수밖에 없다. 그렇다고 해서

* 「헌법학연구」 제19권 1호(한국헌법학회, 2013. 3), 175－222면 수록.

1 권영설, 헌법이론과 헌법담론, 법문사, 2006, 312면 이하.

모든 대통령직의 교체가 예외없이 긴장관계에 놓이는 것은 아니며, 정부의 안정성의 요청에 의하여 그러한 긴장과 갈등은 완화되기도 한다. 아무튼 대통령직의 교체를 지배하는 두 개의 결정적 요소는 '연속성'(continuty)과 '변화(change)와 개혁(reform)'이라 할 수 있다. 여기서 연속성과 개혁성의 목표는 항상 상호배타적으로 선택되고 추구되는 것은 아니라고 할 수 있으나, 집권당이 재집권하는 정부교체의 경우보다 집권당이 교체되는 정권교체의 경우에 새로운 대통령과 정부는 변화와 개혁을 더욱 강하게 추구하게 되는 것이라 할 수 있다.[2]

지난 2012. 12. 19. 제18대 대통령선거결과 집권당의 박근혜 후보가 총유효투표의 51.6% 득표로 당선되었다. 선거과정에서의 박 후보의 선거공약을 보면 이명박 정부의 실정(失政)을 기정사실로 한 국정 전반에 걸친 변화와 개혁을 이슈로 하였기 때문에 이번의 정부교체는 집권당의 교체가 이루어진 것이 아니지만 연속성보다는 개혁성을 강하게 추구하게 될 것으로 예상된다. 본고에서 필자는 차기 정부의 과제를 우리나라 대통령제의 최근까지의 헌정경험을 토대로 한 헌법운용상의 개혁과제를 중심으로 검토하도록 한다. 따라서 차기 정부의 국정 전반에 걸친 과제 중에서 헌법상 대통령제의 운용과 정치제도의 개혁에 관한 과제로 한정하여 검토하고, 국민의 국가생활의 각 영역에서의 정책적 과제에 대한 검토는 제외한다.

Ⅱ. 이명박 정부의 국정운용에 대한 헌법적 평가

대통령의 임기만료에 따른 정부교체의 시점에서 차기 정부의 헌법적 과제를 다루기 위해서는 퇴임하는 이명박 대통령의 임기동안의 국정수행에 대한 헌법적 평가가 선행되어야 할 것이다. 현 정부의 국정운용상 드러난 시행착오와 문제점의 분석을 통해 차기 정부에서 는 새로운 국정운용의 방향을 제시할 수 있고 개혁과제의 대상과 내용이 구체화될 수 있기 때문이다. 대통령제는 본래 중임제를 본질적 요소로 하여 국민에 의해 선출된 대통령이 재선을 위한 차기 선거과정에서 국민에 의한 정치적 심판을 받는 것이며 국민은 선거를 통해 대통령에 대한 정치적 책임을 추궁하는 기회를 갖는 정부형태를 의미한다. 이러한 대통령의 국민에 대한 직접적 '책임성'(accountability)이 대통령제의 장점으로, 이 점

2 대통령직 교체에 관한 주요 문헌으로는 Laurin L. Henry, Presidential Trensitions, The Brookings Institution, 1961; Carl M. Brauer, Presidential Transitions: Eisenhower through Reagan, Oxford Univ. Press, 1986; Jack M. Beermann & William P. Marshall, The Constitutional Law of Presidential Transitions, 84 N.C.L. Rev. 1253; 권영설, 정부교체와 개혁의 몇 가지 헌법문제, 공법연구 제22집 제3호, 1993, 33면 이하.

에서 대통령제가 의원내각제보다 우수한 제도로 평가되기도 한다.[3] 그러나 우리의 대통령 단임제 하에서는 대통령의 임기동안의 국정수행에 대한 유권자의 평가는 원천적으로 그 기회가 상실되므로 대통령의 국정수행에 대해 국민이 직접 심판하는 제도적 장치가 결여되어 있다는 점이 문제이다.[4] 따라서 임기를 마치고 퇴임하는 대통령에 대한 평가는 언론과 시민단체 및 학계의 평가에 의존할 수밖에 없다고 할 수 있다. 이 점에서 전임 대통령의 직무수행과 헌법운용에 대한 헌법학적 관점에서의 평가는 후임 대통령과 정부의 국정운용의 기본방향과 과제를 제시하는 데 영향을 미칠 수 있다.

이명박 정부에 대한 평가는 다양한 관점과 기준으로 국가 정책의 각 영역에서 광범위하게 이루어질 수 있으나 여기서는 헌법적 관점에서 현 정부와 대통령의 권한행사 내지 국법상 행위가 헌법의 정신과 기본원리에 합치되도록 합법적이고 정당하게 행사되었는가를 중심으로 하여 판단한다. 따라서 입헌주의헌법의 국민주권과 기본권보장의 이념에 입각한 민주주의와 법치주의원칙을 기준으로 하여 현 정부의 국정운용 방식과 주요 국가정책의 집행과정에서의 문제점들에 한정하여 평가하면 다음과 같이 요약할 수 있다.

첫째, 대통령의 헌법상 권한행사와 관련하여 대통령의 인사권행사의 남용과 불합리성 등이 지적될 수 있다. 정부교체에 의해 새로 취임하는 대통령은 헌법상 국가원수로서의 지위와 행정부의 수반으로서의 지위에서 여러 헌법기관과 행정부 고위공무원에 대한 임명권을 행사하는데, 역대 대통령들의 고위 공직자 인사에 관한 행태는 거의 예외없이 대통령 출신 지역 중심의 연고주의에 치우친 것이 문제였다. 이명박 대통령의 경우에도 마찬가지로 지역주의와 연고주의를 벗어나지 못한 인사가 항상 문제되었으며 이러한 편협한 연고주의 인사정책은 국민의 반감을 살 수밖에 없었다. 그리고 법률로 임기가 보장된 기관에 대해 인사개혁을 이유로 전임대통령에 의해 임명된 자를 사실상 사퇴를 강요하는 무리한 인사도 문제되었다. 그러한 인사조치는 인사권의 남용으로 법치주의를 훼손하는 것이라 하지 않을 수 없다. 대통령은 전체 국민을 대표하는 국가기관이며 국민 전체에 대한 봉사자로서 그 인사권행사는 특정 지역에 편중된 인사가 아니라 전국적 인물을 균형있게 등용하여야 하며 국민의 여론을 무시한 자의적 인사권행사는 그것이 비록 합법적 절차에 의해 행해진 것이라고 하더라도 대통령의 전체국민의 대표자의 지위와 국정의 최고책임자의 지위에서 요구되는 인사권행사라고 보기 어렵다. 대통령에게 부여된 권한은 국민주권의 이념에 기초하여 국민의 위임에 의한 것이므로 국민의 의사에 반하는 인사권행

---

3 Mathew Soberg Shugart and John M. Carey, Presidential and Assemblies: Constitutional Design and Electoraldynamics, Cambridge University Press, 1992, p.44.

4 대통령 단임제의 문제점에 관하여는 허영, 한국헌법론, 박영사, 2009, 938면.

사는 '국민에 의한 지배'라고 하는 민주주의 원리에 위배되는 것이다.

둘째, 이명박 정부는 '법치와 준법의 상징적 존재'로서의 대통령의 역할과 지도력이 발휘되지 못하였다는 점에서 부정적 평가를 면하기 어렵다. 이명박 대통령은 취임 후 '공정한 사회'를 국정의 목표로 제시하였으나 대통령 임기 동안 드러난 대통령 측근과 친인척의 비리와 권력형 부패문제가 심각한 수준에 달하였다. 이러한 대통령 측근의 권력형 비리 발생에 대해서는 대통령이 행정의 최고책임자이며 최고감독권자로서의 법적 책무를 다하지 못한 결과가 아닌가의 의문이 제기된다. 대통령은 "국민 모두에 대한 법치와 준법의 상징적 존재로서 헌법을 수호하고 법률을 준수해야 하며, 법을 존중하고 집행하기 위한 모든 노력을 기울여야 한다."[5] 따라서 대통령은 그의 측근과 친인척에 대해서도 예외없이 위법행위와 형사범죄에 대해 엄격한 법의 집행이 이루어지도록 하고, 대통령 측근의 권력형 비리와 부패의 방지를 위한 철저한 감시와 감찰이 행해지도록 노력해야 한다. 대통령 측근과 가족들의 비리발생은 대통령 자신의 법치주의에 대한 확고한 신념이 의심받게 된다는 점을 부정하기 어렵다. 특히 이명박 대통령의 임기말에 사저부지 매입과정에서 드러난 불법과 탈세 등의 의혹도 대통령 측근과 가족들의 낮은 준법의식의 수준을 말해주는 것으로 임기말의 대통령의 지도력 부재를 방증하는 것이다.[6]

셋째, 이명박 정부는 국회와 정부와의 관계에서 헌법상 통치구조의 기본원리가 정상적으로 기능할 수 있도록 역할을 다했는가라는 점에서 긍정적 평가를 받기 어렵다고 할 수 있다. 이명박 정부는 2008년 2월 25일 출범당시에는 여소야대이었으나 같은 해 4월 11일 제18대 총선에서 한나라당이 국회 재적 과반수의석(153석)을 확보함으로써 여대야소의 통합정부(unified government)의 유리한 정치상황을 맞이했다. 그러나 임기 초부터 국회와 정부, 여당과 야당의 관계는 첨예한 대립구도 속에서 정국의 경직화와 교착상태가 지속되었다. 정부와 여당은 예산안처리를 비롯한 미디어관련법, 한미 FTA비준안 등 주요 의안 및 법안처리에 있어서 야당의원들과의 토론과 협상을 이루어내지 못하고 여당은 과반수의석을 가진 다수당의 힘으로 강행타결시키는 사례가 많았다.[7] 이와 같은 빈번한 '날치기

---

5 헌재 2004. 5. 14. 2004헌나1, 판례집 16-1, 609, 646면.

6 2012. 9. 3. 국회는 '이명박 정부의 내곡동 사저부지 매입 의혹사건 진상규명을 위한 특별검사의 임명 등에 관한 법률안'을 의결하여 10. 5. 이광범 변호사가 특별검사로 임명되어 30일간의 수사를 진행하였으며 11. 14. 수사결과를 발표하였다. 수사결과 대통령 경호처장 김인종 등은 특정경제범죄가중처벌법위반(배임) 등으로 불구속 기소되고 대통령 아들 이시형은 국세청에 증여과세자료가 통보되었다. 이 사건에서 대통령 퇴임후 사저 부지매입업무를 처리하기 위하여 계약직 공무원을 채용한 것은 대통령의 개인적인 이익을 위하여 국가 예산을 사용한 것이라고 지적되었고, 대통령 사저부지 주변의 경호부지 매입에 있어 법률에 정한 공익사업을 위한 토지취득절차를 거치지 않고 대통령실에서 자의적으로 계약을 체결한 것으로 다른 공익사업과의 형평성, 예산 집행의 부적절성 등이 지적되었다.

7 이명박 정부 출범 이후 제18대 국회의 여대야소 하에서 날치기 통과입법은 5차례에 걸쳐 무려 107건의 안건이

통과입법'의 현실은 의회주의의 퇴보 내지 실종을 의미하며 국민의 정치불신을 심화시키는 요인이 되어 왔다. 날치기통과 입법은 국회법상의 입법절차에 위배될 뿐만 아니라 헌법상 의회주의원리를 규정한 의사공개의 원칙(제49조)과 다수결원칙(제50조)의 헌법정신에 반하고 헌법상 적법절차의 원리에도 위배되는 것으로 위헌성을 면하기 어렵다고 본다.

의회주의가 기능을 하지 못하고 여야간에 토론과 타협이 이루어지지 못하는 데에는 대통령의 지도력의 결여에서도 그 원인을 찾을 수 있다. 대통령과 집권당은 야당의 소수의사를 존중하고 인내와 포용력으로 협상하여야 하며 특히 대통령은 국익을 우선하는 초당파적 입장에서 야당 지도자들과의 대화와 설득에 익숙해질 필요가 있다. 또한 이명박 정부의 핵심 국책사업인 이른바 '4대강 살리기 사업'의 추진도 야당의원들을 제대로 설득시키지 못하고 이 사업에 반대하는 지방자치단체나 시민들과의 소통부재인 가운데 힘으로 밀어붙이는 방식은 비판의 대상이 되어 왔다. 4대강 사업과 같은 막대한 국가예산이 소요되는 국책사업을 특별법의 제정과 같은 입법적 근거가 마련하지 않고 졸속으로 추진한 것에 대해서는 문제가 없지 않았다.[8]

넷째, 이명박 정부에서의 정치과정을 보면 그 이전부터 지적되어온 정당정치와 선거제도상의 병폐와 문제점이 여전히 개선되지 못했다는 점이 지적될 수 있다. 먼저 정당정치의 문제점으로 여당이나 야당을 막론하고 정당이 국민과 국가기관의 사이에서 국민의 정치적 의사를 상향적으로 수렴하고 반영하는 공적 기능을 수행하지 못하였으며, 정당이 국민 속에 뿌리를 내린 다수 국민의 정당으로 자리잡지 못하고, 지역균열구도와 지역주의에 바탕을 둔 지역정당성의 한계를 벗어나지 못하고 있다. 정당소속 의원들도 철저하게 정당기율과 당파적 이해에 구속되어 의원의 자유위임원칙에 입각한 자유로운 의정활동을

당시 여당인 한나라당에 의해 단독 처리되었다. 주요 안건을 보면 2008. 12.13. 통과된 2009년 예산안 및 종합부종산세 감세 등 30건, 2009. 7.22. 미디어3법 및 금융지주회사법 등 4건, 2009. 12.31. 2010년 예산안처리 및 UAE파병동의안, 친수구역특별법 등 41건, 2011. 11.22. 한미자유역협정 비준안 및 관련법 등 15건이 가결되었다. http://www.hani.co.kr./arti/politics/assembly/529993.html.

8 4대강 사업은 2008년 하반기부터 사업논의가 시작되어 2009년 1월 '4대강 살리기 기획단의 구성 및 운영에 관한 규정'(대통령훈령 제242호)의 제정을 근거로 기획단이 출범하였고 그 후 2009년 6월 '4대강 살리기 마스터 플랜'을 최종확정하여 사업이 본격 추진되었다. 사업목표로는 수자원확보, 홍수조절, 수질개선 등 생태복원, 여가 및 문화공간조성, 지역발전의 5대 핵심과제를 내용으로 하고 있다. 그러나 이러한 국책사업에 대하여는 마스터 플랜과 같은 행정계획에 근거할 것이 아니라 특별법의 제정을 통한 입법적 근거를 마련하는 것이 필요하다는 주장이 제기된다. 즉 국회의 입법을 통해 입법과정에의 국민의 의견을 수렴하고 사업의 정당성을 확보할 수 있고, 사업의 절차와 요건을 통제함으로써 사업의 적법성을 담보할 수 있으며, 개인의 재산권 제한 및 박탈과 같은 권리·의무에 관한 사항을 규정함으로써 법률유보의 원칙을 실현할 수 있다는 것 등의 입법의 필요성이 주장되고 있다(이에 관하여는 정훈, 4대강 정비사업에 따른 법적 쟁점, 전남대학교 법학논총 제30집 제1호, 309면 이하). 그리하여 2010년 12월에 4대강 사업과 관련하여 '친수구역의 활용에 관한 특별법'이 제정되었다. 4대강 사업의 법적 문제에 관한 논의로는 김재광, 4대강사업설치절차의 법적 문제, 공법연구 제39집 제3호, 2011343면 이하; 김성배, 4대강 정비사업과 하천법관련 공법적 쟁점, 토지법학 제26-1호, 2010, 175면 이하.

기대하기 어려운 현실이다. 당원의 경우에도 당비를 납부하는 진성당원 중심의 정당조직을 운영하는 것은 현실적으로 어렵고, 일반 당원의 의사가 상향적으로 정당의사결정에 반영되는 당내민주주의(intra-party democracy)는 아직 요원한 실정이다.[9] 국회의원선거에서의 민주적 정당공천절차가 확립되지 못하고 있으며, 중앙당에 의한 공천권행사는 공천헌금을 둘러싼 정치부패의 원인이 되고 있다.[10]

선거제도에 있어서도 2012년 2월 공직선거법의 개정과정에서 선거구획정과 의원정수의 증원 등이 문제되었다. 선거구획정위원회의 획정안이 국회에서 무시됨에 따라 위원회의 정치적 중립성과 그 획정안의 실효성 확보방안 등이 요구되고 있으며, 국회의원선거구획정에 있어서 국민의 생활권을 무시한 대규모의 자의적 선거구획정은 노골적인 게리맨더링의 등장이라는 비난이 있었다. 의원정수가 기존의 299인에서 300인으로 늘어난 것에 대해서도 위헌성 논쟁이 제기되기도 하였다.[11]

Ⅲ. 차기 정부의 헌법적 과제

1. 행정부 구성에서의 헌법적 과제

(1) 국무총리 임명절차의 정당성 확보

헌법상 대통령은 국가원수의 지위와 함께 행정부의 수반으로서의 지위를 가지며(제66조 제1항, 제4항), 이 행정부의 수반의 지위에서 행정부를 구성하는 권한을 행사하게 된다. 대통령의 행정부 구성권은 국무총리와 국무위원 및 행정 각부의 장을 임명함으로써 행사되지만, 헌법 제86조 제1항에 따라 국무총리의 임명에는 국회의 동의를 얻도록 하여 대통령의 행정부 구성권에 국회의 통제기능을 인정하고 있다. 이러한 국회의 사전 동의에 의한 국무총리임명 규정은 우리 헌법의 의원내각제적 요소로 간주되는 것으로서, 그것은 헌법기관의 구성에 대통령과 국회의 협력관계를 의미하면서 동시에 대통령의 인사권에 대한 국민의 대표기관인 의회에 의한 통제를 의미하는 것이다. 또한 국무총리는 헌법상 대

---

9 정당의 당내민주주의에 관하여는 계희열, 헌법학(상), 박영사, 2005, 274면 이하; 정만희, 헌법과 통치구조, 법문사, 2003, 507면 이하.

10 한국의 민주화 이후의 정당정치의 현실과 문제점에 관하여는 장훈, 20년의 실험 - 한국 정치개혁의 이론과 역사, 나남, 2010, 15면 이하 참조.

11 선거구획정위원회의 문제점과 그 개선방안에 관하여는 정만희, 선거구획정의 기본문제, 공법학연구 제13권 제3호, 2012, 117면 이하; 김종갑, 국회의원선거구획정의 문제점과 개선방향, 국회입법조사처 현안보고서 제147호, 2012.

통령권한대행자의 지위를 갖는 것이므로 이러한 대통령 권한대행자에 대한 최소한의 민주적 정당성의 부여행위로서 국민의 대표기관인 국회의 동의를 얻도록 하는 것이다.[12]

그러나 현실적으로 대통령이 국회의 동의를 얻어 국무총리를 임명하는 경우 국회의 다수당과 집권당이 일치하지 않는 이른바 '여소야대'의 분열정부가 출현하게 되면 대통령의 의지에 따른 국무총리의 임명은 용이하지 않게 된다. 이 경우 국회의 동의를 받지 않은 가운데 과거의 낡은 정치적 관행으로 '총리서리'를 임명하는 것은 헌법 제86조 제1항에 위배되는 것으로 허용될 수 없음은 물론이다.[13]

그리고 여소야대의 정국이 아닌 '여대야소'의 경우라 하더라도 국무총리의 임명절차에 있어서는 여·야간의 합의를 통해 국회동의를 얻는 것이 중요하다. 그러기 위해서는 대통령은 대통령의 사람들 중에서 총리 내정자를 지명하는 것보다는 다수 국민의 지지와 공감대가 형성될 수 있는 인사를 지명하는 것이 필요하다. 왜냐 하면 국무총리는 헌법상 대통령의 보좌기관에 불과한 것이 아니라 대통령의 궐위나 사고시 대통령권한대행자의 지위를 갖게 되므로 국민의 의사와 괴리된 총리가 임명되어 대통령권한을 대행하는 경우가 발생하는 때에는 그 권한대행자의 민주적 정당성의 취약성이 문제되기 때문이다. 국민의 대표기관인 국회의 동의를 얻어 국무총리가 임명된다는 점에서는 어느 정도 그 지위의 민주적 정당성이 확보된다고 할 수도 있으나, 대통령의 보좌기관이며 행정부의 제2인자에 대한 임명동의가 아닌, 대통령권한대행자의 지위를 갖는 국무총리의 임명에 대한 동의라는 점에서는 그 민주적 정당성의 취약성을 지적하지 않을 수 없다. 따라서 국회의 동의절차는 형식적 다수결원리에 의할 것이 아니라 여·야간의 이성적 토론과 소수의사의 존중을 통한 합의가 도출될 수 있는 실질적 다수결원리가 적용되어야 한다. 이 점에서 총리임명동의안을 위한 국회본회의의 선행절차인 인사청문회에서의 야당의견은 존중되어야 하며, 인사청문회 과정에서 형성된 국민의 여론은 국회본회의 의결에 반영되어야 할 것이다.[14]

(2) 국무총리의 국무위원 임명제청권 보장

차기 정부의 구성에 있어서 새로 당선된 대통령은 헌법상 정부의 구성에 관한 규정

12 정만희, 앞의 책(주9), 226-228면.

13 1998. 7. 14. 헌법재판소는 김대중 대통령의 김종필 총리서리임명행위에 대한 권한쟁의심판사건(98헌라1)에서 각하결정을 내렸으나 당시 재판관 3인의 반대의견(위헌의견)은 설득력이 있는 것으로 주목을 받았으며, 학계의 입장은 총리서리임명행위가 위헌이라는 것이 지배적 견해이다. 상세는 정만희, 앞의 책, 232면 이하.

14 박근혜 대통령 당선인은 2013. 1. 24. 김용준 대통령직인수위원회 위원장을 국무총리 후보자로 지명하였으나 인사청문회 절차를 거치기 전에 후보자에 대한 언론의 각종 비리관련 의혹제기에 1. 29. 자진 사퇴하고 말았다. 이러한 고위공직자 임명을 위한 인사청문회 전후과정에서의 언론보도와 여론형성에 의한 민주적 통제기능은 청문회제도의 정착을 위해 긍정적으로 볼 수 있다.

들을 준수하여야 하므로 대통령은 헌법에 규정된 국무총리의 국무위원 및 행정각부의 장에 대한 임명제청권을 존중하여야 한다. 헌법 제87조 제1항과 제94조 제1항은 대통령이 국무위원 또는 행정 각부의 장을 임명하는 경우에는 '국무총리의 제청'을 거치도록 규정하여 국무총리의 국무위원과 행정각부의 장에 대한 임명제청권을 보장하고 있다. 이러한 국무위원 또는 행정각부의 장에 대한 임명제청권은 대통령의 인사권 행사의 전횡을 방지하는 제도로서의 의미를 가지며, 동시에 국무총리의 행정부구성에의 관여권을 의미한다. 국무총리의 임명제청권은 또한 대통령의 국법상 행위에 대한 책임소재를 분명히 하는 제도라 할 수 있다.[15] 그러나 현실적인 헌법운용에 있어서 국무총리의 국무위원 또는 행정각부의 장에 대한 임명제청권은 형식적인 권한에 불과하였음을 부정할 수 없다. 대통령은 국무위원의 임명에 있어 미리 국무위원 후보를 지명 또는 선정하고 이렇게 지명된 후보에 대해 대통령은 국무총리에게 단지 동의 또는 양해를 구해 온 것이 관례로 되어 왔기 때문에 국무총리의 제청권은 유명무실하게 행사되어 왔던 것이다.

생각건대 우리 헌법상의 국무총리제는 건국헌법 채택 이래 우리의 대통령제 원리와 결합된 의원내각제적 요소로서 한국의 '혼합형 정부형태'의 특질을 구성하는 주요한 개념적 징표가 되는 것이다. 이러한 국무총리제에 관한 헌법규정은 마땅히 존중되어야 하며 헌법의 운용과정에서 대통령제원리를 중심으로 하는 헌법해석으로 인하여 의원내각제적 요소나 국무총리제에 관한 규정이 경시되거나 무시되어서는 안 된다.[16] 헌법상 국무총리의 권한으로서 국무위원 임명제청권과 아울러 국무위원 해임건의권은 행정부 구성에 있어서 대통령의 인사권 전횡을 방지하는 '기관내 통제'(intra-organ control)기능을 수행하는 것을 그 제도적 취지로 하고 있으므로 이러한 권한은 형식적이고 명목적인 권한이 아니라 실질적 의미의 권한으로 이해되어야 할 것이다.[17]

---

15 성낙인, 헌법학, 법문사, 2012, 1055면.

16 우리 헌법상 국무총리제는 건국헌법의 제정과정에서의 정치적 타협의 산물을 의미하지만 국무총리의 국무위원제청권은 건국헌법에는 규정되지 않았으나 1952년 제1차 개헌으로 채택된 것이다. 이는 헌법제정 당시 의원내각제를 주장한 의원들의 강력한 요구에 의해 받아들여진 것으로 대통령의 독주와 전제를 막기 위한 필수적 장치로서 도입된 것을 의미한다. 이러한 헌정사적 배경에서 볼 때도 국무총리의 국무위원 임명제청권은 실질적 권한으로 이해해야 하는 것이 우리의 헌법정신에 합치되는 헌법해석이라 할 수 있다. 정만희, 현행헌법상 정부형태의 의원내각제적 요소에 대한 검토, 동아법학 제44호, 2009, 53면.

17 국무총리의 국무위원임명제청권이 행정부 구성에 있어서 대통령의 보좌기능에 불과하다고 보는 입장에서는 대통령은 국무총리의 제청에 기속되지 않으며 국무총리의 제청 없이 국무위원과 행정각부의 장을 임명한 경우에도 그 임명행위가 당연무효로 되는 것은 아니라는 견해(허영, 앞의 책, 967면)가 있으나, 이러한 입장은 국무총리의 임명제청권을 형식적 권한으로 보며 기관내 통제수단으로서의 의미를 사실상 부정하는 것이 되는 문제가 있다. 현행 헌법의 혼합형 대통령제에 있어서 국무총리의 국무위원제청권은 실질적 의미로 이해해야 할 것이며, 대통령은 국무총리의 국무위원제청권을 존중하여 국무총리와의 사전협의를 거쳐 국무총리가 국무위원후보를 제청하도록 하는 절차와 형식을 갖추는 것이 필요하다고 본다. 실제로 국무총리가 실질적인 임명제청권을 행사한 사례로는 노무현 대통령 당선인의 경우 고건 국무총리후보자에게 실질적인 국무위원임명제

따라서 대통령당선인의 경우 새로운 정부구성에 있어서는 국무총리후보자를 먼저 지명하여 국회의 인사청문회절차와 본회의의 의결을 거쳐 임명한 후 그 국무총리의 제청으로 국무위원에 대한 임명절차가 행해지는 것이 바람직할 것이다. 그러나 현실적으로 새 정부의 구성에 있어 대통영의 임기개시와 거의 동시에 국무총리와 국무위원들이 임명되기 위해서는 국무총리후보자가 국회 인사청문회를 통과한 직후에 그 총리후보자의 제청으로 각 국무위원 후보자를 지명하여 그들에 대한 청문절차를 거치도록 하여 대통령 취임일 전에 청문절차를 마치는 것이 필요하다. 따라서 대통령 취임과 동시에 국회는 국무총리 임명동의안이 의결될 수 있도록 노력해야 할 것이며, 대통령 임기 개시 후 행정의 공백이 생기지 않도록 여야간의 협력관계가 필요하다. 현행 '대통령직 인수에 관한 법률'에 의하면 대통령당선인은 대통령임기 개시전에 국회의 인사청문 절차를 거치게 하기 위하여 국무총리 및 국무위원 후보자를 지명할 수 있으며, 이 경우 "국무위원후보자에 대하여는 국무총리후보자의 추천이 있어야 한다"고 규정하고 있다(제5조 제1항). 이 법률조항에 의하면 대통령당선인은 국무총리후보자와 국무위원후보자를 동시에 지명할 수 있는 것으로 해석할 수 있으나, 그러한 동시지명은 헌법 제87조 제1항과의 관계에서 문제가 있다고 본다. 대통령당선인이 국무총리후보자와 국무위원후보자를 동시에 지명하는 것은 동조항의 "국무위원은 국무총리의 제청으로 대통령이 임명한다"는 규정에 위배되는 문제가 제기될 수 있으므로 대통령당선인은 선거직후 가급적 조속하게 국무총리후보자를 먼저 지명하여 국회의 인사청문회를 거친 후 그 국무총리후보자가 국무위원후보자를 제청하는 형식을 취하는 것이 헌법정신에 합치되는 것이라 할 수 있다.[18]

청권 행사를 인정한 것에서 찾아볼 수 있다. 중앙일보, "남기고 싶은 이야기 제130화: 고건스토리", 2013. 2. 18 일자 2면 참조.

18 이명박 정부의 출범과정을 보면 당시 한승수 총리후보자는 2008년 2월 20－21일 국회 인사청문회를 거쳤고 국무위원후보자는 2월 27－28일 인사청문회를 거쳐 2월 29일 국회의 국무총리임명동의안이 가결된 직후 당일 대통령이 국무총리와 장관15인 중 11인을 임명하였다. 대통령의 임기가 2월 25일부터 개시되는데 국회의 동의절차 지연으로 2월 29일에서야 총리와 각부장관이 임명되는 것은 심각한 문제이다. 따라서 새 정부의 구성에 있어서는 대통령당선인은 신속하게 총리후보를 지명하여 국회청문절차를 거치게 하여 그 총리후보자가 국무위원후보를 제청하여 국회청문회를 통과하게 하는 것이 필요하며, 대통령임기 개시일 직후에는 바로 국회의 국무총리임명동의안이 처리되어 국무총리와 각 국무위원들이 임명되는 것이 바람직하다. 그러나 이번 박근혜 대통령당선인의 경우에도 정홍원 총리후보자를 2월 8일 지명하여 2월 14일 국회인사청문요청안을 제출하고 2월 20－22일 인사청문절차를 거쳐 2월 26일 국회에서 국무총리임명동의안이 처리되었다. 그러나 새 정부의 정부조직개편안에 대한 여야간의 합의가 이루어지지 못함으로써 대통령취임 후에도 국무총리 이외의 국무위원들에 대한 인사청문회가 지연됨에 따라 새 정부의 출범에 있어 심각한 행정공백상태가 우려되고 있다. 특히 인사청문회법은 대통령당선인으로부터 인사청문요청안이 제출된 날로부터 20일 이내에 인사청문을 마치도록 규정하고 있으나(제6조 제2항), 이를 제대로 준수하지 않을 경우에는 대통령 취임일을 훨씬 넘겨 청문절차가 진행될 수 있으므로 대통령이 취임 후 새 정부의 국무회의를 소집하지 못하고 구 정부의 국무위원들로 구성된 국무회의를 소집해야 하는 문제상황이 발생할 수 있다. 따라서 이번 대통령직 인수과정에서 드러난 문제점을 개선하기 위한 관련 법률규정들에 대한 근본적인 재검토가 필요하다고 본다.

(3) 정부조직개편의 과제

대통령직이 교체되는 경우에는 정부조직의 개편논의가 거의 예외 없이 제기되는 것이 일반적인 현상이라 할 수 있으나 정부조직개편 문제는 기본적으로 헌법상 통치구조의 구성에 있어서 행정부의 구체적 구성과 조직에 관한 문제이므로 신중을 기해야 한다. 정권이 교체되었다고 해서 기존의 정부조직이 쉽게 개편되거나 변경되어야 하는 것은 아니며, 정부의 조직과 정책집행의 연속성과 안정성 확보의 차원에서 정부조직의 기본 골격은 정권교체에 영향을 받지 아니하고 유지되는 것이 바람직하다. 대통령직이 교체될 때마다 정부조직이 개편된다면 국민의 법적 생활의 안정성을 크게 해치게 되므로 그러한 빈번한 조직개편은 억제되어야 할 것이다. 특히 대통령직 교체시의 대폭적 정부조직 개편은 그 개편에 관한 입법과정에서 여야간의 합의도출이 어렵게 되고, 그에 따른 입법의 지연은 대통령 취임시에 새 정부가 제대로 구성되지 못하는 문제가 있게 된다. 다만 선거공약에서 국민적 공감대가 형성된 특정 정부조직의 개편이나 급변하는 시대적 상황에 대처하고 국민에 대한 행정서비스를 향상시키기 위한 개편은 최소한의 범위에서 허용될 수 있다. 대통령당선인의 선거공약으로 제시된 정부조직개편에 관한 주요사항은 유권자에 의한 지지와 동의가 확인된 것이라 할 수 있으므로 정부조직법의 개정과정에서 존중되어야 할 것이다.

정부조직과 관련하여 대통령직의 교체는 청와대기구의 개편에도 영향을 미치게 되는데, 대통령의 직무를 보좌하기 위한 대통령실의 조직개편이나 확대가 대통령과 그 측근에의 권력집중에 이용되어서는 곤란하므로 정부조직법상 대통령실의 조직과 기능에 관한 사항을 구체적으로 규정할 필요가 있다고 본다. 청와대기구의 확대는 헌법기관인 국무총리와 행정각부의 장의 지위와 권한을 위축시키고 대통령과 그 측근에게 권력을 집중시키는 결과를 가져올 수 있으므로 청와대기구의 확대 내지 비대화는 억제되어야 하며 대통령비서실에 의한 지나친 행정간섭이나 통제는 최소화되어야 할 것이다.[19] 이 점에서 새로 출범하는 박근혜정부가 제시한 청와대조직은 이명박 정부에 비하여 기구를 축소하고 간

19 참고로 역대 대통령들의 대통령 비서실의 규모를 보면 초대 대통령 이승만은 비서실을 7인의 소수 참모로 구성하였으나 박정희 대통령 시대부터 비서실의 조직과 인적 규모가 확대되기 시작하여 제3공화국시대에는 비서실 규모가 137명이었으나 제4공화국헌법시대에는 227명으로 늘어났고, 전두환 대통령 시대에는 비서실 인적규모가 400명을 초과하게 되었다. 그 후 노태우 대통령과 김영삼 대통령, 김대중 대통령 시대에는 360명 내지 370명 내외의 규모로 비서실을 구성하였다. 이러한 비서실 조직의 확대는 대통령의 사적 참모조직을 공식적이고 계층적 조직으로 발전시키게 되었고 비서실 조직과 기능의 확대는 비서실의 권력집중과 관료화 정치화 등으로 인하여 대통령 측근의 비리와 부패의 소지가 발생하게 되며, 대통령에 전달되는 정보가 왜곡되기도 하고 대통령을 고립시키기도 하는 위험성을 내포하게 된다. 상세한 내용은 김석준, 현대 대통령연구1, 대영문화사, 2002, 275면 이하.

결화한 것으로 긍정적으로 평가될 수 있다.[20]

2. 대통령의 권한행사에서의 헌법적 과제

(1) 대통령에 대한 기관내 통제기능 확보

현행 헌법의 대통령제에 대해 일반적으로 지적되어온 문제점으로는 대통령에의 권력집중으로 인한 제왕적 대통령제로의 운용에 대한 우려이다. 우리의 정부형태가 의회와 행정부와의 관계에서 볼 때 대통령의 우월적 지위가 인정되기 때문에 대통령의 권력남용과 자의적 권력행사에 의한 전제적 국정운용의 우려가 없지 않으나, 현행 헌법은 구 헌법에 비해 국회의 지위와 국정통제기능이 강화되고 헌법재판제도의 활성화로 인하여 대통령의 독재화의 가능성은 희박하다고 할 수 있다. 특히 빈번하게 출현하는 여소야대현상은 국회의 실질적인 행정통제기능을 기대할 수 있는 수준에 이르고 있다. 다만 행정부 내에서 대통령의 독주를 방지하기 위해서는 국무총리와 국무회의에 의한 기관내 통제기능이 발휘되어야 하며 국무총리의 헌법상 권한이 실질적으로 보장되어야 하는 것이 중요하다.

따라서 차기정부에서는 국무총리의 국무위원 임명제청권뿐만 아니라 국무위원해임건의권에 실질적 의미를 부여하여 국무총리의 헌법상 권한이 형식적이고 명목적인 권한에 그치지 않도록 하는 것이 필요하다.[21] 국무총리의 국무위원 해임건의권이 대통령을 법적으로 기속하지 않는다고 하더라도 국무총리가 국무위원의 해임을 건의한 경우에는 대통령은 그 건의를 존중하고 그 해임건의에 사실상 기속되는 것이 바람직하다. 국무총리가 대통령의 보좌기관의 지위에서 행정각부를 통할하는 역할을 다하기 위해 특정 국무위원의 해임건의를 한 경우에 그 건의를 무시하는 것은 국무총리에 부여된 헌법상 권한을 부정하게 되고 결국 국무총리를 사임하게 하는 사태로 발전할 수 있기 때문이다. 이 점과 관련하여 국무총리의 행정각부 통할권이 실질적으로 행사될 수 있도록 하는 것도 중요한 헌법적 과제라 하지 아니할 수 없다. 헌법 제86조 제2항은 "국무총리는 대통령을 보좌하며, 행정에 관하여 대통령의 명을 받아 행정각부를 통할한다"라고 규정하여 대통령의 보좌기관이며 행정부의 제2인자인 국무총리에게 대통령의 명에 의한 행정각부의 통할권을 부여하고 있다. 그리하여 정부조직법은 국무총리에게 중앙행정기관의 장을 지휘·감독하는 차상급중앙행정관청으로서의 지위를 부여하여, 중앙행정기관의 장의 명령이나 처분이

---

20 이명박 정부의 청와대조직은 2실 9수석 6기획관 46비서관이었으나 박근혜 정부는 2실 9수석은 유지하면서 6기획관은 모두 폐지하고 비서관도 46개에서 34개 비서관으로 축소하는 청와대조직개편을 발표하였으며, 대통령직속 위원회도 이명박 정부에서는 20개이었으나 박근혜 정부는 3개 위원회로 대폭 축소하는 것을 제시하였다. 중앙일보 2013. 1. 22일자.

21 정만희, 앞의 논문(주16), 57면.

위법 또는 부당하다고 인정할 때에는 국무총리가 대통령의 승인을 얻어 이를 중지 또는 취소할 수 있도록 하고 있다(동법 제16조 제2항). 따라서 국무총리는 대통령의 명을 받아 광범위하게 행정각부를 통할하는 권한을 실질적으로 행사할 수 있도록 하고 국무총리의 행정각부통할권이 명목상의 권한이 되지 않도록 하여야 할 것이다. 이와 관련하여 국무총리의 통할을 받지 않는 정부기관을 대통령직속으로 설치하는 것은 신중을 기해야 할 것이다. 국가정보원과 같은 특수기관이 아닌 일반행정기관을 대통령직속기관으로 설치하는 것은 헌법상 국무총리제와 국무회의제도에 위배되는 문제가 제기될 수 있다.[22]

또한 헌법상 대통령의 권한행사에는 문서주의와 부서제도(제82조)를 요건으로 하고 있으며, 국무회의의 심의를 거치도록 하고 있다(제89조). 이러한 부서제도와 국무회의제도는 대통령의 권한행사에 대한 행정부 내부의 통제기능을 의미하는 것이므로 대통령의 국법상의 행위는 이러한 헌법상의 절차적 요건을 준수하여야 함은 물론이다.[23]

(2) 대통령권한의 위임에 의한 권력분산

차기 정부의 대통령제 운용에 있어서는 전술한 바와 같은 국무총리의 헌법상 권한에 실질적 의미를 부여함과 동시에 대통령의 광범위한 권한 중 상당부분을 국무총리와 행정각부의 장에 위임하도록 함으로써 행정부내에서 대통령권한의 분산효과를 가져올 수 있는 방안을 검토할 필요가 있다. 헌법상 대통령의 권한을 국무총리에게 위임할 수 있다는 명문규정은 찾아 볼 수 없지만, 국무총리의 국무위원 임명제청권이나 해임건의권·부서권 등의 기관내 통제기능은 행정부내에서의 권력분립정신을 구현하는 것이라고 볼 때, 국민의 대표기관인 국회와 대통령의 이중적 신임에 기초하면서 대통령의 보좌기관이며 대통령권한대행자의 지위를 가진 국무총리에게 대통령권한의 일정 부분(일상적인 내치행정에 관한 권한)을 위임한다고 해서 그것이 대통령의 헌법상 지위와 권한을 본질적으로 침해하거나 제약하는 것이라 할 수 없다.[24] 그러므로 행정부 내에서의 이러한 권력의 분산을 통

22 성낙인, 앞의 책, 1138-1139면.

23 부서가 없는 대통령의 국법상의 행위나 국무회의의 심의를 거치지 않은 대통령의 권한행사에 대하여 그 효력의 인정여부가 문제되는데, 학설은 그 부서나 국무회의심의절차를 적법요건으로 볼 것인가 유효요건으로 볼 것인가에 따라 견해가 나뉘고 있으나, 국가권력의 절차적 정당성 확보라는 통치구조의 헌법적 이념에 비추어 유효요건설에 근거하여 무효로 보는 것이 타당하다고 할 것이다. 무효로 보는 견해로는 김철수, 헌법학개론, 박영사, 2007, 582면; 성낙인, 앞의 책, 1045면; 양건, 헌법강의, 법문사, 2011, 968면.

24 이 점에 관하여는 정종섭, 한국 대통령제의 성공을 실현하기 위한 운영모델, 서울대학교 법학 제43권 제3호, 2002, 265면 이하. 한편 이러한 권력분점형 국무총리제 내지 책임총리제의 운용가능성에 대한 회의적 시각도 적지 않다. 현행 헌법하에서 권력분점형 국무총리제의 운용에 대한 부정적 견해로는 강경근. 헌법학, 법문사, 1998, 660면; 명재진, 국무총리제의 합리적 운용의 한계와 개헌필요성, 헌법학연구 제13권 제1호, 2007, 173-174면; 박찬욱, 한국통치구조의 변동에 관한 논의: 대통령제의 정상적 작동을 위하여, 한국정치연구 제13집 제1호, 2004, 100면.

한 국무총리의 실질적인 권한행사를 보장하기 위해서는 입법론적으로 대통령의 권한을 국무총리에 위임할 수 있는 근거규정을 명문화하는 것을 검토할 필요가 있으며, 대통령과 국무총리간의 합리적인 국정운용을 위한 대통령 권한의 위임에 관하여 헌법적 관행을 확립해 나가는 것도 고려해 볼 필요가 있다고 본다.[25]

(3) 대통령의 인사권남용 방지

차기 정부의 구성과 관련하여 대통령의 인사권행사는 헌법과 법률에 따라 합법적으로 이루어져야 하며 탈법과 편법에 의한 인사권 남용이 있어서는 안 될 것이다. 우선 헌법기관으로서 감사원이나 중앙선거관리위원회의 인사에 있어서는 그 헌법기관들과 대통령의 임기차등제의 헌법정신이 훼손되지 않도록 하여야 할 것이다. 대통령의 임기가 5년인데 비하여 감사원장과 감사위원의 임기는 4년이며, 중앙선거관리위원 위원의 임기를 6년으로 규정한 것은 그러한 임기차등제에 의한 국가기관간의 견제와 균형을 유지하기 위한 기관간의 통제기능을 확보하는 데에 있는 것이다.[26] 따라서 대통령직의 교체와 헌법기관의 교체를 일치시키지 않는 것이 헌법상의 권력분립정신에 부합되는 것이므로 새로 취임한 대통령이 임기가 보장되어 있는 감사원장과 감사위원 등에 대하여 자진사임을 유도하는 것은 허용될 수 없다. 또한 법률에 의해 임기가 보장되어 있는 고급공무원 내지 고위직 공직자의 경우 그러한 임기제에도 불구하고 인사개혁의 일환으로 사임이나 퇴직을 강요하는 것도 자제되어야 할 것이다.[27] 따라서 검찰총장(검찰청법 제12조), 한국은행총재(한국은행법 제23조), 합동참모의장과 각군참모총장(군인사법 제18조－제19조), 방송위원회 위원장 및 위원(방송법 제14조) 등의 경우에 당해기관의 독립성 보장을 위해 임기제는 존중되어야 한다. 대통령직 교체과정에서 대통령 및 새 정부와 정치철학과 정책상의 입장을 같이 하는 인물로써 그러한 정부기관들을 충원하려는 인사관행은 더 이상 허용되어서는 안 될 것이다.

대통령의 인사권행사에 있어서 특히 중요한 과제가 되는 것은 한국 사회의 고질적 병폐이며, 역대 대통령들의 인사관행이라 할 수 있는 지역주의와 연고주의에 바탕을 둔 불합

25 예컨대 프랑스 제5공화국헌법의 이원정부제는 헌법상 대통령의 권한과 수상의 권한이 명확하게 구분되어 있지 않으며, 대통령과 수상의 권력관계와 양 기관의 권한행사의 범위 등은 헌법운용의 실제와 정치적 관행에 의해 정해지는 것이 적지 않다는 점에서도 알 수 있듯이, 헌법상 통치구조의 구체적인 운용은 국가권력의 기본권기속성의 헌법이념에 반하지 않고 통치구조의 기본원리에 위배되지 않는 한 그에 관한 헌법적 관행을 형성해 나가는 것은 바람직하다고 할 수 있다. 프랑스 이원정부제에서의 대통령과 수상의 권한과 상호관계에 관하여는 정만희, 이원정부제 정부형태의 검토, 동아법학 제52호, 2011, 157면 이하.

26 허영, 앞의 책, 630면.

27 권영설, 앞의 책, 324면.

리한 인사권의 남용을 어떻게 근절할 것인가에 관한 문제이다. 아무리 헌법과 법률에 의한 합법적인 인사권행사라고 하더라도 국민의 의사를 무시하고 대통령출신 지역을 중심으로 한 지역주의와 연고주의를 벗어나지 못하는 편협하고 편중된 인사는 민주적 정당성을 갖기 어려우며 그렇게 임명된 공직자들에 대해서 헌법상 '국민전체에 대한 봉사자'로서의 공무원의 지위와 역할을 기대하기 어렵게 되는 것은 물론이다. 인사에 있어서 낡은 엽관주의와 연고주의를 배제하고 능력과 실적에 의한 공정한 인사의 원칙이 준수되어야 한다.

(4) 대통령의 사면권 제한

대통령이 헌법상 권한행사에 있어서 특히 사면권(제79조)의 행사가 남용되지 않도록 유념할 필요가 있다. 역대 대통령들이 형의 선고를 받은 고위직 공직자나 정치인 및 재벌기업인에 대해 국민적 정서에 반하는 사면권을 행사해온 것을 차기 정부는 되풀이해서는 안 될 것이다.28 대통령은 법률이 정하는 바에 의하여 사면, 감형, 복권을 명할 수 있는 은사권 내지 사면권을 행사할 수 있지만 이러한 사면권행사는 법원의 재판의 결과에 변경을 가져오는 것을 의미하므로 그 기준과 요건은 법률에 엄격히 규정할 필요가 있다. 현실적으로 대통령의 사면권이 문제되는 것은 국회의 동의를 얻지 않고 행사하는 특별사면권이다. 국회의 동의를 얻어 행사하는 일반사면은 대통령령으로 정하는 특정한 죄를 범한 모든 사람을 대상으로 하는 것이지만, 특별사면은 대통령의 재량으로 형의 선고를 받은 특정인을 대상으로 그 형의 집행을 면제해 주거나 형의 선고의 효력을 소멸시키는 것이기 때문이다. 특별사면은 검찰총장이 상신신청하고 법무부장관이 상신하여 대통령이 사면장을 교부하는 방식으로 행하며, 법무부장관이 특정인에 대해 사면·복권 등을 상신하려면 법무부에 설치된 사면심사위원회의 심사를 거치도록 하고 있다(사면법 제10조, 제10조의2).

대통령은 국민의 의사에 반하는 특별사면권 행사는 자제하여야 할 것이며, 제도적으로도 사면권행사에 대한 통제를 강화할 필요가 있다. 현행 사면법상 '사면심사위원회'의 구성과 기능에 있어서 정치적 중립성과 독립성이 제고될 수 있도록 그 개선방안을 강구할 필요가 있다고 본다.29 나아가 대통령의 특별사면의 대상에서 제외되는 범죄행위를 규정

---

28 역대 대통령의 특별사면·복권의 사례들을 보면 김영삼 대통령은 1997년 전두환 노태우 비자금 사건에 연루된 이건희(삼성), 김우중(대우), 최원석(동아), 장진호(진로), 김준기(동부) 회장 등 23명을 특별사면하였으며, 김대중 대통령은 2002년 정태수 전 한보그룹회장과 조양호 대한항공 회장, 강정훈 전 조달청장 등 고위공직자 및 기업인 122명을 사면하였다. 노무현 대통령은 2007년 박용성 전 두산그룹회장, 박지원 전 청와대비서실장, 권노갑 전 민주당고문, 김현철씨, 김홍일 전 민주당의원 등 434명을 특별사면하였고, 이명박 대통령은 2008년 정몽구(현대차)· 최태원(SK)· 김승연(한화) 회장 등 34만명을, 2009년에는 이건희 삼성그룹회장을 특별사면하였다. http://www.asiatoday.co.kr/news/view.asp?seq=664535.

29 현행 사면법(2012.2.10 개정)은 사면심사위원회의 구성을 법무부장관을 위원장으로 하는 9인의 위원으로 하고 위원은 법무부장관이 임명하며 위원 중 4인 이상은 공무원이 아닌 자로 구성하도록 규정하고 있다(제10조의2

하여 대통령의 사면권행사를 제한할 필요가 있으며, 향후 헌법의 전면적 개정이 현실화되는 경우 헌법 제79조의 사면권조항을 개정하여 대통령의 특별사면은 '대법원장의 자문을 얻어' 명할 수 있도록 규정하여 대통령의 사면권을 인정하되 사법부의 권한을 침해하지 않도록 제한할 필요가 있다.[30]

3. 의회와 행정부의 관계정립을 위한 과제

(1) 의회주의의 위기 극복을 위한 대통령의 지도력

차기 정부는 국회와의 관계에 있어서 합리적이고 원활한 국정운영을 도모하기 위하여 의회주의가 정상적으로 기능하도록 협력하고 민주적 정당정치를 활성화시키는 데 노력하여야 하는 것이 주요한 과제라 할 수 있다. 현대의 의회제 민주주의는 곧 정당국가적 민주주의를 의미하기 때문에 국민의 불신을 받고 있는 한국의 의회주의의 위기적 상황을 극복하는 길은 후진적인 정당정치의 개혁을 통해 국민의 정치적 의사에 바탕을 둔 올바른 정당제 민주주의를 확립해 나가는 것이 중요하다. 정부와 국회의 권력관계는 곧 국회내에서의 여당과 야당의 관계로 나타나지만 여·야간의 일상적인 극한 대립구도는 한국 의회주의와 정당정치의 실종을 의미할 뿐이다. 국회와 정부간에, 여당과 야당간에 대화와 토론이 없는 경색된 정국은 안정적이고 효율적인 국정운영을 기대할 수 없음은 물론이다. 더욱이 여소야대의 분열정부가 출현하게 되면 이러한 국정의 마비와 교착상태는 심각하게 된다. 본래 대통령제의 단점의 하나가 의회와 행정부가 국민의 별개의 정치적 의사에 의해 따로따로 구성되는 이원적인 민주적 정당성(dual democratic legitimacies)에 기초하기 때문에 대통령 임기동안 양 기관간의 '기간적 경직성'(temporal rigidity)의 문제가 있다는 것이지만,[31] 그러한 문제점을 극복하기 위해서는 우선적으로 대통령의 지도력에 의한 대화와 소통으로 의회와 행정부의 긴장관계를 해소하는 것이 요구된다. 대통령은 헌법상 행정부의 수반의 지위뿐만 아니라 국가원수의 지위 내지 국정의 통합·조정자의 지위를 가지므로 그러한 지위에서 국회의 지도자 및 여야당의 의원들과의 대화와 설득을 통해 긴장관계를 해소시키는 역할을 담당해야 한다. 정부와 국회와의 관계에서 대통령의 지도력 발휘

제2항, 제3항). 사면심사위원회가 법무부장관 소속으로 구성되고 위원 전원을 법무부장관이 임명하는 것은 위원회의 공정하고 중립적인 심사기능을 기대하기 어려운 측면이 있다고 할 것이다.

30 참고로 프랑스의 사면법은 대통령의 사면권을 엄격히 제한하여 부정부패공직자, 선거법위반사범, 테러범, 15세 미만미성년자에 대한 폭행범, 마약밀수사범, 불법낙태사범 등 국가와 사회의 기본가치와 법익을 침해한 범법자에 대해선 사면복권을 원칙적으로 금지하고 있다. 특히 핀란드헌법은 대통령이 사면권을 행사하는 경우 대법원의 자문을 얻도록 규정하고 있는데 이러한 입법례는 우리의 사면권제도에 시사하는 바가 크다. http://www.mediaus.co.kr/news/articleView,html?idxno=29562.

31 Shugart & Carey, op. cit., p.50.

는 헌법상 보장된 대통령의 국회출석발언권(제81조)을 활용하면서 국무총리 국무위원의 국회출석 및 의견진술권 등(제62조 제1항)을 통하여 정부와 국회간의 활발한 대화와 소통을 유지하는 것이 필요하다. 미국의 의회주의가 모범적으로 운용되는 것도 법안이나 의안의 심의를 둘러싼 여야간에 대립과 충돌시 대통령이 국가이익을 우선하는 입장에서 대화와 소통의 리더십을 발휘하여 야당지도자를 설득시키기 위해 노력한다는 데에서 그 이유를 찾을 수 있다.[32] 그렇다면 우리의 대통령도 이제는 달라져야 한다. 대통령은 의회와 정부가 대립할수록 의회에 출석하여 의회지도자들과의 대화를 통해 상대방을 설득하고 그들의 의견을 존중하며 타협하는 자세가 절실히 요청된다.

(2) 의회제도의 개혁과제

그러한 국회와 정부간의 원활한 관계 정립을 위해서는 국회 내에서의 법안심의과정이 의회주의의 원칙에 따라 절차적 정당성이 보장되어야 하는 것이 중요한 과제가 된다. 따라서 종래 우리나라의 입법과정에서의 고질적 병폐인 이른바 '날치기통과'입법은 더 이상 용납되어서는 안 될 것이다. 헌법상의 의회주의원리에 관한 의사공개의 원칙(제49조)과 다수결원리(제50조) 및 그에 근거한 국회법상의 의사절차에 관한 제규정은 철저히 준수되어야 하며 여야간에 토론과 타협이 쉽게 이루어지지 않는 안건에 대하여는 당리당략보다는 국민의 여론을 중시하며 여야간에 서로 인내와 양보를 통해 소수의사를 존중하면서 이성적이고 논리적인 토론에 의한 다수결원칙이 적용되어야 한다. 다수결원칙은 '의견의 대립'을 전제로 하는 것이기 때문에 자유로운 의견개진과 토론이 보장되고 소수당의 권리와 기회균등이 보장될 수 있도록 국회의 안건심의과정에 다양한 의견이 투입되어야 한다.[33]

날치기통과입법과 같은 절차상 하자(瑕疵) 있는 입법의 위헌성 여부에 관한 일련의 권한쟁의심판사건에서 헌법재판소는 그 위법성을 인정하고 있으나, 헌법위반으로 볼 수는 없다고 하여 그 효력을 인정하는 입장을 취하고 있다.[34] 헌법재판소의 이러한 판례의

32 미국의 대통령제는 엄격한 권력분립원리에 기초하고 있지만 대통령은 의회의 입법과정에 상당한 영향력을 행사한다. 헌법상 대통령은 법률안 거부권과 입법권고권, 연방의회 임시회의소집권을 통해 의회의 입법에 관여하며, 특히 대통령의 의회에 대한 교서(message)의 전달에 의해 행해지는 입법권고권행사는 의회입법과정에 실질적으로 관여를 의미한다. 그 밖에 대통령은 의회에 직접 출석함으로써 의회의 지지를 구하고 야당의원들을 설득시키는데 건국초기부터 워싱턴과 애담스 대통령은 의회에 출석하기도 하였으며 프랭클린 루즈벨트 대통령 때부터는 중요한 안건이 있을 때에 대통령의 의회출석이 관행화되었다. 이러한 대통령의 헌법상권한과 정치적 관행에 의한 대통령의 입법에 대한 영향력 때문에 대통령은 헌법상 최고입법자(Chief Legislator)의 지위를 갖는 것으로 간주되고 있다. 상세는 정만희, 미국헌법상의 의회제도, 앞의 책(주9), 288면 이하; 최명·백창재, 현대 미국정치의 이해, 서울대학교 출판부, 2001, 378면 이하.

33 다수결원리가 구현될 수 있는 의회운영의 개혁과제에 관하여는 박재창, 한국의회개혁론, 도서출판 오름, 2004, 238면 이하.

34 헌법재판소는 법안처리과정에서의 날치기통과는 국회법을 위반하여 국회의원들의 법률안심의 표결권을 침해

태도에 대해서는 비판의 여지가 없는 것은 아니지만,[35] 어떻든 날치기통과입법의 위법성이 인정된 이상 국회와 정부는 더 이상 그러한 입법절차상의 문제점이 나타나지 않도록 노력해야 할 것이다. 입법론적으로도 날치기통과 입법에 대해 그 효력 자체를 인정하지 않는 것을 고려해 볼 필요가 있다고 본다.[36] 최근 2012년 5월 25일 개정된 국회법은 안건의 상정시기(제59조)와 심사기간(제85조)을 개선하고, 안건의 신속처리(제85조의2)와 예산안 등의 본회의 자동부의(제85조의3), 무제한 토론의 실시(제106조의2) 등의 규정을 새로 신설하였고, 의장석 또는 위원장석 점거 금지(제148조의2)와 회의장출입의 방해금지(제148조의3) 등을 규정하여 국회 본회의나 상임위원회에서의 법안심의의 저지를 위한 의원들의 몸싸움과 법안의 날치기통과를 막기 위한 입법이 행해졌다.[37] 그러나 그러한 정도의 국회법의 보완과 개선만으로 소기의 목적을 달성할 수 있는지에 관하여는 속단하기 어렵다고 할 것이다.[38] 또한 헌법상 보장된 의원의 면책특권과 불체포특권의 남용을 막고 본래의 제도적 취지에 맞게 행사되도록 국회내의 자율적 통제를 강화할 필요가 있으며, 향후 헌법개정시에는 이 특권에 대한 헌법적 한계를 명시하거나 법률유보를 규정함으로써 특권을 제한하는 것을 검토할 필요가 있다.[39]

하였다고 인정하면서도 법률안가결선포행위의 위헌확인청구에 대해서는 위헌결정을 내리지 않고 적법한 것으로 판단하였다. 즉 "일부 국회의원들의 입법에 관한 권한이 침해되었다는 사실만으로 법률안의 가결선포행위를 무효로 한다면 이는 법률의 소급적 무효로 되어 국법질서의 안정에 위해를 초래하게 된다. 따라서 국회의 입법과 관련하여 국회의원들의 권한이 침해되었다 하더라도 그것이 입법절차에 관한 헌법의 규정을 명백히 위반한 흠에 해당하는 것이 아니라면 그 법률안의 가결선포행위를 무효로 볼 것은 아니다"라고 판시하였다. 헌재 1997. 7. 16. 96헌라2, 판례집9-2, 163. 헌법재판소는 그 후의 날치기통과입법에 대한 권한쟁의심판에서도 같은 논거를 제시하여 그 효력을 인정하고 있다. 헌재 2009. 110. 29. 2009헌라8등; 헌재 2010. 12. 28. 2008헌라7; 헌재 2011. 8. 30. 2009헌라7.

35 이에 관하여는 정만희, 앞의 책(주9), 249-251면.

36 국회의 날치기통과입법의 효력을 부정하는 입법이 현실적으로 가능한가에 관하여는 의문이 제기될 수 있다. 즉 국회법상 입법절차상 하자 있는 법률의 효력을 부정하는 것은 국회의 자율권을 침해하는 것이 아닌가의 문제가 제기될 수 있으나, 국회의 자율권행사도 헌법적 한계가 있으며 우리 헌법의 통치구조의 기본원리로서 의회주의원리를 구체화하는 국회법상의 의사절차에 관한 규정을 위반하는 것은 곧 헌법의 의회주의원리에 반하는 것이 되므로 그러한 날치기통과입법은 자율권의 행사로 정당화되기 어렵다. 또한 의회주의원리는 국민주권원리에 기초한 것으로서 국회의 자율권에 우선하는 상위의 헌법적 가치를 가지는 것이라 할 수 있으므로 이 점에서 날치기통과입법을 무효화하는 법률규정은 가능하다고 본다.

37 이 개정법률에 관한 검토로는 홍완식, '국회선진화법'에 관한 고찰, 헌법학연구 제18권 제4호, 2012, 315면 이하.

38 2012. 5. 25. 개정된 국회법은 '국회선진화법' 내지 '몸싸움방지법'으로 일컫는 것으로 우리 국회의 입법과정의 고질적 문제점이 어느 정도 해결될 것으로 기대되지만, 국회재적 3분이 1 이상의 요구에 의한 무제한 토론의 실시규정(제106조의2)은 사실상 식물국회를 만드는 법이라는 비판적 견해도 있다. 의원이 의장석 또는 위원장석을 점거하거나 본회의장 내지 위원회장 출입을 방해한 때의 징계(제155조)는 공개회의에서의 경고 또는 사과와 30일 이내의 출석정지와 수당 등의 감액, 제명이 있으나 현실적으로 제명의결은 기대하기 어려우므로 공개회의의 사과와 출석정지 등의 징계만으로는 국회내에서의 폭력과 몸싸움을 근절하기는 어렵다고 본다.

39 면책특권과 불체포특권의 개선방향에 관하여는 장영수, 헌법학, 홍문사, 1116면 이하; 김형성·정순원, 국회의원의 면책특권과 불체포특권, 성균관법학 제16권 제2호, 2005, 321면 이하.

의회제도의 개혁은 선거제도의 개혁이 전제되어야 하며, 선거제도 전반에 걸친 개혁과제는 차기 정부에서 본격적으로 논의되고 구체화되어야 할 것이다. 특히 지난 제19대 국회의원선거에 적용된 불합리한 선거구획정의 문제점을 해결하기 위한 선거구획정위원회제도의 개선이 이루어져야 한다. 선거구획정위원회는 그 구성에 있어서 정치적 중립성이 확보되어야 하고 영국이나 독일의 경우처럼 상설기구로 운용되어야 할 것이며, 위원회의 선거구획정안이 국회에 대한 기속력을 확보할 수 있는 방안이 강구되어야 할 것이다.[40] 그 밖에 국회의원정수문제 및 지역구의석수와 비례대표의석수의 재조정 문제 등이 핵심적 개혁과제로 다루어야 할 것이다. 특히 현행 비례대표제의 대안으로 제시되는 권역별 비례대표제와 비례대표의석수 확대는 긍정적으로 검토되어야 할 문제라 할 수 있다. 한국의 지역균열구도의 정당체제의 문제를 극복하기 위해서는 비례대표의석비율을 대폭 확대하고 독일식의 1인2표 연동식을 검토할 수 있다.[41]

(3) 정당제도와 정당정치의 개혁

차기 정부의 정치영역에 있어서의 과제로는 전술한 의회주의 기능의 활성화와 함께 정당제도 및 정당정치의 개혁이 그 중심적 대상이 될 수 있다. 이번 제18대 대통령선거과정에서 드러난 바와 같이 정치개혁과 쇄신은 국민적 열망과 관심사가가 되고 있다. 무소속 후보가 유력한 대통령후보의 한사람으로 부상했던 것도 정당정치의 불신을 대변해 주는 것임에 틀림없다. 우리 헌법은 총강에 정당조항(제8조)을 규정하여 정당설립과 활동의 자유와 복수정당제를 보장하고 정당활동의 헌법적 한계를 명시하고 그 헌법적 한계를 벗어나지 않는 한 정당존립의 특권을 보장하고 있으며, 세계각국에 그 입헌례를 찾아보기 어려운 정당재정에 대한 국고보조를 규정하고 있다. 그러나 정당정치의 현실은 현대의 대의제 민주주의 내지 대중민주주의의 불가결의 요소로서 정당이 국민의 정치적 의사형성에 참여하는 기능을 수행하지 못하고 국민과 국가기관을 매개하는 중개적 권력체로서의 역할을 다하지 못하고 있다. 집권당의 경우 정당을 매개로 입법권과 행정권이 통합됨에 따라 대통령에의 권력집중과 독점의 위험성이 문제되고 있다.

따라서 앞으로의 정부와 제19대 국회의 운용에 있어서는 헌법정신에 합치되는 정당정치의 구현을 위한 제도개혁과 의식개혁이 동시에 이루어져야 하는 것이 주요한 정치적

---

40 선거구획정위원회의 중립성확보와 선거구획정위원회 획정안의 기속력 확보방안에 관하여는 정만희, 선거구획정의 기본문제(주11), 134면 이하.

41 비례대표제의 개선방안에 관하여는 성낙인, 선거제도와 선거운동, 저스티스 제13호, 2012, 18면 이하; 이부하, 비례대표선거제에 있어서 의석배분의 원칙과 방식, 법과 정책연구 제9집 제2호, 2009, 675면 이하; 김만흠, 지역균열의 정당체제와 선거제도 개편, 한국정치연구 제20집 제1호, 2011, 235면 이하.

과제라 할 수 있다. 정당정치 개혁의 주요 과제로는 첫째, 당·정·청 분리의 원칙이 존중되고 실현되어야 하는 것이 요구된다. 대통령은 집권당 소속 당원의 지위를 갖고 있더라도 그 정당에 대한 영향력과 지배권 행사는 자제되어야 하며 정당의 인사에 관여해서는 안 될 것이다. 당정분리는 대통령의 권력독점을 방지하기 위한 중요한 조건이므로 대통령으로 선출된 이후에는 그가 속한 정당으로부터 중립성을 유지하는 것이 필요하며, 여당과 야당을 동등한 입장에서 대하여야 할 것이다.[42] 대통령은 공직선거법상 선거에서의 중립의무를 준수해야 하는 공무원에 포함된다는 것이 헌법재판소에 의해 분명하게 밝혀진 이상 대통령은 공직선거에서의 중립의무는 준수되어야 함은 물론이다.[43] 그 뿐만 아니라 일상적인 국정수행에 있어서도 특정 정파적 이해에 구속되지 않으며 전체 국민의 이익을 위해 봉사하는 국민의 대표기관으로서의 지위를 항시 준수해야 하는 것이 중요하다.

둘째, 정당이 국민의 정치적 의사형성에 참여하는 헌법적 기능을 수행하기 정당의 조직과 내부질서의 민주화, 즉 당내민주주의(intra–party democracy)의 확립이 불가결의 과제이다. 당내민주주의의 실현을 위해서는 정당의사결정의 상향식의 원칙이 적용되어야 하는 것이 핵심이며 특히 정당공천의 민주화가 관건이 된다. 이번 대통령선거과정에서 양당이 채택한 민주경선제는 미국의 개방형 예비선거제(open primary)를 모방한 것으로 헌정사적 의의가 크다고 할 수 있으나, 모바일투표방식에 의한 일반 유권자의 참여 등은 보완되어야 할 필요가 있다고 본다. 미국의 경우 정당의 예비선거제도는 정당 소속 당원들에 의한 폐쇄형 예비선거가 일반적이며 당원자격이 없는 모든 유권자가 참여할 수 있는 완전개방형 예비선거는 위스콘신, 미시간, 미네소타 등 9개주에서 채택되고 있다. 개방형 예비선거는 정당의 정체성과 결사의 자유를 침해하는 문제가 있으며, 반대정당의 당원이 참여하여 약체후보를 선출시킴으로써 본선거에서 패하도록 하는 이른바 '정당공격'(party raiding)으로 이용될 수 있는 폐해가 지적되고 있다.[44] 우리의 정당공천과정에 완전개방형 예비선거의 도입여부는 정당의 자율적 선택의 문제라 할 수도 있으나, 동시에 이는 정당의 의사

---

42 미국의 대통령제를 보더라도 대통령은 한편으로는 자신이 소속된 정당의 지도자이며 자신을 선출해 준 다수유권자의 대변인으로서 전국적인 당조직을 관장하며 자신의 지지자와 정당의 정치적 이익을 확보하려는 당파성을 가질 수밖에 없으나, 다른 한편 대통령은 국가의 원수로서 국민전체의 이익을 위해 행동해야 하며 또한 행정부의 수반으로서 어느 정당의 지지를 받은 법률이건 간에 이를 성실히 집행해야 하는 것이다. 이와 같이 대통령은 상호 모순되는 기능을 동시에 수행해야 하지만 국가가 국내외적 위기에 처할수록 국민은 당파를 초월한 지도력의 결단과 행동을 원하며 대통령도 정당지도자로서의 옷을 벗고 국가원수로서 행동하는 것이 대통령제 운용의 실제이다. 최명/백창재, 앞의 책, 372면.

43 헌재 2004. 5. 14. 2004헌나1.

44 Michael Young, The American Dictionary of Campaigns and Election, 1987, p.128. 미국의 예비선거제도에 관하여는 정만희, 미국정당의 예비선거제도, 앞의 책(주9), 623면 이하; 정만희, 정당의 민주적 공천제의 법리, 공법학연구 제4권 제1호, 2002, 52면 이하; 도회근, 미국의 예비선거제도에서 유권자 참여의 한계, 공법연구 제32집 제4호, 2004, 139면 이하.

결정과정에 있어 당원의 권리를 제한하는 심각한 문제가 제기될 수 있으므로 국민참여경선은 당원의 투표권이 침해되지 않는 범위 내에서 허용되어야 할 것이다.[45]

대통령선거 이외의 국회의원선거와 지방선거에서의 정당공천의 민주화를 위한 제도개선은 시급한 과제라 할 수 있다. 국회의원선거에서의 중앙당의 공천권을 배제하여 상향적으로 지역구의 다원과 유권자의 의사를 반영한 공천이 이루어져야 하며 비례대표제 의원공천의 경우에도 민주경선제가 채택되어야 할 것이다. 지방선거의 경우 적어도 기초의회와 기초자치단체장 선거에서의 정당공천은 폐지되어야 할 것이다. 현실적으로 기초자치단체장의 정당공천은 그 폐해가 심각한 수준에 이르고 있고 현직 기초단체장 대부분이 정당공천을 반대하고 있을 뿐만 아니라 일반국민의 여론조결과도 압도적으로 정당공천반대의 입장을 나타내고 있음을 볼 때 정당공천은 배제되어야 할 것이다. 지방자치의 최소단위인 기초자치단체는 본질적으로 정치중립적인 생활자치를 기반으로 하고 있으므로 정당의 개입을 통한 기초자치단체의 정치화를 막고 비민주적인 정당정치의 폐해를 지방자치영역에까지 확산시키는 것을 방지하기 위해서도 정당공천은 배제되는 것이 타당하다.[46]

셋째, 정당 운영자금에 대한 국고보조제도의 합리적 개선방안이 재검토되어야 한다. 현행 정치자금법에 의하면 매년 각 정당에 지급되는 국고보조금의 계상방법과 국고보조금의 배분 지급방법 등을 규정하고 있으나 국고보조금의 총액은 매년 증가하고 있으며 보조금의 총액도 과다한 것이 아닌가의 의문이 제기될 수 있다.[47] 보조금 배분방식에 있어서도 각 정당의 의석수와 득표율을 기준으로 하기 때문에 대정당에 유리하고 신생정당과 군소정당의 경우에는 보조금을 지급받는 데 있어 매우 불리하다. 본래 정당에 대한 국가재원에 의한 재정지원은 정당의 국가로부터의 자유로운 지위를 침해하는 문제가 있으므로 정당 스스로 조달할 수 있는 운영자금을 기준으로 그 조달액을 초과하지 않는 범위 내에서 국고보조금을 지급하는 것이 타당하다. 정당이 자기조달로 확보할 수 있는 비용보다 훨씬 많은 자금을 국가가 보조하는 것은 정당의 자유로운 지위가 국가권력에 의해 침해되

---

45 당내민주주의와 당원의 권리보호라는 관점에서 국민참여경선제의 문제점에 관하여는 이종수, 정당활동에의 시민참여와 당내민주주의, 공법연구 제41집 제1호, 2012, 43면 이하.

46 정만희, 지방선거와 정당참여에 관한 헌법적 고찰, 공법연구 제33집 제1호, 2004, 25면.

47 우리 헌법의 정당조항은 정당에 대한 국고보조를 명문화(제8조 제3항)함으로써 강한 정당국가적 민주주의를 지향하고 있음을 천명하고 있으나 이러한 헌법조항은 각국에 그 입헌례를 찾기 어려운 것으로서 이는 정당 국고보조의 위헌성시비를 없애기 위한 것으로 해석될 수 있다. 현행 국고보조금제도는 매년 그 총액이 증가하고 있으나 우리의 정당들이 헌법상 요구되는 공적 기능을 제대로 수행하지 못하는 현실에서 선거비용보조를 제외한 정당운영자금에 대한 보조금의 증액은 재고되어야 할 것이다. 국고보조금의 증액은 여야간에 이해가 갈리는 문제가 아니어서 쉽게 타협이 이루어지는 것이므로 이 문제에 대해서는 일반 국민의 여론에 의한 강한 비판기능이 강조될 수밖에 없다. 참고로 2011년 국고보조금 총지급액은 333억원(한나라당 134억원, 민주당 112억원, 자유선진당 22억원, 미래희망연대 20억원, 민주노동당 20억원 등)이었으며, 2010년에는 지방선거보조금을 포함하여 671억원이었고, 2009년에는 309억여원이었다.

는 위험성이 크기 때문이다.[48] 또한 국고보조금의 배분방식과 관련하여 정당의 의석수와 득표율뿐만 아니라 정당조직의 전국적 조직망이나 지역적 분산, 정당소속 의원의 전국적 분포, 정당의 각 시·도당의 진성당원수 등을 기준으로 포함시킴으로써 기성정당의 지역주의를 탈피하도록 하여 전국정당화의 조건을 유도하는 것도 고려해 볼 필요가 있다고 본다.[49]

넷째, 한국의 정당정치개혁의 궁극적 과제는 무엇보다도 우리 사회의 고질적 병폐인 지역주의와 지역균열구도에 바탕을 둔 지역정당성을 극복하여 진정한 전국정당으로 거듭나는 것이다. 정당조직의 전국적 분포를 확보하기 위해서는 전국의 국회의원선거구 중심의 단위조직을 활성화하고 이러한 '지역단위의 상향식 조직'을 통해 전국적 규모의 정치적 의사를 수렴하는 것이 필요하다. 현행의 시·도당 조직만으로 국민의 정치적 의사를 상향적으로 반영하는 것은 어렵기 때문에 이 점에서 종래의 지구당조직을 폐지한 것은 문제가 있다고 본다. 헌법상 정당설립의 자유는 '정당조직의 자유'를 포함하는 것이므로[50] 정당조직의 형태는 정당의 자율적 선택에 맡기는 것이 타당하다.

(4) 국회의원의 겸직허용 제한

차기 정부는 행정부의 구성에 있어서 여당 국회의원을 각료로 겸직시키는 일이 없도록 인사권 행사에 신중을 기해야 할 것이다. 현행 헌법 제43조와 국회법에 의하여 국회의원이 국무총리나 국무위원을 겸할 수 있도록 허용하고 있으나, 의원의 장관직 겸직허용은 대통령의 측근인 국무위원이나 장관이 국회에 진출하여 의원직을 갖게 하거나 여당 의원을 장관에 임명함으로써 국회에 대한 대통령의 영향력을 강화하게 하고 행정부에 대한 국회의 통제기능을 약화시키는 문제가 있다.[51] 권력분립의 원리에 입각해 볼 때 입법부를

48 독일에서는 이미 1960년대부터 정당에 대한 국고보조는 정당의 국가로부터의 자유를 침해한다고 하여 위헌판결(BVerfGE 20, 56ff)을 받고 금지되어 왔으나, 1992년 연방헌법재판소 판결에서는 정당의 선거비용뿐만 아니라 정당활동비용에 대한 국고보조는 허용된다고 하면서, 다만 정당의 국가로부터의 자유원칙을 고려하여 정당활동비용의 부분적 보조만이 허용된다고 판시한 바 있다. 즉 정당의 국고보조의 합헌성기준으로서 '절대적 상한'과 함께 정당의 국가로부터의 자유를 확보하기 위한 '상대적 상한'을 제시하여 국고보조금의 총액은 정당의 노력으로 자기조달할 수 있는 수입총액을 초과할 수 없다고 하였다(BVerfGE 85, 264, NJW 1992, S. 2545f). 그에 따라 연방의회는 1993년 정당법을 개정하여 국고보조의 연간총액을 2억3천마르크라는 절대적 상한으로 설정하고, 각 정당에의 국고보조금은 당해정당이 매년 자기조달할 수 있는 수입총액을 초과할 수 없도록 하였다. 국고보조금의 각 정당에의 배분기준은 정당의 비례대표선거에서 획득한 유효투표 1표당 1마르크(500만표까지는 1표당 1.3마르크)와 각 정당이 매년 당비, 기부 등으로 자기조달한 자금의 50%를 보조할 수 있다고 규정하였다. 이에 관한 상세한 내용은 한국법제연구원, 주요국가의 정치자금법제, 1997, 119면 이하

49 정만희, 정당법상 정당의 자유제한의 문제점, 동아법학 제54호, 2012, 138−139면.

50 헌재 2004. 12. 16. 2004헌마456, 판례집 16−2(하), 618, 625면.

51 미국연방헌법을 보면 제1조 제6항 제2절에 연방의회의원의 임기중 모든 공직에의 임명을 금지하고 있는 바와 같이 의원의 각료겸직은 엄격한 권력분립을 전제로 하는 대통령제 정부형태의 본질적 원리에 반하는 것이 된

구성하는 국회의원은 대통령과 마찬가지로 국민의 대표자의 지위를 가지는데 국회의원이 행정각부의 장을 겸하게 되면 국회의원이 대통령에 종속되는 것이 되며 이는 대통령의 국회에 대한 우월적 지위를 강화하는데 일조하게 된다.[52]

현행 국회법은 의원의 각료겸직뿐만 아니라 변호사, 공인회계사, 대학교수 등의 겸직을 허용하고 있는데, 이러한 전문직의 겸직허용은 국가이익을 우선으로 하여 국회의원의 직무를 양심에 따라 성실히 수행하는 것을 기대하기 어렵다고 할 수 있으므로 국회법개정을 통해 겸직금지의 범위를 더욱 확대할 필요가 있다.[53] 헌법 제46조 제1항은 국회의원의 청렴의 의무를 규정하고 있으며, 제2항에서는 "국회의원은 국가이익을 우선하여 양심에 따라 직무를 행한다"고 규정하고 있으므로 이러한 의원의 헌법상 의무를 성실하게 수행하기 위해서는 의원의 겸직금지를 원칙적으로 규정할 필요가 있으며, 의원의 겸직을 허용하는 경우에도 최소한의 범위로 한정할 필요가 있다.

(5) '여소야대'의 분열정부 출현에의 대응

국회와의 관계에서 차기 정부의 국정운영방법에 있어서의 과제로는 '여소야대'의 분열정부 내지 분점정부(divided government)가 출현하는 경우의 대응방법에 관한 것이다. 이번 제18대 대통령선거 결과 여당이 재집권에 성공함으로써 여소야대는 피할 수 있게 되었지만 2016년 제20대 국회의원선거에서는 여소야대로 바뀔 가능성도 있다.

우리나라에서 분열정부의 출현은 1987년 직선제개헌에 의한 대통령선거에서 노태우 대통령이 당선된 이후 실시된 1988년 제13대 국회의원선거 결과 헌정사상 최초로 나타났으며 그후 분열정부는 거의 모든 대통령 임기 중에 한차례 이상 반복적으로 출현하였다. 이처럼 한국의 87년 헌법체제하의 민주화의 전개과정에서 여소야대에 의한 분열정부의 빈번한 출현은 더 이상 분열정부가 예외가 아니라 일상적이고 보편적인 현상으로 자리잡게 되었음을 의미한다. 이러한 분열정부현상에 대해서 정치권과 학계는 부정적 태도를 취해온 것이 지배적 입장이라고 할 수 있다. 즉 대통령 소속 정당이 국회의 소수당이 되는 분열정부의 빈번한 출현은 대화와 설득을 통한 타협을 이루어 내는 정치문화가 정착되지 못한 상황에서 국회와 행정부간의 대립과 갈등이 심화되고 국정운영의 교착상태가 장기간 지속되는 문제가 있으며, 국회가 행정부와 균형을 취하기보다는 대통령과 행정부에 대한 비생산적인 견제만 과도하게 행하게 되어 결국 대통령의 '통치력 약화'가 문제된다는

다. 프랑스 제5공화국헌법의 이원정부제는 의원내각제원리를 기반으로 하면서 대통령제요소가 혼합된 정부형태이지만 이 헌법도 의원의 각료겸직금지를 규정하고 있다(제25조).

52 정종섭, 한국헌법상 대통령제의 과제, 헌법학연구 제5집 제1호, 1999, 30면.

53 정만희, 현행헌법상 정부형태의 의원내각제적 요소에 대한 검토(주19), 65면.

것이다.[54]

그러나 분열정부현상에 대한 부정적 평가는 국정운영의 안정성과 효율성의 관점에서 그 분열정부현상을 피상적이고 편향적으로 파악하는 입장이라고 할 수 있다. 분열정부의 출현으로 수반되는 부정적 측면을 전혀 부정할 수는 없으나, 그 분열정부의 상황에서 이루어지는 의회의 강력한 행정통제의 순기능을 간과해서는 안 될 것이다.[55] 분열정부가 일상적으로 출현하는 미국의 경우를 보면 분열정부라고 해서 항상 의회와 정부간의 대립적 긴장관계나 정국의 교착상태가 나타나는 것은 아니며, 의원들은 소속정당의 기율에 엄격히 기속되지 않고 자유로운 입장에서 교차투표(cross−voting)가 보장되기 때문에 국가이익을 우선한 정책적 판단에 따라 여야간에 협력관계가 이루어지고 있다. 즉 분열정부현상으로 정부의 기능이 마비되고 무능력과 비효율이 항시 초래되는 것은 아니며 대통령의 통치력이 유지되고 성공적인 정책산출이 순조롭게 이루어지는 경우도 얼마든지 찾아볼 수 있다.[56]

우리나라의 경우에도 앞으로의 헌정운용에 있어서 선거결과에 따른 분열정부의 출현에 대해서 정부와 여당은 그것을 일상적인 현상으로 받아들이는 자세가 필요하다. 여당은 기본적으로 의회주의정신에 입각하여 이성적 토론과 타협, 양보와 설득을 통한 합의를 도출해내는 것이 중요하며, 의회의 다수파인 야당을 존중하는 자세가 중요하다. 그리고 여당과 야당 의원들은 정파를 초월하여 국가이익을 우선하는 입장에서 양심에 따라 직무를 수행한다는 헌법적 의무를 준수하는 것이 전제되어야 한다. 의원의 헌법상 지위에 있어서 정당대표자의 지위보다는 국민의 대표자로서의 지위가 우선되어야 하며 의회주의의 구성요소로서 자유위임의 원칙이 형해화되어서는 안 된다.[57]

4. 헌법개정논의의 공론화와 헌법개정의 현실화

(1) 헌법개정의 필요성과 실현가능성 여부

헌법개정의 논의에 있어서 개헌을 현실적으로 실현하기 위해서는 무엇보다도 국민의

---

54 강원택, 한국 대통령제의 문제점과 제도적 대안에 대한 검토, 진영재 편, 한국권력구조의 이해, 나남출판, 2004, 333면; 정진민, 한국 대통령제의 문제점과 극복방안, 진영재 편, 앞의 책, 226면.

55 이 점에 관하여는 오승용, 한국분점정부의 입법과정 분석, 한국정치학회보 제38집 제1호, 181면; 정만희, 대통령제에 있어서 분열정부의 헌법문제(주13), 409면.

56 미국에서의 분열정부(divided government)에 대항 긍정적 평가로는 Arthur M. Schlesinger, Jr., Leave The Constitution Alone, in Donald L. Robinson ed., Reforming American Government, 1985, p.54; David R. Mayhew, Divided We Govern− Party Control, Lawmaking, and Investigations, 1946−2002, 2nd ed., 2005, p.76ff.

57 현행 국회법은 자유위임의 원칙에 입각한 자유투표의 원칙을 규정(제114조의2)하고 있지만 현실적으로 자유투표와 교차투표가 행해지는 정도는 극히 낮은 것이 현실이므로 이러한 정당에 기속되는 의원의 원내활동의 한계는 당내민주주의의 실현으로 극복해 나가야 하는 것이 중요하다.

다수가 개헌을 바라고 지지한다는 국민적 공감대가 형성되었는지가 결정적인 조건이라 할 수 있다. 한국헌정사에 있어서 9차에 걸친 빈번한 헌법개정은 주권자인 국민의 합의에 의해 민주적으로 행해진 것은 두 차례에 불과하였고, 그것도 1960년 4.19혁명과 1987년의 민주화시민항쟁이라는 역사적 변혁의 과정에서 개헌이 이루어진 것이었음은 주지의 사실이다.[58] 그 밖의 개헌은 권위주의시대의 집권자의 권력욕에 의한 정치적 도구로써 남용해 온 것이 대부분이었으며, 국민의 의사와 관계없이 쿠데타나 정변에 의해 등장한 새로운 정치실력자들에 의해 개헌이 단행된 것이었다.

1987년 헌법의 채택 이후 한국사회의 민주화의 전개와 그 정착적 발전단계에서 더 이상 개헌은 집권자의 정치적 욕구를 충족시키는 수단으로 이용되기 어렵다는 것은 부정할 수 없다고 본다. 따라서 우리 사회에서 앞으로의 개헌문제에 관한 논의는 정치권에서의 정치집단간의 이해관계에 따른 정치논리로는 그 공론화를 기대하기 어렵다. 그리고 현행 정부형태의 문제점이 그 제도 자체의 문제점과 결함보다는 그 운용상의 문제점이 더 심각하다고 할 수 있으며 정부형태와 결합된 정당체계와 정당정치의 현실에 문제가 있다고 보는 입장에서는 현행헌법의 통치구조와 정부형태가 헌법개정을 불가피하게 요구할 정도로 심각한 문제가 있다고 보지 않는다는 견해도 있다.[59]

따라서 앞으로의 개헌문제의 현실화는 국민들의 헌법생활 속에서 헌법의 운용을 경험하면서 국민 스스로가 현행 헌법규범의 개정필요성에 대한 국민적 공감대 형성이 전제되어야만 비로소 가능하다고 할 것이다. 그렇게 볼 때 87년 헌법체제가 이십여 년간 운용되어온 과정 속에서 단임제의 시대정신은 그 임무를 다했다고 판단하는 것이 중론이라 해도 과언이 아니다. 단임제 대통령제를 경험하면서 국민들은 세계 각국의 대통령제에서도 불과 몇 개국에서만 채택하고 있는 단임제의 문제점을 인식하게 되었고, 그 대안으로 4년 중임제를 선호하는 여론이 확산되고 있다고 할 수 있다.[60] 이미 10여년 전부터 정부형

---

58 1987년 헌법에 대해서는 그것이 대통령 직선제에 관한 국민적 합의에 의해 이루어진 민주적 개헌으로 간주되고 있으나, 그 개헌의 과정을 보면 당시 민주화 시민항쟁의 주체인 시민의 의사가 제대로 반영되지 못했고 개헌주도세력인 여야의 소수 정치인들의 협상에 의해 개헌안이 결정되고 국민은 단지 국민투표절차에서 찬반만을 표시하는 고무인(rubber stamp)의 역할만 했기 때문이라는 점에서 '미완의 민주헌법'이라고 평가하는 견해도 설득력이 있다. 1987년 헌법체제의 문제점에 관하여는 김선택, 헌법개정과 국민참여, 한국공법학회학술대회 발표논문, 2012. 10, 121면 이하.

59 정만희, 정부형태에 관한 헌법개정의 방향, 헌법학연구 제14권 제4호, 2008, 273면.

60 대통령 4년 중임제의 장점으로는 첫째, 대통령의 정치적 책임성을 높이는 효과가 있으며, 둘째, 정책의 연속성과 일관성을 유지할 수 있고, 셋째, 정당정치의 안정성을 기대할 수 있다는 점들을 들 수 있다. 그러나 4년 중임제에 대하여는 대통령이 다음 선거에서 승리하기 위하여 첫 번째 임기 동안 대중의 인기에만 연연하게 되고, 중임제 하에서는 현직 대통령이 재선되는데 유리한 이점이 있기 때문에 무능력한 대통령도 8년이나 집권할 수 있다는 부정적 시각도 있으나, 중임제가 현직 대통령에 유리하다고 하더라도 재선과정은 대통령에 대한 국민의 정치적 심판기회를 의미하기 때문에 중임제가 어떠한 대통령에 대해서도 자동적으로 두 번째 임기를

태 개헌논의가 제기되고 대선공약으로 중임제 개헌이 제시되는 것도 이러한 국민적 의사가 반영된 결과라고 볼 수 있다. 이 점에서 현행 대통령 5년 단임제의 개편 내지 변경을 내용으로 하는 개헌의 공론화는 상당히 성숙되어 있다고 할 수 있다. 따라서 차기 정부에서는 선거과정에서의 국민에 대한 개헌공약에 따라 그 개헌대상을 중임제도입에 한정하여 대통령의 임기 중반 이전에 개헌절차를 진행할 수 있다고 본다.

(2) 헌법개정의 범위와 방법

차기정부에서 4년중임제 개헌이 현실화된다고 하더라도 현행의 국무총리제를 그대로 유지할 것인가 아니면 미국형 부통령제를 채택할 것인가에 관하여는 견해가 나뉠 수 있으며, 대통령제의 골격을 유지하면서 프랑스형 이원정부제와 같은 권력분점형 정부형태로의 개헌을 주장하는 또 다른 견해가 있을 수 있다. 전술한 바와 같이 현행의 대통령제를 유지하면서 5년 단임제를 4년중임제로 변경하는 것은 이른바 '원 포인트' 개헌에 해당하는 것으로 비교적 쉽게 공론화가 이루어지고 개헌절차를 밟을 수 있을 것이다. 그러나 현행 정부형태를 프랑스형의 이원정부제로 변경하는 개헌문제는 국민적 합의를 모으는 공론화과정이 더 필요하다고 본다.

따라서 앞으로의 개헌논의는 부분적이고 점진적이며 단계적인 개헌방법을 채택하는 것이 바람직하다고 생각한다. 헌법의 통치구조 전반에 걸친 광범위한 개헌이나 헌법총강과 기본권까지 포함하는 전면적 개헌은 장기적 연구검토가 필요한 과제이지만 헌법의 특정 조항이나 제도에 관한 원 포인트 개헌은 비교적 용이하게 국민적 합의를 도출하여 개헌작업을 현실화시킬 수 있다. 그러므로 차기정부에서는 제1단계 개헌으로, 4년 중임제 개헌만을 목표로 하여 전국적 공론화과정을 거쳐 개헌이 이루어지도록 하는 것이 바람직하다. 다만 대통령 4년 임기제로 가는 경우 국회의원선거와 대통령선거의 주기를 일치시키기 위한 대통령의 임기단축에 관한 합의는 쉽게 이루어지기 어려우므로 그 점에 관한 정치권의 합의를 기대하기 어렵다면 지금처럼 선거주기가 일치되지 않는 형태로 가되 국회의원선거가 대통령임기의 중간에 실시되는 선거주기 조정을 검토해 볼 필요가 있다.[61]

보장하는 것은 아니다. 이준한, 개헌과 민주주의- 한국적 정치제도의 비교연구, 한울아카데미, 2007, 75-79면.

61 선거주기가 일치되는 동시선거는 선거횟수를 줄임으로써 선거비용을 절감하고, 여대야소의 통합정부가 출현할 가능성이 있고, 선거의 투표율을 높일 수 있다고 보는 것이 일반적 견해라 할 수 있다. 그러나 동시선거라고 해서 대통령선출을 위한 투표에서의 유권자의 의사가 국회의원선거에서의 의사와 항상 일치하는 것은 아니며 의식적인 분할투표(split voting)의 성향도 나타나는 것이므로 동시선거에 의한 통합정부의 출현은 크게 기대하기 어렵다. 미국의 경우 대통령과 연방의회의 동시선거를 채택하고 있지만 선거결과 분열정부가 출현하는 것은 일반적인 현상이다. 정만희, 대통령제에 있어서 분열정부의 헌법문제(주13), 396면 이하; 이준한, 앞의 책, 79면 이하.

제2단계 개헌은 통치구조 전반에 걸쳐 지금까지 전개되어온 개헌논의를 대상으로 하면서 기본권조항도 포함하여 보다 광범위한 개헌을 추진하는 것이다. 이러한 개헌을 실현하기 위해서는 차기정부에서부터 초당파적이고 범국민적인 개헌논의기구를 결성하여 중장기적인 연구와 검토와 전국적 공청회 절차 등을 통하여 국민적 공감대를 형성해 나가는 과정이 필요하다고 본다. 제2단계의 개헌논의과정서는 통치구조의 개헌문제뿐만 아니라 정치제도 전반의 개혁과제에 관한 전반적인 연구검토가 동시에 이루어지는 것이 바람직하다. 제3단계 개헌은 장기적인 안목에서 미래의 통일한국을 대비한 통일헌법초안을 마련하는 것이다. 통일헌법의 연구는 거시적이고 미래지향적인 관점에서 중립적이고 초당파적인 기구를 통해 장기적 과제로 진행되어야 하며 그 과정에 국민참여의 기회가 현실적으로 보장되어야 할 것이다.

(3) 헌법개정조항의 개정필요성

앞으로의 헌법개정의 논의에 있어서는 그 개정의 내용과 대상에 관한 논의에만 초점을 맞출 것이 아니라 헌법개정절차에 관한 헌법조항의 개정문제도 검토해 볼 필요가 있다고 본다. 현행헌법의 헌법개정조항 하에서 헌법개정은 현실적으로 결코 용이하지 않다는 것이 문제점으로 지적될 수 있다. 개헌안이 국회 제적 과반수의 찬성 또는 대통령에 의해 발의 되더라도 국회 재적 3분의 2 이상의 찬성을 요구하는 특별정족수는 과거의 독재체제나 권위주의 시대와는 달리, 오늘날의 정치적 민주화시대에 있어서는 여당의 독주가 사실상 불가능한 상황에서 여·야간의 협상과 타협이 전제되어야 하는 헌법개정은 매우 어려운 문제임에 틀림없다.[62] 우리의 헌법개정절차는 과거의 암울했던 헌정사가 말해주는 빈번한 개헌의 역사에 대한 반성으로 철저한 경성헌법주의를 고수함으로써 헌법의 안정성을 추구하고 있다는 점은 긍정적으로 평가할 수 있으나, 21세기 급속한 시대의 변화에 따른 새로운 헌법적 가치와 사회적 욕구를 적시성 있게 반영할 수 있는 헌법의 탄력적 현실적응성을 확보하기 어렵다는 점이 부정적 요소로 지적될 수 있다.[63]

현행헌법은 또한 대통령과 국회만을 헌법개정발의권의 주체로 규정하고 있어서 국민이 직접 헌법개정안을 발의할 수 없으므로 헌법개정에 관하여 국민의 의사를 적극적으로 형성하기 어렵다는 문제가 있다. 국민은 일정 수의 유권자의 찬성으로 헌법개정안을 발의할 수 없기 때문에 헌법개정문제에 소극적일 수밖에 없으며 정치권의 개헌논의에 수동적으로 따라가게 되는 현실은 개헌논의의 공론화의 한계를 의미한다.[64] 대통령이 헌법개정

62 오호택, 우리 헌법개정절차의 문제점, 안암법학 제2집, 1994, 185면, 200면.

63 정만희, 헌법개정조항의 개정필요성에 관한 검토, 공법연구 제39집 제2호, 2010, 411면.

64 생각건대 헌법개정권력은 헌법제정권자인 국민의 의사에 따라 부여되고 구체화되는 것으로서 헌법개정권력의

발의권을 행사하는 것도 대통령의 우월적 지위를 강화하는 것으로 문제될 수 있다. 대통령도 국민의 대표자이지만 1인의 독임기관인 대통령이 합의제기관으로서 강력한 민주적 정당성을 가진 국회와 동일한 비중의 권한을 행사하는 것은 문제가 있다고 본다.[65]

그리고 국회에서 의결된 헌법개정안에 대한 필수적 국민투표절차도 재검토가 필요하다고 본다. 헌법개정절차로서의 국민투표제는 이론적으로는 국민주권사상에 충실하기 위한 것이지만 실제로 국민투표절차가 개헌에 관한 국민의 의사를 제대로 반영할 수 있는지에 관하여는 의문이 없지 않다. 뿐만 아니라 모든 헌법개정사항에 대하여 필수적으로 국민투표를 요구하는 제도는 현실적으로 헌법개정의 필요성이 제기되더라도 그 실현가능성을 어렵게 한다고 할 수 있다. 그 밖에도 현대 민주정치에 있어서 유권자의 정치적 무관심과 선거과정에의 저조한 투표율 등의 정치기피현상은 국민투표절차에 있어서도 예외가 아니라고 할 때 국민투표에 의한 헌법개정절차는 재검토할 필요가 있다고 생각한다.[66]

헌법개정안 발의단계에서는 사전에 충분한 국민적 논의와 토론을 통해 개헌에 관한 국민의 의사와 여론을 확인하고 수렴하는 것이 필요하고, 헌법개정안이 발의된 경우에도 충분한 시간을 가지고 개헌안의 내용에 대한 전국적 규모의 공청회와 토론회 등을 통해 국민의 여론을 묻는 기회를 가져야 한다. 헌법개정안에 대한 공론화과정은 개정안이 국회나 대통령에 의해 발의되기 전의 단계인 헌법개정안의 형성과정에서의 국민의 다양한 의사를 수렴하는 공론화가 중요하다.[67] 개헌안이 확정되어 국회의 의결을 거치기 이전에 국민의 소수의견을 비롯한 다양한 의사를 수렴하고 존중하는 것이 요구된다. 국회의결 후 국민투표절차에 있어서도 유권자의 개헌안에 대한 찬반토론의 기회가 보장될 수 있어야 한다. 요컨대 앞으로의 헌법개정의 문제는 주권자인 국민의 실질적인 참여가 보장될 수 있는 제도적 보완을 위한 입법론적 검토가 근본적으로 필요하다.[68]

헌법개정조항의 개정방안으로는 다음과 같은 점들을 검토할 수 있다. 첫째, 헌법개정의 발의권자에 관하여 대통령과 국회로 한정하고 있는 현행 제도를 수정하여 국민발의를

행사를 대통령과 국회에 위임할 수 있지만, 국민이 헌법개정권자로서 직접 헌법개정의 발의단계에서부터 참여할 수 있는 것이며, 직접민주주의를 제한적으로 도입하고 있는 우리의 정치과정에 있어서 헌법개정에 국민발안을 인정하는 것은 국민주권원리의 실질화를 위해 바람직하다고 생각한다. 더욱이 국민에게 헌법개정발의권을 인정하게 되면 개헌논의가 활성화되어 국민적 공감대형성에 기초한 헌법개정을 기대할 수 있게 된다. 정만희, 앞의 논문(주66), 412면.

65 정종섭, 앞의 책, 97면.

66 국민투표절차의 문제점에 대한 개혁방안으로 헌법개정절차에서 국민투표제를 폐지하자는 주장으로는 오호택, 헌법개정의 절차와 헌법개정의 가능성, 헌법학연구 제13권 제1호, 2007, 503-505면.

67 김선화, 헌법개정의 절차적 방법론, 헌법학연구 제제16권 제2호, 2010, 265면 이하.

68 이 점에서 헌법개정절차법의 제정을 검토할 필요가 있다는 주장은 의미가 있다. 김선택, 앞의 논문, 135면 이하.

인정할 필요가 있다.[69] 국회가 국민의 의사를 반영하여 개헌안을 제안할 수 있지만 개헌에 관한 정당간의 이해가 대립하게 되면 국회내에서의 여야합의가 쉽지 않게 된다. 그리고 대통령의 개헌안 발의권은 폐지하는 것을 검토할 필요가 있다. 필자는 앞으로의 헌법개정조항의 개정에 관하여 제3공화국헌법의 헌법개정조항을 모델로 삼는 것이 바람직하다고 생각한다.[70]

둘째, 현행의 필수적 국민투표절차를 재검토하여 급변하는 시대적 상황에 실효적으로 대처하기 위한 헌법개정절차를 마련할 필요가 있다. 우선 헌법개정의 대상 중에서 중요도가 높은 핵심적 사항과 그렇지 않은 사항을 구분하여 전자의 경우에는 국민투표절차를 거치도록 하고 후자의 경우에는 국민투표절차를 거치지 않고 국회의 가중다수 의결로 확정하는 '헌법개정절차의 2원화'를 생각할 수 있다.[71]

셋째, 헌법개정사항을 그 중요도를 기준으로 국민투표에의 회부 여부를 결정하는 것은 현실적으로 매우 어려운 문제라 하지 않을 수 없으므로, 그 대안으로 모든 헌법개정사항을 국민투표에 붙이도록 하되, 국민투표에 의한 확정 요건을 완화하여 유권자의 투표율은 그 요건에서 제외하고 '투표자의 과반수의 찬성'만으로 확정하도록 하는 방안을 생각할 수 있다. 헌법개정의 곤란성을 완화하기 위하여 국민투표절차를 전면적으로 폐지하는 방안은 헌법개정의 한계를 벗어난 것으로 채택되기 어렵다고 본다.[72]

---

69 한국 헌법사에 있어서도 국민발의에 의한 헌법개정을 인정한 입헌례를 볼 수 있다. 1954년의 제2차 개헌으로 유권자 50만명의 찬성으로 헌법개정을 발의할 수 있도록 하였으며, 1962년 제3공화국헌법에서도 유권자의 헌법개정발의권을 유지하였으나 1972년 헌법부터 이를 폐지하였다. 외국의 경우 헌법개정에 국민발의를 인정하는 대표적인 국가는 스위스를 들 수 있다. 스위스헌법은 의회뿐만 아니라 투표권자 10만인 이상의 찬성으로 헌법개정을 발의할 수 있도록 규정하고 있다(제120조, 제121조). 이탈리아는 헌법개정이 의회에서 의결된 후 3개월 이내에 유권자 50만명의 요구 또는 의회의원 5분의 1 이상이나 5개주 의회의 요구가 있으면 국민투표에 붙여야 한다고 규정하고 있다(제138조 제2항). 즉 이탈리아는 일반국민의 헌법개정발의는 인정하지 않으나, 의회에서 발의하고 의결된 개헌안에 대해 유권자 50만명의 요구로 국민투표에 붙일 수 있도록 한 것이 특징이다.

70 같은 취지로는 대화문화아카데미, 발표자료집 '새로운 헌법, 무엇을 담았나', 2010.7. 49면.

71 정만희, 헌법개정조항의 개정필요성에 관한 검토(주66), 403면, 417면.

72 헌법개정의 한계와 관련하여 헌법개정조항을 '본질적 부분'과 '비본질적 부분'으로 구분하여 본질적 부분은 개정대상에서 제외된다는 견해에 의하면 국민투표절차 자체를 폐지하는 것은 본질적 부분의 변경이므로 허용되기 어렵다. 종래의 헌법개정의 한계에 관한 통설적 견해로서, 연성헌법을 경성헌법으로 개정하는 것은 인정되지만 경성헌법을 연성헌법으로 개정하는 것은 허용될 수 없다는 입장에서도 국민투표절차를 폐지하는 개정은 인정될 수 없다. 생각건대 헌법개정조항은 헌법제정자의 헌법수호의 의지를 반영한 것이므로 최대한 존중되어야 하지만 그 조항도 시대적 변화와 현실적응성의 요청에 따라 개정될 수 있으며, 필자가 제시하는 방안은 헌법개정조항의 본질적 부분을 전면적으로 변경하는 것이 아니므로 헌법개정의 한계를 벗어나는 것은 아니라고 할 수 있다. 헌법개정조항의 개정에 관한 전자의 견해로는 계희열, 앞의 책, 122면; 정종섭, 헌법학원론, 법문사, 2010, 103면; 정만희, 앞의 논문(주66). 403면. 후자의 견해로는 권영성, 헌법학원론, 법문사, 2010, 56면; 김철수, 앞의 책, 50면.

Ⅳ. 맺음말

이상에서 차기 정부의 헌법적 과제를 행정부 구성에 있어서의 과제와 대통령의 헌법상 권한 행사와 대통령과 국회간의 권력관계에서의 과제 및 헌법개정논의의 공론화 과제라는 세 개의 영역에 한정하여 검토해 보았으나, 그 한정된 연구범위 자체도 상당히 많은 내용과 쟁점을 내포하고 있기 때문에 심도 있는 연구가 될 수 없었음을 실토하지 않을 수 없다. 그러나 차기 정부의 헌법적 과제를 정치영역에 한정한다고 하더라도 그 논제 자체가 매우 포괄적인 내용을 담을 수밖에 없고 다양한 관점에서의 어프로치가 가능한 것이므로 많은 논점들을 열거적으로 기술할 수밖에 없었다. 오히려 연구검토의 범위에 비하여 기본적으로 다루어야 할 헌법적 논점들이 생략되고 누락된 것이 아닌가의 지적이 있을 수 있다고 본다.

본고에서 강조한 차기정부의 헌법적 과제를 정리하면 다음과 같이 요약할 수 있다. 첫째, 행정부의 구성에 있어 대통령은 헌법의 수호자로서 그 구성에 관한 헌법규정들을 존중하고 준수하여야 하므로 국무총리와 국무위원의 임명절차에 관한 헌법규정에 따라 대통령의 권한을 행사함으로써 통치구조의 절차적 정당성이 확보되도록 노력해야 한다. 국무총리임명에서 국회의 사전동의절차는 존중되어야 하며 국무총리의 국무위원임명제청권은 형식적 의미로 이해되어서는 안 되고 기관내 통제기능을 수행하는 실질적 의미로 해석되어야 한다.

둘째, 대통령의 헌법상 권한행사에 있어서 현행헌법의 의원내각제적 요소인 국무총리제와 국무회의제, 부서제도 등의 기관내 통제기능을 존중하고 대통령의 광범위한 권한 중 일정한 부분을 국무총리에 위임하는 헌법적 관행을 형성해 나감으로써 제왕적 대통령제에 대한 우려를 불식시킬 필요가 있다. 대통령은 인사권과 사면권의 남용을 억제해야 하며 국민의 의사에 합치되는 인사권과 사면권이 행사되어야 한다. 대통령의 사면권 통제를 위한 현행 사면법상 사면심사위원회 구성의 중립성이 제고되어야 하고, 특히 특별사면의 경우 사면대상의 범위를 한정하는 방안 등을 검토할 필요가 있다.

셋째, 대통령은 국회와의 관계에서 의회주의의 복원과 활성화를 위해 국가원수와 국정의 통합조정자의 지위에서 지도력을 발휘해야 하며, 차기 정부는 의회제도와 정당정치의 개혁과제를 추진하기 위해 적극적으로 제도개혁을 주도해야 한다. 국회운영에 있어 더 이상 '날치기통과 입법'이 허용될 수 없도록 제도적 보완을 강화하고, 선거구획정위원회제도와 비례대표제의 개혁 등이 적극 추진되어야 한다. 정당개혁을 위한 당내민주의의 실현, 지역정당성의 극복, 정당의 국고보조금제도의 합리적 개선 등이 이루어져야 한다.

넷째, 차기 정부는 지난 10여년 간 전개되어온 헌법개정논의를 일단락 짓는 개헌작업을 추진해야 하는 과업을 실천해야 할 것이다. 개헌의 범위와 방법에 관해서는 부분적이며 점진적·단계적 개헌방법을 제시할 수 있다. 우선적으로 대통령 '4년 중임제'로의 개헌을 추진하고 단계적으로 개헌대상을 확대해 나가도록 하며, 앞으로의 시대변화에 탄력적으로 대처할 수 있는 헌법개정조항의 개정문제에 대해서도 공론화할 필요가 있다.

끝으로 차기정부는 무엇보다도 입헌주의와 법치국가원리를 준수하는 '법치와 준법의 상징적 존재'로서 모든 국정을 운용해야 하며, 국민주권의 이념에 입각한 진정한 민주주의의 실현을 위해 국민을 주인을 받드는 '섬기는 리더십'을 발휘해야 할 것이다.

<참고문헌>

강경근, 헌법학, 법문사, 1998.

강원택, 한국 대통령제의 문제점과 제도적 대안에 대한 검토, 진영재 편, 한국권력구조의 이해, 나남출판, 2004.

계희열, 헌법학(상), 박영사, 2005.

권영설, 헌법이론과 헌법담론, 법문사, 2006.

권영설, 정부교체와 개혁의 몇 가지 헌법문제, 공법연구 제22집 제3호, 1993.

권영성, 헌법학원론, 법문사, 2010.

김만흠, 지역균열의 정당체제와 선거제도 개편, 한국정치연구 제20집 제1호, 2011.

김석준, 현대 대통령연구1, 대영문화사, 2002.

김선택, 헌법개정과 국민참여, 한국공법학회학술대회 발표논문, 2012. 10.

김선화, 헌법개정의 절차적 방법론, 헌법학연구 제16권 제2호, 2010.

김성배, 4대강 정비사업과 하천법관련 공법적 쟁점, 토지법학 제26-1호, 2010.

김재광, 4대강사업설치절차의 법적 문제, 공법연구 제39집 제3호, 2011.

김종철, 대통령 4년 연임제 '원 포인트' 개헌론에 대한 비판적 검토, 헌법학연구 제13권 제1호, 2007.

김철수, 헌법학개론, 박영사, 2007.

김형성·정순원, 국회의원의 면책특권과 불체포특권, 성균관법학 제16권 제2호, 2005.

대화문화아카데미, 발표자료집 '새로운 헌법, 무엇을 담았나', 2010. 7.

명재진, 국무총리제의 합리적 운용의 한계와 개헌필요성, 헌법학연구 제13권 제1호, 2007.

박재창, 한국의회개혁론, 도서출판 오름, 2004.

박찬욱, 한국통치구조의 변동에 관한 논의: 대통령제의 정상적인 작동을 위하여, 한국정치연구 제13집 제1호, 2004.

성낙인, 헌법학, 법문사, 2012.

성낙인, 선거제도와 선거운동, 저스티스 제13호, 2012.

양건, 헌법강의, 법문사, 2011.

오호택, 우리 헌법개정절차의 문제점, 안암법학 제2집, 1994.

오호택, 헌법개정의 절차와 헌법개정의 가능성, 헌법학연구 제13권 제1호, 2007.

이부하, 비례대표선거제에 있어서 의석배분의 원칙과 방식, 법과 정책연구 제9집 제2호, 2009.

이종수, 정당활동에의 시민참여와 당내민주주의, 공법연구 제41집 제1호, 2012.

이준한, 개헌과 민주주의-한국적 정치제도의 비교연구, 한울아카데미, 2007.

장영수, 헌법학, 홍문사, 2007.

장훈, 20년의 실험－한국 정치개혁의 이론과 역사, 나남, 2010.
정만희, 헌법과 통치구조, 법문사, 2003.
정만희, 대통령제에 있어서 분열정부(divided government)의 헌법문제, 헌법학연구 제14권 제2호, 2008.
정만희, 현행헌법상 정부형태의 의원내각제적 요소에 대한 검토, 동아법학 제44호, 2009.
정만희, 이원정부제 정부형태의 검토, 동아법학, 제52호, 2011.
정만희, 헌법개정조항의 개정필요성에 관한 검토, 공법연구 제39집 제2호, 2012.
정만희, 헌법개정논의－헌법개정의 필요성과 개헌절차·방법에 관한 검토, 동아법학 제47호, 2010.
정만희, 정부형태에 관한 헌법개정의 방향, 헌법학연구 제14권 제4호, 2008.
정만희, 정당법상 정당의 자유제한의 문제점, 동아법학 제54호, 2012.
정만희, 선거구획정의 기본문제, 공법학연구 제13권 제3호, 2012.
정만희, 지방선거와 정당참여에 관한 헌법적 고찰, 공법연구 제33집 제1호, 2004.
정만희, 정당의 민주적 공천제의 법리, 공법학연구 제4권제1호, 2002.
정종섭, 헌법학원론, 법문사, 2010.
정종섭, 한국헌법상 대통령제의 과제, 헌법학연구 제5집 제1호, 1999.
정종섭, 한국 대통령제의 성공을 실현하기 위한 운영모델, 서울대학교 법학 제43권 제3호, 2002.
정진민, 한국 대통령제의 문제점과 극복방안, 진영재 편, 한국권력구조의 이해, 나남출판, 2004.
정태호, 대통령 임기제개헌의 필요성과 정당성, 헌법학연구 제13권 제1호, 2007.
최명·백창재, 현대 미국정치의 이해, 서울대학교 출판부, 2001.
허영, 한국헌법론, 박영사, 2009.
헌법연구자문위원회, 헌법연구자문위원회 결과보고서, 2009.
홍완식, '국회선진화법'에 관한 고찰, 헌법학연구 제18권 제4호, 2012.

Brauer, Carl M., Presidential Transitions: Eisenhower through Reagan, Oxford Univ. Press, 1986.
Dellinger, Walter, Legitimacy of Constitutional Change: Rethinking the Amendment Process, 97 Harvard Law Review, 1983.
Henry, Laurin L., Presidential Trensitions, The Brookings Institution, 1961.
Mayhew, David R., Divided We Govern－Party Control, Lawmaking and Investigations, 1946－2002, 2nd ed., 2005.
Schlesinger, Jr., Arthur M, Leave The Constitution Alone, in Donald L. Robinson ed., Reforming

American Government, 1985.

Shugart, Mathew Soberg and Carey, John M., Presidential and Assemblies: Constitutional Design and Electoral Dynamics, Cambridge University Press, 1992.

Young, Michael, The American Dictionary of Campaigns and Election, 1987.

16 정당해산심판의 헌법적 쟁점*

–정당해산심판의 요건과 효과를 중심으로–

Ⅰ. 머리말

정부는 2013년 11월 5일 국회의 원내 제2 야당인 통합진보당에 대해 헌법상 민주적 기본질서에 위배되는 위헌정당으로 판단하여 헌법재판소에 정당해산심판을 청구하였다. 정당해산심판 청구와 함께 통합진보당 소속 국회의원들에 대한 의원직상실을 청구하였으며 정당활동정지 가처분 신청도 제기하였다. 헌법상 정당해산조항에 근거하여 정부가 정당해산을 제소한 것은 한국 헌정사상 최초의 일로서, 이 사건에 대한 헌법재판소의 심판이 어떠한 방향으로 결론이 나든지 간에 그 종국결정은 앞으로의 국정운영과 정당정치의 향방에 커다란 영향을 미칠 것으로 예상된다. 특히 본 사건의 헌법재판소 결정으로 우리 사회에서 진보정당의 활동이 허용되는 헌법적 한계가 제시된다는 점에서 국민적 관심사가 되고 있다.[1]

한국 헌정사에 있어서 헌법상 정당조항이 최초로 채택된 것은 1960년 헌법(제2공화국 헌법)이며 이 헌법의 정당조항은 1949년에 제정된 독일 기본법상의 정당조항의 영향을 크게 받은 것이었다. 특히 현행 헌법 제8조 제4항의 정당해산규정은 독일 기본법의 정당해산조항(제21조 제2항)과 상당히 유사하며, 그러한 이유로 우리 헌법의 정당조항의 해석에 있어서 독일의 헌법이론과 판례가 상당 부분 영향을 미치고 있음을 부정하기 어렵다. 독일에서는 기본법상 정당조항의 채택 이후 1952년과 1956년 두 차례에 걸쳐 연방헌법재판소의 정당해산심판으로 나치후계정당인 사회주의국가당(SRP)과 독일공산당(KPD)에 대해 정당해산결정을 내린 바 있다.[2] 그러나 오늘날 독일 이외의 민주주의국가에서 정부의 제

* 「공법연구」 제42집 제3호(한국공법학회, 2014. 2) 105~140면 수록.

1 통합진보당은 2011년 12월 6일 중앙선거관리위원회에 등록함으로써 창당되었는데 기존의 민주노동당과 국민참여당, 새진보통합연대가 통합하여 창당된 진보정당으로 2012년 총선에서 10% 정당득표율로 비례대표의석 6석을 얻었으며 광역자치의회 의원수도 21명에 이른다. 정부는 통진당의 강령과 당헌 등에 나타난 당의 이념으로서 진보적 민주주의는 북한의 인민민주주의 개념과 일치하고 경제와 통일노선도 북한 체제와 매우 흡사하여 우리 헌법의 자유민주적 기본질서에 반한다고 판단하여 정당해산심판을 청구한 것이다. 통진당해산심판청구에 대한 보수언론과 진보언론은 상반된 입장을 보이고 있는데, 통진당사건은 한국사회의 이념과 헌법에 관한 중요한 시험으로 정치권은 공방을 자제하고 헌재 결정을 차분히 기다려야 한다는 입장과 정부의 통진당해산제소는 민주주의의 근간을 뒤흔드는 것으로 이는 권력남용이며 헌법무시행위라고 강하게 비판하는 입장이 대립하고 있다. 중앙일보 2013.11월 6일자 30면과 한겨레신문 2013년 11월 6일자 35면 참조.

2 독일의 1952년과 1956년의 정당해산심판사건에 관하여는 권영성, 정당의 해산-서독사회주의국가당(SRP)의 위

소로 정당해산심판이 행해지는 사례는 흔치 않기 때문에 이번에 통진당에 대한 해산심판 청구를 계기로 과거 독일에서의 정당해산의 사례에 대하여 관심이 집중되는 이유가 있는 것이다.

이번의 정당해산심판사건에 있어서 핵심적 쟁점은 크게 두 가지로 볼 수 있다. 하나는 통진당 당원들의 그동안의 활동이나 당헌·당규 또는 강령 등에 나타난 통진당의 목적이나 활동이 과연 위헌정당해산의 실질적 요건인 헌법의 "민주적 기본질서에 위배될 때"에 해당하는가의 문제이며, 또 하나는 헌법재판소에 의한 정당해산결정이 내려지는 경우 통진당 소속 국회의원의 의원직 상실여부에 관한 문제이다. 첫 번째의 쟁점은 학설상 다툼이 있는 정당해산의 실체적 요건으로서 '민주적 기본질서'라는 불확정개념과 그 민주적 기본질서의 '위배'의 의미를 어떻게 명확하게 규정할 것인가의 문제이고, 그와 관련하여 통진당의 목적과 활동에 관한 객관적인 사실관계를 입증하는 것이 중요한 요소가 될 것이다. 두 번째의 쟁점은 헌법재판소가 만약 통진당에 대해 위헌정당해산 결정을 내리는 경우에 그 정당해산의 효과로서 소속의원의 자격상실여부에 관하여는 법률에 명문규정이 없기 때문에 헌법재판소가 이 문제를 어떻게 판단할 것인가에 관한 것이다. 위헌정당해산의 효과로서 의원직상실여부 문제는 학계에서도 견해가 여러 가지로 갈리고 있다. 다수설은 의원직상실로 보는 것이고, 소수설은 정당이 해산되더라도 소속의원은 무소속의원으로 남는 것을 인정해야 한다는 것 등이 있다. 의원직유지를 주장하는 견해에 따르게 되면 정당해산결정의 실효성을 기대할 수 없으며 정당해산조항의 헌법적 취지에 반하게 된다는 비판을 면하기 어렵게 된다. 그러나 다수설의 경우에도 비판의 여지가 없는 것은 아니다. 다수설의 논거는 주로 과거 독일의 정당해산에 관한 연방헌법재판소의 판례를 근거로 하고 있으나 우리나라의 현시점에서 60년 전의 독일의 정치상황과 시대적 배경을 전제로 한 판례이론을 그대로 받아들일 수 있는가에 관하여는 회의적 시각도 없지 않다.

종래 국내 학계에서의 정당제도에 관한 논의와 연구는 주로 정당법상 정당의 자유제한의 문제라든지 정당공천과 당내민주주의문제, 공직선거법상의 선거운동제한과 관련한 정당규제를 중심으로 하여 왔으며 정당해산제도에 관해서는 크게 관심을 갖지 않았기 때문에 심도 있는 연구성과의 집적이 이루어지지 못했다고 볼 수 있다. 그것은 지난 25년여 동안 헌법재판소가 위헌법률심판을 비롯한 수많은 헌법소송사건들을 처리해 왔으나 정당해산심판사건은 단 한 건도 제기된 바 없었으며, 헌법상의 정당해산제도가 우리의 정치과

헌판결, 고시연구 1982. 1월호, 181면 이하; 이성환 외, 정당해산심판제도에 관한 연구(헌법재판연구 제15권), 2004, 42면 이하; 박병섭, 정당해산제도에 대한 헌법적 고찰 −독일 기본법을 중심으로−, 민주법학 제9권 제1호, 1995, 223면 이하.

정에서 현실문제로 쉽게 등장하리라고 생각하지 못한 데에서 기인한 것이라 할 수 있다. 그러나 최근에 와서 정당해산제도에 대한 관심이 높아지고 이에 관한 연구논문들이 발표되고 있음을 볼 수 있는데,[3] 이러한 연구성과물의 내용을 보면 후술하는 바와 같이 정당해산제도의 이중적 성격에 있어 헌법질서의 수호보다 정당보호를 강조하는 입장에서 정당해산의 실질적 요건을 엄격히 해석하는 경향이 비교적 강하게 나타나고 있다고 할 수 있다.[4]

본고에서는 먼저 통진당 해산심판사건을 계기로 정당해산제도의 헌법적 의의와 본질을 재검토하고 위의 두 가지 쟁점에 대한 학계의 논의를 정리한 후 필자의 견해를 제시하도록 한다. 그리고 현행 정당해산제도에 관한 법률규정의 미비를 보완하기 위한 입법론적 필요성에 대해 간단히 언급하도록 한다.

Ⅱ. 정당해산제도의 헌법적 의의와 본질

1. 정당에 대한 헌법적 태도의 두 가지 유형

오늘날의 대의제민주주의는 정당제민주주의를 의미하며 정당은 현대민주정치에 있어서 필수불가결의 요소로 간주되고 있다. 정치적 결사로서의 정당은 그 본질에 있어서 국민의 자발적 결사이지만 국민과 국가기관 사이에서 국민의 다양한 정치적 의사를 수렴하고 집약하여 국민적 여론을 형성함으로써 정당은 국민의 의사를 국가의사결정에 반영하며 선거과정에 참여함으로써 국민의 정치적 의사형성에 참여하는 기능을 수행한다.[5] 이처럼 정당이 수행하는 공적 기능 때문에 국가는 정당활동을 일반의 사적 결사에 비하여 특별한 보호를 하게 된다. 그리하여 제2차 대전 이후 독일을 비롯한 유럽의 각국에서는 헌법에 직접 정당조항을 규정하여 정당의 설립과 활동의 자유를 헌법상의 기본권으로 보장하고 일반결사에 인정되지 않는 여러 가지 특권을 부여하게 되었다. 그렇지만 그와 동

3 현행헌법상의 정당해산제도에 관한 최초의 논문으로는 최희수, 위헌정당해산제도에 관한 연구, 심천 계희열박사 화갑기념논문집「정당과 헌법질서」, 1995, 444면 이하가 있으며, 그 후 최근까지의 정당해산제도에 관한 주요 논문으로는 이성환 외, 앞의 책; 김문현, 정당해산심판에 관한 소고, 성균관법학 제19권 제2호, 2007; 이성환, 정당해산심판의 절차의 문제점과 개선방향, 세계헌법연구 제10호, 2004; 송석윤, 정당해산심판의 실체적 요건, 서울대학교 법학 제15권 제1호, 2010; 박규환, 정당해산 심판기준에 관한 연구, 헌법학연구 제14권 제4호, 2008; 전광석, 정당해산에 대한 헌법적 및 정치적 이해, 헌법판례연구 제13호, 2012 등 참조.

4 특히 통합진보당 해산심판이 청구된 이후 이 심판청구에 대한 강도 높은 비판적 입장을 취하는 논문으로는 김종철, 민주공화국과 정당해산제도, 동아대학교 법학연구소 동계학술대회 발표논문집(2013. 12), 1~20면 참조.

5 정당의 기능에 관하여는 정만희, 헌법과 통치구조, 법문사, 2003, 485~486면.

시에 정당활동의 보장도 헌법질서 내에서 인정되어야 하는 것이므로 정당활동이 헌법적 한계를 벗어난 경우에는 그러한 정당은 국가권력에 의해 강제해산되도록 하는 정당해산제도를 채택하게 된 것이다. 이러한 정당해산제도의 헌법규범화는 과거 바이마르공화국헌법 시대의 나치정당의 출현 및 국가의 정당에 대한 가치상대주의적 내지 중립적 태도로 인하여 결국 국가와 민주주의 헌법질서 자체가 붕괴된 역사적 경험에 기초하여 민주주의를 수호하기 위해서는 민주주의의 적에 대해 자유를 허용할 수 없다는 이른바 '방어적 민주주의'(streitbare Demokratie) 정신에 근거한 것이다. 따라서 오늘날 정당제 민주주의가 보편화된 시대에 정당해산제도를 헌법에 명문화하고 있는 나라는 독일을 비롯하여 헌법상에 정당조항을 두고 있는 일부 국가에 국한될 뿐이다.[6] 헌법상 정당조항에 근거하여 정당해산을 빈번하게 단행한 국가로는 터키를 들 수 있다. 터키는 1961년 헌법에 정당해산제도를 도입한 이후 2009년에 이르기까지 무려 27개 정당이 해산되었다.[7] 칠레도 1980년 군부쿠데타 이후 헌법을 개정하여 정당해산제도를 규정하였으나 이 제도는 정치적 반대자를 합법적으로 제거하는데 악용되고 있다.[8]

반면에 정당정치가 보편화되어 있는 정당제 민주주의 국가들 중에는 헌법상에 정당조항을 두지 않고 있는 나라들도 상당수 있다. 미국과 일본 등이 대표적인 경우에 해당하는데, 이러한 경우는 정당은 일반의 사적 결사와 마찬가지로 법적 취급을 받게 되는 것이다. 다만 정치과정에서의 정당의 공적 기능의 중요성에 비추어 정당활동에 대하여 일정한 국가적 보호를 받으며 법률에 의한 일정한 규제가 이루어지게 된다. 미국의 경우 정당은 대통령선거에서 선거비용에 대한 국고보조를 받으며 대통령후보지명을 위한 예비선거(primary election) 과정에도 국고보조를 받는다. 이는 선거과정에 참여하는 정당의 기능이 국가기관구성을 위한 공적 과제에 참여하는 것이므로 국가로부터의 재정적 지원이 허용되는 것을 의미한다. 또한 정당의 예비선거에 대해 각 주(州)는 법률로써 그 예비선거과정에 대한 일정한 규제를 행하고 있다.[9] 그러나 미국에서의 정당의 자유는 헌법상 결사의

---

6 서구에서 정당제도를 헌법에 편입하여 헌법상 정당조항을 규정하고 있는 국가들 중에서도 정당해산제도에 관한 명문규정을 두고 있지 않은 나라들도 상당수 있으며 독일처럼 정당해산조항을 채택한 경우가 예외적인 것이라 할 수 있다. 프랑스는 1958년 제5공화국헌법 제4조에 정당조항을 채택하여 정당의 자유보장과 함께 "정당과 단체는 국가주권과 민주주의 원칙을 존중하여야 한다"라고 규정하고 있을 뿐 정당해산제도를 도입하지 않은 것이 독일 기본법의 정당조항과 구별된다. 위의 국가주권과 민주주의원칙의 존중조항은 법적 효력을 갖는 것이 아니라 정치적 윤리적 효력만을 가지는 것으로 해석 운용되고 있다. 정만희, 헌법 제8조, 주요법령에 대한 주석서발간 I, 한국헌법학회, 2007, 206면.

7 터키의 정당해산제도에 관하여는 송석윤, 정당해산제도의 딜레마, 세계헌법연구 제16권 제3호, 2010, 77면 이하.

8 박병섭, 앞의 논문, 234면 이하 참조.

9 미국의 정당에 대한 법적 규제에 관하여는 정만희, 정당의 자유와 법적 규제, 심천 계희열박사 화갑기념논문집 「정당과 헌법질서」, 1995, 252면 이하.

자유보장을 근거로 보장되는 것이지만 그 예외로서 공산주의 활동을 하는 공산당의 설립은 연방법률에 의해 금지되고 있다. 미국의 정당정치는 전통적으로 양당제가 확립되어 있기 때문에 급진적 진보성향의 정당출현이나 정당해산이 현실문제로 제기되기는 어렵다고 할 수 있다. 다만 1940년대 이후 연방법률의 제정에 의하여 공산주의적 활동과 공산당을 철저히 규제해 온 것을 볼 수 있다. 1940년 외국인등록법에 해당하는 Smith Act를 제정하여 폭력에 의한 정부전복에 관련되는 모든 행위를 처벌할 수 있게 되었고, 1950년의 파괴활동방지법(McCarran Act)과 1954년의 공산주의자단속법(Communist Control Act)에 의해 공산당을 인정하지 않고 공산주의자에 대한 법적 보호를 거부하는 등 반민주정당에 대한 규제가 강화되었다. 또한 각 주(州)의 법률에 의한 정당규제도 주로 예비선거과정을 규율하기 위한 것이 일반적이나, 정당의 명칭과 관련하여 공산당(Communist Party)이라는 정당명칭은 정부를 폭력적으로 전복할 것을 주장한다는 암시로 그러한 명칭을 사용하지 못하도록 한 캘리포니아주 법이 위헌판결을 받은 바 있다.[10] 미국의 경우 공산당에 대한 규제입법의 위헌성여부에 관한 연방대법원의 태도는 구체적이고 폭력적인 국가전복행위에 대한 선동행위만을 제재할 수 있다는 것을 명확히 하고, 추상적인 이론의 주창과 구체적인 폭력적 행위에 대한 선동(advocacy of abstract doctrine and advocacy directed at promoting unlawful action)을 구별하고 있음을 볼 수 있다.[11]

일본의 경우에도 헌법상 정당조항을 두고 있지 않으며, 정당법도 제정되어 있지 않다. 다만 정당자금에 대한 국고지원에 관한 법률이 있을 뿐이다. 정당의 자유는 헌법상 결사의 자유에 의해 보장되고 있으며, 국회법과 공직선거법은 정당의 존재를 당연한 것으로 전제하고 있다. 일본은 다당제 하에서 일본공산당 등과 같은 사회주의적 성향의 정당이 설립되어 활동하고 있으나, 헌법상 정당해산조항이 없기 때문에 제도적으로 정부가 제소하여 정당해산심판을 다툴 수 없다. 다만 국가의 안전보장과 질서유지 차원에서 입법적 근거하에 행정권의 행사로 정당을 해체시키는 것은 가능하다. 그리하여 일본은 1952년 '파괴활동방지법'을 제정하여 폭력주의적 파괴활동을 하는 정당이나 단체를 규제하고 나아가 그러한 폭력적 파괴활동을 하는 정당이나 단체에 대해 공안심사위원회는 해산지정을 할 수 있다.[12] 그러나 파괴활동방지법으로 정당이 해산된 사례는 없다. 이와 같이 일본의 정치현실을 보면 사회주의노선의 좌파정당이 설립되더라도 그 활동이 합법적이며 정치적 영향력이 미미한 군소정당에 불과하므로 정치과정에서 선거를 통해 유권자에 의한

10 Communist Party of U.S. of America v. Peek !942) 20 Cal. 2d 536, 127 P.2d 889.

11 Yates v. United States, 354 U.S. 298 (1957).

12 일본의 파괴활동방지법에 의한 단체의 해산지정(제7조)은 사법적 해산의 방식이 아니라 행정적 해산의 제도를 채용하고 있는 것이 특징이다. 이에 관하여는 大石眞, 憲法講義Ⅱ, 有斐閣, 3007, 154~155면.

통제가 이루어지고 있을 뿐이다.

여기서 한 가지 생각할 수 있는 것은 헌법상 정당조항이 채택되어 있지 않고 정당해산제도가 규정되어 있지 않은 국가들의 유형과 그와 반대로 헌법상 정당조항을 두고 정당해산이 제도화되어 있는 국가들의 유형 중에서 어느 쪽이 국가권력에 의한 정당해산이 용이하게 행해질 수 있으며, 어느 유형이 정당의 존립과 활동의 자유보장에 유리한 제도인가에 관한 문제이다. 헌법의 정당해산조항은 방어적 민주주의의 입장에서 헌법의 예방적 수호를 목적으로 하는 것이지만 동시에 이 헌법조항을 근거로 하지 않고서는 어떠한 경우에도 정당을 강제해산시킬 수 없다는 정당존립의 특권이라는 의미를 아울러 가지므로 이 점에서 정부의 정당해산 제소권이 남용되지 않는다는 전제하에서 정당해산제도는 정당의 존립을 침해하는 것이라 할 수 없다. 다만 정당해산조항을 정치적 목적으로 이용하여 그 제소권을 남용한다면 이는 정당해산조항의 폐지론의 정당화근거가 될 수도 있다. 반면에 헌법상 정당해산조항이 없는 경우에 정당의 활동이 국가의 존립이나 헌법질서를 위태롭게 할 때에는 일반적인 결사의 자유 제한에 관한 법치국가원리에 따라 행정권의 행사로 그 정당은 해체될 수 있다. 이 경우는 오히려 헌법의 직접적 근거조항 없이 정부가 야당 탄압의 목적으로 특정 정당을 해체시킬 수도 있는 것이다. 그러나 오늘날 헌법상 정당조항을 두고 있지 않은 민주주의국가들에 있어서도 정당이 국가권력에 의해 강제 해산되는 경우는 쉽게 찾아보기 어렵다.

그렇게 본다면 헌정운용과정에서 특정정당이 국가권력에 의해 강제해산될 수 있는 것은 헌법상 정당해산조항을 두고 있는 경우에만 해당되는 것은 아니므로 현실적으로 정당해산의 문제는 정당에 대한 헌법적 태도 여하에 따라 직접 영향을 받는 것은 아니라고 할 수 있다. 아무튼 우리 헌법의 정당조항의 해석에 있어서는 후술하는 바와 같이 헌법상 정당조항의 채택과정의 헌법사적 배경을 이해할 때 정당해산조항은 오히려 일반 결사와 구별되는 정당의 존립과 활동을 고도로 보장하기 위한 장치로 이해될 수 있으며, 이러한 관점에서 우리 헌법상의 정당조항과 정당해산제도의 의의를 긍정적으로 이해할 필요가 있다고 본다.

2. 정당제도의 헌법적 편입과 정당해산조항의 채택

(1) 독일 기본법상 정당제도의 보장과 정당해산조항

1949년에 제정된 독일기본법은 정당제도를 헌법에 편입하여 제21조에 정당조항을 규정한 것이 특징이다. 그것은 바이마르공화국시대의 나치정당의 출현으로 정당의 자유가 부정되고 민주주의 헌법질서가 파괴된 역사적 경험이 기본법의 제정과정에 중요한 배경으로 작용하게 된 것을 의미한다. 기본법 제21조 제1항은 "정당은 국민의 정치적 의사형성에 참여한다. 정당의 설립은 자유이다. 정당의 내부질서는 민주적 원칙에 부합하여야 한다. 정당은 자금의 출처와 사용에 대해 그리고 그 재산에 대해 공개적으로 보고해야 한다"라고 규정하고 있으며, 동조 제2항은 "목적이나 추종자의 행태에 있어서 자유민주적 기본질서를 침해 또는 폐제하려 하거나 또는 독일연방공화국의 존립을 위태롭게 하려고 하는 정당은 위헌이다. 위헌성의 문제에 대해서는 연방헌법재판소가 결정한다"라고 규정하고 있다. 이 정당조항의 내용은 제1항에서 정당의 헌법적 기능과 정당설립의 자유를 보장하고 정당의 민주적 내부질서에 관한 의무와 정당자금의 공개의무를 규정하고 있으며, 제2항에서 위헌정당해산제도를 규정한 것이다.

이러한 정당조항의 등장은 현대적 대의제 민주주의에 있어서 불가결의 요소인 정당의 공적 기능의 중요성을 전제로 하여 정당정치의 법적 승인의 단계를 넘어서는 것을 의미할 뿐만 아니라 정당을 통해 나타나는 정치권력이 헌법의 테두리 밖에서 헌법의 파괴를 초래한 경험을 되살려 정당의 조직과 활동의 법적 규제를 포함하는 정당의 헌법제도화를 의미한다.[13] 특히 과거 바이마르헌법의 정당방임체제와 가치상대주의를 바탕으로 정당활동에 대해 거의 무제한의 자유를 허용한 결과 급진적인 헌법적대적 정당의 출현으로 민주주의와 헌법 자체가 파괴된 쓰라린 경험을 거울삼아 전후의 기본법은 정당조항을 신설하여 정당의 자유에 대한 헌법적 보장과 함께 정당의 헌법적 임무 등을 규정하고 전체주의 정당과 같은 위헌정당에 대해 국가가 투쟁적 내지 방어적 자세를 취하는 결단을 내리게 된 것이다.[14] 다시 말하면 독일 기본법 제21조 제2항의 정당의 강제해산조항의 헌법적 의의는 민주주의의 이름으로 민주주의를 파괴하려는 목적으로 활동하는 헌법적대적 정당에 대해서 헌법의 핵심을 이루는 기본질서이며 근본가치인 자유민주적 기본질서를 수호하기 위하여 더 이상의 관용을 베풀지 않는다는 '방어적 민주주의'(streitbare Demokratie)[15]의 헌법정신을 천명한 것이며 이는 곧 헌법제정자의 근본적 결단에 의한 것이라고 할 수 있다. 헷세(K. Hesse) 교수는 정당해산조항이 예방적 헌법보호에 있어서 매우 커다란 의미를 가진다고 하면서 "민주주의에서의 정치적 세력들의 자유로운 활동도 그 적대자들이 민주주

13 정만희, 정당법론, 동아대학교출판부, 1985, 39면.
14 정만희, 앞의 책, 90면.
15 방어적 민주주의의 사상적 기원은 프랑스혁명당시 생 쥐스트(Saint Just)의 "자유의 적에게는 자유가 없다"라는 명제에서 구할 수 있으나, 현대적 의미에서는 1930년대 후반 민주주의의 상대주의적 가치중립성에 대한 자제론 내지 한계이론으로서 등장하였다. 방어적 민주주의에 관한 상세는 계희열, 헌법학(상), 박영사, 2005, 242~247면; 정극원, 독일의 헌법수호제도, 세계헌법연구 제14권 제3호, 2008, 487면 이하.

의를 수단으로 하여 민주주의를 폐제하고자 하는 곳에서 그 한계를 찾아야 한다"고 보았으며 "독일 기본법은 자유민주주의의 한계문제를 투쟁적 민주주의로 결단을 내림으로써 해결하려고 한 것이다"라고 기술하고 있다.[16]

이러한 독일 기본법에 채택된 정당해산제도는 독일의 특수한 역사적 경험에 바탕을 둔 것으로 서구 민주주의국가에서의 일반적인 제도로 보기는 어렵다고 할 수 있다. 따라서 독일에서의 정당해산제도는 방어적 민주주의에 기초한 자유민주주의 헌법질서의 수호라는 관점이 강조되는 것이라 할 수 있으며, 이 점에서 정당보호와 정당특권으로서의 성격은 상대적으로 약하다고 볼 수도 있다.[17] 그러나 독일 기본법상 정당해산의 요건에 대한 연방헌법재판소의 엄격한 해석태도나 학계의 입장에 비추어 볼 때 정당보호의 측면이 결코 민주주의의 수호에 비해 약하다고 단정하기 어렵다.

(2) 한국헌법상 정당해산조항의 의미

(가) 1960년 헌법의 정당조항의 채택과 그 변천과정

우리나라 헌법에 정당조항이 최초로 등장한 것은 제2공화국헌법(1960년 헌법)에서 찾아볼 수 있다. 1948년 건국헌법은 정당에 관한 아무런 규정을 두지 않았으며 정당에 대한 묵시적인 태도를 취하였다. 그리하여 헌법은 정당을 일반결사에 포함시켜 취급하였으며 일반결사와 다른 특별한 지위를 인정하지 않았다. 다만 당시 국회법상 인정된 교섭단체 및 교섭단체에 입각한 위원회의 구성은 사실상 정당의 존립을 전제로 한 것이었다. 제2공화국헌법은 제13조 제1항의 언론·출판·집회·결사의 자유 조항에 이어 제2항에 정당조항을 신설하여 "정당은 법률이 정하는 바에 의하여 국가의 보호를 받는다. 단 정당의 목적이나 활동이 헌법의 민주적 기본질서에 위배될 때에는 정부가 대통령의 승인을 얻어 소추하고 헌법재판소의 판결로써 그 정당의 해산을 명한다"라고 규정하여 일반결사와 다른 정당의 특수한 지위를 인정하였다. 이러한 규정은 이승만 대통령의 자유당시대에 행해진 야당탄압의 쓰라린 경험을 바탕으로 행정부의 자의적 권력으로부터 야당탄압을 방지하기 위하여 헌법의 수호자인 헌법재판소의 판결에 의해서만 정당을 해산시킬 수 있도록 한 점에서 의미가 큰 것이었다. 즉 1960년 헌법에 정당에 관한 규정이 필요하게 된 것은 "정당의 자유가 일반적 집회·결사와 동일하게 취급됨으로써 정당의 해산이 정부의 행정처분의 대상이 될 때 정부의 야당탄압을 방지할 수 없기 때문에 헌법에 정당에 관한 조항을 설치

---

16 Konrad Hesse, Grundzuge des Verfassungsrechts der Bundesrepublik Deutschland; 계희열 역, 서독헌법원론 (제15판), 삼영사, 1987, 405면.

17 이성환, 앞의 논문(주3), 193~194면.

하여 일반적인 집회·결사의 자유와 분리하여 정당의 자유에 대해 좀 더 고도의 보장을 하기 위한 것"이었다.[18] 다시 말하면 1960년 헌법의 정당조항에 나타난 정당해산규정은 헌법제도로서 정당의 존립을 고도로 보장한다는 데에 그 의의가 있었다고 할 수 있다.[19]

그 후 1962년의 제3공화국헌법은 제7조에 정당에 관한 일반조항을 둔 것이 특징이다. 동조 제1항에 "정당의 설립은 자유이며 복수정당제는 보장된다"라고 하고, 제2항에 "정당은 그 조직과 활동이 민주적이어야 하며 국민의 정치적 의사형성에 필요한 조직을 가져야 한다"라고 규정하였다. 제3항에는 정당해산에 관하여 "정당은 국가의 보호를 받는다. 다만 정당의 목적이나 활동이 민주적 기본질서에 위배될 때에는 정부는 대법원에 그 해산을 제소할 수 있고 정당은 대법원의 판결에 의하여 해산된다"라고 규정하였다.[20] 그리고 제4공화국헌법(1972년 헌법)과 제5공화국헌법(1980년 헌법)에서도 정당조항은 거의 그대로 유지되었으며, 다만 정당해산심판에 있어 정부의 제소에 대해 헌법위원회가 결정하도록 규정하였다. 1987년에 개정된 현행헌법상 정당조항도 1980년 헌법과 거의 동일하지만 정당해산심판기관이 헌법위원회에서 헌법재판소로 바뀐 것에 차이가 있을 뿐이다.

(나) 정당해산조항의 헌정사적 의미

이와 같이 우리 헌법상에 정당조항이 최초로 등장한 배경은 이승만정부 시대의 야당탄압이라는 역사적 경험에 기초하고 있다는 점을 부정할 수 없으며, 이러한 야당탄압의 경험을 바탕으로 야당의 존립과 자유를 보장하기 위하여 일반 결사와는 달리 정당의 해산요건과 절차를 헌법에 직접 규정하여 이 헌법절차에 의하지 아니하고는 어떠한 경우에도 정치적 목적으로 정당을 해산할 수 없도록 한 것이 정당해산제도의 본질적 성격이라 할 수 있다. 거기에다 1949년 독일에서의 기본법 제정과 정당조항(제21조)의 채택이 우리나라 1960년 헌법의 정당조항에 영향을 크게 끼쳤음도 부정할 수 없다. 따라서 정당해산조항의 헌법적 의의는 우선적으로 현대의 정당제 민주주의에 있어서 일반 결사와 다른 정당의 존립과 자유에 대한 특별한 보호에 있다고 할 수 있으며 여기서 정당의 보호는 특히 야당과 소수당에 대한 헌법적 보호를 의미한다. 다시 말하면 한국헌법상 최초로 규정된 1960년 헌법의 정당해산조항은 독일 기본법상의 정당해산조항의 영향을 받은 것은 사실이지만, 그렇다고 해서 당시 독일에서의 방어적 민주주의이론에 입각한 헌법의 수호를 우선적 목

---

18 한태연, 신헌법, 법문사, 1960, 53~54면.

19 김철수, 현대헌법론, 박영사, 1979, 525면.

20 제3공화국헌법의 사법제도는 구 헌법의 헌법재판소제도를 폐지하고 미국형의 사법심사제(judicial review)를 도입하여 대법원이 일반재판과 함께 헌법재판의 핵심적 내용을 의미하는 위헌법률심사권을 행사하도록 하였다. 그리고 헌법재판의 유형 중에서 정치적 성격이 강한 탄핵심판은 탄핵심판위원회가 관장하도록 하였으나 정당해산심판을 대법원의 관할로 한 것은 그 입헌례를 찾아보기 어려운 것이라 할 수 있다.

적으로 하는 것이라고 보기 어렵고, 한국헌정사의 특유한 경험에 바탕을 둔 행정부의 권력으로부터 정당존립을 보호한다는 헌법적 가치를 우선적으로 실현하는 제도로 보는 것이 옳다고 할 수 있다. 그리고 정당활동의 국가적 보호는 그 활동의 헌법 내재적 한계를 전제로 한 것이므로 헌법의 기본질서에 위배되는 정당활동까지 보호되는 것은 아니며 정당해산조항은 헌법질서 수호를 위한 방어적 민주주의 정신에 입각한 것이라는 점에서도 그 의의를 찾을 수 있다.[21]

3. 정당해산제도의 이중적 성격

(1) 방어적 민주주의에 의한 헌법질서의 수호

헌법상 정당해산제도의 명문화는 첫째로 정당의 활동을 헌법상 최대한 보장하면서 동시에 그 정당활동의 헌법적 한계를 명확하게 제시하여 그 한계를 벗어난 정당활동을 부정함으로써 헌법질서를 사전적·예방적으로 수호하도록 한다는 데에서 그 헌법정신을 찾을 수 있다. 주지하는 바와 같이 독일 기본법상 정당조항의 등장이 바이마르헌법 시대의 나치의 출현에 의한 민주주의체제의 붕괴를 경험 삼아 민주주의와 자유의 적에게는 자유를 허용할 수 없다는 '방어적 민주주의'(streitbare Demokratie) 정신에 기초한 것이라 할 때 정당해산제도는 헌법의 기본질서를 수호하는 중요한 기능을 담당한다. 방어적 민주주의 이론은 한마디로 민주주의에 있어서 관용의 한계를 전제로 한 개념이라 할 수 있다. 본래 민주주의 내지 자유민주주의는 상대주의적 세계관에 입각하여 서로 의견을 달리하는 정치적 집단의 존재를 인정하고 서로 다른 정치적 견해 사이의 타협에 의해 국가의사를 형성해 나가는 것을 본질로 한다. 자유민주주의에 있어서 이러한 타협은 정치에 있어서의 관용(寬容) 정신을 기초로 한다. 그러나 이러한 관용에 기초한 타협의 민주주의에는 일정한 한계가 있음을 부정할 수 없다. 비록 민주주의가 그 관용으로 인하여 민주정치에 있어서 적과 동지의 구별이 없다 하더라도 민주주의의 존재 그 자체까지를 부정하는 자에 대해서는 '민주주의의 적'으로 인정할 수밖에 없는 것이다. 따라서 민주주의에 있어서 적과 동지를 구별하지 않는다는 것은 민주주의적 정치질서에 참가하기 위하여 투쟁하는 모든 정치집단이 민주주의의 공통적 기초를 승인하는 경우에 있어서만 그러하다는 것을 의미한다. 그와 반대로 특정 개인이나 집단이 민주주의의 공통적 기초를 인정하지 않고 민주주의 그 존재까지를 파괴하려고 할 때에는 그것은 민주주의가 관용을 베풀 수 없는 민주주의의 적으로 간주된다. 따라서 비록 민주주의가 개인의 자유를 존중하는 자유의 정치를

21 동지(同旨); 최희수, 앞의 논문, 452면.

의미한다고 하더라도 그 민주주의에 있어서도 '자유의 적에 대한 자유'(Freiheit fur die Feinde der Freiheit)는 허용되지 않는다는 것을 의미한다.[22]

여기서 수호되어야 하는 헌법의 기본질서란 한마디로 말해서 '자유민주적 기본질서'를 의미한다고 할 수 있다. 즉 헌법적대적 정당으로부터 헌법질서를 수호한다는 것은 광의의 개념으로서 모든 헌법상의 질서를 의미하는 것이 아니라 헌법질서 중에서 핵심적인 정치적 질서로서 자유민주적 기본질서를 수호한다는 의미로 이해해야 하는 것은 후술하는 바와 같다.

(2) 정당의 존립과 특권의 보호

헌법상 정당해산제도는 정치적 목적에 의한 권력자의 야당탄압을 방지하기 위한 것으로서 정당존립을 보호한다는 데에 그 중요한 헌법적 기능이 인정된다. 정당도 일반 결사의 일종이지만 정치과정에서 정당이 수행하는 공적 기능의 중요성에 비추어 일반결사에 비해 정당의 활동의 자유를 고도로 보장해야 하는 필요성이 인정되고 특히 행정부의 자의적인 권력행사로 인하여 야당이나 소수정당이 탄압받는 것을 방지하기 위해서는 일반결사의 경우에 비해 정당에 대한 특별한 보호가 요구된다. 그리하여 헌법상 정당활동의 헌법적 한계를 명시하고 그 한계를 벗어난 정당활동에 대한 법적 제재로서 정당해산제도을 규정하면서 그 정당해산의 절차는 중립적 국가기관에 의한 헌법재판절차를 통해서만 해산시킬 수 있도록 함으로써 그 해산심판절차에 의하지 아니하고는 어떠한 경우에도 정당을 강제해산시킬 수 없도록 하고 있다. 이와 같이 정당해산조항은 정당활동의 헌법적 한계를 전제로 한 정당의 의무에 관한 것이면서 동시에 특별히 정당의 존립을 헌법적으로 보호하고자 하는 정당특권(Parteienprivileg)에 관한 규정이라 할 수 있다.[23]

현대의 정당국가적 민주주의와 다원적 민주주의에 있어서 정당이 국민과 국가기관 사이에서 국민의 다양한 정치적 의사형성에 참여하는 기능의 중요성은 정당의 설립과 활동의 자유를 정치적 기본권으로서 보장하게 되고, 정당설립의 자유는 그 당연한 귀결로서 복수정당제를 헌법상 보장하게 되는 것이다. 복수정당제의 보장은 일당독재를 부정하는 것뿐만 아니라 상이한 정치적 조건과 정치적 견해를 가진 여러 정당의 존재를 인정함으로써 다원적 정당제를 보장하는 것이다.[24] 따라서 야당의 존재나 정치적 이견의 존중은 복수정당제 보장의 전제가 되는 것이며, 이러한 야당의 보호는 정당해산제도의 기능에 의해

---

22 한태연, 앞의 책, 119면.
23 정만희, 앞의 책, 497면.
24 정만희, 헌법과 통치구조, 법문사, 2003, 496~497면.

서 확보되어지는 것이다.

우리나라의 경우 1960년 헌법에 최초로 정당제도와 정당해산조항을 규정한 것도 이승만 정부시대의 야당탄압에 대한 역사적 경험과 그에 대한 반성으로 정당의 존립과 활동의 자유를 보다 더 보장하기 위한 것이 주된 목적이었다고 할 수 있다. 이승만정부는 1958년 2월 야당인 진보당(進步黨)에 대하여 단지 공보실장의 성명으로 정당등록취소를 명하였으며 진보당의 조봉암을 비롯한 당간부들을 국가보안법 위반으로 구속하였다. 당시 정부의 진보당에 대한 정당등록취소이유에서 밝힌 바대로 "진보당의 당간부들이 북한 괴뢰집단이 밀파한 간첩과 파괴공작대들과 항상 접선하여 왔기 때문에 대한민국의 합법적인 정당으로 인정할 수 없으며, 공산당비밀당원과 공산당동조자들을 국회의원에 당선시켜 그들을 통하여 대한민국을 음해파괴하려고 기도하였다"[25]고 하더라도 정당의 해산이 일방적인 행정처분에 의해 행해졌다는 점에서 정부의 야당탄압이라는 의혹이 제기되기도 하였기 때문에 4.19 민주혁명에 의한 1960년 헌법에서는 야당탄압방지와 정당존립보호의 요청에 따라 정당해산조항이 도입되었던 것이라 할 수 있다. 이 점에서 본다면 우리 헌법상의 정당해산제도의 채택은 독일의 경우처럼 바이마르헌법시대의 헌법적대적 정당에 대한 방어적 민주주의의 입장에서 정당해산조항이 규정된 것과는 그 정치적 상황과 배경에 차이가 있음을 알 수 있다.

최근 21세기에 접어들어 서구에서의 정당해산제도에 관한 논의에 있어서 정당해산의 요건에 엄격한 심사기준이 강조되고 있는 경향[26]도 정당해산제도가 헌법의 예방적 수호보다 정당보호 쪽으로 무게중심이 옮겨가고 있는 추세를 보이고 있음을 말해주고 있다고 할 때, 우리 헌법의 정당해산조항의 해석에 있어서도 정당보호로서의 기능과 성격이 경시되거나 무시되어서는 안 될 것이다.

(3) 방어적 민주주의 및 정당보호의 한계

방어적 민주주의 이론에 입각한 정당해산제도는 정치과정에서 정당의 활동으로부터 헌법질서를 예방적으로 수호한다는 것을 본질적인 기능으로 하고 있으나 현실적으로 헌법의 예방적 수호의 명분하에 정당해산 제소권을 남용하게 되면 이는 오히려 정당해산제도의 또 하나의 목적이며 기능인 정당존립의 보호라는 헌법적 가치를 침해하게 되는 문제가 있게 된다. 특히 정당해산제도의 본질이 헌법의 '예방적' 수호에 있음을 강조하는 입장

---

25 중앙선거관리위원회, 대한민국정당사 제1집(1945년~1972년), 1973, 234면.

26 유럽평의회의 산하기구로 베니스위원회는 2000년부터 정당제도에 관한 지침과 규약을 발표해 오면서 정당해산요건에 비례의 원칙 등 엄격한 기준을 제시하고 있으며, 이 기준이 유럽인권법원에서도 반영되고 있음을 볼 수 있다. 이에 관하여는 송석윤, 앞의 논문(주3), 38면 이하.

에서는 정당해산의 실질적 요건의 해석에 엄격한 기준보다 완화된 기준을 적용할 수 있게 되는 위험성이 예상될 수 있다. 다른 한편 오늘날의 정당국가적 민주주의와 다원적 민주주의에 있어서 정당의 기능의 중요성을 강조하여 정당의 존립과 자유를 최대한 보장하고 정당의 목적이나 활동에 대해 국가가 가치중립적 태도를 취하게 되면 헌법에 의해 수호되어야 하는 자유민주적 기본질서를 위태롭게 하여 결국 헌법질서를 파괴하게 되는 심각한 상황이 초래될 수 있다. 이와 같이 정당해산제도의 본질적 기능의 양면성에서 나타나는 그 기능상의 모순과 대립은 곧 정당해산제도의 헌법적 딜레마를 의미하게 되는 것이다. 다시 말하면 정당해산제도가 자유민주주의라는 헌법의 기본질서를 수호하기 위한 것이지만 그 헌법질서를 수호하기 위해서는 정당의 정치적 자유를 제한함으로써 비로소 가능하다는 것이 문제이다. 자유민주주의의 기본전제인 정치적 자유를 제한하는 대가로 자유민주주의를 수호한다는 것 자체가 정당해산제도의 문제점이며 모순인 것이다. 이러한 정당해산제도는 정당정치를 위축시키게 되고 모든 정치적 조류를 포용하지 못하게 됨으로써 정치생활은 활력을 잃고 후퇴하게 되는 위험성이 지적된다.[27] 여기에서 정당해산제도의 본질로 간주되는 '헌법의 수호'와 '정당의 보호'라는 양자의 대립적 가치를 어떻게 조화롭게 실현할 것인가가 현대적 정당국가에 있어서의 근본적인 헌법과제라 아니할 수 없다. 말하자면 오늘날의 다원적 민주주의에 있어서 정당의 존재는 필수적이므로 특별히 보호되어야 하지만 이러한 다원적 민주주의의 헌법질서를 파괴하려는 세력에 대해서까지 파괴의 자유가 무제한으로 인정될 수 없는 것은 당연한 것이다. 하지만 정당해산제도는 일반적인 개인이나 결사에 대한 제재와는 달리 다원적 민주주의 자체의 범위를 축소시키는 제도를 의미하기 때문에 매우 신중한 접근이 요구되는 것이다.[28]

따라서 국가의 정당해산제소권은 헌법상 보장되는 정당의 자유를 침해하지 않도록 남용되거나 오용되지 않고 신중하게 행사되어야 하며, 동시에 정당의 자유는 정치적 기본권으로 최대한 보장되어야 하지만 그 자유도 상대적 자유이며 헌법내재적 한계 속에서 보호되는 것임을 깊이 인식할 필요가 있다. 여기서 정당해산의 실체적 요건으로서 민주적 기본질서 내지 자유민주적 기본질서의 개념은 동시에 기본권으로서의 정당활동의 자유의 제한에 관한 '개별적 헌법유보'[29]로서의 의미를 가지는 것이므로 그 개념의 해석은 매우 엄격하게 이루어져야 함은 물론이다.

---

27 계희열, 헌법학(상), 박영사, 2005, 299~300면.
28 송석윤, 앞의 논문(주7), 84~85면.
29 권영성, 앞의 책, 347면.

Ⅲ. 현행법상 정당해산심판의 요건과 효과

1. 정부의 정당해산 제소

(1) 정당해산심판 청구절차

헌법 제8조 제4항에 따라 현행 정당해산심판을 청구할 수 있는 제소기관은 정부이다. 여기서 정부는 행정부를 의미하며 행정부의 수반은 대통령이기 때문에 정당해산 제소권은 정부의 권한이며 곧 대통령의 권한을 의미한다. 헌법상 정당해산의 제소는 국무회의의 심의사항으로 규정하고 있으므로(헌법 제89조 제14호) 대통령은 국무회의의 심의를 거쳐 헌법재판소에 정당해산을 제소할 수 있다. 따라서 국무회의의 심의를 거치지 않고 대통령이 헌법재판소에 정당해산을 제소하는 것은 절차상 중대한 하자가 있는 위헌적인 행위로서 무효라 할 것이다.[30]

정부의 권한에 속하는 중요한 사항으로서 정당해산제소를 대통령이 직접 주재하지 않은 국무회의에서 심의를 거쳐 제소하는 경우에 절차상의 하자가 문제될 수 있다. 이번 통진당 해산심판청구의 경우 대통령이 국무회의의 심의절차에 관여하지 않은 것은 매우 중대한 절차상의 하자라고 주장하는 입장이 있다. 정당해산제소는 헌법수호제도로서 국민의 대표자인 대통령이 적극적으로 국민의 대표행위를 수행해야 하는데 외유 중 간략한 보고와 전자결재로 수동적으로 처리할 사항이 아니라는 것이다.[31] 생각건대 국무회의의 필요적 심의사항으로 정당해산제소와 같은 중대한 안건을 대통령이 직접 주재하지 않은 것은 바람직하다고 볼 수 없으나 대통령의 해외순방 중 국무총리가 국무회의 부의장의 자격으로 국무회의를 주재할 수 있는 것이므로 그 절차 자체가 절차상의 중대한 하자로 보기 어렵다고 할 것이다. 그렇지만 위헌정당해산제소가 일상적인 대통령의 국법상의 행위로 볼 수 없는 극단적 조치라고 할 때 대통령이 헌법수호자의 지위에서 주도적으로 국무회의를 주재하고 정당해산제소의 불가피성을 국민에게 직접 설명하는 것이 옳다고 하겠다.

(2) 정당해산제소권의 성격

정부의 정당해산제소권 내지 정당해산심판청구의 성격에 관하여는 학계의 견해가 나

---

30 대통령의 국법상의 행위의 방법으로 부서나 국무회의심의를 거치지 않은 경우 그 대통령의 행위의 효력여부에 관하여 적법요건설과 유효요건설로 나뉘고 있으나, 국무회의의 심의절차는 대통령의 독주와 전제를 방지하는 기관내 통제기능을 수행하는 것이므로 심의절차를 거치지 않은 행위는 절차적 정당성확보의 관점에서 무효로 보는 것이 타당하다. 정만희, 헌법강의Ⅱ, 세종출판사, 2013, 274면.

31 김종철, 앞의 논문, 15면 이하.

뉘고 있는데, 정부가 정당해산을 제소할 것인가의 여부는 정부의 자유재량사항 내지 정치적 재량으로 보는 것이 다수설이다.[32] 즉 정부의 제소권행사는 정치적 재량에 속하는 일로서 위헌정당의 해산을 제소하는 것이 정부의 기속적인 의무는 아니라고 본다. 그러나 이 견해에 대하여 일부 학설은 정당해산심판을 청구하는 것은 정부의 권한이며 의무로 보는 견해도 있다.[33] 그 밖에 절충설의 입장으로 정당해산사유에 해당하는지 여부에 대한 판단의 문제와 해산사유에 해당한다고 판단한 경우 그 제소여부에 관한 문제를 구별하여 해산사유에 해당하는지의 여부에 관한 판단은 정부의 재량의 여지가 있으나, 해산사유에 해당한다고 판단한 이상 그 제소여부는 정부의 재량문제로 볼 수 없고 그 경우에 정당해산심판을 청구하는 것은 정부의 의무라고 보는 견해가 있다.[34] 독일의 연방헌법재판소 판례도 연방정부가 정당해산심판을 청구하는 것은 정치적 재량에 속하는 것으로서 보아 연방헌법재판소는 이러한 재량의 범위를 명백하게 위배했는지의 여부만을 판단할 뿐이라고 판시한 바 있다.[35]

생각건대 정당해산심판청구가 정부의 정치적 재량에 속한다고 보는 경우에는 위헌의 가능성이 높은 정당에 대해 정치적 방식으로 대응할 것인가 아니면 해산심판을 청구할 것인가를 형량하여 선택할 수 있게 되는데, 그렇게 되면 헌법적으로 보장되는 범위 안에 있는 정당과 해산되어야 하는 위헌정당 사이에 제3의 범주에 속하는 헌법적대적 정당이 존재하게 됨을 의미한다. 이러한 불확실한 상황을 제거하기 위해서는 정당해산의 실체적 요건이 충족되고 그에 관한 증거가 충분하다면 정부는 해산청구를 해야 하는 헌법적 의무가 발생한다고 보는 관점에서는 정부의 제소권을 권한임과 동시에 의무로 보는 견해도 타당하다고 할 수 있다. 하지만 정부의 정당해산제소를 법적 의무로 보기 위해서는 정당해산의 요건에 충족되는 명확한 증거가 전제되어야 하는데 해산요건 자체가 추상적이고 불명확한 경우에는 명확한 증거를 인정하는 것이 어려우며, 또한 정당해산제소를 법적 의무로 보기 위해서는 제소기관에 이를 강제할 수 있는 수단이 존재해야 하는데 그 강제수단이 없다는 점에서 법적 의무로 보기 어려운 측면이 있는 것이다.[36]

따라서 정부의 정당해산제소권 행사에 의한 제소여부·제소시기 등의 결정은 기본적으로 정부의 정치적 판단에 속하는 것으로 재량사항으로 보는 것이 타당하며, 다만 정당

---

32 김철수, 앞의 책, 230면; 허영, 한국헌법론, 박영사, 2009, 842면; 성낙인, 헌법학, 법문사, 2013, 234면; 양건, 헌법강의, 법문사, 2009, 173면.

33 권영성, 앞의 책, 196면.

34 김문현, 앞의 논문, 9~10면.

35 BVerfGE 5, 85 (113).

36 이에 관한 독일에서의 논의는 송석윤, 앞의 논문(주7) 80－81면 참조.

의 목적이나 활동이 민주적 기본질서에 위배되어 해산사유에 해당하고 그에 관한 명확한 증거를 확보한 것으로 판단한 경우에는 행정부의 수반인 대통령은 동시에 헌법수호자의 지위에서 해산심판을 청구해야 하는 의무를 지게 된다. 여기서 정부의 해산제소의무는 정부가 해산제소를 하지 않은 경우 그 제소를 강제할 수 없으므로 법적 의무라기보다는 정치적·도의적 의무로서의 성격을 가진다고 볼 수 있다.

2. 정당해산의 실질적 요건으로서 민주적 기본질서의 위배

(1) '민주적 기본질서'의 헌법해석론

현행 헌법 제8조 제4항은 "정당의 목적이나 활동이 민주적 기본질서에 위배될 때에는" 정부는 헌법재판소에 그 해산을 제소할 수 있다고 규정하고 있어서 정당해산의 실체적 요건으로 '민주적 기본질서의 위배'의 해석문제가 정당해산제도의 핵심적 쟁점이 되고 있다. 우선 민주적 기본질서의 개념에 관하여 학계의 입장은 크게 두 가지 견해로 나뉘고 있는데, 하나는 여기의 민주적 기본질서는 헌법전문과 헌법 제4조에 규정하고 있는 '자유민주적 기본질서'와 동일한 의미로 이해해야 한다는 견해로서 학계의 다수설이라 할 수 있다.[37] 또 하나는 헌법 제8조 제4항의 민주적 기본질서는 자유민주적 기본질서와 구별되는 것으로 그것은 자유민주적 기본질서와 사회민주적 기본질서를 포괄하는 상위의 개념으로 이해해야 한다는 견해가 그것이다.[38]

정당해산의 요건으로서 민주적 기본질서를 협의의 자유민주적 기본질서의 의미로 해석하는 견해는 우리 헌법의 정당해산조항이 독일 기본법의 정당조항을 모방한 것이며 독일 기본법상 정당해산요건을 '자유민주적 기본질서'(freiheitliche demokratische Grundordnung)로 규정하고 있기 때문에 우리의 정당해산의 실질적 요건도 같은 의미로 해석할 수 있다는 것이다.[39] 이 견해에 의하면 정당해산의 요건을 자유민주적 기본질서뿐만 아니라 사회복지국가원리를 내용으로 하는 사회민주적 기본질서를 포괄하는 개념으로 이해하게 되면 정당의 강제해산의 사유를 확대하는 것이 되어 타당하지 못하다는 것이다. 즉 정당해산의 요건은 정당의 존립과 활동의 자유의 한계를 의미하며 동시에 정당의 자유를 최대한 보장하기 위한 것이므로 정당해산의 구실을 극소화하기 위해서는 민주적 기본질서를 제한적으로 해석해야 한다는 것이다. 정당해산의 요건을 사회민주적 기본질서를 포괄하는 개념

37 권영성, 헌법학원론, 법문사, 2010, 195~196면; 계희열, 앞의 책(주27), 297~298면; 장영수, 헌법학, 홍문사, 2007, 282면.

38 김철수, 헌법학개론, 박영사, 2007, 229면.

39 계희열, 앞의 책(주27), 298면.

으로 이해하게 되면 자유민주적 기본질서를 부정하는 정당은 물론 사회민주주의에 찬동하지 않는 자유주의적·보수주의적 정당도 해산대상이 되는 결과를 초래하게 되는 문제가 있다. 그리고 우리의 헌법전문에 국가적 이념으로서 자유민주적 기본질서를 더욱 확고히 하는 것을 강조하고 있는 것은 자유민주적 기본질서야말로 헌법질서 중에서 중핵이 되는 것이며 어떠한 경우에도 수호하지 않으면 안 되는 헌법의 최후보루를 의미하는 것이므로 정당해산조항과 관련해서도 자유민주적 기본질서를 부정하는 정당의 활동에 대해서 국가가 방임할 수 없다는 자유민주주의에 대한 신념고백을 규정한 것이라고 한다.[40]

한편 헌법 제8조 제4항의 민주적 기본질서를 헌법전문의 자유민주적 기본질서와 구별해야 한다는 견해는 헌법조문의 문리적 해석에 치중한 견해라 할 수 있는데, 민주적 기본질서의 개념은 자유민주주의와 사회민주주의의 총합개념으로 민주주의적 기본원리의 의미로 이해할 수 있다는 것이다.[41] 우리 헌법의 기본원리가 자유민주주의뿐만 아니라 사회복지국가원리 내지 사회적 시장경제질서를 포함하고 있기 때문에 민주적 기본질서는 자유민주적 기본질서와 사회민주적 기본질서를 총칭하는 개념으로 해석할 수 있다는 것이다. 따라서 이 견해에 의하면 사회정의와 사회적 복지국가원리에 어긋나는 극단적인 정당 예컨대 빈익빈 부익부를 추구하거나 경제적 평등실현을 위한 경제조정까지를 반대하는 정당도 강제해산의 대상이 될 수 있게 된다.[42]

그 밖에 제3의 견해로는 헌법전문과 헌법 제4조의 평화통일조항에서의 자유민주적 기본질서와 헌법 제8조 제4항의 민주적 기본질서는 표현을 달리 하고 있지만 헌법이 지향하는 기본적인 질서가 자유민주주의에 입각한 사회복지국가원리를 도입하고 있으므로 민주적 기본질서와 자유민주적 기본질서는 상호 별개의 충돌하는 개념이 아니라 '상호융합적인 개념'으로 이해하는 입장이 있다.[43] 이 견해는 민주적 기본질서는 곧 자유민주적 기본질서를 의미하고 자유민주적 기본질서에 사회복지국가원리도 포함된다고 보고 사회민주주의와 자유민주주의를 이념적으로 구별할 실익이 없다는 것이다. 그 외에도 여기의 민주적 기본질서는 대한민국헌법이 정하고 있는 헌법질서를 의미한다고 보는 견해도 있다.[44]

이와 같이 정당해산의 실질적 요건에 관한 '민주적 기본질서'의 해석을 둘러싸고 학계의 견해는 여러 가지로 갈리고 있으나, 필자는 헌법 제8조 제4항의 '민주적 기본질서'는

---

40 권영성, 앞의 책, 196면.
41 김철수, 앞의 책, 229면.
42 김철수, 앞의 책, 229면.
43 성낙인, 헌법학, 법문사, 2013, 233면; 홍성방, 헌법학, 현암사, 2008, 91~93면.
44 정종섭, 헌법학원론, 박영사, 2013, 1526면.

곧 협의의 '자유민주적 기본질서'를 의미하는 것으로 해석하는 것이 타당하다고 본다. 생각건대 헌법 제8조 제4항의 '민주적 기본질서'의 개념을 이해하기 위해서는 먼저 한국헌법의 제정과 그 후의 개헌과정에 관한 헌법사적 이해가 필요하다고 본다. 1948년 건국헌법에는 정당조항을 채택하지 않았으며, 1960년 헌법에 의한 최초의 정당조항의 채택은 당시 독일 기본법상 정당조항(제21조)을 모방한 것이라는 점은 부정할 수 없는 사실이다.[45] 독일 기본법상 정당조항의 해산요건으로 '자유민주적 기본질서'의 개념을 우리 헌법에 도입하는 과정에서 '민주적 기본질서'라고 규정한 것으로 추정할 수 있으며, 그것을 독일의 '자유민주적 기본질서'와 다른 의미로 의식적으로 규정했다고 보기는 어렵다.[46] 1960년 헌법의 정당조항도입이유 설명에 관한 당시 국회의 헌법개정회의록에 의하면 "여기서 헌법의 민주적 기본질서에 위반되는 정당이라 하는 것은 공산당이나 일당독재를 꿈꾸는 '파시스트' 당이나 왕정복고를 꾀하는 정당 등이 우리 헌법의 기본질서에 위반되는 정당으로 생각이 되는 것"이라고 기술하고 있음을 볼 수 있다.[47] 이러한 설명은 당시 우리 헌법의 '민주적 기본질서'가 공산당이나 일당독재의 전체주의를 부정하고 국민주권원리에 위배되는 군주주권과 군주정을 부정한다는 의미로 해석될 수 있으므로 이는 곧 우리 헌법의 핵심적인 정치질서로서 자유민주적 기본질서의 의미로 기술한 것이라고 할 수 있다. 이 점과 관련하여 1960년 헌법에 신설된 정당조항의 '민주적 기본질서'의 본질에 관하여 당시 한태연 교수는 "헌법의 민주적 기본질서는 정당조항에만 적용되는 규정이 아니라 우리 헌법질서에 있어서의 모든 행위의 통일적 규준이 되는 것이며, 국민의 기본권에 대해서 민주적 기본질서는 기본권의 제1차적 제한을 의미하는 이른바 일반적인 헌법유보에 관한 조항"이라고 언급하면서 "민주주의는 이념적으로 자유주의적 요소를 제거하고 도저히 생각할 수 없고 현실적 민주주의는 자유주의적 요소를 가진 자유민주주의뿐이며 자유민주주의의 위기는 곧 민주주의의 위기"[48]라고 기술한 것을 보더라도 민주적 기본질서는 자유민주적 기본질서의 의미로 규정된 것이라고 할 수 있다.

그리고 건국헌법과 1960년 제2공화국헌법에는 헌법의 기본질서로서 '자유민주적 기본질서'라고 하는 명문규정을 두고 있지 않았으며, 단지 헌법전문에 '민주주의제제도의 수립'이라는 표현만 찾아 볼 수 있을 뿐이다. 그 후 '자유민주적 기본질서'를 헌법의 중핵적

---

45 1960년 6월 11일 국회 헌법개정회의록에 의하면 당시 헌법개정안기초위원장인 정헌주의원이 정당조항도입에 대한 이유설명에서 "본 개헌안은 이태리헌법 및 서독헌법의 전례에 따라서 제13조 제2항에 정당에 관한 규정을 신설했습니다"라고 설명하고 있음을 볼 수 있다. 국회헌법개정회의록(제4대 국회), 1968, 57면.

46 앞의 헌법개정회의록, 51면 이하, 154면 이하.

47 앞의 헌법개정회의록, 57면 이하.

48 한태연, 앞의 책, 91~93면.

질서로 최초로 규정한 것은 1972년 헌법이다. 따라서 1972년 헌법에서부터 정당해산의 실질적 요건으로서 '민주적 기본질서'는 곧 '자유민주적 기본질서'를 의미하는 것으로 해석하는 것이 더욱 명확하게 되었다고 볼 수 있다.[49] 다만 1972년 헌법 이후 '자유민주적 기본질서'를 헌법상 최고의 이념적 가치로 규정하면서도 정당조항의 정당해산요건으로서의 '민주적 기본질서'를 '자유민주적 기본질서'로 수정하지 않고 기존의 표현이 그대로 유지되어 옴에 따라 그 해석론을 둘러싸고 학설의 대립을 초래하게 된 것이다. 1972년 헌법 채택 당시 정당조항의 '민주적 기본질서'를 '자유민주적 기본질서'로 수정하지 않은 것이 의도적으로 '자유민주적 기본질서'와 개념구별을 하기 위한 것이라고 보기 어려우며, 단지 헌법개정과정에서 당해 조항의 수정필요성을 간과한 과오(過誤)라고 볼 수밖에 없다.

요컨대 현행 헌법 제8조 제4항의 '민주적 기본질서'는 곧 우리 헌법질서의 중핵을 의미하는 '자유민주적 기본질서'로 이해하는 것이 타당하다고 할 것이다. 민주적 기본질서를 자유민주적 기본질서와 사회민주적 기본질서를 포괄하는 광의의 개념으로 이해하는 견해는 헌법의 문리적 해석을 중시하는 입장이라 할 수 있으나, 그러한 해석방법은 결과적으로 정당해산의 대상을 지나치게 확대하는 것이 되고 정당존립과 자유의 보호라는 정당해산제도의 기본취지를 훼손하는 것이 되므로 타당하다고 보기 어렵다. 그리고 오늘날 자유민주적 기본질서의 개념에 자유민주주의와 함께 사회복지국가원리가 포함된다고 하고 자유민주적 기본질서와 민주적 기본질서를 상호융합적 개념으로 보는 견해도 결과적으로 정당해산의 대상이 되는 정당의 범위가 확대되는 것은 앞의 견해와 마찬가지가 되므로 이 역시 문제가 있다고 본다.

그렇다면 정당해산의 실질적 요건으로서 '자유민주적 기본질서'의 명확한 개념과 그 개념구성적 요소가 무엇인가가 문제로 남게 되는데, 이에 관하여는 헌법재판소 판례가 참고될 수 있다. 정당해산심판의 판단의 기준이 되는 헌법 제8조 제4항의 민주적 기본질서의 의미에 관하여 헌법재판소가 직접 판단한 사건은 아직 없으나, '자유민주적 기본질서'에 대해 헌법재판소가 판단한 것을 보면 다음과 같다.

> "자유민주적 기본질서에 위해를 준다 함은 모든 폭력적 지배와 자의적 지배 즉 반국가단체의 일인독재 내지 일당독재를 배제하고 다수의 의사에 의한 국민의 자치, 자유·평등의 기본원칙에 의한 법치주의적 통치질서의 유지를 어렵게 만드는 것이고, 이를 구체적으로 말하면 기본적 인

---

49 1972년 헌법이 시행된 직후 발간된 헌법교과서에서 문홍주 교수는 헌법 제7조 제3항의 "민주적 기본질서라 함은 헌법상의 자유민주적 기본질서를 말한다. 이것은 국민주권원칙과 국민의 기본적 인권을 보장하는 제원리 즉 권력분립제도·법치주의·복수정당제 등을 의미한다. 그러므로 민주적 기본질서의 위배라 함은 헌법을 지배하고 있는 자유민주주의원리에 위배함을 말한다"라고 기술한 것에서도 그러한 헌법해석이 잘 드러나 있다. 문홍주, 한국헌법, 해암사, 1974, 149~150면.

권의 존중, 권력분립, 의회제도, 복수정당제도, 선거제도, 사유재산과 시장경제를 골간으로 한 경제질서 및 사법권의 독립 등 우리의 내부체제를 파괴·변혁시키려는 것이다."[50]

위와 같은 헌법재판소의 판례는 독일 기본법의 정당해산요건으로서의 자유민주적 기본질서에 관한 연방헌법재판소의 개념정의와 상당히 유사하다고 할 수 있다.[51] 다만 우리의 헌법재판소는 자유민주적 기본질서를 헌법질서의 핵심적인 정치적 질서로 이해하면서도 여기에 "사유재산과 시장경제를 골간으로 하는 경제질서"를 포함하고 있는 것이 독일의 판례와 차이가 있는 부분이다. 이러한 개념정의 자체도 매우 추상적이고 광범하기 때문에 현실적으로 어떠한 정당이 자유민주적 기본질서에 위배되어 해산되는 정당인가를 판단하는 것은 결코 쉬운 일이 아니다. 그렇지만 기본적으로 정당해산사유가 되는 정당이란 공산당 일당독재의 전체주의 정당이나 국민주권원리와 기본권보장을 이념으로 하는 자유민주주의 정치질서를 부정하거나 침해하는 정당이 그에 해당되며, 자본주의적 자유시장경제질서를 부정하는 정당도 해산사유에 해당될 수 있을 것이다. 헌법재판소의 2001년 판례도 "어떠한 정당이 외형상 민주적 기본질서를 추구한다고 하더라도 그 구체적인 강령 및 활동이 폭력적 지배를 추구함으로써 자유민주적 기본질서를 위반되는 경우 우리 헌법질서에서는 용인될 수 없는 것이다. … 형식적으로는 권력분립·의회제도·복수정당제도·선거제도를 유지하면서 실질적으로는 권력집중을 획책하여 비판과 견제기능을 무력화하고, 자유·비밀선거의 외형만을 갖춰 구성된 일당독재를 통하여 의회제도를 형화화하거나, 또는 헌법상 보장된 기본권을 인정하지 아니함으로써 사유재산 및 시장경제질서를 부정하는 공산주의를 신봉하는 정당이나 집단은 우리 헌법의 이념과 배치되고 이러한 이념을 추구한 정당 또는 단체와 그 구성원들의 활동도 헌법과 법률에 의하여 보호되지 아니한다고 할 것이다"라고 판시하고 있다.[52]

(2) 민주적 기본질서 '위배'의 정도와 심사기준

정당의 목적이나 활동이 민주적 기본질서에 위배(違背)될 때에는 정부의 해산제소와 헌법재판소의 심판에 의해 해산되는데, 여기서 민주적 기본질서에 '위배될 때'의 의미에

---

50 헌재 1990. 4. 2. 89헌가113.

51 독일 연방헌법재판소는 1952년 사회주의국가당 해산심판사건에서 "자유민주적 기본질서란 모든 폭력과 자의적 지배를 배제하고 그때그때의 다수의사에 따른 국민의 자기결정과 자유 및 평등에 기초한 법치국가적 통치질서를 말한다"고 정의하고 이 질서를 구성하는 요소로는 "기본법에 구체화된 기본적 인권, 무엇보다도 그 자유로운 발현을 위한 인격권의 존중, 국민주권, 권력분립, 정부의 책임성, 행정의 합법성, 사법권의 독립, 복수정당의 원리와 헌법적인 야당의 구성권과 행동권을 가진 모든 정당의 기회균등이 포함된다"고 하였다. BVerfGE 2, 1(12).

52 헌재 2001. 9. 27. 2000헌마238.

관한 해석이 문제된다. 추상적이고 불확정개념인 민주적 기본질서의 의미가 구체적으로 확정된다고 하더라도 정당의 목적이나 활동이 어느 정도 민주적 기본질서에 위배되어야 해산되는가의 판단은 어려운 문제이다. 단지 정당의 목적이나 활동이 민주적 기본질서의 내용에 부분적으로 위배된다고 해서 바로 해산심판을 청구하거나 해산결정을 내린다면 이는 정당의 존립과 자유를 보호하는 정당해산제도의 헌법정신에 반하는 것이 된다. 여기서 '정당의 목적이나 활동'은 정당의 당헌·당규나 강령, 정당간부의 활동 등에 비추어 판단할 수 있으나, 정당의 일부 당원 또는 일부 추종자들의 일탈행동이 그 위헌성을 판단하는 기준이 되어서는 안 되며 정당의 전체적 성격을 기준으로 판단하여야 한다.

이와 같이 헌법 제8조 제4항의 '민주적 기본질서에 위배될 때'의 해석은 정당해산제도의 남용을 막기 위하여 엄격한 기준에 따라 이루어져야 하는 것이다. 따라서 정당이 자유민주적 기본질서에 계속 대항해서 투쟁하는 경향을 보이거나 그 투쟁이 계획적으로 추진되는 것을 인식할 수 있는 경우라고 해서 바로 정당해산을 선언할 수 없다고 본다. 정당의 해산은 자유민주적 기본질서의 침해 또는 폐제의 '구체적 위험'이 있어야 하는 것이다.[53] 이 점에서 정당의 조직의 범위나 강도, 당원의 수나 활동 등이 국민의 정치적 의사형성에 미치는 영향이 미미한 경우에는 그 정당의 목적이나 활동이 민주적 기본질서에 위배된다고 하더라도 굳이 해산할 필요가 없다고 보는 것이 독일 판례의 태도이다.[54] 그리고 예컨대 사회주의적 계획경제를 추구하는 정당이나 군주제를 찬성하는 정당이라 하더라도 합법적인 수단을 통해 활동하여 자유민주적 기본질서에 위해가 없다면 해산하기 어려울 것이다.[55] 정당해산은 헌법의 민주적 기본질서를 단지 비판하거나 다른 유형의 기본질서를 대안으로 제시하는 것을 금지하는 것이 아니라 민주적 기본질서에 대한 구체적인 위협이 있을 때 그 위협을 제거함으로써 헌법질서를 수호하기 위한 제도이기 때문이다.

따라서 정당해산심판에 있어서 정당의 목적이나 활동이 민주적 기본질서에 위배된 것으로 판단하여 해산결정을 하기 위해서는 민주적 기본질서를 침해 또는 폐제하려는 구체적 위험이 존재하여야 하며, 그 구체적 위험을 전제로 하여 기본권제한에 관한 일반원칙인 비례의 원칙이 적용되어야 할 것이다.[56] 정당해산심판에 있어서 비례의 원칙의 적용은 최근 유럽에서의 정당해산심판기준에 관한 논의에서도 강조되고 있다. 이 점에 관해서는 2000년 1월 유럽평의회(Council of Europe)의 산하기구인 베니스위원회(Venice Commission)가 발표한 정당해산가이드라인(Guidelines on Prohibition and Dissolution of Political Parties and

---

53 계희열, 앞의 책, 295?면.
54 BverfGE 91, 262(273); 91, 276(290).
55 송석윤, 앞의 논문(주3), 60면.
56 동지(同旨): 송석윤, 앞의 논문(주3), 43면, 60면; 박규환, 앞의 논문, 499~500면.

Analogous Measures)을 주목할 필요가 있다. 이 위원회가 채택한 7개항의 지침 중 다음과 같은 제3항에서 제6항까지의 핵심내용은 우리에게 시사하는 바가 크다고 하겠다.

> "3. 정당의 금지 또는 강제해산은 폭력의 사용을 주창하거나 민주적 헌정질서를 전복하기 위한 정치적 수단으로 폭력을 사용하고 그렇게 함으로써 헌법에 의해 보장되는 권리와 자유를 손상시키는 정당의 경우에만 정당화될 수 있다. 정당이 헌법의 평화적 변경을 주창한다는 사실만으로는 그 정당을 금지하거나 해산하기에 충분하지 않다.
>
> 4. 정치적·공적 활동 및 정당활동의 영역에서 정당에 의해 권한을 부여받지 않은 구성원들의 개별적 행위에 대하여 전체로서의 정당(political party as a whole)에 대해 그 책임을 물을 수 없다.
>
> 5. 특별히 극단적인 조치로서의 정당의 금지 또는 강제해산은 최대한 자제하면서 행사되어야 한다. 정당해산을 사법기관에 제소하기 전에 정부 또는 관련 국가기관은 각국의 특수한 사정을 고려하여 그 정당이 자유민주적 정치질서나 개인의 권리에 실제적으로 위험을 제기하는지(whether the party really represents a danger to the free and democratic political order), 그리고 그 위험을 예방하기 위하여 보다 덜 극단적인 조치(less radical measures)가 있는지를 판단하여야 한다.
>
> 6. 정당의 금지 또는 강제해산은 사법기관에 의한 위헌판단의 결과이어야 하고, 본질상 예외적인 것(exceptional nature)으로 파악되어야 하며 비례성의 원칙(principle of proportionality)에 따라 규율되어야 한다. 그러한 어떤 조치도 단지 그 개별 구성원뿐만 아니라 정당 자체가 위헌적인 수단을 사용하거나 사용을 준비하여 정치적 목적을 추구한다는 충분한 증거에 근거(based on sufficient evidence)를 두어야 한다."[57]

이러한 베니스위원회의 정당해산에 관한 지침은 한마디로 정당해산심판요건으로 실제적 위험의 존재가 확인되어야 하고 비례의 원칙 내지 과잉금지원칙이 준수되어야 한다는 것이며, 정부의 제소 자체도 이러한 요건이 엄격히 적용되어야 한다는 것을 의미한다.[58] 이러한 정당해산의 엄격한 기준은 유럽인권법원의 결정에 크게 영향을 미치고 있음을 볼 수 있다. 유럽인권법원은 2003년 터키의 해산정당이 제소한 사건에서 정당해산의 엄격한 심사기준으로 제시된 비례의 원칙은 정당해산이 그 정당한 목적을 추구하는데 '불

---

57 European Commission for Democracy through Law(Venice Commission), Guidelines on Prohibition and Dissolution of Political Parties and Analogous Measures, 2000. pp.4~5.
이 가이드라인의 내용에 관한 국내소개는 송석윤, 앞의 논문(주3), 38~41면; 김종철, 앞의 논문, 4면 이하; 정당해산에 관한 베니스 위원회 지침/김종서 옮김. 정당의 금지와 해산 및 유사 조치에 관한 지침(2013. 11. 13) 참조.

58 정당해산에 관한 베니스위원회의 지침은 직접적인 법적 구속력을 갖는 것은 아니지만 "이 위원회가 입헌민주주의의 세계적인 보편적 기준을 제시하려고 노력하고 있다는 점과 우리나라가 이 위원회의 정회원국이라는 점을 고려할 때 우리헌법조항을 해석하는 데 참고할 만한 가치가 있다"고 할 것이다. 송석윤, 앞의 논문(주3), 41면.

가피할' 뿐만 아니라 '긴절한 사회적 필요'가 있는 적절한 수단이어야 한다고 하여 피해의 최소성과 법익의 균형성까지를 요구하고 있다.[59]

상술한 바와 같이 정당해산심판에 있어서 엄격한 기준에 관한 최근의 논의는 각국의 정당해산제도의 운용에 상당한 영향을 미칠 수 있다고 보며, 우리의 정당해산에 관한 심사기준의 확립에도 이러한 원칙들은 크게 참고가 되어야 할 것이다. 그렇다면 정당해산심판이 헌법질서의 수호를 위하여 정당의 자유 내지 정당원의 표현의 자유를 박탈 또는 제한하게 되는 것이므로 여기서 대립하는 두 개의 법익, 즉 헌법질서의 수호와 정당의 자유보호를 형량하여 민주적 기본질서의 위배여부를 판단하여야 할 것이다. 정당의 활동에 의해 민주적 기본질서가 침해되는 위험이 있다는 이유로 그 위헌적인 정당활동의 정도와 경중을 가리지 아니하고 그 정당을 해산하게 되면 이는 정당의 자유를 지나치게 제한하는 것이 되므로, 불가피하게 정당을 해산시키는 것이 정당화될 정도의 민주적 기본질서에 대한 중대한 위협 내지 침해가 인정되는 경우라야 비로소 정당을 해산시킬 수 있다고 할 것이다. 그러므로 정당의 활동에 의해 침해되는 민주적 기본질서에 대한 구체적 위험의 정도보다 헌법상 고도의 보장을 받아야 하는 정당의 존립과 활동의 자유를 박탈함으로써 피해를 보게 되는 법익이 크다고 판단될 때에는 그 정당은 해산되기 어렵다.

그러나 다른 한편 정당해산제도의 본질에 있어서 '헌법의 예방적 수호'(praventiven Schutz der Verfassung)를 강조하는 보수적 입장에서는 '민주적 기본질서에 위배될 때'의 해석에 엄격한 기준을 요하지 않는다고 보고 비례의 원칙을 심사기준으로 삼을 필요가 없다는 견해도 주장될 수 있다.[60] [61]

(3) 소 결

정당해산의 실질적 요건으로서 민주적 기본질서의 위배 여부에 관한 판단에 있어서는 1950년대 독일의 판례나 이론에 전적으로 의존할 수 없으며 최근 유럽에서의 새로운 정당해산심판기준에 관한 논의가 반영될 수 있는 방향으로 적극 검토할 필요가 있다. 특

---

59 송석윤, 앞의 논문(주7), 76~77면 참조.

60 독일의 경우에도 비례의 원칙의 적용여부에 관하여 학계의 견해가 나뉘고 있으며, 정당해산제도의 예방적 성격을 강조하여 비례의 원칙의 적용에 반대하는 입장으로는 입센, 자이페르트, 슈트라인츠, 슈톨베르크 등의 견해가 있다고 한다. 송석윤, 앞의 논문(주7), 83면 참조.

61 우리나라의 경우 대한민국의 영토가 남북으로 분단되고 북한은 여전히 대남적화노선을 고수하면서 우리 자유민주체제의 전복을 획책하고 있는 반국가단체인 현실에 비추어(헌재 1993. 7. 29. 92헌바48), 우리 사회의 이른바 종북·좌파세력의 활동을 크게 우려하는 입장에서는 독일에서의 1950년대 냉전체제의 상황과 우리의 현 정치상황이 본질적으로 다를 것이 없다고 판단할 수 있으며, 이러한 보수적 관점에서는 정당해산제도의 예방적 헌법수호의 기능을 강조하여 해산심판기준으로 엄격한 비례의 원칙을 적용할 필요가 없다는 견해도 가능할 것이다.

히 민주적 기본질서 위배의 정도에 관한 판단기준으로는 비례의 원칙이 적용되어야 할 것이다. 예방적 헌법수호의 기능과 정당보호의 기능 중에서 전자(前者)를 우선하기보다는 양자(兩者)의 조화적 실현을 위한 균형있는 판단이 요구된다고 할 것이다. 우리 헌법의 정당조항의 해석에 있어서는 우리 사회의 특수한 정치적 상황과 역사적 조건 및 국민의 정치의식수준 등을 감안하여 헌법규범과 헌법현실의 괴리가 나타나지 않도록 우리 헌법이 살아있는 '규범적 헌법'으로 기능할 수 있는 해석이 요구된다고 할 것이다.

통진당 해산심판사건의 경우 현재 심리가 진행중이고 사실관계의 입증이 확정되지 않은 시점에 과연 통진당의 목적이나 활동이 민주적 기본질서에 위배되어 위헌정당으로 해산될 것인지는 전혀 예측하기 어려운 상황이다. 그렇지만 통진당이 우리 헌법의 민주적 기본질서에 위배되는 위헌정당인가의 여부는 자유민주적 기본질서를 위태롭게 하는 실제적 위험의 존재를 인정할 수 있는 충분한 증거가 있는지의 여부에 달려있으며, 자유민주적 기본질서를 위협하는 실제적 위험이 있다고 하더라도 그 위험의 정도에 관하여는 엄격한 비례의 원칙이 적용되어야 할 것이다. 여기에 정당의 조직과 당원의 규모, 의석수 등의 정치과정에서의 영향력이 고려될 수 있다.

3. 정당해산의 효과로서 의원직 상실여부

(1) 정당해산의 효과

정당해산의 효과에 관하여 현행 정당법은 해산된 정당의 대표 및 간부는 그 정당의 강령 또는 기본정책과 동일하거나 유사한 대체정당을 창설하지 못하도록 하고(동법 제42조), 해산된 정당의 명칭과 같은 명칭은 다시는 정당의 명칭으로 사용하지 못하게 규정하고 있다(동법 제43조 제2항). 또한 해산된 정당의 잔여재산은 국고에 귀속되도록 규정하고 있다(동법 제41조 제3항). 그러나 이 정당재산의 필요적 국고귀속 규정은 재산권의 몰수라는 점에서 기본권으로서의 재산권보장에 위배되는 문제가 제기될 수 있다. 따라서 재산의 몰수 여부는 원칙적으로 임의적 몰수로 하고 정당을 범죄단체로 볼 수 있는 경우에만 헌법재판소의 결정으로 몰수할 수 있도록 하는 것이 바람직하다고 할 것이다.[62] 그리고 정당해산의 효과로서 해산되는 정당소속 국회의원의 자격상실 여부에 관하여는 현행 정당법이나 다른 법률에 명문규정이 없다. 이는 입법적 미비(未備)로서 그에 관한 규정을 명문화할 필요가 있다.

62 이성환 외, 앞의 책, 256면 이하.

(2) 의원직 상실여부에 관한 학설

정당해산의 결과 그 정당소속의 의원직상실여부에 관하여 학계의 견해는 의원직상실설과 의원직유지설이 대립하고 있다. 의원직상실설은 1950년대 독일에서의 정당해산심판결정에 관한 연방헌법재판소의 판례와 학설에 근거하고 있다고 할 수 있다. 연방헌법재판소는 1952년 나치후계정당인 사회주의국가당(SRP)에 대한 정당해산결정에서 실정법적 근거가 없음에도 불구하고 해산되는 정당 소속의원의 의원자격 상실을 명한 바 있다.[63] 당시 라이프홀츠(G. Leibholz) 등의 학계의 유력한 견해도 정당국가적 민주주의에 있어서 의원은 정당의 재정적 기술적 도움으로 의원에 당선될 뿐만 아니라 선거는 인물보다 정당을 선택하는 것이기 때문에 해산된 정당에 소속된 의원이 의원직을 상실하는 것은 당연하다는 입장을 취하였다.[64] 국내 학설의 다수견해도 이러한 독일의 판례와 학설을 근거로 하여 정당국가적 민주주의에 있어서 정당활동의 실질적 주체인 의원의 자격을 상실하게 하는 것이 방어적 민주주의에 입각한 정당해산제도의 헌법정신에 합치되는 것이라고 이해하고 있다. 다시 말하면 위헌정당임을 이유로 해산된 정당에 소속하는 의원들의 의원직을 계속 보유하게 하는 것은 정당제민주주의 원리와 모순되고 방어적 민주주의 원리에도 위배될 뿐만 아니라 위헌결정 그 자체를 무의미하게 만들기 때문에 의원직을 상실하는 것으로 보아야 한다는 것이다.[65]

이에 대하여 의원직유지설은 우리의 공직선거법은 무소속입후보를 허용하고 있으므로 정당이 해산되더라도 소속의원의 자격은 그대로 유지되고 무소속의원으로 남는다는 견해이다. 다만 국회의 징계나 자격심사에 의하여 그 직을 상실하게 할 수 있다는 것이다.[66] 그리고 국회의원은 국민의 대표자로서 자유위임의 원칙에 의해 그 지위가 보장되어야 하므로 아무리 정당제 민주주의 하에서 의원의 정당기속을 인정하더라도 정당해산과 함께 의원자격을 상실하게 할 수는 없다고 보는 것이다. 특히 정당해산의 효과로서 의원직상실에 관한 헌법의 특별규정 없이 독자적 정당성을 가진 의원에 대하여 집단책임을 물어 그 신분의 상실을 당연히 가져온다고 보기는 곤란하다는 것이다.[67] 국회의원의 자격유지의 문제는 국회의 자율적 결정사항이므로 국회의 자격심사나 제명처분에 의해서만 의원의 자격을 상실한다는 견해도 있다.[68]

---

63 BVerfGE 2, 1(73F); 5, 85(392).

64 G. Leibholz, Der Strukturwandel der modernen Demokratie, in: ders, Strukturprobleme der modernen Demokratie, 1958, S. 116f.

65 권영성, 앞의 책, 197면; 허영, 앞의 책, 290면; 정종섭, 앞의 책, 1528~1529면.

66 김철수, 앞의 책, 231면; 구병삭, 신헌법원론, 박영사, 1995, 224면.

67 김문현, 앞의 논문, 13면.

68 헌법재판소, 헌법재판실무제요, 245면.

그 밖의 견해로는 정당소속 국회의원을 지역구의원과 비례대표의원을 구분하여 비례대표의원은 정당을 기반으로 하여 당선된 자이므로 의원직을 상실케 하고 지역구의원은 정당보다 개인적인 자질을 기준으로 국민적 의사가 부여된 것이므로 의원직을 유지한다는 절충적 견해가 있으며,[69] 또 다른 견해는 정당해산으로 소속의원은 모두 의원직을 상실하는 것이 아니라 의원 개개인의 활동을 중심으로 위헌적 정당활동에 참여하지 않은 의원의 경우에는 선별적으로 의원직을 유지하게 한다는 견해도 있다.[70]

이러한 정당해산의 효과와 의원직상실여부에 관한 학계의 논의는 정당법이나 관련법률에서의 입법적 미비 내지 공백 때문에 그 해석론적 필요성에 의해 제기된 것이지만, 정당해산제소가 현실문제로 등장한 이상 이에 관한 논의는 앞으로의 헌법재판소의 판단에 필요한 참고자료가 될 수 있는 문제이며 향후 정당해산제도의 보완을 위한 입법방향을 결정할 수 있는 중요한 문제이다.

(3) 사 견

생각건대 위헌정당해산과 소속의원의 의원직 상실여부에 관한 지금까지의 국내의 다수견해는 독일에서의 1950년대 정당해산심판에 관한 판례와 학설을 근거로 하여 거의 무비판적으로 받아들여진 것이라는 점을 부인하기 어렵다. 정당해산제도가 바이마르헌법시대의 나치정당의 출현과 헌법질서의 붕괴를 거울삼아 전후 독일기본법에 방어적 민주주의정신에 입각한 헌법질서의 수호를 목적으로 하는 것으로서 정당해산심판의 실효성을 확보하기 위해서는 정당소속 의원의 의원직을 박탈하여야 한다는 논리는 타당성과 설득력을 갖는 것이었다. 그리고 독일의 경우는 1950년대 두 차례의 정당해산심판사건 이후 연방선거법의 개정으로 정당해산의 효과로서 의원직상실을 명문으로 규정하게 됨으로써 의원직상실여부에 관한 논의는 일단락 짓게 된 것이다.

그러나 독일에서의 정당해산심판사건 이후 60여년이 지난 현시점에서 우리나라의 정당해산심판에 관한 논의에 과거 독일의 판례와 학설이 여과되지 않고 그대로 수용되어야 할 이유를 찾기 어려우며, 이번의 통진당 해산심판을 계기로 한국의 정치상황과 국민의 정치의식수준 등을 감안하여 이 문제에 대한 근본적인 재검토가 필요하다고 본다. 다시 말하면 전후의 냉전체제의 시대적 배경과 독일의 특수한 헌정사적 경험을 바탕으로 한 방어적 민주주의 이론이 오늘날 한국의 헌법정치에 그대로 적용되기는 어렵다고 보기 때문에 그러한 독일에서의 판례와 이론이 우리의 당면과제를 해결하는데 참고는 되더라도 전

---

69 구병삭, 앞의 책, 224면.
70 최희수, 앞의 논문, 473면.

적으로 그것에 의존할 필요는 없으며, 우리의 헌법규범의 통일적 해석을 통해 한국의 정당정치적 상황에 적용될 수 있는 새로운 법리를 구성하는 데에 초점을 맞춰야 할 것이다.

그렇게 본다면 정당해산결정의 효과로서 당해 정당소속 의원의 의원직상실이라는 결론을 쉽게 내릴 수 없다고 보며, 앞으로의 이에 관한 입법에 있어서도 소속의원 전원에 대한 의원직상실을 규정하기 어렵다고 본다. 이 문제에 대한 학설의 대립은 기본적으로 방어적 민주주의에 기초한 헌법수호의 실효성확보라는 법익과 국회의원의 국민대표성 및 자유위임의 원칙이라는 법익의 충돌을 의미하며 이 경우에 어느 법익과 헌법적 가치를 우선할 것인가의 문제인 것이다. 이 점에 관하여 필자의 기본적 견해는 대립하는 양 법익을 조화롭게 실현하는 방안을 찾아야 한다는 것이다. 따라서 원칙적으로는 정당해산의 결과로서 소속의원의 의원직을 상실시키도록 하고, 예외적으로 의원 개개인의 활동이 정당의 목적이나 활동과 객관적 연관성을 가지지 않는 경우에는 의원직을 유지시키도록 하는 방안의 논거를 다음과 같이 생각할 수 있다.

첫째, 국회의원이 헌법기관으로서 정당기속과 무관하게 자유위임에 의한 정치활동을 할 수 있는 것은 헌법적인 테두리 안에서 헌법이 추구하는 자유민주적 기본질서를 존중하고 실현하는 것을 전제로 주장할 수 있는 논리이므로 "국회의원이 자유위임을 악용해서 위헌적인 정당에 소속해서 위헌적인 정치활동을 하는 것까지 자유위임의 논리로 보호받을 수 없다"고 할 것이다.[71] 또한 대의제와 자유위임의 원칙은 국민주권과 민주주의를 실현하기 위한 통치구조의 조직원리이며 국가의사결정의 원리로서 "자유위임의 원칙은 민주주의의 일정한 가치를 전제로 하는 개념이 아니며 가치상대적 민주주의와도 조화될 수 있는 의미에서 형식적 원리라 할 수 있지만, 방어적 민주주의는 민주주의의 내용이 자유민주주의라고 하는 가치에 기속될 것을 요구하는 것으로서 이러한 민주주의에 투쟁하는 민주주의의 적에 대해서는 더 이상의 관용을 베풀지 않겠다는 헌법제정자의 의지를 반영하고 있는 점에서 실질적 원리에 해당하므로" 이러한 실질적 원리가 형식적 원리에 우선한다고 볼 수 있다.[72] 그리고 한국의 후진적 정당정치의 현실은 정당소속 의원의 정당에의 기속이 강하며 의원들은 철저하게 정당기율에 복종하는 것을 부정할 수 없다. 국회법상 의원의 자유위임에 입각한 자유투표의 원칙(제114조의2)을 규정하고 있지만 실제로 국가이익을 우선한 자유투표 또는 교차투표(cross-voting)의 가능성은 낮다고 할 때 자유위임원칙을 이유로 정당해산시 정당과 의원을 분리하는 논리는 정당화되기 어렵다. 따라서 정당해산시 원칙적으로 의원직 상실을 규정하는 입법은 정당하다고 할 수 있다.

---

71 허영, 헌법소송법론, 박영사, 2009, 290면.
72 최희수, 앞의 논문, 472면.

둘째, 그렇지만 방어적 민주주의의 결과로서 의원직상실의 효과를 인정한다고 하더라도 방어적 민주주의의 적용상의 한계가 준수되어야 할 것이므로 의원직상실의 여부는 정당해산절차 개시 시점에 의원의 정치활동이 정당의 목적이나 활동과 객관적으로 관련되어 있었는지를 기준으로 의원 개인별로 판단하여야 할 것이다. 따라서 의원이 정당의 위헌적인 목적이나 활동과 객관적인 연관성이 없다는 증거를 제시하면 의원직상실을 면할 수 있도록 할 수 있다.[73]

셋째, 소속 의원들 중에서 지역구의원과 비례대표의원을 구분하여 의원직상실 여부를 판단할 것인가의 문제는, 비례대표의원은 지역구의원에 비하여 실제로 정당기속이 강할 수밖에 없으며 현행 공직선거법에 비례대표의원의 경우 당적을 이탈·변경하는 경우 의원직상실을 규정(제192조 제4항)하고 있는 점에서 볼 때 정당해산시 비례대표의원의 의원직상실을 규정할 수 있다고 볼 수 있으나,[74] 다른 한편 비례대표의원도 지역구의원과 마찬가지로 헌법상 국민의 대표자의 지위를 갖는 점에서는 차이가 없으므로 비례대표의원을 우선적으로 의원직을 상실시키는 것은 평등원칙에 위배되어 공무담임권을 침해하는 문제가 제기될 수 있다. 따라서 이 문제에 관하여는 양자를 구분하지 않고 동일한 기준으로 판단하는 것이 입법재량의 범위에 속한다고 볼 수 있다.

4. 법률의 근거 없는 의원직상실의 헌법재판소결정은 가능한가?

위에서 고찰한 바와 같이 정당해산의 경우 소속의원의 의원직 상실여부에 관하여 의원의 자유위임원칙에 근거한 의원직유지설은 타당하다고 볼 수 없으므로 법률로써 정당해산의 효과로서 의원직상실을 원칙적으로 규정하는 것은 입법형성의 자유에 해당하는 것으로서 문제될 것이 없다. 다만 정당소속의원 전원에 대해 일률적으로 의원직을 박탈하는 것은 곤란하며 의원 개인별 활동이 정당의 위헌적 활동과 관련이 없다는 것이 객관적으로 입증이 되는 경우에는 예외적으로 의원직상실에서 제외시키도록 하는 입법도 가능할 것이다.

---

73 그러나 의원의 개인별 활동에 대하여 정당의 위헌적 활동과의 객관적 연관성을 개별적으로 판단하는 것은 현실적으로 어려운 문제이므로 그 구체적인 판단기준에 관한 연구검토가 필요하다고 하겠다.

74 공직선거법 제192조 제4항은 "비례대표국회의원 또는 비례대표지방의회의원이 소속정당의 합당 해산 또는 제명 외의 사유로 당적을 이탈 변경하거나 2 이상의 당적을 가지고 있는 때에는 … 퇴직된다"라고 규정하고 있는데 여기의 해산은 헌법 제8조 제4항에 근거한 강제해산이 아니라 정당의 자진해산을 의미하는 것으로 보아야 할 것이다. 본 조항의 해산을 강제해산을 포함하는 것으로 해석한다면 정당의 강제해산으로 그 정당소속 비례대표의원은 의원직을 유지하고 이탈 변경할 수 있는 것이 되겠지만 그렇게 해석하는 입장은 거의 없다. 다만 양건 교수는 위 조항의 해산에 강제해산이 포함된다고 보고 비례대표의원은 의원직을 유지한다고 한다. 양건, 앞의 책, 173~174면.

그러나 이번의 통진당사건의 경우에 정당법이나 헌법재판소법 등에 의원직상실여부에 관한 명문규정이 없음에도 불구하고 헌법재판소가 정당해산결정과 함께 의원직상실을 명하는 결정을 내릴 수 있는지의 문제는 그렇게 간단히 판단할 수 있는 것이 아니라고 본다. 헌법재판소는 헌법상의 권한으로 정당해산심판을 관장하지만 국민의 대표자의 지위를 갖는 국회의원의 자격을 박탈할 수 있는 권한은 권력분립의 원칙상 인정되기 어렵다고 할 수 있다. 헌법상 의원의 자격심사와 제명에 대해서는 국회의 자율권으로 보장되고 있으며, 이에 대해서는 법원에 제소할 수 없도록 규정(제64조 제4항)하고 있는 것도 권력분립 원리를 전제로 한 것이기 때문에 헌법재판소가 정당해산결정에 부수하여 의원직상실을 명하는 결정을 내리는 것은 권력분립원리에 위배된다고 할 것이다. 의원직을 상실시키지 않는 경우 정당이 해산되더라도 그 의원들의 활동을 통해 민주적 기본질서에 대한 위협이 계속된다면 이는 정당해산제도의 실효성을 기대할 수 없게 되고 방어적 민주주의정신에도 위배된다는 주장은 타당하다고 볼 수 있지만, 그렇다고 해서 헌법상 통치구조의 기본원리인 대의제원리와 권력분립원리를 침해하면서 의원직상실을 결정하는 것은 정당화되기 어렵다.

그렇다면 정당해산결정을 하더라도 의원직상실에 관한 구체적 법률규정이 없는 한 헌법재판소가 의원직상실을 명할 수 없다고 보는 것이 타당하며, 따라서 해산되는 정당소속 의원의 자격상실여부는 별도로 국회의 자격심사와 징계절차를 통해 자율적으로 해결하는 것이 옳다고 하겠다. 그러나 헌법재판소가 최고의 헌법수호기관으로의 지위에서 정당해산결정과 함께 그 해산결정의 실효성을 확보하기 위해 의원직상실을 결정하더라도 당해 의원들은 그 결정에 불복할 수 없다고 할 것이다.

Ⅳ. 결 어

헌법상 정당해산제도는 헌법적대적 정당으로부터 헌법질서를 예방적으로 수호하기 위한 제도임과 동시에 그 해산심판절차를 헌법재판소의 사법적 절차에 따라 이루어지도록 함으로써 입법권과 행정권에 의한 자의적 해산을 방지하여 정당의 존립과 자유를 보호하는 기능을 수행한다. 이러한 정당해산제도의 이중적 기능 중에서 헌법질서의 예방적 수호에 중점을 두게 되면 결국 정당의 자유 침해를 초래하게 되고 그것은 곧 다원적 민주주의를 부정하게 됨으로써 그 자체가 헌법질서에 대한 중대한 위협이 되는 모순이 나타나게 된다. 이와 같은 정당해산제도의 양면적 성격과 기능은 본질적으로 서로 대립·충돌하는 성질 때문에 정당해산조항의 해석이 딜레마에 빠질 수 있는 문제가 있다. 우리 헌법상의 정당조항은 독일 기본법의 정당조항을 모방한 것으로 독일의 판례와 이론이 우리의 정당조항 해석에 상당한 영향을 미쳐 온 것이 사실이다. 그러나 한국의 헌법사적 배경에 비추어 보면 우리의 정당조항의 채택과 전개과정은 독일의 그것과 거리가 있으며, 1960년 헌법의 정당해산조항은 이승만 정부의 진보당해산의 역사적 경험에 대한 반성으로 정당의 존립과 자유를 고도로 보장하는 입장에서 채택되었다는 점을 간과해서는 안 될 것이다. 따라서 앞으로 우리 헌법의 정당해산조항의 해석에 있어서는 종래의 독일 이론과 판례에 편향된 해석론에서 탈피하여 우리의 헌법현실 및 정치문화적 여건과 조화될 수 있는 새로운 해석방법이 요구된다. 그리고 최근 2000년대에 접어들어 유럽에서의 정당해산제도에 관한 논의로서 '베니스위원회'가 제시한 엄격한 심판기준은 국제사회에 보편적으로 적용될 수 있는 것이므로 우리의 정당조항의 해석에도 긍정적으로 채택될 수 있다고 하겠다.

이번의 통합진보당사건을 계기로 우리의 정당해산제도 전반의 재조명을 위한 학계의 심도있는 연구가 필요하다고 보며, 차제에 정당해산심판에 관한 입법적 미비와 흠결을 보완하는 작업을 서둘러야 할 것이다. 우선 헌법 제8조 제4항과 헌법재판소법 제55조의 정당해산의 실질적 요건에 있어서 불확정개념으로 규정된 "민주적 기본질서에 위배될 때"를 구체적이고 명확하게 규정할 필요가 있으며, 정당법에 정당해산의 효과로서 의원직상실여부에 관한 명문규정을 두어야 하고, 잔여재산의 국고귀속조항도 수정할 필요가 있다고 본다. 해산심판절차에 있어서도 통진당사건의 경험을 통해 드러난 절차적 문제점이 개선 보완될 수 있도록 헌법재판소법에 반영되어야 할 것이다.

<참고문헌>

계희열, 헌법학(상), 박영사, 2005.

계희열 역, 서독헌법원론, 삼영사, 1987.

구병삭, 신헌법원론, 박영사, 1995.

국회도서관, 헌법개정회의록(제4대 국회), 1968.

권영성, 헌법학원론, 법문사, 2010.

권영성, 정당의 해산-서독사회주의국가당(SRP)의 위헌판결, 고시연구 1982. 1월호.

김문현, 정당해산심판에 관한 소고, 성균관법학 제19권 제2호, 2007.

김종철, 민주공화국과 정당해산제도, 동아대학교 법학연구소 동계학술대회 발표논문집(2013. 12).

김철수, 헌법학개론, 박영사, 2007.

김철수, 현대헌법론, 박영사, 1979.

문홍주, 한국헌법, 해암사, 1974.

박규환, 정당해산 심판기준에 관한 연구, 헌법학연구 제14권 제4호, 2008.

박병섭, 정당해산제도에 대한 헌법적 고찰 -독일 기본법을 중심으로-, 민주법학 제9권 제1호, 1995.

송석윤, 정당해산심판의 실체적 요건, 서울대학교 법학 제15권 제1호, 2010.

송석윤, 정당해산제도의 딜레마, 세계헌법연구 제16권 제3호, 2010.

성낙인, 헌법학, 법문사, 2013.

이성환 외, 정당해산심판제도에 관한 연구(헌법재판연구 제15권), 2004.

이성환, 정당해산심판의 절차의 문제점과 개선방향, 세계헌법연구 제10호, 2004.

장영수, 헌법학, 홍문사, 2007.

전광석, 정당해산에 대한 헌법적 및 정치적 이해, 헌법판례연구 제13호, 2012.

정극원, 독일의 헌법수호제도, 세계헌법연구 제14권 제3호, 2008.

정만희, 헌법과 통치구조, 법문사, 2003.

정만희, 헌법강의Ⅱ, 세종출판사, 2013.

정만희, 정당법론, 동아대학교출판부, 1985.

정만희, 헌법 제8조, 주요법령에 대한 주석발간서Ⅰ, 한국헌법학회, 2007.

정만희, 정당의 자유와 법적 규제, 심천 계희열박사 화갑기념논문집 정당과 헌법질서, 1995.

정종섭, 한국헌법론, 박영사, 2013.

중앙선거관리위원회, 대한민국정당사 제1집(1945년~1972년), 1973.

최희수, 위헌정당해산제도에 관한 연구, 심천계희열박사 화갑기념논문집, 정당과 헌법질서,

1995.
한태연, 신헌법, 법문사, 1960.
허 영, 한국헌법론, 박영사, 2009.
허 영, 헌법소송법론, 박영사, 2009.
홍성방, 헌법학, 현암사, 2008.
大石眞, 憲法講義Ⅱ, 有斐閣, 2007.
European Commission for Democracy through Law(Venice Commission), Guidelines on Prohibition and Dissolution of Political Parties and Analogous Measures, 2000.
Leibholz, G., Der Strukturwandel der modernen Demokratie, in: ders, Strukturprobleme der modernen Demokratie, 1958.

17 국회의원의 정당기속과 자유위임*

Ⅰ. 머리말

서구에서의 근대 입헌주의헌법의 성립은 국민주권원리에 입각하여 대의제 민주주의 내지 대표민주제를 통치구조의 기본원리로 채택하게 되었으며, 여기서 대의제 원리는 의회 의원의 국민대표성과 자유위임(무기속위임)의 원칙을 본질적 요소로 하고 있음은 주지하는 바와 같다. 의원의 국민대표성은 지역선거구에 의해 선출된 의원이 그 선거구의 대표가 아니라 전체 국민의 대표자의 지위를 갖는 것을 의미한다. 자유위임의 원칙은 전체 국민의 대표자의 지위에 있는 의원은 자신을 선출해 준 선거구 유권자를 비롯한 어느 누구의 지시나 명령에 구속되지 않고 자유로운 지위에서 오직 자기의 양심에만 구속되는 것을 의미하였다. 이러한 전국민대표성과 자유위임에 기초한 의원의 자유와 독립은 근대 의회제원리의 핵심을 이루는 것이며 오늘날 민주주의국가의 헌법원리로서도 그대로 적용되고 있음은 물론이다.

그러나 현대의 민주주의에 있어서 이러한 고전적 대의제 원리는 정당제의 발달에 따라 그 구조변질이 불가피한 현상으로 나타나게 되었다. 제2차 대전 이후 각국은 정당을 헌법에 명문화하게 됨으로써 정당의 헌법적 편입의 시대, 즉 정당국가화 경향이 본격적으로 전개되게 되었다. 국가적 작용에 있어서 헌법외적 현상에 불과했던 초기의 정당이 오늘날의 민주정치에서 수행하고 있는 헌법적 기능은 민주정치 그 자체의 변용을 초래하게 된 것이다. 그 변용의 내용은 한 마디로 표현한다면 "자유주의적 대의제 내지 고전적 의회제 민주주의로부터 정당국가적 민주주의에로의 이행"이라고 할 수 있다. 정당국가적 민주주의(parteienstaatliche Demokratie)의 현실을 강조하는 라이프홀츠(G. Leibholz)에 의하면 정당국가에 있어서 국민의 일반의사는 종래의 대표제원리에 의하는 것이 아니라 오히려 정당을 통해서만 형성된다고 하고, 정당에 의한 국민의사의 매개·통합작용이 정당국가의 본질인 이상 정당은 국민과 동일시되며 다수당의 의사가 곧 국민의 일반의사로 간주된다는 것이다. 따라서 의회는 자유로운 토론에 기초한 다수결의 장으로서의 본래의 성격을 상실하고 그것은 정당의 명령에 구속을 받는 의원이 집합하여 이미 당론으로 결정된 것을 등록하는 장소에 지나지 않는다고 한다. 따라서 의원은 이미 의회제 하에서 인정된 전국

---

* 「헌법재판연구」 제2권 제1호(헌법재판소 헌버재판연구원, 2016. 6), 117－164면.

민의 대표자로서 자기의 양심에 따라 자유롭고 독립하여 행동하는 것이 아니라 정당의 강제와 규율에 복종하게 되고 정당에 반하는 행동을 할 수 없게 된다는 것이다.[1] 이러한 정당국가적 경향은 전통적 대의제 민주주의원리와 대립하는 것으로서 이 대립·충돌하는 양자를 조화적으로 실현하는 것이 현대 헌법학의 과제의 하나라 하지 않을 수 없다. 이에 관한 대표적 헌법문제로는 정당제를 전제로 한 비례대표의원의 당적변경·이탈의 경우 그 의원의 의원직상실 여부에 관한 논의가 이미 독일의 바이마르헌법 시대부터 전개되어 왔으며, 오늘날 각국에서도 이 문제에 관한 논의는 정당국가적 현실에서의 의원의 지위의 변질에 관한 본질적 문제로서 다루어지고 있다.[2]

한국헌법에 있어서도 국민주권의 원리와 대의제 민주주의를 기본원리로 채택하고 있으며 국회의원의 국민대표성과 자유위임 내지 무기속위임의 원칙에 관한 근거규정을 두고 있다. 현행 헌법 제46조 제2항에 "국회의원은 국가이익을 우선하여 양심에 따라 직무를 행한다"고 규정하고 있는 것을 비롯하여 제7조 제1항의 공무원의 "국민전체에 대한 봉사자"로서의 지위, 제45조의 국회의원의 면책특권에 관한 규정도 국회의원의 국민대표성과 자유위임의 원칙을 전제로 한 것으로 해석되고 있다.[3] 나아가 국회법은 제114조의2에 "의원은 국민의 대표자로서 소속정당의 의사에 기속되지 아니하고 양심에 따라 투표한다"라고 하여 자유위임에 입각한 자유투표의 원칙을 규정하고 있다. 한편 우리 헌법은 정당국가적 경향을 지향하는 입장에서 제8조에 정당조항을 두고 있으며 정당법과 정치자금법 등에 의하여 정당에 대한 법적 규제와 함께 정당재정의 국고보조 등 일련의 국가적 보호를 규정하고 있다. 이와 같이 헌법에 직접 정당제도를 명문화함으로써 정당국가적 민주주의를 지향하는 헌법현실에 있어서 의원은 국민대표자의 지위와 함께 정당대표자 내지 정당원으로서의 지위를 동시에 갖게 됨으로써 이 두 가지 지위가 서로 충돌하는 문제가 제기되어 왔다. 이는 곧 고전적 대의제 민주주의의 구조나 기능의 변질을 초래하는 심각한 헌법문제의 대두를 의미하는 것이며, 그에 따라 의회제 민주주의원리와 정당국가적 현실간의 대립과 모순을 어떻게 조화적으로 실현시킬 것인가의 문제는 우리의 정치현실에 있어서도 중요한 헌법적 논점이 되고 있다고 할 수 있다.

---

1 G. Leibholz, Der Strukturwandel der modernen Demokratie, in: ders, Strukturprobleme der modernen Demokratie, 1958, S. 93ff; 주수만 역, 현대민주정치론, 서문당, 1979, 144면 이하; G. Leibholz, Verfassungsstaat－Verfassungsrecht, 1973; 권영성 역, 헌국국가와 헌법, 박영사, 1976, 93면 이하; 정만희, 정당법론, 동아대출판부, 1985, 19－24면.

2 바이마르헌법시대 이후의 독일과 오스트리아, 일본 등에서의 자유위임원리와 의원직상실문제에 관한 헌법논의로는 山本悅夫, 國民代表論, 向學社. 1997, 26면 이하 참조.

3 헌법재판소도 자유위임의 원칙과 관련하여 "헌법 제7조 제1항, 제45조, 제46조 제2항의 규정들을 종합하면 헌법은 국회의원을 자유위임의 원칙하에 두었다고 할 것이고"라고 판시하고 있다. 헌재 1994. 4. 28. 92헌마153, 판례집 6－1, 153.

우리의 공직선거법상 비례대표 의원의 경우 소속 정당을 이탈·변경하는 때에는 의원직을 상실하도록 규정(제192조 제4항)하고 있는 것도 의원의 자유위임보다는 정당국가적 민주주의에서의 의원의 정당기속을 반영하는 것임은 말할 것도 없다. 그러나 비례대표 의원의 경우 당적이탈·변경으로 의원직상실을 규정하는 것에 대해서는 의원의 자유위임의 원칙상 허용되기 어렵다고 보는 반론이 있다.[4] 그리고 당론과 다른 견해를 가진 소속 국회의원을 당해 교섭단체의 필요에 따라 다른 상임위원회로 전임(사·보임)하는 조치에 대하여 헌법재판소는 특별한 사정이 없는 한 헌법상 용인될 수 있는 '정당내부의 사실상의 강제'의 범위 내에 해당한다고 판시한 바 있다.[5] 이러한 헌법재판소 판례의 태도는 의원의 자유위임보다는 의원의 정당기속이라는 헌법현실을 강조하는 입장이라고 할 수 있다. 그 밖에 최근의 통진당해산심판사건에서 위헌정당해산결정의 효과로서 소속의원의 의원직 상실을 명한 헌법재판소 결정도 의원의 국민대표성과 자유위임보다는 의원의 정당기속의 현실을 우선하는 입장으로 비춰지고 있다고 할 수 있다. 헌법재판소는 엄격한 요건 아래 위헌정당으로 판단하여 정당해산을 명하는 것은 헌법을 수호한다는 방어적 민주주의의 관점에서 비롯된 것이므로 이러한 비상상황에서는 국회의원의 국민대표성은 부득이 희생될 수밖에 없다고 하고, 해산정당 소속의 국회의원의 의원직을 상실시키지 않는 것은 결국 정당해산제도가 가지는 헌법수호기능이나 방어적 민주주의 이념과 원리에 어긋나는 것으로 정당해산결정의 실효성을 확보할 수 없게 된다고 판시하였다.[6] 이러한 헌법재판소의 입장은 이 문제에 관한 기존의 학계의 다양한 논의와는 상당한 거리가 있는 것이라 하지 않을 수 없다.[7][8]

최근 헌법재판소의 위헌정당해산청구 사건을 계기로 하여 정당해산의 효과로서 소속정당 의원의 의원직 상실여부에 관한 구체적 입법이 시급히 행해져야 함은 물론이지만 그 입법론적 보완·정비를 위한 전제로서 의원의 자유위임과 정당기속의 헌법문제에 대한 재검토가 근본적으로 요청된다고 하겠다. 본고에서는 대의제원리와 자유위임의 원리의 성

4 계희열, 당적변경과 의원직, 금랑김철수교수화갑기념『현대법의 이론과 실제』, 1993, 113면 이하.

5 헌재 2003. 10. 30. 2002헌라1.

6 헌재 2014. 12. 19. 2013헌다1.

7 종래 학계에서의 정당해산과 소속의원의 의원직상실 문제에 관한 주요 문헌으로는 김문현, 정당해산심판에 관한 소고, 성균관법학 제19권 제2호, 2007, 1면 이하; 이성환·정태호·송석윤·성성제, 정당해산심판제도에 관한 연구, 헌법재판소, 2004, 264면 이하; 전민형, 정당해산심판 결정의 유형과 법적 효과, 안암법학 제44호, 2014, 109면 이하; 최희수, 위헌정당해산제도에 관한 연구, 정당과 헌법질서, 심천계희열박사 화갑기념논문집, 1995, 444면 이하; 정만희, 정당해산심판의 헌법적 쟁점–정당해산심판의 요건과 효력을 중심으로–, 공법연구 제42집 제3호, 2014, 105면 이하.

8 통진당해산결정에 대한 긍정적 입장에서의 판례평석에 관하여는 장영수, 통합진보당 해산결정의 주요 쟁점, 법조 2015. 3(702호), 109면 이하; 정부의 통진당해산심판청구에 대한 비판적 견해로는 한상희, 위헌정당해산심판제도, 그 의미와 문제점 -통합진보당 사건과 관련하여–, 민주법학 제54호, 2014.

립과정과 현대헌법적 의의를 재조명하고, 오늘날의 정당국가적 민주주의에 있어서 의원의 지위의 변질에 따른 의원의 정당기속에 관한 구체적 문제들을 관련학설의 검토와 헌법재판소 판례의 분석을 통하여 한국의 현 헌법상황에 있어서 대의제원리와 정당제 민주주의의 규범조화적 해석의 필요성을 제시하도록 한다.

Ⅱ. 대의제 민주주의와 자유위임의 원칙

1. 국민주권원리와 대의제민주주의

국민주권원리에 기초한 근대 입헌주의헌법은 민주주의를 국가의 구성원리로 하여 전개되어 왔다. 헌법의 기본원리로서 민주주의란 국가의 의사결정은 국가구성원이며 주권의 주체인 국민에 의해 결정되어야 한다는 것을 의미한다. 즉 국가공동체의 문제는 공동체의 구성원이 결정할 때 정당화된다는 원리를 뜻한다. 이 점에서 민주주의는 한마디로 국민주권에 기초한 '국민의 자기지배' 내지 '국민에 의한 통치'(government by the people)의 원리를 의미한다. 이러한 민주주의원리에 의한 국가의사결정의 방식은 국민이 직접 국가의사를 결정하는 방식과 국민이 대표자를 선정하여 그들로 하여금 국가의사를 결정하게 하는 방식이 있다. 전자는 직접민주주의 방식이며 후자는 간접민주주의 내지 대의제민주주의(대표민주제) 방식에 해당한다. 근대입헌주의 국가에서의 민주주의는 간접민주주의 내지 대의제민주주의를 원칙으로 채택하게 되고 예외적으로 직접민주주의적 요소를 가미하고 있는 것이 일반적이다.[9]

주지하는 바와 같이 대의제민주주의는 역사적으로 서구 입헌주의의 전개과정에서 의회주의 내지 의회제를 본질적 요소로 하여 발전하게 된 것이다. 의회제의 기원은 중세의 등족회의에서 찾을 수 있으나 근대 의회제는 17세기 영국의 시민혁명의 단계에서 그 성립시기를 찾을 수 있다. 의회주의(parliamentarism)는 국민에 의해 민주적으로 선거된 의원들로 구성된 합의체로서의 의회가 국민의 대표기관의 지위에서 다수결원리로써 입법·재정·국정통제 등에 관한 국가의사를 결정하는 정치방식을 의미한다.[10] 의회주의의 구성원리

9 민주주의를 현실적 관점에서 볼 때 의회주의를 중심으로 하는 대의민주주의는 불가피한 것이기 때문에 여기에 치자(治者)와 피치자(被治者)가 존재하게 되고 소수의 엘리트에 의한 지배가 행해질 수밖에 없다. 따라서 민주주의의 당위성으로서 '국민에 의한 지배' 내지 '국민의 자기지배'의 원리는 현실적으로 국민의 신탁에 의한 지배, 즉 국민의 신임에 기초한 대표자에 의한 통치를 의미하게 된다. 말하자면 대의제민주주의에 있어서 모든 권력의 행사는 국민이 행사하는 것이 아니라 국민의 신임에 기초하여 국민이 위탁한 것을 대표자가 행사하게 되는 것이다. 대의민주주의의 불가피성에 관하여는 계희열, 헌법상(상), 박영사, 2005, 221면 이하.

10 의회주의의 원리에 관하여는 정만희, 헌법과 통치구조, 법문사, 2003, 19면 이하 참조.

로는 국민대표의 원리와 다수결원리를 본질적 요소로 하고 있다. 즉 의회는 한편으로는 국민을 대표하는 성격을 갖고 있으며 여기서 국민과 대표자의 관계는 명령적 위임이 금지되는 '자유위임'내지 무기속위임을 원칙으로 하게 된다. 자유위임의 원칙에 의해 의원은 선거인으로부터 독립된 법적 지위를 갖게 되며 선거인의 지시나 명령에 구속되지 않는 자유로운 지위에서 국정에 참여하게 된다.[11] 그러나 국민대표와 자유위임의 원리는 오늘날의 헌법현실에 있어서는 그 본래의 의미가 크게 왜곡되고 있음을 부정하기 어렵다. 국민대표의 원리는 현대의 다원적인 국민의 의사와 이익을 실제로 공정하고 효과적으로 의회에 반영할 수 있는 제도 내지 기술이 요청되지만 이러한 대표의 실현은 선거법 내용의 불완전성에 의해 제약을 받고 있다. 더욱이 20세기의 행정국가의 등장은 정부에 대한 의회의 입장을 상대적으로 저하시키게 되었으며, 나아가 현대의 정당국가적 경향은 고전적 의회주의와 자유위임원칙의 변질을 초래하게 되어 의회주의의 위기론이 대두되기에 이른 것이다. 이러한 의회주의의 기능저하와 의회의 권위상실은 현대의 민주주의국가에 거의 보편적인 현상으로 나타나고 있다.[12]

2. 대의제 원리의 핵심요소로서 자유위임 원칙의 전개

(1) 자유위임의 원칙의 의미

일반적으로 자유위임(freies Mandat, free mandate)의 원칙은 '명령적 위임의 금지' 또는 '강제위임금지'의 원칙과 같은 의미로 사용되고 있다. 근대 입헌주의국가에 있어서 국민주권에 입각한 국민대표제 내지 대의제원리의 채택은 그 당연한 귀결로서 자유위임의 원칙을 요청하게 되었다. 자유위임이란 의회 의원은 자신을 선출해 준 선거구 선거인의 대표를 의미하는 것이 아니라 전국민의 대표자를 의미하기 때문에 선거인의 지시나 명령에 구속되지 않고 오직 자기의 양심에만 구속되는 자유로운 지위에서 의정활동에 참여하는 것을 말한다.

이러한 근대 의회제에 있어서 자유위임의 원칙은 근대 이전의 의회에 해당하는 중세의 등족회의에서의 '명령적 위임'과 본질적으로 구별되는 개념이다.[13] 명령적 위임이란 중세 유럽의 등족회의를 구성하는 각 신분적 집단의 대표자와 그 집단 간의 관계를 의미하는 것이었다. 등족회의는 신분적·직업단체적·지방적 대표자들로 성립되었으며 그것은 당시 사회의 신분적 집단(귀족·승려·시민)을 비롯한 직업단체(각종 길드), 지방적 집단의

11 정만희, 앞의 책(주10), 21면 이하.
12 정만희, 앞의 책(주10), 27면 이하.
13 정만희, 정당국가와 무기속위임의 원칙, 동아법학 제16호, 1993, 11면 이하.

연합으로 성립된 것을 반영한 것이었다. 여기서 의회는 각 집단의 특수이익을 국왕에 전하는 자문기관에 불과하였으며 의회의 역할은 사회를 구성하는 제집단의 특수이익을 대표하는 데 있었다. 따라서 각 집단의 대표자는 자기가 대표하는 집단의 이익을 충실히 국왕에 전달하도록 요구받게 되었으며 집단과 그 대표자 사이의 법적 관계는 사법상의 대리관계 내지 위임관계를 의미하였다. 즉 대표자는 그 선출모체인 집단의 대리인에 불과하며 집단과 대리인 사이에는 기속적 위임의 관계가 성립하고 대리인은 집단의 명령에 법적으로 구속되는 것이다. 여기서 각 신분적 집단의 대리인은 수권범위 밖의 행위로 인하여 위임자인 집단에게 손해를 발생시킨 경우에 대리인은 배상책임을 부담하였으며 대리인의 의무위반의 경우 계약내용에 따라 언제든지 계약을 해제(파면)할 수 있었다. 국왕으로부터 자문을 받은 문제에 대해 집단으로부터의 명령이 불명확하거나 존재하지 않는 경우에는 재량의 범위를 넘어 자유롭게 답신하는 것이 허용되지 않았으며 자기가 대표하는 집단에 다시 묻지 않으면 안 되었던 것이다. 말하자면 대표자(대리인)는 집단의 의사표명의 도구에 지나지 않았으며 제집단은 그 대표자를 통하여 의회에 존재하였으며 그것은 대표제라기보다는 명령적 위임을 수단으로 하는 직접제를 의미하는 것이었다.[14]

이러한 명령적 위임의 제도는 중세 신분제의회가 근대 의회제로 이행하게 됨에 따라 부정되게 되었다. 명령적 위임의 금지는 의회에 있어서 심의의 신속화라고 하는 실질적인 이유뿐만 아니라 의회가 국민 전체를 대표하는 국민대표기관으로서의 성격으로부터 의회의원은 선거인의 지시나 명령에 구속되는 것이 허용되지 않게 되었다는 데에서 그 이유를 찾을 수 있다. 다시 말하면 자유위임원칙을 인정하는 현실적 이유로는 다양하고 가변적인 국민의사로부터 대의기관의 의사결정의 자주성과 독립성을 보장하여 의회에서의 다수형성을 용이하게 하여 신속한 국가의사결정을 가능하게 하는 데 있으며, 자유위임원칙의 이념적 근거는 국민의 대표자로서의 인격이나 능력, 자질의 우수성 등에 있는 것이 아니라 그 대표자로 하여금 소속선거구의 선거인이나 소속계층 또는 소속정당의 개별적 의사와 부분이익에 구속되지 않고 국민 전체의 이익을 위한 국가의사를 결정할 수 있도록 하는 데 있는 것이다. 여기에서 자유위임의 원칙은 이른바 '경험적 국민의사'에 대한 '추정적 국민의사'의 우선원칙이 적용되고 국민의 부분이익보다는 전체이익을 우선해야 하는 것을 의미하게 된다.[15] 그러나 오늘날 보통선거제가 확립된 대중민주주의시대에 있어서는 추정적 국민의사의 우선원칙은 수정이 불가피하게 되었으며 경험적·현실적 국민의사도 존중

14 高橋和之, 國民代表, 芦部信喜 編, 憲法の基本問題, 1988, 19면.

15 자유위임 또는 무기속위임의 원칙에 관한 상세한 내용은 허영, 헌법이론과 헌법, 박영사, 2001, 768면 이하; 정종섭, 대의제에 관한 비판적 연구, 연세대학교대학원 박사학위논문, 1989, 181면 이하.

하여 양자의 조화적 실현을 기하는 것이 현대 대의제민주주의의 과제로 인식되고 있다고 할 수 있다.[16] 따라서 현대국가의 자유위임원칙은 근대의 고전적 의미의 무제한적인 자유위임으로 해석되기 어려우며 선거를 통해 형성된 국민의 의사를 존중하면서 의원의 양심에 비추어 그 국민의 의사를 따르는 것이 국민전체의 이익이 되지 않는다고 판단될 때 자신의 독자적 판단에 의해 행동할 수 있다는 의미로 해석될 수 있다는 것이다.[17]

(2) 영국의 근대 의회제와 자유위임 원칙의 성립

서구에서 근대 의회제의 성립에 따른 국민대표제와 자유위임의 원칙은 의회제의 모국인 영국에서 17세기경부터 서서히 생성되어 18세기에 확립되었다고 볼 수 있다. 영국의회는 중세로부터 근대에 이르기까지 오랜 기간동안 서서히 그 지위를 향상시켜 왔지만 최초에는 순전히 국왕의 자문기관에 지나지 않았으며 조세동의권을 계기로 하여 의회는 입법권을 수중에 넣게 됨으로써 완전한 정치권력으로서의 지위를 갖게 되었다. 그리하여 국왕이 점하고 있던 국정상의 지위는 명예혁명을 계기로 의회가 국왕과 함께 또는 국왕에 대신하여 차지하게 되었다. 여기에서 의회는 이미 과거와 같은 계급적 특수이익을 국왕에 대해 대표하는 기관이 아니며, 전국민 또는 국가의 이름으로 국민의 일반의사를 표명하는 국가권력기관의 지위를 갖게 된 것이다. 따라서 대표자는 이미 과거의 특수이익의 대표자에 만족할 수 없게 되고 그 직책은 특수이익을 대표하는 동시에 일반이익을 대표하는 입장에 서게 되었다. 그리하여 근대 의회의 의원은 부분이익 내지 특수이익에 법적으로 구속되어서는 안 되게 되었다. 의원은 의회에서의 토론을 통하여 특수이익과 일반이익을 매개하게 되지만 토론의 결과로서 일반의사가 도출되기 위해서는 대표자가 특수이익에 구속되지 않고 오로지 자기의 양심에 따라 자유롭게 투표하는 것이 요구되었다. 여기서 대표자는 자기의 선출모체인 집단의 대리인이 아니며 전국민의 대표자라고 하는 국민대표의 관념이 성립하게 된 것이다.

영국에서 국민대표원리의 성립은 영국 의회의 권력획득과정 자체가 극히 장기적이고 완만하게 전개된 것과 마찬가지로 서서히 점진적으로 형성되어진 것이므로 그 성립시점을 명확하게 판단하는 것은 어렵지만 일반적으로 18세기 후반 에드먼드 버크(Edmund

16 이 점에서 현대 민주국가의 대의제원리는 추정적 국민의사와 경험적 국민의사를 동시에 존중하지 않으면 안되게 되었으며 그에 따라 대의제도의 본질적 골격을 그대로 유지하면서 경험적 국민의사를 최대한 존중하기 위해 정당국가원리와 직접민주제요소가 채택되어 양자의 조화적 실현에 노력하게 되었다고 할 수 있다. 이러한 대의제의 현대적 실현형태에 관한 설명은 허영, 한국헌법론, 박영사, 2007, 660면.

17 자유위임원칙의 현대적 의미와 그 한계에 관하여는 박경철, 당적이탈·변경시 의원직상실의 법리, 헌법학연구 제7권 제4호, 2001, 87면 이하.

Burke)가 선거전에서 행한 유명한 브리스톨 연설(1774)에서 이 관념이 전형적으로 표현되고 있다고 한다. 버크에 의하면 의회는 공통의 이익을 위한 전국민의 합의체이며 의원은 일단 선출되면 전국민을 대표하여 독립적으로 행동하고 자신의 양심에만 책임을 진다는 것이다. 이러한 버크의 이론에 대해 뢰벤슈타인은 의회 의원이 선거권자의 지시나 명령에 구속되지 않는 '진정한 대표위임'(authentic representative mandate)을 의미한다고 하였다.[18] 이러한 버크의 사상은 자유위임원칙을 기반으로 근대 대의제이론의 효시로 간주되고 있다.[19]

(3) 프랑스의 국민주권이론과 자유위임의 원칙

영국에서 장기간에 걸쳐 관행적으로 확립된 국민대표의 관념은 프랑스에서는 1789년에 시작된 프랑스 대혁명 속에서 일거에 확립하게 되었다. 그렇기 때문에 프랑스의 국민대표이론은 보다 체계적 이론으로 정밀화되어 그 자체가 교의적 색채를 강하게 띠고 있으나 국민대표의 본질을 보다 선명하게 표현한 것이라고 볼 수 있다. 그 가장 큰 특징은 국민대표를 국민주권론과 결합시킨 점에 있다.

프랑스 혁명 전 구체제(앙시앙 레짐)의 군주주권론 하에서는 국왕이 주권자이었으나 혁명의 결과 국민이 주권자로서 국왕의 지위를 대신하게 되었다. 그런데 여기서 '국민'이란 어떠한 개념을 의미하는 것인가가 문제되었다. 앙시앙 레짐의 도식에서는 일방에 국왕이 있고 다른 일방에 집단 연합체적 사회로부터 구성된 국민이 있었다. 이러한 의미의 국민이 직접 그대로 국왕을 대신하여 주권자가 된 것은 아니었으며 이 앙시앙 레짐적 국민은 혁명의 가운데에서 부정·해체되어 새로운 '국민' 관점으로 변질되기에 이르렀다. 즉 사회의 구성단위이었던 신분적 집단이 해체되고 개개인이 새로운 구성단위로 승인된 것이다. 여기서의 국민은 중간적 집단에 의해 매개되지 않고 직접적으로 개개인의 집합체로서 성립된 것을 의미한다. 근대 프랑스 의회의 전신인 삼부회가 혁명의 초기에 그 신분적 구성이 부정되어 국민의회로 변신하게 된 것은 바로 국민관념의 변화를 상징하는 사건이었다.

주권자로서의 국민이 개개인의 집합체로서 관념되는 경우 그 국민의 개념에 관하여는 당시 구체적으로 인민(peuple)주권론과 국민(nation)주권론의 구별이 있었다. 루소(Rousseau)의 사회계약론에 입각한 인민주권에 있어서는 주권의 주체는 사회계약에 참가하는 시민의 총체, 즉 유권자의 총체로 보는 것이었으나, 시에예스(Sieyes)의 국민주권에

18 K. Loewenstein, British Cabinet Government, Oxford Univ. Press, 1967, p.93.

19 버어크의 대의제이론에 관하여는 Karl D. Bracher, The Crisis of Modern Parliaments, in: Macrid & Brown, Comparative Politics, The Dorsey Press, 1977, P.395.

있어서는 주권의 주체가 인민과 구별되는 국적 보유자의 총체로서 시민의 총체보다 한층 더 추상적인 관념인 것이다. 이러한 두 원리의 구별은 프랑스 혁명의 역사적 대항관계 속에서 출발한 것이었으나 1791년 프랑스헌법은 시에예스의 국민(nation)주권론에 입각하여 의원의 국민전체의 대표성과 함께 명령적 위임의 금지를 규정하게 되었다.[20]

국민주권론에 의해 의원은 자기 선거구의 특수이익을 대표하는 것이 아니라 전국민의 이익을 대표하는 것이 되었으며, 의원은 선거구에 의해 선출되더라도 주권의 행사를 헌법에 의해 국민으로부터 직접적으로 부여받은 것이 되고 자기의 선거구의 의사로부터 자유롭게 그 권한을 행사하는 것이 되었다. 또한 선거인의 역할은 그의 선거구의 특수이익의 대리인을 선발하는 것이 아니라 전국민의 대표자를 선출하는 것이므로 선거인도 일반이익의 입장에서 누가 대표자로 적합한지를 판단할 수 있는 자격을 가져야 했던 것이다. 이러한 능력을 갖추기 위해서는 그 나름의 교양과 재산이 필요하다고 하면 그러한 조건에 의한 선거권의 제한은 당연히 인정될 수밖에 없었던 것이다. 즉 개인은 주권을 갖는 것이 아니기 때문에 선거권은 주권의 행사라는 의미가 아니라 오히려 공무의 수행에 지나지 않기 때문에 선거권을 제한하는 것은 이론상 문제가 없는 것이었다. 그리하여 1791년 프랑스헌법은 시에예스의 국민주권론의 기본구조를 채택하여 국민대표제와 명령적 위임금지를 규정하였으며 국민대표의 선출에 있어서는 제한선거를 채택하였던 것이다. 국민주권의 헌법 하에서 보통선거제가 채택된 것은 20세기에 들어와서 가능하게 되었다.

(4) 독일의 대의제와 자유위임의 원칙

영국이나 프랑스에 비해 대의제의 발전이 뒤늦게 이루어진 독일에 있어서 자유위임 내지 강제위임금지의 원칙은 1850년의 프로이센헌법, 1871년 비스마르크헌법, 그리고 1919년 바이마르헌법에서 이에 관한 명문규정을 볼 수 있다. 특히 바이마르헌법은 제21조에 "의원은 전국민의 대표자이다. 의원은 오직 자기의 양심에 따르며 위임에 구속되지 아니한다"라고 하여 의원의 국민전체의 대표자의 지위와 자유위임의 원칙을 규정하였다.[21]

---

20 인민주권론에 의하면 국가의사(일반의사)의 결정은 전체 시민의 참가에 의해서만 가능하다고 하여 직접민주제를 원칙으로 하고 예외적으로 명령적 위임에 의한 의회제를 인정하게 된다. 루소의 인민주권론은 민중의 정치참가를 확보하여 민중해방에 봉사하는 원리로 전개되었다고 할 수 있다. 인민주권과 국민주권의 개념 및 구별에 관하여는 한태연, 헌법학, 법문사, 1983, 141면 이하; 권영성, 헌법학원론, 법문사, 2010, 132면 이하. 杉原泰雄, 國民代表, 憲法學の基礎概念 I, 勁草書房, 1983, 97면 이하.

21 바이마르헌법은 1919년 제정당시 영국과 프랑스 등 이웃나라들의 대의제를 수용하였으나 직접민주주의적 통치제도를 이상으로 삼고 제정된 것이라고 보는 견해가 있다. 프랑스의 의회제에서 철저히 배척되었던 의회해산제도를 채택하고 대통령의 직선제와 강력한 지위를 규정한 것 등은 국민투표적 직접민주제의 성격이 강한 통치구조를 의미하는 것이며 이러한 대통령의 의회해산권에 대해 칼 슈미트는 의회의 의사보다는 국민의 의사를 존중하기 위한 바이마르헌법의 핵심제도라고 평가하였다고 한다. 허영, 앞의 책(주16), 654면.

전후의 독일기본법도 제38조 제1항 제2문에 "의원은 전국민의 대표자로서 명령과 지시(Auftrage und Weisungen)에 구속되지 않으며 오직 자신의 양심에만 따른다"라고 규정하여 바이마르헌법상의 자유위임원칙의 규정과 문언상 표현은 동일하지 않지만 그 내용은 같은 것으로 규정하였다. 이 기본법상의 의원의 국민대표성과 자유위임조항은 기본적으로 다음과 같이 해석되어 왔던 것이다. 먼저 의원이 '전국민의 대표자'라는 것은 국민대표제의 원리로부터 국민의 의원에 대한 자유위임 내지 무기속위임이 당연히 인정된다는 것이며 동시에 연방의회도 국민대표의 성격을 갖는다는 것이다. 여기서 자유위임은 선거구의 선거인에 대해서만이 아니라 모든 종류의 조직화된 이익단체에 대하여도 의원의 독립과 자유를 보장한다는 것으로 해석되는 것이다. 그리고 의원이 명령이나 지시에 구속되지 않는다는 규정은 자유위임의 법적 효과를 의미하는 것으로 명령이나 지시 자체가 금지된다는 것을 의미한다. 이러한 자유위임에 관한 규정으로부터 의원활동의 자유와 독립이 보장되며 의원활동의 자유는 의원의 원내에서의 발언과 표결에 대한 면책특권으로서 강하게 보장되는 것이다. 또한 자유위임은 의회 의석의 유지라는 점에서도 의원을 보호한다. 즉 자유위임은 의원에게 특정의 행위를 강제하기 위하여 의원의 지위를 그의 자유의사에 반하여 박탈하는 것을 금지한다는 의미를 가진다.

이러한 자유위임의 원칙의 채택은 기본법 제정 이전의 바이마르헌법시대부터 부정적 견해가 없지 않았으며 고전적 자유위임원칙의 규정에 대해서는 정당국가론자들로부터 시대착오적인 19세기의 선언적 유물이이라고 비판받기도 하였다.[22] 그럼에도 불구하고 정당이나 교섭단체, 그 밖의 세력으로부터 의원의 의사형성에의 영향으로부터 의원을 보호하여야 한다는 의견이 압도적이었기 때문에 자유위임의 원칙은 의원의 자유와 독립을 보장하기 위하여 그대로 채택된 것이다. 그러나 이 자유위임의 조항과 함께 독일기본법은 제21조에 정당조항을 동시에 규정하게 됨에 따라 두 조항간의 긴장관계와 충돌이라는 헌법상황이 현실적으로 대두하게 되었다. 특히 1970년대에 들어서 독일에서 의원들의 소속정당 이탈·변경에 따른 의원내각제 운영상의 중대한 문제점이 제기되면서 의원의 정당기속의 강화를 위해 당적변경 의원에 대한 의원직상실의 입법화에 관한 논의가 활발하게 전개됨으로써 자유위임과 의원의 정당기속에 관한 헌법해석론이 헌법학의 주요 과제로 등장하게 되었다.

(5) 소 결

서구에서의 근대적 의회제의 성립으로 형성된 국민대표원리와 자유위임원칙은 중세

---

22 독일에서의 자유위임원칙 조항의 채택에 대한 비판적 견해의 소개로는 계희열, 앞의 논문(주4), 113면 이하.

적 등족회의에서의 신분제 계급의 특수이익의 대표와 강제위임 원칙의 부정에서 출발된 것을 의미한다. 영국의 근대 의회제는 중세적 등족회의가 명예혁명을 계기로 점진적으로 국민대표기관으로 발전하면서 18세기 후반 버크의 이론에 의해 자유위임원칙이 확립되었다. 프랑스의 경우는 시민혁명의 결과 구체제를 타파하면서 시에예스의 국민주권원리가 채택됨에 따라 의원의 국민전체의 대표성과 자유위임원칙이 확립되었다. 독일은 대의제의 후발국가아면서 바이마르헌법과 전후 기본법에 자유위임원칙을 명문화한 것이 특징이다. 독일 기본법상 대의제의 자유위임원칙에 관한 헌법해석은 오늘날 정당국가와 대의제 원리를 둘러싼 헌법문제의 이해에 커다란 영향을 미치고 있음을 부정할 수 없다.

3. 한국헌법과 자유위임의 원칙

우리 헌법상 국회의원은 국민전체의 대표자로서의 지위를 갖는다. 국회가 헌법상 국민대표기관의 지위를 가지므로 국회의 구성원인 의원은 자신을 선출한 유권자의 명령적 위임에 구속을 받지 않고 오로지 자기의 양심에 따라 전체국민을 위하여 행동하여야 하는 자유위임의 관계에 있기 때문에 국회의원도 국민대표성을 가지는 데에는 의문의 여지가 없다. 우리 헌법은 국회의원의 국민대표성에 관한 직접적인 명문규정을 두고 있지 않으나, 헌법 제7조의 "국민전체에 대한 봉사자"로서의 공무원의 지위에 관한 규정과 헌법 제45조의 국회의원의 면책특권에 관한 규정 및 헌법 제46조 제2항의 "국회의원은 국가이익을 우선하여 양심에 따라 직무를 수행한다"는 규정에서 국회의원의 국민전체의 대표자의 지위를 인정하는 근거를 찾을 수 있다.[23] 이와 같이 국회의원은 국민대표자로서 선거민의 위임에 구속되지 않고 오로지 자기의 양심에 따라 전체국민의 이익을 위하여 행동하여야 하는 것을 의미하므로 선거시의 선거공약에 법적으로 구속되지 아니한다. 따라서 국회의원은 적극적으로 자신의 정치적 도의적 양심에 따라 공익을 지향하는 국민전체의 의사를 형성하여야 하며, 소극적으로는 자신이 속한 정당의 의사나 자신을 선출한 유권자의 의사 및 사회의 부분이익을 관철하려는 각종 이익단체의 의사로부터 독립하여야 하는 것이다.[24]

그러나 국회의원의 국민대표자의 지위와 자유위임을 인정하면서도 다른 한편 의원의 지역대표성의 인정여부를 둘러싼 논의가 있다. 국회의원이 지역단위의 선거구에서 선출된다고 해서 지역대표로서의 지위를 갖는다고 볼 수 없음은 이미 각국에서의 근대 의회제의 성립과정에서 확립된 자유위임의 원칙으로부터 당연한 것이다. 다만 현실적으로 지역

23 헌재 1994. 4. 28. 92헌마153, 판례집 6-1, 153.
24 전광석, 한국헌법론, 집현재, 2015, 677면.

구의원은 선거과정에서 선거구민의 의사에 사실상 기속되는 점이 있음은 부정할 수 없다고 하더라도 그 이유 때문에 의원의 지역대표자의 지위를 법적으로 인정할 수 없는 것이다. 이와 관련하여 헌법재판소는 국회의원선거구획정과 인구불평등에 관한 헌법적 판단에 관한 1995. 12. 27. 95헌마224등 사건에서 제시된 국회의원의 지역대표성을 인정하는 견해(재판관4인 의견)[25]는 타당하다고 볼 수 없다.[26]

Ⅲ. 정당국가화와 의원의 정당기속 문제

1. 정당국가의 등장과 대의제 민주주의의 구조변질

근대적 정당의 발생은 근대국가의 성립이라고 하는 역사적 조건하에서 언론과 집회의 자유의 인정 및 시민계급의 대두와 그 시민층의 정치적 거점인 의회의 발달에 기인한 것이라 할 수 있다. 정당은 의회내의 회파로부터 출발하여 선거인과 의회를 매개하는 조직으로 성장하여 오늘날에는 정치권력의 획득과 유지를 목적으로 결합된 정치적 행동통일체로서, 그것은 국민과 국가기관을 매개하는 '중개적 권력체'의 지위에서 국민의 정치적 의사형성에 참여하는 중요한 공적 기능을 수행하게 되었다. 그러나 의회제의 전개과정에서 초기의 정당은 국가로부터 적대시 내지 무시의 단계를 벗어나지 못하였다. 서구에서 근대적 대중정당이 형성·발전하게 된 것은 선거권의 비약적 확대를 가져온 19세기 후반이지만,[27] 당시 고전적 대의제원리에 의하면 의원은 선거민에 대한 책임에 구속되지 않고 전국민의 대표로서 양심에 따라 활동하는 것이었으며, 의원은 교양있는 국민의 선량(選良)으로서 의회 내에서의 자유로운 토론을 통해 국민의 일반의사가 결정된다고 생각하였기 때문에 이러한 의원의 자유와 독립을 구속할 위험성이 있는 정당에 대해서는 국가의 태도도 부정적일 수밖에 없었다.[28]

그 후 20세기에 들어와 서구의 선거제도에 있어 정당을 전제로 한 비례대표제가 채

25 헌재 1995. 12. 27. 95헌마224등, 판례집 7-2, 786.

26 같은 취지로는 전광석, 앞의 책, 678면.

27 근대적 의회제와 정당제의 모국인 영국의 경우 1832년 선거법개혁으로 중산층의 선거권이 인정되었고 1867년 선거법개혁으로 노동자계급에도 선거권이 확대되자 일반대중의 선거인은 조직화된 대중정당을 통해 정치과정에 참여하는 것이 가능하게 되었다. 따라서 영국에서의 1867년 선거제도개혁은 대중적 정당조직이 형성되는 시점으로 헌정사적 의미가 크다. 이에 관하여는 K. Loewenstein, Poltical Power and the Governmental Process, 2nd ed., Chicago Univ. Press, 1965, p.99.

28 미국의 경우 헌법의 제정은 반정당적 환경 속에서 제정되었으며 미국의 초기 역사에 있어서 정당은 정치적 파벌(fractions) 내지 유해한 도당(pernicious faction)으로 간주되었다. 정만희, 앞의 책(주1), 36면.

택됨으로써 정당은 비로소 합법화의 단계에 진입하게 되었고, 제2차대전 이후 각국은 정당제도를 헌법에 명문화하게 되어 정당의 헌법적 편입의 시대, 즉 정당국가화 경향이 본격적으로 전개되게 되었다. 정당이 헌법조항에 편입하게 된 것은 헌법생활에 있어서 정당이 강력한 정치권력을 담당한다는 인식에 기초하여 정당국가적 현실과 전통적 대의제민주주의의 헌법을 조화시켜 양자 사이에 존재하는 긴장을 제거하기 위한 것이라고 할 수 있다. 말하자면 각국 헌법은 정당에 대하여 현대적 민주주의에 어울리는 지위를 부여하고 다른 일반 결사와 구별되는 정당의 존재를 승인하여 그 정당활동을 보장함과 동시에 그 헌법적 한계를 규정하게 된 것이다. 요컨대 정당의 헌법적 편입은 정당정치의 법적 승인뿐만 아니라 정당을 통해 나타나는 정치권력이 헌법의 테두리 밖에서 헌법의 파괴를 초래한 역사적 경험에 기초하여 정당의 조직과 활동의 보장과 그 법적 규제를 포함하는 정당의 헌법제도화로의 결단을 의미하는 것이라 할 수 있다.[29]

이와 같이 국가적 작용에 있어서 헌법외적 현상에 불과했던 초기의 정당이 오늘날의 민주정치에서 수행하는 기능의 중요성은 민주정치 그 자체의 변용을 초래하게 되었다. 그 변용의 내용은 국가에 따라 다양하게 나타날 수 있지만, 극히 개괄적으로 표현한다면 그것은 전술한 라이프홀츠(G. Leibholz)의 표현처럼 “자유주의적 대의제 내지 고전적 의회제 민주주의로부터 정당국가적 민주주의에로의 이행”이라고 말할 수 있다. 이러한 정당국가적 민주주의 특징에 관하여는 라이프홀츠에 견해에 따라 다음과 같이 설명될 수 있다. 첫째, 정당국가적 민주주의는 국민투표적 민주주의의 합리화된 발현형태로서 직접민주제의 대용물을 의미한다. 정당국가에 있어서 국민의 일반의사는 종래의 대의제원리에 의하는 것이 아니라 정당을 통해서만 형성되므로 정당은 국민과 동일시되며 의회의 다수당의 의사가 국민의 일반의사로 간주된다. 둘째, 의회는 자유로운 토론에 기초한 다수결의 장으로서의 본래의 성격을 상실하고, 정당의 명령에 구속되는 의원이 집합하여 이미 당론으로 결정된 것을 등록하는 정당대리인의 집회소에 불과하다. 셋째, 따라서 의원은 이미 의회제하에서 인정된 전국민의 대표자로서 자기의 양심에 따라 자유롭고 독립하여 행동하는 것이 아니므로 의원은 강제위임금지의 원칙이 적용되지 않고 정당의 강제와 규율에 복종하게 된다. 넷째, 선거가 의원 개인을 선출하는 것이 아니라 오히려 국민투표적 성격을 갖는 것으로 어느 정당에게 권력을 위임할 것인가를 결정하는 행위를 의미한다. 이러한 정당국가적 민주주의의 특징은 고전적 대의제 민주주의원리에 대립되는 현상을 의미하는 것이다.[30]

29 정만희, 앞의 책(주1), 39면 이하.

30 G. Leibholz, a.a.O.(주1), S. 93f; 정만희, 앞의 책(주1), 19면 이하

2. 의원의 자유위임과 정당기속의 긴장관계

(1) 독일에서의 의원의 정당기속에 관한 헌법논의

고전적 의미의 자유위임의 원칙은 현대국가에 있어서 정당의 의회(의원) 지배라고 하는 정당국가적 현실과 모순·충돌되는 중대한 헌법문제가 제기되는데 구체적으로는 비례대표제의 채택에 따른 의원의 정당기속과 자유위임의 충돌문제가 독일에서 제기되었다. 독일의 경우 바이마르헌법은 대의제원리에 기초한 의원의 자유위임원칙(제21조)을 명문화하였으며 선거제도에 있어 비례대표제를 채택하게 되었다. 비례대표제의 채택으로 정당의 후보자명부에 의해 당선된 의원은 전적으로 소속 정당의 도움으로 선출된 자를 의미하였다. 그러나 그 비례대표 의원이 정당을 탈당하는 경우에도 의원직을 계속 유지하였고 이러한 당적이탈의 빈번한 현상은 정국의 혼란까지 초래하게 되어 당시 많은 학자들이 이 문제를 직접 논의하게 되었다.

이에 대해 비례대표의원의 의원직상실을 주장하는 긍정설은 비례대표제와 자유위임의 원칙은 상호 모순되며 비례대표 선거의 사상에는 원칙적으로 명령적 위임이 내포되어 있다는 논거를 기초로 하여 정당후보자명부에 의해 선출된 의원이 그 소속 정당을 떠나는 경우 의원직을 박탈하는 것은 논리적으로 타당하며 그 의원직상실에 관한 법규정은 당연한 것이라고 하였다.[31] 반대로 의원직상실을 부정하는 입장에서는 대의제에 있어서 의원의 독립성이 헌법적으로 인정되고 있는 한, 의원의 자주성을 어떠한 형태로든 침해하거나 의원의 정당에 대한 종속관계를 초래할 수 있는 법은 허용될 수 없으며 오직 의원의 결정의 자유를 강화할 수 있는 법만이 허용될 수 있다고 주장하였다. 즉 자유위임의 원리가 명시적으로 규정되어 있는 한 탈당의원의 의원직박탈은 허용될 수 없다는 것이다.[32]

전후 서독 기본법의 제정과정에서도 바이마르헌법상의 자유위임의 원리는 그대로 유지되었으며(제38조 제1항 제2문),[33] 여기에 새로운 정당조항(제21조)이 채택됨에 따라 자유위임의 원리의 실질적 의미에 대하여는 소극적 입장이 대두되기도 하였다. 즉 현대의 대중민주주의에 있어서 정당조직이 불가결의 요소라고 한다면 의원의 지위도 그에 따라 변질되지 않으면 안 되며, 기본법에 있어서 자유위임 내지 명령적 위임의 금지는 19세기의

31 당시 긍정설의 견해는 켈젠(H. Kelsen), 안쉬츠(Anschutz) 등에 의해 주장되었다. H. Kelsen, Vom Wesen und Wert der Demokratie, 2 Aufl., 1929, S. 42; 정만희, 앞의 논문(주13), 16면.

32 라이프홀츠(G. Leibholz) 등의 부정설의 입장에 관하여는 계희열, 앞의 논문(주4), 113면 이하.

33 독일 기본법 제38조의 제1항은 "독일연방의회의 의원은 보통, 직접, 자유, 평등 및 비밀선거에 의하여 선출된다. 그들은 국민전체의 대표자이고 명령과 지시에 구속되지 않으며 자신의 양심에만 따른다"라고 규정하고 있다.

선언적 유물에 불과하다는 것이다. 말하자면 현대 정당국가에 있어서 의원의 자유와 독립은 하나의 의제(擬制)에 지나지 않으며, 의원에 대한 정당강제를 수반하는 명령적 위임이 필연적으로 요구된다고 하더라도 결코 잘못된 일이 아니라는 것이다. 그리하여 정당명부식 비례대표제에 의해 선출된 의원이 그의 자유의사에 따라 탈당하여 다른 정당에 입당하는 경우에는 의원직을 상실하도록 하여야 한다고 주장되었던 것이다.[34]

그러나 당시 학계의 입장은 정당의 명령적 위임 내지 당의구속에 어느 정도 한계를 긋고 있었으며 헌법에 자유위임이 규정되어 있는 한 의원의 소속 정당으로부터의 탈당으로 인한 의원직박탈은 허용될 수 없다고 보는 견해가 다수적 견해라고 할 수 있다. 오늘날 정당국가적 현실에 있어서 정당과 헌법의 관계에 관하여 뢰벤슈타인(K. Loewenstein)은 전국민을 대표하는 의원이 정당명부에 의해 선출되기 때문에 정당의 명령이나 기율에 복종하여야 한다는 사실은 무시되어야 한다고 주장한다. 헌법상 의원이 국민 전체를 대표한다는 추상적 의미는 그 현실적 효과로서 의원이 그를 선출한 선거인에 의한 책임추궁을 받지 아니하며 그가 자유의사에 따라 정당에 대한 충성(party allegiance)을 변경할 수 있는 것이라고 한다. 요컨대 정당정치의 현실에서 의원이 정당명부에 의해 선출된 경우에도 그의 의사에 따라 당적을 이탈할 수 있으며, 전국민의 대표자로서의 의원은 정당의 명령이나 지시에 기속되지 않는다는 것이다.[35] 말하자면 독일 기본법상 자유위임의 원리에 관한 헌법적 해석은 정당국가적 현실에서 의원이 소속 정당을 탈당하더라도 의원직을 박탈하는 것은 허용되지 않으며 그 의원이 정당후보자명부에 의한 비례대표 의원의 경우에도 마찬가지로 허용될 수 없다는 것이 학계의 지배적 견해라고 할 수 있다.[36]

(2) 정당국가화와 의원의 정당기속의 정도

정당국가화에 따른 의원의 정당기속은 불가피한 현상이라 하더라도 그 정당기속의 범위나 정도는 각 나라의 정당정치의 실제에 있어서 차이가 있다고 할 수 있다. 독일 등과 같이 헌법상 정당조항을 채택한 국가에 있어서는 정당의 헌법적 편입과 헌법제도화에

34 그리하여 정당후보자명부에 의해 선출된 의원이 자유의사로 정당을 탈당하는 경우 의원직을 상실시키도록 하는 입법이 시도되어 1953년 바이에른 주의회와 1970년 브레맨 주의회가 의원직상실을 규정하려 하였으나 결국 부결되고 말았다. 상세는 계희열, 앞의 논문(주4), 113면 이하.

35 K. Loewenstein, op. cit.(주27) p.65.

36 독일에서 바이마르헌법 시대 이후 정당제도를 전제로 한 비례대표제의 채택을 계기로 하여 비례대표 의원의 당적변경의 경우 의원직의 상실여부를 둘러싼 학계의 논의는 한마디로 서로 대립하는 헌법적 가치로서 현대적 정당국가적 민주주의와 고전적 대의제 민주주의의 두 이념 중에서 어느 것을 우선할 것인가의 문제에 관한 것이다. 정당국가적 민주주의를 강조하는 입장에서는 고전적 대의제원리로서 자유위임의 원리는 크게 제약을 받게 되는 것이 불가피하다고 하고, 대의제원리의 헌법이념을 우선하는 입장에서는 오늘날 정당국가의 현실 속에서도 자유위임원리는 여전히 존중되어야 한다는 것이다.

따라 정당국가적 경향을 지향함으로써 의원의 정당소속원으로서의 지위와 정당기속이 강화될 수밖에 없으나 헌법상 정당조항을 채택하고 있지 않고 정당을 일반적 사결 결사의 일종으로 취급하는 국가에 있어서는 의원의 정당기속은 헌법상 정당국가를 지향하는 경우와는 달리 현실적으로 약화될 수밖에 없으며 의원의 정당강제에 관한 입법은 허용되기 어려울 것이다.

오늘날 정당제 민주주의가 보편화되어 있는 현대국가적 상황에서 의원의 소속정당에 대한 기속성이 가장 약한 나라로는 미국을 들 수 있다. 미국의 경우에는 2세기 이상의 정당제도를 경험하면서도 연방의회 의원들의 정당기속은 다른 국가들에 비해 상대적으로 약화되어 있다고 할 수 있다. 미국의 정당제도는 연방국가적 특성에 따라 정당조직이 지방분권화되어 있으며 정당소속 의원에 대한 정당기율이 약한 것이 특징이다.[37] 그렇기 때문에 의원은 당론에 구속되지 않고 자유로운 지위에서 활동할 수 있으며 의안심의와 표결에 있어서도 자유투표 내지 교차투표(cross-voting)가 상당한 수준에서 보장되고 있다. 다시 말하면 미국의 의회주의는 비록 정당제 민주주의에 현실에 있어서도 의원의 대의활동이 정당에 대한 충성보다는 국가이익을 우선하여 양심에 따라 표결에 참여함으로써 자유위임의 대의제 정신이 서구의 정당국가에 비해 제대로 실현되고 있다고 할 수 있다. 이러한 의원의 "정당에 대한 충성과 결속력의 약화"(decline of party loyalty and cohesion)는 전통적인 대의제원리와 자유위임의 관점에서는 오히려 긍정적으로 평가될 수 있으며, 이 점이 미국의 정치과정에서 의회의 행정부에 대한 통제기능이 실질적으로 작동하게 되는 요인이 되고 있다. 그러나 다른 한편 이러한 의원의 정당에 대한 결속력의 약화는 정치과정의 긴장과 대립관계를 가져오고 미국의 외교 및 국가안전보장 등에 관한 주요정책의 일관성이 무너지는 원인이 되고 있다는 비판적 입장에서 최근의 헌법개혁논의에서는 정당의 결속과 책임을 강화하는 방향으로의 정치제도개혁방안이 제시된 바 있다.[38]

일본의 경우에도 미국헌법과 마찬가지로 헌법상 정당조항을 채택하고 있지 않은 것

---

37 미국의 양대정당은 연방규모의 조직력이 약하며 대통령선거시 외에는 전국적인 응집력을 찾아볼 수 없고 정당의 중앙통제력은 거의 미치지 못하여 소속 의원에 대한 정당의 제재도 미약하다. 상원의원은 특히 정당으로부터의 독자성이 강하다. 이러한 미국 정당제의 특성은 연방제로부터의 영향에서 기인하는 바가 크다. 특히 1913년의 연방수정헌법 제17조에 의한 상원의원의 직선제채택은 정당의 결속력에 결정적인 타격을 가하였으며, 대통령후보지명을 위한 직접예비선거제도의 도입은 정당의 보스와 정당조직이 정치과정을 지배할 수 없게 됨에 따라 정당에 대한 충성과 결속을 크게 약화시키게 된 것이다. 상세는 정만희, 앞의 책(주10), 124면 이하.

38 미국헌법 제정 200주년을 맞아 초당파적 헌법제도개혁논의기구로서 학계·정계·법조계 등 전국적 저명인사들로 구성된 '헌법제도검토위원회'(Committee on the Constitutional System)가 결성되고 1987년 이 위원회는 보고서를 채택하였는데 그 내용은 근본적인 헌법구조의 변화의 필요성을 강조하면서 헌법제도와 정치기구의 개혁방안을 제시하고 있다. 이 헌법제도검토위원회의 보고서에 관한 내용은 정만희, 미국의 헌법제도 개혁논의, 앞의 책(주10), 120면 이하 참조.

이 특징이며 정치적 결사로서의 정당을 일반결사의 일종으로 보고 헌법상 결사의 자유에 의해 보호를 받는 것으로 이해되고 있다. 그렇지만 일본의 정치과정에서 정당은 의회제민주주의의 불가결의 공적 요소이며 국회의원의 활동거점인 동시에 의회활동의 주체로서 간주되고 있다.[39] 일본헌법상 의원은 '전국민의 대표'(제43조)로서의 지위를 갖지만 정당정치의 현실은 선거과정에서의 정당공천과 정당지원이 당락을 좌우하게 되기 때문에 현실적으로 의원은 소속정당의 당의강제(黨議强制)에 복종하게 된다. 이러한 의원의 정당기속은 비례대표제 선출의원과 관련하여 현실문제로 제기된 바 있다. 일본에 있어서도 1980년대에 들어와 비례대표의원의 당적 이탈변경에 따른 의원자격문제가 논의되었으나 학계의 지배적 견해는 비례대표의원의 당선후 당적이탈행위는 의원자격의 상실이라는 법적 책임을 발생시키는 것이 아니라고 하고, 그것은 도의적 정치적 책임의 문제로 보아야 한다는 것이다.[40] 일본의 현행 선거법은 우리나라의 공직선거법 제192조 제4항과 같은 비례대표의원의 당적이탈·변경의 경우 의원직상실을 규정하고 있지 않기 때문에 이 점에서 의원의 정당기속의 정도는 약하다고 볼 수 있다.

우리나라의 경우 의원의 자유위임과 정당기속을 보면 1962년 제3공화국헌법이 철저한 정당국가를 지향하면서 의원의 정당기속을 헌법에 직접 규정하였다. 즉 당시 헌법 제38조는 국회의원은 당적을 이탈·변경하는 경우와 소속정당이 해산된 때에는 그 자격이 상실된다고 규정하였다. 그리고 국회의원선거와 대통령선거의 입후보자격을 정당공천을 요건으로 하여 무소속입후보를 금지하였다(제36조 제3항, 제64조 제3항). 헌법에서 직접 의원의 당적이탈·변경과 정당해산의 경우 의원직상실을 규정한 것은 그 입헌례를 찾아보기 어려운 것으로서, 그러한 정당국가원리는 대의제원리와 의원의 국민대표성에 반하는 것이며 헌법규범체계상 문제가 있는 것이라 하지 않을 수 없다.[41] 그후 1972년 제4공화국헌법에서부터는 정당해산시 의원직상실과 정당공천의 필수적 요건 등을 폐지하여 1962년 헌법의 철저한 정당국가적 경향이 완화되었다.

3. 자유위임원리의 정당국가적 해석론

위와 같은 정당국가의 출현에 따른 의원의 정당기속과 전통적인 자유위임원리와의 모순·충돌은 제거하기 어려운 것으로서 현대 서구민주주의의 구조상의 특징으로 보는 입

39 大石眞, 議會法, 有斐閣アルマ, 2001, 40면.
40 淺野一郎, 比例代表制選出議員の黨籍離脫と議員資格, 法學セミナ 362호, 1985, 26−30면; 山本悅夫, 앞의 책(주2), 132면 이하.
41 성낙인, 헌법학, 법문사, 2015, 255면 이하.

장에 대하여 새로운 관점에서 자유위임의 원리는 오늘날의 정당국가적 현실과 대립하는 것이 아니라 그것과 조화될 수 있는 현대적 해석이 가능하다는 견해도 제기된다. 즉 의원이 정당의 결정에 따라 행동하는 경우에도 그 소속정당이 '국민전체에의 지향성(指向性)'에 의해 정당화되는 한, 의원은 '전국민의 대표자'인 것이라고 한다. 오히려 정당의 매개를 통함으로써 오늘날의 의원은 의제적(擬制的)으로 국민의 대표자가 아니라 실질적으로 국민의 대표자가 될 수 있다고 한다. 말하자면 자유위임의 원리는 의회제민주주의의 이념을 표명하는 것이지만 그것이 정당제민주주의와 결코 대립하는 것은 아니라고 한다. 따라서 의원은 오늘날 국민의 대표자로서의 지위와 동시에 구체적인 정당조직의 대표자로서의 '2중적 지위'를 갖는 것이며, 정당국가적 현실에 따라 의원의 자유와 독립이 제약을 받는 경우에도 본질적인 의원의 지위의 독립은 보장되지 않으면 안 된다는 것이다.42

자유위임의 정당국가적 해석론에 의하면 현대의 정당제 민주주의에 있어서 의원은 개인의 능력이나 공적 등 인물본위로 선출되는 것이 아니라 정당을 통해 선출되고 정당의 지시에 따라 행동하는 정당의 대표임을 부정할 수 없다고 하더라도 자유위임의 원리는 여전히 그 현대적 의의를 갖는 것이라고 한다. 따라서 자유위임은 의원이 정당의 명령에 구속되는 것을 법적으로 승인하지 않음으로써 그러한 구속을 제한하는 의미를 가지며 의원에게 정당의 규율에 대항할 수 있는 권리를 부여하는 것이라고 한다. 즉 자유위임의 원리는 의원이 자기의 신념에 반하여 표결하거나 의사표현을 하도록 압력을 받는 것으로부터 의원을 보호하는 것을 의미하며 정당의 의원에 대한 명령을 약화시키는 작용을 한다는 것이다. 그리하여 헷세(K. Hesse)는 자유위임의 원리는 당내에서의 자유롭고 활발한 토론을 가능하게 함으로써 당내민주주의의 실현을 가능하게 하며 나아가 그것은 정당의 민주화를 위한 전제이며 수단이라는 중요한 의미를 내포하게 된다고 주장한다.43

이와 같은 입장에서 헷세는 독일기본법 제38조 제1항 제2문에 규정된 전체국민의 대표자로서의 지위와 자유위임의 원리에 관한 조항은 고전적 독일헌법의 전통적 형식을 채택하고 있지만 이러한 형식의 이해가 오늘날에도 여전히 독일 초기입헌주의시대에 있어서와 동일하여야 한다는 것을 의미하지는 않는다고 한다. 이러한 고전적 자유위임원리에 관한 규정은 과거의 체계적 관련 속에서 해석되어야 하는 것이 아니라 현대의 헌법체계적 관련 속에서 해석되어져야 한다고 본다. 따라서 기본법은 제21조의 정당조항과 제38조 제1항 제2문의 자유위임규정에서 의원의 지위는 정당의 활동 없이는 이해될 수 없고, 또한

42 정만희, 앞의 논문(주13), 18면.

43 K. Hesse, Die Normative Kraft der Verfassung, Staat und Recht, Heft 222, 1959, S. 22; 계희열 역, 헌법의 규범력, 헌법의 기초이론, 1988, 26면.

반대로 의회에서의 여러 정당의 협력에 있어서는 의원의 자유위임이 중요하다는 것을 분명히 하고 있다는 것이다. 따라서 자유위임은 의회 내에서 정치적 의사형성을 할 때 정당의 협력을 배제하는 것이 아니고, 의원이 정당이나 교섭단체가 추구하는 지침에 구속되는 것을 배제하는 것도 아니라고 한다. 그렇지만 자유위임은 이러한 구속을 제한하는 것이며 정당과 교섭단체 내부의 자유로운 정치과정의 요소를 의미하게 된다는 것이다.[44] 또한 자유위임은 의원과 정당의 관계 이외에서 오늘날에도 중요한 의의를 가진다고 한다. 의원은 선거인이나 이익단체의 위임에 구속되지 않으며 의원에 대한 일반적·기속적 위임은 배제되고, 의원은 선거시에 국민이 결정한 정치적 기본노선에 얽매이지 않는다는 것이다.[45]

우리 헌법의 해석에 있어서도 정당조항에 담겨져 있는 정당국가원리에 따라 전통적인 대의제원리에 입각한 국회의원의 국민대표자의 지위와 자유위임적 대의활동이 크게 변질됨으로써 의원의 자유위임원칙이 정당국가적 원리와 조화적으로 실현될 수 있는 헌법해석론이 필요한 것임은 독일의 경우와 마찬가지라고 할 수 있다. 이 문제에 관한 헌법재판소의 판례는 많지 않으나 몇몇 판례에 나타난 헌법재판소의 태도를 보면 기본적으로 의원의 자유위임과 정당국가적 원리의 대립관계를 규범조화적으로 해석하려는 태도를 취하고 있다고 할 수 있으나, 한편으로는 정당국가적 민주주의를 강조하면서 의원의 국민대표성을 희생하는 것을 용인하는 입장이 아닌가의 의문이 들기도 한다.[46]

Ⅳ. 현행 헌법상 의원의 자유위임과 정당기속의 충돌문제

1. 국회의원의 2중적 지위에 관한 논의

우리 헌법상 국회의원의 지위에 관한 논의에 있어서도 국민대표자의 지위와 정당대표자의 지위를 아울러 갖는 2중적 지위를 인정하는 것이 통설적 견해라 할 수 있다. 국회의원은 전체 국민의 대표자로서 자유위임의 원칙에 따라 활동하게 되는 것이지만 동시에

44 K. Hesse, Grundzuge des Verfassungsrechts des Bundesrepublik Deutschland, 20 Auflage;계희열 역, 통일독일헌법원론(제20판), 2001, 박영사, 364면 이하.

45 계희열 역, 앞의 책(주44), 367면.

46 후술하는 바와 같이 1994. 4. 28. 92헌마153 결정에서는 비례대표의원의 당적이탈로 의원직을 당연히 상실하는 것은 아니라고 하면서도 별도의 법률규정이 있는 경우는 별론으로 한다고 판시하였고, 2003. 10. 30. 2002헌라1 결정에서는 국회의원의 의사에 반하여 의원의 소속 상임위원회를 변경시키는 것은 정당의 사실상의 강제로 허용된다고 하여 의원의 자유위임보다 정당기속을 우선하는 입장을 보이고 있다. 특히 2014. 12. 19. 2013헌다1 결정에서는 정당해산결정의 효과로서 법률의 근거가 없는 소속의원의 의원직상실을 결정함으로써 의원의 자유위임과 정당기속의 조화적 실현보다는 정당국가적 원리에 입각한 의원의 정당기속을 우선하는 태도를 보이고 있다.

정당국가적 민주주의의 현실에 있어서 국회의원은 대부분 특정 정당에 소속하는 정당원으로서 정당기율에 기속되는 점을 부인하기 어렵다. 우리나라의 의회주의에 있어서 국회의 의사결정은 의원들의 자유로운 토론과 표결로써 이루어지는 것이 아니라 각 정당 소속의원들이 정당 수뇌부의 지시와 명령에 따라 움직이는 거수기에 지나지 않게 된다. 그러므로 국회의원은 국민대표자의 지위를 가지지만 동시에 소속 정당의 이익을 위해 활동하는 정당원 내지 정당대표자의 지위를 갖는다고 볼 수밖에 없다. 여기서 현실적으로 국회의원이 정당소속원으로서 정당수뇌부의 지시통제에 따르는 한, 국회의원은 국민대표자의 지위에서 정당구성원의 지위로 전락할 수밖에 없다는 견해도 제시되고 있다.[47] 이와 같이 국회의원의 2중적 지위를 인정하게 되는 경우 그러한 의원의 2중적 지위가 서로 대립하고 충돌하게 된다는 데에 문제가 있다. 국민의 대표자로서 의원은 명령적 위임에 구속되지 않고 자유롭고 독립된 지위에서 활동하는 것이 보장되어야 하지만, 정당원 내지 정당대표로서 의원은 사실상 소속 정당의 의사에 기속될 수밖에 없으므로 의원의 자유위임적 대의활동을 기대할 수 없게 된다.

이 문제에 관하여 국내 학설은 의원의 이러한 2중적 지위가 충돌하는 경우에는 국민대표자의 지위가 정당대표자의 지위에 우선한다고 보는 것이 지배적 입장이다.[48] 국회의원은 대의제원리에 입각하여 국민 전체의 대표자이기 때문에 비록 국회의원이 정당의 당원이라 할지라도 정당의 이익을 전체 국민의 이익에 우선시킬 수 없는 것이다. 헌법상 국회의원은 국가이익을 우선하여 양심에 따라 직무를 수행할 의무가 있으며(제46조 제2항), 국회법에 따라 자유투표제(제114조의2)가 보장되기 때문에 의원은 국민의 대표자로서 소속 정당의 의사에 기속되지 아니하고 국민 전체의 이익을 우선해야 하는 것이다. 또한 의원은 정당국가적 현실에 있어서도 탈당의 자유가 보장되고 의회의 표결에 있어 비밀투표가 보장되어 있으므로 국민의 대표자로서의 지위가 정당대표자로서의 지위에 우선하는 것은 당연하다고 할 것이다. 다시 말하면 국회의원의 국민전체의 대표자의 지위는 헌법상 국민주권과 대의제원리를 구성하는 핵심적 요소로서 '규범적 지위'를 의미하는 것이지만, 정당대표로서의 의원의 지위는 헌법상 국민대표자의 지위와 동일한 수준에서 인정될 수 있는 것은 아니라고 할 것이며, 정당대표자의 지위는 일정한 법적 지위를 갖는 것으로 볼 수 있다고 하더라도,[49] 그것은 정당국가적 민주주의의 현실에서 나타나는 '사실상의 지위'

47 성낙인, 앞의 책(주41), 438면.

48 권영성, 앞의 책(주20), 943면; 김철수, 헌법학개론, 박영사, 2007, 1294면; 허영, 앞의 책(주16), 922면; 정종섭, 헌법학원론, 법문사, 2014, 1164면.

49 공직선거법에 비례대표의원이 당적을 변경하는 경우의원직을 상실하도록 규정하고 있는 것이라든지 정당공천후보자에 대하여 무소속후보자보다 많은 특권을 부여하고 있는 것에서 볼 때 국회의원의 정당소속원으로서의

에 가깝다고 할 수 있다.[50] 의원은 전체국민을 대표하는 헌법기관이기 때문에 전체국민의 이익을 희생시키지 않는 범위 내에서만 소속 정당의 정책과 결정에 기속되는 것을 허용할 수 있다고 할 때 의원의 정당기속보다는 언제나 자유위임적 대의활동이 우선하는 효력을 갖는다고 보아야 하며 이 점에서 정당대표자의 지위는 스스로 일정한 한계를 가질 수밖에 없다고 할 것이다.[51]

그렇지만 이러한 국민의 대표자의 지위가 우선한다고 하더라도 현실적으로 의원이 국가이익보다 정당의 이익을 우선하는 정당기속적 활동을 하는 경우 그에 대한 법적 제재가 어려운 문제가 있으며,[52] 우리의 정치현실에 있어서 국민대표자의 지위와 정당대표자의 지위가 서로 충돌하게 될 때 언제나 국민대표자의 지위와 자유위임원칙이 우선한다고 볼 수 없는 상황들이 나타나기도 한다. 이하에서는 의원의 정당기속과 자유위임의 충돌에 관한 구체적 문제들을 관련 헌법재판소 판례와 학설을 중심으로 분석하도록 한다.

2. 비례대표제와 의원직상실의 문제

(1) 비례대표 의원에 대한 공직선거법의 태도

우리나라의 경우 1990년대 이후 많은 의원들이 당적을 옮겨 다녔으며 심지어 전국구 비례대표제 의원까지도 소속 정당을 옮기는 현상이 나타남으로써 이른바 '철새정치인'들의 이합집산에 대한 국민의 비판적 여론이 거세게 일기도 하였다. 이러한 의원의 당적이탈·변경에 대한 법적 제재로서 의원직 박탈여부가 문제될 수 있다. 지역구 의원의 경우 당적을 옮겨 다니더라도 의원직을 박탈하기 어려운 것은 자유위임의 원리에 비추어 당연한 것이라 하더라도 비례대표제에 의해 선출된 의원은 당적을 이탈·변경하는 경우 의원직을 상실시킬 수 있는 것이 아닌가의 논의가 제기되어 왔다.

우리의 국회의원 선거제도에 있어서 비례대표제는 1962년 제3공화국헌법에서 최초로

지위는 단순한 사실상의 지위에 머무는 것이 아니라 법적 지위로 볼 수도 있다는 견해가 있다. 성낙인, 앞의 책(주41), 438면.

50 국회의원이 헌법상 국민의 대표자의 지위를 갖는 것은 헌법의 최고원리로서 국민주권원리와 대의제원리에 입각하여 당연히 인정되는 것이지만 정당의 대표자로서의 지위는 국회의원의 헌법상 지위로서 당연히 인정된다고 보기 어렵다. 우리 헌법이 정당조항을 채택하여 정당제 민주주의를 도입하고 복수정당제를 자유민주적 기본질서의 구성요소로 삼고 있다고 하더라도 정당의 구성원이며 대표자인 국회의원의 지위가 국민의 대표자의 지위와 동일한 수준에서 헌법상 보장된다고 보기 어렵기 때문에 의원의 국민대표자의 지위와 정당대표자의 지위는 상호 대립·충돌하는 관계가 아니라 국민대표자의 지위를 침해하지 않는 한도에서 정당대표자의 지위가 인정되는 것이라고 볼 수 있다.

51 허영, 앞의 책(주16), 922면.

52 이 점에서 헌법 제46조 제2항의 국회의원의 '국가이익우선의 의무'는 법적 의무라기보다는 정치적 도의적 의무의 성격을 가진다고 볼 수밖에 없다고 할 것이다.

도입되었으나 1972년 헌법에서 폐지되었다가 그 후 1980년 헌법에 의해 다시 도입된 것이다.[53] 1980년대 비례대표제의 운영은 비례대표 의원이 임의로 당적을 이탈·변경하더라도 의원직을 그대로 유지하도록 하였으나 1980년대말부터 빈번한 당적 이탈·변경이 문제됨에 따라[54] 1994년 3월 제정된 공직선거법에 의해 비례대표 의원의 당적 이탈·변경의 경우 의원직상실을 최초로 규정하게 되었다. 현행 공직선거법 제192조 제4항은 "비례대표국회의원 또는 비례대표지방의원이 소속정당의 합당·해산 또는 제명 외의 사유로 당적을 이탈·변경하거나 2 이상의 당적을 가지고 있는 때에는 국회법 제136조(퇴직) 또는 지방자치법 제78조(의원의 퇴직)의 규정에도 불구하고 퇴직된다. 다만, 비례대표국회의원이 국회의장으로 당선되어 국회법 규정에 의하여 당적을 이탈한 경우에는 그러하지 아니하다"라고 규정하고 있다. 이 규정은 지역구국회의원과 비례대표국회의원을 구별해서 비례대표국회의원의 경우 그 자유위임적 대의활동보다는 정당기속 내지 교섭단체기속과 국민의 정당선택권을 존중하고 보호하기 위한 제도라 할 수 있다.[55]

(2) 학설 및 판례

비례대표제 의원의 당적이탈·변경의 경우 의원직상실 여부에 관하여 국내 학설은 이를 긍정하는 입장과 부정하는 입장으로 견해가 대립하고 있다. 의원직 상실을 부정하는 입장은 비록 지역구와 전국구 의원간에 사실상의 차이가 인정된다고 하더라도 의원의 헌법상의 지위는 의원직의 취득방법과 상관이 없으며 일단 선출된 이후에는 지역구의원이나 전국구의원은 똑같은 헌법상의 지위를 갖는다고 한다. 따라서 전국구 비례대표제 의원에 대해서만 탈당하는 경우 의원직을 상실시키는 차별은 허용되지 않는다고 본다.[56] 그리고 국민의 국회의원에 대한 위임에는 결코 당선 당시의 소속정당에 충실하라는 실질적인 내용이 포함되어 있지 않으며 선거의 결과 나타난 정치적 세력분포가 존속력을 갖는 것도 아니라는 이유에서 당적 이탈·변경의 경우 의원직상실은 정당화될 수 없다는

53 1962년 헌법은 "국회의원 후보가 되려는 자는 소속정당의 추천을 받아야 한다"고 규정하여 무소속 출마를 금지하였으며(제36조 제3항), "국회의원은 임기중 당적을 이탈하거나 변경한 때 또는 소속정당이 해산된 때에는 그 자격을 상실한다. 다만 합당 또는 제명으로 소속이 달라지는 경우에는 예외로 한다"고 규정하여(제38조) 임의 탈당의 경우 의원직을 상실하도록 함으로써 의원의 정당기속을 강화하는 정당국가적 경향을 지향하였다. 그러나 이러한 정당국가적 조항들은 1972년 헌법에 의해 폐지되었다

54 제13대 국회(1988－1992)에서 당적을 임의로 변경한 의원은 56명이었으며, 제14대 국회에서는 84명, 제15대 국회에서는 85명으로 늘어났으며 제13대 국회에서 제15대 국회까지를 보면 전체 의원 중 22.52%가 당적을 이탈·변경하였다고 한다. 오호택, 의원의 당적변경에 대한 실증적 고찰, 헌법학연구 제7권 제2호, 2001, 230－231면.

55 허영, 앞의 책(주16), 923면.

56 계희열, 앞의 논문(주4), 131면; 김철수, 앞의 책(주48), 1298면; 정종섭, 앞의 책(주48), 1194면; 정만희, 앞의 논문(주13). 23면.

견해도 있다.[57]

이에 대해 긍정설의 입장은 정당명부에 따른 비례대표제 당선의원의 경우에는 지역구의원에 비해 정당기속성에 차이가 있으므로 당적 이탈·변경의 경우 선거법 등에 의원직상실을 규정할 수 있다고 한다. 그때그때의 정치적 이해에 따라 행동하는 저질정치인들을 정계에서 추방함으로써 정계를 정화할 필요가 있기 때문이라는 것이다.[58] 그 밖에 공직선거법의 위 조항(제192조 제4항)이 비례대표의원의 탈당과 당적변경을 구별하지 않고 모두 의원직상실을 규정하고 있는 것이 문제라는 견해도 있다. 즉 비례대표의원의 탈당의 경우에는 의원직상실로 이어질 필요가 없으나, 당적변경의 경우에는 정당에 대한 배신과 유권자의사에 대한 왜곡이 용인될 정도를 넘기 때문에 의원직이 상실되어야 한다는 것이다.[59]

비례대표의원이 실제로 소속정당을 이탈·변경하여 공직선거법에 따라 의원직이 상실된 사례는 아직 없으며 이 법률조항의 위헌여부에 관한 헌법소송이 제기된 바가 없기 때문에 이 문제에 대한 헌법재판소의 입장은 정확하게 알 수가 없다. 다만 공직선거법에 비례대표의원의 의원직상실 규정이 채택되기 이전의 1994. 4. 28. 92헌마153 사건에서 헌법재판소는 비례대표의원이 소속정당을 이탈·변경하는 경우에 "별도의 법률규정이 있는 경우는 별론으로 하고 당연히 국회의원직을 상실하지는 않는다"고 판시한 것을 볼 수 있다.[60] 이러한 입장은 비례대표의원에게도 지역구의원과 마찬가지로 전국민의 대표자의 지위와 자유위임을 인정하면서도 비례대표의원의 정당기속을 전제로 한 별도의 의원직상실에 관한 법률규정을 두는 것은 허용될 수 있다는 의미로 이해될 수도 있다고 하겠다. 이 결정의 소수의견에서도 지역구국회의원과는 달리 전국구 국회의원의 경우 자유위임의 원칙이 적용될 수 없기 때문에 당적을 이탈·변경하는 경우 국회의원의 신분을 상실시키는 입법의무가 있음을 밝히고 있다.[61]

(3) 사 견

비례대표 의원의 당적 이탈·변경의 경우 의원직상실을 규정한 것은 정당국가적 민주

---

57 전광석, 앞의 책(주24), 97면.

58 긍정설의 입장으로는 권영성, 앞의 책(주20), 945면; 허영, 앞의 책(주16), 923면; 강경근, 국민주권과 자유위임, 헌법판례연구(3), 2001, 103면. 긍정설의 입장 중에는 비례대표의원뿐만 아니라 모든 의원의 당적이탈·변경 및 합당, 정당의 자진해산의 경우에도 소속의원의 의원직상실을 규정해야 한다는 견해도 있다. 박경철, 앞의 논문(주17), 116면.

59 김학성, 헌법학원론, 피엔씨미디어, 2014, 864면.

60 헌재 1994. 4. 28, 92헌마153, 판례집 6-1, 415면.

61 헌재 1994. 4. 28. 92헌마153, 판례집 6-1, 430면 이하.

주의에 있어서 비례대표 의원은 오로지 정당명부에 의해 당선되는 자이므로 보다 엄격한 정당조직상의 강제가 불가피하며, 지역구의원의 경우 유권자가 정당과 관계없이 인물중심으로 선출할 수 있는 권리가 있는 반면 비례대표의원의 경우 유권자는 정당명부와 정당의 정강·정책을 보고 투표하기 때문에 정당명부식 비례대표 의원의 경우 당적을 이탈·변경하게 되면 의원직을 상실토록 해야 한다는 것이다. 더욱이 비례대표의원뿐만 아니라 지역구 의원의 경우에도 당적 이탈·변경시 의원직을 박탈해야 한다는 견해[62]에 비추어 보면 비례대표의원의 의원직상실규정은 일면적 타당성을 가진다고 할 수 있다. 그러나 비례대표의원과 지역구의원을 구분하여 비례대표의원의 경우에만 당적이탈·변경시 의원직상실을 규정하는 것은 헌법상 국민의 대표자로서 지역구의원과 동일한 지위를 갖는 비례대표의원을 그 선출방법상의 차이만을 이유로 의원직상실을 규정하는 것은 평등의 원칙에 위배되며 비례대표의원의 자유위임을 침해하는 것이 된다. 아무리 정당국가적 민주주의를 강조한다고 하더라도 헌법상 명문의 근거조항 없이 당적 이탈·변경의 경우 비례대표의원의 의원직상실을 법률로 규정하는 것은 의원의 자유위임에 관한 헌법 제46조 제2항에 위배되며 대의제 민주주의에 반하는 것이 된다.[63] 이 점에서 공직선거법 제192조 제4항은 의원의 자유위임보다는 정당기속을 우선하는 규정으로서 문제가 있다고 하겠으며, 이러한 규정은 서구에서는 그 입법례를 찾아보기 어려운 것이다.

3. 의원의 상임위원회 소속변경과 자유위임의 문제

(1) 국회의 상임위원회제도와 의원의 사·보임행위

정당제 민주주의에 있어서 의원의 정당기속과 자유위임이 문제되는 또 하나의 경우는 상임위원회 소속 의원을 그 의원의 의사에 반하여 사임시키고 다른 상임위원회 소속으로 보임하는 조치가 의원의 자유위임원리에 위배되는 것이 아닌가의 문제이다. 정당국가적 현실에 있어서 원내에 의석을 확보한 정당은 정당의 정강정책을 소속의원을 통하여 최대한 국정에 반영하고 소속의원으로 하여금 의정활동을 효율적으로 할 수 있도록 권고·통

---

62 의원의 당적 이탈변경시 지역구의원과 비례대표의원의 구분없이 모두 의원직상실을 주장하는 독일에서의 학설은 정당국가적 논리에 비추어 정당에 의해 공천된 자는 선거후에도 계속 정당에 대한 충성을 다해야 하며, 유권자가 희망한 원내에서의 세력분포가 의원의 자발적 탈당에 의해 변경되어서는 안 된다는 점, 의원내각제에 있어서는 여야간의 의석수의 차이가 작은 경우 정부의 운명이 소수의 의원에 의해 좌우되는 결과를 초래한다는 점, 의원이 자기양심에 따라 소속정당의 정책을 더 이상 따를 수 없는 경우 의원직을 그만두고 다음 선거에서 새로운 정당의 공천을 받아 입후보하는 것이 타당하므로 당적변경시 의원신분을 박탈하는 것이 오히려 의원에게 양심의 자유와 정당변경의 자유를 인정하는 것이라는 견해들이 제시되고 있다. 이에 관한 독일학설의 소개로는 김문현, 정당국가현상과 대의제 민주주의, 공법연구 제24집 제4호, 1996, 123면~125면.

63 같은 취지로는 김문현, 앞의 논문(주62), 125면.

제할 필요가 있게 됨에 따라 국회법은 국회에 20인 이상의 소속의원을 가진 정당은 하나의 교섭단체가 된다고 규정하고, 국회내 상임위원회의 구성은 교섭단체 소속의원수의 비율에 의하여 각 교섭단체대표의원의 요청으로 의장이 선임 및 개선한다고 규정하여(제33조 제1항, 제48조 제1항), 국회운영에 있어 교섭단체의 역할을 제도적으로 보장하고 있다. 헌법재판소는 "교섭단체는 정당국가에서 의원의 정당기속을 강화하는 하나의 수단으로 기능할 뿐만 아니라 정당소속 의원들의 원내 행동통일을 기함으로써 정당의 정책을 의안심의에서 최대한으로 반영하기 위한 기능도 갖는다"고 판시하고 있다.[64]

상임위원회는 의원 가운데서 소수의 위원을 선임하여 구성되는 국회의 내부기관인 동시에 본회의의 심의 전에 회부된 안건을 심사하거나 그 소관에 속하는 의안을 입안하는 국회의 합의제기관으로서 위원회의 역할은 국회의 예비적 심사기관으로서 회부된 안건을 심사하고 그 결과를 본회의에 보고하여 본회의의 판단자료를 제공하는 데 있다. 현행 국회법 제48조 제1항은 국회내 상임위원회의 구성에 관하여 "상임위원은 교섭단체 소속의원수의 비율에 의하여 각 교섭단체대표의원의 요청으로 의장이 선임 및 개선한다"고 규정하고 있다. 국회의장은 헌법 제48조에 따라 국회에서 선출되는 헌법상의 국가기관으로서 헌법과 법률에 의하여 국회를 대표하고 의사를 정리하며, 질서를 유지하고 사무를 감독할 지위에 있고(동법 제10조), 이러한 지위에서 본회의 개의일시의 변경, 의사일정의 작성과 변경, 의안의 상정, 의안의 가결선포 등의 권한을 행사한다.[65] 상임위원의 선임 또는 개선은 이와 같은 국회의장의 직무 중 의사정리권한에 속하는 것이다.

이러한 국회 상임위원회제도의 운영과정에서 실제로 국회의장이 교섭단체대표의원의 요청에 따라 특정 상임위원회 소속 의원을 그 의원의 의사에 반하여 사임시키고 다른 상임위원회로 보임한 행위에 대해 당해 의원이 청구인이 되어 국회의장을 피청구인으로 하여 청구인의 법률안 심의·표결 권한 침해를 이유로 헌법재판소에 권한쟁의심판을 청구한 사례가 있으며 이 사건에서 헌법재판소는 권한쟁의심판청구의 적법성을 인정하였다.[66]

(2) 헌법재판소 판례

헌법재판소는 2003. 10. 30. 2002헌라1 국회의원과 국회의장간의 권핸쟁의심판사건에서 당론과 다른 견해를 가진 소속 국회의원을 당해 교섭단체의 필요에 따라 보건복지위원회에서 다른 상임위원회로의 전임(사·보임)하는 조치는 특별한 사정이 없는 한 헌법상 용

64 헌재 2003. 10. 30. 2002헌라1, 판례집 15-2, 17, 30.
65 헌재 1997. 7. 16. 96헌라2, 판례집 9-2, 154, 163-164.
66 헌재 2003. 10. 30. 2002헌라1.

인될 수 있는 "정당내부의 사실상 강제"의 범위 내에 해당한다고 판시함으로써 정당국가에서의 의원의 사실상 정당기속을 인정하고 있다. 그러나 이 사건에서 재판관 1인의 반대의견으로 국회의장이 청구인을 보건복지위원회에서 퇴출시킨 것은 헌법과 국회법이 청구인에게 보장한 법률안에 대한 심의·표결 권한을 침해하고, 또한 국회법 제40조가 규정하고 있는 2년의 임기의 상임위원으로 활동할 수 있는 권한을 침해한 것이라는 주장은 주목될 필요가 있다.

「무릇 국회의원의 원내활동을 기본적으로 각자에 맡기는 자유위임은 자유로운 토론과 의사형성을 가능하게 함으로써 당내민주주의를 구현하고 정당의 독재화 또는 과두화를 막아주는 순기능을 갖는다. 그러나 자유위임은 의회 내에서의 정치의사형성에 정당의 협력을 배척하는 것이 아니며, 의원이 정당과 교섭단체의 지시에 기속되는 것을 배제하는 근거가 되는 것도 아니다. 또한 국회의원의 국민대표성을 중시하는 입장에서도 특정 정당에 소속된 국회의원이 정당기속 내지는 교섭단체의 결정(소위 '당론')에 위반하는 정치활동을 한 이유로 제재를 받는 경우, 국회의원 신분을 상실하게 할 수는 없으나 "정당내부의 사실상의 강제" 또는 소속 "정당으로부터의 제명"은 가능하다고 보고 있다. 그렇다면, 당론과 다른 견해를 가진 소속 국회의원을 당해 교섭단체의 필요에 따라 다른 상임위원회로의 전임(사·보임)하는 조치는 특별한 사정이 없는 한 헌법상 용인될 수 있는 "정당내부의 사실상 강제"의 범위 내에 해당한다고 할 것이다.

또한 앞에서 본 교섭단체의 역할에 비추어 볼 때, 국회의장이 국회의 의사(議事)를 원활히 운영하기 위하여 상임위원회의 구성원인 위원의 선임 및 개선에 있어 교섭단체대표의원과 협의하고 그의 "요청"에 응하는 것은 국회운영에 있어 본질적인 요소라고 아니할 수 없다.

따라서 교섭단체대표의원의 "요청"이 헌법 또는 법률에 명백히 위반되는 것이 아닌 한, 교섭단체대표의원이 상임위원의 개선에 있어 청구인의 주장대로 "당해 위원이 위원회의 구성원으로서의 지위를 계속 유지하기에 적합하지 않다고 판단될 만한 불법 또는 부당한 사유를 가지고 있는 경우에" 한하여 그의 개선을 요청할 수 있다고 볼 것은 아니다. 교섭단체대표의원의 상임위원 개선 "요청"이 헌법 또는 법률에 위반되는 것이 아닌 한 국회의장이 이에 따르는 것은 정당국가에서 차지하는 교섭단체의 의의와 기능을 고려할 때 입법취지에도 부합하는 것이다.

피청구인은 법 제48조 제1항에 규정된 바와 같이 청구인이 소속된 한나라당 "교섭단체대표의원의 요청"을 서면으로 받고 이 사건 사·보임행위를 한 것으로서 하등 헌법이나 법률에 위반되는 행위를 한 바가 없다. 부수적으로, 상임위원회 위원의 임기는 2년으로 한다는 법 제40조 제1항의 규정을 두고 그 기간 동안 사·보임을 할 수 없다고 해석하는 것은, 보임 또는 개선된 상임위원의 임기는 전임자의 잔임기간으로 한다고 규정한 같은 조 제3항에 비추어 받아들일 수 없다. 나아가, 비록 청구인이 피청구인에게 이 사건 사·보임 요청을 거부해 줄 것을 바라는 서한을 보냈다고 하여 피청구인이 이에 기속될 의무가 있는 것은 아니다.

요컨대, 피청구인의 이 사건 사·보임행위는 청구인이 소속된 정당내부의 사실상 강제에 터잡아 교섭단체대표의원이 상임위원회 사·보임 요청을 하고 이에 따라 국회의장인 피청구인이 이른바 의사정리권한의 일환으로 이를 받아들인 것으로서, 그 절차·과정에 헌법이나 법률의 규정을 명백하게 위반하여 재량권의 한계를 현저히 벗어나 청구인의 권한을 침해한 것으로 볼 수 없다.」[67]

재판관 권성의 반대의견

「…오늘날 대의제 민주주의에 있어서 국회의원의 국민대표성이 정당국가적 현실에 의하여 사실상 변질되고 의원의 정당에의 예속이 일반적인 경향이라고 하더라도, 이러한 현상이 헌법규범상의 대의제 민주주의를 보충하는 현실의 한 모습에 그치는 정도를 넘어서서, 대의제 민주주의 원리를 부정하고 그 틀을 뛰어 넘는 원칙의 변화를 의미한다면 이것은 결단코 용납될 수 없는 일이다. 근대 민주주의의 역사를 살펴보더라도 민주주의는 국회의원을 "국민의 대표"로 간주하는 대의제 민주주의를 그 핵심적 기본원리로 삼아 출발한 것이었고 다만, 투표권의 확대로 민주주의가 대중적 민주주의로 변모하면서 민주주의의 효율성을 높이는 하나의 유용한 장치로서의 정당의 역할이 긍정되어 정당국가적 민주주의가 받아들여지게 된 것일 뿐, 민주주의 핵심적 기본원리로서의 대의제 민주주의 자체가 폐기된 것은 결코 아니기 때문이다. 그러므로, 대표적으로 이 사건과 같이 양자의 이념이 충돌하는 경우에는 자유위임을 근본으로 하는 대의제 민주주의 원리를 우선시켜야만 한다. 특히 국회 본래의 사명인 입법을 위한 심의·표결에 관한 한, 본회의에 있어서든 상임위원회에 있어서든, 국회의원이 양심에 따라 독립하여 표결하는 권한은 불가침, 불가양의 권한이라 할 것인데 이러한 불가침의 권한을 보장하는 것이 바로 대의제 민주주의에 따른 자유위임의 원리라고 할 것이다.

… 따라서 한나라당 교섭단체대표의원의 요청에 따른 피청구인의 이 사건 사·보임행위는 우선 국민의 대표인 국회의원으로서 상임위원회에서 '건강보험의 재정통합' 여부라는 중요한 쟁점, 즉 국민건강보험법중개정법률안에 관한 심의·표결 권한을 침해하였음이

67 판례집 15-2, 17, 33-34.

명백하다. 국회의원은 한 정당의 대표만이 아니므로 전체국민의 이익을 희생시키지 않는 범위 내에서만 소속정당의 정책과 결정에 기속된다고 보아야 하고, 따라서 이 사건의 경우 '정당기속' 내지 '교섭단체기속'보다는 자유위임관계가 우선하는 효력이 있다고 보아야 하기 때문이다. 특히 정당내 의사결정과정의 민주화가 일천한 우리나라의 경우, "의원에 대한 정당적 통제"의 관대한 허용은 '정당국가'라는 부차적 명분을 내세워 "자유위임에 따른 국민대표성의 구현"이라는 대의제 민주주의의 시원적(始原的) 헌법규범을 침해할 수 있게 될 것이고, 자칫 우정있는 설복을 쉽게 포기하는 정당의 자제력 약화를 초래할 우려가 있다고 할 것이다.

또한, 법 제48조는 상임위원의 '개선'은 교섭단체대표의원의 요청이 있는 경우 국회의장이 이를 할 수 있는 것으로 규정하고 있고 그 외 특별한 요건을 규정하지 않고 있으나, 그렇다고 하더라도 일반적이고 내재적인 한계는 법률해석상 당연히 있다고 보아야 한다. 물론, 다수의견과 같이 국민의 정치활동의 자유 및 정당의 단체자치는 존중되어야 하고 정당이 정당으로서 충분히 기능하기 위하여는 구성원간의 이념적 용해점이 존재해야 하므로 내부에서의 분쟁처리를 자율적으로 행할 필요가 있고, 또한 교섭단체대표의원 등 정당간부들이 상임위원회 위원의 "선임 내지는 배정" 문제에 관하여 소속의원들의 의견을 조율할 필요성이 있다는 점은 수긍할 수 있는 일이다. 그러나, 일단 상임위원회의 위원으로 배정되었다면 법이 보장하는 임기 동안에는 본인의 의사에 반하여 강제로 상임위원회에서 배제할 수는 없다고 보아야 한다. 즉, 국회의원은 2 이상의 상임위원회의 위원이 되고(법 제39조 제1항) 상임위원회 위원의 임기는 2년이므로(법 제40조), 청구인의 경우 보건복지위원회의 상임위원으로 배정되었기 때문에 특별한 사정이 없는 한 2년 동안은 동 위원회의 위원으로 활동할 수 있는 권한이 주어진 것이라고 해석해야 마땅하다.

따라서 본인이 계속 동 위원회에서 활동하기를 원하고 있다면 법 제48조 제6항과 같은 사유, 즉 "의원이 기업체 또는 단체의 임·직원 등 다른 직을 겸하게 되어 그 직과 직접적인 이해관계를 가지는 상임위원회의 위원으로 계속 활동하는 것이 공정을 기할 수 없는 현저한 사유가 있다고 인정하는 때"나 기타 "그 위원회와 관련하여 위법하거나 부당한 행위를 한 사실이 인정되는 경우"가 아닌 한 본인의 의사에 반하여 강제로 위원회에서 사임시킬 수는 없다고 보아야 할 것이다. 그렇다면 국회의장의 청구인에 대한 이 사건 사·보임행위는 국회 보건복지위원회에서 국민건강보험법중개정법률안에 대하여 심의·표결할 청구인의 권한을 침해하고 아울러 특별한 사정이 없는 한 동 위원회의 상임위원으로서 2년의 임기 동안 활동할 수 있는 청구인의 권한을 역시 침해한 것이라 할 것이다.」[68]

---

68 판례집 15-2, 17, 37-39.

(3) 사 견

이 사건에서 헌법재판소의 다수의견에 의하면 자유위임은 의회 내에서의 정치의사형성에 정당의 협력을 배척하는 것이 아니며, 의원이 정당과 교섭단체의 지시에 기속되는 것을 배제하는 근거가 되는 것도 아니라고 설시하고 있다. 또한 특정 정당에 소속된 국회의원이 정당기속 내지는 교섭단체의 결정에 위반하는 정치활동을 한 이유로 제재를 받는 경우, 국회의원 신분을 상실하게 할 수는 없으나 "정당내부의 사실상의 강제" 또는 소속 "정당으로부터의 제명"은 가능하다고 보고 있다. 그렇기 때문에 당론과 다른 견해를 가진 소속 국회의원을 당해 교섭단체의 필요에 따라 다른 상임위원회로의 전임(사·보임)하는 조치는 특별한 사정이 없는 한 헌법상 용인될 수 있는 "정당내부의 사실상 강제"의 범위 내에 해당한다고 주장한다. 여기서 헌법재판소는 헌법상 자유위임의 원칙이 의원의 정당기속을 배제하는 근거가 되지 않는다고 보고, 의원에 대한 정당기속은 의원의 신분상실에 이르지 않는 한 광범위하게 정당내부의 사실상의 강제를 허용할 수 있다는 입장을 취하고 있음을 볼 수 있다. 이러한 태도는 대의제원리와 자유위임원칙의 중요성보다 정당국가적 현실의 의원에 대한 정당기속의 불가피성을 강조하는 입장으로서 학계의 지배적 견해와는 상당한 거리가 있음을 부정하기 어렵다. 오히려 위 결정의 반대의견에서 제시된 바와 같이 "정당기속 내지 교섭단체기속보다는 자유위임관계가 우선하는 효력이 있다"고 보는 것이 타당하다고 하겠으며, "특히 정당내 의사결정과정의 민주화가 일천한 우리나라의 경우, 의원에 대한 정당적 통제의 관대한 허용은 정당국가라는 부차적 명분을 내세워 '자유위임에 따른 국민대표성의 구현'이라는 대의제 민주주의의 시원적(始原的) 헌법규범을 침해할 수 있게 되는 문제가 있다"고 할 것이다.[69]

4. 정당해산결정과 의원직상실문제

국회의원의 자유위임과 정당기속의 충돌에 관한 핵심적인 문제는 정당해산결정의 효과로서 의원직상실여부에 관한 것이다.

(1) 의원직 상실여부에 관한 학설대립

정당해산의 효과로서 그 정당소속의원의 의원직상실여부에 관한 학계의 논의는 정당법이나 관련 법률에서의 입법적 미비 내지 공백 때문에 그 해석론적 필요성에 의해 제기

69 판례집 15-2, 17, 38-39.

된 것이다. 이에 관한 학계의 견해는 의원직상실설과 의원직유지설이 팽팽하게 맞서고 있으며 그 중간적 입장의 절충설도 제기되고 있다. 의원직상실설은 1950년대 독일에서의 정당해산심판결정에 관한 연방헌법재판소의 판례와 학설에 근거[70]하고 있는 것으로 국내학설의 다수적 견해에 가깝다고 할 수 있다. 의원직상실설에 의하면 정당국가적 민주주의에 있어서 정당활동의 실질적 주체인 의원의 자격을 상실하게 하는 것이 방어적 민주주의에 입각한 정당해산제도의 헌법정신에 합치되는 것이라고 한다. 다시 말하면 위헌정당임을 이유로 해산된 정당에 소속하는 의원들의 의원직을 계속 보유하게 하는 것은 정당제민주주의 원리와 모순되고 방어적 민주주의 원리에도 위배될 뿐만 아니라 위헌결정 그 자체를 무의미하게 만들기 때문에 의원직을 상실하는 것으로 보아야 한다는 것이다.[71]

이에 대하여 의원직유지설은 정당이 해산되더라도 소속의원의 자격은 그대로 유지되고 무소속의원으로 남는다는 견해이다. 다만 국회의 징계나 자격심사에 의하여 그 직을 상실하게 할 수 있다는 것이다.[72] 이 견해는 국회의원은 국민의 대표자로서 자유위임의 원칙에 의해 그 지위가 보장되어야 하므로 아무리 정당제 민주주의 하에서 의원의 정당기속을 인정하더라도 정당해산과 함께 의원자격을 상실하게 할 수는 없다고 보는 것이다. 특히 정당해산의 효과로서 의원직상실에 관한 헌법의 특별규정 없이 독자적 정당성을 가진 의원에 대하여 집단책임을 물어 그 신분의 상실을 당연히 가져온다고 보기는 어렵다는 것이다.[73] 같은 맥락에서 헌법기관인 국회의 부분기관인 국회의원이라는 국가기관의 지위를 박탈하기 위해서는 반드시 헌법에 규정이 있거나 헌법에 규정된 제명절차에 의해서만 가능하다는 것이다.[74] 그 밖의 의원직유지설의 논거로는 과거 제3공화국헌법은 제38조에 국회의원은 소속정당이 해산된 때에는 그 자격을 상실한다는 규정을 두고 있었지만 현행 헌법이나 법률에는 자격상실에 대하여 아무런 명문 규정이 없기 때문에 현행법상 정당이 해산되더라도 의원직은 상실되지 않는 것으로 해석되어야 한다는 견해가 있다.[75]

그리고 의원직상실설과 의원직유지설 사이의 절충적 견해로는 정당소속 국회의원을

70 독일연방헌법재판소는 1952년 나치후계정당인 사회주의국가당(SRP)에 대한 정당해산결정에서 실정법적 근거가 없음에도 불구하고 해산되는 정당 소속의원의 의원자격 상실을 명한 바 있다. BVerfGE 2, 1(73f). 당시 라이프홀츠(G. Leibholz) 등의 학계의 유력한 견해도 정당국가적 민주주의에 있어서 의원은 정당의 재정적·기술적 도움으로 의원에 당선될 뿐만 아니라 선거는 인물보다 정당을 선택하는 것이기 때문에 해산된 정당에 소속된 의원이 의원직을 상실하는 것은 당연하다는 입장을 취하였다. G. Leibholz, a.a.O.(주1), S. 116f.

71 권영성, 앞의 책(주20), 197면; 허영, 앞의 책(주16), 290면; 성낙인, 앞의 책(주41), 245면; 정종섭, 앞의 책(주48), 1528-1529면. 장영수, 통합진보당 해산결정과 소속 국회의원의 의원직상실 문제, 고려법학 제76호, 2015, 139면.

72 김철수, 앞의 책(주48), 231면; 구병삭, 신헌법원론, 박영사, 1995, 224면; 양건, 헌법강의, 법문사, 2011, 177면.

73 김문현, 앞의 논문(주7), 13면.

74 전민형, 앞의 논문(주7), 506-507면.

75 이성환·정태호·송석윤·성선제, 앞의 논문(주7), 265면.

지역구의원과 비례대표의원을 구분하여 비례대표의원은 정당을 기반으로 하여 당선되어 정당기속이 강하므로 의원직을 상실케 하고 지역구의원은 정당보다 개인적인 자질을 기준으로 국민적 의사가 부여된 것이므로 의원직을 유지한다는 견해가 있으며,[76] 정당해산으로 소속의원은 모두 의원직을 상실하는 것이 아니라 의원 개개인의 활동을 중심으로 위헌적 정당활동에 참여하지 않은 의원의 경우에는 선별적으로 의원직을 유지하도록 해야 한다는 견해도 있다.[77] 그 밖에 공직선거법상 비례대표국회의원 또는 비례대표지방의회의원이 소속정당의 합당·해산 또는 제명 외의 사유로 당적을 이탈·변경하거나 2 이상의 당적을 가지고 있는 때에는 퇴직된다는 규정(제192조 제4항)에서의 '해산'은 자진해산만을 의미한다고 해석할 근거가 없으므로 정당의 강제해산의 경우에도 비례대표의원의 의원직이 당연히 상실되는 것은 아니며 국회에서 당해 의원을 제명하는 방법으로 퇴직시킬 수 있다는 견해도 있다.[78]

(2) 헌법재판소 판례

헌법재판소는 2014. 12. 19. 2013헌다1 통진당해산사건에서 재판관 9인 중 8대 1의 다수의견으로 헌법재판소의 해산결정으로 위헌정당이 해산되는 경우에 그 정당 소속 국회의원이 그 의원직을 유지하는지 상실하는지에 대하여 헌법이나 법률에 명문의 규정이 없지만 정당 소속 국회의원은 모두 그 의원직이 상실되어야 한다고 판시하였다. 헌법재판소의 의원직상실의 논거로는 첫째, 국회의원의 자유위임의 한계로서 헌법이 추구하는 민주적 기본질서의 존중과 실현, 둘째, 정당해산심판제도의 본질적 효력, 셋째, 정당해산결정의 실효성 확보를 제시하고 있다. 이에 관한 헌법재판소 결정문의 내용은 다음과 같다.

(가) 국회의원의 국민대표성과 정당기속성

가) 국회의원은 어느 누구의 지시나 간섭을 받지 않고 국가이익을 우선하여 자신의 양심에 따라 직무를 행하는 국민 전체의 대표자로서 활동을 하는 한편(헌법 제46조 제2항 참조), 현대 정당민주주의의 발전과 더불어 현실적으로 소속 정당의 공천을 받아 소속 정당의 지원이나 배경 아래 당선되고 당원의 한 사람으로서 사실상 정치의사 형성에 대한 정당의 규율이나 당론 등에 영향을 받아 정당의 이념을 대변하는 지위도 함께 가지게 되었다.

나) 공직선거법 제192조 제4항은 비례대표 국회의원에 대하여 소속 정당의 '해산' 등

76 구병삭, 앞의 책(주72), 224면.
77 최희수, 앞의 논문(주7), 473면.
78 양건, 앞의 책(주72), 177면.

이외의 사유로 당적을 이탈하는 경우 퇴직된다고 규정하고 있는데, 이 규정의 의미는 정당이 스스로 해산하는 경우에 비례대표 국회의원은 퇴직되지 않는다는 것으로서, 국회의원의 국민대표성과 정당기속성 사이의 긴장관계를 적절하게 조화시켜 규율하고 있다.

(나) 정당해산심판제도의 본질적 효력과 의원직 상실 여부

가) 헌법재판소의 해산결정에 따른 정당의 강제해산의 경우에는 그 정당 소속 국회의원이 그 의원직을 상실하는지 여부에 관하여 헌법이나 법률에 아무런 규정을 두고 있지 않다. 따라서 위헌으로 해산되는 정당 소속 국회의원의 의원직 상실 여부는 위헌정당해산제도의 취지와 그 제도의 본질적 효력에 비추어 판단하여야 한다.

나) 정당해산심판제도의 본질은 그 목적이나 활동이 민주적 기본질서에 위배되는 정당을 국민의 정치적 의사 형성과정에서 미리 배제함으로써 국민을 보호하고 헌법을 수호하기 위한 것이다. 어떠한 정당을 엄격한 요건 아래 위헌정당으로 판단하여 해산을 명하는 것은 헌법을 수호한다는 방어적 민주주의 관점에서 비롯되는 것이고, 이러한 비상상황에서는 국회의원의 국민대표성은 부득이 희생될 수밖에 없다.

다) 국회의원이 국민 전체의 대표자로서의 지위를 가진다는 것과 방어적 민주주의의 정신이 논리 필연적으로 충돌하는 것이 아닐 뿐 아니라, 국회의원이 헌법기관으로서 정당기속과 무관하게 국민의 자유위임에 따라 정치활동을 할 수 있는 것은 헌법의 테두리 안에서 우리 헌법이 추구하는 민주적 기본질서를 존중하고 실현하는 경우에만 가능한 것이지, 헌법재판소의 해산결정에도 불구하고 그 정당 소속 국회의원이 위헌적인 정치이념을 실현하기 위한 정치활동을 계속하는 것까지 보호받을 수는 없다.

라) 만일 해산되는 위헌정당 소속 국회의원들이 의원직을 유지한다면 그 정당의 위헌적인 정치이념을 정치적 의사 형성과정에서 대변하고 또 이를 실현하려는 활동을 계속하는 것을 허용함으로써 실질적으로는 그 정당이 계속 존속하여 활동하는 것과 마찬가지의 결과를 가져오게 될 것이다. 따라서 해산정당 소속 국회의원의 의원직을 상실시키지 않는 것은 결국 위헌정당해산제도가 가지는 헌법수호의 기능이나 방어적 민주주의 이념과 원리에 어긋나는 것이고, 나아가 정당해산결정의 실효성을 제대로 확보할 수 없게 된다.

마) 이와 같이 헌법재판소의 해산결정으로 해산되는 정당 소속 국회의원의 의원직 상실은 정당해산심판제도의 본질로부터 인정되는 기본적 효력으로 봄이 상당하므로, 이에 관하여 명문의 규정이 있는지 여부는 고려의 대상이 되지 아니하고, 그 국회의원이 지역구에서 당선되었는지, 비례대표로 당선되었는지에 따라 아무런 차이가 없이, 정당해산결정으로 인하여 신분유지의 헌법적인 정당성을 잃으므로 그 의원직은 상실되어야 한다.

(다) 소 결

그러므로 정당해산심판제도의 본질적 효력에 따라, 그리고 정당해산결정의 취지와 목적을 실효적으로 확보하기 위하여, 피청구인 소속 국회의원들에 대하여 모두 그 의원직을 상실시키기로 한다.[79]

(3) 학설 및 판례에 대한 평가

생각건대 위헌정당해산과 소속의원의 의원직 상실여부에 관한 지금까지의 국내의 다수적 견해와 헌법재판소 판례의 입장은 독일에서의 1950년대 정당해삼심판에 관한 판례와 학설을 근거로 하여 거의 무비판적으로 받아들여진 것이라는 점을 부인하기 어렵다. 정당해산제도가 바이마르헌법시대의 나치정당의 출현과 헌법질서의 붕괴를 거울삼아 전후 독일기본법에 방어적 민주주의정신에 입각한 헌법질서의 수호를 목적으로 하는 것으로서, 그 정당해산심판의 실효성을 확보하기 위해서는 정당소속 의원의 의원직을 박탈하여야 한다는 논리는 타당성과 설득력을 갖는 것이었다. 그리고 독일의 경우는 1950년대 두 차례의 정당해산심판사건 이후 연방선거법의 개정으로 정당해산의 효과로서 의원직상실을 명문으로 규정하게 됨으로써 의원직상실여부에 관한 논의는 일단락 짓게 된 것이다.

그러나 독일에서의 정당해산심판사건 이후 60여년이 지난 현시점에서 우리나라의 정당해산심판에 관한 논의에 과거 독일의 판례와 학설이 여과되지 않고 그대로 수용되어야 할 이유를 찾기 어려우며, 이번의 통진당 해산심판을 계기로 한국의 정치상황과 국민의 정치의식수준 등을 감안하여 이 문제에 대한 근본적인 재검토가 필요하다고 본다.[80] 다시 말하면 전후의 냉전체제의 시대적 배경과 독일에 특수한 헌정사적 경험을 바탕으로 한 방어적 민주주의 이론이 오늘날 우리의 헌법수호에 관한 이론으로 타당하다고 하더라도 그러한 독일에서의 판례와 이론에 전적으로 구속될 필요가 없다고 보며, 우리의 헌법규범의 통일적 해석을 통해 한국의 정치적 상황에 적용될 수 있는 새로운 법리를 구성하는 것이 중요하다고 할 것이다.

그렇게 본다면 정당해산결정의 효과로서 당해 정당소속 의원의 의원직상실이라는 결론을 실정법의 근거조항 없이 헌법재판소가 직권으로 내릴 수 있는 것은 아니라고 보며,

79 헌재 2014. 12. 19. 2013헌다1, 판례집 26-2하, 1, 113-114.

80 필자도 이 문제에 대하여 종래의 다수적 견해인 의원직상실설을 추종해 왔으나 최근 정당해산심판이우리 사회의 현실문제로 대두됨에 따라 이 문제에 대한 인식이 조금 바뀌게 되었다. 즉 기본적으로는 정당해산결정의 효과로서 의원직상실이 필요하고 그 의원직상실의 입법이 요구되지만 그 구체적 입법이 없는 상황에서 헌법재판소가 의원직상실을 명하는 결정을 내릴 수 있는 권한이 있는지에 대해서는 의문이 있다고 보는 것이다. 정만희, 앞의 논문(주7), 105면 이하 참조.

앞으로의 이 문제에 대한 입법론적 정비와 해결에 있어서도 신중을 기해야 한다고 본다. 정당해산의 효과로서 정당 소속 의원의 의원직상실 여부에 관한 견해의 대립은 기본적으로 방어적 민주주의에 기초한 헌법수호의 실효성확보라는 공익적 목적과 국회의원의 국민대표성과 자유위임의 원칙이라는 헌법원리의 충돌을 의미하며 이 경우에 어느 법익과 헌법적 가치를 우선할 것인가의 문제인 것이다. 이 점에 관하여 필자의 기본적 견해는 이번 헌법재판소의 결정에 대해 비판적 입장을 취하면서 대립하는 두 가지의 법익을 조화롭게 실현하는 방안을 찾아야 한다는 것이다. 이러한 관점에서 필자는 다음과 같은 견해를 제시한다.

첫째, 국회의원이 헌법기관으로서 정당기속과 무관하게 자유위임에 의한 정치활동을 할 수 있는 것은 헌법적인 테두리 안에서 헌법이 추구하는 자유민주적 기본질서를 존중하고 실현하는 것을 전제로 주장할 수 있는 논리이므로 "국회의원이 자유위임을 악용해서 위헌적인 정당에 소속해서 위헌적인 정치활동을 하는 것까지 자유위임의 논리로 보호받을 수 없다"[81]고 할 것이다. 따라서 헌법의 수호를 위한 방어적 민주주의의 이념과 원리에 따라 해산되는 위헌정당의 구성원인 의원의 자격을 박탈하여 부득이하게 의원의 국민대표성을 희생시켜야 한다는 헌법재판소의 논리는 타당하다고 할 수 있다. 학계의 논의 중에서 방어적 민주주의는 가치구속적인 실질적 원리로서 가치상대적인 형식적 자유위임원리에 우선한다는 견해도 이를 뒷받침해주고 있다.[82] 그리고 한국의 후진적 정당정치의 현실은 정당소속 의원의 정당에의 기속이 강하며 의원들은 철저하게 정당기율에 복종하는 것을 부정할 수 없다. 국회법상 의원의 자유위임에 입각한 자유투표의 원칙(제114조의2)을 규정하고 있지만 실제로 국가이익을 우선한 자유투표 또는 교차투표의 가능성은 낮다고 할 때 자유위임원칙을 이유로 정당해산시 정당과 의원을 분리하는 논리는 정당화되기 어렵다.

따라서 정당해산결정시 원칙적으로 소속의원의 의원직 상실을 규정하는 입법은 필요하며 정당성을 갖는다고 할 수 있다. 헌법재판소의 통진당해산결정에 대해 논란이 컸던 이유도 정당해산의 효과로서 의원직상실여부에 관한 입법의 미비가 결정적인 요인이 되

81 허영, 헌법소송법론, 박영사, 2009, 290면.

82 이 견해에 의하면 대의제와 자유위임의 원칙은 국민주권과 민주주의를 실현하기 위한 통치구조의 조직원리이며 국가의사결정의 원리로서 자유위임의 원칙은 민주주의의 일정한 가치를 전제로 하는 개념이 아니며 가치상대적 민주주의와도 조화될 수 있는 의미에서 '형식적 원리'라 할 수 있지만, 방어적 민주주의는 민주주의의 내용이 자유민주주의라고 하는 가치에 기속될 것을 요구하는 것으로서 이러한 민주주의에 투쟁하는 민주주의의 적에 대해서는 더 이상의 관용을 베풀지 않겠다는 헌법제정자의 의지를 반영하고 있는 점에서 '실질적 원리'에 해당하므로 이러한 실질적 원리가 형식적 원리에 우선한다고 보는 것이다. 최희수, 앞의 논문(주7), 472면.

었다고 보기 때문에 이에 관한 입법을 서둘러야 할 것이다.[83]

둘째, 정당해산의 효과로서 의원직상실을 규정하는 경우에도 소속의원 전원에 대해 예외 없이 일률적으로 적용하는 것은 곤란하다고 할 것이다. 방어적 민주주의의 결과로서 의원직상실의 효과를 인정한다고 하더라도 방어적 민주주의의 적용상의 한계가 준수되어야 할 것이므로 의원직상실의 여부는 정당해산절차 개시 시점에 의원의 정치활동이 정당의 목적이나 활동과 객관적으로 관련되어 있었는지를 기준으로 의원 개인별로 판단하여야 할 것이다. 따라서 의원이 정당의 위헌적인 목적이나 활동과 객관적인 연관성이 없다는 증거를 제시하면 의원직상실을 면할 수 있도록 해야 할 것이다. 정당의 위헌적 활동에 대해 소속 의원이 어느 정도 깊이 관여했는지 또는 적극적으로 반대의사를 표명했는지에 따라 의원직상실문제를 각기 달리 결정할 수 있다고 할 것이다.[84]

셋째, 해산되는 정당의 소속 의원들 중에서 지역구의원과 비례대표의원을 구분하여 의원직상실 여부를 판단할 것인가의 문제는, 비례대표의원은 지역구의원에 비하여 실제로 정당기속이 강할 수밖에 없으며 현행 공직선거법에 비례대표의원의 경우 당적을 이탈·변경하는 경우 의원직상실을 규정(제192조 제4항)하고 있는 점에서 볼 때 정당해산시 비례대표의원의 의원직상실을 규정할 수 있다고 볼 수도 있으나,[85] 다른 한편 비례대표의원도 지역구의원과 마찬가지로 헌법상 국민의 대표자의 지위를 갖는 점에서는 차이가 없으므로 비례대표의원을 차별적으로 의원직을 상실시키는 것은 평등원칙에 위배되어 공무담임권을 침해하는 문제가 제기될 수 있다. 따라서 이 문제에 관하여는 양자를 구분하지 않고 동일한 기준으로 판단하는 것이 타당하다고 본다. 비례대표의원의 경우 과거의 1인1표제 선거제도하에서는 지역구의원과 달리 유권자의 직접선거에 의해 선출된 것이 아니었으므로 의원의 정당기속성이 훨씬 강했다고 볼 수 있으나 2001년 헌법재판소 결정[86] 이후 비례대표의원도 1인2표제에 의해 정당명부에 대한 국민의 직접선거로 선출되기 때문에 지역구의원과 같은 민주적 정당성을 부여받고 있으므로 양자의 국민대표성에는 본질적 차

83 정당해산의 효과로서 의원직상실을 명문화하는 입법의 필요성을 강조하는 입장으로는 장영수, 앞의 논문(주71), 122면 이하.

84 같은 취지로는 최희수, 앞의 논문(주7), 473면.

85 공직선거법 제192조 제4항은 "비례대표국회의원 또는 비례대표지방의회의원이 소속정당의 합당 해산 또는 제명 외의 사유로 당적을 이탈 변경하거나 2 이상의 당적을 가지고 있는 때에는… 퇴직된다"라고 규정하고 있는데 여기의 해산은 헌법 제8조 제4항에 근거한 강제해산이 아니라 정당의 자진해산을 의미하는 것으로 보아야 할 것이다. 본 조항의 해산을 강제해산을 포함하는 것으로 해석한다면 정당의 강제해산으로 그 정당소속 비례대표의원은 의원직을 유지하고 이탈 변경할 수 있는 것이 되겠지만 그렇게 해석하는 입장은 거의 없다. 다만 양건 교수는 위 조항의 해산에 강제해산이 포함된다고 보고 비례대표의원은 의원직을 유지한다고 한다. 양건, 앞의 책(주72), 173-174면.

86 헌재 2001. 7. 19. 2000헌마91.

이가 없는 것이다. 따라서 정당해산의 효과로서 의원직상실을 규정하는 경우에는 지역구 의원과 비례대표의원을 구분할 필요는 없다고 할 것이다.

넷째, 정당해산결정의 효과로서 정당소속 의원의 의원직상실에 관한 실정법적 근거가 없는 경우에 헌법재판소가 직권으로 의원직상실을 결정하는 것은 헌법재판소의 권한을 벗어나는 것이라 하지 않을 수 없다. 헌법재판소는 통진당해산결정에서 "만일 해산되는 위헌정당 소속 국회의원들이 의원직을 유지한다면 그 정당의 위헌적인 정치이념을 정치적 의사 형성과정에서 대변하고 또 이를 실현하려는 활동을 계속하는 것을 허용함으로써 실질적으로는 그 정당이 계속 존속하여 활동하는 것과 마찬가지의 결과를 가져오게 될 것"이라고 하여 정당해산결정의 실효성을 제대로 확보하기 위해 그 의원직은 상실되어야 한다고 판시하고 있다.[87] 그러나 여기서 정당해산결정의 실효성확보는 당연히 요구되는 것이지만 그렇다고 해서 의원직상실을 직접 헌법재판소가 판단하는 것은 허용되기 어렵다고 하겠다. 헌법재판소가 정당해산심판을 통해 헌법질서를 수호하는 것이 그 본질적 기능이라 하더라도 국민주권원리에 기초한 국회의원의 국민대표성을 박탈하는 권한을 실정법적 근거 없이 행사하는 것은 직권남용의 우려가 있다고 할 것이다.[88] 국민의 대표자로서의 민주적 정당성을 확보하고 있는 의원의 신분에 관하여 헌법은 그 자격심사와 징계는 권력분립원리에 입각하여 국회의 자율권에 속하는 것으로 보장하고 있으며, 그 의원의 자격심사와 제명 등의 징계에 대하여는 법원에 제소할 수 없다고 규정(제64조 제2항, 제4항)하고 있기 때문에 헌법재판소의 정당해산심판의 효과로서 의원직상실을 헌법이나 법률에 직접 규정하고 있지 않는 한 헌법재판소의 정당해산심판은 당해 정당의 해산에 국한되어야 할 것이며, 그 정당소속의원의 자격상실여부에 관한 판단은 국회의 자율적 심사에 맡기는 것이 타당하다고 할 것이다.[89]

다섯째, 그러므로 위 통진당해산결정에서 헌법재판소는 국회의원의 국민대표성과 자

87 판례집 26-2하, 1, 113.

88 이 점과 관련하여 헌법에 정당해산심판 인용결정시 국회의원직을 상실하도록 하는 명문 규정이 없는 상태에서 이를 법률로 규정하는 것은 위헌이라는 주장도 있다. 즉 헌법기관인 국회의 부분기관인 국회의원이라는 국가기관의 지위를 박탈하기 위해서는 반드시 헌법에 규정이 있거나 헌법에 규정된 제명절차에 따라야 한다는 것이다. 이준일, 헌법학강의, 홍문사, 2011, 242면; 전민형, 앞의 논문(주7), 507면.

89 이러한 견해에 대해 반대하는 입장에서는 국회의 자율권은 무제한적으로 행사되어서는 안 되는 것이며 위헌정당해산으로 인한 의원직상실문제도 국회의 자율권에 맡겨두기에 적합한 사항이 아니고 현실적으로 국회의 자격심사 및 제명 의결을 기대하기 어렵다고 한다. 장영수, 앞의 논문(주), 129면. 그러나 필자의 생각은 국회의 자율권행사에 한계가 있는 것은 당연하지만 정당해산결정의 효과로서 실정법적 근거가 없는 의원직상실 여부에 관한 사항이야말로 국회의 자율권에 관한 헌법 제64조 제2항에 따라 의원의 자격심사 및 제명 등이 행해져야 한다고 본다. 이석기 등의 내란음모선동사건과 관련하여 국회내에서 자격심사 및 제명에 대한 논의가 있었지만 실제로 진전이 없었다는 것은 국회의 동료의원에 대한 자격심사와 제명에 대한 소극적 태도와 국회의 무능 등이 문제인 것이지 그것 때문에 정당해산의 효과로서 의원자격심사의 권한을 부정할 수 없다고 하겠다.

유위임을 존중하여 실정법적 근거 없는 소속의원의 의원직상실을 결정할 것이 아니라 정당해산결정과 함께 정당법상 정당해산의 효과로서 규정된 대체정당금지와 잔여재산 국고귀속을 명하는 것에 그치도록 하고, 국회가 정당해산결정 직후 지체없이 당해 정당소속 의원에 대한 자격심사와 제명 등의 징계절차를 밟는 것이 대의제원리와 권력분립원리 및 국회의 자율권보장의 헌법정신에 부합하는 것이라 할 수 있다. 헌법재판소가 정당해산결정을 선고하는 것 자체로써 이미 방어적 민주주의의 정신에 입각한 헌법의 예방적 수호의 효과를 상당한 정도 가져오게 되는 것이며, 헌법재판소는 당해 정당소속 의원의 의원직상실을 명할 것이 아니라 의원직의 '정지'를 선언하면서 국회의 제명 등 징계절차를 지체없이 이행할 것을 요구하는 것이 국민적 정당성을 가진 국회의 권위를 존중하는 것이 되며 권력분립원리에 바탕을 둔 국회와 헌법재판소 간의 권력적 균형을 유지할 수 있는 것이라고 본다.

요컨대 통진당해산심판이 청구된 시점에 정당해산효과의 핵심적 문제인 소속의원의 의원직상실여부에 관한 실정법적 근거를 미리 마련되지 못한 입법적 미비가 이 사건의 헌법재판소 결정에 대해 많은 논란을 야기하게 되었다는 점을 지적하지 않을 수 없으며, 헌법재판소가 정당해산결정의 실효성확보를 강조한 나머지 법률의 근거 없이 의원직상실을 결정한 것은 의원의 국민대표성과 자유위임원리를 본질적으로 침해하게 된다는 우려를 금하기 어렵다. 대의제원리와 의원의 국민대표성 못지않게 헌법질서의 수호를 위한 방어적 민주주의가 중요한 의미를 가진다고 하더라도 국민주권원리에 기초한 의원의 국민대표성을 희생하면서 헌법의 민주적 기본질서를 수호한다는 논리는 곧 방어적 민주주의의 한계를 벗어나는 것이 아닌가의 의문이 없지 않다.

V. 맺음말

현대의 정당국가적 민주주의에 있어서 국회의원의 정당기속과 자유위임의 긴장관계 내지 충돌문제는 헌법학의 근본과제의 하나임에 틀림없다. 근대 입헌주의헌법의 성립 이래 국민주권의 이념에 기초한 고전적인 대의제원리의 핵심적 징표로서 의원의 국민대표성과 자유위임(무기속위임)의 원칙은 오늘날에도 여전히 헌법상 통치구조의 기본원리로서 기능하는 것이다. 영국 등 서구의 의회주의의 전통 속에서 확립된 자유위임의 원칙의 의미는 중세적 신분제 의회의 명령적 위임의 금지에서 출발된 개념으로 의회의원은 선거구의 지역대표가 아니라 전국민의 대표로서 국민전체의 이익을 위해 활동하며 의원은 선거민이나 그 밖의 단체의 지시나 명령으로부터 독립하여 자유로운 지위에서 양심에 따라 활동한다는 것이다.

그러나 19세기 후반에서 20세기에 들어와 보통·평등선거제도의 보편화에 따른 대중민주주의의 전개는 필연적으로 정당제민주주의를 채택하게 되고 그에 따라 전통적 대의제원리가 변질되는 상황을 맞게 되었다. 오늘날 정당은 민주정치의 중심적 위치에서 결정적인 역할을 담당하게 됨에 따라 국회의원은 소속정당의 당론이나 정당기율에 철저하게 예속됨으로써 의원은 국민의 대표자로서 자유와 독립된 지위에서의 의정활동을 기대할 수 없게 되었다. 정당국가적 현실에서 의원의 정당기속과 자유위임의 대립은 독일에서 비례대표의원의 당적이탈·변경의 경우 의원직상실여부에 관한 헌법논쟁에서 구체화되었으며 이 문제는 1990년대에 들어와 한국에서도 헌법논의가 이어지게 되었다.

우리나라의 현행 헌법하에서 제기되는 의원의 자유위임과 정당기속의 긴장관계에 관한 구체적 문제로는 크게 다음의 세 가지를 들 수 있다. 첫째, 독일에서의 논의와 마찬가지로 국회의원의 당적이탈·변경시 의원직상실여부에 관한 문제이다. 우리나라의 경우 현행 공직선거법은 제192조 제4항에 비례대표의원의 당적이탈·변경시 의원직상실을 규정하여 의원의 정당기속을 폭넓게 인정하는 입법태도를 보이고 있다. 헌법재판소는 공직선거법에 비례대표의원의 의원직상실 규정이 채택되기 이전의 1994. 4. 28. 92헌마153 사건에서 비례대표의원이 소속정당을 이탈·변경하는 경우에 "별도의 법률규정이 있는 경우는 별론으로 하고 당연히 국회의원직을 상실하지는 않는다"고 판시하였다. 그러나 국내 학설은 이를 긍정하는 입장과 부정하는 입장으로 견해가 대립하고 있다.

둘째, 국회의원의 상임위원회활동과 관련하여 특정 의원의 자유의사에 반하여 소속 상임위원회를 사임시키고 다른 상임위원회로 보임하는 행위가 의원의 자유위임적 대의활동을 침해하는 것이 아닌가의 문제이다. 헌법재판소는 2003. 10. 30. 2002헌라1 국회의원과 국회의장간의 권한쟁의심판에서 당론과 다른 견해를 가진 소속 국회의원을 당해 교섭단체의 필요에 따라 보건복지위원회에서 다른 상임위원회로의 전임(사·보임)하는 조치는 특별한 사정이 없는 한 헌법상 용인될 수 있는 "정당내부의 사실상 강제"의 범위 내에 해당한다고 판시함으로써 의원의 사실상 정당기속을 상당한 정도로 인정하고 있다.

셋째, 의원의 정당기속과 자유위임에 관한 핵심문제로는 위헌정당해산결정의 효과로서 정당소속 의원의 자격상실에 관한 것이다. 헌법재판소는 2014. 12. 19. 2013헌다1 통진당해산사건에서 헌법재판소의 해산결정으로 위헌정당이 해산되는 경우에 그 정당 소속 국회의원이 그 의원직을 유지하는지 상실하는지에 대하여 헌법이나 법률에 명문의 규정이 없지만 정당 소속 국회의원은 모두 그 의원직이 상실되어야 한다고 판시하였다. 이 결정의 논거는 해산정당 소속 국회의원의 의원직을 상실시키지 않는 것은 결국 위헌정당해산제도가 가지는 헌법수호의 기능이나 방어적 민주주의 이념과 원리에 어긋나는 것이고, 나아가 정당해산결정의 실효성을 제대로 확보할 수 없게 된다는 것이다.

위의 세 가지 구체적 쟁점에 대한 헌법재판소의 판례를 보면 한마디로 정당국가적 민주주의의 가치를 고전적 대의제원리에 우선하는 것으로 간주하는 태도가 아닌가 생각된다. 비례대표의원의 당적이탈시 의원직상실에 관한 판례에서 헌법재판소는 분명한 입장을 밝히지 않고 있으나 비례대표의원의 정당기속을 전제로 한 별도의 의원직상실에 관한 법률규정을 두는 것은 허용될 수 있다는 태도를 취한 것으로 볼 수 있다. 그러나 의원직상실규정은 의원의 정당기속의 헌법적 허용한계를 벗어나는 것이라 하겠다. 또한 의원의 자유의사에 반하여 소속 상임위원회를 변경하는 것이 자유위임원칙에 반하지 않는다고 판단하는 것은 지나치게 정당기속을 용인하는 것으로 문제가 있다. 특히 정당해산의 효과로서 의원직상실을 결정한 것은 의원의 국민대표성과 자유위임의 희생을 통한 정당국가적 원리와 방어적 민주주의를 우선하는 태도라 하지 않을 수 없다. 헌법재판소는 기본적으로 정당제 민주주의에 있어서 의원에 대한 사실상의 정당강제가 헌법상 허용되는 범위 안에 있다고 하면서도 헌법상 허용되는 의원의 정당기속의 범위와 한계를 명확하게 제시하지 못하고 있는 것이 문제이다. 헌법재판소는 헌법상 대의제원리 내지 자유위임원칙과 정당국가적 민주주의의 대립과 긴장관계를 양자택일이 아닌 양자의 실제적 조화의 원칙에 따른 헌법해석의 태도를 견지하는 것이 요구된다고 하겠다.

끝으로 자유위임의 원칙은 현대의 정당국가적 현실에서도 여전히 통치구조의 기본원리로서 규범력을 가지는 것이며, 그것은 언제나 정당국가와 대립하는 것이 아니라 양자가 조화될 수 있는 해석이 가능하다고 본다. 자유위임원칙은 의원이 자기의 신념에 반하여 표결하거나 의사표현을 하도록 압력을 받는 것으로부터 의원을 보호하는 것을 의미하며 정당의 의원에 대한 명령을 약화시키는 작용을 한다. 그러므로 자유위임의 원리는 의원의 당내에서의 자유롭고 활발한 토론을 가능하게 함으로써 당내민주주의가 실현될 수 있는 전제조건이며 수단으로서 중요한 의미를 가진다는 점을 인식할 필요가 있다.

<참고문헌>

강경근, 국민주권과 자유위임, 헌법판례연구(3), 2001.

계희열, 당적변경과 의원직, 금랑김철수교수화갑기념『현대법의 이론과 실제』, 1993.

계희열, 헌법학(상), 박영사, 2005.

구병삭, 신헌법원론, 박영사, 1995.

권영성, 헌법학원론, 법문사, 2010.

김문현, 정당해산심판에 관한 소고, 성균관법학 제19권 제2호, 2007.

김문현, 정당국가현상과 대의제 민주주의,공법연구 제24집 제4호, 1996.

김철수, 헌법학개론, 박영사, 2007.

김학성, 헌법학원론, 피엔씨미디어, 2014.

박경철, 당적이탈변경시 의원직상실의 법리, 헌법학연구 제7권 제4호, 2001.

성낙인, 헌법학, 법문사, 2015.

양 건, 헌법강의, 법문사, 2011.

오호택, 의원의 당적변경에 대한 실증적 고찰, 헌법학연구 제7권 제2호, 2001.

이성환·정태호·송석윤·성성제, 정당해산심판제도에 관한 연구, 헌법재판소, 2004.

이준일, 헌법학강의, 홍문사, 2011.

장영수, 통합진보당 해산결정의 주요 쟁점, 법조 2015. 3(702호).

장영수, 통합진보당 해산결정과 소속 국회의원의 의원직상실문제, 고려법학 제76호, 2015.

전광석, 한국헌뻐론, 집현재, 2015.

전민형, 정당해산심판 결정의 유형과 법적 효과, 안암법학 제44호, 2014.

정만희, 정당법론, 동아대출판부, 1985,

정만희, 헌법과 통치구조, 법문사, 2003.

정만희, 정당국가와 무기속위임의 원칙, 동아법학 제16호, 1993.

정만희, 정당해산심판의 헌법적 쟁점 -정당해산심판의 요건과 효력을 중심으로-, 공법연구 제42집 제3호, 2014.

정종섭, 헌법학원론, 박영사, 2014.

정종섭, 대의제에 관한 비판적 연구, 연세대학교 대학원 박사학논문, 1989.

최희수, 위헌정당해산제도에 관한 연구, 정당과 헌법질서, 심천계희열박사 화갑기념논문집, 1995.

한상희, 위헌정당해산심판제도, 그 의미와 문제점 -통합진보당 사건과 관련하여-, 민주법학 제54호, 2014.

한태연, 헌법학, 법문사, 1983.

허 영, 헌법이론과 헌법, 박영사, 2001.

허 영, 한국헌법론, 박영사, 2007.

허 영, 헌법소송법론, 박영사, 2009.

K. Hesse·계희열 역, 헌법의 규범력, 헌법의 기초이론, 삼영사, 1988.

K. Hesse·계희열 역, 통일독일헌법원론(제20판), 박영사, 2001.

G. Leibholz·주수만 역, 현대민주정치론, 서문당, 1979.

G. Leibholz·권영성 역, 헌법국가와 헌법, 박영사, 1976.

H. Kelsen Vom Wesen und Wert der Demokratie, 2. Aufl., 1929.

G. Leibholz, Der Strukturwandel der modernen Demokratie, in: ders, Strukturprobleme der modernen Demokratie. 1958.

K. Loewenstein, British Cabnet Government, Oxford Univ. Press, 1967.

K. Loewenstein, Poltical Power and the Governmental Process, 2nd ed., Chicago Univ. Press, 1965.

Karl D. Bracher, The Crisis of Modern Parliaments, in: Macrid & Brown, Comparative Politics, The Dorsey Press, 1977.

高橋和之, 國民代表, 芦部信喜 編, 憲法の基本問題, 1988.

山本悅夫, 國民代表論, 向學社. 1997.

杉原泰雄, 國民代表, 憲法學の基礎概念 I, 勁草書房, 1983.

大石眞, 議會法, 有斐閣アルマ, 2001.

淺野一郎, 比例代表制選出議員の黨籍離脫と議員資格, 法學セミナ 362호, 1985.

18 헌법규범과 헌법현실*

–한국헌법의 규범과 현실의 괴리문제–

I. 머리말

우리나라가 일제의 지배로부터 해방되어 광복 70년과 헌법제정 67년이 경과된 현시점에서 대한민국의 헌법규범과 헌법현실을 재조명하고 진단하는 것은 미래의 우리 헌법과 입헌주의의 성숙을 기대하는 입장에서 매우 의미있는 일이라 하지 않을 수 없다. 1948년 건국헌법의 제정 이래 우리 헌정사는 수많은 시행착오와 우여곡절을 겪어 왔지만 1987년 헌법의 채택을 계기로 하여 우리의 입헌민주주의는 안정적 정착과 성장의 초석을 마련하게 되었다고 할 수 있다. 제헌 이래 제9차 개헌의 산물인 1987년 헌법은 국민적 합의에 바탕을 둔 것으로 대통령직선제의 환원을 통해 통치구조의 민주적 정당성을 확보하게 되었으며, 특히 헌법재판소제도의 도입으로 위헌법률심판과 헌법소원심판 등이 활성화됨으로써 획기적으로 권력통제규범과 기본권보장규범으로서의 헌법의 기능을 실질적으로 발휘할 수 있게 되었음은 상당히 긍정적으로 평가될 수 있다.

그렇지만 다른 한편 현행 헌법이 30년 가까이 시행되어 오는 과정에서 헌법에 규정된 기본원리 내지 기본질서와 헌법현실간의 괴리가 드러나고 있으며 국민통합규범으로서의 헌법의 기능이 제대로 작동되지 못하는 점도 노정되고 있다. 우리 사회에 민주화가 전개되면서 국민의 기본권이 신장되었음에도 정치적 자유와 사회적 기본권 영역에 있어 기본권보장이 충분하다고 할 수 없으며, 헌법상의 사회적 시장경제질서와 복지국가원리는 사회정의의 구현과 경제의 민주화를 그 이념으로 하고 있으나 현실적으로 우리 사회의 양극화현상과 사회적·경제적 약자의 증가, 복지와 분배정책 등에 있어서 헌법규범과 헌법현실 사이의 간극을 좁히지 못하고 있음을 부정하기 어렵다. 그리고 헌법의 운용에 있어서 탄핵심판제도가 헌법질서의 수호를 목적으로 하지만 노무현 대통령 탄핵심판사건에서 헌법재판소의 기각결정[1]은 결과적으로 국회의 탄핵소추권 남용의 문제점이 지적될 수 있는 것이었으며, 2014년 12월의 통합진보당 해산심판사건[2]의 경우 방어적 민주주의의 정신에 입각한 헌법질서의 수호라는 긍정적 평가와 함께 우리 사회의 이념적 대결구도와 국론

---

* 「안암법학」 제50호(안암법학회, 2016. 5), 1–52면.

1 헌재 2004. 5. 14. 2004헌나1.

2 헌재 2014. 12. 19. 2013헌다1.

분열을 더욱 조장하는 부작용을 초래하게 되었다는 지적도 없지 않다. 여기서 헌법의 국민통합기능이나 정치적 평화유지기능의 관점에서 제기되는 문제점은 헌법규범 자체의 문제점이라기보다는 헌법의 운용현실의 문제점이라 할 수 있다.

현행헌법 운용의 실제에서 나타나는 중요한 헌법문제 몇 가지를 검토해 보면, 먼저 국민주권과 대의제민주주의 원리의 현실은 의회주의와 대통령 권한행사 등의 여러 측면에서 문제점을 노정하고 있다. 그리고 정부형태와 권력구조의 개편을 위한 헌법개정논의는 그 개헌의 필요성에 관한 합리적 논거가 없는 것은 아니지만,[3] 국민주권의 원리에 비추어 헌법제정권자이며 헌법개정권자인 국민의 정치적 의사와 괴리된 것이라 하지 아니할 수 없다. 정치권의 당리당략과 정략적 이해관계 속에서 제기되는 문제로서 국민적 공감대를 결여한 것이며 개헌의 불가피성의 합리적 논거도 충분하다고 보기 어렵다.[4] 그 밖에 우리 헌법의 국제평화주의원칙과 평화통일조항에 비추어 볼 때 정부의 대북정책이나 평화통일정책의 수립과 추진의 현실은 헌법규범적 관점에서 재검토되어야 할 부분이 없지 않다고 할 것이다.

본고에서는 1987년 개정된 현행헌법의 헌법사적 의미를 재조명하고 국가의 최고규범으로서의 헌법의 실질적 기능을 헌법현실과의 일치여부의 관점에서 평가하며, 우리 헌법현실의 개별적인 몇 가지 문제점들에 대한 검토를 통하여 대한민국헌법이 더 이상 '명목적 헌법'(nominal constitution)이 아닌 진정한 '규범적 헌법'(normative constitution)[5]으로서의 위상과 실효성을 확보할 수 있는 헌법적 과제와 대응방안을 제시하도록 한다.

---

3 2009년 국회의장 직속기구인 헌법연구자문위원회의 보고서에는 헌법개정의 필요성에 관하여 "지난 20여 년간 국내외의 정치, 경제, 사회적 환경의 급변으로 인해 기존의 사고와 패러다임으로는 해결할 수 없는 문제들이 도처에서 노정됐다. 헌법개정 당시 예견할 수 없었던 이런 문제들은 개별 법률의 개정이나 제도의 보완으로는 해결하기 어려운 것들이어서 국가시스템 전반에 걸쳐 헌법적 차원에서의 재검토가 불가피해졌다"고 하고, 구체적으로는 새로운 시대에 부응하기 위한 기본권보장의 강화와 권력구조에 있어서 "권력집중이 가져오는 헌정 운영상의 폐해와 5년 단임제가 초래한 정치적 책임성의 약화, 지나친 권력경쟁으로 인한 국민적 통합의 저해 등과 같은 문제점들을 바로 잡기 위해 합리적인 권력분산 등을 통해 국가시스템의 골간을 개혁해야 할 때가 됐다"고 기술하고 있다. 헌법연구자문위원회 결과보고서(2009.8), 3면.

4 정만희, 대안적 정부형태로서의 이원정부제 –이원정부제 개헌론에 대한 관견–, 헌법학연구 제21권 제3호, 2015, 1–48면; 정만희, 이원정부제 정부형태의 검토, 동아법학 제52호, 2011, 143면 이하 참조.

5 뢰벤슈타인의 존재론적 헌법분류론은 헌법규범(norms of constitutions)과 권력과정의 현실(reality of power process)의 일치여부를 기준으로 하여 각국헌법을 '규범적 헌법', '명목적 헌법', '장식적 헌법'으로 분류하는 것으로 1950년대 후반에 발표된 이론이지만 반세기가 지난 현시점에서도 정치적 후진국가들의 경우에는 이 기준에 따라 규범적 헌법의 범주에 들기 어려운 나라들이 적지 않다고 할 것이다. K. Loewenstein, Political Power and the Governmental Process, 2nd ed., Univ. of Chicago Press, 1965, pp.147–150.

Ⅱ. 현행 헌법(1987년헌법)의 헌법사적 의미

1. 한국 입헌주의의 전개와 헌법의 규범력

1948년 한국헌법이 제정된 이래 70년 가까운 헌법운용의 경험을 통해 우리의 입헌주의의 현상황을 진단하는 것은 앞으로의 한국헌법과 입헌주의의 발전방향을 가늠하는데 의미가 크다고 할 수 있다. 한국헌정사에 있어서 건국헌법의 제정은 서구적 민주주의의 교육과 훈련의 경험이 일천한 시대적 배경 속에서 새로운 입헌주의헌법을 채택한 것이었으나 그 헌법운용의 현실은 권력담당자의 권한남용과 장기집권의 욕구에 의해 헌법의 규범력은 약화되었고 헌법규범상의 원리와 제도는 통치권강화의 수단으로 이용됨으로써 국가의 최고규범인 헌법은 그 기능을 제대로 발휘하지 못하였다. 또한 헌법개정이 빈번하게 행해지고 그 개헌절차가 위헌적이고 반민주적으로 행해진 것도 집권자의 집권연장과 장기집권의 정치적 목적을 달성하기 위한 방법으로 무리하게 헌법개정을 택했던 것을 의미한다. 헌법개정은 본래 헌법규범이 시대의 변화에 따라 헌법현실에 적응하지 못하고 괴리되는 경우 헌법의 현실적응성과 규범력확보를 위해 요청되는 것이지만, 우리의 빈번한 헌법개정사는 한마디로 권력담당자들의 집권연장욕구를 충족시키는 수단이었음을 말해 준다. 집권자의 권력행사의 범위와 한계를 부여한 수권규범이며 권력제한규범인 헌법 자체에 대한 불만 때문에 헌법개정이 네 차례나 단행되었고 군부의 쿠데타로 헌정이 여러 차례 중단되기도 했던 것이다.[6] 이처럼 오욕으로 점철된 한국헌정사 속에서 헌법은 권력과정에 대한 통제규범으로서의 기능을 상실하게 되고 헌법은 단지 정치적 현실을 반영하는 것에 그치고 말았던 것이다. 이러한 헌법은 명목적 헌법 내지 장식적 헌법에서 벗어나지 못함으로써 우리 헌법은 서구 민주주의국가들의 규범적 헌법의 범주에 진입할 수 없었던 것이다.

그럼에도 불구하고 우리 국민은 주권자로서의 강한 헌법수호의 의지를 가지고 그때그때 독재와 반민주에 저항함으로써 한국의 입헌주의는 시들지 않고 현재의 입헌주의의 수준을 유지할 수 있게 하였다.[7] 제1공화국 이승만 정부의 독재에 항거한 4·19 혁명과 전

---

6 1987년의 헌법개정 이전의 8차에 걸친 헌법개정 중에서 제1차 개헌(1952)과 제2차 개헌(1954)은 이승만 대통령의 집권연장을 위한 것이었으며, 제6차 개헌(1969)은 박정희 대통령의 3선개헌이었고 제7차 개헌(1972)은 유신을 단행하여 중임제한규정이 폐지되고 대통령의 장기집권을 가능하게 하였다.

7 1960년 4·19 혁명에 의한 민주적 개헌과 제2공화국헌법의 성립은 민주주의의 발전을 기대하게 하였으나 이듬해의 5·16 군사쿠데타로 우리의 입헌주의는 또 다시 후퇴하였고 1972년 친위쿠데타에 의한 유신헌법의 채택은 한국헌정사의 암흑기를 의미하였다. 1979년 10월 26일 박정희 대통령의 사망으로 1980년에는 입헌민주주의 시대가 열리는 '서울의 봄'이 오기를 희망하였으나 신군부세력의 12·12사태와 5·17조치로 이어진 단계적 쿠데타는 다시 한번 입헌주의의 위기상황을 맞이하였다.

두환 정부의 권위주의체제에 반대한 1987년 6·10 시민항쟁은 한국헌정사적 관점에서 뿐만 아니라 20세기적 정치사에 있어서도 성공한 시민혁명의 사례로 평가될 수 있으며,[8] 이 두 차례의 시민혁명의 결과 우리의 입헌주의는 이제 서구형 입헌주의로 재정립하게 되었다고 할 수 있다. 여러 차례의 군사쿠데타와 정변 등에 의해 입헌주의가 중단 내지 퇴보를 거듭하면서도 마침내 1987년 시민항쟁에 나타난 국민의 민주주의와 헌법수호에의 의지는 오늘날 한국입헌주의가 성공적으로 정착될 수 있는 토대를 만드는 원동력이 되었다고 할 것이다.

2. 현행헌법의 헌법사적 의미

현행헌법은 1987년 12월 제9차 개헌에 의해 성립되어 1988년 2월 25일부터 시행된 것으로서 그 헌법사적·헌정사적 의미는 매우 크다고 할 수 있다. 첫째, 주지하는 바와 같이 1987년 헌법은 그 이전의 1980년 헌법이나 1972년 헌법 등과는 달리 헌법개정의 과정과 절차가 국민적 합의에 바탕을 둔 민주적 개헌의 산물이라는 점에서 긍정적으로 평가되고 있다. 1960년 헌법(제2공화국헌법)의 경우에도 국민적 합의에 의한 민주적 개헌으로 평가되고 있지만 그 헌법은 제헌헌법상의 헌법개정절차에 따라 국민투표를 거치지 않고 개정된 점에서 1987년 헌법의 개정절차와 차이가 있다. 1987년 6월 시민항쟁의 결과 정치권의 여야간의 합의로 당시 국민적 열망이었던 대통령 직선제를 중심으로 한 개헌안이 채택되어 국회의 의결과 국민투표에서 유권자의 압도적 지지로 개헌안이 통과된 것이다.[9] 이와 같이 1987년 헌법은 그 성립과정에서의 절차적 정당성을 확보하고 그 내용에 있어서도 국민적 여망을 최대한 반영하여 민주적 정당성을 확보한 것이라 할 수 있다. 이 점에서 1987년 헌법은 "자유민주주의를 향한 국민적 의지가 구현된 입헌주의헌법의 재정립"[10]이라고 규정하는 것도 타당하다고 할 것이다. 그렇지만 다른 한편 그 구체적인 개헌과정을 들여다 보면 개헌안에 대한 공론화과정이 제대로 확보되지 못했으며, 대통령 직선제를 비롯한 통치구조의 문제에 한정하여 개헌논의가 이루어졌기 때문에 헌법전반에 걸친 합리적 개헌방향에 관한 논의가 미흡하였다는 점 등이 문제점으로 지적되고 있다.[11] 특히

---

8 권영성 교수는 1987. 6. 10 시민평화대행진은 "정치·경제·사회분야의 민주화와 더불어 대통령직선제 개헌이 더 이상 지체될 수 없는 이 시대의 범국민적 염원임을 절규한 시민혁명"이라고 기술하고 있다. 권영성, 헌법학원론, 법문사, 2010, 97면.

9 1987년 10월 13일 국회에서 의결된 개헌안은 10월 27일 국민투표 결과 총투표인수의 78.2%가 투표하여 투표자 93.1%의 압도적 찬성으로 확정되었다.

10 성낙인, 한국헌법사, 법문사, 2012, 137면.

11 1987년 헌법은 시민운동의 산물을 의미함에도 불구하고 실제로 그 헌법의 성립과정은 시민사회의 요구가 반영되고 참여가 보장된 '심의'(deliberation)의 산물이었다기 보다는 시민사회의 대표들은 전혀 이 헌법개정과정

1987년 헌법이 시민혁명의 산물이지만 혁명의 주체인 국민이 그 입법과정에의 참여가 배제되고 단지 국민투표절차에서 찬반만을 표시하는 고무인(rubber stamp)의 역할만 했을 뿐이므로 1987년 헌법은 '미완의 헌법'이라는 비판이 있다.[12]

둘째, 1987년 헌법은 구 헌법에 비해 통치구조의 민주적 정당성이 크게 제고되었다는 점에서 헌법사적 의미가 크다고 할 수 있다. 1972년의 유신헌법이나 1980년 헌법은 민주적 정당성이 결여된 통치구조 하에서 권력분립원리가 명목화·형해화된 가운데 대통령의 독재를 허용하였으나 1987년 헌법은 이러한 권위주의체제에 대한 역사적 반성으로 국민적 합의에 의한 대통령 직선제를 채택함으로써 민주적 정당성이 제고되었다. 그리고 과거 우리 헌정사의 경험에 따른 반성에서 장기집권으로 인한 독재화를 막기 위해 단임제를 채택하였다는 점에서 그 헌정사적 의의가 크다. 이러한 대통령직선제와 5년단임제를 중심으로 하는 개헌은 비록 형식적으로는 기존의 헌법개정절차에 따라 채택된 것이지만 그것은 주권자인 국민의 시민혁명에 의한 '정치적 결단'의 산물을 의미한다고 할 수 있으며, 이 점에서 제9차 개헌에 의한 87년헌법은 실질적으로 새로운 헌법의 제정이라고 보는 견해도 설득력이 있다고 하겠다.[13] 그 밖에 권력분리원리의 실질화를 위하여 국회의 지위와 권한이 강화되고 대통령의 국회해산권이 폐지되는 등 대통령의 권한이 상대적으로 축소됨으로써 권력간의 견제와 균형을 유지할 수 있게 되었다.

셋째, 1987년 헌법은 헌법재판제도를 도입하여 권력통제규범과 기본권보장규범으로서의 기능을 강화하였다는 점이 두드러진 특징이라 할 수 있다. 구 헌법시대의 헌법위원

에 참여하지 못하고 좁은 정치사회 내 엘리트들 간의 탁상협상정치의 결과였기 때문에 이 협상과정에 참여한 자들의 단기적인 이해관계의 절충의 산물로서 1987년 헌법은 처음부터 태생적 문제점을 안고 있었다는 지적이 있다. 권력구조를 포함하여 많은 조항들이 충분한 심의의 과정을 거치지 아니하고 짧은 시간 안에 채택되었기 때문에 중요한 사회적 의제와 변화를 헌법에 반영하지 못하였고 당시 민주화 이후의 사회변화의 전망이나 헌법비전 등이 전혀 반영되지 못하였다는 것이다. 말하자면 1987년 헌법개정과정은 대통령직선제개헌 이외의 문제에 관한 개헌논의는 그 기간이 충분하지 못했으며 개방적이고 공개적인 논의가 제대로 이루어지지 못했다는 것이다.

87년 헌법은 당시 민정당과 민주당을 대표하는 8인정치회담의 주도하에 만들어지게 되었는데, 이 8인정치회담은 7월 31일부터 9월 16일까지 짧은 기간에 협상을 완료하고 새 헌법안에 합의하였다. 협상내용 중 가장 중요한 의제는 대통령임기와 단임제 여부에 관한 것이었는데 민정당은 6년단임제안을 제시했고 민주당은 부통령제도입과 4년 1차 중임제안을 제시하였으나 협살결과 5년 단임제로 결론이 나게 되었다. 이는 '87년헌법만들기'의 주역들(노태우, 김영삼, 김대중)이 자신의 집권가능성을 보장해줄 수 있는 권력구조로서 5년 단임 대통령제를 발견하였다는 것을 보여준다. 실제로 그 주역들이 그 후 모두 차례차례 대통령이 됨으로써 87년 헌법이 3자간 정략적 담합의 산물이라는 것을 말해주고 있다는 것이다. 이러한 관점에서의 분석은. 임혁백, 개헌의 필요성과 실현가능성, 대화문화아카데미 편, 새로운 헌법 필요한가, 2008, 46－48면.

12 1987년 헌법의 입법과정에 혁명의 주체인 국민의 참여가 배제된 것에 대한 비판적 견해는 김선택, 헌법과 혁명 -시민입헌주의(Civic Constitutionalism), 동아법학 제58호, 2013, 5면 이하.

13 제9차 개헌에 의한 1987년 헌법을 실질적인 새로운 헌법의 제정으로 보는 입장은 김철수, 헌법학개론, 박영사, 2008, 127－8면; 계희열, 헌법학(상), 박영사, 2005, 153면; 김학성, 헌법학원론, 피엔씨미디어, 2014, 84면.

회제도 하에서는 헌법재판을 통한 권력통제기능을 거의 기대할 수 없었으나 현행 헌법의 헌법재판소제도는 실질적인 권력통제기능을 수행하고 헌법보장기관으로서의 역할을 충실히 수행하고 있다. 특히 위헌법률심판과 헌법소원심판을 통하여 국회의 입법권에 대한 통제가 이루어지고 있으며, 명령·규칙 등의 행정입법(법규명령)에 대해서도 법원과 헌법재판소에 의한 규범통제가 행해짐으로써 국민의 권리구제의 실현이 강화되고 있다. 다만 헌법 제107조 제2항에 의해 명령·규칙에 대한 구체적 규범통제를 법원의 권한으로 하고 있으나 헌법재판소도 법규명령에 의한 기본권침해의 경우 헌법소원을 통해 위헌심판을 할 수 있으므로 이러한 헌법재판기능의 이원화에 따른 법원과 헌법재판소 간의 충돌과 갈등이 문제되고 있다.[14] 한편 권력통제규범으로서 현행 헌법은 여전히 대통령에의 권력집중에 의한 '제왕적 대통령제'의 위험성이 있다는 지적이 있으며,[15] 이 점에서 권력분산형 정부형태로의 개헌논의가 제기되는 이유를 찾을 수 있다.

넷째, 1987년헌법은 그 동안의 시행과정 속에서 헌법개정논의가 지속되어 왔다는 점이 특징이라 할 수 있다. 그러나 현행헌법 하의 개헌논의는 주로 정치권에서의 정부형태의 개편 내지 새로운 선택에 관한 논의를 의미하며, 헌법제정권자이며 헌법개정권자인 국민 다수의 정치적 의사에 바탕을 둔 것이 아니라는 점에서 문제가 있다고 할 것이다.[16] 헌법제정 이래 평균 4, 5년에 한 번씩 헌법을 개정해온 빈번한 헌법개정사를 내용으로 하는 한국헌정사에서 27년 이상 헌법개정 없이 헌법을 운용해 왔다는 사실만으로 현행헌법의 개정필요성을 인정할 수 있는 것은 결코 아니며, 헌법개정의 불가피성에 관한 국민적 합의가 전제되지 않는 한 통치체제의 기본사항에 관한 개헌은 신중을 기해야 하는 점에서 볼 때 정치권의 개헌논의에 대한 철저한 검토가 요구된다.

요컨대 1987년 헌법은 국민적 합의를 바탕으로 한 민주적 개헌절차를 통해 채택된 것이라는 점에서 헌정사적 의의가 크며, 특히 통치구조에 있어서는 권력분립원리의 실질화와 헌법재판제도의 도입 등으로 권력통제기능이 강화되었고, 기본권보장규범으로서의 기능이 괄목할 만큼 크게 확대되었다는 점에서는 긍정적으로 평가될 수 있다고 하겠다.

---

14 현행헌법은 사법부가 법원과 헌법재판소의 2원적 구조로 되어 있기 때문에 헌법해석을 둘러싼 양 기관의 충돌과 대립이 문제될 수 있는데 이 문제를 해결하기 위해서는 헌법재판소법을 개정하여 재판소원을 인정하고 변형결정의 기속력을 인정하는 것 등의 입법론적 개선 보완이 요구되며 궁극적으로는 헌법개정시 헌법재판기능의 일원화가 필요하다는 것이 학계의 지배적 견해이다.

15 1987년 헌법의 헌법제도와 헌법정치에 대한 비판적 견해로는 김선택, 앞의 논문(주12), 9면 이하.

16 정만희, 헌법개정논의 -헌법개정의 필요성과 개헌절차·방법에 관한 검토-, 동아법학 제47호, 2010, 4면 이하.

Ⅲ. 헌법규범의 기능 전반에 대한 평가

헌법규범의 기능에 관하여는 다양한 기준에 의해 설명될 수 있다. 국가의 최고규범인 헌법은 국가창설규범으로서 국가를 조직하고 구성하며, 국민적 합의를 바탕으로 국가공동체의 기본질서를 유지·형성하는 기능을 수행한다. 헌법규범은 근대 입헌주의헌법시대 이래 국가권력에 대한 통제기능을 그 핵심으로 하며, 국민의 기본권보장규범으로서 공동체의 공감대적 가치를 실현함으로써 사회통합기능을 하게 된다. 헌법규범은 또한 국가권력 간의 분쟁을 헌법질서 내에서 조정하고 해결함으로써 정치적 안정과 평화유지기능을 담당한다. 여기서는 현행 헌법의 기능을 권력통제규범, 기본권보장규범과 사회통합규범, 정치적 평화유지규범으로 구분하여 헌법의 기능상의 규범력을 평가하도록 한다.

1. 권력통제규범으로서의 기능

1987년 헌법의 권력통제규범으로서의 기능과 실효성은 역대 헌법 중에서 가장 긍정적으로 평가될 수 있다고 할 것이다. 입헌주의헌법의 본질이 권력과정의 통제(control of power process)를 위한 기본적 장치[17]라고 할 때 현행 헌법은 입헌주의헌법으로서의 본질적 기능을 담당하고 있다고 할 수 있다. 현행 헌법은 통치구조의 기본원리로서 권력분립의 원리가 강화되어 권력 상호간의 견제와 균형의 메커니즘이 작동되고 있다. 국회의 헌법상 권한과 국정통제기능이 강화되어 국정조사권과 함께 국정감사권을 규정하였으며, 외국에서의 입헌례를 찾아볼 수 없는 국정감사제도의 채택은 국정 전반에 대한 국회의 광범위한 통제기능을 수행하게 되었다. 오히려 국정감사제도의 운용실태는 행정의 마비와 공백, 생산성 없는 비효율적 감사 등의 문제점이 지적되기도 한다.[18] 그리고 1972년 헌법과 1980년 헌법에서 채택된 국회해산권이 폐지됨으로써 국회의 지위가 강화되게 되었으며 정부형태에 있어서 대통령제의 본질적 원리에 충실한 권력구조를 갖게 되었다. 특히 헌정사상 최초로 국회가 대통령에 대한 탄핵소추를 의결함으로써 헌법운용의 실제에 있어서도 국회의 실질적인 국정통제기능을 기대할 수 있게 되었다.[19] 과거 한국의 헌법사에 있어서 탄핵제도는 헌법의 장식물로 간주되어 왔으나 노무현 대통령탄핵심판사건을 계기로, 탄핵소추권의 남용여부에 관한 논의는 별론으로 하고, 국민들은 탄핵제도의 강력한

17 K. Loewenstein, op. cit., p.123.

18 국정감사제도의 문제점에 관하여는 이관희, 국정감사제도의 문제점과 개선방안, 공법연구 제27집 제3호, 1999, 199면 이하; 정만희, 국정감사제도의 재검토, 공법학연구 제10권 제1호, 2009, 133면 이하.

19 헌재 2004. 5. 14. 2004헌나1.

국정통제기능에 대한 새로운 인식을 갖게 되었다. 1999년 이후 국회의 법률제정으로 도입된 특별검사제도는 특별검사의 임명방식이 권력분립원칙에 위배되는지의 위헌여부에 관한 논의가 있지만,[20] 그것은 권력형 부정사건이나 정치적 성격이 강한 사건에서 검찰의 기소독점주의와 기소편의주의에 대한 효과적인 통제수단이 되고 있다. 대통령의 인사권에 대한 국회의 동의권과 인사청문회제도도 행정권에 대한 국회의 통제기능을 담당함으로써 현행헌법은 권력통제규범으로서의 기능을 실질적으로 수행하고 있다.[21]

현행 헌법상 국회의 정부에 대한 통제기능과 관련하여 재정에 관한 국회의 권한이 중요한 의미를 갖는다. 국회의 재정에 관한 권한으로서 조세입법권(제59조)을 비롯하여 예산의결권(제54조 제1항)과 결산심사권(제99조), 정부의 중요 재정행위에 대한 일련의 동의권·승인권(제55조, 제58조) 등을 규정하고 있다. 이러한 국회의 재정통제기능은 넓은 의미의 국정통제기능에 포함시킬 수 있다.[22] 국회의 재정통제기능 중에서 예산안에 대한 국회의 심의·의결은 그 자체로서 정부의 정책집행에 대해 광범위한 통제가 가능하게 되고 정부에 대한 통제의 실효성을 높일 수 있기 때문에 선진국일수록 정부활동에 대한 직접적인 통제보다는 예산·결산을 통한 간접적 통제가 강화되고 있는 경향을 볼 수 있다.[23] 그러나 현행헌법상 국회의 재정통제기능에는 그 운용상의 문제점이 지적될 수 있다. 첫째, 예산안에 대한 심사기능이 의원들의 예산에 관한 전문성부족 등으로 형식적으로 이루어짐으로써 실질적인 재정통제를 기대하기 어렵다는 것이고, 둘째, 결산심사에 있어서도 현실적으로 국회의 통제방식은 역사적 관행에 의거하여 그 심사가 형식적으로 이루어지는 것이 문제이다. 셋째, 우리 헌법상 예산제도는 예산특별형식주의 내지 예산비법률주의를 채택하고 있어서 예산과 법률의 불일치로 인한 문제뿐만 아니라 세출에 대한 국회의 실질적 통제기능을 확보하기 어려운 것이 문제점으로 지적되고 있다. 이러한 문제점을 해결하기 위해서는 서구의 각국에서 채택하고 있는 예산법률주의를 도입하는 것이 필요하다고 할 것이다.[24]

현행 헌법상 헌법재판소 제도의 도입은 헌법의 권력통제규범으로서의 강력한 기능을 수행하고 있다. 위헌법률심판과 헌법소원심판의 활성화는 입법권과 행정권에 대한 실질적인 통제가 가능하게 되었으며, 대통령에 대한 탄핵심판사건을 계기로 고위 공직자에 대

20 헌재 2008. 1. 10. 2007헌마1468.
21 정만희, 국회의 국정통제기능에 대한 검토, 헌법학연구 제20권 제3호, 2014, 210면 이하.
22 정만희, 앞의 논문(주21), 204면 이하.
23 장영수, 국회 기능의 합리화 방안, 헌법학연구 제16권 제3호, 2010, 347면.
24 장영수, 앞의 논문(주23), 349면; 박재창, 한국의회개혁론, 오름, 2004, 81면; 권해호, 예산법률주의 도입방안 연구, 국회예산결산특별위원회 연구용역보고서, 2005.

한 책임추궁과 권력통제의 현실화를 기대할 수 있게 되었다.[25] 국가기관간의 권한쟁의심판을 통해서도 국가기관 상호간의 권한의 존부 및 범위에 관한 다툼을 해결하면서 국가기관의 헌법적 권한행사에 대한 통제기능을 수행할 수 있다. 헌법소원심판에 있어서 헌법재판소법상 재판소원금지규정(제68조 제1항 단서)에도 불구하고 헌법재판소가 위헌으로 결정한 법률을 적용하여 기본권을 침해한 재판에 대해서는 예외적으로 헌법소원심판청구를 인정함으로써 사법권에 대한 통제기능도 제한적으로 수행하게 되었다.[26]

2. 기본권보장규범과 사회통합규범으로서의 기능

(1) 기본권보장규범으로서의 기능강화

1987년 헌법의 권리장전인 기본권조항을 보면 1980년 헌법에 비해 기본권보장이 확대·강화되었음은 주지의 사실이다. 1987년 헌법은 통치구조 내지 국가조직조항의 개정에 중점이 놓여지면서 기본권조항의 개정이 형식적으로 이루어진 면이 있음에도 불구하고 한국의 기본권보장사에 있어 가장 진보적인 내용을 갖추게 되었다.[27] 그리하여 헌법상 새로운 기본권이 몇 개 추가되었으며, 신체의 자유에 대한 절차적 보장이 강화되고(제12조), 표현의 자유보장이 강화되어 언론·출판·집회·결사에 대한 허가제와 검열제를 금지하게 되었다(제21조 제2항).[28] 또한 개별적 법률유보조항을 대폭 줄임으로써 보다 완전한 기본권보장을 기하고 있는 것이 특징이다. 새로운 기본권으로는 형사피의자의 형사보상청구권(제28조), 범죄피해자의 국가구조청구권(제30조)과 사회적 기본권으로서 노인·여자·청소년의 복지권(제34조 제3항, 제4항), 쾌적한 주거생활권(제35조 제1항) 등이 추가되었다.

---

25 노무현대통령탄핵심판에서 헌법재판소는 탄핵소추사유와 탄핵의 정당화사유(중대한 법위반)를 구분하면서 "대통령을 제외한 다른 공직자의 경우에는 파면결정으로 인한 효과가 일반적으로 적기 때문에 상대적으로 경미한 법위반행위에 의해서도 파면이 정당화될 가능성이 큰 반면, 대통령의 경우에는 파면결정효과가 지대하기 때문에 파면결정을 하기 위해서는 이를 압도할 수 있는 중대한 법위반이 존재해야 한다"고 판시하였다. 이러한 탄핵의 정당화사유에 관한 2중기준에 따라서 대통령 이외의 고위공직자에 대한 탄핵심판에서는 탄핵사유로서 경미한 법위반행위에 대해서도 파면결정을 할 수 있으므로 이들 공직자에 대한 책임추궁으로 탄핵심판이 활성화되기를 기대할 수 있다. 정만희, 앞의 논문(주21), 219면; 탄핵제도의 본질과 미국헌법상 탄핵심판의 사례에 관하여는 정만희, 미국헌법상의 탄핵제도, 공법연구 제30집 제1호, 2001, 195면 이하.

26 헌재 1997. 12. 24. 96헌마172. 이 사건 결정에서 헌법재판소는 청구인의 기본권을 침해한 대법원판결을 헌법재판소법 제75조 제1항에 따라 취소하고, 동시에 대법원이 위헌적인 법률을 적용한 원행정처분도 취소한다는 획기적인 판단을 내리게 되었다.

27 김선택, 대한민국에서 기본권보장의 발전과 과제, 한국공법학회 제145회 학술대회 발표논문, 2008. 10, 53면.

28 헌법 제21조 제2항에 근거한 표현의 자유에 대한 사전제한금지의 원칙의 적용으로 영화·음반·비디오물의 사전심의제, 영화·비디오물의 등급분류보류제, 텔레비전 방송광고의 사전심의제 등에 대해 헌법재판소는 헌법상 금지되는 사전검열에 해당한다고 판시함으로써 표현의 자유보장이 크게 확대되었다. 헌재 1996. 10. 4. 93헌가13등; 1996. 10. 31. 94헌가6; 2000. 2. 24. 99헌가17; 2001. 8. 30. 2000헌가9; 2008. 10. 30. 2004헌가18; 2008. 6. 26. 2005헌마506.

헌법상 개별적 기본권보장의 목록이 추가되고 신체의 자유의 절차적 보장을 강화함과 동시에 헌법재판소의 사법적극주의적 헌법해석을 통해 기본권보장이 확대되고 있음을 볼 수 있다. 헌법 제10조의 인간의 존엄과 가치, 행복추구권을 규정한 포괄적 기본권조항과 헌법 제37조 제1항의 "헌법에 열거되지 아니한 자유와 권리의 경시금지"조항을 근거로 하여 생명권,[29] 일반적 행동자유권,[30] 자기결정권,[31] 인격권[32] 등의 구체적 권리를 도출함으로써 국민의 기본권이 대폭 신장하게 되었다. 특히 자기결정권과 관련하여 혼인빙자간음죄와 간통죄는 성적자기결정권을 침해하는 것으로 위헌이라고 판시하였다.[33] 행복추구권에 대해서도 헌법재판소는 포괄적 기본권의 성격과 함께 독자적 기본권성을 인정하는 태도를 보임으로써 기본권보장에 있어 괄목할 만한 진전을 보게 되었다.[34] 다만 행복추구권의 법적 성격에 관하여 헌법재판소는 포괄적 자유권의 성격을 인정하는 데 그치고 국가에 대한 적극적 급부청구권 내지 사회권으로서의 성격을 인정하는 데에 있어서는 소극적 태도를 취하고 있다.[35]

평등권의 보장에 있어서 헌법재판소는 평등의 원칙의 위반여부에 관한 판단기준으로 기본적으로 엄격한 심사기준과 완화된 심사기준이라는 이중기준을 적용하면서 헌법에서 특별히 평등을 요구하는 경우와 차별적 취급으로 인하여 관련 기본권에 중대한 제한을 초래하는 경우(예컨대 헌법 제32조 제4항의 여성의 고용·임금 및 근로조건에서의 차별금지, 제36조 제1항의 혼인과 가족생활에서의 양성의 평등)에는 엄격한 심사(비례성 심사)의 원칙을 적용함으로써 평등권 실현이 확대되고 있다. 동성동본금혼위헌결정에서 헌법재판소는 엄격한 심사기준을 적용하여 금혼의 범위를 남계혈족에 한정하여 성별에 의한 차별을 하는 것은 위헌이라고 결정하였으며,[36] 호주제에 대해서는 정당한 이유없는 남녀차별로서 혼인과 가족생활에 관한 권리를 침해한다고 판시하였다.[37] 제대군인가산점제도에 대해서도 엄격한 심사기준을 적용하여 여성과 장애인의 기본권을 침해한다고 판시하였다.[38] 다만 국가유공자 및 그 가족에 대해 국가기관이 실시하는 채용시험에 가산점을 부여하는 제도에 대해 헌법 제32조 제6항(국가유공자·상이군군경 및 전몰군경의 유가족에 대한 우선적 근로기회제공)

29 헌재 1996. 11. 28. 95헌바1.
30 헌재 1993. 5. 13. 92헌마90; 헌재 2003.10. 30. 2002헌마518.
31 헌재 1996. 12. 26. 96헌가18; 헌재 2009. 11. 26. 2008헌바58.
32 헌재 2001. 7. 19. 2000헌마546; 헌재 2005. 12. 22. 2003헌가5 등.
33 헌재 2009. 11. 26. 2008헌바58; 헌재 2015. 2. 26. 2009헌바17 등.
34 헌재 1995. 7. 21. 93헌가14; 헌재 1989. 10. 27. 89헌마56.
35 헌재 1995. 7. 21. 93헌가14.
36 헌재 1997. 7. 16. 95헌가6 등.
37 헌재 2005. 2. 3. 2001헌가9 등.
38 헌재 1999. 12. 23. 98헌마363.

을 근거로 완화된 비례의 원칙을 적용하여 합헌결정을 내린 바 있으나,[39] 그후 판례를 변경하여 국가유공자의 가족의 경우에는 헌법 제32조 제6항이 가산점제도의 근거가 될 수 없다고 하여 엄격한 비례의 원칙을 적용하였다.[40] 그 밖에 '적극적 평등실현조치'(affirmative action)가 역차별의 문제를 야기하기도 하지만 양성채용목표제, 여성공천할당제, 장애인고용할당제[41] 등의 도입은 평등권실현에 크게 기여하였다.

검사의 불기소처분에 대한 헌법소원심판에서 헌법재판소는 초기부터 적극적인 입장에서 청구인의 평등권과 재판절차진술권 침해를 이유로 인용결정[42]을 내림으로써 헌법재판소의 기본권보장기관으로서의 위상이 확립되고 헌법의 기본권보장규범으로서의 기능이 강화되었다. 신체의 자유와 관련하여 국가보안법의 반국가단체에 대한 찬양·고무죄조항에 대해 한정합헌결정[43]의 효과로서 동 법률조항이 합리적으로 개정되었으며, 헌법재판소는 적법절차의 원칙이나 무죄추정의 원칙을 폭넓게 적용하여 신체의 자유보장이 신장되었다.[44] 표현의 자유에 있어서 사전제한금지원칙이 엄격히 적용되고 있으며 집회시위의 자유와 관련하여 집시법상 야간옥외집회금지조항이 헌법불합치결정을 받게됨에 따라 집회시위의 자유가 확대되기에 이르렀다.[45]

재산권보장에 있어서 헌법 제23조 제1항 제2문, 제2항의 재산권의 내용한계형성규정과 제23조 제3항의 공용침해규정의 해석에 있어서 헌법재판소는 개발제한구역사건에서 종래의 경계이론에서 벗어나 새로운 분리이론의 입장에서 재산권의 내용한계형성규정에서도 보상이 필요한 경우를 인정함으로써 재산권보장이론이 발전하는 측면을 볼 수 있다.[46] 부부자산소득 합산과세사건에서는 혼인한 부부에게 가하는 조세부담은 혼인과 가족생활보호에 위배된다고 판시하였고,[47] 특별부담금제도에 대해서 헌법재판소는 헌법적 허

---

39 헌재 2001. 2. 22. 2000헌마25.

40 헌재 2006. 2. 23. 2004헌마675.

41 헌재 2003. 7. 24. 2001헌바96. 이 결정에서 헌법재판소는 완화된 심사의 원칙을 적용하여 장애인고용할당제는 평등의 원칙에 위배되지 않는다고 판시하였다.

42 헌재 1989. 4. 17. 88헌마3; 1995. 10. 26. 95헌마216; 1996. 8. 29. 96헌마45; 1997. 2. 20. 95헌마362; 1998. 7. 16. 97헌마162; 2001. 11.29. 2000헌마91; 2002. 5. 30. 2002헌마64.

43 헌재 1990. 4. 2. 89헌가113.

44 헌재 1992. 12. 24. 92헌가8; 1994. 7. 29. 93헌가3등; 2010. 9. 2. 2010헌마418.

45 헌재 2009. 9. 24. 2008헌가25. 이 사건에서 헌법재판소는 야간옥외집회금지조항에 대해 2010. 6. 30. 이전에 입법개선을 할 때까지 계속 적용하도록 하고 그때까지 입법개선이 이루어지지 않는 경우 2010. 7. 1.부터 그 효력을 상실한다고 판시하였으나 2015년 현재까지 국회의 입법개선이 이루어지지 않고 있다. 한편 최근 우리 사회에 있어서 노동단체를 비롯한 일부 진보세력들의 과격한 불법·폭력시위가 다시 등장하게 됨에 따라 합법적이고 평화로운 집회·시위문화정착을 위한 논의가 제기되고 있는데 차제에 평화로운 시위보장과 폭력시위근절을 위한 입법개선에 관한 검토가 필요하다고 할 것이다.

46 헌재 1999. 4. 29. 94헌바37.

47 헌재 2002. 8. 29. 2001헌바82.

용한계를 제시함으로써 문예진흥기금에 대해 위헌결정을 하였다.[48] 직업의 자유보장과 관련하여 안마사자격 사건에서 시각장애인의 안마사독점을 규정한 안마사규칙에 대해 헌법재판소는 비시각장애인의 직업선택의 자유를 침해하는 것으로 위헌이라고 결정하였다.[49]

참정권의 보장에 있어 종래 재외국민의 선거권을 제한해 온 공직선거법규정에 대해 헌법재판소는 2007년 재외국민의 선거권과 평등권 침해를 이유로 위헌결정을 하였으며,[50] 2014년에는 집행유예자와 수형자의 선거권제한에 대해 선거권과 평등권침해를 인정함으로써 정치적 기본권이 더욱 확대되었다.[51] 재판청구권과 관련하여 2008년 '국민의 형사재판참여에 관한 법률'이 제정되어 우리나라에 미국형의 배심제가 도입되어 사법의 민주화와 형사피고인의 권익옹호에 기여하게 되었다.

그리고 기본권제한에 관한 헌법원칙으로서 헌법재판소는 과잉금지의 원칙을 비롯하여 의회유보의 원칙,[52] 적법절차의 원칙,[53] 명확성의 원칙,[54] 신뢰보호의 원칙[55] 및 국가의 기본권보호의무에 있어서 과소보호금지의 원칙[56] 등을 확립하여 실질적인 기본권보장이 확대되는데 크게 기여하고 있다.[57]

(2) 사회통합규범으로서의 기능적 한계성

헌법규범의 사회통합기능은 기본적으로 통합이론적 관점에서 강조되는 것으로, 헌법은 사회공동체의 공감대적 가치질서에 의해 통합되는 과정의 원리로 이해하기 때문에 사회공동체의 공감대적 가치가 헌법상의 기본권으로 보장될 때 사회공동체는 통합을 이루게 된다.[58] 즉 헌법이 규정하는 기본권적 가치는 곧 사회구성원 모두에 의해 수용될 수 있

---

48 헌재 2003. 12. 18. 2002헌가2

49 헌재 2006. 5. 25. 2003헌마715 등. 그러나 이 사건 결정에 대해서는 시각장애인이라는 소수자 및 사회적 약자의 권리보호에 역행하는 판결이라는 비판이 있다. 임지봉, 민주주의와 헌법재판소의 사법적극주의, 한국공법학회 제145회 학술대회 발표논문, 2008.10. 102－103면.

50 헌재 2007. 6. 28. 2004헌마644 등.

51 헌재 2014. 1. 28. 2012헌마409 등.

52 헌재 1999. 5. 27. 98헌마70; 헌재 2012.4. 24. 2010헌바1.

53 헌재 1992.12. 24. 92헌가8; 헌재 2004. 9. 23. 2002헌가17 등.

54 헌재 1992. 2. 25. 89헌가104; 헌재 2001. 6. 28.99헌바34.

55 헌재 1997.7. 6. 97헌마38; 헌재 2004. 12. 16. 2003헌마226 등.

56 헌법 제10조 후단에 근거한 국가의 기본권보호의무에 관하여 헌법재판소는 "권력분립의 관점에서 과소보호금지의 원칙을, 즉 국가가 국민의 법익보호를 위하여 적어도 적절하고 효율적인 최소한도의 보호조치를 취하였는가를 기준으로 심사하게 된다"고 하고, 국가의 보호의무의 대상이 되는 기본권의 범위에 대하여는 개인의 생명, 신체, 재산 등의 자유권을 그 보호대상으로 한다고 판시하고 있다. 헌재 1997. 1. 16. 90헌마110 등.

57 헌법재판소의 기보권보장기관으로서의 기능에 대한 긍정적 평가로는 헌법재판소, 헌법재판소에 의한 헌법재판이 우리 사회에 미친 영향, 2010; 이헌환, 헌법재판제도의 도입배경과 정착 및 발전방향에 관한 연구, 헌법재판연구 창간호, 헌법재판연구원, 2014, 3면 이하.

58 허영, 한국헌법론, 박영사, 2009, 21－22면.

는 공감대적 가치이기 때문에 기본권보장규정과 그 기본권을 구체적으로 실현하기 위한 헌법재판제도 등의 제도적 장치가 마련 될 때 효율적으로 사회통합을 달성하게 된다. 현행 헌법은 그 채택과정에서 국민의 공감대적 가치에 해당하는 기본권보장을 상당한 수준에서 반영하고 있다고 볼 수 있으나 기본권이 경시되거나 무시되는 헌법상황을 전혀 부정할 수 없는 현실에서 헌법규범의 사회통합기능은 만족할 만한 수준이라고 할 수 없다. 즉 기본권보장과 그 제한의 현실에 있어서는 여전히 기본권이 과도하게 제한되거나 국민의 공감대적 가치가 제대로 반영되지 못하는 부분들을 볼 수 있다.[59]

기본권에 관한 최근의 개헌논의에 있어서도 "현대사회에 있어서 세계적인 정치·경제 환경의 급변과 새로운 시대정신의 도래에 대응하기 위해서는 우리 헌법이 담아내지 못하고 있는 새로운 기본권목록을 추가하기 위한 헌법개정이 필요하다"는 주장이 제기되는 것도 현행 헌법이 사회통합규범으로서의 기능을 충분히 발휘하지 못하고 있음을 반증하는 것이라 할 수 있다.[60]

개별적 기본권보장의 현실을 보면 정치적 기본권의 경우 관련 법률에 의해 광범위하게 제한을 받고 있지만 헌법재판소는 정치적 자유의 보장에 소극적 태도를 보이는 경향이 있다. 선거과정에서의 정치적 표현의 자유를 의미하는 선거운동의 자유가 공직선거법에 의해 과도하게 제한을 받고 있으며 선거운동의 기회균등이 침해되는 것 등이 지적되고 있다.[61] 정당의 자유에 있어서도 정당등록요건과 정당등록취소제도는 정당설립과 활동의 자유를 과도하게 제한하는 문제가 있다.[62] 정당법에 의한 지구당의 폐지에 대해 헌법재판소

59 최근 정부의 교육정책으로 역사교과서 국정화문제를 둘러싼 사회적·이념적 갈등이 노정되었는데 국정교과서 제도에 대해서는 1992년에 헌법재판소가 학문의 자유나 언론출판의 자유를 침해하는 것이 아니고 교육의 자주성·전문성·정치적 중립성과도 양립될 수 없는 것이 아니라고 판시한 바 있지만(헌재 1992. 11. 12. 89헌마88), 국민의 여론이 부정적이고 정치권에서의 반대의견이 강할 때에는 충분한 공론화과정을 거쳐 국민적 공감대가 형성되는 방향으로 정책결정이 이루어져야 사회적 통합을 촉진할 수 있다고 할 것이다.

60 국회 헌법연구자문위원회 보고서에 의하면 새로운 기본권으로 생명권과 안전에 대한 권리, 사상의 자유, 정보기본권(알 권리, 정보접근권), 소비자의 권리, 정치적 망명권, 출산양육을 위한 권리, 공교육 진흥을 위한 국가목표조항 등을 제시하고 있다. 위 보고서(주3), 97−115면.

61 공직선거법상 일련의 선거운동제한규정 중에서 특히 법정선거운동기간과 사전선거운동금지규정은 현실적으로 기성정치인과 정치신인간의 선거운동의 기회균등을 침해하게 되어 헌법 제116조 제1항의 선거운동의 기회균등보장과 제11조의 평등의 원칙에 위배되는 문제가 있다. 선거운동의 방법으로서 문서·도화 등에 의한 선거운동제한이나 여론조사공표금지 등도 정치적 표현의 자유를 지나치게 제한하는 것으로 위헌성문제가 제기된다. 그러나 헌법재판소는 선거운동제한의 위헌성여부에 관한 많은 사건들에서 거의 일관되게 합헌결정을 내리고 있어서 선거제도에 관한 헌법원칙(선거운동의 기회균등, 자유선거의 원칙 등)과 정치현실 사이에 상당한 괴리를 발견하게 된다. 정만희, 헌법과 통치구조, 법문사, 2003, 374면 이하.

62 정당법상 정당등록취소의 요건(제44조 제1항) 중에서 "임기만료에 의한 국회의원선거에 참여하여 의석을 얻지 못하고 유효투표 총수의 100분의 2 이상을 득표하지 못한 때" 정당등록이 취소된다는 규정에 대해 헌법재판소는 2014년 위헌결정을 내림으로써 정당의 자유보장의 헌법정신이 정치현실에 어느 정도 구현되게 되었다. 헌재 2014. 1. 28. 2012헌가19.

는 정당의 자유의 본질적 내용을 침해하지 않는다고 판시하였으나,[63] 지구당폐지는 정당의 조직형태선택의 자유를 침해하는 것이 아닌가의 의문을 지우기 어렵다.[64]

사회적 기본권의 보장에 있어서는 구 헌법에 비해 사회국가의 원리와 사회적 시장경제질서의 규정들과 결합하여 그 기본권의 실현이 강화되었음에도 불구하고 현실적으로는 사회의 양극화현상이 심화되고 경제적 약자가 증가하게 됨에 따라 사회적 기본권이 구체적·현실적 권리로서의 실효성이 약하다고 볼 수 있다. 사회적 기본권의 법적 성격을 학계에서는 과거처럼 프로그램규정설이나 추상적 권리설로 보는 태도는 상당히 극복되었다고 볼 수 있으나, 실무적으로는 여전히 사회적 기본권을 국가목표설정조항으로 이해하여 재판규범성에 대해 소극적인 태도를 보이고 있음을 부정하기 어렵다.[65] 사회적 기본권보장에 있어서 그 기본권실현의 불완전성[66]이라는 현실적 제약이 있다 하더라도 사회현실에서의 서민과 노동자계급 등의 사회적 약자와 고소득층 사이의 양극화는 사회통합을 저해하는 요인이 되고 있다. 헌법 제119조 제2항의 "국가는 균형있는 국민경제의 성장 및 안정과 적정한 소득의 분배를 유지하고, 시장의 지배와 경제력의 남용을 방지하며, 경제주체간의 조화를 통한 경제의 민주화를 위하여 경제에 관한 규제와 조정을 할 수 있다"는 사회적 시장경제질서의 헌법원칙도 사회양극화 현상, 대기업의 독과점과 횡포, 지역간의 불균형발전, 중소기업의 보호 육성에 관한 국가의 소극적 태도, 취업난과 청년실업문제 등의 사회적·경제적 현실과는 상당한 거리가 있음을 부정할 수 없다.[67]

청구권적 기본권보장과 관련하여 국가배상청구권에 있어서 헌법 제29조 제2항의 군

---

63 헌재 2004. 12. 18. 2004헌마456.

64 이에 관하여는 계희열, 앞의 책(주13), 271면; 정만희, 정당법상 정당의 자유제한의 문제점, 동아법학 제54호, 2012, 107면 이하.

65 이에 관하여는 정태호, 사회적 기본권과 헌법재판소판례, 헌법논총 제9집, 1998, 655면 이하; 홍성방, 헌법재판소결정에 나타난 사회적 기본권, 서강법학연구 제4집, 2002, 35면 이하.

66 사회적 기본권의 법적 성격에 관하여 학계의 논의가 있으나 사회적 기본권은 자유권적 기본권과 동일한 수준의 구체적 현실적 권리로 인정하기 어렵고, 구체적 권리성을 어느 정도 인정하더라도 '불완전한 구체적 권리' 또는 '잠정적인 구체적 권리'로 보는 것이 타당하다고 할 것이다. 즉 사회적 기본권을 구체화하는 법률이 없는 경우에 사회적 기본권조항을 근거로 직접 국가에 구체적 급부를 청구할 수 없으며, 단지 그 입법부작위에 의한 기본권침해에 대해 위헌확인을 구하는 헌법소원을 청구할 수 있다는 점에서 제한적 의미의 구체적 권리라 할 수 있다. 권영성, 앞의 책(주9), 648면; 양건, 헌법강의, 법문사, 2011, 674면. 잠정적인 구체적 권리로 보는 견해는 알렉시(R. Alexy)의 '원칙'규범 이론에 근거한 것으로 사회적 기본권은 잠정적으로 개인에게 주관적 권리를 부여하는 것이지만 여기서 권리성은 곧바로 확정적인 권리가 되는 것이 아니라 여러가지 요소를 형량하여 각기 다양한 형태로 적정하게 실현될 수 있다는 것이다. 계희열, 헌법학(중), 박영사, 2002, 655-661면.

67 박근혜 대통령은 2012년 대선공약에서 경제민주화의 의지를 강하여 밝힌 바 있으나 취임 이후의 경제정책은 경제민주화의 헌법정신과는 거리가 있음을 부정하기 어렵다. 헌법 제119조 제2항의 '경제의 민주화'의 구체적 내용으로서 경제권력의 분산, 시장의 지배와 경제력의 집중·남용 방지, 양극화 해소, 경제영역의 법치의 실현에 관하여는 김형성, 현행헌법에 있어서 경제민주화의 제도화에 관한 연구, 헌법학연구 제19권 제2호, 2013, 99면 이하.

인과 경찰공무원 등의 국가배상청구권제한은 위헌적인 헌법규정이라는 논란이 계속되어 왔으며, 1995년 위 헌법조항에 근거한 국가배상법 제2조 제1항 단서에 대한 위헌소원에서 청구인측은 헌법 제29조 제2항의 위헌성을 주장하였으나 헌법재판소는 헌법조항의 위헌성을 심판대상으로 인정하지 않고 각하한 바 있다.[68] 이러한 위헌적 헌법규범에 대해서도 위헌심사가 가능하다는 학계의 적극적인 견해가 제기되는 상황에서 위 헌법조항은 그 개정이 불가피하다고 할 것이다.[69]

헌법의 기본권보장기능은 헌법소원제도의 채택으로 대폭 강화되었으나 우리의 헌법소원제도는 유럽형의 본래의 헌법소원제도와 비교할 때 기본권보장기능이 제한적으로 작동되고 있다는 점이 지적되고 있다. 헌법재판소법에 의한 재판소원금지원칙(제68조 제1항)에 따라 사법권의 행사에 대한 헌법소원청구가 제외되고, 행정권의 행사에 있어서도 보충성의 원칙상 행정처분은 행정소송으로 권리구제가 되고 더 이상 헌법소원에 의한 권리구제절차를 밟을 수 없게 된다. 이러한 기보권보장규범으로서의 기능을 확대·강화시키기 위해서는 헌법소원제도의 개선이 이루어져야 하고, 나아가 현행헌법의 사후적·구체적 규범통제제도를 점차 사전적·추상적 규범통제제도로 확대되어야 할 것이다.[70]

그리고 헌법의 기본권보장과 사회통합기능은 주로 헌법소원심판 등의 헌법재판을 통해 실현되고 있지만 헌법소원심판을 통한 권리구제로 사회통합을 촉진시키기 위해서는 헌법재판소의 헌법분쟁에 대한 심판은 정치적 중립을 유지하면서 일관된 법원칙과 합리적인 법논리를 기준으로 삼아야 한다. 정치적으로 민감한 헌법소원심판사건에 있어서 헌법재판소가 파당적 입장을 은폐한 법적 논증으로 정치적 결정을 내린 것이 아닌가의 의혹을 받게 된다면 헌법재판소는 국민적 신뢰를 잃게 되고 헌법재판의 사회통합기능은 기대하기 어렵게 된다.[71] 헌법재판작용이 본래 정치적 사법작용의 성격을 배제하기 어렵지만 기본권보장기관으로서의 헌법재판은 정치적 편향성에서 벗어날 때 그 심판의 기속력은 강력한 힘을 발휘하게 되고 헌법의 사회통합기능은 실현된다고 할 것이다.

---

68 헌재 1995. 12. 28 95헌바3.

69 헌법 제29조 제2항에 대한 위헌심사의 가능성에 관하여는 김선택, 형식적 헌법의 실질적 위헌성에 대한 헌법재판, 법학논집 제32집, 고려대학교 법학연구소, 1996, 329면 이하; 방승주, 소위 이중배상금지규정과 헌법규정의 위한심사가능성, 헌법소송사례연구, 박영사, 2002, 89면 이하.

70 이러한 관점에서의 헌법재판제도의 개선방안에 관하여는 김문현 외, 현행헌법상 헌법재판제도의 문제점과 개선방안(헌법재판연구 제16권), 2005; 이헌환, 앞의 논문(주57), 28면 이하.

71 헌법재판소가 헌법소원을 통해 제기된 정치적으로 예민한 사건에서 법적 논증의 외관을 빌어 정치적 결정을 내렸다는 의심을 받는 재판으로 2004년 신행정수도건설을위한특별조치법사건(헌재 2004. 11. 10. 21. 2004헌마554등)에서 관습헌법의 법리를 제시한 것이라는 비판이 있다. 이에 관하여는 정태호, 인권보장제도로서의 헌법소원의 개념과 실제, 헌법학연구 제14권 제2호, 30면 이하.

3. 정치적 평화유지 규범으로서의 기능

헌법은 국가의 정치적 기본질서를 설정하고 정치적 공동체의 평화를 유지하기 위하여 국가기관 상호간, 국가기관과 지방자치단체간 또는 국가기관과 국민간의 분쟁을 헌법질서 내에서 해결하기 위한 기구와 절차를 규정하고 있다. 현행헌법은 권한쟁의심판이나 탄핵심판 등을 헌법재판소 관장사항으로 규정함으로써 정치세력간의 분쟁을 헌법규범을 준거로 하여 조정하고 해결하는 기능을 강화하게 되었다는 점에서 긍정적으로 평가될 수 있다. 특히 헌법재판소는 권한쟁의심판을 통하여 국가기관 상호간의 권한의 존부와 범위에 관한 분쟁을 해결함으로써 헌법질서를 수호하게 되는데, 실제로 일련의 권한쟁의심판사건을 보면 국가기관 간의 권한쟁의가 합리적으로 해결되지 못하고 권력간의 갈등과 대립이 제대로 해소되지 못하는 경우를 볼 수 있다. 예컨대 국회의 입법절차상의 하자문제를 둘러싼 국회의장과 국회의원간의 권한쟁의심판에서 이른바 날치기통과입법이 의원의 법률안 심의·표결권을 침해하였다고 인정하면서도 그것이 헌법상 의회주의원리에 위배되는 것은 아니라고 하여 기각결정[72]을 내림으로써 권한쟁의심판이 의회내 여당과 야당간의 갈등을 조정하는 데 한계를 드러내게 되었다. 또한 대통령의 국무총리임명에 있어서 국회의 동의를 요건으로 하는데 국회의 사전 동의를 거치지 않은 총리서리임명행위의 위헌성이 문제된 사건에서도 헌법재판소는 소극적인 입장에서 본안판단을 회피하여 각하결정을 내린 바 있다.[73] 탄핵심판의 경우에도 대통령과 국회가 정면 충돌하는 상황에서 국회의 탄핵소추권행사와 헌법재판소의 기각결정은 정치권력간의 다툼을 헌법질서 내에서 제도적으로 심판하게 되었다는 것만으로 정치적 안정과 평화가 유지되고 있다고 보기 어려운 측면이 있다. 노무현 대통령 탄핵심판사건의 기각결정 이후 정치권은 더욱 냉기류에 휩싸이게 되었고 탄핵정국의 여파는 정치권의 갈등을 더욱 심화시킨 바 있다. 정당해산심판제도는 방어적 민주주의 정신에 입각하여 헌법적대적 정당활동을 배제시킴으로써 민주적 기본질서를 수호하고 정치적 안정을 도모하는 기능을 수행하지만 통진당 해산심판사건의 결과 민주적 기본질서에 대한 현실적 위협이 제거되는 효과와는 관계없이 정치적 소수파와 다수파의 대립과 정치적 이념간의 갈등을 노정함으로써 헌법의 사회통합과 정치적 평화유지기능의 한계를 드러내고 있다.[74]

---

72 헌재 1997. 7. 16. 96헌라2; 헌재 2009. 10. 29. 2009헌라8; 헌재 2010. 12. 28. 2008헌라7.

73 헌재 1998. 7. 14. 98헌라1.

74 헌재 2014. 12. 19. 2013헌다1 사건에서 헌법재판소가 통진당의 해산결정과 함께 당해 정당의 소속의원 전원에 대한 의원직상실을 결정하게 되자 우리 사회의 보수세력과 진보좌파세력 간의 이념적 갈등이 재현되기도 하였다. 정당해산결정의 효과로서 의원직상실여부 문제에 관하여는 정만희, 국회의원의 정당기속과 자유위임,

요컨대 현행헌법의 사회적 통합기능과 정치적 평화유지기능은 헌법재판제도를 통해 구 헌법에 비해 그 실효성이 강화되었다고 볼 수 있으나 헌법운용의 실제에 있어서 그 기능은 일정한 한계를 드러내고 있음을 부정하기 어렵다. 특히 정치과정에서의 일상적인 여야간의 첨예한 대립과 충돌, 토론과 타협이 부재하고 관용의 정치문화가 결여된 고질적 정치풍토 속에서 헌법의 정치적 안정과 평화유지기능은 기대하기 어려운 실정이다. 더욱이 정부·여당과 야당이 대립하는 경우 야당은 의회주의를 사실상 포기하고 길거리 정치로 대중에 호소하는 정치행태를 보임으로써 국회와 정당정치를 통해 정치적 갈등을 해소하는 것을 어렵게 하고 있다. 현행헌법 하에서 여야간의 수평적 정권교체를 두 차례 경험하였음에도 불구하고 여야간의 극한 대결구도가 고착화되는 것은 지역적 균열구도와 이념적 양극화에 바탕한 한국 정당정치의 병폐에서 기인하는 바가 크다고 할 것이다.[75]

4. 소 결

1987년 헌법은 헌정사상 최초로 '규범적 헌법'의 유형과 범주에 속하는 것으로 평가할 수 있으며, 1987년 헌법 이전의 어느 헌법보다도 헌법의 규범력과 실효성이 강화되었다고 볼 수 있다.[76] 1987년 헌법은 권력통제규범과 기본권보장규범으로서의 기능을 실질적으로 수행함으로써 우리나라는 입헌민주주의가 정착되는 시대에 접어들었다고 해도 과언이 아닐 것이다. 특히 헌법재판제도의 활성화로 국회 입법권에 대한 실질적인 규범통제가 강화됨으로써 최고규범으로서의 헌법의 규범력을 확보할 수 있게 되었다.[77] 다만 권력통제규범과 기본권보장규범으로서의 헌법이 헌법현실과 일치되지 않는 부분의 괴리는 헌법규범의 흠결이나 미비 등 그 자체의 문제점에서 비롯된 것이라기보다는 헌법규범과 헌법제도의 운용상 문제점에서 드러나는 것이라고 할 수 있다. 즉 헌법의 권력통제규범과 정치적 평화유지규범으로서의 한계는 주로 국가기관의 헌법수호의지의 결여와 헌법재판

헌법재판연구 제2권 제1호, 2015, 117면 이하; 장영수, 통합진보당 해산결정과 소속 국회의원의 의원직상실 문제, 고려법학 제76호, 2015, 139면; 이준일, 헌법학강의, 홍문사, 2011, 242면.

75 이 점에서도 헌법규범은 정당국가적 민주주의를 지향하면서 정당의 자유와 특권을 보장하고 정당운영자금의 국고보조 등을 규정함과 동시에 정당이 국민의 정치적 의사형성에 참여하는 공적 기능을 수행할 수 있도록 정당의 민주적 내부질서를 요구하고 있으나 정당정치의 현실은 헌법규범과 괴리되어국민적 의사보다는 지역적 의사를 대변하고 정당내부의 민주화를 기대하기 어려운 실정이다. 헌법 제8조 제2항에 근거한 당내민주주의가 실현되지 않고서는 한국의 지역정당성과 붕당정치를 극복할 수 없고 의회민주주의의 정상화를 기대하기 어렵다. 정만희, 앞의 책(주61), 507면 이하.

76 같은 견해로는 양건, 헌법강의, 법문사, 2011, 96면.

77 헌법재판소가 입법권을 최대한 존중하면서 헌법수호자와 기본권보장자로서의 역할을 해온 것에 대한 긍정적 평가로는 방승주, 헌법재판소의 입법자에 대한 통제의 범위와 강도, 한국공법학회 제145회 학술대회「헌정 60년 헌법재판과 민주주의」발표논문, 2008, 113면 이하.

작용의 한계 등에서 그 이유를 찾을 수 있으며 기본권보장규범의 한계는 상당부분 국회의 소극적 입법작용과 입법형성의 자유에서 기인하며 사회적 기본권의 본질적 한계에서도 그 이유를 찾을 수 있다고 할 것이다.

생각건대 헌법규범은 본질적으로 자기보장규범성을 그 특질로 하는 것이므로 헌법의 규범력을 확보하기 위해서는 국가기관들의 '헌법에의 의지'가 필수적으로 요청된다.[78] 헌법은 헌법재판제도를 통해 헌법의 규범력을 관철시키려고 스스로 노력하지만 거기에는 일정한 제도적 한계가 있기 때문에 앞으로의 헌법 운용에 있어서는 권력담당자들은 헌법수호의 의무를 준수하면서 헌법규범과 헌법현실이 합치되도록 최대한의 노력을 해야 하며, 각 국가기관은 헌법현실의 각 영역에서의 헌법위반의 상황을 제거하기 위한 적극적인 태도를 보여야 하는 것이 중요하다.

Ⅳ. 헌법현실의 개별적 문제점과 과제

1. 국민주권과 대의제민주주의의 현실과 과제

헌법상 국민주권의 원리는 오늘날 통치권행사의 정당성의 근거를 의미하는 것으로 이해되고 있으므로 모든 통치권의 행사는 주권자인 국민의 의사를 근거로 하여야 한다. 국민의 다수의사를 존중하지 않고 그때그때의 정치적 이슈에 관한 여론을 무시하는 국가의사와 정책의 결정은 국민주권원리의 헌법정신에 위배되는 것으로 정당화되기 어렵다. 현대 민주주의를 여론의 지배라고 일컫는 이유도 바로 여기에 있다. 국민주권의 헌법이념이 헌법현실에서 구현되고 실질화되기 위해서는 먼저 국가기관의 구성을 위한 민주적 선거제도가 확립되어야 하고 대의기관의 의사결정이 국민의 정치적 의사를 왜곡되지 않게 올바르게 반영할 수 있어야 한다. 그러나 우리의 선거제도의 현실은 유권자의 자유로운 의사가 공정한 선거과정을 통해 바르게 반영되고 있다고 단정하기 어렵다. 국회의원선거제도에 있어 과거의 1인1표제에 의한 지역구선거와 비례대표선거제도가 2001년 위헌결정[79]을 받게 됨에 따라 2004년 공직선거법개정으로 1인2표제에 의한 지역구후보와 비례대표후보에 대한 투표를 별도로 하게 되어 정치적 소수파의 의회진출이 종전보다 확대되

---

78 헌법의 자기보장규범성의 특성상 헌법의 규범력은 헌법내용의 실현가능성과 헌법내용을 실현하고자 하는 헌법생활에 참여하는 사람들의 "헌법에의 실천적 의지"(aktuelller Wille zur Verfassung)라는 두 가지의 조건에 결정적으로 달려있다고 보는 것이 타당하다. 이러한 견해는 계희열, 앞의 책(주13), 59-60면.

79 헌재 2001. 7. 19. 2000헌마91 등.

었다고 할 수 있으나, 현행 소선거구제 다수대표제 하에서는 유권자의 의사가 국회의석분포에 비례적으로 반영되기 어렵다. 종래 선거구의 획정에 있어서도 선거구간 인구불균형은 투표가치의 평등을 침해하여 왔는데, 다행히 1995년 이후 헌법재판소의 투표가치의 평등을 위한 인구편차의 합헌성판단기준의 제시는 국민의 대표기관 구성에 있어 유권자의 의사가 공평하게 반영될 수 있도록 하였다.[80]

우리 헌법은 정당국가적 민주주의를 지향하는 입장에서 정당조항을 채택하여 정당의 자유를 보장하면서 국민의 정치적 의사형성에 참여하는 정당의 기능을 수행하기 위한 정당의 민주적 내부질서(당내민주주의)를 요청하고 있으나 정당정치의 현실은 당내민주주의가 유지되지 못하고 있으며 정당의 공직선거후보자 추천과정의 민주화는 헌법 제8조 제2항에 근거한 정당의 헌법적 의무임에도 불구하고 당지도부에 의한 하향적 공천의 관행은 헌법규범과 상당한 거리가 있다. 이와 관련하여 최근 정치권에서의 '오픈 프라이머리' 도입논의는 정당의 민주적 공천을 위해 긍정적으로 평가할 수 있으나 정당 소속 당원뿐만 아니라 일반 유권자가 자유롭게 참여하는 완전 개방형 프라이머리의 도입은 정당의 자유와 정체성을 침해하게 되는 문제가 있으므로 일반당원 중심의 상향적 비밀투표에 의한 예비선거를 정착시켜 나가는 것이 바람직할 것이다.[81]

의회주의의 운용에 있어서도 의원은 국민 전체의 대표자로서 자유위임의 원칙에 입각하여 자기의 양심에 따라 국가이익을 우선하는 입장에서 의정활동에 참여해야 하는 것이지만 실제로는 의원은 정당의 구성원으로서 사실상의 정당의 강제에 기속됨으로써 의원의 국민대표자의 지위보다 정당대표자의 지위가 우선하는 헌법현실은 의회주의에 대한 국민의 불신을 증폭시키고 있다.[82] 헌법상 국회의원의 의무로서 "국가이익을 우선하여 양심에 따라 직무를 행할 의무"(제46조 제1항)와 국회의원의 면책특권(제45조) 등에 근거한 의원의 자유위임 내지 무기속위임의 원칙은 현대의 정당국가적 현실에서도 그대로 유지되어야 하는 것이므로 헌법현실에서의 의원의 국민대표성과 그 자유로운 지위가 침해되지 않도록 의원에 대한 정당의 사실상의 기속력에는 일정한 한계를 인정하지 않으면 안 될 것이다.[83]

---

80 헌법재판소는 1995년 최초의 결정에서 국회의원 지역선거구간 상한인구수와 하한인구수의 비율이 4:1(평균인구수기준 상하60%)을 초과하면 위헌이라고 판시하였고, 그 후 2001년 결정에서는 그 합헌성의 판단기준을 3:1(평균인구수기준 상하50%)로 제한하였으며, 최근 2014년 결정에서는 2:1(평균인구수기준 상하33$\frac{1}{3}$%)의 엄격한 기준을 제시하였다. 헌재 1995. 12. 27. 95헌마224 등; 헌재 2001. 10. 25. 2000헌마92 등; 헌재 2014. 10. 30. 2012헌마190 등.

81 정만희, 정당의 민주적 공천제의 법리, 공법학연구 제4권 제1호, 2002, 62면.

82 이에 관하여는 정만희, 앞의 논문(주81), 117면 이하.

83 국회 상임위원회 소속 의원을 그 의원의 의사에 반하여 교섭단체의 요청으로 국회의장이 사임시키고 다른 위

대통령의 권한행사와 정부의 정책결정에 있어서도 국민주권의 원리를 존중하는 태도가 중요하다고 할 것이다. 1987년 헌법체제 이후 대통령의 독재에 대한 우려는 불식시키게 되었다고 할 수 있으나 여전히 제왕적 대통령제로의 국정운용을 경계하는 입장이 있음을 부정하기 어렵다. 현행헌법하에서 대통령의 권한행사는 권력분립원리를 전제로 하여 입법부와 사법부에 의한 통제를 받고 있으며 특히 헌법재판소제도의 도입으로 강력한 국정통제기능이 이루어지고 있기 때문에 과거의 권위주의체제에서의 대통령권한의 오·남용이나 권력분립제의 형해화를 초래하는 상황은 허용되기 어렵다. 더욱이 우리 헌정사에 있어 1988년 제13대 총선 결과 최초로 등장한 이른바 여소야대의 분점정부(divided government)가 그 후 빈번하게 출현하게 됨에 따라 국회의 실질적인 행정통제기능이 강화되는 긍정적 측면에서 볼 때 제왕적 대통령제의 운용은 크게 우려할 바가 아니라 할 것이다.[84]

다만 대통령의 인사권행사를 둘러싸고 국민적 여론이 제대로 반영되지 못하고 야당과 소수파의 의사가 무시되는 일방적이고 폐쇄적인 인사방식 등이 국민통합의 방향과는 배치되고 국민주권의 헌법이념에 비추어 문제가 있게 된다. 따라서 대통령의 광범위한 인사권이 합법적으로 행사된다고 하더라도 국민주권의 헌법이념에 비추어 정당성이 제고될 수 있도록 항상 국민의 소리와 여론을 존중하는 입장에서 합리적인 인사가 이루어지는 것이 요구된다. 대통령출신지역을 중심으로 한 지역주의와 연고주의를 벗어나지 못하는 편협하고 편중된 인사는 민주적 정당성을 갖기 어려우며 그렇게 임명된 공직자들에 대해서 헌법상 "국민전체에 대한 봉사자로서의 공무원"의 지위와 역할을 기대하기 어렵게 된다.[85] 또한 대통령의 사면권행사에 있어서도 국회의 동의를 요하지 않는 특별사면의 경우 국민의 의사와 배치되는 사면권행사의 남용은 자제되어야 할 것이며 사면법상 특별사면의 대상에서 제외되는 범죄행위의 범위를 규정하는 등의 제도개선이 필요하다고 할 것이다.[86]

원회로 보임시키는 조치가 의원의 자유위임원리에 위배되는 것이 아닌가의 문제가 제기되었는데 헌법재판소는 국회의원과 국회의장간의 권한쟁의심판(김홍신의원사건)에서 교섭단체의 필요에 의한 소속 의원의 상임위원회 사·보임 조치는 "헌법상 용인될 수 있는 정당내부의 사실상 강제의 범위 내에 해당한다"고 판시하였다. 헌재 2003. 10. 30. 2002헌라1. 그러나 이 결정에서 권성 재판관의 반대의견에서 제시된 바와 같이 "정당기속보다는 자유위임관계가 우선하는 효력이 있다"고 할 것이며, 우리나라와 같이 의원에 대한 정당의 통제의 관대한 허용은 정당국가라는 부차적 명분을 내세워 "자유위임에 따른 국민대표성의 구현이라는 대의제 민주주의의 시원적 헌법규범을 침해할 수 있게 되는 문제가 있다"고 할 것이다. 정만희, 앞의 논문(주74), 148-149면.

84 분점정부 내지 분열정부에 대한 긍정적 평가로는 정만희, 대통령제에 있어서 분열정부(divided government)의 헌법문제, 헌법학연구 제14권 제2호, 2008, 391면 이하.

85 정만희, 차기정부의 헌법적 과제, 헌법학연구 제19권 제1호, 2013, 193면 이하.

86 정만희, 앞의 논문(주85), 194-195면.

2. 정부형태 개헌논의의 문제점과 과제

(1) 1987년 헌법 이후의 개헌논의

1987년 헌법 시행이후 오늘에 이르기까지 우리 헌법현실의 특징의 하나는 개헌논의가 계속되어 왔다는 점이고 그 개헌논의는 주로 정치권을 중심으로 대통령선거시의 선거공약으로 제시되어왔으며, 개헌논의의 대상은 정부형태의 개편 내지 변경에 관한 것이라는 점이다. 그리고 학계와 시민단체 등에서도 2000년대에 접어들어 기본권보장을 포함한 헌법 전반에 걸친 개헌논의가 전개되었으며,[87] 2009년 국회 헌법연구자문위원회는 1년간의 연구성과를 토대로 헌법 전반에 걸친 개정방안에 관한 보고서를 발간하였다. 현행헌법에 대한 개헌논의는 과거 헌정사에 있어서 개헌논의와는 그 성격이 다르다는 점을 지적할 수 있다. 우리의 헌법개정의 역사는 역사적 격변기에 있어 쿠데타나 정변 또는 시민혁명의 산물로서 개헌문제가 현실화되고 그 과정에서 개헌논의가 제한적으로 이루어지고 개헌논의의 공론화가 되지 못한 가운데 전격적으로 개헌이 행해져 왔으나 1987년 헌법 이후 작금의 개헌논의는 평화시에 있어서 헌정운영이 정상적으로 작동되는 가운데 간헐적이고 주기적으로 제기되어온 것이 특징이다.[88]

이러한 일련의 개헌논의는 1987년 헌법체제의 문제점과 한계를 극복하기 위한 방안으로 제기되었다고 할 수 있으나, 그 개헌논의의 핵심은 현행 정부형태의 대안으로서 이원정부제의 도입여부에 관한 것이다. 그리고 이원정부제 개헌론에 대한 부정적 입장에서는 현행 대통령제의 기본 골격을 유지하면서 부분적인 개헌을 제안하는 견해가 맞서고 있다. 한마디로 최근의 개헌논의는 현행 정부형태의 폐기에 의한 새로운 '제도의 선택'의 논리와 현행 대통령제의 문제점 보완을 위한 '제도의 개선'의 논리가 대립하고 있다고 볼 수 있다. 이원정부제 개헌론의 논거는 주로 현행 대통령제가 승자독식의 제로섬 게임에 의한

---

87 학계와 시민단체 등에서의 개헌논의에 관한 주요 연구성과로는 한국헌법학회, 헌법개정연구, 2006; 한국공법학회, 헌법개정안 연구보고서, 2006: 한국헌법학회·법제처 공동학술대회,헌법개정의 필요성과 방향, 2010; 대화문화아카데미, 새로운 헌법 필요한가, 2008; 함께하는 시민행동, 헌법 다시보기, 87년헌법 무엇이 문제인가, 2007; 헌법포럼, 헌법개정시안, 2006(월간조선 2006. 1월호 별책부록).

88 현행헌법에 대한 개헌논의는 그동안 주기적인 대통령선거시마다 정치권을 중심으로 표출되었으며 2000년을 전후하여 제기된 개헌논의는 학계와 시민단체를 중심으로 헌법전반에 걸친 체계적인 연구활동이 활발하게 전개되었고 그 후에는 국회가 적극적으로 개헌문제의 공론화를 위한 연구활동에 참여해온 것이 특징이다. 이러한 개헌논의는 과거와는 달리 권력층의 개헌주도세력에 의한 하향적 논의가 아니라 정치권뿐만 아니라 학계와 시민단체 등도 자발적으로 각자의 개헌안에 관한 의견을 제시함으로써 사회적 합의를 도출하기 위한 공론화에 참여하고 있다는 점이 특징이다. 이러한 평상시에 있어서 개헌문제에 관한 자유로운 연구와 토론의 분위기가 조성된 것은 앞으로의 국민적 합의에 바탕을 둔 개헌을 위해 필수적으로 요청되는 공론화 과정이라는 점에서 의미가 있다. 정만희, 앞의 논문(주16), 13면 이하.

권력의 집중과 남용으로 제왕적 대통령제로 운용되는 문제 때문에 권력의 분산과 분점을 기대할 수 있는 권력분점형 정부형태를 채택해야 한다는 것이다.[89] 그러나 이러한 개헌논의는 주로 정치권을 중심으로 전개되어 온 것이지만 일반 국민의 개헌에 관한 공감대는 거의 형성되어 있지 않다는 것이 현실적 상황이라고 할 수 있다.

(2) 이원정부제 개헌론에 대한 비판적 검토

현행 헌법의 시행과정에서 국민의 직선제로 선출된 전직 대통령들의 국정운영방식에 문제가 없지 않았으며 제왕적 대통령제로의 변질적 운용에 대한 우려도 있었으나, 그것은 헌법규범과 제도상의 문제라기보다는 그 실제적 운용상의 문제에 기인한 것이라는 점을 인식할 필요가 있다. 오히려 1990년대 이후 거의 보편화된 여소야대의 '분점정부'(divided government) 하에서 대통령과 정부는 국회 다수파에 의한 실질적 견제를 받게 되었고 대통령의 독주나 권력남용의 가능성은 희박해지게 되었다. 2004년 노무현 대통령에 대한 탄핵심판사건에서 볼 수 있듯이 현행 헌법상의 권력통제장치는 그 이전의 어느 헌법보다도 강력하고 실효성 있게 작동되고 있음을 부정할 수 없다. 이렇게 볼 때 현행헌법의 대통령제 중심의 통치구조는 우리의 헌법현실에 제대로 적응하면서 정착되고 있다고 할 수 있다. 다만 현행 대통령제는 한국에 특유한 헌정사적 경험에 대한 반성에서 단임제를 규정하고 있으나 우리의 정치현실과 국민의 제고된 의식수준 등에 비추어 단임제의 시대적 사명은 다했다고 봐도 과언이 아니며,[90] 현행 헌법의 의원내각제적 요소는 대통령제 중심으로 작동되는 통치구조에 있어 독자적인 기능과 제도적 의의를 찾기 어렵기 때문에 대통령의 법률안제출권 규정과 국회의원의 겸직허용 등은 재검토되어야 할 것이다.[91]

프랑스 제5공화국헌법의 정부형태를 모델로 하는 이원정부제는 혼합형 정부형태이지만 그 혼합형의 원리는 그들의 전통적 의회제와 의원내각제적 체제의 기반 위에 대통령제 요소를 혼합한 것이 본질적 특징이다. 집행부의 이원적 구조도 원래의 의원내각제하에서의 집행부의 이원적 구조를 유지하되, 다만 그 이원적 구조를 종전의 명목상의 이원적 구조이었던 것을 실질적인 이원적 구조로 변경한 것에 불과하다. 따라서 이원정부의 성공조건에 관한 논의에 있어서도 의원내각제의 성공조건에 관한 논의가 그대로 적용된다. 이원정부제는 집행권의 분산으로 대통령의 권력남용을 막고 의원내각제적 운용에 의한 책임

---

89 정만희, 앞의 논문(주4), 16면 이하.

90 단임제가 일인장기집권의 예방책으로는 의의가 크다고 하더라도 대통령제의 본래의 목적인 정부의 안정이라는 관점에서 볼 때 너무나 일방적인 목적에 치우쳐 단임제가 채택되었다는 지적도 있다. 권영설, 헌법이론과 헌법담론, 법문사, 2006, 171면.

91 정만희, 현행헌법상 정부형태의 의원내각제적 요소에 대한 검토, 동아법학 제44호, 2009, 37면 이하.

정치의 구현이 커다란 장점이지만, 동시에 권력의 분점으로 인한 갈등과 대결의 문제를 피할 수 없는 것이 제도적 취약점이라 할 수 있다. 프랑스의 경우 이러한 문제를 극복하고 이원정부제를 성공적으로 운용하고 있다고 말할 수 있는 것은 그 나라에 고유한 정치적 관용과 타협의 문화가 존재하기 때문이다. 따라서 정치적 관용이 없는 갈등의 정치문화와 이원정부제가 결합하는 경우에 예상되는 폐해는 심각해질 수 있다고 본다. 프랑스형 이원정부제는 프랑스의 고유한 정치적 환경과 역사적 조건 하에서 형성된 제도로서 프랑스와는 전혀 다른 이질적인 정치문화를 가진 우리의 정치현실에 이원정부제가 그대로 적용될 수 있는지는 의문이다. 이원정부제의 문제점으로 지적되는 '동거정부'(cohabitation)의 출현은 한국의 정치상황에서는 더욱 심각한 문제가 될 수 있다.[92] 이원정부제 개헌론뿐만 아니라 의원내각제 개헌론이나 미국형 정부통령제 도입론의 경우에도 신중한 접근이 필요한 것은 마찬가지다.[93][94]

(3) 향후 개헌논의의 방향

생각건대 정부형태나 권력구조는 본질적으로 헌법제정권자의 근본적 결단으로 채택된 이상 그 제도의 운용과정에서 여러 문제점이 드러나더라도 제도 자체를 쉽게 폐기하고 새로운 제도로 선택할 수 있는 성질의 것은 아니라고 할 것이다.[95] 정부형태와 권력구조는 국가적 조직의 기본 틀을 의미하는 것으로 지속성과 안정성을 요구하는 것임은 두말할 나위도 없다. 기본적으로 통치의 헌장으로서 헌법은 '항구적이며 변경하기 곤란한'(permanent and unalterable) 것이어야 한다는 경성헌법주의의 관념과 보수적 사고를 반영한 것이라는 점을 간과해서는 안 될 것이다.[96] 이원정부제 개헌론자들의 견해 중에는 현행헌법상 정부

---

92 같은 입장으로는 명재진, 국무총리제의 합리적 운용의 한계와 개헌필요성, 헌법학연구 제13권 제1호, 2007, 177면.

93 독일의 의원내각제가 정치적 안정을 유지하면서 책임정치를 구현할 수 있는 정부형태라고 할 수 있지만 한국적 정치문화에 있어서 독일과 같은 의원내각제 성공의 전제조건의 성립을 기대할 수 없는 현실에서는 성공적 도입을 낙관하기 어렵다. 장영수, 의원내각제 정부형태 도입에 대한 검토의견, 헌법연구자문위원회 참고자료집, 2009. 8, 278면.

94 미국형 정·부통령제 도입론의 경우에도 예상되는 문제점이 적지 않다. 미국의 부통령제는 미국헌법의 제정이래 현재에 이르기까지 그 제도적 결함과 운용상의 문제점이 지적되어 왔음을 인식할 필요가 있다. 우리의 국무총리제가 갖고 있는 민주적 정당성의 취약성을 부통령제 도입으로 쉽게 극복할 수 있다는 논리는 일면의 타당성은 인정되나, 타면에 있어서 또 다른 문제점이 제기될 수 있다. 미국의 부통령제에 대하여는 헌정초기부터 비판의 목소리가 컸으며 실제 헌정운용에 있어서 행정부내의 대통령과 부통령간의 갈등관계 등의 문제가 제기되고 있다. 상세는 Robert Albert, The Evolving Vice Presidency, 78 Temple Law Review 811 (2005).

95 정만희, 정부형태에 관한 헌법개정의 방향, 헌법학연구 제14권 제4호, 2008, 273면.

96 Walter Dellinger, The Legitimacy of Constitutional Change: Rethinking the Amendment Process, 97 Harvard Law Review, 386, 427-430 (1983).

형태가 이미 대통령제적 요소와 의원내각제적 요소가 혼합된 것이므로 이원정부제의 도입은 현행헌법의 본질적 요소를 유지하면서 권력분점을 확보하는 점진적 개혁방안이라고 주장하지만,[97] 이에 대해서는 동의하기 어려운 점이 있다. 왜냐하면 이원정부제가 의원내각제와 대통령제의 혼합형 정부형태라는 점에서 외견상 우리의 정부형태와 유사하다고 볼 수 있지만 이원정부제로 정부형태를 변경하는 것은 기본적으로 의원내각제의 토대를 새롭게 갖춘 상태에서 대통령제의 요소를 존치시키는 것이므로 이는 의원내각제가 정부형태의 기반으로 구축되어 있지 않은 우리의 정부형태에서는 근본적 개혁이며 새로운 제도의 선택에 해당하기 때문이다. 결국 이원정부제 도입론은 의원내각제 도입론과 마찬가지로 새로운 제도선택을 위한 논의를 의미하는 것이므로 이를 점진적 개혁론으로 보기는 어렵다는 것이 필자의 견해이다.[98] 따라서 우리의 정부형태 개헌논의도 이원정부제의 도입론에만 초점을 맞출 것이 아니라 현행 제도의 기본골격을 유지하면서 부분적·점진적 개선방안(대통령 4년 중임제)을 찾는 방향으로의 개헌논의도 포함시켜 개헌논의를 공론화해 나가는 것이 필요하다고 본다.

정부형태나 통치구조의 변경을 위한 헌법개정은 국민적 합의에 바탕을 두어야 하며, 그 합의도출을 위해서는 헌법개정의 필요성과 당위성에 관한 국민 다수의 이해와 설득이 전제되어야 한다. 지난 수년간 정부형태 개헌논의가 활발하게 전개되면서 이원정부제 개헌론도 유력한 개헌안의 하나로 제시되었지만 그 정도의 논의의 성과만으로 국민적 공감대가 형성되었다고 보기 어렵다. 따라서 앞으로의 정부형태 개헌논의는 공론화과정을 확대해 나감으로써 국민의 다수의사를 확인하는 과정이 필요하다고 할 것이다.

헌법개정에 관한 미래는 쉽게 예측할 수 없지만, 단기적으로는 현행 제도의 기본골격을 유지하면서 부분적이고 점진적 개혁의 방안을 찾는 것이 바람직하다고 보며, 장기적 관점에서는 통일한국시대의 국가형태와 통치구조 전반에 대한 논의를 시작해야 할 것이다. 그리고 정부형태의 개헌논의에 있어서는 정치문화적 조건과 역사적 배경을 달리하는 외국의 제도들을 그대로 수용하는 것에 대한 논의보다는 그 제도들을 참고하되 우리의 정치상황에 가장 적합한 방향으로 수정하고 변형시킬 수 있는 다양한 방안도 논의의 대상에 포함시키는 개방적이고 유연한 개헌논의의 자세가 필요하다.

---

97 성낙인, 이원정부제(반대통령제)의 구체화를 통한 권력분점의 구현, 제헌61주년기념 국제학술대회논문집, 2009, 271면.

98 정만희, 앞의 논문(주4), 34면.

3. 평화통일의 원칙과 통일정책의 과제

(1) 평화통일조항의 규범적 의미

현행헌법은 전문에 "조국의 평화적 통일의 사명"을 천명하고 제4조에 "대한민국은 통일을 지향하며 자유민주적 기본질서에 입각한 평화적 통일정책을 수립하고 이를 추진한다"라고 규정하고 있다. 제66조 제3항에는 대통령의 "평화적 통일을 위한 성실한 의무"를 규정하고, 제92조 제1항은 평화통일정책수립에 관한 대통령 자문기관으로 민주평화통일자문위원회를 명문화하고 있다.[99] 이와 같이 헌법은 조국의 평화적 통일을 국가적·민족적 과제로 삼고 있으며 이 평화통일원칙에 입각한 평화통일정책의 수립과 추진을 위한 대통령의 성실한 의무 등을 규정하고 있다. 헌법의 평화통일조항은 대한민국의 통일지향의지를 천명하고 그 통일은 자유민주적 기본질서에 입각한 평화적 통일이라는 점을 분명히 밝히고 있다. 평화통일조항은 국가목표인 동시에 헌법의 기본원리로서 평화통일원칙을 규정한 것이다. 또한 평화통일조항은 우리 민족의 지상과제로서 평화통일의 책무를 헌법상 의무화한 것으로 모든 국가기관과 국민에 대한 구속력을 가진다고 할 것이다.[100] 헌법상 통일조항은 국가의 통일의무를 선언한 것이지만 그 통일조항으로부터 국민 개개인의 통일에 대한 기본권, 특히 국가기관에 대하여 통일과 관련된 구체적인 행동을 요구하거나 일정한 행동을 할 수 있는 권리가 도출되는 것은 아니다.[101]

이 평화통일조항의 내용으로는 첫째, 남북한의 통일은 평화주의에 기초한 평화통일의 원칙을 준수해야 함을 의미한다. 따라서 무력에 의한 통일이나 합의에 의하지 않은 흡수통일을 배제한다는 의미를 가진다. 무력에 의한 통일은 헌법 제5조 제1항에서 규정하고 있는 국제평화주의원칙과 침략적 전쟁의 부인과 조화될 수 없다.[102] 그러나 북한이 남한을 상대로 전쟁을 개시하거나 무력으로 침략하는 경우 남한은 무력을 행사하지 않을 수

---

99 건국헌법은 영토조항만을 규정하고 평화통일에 관한 조항을 두지 않았으나 1972년 '7.4 남북공동선언' 직후 채택된 유신헌법에서 처음으로 헌법전문에 "조국의 평화적 통일의 역사적 사명"을 규정하고 평화적 통일을 추진하기 위한 주권적 수임기관으로 통일주체국민회의를 설치하였으며(제35조－제42조) 대통령의 헌법상 의무로서 "조국의 평화적 통일을 위한 성실한 의무"(제43조 제3항)을 규정하였다. 그러나 이 통일조항들은 대통령의 통치권 강화를 위해 이용된 측면이 있기 때문에 헌법규범으로서의 실질적 규범력을 갖는 데에는 한계가 있었다. 1980년 헌법에서는 1972년 헌법의 전문과 대통령의 평화적 통일을 위한 성실한 의무조항이 거의 그대로 계승되었고 평화통일정책자문회의가 신설되었다. 1987년 헌법은 1980년 헌법의 평화통일에 관한 조항들이 그대로 유지되면서 제4조의 평화통일조항을 추가로 신설함으로써 국가목표이며 국민적 과제로서 조국의 평화적 통일에의 강한 의지를 천명하고 있다.

100 권영성, 앞의 책(주8), 180면.

101 헌재 2000. 7. 20. 98헌바63.

102 전광석, 헌법 제4조, 헌법주석[1], 한국헌법학회 편, 2013, 137면.

없으며 그러한 쌍방의 무력행사 또는 전쟁의 상황에서 통일이 이루어지는 것은 평화통일 원칙에 저촉되지 않는다고 할 것이다.[103] 둘째, 남북한의 통일은 자유민주적 기본질서에 입각해야 하므로 자유민주주의의 이념적 기초인 국민주권의 이념을 존중하는 입장에서 통일의 내용과 방향이 국민적 합의를 바탕으로 해야 한다는 것을 의미한다. 셋째, 자유민주적 기본질서에 입각한 통일은 북한이 지향하는 인민민주주의에 기초한 통일이 아니라 우리 헌법의 핵심적 가치질서로서 자유민주주의에 기초한 통일을 의미한다. 자유민주주의는 자유와 평등의 이념이 균형있게 실현되는 민주주의를 의미한다.[104] 따라서 통일실현으로 채택되는 통일헌법도 자유민주주의를 그 핵심내용으로 해야 한다. 넷째, 통일정책의 수립과 추진도 자유민주적 기본질서에 입각해야 하므로 대통령의 통일정책추진에 관한 권한과 책무도 대통령의 배타적 독점권이 아니며 전체국민의 의사를 수렴하여 민주적이고 공개적으로 수립하여야 한다. 따라서 대통령의 통일정책추진에 있어서 국민적 합의를 요하는 중요한 사항은 헌법 제72조에 의한 국민투표를 거쳐 결정하는 것이 필요하다.[105] 우리 헌법의 통일정책에 관한 국민투표제도는 통일정책의 중요성 때문에 그 정책의 민주적 정당성을 확보할 수 있는 길을 열어놓고 있는 것이므로 국민은 통일정책에 관한 한 자유로운 의견개진과 토론을 통해 최종적인 결정권을 행사할 수 있는 헌법적 수권을 받고 있다고 할 수 있다.[106] 이 점에서 통일정책을 수립하는 데 있어서 정부의 독단은 한계를 가질 수밖에 없으며, 국민의 통일정책에 대한 적극적 참여의 정당성이 있는 것이다.[107]

(2) 남한의 대북·통일정책의 현실과 과제

위와 같은 평화통일원칙에 관한 헌법조항들에 근거한 국가의 통일정책과 대북정책은 1990년대에 접어들어 활발하게 전개되었다. 당시 국제정세에 있어서 냉전체제의 종식과 동서독의 통일, 남북한의 동시 유엔가입 등의 상황을 맞이하면서 남북간의 화해와 협력의 필요성에 관한 국민적 인식이 확산되면서 1990년 '남북교류협력에 관한 법률'이 제정되었고 1991년에는 '남북사이의 화해와 불가침 및 교류·협력에 관한 합의서'(약칭 남북합의서)가 채택되었다. 그리하여 대한민국 정부의 통일방안은 기본적으로 노태우 정부의 '한민족

103 정종섭, 헌법학원론, 박영사, 2014, 254면.

104 헌법재판소는 자유민주적 기본질서의 개념을 자유주의와 민주주의의 결합개념으로 이해하면서 "모든 폭력적 지배와 자의적 지배, 즉 반국가단체의 일인독재 내지 일당독재를 배제하고 다수의 의사에 의한 국민의 자치, 자유·평등의 기본원칙에 의한 법치주의적 통치질서를 말한다. 구체적으로는 기본적 인권의 존중, 권력분립, 의회제도, 복수정당제도, 선거제도, 사유재산과 시장경제를 골간으로 한 경제질서 및 사법권의 독립 등을 의미한다"라고 정의하고 있다. 헌재 2001. 9. 27. 2000헌마238등.

105 권영성, 앞의 책(주8), 182면.

106 허영, 앞의 책(주58), 173면.

107 정만희, 통일헌법을 위한 단계적 헌법개정, 동아법학 제66호, 2015, 214면.

공동체 건설을 위한 3단계 통일방안'이나 김영삼 정부의 '민족공동체 통일방안'을 기조로 하면서 이를 계승하고 있다고 할 수 있다. 그것은 통일과정을 화해협력, 남북연합, 통일국가로 구분하여 점진적으로 통일국가를 완성하는 것을 내용으로 하는 것으로 이는 단계적·점진적 통일을 전제로 하고 있다. 이러한 평화통일을 지향하기 위해서는 남한은 북한을 대화의 상대로 인정해야 하므로 적대관계에서 접촉·대화를 무조건 피하는 것으로 일관할 수 없다. 헌법 제4조의 평화통일조항의 채택은 헌법 제3조의 영토조항과의 관계에서 상호 충돌하는 문제가 제기되었지만 헌법재판소가 양 조항의 규범조화적 해석을 통해 북한을 헌법 제3조에 근거한 반국가단체로 규정하면서 동시에 헌법 제4조에 근거하여 "조국의 평화적 통일을 위한 대화와 협력의 동반자"라는 이중적 지위를 인정한 바와 같이, "자유민주적 기본질서에 입각한 통일을 위하여 때로는 북한을 정치적 실세로 인정함도 불가피하게 된다. 따라서 북한 집단과 접촉·대화 및 타협하는 과정에서 때로는 그들의 주장을 일부 수용하여야 할 경우도 나타날 수 있는 것이다."[108]

'남북교류협력에 관한 법률'에 의하여 남한과 북한과의 왕래·교역·협력사업 및 통신업무의 제공 등 남북교류와 협력을 목적으로 하는 행위는 동법의 목적범위 안에서 대한민국정부의 허가를 받으면 가능하도록 함으로써 남북교류가 현실화되었다. 그러나 이 법률은 국가보안법과 충돌하는 문제가 제기됨에 따라 2005년 개정법에 의해 이러한 교류협력에 관한 행위에 대해 이 법이 우선하여 적용되도록 함으로써 이 부분에서는 국가보안법의 적용이 배제되게 되었다.[109] 그 후 평화통일정책의 수립과 관련하여 1999년 김대중정부는 통일교육지원법을 제정하였으며, 2005년 노무현정부는 '남북관계발전에 관한 법률'을 제정하였다.[110]

우리 정부의 대북정책은 이명박정부 이후 변화를 가져오게 되어 현시점에서의 남북관계는 화해와 협력보다는 긴장관계 속에서 북한의 일련의 무력도발에 대한 강경한 입장과 대북제재조치를 강화하고 있다. 이러한 급랭해진 남북관계 개선을 위해서는 북한당국의 책임있는 사과가 전제되어야 하겠지만 우리 정부의 적극적인 대북관계 개선을 위한 노력도 필요하다고 할 것이다. 헌법상 천명된 평화통일지향의 국가목표와 대통령의 평화통

---

108 헌재 1990. 4. 2. 89헌가113.

109 남북교류협력에 관한 법률의 제정으로 국가보안법과의 충돌과 마찰이 문제되는데 헌법재판소는 북한의 이중적 지위를 전제로 하여 두 법률은 상호 그 규제대상과 입법목적을 달리하는 것이라고 판시하였다. 헌재 1993. 7. 29. 92헌바48.

110 '남북관계발전에 관한 법률'은 기본원칙(제2조)으로 남북관계의 발전은 자주평화민주의 원칙에 입각하여 남북공동번영과 한반도의 평화통일을 추구하는 방향으로 추진되어야 한다고 규정하고 있으며, 남북한 간의 관계를 국가간의 관계가 아닌 통일을 지향하는 과정에서 잠정적으로 형성되는 특수관계임을 명시하고, 남북한 간의 거래는 국가간의 거래가 아닌 민족내부의 거래로 본다고 규정하고 있다(제3조).

일에의 성실한 의무조항에 비추어 정부는 국민적 의사에 바탕한 대북정책과 평화통일정책을 수립하고 추진해야 하는 헌법적 의무를 성실하게 수행해 나가는 자세가 필요하다고 본다. 그리고 통일정책의 수립에는 국민의 참여의 기회가 보장될 수 있도록 개방적인 정책수립과정이 요구된다.[111]

(3) 남북한 통일의 방식과 독일통일과정의 시사점

우리 헌법은 평화통일에의 강한 의지를 천명하고 있지만 통일의 실현이 현실로 다가오는 경우 헌법은 그 통일의 과정과 절차에 관하여 아무런 규정을 두고 있지 않다는 것이 문제로 지적될 수 있다.[112] 헌법상 평화통일원칙에 따라 우리의 통일방식은 대화를 통해 점진적·단계적으로 이루어져야 하지만 만일에 현시점에서 전격적으로 통일의 기회가 오게 되면 어떠한 법적 절차에 의하여 통일과정을 구체적으로 진행해 나갈 것인지에 대해 헌법적 근거가 마련되어 있지 않은 것이 문제이다. 헌법상 평화통일의 원칙에 의해 통일은 남북간의 합의에 의해 이루어져야 하며 그 합의의 법적 절차로 남북 당국간의 '통일합의서'의 체결과 인준을 통해 통일이 실현된다고 할 때 그 통일합의서에는 새로운 통일국가의 창설과 조직에 관한 기본원리 등을 규정하게 되므로 그 내용은 곧 헌법사항을 의미하게 된다. 그러므로 헌법사항을 내용으로 하는 통일합의서의 체결절차에 관하여는 미리 우리 헌법에 명문규정을 두는 것을 생각해 볼 필요가 있다. 왜냐 하면 남북간의 통일합의서의 체결이 국제조약의 성격을 갖는다고 보기 어려우며, 설사 그것이 헌법 제6조에 의해 체결되는 조약의 성격을 갖는다고 하더라도 그 규범적 효력은 법률과 동일한 효력을 인정할 수밖에 없는데,[113] 헌법사항을 내용으로 하는 통일합의서가 법률적 효력을 갖는다는 것은 헌법의 체계정당성에 위배되는 문제가 발생한다. 따라서 통일합의서는 그 내용이 헌법사항을 규정하게 되기 때문에 그 효력은 헌법적 효력에 준하는 것으로 보는 것이 타당하므로 현행 헌법상 평화통일조항 속에 통일의 절차와 통일합의서에 관한 기본사항을 규정하는 것을 적극 검토할 필요가 있다고 할 것이다.[114]

---

111 이 점에서 헌법상 평화통일정책수립에 관한 대통령 자문기구인 민주평화통일자문회의(제92조)의 실질적인 운영과 활동이 보장되어야 할 것이며, 대통령 통일정책자문위원회의 기능과 역할이 강화되어야 할 것이다.

112 김승대, 헌법개정과 남북한 통일, 공법연구 제39집 제2호, 2010, 147면; 이승우, 통일에 대비한 헌법개정의 필요성과 방향, 공법연구 제39집 제2호, 2010, 236면 이하.

113 헌법 제6조 제1항의 "헌법에 의해 체결 공포된 조약과 국제법규는 국내법과 같은 효력을 가진다"는 규정의 해석상 국내법과 같은 효력의 의미는 국내의 헌법과 동일한 효력을 가지는 것이 아니라 법률과 동일한 효력을 가지는 것으로 보는 것이 통설이며 헌법재판소 판례의 입장이기도 하다. 헌재 1999. 4. 29. 97헌가4; 2001. 9. 27. 2000헌바20.

114 김승대 교수는 앞의 논문(주112) 147면 이하에서 통일에 대비한 헌법개정을 통해 통일합의서의 체결과 효력발생절차에 관한 규정을 신설하자고 주장하면서 통일합의서는 국회 재적의원 3분의 2 이상의 찬성으로 하고

다른 한편 통일합의서의 헌법적 근거조항 없이 통일과정에서 남북간의 통일합의서를 체결하는 방법도 가능할 것이다. 통일의 기회가 오는 경우에 평화통일의 방식으로 통일합의서를 체결하면서 그 효력발생절차를 그 합의서에 직접 규정하고 그 통일합의서에 근거하여 통일헌법을 제정할 수도 있을 것이다. 그러나 이러한 방법은 통일과정에서의 정치적·사회적 불안정성이나 혼란성에 기인한 신속한 통일실현절차의 요청 때문에 국민적 합의에 바탕을 둔 통일합의서의 내용과 효력발생절차를 규정하는 것이 용이하지 않을 수도 있다고 본다. 이렇게 볼 때 현행헌법의 통일조항은 국가목표조항의 성격이 강하지만 통일지향의지를 실현하기 위한 통일의 절차에 관한 규정이 전혀 없다는 점에서 그 통일조항의 한계성이 지적될 수 있다.

아무튼 우리의 통일방식은 북한의 체제변혁 여부와 관계없이 남북간의 대화를 통한 합의통일방식을 취할 수밖에 없으며 실력행사에 의한 흡수통일은 허용되지 아니한다. 그러나 흡수통일의 개념에는 북한이 타율적 의사에 따라 남한에 편입되는 통일이 아니라 북한이 자율적 의사로 남한체제를 수용하고 남한에 편입되는 것을 포함시킬 수 있다.[115] 동서독 통일의 사례에서 보듯이 서독이 동독을 강제로 흡수한 것이 아니라 동독의 자율적 의사에 따라 서독에 편입된 것과 같은 흡수통일도 합의통일에 해당하는 것이다. 따라서 우리 헌법상 평화통일의 원칙 하에서 한반도의 남북통일은 합의통일이거나 독일식의 자율적 흡수통일의 방식이 될 수밖에 없을 것이다. 그러나 현실적으로 평화통일의 가능성이 높은 방식은 독일통일의 경우와 같이 남북간의 합의에 의해 북한이 남한체제에 편입되는 자율적 흡수통일일 수도 있다. 이 경우 북한의 자율적 의사의 여부는 북한 체제의 권력집단의 의사가 아니라 북한주민의 주권적 의사를 기준으로 판단해야 할 것이다.[116] 북한의

통일합의서의 내용에는 평화적 통일을 완수하기 위한 헌법개정사항을 포함할 것을 제안하고 있다. 이 견해는 독일통일의 사례에서 착안한 것으로 통일합의서 자체로 헌법개정의 효과를 가져오도록 하자는 주장인데 우리의 헌법개정절차(필수적 국민투표절차의 요건)에 비추어 통일합의서의 체결·비준만으로 헌법개정이 이루어지도록 하는 것은 곤란하다고 본다. 그렇지만 남북통일의 과제가 헌법이 명하는 국가목표이며 국가의 의무라고 할 때 그러한 국가적 의무를 실현하기 위해 통일합의서에 헌법개정의 효과를 부여하는 것이 정당화되기 위해서는 현행 헌법개정절차에 관한 규정(제128조~제130조)도 동시에 개정할 필요가 있다고 하겠다. 즉 현행의 필수적 국민투표절차를 이원화하여 국민투표를 요건으로 하는 경우와 국민투표를 요하지 않거나 임의적 국민투표의 경우로 분리하여 헌법개정의 핵심적 사항에 해당하지 않는 경우에는 국회의 의결만으로 헌법개정이 이루어지도록 하는 것이 시대적 요청에 부합하는 것이라 보며, 헌법 제4조의 평화통일조항을 보완하여 통일합의서의 근거를 마련하는 부수적 헌법개정 등은 국회의 의결만으로 헌법개정이 이루어지도록 하는 것을 검토할 필요가 있다고 본다. 정만희, 앞의 논문(주107), 237면; 정만희, 헌법개정조항의 개정필요성에 관한 검토, 공법연구 제39집 제2호, 2010, 417-418면. 이와 관련하여 헌법개정절차에서 국민투표제의 폐지를 주장하는 견해로는 오호택, 헌법개정절차와 헌법개정의 가능성, 헌법학연구 제13권 제1호, 2007, 503면 이하.

115 정만희, 앞의 논문(주107), 223면 이하.

116 이효원, 통일헌법의 제정방법과 국가조직, 서울대학교 법학 제55권 제3호, 2014, 37면.

급변사태 등에 의한 전격적인 일회적 통일의 방식을 취하게 되는 경우에는 남북한이 통일헌법을 제정하기 위한 타협의 시간적 여유가 없을 것이므로 남한헌법의 개정으로 통일헌법을 채택할 가능성이 있다고 할 수 있다.[117] 독일통일의 과정에서 나타난 동독의 붕괴와 서독에의 편입, 서독기본법의 개정에 의한 독일헌법의 채택의 경우가 이에 해당한다. 그렇지만 독일통일의 경우 동독 공산정권의 붕괴되는 과정에서 새로운 개혁세력과 동독 국민의 자유와 민주화의 열망에 따라 동독지역이 서독에의 가입을 통해 통일이 실현될 수 있었던 것은 서독기본법의 국가목표로서의 독일통일을 예견한 가입조항[118]이 존재했기 때문이라고 할 때 그러한 통일의 절차에 관한 규정이 없는 현행 한국헌법 하에서 일시에 전격적으로 통일을 기대하는 것은 결코 쉬운 일이 아니라고 할 것이다.

그럼에도 불구하고 현실적으로 남북통일이 실현되는 방식은 남북간의 단계적 협상을 통한 새로운 통일헌법의 제정보다는 남한헌법을 일부 개정하여 그것이 통일헌법으로 북한지역에도 효력을 갖도록 하는 것이 바람직하다고 본다. 왜냐하면 자유민주주의 내지 자본주의체제와 사회주의체제라는 양극단의 국가체제를 일시에 통합하는 통일헌법의 제정은 사실상 불가능하다고 보며,[119] 남북의 합의과정에서 북한이 먼저 체제개혁을 단행하지 않고서는 자유민주주의에 기초한 통일은 기대하기 어렵기 때문이다.[120] 따라서 남북한의 현상황에서 현실성 있는 통일방법으로 상정할 수 있는 것은 북한의 급변사태 등에 의한 북한의 체제개혁이 선행되고 그 새로운 개혁세력과 남한간의 합의에 의한 통일방식으로 남한의 자유민주적 기본질서에 입각한 평화통일을 실현하는 길이라 할 수 있다.

여기서 우리의 남북한통일을 상정하는 경우 독일통일과정이 우리에게 주는 시사점을 생각해 볼 필요가 있다. 첫째, 한반도통일을 앞당기는 길은 먼저 북한의 체제변화 내지 헌법개혁이 선행되어야 한다는 점이다. 둘째, 우리 헌법은 서독기본법과 같은 통일을 대비한 가입조항이 없고 연방제를 채택하고 있지 않기 때문에 통일의 과정에서 북한이 자율적

---

117 합의통일의 경우 단계적 통일뿐만 아니라 일회적 흡수통일의 경우에도 통일후유증을 줄이기 위해 새로운 통일헌법의 제정이 바람직하다는 견해도 있다. 도회근, 통일헌법의 권력구조, 공법연구 제40집 제2호, 2011, 37면 이하.

118 서독은 1949년 기본법(Grundgesetz)을 제정하면서 기본법 전문에 독일의 분단현실과 통일의지를 천명하면서 두 개의 통일조항을 마련해 놓았다. 하나는 기본법 제23조의 가입조항으로서 기본법의 잠정적 공간적 효력범위를 규정하면서 독일의 다른 지역(동독지역)에는 그 지역이 서독에 가입한 후 기본법의 효력이 미친다는 규정이다. 또 하나는 기본법 제146조의 기본법의 유효기간에 관한 조항으로서 “이 기본법은 독일 국민이 자유로운 결정으로 새 헌법을 제정하고 그 새 헌법이 효력을 발생하는 날 그 효력을 상실한다”고 규정함으로써 서독 기본법이 임시헌법이라는 점을 밝힌 것이다.

119 권영성, 남북통합과 국가형태·국가체제문제, 공법연구 제25집 제4호, 1997, 52면.

120 장명봉 교수는 통일헌법의 기반조성을 위해서는 북한체제의 변화가 전제되어야 하므로 그 북한체제의 변화를 유도하기 위한 남한의 북한과의 교류·협력의 노력과 자세변화가 첫째 과제라고 강조하고 있다. 장명봉, 남북한 헌법체제의 비교와 통일헌법의 지향점 및 과제, 공법연구 제37집 제1호, 2008, 213면.

으로 남한에 편입하는 경우는 쉽게 예상할 수 없다는 점이다. 셋째, 남북간의 통일합의서를 체결하는 경우 독일처럼 경제적·사회적 통합에서부터 정치적 통합으로 단계적으로 진행되는 것이 바람직하다. 넷째, 독일은 통일조약에 의해 서독기본법이 개정되고 그 개정된 서독기본법이 통일헌법으로서 효력을 발생하게 되었지만 우리의 경우 통일합의서에 의해 바로 헌법개정의 효과를 가져오게 하는 것은 헌법논리상 정당화되기 어렵다. 독일은 통일조약에 의해 직접 헌법개정을 규정함으로써 별도의 헌법개정절차를 거치지 않고 헌법개정의 효과를 가져왔다는 점에서 그 통일조약은 헌법적 효력을 갖는 것으로 이해될 수 있다. 그러나 우리나라의 경우 통일조약 내지 통일합의서에 직접 헌법개정을 규정할 수 없으며, 통일합의서에 따른 통일작업을 추진하기 위해서는 헌법개정이 불가피하다고 본다.[121] 그렇지 않다면 통일합의서에 규정하는 사항이 헌법적 효력을 갖기 위해서는 미리 헌법개정을 통해 통일합의서의 체결절차와 효력 등에 관해 규정하는 것이 필요하다고 본다.

결국 한국의 남북통일은 독일통일의 경우처럼 북한의 급변사태가 발생한다고 하더라도 남북간의 통일을 위한 정치적 합의가 이루어지고 남북당국간의 통일합의서의 체결과 의회의 동의만으로 헌법개정이 이루어지고 그에 따라 신속하게 통일을 완성하는 과정을 기대하기 어렵다. 독일통일의 모델처럼 남한의 헌법질서에 따라 북한이 자율적으로 남한의 자유민주주의체제에 편입되기 위해서는 북한이 먼저 근본적인 체제변화와 헌법개혁이 선행되어야 하는 것이 중요하다. 그리고 우리 헌법은 평화통일을 국가목표와 민족적 지상과제로 삼고 있으나 통일의 실현을 예견한 어느 정도의 구체적 방법과 절차에 관한 규정이 전혀 없으므로 막상 통일의 시점에 접근했을 때 정치적 안정 속에서 어떻게 통일작업을 신속하게 진행할 것인가에 대한 의문이 있다. 따라서 통일문제에 대한 헌법적 접근은 통일을 전제로 한 통일시대의 통치구조와 정부형태 등에 초점을 맞출 것이 아니라 통일실현 이전의 통일과정에서 제기되는 다양한 통일현실에 대한 헌법문제에 대비하기 위한 심도 있는 연구·검토가 요구된다고 할 것이다.[122]

---

121 서독기본법의 개정은 기본법을 개정하는 법률제정의 형식으로 행해지며 그 헌법개정법률은 연방의회와 연방참사원 재적의원 3분의 2 이상의 찬성으로 의결된다. 따라서 헌법개정을 내용으로 하는 통일조약이 연방의회 3분의 2 이상의 찬성으로 효력을 발생하게 된 것이다. 그러나 한국헌법의 개정은 국회의 의결과 국민투표절차를 거쳐야 하는 경성헌법주의를 취하고 있으므로 국민투표절차를 거치지 않고 헌법개정을 수반하는 통일합의서의 효력을 인정하기 어렵다. 그리고 당시 독일통일과정에서 통일조약에 의해 서독기본법이 개정되고 그 개정된 기본법이 독일의 통일헌법으로서 효력을 가지게 된 데 대해 위헌성문제가 제기되어. 연방의회 의원들은 통일조약으로 서독기본법을 개정할 수 없다는 기관쟁의심판을 청구하였다는 점을 유념할 필요가 있다. 이에 대해 연방헌법재판소는 연방정부의 그러한 권한은 기본법 전문과 제23조에 내포된 통일지향명령에 근거한 것이며 연방정부는 독일통일의 역사적 기회를 활용하기 위한 넓은 정치적 형성재량권을 갖는 헌법기관으로서 그 정도의 통일조약 규정을 마련하는 것은 헌법정신에 위배되지 않는다고 판시하였다. BVerfGE 82, 316.

122 다양한 통일현실에 대한 통일방안의 헌법적 검토로는 공진성, 통일과정과 헌법적 과제, 헌법연구 제1권 제1

V. 맺음말

1987년 헌법은 국민적 합의에 의한 민주적 개헌의 산물이며 입헌주의헌법의 재정립을 의미한다는 점에서 헌정사적 의의가 크다. 또한 1987년 헌법은 1948년 건국헌법이 제정된 지 40 년만에 비로소 뢰벤슈타인이 규정한 이른바 '규범적 헌법'의 범주에 속하게 되었다고 볼 수 있다고 할 것이다. 헌법규범과 헌법현실이 거의 일치되거나 양자 간의 괴리가 최소화되는 시점에 이르게 되었다는 점에서 우리 헌법은 입헌주의의 제2의 도약 단계에 진입하였다고 평가할 수 있다.

현행 헌법을 규범적 기능의 관점에서 권력통제규범, 기본권보장규범과 사회통합규범, 정치적 평화유지규범으로 구분해서 분석해 볼 때, 먼저 우리 헌법은 권력통제규범으로서의 기능이 과거 헌법사의 어느 헌법보다도 강화되었다고 할 수 있다. 다만 헌법의 운용과정에서 헌법재판제도의 내재적 한계와 헌법재판관의 소극적 태도 등에 의해 권력통제규범으로서의 기능은 일정한 제약을 받고 있음을 부정할 수 없다. 기본권보장규범으로서의 기능도 구 헌법들에 비해 상당히 확대 강화되었으나 헌법현실에서의 기본권보장의 불완전성과 불충분성은 사회통합규범으로서의 기능적 한계를 보이고 있다. 특히 사회적 기본권의 보장에 있어서 구 헌법에 비해 그 기본권의 실현이 강화되었음에도 불구하고 현실적으로는 사회의 양극화현상이 심화되고 경제적 약자가 증가하게 됨에 따라 사회적 기본권이 구체적·현실적 권리로서의 실효성이 약하다고 할 수 있다. 정치적 평화유지규범으로서의 기능도 이와 비슷한 수준이라 할 수 있다.

헌법의 운용과정 내지 헌법현실에서 제기되는 개별적 문제점으로는 첫째, 헌법상 국민주권원리와 대의제원리가 정치현실과 괴리되는 점을 지적할 수 있다. 우리의 선거제도와 정당정치의 현실은 국민의 자유로운 정치적 의사가 공정하게 국가기관의 구성과 그 의사결정에 반영되지 못하는 측면이 있으며, 의회주의의 현실은 국회가 국민의 불신에서 벗어나지 못하고 있고 의원은 전체 국민의 대표자로서의 지위와 국가이익우선의 의무에 반하여 정당원으로서의 활동에 치중하고 있다. 대통령의 권한행사와 정부의 정책결정도 국민주권의 이념에 입각하여 항시 국민의 다수의사와 여론을 존중해야 하는데 국민과 소통하지 않고 일방적이고 폐쇄적인 인사권의 행사는 권한남용의 문제가 된다.

작금의 헌법개정논의는 정부형태에 관한 정치권의 이해관계 속에서 제시되는 것으로 국민적 공감대가 형성되지 못하고 있다. 앞으로의 개헌논의는 국민의 의사가 상향적으로

호, 헌법이론실무학회, 2014, 13면 이하.

반영되는 민주적 절차를 통해 공론화되어야 하며 정치권에서 하향적으로 국민에게 유도하는 개헌은 허용되기 어렵다. 이원정부제 도입론만이 합리적인 정부형태의 대안으로 보기 어렵고 현행 대통령제의 점진적 개선방향을 모색하면서 궁극적으로는 남북한 통일헌법의 제정에 초점을 맞추는 것이 필요하다고 할 것이다.

남북분단 70년의 상황에서 평화적 통일은 국가적·민족적 지상과제이며 현행 헌법의 평화통일조항은 국가목표조항이며 헌법의 기본원칙이다. 이러한 평화통일조항의 헌법정신에 비추어 보면 정부의 대북정책과 통일정책은 국민의 참여를 보장하면서 보다 개방적이고 적극적으로 추진되어야 할 것이다. 통일정책과 관련하여 향후 헌법개정의 문제는 통일과정을 대비하는 입장에서 현행 평화통일조항을 보완해 나가는 것이 필요하다.

끝으로 70년 가까운 한국헌정의 경험속에서 우리의 입헌주의는 이제 새롭게 뿌리를 내리고 성숙의 단계로 나가야 하는 시점에 와 있다고 할 수 있다. 헌법규범이 최고규범으로서 권력과정을 통제하고 기본권보장을 최대한 실현하고 사회통합을 통해 정치적 안정과 평화를 유지하는 규범으로서 실질적인 기능을 다하기 위해서는 헌법제도의 개선보완에 앞서 모든 국가기관은 헌법수호에의 의지를 확고히 하고 항상 국민주권의 이념을 실현하기 위한 적극적인 태도를 가져야 한다. 주권자인 국민은 권력에 대한 비판과 감시기능을 소홀히 해서는 안되며, 능동적 시민으로서 선거와 정당제도를 통해 국민주권의 이념을 실질화할 수 있도록 적극적으로 참여하는 것이 중요하다.

<참고문헌>

계희열, 헌법학(상), 박영사, 2005.

계희열, 헌법학(중), 박영사, 2002.

공진성, 통일과정과 헌법적 과제, 헌법연구 제1권 제1호, 헌법이론실무학회, 2014.

권영설, 헌법이론과 헌법담론, 법문사, 2006.

권영성, 헌벒학원론, 법문사, 2010.

권영성, 남북통합과 국가형태·국가체제문제, 공법연구 제25집 제4호, 1997.

김문현 외, 현행헌법상 헌법재판제도의 문제점과 개선방안(헌법재판연구 제16권), 2005.

김선택, 헌법과 혁명 -시민입헌주의(Civic Constitutionalism), 동아법학 제58호, 2013.

김선택, 대한민국에서 기본권보장의 발전과 과제, 한국공법학회 제145회 학술발표대회 발표논문, 2008.

김선택, 형식적 헌법의 실질적 위헌성에 대한 헌법재판, 법학논집 제32집, 1996.

김승대, 헌법개정과 남북한 통일, 공법연구 제39짖 제2호, 2010.

김철수, 헌법학개론, 박영사, 2008.

김학성, 헌법학원론, 피엔씨미디어, 2014.

김형성, 현행헌법에 있어서 경제민주화의 제도화에 관한 연구, 헌법학연구 제19권 제2호, 2013.

대화문화아카데미, 새로운 헌법 필요한가, 2008.

도회근, 통일헌법의 권력구조, 공법연구 제40집 제2호, 2011.

명재진, 국무총리제의 합리적 운용의 한계와 개헌필요성, 헌법학연구 제13권 제1호, 2007.

박재창, 한국의회개혁론, 오름, 2004.

방승주, 헌법재판소의 입법자에 대한 통제의 범위와 강도, 한국공법학회 제145회 학술대회 발표논문, 2008.

방승주, 소위 이중배상금지규정과 헌법규정의 위헌심사가능성, 헌법소송사례연구, 박영사, 2002.

성낙인, 한국헌법사, 법문사, 2012.

성낙인, 이원정부제(반대통령제)의 구체화를 통한 권력분점의 구현, 제헌61주년 기념 국제학술대회논문집, 2009.

양건, 헌법강의, 법문사, 2011.

오호택, 헌법개정절차와 헌법개정의 가능성, 헌법학연구 제13권 제1호, 2007.

이관희, 국정감사제도의 문제점과 개선방안, 공법연구 제27집 제3호, 1999.

이승우, 통일에 대비한 헌법개정의 필요성과 방향, 공법연구 제39집 제2호, 2010.

이준일, 헌법학강의, 홍문사, 2011.

이헌환, 헌법재판제도의 도입배경과 정착 및 발전방향에 관한 연구, 헌법재판연구 창간호, 헌법재판연구원, 2014.

이효원, 통일헌법의 제정방법과 국가조직, 서울대학교 법학 제55권 제3호, 2014.

임지봉, 민주주의와 헌법재판소의 사법적극주의, 한국공법학회 제145회 학술대회 발표논문, 2008.

임혁백, 개헌의 필요성과 실현가능성, 대화문화아카데미 편, 새로운 헌법 필요한가, 2008.

장명봉, 남북한 헌법체제의 비교와 통일헌법의 지향점 및 과제, 공법연구 제37집 제1호, 2008.

장영수, 국회 기능의 합리화 방안, 헌법학연구 제16권 제3호, 2010.

장영수, 통합진보당 해산결정과 소속 국회의원의 의원직상실문제, 고려법학 제76호, 2015.

장영수, 의원내각제 정부형태 도입에 대한 검토의견, 헌법연구자문위원회 참고자료집, 2009.

전광석, 헌법 제4조, 헌법주석(1), 한국헌법학회편, 2013.

정만희, 헌법개정논의 －헌법개정의 필요성과 개헌절차·방법에 관한 검토－, 동아법학 제47호, 2010.

정만희, 국정감사제도의 재검토, 공법학연구 제10권 제1호, 2009.

정만희, 국회의 국정통제기능에 대한 검토, 헌법학연구 제20권 제3호, 2014.

정만희, 미국헌법상 탄핵제도, 공법연구 제30집 제1호, 2001.

정만희, 헌법과 통치구조, 법문사, 2003.

정만희, 국회의원의 정당기속과자유위임, 헌법재판연구 제2권 제1호, 2015.

정만희, 정당의 민주적 공천제의 법리, 공법학연구 제4권 제1호, 2002.

정만희, 대통령제에 있어서 분열정부(divided government)의 헌법문제, 헌법학연구 제14권 제2호, 2008.

정만희, 차기정부의 헌법적 과제, 헌법학연구 제19권 제1호, 2013.

정만희, 현행헌법상 정부형태의 의원내각제적 요소에 대한 검토, 동아법학 제44호, 2009.

정만희, 정부형태에 관한 헌법개정의 방향, 헌법학연구 제14권 제4호, 2008.

정만희, 통일헌법을 위한 단계적 헌법개정, 동아법학 제66호, 2015.

정만희, 헌법개정조항의 개정필요성에 관한 검토, 공법연구 제39집 제2호, 2010.

정종섭, 헌법학원론, 박영사, 2014.

정태호, 사회적 기본권과 헌법재판소판례, 헌법논총 제9집, 1998.

정태호, 인권보장제도로서의 헌법소원의 개념과 실제, 헌법학연구 제14권 제2호, 2008.

한국공법학회, 헌법개정안 연구보고서, 2006.

한국헌법학회, 헌법개정연구, 2006.

함께하는 시민행동, 헌법 다시보기, 87년헌법 무엇이 문제인가, 2007.

허 영, 한국헌법론, 박영사, 2009.

헌법재판소, 헌법재판소에 의한 헌법재판이 우리 사회에 미친 영향, 2010.

홍성방, 헌법재판소결정에 나타난 사회적 기본권, 서강법학연구 제4집, 2002.

Albert, Robert, The Evolving Vice Presidency, 78 Temple Law Review 811 (2005).

Dellinger, Walter, The Legitimacy of Constitutional Change: Rethinking the Amendment Process, 97 Harvard Law Review, 386, 427-430 (1983).

Loewenstein, Karl, Political Power and the Governmental Process, 2nd ed., Univ. of Chicago Press, 1965.

19 국회 입법과정의 개선방안에 관한 소고*

–국회선진화법의 개정논의를 중심으로–

Ⅰ. 머리말

한국의 의회주의의 현실은 입헌주의헌법과 대의제민주주의를 채택한지 70년에 가까운 헌정경험 하에서도 여전히 그 후진적 병리현상을 탈피하지 못하고 국민의 불신 속에서 의회주의의 위기적 상황을 맞고 있다. 헌법상 의회주의 원리의 구성요소로서 국민대표의 원리를 비롯한 심의의 원리와 다수결의 원리는 본래의 기능을 수행하지 못하고 변질·왜곡되고 있으며, 국민의 입장에서 절실히 요구되는 그때그때의 입법수요에 적극적으로 대처하지 못하는 입법부작위와 입법태만 등으로 국회무용론까지 대두되고 있는 실정이다. 또한 국민의 대표자의 지위를 갖는 국회의원 개개인은 소속 정당에 철저하게 예속되어 정당의 사실상의 강제에서 벗어나지 못함으로써 의원은 국민의 대표자의 지위보다 정당구성원의 지위를 우선하게 되었다. 헌법상 국회의원은 국가이익을 우선하여 양심에 따라 직무를 수행하여야 하는 헌법적 의무(제46조 제2항)를 지게 됨에도 불구하고 국민전체에 대한 봉사자로서 국가이익을 우선하는 의원의 의정활동은 기대하기 어려운 것이 현실이다. 오직 당리당략과 정파적 이익에 따른 의원의 정당기속은 의원의 소신있는 자유투표를 제한함으로써 의회주의의 핵심원리로서 자유위임 내지 무기속위임의 원칙이 변질되는 상황에 처하게 되었다.[1]

종래 우리나라 의회주의와 의회제도의 운용상 고질적 병폐로 지적되어 왔던 입법과정에 있어서의 이른바 '날치기'통과 입법과 이를 저지하기 위한 의회폭력 등의 문제를 해결하기 위해 2012년 5월 '국회선진화법'이란 이름으로 국회법 개정이 이루어졌다. 이 국회선진화법은 고질적인 한국 의회정치의 병폐를 극복함으로써 의회제도 발전을 위한 획기적인 입법으로 채택된 것을 의미한다. 국회선진화법 시행 이전의 국회 입법과정은 토론과 타협의 정치문화가 결여된 가운데 여야간의 극한대립으로 인하여 통상적인 입법과정으로 법안처리를 할 수 없었으며 결국 국회의장의 직권상정제도를 이용하여 여당은 일방적으로 법률안들을 날치기 통과시키고 야당의원들은 이에 물리적으로 저항하는 행태를 반복

* 「공법학연구」 제17권 제4호(한국비교공법학회, 2016. 11), 33－68면 수록.

1 국회의원의 자유위임과 정당기속의 충돌문제에 관하여는 정만희, 국회의원의 정당기속과 자유위임, 헌법재판연구 제2권 제1호, 헌법재판연구원, 2015, 117면 이하.

해 왔음을 부정할 수 없다. 이러한 날치기 통과 입법에 대해서는 1990년대 초부터 사법적 통제의 필요성이 제기되어 여러 차례 헌법재판이 청구된 바 있으나 헌법재판소의 소극적 태도 등으로 인하여 입법절차에 대한 통제는 그 실효성을 기대하기 어려웠다.[2] 그후 1997년 7월 헌법재판소는 판례를 변경하여 국회의원에 대하여 권한쟁의심판의 청구인적격을 인정하면서 날치기통과 입법은 의원들의 법률안 심의·표결권을 침해한 것이라고 판시하였다. 그러나 그 법률안 가결선포행위에 대해서는 명백한 헌법위반이 아니어서 무효로 볼 수 없다고 판단하였다.[3] 이 결정 이후에도 헌법재판소는 입법절차상의 하자에 대한 권한쟁의심판에서 토론절차를 생략하기 위한 의결을 거치지도 않은 채 법률안에 대한 표결절차를 강행한 것이 국회의원의 법률안 심의·표결권을 침해하였다고 인정하면서도 위헌·무효로 볼 수 없다고 판시하였다.[4] 이와 같은 헌법재판소의 소극적 태도에 따라 입법절차상의 하자에 의한 날치기통과 입법은 그대로 그 효력이 유지되었던 것이다. 그리하여 2012년 국회법개정으로 심사기간지정제도와 신속처리제도, 자동상정제 등을 채택하여 입법과정을 개선함으로써 국회의장의 법안 직권상정과 강행처리가 사실상 불가능하게 되었으며 국회내 폭력행위를 방지할 수 있게 된 것이다.[5]

그렇지만 다른 한편 이러한 입법절차의 개선은 오히려 입법의 지연과 부작위로 인한 '식물국회'를 탄생시킴으로써 그 역기능이 문제되고 있다. 국회법상 심사기간지정제는 종래의 의장에 의한 직권상정제의 폐해를 막기 위해 도입된 것으로 천재지변의 경우나 전시·사변 또는 이에 준하는 국가비상사태의 경우, 의장이 각 교섭단체 대표의원과 합의하는 경우에 한하여 의장이 위원회에 회부되는 안건에 대하여 심사기간을 지정할 수 있도록 한 것이다(동법 제85조 제1항). 안건의 신속처리제도는 위원회에 회부된 안건을 180일 이내에 위원회 심사를 마치도록 하는 신속처리대상안건으로 지정하고자 하는 경우 의원은 재적의원 과반수가 서명한 신속처리안건 지정요구 동의를 의장에게, 안건의 소관위원회 소

---

2 국회의장의 직권상정과 날치기 통과입법에 대하여 처음에는 야당의원들이 헌법소원심판을 청구하였으나 국회의원의 헌법상 권한은 국민의 기본권이 아니므로 적법성 결여를 이유로 각하되었다(헌재 1995. 2. 23. 90헌마125). 동시에 야당의원들은 날치기 통과입법에 대해 국회의장을 상대로 권한쟁의심판을 청구하였으나 국회의원은 국가기관간의 권한쟁의심판의 당사자가 될 수 없다는 이유로 각하되었다(헌재 1995.2. 23. 90헌라1). 그후 입법절차상의 하자에 대해 법원이 직권으로 위헌법률심판을 제청하였으나 재판의 전제성 요건을 갖추지 못하였다고 하여 각하된 바 있다(헌재 1997. 9. 25. 97헌가4). 입법절차의 하자에 대한 사법적 통제에 관하여는 정만희, 헌법과 통치구조, 법문사, 2003, 246면 이하; 홍완식, 헌법재판소에 의한 입법절차 통제, 공법학연구 제12권 제2호, 2011, 249면 이하.

3 헌재 1997. 7. 16. 96헌라2.

4 헌재 2011. 8. 30. 2009헌라7

5 이 점에서 국회선진화법은 물리적 충돌을 방지하기 위하여 소수당에게 법안심의의 합법적 지연권을 준 반면, 다수당에게 예산안의 본회의 자동부의제를 준 것이라고 보는 견해가 있다. 이현출, 국회선진화법 도입 이후의 국회운영평가, 현대정치연구 제7권 제2호, 2014, 13면.

속위원은 소관위원회 재적의원 과반수가 서명한 신속처리안건지정 동의를 소관 위원회 위원장에게 제출하여야 한다. 이 경우 의장 또는 소관 위원회 위원장은 지체없이 신속처리안건지정동의를 무기명투표로 표결하되 재적의원 '5분의 3' 이상 또는 안건의 소관위원회 재적위원 '5분의 3' 이상의 찬성으로 의결하도록 한 것이다(동법 제85조의2 제1항). 이러한 심사기간지정제는 천재지변이나 전시사변 등의 비상사태가 아닌 경우와 의장이 각 교섭단체 대표의원과 합의하지 못하는 경우에는 여야간의 극한대립으로 법률안에 대한 합의가 이루어지지 않음으로써 국회의 입법기능은 마비되고 마는 문제가 있다. 특히 신속처리대상안건 지정제의 경우에는 일반다수결이 아닌 5분의 3 이상의 찬성이라는 가중다수결을 요구함으로써 의회주의의 원리로서 헌법 제49조에 규정된 일반정족수(재적의원 과반수의 출석과 출석의원 과반수의 찬성)에 의한 다수결원칙에 위배되는 것이 아닌가의 의문이 제기되어 왔다.

이러한 국회선진화법의 문제점을 시정하기 위해 최근 일부 정치권에서는 관련 국회법규정의 재개정의 필요성을 주장하고 있으며, 2016년 7월에는 국회선진화법의 일부 개정법률안이 발의되었다.[6] 특히 심사기간지정제와 안건신속처리제의 위헌성여부를 둘러싸고 19대 국회의 과반수 의석을 가진 새누리당 국회의원들은 법률안에 대한 심사기간지정 요청을 거부한 국회의장을 상대로 권한쟁의심판을 청구하였으며, 이에 대해 2016년 5월 헌법재판소는 각하결정을 내렸다.[7]

본고에서는 한국 의회주의의 두드러진 병폐로 지적되는 국회의 입법기능의 형해화 내지 입법교착 등의 문제점을 극복하기 위한 제도개선의 방안을 모색하기 위하여 의회주의의 운용실태를 분석하고 특히 국회선진화법의 핵심적 내용에 해당하는 의안의 심사기간지정제와 신속처리안건지정제의 합헌성과 타당성여부에 관하여 검토한 후 입법과정의 합리적 개선방안을 제시하도록 한다.

---

6 2016. 7. 6. 조배숙 의원 외 16인의 야당의원들은 국회선진화법의 일부개정법률안을 발의하였는데 그 내용은 신속처리대상안건지정동의의 가중다수결을 일반다수결로 의결하도록 하고 신속처리대상안건의 위원회 심사기간을 180일에서 60일로, 법제사법위원회의 신속처리대상안건에 대한 체계·자구 심사기간을 90일에서 15일로 단축하는 것 등이다.

7 헌재 2016. 5. 26. 2015헌라1.

Ⅱ. 의회주의의 현실과 국회 입법기능의 병리현상

1. 의회주의 원리의 헌법규범과 정치현실

우리 헌법상 통치구조는 대의제민주주의와 권력분립원리에 입각한 의회주의를 중심으로 국정이 운영되고 있으며 국민의 대표기관인 국회는 입법기관임과 동시에 국정통제기관으로서의 지위에서 헌법상의 권한들을 행사하고 있다. 입법기관으로서의 국회는 헌법 제40조의 국회입법의 원칙에 따라 국가의 실질적 입법권은 헌법에 특별한 규정이 없는 한 원칙적으로 국회의 권한에 속하게 되며, 특히 국가의 입법작용의 핵심을 이루는 형식적 의미의 법률의 제정은 국회가 단독으로 의결하는 권한을 행사하게 된다. 또한 법률의 효력을 갖는 조약의 체결에 국회의 동의를 얻도록 규정한 것도 국회가 입법기관으로서의 지위를 갖는 것을 전제로 한 것이다.

그러나 우리 헌법상 국회의 입법기관으로서의 지위와 그 입법에 관한 권한은 대통령제의 원형인 미국 대통령제에 있어서 의회가 갖는 입법권한에 비해 상대적으로 약화되거나 실질적인 최고입법자의 지위를 유지하지 못하는 측면이 있음을 부정하기 어렵다. 현행헌법은 법률안제출권을 국회와 정부에게 부여함으로써(제52조) 정부가 발의한 법률안이 증가되거나 주요 법률안을 정부가 주도적으로 제안하는 경우 입법기관으로서의 국회의 지위가 침해받을 수 있다.[8] 정부의 법률안제출권은 엄격한 권력분립원리에 입각한 대통령제 정부형태와 체계적으로 조화될 수 없는 제도이나 우리 헌법의 의원내각제적 요소로서 인정되고 있는 것이라 할 수 있다. 실제로 제13대 국회(1988−1992) 이래의 입법과정을 보면 정부제출 법안의 가결건수가 의원발의 법안의 가결수에 비해 압도적으로 많게 나타나고 있다. 최근에는 의원발의 법안의 가결건수가 증가하고 있으나 법안의 가결률은 여전히 정부제출 법안의 경우가 훨씬 높다. 이는 실질적인 입법기관으로서의 국회의 기능저하를 단적으로 보여주는 것이라 할 수 있다. 다만 의원발의 입법이 대폭 증가하고 있는 점은 국회가 입법부로서의 기능을 제대로 한다는 긍정적 평가가 가능하다고 볼 수 있다. 그렇지만 의원발의 입법의 증가에 대하여는 의원의 과시성 발의와 부실입법 및 졸속입법이 양산된다는 부정적 평가가 있음을 볼 때 국회의 입법기능에 여전히 문제가 있음을 부정하기 어렵다.[9]

---

8 정부의 법률안제출권의 문제점에 관하여는 정만희, 현행헌법상 정부형태의 의원내각제적 요소에 대한 검토, 동아법학 제44호, 2009, 60면 이하.

9 국회의 입법기능의 문제점에 관하여는 음선필, 헌정사에 나타난 의회민주주의, 한국헌법학회·국회 법제실 주

더욱이 대통령의 긴급재정·경제명령권(제76조 제1항)과 긴급명령권(제76조 제2항)은 법률의 효력을 갖는 대통령의 국가긴급권을 인정함으로써 행정부가 실질적인 입법의 주도권을 행사하게 되는 문제가 있다. 특히 오늘날 행정입법에 의한 위임입법의 비약적 증가는 국회의 입법기능을 형해화시키는 문제점이 지적될 수 있다. 헌법상 포괄적 위임입법금지의 원칙에도 불구하고 실제로는 적지 않은 포괄적 위임입법금지에 위배되는 행정입법이 행해지고 있음을 볼 수 있다.[10]

국회의 입법권을 제약하는 요소로서 대통령의 법률안거부권(제53조 제2항) 행사가 남용되는 경우에도 국회 입법기능의 제약이 문제될 수 있다. 대통령의 법률안거부권 제도의 기본취지는 첫째로 국회 입법권 행사의 남용으로부터 헌법수호의 목적에서 위헌적인 입법에 대한 사전 예방적 수단으로 인정되는 것이며, 둘째로는 자의적인 입법권행사로부터 행정부의 자기방어의 수단으로 행사하는 데 있다.[11] 그러므로 대통령의 법률안거부권 행사가 위와 같은 정당한 이유없이 발동되는 경우에는 입법부와 행정부 사이의 견제와 균형의 원리에 반하는 것이 되어 정당화되기 어렵다. 우리 헌법상 법률안거부권 행사의 요건에 관한 명문규정이 없지만 법률안거부권의 제도적 연혁과 본질에 비추어 신중하게 행사되어야 한다. 실제로 대통령의 법률안거부권 행사는 여소야대의 경우 야당이 정부의 기본정책 방향과 모순되는 입법을 강행하는 등 여야간의 협상과 타협을 기대할 수 없는 때 제한적으로 행사되고 있음을 볼 수 있다. 여소야대의 정국이 아닌 가운데 여야간의 합의로 법안이 통과된 경우 거부권을 행사하더라도 국회의 재의결을 예측할 수 있는 상황에서는 대통령의 거부권 행사는 자제되어야 하는 것이 바람직하다.

요컨대 현행 헌법의 대통령제 하에서 의회주의 원리와 국회입법의 원칙은 미국의 대통령제와 비교할 때 국회가 입법기능의 주도권을 장악하지 못하고 있으며 행정부가 오히려 실질적인 입법자로서 행동하고 있음을 볼 수 있다. 특히 우리 헌법의 통치구조가 대통령제와 의원내각제의 혼합형을 의미하고 대통령의 국가긴급권은 프랑스헌법의 이원정부제적 요소에 가깝기 때문에 정부의 법률안제출권과 대통령의 긴급명령권 등은 국회의 입법기능을 제약하는 요소로 작용하고 있다. 나아가 헌법현실에 있어서 행정입법의 증대와 그 결과 행정입법(법규명령)에 의한 국민의 기본권 침해의 위험성 및 행정입법에 대한 통제의 한계성 등이 문제되고 있다.

최 제헌 68주년 기념학술대회 발표논문, 2016. 7. 50면.

10 국회의 입법에 있어서 포괄적 위임입법금지원칙에 위반되는 사례는 경제적·사회적 영역의 입법에 있어서 상당히 많이 나타나고 있다. 이에 관한 주요판례로는 헌재 2004. 1. 29. 2002헌가20; 헌재 2003. 4.24. 2002헌가6; 헌재 1998.7. 16. 96헌바52; 헌재 2007. 7. 26. 2006헌가4; 헌재 2000. 7. 20. 99헌가15.

11 정만희, 앞의 책(주2), 291면 이하.

국회의 입법권 이외의 의회주의 원리를 구성하는 주요 내용으로서 헌법상 국회의 국정통제권과 재정권 등에 있어서도 그 헌법규범과 제도적 운용의 현실 사이에는 일정한 괴리를 볼 수 있다. 우리 헌법상 국회의 국정통제기능은 입법기능에 비해 상당히 강화되어 있다고 할 수 있다. 국회의 국정조사권과 함께 규정된 국정감사권은 외국의 입헌례를 찾아보기 어려운 제도로서 국정전반에 대한 강력한 통제기능을 수행하고 있으며, 인사청문회제도의 도입은 대통령의 인사권행사에 대한 주요한 통제수단이 되고 있다. 또한 국회의 탄핵소추권은 현실적으로 2004년 노무현 대통령에 대한 탄핵소추 의결을 계기로 탄핵제도가 더 이상 헌법상의 장식물이 아니라 실질적 행정통제기능으로서 결정적인 역할을 수행할 수 있음을 보여준 바 있다. 그렇지만 국정감사제도는 과다한 감사대상기관의 선정과 정책감사기능의 상실 등으로 행정의 마비와 생산성 없는 비효율적 감사 등 역기능의 문제점이 드러나고 있다.[12] 대통령에 대한 탄핵소추권 행사에 있어서도 당시 헌법재판소가 기각결정[13]을 함으로써 국회가 여소야대의 상황에서 탄핵소추권을 남용한 것이라는 비판을 면하기 어려웠다. 또한 국회의 국정통제기능은 여소야대의 분점정부 상황에서 더욱 활성화될 수 있지만 그 통제기능이 야당에 의한 정쟁의 도구로 이용되는 경우에는 정국의 교착상태로 인해 국정운용의 효율성과 안정성을 해치게 되는 문제가 있다. 반대로 여대야소의 상황에서는 권력의 집중현상으로 권력분립원리가 구현되기 어렵고 국회의 국정통제기능이 형해화되는 것이 현실화되고 있다. 이러한 문제점은 헌법상 국회의원의 국민대표자의 지위와 자유위임의 원칙이 준수되지 않고 오히려 의원의 정당기속이 강한 현실에서 기인하는 것이라 할 수 있다.[14]

2. 국회 입법기능 전반의 병리적 현상

한국의 의회주의와 국회제도의 운용이 후진성을 면치 못하고 국민적 불신에서 벗어나지 못하는 근본적인 이유는 의회의 본질적 기능인 입법기능이 정상적으로 작동하지 못하고 쇠퇴와 형해화의 길을 걷고 있기 때문이라고 말할 수 있다. 전술한 바와 같이 오늘날 각국의 의회주의의 쇠퇴 내지 위기적 상황은 보편적 현상으로 나타나고 있지만 우리 헌법상 대통령제 하에서 정부의 법률안제출권의 인정은 정부가 실질적 입법기능을 주도하게 되었음을 의미하며, 여기에 행정입법의 비약적 증가와 대통령의 법률안거부권 행사는 국회의 입법기능을 상당히 약화시키는 요인이 되고 있다. 전술한 바와 같이 역대 국회

12 국정감사제도의 문제점에 관하여는 정만희, 국정감사제도의 재검토, 공법학연구 제10권 제1호, 2009, 133면 이하.

13 헌재 2004. 5. 14. 2004헌나1.

14 상세한 내용은 정만희, 국회의 국정통제기능에 대한 검토, 헌법학연구 제20권 제3호, 2014, 193면 이하.

의 입법과정을 보면 정부제출 법안의 가결건수가 의원발의 법안의 가결수에 비해 압도적으로 많았으며, 제16대 국회(2000-2004)부터는 의원발의 법안의 가결건수가 증가하였으나 법안의 가결률은 정부제출 법안의 경우가 훨씬 높다. 이는 실질적인 입법기관으로서의 국회의 기능저하를 단적으로 보여주는 것이라 할 수 있다. 이러한 국회의 입법기능의 저하는 정부의 법률안제출권에서 그 원인을 찾을 수 있으며 또 하나는 국회의 입법활동을 지원하는 전문인력의 부족에서도 그 원인을 찾을 수 있다고 할 것이다.[15] 정부의 법률안제출권에 대하여는 오랜 기간 법률안작성을 담당해온 법제처의 노하우가 활용된 결과 임기 4년의 국회의원들이 발의한 법률안보다 정부제출 법률안이 훨씬 완성도가 높다는 평가도 없지 않으나, 정부의 법률안제출권은 국회의 입법기능을 약화시키게 되는 우려를 금하기 어렵다.

다행히 최근 의원발의 입법이 대폭 증가하고 있는 점은 국회가 입법부로서의 기능을 제대로 한다는 긍정적 평가가 가능하다고 볼 수 있다. 그렇지만 동시에 의원발의 입법의 대폭 증가는 의원의 과시성 발의와 부실입법 및 졸속입법이 양산된다는 부정적 평가가 존재한다.[16] 최근 입법조사처의 신설은 국회의 입법활동을 지원하는 전문인력을 확보하는데 기여하고 있으나 아직 국회내 입법지원 전문인력은 상당히 부족하다고 할 수 있다.[17]

위와 같은 법률안제출과정의 이원화에 따른 국회 입법기능의 구조적 문제점뿐만 아니라 우리나라 국회의 입법과정의 일반적 병리현상으로 지적되어온 것은 의회주의 원리의 기본정신이 제대로 구현되지 못하여 이성적이고 자유로운 토론이 보장되지 않고 여야간에 대화와 협상을 통안 합의가 이루어질 수 없었다는 것이다. 헌법상 다수결원리가 형식적인 수적 다수의 지배로 전락하고 이성적·논리적 토론과 소수의사의 존중을 전제로 한 다수결의 의사결정을 기대할 수 없었던 것이 문제이다. 종래 우리 국회가 '폭력국회'의 오명을 벗지 못한 이유도 국회의장의 무제약적인 직권상정에 의한 날치기 통과입법과 이를 저지하는 과정에서의 의회내 폭력이라는 고질적인 병폐를 근절할 수 없었기 때문이다. 그리하여 2012년 '국회선진화법'이란 이름으로 국회법이 개정되었고 그에 따라 직권상정의 요건을 엄격하게 제한하는 등의 제도적 개선이 이루어지게 되었다. 구법상의 직권상정제는 직권상정의 대상이나 시기에 아무런 제약을 두지 않았기 때문에 의장은 위원회에 회부되는 모든 안건 또는 이미 회부된 안건에 대하여 심사기간을 정하여 언제든지 직권상정할 수 있었으며 이러한 직권상정제도가 본회의에서 날치기통과를 허용하는 제도적 기초

15 장영수, 국회 기능의 합리화 방안, 헌법학연구 제16권 제3호, 2010, 338면.

16 음선필, 앞의 논문(주9), 50면; 최대권, 우리나라 법치주의 및 의회주의의 회고와 전망, 서울대학교 법학 제49권 제4호, 2008, 238면 이하.

17 장영수, 앞의 논문(주15), 339면.

로 활용되었던 것이다.[18]

국회 입법과정의 또 하나의 문제점은 법안심의에 있어서 충분한 시간을 들여 법안의 내용을 제대로 검토하지 못하여 졸속입법이 이루어지고 있다는 것이다. 이러한 졸속입법은 법의 체계정당성이나 합리성을 갖추지 못함으로써 국민의 권익을 보호하지 못하거나 국가의 재정건전성을 해치는 등 정상적인 국가작용을 저해하는 결과를 초래하는 입법을 의미하게 된다.[19] 졸속입법의 폐해는 일단 시행된 후에 나타난 문제점을 사후에 헌법재판소의 위헌결정을 내리거나 국회가 스스로 그 법률을 개정·폐지할 때까지는 고스란히 막대한 사회적 비용을 지불해야 한다는 데 있으므로 이러한 졸속입법을 양산하는 입법과정의 문제점은 심각하다고 하지 않을 수 없다. 이러한 졸속입법은 입법과정에 대한 감시의 눈을 피하기 위하여 의사일정을 파행적으로 운영하다가 기한에 쫓겨 많은 법률안을 일시에 신속하게 처리하는 정기국회에서 주로 발생하고 있다.[20]

Ⅲ. 입법과정의 선진화를 위한 국회법 개정

1. 국회선전화법의 채택

(1) 국회선진화법(2012년 5월 개정 국회법)의 주요 내용

2012년 5월 2일 제18대 국회는 마지막 임시회에서 입법과정의 선진화를 위한 국회법의 일부 개정안을 통과시켰다. 이 개정 법률은 국회운영의 선진화를 지향한다는 의미에서 '국회선진화법'으로 불리고 있으며, 또한 종래의 우리 국회운영에 있어서 폭력국회라는 오명을 씻기 위해 몸싸움을 방지한다는 의미에서 일명 '몸싸움방지법'으로도 불리게 되었다. 이 개정 법률의 기본취지와 목표는 첫째, 국회운영에 있어서 의회주의 원리의 실질화를 위하여 법률안의 심의과정에서 대화와 타협을 통해 심의하며 물리적 충돌을 방지하고 소수당의 의사를 개진할 수 있는 기회를 보장하는 데 있다. 둘째, 의안 심의과정에 있어 효

18 구 국회법 제85조 제1항은 "의장은 위원회에 회부하는 안건 또는 회부된 안건에 대하여 심사기간을 지정할 수 있다. 이 경우 의장은 각 교섭단체대표의원과 협의하여야 한다"라고 규정하였고, 제2항은 "제1항의 경우 위원회가 이유 없이 그 기간내에 심사를 마치지 아니한 때에는 의장은 중간보고를 들은 후 다른 위원회에 회부하거나 바로 본회의에 부의할 수 있다"라고 규정하였다. 이 규정에 근거하여 의장은 각 교섭단체간에 협의를 거치기만 하면 합의가 이루어지지 않더라도 직권상정이 가능하였던 것이다.

19 음선필, 국회 입법과정의 분석과 개선방안, 홍익법학 제13권 제2호, 2012, 154면.

20 졸속입법의 대표적인 예로는 2011년 제18대 국회 당시 문화산업진흥법, 소기업 및 소상공인 지원을 위한 특별조치법, 농업소득의 보전에 관한 법률, 국립대학법인 인천대학교 설립운영에 관한 법률 등을 들 수 있다. 음선필, 앞의 논문(주19), 155면.

율성을 확보하기 위해 예산안 등에 대하여 법정기한 내에 처리될 수 있도록 하는 의안자동상정제를 채택하고 있다. 셋째, 폭력국회를 불식시키기 위하여 의장석 내지 위원장석의 점거금지 등으로 국회내 질서유지를 강화하는 데 그 입법목적이 있다.[21]

그리하여 입법과정의 선진화를 위한 개정 국회법의 구체적 내용은 다음과 같다. 첫째, 국회의장의 법률안 심사기간 지정 및 직권상정의 남용을 막기 위하여 직권상정의 요건을 제한하여 천재지변, 전시·사변 또는 이에 준하는 국가비상사태 및 각 교섭단체 대표의원간의 합의가 있는 경우로 한정하되, 천재지변이나 국가비상사태의 경우에는 각 교섭단체대표의원간의 협의를 하도록 규정하였다(동법 제85조 제1항, 제86조 제2항).

둘째, 개정 국회법은 입법과정의 효율화를 위하여 자동상정제와 의안신속처리제를 도입하였다. 자동상정제는 위원회에 회부되어 상정되지 아니한 의안(예산안, 기금운용계획안, 및 임대형 민자사업 한도액안은 제외)은 국회법상의 숙려기간(제59조)[22] 경과 후 30일이 경과한 날 이후 처음으로 개회하는 위원회 의사일정으로 상정된 것으로 간주하는 것이다. 다만 위원장이 간사와 합의하는 경우에는 그러하지 아니하다(제59조의2). 위원회는 예산안, 기금운용계획안, 임대형 민간사업 한도액안, 세입예산안 부수 법안으로 지정된 법률안을 매년 11월 30일까지 심사를 마쳐야 하고, 심사를 마치지 아니한 경우 해당 의안은 그 다음날에 본회의에 바로 부의된 것으로 간주한다(제85조의3). 그리고 의안신속처리제에 의하면 위원회에 회부된 안건을 신속처리대상안건으로 지정하고자 하는 경우 의원은 재적의원 과반수가 서명한 신속처리안건 지정요구 동의를 의장에게, 안건의 소관위원회 소속 위원은 소관 위원회 재적위원 과반수가 서명한 신속처리안건지정동의를 소관 위원회 위원장에게 제출하도록 규정하고 있다. 이 경우 의장 또는 소관 위원회 위원장은 지체없이 신속처리안건지정동의를 무기명투표로 표결하되 재적의원 5분의 3 이상 또는 안건의 소관 위원회 재적위원 5분의 3 이상의 찬성으로 의결한다. 위원회는 신속처리대상안건에 대한 심사를 그 지정일로부터 180일 이내에 마쳐야 한다(동법 제85조의2 제1항, 제2항).

셋째, 법안심의에 있어 소수당의 자유로운 토론을 보장하기 위하여 위원회 차원에서 안건에 대한 이견을 조정하기 위한 안건조정위원회를 두고 있으며(동법 제57조의2), 본회의 차원에서 심의안건에 대하여 재적의원 3분의 1 이상의 요구가 있는 경우 무제한토론을 허용하도록 하였다(동법 제106조의2). 무제한토론의 종결은 더 이상 토론할 의원이 없거나 재

21 음선필, 앞의 논문(주19), 161면.

22 국회법 제59조(법률안의 상정시기) "위원회는 발의 또는 제출된 법률안이 그 위원회에 회부된 후 일부개정법률안의 경우에는 15일, 제정법률안 및 전부개정법률안의 경우에는 20일(법제사법위원회의체계·자구심사의 경우에는 5일)을 경과하지 아니한 때에는 이를 의사일정으로 상정할 수 없다. 다만 긴급하고 불가피한 사유로 위원회의 의결이 있는 경우에는 그러하지 아니하다."

적의원 3분의 1 이상이 제출한 토론동의를 재적의원 5분의 3 이상의 찬성으로 의결한 경우 또는 무제한 토론 중 회기가 종료한 경우에 이루어진다. 무제한토론 종결이 선포된 후에는 해당 안건은 지체없이 표결되어야 한다. 다만 예산안 등 세입예산안 부수 법률안에 대하여는 위의 사항을 매년 12월 1일까지 적용하고 이에 대하여 실시중인 무제한 토론, 계속 중인 본회의, 제출된 무제한토론의 종결동의에 대한 심의절차 등은 12월 1일에 종료한다.

(2) 국회선진화법의 특징과 기대효과

국회선진화법은 종전 국회법상 국회의장의 직권상정의 폐해를 방지하기 위하여 국회의장의 안건 심사기간 지정요건을 강화하였으며 소수의견을 존중하기 위해 예외적으로 본회의의 무제한토론을 허용함으로써 국회 입법과정의 심의기능을 강화한 것이 특징이다. 다른 한편 의안심의과정에서의 효율성 확보를 위하여 의안 자동상정제와 신속처리제를 도입한 것이 또 하나의 특징이다. 말하자면 국회선진화법은 국회 입법기능의 실질화를 위하여 법률안 심의과정에서의 토론과 타협 및 소수의사의 존중을 최대한 보장함과 동시에 이와 상반되는 입법과정의 효율성의 관점에서 의안 신속처리제 등을 두고 있다는 것이 두드러진 특징이라 할 수 있다. 즉 국회선진화법은 의안심의에 있어서 합의제적 요소와 다수제적 요소라는 서로 이질적인 두 요소를 동시에 규정한 것이라고 할 수 있다.[23] 이러한 상반되고 이질적인 두 요소를 균형 있게 조화적으로 실현하는 것이 국회선진화법의 목표라고 할 수 있으나 현실적으로 합의제적 요소와 다수제적 요소의 조화적 실현은 쉽게 기대하기 어려운 것이라 하지 않을 수 없다. 예컨대 의사진행방해제도에 있어서 토론종결을 위한 가중다수결은 여야합의와 의원들의 교차투표 등으로 5분의 3 이상이라는 여야 공동의 다수를 형성하라는 취지를 담고 있으나 의원의 정당기속이 강한 한국의 정치현실에 있어서 이러한 이상적인 시스템이 제대로 작동할 수 있는지 의문이다.[24]

생각건대 국회법 개정에 의해 국회의장의 직권상정을 대폭 제한한 것과 소수당의 무제한 토론을 허용한 것은 소수당에 유리한 제도로서 의안심의에 있어 여야간의 실질적인 대화와 토론을 통한 합의를 도출함으로써 국회운영의 선진화를 지향한다는 점에서 바람직한 것이다. 그러나 현실적으로 여·야간의 쟁점법안에 대한 대립과 충돌로 인하여 입법의 지연과 교착상태가 발생하는 경우 야당의 협조 없이는 안건신속처리제로 이 문제를 해

---

23 최정인, '국회선진화법' 법안처리 관련규정(국회법 제85조, 제8조의2 등)에 대한 헌법적 검토, 헌법학연구 제22권 제2호, 2016, 293면.

24 홍완식, 국회선진화법에 관한 고찰, 헌법학연구 제18권 제4호, 2012, 339면.

결하는 것은 사실상 불가능하게 된다. 의안이 신속처리대상으로 지정되기 위해서는 재적의원 5분의 3 이상 또는 소관 위원회 5분의 3 이상의 찬성이 요구되므로 실제로 안건신속처리제를 통해 입법의 효율성과 신속성을 기대하기 어렵게 된다. 그렇다면 국회선진화법은 소수당의 지위를 보호하고 다수당과 소수당의 대화와 토론을 보장함으로써 입법과정의 심의기능을 합리적으로 강화시키게 되지만, 다른 한편 쟁점법안에 대한 여·야간의 대립으로 입법의 지연과 교착이 나타나는 경우 다수제적 요소에 의한 입법과정의 효율성을 기대하는 것은 사실상 어렵게 된다. 결국 국회선진화법은 합의제적 요소에 바탕을 둔 입법과정의 합리성과 신중성을 기대할 수 있다고 하겠으나, 입법과정의 효율성을 기대하기에는 제도적 한계가 있음을 부정하기 어렵다.[25]

2. 국회선진화법 운용의 실제와 문제점

국회선진화법이 시행된 후 제19대 국회운영은 그 이전의 국회와 비교해 볼 때 직권상정을 통한 여당의 강행처리가 거의 불가능하게 되었다는 점이 확인되고 있다. 국회의장의 심사기간 지정요건이 엄격해짐에 따라 종래의 빈번한 직권상정과 날치기 통과입법은 거의 사라지게 되었다. 제18대 국회의 경우 국회의장이 심사기간을 지정한 법안수가 98건이었으나 제19대 국회에서는 6건에 불과하였다.[26] 이처럼 직권상정에 의한 법안 강행처리가 어렵게 되고 폭력국회의 오명이 사라지게 되었다는 점에서는 긍정적으로 평가할 수 있다.

그러나 다른 한편 법안처리의 효율성의 관점에서 볼 때 법안처리가 지연되고 법안의 가결률이 저조해지는 현상이 문제점으로 지적될 수 있다. 법률안의 제안과 가결률을 볼 때 제18대 국회에서는 13,913건이 제안되어 2,353건 가결되어 가결률이 16.9%이었으나, 제19대 국회에서는 17,822건 제안되어 2,793건 가결됨으로써 15.6%의 가결률을 보이고 있다.[27] 구체적으로 제19대 국회의 법률안 제안과 가결건수 중에서 정부제출 법안의 가결률은 35%인데 이는 제17대 국회의 경우 51%나 제18대의 41%에 비해 상당히 낮은 가결률이다. 의원발의 법안에 있어서도 제19대 국회의 14% 가결률은 그 이전의 국회에 비해 점차 낮아지고 있음을 볼 수 있다.[28] 특히 정부제출 법안의 가결률의 경우 과거 13대 국회나 제

---

25 이 점에서 국회선진화법 채택 당시 국회운영에 있어 입법의 교착과 비생산성에 따른 식물국회와 입법불임증의 우려가 적지 않았으며 실제 제19대 국회의 국회선진화법 시행과정에서도 이러한 문제점이 노정되었던 것이다.

26 역대 국회의 입법과정에서 국회의장의 법안에 대한 심사기간 지정과 직권상정의 건수를 보면 제13대 국회 40건, 제14대 국회 21건, 제15대 국회 87건, 제16대 국회 5건, 제17대 국회 29건, 제18대 국회 98건으로 나타나고 있다. 이 자료는 최정인, 앞의 논문(주23), 288면, 296면에서 재인용.

27 최정인, 앞의 논문(주23), 296면.

28 이에 관한 자료는 음선필, 앞의 논문(주3), 50면.

14대 국회의 87% 내지 92%에 비해 30%대로 떨어진 것은 정부제출 법안에 대한 국회의 통제기능이라는 관점에서는 긍정적으로 볼 수 있는 측면도 있으나, 정부제출 법안의 내용이나 성격이 직접 국민생활과 관련된 주요 법안을 의미한다고 할 때 이러한 법률안에 대한 가결률의 저하는 국회 입법기능이 제대로 작동되지 않고 있음을 말해주는 것이다. 법률안의 통과 시간을 기준으로 분석한 자료에서도 제19대 국회에서 의원발의 법안이 정부제출 법안보다 두 배 이상 오랜 시간이 소요되었음을 볼 수 있다.[29] 의원발의안의 통과가 일반적으로 더 오랜 시간이 소요되는 이유는 정부발의안에 비해 의원발의안의 통과에 정치적 이해관계 등을 포함하는 복잡한 요인들이 작용하고 있기 때문이라는 것이다. 이러한 결과는 국회선진화법이 의원발의안의 효율성을 제고하는데 영향을 미치지 못했다는 것을 의미한다.[30]

안건신속처리제의 도입은 입법과정의 효율성과 신속성을 확보하기 위한 것이지만 실제로 제19대 국회에서 신속처리대상안건으로 지정된 사례는 1건도 없었음은 입법의 지연과 교착상태의 경우 이를 해결할 수 있는 실효적인 수단을 기대하기 어렵다는 것을 말해준다. 신속처리대상안건 지정요건으로 '5분의 3' 이상이라는 가중정족수 규정 때문에 여당이 국회 재적의원 과반수의 의석을 갖고 있다고 하더라도 3분의 2 이상의 의석을 확보하지 못하는 경우에는 소수 야당이 반대하게 되면 법안처리는 사실상 불가능하게 된다. 그렇기 때문에 제19대 국회는 식물국회의 오명을 씻기 어려웠으며 그러한 국회의 입법기능의 저하는 국민적 불신을 심화시키는 원인이 되고 있다. 이 안건신속처리규정에 대하여는 2014년 9월 헌법소원심판이 청구되기도 하였으며, 이 사건에서 청구인은 국회법 제85조의 2 제1항이 단순다수결에 위반되고 국민의 의사와 권리를 침해하며 민주공화국의 가치를 상실시키는 것으로, 이로 인하여 국회가 거듭 파행되고 있다고 주장하였다.[31]

이러한 입법교착의 문제상황 속에서 2014년 12월 집권당인 새누리당 의원들은 국회의장에게 각 소관 상임위원회에 계류중인 북한인권법을 비롯한 11건의 법률안에 대해 심사기간 지정 및 본회의 부의를 요청하였고 국회의장은 이에 대해 국회법 제85조 제1항의 심사기간 지정요건을 충족하지 못하였다는 이유로 심사기간지정과 본회의 부의를 거부하였다. 그후 국회 기획재정위원회 소속 새누리당 의원 11명은 기재위 위원장에게 서비스산업발전 기본법안을 신속처리대상안건으로 지정할 것을 요청하였으나 위원장은 기재위 재

29 김준석 외, 국회선진화법 1년과 정치제도에의 함의, 2013년도 국회사무처 연구용역보고서, 한국의회발전연구회, 2013. 12, 84-85면.

30 김준석 외, 앞의 보고서, 85면.

31 헌재 2014. 10. 6. 2014헌마800. 그러나 이 사건의 심판청구는 청구인의 기본권침해의 법적 관련성을 갖추지 못하여 각하되었다.

적위원 과반수가 서명한 것이 아니라는 이유로 지정동의안에 대해 표결을 실시할 수 없다고 하였다. 이에 새누리당 의원들은 국회법 제85조 제1항 제3호 및 제85조의2 제1항 중 '재적의원 5분의 3 이상의 찬성'부분이 헌법상 다수결원리 등에 반하여 위헌이며 이러한 위헌인 법률조항들에 근거하여 심사기간을 지정하지 아니하거나 신속처리대상안건으로 지정하지 아니한 행위는 국회의원의 법률안 심의·표결권을 침해하였다고 주장하면서 2015년 1월 국회의장 등을 상대로 권한쟁의심판을 청구하였다.[32] 이 사건은 국회선진화법 시행 이후 쟁점법안에 대해 과거처럼 다수당 주도로 직권상정에 의해 법률안을 강행처리를 하던 것이 거의 불가능하게 되자 국회선진화법의 관련조항의 위헌성문제를 제기한 것을 의미한다.

3. 국회선진화법의 합헌성 여부에 관한 논의

(1) 국회선진화법의 위헌론과 개정론의 대두

국회선진화법의 법안처리 관련 규정 중에서 문제가 되는 것은 국회의장의 법률안 심사기간지정요건에 관한 것과 안건신속처리제의 가중다수결 규정에 관한 것이다. 지난 2015년 새누리당 의원들이 국회의장과 기재위원장을 상대로 청구한 권한쟁의심판에서의 쟁점도 바로 이 두 가지의 문제에 관한 것이다. 제20대 총선 결과 여소야대의 현상이 출현하게 됨에 따라 국회운영의 주도권을 쥐게 된 야당에서도 국회선진화법 개정의 필요성이 제기되어 안건신속처리제의 실효성을 확보하기 위한 일부개정법률안 1건이 국회에 발의되어 있다.[33] 학계에서도 국회선진화법 관련규정의 문제점과 위헌성 여부 등에 관한 논의가 있다.

첫째, 국회법 제85조 제1항의 심사기간지정제는 국회의장이 위원회에 회부되는 안건에 대해 심사기간을 지정할 수 있는 경우를 다음의 세 가지로 한정하고 있다. ① 천재지변의 경우, ② 전시·사변 또는 이에 준하는 국가비상사태의 경우, ③ 의장이 각 교섭단체 대표의원과 합의하는 경우로 제한하고 있는데, 여기서 천재지변이나 국가비상사태가 아닌 경우에는 각 교섭단체대표의원과 합의하는 경우에만 국회의장이 안건의 심사기간을 정하고 그에 따라 직권상정할 수 있도록 규정한 것이 문제가 되고 있다. 통상적으로 법률안의 의결은 국회 재적의원 과반수의 출석과 출석의원 과반수의 찬성으로 이루어지는데

32 헌재 2016. 5. 26. 2015헌라1.

33 제19대 국회에서는 여당인 새누리당이 입법교착을 문제삼아 국회선진화법의 개정필요성을 제기하였으나 야당의 반대로 무산되었다. 그러나 제20대 국회가 여소야대의 정국으로 바뀌게 됨에 따라 이번에는 야당으로서 원내 제1당 된 민주당 의원들이 국회선진화법 개정법률안을 발의하게 되었다.

쟁점법안에 대하여 각 교섭단체간에 합의가 이루어지지 않으면 그 법안의 심사기간지정과 본회의상정이 이루어지지 않게 되므로 여당이 국회 재적의원 과반수의 의석을 갖고 있더라도 결과적으로 과반수 의석을 가진 여당 국회의원들의 법률안 심의·표결권을 행사할 수 없게 됨에 따라 이는 헌법 제49조의 다수결원리에 반하게 된다는 주장이 가능하게 된다. 그리하여 국회법 제85조 제1항에 국회 재적의원 과반수가 요구하는 경우 국회의장이 해당 법안에 대한 심사기간을 의무적으로 지정하도록 규정하지 않은 것은 위헌이며, 위헌인 법률조항에 근거하여 심사기간지정을 거부한 국회의장의 행위도 의원의 법률안 심의·표결권을 침해한 것이라고 주장하는 것이다.[34]

우리의 국회법은 상임위원장이 위원회 운영 및 의사진행에 관한 권한을 행사함에 있어 각 교섭단체대표의원과 협의하도록 정함으로써 위원회 운영에 있어서 이른바 '협의주의'를 채택하고 있으며 이러한 협의주의에 따른 위원회 운영으로 말미암아 국회 내 다수파와 소수파 사이에 의견이 대립되는 논쟁적 안건, 즉 쟁점안건의 경우 위원회 단계에서 국회 다수파와 소수파 간에 협의 내지 합의가 이루어지지 못하여 그에 대한 심사·표결이 정상적으로 진행되지 못하는 교착상태가 발생하게 된다. 이러한 위원회 단계에서 발생하는 쟁점안건의 교착상태를 해소하기 위하여 안건의 비상처리절차로서 안건심사기간 지정제가 존속되어 왔다. 그런데 국회선진화법은 국회의장의 심사기간 지정 요건을 천재지변의 경우 등으로 엄격하게 제한하여 극히 예외적인 경우에만 심사기간 지정이 가능하다는 점에서 심사기간 지정제도의 비상처리절차로서의 기능은 사실상 사라지게 된 것이 문제로 지적되고 있다. 이러한 심사기간 지정제로 인해 국회의 다수파가 책임을 지고 다수결원리에 따라 국회를 운영하지 못하고, 오히려 국회의 소수파가 사실상 의안의 처리 여부를 결정하게 되어 국민주권주의와 대의민주주의 및 책임정치의 구현이 어렵게 되었다는 점을 부인하기 어렵다.[35]

둘째, 국회법 제85조의2 제1항의 안건신속처리제의 경우에도 '5분의 3' 이상의 찬성이라는 가중다수 의결정족수 규정은 헌법 제49조의 일반다수결원리에 위반하는 것으로 입법의 교착과 지연의 원인이 되고 있으므로 국회법의 재개정이 필요하다는 것이다. 이 5분의 3 이상이라는 가중다수결 규정은 국회법 제106조의2의 의사진행방해제도에 있어서 토론종결에 관한 의결정족수에도 적용되는데 이 토론종결의 가중다수결도 헌법 제49조의 다수결원리에 위반하는 것이라는 주장이 있다.[36]

---

34 헌재 2016. 5. 26. 2015헌라1 사건에서의 청구인측의 주장이다.

35 헌재 2015헌라1 사건에서의 재판관 서기석, 재판관 조용호의 기각 및 인용의견.

36 토론종결에 요구되는 가중다수결을 위헌이라고 보는 견해는 박찬주, 토론종결과 가중다수결, 인권과 정의 제428호(2012. 9), 71면 이하.

이 두 가지 쟁점에 관한 헌법학계에서의 논의는 아직 활발하게 전개되고 있다고 볼 수 없으나, 일부 학자들의 위헌론과 합헌론이 맞서고 있다.[37] 위헌론의 입장에서는 안건신속처리제에 있어서 5분의 3 이상의 가중다수결은 한정된 사안에 대하여 예외적으로 적용되는 것이 아니라 사실상 모든 의안에 적용될 수 있는 구조라는 점에서 다수결원리의 기본적 요청에 반하며 5분의 3 이상의 가중다수결은 투표의 등가성에도 위배되어 민주주의 원리에 반하는 것이라고 한다.[38] 그리고 헌법 제49조의 단순다수결 규정은 헌법에서 별도의 정족수를 규정하고 있지 아니하는 모든 의안에 대한 일반원칙을 선언하고 있는 것으로 해석되어야 한다는 주장도 있다.[39] 이 견해에 의하면 헌법 제49조의 "법률에 특별한 규정이 없는 한"의 의미는 법률에서 특별한 규정을 하고 있는 경우에는 언제나 가중다수결제도를 도입할 수 있다는 취지가 아니고 단순다수결의 원칙을 훼손하여야 할 필요성이 단순다수결의 원칙을 유지해야 할 당위성을 압도하는 경우에 한하여 가중다수결을 도입할 수 있다는 것으로 해석하여야 한다는 것이다. 따라서 "법률에 특별한 규정이 없는 한"이라는 부분에서의 '법률'은 헌법에서 특히 의결정족수에 관하여 법률로써 정할 수 있도록 수권한 경우에 한정된다고 보는 것이다.[40]

합헌론의 입장은 헌법 제49조는 일반정족수와 특별정족수를 구분하고 있으며 법률에 특별정족수를 규정하는 것 자체가 위헌이라고 단정할 수 없다고 한다. 무제한토론규정의 토론종결에 관한 가중정족수도 입법형성의 자유에 속한다고 한다.[41]

정치학계의 국회선진화법의 문제점에 관한 논의는 일반적으로 위헌성 여부에 관한 문제로 인식하기보다는 합헌성을 전제로 하여 국회선진화법이 강조하는 합의제에 따른 입법의 비효율성을 어떻게 극복할 것인가의 문제로 인식하고 있다. 일부 견해는 국회선진화법의 합의제의 강화는 헌법의 다수결원칙과 잘 부합한다고 보기 힘들다고 하면서도, 기존의 한국의 정치제도의 다수제적 경향이 입법 갈등의 원인이 되어 왔고 입법 주체인 국회의원의 대다수가 합의제를 국회운영의 올바른 방향으로 인식하고 있으므로 합의제의 강화를 긍정적으로 평가할 수 있다는 입장도 있다.[42] 그리고 국회선진화법 채택 이후 예상되는 문제점을 극복하기 위한 방안으로서 국회법상 제도적 개선을 비롯하여 국회운영

---

37 국회법 제85조와 제85조의2에 대한 위헌론으로는 장영수, 국회선진화법(국회법 제85조, 제85조의2)의 합헌성 여부에 대한 검토, 고려법학 제80호, 2016, 103면 이하; 합헌론의 입장으로는 홍완식, 앞의 논문(주24), 315면 이하; 최정인, 앞의 논문(주23), 297면 이하.

38 장영수, 앞의 논문(주37), 131면.

39 박찬주, 앞의 논문, 제429호(2012. 11), 37면 이하.

40 박찬주, 앞의 논문(주39), 41-43면.

41 홍완식, 앞의 논문(주24), 334면.

42 김준석 외, 앞의 보고서(주29), 86면.

방식의 변화 및 정치인의 의식개혁 등을 제시하고 있음을 볼 수 있다. 국회법상 제도개선에 관한 사항으로는 2014년 국회개혁자문위원 결과보고서의 건의내용에 의하면 연중 상시국회의 운영, 위원회 청문회제도의 활성화, 무쟁점법안의 신속처리제도 도입, 헌법재판소의 위헌결정에 대한 국회심사제도 도입 등이 제안되고 있다.[43] 그 밖의 제도적 보완으로서 법제사법위원회 업무의 재조정, 국회의장의 선출방식의 변화 및 권한강화 등이 제시되고 있다.[44] 또한 국회선진화법의 기본정신이 다수당과 소수당의 합의에 의한 의회운영에 있으므로 이러한 합의제 국회운영을 위한 여·야간의 상호 절충과 타협의 정신이 강조되고 있으며, 국회운영에 있어서 국회와 대통령의 관계변화를 요구하고 있다.[45]

(2) 국회선진화법에 대한 헌법재판소의 소극적 태도

헌재 2015헌라1 사건에서 청구인들의 주장은 이 사건 심사기간 지정 거부행위의 근거조항인 국회법 제85조 제1항 제3호가 '각 교섭단체 대표의원과의 합의'를 심사기간 지정사유로 규정한 것과 국회법 제85조 제1항에 국회 재적의원 과반수가 의안에 대하여 심사기간 지정을 요청하는 경우 국회의장이 그 의안에 대하여 의무적으로 심사기간을 지정하도록 규정하지 아니한 입법부작위가 다수결원리 등에 반하여 위헌이므로 위헌인 위 국회법 조항에 근거한 이 사건 심사기간 지정 거부행위가 청구인들의 법률안 심의·표결권을 침해한다는 것이다. 그리고 국회법 제85조의2 제1항의 안건신속처리제의 가중다수결이 헌법 제49조의 다수결원리에 반하여 위헌이므로 이러한 법률조항의 가결선포행위가 국회의원의 심의·표결권을 침해한다는 것이다.

이에 대해 헌법재판소는 이 사건 심사기간 지정 거부행위가 국회의원의 법률안 심의·표결권을 침해하거나 침해할 위험성이 없다고 판단하여 각하결정을 하였다. 그 논거는, 국회법 제85조 제1항 각 호의 심사기간 지정사유는 국회의장의 직권상정권한을 제한하는 역할을 하는 것일 뿐, 국회의원의 국회 본회의에서의 법안에 대한 심의·표결권을 제한하는 내용을 담고 있지는 않다는 것이다. 이에 관한 헌법재판소의 판단은 다음과 같다. "국회법 제85조 제1항에 따르면 국회의장은 심사기간 지정사유가 있더라도 얼마든지 자신의 직권상정권한을 행사하지 않을 수 있으므로, 국회의장이 해당 법안을 직권상정하지 않는 경우에는 통상적인 입법절차를 통해, 즉 상임위원회의 전체회의에서 재적위원 과반수의 출석과 출석위원 과반수의 찬성으로 의결하여(국회법 제54조, 제58조), 본회의에 부의

---

43 국회개혁자문위원회, 국회개혁자문위원회 결과보고서, 2014, 25면 이하.

44 정진민, 국회선진화법과 19대 국회의 과제: 국회운영방식과 대통령-국회 관계의 변화를 중심으로, 현대정치연구 제6권 제1호, 2013, 5면 이하.

45 정진민, 앞의 논문, 15면 이하.

되고 상정된 법안에 대하여 법률안 심의·표결권을 행사할 수 있을 뿐인 것이다. 그러므로 이 사건 심사기간 지정 거부행위로 말미암아 청구인들의 법률안 심의·표결권이 직접 침해당할 가능성은 없다고 할 것이다. 종래 국회의장의 직권상정권한이 상임위원회에서 발생한 입법교착을 타개하여 쟁점법안을 신속하게 처리하는 수단으로 이용되던 것을 방지하고자, 국회법 제85조 제1항이 심사기간 지정요건을 엄격하게 규정한 결과 과거에 비해 국회의원이 본회의에서 쟁점법안에 대하여 심의·표결권을 행사할 수 있는 빈도가 줄었다 하더라도, 이는 사실적·부수적으로 발생하는 간접적인 불이익에 불과하므로, 이를 이유로 청구인들의 법률안 심의·표결권이 현저하게 침해될 위험성이 있다고 보기도 어렵다. 그렇다면 이 사건 심사기간 지정 거부행위 자체만으로는 국회의원인 청구인들의 법률안 심의·표결권을 침해하거나 침해할 위험성이 없으므로, 이 사건 심사기간 지정 거부행위에 대한 심판청구는 부적법하다."[46]

요컨대 헌법재판소의 판단은 국회선진화법상 심사기간 지정제는 쟁점법안에 대하여 쉽사리 국회의장의 직권상정권한을 동원하던 과거의 관행을 시정하고, 대화와 타협에 의한 의회정치의 정상화를 위하여 국회법 제85조 제1항 제3호에 의장이 각 교섭단체대표의원과 합의하는 경우라는 심사기간 지정사유를 두어 합의제를 강화한 것으로서, 국회의 입법형성권이나 의사자율권을 벗어난 것으로 볼 수 없다는 것이다. 그러므로 국회 재적의원 과반수가 요구하면 국회의장이 의무적으로 해당 법안을 본회의에 상정하여야 한다는 의견은, 다수파 의원들이 원하는 법안은 상임위원회의의 논의 등 모든 입법절차를 생략한 채 본회의를 통과할 수 있어야 한다는 결론에 도달하는 것으로서 다수파의 독재를 허용하여야 한다는 것과 다름없고, 이는 결국 국회 의사의 형성과정에서 소수의 참여 및 토론과 설득의 기회를 배제하자는 것이어서 오히려 다수결의 원리의 정당성 근거를 정면으로 부인하는 것이라고 판시하고 있다.

다음으로 안건신속처리제의 가중 다수결 요건의 위헌여부에 관하여 헌법재판소는 직접 판단하지 않았으나 헌법상 다수결원리에 대하여 언급하면서 일반정족수는 다수결원리를 실현하는 국회의 의결방식 중의 하나에 불과하고 그 자체가 헌법상의 원칙이라고 할 수 없다고 판시하였다. 즉 의회민주주의의 기본원리 중 하나인 다수결의 원리는 의사형성과정에서 소수파에게 토론에 참가하여 다수파의 견해를 비판하고 반대의견을 밝힐 수 있는 기회를 보장하여 다수파와 소수파가 공개적이고 합리적인 토론을 거쳐 다수의 의사로 결정한다는 데 그 정당성의 근거가 있다(헌재 2010. 12. 28. 2008헌라7 참조)고 전제하면서 일반정족수는 다수결의 원리를 실현하는 국회의 의결방식 중 하나에 불과하고, 그 자체가

46 헌재 2016. 5. 26. 2015헌라1.

헌법상의 원칙이나 원리라고 볼 수는 없다고 하였다. 그리고 국회가 자신의 의사절차에 관한 제도를 스스로 입안하면서 가중다수결과 일반다수결 중 어느 것을 선택할 것인지는 국회의 자율영역에 속하는 것이라고 판시하였다.[47]

결국 헌법재판소는 국회선진화법의 심사기간지정의 요건을 엄격히 규정한 것이 국회의 의사절차에 관한 자율권의 행사로서 정당한 것이며 국회 재적의원 과반수의 의원이 의안의 심사기간지정을 국회의장에게 요구하더라도 이를 거부한 것이 헌법상 다수결원리를 위반하여 국회의원의 법률안 심의·표결권을 침해하는 것이 아니라고 판단하고 있다. 의안신속처리제의 요건으로 '5분의 3 이상'이라는 가중다수 의결정족수가 헌법상 다수결원리에 위배된다는 주장에 대해서도 일반정족수의 다수결원리는 그 자체가 헌법상의 원칙이 아니라고 하면서 국회의 의사절차로서 가중다수결도 국회가 자율적으로 선택할 수 있는 것이라고 하였다.

그러나 이 사건에서 재판관 2인의 소수의견은 국회법 제85조의 심사기간 지정제도가 헌법에 위반된다는 위헌의견을 제시하였다. 즉 심사기간 지정제는 위원회 단계에서의 쟁점안건에 관한 교착상태를 해소하고 본회의에서 그 안건에 대한 심의·표결이 가능하도록 하는 비상처리절차인데, 국회선진화법은 국회의장의 심사기간 지정 요건을 천재지변의 경우 등으로 지나치게 엄격하게 제한함으로써 극히 예외적인 경우에만 심사기간 지정이 가능하다는 점에서 심사기간 지정제도의 비상처리절차로서의 기능은 사실상 사라지게 되었으며, 그로 인해 국회의 다수파가 책임을 지고 다수결원리에 따라 국회를 운영하지 못하고, 오히려 국회의 소수파가 사실상 의안의 처리 여부를 결정하게 되어 국민주권주의와 대의민주주의 및 책임정치의 구현이 어렵게 되었다고 한다. 따라서 국회법 제85조 제1항이 그 요건으로 천재지변이나 국가비상사태의 경우만을 마련하고 있을 뿐, 위원회 단계에서 교착상태에 빠진 쟁점안건에 대하여 재적의원 과반수가 심사기간 지정요구를 하는 경우 국회의장이 의무적으로 심사기간을 지정하도록 하는 내용의 규정을 마련하지 아니함으로써, 당해 안건에 대하여 재적의원 과반수가 요구하더라도 그 안건에 대한 국회의원의 본회의에서의 심의·표결을 원천 봉쇄하고 있는바, 이는 헌법 제49조에 의한 국회 의사결정방식으로서의 다수결원리와 헌법상의 본회의 결정주의에 위반되고, 나아가 국민주권주의와 대의민주주의 및 의회민주주의 원리에도 위반된다는 것이다. 그리고 안건의 신속처리제도는 심사기간 지정제도의 요건이 강화됨에 따라 초래될 부작용을 막기 위하여 함께 도입된 제도이나, 재적의원 5분의 3 이상의 찬성이라는 가중다수결을 요건으로 함으로써 사실상 국회 다수파와 소수파의 합의를 요구하고, 가중다수결 요건을 통과하더라도 상임

47 헌재 2016. 5. 26. 2015헌라1.

위원회와 법제사법위원회에서 각각 상당한 기간 동안 심사와 표결을 모두 거쳐야 하는 점에서 심사기간 지정제도를 대신하여 위원회 단계에서 교착상태에 빠진 쟁점안건에 대한 비상처리절차로서의 역할은 수행하지 못하고 있다고 판단하고 있다.[48]

(3) 헌법 제49조의 다수결원리의 의미와 국회선진화법의 가중다수결의 문제점

국회선진화법의 위헌성과 개정필요성을 주장하는 입장의 논거는 심사기간 지정과 안건신속처리 요건에 관한 규정이 헌법상 다수결원리에 위배되기 때문이라고 주장하므로 헌법 제49조의 다수결원리의 의미에 관한 명확한 해석이 필요하게 된다. 헌법 제49조는 "국회는 헌법 또는 법률에 특별한 규정이 없는 한 재적의원 과반수의 출석과 출석의원 과반수의 찬성으로 의결한다. 가부동수인 때에는 부결된 것으로 본다"고 규정하여 일반정족수에 의한 다수결의 원리를 선언하고 있다. 그런데 위 조항은 "헌법 또는 법률에 특별한 규정이 없는 한"이라고 규정하여, 헌법 또는 법률로 일반정족수와 달리 의결정족수를 정할 수 있는 가능성을 열어 두고 있다. 이 규정에 따라 국회의 특별한 의결정족수에 관한 헌법의 다른 조항들은 다음과 같다. 첫째, 법률안의 재의결은 국회 재적의원 과반수의 출석과 출석의원 3분의 2 이상의 찬성으로 의결한다(제53조 제4항). 둘째, 국무총리 및 국무위원의 해임건의와 대통령을 제외한 탄핵소추는 국회 재적의원 3분의 1 이상의 발의와 재적의원 과반수의 찬성으로 의결한다(제63조 제2항, 제65조 제2항). 셋째, 계엄의 해제 요구는 국회 재적의원 과반수의 찬성으로 의결한다(제77조 제5항). 넷째, 대통령에 대한 탄핵소추와 헌법개정안은 국회 재적의원 과반수의 발의와 재적의원 3분의 2 이상의 찬성으로 의결한다(제65조 제2항, 제128조 제1항, 제130조 제1항). 다섯째, 국회의원 제명 처분은 국회 재적의원 3분의 2 이상의 찬성으로 의결한다(제64조 제3항). 그리고 국회법의 특별정족수에 관한 조항을 살펴보면, 국회선진화법을 통하여 도입된 가중다수결 외에도 본회의의 번안동의는 국회 재적의원 과반수의 출석과 출석의원 3분의 2 이상의 찬성으로 의결하며(국회법 제91조), 의원자격상실은 국회 재적의원 3분의 2 이상의 찬성으로 의결한다(국회법 제142조 제3항).

이러한 헌법과 법률의 조항들을 볼 때 헌법 제49조의 일반정족수 규정은 다수결의 원리를 실현하는 국회의 의결방식 중 하나에 불과하고, 그 자체가 헌법상의 원칙이나 원리라고 볼 수는 없다는 견해가 있을 수 있다. 따라서 국회가 자신의 의사절차에 관한 제도를 스스로 입안하면서 가중다수결과 일반다수결 중 어느 것을 선택할 것인지는 국회의 자율영역에 속한다고 보아야 한다는 것이다. 헌법재판소의 위 2015헌라1 사건에서의 법정

48 헌재 2016. 5. 26. 2015헌라1 사건에서의 재판관 서기석, 재판관 조용호의 인용의견.

의견이 이에 속한다.[49] 학계의 입장을 보면 헌법 제49조의 일반정족수 규정을 헌법상의 원칙조항으로 보지 않는 것이 다수적 견해라 할 수 있다. 즉 헌법은 여러 형태의 다수결을 규정하고 있으며 가중 다수결에 대한 구체적 요구는 결정의 의미와 중요성에 상응하는 것이라고 보고 있으며,[50] 이와 비슷한 입장에서 다수결에는 본질적으로 단순다수결로 의사의결정이 정당화되지만 사안의 성격상 신중을 요하고 단순다수결만으로는 그 결정의 정당성을 확보하기 어려운 경우에는 특별다수결을 채택한다고 보고 있다.[51]

그러나 헌법 제49조의 일반정족수가 다수결원리를 실현하는 하나의 방식에 불과하다는 견해에 대해서는 이견을 제기할 수 있다. 생각건대 헌법은 일반정족수에 의한 단순다수결 규정 이외에 특별정족수의 가중다수결을 직접 여러 가지 규정하고 있기 때문에 단순다수결이 다수결원리를 실현하는 하나의 방식에 불과하다는 논리가 가능하지만, 헌법 제49조의 의미는 헌법에서 특별정족수를 따로 규정한 경우 이외에는 국회의 의사결정방식은 법률안의 의결을 비롯한 대부분의 의안을 원칙적으로 일반정족수 다수결방식에 의하여야 한다는 것으로 해석할 필요가 있다. 다만 국회법에 의해 예외적으로 국회의 자율권 행사로 가중다수결을 규정할 수 있는데 그 경우는 국회의 의결대상이 그 의미와 내용에 있어서 헌법적으로 중요한 것으로 평가되는 경우에 한하여 제한적으로 허용될 수 있다고 할 것이다. 따라서 국회법에 의한 가중다수의 특별정족수를 규정하는 경우에는 특히 신중을 기해야 하며, 헌법에서 특별정족수를 규정한 사항을 구체화하는 경우와 헌법에서 특별정족수를 법률에 위임한 경우 이외에는 가중다수결을 규정하는 것은 극히 제한적인 범위 내에서만 허용될 수 있는 것이라고 할 수 있다.[52]

말하자면 국회의 본질적 권한으로서 입법권의 행사를 의미하는 법률의 제정과정에서의 의결절차에 관하여 헌법 제49조와 국회법 제109조에 의해 일반다수결을 규정하고 있는데 이는 헌법에서 특별한 가중 다수결을 규정한 경우 이외에는 원칙적으로 모든 의안의 의결정족수를 일반정족수로 한다는 것으로 이해되어야 할 것이다. 그러므로 국회법에 의해 가중 정족수를 규정하는 것은 헌법에서 가중 정족수를 규정한 사항을 확인하거나 구체화하는 경우와 국회에 의한 의사결정의 대상인 특정 안건이 그 내용과 의미에 비추어 가

---

49 헌재 2016. 5. 26. 2015헌라1 사건에서의 재판관 5인의 각하의견.

50 한수웅, 헌법학, 법문사, 2016, 122면.

51 성낙인, 헌법학, 법문사, 2016, 431면; 정종섭, 헌법학원론, 박영사, 2015, 134면.

52 국회선진화법 이전의 국회법상 재적의원 3분의 2 이상의 찬성이라는 가중다수 특별정족수를 규정한 것은 오직 한 가지의 경우로서 의원자격상실(제142조 제3항)에 관한 것인데, 이는 헌법 제64조 제3항에서 국회의원의 제명 처분에 관한 특별정족수를 규정한 것을 근거로 의원자격상실에 관한 의결정족수를 그와 같은 수준의 가중다수결로 규정한 것을 의미한다고 할 때 법률에 의한 가중다수결은 엄격하게 제한적으로 허용될 수밖에 없다.

중다수결이 요구될 정도로 헌법상 중요하다고 평가되는 경우에 한정하여 국회법으로 가중 정족수를 둘 수 있는 것으로 해석되어야 할 것이다.

그렇다면 국회의 의사절차에 관한 자율권의 행사로서 가중 정족수를 폭넓게 인정하는 것은 헌법 제49조의 다수결원리의 정신에 반하게 된다고 할 것이다. 우리 헌법의 다수결원리의 기본정신은 합의체 국가의사결정기구인 국회의 의사결정에 있어 합의를 도출하기 위한 전제로서 자유토론과 소수의사를 보호하면서 궁극적으로는 다수제로 의사결정을 하는데 있으므로 소수보호와 합의제를 강조한 나머지 법률로써 가중다수결을 확대해 나가는 것은 다수제 의사결정을 근본적으로 부정하는 결과가 되기 때문이다.[53] 따라서 법안의 신속처리절차를 밟을 것인가의 여부를 결정하는 사안에 대해서 법률안의 의결정족수보다 가중된 의결정족수를 규정하는 데에는 정당한 사유가 있다고 보기 어렵다. 안건의 신속처리여부를 가중 다수결로 의결한다는 것은 사실상 소수당이 반대하는 쟁점법안의 경우 신속처리절차를 허용하지 않는 것과 다를 바 없으므로 의안신속처리제의 실효성을 기대할 수 없다. 더욱이 법률의 제정이나 개폐 등 입법과정이 일반정족수의 의결절차를 규정하고 있는데 법률안 자체의 의결보다 결정의 의미와 중요성이 크다고 볼 수 없는 입법과정의 의사절차로서 의안신속처리제를 채택할 것인가의 여부를 가중다수 정족수로 의결한다는 것은 논리적으로 타당하다고 보기 어렵다. 국회의 의사절차에 관한 규정은 국회의 자율권의 행사로 입법형성의 자유에 속한다고 하더라도 그 자율권의 행사도 헌법적 한계를 벗어날 수 없으며, 헌법 제49조의 다수결원리의 함의에 비추어 의안신속처리제의 특별정족수 규정은 자율권의 범위를 벗어난 것이라 하지 않을 수 없다. 외국의 입법례를 보더라도 미국 의회의 안건의 비상처리절차로서 하원의 위원회심사배제 동의제도가 있는데 하원 위원회에 회부된 안건을 30일 이상 계류시킬 때 하원 재적의원 과반수의 서명으로 소관 위원회의 심사권한을 배제하는 동의를 본회의에 제출할 수 있고 이 동의안은 통상의 의결정족수인 재적의원 과반수의 출석과 출석의원 과반수의 찬성으로 의결된다.[54] 일본이

---

53 다수결원리가 정당화되기 위해서는 이성적이고 논리적인 자유토론과 함께 소수의사의 존중이 전제되어야 하는 것이며 우리 헌법은 특히 의회주의에 있어서 소수보호를 위한 규정들을 두고 있다. 국회 임시회 집회요구를 국회재적의원 4분의 1 이상(제47조 제1항)으로 하고, 국무총리와 국무위원 해임건의를 국회재적의원 3분의 1 이상의 발의로 규정하며(제63조 제2항), 대통령 이외의 자에 대한 탄핵소추를 국회재적의원 3분의 1 이상의 발의로 규정(제65조 제2항)하고 있다, 그밖에 법률안제출권의 주체를 '국회의원'과 정부로 규정(제52조)한 것도 소수보호의 정신으로 보는 견해가 있다(허영, 한국헌법론, 박영사, 2009, 868면). 이러한 소수보호의 정신이 다수결을 정당화하는 조건이 되는 것이지만 그렇다고 그러한 합의제 방식이 다수제 원리에 우선하는 것으로 볼 수 없으며 법률에 의한 가중다수결로 합의제 방식을 강조하는 것은 헌법 제49조의 다수결원리에 부합한다고 보기 어렵다.

54 미국 헌법상 다수결원칙의 해석과 관련하여 가중다수결을 요하는 의회의결규칙에 대한 위헌론의 입장은 헌법에서 다수결원칙을 명확히 선언하고 있지는 않으나 이는 헌법에 내재된 원리이며 의회 결정에 가중다수결을 필요로 하는 것으로 헌법에 열거된 경우를 제외하고는 당연히 의회는 단순다수결로 의결하여야 한다고 주장

나 독일의 경우에도 안건의 비상처리절차를 두고 있으나 이러한 비상처리절차 동의안의 의결정족수는 통상적인 의결정족수로 하며 특별정족수를 요구하지 않고 있다.[55]

헌법재판소 2015헌라1 사건에서의 반대의견에서도 안건신속처리제도를 규정한 국회법 제85조의2 중 재적의원 5분의 3 이상의 찬성을 요구하는 부분은 가중다수결을 규정한 헌법 및 기존 국회법 규정들과 달리 국회의 의결을 요하는 '특정 안건'의 내용과 의미가 특별히 중요한지 여부와 관계없이 국회의 일반적인 의안처리절차에 따라 심의되는 '모든' 안건을 대상으로 한다는 점에서 헌법 제49조에 의한 다수결원리에 위반된다고 보고 있다. 즉 우리 헌법은 국회의 기본적인 의사결정이 다수결원리에 의하여 이루어지도록 하면서, 국회에 의한 의사결정의 대상인 '특정 안건'이 그 내용과 의미에 비추어 가중다수결이 요구될 정도로 헌법상 중요하다고 평가되지 않는 한 절대다수결을 의사결정방식의 원칙으로 삼고 있기 때문에 특정한 안건의 내용과 의미가 특별히 중요한 경우에 한하여 특별정족수에 의한 가중다수결을 규정하고 있다는 것이다. 또한 우리 헌법상의 본회의 결정주의 원칙에 비추어 위원회 단계에서 교착상태에 빠진 쟁점안건에 대하여 적어도 재적의원 과반수가 본회의 부의·상정을 요구하면 의무적으로 본회의에 부의·상정하여 전체 국회의원이 당해 안건에 대하여 심의·표결할 수 있도록 하는 비상처리절차가 마련되어야 한다는 점에서 우리의 안건신속처리제는 헌법상의 본회의 결정주의에 위반되며 나아가 국민주권주의와 대의민주주의 및 의회민주주의 원리에도 위반된다고 보고 있다.[56]

요컨대 위 헌재 2015헌라1 사건에서의 법정의견은 헌법 제49조의 다수결원리와 일반정족수 규정의 해석에 있어 일반정족수는 다수결원리를 실현하는 의결방식의 하나라고 이해하고 국회의 의결절차로서 일반정족수와 특별정족수의 선택은 국회의 자율영역에 해당한다고 보는 것이다. 이에 반하여 소수 재판관의 반대의견은 국회의 의사절차에 관한

하고 있다. 위헌론에 의하면 미국 헌법제정자들의 의도에서도 부분이익이나 소수의 파당에 의해 국정이 좌우되지 않도록 단순다수결원칙을 헌법의 기본원리로 하고 있으며 특정 입법사항에 대해 가중다수결을 요구하는 것에 반대하였음을 찾아볼 수 있다고 주장한다. 미국 의회의 가중정족수 의결규칙에 대한 위헌성 논쟁에 관한 소개는 박찬주, 앞의 논문(주39), 80면 이하; 최정인, 앞의 논문(주23), 304면 이하 .

55 일본의 국회법(제56조의3)은 중의원과 참의원이 위원회 심사중인 안건에 관하여 특히 필요가 있을 때에는 중간보고를 요구할 수 있고 중간보고가 요구된 안건에 대하여 바로 본회의에서 심의하거나 위원회심사에 기한을 붙여 그 기한내에 심의를 마치지 못한 때에는 본회의에서 심의하도록 하는 중간보고제도를 규정하고 있다. 이 중간보고요구 동의의 가결 및 본회의 표결은 모두 통상의 의결정족수인 재적의원 3분의 1 이상의 출석과 출석의원 과반수의 찬성으로 정하고 있다. 독일의 경우에도 연방의회 의사규칙으로 의안이 위원회에 회부된 날로부터 회기중 10주의 기간이 지난 때에 교섭단체 또는 재적의원 100분의 5 이상의 의원들이 당해 위원회를 상대로 심사보고서 작성을 요구할 수 있고 그러한 요구가 있는 때에는 그 보고서는 연방의회의 의사일정에 의무적으로 상정되도록 규정하고 있다. 헌재 2016. 5. 26. 2015헌라1 사건의 재판관 서기서, 재판관 조용호의 심사기간 지정거부행위에 대한 인용의견 참고.

56 헌재 2015헌라1 사건에서의 재판관 서기석, 재판관 조용호의 기각 및 인용의견.

규정이 자율권에 속한다고 하더라도 그 자율권의 행사는 헌법적 한계가 있으며 국회선진화법의 안건신속처리제의 특별정족수 규정은 국회의 의결대상이 헌법상 중요한 의미를 갖는 특별 안건이 아닌 모든 안건을 대상으로 하므로 다수결원리에 위배된다고 보는 것이다.

생각건대 다수결원리에 관한 헌법 제49조의 해석상 국회법에 의한 의사절차로서 일반정족수와 가중다수 특별정족수의 선택이 광범위한 국회의 자율영역으로 보는 입장에 대하여 찬성하기 어렵다. 헌법 제49조의 일반정족수에 의한 다수결원리는 헌법에서 특별한 규정을 두고 있는 경우를 제외하고는 국회에서의 의결방식의 원칙이라 할 수 있다. 다만 예외적으로 법률에 의해 특별정족수를 규정할 수 있지만 그것은 헌법상 중요한 의미를 갖는 특정 안건의 경우에 제한적으로 허용될 수 있는 것으로 이해되어야 할 것이다.[57] 헌재 2015헌라1 사건의 각하결정으로 국회선진화법의 관련규정이 그 효력을 유지하게 되었지만 그 위헌성의 의문은 해소되지 않고 있으며, 위헌여부와 관계없이 제도적 개선의 필요성이 강하게 제기된다고 할 것이다.

Ⅳ. 향후 입법과정의 제도적 개선방안

1. 입법과정의 민주성과 효율성의 조화적 실현

국회선진화법은 국회 입법과정에서의 토론과 타협을 통한 여·야간의 합의를 도출함으로써 입법과정의 민주적 정당성을 확보하는 것을 목표로 하고 있으나, 현실적으로 심사기간 지정제와 안건신속처리제는 결과적으로 입법교착을 더욱 심화시키는 원인이 되고 있음을 부정할 수 없다. 국회선진화법의 긍정적인 입법취지에도 불구하고 실제의 국회운영은 당초 우려했던 바와 같이 식물국회와 입법교착의 결과를 초래하게 되었기 때문에 앞으로의 국회법 개정논의에 있어서는 입법과정의 민주성과 효율성을 동시에 확보할 수 있는 방향으로 제도개선이 필요하다고 할 것이다.

따라서 국회법 제85조의 심사기간 지정제는 다수당의 횡포를 막고 소수당의 의사를 존중함으로써 의안심의의 민주성을 확보하게 된 것으로 긍정적으로 평가할 수 있지만 그

57 헌법상 특별정족수를 규정하고 있는 경우 중에서 법률안의 재의결은 국회 재적의원 과반수의 출석과 출석의원 3분의 2 이상의 찬성(제53조 제4항)을 요구하고 있는데 국회법상 안건신속처리제나 무제한토론종결의 경우에는 법률안재의결의 경우보다 가중다수결인 국회 재적의원 5분의 3 이상의 찬성을 요구하고 있다. 여기서 국회법상 의사절차에 관한 안건신속처리제나 무제한토론종결이 헌법상 대통령이 거부한 법률안에 대한 재의결의 문제보다 중요한 헌법적 의미를 갖는 것으로 보기 어렵기 때문에 헌법이 가중다수결을 규정한 경우 이외에 국회법으로 가중다수결을 정할 수 있는 경우는 매우 드물 것으로 생각된다.

심사기간 지정제의 요건을 약간 완화하여 국회 재적의원 과반수가 요청하는 경우에도 국회의장은 심사기간을 지정하도록 하는 것이 바람직하다. 여·야간의 대립으로 타협이 어려운 쟁점법안의 경우에는 상임위원회 단계에서 지나치게 입법지연이 되지 않도록 심사기간 지정으로 국회의장이 의무적으로 본회의에 상정하도록 하여 본회의에서 토론과 협상이 이루어지도록 하는 것이 필요하다. 이러한 의견에 대하여 부정적인 입장은 다수파 의원들이 원하는 법안을 상임위원회의의 논의라는 입법절차를 생략한 채 본회의를 통과할 수 있게 하는 것은 다수파의 독재를 허용하게 되고, 이는 결국 국회 의사의 형성과정에서 소수의 참여 및 토론과 설득의 기회를 배제하는 것이라고 주장하지만 이는 설득력이 약하다고 하겠다. 위원회 과정에서의 토론이 생략되더라도 본회의에서 필리버스터의 장치를 통해 야당의원들의 무제한 토론이 보장되며 신속한 입법이 요구되는 민생·경제관련 법안 등이 여·야간의 합의가 되지 않는다는 이유로 본회의에 상정되지 못하는 입법교착은 위원회과정에서의 논의가 생략되는 문제보다 훨씬 커다란 법익의 침해가 인정된다고 할 것이다. 그렇다면 위원회 단계에서 교착상태에 빠진 쟁점안건에 대하여 적어도 국회 본회의에서 의결할 수 있는 재적의원 과반수가 당해 안건의 본회의 부의·상정을 요구하면 의무적으로 본회의에 부의·상정하여 전체 국회의원이 당해 안건에 대하여 심의·표결하도록 하는 비상처리절차가 마련되어야 하는 것이 타당하다고 본다.

그리고 안건신속처리제에 있어서도 위헌성의 소지가 있는 가중다수결에 대한 재검토가 요구되며 '재적의원 5분의 3 이상'을 '재적의원 과반수'의 찬성으로 신속처리 동의 정족수를 완화할 필요가 있다. 현행 국회선진화법의 안건신속처리제는 안정적인 양당제가 확립되지 않은 우리나라 정당정치의 현실에서 다수당이 180석 이상을 얻기 어려운 상황에서는 사실상 안건신속처리제는 무의미한 것으로 그 실효성을 기대할 수 없으며, 전술한 심사기간 지정제의 엄격한 요건이 완화되지 않는 경우에 현행의 안건신속처리제의 가중다수결을 그대로 유지하는 것은 입법과정에서의 합의제 정신을 지나치게 강조한 나머지 식물국회와 입법교착을 더욱 고착화시킬 뿐이다.[58]

국회선진화법에 의해 국회의장의 무분별한 직권상정의 남용과 다수당에 의한 안건의 일방적인 강행처리의 폐해는 방지하게 되었으며, 입법과정의 대화와 토론, 소수의사의 존중을 통한 민주적 절차를 확보하게 되었으나 동시에 입법과정의 효율성의 측면에서 노정된 입법의 교착상태의 심각한 문제를 해결하기 위한 합리적인 개선방안으로 실질적인 비상입

58 다수결원리가 성공할 수 있는 전제조건의 하나로 공동체의 동질성과 정치적 이념이나 가치에 대한 기본적 합의를 들 수 있는데(계희열, 헌법학(상), 박영사, 2005, 252면), 우리나라와 같이 공동체의 동질성을 기대할 수 없고 이념적·계층적·지역적 대립구도가 심화된 정치사회의 현실에서 가중다수결의 적용은 더욱 성공하기 어렵다고 하지 않을 수 없다.

법절차를 마련함으로써 입법과정의 민주성과 효율성을 조화적으로 실현하는 것이 요구된다.

2. 위헌입법의 방지를 위한 대책 강화

입법과정의 선진화를 위해서는 입법과정의 민주성과 효율성 못지않게 입법행위의 결과인 법률의 내용에 있어서 위헌적인 입법이 행해지지 않도록 방지하는 것이 중요하다. 위헌입법의 방지는 사전적·예방적 대책과 사후적·교정적 대책이 동시에 요구된다고 할 것이다. 1987년 헌법으로 헌법재판소제도가 도입된 이래 국회 입법에 대한 규범통제는 상당히 활발하게 이루어져 왔으며 위헌법률심판과 헌법소원심판을 통해 국회입법이 위헌으로 선언된 것이 예상 외로 크게 증가하고 있음은 심각한 문제라 하지 않을 수 없다.[59] 국회선진화법에 의해 의회주의원리가 실질화되고 법안의 강행처리가 사실상 불가능하게 됨으로써 입법절차상의 하자로 인한 위헌적인 입법은 거의 사라지게 되었음은 다행이라 할 수 있다. 그렇지만 우리 국회의 입법을 보면 입법의 형식과 내용에 있어서 위헌성이 여전히 문제되고 있다.[60]

입법행위에 대한 사전적 통제로는 법안의 입안단계에서부터 심의과정과 의결에 이르는 모든 절차가 민주적이고 합법적이며 합리적인 투명한 절차가 확보되어야 할 것은 물론이고,[61] 의원발의 입법의 증가와 졸속입법이 문제되는 상황에서 법안의 발의 및 위원회심사 단계에서부터 위헌입법 여부의 사전적 심사기능을 강화할 필요가 있다. 헌법재판에 의한 사전적 규범통제제도를 채택하고 있지 않는 우리나라에 있어서 국회 자체 내에서의 위헌입법을 방지할 수 있는 실효성 있는 방안을 강구하는 것이 필요하다. 이를 위해서는 국회내에 입법지원기관을 강화할 필요가 있으며 국회 법제실과 입법조사처의 기능을 활성화시키고 입법전문가를 대폭 확충해 나가는 것이 요구된다.[62]

법률에 대한 사후적 통제로는 위헌법률심판과 헌법소원심판을 통해서 위헌법률에 대한 위헌선언으로 법률의 효력을 상실시킴으로써 실질적인 규범통제가 이루어지고 있다. 그러나 우리의 규범통제제도는 구체적 규범통제와 사후적 규범통제만을 인정하고 있기

---

59 1988년 9월 헌법재판소법이 발효된 후 2014년 현재 헌법재판소는 총 717건의 위헌결정(한정위헌, 헌법불합치, 헌법소원사건포함)을 하였으며, 그 중 법률에 대한 위헌결정은 자그마치 493건에 이른다. 상세는 이헌환, 헌법재판제도의 도입배경과 정착 및 발전방향에 관한 연구, 헌법재판연구 창간호, 2014, 22면.

60 우리 국회의 위헌입법의 문제에 관하여는 방승주, 위헌입법의 현황과 대책, 저스티스 통권 제106호, 2000, 254면 이하; 홍완식, 현행 입법과정의 문제점과 개선방향. 법제연구 제37호, 2009, 14면 이하.

61 이 점에서 국회 입법과정 개선의 지향점으로 '민주성', '적법성', '합리성'을 강조하는 견해로는 음선필, 국회 입법과정의 분석과 개선방안, 홍익법학 제13권 제2호, 2012, 157면 이하.

62 입법전문가의 양성과 입법지원조직의 강화에 관하여는 전학선, 입법절차에의 효율성 제고를 위한 방안, 세계헌법연구 제14권 제3호, 2009, 461면 이하.

때문에 위헌입법의 통제기능에 한계가 있으며 헌법 제107조 제1항에 의한 구체적 규범통제는 규범통제의 대상이 되는 법률의 영역이 크게 축소될 수밖에 없다.[63]

법률에 대한 사후적 통제와 관련하여 헌법재판소의 위헌결정의 기속력이 문제될 수 있다. 헌법재판소의 위헌결정은 법원 기타 국가기관 및 지방자치단체를 기속하는 기속력을 갖게 된다(헌법재판소법 제47조 제1항). 여기서 먼저 위헌결정의 기속력이 국회의 입법권에도 미치는가에 관하여 견해가 나뉘고 있으나, 기본적으로는 위헌결정의 기속력이 국회에 대해서도 미친다고 보는 것이 타당하다. 국회도 헌법재판소의 위헌결정을 무시해서는 안 되며 헌법질서의 수호를 위해서 입법자도 헌법재판소의 결정을 최대한 존중해야 함이 마땅하다 할 것이다. 다만 극히 예외적인 경우로서 헌법재판소의 판단에도 오류가 있을 수 있기 때문에 그러한 오류를 수정하기 위해서는 국회가 위헌결정의 대상이 된 것과 동일한 또는 유사한 내용을 재입법하는 것이 허용될 수 있어야 하므로 이 점에서 국회는 헌법재판소의 위헌결정에 기속되기 어렵다는 논리도 가능하다고 본다.[64] 그렇게 본다면 위헌결정의 기속력은 원칙적으로 국회를 비롯한 모든 국가기관에 미치는 것으로 이해해야 하며, 다만 예외적인 상황으로 헌법재판소의 판단에 오류가 있는 경우에는 그 기속력이 입법자인 국회에 대해서는 약화된다고 보는 것이 타당하다.[65] 민주적 정당성에 기초한 국회는 입법형성의 자유에 의해 국민적 의사를 바탕으로 헌법재판소의 판단과 다른 재입법이 가능하다고 할 것이다. 그러나 실제로 헌법재판소의 판단에 오류가 있음을 전제로 한 국회의 재입법은 헌법재판소에 의해 재차 위헌심판을 받을 수 있으므로 매우 신중을 기해야 하며 국회내의 사전적 위헌입법심사기능을 대폭 강화하여야 할 것이다. 또한 법률의 위헌결정의 기속력과 관련하여 헌법재판소가 잠정적인 계속적용을 명하는 헌법불합치결정을 내리고 입법자에게 일정한 기간내에 입법개선을 요구하였으나 입법자가 이를 준수하지 않는 경우가 문제된다. 위헌결정의 유형에 속하는 헌법불합치결정의 경우 헌법재판소가 요구하는 일정 기간내의 개선입법을 행하지 않음으로써 국회가 위헌적인 상태를 계속 유지하는 것은 위헌결정의 기속력에 반하는 것이므로 입법자는 법개정시한내에 합헌적 입법을 행하는 노력을 다해야 할 것이다.[66]

---

63 법률의 위헌여부가 재판의 전제가 되는 경우에 한하여 규범통제가 이루어지는 구체적 규범통제제도는 일반국민의 법률생활에 있어서 민사·형사·행정 사건 등에 적용되는 법률이나 국민의 기본권을 제한하는 법률이 아닌 통치구조 전반에 걸친 많은 입법의 영역은 재판의 전제성이 없기 때문에 사실상 위헌법률심판의 대상이 되지 아니하므로 우리의 규범통제의 범위는 상당히 제한되고 있다.

64 이러한 비기속설의 입장으로는 정종섭, 앞의 책(주51), 1510면.

65 이 점에서 위헌결정의 국회에 대한 기속력은 상대적 기속력 긍정설이 타당하다고 할 것이다. 이러한 상대적 기속설은 허영, 헌법소송법론, 박영사, 2009, 235면; 한수웅, 앞의 책(주50), 1393면.

66 헌법재판소의 헌법불합치결정의 경우 국회가 법개정시한을 준수하지 못한 경우가 드물지 않게 보이고 있다.

따라서 헌법재판소의 위헌결정이나 헌법불합치결정의 경우 국회의 후속조치가 바로 이루어져야 할 것이며 이를 위해서는 국회의 상임위원회 심사절차를 신설할 필요가 있으며,[67] 구체적으로는 위원회에서 검토보고·소위원회자료 작성에서도 위헌성항목을 추가하고 법제사법위원회의 체계자구심사를 실질화하고 법률안에 대한 합헌성심사의 기능을 담당하는 전문가의 자문기구 설치 등 대책이 필요하다.[68]

3. 국회입법에 대한 평가제도의 도입

오늘날 각국의 입법과정은 입법을 통해 미래에 발생할 수 있는 법적 효과에 대하여 사전에 예측하고 판단하여 입법에 반영하는 입법영향평가제도를 도입하고 있다. 입법과정에서의 입법자의 예측판단이 사후의 법률시행 과정에서 사실과 예측판단이 부합하지 않는 경우가 있으며 그 결과 위헌입법이 될 가능성도 있게 된다. 그러므로 위헌입법을 가급적 방지하기 위하여 입법의 영향이나 부작용 등을 사전적·사후적으로 평가하는 입법영향평가제도를 적극적으로 도입할 필요가 있다.[69] 입법평가제도의 도입은 입법자로 하여금 입법과정에서 부여되는 헌법의 기본원리 준수나 국민의 의견수렴여부 또는 법률 시행 후 사회에 미치는 영향 등을 관찰하여 반영하게 함으로써 질 낮은 법안이 입안되는 것을 방지할 수 있는 방안이 될 수 있다.[70]

우리나라에서 입법평가제도의 일환으로 볼 수 있는 것으로 규제영향분석과 법안비용추계제도 등이 있다. 여기서 규제영향평가의 대상이 되는 것은 정부제출 법안만이 해당되고 의원발의 법안은 대상이 되지 않고 있는 것이 문제로 지적될 수 있다. 정부제출 법안에 비해 전문성이 떨어지는 의원발의 법안의 경우에도 규제영향평가의 대상이 되도록 하는 것이 바람직하다고 할 것이다.[71] 법안비용추계제도에 관하여 국회법은 의원 또는 위원회가 예산 또는 기금상의 조치를 수반하는 의안을 발의 또는 제안하는 경우에는 그 의안의 시행에 수반될 것으로 예상되는 비용에 대한 추계서를 아울러 제출하도록 규정하고 있다(동법 제79조의2 제1항). 그러나 이에 대한 국회의 실천이 미약하여 제도의 실효성을 기대하기 어려운 현실이다. 입법영향평가제도의 활성화를 위하여 법안비용추계의 실효성

대표적인 사례로서 집회및시위에관한법률의 야간옥외집회금지조항의 헌법불합치결정을 2009년 9월 선고하면서 2010년 6월 30일까지 개선입법을 할 것을 요구하였으나(헌재 2009. 9. 24. 2008헌가25) 아직까지 개선입법이 행해지고 있지 않다.

67 국회개혁자문위원회, 앞의 보고서(주43), 44면.

68 허병조, 위헌결정법률에 대한 국회의 입법절차와 입법방향, 헌법학연구 제22권 제1호, 2016, 299면 이하.

69 방승주, 앞의 논문(주60), 282면.

70 임중호, 입법과정의 개선 및 발전방향, 공법연구 제34집 제3호, 2006, 48면.

71 전학선, 앞의 논문(주62), 468면.

제고방안이 검토되어야 할 것이다.[72]

V. 결 어

2012년 채택된 국회선진화법은 국회운영에 있어서 다수제 운영방식 보다는 합의제 방식을 지향하는 것을 특징으로 하고 있다. 이 법의 시행으로 과거의 국회의장의 직권상정과 법안 강행처리의 관행은 사라지고 폭력국회의 오명을 씻을 수 있게 되었다. 안건의 심사기간지정제의 요건을 엄격히 제한하여 사실상 여·야간에 합의가 이루어지지 않으면 법안이 본회의에 상정되지 못하게 됨에 따라 소수당의 지위와 소수의견이 보호될 수 있게 되었다. 무제한 토론제도(필리버스터)가 도입되고 토론종결에 재적의원 5분의 3 이상의 찬성이라는 가중다수결을 요구함에 따라 소수파의 정치적 참여가 보장되고 소수의견의 존중이 전제되는 의회주의원리의 실질화를 기대할 수 있게 된 점에서 긍정적으로 평가되고 있다. 또한 입법과정의 효율성의 입장에서 의안자동상정제가 채택되어 입법교착을 방지하는 기능을 수행하게 된 것도 긍정적으로 평가될 수 있다.

그러나 다른 한편 국회의 입법기능에 있어서 심사기간지정제의 엄격한 요건은 직권상정을 억제시킴으로써 쟁점법안의 경우 본회의에 부의되지 못하고 위원회 과정에서 장기간의 입법교착이 나타남으로써 입법의 효율성이 크게 저하되는 역기능이 심각한 문제로 제기되고 있다. 개정 국회법은 위원회 단계에서의 입법교착을 방지하기 위한 수단으로 안건신속처리제를 도입하고 있으나 이 제도 역시 재적의원 5분의 3 이상이라는 가중다수결을 요건으로 하고 있기 때문에 실제로 안건신속처리의 실효성을 기대하기 어려운 실정이다. 토론종결의 가중다수결 요건도 합의제의 정신에 따른 것으로 입법과정의 효율성과는 거리가 멀다.

이러한 국회선진화법의 법안처리관련 규정에 대해 가중다수결이 헌법 제49조의 다수결원리에 위반하는 것인가에 관한 학계의 논의가 있으나 합헌으로 보는 것이 다수적 견해이다. 헌법재판소는 최근 2015헌라1 사건에서 국회선진화법의 심사기간지정 요건을 엄격히 규정한 것이 국회의 의사절차에 관한 자율권의 행사로서 정당한 것이며 국회 재적의원 과반수의 의원이 의안의 심사기간지정을 국회의장에게 요구하더라도 이를 거부한 것이

72 입법영향평가제도에 관하여는 박영도, 입법평가제도에 관한 연구, 입법학연구 제2집, 2002, 59면 이하; 정창화, 입법영향평가제도(GFA)에 관한 연구, 유럽연구 제25권 제2호, 2007, 97면 이하; 김수용, 우리나라 입법과정의 문제점과 입법평가제도의 활용방안 검토, 공법연구 제39집 제4호, 2011, 175면 이하; 홍완식, 입법평가의 현황과 과제, 법제와 입법 제2호, 2007, 109면 이하.

헌법상 다수결원리를 위반하여 국회의원의 법률안 심의·표결권을 침해하는 것이 아니라고 판단하였다. 의안신속처리제의 요건으로 '5분의 3' 이상이라는 가중다수 의결정족수가 헌법상 다수결원리에 위배된다는 주장에 대해서도 일반정족수의 다수결원리는 그 자체가 헌법상의 원칙이 아니라고 하면서 국회의 의사절차로서 가중다수결도 국회가 자율적으로 선택할 수 있는 것이라고 판시하였다.

헌법재판소의 이러한 소극적 태도에도 불구하고 현행 국회선진화법은 합의제 국회운영 방식을 지나치게 강조한 나머지 입법과정의 효율성을 거의 기대하기 어려운 문제가 있으므로 국회 의 입법기능을 강화하고 실질화하기 위한 제도적 보완이 필요하다. 앞으로의 국회선진화를 위한 제도개선의 기본방향은 첫째, 입법과정의 민주성과 효율성을 조화적으로 실현할 수 있도록 심사기간지정제의 동의요건을 완화하고 안건신속처리제의 가중다수결 요건도 약간 완화할 필요가 있다. 둘째, 입법과정의 민주성과 효율성 못지않게 입법행위의 결과인 법률의 내용에 있어서 위헌적인 입법이 행해지지 않도록 위헌입법을 방지하는 것이 중요하다. 우리나라는 사전적 규범통제제도를 채택하고 있지 않으므로 국회 내에서의 사전적 위헌입법 방지를 위한 실효성 있는 방안을 강구하는 것이 필요하다. 이를 위해서는 국회에 입법지원기관을 강화할 필요가 있으며 국회 법제실과 입법조사처의 기능을 활성화시키고 입법전문가를 대폭 확충해 나가는 것이 요구된다. 셋째, 위헌입법과 질 낮은 입법을 가급적 방지하기 위하여 입법의 영향이나 부작용 등을 사전적·사후적으로 평가하는 입법영향평가제도를 적극적으로 도입할 필요가 있다. 끝으로 국회운영의 선진화는 입법과정과 의사절차에 관한 제도적 개선만으로 달성되는 것이 아니라 국회를 구성하는 의원들의 의회주의원리의 본질에 대한 재인식이 필요하며, 서구형의 토론과 타협의 정치문화를 정착시키기 위한 노력이 무엇보다도 우선되어야 할 것이다.

<참고문헌>

계희열, 헌법학(상), 박영사, 2005.

국회개혁자문위원회, 국회개혁자문위원회 결과보고서, 2014.

김수용, 우리나라 입법과정의 문제점과 입법평가제도의 활용방안 검토, 공법연구 제39집 제4호, 2011.

김준석 외, 국회선진화법 1년과 정치제도에의 함의, 2013년도 국회사무처 연구용역보고서, 한국의회발전연구회, 2013.

박영도, 입법평가제도에 관한 연구, 입법학연구 제2집, 2002.

박찬주, 토론종결과 가중다수결, 인권과 정의 제428호, 제429호, 2012.

방승주, 위헌입법의 현황과 대책, 저스티스 통권 제106호, 2000, 254면 이하.

성낙인, 헌법학, 법문사, 2016.

음선필, 헌정사에 나타난 의회민주주의, 한국헌법학회·국회 법제실 주최 제헌 68주년 기념학술대회 발표논문, 2016. 7.

음선필, 국회 입법과정의 분석과 개선방안, 홍익법학 제13권 제2호, 2012.

이헌환, 헌법재판제도의 도입배경과 정차 및 발전방향에 관한 연구, 헌법재판연구 창간호, 2014.

이현출, 국회선진화법 도입 이후의 국회운영평가, 현대정치연구 제7권 제2호, 2014.

임중호, 입법과정의 개선 및 발전방향, 공법연구 제34집 제3호, 2006.

장영수, 국회 기능의 합리화 방안, 헌법학연구 제16권 제3호, 2010.

장영수, 국회선진화법(국회법 제85조, 제85조의2)의 합헌성 여부에 대한 검토, 고려법학 제80호, 2016.

전학선, 입법절차에의 효율성 제고를 위한 방안, 세계헌법연구 제14권 제3호, 2009.

정만희, 국회의원의 정당기속과 자유위임, 헌법재판연구 제2권 제1호, 헌법재판연구원, 2015

정만희, 헌법과 통치구조, 법문사, 2003, 246면 이하;

정만희, 현행헌법상 정부형태의 의원내각제적 요소에 대한 검토, 동아법학 제44호, 2009.

정만희, 국정감사제도의 재검토, 공법학연구 제10권 제1호, 2009.

정만희, 국회의 국정통제기능에 대한 검토, 헌법학연구 제20권 제3호, 2014.

정종섭, 헌법학원론, 박영사, 2015.

정진민, 국회선진화법과 19대 국회의 과제: 국회운영방식과 대통령-국회 관계의 변화를 중심으로, 현대정치연구 제6권 제1호, 2013.

정창화, 입법영향평가제도(GFA)에 관한 연구, 유럽연구 제25권 제2호, 2007.

최대권, 우리나라 법치주의 및 의회주의의 회고와 전망, 서울대학교 법학 제49권 제4호, 2008.

최정인, '국회선진화법' 법안처리 관련규정(국회법 제85조, 제8조의2 등)에 대한 헌법적 검토, 헌법학연구 제22권 제2호, 2016.

허병조, 위헌결정법률에 대한 국회의 입법절차와 입법방향, 헌법학연구 제22권 제1호, 2016.

허 영, 헌법소송법론, 박영사, 2009.

한수웅, 헌법학, 법문사, 2016.

홍완식, 국회선진화법에 관한 고찰, 헌법학연구 제18권 제4호, 2012.

홍완식, 헌법재판소에 의한 입법절차 통제, 공법학연구 제12권 제2호, 2011.

홍완식, 현행 입법과정의 문제점과 개선방향. 법제연구 제37호, 2009.

홍완식, 입법평가의 현황과 과제, 법제와 입법 제2호, 2007.

20 헌법개정논의에 대한 재검토*

Ⅰ. 머리말

주지하는 바와 같이 현행 헌법은 1987년 6월 시민항쟁에 나타난 대통령 직선제개헌의 국민적 열망을 반영함으로써 그 성립과정이 국민적 합의에 바탕을 둔 민주헌법을 의미한다. 이러한 민주적 정당성에 기초한 현행 헌법에 대한 최초의 개헌논의는 1997년 제15대 대통령선거과정에서 내각제 개헌 공약을 통해 제기되었다. 그 후 우리 사회는 주기적인 대통령선거 때마다 각 정당과 후보들에 의해 정부형태에 관한 개헌론이 선거공약으로 빠짐없이 등장하였다. 이와 같이 대통령선거를 배경으로 하여 정치권에서는 정부형태와 통치구조의 개헌론이 주기적으로 제기되어 왔으며, 2009년과 2014년에는 국회가 국회의장 직속기구로 헌법개정에 관한 자문위원회를 설치하여 헌법전반에 걸친 개헌방안을 제시한 바 있다.[1] 이러한 정치권 중심의 개헌논의에 부응하여 학계 및 시민단체 등에 의해서도 헌법개정에 관한 방대한 연구보고서 등이 발표됨으로써 지난 10여 년간 한국헌법의 개정방향에 관한 연구성과물은 그 질적·양적 측면에 있어서 상당한 수준으로 축적되어 있다.[2]

이러한 가운데 2016년 후반 박근혜 대통령에 대한 국회의 탄핵소추와 전국적 규모의 촛불집회 등을 계기로 하여 국회는 2017년 1월 헌법개정특별위원회(이하 '개헌특위')를 구성하여 활동하기 시작했으며, 2017년 3월 대통령 파면에 따른 5월 제19대 대선에서도 예외없이 각 후보들에 의한 개헌론이 표출되었다. 문재인 대통령은 취임 후 2018년 6월 지방선거와 동시에 개헌안에 대한 국민투표를 실시하겠다고 개헌의 실천의지를 천명한 바 있다.

그러나 문재인 대통령이 취임한 지 8개월이 지난 현시점에서의 개헌논의는 더 이상 진전을 보지 못하고 난관에 봉착해 있다. 국회 개헌특위가 1년간의 활동을 마감하면서도 개헌의 핵심영역인 정부형태에 관하여는 여야 합의의 개헌안을 마련하지 못했으며, 야당

---

* 「공법학연구」 제19권 제1호(한국비교공법학회, 2018. 2), 45~82면 수록.

1 2007년 노무현 대통령의 개헌제안 발언을 계기로 하여 제18대 국회는 2008년 국회의장 직속기구로 '헌법연구 자문위원회'(위원장 김종인)를 구성하여 1년간 활동을 통해 2009년 결과보고서를 발간하였고, 제19대 국회에서도 마찬가지로 '헌법개정 자문위원회'(위원장 김철수)를 구성하여 2014년 결과보고서를 발간하면서 헌법전반에 걸쳐 헌법개정안의 조문시안을 제시하였다.

2 학계의 개헌논의는 2006년부터 본격적으로 이루어졌으며 그 연구성과물로는 한국헌법학회, 헌법개정연구(2006 헌법개정연구위원회 최종보고서), 2006; 한국공법학회, 헌법개정안연구보고서, 2006 등이 있고, 학자들의 연구논문도 무수히 많이 발표되었다. 그 밖에 시민단체와 전문가단체의 개헌논의결과 발간된 주요 단행본으로는 대화문화아카데미, 새로운 헌법 필요한가, 2008; 함께하는 시민행동, 헌법 다시보기, 2007; 대화문화아카데미, 2016 새헌법안, 2016 등이 있다.

은 6월 지방선거와 개헌 국민투표 동시 실시에 반대하고 있다. 일반 국민은 정부형태의 개헌문제에 대해 과거에 비해 관심이 커지고 있으나 그 밖의 헌법전반의 개헌논의에 대해선 소극적 태도를 보이고 있음을 부정할 수 없다. 국회 개헌특위에서 정부형태에 관한 합의안이 도출되지 못한 이유는 여야간에 4년 중임 대통령제와 이원정부제(분권형 정부제)의 의견대립이 첨예하게 맞서고 있기 때문이다. 이처럼 개헌특위 과정에서 여야간 합의로 정부형태 개헌안을 내놓지 못한 현 상황에서는 개헌이 성사되기 어렵다고 봐도 과언이 아닐 것이다. 왜냐하면 2018년 6월 개헌이 현실화되기 위해서는 적어도 현시점에서는 국회 개헌특위에서의 개헌안에 대한 여야 합의가 이루어지고 개헌안에 대한 전국적 공론화과정이 활발하게 전개되고 있어야 하기 때문이다.[3]

한편 문재인 대통령은 2018년 1월 10일 신년 기자회견에서 "6·13 지방선거와 개헌 국민투표 동시실시는 국민과의 약속이므로 국회가 2월말까지 합의된 개헌안을 제출해 줄 것"을 촉구하면서 국회가 개헌에 관한 합의를 이루지 못할 때에는 핵심 쟁점인 정부형태 부분을 제외한 개헌안을 정부가 제출할 수 있다는 개헌의지를 밝혔다. 이에 대해 야당들은 지방선거와 개헌의 동시 실시는 정부·여당의 정략적인 태도라고 강하게 반발하면서 연말 이후에 개헌을 주장하고 대통령이 주도하는 개헌에 반대하는 입장을 분명히 하였다.[4] 이러한 정치권의 개헌문제에 대한 첨예한 대립적 상황에서 정부형태 부분을 배제하고 기본권과 지방자치 등에 관한 개헌안을 제안할 수 있다는 발상에 대해서는 개헌의 필요성에 대한 근본적인 의문이 제기되지 않을 수 없다고 할 것이다. 왜냐하면 지난 20여년간의 개헌논의가 현행 대통령제의 문제점을 극복하기 위해 개헌이 필요하다는 논리에서 시작된 것이었는데 이제 와서 개헌의 핵심쟁점인 정부형태는 여야간에 합의도출이 어려우니 정부형태를 제외한 기본권분야와 지방자치강화 등을 위한 개헌을 대상으로 하겠다는 것은 헌법이론적으로 납득이 되기 어렵다.

본고에서는 현행 헌법 시행 이후의 개헌논의의 전개과정과 최근의 국회 개헌특위의 결과보고서를 검토하면서 개헌논의의 핵심 쟁점인 정부형태의 개헌방향에 관한 필자의 견해를 다시 한번 정리해서 밝히도록 한다. 필자는 2008년부터 개헌논의에 관한 논문을 몇 차례 발표하면서 부분적·점진적 개헌의 방법을 제안하였고, 이원정부제 개헌에 대한

3 현행 헌법상 개헌절차규정에 의하면 헌법개정안이 국회나 대통령에 의해 발의되면 20일 이상의 공고기간이 필요하며, 헌법개정안이 공고된 날로부터 60일 이내에 의결하여야 하고 국회 의결 후 30일 이내에 국민투표에 붙이도록 규정하고 있다(제129조, 제130조). 여기서 개헌안에 대한 국회의결에 필요한 60일 이내의 기간과 국회의결 후 국민투표까지의 30일 이내의 기간은 국민에 대한 충분한 숙지와 찬반여부에 관한 공론화기간으로서 최대한 보장되어야 하는 것이 바람직하므로 개헌안 국회발의 후 약 3개월 정도의 기간이 소요되어야 하기 때문이다.

4 조선일보 2018. 1. 11. A4면.

신중론의 입장과 대통령 4년중임제 개헌을 일관되게 주장해 왔으며,[5] 지금도 그 소신에는 변함이 없다고 할 것이다. 다만 2016년 이후의 정치적 상황의 급격한 변화와 대통령 탄핵사태 속에서 국민의 개헌필요성과 분권형 정부형태에 대한 관심이 확대되고 있는 시대적 변화를 직시하면서, 필자는 견해를 일부 수정하여 대통령제의 근간을 유지하는 개혁방안을 제시함과 아울러 국민적 관심이 높아지고 있는 새로운 분권형 정부제의 성공조건에 대해서도 검토한다.

Ⅱ. 현행 헌법에 대한 개헌론의 분석

1. 정부형태에 관한 개헌논의의 전개과정

(1) 1997년 대선과 의원내각제 개헌론

1987년 헌법 하에서의 개헌논의는 지난 1997년 12월의 대통령선거 과정에서 내각제 개헌의 선거공약을 통해 전개되었다. 당시 선거전이 치열하게 벌어지던 중 야당후보인 새정치국민회의의 김대중 총재와 자유민주연합의 김종필 총재가 서명한 이른바 공동정부 및 내각제 추진 선언문과 협약은 내각제 개헌논쟁의 시발점이 되었다. 그 협약 속에는 의원내각제로 개헌할 것을 선언하고 있는데, 그 내용은 내각 성립후 1년 동안은 내각불신임 결의를 금지하고 독일식의 건설적 불신임제도를 도입할 것을 공약으로 내걸었던 것이다. 이 양당의 합의문에 의해 대통령후보의 단일화가 이루어지게 되었으며 그 결과 김대중후보가 대통령에 당선되었다.

그러나 당시의 합의문에 의한 내각제 개헌은 진정한 의미의 양당의 합의에 의한 공약이라 할 수 없으며, 더욱이 그것은 국민의 여론수렴을 전제로 한 공약의 제시로 볼 수 없었던 것이다. 그것은 단지 두 정치실력자의 권력욕구충족을 위한 타협의 산물로서 내각제개헌론을 제시한 것이지 정치지도자로서의 확고한 정치적 신념에 입각하여 민주적 헌정의 발전을 바라는 안목에서 제시되었다고 보기 어렵다.[6] 그 후 2002년 및 2007년 대선

5 정만희, 정부형태에 관한 헌법개정의 방향, 헌법학연구 제14권 제4호, 2008, 269면 이하; 정만희, 헌법개정 논의, 동아법학 제47호, 2010, 1면 이하; 정만희, 이원정부제 정부형태의 검토 －이원정부제 개헌론에 대한 비판적 시각에서－, 동아법학 제52호, 2011, 177면 이하; 정만희, 정부형태의 대안으로서 이원정부제 -이원정부제 개헌론에 대한 관견－, 헌법학연구 제21권 제3호, 2015, 1면 이하; 정만희, 헌법개정연구, 세종출판사, 2010.; 정만희, 헌법개정과 정치제도개혁, 피앤씨미디어, 2017.

6 당시 내각제개헌 합의문의 주역인 양 김씨는 그 동안의 정치역정과 정치적 입장에서 볼 때 적어도 정부형태의 선호에 관한 투철한 정치철학이나 이념이 지배하는 뚜렷한 일관성 내지는 지향성을 찾을 수 없다고 보는 것이 타당하다. 이에 관하여는 권영설, 한국헌법 50년의 발자취, 한국헌법학회, 헌법학연구 제4집 제1호, 1998, 37면.

과정에서도 각 정당과 후보들은 권력구조개편에 관한 개헌론을 내세웠으나 의원내각제 개헌론은 개헌논의의 대상에서 점차 멀어지게 되었다.[7]

(2) 2006년 이후의 대통령 4년 중임제 개헌론

현행 헌법상 5년 단임제의 대통령제에 대한 개헌논의는 2006년 학계를 중심으로 4년 중임제 개헌론이 제기되기 시작하였다. 한국헌법학회는 2006년 헌법개정 연구결과보고서에서 대통령 5년 단임제의 폐해를 극복하기 위해 4년 중임제와 정·부통령제가 바람직한 개헌방향이라고 제시하였다.[8] 같은 해에 한국공법학회의 "통일시대를 대비한 헌법개정의 방향"에 관한 학술대회에서도 대통령 4년 중임제가 제안되었다.[9]

정치권에서 4년 중임제 개헌론은 2007년 1월 9일 노무현 대통령이 전격적으로 '원 포인트 개헌'을 제안함으로써 제기되었다. 당시 노무현 대통령의 개헌론의 주요 내용은 1987년 헌법체제 하에서의 권력구조의 비효율성과 불완전성을 극복하고 효율적인 정치체제를 구축하기 위한 개헌이 불가피하다는 것이다. 그렇지만 개헌의 시기와 내용에 대해 이견이 있으므로 가장 합의를 이루기 쉽고 문제조항으로 지적되어온 대통령 임기조항만을 일차적으로 4년 연임제로 개정한다는 것이다. 그리고 대통령 임기조항에 대한 개헌의 목적은 대통령과 국회의원의 임기를 동일하게 함으로써 향후 각각의 임기단축을 이유로 정치권이 개헌논의에 착수하지 못하는 현실적인 장애물을 제거하는 것이며, 향후 제2차적 개헌의 내용에 대해서는 전면적으로 개방되어 있다는 것이다. 이러한 개헌 제안은 점진적 개헌론에 해당하는 것으로서 일차적으로 원포인트 개헌을 제안하고 장기적으로는 내각제개헌을 포함한 향후의 전면적 개헌론을 예정하고 있는 것이 특징이다.[10] 당시 노무현 대통령의 개헌 제안은 그 내용의 타당성은 인정할 수 있는 것이었으나, 시기상의 문제점이 지적되었으며 개헌에 관한 국민의 문제의식이 충분히 성숙되지 않은 상태에서 성급하게 개헌을 제안한 것은 개헌의 전제조건으로서 국민적 합의가 결여된 것으로 문제가 있었다고 하겠다.[11]

(3) 2008년 이후의 이원정부제 개헌론

우리나라에서 이원정부제에 관한 최초의 논의는 제4공화국헌법 당시 일부 헌법학자들에 의해 '이원적 집정부제'를 소개한 데에서 비롯되었으며, 1980년 헌법논의과정에서 이

7 의원내각제 개헌론에 대한 비판적 견해로는 정만희, 『헌법과 통치구조』, 법문사, 2003, 169면 이하.
8 한국헌법학회, 헌법개정연구위원회 최종보고서 『헌법개정연구』, 2006, 28면.
9 김문현, 헌법개정의 기본방향, 「공법연구」 제34집 제4호 제2권, 2006, 49면 이하.
10 김종철, 대통령 4년 연임제 '원 포인트' 개헌론에 대한 비판적 검토, 헌법학연구 제13권 제1호, 2007, 78면 이하.
11 정만희, 앞의 논문, 2008, 269면 이하.

원집정부제가 일시적으로 논의된 바 있다. 당시 제3의 정부형태의 모델로서 의원내각제와 대통령제의 혼합형을 의미하는 '이원집정부제'라는 용어는 그 후의 학계 논의과정에서 학자들에 따라 각기 다르게 표현되기도 하여 반대통령제, 준대통령제, 이원집행권제, 권력분산형 대통령제, 분권형 대통령제 등의 용례로 사용되기도 하였지만 최근의 학계논의에서는 '이원정부제'라는 용어로 통일되어 가고 있다.[12]

최근의 개헌논의에 있어서 이원정부제 도입이 본격적으로 주장된 것은 불과 8, 9년 전의 일이다. 2007년 노무현대통령의 원포인트 개헌제안의 당시만 하더라도 4년중임제를 골간으로 하는 순수대통령제의 개헌론이었으며 그 이전의 개헌논의도 의원내각제냐 순수대통령제냐에 관한 것이 논의의 중심이 되었다. 이원정부제 개헌론은 2008년 국회 헌법연구자문위원회가 구성된 이후부터는 급부상하게 되었으며, 2009년 이 자문위원회 보고서에 이원정부제를 제1안으로 제안한 것을 비롯하여 2014년 국회 헌법개정자문위원회도 이원정부제를 의미하는 분권형 대통령제를 정부형태의 개헌방안으로 제시하였다. 특히 2014년 헌법개정자문위원회의 헌법개정안에 의하면 대통령은 국민으로부터 직선되며 6년 단임제로 하되 국가원수로서 중립적 권한을 많이 가지게 하였다. 그 권한으로는 외교·국방·통일·안보의 권한을 가지며 국무총리와 협의하여 그 권한을 행사하도록 하였다. 대통령은 국내 정치에 관여하지 못하게 당적을 이탈하게 했으며 정당개입이 금지되고 국무총리 임명권과 해임권도 국회가 가지도록 하였다. 국무총리는 대통령과 독립하여 내정에 관한 권한을 가지며, 국무위원이나 행정각부장관에 대한 통솔권을 갖도록 하고 국내행정 전반에 관하여 민의원에 대하여 책임을 지도록 한 것이 특색이다.[13]

이원정부제 또는 분권형 대통령제 개헌을 주장하는 입장에서의 논거는 무엇보다도 먼저, 현행의 대통령제의 권력집중에 따른 헌정운영상의 폐해를 극복하기 위해 권력분산형 정부형태가 필요하다는 것이다. 특히 현행헌법의 정부형태는 대통령제 요소와 의원내각제 요소가 혼합된 정부형태이므로 현행헌법의 기본적인 골격을 유지하는 가운데 대통령제로 집중된 권력을 분점하는 형태로 점진적 개혁이 가능한 것이 이원정부제의 도입이라는 것이다. 즉 집행권을 국민으로부터 직선된 대통령과 국회로부터의 신임에 기초한 국무총리를 중심으로 하는 내각에 분점시키는 방안은 설득력을 가지며 이는 현행헌법의 본

12 제3의 정부형태로서 '이원정부제'라는 용어는 바이마르헌법상의 혼합형 정부형태에 대하여 뢰벤슈타인이 "the dual executive"(die zweigeteilte Exekutive)라고 명명한 데서 비롯된 것이다(K. Loewenstein, Political Power and the Governmental Process, 1965, p.95). 이 표현을 국내 학자들에 따라 이원집정부제로 등으로 불려지게 된 것이나, 행정부 내지 정부를 의미하는 'executive'를 집정부로 표현하는 것은 타당하다고 보기 어렵다. 이원집정부제의 명칭을 이원정부제로 통일할 것을 주장하는 대표적인 견해로는 성낙인, 『헌법학』, 법문사, 2017, 396면 이하; 강원택, 『대통령제, 내각제와 이원정부제』, 인간사랑, 2006, 168면.

13 국회 헌법개정 자문위원회, 국회 헌법개정 자문위원회 헌법개정안, 2014, 1면 이하.

질적 요소를 유지하는 가운데 권력분점을 확보하는 방안이라는 것이다.[14] 그리고 이원정부제는 의원내각제와 같은 책임정치의 실현이 가능하다는 것이며, 그 밖에 이원정부제는 대통령직선제에 관한 국민의 강한 욕구를 충족시키면서 현행 대통령제의 폐해를 극복할 수 있는 정부형태라는 것 등이 논거로 제시되고 있다.[15]

(4) 2017년 국회 헌법개정특별위원회의 분권형 정부제 개헌론과 대통령 4년 중임제 개헌론

2017년 1월 국회는 국회법 제44조 제1항에 근거하여 헌법개정특별위원회(이하 '개헌특위')를 구성하여 개헌 관련 활동을 하면서 국민들의 다양한 의견들을 폭넓게 수렴하고 헌법 각분야에서 경륜과 전문지식을 갖춘 자문위원들로부터 개헌 주요쟁점에 대하여 자문을 구하기 위하여 2017년 2월 국회헌법개정특별위원회 자문위원회를 구성하였다.[16] 이 자문위원회는 11개월간의 활동을 마무리하면서 2018년 1월 '국회헌법개정특별위원회 자문위원회 보고서'를 발간하였다. 이 보고서에는 헌법전반에 걸쳐 개헌방향을 제시하면서 가장 쟁점이 된 정부형태 분야에 대해서는 현행 권위주의 체제의 대통령 중심의 국정운영이 제도와 운영 양 측면에서 모두 문제가 있다고 보고 우리나라에 적합한 국가경영시스템을 마련하기 위해 분권형 정부제(이원정부제)와 4년 중임 대통령제의 두 가지 형태를 제시하고 있다. 특히 어떠한 정부형태를 선택하든 간에 정부형태 개헌의 원칙으로서 분권과 협치의 정신, 국민주권의 실질화가 중요한 원칙으로 요구되고 이를 위해 반드시 지방분권이 강화되고 선거제도 및 정당제도가 민주적으로 개혁되어야 함을 병행조건으로 강조하고 있다.[17]

국회개헌특위가 활동하는 동안 정부형태에 관하여는 여·야간의 입장이 크게 대립하여 정부와 여당측에서는 대통령 4년 중임제를 선호하는 반면 야당측에서는 이원정부제를 선호하는 입장을 고수하여 양측의 합의가 이루어지지 않게 됨으로써 결국 위 자문위원회 보고서는 정부형태의 대안으로서 분권형 정부제와 4년 중임 대통령제의 두 안을 병기하게 된 것이다. 다만 자문위원회 분과위원회에서의 논의는 이원정부제를 선호하는 위원이 압도적 다수였으며 4년 중임 대통령제는 소수 위원만이 지지하는 것으로 나타났다.[18]

---

14 성낙인, 이원정부제(반대통령제)의 구체화를 통한 권력분점의 구현, 제헌 61주년 기념 국제학술대회논문집, 2009, 271면.

15 전학선, 분권형 대통령제 도입을 위한 제언, 『국민과 함께하는 개헌이야기』(2권), 2010, 272면.

16 국회 개헌특위 자문위원회는 시민단체, 학계 및 연구단체 등으로부터 추천받은 53명으로 구성하여 2개의 소위원회와 6개의 분과로 나누어 활동하였으며 53명의 자문위원 중 4명은 중도에 사퇴하였다.

17 국회헌법개정특별위원회, 국회헌법개정특별위원회 자문위원회 보고서(2018. 1), 287면 이하.

18 개헌특위 자문위원회 정부형태분과위원회 위원 중에서 이원정부제를 지지하는 다수의견이 7인이고, 4년 중임제 대통령제를 지지하는 소수의견이 2인이었다. 그리고 정부형태의 대안으로는 제시되지 않았지만 이원정부제는 대통령과 총리 사이의 권력투쟁이나 행정부 내 교착상태를 초래할 위험성이 높고, 대통령 4년 중임제는

분권형 정부제(이원정부제) 안에 의하면 국회에서 추천 또는 선출된 총리가 대통령으로부터 독립하여 집행기능의 일부분을 담당하도록 함으로써 집행권 내에서 대통령과 총리 사이의 분권이 실현되도록 하였으며, 대통령은 국가원수로서 외교·국방·통일·국민통합, 기획, 재정에 관한 권한을 행사하며 국회해산권을 갖도록 하였다. 대통령은 국민에 의해 직선되며 6년 단임제로 규정한다. 국무총리는 하원의원 중 하원에서 선출된 자를 대통령이 임명하며, 총리는 내각위원을 대통령에게 제청한다. 총리가 하원에 요청한 신임투표에 총리불신임시 내각은 연대책임을 지게 된다.

반면에 대통령 4년 중임제 안은 권력분립을 통해 견제와 균형의 원리를 구현하여 권력의 오남용과 집중을 방지하는 것을 기본으로 하여 대통령과 행정부의 일부 권한과 소관기관을 입법부로 이관하거나 독립기관화 함으로써 입법부의 강화를 통해 대통령과 행정부에 대한 통제를 제고하는 것을 목적으로 하고 있다. 이 안에 의하면 책임총리와 책임장관제와 같은 내각제적 요소를 일부 강화하여 행정권 내부의 분권화 요구를 수용하는 한편 입법권과 행정권의 분리에 입각한 대통령제적 요소 또한 병행적으로 강화하여 입법권과 행정권의 융합에 따른 또 다른 권력집중의 위험성을 극복하고자 하였다. 구체적으로는 대통령의 국가원수직을 폐지하여 대통령이 국회와 대등한 국가권력의 수반임을 분명히 하는 한편 국무총리와 국무위원의 대통령 보좌기관으로서의 지위를 삭제하거나 행정에 대한 통할권이 대통령과 국무총리의 협의에 의하여 이루어지도록 하고, 국무위원 중에서 임명한 행정각부의 장에게 자율적 집행권을 보장함으로써 책임총리와 책임장관제로 운영될 수 있는 헌법적 근거를 마련하고 대통령 권한행사에 대한 국무총리 등 행정부 내부의 통제권을 실질화하여 행정권의 책임성과 효율적 통일성을 훼손하지 아니하는 범위 내에서 행정권의 분권을 수용하도록 하였다.[19]

2. 개헌논의의 특징과 문제점

(1) 개헌논의의 특징 및 성과

1987년 헌법의 채택 이후 지금까지의 개헌논의는 다음과 같은 점들에서 과거 구헌법하에서의 개헌논의와 구별되는 특징들을 찾아볼 수 있다. 첫째, 개헌논의가 초기에는 주로 정치권에서 대통령선거를 배경으로 선거공약의 형태로 정부형태와 통치구조를 중심으

재직중인 대통령의 선거운동을 불가피하게 하는 관권선거의 폐해가 부활할 위험성이 있으므로 비례제 선거제도 개혁으로 민주적 책임성을 강화하는 정치개혁을 조건으로 책임정부구현에 철저한 내각제로 전환해야 한다는 2인의 소수의견이 제시되었다. 국회 개헌특위 자문위원회 보고서, 294면.

19 국회 헌법개정특별위원회 자문위원회 보고서, 292면.

로 주기적인 개헌논의를 주도해 온 것을 지적할 수 있다. 이러한 선거공약으로서의 개헌론은 국민적 공감대형성이 전제되지 아니한 것으로 실현가능성이 희박할 수밖에 없는 것이었다. 둘째, 정치권에서 제기된 개헌논의에 이어 학계와 시민단체 등도 반응을 보이면서 헌법개정의 문제를 적극적 입장에서 제기하면서 정부형태뿐만 아니라 헌법총강과 기본권을 포함한 헌법전반에 걸쳐 광범위한 개헌논의가 전개되었으며 지난 10 여년간 상당한 연구성과가 축적되어 있다는 점을 들 수 있다. 셋째, 개헌논의의 주체에 있어서 제18대 국회에서는 국회내 의원들의 헌법연구단체가 결성되어 활발한 개헌논의가 이루어진 바 있으며,[20] 제18대 국회와 제19대 국회에서는 국회의장 직속기구로 헌법개정논의를 위한 자문위원회가 설치되어 국회중심의 본격적인 개헌연구가 행해졌다는 것이 과거 구 헌법에서의 개헌논의 과정에서 찾아볼 수 없는 점이다. 넷째, 최근의 개헌논의는 2017년 1월 국회가 여야합의로 국회법에 근거한 특별위원회를 구성하여 활동하면서 특별위원회의 자문위원회가 전면적 개헌을 전제로 한 헌법전반에 걸친 개헌안 시안을 발표함으로써 개헌논의가 보다 구체화되고 있고 개헌방향에 대한 본격적인 공론화의 장을 마련하게 되었다는 점에서 의미가 크다. 다섯째, 현행헌법에 대한 개헌논의의 전반적 특징은 과거 한국헌정사에 있어 구 헌법들의 개헌논의와 비교할 때 혁명이나 쿠데타 등 정치적 격변의 시기가 아닌 비교적 헌정질서의 평온과 안정이 유지되는 평상시에 있어서 개헌논의가 전개되어 왔다는 점을 들 수 있다.[21] 이러한 개헌논의는 과거와는 달리 개헌주도세력에 의한 하향적 논의가 아니라 정치권뿐만 아니라 학계와 시민단체 등도 자발적으로 각자의 개헌안에 관한 의견을 제시함으로써 사회적 합의를 도출하기 위한 공론화에 참여하고 있다는 점이 특징이다. 이러한 평상시에 있어서 개헌문제에 관한 자유로운 연구와 토론의 분위기가 조성되어 왔다는 것은 앞으로의 국민적 합의에 바탕을 둔 개헌을 위해 필수적으로 요청되

20 2008년 6월 창립된 국회 미래한국헌법연구회(공동대표: 이주영, 이낙연, 이상민 의원)는 "미래의 정부형태 무엇이 바람직한가"라는 주제와 '21세기 미래헌법, 무엇이 바람직한가 –기본권, 통일, 경제, 지방자치 조항을 중심으로"라는 주제로 여러 차례 세미나와 토론회 등을 개최하여 헌법개정논의에 참여했으며 그 연구성과물로 2010년 『국민과 함께하는 개헌이야기』 2권을 발간하였다.

21 제헌헌법 하에서 행해진 제1차 개헌은 전시의 비상계엄 하에서 국민적 공감대 형성과는 전혀 관계없이 대통령의 권력욕구에 따른 개헌이었으며, 제2차 개헌도 국민적 합의를 도출하지 않고 집권자의 의지에 따른 강압적 개헌이었다. 제3차 개헌은 4.19혁명의 산물로서 민주적 개헌을 의미하지만 제5차 개헌은 5.16 군사쿠데타에 의한 것으로 개헌주도세력은 군부였으며 개헌과정의 공론화는 기대할 수 없었음은 물론이다. 이른바 유신헌법과 제5공화국헌법의 성립을 의미하는 제7차 개헌과 제8차 개헌도 개헌의 공론화과정 없이 비상적 상황에서 전격적인 개헌작업이 이루어진 것이다. 1987년의 제9차개헌은 당시 6월 시민항쟁의 산물로서 민주적 개헌에 해당하지만 헌법개정과정에 시민사회의 대표가 참여하지 못하고 좁은 정치사회의 앨리트들 간의 탁상협상정치의 결과였으며 국민은 단지 국민투표절차에서 찬반만을 표시하는 고무인의 역할만 했을 뿐이라는 비판이 있다. 즉 실제 개헌과정이 소수의 정치인들만의 협상에 의해 이루어짐으로써 대통령직선제 이외의 부분에 대해서는 국민의 다양한 의사가 제대로 반영되지 못했다는 지적이 있다. 김선택, 헌법과 혁명 –시민입헌주의, 동아법학 제58호, 2013, 5면 이하.

는 과정이라는 점에서 의미가 크다고 할 수 있다.[22]

(2) 개헌논의의 문제점

(가) 전면적 개헌논의와 개헌가능성 문제

지금까지의 개헌논의에 있어 2009년 국회 헌법연구자문위원회 이후의 논의는 예외없이 헌법전반에 걸친 전면적 개헌에 관한 논의를 포괄하고 있다. 그러나 이러한 전면적 개헌논의는 신중을 기해야 할 문제라 하지 않을 수 없다.[23] 우리 헌정사에서 과거 개헌이 정변이나 쿠데타 등에 의해 전격적으로 이루어짐에 따라 사실상 제헌의 성격을 가진 전면적 개헌이 여러 차례 행해졌으나 이번의 개헌논의에 있어서는 전면적 개헌이 당연히 요청되는 것인가에 대하여 의문이 있으므로 가능한 한 개헌의 범위를 제한하는 것이 타당하다. 즉 이번의 개헌논의는 이른바 1987년 헌법체제의 운용과정에서 드러난 문제점을 보완하고 시대적 변화에 따른 가치의식의 변화를 일정 부분 반영하기 위한 것이라는 점에서 의미가 있다고 할 것이므로 개헌의 폭은 전면개헌이 아니라 부분개헌이 되어야 한다고 본다.[24]

헌법이 역사의 발전과 사회의 변화에 대해 적응하는 방법은 일차적으로 헌법개정이 아니라 헌법규정의 개방성과 미완성성을 통해 이루어지게 됨을 이해할 필요가 있다. 헌법규범은 개방성과 미완성성을 본질적 특성으로 하기 때문에 정치적 상황과 여건의 변화에 따라 탄력성 있게 적응할 수 있으며, 이러한 헌법규범의 개방성에 따른 현실적응성의 요청은 헌법재판을 담당하는 헌법재판소의 헌법해석을 통해 상당한 정도 실현될 수 있는 것이다. 헌법의 해석은 추상적이고 개방적인 헌법규범에 대한 올바르고 객관적인 의미를 찾아내는 법발견의 기능뿐만 아니라, 시대적 변화에 따른 역사적, 사회적 요구와 국민적 욕구 또는 의식에 부합하는 '헌법의 창조적 기능'을 수행함으로써 헌법이 추구하는 이념에 위배되지 않는 범위에서 현실적응성 있는 헌법의 적용이 가능하게 된다.[25] 다만 이러한 헌법해석을 통해서도 헌법의 현실적응성을 실현할 수 없고 헌법규범과 헌법현실의 괴리를 극복할 수 없는 경우에는 결국 헌법개정의 절차로 이행함으로써 이 문제를 해결하게 되는 것이다.[26]

---

22 정만희, 앞의 논문, 2010, 14면.

23 현행 헌법에 대한 개헌논의에 있어서 필자는 전면적 개헌이 아닌 부분적 개헌을 강조해 왔다. 정만희, 앞의 논문, 2010, 36면 이하.

24 최근의 개헌논의에 있어서 전면적 개헌에 대한 부정적 견해로는 김문현, 헌법개정에 관련한 몇 가지 단상, 한국공법학회 2017년도 공법학자대회 및 정기총회 발표논문집『개헌의 현안과 공법적 과제』(2017. 12. 8.), 2면 이하.

25 헌법의 해석에 관하여 헌법재판소는 "헌법의 해석은 헌법이 담고 추구하는 이상과 이념에 따른 역사적, 사회적 요구를 올바르게 수용하여 헌법의 방향을 제시하는 헌법의 창조적 기능을 수행하여 국민적 욕구와 의식에 알맞은 실질적 국민주권의 실현을 보장하는 것이어야 한다"고 판시하고 있다. 헌재 1989. 9. 8. 88헌가6.

26 정만희, 앞의 논문, 2010, 9면.

이러한 관점에서 볼 때 정부형태 이외의 기본권에 관한 최근의 개헌론에 있어 기본권조항을 대폭 신설하는 것을 내용으로 하는 제안은 신중한 검토가 필요하다고 본다. 헌법해석에 의해 이미 확립된 기본권보장의 내용을 이번 헌법개정에 전부 반영할 필요는 없다고 할 것이다. 헌법상 국민의 자유와 권리의 지나친 열거는 헌법 제37조 제1항의 명목화를 가져올 수 있으며 기본권의 자연권성을 사실상 부정하는 것이 될 수 있다. 즉 기본권의 헌법에의 지나친 나열화는 헌법에 열거되고 명문화되지 않은 자유와 권리가 무시되고 경시될 우려가 있다.[27] 특히 국회 개헌특위 자문위원회 보고서의 개헌안처럼 헌법총강에 지방분권국가원리를 규정하거나 연방형 지방분권국가를 지향하는 것 은 헌법개정의 한계이론에 비추어 문제가 될 수 있으며,[28] 우리 헌법의 핵심적 기본질서인 자유민주적 기본질서를 민주적 기본질서로 변경하는 것은 헌법제정권자의 근본적인 정치적 결단에 관한 사항으로 이는 실질적인 헌법의 제정을 의미하게 되므로 매우 신중한 검토가 필요하다.

(나) 국민의 참여에 의한 개헌의 공론화 문제

우리 사회에서 최근의 개헌논의는 주로 국회를 중심으로 한 정치권에서의 논의와 함께 그와 별도로 조직된 학계와 시민단체 등이 주도하는 개헌논의가 따로따로 전개되어 온 것이 특징이다. 국회중심의 개헌논의는 2017년 국회 개헌특위를 구성함으로써 본격적인 논의가 전개되었다고 할 수 있으며, 개헌특위 자문위원회활동은 국민의 다양한 의사를 수렴하면서 개헌방향을 제시하고 있으며, 학계와 시민단체 등의 개헌논의도 정치권과 상관없이 독자적인 개헌안을 제시해 온 것을 볼 수 있다. 이러한 개헌논의의 양상과 그 연구성과는 과거의 개헌과정에서는 전례를 찾아보기 어려울 만큼 그 자체로서도 개헌논의의 민주성이 확대되고 있음을 말해준다.

그렇지만 이러한 개헌논의만으로는 아직 일반 국민의 헌법개정에 관한 관심과 문제의식은 충분히 형성되어 있다고 보기 어렵다. 그 동안의 몇 차례 일반 국민을 대상으로 한 여론조사 결과만 가지고는 국민의 개헌에 관한 의사를 확인하기 힘들 것이다. 다만 정치권의 개헌론 제기에 대해 국민은 소극적이고 미온적인 반응을 보여 왔으나 최근에는 개헌의 필요성에 대한 관심이 고조되고 있다고 할 수 있다.

따라서 앞으로의 개헌논의가 국민적 최대관심사로서 보다 적극적으로 활성화되기 위

27 이 점과 관련하여 미국헌법제정과정을 보면, 헌법제정당시 헌법기초자들의 최대 관심사는 통치기구의 존재방식에 관한 것이었으며 헌법은 연방정부의 권한을 한정적으로 열거하여 ‘권한이 열거된 정부’를 의도함으로써 그 자체가 권리장전의 의미를 가진다고 보았다. 특히 해밀턴이 페더럴리스트 제84편에서 “권리장전을 헌법안에 편입할 필요가 없으며 그것은 오히려 위험하다”고 강조한 것은 의미가 있다고 하겠다. 정만희, 앞의 책, 2003, 81면.

28 지방분권의 개헌논의에 있어서 연방형 지방분권국가로의 개헌은 헌법개정의 한계와 관련하여 문제가 제기될 수 있다는 지적에 관하여는 박인수, 지방분권국가의 특징과 한계, 공법학연구 제18권 제3호, 2017, 21면 이하.

해서는 개헌논의의 방법을 재고할 필요가 있다. 먼저 개헌논의의 공론화를 확대해 나가는 방법으로 범국민적·초당파적 개헌논의기구를 설치하는 것을 고려할 필요가 있다. 즉 개헌에 관한 국민적 공감대를 형성하여 민주적 개헌을 실현하기 위해서는 우선 전국적 규모의 조직을 구성하여 중립적·초당파적 입장에서 헌법 전반의 문제를 검토하고 개헌방향을 연구하는 헌법논의기구를 구성하는 것이 요구된다.[29] 이러한 개헌논의기구에서 지금까지의 논의의 성과물들을 바탕으로 하여 전국에 걸쳐 지역별 토론회와 공청회 등을 수시로 개최하여 국민의 여론을 수렴하고 집약하는 과정이 필요하다.

Ⅲ. 정부형태 개헌의 방향에 대한 재검토

1. 정부형태 개헌에 관한 국민의 의사의 추이(推移)

현행 헌법의 정부형태에 관한 개헌문제의 여론조사 결과를 보면 종전에는 대통령 4년 중임제를 지지하는 국민이 다수인 것으로 나타났으며 의원내각제나 이원정부제를 지지하는 국민은 소수에 불과하였다고 보는 것이 일반적 분석이라 할 수 있다. 10년 전만 하더라도 우리나라 국민들의 60% 이상이 의원내각제나 이원정부제보다는 대통령제를 선호하는 것으로 나타났으며 공법학자들도 65%정도가 대통령제를 선호하는 것으로 조사되었다.[30] 그러나 최근 2016년 후반의 박근혜 대통령과 그 비선 측근의 국정농단사건으로 인한 대통령 탄핵사태를 계기로 하여 현행 정부형태에 대한 개헌의 필요성이 국민적 관심사로 대두되고 있는 가운데 개헌방향으로 분권형 대통령제 내지 이원정부제를 선호하는 입장이 크게 증가하고 있는 것으로 나타나고 있다. 2016년 12월 시민들의 촛불집회가 전국적으로 확산되던 시기에 일반 국민을 상대로 한 여론조사 결과에서는 4년 중임 대통령제로의 개헌이 가장 선호되고 있는 것으로 나타났으나,[31] 최근 2017년 7월 한국리서치가

---

29 이 점에 관하여는 1982년 미국에서의 헌법개정논의를 위한 헌법제도검토위원회(Committee on the Constitutional System)의 결성을 주목할 필요가 있다. 이 위원회는 미국헌법의 제정 이래 2세기 동안의 격변을 거치면서 내정·외교상 위기의 연속과 연방정부의 대응전략의 실패 등 여러 가지 국가적 난제에 직면하게 되자 이를 극복하고 유효하게 대처하기 위하여 헌법개정을 비롯한 정치제도 전반의 근본적 개혁가능성 추구를 목적으로 하는 초당파적 비영리적 단체로 결성된 것이다. 이 위원회에는 전·현직 상원 및 하원의원, 정부각료와 백악관 수석비서, 주지사, 대학교수, 법조인, 역사학자, 언론인 등 전국적 지명인사들로 구성되었으며 5년간의 연구검토를 거쳐 1987년 미국헌법제정 2백주년을 맞는 시점에 연구보고서(A Bicentennial Analysis of the American Political Structure : Report and Recommandations of the Committe on the Constitutional System, 1987)를 출간하였다. 이 내용에 관한 소개는 정만희, 미국헌법상 정치제도의 개혁논의, 동아법학 제20호, 1996, 21면 이하.

30 한국헌법학회, 2006 헌법개정연구위원회 최종보고서, 2006, 27면.

31 조선일보와 칸타퍼블릭이 2016년 12월 30일~31일 양일간 전국 성인 1,030명을 대상으로 실시한 여론조사 결

일반 국민 1000명을 상대로 한 여론조사에서는 75.4%가 개헌에 찬성한다고 응답하고, 선호하는 정부형태로는 혼합형 정부형태(이원정부제)가 46.0%, 대통령제가 38.2%, 의원내각제가 13.0%로 나타남으로써 이원정부제를 선호하는 비율이 크게 늘어났음이 주목을 받게 되었다.[32] 다만 같은 시기에 국회도서관에서 실시한 전문가 집단을 대상으로 한 여론조사에서는 대통령제가 48.1%, 이원정부제 41.7%, 의원내각제 10.3%로 대통령제 선호가 높은 것으로 조사되었다. 그리고 대통령의 권한을 분산하거나 견제장치를 강화하는 것에 대한 설문에서는 일반 국민 79.8%와 전문가의 88.3%가 찬성하는 것으로 집계되었다. 이 두 개의 여론조사 결과만으로 국민의 정부형태 선호와 개헌방향에 관한 의사를 제대로 분석할 수 없지만 대체적인 국민 여론의 추이를 가늠할 수는 있다고 하겠다.

이와 같이 최근 우리 국민들은 몇 년 사이의 짧은 헌정의 운용과정을 지켜보면서 대통령의 권위주의적 통치스타일이라든지 제왕적 대통령제의 운용과 권한남용 등에서 비롯된 대통령 탄핵소추와 헌정사상 최초의 대통령 파면을 경험하는 동안 현행 대통령제에 대한 국민적 불신과 반감이 급격히 확대되었으며, 이러한 부정적 헌정현실은 정부형태 개헌의 필요성에 대한 국민적 공감대를 형성해 나가는 데 커다란 요인으로 작용하고 있다고 할 수 있다. 그렇다고 해서 최근의 몇몇 여론조사 결과만으로 정부형태 개헌방향에 관한 국민적 공감대가 사실상 형성되었다거나 정부형태의 대안들 중에서 어느 하나의 대안으로 국민의 다수의사가 확인되었다고 보기는 어렵다고 할 것이다.

2018년 국회 개헌특위 자문위원회의 보고서도 이러한 국민여론과 그 동안의 정치권 및 학계의 논의를 바탕으로 현행 대통령제의 제도와 운용에서의 실패를 전제로 한 대안으로 분권형 정부제(이원정부제)와 대통령 4년 중임제의 두 개의 안을 제시하고 있다.[33] 이 두 개의 정부형태안 중에서 어느 것이 국민의 다수가 지지하는 대안인가에 관하여는 아직 국민적 합의가 이루어졌다고 보기 어렵고, 단지 현시점에서는 정부형태의 대안으로 이원정부제와 대통령 4년 중임제 중에서 하나를 선택하는 문제로 압축되었음을 의미한다고 할 것이다.

전술한 바와 같이 두 개의 정부형태 대안 중에서 정부와 여당의원들은 4년 중임 대통

과를 보면 대통령 4년 중임제를 선호하는 비율이 42.4%로 분권형 대통령제(24.3%), 의원내각제(23.3%)보다 높게 나타났다. 조선일보 2017.1.2. A5면.

32 2017년 7월의 한국리서치 여론조사는 전국의 만 19세 이상 성인남녀를 모집단으로 하여 지역별, 성별, 연령별 기준으로 비례할당 후 무작위로 추출한 5596명 중 응답한 17.9%인 1,000명을 대상으로 한 것으로, 그들의 주관적 이념성향은 진보에 더 가깝다고 응답한 사람이 58.2%이고 보수에 더 가깝다고 응답한 사람은 36. 5%로 나타났다. 따라서 이 여론조사만으로 정부형태 개헌에 관한 전 국민의 의사가 객관적으로 명확하게 나타났다고 보기 어렵지만 과거의 여론조사들에 비하여 대통령제보다 분권형 이원정부제에 대한 관심이 높아지고 있다고 추정할 수 있는 근거로는 의미가 있다고 할 것이다.

33 국회 개헌특위 자문위원회 보고서, 287면 이하.

령제를 선호하는 것으로 나타나고 있고 야당의원들은 이원정부제를 지지하고 있어서 국회에서 여야간의 합의안 도출은 어렵기 때문에 현실적으로 정부형태를 포함한 개헌은 현재의 여소야대 정국 하에서는 곤란하다고 볼 수밖에 없다. 2018년 6월 지방선거와 동시에 개헌이 불투명하다고 하더라도 문재인 정부 임기 전반기 내에 개헌이 실현되기 위해서는 개헌에 관한 국민의 의사를 최대한 존중하면서 지금까지의 개헌논의의 성과를 반영하여 정치권의 대타협(great compromise)이 이루어져야 하는 것이 당면 과제이다. 그러기 위해서는 이제부터라도 국민들에게 대안으로 제시된 두 정부형태에 대해 권역별로 공청회와 토론회 등을 통해 충분히 홍보하고 실질적인 국민의 참여를 통한 공론화과정을 거쳐 전국민적 공감대를 형성해 나가는 것이 중요하며, 정치권은 이렇게 형성된 국민의 다수의사를 바탕으로 개헌안을 마련하는 것이 필요하다.

2. 현행 대통령제의 개선·보완을 위한 개헌 제안

(1) 이원정부제보다 대통령 4년 중임제를 제안하는 이유

현시점에서 국회 개헌특위의 다수의견이나 일부 여론조사결과에서 대통령제보다는 분권형 이원정부제를 선호하는 의견이 우세한 것으로 나타나고 있다고 하더라도 필자의 견해는 여전히 대통령제의 기본골격을 유지하면서 제도적 문제점을 개선·보완하는 방향으로의 개헌이 바람직하다고 생각한다. 2016년 늦가을부터 반년에 걸쳐 전국적으로 행해진 국민들의 촛불집회에 나타난 민심이 박근혜정부에 대한 실망과 반감에서 "나라다운 나라"를 만들 수 있는 정치개혁을 요구한 것이지 그러한 국민의 의사에 현행 정부형태의 제도를 폐기하고 새로운 제도를 채택하라는 뜻이 당연히 포함되어 있는 것은 아니라고 본다.[34] 이 점에서 현행 대통령제의 개혁은 필요하지만 그 방법은 대통령제의 폐기가 아니라 대통령제가 제왕적 대통령제로 변질되지 않고 권력분립원리에 입각하여 정상적으로 작동할 수 있도록 제도적 문제점을 시정·보완하는 방법이 우선적으로 고려되어야 할 헌법개정의 방향이라고 생각한다.

현행 정부형태 개혁의 방안으로 이원정부제가 아닌 대통령 4년중임제를 주장하는 이유는 다음과 같다. 첫째, 현행의 5년 단임제를 4년 중임제로 개정하고 대통령 권한의 축소와 의회의 행정부 견제기능 강화를 내용으로 하는 방안이 기존의 제도를 폐기하고 새로운 제도를 도입하는 것을 의미하는 이원정부제 개헌에 비해 헌정질서의 안정을 위해 바람직하기 때문이다. 현행 대통령제의 문제점과 폐해를 극복하기 위하여 기존의 제도를 폐기하

34 이와 같은 생각으로는 김선택, 민주적 정당화의 관점에서 본 정부형태론 –촛불혁명은 정부형태의 변경을 요구하였나–, 공법학연구 제18권 제4호, 2017, 85면 이하.

고 새로운 제도를 도입하는 방안은 커다란 정치적 모험으로서 그 운용과정에서 적지 않은 시행착오와 정치적 불안정을 가져올 위험이 예상되므로 헌정질서의 안정성과 연속성을 기대할 수 없는 문제가 있다. 반면에 대통령 4년 중임제 개헌은 현행 제도의 근간를 유지하면서 문제점을 보완하고 개선해 나가면서 헌정질서의 급격한 변화 없이 안정적으로 통치체제의 연속성을 유지할 수 있다는 점에서 우선적으로 고려될 수 있는 방안이라 할 수 있다. 즉 현행 대통령제의 문제점을 먼저 개선하여 운영해 보지도 않고 덜컥 정부형태를 변경할 것이 아니라 현재의 대통령제를 좀 더 입헌주의적 대통령제의 원형에 어울리게 수정하는 것이 우선되어야 할 것이다.[35] 본질적으로 국가의 통치구조나 정부형태에 관한 헌법개정은 신중을 기해야 하며, 기본적으로는 제도의 유지를 전제로 한 개선방안을 모색하는 것이 바람직하다. 특히 헌법상 통치구조의 기본 골격과 틀은 헌법제정권자의 근본적 결단의 산물을 의미하는 것으로 가능한 한 그 골격은 그대로 유지하는 것이 국가의 존립과 국정의 안정성확보를 위해 중요하다고 할 것이다.[36]

둘째, 대통령제는 대한민국 건국헌법에서부터 지금까지 제2공화국시대의 1년 미만의 짧은 의원내각제 경험을 제외하고 줄곧 채택되어온 제도로서 이미 국민생활 속에 친숙한 제도이지만 이원정부제는 프랑스 등 유럽의 일부 국가에서 채택하고 있는 것으로 서구에서의 오랜 의원내각제의 전통 속에서 그 제도적 문제점을 해결하기 위한 방법으로 미국형 대통령제 요소를 혼합시킨 정부형태로서 우리의 정치문화적 풍토에서는 쉽게 정착될 수 있는 제도로 보기 어렵기 때문이다. 이원정부제는 본질적으로 의원내각제적 원리를 기반으로 하기 때문에 의원내각제 성공의 조건으로서 민주적인 정당체계와 토론과 타협의 정치문화가 확립되어야 하는데 우리의 의회주의에 대한 불신과 정당정치의 낙후성에 비추어 행정권의 분점만으로는 이원정부제가 성공하기 어렵다고 본다. 따라서 우리의 정치적 여건과는 너무 이질적인 새로운 제도의 도입에 따른 위험부담보다는 우리에게 익숙한 제도를 안정 속에서 개선 발전시켜 나가는 것이 훨씬 타당한 방안이 될 수 있다. 이원정부제는 의원내각제와 대통령제의 혼합형인데 이러한 혼합형의 도입이 대통령제의 문제를 치유하는 것이 아니라 오히려 두 정부형태의 문제점이 동시에 드러남으로써 문제를 더욱 확대시킬 가능성이 높다고 할 수 있다.[37]

셋째, 현행 대통령제의 문제점이 제도 자체에서 비롯된 것이라면 그 제도를 폐기하고 새로운 제도를 선택하여 혁명적인 변화를 기대할 수도 있으나 그렇지 아니하고 제도 운용상의 문제에 기인하는 바가 크다고 보는 입장에서는 대통령제의 기본골격은 유지하면서

35 김선택, 앞의 논문, 2017, 105면.
36 정만희, 앞의 논문, 2015, 28면.
37 조정관, 순수대통령제로의 권력구조개편을 위한 제안, 『국민과 함께하는 개헌이야기』(제2권), 320면.

부분적·점진적으로 문제점을 시정하고 개선해 나가는 것이 보다 실효적인 방안이 될 수 있기 때문이다. 외국의 사례를 보더라도 20세기 이후의 입헌주의국가에서 정부형태에 관한 기존의 제도를 폐기하고 새로운 제도를 선택한 경우는 드물며 기존 제도의 틀을 유지하면서 문제점을 개선하고 보완하기 위한 부분적 수정방법을 채택하는 것이 일반적이다. 비교정부형태론의 권위자인 슈거트와 케리가 지적한 바와 같이 대통령제를 시행해 오다가 의원내각제로 바꾼 사례는 거의 찾아볼 수 없다는 것이 이를 말해 주고 있다.[38] 라틴아메리카의 경우 미국형 대통령제를 도입한 많은 국가에서 다당제적 전통에 기인한 정치적 불안정을 극복하기 위하여 대통령제를 수정한 사례들을 볼 수 있으나 그 경우에도 대통령제를 포기하는 것이 아니라 정치인과 정당들 사이의 협상과 타협을 통하여 선거제도와 정치적 관행을 수정해 온 것이 특징이다.[39]

넷째, 이원정부제 도입론에 의하면 집행권의 이원화와 실질적 권력분점으로 대통령의 독재화를 막을 수 있다고 주장하지만 그것은 이상론에 가까운 논리이며 현실적으로는 그 역기능도 간과할 수 없기 때문이다. 이원정부제에서는 실제로 집행권을 명확하게 이원화하기가 어렵고 대통령과 수상간의 권한분배의 모호성으로 인하여 양자간의 갈등을 초래하게 된다. 다시 말하면 이원정부제는 정책의 책임소재가 분산되어 있기 때문에 그 자체가 갈등의 요인이 됨을 부정할 수 없다. 대통령에의 권력의 집중과 독재화의 문제는 현행 체제하에서도 대통령의 권한 자체를 축소하는 방안과 권력분립원리에 따른 의회와 사법부에 의한 통제장치의 강화, 국가권력의 수직적 분배를 위한 지방자치제의 강화 등으로 해결할 수 있는 것이며, 굳이 의원내각제적 원리에 바탕을 둔 집행권의 이원화와 권력분점만이 근본적 해결방안이라고 보기는 어렵다.[40] "권력의 분점은 듣기엔 그럴 듯하지만 현실적으로는 끊임없는 권력투쟁을 낳기 쉽다"는 우려의 목소리를 경청할 필요가 있다.[41]

(2) 정부형태 개헌의 구체적 방안

(가) 대통령 4년 중임제의 채택

대통령 단임제는 대통령제의 본질적 원리에 반하는 문제가 있으며, 중임제에 비해 레임덕 현상이 강하게 나타날 수밖에 없기 때문에 중임제를 채택하는 것이 타당하다. 여기서 중임제는 계속 재임을 제한 없이 허용하는 것이 아니라 1차에 한하여 중임(연이어 선출되어 계속 재임하는 연임제보다 넓은 개념으로서 취임횟수를 2회로 제한하는 중임을 의미함)을 허

38 Matthew S. Shugart and John M. Carey, President and Assemblies: Constitutional Design and Electoral Dynamics, 1992, p.3.
39 Linz and Valenzuela /신명순··조정관 역, 『내각제와 대통령제』, 나남출판, 1995, 112면 이하.
40 정만희, 앞의 논문, 2011, 174면.
41 강원택, 앞의 책, 2006, 211면.

용하는 것이며, 임기는 4년으로 하는 것이 바람직하다. 프랑스의 직선 대통령제의 경우 2000년 헌법개정을 통해 7년 임기제를 5년으로 단축한 예가 있으나, 국내 학계의 입장은 미국형 대통령제와 같은 4년 중임제를 찬성하는 견해가 우세하다고 할 수 있다.[42] 비교헌법적으로 볼 때 대통령 임기를 5년으로 규정한 헌법은 흔치 않으며 단임제를 규정한 경우는 거의 찾아보기 어렵다.[43]

대통령제에서 중임을 허용하지 않는 것은 재선과정에서의 대통령의 직무수행에 대한 국민의 심판기회를 원천적으로 박탈하는 것으로서 대통령제의 본질적 요소로서 국민에 대한 책임(accountability)의 원리에 반하며, 국민의 신임을 얻어 재선에 성공한 대통령이 장기집권으로 독재화할 것이라는 우려는 대통령권력에 대한 실질적인 통제장치가 작동되고 있는 현행 통치구조 하에서는 기우(杞憂)에 불과하다고 할 것이다. 오로지 국민과 국가이익을 위해 선정을 베풀고 장기적 국책 과제를 안정적으로 수행해 나갈 수 있는 대통령에게는 8년의 임기를 인정하는 것도 필요하다고 볼 수 있다. 대통령제의 모국인 미국의 경우를 보면 헌법제정과정에서 대통령의 임기제에 관하여 논의가 많았으나, 재선금지는 대통령으로 취임한 기간 동안의 경험을 살려 국가를 위하여 다시 봉사하는 기회와 가능성을 부정하는 것이 될 우려가 있으며 대통령의 선행(good behavior)을 할 수 있는 동기를 배제시키게 된다는 이유로 재선금지안이 부결되었던 것이다. 그리하여 대통령 임기를 4년으로 하면서 영구재선제(permanent reeligibility)가 채택된 것이다.[44] 그 후 오늘날과 같은 1차에 한하여 중임이 허용된 것은 프랭클린 루즈벨트 대통령의 헌정사상 최초의 4선 당선을 계기로 1951년 연방헌법 수정 제22조에 의해 3선금지제가 명문으로 채택된 이후이다.[45]

대통령과 국회의원의 임기를 동일하게 4년으로 하더라도 선거실시 주기의 일치 여부에 대하여는 헌법사항으로 규정할 필요가 없다고 보지만, 대통령 4년 중임제로 개헌이 되면 대통령과 선거주기를 일치시키는 것이 선거비용의 절감과 국정운용의 효율성의 측면에서 바람직하다고 할 것이다.[46]

---

42 대통령제를 반대하는 입장에서 이원정부제 개헌을 제안하면서 대통령의 임기를 6년으로 하고 단임제를 주장하는 견해로 2014년 국회 헌법개정자문위원회 보고서와 2016년 대화문화아카데미의 헌법개정안 등이 있으나 6년 임기는 단임제라 하더라도 의회·내각과 대통령이 대립하는 동거정부의 경우 장기간의 정치적 갈등과 불안정을 초래하는 문제가 있다고 생각한다.

43 대통령 단임제를 채택하고 있는 나라는 멕시코와 필리핀의 6년 단임제 정도이며 아르헨티나는 6년 단임제를 중임제로 개정하였다.

44 Stephen J. Wayne, The Road to the White House: The Politics of Presidential Election, 1984, p.5.

45 1940년 프랭클린 루즈벨트 대통령이 3선에 성공하고 1944년에는 4선 대통령으로 당선되자 중임제한의 필요성이 제기되어 1951년 수정헌법 제22조에 의해 3선금지가 채택된 것이다. 상세는 Thomas E. Cronin, The State of the Presidency, 1980, pp.46–49.

46 필자는 이전에는 오히려 대통령과 국회의원의 선거주기가 일치되지 않는 것도 무방하거나 바람직하다고 견해를 밝힌 바 있다. 헌법상 권력분립정신에 기초한 헌법기관의 임기차등제의 원리에 비추어 동일한 선거주기가

(나) 절대다수대표제와 결선투표제의 도입 여부

현행의 대통령선거제도는 상대다수대표 선거제로서 민주적 정당성의 취약성과 소수파대통령의 출현이라는 문제점을 안고 있으므로 그 개선방안으로 절대다수대표 선거제와 결선투표제 도입을 헌법에 반영해야 한다는 견해가 대통령제의 개헌논의의 하나로 제기되어 왔다. 이에 대해 필자의 입장은 최근까지 소극적인 태도를 유지해 왔다. 그 이유는 민주적 정당성의 제고를 위해 절대다수대표제가 바람직하지만 현대의 다원주의 사회에 있어 절대다수의 지지확보는 용이하지 않다고 보며, 향후 한국의 정당정치가 양당제로 개편될 가능성이 보인다면 다당제를 전제로 한 절대다수대표제와 결선투표제 도입은 무의미하기 때문이다. 또한 결선투표제의 도입은 대통령선거를 두 번 치르게 됨에 따라 막대한 재정과 행정력의 소모를 초래하게 되며, 또한 절대다수대표제 하에서는 오히려 후보자의 난립과 정치분열을 조장하게 된다는 분석도 있고, 후보자간의 연대와 제휴과정에서 민주적 정당성이 왜곡되는 문제도 지적되기 때문이었다. 따라서 그 대안으로 유권자의 총유효투표수의 40% 이상 득표자를 당선자로 하는 방안을 제시한 바 있다. 현행 헌법 제67조 제3항에 "대통령후보자가 1인일 때에는 그 득표수가 선거권자 총수의 3분의 1 이상이 아니면 대통령으로 당선될 수 없다"라고 규정하고 있는 것은 대통령선거에서 후보자가 1인일 때 투표율의 저조를 예상한 투표율 제고를 위한 것이며, 동시에 당선자의 득표수에 관한 최소한도의 민주적 정당성의 요구를 의미한다고 할 수 있다. 이 점에서도 유효투표수의 40% 이상 득표기준은 무리가 없다고 본 것이다.[47]

그러나 최근의 국회 개헌특위 자문위원회보고서에는 정부형태를 불문하고 결선투표제 도입을 제시하고 있다. 상대다수대표제로 선출되는 현행 대통령의 경우 소수파대통령이 일반화되면서 대통령의 민주적 정당성에 대한 시비가 구조화되고, 대선시기마다 단일화논의에 의해 대통령선거에서 정책경쟁보다 정치공학적 선거연합논의가 지배하여 대통령선거의 본질적 의미가 변질되는 문제를 해결하기 위해서 투표자 과반수의 득표를 얻는 자를 대통령당선자로 하고 이를 위해 결선투표제를 도입하는 것을 제안하고 있다.[48] 그 밖에 학계와 시민단체의 개헌안 등에서도 대통령선거의 절대다수대표제를 선호하고 있음을 볼 수 있다.[49]

바람직한 것만은 아니며, 미국의 경우 대통령 임기 중간에 실시되는 하원의원선거가 대통령에 대한 중간평가의 성격을 갖는 것으로 이해될 수 있다고 보았기 때문이다(정만희, 헌법개정연구(주5), 114면). 그러나 선거주기를 맞춘다고 해서 분열정부의 출현이 사라지는 것은 아니며 동시선거로 인한 선거경비 절감의 효과도 크므로 대통령 4년중임제의 경우 대통령과 국회의원의 동시선거는 바람직하다고 할 것이다.

47 정만희, 앞의 책, 2010, 115면.

48 국회 개헌특위 자문위원회 보고서, 322면.

49 대화문화아카데미의 2016년 개헌방안에는 이원정부제를 제시하면서 대통령의 6년 단임제와 절대다수대표선

1987년 헌법의 대통령 직선제 환원 이래 역대 대통령은 대부분 투표자의 과반수 득표를 얻지 못하여 민주적 정당성의 취약성이 지적되어 왔으며 선거때마다 후보들간의 단일화논의로 선거의 본질적 의미가 변질되는 문제점 등이 드러남에 따라 현행의 상대다수대표제에 대한 개혁논의가 공감대를 얻는 상황에서 절대다수대표제와 결선투표제 개헌은 바람직한 방향이라고 판단된다.

(다) 국무총리제의 폐지와 부통령제의 도입 여부

현행 정부형태의 개선방안으로 국무총리제를 폐지하고 미국형 부통령제를 도입하자는 견해는 현행 대통령제의 민주적 정당성을 제고하는 관점에서는 타당하다고 하겠으나, 보다 신중한 검토가 필요하다고 본다. 미국의 부통령은 대통령과 함께 국민에 의해 선출되므로 형식적으로는 민주적 정당성을 갖게 되지만 대통령후보는 오직 당선을 위한 득표전략으로 부통령후보를 지명하기 때문에 부통령의 대통령직승계자로서의 인품이나 지도력 등을 고려하지 않는 현실에서 부통령은 국민의 신임에 기초한 실질적인 민주적 정당성을 부여받기 어려우며, 대통령과의 관계에서 임기 중 갈등관계가 지속되는 문제가 있다.[50] 미국의 부통령제는 헌법제정 당시부터 제도적 결함이 지적되어 왔으며 지금도 부통령제에 대한 학계의 비판적 시각이 적지 않으므로 우리 헌법상 부통령제의 도입은 또 하나의 시행착오를 불러오게 할 수 있다. 미국의 부통령은 대통령의 보좌기관이면서 헌법상 연방상원 의장의 지위를 가지며(제1조 제3항 제4절), 대통령이 궐위되거나 직무를 수행할 수 없는 경우 대통령직을 승계하거나 권한대행자로서의 직무를 수행한다(제2조 제1항 제6절). 상원의장으로서의 부통령은 상원의 회의를 주재하고 가부동수의 경우 표결권을 행사하도록 규정하고 있으나. 실제로 부통령이 상원에서 회의를 주재한 경우는 극히 드물었으며, 제도적으로도 부통령이 상원의장직을 수행하는 것은 권력분립의 헌법정신에 반하게 되므로 이에 관한 헌법개정을 요구하는 주장도 제기된 바 있다. 또한 헌법시행 초기부터 부통령의 대통령보좌기관으로서의 역할은 크게 강조되지 않았으며, 부통령이 대통령의 각료회의에 참석하지도 않는 유명무실한 직위에 불과하였다. 20세기 이후 부통령이 대통령보좌기관으로서 일정한 역할을 담당해 오고 있으나 대통령과 부통령 간에는 보이지 않는 갈등관계가 존재하고 있다. 미국의 부통령은 국가정책이나 정부의 기능에 실질적

거제 및 결선투표제를 제안하고 있다. 대화문화아카데미, 『2016 새헌법안』, 2016, 316면 이하.

50 대통령과 부통령의 갈등관계는 다음과 같은 헌법적, 정치적 요인에 기인하는 것으로 설명될 수 있다. 첫째, 대통령이 선거로 선출된 부통령을 해임할 수 없다는 점이며, 둘째, 대통령은 잠재적 대통령으로서의 부통령을 부담스러워 한다는 점, 셋째, 대통령은 부통령의 정치적 성공을 경계하기 때문에 부통령에게 중요 권한을 위임하지 않으며, 이보다는 언론을 비판하거나 대통령의 정적을 공격하는 것과 같이 정략적인 일에 부통령을 앞세우는 경우가 많다는 점 등을 들 수 있다, 강승식, 미국부통령직에 관한 연구, 중앙법학 제9집 제1호, 2007, 14면.

인 참여가 결여된 단지 '의례적 역할'(ceremonial role)만을 수행하는 것으로 간주되어 왔으며 그 부통령직의 효용성에 대한 비판이 끊이지 않았고, 동정과 조소의 대상이 되어 왔다는 지적이 있다.[51]

생각건대 미국헌법에 특유한 대통령과 부통령제, 특히 미국의 특수한 역사적 배경과 정치적 상황에서 고안되고 운용되어온 부통령제가 한국의 현시점에서 절실히 요청되는 제도인가에 대해서는 의문이 제기될 수 있다. 대통령 유고시 대통령직을 승계하거나 권한을 대행하는 제도로서 부통령제의 존재의의 이외에는 헌법현실에 있어 부통령제가 유명무실하거나 행정부 내부의 갈등요인을 야기하는 제도에 불과하다면 굳이 부통령제를 도입할 필요성을 인정하기 어렵다고 본다.[52] 미국 부통령제에 있어서도 대통령후보의 런닝메이트로 지명되어 당선된 부통령이 대통령직을 승계하거나 권한대행하는 점에 대해서 심각한 민주적 정당성의 문제가 제기되고 있으며 부통령제의 폐지론도 제기되고 있음을 간과해서는 안 될 것이다.[53]

따라서 현행 대통령제와 국무총리제의 문제점 극복방안으로 미국형 정부통령제 도입을 무비판적으로 받아들일 것이 아니라 미국 부통령제의 제도와 운용상의 문제점에 대한 심도 있는 연구 검토가 전제되어야 하며, 그보다는 한국의 헌정사와 함께 오랜 기간 국민의 정치생활 속에 친숙해진 국무총리제를 유지하면서 그 개선책을 찾는 것이 바람직하다고 본다.[54]

(라) 의원내각제적 요소의 부분적 배제

현행 헌법상 정부형태의 의원내각제적 요소로 간주되는 국회의원과 국무위원의 겸직허용은 대통령의 의회에 대한 우월적 지위를 강화하는 요인이 되는 문제가 있으므로 현 대통령제의 골격을 그대로 유지하는 부분적 개헌이 이루어지는 경우에는 겸직금지를 헌

51 미국 부통령제의 성립기원과 전개과정, 제도적 문제점과 개혁방안 등에 관한 상세는 Richard Albert, The Evolving Vice Presidency, 78 Temple Law Review 811(2005) 참조.

52 부통령제 도입에 신중론 내지 부정적 입장은 김문현, 앞의 논문, 2006, 67면.

53 미국 대통령선거의 실제를 보면 대통령후보자들은 대통령선거에서의 '득표전망'을 기준으로 부통령후보자를 지명하고 부통령의 정치적 지도력이나 대통령직승계자로서의 자질 등은 크게 고려되지 않고 있기 때문에 이러한 부통령이 대통령직을 승계하는 것은 타당하지 않으므로 국민이 새로 대통령을 선출하는 것이 바람직하다는 주장도 제기되고 있다. 이에 관한 대표적인 입장으로는 Arthur M. Schlesinger, Jr., The Imperial Presidency, 1974, pp.481-493.

54 부통령제를 도입하지 않고 현행 국무총리제를 보완하는 방안으로는 민주적 정당성의 취약성을 극복하기 위해 국회의 동의절차에 관한 헌법상의 일반정족수(제86조 제1항)를 특별정족수로 강화하는 것을 고려해 볼 수 있다(예컨대 재적의원 과반수의 찬성 또는 출석의원 3분의 2 이상 찬성). 국무총리임명에 있어 국회의 동의절차는 대통령의 인사권에 대한 통제의 의미와 함께 대통령권한대행자의 지위에 대한 간접적인 민주적 정당성 부여행위로서의 의미를 가지는 것이므로 여기서의 의결정족수는 다른 헌법기관임명의 의결정족수와 구별할 필요가 있지 않은가 생각된다.

법에 직접 규정할 필요가 있다.[55] 헌법상 의회의원의 겸직금지를 구체적으로 규정한 예로는 미연방헌법 조항(제1조 제6항 제2절)[56]에서 찾아볼 수 있으며, 한국의 제3공화국헌법에서도 겸직금지조항을 볼 수 있다.[57] 2009년 국회 헌법연구자문위원회 보고서에서도 정부형태의 제2안으로 제시된 대통령 4년중임제에서 국회의원과 국무위원의 겸직금지를 명문화하는 것을 제시하고 있다.[58]

또한 현행 헌법상 인정되고 있는 대통령의 법률안제출권(제52조)도 의원내각제적 요소에 해당하는데 이러한 대통령의 법률안제출권은 의회와 행정부의 상호독립에 기초한 대통령제의 원리에 반하며 대통령의 우월적 지위를 강화시키는 문제가 있으므로 폐지하는 방향으로 검토할 필요가 있다고 본다. 대통령의 법률안거부권과 함께 법률안제출권을 인정하는 것은 실질적인 입법주도권을 정부가 갖게 되는 문제가 있으며, 정부가 제안하는 법률안은 여당 국회의원을 통해 발의할 수 있기 때문에 정부의 법률안제출권은 폐지하는 것이 바람직하다.[59]

다만 국회의 국무총리 및 국무위원에 대한 해임건의권(제63조 제1항, 제2항)도 의원내각제적 요소에 해당하지만 이 해임건의권은 국회의 주요한 행정통제기능의 하나이므로 그대로 유지하거나 법적 구속력을 부여하여 강화하는 것이 필요하다고 본다.[60] 다시 말하면 우리 헌법상 통치구조의 의원내각제적 요소 중에서 대통령의 권한행사를 강화시키고 권력집중에 기여하는 의원의 각료겸직과 법률안제출권은 삭제하고, 반대로 대통령의 권한에 대한 통제기능을 수행하는 국회의 국무총리 및 국무위원 해임건의권은 오히려 법적 구속력을 갖도록 강화시키는 것이 제왕적 대통령제의 우려를 불식시키는 길이라고 할 수 있다.[61]

---

55 정만희, 앞의 책, 2010, 99면 이하.

56 미국연방헌법 제1조 제6항 제2절: "상원의원 또는 하원의원은 그 재임 중에 신설되거나 또는 봉급이 증액된 합중국의 어떠한 공직에도 그 선출된 임기중에 임명되지 못한다. 합중국의 공직에 있는 자는 누구든지 그 임기중에 양의원 중의 어느 1원의 의원으로 될 수 없다".

57 제3공화국헌법 제39조는 "국회의원은 대통령·국무총리·국무위원·지방의회의원 기타 법률이 정하는 공사의 직을 겸할 수 없다"라고 규정하고 있는데, 이는 제3공화국헌법이 제2공화국헌법의 의원내각제를 폐지하고 대통령제로 환원하면서 엄격한 권력분립원리에 충실한 대통령제를 채택한 것이라는 당시 헌법제정권자의 기본정신을 반영한 것이라 할 수 있다.

58 국회 헌법연구자문위원회 보고서, 225면.

59 국회 개헌특위 자문위원회 보고서뿐만 아니라 그 이전의 국회 헌법개정자문위원회 보고서 등에서도 법률안제출권의 폐지를 제안하고 있다.

60 정만희, 앞의 책, 2010, 161면.

61 연혁적으로 볼 때 제3공화국헌법은 해임건의권을 규정하면서 "해임건의가 있을 때에는 대통령은 특별한 사유가 없는 한 이에 응하여야 한다"(제59조 제3항)라고 하였으며, 제4공화국헌법과 제5공화국헌법은 해임의결권으로 규정하였다가, 현행헌법에 와서 다시 제3공화국헌법과 같은 해임건의권으로 바뀌면서 그 단서조항은 삭제되었다.

(마) 대통령 권한의 축소와 대통령에 대한 통제기능 강화

현행 대통령제의 골격을 유지하는 경우 대통령에의 권력집중과 제왕적 대통령제로의 운용에 대한 우려를 불식하기 위해서 대통령의 헌법상 권한을 일부 축소하고 대통령 권한 행사에 대한 통제기능을 강화할 필요가 있다. 따라서 대통령의 법률안제출권을 삭제하여 의회의 입법기능을 강화할 필요가 있으며, 헌법개정절차에 있어서 대통령의 헌법개정안 발의권을 삭제하는 것이 바람직하다. 그 대신에 헌법개정안 발의에 국민발안을 인정하여 직접민주제적 요소를 부분적으로 확대하는 것을 적극적으로 검토할 수 있다.[62] 대통령의 권한으로서 법률안제출권이나 헌법개정안 발의권의 삭제 등은 대통령제의 원형인 미국 대통령제 정부형태에 접근하는 것을 의미한다.

대통령의 행정부 구성에 관한 광범위한 인사권 중에서 일정부분 국무총리에게 위임할 수 있는 헌법적 근거를 두도록 하고, 국무총리와 국무위원의 지위를 대통령의 보좌기관에 머물지 않게 하고 어느 정도 자율적 행정권을 보장하는 것 등을 고려할 필요가 있다. 대통령의 사면권 행사의 제한은 국회의 동의를 얻지 않고 행해지는 특별사면의 경우 법률로써 그 대상과 절차 등을 엄격히 제한할 필요가 있으며,[63] 인사권의 통제기능 강화를 위해 국회의 인사청문회제도에 있어서 청문회 대상을 확대하고 청문보고서에 구속력을 부여하는 것 등의 개선방안을 생각할 수 있다.

2018년 국회 개헌특위 자문위원회 보고서의 대통령 4년중임제안에 의하면 대통령에게 권력이 집중된 문제점을 해결하기 위하여 대통령의 국가원수직을 폐지하여 대통령이 국회와 대등한 국가권력의 수반임을 분명히 하는 한편 국무총리와 국무위원의 대통령의 보좌기관으로서의 지위를 삭제하거나 행정에 대한 통할권이 대통령과 국무총리의 협치에 의해 이루어지도록 하고 행정각부의 장에게 자율적 집행권을 보장함으로써 책임총리와 책임장관제로 운영될 수 있도록 헌법적 근거를 마련하는 것을 제안하고 있다.[64] 이러한 개헌특위의 제안은 대통령의 권력통제를 위한 효과적인 방안이 될 수 있으나, 국가원수로서의 대통령의 지위를 삭제하는 것은 대통령제의 본질적 요소를 훼손하게 될 우려가 크다고 본다.[65]

---

62 정만희, 헌법개정조항의 개성필요성에 관한 검토, 공법연구 제39집 제2호, 2010, 395면 이하.

63 이에 관하여는 정만희, 차기정부의 헌법적 과제, 헌법학연구 제19권 제1호, 2013, 194면 이하.

64 국회 개헌특위 자문위원회 보고서, 292면.

65 대통령제의 원형인 미국 대통령제에 있어서 대통령은 국가의 원수(Head of State)로서의 지위와 행정부 수반(Chief Executive)으로서의 지위를 갖는 것이 본질적 요소에 해당하는 것이므로 독임제 기관인 대통령의 국가원수의 지위를 삭제하거나 국회와 대등한 지위에서 국가의 수반을 인정하는 것은 문제가 있다고 본다. 우리나라 대통령제가 문제되는 것은 국가원수의 지위에서 국정의 통합·조종자적 지위를 부여하여 국민투표부의권, 헌법개정안발의권, 법률안제출권, 사면권 등을 인정함으로써 대통령의 국회에 대한 우월적 지위가 확보된 데에서 기인하는 것이므로 이러한 권한들을 제한·축소함으로써 대통령권력을 통제할 수 있는 것이다.

(3) 소 결

현행 대통령제의 문제점 극복방안으로서 4년중임제 개헌은 대통령제의 본질적 원리로서 책임성과 안정성을 확보하는 데 있으며, 절대다수제 선거제도는 대통령의 민주적 정당성 제고에 있다. 대통령에의 권력집중의 문제는 대통령의 권한을 축소하여 법률안제출권, 헌법개정안발의권을 폐지하고 국회의원의 국무위원 겸직금지를 명문화하며, 대통령의 광범위한 인사권을 국무총리와 국무위원에게 상당부분 위임하는 것 등을 고려할 수 있다. 대통령제에 대해 비판적인 입장에서 대통령제는 선거의 승자가 모든 것을 얻는 제로섬의 정치게임을 의미하므로 합의제적 방식보다는 '다수제적 경향'(majoritarian tendencies)에 따라 권력의 형성과 행사가 이루어진다고 지적하지만, 그러한 다수제적 경향 하에서도 의회와 대통령간의 엄격한 권력분립을 전제로 한 양자간의 상호견제(mutual checks) 속에서 권력적 균형이 이루어지며, 이 상호견제는 국정운영의 수준을 높여주게 된다는 데에서 대통령제의 장점으로 작용하게 된다.[66] 대통령제의 원형인 미국의 경우를 보면 대통령은 의회와 정부간의 상호견제 속에서도 의회지도자들과 대화와 타협을 통해 협치가 이루어지도록 하고 있으며, 야당 의원들도 정당기속을 받지 않고 국가이익을 우선하는 의정활동에 의해 의회와 정부간의 대립과 갈등을 해소하는 정치현실을 볼 때 대통령제가 배타적이고 대립적 정치만을 지향하는 것은 아니다.[67]

3. 정치적 모험으로서 이원정부제 개헌론

(1) 이원정부제의 본질적 특성과 장·단점

전술한 바와 같이 이원정부제 개헌론의 주요논거는 현행 대통령제의 권력집중과 그에 따른 제왕적 대통령제로의 국정운용의 폐해를 막기 위해서는 권력분산 또는 권력분점형 정부형태의 도입이 필요하다는 것이다. 정치권에서는 이원정부제 개헌을 지지하는 세력이 확산되고 있고, 2009년 국회 헌법연구자문위원회와 2014년 헌번개정자문위원회도 정부형태 개헌안으로 이원정부제 내지 분권형 대통령제를 제안한 바 있으며, 2018년 국회 개헌특위 자문위원회도 다수의견으로 이원정부제를 제시하였다,[68] 학계에서도 이원정부제를 지지하는 견해가 증가하는 추세를 보이고 있다.[69]

---

66 Shugart & Carey, op. cit., p.48.

67 이 점에 관하여는 정만희, 대통령제에 있어서 분열정부(divided government)의 헌법문제, 헌법학연구 제14권 제2호, 2008, 417면 이하.

68 헌법연구자문위원회 결과보고서, 15-16면; 헌법개정자문위원회 활동결과보고서 I, 53면 이하; 국회 개헌특위 자문위원회 보고서, 287면 이하.

69 이원정부제 도입론의 대표적 견해로는 성낙인, 한국헌법과 이원정부제, 헌법학연구제5집 제1호, 1999, 70면 이

이원정부제는 일반적으로 행정부가 대통령과 수상(내각)으로 이원화되어 양자는 서로 독립하여 행정권을 분점하며, 대통령은 국민에 의해 직선되어 민주적 정당성을 확보하고 외교·국방 등 외치에 관한 권한을 행사하며, 수상은 의회의 다수파에 의해 선출되어 일반적 내치영역의 행정권을 행사하고 의회에 대해 책임을 지는 정부형태를 의미한다. 이원정부제는 프랑스를 비롯하여 유렵의 일부 국가에서 채택하고 있는데 그 공통적 개념징표의 요소는 다음과 같이 요약할 수 있다. 첫째, 이원정부제란 의원내각제적 요소와 대통령제적 요소가 혼합되어 있으나 그 혼합의 형태는 의원내각제의 기반 위에 대통령제적 요소를 절충한 것을 의미한다. 둘째, 집행부가 이원적으로 구성되어 대통령과 내각(수상)이 실질적인 권한을 나누어 갖는다. 셋째, 대통령은 국민으로부터 직접 선출되어 의회에 대한 정치적 책임을 지지 아니하며, 내각은 의회의 정부불신임권에 의해 정치적 책임을 진다. 넷째, 대통령은 의회해산권을 가지고 국가위기시에 비상대권을 행사한다. 요컨대 이원정부제는 집행부의 실질적 이원화(양두제), 대통령의 사실상 직선제, 의회의 정부불신임권을 본질적 요소로 하는 정부형태라고 할 수 있다.[70] 이와 같이 이원정부제의 본질적 특성은 대통령과 수상이라는 집행부의 이원화를 통한 '행정권의 양두화'에 있으며 그것은 집행부 안에 대통령과 수상의 두 기관이 단순히 존재한다는 의미가 아니라 양자가 서로 독립성을 가진다는 데 있다. 이러한 집행부의 양두체제가 이원정부제의 장점인 동시에 단점으로 작용하게 된다.

이원정부제의 장점으로서는 일반적으로 평상시에 있어서 의원내각제적으로 운영될 수 있기 때문에 입법부와 행정부의 대립에서 오는 마찰을 피할 수 있고 책임정치의 구현이 가능하다고 할 수 있으며, 국가 위기시에는 대통령이 직접 통치함으로써 신속하고도 안정된 국정처리를 가능하게 한다는 점을 들고 있다. 반면에 이원정부제의 단점으로는 대통령이 국가긴급권과 의회해산권을 가지고 있어서 독재화의 우려가 있으며, 집행권의 이원화로 인하여 대통령과 수상 사이의 명확한 권한의 분배나 획정이 없는 상태에서 상호간의 갈등이 심화될 소지가 있고 그것은 결국 정치적 불안정으로 이어질 수 있다는 점을 들 수 있다. 특히 대통령제에 있어서 여소야대의 분점정부의 경우와 마찬가지로 이원정부제에 있어 의회의 다수당과 대통령 소속 정당이 일치하지 않는 상황에서 '동거정부'(cohabitation)의 출현은 대통령과 수상간의 갈등과 충돌을 야기하는 문제가 있다.

이원정부제의 원리는 이론상 권력의 분점이라는 장점적 요소에도 불구하고 각국에서

하; 성낙인, 새로운 헌법의 모색과 방향: 87년 체제의 극복, 국회입법조사처, 입법과 정책 제1권 제1호, 2009, 18면 이하.

70 성낙인, 앞의 책, 2017, 387면.

의 그 구체적인 원리와 운용실태는 그들 나라의 정치문화와 정당체계 등에 따라 차이가 있으며 대통령과 수상간의 권한배분 등 관계정립에 있어서도 각 나라에 따라 차이가 있다.[71] 학자들의 분석에 따르면 이원정부제를 도입한 국가들은 도입당시의 이상과는 달리 그 운용의 실제에 있어서는 대통령제적 모델로 운영되든지 아니면 영향력은 있지만 권력을 갖지 못한 대통령을 둔 내각제의 모형에 가깝게 운영된다고 한다.[72] 결국 이원정부제는 어떠한 사례에서도 대통령과 수상이 동시에 공동으로 집행부를 지배하는 방식인 절반 대통령제와 절반 의원내각제로 운영된 적이 없다는 것은 매우 의미 있는 분석이라 할 수 있다.[73] 따라서 이원정부제가 대통령제로 운용되는 시기에는 의회해산권 및 새로운 총선 실시권 등 통상적인 대통령제 하에서의 대통령권한 이상의 과도한 권력집중으로 인한 제왕적 대통령의 문제가 나타나며, 내각제로 운용되는 시기에는 실질적인 권한을 갖고 있는 직선 대통령이 존재함에 따라 내각제이면서도 대통령과 수상간의 권력배분을 둘러싼 갈등의 문제가 제기될 수 있다. 또한 대통령과 수상이 동일한 정당 소속이라고 하더라도 대통령과 수상의 책임소재가 분산되어 있어 양자간에는 항상 갈등의 소지가 있으며 결국 이원정부제의 정상적 운영은 대통령의 개인적 성격이나 능력에 따라 좌우된다는 점에서도 문제가 있다.[74]

(2) 이원정부제 개헌안의 내용

(가) 국회 개헌특위 자문위원회 보고서의 분권형 정부제 제안

전술한 바와 같이 정부형태의 개헌방향에 관한 최근 학계의 연구동향이라든지 국회의 두 차례에 걸친 자문위원회 보고서 및 2018년 국회 개헌특위 자문위원회 보고서의 내용을 보면 이원정부제 또는 분권형 정부제를 가장 선호하는 정부형태의 대안으로 제시하고 있다.

2018년 1월 국회 개헌특위 자문위원회 보고서를 중심으로 하여 분권형 정부제의 구성원리와 내용을 살펴보면 다음과 같다. 분권형 정부제는 국회에서 선출되는 총리가 대통령으로부터 독립하여 집행기능의 일부분을 담당하도록 함으로써 집행권 내에서 대통령과 총리 사이의 분권이 실현되도록 하는 방안으로 제시되고 있다.[75] 대통령은 국민에 의해

---

71 이원정부제 내지 분권형 정부제의 유형으로서 대통령 중심 분권형과 총리 중심 분권형에 관한 비교고찰로는 장영수, 분권형 정부형태에서 대통령－총리의 역할분담에 관한 연구, 유럽헌법연구 제23호, 2017, 121면 이하.

72 Linz and Valenzuela/신명순·조정관 역, 앞의 책, 1995, 144－145면.

73 이 점에서 이원정부제를 권력분점형 정부형태로 보는 것은 오해의 소지가 있다고 하고 한국에서의 이원정부제 도입에 신중론을 강조하는 견해로는 강원택, 앞의 책, 2006, 185면 이하.

74 Linz and Valenzuela/신명순·조정관 역, 앞의 책, 1995, 146면.

75 국회 헌법개정특별위원회 자문위원회 보고서, 290면.

직선되고 6년 단임제로 하며, 국가원수직을 유지하도록 하였다. 대통령은 기획·재정과 통일·외교·국방, 국민통합에 관한 정책의 수립·실시에 관한 권한 및 공무원임명권, 사면권, 국민투표부의권 등을 가지며, 그 밖의 영역에 대한 행정권은 총리에게 부여한다. 대통령의 소관사항에 대한 심의기관으로 기회·재정심의회, 통일·외교·안보심의회, 국민통합심의회를 두며, 국무총리는 하원에서 선출된 자를 대통령이 임명하고 대통령으로부터 독립된 지위를 가진다. 하원은 후임 총리를 선출함으로써 총리를 불신임할 수 있도록 하여 독일식의 건설적 불신임제를 도입하고 있다. 하원은 내각위원에 대하여 재적의원 3분의 1 이상의 발의와 재적의원 과반수의 찬성으로 불신임을 의결할 수 있다.[76] 이 개헌특위 자문위원회 보고서의 제안은 대통령과 총리 사이의 권한배분에 있어서 일반적으로 논의되어 온 기준으로 외치의 영역과 내치 영역의 구분 보다는 권한과 기능을 중심으로 하여 외교·안보에 관한 권한뿐만 아니라 기획·재정과 국민통합 기능을 대통령의 관장사항으로 하고, 그 밖의 행정권을 총리의 권한으로 함으로써 대통령 중심의 분권형에 가까운 유형을 제시하고 있다고 할 수 있다.

(나) 학계와 시민단체 등의 이원정부제안

학계에서의 정부형태 개헌안에 관한 논의에서도 현행 대통령제의 권력독점과 제왕적 대통령제의 폐해를 극복하기 위한 방안으로 이원정부제 내지 분권형 대통령제를 제안하는 견해가 다수적 입장이라고 볼 수 있다. 이원정부제의 유형에 있어서도 대통령 중심의 분권형 정부제인 프랑스의 정부형태를 선호하는 입장과 총리 중심의 분권형 정부제인 핀란드, 오스트리아의 정부형태를 선호하는 입장으로 나뉘고 있다. 총리 중심의 분권형은 국회의 다수파가 지지하는 총리가 집행권의 수반을 맡고 국민이 직선하는 대통령에게는 법률안거부권 등을 부여하여 총리중심의 행정부를 통제할 수 있도록 하는 방안이다. 이 대안은 대통령에게 능동적이고 적극적인 실질적 집행권보다는 소극적 국정통제권만을 인정하고 집행권을 기본적으로 총리에게 부여한다는 점에서 대통령제적 분권형과 구별된다.[77]

대화문화아카데미의 '2016 새헌법안'도 총리중심의 분권형을 제시하고 있다. 총리는 집행부의 수장으로 정책을 수립하고 집행하며, 대통령이 갖는 법률안거부권, 법률안에 대한 위헌심판제청권, 조약비준권, 영전수여권 등을 제외한 나머지 집행권은 총리와 내각의 권한으로 하고 있다.[78]

76 위 보고서, 312면 이하.
77 이현출, 한국에서의 분권형 개헌논의, 건국대 법학연구소, 일감법학 제37호, 2017, 195면.
78 대화문화아카데미, 2016 새헌법안, 25면.

(3) 이원정부제의 성공조건

앞으로 문재인정부에서의 개헌논의의 향방과 개헌의 실현가능성에 대해서는 쉽게 예측하기 어려우나, 향후 본격적인 공론화과정을 통해 대통령 4년중임제보다 분권형 정부제에 대한 선호도가 높아지고 분권형 정부제 개헌에 관한 국민적 공감대가 형성된다면 정치권에서 이러한 국민의 의사를 존중하여 여야간에 합의를 통해 분권형 정부형태로의 개헌도 가능하다고 할 것이다. 그러나 이러한 분권형 정부제 내지 이원정부제의 도입은 한마디로 정부형태에 관한 새로운 제도의 선택을 의미하기 때문에 그만큼 정치적 모험에 따른 위험부담이 있으며 여러 가지 시행착오와 혼란을 초래할 수 있으므로 그 성공의 전제조건에 대한 충분한 검토가 선행되어야 한다.

이원정부제는 본질적으로 의원내각제의 기반 위에 대통령제적 요소를 혼합시킨 정부형태이므로 우선적으로 의원내각제의 성공조건이 이원정부제에도 그대로 적용될 수밖에 없다. 의원내각제는 서구에서의 오랜 의회주의의 전통 속에서 민주적인 정당제도를 기반으로 하여 발전해 온 것이나, 의회주의원리가 정착되지 못하고 의원들의 자질과 역량 부족으로 국민의 신뢰를 받지 못하는 정치현실에서는 헌법상 국민의 대의기관으로서의 의회가 국민의 의사를 존중하고 국민의 이익을 우선하는 입장에서 국가의사를 결정하기 어렵게 된다. 그리고 정당이 민주화되지 못한 상황에서는 일반 당원과 유권자의 의사가 상향적으로 당의결정에 반영되지 못하게 되고, 정당의 조직이 폐쇄적이고 관료적이며 지역정당성과 붕당정치를 벗어나지 못하게 되면 의원내각제 원리의 정상적인 작동을 기대하는 것은 거의 불가능하다.

또한 선거제도에 있어서도 우리의 소선거구 다수대표제와 비례대표제의 결합은 유권자의 정치적 의사와 의회의 의석분포 간에 비례성을 확보하지 못하고 유권자의 의사가 왜곡되는 결과를 초래하게 된다. 이러한 후진적인 정당정치와 선거제도 하에서의 의원내각제는 국민의 의사가 공정하게 반영된 의회와 집행부(내각)의 구성을 곤란하게 만들게 됨은 주지의 사실이다. 따라서 이원정부제 원리도 의회의 다수파에서 총리가 선출되고 내각을 구성하며, 의회는 총리(내각)불신임권을 행사할 수 있는 점에서 의원내각제와 같으므로 민주적인 정당제도와 선거제도의 개혁은 이원정부제가 성공적으로 정착할 수 있는 필수적인 요건이다. 이와 같은 맥락에서 국회 개헌특위 자문위원회 보고서도 어떠한 정부형태를 선택하든 간에 정부형태 개헌에 있어서는 선거제도 및 정당제도가 민주적으로 개혁되어야 함을 병행조건으로 강조하고 있다.[79] 그리고 이원정부제는 집행부의 실질적 이원화를 통한 대통령과 총리 간의 권한배분의 원리를 기초로 하는데 의회의 다수의사에 의해

79 국회 개헌특위 자문위원회 보고서, 287면.

선출되는 총리와 국민에 의해 선출되는 대통령 간에 대립과 갈등이 생기는 경우에 동일한 집행부 내에서 독립된 두 기관이 충돌하게 되면 집행권의 안정적이고 효율적인 행사가 어렵게 되므로 이러한 문제를 해결할 수 있는 방안들을 어떻게 마련할 것인가를 신중하게 검토해야 할 것이다. 대통령제의 권력독점과 제왕적 대통령의 문제점을 극복하기 위해 이원정부제를 도입함으로써 집행권을 두 개의 기관에 나누어 실질적인 분권을 통해 대통령 권력을 제한하는 것은 이론적으로는 이상적일 수 있으나 권력의 본질적 속성상 집행권을 양두화(兩頭化)하는 것은 쉬운 일이 아니다. 집행권을 대통령과 총리에게 분점시키는 권한배분의 기준을 명확하게 규정하기 어려울 뿐 아니라 규범적으로 양 기관에 권한배분이 명문화되더라도 실제적 국정 운영의 현실에서는 각 기관의 권한행사를 둘러싸고 정치적 갈등과 긴장관계가 발생할 가능성이 크다.[80]

이 문제와 관련하여 2014년 국회 헌법개정자문위원회 보고서는 대통령과 총리 사이의 권한이 명확하게 구분될 수 없다는 우려를 해소하기 위하여 대통령권한으로서 통일, 외교안보, 국민통합 영역의 권한행사는 각각 심의회의의 심의를 통하도록 하고 각 심의기구는 대통령이 의장이 되지만 총리가 부의장으로 참여하도록 하고 있다.[81] 분권형 정부제에 있어서 대통령과 총리 사이의 역할분담과 관련하여 대통령 중심의 분권형과 총리중심의 분권형으로 구분되는데, 우리나라에 분권형 정부제를 도입하는 경우 총리 중심의 분권형은 의원내각제 원리에 가까운 정부형태로 운용될 수밖에 없기 때문에 이 보다는 대통령 중심의 분권형이나 균형형의 정부제가 바람직하다고 본다.

더욱이 대통령과 총리가 소속 정당을 달리하는 동거정부가 출현하게 되면 대통령과 총리 간의 갈등과 대립으로 인한 국정운영의 불안정과 혼란은 심각하게 전개될 수 있으므로 이러한 문제들을 극복할 수 있는 정치문화적 환경이나 정치인들의 의식수준 및 자질이 요구된다. 프랑스 이원정부제의 경우를 보면 동거정부의 출현에 대해서는 병리적 현상으로 부정적으로 평가하는 입장도 적지 않으나, 그동안 세 차례에 걸친 동거정부의 경험은 대통령과 총리 간에, 의회 다수파와 소수파 사이에 인내와 타협의 정치를 받아들이도록 하였으며 건전한 민주주의의 실천을 충실하게 하는 결과를 낳게 되었다는 점에서 긍정적으로 평가하는 입장이 우세하다.[82] 우리나라의 경우 이원정부제를 도입하게 되면 동거정부의 출현이 쉽게 예상되는데 서구의 정치사회와 같은 토론과 타협의 정치, 이해와 관용

80 프랑스 제5공화국헌법상의 이원정부제에 있어서도 근본적인 문제점으로 대통령과 총리 사이의 긴장과 갈등관계가 지적되는데 그 주된 이유로는 대통령과 총리의 권한의 헌법상 한계가 모호하다는 데에서 찾을 수 있다. 이에 관하여는 김정기, 프랑스 이원정부제, 『국민과 함께하는 개헌이야기』 (2권), 2010, 61면.

81 국회 헌법개정자문위원회 보고서, 56면.

82 프랑스의 이원정부제에 있어서 동거정부의 문제점에 관하여는 정재황, 프랑스에서의 동거정부에 대한 헌법적 일고찰, 공법연구 제27집 제1호, 1999, 153면 이하.

의 정치문화가 자리 잡지 못한 현실에서는 동거정부시의 문제해결 방안에 대해 심각하게 고민해야 할 것이다. 이 점에서 우리는 새로운 제도에 대한 도전과 정치적 모험이 성공의 길로 접어들 수 있도록 기존의 낡은 정치문화와 풍토를 과감하게 청산하는 작업을 병행해 나가지 않으면 안 될 것이다.

Ⅳ. 향후 개헌의 실현가능성 여부

1. 2018년 6월 지방선거와 동시 개헌의 문제

현시점에서의 6월 지방선거와 동시 개헌을 실현하는 것은 사실상 곤란해 보인다. 정부와 여당은 지방선거와 동시 개헌을 위한 국민투표는 국민과의 약속이므로 지켜져야 한다고 주장하지만 야당들의 입장은 지방선거와 동시에 개헌 국민투표를 실시하는 것은 여당에게 유리한 선거결과를 노리는 정략적인 계산에 의한 것이라고 정면으로 반대하고 있다. 시간적으로도 6월 개헌을 위한 국민투표의 절차를 밟으려면 3월중 국회에 개헌안이 발의되어야 할 것이므로 현재의 상황에서 6월 개헌은 어려울 것으로 예측된다. 더욱이 문재인 대통령과 여당의 입장은 정부형태에 관한 여야 합의가 안 되면 대통령이 정부형태 부분을 제외하고 기본권과 지방분권 등에 관한 개헌안을 발의할 수 있다는 것을 밝힌 바 있는데, 이러한 개헌은 정부형태 개헌의 필요성에 관한 국민의 의사에 반하는 것으로서 정당화되기 어렵다고 할 것이다. 지금까지의 개헌논의는 그 핵심이 정부형태의 개편에 관한 문제이며 지난 10여 년간 정부형태의 개헌방향에 관한 각계의 검토와 연구결과는 상당한 수준으로 축적되어 있으며, 최근의 국민 여론도 정부형태 개헌의 필요성에 대한 긍정적인 태도가 지배적인 상황에서 정부형태를 배제한 개헌논의는 무의미하다고 볼 수밖에 없다.

개헌의 시기에 있어서 지방선거와 동시에 개헌 국민투표를 실시하는 문제에 대해서도 검토해 볼 필요가 있다. 우선 지방선거는 유권자가 지역의 주민으로서 지방자치 실현에 참여하는 수단으로 자치단체의 지역적 발전을 위한 지방의 인물을 선출하는 정치적 의사표현에 해당한다. 그러나 헌법개정에 관한 국민투표에의 참여는 투표자가 주권의 행사자로서 헌법개정권력을 행사하여 국가의 기본법을 수정·변경하는 중요한 국가의사결정에 직접 참여하는 것을 의미한다. 이와 같이 지방선거와 국민투표는 본질적으로 그 성격을 달리하는 것이다. 따라서 유권자가 지방선거의 투표에서 지역적 문제에 대한 주민의 의사를 표현함과 동시에 주권자 국민의 한 사람으로서 중요한 국가의사결정에 참여하는 국민투표를 동시에 실시하게 되면 유권자의 지방선거에 관한 의사와 국민투표에 관한 의사 사이에 서로 영향을 주게 될 우려가 있다. 여기에서 대통령이 개헌안을 발의하게 되는 경우 지방선거에서는 여당측에 유리한 선거결과를 가져올 수 있다는 전망이 가능하게 되고, 이는 선거의 공정성과 기회균등에 반하는 문제가 제기될 수 있다. 그리고 개헌안에 지방분권의 실현에 관한 사항이 포함되는 경우 지방선거의 투표율은 크게 상승할 것이고 이러한 투표율 증가는 각 정당에 득표와 선거결과에 일정한 영향을 미치게 될 것이다.

지방선거에서 각 정당과 후보자들의 선거운동이 본격화되면 당선을 목표로 선거전에 몰입하게 되는데, 국민투표의 경우에도 국민투표의 대상이 되는 사항에 관하여 누구나 찬성 또는 반대하는 운동을 할 수 있으므로 선거과정은 훨씬 가열되고 선거운동과 국민투표에 관한 운동이 동시에 행해짐으로써 선거관리와 투표관리를 구분해서 철저하게 행하는 것이 쉽지 않을 것으로 예상된다.[83] 유권자의 입장에서도 지방선거에만 관심을 갖고 국민투표에는 소홀해지게 됨으로써 국민투표에 부쳐진 개헌안의 내용에 대해 충분히 숙지하고 판단하기가 어렵게 될 우려도 있다.

선거와 국민투표는 유권자의 정치적 의사가 외부의 영향으로 왜곡되지 않고 자유롭게 표현될 수 있어야 하므로 이러한 지방선거와 개헌 국민투표의 동시실시는 평온한 가운데 공정한 선거와 투표를 기대하기 어려운 요인으로 작용할 수 있으므로 바람직하지 않다고 할 것이다. 지방선거와 별도로 국민투표를 실시하는 것이 국가의 재정적 부담을 증가시키게 된다는 지적이 있으나, 그 보다는 유권자의 자유로운 의사에 의한 공정한 선거와 투표의 보장이라는 가치가 우선되어야 할 것이므로 지방선거와 개헌 국민투표는 분리하는 것이 옳다고 본다.

2. 지방선거 이후 개헌의 실현 방안

위와 같이 금년 6월 지방선거와 동시에 개헌 국민투표를 실시하는 것이 현실적으로 어렵다면 지방선거 후 개헌의 시기를 정하기 위해서는 우선 국회에서 여야간에 합의가 이루어져야 할 것이다. 그 시기는 문재인 정부 임기 중반을 넘기지 않는 시점이 되어야 할 것이다. 대통령 임기 후반에 접어들면 레임덕 현상으로 대통령의 지도력이 약화되고 정부·여당의 개헌추진 동력이 크게 떨어지게 될 수밖에 없기 때문이다.

따라서 6월 지방선거 이후 연말 전후로 개헌을 실시하는 것이 요구되며, 그러기 위해

83 현행 국민투표법에 의하면 중앙선거관리위원회는 공고된 국민투표안을 투표권자에게 주지시키기 위하여 게시하여야 하며(제22조 제1항), 구·시·군 선거관리위원회는 국민투표안의 제안이유·주요골자와 그 내용 등을 게재한 국민투표공보를 발행하고 배부해야 한다(제23조, 제24조). 그리고 정당법상 당원의 자격이 없는 자와 예비군 소대장급 이상의 간부 및 리·동·통·반의 장을 제외하고는 누구나 국민투표공고일로부터 투표일 전일까지 국민투표에 관하여 찬성하거나 반대할 수 있는 운동을 할 수 있다(제25조~제28조).

서는 지방선거 이후에는 본격적인 개헌작업에 들어가야 할 것이다. 지금까지 논의된 헌법 전반에 걸친 개헌방향과 내용 중에서 그 대상을 정부형태를 중심으로 하면서 국민적 합의가 쉽게 이루어질 수 있는 부분에 한정하여 개헌절차를 밟는 것이 바람직하다. 기본권의 신설이나 지방분권에 관한 조항들을 나열하는 것은 헌법규범의 특질상 곤란하며, 전면적인 헌법개정은 미래의 통일한국시대의 통일헌법 제정에 초점을 맞추는 것이 타당하다. 이번의 개헌은 국민적 공감대가 확인된 정부형태와 일부 대상만으로 한정하는 것이 개헌의 실현가능성을 높이는 길이라고 생각한다.

Ⅴ. 맺음말

최근 2016년 후반의 급격한 정치상황의 변화와 국민들의 촛불집회 및 박근혜 대통령의 탄핵사건을 계기로 헌법개정의 실현가능성에 대한 기대가 그 어느 때보다도 높다고 할 수 있다. 여론조사결과에서도 개헌의 필요성에 대한 국민 다수의 적극적 의사가 나타나고 있다. 문재인 정부가 출범하면서 2018년 6월 지방선거와 동시에 헌법개정 국민투표를 실시하겠다고 개헌일정을 밝혔으나 여야간의 합의가 이루어지지 않고 있어 개헌시기는 지연될 가능성이 있다. 그러나 개헌에 관한 국민의 공감대가 형성된 이상 개헌을 계속 늦출 수는 없으며, 개헌의 대상에 있어서는 전면적 개헌은 문제가 있으므로 정부형태를 중심으로 하면서 국민적 합의가 이루어지는 일부 대상으로 한정하는 부분적 개헌이 이루어져야 할 것이다.

정부형태의 개혁을 위한 개헌방향에 대하여 필자는 새로운 이원정부제의 선택보다는 현행 대통령제의 기본골격을 유지하는 부분적 개선방안을 다시 한번 제시한다. 그 이유로는 첫째, 현행의 5년 단임제를 4년 중임제로 개정하고 대통령 권한의 축소와 의회의 행정부 견제기능 강화를 내용으로 하는 방안이 기존의 제도를 폐기하고 새로운 제도를 도입하는 것을 의미하는 이원정부제 개헌에 비해 헌정질서의 안정을 위해 바람직하기 때문이다. 둘째, 이원정부제가 성공하기 위해서는 의원내각제의 전제조건이 확보되어야 하지만 우리의 의회주의에 대한 불신 및 민주적인 선거제도와 정당제도가 미비된 후진적 정치현실에 비추어 행정권의 분점만으로는 이원정부제가 성공하기 어렵기 때문이다. 셋째, 현행 대통령제의 문제점이 제도 자체의 문제보다는 제도 운용상의 문제에 기인하는 바가 크다고 보는 입장에서는 대통령제의 기본골격은 유지하면서 부분적으로 문제점을 시정하고 보완해 나가는 것이 보다 실효적인 개혁방안이 될 수 있기 때문이다. 넷째, 이원정부제 도입론에 의하면 집행권의 이원화와 실질적 권력분점으로 대통령의 독재화를 막을 수 있다고 주장하지만, 그것은 이상론에 가까운 논리이며 현실적으로는 집행권을 명확하게 이원화하기가 어렵고 대통령과 수상간의 권한분배의 모호성과 책임소재의 분산은 그 자체가 갈등의 요인이 되는 것으로서 정치적 위험부담이 크기 때문이다. 끝으로 대통령에의 권력의 집중과 독재화의 문제는 현행 체제하에서도 대통령의 권한 자체를 축소하는 방안과 권력분립원리에 따른 의회와 사법부에 의한 통제장치의 강화 등으로 해결할 수 있는 것이며, 굳이 의원내각제적 원리에 바탕을 둔 집행권의 이원화와 권력분점만이 근본적 해결방안이라고 보기는 어렵기 때문이다.

앞으로 문재인정부에서 제시한 일정대로 개헌이 실현될 수 있는지는 쉽게 예측하기 어렵지만, 향후 본격적인 개헌논의의 공론화과정을 통해 대통령 4년중임제보다 분권형 정부제 개헌에 관한 국민적 공감대가 형성된다면 정치권에서 이러한 국민의 의사를 존중하여 여야간에 합의를 통해 분권형 정부형태로의 개헌도 가능하다고 할 것이다. 분권형 정부제 개헌은 새로운 정치적 실험을 의미하기 때문에 그 성공을 위한 전제조건에 대한 검토가 매우 중요하다. 우선 이원정부제는 전술한 바와 같이 의원내각제 원리를 바탕으로 하는 것이므로 민주적인 정당제도와 선거제도의 개혁이 필수적인 요건인 것은 말할 것도 없으며, 이원정부제는 집행부의 실질적 이원화를 통한 대통령과 총리 간의 권한배분의 원리를 기초로 하므로 의회의 다수의사에 의해 선출되는 총리와 국민에 의해 선출되는 대통령 간에 대립과 갈등이 생기는 경우에 집행권의 안정적이고 효율적인 행사가 가능하기 위한 방안을 신중하게 검토해야 할 것이다. 우리나라의 경우 이원정부제를 도입하게 되면 '동거정부'의 출현이 쉽게 예상되는데 서구의 정치사회와 같은 토론과 타협의 정치, 이해와 관용의 정치문화가 자리 잡지 못한 현실에서는 동거정부시의 문제해결 방안에 대해 심각하게 고민해야 할 것이다. 이 점에서 우리는 새로운 제도에 대한 도전과 정치적 모험이 성공의 길로 접어들 수 있도록 기존의 낡은 정치문화와 풍토를 과감하게 청산하는 작업을 병행해 나가지 않으면 안 될 것이다.

끝으로 개헌을 위한 국민투표의 시기와 관련하여 지방선거와 국민투표의 동시 실시는 유권자가 평온한 가운데 자유로운 의사로 공정하게 국민투표에 참여하는 것을 기대하기 어려운 요인으로 작용할 수 있으므로 지방선거와 개헌 국민투표는 분리하여 선거 후 6개월 정도 시차를 두는 것이 옳다고 할 것이다.

<참고문헌>

강원택, 『대통령제, 내각제와 이원정부제』, 인간사랑, 2006.

국회 헌법개정 자문위원회, 국회 헌법개정자문위원회 헌법개정안, 2014.

국회 헌법연구 자문위원회, 국회 헌법연구자문위원회 결과보고서, 2009.

국회 헌법개정특별위원회, 국회 헌법개정특별위원회 자문위원회 보고서, 2018.

대화문화아카데미, 『새로운 헌법 필요한가』, 2008.

대화문화아카데미, 『2016 새헌법안』, 2016.

성낙인, 『헌법학』, 법문사, 2017.

정만희, 『헌법과 통치구조』, 법문사, 2003.

정만희, 『헌법개정연구』, 세종출판사, 2010.

정만희, 『헌법개정과 정치제도개혁』, 피앤씨미디어, 2017.

한국헌법학회, 헌법개정연구위원회 최종보고서 헌법개정연구, 2006.

함께하는 시민행동, 『헌법 다시보기』, 2007.

강승식, 미국 부통령직에 관한 연구, 중앙법학 제9집 제1호, 2007.

권영설, 한국헌법 50년의 발자취, 한국헌법학회, 헌법학연구 제4집 제1호, 1998.

김문현, 헌법개정의 기본방향, 한국공법학회, 공법연구 제34집 제4호 제2권, 2006.

김문현, 헌법개정에 관련한 몇 가지 단상, 한국공법학회 2017년도 공법학자대회 및 정기총회 발표논문집 『개헌의 현안과 공법적 과제』, 2017.

김선택, 헌법과 혁명－시민입헌주의, 동아법학 제58호, 2013.

김선택, 민주적 정당화의 관점에서 본 정부형태론, 공법학연구 제18권제4호, 2017.

김선택, 분ㄱ권과 협ㅈ치의시대정신에 맞는정부구조,집행부사법부 및 기타 헌법기관, 대화문화아카데미 2016 새헌법안, 2016.

김정기, 프랑스 이원정부제, 『시민과 함께하는 개헌이야기』, 2010.

김종철, 대통령 4년 연임제 '원 포인트' 개헌론에 대한 비판적 검토, 헌법학연구 제13권 제1호, 2007.

성낙인, 이원정부제(반대통령제)구체화를 통한권력분점의 구현, 제헌 61주년기념 국제학술대회논문집, 2009.

성낙인, 한국헌법과 이원정부제, 헌법학연구 제5집 제1호, 1999.

신명순·조정관 역, Linz and Valenzuela, 내각제와 대통령제, 나남출판, 1995.

이현출, 한국에서의 분권형 개헌논의, 건국대학교 법학연구소, 일감법학, 2017.

장영수, 분권형 정부형태에서 대통령－총리의 역할분담에 관한 연구, 유럽헌법연구 제23호, 2017.

전학선, 분권형 대통령제 도입을 위한 제언, 국민과 함께하는 개헌이야기 (2권), 2010.

전학선, 이원정부제 도입가능성에 관한 연구, 국회미래한국헌법연구회 창립기념토론회 발제문, 2008.

정만희, 정부형태에 관한 헌법개정의 방향, 헌법학연구 제14권 제4호, 2008.

정만희, 헌법개정 논의, 동아대학교 법학연구소, 동아법학 제47호, 2010.

정만희, 이원정부제 정부형태의 검토 -이원정부제 개헌론에 대한 비판적 시각에서-, 동아법학 제52호, 2011

정만희, 대안적 정부형태로서의 이원정부제 -이원정부제 개헌론에 대한 管見-, 헌법학연구 제21권 제3호, 2015.

정만희, 미국헌법상정치제도의 개혁논의, 동아법학 제20호, 1996.

정만희, 헌법개정조항의 개정필요성에 관한 연구, 공법연구 제39집 제2호, 2010.

정만희, 차기정부의 헌법적 과제, 헌법학연구 제19권 제1호, 2013.

정만희, 대통령제에 있어서 분열정부(divided government)의 헌법문제, 헌법학연구 제14권 제2호, 2008.

정재황, 프랑스에서의 동거정부에 대한 헌법적 일고찰, 공법연구, 제27집 제1호, 1999.

조정관, 순수대통령제로의 권력구조개편을 위한 제안, 『국민과 함께하는 개헌이야기』(2권), 2010.

Albert, Richard, The Evolving Vice Presidency, 78 Temple Law Review 811, 2005.

Cronin. Thomas E., The State of the Presidency, 1980.

Report and Recommandations of the Committe on the Constitutional System, A Bicentennial Analysis of the American Political Structure, 1987.

Shugart, Matthew S. and Carey, John M., President and Assemblies: Constitutional Design and Electoral Dynamics, 1992.

Wayne, Stephen J., The Road to the White House: The Politics of Presidential Election, 1984.

[간행위원회]

위원장: 나병영

위 원: 강지영 권기우 권한용 김미애 김백근 김백영 김병곤 김성완 김세규 김수경
김수희 김영미 김용의 김재원 김재홍 김창오 김태갑 김태은 김효준 류성진
류영필 박성철 박승현 박은국 박주영 박찬우 배경민 백 건 손교명 손홍락
송강직 송시섭 송영민 양보라 이대승 이인수 이점인 장병일 전효철 정경준
정 민 정판희 정한중 조동제 최성수 최우용 하태영 한정혜 허다은

[편집위원회]

위 원: 김세규 류성진 송강직 이종근 조재현 최우용 하태영

(*가나다 순)

玄同 鄭萬喜 敎授 停年紀念
韓國憲法學의 動向과 課題

초판인쇄 2019년 6월 10일
초판발행 2019년 6월 20일

엮은이 玄同 정만희 교수 정년기념논문집 간행위원회
펴낸이 박노일

총괄기획 김중용 · 최준규
편 집 심성보 · 김인숙

펴낸곳 pnc publishing and culture 피앤씨미디어
경기도 고양시 일산동구 강송로 153 310-1501
등록 제396-2012-000203호
전 화 070)7550-3758 팩 스 02)718-8554
홈페이지 www.pncmedia.co.kr 이메일 pnc@pncmedia.co.kr
ISBN 979-11-5730-690-9 93360

※ 무단복사 및 전재를 금합니다. 파본 및 낙장본은 교환하여 드립니다.

정 가 80,000원